데이터베이스 시스템

7th edition

DATABASE SYSTEM CONCEPTS

데이터베이스 시스템

7th edition

Abraham Silberschatz | Henry F. Korth | S. Sudarshan 지음

정연돈 | 권준호 | 김종욱 | 서영균 | 이동호 옮김

DATABASE SYSTEM CONCEPTS

Mc Graw Hill

DATABASE SYSTEM CONCEPTS, Seventh Edition

2 3 4 5 6 7 8 9 10 MH-KOREA 20 25

Original: DATABASE SYSTEM CONCEPTS, Seventh Edition
By Abraham Silberschatz, Henry F. Korth, S. Sudarshan
ISBN 978-007-353-075-8

Korean ISBN 979-11-321-0850-4 93560

Printed in Korea

데이터베이스 시스템, 7판

발행일 | 2021년 8월 5일 1쇄
2025년 2월 4일 2쇄

저 자 | Abraham Silberschatz, Henry F. Korth, S. Sudarshan
역 자 | 정연돈, 권준호, 김종욱, 서영균, 이동호
발행처 | 맥그로힐코리아 유한회사
발행인 | SHARALYN YAP LUYING(샤랄린얍루잉)
등록번호 | 제2013-000122호(2012.12.28)
주 소 | 서울시 마포구 양화로 45, 8층 801호
(서교동, 메세나폴리스)
전 화 | 02)325-2351
편집, 교정 | 김정하, 김성남

ISBN | 979-11-321-0850-4

판매처 | 한빛아카데미(주)
문 의 | 02-336-7112
정 가 | 45,000원

저자 소개

Abraham (Avi) Silberschatz는 Yale University 컴퓨터 과학과의 Sidney J. Weinberg 교수다. 2003년 Yale에 부임하기 전에는 Bell Labs에 있는 Information Sciences Research Center의 부사장이었다. Silberschatz는 그 이전에 영년직 교수로서 University of Texas at Austin에서 1993년까지 가르쳤다. 그는 현재 ACM 및 IEEE Fellow이며 Connecticut Academy of Science and Engineering 회원이다. 그는 2002년 IEEE Taylor L. Booth Education Award, 1998년 ACM Karl V. Karlstrom Outstanding Educator Award 및 1997년 ACM SIGMOD Contribution Award를 수상했다. Silberschatz는 1998년, 1999년 및 2004년에 걸쳐 Bell Laboratories President's Award를 세 번이나 수상했으며, 수많은 저널 논문, 컨퍼런스 논문, 워크숍 논문과 북챕터를 집필했고, 지금까지 48개 이상의 특허를 보유하고 있으며, 24개 이상의 연구 과제를 수행했다. 그는 또한 유명한 운영체제 교과서인 *Operating System Concepts*의 저자이기도 하다.

Henry F. (Hank) Korth는 Lehigh University 컴퓨터학부 교수이자 컴퓨터 과학 및 비즈니스 프로그램 공동 책임자다. Lehigh University에 합류하기 전에는 Bell Labs의 Database Principles Research 책임자였으며, Panasonic Technologies의 부사장, University of Texas at Austin 부교수, IBM Research의 연구원이었다. Korth도 현재 ACM 및 IEEE Fellow이며, VLDB 컨퍼런스에서 10-Year Award(10년간 가장 많은 영향력이 있었던 논문의 저자에게 수여하는 상)를 수상했다. 그의 연구 실적은 병렬 및 분산 시스템의 트랜잭션 관리, 실시간 시스템, 질의 처리 및 현대 컴퓨팅 아키텍처가 이러한 분야에 미치는 영향을 포함한 광범위한 데이터베이스 시스템 측면에 걸쳐 있다. Korth는 가장 최근 연구에서 기업용 데이터베이스의 블록체인 응용에 관한 쟁점을 다루었다.

S. Sudarshan은 현재 IIT Bombay의 Subrao M. Nilekani 학과장 교수다. 그는 1992년 University of Wisconsin에서 박사 학위를 받았으며, IIT Bombay에 합류하기 전에 Bell Labs의 연구원으로 일했다. Sudarshan도 ACM Fellow다. 그의 연구는 주로 질의 처리 및 질의 최적화에 관한 것이며, 그 외에도 데이터베이스 시스템의 여러 영역에 걸쳐 있다. 특히 그는 2002년에 출판된 "데이터베이스의 키워드 검색"에 관한 논문으로, 2012년 IEEE ICDE Most Influential Paper Award를 수상했으며, 메인 메모리 데이터베이스 연구로 1999년 Bell Laboratories President's Award를 수상했다.

현재 Sudarshan의 연구 분야는 SQL 질의의 검사 및 등급 평가, 명령형 코드의 재작성을 통한 데이터베이스 응용 프로그램의 최적화, 병렬 데이터베이스의 질의 최적화를 포함한다. 그는 100편 이상의 논문을 발표했고, 15개의 특허를 소유하고 있다.

저자 서문

데이터베이스 관리는 한때 특별한 컴퓨터 응용 프로그램에서 오늘날 거의 모든 기업의 핵심 구성 요소로 발전했다. 그 결과 데이터베이스 시스템에 대한 지식은 컴퓨터 과학 교육의 필수 요소가 되었다. 이 책은 데이터베이스 관리의 기초적인 개념을 설명하였으며, 데이터베이스 설계, 데이터베이스 언어, 데이터베이스 시스템의 구현에 관한 내용을 포함한다.

이 책은 대학교 3, 4학년이나 대학원 1학년 정도 수준의 데이터베이스에 대한 입문 과정을 염두에 두고 쓰였다. 또한 입문 과정의 기초적인 내용 외에도 심화 과목을 위한 자료를 포함하고 있다.

이 책을 공부하는 학생은 기초적인 자료 구조, 컴퓨터 조직에 대한 기본 지식과 Java, C++, Python과 같은 상위 수준 프로그래밍 언어를 친숙히 다룰 수 있는 정도의 기초 지식이 필요하다. 이 책은 많은 개념을 직관적인 설명으로 표현하고 있으며, 그중 많은 부분이 대학교(university) 데이터베이스 시스템 예제에 기초하고 있다. 이론적으로 중요한 결과도 다루고 있으나 수학적 증명은 생략했다. 가능하면 증명 대신 그림과 예제를 사용하여 결과의 성립을 보여 주었다. 정형화된 설명과 이론적 증명은 참고문헌에서 찾아볼 수 있다.

이 책에서 다루는 기본적인 개념과 알고리즘은 주로 기존의 상용 혹은 실험적 데이터베이스 시스템에서 사용된 것에 기초했다. 이 책의 목표는 그러한 개념이나 알고리즘을 어떤 특정한 데이터베이스 시스템에 종속적이지 않은 일반적인 상황 내에서 기술하는 것이다. 다만 이 책에 특정 데이터베이스 시스템이 사용되는 곳이 있을 경우, 관련 내용에 대한 참고문헌을 제공한다.

이번에 나온 *Database System Concepts*의 일곱 번째 개정판은 이전 개정판의 전반적인 스타일을 유지하였으나 데이터베이스가 설계되고, 관리되고, 사용되는 방식의 변화를 반영하기 위해 내용과 구성이 개선되었나. 또한 데이터베이스 개념 교육 경향도 적절하게 반영했다.

이번 개정판에 포함된 주요한 변경 사항은 다음과 같다.

- 빅데이터 시스템에 관해 광범위한 내용을 다룬다. 10장 사용자 관점에서부터 시작하여 20장에서 23장까지 시스템 내부 구현에 이르기까지 방대한 자료를 추가 및 수정했다.
- 기업용 응용 프로그램에서 그 역할이 점점 증대되고 있는 블록체인 기술을 소개하는 "블록체인 데이터베이스"를 26장에 추가했다. 이 장은 블록체인 시스템과 데이터베이스 시스템이 어떻게 상호작용하는지에 주로 초점을 맞춘다.

- 12장에서 19장까지 데이터베이스 내부 구현을 다루는 모든 장을 개편하여, 솔리드 스테이트 디스크(SSD), 메인 메모리 데이터베이스, 멀티코어 시스템 및 열 기반 저장소 등과 같은 최신 기술을 반영하도록 했다.
- 8.1절에 JSON, RDF 및 SPARQL 등 반정형 데이터 관리에 관한 많은 내용을 보강했다.
- 7.10절 시간 데이터, 11장 데이터 분석 및 14.8절 및 24.2절 쓰기 최적화된 인덱스와 같은 고급 인덱싱 내용을 보강했다.
- Apache Hadoop 및 Spark와 같이 현세대에서 활발히 사용되고 있는 응용 프로그램 개발 도구와 빅데이터 시스템과 관련된 유용한 실습 내용을 포함해 더 유익한 과목이 될 수 있도록 다수의 장을 재구성하거나 개편했다. (모든 데이터베이스 수업에서 빅데이터 처리 관련 실습을 수행해 볼 것을 강력히 권장한다.)

위와 같은 다양한 개편 내용은 6판 독자, Yale University, Lehigh University 및 IIT Bombay의 학생들로부터 받은 많은 의견과 제안, 그리고 데이터베이스 기술 개발에 대한 자체적인 관찰 및 분석을 토대로 이루어졌다.

이 책의 구성

이 책은 11개의 주요 부(part)로 구성되었다.

- **개요**(1장): 1장은 데이터베이스 시스템의 목적과 본질에 대한 일반적인 개요를 설명한다. 즉 데이터베이스 시스템이 어떻게 발전해 왔는지, 데이터베이스 시스템이 갖는 공통된 특성이 무엇인지, 데이터베이스 시스템이 운영체제와 어떻게 연동되는지를 설명한다. 본 교과서는 다수의 학부와 교수, 학생, 과목으로 구성된 대학교 조직을 데이터베이스의 응용 예제로서 사용한다. 이 예제는 이 책 전반에 걸쳐 사용된다. 정리하면, 1장은 데이터베이스를 왜 배워야 하는지에 대한 동기, 데이터베이스에 관한 역사, 이 외의 일반적인 데이터베이스 개요에 대해 서술한다.
- **제1부: 관계형 모델과 SQL**(2~5장): 2장은 관계형 데이터 모델을 소개하고 관계형 데이터베이스의 구조, 데이터베이스 스키마, 키(key), 스키마 다이어그램, 관계형 질의어, 관계 연산, 관계 대수 등의 기본 개념을 다룬다. 3~5장은 데이터베이스 과목에서 가장 중요한 관계형 언어인 SQL을 중점적으로 다룬다. 1부의 많은 장은 주어진 데이터베이스 스키마와 관련한 질의, 갱신, 삽입, 삭제 등 데이터 조작에 관한 전반적인 내용을 다룬다. 1부는 데이터 정의에 대한 문법에 대한 상세한 내용을 다루고, 스키마 설계와 연관된 다양한 이슈는 2부에서 다룬다.
- **제2부: 데이터베이스 설계**(6~7장): 6장은 데이터베이스 설계 과정에 대한 전반적인 내용과 개체-관계 데이터 모델에 대해 상세히 기술한다. 개체-관계 데이터 모델은 데이터베이스를 설계할 때 발생하는 문제 및 데이터 모델이 가지고 있는 제약 조건 내에서 실제 응용 프로그램의 의미를 반영할 때 생기는 문제에 대해 상위 수준에서 살펴볼 수 있도록 해 준다. UML 클래스 다이어그램도 6장에서 다룬다. 7장은 관계형 데이터베이스 설계에 대해 소개한다. 주로 함수 종속

성과 정규화에 대해 이론적으로 설명한다. 특히 각 정규형이 만들어지게 된 동기에 대해 설명하고 각 정규형을 직관적으로 잘 이해하는 데 초점을 맞추어 설명한다. 7장은 관계형 데이터베이스 설계에 대해 개괄하며, 함수 종속성의 논리적 함의를 직관적으로 이해하는 것에 주로 초점을 둔다. 정규화의 개념을 잘 이해하면 7장 후반에 다루는 함수 종속성 이론 전체를 이해하는 데 큰 도움이 될 것이다. 강의자는 7.1절에서 7.3절까지 초반부만 사용해서 강의하는 것을 선택할 수 있다. 만약 7장 전체를 강의한다면 정규화 개념을 이해한 학생들이 함수 종속성 이론 개념 중 어려운 부분을 심화 학습할 수 있게 하는 동기 부여가 될 것이다. 시간 데이터 모델링은 7장 끝에서 다룬다.

- **제3부: 응용 프로그램 설계 및 개발**(8~9장)**:** 8장은 반정형 데이터, 객체 기반 데이터, 텍스트 데이터 및 공간 데이터 등 응용 프로그램 설계 및 개발에 특히 중요한 일부 복잡한 데이터 타입을 설명한다. 데이터베이스 환경에서 XML 언어의 인기가 다소 줄어들긴 했으나 XML 개론 부분은 그대로 두고 JSON, RDF 및 SPARQL에 대한 내용을 보강했다. 9장은 대화형 웹 기반 및 모바일 데이터베이스 응용 프로그램을 구축하는 데 사용되는 도구와 기술에 관해 설명하고, 서버 및 클라이언트 양측의 구현에 대한 상세한 내용을 다룬다. 주요 주제는 서블릿, JSP, Django, JavaScript 및 웹 서비스 등이다. 또한 응용 프로그램 구조, Hibernate 및 Django를 포함한 객체-관계형 매핑 시스템, 성능(memcached를 사용한 캐싱 및 Redis 등을 포함) 및 웹-응용 프로그램 보안을 보장하는 고유한 문제에 대해서도 설명한다.
- **제4부: 빅데이터 분석**(10~11장)**:** 10장은 대규모 데이터 분석 응용 프로그램에 대한 개론을 제공한다. 대규모 데이터 분석 응용 프로그램이 전통적인 데이터베이스 응용 프로그램의 요구 사항과 비교해 서로 다른 어떤 데이터 관리 요구 사항을 가지고 있는지에 중점을 두어 설명한다. 그런 다음 10장은 이러한 요구 사항을 해결하는 방법에 관해 설명하고, 분산 파일 시스템, 키-값 저장소 및 NoSQL 시스템, 맵리듀스(MapReduce), Apache Spark, 스트리밍 데이터 및 그래프 데이터베이스를 포함한 빅데이터 저장 시스템을 주로 다룬다. 특히 초반에 소개한 데이터베이스 개념과 이러한 빅데이터 시스템 개념 사이의 연결이 강조된다. 11장은 대규모 데이터 분석을 위해 설계된 시스템의 구조와 사용에 관해 설명한다. 데이터 분석, 비즈니스 인텔리전스 및 의사결정 지원의 개념을 먼저 설명한 후, 데이터 웨어하우스의 구조와 데이터를 웨어하우스로 수집하는 과정에 관해 설명한다. 이어 온라인 분석 처리(OLAP) 응용 프로그램에서 사용되는 웨어하우스 데이터에 관해 설명하고 데이터 마이닝 알고리즘 및 기법에 대한 문헌 조사를 제공한다.
- **제5부: 저장 장치 관리 및 인덱싱**(12~14장)**:** 12장은 저장 장치와 저장 장치의 속성이 데이터베이스의 물리 구조 및 성능에 어떤 영향을 미치는지에 대해 다룬다. 13장은 파일 구조 및 버퍼 관리를 포함한 데이터 저장 장치 구조를 다룬다. 14장은 다양한 데이터 접근 기술을 제시하는데, 먼저 다층 인덱스 기반 접근 방법을 설명하고 B^+-트리에 대해 상세히 설명한다. 이어, B^+-트리 구조가 적합하지 않은 응용 프로그램을 위한 인덱스 구조에 대해 설명한다. 관련 주제로는 LSM 트리 및 버퍼 트리와 같은 쓰기 최적화된 인덱스, 비트맵 인덱스, 공간 데이터를 위한 인덱스인 k-d 트리, 쿼드 트리 및 R-트리 등이 있다.

- **제6부: 질의 처리 및 최적화**(15~16장): 15장과 16장은 질의 처리 알고리즘과 질의 최적화에 대해 다룬다. 15장은 데이터베이스 연산에 대한 구현 알고리즘, 특히 메인 메모리 장치에 담을 수 없는 매우 큰 데이터에서 동작하도록 설계된 조인 알고리즘에 대해 다룬다. 15장은 메인 메모리 데이터베이스에 대한 질의 처리 기법도 설명한다. 16장은 먼저 변환 규칙을 사용하여 주어진 질의 계획을 동등한 다른 계획으로 변환하는 방법을 설명한 다음, 질의 최적화에 대해 설명한다. 이어, 질의 실행 비용 추정치를 생성하는 방법과 최소 비용의 질의 실행 계획을 효율적으로 찾는 방법에 관해 설명한다.
- **제7부: 트랜잭션 관리**(17~19장): 17장은 트랜잭션 처리 시스템의 기본 개념을 다루며 트랜잭션이 갖는 고유한 특성인 원자성, 일관성, 고립성, 지속성에 대해 설명한다. 17장은 로그 기반 복구와 잠금, 타임스탬프 기반 기법, 스냅샷 고립 등의 동시성 제어 기법과 위에서 언급한 트랜잭션이 갖는 고유 특성을 보장하는 방법을 소개한다. 만약 트랜잭션에 대한 개념 설명만 필요한 강의라면 제7부의 다른 장 없이 17장만으로 강의할 수 있다. 18장, 19장은 트랜잭션 처리에 관한 더 심도 있는 내용을 다룬다. 18장은 동시성 제어를 주로 다루며 잠금, 타임스탬핑, 낙관적 (검증) 기법 등을 포함한 다수의 직렬가능성 보장 기법도 소개한다. 또한 널리 사용되는 스냅샷 고립 기법을 포함하여 다중 버전 동시성 제어 기법도 다룬다. 18장은 약한 수준의 일관성, 인덱스 구조의 동시성, 메인 메모리 데이터베이스 시스템의 동시성, 장기 트랜잭션, 연산 수준 동시성 및 실시간 트랜잭션 처리에 대해 논의한다. 19장은 시스템 다운이나 저장소 장애 등에도 불구하고 올바른 트랜잭션의 수행을 보장하기 위한 기법을 다루는데, 원격 백업 시스템을 통한 고가용성뿐만 아니라 로그, 검사점 및 데이터베이스 덤프(dump) 등이 포함된다. 조기 잠금 해제를 통한 복구 방법과 ARIES 알고리즘도 설명한다. 이 장은 메인 메모리 데이터베이스 시스템의 복구 및 비휘발성 메모리(NVRAM)에 관해서도 설명한다.
- **제8부: 병렬 및 분산 데이터베이스**(20~23장): 8부는 병렬 및 분산 데이터베이스에 대한 전반적인 내용을 다룬다. 20장은 컴퓨터 시스템 구조를 집중적으로 다루는데, 컴퓨터 시스템이 데이터베이스 시스템에 어떤 영향을 미치는지를 주로 기술한다. 20장은 중앙집중 시스템, 클라이언트-서버 시스템, 병렬 및 분산 구조, 클라우드 기반 시스템을 소개한다. 21장은 병렬 및 분산 데이터베이스의 저장 및 인덱스에 관한 것으로, 분할 및 데이터 치우침, 복제, 병렬 인덱스, (Hadoop 파일 시스템을 포함한) 분산 파일 시스템 및 병렬 키-값 저장소에 대해 설명한다. 22장은 병렬 및 분산 데이터베이스의 질의 처리에 대한 내용을 다루는데, 주로 다수 질의 간 병렬 처리 및 단일 질의 내 병렬 처리에 관해 설명한다. 예를 들면, 병렬 및 분산 정렬 및 조인, 맵리듀스, 파이프라이닝, Volcano 교환 연산자 모델, 스레드 수준 병렬 처리, 스트리밍 데이터, 지리적으로 분산된 질의에 대한 최적화 등을 다룬다. 23장은 병렬 및 분산 데이터베이스의 트랜잭션 관리에 대해 다룬다. 병렬 및 분산 데이터베이스의 2단계 커밋과 같은 전통적인 분산 컨센서스 기술과 Paxos 및 Raft를 포함한 보다 정교한 기법을 주제로 논의한다. 또한 복제본 관리 및 좀 더 완화된 수준의 일관성을 포함한, 분산 동시성 제어를 위한 다양한 알고리즘을 다룬다. 비일관성을 감지하기 위해 사용되는 버전 벡터 및 머클(Merkle) 트리를 다루면서 CAP 정리에 따른 상반관계에 관해서도 설명한다.

- **제9부: 심화 주제**(24~26장): 24장은 14장의 인덱스 기법에 관한 내용을 확장하여 LSM 트리 및 변종, 비트맵 인덱스, 공간 인덱스 및 동적 해싱 기법 등에 대해 자세히 다룬다. 25장은 9장의 범위를 확장하여 성능 튜닝, 벤치마킹, 테스팅, 기존 레거시 시스템으로부터 마이그레이션하기, 표준화, 분산 디렉터리 시스템 등에 관해 설명한다. 26장은 데이터베이스 관점에서 블록체인 기술을 설명한다. 블록체인 데이터 구조 및 익명성, 부인 방지, 변조 방지 등 블록체인 속성을 보장하는 암호화 해시 함수 및 공개 키 암호화에 관해 설명한다. 또한 작업 증명, 지분 증명, 비잔틴 컨센서스를 포함한 탈중앙화 보장에 사용되는 분산 컨센서스 알고리즘을 기술하고 비교한다. 이 장은 블록체인이 중요한 데이터베이스 개념으로 인식되기에 충분한 특징을 갖고 있다는 점에 맞추어 기술되는데, 허가형 블록체인의 역할, 스마트 컨트랙트에서 사용되는 비즈니스 로직 및 동의에 사용되는 부호화, 블록체인 간 상호운용성 등에 대해 주로 설명한다. 또한 데이터베이스 규모의 트랜잭션 처리 성능을 달성하기 위한 기법에 관해서도 설명한다. 마지막 절은 현재 사용 또는 고려 중인 기업용 블록체인 응용 프로그램에 대해 조사한다.
- **제10부: 부록**: 부록 A는 데이터 정의 언어(DDL) 및 모든 테이블 등을 포함한 본 교과서에 사용된 예제 대학교 전체 스키마에 대한 상세한 내용을 제공한다.
- **제11부: 온라인 장**(27~32장): 온라인 장은 db-book.com에서 이용 가능한데, 27장에서 32장은 역사적 주제 혹은 심화 주제를 다루고 있다. 27장은 "순수" 질의어로서, 튜플 및 도메인 관계 해석, 그리고 프롤로그 언어를 본떠 만든 문법을 지닌 데이터로그 언어를 소개한다. 28장은 다중값 종속성 이론과 제4정규형 및 이보다 더 고차의 정규형을 포함한 관계형 데이터베이스 설계에 관한 심화 주제를 다룬다. 29장은 객체 기반 데이터베이스 및 배열, 다중 집합 타입과 같은 더 복잡한 데이터 타입과 제1정규형(1NF)이 아닌 테이블을 다룬다. 30장은 8장의 XML 내용을 확장한다. 31장은 비정형 텍스트 데이터에 대한 질의 처리를 다루는 정보 검색 개념을 설명한다. 32장은 PostgreSQL 데이터베이스 시스템에 대한 개론을 제공하는데, 특히 데이터베이스 내부 구현을 주로 다루는 강의에서 사용될 수 있다. 또한 PostgreSQL처럼 오픈 소스 코드 기반 데이터베이스 관리 시스템을 기반으로 학생들이 과제를 수행하는 데 유용한 내용을 담고 있다.

각 장 끝에 있는 "더 읽어보기" 절에 참고문헌을 실었다. "더 읽어보기" 절에는 의도적으로 축약된 부분이 있긴 하지만, 학생들이 해당 장에서 다루는 내용을 계속 학습하거나 해당 분야의 최신 기술을 심화 학습할 수 있도록 도와주는 참고 자료로 제공한다. "더 읽어보기" 절은 (이미 필독서가 되어) 이 책의 독자라면 꼭 읽어 봐야 할 원천 논문을 소개하기도 한다. 각 장에 대한 상세한 참고문헌은 해당 장의 주제에 대한 심화 학습이 필요한 독자를 위해 온라인으로도 제공된다.

7판의 새로운 내용

이번 7판은 이전 판에서 받은 많은 의견 및 제안과 Yale University, Lehigh University, IIT Bombay에서 강의하는 동안 관찰한 내용, 그리고 데이터베이스 기술이 발전하고 있는 최근 추세를 반영하여 출간되었다.

이 서문 앞부분에서 이번 신판에 반영된 새로운 내용에 대한 주요 목록을 제시했다. 예를 들면, 이 책은 빅데이터에 대한 방대한 내용, 이전 판 대비 전체적으로 최신 하드웨어 기술이 반영된 내용, 반정형 데이터 관리, 고급 인덱싱 기법, 블록체인 데이터베이스 등 최신 기술을 다루는 새로운 장이 포함되었다. 이와 같은 주요한 변경 사항 외에도, 각 장의 자료를 수정하여 현재까지 발전한 기술을 반영하여 최신으로 갱신하였고, 데이터베이스 기술에 대한 최근 발전 현황을 설명하고 학생들이 이해하기 어려운 주제에 대한 설명도 개선했다. 새로운 연습문제가 추가되고 참고문헌도 갱신했다.

이전 6판을 사용했던 강의자들이 참고할 만한 중요한 변경 사항은 아래와 같다.

- 관계 대수는 학생들이 SQL과 같은 질의어에 기초가 되는 관계 연산을 좀 더 잘 이해할 수 있도록 2장으로 옮겨졌다. 관계 대수의 심화 내용은 추후 질의 처리 및 최적화를 학습할 때 필요한 대수 연산자를 이해하는 데 도움이 된다. 관계 해석의 변종인 튜플 및 도메인 관계 해석은 좀 더 이론 지향적인 과목에서 다룰 만하거나 대부분의 데이터베이스 수업에서 생략될 수 있으므로 온라인 장으로 옮겨졌다.
- SQL에 관련된 장은 학생들이 실제 과제를 수행하는 데 도움이 되도록, 각 데이터베이스 시스템에 맞는 SQL을 제시하고 이를 상세히 다룬다. SQL과 다중 집합 관계 대수 간의 연결도 더 자세히 다룬다. 이전 판에서는 자연 조인이 이전 장에 있었다. 하지만 개정판의 4장은 조인과 관련된 모든 내용을 다룬다. 고유한 키 값을 생성하는 데 사용되는 시퀀스와 행 수준 보안에 대한 설명도 4장에 추가되었다. JDBC API가 최근 확장되었는데 이는 5장에서 다룬다. OLAP의 내용은 11장으로 이동했다.
- 6장은 E-R 개념과 E-R 다이어그램을 함께 소개하도록 수정되었다. 이렇게 하는 것이 학생들이 E-R 모델을 더 잘 이해하는 데 도움이 될 것이다. (이전 버전은 E-R 개념을 먼저 다루고 E-R 다이어그램을 나중에 소개했었다.)
- 7장은 SQL:2011 시간 데이터베이스 특징을 포함한 시간 데이터 모델링의 내용을 다루도록 개선되었다.
- 8장은 새롭게 추가된 장으로, XML, JSON, RDF 및 SPARQL과 같은 반정형 데이터, 객체 기반 데이터, 텍스트 데이터 및 공간 데이터를 포함한 복잡한 데이터 타입을 다룬다. 6판은 객체 기반 데이터베이스, XML 및 텍스트 데이터에 대한 정보 검색을 자세히 다루었었는데 이번 7판 책에서는 생략되고 온라인으로 제공된다.
- 9장은 동적 웹 인터페이스를 구축하기 위한 JavaScript 또는 JavaScript 라이브러리에 대한 확장 내용, Django 프레임워크를 사용한 Python 응용 프로그램 개발, HTML5를 사용한 연결 해제 연산을 포함한 최신 응용 프로그램 개발 도구 및 기법을 반영하여 크게 수정되었다. Django를 사용한 객체-관계 매핑이 추가되었고 대규모 트랜잭션 작업을 처리할 수 있는 고성능 응용 프로그램을 개발하기 위한 기법 내용도 추가되었다.
- 10장은 빅데이터에 대한 새로운 장으로, 사용자 관점에서 빅데이터 개념과 도구를 다룬다. 빅데이터 저장 시스템, 맵리듀스 패러다임, Apache Hadoop 및 Apache Spark 스트리밍 및 그래프

데이터베이스 등이 이 장에서 다루어진다. 이 장의 목표는 이들 빅데이터 시스템의 이면에서 일어나는 동작 과정에 대한 요약만으로도 독자들이 빅데이터 시스템을 잘 사용할 수 있게 하는 것이다. 빅데이터 내부 구현은 이후 장에서 자세히 다룬다.

- 12, 13장은 저장소 및 파일 구조에 관해 설명한다. 12장은 저장 장치를 주로 다루며, 플래시 메모리, 열 기반 저장소 및 메인 메모리 데이터베이스의 저장 구조에 대한 설명을 반영하여 수정되었다. 13장은 데이터 저장소 기술을 다루며 여유 공간 맵, 분할, 그리고 가장 중요한 열 기반 저장소에 대해 상세히 설명한다.
- 14장은 인덱스를 다룬다. 공간 인덱스를 비롯해 LSM 트리와 그 변종, 그리고 사용량이 증가하고 있는 버퍼 트리를 포함한 쓰기 최적화 인덱스 구조 등에 대해서도 다룬다. 특히 LSM 트리 및 공간 인덱스에 대한 더 자세한 내용은 고급 인덱싱 기법을 다루는 24장에서 다룬다. 비트맵 인덱스는 14장에서 간략하게만 다루고 더 상세한 내용은 24장에서 논의한다. 동적 해싱 기법은 오늘날 실질적으로 거의 중요하지 않으므로 24장으로 옮겼다.
- 15장은 질의 처리를 다룬다. 질의 처리의 파이프라이닝, 질의 컴파일을 포함한 메인 메모리 내에서 이루어지는 질의 처리에 대한 새로운 자료, 그리고 공간 조인에 대한 간략한 내용을 포함해 이 장은 크게 확장되었다. 16장은 질의 최적화에 관해 다루며, 외부 조인, 집계와 같은 연산자를 위한 동등 규칙과 연관된 더 많은 예제를 제공한다. 조인 순서 최적화 알고리즘에 대한 설명을 좀 더 개선한, 비용 추정을 위한 통계 자료가 갱신되었다. 세미 조인 및 안티조인 연산을 사용하여 중첩 하위 질의의 연관성을 줄이는 기법도 추가되었다.
- 18장은 동시성 제어를 다룬다. 메인 메모리의 동시성 제어에 대한 새로운 자료가 추가되었다. 19장은 복구를 다루는데, 원격 백업 시스템을 사용한 고가용성에 맞추어 설명한다.
- 병렬 및 분산 데이터베이스에 관한 내용은 많이 개선되었다. 낮은 수준의 병렬화에서 지리적으로 분산된 시스템에 이르기까지 연속성을 가지고 병렬 및 분산 데이터베이스 이 두 영역이 서로 발전해 왔기 때문에 이 주제를 함께 다루게 되었다.
    - 20장은 데이터베이스 구조에 관해 다루는데, 트리형(또는 팻-트리) 구조와 같은 실제 상호 연결 네트워크에 대한 새로운 자료를 추가하였고, 공유 메모리 구조 및 캐시 일관성에 대한 자료를 대폭 확장하고 개선했다. 또한 가상 머신 및 컨테이너, 서비스로서 플랫폼, 서비스로서 소프트웨어 및 탄력성 등 클라우드 기반 서비스에 대해 전반적으로 다룬다.
    - 21장은 병렬 및 분산 저장소에 관해 설명한다. 6판에 있었던 분할 기법과 같은 일부를 제외하고 이 장의 거의 모든 내용은 새롭게 추가되었다.
    - 22장은 병렬 및 분산 질의 처리에 관해 설명한다. 앞서 언급된 것과 같이, 6판에 있었던 정렬, 조인 및 몇 가지 다른 관계 연산을 위한 병렬 알고리즘 등 몇몇 절을 제외하고 이 장의 거의 모든 내용은 새롭게 추가되었다.
    - 23장은 병렬 및 분산 트랜잭션 처리에 관해 설명한다. 6판에 있었던 2PC, 영속 메시지 기법 및 분산 데이터베이스의 동시성 제어와 같은 일부를 제외하고 이 장의 거의 모든 내용도 새롭게 추가되었다.

6판처럼, 부록 A에 대학교 데이터베이스에 대한 데이터베이스 스키마 및 견본 릴레이션 인스턴스를 제공하였고, 이들이 어느 장에 사용되는지 알려 주어 뒤따르는 실행 예제에 대한 설명이 용이하도록 했다. 또한 웹 사이트 db-book.com에서 전체 예제에 대한 SQL 데이터 정의문과 예제 릴레이션 인스턴스를 만드는 SQL 문을 제공한다. 이를 통해 학생들은 데이터베이스 시스템에서 직접 예제 질의를 실행하고 해당 질의를 수정해 볼 수 있다. 위 목록에 언급되지 않은 주제도 전체 구성이 바뀌지는 않았지만 모두 6판에 비해 개선되었다.

각 장 끝에 있는 자료

각 장에 요약뿐 아니라 용어 목록이 있어 독자는 각 장에서 다룬 주요 주제를 복습할 수 있다.

6판과 같이, 연습문제는 **실전문제**와 **연습문제**로 나뉜다. 실전문제의 해답은 이 책의 웹 사이트에서 이용할 수 있다. 학생들은 스스로 실전문제를 해결할 것을 권장하며 웹 사이트의 해답은 자신의 풀이를 검사하는 데만 사용하기 바란다. 다른 연습문제의 해답은 강의자에게만 제공된다. (이 해답을 얻는 방법에 대한 정보는 다음의 "강의자를 위한 주석"을 참조)

다수의 장에서 각 장의 주제와 관련된 소프트웨어 도구에 대한 정보를 제공하는 "관련도구" 절이 마지막 부분에 있다. 이런 도구는 실습문제에 사용될 수 있다. SQL DDL과 대학교 데이터베이스에 대한 보기 데이터와 연습문제에서 사용된 다른 릴레이션은 본 웹 사이트에서 얻을 수 있고, 실습문제에 사용할 수 있다.

강의자를 위한 주석

일부 장으로만 강의 과정을 구성하는 것도 가능하다. 어떤 장은 책의 순서와 다른 순서로 강의할 수도 있다. 몇 가지 가능한 경우를 제시하면 다음과 같다.

- 5장(고급 SQL)은 생략하거나 나중에 다룰 수 있다. JDBC의 경우 학생들의 과제에 유용하게 사용될 수 있으므로, 적어도 5.1.1절은 대부분의 강의에서 초기에 다루는 것이 좋다.
- 6장(E-R 모델)은 SQL과 관련성이 없으므로 원한다면 3, 4, 5장 이전에 다룰 수 있다. 그러나 프로그래밍이 강조된 과목의 경우 SQL을 학습한 후 다양한 실습이 가능하며 이러한 과목에서는 데이터베이스 설계를 강의하기 전에 SQL을 먼저 다룰 것을 권장한다.
- 15장(질의 처리)과 16장(질의 최적화)은 다른 장과 상관없이 입문 과정에서 생략할 수 있다.
- 제7부(트랜잭션 관리)는 개론(17장)에 이어 자세한 내용이 18, 19장에서 이어진다. 만약 18, 19장을 심화 과정으로 미뤄서 다룬다면 이들 장을 생략하고 17장만 강의할 수도 있다.
- 제8부(병렬 및 분산 데이터베이스)는 개요(20장)에 이어 저장, 질의 처리 및 트랜잭션 처리에 대한 내용을 다룬다. 만약 21, 22, 23장을 심화 과정으로 미뤄서 다룬다면 이들 장을 생략하고 20장만 강의할 수도 있다.
- 제11부(온라인 장)에서 27장(정형 관계 질의어)은 SQL 앞에 있는 2장 바로 다음에 다루어도 되

고 혹은 입문 강의에서 생략할 수도 있다. 나머지 다섯 개의 다른 온라인 장(고급 관계형 데이터베이스 설계, 객체 기반 데이터베이스, XML, 정보 검색, PostgreSQL)은 자습 내용이거나 입문 과목에서 생략할 수 있다.

이 책을 기초로 한 강의계획서 모형은 이 책의 웹 홈페이지에 있다.

웹 사이트와 강의 보충자료

이 책의 웹 사이트 http://www.db-book.com에는 다음의 내용이 들어 있다.
(웹 사이트는 Chrome으로 접속)

- 이 책의 모든 장에 대한 슬라이드
- 실전문제 해답
- 여섯 개의 온라인 장
- 대학교 스키마와 연습문제에서 사용된 다른 릴레이션의 견본 데이터, SQL DDL 그리고 다양한 데이터베이스 시스템과 도구에 대한 설치 안내 사항 등을 포함한 실습 자료
- 최신 교정 리스트

다음의 추가적인 내용은 강의자에게만 제공할 수 있다.

- 책의 모든 연습문제에 대한 정답을 포함하는 강사용 안내서
- 추가 연습문제를 포함하는 문제 은행

위의 강의용 안내서 및 문제 은행 복사본을 얻는 방법에 대해서는 sem@mheducation.com으로 문의하면 된다. 이 책의 McGraw-Hill 웹 페이지는 www.mhhe.com/silberschatz이다.

저자와의 소통

저자들은 이 책의 오타, 버그, 편향 등을 없애기 위해 많은 노력을 기울였다. 그러나 새로운 소프트웨어의 배포가 그렇듯, 아마도 다수의 버그가 있을 것으로 생각된다. 최신 교정 리스트를 이 책의 홈페이지에서 제공한다. 만약 현재 교정 리스트에 없는 어떤 오류나 누락을 발견할 경우 알려 주면 매우 감사하겠다.

이 책의 개선을 위한 조언, 프로그래밍 연습문제나 과제 주제에 대한 제안, 온라인 실험실이나 초보자용 입문서나 강의 관련 아이디어 등 다른 독자들에게 도움이 될 만한 어떠한 제안 사항이 있다면 언제든지 전달해 주기 바란다.

전자 우편은 db-book-authors@cs.yale.edu로 보내고, 서신은 Avi Silberschatz, Department of Computer Science, Yale University, 51 Prospect Street, P.O. Box 208285, New Haven, CT 06520-8285 USA로 보내기 바란다.

감사의 글

많은 분들이 이전 판뿐만 아니라 이번 7판에도 큰 도움을 주었다. 저자들은 그분들 모두에게 매우 감사하게 생각한다.

7판

- Ioannis Alagiannis와 Renata Borovica-Gajic은 온라인으로 제공되는 PostgreSQL 데이터베이스에 대한 32장을 작성해 주었다. 이 장은 Anastasia Ailamaki, Sailesh Krishnamurthy, Spiros Papadimitriou, Bianca Schroeder, Karl Schnaitter 및 Gavin Sherry가 저술한 6판의 PostgreSQL 장을 완전히 재작성한 것이다.
- Judi Paige는 그림과 프레젠테이션 슬라이드 제작 및 복사 편집 자료 처리에 도움을 주었다.
- Mark Wogahn은 LaTeX 매크로와 폰트 등 책을 제작하는 소프트웨어가 올바로 동작하도록 도와주었다.
- Sriram Srinivasan은 병렬 및 분산 데이터베이스에 대한 장에 막대한 도움을 준 토론과 피드백을 주었다.
- N. L. Sarda는 6판과 7판의 일부 절에 대한 통찰력 있는 피드백을 제공해 주었다.
- Bikash Chandra와 Venkatesh Emani는 견본 코드 생성을 포함하여 응용 프로그램 개발 장을 갱신하는 데 도움을 주었다.
- IIT Bombay의 학생들, 특히 Ashish Mithole는 병렬 및 분산 데이터베이스를 다루는 장의 초안 버전에 대한 피드백을 제공해 주었다.
- Yale, Lehigh, and IIT Bombay의 학생들은 6판에 대한 조언을 제공해 주었다.
- Synaptic의 파트너 겸 CTO인 Jeffrey Anthony, Lehigh University 학생인 Corey Caplan(현재 Leavitt Innovations 공동 설립자), Gregory Cheng, Timothy LaRowe 및 Aaron Rotem은 새로운 블록체인 장에 도움이 된 조언과 제안을 제공해 주었다.

이전 판

- Hakan Jakobsson(Oracle)은 6판에서 Oracle 데이터베이스 시스템을 설명하는 장을 작성하였고, Sriram Padmanabhan(IBM)은 6판에서 IBM DB2 데이터베이스 시스템을 설명하는 장을 작성하였으며, Sammet Agrawal, José A. Blakeley, Thierry D'Hers, Gerald Hinson, Dirk Myers, Vaqar Pirzada, Bill Ramos, Balaji Rathakrishnan, Michael Rys, Florian Waas와 Michael Zwilling은 Microsoft SQL Server 데이터베이스 시스템을 설명하는 장을 작성하였고, 특히 슬프게도 세상을 떠난 José A. Blakeley는 이 장의 작업 조율과 편집에 도움을 주었으며, César Galindo-Legaria, Goetz Graefe, Kalen Delaney와 Thomas Casey는 이전의 Microsoft SQL Server 장의 이전 판에 도움을 주었다.
- Anastasia Ailamaki, Sailesh Krishnamurthy, Spiros Papadimitriou, Bianca Schroeder, Karl

Schnaitter와 Gavin Sherry는 6판의 PostgreSQL에 대한 장을 작성해 주었다.

- Daniel Abadi는 5판의 목차를 분석하고 새로운 구성에 도움을 주었다.
- Steve Dolins(University of Florida), Rolando Fernanez(George Washington University), Frantisek Franek(McMaster University), Latifur Khan(University of Texas-Dallas), Sanjay Madria(University of Missouri-Rolla), Aris Ouksel(University of Illinois), Richard Snodgrass(University of Arizona)는 이 책의 검토자로서 이들의 조언은 6판을 만드는 데 큰 도움이 되었다.
- Judi Paige는 그림과 프레젠테이션 슬라이드를 만드는 데 도움을 주었다.
- Mark Wogahn은 LaTex 매크로와 폰트 등의 책을 제작하는 소프트웨어가 올바로 동작하도록 도와주었다.
- N. L. Sarda는 여러 장을 개선하는 데 도움이 된 피드백을 제공해 주었고, Vikram Pudi는 이전 은행 스키마를 바꾸는 데 동기를 주었으며, Shetal Shah는 여러 장에 대한 피드백을 주었다.
- Yale, Lehigh, IIT Bombay의 학생들은 5판과 6판의 견본에 여러 조언을 주었다.
- Chen Li와 Sharad Mehrotra는 5판의 JDBC에 관한 내용과 보안에 대해 도움을 주었다.
- Marilyn Turnamian과 Nadprasad Joshi은 5판의 비서 지원을 해 주었으며 Marilyn은 5판의 표지 디자인을 준비했다.
- Lyn Dupré는 3판을 교열하였으며, Sara Strandtman은 3판의 내용을 편집했다.
- Nilesh Dalvi, Sumit Sanghai, Gaurav Bhalotia, Arvind Hulgeri K. V. Raghavan, Prate Kapadia, Sara Strandtman, Greg Speegle, Dawn Bezviner는 이전 판의 강의용 안내서를 준비하는 데 도움을 주었다.
- 표지 콘셉트로 배를 사용하자는 아이디어는 Bruce Stephan이 제안했다.
- 다음 사람들은 이 책의 5판과 이전 판에 대한 제안과 조언을 주었다. R. B. Abhyankar, Hani Abu-Salem, Jamel R. Alsabbagh, Raj Ashar, Don Batory, Phil Bernhard, Christian Breimann, Gavin M. Bierman, Janek Bogucki, Haran Boral, Paul Bourgeois, Phil Bohannon, Robert Brazile, Yuri Breitbart, Ramzi Bualuan, Michael Carey, Soumen Chakrabarti, Tom Chappell, Zhengxin Chen, Y. C. Chin, Jan Chomicki, Laurens Damen, Prasanna Dhandapani, Qin Ding, Valentin Dinu, J. Edwards, Christos Faloutsos, Homma Farian, Alan Fekete, Frantisek Franek, Shashi Gadia, Hector Garcia-Molina, Goetz Graefe, Jim Gray, Le Gruenwald, Eitan M. Gurari, William Hankley, Bruce Hillyer, Ron Hitchens, Chad Hogg, Arvind Hulgeri, Yannis Ioannidis, Zheng Jiaping, Randy M. Kaplan, Graham J. L. Kemp, Rami Khouri, Hyoung-Joo Kim, Won Kim, Henry Korth(Henry F.의 아버지), Carol Kroll, Hae Choon Lee, Sang-Won Lee, Irwin Levinstein, Mark Llewellyn, Gary Lindstrom, Ling Liu, Dave Maier, Keith Marzullo, Marty Maskarinec, Fletcher Mattox, Sharad Mehrotra, Jim Melton, Alberto Mendelzon, Ami Motro, BhagirathNarahari, Yiu-Kai Dennis Ng, Thanh-Duy Nguyen,

Anil Nigam, Cyril Orji, Meral Ozsoyoglu, D. B. Phatak, Juan Altmayer Pizzorno, Bruce Porter, Sunil Prabhakar, Jim Peterson, K. V. Raghavan, Nahid Rahman, Rajarshi Rakshit, Krithi Ramamritham, Mike Reiter, Greg Riccardi, Odinaldo Rodriguez, Mark Roth, Marek Rusinkiewicz, Michael Rys, Sunita Sarawagi, N. L. Sarda, Patrick Schmid, Nikhil Sethi, S. Seshadri, Stewart Shen, Shashi Shekhar, Amit Sheth, Max Smolens, Nandit Soparkar, Greg Speegle, Jeff Storey, Dilys Thomas, Prem Thomas, Tim Wahls, Anita Whitehall, Christopher Wilson, Marianne Winslett, Weining Zhang, Liu Zhenming.

개인적인 말

Sudarshan은 그의 아내 Sita가 준 사랑과 지원에 감사하며, 자녀 Madhur와 Advaith에게 그들의 사랑과 삶의 환희에 감사를 표한다. Hank는 그의 아내 Joan과 두 자녀 Abby와 Joe에게 그들이 준 사랑과 이해에 감사를 표한다. Avi는 그녀의 아내 Valerie에게 책의 개정 작업 동안 보여 준 사랑과 인내와 지원에 감사를 표한다.

A. S.

H. F. K.

S. S.

역자 소개

정연돈 | 고려대학교 컴퓨터학과 교수

권준호 | 부산대학교 정보컴퓨터공학부 교수

김종욱 | 상명대학교 SW융합학부 교수

서영균 | 경북대학교 컴퓨터학부 교수

이동호 | 한양대학교 인공지능학과 교수

역자 서문

컴퓨터학과 전공 교과서 중에서 애칭 또는 별명이 있는 세 권의 책이 있다. 공룡 그림이 그려진 운영체제 교재, 용과 기사의 그림이 있는 컴파일러 교재, 그리고 우리나라에서 "돛단배 책"이라고 불리는 바로 이 책, *Database System Concepts*다. 초판이 출간된 지 벌써 40년이 가까워 오지만, 여전히 전 세계에서 가장 많이 사용되는 데이터베이스 과목의 교재다.

2019년 5월 어느 날, McGraw-Hill Korea의 담당자로부터 이 책의 최신판(7판)에 대한 번역 요청을 받았다. 그로부터 1년 6개월이 지난 2020년 11월 초, 1년이 넘게 걸린 번역진 구성이 마무리되었다. 인류사에 기록될 만한, 그리고 지금도 여전히 진행 중인 COVID-19 사태 속에서 온라인 화상 회의를 통해 다섯 명의 교수들이 만난 이후, 8개월가량의 시간이 흘러 번역서가 완성되었다. 전공 서적에 대한 번역 작업은, 소요되는 노력에 비해 결과물에 대한 평가가 매우 낮은 일임을 누구나 알고 있다. 하지만 자신이 연구하는 분야를 대표하는 교재를 번역하는 것은 학자에게 남다른 의미가 있다고 생각한다. 역자들 역시 이 책의 가치와 상징성을 이해하고 있기에 양질의 번역서를 출간하고자 최선의 노력을 했다.

"Database System Concepts"라는 제목에서 알 수 있듯이 이 책은 개념을 위주로 모든 기술을 설명하고 있다. 아주 분명하게 개념을 소개하기 위해 최선을 다한 책이다. 이 책의 7판이 다루고 있는 분야는 아주 다양하다. 전통적인 관계형 데이터베이스의 이론과 데이터베이스 시스템 기술은 물론, 웹과 인터넷에 관련된 다양한 데이터베이스 응용, 비정형 데이터 처리, 빅데이터 및 데이터 분석, 분산 및 병렬 데이터베이스, 그리고 블록체인 데이터베이스와 같은 최신 기술까지 모두 망라하고 있다. 명실상부한 데이터베이스 분야의 "실질적인 표준(de facto standard)" 교재라고 할 수 있겠다.

이 책은 첫 출간 이래 일곱 번의 개정을 거쳐 오면서, 시대적으로 변화하는 다양한 데이터베이스 기술을 소개해 왔다. 고전적인 데이터베이스 기술의 상당 부분(27~32장)은 분량의 문제로 인해 7판의 지면에서 소개하지 못하고 웹 사이트(db-book.com)에서 온라인 챕터로 제공함을 양해 바란다. 또한 이 책은 매우 방대한 내용을 담고 있다. 그중에서 상당 부분은 입문 과정을 넘어서는 수준의 내용이다. 이 책의 내용은 다음과 같은 부분으로 나누어 볼 수 있다. "관계형 데이터베이스 모델", "데이터베이스 설계(개념적/논리적 설계, 정규화)", "SQL(기초, 중급, 고급)", "데이터베이스 응용 개발", "빅데이터와 데이터 분석", "데이터베이스 시스템 기술(저장, 인덱스, 질의 처리 및 최적화, 트랜잭션 처리)", "분산 및 병렬 데이터베이스", "고급/최신 데이터베이스 기술"이다. 이 부분들을 적절히 선택/조합하면, 학교별 교과 과정의 특색, 수강생들의 구성 및 진로, 강의자의 교육 철학에 따라 다양한 방식으로 본 교재를 활용할 수 있다. (국내 대학의 경우 학부 과정에서 "데이터베이스", "데이터베이스 설계 및 응용" 등과 같은 제목으로 과목이 많이 운용되고 있으며, 대학원 과정에서 "고급 데이터베이스", "데이터베이스 시스템(설계/구현)", "분산/병렬 데이터베이스" 등의 과목이 개설되고 있다. 본 교재는 국내 실정에 비추어, 학부와 대학원에서 두세 개 과목에 걸쳐서 사용될 수 있는 분량의 내용을 포함하고 있다.)

요즘은 너무 빠르게 IT 기술이 발전하고 있고, 그에 따라 너무나 많은 IT 관련 서적과 자료가 있다. 그 많은 자료 중에서, 이 책이 독자들의 책상 위에 의미 있는 한자리를 차지했으면 한다. 잘못된 부분이 없도록 노력했지만, 모든 책임은 역자들의 몫이라는 것을 알고 있다. 독자들에게 작게나마 도움이 되길 바랄 뿐이다. 끝으로, 이 번역서를 출간할 기회를 준 McGraw-Hill Korea에 감사드린다.

2021년 7월

역자 일동

요약 차례

차례

CHAPTER 04 중급 SQL 115

CHAPTER 05 고급 SQL 167

PART 2 ■ 데이터베이스 설계

CHAPTER 06 E-R 모델을 사용한 데이터베이스 설계 221

CHAPTER 07 관계형 데이터베이스 설계 277

PART 3 ■ 응용 프로그램의 설계 및 개발

PART 4 ■ 빅데이터 분석

CHAPTER 11 데이터 분석 471

PART 5 ■ 저장 장치 관리 및 인덱싱

CHAPTER 12 물리적 저장 장치 시스템 509

CHAPTER 13 데이터 저장 장치 구조 535

CHAPTER 14 인덱싱 569

PART 6 ■ 질의 처리와 최적화

PART 7 ■ 트랜잭션 관리

Chapter 1

서론

데이터베이스 관리 시스템(database-management system, **DBMS**)은 서로 관계있는 데이터들의 모임과 그 데이터에 접근하기 위한 프로그램의 집합으로 구성된다. **데이터베이스**(database)는 보통 데이터들의 모임을 일컫는 말로서, 흔히 조직과 관련된 정보를 포함한다. DBMS의 주요 목적은 데이터베이스에 정보를 저장하고 이를 검색하기 위한 **편리하고도 효율적인** 환경을 제공하는 데 있다.

데이터베이스는 대규모의 정보를 관리하도록 설계된다. 데이터 관리에는 정보 저장 구조를 정의하는 작업과 저장된 정보를 조작하기 위한 기법이 모두 포함된다. 또한 데이터베이스 시스템은 저장된 정보를 시스템 고장이나 모든 불법적인 접근 등으로부터 안전하게 보호해야 하며, 데이터가 여러 사용자 간에 공유될 경우 생길 수 있는 예기치 않은 이상 결과를 방지해야 한다.

어떤 조직에서나 정보는 매우 중요하기 때문에, 컴퓨터 과학자들은 데이터를 관리하는 데 기반이 되는 여러 개념과 기술을 오랫동안 연구해 왔다. 이 책은 이러한 기본 개념과 기술에 초점을 맞추고 있다. 이 장에서는 데이터베이스 시스템의 기본 원칙에 대해 간단히 소개한다.

1.1 데이터베이스 시스템의 응용

최초의 데이터베이스 시스템은 상업용 데이터에 대한 컴퓨터화된 관리를 위해 1960년대에 개발되었다. 초기의 응용은 최신 데이터베이스 응용에 비해 상대적으로 단순했다. 최신 응용은 매우 정교하고 세계적인 기업에서 사용된다.

모든 데이터베이스 응용은 오래되었건 최신이건 간에 중요한 일반적인 요소를 공유한다. 응용의 핵심적인 측면을 살펴보면 계산을 하는 프로그램이 아니라 데이터 그 자체라고 할 수 있다. 오늘날 가장 뛰어난 일부 기업들은 그들이 가진 자산 때문이 아니라 그들이 소유하고 있는 정보 때문에 기업의 가치를 평가받는다. 계좌나 고객에 대한 데이터가 없는 은행이나 사용자 간의 연결을 잃어버린 소셜 네트워크 사이트를 상상해 보라. 만약 이런 상황에 처하게 된다면 기업은 사라지게 될 것이다.

데이터베이스 시스템은 아래와 같은 데이터 집합을 관리하는 데 사용된다.

- 매우 가치 있는 데이터
- 상대적으로 규모가 큰 데이터
- 다수의 사용자나 응용 프로그램이 동시에 사용하는 데이터

초기 데이터베이스 응용은 단순하고 형식화된 구조화 데이터(structured data)만 가지고 있었다. 오늘날 데이터베이스 응용은 복잡한 관계와 다양한 구조의 데이터를 가지게 되었다. 구조화 데이터를 다루는 응용의 예로는 과목, 학생, 수강 등록 등을 다루는 대학의 레코드를 고려해 볼 수 있다. 대학은 각 과목에 대해서 과목 식별자, 과목명, 학과, 과목번호 등과 같은 동일한 형태의 정보만 유지한다. 학생에 대해서도 학생 식별자, 이름, 주소, 전화번호 등과 같은 동일한 형태의 정보만 유지한다. 수강 등록은 과목 식별자와 학생 식별자로 구성된 쌍의 집합으로 구성된다. 이런 종류의 정보는 표준적이고 반복적인 구조로 1960년대 데이터베이스 응용의 대표적인 데이터 형태다. 단순한 대학 데이터베이스 응용과 소셜 네트워크 사이트와 비교해 보자. 사이트 사용자들은 이름이나 생년월일과 같은 단순한 항목부터 텍스트, 이미지, 비디오, 다른 사용자에 대한 링크 등으로 구성된 복잡한 게시물(posts)까지 다양한 형태의 정보로 구성된다. 이러한 데이터들 중에는 양에 제한이 있는 일반적인 구조도 있다. 두 개의 응용 모두 데이터베이스의 기본적인 특징을 공유한다.

최신 데이터베이스 시스템은 약하게 구조화된 데이터와 매우 가변적인 형태의 데이터에 대해서 효율성을 얻기 위해 데이터 구조의 공통성을 활용한다. 결국 데이터베이스 시스템은 양적으로 매우 크고, 내용적으로 복잡하고 다양한 데이터 집합을 관리하는 대규모의 소프트웨어 시스템이다.

복잡성을 관리하는 것은 데이터 관리뿐만 아니라 다른 분야에서도 매우 도전적인 일이다. 복잡성 관리에서 중요한 것은 **추상화**(abstraction) 개념이다. 추상화는 사람이 장치나 시스템이 어떻게 구성되었는지에 대한 자세한 사항을 알 필요 없이 복잡한 장치나 시스템을 사용할 수 있도록 해 준다. 예를 들어, 사람은 자동차가 어떻게 동작하는지만 알면 운전을 할 수 있다. 운전자는 모터가 어떻게 만들어졌으며 어떻게 동작하는지를 알 필요까지는 없다. 운전자가 알아야 할 것은 모터가 무엇인지에 대한 추상화 개념이다. 유사하게 데이터베이스 시스템은 대규모의 복잡한 데이터에 대해서 더 단순하고 추상화된 관점을 제공한다. 그래서 사용자와 응용 프로그래머들은 데이터가 실제로 어떻게 저장되고 조직화되었는지에 대한 자세한 사항을 알 필요가 없다. 데이터베이스 시스템은 높은 수준의 추상화를 제공함으로써 기업이 조직을 운영하는 데 필요한 다양한 형태의 데이터를 정보 저장소에 통합하는 것을 가능하게 만들어 준다.

몇 가지 대표적인 응용은 다음과 같다.

- **기업 정보**
  - **판매**: 고객, 상품, 구매 정보 관리에 사용된다.
  - **회계**: 지급, 수령, 계좌 잔고, 자산, 다른 회계 정보에 사용된다.

  - **인적 자원**: 고용인에 대한 정보, 임금 대장, 세금 및 복지 정보, 수표 정산 등의 정보 관리에 사용된다.
- **제조업**: 상품 판매망에 대한 정보, 상품 판매량, 재고, 주문 등을 관리하는 데 사용된다.
- **은행 업무 및 재무**
  - **은행 업무**: 고객 정보, 계좌, 대출 정보, 은행 업무 수행을 위한 트랜잭션 관리에 사용된다.
  - **신용카드 트랜잭션**: 신용카드를 이용한 구매 정보 관리, 매월 정산되는 카드 사용 내역 관리에 사용된다.
  - **재무**: 주식, 채권 등 재정 발행권의 유지, 판매, 구매 등에 대한 정보 관리와 고객의 온라인 거래 및 기업의 자동화 거래에 사용되는 실시간 시장 데이터 저장에 사용된다.
- **대학**: (인적 자원이나 회계와 같은 일반적인 조직 정보 이외에) 학생 정보, 수강 신청, 학점 정보 등의 학사 관리에 이용된다.
- **항공**: 예약 및 비행 스케줄 정보 관리에 사용된다. 항공 정보 시스템은 지리적으로 분산된 방식으로 데이터베이스를 이용하는 최초의 응용 중 하나다.
- **통신**: 통화 내역, 통신비 산정 기록, 온라인으로 이용되는 전화카드 잔고 관리, 통신 네트워크에 대한 정보 관리에 사용된다.
- **웹 기반 서비스**
  - **소셜 미디어**: 사용자 기록, 친구/팔로잉 정보와 같은 사용자 간의 연결, 사용자가 생성한 게시물, 게시물에 대한 순위/좋아요 정보 등을 관리하는 데 사용된다.
  - **온라인 소매**: 소매점별 판매, 데이터 및 주문 기록, 온라인 주문 추적, 추천 리스트 생성, 사용자에게 추천할 상품 식별 등에 사용된다.
  - **온라인 광고**: 타깃 광고, 상품 제안, 뉴스 기사 제공 등을 위한 클릭 정보 기록, 사용자가 웹 검색을 하거나 온라인 구매, 혹은 소셜 네트워크 사이트 접속을 할 때마다 데이터베이스에 기록되는 접근 정보 관리에 사용된다.
- **문서 데이터베이스**: 뉴스 기사, 특허, 연구 논문의 집합을 관리하는 데 사용된다.
- **내비게이션 시스템**: 도로, 철도, 버스 등의 정확한 경로와 함께 관심 있는 지역의 위치 관리에 사용된다.

위에서 열거한 바와 같이, 오늘날 데이터베이스는 대부분의 기업에서 반드시 필요한 요소일 뿐만 아니라 개인 일상생활의 큰 부분을 차지하는 요소로 자리 잡았다.

사람들이 데이터베이스와 소통하는 방식은 시간에 따라 변해 왔다. 초기 데이터베이스는 입력에 대해서 출력된 보고서나 인쇄물 형태로 사용자와 소통하는 백오피스(back-office) 시스템 형태로 관리되었다. 이후에 데이터베이스는 기업 내의 최종 사용자가 데이터에 대해서 질의하고 갱신할 수 있는 사용자 인터페이스와 함께 프로그래머가 데이터와 소통하는 데 사용하는 정교한 언어를 제공하게 되었다.

프로그래머가 데이터베이스와 소통하는 방식에 대한 지원 기술이 발달함에 따라 컴퓨터 하드웨어의 성능은 향상되고 가격은 내려갔다. 더불어 데이터베이스의 데이터를 기업 내의 최종 사용자뿐만 아니라 일반 대중에게도 직접 제공할 수 있는 정교한 응용이 출현했다. 은행 고객이 업무 때마다 은행 직원과 직접 소통해야 했지만 은행 자동화기기(automated-teller machines, ATM)는 고객과의 직접적인 소통을 가능하게 했다. 오늘날 모든 기업은 가상적으로 모든 고객이 기업의 데이터베이스, 즉 기업 자체와 직접적으로 소통할 수 있도록 도와주는 웹 응용을 사용하고 있다.

사용자 혹은 고객은 기업체와 소통을 가능하게 해 주는 대규모 데이터베이스의 세부사항을 신경 쓸 필요 없이 오직 상품이나 서비스에만 집중하면 된다. 예를 들어, 소셜 미디어 게시물을 읽거나 온라인 서점을 방문해서 책이나 음악을 살펴볼 때 사용자는 데이터베이스에 저장된 데이터에 접근하는 것이다. 사용자가 온라인으로 주문을 하면 고객의 주문은 데이터베이스에 저장된다. 은행 웹 사이트를 방문해서 잔고를 검색하면 해당 정보는 은행 데이터베이스 시스템으로부터 검색되어 사용자에게 보여지게 되는 것이다. 고객이 웹 사이트를 방문할 때, 적절한 광고를 보여 주기 위해서 고객에 대한 정보가 데이터베이스로부터 검색될 수도 있다. 스마트폰과 하는 거의 대부분의 상호작용도 일종의 데이터베이스 접근이라고 할 수 있다. 더 나아가 고객의 웹 접근에 대한 데이터도 데이터베이스에 저장될 수 있다.

사용자 인터페이스가 데이터베이스 접근에 대한 자세한 사항을 숨기기 때문에 대부분의 사람들은 자신이 데이터베이스를 다루고 있다는 것을 인지하지 못하지만, 데이터베이스 접근은 오늘날 거의 모든 사람의 일상생활에 필수요소가 되었다.

크게 보면 데이터베이스는 아래와 같은 두 가지 모드로 사용된다.

- 첫 번째는 **온라인 트랜잭션 처리**(online transaction processing)를 지원하는 모드다. 이 모드에서는 대규모 사용자들이 데이터베이스를 사용하며 각 사용자는 비교적 적은 양의 데이터에 대한 검색이나 갱신을 주로 수행한다. 앞서 살펴봤던 대부분의 데이터베이스 응용을 위한 주 모드(primary mode)다.
- 두 번째는 **데이터 분석**(data analysis)을 지원하는 모드다. 즉 비즈니스 결정을 내리기 위해 결론을 끌어내고 규칙을 추론하거나, 어떤 결정을 내리기 위해서 데이터를 분석하는 것이다.

  예를 들어, 은행에서 대출을 해 줄지 여부를 결정하거나, 온라인 광고업자가 어떤 광고를 특정 사용자에게 보여 줄지를 결정하는 상황을 가정해 보자. 이러한 작업은 두 단계로 진행된다. 먼저 데이터 분석 기술을 활용해서 데이터로부터 어떤 규칙이나 패턴을 찾아서 **예측 모델**(predictive model)을 생성한다. 이런 모델은 개인의 속성(혹은 특징)을 입력으로 받아서 비즈니스 결정을 하는 데 사용될 수 있는 대출을 갚을 가능성, 혹은 광고를 클릭할 가능성과 같은 예측을 출력하게 된다.

  또 다른 예로, 제조업자나 소매업자는 어떤 제품을 제조할지 혹은 얼마나 주문할지를 결정할 필요가 있다. 이러한 결정은 과거 데이터를 분석하고 경향을 예측하는 기술에 의해 결정된다. 잘못된 결정에 대한 비용이 매우 클 수 있기 때문에 기업은 기꺼이 데이터를 구매하거나 정확한 예측을 위해서 데이터를 분석하는 시스템을 구축하는 데 많은 돈을 투자할 것이다.

  데이터 마이닝(data mining)은 인공지능 연구자 및 통계학자들이 개발한 지식 탐사(knowledge discovery) 기법과 그것을 대규모 데이터베이스에서 활용할 수 있는 효율적인 구현 기술을 접목한 것이다.

1.2 데이터베이스 시스템의 목적

데이터베이스의 목적을 이해하기 위해서 대학 조직에서 교수와 학생, 학과, 개설되는 수업에 대한 정보를 보관해야 하는 경우를 생각해 보자. 컴퓨터에 이 정보를 저장한다고 할 때, 생각할 수 있는 한 가지 방법은 운영체제상의 파일 시스템에 저장하는 것이다. 사용자에게 이 정보를 이용할 수 있게 하려면, 아래와 같은 프로그램을 비롯하여 다양한 응용 프로그램이 필요할 것이다. (보통 시스템 프로그래머가 이런 응용 프로그램을 구현하게 된다.)

- 새로운 학생, 교수, 수업 추가
- 수업에 학생을 등록하고 수업 명단을 생성
- 학생에게 학점 부여, 평점 계산, 성적 증명서 생성

또한 대학교에서 다른 기능을 추가할 때마다 새로운 응용 프로그램을 만들어야 할 것이다. 예를 들어, 대학교에서 새로운 전공을 만들기로 했다고 하자. 그 결과로 대학은 새로운 학과를 만들고, 그 학과의 모든 교수와 전공하는 학생, 수업, 학위를 위해 필요한 내용 등과 같은 정보를 저장하기 위한 영구적인 파일을 생성(또는 존재하는 파일에 정보를 추가)해야 한다. 대학은 새로운 전공에 대한 규칙을 다루기 위해 새로운 프로그램도 만들어야 할 것이다. 이 새로운 프로그램은 대학의 새로운 규칙도 다룰 수 있어야 한다. 그러므로 파일과 응용 프로그램은 갈수록 늘어나게 된다.

위와 같은 전형적인 **파일 처리 시스템**(file-processing system)은 통상 운영체제에 의해 지원된다. 이러한 시스템에서는 영속적 레코드가 여러 가지 서로 다른 파일에 저장되는 경우가 생기게 되는데, 이는 레코드를 검색하거나 새로 입력할 때 해당 파일에 따라 여러 프로그램이 서로 다르게 작성되어야 함을 의미한다. DBMS가 등장하기 전까지는 대개 이러한 시스템에 정보를 저장했다.

파일 처리 시스템에 정보를 저장했을 때 주요 단점은 다음과 같다.

- **데이터의 중복과 비일관성**. 파일과 응용 프로그램은 장기간에 걸쳐 서로 다른 많은 프로그래머에 의해 개발되므로 파일이 서로 다른 형식을 갖기 쉽고, 응용 프로그램이 서로 다른 언어로 작성될 수도 있다. 게다가 동일한 정보가 여러 파일에 중복 저장될 것이다. 예를 들어, 만약 한 학생이 복수전공(음악과 수학같이)을 한다고 할 때 그 학생의 주소와 전화번호는 음악을 전공하는 학생들의 정보를 담고 있는 파일에도 나타나고, 수학을 전공하는 학생들의 정보를 담고 있는 파일에도 나타날 수 있다. 이러한 중복은 저장 공간의 낭비를 초래하고, 접근 비용도 늘어나게 한다. 뿐만 아니라 이는 곧 **데이터의 비일관성**(data inconsistency)—동일한 데이터의 여러 사본이 서로 다른 값을 보유하고 있는 상태—으로 이어진다. 예를 들어, 학생의 주소가 바뀌었을 때 바뀐 주소가 "음악" 학과 기록에만 반영이 되고, 시스템의 다른 부분에서는 반영되지 않았을 경우를 가리킨다.

- **데이터 접근의 어려움**. 어떤 대학교 직원이 특정 도시에 사는 모든 학생의 이름을 알아야 할 필요가 있다고 하자. 그러면 그 직원은 전산실에 그러한 고객 명단을 만들어 달라고 요청할 것이다. 시스템이 처음 설계될 당시에는 이러한 요구 사항이 없었으므로, 해당 응용 프로그램은 시스템에 존재하지 않을 것이다. 다만 모든 학생의 리스트를 생성하는 응용 프로그램은 이미 개발되어 있다고 하자. 이때 이 직원이 취할 수 있는 방법은 둘 중 하나다. 즉 모든 학생의 리스트를 가지고 필요한 정보를 수작업으로 골라내든지, 혹은 전산실의 프로그래머에게 필요한 응용 프로그램을 별도로 개발해 줄 것을 요청하는 것이다. 두 가지 모두 결코 만족스러울 수 없다는 것은 명백하다. 예를 들어, 같은 직원이 며칠 후 이번에는 해당 도시의 학생들 중 최소 60학점을 이수한 학생들을 선별해 줄 것을 또 다시 요청할 수 있기 때문이다. 당연히 시스템에 이런 응용 프로그램은 없다. 그러므로 이번에도 직원은 앞에서 언급한 두 가지 방법 중 하나를 택해야 할 것이다. 역시나 두 가지 방법 모두 만족스럽지 못하다.

  요컨대 기존의 파일 처리 시스템 환경에서는 필요한 데이터를 편리하고 효율적으로 검색하기가 힘들다는 것이다. 보다 훌륭한 데이터 검색 시스템이 필요하다.
- **데이터 고립**. 데이터가 여러 파일에 흩어져 있는 데다 파일 형식이 서로 다르기 때문에 원하는 데이터를 검색하는 프로그램을 새로 작성하기 어렵다.
- **무결성(integrity) 문제**. 데이터베이스 내에 저장된 데이터 값은 어떤 형식의 **일관성 제약 조건**(consistency constraint)을 만족해야 한다. 예를 들어, 대학이 각 학과의 계좌를 유지하고 각 계좌의 잔고를 저장하려고 한다고 하자. 또한 대학교가 학과의 계좌 잔고가 0 이하로 떨어지지 않기를 원한다고 하자. 프로그램 개발자는 여러 프로그램 내에 적절한 코드를 첨가함으로써, 시스템 내에서 이런 제약 조건이 잘 지켜지도록 해야 한다. 그러나 새로운 제약 조건이 추가되었을 때 기존 프로그램을 일일이 변경하여 해당 제약 조건을 새로이 만족한다는 것은 쉬운 일이 아니다. 특히 새로운 제약 조건이 서로 다른 파일 내의 여러 데이터 항목을 포함할 때 문제는 더 복잡해진다.
- **원자성 문제**. 다른 장치처럼 컴퓨터 시스템 또한 고장이 날 수 있다. 많은 경우 시스템이 고장을 일으켰을 때 데이터를 고장 전의 일관성 있는 상태로 유지시키는 일은 매우 중요하다. *A*학과의 계좌에서 *B*학과의 계좌로 $500를 이체하는 프로그램을 생각해 보자. 프로그램이 실행되는 도중에 시스템 고장이 생기면, *A*학과의 계좌에서는 $500가 인출되었는데 *B*학과의 계좌에는 확실히 입금되지 않아 데이터베이스의 비일관성을 초래할 수 있다. 명백히, 데이터베이스의 일관성을 지키기 위해서는 반드시 출금과 입금이 둘 다 이루어지든지 아니면 둘 다 이루어지지 않든지 해야 한다. 즉 예금 이체는 **원자적**(atomic)이어야 한다—일련의 과정 전체가 수행되든지 아니면 어느 것도 수행되지 않아야 한다. 기존의 파일 처리 시스템에서는 이러한 원자성을 보장하기가 어렵다.
- **동시 접근의 문제**. 시스템의 전반적인 성능을 향상하고 응답 시간을 단축하기 위해, 많은 시스템은 여러 사용자가 데이터를 동시에 갱신할 수 있도록 한다. 이러한 상황하에서는 동일한 데이터가 여러 사용자에 의해 동시에 갱신될 수 있는데, 이는 데이터의 비일관성을 야기할 수 있다.

예를 들어, *A*학과가 $10,000의 잔고를 가지고 있다고 하자. 만약 두 학과의 직원이 같은 시간에 *A*학과의 계좌에서 돈을 인출(예를 들어 각각 $500와 $100)했다면, 이러한 동시 실행의 결과, 최종 잔고가 정확하지 않은(또는 일관되지 않은) 상태로 남을 수도 있다. 이전의 잔고를 읽어서 인출 금액만큼 뺀 후 그 결과를 기록하는 프로그램이 있다고 하자. 두 고객에 의해 동시에 프로그램이 실행되면, 두 프로그램 모두 $10,000를 읽어 각각 $9,500와 $9,900를 기록하게 될 것이다. 어떤 프로그램이 최종적으로 잔고를 기록했는지에 따라 *A*학과 계좌의 잔액은 $9,400여야 하는데, $9,500나 $9,900가 될 수 있다. 이러한 가능성을 막기 위해 시스템은 어떤 형태로든 이를 감독해야 한다. 그러나 데이터는 사전에 조정되지 않은 수많은 응용 프로그램에 의해 접근되므로 이를 관리하기가 상당히 어렵다.

또 다른 예로, 수강 신청 프로그램이 수강 신청 인원을 제한하기 위해 어떤 수업을 신청한 학생 수를 가지고 있다고 하자. 학생이 수강 신청을 하면 프로그램은 그 수업의 현재 인원을 읽어서 수강 신청 인원이 차지 않았는지를 확인한 다음, 인원수를 하나 증가시킨 후 그 숫자를 다시 데이터베이스에 저장한다. 현재 인원이 39명인 수업을 두 학생이 동시에 수강 신청을 했다고 하자. 두 프로그램은 모두 39를 읽어서 40으로 저장하게 되는데, 이는 1만 증가시키는 정확하지 않은 결과를 내게 되므로 두 학생은 성공적으로 수강 신청이 되고 인원수는 41이 된다. 만약 그 수업의 수강 신청 가능 인원수가 40이었다고 한다면 위 상황에서 두 학생이 모두 수강 신청을 할 수 있게 되기 때문에 40명이라는 제한을 위반하게 된다.

- **보안 문제**. 데이터베이스 시스템의 모든 사용자가 모든 데이터에 접근하는 것은 아니다. 예를 들어, 대학교의 급여 담당 직원은 재무 정보가 들어 있는 데이터베이스 부분만 보면 된다. 그 직원이 학교의 레코드에 관한 정보에까지 접근할 필요는 없다는 이야기다. 파일 처리 시스템에서는 응용 프로그램이 그때그때 바로 추가되므로 이러한 보안에 관한 제약 조건을 지키기 어렵다.

이러한 많은 어려움으로 인해 1960년대와 1970년대에 데이터베이스 시스템 개발과 파일 기반 응용을 데이터베이스 시스템으로 전환하는 것이 매우 중요했다.

이제부터는 이러한 파일 처리 시스템의 문제점을 해결하기 위해 개발된 데이터베이스 시스템의 개념과 알고리즘을 공부할 것이다. 이 책의 대부분에서 전형적인 데이터 처리 응용 프로그램의 예로서 대학교 조직을 사용한다.

1.3 데이터의 관점

데이터베이스 시스템은 서로 관련이 있는 파일의 모임이자 사용자로 하여금 이 파일에 접근하거나 이를 수정하도록 하는 프로그램의 집합이다. 데이터베이스 시스템의 주요 목적은 사용자에게 데이터에 관한 **추상적**인 관점을 제공하는 것이다. 즉 시스템은 데이터가 어떻게 저장되고 유지되는지에 관한 세부 사항은 사용자로부터 은폐한다.

1.3.1 데이터 모델

데이터베이스 구조의 기반이 되는 것이 **데이터 모델**(data model)로서, 이는 데이터, 데이터들 사이의 관계, 데이터의 의미 그리고 일관성 제약 조건 등을 기술하기 위한 개념적 표현의 집합이다. 데이터 모델은 물리적, 논리적, 뷰 단계의 데이터베이스 설계 방법을 제공한다.

앞으로 이 책에서 다룰 데이터 모델은 다양하다. 데이터 모델은 크게 네 개로 분류된다.

- **관계형 모델**(Relational Model). 관계형 모델은 데이터와 이들 데이터 사이의 관계를 나타내기 위해 테이블의 모임을 사용한다. 각 테이블은 고유한 이름을 가진 여러 개의 열(column)로 구성된다. 테이블은 **릴레이션**(relation)이라고도 부른다. 관계형 모델은 레코드 기반 모델의 한 예다. 레코드 기반 모델이라 명명한 것은 데이터베이스가 몇 개의 타입(type)으로 이루어진 고정 형식의 레코드로 구성되기 때문이다. 각 테이블은 특정한 타입의 레코드를 포함한다. 각 레코드 타입은 정해진 수의 필드(또는 속성)를 정의한다. 테이블의 각 열은 레코드 타입의 속성에 대응한다. 관계형 데이터 모델은 가장 널리 쓰이는 데이터 모델이며, 현재 나온 데이터베이스 시스템의 대부분은 관계형 모델에 기반한 것이다. 2장과 7장에서 관계형 모델에 대해 자세히 설명한다.
- **개체-관계 모델**(Entity-Relationship Model). 개체-관계 데이터 모델(E-R 모델)은 기본적인 객체들의 집합인 개체(entity)와 이러한 개체들 간의 관계(relationship)를 사용한다. 개체는 실세계에 존재하는 "어떤 것" 혹은 "객체"이며 다른 객체와 구별된다. 개체-관계 모델은 데이터베이스를 설계하는 데 널리 쓰이며, 6장에서 자세히 살펴본다.
- **반구조형 데이터 모델**(Semi-structured Data Model). 반구조형 데이터 모델은 같은 형식을 갖고 있으나 다소 다른 속성을 가진 개별적 데이터 항목을 기술하기 위한 비정형 데이터 모델이다. 이는 앞에서 소개한 모델들이 특정 형식의 데이터 항목에 대해서는 동일한 속성의 집합만 갖도록 허용한다는 점에서 대조를 이룬다. *JSON*과 확장성 마크업 언어(extensible markup language)인 *XML*이 반구조형 데이터를 표현하는 데 널리 사용된다. 반구조형 데이터 모델에 대해서는 8장에서 자세히 설명한다.
- **객체 기반 데이터 모델**(Object-Based Data Model). 객체 지향 프로그래밍(특히 Java나 C++, C#에서)은 중요한 소프트웨어 개발 방법론이다. 초기에는 별도의 객체 지향 데이터 모델로 개발되었으나, 오늘날에는 객체 개념이 관계형 데이터베이스에 잘 통합되어 있다. 관계형 테이블에 객체를 저장하는 표준이 있으며, 데이터베이스 시스템은 객체가 데이터베이스 시스템에 저장되고 실행되는 것을 허용한다. 이것은 관계형 모델에 캡슐화, 메소드, 객체 식별화의 개념을 더해 확장한 것처럼 보일 수 있다. 객체 지향 모델에 대해서는 8장에서 정리한다.

관계형 모델은 대부분의 데이터베이스 응용의 기본이 되기 때문에 이 책의 많은 부분은 관계형 모델에 초점을 둔다.

1.3.2 관계형 데이터 모델

관계형 모델에서 데이터는 테이블로 표현된다. 각 테이블은 다수의 열을 가지고 있으며 각 열은 유일한 이름을 갖는다. 테이블의 각 행은 정보의 한 조각을 표현한다. 그림 1.1은 두 개의 테이블로 구성된 단순한 관계형 데이터베이스를 보여 준다. 하나는 대학교 교수의 자세한 사항을 보여 주고

ID	*name*	*dept_name*	*salary*
22222	Einstein	Physics	95000
12121	Wu	Finance	90000
32343	El Said	History	60000
45565	Katz	Comp. Sci.	75000
98345	Kim	Elec. Eng.	80000
76766	Crick	Biology	72000
10101	Srinivasan	Comp. Sci.	65000
58583	Califieri	History	62000
83821	Brandt	Comp. Sci.	92000
15151	Mozart	Music	40000
33456	Gold	Physics	87000
76543	Singh	Finance	80000

(a) The *instructor* table

dept_name	*building*	*budget*
Comp. Sci.	Taylor	100000
Biology	Watson	90000
Elec. Eng.	Taylor	85000
Music	Packard	80000
Finance	Painter	120000
History	Painter	50000
Physics	Watson	70000

(b) The *department* table

그림 1.1 관계형 데이터베이스의 예

다른 하나는 다양한 대학교 학과에 대한 사항을 보여 준다.

첫 번째 테이블, 즉 *instructor* 테이블은 예를 들어, *ID 22222*인 Einstein이란 이름의 교수는 물리학과의 일원이며 연봉 $95,000을 받고 있다는 것을 보여 준다. 두 번째 테이블, 즉 *department* 테이블은 예를 들어, Biology 학과는 Waston 건물에 있으며 예산은 $90,000이라는 것을 보여 준다. 물론 실제 대학교는 더 많은 학과와 교수가 존재한다. 교재에서는 개념을 보여 주기 위해서 작은 테이블을 이용했다. 동일한 스키마(schema)에 대한 더 큰 예제는 온라인에서 이용 가능하다.

1.3.3 데이터 추상화

시스템이 원활하게 사용되려면 데이터 검색이 효율적으로 이루어져야 한다. 이러한 목적을 이루기 위해 데이터베이스 내의 데이터를 효율적으로 표현하기 위한 여러 가지 복잡한 데이터 구조가 제안되었다. 많은 데이터베이스 시스템의 경우 사용자 대부분이 컴퓨터를 잘 다루지 못하는 일반 인이므로, 여러 단계의 **데이터 추상화**(data abstraction)를 통해 이러한 복잡한 구조를 되도록이면 감추어 사용자의 이해와 편의를 도와야 한다.

- **물리적 단계**(Physical level). 추상화의 최하위 단계. 데이터가 실제로 어떻게 저장되는지 기술한다. 물리적 단계에서는 복잡한 하위 단계의 데이터 구조가 상세히 기술된다.
- **논리적 단계**(Logical level). 그다음 상위 단계. 어떤 데이터가 저장되었는지 그리고 데이터들 사이에는 어떤 관계가 있는지를 기술한다. 논리적 단계에서는 전체 데이터베이스를 몇 개의 비교적 간단한 데이터 구조를 이용하여 기술한다. 이러한 논리적 단계의 간단한 구조를 구현하기 위해서는 복잡한 물리적 단계의 구조를 알아야 하는 것이 사실이나, 논리적 단계의 사용자는 이러한 복잡한 구조에 대해 전혀 알 필요가 없다. 이것을 **물리적 데이터 독립성**(physical data independence)이라고 한다. 어떤 정보가 데이터베이스에 저장되어야 할지를 결정하는 데이터베이스 관리자(database administrator, DBA)가 이 단계에서 작업한다.
- **뷰 단계**(View level). 추상화의 최상위 단계. 전체 데이터베이스의 일부분만을 기술한다. 논리적 단계의 데이터 구조가 간단하다고는 해도, 커다란 데이터베이스에 저장되는 정보의 다양성 때문에 여전히 상당한 복잡함이 내재되어 있는 것이 사실이다. 대부분의 데이터베이스 시스템 사용자는 데이터베이스에 저장된 모든 데이터에 관심이 있는 것이 아니라 극히 일부분에만 관심이 있다. 뷰 단계는 이러한 사용자가 시스템을 간단히 이용할 수 있도록 정의된다. 한 데이터베이스에 대해서 수많은 뷰가 존재할 수 있다.

그림 1.2는 이들 추상화의 세 가지 단계 사이의 관계를 나타낸다.

관계형 모델과 같은 데이터 모델의 중요한 특징은 단순한 데이터베이스 사용자뿐만 아니라 심지어 데이터베이스 응용 개발자에게 이러한 낮은 단계의 구현 사항을 숨기는 것이다. 데이터베이스 시스템은 응용 개발자가 데이터 모델의 추상화를 이용해 데이터를 저장하고 검색하는 것을 허용하고 추상화 연산을 낮은 단계 구현물의 연산으로 변환한다.

프로그래밍 언어의 데이터 타입(data type)의 개념에 유추해 생각해 보면, 각 추상화의 단계를 명확히 구분하여 이해할 수 있다. 대부분의 고급 프로그래밍 언어는 레코드 타입(record type)의 개

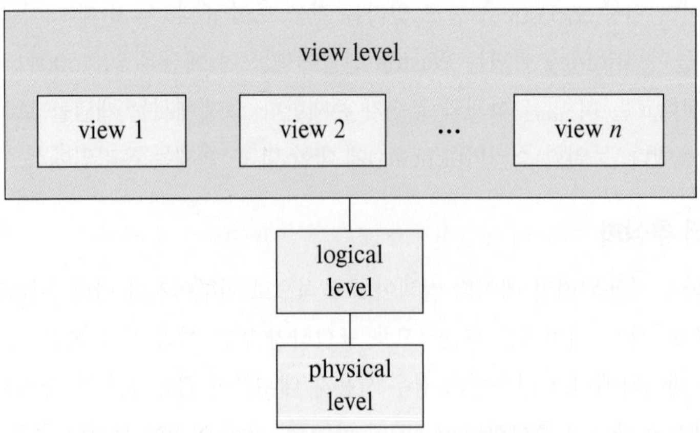

그림 1.2 데이터 추상화의 세 단계

념을 지원한다. 예를 들어, 레코드는 다음과 같이 나타낼 수 있다.[1]

> **type** *instructor* = **record**
>> *ID* : **char** (5);
>> *name* : **char** (20);
>> *dept_name* : **char** (20);
>> *salary* : **numeric** (8,2);
>
> **end**;

위의 코드는 네 개의 필드(field)를 가지는 *instructor*라는 새로운 레코드를 정의하고 있다. 각 필드는 고유한 이름과 그에 적당한 타입을 가진다. 예를 들어, **char**(20)은 20개의 문자로 구성될 수 있는 문자열을 명세하고 **numeric**(8,2)은 소수점 이하 2자리를 포함 총 8자리의 숫자로 구성된 수를 의미한다. 대학교 조직에서는 아래의 레코드를 포함하여, 아래와 같은 여러 개의 레코드 타입을 가질 수 있다.

- *dept_name*, *building*, *budget* 필드를 갖는 *department*
- *course_id*, *title*, *dept_name*, *credits* 필드를 갖는 *course*
- *ID*, *name*, *dept_name*, *tot_cred* 필드를 갖는 *student*

물리적 단계에서 *instructor*, *department* 및 *student* 레코드는 연속된 기억 장소에 위치한 하나의 블록 단위로 기술될 수 있다. 컴파일러는 프로그래머에게 이러한 상세한 부분을 숨긴다. 이와 유사하게 데이터베이스 시스템도 낮은 단계의 상세한 저장 구조를 데이터베이스 프로그래머에게 숨긴다. 반면 데이터베이스 관리자는 데이터의 물리적 구조를 상세하게 알고 있을 수도 있다. 예를 들어, 파일에 테이블을 저장하는 많은 방법이 있다. 한 가지 방법은 테이블을 파일에 레코드의 연속으로 저장하는 것이다. 이때 한 레코드의 다른 속성을 구분하는 데 사용될 수 있는 특별한 문자(예를 들어, 쉼표)를 사용하고 서로 다른 레코드를 구분하기 위해서 또 다른 특별한 문자(예를 들어, 개행 문자)를 사용할 수 있다. 모든 속성이 고정된 길이를 갖는다면 분리자는 생략하고 속성의 길이를 이용해 분리 및 저장할 수 있다. 가변 길이 속성이라면 데이터와 함께 길이를 저장하는 방법이 있을 수도 있다. 데이터베이스는 레코드의 효율적인 검색을 지원하기 위해 인덱스(index)라 불리는 자료 구조를 사용한다. 인덱스는 물리적 단계의 일부를 구성한다.

논리적 단계에서 각 레코드는 위의 코드에서처럼 타입 정의에 의해 기술되며, 레코드들 사이의 관계도 이 단계에서 잘 정의되어 있어야 한다. *instructor* 레코드의 *dept_name* 값이 반드시 *department* 테이블에 나와야 한다는 요구 사항이 이러한 레코드들 간의 관계라고 할 수 있다. 프로그래밍 언어를 사용하는 프로그래머는 바로 이 단계에서 작업한다. 이와 유사하게 데이터베이스 관리자 역시 보통은 이러한 추상화 단계에서 작업한다.

마지막으로 뷰 단계에서 컴퓨터 사용자는 데이터 타입의 상세한 부분을 숨기고 있는 응용 프로그램을 사용한다. 이 단계에서 동일한 데이터베이스에 대해 여러 개의 뷰가 정의되고, 데이터베이

---

1 실제 타입 선언은 사용되는 언어에 따라 다르다. C와 C++는 **struct** 선언을 이용한다. Java는 이러한 선언 형태가 없고 단순한 클래스를 이용해 같은 효과를 내도록 정의할 수 있다.

스 사용자는 이러한 뷰의 일부 혹은 전체를 보게 된다. 데이터베이스의 논리적 단계의 상세함을 숨기는 것과 동시에 뷰는 사용자가 데이터베이스의 특정 부분에 접근하지 못하도록 하는 보안 메커니즘도 제공한다. 예를 들어, 대학교의 학적 담당 부서의 직원은 학생에 대한 정보를 갖고 있는 데이터베이스의 일부분만 볼 수 있고 교수의 급여에 관한 정보에는 접근할 수가 없다.

1.3.4 인스턴스와 스키마

데이터베이스는 정보가 추가되고 삭제됨에 따라 시시각각 변한다. 어느 특정한 순간에 데이터베이스에 저장되어 있는 정보의 모임을 데이터베이스의 **인스턴스**(instance)라 한다. 이와 대조적으로, 데이터베이스의 전체적인 설계를 이야기할 때는 데이터베이스 **스키마**(schema)라 한다. 데이터베이스에서 인스턴스와 스키마 개념 역시 프로그래밍 언어를 유추해 보면 쉽게 이해할 수 있다. 데이터베이스 스키마는 프로그램에서 변수 선언(타입 정의)에 대응한다. 각 변수는 주어진 순간에 특정한 값을 지닌다. 어느 순간 변수에 저장된 값은 데이터베이스 **인스턴스**에 상응한다.

데이터베이스 시스템에는 추상화의 단계에 따라 여러 개의 스키마가 존재한다. **물리적 스키마**(physical schema)는 물리적 단계에서 데이터베이스 설계를 기술하며, **논리적 스키마**(logical schema)는 논리적 단계에서 데이터베이스 설계를 기술한다. 데이터베이스는 여러 가지 서로 다른 뷰를 기술하는 뷰 단계의 스키마를 여러 개 가질 수도 있는데, 이를 **서브 스키마**(subschema)라 한다.

이들 가운데 응용 프로그램에 가장 큰 영향을 미치는 것은 논리적 스키마인데, 이는 대부분의 응용 프로그램이 논리적 스키마에 기반하여 작성되기 때문이다. 물리적 스키마는 논리적 스키마 아래에 감추어져 있으나, 대개 상위의 응용 프로그램에 영향을 주지 않고서도 이를 쉽게 변경할 수 있다. 응용 프로그램이 물리적 스키마에 의존하지 않아서 물리적 스키마가 변경되어도 고칠 필요가 없는 것을 가리켜 물리적 데이터 독립성(physical data independence)을 가졌다고 한다.

불필요하게 정보가 중복되는 현상과 같은 문제가 있는 스키마가 생성될 수도 있다. 예를 들어, *instructor* 레코드의 속성으로 department의 *budget*이라는 속성을 저장한다고 가정하자. 학과(예를 들어, 물리학과)에 대한 budget 값이 변경되면 이러한 변화는 이 학과와 연관된 모든 교수의 레코드에 영향을 미치게 된다. 7장에서 좋은 스키마 설계와 나쁜 스키마 설계를 구분하는 방법을 배운다.

전통적으로 논리적 스키마는 거의 변하지 않는다. 그러나 많은 새로운 데이터베이스 응용이 좀 더 유연한 논리적 스키마를 요구한다. (예를 들어, 단일 릴레이션 안에서 레코드가 다른 속성을 갖기를 원한다.)

1.4 데이터베이스 언어

데이터베이스 시스템은 데이터베이스 스키마를 기술하는 **데이터 정의 언어**(data definition language, **DDL**)와 데이터베이스 질의 및 갱신을 표현하는 **데이터 조작 언어**(data manipulation language, **DML**)를 제공한다. 실제로, 데이터 정의 언어와 데이터 조작 언어의 경계는 명확히 구분되어 있지 않다. 오늘날 널리 쓰이는 질의어인 SQL에서 이 두 언어는 단일 데이터베이스 언어의 한 부분을 이룬다. 거의 모든 관계형 데이터베이스 시스템에서 SQL 언어를 사용하는데 SQL은 3~5장에서 자세히 다룬다.

1.4.1 데이터 정의 언어

데이터 정의 언어(DDL)라는 특수한 언어로 표현된 정의들의 집합을 이용해 데이터베이스 스키마를 구체화한다. DDL은 데이터의 추가적인 특성을 표현하는 데에도 사용된다.

데이터베이스 시스템에 의해 사용되는 저장 구조(storage structure)와 접근 방법은 **데이터 저장 및 정의 언어**(data storage and definition language)라고 하는 특별한 형태의 DDL 구문을 활용해 정의할 수 있다. DDL 구문은 보통 사용자에게는 보이지 않는 데이터베이스 스키마 구현상의 세부 사항을 정의한다.

데이터베이스에 저장된 데이터는 해당 데이터베이스가 요구하는 일관성 제약 조건을 만족해야 한다. 예를 들어, 대학교에서 학과의 계좌 잔고가 음수가 되는 것을 원하지 않는다고 하자. DDL로 이러한 제약 조건을 기술할 수 있다. 데이터베이스 시스템은 데이터베이스가 갱신될 때마다 이러한 제약 조건을 검토한다. 일반적으로 제약 조건은 데이터베이스와 관계된 임의의 술어(predicate)라 할 수 있다. 하지만 이런 술어를 검증하는 데에는 처리 비용이 많이 든다. 그래서 데이터베이스 시스템은 최소한의 비용으로 검증될 수 있는 무결성 제약 조건을 이행한다.

- **도메인 제약 조건**(Domain Constraints). 모든 속성은 가능한 값의 도메인(예를 들면, 정수형, 문자형, 날짜/시간형)이 지정되어 있어야 한다. 속성을 선언하는 데 각각의 도메인은 값에 대한 제약 조건으로 작용한다. 도메인 제약 조건은 가장 기본적인 형태의 무결성 제약 조건으로, 새로운 데이터 항목이 데이터베이스에 입력될 때 시스템에 의해 쉽게 검증된다.
- **참조 무결성**(Referential Integrity). 어떤 속성들의 집합에 대해 릴레이션의 한 값이 다른 릴레이션의 해당 속성 집합의 값으로 반드시 나타나야 하는 경우가 있다(참조 무결성). 예를 들어, 각 수업에 열거된 학과가 실제로 존재해야 하는 상황이다. 좀 더 정확하게, *course* 레코드의 *dept_name* 값은 *department* 릴레이션의 일부 레코드의 *dept_name* 속성에 나타나야만 한다. 데이터베이스의 수정이 참조 무결성을 위반할 수 있는데, 이 경우 기본적인 절차는 위반을 유발한 동작을 거부하는 것이다.
- **권한**(Authorization). 데이터베이스의 다양한 데이터에 대해서 사용자마다 접근을 다르게 하고 싶을 때 이러한 차별을 일반적으로 **권한**(authorization)이라 표현한다. **읽기 권한**(read authorization)은 읽기를 허용하지만 데이터의 수정은 허용하지 않으며, **삽입 권한**(insert authorization)은 새로운 데이터의 삽입을 허용하지만 존재하는 데이터의 수정은 허용하지 않는다. **갱신 권한**(update authorization)은 수정은 허용하지만 데이터의 삭제는 허용하지 않으며, **삭제 권한**(delete authorization)은 데이터의 삭제를 허용한다. 이러한 여러 유형의 권한을 사용자에게 전부 허가하거나, 혹은 전혀 할당하지 않거나, 조합해서 일부만 할당할 수도 있다.

DDL은 다른 프로그래밍 언어와 마찬가지로 명령문(statements)을 입력으로 받아 결과를 생성한다. DDL의 결과는 **메타데이터**(metadata)—즉 데이터에 대한 데이터—를 수록하는 **데이터 사전**

(data dictionary)에 저장된다. 데이터 사전은 특별한 형태의 테이블로서 오직 데이터베이스 시스템(일반 사용자가 아닌)에 의해서만 접근되고 갱신될 수 있다. 데이터베이스 시스템이 실제 데이터를 읽거나 갱신할 때에는 데이터 사전을 참조하여 작업을 수행한다.

1.4.2 SQL 데이터 정의 언어

SQL은 데이터 타입과 무결성 제약 조건을 갖는 테이블을 정의할 수 있도록 풍부한 DDL을 제공한다.

예를 들어, 다음의 SQL DDL 구문은 *department* 테이블을 정의한다.

```
create table department
    (dept_name   char (20),
     building    char (15),
     budget      numeric (12,2));
```

위의 DDL 구문의 실행은 세 개의 열을 갖는 *department* 테이블을 생성한다. *dept_name*, *building*, 그리고 *budget*. 각 속성은 고유의 데이터 타입을 갖는다. 이러한 데이터 타입에 대해서는 3장에서 자세히 다룬다.

SQL DDL은 다수의 무결성 제약 조건을 제공한다. 예를 들어, *dept_name* 속성값을 주 키(primary key)로 선언할 수 있으며 그렇게 되면 어떤 두 개의 학과도 동일한 학과 이름을 가질 수 없다. 또 다른 예로 *instructor* 레코드에 출현하는 *dept_name* 속성은 *department* 테이블에 있는 레코드들의 *dept_name* 속성으로 반드시 나와야 한다. 3장과 4장에서 SQL에서 제공하는 무결성 제약 조건과 권한을 자세히 살펴본다.

1.4.3 데이터 조작 언어

데이터 조작 언어(DML)는 사용자가 적절한 데이터 모델로 구성된 데이터에 접근하거나 이것을 조작할 수 있도록 하는 언어다. 접근의 형태는 다음과 같다.

- 데이터베이스 내에 저장된 정보를 검색
- 데이터베이스에 새로운 정보를 삽입
- 데이터베이스로부터 정보를 삭제
- 데이터베이스 내에 저장된 데이터를 수정

기본적으로 두 가지 형태의 DML이 있다.

- **절차적 DML**(procedural DML)은 어떤 데이터가 필요하며 그 데이터를 어떻게 구할지 지정할 것을 요구한다.
- **선언적 DML**[declartive DML, 또는 **비절차적 DML**(nonprocedural DML)]은 필요한 데이터를 어떻게 구할지 명시할 필요 없이, 어떠한 데이터가 필요한지 지정할 것만 사용자에게 요구한다.

선언적 DML은 보통 절차적 DML보다 배우기 쉽고 사용하기도 쉽다. 그러나 사용자가 데이터를 어떻게 구할지를 구체적으로 명시하지 않기 때문에, 데이터베이스 시스템 스스로 데이터에 효율적으로 접근하는 방법을 찾아야 한다.

질의(query)는 정보 검색을 요청하는 구문이다. 데이터 조작 언어에서 정보 검색을 담당하는 부분을 **질의어**(query language)라고 한다. 기술적으로 타당하지는 않지만, 질의어와 데이터 조작 언어를 같은 의미로 사용하는 것이 보통이다.

상업적인 용도 또는 연구를 위한 용도로 현재 소개되어 있는 데이터베이스 질의어는 매우 많다. 이 중 가장 널리 쓰이고 있는 질의어인 SQL에 대해 3~5장에서 공부할 것이다.

1.3절에서 논의했던 추상화의 단계는 데이터를 정의하고 구조화하는 데 적용되기도 하지만, 데이터를 조작하는 데에도 사용된다. 물리적 단계에서 볼 때, 효율적으로 데이터를 접근하는 알고리즘을 정의하는 것이 매우 중요하다. 상위 단계에서는 사용 편이성을 염두에 두어야 한다. 인간과 시스템이 효율적으로 상호작용하게 하자는 것이다. 데이터베이스 시스템의 질의 처리기(15장과 16장에서 다룬다)는 DML 질의를 물리적 단계의 하위 명령으로 변환해 준다. 22장에서는 최근 많이 사용되고 있는 병렬 및 분산 질의 처리 방법에 대해 살펴본다.

1.4.4 SQL 데이터 조작 언어

SQL 질의어는 비절차적 언어다. 입력으로 몇 개의 테이블(단 한 개도 가능하다)을 받아 항상 한 개의 테이블을 반환한다. 다음은 역사학과의 모든 교수의 이름을 찾는 SQL 질의어의 예다.

```
select instructor.name
from instructor
where instructor.dept_name = 'History';
```

위 질의는 *instructor* 테이블로부터 *dept_name*이 History인 행을 검색하여 해당 행의 *name* 속성 값을 보여 주라는 명령이다. 좀 더 구체적으로 보면 위 질의의 실행 결과는 레이블 값이 *name*인 한 개의 열과 *dept_name*이 History인 교수의 이름을 가지는 행의 집합으로 된 테이블이다. 위 질의가 그림 1.1의 테이블에서 실행된다면 결과는 두 개의 행으로 이루어지는데, 한 행은 El Said이고 나머지 하나는 Califieri다.

질의는 하나 이상의 테이블에 있는 정보를 포함할 수도 있다. 예를 들면, 아래의 질의는 예산이 $95,000보다 많은 학과의 모든 교수의 ID와 학과 이름을 찾아준다.

```
select instructor.ID, department.dept_name
from instructor, department
where instructor.dept_name= department.dept_name and
      department.budget > 95000;
```

이 질의가 그림 1.1의 테이블에 대해 실행되면, 시스템은 $95,000보다 많은 예산을 가진 두 학과—Computer Science와 Finance—를 찾고, 이 학과의 교수 다섯 명을 찾아낸다. 결과는 (12121, Finance), (45565, Computer Science), (10101, Computer Science), (83821, Computer Science), (76543, Finance)와 같이 두 개의 열(*ID, dept_name*)과 다섯 개의 행으로 구성된 테이블이다.

1.4.5 응용 프로그램에서 데이터베이스 접근

SQL과 같은 비절차적 질의어는 범용 튜링 머신만큼 강력하지 않다. 즉 SQL로는 불가능하지만, 일반적인 목적의 프로그래밍 언어를 사용하면 가능한 다수의 계산이 존재한다. SQL은 사용자 입력, 디스플레이 출력, 네트워크 통신 등과 같은 동작은 지원하지 않는다. 이러한 계산과 동작은 데이터베이스에 있는 데이터에 접근할 수 있는 내장형 SQL과 호스트 언어(host language)—예를 들어, C, C++, Java—로 작성된다. **응용 프로그램**(application program)은 데이터베이스와 상호작용하는 데 이용되는 프로그램이다. 대학교 시스템에서 예를 들면, 학생의 수강 신청, 수업 명단 생성, 학생 평점 계산, 임금표 생성을 위한 프로그램을 들 수 있다.

데이터베이스에 접근하기 위해, 호스트 언어에 있는 DML 구문이 실행될 데이터베이스로 보내져야 한다. 이것은 DML 구문을 데이터베이스에 보내고 결과를 검색하는 데 사용되는 응용 프로그램 인터페이스를 활용하여 이루어질 수 있다. ODBC(Open Database Connectivity) 표준은 C와 다른 몇 개의 언어를 위한 응용 프로그램 인터페이스를 정의한다. JDBC(Java Database Connectivity) 표준은 Java 언어를 위한 해당 인터페이스를 정의한다.

1.5 데이터베이스 설계

데이터베이스 시스템은 많은 양의 정보를 관리하기 위해 설계된다. 이러한 정보는 별개의 정보로 존재하지 않는다. 이러한 정보는 기업/조직 운영에 필요한 데이터베이스 혹은 어떤 장치나 서비스에 관련된 자료라 할 수 있다.

데이터베이스 설계는 데이터베이스 스키마 설계와 주로 관련된다. 대상 기업/조직의 요구를 만족시켜 주기 위한 완벽한 데이터베이스 응용 환경을 설계하기 위해서는 아주 다양한 이슈에 주의를 기울여야 한다. 이 책은 데이터베이스 질의어를 작성하는 것과 데이터베이스 스키마의 설계에 초점을 둔다. 9장에서는 응용 프로그램 전반을 다룰 것이다.

상위 데이터 모델은 데이터베이스 설계자에게 데이터베이스 사용자의 데이터 요구 조건을 기술하기 위한 개념적인 골격과 데이터베이스가 이러한 요구 조건을 만족하기 위해 어떻게 구성될 것인가에 대한 것을 제공한다. 데이터베이스 설계의 초기 단계는 장래의 데이터베이스 사용자들이 필요로 하는 데이터를 충분히 규정하는 것이다. 이런 일을 수행하기 위해 데이터베이스 설계자는 그 분야의 전문가 및 사용자들과 광범위하게 상호작용해야 한다. 이 단계의 결과물은 사용자의 요구 명세서(specification of user requirements)다.

다음으로 설계자는 데이터 모델을 선택하고, 선택한 데이터 모델의 개념을 적용함으로써 사용자 요구를 데이터베이스의 개념적인 스키마로 바꾼다. 이러한 **개념적 설계**(conceptual-design)의 단계에서 개발된 스키마는 기업의 상세한 개관을 제공한다. 설계자는 모든 요구가 실제로 만족되었는지, 그리고 그러한 요구가 서로 충돌하는 것은 아닌지 확실히 하기 위해 스키마를 재검토한다. 또한 중복되는 사항을 제거하기 위해 살펴볼 수 있다. 이때 설계자의 초점은 물리적으로 어떻게 저장할 것인지 자세히 규정하는 것보다는 데이터와 그들의 관계를 기술하는 데 맞추어져 있다.

관계형 모델에서 개념적 설계 단계는 데이터베이스에서 우리가 포착하길 원하는 어떤 속성과,

다양한 테이블을 구성하는 이러한 속성을 **어떻게 그룹화**할 것인가에 대한 결정과 관련된다. "어떠한 것"은 기본적으로 기업적인 결정으로 이 책에서는 다루지 않는다. "어떻게"는 주로 전산학의 문제다. 이러한 문제를 다루는 두 가지 방법이 있다. 하나는 개체-관계 모델을 사용하는 것이다(6장). 나머지 하나는 모든 속성의 집합을 입력으로 받아 테이블의 집합을 생성하는 **정규화**(normalization)로 알려진 알고리즘을 사용하는 것이다(7장).

완전히 설계된 개념적 스키마에는 기업/조직의 기능적인 요구 사항이 잘 표현된다. 사용자는 **기능적 요구 사항 명세서**(specification of functional requirement)에 데이터에 적용될 연산(혹은 트랜잭션)의 종류를 기술한다. 이런 연산의 예를 들면, 데이터의 변경 혹은 갱신, 특정 데이터의 검색 및 추출, 데이터의 삭제가 있다. 개념적 설계의 이 단계에서 설계자는 스키마가 기능적인 요구 사항을 잘 만족하는지 검토할 수 있다.

추상 데이터 모델로부터 데이터베이스 구현으로 이동하는 과정은 마지막 두 설계 단계에서 이루어진다. **논리 설계 단계**(logical-design phase)에서 설계자는 상위의 개념적 스키마를 사용할 데이터베이스의 구현 데이터 모델에 대응시킨다. 설계자는 결과로 나온 시스템 특유의 데이터베이스 스키마를 데이터베이스의 물리적 속성이 구체화되는 다음 단계인 **물리 설계 단계**(physical-design phase)에 이용한다. 이러한 속성은 파일 구성(file organization)의 형식과 내부적인 저장 구조를 포함한다. 이는 13장에서 다룬다.

1.6 데이터베이스 엔진

데이터베이스 시스템은 여러 모듈로 구성되며, 각 모듈은 데이터베이스의 여러 책무를 나누어 맡는다. 데이터베이스 시스템은 기능적인 관점에서 봤을 때 크게 두 부분으로 나뉘는데 저장 장치 관리자(storage manager)와 **질의 처리기**(query processor)다.

데이터베이스는 본질적으로 대량의 저장 공간이 필요하기 때문에 저장 장치 관리자의 역할이 매우 중요하다. 기업의 데이터베이스 용량은 보통 기가바이트가 소요되고 크게는 테라바이트가 소요된다. 1기가바이트는 1,000메가바이트(더 정확하게 1,024메가바이트)이고, 1테라바이트는 100만 메가바이트(더 정확하게 1,024기가바이트)다. 가장 큰 기업들은 몇 페타바이트(1페타바이트는 1,024테라바이트임)에 이르는 데이터베이스를 사용하기도 한다. 컴퓨터의 메인 메모리는 이렇게 큰 용량의 정보를 저장할 수 없기 때문에 정보는 디스크에 저장된다. 데이터는 필요할 때마다 디스크 저장 장치에서 메인 메모리로 이동한다. 디스크로부터 데이터를 가져오거나 디스크로 정보를 보내는 작업은 중앙 처리 장치의 속도에 비해 상대적으로 매우 늦기 때문에, 데이터베이스 시스템은 디스크와 메인 메모리 사이의 데이터 이동이 최소화되도록 데이터를 구조화한다. 점차 SSD(solid-state disk)가 데이터베이스 저장 장치로 많이 사용되고 있다. SSD는 전통적인 디스크보다 훨씬 빠르지만 좀 더 비싸다.

질의 처리기는 데이터베이스가 데이터에 접근하는 과정을 단순화하고 효율적으로 만드는 역할을 하기 때문에 중요하다. 질의 처리기는 데이터베이스 사용자가 뷰 단계에서 작업을 하는 동안 시스템의 물리적 단계의 자세한 구현 사항을 이해하지 않아도 되며 좋은 성능을 얻을 수 있도록 해 준다. 논리적 단계에서 비절차적 언어로 작성된 갱신 요구와 질의를 물리적 단계의 효율적인 일련의 연산으로 변환하는 것은 데이터베이스의 책임이다.

트랜잭션 관리자(transaction manager)는 응용 개발자로 하여금 일련의 데이터베이스 접근을 (완전하게 수행하거나 혹은 전혀 실행되지 않은 것처럼) 하나의 단위로 처리할 수 있도록 만들어 주기 때문에 중요하다. 이것은 응용 개발자로 하여금 데이터에 대한 동시 접근의 효과나 시스템 고장에 대한 세부적인 사항을 신경 쓰지 않고 높은 수준의 추상화 단계에서 응용을 생각할 수 있게 만들어 줄 수 있다.

데이터베이스 엔진은 전통적으로 중앙화된 컴퓨터 시스템이었으나 오늘날에는 병렬화 처리가 대규모 데이터를 효과적으로 처리하는 데 중요하다. 최신 데이터베이스 엔진에서는 병렬 데이터 저장 및 질의 처리 기법이 많은 관심을 받고 있다.

1.6.1 저장 장치 관리자

저장 장치 관리자(storage manager)는 데이터베이스 하부에 저장된 데이터와 응용 프로그램 및 질의 사이의 인터페이스를 제공하는 데이터베이스 시스템 요소다. 저장 장치 관리자는 파일 관리자(file manager)와 상호작용하는 책무가 있다. 원시 데이터는 운영체제상의 파일 시스템을 사용하여 디스크에 저장한다. 저장 장치 관리자는 다양한 DML 구문을 하위 단계의 파일 시스템 명령으로 변환한다. 그러므로 저장 장치 관리자는 데이터베이스 내의 데이터를 저장하고 검색하며, 갱신하는 책임이 있다.

저장 장치 관리자의 구성요소는 다음과 같다.

- **권한과 무결성 관리자**. 무결성 제약 조건을 만족하는지 검사하고, 데이터에 접근하는 사용자의 권한을 확인한다.
- **트랜잭션 관리자**. 시스템에 고장이 발생해도 데이터베이스가 일관성 있는 정확한 상태를 유지하도록 보장하며, 동시에 실행되는 트랜잭션들이 충돌 없이 잘 이루어지도록 보장한다.
- **파일 관리자**. 디스크 공간의 할당과 디스크상에 저장된 정보 표현을 위해 자료 구조를 관리한다.
- **버퍼 관리자**. 디스크로부터 메인 메모리로 데이터를 인출하는 과정과 메인 메모리에서 캐시로 보낼 데이터를 결정하는 것에 대한 책임이 있다. 데이터베이스에서 이 버퍼 관리자의 역할은 매우 중요한데, 이는 메인 메모리보다 훨씬 큰 데이터베이스 내의 데이터를 메인 메모리에서 처리 가능하게 하는 역할을 버퍼 관리자가 하기 때문이다.

물리적 시스템 구현의 일부로서 저장 장치 관리자는 몇몇 데이터 구조를 구현한다.

- **데이터 파일**. 데이터베이스 자체를 저장한다.
- **데이터 사전**. 데이터베이스의 구조에 관한 메타데이터를 저장한다. 특히 데이터베이스의 스키마를 여기에 저장한다.
- **인덱스**. 특정한 값을 가지고 있는 데이터 항목에 빠르게 접근하기 위한 것이다. 이 책의 인덱스처럼 데이터베이스 인덱스는 특정한 값을 가지는 데이터 항목을 지정하는 포인터를 제공한다.

예를 들면, 특정한 ID 혹은 특정한 이름을 가진 교수의 정보를 찾는 인덱스를 사용할 수 있다.

12장과 13장에서 저장 장치, 파일 구조와 버퍼 관리를 다룬다. 14장에서는 효율적으로 데이터에 접근할 수 있는 방법을 소개한다.

1.6.2 질의 처리기

질의 처리기는 다음과 같은 구성요소를 가진다.

- **DDL 인터프리터**. DDL 문을 해독하여 데이터 사전 내에 기록한다.
- **DML 컴파일러**. 질의어 내의 DML 문을 질의 평가 엔진이 이해할 수 있는 하위 단계 명령어로 구성된 질의 평가 계획으로 바꾼다.

  질의는 보통 동일한 결과를 반환하는 여러 가지 질의 평가 계획으로 변환될 수 있다. 여러 질의 평가 계획 중 가장 낮은 비용의 계획을 선택하는 것을 **질의 최적화**(query optimization)라고 하는데, DML 컴파일러의 책무 중 하나다.
- **질의 평가 엔진**. DML 컴파일러가 생성한 하위 단계 명령을 실행한다.

질의 평가(query evaluation)는 15장에서 다루고, 가능한 평가 전략 중에서 어떤 것을 선택하는지에 대한 질의 최적화 방법은 16장에서 소개한다.

1.6.3 트랜잭션 관리

보통 데이터베이스에 대한 몇 개의 연산이 하나의 논리적 작업 단위를 이룬다. 1.2절에서 보았던 예금 이체가 하나의 예인데, 이때 한 학과의 계좌(예를 들면, *A*)는 출금 계좌이고, 다른 학과의 계좌(*B*라고 하자)는 입금 계좌다. 분명히, 입금과 출금이 모두 일어나든지, 모두 일어나지 않든지 하는 것이 필수적이다. 즉 예금 이체는 전체가 완전히 수행되거나, 전혀 수행되지 않아야 한다. 이러한 all or none 요구 조건을 **원자성**(atomicity)이라고 한다. 또한 예금 이체의 실행은 데이터베이스의 일관성을 보존해야 한다. 즉 *A*의 잔고와 *B*의 잔고를 합한 값이 보존되어야 한다. 이러한 정확성에 관한 요구 조건을 **일관성**(consistency)이라고 한다. 시스템 고장의 가능성에도 불구하고 마침내 예금 이체가 성공적으로 끝난 뒤 *A*의 잔고와 *B*의 잔고의 새로운 값이 유지되어야 하는데, 이러한 영속성의 요구 조건을 **지속성**(durability)이라고 한다.

트랜잭션(transaction)은 데이터베이스 응용 프로그램에서 하나의 논리적 기능을 수행하는 연산의 모임이다. 각 트랜잭션은 원자성과 일관성을 모두 지닌 단위로 수행되어야 한다. 그러므로 트랜잭션은 어떤 데이터베이스 일관성 제약 조건도 위반해서는 안 된다. 즉 트랜잭션이 시작될 때 데이터베이스가 일관성 있는 상태였다면, 트랜잭션이 성공적으로 종료되었을 때에도 일관성 있는 상태여야 한다. 그러나 *A*계좌의 출금과 *B*계좌의 입금이 엄밀하게 동시에 처리될 수는 없고 한 개씩 처리되다 보면, 트랜잭션이 실행되는 동안 일시적인 불일치-비일관성은 불가피하다. 그러나 하필 그때 고장이 발생하면 치명적인 문제가 된다.

각각의 트랜잭션이 데이터베이스의 일관성을 유지하도록 여러 트랜잭션을 적절하게 정의하는 것은 프로그래머의 책임이다. 예를 들어, *A*학과의 계좌에서 *B*학과의 계좌로 예금을 이체하는 트랜잭션은 두 개의 프로그램으로 나누어 볼 수 있다. 하나는 계좌 *A*에서 출금하는 것이고, 하나는 계좌 *B*에 입금하는 것이다. 이들 두 프로그램이 차례대로 실행되면 당연히 일관성을 유지하겠지만, 각 프로그램 그 자체는 데이터베이스를 어떤 일관성 상태에서 새로운 또 하나의 일관성 상태로 바꾸는 것이 아니므로 이들은 트랜잭션이 아니다.

원자성과 지속성을 보장하는 것은 데이터베이스 시스템, 특히 **복구 관리자**(recovery manager)의 책임이다. 고장이 없으면 모든 트랜잭션이 성공적으로 잘 수행되고, 원자성도 쉽게 얻을 수 있다. 그러나 다양한 종류의 고장 상황이 상존하기 때문에 트랜잭션을 항상 성공적으로 실행 완료할 수는 없다. 원자성의 특성을 보장하려면 실패한 트랜잭션이 데이터베이스의 상태에 아무런 영향을 주지 말아야 한다. 따라서 데이터베이스는 트랜잭션이 일어나기 전 상태로 재저장되어야 한다. 그러므로 데이터베이스는 **고장 복구**(failure recovery)를 수행해야만 한다. 즉 시스템의 고장을 탐지하고 고장 발생 이전 상태로 데이터베이스를 재저장하는 것은 데이터베이스 시스템의 책임이다.

마지막으로, 여러 트랜잭션이 데이터베이스를 동시에 변경하면, 개별 트랜잭션이 정확하고 오류가 없다 하더라도 데이터의 일관성이 유지되지 않을 수 있다. 데이터베이스의 일관성을 보장하기 위해 동시에 실행되는 트랜잭션들 간의 상호작용을 제어하는 것은 **동시성 제어 관리자**(concurrency-control manager)의 책임이다. **트랜잭션 관리자**(transaction manager)는 동시성 제어 관리자와 복구 관리자로 구성된다.

트랜잭션 처리의 기본 개념은 17장에서 다룬다. 동시 실행 트랜잭션의 관리는 18장에서 다룬다. 19장에서는 고장 복구에 대해 자세히 다룬다.

트랜잭션 개념은 데이터베이스 시스템과 응용 프로그램에 광범위하게 적용되어 왔다. 초기의 트랜잭션 사용은 재무를 다루는 응용 프로그램에서 주로 이루어졌지만, 이제는 상품을 설계하거나 경영상의 워크플로 같은 긴 시간을 요구하는 관리뿐만 아니라 실시간 통신 프로그램에서도 사용된다.

1.7 데이터베이스 및 응용 구조

데이터베이스 시스템의 다양한 구성요소와 그 구성요소들 사이의 연결 관계를 하나의 그림으로 나타내 보자. 그림 1.3은 중앙화된 서버상에서 돌아가는 데이터베이스 시스템의 구조를 보여 준다. 이 그림은 서로 다른 사용자들이 데이터베이스와 어떻게 소통하는지 그리고 데이터베이스의 서로 다른 요소들이 서로 어떻게 연결되는지를 보여 준다.

그림 1.3의 중앙화된 구조는 공유 메모리(shared-memory) 서버 구조에 적용 가능하다. 이 구조는 다수의 CPU를 병렬 처리에 활용하는데, 모든 CPU가 공통 공유 메모리에 접근한다. 대규모 데이터 및 더 빠른 처리 속도로 확장하기 위해서 병렬 데이터베이스(parallel database)가 다수의 기계로 구성된 클러스터상에서 실행될 수 있도록 설계되었다. 심지어 분산 데이터베이스(distributed database)는 데이터 저장과 질의 처리가 지리적으로 분리된 다수의 기계상에서 수행되는 것을 가능하게 한다.

20장에서 병렬 시스템 구조에 초점을 맞춰 현대 컴퓨터 시스템의 일반적인 구조를 다룰 것이다.

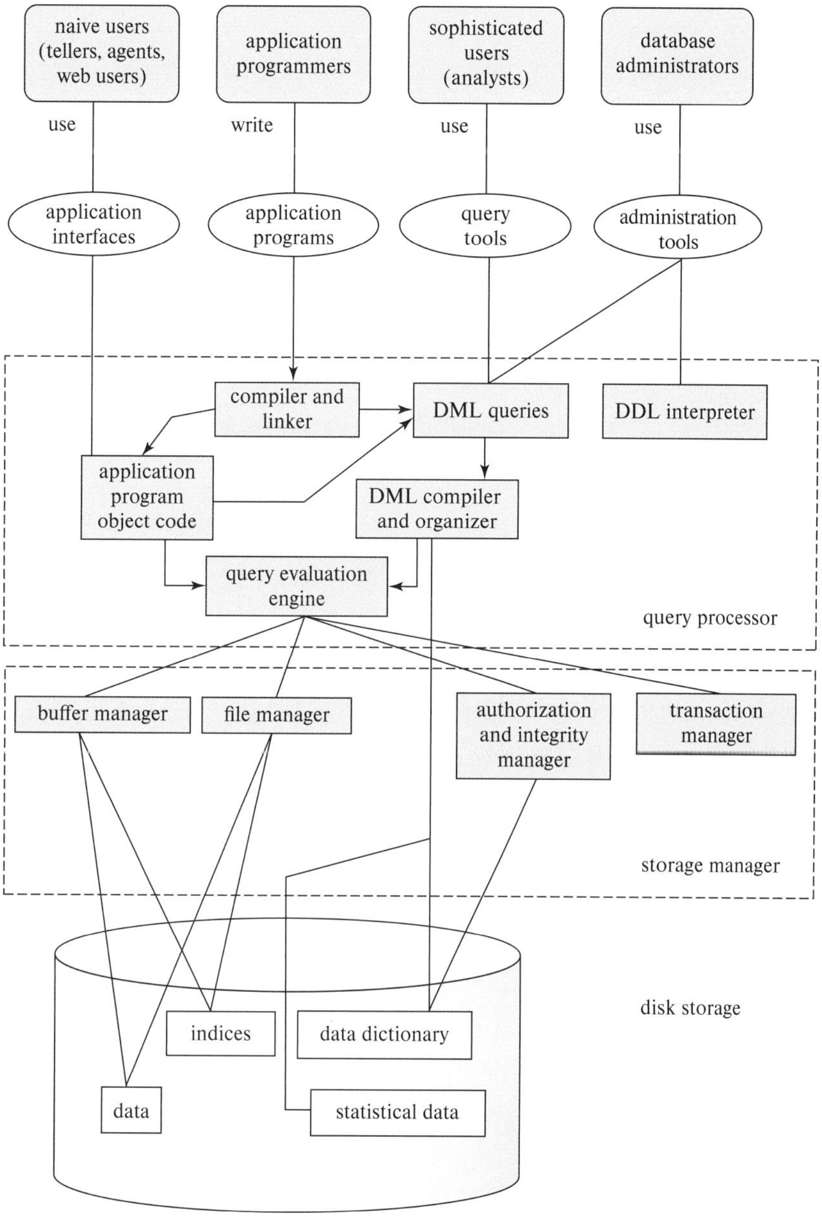

그림 1.3 시스템 구조

21장과 22장에서는 병렬 및 분산 처리를 활용하여 질의 처리를 어떤 식으로 구현할 수 있는지를 살펴볼 것이다. 23장에서는 병렬 및 분산 데이터베이스 시스템에서 트랜잭션 처리 시 발생할 수 있는 많은 문제와 이런 문제를 어떻게 다룰지에 대해서 살펴본다. 이런 문제에는 데이터를 저장하는 방식, 다수의 사이트에서 실행되는 트랜잭션의 원자성을 보장하는 방법, 동시성 제어를 수행하는 방법, 고장 발생 시 높은 가용성을 제공하는 방법이 포함된다.

백엔드(back-end)로 데이터베이스를 사용하는 응용의 구조를 살펴보자. 데이터베이스 응용 프로그램은 그림 1.4와 같이 두 부분 또는 세 부분으로 나뉜다. 초기 데이터베이스 응용은 **2계층 구조**

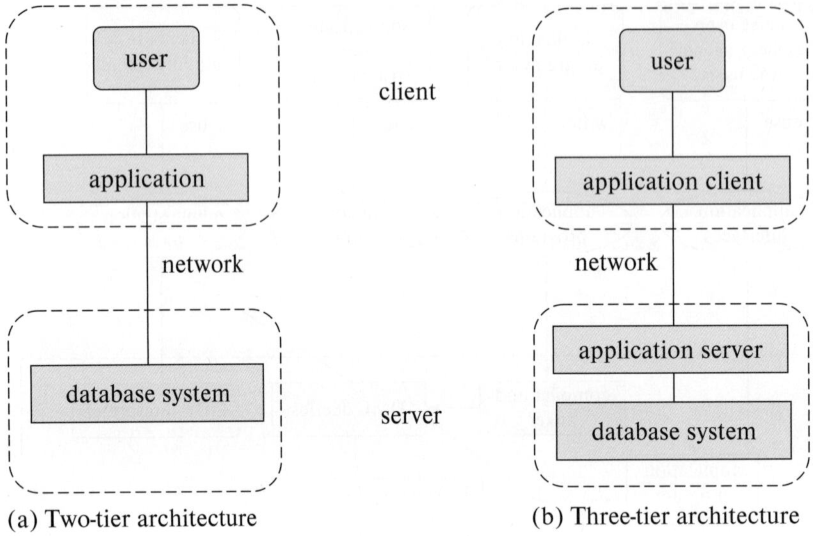

그림 1.4 2계층 및 3계층 구조

(two-tier architecture)를 이용했는데, 이 구조에서는 응용 프로그램이 클라이언트상에 존재하고 특정 질의문을 보냄으로써 서버에 있는 데이터베이스 시스템의 기능을 불러온다.

이와는 반대로, **3계층 구조**(three-tier architecture)에서 클라이언트는 어떤 데이터베이스 호출도 직접적으로 수행하지 않고 단지 전처리 시스템으로서의 역할만 한다. 오늘날 웹 브라우저와 모바일 응용이 가장 많이 사용되는 응용 클라이언트다. 프런트엔드(혹은 클라이언트)는 **응용 서버**(application server)와 통신을 한다. 응용 서버는 차례로 데이터에 접근하기 위해 데이터베이스 시스템과 통신한다. 어떤 작업(action)이 어떠한 조건하에서 수행되는지를 의미하는 **비즈니스 로직**(business logic)은 여러 클라이언트에 분산되어 있는 것이 아니라 응용 서버 쪽에 포함되어 있다. 3계층 응용은 2계층 응용보다 더 좋은 성능뿐만 아니라 더 나은 보안을 제공한다.

1.8 데이터베이스 사용자와 관리자

데이터베이스 시스템의 주된 목적은 데이터베이스에 저장된 정보를 검색하고 새로운 정보를 저장하는 것이라 할 수 있다. 데이터베이스와 관련된 사람은 다음과 같이 사용자와 관리자로 분류된다.

1.8.1 데이터베이스 사용자와 사용자 인터페이스

데이터베이스 시스템을 사용하는 사용자는 시스템과 상호작용하는 방식에 따라서 다음과 같은 네 가지 유형으로 구분된다. 이들 서로 다른 사용자 그룹을 위해 서로 다른 인터페이스가 제공되어야 한다.

- **일반 사용자.** 웹이나 모바일 응용 등과 같은 미리 작성된 사용자 인터페이스를 통해 시스템과 소통하는 시스템에 익숙하지 않은 사용자층이다. 이러한 사용자 그룹을 위한 가장 전형적인 사용자 인터페이스는 서식(form) 인터페이스로서 사용자는 적절한 정보를 채워 넣으면 되는 형식

으로 되어 있다. 일반 사용자는 데이터베이스로부터의 간단한 보고 메시지(report)를 읽는 것으로 데이터 검색을 대신하는 일도 있다.

예를 들어, 수강 신청 기간에 웹 인터페이스를 이용해 수강 신청을 하고자 하는 학생을 가정해 보자. 이러한 사용자는 웹 서버에서 실행되는 웹 응용 프로그램에 접속한다. 응용 프로그램은 사용자의 신분을 확인하고 사용자가 원하는 정보를 얻을 수 있는 서식에 접속할 수 있도록 한다. 서식 정보는 서버에 있는 웹 응용 프로그램으로 다시 전해지며 수강 여석이 남아 있는 경우 (데이터베이스에서 정보를 검색하여) 학생 정보를 데이터베이스에 추가한다.

- **응용 프로그래머.** 이들은 컴퓨터 전문가이며, 응용 프로그램을 작성한다. 이들은 사용자 인터페이스를 개발하기 위해 때때로 여러 가지 도구를 쓴다.
- **능숙한 사용자.** 프로그램을 작성하지는 않으나, 시스템에 직접 접근하는 사용자다. 대신, 그들은 데이터베이스 질의어나 데이터 분석 소프트웨어와 같은 도구를 사용하여 시스템에 대한 요청을 처리한다. 데이터베이스 내의 데이터를 조사하기 위한 질의를 제시하는 분석가가 이런 부류에 속한다.

1.8.2 데이터베이스 관리자

DBMS를 도입하는 중요한 이유 중의 하나는 데이터와 데이터에 접근하는 프로그램 모두에 대해서 중앙 제어를 가하자는 것이다. 중앙에서 제어하는 사람을 **데이터베이스 관리자**(database administrator, **DBA**)라고 한다. 데이터베이스 관리자는 다음과 같은 일을 한다.

- **스키마 정의.** DBA는 DDL로 작성된 일련의 정의를 실행함으로써 최초의 데이터베이스 스키마를 생성한다.
- **저장 구조와 접근 방법 정의.** DBA는 데이터의 물리적인 구조와 관련된 파라미터를 명세하거나 인덱스를 생성할 수 있다.
- **스키마 및 물리 구조 수정.** DBA는 요구 사항의 변화를 반영하기 위해 혹은 시스템 성능 향상을 위해 스키마와 물리적 구조를 변경할 수 있다.
- **데이터 접근 권한 인정.** 여러 가지 서로 다른 형태의 권한을 규정함으로써 데이터베이스 관리자는 데이터베이스의 어떤 부분을 어떤 사용자가 접근할 수 있을지 결정한다. 권한 정보는 특수한 시스템 구조에 저장되는데 시스템에서 데이터에 대한 접근이 이루어질 때마다 이를 참조하게 되어 있다.
- **일상적인 유지 보수.** 데이터베이스 관리자의 일상적인 유지 보수의 예는 다음과 같다.
  - 홍수와 같은 재해로부터 데이터의 안전성을 보장하기 위해 주기적으로 데이터베이스를 원격 저장 서버로 백업
  - 일반적인 연산이 가능하도록 충분한 디스크 공간을 보장하며, 필요한 만큼의 디스크 공간을 확보
  - 데이터베이스에서 수행되는 작업을 모니터링하여 일부 사용자에 의한 과부하로 인한 성능 저하를 방지

1.9 데이터베이스 시스템의 역사

초기에 그랬듯이 오늘날에도 정보 처리는 컴퓨터의 성장을 가져왔다. 사실 데이터 처리 업무의 자동화는 컴퓨터가 등장하기 전부터 있었다. Hollerith가 발명한 천공 카드는 20세기 초 미국의 인구조사에 사용되었고, 카드를 처리하고 결과를 내는 데 기계적인 시스템이 사용되었었다. 천공 카드는 후에 컴퓨터에 데이터를 입력하는 수단으로 쓰이게 되었다.

데이터 저장과 처리 기술의 발달 상황은 다음과 같다.

- **1950년대와 1960년대 초반**: 자기 테이프가 데이터 저장을 위해 사용되었다. 데이터가 테이프에 저장되면서 급여 지급과 같은 데이터 처리 업무도 자동화되었다. 데이터 처리 과정은 하나 이상의 테이프로부터 데이터를 읽어 오고, 새로운 데이터를 새 테이프에 기록하는 작업으로 이루어진다. 데이터는 천공 카드를 통해 입력되어 프린터로 출력되기도 했다. 예를 들어, 급여가 인상된 경우 이는 다음과 같이 처리된다. 먼저 급여 인상분을 기록한 천공 카드를 입력하면, 이는 원래 급여가 기록된 테이프가 읽히는 것과 맞추어 동시에 판독된다. 급여 인상분은 원래 급여가 배열된 것과 같은 순서로 기록되어 있어야 했다. 그러면 급여 인상분이 테이프에 있던 원래 급여에 더해지고 이 결과가 새 테이프에 기록되며, 이 새 테이프가 급여를 저장한 테이프가 되는 것이다.

  테이프나 천공 카드는 순차적으로만 읽을 수 있었으며, 데이터는 메인 메모리보다 훨씬 컸다. 그러므로 데이터 처리 프로그램은 특정한 순서로 테이프와 일련의 천공 카드로부터 데이터를 읽고 합병하는 처리를 해야 했다.

- **1960년대 후반과 1970년대 초반**: 1960년대 후반에 널리 쓰이게 된 하드 디스크는 데이터 처리 과정을 획기적으로 변화시켰다. 이는 하드 디스크를 사용하면 원하는 데이터에 직접 접근할 수 있는 특징 때문이었다. 이제 디스크상의 어떤 데이터라도 수십 밀리초 안에 접근할 수 있게 되었으므로, 디스크상의 데이터의 물리적인 위치는 중요하지 않게 되었다. 데이터를 반드시 순차적으로 기록해야만 한다는 엄격한 제약이 사라진 것이다. 디스크와 함께, 저장 공간 안에 트리나 리스트 같은 자료 구조를 이용하는 네트워크형 데이터베이스나 계층형 데이터베이스가 등장했다. 프로그래머도 이런 자료 구조를 구성하고 조작할 수 있게 되었다.

  1970년 Codd가 관계형 모델을 정의하고 관계형 모델에서 비절차적으로 질의하는 방식을 제안한 획기적인 논문을 발표했다. 이에 곧 관계형 데이터베이스가 태어나게 된다. 관계형 모델의 단순성과 상세한 구현을 프로그래머에게 철저히 숨기고도 빼어난 기능을 제공하는 특성은 당시 상당한 센세이션을 불러왔다. Codd는 후에 이런 업적으로 튜링상을 받게 되었다.

- **1970년대 후반과 1980년대**: 비록 학계에서 큰 주목을 받았던 관계형 모델이었으나, 초기에는 실제로 쓰이지 못했는데 이는 성능에 문제가 있었기 때문이었다. 관계형 데이터베이스는 네트워크형 데이터베이스나 계층형 데이터베이스의 성능에 미치지 못하고 있었다. IBM 연구 그룹에서 착수한 프로젝트인 시스템 R은 이런 상황을 점차 변화시켰다. 이들은 효율적인 관계형 데이터베이스를 구성하기 위한 여러 가지 기법을 발전시켰다. 시스템 R의 완성된 프로토타입은

IBM의 첫 번째 관계형 데이터베이스 산출물인 SQL/DS를 탄생시켰다. 이와 동시에 Ingres 시스템은 캘리포니아대학교 버클리 캠퍼스에서 개발되었다. 이것은 같은 이름을 가진 상업적인 제품을 이끌어 냈다. IBM DB2, Oracle, Ingres, DEC Rdb 등 초기의 상용 관계형 데이터베이스 시스템은 선언적 질의를 효율적으로 처리하는 기법을 발전시키는 데 크게 공헌했다.

1980년대 초반, 관계형 데이터베이스는 비로소 네트워크형이나 계층형 데이터베이스에 대해 성능 면에서도 경쟁력을 갖추게 되었다. 기존의 네트워크형 데이터베이스와 계층형 데이터베이스를 사용하기 위해 프로그래머가 매우 낮은 단계의 구현에 대한 막대한 지식을 익히고 질의를 절차적으로 작성해야 했던 것에 비추어 볼 때, 관계형 데이터베이스는 너무나도 사용하기 쉬웠다. 결정적으로, 기존에는 프로그래머가 프로그램을 설계할 때 성능을 염두에 두고 막대한 노력을 경주해야 했던 것과 대조적으로 관계형 데이터베이스는 이러한 낮은 단계의 잡다한 작업을 시스템 레벨에서 자동으로 처리해 주어, 프로그래머를 명실상부하게 논리적 단계에서만 작업할 수 있도록 만들어 주었다. 1980년대 이후 관계형 데이터 모델은 여러 데이터 모델 사이에서 제왕적 위치에 오르게 된다.

1980년대는 병렬 데이터베이스와 분산 데이터베이스가 활발히 연구되었고 객체 지향 데이터베이스가 태동했던 시기이기도 하다.

- **1990년대**: 질의 위주의 의사결정 응용 프로그램을 위해서 SQL이 고안되었으나, 1980년대 데이터베이스 연구의 주류는 아직 갱신 위주의 트랜잭션 처리 응용 프로그램에 집중되어 있었다.

  1990년대 초반, 의사결정 시스템과 질의 처리가 주요 응용으로 부상하면서, 대량의 데이터를 분석하기 위한 도구가 매우 발달하게 되었다. 이 시기에 많은 데이터베이스 업체는 병렬 데이터베이스를 내놓았으며, 객체 지향적인 특성을 그들의 제품에 추가하기도 했다.

  1990년대의 중요한 사건은 월드 와이드 웹(World Wide Web)의 폭발적인 성장일 것이다. 데이터베이스 또한 전에 없이 비약적으로 발전했다. 데이터베이스 시스템은 이제 초고속으로 트랜잭션을 처리할 수 있게 되었으며 매우 견고한 신뢰성을 확보했다. 또한 24×7 가용성을 갖추었다고도 말하는데, 이는 하루의 24시간 그리고 일주일의 7일 동안 가용하다는 뜻으로 사실상 유지 보수를 위한 정지 시간이 더 이상 없다는 뜻이다. 또한 이 시기의 데이터베이스 시스템은 웹 인터페이스를 갖추게 되었다.

- **2000년대**: 데이터베이스 시스템에 저장되는 데이터 타입이 이 시기에 급속하게 발전되었다. 반구조형 데이터(semi-structured data)가 점점 중요하게 되었다. XML이 데이터 교환의 표준으로 인식되었다. JavaScript나 다른 프로그래밍 언어에서 객체를 저장하는 데 적합한 간략한 데이터 교환 형식인 JSON이 점차 중요하게 되었다. XML과 JSON에 대한 지원이 주요 상업용 시스템에 추가되면서 이러한 데이터가 점차 관계형 데이터베이스 시스템에 저장되기 시작했다. 공간 데이터(즉 지리정보시스템에 포함된 데이터)가 내비게이션 시스템과 응용에 광범위하게 사용되기 시작했다.

  PostgreSQL이나 MySQL과 같은 오픈 소스 데이터베이스 시스템의 사용이 점차 증대되었다. 작업부하 변경에 따라 자동 재설정(automatic reconfiguration)을 가능하게 하는 "자동 관리

(auto-admin)" 기능이 데이터베이스 시스템에 추가되었다.

사람과 사람이 포스팅한 데이터 간의 연결에 대한 데이터 관리의 필요가 생기면서 소셜 미디어 플랫폼이 급속하게 증가했다. 그런데 이런 데이터는 기존의 테이블 형태의 행과 열 형식에 잘 맞지 않았다. 그래서 그래프 데이터베이스가 개발되었다.

2000년대 후반에는 기업 내에서 데이터 분석이나 **데이터 마이닝**(data mining) 사용이 일반화되었다. 데이터베이스 시스템은 이러한 시장 요구 사항에 부응하기 위해 진화해 나갔다. 이러한 시스템은 데이터 분석에 더 적합한 물리적 데이터 저장 구조, 즉 "열 저장(column-store)" 방식의 특징을 갖고 있는데 이것은 테이블이 주요 상업용 데이터베이스 시스템에서 사용하는 전통적인 방식인 행 중심이 아니라 열 중심으로 저장하는 것이다.

분석에 사용되는 대규모 데이터의 대부분이 텍스트형 혹은 반구조형이라는 사실은 응용 프로그래머로 하여금 병렬화 사용을 가능하게 만들어 주는 맵리듀스(map-reduce)와 같은 프로그래밍 프레임워크 개발을 가능케 했다. 곧이어 전통적인 데이터베이스 시스템에도 이러한 기능이 추가되었다. 2010년대 후반까지 단일 데이터베이스 시스템에서 전통적인 트랜잭션 처리 응용과 새로운 데이터 분석 응용을 함께 제공하는 것과, 서로 분리된 시스템에서 제공하는 것에 대한 상대적인 장점에 대한 논의가 지속되고 있다.

데이터 중심 응용의 다양성과 신속한 개발의 필요성은 경량화된 데이터베이스 관리 기능을 제공하는 NoSQL 시스템 개발로 이어졌다. NoSQL이란 이름은 비록 "not only SQL"이란 의미로도 해석되지만, 이들 시스템에서 데이터베이스 질의어인 SQL을 완전히 지원하지 않는 데서 유래되었다. 관계형 모델에 기반한 고수준 질의어의 부재는 프로그래머로 하여금 새로운 데이터 타입을 가지고 작업하는 데 큰 유연성을 제공했다. 또한 엄격한 데이터 일관성에 대한 지원 부족은 오히려 분산 데이터 저장소를 사용하는 응용의 입장에서 더 많은 유연성을 제공했다. NoSQL의 "궁극적 일관성(eventual consistency)" 모델은 추가적인 갱신이 없다면 결국 최종적으로는 일관성이 유지될 것으로 판단하여 분산 복사본 사이에 일시적인 비일관성을 허용한다.

- **2010년대**: 일관성 지원 부족이나 선언적 질의 부족과 같은 NoSQL 시스템의 단점은 확장성과 가용성 같은 장점 때문에 많은 응용(예를 들어, 소셜 네트워크)에서 수용 가능했다. 그러나 2010년대 초기부터 이러한 단점이 프로그래머나 데이터베이스 관리자를 더욱 복잡하게 만드는 것이 확실해졌다. 결과적으로 이러한 시스템은 좀 더 엄격한 일관성을 제공하면서 높은 확장성과 가용성은 그대로 유지하는 식으로 발전하기 시작했다. 추가적으로 이러한 시스템은 점차 프로그래머가 전통적인 데이터베이스 시스템에서 표준이었던 기능을 다시 개발해야 하는 수고를 피하기 위해 좀 더 높은 수준의 추상화를 지원하게 되었다.

  기업은 자신들의 데이터를 저장하고 관리하는 일을 점차 아웃소싱했다. 내부 시스템과 전문가를 유지하기보다는 다수의 분산 서버 형태로 다양한 고객을 위해서 클라우드 서비스(cloud service)에 데이터를 보관하기 시작했다. 데이터는 웹 기반 서비스를 통해 사용자에게 제공된다. 일부 기업은 데이터에 대한 저장뿐만 아니라 전체 응용도 아웃소싱하기 시작했다. 이런 경우를 "서비스형 소프트웨어(software as a service)"라고 부르며 서비스 업체는 기업을 위한 데이터 저장뿐만 아니라 응용 소프트웨어도 실행 및 관리해 준다. 이런 서비스는 결국 비용 면에서 많은 절약을 가져다주었다. 그러나 보안 결함에 대한 책임과 정부가 데이터에 대한 접근을 요청할 경우, 데이터에 대한 소유권과 같은 새로운 문제가 발생했다.

일상생활에서 데이터 및 데이터 분석의 거대한 영향은 데이터 관리를 뉴스의 단골 소재로 만들었다. 사생활에 대한 개인의 권리와 사회적으로 알 권리에 대한 필요성 사이에는 풀리지 않는 상충관계가 있다. 다양한 국가의 정부는 사생활 보호를 위한 규제를 시행 중이다. 기밀 보안 침해 사례는 사이버보안 및 데이터 저장 위험에 대한 대중의 경각심을 불러일으켰다.

1.10 요약

- 데이터베이스 관리 시스템(DBMS)은 서로 관련이 있는 데이터의 모임과 그 데이터에 접근하기 위한 프로그램의 집합으로 구성된다. 데이터는 특정 조직에 관한 정보를 기술한다.
- DBMS의 주요 목적은 데이터베이스에 정보를 저장하고 또 이를 검색하기 위한 편리하고도 효율적인 환경을 제공하는 데 있다.
- 데이터베이스는 오늘날 세계 어디서나 널리 사용되고 있으며 대부분의 사람이 직접적으로든 간접적으로든 매일 여러 번 이용하고 있다.
- 데이터베이스 시스템은 대규모의 정보를 관리하도록 설계되었다. 데이터 관리는 정보의 저장을 위해서 구조를 정의하는 작업과 정보의 조작을 위한 기법을 제공하는 작업을 모두 포함한다. 또한 데이터베이스 시스템은 시스템의 고장이나 불법적인 접근으로부터 저장된 정보를 안전하게 지켜야 한다. 데이터가 여러 사용자 간에 공유될 경우, 이로 인한 예기치 않은 이상 결과를 방지해야 한다.
- 데이터베이스 시스템의 중요한 목적은 사용자에게 데이터의 추상적인 관점을 제공하는 것이다. 즉 시스템은 데이터를 어떻게 저장하고 유지하는지의 세부 사항을 숨긴다.
- 데이터베이스 구조의 기반을 이루는 것이 데이터 모델이다. 데이터 모델은 데이터, 데이터들 사이의 관계, 데이터의 의미 그리고 데이터의 제약 조건 등을 기술하기 위한 개념적 도구의 집합이다.
- 관계형 모델은 데이터베이스에서 데이터를 저장할 때 가장 많이 이용되는 모델이다. 다른 모델로 객체 지향 모델, 객체-관계 모델, 반구조형 데이터 모델 등이 있다.
- 데이터 조작 언어(DML)는 사용자로 하여금 데이터를 조작하거나 접근하게 하기 위한 언어다. 비절차적 DML은 필요한 데이터를 어떻게 구할지 명시할 필요 없이, 어떠한 데이터가 필요한지 지정할 것만 사용자에게 요구하며 오늘날 많이 사용된다.
- 데이터 정의 언어(DDL)는 데이터의 다른 속성뿐만 아니라 데이터베이스 스키마를 실체화하는 언어다.
- 데이터베이스 설계는 주로 데이터베이스 스키마 설계와 관련이 있다. 개체-관계(E-R) 데이터

모델은 데이터베이스 설계를 위해 널리 사용되고 있는 모델로서, 데이터와 관계, 제약 조건을 편리하게 시각적으로 바라볼 수 있도록 도와준다.

- 데이터베이스는 몇 개의 서브 시스템으로 나뉜다.
  - 저장 장치 관리자는 데이터베이스 하부에 저장된 데이터와 시스템의 응용 프로그램 및 질의 사이의 인터페이스를 제공하는 프로그램 모듈이다.
  - 질의 처리기는 DDL 구문과 DML 구문을 컴파일하고 실행한다.
- 트랜잭션 관리는 데이터베이스를 시스템의 장애에도 불구하고 일관된(올바른) 상태로 유지시킨다. 트랜잭션 관리자는 동시 실행 트랜잭션을 충돌 없이 실행 가능하도록 한다.
- 데이터베이스 시스템의 구조는 데이터베이스 시스템이 실행되는 컴퓨터 시스템에 영향을 받는다. 데이터베이스 시스템은 하나의 서버가 다수의 클라이언트 대신 일을 처리하는 중앙집중식 구조, 또는 클라이언트-서버 구조가 될 수 있다. 데이터베이스 시스템은 병렬 컴퓨터 구조를 이용하기 위해 설계될 수도 있다. 분산 데이터베이스는 지리적으로 분리된 다수의 기계에 걸쳐 있다.
- 데이터베이스 응용은 전형적으로 클라이언트에서 실행되는 프런트엔드 부분과 백엔드에서 동작하는 부분이 있다. 2계층 구조에서는 프런트엔드가 백엔드에 있는 데이터베이스와 직접 통신한다. 반면, 3계층 구조에서는 백엔드 부분이 응용 프로그램 서버와 데이터베이스 서버로 나뉜다.
- 데이터베이스 시스템 사용자는 네 가지 형태로 구분되며, 그들은 시스템과 상호작용을 하는 방식에 따라 구분된다. 사용자 인터페이스의 형태는 사용자의 형태에 따라 설계된다.
- 데이터 분석 기법은 데이터로부터 규칙이나 패턴을 자동으로 찾아내려는 것이다. 데이터 마이닝 분야는 인공지능 연구자와 통계학자들이 고안한 지식 탐사 기법과 이것을 대규모 데이터베이스에서도 사용할 수 있도록 하는 효율적인 구현 기법을 접목한 것이다.

용어정리

- 데이터베이스 관리 시스템(DBMS)
- 데이터베이스 시스템 응용
- 온라인 트랜잭션 처리
- 데이터 분석
- 파일 처리 시스템
- 데이터 비일관성
- 일관성 제약 조건
- 데이터 추상화
  - 물리적 단계
  - 논리적 단계
  - 뷰 단계
- 인스턴스
- 스키마
  - 물리적 스키마
  - 논리적 스키마
  - 서브 스키마
- 물리적 데이터 독립성
- 데이터 모델
  - 개체-관계 모델
  - 관계형 데이터 모델
  - 반구조형 데이터 모델
  - 객체 기반 데이터 모델
- 데이터베이스 언어
  - 데이터 정의 언어

- ○ 데이터 조작 언어
  - ◇ 절차적 DML
  - ◇ 선언적 DML
  - ◇ 비절차적 DML
- ○ 질의어
- • 데이터 정의 언어
  - ○ 도메인 제약 조건
  - ○ 참조 무결성
  - ○ 권한
    - ◇ 읽기 권한
    - ◇ 삽입 권한
    - ◇ 갱신 권한
    - ◇ 삭제 권한
- • 메타데이터
- • 응용 프로그램
- • 데이터베이스 설계
  - ○ 개념 설계
  - ○ 정규화
  - ○ 기능적 요구 사항 명세서
  - ○ 물리 설계 단계
- • 데이터베이스 엔진
  - ○ 저장 관리자
    - ◇ 권한과 무결성 관리자
    - ◇ 트랜잭션 관리자
    - ◇ 파일 관리자
    - ◇ 버퍼 관리자
    - ◇ 데이터 파일
    - ◇ 데이터 사전
    - ◇ 인덱스
  - ○ 질의 처리기
    - ◇ DDL 인터프리터
    - ◇ DML 컴파일러
    - ◇ 질의 최적화
    - ◇ 질의 평가 엔진
  - ○ 트랜잭션
    - ◇ 원자성
    - ◇ 일관성
    - ◇ 지속성
    - ◇ 복구 관리자
    - ◇ 고장 복구
    - ◇ 동시성 제어 관리자
- • 데이터베이스 구조
  - ○ 중앙화
  - ○ 병렬
  - ○ 분산
- • 데이터베이스 응용 구조
  - ○ 2계층
  - ○ 3계층
  - ○ 응용 서버
- • 데이터베이스 관리자(DBA)

실전문제

1.1 이 장은 데이터베이스 시스템의 몇 가지 주요 장점에 대해 설명했다. 단점 두 가지를 설명하라.

1.2 Java나 C++와 같은 언어의 타입 선언 시스템이 데이터베이스에서 쓰이는 데이터 정의 언어와 다른 점을 다섯 가지 기술하라.

1.3 특정 조직에 데이터베이스를 설치할 때, 여섯 가지 주요 절차를 나열하라.

1.4 YouTube와 같은 비디오 사이트를 제작하려고 한다고 하자. 1.2절에서 나열한 파일 처리 시스템의 단점을 고려하자. 이러한 단점이 실제 비디오 데이터의 저장소나 제목, 동영상을 올리는 사용자, 태그와 같은 비디오의 메타데이터, 그리고 동영상을 시청하는 사용자 등과 어떠한 관련성이 있는지 토론하라.

1.5 웹 검색에서 사용되는 키워드 질의는 데이터베이스 질의와는 다르다. 질의가 기술되는 측면과 질의의 결과 측면에서 둘 사이의 다른 점을 기술하라.

연습문제

1.6 데이터를 저장하기 위해 데이터베이스를 사용하는 응용 프로그램 네 가지를 나열하라.

1.7 파일 처리 시스템과 DBMS 사이의 가장 큰 차이점 네 가지를 나열하라.

1.8 물리적 데이터 독립성의 개념과 그것이 데이터베이스 시스템에서 지니는 중요성에 대해 설명하라.

1.9 데이터베이스 관리 시스템의 다섯 가지 책임을 나열하라. 이러한 것이 제대로 수행되지 않을 때 발생할 수 있는 문제에 대해 각 책임별로 설명하라.

1.10 데이터베이스가 데이터 관리를 수행하기 위해서 C나 C++의 라이브러리를 제공하는 대신에 SQL 같은 선언형 언어를 사용하여 데이터 관리를 지원하는 이유를 적어도 두 가지 나열하라.

1.11 두 명의 학생이 마지막으로 한 자리만 남은 과목을 동시에 수강 신청한다고 가정하자. 데이터베이스의 어떤 요소가 두 학생이 동시에 마지막 자리를 차지하는 것을 방지해야 하는가?

1.12 2계층 구조와 3계층 구조의 차이점에 대해 설명하라. 웹 응용 프로그램에는 어떤 것이 더 적합한가? 그 이유는?

1.13 데이터베이스 시스템이 데이터 분석 작업 부하를 관리하는 것을 돕기 위해 2000년대에 개발된 두 가지 기능을 나열하라.

1.14 NoSQL이 2000년대에 출현한 이유를 전통적인 데이터베이스 시스템의 특징과 비교하여 설명하라.

1.15 Facebook과 같은 소셜 네트워킹 시스템에서 정보를 저장하기 위해서 사용되는 테이블을 최소 세 개 이상 기술하라.

관련도구

오늘날 많은 상용 데이터베이스 시스템이 사용되고 있다. 이 중 가장 대표적인 것은 다음과 같다. IBM DB2(www.ibm.com/software/data/db2), Oracle(www.oracle.com), Microsoft SQL Server(www.microsoft.com/sql), IBM Informix(www.ibm.com/software/data/informix), SAP Adaptive Server Enterprise(예전 Sybase)(www.sap.com/products/sybase-ase.html), 그리고 SAP HANA(www.sap.com/products/hana.html). 이들 시스템 중 일부는 개인적인 용도나 비영리적인 개발 목적에 한해서는 무료로 이용할 수 있으나, 실제적인 사용을 하려면 비용을 내야 한다.

무료 또는 공개 데이터베이스 시스템도 많이 나와 있다. 이들 중 널리 쓰이고 있는 시스템은 MySQL(www.mysql.com)과 PostgresSQL(www.postgresql.org), 그리고 내장형 데이터베이스 SQLite(www.sqlite.org)를 들 수 있다.

기타 데이터베이스 업체의 웹 사이트 목록과 더 많은 정보를 원한다면 이 책의 홈페이지를 참고하라 (www.db-book.com).

더 읽어보기

[Codd (1970)]는 관계형 모델을 소개한 획기적인 논문이다. 데이터베이스 시스템 전반을 다루는 교과서로서 [O'Neil and O'Neil (2000)], [Ramakrishnan and Gehrke (2002)], [Date (2003)], [Kifer et al. (2005)], [Garcia-Molina et al. (2008)], [Elmasri and Navathe (2016)] 등이 있다.

데이터베이스 관리에 대한 연구 업적과 향후 연구 주제에 대한 개관은 [Abadi et al. (2016)]에서 찾아 볼 수 있다. ACM의 데이터 관리 특별 연구 그룹 홈페이지(www.acm.org/sigmod)에 가면 데이터베이스 연구에 대한 풍부한 정보를 얻을 수 있다. 데이터베이스 제조사의 웹 사이트(위의 "관련도구" 절 참조)에서는 제품에 대한 자세한 설명을 제공한다.

참고문헌

[Abadi et al. (2016)] D. Abadi, R. Agrawal, A. Ailamaki, M. Balazinska, P. A. Bernstein, M. J. Carey, S. Chaudhuri, J. Dean, A. Doan, M. J. Franklin, J. Gehrke, L. M. Haas, A. Y. Halevy, J. M. Hellerstein, Y. E. Ioannidis, H. Jagadish, D. Kossmann, S. Madden, S. Mehrotra, T. Milo, J. F. Naughton, R. Ramakrishnan, V. Markl, C. Olston, B. C. Ooi, C. RÂ é, D. Suciu, M. Stonebraker, T. Walter, and J. Widom, "The Beckman Report on Database Research", *Communications of the ACM*, Volume 59, Number 2 (2016), pages 92-99.

[Codd (1970)] E. F. Codd, "A Relational Model for Large Shared Data Banks", *Communications of the ACM*, Volume 13, Number 6 (1970), pages 377-387.

[Date (2003)] C. J. Date, *An Introduction to Database Systems*, 8th edition, Addison Wesley (2003).

[Elmasri and Navathe (2016)] R. Elmasri and S. B. Navathe, *Fundamentals of Database Systems*, 7th edition, Addison Wesley (2016).

[Garcia-Molina et al. (2008)] H. Garcia-Molina, J. D. Ullman, and J. D. Widom, *Database Systems: The Complete Book*, 2nd edition, Prentice Hall (2008).

[Kifer et al. (2005)] M. Kifer, A. Bernstein, and P. Lewis, *Database Systems: An Application Oriented Approach, Complete Version*, 2nd edition, Addison Wesley (2005).

[O'Neil and O'Neil (2000)] P. O'Neil and E. O'Neil, *Database: Principles, Programming, Performance*, 2nd edition, Morgan Kaufmann (2000).

[Ramakrishnan and Gehrke (2002)] R. Ramakrishnan and J. Gehrke, *Database Management Systems*, 3rd edition, McGraw Hill (2002).

크레딧

PART 1

관계형 언어

데이터 모델은 데이터, 데이터의 관계, 데이터의 의미, 일관성 제약 조건 등을 기술하기 위한 개념적 도구의 모임이다. 관계형 모델은 데이터와 데이터들 간의 관계를 기술하는 테이블의 집합을 사용한다. 관계형 모델의 개념적 단순성으로 인해 오늘날 대부분의 데이터베이스 제품은 관계형 모델을 채택하고 있다. 관계형 모델은 데이터 저장과 관련된 세부적인 사항을 추상화함으로써 논리적 단계와 뷰 단계에서 데이터를 서술한다.

관계형 데이터베이스에 저장된 데이터를 사용하기 위해서는 데이터를 검색하고 갱신하는 방법을 살펴볼 필요가 있다. 일부 질의어는 이러한 작업을 위해서 개발되었다.

2장은 SQL의 기본이 되는 정규 질의어인 관계 대수를 포함하여 관계형 데이터베이스의 기초가 되는 개념들을 소개한다. SQL은 오늘날 가장 많이 사용되는 관계형 질의어다.

3장은 SQL 데이터 정의, SQL의 기본 구조, 집합 연산, 집계 함수, 중첩 하위 질의, 데이터베이스 수정 등과 관련된 SQL 질의어의 개요를 설명한다.

4장은 조인 표현, 뷰, 트랜잭션, 데이터베이스에서 지켜야 할 무결성 제약 조건, 사용자에 의해 수행되는 접근과 갱신에 대한 권한 및 제어와 관련된 SQL의 세부적인 내용을 다룬다.

5장은 프로그래밍 언어를 이용한 SQL 접근, 함수, 프로시저, 트리거, 재귀 질의, 고급 집계 함수 등과 관련된 고급 주제를 살펴본다.

Chapter 2

관계형 모델 소개

관계형 모델은 상업용 데이터 처리 응용을 위한 주요 데이터 모델이다. 관계형 모델은 이전의 네트워크 모델이나 계층형 모델과 비교했을 때 프로그래머의 작업을 더 쉽게 만들어 줄 수 있는 단순성으로 인해 아직까지 최고의 자리를 차지하고 있다. 관계형 모델은 반세기 동안 다양한 새로운 특징과 기능을 추가했기 때문에 지금의 자리를 유지하고 있는 것이다. 추가적인 특징으로는 복잡한 데이터 타입과 저장형 프로시저와 같은 객체 지향 특징, XML 데이터의 지원, 반구조형 데이터를 지원하기 위한 다양한 도구 등이 있다. 관계형 모델을 하위 단계의 데이터 구조로부터 독립시킴으로써 관계형 모델은 데이터 마이닝을 위해서 설계된 최신 열 저장소(column store)를 포함해 데이터 저장을 위해서 새로운 방식이 출현함에도 불구하고 그 자리를 지킬 수 있었다.

이 장은 관계형 모델의 기본을 살펴본다. 관계형 데이터베이스를 위한 견고한 이론적 토대가 존재한다. 6장과 7장은 관계형 데이터베이스 스키마 설계에 도움이 되는 데이터베이스 이론을 살펴본다. 15장과 16장은 효율적으로 질의를 처리하는 이론을 살펴본다. 27장은 이 장의 기본적인 범위를 넘어서는 정규 관계형 언어(formal relational language)에 대해서 살펴본다.

2.1 관계형 데이터베이스의 구조

관계형 데이터베이스는 **테이블**(table)의 모임으로 구성되며, 각 테이블은 고유한 이름을 가지고 있다. 예를 들어, 그림 2.1의 *instructor* 테이블을 보면 이 테이블은 교수에 관한 정보를 저장하고 있다. 이 테이블은 *ID*, *name*, *dept_name*, *salary*와 같은 네 개의 열(column)을 가지고 있다. 테이블의 각 행(row)은 교수의 *ID*, *name*, *dept_name*, *salary*로 구성된 한 명의 교수에 관한 정보를 저장하고 있다. 그림 2.2의 *course* 테이블은 각각의 수업에 대한 *course_id*, *title*, *dept_name*, *credits*와 같은 수업 정보를 저장하고 있다. 교수 개개인은 *ID* 값에 의해서 구별되며, 각각의 과목은 *course_id*에 의해서 구별되는 것에 주의해야 한다.

ID	*name*	*dept_name*	*salary*
10101	Srinivasan	Comp. Sci.	65000
12121	Wu	Finance	90000
15151	Mozart	Music	40000
22222	Einstein	Physics	95000
32343	El Said	History	60000
33456	Gold	Physics	87000
45565	Katz	Comp. Sci.	75000
58583	Califieri	History	62000
76543	Singh	Finance	80000
76766	Crick	Biology	72000
83821	Brandt	Comp. Sci.	92000
98345	Kim	Elec. Eng.	80000

그림 2.1 *instructor* **릴레이션**

course_id	*title*	*dept_name*	*credits*
BIO-101	Intro. to Biology	Biology	4
BIO-301	Genetics	Biology	4
BIO-399	Computational Biology	Biology	3
CS-101	Intro. to Computer Science	Comp. Sci.	4
CS-190	Game Design	Comp. Sci.	4
CS-315	Robotics	Comp. Sci.	3
CS-319	Image Processing	Comp. Sci.	3
CS-347	Database System Concepts	Comp. Sci.	3
EE-181	Intro. to Digital Systems	Elec. Eng.	3
FIN-201	Investment Banking	Finance	3
HIS-351	World History	History	3
MU-199	Music Video Production	Music	3
PHY-101	Physical Principles	Physics	4

그림 2.2 *course* **릴레이션**

그림 2.3은 각 수업의 선행 과목 정보를 저장한 *prereq* 테이블이다. 이 테이블은 *course_id*와 *prereq_id*의 두 개의 열을 가지고 있다. 각 열은 두 개의 수업으로 이루어져 있는데, 두 번째 열의 수업이 첫 번째 열의 수업의 선행 과목이다.

이처럼 *prereq* 테이블의 행은 두 수업이 서로 관련이 있고, 하나의 수업이 다른 수업의 선행 과목이라는 것을 의미한다. 또 다른 예로, *instructor* 테이블을 볼 수 있다. 이 테이블의 각 행은 특정 *ID*와 나머지 *name*, *dept_name*, *salary* 값이 서로 연관되어 있다고 생각할 수 있다.

일반적으로 테이블의 각 행은 일련의 값 사이의 **관계**(relationship)를 표현한다. 테이블이란 이러한 관계들의 모임이므로, **테이블의 개념은 릴레이션**(relation)이라는 수학적인 개념과 밀접한 관련이 있다. 이와 연관되어 관계형 데이터 모델(relational data model)의 이름도 릴레이션에 기반하고 있

course_id	*prereq_id*
BIO-301	BIO-101
BIO-399	BIO-101
CS-190	CS-101
CS-315	CS-101
CS-319	CS-101
CS-347	CS-101
EE-181	PHY-101

그림 2.3 *prereq* **릴레이션**

다. 수학적 의미의 **튜플**은 간단한 값의 나열 혹은 값의 리스트를 의미한다. *n*개의 값에 관한 관계는, 수학적으로 값의 ***n*-튜플**로 표현된다. 즉 *n*개의 값을 가진 하나의 튜플이 테이블에서 하나의 행이 된다.

이처럼 관계형 모델에서 **릴레이션**(relation)은 테이블을 의미하는 단어로 사용된다. **튜플**(tuple)은 테이블의 행을 의미한다. 이와 비슷하게 **속성**(attribute)은 테이블의 열을 의미한다.

그림 2.1을 보면, *instructor* 릴레이션은 *ID*, *name*, *dept_name*, *salary*의 네 개의 속성을 가지고 있음을 알 수 있다.

앞으로 **릴레이션 인스턴스**(relation instance)라는 단어를 행의 특정 집합을 포함하고 있는 릴레이션의 특정 인스턴스를 지칭할 때 사용할 것이다. 그림 2.1의 *instructor*의 인스턴스는 12명의 교수를 가리키는 12개의 튜플을 가지고 있다.

이 장에서 관계형 데이터 모델을 위한 다양한 개념을 설명하기 위해 많은 릴레이션을 사용할 것이다. 이러한 릴레이션은 대학교의 일부분을 표현한다. 이 릴레이션은 실제 대학교의 데이터베이스의 모든 정보를 포함하지는 않고, 설명을 위해서 간단한 형태의 릴레이션을 제공한다. 관계형 구조의 적합성에 대해서는 6, 7장에서 자세히 다룬다.

릴레이션은 튜플들의 **집합**이기 때문에 릴레이션에서 튜플이 어떤 순서로 나타나는지는 상관없다. 그림 2.1에서는 튜플이 정렬되어 있고 그림 2.4에서는 정렬되어 있지 않지만, 이 두 그림의 릴레이션은 같은 튜플의 집합을 가지고 있기 때문에 서로 같은 릴레이션이다. 설명의 편의를 위해서 앞으로 나올 대부분의 릴레이션은 첫 번째 속성으로 정렬되어 있다.

릴레이션의 각 속성은 **도메인**(domain)이라고 하는 허가된 값의 집합을 가지고 있다. *instructor* 릴레이션의 *salary* 속성의 도메인은 가능한 모든 salary 값의 집합이고, *name* 속성의 도메인은 가능한 모든 교수의 이름이다.

모든 릴레이션 *r*에 대해서 *r*의 모든 속성의 도메인은 **원자적**(atomic)이어야 한다. 도메인이 원자적이라는 것은, 도메인의 요소(element)가 더 이상 나뉠 수 없는 단위라는 것을 의미한다. 예를 들어, *instructor* 테이블에 해당 교수의 전화번호를 저장하는 *phone_number*라는 속성이 존재한다고 하면, *phone_number*의 도메인은 원자적이지 않을 것이다. 왜냐하면 그 도메인의 요소는 전화번호의 집합이고, 그것은 개인 전화번호라는 부분집합을 가지고 있기 때문이다.

ID	*name*	*dept_name*	*salary*
22222	Einstein	Physics	95000
12121	Wu	Finance	90000
32343	El Said	History	60000
45565	Katz	Comp. Sci.	75000
98345	Kim	Elec. Eng.	80000
76766	Crick	Biology	72000
10101	Srinivasan	Comp. Sci.	65000
58583	Califieri	History	62000
83821	Brandt	Comp. Sci.	92000
15151	Mozart	Music	40000
33456	Gold	Physics	87000
76543	Singh	Finance	80000

그림 2.4 정렬되지 않은 *instructor* 릴레이션

중요한 것은 도메인 자체가 아니라, 데이터베이스의 도메인 요소를 어떻게 사용하는지에 달려 있다. *phone_number* 속성이 하나의 전화번호를 저장한다고 가정하자. 이때 전화번호를 국가번호, 지역번호 등과 같이 나누어서 생각한다면 이것은 원자적이지 않은 값이 된다. 하지만 전화번호를 나뉘지 않는 하나의 값으로 생각한다면 *phone_number* 속성은 원자적 도메인이 될 수 있다.

널 값(null value)은 알려지지 않거나 존재하지 않는 값을 의미하는 특별한 값이다. 예를 들어, *instructor* 릴레이션에 *phone_number* 속성을 추가하는 경우, 어떤 교수는 전화를 가지고 있지 않거나, 전화번호는 있지만 데이터베이스에 저장되어 있지 않을 수 있다. 이러한 경우에는 *phone_number* 속성에 어떤 값도 넣을 수 없기 때문에 널 값을 사용한다. 가능하다면 널 값은 제거하는 것이 좋다. 데이터베이스의 접근이나 갱신을 하는 데 널 값이 어떤 어려움을 가져오는지에 대해서 뒤에서 논의할 것이다. 초기에는 널 값은 존재하지 않는 것으로 가정하고, 널 값이 다양한 작업에 끼치는 영향에 대해서는 3.6절에서 알아본다.

앞으로 살펴보겠지만 비교적 엄격한 릴레이션 구조는 데이터를 저장하고 처리할 때 몇 가지 중요한 실질적인 장점이 있다. 엄격한 구조는 잘 정의된 비교적 정적인 응용에 적합하지만 시간에 따라 데이터뿐만 아니라 이러한 데이터의 형과 구조가 변하는 응용에는 덜 적합하다. 현대 기업들은 구조적 데이터의 효율성과 구조가 이미 결정된 상황의 한계 사이의 좋은 균형점을 찾을 필요가 있다.

2.2 데이터베이스 스키마

데이터베이스에 대해서 언급할 때, 데이터베이스의 논리적 설계인 **데이터베이스 스키마**(database schema)와, 어떤 한순간에 데이터베이스에 저장되어 있는 데이터의 스냅샷(snapshot)인 **데이터베이스 인스턴스**(database instance)를 잘 구별해야 한다.

릴레이션의 개념은 프로그래밍 언어에서 변수의 개념에 해당된다. 마찬가지로 **릴레이션 스키마**(relation schema)의 개념은 프로그래밍 언어의 타입 정의(type definition)에 해당된다.

dept_name	*building*	*budget*
Biology	Watson	90000
Comp. Sci.	Taylor	100000
Elec. Eng.	Taylor	85000
Finance	Painter	120000
History	Painter	50000
Music	Packard	80000
Physics	Watson	70000

그림 2.5 *department* **릴레이션**

일반적으로 릴레이션 스키마는, 속성과 그 속성이 가지는 도메인의 명세로 구성된다. 각 속성의 도메인에 대해 정확히 정의하는 것은 3장에서 SQL을 배울 때까지 일단 보류해 두기로 한다.

릴레이션 인스턴스의 개념은 프로그래밍 언어에서 변수의 값과 비슷하다. 주어진 변수의 값은 시간에 따라 변한다. 마찬가지로, 릴레이션 인스턴스의 튜플도 릴레이션이 변경됨에 따라 변하게 된다. 하지만 일반적으로 릴레이션의 스키마는 변하지 않는다.

릴레이션 스키마와 릴레이션 인스턴스의 차이를 아는 것도 중요하지만, *instructor*처럼 같은 이름으로 스키마와 인스턴스를 지칭한다는 것을 알아야 한다. 앞으로 릴레이션 스키마인지 릴레이션 인스턴스인지 정확히 구분해야 하는 경우에는 "*instructor* 스키마", "*instructor* 릴레이션의 인스턴스"와 같이 명시적으로 사용할 것이다. 하지만 릴레이션 스키마인지 릴레이션 인스턴스인지 명백한 경우에는 간단히 릴레이션의 이름을 사용할 것이다.

그림 2.5의 *department* 릴레이션을 생각해 보자. 이 릴레이션의 스키마는 다음과 같다.

department (*dept_name*, *building*, *budget*)

dept_name 속성은 *instructor* 스키마와 *department* 스키마에 모두 나타나는 것을 알 수 있다. 이러한 중복은 우연이 아니다. 릴레이션 스키마에서 공통적인 속성을 사용하는 것은, 서로 다른 릴레이션에 있는 튜플을 연관시키는 방법 중 하나다. 예를 들어, Watson building에서 일하는 교수에 대한 모든 정보를 찾고 싶다고 하자. 이를 위해서는 *department* 릴레이션에서 *building*이 Watson인 모든 *dept_name*을 찾아야 한다. 그리고 *instructor* 릴레이션에서 해당 *dept_name*을 가지고 있는 모든 교수의 정보를 찾아야 한다.

대학교의 데이터베이스 예제를 생각해 보자. 각 수업은 학기마다 한 번, 혹은 한 학기 안에서도 여러 분반(section)이 열릴 수 있다. 그렇기 때문에 각 수업의 관계를 표현할 수 있는 스키마를 제공해야 한다.

section (*course_id*, *sec_id*, *semester*, *year*, *building*, *room_number*, *time_slot_id*)

그림 2.6은 *section* 릴레이션의 인스턴스의 한 예다.

이러한 상황에서 교수와 수업 사이의 관계를 표현할 수 있는 릴레이션이 필요하다. 이러한 관계

course_id	*sec_id*	*semester*	*year*	*building*	*room_number*	*time_slot_id*
BIO-101	1	Summer	2017	Painter	514	B
BIO-301	1	Summer	2018	Painter	514	A
CS-101	1	Fall	2017	Packard	101	H
CS-101	1	Spring	2018	Packard	101	F
CS-190	1	Spring	2017	Taylor	3128	E
CS-190	2	Spring	2017	Taylor	3128	A
CS-315	1	Spring	2018	Watson	120	D
CS-319	1	Spring	2018	Watson	100	B
CS-319	2	Spring	2018	Taylor	3128	C
CS-347	1	Fall	2017	Taylor	3128	A
EE-181	1	Spring	2017	Taylor	3128	C
FIN-201	1	Spring	2018	Packard	101	B
HIS-351	1	Spring	2018	Painter	514	C
MU-199	1	Spring	2018	Packard	101	D
PHY-101	1	Fall	2017	Watson	100	A

그림 2.6 *section* 릴레이션

ID	*course_id*	*sec_id*	*semester*	*year*
10101	CS-101	1	Fall	2017
10101	CS-315	1	Spring	2018
10101	CS-347	1	Fall	2017
12121	FIN-201	1	Spring	2018
15151	MU-199	1	Spring	2018
22222	PHY-101	1	Fall	2017
32343	HIS-351	1	Spring	2018
45565	CS-101	1	Spring	2018
45565	CS-319	1	Spring	2018
76766	BIO-101	1	Summer	2017
76766	BIO-301	1	Summer	2018
83821	CS-190	1	Spring	2017
83821	CS-190	2	Spring	2017
83821	CS-319	2	Spring	2018
98345	EE-181	1	Spring	2017

그림 2.7 *teaches* 릴레이션

를 표현할 수 있는 릴레이션의 스키마는 다음과 같다.

teaches (*ID*, *course_id*, *sec_id*, *semester*, *year*)

그림 2.7은 *teaches* 릴레이션의 인스턴스의 한 예다.

실제 대학교의 데이터베이스는 훨씬 더 많은 릴레이션이 존재한다. 이미 언급된 *instructor*, *department*, *course*, *section*, *prereq*, *teaches* 이외에도 다음과 같은 릴레이션을 사용할 것이다.

- *student* (*ID*, *name*, *dept_name*, *tot_cred*)
- *advisor* (*s_id*, *i_id*)
- *takes* (*ID*, *course_id*, *sec_id*, *semester*, *year*, *grade*)
- *classroom* (*building*, *room_number*, *capacity*)
- *time_slot* (*time_slot_id*, *day*, *start_time*, *end_time*)

2.3 키

주어진 릴레이션 안에서 튜플을 구별하는 방법이 있어야 한다. 이것은 릴레이션의 속성으로 표현되어야 한다. 즉 튜플의 속성값은 그 튜플을 **유일하게 식별**할 수 있어야 한다. 다르게 표현하면, 한 릴레이션에 있는 두 개의 튜플의 모든 속성값이 같아서는 안 된다.[1]

수퍼 키(superkey)를 간단히 표현하면, 한 릴레이션에서 그 튜플을 유일하게 식별할 수 있도록 해 주는 하나 혹은 그 이상의 속성들의 집합이다. 예를 들면, *instructor* 릴레이션의 *ID* 속성은 하나의 *instructor* 튜플을 다른 튜플로부터 구별하는 데 충분하다. 그렇기 때문에 *ID*는 수퍼 키다. 하지만 *instructor*의 *name* 속성은 같은 이름을 가진 교수가 있을 수 있기 때문에 수퍼 키가 아니다.

릴레이션 r의 스키마에 존재하는 속성들의 집합을 R이라고 하자. R의 부분집합 K가 r의 수퍼 키가 되기 위해서는, 서로 다른 두 튜플의 K의 모든 속성이 같아서는 안 된다. 다시 말해서, 튜플 t_1과 t_2가 r에 존재하고 $t_1 \neq t_2$라면, $t_1.K \neq t_2.K$여야 한다.

수퍼 키는 관련 없는 속성을 포함할 수 있다. 예를 들면, *instructor* 릴레이션에서 *ID*와 *name*이 수퍼 키가 될 수 있다. 만약 K가 수퍼 키라면 K를 포함한 어떠한 집합도 수퍼 키가 된다. 때로는 수퍼 키의 부분집합이 수퍼 키가 아닌 경우가 존재할 수 있다. 그러한 최소한의 수퍼 키를 **후보 키**(candidate key)라 한다.

다른 여러 속성들의 집합이 하나의 후보 키 역할을 할 수도 있다. *name*과 *dept_name*의 조합이 *instructor* 릴레이션에서 튜플을 구분하는 데 충분하다고 하자. 그러면 {*ID*}와 {*name*, *dept_name*} 둘 다 후보 키다. *ID*와 *name* 속성을 함께 사용하면 *instructor* 튜플을 구분할 수 있지만, *ID* 하나만으로도 후보 키를 이루기 때문에 {*ID*, *name*} 조합은 후보 키가 아니다. 결국 *ID* 속성 하나만 후보 키가 된다.

릴레이션 안에서 튜플을 구별하기 위한 수단으로 데이터베이스 설계자에 의해 선택된 후보 키를 지칭할 때는 **주 키**(primary key)라는 용어를 사용한다. 주 키, 후보 키, 수퍼 키는 각 튜플의 특성이 아니라 전체 릴레이션의 특성이다. 릴레이션의 어떠한 튜플도 동시에 키 속성에 대해 같은 값을 가질 수 없다. 키의 지정은 모델링하는 실세계의 제약 조건을 나타낸다. 그래서 주 키는 **주 키 제약 조건**(primary key constraint)을 갖는다.

릴레이션 스키마의 다른 속성을 나열하기 전에 주 키 속성을 먼저 나열하는 것이 일반적이다. 예

---

1 상업용 데이터베이스 시스템은 릴레이션이 집합이라는 요구 사항을 완화하여 중복된 튜플을 갖도록 허용한다. 이것에 대해서는 3장에서 더 논의한다.

를 들어, *department*의 *dept_name* 속성이 주 키이기 때문에 먼저 나열한다. 주 키 속성은 또한 밑줄을 쳐서 표시한다.

아래 *classroom* 릴레이션을 살펴보자.

classroom (*building*, *room_number*, *capacity*)

여기서 주 키는 두 개의 속성, 즉 *building*과 *room_number*로 구성된다. 그리고 각 속성에는 밑줄을 쳐서 주 키의 일부임을 표시한다. 어떤 속성이건 하나로는 각 강의실(classroom)을 유일하게 식별하지 못한다. 두 개의 속성이 있어야만 강의실을 유일하게 식별할 수 있다. 또 다른 예로 *time_slot* 릴레이션을 살펴보자.

time_slot (*time_slot_id*, *day*, *start_time*, *end_time*)

각 분반은 연관된 *time_slot_id*를 갖는다. *time_slot* 릴레이션은 특정 *time_slot_id*에 대해서 주중 어떤 요일, 어떤 시간에 시작하고 끝나는지에 대한 정보를 제공한다. 예를 들어, *time_slot_id 'A'*는 월요일, 수요일, 금요일 8.00 AM에서 8.50 AM 시간대를 가지고 있을 수 있다. 특정 *time_slot_id*는 같은 요일, 서로 다른 시간대에 다수의 세션을 가지고 있을 수도 있다. 그래서 *time_slot_id*와 *day*로는 유일하게 튜플을 식별할 수 없다. *time_slot* 릴레이션은 *time_slot_id*, *day*, *start_time*으로 특정 수업(혹은 분반)의 시간표를 유일하게 식별할 수 있기 때문에 이 세 개의 속성으로 주 키를 구성한다.

주 키는 신중하게 선택해야 한다. 앞서 살펴본 바와 같이, 사람의 이름은 주 키가 될 수 없다. 같은 이름을 가진 사람이 존재하기 때문이다. 한 사람의 주민등록번호를 속성으로 사용한다면 이것은 후보 키가 될 수 있다. 이론적으로 두 사람이 같은 주민등록번호를 가질 수는 없기 때문이다. 그러나 외국인에게는 주민등록번호가 주어지지 않으므로 내국인과 외국인을 동시에 고용하는 기관은 자체적인 식별 방법이 필요할 것이다. 키를 정하는 방법으로 여러 개의 속성을 동시에 이용하는 방법도 있다.

주 키는 그 속성이 절대로 변하지 않거나 매우 드물게 변하도록 선택해야 한다. 예를 들어, 개인의 주소 항목은 자주 바뀔 수 있기 때문에 주 키의 일부분으로 사용하면 안 된다. 반면에 주민등록번호는 절대로 바뀌지 않는다. 조직에 의해 생성되는 유일한 식별자는 일반적으로 두 조직이 합병되는 경우가 아니면 변하지 않는다. 그러한 경우가 발생하면 같은 식별자가 두 조직에 의해 생성되었을 수가 있기 때문에 그 식별자가 유일할 수 있도록 식별자를 재조정할 필요가 있을 것이다.

그림 2.8은 대학 스키마를 구성하는 모든 릴레이션을 보여 준다. 주 키 속성은 밑줄로 표시했다.

다음으로 외래 키 제약 조건으로 불리는 릴레이션의 내용에 대한 다른 형태의 제약 조건을 살펴보자. *instructor* 릴레이션의 *dept_name* 속성을 생각해 보자. *instructor* 릴레이션에 나오는 어떤 튜플의 *dept_name*이 *department* 릴레이션에 나오지 않는다면 매우 이상할 것이다. *instructor* 릴레이션의 어떤 튜플 t_a가 있다면, t_a의 *dept_name* 속성값이 반드시 *department* 릴레이션에 존재해야 한다. 즉 t_a의 *dept_name* 속성값이 *dept_name*을 주 키로 가지는 *department* 릴레이션의 어떤

classroom(*<u>building</u>*, *<u>room_number</u>*, *capacity*)
department(*<u>dept_name</u>*, *building*, *budget*)
course(*<u>course_id</u>*, *title*, *dept_name*, *credits*)
instructor(*<u>ID</u>*, *name*, *dept_name*, *salary*)
section(*<u>course_id</u>*, *<u>sec_id</u>*, *<u>semester</u>*, *<u>year</u>*, *building*, *room_number*, *time_slot_id*)
teaches(*<u>ID</u>*, *<u>course_id</u>*, *<u>sec_id</u>*, *<u>semester</u>*, *<u>year</u>*)
student(*<u>ID</u>*, *name*, *dept_name*, *tot_cred*)
takes(*<u>ID</u>*, *<u>course_id</u>*, *<u>sec_id</u>*, *<u>semester</u>*, *<u>year</u>*, *grade*)
advisor(*<u>s_ID</u>*, *i_ID*)
time_slot(*<u>time_slot_id</u>*, *<u>day</u>*, *<u>start_time</u>*, *end_time*)
prereq(*<u>course_id</u>*, *<u>prereq_id</u>*)

그림 2.8 대학교 데이터베이스의 스키마

튜플 t_b의 주 키로 나와야 한다는 것을 의미한다.

릴레이션 스키마 r_1의 속성 A와 다른 릴레이션 스키마 r_2의 주 키 B 사이의 **외래 키 제약 조건**(foreign-key constraint)은 모든 데이터베이스 인스턴스에 대해서 r_1에 존재하는 각 튜플의 A 값이 r_2에 있는 어떤 튜플의 B 값으로 반드시 나와야 한다는 것을 의미한다. 속성 집합 A를 r_1으로부터 r_2를 참조하는 **외래 키**(foreign key)라고 한다. 릴레이션 r_1은 외래 키 종속을 가진 **참조하는 릴레이션**(referencing relation)이라고 부르며, 릴레이션 r_2는 **참조된 릴레이션**(referenced relation)이라고 한다.

예를 들어, *instructor*에 있는 속성 *dept_name*은 *instructor*에서 *department*를 참조하는 외래 키다. *dept_name*은 *department*의 주 키다. 유사하게 *section* 릴레이션의 *building*과 *room_number*는 *classroom* 릴레이션을 참조하는 외래 키를 구성한다.

외래 키 제약 조건에서 참조되는 속성은 참조된 릴레이션의 주 키여야 한다는 점에 주목하라. 좀 더 일반적인 경우인 참조 무결성 제약 조건은 참조된 속성이 참조된 릴레이션의 주 키를 구성해야 한다는 요구 사항을 좀 더 완화한 것이다.

예를 들어, *section* 릴레이션의 *time_slot_id*의 값을 살펴보자. 이 값은 *time_slot* 릴레이션의 *time_slot_id* 속성으로 존재해야 한다. 이러한 요구 사항이 참조 무결성 제약 조건의 예다. 일반적으로 **참조 무결성 제약 조건**(referential integrity constraint)은 참조하는 릴레이션의 어떤 튜플의 특정 속성에 출현한 값이 참조되는 릴레이션에서 적어도 하나의 튜플의 특정 속성으로 출현해야 한다는 것을 의미한다.

*time_slot_id*는 *time_slot* 릴레이션의 주 키를 구성하는 일부이지만 주 키는 아니라는 점을 주목하라. 그래서 위의 제약 조건을 강제화하기 위해서 외래 키 제약 조건을 사용할 수 없다. 사실 외래 키 제약 조건은 참조되는 속성이 참조된 릴레이션의 주 키를 구성하기 때문에 참조 무결성 제약 조건의 특별한 경우라고 볼 수 있다. 오늘날 데이터베이스 시스템은 외래 키 제약 조건을 지원한다. 그러나 참조되는 속성이 주 키가 아닌 참조 무결성 제약 조건은 지원하지 않는다.

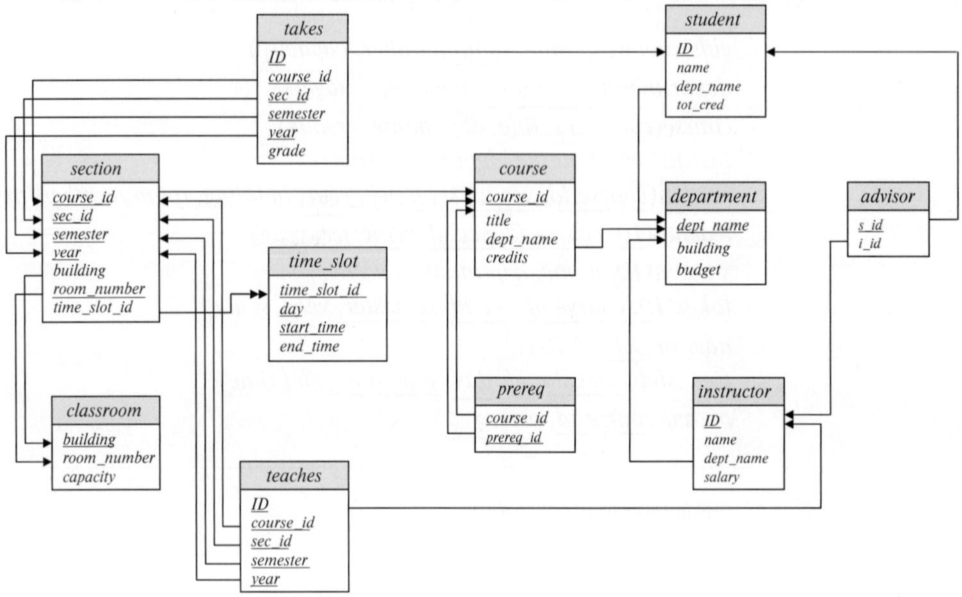

그림 2.9 대학교 데이터베이스의 스키마 다이어그램

2.4 스키마 다이어그램

데이터베이스 스키마는 주 키와 외래 키 종속성을 가지고 있는데, 이는 **스키마 다이어그램**(schema diagram)을 이용해 시각적으로 나타낼 수 있다. 그림 2.9는 그동안 다루었던 대학교의 스키마 다이어그램을 나타낸다. 각 릴레이션은 네모 상자로 나타낼 수 있으며, 해당 릴레이션의 속성은 네모 상자 안에 나열되고 릴레이션의 이름은 네모 상자 위에 쓴다.

주 키로 쓰이는 속성은 밑줄을 그어서 표현한다. 외래 키 종속성은 참조하는 릴레이션의 외래 키 속성으로부터 참조된 릴레이션의 주 키로 이르는 화살표로 나타낸다. 외래 키 제약 조건이 아닌 참조 무결성 제약 조건을 표시하기 위해서 양쪽 화살표를 사용했다. 그림 2.9에서 *section* 릴레이션의 *time_slot_id*로부터 *time_slot* 릴레이션의 *time_slot_id*로 가는 이중 화살표가 있는 선은 *section.time_slot_id*로부터 *time_slot.time_slot_id*로의 참조 무결성 제약 조건을 표시한다.

많은 데이터베이스 시스템이 스키마 다이어그램을 쉽게 그리기 위한 그래픽 기반의 설계 도구를 제공한다.[2] 6장에서 개체-관계 다이어그램이라고 불리는 다른 형태의 다이어그램 표기 방법에 대해서 다룬다. 비록 두 방법이 외관상 유사하지만 두 표기법은 꽤 다르며 서로 혼동하면 안 된다.

2.5 관계형 질의어

질의어(query language)는 사용자가 데이터베이스로부터 정보를 요청할 때 사용하는 언어다. 이들은 대체로 표준 프로그래밍 언어보다 고급 단계의 언어다. 질의어는 명령형 언어, 함수형 언어, 선

2 참조 무결성 제약 조건을 표시하기 위한 이중 화살표 표시는 이 책에서 소개되는 것으로 어떤 도구에서도 제공되지 않는다. 그러나 주 키와 외래 키를 위한 표시는 광범위하게 사용된다.

언형 언어로 구분할 수 있다. **명령형 질의어**(imperative query language)에서 사용자는 원하는 결과를 계산하기 위해 데이터베이스에 특별한 일련의 연산을 수행하도록 명령한다. 이러한 언어는 일반적으로 계산 과정에서 갱신되는 상태 변수(state variable)를 갖는다.

함수형 질의어(functional query language)에서 계산은 데이터베이스에 있는 데이터나 다른 함수의 결과에 대해서 동작하는 함수의 실행으로 표현된다. 함수는 부작용(side-effect)이 없고 프로그램 상태를 갱신하지 않는다.[3] **선언형 질의어**(declarative query language)에서 사용자는 원하는 정보만 기술하며 이 정보를 얻기 위한 구체적인 단계나 함수 호출을 기술하지 않는다. 원하는 정보는 전형적으로 수학적 논리의 형태로 기술된다. 원하는 정보를 어떻게 획득할지는 데이터베이스 시스템의 일이다.

여러 종류의 "순수(pure)" 질의어가 존재한다.

- 2.6절에서 살펴볼 관계 대수는 함수형 언어다.[4] 관계 대수는 SQL 질의어의 이론적 토대를 구성한다.
- 27장(온라인으로 이용 가능)에서 살펴볼 튜플 관계 해석과 도메인 관계 해석은 선언형 언어다.

이들 질의어는 상용 언어의 "구문적 치장(syntactic sugar)" 없이 간결하고 형식적이지만, 데이터베이스로부터 데이터를 추출하는 기본적인 기법을 보여 준다.

SQL 질의어와 같이 실질적으로 사용되는 질의어는 명령형, 함수형, 선언형 방식의 요소를 포함한다. 3~5장에서 매우 광범위하게 사용되는 SQL 질의어를 살펴본다.

2.6 관계 대수

관계 대수는 한 개 혹은 두 개의 릴레이션을 입력으로 받아 그 결과로 새로운 릴레이션을 생성하는 연산들의 집합으로 구성된다.

선택(selection), 추출(projection) 연산과 재명명(rename) 연산은 한 릴레이션에 대해 수행되므로 단항 연산(unary operation)이라 불린다. 카티션 곱(Cartesian product), 차집합(set difference)과 같은 연산은 한 쌍의 릴레이션에 대해 연산을 수행하므로 이항 연산(binary operation)이라 불린다.

비록 관계 대수가 많이 사용되는 SQL 질의어의 기본을 구성하나 데이터베이스 시스템은 사용자가 직접 관계 대수 형태로 질의를 작성하지 않는다. 학생들이 관계 대수 질의를 연습해 볼 수 있도록 개발된 관계 대수 제품이 존재한다. 이 책의 웹사이트, db-boook.com에 실습 자료(Laboratory Material)라는 링크를 따라가면 이런 몇몇 제품에 대한 정보가 나와 있다.

릴레이션은 튜플들의 집합이며 릴레이션은 중복된 튜플을 포함할 수 없다는 점을 상기할 필요가 있다. 그러나 실제로 데이터베이스 시스템은 특별한 제한 조건을 걸어 놓지 않으며 중복 튜플

---

3 이 책의 이전 판에서는 함수형 언어를 포함해서 프로시저 호출에 기반한 언어를 참조하기 위해 절차적 언어(procedural language)라는 용어를 사용했다. 그러나 이 용어는 명령형 언어를 참조하는 데 많이 사용된다. 혼동을 피하기 위해 더 이상 이 용어를 사용하지 않는다.

4 최신 함수형 언어와 달리 관계 대수는 릴레이션에 대한 대수를 정의하는 몇 개의 기정의된 함수만을 지원한다.

을 포함할 수 있다. 그러나 정규 관계 대수(formal relational algebra)에서는 집합에 대한 수학적 정의를 따르기 때문에 중복은 제거된다. 3장에서 관계 대수가 중복을 포함하는 집합인 다중 집합(multiset)에 대해서 동작할 수 있도록 확장하는 방법을 살펴본다.

2.6.1 선택 연산

선택(selection) 연산은 주어진 술어(predicate)를 만족하는 튜플을 선택해 준다. 선택 연산을 표시하는 연산자로서 그리스 문자의 소문자 시그마(σ)를 사용한다. 술어는 σ의 아래 첨자로 나타낸다. 연산 대상이 될 입력 릴레이션은 σ 뒤의 괄호 안에 쓴다. 즉 *instructor* 릴레이션의 "물리학과"에 속하는 교수들의 튜플은 다음과 같이 기술한다.

$$\sigma_{dept\_name = \text{“Physics”}}\ (instructor)$$

만약 *instructor* 릴레이션이 그림 2.1과 같다면, 위 질의에 대한 결과 릴레이션은 그림 2.10과 같다.

급여가 $90,000 이상인 모든 교수는 다음과 같이 질의를 작성하여 찾을 수 있다.

$$\sigma_{salary>90000}\ (instructor)$$

선택 술어 안에서 일반적으로 =, ≠, <, ≤, >, ≥ 등의 기호를 사용한 비교 연산이 허용된다. 또한 *and*(∧)와 *or*(∨), *not*(¬) 등의 연결 기호를 사용하면, 여러 개의 술어를 하나의 큰 술어로 결합할 수도 있다. 따라서 물리학과에 속하고 급여가 $90,000 이상인 교수를 찾는 질의는 다음과 같이 나타낼 수 있다.

$$\sigma_{dept\_name = \text{“Physics”} \wedge salary>90000}\ (instructor)$$

선택 술어를 이용하면 두 속성 간의 비교 연산도 수행할 수 있다. 예를 들어, *department* 릴레이션을 생각해 보자. 학과명과 학과가 위치한 건물명이 동일한 학과를 찾는 질의는 다음과 같이 나타낼 수 있다.

$$\sigma_{dept\_name = building}(department)$$

2.6.2 추출 연산

*dept_name*에 상관없이 모든 교수의 *ID*, *name*, *salary*의 목록을 원한다고 가정하자. **추출**(project) 연산은 입력 릴레이션의 어떤 속성을 삭제한 후 나머지 모두를 결과 릴레이션으로 돌려주는 단항 연산이다. 릴레이션은 집합이므로 어떠한 중복도 제거된다. 추출 연산자는 그리스 문자의 대문자

ID	*name*	*dept_name*	*salary*
22222	Einstein	Physics	95000
33456	Gold	Physics	87000

그림 2.10 $\sigma_{dept\_name = \text{“Physics”}}(instructor)$**의 결과**

ID	*name*	*salary*
10101	Srinivasan	65000
12121	Wu	90000
15151	Mozart	40000
22222	Einstein	95000
32343	El Said	60000
33456	Gold	87000
45565	Katz	75000
58583	Califieri	62000
76543	Singh	80000
76766	Crick	72000
83821	Brandt	92000
98345	Kim	80000

그림 2.11 $\Pi_{ID,\ name,\ salary}(instructor)$**의 결과**

파이(Π)로 나타낸다. 결과로 얻고자 하는 속성은 Π의 아래 첨자로 표시한다. 입력 릴레이션은 Π의 뒤에 괄호로 묶어 표시한다. 위의 교수 목록을 얻기 위한 질의는 다음과 같이 나타낼 수 있다.

$$\Pi_{ID,\ name,\ salary}(instructor)$$

이러한 질의로부터 얻어진 결과 릴레이션은 그림 2.11과 같다.

추출 연산자 $\Pi_L(E)$의 기본형에서 리스트 L에는 단지 속성 이름만 나오는 것이 허락된다. 이 연산자의 일반형은 리스트 L에 속성과 관련된 표현이 가능하다. 예를 들어, 각 교수의 월급을 출력하기 위해 다음과 같이 나타낼 수 있다.

$$\Pi_{ID,name,salary/12}(instructor)$$

2.6.3 혼합 관계 연산

관계 연산의 결과가 릴레이션 자체라는 사실이 중요하다. "물리학과에 속한 모든 교수의 이름을 찾아라."라고 하는 조금 더 복잡한 질의를 고려해 보면 다음과 같이 기술할 수 있다.

$$\Pi_{name}\ (\sigma_{dept\_name = \text{“Physics”}}\ (instructor))$$

추출 연산의 매개변수로 릴레이션 이름을 주는 대신 릴레이션에 대해 평가하는 표현식을 주었음에 유의하라.

일반적으로, 관계 대수 연산의 결과는 입력과 같은 형식의 릴레이션이므로, 관계 대수 연산은 **관계 대수식**(relational-algebra expression)으로 구성될 수 있다. 관계 대수 연산을 관계 대수식으로 구성하는 것은 산술 연산(+, −, ∗, ÷ 같은)을 산술 표현식으로 구성하는 것과 같다.

2.6.4 카티션 곱 연산

카티션 곱(Cartesian product)은 곱하기 기호(×)로 나타내며, 어떤 릴레이션의 결합된 정보를 얻는데 사용된다. 릴레이션 r_1과 r_2의 카티션 곱은 $r_1 \times r_2$로 표시한다.

instructor.ID	*name*	*dept_name*	*salary*	*teaches.ID*	*course_id*	*sec_id*	*semester*	*year*
10101	Srinivasan	Comp. Sci.	65000	10101	CS-101	1	Fall	2017
10101	Srinivasan	Comp. Sci.	65000	10101	CS-315	1	Spring	2018
10101	Srinivasan	Comp. Sci.	65000	10101	CS-347	1	Fall	2017
10101	Srinivasan	Comp. Sci.	65000	12121	FIN-201	1	Spring	2018
10101	Srinivasan	Comp. Sci.	65000	15151	MU-199	1	Spring	2018
10101	Srinivasan	Comp. Sci.	65000	22222	PHY-101	1	Fall	2017
...	...	...	...	...	...	...	...	...
...	...	...	...	...	...	...	...	...
12121	Wu	Finance	90000	10101	CS-101	1	Fall	2017
12121	Wu	Finance	90000	10101	CS-315	1	Spring	2018
12121	Wu	Finance	90000	10101	CS-347	1	Fall	2017
12121	Wu	Finance	90000	12121	FIN-201	1	Spring	2018
12121	Wu	Finance	90000	15151	MU-199	1	Spring	2018
12121	Wu	Finance	90000	22222	PHY-101	1	Fall	2017
...	...	...	...	...	...	...	...	...
...	...	...	...	...	...	...	...	...
15151	Mozart	Music	40000	10101	CS-101	1	Fall	2017
15151	Mozart	Music	40000	10101	CS-315	1	Spring	2018
15151	Mozart	Music	40000	10101	CS-347	1	Fall	2017
15151	Mozart	Music	40000	12121	FIN-201	1	Spring	2018
15151	Mozart	Music	40000	15151	MU-199	1	Spring	2018
15151	Mozart	Music	40000	22222	PHY-101	1	Fall	2017
...	...	...	...	...	...	...	...	...
...	...	...	...	...	...	...	...	...
22222	Einstein	Physics	95000	10101	CS-101	1	Fall	2017
22222	Einstein	Physics	95000	10101	CS-315	1	Spring	2018
22222	Einstein	Physics	95000	10101	CS-347	1	Fall	2017
22222	Einstein	Physics	95000	12121	FIN-201	1	Spring	2018
22222	Einstein	Physics	95000	15151	MU-199	1	Spring	2018
22222	Einstein	Physics	95000	22222	PHY-101	1	Fall	2017
...	...	...	...	...	...	...	...	...
...	...	...	...	...	...	...	...	...

그림 2.12 카티션 곱 *instructor* × *teaches*의 결과

데이터베이스 릴레이션에 대한 카티션 곱은 집합에 대한 카티션 곱과 수학적 정의에서 조금 다르다. r_1과 r_2로부터 나오는 튜플 t_1과 t_2의 쌍 (t_1, t_2)을 만드는 $r_1 \times r_2$ 대신에 관계 대수는 그림 2.12에서처럼 t_1과 t_2를 하나의 단일 튜플로 만든다.

r_1과 r_2 모두에 같은 속성명이 나타날 수 있기 때문에 이들 속성을 구별하기 위해 스키마 이름을 주는 방법이 필요하다. 그러므로 여기서는 속성 앞에 그 속성이 속하는 릴레이션 이름을 붙여서 구별한다. 예를 들어, r = *instructor* × *teaches*에 대한 릴레이션 스키마는 다음과 같다.

(*instructor.ID*, *instructor.name*, *instructor.dept_name*, *instructor.salary*,
teaches.ID, *teaches.course_id*, *teaches.sec_id*, *teaches.semester*, *teaches.year*)

이 스키마에서 *instructor.ID*와 *teaches.ID*를 구별할 수 있다. 두 스키마 중 하나에만 나타나는 속성은 보통 릴레이션 이름을 앞에 쓰지 않는다. 이렇게 간단히 나타내도 혼동이 없기 때문이다. 그러므로 r에 대한 릴레이션 스키마는 다음과 같이 쓸 수 있다.

$$(instructor.ID, name, dept\_name, salary,$$
$$teaches.ID, course\_id, sec\_id, semester, year)$$

위와 같이 명명하려면 카티션 곱 연산의 매개변수가 모두 다른 이름을 가져야 한다. 이러한 요구 사항은 자신의 릴레이션과의 카티션 곱이 요구될 때와 같은 몇몇 경우에 발생한다. 카티션 곱에서 관계 대수식의 결과를 사용하고 있다면, 그 릴레이션의 속성을 참조할 수 있는 릴레이션 이름이 필요할 것이기 때문에 이와 유사한 문제가 발생한다. 2.6.8절에서 재명명 연산을 사용함으로써 이러한 문제를 해결하는 방법을 설명한다.

이제 $r = instructor \times teaches$에 대한 릴레이션 스키마에 어떤 튜플이 나타나야 하는지 알 수 있다. 이미 예상했듯이, 모든 가능한 튜플들의 쌍으로 r을 구성한다. 하나는 *instructor* 릴레이션(그림 2.1)으로부터, 또 다른 하나는 *teaches* 릴레이션(그림 2.7)으로부터 나온 것이다. 따라서 r은 그림 2.12에서 보듯이, r을 구성한 많은 튜플을 가진 큰 릴레이션이다.

릴레이션 *instructor*에 n_1개, 릴레이션 *teaches*에 n_2개의 튜플이 존재한다고 하자. 그러면 튜플들을 쌍으로 선택하는 방법은 $n_1 * n_2$가지 존재하게 된다. 각 릴레이션에서 한 튜플씩 선택하면 r에는 $n_1 * n_2$개의 튜플이 존재하게 된다. 특히 릴레이션 r에는 $t[instructor.ID] \neq t[teaches.ID]$인 튜플 t가 존재할 수도 있다는 점에 유의하기 바란다.

일반적으로, 두 릴레이션 $r_1(R_1)$과 $r_2(R_2)$에서, 카티션 곱 $r_1 \times r_2$의 스키마는 R_1과 R_2를 이어 붙인 것이나. 릴레이션 R은 r_1에 속하는 어떤 튜플 t_1과 r_2에 속하는 어떤 튜플 t_2에 대해 $t[R_1] = t_1[R_1]$이고 $t[R_2] = t_2[R_2]$인 모든 튜플 t를 포함한다.

2.6.5 조인 연산

교수가 강의하는 모든 수업의 *course_id*와 함께 모든 교수님에 대한 정보를 검색한다고 가정하자. 결과를 계산하기 위해서는 *instructor* 릴레이션과 *teaches* 릴레이션에 있는 정보가 필요하다. *instructor*와 *teaches*의 카티션 곱은 두 개의 릴레이션으로부터 정보를 가져오지만 불행히도 카티션 곱은 교수가 해당 수업을 가르쳤는지에 상관없이 모든 교수와 모든 수업을 연관시켜 버린다.

카티션 곱이 *instructor*의 모든 튜플과 *teaches*의 모든 튜플을 연관시키기 때문에 만약 어떤 교수가 어떤 수업을 가르쳤다면 $instructor \times teaches$의 튜플들 중에서 교수의 이름을 포함하고 $instructor.ID = teaches.ID$를 만족하는 튜플만 추출하면 될 것이다.

$$\sigma_{instructor.ID = teaches.ID}(instructor \times teaches)$$

$instructor \times teaches$로부터 교수와 교수가 실제로 강의한 수업에 해당하는 튜플만 추출할 수 있다.

그림 2.13은 이러한 관계 대수식의 결과다. 교수 Gold, Califieri, Singh은 어떤 수업도 강의하지 않았기 때문에 이 결과에 나오지 않았다.

교수 ID에 중복이 있음을 유의하라. 이런 문제는 *teaches.ID*에 해당하는 열을 제거하는 추출 연산을 추가함으로써 쉽게 해결될 수 있다.

조인 연산은 선택과 카티션 곱을 하나의 연산으로 합친 것으로 생각할 수 있다.

릴레이션 $r(R)$과 $s(S)$, 그리고 θ를 스키마 $R \cup S$에 있는 속성들에 대한 술어라고 하자. **조인**(join)

instructor.ID	*name*	*dept_name*	*salary*	*teaches.ID*	*course_id*	*sec_id*	*semester*	*year*
10101	Srinivasan	Comp. Sci.	65000	10101	CS-101	1	Fall	2017
10101	Srinivasan	Comp. Sci.	65000	10101	CS-315	1	Spring	2018
10101	Srinivasan	Comp. Sci.	65000	10101	CS-347	1	Fall	2017
12121	Wu	Finance	90000	12121	FIN-201	1	Spring	2018
15151	Mozart	Music	40000	15151	MU-199	1	Spring	2018
22222	Einstein	Physics	95000	22222	PHY-101	1	Fall	2017
32343	El Said	History	60000	32343	HIS-351	1	Spring	2018
45565	Katz	Comp. Sci.	75000	45565	CS-101	1	Spring	2018
45565	Katz	Comp. Sci.	75000	45565	CS-319	1	Spring	2018
76766	Crick	Biology	72000	76766	BIO-101	1	Summer	2017
76766	Crick	Biology	72000	76766	BIO-301	1	Summer	2018
83821	Brandt	Comp. Sci.	92000	83821	CS-190	1	Spring	2017
83821	Brandt	Comp. Sci.	92000	83821	CS-190	2	Spring	2017
83821	Brandt	Comp. Sci.	92000	83821	CS-319	2	Spring	2018
98345	Kim	Elec. Eng.	80000	98345	EE-181	1	Spring	2017

그림 2.13 $\sigma_{instructor.ID=teaches.ID}(instructor \times teaches)$의 결과

연산 $r \bowtie_\theta s$는 아래와 같이 정의된다.

$$r \bowtie_\theta s = \sigma_\theta(r \times s)$$

그래서 $\sigma_{instructor.ID=teaches.ID}(instructor \times teaches)$는 $instructor \bowtie_{instructor.ID=teaches.ID} teaches$와 동치다.

2.6.6 집합 연산

2017년 가을 학기나 2018년 봄 학기, 혹은 두 학기 모두에 개설된 모든 수업을 찾는 질의를 고려해 보자. 이것에 해당하는 정보는 *section* 릴레이션에 저장되어 있다(그림 2.6). 2017년 가을 학기에 개설된 모든 수업을 찾는 질의는 다음과 같이 기술할 수 있다.

$$\Pi_{course\_id}\ (\sigma_{semester = \text{“Fall”} \wedge year=2017}\ (section))$$

2018년 봄 학기에 개설된 수업을 찾는 질의는 다음과 같다.

$$\Pi_{course\_id}\ (\sigma_{semester = \text{“Spring”} \wedge year=2018}\ (section))$$

질의에 답하기 위해서는 이 집합의 **합집합**(union)이 필요하다. 즉 두 릴레이션 중 어느 한쪽에 또는 양쪽 모두에 나타나는 *course_id*를 구해야 한다. 이 작업은 합집합이라는 이항 연산에 의해 수행되며, 집합론에서와 마찬가지로 기호 ∪로 나타낸다. 따라서 앞의 예에 필요한 표현식은 다음과 같다.

$$\Pi_{course\_id}\ (\sigma_{semester = \text{“Fall”} \wedge year=2017}\ (section)) \cup$$
$$\Pi_{course\_id}\ (\sigma_{semester = \text{“Spring”} \wedge year=2018}\ (section))$$

이 질의에 대한 결과는 그림 2.14와 같다. 2017년 가을 학기에는 세 개의 수업이 개설되었고 2018년 봄 학기에는 여섯 개의 수업이 개설되었지만 질의의 결과에는 여덟 개의 튜플이 나타난다는 것에 유의하라. 이렇게 되는 이유는 릴레이션들은 집합이기 때문에 두 학기 모두 개설된 CS-

course_id
CS-101
CS-315
CS-319
CS-347
FIN-201
HIS-351
MU-199
PHY-101

그림 2.14 2017년 가을 학기나 2018년 봄 학기, 혹은 두 학기 모두에 개설된 수업

101처럼 중복되는 값은 결과에 한 번만 나타나기 때문이다.

앞의 예에서 양쪽 모두 *course_id*로 구성된 두 집합의 합집합을 구했다. 합집합 연산 $r \cup s$가 가능하기 위해서는 다음의 두 조건을 만족할 필요가 있다.

1. 릴레이션 r과 s는 같은 수의 속성을 가져야 한다. 릴레이션에서 속성의 개수를 **인수**(arity)라고 한다.
2. 릴레이션 r의 i번째 속성의 도메인과 릴레이션 s의 i번째 속성의 도메인은 서로 같아야 한다.

이러한 릴레이션을 **호환 가능한 릴레이션**(compatible relation)이라고 한다.

예를 들어, *instructor* 릴레이션과 *section* 릴레이션은 다른 개수의 속성을 가지고 있기 때문에 합집합을 구하는 것은 의미가 없다. 심지어 *instructor*와 *student* 릴레이션은 네 개의 속성을 갖고 있지만 네 번째 속성, 즉 *salary*와 *tot_cred*는 다르다. 이러한 두 속성의 합집합은 대부분의 상황에서 아무런 의미가 없다.

교집합(intersection) 연산은 두 개의 입력 릴레이션에 모두 출현하는 튜플을 찾는 연산으로 기호 $\cap$로 표시한다. 식 $r \cap s$는 r과 s에도 동시에 출현하는 튜플을 포함하는 릴레이션을 반환한다. 교집합 연산도 합집합 연산과 마찬가지로 서로 호환 가능한 릴레이션 간에 이루어진다.

2017년 가을 학기와 2018년 봄 학기 모두 개설된 수업을 찾는다고 가정하자. 이를 교집합을 사용하여 기술하면 다음과 같다.

$$\Pi_{course\_id}\,(\sigma_{semester = \text{“Fall”} \wedge year=2017}\,(section)) \cap$$
$$\Pi_{course\_id}\,(\sigma_{semester = \text{“Spring”} \wedge year=2018}\,(section))$$

그림 2.15에 이 질의에 대한 결과 릴레이션이 나타나 있다.

기호 $-$로 표현하는 **차집합**(set-difference) 연산은 한 릴레이션에는 속하고 다른 릴레이션에는 속하지 않는 튜플을 찾는 연산이다. 표현식 $r - s$는 릴레이션 r에는 속하나 s에는 속하지 않는 튜플을 결과로 반환한다.

2017년 가을 학기에만 개설되고 2018년 봄 학기에는 개설되지 않은 수업을 찾으려면 아래와 같이 기술한다.

course_id
CS-101

그림 2.15 2017년에도 개설되고 2018년에도 개설된 수업

course_id
CS-347
PHY-101

그림 2.16 2017년 가을 학기에는 개설되었으나 2018년 봄 학기에는 개설되지 않은 수업

$$\Pi_{course\_id}\ (\sigma_{semester = \text{"Fall"} \wedge year=2017}\ (section))\ -$$
$$\Pi_{course\_id}\ (\sigma_{semester = \text{"Spring"} \wedge year=2018}\ (section))$$

이 질의의 결과는 그림 2.16에 나타나 있다.

합집합 연산과 마찬가지로 차집합 연산도 서로 호환 가능한 릴레이션 간에 이루어진다.

2.6.7 배정 연산

일시적인 릴레이션 변수에 배정 연산을 사용하는 것이 필요하다. ←로 나타내는 **배정**(assignment) 연산은 프로그래밍 언어의 배정과 비슷하다. 예를 들어, 앞서 살펴본 2017년 가을에도 개설되고 2018년 봄에도 개설된 수업을 찾는 질의를 고려해 보자. 이 질의는 다음과 같이 표현될 수 있다.

$$courses\_fall\_2017 \leftarrow \Pi_{course\_id}(\sigma_{semester = \text{"Fall"} \wedge year=2017}\ (section))$$
$$courses\_spring\_2018 \leftarrow \Pi_{course\_id}(\sigma_{semester = \text{"Spring"} \wedge year=2018}\ (section))$$
$$courses\_fall\_2017\ \cap courses\_spring\_2018$$

위의 마지막 줄은 질의 결과를 보여 준다. 첫 번째와 두 번째 줄은 질의 결과를 임시 릴레이션에 배정한다. 배정의 결과는 어떤 릴레이션에도 영향을 미치지 않는다. 차라리 ← 기호의 오른쪽 표현식의 결과가 왼쪽 릴레이션 변수에 기억되는 것이다. 이 릴레이션 변수는 이어지는 표현식에 사용될 수 있다.

배정 연산을 이용함으로써 질의는 일련의 배정 연산으로 구성된 순차 프로그램으로 작성될 수 있다. 관계 대수 질의에서 배정은 항상 일시적 릴레이션 변수로 되어 있어야 한다. 영구 릴레이션에 대한 배정은 데이터베이스 수정을 야기한다. 배정 연산은 대수에 추가적인 능력을 제공하는 것이 아니라는 사실에 유의하라. 그러나 복잡한 질의를 표현하는 데 편리한 방법이다.

2.6.8 재명명 연산

데이터베이스 내의 릴레이션과는 달리 관계 대수식의 결과는 그것을 참조할 수 있는 이름을 갖고 있지 않다. **재명명**(rename) 연산은 관계 대수식의 결과에 이름을 주는 데 유용하며, 그리스 문자의 소문자 로우(ρ)로 표기한다. 관계 대수식 E가 주어졌을 때, 다음 식

$$\rho_x\ (E)$$

노트 2.1 기타 관계 연산

지금까지 살펴본 관계 대수 연산 이외에도 일반적으로 많이 사용되는 다른 연산이 존재한다. 이들에 대해서는 이후에 동등한 SQL 명령어와 함께 자세히 살펴볼 것이다.

집계 연산은 질의에 의해 반환되는 값들의 집합에 대해서 계산되는 함수다. 이러한 함수로는 평균, 합, 최소, 최대 등이 있을 수 있다. 이러한 연산은 예를 들어, 각 학과별 평균 연봉을 구하는 것처럼 집합을 그룹으로 분리한 이후에 집계 함수를 적용하는 것이 가능하다. 3.7절에서 집계 연산에 대해서 자세히 살펴본다.

자연 조인 연산은 그 기호 $\bowtie_\theta$에서 술어에 해당하는 θ가 왼쪽과 오른쪽 릴레이션에 동일하게 출현하는 속성에 대해서 동등을 의미하는 술어로 묵시적으로 대체된 것이다. 이것은 표기상 편리하지만 재사용되는 질의에 대해서는 위험할 수 있다. 4.1.1절에서 자세히 다룬다.

*instructor*와 *teaches*를 조인할 때, 강의를 하지 않는 교수는 조인 결과에 나오지 않는다는 것을 기억하라. **외부 조인**(outer join) 연산은 값이 없는 속성에 대해서 널 값을 삽입함으로써 이러한 튜플이 결과에 포함될 수 있도록 한다. 이것은 4.1.3절에서 다룬다.

는 식 E의 결과를 이름 x로 돌려준다.

릴레이션 r 자체도 관계 대수식이 될 수 있다. 그러므로 특정 릴레이션을 새로운 이름으로 참조할 수 있도록 릴레이션 r에 재명명 연산을 적용할 수 있다. 어떤 질의는 동일한 릴레이션이 동일 질의에서 한 번 이상 사용될 수도 있다. 이런 경우, 재명명 연산은 동일한 릴레이션에 대해서 서로 다른 유일한 이름을 부여하는 데 사용될 수 있다.

재명명 연산의 또 다른 형식은 다음과 같다. 관계형 대수식 E가 n항이라고 하면,

$$\rho_{x(A_1,A_2,\ldots,A_n)}\ (E)$$

는 식 E의 결과를 이름 x로 돌려주고, $A_1, A_2, \ldots, A_n$로 재명명된 속성을 가진다. 이런 형태의 재명명 연산은 관계 대수 연산에서 속성과 관련된 표현에서 속성을 재명명할 때 사용될 수 있다.

릴레이션의 재명명 사용의 예로 "ID가 12121인 교수보다 더 많은 연봉을 받는 교수들의 ID와 이름을 찾아라."라는 질의를 고려해 보자(ID 12121은 그림 2.1의 예제 테이블에서 Wu 교수임).

이 질의를 작성하는 데 몇 가지 방법이 있으나 여기서는 재명명 연산을 사용하는 예를 보이기 위해 각 교수의 연봉과 ID가 12121인 교수의 연봉을 비교하는 방법을 사용한다. 여기서 어려운 것은 각 교수의 연봉을 구하기 위해서 *instructor* 릴레이션을 참조하고 ID가 12121인 교수의 연봉을 알기 위해 또 다시 *instructor* 릴레이션을 참조해야 하는 것이다. 재명명 연산은 *instructor* 릴레이션을 참조할 때마다 다른 이름으로 참조하는 것을 가능하게 한다. 예제에서 답의 일부를 찾기 위해 *instructor* 릴레이션을 참조할 때는 i라는 이름을 사용하고 ID가 12121인 교수의 연봉을 구하기 위해 *instructor* 릴레이션을 참조할 때는 w라는 이름을 사용한다.

$$\Pi_{i.ID,i.name}\ ((\sigma_{i.salary\ >\ w.salary}(\rho_i(instructor)\ \times\ \sigma_{w.id=12121}(\rho_w\ (instructor)))))$$

재명명 연산은 속성에 대해 위치 표기법을 사용할 수 있기 때문에 반드시 필요한 것은 아니다. 첫 번째 속성은 $1, 두 번째 속성은 $2, …와 같이 표기하는 위치 표기법을 사용하여 암시적으로 릴레이션의 속성을 명명할 수 있다. 위치 표기법은 관계 대수 연산 결과의 속성을 참조하는 데 사용될 수 있다. 그러나 위치 표기법은 속성의 위치가 숫자이기 때문에 이름보다 기억하기 쉽지 않아 사람에게는 불편하다. 그래서 이 책에서는 위치 표기법은 사용하지 않는다.

2.6.9 동등 질의

간혹 질의를 관계 대수로 표현하는 데 한 가지 이상의 방법이 있을 수 있다. 물리학과에서 교수들이 강의하는 과목에 대한 정보를 찾는 아래의 질의를 살펴보자.

$$\sigma_{dept\_name = \text{“Physics”}}(instructor \bowtie_{instructor.ID = teaches.ID} teaches)$$

또 다른 질의를 살펴보자.

$$(\sigma_{dept\_name = \text{“Physics”}}(instructor)) \bowtie_{instructor.ID = teaches.ID} teaches$$

두 질의 사이에는 미묘한 차이가 있다. 첫 번째 질의는 먼저 *instructor*와 *teaches*를 조인한 후에 *dept_name*이 Physics인 튜플을 추출한다. 반면에 두 번째 질의는 *instructor*에서 *dept_name*이 Physics인 튜플을 추출한 후에 조인을 수행한다.

두 질의가 동일하지는 않지만 사실 두 질의는 **동등**(equivalent)하다. 즉 두 질의는 동일한 결과를 출력한다.

데이터베이스 시스템의 질의 최적화는 질의에 명시된 정확한 순서를 따르지 않고 어떤 표현식이 어떤 결과를 출력할 것인지 그리고 결과를 효율적으로 계산하는 방법을 찾는다. 관계 대수의 대수적 구조는 16장에서 살펴보며 효율적이면서 동등한 또 다른 표현식을 쉽게 찾을 수 있다.

2.7 요약

- 관계형 데이터베이스 모델은 테이블의 집합을 기반으로 한다. 데이터베이스 시스템 사용자는 이러한 테이블에 질의를 하거나, 새로운 튜플의 삽입, 튜플의 삭제, 튜플의 갱신을 수행할 수 있다. 이러한 연산을 표현하는 데는 여러 가지 언어가 사용된다.
- 릴레이션의 스키마는 릴레이션의 논리적인 설계를 의미한다. 릴레이션의 인스턴스는 그 시점에서 릴레이션의 내용을 의미한다. 데이터베이스의 스키마와 인스턴스 역시 유사하게 정의된다. 릴레이션의 스키마는 릴레이션의 속성을 포함하고, 주 키나 외래 키와 같은 릴레이션 속성의 타입이나 조건을 포함하기도 한다.
- 릴레이션의 수퍼 키는 릴레이션에서 유일하게 하나의 튜플을 나타낼 수 있는 하나 이상의 속성의 집합을 의미한다. 후보 키는 여러 개의 수퍼 키 중에서 가장 최소인 집합을 의미한다. 다시 말해서, 후보 키의 속성은 수퍼 키와 같지만, 후보 키의 어떤 부분집합도 수퍼 키가 될 수 없다는 것을 의미한다. 릴레이션의 후보 키 중에서 선택된 것을 주 키라고 한다.

- 릴레이션 r_1의 속성 A에서 릴레이션 r_2의 주 키 B로의 외래 키 제약 조건은 r_1에 있는 각 튜플에서 존재하는 A의 값이 r_2에 있는 어떤 튜플에서 B의 값으로 반드시 출현해야 한다는 것을 의미한다. 이때 r_1은 참조하는 릴레이션이라 하고 r_2를 참조되는 릴레이션이라 한다.
- 스키마 다이어그램은 데이터베이스 스키마를 시각적으로 표현한 것이다. 스키마 설계에는 데이터베이스의 릴레이션, 릴레이션의 속성, 주 키, 외래 키가 표현되어 있다.
- 관계형 질의어는 테이블에 대해서 동작하고, 그 결과로 테이블을 출력하는 연산의 집합이다. 이러한 연산은 원하는 질의를 얻기 위해서 여러 질의가 합쳐질 수 있다.
- 관계 대수는 하나 이상의 릴레이션을 입력으로 받아서 하나의 릴레이션을 결과로 출력하는 연산의 집합을 제공한다. SQL과 같이 실제로 많이 사용되는 질의어는 관계 대수를 기반으로 하며 유용한 문법적 요소를 추가로 포함한다.
- 관계 대수는 테이블에 대해서 동작하는 대수적 연산의 결과로 테이블을 출력한다. 이러한 연산은 원하는 질의를 얻기 위해서 여러 질의가 합쳐질 수 있다. 대수는 SQL과 같은 관계형 질의어에서 사용되는 기본적인 연산을 정의한다.

용어정리

- 테이블
- 릴레이션
- 튜플
- 속성
- 릴레이션 인스턴스
- 도메인
- 원자적 도메인
- 널 값
- 데이터베이스 스키마
- 데이터베이스 인스턴스
- 릴레이션 스키마
- 키
  - 수퍼 키
  - 후보 키
  - 주 키
  - 주 키 제약 조건
- 외래 키 제약 조건
  - 참조하는 릴레이션
  - 참조되는 릴레이션
- 참조 무결성 제약 조건
- 스키마 다이어그램
- 질의어 형식
  - 명령형
  - 함수형
  - 선언형
- 관계 대수
- 관계 대수식
- 관계 대수 연산
  - 선택 연산 σ
  - 추출 연산 Π
  - 카티션 곱 $\times$
  - 조인 $\bowtie$
  - 합집합 $\cup$
  - 차집합 $-$
  - 교집합 $\cap$
  - 배정 연산 $\leftarrow$
  - 재명명 연산 ρ

실전문제

2.1 그림 2.17의 관계형 데이터베이스를 생각해 보자. 어떤 속성이 주 키로 가장 적합한가?

2.2 *instructor* 릴레이션의 *dept_name* 속성으로부터 *department* 릴레이션으로의 외래 키를 생각해 보자. 이러한 릴레이션에서 외래 키 조건을 위반하게 되는 삽입과 삭제의 예를 들어 보라.

2.3 *time_slot* 릴레이션을 생각해 보자. 일주일에 한 번 이상 일어나는 특정 시간이 주어졌을 때, 이 릴레이션에서 *day*와 *start_time*은 주 키의 일부분이 될 수 있지만 *end_time*은 주 키의 일부분이 될 수 없는 이유를 설명하라.

2.4 그림 2.1에 나타나 있는 *instructor* 인스턴스에는 같은 이름을 가진 교수가 존재하지 않는다. 이러한 사실로부터 *name*이 *instructor*의 수퍼 키 혹은 주 키가 될 수 있다고 말할 수 있는가?

2.5 *student* 릴레이션과 *advisor* 릴레이션의 카티션 곱을 수행하고 그 결과에 *s_id* = ID 조건을 만족하는 튜플을 선택하는 연산을 진행하면, 그 결과는 무엇이 되겠는가? (관계 대수의 형태로 표현하면 이 질의는 $\sigma_{s_id=ID}(student \times advisor)$가 될 것이다.)

2.6 그림 2.17의 관계형 데이터베이스를 생각해 보자. 다음의 질의를 표현할 수 있는 관계 대수를 제시하라.

a. "Miami"에 살고 있는 모든 직원의 이름을 출력하라.

b. 급여가 $100,000이 넘는 모든 직원의 이름을 출력하라.

c. "Miami"에 살고 있으면서 급여가 $100,000이 넘는 모든 직원의 이름을 출력하라.

2.7 그림 2.18의 은행 데이터베이스를 생각해 보자. 다음의 질의를 표현할 수 있는 관계 대수를 제시하라.

a. "Chicago"에 위치하고 있는 모든 지점의 이름을 출력하라.

b. "Downtown" 지점에서 대출을 한 모든 대출자의 이름을 출력하라.

employee (*person_name*, *street*, *city*)
works (*person_name*, *company_name*, *salary*)
company (*company_name*, *city*)

그림 2.17 직원 데이터베이스

branch(*branch_name*, *branch_city*, *assets*)
customer (*ID*, *customer_name*, *customer_street*, *customer_city*)
loan (*loan_number*, *branch_name*, *amount*)
borrower (*ID*, *loan_number*)
account (*account_number*, *branch_name*, *balance*)
depositor (*ID*, *account_number*)

그림 2.18 은행 데이터베이스

2.8 그림 2.17의 직원 데이터베이스를 생각해 보자. 다음의 질의를 표현할 수 있는 관계 대수를 제시하라.

a. "BigBank"에서 일하지 않는 직원의 ID와 이름을 출력하라.

b. 적어도 데이터베이스에 있는 모든 직원만큼 급여를 받는 직원의 ID와 이름을 출력하라.

2.9 관계 대수의 **나누기 연산**(division operator), ÷은 다음과 같이 정의된다. $r(R)$과 $s(S)$가 릴레이션이고, $S \subseteq R$이라고 하자. 즉 스키마 S의 모든 속성은 스키마 R에도 속하게 된다. 그러면 $r \div s$는 $R - S$ 스키마상(즉 스키마 S에는 속하지 않는 스키마 R의 모든 속성을 포함하는 스키마상)의 릴레이션이 된다. 튜플 t가 $r \div s$라는 것과 다음 두 조건을 만족하는 것은 필요충분조건이다.

- t는 $\Pi_{R-S}(r)$에 속한다.
- s에 속하는 모든 튜플 t_s에 대해, r에 속하는 튜플 t_r은 다음의 조건을 모두 만족한다.
  a. $t_r[S] = t_s[S]$
  b. $t_r[R - S] = t$

이상의 정의에 대해,

a. 나누기 연산을 이용하여 모든 Comp. Sci. 수업을 듣는 모든 학생의 ID를 찾는 관계 대수식을 기술하라(힌트: 나누기 연산을 하기 전에 *takes*를 ID와 *course_id*로 추출하고, Comp. Sci.의 *course_id*를 선택 표현식을 이용하여 생성하라).

b. 나누기 연산을 이용하지 않고 위 질의를 관계 대수로 어떻게 표현할 수 있는지 보여라(나누기 연산을 다른 관계 대수 연산으로 어떻게 정의했는지를 보여야 한다).

연습문제

2.10 릴레이션과 릴레이션 스키마의 차이를 설명하라.

2.11 그림 2.9의 *advisor* 릴레이션을 생각해 보자. *advisor* 릴레이션의 주 키는 *s_id*다. 한 명의 학생이 한 명 이상의 지도교수를 가질 수 있다고 할 때, 여전히 *s_id*가 *advisor* 릴레이션의 주 키가 될 수 있는가? 그렇지 않다면 *advisor*의 주 키는 어떤 것이 되어야 하는가?

2.12 그림 2.18의 은행 데이터베이스를 생각해 보자. 지점 이름과 고객 이름은 유일하지만 한 고객은 여러 대출과 계좌를 가질 수 있다고 가정하자.

a. 주 키로는 어떤 것이 적절하겠는가?

b. 위에서 답한 주 키에 대한 적절한 외래 키는 어떤 것이 되겠는가?

2.13 그림 2.18의 은행 데이터베이스를 위한 스키마 다이어그램을 구성하라.

2.14 그림 2.17의 직원 데이터베이스를 생각해 보자. 다음의 질의를 표현할 수 있는 관계 대수를 제시하라.

a. "BigBank"에서 일하는 모든 직원의 이름을 출력하라.

b. "BigBank"에서 일하는 모든 직원의 ID, 이름과 거주하는 도시를 출력하라.

c. "BigBank"에서 일하고 $10,000 이상의 급여를 받는 모든 직원의 ID, 이름, 주소, 거주하는 도시를 출력하라.

d. 일하고 있는 회사와 동일한 도시에 살고 있는 모든 직원의 ID와 이름을 출력하라.

2.15 그림 2.18의 은행 데이터베이스를 생각해 보자. 다음의 질의를 표현할 수 있는 관계 대수를 제시하라.

a. 대출 금액이 $10,000이 넘는 모든 대출의 대출 번호를 출력하라.

b. 예금 잔고가 $6,000이 넘는 예금 계좌를 가지고 있는 모든 예금자의 ID를 출력하라.

c. "Uptown" 지점의 예금 잔고가 $6,000이 넘는 예금 계좌를 가지고 있는 모든 예금자의 이름을 출력하라.

2.16 데이터베이스에 널 값을 도입하는 이유를 두 가지 제시하라.

2.17 명령형, 함수형, 선언형 언어의 상대적인 장점을 제시하라.

2.18 대학 스키마를 사용하여 아래의 질의에 대응하는 관계 대수를 제시하라.

a. 물리학과의 모든 교수의 ID와 이름을 출력하라.

b. "Watson" 빌딩에 위치한 학과에 있는 모든 교수의 ID와 이름을 출력하라.

c. "Comp. Sci." 학과에 개설한 과목 중에서 적어도 하나의 과목을 수강하는 모든 학생의 ID와 이름을 출력하라.

d. 2018년에 적어도 하나의 과목을 수강한 모든 학생의 ID와 이름을 출력하라.

e. 2018년에 어떤 과목도 수강하지 않은 학생의 ID와 이름을 출력하라.

더 읽어보기

관계형 모델은 1960년대 말, IBM의 San Jose 연구소에서 E. F. Codd에 의해서 제안되었다[Codd (1970)]. Codd는 이 논문[Codd (1982)]으로 1981년에 ACM 튜링상을 받았다.

Codd가 관계형 모델을 제안한 이후 다양한 관계형 언어의 스키마 설계와 표현력과 관련된 확장된 이론이 개발되었다. 일부 전통적인 책에서 [Maier (1983)](온라인 제공)과 [Abiteboul et al. (1995)]를 포함하여 이러한 관계형 데이터베이스 이론을 다룬다.

Codd의 최초 논문 이후, 여러 연구 프로젝트가 실질적인 관계형 데이터베이스 시스템을 구축하기 위한 목적으로 결성되었다. 이들 프로젝트는 IBM San Jose 연구소의 System R, 캘리포니아 버클리대학교의 Ingres, IBM T.J. Watson 연구소의 Query-by-Example 등이다.

오늘날 많은 관계형 데이터베이스 제품이 상업적으로 사용되고 있다. 이러한 제품으로는 IBM의 DB2, Informix, Oracle, Microsoft SQL Server, 그리고 SAP에서 제공하는 Sybase, HANA 등이 있다. MySQL과 PostgreSQL은 인기 있는 오픈 소스 관계형 데이터베이스 시스템이다. Hive와 Spark는 다수의 컴퓨터상에서 병렬 질의 처리를 지원하는 광범위하게 사용되는 시스템이다.

참고문헌

[Abiteboul et al. (1995)] S. Abiteboul, R. Hull, and V. Vianu, *Foundations of Databases*, Addison Wesley (1995).

[Codd (1970)] E. F. Codd, "A Relational Model for Large Shared Data Banks", *Communications of the ACM*, Volume 13, Number 6 (1970), pages 377-387.

[Codd (1982)] E. F. Codd, "The 1981 ACM Turing Award Lecture: Relational Database: A Practical Foundation for Productivity", *Communications of the ACM*, Volume 25, Number 2 (1982), pages 109-117.

[Maier (1983)] D. Maier, *The Theory of Relational Databases*, Computer Science Press (1983).

크레딧

장 도입부 보트 사진: © Pavel Nesvadba/Shutterstock

Chapter 3

SQL 소개

이번 장부터 4장, 5장에서는 가장 널리 쓰이는 관계형 질의어인 SQL에 대해 공부한다.

SQL 언어를 "질의어"라고 하지만, SQL로 단순히 관계형 데이터베이스에 질의하는 것 그 이상의 훨씬 많은 일을 할 수 있다. 예를 들어, SQL로 데이터의 구조를 정의할 수 있고, 데이터베이스의 데이터를 수정할 수 있고, 보안 관련 제약 조건을 명시할 수 있다.

이번 장은 SQL에 대한 전체 사용자 가이드를 제공하지 않는다. 대신 SQL의 기본적인 구문과 개념에 관해 설명한다. 실제 데이터베이스 관리 시스템(DBMS)은 DBMS별 SQL 표현에 차이가 있으며 전체 SQL 언어 중에 일부만 지원하기도 한다.

이 책에 나와 있는 SQL 질의문을 실제 DBMS에 수행해 보는 것을 매우 추천한다. 사용 가능한 데이터베이스 시스템이 무엇인지, 어떻게 데이터베이스 스키마를 만들 수 있는지, 견본 데이터는 어떻게 생성할 수 있는지, 어떻게 질의를 실행할 수 있는지에 대한 팁은 이번 장 끝에 있는 "관련도구" 절을 참조하면 된다.

3.1 SQL 질의어의 개요

IBM은 1970년대 초반 System R 프로젝트의 일부분으로 초기에 Sequel이라고 불리는 SQL의 초기 버전을 개발했다. 그 후 Sequel 언어는 계속 발전되다가 SQL(Structured Query Language)로 그 이름이 바뀌게 되었다. 요즘 많은 제품은 SQL 언어를 지원한다. SQL은 확실히 표준 관계형 데이터베이스 언어로 자리매김했다.

1986년에 ANSI(American National Standard Institute)와 ISO(International Organization for Standardization)는 SQL-86이라고 불리는 SQL 표준을 발표했다. ANSI는 1989년에 확장된 SQL 표준인 SQL-89를 발표했다. 그다음 표준인 SQL-92가 있었으며, 그 뒤로 SQL:1999, SQL:2003, SQL:2006, SQL:2008, SQL:2011 등의 표준이 발표되었다. 현재 가장 최근 표준은 SQL:2016이다.

SQL 언어는 다음과 같은 여러 부분으로 구성되어 있다.

- **데이터 정의 언어**(Data-definition language, **DDL**). SQL DDL은 릴레이션 스키마를 정의하고, 릴레이션을 삭제하고, 릴레이션 스키마를 수정하는 명령어를 제공한다.
- **데이터 조작 언어**(Data-manipulation language, **DML**). SQL DML은 정보를 찾기 위해 데이터베이스에 질의하고, 튜플을 삽입·삭제·수정하는 기능을 제공한다.
- **무결성**(Integrity). SQL DDL은 데이터베이스에 저장될 데이터가 반드시 만족해야 하는 무결성 제약 조건을 명시하는 명령어를 포함한다. DBMS는 무결성 제약 조건을 위반하는 갱신을 허용하지 않는다.
- **뷰 정의**(View definition). SQL DDL은 뷰를 정의할 수 있는 명령어를 포함한다.
- **트랜잭션 제어**(Transaction control). SQL은 트랜잭션의 시작과 끝을 명시하는 명령어를 포함한다.
- **내장 SQL**(Embedded SQL)과 **동적 SQL**(Dynamic SQL). 내장 SQL과 동적 SQL은 C, C++, Java와 같은 범용 프로그래밍 언어에 내장되어 사용될 수 있다.
- **권한 부여**(Authorization). SQL DDL은 릴레이션과 뷰에 접근할 권한을 부여하는 명령어를 포함한다.

이번 장은 SQL의 DML과 기본적인 DDL의 특성에 대해 다룬다. 이번 장에 기술된 특성은 SQL-92부터 SQL 표준의 일부가 되어 왔다.

4장은 (a) 다양한 조인 표현, (b) 뷰, (c) 트랜잭션, (d) 무결성 제약 조건, (e) 타입 시스템, (f) 권한 부여를 포함한, SQL에 대한 더 상세한 내용을 다룬다.

5장은 SQL 언어의 고급 특성에 대해서 다룬다. 예를 들어, (a) 프로그래밍 언어에 SQL을 내장하여 데이터베이스에 접근하게 하는 방법, (b) SQL 함수와 프로시저, (c) 트리거(trigger), (d) 재귀 질의(recursive query), (e) 고급 집계 특성, (f) 데이터 분석을 위해 설계된 여러 특성을 포함한 기능이 있다.

DBMS는 이번 장에서 설명하는 대부분의 SQL 표준 특성을 지원한다. 다시 강조하지만, SQL을 특정 DBMS가 이해할 수 있도록 표현하는 것은 DBMS별로 차이가 있다는 점에 주목해야 한다. 대부분의 DBMS는 일부 SQL 표준이 아닌 특성을 지원하는 반면 여러 고급 혹은 최신 특성은 지원하지 않기도 한다. 이 장에서 기술된 일부 특성을 본인이 사용 중인 DBMS에서 지원하지 않는다면 해당 DBMS의 사용 설명서를 찾아 그 DBMS가 지원하는 특성이 정확히 어떤 것인지 찾아보도록 한다.

3.2 SQL 데이터 정의

데이터 정의 언어(DDL)를 이용하면 데이터베이스의 릴레이션을 정의할 수 있다. SQL DDL은 릴레이션의 집합뿐만 아니라 다음과 같은 각 릴레이션에 관한 정보도 명세할 수 있게 해 준다.

- 각 릴레이션의 스키마
- 각 속성값의 타입
- 무결성 제약 조건
- 각 릴레이션을 위해 만들어진 인덱스의 집합
- 각 릴레이션에 대한 보안 및 권한 부여 정보
- 디스크에 저장된 릴레이션의 물리적 저장 구조

이 절에서는 스키마 정의와 타입 값에 대해서 논의하고, 나머지 SQL DDL의 특성에 대해서는 4장과 5장에서 논의한다.

3.2.1 기본 타입

SQL 표준은 다음의 다양한 내장 타입을 지원한다.

- **char**(*n*): 사용자가 지정한 길이 *n*을 갖는 고정 길이 문자. **char** 대신 **character**가 사용될 수도 있다.
- **varchar**(*n*): 사용자가 지정한 최대 길이 *n*을 갖는 가변 길이 문자. **varchar** 대신 **character varying**이 사용될 수도 있다.
- **int**: 정수(시스템에 따라 달라질 수 있는 정수의 부분집합). **int** 대신 **integer**가 사용될 수도 있다.
- **smallint**: 작은 정수(시스템에 따라 달라질 수 있는 정수 타입[1]의 부분집합)
- **numeric**(*p*, *d*): 사용자가 지정한 정밀도(precision)를 갖는 고정 소수점 수(fixed-point number). 수는 *p*개의 숫자(및 부호)로 구성되며, *p*개의 숫자 중 *d*개는 소수점 이하에 있는 숫자의 개수를 나타낸다. 따라서 **numeric**(3, 1)로 지정된 속성 혹은 열의 경우 44.5라는 값은 정확히 저장될 수 있지만 444.5나 0.32는 정확히 저장될 수 없다.
- **real**: 시스템에 따라 달라질 수 있는 정밀도를 가지는 부동 소수점 수
- **double precision**: 시스템에 따라 달라질 수 있는 정밀도를 가지는 배정밀도(double-precision) 부동 소수점 수
- **float**(*n*): 적어도 *n*개의 숫자로 나타낼 수 있는 정밀도를 갖는 부동 소수점 수

추가적인 타입은 4.5절에서 다룬다.

각각의 타입은 특수값인 **널**(null) 값도 포함할 수 있다. 널 값은 값이 존재하지만 알 수 없거나, 값이 전혀 존재하지 않는 경우에 값의 부재를 가리킨다. 곧 보게 되겠지만 어떤 경우에는 널 값 입력 자체가 금지될 수도 있다.

char 데이터 타입은 고정 길이의 문자열을 저장한다. 예를 들어, **char**(10) 타입의 속성 *A*를 고려해 보자. 만약 이 속성에 "Avi"라는 문자열을 저장하면, 10문자 길이를 맞추기 위해 일곱 개의 공백이 추가된다. 반대로, **varchar**(10) 타입의 속성 *B*의 경우 "Avi"를 속성 *B*에 저장하면, 공백 추가는

---

1 역자 주: 유사 용어로 "형"을 사용하기도 한다.

생기지 않는다. **char** 타입의 두 값을 비교할 때 두 값의 길이가 다르면, 비교하기 전에 길이가 짧은 값에 공백을 자동으로 더해 두 값이 같은 크기가 되도록 만든다.

char 타입과 **varchar** 타입을 비교할 때, 혹자는 비교하기 전에 길이가 같도록 **varchar** 타입에 여분의 공백이 더해질 수 있다고 생각할 수 있으나, 데이터베이스 시스템에 따라 이러한 일은 일어날 수도 있고 안 일어날 수도 있다. 따라서 위의 속성 *A*, *B*에 “Avi”라는 같은 값을 저장했다 하더라도 $A = B$ 비교 결과는 거짓(false)이 될 수 있다. 이러한 문제를 없애기 위해 항상 **char** 타입 대신에 **varchar** 타입을 사용하는 것을 추천한다.

또한 SQL은 **nvarchar** 타입을 제공해 유니코드(Unicode)를 통해 다국어 데이터를 저장할 수 있다. 그럼에도 많은 데이터베이스는 **varchar** 타입으로도 (UTF-8 기반) 유니코드를 저장할 수 있다.

3.2.2 기본 스키마 정의

SQL의 **create table** 문(statement)을 사용하여 어떤 릴레이션을 정의할 수 있다. 다음의 명령어는 *department* 릴레이션을 데이터베이스에 생성한다.

```
create table department
    (dept_name  varchar (20),
     building   varchar (15),
     budget     numeric (12,2),
     primary key (dept_name));
```

위에서 만든 릴레이션은 세 개의 속성을 가지고 있다. *dept_name*은 최대 길이가 20인 문자열이고, *building*은 최대 길이가 15인 문자열, 그리고 *budget*은 총 12개의 숫자로 구성되는데, 그중 두 개는 소수점 이하 숫자로 이루어진다. **create table** 문은 또한 *dept_name* 속성이 *department* 릴레이션의 주 키임을 나타낸다.

create table 문의 일반 구문은 다음과 같다.

$$
\begin{aligned}
&\textbf{create table } r\\
&\quad (A_1 \;\; D_1,\\
&\quad A_2 \;\; D_2,\\
&\quad \ldots,\\
&\quad A_n \;\; D_n,\\
&\quad \langle \text{integrity-constraint}_1 \rangle,\\
&\quad \ldots,\\
&\quad \langle \text{integrity-constraint}_k \rangle);
\end{aligned}
$$

여기에서 *r*은 릴레이션의 이름이고, 각각의 A_i는 릴레이션 *r*의 스키마 속성의 이름이며, D_i는 속성 A_i의 도메인이다. 즉 D_i는 A_i가 특정 도메인에 해당하는 허용된 값만 가지도록 하는 선택적인 제약 조건과 함께 속성 A_i의 타입을 지정한다.

create table 문의 끝에 있는 세미콜론(;)은 DBMS에 따라 필요할 수도 있고 필요 없을 수도 있는데, 이는 추후 나올 SQL에 대해서도 마찬가지다.

SQL은 서로 다른 다수의 무결성 제약 조건을 지원한다. 이 절은 그중 일부만 다룬다.

- **primary key**($A_{j_1}, A_{j_2}, \ldots, A_{j_m}$): 이 **주 키**(primary key) 명세는 속성 $A_{j_1}, A_{j_2}, \ldots, A_{j_m}$ 등이 릴레이션의 주 키를 구성한다는 것을 나타낸다. 주 키 속성은 널이 아니거나 유일해야 한다. 다시 말하면, 어떤 튜플도 주 키 속성에 대해 널 값을 가질 수 없고, 어떠한 두 개의 튜플도 모든 주 키 속성에 대해 같은 값을 가질 수 없다. 주 키 명세는 생략될 수 있으나 일반적으로 각 릴레이션에 대해 주 키를 명시하는 것이 좋다.
- **foreign key**($A_{k_1}, A_{k_2}, \ldots, A_{k_n}$) **references** s: **외래 키**(foreign key) 명세는 릴레이션의 어떤 튜플에 대한 속성값($A_{k_1}, A_{k_2}, \ldots, A_{k_n}$)이 반드시 (상대) 릴레이션 s가 갖고 있는 일부 튜플의 주 키 속성값에 상응해야 한다.

  그림 3.1은 이 책에서 사용하는 대학교 데이터베이스의 일부 SQL DDL 정의를 나타낸다. *course* 테이블의 정의는 "**foreign key** (*dept_name*) **references** *department*"라는 구문을 통해 외래 키를 선언한다. 이 외래 키 선언은 각 *course* 튜플에 대해 그 튜플이 지정한 학과 이름은 반드시 *department* 릴레이션의 주 키 속성인 (*dept_name*)에 존재해야 한다는 것을 의미한다. 이러한 제약 조건이 없으면, 과목이 존재하지 않는 학과 이름을 지정하는 것이 가능해진다. 그림 3.1은 *section*, *instructor*, *teaches* 테이블의 외래 키 제약 조건을 보여 준다. MySQL을 포함한 일부 데이터베이스 시스템에서는 "**foreign key** (*dept_name*) **references** *department*(*dept_name*)"라는 대체 구문이 필요한데 이와 같은 구문에서 참조된 테이블의 참조된 속성이 명시적으로 나열되어야 한다.
- **not null**: 속성에 대한 **not null** 제약 조건은 그 속성에 대한 널 값을 불허한다. 다시 말하면, 이 제약 조건은 그 속성의 도메인에서 널 값을 제외한다. 예를 들어, 그림 3.1에서 *instructor* 릴레이션의 *name* 속성에 대한 **not null** 제약 조건은 교수의 이름이 널이 될 수 없음을 보장한다.

외래 키 제약 조건과 **create table** 문에 명세 가능한 다른 무결성 제약 조건은 4.4절에서 더 자세히 다루기로 한다.

SQL은 무결성 제약 조건을 위반하는 모든 데이터베이스 갱신을 막는다. 예를 들어, 릴레이션에 새롭게 추가되거나 수정된 튜플이 주 키 속성에 대해 널 값을 가지거나, 혹은 튜플이 주 키 속성에 대해 릴레이션 내의 다른 튜플과 같은 값을 가지게 되면 SQL이 오류를 표시하고 해당 갱신을 막는다. 유사하게, *department* 릴레이션에 없는 *dept_name* 값을 갖는 *course* 튜플의 삽입은 *course*에 대한 외래 키 제약 조건 때문에 거절된다.

새로 생성되는 릴레이션은 초기에는 비어 있다. 릴레이션에서 튜플을 삽입, 갱신, 삭제하는 작업은 3.9절에서 다루는 데이터 조작 명령문인 **insert**, **update**, **delete**에 의해 수행된다.

데이터베이스에서 릴레이션을 제거하기 위한 명령문은 **drop table**이다. **drop table** 문은 데이터베이스에서 제거될 릴레이션과 관련된 모든 정보를 삭제한다. 명령문

drop table *r*;

은 아래의 (삭제) 명령어보다 더 과감한(즉 파급력이 큰) 명령이라고 할 수 있다.

delete from *r*;

```
create table department
   (dept_name    varchar (20),
    building     varchar (15),
    budget       numeric (12,2),
    primary key (dept_name));

create table course
   (course_id    varchar (7),
    title        varchar (50),
    dept_name    varchar (20),
    credits      numeric (2,0),
    primary key (course_id),
    foreign key (dept_name) references department);

create table instructor
   (ID           varchar (5),
    name         varchar (20) not null,
    dept_name    varchar (20),
    salary       numeric (8,2),
    primary key (ID),
    foreign key (dept_name) references department);

create table section
   (course_id    varchar (8),
    sec_id       varchar (8),
    semester     varchar (6),
    year         numeric (4,0),
    building     varchar (15),
    room_number  varchar (7),
    time_slot_id varchar (4),
    primary key (course_id, sec_id, semester, year),
    foreign key (course_id) references course);

create table teaches
   (ID           varchar (5),
    course_id    varchar (8),
    sec_id       varchar (8),
    semester     varchar (6),
    year         numeric (4,0),
    primary key (ID, course_id, sec_id, semester, year),
    foreign key (course_id, sec_id, semester, year) references section,
    foreign key (ID) references instructor);
```

그림 3.1 대학교 데이터베이스의 일부분에 대한 SQL 데이터 정의

이 두 명령문의 차이는 다음과 같다. 먼저, 후에 나온 **delete** 명령문은 릴레이션 *r*만 남기고 *r*의 모든 튜플을 제거한다. 반면 그 앞의 **drop** 명령문의 경우 *r*의 모든 튜플뿐만 아니라 *r*의 스키마까지도 삭제한다. 일단 *r*이 제거되면 **create table** 문을 통해 *r*을 다시 생성하지 않는다면 *r*에 튜플 삽입

은 불가능하다.

alter table 문은 이미 존재하는 릴레이션에 속성을 추가할 수 있게 한다. 릴레이션의 모든 튜플에 새로운 속성값으로 널이 할당된다. **alter table** 구문은 다음과 같다.

alter table *r* **add** *A D*;

여기에서 *r*은 이미 존재하는 릴레이션의 이름이고, *A*는 추가될 속성의 이름, *D*는 그 속성의 도메인을 나타낸다. 릴레이션에서 속성을 제거하려면 다음 구문을 사용할 수 있다.

alter table *r* **drop** *A*;

여기에서 *r*은 이미 존재하는 릴레이션의 이름이며, *A*는 릴레이션의 속성 이름이다. 다수의 데이터베이스 시스템이 어떤 테이블을 통째로 제거하는 것을 허용할 수 있으나 속성을 제거하는 것은 지원하지 않는 경우가 많다.

3.3 SQL 질의의 기본 구조

SQL 표현의 기본 구조는 **select**, **from**, **where**의 세 개의 절로 이루어진다. 질의는 **from** 절에 나열된 릴레이션을 입력으로 받고, **where**와 **select** 절에 명시된 대로 수행해 결과로 릴레이션을 산출한다. 이 절은 예제를 통해 SQL 문법을 소개하고, 이후 SQL 질의 구조에 관해 설명한다.

3.3.1 단일 릴레이션에 대한 질의

대학교 예제를 사용한 "모든 교수의 이름을 찾아라."라는 질의에 대해 생각해 보자. 이 질의에서 교수의 이름이 *instructor* 릴레이션에서 발견되기 때문에 그 릴레이션을 **from** 절에 쓴다. 교수의 이름은 *name* 속성에 있기 때문에 이 속성 이름을 **select** 절에 쓴다.

select *name*
from *instructor*;

질의 결과는 표제로 *name*이라는 단일 속성만으로 구성된 릴레이션이다. *instructor* 릴레이션이 그림 2.1과 같다면, 위 질의의 결과 릴레이션은 그림 3.2와 같다.

다음으로, "모든 교수의 소속 학과 이름을 찾아라."라는 다른 질의를 생각해 보면 다음과 같이 쓸 수 있다.

select *dept_name*
from *instructor*;

한 학과에 한 명 이상의 교수가 소속될 수 있으므로 학과 이름은 *instructor* 릴레이션에서 한 번 이상 나타날 수 있다. 위 질의에 관한 결과는 그림 3.3에서 보이는 바와 같이 학과 이름을 포함하는 릴레이션이다.

관계형 모델의 공식적이며 수학적 정의에서는 릴레이션은 집합이다. 따라서 중복된 튜플은 릴레이션에서 나타날 수 없다. 실제로 중복 제거는 매우 시간이 많이 드는 작업이다. 그러나 SQL

name
Srinivasan
Wu
Mozart
Einstein
El Said
Gold
Katz
Califieri
Singh
Crick
Brandt
Kim

그림 3.2 "**select** *name* **from** *instructor*"의 결과

dept_name
Comp. Sci.
Finance
Music
Physics
History
Physics
Comp. Sci.
History
Finance
Biology
Comp. Sci.
Elec. Eng.

그림 3.3 "**select** *dept_name* **from** *instructor*"의 결과

은 SQL 표현의 결과에서뿐만 아니라 릴레이션에서도 중복을 허용한다.[2] 따라서 이전 질의는 *instructor* 릴레이션에 있는 모든 튜플에 대해 각 학과 이름을 한 번씩 나열한다.

중복된 튜플을 제거하고 싶을 경우, **select** 뒤에 **distinct**라는 키워드를 삽입하면 된다. 그러면 앞선 질의를 다음과 같이 재작성할 수 있다.

select distinct *dept_name*
from *instructor*;

위 질의에 관한 결과에서 각 학과 이름은 한 번만 포함된다.

SQL에서 중복 제거를 명시적으로 하지 않으려면 **all**이라는 키워드를 사용할 수 있다.

select all *dept_name*
from *instructor*;

기본적으로 중복이 허용되기 때문에 이후 예제는 **all**을 사용하지 않는다. 그러나 예제 질의의 결과에서 중복을 제거하려면 필요할 때마다 반드시 **distinct**를 사용해야 한다.

또한 **select** 절에 상수나 튜플의 속성에 적용되는 +, −, ∗, / 연산자를 포함하는 산술 표현을 사용할 수 있다. 예를 들어, 다음 질의는 속성 *salary*에 1.1을 곱하는 것을 제외하고 *instructor* 릴레이션과 똑같은 릴레이션을 반환한다.

select *ID*, *name*, *dept_name*, *salary* ∗ 1.1
from *instructor*;

이 질의는 각 교수의 급여를 10% 인상하면 어떤 결과가 나오는지 보여 준다. 그러나 결과적으로

2 스키마에 주 키 선언이 포함된 데이터베이스 릴레이션은 중복 튜플을 포함할 수 없는데, 이는 주 키 제약 조건에 위배되기 때문이다.

name
Katz
Brandt

그림 3.4 "컴퓨터 과학과에서 급여가 $70,000이 넘는 모든 교수의 이름을 구하라."는 질의의 결과

instructor 릴레이션은 변화가 없다.

또한 SQL은 날짜 타입과 같은 특수한 데이터 타입을 제공하며 이러한 데이터 타입에 적용 가능한 여러 산술 함수를 허용한다. 이 부분에 대해서는 4.5.1절에서 더 알아본다.

where 절은 **from** 절의 릴레이션에 있는 튜플 중 **where** 절에 명시된 술어를 만족하는 행만 반환하게 한다. 예를 들어, "컴퓨터 과학(Computer Science)과에서 급여가 $70,000이 넘는 모든 교수의 이름을 구하라."와 같은 질의를 고려해 보자. 이 질의는 SQL로 다음과 같이 작성될 수 있다.

```
select name
from instructor
where dept_name = 'Comp. Sci.' and salary > 70000;
```

instructor 릴레이션이 그림 2.1과 같다면, 이전 질의의 결과 릴레이션은 그림 3.4와 같다.

SQL에서 **where** 절에 **and**, **or**, **not**과 같은 논리 접속사를 사용할 수 있다. 비교 연산자 <, <=, >, >=, =, <>를 포함하는 표현식은 논리 접속사의 피연산자가 될 수 있다. SQL에서 날짜 타입과 같은 특수 타입뿐만 아니라 문자열이나 산술 표현의 비교를 위한 비교 연산자도 사용할 수 있다.

where 절에 있는 술어에 대한 다른 특성에 관해서는 이 장 뒷부분에서 다룬다.

3.3.2 복수의 릴레이션에 관한 질의

지금까지 예로 든 질의는 단일 릴레이션에 관한 것이었다. 또한 복수의 릴레이션으로부터 정보를 가져오기 위한 질의도 자주 쓰인다. 지금부터는 그러한 질의를 어떻게 작성하는지 학습한다.

가령 "모든 교수의 이름과 함께, 그들의 학과 이름과 건물 이름을 구하라."는 질의의 답을 얻으려고 한다고 해 보자.

instructor 릴레이션의 스키마를 보면, *dept_name* 속성으로부터 학과 이름은 가져올 수 있지만, 학과 건물 이름은 *department* 릴레이션의 *building* 속성에 있음을 알 수 있다. 이 질의에 답을 하려면 *instructor* 릴레이션의 각 튜플은 어떤 *department* 릴레이션의 튜플과 대응해야 하는데, 이때 그 *department* 튜플의 *dept_name* 값이 대응하는 *instructor* 튜플의 *dept_name* 값과 반드시 일치해야 한다.

이 질의에 답을 하려면, SQL에 접근해야 하는 릴레이션을 **from** 절에 나열하고 일치 조건을 **where** 절에 지정해야 한다. SQL로 이 질의를 다음과 같이 작성할 수 있다.

```
select name, instructor.dept_name, building
from instructor, department
where instructor.dept_name= department.dept_name;
```

name	*dept_name*	*building*
Srinivasan	Comp. Sci.	Taylor
Wu	Finance	Painter
Mozart	Music	Packard
Einstein	Physics	Watson
El Said	History	Painter
Gold	Physics	Watson
Katz	Comp. Sci.	Taylor
Califieri	History	Painter
Singh	Finance	Painter
Crick	Biology	Watson
Brandt	Comp. Sci.	Taylor
Kim	Elec. Eng.	Taylor

그림 3.5 "모든 교수의 이름과 함께, 그들의 학과 이름과 건물 이름을 구하라."의 결과

만약 *instructor*와 *department* 릴레이션이 각각 그림 2.1과 그림 2.5에서 보인 바와 같다면, 이 질의의 결과는 그림 3.5와 같다.

dept_name 속성은 *instructor*와 *department* 두 릴레이션에 모두 나타나고, 참조하고자 하는 속성이 어느 릴레이션에 속해 있는지 명시적으로 나타나도록 (*instructor.dept_name* 및 *department.dept_name*과 같이) 릴레이션 이름이 앞에 붙는다는 점에 유의하자. 반면 *name*과 *building* 속성은 이 릴레이션들 중 하나에서만 나타나므로 릴레이션 이름을 앞에 붙일 필요가 없다.

이 명명법을 사용하려면 **from** 절에 존재하는 릴레이션이 고유한 이름을 가져야 한다. 이때 같은 릴레이션의 다른 두 튜플의 정보가 결합되어야 하는 경우 문제가 생길 수 있는데 이를 해결하려면 *rename* 연산을 쓰면 된다. 이에 대해서는 3.4.1절에서 더 자세히 살펴본다.

이제 복수의 릴레이션에 대한 일반적인 SQL 질의에 대해 살펴보자. 앞에서 본 바와 같이, SQL 질의는 **select** 절, **from** 절, **where** 절의 세 가지 유형의 절로 구성된다. 각 절의 역할은 다음과 같다.

- **select** 절은 질의의 결과에 나타나야 할 속성을 나열하는 데 사용된다.
- **from** 절은 질의를 수행하기 위해 접근해야 하는 릴레이션을 나열한다.
- **where** 절은 **from** 절에 있는 릴레이션의 속성과 관련된 술어로 구성된다.

일반적인 SQL 질의의 형식은 다음과 같다.

select $A_1, A_2, \ldots, A_n$
from $r_1, r_2, \ldots, r_m$
where P;

각 A_i는 속성을 나타내고, r_i는 릴레이션을 나타낸다. P는 술어다. **where** 절이 없다면 술어 P는 **true**다.

질의는 반드시 **select**, **from**, **where** 절 순서로 작성되어야 하지만, 질의가 명시한 연산을 **from**

절, **where** 절, **select** 절 순서대로 이해하면 가장 쉽다.[3]

from 절 자체는 나열된 릴레이션의 카티션 곱을 정의한다. 공식적으로, 카티션 곱은 관계 대수에 따라 정의되나 **from** 절의 결과 릴레이션에 대한 튜플을 생성하는 되풀이되는 과정으로 이해하면 된다.

> **for each** tuple t_1 **in** relation r_1
>   **for each** tuple t_2 **in** relation r_2
>   ...
>   **for each** tuple t_m **in** relation r_m
>   Concatenate $t_1, t_2, \ldots, t_m$ into a single tuple t
>   Add t into the result relation

결과 릴레이션은 **from** 절의 모든 릴레이션에 있는 모든 속성을 다 가진다. 앞서 본 바와 같이, 같은 속성 이름이 r_i와 r_j 둘 다에서 나타날 수 있으므로 속성 이름 앞에 그 속성이 원래 있었던 릴레이션의 이름을 붙인다.

예를 들어, *instructor*와 *teaches* 릴레이션의 카티션 곱의 릴레이션 스키마는 다음과 같다.

(*instructor.ID*, *instructor.name*, *instructor.dept_name*, *instructor.salary*,
teaches.ID, *teaches.course_id*, *teaches.sec_id*, *teaches.semester*, *teaches.year*)

이 스키마에서 *instructor.ID*와 *teaches.ID*는 서로 구분된다. 두 스키마 중에서 한 스키마에만 나타나는 속성에 대해서는 릴레이션 이름이 생략되는데, 이는 그와 같이 간단히 표기해도 어떤 릴레이션의 속성인지 바로 알 수 있기 때문이다. 결과 릴레이션의 스키마는 다음과 같다.

(*instructor.ID*, *name*, *dept_name*, *salary*, *teaches.ID*, *course_id*, *sec_id*, *semester*, *year*)

예를 들어, 그림 2.1의 *instructor* 릴레이션과 그림 2.7의 *teaches* 릴레이션을 고려해 보자. 그 두 릴레이션의 카티션 곱은 그림 3.6과 같은데, 카티션 곱 결과를 형성하는 튜플 중 일부만 포함한다.

카티션 곱은 스스로 서로 관계가 없는 *instructor*와 *teaches*의 튜플을 결합한다. *instructor*의 각 튜플은 *teaches*의 다른 교수를 지칭하는 튜플을 포함한 모든 튜플과 결합한다. 따라서 그 결과는 매우 큰 릴레이션이 될 수 있는데, 이러한 카티션 곱은 거의 잘못된 것이다.

대신에, **where** 절의 술어는 카티션 곱에 의해 생성되는 조합을 필요에 따라 걸러내기 위해 사용된다. *instructor*와 *teaches*에 관련된 질의는 일반적으로 *instructor*의 특정 튜플 *t*와 *t*가 참조하는 같은 교수를 가리키는 *teaches*의 튜플과 결합할 것을 기대한다. 즉 같은 *ID* 값을 가진 *teaches* 튜플과 *instructor* 튜플이 일치하기를 기대한다. 다음의 SQL 질의는 이러한 조건을 보장하고, 이렇게 일치한 튜플로부터 교수 이름과 과목 식별자(ID)를 출력한다.

---

3 실제로 DBMS는 주어진 SQL을 더 효율적으로 처리할 수 있는 동등한 질의로 변환한다. 이에 대해서는 15장과 16장에서 다룬다.

instructor.ID	*name*	*dept_name*	*salary*	*teaches.ID*	*course_id*	*sec_id*	*semester*	*year*
10101	Srinivasan	Comp. Sci.	65000	10101	CS-101	1	Fall	2017
10101	Srinivasan	Comp. Sci.	65000	10101	CS-315	1	Spring	2018
10101	Srinivasan	Comp. Sci.	65000	10101	CS-347	1	Fall	2017
10101	Srinivasan	Comp. Sci.	65000	12121	FIN-201	1	Spring	2018
10101	Srinivasan	Comp. Sci.	65000	15151	MU-199	1	Spring	2018
10101	Srinivasan	Comp. Sci.	65000	22222	PHY-101	1	Fall	2017
...	...	...	...	...	...	...	...	...
...	...	...	...	...	...	...	...	...
12121	Wu	Finance	90000	10101	CS-101	1	Fall	2017
12121	Wu	Finance	90000	10101	CS-315	1	Spring	2018
12121	Wu	Finance	90000	10101	CS-347	1	Fall	2017
12121	Wu	Finance	90000	12121	FIN-201	1	Spring	2018
12121	Wu	Finance	90000	15151	MU-199	1	Spring	2018
12121	Wu	Finance	90000	22222	PHY-101	1	Fall	2017
...	...	...	...	...	...	...	...	...
...	...	...	...	...	...	...	...	...
15151	Mozart	Music	40000	10101	CS-101	1	Fall	2017
15151	Mozart	Music	40000	10101	CS-315	1	Spring	2018
15151	Mozart	Music	40000	10101	CS-347	1	Fall	2017
15151	Mozart	Music	40000	12121	FIN-201	1	Spring	2018
15151	Mozart	Music	40000	15151	MU-199	1	Spring	2018
15151	Mozart	Music	40000	22222	PHY-101	1	Fall	2017
...	...	...	...	...	...	...	...	...
...	...	...	...	...	...	...	...	...
22222	Einstein	Physics	95000	10101	CS-101	1	Fall	2017
22222	Einstein	Physics	95000	10101	CS-315	1	Spring	2018
22222	Einstein	Physics	95000	10101	CS-347	1	Fall	2017
22222	Einstein	Physics	95000	12121	FIN-201	1	Spring	2018
22222	Einstein	Physics	95000	15151	MU-199	1	Spring	2018
22222	Einstein	Physics	95000	22222	PHY-101	1	Fall	2017
...	...	...	...	...	...	...	...	...
...	...	...	...	...	...	...	...	...

그림 3.6 *instructor* **릴레이션과** *teaches* **릴레이션의 카티션 곱**

select *name*, *course_id*
from *instructor*, *teaches*
where *instructor.ID*= *teaches.ID*;

다만 이 질의는 일부 과목을 가르쳤던 교수만 출력한다. 다시 말하면, 어떤 과목도 가르치지 않았던 교수는 출력되지 않는다. 만약 그러한 튜플을 보고 싶다면, 외부 조인(outer join)이라고 불리는 연산을 사용해야 한다. 이 내용은 4.1.3절에서 설명한다.

instructor 릴레이션이 그림 2.1과 같고 *teaches* 릴레이션이 그림 2.7과 같으면 이전 질의로 수행된 결과 릴레이션은 그림 3.7과 같다. 어떤 과목도 가르치지 않았던, 교수 Gold, Califieri, Singh는 그림 3.7의 결과에 나타나지 않는다.

컴퓨터 과학과 교수에 관해 교수 이름과 과목 식별자만 검색하고 싶어 했다면 아래에 보이는 것처럼 **where** 절에 추가적인 술어를 포함시킬 수 있다.

name	*course_id*
Srinivasan	CS-101
Srinivasan	CS-315
Srinivasan	CS-347
Wu	FIN-201
Mozart	MU-199
Einstein	PHY-101
El Said	HIS-351
Katz	CS-101
Katz	CS-319
Crick	BIO-101
Crick	BIO-301
Brandt	CS-190
Brandt	CS-190
Brandt	CS-319
Kim	EE-181

그림 3.7 "대학교 내에서 일부 과목을 가르친 적이 있는 모든 교수에 대해, 그들의 이름과 그들이 가르쳤던 과목의 과목 아이디를 찾아라."의 결과

select *name*, *course_id*
from *instructor*, *teaches*
where *instructor.ID*= *teaches.ID* **and** *instructor.dept_name* = 'Comp. Sci.';

속성 *dept_name*은 *instructor* 릴레이션에서만 나타나기 때문에 *instructor.dept_name* 대신에 *dept_name*만 사용해도 된다.

SQL 질의의 의미는 일반적으로 다음과 같다.

1. **from** 절에 나열된 릴레이션의 카티션 곱을 생성하라.
2. 1번의 결과에 대해 **where** 절에 명시된 술어를 적용하라.
3. 2번의 결과의 모든 튜플에 대해 **select** 절에 명시된 속성(또는 표현의 결과)을 출력하라.

이러한 순서는 SQL 질의의 실행 방법이 아니라 결과가 무엇인지 명확히 하는 데 도움이 된다. 실제 DBMS는 이런 방식으로 SQL 질의를 수행하지 않는다. 대신, **where** 절의 술어를 만족하는 카티션 곱의 (결과) 튜플만 생성하여 질의 수행을 최적화할 수 있다. 이러한 질의 처리 기법에 대해서는 15장과 16장에서 학습한다.

질의 작성 시 적절한 **where** 절 조건을 포함해야 한다. 앞의 SQL 질의에서 **where** 절의 조건을 제거하면 아주 거대한 릴레이션이 될 수 있는 카티션 곱이 생성된다. 그림 2.1의 *instructor* 릴레이션과 그림 2.7의 *teaches* 릴레이션을 예로 들면, 해당 카티션 곱은 $12 * 13 = 156$개의 튜플을 생성하는데, 이는 이 책에서 보여 줄 수 있는 것보다 더 많다. 좀 더 현실적인 예를 들어 보자. 가령 예시 릴레이션보다 더 많은 200명의 교수가 있고, 각 교수가 세 개의 과목을 가르친다고 해 보

자. 그렇다면 600개의 튜플이 *teaches* 릴레이션에 있게 되므로 결국 카티션 곱의 크기는 200 ∗ 600 = 120,000이 되고, 이는 전보다 약 769배나 더 큰 결과를 낳는다.

3.4 부가적인 기본 연산

SQL에서 지원하는 몇 가지 부가적인 기본 연산이 있다.

3.4.1 재명명 연산

앞서 사용했던 질의를 다시 보자.

```
select name, course_id
from instructor, teaches
where instructor.ID= teaches.ID;
```

이 질의의 결과는 다음의 속성을 갖는 릴레이션이다.

name, *course_id*

위 결과에서 속성 이름은 **from** 절에 있는 릴레이션의 속성 이름으로부터 파생되었다.

그러나 항상 이와 같은 방법으로 이름을 파생시킬 수 없는데 이는 다음과 같은 몇 가지 이유 때문이다. 첫째, **from** 절에 있는 두 개의 릴레이션이 같은 이름을 갖는 경우, 그 속성의 이름이 결과 내에서 중복될 수 있다. 둘째, **select** 절에서 산술식을 사용했을 경우, 그 결과의 속성은 이름을 가지지 않는다. 셋째, 앞선 예제처럼 속성 이름을 원래의 릴레이션으로부터 얻는다고 하더라도 결과에서 그 속성의 이름을 바꾸고 싶은 경우가 있다. 이에 따라 SQL은 결과 릴레이션에서 속성의 이름을 다시 짓는 방법을 제공하는데, 다음과 같은 형식을 취하는 **as 절**(as clause)을 사용하는 것이다.

old-name **as** *new-name*

as 절은 **select** 절과 **from** 절 둘 다에서 나타날 수 있다.[4]

예를 들어, *name*의 속성 이름을 *instructor_name*으로 바꾸고 싶다면, 앞의 질의를 다음과 같이 다시 작성할 수 있다.

```
select name as instructor_name, course_id
from instructor, teaches
where instructor.ID= teaches.ID;
```

as 절은 릴레이션의 이름을 다시 지을 때 특히 유용하다. 릴레이션의 이름을 다시 짓는 한 가지 이유는 질의의 어디에서나 더 편리하게 사용하기 위해 길이가 긴 릴레이션 이름을 길이가 짧은 것으로 바꾸기 위함이다. 예를 들어, "대학교 내에서 일부 과목을 가르친 적이 있는 모든 교수에 대해,

4 SQL의 초기 버전에는 **as** 키워드가 포함되지 않았다. 결과적으로 일부 DBMS, 특히 Oracle은 **from** 절에 **as**와 같은 키워드를 허용하지 않는다. Oracle에서는 **from** 절에 "*old-name* **as** *new-name*" 대신 "*old-name new-name*"으로 써야 한다. 키워드 **as**는 **select** 절에 있는 속성 이름을 변경하는 데 사용될 수 있으나, 이는 선택 사항이며 Oracle에서는 생략될 수 있다.

노트 3.1 SQL 및 다중 집합 관계 대수, 1부

관계 대수 연산과 SQL 연산 사이에는 밀접한 연관이 있다. 한 가지 주요 차이점은 관계 대수와 달리 SQL은 중복을 허용한다는 것이다. SQL 표준은 질의 결과에 포함된 각 튜플의 복사본 수를 정의하며, 이는 입력 릴레이션 튜플의 복사본 수에 따라 달라진다.

SQL의 중복 허용을 모델링하기 위해 관계 대수의 버전 중 하나인 **다중 집합 관계 대수**(multiset relational algebra)는 (중복을 포함할 수 있는 집합인) 다중 집합에 대해 연산할 수 있도록 정의된다. 다중 집합 관계 대수의 기본 연산은 다음과 같이 정의된다.

1. (릴레이션) r_1의 튜플 t_1에 대한 복사본이 c_1개 있고, t_1이 선택(selection) 조건 σ_θ을 충족한다면, $\sigma_\theta(r_1)$ 결과에는 t_1의 c_1개의 복사본이 있게 된다.
2. r_1의 튜플 t_1의 각 복사본에 대해, $\Pi_A(r_1)$의 튜플 $\Pi_A(t_1)$의 복사본이 존재한다. 이때 튜플 $\Pi_A(t_1)$는 단일 튜플 t_1의 프로젝션(projection)을 나타낸다.
3. r_1의 튜플 t_1에 대한 복사본이 c_1개 있고, r_2의 튜플 t_2에 대한 복사본이 c_2개 있다면, $r_1 \times r_2$에는 튜플 $t_1.t_2$의 복사본이 $c_1 * c_2$개 있게 된다.

가령 스키마 (A, B)를 갖는 r_1과 스키마 (C)를 갖는 r_2가 존재하고, r_1과 r_2는 다중 집합으로서, $r_1 = \{(1, a), (2, a)\}$, $r_2 = \{(2), (3), (3)\}$로 이루어져 있다고 하자. 그러면 $\Pi_B(r_1)$는 $\{(a), (a)\}$가 되는 반면 $\Pi_B(r_1) \times r_2$는 다음과 같이 된다.

$$\{(a, 2), (a, 2), (a, 3), (a, 3), (a, 3), (a, 3)\}$$

그럼 다음의 형식을 갖는 기본 SQL 질의를 고려해 보자.

select $A_1, A_2, \ldots, A_n$
from $r_1, r_2, \ldots, r_m$
where P

위 질의에서 각 A_i는 속성을 나타내고, 각 r_i는 릴레이션을 나타내며, P는 술어를 나타낸다. 만약 **where** 절이 생략되면, 조건 P는 **참**(true)이 된다. 그렇다면 위 질의는 다중 집합 관계 대수 표현인 아래 식과 같다.

$$\Pi A_1, A_2, \ldots, A_n(\sigma_P(r_1 \times r_2 \times \ \ldots \ \times r_m))$$

역사적으로 불행한 사실이긴 하지만, 관계 대수 *select* 연산은 SQL의 **select** 절이 아니라 SQL의 **where** 절에 해당한다. 노트 3.2에서 보다 복잡한 SQL 질의의 표현을 주제로 논의한다.

SQL 질의의 관계 대수 표현은 SQL로 작성된 프로그램의 의미를 공식적으로 정의하는 데 큰 도움이 된다. 또한 데이터베이스 시스템은 일반적으로 관계 대수를 기반으로 SQL 질의를 낮은 수준의 표현으로 변환하고 이 표현을 사용하여 질의 최적화 및 질의 평가를 수행한다.

그들의 이름과 그들이 가르쳤던 과목의 과목 아이디를 찾아라."라는 질의가 있을 때 이를 다음과 같이 재작성할 수 있다.

```
select T.name, S.course_id
from instructor as T, teaches as S
where T.ID= S.ID;
```

릴레이션의 이름을 다시 짓는 또 다른 이유는 같은 릴레이션에서 튜플을 비교할 때다. 릴레이션을 자기 자신과 카티션 곱을 수행해야 하는 경우를 생각해 보자. 만약 릴레이션의 이름을 다시 지을 수 없다면, 카티션 곱에 참여하는 릴레이션의 튜플을 구분할 수 없다. 가령 "적어도 생물학과 한 교수보다 급여가 많은 모든 교수의 이름을 구하라."는 질의를 작성한다면 SQL로 다음과 같이 나타낼 수 있다.

```
select distinct T.name
from instructor as T, instructor as S
where T.salary > S.salary and S.dept_name = 'Biology';
```

*instructor.salary*는 어떤 *instructor*를 가리키는지 명확하지 않으므로 사용할 수 없다.

이 질의에서 *T*와 *S*는 *instructor* 릴레이션의 복사본으로 생각될 수 있지만, 조금 더 정확하게는 별칭으로, *instructor* 릴레이션에 대해 대체되는 이름으로 선언되었다. *T*, *S*와 같은 식별자는 릴레이션의 이름을 다시 짓기 위해 사용되며 SQL 표준에서는 **상관 이름**(correlation name)이라고 불리기도 하나, 흔히 **테이블 별칭**(table alias), **상관 변수**(correlation variable), **튜플 변수**(tuple variable)라고도 불린다.

앞의 질의를 한글로 더 잘 표현하자면 "생물학과에서 가장 낮은 급여를 받는 교수보다 더 많이 버는 모든 교수의 이름을 찾아라."라고 할 수 있다. 원래 썼던 표현이 우리가 쓰는 SQL에 더 가까우나 3.8.2절에서 보겠지만 후자가 더 직관적이고 SQL로 직접 표현하기도 더 쉽다.

3.4.2 문자열 연산

SQL은 문자열을 작은따옴표를 사용하여 표기하는데, 앞에서 보았듯이 'Computer'가 그 예다. 문자열 일부로 사용된 작은따옴표 문자는 작은따옴표 문자 두 개를 사용하여 표기한다. 예를 들어, 문자열 "It's right"를 'It''s right'라고 표기할 수 있다.

SQL 표준은 문자열에 대한 등호 연산에서 대소 문자를 구별한다고 명시하고 있다. "'comp. sci.' = 'Comp.Sci.'" 표현의 결과는 거짓이 된다. 그러나 MySQL, SQL Server와 같은 일부 DBMS는 문자열 비교를 할 때 대소 문자를 구별하지 않는다. 이들 DBMS는 "'comp. sci.' = 'Comp.Sci.'"의 결과는 참이 된다. 그러나 데이터베이스나 특정 속성의 수준에서 이러한 기본 동작을 변경할 수 있다.

SQL은 문자열에 대한 다양한 함수를 제공한다. 이러한 함수로는 문자열 합병("||" 사용), 부분 문자열 추출, 문자열의 길이 찾기, 문자열을 대문자 혹은 소문자로 변환하기(함수 **upper**(*s*) 혹은 함수 **lower**(*s*)를 사용함. 이때 *s*는 문자열), 문자열 끝의 공백 제거하기(**trim**(*s*)) 등이 있다. 서로 다른

데이터베이스 시스템에서 제공되는 문자열 함수는 다양하다. 독자의 데이터베이스 시스템에서 어떤 문자열 함수가 지원되는지 정확히 알고 싶다면 해당 데이터베이스 시스템의 설명서를 참조하도록 한다.

문자열에서 **like** 연산자를 사용하여 패턴 일치를 수행할 수 있다. 패턴은 다음과 같은 두 개의 특수문자를 사용하여 나타낼 수 있다.

- 퍼센트(%): % 문자는 어떠한 부분 문자열과도 일치한다.
- 밑줄(_): _ 문자는 어떠한 문자와도 일치한다.

패턴은 대소 문자를 구분한다.[5] 즉 대문자는 소문자와 일치하지 않으며, 그 역도 마찬가지다. 패턴 일치를 설명하기 위해 다음과 같은 예제를 살펴보자.

- 'Intro%'는 "Intro"로 시작하는 어떠한 문자열과도 일치한다.
- '%Comp%'는 'Intro. to Computer Science', 'Computational Biology'와 같은 "Comp"를 부분 문자열로 포함하는 어떠한 문자열과도 일치한다.
- '___'은 정확히 세 개의 문자로 이루어진 문자열과 일치한다.
- '___%'는 세 문자 이상으로 이루어진 문자열과 일치한다.

SQL은 패턴을 **like** 비교 연산자를 사용하여 표현한다. "건물 이름에 'Watson'이라는 부분 문자열을 포함하는 모든 학과 이름을 구하라."는 질의를 보자. 이 질의는 다음과 같이 작성될 수 있다.

select *dept_name*
from *department*
where *building* **like** '%Watson%';

패턴에서 (%와 _와 같은) 특수 패턴 문자를 포함할 수 있도록 SQL은 이스케이프(escape) 문자에 관한 명시를 하고 있다. 이스케이프 문자는 특수 패턴 문자가 일반 문자처럼 사용되기를 원할 때 특수 패턴 문자 바로 앞에 사용한다. **like** 비교에서 **escape** 키워드를 사용하여 이스케이프 문자열을 정의한다. 역슬래시(\) 문자를 이스케이프 문자로 사용하는 다음 패턴을 보자.

- **like** 'ab\%cd%' **escape** '\'는 "ab%cd"로 시작하는 모든 문자열과 일치한다.
- **like** 'ab\\cd%' **escape** '\'는 "ab\cd"로 시작하는 모든 문자열과 일치한다.

SQL은 **not like** 비교 연산자를 사용하여 일치하지 않는 문자열에 대해 검색을 할 수도 있다. 일부 데이터베이스는 대소 문자를 구별하지 않는 **like** 연산의 변종을 제공한다.

일부 DBMS, 특히 PostgreSQL은 **like** 연산보다 더 강력한 패턴 일치를 제공하는 **similar to** 연산을 제공한다. 이 연산자의 패턴을 명시하는 구문은 Unix의 정규 표현식(regular expression)에서 사용되는 것과 유사하다.

5 MySQL은 제외한다. 또는 패턴이 대소 문자를 구분하지 않는 PostgreSQL의 **ilike** 연산자도 제외한다.

3.4.3 Select 절의 속성 지정

별표 "*"는 **select** 절에서 "모든 속성"을 가리키기 위해 사용된다.

```
select instructor.*
from instructor, teaches
where instructor.ID= teaches.ID;
```

위 질의의 **select** 절에서 *instructor*.*는 *instructor*의 모든 속성을 선택하도록 가리킨다. **select** *의 형식을 갖는 **select** 절은 **from** 절에서 선택된 결과 릴레이션의 모든 속성을 가리킨다.

3.4.4 튜플 출력의 순서

SQL은 릴레이션에 있는 튜플의 출력될 순서를 사용자가 제어할 수 있도록 한다. **order by** 절은 질의의 결과 튜플이 정렬된 순서로 나타나도록 한다. 물리학과의 모든 교수를 알파벳 순서로 나열하려면 다음과 같이 질의를 작성한다.

```
select name
from instructor
where dept_name = 'Physics'
order by name;
```

기본적으로, **order by** 절은 오름차순으로 항목을 나열한다. 정렬 순서를 명시하기 위해서 내림차순을 위해서 **desc**를, 오름차순을 위해서 **asc**를 명시할 수 있다. 또한 정렬은 복수의 속성에 대해 이루어질 수 있다. *instructor* 릴레이션 전체를 *salary*에 대해 내림차순으로 정렬하기를 원한다고 하자. 만약 여러 교수가 같은 급여를 받는다면, 교수 이름에 대한 오름차순으로 이들을 정렬할 수 있다. 이 질의는 SQL로 다음과 같이 표현할 수 있다.

```
select *
from instructor
order by salary desc, name asc;
```

3.4.5 Where 절의 술어

SQL은 **where** 절에서 어떤 값보다는 작거나 같고 어떤 값보다는 크거나 같은 값을 간단히 명시하기 위해 **between** 비교 연산자를 제공한다. 급여가 $90,000과 $100,000 사이에 있는 교수들의 이름을 찾기 위해

```
select name
from instructor
where salary between 90000 and 100000;
```

위와 같은 질의문을 사용하는 대신에 **between** 비교를 사용해서 아래와 같은 SQL 질의를 작성할 수 있다.

```
select name
from instructor
where salary <= 100000 and salary >= 90000;
```

이와 유사하게 **not between** 비교 연산자도 사용할 수 있다.

SQL에서는 n개의 값 $v_1, v_2, \ldots, v_n$을 가지는 n차 튜플을 나타내기 위해 $(v_1, v_2, \ldots, v_n)$와 같은 표현이 가능하다. 이를 **행 생성자**(row constructor)라고 한다. 비교 연산자는 튜플에서 사용될 수 있고, 순서는 사전 순서대로 정의된다. 예를 들어, $a_1 < b_1$ **and** $a_2 <= b_2$이면 $(a_1, a_2) <= (b_1, b_2)$는 참이다. 유사하게, 두 튜플의 속성이 같으면 두 튜플은 같다. 그래서 앞의 질의는

```
select name, course_id
from instructor, teaches
where instructor.ID= teaches.ID and dept_name = 'Biology';
```

다음과 같이 다시 작성될 수 있다.[6]

```
select name, course_id
from instructor, teaches
where (instructor.ID, dept_name) = (teaches.ID, 'Biology');
```

3.5 집합 연산

SQL 연산 **union**, **intersect**, **except**는 릴레이션에 대해 각각 관계 대수 연산 ∪, ∩, −와 같은 연산을 수행한다. 두 집합에 대해 **union**, **intersect**, **except** 연산을 수행하는 질의를 만들어 보자.

- 2017년 가을에 가르쳤던 모든 과목의 집합

```
select course_id
from section
where semester = 'Fall' and year= 2017;
```

- 2018년 봄에 가르쳤던 모든 과목의 집합

```
select course_id
from section
where semester = 'Spring' and year= 2018;
```

앞으로 위 질의의 결과를 각각 *c1*과 *c2*로 지칭하자. 또한 그림 2.6의 *section* 릴레이션에 대해 이 질의가 수행되고 그 결과가 그림 3.8과 3.9와 같다고 하자. 특히 그림 3.9에서 보이는 바와 같이, 2018년 봄에 CS-319 과목이 두 분반으로 나누어 개설되었으므로, *c2*는 *course_id*가 CS-319인 두 개의 튜플을 가지게 된다.

6 SQL-92 표준의 일부이긴 하나 몇몇 DBMS의 경우, 특히 Oracle은 이 구문을 지원하지 않는다.

course_id
CS-101
CS-347
PHY-101

그림 3.8 2017년 가을에 가르쳤던 과목을 나열한 *c1* 릴레이션

course_id
CS-101
CS-315
CS-319
CS-319
FIN-201
HIS-351
MU-199

그림 3.9 2018년 봄에 가르쳤던 과목을 나열한 *c2* 릴레이션

3.5.1 합집합 연산

2017년 가을과 2018년 봄에 연속해서 강의가 되었던 모든 과목의 집합을 찾기 위해 다음과 같이 질의를 작성한다. 아래의 각 **select-from-where** 문 주위에 포함된 괄호는 선택 사항이나 쉽게 이해하는 데 도움이 된다. 일부 데이터베이스는 괄호 사용을 허용하지 않는데 이 경우 괄호는 없어도 된다.

```
(select course_id
 from section
 where semester = 'Fall' and year= 2017)
union
(select course_id
 from section
 where semester = 'Spring' and year= 2018);
```

union 연산은 **select** 절과는 다르게 자동으로 중복을 제거한다. 따라서 CS-319의 두 분반이 2018년 봄에 개설되고 CS-101의 분반이 2017년 가을과 2018년 봄에 개설된 것을 고려할 때, 그림 2.6의 *section* 릴레이션을 사용하면 그림 3.10에서 보이는 것처럼 CS-101과 CS-319는 결과에 한 번만 나타난다.

만약 모든 중복을 보유하고 싶다면 **union** 대신에 **union all**을 써야 한다.

course_id
CS-101
CS-315
CS-319
CS-347
FIN-201
HIS-351
MU-199
PHY-101

그림 3.10 *c1* union *c2*의 결과 릴레이션

```
(select course_id
 from section
 where semester = 'Fall' and year= 2017)
union all
(select course_id
 from section
 where semester = 'Spring' and year= 2018);
```

결과의 중복 튜플의 개수는 *c1*과 *c2* 둘 다에서 나타나는 중복된 튜플의 총개수와 같다. 따라서 위 질의의 경우, CS-319와 CS-101은 각각 두 번씩 나타난다. 더 예를 들어 보면, 2017년 가을 학기에 ECE-101의 네 개의 분반 과목이 있었고, 2018년 봄 학기에 ECE-101의 두 개의 분반 과목이 있었다면, 결과에는 ECE-101 값을 가진 여섯 개의 튜플이 나타난다.

3.5.2 교집합 연산

2017년 가을과 2018년 봄에 모두 기르친 모든 과목의 집합을 구하기 위해서 질의를 나음과 같이 작성한다.

```
(select course_id
 from section
 where semester = 'Fall' and year= 2017)
intersect
(select course_id
 from section
 where semester = 'Spring' and year= 2018);
```

그림 3.11에 보이는 결과 릴레이션은 CS-101의 한 튜플만을 가진다. **intersect** 연산은 자동으로 중복을 제거한다.[7] 예를 들면, ECE-101의 네 개의 분반이 2017년 가을 학기에 개설되고, ECE-101의 두 개의 분반이 2018년 봄 학기에 개설되면 결과에는 ECE-101의 한 튜플만 나타난다.

만약 모든 중복을 보유하고 싶으면 **intersect** 대신에 **intersect all**이라고 써야 한다.

```
(select course_id
 from section
 where semester = 'Fall' and year= 2017)
intersect all
(select course_id
 from section
 where semester = 'Spring' and year= 2018);
```

course_id
CS-101

그림 3.11 *c1* intersect *c2*의 결과 릴레이션

7 MySQL은 **intersect** 연산을 구현하지 않는다. 대신 한 가지 해결책은 3.8.1절에 논의될 하위 질의를 사용하는 것이다.

course_id
CS-347
PHY-101

그림 3.12 *c1* except *c2*의 결과 릴레이션

결과의 중복 튜플의 개수는 *c1*과 *c2* 둘 다에서 나타나는 중복 튜플 개수의 최솟값과 같다. 예를 들어, ECE-101의 네 개의 분반이 2017년 가을 학기에 개설되고, ECE-101의 두 개의 분반이 2018년 봄 학기에 개설되면 결과에는 ECE-101의 두 개의 튜플이 나타난다.

3.5.3 차집합 연산

2017년 가을 학기에는 있지만 2018년 봄 학기에는 없는 모든 과목을 구하려면 다음과 같이 질의를 작성하면 된다.

```
(select course_id
 from section
 where semester = 'Fall' and year= 2017)
except
(select course_id
 from section
 where semester = 'Spring' and year= 2018);
```

이 질의의 결과는 그림 3.12와 같다. 이 결과는 CS-101의 값을 갖는 튜플을 제외한 그림 3.8의 *c1*과 정확히 같은 릴레이션이다. **except** 연산은[8] 첫 번째 입력 릴레이션의 모든 튜플 중에 두 번째 입력 릴레이션에 없는 모든 튜플을 출력한다. 즉 차집합 연산을 수행한다. 차집합 연산을 수행하기 전에 자동으로 입력의 중복이 제거된다. 예를 들면, ECE-101의 네 개의 분반이 2017년 가을 학기에 개설되었고 ECE-101의 두 개의 분반이 2018년 봄 학기에 개설되었다면 **except** 연산의 결과는 (입력 중복이 제거되므로) ECE-101의 어떤 복사본도 갖지 않게 된다.

만약 모든 중복을 보유하고 싶다면 **except** 대신에 **except all**이라고 써야 한다.

```
(select course_id
 from section
 where semester = 'Fall' and year= 2017)
except all
(select course_id
 from section
 where semester = 'Spring' and year= 2018);
```

8 일부 DBMS, 특히 Oracle은 **except** 대신 키워드 **minus**를 사용하는 반면, Oracle 12c는 **except all** 대신 키워드 **multiset except**를 사용한다. MySQL은 이를 전혀 구현하지 않는다. 한 가지 해결 방법은 역시 3.8.1절에 논의될 하위 질의를 사용하는 것이다.

결과의 중복 튜플 개수는 *c1*에서 중복된 개수에서 *c2*에서 중복된 개수를 뺀 것에서 그 차가 양수일 때와 같다. 따라서 2017년 가을 학기에 ECE-101의 네 개의 분반을 가르쳤고 2018년 봄 학기에 ECE-101의 두 개의 분반을 가르쳤다면 결과에는 ECE-101의 두 개의 튜플이 존재하게 된다. 그러나 ECE-101의 두 개 혹은 더 적은 분반이 2017년 가을에 있었고 ECE-101의 두 개의 분반이 2018년 봄 학기에 있었다면, 결과에는 ECE-101의 아무 튜플도 존재하지 않게 된다.

3.6 널 값

산술 연산, 비교 연산, 집합 연산을 포함한 관계 연산을 수행할 때 **널 값**(null value)이 있으면 특별한 처리가 필요하다.

산술 연산식(+, −, ∗, /)의 결과는 입력 값이 널이면 널이다. 예를 들어, 질의에 *r.A* + 5의 표현이 있고, *r.A*가 특정 튜플에 대해 널일 때 그 튜플에 대한 연산식의 결과는 반드시 널이어야 한다.

널을 포함하는 비교는 좀 더 복잡하다. 예를 들어, "1 < **null**"의 비교를 고려해 보자. 널 값이 무엇을 나타내는지 모르기 때문에 이 비교 값의 결과가 참이라고 하는 것은 옳지 않을 수 있다. 하지만 비슷하게 결과가 거짓이라고 주장하는 것도 옳지 않다. 만약 "**not** (1 < **null**)"이 참이 된다면, 이것도 이상하다. 그래서 SQL은 (이 절의 후반에 설명하는 **is null**과 **is not null** 술어와는 다른) 널 값을 포함하는 비교의 결과를 **unknown**으로 처리한다. **unknown**은 *true*와 *false* 외에 추가된 제3의 논리 값을 나타낸다.

where 절의 술어는 비교의 결과에 대한 **and**, **or**, **not**과 같은 불리언(Boolean) 연산을 포함하기 때문에, 다음과 같이 불리언 연산의 정의는 **unknown** 값을 다룰 수 있도록 확장되어야 한다.

- **and**: *true* **and** *unknown*의 결과는 *unknown*, *false* **and** *unknown*의 결과는 *false*, *unknown* **and** *unknown*의 결과는 *unknown*이다.
- **or**: *true* **or** *unknown*의 결과는 *true*, *false* **or** *unknown*의 결과는 *unknown*, *unknown* **or** *unknown*의 결과는 *unknown*이다.
- **not**: **not** *unknown*의 결과는 *unknown*이다.

*r.A*가 널이라면, "1 < *r.A*"뿐만 아니라 "**not**(1 < *r.A*)"도 unknown이 됨을 알 수 있다.

where 절의 술어가 어떤 튜플에 대해 **false**나 **unknown**으로 판명되면 그 튜플은 결과에 포함되지 않는다.

SQL은 널 값을 테스트하는 술어 안에 특수한 키워드 **null**을 사용한다. 따라서 *instructor* 릴레이션에서 *salary*의 값이 널 값인 모든 교수를 찾는 질의는 다음과 같다.

```
select name
from instructor
where salary is null;
```

is not null 술어는 적용된 값이 널이 아닐 때 참이다.

SQL은 비교의 결과가 (true나 false라기보다) unknown인지를 테스트하기 위해 **is unknown**이나 **is not unknown** 절을 사용할 수 있다.[9]

```
select name
from instructor
where salary > 10000 is unknown;
```

질의가 **select distinct** 절을 사용할 때, 중복된 튜플은 반드시 제거되어야 한다. 이러한 목적으로, 두 튜플의 상응하는 속성값을 비교할 때 값이 둘 다 널이 아닌 같은 값을 가지거나 둘 다 널일 때 값이 같은 것으로 간주한다. 그래서 {('A',null), ('A',null)}과 같이 어떤 속성이 널 값을 가지더라도 두 튜플은 같은 것으로 간주한다. **distinct** 절을 사용하면 값이 같은 튜플 중 하나만 유지하게 된다. 위에서 보인 널 값의 처리는 "null = null"의 비교 결과가 unknown이 아니라 true를 반환하는 것으로, 술어에서 일반적으로 널 값을 처리하는 방식과는 다르다.

일부 값이 널이라도 모든 속성값이 같으면 튜플을 같은 것으로 보는 방법은 합집합, 교집합, 차집합 연산에서도 사용된다.

3.7 집계 함수

집계 함수(aggregate function)는 입력으로 값의 모음(collection)(즉 집합 혹은 다중 집합)을 가지며, 결과 값으로 단일 값을 반환하는 함수다. SQL은 다섯 개의 표준 내장 집계 함수를 제공한다.[10]

- 평균: **avg**
- 최솟값: **min**
- 최댓값: **max**
- 총합: **sum**
- 개수: **count**

sum과 **avg**의 입력은 숫자의 모음이어야 하지만, 다른 연산자는 문자열과 같이 숫자가 아닌 데이터 타입의 모음에서도 동작한다.

3.7.1 기본 집계

"컴퓨터 과학과 교수들의 평균 급여를 구하라."는 질의를 고려해 보자. 이 질의는 다음과 같다.

```
select avg (salary)
from instructor
where dept_name = 'Comp. Sci.';
```

9 **is unknown**과 **is not unknown** 구문은 여러 데이터베이스에서 지원되지 않는다.

10 대부분의 DBMS는 부가적으로 많은 집계 함수를 제공한다.

이 질의는 컴퓨터 과학과 교수들의 평균 급여를 나타내는 숫자 값에 해당하는 단일 속성의 단일 튜플을 갖는 릴레이션이다. 데이터베이스 시스템은 집계로 인해 생성된 결과 릴레이션의 속성에 임의의 이름을 부여할 수 있다. 하지만 속성에 의미 있는 이름을 부여하기 위해서는 다음과 같이 **as** 절을 사용할 수 있다.

```
select avg (salary) as avg_salary
from instructor
where dept_name = 'Comp. Sci.';
```

그림 2.1의 *instructor* 릴레이션에서 컴퓨터 과학과 교수 급여는 $75,000, $65,000, $92,000이고, 평균 급여는 $232,000/3 = $77,333.33이 된다.

중복을 보유하는 것은 평균값을 구하는 데 중요하다. 컴퓨터 과학과에 급여가 $75,000인 네 번째 교수가 추가되었다고 하자. 만약 중복을 제거하면 원래 맞는 답인 $76,750이 아닌 $232,000/4 = $58,000의 틀린 답을 얻게 될 것이다.

집계 함수를 구하기 전에 중복을 제거해야 하는 경우도 있다. 중복을 제거하고 싶다면 키워드 **distinct**를 집계 함수 표현에 사용하면 된다. "2018년 봄 학기에 어떤 과목을 가르치는 교수의 수를 구하라."는 질의가 이에 대한 예제다. 이 경우에 교수는 자신이 가르치는 과목 분반 수와 상관없이 한 번만 세어져야 한다. 그러한 정보는 *teaches* 릴레이션에 있고, 이 질의는 다음과 같다.

```
select count (distinct ID)
from teaches
where semester = 'Spring' and year = 2018;
```

ID 앞의 **distinct** 키워드 때문에, 교수가 하나 이상의 과목을 가르치더라도 교수는 결과에 한 번만 포함된다.

릴레이션에서 몇 개의 튜플이 있는지 알아보기 위해 집계 함수 **count**를 자주 사용한다. SQL에서 이 함수의 표기는 **count**(*)이다. 따라서 *course* 릴레이션에서 튜플의 개수를 구하는 질의는 다음과 같이 작성할 수 있다.

```
select count (*)
from course;
```

SQL은 **count**(*)에서 **distinct**를 사용하는 것을 금하고 있다. **max**와 **min**에서는 **distinct**를 사용하는 것이 가능하지만, 그 결과는 변하지 않는다. 중복 보유를 명시하기 위해 **distinct** 대신 키워드 **all**을 사용할 수 있지만, **all**은 기본값이기 때문에 그렇게까지 할 필요는 없다.

3.7.2 그룹단위 집계

튜플들의 단일 집합이 아니라 복수의 튜플 집합에 대해 집계 함수를 적용하고 싶을 때가 있다. 이럴 때 **group by** 절을 사용할 수 있다. **group by** 절에 주어진 속성(들)은 그룹을 형성하기 위해 사용된다. **group by** 절에서 모든 속성이 같은 값을 가지는 튜플들은 하나의 그룹으로 묶인다.

ID	*name*	*dept_name*	*salary*
76766	Crick	Biology	72000
45565	Katz	Comp. Sci.	75000
10101	Srinivasan	Comp. Sci.	65000
83821	Brandt	Comp. Sci.	92000
98345	Kim	Elec. Eng.	80000
12121	Wu	Finance	90000
76543	Singh	Finance	80000
32343	El Said	History	60000
58583	Califieri	History	62000
15151	Mozart	Music	40000
33456	Gold	Physics	87000
22222	Einstein	Physics	95000

그림 3.13 *dept_name* 속성으로 그룹화된 *instructor* 릴레이션의 튜플

dept_name	*avg_salary*
Biology	72000
Comp. Sci.	77333
Elec. Eng.	80000
Finance	85000
History	61000
Music	40000
Physics	91000

그림 3.14 "각 학과의 평균 급여를 구하라."는 질의에 관한 결과 릴레이션

보기와 같이 "각 학과의 평균 급여를 구하라."는 질의를 고려해 보자. 이 질의는 다음과 같다.

```
select dept_name, avg (salary) as avg_salary
from instructor
group by dept_name;
```

그림 3.13은 질의 결과를 계산하는 첫 번째 단계로, *dept_name* 속성으로 그룹화한 *instructor* 릴레이션의 튜플을 보여 준다. 이같이 만들어진 각 그룹에 대해 집계 연산을 수행하여 얻은 결과는 그림 3.14와 같다.

대조적으로, "모든 교수의 평균 급여를 구하라."는 질의를 고려해 보자. 이 질의는 다음과 같다.

```
select avg (salary)
from instructor;
```

이 경우에 **group by** 절은 제외되므로 전체 릴레이션을 하나의 그룹으로 간주한다.

튜플들의 그룹에 대한 집계 연산의 다른 예시로, "2018년 봄 학기에 각 학과에서 어떤 과목을 가

dept_name	*instr_count*
Comp. Sci.	3
Finance	1
History	1
Music	1

그림 3.15 "2018년 봄 학기에 각 학과에서 어떤 과목을 가르친 교수의 수를 구하라."는 질의의 결과 릴레이션

르친 교수의 수를 구하라."는 질의를 고려해 보자. 어떤 교수가 어떤 과목 분반을 어느 학기에 했는지에 대한 정보는 *teaches* 릴레이션에 있다. 그러나 이 정보는 각 교수가 소속된 학과명을 알아내기 위해 *instructor* 릴레이션과 조인되어야 한다. 따라서 이 질의는 다음과 같다.

```
select dept_name, count (distinct instructor.ID) as instr_count
from instructor, teaches
where instructor.ID= teaches.ID and
      semester = 'Spring' and year = 2018
group by dept_name;
```

질의 결과는 그림 3.15와 같다.

SQL 질의가 그룹화를 사용할 때, 집계되지 않고 **select** 절에 나타나는 속성은 오직 **group by** 절에 존재하는 속성이다. 바꿔 말해서, **group by** 절에 없는 속성은 집계 함수에 대한 인자로만 **select** 절 안에 나타날 수 있다. 그렇지 않다면 오류로 간주한다. 예를 들어, 다음 질의는 *ID*가 **group by** 절에 나타나지 않았고, **select** 절에서 집계되지 않은 상태로 나타나기 때문에 잘못된 질의다.

```
/* erroneous query */
select dept_name, ID, avg (salary)
from instructor
group by dept_name;
```

위 질의에서 (*dept_name*에 따라 정의된) 특정 그룹의 각 교수는 각기 다른 *ID*를 가질 수 있고, 각 그룹에 대해 하나의 튜플만 출력되기 때문에 출력해야 할 *ID* 값을 선택하는 특별한 방법은 없다. 결과적으로, 이러한 경우는 SQL에서 허용되지 않는다.

위의 질의는 또한 "/* */" 안에 텍스트를 삽입하여 SQL로 표현되는 주석(comment)을 예로 보여 준다. 같은 주석은 "--errorneous query"와 같이 작성할 수 있다.

3.7.3 Having 절

튜플보다 그룹에 대한 조건을 적용하는 것이 때로는 더 유용할 수 있다. 예를 들면, 교수들의 평균 급여가 $42,000을 넘는 학과에만 관심이 있다고 하자. 이 조건은 하나의 튜플에만 적용될 수 없고 **group by** 절이 만든 각 그룹에 적용된다. 이러한 질의를 표현하기 위해 SQL은 having 절을 사용한다. SQL은 그룹이 형성된 다음에 **having** 절의 술어를 적용하기 때문에 집계 함수가 사용될 수

dept_name	*avg_salary*
Physics	91000
Elec. Eng.	80000
Finance	85000
Comp. Sci.	77333
Biology	72000
History	61000

그림 3.16 "평균 급여가 $42,000보다 많은 학과의 교수들의 평균 급여를 구하라."는 질의의 결과 릴레이션

있다. 이 질의를 다음과 같은 SQL로 표현한다.

```
select dept_name, avg (salary) as avg_salary
from instructor
group by dept_name
having avg (salary) > 42000;
```

이 결과는 그림 3.16에서 보인다.

select 절에서의 경우와 같이 **having** 절에 집계 함수와 함께 나타나지 않은 속성들은 반드시 **group by** 절에 나타나야 한다. 그렇지 않다면 잘못된 질의다.

집계 함수, **group by**, **having** 절을 포함하는 질의의 의미는 다음과 같은 연산의 순서로 정의된다.

1. 집계가 없는 질의의 경우와 마찬가지로, **from** 절은 릴레이션을 얻기 위해 먼저 수행된다.
2. **where** 절이 존재하면, **where** 절의 술어는 **from** 절의 결과 릴레이션에 적용된다.
3. **where** 절의 술어를 만족하는 튜플은 **group by** 절이 존재하면 **group by** 절에 의해 그룹화된다. **group by** 절이 없다면, **where** 절의 술어를 만족하는 전체 튜플 집합은 하나의 그룹으로 간주된다.
4. **having** 절이 존재한다면 각각의 그룹에 적용된다. **having** 절의 술어를 만족하지 못하는 그룹은 제거된다.
5. **select** 절은 남아 있는 그룹을 사용하여 질의의 결과 튜플을 생성하는데, 이때 그룹별로 집계 연산을 적용하여 단일 결과 항을 만든다.

having 절과 **where** 절이 둘 다 같은 질의 안에서 사용되는 것을 보기 위해 "2017년에 개설한 각 과목 분반에 대해서, 그 분반에 적어도 두 명의 학생이 있으면 해당 분반에 등록한 학생들의 평균과 전체 학점(*tot_cred*)을 구하라."는 질의를 고려해 보자.

```
select course_id, semester, year, sec_id, avg (tot_cred)
from student, takes
where student.ID= takes.ID and year = 2017
group by course_id, semester, year, sec_id
having count (student.ID) >= 2;
```

노트 3.2 SQL 및 다중 집합 관계 대수, 2부

앞서 노트 3.1에서 살펴본 것처럼 SQL의 **select**, **from**, **where** 절은 **select**, **project** 및 카티션 곱 집합 연산의 다중 집합 버전을 사용하여 다중 집합 관계 대수로 나타낼 수 있다.

관계 대수 합집합, 교집합, 차집합(∪, ∩, −) 연산은 SQL에서 **union all**, **intersect all** 및 **except all**의 해당 정의에 따라 유사한 방식으로 다중 집합 관계 대수로 확장될 수 있음을 3.5절에서 보았다. SQL **union**, **intersect**, 및 **except**는 집합 버전의 ∪, ∩ 및 −에 해당한다.

확장된 관계 대수 집계 연산 γ는 관계 속성에 대한 집계 함수의 사용을 허용한다. (기호 $\mathcal{G}$는 집계 연산을 나타내는 데도 사용되며 이 책의 전판에서 사용되었다.) 연산 이름 ${}_{dept_name}\gamma_{\textbf{average}(salary)}(instructor)$는 이전 3.7.2절에서 본 바와 같이, *dept_name* 속성에 대한 *instructor* 릴레이션을 그룹화하고 각 그룹의 평균 급여를 계산한다. 왼쪽에 있는 아래 첨자를 생략하면 전체 입력 릴레이션이 단일 그룹에 속하게 된다. 따라서 $\gamma_{\textbf{average}(salary)}(instructor)$는 모든 교수의 평균 급여를 계산한다. 집계된 값에는 속성 이름이 없다. 재명명 연산자 ρ를 사용하거나 편의상 다음 구문을 사용하여 이름을 지정할 수 있다.

$${}_{dept\_name}\gamma_{\textbf{average}(salary)\ \textbf{as}\ \text{avg\_salary}}(instructor)$$

더 복잡한 SQL 질의도 관계 대수로 다시 작성할 수 있다. 예를 들어, 아래의 질의는

select A_1, A_2, **sum**(A_3)
from $r_1, r_2, \ldots, r_m$
where P
group by A_1, A_2 **having count**(A_4) > 2

아래의 관계 대수와 같다.

$$t_1 \leftarrow \sigma_P\,(r_1 \times r_2 \times \cdots \times r_m)$$
$$\Pi_{A_1,\,A_2,\,SumA3}(\sigma_{countA4\,>\,2}({}_{A_1,\,A_2}\gamma_{\text{sum}(A_3)\ \textbf{as}\ SumA3,\ \textbf{count}(A_4)\ \textbf{as}\ countA4}(t1)))$$

from 절의 조인식은 관계 대수에서 동등한 조인식을 사용하여 작성할 수 있다. 세부 사항은 독자를 위한 연습문제로 남겨 둔다. 그러나 **where** 또는 **select** 절의 하위 질의는 하위 질의 구문에 해당하는 관계 대수 연산이 없으므로 간단한 관계 대수로 재작성할 수 없다. 이 작업을 위해 관계 대수의 확장이 제안되었으나 이 책의 범위를 벗어난다.

위 질의에 필요한 모든 정보는 *takes*와 *student* 릴레이션에서 얻을 수 있고, 질의가 어떤 분반에 속해 있더라도 *section*과의 조인은 필요하지 않다.

3.7.4 널 값과 불리언 값의 집계

널 값이 존재할 때 널 값은 집계 함수의 처리를 복잡하게 한다. 예를 들면, *instructor* 릴레이션의 몇몇 튜플에 *salary*에 대해 널 값을 가진다고 가정하자. 모든 급여의 총합을 구하는 다음 질의를 고려해 보자.

```
select sum (salary)
from instructor;
```

위 질의에서 합해지는 값은 일부 튜플이 *salary*에 대해 널 값을 가지고 있으므로 널 값을 포함한다. 전체 합이 *null*이라고 말하기보다는, SQL 표준은 **sum** 연산은 입력의 *null* 값을 무시한다고 말한다.

일반적으로, 집계 함수는 다음 규칙에 따라 널 값을 다룬다. **count**(*)를 제외한 모든 집계 함수는 입력 값에서 널 값을 무시한다. 널 값을 무시한 결과로, 값의 모음은 비어 있을 수도 있다. 빈 모음에 대한 **count**는 0으로 정의되고, 다른 모든 집계 연산은 빈 모음이 적용되었을 때 널 값을 반환한다. 더 복잡한 SQL 구문에 대한 널 값의 효과는 좀 더 미묘하다.

true, **false**, **unknown** 값을 가질 수 있는 **Boolean** 데이터 타입은 SQL:1999에서 소개되었다. **some**과 **every**와 같은 집계 함수는 불리언 값의 모음에 적용될 수 있고, 그 값들의 이접(disjunction)(**or**)과 연접(conjunction)(**and**)을 각각 계산할 수 있다.

3.8 중첩 하위 질의

SQL은 하위 질의를 중첩시키는 방법을 제공한다. 하위 질의는 다른 질의 안에 중첩된 **select-from-where** 표현이다. 하위 질의의 일반적인 용도는 **where** 절에서 하위 질의를 중첩함으로써 집합의 멤버십을 테스트하고, 집합 비교를 하고, 집합의 원소 개수를 결정하는 데 사용된다. 이러한 **where** 절에서의 중첩 하위 질의의 사용에 대해서 3.8.1절부터 3.8.4절에 걸쳐 학습한다. 3.8.5절에서는 **from** 절의 중첩 하위 질의에 대해서 배운다. 3.8.7절에서는 스칼라 하위 질의라고 불리는 하위 질의는 값의 반환이 일어나는 연산식의 어디에서나 나타날 수 있음을 본다.

3.8.1 집합 멤버십

SQL은 릴레이션의 튜플의 멤버십을 테스트할 수 있다. **in** 접속사는 집합 멤버십을 테스트하는데, 집합은 **select** 절에 의해 생성된 값들의 집합이다. **not in** 접속사는 집합 멤버십의 부재를 테스트한다.

"2017년 가을 학기와 2018년 봄 학기에 둘 다 있는 과목을 구하라."는 질의를 다시 보자. 앞에서 이러한 질의를 두 개의 집합, 2017년 가을 학기 과목의 집합과 2018년 봄 학기 과목의 집합의 교집합으로 구했다. 이와는 또 다른 접근 방법으로, 2017년 가을의 과목이면서 또한 2018년 봄의 과목인 모든 과목을 찾는 방법이 있을 수 있다. 이 공식은 명백히 앞의 결과와 같지만, SQL의 **in** 접속사를 사용하여 질의를 작성해야 한다. 우선 모든 2018년 봄의 과목을 구하는 데서 시작하여 다음과 같은 하위 질의를 작성한다.

```
(select course_id
 from section
 where semester = 'Spring' and year= 2018)
```

이제 하위 질의에서 2017년 가을에 가르치는 과목이면서 과목의 집합에서 나타나는 과목을 찾는 것이 필요하다. 외부 질의 **select**에 하위 질의를 중첩함으로써 이를 구할 수 있다. 결과 질의는 다음과 같다.

```
select distinct course_id
from section
where semester = 'Fall' and year= 2017 and
      course_id in (select course_id
                    from section
                    where semester = 'Spring' and year= 2018);
```

intersect 연산은 기본적으로 중복을 제거하기 때문에 여기서 **distinct**를 사용해야 함에 주목하라.

이 예제는 같은 질의를 SQL에서 여러 가지 방법으로 작성할 수 있다는 것을 보여 준다. 이러한 유연성은 사용자가 가장 자연스러워 보이는 방법으로 질의에 관해 생각할 수 있도록 하므로 유용하다. SQL에서 이러한 형태의 중복이 상당히 많이 있다는 것을 보게 될 것이다.

not in 구문을 **in** 구문에서와 유사한 방법으로 사용할 수 있다. 예를 들어, 2017년 가을에는 있지만 2018년 봄에는 없는 과목을 찾기 위해 **except** 연산을 사용하여 이전에 표현했던 질의를 다음과 같이 작성할 수 있다.

```
select distinct course_id
from section
where semester = 'Fall' and year= 2017 and
course_id not in (select course_id
                  from section
                  where semester = 'Spring' and year= 2018);
```

in과 **not in** 연산자는 열거형 집합(enumerated set)에서 사용할 수 있다. 다음은 이름이 "Mozart"도 "Einstein"도 아닌 교수를 선택하는 질의다.

```
select distinct name
from instructor
where name not in ('Mozart', 'Einstein');
```

앞의 예제에서 하나의 속성을 가진 릴레이션에 대해 멤버십을 테스트했다. SQL에서 임의의 릴레이션에서 멤버십을 테스트하는 것도 가능하다. 예를 들어, "*ID* 10101의 교수가 가르치는 과목 분반을 수강하는 학생의 수를 구하라."는 질의를 다음과 같이 작성할 수 있다.

```
select count (distinct ID)
from takes
where (course_id, sec_id, semester, year) in (select course_id, sec_id, semester, year
                                              from teaches
                                              where teaches.ID= '10101');
```

그러나 일부 SQL 구현은 위에서 사용된 행 구성 구문인 "(*course_id*, *sec_id*, *semester*, *year*)"

를 지원하지 않는다. 3.8.3절에서 이 질의를 작성하는 다른 방법을 살펴볼 것이다.

3.8.2 집합 비교

집합을 비교하기 위해 중첩 하위 질의를 사용한 예처럼, "생물학과의 적어도 한 교수보다 급여가 많은 모든 교수의 이름을 구하라."는 질의를 보자. 3.4.1절에서 이 질의를 다음과 같이 작성했다.

```
select distinct T.name
from instructor as T, instructor as S
where T.salary > S.salary and S.dept_name = 'Biology';
```

그러나 SQL은 이런 질의에 대해 다른 방식으로 작성하는 방법을 제공한다. "하나 이상보다 큰"이라는 구는 SQL에서 > **some**으로 표현될 수 있다. 이러한 구문은 영어로 된 질의 형식과 매우 유사한 형태로 질의를 재작성할 수 있다.

```
select name
from instructor
where salary > some (select salary
                     from instructor
                     where dept_name = 'Biology');
```

다음과 같은 하위 질의는 생물학과의 모든 교수 급여의 집합을 생성한다.

```
(select salary
 from instructor
 where dept_name = 'Biology')
```

select 밖의 **where** 절에 있는 > **some** 비교는 생물학과에 있는 교수들의 모든 급여 값의 집합에서 적어도 한 원소의 값보다는 큰 *salary* 값을 갖는 튜플에 대해서 참이다.

SQL은 또한 < **some**, <= **some**, >= **some**, = **some**, <> **some** 비교도 허용한다. 연습으로 <> **some**은 **not in**과는 같지 않지만, = **some**은 **in**과 같다는 것을 증명해 보라.[11]

이제 질의를 조금 바꿔 보자. 생물학과의 각 교수보다 급여가 많은 모든 교수의 이름을 찾아보자. > **all** 구문은 "모든 것보다 큰"이라는 구와 일치한다. 이 구문을 이용하여 질의를 다음과 같이 작성한다.

```
select name
from instructor
where salary > all (select salary
                    from instructor
                    where dept_name = 'Biology');
```

---

11 키워드 **any**는 SQL에서 **some**과 동의어다. SQL의 초기 버전은 **any**만 허용했다. 이후 버전은 영어에서 **any**라는 단어와의 언어적인 모호성을 피하고자 그 대안으로 **some**을 추가했다.

some이 그랬던 것처럼 SQL은 < **all**, <= **all**, >= **all**, = **all**, <> **all** 비교를 허용한다. 연습으로 <> **all**이 **not in**과 같음을 확인해 보라. 반면에 = **all**은 **in**과 같지 않다.

집합 비교의 또 다른 예제로서 "가장 높은 평균 급여를 받는 학과를 구하라."는 질의를 보자. 먼저 모든 평균 급여를 구하는 질의를 작성하고, 다른 모든 평균 급여보다 크거나 같은 평균 급여를 가지는 학과를 찾는 하위 질의를 중첩한다.

```
select dept_name
from instructor
group by dept_name
having avg (salary) >= all (select avg (salary)
                            from instructor
                            group by dept_name);
```

3.8.3 빈 릴레이션에 대한 테스트

SQL은 하위 질의가 그것의 결과로 튜플을 가지는지 아닌지를 테스트하는 특성이 있다. **exists** 구문은 인자의 하위 질의가 비어 있지 않을 때 **true**를 반환한다. **exists** 구문을 사용해서 "2017년 가을 학기와 2018년 봄 학기 둘 다 있는 과목을 구하라."는 질의 역시 다른 방법으로 작성할 수 있다.

```
select course_id
from section as S
where semester = 'Fall' and year= 2017 and
      exists (select *
              from section as T
              where semester = 'Spring' and year= 2018 and
                    S.course_id= T.course_id);
```

위 질의는 **where** 절의 하위 질의에서 바깥 질의에 있는 **상관 이름**을 사용할 수 있는 SQL의 특성을 보여 준다. 바깥 질의의 상관 이름을 사용하는 하위 질의를 **상관 하위 질의**(correlated subquery)라고 부른다.

하위 질의를 포함한 질의에서 범위 지정 규칙(scoping rule)이 상관 이름에 적용된다. 규칙에 따르면, 하위 질의에서 하위 질의나 하위 질의를 포함하는 질의의 상관 이름을 사용하는 것만 허용된다. 상관 이름이 하위 질의에 지역적으로 정의되어 있고 또한 포함하는 질의에 전역적으로 정의되어 있으면 지역적인 정의가 적용된다. 이 규칙은 프로그래밍 언어에서 변수에 쓰이는 범위 지정 규칙과 비슷하다.

not exists 구문을 이용하여 하위 질의의 결과물에 튜플이 존재하지 않음을 검사할 수 있다. **not exists** 구문으로 집합 포함 관계(즉 상위 집합) 연산을 흉내 낼 수 있는데, 즉 "릴레이션 *A*는 릴레이션 *B*를 포함한다."를 "**not exists** (*B* **except** *A*)"와 같이 작성할 수 있다(현재의 SQL 표준에 속하지는 않지만, **contains** 연산자는 초창기 몇몇 관계형 시스템에서 나타난다). **not exists** 연산자를 설명하기 위해 "생물학과에서 제공하는 모든 과목을 수강하는 모든 학생을 구하라."는 질의를 보자.

except 구문을 사용하여 질의를 다음과 같이 작성할 수 있다.

```
select S.ID, S.name
from student as S
where not exists ((select course_id
                   from course
                   where dept_name = 'Biology')
                   except
                   (select T.course_id
                   from takes as T
                   where S.ID = T.ID));
```

여기에 하위 질의

```
(select course_id
 from course
 where dept_name = 'Biology')
```

는 생물학과의 모든 과목을 찾는다. 하위 질의

```
(select T.course_id
 from takes as T
 where S.ID = T.ID)
```

는 학생 *S.ID*가 수강하는 모든 과목을 구한다. 따라서 외부 질의의 **select**는 각각의 학생을 찾아 해당 학생이 수강하는 모든 과목의 집합이 생물학과에서 개설한 모든 과목의 집합을 포함하는지 테스트한다.

3.8.1절에서 "*ID* 110011인 교수가 가르친 과목 분반을 수강한 (고유) 학생의 총수를 찾아라."라는 SQL 질의를 보았다. 해당 질의는 일부 데이터베이스에서 지원하지 않는 튜플 생성자 구문을 사용했다. **exists** 구문을 사용한 다른 대안으로 다음과 같은 질의가 있다.

```
select count (distinct ID)
from takes
where exists (select course_id, sec_id, semester, year
              from teaches
              where teaches.ID= '10101'
                    and takes.course_id = teaches.course_id
                    and takes.sec_id = teaches.sec_id
                    and takes.semester = teaches.semester
                    and takes.year = teaches.year
```

3.8.4 중복 튜플이 없는지 테스트

SQL은 하위 질의가 그 결과로 중복된 튜플을 가지는지 아닌지를 테스트할 수 있는 불리언 함수를 포함한다. **unique** 구문[12]은 만일 인자로 주어진 하위 질의가 중복된 튜플을 가지지 않는다면 참이

---

12 이 구문은 아직 널리 구현되지 않았다.

다. **unique** 구문을 사용하여 "2017년에 많아야 한 번 개설된 모든 과목을 구하라."는 질의를 다음과 같이 작성할 수 있다.

```
select T.course_id
from course as T
where unique (select R.course_id
              from section as R
              where T.course_id= R.course_id and
                    R.year = 2017);
```

2017년에 개설되지 않은 과목이라면 하위 질의는 빈 결과를 반환하고, **unique** 술어는 빈 집합을 참으로 계산함을 주목하라.

위의 질의를 **unique** 구문을 사용하지 않고 동등하게 표현하면 다음과 같다.

```
select T.course_id
from course as T
where 1 >= (select count(R.course_id)
            from section as R
            where T.course_id= R.course_id and
                  R.year = 2017);
```

not unique 구문을 통해 중복된 튜플이 존재하는지를 하위 질의에서 테스트할 수 있다. 이 구문을 설명하기 위해 "2017년에 적어도 두 번 개설된 모든 과목을 구하라."는 질의를 고려해 보자. 이 질의는 다음과 같이 작성할 수 있다.

```
select T.course_id
from course as T
where not unique (select R.course_id
                  from section as R
                  where T.course_id= R.course_id and
                        R.year = 2017);
```

공식적으로, 릴레이션에 대한 **unique** 테스트는 필요충분하게 릴레이션이 $t_1 = t_2$인 두 개의 튜플 t_1과 t_2를 포함하는 경우 실패한다고 정의된다. 만일 t_1이나 t_2의 필드가 널 값이라면 $t_1 = t_2$의 테스트가 실패하기 때문에, 튜플의 속성 중에서 적어도 하나가 널 값이라면 그 튜플이 여러 개의 사본을 가지더라도 **unique**가 참이 될 가능성이 있다.

3.8.5 From 절의 하위 질의

SQL은 **from** 절에서 하위 질의 표현을 허용한다. 여기서 적용되는 핵심 개념은 **select-from-where** 표현은 릴레이션을 결과로 반환한다는 것이고, 이 개념은 **select-from-where** 표현에서 릴레이션이 나타나는 어디에서나 적용될 수 있다.

"평균 급여가 $42,000 이상인 학과의 교수들의 평균 급여를 구하라."는 질의를 고려해 보자. 이 질의를 3.7절에서 **having** 절을 사용하여 작성했다. 이제 **having** 절을 사용하지 않고 **from** 절의 하위 질의를 사용하여 다음과 같이 재작성할 수 있다.

```
select dept_name, avg_salary
from (select dept_name, avg (salary) as avg_salary
      from instructor
      group by dept_name)
where avg_salary > 42000;
```

이 하위 질의는 모든 학과 이름과 그들 각각의 평균 급여로 구성된 릴레이션을 생성한다. 위 예제에서 볼 수 있듯이, 이 하위 질의 결과의 속성은 바깥 질의에서 사용된다.

from 절의 하위 질의가 평균 급여를 계산하고, 이전의 **having** 절에 있었던 술어가 이제는 바깥 질의의 **where** 절에 있으므로, **having** 절을 사용할 필요가 없음에 주목하자.

아래에서 설명하는 바와 같이, **as** 절을 사용하여 하위 질의의 결과 릴레이션에 이름을 붙일 수 있고, 속성을 재명명할 수 있다.

```
select dept_name, avg_salary
from (select dept_name, avg (salary)
      from instructor
      group by dept_name)
      as dept_avg (dept_name, avg_salary)
where avg_salary > 42000;
```

하위 질의 결과 릴레이션은 속성 *dept_name*과 *avg_salary*를 가지는 *dept_avg*로 이름 지어졌다.

from 절의 중첩 하위 질의는 모두는 아니지만, 대부분의 SQL 엔진에서 지원된다. 몇몇 SQL 엔진, 특히 MySQL과 PostgreSQL에서는 **from** 절에 각 하위 질의 릴레이션 이름을 절대 참조하지 않는다고 하더라도 반드시 해당 릴레이션의 이름을 지정해야 한다. Oracle은 하위 질의 결과 릴레이션에 이름(키워드 **as** 생략)을 부여할 수 있지만, 릴레이션 속성의 이름 변경은 허용하지 않는다. 이를 위한 쉬운 해결 방법은 하위 질의 **select** 절에서 속성 이름을 바꾸는 것이다. 위 질의에서 하위 질의의 **select** 절은 다음으로 대체될 수 있다.

```
select dept_name, avg(salary) as avg_salary
```

위 질의에서

"**as** *dept_avg* (*dept_name*, *avg_salary*)"

는 아래의 절로 대체될 수 있다.

"**as** *dept_avg*".

또 다른 예제로, 각 학과의 총 급여의 최댓값을 찾아보자. **having** 절로는 이 질의를 처리하기가 쉽지 않지만, **from** 절에 하위 질의를 사용함으로써 이 질의를 다음과 같이 쉽게 작성할 수 있다.

```
select max (tot_salary)
from (select dept_name, sum(salary)
      from instructor
      group by dept_name) as dept_total (dept_name, tot_salary);
```

from 절의 중첩된 하위 질의는 **from** 절에 있는 다른 릴레이션의 상관 변수에 사용될 수 없음을 유의하라. 하지만 SQL:2003은 **from** 절의 하위 질의를 **from** 절의 하위 질의나 이전 테이블의 속성에 접근하기 위해 **lateral**이라는 키워드를 앞에 붙임으로써 사용할 수 있게 해 준다. 예를 들면, 각 교수의 이름을 그들의 급여와 그들이 소속된 학과의 평균 급여와 함께 출력하고자 한다면, 질의는 다음과 같이 작성될 수 있다.

```
select name, salary, avg_salary
from instructor I1, lateral (select avg(salary) as avg_salary
                             from instructor I2
                             where I2.dept_name= I1.dept_name);
```

lateral 절 없이는 하위 질의가 외부 질의의 *I1* 상관 변수에 접근할 수 없다. 보다 최근에 개발된 SQL 엔진만이 **lateral** 절을 지원한다.

3.8.6 With 절

with 절은 그것이 나타난 질의에서만 유효한 임시 릴레이션을 정의할 수 있게 한다. 다음의 질의를 고려해 보자. 이 질의는 가장 많은 예산을 가진 학과를 찾는다.

```
with max_budget (value) as
    (select max(budget)
     from department)
select budget
from department, max_budget
where department.budget = max_budget.value;
```

이 질의에 있는 **with** 절은 즉시 다음 질의에서 사용되는 임시 릴레이션 *max_budget*을 정의하는데, 이 릴레이션을 정의한 하위 질의 결과를 포함한다. 이 릴레이션은 같은 질의 내의 후자 부분 내에서만 사용할 수 있다.[13] SQL:1999에서 소개된 **with** 절은 현재 대부분의 데이터베이스에서 지원된다.

위 질의는 **from** 절 혹은 **where** 절에서 중첩 하위 질의를 사용하여 작성할 수 있다. 그러나 중첩 하위 질의를 사용하면 읽기도 또 이해하기도 어려운 질의를 만들게 된다. **with** 절은 질의를 논리적으로 명확하게 만들고, 질의의 여러 곳에서 뷰 정의를 사용할 수 있도록 해 준다.

예를 들어, 학과의 총급여가 평균 학과의 총급여보다 많은 모든 학과를 구한다고 가정해 보자. 이 질의를 **with** 절을 이용하여 다음과 같이 작성할 수 있다.

---

13 질의의 결과가 마치 그 릴레이션이 생성된 것과 같은 한, SQL 엔진은 릴레이션을 물리적으로 생성하지 않을 수 있으며 대체 방법으로 전체 질의 결과를 자유롭게 계산할 수 있다.

```
with dept_total (dept_name, value) as
    (select dept_name, sum(salary)
    from instructor
    group by dept_name),
dept_total_avg(value) as
    (select avg(value)
    from dept_total)
select dept_name
from dept_total, dept_total_avg
where dept_total.value > dept_total_avg.value;
```

물론 이와 같은 질의를 **with** 절 없이 작성할 수 있지만, 이해하기가 더 복잡하고 또 어렵게 될 것이다. 이와 동등한 질의를 연습문제로 작성해 볼 수 있다.

3.8.7 스칼라 하위 질의

SQL은 하위 질의가 하나의 속성을 가지는 오직 하나의 튜플만 반환한다면, 하위 질의가 연산식에서 값이 반환되는 어떤 곳에서라도 나타날 수 있게 허락한다. 이러한 하위 질의를 **스칼라 하위 질의**(scalar subquery)라고 부른다. 예를 들면, **select** 절에서 하위 질의를 사용할 수 있는데, 아래의 예는 모든 학과와 그 학과의 교수의 수를 함께 나열하는 스칼라 하위 질의를 나타낸다.

```
select dept_name,
    (select count(*)
     from instructor
     where department.dept_name = instructor.dept_name)
    as num_instructors
from department;
```

이 예제의 하위 질의는 **group by**가 없는 **count**(*) 집계가 있으므로 오직 하나의 값만 반환하는 것을 보장한다. 예제는 또한 상관 변수의 사용법을 설명하는데 그것은 외부 질의의 **from** 절에 있는 릴레이션의 속성, 위 예제에서 *department.dept_name*과 같은 것이다.

스칼라 하위 질의는 **select**, **where**, **having** 절에서 나타날 수 있다. 스칼라 하위 질의는 또한 집계 함수 없이 정의될 수 있다. 컴파일 시간에 하위 질의가 결과로 하나 이상의 튜플을 반환할 수 있는지를 알아내는 것은 항상 가능하지는 않다. 하위 질의가 실행될 때 결과가 하나 이상의 튜플을 가진다면 실행 시간에 오류가 발생한다.

스칼라 하위 질의가 하나의 튜플을 포함하고 있더라도 기술적으로 스칼라 하위 질의 결과의 타입은 여전히 릴레이션임을 주목하라. 그러나 한 개의 값이 필요한 표현식에 스칼라 하위 질의가 사용되면, SQL은 암묵적으로 릴레이션 내 하나의 튜플의 하나의 속성으로부터 값을 추출하고 그 값을 반환한다.

3.8.8 From 절 없는 스칼라

특정 질의에는 계산이 필요하지만, 릴레이션에 대한 참조는 필요하지 않다. 마찬가지로 특정 질의에는 **from** 절이 필요한 최상위 질의 없이 **from** 절이 포함된 하위 질의가 있을 수 있다.

노트 3.3 SQL 및 다중 집합 관계 대수, 3부

이 장 앞부분에서 살펴본 SQL 집합 및 집계 연산과 달리 SQL 하위 질의에는 관계 대수에서 직접 동등한 연산이 없다. 하위 질의를 포함하는 대부분의 SQL 질의는 하위 질의를 사용할 필요가 없는 방식으로 다시 작성될 수 있으므로 동등한 관계 대수식을 갖는다.

관계 대수로 다시 작성하면 $\overline{\ltimes}$로 표시되는 세미 조인(semijoin)과 로 표시되는 안티조인(antijoin)이라고 하는 두 개의 확장된 관계 대수 연산의 이점을 얻을 수 있다. 많은 데이터베이스 엔진은 이 두 연산을 내부적으로 지원한다(기호 $\triangleright$는 $\overline{\ltimes}$ 대신 사용되어 안티조인을 표시하는 경우가 있다). 예를 들어, 릴레이션 r과 s가 주어져 있다면 $r \ltimes_{r.A=s.B} s$는 $s.B$ 속성값이 해당 튜플 $r.A$ 속성값과 일치하는 s에 튜플이 하나 이상 있는 r의 모든 튜플을 출력한다. 반대로, $r \overline{\ltimes}_{r.A=s.B} s$는 s에 일치하는 튜플이 없는 r의 모든 튜플을 출력한다. 이러한 연산자를 사용하여 **exists** 및 **not exists** 접속사를 사용하는 많은 하위 질의를 재작성할 수 있다.

세미 조인과 안티조인은 다른 관계 대수 연산을 사용하여 표현할 수 있으므로 표현력을 더하지 않지만, 매우 효율적으로 구현할 수 있으므로 실제로는 꽤 유용하다. 그러나 하위 질의가 포함된 SQL 질의를 재작성하는 과정은 일반적으로 간단하지 않다. 따라서 데이터베이스 엔진은 σ 및 Π 연산자가 술어 및 프로젝션 목록에서 하위 질의를 호출할 수 있도록 하여 관계 대수를 확장하기도 한다.

예를 들어, 가령 여러 교수가 가르친 분반을 교수당 한 번 계산하여 교수당 (연도 또는 학기와 관계없이) 가르친 평균 분반 수를 찾고 싶다고 해 보자. 가르친 분반의 총개수를 찾으려면 *teaches*의 튜플 수를 계산하고 교수의 수를 찾기 위해 교수의 튜플 수를 계산해야 한다. 그런 다음 간단한 분할로 원하는 결과를 얻을 수 있다. 이를 다음과 같이 작성할 수 있다.

(**select count** (*) **from** *teaches*) / (**select count** (*) **from** *instructor*);

일부 시스템에서는 이것이 적법하나 다른 시스템에서는 **from** 절이 없으므로 오류를 보고할 수 있다.[14] 후자의 경우 예를 들어, 단일 튜플을 포함하는 *dual*이라 불리는 특수 더미 릴레이션을 만들 수도 있다. 이를 통해 이전 질의를 다음과 같이 작성할 수 있다.

select (**select count** (*) **from** *teaches*) / (**select count** (*) **from** *instructor*)
from *dual*;

Oracle은 위와 같은 용도로 단일 튜플을 포함하는 *dual*이라는 미리 정의된 릴레이션을 제공한다(이 릴레이션에는 사용 목적과 상관없는 단일 속성이 있다). 다른 데이터베이스를 사용하는 경우에도 동등한 릴레이션을 만들 수 있다.

위 질의는 하나의 정수를 다른 정수로 나누기 때문에 대부분 데이터베이스에서 결과는 정수가 되어 정밀도가 손실된다. 결과를 부동 소수점 수로 얻으려면 나누기 연산을 수행하기 전에 두 하위

14 예를 들어, 이 구문은 Microsoft SQL Server에서는 적합하지만 Oracle에서는 적합하지 않다.

질의 결과 중 하나에 1.0을 곱하여 부동 소수점 수로 변환할 수 있다.

3.9 데이터베이스의 변경

지금까지는 데이터베이스에서 정보를 추출하는 데에만 관심이 있었다. 이제부터 SQL을 이용하여 정보를 어떻게 삽입하고, 삭제하고, 변경할 것인지 보자.

3.9.1 삭제

삭제(delete) 요청은 질의와 거의 흡사한 방법으로 표현된다. 전체 튜플만 삭제할 수 있으며, 특정 속성의 값만 삭제할 수는 없다. SQL은 삭제를 다음과 같이 나타낸다.

delete from *r*
where *P*;

*P*는 술어를 나타내고 *r*은 릴레이션을 나타낸다. **delete** 문은 우선 *P*(*t*)가 참이 되는 모든 튜플 *t*를 *r*에서 찾고, *r*에서 그들을 삭제한다. **where** 절은 생략될 수 있는데, 이 경우 *r*에 있는 모든 튜플이 삭제된다.

delete 명령은 한 릴레이션에 대해서만 동작함을 주목하자. 만일 여러 개의 릴레이션에서 튜플을 삭제하고 싶다면, 각각의 릴레이션에 대해 하나의 **delete** 명령을 사용해야 한다. **where** 절의 술어는 **select** 명령의 **where** 절처럼 복잡해질 수 있다. 반면에 **where** 절은 비어 있을 수 있다.

delete from *instructor*;

이 요청은 *instructor* 릴레이션에서 모든 튜플을 삭제한다. *instructor* 릴레이션 자체는 존재하지만, 비어 있다.

아래는 SQL의 삭제문에 대한 예제다.

- 재무과의 교수와 관련된 *instructor* 릴레이션의 모든 튜플을 삭제하라.

delete from *instructor*
where *dept_name* = 'Finance';

- 급여가 $13,000에서 $15,000 사이인 모든 교수를 삭제하라.

delete from *instructor*
where *salary* **between** 13000 **and** 15000;

- Watson 건물에 있는 학과와 관련된 *instructor* 릴레이션의 모든 교수를 삭제하라.

delete from *instructor*
where *dept_name* **in** (**select** *dept_name*
                from *department*
                where *building* = 'Watson');

이 **delete** 요청은 Watson에 있는 모든 학과를 먼저 찾고, 이 학과에 관계된 모든 *instructor* 튜플을 삭제한다.

한 번에 단 하나의 릴레이션에서만 튜플을 삭제할 수 있지만, **delete**의 **where** 절에 중첩된 **select-from-where**에서는 몇 개의 릴레이션이든 참조할 수 있음을 기억하자. **delete** 요청에서는 튜플이 삭제될 릴레이션도 중첩 **select** 문에서 참조할 수 있다. 예를 들어, 대학교의 평균보다 낮은 급여를 가진 모든 교수의 레코드를 삭제한다고 하자. 이 질의는 다음과 같이 작성할 수 있다.

```
delete from instructor
where salary < (select avg (salary)
                from instructor);
```

delete 문은 먼저 *instructor* 릴레이션의 각각의 튜플에 대해 대학교의 평균값보다 작은 급여를 가진 교수인지를 테스트한다. 그 후 검사에서 실패하는 모든 튜플, 즉 평균 급여 이하의 교수를 모두 삭세한다. 보는 테스트는 삭제를 수행하기 전에 수행하는 것이 중요하다. 만일 어떤 튜플이 다른 튜플을 테스트하기 전에 삭제되었다면 평균 급여는 바뀔 것이고, **delete**의 최종 결과는 튜플이 처리되는 순서에 따라 결정될 것이다!

3.9.2 삽입

릴레이션에 데이터를 삽입하기 위해서는 삽입하려는 튜플을 명시하거나, 삽입될 튜플의 집합을 생성하는 질의를 작성해야 한다. 당연히 삽입될 튜플의 속성값은 그 속성 도메인에 속해야 한다. 유사하게, 삽입될 튜플은 정확한 수의 속성을 가져야 한다.

가장 간단한 **insert** 문은 하나의 튜플을 삽입하는 것이다. 컴퓨터 과학과에 "Database Systems"라는 제목의 CS-437, 4학점의 과목을 삽입하길 원한다고 가정하자. 다음과 같이 작성할 수 있다.

```
insert into course
    values ('CS-437', 'Database Systems', 'Comp. Sci.', 4);
```

이 예제에서 값은 릴레이션 스키마에서 나열된 속성의 순서대로 명시된다. 속성의 순서를 기억하지 못하는 사용자를 위해서 SQL은 **insert** 문의 일부로 속성을 명시할 수 있도록 하고 있다. 예를 들어, 다음의 SQL **insert** 문은 앞에 있는 것과 같은 일을 수행한다.

```
insert into course (course_id, title, dept_name, credits)
    values ('CS-437', 'Database Systems', 'Comp. Sci.', 4);

insert into course (title, course_id, credits, dept_name)
    values ('Database Systems', 'CS-437', 4, 'Comp. Sci.');
```

좀 더 일반적으로, 질의의 결과를 튜플로 삽입하기를 원할 수 있다. 음악학과에 144학점이 넘는 학생을 음악학과의 교수가 되게 하면서 급여가 $18,000이 되도록 한다고 가정해 보자. 이러한 질의는 다음과 같이 작성할 수 있다.

```
insert into instructor
    select ID, name, dept_name, 18000
    from student
    where dept_name = 'Music' and tot_cred > 144;
```

이 절의 앞에서 본 것과 같이 튜플을 명시하는 것 대신에, 튜플의 집합을 명시하기 위해 **select**를 사용한다. SQL은 **select** 문을 먼저 실행하고 나서, 주어진 튜플에 대해 *instructor* 릴레이션에 삽입한다. 각 튜플은 *ID*, *name*, *dept_name*(Music), $18,000의 급여를 가진다.

삽입하기 전에 **select** 문을 모두 수행해야 한다는 점은 중요하다. **select** 문을 수행하면서 삽입도 하게 된다면,

```
insert into student
    select *
    from student;
```

*student*에 대해 주 키 제약이 없다면 위와 같은 요청은 튜플에 대해서 무한히 삽입 작업을 수행하게 될 것이다. 주 키 제약이 없으면 이 요청은 다시 첫 번째 튜플을 *student*에 삽입하고 튜플의 두 번째 사본을 만든다. 이 두 번째 사본은 이제는 *student*의 일부가 되었으므로 **select** 문은 이를 다시 발견하게 되고, 세 번째 사본이 *student*에 삽입될 것이다. **select** 문은 세 번째 사본을 발견하고 네 번째 사본을 삽입하고, 영원히 이를 반복하게 된다. 삽입을 실행하기 전에 **select** 문을 완전히 수행하게 되면 이러한 문제를 피할 수 있다. 그래서 위의 **insert** 절은 릴레이션이 주 키 제약 조건을 가지고 있지 않다면 단지 *student* 릴레이션의 모든 튜플을 중복시킨다.

insert 문에 대해 논의할 때 삽입될 튜플의 모든 속성에 대해 값이 주어진 예제만 고려했다. 스키마의 몇몇 속성에만 값이 주어진 튜플을 삽입하는 것도 가능하다. 나머지 속성은 *null*로 표기되는 널 값이 할당된다. 다음과 같은 요청을 보자.

```
insert into student
    values ('3003', 'Green', 'Finance', null);
```

이 명시된 요청에 따라 삽입된 *ID* "3003"의 학생 튜플은 재무과에 속하지만, *tot_cred* 값은 알 수가 없다.

대부분의 관계형 데이터베이스 제품은 릴레이션에 많은 수의 튜플을 삽입하기 위해 "대량 적재기(bulk loader)"라는 특별한 유틸리티를 가지고 있다. 이 유틸리티는 데이터를 정형화된 텍스트 파일로부터 읽어 들이는 것을 허용하며 매번 같은 일반적인 삽입 명령문의 반복보다 훨씬 빠르게 실행한다.

3.9.3 갱신

특정 상황에서 튜플의 모든 값을 바꾸지 않고 튜플의 하나의 값만 변경하기를 원할 수 있다. 이러한 용도로 **update** 문이 사용된다. **insert**와 **delete**처럼, 질의를 이용해서 갱신할 튜플을 선택할 수 있다.

연봉이 인상되어 모든 교수의 급여가 5% 올랐다고 가정해 보자. 이러한 갱신문은 다음과 같이 작성할 수 있다.

```
update instructor
set salary= salary * 1.05;
```

이 갱신문은 *instructor* 릴레이션의 각 튜플에 대해 한 번만 적용된다.

만일 급여 인상이 급여가 $70,000 미만인 교수에게만 적용된다고 하면 다음과 같이 작성할 수 있다.

```
update instructor
set salary = salary * 1.05
where salary < 70000;
```

일반적으로 **update** 문의 **where** 절은 **select** 문(중첩 **select** 문을 포함)의 **where** 절에서 적법한 어떠한 구문도 포함할 수 있다. **insert**나 **delete**와 마찬가지로, **update** 문의 중첩 **select**는 갱신될 릴레이션을 참조할 수 있다. 이전에도 본 것처럼 SQL은 릴레이션의 모든 튜플에 대해서 갱신될지를 먼저 테스트하고, 그 후에 갱신이 이루어진다. 예를 들어, "평균보다 적은 급여를 받는 교수들의 급여를 5% 인상하라."는 요청을 다음과 같이 작성할 수 있다.

```
update instructor
set salary = salary * 1.05
where salary < (select avg (salary)
                from instructor);
```

이제 다른 교수들이 5%의 인상을 받지만, $100,000 이상의 급여를 받는 교수들에게 급여를 3% 인상해 준다고 하자. 다음과 같은 두 개의 **update** 문을 작성할 수 있다.

```
update instructor
set salary = salary * 1.03
where salary > 100000;

update instructor
set salary = salary * 1.05
where salary <= 100000;
```

update 문의 순서가 중요하다는 것을 기억하자. 두 문장의 순서가 바뀐다면, $100,000보다 약간 적은 급여를 받는 교수는 8%의 인상을 받을 수도 있다.

SQL은 **case** 구문을 제공하는데, 갱신의 순서와 관련된 문제를 없앨 수 있게 단일 **update** 문에서 두 갱신을 모두 수행할 수 있도록 해 준다.

```
update instructor
set salary = case
                when salary <= 100000 then salary * 1.05
                else salary * 1.03
             end
```

case 문의 일반적인 형태는 다음과 같다.

case
  when $pred_1$ **then** $result_1$
  when $pred_2$ **then** $result_2$
  …
  when $pred_n$ **then** $result_n$
  else $result_0$
end

이 연산은 $pred_1, pred_2, \ldots, pred_n$ 중에서 처음으로 만족하는 i에 대해 $result_i$를 반환한다. 만일 어떠한 술어도 만족하지 않는다면 연산은 $result_0$를 반환한다. **case** 문은 값이 올 수 있는 어떠한 곳에서도 사용할 수 있다.

스칼라 하위 질의도 SQL 갱신문에 유용하며, **set** 절에서 사용될 수 있다. 이것을 2장에서 소개한 *student*와 *takes* 릴레이션을 사용하여 설명하면 다음과 같다. 각 *student* 튜플의 *tot_cred* 속성을 학생이 이수한 과목의 학점의 합으로 설정하는 갱신을 고려해 보자. 학생의 등급이 'F'나 널 값이 아니면 과목을 이수한 것으로 가정한다. 이 갱신을 명세하기 위해 아래에서 보는 바와 같이 **set** 절에 있는 하위 질의를 사용해야 한다.

```
update student
set tot_cred = (
    select sum(credits)
    from takes, course
    where student.ID= takes.ID and
            takes.course_id = course.course_id and
            takes.grade <> 'F' and
            takes.grade is not null);
```

학생이 어떠한 과목도 성공적으로 이수하지 못했을 경우 위 갱신문은 *tot_cred* 속성의 값을 널 값으로 설정한다. 대신 값을 0으로 설정하기 위해, 널 값을 0으로 바꾸도록 다른 **update** 문을 사용할 수 있다. 이보다 더 나은 대안은 이전의 **select** 절 뒤에 나오는 하위 질의의 "**select sum**(*credits*)" 절을 **case** 표현을 사용한 다음의 **select** 절을 이용하여 바꾸는 것이다.

```
select case
        when sum(credits) is not null then sum(credits)
        else 0
        end
```

많은 시스템이 추후 4.5.2절에서 설명할 **coalesce** 함수를 지원한다. 4.5.2절은 널 값을 다른 값으로 대체할 수 있는 간결한 방법을 기술한다. 위의 예에서 **case** 표현식 대신 **coalesce**(**sum**(*credits*), 0)를 사용할 수도 있었다. 이 표현식은 그 값이 널이 아니라면 집계 결과를 **sum**(*credits*)로 반환하거나 널이라면 0을 반환한다.

3.10 요약

- SQL은 상업적으로 성공한 가장 영향력 있는 관계형 질의어다. SQL 언어는 아래의 두 부분으로 구성되어 있다.
  - **데이터 정의 언어**(DDL)는 릴레이션 스키마를 정의하고, 릴레이션을 삭제하고, 릴레이션 스키마를 수정하는 명령어를 제공하는 언어다.
  - **데이터 조작 언어**(DML)는 튜플을 데이터베이스에 삽입, 삭제, 수정하는 질의어 및 명령어를 제공하는 언어다.
- SQL 데이터 정의 언어는 명세한 스키마에 따라 릴레이션을 생성하는 데 사용된다. 릴레이션의 속성에 대한 이름과 타입을 명세할 뿐 아니라 주 키 제약, 외래 키 제약 같은 무결성 제약도 명시하게 해준다.
- SQL은 데이터베이스에 질의하기 위한 다양한 언어 구문을 포함한다. SQL에는 **select**, **from**, **where** 절이 있다.
- SQL은 속성과 릴레이션을 재명명하는 기법을 제공하고, 특정한 속성으로 정렬하여 질의 결과를 순서대로 나열해 준다.
- SQL은 **union**, **intersect**, **except**와 같은 릴레이션에 대한 기본적인 집합 연산을 제공한다. 이러한 연산은 수학적 집합 연산자인 $\cup$, $\cap$, $-$와 같다.
- SQL은 참(true)과 거짓(false)의 값으로만 이루어졌던 일반적인 사실 값(truth value)에 "**unknown**"이라는 사실값을 추가함으로써 널 값을 포함하는 릴레이션에 대한 질의를 처리할 수 있다.
- SQL은 릴레이션을 그룹으로 나누어 각 그룹에 대해 별도로 집계 연산을 수행하도록 해 준다. SQL은 그룹에 대한 집합 연산도 제공한다.
- SQL은 외부 질의의 **where**, **from** 절에 중첩 하위 질의를 사용할 수 있게 해 준다. 값을 반환하는 것이 가능한 곳에서는 스칼라 하위 질의도 사용할 수 있게 해 준다.
- SQL은 정보의 갱신, 삽입, 삭제를 위한 구문을 제공한다.

용어정리

- 데이터 정의 언어
- 데이터 조작 언어
- 데이터베이스 스키마
- 데이터베이스 인스턴스
- 릴레이션 스키마
- 릴레이션 인스턴스
- 주 키
- 외래 키
  - 참조하는 릴레이션
  - 참조된 릴레이션
- 널 값
- 질의어

- SQL 질의 구조
  - **select** 절
  - **from** 절
  - **where** 절
- 다중 집합 관계 대수
- **as** 절
- **order by** 절
- 테이블 별칭
- 상관 이름(상관 변수, 튜플 변수)
- 집합 연산
  - **union**
  - **intersect**
  - **except**
- 집계 함수
  - **avg**, **min**, **max**, **sum**, **count**
  - **group by**
  - **having**
- 중첩 하위 질의
- 집합 비교
  - {<, <=, >, >=} {**some**, **all**}
  - **exists**
  - **unique**
- **lateral** 절
- **with** 절
- 스칼라 하위 질의
- 데이터베이스 변경
  - 삭제
  - 삽입
  - 갱신

실전문제

3.1 대학교 스키마를 이용하여 다음 질의를 SQL로 작성하라. (이 책의 웹 사이트인 db-book.com에서 제공하는 견본 데이터를 사용하여 데이터베이스에서 이러한 질의를 실제로 실행해 보기를 권한다. 웹 사이트에서 데이터베이스 설정과 견본 데이터를 적재하는 방법을 제공한다.)

a. 컴퓨터 과학과의 3학점짜리 과목의 제목을 찾아라.

b. Einstein 교수가 가르치는 과목을 듣는 모든 학생의 아이디를 찾아라. 결과에 중복된 값이 없도록 하라.

c. 교수의 가장 높은 급여를 구하라.

d. 가장 높은 급여를 받는 모든 교수를 찾아라(같은 급여를 받는 이가 하나 이상 있을 것이다).

e. 2017년 가을에 개설된 각 분반의 등록자 수를 구하라.

f. 2017년 가을의 모든 분반에 걸친 최대 등록자 수를 구하라.

g. 2017년 가을의 최대 등록자 수를 가지는 분반을 구하라.

3.2 *takes* 릴레이션의 문자로 된 등급을 숫자로 바꾼 *grade_points*(<u>*grade*</u>, *points*)라는 릴레이션이 있다고 가정하라. 예를 들어, “A” 등급은 4점에 대응되고, “A−” 등급은 3.7점, “B+” 등급은 3.3점, “B” 등급은 3점에 대응된다. 개설된 과목(분반)에서 학생이 받은 학점은 과목에 대한 학점과 학생이 받은 등급에 대한 숫자를 곱한 값으로 정의된다.

위 릴레이션과 대학교 스키마가 있을 때 다음의 질의를 SQL로 작성하라. 간략히 하기 위해 *grade*에 대해 *null* 값을 가지는 *takes* 튜플은 없다고 가정하라.

a. ID가 '12345'인 학생이 수강한 모든 과목에 대해 받은 총학점을 구하라.

---

person (*driver_id*, *name*, *address*)
car (*license_plate*, *model*, *year*)
accident (*report_number*, *year*, *location*)
owns (*driver_id*, *license_plate*)
participated (*report_number*, *license_plate*, *driver_id*, *damage_amount*)

그림 3.17 보험 데이터베이스

b. 위의 학생에 대해 평점(*GPA*)을 구하라. 즉 학생이 받은 총학점을 과목에 배당된 총학점으로 나누라.

c. 각 학생의 ID와 평점을 구하라.

d. 일부 성적이 널일 수 있다는 가정하에 위의 a~c에 대한 자신의 답을 다시 생각해 보라. 그래도 여전히 답이 맞는지 설명하고, 그렇지 않으면 널을 올바르게 처리하는 수정된 답을 작성하라.

3.3 대학교 스키마를 사용하여 다음의 삽입, 삭제, 갱신을 SQL로 작성하라.

a. Comp. Sci. 학과의 각 교수의 급여를 10% 인상하라.

b. 개설한 적이 전혀 없었던 모든 과목을 삭제하라(즉 *section* 릴레이션에 나타나지 않은 과목을 말한다).

c. *tot_cred* 속성이 100을 넘는 모든 학생을 같은 학과에 $10,000의 급여를 받는 교수로 삽입하라.

3.4 주 키에 밑줄이 그어진 그림 3.17의 보험 데이터베이스를 고려해 보자. 이 관계형 데이터베이스에 대해서 다음의 SQL 질의를 작성하라.

a. 2017년에 사고가 있었던 자동차를 소유했던 사람의 총수를 구하라.

b. ID가 '12345'인 사람이 소유한 차 중에 2010년에 생산한 모든 차를 삭제하라.

3.5 *marks*(*ID*, *score*) 릴레이션이 있고 다음과 같은 점수에 기초해서 학생의 학점(grade)을 매긴다고 가정하자. $score < 40$이면 *F*, $40 \le score < 60$이면 *C*, $60 \le score < 80$이면 *B*, $80 \le score$이면 *A*다. 다음을 수행하는 SQL 질의를 작성하라.

a. *marks* 릴레이션을 기반으로 각 학생의 학점을 출력하라.

b. 각 학점에 해당하는 학생 수를 구하라.

3.6 SQL의 **like** 연산자는 (대부분의 시스템에서) 대소 문자를 구별하지만, 문자열에서 lower( ) 함수는 대소 문자를 구별하지 않는 일치를 수행하는 데 사용된다. 어떻게 사용하는지 보이기 위해 대소 문자와 관계없이 "sci"를 부분 문자열로 포함하는 이름을 가진 학과를 구하는 질의를 작성하라.

3.7 다음과 같은 SQL 질의를 보자.

```
select p.a1
from p, r1, r2
where p.a1 = r1.a1 or p.a1 = r2.a1
```

branch(*branch_name*, *branch_city*, *assets*)
customer (*ID*, *customer_name*, *customer_street*, *customer_city*)
loan (*loan_number*, *branch_name*, *amount*)
borrower (*ID*, *loan_number*)
account (*account_number*, *branch_name*, *balance*)
depositor (*ID*, *account_number*)

그림 3.18 은행 데이터베이스

어떤 조건에서 이 질의가 *r*1이나 *r*2 둘 중 하나에 속하는 *p.a*1 값을 선택하게 되는가? *r*1이나 *r*2 둘 중 하나가 비어 있을 수 있는 경우에 대해서도 주의 깊게 검토하라.

3.8 주 키에 밑줄이 쳐진 그림 3.18의 은행 데이터베이스를 고려해 보라. 이 관계형 데이터베이스에 대한 아래의 SQL 질의를 작성하라.

a. 계좌는 있지만, 대출은 하지 않은 각 고객의 ID를 찾아라.

b. 고객 '12345'와 같은 거리 및 같은 도시에 거주하는 각 고객의 ID를 찾아라.

c. "Harrison"에 살고 있으며 계좌를 가지고 있는 최소한 한 명의 고객을 가진 모든 지점의 이름을 찾아라.

3.9 주 키에 밑줄이 쳐진 그림 3.19의 직원 데이터베이스를 보자. 다음의 질의를 SQL로 표현해 보라.

a. "First Bank Corporation"에서 일하고 있는 각 직원의 이름과 거주하는 도시를 찾아라.

b. "First Bank Corporation"에서 일하고 있으며 $10,000 이상의 급여를 받는 각 직원의 ID, 이름, 거주 도시를 찾아라.

c. "First Bank Corporation"에서 근무하지 않는 각 직원의 ID를 찾아라.

d. "Small Bank Corporation"의 전체 모든 직원보다 더 많이 버는 각 직원의 ID를 찾아라.

e. 회사가 여러 도시에 있을 수 있다고 가정하자. "Small Bank Corporation"이 있는 모든 도시에 있는, 각 회사의 이름을 찾아라.

f. 가장 많은 직원을 고용한 회사의 이름을 찾아라. (만약 동률이면 각각의 회사 이름을 출력하라.)

g. "First Bank Corporation"의 평균 급여보다 평균적으로 더 높은 급여를 받는 직원이 있는 각 회사의 이름을 찾아라.

3.10 그림 3.19의 관계형 데이터베이스를 보자. 다음의 질의를 SQL로 표현해 보라.

employee (*ID*, *person_name*, *street*, *city*)
works (*ID*, *company_name*, *salary*)
company (*company_name*, *city*)
manages (*ID*, *manager_id*)

그림 3.19 직원 데이터베이스

a. ID가 '12345'인 직원이 지금은 "Newtown"에 살고 있도록 데이터베이스를 수정하라.

b. "First Bank Corporation"의 각 관리자에 대해, 그 사람의 급여가 $100,000이 되지 않는다면 급여를 10% 인상하고, 그렇지 않은 경우라면 3%만 인상하라.

연습문제

3.11 대학교 스키마를 사용하여 다음의 질의를 SQL로 작성하라.

a. 적어도 하나의 Comp. Sci. 학과 과목을 수강한 적이 있는 각 학생의 ID와 이름을 찾아라. 결과에는 중복되는 이름이 없도록 하라.

b. 2017년 이전에 개설된 어떤 과목도 수강한 적이 없는 각 학생의 ID와 이름을 찾아라.

c. 각 학과에 대해, 그 학과 교수들이 받는 최대 급여를 구하라. 모든 학과는 적어도 한 명의 교수가 있다고 가정하라.

d. 이전의 질의에서 계산한 학과별 최대 급여 중에서 모든 학과를 통틀어 가장 적은 최대 급여 값은 얼마인지 구하라.

3.12 대학교 스키마를 사용하여 다음의 연산을 수행하는 질의를 SQL로 작성하라.

a. "Weekly Seminar"를 제목으로 하는, 학점이 0인 "CS-001"이라 불리는 새로운 과목을 생성하라.

b. 이 과목의 분반을 2017년 가을에 개설한 것으로 하여 *sec_id*를 1로 하되, 해당 분반이 열리는 곳은 아직 명시하지 않도록 생성하라.

c. Comp. Sci. 학과의 모든 학생을 위의 분반에 등록하라.

d. 위의 분반에서 ID가 12345인 학생의 등록을 삭제하라.

e. 과목 CS-001을 삭제하라. 이 과목의 분반을 먼저 삭제하지 않고 이 **delete** 문을 수행하면 무슨 일이 일어나겠는가?

f. 과목 제목의 일부로 "advanced"라는 단어가 들어 있는 모든 과목의 모든 분반에 상응하는 모든 *takes* 튜플을 삭제하라. 과목 제목에 그 단어가 있는지 확인할 때 대소 문자는 무시하라.

3.13 그림 3.17의 스키마에 상응하는 SQL DDL을 작성하라. 데이터 타입에 대한 어떠한 합리적인 가정도 할 수 있지만, 주 키와 외래 키는 반드시 선언하라.

3.14 그림 3.17과 같이 주 키에 밑줄이 그어진 보험 데이터베이스를 보사. 이 관계형 데이터베이스에 대한 다음과 같은 SQL 질의를 작성하라.

a. "John Smith"가 소유한 차에서 발생한 사고의 총횟수를 구하라.

b. 차 번호판이 "AABB2000"인 차에 대한 보고서 번호가 "AR2197"인 사고의 총피해액을 $3,000으로 갱신하라.

3.15 그림 3.18과 같이 주 키에 밑줄이 쳐진 은행 데이터베이스를 보자. 이 관계형 데이터베이스에 대한 다음과 같은 SQL 질의를 작성하라.

a. "Brooklyn"에 있는 모든 지점에 계좌를 가지고 있는 각 고객을 찾아라.

b. 은행의 모든 대출액의 총합을 구하라.

c. "Brooklyn"에 있는 지점 중 적어도 한 지점보다 더 많은 자산을 가지고 있는 모든 지점의 이름을 찾아라.

3.16 그림 3.19의 주 키에 밑줄이 쳐진 직원 데이터베이스를 보자. 다음의 질의를 SQL로 표현하라.

a. 직원이 근무하는 회사의 위치와 같은 도시에 거주하는 각 직원의 ID와 이름을 찾아라.

b. 자신의 관리자와 같은 도시와 거리에 거주하는 각 직원의 ID와 이름을 찾아라.

c. 근무하고 있는 회사의 모든 직원의 평균 급여 이상을 버는 각 직원의 ID와 이름을 찾아라.

d. 급여 지급액이 가장 적은 회사를 구하라.

3.17 그림 3.19의 관계형 데이터베이스를 보자. 다음의 질의를 SQL로 표현하라.

a. "First Bank Corporation"의 모든 직원의 임금을 10% 인상하라.

b. "First Bank Corporation"의 모든 관리자의 임금을 10% 인상하라.

c. "Small Bank Corporation"의 직원들에 대한 *works* 릴레이션의 모든 튜플을 삭제하라.

3.18 그림 3.19의 직원 데이터베이스에 대한 SQL 스키마 정의는 무엇인가? 각 속성에 대해 적절한 도메인을 선택하고, 각 릴레이션 스키마에 대해 적절한 주 키를 선택하라. 적절하다면 어떠한 외래 키 제약 조건도 포함할 수 있다.

3.19 널 값이 데이터베이스에 도입된 이유 두 가지를 나열하라.

3.20 SQL에서 <> **all**이 **not in**과 같음을 증명하라.

3.21 그림 3.20의 도서관 데이터베이스를 고려해 보자. 다음의 질의를 SQL로 나타내라.

a. "McGraw-Hill"에서 출판한 적어도 한 권의 책을 빌린 적이 있는 각 회원의 회원 번호와 이름을 찾아라.

b. "McGraw-Hill"에서 출판한 모든 책을 빌린 적이 있는 각 회원의 회원 번호와 이름을 찾아라.

c. 각 출판사에 대해, 그 출판사의 책 중 5권 이상 빌린 적이 있는 각 회원의 회원 번호와 이름을 찾아라.

d. 회원별로 빌린 책의 평균 권수를 출력하라. 회원이 어떠한 책도 빌리지 않았다면, 그 회원은 *borrowed* 릴레이션에 전혀 나타나지 않는다는 점을 고려하라. 그런데도 그 회원은 평균에는 여전히 포함됨에 주의하라.

3.22 다음의 **where** 절을 **unique** 구문을 쓰지 않고 재작성하라.

where unique (select *title* **from** *course*)

---

member(<u>*memb_no*</u>, *name*)
book(<u>*isbn*</u>, *title*, *authors*, *publisher*)
borrowed(<u>*memb_no*</u>, <u>*isbn*</u>, *date*)

그림 3.20 도서관 데이터베이스

3.23 다음 질의를 고려해 보자.

```
with dept_total (dept_name, value) as
    (select dept_name, sum(salary)
    from instructor
    group by dept_name),
dept_total_avg(value) as
    (select avg(value)
    from dept_total)
select dept_name
from dept_total, dept_total_avg
where dept_total.value >= dept_total_avg.value;
```

이 질의를 **with** 구문을 쓰지 않고 재작성하라.

3.24 대학교 스키마를 사용하여 물리학과의 교수가 조언한 회계학과 학생들의 이름과 ID를 찾는 SQL 질의를 작성하라.

3.25 대학교 스키마를 사용하여 학과의 예산이 철학과의 예산보다 높은 학과 이름을 찾는 SQL 질의를 작성하라. 알파벳 순서로 나열하라.

3.26 대학교 스키마를 사용하여 다음을 수행하는 SQL을 작성하라. 과목을 2회 이상 재수강한 각 학생(즉 학생이 3회 이상 동일 과목을 수강한 경우)에 대해 과목 ID와 학생 ID를 보여라. 질의 결과를 과목 ID 순서대로 결과를 표시하고 중복 행을 표시하지 않도록 한다.

3.27 대학교 스키마를 사용하여 적어도 한 번 이상 적어도 세 개의 각기 다른 과목을 재수강한 학생(즉 해당 과목을 최소한 두 번 수강한 학생)의 ID를 찾는 SQL 질의를 작성하라.

3.28 대학교 스키마를 사용하여 자신의 학과에서 가르친 모든 과목(즉 교수의 소속 학과 이름을 갖는 *course* 릴레이션에 나타나는 모든 과목)을 가르치는 교수의 이름과 ID를 찾는 SQL 질의를 작성하라. 이름으로 결과를 순서대로 출력하라.

3.29 대학교 스키마를 사용하여 이름이 문자 'D'로 시작하고 최소 다섯 개의 음악 과목을 아직 수강하지 않은 역사학과 학생의 이름과 ID를 찾는 SQL 질의를 작성하라.

3.30 대학교 스키마에 대한 다음의 SQL 질의를 고려해 보자.

```
select avg(salary) - (sum(salary) / count(*))
from instructor
```

이 질의의 결과는 0이라고 예상할 수 있는데, 숫자 집합의 평균이 숫자의 수로 나눈 숫자의 합계로 정의되기 때문이다. 실제로 이것은 그림 2.1의 예제인 *instructor* 릴레이션에 해당한다. 그러나 결과가 0이 아닐 수 있는 그 릴레이션에 대한 다른 가능한 인스턴스가 있다. 이러한 인스턴스 중 하나를 보이고, 왜 그 결과가 0이 아닐 수 있는지를 설명해 보라.

3.31 대학교 스키마를 사용하여 자신이 가르친 어떤 과목에서도 A학점을 결코 부여한 적이 없는 각 교수의 ID와 이름을 찾는 SQL 질의를 작성하라. (강의를 한 번도 해 본 적이 없는 교수는 이 조건을 아주 쉽게 만족한다.)

3.32 3.31에서 작성한 질의를 다시 작성하되, 일부 과목에서 최소한 하나 이상의 널이 아닌 다른 학점을 부여한 적 있는 교수만 포함하도록 역시 보장하라.

3.33 대학교 스키마를 사용하여 Comp. Sci. 학과에서 오후 시간대(즉 정오에 끝나거나 그 이후에 종료)에 최소한 한 개 이상의 분반이 있었던 각 과목의 ID와 제목을 찾는 SQL 질의를 작성하라. (중복 항목이 있는 경우 제거해야 한다.)

3.34 대학교 스키마를 사용하여 각 분반의 학생 수를 찾는 SQL 질의를 작성하라. 질의의 결과 열은 "courseid, secid, year, semester, num" 순서로 표시되어야 한다. 학생이 0명인 분반은 출력할 필요가 없다.

3.35 대학교 스키마를 사용하여 최대 수강 등록 수를 가진 분반을 찾는 SQL 질의를 작성하라. 질의의 결과 열은 "courseid, secid, year, semester, num" 순서로 표시되어야 한다. (*with* 구문을 사용하는 것이 편할 수 있다.)

관련도구

IBM DB2, IBM Informix, Oracle, SAP Adaptive Server Enterprise(예전의 Sybase) 및 Microsoft SQL Server를 포함한 많은 관계형 데이터베이스 시스템을 상업적으로 이용할 수 있다. 게다가 PostgreSQL 및 MySQL(특정 상업적 사용을 제외하고는 무료)을 포함한 여러 오픈 소스 데이터베이스 시스템을 무료로 내려받아 사용할 수 있다. 일부 상용 업체는 특정 사용 제한이 있는 시스템의 무료 버전을 제공하기도 한다. 여기에는 Oracle Express판, Microsoft SQL Server Express 및 IBM DB2 Express-C가 포함된다.

sql.js 데이터베이스는 웹 브라우저에서 직접 실행할 수 있는 내장 SQL 데이터베이스 SQLite의 버전으로, 브라우저에서 SQL 명령을 직접 실행할 수 있다. 모든 데이터는 일시적이며 브라우저를 닫으면 사라지지만 SQL 학습에 유용할 수 있다. sql.js 및 SQLite에서 지원하는 SQL의 하위 집합은 다른 데이터베이스에서 지원하는 것보다 상당히 작다. sql.js를 실행 엔진으로 사용하는 SQL 튜토리얼은 www.w3schools.com/sql에서 제공된다.

이 책의 웹 사이트인 db-book.com에서 책과 관련된 상당한 양의 보충 자료를 찾아볼 수 있다. 실습 자료(Laboratory Material)라는 링크를 따라가면 다음 자료에 접근할 수 있다.

- sql.js(브라우저에서 실행할 수 있음), MySQL 및 PostgreSQL을 포함하여 널리 사용되는 일부 데이터베이스 시스템을 설정하고 접근하는 방법에 대한 지침서
- 대학교 스키마에 대한 SQL 스키마 정의
- 견본 데이터셋을 적재하기 위한 SQL 스크립트
- IIT Bombay에서 개발한 XData 시스템을 사용하여 시스템에서 생성된 여러 데이터셋에서 질의를 실행하여 정확성을 테스트하는 방법에 대한 조언. 그리고 교수를 위해 XData를 사용하여 SQL 질의 채점을 자동화하는 방법에 대한 팁
- 서로 다른 데이터베이스 간의 SQL 변형에 대한 팁

서로 다른 SQL의 특성에 대한 지원은 데이터베이스마다 다르며 대부분 데이터베이스는 SQL에 대한 일부 표준으로 아직 채택되지 않은 확장도 지원한다. 데이터베이스가 지원하는 정확한 SQL 특성을 이해하려면 시스템 설명서를 읽으면 된다.

대부분의 데이터베이스 시스템은 SQL 명령을 실행하기 위한 명령어 입력 인터페이스(Command Line Interface, CLI)를 제공한다. 게다가 대부분의 데이터베이스 시스템은 간단하게 데이터베이스를 탐색하고 질의를 생성하고 실행하며 데이터베이스를 관리하게 해 주는 그래픽 사용자 인터페이스(GUI)도 제공한다. PostgreSQL에서 pgAdmin 툴은 GUI 기능을 제공하고, 반면에 MySQL은 phpMyAdmin이 GUI 기능을 제공한다. Oracle은 Oracle SQL Developer를 제공하며, Microsoft SQL Server는 SQL Server Management Studio를 제공한다.

NetBeans IDE는 많은 데이터베이스에서 작동하는 GUI 전처리를 제공하기는 하지만 기능에 제약이 많다. 반면에 Eclipse IDE는 Data Tools Platform(DTP)과 JBuilder와 같은 여러 플러그인을 통해 비슷한 기능을 제공한다. 여러 데이터베이스 플랫폼에서 동작하는 SQL을 위한 상업 IDE로는 Embarcadero의 RAD Studio와 Aqua Data Studio가 있다.

더 읽어보기

현재 SQL로 불리는 원조 Sequel 언어는 [Chamberlin et al. (1976)]에서 설명된다.

가장 중요하다고 할 수 있는 SQL 참조 설명서는 업체나 사용 중인 특정 데이터베이스 시스템에서 온라인으로 제공하는 문서일 것이다. 이러한 문서는 이 장에서 보여 준 SQL 표준 특성에서 설명하지 않은 모든 특성을 포함한다. 다음은 일부 인기 있는 데이터베이스의 현재(2018년 기준) 버전에 대한 SQL 참조 설명서에 대한 링크다.

- MySQL 8.0: dev.mysql.com/doc/refman/8.0/en/
- Oracle 12c: docs.oracle.com/database/121/SQLRF/
- PostgreSQL: www.postgresql.org/docs/current/static/sql.html
- SQLite: www.sqlite.org/lang.html
- SQL Server: docs.microsoft.com/en-us/sql/t-sql

참고문헌

[Chamberlin et al. (1976)] D. D. Chamberlin, M. M. Astrahan, K. P. Eswaran, P. P. Griffiths, R. A. Lorie, J. W. Mehl, P. Reisner, and B. W. Wade, "SEQUEL 2: A Unified Approach to Data Definition, Manipulation, and Control", *IBM Journal of Research and Development*, Volume 20, Number 6 (1976), pages 560-575.

크레딧

장 도입부 보트 사진: © Pavel Nesvadba/Shutterstock

Chapter 4

중급 SQL

이번 장도 계속해서 SQL에 대해서 다룬다. 이번에는 좀 더 복잡한 형태의 SQL 질의, 뷰 정의, 트랜잭션, 무결성 제약 조건에 대해서 다루고 SQL 데이터 정의, 권한 허가에 대해서 자세히 다룬다.

4.1 조인 표현식

우리는 (집합 연산을 사용한 경우를 제외하고) 3장에서 사용한 모든 예제 질의에서 카티션 곱(Cartesian product) 연산자를 사용하여 다수의 릴레이션 정보를 결합해 보았다. 이 절에서는 프로그래머가 좀 더 자연스러운 방식으로 질의를 작성하고 카티션 곱만으로 수행하기 어려운 질의를 표현할 수 있는 많은 종류의 "조인(join)" 연산을 소개한다.

ID	*name*	*dept_name*	*tot_cred*
00128	Zhang	Comp. Sci.	102
12345	Shankar	Comp. Sci.	32
19991	Brandt	History	80
23121	Chavez	Finance	110
44553	Peltier	Physics	56
45678	Levy	Physics	46
54321	Williams	Comp. Sci.	54
55739	Sanchez	Music	38
70557	Snow	Physics	0
76543	Brown	Comp. Sci.	58
76653	Aoi	Elec. Eng.	60
98765	Bourikas	Elec. Eng.	98
98988	Tanaka	Biology	120

그림 4.1 *student* 릴레이션

ID	*course_id*	*sec_id*	*semester*	*year*	*grade*
00128	CS-101	1	Fall	2017	A
00128	CS-347	1	Fall	2017	A-
12345	CS-101	1	Fall	2017	C
12345	CS-190	2	Spring	2017	A
12345	CS-315	1	Spring	2018	A
12345	CS-347	1	Fall	2017	A
19991	HIS-351	1	Spring	2018	B
23121	FIN-201	1	Spring	2018	C+
44553	PHY-101	1	Fall	2017	B-
45678	CS-101	1	Fall	2017	F
45678	CS-101	1	Spring	2018	B+
45678	CS-319	1	Spring	2018	B
54321	CS-101	1	Fall	2017	A-
54321	CS-190	2	Spring	2017	B+
55739	MU-199	1	Spring	2018	A-
76543	CS-101	1	Fall	2017	A
76543	CS-319	2	Spring	2018	A
76653	EE-181	1	Spring	2017	C
98765	CS-101	1	Fall	2017	C-
98765	CS-315	1	Spring	2018	B
98988	BIO-101	1	Summer	2017	A
98988	BIO-301	1	Summer	2018	*null*

그림 4.2 *takes* **릴레이션**

이 절에 포함된 예제는 그림 4.1과 그림 4.2에 나타난 *student* 릴레이션과 *takes* 릴레이션에 관한 것이다. *ID*가 98988인 학생은 2018년 여름에 수강한, BIO-301 과목 분반 1의 *grade* 속성이 널(null) 값임을 알 수 있다. 널 값은 해당 성적이 아직 정해지지 않았음을 의미한다.

4.1.1 자연 조인

각 학생에 대해 그 학생이 수강한 과목 집합을 계산하는 다음 SQL 질의를 고려해 보자.

select *name*, *course_id*
from *student*, *takes*
where *student.ID* = *takes.ID*;

이 질의는 일부 과목을 수강한 학생만 출력한다. 어떠한 과목도 수강하지 않은 학생은 출력되지 않는다.

*student*와 *takes* 테이블에서 위의 일치 조건은 *student.ID*와 *takes.ID*가 같아야 한다는 것을 의미한다. 이 두 속성은 두 릴레이션에서 같은 이름을 가지는 유일한 속성이다. 사실 이러한 조인은 흔한 경우로서, **where** 절의 일치 조건은 일치하는 이름을 가진 모든 속성이 같아야 하는 경우가 대부분이다.

ID	*name*	*dept_name*	*tot_cred*	*course_id*	*sec_id*	*semester*	*year*	*grade*
00128	Zhang	Comp. Sci.	102	CS-101	1	Fall	2017	A
00128	Zhang	Comp. Sci.	102	CS-347	1	Fall	2017	A-
12345	Shankar	Comp. Sci.	32	CS-101	1	Fall	2017	C
12345	Shankar	Comp. Sci.	32	CS-190	2	Spring	2017	A
12345	Shankar	Comp. Sci.	32	CS-315	1	Spring	2018	A
12345	Shankar	Comp. Sci.	32	CS-347	1	Fall	2017	A
19991	Brandt	History	80	HIS-351	1	Spring	2018	B
23121	Chavez	Finance	110	FIN-201	1	Spring	2018	C+
44553	Peltier	Physics	56	PHY-101	1	Fall	2017	B-
45678	Levy	Physics	46	CS-101	1	Fall	2017	F
45678	Levy	Physics	46	CS-101	1	Spring	2018	B+
45678	Levy	Physics	46	CS-319	1	Spring	2018	B
54321	Williams	Comp. Sci.	54	CS-101	1	Fall	2017	A-
54321	Williams	Comp. Sci.	54	CS-190	2	Spring	2017	B+
55739	Sanchez	Music	38	MU-199	1	Spring	2018	A-
76543	Brown	Comp. Sci.	58	CS-101	1	Fall	2017	A
76543	Brown	Comp. Sci.	58	CS-319	2	Spring	2018	A
76653	Aoi	Elec. Eng.	60	EE-181	1	Spring	2017	C
98765	Bourikas	Elec. Eng.	98	CS-101	1	Fall	2017	C-
98765	Bourikas	Elec. Eng.	98	CS-315	1	Spring	2018	B
98988	Tanaka	Biology	120	BIO-101	1	Summer	2017	A
98988	Tanaka	Biology	120	BIO-301	1	Summer	2018	*null*

그림 4.3 *student* 릴레이션과 *takes* 릴레이션의 자연 조인

이러한 흔한 경우에 프로그래머를 수월하게 하도록 SQL은 아래에 설명할 자연 조인이라는 연산을 제공한다. 사실 SQL은 두 개 이상의 릴레이션을 조인하는 서로 다른 여러 가지 방법을 제공한다. 앞에서 보았던 카티션 곱과 **where** 절의 술어를 사용하면 다수의 릴레이션을 조인할 수 있다. 여러 릴레이션을 조인하는 다른 방법은 4.1.2~4.1.4절에서 논의한다.

자연 조인(natural join) 연산은 두 개의 릴레이션에 대해 수행되고 하나의 릴레이션을 결과로 생산한다. 두 릴레이션에서 첫 번째 릴레이션의 각 튜플과 두 번째 릴레이션의 모든 튜플을 짝 짓는 카티션 곱과는 다르게, 자연 조인은 두 릴레이션의 스키마에 나타나는 속성값이 같은 튜플의 짝만 고려한다. 다시 *student*와 *takes* 릴레이션의 예시로 돌아가서,

student **natural join** *takes*

위 표현은 *student*와 *takes*의 튜플 둘 다 공통인 속성인 *ID*에 대해 동일한 값을 가지는 짝만 고려한다.

그림 4.3에서 보이는 결과 릴레이션은 학생에 대한 정보와 그 학생이 실제로 수강한 과목에 대한 정보를 가지고 있는 22개의 튜플만 가지고 있다. 이러한 두 릴레이션의 스키마에 나타나는 속성이 반복하지 않고 한 번만 표현됨을 유의해야 한다. 또한 나열된 속성들의 순서에 주의하라. 처음에는 두 릴레이션의 스키마에 공통인 속성이 나타나고 두 번째에는 처음 릴레이션의 스키마에만 유

일한 속성을 나열하고 마지막으로 두 번째 릴레이션의 스키마에 유일한 속성을 나열한다.

"몇몇 과목을 수강한 대학교에 있는 모든 학생에 대해, 해당 학생의 이름과 그 학생이 수강했던 모든 과목의 과목 아이디를 찾아라."라는 질의를 고려하면 이전에 이렇게 작성했다.

select *name*, *course_id*
from *student*, *takes*
where *student.ID* = *takes.ID*;

이 질의는 SQL의 자연 조인 연산을 이용해서 더욱 정확하게 작성될 수 있다.

select *name*, *course_id*
from *student* **natural join** *takes*;

앞의 두 질의는 같은 결과를 생성한다.[1]

이전에 본 바와 같이, 자연 조인 연산의 결과는 하나의 릴레이션이다. 개념적으로, **from** 절에 있는 "*student* **natural join** *takes*"라는 구문은 자연 조인을 수행하여 얻게 되는 릴레이션으로 대체된다.[2] 그러면 이전 3.3.2절에서 본 바와 같이 이 릴레이션을 가지고 **where** 절과 **select** 절을 평가할 수 있다.

SQL 질의의 **from** 절은 아래와 같이 자연 조인을 사용하여 여러 릴레이션을 결합할 수 있다.

select $A_1, A_2, \ldots, A_n$
from r_1 **natural join** r_2 **natural join** … **natural join** r_m
where P;

더 일반적으로, **from** 절을 다음과 같이 구성할 수 있다.

from $E_1, E_2, \ldots, E_n$

각각의 E_i는 하나의 릴레이션이거나 자연 조인을 포함한 표현일 수도 있다. 예를 들어, "학생의 이름과 그 학생이 수강했던 과목을 나열하라."는 질의에 대한 답을 구하고 싶다고 가정해 보자. 이 질의를 다음과 같이 작성할 수 있다.

select *name*, *title*
from *student* **natural join** *takes*, *course*
where *takes.course_id* = *course.course_id*;

앞에서 본 바와 같이, *student*와 *takes*의 자연 조인을 먼저 계산하고, 자연 조인의 결과와 *course*와의 카티션 곱을 계산한다. 카티션 곱 결과에 **where** 절을 적용하여 조건에 해당하는 튜플만 추출한

1 표기 대칭의 경우 SQL은 쉼표로 표시된 카티션 곱이 키워드 **cross join**으로 표시되도록 허용한다. 따라서 "**from** *student*, *takes*"는 "**from** *student* **cross join** *takes*"와 같이 동등하게 표현될 수 있다.

2 결과적으로, 일부 시스템에서는 원래 릴레이션 이름이 포함된 속성 이름(예: *student.ID* 또는 *takes.ID*)을 사용하여 자연 조인 결과의 속성을 참조하지 못할 수 있다. 몇몇 시스템에서는 허용하지만 다른 시스템에서는 허용하지 않으며 일부는 조인 속성(즉 두 릴레이션 스키마에 모두 표시되는 속성)을 제외한 모든 속성에 대해 허용하기도 한다. 그러나 릴레이션 이름 없이 *name*과 *course_id*와 같은 속성 이름을 사용할 수 있다.

다. 이때 조건은 자연 조인 결과의 과목 식별자가 *course* 릴레이션의 과목 식별자와 같은지 여부다. 자연 조인 결과의 *course_id* 필드는 *takes* 릴레이션으로부터 나오는 것이기 때문에, **where** 절의 *takes.course_id*는 자연 조인 결과의 *course_id* 필드를 참조한다.

반면에 다음의 SQL 질의는 같은 결과를 계산하지 않는다.

> **select** *name*, *title*
> **from** *student* **natural join** *takes* **natural join** *course*;

그 이유를 알아보기 위해, *student*와 *takes*의 자연 조인은 (*ID*, *name*, *dept_name*, *tot_cred*, *course_id*, *sec_id*) 속성을 가지고 있지만, *course* 릴레이션은 (*course_id*, title, *dept_name*, *credits*) 속성을 가지고 있음에 주목한다. 결과적으로, 이 두 릴레이션의 자연 조인을 수행하기 위해서는 두 입력 릴레이션의 *dept_name* 속성의 값이 같아야 할 뿐만 아니라 *course_id* 값도 같아야 한다. 이 질의는 학생이 자신이 소속한 학과가 아닌 다른 학과에서 수강한 과목에 대해 모든 (학생 이름, 과목 이름) 쌍을 생략할 수 있다. 반면에 이전 질의는 올바르게 이러한 쌍을 출력한다.

속성을 잘못 동일시하는 위험을 방지하면서 자연 조인의 이점을 제공하기 위해, SQL은 어떤 행이 같아져야 하는지 확실히 명시하게 해 주는 자연 조인 구문 형식을 제공한다. 이러한 특성은 다음 질의에서 더 구체적으로 나타난다.

> **select** *name*, *title*
> **from** (*student* **natural join** *takes*) **join** *course* **using** (*course_id*);

join … **using** 연산을 수행하려면 속성 이름의 목록이 필요하다. 두 입력 모두 반드시 명시된 이름의 속성을 가져야 한다. r_1 **join** r_2 **using**(A_1, A_2) 연산을 고려해 보자. 이 연산은 r_1의 t_1과 r_2의 t_2 튜플 짝이 $t_1.A_1 = t_2.A_1$이고 $t_1.A_2 = t_2.A_2$인 경우에만 일치하는 것을 제외하고는 r_1 **natural join** r_2와 유사하다. r_1과 r_2가 둘 다 A_3라는 이름의 속성을 가진다고 하더라도 $t_1.A_3 = t_2.A_3$일 필요는 없다.

이렇게 해서 앞의 SQL 질의에서 **join** 구문은 *student.dept_name*과 *course.dept_name*이 서로 달라도 되게 하면서도 올바른 답을 구한다.

4.1.2 조인 조건

4.1.1절에서 자연 조인을 어떻게 표현하는지 알아보았다. 또한 **join** … **using** 절을 이용해서 특정 속성에 대해서 일치되는 값만 이용한 자연 조인을 하는 방법을 알아보았다. SQL은 임의의 조인 조건을 정할 수 있는 다른 형태의 조인을 지원한다.

on 조건은 조인을 수행할 릴레이션에 대한 일반적인 술어를 정할 수 있다. 이러한 술어는 SQL 문에서 **where** 절 술어와 마찬가지로 사용될 수 있다. 차이점은 **where**라는 단어 대신에 **on**이라는 단어를 사용한다는 것뿐이다. **using** 조건과 같이 **on** 조건은 조인식의 가장 마지막 부분에 나타난다.

조인식에 **on** 조건을 포함하고 있는 다음 질의를 생각해 보자.

> **select** *
> **from** *student* **join** *takes* **on** *student.ID* = *takes.ID*;

앞 질의에서 **on** 조건은 *ID* 값이 일치하는 *student* 릴레이션의 튜플과 *takes* 릴레이션의 튜플을 조인하게 된다. 이러한 경우의 조인식은 *student* **natural join** *takes*와 거의 같은 결과를 나타내게 된다. 왜냐하면 자연 조인 역시 *student* 튜플과 *takes* 튜플에서 서로 일치하는 튜플을 조인하기 때문이다. 단 하나의 차이점은 결과에 *ID* 속성이 *student*에서 한 번, *takes*에서 한 번, 총 두 번 나타난다는 것이다.

사실 위 질의는 다음과 같은 질의와 동등하다(다시 말해서, 정확히 같은 결과를 생성한다).

```
select *
from student, takes
where student.ID = takes.ID;
```

앞서 살펴본 바와 같이, 속성 *ID*가 두 릴레이션에서 같은 이름으로 사용되기 때문에 이를 구별하기 위해서 릴레이션 이름을 사용한다. 이럴 때 *student.ID*와 *takes.ID*와 같이 사용하여 구별한다. 이 질의는 다음과 같이 표현함으로써 결과에 *ID* 속성을 단 하나만 나타나도록 할 수 있다.

```
select student.ID as ID, name, dept_name, tot_cred,
       course_id, sec_id, semester, year, grade
from student join takes on student.ID = takes.ID;
```

이 질의의 결과는 그림 4.3에 나타나 있는 *student*와 *takes*의 자연 조인 결과와 정확히 같다.

on 조건은 모든 SQL 술어를 표현할 수 있다. 그러므로 **on** 조건을 사용한 조인식은 **자연 조인**보다 훨씬 더 풍부하게 조인 조건을 표현할 수 있다. 하지만 조금 전의 예제에서 볼 수 있듯이 **on** 조건을 사용한 조인식은 **on** 절에 있는 술어를 **where** 절로 옮긴 채로 **on** 조건을 사용하지 않은 동등한 식으로 표현될 수 있다. 결과적으로 **on** 조건은 SQL의 중복적 특성처럼 보일 수 있다.

하지만 이러한 **on** 조건을 소개하는 두 가지 훌륭한 이유가 있다. 첫 번째, 외부 조인의 경우에 **on** 조건은 **where** 조건과 다른 방식으로 동작한다는 점이다. 이에 대해 곧 보게 될 것이다. 두 번째, 조인 조건은 **on** 절에 명시하고 나머지 부분은 **where** 절에 나타난다면 사람들은 SQL 질의를 좀 더 쉽게 해석할 수도 있다.

4.1.3 외부 조인

가령 모든 학생의 *ID*, *name*, *dept_name*, *tot_cred*와 그 학생들이 수강한 과목의 목록을 출력하고 싶다고 하자. 다음의 SQL 질의가 이러한 결과를 출력할 수 있을 것이다.

```
select *
from student natural join takes;
```

불행히도 위 질의는 원래의 의도대로 실행되지 않는다. *student* 릴레이션의 학생 중에 과목을 듣지 않은 학생이 있다면 *takes* 릴레이션의 어떤 튜플과도 자연 조인 조건을 만족하지 못하게 되므로 질의의 결과에 나타나지 않을 것이다. 따라서 과목을 듣지 않은 학생의 정보는 질의의 결과로 얻지 못하게 될 것이다. 예를 들어, 그림 4.1과 그림 4.2의 *student* 릴레이션과 *takes* 릴레이션에서 *ID*가 70557인 Snow 학생을 살펴보면 과목을 전혀 듣지 않았다. Snow는 *student* 릴레이션에는 나타나지만, *takes* 릴레이션에는 Snow의 *ID*가 나타나지 않는다. 이럴 때 Snow는 자연 조인의 결과에는 나타나지 않을 것이다.

일반적으로 몇몇 튜플은 이러한 방식의 조인에서는 결과에서 "빠지게" 된다. **외부 조인**(outer-join) 연산은 이미 언급한 조인 연산과 비슷한 방식으로 동작한다. 하지만 조인의 결과에서 빠질 수 있는 튜플을 널 값을 이용해서 보존한다.

예를 들어, 조금 전 예제에서 Snow를 결과에 포함하기 위해 *student* 릴레이션으로부터 Snow가 가지고 있는 정보를 결과에 더하고, *course_id*, *sec_id*, *semester, year*와 같이 *takes* 릴레이션에 나타나 있는 정보는 널 값으로 입력하게 된다. 이러한 방식으로 외부 조인에서 Snow 학생의 튜플을 보존한다.

다음과 같이 세 가지 유형의 외부 조인이 있다.

- **왼쪽 외부 조인**(left outer join)은 **left outer join** 연산의 왼쪽에 나타난 릴레이션의 튜플만 보존한다.
- **오른쪽 외부 조인**(right outer join)은 **right outer join** 연산의 오른쪽에 나타난 릴레이션의 튜플만 보존한다.
- **전체 외부 조인**(full outer join)은 두 릴레이션의 모든 튜플을 보존한다.

반대로, 이전에 살펴본 조인 연산과 같이 서로 같은 값을 가지고 있지 않은 튜플은 보존하지 않는 조인을 외부 조인과 구별하기 위해서 **내부 조인**(inner-join) 연산이라고 한다.

이제 외부 조인의 각 유형이 어떻게 동작하는지 상세히 설명한다. 왼쪽 외부 조인 연산은 다음과 같이 수행할 수 있다. 우선, 이전과 같이 내부 조인의 결과를 계산한다. 그런 후, 내부 조인의 오른쪽에 있는 릴레이션의 튜플과 일치하지 않는 왼쪽 릴레이션 모든 튜플 *t*에 대해서 구성된 조인의 결과에 튜플 *r*을 다음과 같이 추가한다.

- 튜플 *r*의 속성 중 조인 연산의 왼쪽에 있는 릴레이션에 속하는 속성은 튜플 *t*의 값으로 그대로 채운다.
- 튜플 *r*의 나머지 속성은 모두 널 값으로 채운다.

그림 4.4는 다음 질의의 결과를 나타낸다.

```
select *
from student natural left outer join takes;
```

이 결과에는 내부 조인의 결과와는 다르게 *ID*가 70557인 Snow 학생이 포함되어 있다. Snow의 튜플은 *takes* 릴레이션의 스키마에 나타나는 속성에 대해서는 널 값을 포함하고 있다.[3]

외부 조인 연산을 사용한 또 다른 예제로 "과목을 한 번도 수강하지 않은 모든 학생을 찾아라." 라는 질의는 다음과 같이 작성할 수 있다.

---

[3] *null*을 사용하여 테이블에 널 값을 표시하지만, 대부분 시스템은 널 값을 빈 필드로 표시하기도 한다.

ID	*name*	*dept_name*	*tot_cred*	*course_id*	*sec_id*	*semester*	*year*	*grade*
00128	Zhang	Comp. Sci.	102	CS-101	1	Fall	2017	A
00128	Zhang	Comp. Sci.	102	CS-347	1	Fall	2017	A-
12345	Shankar	Comp. Sci.	32	CS-101	1	Fall	2017	C
12345	Shankar	Comp. Sci.	32	CS-190	2	Spring	2017	A
12345	Shankar	Comp. Sci.	32	CS-315	1	Spring	2018	A
12345	Shankar	Comp. Sci.	32	CS-347	1	Fall	2017	A
19991	Brandt	History	80	HIS-351	1	Spring	2018	B
23121	Chavez	Finance	110	FIN-201	1	Spring	2018	C+
44553	Peltier	Physics	56	PHY-101	1	Fall	2017	B-
45678	Levy	Physics	46	CS-101	1	Fall	2017	F
45678	Levy	Physics	46	CS-101	1	Spring	2018	B+
45678	Levy	Physics	46	CS-319	1	Spring	2018	B
54321	Williams	Comp. Sci.	54	CS-101	1	Fall	2017	A-
54321	Williams	Comp. Sci.	54	CS-190	2	Spring	2017	B+
55739	Sanchez	Music	38	MU-199	1	Spring	2018	A-
70557	Snow	Physics	0	*null*	*null*	*null*	*null*	*null*
76543	Brown	Comp. Sci.	58	CS-101	1	Fall	2017	A
76543	Brown	Comp. Sci.	58	CS-319	2	Spring	2018	A
76653	Aoi	Elec. Eng.	60	EE-181	1	Spring	2017	C
98765	Bourikas	Elec. Eng.	98	CS-101	1	Fall	2017	C-
98765	Bourikas	Elec. Eng.	98	CS-315	1	Spring	2018	B
98988	Tanaka	Biology	120	BIO-101	1	Summer	2017	A
98988	Tanaka	Biology	120	BIO-301	1	Summer	2018	*null*

그림 4.4 *student* **natural left outer join** *takes*의 결과

> **select** *ID*
> **from** *student* **natural left outer join** *takes*
> **where** *course_id* **is** *null*;

right outer join은 **left outer join** 연산과 대칭적이다. 조인 연산의 오른쪽에 있는 릴레이션에 존재하는 튜플 중에서 조인 연산의 왼쪽에 있는 릴레이션의 튜플과 연결되지 않은 튜플은 널 값을 이용해서 오른쪽 외부 조인의 결과에 추가된다. 위 질의에서 오른쪽 외부 조인을 사용해서 같은 결과를 나타내기 위해서는 릴레이션의 위치를 다음과 같이 바꿔 주면 된다.

> **select** *
> **from** *takes* **natural right outer join** *student*;

(그림 4.5에서 볼 수 있듯이) 속성의 순서만 다를 뿐 같은 결과를 얻을 수 있다.

full outer join은 왼쪽 외부 조인과 오른쪽 외부 조인을 통합한 것이다. 내부 조인을 수행해서 결과를 얻어 낸 후에, 조인 연산의 왼쪽에 있는 릴레이션의 튜플 중에서 오른쪽에 있는 릴레이션의 튜플과 연결되지 않은 튜플을 널 값을 이용해서 추가한다. 비슷한 방식으로 조인 연산의 오른쪽에 있는 릴레이션의 튜플 중에서 왼쪽에 있는 릴레이션의 튜플과 짝이 안 된 튜플을 널 값을 이용해서

ID	*course_id*	*sec_id*	*semester*	*year*	*grade*	*name*	*dept_name*	*tot_cred*
00128	CS-101	1	Fall	2017	A	Zhang	Comp. Sci.	102
00128	CS-347	1	Fall	2017	A-	Zhang	Comp. Sci.	102
12345	CS-101	1	Fall	2017	C	Shankar	Comp. Sci.	32
12345	CS-190	2	Spring	2017	A	Shankar	Comp. Sci.	32
12345	CS-315	1	Spring	2018	A	Shankar	Comp. Sci.	32
12345	CS-347	1	Fall	2017	A	Shankar	Comp. Sci.	32
19991	HIS-351	1	Spring	2018	B	Brandt	History	80
23121	FIN-201	1	Spring	2018	C+	Chavez	Finance	110
44553	PHY-101	1	Fall	2017	B-	Peltier	Physics	56
45678	CS-101	1	Fall	2017	F	Levy	Physics	46
45678	CS-101	1	Spring	2018	B+	Levy	Physics	46
45678	CS-319	1	Spring	2018	B	Levy	Physics	46
54321	CS-101	1	Fall	2017	A-	Williams	Comp. Sci.	54
54321	CS-190	2	Spring	2017	B+	Williams	Comp. Sci.	54
55739	MU-199	1	Spring	2018	A-	Sanchez	Music	38
70557	*null*	*null*	*null*	*null*	*null*	Snow	Physics	0
76543	CS-101	1	Fall	2017	A	Brown	Comp. Sci.	58
76543	CS-319	2	Spring	2018	A	Brown	Comp. Sci.	58
76653	EE-181	1	Spring	2017	C	Aoi	Elec. Eng.	60
98765	CS-101	1	Fall	2017	C-	Bourikas	Elec. Eng.	98
98765	CS-315	1	Spring	2018	B	Bourikas	Elec. Eng.	98
98988	BIO-101	1	Summer	2017	A	Tanaka	Biology	120
98988	BIO-301	1	Summer	2018	*null*	Tanaka	Biology	120

그림 4.5 *takes* **natural right outer join** *student*의 결과

추가한다.[4]

전체 외부 조인의 예제로 "Comp. Sci. 학과의 모든 학생의 목록을 출력하고, 그 학생 중에서 2017년 봄에 수강한 과목이 있다면 해당 과목의 분반 정보도 함께 출력하라. 그리고 Comp. Sci. 학과의 어떤 학생도 과목 분반을 수강하지 않았더라도 2017년 봄에 개설한 모든 과목 분반을 출력하라."와 같은 질의는 다음과 같이 작성할 수 있다.

```
select *
from (select *
        from student
        where dept_name = 'Comp. Sci.')
      natural full outer join
      (select *
        from takes
        where semester = 'Spring' and year = 2017);
```

그 결과는 그림 4.6과 같다.

4 왼쪽 및 오른쪽 외부 조인만 구현하는 이러한 시스템, 특히 MySQL에서는 이 방법이 정확히 외부 조인을 작성하는 방법이다.

ID	*name*	*dept_name*	*tot_cred*	*course_id*	*sec_id*	*semester*	*year*	*grade*
00128	Zhang	Comp. Sci.	102	*null*	*null*	*null*	*null*	*null*
12345	Shankar	Comp. Sci.	32	CS-190	2	Spring	2017	A
54321	Williams	Comp. Sci.	54	CS-190	2	Spring	2017	B+
76543	Brown	Comp. Sci.	58	*null*	*null*	*null*	*null*	*null*
76653	*null*	*null*	*null*	ECE-181	1	Spring	2017	C

그림 4.6 전체 외부 조인 예제의 결과(본문 참조)

외부 조인에서 **on** 조건을 사용할 수 있다. 다음의 질의는 *ID* 속성이 결과에 두 번 나타난다는 것을 제외하고는 "*student* **natural left outer join** *takes*"와 정확히 일치한다.

select *
from *student* **left outer join** *takes* **on** *student.ID* = *takes.ID*;

이전에 언급한 바와 같이 **on**과 **where**는 외부 조인에서는 다르게 동작한다. 왜냐하면 외부 조인은 내부 조인에서 연결되지 못한 튜플에 대해서만 널 값을 이용해서 결과에 추가하기 때문이다. **on** 조건은 외부 조인 명세의 한 부분이지만 **where** 절은 그렇지 않다. 이전의 예제에서 나온 *ID*가 70557인 "Snow" 학생의 튜플을 생각해 보면 이러한 차이를 알 수 있다. 가령 다음 질의와 같이 **on** 절의 조건을 **where** 절로 옮기고 **on** 절의 술어에는 *true*를 사용해서 수정해 보자.[5]

select *
from *student* **left outer join** *takes* **on** *true*
where *student.ID* = *takes.ID*;

on 조건을 이용한 왼쪽 외부 조인을 사용한 이전의 질의 결과는 (70557, Snow, Physics, 0, *null*, *null*, *null*, *null*, *null*, *null*) 튜플을 포함하고 있다. 왜냐하면 *takes* 릴레이션에는 *ID* = 70557을 만족하는 튜플이 존재하지 않았기 때문이다. 하지만 방금 수정한 질의에서는 모든 튜플이 조인 조건을 *true*로서 만족하기 때문에 외부 조인 연산이 널 값을 이용한 튜플 추가를 수행하지 않는다. 이러한 경우에 외부 조인은 카티션 곱과 같이 동작하게 된다. *takes* 릴레이션에는 *ID* = 70557 조건을 만족하는 튜플이 존재하지 않기 때문에 *name* = "Snow"로 외부 조인을 수행할 때마다 *student.ID*와 *takes.ID*는 서로 다른 값을 가지게 되고 이러한 튜플은 **where** 절의 술어에 의해서 제거된다. 결과적으로 수정된 질의에서 Snow 학생은 결과에 나타나지 않는다.

4.1.4 조인의 종류와 조인 조건

일반적인 조인과 외부 조인을 구별하기 위해서 SQL에서는 일반적인 조인을 **내부 조인**(inner join)이라는 용어로 사용한다. 일반적인 조인 절은 **외부 조인**을 의미하는 것이 아니라 내부 조인을 의미한다. 그러므로 **내부**(inner)라는 단어를 사용하는 것은 선택적이다. 일반적인 조인의 종류에서 **외부**

5 몇몇 시스템에서는 불리언 상수 *true*를 사용할 수 없다. 이러한 시스템에서 이를 테스트하려면 "1=1"과 같은 동어 반복(tautology) (즉 항상 true로 평가되는 술어)을 사용하라.

노트 4.1 SQL 및 다중 집합 관계 대수, 4부

관계 대수는 ⟕$_\theta$로 표시되는 왼쪽 외부 조인 연산, ⟖$_\theta$로 표시되는 오른쪽 외부 조인 연산, ⟗$_\theta$로 표시되는 전체 외부 조인 연산을 지원한다. 또한 ⋈로 표시되는 자연 조인 연산과 ⟕, ⟖ 및 ⟗로 표시되는 왼쪽, 오른쪽 및 전체 외부 조인 연산의 자연 조인 버전을 지원한다. 이 모든 연산의 정의는 4.1절에서 살펴본 SQL의 해당 연산 정의와 같다.

Join types
inner join
left outer join
right outer join
full outer join

Join conditions
natural
on < predicate>
using $(A_1, A_2, \ldots, A_n)$

그림 4.7 조인의 종류와 조인 조건

(outer)라는 단어가 붙지 않은 조인은 모두 내부 조인이다.

select *
from *student* **join** *takes* **using** (*ID*);

앞의 질의를 다음과 같이 변경할 수 있다.

select *
from *student* **inner join** *takes* **using** (*ID*);

이와 비슷하게, **자연 조인**은 **자연 내부 조인**(natural inner join)과 동등하다.

그림 4.7은 지금까지 다룬 다양한 조인 종류의 전체 목록을 보여 준다. 위 그림에서 볼 수 있듯이 모든 종류의 조인(내부, 왼쪽 외부, 오른쪽 외부, 전체 외부)을 모든 조인 조건(natural, using, on)과 조합할 수 있다.

4.2 뷰

모든 사용자가 데이터베이스에서 릴레이션의 전체 집합을 보게 하는 것이 항상 바람직하지는 않다. 4.7절에서 SQL의 권한 부여 방법을 사용하여 릴레이션에 대한 접근을 제한하는 방법을 살펴보겠지만 보안 고려 사항으로 인해 릴레이션의 특정 데이터만 사용자에게 숨겨야 할 수도 있다. 교수의 ID, 이름 및 소속 학과 이름을 알아야 하지만 교수의 연봉을 볼 수 있는 권한은 없는 사무원을 생각해 보자. 이 직원은 아래와 같은 SQL로 작성한 릴레이션을 보아야 한다.

select *ID*, *name*, *dept_name*
from *instructor*;

보안 문제를 차치하고서라도, 특정 사용자의 기업 구조에 대한 직관에 더 잘 맞는 개인화된 “가상”

의 릴레이션 모음을 생성할 수도 있다. 예를 들어, 2017년 가을 학기에 물리학과에서 개설한 모든 과목 분반 및 각 분반의 수업이 이루어진 건물과 강의실 번호를 알고 싶다고 하자. 그러한 목록을 얻기 위해 다음의 릴레이션을 생성할 수 있다.

```
select course.course_id, sec_id, building, room_number
from course, section
where course.course_id = section.course_id
      and course.dept_name = 'Physics'
      and section.semester = 'Fall'
      and section.year = 2017;
```

위 질의를 수행한 후에 그 결과를 저장하고 나서 사용자에게 저장된 릴레이션을 제공할 수 있다. 하지만 그렇게 한다면 *instructor, course*, *section* 릴레이션에 갱신이 일어날 때마다 저장된 질의 결과가 *instructor, course*, *section* 릴레이션과 일치하지 않기 때문에 질의 처리를 다시 수행해야 한다. 일반적으로 이러한 식으로 모든 결과를 계산한 후에 저장하는 것은 좋은 생각이 아니다(그럼에도 나중에 논의할 몇 가지 예외 상황에서는 좋을 수 있다).

대신 SQL은 질의가 정의하는 (위에서 언급한) "가상 릴레이션"을 제공한다. 이러한 릴레이션은 질의의 결과를 개념적으로 포함하고 있다. 가상 릴레이션은 미리 계산해서 저장하는 것이 아니라 가상 릴레이션을 사용할 때마다 질의를 수행해서 결과를 얻어 낸다. 3.8.6절에서 **with** 절을 사용하는 가상 릴레이션에 대한 특성을 보았다. **with** 절을 사용하면 원하는 만큼 자주 사용할 수 있도록 하위 질의에 어떤 이름을 할당할 수 있지만, 오직 하나의 (특정) 질의에서만 사용할 수 있다. 여기에서는 **뷰**(view)를 정의함으로써 단일 질의 이상으로 이 개념을 확장하는 방법을 제시한다. 주어진 실제 릴레이션 집합에 대해 많은 수의 뷰를 만드는 것이 가능하다.

4.2.1 뷰 정의

뷰는 **create view** 명령을 사용하여 정의한다. 뷰를 정의하기 위해서 뷰 이름과 그 뷰를 계산하는 질의를 기술해야 한다. **create view** 명령의 형태는 다음과 같다.

```
create view v as <query expression>;
```

여기서 ⟨query expression⟩은 적법한 질의 표현식이다. 뷰의 이름은 *v*로 나타내었다.

이전의 예와 같이 사무원이 *instructor* 릴레이션에서 *salary*를 제외한 정보에 접근하려고 한다고 하자. 이 사무원이 직접 *instructor* 릴레이션에 접근해서는 안 된다(4.7절에서 이러한 권한이 어떻게 명시되는지 알아볼 것이다). 대신 다음 정의와 같이 *faculty*라는 뷰 릴레이션을 생성해서 사무원에게 제공해야 한다.

```
create view faculty as
    select ID, name, dept_name
    from instructor;
```

앞서 설명한 바와 같이, 뷰 릴레이션은 질의 결과의 튜플을 미리 계산하고 저장하는 것이 아니라 개념적으로 포함하고 있다. 대신, 데이터베이스 시스템이 뷰 릴레이션과 관련된 질의 표현식을 저장하고 있다. 뷰 릴레이션에 접근할 때마다 질의 결과를 계산하여 튜플을 생성한다. 이처럼 뷰 릴레이션은 필요할 때마다 생성된다.

2017년 가을 학기에 물리학과에서 개설한 모든 과목 분반에 대해 해당 분반의 건물 및 강의실 번호의 목록을 출력하는 뷰를 생성하려면 다음과 같이 질의를 작성할 수 있다.

```
create view physics_fall_2017 as
    select course.course_id, sec_id, building, room_number
    from course, section
    where course.course_id = section.course_id
              and course.dept_name = 'Physics'
              and section.semester = 'Fall'
              and section.year = 2017;
```

나중에 4.7절에서 SQL 권한 부여 방법을 공부할 때, 사용자에게 릴레이션에 대한 접근 대신 또는 추가로 뷰에 대한 접근 권한이 부여될 수 있음을 알게 될 것이다. 뷰가 생성되면 명시적으로 삭제될 때까지 계속 사용할 수 있다는 점에서 뷰는 **with** 문과 다르다. **with** 구문으로 정의한 명명된 하위 질의는 그것을 정의한 질의에만 국한된다.

4.2.2 SQL 질의에서 뷰 사용

일단 뷰를 정의하면, 그 뷰가 생성하는 가상 릴레이션을 가리키기 위해서 뷰의 이름을 사용할 수 있다. *physics_fall_2017* 뷰를 사용해서 2017년 가을에 Watson 건물에서 진행한 물리학과의 모든 과목을 찾는 질의를 아래와 같이 작성할 수 있다.

```
select course_id
from physics_fall_2017
where building = 'Watson';
```

뷰 이름은 질의에서 릴레이션 이름이 들어갈 수 있는 모든 자리에 사용될 수 있다.

뷰의 속성 이름은 다음과 같이 명시적으로 지정할 수 있다.

```
create view departments_total_salary(dept_name, total_salary) as
    select dept_name, sum (salary)
    from instructor
    group by dept_name;
```

이 뷰는 학과별 모든 교수의 연봉의 합을 출력한다. 표현식 **sum**(*salary*)가 이름을 가지고 있지 않기 때문에 속성 이름을 뷰 정의에서 명시적으로 제공했다.

직관적으로, 특정 시점에 뷰 릴레이션의 튜플의 집합은 그 뷰를 정의하는 질의 표현식을 평가한 결과가 된다. 그래서 만약 뷰 릴레이션을 계산하여 그 결과를 저장하면, 뷰를 정의하기 위해 사용한 릴레이션이 수정될 경우 해당 뷰 릴레이션의 상태는 최신이 아니게 된다. 이러한 문제를 없애기 위해 보통은 뷰를 다음과 같이 구현한다. 뷰를 정의하면 데이터베이스 시스템은 그 뷰의 정의를 저장한다. 그리고 질의에서 뷰 릴레이션이 나타날 때마다 그 자리에 저장된 질의 표현식을 바꿔 넣는다. 그렇게 하면 질의를 평가할 때마다 뷰 릴레이션이 재계산된다.

뷰를 사용하여 또 다른 뷰를 정의할 수 있다. 예를 들어, Watson 건물에서 2017년 가을에 개설된 물리학과의 모든 과목을 보이는 *physics_fall_2017_watson* 뷰를 다음과 같이 정의할 수 있다.

```
create view physics_fall_2017_watson as
    select course_id, room_number
    from physics_fall_2017
    where building = 'Watson';
```

physics_fall_2017_watson 역시 뷰 릴레이션이다. 이것은 다음의 뷰 릴레이션과 동등하다.

```
create view physics_fall_2017_watson as
    select course_id, room_number
    from (select course.course_id, building, room_number
          from course, section
          where course.course_id = section.course_id
                and course.dept_name = 'Physics'
                and section.semester = 'Fall'
                and section.year = 2017)
    where building = 'Watson';
```

4.2.3 실체화 뷰

특정 데이터베이스 시스템은 뷰 릴레이션을 저장하는 방법을 제공한다. 이러한 경우, 뷰를 정의하는 데 사용한 릴레이션이 수정되어도 뷰는 최신 상태를 유지한다. 이러한 뷰를 **실체화 뷰**(materialized views)라고 한다.

departments_total_salary 뷰를 생각해 보자. 이 뷰가 실체화되어 있다면 그 결과는 데이터베이스에 저장되어 뷰를 사용하는 질의를 다시 계산하는 대신 미리 계산된 뷰 결과를 사용하여 잠재적으로 훨씬 더 빠르게 실행할 수 있을 것이다.

그러나 *instructor* 릴레이션에서 *instructor* 튜플이 추가되거나 삭제된다면 뷰를 정의한 질의의 결과도 달라질 것이다. 결과적으로 실체화 뷰의 내용이 갱신되어야 한다. 비슷하게 교수의 급여가 수정된 경우 *departments_total_salary*의 튜플 역시 갱신되어야 한다.

실체화 뷰를 최신 상태로 유지하는 과정을 **실체화 뷰 관리**(materialized view maintenance) 혹은 **뷰 관리**(view maintenance)라고 한다. 실체화 뷰 관리에 관해서는 16.5절에서 다룬다. 뷰 관리는 뷰 정의에 사용된 릴레이션에 수정이 일어날 때마다 즉시 수행될 수 있다. 어떤 데이터베이스 시스템에서는 뷰 관리를 바로 수행하는 것이 아니라 뷰가 접근될 때 뷰 관리를 수행한다. 또 다른 시스템에서는 주기적으로 실체화 뷰를 수정한다. 실체화 뷰의 내용이 최신 내용이 아니라 오래된 경우에 응용 프로그램이 최신 데이터의 내용이 필요하면 그러한 실체화 뷰를 그대로 사용해서는 안 된다. 몇몇 데이터베이스 시스템은 데이터베이스 관리자가 위 방법 중 원하는 방법을 사용할 수 있도록 지원하고 있다.

뷰를 주기적으로 사용하는 응용 프로그램은 뷰를 실체화함으로써 이득을 얻을 수 있다. 큰 릴레이션에 대해서 집계 연산을 수행하는 특정 질의에 대해서 빠른 응답을 요구하는 응용 프로그램은 해당 질의에 대한 실체화 뷰를 생성함으로써 큰 이득을 얻을 수 있다. 이 경우, 집계한 결과는 원래의 큰 릴레이션에 비해서 훨씬 작은 결과를 가질 것이다. 결과적으로 실체화 뷰는 큰 릴레이션을 찾아보지 않아도 되기 때문에 질의에 빠르게 응답하는 데 사용될 수 있다. 물론 실체화 뷰로부터 얻는 이득이 추가적인 갱신과 저장하는 데 쓰이는 비용보다 더 커야 한다.

SQL은 뷰를 어떤 방법으로 실체화해야 하는지에 표준을 정하지는 않았지만 많은 데이터베이스 시스템은 이러한 일을 위해서 자신들만의 확장된 SQL을 제공한다. 몇몇 데이터베이스 시스템은 릴레이션이 변화할 때마다 뷰를 수정해서 항상 최신 자료로 유지하고, 또 다른 데이터베이스 시스템은 잠깐은 최신 자료가 아닐 수 있지만, 주기적으로 다시 계산함으로써 최신 자료로 유지한다.

4.2.4 뷰의 갱신

뷰는 질의에 유용한 도구이지만 갱신, 삽입 및 삭제 등의 연산을 뷰를 사용해 표현할 때에는 많은 문제점이 존재한다. 뷰를 사용해서 표현된 데이터베이스를 수정하려면 그 데이터베이스의 논리적 모델 내의 실제 릴레이션에 대한 수정으로 변환해야 하는데, 이 변환 과정이 문제가 된다.

이전에 살펴본 사무원을 위한 *faculty* 뷰를 생각해 보자. 릴레이션 이름이 들어갈 수 있는 모든 곳에 뷰 이름을 사용할 수 있어서 사무원은 다음과 같은 질의를 수행할 수 있다.

```
insert into faculty
        values ('30765', 'Green', 'Music');
```

instructor 릴레이션이 *faculty* 뷰를 구성하는 데이터베이스의 실제적인 릴레이션이기 때문에, 이러한 삽입은 *instructor* 릴레이션에 대해서 수행되어야 한다. 하지만 *instructor* 릴레이션에 튜플을 삽입하기 위해서는 *salary* 값을 입력해야 한다. 이러한 삽입 문제를 해결하기 위해서 다음과 같은 두 가지 접근 방법이 있을 수 있다.

- 삽입을 거부하고 사용자에게 오류 메시지를 출력한다.
- *instructor* 릴레이션에 ('30765', 'Green', 'Music', *null*) 튜플을 입력한다.

뷰를 통한 데이터베이스 수정에서 다음과 같은 뷰는 또 다른 문제점을 갖는다.

```
create view instructor_info as
select ID, name, building
from instructor, department
where instructor.dept_name = department.dept_name;
```

이 뷰는 대학교에 소속되어 있는 교수의 *ID*, *name*, 건물 이름(*building*)의 목록을 출력한다. 이 뷰에 대한 다음의 삽입 질의를 생각해 보자.

```
insert into instructor_info
        values ('69987', 'White', 'Taylor');
```

ID가 69987인 교수가 없고, Taylor 건물에는 어떤 학과도 소속되어 있지 않다고 가정하자. 이러한 경우에 가능한 방법은 *instructor* 릴레이션에 ('69987', 'White', *null*, *null*)라고 입력하거나 *department* 릴레이션에 (*null*, 'Taylor', *null*)라고 입력하는 것이다. 그렇게 되면 그림 4.8과 같은 결과를 얻을 수 있다. 하지만 이러한 수정은 *instructor_info* 뷰 릴레이션에 ('69987', 'White', 'Taylor')와 같은 튜플이 포함되지 않기 때문에 원래의 질의가 원하는 결과가 아니다. 그러므로 널 값을 사용해서 *instructor_info*에 원하는 갱신을 하기가 어렵다.

이러한 문제 때문에 일부 경우를 제외하고는 일반적으로 뷰 릴레이션에 대한 변경을 허용하지 않는다. 데이터베이스 시스템마다 뷰 릴레이션의 갱신을 허용하는 조건은 차이가 있다. 세부 사항은 데이터베이스 시스템 설명서를 참고해야 한다.

일반적으로 SQL 뷰가 다음 조건 모두를 만족하면 **갱신가능**(updatable)이라고 한다. (즉 삽입, 갱신 혹은 삭제가 뷰에 적용될 수 있다.)

- **from** 절은 오직 한 개의 데이터베이스 릴레이션을 가져야 한다.
- **select** 절은 오직 릴레이션의 속성 이름만 포함해야 하며 어떠한 표현(expression), 집계(aggregate),

ID	*name*	*dept_name*	*salary*
10101	Srinivasan	Comp. Sci.	65000
12121	Wu	Finance	90000
15151	Mozart	Music	40000
22222	Einstein	Physics	95000
32343	El Said	History	60000
33456	Gold	Physics	87000
45565	Katz	Comp. Sci.	75000
58583	Califieri	History	62000
76543	Singh	Finance	80000
76766	Crick	Biology	72000
83821	Brandt	Comp. Sci.	92000
98345	Kim	Elec. Eng.	80000
69987	White	*null*	*null*

instructor

dept_name	*building*	*budget*
Biology	Watson	90000
Comp. Sci.	Taylor	100000
Electrical Eng.	Taylor	85000
Finance	Painter	120000
History	Painter	50000
Music	Packard	80000
Physics	Watson	70000
null	Taylor	*null*

department

그림 4.8 튜플을 삽입한 후의 *instructor* **릴레이션과** *department* **릴레이션**

distinct 명세를 가져서는 안 된다.

- **select** 절에 나열되지 않은 어떤 속성도 널 값으로 될 수 있어야 한다. 즉 이러한 속성은 **not null** 조건을 가지거나 주 키 일부여서는 안 된다.
- 질의는 **group by**나 **having** 절을 가져서는 안 된다.

이 제약 조건에서 다음과 같이 정의된 뷰에서는 **update**, **insert**, **delete** 연산이 가능하다.

> **create view** *history_instructors* **as**
> **select** *
> **from** *instructor*
> **where** *dept_name* = 'History';

갱신가능 조건이라고 해도 여전히 다음과 같은 문제가 발생한다. 사용자가 *history_instructors* 뷰에 ('25566', 'Brown', 'Biology', 100000) 튜플을 삽입한다고 하자. 이 튜플은 *instructor* 릴레이션에 삽입되지만, 뷰에 표현된 신딕 조건을 만족하지 않는나넌 *history_instructors* 뷰에 나타나지 않을 것이다.

기본적으로 SQL은 위 갱신을 허용한다. 하지만 뷰는 뷰의 선언 끝부분에 **with check option** 절에 의해 갱신 조건을 정의할 수 있다. 예를 들어, 이 경우에 뷰에 삽입된 튜플이 뷰의 **where** 절 조건을 만족하지 않는다면 데이터베이스 시스템은 삽입을 수행하지 않는다. 갱신 역시 유사하게 새로운 값이 **where** 절의 조건을 만족하지 않는다면 실행되지 않는다.

SQL:1999는 다량의 클래스를 통해 갱신을 허용하는 뷰에서 삽입, 갱신, 삭제가 이루어질 때 좀 더 복잡한 규칙을 가진다. 하지만 규칙은 너무 복잡해서 여기서 다루지 않는다.

뷰를 통해 데이터베이스를 수정하는 대안이자 자주 선호하는 접근 방식으로, 5.3절에서 논의할 트리거(trigger) 기법이 있다. 트리거를 선언할 때 사용할 수 있는 **instead of**는 뷰의 기본 삽입, 갱신 및 삭제 연산을 각 특정 사례에 대해 특수하게 동작할 수 있도록 해 주는 특성이 있다.

4.3 트랜잭션

트랜잭션(transaction)은 질의문과 갱신문의 순차(sequence)로 이루어져 있다. SQL 표준은 SQL 문이 실행되는 순간에 암묵적으로 트랜잭션이 시작된다고 명시하고 있다. 트랜잭션은 다음의 SQL 문 중 하나로 끝나야 한다.

- **Commit work**는 현재 수행 중인 트랜잭션을 커밋(commit)한다. 즉 트랜잭션이 수행한 갱신을 데이터베이스에서 영구적으로 반영한다. 트랜잭션이 완료된 후에는 새로운 트랜잭션을 자동으로 시작한다.
- **Rollback work**는 현재 수행 중인 트랜잭션을 롤백(rollback)한다. 즉 트랜잭션에서 SQL 문에 의해 수행된 모든 갱신을 취소(undo)한다. 따라서 데이터베이스의 상태는 트랜잭션의 첫 구문이 실행되기 전 상태로 돌아가게 된다.

키워드 **work**는 두 구문에서 모두 생략할 수 있다.

트랜잭션 롤백은 트랜잭션 수행 중 에러가 발생했을 때 유용하게 쓰일 수 있다. 커밋은 어떤 의미에서 편집 중인 문서를 저장하는 것과 비슷하며, 롤백은 바뀐 것을 저장하지 않고 편집을 끝내는 것과 유사하다. 트랜잭션이 커밋을 수행한 경우에는 롤백에 의해 더는 취소될 수 없다. 데이터베이스 시스템은 SQL 문에 있는 오류, 정전, 시스템 충돌(crash) 등으로 인한 장애 상황에서는, 트랜잭션이 커밋을 아직 수행하지 않았다면 롤백하는 것을 보장한다. 정전이나 다른 시스템 충돌의 경우에 롤백은 시스템이 재시동될 때 이루어진다.

예를 들어, 하나의 은행 계좌에서 같은 은행에 있는 다른 계좌로 돈을 송금하는 응용 프로그램을 가정하자. 이와 같은 송금을 처리하기 위해 두 계좌의 잔고를 수정할 필요가 있다. 출금 계좌에서 송금하는 금액을 빼고, 입금 계좌에 송금하려는 금액을 더해야 한다. 첫 번째 계좌에서 금액을 뺐는데 아직 다른 계좌에 더하지는 않았을 때 시스템 오류가 발생하면 전체 은행 잔고가 맞지 않을 것이다. 두 번째 계좌에는 금액을 더했는데 첫 번째 계좌에서 금액을 빼지 않았을 때 시스템 오류가 발생해도 이러한 문제가 발생할 것이다.

또 다른 예로, 대학교 응용 프로그램을 들 수 있다. *student* 릴레이션에서 *tot_cred* 속성은 학생이 과목을 하나 마칠 때마다 최신 정보로 유지되어야 한다. 이렇게 최신 정보로 갱신하기 위해서 학생이 과목을 성공적으로(즉 적절한 성적을 얻는 것으로) 마무리해서 *takes* 릴레이션을 수정할 때마다 그 학생과 관련된 *student* 튜플도 수정해야 한다. 만일 응용 프로그램이 이러한 두 가지 갱신을 수행하는 사이에서 오류가 발생한다면 데이터베이스의 데이터는 일관적이지 않을 것이다.

하나의 트랜잭션의 모든 동작이 수행되어서 커밋을 하거나, 모든 동작을 수행하지 못한 경우 롤백을 수행함으로써 데이터베이스는 트랜잭션의 **원자적**(atomic: 즉 나뉠 수 없는 것)인 성질을 보장할 수 있을 것이다. 트랜잭션의 모든 효과는 데이터베이스에 모두 반영되거나 롤백 때문에 아무런 효과를 주지 않아야 한다.

앞의 응용 프로그램에서 트랜잭션을 적용할 때 갱신 질의는 단일 트랜잭션으로 수행되어야 한다. 트랜잭션을 수행하는 동안 발생하는 오류의 처리 과정은 오류가 일어나기 전에 트랜잭션에서 부분적으로 수행된 부분을 무효화하도록 해야 한다. 그래야 데이터베이스가 부분적으로 갱신된 상태로 남아 있지 않게 된다.

이 두 명령 중 하나도 실행하지 않고 끝나는 프로그램이 있다면 갱신은 커밋이나 롤백 둘 중 하나가 된다. 표준은 이 두 가지 중 어떤 것이 되어야 하는지 명시하지 않았으며, 선택은 구현에 종속적이다.

MySQL과 PostgreSQL을 포함한 많은 SQL 구현에서는, 기본적으로 각 SQL 문은 트랜잭션이 되고, 그것이 수행되자마자 커밋이 된다. 각 SQL 문의 자동 커밋은 트랜잭션이 여러 개의 SQL 문으로 구성되는 경우에는 해제되어야 한다. 많은 데이터베이스 시스템이 **set autocommit off**(자동 커밋 해제) 명령을 지원하지만, 어떻게 자동 커밋을 해제할 것인가는 SQL 엔진마다 다르다.[6]

---

6 JDBC나 ODBC와 같은 응용 프로그램 인터페이스를 사용해서 자동 커밋을 해제하는 표준화된 방법은 각각 5.1.1절과 5.1.3절에서 알아볼 것이다.

좀 더 나은 대안은 SQL:1999 표준으로, 키워드 **begin atomic** … **end**로써 여러 SQL 문을 둘러싸게 하여 트랜잭션 개념을 지원한다. 키워드 사이에 있는 모든 문은 단일 트랜잭션에 속해 있는데, 그 트랜잭션의 실행이 **end** 문을 만나게 되면 기본적으로 커밋된다. SQL Server와 같은 일부 데이터베이스만이 위 구문을 지원한다. 그러나 MySQL 및 PostgreSQL과 같은 여러 다른 데이터베이스는 모든 후속 SQL 문을 포함하는 트랜잭션을 시작하는 **begin** 문을 지원하나 **end** 문은 지원하지 않는다. 대신 트랜잭션은 커밋 또는 롤백 명령어로 종료되어야 한다.

자동 커밋이 DML 문에 대한 기본값이 아닌 Oracle과 같은 데이터베이스를 사용하는 경우, 데이터를 추가하거나 수정한 후 커밋 명령을 실행해야 한다. 그렇지 않으면 연결을 끊을 때 모든 데이터베이스 수정 사항이 롤백될 것이다![7] Oracle은 기본적으로 자동 커밋이 꺼져 있지만, 해당 기본값은 로컬(local) 구성 설정으로 재정의할 수 있다.

17장에서 트랜잭션의 다양한 특성을 배우고, 18장과 19장에서는 트랜잭션 구현에 관한 다양한 쟁점을 다룬다.

4.4 무결성 제약 조건

무결성 제약 조건(integrity constraint)은 권한이 주어진 사용자로부터의 데이터베이스 변경이 데이터 일관성에 손실을 초래하지 않음을 보장하는 데 이용한다. 따라서 무결성 제약 조건은 **우발적 손상**으로부터 데이터베이스를 보호한다.

무결성 제약 조건의 예는 다음과 같다.

- 교수 이름은 *null*이 될 수 없다.
- 서로 다른 교수가 같은 ID를 가질 수 없다.
- *course* 릴레이션에서 모든 학과 이름은 *department* 릴레이션의 학과 이름과 일치해야 한다.
- 학과의 예산은 $0.00보다 항상 커야 한다.

일반적으로 무결성 제약 조건은 데이터베이스와 관련된 임의의 술어라고 할 수 있다. 그러나 이러한 임의의 술어를 테스트하는 데 드는 비용이 클 수 있다. 따라서 대부분의 데이터베이스 시스템은 최소의 부하로 테스트할 수 있는 무결성 제약 조건만 지원한다.

3.2.2절에서 무결성 제약 조건에 대해서 알아보았다. 이 절에서는 무결성 제약 조건의 또 다른 형태에 대해서 알아본다. 7장에서는 스키마 설계 단계에 주로 쓰이는 **함수 종속성**(functional depen-dency)이라고 불리는 다른 형태의 무결성 제약 조건을 주제로 공부한다.

무결성 제약 조건은 보통 데이터베이스 스키마 설계 과정의 일부로 인식된다. 이러한 무결성 제약 조건은 릴레이션을 생성하는 데 쓰이는 **create table** 명령어의 일부로 정의한다. 하지만 무결성 제약 조건을 **alter table** *table-name* **add** *constraint* 명령어를 이용해서 이미 존재하는 릴레이션에 추가할 수도 있다. 위 명령어에서 *constraint* 부분은 해당 릴레이션에 가능한 모든 *constraint*가 될

7 Oracle은 실제로 DDL 문을 자동으로 커밋한다.

수 있다. 이러한 명령어가 실행되면 시스템은 릴레이션이 주어진 특정 조건을 만족하는지 확인한다. 만약 특정 조건을 만족한다면 릴레이션에 해당 조건이 추가되지만, 조건을 만족하지 않는다면 그 명령어는 거절된다.

4.4.1 단일 릴레이션에 관한 제약 조건

3.2절에서 **create table** 명령어를 사용하여 테이블을 정의하는 방법을 다루었다. **create table** 명령어는 무결성 제약 조건 문장을 포함하는 명령어다. 추가로, 주 키 제약 조건도 포함되며 이 외에도 **create table** 명령어에 포함되는 많은 것이 존재한다. 허용하는 무결성 제약 조건은 다음과 같다.

- **not null**
- **unique**
- **check**(<술어>)

다음 절에서 이러한 제약 조건의 타입에 대해 다룬다.

4.4.2 Not Null 제약 조건

3장에서 다루었듯이 널 값은 모든 도메인의 값이 될 수 있고 결과적으로 SQL의 기본 사항에 의해 모든 속성에서 가능한 값이다. 하지만 특정 속성에서 널 값은 적당하지 않을 수도 있다. *student* 릴레이션에서 *name*이 *null*인 튜플을 생각해 보자. 이러한 튜플은 알려지지 않은 학생에 대한 학생 정보를 제공한다. 즉 유용한 정보는 포함하지 않는다. 이와 비슷하게 학과 예산은 *null*이 아니어야 한다. 이러한 경우에 *name*과 *budget* 속성에 대해서 널 값을 금지하고 싶으면 다음과 같이 정의할 수 있다.

name **varchar**(20) **not null**
budget **numeric**(12,2) **not null**

not null 명세는 이 속성에서 널 값의 삽입을 못하게 하는데, 이것은 **도메인 제약 조건**(domain constraint)의 한 예다. **not null**인 도메인에 널 값을 삽입하게 하는 어떠한 형태의 데이터베이스 수정도 오류 메시지를 발생시킨다.

널 값을 피해야 하는 많은 상황이 있다. 특히 릴레이션 스키마의 주 키에 대해서 널 값을 막는 것은 필수적이다. 대학교 예제의 *department* 릴레이션에서 *dept_name* 속성은 *department* 릴레이션의 주 키이기 때문에 널 값을 가질 수 없다. 결과적으로 **not null**이라고 명백하게 선언할 필요가 없는 것이다.

4.4.3 Unique 제약 조건

SQL은 다음과 같은 무결성 제약 조건을 제공한다.

$$\textbf{unique}\ (A_{j_1}, A_{j_2}, \ldots, A_{j_m})$$

unique 명세는 속성 $A_{j_1}, A_{j_2}, \ldots, A_{j_m}$이 수퍼 키를 구성한다는 것을 나타낸다. 즉 릴레이션의 어떠한 두 개의 튜플도 나열된 속성의 값이 같을 수 없다. 그러나 유일한 것으로 정의한 속성은 명시적으로 **not null**을 선언하지 않는 한 널 값을 가질 수 있다. 널 값은 어떠한 값과도 같지 않음을 상기하자(여기에서 널 값을 취급하는 것은 3.8.4절에서 정의한 **unique** 구문에서와 같다).

4.4.4 Check 절

릴레이션의 정의를 적용할 때 **check**(*P*) 절은 릴레이션의 모든 튜플이 충족해야 하는 술어 *P*를 명시한다.

check 절의 일반적인 사용은 속성값이 명시된 조건을 만족하는 것을 보장하는 것인데, 실상 이는 더 강력한 타입 시스템을 만드는 것이다. 예를 들어, *department* 릴레이션에 대한 **create table** 명령어에서 **check**(*budget* > 0) 절은 **budget**이 음수가 되지 않는 것을 보장한다.

또 다른 예제로 다음과 같은 명령을 보자.

```
create table section
    (course_id      varchar (8),
     sec_id         varchar (8),
     semester       varchar (6),
     year           numeric (4,0),
     building       varchar (15),
     room_number    varchar (7),
     time_slot_id   varchar (4),
     primary key (course_id, sec_id, semester, year),
     check (semester in ('Fall', 'Winter', 'Spring', 'Summer')));
```

이 질의에서 **check** 절은 *semester*가 'Fall', 'Winter', 'Spring', 'Summer' 중 하나여야 한다는 열거형 타입(enumerated type)을 정의하는 데 사용했다. 이처럼 **check** 절은 대부분의 프로그래밍 언어 타입 시스템이 허용하지 않는 강력한 방법으로 속성의 도메인을 제한할 수 있다.

널 값은 **check** 절을 평가할 때 흥미로운 특수 사례를 제시한다. 거짓이 아니면 **check** 절을 만족하므로 **unknown**으로 평가되는 절은 위반이 아니다. 널 값이 필요하지 않은 경우 별도의 **not null** 제약(4.4.2절 참조)을 지정해야 한다.

check 절은 위에 표시된 대로 자체적으로 표시되거나 속성 선언의 일부루 나타날 수 있다. 그림 4.9에서는 *semester* 속성의 선언 일부로 *semester* 속성에 대한 **check** 제약을 보여 준다.

check 절의 배치는 코딩 스타일의 문제다. 일반적으로 단일 속성값에 대한 제약 조건은 해당 속성과 함께 나열되는 반면, 더 복잡한 **check** 절은 **create table** 문 끝에 별도로 나열된다.

SQL 표준에 따르면 **check** 절의 술어는 하위 질의를 포함한 임의의 술어가 될 수 있다. 그러나 현재 널리 사용되고 있는 데이터베이스 시스템 중에 하위 질의를 **check** 절의 술어에 포함하는 방법을 제공하는 것은 없다.

```
create table classroom
   (building      varchar (15),
    room_number   varchar (7),
    capacity      numeric (4,0),
    primary key (building, room_number));

create table department
   (dept_name     varchar (20),
    building      varchar (15),
    budget        numeric (12,2) check (budget > 0),
    primary key (dept_name));

create table course
   (course_id     varchar (8),
    title         varchar (50),
    dept_name     varchar (20),
    credits       numeric (2,0) check (credits > 0),
    primary key (course_id),
    foreign key (dept_name) references department);

create table instructor
   (ID            varchar (5),
    name          varchar (20) not null,
    dept_name     varchar (20),
    salary        numeric (8,2) check (salary > 29000),
    primary key (ID),
    foreign key (dept_name) references department);

create table section
   (course_id     varchar (8),
    sec_id        varchar (8),
    semester      varchar (6) check (semester in
                            ('Fall', 'Winter', 'Spring', 'Summer')),
    year          numeric (4,0) check (year > 1759 and year < 2100),
    building      varchar (15),
    room_number   varchar (7),
    time_slot_id  varchar (4),
    primary key (course_id, sec_id, semester, year),
    foreign key (course_id) references course,
    foreign key (building, room_number) references classroom);
```

그림 4.9 대학교 데이터베이스 SQL 데이터 정의의 일부

4.4.5 참조 무결성

종종 주어진 속성의 집합에 대한 한 릴레이션(참조하는 릴레이션)의 값이 또 다른 릴레이션(참조되는 릴레이션)의 특정한 속성 집합에 대해 반드시 나타나야 하는 경우가 있다. 2.3절에서 보았듯이,

그러한 조건을 **참조 무결성 제약 조건**이라고 하며, 외래 키는 참조된 속성이 참조된 릴레이션의 주 키를 이루는 참조 무결성 제약의 한 형태다.

3.2.2절에서 본 것처럼 외래 키는 **foreign key** 절을 사용한 **create table** 명령어의 일부분으로 명시된다. 그림 4.9는 대학교 데이터베이스의 SQL DDL 정의를 사용하여 외래 키를 선언한 예다. *course* 테이블의 정의에는

"**foreign key** (*dept_name*) **references** *department*".

와 같은 부분이 있다. 이러한 외래 키 선언은 각 과목 튜플에 명시된 학과 이름이 *department* 릴레이션에 존재해야 한다는 것이다. 이러한 제약 조건이 없으면 존재하지 않는 학과 이름을 입력하는 것이 가능해진다.

기본적으로 외래 키는 참조되는 테이블의 주 키 속성을 참조한다. SQL은 또한 참조되는 릴레이션의 속성에 대한 리스트를 명백하게 기술할 수 있는 변형된 **references** 절을 지원한다.[8] 예를 들어, *course* 릴레이션의 외래 키는 다음과 같이 선언될 수 있다.

foreign key (*dept_name*) **references** *department*(*dept_name*)

지정된 속성의 리스트는 **주 키** 제약 조건을 사용하거나 **unique** 제약 조건을 사용해서 반드시 참조되는 릴레이션의 수퍼 키로 선언되어야 한다. 참조되는 속성이 후보 키여야 할 필요가 없는 보다 일반적인 형식의 참조 무결성 제약 조건은 SQL로 직접 명시할 수 없다. SQL 표준은 그러한 제약 조건을 구현할 수 있는 다른 구문을 명시한다. 이 부분은 4.4.8절에서 자세히 다룬다. 그러나 널리 사용되는 어떠한 데이터베이스 시스템도 이러한 대안적인 구문을 지원하지 않는다.

외래 키는 호환 가능한 속성 집합을 참조해야 함에 주목하라. 즉 속성 수가 같아야 하고 해당 속성의 데이터 타입이 서로 호환 가능해야 한다.

속성이 외래 키를 형성하도록 선언하기 위해 속성 정의의 일부로 다음과 같은 형식을 사용할 수 있다.

dept_name **varchar**(20) **references** *department*

참조 무결성 제약 조건이 위반되었을 때 기본적인 절차는 위반을 유발한 동작을 거절하는 것이다(즉 갱신을 수행하는 트랜잭션이 롤백된다). 하지만 **foreign key** 절은 참조되는 릴레이션에서 삭제나 갱신 동작이 제약 조건 위반을 발생시키면 그 동작을 거부하는 대신, 시스템이 참조하는 릴레이션의 튜플을 변환하는 절차를 저장함으로써 나중에 복원할 수 있다. *course* 릴레이션에 대한 다음의 무결성 제약 조건 정의를 살펴보자.

---

8 일부 시스템, 특히 MySQL은 기본값을 지원하지 않으며, 참조된 릴레이션의 속성을 지정해야 한다.

```
create table course
    ( …
    foreign key (dept_name) references department
                on delete cascade
                on update cascade,
    … );
```

on delete cascade 절이 외래 키 선언과 연관되어 있기 때문에 *department* 릴레이션의 튜플 삭제는 참조 무결성 제약 조건 위반이 생기더라도 시스템은 그러한 삭제를 수행할 수 있다. 대신에 *department* 릴레이션의 튜플 삭제는 삭제된 그 학과를 참조하는 *course* 릴레이션의 튜플도 **"연쇄(cascade)"** 삭제하게 되는 결과로 이어지게 된다. 이와 유사하게 갱신이 제약 조건을 위반할 경우 시스템은 제약 조건에 의해 참조되는 필드에 대한 갱신을 거절하는 대신에 시스템이 *course*에서 참조하는 튜플의 *dept_name* 필드를 새로운 값으로 갱신한다. SQL은 또한 **foreign key** 절이 **cascade**에 대한 동작을 정의하는 것뿐만 아니라 제약 조건이 위반되었을 때 참조하는 필드(여기서는 *dept_name*)를 널 값으로 지정(**cascade** 자리에 **set null**을 사용)하거나 도메인에 대한 기본값을 지정(**set default**를 이용)하도록 기술하는 것을 허용한다.

여러 릴레이션에 걸친 외래 키 종속에 대한 연결고리가 있으면 연결고리 끝에 대한 삭제나 갱신은 전체 연결에 걸쳐서 전파된다. 여기에서 흥미로운 경우는 릴레이션 참조에 대한 **외래 키** 제약 조건이 같은 릴레이션에 나타나는 경우로 문제 4.9에서 다룬다. 만약 연쇄 삭제와 갱신이 추가적인 연쇄 동작으로 복구할 수 없는 제약 조건 위반을 발생시킨다면 시스템은 트랜잭션을 취소한다. 결과적으로 트랜잭션이나 모든 연쇄 동작에 의한 변화는 무효화된다.

SQL에서 널 값은 참조 무결성 제약 조건에 대한 의미를 복잡하게 만든다. 외래 키의 속성은 **not null**로 선언되지 않았다면 *null* 값이 되도록 허용된다. 만약 외래 키의 모든 열이 주어진 튜플 내에서 널이 아니라면 그 튜플에 대해서 외래 키 제약 조건에 대한 일반적인 선언이 사용된다. 또한 만약 어떤 외래 키의 열이 *null* 값이라면 그 튜플은 자동으로 제약 조건을 만족하도록 선언된다. 이러한 정의는 올바른 선택이 아닐 수도 있어서 SQL은 사용자가 널 값에 대한 동작을 변경할 수 있도록 하는 구문을 지원한다. 여기에서 이러한 구문에 대해서는 다루지 않는다.

4.4.6 제약 조건 명명

무결성 제약 조건에 이름을 할당할 수 있다. 이러한 이름은 이전에 정의된 제약 조건을 삭제하려는 경우 유용하다.

제약 조건의 이름을 지정하려면 제약 조건 앞에 키워드 **constraint**와 할당하려는 이름을 붙여야 한다. 예를 들어, *instructor*의 *salary* 속성에 대한 **check** 제약 조건에 *minsalary*라는 이름을 할당하려면(그림 4.9 참조) *salary* 선언을 다음과 같이 수정할 수 있다.

```
salary numeric(8,2), constraint minsalary check (salary > 29000),
```

나중에 이 제약 조건이 이제는 필요 없다고 결정되면 다음과 같이 작성할 수 있다.

alter table *instructor* **drop constraint** *minsalary*;

이름이 없으면 먼저 시스템별 특성을 사용하여 제약 조건에 대한 시스템에 종속된 이름을 식별해야 한다. 모든 시스템이 이를 지원하는 것은 아니나 예를 들어, Oracle에서는 시스템 테이블 *user_constraints*에 이 정보를 포함한다.

4.4.7 트랜잭션 수행 중 무결성 제약 조건 위반

트랜잭션은 여러 단계로 구성될 수 있고 무결성 제약 조건은 한 단계에서 일시적으로 발생할 수 있다. 하지만 그다음 단계에서 위반이 제거될 수 있다. 예를 들어, 주 키 *name*을 가지는 *person* 릴레이션이 있다고 가정하자. 그리고 속성 *spouse*는 *person*의 외래 키인 속성이라고 하자. 여기서 제약 조건은 *spouse* 속성이 반드시 *person* 테이블에 있는 *name*을 포함하고 있어야 함을 의미한다. 위 릴레이션에 John에 대한 튜플과 Mary에 대한 튜플을 삽입함으로써 John과 Mary가 서로 결혼했다는 사실을 나타내고 싶다고 하자. 두 개의 튜플 중 어떤 것이 먼저 삽입되든지, 첫 번째 튜플의 삽입은 외래 키 제약 조건을 위반할 것이다. 하지만 두 번째 튜플이 삽입된 후에는 외래 키 제약 조건을 다시 유지하게 된다.

이러한 상황을 처리하기 위해서 SQL 표준은 **초기에 연기된**(initially deferred) 절이 제약 조건 사양에 추가되도록 허용한다. 무결성 제약 조건은 트랜잭션의 중간 단계가 아닌 트랜잭션의 마지막 단계에서 검사되어야 한다. 제약 조건은 대안적인 방법으로 **연기가능**(deferrable)하게 명시될 수 있다. 이는 기본적으로는 즉시 검사를 하지만, 원하는 다른 시간으로 연기할 수 있다는 것을 말한다. 연기가능하게 선언된 제약 조건에서 트랜잭션 일부분으로 **set constraints** *constraint-list* **deferred** 명령어를 실행하는 것은 명시된 제약 조건 검사를 트랜잭션의 마지막 단계로 연기시킨다. 제약 조건 목록에 나타날 제약 조건에는 이름이 지정되어 있어야 한다. 기본 동작은 제약 조건을 즉시 확인하는 것인데, 많은 데이터베이스 시스템은 제약 조건을 연기해서 검사하는 것을 지원하지 않는다.

앞의 예제를 다른 방법으로 해결할 수 있다. 만약 *spouse* 속성에 *null* 값이 가능하다면 John과 Mary에 해당하는 튜플을 삽입할 때 *spouse* 속성을 *null* 값으로 정하고 후에 갱신한다. 이러한 기술은 구현이 복잡하며 또한 속성이 *null* 값을 가지지 못하면 할 수 없다.

4.4.8 복잡한 Check 조건과 주장

SQL 표준은 이 절에서 이야기하는 무결성 제약 조건을 명시할 수 있는 추가적인 구조를 제공한다. 하지만 이러한 구문은 대부분 데이터베이스 시스템에서 지원되지 않고 있으므로 실제 사용에 주의해야 한다.

SQL 표준의 정의에 따르면, **check** 절의 술어는 하위 질의를 포함한 임의의 술어를 사용할 수 있다. 만약 데이터베이스 구현이 **check** 절에서의 하위 질의를 지원한다면, *section* 릴레이션에 대해서 다음과 같은 참조 무결성 제약 조건을 명시할 수 있다.

check (*time_slot_id* **in** (**select** *time_slot_id* **from** *time_slot*))

이 **check** 조건은 *section* 릴레이션의 각 튜플에 있는 *time_slot_id*가 *time_slot* 릴레이션에 실제로

존재하는 식별자인지 확인한다. 이러한 조건은 *section* 릴레이션에 튜플이 삽입되거나 삭제되었을 때뿐 아니라 *time_slot* 릴레이션이 수정되었을 때(*time_slot* 릴레이션에서 튜플이 삭제되거나 수정된 경우)도 확인한다.

대학교 스키마에 대해 자연스럽게 생길 수 있는 또 다른 제약 조건은 모든 분반마다 해당 분반을 가르치는 교수가 적어도 한 명 있어야 한다는 것이다. 이러한 조건을 강제하기 위해서 *section* 릴레이션의 (*course_id*, *sec_id*, *semester*, *year*) 속성에 *teaches* 릴레이션의 속성을 참조하는 외래 키 정의를 추가할 수 있다. 불행히도 이러한 속성은 *teaches* 릴레이션의 후보 키를 형성하지 못한다. 만약 데이터베이스 시스템이 **check** 조건에 하위 질의를 사용하는 것을 지원한다면 **check** 제약 조건과 유사하게 *time_slot* 속성이 이러한 제약 조건을 강제하기 위해서 사용될 수 있다.

복잡한 **check** 조건은 데이터의 무결성을 보장하고 싶지만 이를 모두 테스트하는 비용이 너무 클 때 유용하게 사용할 수 있다. 예를 들어, 하위 질의를 사용한 경우, **check** 절의 술어가 *section* 릴레이션에서 수정이 일어났을 때뿐 아니라 *time_slot* 릴레이션에 수정이 일어났는지도 확인해야 할 수 있다.

주장(assertion)은 데이터베이스가 항상 만족하길 원하는 조건을 표현하는 술어다. 이러한 제약 조건의 예로 다음 두 가지를 들 수 있다.

- *student* 릴레이션의 각 튜플에 대해서 *tot_cred* 속성의 값은 전체 과목 중에서 성공적으로 수강을 마친 과목의 학점의 합과 같아야 한다.
- 교수는 같은 학기의 같은 시간에 서로 다른 두 장소에서 과목을 가르칠 수 없다.[9]

SQL에서 주장은 다음과 같은 형식으로 선언된다.

create assertion <assertion-name> **check** <predicate>;

그림 4.10은 제약 조건의 첫 번째 예제가 SQL로 어떻게 쓰일 수 있는지 보여 준다. SQL은 "모든 *X*에 대한 *P*(*X*)"의 구문(여기서 *P*는 술어)을 지원하지 않으므로 이 제약 조건을 구현하기 위해서는 SQL로 기술할 수 있으며 의미상으로 동등한 "*P*(*X*)가 아닌 *X*는 존재하지 않는다" 형태의 구문을 사용해야 한다.

두 번째 제약 조건에 대한 명세는 연습문제로 남겨 둔다. 이 두 가지 제약 조건은 **check** 술어를 사용하여 표현할 수 있지만, 특히 두 번째 제약 조건에서는 주장을 사용하는 것이 더 자연스러울 수 있다.

주장이 생성되었을 때 시스템은 그것이 타당한지 테스트한다. 주장이 올바르다면 데이터베이스에 대한 수정은 주장을 위반하지 않는 경우에만 허용된다. 복잡한 주장이 생성되었을 경우 이에 대한 테스트는 상당한 양의 부하를 일으킬 수 있다. 따라서 주장은 신중히 사용되어야 한다. 주장을

9 강의는 다른 강의실에는 원격으로 표시되지 않는다고 가정한다! "교수는 해당 학기의 두 과목을 같은 시간에 가르칠 수 없음"을 지정하는 대안적인 제약 조건은 유효하지 않을 수 있는데, 이는 과목이 때때로 교차 목록에 있지 않을 수 있기 때문이다. 즉 같은 과목에 두 개의 식별자와 제목이 부여된다.

```
create assertion credits_earned_constraint check
(not exists (select ID
            from student
            where tot_cred <> (select coalesce(sum(credits), 0)
                               from takes natural join course
                               where student.ID= takes.ID
                                     and grade is not null and grade<> 'F' )))
```

그림 4.10 주장 예제

테스트하고 유지하는 데 따른 높은 부하 때문에 어떤 시스템 개발자들은 일반적인 주장의 지원을 생략하거나 테스트하기 쉬운 특수한 형태의 주장을 지원한다.

오늘날 널리 사용되고 있는 데이터베이스 시스템 중 **check** 절 술어에서 하위 질의를 지원하거나 **create assertion** 구문을 지원하는 시스템은 없다. 하지만 5.3절에서 언급할 트리거를 지원하는 데이터베이스 시스템에서는 트리거를 이용해서 **assertion**이 하는 것과 똑같은 기능을 구현할 수 있다. 5.3절에서 *time_slot_id*에 대한 참조 무결성 제약 조건을 트리거를 이용해서 어떻게 구현할 수 있는지 보일 것이다.

4.5 SQL의 데이터 타입과 스키마

3장에서 정수형(integer), 실수형(real), 문자형(character)과 같은 SQL에서 지원하는 여러 가지 내장 데이터 타입을 다루었다. 여기에서는 SQL이 지원하는 추가적인 내장 데이터 타입을 살펴본다. 또한 SQL에서 사용자 정의 타입을 어떻게 생성하는지도 다룬다.

4.5.1 SQL에서 날짜와 시간 타입

3.2절에서 소개한 기본 데이터 타입에 추가로, SQL 표준에서는 날짜와 시간과 관련된 몇 가지 데이터 타입을 제공한다.

- **date**: (네 개의 숫자를 가지는)연도, 월, 일로 구성되는 날짜
- **time**: 시, 분, 초로 나타낸 그날의 시간. **time**(*p*)는 초를 위한 소수 단위까지 명시하는 데 사용된다(기본값은 0). **time with timezone** 구문을 함께 명시하는 것이 가능하다.
- **timestamp**: **date**와 **time**의 조합. **timestamp**(*p*)는 초를 위한 소수 단위까지 명시하는 데 사용된다(여기에서의 기본값은 6). **with timezone**을 사용했다면 시간대 정보 또한 저장된다.

날짜와 시간의 값은 다음처럼 지정할 수 있다.

```
date '2018-04-25'
time '09:30:00'
timestamp '2018-04-25 10:29:01.45'
```

날짜는 보는 바와 같이 연도 뒤에 달, 그 뒤에 일과 같은 형태로 명시해야 한다.[10] **time**이나 **timestamp**에서의 초는 앞의 **timestamp**에서 보는 것처럼 소수점을 가질 수 있다.

date나 **time** 값 *d*에서 각각의 영역을 추출하기 위해서 **extract**(*field* **from** *d*)를 사용할 수 있는데, 여기에서 *field*는 **year**, **month**, **day**, **hour**, **minute**, **second** 중 하나다. 시간대 정보는 **timezone_hour**와 **timezone_minute**로부터 추출할 수 있다.

SQL은 또한 현재 날짜와 시간을 얻기 위해 몇 가지 유용한 함수를 정의한다. 예를 들면, **current_date**로 현재 날짜를, **current_time**으로 현재 시간(시간대와 같이)을, **localtime**으로 현재 지역 시간(시간대 제외)을 얻을 수 있다. 타임스탬프(즉 날짜+시간)는 **current_timestamp**(시간대와 같이)와 **localtimetamp**(지역 날짜와 시간. 단, 시간대는 제외)로 얻을 수 있다.

MySQL을 포함한 일부 시스템은 시간대에 맞게 조정할 수 없는 시간을 나타내는 **datetime** 데이터형을 제공한다. 실제로 시간 지정에는 표준 시간대 "일광(daylight)" 또는 "여름" 시간의 사용을 포함하여 많은 특수한 예도 있다. 시스템마다 표현 가능한 시간 범위가 다르다.

SQL은 여기에 나열한 모든 도메인에 대해 비교 연산을 허용하며, 다양한 숫자 도메인에 대해서는 산술, 비교 연산 모두를 허용한다. SQL은 **interval**이라는 데이터 타입도 제공하는데, 이는 날짜와 시간에 기반하여 그 시간 구간을 계산할 수 있다. 예를 들어, *x*와 *y*가 **date** 타입이라면 $x - y$는 날짜 *x*와 날짜 *y*의 날짜 구간을 값으로 하는 구간이 된다. 비슷하게, 구간을 날짜나 시간에 더하거나 빼면 각각 날짜나 시간으로 반환하는 구간 연산도 가능하다.

4.5.2 타입 변환 및 서식 함수

많은 시스템이 일부 데이터 타입 **변환**(conversion)을 자동으로 수행하지만 몇몇 다른 시스템들은 명시적으로 변환해야 한다. **cast** (*e* **as** *t*)의 표현식을 사용하면 (내부의) 표현식 *e*를 타입 *t*로 변환할 수 있다. 특정 연산 수행이나 특정 정렬 순서를 강제하기 위해 데이터 타입 변환이 필요할 수 있다. 예를 들어, 문자열 (**varchar** (5))로 지정한 *instructor*의 *ID* 속성을 고려해 보자. 이 속성으로 출력을 정렬하면 ID 11111이 ID 9 앞에 오게 되는데, 이는 첫 번째 문자 '1'이 '9' 앞에 오기 때문이다. 만약 다음과 같이 작성한다면,

```
select cast(ID as numeric(5)) as inst_id
from instructor
order by inst_id
```

원하는 순서대로 정렬될 것이다.

데이터를 질의 결과로 표시하려면 또 다른 타입의 변환이 필요할 수 있다. 예를 들어, 숫자를 특정 자릿수로 표시하거나 특정 형식(예: 월-일-년 또는 일-월-연도)으로 표시하고 싶을 수 있다. 이것은 데이터 타입의 변환이라기보다는 형식 변환이라고 할 수 있다. 데이터베이스 시스템은 다양한 형식 지정 함수(formatting function)를 제공하며 함수의 사용법에 관한 세부 사항은 시스템마다 다르다. 예를 들어, MySQL은 **format** 함수, Oracle 및 PostgreSQL은 **to_char**, **to_number** 및

10 많은 데이터베이스 시스템은 문자열을 날짜 및 타임스탬프로 기본 변환할 수 있는 유연한 기능을 제공한다.

to_date 등의 함수 집합, SQL Server는 **convert** 함수를 제공한다.

결과를 표시할 때 생길 수 있는 또 다른 문제는 *null* 값 처리다. 이 책에서는 명확한 읽기를 위해 널을 사용하나, 대부분 시스템의 기본적인 처리 방법은 그러한 널 필드를 비워 둔다. **coalesce** 함수를 사용하여 질의 결과에서 어떻게 널 값을 출력할지 선택할 수 있다. **coalesce** 함수는 모두 같은 타입인 임의의 개수의 인자를 취하며 맨 처음에 나타나는 null이 아닌 인자를 반환한다. 예를 들어, 아래 질의의 결과는 교수 ID와 급여를 정상적으로 표시하지만, 급여가 널 값일 경우 0으로 표시한다.

```
select ID, coalesce(salary, 0) as salary
from instructor
```

coalesce 함수의 한계 중 하나는 모든 인자가 동일한 타입이어야 한다는 것이다. 만약 "이용 불가(not available)"임을 나타내기 위해 널 값 급여를 'N/A'로 표시하려 한다면 **coalesce**를 사용할 수 없다. Oracle의 **decode** 함수와 같은 시스템 자체적으로 지원하는 함수를 통해서 그러한 변환이 가능한데, **decode**의 일반적인 형식은 아래와 같다.

```
decode (value, match-1, replacement-1, match-2, replacement-2, ...,
    match-N, replacement-N, default-replacement);
```

decode 함수는 *value*를 *match* 값과 비교하여 일치가 발견되면 속성값을 해당 대체 값으로 바꾼다. 일치하지 않으면 속성값을 기본으로 설정된 대체 값으로 바꾼다. 이때 반드시 데이터 타입이 일치해야 한다는 요구 사항은 없다. 편의상 *null* 값은 match 값으로 나타날 수 있으며 보통의 경우와 달리 *null*은 *null*과 같은 것으로 처리된다. **decode**를 통해 다음과 같이 앞서 본 널 급여를 'N/A'로 나타낼 수 있다.

```
select ID, decode (salary, null, 'N/A', salary) as salary
from instructor
```

4.5.3 기본값

SQL은 다음의 **create table** 문과 같이 속성에 대한 **기본**(default)값으로 특정 값을 지정할 수 있다.

```
create table student
    (ID          varchar (5),
     name        varchar (20) not null,
     dept_name   varchar (20),
     tot_cred    numeric (3,0) default 0,
     primary key (ID));
```

tot_cred 속성의 기본값으로 0을 선언한다. 그 결과, *student* 릴레이션에 튜플이 삽입될 때 *tot_cred* 속성에 대한 값이 입력되지 않는다면 그 값은 0으로 입력된다. 다음의 **insert** 문과 같이, *tot_cred* 속성에 대한 값을 빠뜨리고 삽입할 수도 있다. (그러면 *tot_cred*에 0을 할당한다.)

insert into *student*(*ID*, *name*, *dept_name*)
values ('12789', 'Newman', 'Comp. Sci.');

4.5.4 대형 객체 타입

현재의 많은 데이터베이스 응용 프로그램은 사진, 고화질 의료 영상 이미지, 비디오와 같은 큰 데이터 항목을 도메인으로 하여 저장할 수 있는 속성이 필요하다. SQL은 큰 문자 데이터(**clob**)나 큰 이진 데이터(**blob**)에 대한 **대형 객체 데이터 타입**(large-object data type)을 제공하며, **clob**과 **blob** 같은 데이터형 이름의 일부인 "lob"은 "Large OBject"를 나타낸다. 다음과 같이, 대형 객체 데이터 타입을 갖는 속성을 선언할 수 있다.

book_review **clob**(10KB)
image **blob**(10MB)
movie **blob**(2GB)

(수 메가바이트에서 기가바이트에 이르는) 대형 객체를 포함하는 질의 결과 튜플에 대해 그러한 대형 객체를 한 번에 메모리에 적재하는 것은 효율적이지 못하고 실제적이지도 않다. 대신 응용 프로그램은 SQL 질의를 사용하여 대형 객체에 대한 "위치자(locator)"를 얻고 이를 이용해 응용 프로그램을 작성한 호스트 언어에서 그 객체를 다룬다. 예를 들어, (5.1.1절에서 다루는) JDBC 응용 프로그램 인터페이스는 전체 대형 객체 대신 위치자를 가지고 올 수 있도록 한다. 그리하여 한 번에 다 가지고 오기보다는 작은 부분으로 나눠서 요청된 대형 객체를 가지고 오도록 해당 위치자를 사용한다. 이는 운영체제 파일에서 read 함수 호출을 통해 데이터를 가져오는 것과 비슷하다.

4.5.5 사용자 정의 타입

SQL에서는 **사용자 정의 데이터 타입**(user-defined data type)을 두 가지 형태로 지원한다. 첫 번째 형태는 **고유 타입**(distinct type)으로 이번 장에서 다루게 된다. 두 번째 형태는 **정형 데이터 타입**(structured data type)으로, 중첩 레코드 타입, 배열, 다중 집합으로 된 복잡한 데이터 타입이다. 정형 데이터 타입은 이번 장에서는 다루지 않고 8.2절에서 다룬다.

여러 속성이 같은 데이터 타입을 가질 수도 있다. 예를 들어, 학생 이름과 교수 이름을 저장하기 위한 *name* 속성은 모든 사람 이름의 집합처럼 서로 같은 도메인을 가질 수 있다. 하지만 한 가지 명확한 것은 *budget*과 *dept_name*의 도메인은 서로 달라야 한다는 점이다. 이때 *name*과 *dept_name*이 반드시 같은 도메인을 가져야 한다는 것은 아마도 명확하지 않을 수 있다. 실제 구현 단계에서는 교수 이름과 학과 이름이 모두 문자열이긴 하나 "학과 이름과 같은 이름을 가지고 있는 교수를 찾아라."와 같은 질의가 있다면 정상적으로 볼 때 이 질의는 의미 있는 질의라고 보기 어렵다. 이처럼 데이터베이스를 물리적 단계가 아닌 개념적 단계로 본다면 *name*과 *dept_name*은 서로 다른 도메인을 가지는 것이 맞다.

더 중요한 것은 실제 현실에서 교수의 이름을 학과의 이름에 할당하는 것은 아마도 프로그래밍 오류일 것이다. 마찬가지로, 달러로 표시된 화폐 단위를 파운드로 표시된 화폐 단위와 비교하는 것도 같은 부류의 프로그래밍 오류일 것이다. 좋은 타입 시스템이라면 이러한 오류가 있는 값의 할당

노트 4.2 시간적 유효성

예를 들어, 각 교수의 현재 급여뿐만 아니라 전체 급여 기록을 저장하려는 경우와 같이 과거 데이터를 포함해야 하는 경우가 있다. 주어진 급여 값에 대한 시작 날짜와 종료 날짜를 나타내는 두 개의 속성을 *instructor* 릴레이션 스키마에 추가함으로써 이를 간단하게 처리할 수 있다. 이렇게 하면 교수는 특정 시작 날짜와 종료 날짜의 각 쌍에 해당하는 여러 급여 값을 가질 수 있게 된다. 여기에 해당하는 시작 및 종료 날짜를 해당 급여 값에 대한 **유효 시간**(valid time) 값이라고 한다.

이제 *instructor* 릴레이션에 같은 ID 값을 가진 한 개 이상의 튜플이 있을 수 있다고 해 보자. 시간 데이터의 맥락에서 주 키 및 외래 키 제약 조건을 지정하는 이슈는 7.10절에서 논의한다.

데이터베이스 시스템이 이러한 시간적 구문을 지원하려면 첫 번째 단계는 특정 속성이 유효한 시간 간격을 정의하도록 지정하는 구문을 제공하는 것이다. Oracle 12c의 구문을 예로 사용해 보자. *instructor*를 위한 SQL DDL은 *start_date*와 *end_date* 속성이 유효 시간 간격을 지정해야 한다는 것을 나타내기 위해 다음과 같은 **period** 선언을 사용하여 확장될 수 있다.

```
create table instructor
    (…
    start_date      date,
    end_date        date,
    period for valid time (start_date, end_date),
    …);
```

Oracle 12c는 또한 시간 데이터를 쉽게 질의할 수 있도록 여러 가지 종류의 DML 확장 버전을 제공한다. 예를 들어, **as of period for** 구문은 특정 시간을 포함하는 유효 시간 기간을 갖는 튜플만 가지고 오도록 질의할 수 있게 한다. 만약 2014년 1월 20일과 같은 과거 어느 시점의 교수와 연봉을 찾으려고 한다면 다음과 같이 작성하면 된다.

```
select name, salary, start_date, end_date
from instructor as of period for valid_time '20-JAN-2014';
```

유효 기간이 2014년 1월 20일부터 2014년 1월 30일까지인 기간 전체 또는 일부를 포함하는 튜플을 찾으려면 다음과 같이 작성하면 된다.

```
select name, salary, start_date, end_date
from instructor versions period for valid_time between '20-JAN-2014' and '30-JAN-2014';
```

Oracle 12c는 (5장에서 설명할) 데이터베이스 저장 프로시저가 지정된 기간에 실행되도록 하는 특성을 구현한다.

위에서 언급된 구문은 시간 질의에 대한 명세를 쉽게 하는데, 사실 이러한 구문 없이도 시간 데이터에 대한 질의를 작성하는 데는 큰 어려움이 없다.

이나 비교를 잘 탐지할 수 있어야 한다. 이런 종류의 검사를 지원하기 위해 SQL은 **distinct type**을 제공한다.

새로운 타입을 정의하기 위해 **create type** 절을 사용한다. 예를 들면, 다음 문은

create type *Dollars* **as numeric**(12,2) **final**;
create type *Pounds* **as numeric**(12,2) **final**;

사용자 정의 타입인 *Dollars*와 *Pounds*를 정의하는데, 이들 타입의 도메인이 총 12자리 수이며 그 중 2자리는 소수점 이하라는 것을 나타낸다.[11] 그러면 새로 생성한 위 타입을 릴레이션의 속성 타입으로 쓸 수 있다. 예를 들어, *department* 테이블을 다음과 같이 선언할 수 있다.

create table *department*
(*dept_name* **varchar** (20),
building **varchar** (15),
budget *Dollars*);

*Dollars*형의 값을 *Pounds*형의 변수에 할당하려고 하면 둘 다 같은 수치형일지라도 컴파일 시 오류를 유발하게 된다. 이러한 할당 시도는 프로그래머의 실수, 즉 프로그래머가 달러와 파운드의 통화(currency) 차이를 인식하지 못한 결과 때문에 발생할 수도 있다. 다른 통화에 대해서는 다른 타입을 선언하고 사용하면 이러한 오류를 검출하는 데 도움이 될 수 있다.

강한 타입 검사에 따르면, (*department.budget*+20)의 표현식은 속성 *department.budget*과 정수 상숫값인 20은 서로 다른 타입을 가지게 되므로 적법하지 않을 수 있다. 4.5.2절에서 보았듯이, 아래와 같이 한 가지 타입의 값을 다른 도메인으로 변환해야 한다.

cast (*department.budget* **to** *numeric*(12,2))

여기서 수치형끼리 더하기가 가능하나, 그 더하기 결과를 *Dollars* 타입의 어떤 속성으로 돌려서 저장하기 위해 타입을 *Dollars*로 형 변환해야 한다.

SQL은 이전에 생성한 타입을 삭제하거나 변경하기 위한 **drop type**과 **alter type** 절을 제공한다.

SQL(즉 SQL:1999)에 사용자 정의 타입을 추가하기 전, 유사하지만 미묘하게 다른 개념인 (SQL-92에서 소개된) **도메인**(domain) 타입을 갖고 있었다. 도메인은 기초형(underlying type)에 무결성 제약 조건을 더할 수 있다. 예를 들어, 다음과 같이 어떤 도메인 *DDollars*를 정의할 수 있다.

create domain *DDollars* **as numeric**(12,2) **not null**;

Dollars 타입을 사용한 것처럼 도메인 *DDollars*를 속성 타입으로 사용할 수 있다. 하지만 타입과 도메인 사이에는 다음과 같은 두 가지 명백한 차이가 있다.

1. 도메인은 도메인에 대해 지정한 **not null**과 같은 제약 조건을 가질 수 있으며, 도메인 타입의 변수를 위해 정의한 기본값을 가질 수 있다. 반면, 사용자 정의 타입은 제약 조건과 기본값을 지정할 수 없다. 사용자 정의 타입은 속성 타입 지정뿐만 아니라 제약 조건을 적용할 수 없는 SQL의 확장에서도 사용될 수 있도록 설계되었다.

11 키워드 **final**은 이 문에서 실제로 어떤 의미도 없다. 다만 SQL:1999 표준에서 요구할 뿐이다. 그 때문에 여기에서는 다루지 않는다. 일부 SQL 엔진에서는 **final** 키워드를 생략할 수 있다.

노트 4.3 타입 및 도메인에 대한 지원

이 절에서 설명하는 **create type** 및 **create domain** 구문은 SQL 표준의 일부이지만 여기에 설명된 이러한 구문 형식은 대부분의 데이터베이스 엔진에서 완벽히 지원되지 않는다. PostgreSQL의 경우, **create domain** 구문을 지원하나 **create type** 구문과는 그 문법과 실제 내용이 다르다.

IBM DB2는 **create distinct type** 구문을 사용하는 **create type** 버전을 지원하지만, **create domain**은 지원하지 않는다. Microsoft SQL Server는 SQL **create domain** 요소와 유사한 도메인 제약 조건을 지원하는 **create type** 버전을 구현한다.

Oracle은 여기에 설명된 두 구문인 **create type**, **create domain**을 지원하지 않는다. Oracle, IBM DB2, PostgreSQL 및 SQL Server는 서로 다른 형식의 **create type** 구문을 사용하여 객체 지향 타입을 지원한다.

그러나 SQL은 8.2절에서 학습할 더 복잡한 객체 지향 타입 시스템도 정의하게 해 준다. 타입은 예를 들어, *firstname*과 *lastname*으로 구성된 *Name* 타입과 같은 구조를 가질 수 있다. 서브타이핑(subtyping)도 허용된다. 예를 들어, *Person* 타입에는 *Student*, *Instructor* 등의 서브타입(subtype)이 있을 수 있다. 상속 규칙은 객체 지향 프로그래밍 언어의 규칙과 유사하다. 객체 지향 프로그래밍 언어에서 객체에 대한 참조처럼 작동하는 튜플에 대한 참조를 사용할 수 있다. SQL은 배열 및 다중 집합 데이터 타입과 이러한 타입을 조작하는 방법을 허용한다.

여기서는 이러한 특성에 대한 상세 내용을 다루지 않는다. 데이터베이스 시스템이 이러한 특성을 어떻게 구현하는지는 시스템마다 다르다.

2. 도메인은 엄격하게 타입을 지킬 필요가 없다. 때문에 기초형이 호환 가능한 한, 한 도메인의 값을 또 다른 도메인 타입의 값으로 할당할 수 있다.

도메인을 적용할 때 **check** 절은 데이터베이스 스키마 설계자가 이 도메인을 따르는 것으로 선언한 속성이 반드시 만족해야 할 술어를 지정할 수 있게 한다. 예를 들면, 다음과 같이 **check** 절을 이용해서 교수의 급여 도메인은 특정 값 이상만 가지도록 할 수 있다.

```
create domain YearlySalary numeric(8,2)
        constraint salary_value_test check(value >= 29000.00);
```

YearlySalary 도메인은 *YearlySalary*가 $29,000.00 이상이어야 한다는 것을 강제하는 제약 조건을 갖는다. **constraint** 절의 *salary_value_test*는 기술해도 되고 안 해도 되는데, 사용 목적은 해당 제약 조건에 *salary_value_test*라는 이름을 붙이기 위해서다. 어떤 갱신이 어떤 제약 조건을 위반했는지 시스템이 살펴보기 위해 이 이름을 사용한다.

또 다른 예로, 아래와 같이 **in** 절을 사용해서 특정 값의 집합으로만 도메인을 제한할 수 있다.

```
create domain degree_level varchar(10)
    constraint degree_level_test
        check (value in ('Bachelors', 'Masters', 'Doctorate'));
```

4.5.6 고유 키값 생성하기

대학교 예제에서는 서로 다른 데이터 타입을 갖는 주 키 속성을 볼 수 있었다. *dept_name*과 같은 일부 속성은 실제 현실 세계 정보를 반영하고, 데이터베이스에서 임의로 생성한 값인 *ID*와 같은 다른 속성은 식별 목적으로만 사용한다. 후자의 주 키 도메인 타입의 경우 매번 새로운 값을 생성해야 하는 실제적인 부담이 있다. 가령 대학교에서 새로운 교수를 채용한다고 하자. 어떤 ID를 할당해야 하는가? 새 ID가 고유한지(unique) 아닌지 어떻게 판단하는가? 이를 위해 SQL 문을 작성할 수 있지만 이러한 문은 기존의 모든 ID를 확인해야 하므로 시스템의 성능 저하를 불러올 수 있다. 대안으로, 지금까지 생성한 가장 큰 ID 값을 저장하는 특수 테이블을 이용할 수 있다. 그러면 새 ID가 필요할 때마다 순서대로 현재의 ID 값을 증가시켜 다음의 ID 값으로 하고, 이 값을 새로운 가장 큰 값으로 저장해서 다음에도 사용할 수 있다.

데이터베이스 시스템은 고유 키-값에 대한 쌍의 생성을 자동으로 진행하고 관리한다. 관련 문법은 DBMS마다 다르며, 때로는 같은 시스템이라 하더라도 그 버전마다 다르다. 우리 책에 표시된 구문은 Oracle 및 DB2의 구문과 흡사하다. 예를 들어, *instructor* 릴레이션에서 교수 ID를 "*ID* **varchar**(5)"로 선언하지 않고 DBMS가 고유한 교수 ID를 찾아서 설정하게 할 수도 있다. 이러한 특성은 수치형 키-값 데이터 타입에 대해서만 동작하므로 *ID* 타입을 **number**로 변경해야 한다. 다음은 해당 구문의 예시다.

ID **number**(5) **generated always as identity**

always 옵션을 사용하면 **insert** 문에서는 자동으로 생성한 키의 값을 지정하면 안 된다. 만약 자동으로 생성한 키값을 사용하고 싶으면 (3.9.2절을 참조하여) 속성 순서를 명시적으로 지정해야 하는 **insert** 구문을 사용하도록 한다. 예를 들어, 아래의 *instructor* 예제에서는 *name*, *dept_name* 및 *salary* 값만 지정하면 된다.

insert into *instructor* (*name*, *dept_name*, *salary*)
values ('Newprof', 'Comp. Sci.', 100000);

일반 **select** 질의를 통해 생성된 ID 값을 찾을 수 있다. **always**를 **by default**로 대체하면 자체적으로 선택한 *ID*를 지정하거나 시스템이 정한 *ID*를 생성할 수 있다.

PostgreSQL은 *ID* 타입을 **serial**로 정의할 수 있으며, **serial**은 PostgreSQL이 자동으로 식별자를 생성하도록 지시한다. MySQL에서는 **generated always as identity** 대신 **auto increment**가 사용되는 반면, SQL Server에서는 **identity**만 사용할 수 있다.

사용 중인 DBMS에 따라 최솟값 및 최댓값 설정, 시작 값 선택, 한 값에서 다음 값으로의 증분 선택 등을 포함한 추가 옵션을 **identity** 명세와 함께 지정할 수 있다.

많은 DBMS가 **create sequence** 구문을 또한 지원하는데, **create sequence**는 릴레이션으로부터 독립적인 시퀀스 카운터(sequence counter: 순차적인 *ID* 값 생성기) 객체를 생성하며, SQL 질의를 통해 이 시퀀스 객체로부터 다음 값을 가져올 수 있게 한다. 다음 값을 얻기 위해 매번 호출하면 시퀀스 카운터가 증가한다. 이와 같이 시퀀스를 사용하면 *student.ID* 및 *instructor.ID*와 같이 여러 릴레이션에 대해 교차적으로 사용 가능한 고유 식별자를 생성할 수 있다. 시퀀스를 만들고 다음 값을 검색하는 정확한 문법을 알고 싶으면 사용 중인 DBMS의 설명서를 참고한다.

4.5.7 Create Table 확장

응용 프로그램에서 기존 테이블과 같은 스키마를 가지고 있는 테이블을 생성해야 하는 일이 종종 있다. SQL은 이를 위해 **create table like** 확장 구문을 지원한다.[12]

```
create table temp_instructor like instructor;
```

위 문은 *instructor*와 같은 스키마를 갖는 *temp_instructor*라는 새로운 테이블을 생성한다.

복잡한 질의를 작성할 때 질의의 결과를 임시 테이블에 저장하는 것이 유용할 때가 종종 있다. 이 경우 두 개의 문이 필요한데, 하나는 필요한 열을 갖는 테이블을 생성하는 문, 또 다른 하나는 그 테이블에 질의의 결과를 삽입하는 문이다. SQL:2003에서는 질의의 결과를 포함하는 테이블을 생성할 수 있는 좀 더 간단한 기법을 제공한다. 예를 들어, 다음의 SQL 문은 질의 결과를 포함하는 테이블 *t1*을 생성한다.

```
create table t1 as
    (select *
    from instructor
    where dept_name = 'Music')
with data;
```

기본적으로, 질의 결과에서 열의 이름과 데이터 타입을 추론할 수 있다. 릴레이션 이름 뒤에 열 이름을 나열하여 열 이름을 명시적으로 줄 수 있다.

SQL:2003 표준 정의에 따르면, **with data** 절을 생략하는 경우 테이블은 생성되지만, 해당 테이블에 데이터는 채워지지 않는다. 하지만 많은 DBMS가 **with data** 절을 생략하더라도 기본적으로 데이터를 테이블에 채우도록 한다. 일부 DBMS는 **create table** … **like**와 **create table** … **as** 등과 같은 다양한 문법을 지원한다. 더 자세한 사항은 각 DBMS의 설명서를 참고하기 바란다.

질의문을 이용해서 정의할 수 있다는 점에서 위의 **create table** … **as** 문은 **create view** 문과 매우 흡사하다. 둘 사이의 주된 차이점 중 하나는 **create table** … **as** 문의 경우 테이블이 생성되는 시점에 테이블에 튜플을 채우나, **create view**는 뷰의 내용이 항상 현재의 질의 결과를 반영하도록 정의만 한다는 점이다.

4.5.8 스키마, 카탈로그, 환경

스키마와 카탈로그가 필요하게 된 동기를 이해하기 위해서 우선 파일 시스템에서 파일의 이름이 어떻게 관리되는가를 고려해 보자. 사실 초창기 파일 시스템은 단순했다. 즉 하나의 디렉터리를 사용해서 모든 파일을 저장했다. 물론 요즘의 파일 시스템은 디렉터리(혹은 폴더) 구조로 되어 있으며 하위 디렉터리에 파일을 저장한다. 고유한 파일 이름을 사용할 수 있도록 /users/avi/db-book/

---

12 그러나 모든 DBMS에서 이 구문을 지원하는 것은 아니다.

chapter3.tex처럼 파일의 전체 경로명을 명시해야 한다.

초창기 파일 시스템처럼 초기 데이터베이스 시스템도 모든 릴레이션에 대해 단일한 이름 공간(name space)을 가지고 있었다. 그래서 사용자는 다른 릴레이션에서는 (기존 릴레이션에 사용한) 똑같은 이름을 사용하려 하지 않았다. 현재 데이터베이스 시스템은 릴레이션에 이름을 붙일 때 3단계 계층 구조를 제공한다. 최상위 계층은 **카탈로그**(catalog)로 구성되어 있고, 각 카탈로그는 **스키마**(schema)를 포함할 수 있다. SQL에서 릴레이션이나 뷰와 같은 객체는 어떤 스키마 내에 포함된다. (일부 DBMS에서는 카탈로그 대신에 "데이터베이스"라는 용어를 사용한다.)

데이터베이스에서 어떤 동작을 수행하기 위해서 사용자(또는 프로그램)는 데이터베이스에 먼저 접속해야 한다. 사용자는 자신의 신원 확인을 위해 일반적으로 사용자 이름과 암호를 제공해야 한다. 각 (데이터베이스) 사용자는 기본 카탈로그와 스키마를 가지며, 그 조합은 사용자마다 고유하다. 사용자가 데이터베이스 시스템에 접속할 때 데이터베이스 시스템은 기본 카탈로그와 스키마를 접속한 사용자를 위해 설정한다. 이는 사용자가 운영체제에 접속하면 현재 디렉터리로 사용자의 홈 디렉터리를 설정하는 것과 유사하다.

릴레이션을 유일하게 구별하려면 다음과 같이 세 부분으로 구성된 이름을 사용한다.

catalog5.univ_schema.course

여기서 카탈로그 부분을 생략할 수 있는데, 그런 경우 카탈로그는 해당 데이터베이스 연결에서 사용 중인 기본 카탈로그로 설정된다. 따라서 *catalog5*가 기본 카탈로그라면 같은 릴레이션을 고유하게 식별하기 위해 *univ_schema.course*만 사용하면 된다.

만약 어떤 사용자가 자신을 위해 설정된 기본 스키마가 아닌 다른 스키마에 존재하는 릴레이션에 접근하고자 한다면 해당 스키마의 이름을 지정해야 한다. 하지만 어떤 특정 사용자의 기본 스키마에 존재하는 릴레이션이라면 그 스키마 이름을 생략할 수 있다. 예를 들어, 기본 카탈로그가 *catalog5*이고 기본 스키마가 *univ_schema*라면 단순히 *course*만 사용하면 되는 것이다.

복수 개의 카탈로그와 스키마가 있더라도 서로 다른 응용 프로그램과 서로 다른 사용자는 릴레이션의 이름 충돌을 걱정하지 않고 독립적으로 일을 할 수 있다. 더욱이 어떤 응용 프로그램이 복수 개의 버전, 즉 실제 상품 버전 및 테스트 버전으로 구성되어 있더라도 동일 데이터베이스 시스템상에서 운용될 수 있다.

기본 카탈로그와 스키마는 각 데이터베이스 연결에 대해 설정하는 **SQL 환경**(SQL environment)의 일부로 볼 수 있다. 이 환경은 부가적으로 [권한 식별자(authorization identifier)라고도 하는] 사용자 식별자를 포함한다. DDL과 DML 구문을 포함하여 모든 일반 SQL 문은 스키마 맥락 내에서 동작한다.

create schema와 **drop schema** 구문을 이용하여 스키마를 생성하거나 제거할 수 있다. 대부분의 데이터베이스 시스템은 사용자 계정이 생성됨과 동시에 사용자 계정 이름과 같은 스키마 이름으로 스키마를 만든다. 기본 카탈로그에 스키마를 만들거나 사용자 계정에서 명시한 카탈로그에 만든다. 새로 생성한 스키마는 해당 사용자 계정의 기본 스키마가 된다.

카탈로그의 생성과 제거는 DBMS마다 다르며 SQL 표준의 일부는 아니다.

4.6 SQL의 인덱스 정의

많은 질의는 한 파일에 존재하는 레코드의 매우 작은 부분만 찾는다. 예를 들어, "물리학과의 모든 교수를 찾아라.", "*ID*가 22201인 교수의 *salary* 값을 찾아라."와 같은 질의는 전체 교수 레코드의 매우 작은 부분만을 참조한다. *ID* 필드의 값이 "32556"인지를 검사하거나 *building* 필드 값이 "물리학과"인 레코드를 모두 읽어서 찾는 것은 매우 비효율적이다.

이에 따라 릴레이션의 속성에 대한 **인덱스**(index)를 사용한다. 인덱스는 데이터베이스에서 릴레이션 속성의 특정 값을 가지고 있는 튜플을 릴레이션의 모든 튜플을 살펴보지 않고도 효과적으로 찾을 수 있는 자료 구조다. 예를 들어, *instructor* 릴레이션의 *dept_name* 속성에 대한 인덱스를 생성하면 데이터베이스 시스템은 (그 인덱스를 사용해서) "물리학과", "음악학과" 등 특정 *dept_name* 값을 가지고 있는 튜플을 *instructor* 릴레이션의 모든 튜플을 읽을 필요 없이 찾을 수 있다. 또한 *instructor* 릴레이션의 *name*과 *dept_name*과 같이 여러 속성의 목록에 대한 인덱스도 생성할 수 있다.

인덱스는 데이터의 정확성 때문에 필요한 것은 아니다. 왜냐하면 인덱스는 중복 데이터 구조이기 때문이다. 인덱스는 데이터베이스의 논리 스키마가 아닌 물리 스키마의 일부다.

그러나 인덱스는 트랜잭션의 효율적인 처리에 필수적이다. 여기서 트랜잭션은 갱신 및 검색 트랜잭션을 포함한다. 인덱스는 주 키 및 외래 키 제약 조건과 같은 무결성 제약 조건을 효율적으로 강제하는 데도 매우 중요하게 쓰인다. 원칙적으로, 데이터베이스 시스템은 생성할 인덱스를 자동으로 결정할 수 있다. 그러나 인덱스가 소모하는 공간 비용과 갱신 처리에 대한 인덱스의 영향 때문에 어떤 인덱스를 유지할지에 대한 올바른 결정을 자동으로 내리기는 쉽지 않다.

따라서 대부분의 DBMS는 프로그래머가 데이터 정의 언어(DDL) 명령어를 통해 인덱스를 자유롭게 생성하고 제거하도록 하는 제어권을 제공한다. 이러한 명령어 문법은 다음과 같다. 여기서 보이는 구문은 많은 데이터베이스 시스템에서 널리 사용하고 지원하나 SQL 표준의 일부는 아니라는 점에 유의하도록 한다. SQL 표준에서는 물리 데이터베이스 스키마를 제어하도록 하지 않고 표준 자체는 논리 데이터베이스 스키마만 다루도록 제한된다.

인덱스를 생성하는 데 사용하는 **create index** 명령문의 형식은 다음과 같다.

create index <index-name> **on** <relation-name> (<attribute-list>);

*attribute-list*는 인덱스에 대한 검색 키를 형성하는 릴레이션의 속성 목록이다.

*dept_name*을 검색 키로 사용하여 *instructor* 릴레이션에서 *dept_index*라는 인덱스를 정의하려면 다음과 같이 작성한다.

create index *dept_index* **on** *instructor* (*dept_name*);

사용자가 인덱스를 통해 성능 이득을 볼 수 있는 질의문을 입력하면 SQL 질의 처리기(query processor)는 자동으로 인덱스를 사용한다. 예를 들어, *dept_name*이 "음악학과"인 *instructor* 튜플을 선택하는 SQL 질의가 있으면 SQL 질의 처리기는 전체 *instructor* 릴레이션을 읽지 않고 필요한 튜플을 찾기 위해 위에서 정의한 *dept_index* 인덱스를 사용한다.

검색 키가 후보 키라는 것을 선언하려면 인덱스 정의에 **unique** 속성을 추가한다. 따라서 아래의 명령문은

create unique index *dept_index* **on** *instructor* (*dept_name*);

*dept_name*을 *instructor*의 후보 키로 선언한다. (그러나 *dept_name*을 *instructor*의 후보 키로 설정하는 것은 실제로 대학교 데이터베이스에 대해 옳지 않을 수 있다.) 만약 **create unique index** 명령을 입력할 때 *dept_name*이 후보 키가 아니라면, 시스템은 오류 메시지를 표시하고 인덱스 생성 시도는 실패하게 된다. 인덱스 생성 시도가 성공하면 그 키 선언을 위반한 튜플을 삽입하려는 후속 시도는 실패하게 된다. 데이터베이스 시스템이 SQL 표준의 **unique** 선언을 지원하는 경우 **unique** 특성이 중복된다.

인덱스를 삭제하려면 인덱스에 대해 지정된 인덱스 이름이 필요하다. **drop index** 명령문의 형식은 다음과 같다.

drop index <index-name>;

또한 많은 데이터베이스 시스템은 14장에서 다룰 B^+-트리 또는 해시 인덱스와 같이 사용할 인덱스 유형을 지정하는 방법을 제공한다. 더욱이 일부 데이터베이스 시스템은 릴레이션에 대한 인덱스 중 하나가 군집되도록 선언할 수 있다. 그러면 시스템은 군집 인덱스(clustered index)의 검색 키로 튜플을 정렬하여 해당 릴레이션을 저장한다. 실제로 인덱스가 어떻게 구현되는지와 데이터베이스가 자동으로 생성하는 인덱스 및 생성할 추가 인덱스를 결정하는 방법은 14장에서 더 자세히 다룬다.

4.7 권한

다음과 같이 데이터베이스 일부에 대한 여러 형태의 권한을 사용자에게 할당할 수 있다.

- 데이터를 읽을 권한
- 새로운 데이터를 삽입할 권한
- 데이터를 갱신할 권한
- 데이터를 삭제할 권한

이러한 유형의 각 권한을 **특권**(privilege)이라 부른다. 릴레이션이나 뷰와 같은 데이터베이스 일부에 이러한 유형의 특권을 전체 사용자에게 부여하거나, 전혀 부여하지 않거나, 아니면 위 특권을 조합해서 일부만 부여할 수 있다.

사용자가 질의나 갱신을 수행할 때, DBMS는 우선 그 사용자의 권한을 토대로 해당 질의나 갱신을 수행할 권한이 실제로 있는지 확인한다. 만약 질의나 갱신에 대한 권한이 없다면 실행하지 않는다.

데이터에 대한 권한과 함께, 릴레이션의 생성, 수정, 삭제와 같은 데이터베이스 스키마 변경 권한도 사용자에게 부여할 수 있다. 일부 형태의 권한을 소유한 사용자는 자신의 권한을 타 사용자에게 전달(혹은 부여)하거나 이전에 부여된 권한을 철회(취소)할 수 있다. 이 절에서는 이러한 각 권한을 SQL에서 어떻게 명시할 수 있는지 살펴본다.

가장 권위(authority) 있는 권한은 데이터베이스 관리자(DBA) 권한이다. 데이터베이스 관리자는 새로운 사용자에게 권한을 주거나 데이터베이스를 재구성하는 등의 일을 할 수 있다. 이러한 형태의 권한은 운영체제의 슈퍼 사용자(superuser), 관리자(administrator), 운영자(operator) 등과 비슷하다.

4.7.1 특권 부여 및 취소

SQL 표준은 **select**, **insert**, **update**, **delete**에 대한 **특권**을 포함한다. 허용 가능한 모든 권한의 축약 형태로서 **all privileges** 특권을 사용할 수 있다. 새로운 릴레이션을 생성하는 사용자는 그 릴레이션에 대한 모든 특권을 자동으로 부여받는다.

SQL의 데이터 정의 언어는 특권을 부여하고 취소하는 명령을 포함한다. 권한 수여를 위해 **grant** 문을 사용할 수 있는데, 기본적인 구문 형식은 다음과 같다.

grant <privilege list>
on <relation name or view namc>
to <user/role list>;

위의 예에서 **특권 목록**(privilege list)은 하나의 명령어로 여러 개의 특권을 부여할 수 있도록 해 준다. 위의 예에 보이는 역할(role)의 표기는 4.7.2절에서 다룬다.

릴레이션에 대한 **select** 권한은 릴레이션의 튜플을 읽는 데 필요하다. 다음 **grant** 문은 *department* 릴레이션에 대한 **select** 권한을 사용자 Amit와 Satoshi에게 부여한다.

grant select on *department* **to** *Amit*, *Satoshi*;

이 문을 수행하면 사용자 Amit와 Satoshi는 *department* 릴레이션에 대한 질의를 할 수 있게 된다.

릴레이션에 대한 **update** 권한은 사용자가 릴레이션의 튜플을 수정하도록 해 준다. 모든 속성에 대해 **update** 권한을 부여하거나 일부 속성에만 부여할 수 있다. 만약 **update** 권한을 **grant** 문에 포함한다면 **update** 키워드 다음의 괄호에 갱신 권한을 부여할 속성 목록을 선택적으로 나타내야 한다. 만일 속성 목록을 생략한다면 릴레이션의 모든 속성에 갱신 특권을 부여하게 된다.

다음의 **grant** 문은 사용자 Amit와 Satoshi에게 *department* 릴레이션의 *budget* 속성에 갱신 권한을 준다.

grant update (*budget*) **on** *department* **to** *Amit*, *Satoshi*;

릴레이션에 대한 **insert** 권한은 사용자가 릴레이션에 튜플을 삽입할 수 있도록 한다. 또한 **insert** 특권은 속성의 목록을 지정할 수 있다. 릴레이션에 대한 어떤 삽입이든지 이 속성만 지정해야 하고, 시스템은 (속성에 대한 기본값을 정의해 두었다면) 나머지 속성에 기본값을 부여하거나 널을 설정해야 한다.

릴레이션에 대한 **delete** 권한은 사용자가 릴레이션의 튜플을 삭제할 수 있게 한다.

public이라는 사용자 이름은 시스템에서 현재와 앞으로 사용할 모든 사용자를 지칭한다. 그래서 시스템은 현재와 앞으로의 모든 사용자에게 **public**에 부여한 특권을 묵시적으로 부여한다.

기본적으로는 특권을 부여받은 사용자/역할은 또 다른 사용자/역할에게 특권을 부여할 수 없다. 그렇지만 SQL에서는 수신자가 다른 사용자에게 특권을 추가로 부여할 수 있도록 권한 부여를 지정할 수 있다. 이러한 특성에 관해서는 4.7.5절에서 더 상세히 다룰 것이다.

SQL의 권한 부여 방법은 전체 릴레이션 혹은 지정된 릴레이션 속성에 대해서만 권한을 부여하는 방식이라는 점에 주목하자. 그러나 릴레이션의 특정 튜플에 대한 권한 부여는 불가능하다.

권한 취소는 **revoke** 문을 통해서 가능한데, 그 형식은 **grant** 문과 거의 동일하다.

revoke <privilege list>
on <relation name or view name>
from <user/role list>;

이전에 부여했던 특권을 취소하려면 다음과 같이 하면 된다.

revoke select on *department* **from** *Amit*, *Satoshi*;
revoke update (budget) **on** *department* **from** *Amit*, *Satoshi*;

특권의 취소는 취소될 특권을 가진 사용자가 또 다른 사용자에게 그 특권을 부여했다면 문제가 더 복잡해진다. 이에 대한 문제점은 4.7.5절에서 다룬다.

4.7.2 역할

대학교에 있는 다양한 사람이 실제로 하는 역할에 대해 생각해 보자. 각 교수는 동일 릴레이션 집합에 대해 동일 유형의 권한이 필요하다. 새 교수가 임명될 때마다 그러한 모든 권한을 그 교수에게 개별적으로 부여해야 할 것이다.

좀 더 나은 방법은 모든 교수에게 부여할 권한을 지정하는 것이고, 어떤 데이터베이스 사용자가 교수인지를 별도로 식별하는 것이다. 시스템은 이 두 정보를 사용해 각 교수의 권한을 결정할 수 있다. 새로운 교수가 채용되면 사용자 식별자를 그에게 부여하고 그를 반드시 교수로 식별해야 한다. 그러면 교수에게 부여한 권한을 일일이 다시 지정할 필요가 없다.

이러한 개념을 **역할**(role)이라고 한다. 역할의 집합은 데이터베이스에서 생성된다. 시스템은 개별 사용자에게 부여하는 방식과 같이 역할에 권한을 부여할 수 있다. 개별 데이터베이스 사용자에게는 수행할 권한이 있는 (비어 있을 수도 있는) 역할 집합을 부여한다.

대학교 데이터베이스 예제에서는 *instructor*, *teaching_assistant*, *student*, *dean*, *department_chair* 등의 역할이 있을 수 있다.

instructor 사용자 아이디를 생성하고 각 교수에게 그 *instructor* 사용자 아이디로 데이터베이스에 접속하는 것은 별로 선호하지 않는 대안일 수 있다. 이 방법의 문제점은 어떤 교수가 데이터베이스에 대한 갱신을 수행했는지 정확하게 식별하는 것이 가능하지 않을 수 있다는 점인데, 이는

보안 문제를 일으킬 수 있다. 더욱이 교수가 대학교를 떠나거나 비교육적 역할로 이동할 경우 새 *instructor* 암호를 생성해서 모든 교수에게 안전한 방식으로 배포해야 한다. 사용자가 자신의 아이디로 데이터베이스에 접속하도록 하면 역할을 사용하는 이득을 볼 수 있다.

사용자에게 부여할 수 있는 임의의 권한을 역할에 부여할 수 있다. 권한이 사용자에게 부여되는 것처럼 역할도 사용자에게 부여될 수 있다.

SQL에서 다음과 같이 역할을 생성할 수 있다.

create role *instructor*;

사용자에게 특권을 부여하듯이, 다음의 문에서 예시하듯 역할에 특권을 부여할 수 있다.

grant select on *takes*
to *instructor*;

다음과 같이, 사용자뿐만 아니라 다른 역할에도 역할을 부여할 수 있다.

create role *dean*;
grant *instructor* **to** *dean*;
grant *dean* **to** Satoshi;

이러한 사용자 혹은 역할의 특권은 다음과 같이 구성되어 있다.

- 사용자/역할에 직접 부여한 모든 특권
- 사용자/역할에 부여했던 역할에 대한 모든 특권

역할의 연결고리가 있을 수 있다는 점에 유의해야 한다. 예를 들면, 모든 *instructor*는 *teaching_assistant* 역할을 받고, 이어 모든 *dean*은 *instructor* 역할을 받을 수 있다. 그렇게 되면 *dean* 역할은 자신에게 직접 부여된 모든 특권뿐만 아니라 *instructor* 및 *teaching_assistant* 역할에 수여한 모든 특권을 상속하게 된다.

사용자가 데이터베이스 시스템에 로그인할 때 그 세션 동안 해당 사용자가 실행한 동작 행위는 그 사용자에게 직접 부여된 모든 특권뿐만 아니라 그 사용자에게 (다른 역할을 통해 직간접적으로) 부여된 역할이 수여한 모든 특권을 가지게 된다. 그래서 만약 사용자 Amit이 *dean* 역할을 수여했다면, 추가적으로 Amit은 자신이 직접 수여한 특권과 *dean*에게 부여된 권한도 받고, 기기에다가 *dean* 역할에 (직간접적으로) *instructor*, *teaching_assistant* 역할 등이 부여되었다면 후자의 두 역할이 수여한 특권도 모두 받게 된다.

역할 기반 권한 개념은 SQL에 명시되어 있지 않지만, 다양한 공유 응용 프로그램이 접근 제어를 위해 역할 기반 권한을 사용한다.

4.7.3 뷰에 대한 권한

대학교 예제에서 한 직원이 지질학과에 근무하는 모든 교수진의 급여를 알고 싶다고 하자. 이 직원은 다른 학과 교수진에 관한 정보를 볼 권한은 없다. 이 때문에 해당 직원이 *instructor* 릴레이션에 대한 직접적인 접근은 거부되어야 한다. 하지만 그 직원이 지질학과에 대한 정보에 접근해야 한다면, *instructor* 튜플 중에서 지질학과와 관련된 튜플만으로 구성된 *geo_instructor*와 같은 뷰에 대한 접근 권한을 수여할 수 있다. 다음의 SQL 문은 이러한 뷰를 생성할 수 있다.

```
create view geo_instructor as
    (select *
     from instructor
     where dept_name = 'Geology');
```

직원이 다음 질의를 실행한다고 해 보자.

```
select *
from geo_instructor;
```

그 직원은 위 질의에 관한 결과를 볼 수 있는 권한을 가진다. 하지만 질의 처리기가 이 질의를 데이터베이스의 실제 릴레이션에 대한 질의로 변환할 때, 질의 처리기는 뷰 사용을 뷰 정의로 교체하여 *instructor* 릴레이션에 대한 질의로 바꾼다. 따라서 시스템은 뷰를 해당 뷰의 정의로 교체하기 전에 그 직원의 질의에 대한 권한을 반드시 검사해야 한다.

뷰를 생성하는 사용자는 해당 뷰에 대한 모든 특권을 반드시 수여할 필요가 없다. 즉 그 사용자는 이미 자신이 가지고 있던 특권 이외에 추가 권한을 제공하지 않는 특권만 수여한다. 예를 들어, 뷰를 생성하는 사용자는 그 뷰를 정의하는 데 사용한 릴레이션에 대한 **update** 권한이 없다면 뷰에 대한 **update** 권한을 수여할 수 없다. 만약 어떤 사용자가 어떤 권한도 수여할 수 없는 뷰를 생성하려고 한다면 시스템은 그 뷰에 대한 생성 요청을 거부해야 할 것이다. 따라서 이전 *geo_instructor* 뷰 예제에서 뷰를 생성한 사용자는 *instructor* 릴레이션에 대한 **select** 권한을 가지고 있어야 한다는 것을 알 수 있다.

5.2절에서 살펴보겠지만, SQL은 질의와 갱신을 포함할 수 있는 함수와 프로시저의 생성을 지원한다. 사용자가 함수나 프로시저를 실행하도록 하는 권한인 **execute**(실행) 특권을 함수나 프로시저에 수여할 수 있다. 기본적으로, 뷰와 마찬가지로 함수와 프로시저를 생성한 사용자는 해당 함수나 프로시저에 대한 모든 특권을 갖는다. 실제로 함수나 프로시저는 마치 그 함수나 프로시저를 생성한 사용자가 호출하는 것처럼 실행된다.

비록 이러한 행동이 많은 상황에서 항상 적절한 것은 아니다. SQL:2003을 살펴보면, 만약 함수 정의에 **sql security invoker**와 같은 추가 절이 있는 경우 그 함수를 정의한 사용자(definer) 특권이라기보다 함수를 실행한 사용자의 특권 아래에서 실행된다. 이것은 함수 호출자와 같은 권한 아래에서 실행할 수 있는 함수의 라이브러리를 생성할 수 있도록 한다.

4.7.4 스키마에 대한 권한

SQL 표준은 데이터베이스 스키마를 위한 기본적인 권한 부여 방법을 명시한다. 스키마의 소유자만 릴레이션의 생성과 삭제, 릴레이션 속성의 추가 및 삭제, 인덱스 추가 및 삭제와 같은 스키마 수정을 할 수 있다.

하지만 SQL은 사용자가 릴레이션을 생성할 때 외래 키를 선언할 수 있도록 허가하는 **references** 특권을 포함한다. SQL의 **references** 특권은 **update** 특권과 비슷한 방식으로 특정 속성에 수여한다. 다음 **grant** 문은 Mariano라는 사용자가 *department* 릴레이션의 키인 *dept_name* 속성을 외래 키로 참조하는 릴레이션을 생성할 수 있게 한다.

grant references (*dept_name*) **on** *department* **to** Mariano;

처음에는 또 다른 릴레이션을 참조하는 외래 키를 사용자가 생성하지 못하도록 할 이유가 전혀 없는 것처럼 보일 수 있다. 하지만 외래 키 제약 조건은 참조되는 릴레이션에 대한 삭제와 갱신을 제한한다는 것을 상기해 보자. Mariano가 *department* 릴레이션의 *dept_name* 속성을 참조하는 외래 키를 릴레이션 *r*에 생성하고, 지질학과와 관련된 (릴레이션) *r*에 어떤 튜플을 삽입하는 상황을 생각해 보자. 이렇게 되면 릴레이션 *r*을 수정하지 않고 *department* 릴레이션에서 지질학과를 삭제하는 것은 더는 불가능해진다. 이처럼 Mariano가 선언한 외래 키 정의가 타 사용자의 미래 활동을 제한하게 된다. 따라서 **references** 특권이 필요하게 된 것이다.

계속해서 *department* 릴레이션 예제에 대해 생각해 보자. *department*에 대한 references 특권은 해당 제약 조건이 *department* 릴레이션을 참조하는 하위 질의가 있다면 릴레이션 *r*에 대한 **check** 권한 생성도 필요하다. 이는 사실 외래 키 제약 조건과 같은 이유로 말이 되는데, 릴레이션을 참조하는 **check** 제약 조건은 해당 릴레이션으로만 잠재적인 갱신이 가능하도록 제한하기 때문이다.

4.7.5 특권 양도

일부 형태의 권한을 수여받은 사용자는 그 권한을 다른 사용자에게 양도하는 것이 가능하다. 기본적으로, 특권을 수여받은 사용자나 역할은 다른 사용자나 역할에 그 특권을 수여할 권한이 없다. 특권을 부여하고 특권 수신자가 다른 사용자에게 그 특권을 양도하도록 하려면 적절한 **grant** 문에 **with grant option** 절을 추가해야 한다. 예를 들어, Amit에게 *department* 릴레이션에 대한 **select** 특권을 주고 Amit이 이 특권을 다른 사용자에게 양도할 수 있도록 하려면 다음과 같이 작성해야 한다.

grant select on *department* **to** Amit **with grant option**;

데이터베이스 객체(릴레이션/뷰/역할)를 생성한 사용자는 그 객체에 대한 모든 특권을 소유하는데, 다른 사용자에게 그 특권을 부여할 수 있는 특권도 포함한다.

예를 들어, 대학교 데이터베이스의 *teaches* 릴레이션에 대한 갱신 권한을 부여하는 것에 대해 생각해 보자. 처음에는 데이터베이스 관리자가 *teaches* 릴레이션에 대한 갱신 권한을 사용자 U_1, U_2, U_3에게 부여하고, 그러고 나서 이 사용자가 이 권한을 다른 사용자에게 양도할 수 있다고 가정해 보자. 그러면 특정 권한을 한 사용자에서 다른 사용자로 양도하는 것을 **권한 그래프**(authorization graph)로 표현할 수 있다. 이 그래프의 노드는 사용자가 된다.

teaches 릴레이션에 대한 갱신 권한 그래프를 생각해 보자. 만약 사용자 U_i가 사용자 U_j에게 *teaches* 릴레이션에 대한 갱신 권한을 부여한다면 그래프는 간선 $U_i \rightarrow U_j$를 포함한다. 이 그래프의 최상위(root) 노드는 데이터베이스 관리자다. 그림 4.11은 이러한 그래프의 예인데, 그림에서 사

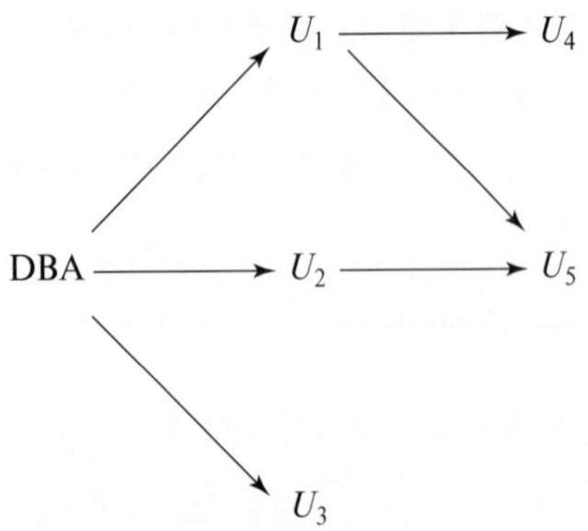

그림 4.11 권한 부여 그래프(U_1, U_2, … , U_5는 사용자를 의미하고, DBA는 데이터베이스 관리자를 의미한다)

용자 U_5는 사용자 U_1과 U_2로부터 권한을 수여했고, 사용자 U_4는 사용자 U_1으로부터만 권한을 받았다.

사용자는 권한 그래프의 최상위 노드(즉 데이터베이스 관리자)에서 해당 사용자를 나타내는 노드까지 내려오는 경로가 존재하는 경우에만 권한을 갖게 된다.

4.7.6 특권 취소

가령 데이터베이스 관리자가 사용자 U_1의 권한을 취소하기로 했다고 해 보자. U_4는 U_1으로부터 권한을 받으므로 U_4의 권한도 U_1으로부터 취소해야 한다. 하지만 U_5는 U_1과 U_2 둘 다로부터 권한을 부여받았다. 데이터베이스 관리자가 U_2로부터 온 *teaches* 릴레이션에 대한 갱신 권한을 취소하지 않았으므로 U_5는 *teaches* 릴레이션에 대한 갱신 권한을 보유한다. 만약 U_2가 결국에 U_5로부터 온 권한을 취소한다면 U_5는 권한을 잃는다.

한 쌍의 악의적 사용자들이 서로에게 자신의 권한을 부여하여 이러한 권한 취소 규칙을 깨뜨리려고 시도할 수도 있다. 예를 들어, 처음에 데이터베이스 관리자가 U_2에 권한을 수여하고, 이어서 U_2가 U_3에 권한을 수여한다. 가령 이제 U_3가 U_2에 특권을 다시 수여한다고 하자. 그러면 데이터베이스 관리자가 U_2의 권한을 취소하게 되면 U_3를 통해 수여한 권한이 아직 남아 있는 것처럼 보일 수 있다. 그러나 일단 관리자가 U_2의 권한을 취소하기만 하면 권한 그래프의 최상위 노드에서 U_2 또는 U_3까지의 경로가 사라진다는 점에 주목할 필요가 있다. 따라서 SQL은 양 사용자 모두로부터 권한이 취소되는지 잘 확인해야 한다.

앞서 보았듯이, 어떤 사용자/역할의 특권이 취소되면 다른 사용자/역할도 그 특권을 잃을 수 있다. 이러한 행위를 **연쇄 취소**(cascading revocation)라고 한다. 대부분의 데이터베이스 시스템에서 연쇄 취소는 기본적으로 수행된다. 하지만 **revoke** 문은 이러한 연쇄 취소를 방지하기 위해서 아래와 같이 **restrict**를 명시할 수 있다.

revoke select on *department* **from** Amit, Satoshi **restrict**;

이 경우에 연쇄 취소가 있게 되면 시스템은 오류를 반환하고 취소 동작을 수행하지 않는다.

restrict 대신에 취소가 연쇄적으로 일어나야 한다는 것을 지칭하는 키워드 **cascade**를 사용할 수 있다. 그러나 이전 예제에서 한 것처럼, 연쇄 취소는 기본적으로 수행되기 때문에 생략할 수 있다.

다음의 **revoke** 문은 실제 **select** 특권이 아니라 부여 옵션(grant option)만 취소한다.

revoke grant option for select on *department* **from** Amit;

일부 데이터베이스는 위와 같은 문법을 지원하지 않는다. 대신에 특권 자체를 취소할 수 있으며 부여 옵션 없이도 다시 수여할 수 있다.

연쇄 취소는 대부분 상황에서 부적절하다. 가령 Satoshi가 *dean* 역할을 가지고 있고 Amit에게 *instructor* 역할을 부여한 상황에서, 나중에 *dean* 역할을 (아마도 Satoshi가 대학교를 떠났기 때문에) Satoshi로부터 취소시키게 되었다고 해 보자. 그러나 Amit은 교원으로 계속 남아 있어야 하므로 *instructor* 역할을 보유해야 한다.

이러한 상황에 대처하기 위해 SQL은 사용자라기보다 역할이 특권을 수여할 수 있도록 허용한다. SQL에서는 세션과 연관된 현재 역할(current role)의 개념이 있다. 기본적으로, 한 세션과 연관된 현재 역할은 (일부 특수한 사례를 제외하고는) 널이다. **set role** *role_name*을 실행하여 세션과 연관된 현재 역할을 설정할 수 있다. 이렇게 구체화한 역할을 그 사용자에게 부여해야 한다. 그렇지 않으면 **set role** 문은 수행되지 않는다.

세션과 관련된 현재 역할로 설정된 수여자에게 특권을 부여하려면, 현재 역할이 not null인 경우에만 **grant** 문에 다음의 절을 추가하면 된다.

granted by current_role

사용자 Satoshi가 부여자가 되는 것 대신에, 현재 역할을 *dean*으로 하면서 **granted by current_role** 절을 이용해 *instructor* 역할(혹은 다른 특권)을 Amit에게 부여한다고 해 보자. 이렇게 되면 Satoshi로부터 (*dean* 역할을 포함한) 역할/권한을 취소하는 것은 Satoshi가 그 부여를 실행한 사용자였다 하더라도 수여자가 *dean* 역할로 설정하게 한 특권 취소로까지는 이어지지 않을 것이다. 그러므로 Amit은 Satoshi의 권한 취소 이후에도 *instructor* 역할을 보유할 것이다.

4.7.7 행 수준 권한

지금까지 학습한 권한 특권의 유형은 릴레이션 또는 뷰 수준에서 적용된다. 일부 데이터베이스 시스템은 릴레이션 내의 특정 튜플 수준에서 세분화된(fine-grained) 권한 부여 방식을 제공한다.

가령 예를 들어, 학생이 *takes* 릴레이션에서 자신의 데이터를 볼 수 있지만 다른 사용자의 데이터는 볼 수 없도록 하고 싶다고 해 보자. 데이터베이스가 지원하는 경우 행 수준 권한 부여를 사용하여 이러한 제한을 적용할 수 있다. 아래에서 Oracle의 행 수준 권한 부여에 관해 설명하겠지만, PostgreSQL과 SQL Server도 개념적으로 유사한 방법으로 행 수준 권한 부여를 지원하지만 다른 문법을 사용한다.

Oracle의 **가상 사설 데이터베이스**(Virtual Private Database, **VPD**) 특성은 행 수준 권한 부여 방식을 지원한다. VPD는 시스템 관리자가 함수를 릴레이션과 연관시킬 수 있도록 해 준다. 그 함수는 릴레이션을 사용하는 질의에 자동으로 더하면 술어를 반환한다. 이 술어는 **sys_context** 함수를 사용할 수 있는데, **sys_context**는 질의가 대신하여 실행하는 사용자의 식별자를 반환한다. *takes* 릴레이션의 데이터에 접근하는 학생들의 예제에서 다음의 술어는 *takes* 릴레이션과 연관된다.

ID = **sys_context** ('USERENV', 'SESSION_USER')

시스템은 *takes* 릴레이션을 사용하는 모든 질의의 **where** 절에 위의 술어를 추가한다. 결과적으로, 각 학생은 ID 값이 자신의 ID와 일치하는 *takes* 튜플만 볼 수 있게 된다.

VPD는 릴레이션의 특정 튜플 또는 행 수준 권한을 제공하므로 **행 수준 권한 부여**(row-level authorization) 방식이라고 불린다. 위에서 설명한 바와 같이 술어를 추가할 때 잠재적으로 조심해야 할 것은 질의의 의미를 크게 변경할 수 있다는 것이다. 예를 들어, 사용자가 모든 과목에 대한 평점을 구하는 질의를 작성한다면 전체 학생의 학점이 아닌 자신만의 평점만 얻게 될 수 있다. 시스템은 재작성된 질의에 대해 "올바른" 답을 제공할 수 있음에도 불구하고, 그 답은 사용자가 제출하고 있었다고 생각할 수 있는 질의와 상관없을 수 있다.

4.8 요약

- SQL에서는 자연 조인, 내부 조인 및 외부 조인을 포함한 여러 유형의 조인과 조인 조건을 사용할 수 있다.
    - 자연 조인은 여러 릴레이션에 대한 질의를 간단하게 작성하는 방법을 제공하는데, **where** 절의 술어는 각 릴레이션에서 일치하는 속성 이름을 찾아 조인한다. 이런 간편함이 있으나, 스키마에 새로운 속성을 추가하게 되면 질의의 의미가 변경될 위험이 있다.
    - **join-using** 구문은 여러 릴레이션에 대한 질의를 간단하게 작성하는 방법을 제공하는데, 이러한 릴레이션에서 일부 속성만 같아도 되며 반드시 모든 속성이 다 일치하는 이름을 가질 필요는 없다.
    - **join-on** 구문은 **from** 절에 조인 술어를 포함하여 조인 질의를 작성할 수 있게 한다.
    - 외부 조인은 외부 조인이 없었다면 (자연 조인, join-using 또는 join-on 등의) 조인 술어로 인해 조인 결과에 없을 수 있는, 그러한 튜플을 보유하는 수단을 제공한다. 보유된 튜플은 결과 스키마에 맞추기 위해 널로 채워진다.
- 질의 결과를 포함하는 릴레이션으로 뷰 릴레이션을 정의할 수 있다. 뷰는 불필요한 정보를 숨기고 한 개 이상의 릴레이션을 단일 뷰로 한꺼번에 정보를 모으는 데 유용하다.
- 트랜잭션은 어떤 일을 함께 처리하는 질의와 갱신 연산으로 구성된 순차적 작업 단위다. 트랜잭션은 정상 종료하거나 복귀할 수 있다. 트랜잭션이 복귀할 때 트랜잭션이 수행한 모든 갱신의 결과는 무효화된다.
- 무결성 제약 조건은 허가받은 사용자가 데이터베이스를 변경할 때 데이터 일관성을 잃어버리지 않도록 보장한다.
- 참조 무결성 제약 조건은 주어진 속성 집합에 대해 한 릴레이션에서 보이는 값이 또한 다른 릴

레이션의 특정한 속성 집합에 보이게 하는 것을 보장한다.

- 도메인 제약 조건은 속성과 연관될 수 있는 가능한 값의 집합을 명시한다. 또한 이러한 제약 조건은 특수한 속성에 대한 널 값 사용을 금지하게 할 수 있다.
- 주장은 선언적 표현식으로서 항상 참이어야 하는 술어를 나타낸다.
- SQL에서 데이터 정의 언어는 **date**나 **time**과 같은 내장 도메인 타입뿐만 아니라 사용자 정의 도메인 타입을 제공한다.
- 인덱스는 무결성 제약 조건을 효율적으로 강제할 수 있을 뿐만 아니라 효율적인 질의 처리에 매우 중요하다. 대부분의 데이터베이스 시스템에서 SQL 표준의 일부는 아니지만, 인덱스 생성을 위한 SQL 명령어를 지원한다.
- SQL의 권한 부여 방식을 사용하면 데이터베이스의 다양한 데이터 값에 적용할 수 있는 접근 유형을 데이터베이스 사용자 간에 구별할 수 있게 된다.
- 역할은 조직에서 사용자가 어떤 역할을 하는지에 따라 해당 사용자에게 특권 집합을 할당할 수 있게 해 준다.

용어정리

- 조인 타입
  - 자연 조인
  - **using**과 **on**을 갖는 내부 조인
  - 왼쪽, 오른쪽, 전체 외부 조인
  - **using**과 **on**을 갖는 외부 조인
- 뷰 정의
  - 실체화 뷰
  - 뷰 관리
  - 뷰 갱신
- 트랜잭션
  - 커밋 작업
  - 롤백 작업
  - 원자적 트랜잭션
- 제약 조건
  - 무결성 제약 조건
  - 도메인 제약 조건
  - Unique 제약 조건
  - Check 절
  - 참조 무결성
    - 연쇄 삭제
    - 연쇄 갱신
  - 주장
- 데이터 타입
  - 날짜와 시간 타입
  - 기본값
  - 대형 객체
    - clob
    - blob
  - 사용자 정의 타입
  - 고유 타입
  - 도메인
  - 타입 변환
- 카탈로그
- 스키마
- 인덱스
- 특권
  - 특권 유형
    - **select**
    - **insert**
    - **update**

  - ○ 특권 부여
  - ○ 특권 취소
  - ○ 특권 부여를 위한 특권
  - ○ (권한) 부여 옵션
- 역할
- 뷰에 대한 권한
- 실행 권한
- 호출자 특권
- 행 수준 권한
- 가상 사설 데이터베이스(VPD)

실전문제

4.1 교수의 이름과 함께 2017년 봄에 강의한 모든 과목의 제목을 찾으려고 한다. 다음의 SQL 질의를 고려해 보자.

> **select** name, title
> **from** *instructor* **natural join** *teaches* **natural join** *section* **natural join** *course*
> **where** *semester* = 'Spring' **and** year = 2017

위 질의에 무슨 문제가 있는가?

4.2 다음 질의를 SQL로 작성하라.

a. 모든 교수의 목록을 출력하되, 각 교수의 ID와 지금까지 가르친 분반 수를 포함해서 보여라. 지금까지 어떤 분반도 강의하지 않은 교수에 대한 강의 수는 0으로 표시하라. 외부 조인을 사용하되 하위 질의는 사용할 수 없다.

b. 위 질의를 스칼라 하위 질의를 사용해서 작성하되 외부 조인은 사용할 수 없다.

c. 2018년 봄에 개설한 모든 과목 분반 목록을 출력하되, 그 분반을 강의한 교수의 ID 및 이름과 함께 나타내라. 한 분반을 한 명 이상의 교수가 가르쳤다면 해당 분반은 복수의 교수와 연관되기 때문에 결과에 여러 번 나타날 수 있다. 분반을 강의한 교수가 없더라도 교수 이름만 "–"로 표시하고 해당 분반은 결과에 나타나야 한다.

d. 모든 학과의 목록을 각 학과의 전체 교수의 수와 함께 하위 질의를 사용하지 않고 출력하라. 교수가 아무도 없는 학과가 있는지 확인하고 그러한 학과 목록을 출력하라.

4.3 SQL의 **outer join** 연산을 사용하지 않고도 외부 조인 표현식을 평가할 수 있다. 이를 예시하기 위해 **outer join** 표현식을 사용하지 않고 다음의 각 SQL 질의를 어떻게 재작성할 수 있는지 보여라.

a. **select** * **from** *student* **natural left outer join** *takes*

b. **select** * **from** *student* **natural full outer join** *takes*

4.4 가령 모든 속성을 **not null**로 선언한 세 개의 릴레이션, $r(A, B)$, $s(B, C)$, $t(B, D)$가 있다고 해 보자. 다음의 표현을 생각해 보자.

a. (r **natural left outer join** s) **natural left outer join** t의 결과에서 속성 C는 널 값을 가지지만 속성 D는 널이 아닌 값을 갖는 r, s, t의 인스턴스를 제시하라.

b. r **natural left outer join** (s **natural left outer join** t)의 결과가 속성 C에 대해서는 널 값을 가지지만 속성 D에 대해서는 널이 아닌 값을 가지는 r, s, t의 인스턴스가 있겠는가? 있다면

employee (*ID*, *person_name*, *street*, *city*)
works (*ID*, *company_name*, *salary*)
company (*company_name*, *city*)
manages (*ID*, *manager_id*)

그림 8.8 연습문제 8.6을 위한 릴레이션 데이터베이스

왜 그런지, 없다면 왜 없는지 그 이유를 설명하라.

4.5 **SQL 질의 작성 테스트**: 한글로 표현한 질의를 SQL 문으로 정확히 변환했는지 보기 위해, 복수의 데이터베이스상에서 해당 SQL 질의를 실제로 실행해 보고 사람이 각 테스트 데이터베이스상에 나타난 질의 결과가 한글로 명시한 의도대로 잘 일치하는지 확인한다.

a. 4.1.1절에서 각 교수가 가르친 과목을 찾는 질의를 SQL로 잘못 바꾼 예제를 보았다. 그 질의는 *instructor*, *teaches*, *course* 릴레이션의 자연 조인을 계산했고, 그 결과 의도치 않게 *instructor*와 *course*의 *dept_name* 속성을 일치시켰다. 이러한 특수한 오류를 찾는 데 도움을 줄 수 있는 데이터셋의 예를 제시하라.

b. 테스트 데이터베이스를 생성할 때, 각 외래 키에 대해 참조하는 릴레이션의 튜플과 일치하지 않는 참조되는 릴레이션의 튜플을 생성하는 것이 중요하다. 대학교 데이터베이스에 대한 예제 질의를 사용해서 왜 그러한지 이유를 설명하라.

c. 테스트 데이터베이스를 생성할 때, 외래 키 속성이 널 값 할당이 가능하다면 해당 속성에 대해서 널 값을 튜플을 생성하는 것이 중요하다. (SQL에서는 외래 키 속성을 주 키의 일부분도 아니고 **not null**이라고도 선언하지 않으면 널 값 사용이 가능하다.) 대학교 데이터베이스의 예제 질의를 사용해서 왜 그러한지 이유를 설명하라.

힌트: 문제 4.2의 질의를 사용하라.

4.6 문제 3.2를 기반으로, 각 학생의 평점(grade-point average)을 계산하여 이를 보이는 *student_grades*(*ID*, *GPA*) 뷰를 어떻게 정의할지 보여라. 문자 학점에 대응하는 수치 점수를 얻기 위해 *grade_points* (*grade*, *points*) 릴레이션을 사용했던 것을 떠올려 자신의 뷰 정의가 *takes* 릴레이션의 *grade* 속성에 대해 *null* 값을 갖는 경우를 옳게 잘 처리하는지 확인하라.

4.7 그림 4.12의 직원 데이터베이스를 생각해 보자. 이 데이터베이스의 SQL DDL 정의를 제시하라. 유지해야 하는 참조 무결성 제약 조건을 식별하고 이를 DDL 정의에 포함하도록 한다.

4.8 4.4.8절에서 논의된 바와 같이, "한 명의 교수가 같은 학기, 같은 시간에 서로 다른 강의실에서 분반을 가르칠 수 없다."와 같은 제약 조건이 지켜져야 한다고 하자.

a. 이러한 제약 조건을 위반하는 모든 (*instructor*, *section*) 조합을 반환하는 SQL 질의를 작성하라.

b. 이러한 제약 조건을 강제하는 SQL 주장을 작성하라. (4.4.8절에서 논의한 바와 같이, 그러한 주장이 SQL 표준의 일부분임에도 불구하고 현세대 데이터베이스 시스템은 주장을 지원하지 않는다.)

4.9 다음 예에서 보듯이, SQL에서는 외래 키 의존성이 같은 릴레이션을 참조할 수 있도록 한다.

```
create table manager
   (employee_ID      char(20),
    manager_ID       char(20),
    primary key employee_ID,
    foreign key (manager_ID) references manager(employee_ID)
                 on delete cascade )
```

여기서 *employee_ID*는 *manager* 테이블의 키이며, 그 의미는 각 직원이 최대 한 명의 매니저를 가질 수 있다는 것이다. 그 외래 키 절은 모든 매니저 역시 직원이라는 것을 의미한다. 그렇다면 *manager* 릴레이션에서 튜플을 삭제했을 때 정확히 무슨 일이 일어나는지 설명해 보라.

4.10 주어진 릴레이션 *a*(*name*, *address*, *title*)와 *b*(*name*, *address*, *salary*)가 있다고 하자. **natural join** 문법을 사용하지 않는 대신, **on** 조건을 갖는 **full outer join** 연산을 사용하여 *a* **natural full outer join** *b*를 어떻게 표현할 수 있을지 보여라. **coalesce** 연산을 사용해서 이러한 일을 수행할 수도 있다. 결과 릴레이션은 *name*과 *address* 속성에 대한 복사본을 두 개 이상 가지지 못하며, *a*와 *b*의 일부 튜플이 *name*과 *address* 속성에 널 값을 가지고 있다고 해도 해당 해결책이 옳게 동작해야 한다.

4.11 운영체제는 보통 데이터 파일에 대해 읽기 접근과 쓰기 접근이라는 두 가지 유형의 권한 제어만 제공한다. 반면 데이터베이스 시스템은 왜 그렇게 많은 종류의 권한을 제공해야 하는가?

4.12 어떤 사용자가 릴레이션에 대한 **select** 접근 권한을 다른 사용자에게 수여한다고 가정하자. 그 사용자가 **grant** 문에 **granted by current role** 절을 포함해야 하는 혹은 포함하지 않아도 되는 이유는 무엇인가?

4.13 어떤 뷰 *v*의 정의가 릴레이션 *r*만 참조한다고 고려해 보자.

- 어느 사용자에게 *v*에 대한 **select** 권한을 수여하는 경우, 그 사용자는 *r*에 대한 **select** 권한을 가져야 하는가? 왜 그런가? 혹은 왜 그렇지 않은가?
- 어느 사용자에게 *v*에 대한 **update** 권한을 수여하는 경우, 그 사용자는 *r*에 대한 **update** 권한을 가져야 하는가? 왜 그런가? 혹은 왜 그렇지 않은가?
- **select** * **from** *v*에 관한 결과에 보이지 않는 튜플 *t*를 추가할 수 있도록 뷰 *v*에 대한 **insert** 연산의 예를 제시하라. 답으로 제시한 예에 관해 설명하라.

연습문제

4.14 아래의 질의를 고려해 보자.

```
select course_id, semester, year, sec_id, avg (tot_cred)
from takes natural join student
where year = 2017
group by course_id, semester, year, sec_id
having count (ID) >= 2;
```

from 절에 **natural join** *section*을 추가해도 위 질의의 결과는 바뀌지 않을 수 있다. 왜 그러한지 그 이유를 설명하라.

4.15 아래의 질의를 자연 조인을 사용하지 않고 대신 **using** 조건을 갖는 내부 조인을 사용하여 재작성하라.

> **select** *
> **from** *section* **natural join** *classroom*

4.16 대학교 스키마를 사용한 SQL 질의를 작성하여 대학교에서 어떤 과목도 수강한 적이 없는 각 학생의 ID를 찾는 질의를 작성하라. 이것을 하위 질의나 어떤 집합 연산 없이 (외부 조인을 사용해) 작성하라.

4.17 하위 질의 및 집합 연산을 사용하지 않고 SQL로 다음의 질의를 표현하라.

> **select** *ID*
> **from** *student*
> **except**
> **select** *s_id*
> **from** *advisor*
> **where** *i_ID* **is not null**

4.18 그림 4.12의 데이터베이스에 대해서, 관리자가 없는 각 직원의 ID를 찾는 질의를 작성해 보라. 여기서 직원은 관리자 목록이 없으며 널 관리자도 없을 수 있다. 외부 조인을 사용한 질의를 작성해 보고, 외부 조인이 전혀 없는 질의로도 바꿔 보라.

4.19 다음의 질의는 어떠한 상황에서 *title* 속성에 널 값을 갖는 튜플을 포함하겠는가?

> **select** *
> **from** *student* **natural full outer join** *takes*
> **natural full outer join** *course*

4.20 매년 획득한 총 학점 수를 계산하고 저장하는 *tot_credits* (*year*, *num_credits*) 뷰를 어떻게 작성할 것인지 제시하라.

4.21 문제 4.18의 뷰에 대해, 왜 데이터베이스 시스템은 이러한 뷰를 통해 튜플을 데이터베이스에 삽입하는 것을 불허하겠는지 설명하라.

4.22 **case** 구문을 사용해서 **coalesce** 함수를 어떻게 표현할지 제시하라.

4.23 Satoshi라는 관리자가 어떤 권한을 수여할 때, 사용자 Satoshi가 아니라 왜 관리자 역할로 권한 부여를 수행하는지 설명하라.

4.24 릴레이션 *r*에 대한 모든 권한 특권을 가진 사용자 *A*가, 부여 옵션으로 **public**에 **select** 권한을 부여한다고 하자. 그리고 사용자 *B*는 *r*에 대한 **select** 권한을 *A*에게 부여했다고 가정하자. 이 경우, 권한 그래프에서 사이클(cycle)이 만들어지겠는가? 왜 그런지 설명하라.

4.25 사용자가 또 다른 릴레이션 *r*2를 참조하는 외래 키를 사용하여 새로운 릴레이션 *r*1을 생성한다고 가정하자. *r*2에 대한 어떤 권한 특권이 해당 사용자에게 필요한가? 그러한 권한 부여 없이 왜 이것을 쉽게 허용하면 안 되는가?

4.26 무결성 제약 조건과 권한 제약 조건의 차이점을 설명하라.

더 읽어보기

일반적인 SQL 참조 설명서는 3장에서 제공했다. 앞서 언급했듯이, 많은 시스템은 표준을 따르지 않고 특성을 구현하므로 사용 중인 데이터베이스 시스템에서 제공한 참조 설명서를 필수로 봐야 한다. 업체 대부분은 또한 웹에서 SQL 사용법에 대한 광범위한 세부 내용을 제공한다.

뷰의 갱신가능성을 결정하기 위해 SQL에서 사용하는 규칙과 어떻게 하부 데이터베이스 릴레이션상에 그러한 갱신을 반영할지는 SQL:1999에서 정했고 이에 대한 요약이 [Melton and Simon (2001)]에 있다.

주장에 대한 원래 SQL 제안은 [Astrahan et al. (1976)], [Chamberlin et al. (1976)], [Chamberlin et al. (1981)] 문헌에 나와 있다.

참고문헌

[Astrahan et al. (1976)] M. M. Astrahan, M. W. Blasgen, D. D. Chamberlin, K. P. Eswaran, J. N. Gray, P. P. Griffiths, W. F. King, R. A. Lorie, P. R. McJones, J. W. Mehl, G. R. Putzolu, I. L. Traiger, B. W. Wade, and V. Watson, "System R, A Relational Approach to Data Base Management", *ACM Transactions on Database Systems*, Volume 1, Number 2 (1976), pages 97-137.

[Chamberlin et al. (1976)] D. D. Chamberlin, M. M. Astrahan, K. P. Eswaran, P. P. Griffiths, R. A. Lorie, J. W. Mehl, P. Reisner, and B. W. Wade, "SEQUEL 2: A Unified Approach to Data Definition, Manipulation, and Control", *IBM Journal of Research and Development*, Volume 20, Number 6 (1976), pages 560-575.

[Chamberlin et al. (1981)] D. D. Chamberlin, M. M. Astrahan, M. W. Blasgen, J. N. Gray, W. F. King, B. G. Lindsay, R. A. Lorie, J. W. Mehl, T. G. Price, P. G. Selinger, M. Schkolnick, D. R. Slutz, I. L. Traiger, B. W. Wade, and R. A. Yost, "A History and Evaluation of System R", *Communications of the ACM*, Volume 24, Number 10 (1981), pages 632-646.

[Melton and Simon (2001)] J. Melton and A. R. Simon, *SQL:1999, Understanding Relational Language Components*, Morgan Kaufmann (2001).

크레딧

Chapter 5

고급 SQL

3장과 4장에서 SQL의 기본적인 구조를 자세하게 다루었다. 이 장에서는 먼저 범용 프로그래밍 언어에서 SQL에 접근하는 방법을 살펴본다. 이것은 데이터 관리를 위해 데이터베이스를 사용하는 응용 프로그램을 개발하는 데 매우 중요하다. 그리고 절차적 코드가 데이터베이스 안에서 실행되는 방법, 절차적 동작을 지원하기 위해 SQL을 확장하는 방법, 혹은 절차적 언어로 정의된 함수가 데이터베이스 안에서 실행되는 것을 허용하는 방법 등을 포함하여 SQL의 향상된 기능을 살펴본다. 또한 특정 릴레이션에서 튜플의 삽입, 삭제, 갱신과 같은 상황에서 자동적으로 수행되어야 하는 동작을 명시하기 위해서 사용될 수 있는 트리거(trigger)에 대해 살펴본다. 마지막으로 SQL에서 지원하는 재귀 질의와 고급 집계 기능을 살펴본다.

5.1 프로그래밍 언어에서 SQL 접근

SQL은 강력한 선언형 질의어를 제공한다. SQL로 질의를 작성할 때 범용의 프로그래밍 언어로 동일한 질의를 작성하는 것보다 일반적으로 훨씬 쉽다. 그러나 데이터베이스 프로그래머는 적어도 다음과 같은 두 가지 이유로 범용 프로그래밍 언어를 이용하여 데이터베이스에 접근해야 한다.

1. SQL로는 모든 질의를 다 표현할 수 없는데, 이는 SQL이 범용 언어의 표현력을 완전히 제공하지 않기 때문이다. 즉 SQL로는 표현할 수 없지만, C나 Java, Python 등과 같은 언어로는 표현 가능한 질의가 존재한다는 의미다. 그러한 질의를 작성하기 위해서 더욱 강력한 언어에 SQL을 내장할 수 있다.
2. 비선언적 동작, 예를 들어, 보고서를 출력한다든지, 사용자와 의사소통을 한다든지, 또는 질의의 결과를 그래픽 사용자 인터페이스에 전달해야 하는 경우에 SQL만으로는 이를 지원할 수 없다. 응용 프로그램은 일반적으로 몇 개의 구성요소로 구성되는데, 데이터에 대한 질의와 갱신은

단지 하나의 요소일 뿐이며 다른 요소들은 범용 프로그래밍 언어로 작성된다. 통합 응용 프로그램이 되기 위해서는 범용 프로그래밍 언어와 SQL을 결합하기 위한 방법이 필요하다.

범용 프로그래밍 언어에서 SQL에 접근하기 위한 두 가지 접근 방법이 있다.

1. **동적 SQL**(Dynamic SQL): 범용 프로그램은 (절차형 언어에서) 함수의 집합이나 (객체 지향 언어에서) 메소드를 사용해서 데이터베이스 서버에 접속하고 통신할 수 있다. 동적 SQL은 프로그램이 실행 중에 문자열로 SQL 질의를 만들어 제출하고, 한 번에 하나의 튜플씩 프로그램 변수로 결과를 가져올 수 있도록 한다. SQL의 동적 *SQL* 요소는 프로그램이 실행 시간에 SQL 질의를 구성하고 완료할 수 있도록 한다.

   이 장에서 SQL 데이터베이스에 접속하고 질의와 갱신을 수행하는 두 가지 표준에 대해 살펴볼 것이다. 하나는 JDBC(5.1.1절)로 Java 언어를 위한 응용 프로그램 인터페이스다. 다른 하나는 ODBC(5.1.3절)로 처음에는 C 언어를 위해, 이후에 C++, C#, Ruby, Go, PHP, 그리고 Visual Basic 같은 언어 지원을 위해 확장된 응용 프로그램 인터페이스다. 또한 Python으로 작성된 프로그램을 Python Database API(5.1.2절)를 이용해 데이터베이스와 연결하는 방법을 살펴본다.

   Visual Basic, .NET, C# 언어를 위해 설계된 ADO.NET API는 데이터에 접근하기 위한 함수를 제공하는데 이것은 비록 세부적인 면에서 다르지만 상위 수준에서 JDBC와 유사하다. ADO.NET API는 다른 종류의 비관계형 데이터에 접근하는 데 사용될 수 있다. ADO.NET에 대한 자세한 사항은 온라인으로 제공되는 사용 설명서에 잘 나와 있으며 이 장에서는 다루지 않는다.

2. **내장 SQL**(Embedded SQL): 동적 SQL처럼 내장 SQL도 프로그램이 데이터베이스 서버와 소통할 수 있는 수단을 제공한다. 내장 SQL에서 SQL 구문은 전처리기를 사용해서 컴파일 시에 식별된다. 전처리기는 내장 SQL로 표현된 요청을 함수 호출로 변환한다. 그리고 실행할 때 함수 호출은 동적 SQL 기능을 제공하는 API를 통해서 데이터베이스에 연결되는데 이러한 함수 호출은 사용하는 데이터베이스에 따라 다를 수 있다. 5.1.4절에서 내장 SQL을 간단히 살펴본다.

SQL을 범용 언어와 접목하는 데 주요한 과제는 이러한 언어가 데이터를 다루는 방식이 서로 다르다는 점이다. SQL에서 데이터의 기본적인 타입은 릴레이션이다. SQL 구문은 릴레이션에 대해 동작을 수행하고 결과로서 릴레이션을 반환한다. 프로그래밍 언어는 보통 한 번에 하나의 변수에 대해 동작을 수행하고 변수는 하나의 릴레이션에 있는 하나의 튜플에서 하나의 속성에 대한 값과 대응한다. 따라서 이러한 두 종류의 언어를 하나의 응용 프로그램으로 통합하기 위해서는 프로그램이 다룰 수 있는 방법으로 질의 결과를 반환하는 방법이 필요하다.

이 절의 예제는 데이터베이스 시스템을 실행시키는 서버상의 데이터베이스에 접근한다고 가정한다. **내장 데이터베이스**(embedded database)를 사용하는 선택적인 방식은 노트 5.1에서 설명한다.

```
public static void JDBCexample(String userid, String passwd)
{
    try (
        Connection conn = DriverManager.getConnection(
                "jdbc:oracle:thin:@db.yale.edu:1521:univdb",
                userid, passwd);
        Statement stmt = conn.createStatement();
    ) {
        try {
            stmt.executeUpdate(
                "insert into instructor values('77987','Kim','Physics',98000
        }
        catch (SQLException sqle) {
            System.out.println("Could not insert tuple. " + sqle);
        }
        ResultSet rset = stmt.executeQuery(
                "select dept_name, avg (salary) "+
                " from instructor "+
                " group by dept_name");
        while (rset.next()) {
            System.out.println(rset.getString("dept_name") + " " +
                    rset.getFloat(2));
        }
    }
    catch (Exception sqle)
    {
        System.out.println("Exception : " + sqle);
    }
}
```

그림 5.1 JDBC 코드의 예

5.1.1 JDBC

JDBC 표준은 Java 프로그램이 데이터베이스에 접속할 수 있는 **응용 프로그램 인터페이스**(application program interface, API)를 정의한다. (JDBC라는 단어는 원래 **Java Database Connectivity**의 약어이지만, 이제 풀네임은 더 이상 통용되지 않는다.)

그림 5.1은 JDBC 인터페이스를 사용하는 예제 Java 프로그램이다. Java 프로그램은 JDBC가 제공하는 기능에 대한 인터페이스 정의를 가지고 있는 java.sql.*를 불러와야 한다.

5.1.1.1 데이터베이스 접속

Java 프로그램에서 데이터베이스에 접근하기 위한 첫 번째 단계는 데이터베이스로의 접속을 개방(open)하는 것이다. 예를 들어, 기계에서 실행 중인 Oracle 인스턴스 혹은 다른 기계에서 실행 중인 PostgreSQL 데이터베이스와 같이 현재 사용 중인 데이터베이스가 선택되어야 한다. 접속을 개방한 후에만 Java 프로그램이 SQL 구문을 실행할 수 있다.

접속은 (java.sql 안의) DriverManager 클래스의 getConnection( ) 메소드를 사용해서 열 수 있다. 이 메소드는 세 개의 매개변수를 가진다.[1]

1. getConnection( ) 호출의 첫 번째 매개변수는 데이터베이스와 통신하기 위해 사용되는 규약(예제에서 jdbc:oracle:thin: 부분, 이것이 왜 필요한지는 곧 살펴볼 것이다), 데이터베이스 시스템이 통신을 위해 사용하는 포트 번호(예제에서 2000), 그리고 서버에서 사용될 특정 데이터베이스(예제에서 univdb)와 같은 일부 다른 정보에 덧붙여 서버가 실행되는 URL이나 기계 이름(예제에서 db.yale.edu)을 명시하는 문자열이다. JDBC는 통신 규약이 아닌 단지 API만 명시한다는 점을 명심하라. JDBC 드라이버는 다중 규약을 지원할 수도 있으므로 데이터베이스와 드라이버가 둘 다 지원하는 규약을 명시해야 한다. 규약의 세부 사항은 회사마다 다르다.
2. getConnection( )의 두 번째 매개변수는 문자열로 된 데이터베이스 사용자 식별자다.
3. 세 번째 매개변수는 역시 문자열로 된 패스워드다(JDBC 코드 내에 패스워드를 명시하는 것은 승인되지 않은 사람이 Java 코드에 접근하는 경우를 막기 위함임을 명심하라).

그림에 있는 예제에서 conn이라는 Connection 객체를 만들었다.

JDBC를 지원하는 각 데이터베이스 제품(모든 주요 데이터베이스 판매회사가 지원한다)은 Java에서 데이터베이스로 접근하기 위해서 동적으로 적재되어야 하는 JDBC 드라이버를 제공한다. 사실 드라이버를 적재하는 것은 데이터베이스에 접속하기 전에 수행되어야 한다. 만약 적절한 드라이버가 제조사 웹 사이트로부터 다운로드되어 classpath 내에 존재하게 되면 getConnection( )은 필요한 드라이버를 찾을 것이다.[2] 드라이버는 제품 독립적인 JDBC 호출을 특정 데이터베이스 관리 시스템이 필요로 하는 제품 특화된 호출로 변환하는 기능을 제공한다. 데이터베이스와 정보를 교환하기 위해 사용되는 실제 규약은 사용되는 드라이버에 따라 달라지고 JDBC 표준에 정해져 있지는 않다. 일부 드라이버는 한 개 이상의 규약을 지원하고 적합한 규약은 접속하려고 하는 데이터베이스가 지원하는 규약이 무엇인지에 따라 달라진다. 예제에서 데이터베이스와의 접속을 열 때 문자열 jdbc:oracle:thin:은 Oracle이 지원하는 특정 규약을 명시하고 있다. MySQL의 경우 jdbc:mysql:이다.

5.1.1.2 데이터베이스 시스템에 SQL 구문 전달

한 번 데이터베이스 접속이 열리면 프로그램은 접속을 사용해서 실행을 위한 SQL 구문을 데이터베이스 시스템에 보낼 수 있다. 이는 Statement 클래스의 인스턴스를 통해 수행된다. Statement 객체는 그 자체로 SQL 구문이라기보다는 Java 프로그램이 데이터베이스 시스템에 의해 실행되는 SQL 구문을 전달하는 메소드를 호출하도록 해 주는 객체다. 예제는 conn 접속에 대해 Statement 접근자(stmt)를 생성한다.

---

1 허용되는 매개변수가 다른 여러 버전의 getConnection( ) 메소드가 있다. 여기서는 가장 흔히 사용되는 버전을 사용한다.

2 버전 4 이전에 드라이버를 찾는 것은 하나의 인자를 가진 Class.forName을 호출함으로써 수동적으로 이루어졌다. 이 클래스는 getConnection 호출 이전 코드 줄에 있는 java.sql.Driver 인터페이스를 구현하는 구체적인 클래스를 가리킨다.

구문을 실행하기 위해 SQL 구문이 (결과 집합을 반환하는) 질의인지, 또는 **update**, **insert**, **delete**, **create table** 등과 같은 비질의(nonquery) 구문인지에 따라 executeQuery( ) 메소드나 executeUpdate( ) 메소드를 호출하게 된다. 예제에서 stmt.executeUpdate( )는 *instructor* 릴레이션으로 삽입하는 갱신 질의를 수행한다. 그리고 삽입되었거나 갱신되었거나 삭제된 튜플의 수를 나타내는 정수를 반환한다. DDL 구문에 대해서는 반환값이 0이다.

5.1.1.3 예외 및 자원 관리

SQL 메소드 실행은 예외 사항 발생으로 이어질 수 있다. try{ … } catch{ … } 구문은 JDBC 호출에서 발생되는 어떠한 예외 사항(오류 조건)을 받아서 적절한 처리를 할 수 있도록 해 준다. JDBC 프로그래밍에서 SQL 전용 예외인 SQLexception과 좀 더 일반적인 널-포인터 예외나 배열-범위-초과 예외와 같은 Java 예외인 Exception을 구분하는 것이 유용하다. 그림 5.1에서 두 가지 예외 사항을 모두 보여 준다. 실제로는 예제 코드보다 좀 더 완벽한 예외 처리 핸들러(handler)를 작성해야 한다.

데이터베이스에 대한 접속, 구문 객체, 그리고 다른 JDBC 객체는 모두 시스템 자원을 소비하는 동작이다. 프로그래머는 프로그램에서 이러한 자원이 사용 이후 적절히 시스템에 반환되었는지 주의 깊게 살펴야 한다. 만약 그렇지 않으면 데이터베이스 시스템 자원 풀(pool)이 낭비되어 일정 시간 동안 시스템에 접근할 수 없거나 오동작이 발생할 수 있다. 자원을 시스템에 반환하는 방법은 접속을 명시적으로 폐쇄(close)하는 코드를 작성하는 것이다. 그러나 이 방법은 만약 코드가 예외 사항으로 인해 종료되면 폐쇄를 호출한 Java 구문이 실행되지 않기 때문에 실패하게 된다. 이런 이유로 주로 Java의 *try-with-resources* 구문을 사용한다. 그림 5.1의 예제에서 접속 개방과 구문 객체는 try 구문의 중괄호({ })가 아니라 소괄호(())안에서 수행된다. 소괄호 안에서 개방된 자원은 try 블록 끝에 이르면 자동으로 폐쇄된다. 이것은 프로그래머가 접속이나 구문을 폐쇄하지 않고 그대로 두는 것을 막을 수 있다. 구문을 자동 폐쇄하는 것은 해당 구문을 위해 개방된 객체(즉 다음 절에서 살펴볼 ResultSet 객체)를 묵시적으로 폐쇄하는 것이기 때문에 이런 코딩 습관은 프로그래머로 하여금 자원을 폐쇄하지 않고 그냥 두는 것을 막을 수 있다.[3] 그림 5.1의 예에서 conn.close( )를 이용해 접속을 명시적으로 폐쇄했고 stmt.close( )를 이용해 구문을 명시적으로 폐쇄했다. 그러나 실제로는 자동으로 폐쇄되기 때문에 꼭 그럴 필요는 없다.

5.1.1.4 질의 결과 검색

예제 프로그램은 stmt.executeQuery( )를 사용하여 질의를 수행한다. 그러면 ResultSet 객체 rset에 저장된 결과 튜플 집합으로부터 검색을 해서 한 번에 한 튜플씩 받아 올 수 있다. next( ) 메소드는 결과 집합에서 받아 오지 않는 튜플이 하나라도 남아 있는지 아닌지를 검사한다. 만약 남아 있다면 그것을 받아 온다. next( ) 메소드의 반환값은 튜플을 받아 왔는지를 나타내는 Boolean 값이다. 받아 온 튜플의 속성은 get으로 시작하는 이름을 가진 다양한 메소드를 사용해서 검색한

3 Java의 특징인 *try-with-resources*는 Java 7에서 소개되었다.

```
PreparedStatement pStmt = conn.prepareStatement(
            "insert into instructor values(?,?,?,?)");
pStmt.setString(1, "88877");
pStmt.setString(2, "Perry");
pStmt.setString(3, "Finance");
pStmt.setInt(4, 125000);
pStmt.executeUpdate();
pStmt.setString(1, "88878");
pStmt.executeUpdate();
```

그림 5.2 JDBC 코드에서 준비된 구문

다. getString( ) 메소드는 (Java String 객체로 값을 변환해서) 기본 SQL 데이터 타입을 검색할 수 있지만 getFloat( )와 같은 더 제한적인 메소드도 사용될 수 있다. 다양한 get 메소드의 인자는 문자열로 명시된 속성 이름이나 튜플 내의 얻고자 하는 속성의 위치를 나타내는 정수일 수 있다. 그림 5.1은 튜플에서 속성의 값을 가져오는 두 가지 방법을 보여 주는데, 그것은 속성의 이름(*dept_name*)을 이용하는 것과 속성의 위치(두 번째 속성을 나타내기 위해서 2를 사용)를 사용하는 방법이다.

5.1.1.5 준비된 구문

몇 개의 값을 "?"로 대체하여 준비된 구문(prepared statement)을 만들 수 있다. 그래서 실제 값이 나중에 제공되도록 명시될 수 있다. 일부 데이터베이스 시스템은 질의가 준비되었을 때 컴파일을 한다. 질의는 ("?"를 대체하기 위한 새로운 값과 함께) 매번 실행되고, 데이터베이스 시스템은 질의 이전에 컴파일되어 있던 형태를 다시 사용할 수 있고 새로운 값을 적용할 수 있다. 그림 5.2의 코드는 준비된 구문이 어떻게 사용되는지를 보여 준다.

Connection 클래스의 prepareStatement( ) 메소드는 컴파일을 위해 SQL statement를 전송한다. 그러면 PreparedStatement 클래스의 객체가 반환된다. 이 시점에서 어떠한 SQL 구문도 실행되지 않았다. PreparedStatement 클래스의 executeQuery( )와 executeUpdate( ) 메소드를 호출해야 SQL 구문이 수행된다. 그러나 그것이 호출되기 전에 "?" 매개변수에 대한 값을 지정하는 PreparedStatement 클래스의 메소드를 사용해야 한다. setString( ) 메소드와 다른 기본 SQL 타입을 위한 setInt( )와 같은 다른 유사한 메소드는 매개변수의 값을 명시하는 것을 허용한다. 첫 번째 인자는 값을 지정하려는 "?" 매개변수를 명시한다(0으로 시작하는 대부분의 다른 Java 구조체와 달리 첫 번째 매개변수는 1이다). 두 번째 인자는 배정된 값을 명시한다.

그림 5.2의 예제에서 **insert** 구문을 준비하고 "?" 매개변수를 지정한 다음 executeUpdate( )를 호출한다. 예제의 마지막 두 줄은 매개변수 선언문이 다시 명시적으로 재선언하기 전까지 변화하지 않음을 보여 준다. 따라서 executeUpdate( )를 호출하는 마지막 구문은 튜플("88878", "Perry", "Finance", 125000)을 삽입한다.

준비된 구문은 같은 질의가 한 번 컴파일된 후에 다른 매개변수 값으로 여러 번 실행될 수 있는 경우에 더 효율적인 실행이 가능하다. 그러나 질의가 단지 한 번만 수행된다 할지라도 사용자가 입력한 값을 사용하는 SQL 질의를 수행하는 경우 더 중요한 장점이 있다. 사용자가 입력한 값을 읽어 들인 다음 SQL 구문을 만들기 위해 Java 문자열 조작을 사용한다고 가정해 보자. 사용자가 작은따옴표와 같은 어떤 특별한 문자를 입력한다면 결과적인 SQL 구문은 입력을 점검하는 별도의 노력을 하지 않는다면 문법적으로 올바르지 않을 것이다. setString( ) 메소드는 자동으로 이것을 수행하며 문법적으로 올바르게 하기 위해 필요한 탈출 문자(escape character)를 입력한다.

예제에서 변수 ID, name, dept_name, salary에 대한 값이 사용자에 의해 입력되어 해당하는 행이 *instructor* 릴레이션으로 삽입된다고 가정해 보자. 준비된 구문을 사용하는 대신에 질의가 다음의 Java 표현식을 사용해서 문자열을 연결시켜서 만들어지고 질의는 Statement 객체의 executeQuery( ) 메소드를 사용해서 바로 실행된다고 가정해 보자.

```
"insert into instructor values(' " + ID + " ', ' " + name + " ', " +
        " '" + dept_name + " ', " + salary + ")"
```

이제 사용자가 ID나 이름 부분에 작은따옴표를 입력한다면 질의 문자열은 문법 오류를 가지게 된다. 교수 이름이 작은따옴표를 가지는 것은 충분히 가능하다(예를 들어, "O'Henry").

위 예제가 성가신 작업으로만 여겨질 수 있지만, 상황은 더 나빠질 수 있다. **SQL 삽입**(SQL injection)이라 불리는 기술은 데이터를 훔치거나 데이터베이스에 손상을 주려는 악의적인 해커에 의해 사용될 수도 있다.

Java 프로그램이 *name* 문자열을 입력하고 질의를 만든다고 가정해 보자.

```
"select * from instructor where name = '" + name + "'"
```

만약 사용자가 이름 대신 다음을 입력한다면

```
X' or 'Y' = 'Y
```

결과적인 구문은 다음과 같이 된다.

```
"select * from instructor where name = '" + "X' or 'Y' = 'Y" + "'"
```

그것은

```
select * from instructor where name = 'X' or 'Y' = 'Y'
```

결과적으로 질의에서 **where** 절은 항상 참이므로 전체 교수 릴레이션이 반환된다.

더 영리한 악의적인 사용자는 데이터베이스에 접속할 수 있는 패스워드(passwords)와 같은 데이터를 출력하고 자신이 원하는 어떤 동작도 수행할 수 있다. **update** 구문에 대한 SQL 삽입 공격은 갱신된 열에 저장된 값을 변경하는 데 사용될 수 있다. 사실 실세계에서 SQL 삽입을 사용한 많은 공격이 있을 수 있다. 다수의 금융 사이트에 대한 공격은 SQL 삽입 공격을 사용함으로써 상당한 양의 돈을 강탈하는 결과로 이어질 수 있다.

준비된 구문의 사용은 입력 문자열이 삽입된 탈출 문자를 가지기 때문에 이러한 문제를 방지할 수 있다. 결과적인 질의는 다음과 같이 된다.

"select * from instructor where name = 'X\' or \'Y\' = \'Y'

아무런 해를 끼치지 않고 빈 릴레이션을 반환한다.

프로그래머는 사용자 입력 문자열을 오직 준비된 구문의 인자를 통해서만 데이터베이스에 전달해야 한다. 사용자 입력 값을 가지고 문자열을 만들어 SQL 질의를 작성하는 것은 매우 심각한 보안상의 문제를 발생시킬 수 있기 때문에 절대로 어떤 프로그램에서도 시도해서는 안 된다.

일부 시스템은 세미콜론으로 구분된 구문을 사용해서 한 번의 JDBC execute 메소드 호출로 여러 개의 구문이 실행되는 것을 허용한다. 이 특징은 SQL 삽입 기술이 전체 SQL 구문을 삽입하기 위해 악의적인 해커에 의해 사용되었기 때문에 제거되고 있다. 예를 들어, 이전 SQL 삽입 예제에서 악의적인 사용자가 아래와 같이 입력한다고 가정하자.

X'; drop table instructor; --

이 문장은 세미콜론에 의해 분리된 두 개의 구문을 갖는 질의 문자열이 데이터베이스에 제출되는 결과를 초래한다. 이러한 구문이 Java 프로그램 소유자의 권한으로 실행되기 때문에 **drop table**과 같은 엄청난 손상을 가하는 SQL 구문이 실행될 수 있다. 일부 데이터베이스는 아직도 다수의 문장이 위와 같이 실행되는 것을 허용한다. SQL 삽입의 위험을 피하기 위해 준비된 문장을 올바르게 사용하는 것이 매우 중요하다.

5.1.1.6 호출할 수 있는 구문

JDBC는 또한 프로시저에 저장된 SQL이나 함수(5.2절에서 나중에 설명함)를 호출하기 위해 CallableStatement 인터페이스를 제공한다. 이것은 질의에 대해 prepareStatement가 실행했던 것처럼 함수와 프로시저에서 같은 역할을 한다.

```
CallableStatement cStmt1 = conn.prepareCall("{? = call some_function(?)}");
CallableStatement cStmt2 = conn.prepareCall("{call some_procedure(?,?)}");
```

함수의 데이터 타입은 값을 돌려주고 프로시저의 출력 매개변수는 registerOutParameter( )의 메소드로 반드시 등록되어야 하고 결과 집합에서 이 메소드와 비슷한 get 메소드로 검색할 수 있다. 더 자세한 사항에 대해서는 JDBC 매뉴얼을 참조한다.

5.1.1.7 메타데이터 특성

앞에서 언급했듯이, Java 응용 프로그램은 데이터베이스에 저장된 데이터에 대한 선언을 포함하지 않는다. 그러한 선언은 SQL DDL 구문의 부분이다. 따라서 JDBC를 사용하는 Java 프로그램은 프로그램에 이미 기록된(hard-coded) 데이터베이스 스키마에 대한 가정을 가지고 있거나 실행 시에 데이터베이스 시스템으로부터 직접 정보를 결정해야 한다. 후자의 접근 방법이 데이터베이스 스키마의 변경에 응용 프로그램이 유연하게 적응할 수 있기 때문에 더 선호된다.

executeQuery( ) 메소드를 사용해 질의를 전달할 때 질의 결과가 ResultSet 객체에 저장되는 것을 상기하라. ResultSet 인터페이스는 결과 집합에 대한 메타데이터를 제공하는 ResultSetMetaData 객체를 반환하는 getMetaData( ) 메소드를 가지고 있다. 순서대로 ResultSetMetaData 인터페이스는 결과의 열 개수, 명시된 열의 이름 혹은 명시된 열의 타입과 같은 메타데이터 정보를 찾는 메소드를 가지고 있다. 이런 방법으로 스키마에 대한 정보 없이도 질의를 수행할 수 있다.

아래의 Java 코드 부분은 결과 집합의 모든 열의 타입과 이름을 출력하기 위해 JDBC를 사용한다. 아래 코드의 변수 rs는 질의를 수행하여 얻어진 결과 집합을 나타낸다.

```
ResultSetMetaData rsmd = rs.getMetaData();
for(int i = 1; i <= rsmd.getColumnCount(); i++) {
     System.out.println(rsmd.getColumnName(i));
     System.out.println(rsmd.getColumnTypeName(i));
}
```

getColumnCount( ) 메소드는 결과 릴레이션의 인수(arity), 즉 속성의 개수를 반환한다. 그리면 각 속성(JDBC에서 관습적인 것처럼 1에서 시작함을 명심하라)에 대해서 동일한 동작을 반복할 수 있다. 위 코드와 같이 각 속성에 대해 getColumnName( ) 메소드와 getColumnTypeName( ) 메소드를 사용해서 각 속성의 이름과 데이터 타입을 얻을 수 있다.

DatabaseMetaData 인터페이스는 데이터베이스에 대한 메타데이터를 찾는 방법을 제공한다. Connection 인터페이스는 DatabaseMetaData 객체를 반환하는 getMetaData( ) 메소드를 가지고 있다. DatabaseMetaData 인터페이스는 결국 데이터베이스에 대한 메타데이터를 얻고 응용 프로그램이 연결되는 데이터베이스 시스템에 대한 메타데이터를 얻기 위한 수많은 메소드를 가진다.

예를 들면, 데이터베이스 시스템의 제품 이름과 버전번호를 반환하는 메소드가 있다. 다른 메소드는 응용 프로그램이 데이터베이스 시스템이 지원하는 특징에 대해 질의할 수 있도록 해 준다.

다른 메소드는 데이터베이스 그 자체에 대한 정보를 반환한다. 그림 5.3의 코드는 데이터베이스에서 릴레이션의 열(속성)에 대한 정보를 어떻게 찾는지 보여 준다. conn 변수는 이미 개방된 데이

```
DatabaseMetaData dbmd = conn.getMetaData();
ResultSet rs = dbmd.getColumns(null, "univdb", "department", "%");
     // Arguments to getColumns: Catalog, Schema-pattern, Table-pattern,
     //          and Column-Pattern
     // Returns: One row for each column; row has a number of attributes
     //          such as COLUMN_NAME, TYPE_NAME
while( rs.next()) {
     System.out.println(rs.getString("COLUMN_NAME"),
               rs.getString("TYPE_NAME");
}
```

그림 5.3 DatabaseMetaData를 사용하여 JDBC에서 열에 대한 정보 찾기

터베이스 접속을 다루는 것으로 가정한다. getColumns( ) 메소드는 카탈로그 이름(널은 카탈로그 이름이 무시되는 것을 의미한다), 스키마 이름 패턴, 테이블 이름 패턴, 열 이름 패턴의 네 개의 매개변수를 가지고 있다. 스키마 이름, 테이블 이름과 열 이름의 패턴은 이름이나 패턴을 명시하는 데 사용될 수 있다. 패턴은 SQL 문자열 매칭 문자인 "%"와 "_"를 사용한다. 예를 들면, "%"는 모든 이름과 매칭된다. 명시된 이름이나 패턴을 만족하는 스키마 테이블의 열만 검색된다. 결과 집합의 각 행은 한 열에 대한 정보를 가지고 있다. 행은 카탈로그 이름, 스키마 이름, 테이블 이름 그리고 열 이름, 열 타입 등과 같은 열을 가지고 있다.

getTables( ) 메소드는 데이터베이스에 있는 모든 테이블의 리스트를 보여 준다. getTables( )의 첫 번째 세 개의 인자는 getColumns( )와 동일하다. 네 번째 인자는 반환되는 테이블의 형을 제한하는 데 사용된다. 만약 널로 설정하면 시스템 내부 테이블을 포함한 모든 테이블이 반환되며 인자는 사용자가 만든 테이블만 반환되도록 설정될 수 있다.

데이터베이스에 대한 정보를 제공하는 DatabaseMetaData에 의해 제공되는 또 다른 메소드로는 주 키(getPrimaryKeys( )), 외래 키 참조(getCrossReference( )), 인증, 접속 가능한 데이터베이스 개수에 제한 등이 있다.

메타데이터 인터페이스는 여러 가지 업무에 사용될 수 있다. 예를 들면, 사용자가 데이터베이스에서 테이블을 찾는 것, 스키마를 조사하는 것, 테이블에서 행을 조사하는 것, 원하는 행만을 얻기 위해 선택 연산을 적용하는 것 등을 가능하게 하는 데이터베이스 브라우저를 작성할 때 사용된다. 메타데이터 정보는 이러한 업무에 사용되는 코드를 만들기 위해 사용될 수도 있다. 예를 들면, 릴레이션에서 행을 나타내기 위한 코드는 스키마와는 상관없이 모든 가능한 릴레이션에 적용될 수 있도록 작성되어야 한다. 이와 유사하게 질의문, 질의의 수행, 정형화된 테이블로 결과를 출력하는 코드를 작성하는 것도 가능해야 한다. 코드는 실제 질의와 상관없이 동작한다.

5.1.1.8 다른 특징

JDBC는 **갱신 가능한 결과 집합**(updatable result sets)과 같은 다른 특성을 제공한다. 이 특성은 데이터베이스 릴레이션의 선택 연산 그리고/또는 추출 연산을 수행하는 질의로부터 갱신 가능한 결과를 생성한다. 결과 집합에서 튜플을 갱신하는 것은 데이터베이스 릴레이션의 튜플과 일치되는 갱신을 결과로 만든다.

4.3절에서 언급했듯이 트랜잭션은 여러 동작을 커밋하거나 롤백할 수 있는 단일 원자 단위다. 기본적으로 각 SQL 구문은 자동으로 실행되는 별개의 트랜잭션처럼 처리된다. JDBC Connection 인터페이스의 setAutoCommit( ) 메소드는 이 동작의 활성화 및 비활성화가 가능하다. 만약 conn이 개방된 접속을 저장하는 변수라면 conn.setAutoCommit(false)는 자동 커밋을 비활성화한다. 트랜잭션은 반드시 conn.commit( )으로 분명하게 커밋을 하거나 conn.rollback( )으로 롤백되어야 한다. 자동 커밋은 conn.setAutoCommit(true)로 활성화된다.

JDBC는 메모리에서 생성된 대형 객체를 요구하지 않고 대형 객체를 다루는 인터페이스를 제공한다. 대형 객체를 불러오기 위해 ResultSet 인터페이스는 getString( )과 비슷하지만 각각 Blob과 Clob을 반환하는 getBlob( )과 getClob( ) 메소드를 제공한다. 이 객체는 대형 객체 전체를 저

```
import psycopg2

def PythonDatabaseExample(userid, passwd)
    try:
        conn = psycopg2.connect( host="db.yale.edu", port=5432,
                dbname="univdb", user=userid, password=passwd)
        cur = conn.cursor()
        try:
            cur.execute("insert into instructor values(%s, %s, %s, %s)",
                    ("77987","Kim","Physics",98000))
            conn.commit();
        except Exception as sqle:
            print("Could not insert tuple. ", sqle)
            conn.rollback()
        cur.execute( ("select dept_name, avg (salary) "
                    " from instructor group by dept_name"))
        for dept in cur:
            print dept[0], dept[1]
    except Exception as sqle:
        print("Exception : ", sqle)
```

그림 5.4 Python을 이용한 데이터베이스 접근

장하지 않는다. 대신에 대형 객체의 "위치자(locator)"를 저장한다. 위치자란 데이터베이스에 있는 실제 대형 객체에 대한 논리적인 포인터다. 이러한 객체로부터 데이터를 가져오는 것은 파일이나 입력 스트림에서 데이터를 가져오는 것과 비슷하며, 이는 getBytes( )나 getSubString( )과 같은 메소드를 사용해서 수행될 수 있다.

역으로 데이터베이스에 대형 객체를 저장하기 위해서 PreparedStatement 클래스는 setBlob (int parameterIndex, InputStream, inputStream) 메소드를 사용해서 타입이 **blob**인 데이터베이스 열(column)을 입력 스트림(열려 있는 파일과 같은)에 연결할 수 있다. 준비된 구문이 실행될 때 데이터가 입력 스트림에서 읽히고 데이터베이스에 **blob**으로 저장된다. 유사하게 **clob** 열은 매개변수 인덱스와 문자 스트림을 인자로 가지는 setClob( ) 메소드를 사용해서 설정될 수 있다.

JDBC는 결과 집합이 수집되거나 다른 응용 프로그램으로 전송되도록 하는 *row set* 기능을 지원한다. 행 집합은 뒤로 혹은 앞으로 살펴볼 수 있고 수정될 수 있다. 행 집합이 데이터베이스 자체의 기능에 포함되어 있지는 않기 때문에 행 집합의 사용에 대해서는 자세하게 다루지 않는다.

5.1.2 Python을 통한 데이터베이스 접근

그림 5.4에 있는 메소드를 활용하여 Python을 통한 데이터베이스 접근도 가능하다. insert 질의를 포함한 구문은 Python을 활용하여 JDBC의 준비된 구문과 동일한 기능을 지원한다. 여기서 인자는 "%s"로 식별되며 리스트 형태로 인자 값이 제공된다. 갱신은 데이터베이스에 자동으로 커밋되지 않는다. 갱신을 커밋하기 위해서는 commit( ) 메소드를 호출해야 한다.

try:, except ...: 블록은 예외 사항을 추적해서 관련된 정보를 출력한다. for 반복문은 질의 실행 결과에 대해서 반복을 수행하고 특정 행의 개별 속성에 접근하는 방법을 보여 준다.

앞선 프로그램은 첫 번째 줄에서 보이는 것처럼 PostgreSQL에 대한 접속을 허용하는 psycopg2 드라이버를 사용했다. 드라이버는 일반적으로 데이터베이스 전용으로 사용되는데 MySQLdb 드라이버는 MySQL을 연결하는 데 사용되고 cx_Oracle은 Oracle을 연결하는 데 사용된다. 그러나 pyodbc 드라이버는 ODBC를 지원하는 거의 모든 데이터베이스를 연결하는 데 사용된다. 프로그램에서 사용된 Python 데이터베이스 API는 많은 데이터베이스를 위한 드라이버로 구현되어 있다. 그러나 JDBC와 다르게 드라이버 종류에 따라서 API의 사소한 차이가 존재할 수 있다. 특히 connection( ) 함수의 인자에서 차이가 존재한다.

5.1.3 ODBC

Open Database Connectivity(ODBC) 표준은 응용 프로그램이 데이터베이스에 접속을 열고, 질의와 갱신을 전송하고, 결과를 얻어 가기 위해 사용하는 API를 정의한다. 그래픽 사용자 인터페이스, 통계 패키지, 스프레드시트와 같은 응용 프로그램은 ODBC를 지원하는 어떤 데이터베이스 서버와도 동일한 ODBC API를 이용하여 접속할 수 있다.

ODBC를 지원하는 데이터베이스 시스템은 각각 클라이언트 프로그램과 연결되어야 하는 라이브러리를 제공한다. 클라이언트가 ODBC API 호출을 하면, 라이브러리에 있는 코드는 요청하는 동작을 수행하고 결과를 얻어 오기 위해 서버와 통신하게 된다.

그림 5.5는 ODBC API를 사용한 C 코드의 예다. ODBC를 이용하여 서버와 통신하기 위한 첫 단계는 서버와의 접속을 만드는 것이다. 그러기 위해서 프로그램은 먼저 SQL 환경과 데이터베이스 접속 핸들(database connection handle)을 할당한다. ODBC는 타입 HENV, HDBC, RETCODE를 정의한다. 프로그램은 이제 SQLConnect를 이용하여 데이터베이스 접속을 연다. 이 호출은 접속 핸들과 연결할 서버, 사용자 식별자와 암호를 포함하는 몇 개의 인자를 가지고 있다. 상수 SQL_NTS는 이전의 인자가 널(null)로 끝나는 문자열이라는 것을 나타낸다.

접속이 성립되면 프로그램은 SQLExecDirect를 이용하여 SQL 명령어를 데이터베이스에 전달한다. C 언어의 변수는 질의 결과의 속성과 결합되고, SQLFetch를 사용하여 결과 튜플을 추출할 때 그 속성값이 해당되는 C 변수에 저장된다. SQLBindCol 함수가 이런 작업을 하는데, 두 번째 인자가 질의 결과에서 속성의 위치를 나타내고, 세 번째 인자가 SQL에서 C로의 타입 변환을 지정한다. 그다음 인자는 변수의 주소가 된다. 문자 배열과 같은 가변 길이 타입을 위해 마지막 두 인자가 변수의 최대 길이와 튜플을 가져올 때의 실제 길이가 저장될 위치가 된다. 길이 값이 음수를 갖는다면 해당 속성값은 **널**이라는 것을 의미한다. integer나 float 같은 고정된 길이에 대해서 최대 길이 값은 무시되며 널 값을 나타낼 때에는 음수가 반환된다.

SQLFetch 구문은 **while** 반복문에서 SQLFetch가 SQL_SUCCESS를 반환하지 못할 때까지 수행된다. 튜플을 매번 가져올 때마다 프로그램은 SQLBindCol 호출에 의해 지정된 C 변수에 값을 저장하고 이 값을 출력한다.

세션의 마지막에서 프로그램은 구문 핸들을 해제하고, 데이터베이스에서 연결을 끊고, 접속 및

```
void ODBCexample()
{
    RETCODE error;
    HENV env; /* environment */
    HDBC conn; /* database connection */

    SQLAllocEnv(&env);
    SQLAllocConnect(env, &conn);
    SQLConnect(conn, "db.yale.edu", SQL_NTS, "avi", SQL_NTS,
               "avipasswd", SQL_NTS);
    {
        char deptname[80];
        float salary;
        int lenOut1, lenOut2;
        HSTMT stmt;

        char * sqlquery = "select dept_name, sum (salary)
                           from instructor
                           group by dept_name";
        SQLAllocStmt(conn, &stmt);
        error = SQLExecDirect(stmt, sqlquery, SQL_NTS);
        if (error == SQL_SUCCESS) {
            SQLBindCol(stmt, 1, SQL_C_CHAR, deptname , 80, &lenOut1);
            SQLBindCol(stmt, 2, SQL_C_FLOAT, &salary, 0 , &lenOut2);
            while (SQLFetch(stmt) == SQL_SUCCESS) {
                printf (" %s %g\n", deptname, salary);
            }
        }
        SQLFreeStmt(stmt, SQL_DROP);
    }
    SQLDisconnect(conn);
    SQLFreeConnect(conn);
    SQLFreeEnv(env);
}
```

그림 5.5 ODBC 코드의 예

SQL 환경 핸들을 해제한다. 모든 함수 호출의 결과가 오류가 없음을 확인하는 것이 좋은 프로그래밍 스타일이지만 여기에선 간략하게 나타내기 위해 이러한 부분을 생략했다.

인자를 가지는 SQL 문을 생성하는 것도 가능한데, 예를 들어 insert into department values (?,?,?) 문을 보자. 물음표는 후에 제공될 값을 위해 자리를 확보해 놓은 것이다. 위 구문은 "준비"될 수 있는데, 이는 데이터베이스에서 컴파일되어 확보된 자리에 실제 값이 채워지면서 반복적으로 수행된다. 이 경우에 그 값은 *department* 릴레이션의 학과명, 건물, 예산이 될 것이다.

ODBC는 데이터베이스에서 모든 릴레이션을 검색하거나 질의 결과나 릴레이션의 열의 이름이나 타입을 구한다든지 하는 다양한 작업을 위한 함수를 정의한다.

기본적으로 각각의 SQL 구문은 자동적으로 커밋되는 분리된 트랜잭션으로 처리된다. SQLSetConnectOption(conn, SQL_AUTOCOMMIT, 0) 호출은 접속 conn에 대해 자동 커밋 기능을 해제하며 트랜잭션은 명시적으로 SQLTransact(conn, SQL_COMMIT)로 커밋하거나, SQLTransact(conn, SQL_ROLLBACK)로 롤백해야 한다.

ODBC 표준은 **적합성 수준**(conformance level)을 정의하는데, 이는 표준에서 정의한 기능의 부분집합을 명시하는 것이다. ODBC 구현은 핵심 단계의 기능만 제공할 수도 있고, 좀 더 향상된 (1단계 또는 2단계) 기능을 제공할 수도 있다. 1단계는 어떤 릴레이션이 존재하는지, 그것의 속성 타입에 대한 정보는 무엇인지와 같은 카탈로그에 관한 정보를 얻을 수 있는 기능을 지원해야 한다. 2단계는 인자 값의 배열을 전송하거나 가져오는 기능, 좀 더 상세한 카탈로그 정보를 얻어 오는 기능 등의 향상된 기능을 요구한다.

SQL 표준은 **호출 단계 인터페이스**(call level interface, CLI)를 정의하는데 이것은 ODBC 인터페이스와 유사하다.

5.1.4 내장 SQL

SQL 표준은 C, C++, Cobol, Pascal, Java, PL/I, 그리고 Fortran 등과 같은 다양한 종류의 프로그래밍 언어에서 SQL을 내장할 수 있도록 정의하고 있다. SQL 질의를 내장하는 언어를 **호스트**(host) 언어라고 하며, SQL 구조는 호스트 언어가 **내장** SQL로 구성되도록 허용한다.

호스트 언어로 작성된 프로그램은 데이터베이스에 저장된 데이터에 접근하고 이를 갱신하기 위해 내장 SQL 문을 사용할 수 있다. 내장 SQL 프로그램은 컴파일하기 전에 특별한 전처리기를 통해 우선 처리가 되어야 한다. 이 전처리기는 내장 SQL 요청을 실행 시간에 데이터베이스에 접근할 수 있는 호스트 언어로 된 선언과 프로시저 호출로 변환한다. 그 후에 결과로 나온 프로그램을 호스트 언어의 컴파일러로 컴파일하게 된다. 이것이 내장 SQL과 JDBC나 ODBC와의 주요한 차이점이다.

내장 SQL 요청을 전처리기가 식별할 수 있도록 하기 위해 EXEC SQL 문을 다음과 같은 형식으로 사용한다.

```
EXEC SQL <embedded SQL statement >;
```

SQL 구문을 실행하기 전에 프로그램은 먼저 데이터베이스에 접속해야 한다. 호스트 언어의 변수는 내장 SQL 구문 안에서 사용될 수 있다. 그러나 SQL 변수와 구분하기 위해서 앞에 콜론(:)을 붙여야 한다.

내장 SQL 질의 결과에 대해 반복을 적용하기 위해서는 **커서**(cursor) 변수를 선언하고 질의 결과의 연속된 행을 가져오기 위해서 호스트 언어의 반복 구문 안에서 *fetch* 명령어를 실행해야 한다. 데이터베이스 갱신 또한 릴레이션의 행에 대해 반복적으로 적용하기 위해서 커서를 사용해 수행될 수 있다. 단지 선택된 행에 대해서만 반복적으로 적용하기 위해서는 선택적으로 **where** 절을 사용할 수도 있다. 내장 SQL 명령어는 커서가 가리키는 현재 행을 갱신하는 데 사용될 수 있다.

내장 SQL을 위한 정확한 문법은 SQL이 내장되는 언어에 종속적이다. 더 자세한 사항은 사용하고자 하는 특정 내장 언어의 사용자 설명서를 참고하라.

노트 5.1 내장형 데이터베이스

JDBC와 ODBC는 서버가 데이터베이스를 운영하는 데이터베이스 시스템상에서 실행된다고 가정한다. 일부 응용 프로그램은 전적으로 응용 프로그램 안에 존재하는 데이터베이스를 사용한다. 이러한 응용 프로그램은 단지 내부적인 용도를 위해 데이터베이스를 유지하고 응용 프로그램 자체를 통한 데이터베이스 접근 이외에는 다른 접근을 허용하지 않는다. 이런 경우에 **내장형 데이터베이스**(embedded database)를 사용하는데 프로그래밍 언어 안에서만 접근 가능한 SQL 데이터베이스를 구현한 일부 패키지 중에 하나가 사용될 수 있다. 이런 패키지로는 Java DB, SQLite, 그리고 HSQLDB 등이 있다. MySQL의 내장형 버전도 있다.

내장형 데이터베이스 시스템은 서버 기반 데이터베이스 시스템의 많은 기능이 부족하다. 데이터베이스 추상화는 필요하나 대규모 데이터베이스를 지원할 필요가 없거나 대규모 트랜잭션 처리가 필요 없는 응용 프로그램에는 적합할 수 있다.

내장형 데이터베이스와 내장 SQL을 혼동하지 마라. 내장 SQL은 서버상에서 실행되는 데이터베이스와 연결하기 위한 하나의 수단이다.

JDBC에서 SQL 구문은 실행될 때 해석된다. 내장 SQL을 사용할 경우 전처리 시 데이터 타입 오류를 포함하여 SQL 관련 오류가 발생할 가능성이 있다. 내장 SQL 프로그램에서 SQL 질의는 동적 SQL을 사용하는 프로그램보다 더 쉽게 이해될 수 있다. 그러나 내장 SQL의 단점도 존재한다. 전처리기가 호스트 언어 코드를 생성하는데 이것이 프로그램의 디버깅(debugging)을 복잡하게 할 수 있다. 전처리기가 SQL 구문을 식별하는 데 사용하는 생성자가 문법적으로 호스트 언어의 후속 버전에서 소개된 호스트 언어 문법과 충돌할 수 있다.

결과적으로 대부분의 현재 시스템은 내장 SQL보다 동적 SQL을 사용한다. 한 가지 예외는 Microsoft Language Integrated Query(LINQ) 기능인데 이것은 내장 SQL 질의를 호스트 언어로 변환하기 위해 전처리기를 사용하는 대신 호스트 언어를 확장한 것이다.

5.2 함수와 프로시저

앞에서 SQL 언어로 구현된 여러 가지 함수를 살펴보았다. 이 절은 개발자가 어떻게 자신만의 함수와 프로시저를 작성할 수 있고 데이터베이스에 저장하며 SQL 구문으로부터 어떻게 호출할 수 있는지를 보여 준다. 함수는 이미지나 기하학적 객체 같은 데이터 타입을 명시할 때 특히 유용하다. 예를 들어, 지도 데이터베이스에서 사용된 선분(line-segment) 데이터 타입은 두 개의 선분이 겹치는지 검사하는 연관 함수를 가지고 있으며, 이미지 데이터 타입은 두 개의 이미지의 유사성을 비교하는 연관 함수를 가지고 있다.

프로시저와 함수는 "비즈니스 로직(business logic)"이 데이터베이스에 저장되고 SQL 구문이 실행되도록 해 준다. 예를 들어, 대학교는 보통 한 학생이 주어진 학기에 수강해야 하는 과목 수, 교수가 1년에 가르쳐야 하는 최소 과목의 수, 한 학생이 등록할 수 있는 전공의 최대 개수 등에 관한 많

```
create function dept_count(dept_name varchar(20))
    returns integer
    begin
    declare d_count integer;
        select count(*) into d_count
        from instructor
        where instructor.dept_name= dept_name
    return d_count;
    end
```

그림 5.6 SQL로 정의된 함수

은 규칙을 가지고 있다. 이런 비즈니스 규칙을 데이터베이스 외부에 저장하여 프로그래밍 언어 프로시저로 인코딩하는 것에 비해 데이터베이스 안의 프로시저에 저장하여 정의하는 것은 많은 장점을 가진다. 예를 들면, 프로시저에 접근하는 다수의 응용 프로그램을 허용할 수 있으며, 또 응용 프로그램의 변경 없이 비즈니스 규칙이 변경되는 경우에 단지 그 변경만 허용할 수 있다. 응용 프로그램 코드는 데이터베이스 릴레이션의 직접적인 변경 대신에 저장된 프로시저를 호출할 수 있다.

SQL은 함수, 프로시저, 메소드의 정의를 허용한다. 이런 것은 SQL의 절차형 구성요소나 Java, C, C++ 등과 같은 외부 프로그래밍 언어에 의해 정의된다. 우선 SQL의 정의를 보고 5.2.3절에서 외부 언어를 사용하여 정의하는 방법을 살펴본다.

여기서 보여 주는 문법이 SQL 표준으로 정의되어 있지만, 대부분의 데이터베이스는 비표준 문법을 구현했다. 예를 들어, Oracle(PL/SQL)이나 Microsoft SQL Server(TransactSQL), PostgreSQL(PL/pgSQL)이 지원하는 절차형 언어는 모두 여기서 보여 주는 표준 문법과 다르다. 노트 5.2에서 Oracle의 예를 이용해 어떤 차이점이 있는지 보여 준다. 좀 더 구체적으로 알기 위해서는 각 시스템의 설명서를 참고하라. 비록 여기서 보여 주는 문법적인 부분이 다른 시스템에서 지원되지 않더라도 개념은 다른 문법을 구현한 시스템에도 적용 가능하다.

5.2.1 SQL 함수 및 프로시저의 선언과 호출

학과의 이름을 받아서 그 학과 교수의 수를 반환하는 함수를 생각해 보자. 이 함수는 그림 5.6과 같다.[4] 이 함수는 아래와 같이 12명 이상의 교수를 가진 모든 학과의 이름과 예산을 반환하는 질의에 사용될 수 있다.

```
select dept_name, budget
from department
where dept_count(dept_name) > 12;
```

4 자신의 함수와 프로시저를 작성한다면, 디버깅할 때 (함수를 대체해서) 코드를 수정하기 쉽도록 **create**보다는 "**create or replace**"를 써야 한다.

```
create function instructor_of (dept_name varchar(20))
    returns table (
        ID varchar (5),
        name varchar (20),
        dept_name varchar (20),
        salary numeric (8,2))
return table
    (select ID, name, dept_name, salary
    from instructor
    where instructor.dept_name = instructor_of.dept_name);
```

그림 5.7 SQL의 테이블 함수

질의에서 복잡한 사용자 정의 함수를 호출할 때 많은 데이터베이스 시스템에서 성능상의 문제가 발생한다. 프로그래머는 질의에서 사용자 정의 함수를 사용할 때 성능을 고려해야 한다.

SQL 표준은 **테이블 함수**(table function)라 불리는 테이블 자체를 함수의 결과로 반환하는 함수를 지원한다. 그림 5.7에서 정의된 함수를 보자. 이 함수는 특정한 학과의 모든 교수를 포함하는 테이블을 반환한다. 함수의 매개변수는 함수 이름의 접두사(*instructor_of.dept_name*)로 해서 참조하는 것을 주의하자.

함수는 다음과 같은 질의에 사용된다.

```
select *
from table(instructor_of('Finance'));
```

이 질의는 학과 'Finance'에 속하는 모든 교수를 반환한다. 위와 같이 단순한 경우에는 테이블 함수를 작성하지 않고 바로 이러한 질의를 작성하는 것이 쉽다. 그러나 일반적으로 테이블 함수는 매개변수를 허용하여 뷰를 정의하는 **매개변수화된 뷰**(parameterized view)로 생각할 수 있다.

SQL은 프로시저도 지원한다. *dept_count* 함수는 프로시저로 다음과 같이 나타낼 수 있다.

```
create procedure dept_count_proc(in dept_name varchar(20),
                                 out d_count integer)
    begin
        select count(*) into d_count
        from instructor
        where instructor.dept_name= dept_count_proc.dept_name
    end
```

in과 **out** 키워드는 각각 입력받을 값을 저장하고 있는 매개변수와 결과 값을 반환하기 위해 프로시저 안에서 값이 저장될 매개변수를 나타낸다.

프로시저는 SQL 프로시저나 내장 SQL로부터 **호출**(call) 구문을 통해 호출될 수 있다.

```
declare d_count integer;
call dept_count_proc('Physics', d_count);
```

프로시저나 함수는 5.1.1.5절에서 기술된 JDBC 문법처럼 동적 SQL로부터 호출될 수 있다.

SQL은 매개변수의 수가 다르면 같은 이름을 가진 여러 개의 프로시저를 허용한다. 이름과 매개변수의 수가 프로시저를 판별하는 데 사용된다. SQL은 또 매개변수의 수가 다르거나 혹은 같더라도 적어도 하나의 타입이 다르면 같은 이름을 가진 함수를 사용할 수 있다.

5.2.2 프로시저와 함수를 위한 언어 구문

SQL은 범용 프로그래밍 언어의 거의 같은 기능을 가진 다양한 구조를 지원한다. 이러한 구조를 다루는 SQL 표준의 일부분을 **영구 저장 모듈**(Persistent Storage Module, **PSM**)이라 부른다.

변수는 **declare** 구문을 사용해서 선언되고 어떤 유효한 SQL 데이터 타입이라도 가질 수 있다. 값의 할당은 **set** 구문을 사용해서 수행된다.

복합문은 **begin** … **end**의 형태를 가진다. 즉 **begin**과 **end** 사이에 다수의 SQL 구문을 포함할 수 있다. 지역 변수는 5.2.1절에서 보듯이 중문 안에서 선언될 수 있다. **begin atomic** … **end** 형태의 중문은 그 안에 포함된 모든 문장이 단일 트랜잭션으로 수행되도록 한다.

while 문과 **repeat** 문을 위한 문법은 아래와 같다.

```
while boolean expression do
    sequence of statements;
end while

repeat
    sequence of statements;
until boolean expression
end repeat
```

또한 질의의 결과에서 반복을 허용하는 **for** 반복문이 있다.

```
declare n integer default 0;
for r as
        select budget from department
        where dept_name = 'Music'
do
    set n = n− r.budget
end for
```

프로그램은 질의 결과를 한 번에 한 개의 행으로 **for** 반복문의 변수(위 예제에서 *r*)로 가져온다. **leave** 문은 반복문을 빠져나갈 때 사용되며 **iterate**는 나머지 구문을 건너뛰어 반복문의 시작에서 다음 튜플로부터 시작한다.

SQL이 지원하는 조건문 다음의 문법을 사용하여 **if-then-else** 구문을 포함한다.

```
-- Registers a student after ensuring classroom capacity is not exceeded
-- Returns 0 on success, and -1 if capacity is exceeded.
create function registerStudent(
            in s_id varchar(5),
            in s_courseid varchar (8),
            in s_secid varchar (8),
            in s_semester varchar (6),
            in s_year numeric (4,0),
            out errorMsg varchar(100)
returns integer
begin
    declare currEnrol int;
    select count(*) into currEnrol
        from takes
        where course_id = s_courseid and sec_id = s_secid
            and semester = s_semester and year = s_year;
    declare limit int;
    select capacity into limit
        from classroom natural join section
        where course_id = s_courseid and sec_id = s_secid
            and semester = s_semester and year = s_year;
    if (currEnrol < limit)
        begin
            insert into takes values
                (s_id, s_courseid, s_secid, s_semester, s_year, null);
            return(0);
        end
    -- Otherwise, section capacity limit already reached
    set errorMsg = 'Enrollment limit reached for course ' || s_courseid
        || ' section ' || s_secid;
    return(-1);
end;
```

그림 5.8 과목 분반에 학생을 등록하기 위한 프로시저

```
if boolean expression
    then statement or compound statement
elseif boolean expression
    then statement or compound statement
else statement or compound statement
end if
```

SQL은 또한 C/C++ 언어의 case 문(3장에서 다루었던 case 표현)과 비슷한 case 문을 제공한다.

그림 5.8은 프로시저 구문에 대한 더 큰 예를 보여 준다. 그림에서 정의된 *register Student* 함수

는 학생 수가 허용된 강의실의 용량을 초과하지 않음을 확인한 후에 과목 집단에 학생을 등록한다. 함수는 성공했다는 것을 알리는 값으로 0보다 크거나 같은 값을, 에러 상태를 알리는 값으로 음수를 반환하며 **out** 매개변수로 실패에 대한 이유를 나타내는 메시지를 반환한다.

SQL 절차형 언어는 또한 **예외 조건**(exception condition) 신호를 보내고 예외 처리를 다루는 예외 처리 **핸들러**(handler)를 선언하는 개념을 포함한다. 이 코드는 다음과 같다.

```
declare out_of_classroom_seats condition
declare exit handler for out_of_classroom_seats
begin
sequence of statements
end
```

begin과 **end** 사이의 구문은 신호 *out_of_classroom_seats*를 실행하는 데 예외 처리를 발생시킨다. 예외 처리 핸들러는 이러한 조건이 발생하면 **begin end** 구문을 닫고 빠져나가는 행동을 취한다. 또 다른 방법으로 **continue**가 있다. continue는 예외를 발생시키는 다음 구문에서부터 실행을 계속한다. 명시적으로 정의된 조건에 추가적으로 **sqlexception**, **sqlwarning**, **not found**와 같은 미리 정의된 조건도 있다.

5.2.3 외부 언어 루틴

SQL에 대한 절차적 확장이 매우 유용하지만 불행히도 데이터베이스에 대한 표준적인 방법으로 지원되지는 않는다. 가장 기본적인 기능조차 데이터베이스 제품마다 다른 문법과 의미를 가진다. 결과적으로 프로그래머는 반드시 각 데이터베이스 제품을 위해서 새로운 언어를 배워야 한다. 대안으로 명령형 프로그래밍 언어로 프로시저를 정의하고, 이를 SQL 질의나 트리거 정의로부터 호출할 수 있다.

SQL은 Java, C#, C, C++ 등과 같은 프로그래밍 언어로 함수를 정의할 수 있다. 이렇게 정의된 함수는 SQL보다 더 효율적일 수 있으며 SQL로 수행되지 못하는 계산이 이러한 함수에 의해 수행될 수도 있다.

외부 프로시저와 함수는 다음과 같은 방법으로 명시된다(사용하는 특정 데이터베이스 시스템에 따라 정확한 문법은 달라질 수 있음을 유의하라).

```
create procedure dept_count_proc( in dept_name varchar(20),
                                  out count integer)
language C
external name '/usr/avi/bin/dept_count_proc'

create function dept_count (dept_name varchar(20))
returns integer
language C
external name '/usr/avi/bin/dept_count'
```

일반적으로 외부 언어 프로시저는 매개변수(**in**과 **out** 둘 다)와 반환값에 존재하는 널 값을 다루어

노트 5.2 프로시저와 함수를 위한 비표준 문법

SQL 표준이 프로시저와 함수에 대한 문법을 정의하지만 대부분의 데이터베이스는 표준을 엄격하게 따르지는 않으며 지원되는 문법에서도 상당한 차이가 존재한다. 이러한 상황이 발생하는 한 가지 이유는 이러한 데이터베이스가 문법이 표준화되기 전부터 프로시저와 함수를 지원했으며, 계속해서 원래 문법을 지원했기 때문이다. 여기에서 각 데이터베이스에서 지원하는 문법을 나열하기는 불가능하지만 하나의 예로서 표준과 Oracle PL/SQL의 차이점을 살펴본다. 이를 위해 그림 5.6의 함수를 PL/SQL로 정의한다.

```
create function dept_count (dname in instructor.dept_name%type) return integer
as
d_count integer;
begin
        select count(*) into d_count
        from instructor
        where instructor.dept_name = dname;
return d_count;
end;
```

두 가지 버전이 개념에서 유사하지만 많은 사소한 문법적인 차이점이 존재한다. 이들 중 몇 개는 두 가지 버전의 함수를 비교해 보면 확실해진다. 여기에서 설명되지는 않지만 PL/SQL에서 제어 흐름을 위한 문법 또한 소개한 문법과 차이점이 존재한다.

PL/SQL이 *%type* 접미사를 붙여서 릴레이션의 속성 타입을 명시할 수 있는 점을 보라. 반면, PL/SQL은 테이블을 반환하는 기능을 직접적으로 지원하지는 않지만 테이블 타입을 만들어서 이 기능을 구현하는 간접적인 방법을 가지고 있다. 다른 데이터베이스가 지원하는 절차형 언어 또한 여러 문법적이고 의미적인 차이점을 가진다. 더 많은 정보는 각 언어의 사용자 설명서를 참고하라.

야 한다. 또한 실패/성공 상태를 통신할 수 있어야 하고 예외 처리를 다룰 수 있어야 한다. 그래서 몇 개의 추가적인 매개변수를 가져야 한다. 이러한 매개변수에는 실패/성공을 나타내는 **sqlstate** 값, 함수의 반환값을 저장하는 매개변수, 값이 널 값인지를 나타내는 각각의 매개변수/함수를 위한 척도 변수 등이 있다. 널 값을 다루기 위해서 예를 들면, 값 대신에 포인터를 넘겨주는 것과 같은 다른 방법도 가능하다. 정확한 방법은 데이터베이스에 따라 다르다. 그러나 함수가 이러한 상황을 다루지 않는다면, **parameter style general** 라인은 외부 프로시저/함수가 매개변수만 보여 주고 널 값과 예외 처리를 다루지 않는 것을 의미하기 위해서 선언에 추가될 수 있다.

프로그래밍 언어에서 정의되고 데이터베이스 시스템 외부에서 컴파일된 함수는 데이터베이스-시스템 코드와 함께 적재되어 실행된다. 하지만 이렇게 처리하는 것은 프로그램의 버그가 데이터베이스 내부 구조에 오류를 일으키고 데이터베이스 시스템의 접근-제어를 무시할 수 있는 위험을 가지고 있다. 보안보다 효율적인 성능을 우선시하는 데이터베이스 시스템의 경우 이렇게 프로시저를 실행할 수 있다. 보안에 더 관심을 가지는 데이터베이스 시스템은 코드를 별도의 분리된 부분으로 실행시켜 매개변수를 사용하여 통신하며, 프로세스 간의 통신을 통해 다시 결과를 가져온다. 하지만 프로세스 간의 통신비용이 매우 높다. 일반적인 CPU 구조에서 수십 개에서 수만 개의 명령문이 한 번의 프로세스 간 통신에서 실행된다.

만약 Java나 C# 같은 "안전한" 언어로 작성된 코드라면 다른 방법도 있다. 즉 코드를 데이터베이스 질의 실행 프로세스 자체 내에 있는 **샌드박스**(sandbox)에서 실행하는 것이다. 샌드박스는 Java나 C# 코드가 자신이 가지는 메모리 영역으로 접근하는 것을 허용하지만 질의 실행 프로세스의 메모리를 읽거나 갱신하는 것 혹은 파일 시스템에서 파일에 접근하는 것은 허용하지 않는다(C 같은 언어에서 샌드박스를 생성하는 것은 불가능하다. 포인터를 통해 메모리에 자유롭게 접근하는 것이 허용되기 때문이다). 프로세스 간의 통신을 피하는 것은 함수 호출에 대한 비용을 많이 줄인다.

오늘날 일부 데이터베이스 시스템은 질의 실행 프로세스 안의 샌드박스에서 외부 언어 루틴을 실행하는 것을 지원한다. 예를 들면, Oracle과 IBM DB2는 데이터베이스 프로세스의 부분으로서 Java 함수를 실행하는 것을 허용한다. Microsoft SQL Server는 데이터베이스 프로세스 내에서 실행하기 위해서 프로시저를 공통 언어 실행(Common Language Runtime, CLR)으로 컴파일하는 것을 허용한다. 이러한 프로시저는 예를 들어, C#이나 Visual Basic으로 작성된다. PostgreSQL은 함수가 Perl, Python, Tcl과 같은 언어로 정의되는 것을 허용한다.

5.3 트리거

트리거(trigger)는 데이터베이스에서 발생하는 특정 사건에 대한 반응으로 시스템이 자동으로 수행하는 구문이다. 트리거를 정의하기 위해서는 다음의 두 가지를 명시해야 한다.

- 트리거가 실행될 시점을 명시해야 한다. 이것은 트리거가 검사되어야 하는 사건(event)이나 트리거의 실행을 위해 만족되어야 하는 조건(condition)이다.
- 트리거가 실행될 때 수행되어야 할 동작(action)을 명시해야 한다.

사용자가 트리거를 데이터베이스에 입력하면, 데이터베이스 시스템은 명시된 사건이 발생하고 대응하는 조건이 만족될 때 트리거가 실행되도록 할 책임이 있다.

5.3.1 트리거의 필요성

트리거는 SQL의 제약 조건 방법을 사용해서 명세할 수 없는 무결성 제약 조건을 구현하기 위해 사용될 수 있다. 트리거는 어떤 조건을 만났을 때 사람에게 알려 주거나 어떤 작업을 자동으로 수행시키기 위한 유용한 수단이다. 예를 들어, *takes* 릴레이션에 튜플 하나가 삽입될 때마다 학생의 전체 이수 학점을 다시 계산해서 *student* 릴레이션에 있는 튜플을 갱신하는 트리거를 설계할 수 있다. 트리거의 사용에 대한 다른 예로 상점이 각 물품에 대해서 최소 재고를 유지하고 싶다고 가정하자. 물품의 재고가 최소한도 이하로 내려가면 주문이 자동적으로 이루어진다. 물품에 대한 재고량이 갱신될 경우 트리거는 각 물품에 대한 최소 재고량과 현재 재고량을 비교하여 현재 재고량이 최소 재고량 이하인 경우 새로운 주문을 *orders* 릴레이션에 추가한다.

```
create trigger timeslot_check1 after insert on section
referencing new row as nrow
for each row
when (nrow.time_slot_id not in (
          select time_slot_id
          from time_slot)) /* time_slot_id not present in time_slot */
begin
  rollback
end;

create trigger timeslot_check2 after delete on timeslot
referencing old row as orow
for each row
when (orow.time_slot_id not in (
          select time_slot_id
          from time_slot) /* last tuple for time_slot_id deleted from time_slot */
  and orow.time_slot_id in (
          select time_slot_id
          from section)) /* and time_slot_id still referenced from section*/
begin
  rollback
end;
```

그림 5.9 참조 무결성을 유지하기 위한 트리거의 사용

트리거는 데이터베이스 외부에 대한 갱신은 수행할 수 없다. 그렇기 때문에 재고 보충의 예에서 직접적으로 주문을 하는 데 트리거를 사용하지 못한다. 대신 재주문을 담당하는 릴레이션에 주문을 추가한다. 데이터베이스와는 분리되어 계속적으로 수행되며 주기적으로 릴레이션을 검사하고 주문하는 시스템 프로세스를 생성해야 한다. 일부 데이터베이스 시스템은 내부적으로 이와 같은 방식으로 SQL 질의와 트리거를 통해 이메일을 보낼 수 있도록 지원하고 있다.

5.3.2 SQL에서 트리거

이제 SQL에서 트리거를 구현하는 방법에 대해서 살펴보자. 여기서 보여 주는 문법은 SQL 표준에 정의되어 있지만 대부분의 데이터베이스는 비표준 문법을 사용한다. 여기서의 문법이 그러한 시스템에서 지원되지 않지만 우리가 서술하는 개념은 구현에 상관없이 적용 가능하다. 노트 5.3에서 비표준 트리거 구현에 대해 살펴본다. 각 시스템에서 트리거 문법은 함수와 프로시저 작성을 위한 시스템 문법에 기반하고 있다.

그림 5.9는 *section* 릴레이션의 *time_slot_id* 속성에 대해 참조 무결성을 만족하기 위해 트리거가 사용되는 방법을 보여 준다. 그림에서 처음 트리거 정의는 *section* 릴레이션에 대한 삽입이 수행된 후에 트리거가 시작되고, 삽입되는 *time_slot_id* 값이 타당해야 한다는 것을 기술하고 있다.

SQL의 삽입 문장은 릴레이션의 여러 튜플을 삽입할 수 있고, 트리거 코드의 **for each row** 절은 명시적으로 각각의 삽입된 행에 대해 반복된다. **referencing new row as** 절은 삽입된 행의 삽입 후 값을 저장하는 변수 *nrow*[**이행 변수**(transition variable)]를 만든다.

when 구문은 조건을 기술한다. 튜플이 이 조건을 만족할 경우에만 시스템은 나머지 트리거 몸체 부분을 실행한다. **begin atomic** … **end** 절은 여러 SQL 문장을 단일한 복합 문장으로 통합하는 역할을 한다. 그러나 예제에서 한 개의 문장만 있는데, 이는 트리거가 실행되도록 한 트랜잭션을 롤백한다. 이렇게 참조 무결성 제약 조건을 위반하는 트랜잭션을 롤백함으로써 데이터베이스의 데이터가 제약 조건을 만족하는 것을 보장한다.

삽입에 대해서만 참조 무결성을 검사하는 것은 충분하지 않다. 참조 테이블 *time_slot*에 대한 삭제, 갱신뿐만 아니라 *section*에 대한 갱신도 고려해야 한다. 그림 5.9에 있는 두 번째 트리거 정의는 *time_slot*에 대한 삭제의 경우를 고려한다. 이 트리거는 *time_slot_id*의 삭제된 튜플이 *time_slot*에 남아 있는지 혹은 *section*에 있는 어떤 튜플도 이러한 *time_slot_id* 값을 가지고 있지 않은지 검사한다. 그렇지 않다면 참조 무결성이 위반되기 때문이다.

참조 무결성을 지키기 위해 또한 *section*과 *time_slot*에 대한 갱신을 다루는 트리거를 만들어야 한다. 다음으로 트리거가 갱신에 대해 실행되는 방법을 서술하지만 이 트리거의 정의는 연습문제로 남겨 둔다.

갱신의 경우, 트리거는 어느 속성의 갱신이 트리거를 실행하게 하는지를 명시할 수 있다. 다른 속성에 대한 갱신은 트리거를 실행시키지 않는다. 예를 들어, *takes* 릴레이션의 *grade* 속성에 대한 갱신 후에 실행되는 트리거를 명시하기 위해 다음과 같이 작성한다.

after update of *takes* **on** *grade*

referencing old row as 절은 갱신되거나 삭제된 행의 이전 값을 저장하는 변수를 생성하는 데 사용된다. 이와 반대로 **referencing new row as** 절은 갱신과 삽입 시에 쓰일 수 있다.

그림 5.10은 *takes* 릴레이션에 있는 튜플의 *grade* 속성이 갱신되었을 때 최신의 *student* 튜플의 *tot_cred* 속성값을 유지하기 위해 사용하는 트리거를 보여 준다. 이 트리거는 널이나 '*F*' 값으로 있던 과목이 성공적으로 이수되어 *grade* 속성이 갱신될 때에만 총이수학점이 증가하는 연산을 실행하게 된다. **update** 구문은 변수 *nrow*의 사용을 제외하면 평범한 SQL 문법이다.

이 예제 트리거의 더 현실적인 구현은 이수완료 학점을 실패 학점으로 고치는 학점 수정 기능도 포함하고, *grade*가 성공적인 이수를 나타내면 *takes* 릴레이션에 삽입하도록 하는 연산이 표현되게 하는 것이다. 이 문제는 연습문제로 남겨 둔다.

트리거 사용의 또 다른 예로서 *student* 튜플을 삭제하면, 해당 학생이 *takes* 릴레이션에 어떤 엔트리를 가지고 있는지를 검사하고 그 학생이 들었던 과목을 *takes*에서 삭제하는 것이다.

많은 데이터베이스 시스템이 사용자(응용 프로그램)가 데이터베이스에 로그 온(log on)할 때(즉 접속을 열 때), 시스템을 종료할 때, 시스템 설정에 변화가 생겼을 때와 같은 다양한 종류의 트리거로 만들 수 있는 사건을 지원한다.

트리거는 사건(**삽입**, **삭제**, **갱신**) **후에** 활성화될 수도 있고, 사건 **전에** 활성화될 수 있다. 사건 전

```
create trigger credits_earned after update of takes on grade
referencing new row as nrow
referencing old row as orow
for each row
when nrow.grade <> 'F' and nrow.grade is not null
   and (orow.grade = 'F' or orow.grade is null)
begin atomic
   update student
   set tot_cred= tot_cred+
         (select credits
          from course
          where course.course_id= nrow.course_id)
   where student.id = nrow.id;
end;
```

그림 5.10 *credits_earned* 값을 유지하기 위한 트리거의 사용

에 실행되는 트리거는 잘못된 갱신, 삽입, 삭제를 방지할 수 있는 추가적인 제약 조건의 역할을 한다. 잘못된 행동이 실행되어 오류를 발생시키는 대신 트리거가 갱신, 삽입, 삭제가 올바르게 수행되도록 문제를 수정하기 위한 행동을 취할 것이다. 예를 들어, 이름이 *department* 릴레이션에 없는 학과에 교수를 삽입하려고 한다면 트리거는 삽입이 외래 키 제약 조건 위반을 일으키기 전에 학과명에 대한 튜플을 *department* 릴레이션에 삽입할 수 있다. 또 다른 예제로, 아마도 학점이 없음을 나타내기 위해 삽입된 학점의 값이 공백인 경우를 가정해 보자. 우리는 **널** 값으로 그 값을 대체하는 트리거를 정의할 수 있다. 그러한 수정을 수행하기 위해서 **set** 구문을 사용할 수 있다. 이와 같은 트리거의 예는 그림 5.11에서 나타난다.

영향을 받은 각 행에 대해서 동작을 수행하는 대신 삽입/삭제/갱신을 발생시키는 SQL 구문 전체에 단일 동작을 수행할 수도 있다. 그렇게 하기 위해 **for each row** 절 대신 **for each statement** 절을 사용한다. **referencing old table as**나 **referencing new table as** 절은 영향을 받는 모든 행을 포함하는 임시 테이블[이행 테이블(transition table)]을 참조하는 데 사용된다. 이행 테이블은 문장

```
create trigger setnull before update of takes
referencing new row as nrow
for each row
when (nrow.grade = ' ')
begin atomic
   set nrow.grade = null;
end;
```

그림 5.11 삽입된 값을 변화시키기 위해서 set를 사용하는 예제

```
create trigger reorder after update of level on inventory
referencing old row as orow, new row as nrow
for each row
when nrow.level <= (select level
                    from minlevel
                    where minlevel.item = orow.item)
and orow.level > (select level
                    from minlevel
                    where minlevel.item = orow.item)
begin atomic
     insert into orders
          (select item, amount
           from reorder
           where reorder.item = orow.item);
end;
```

그림 5.12 품목을 재주문하기 위한 트리거의 예

트리거나 행 트리거에 관계없이 **before** 트리거와 함께 사용할 수 없고, **after** 트리거와 함께 사용할 수 있다. 이행 테이블을 이용하면 하나의 SQL 문장으로 여러 동작을 수행할 수 있다.

트리거는 비활성화되거나 활성화될 수 있다. 기본적으로 트리거 생성 시 트리거는 활성화 상태이지만 **alter trigger** *trigger_name* **disable**(어떤 데이터베이스 시스템은 **disable trigger** *trigger_name*과 같이 다른 문법을 사용한다) 문을 통해 비활성화될 수 있다. 비활성화된 트리거는 다시 활성화될 수도 있고 **drop trigger** *trigger_name* 문을 통해 영구적으로 제거될 수도 있다.

5.3.1절의 창고 재고 예제로 다시 돌아가서 다음의 릴레이션이 있다고 가정해 보자.

- *inventory* (*item*, *level*)는 창고에 있는 품목의 현재 양을 의미한다.
- *minlevel* (*item*, *level*)는 유지되어야 할 최소량을 의미한다.
- *reorder* (*item*, *amount*)는 품목의 현재 양이 최소량 이하로 떨어졌을 때 주문하는 양을 의미한다.
- *orders* (*item*, *amount*)는 주문될 양을 의미한다.

품목의 양이 명시된 최소량 이하로 떨어졌을 때 재주문을 위해 그림 5.12의 트리거를 사용할 수 있다. 품목의 현재 양이 최소량 이상에서 최소량 이하로 떨어졌을 때만 주문을 수행해야 한다는 점에 유의하라. 만약 갱신 이후에 새로운 값이 최솟값 이하인지만 검사한다면 물품이 이미 재주문된 상태에서 다시 주문을 수행하는 오류를 범할 수 있다.

트리거가 SQL:1999 전에는 SQL 표준이 아니었지만 SQL 기반 데이터베이스 시스템은 트리거를 많이 사용했다. 불행히도 각 데이터베이스 시스템은 자신만의 트리거를 위한 문법을 고안해서 호환성이 없어졌다. 여기서 사용된 SQL:1999의 트리거에 대한 문법은 IBM DB2와 Oracle 데이터베이스 시스템의 문법과 유사하지만 완전히 같지는 않다. 노트 5.3을 참고하라.

노트 5.3 비표준 트리거 문법

여기서 서술된 트리거 문법이 SQL 표준의 일부분이고, IBM DB2에서 지원하지만 대부분의 다른 데이터베이스 시스템은 트리거를 명세하기 위해 비표준 문법을 사용하고 있고, SQL 표준에 있는 모든 기능을 구현하고 있지는 않다. 아래에 일부 차이점에 대한 개요를 서술한다. 더 자세한 사항은 각 시스템의 사용자 설명서를 참고하라.

예를 들어, Oracle 문법은 SQL 표준 문법과 달리 **row** 키워드가 **referencing** 구문에 나타나지 않는다. 그리고 **atomic** 키워드가 **begin** 후에 나오지도 않는다. **update** 구문으로 둘러싸인 **select** 문에 있는 *nrow*에 대한 참조는 시스템에 *nrow* 변수가 SQL 구문에서 외부적으로 정의되었음을 알리기 위해 콜론(:)으로 시작되어야 한다. 또한 하위 질의는 **when**과 **if** 절에서 허용되지 않는다. 이 문제를 피하기 위해 **when** 절에 있는 복잡한 술어를 분리된 질의로 옮기고 그 결과를 지역변수에 저장한 후에 **if** 절에서 해당 변수를 참조하는 것이 가능하다. 그러면 트리거의 몸통은 해당하는 **then** 절로 이동한다. 또한 Oracle에서 트리거는 트랜잭션 롤백을 직접 수행할 수 없다. 그러나 대신 raise_application_error 함수를 사용해 트랜잭션을 롤백하고 갱신을 수행한 사용자/응용 프로그램에 오류 메시지를 반환할 수 있다.

또 다른 예로 Microsoft SQL Server는 **on** 키워드를 **after** 대신 사용한다. **referencing** 절은 생략되고, 이전과 새로운 행은 **deleted**, **inserted** 튜플 변수로 참조한다. 더 나아가, **for each row** 절도 생략되고, **when**은 **if**로 변경되었다. **before** 명세는 지원되지 않지만 **instead of** 명세가 지원된다.

PostgreSQL에서 트리거는 트리거 바디(body)를 갖지 않는 대신, 행의 이전과 새로운 값을 가지고 있는 **new**와 **old** 변수에 접근할 수 있는 각 행에 대한 프로시저를 호출한다. 롤백 대신 트리거는 관련 오류 메시지와 함께 예외를 발생시킨다.

5.3.3 트리거가 부적합한 경우

5.3.2절에서 본 것처럼 트리거가 유용하게 사용되는 경우도 많지만, 어떤 경우에는 다른 기술을 이용하여 더 적합하게 처리할 수 있다. 예를 들어, 연쇄(cascade) 기능을 사용하는 대신, 트리거를 사용해서 외래 키 제약 조건에 대해 **on delete cascade** 기능을 구현할 수 있다. 이것은 구현을 더 어렵게 할 뿐 아니라 데이터베이스 사용자가 데이터베이스에 구현된 제약 조건 집합을 이해하는 것을 더 어렵게 만든다.

또 다른 예로, 트리거가 실체화 뷰를 유지하기 위해 사용될 수도 있다. 예를 들어, 각 과목에 등록한 전체 학생 수에 대한 매우 빠른 접근을 지원하고자 한다면 다음의 릴레이션을 만들어서 수행할 수 있다.

section_registration(*course_id*, *sec_id*, *semester*, *year*, *total_students*)

이는 다음의 질의로 정의된다.

select *course_id*, *sec_id*, *semester*, *year*, **count**(*ID*) **as** *total_students*
from *takes*
group by *course_id*, *sec_id*, *semester*, *year*;

각 과목에 대한 *total_students*의 값은 *takes* 릴레이션에 대한 삽입, 삭제, 갱신에 대한 트리거에 의해 최신으로 유지되어야 한다. 이를 유지하기 위해서는 *section_registration*의 튜플에 대한 삽입, 갱신, 삭제를 해야 하고, 트리거가 이에 부합되게 작성되어야 한다.

그렇지만 오늘날 많은 데이터베이스 시스템은 데이터베이스에 의해 자동적으로 유지되는 실체화 뷰(4.2.3절 참조)를 지원한다. 결과적으로 그러한 실체화 뷰를 유지하기 위한 트리거 코드를 만들 필요가 없다.

데이터베이스의 사본을 만들 때에도 트리거를 사용해 왔다. 삽입/삭제/갱신에 대한 트리거가 **변화**(change) 릴레이션 혹은 **델타**(delta) 릴레이션이라 불리는 릴레이션에 변화를 기록하기 위해 각 릴레이션에 만들어질 수 있다. 분리된 프로세스는 데이터베이스의 변경을 사본으로 복사한다. 그렇지만 현대 데이터베이스 시스템은 데이터베이스 복제에 대한 맞춤형 기능을 지원하므로 대부분의 경우에 트리거를 만드는 것이 불필요하다. 복제된 데이터베이스에 대한 자세한 내용은 23장에서 소개된다.

트리거의 또 다른 문제점은 백업(backup) 사본으로부터 자료를 가져올 때나[5] 한 사이트의 데이터베이스 갱신을 백업 사이트에 복제할 때 등의 상황에서 사용자가 의도하지 않은 트리거 동작이 수행된다는 점이다. 이 경우 트리거 동작이 이미 수행된 상태이므로 다시 수행되지 않아야 한다. 자료를 가져올 때 트리거를 명시적으로 비활성화할 수 있다. 백업 복제 시스템이 주 시스템으로부터 자료를 가져오기 전에 트리거를 비활성화하고, 자료를 가져온 뒤 주 사이트가 하던 일을 백업 사이트가 넘겨받을 때 트리거를 활성화한다. 어떤 데이터베이스 시스템은 트리거에 대해 **not for replication**이라고 기술함으로써 데이터베이스를 복제할 때 백업 사이트에서 그 트리거가 수행되지 않도록 할 수 있다. 또 다른 데이터베이스 시스템은 데이터베이스가 사본인지 알려 주는 시스템 변수를 제공함으로써 트리거가 이 변수의 값이 참이면 아무 동작 없이 종료할 수 있도록 해 준다. 이 두 방법은 트리거를 명시적으로 활성화/비활성화하는 수고를 덜어 준다.

트리거는 매우 신중히 사용되어야 한다. 왜냐하면 실행 시간에 검출되는 트리거 오류가 트리거를 시작시키는 동작 문장의 실패를 유발하기 때문이다. 게다가 트리거의 동작이 다른 트리거를 시작시킬 수 있다. 이로 인해 최악의 경우 무한히 연결되는 트리거가 발생할 수도 있다. 예를 들어, 한 릴레이션의 삽입 트리거가 같은 릴레이션에 다른 (새로운) 삽입을 유발하는 동작을 가지고 있다고 가정해 보자. 삽입 동작은 다른 삽입 동작을 유발하고 계속해서 무한히 반복된다. 데이터베이스 시스템은 일반적으로 이러한 트리거 연결고리의 길이에 제한을 두고(예를 들면, 16이나 32같이), 이보다 긴 트리거 연결고리를 갖는 경우 오류로 처리한다. 다른 시스템은 처음에 트리거를 유발한 수정된 릴레이션에 대한 참조를 시도하는 어떤 트리거라도 오류로 표시한다.

트리거는 매우 유용한 용도로 사용될 수 있지만 대안이 존재하면 최대한 피하는 것이 좋다. 많은 트리거 응용 프로그램은 5.2절에서 다룬 저장된 프로시저의 적절한 사용으로 대체될 수 있다.

---

5 19장에서 데이터베이스 백업과 오류에 대한 복구를 자세히 다룬다.

course_id	*prereq_id*
BIO-301	BIO-101
BIO-399	BIO-101
CS-190	CS-101
CS-315	CS-190
CS-319	CS-101
CS-319	CS-315
CS-347	CS-319

그림 5.13 *prereq* 릴레이션의 인스턴스

5.4 재귀 질의

대학교에서 제공하는 다양한 과목과 각 과목의 선행 과목에 대한 정보를 담고 있는 그림 5.13의 릴레이션 *prereq* 인스턴스에 대해 고려해 보자.[6]

이제 어떤 과목이 특정 과목, 말하자면 CS-347에 대한 직접 혹은 간접적인 선행 과목인지 찾고 싶다고 하자. 다시 말해 CS-347에 대한 직접적인 선행 과목이나 CS-347의 선행 과목의 선행 과목 등을 찾고 싶은 것이다.

그래서 만약 CS-319가 CS-347에 대한 선행 과목이고 CS-315와 CS-101이 CS-319에 대한 선행 과목이면 CS-315와 CS-101은 CS-347의 간접적 선행 과목이다. 그리고 CS-190은 CS-315의 선행 과목이기 때문에 CS-190이 CS-347의 또 다른 간접적 선행 과목이다. CS-101은 CS-347의 선행 과목 리스트에 이미 추가되어 있다는 것에 유의하라. 실제 대학교의 경우 이러한 복잡한 선행 과목 관계가 없겠지만 이 예제는 일어날 수 있는 상황을 보여 주기 위한 예다.

prereq 릴레이션의 **이행 폐포**(transitive closure)는 *pre*가 직접 혹은 간접적으로 *cid*의 선행 과목인 모든 쌍(*cid*, *pre*)을 포함하는 릴레이션이다. **계층도**(hierarchy)에서 비슷한 이행 폐포 계산을 요구하는 응용 프로그램이 많이 있다. 예를 들면, 조직은 일반적으로 몇 개의 단계를 가진 조직 단위로 구성된다. 기계는 하위 부품을 가지는 부품으로 이루어진다. 예를 들어, 자전거는 바퀴와 페달을 가지며 이러한 부품은 타이어, 타이어의 테, 손잡이와 같은 하위 부품을 가진다. 이행 폐포는 예를 들어, 자전거의 모든 부품을 찾는 이런 계층도 질의에 사용된다.

5.4.1 반복을 통한 이행 폐포

앞의 질의를 작성하는 한 가지 방법은 반복을 사용하는 것이다. 우선 CS-347의 직접적인 선행 과목을 찾는다. 그리고 이 첫 번째 집합에 있는 과목의 선행 과목을 찾는다. 이 반복적인 과정은 어떠한 과목도 더 이상 찾아지지 않을 때까지 계속된다. 그림 5.14는 이러한 작업을 하는 *findAllPrereqs*(*cid*) 함수를 보여 준다. 함수는 매개변수(*cid*)로 과목의 *course_id*를 받아 그 과목의 모든 직간접적인 선행 과목의 집합을 계산하여 반환한다.

---

6 *prereq*의 인스턴스는 앞에서 설명한 것과는 다르다. 그 이유는 재귀 질의를 설명하면 명백해질 것이다.

이 프로시저는 세 개의 임시 테이블을 사용한다.

- *c_prereq*: 반환되는 튜플들의 집합을 저장한다.
- *new_c_prereq*: 이전의 반복에서 발견된 과목을 저장한다.
- *temp*: 과목들의 집합을 유지하기 위한 임시 저장소로서 사용된다.

SQL은 **create temporary table** 명령을 사용해서 임시 테이블을 생성할 수 있다는 것을 기억하자. temporary table은 질의를 수행하는 트랜잭션 동안에만 존재하고 트랜잭션이 끝날 때 삭제된다. 게다가 *findAllPrereqs*의 두 개의 인스턴스가 동시에 수행된다면 각각은 자시만의 임시 테이블의 사본을 얻게 된다. 만약 두 인스턴스가 사본을 공유했다면 그 결과는 올바르지 않을 것이다.

프로시저는 과목 *cid*의 직접적인 선행 과목을 **repeat** 반복이 시작되기 전에 *new_c_prereq*에 삽입한다. **repeat** 반복은 먼저 *new_c_prereq*의 모든 과목을 *c_prereq*에 추가한다. 다음으로 *cid*의 선행 과목으로 이미 발견된 과목을 제외한 *new_c_prereq*에 있는 모든 과목의 선행 과목을 계산하고 이 계산된 것을 임시 테이블인 *temp*에 저장한다. 마지막으로 *temp*의 내용으로 *new_c_prereq*의 내용을 교체한다. **repeat** 반복은 더 이상 새로운(간접적인) 선행 과목을 찾을 수 없을 때 종료된다.

그림 5.15는 CS-347이라는 과목에 대해 프로시저가 호출되었을 때 각각의 반복에 의해 발견된 선행 과목을 보여 준다.

함수에서 **except** 절의 사용은 선행 과목의 순환(cycle)이 있는 (비정상적인) 경우에도 함수가 잘 처리되도록 한다. 예를 들면, *a*는 *b*의 선행 과목이고 *b*는 *c*의 선행 과목이고 *c*는 *a*의 선행 과목이라면 순환이 생긴다.

순환이 선행 과목에서 실제 일어나지는 않겠지만 다른 응용에선 가능하다. 예를 들면, 한 도시에서 다른 도시로 비행기로 직접 도착할 수 있는 *flights*(*to*, *from*) 릴레이션을 고려해 보자. *findAllPrereqs* 함수와 유사하게, 주어진 도시로부터 하나 혹은 그 이상의 비행기를 통해 도착할 수 있는 모든 도시를 찾을 수 있는 코드를 작성할 수 있다. 우리가 해야 할 것은 *prereq*를 *flight*로 교체하고 일치하는 속성의 이름을 바꾸는 것이다. 이러한 상황이라면 도착 가능성이 순환으로 나타난다. 하지만 이미 방문한 도시는 제거되기 때문에 함수는 올바르게 동작한다.

5.4.2 SQL에서 재귀

반복을 사용하여 이행 폐포를 명시하는 것은 다소 불편하다. 대안적인 방법으로 재귀적 뷰 정의를 이용하는 방법이 있는데 사용하기 더 쉽다.

다음과 같이 특정 과목 CS-347의 선행 과목인 모든 과목의 집합을 정의하기 위해 재귀를 사용한다. CS-347의 (직접 혹은 간접적인) 선행 과목은

- CS-347에 대한 선행 과목
- CS-347에 (직접 혹은 간접적인) 선행 과목에 대한 선행 과목

두 번째 경우가 재귀에 해당되는데 CS-347에 대한 선행 과목의 집합을 CS-347에 대한 선행

```
create function findAllPrereqs(cid varchar(8))
      - - Finds all courses that are prerequisite (directly or indirectly) for cid
returns table (course_id varchar(8))
      - - The relation prereq(course_id, prereq_id) specifies which course is
      - - directly a prerequisite for another course.
begin
      create temporary table c_prereq (course_id varchar(8));
            - - table c_prereq stores the set of courses to be returned
      create temporary table new_c_prereq (course_id varchar(8));
            - - table new_c_prereq contains courses found in the previous iteration
      create temporary table temp (course_id varchar(8));
            - - table temp is used to store intermediate results
      insert into new_c_prereq
            select prereq_id
            from prereq
            where course_id = cid;
      repeat
            insert into c_prereq
                  select course_id
                  from new_c_prereq;

            insert into temp
                  (select prereq.prereq_id
                        from new_c_prereq, prereq
                        where new_c_prereq.course_id = prereq.course_id
                  )
                  except (
                        select course_id
                        from c_prereq
                  );
            delete from new_c_prereq;
            insert into new_c_prereq
                  select *
                  from temp;
            delete from temp;

      until not exists (select * from new_c_prereq)
      end repeat;
      return table c_prereq;
end
```

그림 5.14 과목의 모든 선행 과목 찾기

과목에 대한 선행 과목의 집합으로 재귀적으로 정의하기 때문이다. 이행 폐포에 대한 다른 예를 들면, 주어진 부품의 (직접 혹은 간접) 하위 부품을 찾는 것은 재귀적으로 비슷한 방식으로 정의될 수 있다.

Iteration Number	Tuples in c1
0	
1	(CS-319)
2	(CS-319), (CS-315), (CS-101)
3	(CS-319), (CS-315), (CS-101), (CS-190)
4	(CS-319), (CS-315), (CS-101), (CS-190)
5	done

그림 5.15 *findAllPrereqs* **함수의 반복에 따른 CS-347의 선행 과목**

SQL 표준은 뷰(혹은 임시 뷰)를 표현할 때 **with recursive** 절을 사용하여 재귀의 제한적인 형태를 제공한다. 예를 들면, 구체적으로 이행 폐포를 표현하기 위해 재귀 질의가 사용될 수 있다. 이미 정의된 질의에서 사용 가능한 임시 뷰를 정의하기 위해 **with** 절이 사용되는 것을 상기하자. 추가적인 키워드 **recursive**는 뷰가 재귀적이라는 것을 명시한다.[7]

예를 들면, *pre*가 직접 혹은 간접적으로 과목 *cid*에 대한 선행 과목이 되는 모든 쌍(*cid*, *pre*)을 그림 5.16에서 보인 재귀적 SQL 뷰를 사용하여 찾을 수 있다.

어떤 재귀적 뷰도 반드시 두 개의 하위 질의의 합으로서 정의되어야 한다.[8] **기본 질의**(base query)는 재귀적이어서는 안 되고 **재귀 질의**(recursive query)는 재귀적 뷰를 사용한다. 그림 5.16의 예제에서 기본 질의는 *prereq*의 선택 연산인 반면에 재귀 질의는 *prereq*와 *rec_prereq*의 조인을 계산한다.

재귀적 뷰의 의미는 다음과 같이 이해해야 한다. 우선 기본 질의를 계산하고 결과로 생기는 모든 튜플을 뷰 릴레이션 *rec_prereq*(초기에는 비워 있는)에 추가한다. 그다음 뷰 릴레이션의 현재 내용을 사용하여 재귀 질의를 계산한 후 모든 결과 튜플을 뷰 릴레이션에 다시 추가한다. 위 과정을 뷰 릴레이션에 추가되는 튜플이 없을 때까지 반복한다. 결과로 생성되는 뷰 릴레이션 인스턴스는 재귀적 뷰 정의의 **고정점**(fixed point)이라 불린다("고정"은 더 이상 변화가 없다는 사실을 말한다). 그래서 뷰 릴레이션은 고정점 인스턴스에서 튜플을 정확하게 포함하도록 정의된다.

앞의 논리를 예제에 적용하면 기본 질의를 실행하여 각 과목의 모든 직접적인 선행 과목을 우선 찾는다. 재귀 질의는 과목-선행 과목 관계의 최대 깊이에 도착할 때까지 각 반복에서 하나의 단계씩만 추가한다. 뷰에 더 이상 추가되는 새로운 튜플이 없을 때 반복은 고정점에 도달하게 된다.

CS-347과 같은 특정 과목의 선행 과목을 찾기 위해 바깥쪽 단계의 질의를 **where** 절 "**where** *rec_prereq.course_id*='CS-347'"을 더해서 수정할 수 있다. 선택을 통해 질의를 계산하기 위한 한 가지 방법은 반복 기술을 사용해서 *rec_prereq*의 전체 내용을 계산한 다음 이 결과에서 *course_id*가 CS-347인 튜플만 선택하는 것이다. 그러나 이것은 모든 과목에 대한 (과목, 선행 과목) 쌍을 계산해야 하고 CS-347 과목에 대한 것을 제외하면 상관없는 결과다. 사실 데이터베이스 시스템은 재귀 질의의 결과를 계산하고 선택을 수행하기 위해 반드시 위의 반복 기술을 사용할 필요가 없다.

---

7 일부 시스템은 **recursive** 키워드를 선택(optional)으로 처리한다. 일부는 허용하지 않는다.

8 Oracle과 같은 일부 시스템은 **union all** 사용을 요구한다.

```
with recursive rec_prereq(course_id, prereq_id) as (
        select course_id, prereq_id
        from prereq
    union
        select rec_prereq.course_id, prereq.prereq_id
        from rec_prereq, prereq
        where rec_prereq.prereq_id = prereq.course_id
    )
select *
from rec_prereq;
```

그림 5.16 SQL에서 재귀 질의

앞에서 본 *findAllPrereqs* 함수에서 사용된 것과 같은 더 효율적일 수 있는 기술도 같은 결과를 나타낼 수 있다. 이 주제에 대한 더 많은 정보를 참조하려면 참고문헌을 보라.

재귀적 뷰에서 재귀 질의에 대한 제한이 있을 수 있다. 특히 질의는 **단조**(monotonic)로워야 한다. 즉 V_1이 V_2의 상위집합이면 뷰 릴레이션 인스턴스 V_1에 대한 결과가 뷰 릴레이션 인스턴스 V_2의 결과의 상위집합이어야 한다. 직관적으로 뷰 릴레이션에 더 많은 튜플이 추가될 수 있다면 재귀 질의는 적어도 이전과 같은 수의 튜플들의 집합을 반환할 것이며, 추가적인 튜플을 반환하는 것도 가능할 것이다.

특별히 재귀 질의는 다음과 같은 생성자를 사용해서는 안 된다. 이러한 생성자는 질의를 더욱 복잡하게 만들기 때문이다.

- 재귀적 뷰에서 집계
- 재귀적 뷰를 사용하는 하위 질의에서 **not exists**
- 오른편에서 재귀적 뷰를 사용하는 것을 **제외**(except)한 차집합

예를 들면, 만약 재귀 질의가 v가 재귀적 뷰이고 $r - v$의 형태를 가졌다면 v에 튜플을 추가하는 것은 질의의 결과가 더 작아진다. 따라서 질의는 **단조롭지** 않다.

재귀적 뷰의 의미는 재귀 질의가 단조로울 때 반복 프로시저에 의해 정의될 수 있다. 만약 재귀 질의가 단조롭지 않다면 뷰의 의미는 정의하기 힘들다. 따라서 SQL은 질의가 단조로워야 한다. 재귀 질의는 27.4.6절의 데이터로그 질의어에서 좀 더 자세히 다룬다.

SQL 역시 **with recursive**를 대신해서 **create recursive view**를 사용하여 재귀적으로 정의된 영구적인 뷰 생성을 허용한다. 일부 시스템의 경우 다른 문법으로 재귀 질의를 지원한다. Oracle은 계층적 질의라고 부르는 **start with/connect by prior** 문법을 통해 지원한다.[9] 더 자세한 사항은 각 시스템의 사용자 설명서를 참고하라.

---

9 Oracle 12.c 버전부터 이러한 문법이 기존의 계층적 문법에 추가되었다. **recursive** 키워드는 생략되고 여기의 예제처럼 **union** 대신 **union all** 사용을 요구한다.

5.5 고급 집계 기능

앞에서 살펴본 SQL의 집계 지원은 상당히 강력하고, 대부분의 공통적인 작업을 쉽게 다룬다. 그러나 기본 집계 기능을 사용해서 효율적으로 구현하기 어려운 작업이 있다. 그러한 일부 작업을 다루기 위해 SQL에 추가된 기능을 살펴보자.

5.5.1 순위화

큰 집합 내에서 임의의 값의 위치를 찾는 일은 일반적인 연산이다. 예를 들어, 학생들에게 평점(GPA)에 따라 가장 좋은 평점에는 1순위를, 다음 평점에는 2순위를 주는 식으로 등급을 주는 경우를 생각해 볼 수 있다. 이와 관련된 질의 예는 밑에서 세 번째, 중간에서 세 번째, 상위 세 번째와 같이 집합의 백분위수를 구하는 것이다. 물론 이러한 질의를 여태까지 살펴본 SQL 구조를 이용해서도 할 수 있지만, 표현하기 어렵고 계산하기에 비효율적이다. 그래서 프로그래머는 종종 SQL을 부분적으로 사용하고 나머지는 프로그래밍 언어를 사용하곤 한다. 이번 절에서 이와 같은 형태의 질의를 직접적으로 표현하기 위한 SQL의 지원에 대해 알아본다.

대학교 예제에서, *takes* 릴레이션은 학생이 수강한 각 과목에서 받은 등급을 보여 준다. 순위화를 보여 주기 위해, 각 학생의 평점을 보여 주는 *student_grades*(*ID*, *GPA*) 뷰를 가지고 있다고 가정해 보자.[10]

순위화는 **order by** 명세를 사용하여 수행할 수 있다. 다음 질의로 각 학생의 순위를 얻을 수 있다.

select *ID*, **rank() over (order by** (*GPA*) **desc) as** *s_rank*
from *student_grades*;

결과물의 튜플이 순위에 의해 정렬된 것이 아니기 때문에 튜플들의 순서가 정해지지 않았음을 주목하라. 정렬된 순서대로 결과물을 얻기 위해서는 다음과 같은 추가적인 **order by** 절이 필요하다.

select *ID*, **rank () over (order by** (*GPA*) **desc) as** *s_rank*
from *student_grades*
order by *s_rank*;

순위화와 관련해서 생각해 볼 수 있는 기본적인 문제는 정렬 기준이 되는 속성에 대해 여러 튜플이 동일한 순위를 가지는 경우에 어떻게 할 것인가 하는 것이다. 위 예제에서 같은 평점을 가지는 두 학생이 존재할 때에 대한 처리 문제다. **rank** 함수는 **order by** 속성에 대해 동일한 모든 튜플에게 동일한 순위를 준다. 예를 들어, 두 학생이 가장 높은 평점을 가진다면 둘 다 1순위를 갖게 된다. 다음 순위는 2가 아닌 3이어야 하며, 만일 세 명의 학생이 똑같이 그다음 순위를 가진다면 모두 3을 가지며, 다른 학생은 6순위를 가지는 식으로 처리된다. 이 밖에 순서 간의 간격을 만들지 않는 **dense_rank** 함수도 있다. 위의 예에서 두 번째로 높은 값을 가지는 튜플들은 모두 2순위를 가지며

10 *student_grades* 뷰를 생성하기 위한 SQL 문은 *takes* 릴레이션에 있는 문자 등급을 숫자로 바꾸고 해당 과목에 대한 학점 수를 이용해서 각 과목에 대한 등급에 대한 가중치를 매겨야 하기 때문에 약간 복잡하다. 이 뷰의 정의가 문제 4.6의 목표다.

세 번째 순위를 가지는 튜플들은 3순위를 가진다.

순위화된 값 중에 널 값이 존재한다면 널 값은 가장 높은 순위로 처리된다. 이것은 비록 앞선 예제에서 어떤 과목도 수강하지 않는 학생들이 가장 높은 GPA를 받은 것처럼 보일 수 있는 결과를 초래하겠지만 일부 상황에서 합리적인 면도 있다. 그래서 널 값이 있는 경우 순위화 질의를 작성할 때에는 주의가 필요하다. SQL에서 **nulls first** 혹은 **nulls last**를 사용해서 널 값이 출현하는 위치를 사용자가 명세할 수 있다. 예를 들어,

```
select ID, rank () over (order by GPA desc nulls last) as s_rank
from student_grades;
```

위 질의를 다음의 질의를 사용해 기본 SQL 집계 함수를 사용해서 표현하는 것이 가능하다.

```
select ID, (1 + (select count(*)
                 from student_grades B
                 where B.GPA > A.GPA)) as s_rank
from student_grades A
order by s_rank;
```

학생의 순위는 위 질의에서 명시하는 것처럼 (1+더 높은 평점을 가진 학생의 수)가 된다.[11] 그러나 각 학생 순위의 이러한 계산은 릴레이션의 크기에 비례하는 시간이 걸린다. 그래서 전체 시간은 릴레이션 크기의 제곱이 된다. 큰 릴레이션은 위 질의가 실행되는 데 매우 오래 걸린다. 반대로 **rank** 절의 시스템 구현은 릴레이션을 정렬해 주고 훨씬 적은 시간에 순위를 계산할 수 있다.

순위화는 분할된 자료들 간에도 가능하다. 예를 들어, 대학교 전체가 아닌 학과별로 학생들을 순위화한다고 가정해 보자. 뷰는 *student_grades*처럼 정의되지만 학과명을 포함해서 *dept_grades*(*ID*, *dept_name*, *GPA*)와 같이 된다고 가정하자. 다음 질의는 각 학과별로 학생들의 순위를 제공한다.

```
select ID, dept_name,
    rank () over (partition by dept_name order by GPA desc) as dept_rank
from dept_grades
order by dept_name, dept_rank;
```

바깥쪽에 있는 **order by** 절은 학과명별로 결과 튜플을 정렬하고, 순위에 의해 각 학과의 내부를 정렬한다.

다중 **rank** 표현식은 단일 **select** 문장 내에서 사용될 수 있는데, 동일한 **select** 절에서 두 **rank** 표현식을 이용하여 해당 학과 내의 순위와 전체 순위를 구할 수 있다. 흥미로운 사실은 순위화가 **group by** 절과 같이 나타날 때[아마도 분할(partitioning)과 함께] 발생되는 현상이다. 이 경우 **group by** 절이 먼저 적용되고, 분할 및 순위화는 **group by**의 결과물에 대해서 행해진다. 그러므로 집계된 값은 순위를 매기는 데 사용될 수 있다.

---

11 만약 학생이 어떤 과목도 수강하지 않아 널 GPA를 갖는다면 미묘한 기술적 차이가 존재한다. SQL에서 널 값 비교가 동작하는 방식 때문에 널 GPA를 갖는 학생들이 다른 학생들의 **count** 값에 영향을 미치지 않는다.

대규모 결과에 대해서 전체 리스트를 보기보다는 상위에 순위화된 몇 개의 결과만 보고 싶은 경우가 있다. **where** 절에서 순위 값이 특정 값보다 작은 튜플만 선택할 수 있는 포함 질의(containing query) 안에 순위화 질의를 중첩함으로써 이러한 것을 가능하게 할 수 있다. 예를 들어, GPA를 기준으로 상위 다섯 명의 학생만 뽑고 싶을 때 이전 질의를 아래와 같이 확장할 수 있다.

```
select *
from (select ID, rank() over (order by (GPA) desc) as s_rank
    from student_grades)
where s_rank <= 5;
```

이 질의는 동순위가 있을 수 있기 때문에 반드시 다섯 명의 학생만 출력하지 않을 수 있다. 예를 들어, 두 학생이 순위 5위에서 동순위가 되었다면 총 여섯 개의 튜플이 결과로 출력될 것이다. 하위 n 튜플을 찾는 일은 상위 n 튜플을 찾는 일과 정렬 순서를 역으로 함으로써 간단히 구할 수 있다.

일부 데이터베이스 시스템은 상위 n개의 결과물을 얻을 수 있는 비표준적인 SQL 확장을 지원하기도 한다. 이런 경우 앞선 예제에서처럼 **rank** 함수를 사용할 필요 없이 상위 다섯 개의 결과를 찾을 수 있다. 그러나 이러한 생성자는 정확히 명세된 개수(예제에서 다섯 개)만 출력하기 때문에 동순위가 있는 경우 마지막 순위가 임의로 잘릴 수 있다. 이러한 "상위 n(top n)" 질의의 정확한 문법은 시스템마다 상이하다. 노트 5.4를 참고하라. 상위 n 질의의 생성자는 분할을 지원하지 않는다. 순위화를 수행하지 않는 각 분할에서 상위 n 튜플을 추출할 수 없다.

rank 대신 사용할 수 있는 몇 가지 다른 함수가 있다. 예를 들어, **percent_rank**는 해당 튜플의 순위를 분수로 반환한다. 분할[12]에 n개의 튜플이 존재하고, 해당 튜플의 순위가 r이면, 퍼센트 순위는 $(r - 1)/(n - 1)$로 정의할 수 있다(해당 분할에 오직 하나의 튜플만 존재하면 널 값으로 정의한다). 누적 분포(cumulative distribution)를 위한 **cume_dist** 함수는 p가 분할 내에서 해당 튜플의 순서 값보다 앞서거나 동일한 튜플의 개수를 의미하고 n이 해당 분할 내의 튜플 수라 할 때 p/n으로 정의된다. **row_number** 함수는 행을 기준으로 정렬하며 각 행마다 정렬된 순서에 의해 고유 번호를 매긴다. 같은 순서를 가지는 서로 다른 행은 서로 다른 행 번호를 갖는다.

마지막으로, 주어진 상수 n에 대해 순위화 함수 **ntile**(n)은 지정된 순서에 의해 정렬된 튜플들의 분할을 입력으로 받아 같은 수의 튜플을 가지는 n개의 버킷으로 나눈다.[13] 각 튜플에 대해 **ntile**(n)은 1부터 시작하는 버킷 번호를 반환한다. 이 함수는 백분위수 기반의 히스토그램을 구축하는 데 특히 유용하다. 다음 질의를 통해 평점에 기반을 두어 각 학생을 네 개의 분할로 나눌 수 있다.

```
select ID, ntile(4) over (order by (GPA desc)) as quartile
from student_grades;
```

12 명시적인 분할이 사용되지 않는다면 전체 집합이 하나의 분할로 여겨진다.

13 튜플 개수가 n으로 나눠지지 않는다면 각 버킷마다 존재하는 튜플 개수의 차이는 많아 봐야 1 정도밖에 나지 않는다. 정렬 속성에 대해 같은 값을 가지는 튜플들은 각 버킷의 튜플 수를 똑같이 맞추기 위해서 서로 다른 버킷으로 할당된다.

노트 5.4 상위 N 질의

질의 결과의 상위 몇 개의 결과만 필요한 경우가 있다. 이것은 단지 상위에 순위화된 결과만 관심 있는 순위화 질의로 처리될 수 있다. 또는 **order by**가 있는 질의를 이용하여 상위 값만 가지고 있는 튜플만 가지고 올 수도 있다. 상위 순위화된 결과만 가지고 오는 것은 앞서 살펴본 대로 **rank** 함수를 이용해 처리할 수 있다. 그러나 문법이 꽤 복잡하다. 많은 데이터베이스가 좀 더 단순한 문법을 제공하고 있으나 시스템마다 문법이 상이하다. 몇 가지 예를 살펴보면 다음과 같다.

일부 시스템(MySQL 및 PostgreSQL)은 SQL 질의의 끝에 **limit** *n* 절을 추가해서 단지 처음 *n* 튜플만 출력되도록 한다. 이 절은 상위 *n* 튜플을 가져오기 위해 **order by** 절과의 결합으로 사용된다. 그 예는 GPA순으로 상위 열 명의 학생의 ID와 평점을 가져오는 다음 질의에서 볼 수 있다.

```
select ID, GPA
from student_grades
ordcr by GPA desc
limit 10;
```

IBM DB2와 Oracle의 가장 최신 버전에는 **limit** 절과 동일한 기능을 제공하는 **fetch first** 10 **rows only**가 있다. Microsoft SQL Server는 분리된 **limit** 절을 추가하지 않고 **select** 절에 이러한 기능을 추가했다. **select** 절은 **select top** 10 *ID*, *GPA*로 작성할 수 있다.

Oracle(현재 그리고 이전 버전)은 이러한 기능을 위해 *row number* 개념을 제공한다. 특별하면서도 숨겨진 속성인 *rownum*은 결과 릴레이션의 튜플에 대해서 검색된 순서대로 붙인 번호다. 이 속성은 포함 질의 안에 **where** 절에서 사용될 수 있다. 그러나 이런 기능의 사용은 행이 **order by** 절에 의해 정렬되기 전에 *rownum*이 결정되기 때문에 조금 까다롭다. *rownum*을 적절히 사용하기 위해서는 중첩 질의가 다음과 같이 사용되어야 한다.

```
select *
from (select ID, GPA
      from student_grades
      order by GPA desc)
where rownum <= 10;
```

중첩 질의는 **order by**가 적용된 이후에 *rownum*에 대한 술어가 적용되도록 한다.

일부 시스템은 튜플 limits가 동순위가 있을 경우 초과되는 것을 허용한다. 더 자세한 사항은 시스템의 설명서를 참고하라.

5.5.2 윈도우

윈도우 질의는 튜플의 범위에 대한 집계 함수를 계산한다. 이것은 예를 들어, 시간의 고정된 범위에 대한 집계를 계산하는 데 유용하다. 여기서 시간 범위가 **윈도우**(window)라고 불린다. 윈도우는 하나의 튜플이 하나 이상의 윈도우에 존재할 때 겹칠 수도 있다. 이것은 앞에서 살펴본 분할에서 한 튜플이 하나의 분할에만 존재하는 것과는 다르다.

윈도우 사용의 예는 동향 분석이다. 앞의 판매 예제를 고려해 보자. 판매량은 날씨와 같은 요소에 따라 날마다 변동이 심하다(예를 들면, 눈보라, 홍수, 허리케인, 지진 기간에는 판매량이 줄어들 수 있다). 그러나 충분히 긴 기간에 대해서는 변동이 적어질 것이다(날씨 관련된 판매량 하강이 "회복"을 보이게 된다). 주식 시장 동향 분석이 윈도우 개념을 사용한 또 다른 예다. 다양한 "이동 평균"이 기업과 투자 웹 사이트에서 발견된다.

예를 들어, 3일의 고정된 기간 동안의 판매량과 같은 하나의 윈도우에 대한 집계를 계산하기 위해 이미 살펴본 기능을 사용해서 SQL 질의를 작성하는 것은 비교적 쉽다. 하지만 매 3일에 대해 이러한 작업을 하고자 한다면 질의는 복잡해진다.

SQL은 이와 같은 질의를 지원하기 위한 윈도우 기능을 제공한다. 매년 학생들이 수강한 학점 총합을 보여 주는 *tot_credits* (*year, num_credits*) 뷰가 있다고 하자.[14] 이 릴레이션이 매년 기껏해야 하나의 튜플만 가질 수 있다는 점을 명심하라. 다음 질의를 생각해 보자.

```
select year, avg(num_credits)
        over (order by year rows 3 preceding)
        as avg_total_credits
from tot_credits;
```

이 질의는 명시된 정렬 순서로 세 개의 이전 튜플에 대한 평균을 계산한다. 그래서 2019년에 대해서, 2018년과 2017년에 대한 튜플이 *tot_credits* 릴레이션에 나타난다면 매년이 단지 한 튜플로 대표되므로 윈도우 정의의 결과는 2017, 2018, 2019년에 대한 값들의 평균이다. 매년의 평균이 유사한 방법으로 계산된다. 릴레이션 *tot_credits*의 가장 빠른 해에 평균은 그해 자체이고, 그다음 해는 2년에 대해서 계산된다. 릴레이션 *tot_credits*가 특정 해에 대해서 한 개 이상의 튜플을 가지면 연도에 의해서 정렬되는 다중의 튜플 순서 조합이 가능하게 된다. 이 경우에 이전 튜플의 정의는 정렬 순서와 관련된 구현에 따라 달라지고 고유하게 정의되지 않는다.

고정된 수의 튜플 대신 모든 해로 구성된 윈도우를 가정해 보자. 이것은 모든 해의 수가 고정되어 있지 않음을 의미한다. 모든 해에 대한 전체 학점 평균을 얻기 위해 다음을 작성한다.

```
select year, avg(num_credits)
        over (order by year rows unbounded preceding)
        as avg_total_credits
from tot_credits;
```

preceding 대신 **following** 키워드를 사용할 수 있다. 예제에서 이렇게 한다면, *year* 값이 윈도우의 끝 대신 시작을 명시하게 된다. 비슷하게 현재 튜플의 앞에 윈도우 시작, 현재 튜플 뒤에 윈도우 끝을 명시할 수 있다.

14 연습문제로 대학교 예제에 사용된 용어로 이 뷰를 정의하도록 남겨 두었다.

```
select year, avg(num_credits)
        over (order by year rows between 3 preceding and 2 following)
        as avg_total_credits
from tot_credits;
```

예제에서 모든 튜플은 전체 대학교에 적용된다. 대신, 특정 해에 특정 학과에서 수강한 학점 전체를 보여 주는 *tot_credits_dept* (*dept_name*, *year*, *num_credits*) 뷰를 통해 각 학과에 대한 학점 데이터를 가지고 있다고 가정해 보자(다시 이 뷰 정의를 연습문제로 남겨 둔다). *dept_name*으로 분할된 각각의 학과를 다루는 윈도우 질의를 다음과 같이 작성할 수 있다.

```
select dept_name, year, avg(num_credits)
        over (partition by dept_name
            order by year rows between 3 preceding and current row)
        as avg_total_credits
from tot_credits_dept;
```

row 대신에 **range** 키워드를 사용하는 것은 윈도우 질의가 특정 개수의 튜플이 아니라 특정한 값을 갖는 모든 튜플을 대상으로 한다는 것을 의미한다. 예를 들어, **rows current row**는 정확히 하나의 튜플을 의미하지만 **range current row**는 *sort* 속성의 값이 현재 튜플의 해당 값과 같은 모든 튜플을 의미한다. **range** 키워드는 모든 시스템에서 완벽히 구현되어 있지 않다.[16]

5.5.3 피벗팅

유행하는 옷의 종류를 알고자 하는 상점을 생각해 보자. 옷은 품목명, 색, 크기에 의해 구별될 수 있고, 다음과 같은 스키마를 가지는 *sales* 릴레이션이 있다고 가정하자.

sales (*item_name*, *color*, *clothes_size*, *quantity*)

*item_name*은 (skirt, dress, shirt, pants) 중 하나, *color*는 (dark, pastel, white) 중 하나, *clothes_size*는 (small, medium, large) 중 하나의 값을 각각 가지고, *quantity*는 (*item_name*, *color*, *clothes_size*)로 주어진 품목의 전체 수를 나타내는 정숫값이다. *sales* 릴레이션의 인스턴스는 그림 5.17과 같다.

그림 5.18은 그림 5.17에서 보인 데이터를 바라보는 또 다른 방법을 제공한다. 속성 *color*의 값 “dark”, “pastel”, “white”는 그림 5.18에서 속성 이름이 된다. 그림 5.18의 테이블은 **크로스탭**(cross-tabulation 혹은 줄여서 cross-tab) 혹은 **피벗 테이블**(pivot-table)의 예라 할 수 있다.

새로운 속성 *dark*, *pastel*, *white*의 값은 다음과 같이 정의된다. *item_name*과 *clothes_size*의 특정 조합[예를 들어, (“dress”, “dark”)]에 대해서 만약 속성 *color* 값이 “*dark*”인 튜플이 존재한다면 해당 속성의 수량 값은 속성 *dark*의 값으로 정의된다. 만약 이런 튜플이 다수 존재한다면 **sum** 집계 함수로 집계될 수 있다. 일반적으로 다른 집계 함수가 사용될 수도 있다. 다른 두 개의 속성,

15 PostgreSQL과 같은 일부 시스템은 반드시 **unbounded**와 함께 **range**를 사용해야 한다.

item_name	*color*	*clothes_size*	*quantity*
dress	dark	small	2
dress	dark	medium	6
dress	dark	large	12
dress	pastel	small	4
dress	pastel	medium	3
dress	pastel	large	3
dress	white	small	2
dress	white	medium	3
dress	white	large	0
pants	dark	small	14
pants	dark	medium	6
pants	dark	large	0
pants	pastel	small	1
pants	pastel	medium	0
pants	pastel	large	1
pants	white	small	3
pants	white	medium	0
pants	white	large	2
shirt	dark	small	2
shirt	dark	medium	6
shirt	dark	large	6
shirt	pastel	small	4
shirt	pastel	medium	1
shirt	pastel	large	2
shirt	white	small	17
shirt	white	medium	1
shirt	white	large	10
skirt	dark	small	2
skirt	dark	medium	5
skirt	dark	large	1
skirt	pastel	small	11
skirt	pastel	medium	9
skirt	pastel	large	15
skirt	white	small	2
skirt	white	medium	5
skirt	white	large	3

그림 5.17 *sales* **릴레이션의 예**

*pastel*과 *white*의 값도 이런 식으로 구할 수 있다.

일반적으로 크로스탭은 어떤 릴레이션 *R*의 특정 속성(말하자면 *A*)의 값이 속성 이름이 되는 테이블이라고 할 수 있다. 여기서 *A*를 **피벗**(pivot) 속성이라고 한다. 크로스탭은 데이터 분석에 많이 사용되는데 11.3절에서 자세히 살펴본다.

Microsoft SQL Server, Oracle과 같은 SQL 제품은 크로스탭 생성을 허용하는 **pivot** 절을 지원

item_name	*clothes_size*	*dark*	*pastel*	*white*
dress	small	2	4	2
dress	medium	6	3	3
dress	large	12	3	0
pants	small	14	1	3
pants	medium	6	0	0
pants	large	0	1	2
shirt	small	2	4	17
shirt	medium	6	1	1
shirt	large	6	2	10
skirt	small	2	11	2
skirt	medium	5	9	5
skirt	large	1	15	3

그림 5.18 그림 5.17의 *sales* 릴레이션에 대한 SQL 피벗 연산의 결과

한다. 그림 5.17의 *sales* 릴레이션이 주어지면 아래와 같은 질의는

```
select *
from sales
pivot (
    sum(quantity)
    for color in ('dark', 'pastel', 'white')
)
```

그림 5.18과 같은 결과를 반환한다.

pivot 절 안에 있는 **for** 절은 (i) 피벗 속성(위 질의에서 *color*)과 (ii) 피벗 결과에 속성 이름으로 출현해야 하는 속성의 값(위 질의에서 dark, pastel, white), 그리고 (iii) 새로운 속성의 값을 계산하는 데 사용되는 집계 함수(위 질의에서 집계 함수 **sum**)를 명세한다는 것을 유의하라.

속성 *color*와 *quantity*는 결과에 나타나지는 않지만 다른 모든 속성은 유지된다. 주어진 셀(cell)에 영향을 미치는 튜플이 하나 이상인 경우 **pivot** 절 안에 있는 집계 함수가 값이 어떤 식으로 합쳐져야 하는지를 명세한다. 위 질의에서 수량 값은 **sum** 함수를 이용해 집계되었다.

pivot을 사용한 질의는 pivot 생성자 없이 기본 SQL 생성자를 사용해 작성될 수 있다. 그러나 pivot 생성자는 이러한 질의 작성을 단순화한다.

5.5.4 롤업과 큐브

SQL은 **cube**와 **rollup** 연산을 사용하여 **group by** 연산자의 일반화를 제공한다. **cube**와 **rollup** 연산은 다수의 **group by** 질의가 단일 질의에서 수행되고 결과도 단일 릴레이션으로 반환되도록 해준다.

다시 소매점 예제와 다음의 릴레이션을 고려해 보자.

sales (*item_name*, *color*, *clothes_size*, *quantity*)

다음의 **group by** 질의를 사용해서 각 품목별 팔린 품목 수를 찾을 수 있다.

> **select** *item_name*, **sum**(*quantity*) **as** *quantity*
> **from** *sales*
> **group by** *item_name*;

유사하게, 각 색상별 그리고 각 크기별로 팔린 품목의 수 등을 찾을 수 있다. 다음과 같이 작성하여 품목명과 색상에 의해 판매량을 나눌 수 있다.

> **select** *item_name*, *color*, **sum**(*quantity*) **as** *quantity*
> **from** *sales*
> **group by** *item_name*, *color* ;

유사하게, **group by** *item_name*, *color*, *clothes_size*를 갖는 질의를 통해 (*item_name*, *color*, *clothes_size*) 조합으로 판매량을 볼 수 있다.

데이터 분석은 다양한 방법으로 집계된 데이터를 볼 필요가 있다. SQL **rollup**과 **cube** 생성자는 다수의 질의를 작성하는 대신 단일 질의를 사용해 이러한 다수의 집계 연산을 간략하게 할 수 있는 방법을 제공한다.

rollup 생성자는 다음 질의에서처럼 사용될 수 있다.

> **select** *item_name*, *color*, **sum**(*quantity*)
> **from** *sales*
> **group by rollup**(*item_name*, *color*);

이 질의의 결과는 그림 5.19와 같다. 위 질의는 **union** 연산을 사용하는 다음 질의와 동일하다.

> (**select** *item_name*, *color*, **sum**(*quantity*) **as** *quantity*
> **from** *sales*
> **group by** *item_name*, *color*)
> **union**
> (**select** *item_name*, *null* **as** *color*, **sum**(*quantity*) **as** *quantity*
> **from** *sales*
> **group by** *item_name*)
> **union**
> (**select** *null* **as** *item_name*, *null* **as** *color*, **sum**(*quantity*) **as** *quantity*
> **from** *sales*)

group by rollup(*item_name*, *color*)은 세 개의 그룹을 생성한다.

{ (*item_name*, *color*), (*item_name*), () }

여기서 ()는 빈 **group by** 리스트를 의미한다. **rollup** 절에 나열된 속성의 각 전위(prefix) 속성(빈 전위 속성 포함)에 대해서 그룹이 만들어진다. 즉 앞의 예에서 (*item_name*, *color*)인 경우 전위 속성은 ()를 포함해서 앞쪽에 먼저 나와 있는 속성 *item_name*, 그리고 두 개의 속성을 모두 포함하는 (*item_name*, *color*) 그룹이 만들어진다. 따라서 *rollup* 절에서 출현하는 속성 순서에 따라 만들어 지는 전위 속성 그룹이 달라질 수 있다. 질의 결과는 이러한 그룹에 의해 만들어진 결과들의 합

item_name	*color*	*quantity*
skirt	dark	8
skirt	pastel	35
skirt	white	10
dress	dark	20
dress	pastel	10
dress	white	5
shirt	dark	14
shirt	pastel	7
shirt	white	28
pants	dark	20
pants	pastel	2
pants	white	5
skirt	*null*	53
dress	*null*	35
shirt	*null*	49
pants	*null*	27
null	*null*	164

그림 5.19 질의 결과: **group by rollup** (*item_name*, *color*)

이다. 다른 그룹은 다른 스키마를 생성한다. 다른 그룹의 결과로 공통의 스키마를 만들기 위해서는 결과에 있는 튜플들이 특정 그룹에 출현하지 않는 속성의 값을 널 값을 이용해서 포함하고 있어야 한다.[16]

cube 생성자는 **cube** 생성자 안에 나열된 속성들의 모든 부분집합으로 구성된 꽤 많은 수의 그룹을 생성한다. 예를 들어, 아래 질의는

select *item_name*, *color*, *clothes_size*, **sum**(*quantity*)
from *sales*
group by cube(*item_name*, *color*, *clothes_size*);

다음 그룹을 생성한다.

{ (*item_name*, *color*, *clothes_size*), (*item_name*, *color*), (*item_name*, *clothes_size*),
(*color*, *clothes_size*), (*item_name*), (*color*), (*clothes_size*), () }

다른 그룹의 결과로부터 공통의 스키마를 만들기 위해 **rollup**에서 한 것처럼 결과에 있는 튜플들이 특정 그룹에 출현하지 않는 속성의 값을 널 값을 이용해서 포함하고 있어야 한다.

다수의 **rollup**과 **cube**는 단일 **group by** 절에서 사용될 수 있다. 예를 들어, 다음의 질의가 있을 때

16 SQL의 **외부 합집합**(outer union) 연산은 공통의 스키마를 갖지 않는 릴레이션들의 합집합(union)을 구하는 데 사용될 수 있다. 결과로 얻어지는 스키마는 입력으로 들어오는 모든 속성의 합집합이 된다. 각 입력 튜플은 해당 튜플에 없는 속성에 대해서는 널 값으로 채워서 출력 튜플로 매핑된다. 합집합 질의는 외부 합집합으로 작성될 수 있다. 그리고 이 경우 위 질의처럼 속성 이름을 널을 이용해 널 값 속성임을 명시적으로 표시할 필요가 없다.

```
select item_name, color, clothes_size, sum(quantity)
from sales
group by rollup(item_name), rollup(color, clothes_size);
```

이는 다음의 그룹을 생성한다.

{ (*item_name*, *color*, *clothes_size*), (*item_name*, *color*), (*item_name*),
(*color*, *clothes_size*), (*color*), () }

이유를 이해하기 위해 **rollup**(*item_name*)이 두 개의 그룹 {(*item_name*), ()}을 생성하고 **rollup**(*color*, *clothes_size*)이 세 개의 그룹 {(*color*, *clothes_size*), (*color*), ()}을 생성하는 것을 관찰해 보자. 두 개의 카티션 곱이 위에 보이는 여섯 개의 그룹을 나타낸다.

rollup과 **cube** 절 둘 다 생성되는 그룹에 대한 완전한 제어를 제공하지는 않는다. 예를 들어, 단지 {(*color*, *clothes_size*), (*clothes_size*, *item_name*)} 그룹만 얻을 수는 없다. 그러한 제한된 그룹은 **grouping sets** 생성자를 사용해 만들 수 있는데 여기에 사용되는 특정 그룹핑(grouping) 리스트를 명세할 수 있다. 단지 {(*color*, *clothes_size*), (*clothes_size*, *item_name*)}의 그룹만 얻고 싶다면 다음과 같은 질의를 작성하면 된다.

```
select item_name, color, clothes_size, sum(quantity)
from sales
group by grouping sets ((color, clothes_size), (clothes_size, item_name));
```

데이터 분석가는 **rollup**과 **cube** 연산에 의해 생성되는 널과 데이터베이스에 저장되는 일반적인 널을 구분하기를 원한다. **grouping( )** 함수는 만약 인자가 **rollup**이나 **cube**에 의해 생성된 널 값이라면 1을 반환하고 그러지 않으면 0을 반환한다(**grouping** 함수는 **grouping sets** 생성자와 다르다는 것에 주의하라). 그림 5.19에 있는 **rollup** 질의 결과를 **rollup**에 의해 생성된 널 대신에 "all" 값을 사용해 출력하기를 원한다면 다음 질의를 사용할 수 있다.

```
select (case when grouping(item_name) = 1 then 'all'
            else item_name end) as item_name,
       (case when grouping(color) = 1 then 'all'
            else color end) as color,
sum(quantity) as quantity
from sales
group by rollup(item_name, color);
```

coalesce를 사용하는 다음의 질의를 살펴보자. 그러나 이것은 널 품목 이름과 색상을 잘못해서 모두 **all**로 변환할 수 있다.

```
select coalesce (item_name,'all') as item_name,
       coalesce (color,'all') as color,
sum(quantity) as quantity
from sales
group by rollup(item_name, color);
```

5.6 요약

- SQL 질의는 내장형과 동적 SQL을 통해서 호스트 언어로부터 호출될 수 있다. ODBC와 JDBC 표준은 C와 Java 언어 프로그램으로부터 SQL 데이터베이스에 접근하기 위한 응용 프로그램 인터페이스를 정의한다.
- 함수와 프로시저는 반복과 조건(if-then-else) 구문을 허용할 수 있도록 SQL에 대한 절차적 확장을 적용하여 정의될 수 있다.
- 트리거는 특정 사건이 발생하고 해당 조건이 만족될 때 자동적으로 실행되는 동작을 정의한다. 트리거는 비즈니스 규칙 구현, 검사 기록 등과 같은 많은 곳에서 사용된다. 트리거는 외부 언어 루틴에 의해 데이터베이스 시스템 외부에서 동작을 수행할 수 있다.
- 이행 폐포 같은 일부 질의는 반복을 사용하거나 재귀적 SQL 질의를 사용하여 나타낼 수 있다. 재귀는 재귀적 뷰나 재귀적 **with** 절 정의를 사용하여 나타낸다.
- SQL은 피벗, 롤업/큐브 연산 이외에도 순위화와 윈도우 질의를 포함하여 다수의 고급 집계 기능을 지원한다. 이것은 일부 집계 연산의 표현을 단순화하고 더 효율적인 계산을 가능하게 한다.

용어정리

- JDBC
- 준비된 구문
- SQL 삽입
- 메타데이터
- 갱신 가능한 결과 집합
- ODBC
- 내장 SQL
- 내장형 데이터베이스
- 저장된 프로시저와 함수
- 테이블 함수
- 매개변수화된 뷰
- 영구 저장 모듈(PSM)
- 예외 조건
- 핸들러
- 외부 언어 루틴
- 샌드박스
- 트리거
- 이행 폐포
- 계층도
- 임시 테이블 생성
- 기본 질의
- 재귀 질의
- 고정점
- 단조
- 윈도우
- 순위화 함수
- 크로스탭
- 피벗 테이블
- 피벗
- SQL **group by cube**, **group by rollup**

실전문제

5.1 회사 데이터베이스에 대한 다음 릴레이션을 고려해 보자.

- *emp* (*ename*, *dname*, *salary*)
- *mgr* (*ename*, *mname*)

그림 5.20의 JDBC API를 사용하는 Java 코드를 참고하라. userid, password, machine name 등이 모두 올바르다고 가정하자. Java 프로그램이 수행하는 것을 정확하게 서술하라(즉 Java 구문이 수행하는 것에 대한 한 줄씩의 서술이 아닌 "그것은 장난감 부서의 관리자를 찾는다."와 같은 문장을 만들라).

5.2 입력 매개변수로 ResultSet을 갖고 JDBC 메타데이터 특성을 사용하는 Java 함수를 작성하고 열 제목으로 적절한 이름을 가지고 표의 형태로 결과를 출력하라.

```
import java.sql.*;
public class Mystery {
  public static void main(String[] args) {
     try (
        Connection con=DriverManager.getConnection(
           "jdbc:oracle:thin:star/X@//edgar.cse.lehigh.edu:1521/XE")
        q = "select mname from mgr where ename = ?";
        PreparedStatement stmt=con.prepareStatement();
     )
     {
        String q;
        String empName = "dog";
        boolean more;
        ResultSet result;
        do {
           stmt.setString(1, empName);
           result = stmt.executeQuery(q);
           more = result.next();
           if (more) {
              empName = result.getString("mname");
              System.out.println (empName);
           }
        } while (more);
        s.close();
        con.close();
     }
     catch(Exception e){
        e.printStackTrace();
     }
  }
}
```

그림 5.20 문제 5.1을 위한 Java 코드(Oracle JDBC 사용)

5.3 주어진 과목 이전에 수강해야 하는 모든 선행 과목을 찾고자 한다. 이것은 어떤 과목이 주어지면 해당 과목의 선행 과목뿐만 아니라 선행 과목의 선행 과목을 모두 찾아야 한다는 것을 의미한다. JDBC를 사용해 완벽한 Java 코드를 작성하라.

- 키보드로부터 *course_id* 값을 입력받는다.
- JDBC를 통해 제출된 SQL 질의를 사용해 해당 과목의 선행 과목을 찾는다.
- 반환된 각 과목에 대해서 선행 과목을 찾고 이러한 과정을 더 이상 새로운 선행 과목이 없을 때까지 반복적으로 수행한다.
- 결과를 출력한다.

이 연습문제를 위해 재귀 SQL를 사용하지 말라. 대신 이전에 설명한 반복적 기법을 사용하라. 잘 개발된 해답은 대학교가 선행 과목들 간의 사이클을 만드는 에러 상황(즉 예를 들어, 과목 *A*가 과목 *B*의 선행 과목이고 과목 *B*가 과목 *C*의 선행 과목이고 과목 *C*가 과목 *A*의 선행 과목인 경우)에 대해서도 잘 동작할 것이다.

5.4 단독 SQL이나 범용 프로그래밍 언어를 사용하기보다 내장 SQL 사용을 선택하게 되는 상황을 설명하라.

5.5 트리거를 사용해서 "교수는 한 학기에 같은 시간 슬롯에 다른 두 개의 교실에서 가르칠 수 없다."는 제약 조건을 만족하는 방법을 보여라(*section* 릴레이션뿐만 아니라 *teaches* 릴레이션의 변화에 의해서 제약 조건이 위반될 수 있음을 기억하라).

5.6 그림 5.21의 은행 데이터베이스를 고려해 보자. 다음과 같이 정의된 *branch_cust* 뷰가 있다고 하자.

```
create view branch_cust as
    select branch_name, customer_name
    from depositor, account
    where depositor.account_number = account.account_number
```

뷰는 실체화된다고 가정한다. 즉 뷰 계산 결과는 저장된다. 이 뷰를 유지하는, 즉 *depositor*나 *account*에 대한 삽입에 대해 항상 최신 상태가 반영되도록 트리거를 작성하라. 삭제와 갱신을 고려할 필요는 없다. 단순화를 위해 중복 제거는 고려하지 않아도 된다.

5.7 그림 5.21의 은행 데이터베이스를 고려해 보자. 다음 동작을 수행하는 SQL 트리거를 작성하라.

---

branch (*branch_name*, *branch_city*, *assets*)
customer (*customer_name*, *customer_street*, *cust omer_city*)
loan (*loan_number*, *branch_name*, *amount*)
borrower (*customer_name*, *loan_number*)
account (*account_number*, *branch_name*, *balance*)
depositor (*customer_name*, *account_number*)

그림 5.21 문제 5.6을 위한 은행 데이터베이스

계좌의 각 소유자에 대해서 계좌에 대한 **delete**가 발생하면 남아 있는 계좌가 있는지 확인하고, 남아 있는 계좌가 없으면 그 소유자를 *depositor* 릴레이션에서 삭제하라.

5.8 릴레이션 *S*(*student*, *subject*, *marks*)가 주어질 때, 순위화를 사용해서 전체 순위(mark)가 상위 10위에 속하는 학생을 찾는 질의를 작성하라. 만약 동순위가 있어서 결과가 열 명을 초과하더라도 모든 학생을 출력하라.

5.9 뉴욕증권거래소의 거래 데이터로 구성된 릴레이션 *nyse*(*year*, *month*, *day*, *shares_traded*, *dollar_volume*)가 주어졌을 때, 날짜별로 거래된 주식의 수에 따라 순위화하여 출력하라.

5.10 문제 5.9의 릴레이션을 이용해서 연도별, 월별, 거래날짜별로 거래된 주식의 수, 거래의 수, 총 거래 금액을 보여 주는 보고서를 생성할 수 있는 SQL 질의를 작성하라.

5.11 롤업을 사용해서 **group by cube**(*a*, *b*, *c*, *d*)를 어떻게 표현하는지 보여라. 단, 하나의 **group by**만 사용해야 한다.

연습문제

5.12 대학교 관리자가 교수의 강의 기록을 출력할 수 있는 Java 프로그램을 작성하라.

a. 사용자가 로그인할 수 있는 *ID*와 비밀번호를 입력하는 것으로 시작하라.

b. 사용자로부터 부분적인 문자열을 입력받아 문자열과 매칭되는 교수의 ID와 이름을 반환한다. SQL에 있는 **like**('%부분 문자열%') 구조를 사용하라. 만약 검색 결과가 공백이라면 공백이 아닌 결과가 나올 때까지 계속해서 검색할 수 있도록 하라.

c. 사용자는 0부터 99999까지의 숫자 중에 하나인 ID 번호를 입력할 수 있다. 일단 유효한 번호가 입력되면 해당 ID에 상응하는 교수가 존재하는지를 검사하라. 만약 상응하는 교수가 없다면 메시지를 출력하고 종료하라.

d. 만약 교수가 어떤 과목도 가르치지 않는다면 이런 사실을 메시지로 출력하라. 그렇지 않다면 교수의 강의 기록을 출력하라. 학과 이름, 과목 식별자, 과목 이름, 분반 번호, 학기, 연도, 전체 수강자와 같은 강의 기록을 출력하라(*dept_name*, *course_id*, *year*, *semester* 순으로 정렬해서 출력하라).

잘못된 입력에 대해서 주의 깊게 검사해야 한다. SQL 질의가 예외 상황을 발생시키지 않도록 주의하라. 로그인 시 사용자가 잘못된 비밀번호를 입력할 수 있기 때문에 예외 상황이 발생할 수 있으나 이런 예외 상황을 적절히 처리해서 다시 비밀번호를 입력할 수 있도록 해야 한다.

5.13 메소드 static void printTable(String r);을 포함하는 MetaDisplay 클래스를 Java로 정의해야 한다고 가정하자. 이 메소드는 입력으로 릴레이션 이름 *r*을 가지고 질의 **"select * from r"**을 실행하고, 테이블의 윗부분에 속성 이름이 표시되는 멋진 테이블 형식으로 결과를 출력한다.

a. 특정 테이블 형식으로 결과를 출력하기 위해 릴레이션 *r*에 대해 무엇을 알아야 하는가?

b. 어떤 JDBC 메소드(들)가 필요한 정보를 주는가?

c. JDBC API를 사용해서 메소드 printTable(String r)을 작성하라.

5.14 메소드 대신 함수로 void printTable(char *r)을 정의하도록 ODBC를 사용해서 문제 5.13을 반복하라.

5.15 두 개의 릴레이션으로 구성된 직원 데이터베이스를 고려하자.

employee (*employee_name*, *street*, *city*)
works (*employee_name*, *company_name*, *salary*)

주 키는 밑줄로 표시되어 있다. 회사 이름을 인자로 받아서 해당 회사에 근무하는 직원들의 평균 연봉을 계산하는 *avg_salary* 함수를 작성하라. 그리고 이 함수를 이용해서 "First Bank"의 평균 급여보다 더 많은 평균 급여를 받는 직원이 있는 회사를 찾는 SQL 질의를 작성하라.

5.16 다음과 같은 릴레이션 스키마가 있다.

part(*part_id*, *name*, *cost*)
subpart(*part_id*, *subpart_id*, *count*)

*subpart*의 튜플(p_1, p_2, 3)은, *part-id* p_2인 부품은 *part-id* p_1인 부품의 직접 하위 부품이고 p_1이 p_2의 세 개의 복사품을 가지는 것을 의미한다. p_2는 더 많은 하위 부품을 가질 수 있다. part-id가 'P-100'인 부품의 모든 하위 부품의 이름을 결과로 갖는 재귀적 SQL 질의를 작성하라.

5.17 문제 5.16의 릴레이션 스키마를 다시 생각해 보자. 모든 하위 부품의 비용을 포함한 "P-100" 부품의 총비용을 찾도록 비재귀적 SQL을 사용한 JDBC 함수를 작성하라. 부품이 다른 하위 부품으로 다중으로 속할 수 있는 것을 고려하라. 원한다면 Java로 재귀를 사용해도 좋다.

5.18 저장된 프로시저와 함수를 활용할 수 있도록 자신이 사용하는 데이터베이스 시스템의 언어를 이용하여 문제 5.12를 재작성하라. 대부분의 시스템은 SQL 표준과 다른 문법을 사용하기 때문에 사용하는 시스템의 온라인 문서를 참고하라. 특히 교수의 *ID*를 입력으로 받아 문제 5.12에서 명세된 형태대로 출력하는 프로시저를 작성하라. 교수가 존재하지 않거나 강의하는 과목이 없다면 적절한 메시지를 출력하라.

5.19 *r*의 외래 키 *B*가 *s*의 주 키 *A*를 참조하는 릴레이션 *r*과 *s*가 있다고 하자. *s*로부터 튜플이 삭제될 때 **on delete cascade** 선택 사항을 구현하기 위해 트리거 기법이 어떻게 쓰일 수 있는지 설명하라.

5.20 트리거 실행이 또 다른 트리거의 실행을 유발할 수 있다. 대부분의 데이터베이스 시스템은 연쇄 트리거 유발의 깊이에 제한을 가한다. 그 이유를 설명하라.

5.21 아래의 릴레이션을 정의하기 위해 그림 5.16의 재귀 질의를 수정하라.

prereq_depth(*course_id*, *prereq_id*, *depth*)

여기서 *depth*는 과목과 선행 과목 간에 얼마나 많은 중간 선행 과목이 있는지를 가리킨다. 직접적인 선행 과목은 0의 depth를 갖는다. 선행 과목은 다수의 depth를 가질 수 있으며 따라서 1 이상이 나올 수 있다.

building	*room_number*	*time_slot_id*	*course_id*	*sec_id*
Garfield	359	A	BIO-101	1
Garfield	359	B	BIO-101	2
Saucon	651	A	CS-101	2
Saucon	550	C	CS-319	1
Painter	705	D	MU-199	1
Painter	403	D	FIN-201	1

그림 5.22 문제 5.24를 위한 릴레이션 *r*

5.22 릴레이션 *s*(*a*, *b*, *c*)가 주어졌을 때, *c*의 합계 대(versus) *a*를 보여 주는 히스토그램을 생성하는 SQL을 작성하라. 여기서 *a*는 20개의 동등한 크기의 분할로 나뉜다(즉 각 분할은 *a*로 정렬된 *s*에 있는 튜플의 5%를 가지고 있는 것이다).

5.23 문제 5.9의 *nyse* 릴레이션을 고려해 보자. 매년 각 월별로 전체 월별 거래 금액과 연도별 월 평균 거래 금액을 보여 주는 질의를 작성하라. (힌트: 먼저 매년 각 월에 대해서 전체 거래 금액을 구하는 질의를 작성하라. 일단 이 질의가 제대로 작성되었다면 전체 문제를 해결하는 외부 질의의 from 절에 이 구문을 넣는다. 이 외부 질의는 윈도우가 필요할 것이다. 하위 질의는 없다.)

5.24 그림 5.22의 릴레이션 *r*에 대해 고려해 보자. 다음 질의 결과를 찾아라.

```
select building, room_number, time_slot_id, count(*)
from r
group by rollup (building, room_number, time_slot_id)
```

관련도구

웹 사이트 db-book.com에서 책에서 사용한 JDBC 예제 코드를 제공한다.

IBM, Microsoft, Oracle 등을 포함하는 대부분의 데이터베이스 제조사는 자사 데이터베이스 시스템의 일부분이나 애드온(add-on) 응용 프로그램 형태로 OLAP 도구를 제공한다. 이런 도구는 IBM Cognos와 같은 더 큰 "비즈니스 인텔리전스(business intelligence)" 제품과 통합될 수 있다. 많은 회사는 또한 고객 관계 관리(예: Oracle Siebel CRM) 같은 특정 응용 프로그램에 대한 분석 도구를 제공한다.

더 읽어보기

JDBC에 대한 더 자세한 사항은 docs.oracle.com/javase/tutorial/jdbc에서 찾을 수 있다.

특정 시스템에서 실행될 수 있는 저장된 프로시저, 저장된 함수, 트리거를 작성하기 위해서는 시스템 문서를 참고할 필요가 있다.

비록 재귀 질의에 대한 논의가 SQL 문법에 초점을 맞추고 있지만 관계형 데이터베이스에서 재귀를 위한 다른 접근 방법이 있다. 데이터 로그는 Prolog 프로그래밍 언어에 기반한 데이터베이스 언어이고 27.4절(온라인으로 이용 가능)에서 자세히 설명한다.

rollup이나 cube를 포함하여 SQL에 있는 OLAP 기능은 SQL:1999에서 소개되었다. 그리고 순위화와 분할과 함께 윈도우 함수는 SQL:2003에서 추가되었다. 윈도우 함수를 포함하여 OLAP 기능은 오늘날 대부분의 데이터베이스에서 지원된다. 비록 대부분 SQL 표준 문법을 따르지만 약간씩 차이가 존재한다. 더 자세한 사항은 자신이 사용하는 시스템의 사용자 설명서를 참고하라. Microsoft의 Multidimensional Expressions(MDX)는 OLAP 큐브 질의를 위해 설계된 SQL과 유사한 질의어다.

크레딧

장 도입부 보트 사진: © Pavel Nesvadba/Shutterstock

PART 2

데이터베이스 설계

데이터베이스 응용 프로그램을 생성하는 작업은 데이터베이스 스키마의 설계, 데이터에 접근하고 이를 갱신하는 프로그램의 설계, 데이터 접근을 제어하는 보안 기법의 설계를 포함하는 복잡한 작업이다. 설계 과정에서 사용자의 요구가 중심적인 역할을 한다. 2부는 데이터베이스 스키마 설계에 초점을 두고, 실제 작업 중의 다른 부분도 설명한다.

6장은 상위 데이터 모델인 개체-관계(E-R) 모델을 설명한다. E-R 모델은 모든 데이터를 테이블로 표현하는 것 대신에, **개체**(entity)라 불리는 기본 객체와 이 객체들 간의 **관계**(relationship)를 구분한다. 이 모델은 종종 데이터베이스 스키마 설계의 첫 번째 단계로 사용된다.

관계형 데이터베이스 설계—관계형 스키마의 설계—는 이전 장에서 약식으로 다루었다. 좋은 데이터베이스 설계를 할 때 사용될 수 있는 원칙이 존재한다. 이들을 몇 개의 "정규형"으로 구체화할 수 있는데 비일관성(inconsistency)과 특정 질의에 대한 효율성 사이의 서로 다른 상반관계(trade-off)를 제공한다. 7장은 관계형 스키마의 형식적인 설계에 대해 설명한다.

Chapter 6

E-R 모델을 사용한 데이터베이스 설계

지금까지 주어진 데이터베이스 스키마를 가정하고 질의와 갱신을 표현하는 방법에 대해 학습했다. 지금부터는 데이터베이스 스키마 설계에 대한 방법을 살펴보자. 이 장은 오직 개체-관계(E-R) 데이터 모델에만 초점을 둔다. E-R 모델은 데이터베이스에서 표현할 개체를 식별하고, 이 개체들의 연관성을 표현하는 방법을 제공한다. 궁극적으로 데이터베이스 설계는 관계형 데이터베이스 설계와 연관된 제약 조건의 집합으로 표현한다. 따라서 이 장은 E-R 설계를 릴레이션 스키마 집합으로 변경하는 방법과 해당 설계에서 제약 조건을 찾는 방법을 설명한다. 이후 7장에서 릴레이션 스키마 집합이 좋은 데이터베이스 설계인지 나쁜 설계인지 판별하는 방법을 구체적으로 살펴보고, 더 많은 제약 조건을 가지고 좋은 설계를 해 나가는 과정에 대해 설명할 것이다. 이 두 개의 장은 데이터베이스 설계의 기본 개념을 다룬다.

6.1 설계 과정의 개요

데이터베이스 응용 프로그램을 생성하는 작업은 데이터베이스 스키마의 설계, 데이터에 접근하고 이를 갱신하는 프로그램의 설계, 데이터 접근을 제어하는 보안 기법의 설계를 포함하는 복잡한 작업이다. 사용자의 요구가 설계 과정의 중심적인 역할을 한다. 이 장 뒷부분에서 몇 가지 다른 설계 작업을 간단하게 설명하겠지만, 이 장은 데이터베이스 스키마 설계를 전반적으로 설명한다.

6.1.1 설계 단계

소규모 응용 프로그램의 경우, 응용 프로그램의 요구 사항을 이해하는 데이터베이스 설계자가 생성할 릴레이션, 속성과 릴레이션에 대한 제약 조건을 직접 결정하는 것이 가능하다. 하지만 설계 과정은 종종 매우 복잡하기 때문에, 이런 직접적인 설계 과정을 실제 응용 프로그램에 적용하기는 어렵다. 응용 프로그램의 완벽한 데이터 요구 조건을 이해하는 사람을 찾기도 어렵다. 데이터베이스 설계자는 응용 프로그램의 사용자와 상호작용하여 요구 조건을 이해하고, 사용자가 이해할 수 있도록 상위 모델로 나타내야 하며, 요구 조건을 설계의 하위 단계에 알맞게 변형해야 한다. 상위 데이터 모델은 개념적인 골격(프레임워크)을 제공함으로써, 데이터베이스 설계자가 사용자가 원하는 데이터가 요구 조건과 그 요구 조건을 충족하는 데이터베이스 구조를 체계적으로 명세하도록 도와준다.

- 데이터베이스 설계의 초기 단계는 장래의 데이터베이스 사용자가 필요로 하는 데이터를 충분히 규정하는 것이다. 이를 위해 데이터베이스 설계자는 그 분야의 전문가 및 사용자와 광범위하게 상호작용해야 한다. 이 단계의 결과물은 사용자 요구 사항 명세서(specification of user requirement)다. 사용자 요구 사항을 도식화하는 기술이 많이 있지만, 이 장은 사용자 요구를 문자로 서술하는 것만 다룬다.
- 다음으로 설계자는 데이터 모델을 선택하고, 선택한 데이터 모델의 개념을 적용함으로써 이러한 요구 사항을 데이터베이스의 개념 스키마로 변환한다. 이러한 **개념적 설계**(conceptual design) 단계는 조직의 상세한 개관을 제공한다. 이 장의 나머지 부분에서 다룰 개체-관계(E-R) 모델은 일반적으로 개념적 설계를 표현한다. 개체-관계 모델의 용어로 기술한 개념 스키마는 데이터베이스의 모든 개체 집합, 개체의 속성, 개체들 간의 관계, 그리고 개체와 관계에 대한 제약 조건을 명시한다. 일반적으로 개념적 설계 단계는 스키마의 그래픽 표현을 제공하는 개체-관계 다이어그램(E-R diagram, ERD)을 생성한다.

  설계자는 스키마를 검토하여 모든 데이터 요구 사항을 실제로 만족하였고 서로 충돌하지 않는지 확인하고, 중복되는 사항을 제거한다. 이때 물리적으로 어떻게 저장할 것인지 자세히 규정하는 것보다는 데이터와 그들의 관계를 기술하는 것이 설계자의 초점이다.
- 완전히 개발된 개념 스키마는 또한 조직의 기능적인 요구 사항을 보여 준다. **기능적 요구 사항 명세서**(specification of functional requirement)는 사용자가 데이터에 적용할 연산(혹은 트랜잭션)의 종류를 기술한다. 이런 연산의 예를 들면 데이터 수정 또는 갱신, 특정 데이터 검색 및 추출(retrieve), 데이터 삭제 등이 있다. 개념적 설계의 이 단계에서 설계자는 스키마를 재검토하여 기능적인 요구 사항을 만족하는지 확인한다.
- 추상 데이터 모델(abstract data model)로부터 데이터베이스 구현으로 이동하는 과정은 마지막 두 가지 설계 단계로 구성된다.
  - **논리적 설계 단계**(logical-design phase)에서 설계자는 상위의 개념 스키마를 사용할 데이터베이스의 구현 데이터 모델에 대응시킨다. 구현 데이터 모델은 일반적으로 관계형 데이터 모델이며, 이 단계는 일반적으로 개체-관계 모델로 정의한 개념적 스키마를 관계형 스키마로 대응시키는 작업으로 구성된다.
  - **물리적 설계 단계**(physical-design phase)에서 설계자는 시스템 특유의 데이터베이스 스키마를 이용하여 데이터베이스의 물리적 특성을 구체화한다. 이러한 물리적 특성은 파일 구성(file organization)의 형식과 인덱스 구조에 대한 선택을 포함한다. 이는 13장과 14장에서 설명한다.

데이터베이스의 물리적 스키마는 응용 프로그램이 완성된 후 상대적으로 쉽게 바꿀 수 있다. 하지만 논리적 스키마를 바꾸는 것은 응용 프로그램 코드에 흩어져 있는 많은 질의와 갱신 작업에 영향을 미칠 수 있으므로 실행하기 어렵다. 따라서 데이터베이스 응용 프로그램의 나머지 부분을 완성하기 전에 데이터베이스 설계 단계를 주의해서 수행하는 것이 중요하다.

6.1.2 설계 대안

데이터베이스 설계 과정의 중요한 부분은 사람, 장소, 물건 같은 다양한 "유무형"의 형태를 설계할 때 어떻게 표현할 것인지 결정하는 것이다. 개체(entity)라는 용어는 이렇게 식별할 수 있는 항목을 지칭하는 데 사용한다. 대학교 데이터베이스에서 개체의 예로는 교수, 학생, 학과, 과목, 그리고 과목 개설(course offering) 등을 들 수 있다. 대학교 예에서 하나의 과목이 몇 학기에 걸쳐 진행될 수 있으며, 또한 한 학기에 몇 번에 걸쳐 진행할 수 있다고 가정한다. 이러한 각각의 과목 개설 방식을 분반(section)이라 지칭한다. 다양한 개체는 여러 가지 방법으로 다른 개체와 관계를 맺는데, 이런 관계도 데이터베이스 설계 시 포착해야 한다. 예를 들어, 학생은 분반을 수강하며, 교수는 분반을 강의한다. 여기서 수강하고, 강의하는 것은 개체 간 관계의 예다.

데이터베이스 스키마를 설계할 때 다음 두 가지 중요한 위험성을 피할 수 있도록 확인해야 한다.

1. **중복성**(Redundancy): 좋지 않은 설계는 정보를 여러 번 반복한다. 예를 들어, 과목을 개설(분반을 생성)할 때에 과목 식별자와 과목 제목을 저장한다면, 제목을 각 분반에 중복하여(불필요하게 여러 번) 저장하는 것이다. 과목 식별자만 분반과 함께 저장하고, 그 제목을 과목 개체에 있는 과목 식별자와 단 한 번만 연결하는 것으로도 충분하다.

   중복성은 관계형 스키마에서도 발생할 수 있다. 우리가 지금까지 사용한 대학교 예제에서 분반 정보를 담은 릴레이션과 과목 정보를 담은 별도의 릴레이션이 있었다. 이런 상태가 아닌, 각각의 분반에 대해 한 번씩 모든 과목 정보(course_id, title, dept_name, credits)를 반복하여 저장하는 단일 릴레이션을 가정해 보자. 분명히 과목에 대한 정보가 중복적으로 저장되어야 할 것이다.

   정보의 중복적인 표현이 지니는 가장 큰 문제는, 중복되어 저장한 모든 복사본을 수정할 수 있는 예방책을 세우지 않음으로 인해, 어떤 일부 복사본이 일관되지 않은 정보를 지닐 수도 있다는 것이다. 가령 어떤 과목의 서로 다른 분반은 동일한 과목 식별자를 지니면서도 서로 다른 제목을 지닐 수 있다. 이런 경우에는 그 과목의 정확한 제목이 무엇인지가 명확하지 않다. 이상적으로, 정보는 정확히 한 장소에만 위치해야 한다.

2. **불완전성**(Incompleteness): 좋지 않은 설계는 조직의 특성을 모델링하기 어렵거나 불가능하게 한다. 예를 들면, 앞의 (1)의 경우와 같이, 분반에 해당하는 개체만 있고 과목에 해당하는 개체는 없다고 가정해 보자. 동일하게, 릴레이션의 관점에서 과목이 제공하는 각각의 분반에 대해서 한 번씩 모든 과목 정보를 중복 저장하는 단일 릴레이션이 있다고 가정해 보자. 이런 상황에서 어떤 새로운 과목에 대해 기술하고자 할 때, 그 과목이 개설되지 않으면 그 과목에 대한 정보를 저장하는 것이 불가능하다. 분반 정보에 대해 널 값을 저장하는 (문제 있는) 설계는 그다지 좋은 방법이 아닐 뿐만 아니라 주 키 제약 조건에 의해 금지되어 있다.

나쁜 설계를 피하는 것만으로는 충분하지 않다. 선택할 수 있는 수많은 좋은 설계가 있을 수 있다. 간단한 예로서 물품을 구매하는 고객을 생각해 보자. 이 물품의 판매는 고객과 물품 간의 관계인가? 아니면 판매 자체가 고객과 물품 둘 다와 동시에 관계가 있는 하나의 개체인가? 간단하지만, 이 선택은 조직의 어떤 측면을 잘 모델링할 수 있는지에 중요한 차이를 만들 수 있다. 실제 조직에서 수많은 개체와 관계에 대해 이처럼 선택을 해야 하는 점을 생각해 본다면 데이터베이스 설계가 도전적인 문제라는 것은 의심의 여지가 없다. 사실 과학과 "좋은 취향(good taste)"의 조합을 요구하고 있다는 것을 알게 될 것이다.

6.2 개체-관계 모델

개체-관계(E-R) 데이터 모델(entity-relationship data model)은 데이터베이스의 전체 논리 구조를 나타내는 조직의 스키마(enterprise schema)를 명시함으로써 데이터베이스 설계를 쉽게 하도록 개발되었다.

E-R 모델은 실세계 조직의 의미와 상호작용을 개념적 스키마로 표현하는 데 매우 유용하다. 그러므로 많은 데이터베이스 설계 도구가 E-R 모델의 개념에 기반을 두고 있다. E-R 데이터 모델은 세 가지 기본 개념인 개체 집합, 관계 집합, 속성을 가지고 있다. E-R 모델은 또한 **E-R 다이어그램**(E-R diagram)이라는 연관된 다이어그램 형태의 표현을 지닌다. 1.3.1절에서 간략히 살펴보았듯이, E-R 다이어그램은 데이터베이스의 전체 논리적 구조를 도식화하여 표현한다. E-R 다이어그램은 간단하고 명확하다. 이 간단성과 명료성으로 인해 E-R 모델이 광범위하게 사용된다.

이 장 끝에 있는 "관련도구"는 E-R 다이어그램을 작성하는 데 사용할 수 있는 여러 다이어그램 편집기에 대한 정보를 제공한다.

6.2.1 개체 집합

개체(entity)는 실세계에서 다른 모든 객체와 구별되는 유무형의 사물이다. 예를 들어 대학교에서 각 개인은 하나의 개체다. 개체는 속성의 집합을 가지며, 속성 중 일부 집합은 개체를 고유하게 구별하기도 한다. 예를 들어, 개인은 그 사람을 유일하게 구별해 주는 *person_id*라는 속성을 가질 수도 있다. 그러므로 677-89-9011이라는 *person_id*는 특정 개인을 대학교 내에서 유일하게 구분할 수 있다. 비슷하게 과목(course)도 개체로 생각할 수 있으며, *course_id*는 대학교 내에서 그 과목 개체를 유일하게 구별할 수 있다. 개체는 사람이나 책처럼 구체적인 것일 수도 있고, 과목, 분반, 혹은 비행기 예약처럼 추상적인 것일 수도 있다.

개체 집합(entity set)은 같은 속성을 공유하는 같은 유형의 개체의 집합이다. 예를 들어, 어느 대학교의 교수인 사람들의 집합은 개체 집합 *instructor*로 정의할 수 있다. 비슷하게 개체 집합 *student*는 대학교에 속한 모든 학생의 집합을 표현할 수 있다.

모델링 과정에서는 종종 개별 개체의 특정 집합을 지칭하지 않고, 추상적으로 개체 집합이라는 용어를 사용한다. 개체 집합의 **확장**(extension)이라는 용어를 개체 집합이 포함하는 개체의 실제 모음을 지칭하기 위해 사용한다. 따라서 대학교에서 실제 교수들의 집합은 *instructor* 개체 집합의 확장을 형성한다. 이와 같은 구별은 2장에서 살펴본 릴레이션 스키마와 릴레이션 인스턴스의 차이와 유사하다.

개체 집합은 서로 중첩될 수도 있다. 예를 들어, 어떤 대학교의 모든 사람의 개체 집합 *person*을 정의할 수 있다. 어떤 *person* 개체는 *instructor* 개체이거나, *student* 개체이거나, 양쪽 모두이거나, 혹은 양쪽 어디에도 속하지 않을 수 있다.

개체를 **속성**(attribute)의 집합으로 표현한다. 속성은 개체 집합의 구성원들이 소유하는 설명 특성이다. 어떤 개체 집합에 대해서 속성을 부여한다는 것은 데이터베이스가 개체 집합 내의 각 개체와 관련해 비슷한 정보를 저장함을 의미한다. 그러나 각 개체는 각 속성에 대해 그 자신의 값을 가질 수 있다. *instructor* 개체 집합의 가능한 속성은 *ID*, *name*(이름), *dept_name*(학과명), *salary*(급여)다. 실세계에서 거리 번호, 아파트 번호, 주, 우편번호, 국가와 같은 더 많은 속성을 가질 수 있지만 간단한 예제를 위해 생략했다. 과목(course) 개체 집합의 가능한 속성은 *course_id*(과목 번호), *title*(제목), *dept_name*(학과명), *credits*(학점)이다.

이 절은 (더 이상 작은 부분으로 나눌 수 없는) **단순**(simple) 속성만 고려한다. 6.3절에서 속성이 복합적이고 다중값을 가질 수 있는 더 복잡한 상황에 대해 설명한다.

각 개체는 속성 각각에 대해 **값**(value)을 가진다. 예를 들어, 특정 *instructor* 개체는 *ID* 값으로 12121 값을 가질 수 있고 *name* 값으로는 Wu, *dept_name* 값으로는 Finance, *salary* 값으로는 90000을 가질 수 있다.

ID 속성은 동일한 이름의 교수가 둘 이상 있을 수 있으므로, 교수를 유일하게 식별하기 위해 사용한다. 역사적으로 많은 조직은 개인을 고유하게 식별하는 속성으로 정부에서 발급한 식별 번호를 편리하게 사용했다. 그러나 이는 보안 및 사생활 보호 측면에서 나쁜 관행이다. 일반적으로 조직은 각 교수를 유일하게 구별하는 식별자를 생성하고 할당한다.

데이터베이스는 개체 집합의 모임을 포함하는데, 그 각각은 같은 유형의 개체를 임의의 수만큼 포함한다. 대학교를 위한 데이터베이스는 여러 개체 집합을 포함할 수 있다. 예를 들면, 교수와 학생을 파악하는 것 이외에 과목에 대한 정보도 제공해야 한다. 과목은 *course_id*, *title*, *dept_name*, *credits*의 속성을 가진 *course* 개체 집합으로 표현한다. 실제 상황에서 대학교 데이터베이스는 수십 개의 개체 집합을 가지게 될 것이다.

개체 집합은 E-R 다이어그램에서 **사각형**으로 표현하며 두 부분을 가진다. 첫 번째 부분은 개체 집합의 이름을 포함하는데, 이 책에서 음영으로 표시한다. 두 번째 부분은 개체 집합의 모든 속성 이름을 포함한다. 그림 6.1의 E-R 다이어그램은 두 개의 개체 집합 *instructor*와 *student*를 보여 준

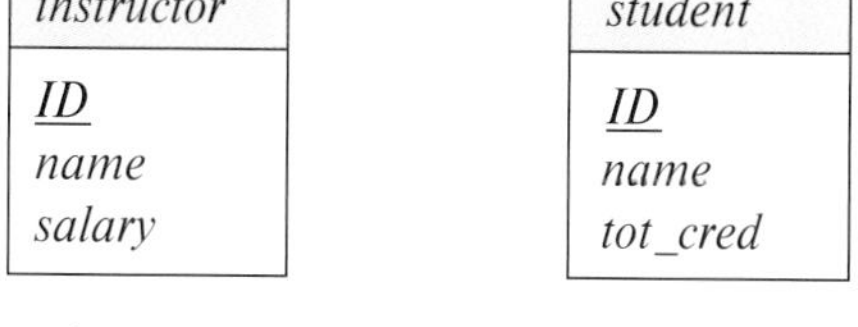

그림 6.1 *instructor* 및 *student* 개체 집합을 표현하는 E-R 다이어그램

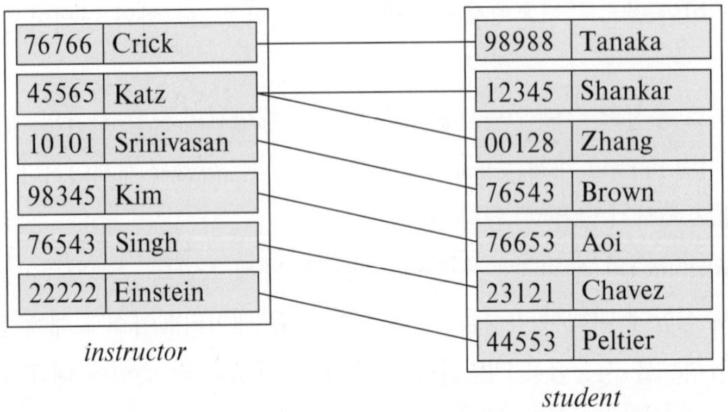

그림 6.2 관계 집합 *advisor* (*instructor* 및 *student*의 일부 속성만 표시함)

다. 교수와 관련된 속성은 *ID*, *name*, *salary*다. 학생과 관련된 속성은 *ID*, *name*, *tot_cred*이다. 주 키를 구성하는 속성은 밑줄이 그어져 있다(6.5절 참조).

6.2.2 관계 집합

관계(relationship)는 여러 개체들 사이의 연관성이다. 예를 들어, 교수 Katz와 학생 Shankar를 연결하는 *advisor*(지도교수)라는 관계를 정의할 수 있다. 이 관계는 Katz가 Shankar라는 학생의 지도교수라는 것을 나타낸다. **관계 집합**(relationship set)은 같은 유형의 관계들의 집합이다.

*instructor*와 *student* 두 개체 집합을 생각해 보자. 학생과 지도교수 역할을 하는 교수 사이의 연관성을 표현하기 위해 관계 집합 *advisor*를 정의할 수 있다. 그림 6.2는 이 연관성을 나타낸다. 간단히 표현하기 위해 그림은 두 개체 집합의 일부 속성만 표시한다.

E-R 스키마에서 **관계 인스턴스**(relationship instance)는 모델링하는 실세계 조직 내의 명명된 개체들 사이에 존재하는 연관성을 나타낸다. 예를 들어, instructor *ID*가 45565인 *instructor* 개체 Katz와 학생 *ID*가 12345인 학생 개체 Shankar는 *advisor* 관계 인스턴스에 참여한다. 이 관계 인스턴스는 대학교에서 교수 Katz가 학생 Shankar를 지도하고 있음을 나타낸다.

관계 집합은 E-R 다이어그램에서 **다이아몬드**로 표시하며, 여러 다른 개체 집합(사각형)을 **선**으로 연결한다. 그림 6.3의 E-R 다이어그램은 이진 관계 집합 *advisor*를 통해 연관된 두 개의 개체 집합 *instructor*와 *student*를 보여 준다.

또 다른 예로 *student*와 *section*(분반)이라는 두 개체 집합을 보자. 어떤 학생과 그 학생이 등록한 분반 사이의 연관성을 나타내기 위해 관계 집합 *takes*(수강하다)를 정의할 수 있다.

앞의 예에서 각 관계 집합은 두 개체 집합 사이의 연관이었지만, 일반적으로 관계 집합은 두 개 이상의 개체 집합 간의 연관도 표시할 수 있다.

형식적으로 **관계 집합**은 $n \geq 2$개의 개체 집합(중복 허용) 사이의 수학적 릴레이션이다.

만약 $E_1, E_2, \ldots, E_n$이 개체 집합일 때 관계 집합 R은

$$\{(e_1, e_2, \ldots, e_n) \mid e_1 \in E_1, e_2 \in E_2, \ldots, e_n \in E_n\}$$

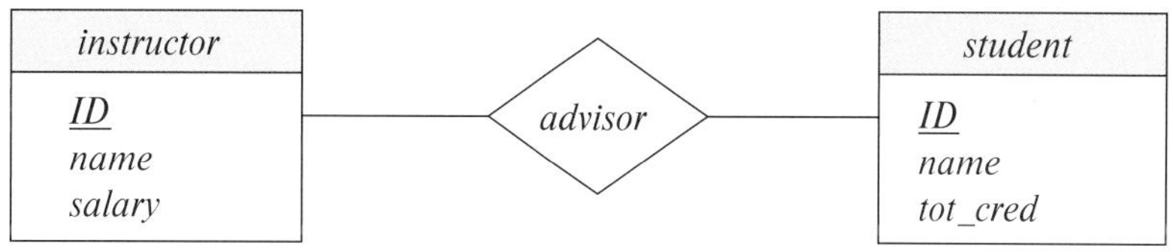

그림 6.3 관계 집합 *advisor*를 표현하는 E-R 다이어그램

의 부분집합이다. 여기에서 ($e_1, e_2, \ldots, e_n$)은 관계 인스턴스(relationship instance)다.

개체 집합 사이의 연관을 참여(participation)라 한다. 즉 개체 집합 $E_1, E_2, \ldots, E_n$은 관계 집합 R에 **참여**(participate)한다.

관계에서 개체가 행하는 기능을 개체의 **역할**(role)이라 한다. 관계 집합에 참여하는 개체 집합이 일반적으로 서로 구별되기 때문에 역할은 묵시적이고 보통 따로 명시되지 않는다. 그러나 관계 집합의 의미를 명확하게 할 필요가 있을 때에는 명시하는 것이 유용하다. 동일한 개체 집합이 관계에 한 번 이상 다른 역할을 가지고 참여하는 경우처럼, 관계 집합에 연관되는 개체 집합이 서로 구분되지 않을 때가 그런 경우다. **재귀**(recursive) 관계 집합이라고 불리기도 하는 이러한 유형의 관계 집합에서, 개체가 관계 인스턴스에 참여하는 방법을 명시하기 위해 명시적인 역할의 이름이 필요하다. 예를 들어, 대학교에서 제공하는 모든 과목에 대한 정보를 담고 있는 개체 집합 *course*를 생각해 보자. 어떤 과목(C2)이 다른 과목(C1)의 선행 과목(prerequisite)인 상황을 표현하기 위해 *course* 개체의 정렬된 쌍으로 모델링된 *prereq*라는 관계 집합을 둔다. 이 쌍의 첫 번째는 과목 C1 역할을 하며, 두 번째는 그 과목의 선행 과목(C2) 역할을 한다. 이런 방식으로 *prereq*의 모든 관계를 (C1, C2) 쌍으로 특징지을 수 있다. (C2, C1) 쌍은 제외한다. E-R 다이어그램에서 다이아몬드를 사각형에 연결하는 선에 이름을 붙여 역할을 표시한다. 그림 6.4는 *course* 개체 집합과 *prereq* 관계 집합 사이의 *course_id*와 *prereq_id* 역할 표시자(role indicator)를 보여 준다.

관계는 **설명 속성**(descriptive attribute)이라는 속성을 가질 수 있다. 관계에 대한 설명 속성의 예로서, *student*와 *section*이라는 개체 집합과, 그들이 참여하고 있는 *takes*라는 관계 집합을 생각해 보자. 우리는 어떤 학생이 과목에서 받은 성적을 기록하기 위해 *grade*라는 속성을 저장하기를 원할 수도 있다.

관계 집합의 속성은 **나뉘지 않은 사각형**으로 E-R 다이어그램에 표시하고, 점선으로 해당 관계 집합을 나타내는 다이아몬드에 연결한다. 예를 들어, 그림 6.5는 개체 집합 *section*과 *student* 간의 관계 집합 *takes*를 표현한다. 관계 집합 *takes*에는 설명 속성 *grade*가 있다. 관계 집합은 여러 설명

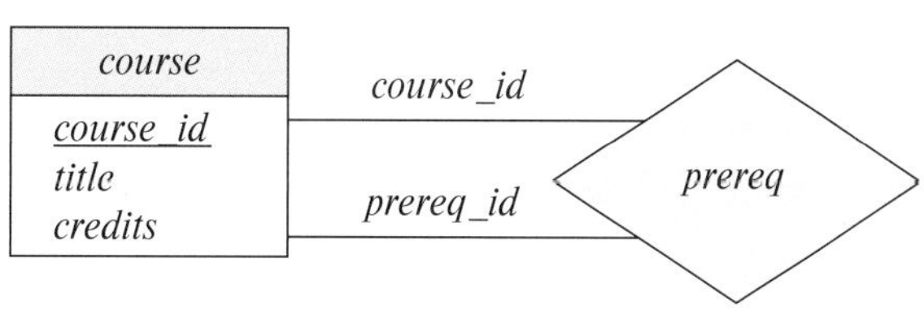

그림 6.4 역할 표시자(레이블)가 있는 E-R 다이어그램

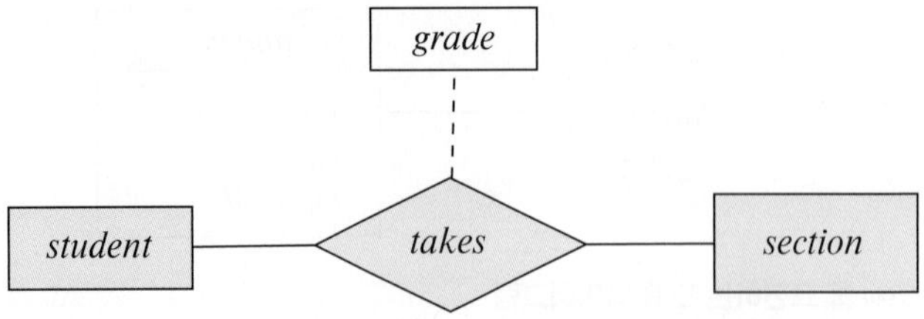

그림 6.5 속성을 지닌 관계 집합을 표현한 E-R 다이어그램

속성을 가질 수도 있다. 예를 들어, 어떤 학생이 학점을 위해 과목을 수강했는지, 혹은 청강을 했는지를 기록하기 위한 *for_credit*라는 설명 속성을 추가할 수 있다.

두 개체 집합의 속성을 생략한 그림 6.5의 E-R 다이어그램을 다시 살펴보자. 대학교를 위한 완전한 E-R 다이어그램은 생략된 속성을 포함할 것이지만, 설명을 위해서 간단한 표현을 사용했다. 앞에서 *student* 개체의 속성을 보았으며, 이 장 뒷부분에서 *section*의 속성을 살펴볼 것이다. 복잡한 E-R 설계는 다른 페이지에 위치할 수 있는 여러 개의 다이어그램으로 분할해야 할 수 있다. 관계 집합은 한 위치에만 표시하지만 개체 집합은 둘 이상의 위치에서 반복할 수 있다. 개체 집합의 속성은 그 개체 집합이 처음 등장한 곳에 표시한다. 개체 집합을 다른 위치에서 다시 사용할 때는, 정보의 반복과 그에 따른 불일치 가능성을 방지하기 위해 속성 없이 사용한다.

동일한 개체 집합을 포함하는 하나 이상의 관계 집합이 존재할 수 있다. 예를 들어, 학생이 어느 과목의 조교라고 가정해 보자. 그러면 개체 집합 *section*과 *student*는 *takes* 관계 집합에 참여하는 것 이외에도 *teaching_assistant* 관계 집합에 참여할 수 있다.

앞에서 살펴본 관계 집합의 공식적인 정의는 "관계 인스턴스의 집합"이다. *student*(학생)와 *section*(분반) 간의 *takes*(수강하다) 관계를 다시 고려하자. 집합은 중복 값을 가질 수 없으므로, 특정 학생은 *takes* 관계에서 특정 *section*과 하나의 연관만 가질 수 있다. 따라서 이 모델링의 경우, 한 학생은 분반과 관련된 성적을 하나만 가질 수 있다. 그러나 한 학생이 동일한 분반에 대해 둘 이상의 성적을 갖는 것을 허용하는 것을 원한다면, 일련의 성적을 저장하는 *grades* 속성이 있어야 한다. 이러한 속성을 다중값 속성(multivalued attribute)이라고 하며, 6.3절에서 설명한다.

관계 집합 *advisor*와 *takes*는 **이진 관계 집합**(binary relationship set)의 한 예다. 이진 관계 집합은 두 개체 집합이 관련된 관계 집합이다. 데이터베이스 내의 대부분의 관계 집합은 이진 관계 집합이다. 그러나 때로 관계 집합에 두 개 이상의 개체 집합이 관련될 수 있다. 관계 집합에 참여하는 개체 집합의 수를 **관계 집합의 차수**(degree of the relationship set)라고 한다. 이진 관계 집합의 차수는 2이고, **삼진 관계 집합**(ternary relationship set)의 차수는 3이다.

한 예로, 대학교에서 수행하는 모든 연구 과제를 표현하는 *project*라는 개체 집합이 있다고 가정해 보자. 즉 개체 집합 *instructor*, *student*, *project*의 연관을 표현해 보자. 각각의 과제는 다수의 연관된 학생과 다수의 연관된 교수를 가질 수 있다. 뿐만 아니라 과제에 참여하고 있는 학생은 과제에서 그 학생을 지도하는 연관된 교수 한 명을 반드시 가지고 있어야 한다. 당분간 과제와 교수, 과제와 학생 사이의 관계에 대해서는 무시하기로 한다. 그 대신 어느 특정 과제에서 어느 교수가 어

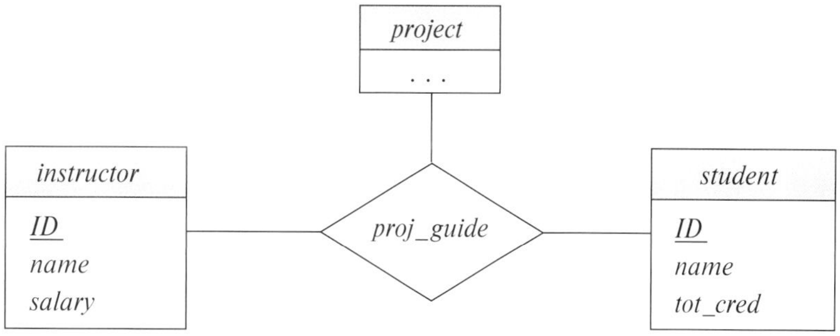

그림 6.6 삼진 관계 *proj_guide*를 표현하는 E-R 다이어그램

느 학생을 지도하고 있는지에 대한 정보에 초점을 맞춘다.

이 정보를 표현하기 위해 세 개의 개체 집합 *instructor*, *student*, *project*를 *proj_guide*라는 삼진 관계 집합에 연결한다. 이 관계 집합 *proj_guide*의 인스턴스는 어떤 특정 학생이, 어떤 특정 과제에서, 어떤 특정 교수에게 지도를 받고 있음을 나타낸다. 여기서 한 명의 학생은, 서로 다른 과제에 대해 서로 다른 교수를 지도교수로 가질 수 있는데, 이는 학생과 교수 사이의 이진 관계로는 표현할 수 없음에 주목하자.

비이진(non-binary) 관계 집합도 E-R 다이어그램에서 쉽게 표시할 수 있다. 그림 6.6은 삼진 관계 집합 *proj_guide*의 E-R 다이어그램 표현을 보여 준다.

6.3 복합 속성

각 속성이 가질 수 있는 값의 집합이 존재하는데, 이를 그 속성의 **도메인**(domain) 혹은 **값 집합**(value set)이라 한다. 속성 *course_id*의 도메인은 특정 길이의 모든 문자열의 집합이 될 수 있다. 이와 비슷하게, 속성 *semester*의 도메인은 {Fall, Winter, Spring, Summer} 집합에 속하는 문자열이 될 수 있다.

E-R 모델에서 사용될 때 속성은 다음과 같은 유형으로 분류할 수 있다.

- **단순 속성**(simple attribute)과 **복합 속성**(composite attribute). 지금까지의 예에서 나온 속성들은 단순 속성이었다. 즉 단순 속성은 더 이상 작은 단위로 나눠지 않는 속성이다. 반면에 복합 속성은 더 작은 단위(다시 말해서 다른 속성)로 나뉠 수가 있다. 예를 들어, *name*이라는 속성은 *first_name*, *middle_initial*, *last_name*으로 구성될 수 있다. 사용자가 어떤 경우에는 전체 속성을 참조하고 또 다른 경우에는 속성의 일부분만 참조하고자 할 때는 복합 속성을 스키마 설계에 사용하는 것도 좋은 선택이다. *student* 개체 집합에 주소를 하나 추가한다고 가정해 보자. 주소를 *street*, *city*, *state*, *postal_code*[1]를 속성으로 가진 *address*라는 복합 속성으로 정의할 수 있다. 복합 속성을 사용하면 모델링을 더 명확하게 하고, 연관된 속성을 한 그룹으로 묶을 수 있다.

1 미국에서 사용하는 주소 형식을 가정한다. 이 형식은 zip code라 불리는 숫자 형태의 우편번호를 포함한다.

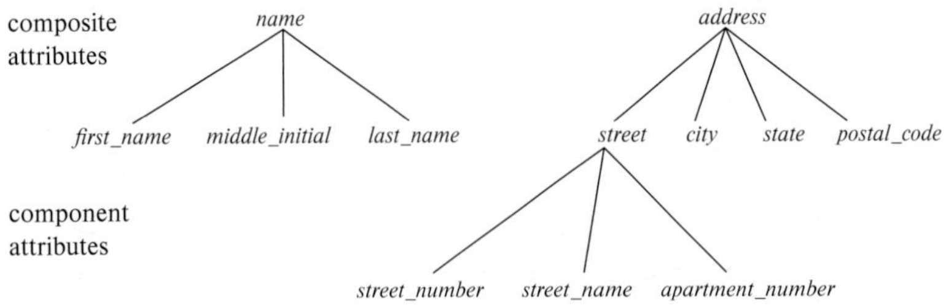

그림 6.7 *instructor* **개체 집합의 복합 속성** *name***과** *address*

복합 속성은 계층으로 나타날 수도 있음에 유의한다. *address*라는 복합 속성의 한 부분인 *street*라는 속성도 *street_number*, *street_name*, *apartment_number*로 더 나뉠 수 있다. 그림 6.7은 *instructor* 개체 집합에 있는 복합 속성의 예를 나타낸다.

- **단일값 속성**(single-valued attribute)과 **다중값 속성**(multivalued attribute). 이 책의 예제에서 속성은 특정 개체에 대해 하나의 값만 가졌다. 예를 들어, 특정 학생 개체의 *student_ID* 속성은 오직 하나의 학생 *ID*만 참조한다. 이러한 속성은 **단일값**이라 불린다. 속성이 특정 개체에 대한 값의 집합을 가지는 인스턴스가 존재하는 경우도 있다. *instructor* 개체 집합에 *phone_number* 속성을 추가한다고 가정해 보자. 교수는 0개, 한 개, 혹은 그 이상의 전화번호를 가질 수도 있으며, 교수별로 다른 개수의 전화번호를 가질 수도 있다. 이러한 유형의 속성을 **다중값**이라고 부른다. 또 다른 예로서, *instructor* 개체 집합에 모든 가족을 나열하는 *dependent_name*(부양가족 이름)이라는 속성을 추가할 수도 있다. 교수에 따라 0명, 한 명, 혹은 그 이상의 부양가족을 가질 수 있기 때문에 이 속성은 다중값 속성일 것이다.
- **유도 속성**(derived attribute). 이 속성 유형의 값은 다른 관련된 속성이나 개체의 값으로부터 유도될 수 있다. 예를 들어, *instructor* 개체 집합은 *students_advised* 속성을 갖는데, 이것은 어떤 교수가 몇 명의 학생을 지도하고 있는지를 표현한다고 하자. 이 속성의 값은 해당 교수와 관련된 *student* 개체의 수를 셈으로써 유도해 낼 수 있다.

  또 다른 예로 *instructor* 개체 집합이 교수의 나이를 표현하는 *age*라는 속성을 가진다고 가정하자. 만약 *instructor* 개체 집합이 *date_of_birth*라는 속성도 가지고 있다면, *date_of_birth*와 현재 날짜로부터 *age*를 계산할 수 있다. 따라서 *age*는 유도 속성이다. 이때 *date_of_birth*는 기본 속성(base attribute) 혹은 **저장** 속성(stored attribute)이라 부른다. 유도 속성의 값은 저장하지 않고 필요할 때 계산하면 된다.

그림 6.8은 복합 속성을 E-R 표기법으로 표현하는 방법을 나타낸다. *first_name*, *middle_initial*, *last_name*으로 구성된 복합 속성 *name*은 교수의 단순 속성 *name*을 대체한다. 또 다른 예로, *instructor* 개체 집합에 주소를 하나 추가한다고 가정해 보자. 주소는 *street*, *city*, *state*, *postal_code*를 속성으로 가진 복합 속성 *address*로 정의한다. *street* 속성은 그 자체로 복합 속성인데, 구성 속성(component attribute)으로 *street_number*, *street_name*, *apartment_number* 속성을 가진다. 이 그림은 *phone_number* 속성이 다중값 속성임을 명시하기 위해 "{*phone_number*}"로 표시했고,

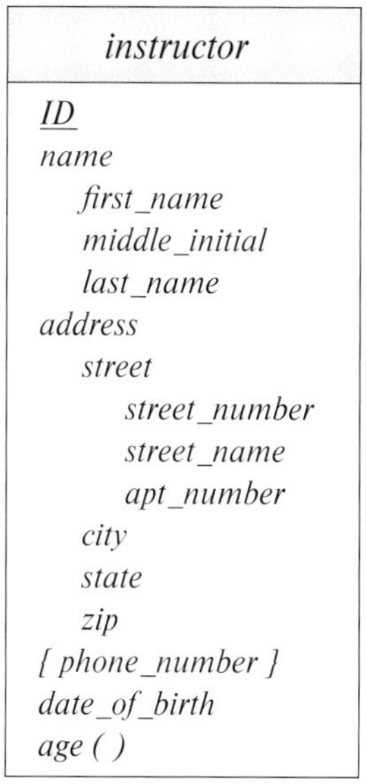

그림 6.8 복합 속성, 다중값 속성, 유도 속성을 표현하는 E-R 다이어그램

유도 속성 *age*는 "*age* ( )"로 표현했다.

속성은 개체가 그 속성에 대한 값을 가지지 않을 때 **널**(null) 값을 갖는다. 널 값은 "해당 사항 없음", 즉 그 개체에 대한 값이 존재하지 않음을 나타낸다. 예를 들어, 중간 이름이 없는 사람은 *middle_initial* 속성을 널로 설정할 수 있다. 또한 널 값은 그 속성의 값이 알려지지 않았음을 표시할 수도 있다. 알려지지 않은 값은 누락된 값(값이 존재는 하지만 그 정보를 가지고 있지 않은 경우)일 수도 있고, 모르는 값(그 값이 실제로 존재하는지 여부를 모르는 경우)일 수도 있다.

예를 들어, 특정 교수의 *name* 값이 널 값일 때는 모든 교수는 이름을 가지고 있기 때문에 그 값이 누락되었다고 추정한다. *apartment_number* 속성값이 널인 경우는 주소가 아파트 번호를 포함하지 않고 있거나(해당 사항 없음), 아파트 번호가 존재하지만 그 값을 모르거나(누락된 값), 아파트 번호가 교수 주소의 일부인지 여부를 모르는 경우(모르는 값)를 표현한다.

6.4 대응 카디널리티

대응 카디널리티(mapping cardinality) 혹은 카디널리티 비율(cardinality ratio)은 관계 집합을 통해 다른 개체와 관련될 수 있는 개체의 수를 나타낸다. 대응 카디널리티는 두 개 이상의 개체 집합이 관련된 관계 집합을 설명하는 데 기여할 수도 있지만, 이진 관계 집합을 설명하는 데 가장 유용하다.

개체 집합 *A*와 *B* 사이의 이진 관계 집합 *R*에서 대응 카디널리티는 다음 중 하나여야 한다.

- **일대일.** *A*의 한 개체는 *B*의 최대 하나의 개체와 연관을 가지고, *B*의 한 개체는 *A*의 최대 하나의 개체와 연관을 가진다(그림 6.9a 참조).

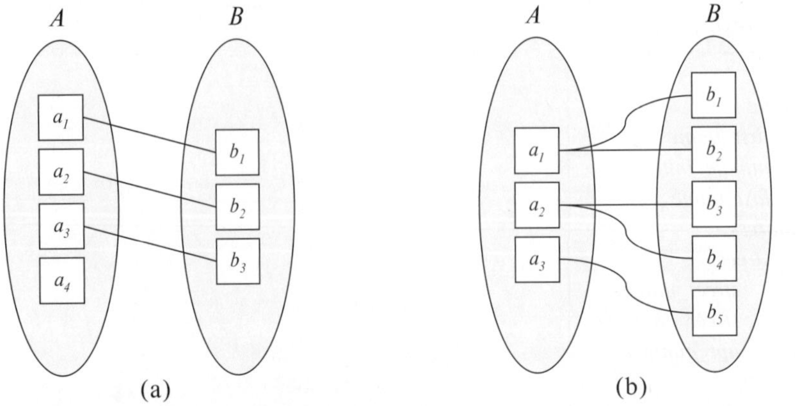

그림 6.9 대응 카디널리티. (a) 일대일 (b) 일대다

- **일대다.** A의 한 개체는 임의의 수(0 또는 그 이상)의 B의 개체와 연관을 가진다. 그러나 B의 한 개체는 A의 최대 하나의 개체하고만 연관을 갖는다(그림 6.9b 참조).
- **다대일.** A의 한 개체는 B의 최대 하나의 개체와 연관을 갖는다. 그러나 B의 한 개체는 A의 임의의 수(0 또는 그 이상)의 개체와 연관을 갖는다(그림 6.10a 참조).
- **다대다.** A의 한 개체는 임의의 수(0 또는 그 이상)의 B의 개체와 연관을 갖고 B의 한 개체도 임의의 수(0 또는 그 이상)의 A의 개체와 연관을 갖는다(그림 6.10b 참조).

어떤 관계 집합의 적절한 대응 카디널리티는 그 관계 집합이 모델링하는 실세계의 상황을 따라야 한다.

한 예로 *advisor* 관계 집합을 생각해 보자. 만약 한 명의 교수가 여러 학생을 지도할 수 있고, 한 명의 학생이 여러 명의 지도교수를 가질 수 있다고 한다면(공동 지도교수를 가지는 경우처럼), 이 경우의 *advisor* 관계 집합은 다대다이다. 반대로 만약 특정 대학교에서 한 명의 학생은 오직 한 명의 지도교수만 가질 수 있고, 한 명의 교수는 여러 명의 학생을 지도할 수 있다는 제약이 있는 경우,

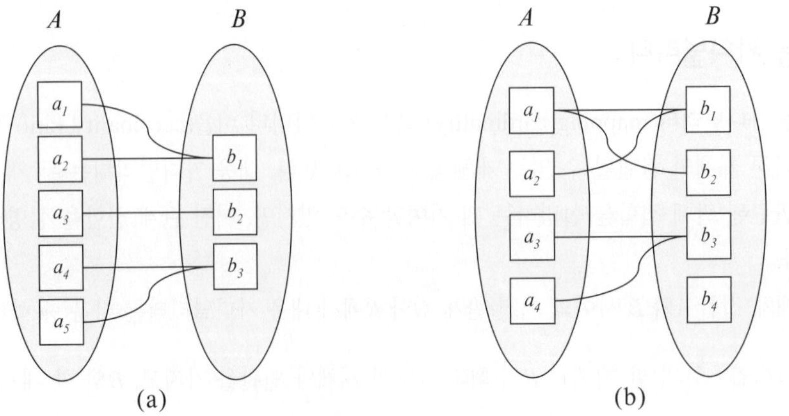

그림 6.10 대응 카디널리티. (a) 다대일 (b) 다대다

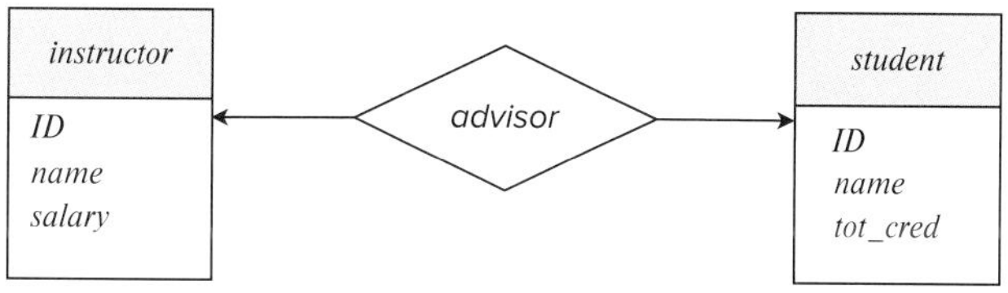

(a) One-to-one

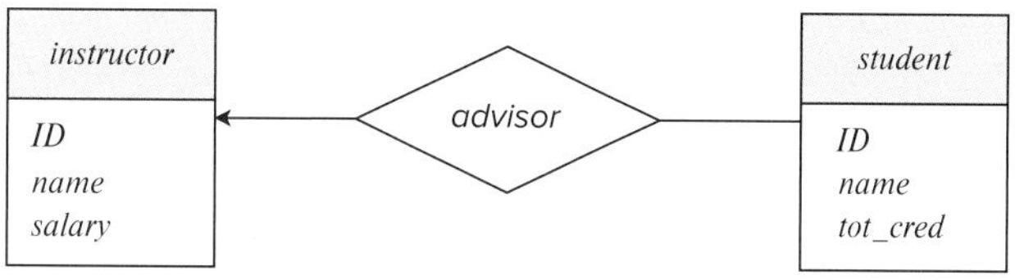

(b) One-to-many

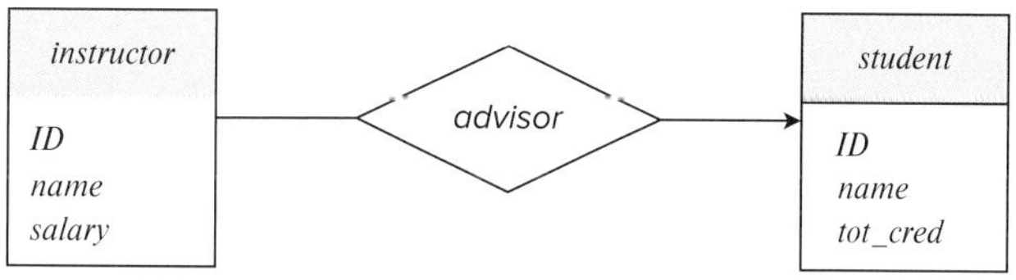

(c) Many-to-one

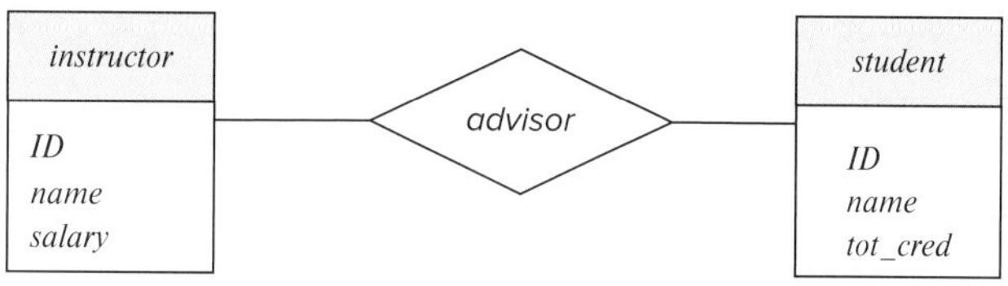

(d) Many-to-many

그림 6.11 관계 집합의 대응 카디널리티 표현

*instructor*에서 *student*로 연관되는 *advisor* 관계 집합은 일대다이다. 따라서 대응 카디널리티를 사용하여 실제 세계에서 허용되는 관계에 대한 제약 조건을 명세할 수 있다.

E-R 다이어그램 표기법에서 관계 집합과 연관된 개체 집합 사이에 방향을 가진 화살표(→)나 직선(–)을 이용하여 관계에 대한 카디널리티 제약을 표시한다. 구체적으로 대학교 예제의 경우는 다음과 같다.

- **일대일**. 관계 집합에서 두 개체 집합으로 향하는 화살표를 그린다. 예를 들어, 그림 6.11a에서 *instructor*와 *student* 개체 집합으로 향하는 화살표는 교수가 최대 한 명의 학생을 지도할 수 있고, 학생은 최대 한 명의 지도교수를 가질 수 있음을 표현한다.
- **일대다**. 관계 집합에서 관계의 "일" 쪽으로 화살표를 그린다. 그림 6.11b는 관계 집합 *advisor*에서 개체 집합 *instructor*로는 화살표를, 개체 집합 *student*로는 직선을 그렸다. 이것은 각 교수는 여러 학생을 지도할 수 있지만, 각 학생은 최대 한 명의 지도교수를 가질 수 있음을 표현한다.
- **다대일**. 관계 집합에서 관계의 "일" 쪽으로 화살표를 그린다. 그림 6.11c는 관계 집합 *advisor*

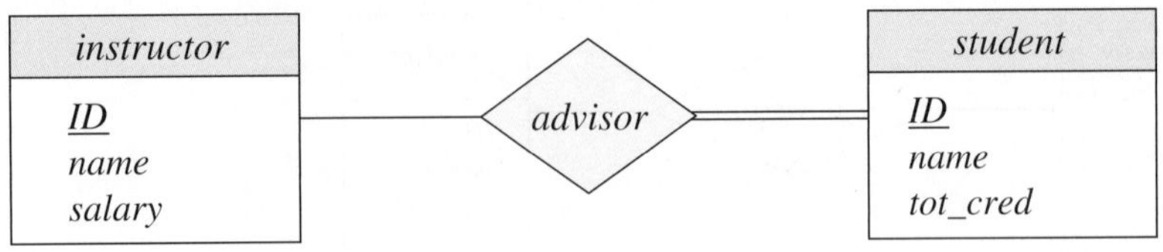

그림 6.12 전체 참여를 보여 주는 E-R 다이어그램

에서 개체 집합 *instructor*로는 직선을, 개체 집합 *student*로는 화살표를 그렸다. 이는 한 명의 교수는 최대 한 명의 학생을 지도할 수 있지만, 한 명의 학생은 여러 명의 지도교수를 가질 수 있음을 나타낸다.

- **다대다**. 관계 집합에서 두 개체 집합으로 향하는 직선을 그린다. 그림 6.11d는 관계 집합 *advisor*에서 개체 집합 *instructor*와 *student*로 직선을 그렸다. 이는 한 명의 교수가 여러 학생을 지도할 수 있고, 한 명의 학생도 여러 명의 지도교수를 가질 수 있음을 의미한다.

개체 집합 *E*의 모든 개체가 관계 집합 *R*의 적어도 하나의 관계에 참여해야 하는 경우, *E*의 *R*에 대한 참여를 **전체**(total) 참여라고 한다. *E*의 일부 개체가 *R*의 관계에 참여하지 않을 수 있는 경우, 관계 *R*에서 개체 *E*의 참여를 **부분**(partial) 참여라 한다.

예를 들어, 대학교는 모든 학생이 적어도 한 명의 지도교수를 가지도록 요구할 수 있다. 이는 E-R 모델에서 각 *student* 개체가 *advisor* 관계를 통해 적어도 한 명의 *instructor*와 관련되도록 요구하는 것에 해당한다. 따라서 관계 집합 *advisor*에 대한 *student*의 참여는 전체 참여다. 반대로 교수는 어떠한 학생도 지도하지 않을 경우가 있다. 오직 일부의 *instructor* 개체만 *advisor* 관계를 통해 *student* 개체 집합과 관련될 수 있으며, 따라서 *advisor* 관계 집합에서 *instructor* 참여는 부분 참여다.

이중선을 사용하여 관계 집합에서 개체의 전체 참여를 표현한다. 그림 6.12는 *advisor* 관계 집합의 예를 보여 주는데, 이중선은 학생이 지도교수를 반드시 가져야 함을 나타낸다.

E-R 다이어그램은 관계 집합의 관계에 참여하는 각 개체가 나타나는 횟수에 대한 좀 더 복잡한 제약을 나타내는 방법도 제공한다. 선 위에 *l..h*의 형태로 카디널리티를 표시할 수 있다(*l*이 최소이고 *h*가 최대 카디널리티다). 최솟값 1은 관계 집합에 있는 개체 집합의 전체 참여를 나타낸다. 즉 개체 집합의 각 개체는 해당 관계 집합에서 적어도 하나의 관계와 연관된다. 최댓값 1은 개체가 최대 하나의 관계에 참여함을 나타내고, 최댓값 *은 제한이 없음을 표시한다.

예를 들어, 그림 6.13을 살펴보자. *advisor*와 *student* 사이의 선은 카디널리티 제약 조건이 1..1

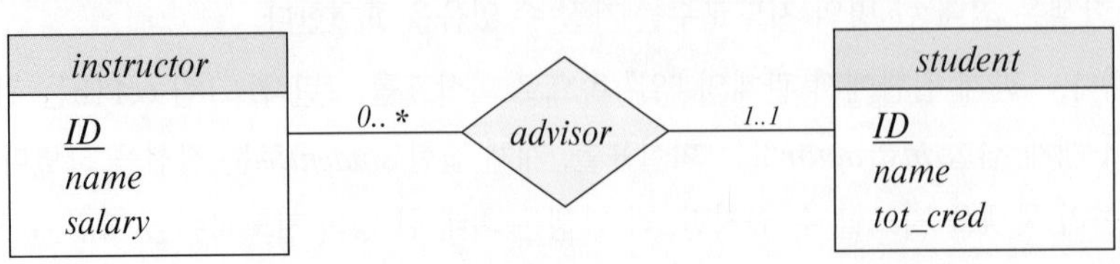

그림 6.13 관계 집합에 대한 카디널리티 제한

이며, 이는 최소 및 최대 카디널리티가 모두 1임을 의미한다. 즉 각 학생은 정확히 한 명의 지도교수를 가진다는 것이다. *advisor*와 *instructor* 사이의 선 위에 있는 제한 0.. *는 교수가 지도하는 학생을 한 명도 안 가지거나 여러 명을 가질(지도할) 수 있음을 표시한다. 따라서 관계 *advisor*는 *instructor*에서 *student*로 일대다이고, *student*는 *advisor* 관계에 전체 참여한다. 후자는 한 명의 학생은 반드시 한 명의 지도교수를 가져야 함을 의미한다.

왼쪽 선 위의 0.. *를 잘못 해석하여, *advisor* 관계가 *instuctor*에서 *student*로의 다대일이라고 생각하기 쉬운데, 이는 올바른 해석과 정확하게 반대가 된다.

만약 양쪽 선이 모두 최댓값 1을 갖는다면, 그 관계는 일대일이다. 만약 카디널리티 제한 1.. *를 왼쪽 선 위에 명세했다면, 각각의 교수는 반드시 최소 한 명의 학생을 지도해야 하는 셈이다.

그림 6.13의 E-R 다이어그램에서 표시한 카디널리티 제약 대신, *student*에서 *advisor*로 연결되는 이중선과 *advisor*에서 *instructor*로 연결되는 화살표로 그릴 수도 있다. 이 역시 그림에 나타난 제약 조건과 정확히 동일한 제약 조건을 표현하는 E-R 다이어그램 표기법의 대안 중 하나다.

비이진 관계 집합의 경우에 몇 가지 형태의 다대일 관계를 명시할 수 있다. 한 학생이 한 프로젝트에서 최대 한 명의 지도교수를 가질 수 있다고 가정해 보자. 이 제약 조건은 *proj_guide*에서 *instructor*를 가리키는 화살표로 지정할 수 있다.

비이진 관계 집합에서 두 개 이상의 화살표가 있는 E-R 다이어그램은 두 가지 의미로 해석 가능하기 때문에, 비이진 관계 집합은 최대 하나의 화살표만 허용한다. 6.5.2절에서 이 문제에 대해 자세히 설명한다.

6.5 주 키

주어진 개체 집합 내의 개체와 주어진 관계 집합 내의 관계를 구별하는 방법을 명세하는 방법이 있어야 한다.

6.5.1 개체 집합

개별 개체는 개념적으로 구분된다. 하지만 데이터베이스의 관점에서 개체 간의 차이점은 개체의 속성으로 표현되어야 한다.

그러므로 한 개체를 표현하는 속성의 값은 그 개체를 **유일하게 구별**(uniquely identify)할 수 있어야 한다. 다르게 표현하면 한 개체 집합에서 모든 속성의 값이 정확히 동일한 두 개의 개체가 존재하면 안 된다는 것이다.

2.3절에서 정의한 바와 같이, 어떤 릴레이션 스키마에 대한 키의 개념은 개체 집합에 직접적으로 적용된다. 즉 어떤 개체에 대한 키는 각각의 개체를 서로 구별해 주기에 충분한 속성의 집합인 것이다. 수퍼 키, 후보 키, 주 키는 릴레이션 스키마에 적용 가능한 것과 마찬가지로 개체 집합에도 적용 가능하다.

키는 또한 관계를 유일하게 식별하고, 서로 구별해 준다. 아래에서 관계 집합에 대한 키의 개념을 정의한다.

6.5.2 관계 집합

우리는 관계 집합의 다양한 관계를 구별할 수 있는 방안도 필요하다.

R을 개체 집합 $E_1, E_2, \ldots, E_n$이 연관된 관계 집합이라고 하자. *primary-key*(E_i)이 개체 집합 E_i의 주 키를 이루는 속성의 집합이라고 표현하고, 모든 주 키의 속성 이름이 유일하다고 가정하자. 관계 집합에 대한 주 키의 조합은 관계 집합 R에 연관된 속성의 집합에 의존한다.

만약 관계 집합 R이 부가적으로 가진 속성이 없다면 속성의 집합

$$primary\text{-}key(E_1) \cup primary\text{-}key(E_2) \cup \cdots \cup primary\text{-}key(E_n)$$

이 집합 R의 개별 관계를 나타낸다.

만약 관계 집합 R이 추가적인 속성 $a_1, a_2, \ldots, a_n$을 가진다면 속성의 집합

$$primary\text{-}key(E_1) \cup primary\text{-}key(E_2) \cup \cdots \cup primary\text{-}key(E_n) \cup \{a_1, a_2, \ldots, a_m\}$$

이 집합 R의 개별 관계를 나타낸다.

만약 주 키의 속성 이름이 개체 집합들 간에 유일하지 않으면 속성을 서로 구별할 수 있도록 이름을 다시 지어 준다. 즉 개체 집합의 이름과 속성의 이름을 합하여 유일한 이름을 형성할 수 있도록 한다. 만약 어떤 개체 집합이 관계 집합에 한 번 이상 참여하면(6.2.2절의 *prereq* 관계의 경우처럼), 유일한 속성명을 형성하기 위해 개체 집합의 이름을 대신하여 역할 이름을 사용한다.

관계 집합은 관계 인스턴스의 집합이며, 각 인스턴스는 참여하는 개체에 의해 고유하게 식별할 수 있음을 기억하자. 따라서 앞의 두 경우 모두 속성의 집합

$$primary\text{-}key(E_1) \cup primary\text{-}key(E_2) \cup \cdots \cup primary\text{-}key(E_n)$$

이 관계 집합에 대한 수퍼 키를 형성한다.

이진 관계 집합에 대한 주 키 선택은 관계 집합의 대응 카디널리티를 고려하여 선택할 수 있다. 다대다 관계의 경우, 주 키의 합집합은 최소의 수퍼 키이므로 주 키로 선택한다. 예를 들어, 6.2.2절에서 언급한 개체 집합 *instructor*와 *student*, 관계 집합 *advisor*를 살펴보자. 이때 관계 집합*advisor*를 다대다라 가정하면, *advisor*의 주 키를 *instructor*와 *student*의 주 키의 합집합으로 구성한다.

일대다 및 다대일 관계의 경우 "다" 쪽의 주 키는 최소 수퍼 키이며 주 키로 사용된다. 예를 들어, 만약 *student*에서 *instructor*로 다대일 관계라면—즉 각각의 학생이 최대 한 명의 지도교수만 가질 수 있다면—*student*의 주 키를 단순히 *advisor*의 주 키로 사용한다. 그러나 어떤 교수가 오직 한 명의 학생만 지도할 수 있다면—즉 *advisor* 관계가 *instructor*에서 *student*로 다대일 관계라면—*advisor*의 주 키로 단순히 *instructor*의 주 키를 사용한다.

일대일 관계의 경우 참여하는 개체 집합 중 어느 한쪽의 주 키가 최소 수퍼 키를 형성하므로, 둘 중 하나를 관계 집합의 주 키로 선택할 수 있다. 예를 들어, 교수가 한 명의 학생만 지도할 수 있고, 각 학생에게 한 명의 지도교수만 가능한 경우—즉 *advisor* 관계가 일대일인 경우—*student* 또는 *instructor*의 주 키를 *advisor*의 주 키로 선택할 수 있다.

비이진 관계의 경우, 만약 카디널리티 제약 조건이 없다면 이 장 앞부분에서 기술한 대로 합집합을 이용하여 형성한 수퍼 키만 유일한 후보 키이며 주 키로 선택된다. 만약 카디널리티 제약 조건이 있다면 주 키의 선택은 더욱 복잡하다.

두 개 이상의 화살표가 밖으로 향한 비이진 관계 집합은 두 가지 방식으로 해석할 수 있기 때문에, 6.4절에서 언급했듯이 E-R 다이어그램에서 비이진 관계 집합은 최대 하나의 화살표만 허용한다.

개체 집합 E_1, E_2, E_3, E_4가 연관된 관계 집합 R이 있고, E_3, E_4로 연결된 선의 끝에만 화살표가 있다고 가정해 보자. 그러면 가능한 두 가지 해석은 다음과 같다.

1. E_1, E_2 개체의 특정 조합은, 최대 하나의 E_3, E_4 개체 조합과 연관될 수 있다. 따라서 관계 R의 주 키는 E_1, E_2의 주 키의 합집합으로 구성할 수 있다.
2. E_1, E_2, E_3 개체의 특정 조합은, 최대 하나의 E_4 개체와 연관될 수 있고, 또한 E_1, E_2, E_4 개체의 특정 조합은, 최대 하나의 E_3 개체와 연관될 수 있다. 그러면 E_1, E_2, E_3의 주 키의 합집합과, E_1, E_2, E_4의 주 키의 합집합이 후보키를 형성한다.

이러한 해석은 실제로 사용되었으며, 모델링되는 특정 조직에 따라 둘 다 타당한 해석 방식이다. 하지만 이 책은 혼란을 피하기 위해 관계 집합에서 밖으로 향하는 화살표를 하나만 허용하기로 한다. (이 경우 위의 두 가지 해석이 동일해진다.)

비이진 관계 집합에 대해 최대 하나의 화살표만 허용하는 경우, 비이진 관계 집합을 개체 집합으로 대체하는 방식으로 E-R 설계를 수정할 수 있다. 즉 비이진 관계 집합의 각 인스턴스를 개체로 취급한다. 그런 다음 각 개체를 해당하는 E_1, E_2, E_4 인스턴스로 별도의 관계 집합을 통해 연결할 수 있다. 더 간단한 접근 방식은 7장(7.4절)에서 학습할 **함수 종속**(functional dependency)을 사용하는 것이다. 함수 종속은 두 가지 해석 중 하나를 모호하지 않은 방식으로 간단하게 지정할 수 있게 한다.

관계 집합 R에 대한 주 키는 관계 집합 R로부터 들어오는 화살표가 없는 참여 개체 집합 E_i의 주 키의 합집합이다.

6.5.3 약한 개체 집합

section 개체를 다시 살펴보자. 이 개체는 과목 식별자, 학기, 연도, 분반 식별자에 의해 유일하게 식별된다. 분명히 분반 개체는 과목 개체와 연결된다. *section* 개체 집합과 *course* 개체 집합 사이의 *sec_course* 관계 집합을 생성한다고 가정해 보자.

여기서 *sec_course*의 정보는 중복된다는 것에 주목하자. 왜냐하면 *section*은 이미 그 분반이 연결되어 있는 과목을 식별해 주는 *course_id*(과목 식별자)라는 속성을 가지고 있기 때문이다. 이러한 중복성을 다룰 수 있는 한 가지 방법은 *sec_course* 관계를 제거하는 것이다. (그러나 이렇게 하면 *section*과 *course* 사이의 관계가 하나의 속성 속으로 암묵적으로 내재되기에 바람직한 모습은 아니다.)

이러한 중복성을 다루는 또 다른 방법은, *section* 개체에 *course_id* 속성을 저장하지 않고 남아 있는 *sec_id*, *year*, *semester* 속성만 저장하는 것이다.[2] 그러나 *section* 개체 집합은 어느 특정 *section* 개체를 유일하게 식별할 수 있는 속성을 충분히 가지고 있지 못하게 된다. 비록 각각의 *section* 개체는 서로가 다르다고 해도, 서로 다른 과목에 해당하는 분반은 동일한 *sec_id*, *year*, *semester*를 가질 수도 있다. 이러한 문제를 해결하기 위해 *sec_course* 관계를, *section* 개체를 유일하게 식별하는 데 요구되는 추가 정보(이 경우에는 *course_id*)를 제공하는 특별한 관계로 취급한다.

약한 개체 집합이라는 개념이 위의 직관을 정형화해 준다. **약한 개체 집합**(weak entity set)은 **식별 개체 집합**(identifying entity set)이라 하는 다른 개체 집합에 의존하여 존재하는 개체 집합이다. 주 키를 약한 개체와 연결하는 대신, 식별 개체의 주 키와 **구별자 속성**(discriminator attribute)을 함께 사용하여 약한 개체를 유일하게 식별한다. 약한 개체 집합이 아닌 개체 집합을 **강한 개체 집합**(strong entity set)이라 한다.

모든 약한 개체는 식별 개체(identifying entity)와 연관되어야 한다. 즉 약한 개체 집합은 식별 개체 집합에 **존재 종속적**(existence dependent)이다. 식별 개체 집합은 그것이 식별하는 약한 개체 집합을 **소유한다**(own)고 말한다. 약한 개체 집합과 식별 개체 집합을 연관 짓는 관계를 **식별 관계**(identifying relationship)라 부른다.

식별 관계는 약한 개체 집합으로부터 식별 개체 집합으로 다대일 관계이고, 약한 개체 집합은 식별 관계에 전체 참여한다. 식별 관계 집합은 어떠한 설명 속성도 가져서는 안 된다. 왜냐하면 설명 속성이 대신 약한 개체 집합과 연관될 수 있기 때문이다.

예제에서 *section*에 대한 식별 개체 집합은 *course*이고, *section* 개체를 상응하는 *course* 개체에 연관 짓는 *sec_course* 관계는 식별 관계다. *section* 개체 집합의 주 키는 식별 개체 집합(이 경우 *course*)의 주 키와 약한 개체 집합(이 경우 *section*)의 구별자를 합하여 만들 수 있다. 따라서 주 키는 {*course_id*, *sec_id*, *year*, *semester*}다.

*sec_id*를 대학교에서 제공하는 모든 과목에 걸쳐 유일하게 만드는 방법을 선택할 수도 있었음에 주목하자. 이 경우 분반(*section*) 개체 집합은 주 키를 가졌을 것이다. 그러나 개념적으로 어떤 분반(*section*)의 존재는 어떤 과목(*course*)에 여전히 의존적이며, 이는 분반(*section*)을 약한 개체 집합으로 만듦으로써 명시적으로 표현한다.

E-R 다이어그램에서 약한 개체 집합은 이중 사각형으로 표시하며, 구별자는 실선이 아닌 점선으로 밑줄이 그어져 있다. 약한 개체 집합을 식별 (강한) 개체 집합에 연관 짓는 관계 집합은 이중 다이아몬드로 표현한다. 그림 6.14에서 약한 개체 집합 *section*은 *sec_course* 관계 집합을 통해 강한 개체 집합 *course*에 의존한다.

또한 그림에서 전체 참여를 표시하기 위해 이중선을 사용하고 있다. 약한 개체 집합 *section*의 관계 *sec_course*에 대한 참여는 전체적이며, 이는 모든 분반은 반드시 *sec_course*를 통해 어떤 과목과 연관된다는 것을 뜻한다. 마지막으로 *sec_course*에서 *course*로 향하는 화살표는 각 분반이 하

---

2 후에 다시 밝히겠지만, *section* 개체 집합으로부터 최종적으로 생성하는 관계형 스키마는, (비록 *section* 개체 집합으로부터 제거했지만) *course_id* 속성을 분명히 가지고 있음에 주목하자.

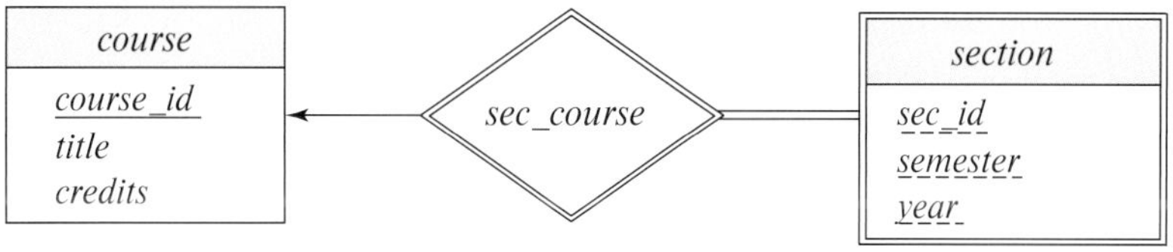

그림 6.14 약한 개체 집합이 있는 E-R 다이어그램

나의 과목과 연결되어 있다는 것을 표시한다.

일반적으로 약한 개체 집합은 식별 관계 집합에 전체 참여해야 하며, 식별 개체 집합으로 다대일 관계다.

약한 개체 집합은 식별 관계 이외의 관계에도 참여할 수 있다. 예를 들어, *section*(분반) 개체는 어떤 특정 분반이 시작되는 시간을 식별하는 *time_slot* 개체 집합과의 관계에 참여할 수 있다. 약한 개체 집합은 다른 약한 개체 집합과의 식별 관계에 소유자(owner)로서 참여할 수 있다. 하나 이상의 식별 개체 집합을 가지고 있는 약한 개체 집합도 가능하다. 그러면 특정 약한 개체 집합은 각 식별 개체 집합에서 하나씩 개체를 가져와서 구성한 조합으로 식별한다. 약한 개체 집합의 주 키는 식별 개체 집합의 주 키의 합집합에 약한 개체 집합의 구별자를 더하여 구성한다.

6.6 개체 집합에서 중복 속성 제거하기

E-R 모델을 이용하여 데이터베이스를 설계할 때, 일반적으로 포함해야 하는 개체 집합을 밝히는 것으로 시작한다. 예를 들면, 지금까지 논의한 대학교 조직에서 *student*, *instructor* 등과 같은 개체 집합을 포함하기로 결정했다. 일단 개체 집합을 결정하고 나면 적절한 속성을 선택해야 한다. 이러한 속성은 우리가 데이터베이스에서 포착하고자 하는 다양한 값을 나타낼 것으로 기대할 수 있다. *instructor* 개체 집합에 대해 *ID*, *name*, *dept_name*, *salary* 속성을 포함하기로 결정했다. 여기에 *phone_number*, *office_number*, *home_page* 등과 같은 속성을 추가할 수도 있었다. 어떤 속성을 포함할지에 대한 선택은 조직의 구조에 대해 잘 이해하고 있는 설계자에게 달려 있다.

개체와 해당 속성을 선택한 후, 다양한 개체 사이의 관계 집합을 형성한다. 이러한 관계 집합은 다양한 개체 집합에 딸려 있는 속성과 중복될 수도 있다. 이런 경우 원래의 개체 집합에서 속성을 제거해야 하는 상황을 야기할 수도 있다. 예로써 설명하기 위해, *instructor*와 *department* 개체 집합을 고려하자.

- *instructor* 개체 집합은 *ID*, *name*, *dept_name*, *salary* 속성을 포함하며, *ID*를 주 키로 가진다.
- *department* 개체 집합은 *dept_name*, *building*, *budget* 속성을 포함하며, *dept_name*을 주 키로 가진다.

이제 *instructor*와 *department*를 연결하는 *inst_dept* 관계 집합을 이용하여 각각의 교수는 하나의 연관된 학과를 가져야 한다는 사실을 모델링한다.

dept_name 속성은 두 개체 집합에 동시에 나타난다. 이 속성은 *department* 개체 집합에 대한

주 키이기 때문에 *instructor* 개체 집합에 중복되어 있고, 따라서 제거될 필요가 있다.

앞의 다른 장에서 사용했던 *instructor* 릴레이션은 *dept_name* 속성을 가지고 있었기 때문에, *instructor* 개체 집합에서 *dept_name* 속성을 제거하는 것이 다소 직관적이지 않아 보일 수도 있다. 후에 살펴보겠지만, E-R 다이어그램으로부터 관계형 스키마를 생성할 때 *dept_name* 속성을 실제로 *instructor* 릴레이션에 추가하지만, 이는 각각의 교수가 최대 한 개의 학과를 가질 때에만 해당된다. 만약 어떤 교수가 두 개 이상의 연관된 학과를 가진다면, 교수와 학과 간의 관계를 별도의 *inst_dept* 릴레이션으로 기록해야 한다.

교수와 학과 간의 연관성을 *instructor*의 속성이 아닌 관계로서 일관되게 취급하면 논리적인 관계를 분명하게 드러낼 수 있으며, 각각의 교수가 오직 하나의 학과와 연결될 수 있다는 섣부른 가정을 피할 수 있도록 도와준다.

이와 유사하게, *student* 개체 집합은 *student_dept* 관계 집합을 통해 *department* 개체 집합과 연결되며, 따라서 *student*에 *dept_name* 속성이 존재할 필요가 없게 된다.

또 다른 예로, 분반(section)과 각 분반의 과목 시간(time slot)을 고려해 보자. 각각의 과목 시간은 *time_slot_id*로 식별되며, 주간 모임(weekly meeting)의 집합과 연결되어 있다. 각각의 주간 모임은 요일, 시작 시각, 종료 시각으로 식별할 수 있다. 여기서 매주 모임 시간을 다중값 복합 속성으로 모델링하기로 결정했다. *section*과 *time_slot* 개체 집합을 다음과 같이 모델링한다고 가정해 보자.

- *section* 개체 집합은 *course_id*, *sec_id*, *semester*, *year*, *building*, *room_number*, *time_slot_id* 속성을 포함하며, (*course_id*, *sec_id*, *year*, *semester*)를 주 키로 가진다.
- *time_slot* 개체 집합은 *time_slot_id* 속성을 포함하고, 이 속성이 주 키이며,[3] {(*day*, *start_ time*, *end_time*)}을 다중값 복합 속성으로 가진다.[4]

이 두 개체는 *sec_time_slot* 관계 집합을 통해 연결된다.

time_slot_id 속성은 두 개체 집합 모두에 등장한다. 이 속성은 *time_slot* 개체 집합의 주 키이기 때문에, *section* 개체 집합에 중복되어 있고 제거할 필요가 있다.

마지막 예로서, 속성 *building*, *room_number*, *capacity*, *building*을 가지는 개체 집합 *classroom*을 고려하자. 이 개체 집합은 *building*과 *room_number*를 주 키로 가진다. 또한 분반(*section*)을 교실(*classroom*)로 연결하는 *sec_class*라는 관계 집합이 있다고 가정해 보자. 그러면 {*building*, *room_number*} 속성은 *section* 개체 집합에서 중복된다.

좋은 개체-관계 설계는 중복된 속성을 지니지 않는다. 대학교 예제에 대한 개체 집합과 각각의 속성, 그리고 주 키에는 밑줄을 그어 다음과 같이 나열해 보았다.

- *classroom*: (<u>*building*</u>, <u>*room_number*</u>, *capacity*) 속성

---

3 이후에 *time_slot* 개체 집합으로부터 생성한 릴레이션에 대한 주 키가 *day*와 *start_time*을 포함하고 있음을 살펴보겠다. 그러나 *day*와 *start_time*이 *time_slot* 개체 집합의 주 키의 일부분을 형성하지는 않는다.

4 *day*, *start_time*, *end_time*을 포함하는 복합 속성에 대해 *meeting*과 같은 이름을 선택적으로 부여할 수도 있다.

- *department*: (*dept_name*, *building*, *budget*) 속성
- *course*: (*course_id*, *title*, *credits*) 속성
- *instructor*: (*ID*, *name*, *salary*) 속성
- *section*: (*course_id*, *sec_id*, *semester*, *year*) 속성
- *student*: (*ID*, *name*, *tot_cred*) 속성
- *time_slot*: (*time_slot_id*, {(*day*, *start_time*, *end_time*)}) 속성

우리의 설계에서 관계 집합은 아래와 같다.

- *inst_dept*: 교수를 학과와 연결
- *stud_dept*: 학생을 학과와 연결
- *teaches*: 교수를 분반과 연결
- *takes*: 학생과 분반을 연결(설명 속성 *grade* 포함)
- *course_dept*: 과목을 학과와 연결
- *sec_course*: 분반을 과목과 연결
- *sec_class*: 분반을 교실과 연결
- *sec_time_slot*: 분반을 과목 시간과 연결
- *advisor*: 학생을 교수와 연결
- *prereq*: 과목을 선행 과목과 연결

여기서 어떤 개체 집합도 어느 관계 집합에 의해 중복이 되게 하는 속성을 가지고 있지 않음을 증명할 수 있다. 뿐만 아니라 앞서 그림 2.9에서 보았던 대학교 데이터베이스를 위한 관계형 스키마에 있는 모든 정보(제약 조건은 제외)가 위 설계에서 포착되었음을 증명할 수 있다. 단, 관계형 설계의 몇몇 속성은 E-R 설계의 관계로 대체되었다.

마침내 우리는 본문에서 지금까지 사용해 온 대학교 조직에 해당하는 E-R 다이어그램을 그림 6.15와 같이 표현할 수 있다. 이 E-R 다이어그램은 대학교 E-R 모델의 텍스트 설명과 동일하지만 몇 가지 제약 조건을 추가했다.

우리의 대학교 데이터베이스에서 각각의 교수는 정확히 하나의 연관된 학과를 가져야 한다는 제약 조건이 있었다. 그 결과 그림 6.15에서 *instructor*와 *inst_dept* 사이에 이중선이 표시되어 있는데, 이는 *inst_dept* 관계에 *instructor*의 참여가 전체 참여임을 표현한다. 즉 각각의 교수는 반드시 학과와 연관이 되어야 한다. 또한 각 교수가 최대 하나의 관련 학과를 가질 수 있음을 나타내는 화살표가 *inst_dept*에서 *department*로 그려져 있다.

이와 유사하게 *course* 개체 집합은 *course_dept* 관계 집합에 이중선으로 연결되어 있으며, 이는 모든 과목이 어느 학과에 존재해야 함을 나타낸다. *student* 개체 집합도 *stud_dept* 관계 집합에 이중선으로 연결되어 있으며, 모든 학생이 반드시 어떤 학과에 소속되어야 함을 표시한다. 각각의 경우 화살표는 개체 집합 *department*를 가리키는데, 이는 한 과목(또는 한 학생)이 여러 학과가 아닌

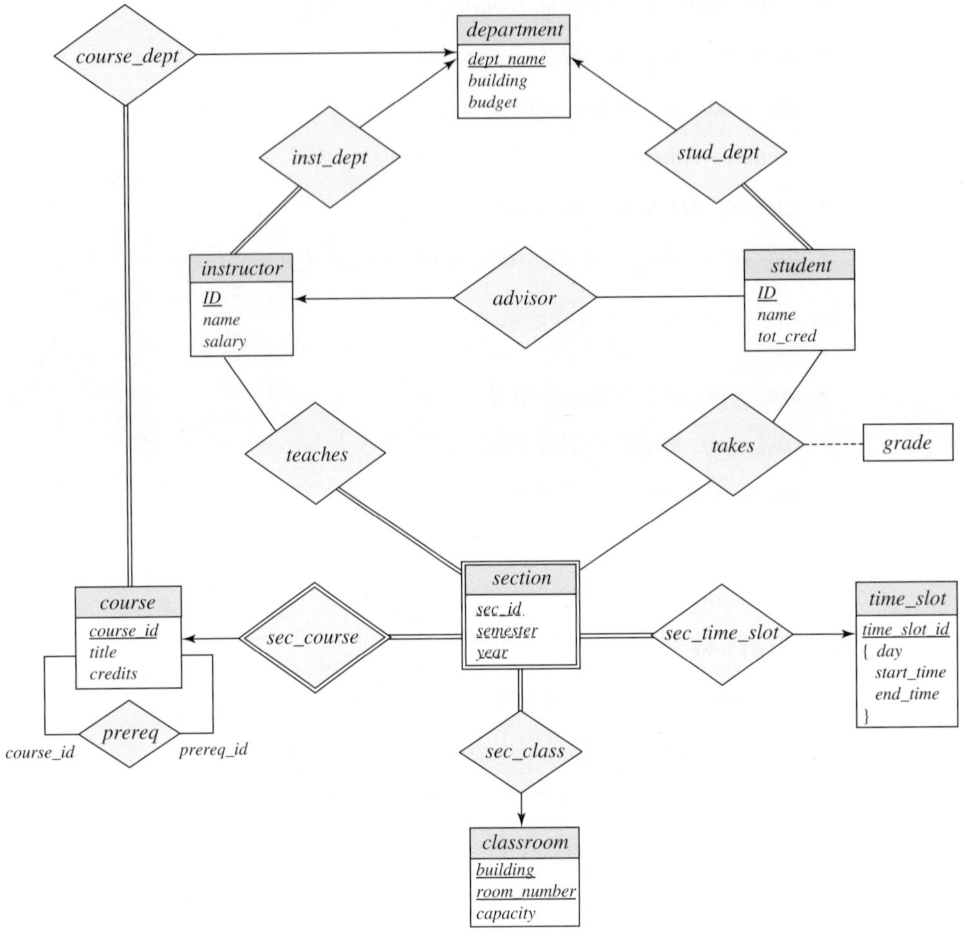

그림 6.15 대학교 조직을 위한 E-R 다이어그램

하나의 학과에만 관련될 수 있음을 나타낸다.

그림 6.15는 또한 관계 집합 *takes*가 설명 속성인 *grade*를 가지고 있고, 관계 집합 *advisor*는 각 학생이 최대 한 명의 지도교수를 가질 수 있음을 보여 준다. 또한 *section*이 이제 *sec_id*, *semester*, *year* 속성을 구별자로 가지는 약한 개체 집합이며, *sec_course*는 약한 개체 집합 *section*을 강한 개체 집합 *course*로 연결하는 식별 관계 집합임을 표현한다.

이 E-R 다이어그램에 기반하여 우리가 사용하는 다양한 릴레이션 스키마를 도출하는 방법을 6.7절에서 살펴본다.

6.7 E-R 다이어그램을 관계형 스키마로 변환하기

E-R 모델과 관계형 데이터베이스 모델은 둘 다 실세계 조직의 추상적이고 논리적인 표현이다. 두 가지 모델이 서로 비슷한 설계 원리를 지니므로 E-R 설계를 관계형 설계로 변환할 수 있다. (E-R 모델을 사용한) 데이터베이스 설계의 각 개체 집합과 각 관계 집합에 대해 (상응하는 개체 집합이

classroom (<u>*building*</u>, <u>*room number*</u>, *capacity*)
department (<u>*dept name*</u>, *building*, *budget*)
course (<u>*course_id*</u>, *title*, *credits*)
instructor (<u>*ID*</u>, *name*, *salary*)
student (<u>*ID*</u>, *name*, *tot cred*)

그림 6.16 그림 6.15 E-R 다이어그램의 개체 집합에서 도출한 스키마

나 관계 집합의 이름을 붙인) 고유한 릴레이션 스키마가 있다.

이번 절에서 E-R 다이어그램이 어떻게 릴레이션 스키마로 표현되는지와 E-R 설계 때 발생하는 제약 조건이 어떻게 릴레이션의 스키마에 대한 제약 조건으로 대응되는지 설명한다.

6.7.1 강한 개체 집합의 표현

*E*를 단순 설명 속성 $a_1, a_2, \ldots, a_n$만 가진 강한 개체 집합이라고 하면, 이 개체를 *n*개의 서로 다른 속성을 가진 *E*라는 이름의 스키마로 표현할 수 있다. 이 스키마에서 릴레이션의 각 튜플은 개체 집합 *E*의 한 개의 개체와 대응된다.

강한 개체 집합으로부터 도출된 스키마는 개체 집합의 주 키를 그 스키마의 주 키로 사용할 수 있다. 이것은 각 튜플이 개체 집합의 특정한 개체에 해당한다는 사실에 직접적으로 기반한다.

예를 들어, 그림 6.15에 있는 E-R 다이어그램의 *student* 개체 집합을 생각해 보자. 이 개체 집합은 *ID*, *name*, *tot_cred*라는 세 개의 속성을 가지고 있다. 이 개체 집합을 세 개의 속성을 지닌 *student*라 불리는 스키마로 표현한다.

student (<u>*ID*</u>, *name*, *tot_cred*)

학생 *ID*는 개체 집합의 주 키이기 때문에 또한 릴레이션 스키마의 주 키가 되는 것에 주목하자.

그림 6.15의 예제로 계속한다면, E-R 다이어그램에서 *time_slot*을 제외한 모든 강한 개체 집합은 오직 단순 속성만 가지고 있다. 이러한 강한 개체 집합으로부터 도출된 스키마는 그림 6.16에 나와 있다. *instructor*, *student*와 *course* 스키마는 이전 장에서 사용한 스키마와 다르다(이들은 *dept_name* 속성을 포함하지 않는다). 이 사항에 대해서는 조만간 다시 살펴본다.

6.7.2 복합 속성을 지닌 강한 개체 집합의 표현

강한 개체 집합이 단순하지 않은 속성을 지니면 상황이 조금 더 복잡해진다. 각 구성 속성에 대해 별도의 속성을 생성함으로써 복합 속성을 다룬다. 즉 복합 속성 그 자체에 대해 별도의 속성을 생성하지는 않는다. 이를 예로써 설명하기 위해 그림 6.8에 묘사된 *instructor* 개체 집합을 살펴보자. 복합 속성 *name*에 대해 *instructor*를 위해 생성된 스키마는 *first_name*, *middle_name*, *last_name* 속성을 가진다. *name*에 대한 별도의 속성이나 스키마는 존재하지 않는다. 이와 유사하게 복합 속성 *address*에 대해 생성된 스키마는 *street*, *city*, *state*, *postal_code* 속성을 가진다. *street*은 복합 속성이기 때문에 다시 *street_number*, *street_name*, *apt_number*로 대체한다.

다중값 속성은 다른 속성과는 다르게 취급된다. 일반적으로 E-R 다이어그램의 속성은 바로 적절한 릴레이션 스키마에 포함된 속성으로 대응되는 것을 지금까지 보아 왔다. 그러나 다중값 속성은 예외적이다. 이런 속성을 위해서는 새로운 릴레이션 스키마를 만들며, 이 사항은 곧 다시 살펴본다.

유도 속성은 관계형 데이터 모델이 명시적으로 표현하지 않는다. 그러나 다른 데이터 모델은 저장 프로시저, 함수 또는 메소드로 표현할 수 있다.

복합 속성을 지녔지만 다중값 속성은 가지지 않은 *instructor* 개체 집합으로부터 도출된 관계형 스키마는 다음과 같다.

instructor (<u>*ID*</u>, *first_name*, *middle_initial*, *last_name*,
street_number, *street_name*, *apt_number*,
city, *state*, *postal_code*, *date_of_birth*)

다중값 속성인 *M*을 위해서는 릴레이션 스키마 *R*을 만들어 주는데, *R*은 *M*에 대응하는 속성 *A*와 *M*이 속성으로 존재하는 개체 집합이나 관계 집합의 주 키에 대응하는 속성을 가지게 된다.

예를 들어, 다중값 속성 *phone_number*를 포함하는 개체 집합 *instructor*를 묘사하고 있는 그림 6.8의 E-R 다이어그램을 고려해 보자. 여기서 *instructor*의 주 키는 *ID*다. 이 다중값 속성에 대해서 다음과 같은 릴레이션 스키마를 생성할 수 있다.

instructor_phone (<u>*ID*, *phone_number*</u>)

교수의 각 전화번호는 이 스키마의 릴레이션에서 유일한 튜플로 표현된다. 따라서 *ID*가 22222이고 전화번호가 555-1234와 555-4321인 교수가 있다면 릴레이션 *instructor_phone*은 두 개의 튜플 (22222, 555-1234)와 (22222, 555-4321)를 가질 것이다.

스키마의 모든 속성을 포함하는 주 키를 생성할 수 있다. 위 예제에서 주 키는 릴레이션 스키마 *instructor_phone*의 양쪽 속성으로 구성된다.

추가로 다중값 속성에서 생성된 릴레이션 스키마에 대한 외래 키 제약 조건을 생성한다. 새로 생성한 스키마에서 개체 집합의 주 키로부터 생성한 속성은 개체 집합으로부터 생성한 릴레이션을 참조해야 한다. 위 예제에서 *instructor_phone* 릴레이션에 대한 외래 키 제약 조건은 속성 *ID*가 *instructor* 릴레이션을 참조한다는 것이다.

어떤 개체 집합이 하나의 주 키 속성인 *B*와 하나의 다중값 속성인 *M*이라는 두 개의 속성만으로 구성되는 경우에는, 그 개체 집합에 대한 릴레이션 스키마는 오직 하나의 속성, 즉 그 주 키 속성 *B*만 지닐 것이다. 이런 경우, 이 릴레이션은 삭제하고, 속성 *B*와 *M*에 대응하는 속성 *A*를 지니는 릴레이션 스키마를 보존한다.

예를 들어 설명하기 위해 그림 6.15에 묘사된 *time_slot* 개체 집합에 대해 생각해 보자. 여기서 *time_slot_id*는 *time_slot* 개체 집합의 주 키이고, 복합 속성이면서 다중값을 가지는 속성도 존재한다. 이 개체 집합은 다중값 복합 속성으로부터 생성된 다음 스키마로 표현할 수 있다.

time_slot (<u>*time_slot_id*</u>, <u>*day*</u>, <u>*start_time*</u>, *end_time*)

E-R 다이어그램에서 제약 조건으로 표현하지는 않았지만, 우리는 어떤 과목의 두 모임(수업 시간)이 한 주의 같은 요일 같은 시간에 시작해서 다른 시간에 끝날 수는 없음을 알고 있다. 이러한 제약 조건을 기반으로 *end_time*이 *time_slot* 스키마의 주 키로부터 제거되었다.

개체 집합으로부터 생성된 릴레이션은 *time_slot_id*라는 한 개의 속성만 가질 것이다. 이 릴레이션을 삭제하는 최적화 방법은 데이터베이스 스키마를 단순화하는 장점을 얻을 수도 있지만, 6.7.4절에서 간략하게 살펴볼 바와 같이 외래 키와 관련된 단점도 지닌다.

6.7.3 약한 개체 집합의 표현

A를 $a_1, a_2, \ldots, a_m$의 속성을 가지는 약한 개체 집합이라고 하자. B는 A가 의존하는 강한 개체 집합이라고 하자. B의 주 키는 $b_1, b_2, \ldots, b_n$의 속성으로 이루어져 있다고 하자. 개체 집합 A는 다음의 속성에 하나씩 대응하는 열을 가지는 A라는 릴레이션 스키마로 표현할 수 있다.

$$\{a_1, a_2, \ldots, a_m\} \cup \{b_1, b_2, \ldots, b_n\}$$

약한 개체 집합으로부터 유도한 스키마에서 강한 개체 집합의 주 키와 약한 개체 집합의 구별자의 조합은 그 스키마의 주 키로서 역할을 하게 된다. 주 키를 생성하는 것에 추가적으로 $b_1, b_2, \ldots, b_n$ 속성이 릴레이션 B의 주 키를 참조하도록 명세하여 릴레이션 A에 외래 키 제약 조건을 생성할 수 있다. 외래 키 제약 조건은 약한 개체를 표현하는 각 튜플에 대해서 강한 개체를 표현하는 대응 튜플이 반드시 존재함을 보장한다.

예를 들어, 그림 6.15의 E-R 다이어그램에서 약한 개체 집합 *section*을 생각해 보자. 이 개체 집합은 *sec_id*, *semester*, *year* 속성을 가지고 있다. *section*이 의존하고 있는 *course* 개체 집합의 주 키는 *course_id*다. 따라서 다음과 같은 속성을 가진 스키마로 *section*을 표현할 수 있다.

section (<u>*course_id*</u>, <u>*sec_id*</u>, <u>*semester*</u>, <u>*year*</u>)

주 키는 *section*의 구별자인 *sec_id*, *semester*, *year*와 함께 *course* 개체 집합의 주 키(*course_id*)로 구성된다. *course* 스키마의 주 키를 참조하는 속성 *course_id*를 이용하여 *section* 스키마에 외래 키 제약 조건을 생성한다.[5]

6.7.4 관계 집합의 표현

R을 관계 집합, $a_1, a_2, \ldots, a_m$을 관계 집합 R에 참여하는 각 개체 집합의 주 키의 합집합으로 형성된 속성의 집합, 그리고 (만약 있다면) $b_1, b_2, \ldots, b_n$을 R의 설명 속성이라 하자. 이 관계 집합을 다음 집합의 각 원소에 대해 하나의 속성을 가지는 릴레이션 스키마 R로 표현할 수 있다.

$$\{a_1, a_2, \ldots, a_m\} \cup \{b_1, b_2, \ldots, b_n\}$$

---

5 선택적으로 외래 키 제약 조건은 "on delete cascade" 절을 가질 수 있다. 이런 경우, 만약 *course* 개체를 삭제하면 해당 *course* 개체를 참조하는 모든 *section* 개체가 자동으로 삭제된다. 이 구문이 없으면 *course* 개체를 삭제하기 전에 과목을 참조하는 모든 분반(section)을 삭제해야 한다.

6.5절에서 이진 관계 집합에 대한 주 키 선택 방법에 대해 설명했다. 관계 집합의 주 키 속성은 관계형 스키마의 주 키 속성으로도 사용된다.

그림 6.15의 E-R 다이어그램의 관계 집합 *advisor*를 예제로 고려하자. 이 관계 집합은 다음의 두 가지 개체 집합과 연관된다.

- 주 키 *ID*를 가지는 *instructor*
- 주 키 *ID*를 가지는 *student*

이 관계 집합은 속성을 가지지 않기 때문에 *advisor* 스키마는 두 개의 속성, 즉 *instructor*의 주 키와 *student*의 주 키를 가진다. 두 속성이 같은 이름을 가지고 있기 때문에 그 이름을 *i_ID*와 *s_ID*로 변경했다. *advisor* 관계 집합이 *student*에서 *instructor*로 다대일 관계이기 때문에 *advisor* 릴레이션 스키마의 주 키는 *s_ID*다.

또한 릴레이션 스키마 *R*에 대한 외래 키 제약 조건을 다음과 같이 만들 수도 있다. 관계 집합 *R*에 연관되는 각 개체 집합 E_i에 대해 릴레이션 스키마 *R*로부터 외래 키 제약 조건을 생성한다. 이때 E_i의 주 키 속성으로부터 유도된 *R*의 속성이 E_i를 표현하는 릴레이션 스키마의 주 키를 참조하도록 한다.

이전 예제로 돌아가서, *advisor* 릴레이션에 두 개의 외래 키 제약 조건을 생성하자. 속성 *i_ID*는 *instructor*의 주 키를 참조하고, 속성 *s_ID*는 *student*의 주 키를 참조한다.

앞의 기술을 그림 6.15의 E-R 다이어그램에 있는 다른 관계 집합에 적용하면 그림 6.17의 관계형 스키마를 도출할 수 있다.

prereq 관계 집합의 경우에 이 관계와 연관된 역할 표시자(role indicator)를 속성 이름으로 사용하는 것에 주목하자. 왜냐하면 두 역할 모두 동일한 릴레이션인 *course*를 가리키고 있기 때문이다.

*advisor*의 경우와 유사하게, *sec_course*, *sec_time_slot*, *sec_class*, *inst_dept*, *stud_dept*, *course_dept* 릴레이션의 주 키를 두 개의 연관된 관계 집합 중 어느 하나의 주 키로만 구성한다. 왜냐하면 상응하는 관계가 모두 다대일 관계이기 때문이다.

---

teaches (<u>*ID*</u>, <u>*course_id*</u>, <u>*sec_id*</u>, <u>*semester*</u>, <u>*year*</u>)
takes (<u>*ID*</u>, <u>*course_id*</u>, <u>*sec_id*</u>, <u>*semester*</u>, <u>*year*</u>, *grade*)
prereq (<u>*course_id*</u>, <u>*prereq_id*</u>)
advisor (<u>*s_ID*</u>, *i_ID*)
sec_course (<u>*course_id*</u>, <u>*sec_id*</u>, <u>*semester*</u>, <u>*year*</u>)
sec_time_slot (<u>*course_id*</u>, <u>*sec_id*</u>, <u>*semester*</u>, <u>*year*</u>, *time_slot_id*)
sec_class (<u>*course_id*</u>, <u>*sec_id*</u>, <u>*semester*</u>, <u>*year*</u>, *building*, *room_number*)
inst_dept (<u>*ID*</u>, *dept_name*)
stud_dept (<u>*ID*</u>, *dept_name*)
course_dept (<u>*course_id*</u>, *dept_name*)

그림 6.17 그림 6.15 E-R 다이어그램의 관계 집합에서 도출한 스키마

그림 6.17에 외래 키는 표시되어 있지 않지만, 각 릴레이션에는 두 개의 연관된 개체 집합에서 생성된 두 릴레이션을 참조하는 두 개의 외래 키 제약 조건이 존재한다. 따라서, *sec_course*는 *section*과 *classroom*을 참조하는 외래 키를 가지며, *teaches*는 *instructor*와 *section*을 참조하는 외래 키를 가지고, *takes*는 *student*와 *section*을 참조하는 외래 키를 가진다.

다중값 속성을 가지고 있는 *time_slot* 개체 집합으로부터 오직 하나의 릴레이션 스키마를 생성할 수 있도록 허용한 최적화 방법은, *sec_time_slot* 릴레이션 스키마에서 *time_slot* 개체 집합으로부터 생성한 릴레이션을 참조하는 외래 키를 생성하는 것을 방지해 준다. 왜냐하면 *time_slot* 개체 집합으로부터 생성한 릴레이션을 삭제했기 때문이다. 우리는 다중값 속성으로부터 생성된 릴레이션을 유지하고 그 이름을 *time_slot*으로 정했지만, 이 릴레이션은 하나의 *time_slot_id*에 해당하는 튜플을 가지고 있지 않을 수도 있고, 하나의 *time_slot_id*에 해당하는 복수의 튜플을 가지고 있을 수도 있다. 따라서 *sec_time_slot*의 *time_slot_id*는 이 릴레이션을 참조할 수 없다.

영리한 독자라면 이전 장에서 *sec_course*, *sec_time_slot*, *sec_class*, *inst_dept*, *stud_dept*, *course_dept* 스키마를 보지 못한 이유에 대해 의아해할 수도 있다. 그 이유는 이제까지 살펴본 알고리즘이 일부 스키마를 제거하거나 다른 스키마와 결합했을 수도 있기 때문이다. 이제 이 사항에 대해 살펴보겠다.

6.7.5 스키마의 중복성

약한 개체 집합과 그에 대응하는 강한 개체 집합을 연결하는 관계 집합은 특별하게 다루어야 한다. 6.5.3절에서 밝힌 바와 같이, 이러한 관계는 다대일 관계이며 설명 속성을 가지지 않는다. 게다가 약한 개체 집합의 주 키는 강한 개체 집합의 주 키를 포함한다. 그림 6.14의 E-R 다이어그램에서 약한 개체 집합인 *section*은 강한 개체 집합인 *course*에 *sec_course*라는 관계 집합을 통해 의존한다. *section*의 주 키는 {*course_id*, *sec_id*, *semester*, *year*}이고 *course*의 주 키는 {*course_id*}다. *sec_course*는 설명 속성을 가지지 않으므로 *sec_course* 스키마는 *course_id*, *sec_id*, *semester*, *year* 속성을 가진다. *section* 개체 집합에 대한 스키마는 (그중에서도) *course_id*, *sec_id*, *semester*, *year* 속성을 포함한다. *sec_course* 릴레이션의 모든 (*course_id*, *sec_id*, *semester*, *year*)의 조합은 또한 *section* 스키마에 대한 릴레이션에도 존재하고, 그 역도 성립한다. 따라서 *sec_course* 스키마는 불필요하게 중복된 것이다.

일반적으로 약한 개체 집합을 그에 대응하는 강한 개체 집합으로 연결하는 관계 집합을 위한 스키마는 중복된 것이므로, E-R 다이어그램을 기반으로 한 관계형 데이터베이스 설계에 존재할 필요가 없다.

6.7.6 스키마의 결합

개체 집합 *A*에서 개체 집합 *B*로 가는 다대일 관계 집합 *AB*를 생각해 보자. 앞에서 소개한 관계형 스키마 구축 알고리즘을 이용하면 *A*, *B*, *AB*의 세 개의 스키마를 얻을 수 있다. *A*가 관계 *AB*에 전체 참여한다고 가정하자. 즉 개체 집합 *A*의 모든 개체 *a*는 관계 *AB*에 참여해야 한다. 그러면 스키마 *A*와 스키마 *AB*를 결합하여 양쪽 스키마 속성의 합집합으로 구성되는 단일 스키마를 만들 수 있다.

그림 6.15의 E-R 다이어그램에 있는 여러 릴레이션이 이 기준을 어떻게 만족하는지 살펴보자.

- *inst_dept*. *instructor*와 *department* 스키마는 각각 개체 집합 *A*와 *B*에 대응된다. 따라서 *inst_dept* 스키마를 *instructor* 스키마와 조합(결합)할 수 있다. 결과로 생성되는 *instructor* 스키마는 {*ID*, *name*, *dept_name*, *salary*} 속성으로 이루어진다.
- *stud_dept*. *student*와 *department* 스키마는 각각 개체 집합 *A*와 *B*에 대응된다. 따라서 *stud_dept* 스키마를 *student* 스키마와 결합할 수 있다. 결과로 생성되는 *student* 스키마는 {*ID*, *name*, *dept_name*, *tot_cred*} 속성으로 이루어진다.
- *course_dept*. *course*와 *department* 스키마는 각각 개체 집합 *A*와 *B*에 대응된다. 따라서 *course_dept* 스키마를 *course* 스키마와 결합할 수 있다. 결과로 생성되는 *course* 스키마는 {*course_id*, *title*, *dept_name*, *credits*} 속성으로 이루어진다.
- *sec_class*. *section*과 *classroom* 스키마는 각각 개체 집합 *A*와 *B*에 대응된다. 따라서 *sec_class* 스키마를 *section* 스키마와 결합할 수 있다. 결과로 생성되는 *section* 스키마는 {*course_id*, *sec_id*, *semester*, *year*, *building*, *room_number*} 속성으로 이루어진다.
- *sec_time_slot*. *section*과 *time_slot* 스키마는 각각 개체 집합 *A*와 *B*에 대응된다. 따라서 *sec_time_slot* 스키마를 이전 단계에서 얻은 *section* 스키마와 결합할 수 있다. 결과로 생성되는 *section* 스키마는 {*course_id*, *sec_id*, *semester*, *year*, *building*, *room_number*, *time_slot_id*} 속성으로 이루어진다.

일대일 관계의 경우에는 관계 집합에 대한 릴레이션 스키마를 어느 한쪽 개체 집합의 스키마와 결합할 수 있다.

참여가 부분적이더라도 널 값을 사용하여 스키마를 결합할 수 있다. 위 예제에서 만약 *inst_dept*가 부분적이었다면, 연관된 학과가 없는 교수에 대한 *dept_name* 속성에 대해 널 값을 저장한다.

마지막으로 관계 집합을 표현하는 스키마에 나타난 외래 키 제약 조건에 대해 생각해 보자. 관계 집합 스키마가 합병된 개체 집합을 참조하는 외래 키 제약 조건이 있었을 것이다. 관계 집합 스키마가 합병된 개체 집합을 참조하는 제약 조건은 삭제하고, 다른 외래 키 제약 조건을 결합된 스키마에 추가한다. 예를 들면, *inst_dept*는 *dept_name* 속성에 *department* 릴레이션을 참조하는 외래 키 제약 조건을 가지고 있다. 이 외래 키 제약 조건은 *inst_dept*에 대한 스키마가 *instructor*로 합병될 때 *instructor* 릴레이션에 의해 암시적으로 추가된다.

6.8 E-R의 확장된 특성

기본적인 E-R 개념이 대부분의 데이터베이스 특성을 모델링할 수 있지만, 데이터베이스의 몇 가지 측면은 기본 E-R 모델에 대한 확장을 통해 더 적절하게 표현할 수 있다. 이 절에서 구체화, 일반화, 상위/하위 개체 집합, 속성 상속, 통합화 등 E-R의 확장된 특징을 살펴볼 것이다.

설명을 위해 대학교 데이터베이스의 스키마를 좀 더 정교하게 만들어 보자. 대학교에 있는 다양한 사람들을 모델링하기 위해 *person*이라는 개체 집합을 *ID*, *name*, *street*, *city*라는 속성으로 정의한다.

6.8.1 구체화

하나의 개체 집합은 집합 내의 다른 개체와 어떤 방법으로든 구분할 수 있는 개체의 하위 그룹을 포함할 수 있다. 예를 들면, 개체 집합 내의 개체의 어떤 부분 집합은 개체 집합 내의 모든 개체와 공유하지 않는 속성을 가질 수 있다. E-R 모델은 이렇게 확실히 구분할 수 있는 개체 그룹화를 표현하는 수단을 제공한다.

그 한 예로서 *person*이라는 개체 집합은 다음 중 하나로 더 분류할 수 있다.

- *employee*
- *student*

이 각각의 사람 유형은 *person*이라는 개체 집합의 모든 속성과 추가 속성의 집합으로 기술할 수 있다. 예를 들면, *employee* 개체는 *salary* 속성에 의해 조금 더 자세히 기술할 수 있으며, 반면 *student* 개체는 *tot_cred* 속성으로 조금 더 자세히 설명할 수 있다. 어떤 개체 집합 내에서 하위 그룹을 지정하는 과정을 **구체화**(specialization, 세분화라고도 함)라 부른다. 사람(*person*)의 구체화는 직원 또는 학생에 해당하는지에 따라 개인 개체 집합을 구별할 수 있다. 일반적으로 사람은 직원, 학생이 될 수 있으며, 둘 다 될 수도 있고, 둘 다 아닐 수도 있다.

또 다른 예를 들면, 대학교가 학생을 대학원생과 학부생의 두 범주로 구분한다고 가정해 보자. 대학원생은 사무실을 배정받고, 학부생은 기숙형 대학(residential college)에 배정된다. 이러한 각 학생 타입을 *student* 개체 집합의 모든 속성과 추가적인 속성을 포함하는 속성의 집합으로 설명할 수 있다.

설계 스키마를 다듬기 위해 구체화를 여러 번 적용할 수 있다. 대학교는 대학원생과 학부생이라는 학생의 두 가지 세분화를 만들 수 있다. 앞서 보았듯이, *student* 개체는 *ID*, *name*, *street*, *city*, *tot_cred* 속성으로 설명할 수 있다. *graduate* 개체 집합은 *student*의 모든 속성에 *office_number*라는 속성을 더 가질 것이다. *undergraduate* 개체 집합은 *student*의 모든 속성에 *residential_college*라는 속성을 더 가질 것이다. 또 다른 예로, 대학교 직원은 교수 또는 비서 중 하나의 유형으로 더 분류할 수 있다.

이러한 각 직원 유형은 *employee* 개체 집합의 모든 속성과 추가된 속성을 포함하는 속성 집합으로 설명할 수 있다. 예를 들면, *instructor* 개체는 *rank* 속성으로 조금 더 설명할 수 있고, *secretary* 개체는 *hours_per_week* 속성으로 더 자세히 기술할 수 있다. 뿐만 아니라 *secretary* 개체는 비서의 도움을 받는 직원을 알려 줄 수 있는, *secretary*와 *employee* 개체 간의 *secretary_for*라는 관계에 참여할 수 있다.

하나의 개체 집합은 개체 그룹을 구별하는 하나 이상의 특성에 의해 구체화될 수 있다. 예제에서 직원 개체의 그룹을 구별하는 특성은 직원이 수행하는 일이다. 이와 더불어, 직원이 임시직인지 또는 정규직인지에 바탕을 두어 *temporary_employee*와 *permanent_employee* 개체 집합으로 구체화할 수 있다. 하나의 개체 집합에 하나 이상의 구체화가 형성되면 하나의 개체는 여러 구체화에 존재할 수 있다. 예를 들면, 어떤 직원은 임시직의 비서일 수 있다.

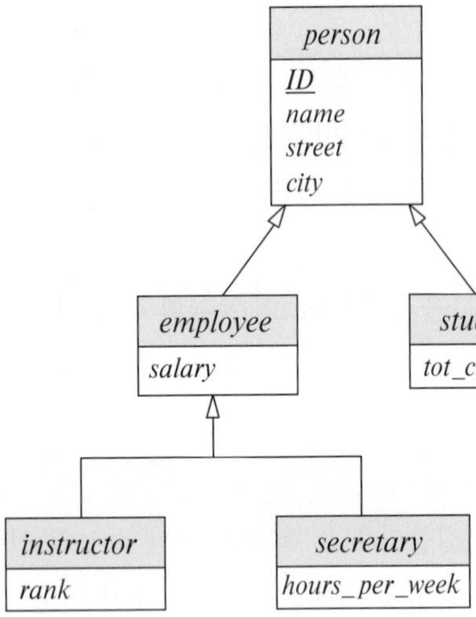

그림 6.18 구체화와 일반화

E-R 다이어그램 관점에서 구체화는 그림 6.18과 같이 구체화된 개체로부터 다른 개체로 향하는 빈 화살표로 나타낸다. 이 관계를 ISA("is a"를 의미) 관계라 부른다. 예를 들면, 교수는 직원이다(an instructor "is a" employee)를 나타낸다.

E-R 다이어그램에서 구체화를 표현하는 방법은 어떤 개체가 복수의 구체화된 개체 집합에 속할 수 있는지, 혹은 최대 하나의 구체화된 개체 집합에 속해야만 하는지 여부에 따라 다르다. 전자의 경우(복수의 집합 허용)는 **중첩이 있는 구체화**(overlapping specialization), 후자의 경우(최대 하나 허용)는 **중첩이 없는 구체화**(disjoint specialization)라 부른다. 중첩이 있는 구체화를 (*person*의 구체화로서 *student*와 *employee*의 경우에서처럼) 두 개의 분리된 화살표를 사용하여 표현한다. 중첩이 없는 구체화는 (*employee*의 세분화로서 *instructor*와 *secretary*의 경우에서처럼) 하나의 화살표를 사용하여 나다낸다. 구체화 관계는 **상위클래스-하위클래스**(superclass-subclass) 관계로 불리기도 한다. 상위 개체 집합과 하위 개체 집합은 일반적인 개체 집합, 즉 개체 집합의 이름을 포함하는 사각형으로 표현한다.

6.8.2 일반화

초기 개체 집합에서 일련의 하위 개체 그룹으로 표현하는 것은 구별(차이)이 명시적으로 표현되는 **하향식**(top-down) 설계 과정이다. 설계 과정은 또한 **상향식**(bottom-up) 방법으로 진행될 수 있는데, 이때 여러 개체 집합의 공통된 특성에 기초하여 상위 개체 집합으로 합성된다. 데이터베이스 설계자는 다음과 같은 개체 집합을 먼저 식별했을 수도 있다.

- *instructor_id*, *instructor_name*, *instructor_salary*, *rank* 속성을 가지는 *instructor* 개체 집합
- *secretary_id*, *secretary_name*, *secretary_salary*, *hours_per_week* 속성을 가지는 *secretary* 개체 집합

instructor 개체 집합과 *secretary* 개체 집합은 두 개체 집합에서 식별자, 이름, 급여 등 개념적으로 동일한 여러 개의 속성을 가진다는 점에서 유사점이 있다. 이 공통점은 **일반화**(generalization)로 표현할 수 있는데, 이는 상위 개체 집합과 하위 개체 집합 사이에 존재하는 포함 관계(containment relationship)다. 예제에서 *employee*는 상위 개체 집합이고, *instructor*와 *secretary*는 하위 개체 집합이다. 이 예제의 경우 개념적으로 동일한 속성이 두 개의 하위 개체 집합에서 서로 다른 이름을 가지고 있다. 일반화로 표시하기 위해 속성은 반드시 공통된 이름을 가져야 하며 상위 개체 *person*으로 나타내야 한다. 6.8.1절의 예제에서 보았듯이 속성 이름으로 *ID*, *name*, *street*, *city*를 사용하기로 한다.

상위 및 하위 개체 집합은 각각 **상위클래스**와 **하위클래스**의 용어로 나타낼 수도 있다. *person* 개체 집합은 *employee*와 *student*라는 하위클래스의 상위클래스다.

실질적으로, 일반화는 구체화의 단순한 반대다. 조직의 E-R 스키마를 설계하는 과정에서 이 두 가지 프로세스를 조합하여 적용한다. E-R 다이어그램 그 자체로는 구체화와 일반화를 구별하지 않는다. 설계 스키마가 데이터베이스 응용 프로그램과 데이터베이스에 대한 이용자의 요구를 충분히 표현하기 위해서, 새로운 단계의 개체 표현이 구별(구체화)되거나 합성(일반화)된다. 두 접근 방식의 차이를 시작점과 전체 목표에 따라 구분할 수도 있다.

구체화(세분화)는 단일 개체 집합에서 시작한다. 이후 구분되는 하위 개체 집합을 만듦으로써 집합 내의 개체들 간의 차이를 강조한다. 이러한 하위 개체 집합은 상위 개체 집합의 개체에 적용되지 않는 속성을 가지거나 관계에 참여할 수 있다. 실제로, 설계자가 구체화를 적용하는 이유는 구분되는 특성을 표현하기 위해서다. 만약 *student*와 *employee*가 *person* 개체와 정확히 동일한 속성을 가지고, *person* 개체와 정확히 동일한 관계에 참여한다면 *person* 개체 집합을 구체화할 필요가 없을 것이다.

일반화는 다수의 개체 집합이 몇 가지 공통 특성(즉 동일한 속성으로 설명 가능하고 같은 관계에 참여하는 것)을 공유한다고 인식함으로써 진행된다. 그들의 공통성에 근거하여 일반화는 이러한 개체 집합을 하나의 상위 개체 집합으로 합성한다. 일반화는 하위 개체 집합의 유사성을 강조하고 차이점을 감추기 위해 쓰인다. 또한 공유된 속성이 되풀이되지 않도록 표현을 절약할 수 있다.

6.8.3 속성 상속

구체화와 일반화에 의해 만들어진 상위 및 하위 개체의 중요한 특성은 **속성 상속**(attribute inheritance)이다. 하위 개체 집합이 상위 개체 집합의 속성을 **상속한다**(inherited)고 말한다. 예를 들면, *student*와 *employee*는 *person*의 속성을 상속한다. 그러므로 *student*는 *ID*, *name*, *street*, *city* 속성에 추가로 *tot_cred*라는 속성에 의해 기술된다. *employee*는 *ID*, *name*, *street*, *city* 속성에 더하여 *salary*라는 속성에 의해 기술된다. 속성 상속은 하위 개체 집합의 모든 계층에 걸쳐 적용한다. 따라서 *employee*의 하위클래스인 *instructor*와 *secretary*는 *employee*로부터 *salary*를 상속하는 것 외에도 *person*으로부터 *ID*, *name*, *street*, *city*를 상속받는다.

또 하위 개체 집합(혹은 하위클래스)은 상위 개체(혹은 상위클래스)가 참여하는 관계 집합에의 참여도 상속받는다. 속성 상속처럼 참여 상속은 하위 개체 집합의 모든 계층에 걸쳐 적용한다. 예를 들면, *person* 개체 집합이 *department*와 함께 *person_dept* 관계에 참여한다고 생각해 보자. 그러면 *person* 개체 집합의 하위클래스인 *student*, *employee*, *instructor*, *secretary* 개체 집합은 또한 *department*와 함께 *person_dept*에 암시적으로 참여하는 것이 된다. 이 하위클래스 개체 집합은 *person* 개체 집합이 참여하는 모든 관계에 참여할 수 있다.

E-R 모델의 주어진 부분이 구체화에 의해 도달했든 일반화에 의해 도달했든 상관없이 결과는 기본적으로 동일하다.

- 모든 하위 개체 집합에 영향을 주는 속성과 관계를 갖는 상위 개체 집합
- 특정 하위 개체 집합에만 적용되는, 구분되는 특징을 지닌 하위 개체 집합

이후에 나오는 내용에서 주로 일반화만 언급하겠지만, 논의하는 특성은 양쪽 과정에 모두 속하는 것이다.

그림 6.18은 개체 집합의 **계층구조**(hierarchy)를 표현하고 있다. 그림에서 *employee*는 *person*의 하위 개체 집합이고, *instructor*와 *secretary* 개체 집합의 상위 개체 집합이다. 계층구조에서 주어진 개체 집합은 단지 하나의 ISA 관계에 하위 개체 집합으로 포함될 수 있다. 다시 말하면, 이 다이어그램의 개체 집합은 **단일 상속**(single inheritance)만 가진다는 말이다. 만약 어떤 개체 집합이 두 개 이상의 ISA 관계에 참여하는 하위 개체 집합이면, 그 개체는 **다중 상속**(multiple inheritance)을 가지고, 그 결과로 나타나는 구조를 격자(lattice)라 부른다.

6.8.4 구체화/일반화에 대한 제약 조건

조직을 보다 정확하게 모델링하기 위해 데이터베이스 설계자는 구체화/일반화에 어떤 제약 조건을 두도록 선택할 수 있다.

앞서 살펴본 구체화(일반화)에 대한 제약 조건 유형 중 하나는 구체화가 "중첩이 있는지" 또는 "중첩이 없는지"다. 구체화/일반화에 대한 또 다른 유형의 제약 조건은 **완전성 제약 조건**(completeness constraint)이다. 이 제약 조건은 상위 개체 집합에 있는 개체가 일반화나 구체화에서 반드시 하나 이상의 하위 개체 집합에 속해야 하는지 여부를 지정한다. 이 제약 조건은 다음 중 하나가 된다.

- **전체 구체화** 혹은 **전체 일반화**. 모든 상위 개체는 어떤 하위 개체 집합에 속한다.
- **부분 구체화** 혹은 **부분 일반화**. 어떤 상위 개체는 어느 하위 개체 집합에도 속하지 않을 수 있다.

여기에서 부분 구체화가 기본 사항이다. 전체 구체화는 E-R 다이어그램에서 "total"이라는 키워드를 추가하고, 그 키워드로부터 해당되는 빈 화살표까지(전체 구체화의 경우), 혹은 빈 화살표의 집합까지(중첩이 있는 구체화의 경우) 점선을 그림으로써 나타낼 수 있다.

대학교가 학생(student)도 직원(employee)도 아닌 개인(person)을 표현할 필요가 없다면, 개인을 학생(student) 또는 직원(employee)으로 구체화하는 것은 전체 구체화다. 그러나 만약 학생도 직원도 아닌 개인을 표현할 필요가 있다면 이때의 구체화는 부분 구체화다.

완전성 및 중첩성 제약 조건은 서로 의존하지 않는다. 따라서 구체화의 패턴은 "부분-중첩 있음(partial-overlapping)", "부분-중첩 없음(partial-disjoint)", "전체-중첩 있음(total-overlapping)", "전체-중첩 없음(total-disjoint)"일 수 있다.

특정 삽입 및 삭제 요구 사항이 주어진 일반화나 구체화 제약 조건을 따르는 것을 볼 수 있다, 예를 들어, 전체 (완전) 제약 조건이 적용되었을 경우, 상위 개체 집합에 삽입되는 개체는 적어도 하나의 하위 개체 집합에도 삽입되어야 한다. 상위 개체 집합에서 삭제된 개체는 또한 연관된 모든 하위 개체 집합에서도 삭제되어야 한다.

6.8.5 통합화

E-R 모델의 한 가지 제약점은 관계들 간의 관계를 표현하지 못한다는 것이다. 이러한 구성이 필요한 예를 들어 보면, 이전에 보았던 *instructor*, *student*, *project* 간의 *proj_guide*라는 삼진 관계다(그림 6.6 참조).

이제 어떤 프로젝트에서 학생을 지도하고 있는 각각의 교수는 매월 평가 보고서를 제출해야 한다고 생각해 보자. 우리는 이러한 평가 보고서를 *evaluation_id*를 주 키로 가지는 *evaluation*(평가) 개체로 모델링한다. 어떤 평가(evaluation)에 해당하는 (*student*, *project*, *instructor*) 조합을 기록하기 위한 한 가지 대안은 *instructor*, *student*, *project*, *evaluation* 간의 4진 관계[quaternary, 혹은 4자(4-way) 관계] 집합인 *eval_for*를 생성하는 것이다. 여기서 4진 관계가 요구된다. 예를 들어 *student*와 *evaluation* 사이의 이진 관계는 어떤 평가(*evaluation*)에 해당하는 (*project*, *instructor*) 조합을 표현할 수 없게 한다. 기본적인 E-R 모델링 구성을 이용하면 그림 6.19와 같은 E-R 다이어그램을 얻는다(간략히 하기 위해 개체 집합의 속성은 생략했다).

그림을 보면 *proj_guide*와 *eval_for* 관계 집합은 하나의 관계 집합으로 결합될 수 있는 것처럼 보인다. 그렇지만 일부 *instructor*, *student*, *project*의 조합은 관련된 평가를 가지지 않을 수도 있으므로 하나의 관계 집합으로 결합하면 안 된다.

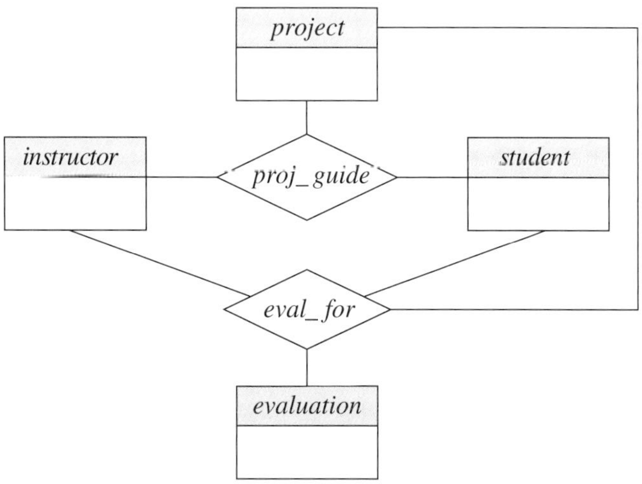

그림 6.19 중복 관계를 나타낸 E-R 다이어그램

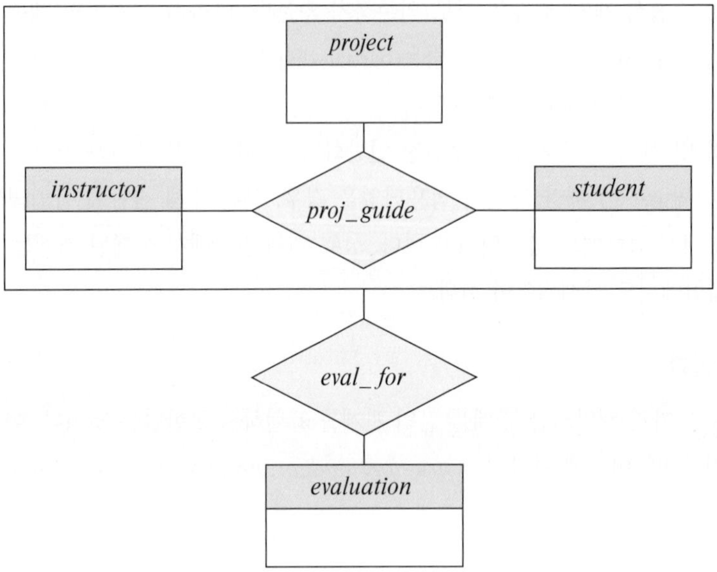

그림 6.20 통합화를 표현한 E-R 다이어그램

그러나 *eval_for*에 있는 모든 *instructor*, *student*, *project* 조합은 반드시 *proj_guide*에도 있으므로, 결과로 나오는 그림에는 중복되는 정보가 들어가 있다. 만약 *evaluation*이 개체가 아니라 값이었다면 우리는 *evaluation*을 *proj_guide* 관계 집합의 다중값 복합 속성으로 만들었을 것이다. 그러나 이러한 대안은 *evaluation*이 다른 개체들과도 연결된다면 좋은 선택이 될 수 없다. 예를 들면, 각각의 평가 보고서를 그 보고서에 대해 장학금을 지급하기 위한 추가적인 처리 작업을 맡고 있는 *secretary*와 연관해야 하는 경우가 이에 해당한다.

위에서 기술한 상황을 모델링하기 위한 최선의 방법은 **통합화**(aggregation)를 이용하는 것이다. 통합화는 관계를 상위 개체로 취급하는 추상화 기법이다.[6] 그러므로 예제에서 *proj_guide* 관계 집합(*instructor*, *student*, *project*를 연결하는 개체 집합)을 *proj_guide*라는 상위 개체 집합으로 간주한다. 이런 개체 집합은 다른 개체 집합과 동일한 방법으로 취급한다. 그 후 어떤 *evaluation*이 어떤 (*student*, *project*, *instructor*) 조합을 위한 것인지를 나타내기 위해 *proj_guide*와 *evaluation* 간에 *eval_for*라는 이진 관계를 생성할 수 있다. 그림 6.20은 위와 같은 상황을 표현할 때 일반적으로 이용되는 통합화에 대한 표기법을 보여 준다.

6.8.6 릴레이션 스키마로의 변환

이제 확장된 E-R 특성을 릴레이션 스키마로 변환하는 방법을 설명한다.

6.8.6.1 일반화의 표현

일반화를 포함하는 E-R 다이어그램을 릴레이션 스키마로 변환하는 두 가지 방법이 있다. 여기서

---

6 역자 주: aggregation을 SQL에서 사용할 때는 "집계"를 의미하고, 모델링에서 사용할 때는 "통합화"를 뜻한다는 것에 주의한다.

는 그림 6.18에 나오는 일반화를 다루지만, 간단히 하기 위해 하위 개체 집합 중 첫 번째 계층, 즉 *employee*와 *student*만 포함시켰다. *ID*는 *person*의 주 키라고 가정한다.

1. 상위 개체 집합을 위한 스키마를 만든다. 각각의 하위 개체 집합을 위해 해당 개체 집합의 속성과 상위 개체 집합의 주 키인 속성을 포함하는 스키마를 생성한다. 따라서 그림 6.18의 E-R 다이어그램의 경우 세 개의 스키마가 생긴다(*instructor*와 *secretary* 개체 집합은 생략한다).

   person (*<u>ID</u>*, *name, street, city*)
   employee (*<u>ID</u>*, *salary*)
   student (*<u>ID</u>*, *tot_cred*)

   상위 개체 집합의 주 키 속성은 상위 개체 집합뿐만 아니라 모든 하위 개체 집합의 주 키가 된다. 위 예제의 밑줄에서 이러한 사실을 알 수 있다.

   추가적으로 상위 개체 집합 릴레이션의 주 키를 참조하는 외래 키 제약 조건을 하위 개체 집합에 만들 수 있다. 위 예제에서 *employee*의 *ID* 속성이 *person*의 주 키를 참조하며 *student*에서도 비슷하다.

2. 만약 일반화가 "전체 중첩 없음"(6.8.4절 참고) 일반화라면 또 다른 표현도 가능하다. 전체 중첩 없음 일반화란 어떤 개체도 한 상위 개체 집합의 바로 하위에 있는 두 개의 개체 집합에 동시에 속하지 않으면서, 상위 개체 집합의 모든 개체는 하위 개체 집합 중 하나의 구성원인 경우다. 이 때는 상위 개체 집합을 위한 스키마를 만들지 않는다. 대신 각각의 하위 개체 집합에 대해 자신의 속성을 나타내는 속성과 함께 상위 개체 집합의 속성을 포함하는 스키마를 만든다. 이렇게 하면 그림 6.18의 다이어그램에 대해 다음 두 개의 스키마를 갖게 된다.

   employee (*<u>ID</u>*, *name, street, city, salary*)
   student (*<u>ID</u>*, *name, street, city, tot_cred*)

   두 개의 스키마 모두 주 키로서 *ID*를 가지는데, 이것은 상위 개체 집합 *person*의 주 키다.

두 번째 방법의 한 가지 단점은 외래 키 제약 조건을 정의하는 데 있다. 문제를 설명해 보면, 개체 집합 *person*과 관련된 관계 집합 *R*을 가정해 보자. 첫 번째 방법으로 릴레이션 집합으로부터 릴레이션 스키마 *R*을 생성했을 때, *person* 스키마를 참조하는 릴레이션 *R*에 대한 외래 키 제약 조건도 정의해야 한다. 인타낍게도 두 번째 방법으로는 *R*에 대한 외래 키 제약 조건이 참조할 수 있는 단일 릴레이션이 존재하지 않는다. 이 문제를 피하기 위해 적어도 *person* 개체의 주 키 속성을 포함하는 릴레이션 스키마 *person*을 만드는 것이 필요하다.

만약 두 번째 방법이 중첩이 있는 일반화에 대해 사용되면, 몇 개의 값은 불필요하게 여러 번 저장될 것이다. 예를 들면, 한 개인이 직원이면서 학생이라면 *street*와 *city*의 값은 두 번 저장된다.

"부분-중첩 없음" 일반화라면, 즉 몇몇의 개인이 직원도 아니고 학생도 아니라면 다음과 같은 추가적인 스키마가 이러한 개인을 표현하기 위해 요구될 것이다.

person (*<u>ID</u>*, *name, street, city*)

그러나 앞에서 언급한 외래 키 제약 조건의 문제는 여전히 남아 있다. 이 문제를 해결하기 위한 하나의 시도로서, 직원과 학생이 추가적으로 *person* 릴레이션에 나타난다고 생각해 보자. 불행히도 학생의 경우 *name*, *street*, *city* 정보는 *person* 릴레이션과 학생들을 위한 *student* 릴레이션에 중복되어 저장된다. 이와 유사하게 직원의 경우에도 *person* 릴레이션과 직원들을 위한 *employee*에 중복되어 저장될 것이다. 이는 곧 *name*, *street*, *city* 정보를 *person* 릴레이션에만 저장하고 *student*와 *employee*로부터는 이 정보를 제거할 것을 제안해 준다. 그렇게 한다면 그 결과는 우리가 제시했던 첫 번째 방법과 정확하게 동일해진다.

6.8.6.2 통합화의 표현

통합화를 포함하는 E-R 다이어그램을 스키마로 설계하는 것은 간단하다. 그림 6.20의 다이어그램을 생각해 보자. *proj_guide*의 통합화와 개체 집합 *evaluation* 사이의 관계 집합 *eval_for*를 위한 스키마는 개체 집합 *evaluation*과 관계 집합 *proj_guide*의 주 키에 해당하는 속성을 가진다. 이 스키마는 또한 관계 집합 *eval_for*에 설명 속성이 있으면 그에 해당하는 속성도 포함한다. 그런 다음 이미 정의된 규칙에 따라 통합화된 개체 집합의 내부에 있는 관계 집합과 개체 집합을 (스키마로) 변환한다.

이전에 보았던 관계 집합에 대한 주 키와 외래 키 제약 조건의 규칙은 통합화와 관련된 관계 집합에도 적용할 수 있으며, 이때 통합화는 다른 개체 집합처럼 처리한다. 통합화의 주 키는 그것이 정의하는 관계 집합의 주 키다. 통합화를 위해 별도의 테이블이 요구되지는 않는다. 관계를 정의할 때 생성된 릴레이션을 대신 사용한다.

6.9 개체-관계 설계 쟁점

개체 집합과 관계 집합에 대한 관념은 사실상 정확하지 않기 때문에, 개체의 집합과 그들 간의 관계를 여러 가지 다른 방식으로 정의할 수 있다. 이 절은 E-R 데이터베이스 스키마 설계의 기본적인 쟁점을 검토한다. 6.11절은 설계 과정을 좀 더 상세히 다룬다.

6.9.1 E-R 다이어그램 작성 시 흔한 실수

E-R 모델을 만들 때 흔히 하는 실수는 (관계를 사용하는 대신) 개체 집합의 주 키를 다른 개체 집합의 속성으로 사용하는 것이다. 예를 들어, 대학교 E-R 모델에서 그림 6.21a와 같이 학생의 속성으로 학과 이름을 갖는 것은 올바르지 않다(학생의 관계 스키마에는 학과 이름 속성이 존재하지만). E-R 모델에서 이 정보를 표현하는 올바르게 표현하는 방법은 관계 *stud_dept*를 사용하는 것이다. 속성을 통한 암시적인 표현이 아니라 학생과 학과 간의 관계를 명시적으로 표현하기 때문이다. 속성 *dept_name*과 관계 *stud_dept*가 함께 있으면 정보가 중복될 수 있다.

사람들이 때때로 저지르는 또 다른 실수는 관계 집합의 속성으로 관련 개체 집합의 주 키 속성을 지정하는 것이다. 예를 들어, *ID*(*student*의 주 키 속성) 및 *ID*(*instructor*의 주 키)는 관계 *advisor*의 속성으로 포함되어서는 안 된다. 주 키 속성이 이미 관계 집합에 암시적으로 존재하고

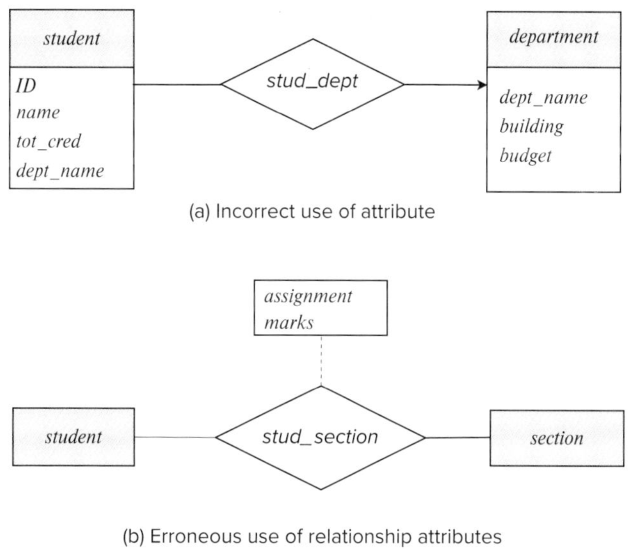

그림 6.21 잘못된 E-R 다이어그램의 예

있기 때문이다.[7]

세 번째 흔한 실수는 다중값 속성이 필요한 상황에서 단일값 속성을 포함하는 관계를 사용하는 것이다. 예를 들어, 학생이 분반(section)의 각 과제에서 받은 점수를 표현하기로 결정했다고 가정하자. 이를 수행하는 잘못된 방법은 그림 6.21b처럼, 관계 *stud_section*에 두 개의 속성 *assignment*(과제) 및 *marks*(점수)를 추가하는 것이다. 이 설계의 문제는 주어진 학생-분반(student-section) 쌍에 대해 하나의 과제만 표현할 수 있다는 점이다. (이는 관계 인스턴스를 참여 개체인 *student*와 *section*에 의해 유일하게 식별해야 하기 때문이다.)

그림 6.21b에서 보인 문제에 대한 한 가지 해결책이 그림 6.22c에 나타나 있다. *section*(분반)별로 식별하는 약한 개체로 과제(assignment)를 모델링하고, 과제와 학생 사이에 *marks_in* 관계를 추가하는 것이다. *marks_in* 관계는 속성 *marks*를 가진다. 그림 6.22d에 표시한 대안은 *stud_section*에 다중값 복합 속성 {*assignment_marks*}를 사용하는 것인데, *assignment_marks*는 구성 속성 *assignment* 및 *marks*를 가진다. 이 경우 assignment(과제)를 약한 개체로 모델링하는 것이 바람직한데, 이는 최대 점수 또는 마감일과 같은 assignment에 대한 다른 정보를 기록할 수 있기 때문이다.

E-R 다이어그램이 너무 커져서 한 장에 그릴 수 없는 경우, 조각으로 분할하여 각 조각(페이지)이 E-R 모델의 일부를 표시하는 것이 합리적이다. 이렇게 할 때 둘 이상의 페이지에 개체 집합을 그려야 할 필요도 있다. 6.2.2절에서 설명한 바와 같이, 개체 집합의 속성은 개체 집합이 처음 등장할 때 한 번만 표시한다. 동일한 개체 집합이 뒤에 또 등장하면 속성 없이 표시한다. 이 방법은 여러 위치에서 동일한 정보가 반복되어서 불일치가 발생하는 상황을 예방한다.

7 E-R 스키마로부터 관계 스키마를 생성할 때, *advisor* 관계 집합으로부터 생성한 스키마에 그 속성이 나타날 수 있다. 그러나 나중에 보겠지만 이 속성은 *advisor* 관계 집합에 나타나서는 안 된다.

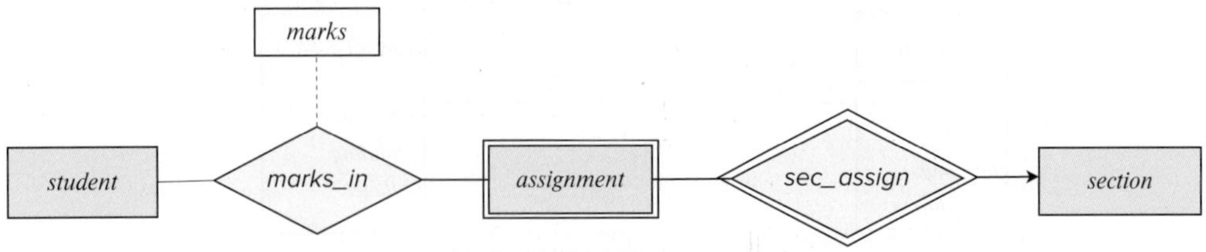

(c) Correct alternative to erroneous E-R diagram (b)

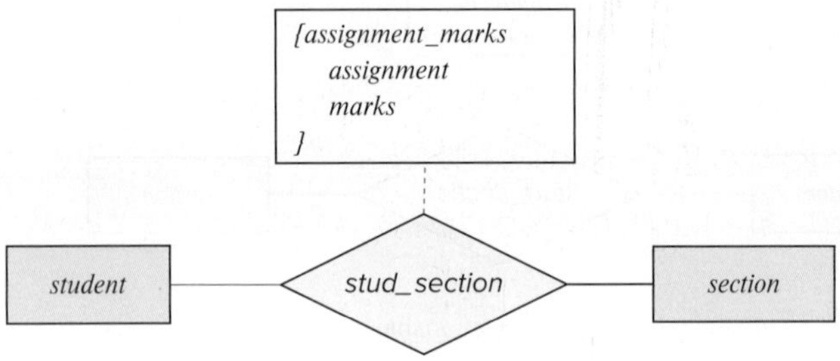

(d) Correct alternative to erroneous E-R diagram (b)

그림 6.22 그림 6.21에 표시한 E-R 다이어그램의 올바른 버전

6.9.2 개체 집합 대 속성 사용의 비교

*phone_number*라는 추가 속성을 가진 개체 집합 *instructor*를 생각해 보자(그림 6.23a). 전화는 *phone_number*와 *location*을 속성으로 가진 하나의 개체라고 쉽게 생각할 수도 있다. *location*은 전화가 위치한 사무실이나 집일 수 있으며, 핸드폰은 아마도 "mobile" 값으로 표현되었을 것이다. 이러한 관점에서 보면 *instructor*에 *phone_number* 속성을 추가하는 것보다는 오히려 다음과 같이 생성할 수도 있다.

- *phone_number*와 *location*을 속성으로 가진 *phone* 개체 집합
- 교수와 그들이 가진 전화 사이의 연관을 나타내는 *inst_phone* 관계 집합

이런 대안은 그림 6.23b에 나타나 있다.

그러면 교수에 대한 이 두 개의 정의 사이의 중요한 차이점은 무엇인가? 전화를 *phone_ number* 속성으로 다루는 것은 교수가 각기 정확하게 하나의 전화번호를 가지고 있음을 의미한다. 전화를

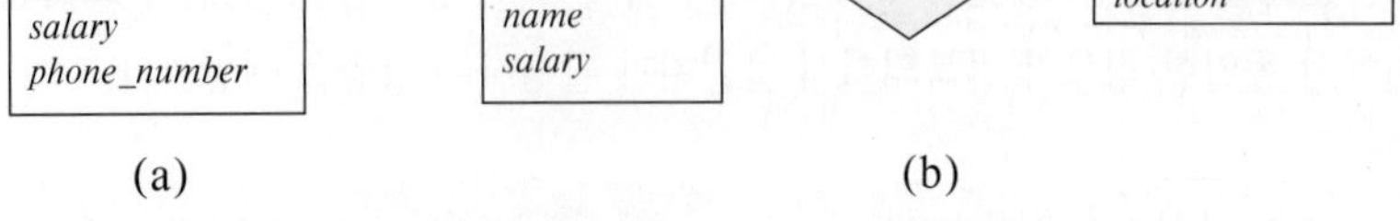

그림 6.23 *instructor* 개체 집합에 *phone*을 추가하는 것에 대한 대안

phone 개체로 다루는 것은 교수가 여러 개의 전화번호(안 가지고 있는 경우도 포함)를 가질 수 있음을 의미한다. 그러나 한 교수당 여러 개의 전화를 가지는 것을 허용하기 위해 *phone* 개체 대신 *phone_number*를 다중값 속성으로 정의할 수도 있다.

중요한 차이점은 전화를 하나의 개체로 다루는 것이 전화의 위치, 형태(휴대용, IP 전화, 혹은 일반전화), 전화를 공유하는 사람들 등 전화에 관한 부가적인 정보를 저장하고자 하는 상황을 더 잘 모델링할 수 있다는 것이다. 따라서 전화를 하나의 개체로 취급하는 것이 속성으로 취급하는 것보다 더 일반적이며 일반성이 유용할 때 적절한 방식이다.

반면에 (교수의) *name* 속성을 개체로 다루는 것은 적절하지 않다. (전화의 경우와는 달리) *name*은 그 자체가 개체로서의 가치를 지닌다고 하기 어렵다. 따라서 *name*은 *instructor* 개체 집합의 한 속성으로 하는 것이 적절하다.

여기에서 두 가지 의문이 자연스럽게 생길 수 있다. 무엇이 속성이 되고, 무엇이 개체 집합을 구성하는가? 불행히도, 여기에 대해 간단한 답은 없다. 그 구분은 주로 모델링하는 실세계 조직의 구소와 의눈의 대상이 되는 속성과 관련된 의미에 달려 있다.

6.9.3 개체 집합 대 관계 집합 사용의 비교

어떤 객체를 개체 집합으로 표현할 것인가 아니면 관계 집합으로 표현할 것인가는 항상 명확하지는 않다. 그림 6.15에서는 어떤 학생이 과목(이 분반)을 수강하는 상황을 모델링하기 위해 *takes*라는 관계 집합을 이용했다. 이에 대한 대안은 학생들이 수강하는 과목에 대한 과목 등록 기록이 존재한다고 상상하는 것이다. 그러면 이 과목 등록 기록을 표현하기 위한 개체 집합을 가지게 된다. 그 개체 집합을 *registration*이라 부르자. 각각의 *registration* 개체는 정확히 한 명의 학생과 정확히 하나의 분반에 연관되어 있으므로 두 개의 관계 집합을 가지는데, 하나는 과목 등록 기록을 학생과 연결하며, 다른 하나는 과목 등록 기록을 분반과 연결한다. 그림 6.24는 (그림 6.15의 *section*과 *student* 개체 집합과 함께) *takes* 관계 집합이 하나의 개체 집합과 두 개의 관계 집합으로 대체된 상태를 보여 준다.

- 과목 등록 기록을 나타내는 개체 집합인 *registration*
- 등록(registration)과 과목(course)을 연결하는 관계 집합인 *section_reg*

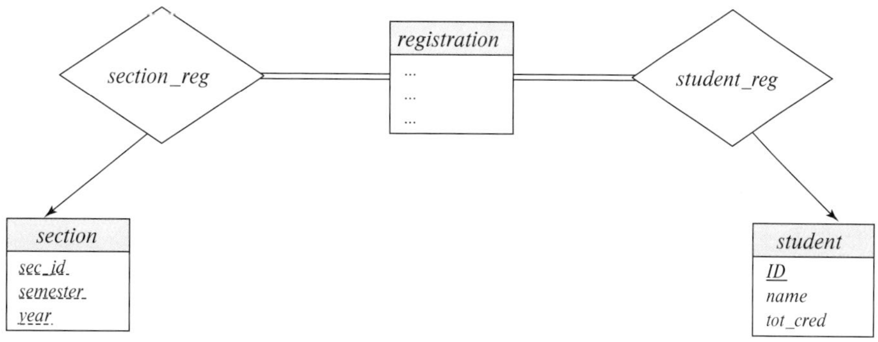

그림 6.24 *takes*를 *registration*과 두 개의 관계 집합으로 대체하기

- 등록(registration)과 학생(student)을 연결하는 관계 집합인 *student_reg*

여기서 *registration* 개체에 의한 전체 참여를 나타내기 위해 이중선을 이용하였음에 유의하자.

그림 6.15의 접근 방식이나 그림 6.24의 접근 방법 모두 대학교의 정보를 정확하게 표현하고 있지만, *takes*의 사용이 더 간결하기 때문에 아마도 바람직할 것이다. 그러나 교무처에서 다른 정보를 과목 등록 기록과 연결한다면, 그것을 독립적인 개체로 표현하는 것이 최선의 방법일 것이다.

개체 집합을 사용할 것인가 아니면 관계 집합을 사용할 것인가를 결정하는 한 가지 가능한 지침은 두 개체 사이에 일어나는 동작을 기술하는 데 관계 집합을 사용하는 것이다. 이 접근 방법은 어떤 속성을 관계로 더 적절하게 표현할 수 있는지를 결정하는 데도 유용하다.

6.9.4 이진 대 비이진 관계 집합

데이터베이스에서 관계는 보통 이진이다. 이진이 아닌 것으로 보이는 일부 관계도 실제로 여러 이진 관계를 사용하여 더 잘 표현할 수 있다. 예를 들면, 자녀를 그 어머니와 아버지에 연관 짓는 *parent* 삼진 관계를 만들 수 있다. 그러나 이러한 관계는 *mother*와 *father* 두 이진 관계로 표현할 수 있으며, 자녀를 어머니와 아버지로 각각 별도로 관련시킨다. 두 관계 *mother*와 *father*를 사용하면 아버지에 관해서 모르더라도 아이의 어머니에 관해 기록할 수 있다. 만약 삼진 관계 *parent*를 사용했더라면 널 값이 필요했을 것이다. 이러한 경우에는 이진 관계 집합을 사용하는 것이 더 좋다.

사실 비이진(n-ary, $n > 2$) 관계 집합은 몇 개의 서로 다른 이진 관계 집합으로 항상 대체 가능하다. 간단한 설명을 위해 개체 집합 A, B, C를 연관 짓는 추상적인 삼진(ternary, $n = 3$) 관계 집합 R을 생각해 보자. 관계 집합 R을 개체 집합 E로 대체하면 그림 6.25에서처럼 다음의 세 관계 집합을 만들 수 있다.

- E에서 A로 설정된 다대일 관계 R_A
- E에서 B로 설정된 다대일 관계 R_B
- E에서 C로 설정된 다대일 관계 R_C

E는 관계 R_A, R_B, R_C 각각에 전체 참여해야 한다. 만약 관계 집합 R이 속성을 갖는다면 개체 집합 E에 지정한다. 그리고 E에 대한 특수 식별 속성을 생성한다(왜냐하면 그들의 속성값을 바탕으로 개체 집합에서 다른 개체를 구분 가능하기 때문이다). 관계 집합 R이 포함하는 각 관계(a_i, b_i, c_i)에 대

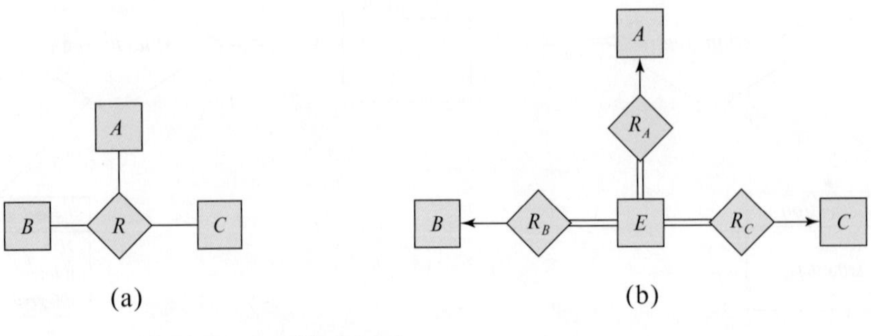

그림 6.25 삼진 관계 대 세 개의 이진 관계

해 개체 집합 E 안에 새로운 개체 e_i를 만든다. 그런 다음 세 개의 새로운 관계 집합 각각에 다음의 관계를 삽입한다.

- (e_i, a_i)를 R_A에 삽입
- (e_i, b_i)를 R_B에 삽입
- (e_i, c_i)를 R_C에 삽입

직관적인 방법으로 이러한 과정을 n-진 관계 집합에 대해서도 일반화할 수 있다. 따라서 개념적으로 E-R 모델을 오직 이진 관계 집합만 포함하도록 제한할 수 있다. 그러나 이러한 제한이 항상 바람직하지는 않다.

- 관계 집합을 표현하기 위해 만든 개체 집합에 식별 속성을 만들어야 할 수도 있다. 이 속성은 필요한 추가 관계 집합과 함께 설계의 복잡성을 증가시키고 (6.7절에서 살펴본 것처럼) 전반적인 저장 요구 사항을 증가시킨다.
- n-진 관계 집합은 여러 개체가 단일 관계에 참여한다는 것을 더 명확하게 보여 준다.
- 삼진 관계의 제약 조건을 이진 관계의 제약 조건으로 바꾸는 방법이 없을 수도 있다. 예를 들어, R이 A, B에서 C로의 다대일 관계라고 하자. 즉 A, B의 개체의 각 쌍이 최대 하나의 C 개체와 연관되는 경우다. 이러한 제약 조건은 관계 집합 R_A, R_B, R_C의 카디널리티 제약 조건을 사용하여 표현할 수 없다.

instructor, *project*, *student*를 연관 짓는 6.2.2절의 *proj_guide* 관계 집합을 생각해 보자. *proj_guide* 관계 집합을 *instructor*와 *project* 사이, *instructor*와 *student* 사이의 이진 관계로 직접적으로 분해할 수 없다. 만약 그렇게 (분해)한다면 Katz 교수가 Shankar와 Zhang 학생과 함께 프로젝트 A와 B 작업을 한다고 기록할 수 있을 것이다. 그러나 Katz가 프로젝트 A를 Shankar와 함께 하고 프로젝트 B를 Zhang과 함께 하지만, 프로젝트 A를 Zhang과 함께 하지 않고, 프로젝트 B를 Shankar와 함께 하지 않는다는 사실은 기록할 수 없을 것이다.

proj_guide 관계 집합은 이미 언급한 바와 같이 새 개체 집합을 만들어서 이진 집합으로 분할 가능하다. 그러나 그렇게 하는 것이 매우 자연스럽지는 못하다.

6.10 데이터 모델링을 위한 대안적인 표기법

어떤 응용 프로그램에 대한 데이터 모델을 다이어그램으로 표현하는 것은 데이터베이스 스키마를 설계하는 데 매우 중요한 부분이다. 데이터베이스 스키마의 생성은 데이터 모델링 전문가뿐만 아니라, 그 응용 프로그램의 요구 사항에 대해서는 잘 알고 있지만 데이터 모델링에는 익숙하지 않은 도메인 전문가 또한 요구한다. 직관적인 다이어그램 표현은 특히 중요한데, 왜냐하면 이러한 전문가들 사이에서 정보에 대한 의사소통을 원활하게 해 주기 때문이다.

데이터를 모델링하기 위한 많은 대안적인 표기법이 제안되었는데, 그중에 E-R 다이어그램과 UML 클래스 다이어그램이 가장 널리 이용되고 있다. E-R 다이어그램 표기법에 대한 보편적인 표

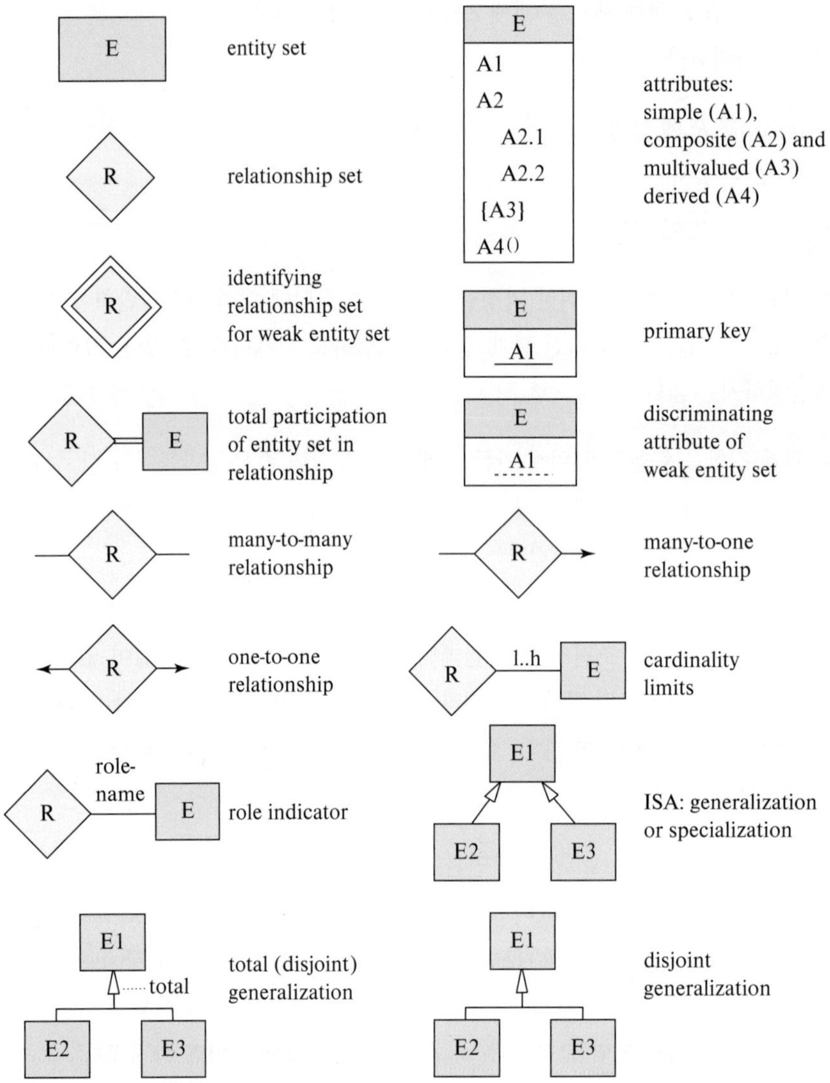

그림 6.26 E-R 표기법에 사용한 기호

준은 존재하지 않고, 여러 책과 E-R 다이어그램 소프트웨어에서 서로 다른 표기법을 사용하고 있다.

이 절의 남은 부분에서 몇몇 대안적인 E-R 다이어그램 표기법과 더불어 UML 클래스 다이어그램 표기법에 대해서 알아본다. 우리의 표기법과 대안적인 표기법 간의 비교를 돕기 위해 그림 6.26은 우리의 E-R 다이어그램 표기법에서 사용했던 기호의 집합을 요약해 준다.

6.10.1 대안적 E-R 표기법

그림 6.27은 널리 사용되는 대안적인 E-R 표기법 중 몇 가지를 보여 준다. 개체의 속성에 대한 대안적 표현의 한 방법은, 속성을 그 개체를 표현하는 상자에 연결된 타원으로 표현하는 것이다. 주키 속성은 밑줄을 그어 표시한다. 위 표기법은 그림의 맨 위에 나타나 있다. 관계 속성도 이와 유사한 방법으로 그 관계를 나타내는 다이아몬드에 타원을 연결시킴으로써 표현한다.

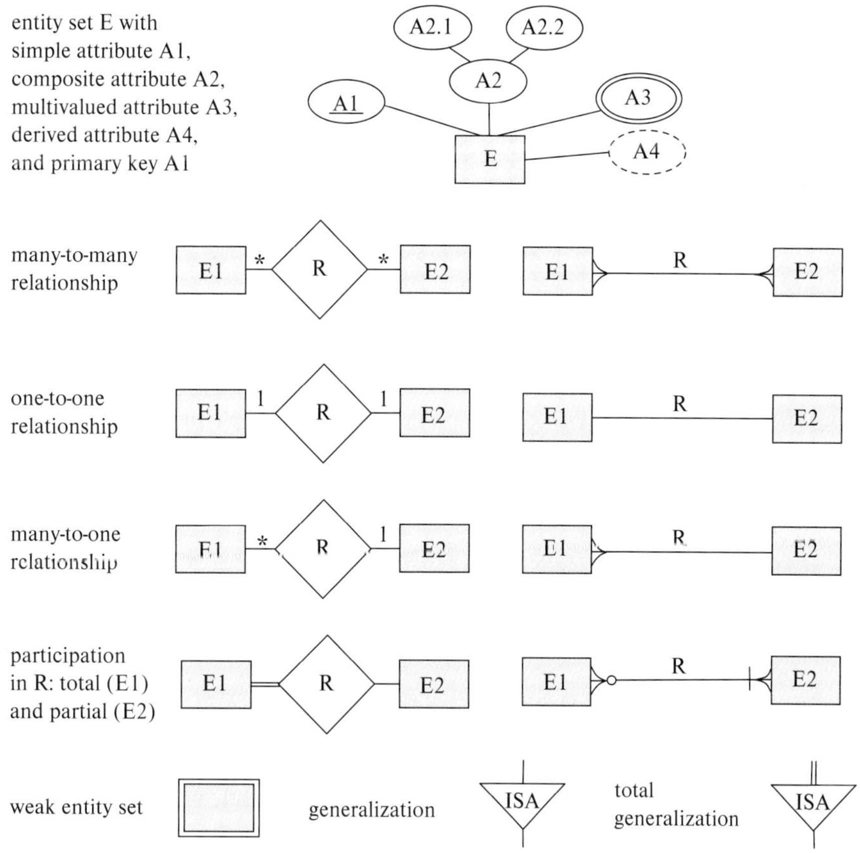

그림 6.27 대안적인 E-R 표기법

관계에 대한 카디널리티 제약 조건(cardinality constraint)은 그림 6.27과 같이 여러 다른 방법으로 표시할 수 있다. 그림의 왼쪽에 나타낸 한 가지 대안은 다대다, 일대일, 다대일 관계를 표현하기 위해 관계로부터 나가는 선에 *와 1의 레이블을 부여하는 것이다. 일대다의 경우 다대일과 대칭이므로 표현하지 않았다.

그림 6.27의 오른쪽 부분에 나타난 바와 같이, 또 다른 대안 표기법은 관계 집합을 다이아몬드 없이 개체 집합 사이의 선으로 표현한다. 따라서 이진 관계만 모델링할 수 있다. 이 표기법에서 카디널리티 제약 조건은 그림과 같이 까마귀 발(crow's foot) 모양으로 표시한다. *E*1과 *E*2사이의 관계 *R*에서 양쪽에 있는 까마귀 발은 다대다 관계를 나타내는 반면, *E*1 쪽에만 있는 까마귀 발은 *E*1에서 *E*2로의 다대일 관계를 나타낸다. 이 표기법은 전체 참여를 수직 막대기로 표현한다. 그러나 *E*1과 *E*2 개체 사이의 관계 *R*에서, *E*1이 관계 *R*에 전체 참여를 하면 수직 막대기는 반대편인 *E*2 개체에 위치한다. 이와 유사하게 부분 참여는 원을 이용하여 반대쪽에 표시한다.

그림 6.27의 아래쪽 부분은 빈 화살표가 아닌 삼각형을 사용하는 일반화의 대안적인 표현을 보여 준다.

이 책의 이전 판에서(5판까지) 그림 6.27에 나타난 바와 같이 속성을 나타내기 위해 타원을, 일반화를 나타내기 위해 삼각형을 이용했었다. 속성에 타원을 이용하고 관계에 다이아몬드를 이용하는 표기법은 Chen이 E-R 모델링 개념을 도입한 논문에서 사용했던 원래의 E-R 다이어그램 형식과 유사하다.

미국국립표준기술연구소(U.S. National Institute for Standards and Technology)는 1993년에 IDEF1X로 불리는 표준을 정의했다. IDEF1X는 까마귀 발 표기법을 사용하는데, 전체 참여를 표시하기 위해 관계 간선 위에 수직 막대기를, 부분 참여를 나타내기 위해 속이 빈 원을 이용하였으며, 여기서 소개하지 않은 다른 표기법도 포함하고 있다.

6.10.2절에서 설명할 통합 모델링 언어(UML) 이용이 증가함에 따라 UML 클래스 다이어그램 형태와 더 가깝게 하기 위해 이 책의 E-R 표기법을 수정했다. 이 연관성은 6.10.2절에서 보다 명확하게 밝힐 것이다. 이전 표기법들과 비교해 볼 때, 새로운 표기법은 속성의 표현에서 더욱 간결함을 제공해 주고, UML 클래스 다이어그램 표기법에 더 가까울 뿐만 아니라, 많은 E-R 모델링 도구가 지원하는 표기법에도 가깝다.

E-R 다이어그램을 생성하기 위한 다양한 도구가 존재하는데, 각 도구는 자기 고유의 표기법 변형을 지니고 있다. 심지어 일부 도구는 몇 가지 표기법 변형 중에서 선택할 수 있도록 한다. 자세한 정보는 이 장 끝에 있는 "관련도구" 절을 참조한다.

E-R 다이어그램의 개체 집합과 그러한 개체로부터 생성된 릴레이션 스키마의 중요한 차이점 중 하나는, *instructor*의 *dept_name* 속성과 같이 E-R 관계에 상응하는 릴레이션 스키마의 속성이 E-R 다이어그램의 개체 집합에서 나타나지 않는다는 것이다. 어떤 데이터 모델링 도구는 설계자가 동일한 개체에 대해 두 가지 뷰 중에서 선택을 하는 것을 허용한다. 그 두 가지 뷰 중 하나는 그 속성이 없는 개체 뷰이고, 다른 하나는 그 속성을 지니고 있는 관계형 뷰다.

6.10.2 통합 모델링 언어

개체-관계 다이어그램은 소프트웨어 시스템의 데이터 표현 구성요소를 모델링하는 데 도움을 준다. 그러나 데이터 표현은 전체 시스템 설계의 한 부분에 불과하다. 다른 구성요소는 시스템과 사용자의 상호작용 모델, 시스템의 기능 모듈과 그들의 상호작용 명세 등이 있다. **통합 모델링 언어**(Unified Modeling Language, **UML**)는 소프트웨어 시스템의 다양한 구성요소에 대한 명세서를 만들기 위해 **객체 관리 그룹**(Object Management Group, **OMG**)의 도움으로 개발된 표준이다. UML의 몇 가지 부분을 들어 보면 다음과 같다.

- **클래스 다이어그램**(Class diagram). 클래스 다이어그램은 E-R 다이어그램과 비슷하다. 이 절 뒷부분에서 클래스 다이어그램의 몇 가지 특징과 그것이 어떻게 E-R 다이어그램과 연결되는지 설명한다.
- **유스 케이스 다이어그램**(Use case diagram). 유스 케이스 다이어그램은 시스템과 사용자 간의 상호작용, 특히 사용자가 수행하는 작업의 단계(돈의 인출이나 과목 등록 같은)를 보여 준다.
- **활동 다이어그램**(Activity diagram). 활동 다이어그램은 시스템의 다양한 구성요소 간의 작업 흐름을 보여 준다.

- **구현 다이어그램**(Implementation diagram). 구현 다이어그램은 시스템 구성요소와 그들의 상호 연결을 소프트웨어 구성요소 계층 및 하드웨어 구성요소 계층에서 보여 준다.

여기에서 UML의 다른 부분을 자세히 다루지는 않는다. 대신 데이터 모델링과 관련된 UML 부분의 일부 특징을 예제를 통해 설명한다. UML에 대한 자세한 내용은 장 끝에 있는 "참고문헌" 절을 참조한다.

그림 6.28은 여러 E-R 다이어그램 구성체(construct)와 그에 상응하는 UML 클래스 다이어그램 구성체를 보여 준다. E-R 모델은 개체를 모델링하는 데 반해 UML은 실제로 객체를 모델링한다. 객체는 개체와 비슷하게 속성을 가지면서도, 주기적으로 객체의 속성을 기반으로 값을 계산하거나 객체 그 자체를 갱신하기 위해 호출할 수 있는 함수(메소드라고도 함)의 집합도 제공한다. 따라서 클래스 다이어그램은 속성뿐만 아니라 메소드도 표현한다. 객체는 8.2절에서 다룬다. UML은 복합 속성이나 다중값 속성을 지원하지 않으며, 유도 속성은 인자를 가지지 않는 메소드와 동일하다. 클래스는 캡슐화(encapsulation)를 지원하기 때문에 UML은 속성과 메소드가 "+", "−", "#"(각각 public, private, protected 접근을 의미)으로 시작하는 것을 허용한다. private 속성은 그 클래스의 메소드에서만 사용이 가능한 반면, protected 속성은 그 클래스와 하위 클래스의 메소드에서도 사용이 가능하다. Java, C++, C# 등을 알고 있는 독자라면 이러한 개념이 친숙할 것이다.

UML 용어에서 관계 집합을 **연관**(association)이라 부른다. 여기서는 E-R 용어체계와의 일관성을 유지하기 위해 관계 집합이라 부르겠다. UML에서 이진 관계 집합을 단지 개체 집합을 연결하는 선을 그림으로써 표현한다. 관계 집합의 이름은 선 옆에 쓴다. 또한 관계 집합 내에서 개체 집합이 수행하는 역할에 대해 그 역할의 이름을 개체 집합 옆의 선 위에 명시할 수도 있다. 아니면 상자 안에 관계 집합의 이름과 관계 집합의 속성을 써넣고, 이 상자를 점선을 이용하여 관계 집합을 표시하는 선에 연결할 수도 있다. 이 상자는 E-R 다이어그램의 통합화와 같은 방식으로, 개체 집합처럼 다룰 수 있고, 다른 개체 집합과 관계에 참여할 수 있다.

버전 1.3 이후의 UML은 E-R 다이어그램에서 사용된 것과 동일한 다이아몬드 기호를 사용하여 비이진 관계를 지원한다. 비이진 관계는 이전 버전의 UML에서 직접 표현할 수 없었다. 이런 관계는 앞서 6.9.4절에서 보았던 기술을 이용하여 이진 관계로 변환해야 한다. UML은 다이아몬드 표기법을 이진 관계에 사용하는 것도 허용하지만, 대부분의 설계자는 선 표기법을 이용한다.

UML에서 카디널리티 제약 조건은 E-R 다이어그램과 같이 $l..h$의 형식으로 표시한다. 여기서 l과 h는 각각 하나의 개체가 참여할 수 있는 최소 및 최대 관계의 수를 나타낸다. 그러나 반드시 알아 두어야 할 점은, 그림 6.28처럼 UML의 제약 조건 위치 지정은 E-R 다이어그램의 제약 조건 위치 지정과 정확히 반대라는 것이다. 즉 $E2$ 측의 0.. ∗ 제약 조건과 $E1$ 측의 0..1 제약 조건은, 각각의 $E2$ 개체는 최대 하나의 관계에 참여할 수 있는 반면 각각의 $E1$ 개체는 많은 관계에 참여할 수 있음을 의미한다. 달리 말하면 이 관계는 $E2$에서 $E1$으로 다대일 관계라는 것이다.

선(연결선이라고 보이도 됨)에 1이나 ∗ 같은 단일값을 적을 수 있다. 선에 있는 단일값 1은 1..1과 같이 취급되고 ∗은 0.. ∗과 동일하다. UML은 일반화를 지원한다. 표기법은 기본적으로 E-R 표기법과 동일하여 중첩이 없는 일반화와 중첩이 있는 일반화를 모두 표현할 수 있다.

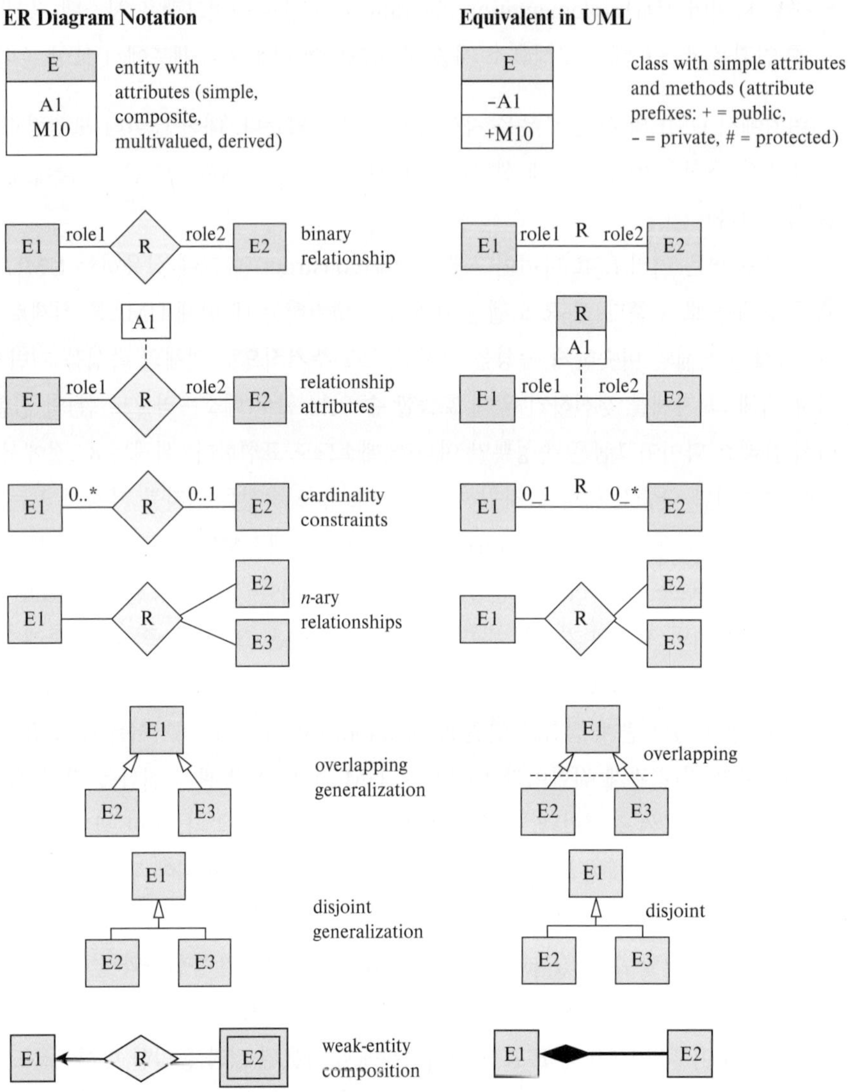

그림 6.28 UML 클래스 다이어그램 표기법에 사용하는 기호

UML 클래스 다이어그램은 우리가 보았던 E-R 기호와 거의 일치하는 몇 개의 다른 표기법을 포함한다. 한쪽 끝에 작은 음영(속이 꽉 찬) 다이아몬드가 있는 두 개체 사이의 선은 컴포지션(composition)을 명세한다. 그림 6.28에서 *E*2와 *E*1 사이의 컴포지션 관계는 *E*2가 *E*1에 존재 종속(existence dependent)임을 나타낸다. 이는 *E*2를 식별 개체 집합 E1에 존재 종속하는 약한 개체 집합으로 표시하는 것과 대략적으로 동일하다. (UML에서 **통합화**라는 용어는 *E*2가 *E*1에 포함되어 있지만 독립적으로 존재할 수 있는 컴포지션의 변형을 나타내며, 속이 빈 작은 다이아몬드를 사용하여 표시한다.)

UML 클래스 다이어그램은 인터페이스와 같은 객체 지향 언어 기능을 나타내는 표기법도 제공한다. UML 클래스 다이어그램에 대한 자세한 정보는 "더 읽어보기" 절을 참조한다.

6.11 데이터베이스 설계의 다른 관점

이 장에서 이루어진 스키마 설계에 대한 논의로 인해 스키마 설계가 데이터베이스 설계의 유일한 구성 요소라는 잘못된 인상을 줄 수도 있다. 이어지는 장에서 더 자세히 다루어야 할 몇 가지 고려 사항이 있는데, 여기서는 간략하게 설명한다.

6.11.1 기능 요구 사항

모든 조직은 엔터프라이즈 응용 프로그램에서 어떤 종류의 기능을 지원할지에 대한 규칙을 가지고 있다. 여기에는 데이터를 갱신하는 트랜잭션과 원하는 방식으로 데이터를 보기 위한 질의가 포함된다. 기능을 계획하는 것 외에도 설계자는 기능을 지원하기 위해 구축할 인터페이스를 계획해야만 한다.

모든 사용자가 모든 데이터를 보거나, 모든 트랜잭션을 수행할 권한이 있는 것이 아니다. 인증부여 기법은 모든 엔터프라이즈 응용 프로그램에 매우 중요하다. 그러한 인증은 데이터베이스 인증 기능을 사용하여 데이터베이스 수준에서 제어할 수 있다. 그러나 누가 어떤 기능/인터페이스를 사용할 수 있는지를 더 높은 수준의 기능이나 인터페이스 수준에서 구현할 수도 있다.

6.11.2 데이터 흐름, 워크플로

데이터베이스 응용 프로그램은 종종 데이터베이스 시스템뿐만 아니라 다양한 전문화된 응용 프로그램과도 상호 협력하는 거대한 조직 응용 프로그램의 부분이 된다. 예를 들면, 여행 경비 보고서를 생각해 보자. 보고서는 사업 출장에서 돌아온 직원에 의해 만들어지고(아마도 특별한 소프트웨어 패키지를 통해서), 이후에 직원의 관리자(들)에게 전달되며, 결국에는 지불을 위해 회계부로 전달된다(이 시점에서 조직의 회계 정보 시스템과 상호작용한다).

워크플로(workflow)란 용어는 앞의 예제처럼 프로세스에 포함된 데이터와 작업의 조합을 말한다. 워크플로는 사용자들 사이를 이동하기 때문에 데이터베이스 시스템과 상호작용하며, 사용자는 워크플로에서 업무를 수행한다. 워크플로가 운용하는 데이터에 추가적으로, 데이터베이스는 워크플로 자체에 대한 데이터를 저장할 수 있다. 워크플로 관련 데이터는 워크플로를 구성하는 작업과, 작업이 어떻게 사용자들 사이의 경로를 취하는가를 포함한다. 그래서 워크플로는 데이터베이스에 대한 일련의 질의 및 갱신을 명세하는데, 이는 데이터베이스 설계 과정에서 고려할 수 있는 부분이다. 다시 말해, 조직을 모델화하는 것은 데이터의 의미만 이해하는 것뿐만 아니라 그 데이터를 사용하는 비즈니스 과정도 이해해야 하는 것이다.

6.11.3 스키마의 진화

데이터베이스 설계는 일반적으로 일회성 활동이 아니다. 조직의 요구 사항은 계속해서 바뀌게 되며, 따라서 조직에서 저장해야 하는 데이터 역시 그에 따라 진화한다. 초기 데이터베이스 설계 단계 혹은 응용 프로그램 개발 기간 동안 데이터베이스 설계자는 개념적, 논리적, 물리적 스키마 단계에서 변경이 필요함을 인식할 수 있다. 스키마의 변경은 데이터베이스 응용 프로그램의 모든 측면에 영향을 준다. 좋은 데이터베이스 설계는 조직의 향후 요구 조건을 예측하여 요구 조건이 변화함에 따라 스키마에 최소한의 변경만 필요하도록 보장하는 것이다.

영구적인 것으로 예상되는 근본적인 제약 조건과, 변경될 것으로 예측되는 제약 조건을 구분하는 것이 중요하다. 예를 들면 *instructor_id*로 교수를 식별하는 제약 조건은 근본적인 것이다. 다른 한편으로 교수는 오직 하나의 학과만 가질 수 있다는 정책에서 나중에 겸임이 허용되는 정책으로 변경될 수도 있다. 각 교수당 하나의 학과만 가지도록 허용하는 데이터베이스 설계는 겸임이 허용되어 버리면 상당 부분을 변경해야 한다. 만일 각 교수가 하나의 주 소속 학과를 가지고 있으면서 겸임을 허용하는 경우라면, *instructor* 릴레이션을 수정하지 않으면서 추가적인 관계를 더함으로써 표현할 수 있다. 여기서 두 개 이상의 주 소속 학과를 허용하도록 정책이 변한다면 데이터베이스 설계에서 더 큰 변화를 요할지도 모른다. 좋은 설계는 현재의 정책을 고려할 뿐만 아니라, 예상되거나 상당한 발생 가능성이 있는 변경으로 인한 수정의 필요성을 피하거나 최소화해야 한다.

마지막으로 데이터베이스 설계가 두 가지 의미에서 인간 지향적인 활동이라는 점에 주목할 필요가 있다. 첫째, 시스템의 최종 사용자는 사람이다(비록 응용 프로그램이 데이터베이스와 사용자 사이에 위치하더라도). 그리고 데이터베이스 설계자는 응용 프로그램의 데이터 요구 사항을 이해하기 위해 응용 프로그램 도메인의 전문가와 광범위하게 상호작용해야 한다. 둘째, 조직 내에서 데이터베이스 설계 및 배포가 성공하기 위해 데이터와 관련된 모든 사람은 고려해야 할 여러 가지 필요성과 다양한 선호 사항을 가진다.

6.12 요약

- 데이터베이스 설계는 주로 데이터베이스 스키마의 설계를 포함한다. 개체-관계(E-R) 모델은 데이터베이스 설계에 널리 사용되는 데이터 모델이다. 이 모델은 데이터, 관계 그리고 제약 조건을 보여 주는 편리한 그래픽 표현을 제공한다.
- E-R 모델은 데이터베이스 설계 과정을 주목적으로 삼는다. 조직 스키마의 명세를 통해 데이터베이스 설계를 용이하게 하기 위해 개발되었나. 그러한 스키마는 데이터베이스의 전반적인 논리 구조를 표현한다. 이 구조는 E-R 다이어그램으로 시각적으로 표현할 수 있다.
- 개체는 실세계에 존재하는 사물이고 다른 사물과 구별된다. 각 개체에 그 사물을 구별하는 속성을 두어서 이러한 구별을 한다.
- 관계는 여러 개체들 간의 연관이다. 같은 유형의 관계의 집합이 관계 집합이고 같은 유형의 개체의 집합이 개체 집합이다.
- 수퍼 키, 후보 키, 주 키 용어는 릴레이션 스키마처럼 개체 집합과 관계 집합에 적용된다. 관계 집합의 주 키는 그 관계와 연관된 하나 이상의 개체 집합의 속성으로 구성된다.
- 대응 카디널리티는 한 개체가 관계 집합에 의해 연관시킬 수 있는 다른 개체의 수를 표현한다.
- 주 키를 형성하기에 충분한 속성을 가지지 못한 개체 집합을 약한 개체 집합이라 부른다. 주 키를 가지고 있는 개체 집합은 강한 개체 집합이라 부른다.
- E-R 모델의 다양한 특징은 데이터베이스 설계자에게 모델링되는 조직을 어떻게 하면 가장 잘

표현할 것인지에 대한 많은 선택 사항을 제공한다. 개념과 객체를 경우에 따라서 개체, 관계 혹은 속성으로 표현한다. 조직의 전체 구조에 대한 측면은 약한 개체 집합, 일반화, 구체화, 혹은 통합화를 이용해 잘 설명할 수 있다. 종종 설계자는 단순하고 간결한 모델과 더 정확하지만 더 복잡한 모델 사이에서 각각의 장점을 저울질해야 한다.

- E-R 다이어그램으로 명시한 데이터베이스 설계는 릴레이션 스키마의 집합으로 표현할 수 있다. 데이터베이스의 각 개체 집합과 각 관계 집합에 대해 유일한 릴레이션 스키마가 존재하는데, 그 스키마의 이름은 상응하는 개체 집합이나 관계 집합의 이름으로 지정한다. 이는 E-R 다이어그램에서 관계형 데이터베이스 설계를 도출하는 방법의 기초가 된다.
- 구체화와 일반화는 상위 단계의 개체 집합을 하나 또는 그 이상의 하위 단계의 개체 집합과 연결하는 포함 관계를 정의한다. 구체화는 상위 단계의 개체 집합의 부분집합을 취하여 하위 단계의 개체 집합을 형성하는 것이다. 일반화는 두 개 이상의 분리된 (하위 단계의) 개체 집합의 합집합을 취하여 상위 단계의 개체 집합을 만들어 내는 것이다. 상위 단계의 개체 집합의 속성을 하위 단계의 개체 집합이 상속한다.
- 통합화는 관계 집합을 (연관된 개체 집합과 함께) 상위 개체 집합으로 취급하고, 그 개체 집합은 관계에 참여할 수 있게 하는 추상화 방법이다.
- E-R 설계 시 흔하게 발생하는 실수가 많이 있기에 주의를 기울여야 한다. 또한 조직의 미묘한 세부 사항에 따라 정확성이 좌우되는 여러 가지 선택 사항이 존재한다. 여기에는 개체 집합, 관계 집합 그리고 속성의 사용에 대한 선택이 포함된다.
- UML은 널리 사용되는 모델링 언어다. UML 클래스 다이어그램은 일반적인 목적의 데이터 모델링뿐만 아니라 클래스를 모델링하기 위해서도 널리 사용된다.

용어정리

- 설계 과정
  - 개념적 설계
  - 논리적 설계
  - 물리적 설계
- 개체-관계(E-R) 데이터 모델
- 개체와 개체 집합
  - 단순 속성과 복합 속성
  - 단일값 속성과 다중값 속성
  - 유도 속성
- 키
  - 수퍼 키
  - 후보 키
  - 주 키
- 관계와 관계 집합
  - 이집 관계 집합
  - 관계 집합의 차수
  - 설명 속성
  - 수퍼 키, 후보 키, 주 키
  - 역할
  - 재귀 관계 집합
- E-R 다이어그램
- 대응 카디널리티
  - 일대일 관계
  - 일대다 관계

- 다대일 관계
- 다대다 관계
- 전체 참여와 부분 참여
- 약한 개체 집합과 강한 개체 집합
  - 구별자 속성
  - 식별 관계
- 구체화와 일반화
- 통합화
- 설계 선택
- 통합 모델링 언어(UML)

실전문제

6.1 고객이 각자 하나 이상의 자동차를 소유하는 상황을 가정하고, 차량 보험 회사를 위한 E-R 다이어그램을 작성하라. 하나의 자동차는 관련된 사고가 없을 수도 있고 여러 건 있을 수도 있다. 각각의 보험 정책은 하나 이상의 자동차를 대상으로 하고, 하나 이상의 보험료 납부와 연관되어 있다. 각각의 납부는 어느 특정 기간에 대해서 이루어지며, 연관된 만기일과 보험료가 납부된 날짜를 가진다.

6.2 대학교 스키마의 학생(*student*), 과목(*course*) 및 분반(*section*) 개체 집합을 포함하고, 학생이 각기 다른 분반의 각기 다른 시험에서 받은 성적을 기록하는 데이터베이스를 생각해 보자.

a. 시험을 개체로 모델링하고 삼진 관계를 이용하여 위 데이터베이스를 모델링하는 E-R 다이어그램을 작성하라.

b. 학생(*student*)과 분반(*section*) 사이의 이진 관계만 사용하는 대안적인 E-R 다이어그램을 작성하라. 특정 학생과 분반 쌍 사이에 하나의 관계만 존재하지만, 학생이 분반의 여러 시험에서 받은 점수를 표현할 수 있다는 것을 확인하라.

6.3 가장 좋아하는 스포츠 팀의 점수 통계를 기록하는 E-R 다이어그램을 설계하라. 개최한 경기, 각 경기의 점수, 각 경기의 선수, 각 경기에서 개인별 득점 통계를 저장해야 한다. 요약을 위한 통계는 계산 방법에 대한 설명과 함께 유도 속성으로 모델링해야 한다.

6.4 동일한 개체 집합이 여러 번 나타나는 E-R 다이어그램을 생각하자. 개체 집합의 속성도 여러 곳에서 반복된다. 왜 이러한 중복을 피해야 하는가?

6.5 E-R 다이어그램은 그래프로 볼 수도 있다. 다음은 조직의 스키마 구조 용어로 무엇을 의미하는가?

a. 그래프가 연결되어 있지 않다.

b. 그래프가 사이클(cycle)을 가지고 있다.

6.6 (그림 6.29b의 이진 관계를 사용한) 그림 6.29a의 삼진 관계 표현을 생각해 보자(속성은 나타내지 않았다).

a. A, B, C, R의 어느 인스턴스에도 해당하지 않는 E, A, B, C, R_A, R_B, R_C의 간단한 인스턴스를 보여라.

b. 그림 6.29b의 E-R 다이어그램을 수정하여 제약 조건을 만족하는 E, A, B, C, R_A, R_B, R_C의 어떠한 인스턴스도 A, B, C, R의 한 인스턴스에 대응한다는 것을 보장하는 제약 조건을 도입하라.

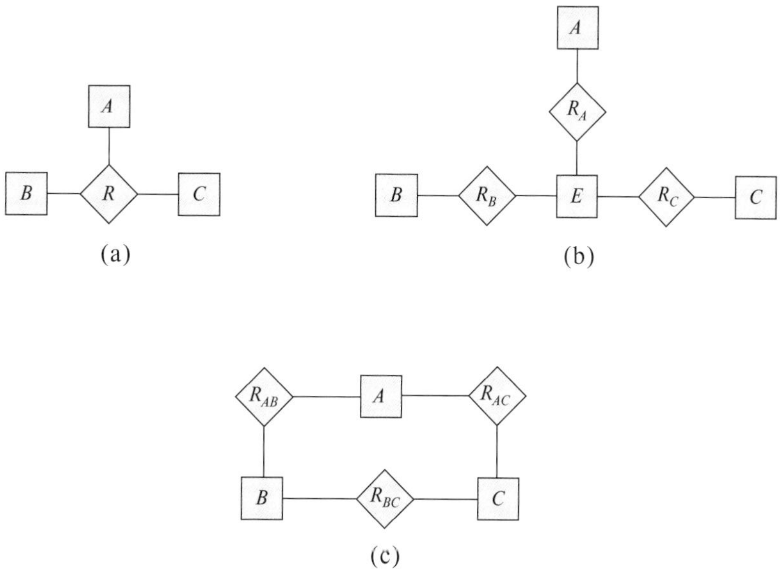

그림 6.29 이진 관계를 이용한 삼진 관계 표현

c. 삼진 관계에 대한 전체 참여 제약을 처리하기 위해 위 변환을 수정하라.

6.7 약한 개체 집합은 식별 개체 집합의 주 키 속성을 추가함으로써 항상 강한 개체 집합으로 만드는 게 가능하다. 만약 그렇게 하면 어떤 종류의 중복이 생기는지를 개략적으로 설명하라.

6.8 다대일 관계 *sec_course*로부터 생성한 *sec_course*와 같은 릴레이션을 생각해 보자. 이 릴레이션의 주 키와 외래 키 제약 조건이 다대일 제약 조건을 만족하는가? 왜 그런지 설명하라.

6.9 *advisor* 관계 집합이 일대일이라고 가정해 보자. 일대일 카디널리티 제약 조건을 적용하는 것을 보장하기 위해 *advisor* 릴레이션에 요구되는 추가적인 제약 조건에는 어떤 것들이 있는가?

6.10 개체 집합 *A*와 *B* 사이의 다대일 관계 *R*을 생각해 보자. *R*로부터 생성된 릴레이션과 *A*로부터 생성된 릴레이션을 결합한다고 가정해 보자. SQL에서 외래 키 제약 조건에 참여하는 속성은 널이 될 수 있다. SQL의 **not null** 제약 조건을 사용하여 *R*에서 *A*의 전체 참여 제약 조건을 적용하는 방법을 설명하라.

6.11 SQL에서 외래 키 제약 조건은 오직 참조된 릴레이션의 주 키 속성 혹은 **unique** 제약 조건을 이용하여 수퍼 키로 선언된 다른 속성을 참조할 수 있다. 그 결과로 다대다 관계 집합(혹은 일대다 관계의 "일" 쪽)에 대한 전체 참여 제약 조건은 관계 집합으로부터 생성된 릴레이션에 적용할 수 없게 되는데, 그 릴레이션들에 대한 주 키, 외래 키, not null 제약 조건만 사용한 경우다.

a. 그 이유를 설명하라.

b. 복잡한 check 제약 조건이나 주장(assertion)(4.4.8절 참조)(불행히도 이러한 특성은 최근 널리 이용되고 있는 데이터베이스들이 제공하지 않는다)을 이용하여 전체 참여 제약 조건을 어떻게 적용할 수 있는지 설명하라.

6.12 일반화와 구체화의 다음 격자 구조를 고려하자(속성은 나타내지 않았다).

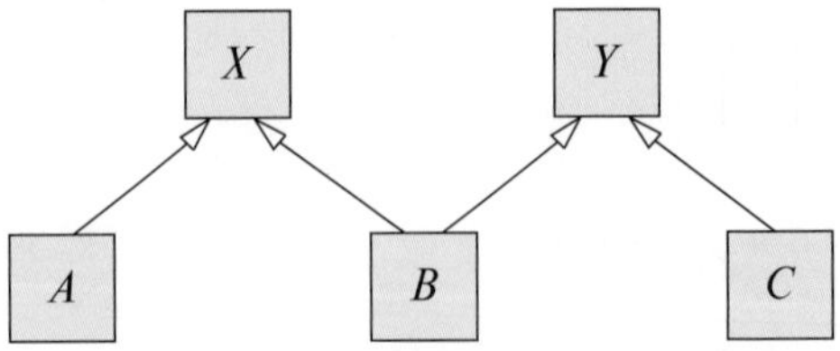

개체 집합 *A*, *B*, *C*에 대하여 상위 개체 집합 *X*와 *Y*로부터 속성을 어떻게 상속받는지 설명하라. *X*의 속성이 어떤 *Y*의 속성과 같은 이름을 갖는 경우 어떻게 처리할 것인지 논의하라.

6.13 E-R 다이어그램은 보통 어느 조직의 어느 특정 시각의 상태를 모델링한다. **시간에 따른 변화**(temporal changes), 즉 시간에 따른 데이터의 변화를 추적한다고 가정하자. 예를 들어 Zhang은 2015년 9월부터 2019년 5월 사이에 학생이었고, Shankar는 2018년 5월부터 2018년 12월까지, 그리고 2019년 6월부터 2020년 1월까지 Einstein 교수를 지도교수로 모셨다고 하자. 이와 유사하게 *course*의 *title*이나 *credits*, *instructor*의 *salary*나 심지어는 *name*, *student*의 *tot_cred* 등과 같은 개체나 관계의 속성값도 시간에 따라 변할 수 있다.

시간에 따른 변화를 모델링할 수 있는 한 가지 방법은 다음과 같다. 우리는 시간 간격 혹은 시간 간격의 집합인 **valid_time**(유효 시간)이라 불리는 새로운 데이터 타입을 정의한다. 그리고 *valid_time* 속성을 각각의 개체와 관계에 연결하여 개체 또는 관계가 유효한 시간대를 기록한다. 어떤 시간 간격의 종료 시각은 무한대일 수 있다. 예를 들어, Shankar가 2018년 9월에 학생이 되었고 여전히 학생이라면, Shankar 개체에 대한 *valid_time* 시간 간격의 종료 시각을 무한대로 나타낼 수 있다. 이와 유사하게 시간에 따라 변할 수 있는 속성을 각자의 *valid_time*과 함께 값의 집합으로 모델링할 수 있다.

a. 시간에 따른 변화를 추적하기 위한 위의 확장을 사용하여 *student*, *instructor* 개체와 *advisor* 관계를 나타내는 E-R 다이어그램을 그려라.

b. 위의 E-R 다이어그램을 릴레이션의 집합으로 변환하라.

위에서 생성한 릴레이션의 집합은 다소 복잡해서 SQL에서 질의를 작성하는 것과 같은 작업에서 어려움을 야기한다는 것은 명확하다. 보다 널리 이용되는 대안적인 접근 방법은 E-R 모델을 설계할 때는 시간에 따른 변화를 무시하고(특별히 속성값의 시간에 따른 변화), 나중에 E-R 모델로부터 생성된 릴레이션을 시간에 따른 변화를 표현하기 위해서 수정하는 것이다.

연습문제

6.14 주 키, 후보 키, 수퍼 키 용어의 차이점을 설명하라.

6.15 환자의 집합과 의사의 집합으로 이루어진 병원을 위한 E-R 다이어그램을 그려라. 각 환자와 수행된 여러 가지 검사와 진찰의 기록을 연결한다.

6.16 문제 6.3의 E-R 다이어그램을 리그의 모든 팀에 대해 동일한 정보를 기록하도록 확장하라.

6.17 약한 개체 집합과 강한 개체 집합 사이의 차이점을 설명하라.

6.18 속성 *X*를 갖는 두 개의 개체 집합 *A*와 *B*를 고려하자(다른 속성의 이름은 이 질문과 관련 없음).

a. 두 *X*가 완전히 관련이 없는 경우 설계를 어떻게 개선해야 하는가?

b. 두 개의 *X*가 동일한 속성을 나타내며, *A*와 *B*에 모두 적용되는 *X*일 경우 설계는 어떻게 개선해야 하는가? 세 가지 하위 사례를 고려하자.

- *X*는 *A*의 주 키이지만 *B*의 주 키는 아니다.
- *X*는 *A*의 주 키이며 *B*의 주 키다.
- *X*는 *A*의 주 키도 아니며 *B*의 주 키도 아니다.

6.19 모든 약한 개체 집합은 단순히 적절한 속성을 더함으로써 강한 개체 집합으로 바꿀 수 있다. 그러면 왜 약한 개체 집합이 필요한가?

6.20 다음의 각 E-R 다이어그램에 대한 적절한 관계 스키마를 구성하라.

a. 문제 6.1

b. 문제 6.2

c. 문제 6.3

d. 문제 6.15

6.21 온라인 서점을 모델링한 그림 6.30의 E-R 다이어그램을 생각해 보자.

a. 서점의 취급 품목에 블루레이 디스크와 다운받을 수 있는 비디오를 추가한다고 가정하자. 동일한 항목이 다른 가격을 지니면서 한 가지 형식 혹은 두 가지 형식으로 제공될 수 있다. 이 추가를 모델링하는 E-R 다이어그램의 일부를 비디오와 관련된 부분만 표시하여 그려라.

b. 쇼핑 바구니가 책, 블루레이 디스크, 다운받을 수 있는 비디오의 어떤 조합도 포함할 수 있는 경우를 모델링하도록 전체 E-R 다이어그램을 확장하라.

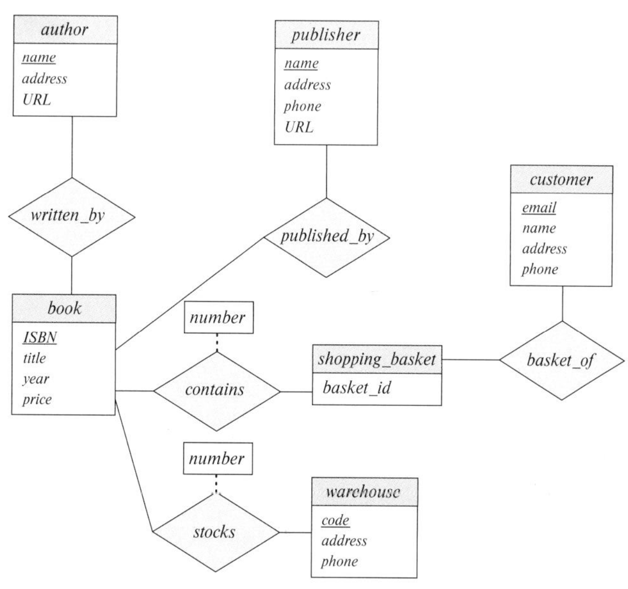

그림 6.30 온라인 서점 모델링을 위한 E-R 다이어그램

6.22 판매상들이 고객 기록과 판매상 재고를 관리하고 판매 직원이 차량 주문을 처리하도록 돕기 위한 자동차 회사의 데이터베이스를 설계하라.

각각의 차량은 차량 식별 번호(VIN)로 식별된다. 각 개별 차량은 회사에서 제공하는 특정 브랜드의 특정 모델이다(가령 GV80은 현대자동차의 차량 브랜드 Genesis의 한 모델이다). 각 모델을 다양한 옵션과 함께 제공할 수 있지만, 각 차량은 가능한 옵션의 오직 일부만 가질 수 있다(혹은 전혀 가질 수 없다). 데이터베이스는 각 판매상, 고객, 차량에 대한 정보뿐만 아니라 모델, 브랜드, 옵션에 대한 정보도 저장할 필요가 있다.

설계는 E-R 다이어그램, 관계형 스키마의 집합, 그리고 주 키와 외래 키 제약 조건을 포함한 일련의 제약 조건을 포함해야 한다.

6.23 전 세계를 대상으로 하는 화물 배달 회사(가령 DHL이나 FedEX)를 위한 데이터베이스를 설계하라. 데이터베이스는 제품(item)을 발송하는 고객과 제품을 수령하는 고객을 추적할 수 있어야 한다. 어떤 고객은 이 둘 다일 수도 있다. 각각의 화물은 식별 가능하고 추적 가능해야 하므로 데이터베이스는 화물의 위치와 위치의 이력(history)을 저장할 수 있어야 한다. 위치는 트럭, 비행기, 공항, 창고 등이 될 수 있다.

설계는 E-R 다이어그램, 관계형 스키마의 집합, 그리고 주 키와 외래 키 제약 조건을 포함한 일련의 제약 조건을 포함해야 한다.

6.24 항공사를 위한 데이터베이스를 설계하라. 데이터베이스는 고객과 그들의 예약, 항공편 및 그 각각의 상태, 개별 항공편의 좌석 할당, 그리고 향후 항공편의 일정 및 경로를 추적할 수 있어야 한다.

설계는 E-R 다이어그램, 관계형 스키마의 집합, 그리고 주 키와 외래 키 제약 조건을 포함한 일련의 제약 조건을 포함해야 한다.

6.25 6.9.4절에서 그림 6.29b에 나타낸 것처럼, 이진 관계를 사용하여 삼진 관계를(그림 6.29a에서 반복됨) 표현했다. 그림 6.29c에서 보인 다른 대안을 고려하자. 삼진 관계를 이진 관계로 나타내는 이 두 다른 방법의 상대적 장점에 대해 논의하라.

6.26 차량 판매 회사를 위한 일반화, 구체화 계층을 설계하라. 이 회사의 판매 제품은 오토바이, 승용차, 밴, 버스다. 계층 구조의 각 단계에 속성을 배치한 타당한 이유를 설명하라. 그 속성들은 왜 상위 또는 하위 단계에 위치하면 안 되는가?

6.27 "중첩이 없는" 제약 조건과 "중첩이 있는" 제약 조건의 차이점을 설명하라.

6.28 전체 참여와 부분 참여의 차이점을 설명하라.

관련도구

많은 데이터베이스 시스템이 E-R 다이어그램을 지원하는 데이터베이스 설계 도구를 제공한다. 이러한 도구는 설계자가 E-R 다이어그램을 만드는 걸 돕고 자동으로 데이터베이스에 해당하는 테이블을 생성할 수 있다. 데이터베이스 시스템 판매 회사의 웹 사이트는 1장의 참고문헌을 참조하라.

E-R 다이어그램 및 UML 클래스 다이어그램을 지원하는 여러 가지 데이터베이스 독립적인 데이터 모델링 도구도 있다.

Linux 및 Windows와 같은 여러 플랫폼에서 실행되는 무료 다이어그램 편집기인 *Dia*는 E-R 다이어그램 및 UML 클래스 다이어그램을 지원한다. Dia의 기본 E-R 표기법은 속성을 타원으로 표현한다. 따라서 속성을 가진 개체를 표현하기 위해서 Dia에서 제공하는 UML 라이브러리의 클래스를 사용하거나 데이터베이스 라이브러리의 테이블을 사용할 수 있다. 무료 온라인 다이어그램 편집기 *LucidChart*를 사용하면 이 책과 동일한 방식으로 개체를 표현하는 E-R 다이어그램을 만들 수 있다. 관계를 만들려면 Flowchart 도형 모음에서 다이아몬드를 사용하는 것을 추천한다. *Draw.io*는 E-R 다이어그램을 지원하는 또 다른 온라인 다이어그램 편집기다.

상용 도구로는 IBM Rational Rose Modeler, Microsoft Visio, ERwin Data Modeler, Poseidon for UML 및 SmartDraw가 있다.

더 읽어보기

E-R 모델은 [Chen (1976)]이 제안했다. 미국 국립기술표준연구소(NIST)에서 발표한 정보 모델링을 위한 통합 정의(IDEF1X) 표준[NIST (1993)]은 E-R 다이어그램에 대한 표준을 정의했다. 하지만 오늘날 다양한 E-R 표기법이 사용된다.

[Thalheim (2000)]은 E-R 모델링 연구에 대해 상세히 다루었다.

2018년 현재 UML 버전은 2.5이며 2015년 6월에 발표되었다. UML 표준과 도구에 대한 더 자세한 정보는 www.uml.org를 참조한다.

참고문헌

[Chen (1976)] P. P. Chen, "The Entity-Relationship Model: Toward a Unified View of Data", *ACM Transactions on Database Systems*, Volume 1, Number 1 (1976), pages 9-36.

[NIST (1993)] NIST, "Integration Definition for Information Modeling (IDEF1X)", Technical Report Federal Information Processing Standards Publication 184, National Institute of Standards and Technology (NIST) (1993).

[Thalheim (2000)] B. Thalheim, *Entity-Relationship Modeling: Foundations of Database Technology*, Springer Verlag (2000).

크레딧

장 도입부 보트 사진: © Pavel Nesvadba/Shutterstock

Chapter 7

관계형 데이터베이스 설계

이 장은 관계형 데이터베이스 스키마를 설계하는 문제를 고려한다. 스키마 설계 작업의 많은 문제는 6장에서 E-R 모델을 이용하여 다루었던 설계 문제와 유사하다.

일반적으로 관계형 데이터베이스 설계의 목표는 불필요한 중복 없이 정보를 저장하고, 정보 검색을 쉽게 할 수 있는 릴레이션 스키마 집합을 생성하는 것이다. 적절한 **정규형**(normal form)으로 스키마를 설계함으로써 이 목표를 달성할 수 있다. 어떤 릴레이션 스키마가 올바른 정규형에 속하는지를 결정하려면 데이터베이스로 모델링하는 실세계 조직에 대한 정보가 필요하다. 이 정보 중 일부는 제대로 설계한 E-R 다이어그램에 존재하기도 하지만 조직에 대한 추가 정보도 필요할지 모른다.

이 장은 함수 종속(functional dependency)에 대한 개념을 바탕으로 관계형 데이터베이스에 대한 형식적인 접근 방법을 소개한다. 이후, 함수 종속과 다른 유형의 데이터 종속(data dependency)의 관점에서 정규형을 정의할 것이다. 그러나 우선은 주어진 개체-관계 설계에서 도출한 스키마의 관점으로 관계형 설계의 문제점에 대해 살펴본다.

7.1 좋은 관계형 설계의 특징

6장에서 공부한 개체-관계 설계는 관계형 데이터베이스 설계를 생성하기 위한 훌륭한 출발점이다. 6.7절에서 E-R 다이어그램으로부터 릴레이션 스키마 집합을 직접 생성하는 것이 가능하다는 사실을 알았다. 이를 통해 생성한 스키마 집합의 장점(혹은 단점)은 E-R 설계를 처음부터 얼마나 잘 작성하였는가에 달려 있다. 이 장 후반부에서 릴레이션 스키마의 집합이 얼마나 바람직한가를 평가하는 정확한 방법에 대해 알아볼 것이다. 그렇지만 이미 배운 개념을 이용하여 좋은 설계를 향해 갈 수 있다. 설명의 편의를 위해 그림 7.1의 대학교 데이터베이스에 대한 스키마를 다시 이용하겠다.

---

classroom(*building*, *room_number*, *capacity*)
department(*dept_name*, *building*, *budget*)
course(*course_id*, *title*, *dept_name*, *credits*)
instructor(*ID*, *name*, *dept_name*, *salary*)
section(*course_id*, *sec_id*, *semester*, *year*, *building*, *room_number*, *time_slot_id*)
teaches(*ID*, *course_id*, *sec_id*, *semester*, *year*)
student(*ID*, *name*, *dept_name*, *tot_cred*)
takes(*ID*, *course_id*, *sec_id*, *semester*, *year*, *grade*)
advisor(*s_ID*, *i_ID*)
time_slot(*time_slot_id*, *day*, *start_time*, *end_time*)
prereq(*course_id*, *prereq_id*)

그림 7.1 대학교 데이터베이스를 위한 스키마

대학교 조직을 위한 데이터베이스를 설계할 때 *in_dep* 스키마로 시작했다고 가정하자.

in_dep (*ID*, *name*, *salary*, *dept_name*, *building*, *budget*)

이는 두 릴레이션 *instructor*와 *department*를 자연 조인(natural join)한 결과를 나타낸다. 이 방법은 더 적은 수의 조인을 이용하여 질의를 표현할 수 있으므로 좋은 방법처럼 보인다. 하지만 E-R 설계의 대상인 대학교 조직에 대한 여러 사실을 신중히 생각해 보면 그렇지 않음을 쉽게 파악할 수 있다.

그림 7.2에 표시한 *in_dep*t 릴레이션 인스턴스를 고려해 보자. 학과 정보인 건물(building)과 예산(budget)을 학과 내의 각 교수에 대해서 반복해야 한다. 예를 들어, Comp. Sci. 학과에 대한 정보인 (Taylor, 100000)를 Katz, Srinivasan, Brandt 교수의 튜플에 포함해야 한다.

중요한 점은 같은 학과 교수에 대한 튜플이 동일한 예신 액수를 가져야 한다는 것이다. 그렇지 않으면 데이터베이스가 일관성을 잃게 된다. *instructor*와 *department*를 이용한 원래 설계에서 각각의 예산 금액을 정확히 한 번씩만 저장했다. 이는 *in_dept*를 이용하는 설계가 좋지 못한 방법임을 시사한다. 예산 금액을 중복으로 저장해야 하는 위험과 어떤 사용자가 전체 튜플이 아닌 일부 튜플의 예산 금액만 갱신하여 일관성을 잃게 될 위험이 있기 때문이다.

중복 문제를 감수하기로 결정하였더라도, *in_dept* 스키마에는 또 다른 문제가 있다. 대학교 내에 새로운 학과를 하나 만든다고 가정해 보자. 위의 수정한 설계에서 학과에 교수가 적어도 한 명 이상 존재하지 않는다면 학과의 (*dept_name*, *building*, *budget*)에 관한 정보를 직접적으로 나타낼 수가 없다. 왜냐하면 *in_dept* 테이블의 튜플은 *ID*, 이름(*name*), 급여(*salary*)에 대한 값을 필요로 하기 때문이다. 이것은 첫 번째 교수가 새 학과에 고용되기 전까지는 신설한 학과에 대한 정보를 기록할 수 없다는 것을 의미한다. 원래의 설계는 *department* 스키마가 이 문제를 해결할 수 있었지만, 수정된 설계는 *building*과 *budget*에 대해서 널 값을 가지는 튜플을 생성해야 한다. SQL을 공부할 때 알아본 바와 같이 널 값이 문제를 일으키기도 한다. 그러나 만약 널 값이 문제가 되지 않는다

ID	*name*	*salary*	*dept_name*	*building*	*budget*
22222	Einstein	95000	Physics	Watson	70000
12121	Wu	90000	Finance	Painter	120000
32343	El Said	60000	History	Painter	50000
45565	Katz	75000	Comp. Sci.	Taylor	100000
98345	Kim	80000	Elec. Eng.	Taylor	85000
76766	Crick	72000	Biology	Watson	90000
10101	Srinivasan	65000	Comp. Sci.	Taylor	100000
58583	Califieri	62000	History	Painter	50000
83821	Brandt	92000	Comp. Sci.	Taylor	100000
15151	Mozart	40000	Music	Packard	80000
33456	Gold	87000	Physics	Watson	70000
76543	Singh	80000	Finance	Painter	120000

그림 7.2 *in_dep* **릴레이션**

고 판단한 경우 수정한 설계를 계속해서 이용할 수 있지만, 앞서 언급한 중복성 문제는 여전히 발생한다.

7.1.1 분해

in_dep 스키마에서 정보의 반복 문제를 방지하는 유일한 방법은 *in_dep* 스키마를 두 개의 스키마(이 경우 *instructor*와 *department* 스키마)로 분해(decomposition)하는 것이다. 이 장 뒷부분에서 어떤 스키마가 적절하고 어떤 것이 적절하지 않은지 판별하는 알고리즘을 제시한다. 일반적으로 정보의 반복이 나타나는 스키마를 여러 개의 작은 스키마로 분해한다고 기억하자.

스키마를 분해하는 것이 항상 도움이 되는 것은 아니다. 모든 스키마가 오직 한 개의 속성으로 구성된 극단적인 경우를 생각해 보자. 이 경우에 어떤 종류의 흥미로운 관계도 표현할 수 없다. 다음으로 아래의 *employee* 스키마를 분해하기로 결정한 조금 덜 극단적인 경우를 보자(6.8절 참조).

employee (*ID*, *name*, *street*, *city*, *salary*)

위의 *employee* 스키마를 다음과 같은 두 스키마로 분해할 수 있다.

employee1 (*ID*, *name*)
employee2 (*name*, *street*, *city*, *salary*)

이 분해의 문제점은 이 조직에 동명이인이 있을 수 있을 때 발생한다. 어떤 문화권에서든 유달리 인기가 높은 이름이 존재하기 때문에 이러한 상황은 실제로 발생할 수 있다. 물론 개개인은 이 조직에서 유일한 직원 식별자를 가지므로 *ID*를 주 키로 사용할 수 있다. 한 예로 Kim이라는 동명을 가진 두 명의 직원이 대학교에서 일한다면, 처음 설계한 *employee* 스키마를 구현한 릴레이션은 다음과 같은 튜플을 가진다고 가정할 수 있다.

(57766, Kim, Main, Perryridge, 75000)
(98776, Kim, North, Hampton, 67000)

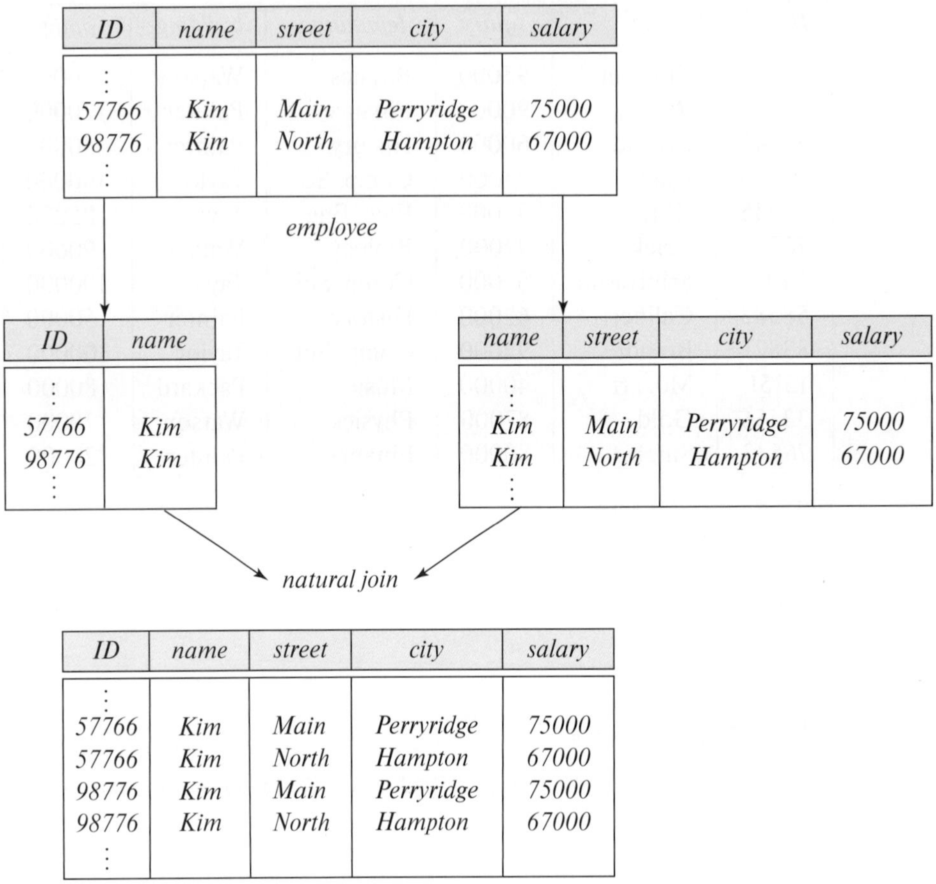

그림 7.3 나쁜 분해로 인한 정보 손실

그림 7.3은 위의 두 튜플, 분해한 두 스키마가 포함하는 튜플, 분해한 두 스키마에 자연 조인을 적용하여 원래의 튜플을 생성했을 때의 결과를 보여 준다. 그림에서 보는 바와 같이, (밑에 있는) 최종 결과는 Kim이라는 이름을 가진 본래의 두 튜플과 이 튜플에 속한 값을 잘못 혼합한 새로운 두 튜플을 추가로 포함하고 있는 것을 알 수 있다. 분해 스키마를 자연 조인한 결과가 더 많은 튜플을 가지고 있음에도 불구하고, 다음과 같은 면에서 실제로는 정보를 덜 가지고 있다. 우리는 어떤 도로(street), 도시(city), 급여(salary)가 Kim이라는 이름을 가진 누군가에게 속함은 파악할 수 있으나 두 Kim 중에 누구에게 속하는지는 구별할 수가 없다. 따라서 위의 분해는 대학교 직원에 대한 어떤 중요한 사실을 표현할 수 없다. 우리는 중요한 사실을 다 표현하지 못하는 분해를 피해야 한다. 이러한 분해를 **손실 분해**(lossy decomposition), 그 반대의 분해를 **무손실 분해**(lossless decomposition)라고 부른다.

7.1.2 무손실 분해

R을 관계 스키마라 하고, R_1과 R_2는 R의 분해라고 하자. 즉 R, R_1, R_2는 속성의 집합이고 $R = R_1 \cup R_2$를 만족한다. 만약 R을 두 개의 관계 스키마 R_1과 R_2로 분해하여 대체할 때 정보 손실이 없

다면, 그 분해는 **무손실 분해**라고 한다.[1] 릴레이션 $r(R)$의 인스턴스 대신 $r_1(R_1)$과 $r_2(R_2)$의 인스턴스를 사용해야만 하는데, 이때 $r_1(R_1)$과 $r_2(R_2)$의 인스턴스가 표현할 수 없는 정보를 $r(R)$ 인스턴스가 가지고 있는 경우 정보의 손실이 발생한다. 더 정확하게 말하면, 만약 모든 적법한(legal, 7.2.2절에서 공식적으로 정의함) 데이터베이스 인스턴스에 대해서, 릴레이션 r이 다음 SQL 질의의 결과와 동일한 튜플의 집합을 포함하는 경우 무손실 분해라고 한다.[2]

```
select *
from (select R1 from r)
     natural join
     (select R2 from r)
```

위 SQL은 다음의 관계 대수로 더욱 간결하게 표현할 수 있다.

$$\Pi_{R_1}(r) \bowtie \Pi_{R_2}(r) = r$$

달리 말하자면 우리가 릴레이션 r에 대해 R_1, R_2를 각각 추출(project)하고, 이 추출 결과에 대해 자연 조인을 계산하면 다시 정확히 r을 얻는다.

반대로, 추출 결과의 자연 조인을 계산할 때 원래 릴레이션의 적절한 확대 집합(superset)을 얻는다면 이 분해는 손실 분해다.

이것은 관계 대수에서 다음과 같이 더 간결하게 설명한다.

$$r \subset \Pi_{R_1}(r) \bowtie \Pi_{R_2}(r)$$

employee 스키마를 *employee1*과 *employee2*로 분해하고(그림 7.3) 두 명 이상의 직원이 동일한 이름을 갖는 경우로 돌아가 보자. *employee1*과 *employee2*의 자연 조인 결과는 원래 릴레이션 *employee*의 확대 집합이기 때문에 이 분해는 손실 분해다. 그 이유는 조인 결과가 어떤 직원 식별자(*ID*)가 어떤 주소와 급여에 대응되는지에 대한 정보를 잃었기 때문이다.

더 많은 튜플을 가지지만 정보는 더 적다는 것은 직관에 반하는 것처럼 보일 수 있지만, 실제로는 그렇다. 분해된 버전은 이름과 주소 또는 급여 사이의 연결 부재를 나타낼 수 없는데, 연결 부재도 실제로는 정보다.

7.1.3 정규화 이론

우리는 이제 각각이 "좋은 형식(형태)"인 스키마 집합을 도출하기 위한 일반적인 방법론을 정의한다. 이때 정보의 반복 문제를 겪지 않는다.

관계형 데이터베이스를 설계하는 방법은 일반적으로 **정규화**(normalization)로 알려진 절차를 따

---

1 역자 주: 그림 7.3에서 상단에 있는 릴레이션이 $r(R)$ 인스턴스에 해당하고, 가운데 왼쪽은 $r_1(R_1)$, 오른쪽은 $r_2(R_2)$ 인스턴스에 해당한다.

2 함수 종속의 왼쪽에 나타나는 어떤 속성도 널 값을 가질 수 없다고 가정하는 것으로 무손실의 정의를 기술할 수 있다. 이것은 문제 7.10에서 더 자세히 탐구한다.

르는 것이다. 목표는 불필요한 중복 없이 정보를 저장하고 쉽게 검색할 수 있도록 릴레이션 스키마의 집합을 생성하는 것이다. 접근 방식은 다음과 같다.

- 주어진 릴레이션 스키마가 "좋은 형식"인지 결정한다. 7.3절에서 다룰 것인데, 다양한 형식(정규형이라고 부름)이 존재한다.
- 주어진 릴레이션 스키마가 "좋은 형식"이 아닌 경우, 이를 여러 개의 더 작은 릴레이션 스키마로 분해하며, 각 릴레이션 스키마는 적절한 정규형이 되도록 한다. 이때 (적용한) 분해는 무손실 분해여야 한다.

관계 스키마가 바람직한 정규형 중 하나인지 확인하려면 데이터베이스로 모델링하는 실제 조직에 대한 추가 정보가 필요하다. 가장 일반적인 접근 방식은 7.2절에서 다루는 **함수 종속**(functional dependency)을 사용하는 것이다.

7.2 함수 종속을 사용한 분해

데이터베이스는 실제 세계의 개체(entity)와 관계(relationship)의 집합을 모델링한다. 일반적으로 실제 세계의 데이터에는 다양한 제약 조건(규칙)이 있다. 예를 들면, 대학교 데이터베이스에서 유지해야 하는 몇몇 제약 조건은 다음과 같다.

1. 학생과 교수는 ID로 유일하게 식별한다.
2. 각각의 학생과 교수는 하나의 이름만 가진다.
3. 각각의 교수와 학생은 (기본적으로) 하나의 학과에만 연계되어 있다.[3]
4. 각각의 학과는 하나의 예산 값을 가지며, 하나의 건물에만 연계되어 있다.

이러한 모든 실제 세계의 제약 조건을 만족하는 릴레이션의 인스턴스를 적법한(legal) 릴레이션이라고 한다. 모든 릴레이션 인스턴스가 적법한 인스턴스일 때 데이터베이스에 대한 **적법한 인스턴스**(legal instance)가 된다.

7.2.1 표기 관습

관계형 데이터베이스 설계를 위한 알고리즘을 논의할 때, 예제만 언급하는 것이 아닌 임의의 릴레이션과 그 스키마에 대해 이야기해야 한다. 2장의 관계형 모델에 대한 소개를 다시 떠올리길 바라면서, 2장에서 언급한 표기법을 다음과 같이 요약한다.

- 일반적으로 속성의 집합으로 그리스 문자를 쓴다(예를 들어, α). 릴레이션 스키마를 참조하기 위해 로마 대문자를 사용한다. 스키마 R이 릴레이션 r을 위한 것임을 표기하기 위해 $r(R)$ 표기법

3 대부분의 실제 대학에서 교수는 둘 이상의 학과와 연관될 수 있다. 예를 들면, 공동 임용(joint appointment)이나 겸임 교수(adjunct faculty)의 경우가 이에 해당한다. 동일하게, 학생은 두 개(또는 그 이상)의 전공이나 부전공을 가질 수 있다. 간소화된 대학교 스키마는 각 교수와 학생이 오직 하나의 (기본) 학과에 소속되어 있는 것을 모델링한다.

을 사용한다. 릴레이션 스키마는 속성의 집합이지만, 모든 속성의 집합이 스키마인 것은 아니다. 그리스 소문자는 속성의 집합을 참조하는데 그것은 스키마일 수도 있고 아닐 수도 있다. 확실하게 속성의 집합이 스키마임을 나타내고 싶을 때 로마 문자를 사용한다.

- 속성의 집합이 수퍼 키일 때 그것을 K로 나타낸다. 수퍼 키는 특정 릴레이션 스키마와 관계있으므로, "K는 R의 수퍼 키다"라는 용어를 사용한다.
- 릴레이션 이름은 소문자로 표기한다. 예제에서 이러한 이름은 *instructor*와 같이 사실적인 이름을 사용했지만, 앞으로의 정의와 알고리즘에서는 r과 같이 하나의 문자만 사용한다.
- 따라서 표기법 $r(R)$은 스키마 R을 가진 릴레이션 r을 의미한다. $r(R)$ 표기법을 사용하면 릴레이션과 스키마 둘 다 참조한다.
- 릴레이션은 어떤 주어진 시간에 특정한 값을 가질 수 있다. 그것을 인스턴스라고 부르고 "r의 인스턴스다"라는 용어를 사용한다. 인스턴스에 대해 논의하고 있는 것이 명확하다면, 간단하게 릴레이션 이름을 사용할 수 있다(예를 들어, r).

간결성을 위해 속성 이름은 데이터베이스 스키마 내에서 하나의 의미만 가지고 있다고 가정한다.

7.2.2 키와 함수 종속

실제 세계 제약 조건 중에서 가장 널리 쓰이는 유형은 공식적으로 키(수퍼 키, 후보 키, 주 키) 또는 함수 종속으로 표현할 수 있다. 이 용어는 아래에서 정의한다.

2.3절에서 수퍼 키에 대한 개념을 릴레이션에서 튜플을 유일하게 식별하게 해 주는 하나 혹은 그 이상의 속성의 전체적인 집합으로 정의했다. 그 정의를 다음과 같이 다시 설명할 수 있다. 주어진 $r(R)$에 대해 R의 부분집합 K는 다음의 조건을 만족하면 R의 **수퍼 키**(superkey)다. 그 조건은 만약 R의 어떤 적법한 인스턴스 r에 존재하는 모든 튜플의 쌍 t_1과 t_2에 대해 $t_1 \neq t_2$이면 $t_1[K] \neq t_2[K]$가 성립해야 한다는 것이다. 이는 어떠한 $r(R)$의 적법한 인스턴스에 존재하는 서로 다른 두 개의 튜플은 속성 집합 K에서 동일한 값을 가질 수 없다는 뜻이다.[4] 즉 만일 r에 있는 어떤 두 튜플도 K에 대해 같은 값을 갖지 않는다면, K개의 값(즉 K에 속한 속성의 값)이 r에서 튜플을 유일하게 식별한다.

수퍼 키는 전체 튜플을 유일하게 식별하는 속성의 집합인 반면에, 함수 종속은 어떤 속성들의 값을 유일하게 식별하는 제약 조건을 표현한다. 릴레이션 스키마 R을 고려하고, $\alpha \subseteq R$, $\beta \subseteq R$이라고 하자.

- 주어진 인스턴스 $r(R)$에 대해, 인스턴스 내의 모든 튜플의 쌍 t_1과 t_2가 "$t_1[\alpha] = t_2[\alpha]$이면, $t_1[\beta] = t_2[\beta]$이다"라는 조건을 만족한다면 인스턴스는 **함수 종속** $\alpha \rightarrow \beta$를 **만족**한다고 한다.
- 만약 모든 적법한 R의 인스턴스가 함수 종속을 만족한다면, 스키마 R 위에서 함수 종속 $\alpha \rightarrow \beta$를 **보존**(성립, 유지, 만족)한다고 말한다.

4 함수 종속 논의에서 우리는 SQL의 세 가지 값 논리(three valued-logic) 동등식(=)이 아닌 일반적인 수학적 의미의 동등식(=)을 사용한다. 다르게 말하자면, 함수 종속을 논의할 때 널 값이 없다고 가정한다.

함수 종속 표기법을 사용하면, 만약 $r(R)$에서 함수 종속 $K \rightarrow R$이 성립한다면 K는 $r(R)$의 수퍼 키라는 것을 의미한다. 다시 말해서, $r(R)$의 모든 적법한 인스턴스에 대해 인스턴스 내의 임의의 튜플 t_1과 t_2의 모든 쌍이 $t_1[K] = t_2[K]$를 만족하면 언제나 $t_1[R] = t_2[R]$이기 때문에(즉 $t_1 = t_2$), K는 수퍼 키다.[5]

함수 종속은 수퍼 키로는 표현하지 못했던 제약 조건도 표현할 수 있게 해 준다. 7.1절에서 아래 스키마를 생각해 보았다.

in_dep (*ID*, *name*, *salary*, *dept_name*, *building*, *budget*)

여기서 함수 종속 *dept_name* → *budget*이 성립하는데, *dept_name*으로 인식되는 각각의 학과에 대해 고유한 예산이 존재하기 때문이다.

두 속성의 쌍인 (*ID*, *dept_name*)이 *in_dep*의 수퍼 키를 형성한다는 사실에 주목하면 다음과 같이 표현할 수 있다.

ID, *dept_name* → *name*, *salary*, *building*, *budget*

우리는 두 가지 방법으로 함수 종속을 사용한다.

1. 릴레이션의 인스턴스가 주어진 함수 종속의 집합 F를 **만족**하는지 검사하기 위해 사용한다.
2. 적법한 릴레이션의 집합에 대한 제약 조건을 명시하기 위해 사용한다. 따라서 우리는 주어진 함수 종속의 집합을 만족하는 릴레이션 인스턴스에만 관심을 기울인다. 함수 종속의 집합 F를 만족하는 스키마 $r(R)$의 릴레이션만으로 제한한다면, F는 $r(R)$을 **보존**(성립, 유지, 만족)한다고 말한다.

어떤 함수 종속이 만족되는지 확인하기 위해 그림 7.4의 릴레이션 r의 인스턴스를 보자. 여기에서 $A \rightarrow C$가 만족됨을 볼 수 있다. A의 값이 a_1인 두 개의 튜플이 존재한다. 이 튜플들은 동일한 C의 값, 즉 c_1을 가진다. 유사하게 A의 값이 a_2인 두 튜플은 동일한 C의 값 c_2를 가진다. 그 외에는 같

A	B	C	D
a_1	b_1	c_1	d_1
a_1	b_2	c_1	d_2
a_2	b_2	c_2	d_2
a_2	b_3	c_2	d_3
a_3	b_3	c_2	d_4

그림 7.4 릴레이션 r의 인스턴스 예제

5 여기에서 릴레이션이 집합이라고 가정함에 유의한다. SQL은 다중 집합을 다루고, 속성의 집합 K에 대한 SQL의 **주 키** 선언은 $t_1[K] = t_2[K]$이면 $t_1 = t_2$임을 요구할 뿐만 아니라, 중복된 튜플 또한 없어야 함을 요구한다. SQL은 또한 집합 K 내의 속성에는 널 값을 대입할 수 없음을 요구한다.

building	*room_number*	*capacity*
Packard	101	500
Painter	514	10
Taylor	3128	70
Watson	100	30
Watson	120	50

그림 7.5 *classroom* 릴레이션의 인스턴스

은 A 값을 가지는 튜플이 없다. 그러나 함수 종속 $C \rightarrow A$는 성립되지 않는다. 왜 이것이 유지되지 않는가를 보기 위해 튜플 $t_1 = (a_2, b_3, c_2, d_3)$과 $t_2 = (a_3, b_3, c_2, d_4)$를 고려하자. 이 두 튜플은 c_2라는 동일한 C 값을 가지지만 각각 다른 A 값인 a_2, a_3를 가진다. 따라서 우리는 $t_1[C] = t_2[C]$이지만 $t_1[A] \neq t_2[A]$인 한 쌍의 튜플 t_1과 t_2을 찾은 셈이다.

이떤 힘수 종속은 모든 릴레이션이 반촉하기 때분에 **자명하다**(trivial)고 한다. 예를 들어, $A \rightarrow A$는 A라는 속성을 지니는 모든 릴레이션이 만족한다. 이 함수 종속을 문자 그대로 해석하면, 임의의 튜플 t_1과 t_2로 구성한 모든 쌍에서 $t_1[A] = t_2[A]$이라면 $t_1[A] = t_2[A]$임을 만족해야 한다는 것이다. 이는 당연히 성립하는 수식이다. 비슷하게 $AB \rightarrow A$도 A를 속성으로 갖는 모든 릴레이션이 보존한다. 일반적으로 $\alpha \rightarrow \beta$ 형태의 함수 종속은 $\beta \subseteq \alpha$이면 자명하다고 한다.

어떤 특정 릴레이션의 스키마가 만족하지 않는 함수 종속을, 특정 시점의 릴레이션의 인스턴스가 보존할 수도 있다는 사실을 아는 것이 중요하다. 그림 7.5의 *classroom* 릴레이션에서 *room_number* → *capacity*가 만족함을 볼 수 있다. 그러나 실세계에서 다른 건물에 있는 두 강의실이 동일한 강의실 번호를 가지지만 수용인원은 다를 수 있다. 따라서 언젠가 *room_number* → *capacity*가 만족되지 않는 *classroom* 릴레이션의 인스턴스가 나타날 가능성이 있다. 그러므로 *room_number* → *capacity*는 *classroom* 릴레이션 스키마가 보존하는 함수 종속 집합에 포함되지 않는다. 그러나 *building*, *room_number* → *capacity*는 *classroom* 스키마에서 성립함을 예상해 볼 수 있다.

속성 이름이 데이터베이스 스키마에서 하나의 의미만 가지고 있다고 가정하기 때문에, 함수 종속 $\alpha \rightarrow \beta$가 데이터베이스에 대한 제약 조건으로 보존된다고 기술하면, 어떠한 스키마 $R(\alpha \subseteq R$이고 $\beta \subseteq R)$에 대해서도 $\alpha \rightarrow \beta$는 성립한다.

주어진 함수 종속의 집합 F가 릴레이션 $r(R)$에 대해 성립한다고 하면, 다른 어떤 함수 종속 또한 그 릴레이션에 대해 성립한다는 것을 추론해 낼 수 있다. 예를 들어, 주어진 스키마 $r(A, B, C)$에서, 만약 함수 종속 $A \rightarrow B$, $B \rightarrow C$가 r에 대해 성립한다면 함수 종속 $A \rightarrow C$ 또한 r에 대해 성립함을 추론할 수 있다. A의 어떤 값에 대응하는 B의 값은 오직 하나이고, B의 그 값에 대해서도 C에 대응하는 값은 오직 하나이기 때문이다. 7.4.1절에서 이러한 추론이 어떻게 가능한지에 대해 알아본다.

우리는 함속 종속의 집합 F의 **폐포**(closure)를 표현하기 위해 F^+라는 표현을 사용한다. F^+는 주어진 집합 F로부터 추론할 수 있는 모든 함수 종속의 집합을 의미한다. 따라서 F^+는 F의 모든 함수 종속을 기본적으로 포함한다.

7.2.3 무손실 분해와 함수 종속

함수 종속을 사용하여 어떤 분해가 무손실 분해임을 증명할 수 있다. R, R_1, R_2는 스키마를 표현하고, F는 함수 종속의 집합이라 하자. 다음과 같은 함수 종속 중 최소한 하나가 F^+에 존재하면, R_1과 R_2는 R의 무손실 분해를 형성한다.

- $R_1 \cap R_2 \rightarrow R_1$
- $R_1 \cap R_2 \rightarrow R_2$

다시 말해, $R_1 \cap R_2$가 R_1 또는 R_2에 대한 수퍼 키이면, R을 R_1과 R_2로 분해하는 것은 무손실 분해다. 앞에서 보았듯이, 속성 폐포(attribute closure)를 사용하면 수퍼 키에 대한 검사를 효율적으로 수행할 수 있다.

이를 설명하기 위해 7.1절의 *in_dep*(= R) 스키마를 고려하자.

in_dep (*ID*, *name*, *salary*, *dept_name*, *building*, *budget*)

다음과 같이 *instructor*(= R_1)와 *department*(= R_2) 스키마로 분해했다고 가정하자.

instructor (*ID*, *name*, *dept_name*, *salary*)
department (*dept_name*, *building*, *budget*)

여기서 두 스키마 *instructor*(= R_1)와 *department*(= R_2)의 교집합은 *dept_name*이다. 그런데 함수 종속 *dept_name* → *dept_name*, *building*, *budget*이 성립하는데 이는 *dept_name*이 수퍼 키임을 표현한다. 따라서 이 분해는 무손실 분해 규칙을 만족함을 알 수 있다.

스키마를 한 번에 여러 개의 스키마로 분해하는 일반적인 경우에는 무손실 분해에 대한 검사가 더 복잡하다. 이 주제에 관해서는 이 장 끝에 있는 "더 읽어보기" 절을 참조한다.

이진 분해 검사가 무손실 분해에 대해 명백한 충분조건이지만, 모든 제약 조건이 함수 종속인 경우에는 이진 분해 검사는 무손실 분해에 대한 필요조건도 된다. 뒤에서 어떤 함수 종속도 존재하지 않을 때에도 분해가 무손실이라는 점을 보장할 수 있는 다른 유형의 제약 조건[특히 7.6.1절에서 논의할 다중값 종속(multivalued dependency)이라고 불리는 제약 조건]에 대해 살펴볼 것이다.

릴레이션 스키마 각각 R을 R_1과 R_2로 분해하는데, $R_1 \cap R_2 \rightarrow R_1$이 성립한다고 가정하자.[6] 그러면 다음 SQL 제약 조건을 분해한 스키마에 적용하여 해당 내용이 원래 스키마와 일치하는지 확인해야 한다.

- $R_1 \cap R_2$가 r_1의 주 키다.
  이 제약 조건은 함수 종속이 당연히 성립한다.
- $R_1 \cap R_2$가 r_2에서 r_1을 참조하는 외래 키다.

6 $R_1 \cap R_2 \rightarrow R_2$의 경우는 대칭이므로 무시한다.

이 제약 조건은 r_2의 각 튜플이 r_1에서 일치하는 튜플을 갖도록 보장한다. 일치하는 튜플이 없으면 r_1과 r_2의 자연 조인에 포함되지 않는다.

r_1 또는 r_2가 더 분해되고, 그 분해가 $R_1 \cap R_2$의 모든 속성이 하나의 릴레이션에 있음을 보장한다면, r_1 또는 r_2에 대한 주 키 또는 외래 키 제약 조건을 그 릴레이션이 상속한다.

7.3 정규형

7.1.3절에서 언급했듯이, 관계형 데이터베이스를 설계하는 데 사용할 수 있는 다양한 정규형이 존재한다. 이 절에서 가장 일반적인 두 가지를 다룬다.

7.3.1 보이스-코드 정규형

우리가 얻을 수 있는 바람직한 정규형 중의 하나는 바로 **보이스-코드 정규형**(Boyce-Codd Normal Form, **BCNF**)이다. 이것은 함수 종속을 기반으로 발견할 수 있는 모든 중복을 제거하지만, 7.6절에서 볼 수 있듯이 다른 유형의 중복이 남을 수 있다.

7.3.1.1 정의

R은 스키마이고, F는 함수 종속의 집합이라 하자. 만약 $\alpha \subseteq R$이고 $\beta \subseteq R$인 $\alpha \rightarrow \beta$ 형태의 F^+의 모든 함수 종속이 다음 중 적어도 하나라도 만족한다면, 함수 종속의 집합 F와 관련하여 릴레이션 스키마 R은 BCNF에 있다.

- $\alpha \rightarrow \beta$가 자명한(trivial) 함수 종속이다(즉 $\beta \subseteq \alpha$).
- α가 스키마 R의 수퍼 키다.

설계를 구성하고 있는 모든 릴레이션이 BCNF에 속하면 그 데이터베이스 설계는 BCNF에 속한다.

7.1절에서 이미 BCNF에 속하지 않는 스키마의 예를 보았다.

$$in\_dep\ (ID,\ name,\ salary,\ dept\_name,\ building,\ budget)$$

함수 종속 *dept_name* → *budget*이 *in_dep*에 대해 성립하지만 *dept_name*은 수퍼 키가 아니다(왜냐하면 하나의 학과에는 여러 명의 교수가 소속될 수 있기 때문이다). 7.1절에서 *in_dep*를 *instructor*와 *department*로 분해하는 것이 더 좋은 설계임을 보았다. *instructor* 스키마는 BCNF에 속한다. 자명하지 않은 모든 함수 종속은 다음 예와 같이 화살표 왼쪽에 *ID*를 포함하여 성립한다.

$$ID \rightarrow name,\ dept\_name,\ salary$$

*ID*는 *instructor*에 대한 수퍼 키다(사실 이 경우는 주 키다). 달리 말하면, 화살표 왼쪽에 *ID*를 포함하지 않고 *name*, *dept_name*, *salary*의 조합만으로 구성된 자명하지 않은 함수 종속이 존재하지 않는다. 그러므로 *instructor*는 BCNF에 속한다.

이와 비슷하게, *department* 스키마는 BCNF에 속한다. 왜냐하면 모든 자명하지 않은 함수 종속은 다음의 예와 같이 화살표 왼쪽에 *dept_name*을 포함하여 성립하기 때문이다.

$$dept\_name \rightarrow building, budget$$

*dept_name*은 *department*에 대한 수퍼 키다(사실 이 경우는 주 키다). 그러므로 *department*는 BCNF다.

이제 우리는 BCNF 형태가 아닌 스키마를 분해하는 일반적인 규칙에 대해 알아보겠다. R이 BCNF가 아닌 스키마라 가정하자. 그리고 자명하지 않은 함수 종속 $\alpha \rightarrow \beta$가 최소 한 개 존재하고, α는 R에 대한 수퍼 키가 아니라고 하자. 설계에서 R을 다음과 같은 두 개의 스키마로 대체할 수 있다.

- $(\alpha \cup \beta)$
- $(R - (\beta - \alpha))$

위의 *in_dept*의 경우에서 $\alpha = dept\_name$, $\beta = \{building, budget\}$이며, *in_dep*을 다음과 같이 대체할 수 있다.

- $(\alpha \cup \beta) = (dept\_name, building, budget)$
- $(R - (\beta - \alpha)) = (ID, name, dept\_name, salary)$

이 예제에서 $\beta - \alpha = \beta$임이 드러났다. 화살표 양쪽에 모두 등장하는 속성을 가진 함수 종속을 정확하게 다루기 위해 우리가 했던 바와 같이 이 규칙에 대해 논할 필요가 있다. 이에 대한 기술적인 이유는 후에 7.5.1절에서 살펴본다.

BCNF가 아닌 스키마를 분해할 때 그 결과로 나오는 스키마들 중 하나 혹은 그 이상은 BCNF가 아닐 수도 있다. 그러한 경우에는 계속해서 분해를 수행해서 궁극적인 결과가 BCNF 스키마의 집합이 되도록 한다.

7.3.1.2 BCNF와 종속성 보존

데이터베이스 일관성 제약 조건을 표현하기 위한 몇 가지 방법을 살펴본 바 있다. 이는 주 키 제약 조건, 함수 종속, **check** 제약 조건, 주장, 트리거 등이다. 데이터베이스가 갱신될 때마다 이러한 제약 조건을 검사하는 것은 큰 비용이 소모될 수 있으며, 따라서 제약 조건을 효과적으로 검사할 수 있는 방법으로 데이터베이스를 설계하는 것이 유용하다. 특히 단 하나의 릴레이션을 살펴봄으로써 함수 종속을 검사할 수 있다면 이 제약 조건을 검사하는 데 소모되는 비용을 낮출 수 있다. 우리는 BCNF로 분해하는 작업이 어떤 함수 종속을 효과적으로 검사하는 것을 방해할 수도 있다는 것을 살펴보겠다.

이를 설명하기 위해서 대학교 조직을 운용하는 방식에 작은 변화를 준다고 가정해 보자. 그림 6.15의 설계에서 한 명의 학생은 반드시 단 한 명의 지도교수를 둘 수 있다. 이는 *student*로부터 *advisor*로 다대일인 *advisor* 관계 집합에 기인한다. “작은” 변화는 교수는 단일 부서에만 연관될 수 있고, 한 학생은 두 명 이상의 지도교수를 둘 수 있지만 주어진 학과에서는 최대 한 명만 가능하도

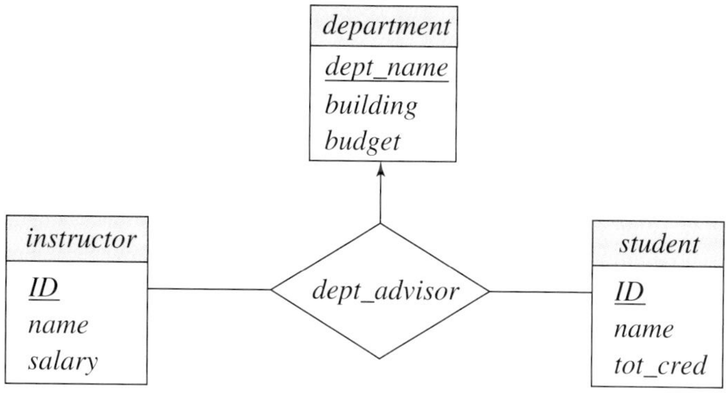

그림 7.6 *dept_advisor* **관계 집합**

록 하는 것이다.[7]

이런 변화를 E-R 설계로 구현하는 한 가지 방법은 *advisor* 관계 집합을 세 개의 개체 집합 *instructor*, *student*, *department*를 포함하는 삼진 관계 집합 *dept_advisor*로 대체하는 것이다. 이때 그림 7.6에서처럼 {*student*, *instructor*} 쌍으로부터 *department*로 다대일 관계다. 이 E-R 다이어그램은 "학생은 두 명 이상의 지도교수를 둘 수 있지만 주어진 학과에서 최대 한 명의 지도교수를 가진다."는 제약 조건을 구체적으로 명시한다.

이 새로운 E-R 다이어그램을 사용해도 *instructor*, *department*, *student* 스키마는 변하지 않는다. *dept_advisor* 관계 집합을 다음 스키마로 변환할 수 있다.

$$dept\_advisor\ (s\_ID,\ i\_ID,\ dept\_name)$$

비록 E-R 다이어그램에는 구체적으로 명시되어 있지 않지만, "교수는 단 하나의 학과에서만 지도교수로 활동할 수 있다."라는 추가적인 제약 조건이 있다고 가정해 보자.

그러면 다음의 함수 종속은 *dept_advisor*에서 유지된다.

$$i\_ID \rightarrow dept\_name$$
$$s\_ID,\ dept\_name \rightarrow i\_ID$$

첫 번째 함수 종속은 "교수는 단 하나의 학과에서만 지도교수로 활동할 수 있다"는 요구 사항에서 나온다. 두 번째 함수 종속은 "학생은 주어진 학과에 대해서 많아야 한 명의 지도교수를 둘 수 있다"는 요구 사항에서 나온다.

이 설계에서 교수가 *dept_advisor* 관계에 참여할 때마다 학과명을 반복해야 한다. *dept_advisor*는 *i_ID*가 수퍼 키가 아니므로 BCNF에 속하지 않는 것을 알 수 있다. BCNF 분해 규칙을 *dept_advisor*에 적용하면 다음을 얻을 수 있다.

$$(s\_ID,\ i\_ID)$$
$$(i\_ID,\ dept\_name)$$

7 이런 방식은 복수 전공을 하는 학생에 대한 적절한 가정이다.

앞의 두 스키마 모두 BCNF다(사실 단 두 개의 속성만 가진 스키마는 정의에 따라 BCNF 속한다는 것을 증명할 수 있다).

그러나 앞의 BCNF 설계에서 함수 종속 *s_ID*, *dept_name* → *i_ID*에 나타나는 세 가지 속성을 포함하는 스키마는 존재하지 않는다는 것에 주의한다. 분해한 개별 릴레이션에 적용할 수 있는 유일한 종속성은 *i_ID* → *dept_name*이다. 함수 종속 *s_ID*, *dept_name* → *i_ID*는 분해된 릴레이션의 조인을 계산해야 검사할 수 있다.[8]

위 설계는 조인 없이 이 함수 종속의 적용을 허용하지 않기 때문에 이 설계는 **종속성을 보존**(dependency preserving)하지 않는다고 말한다(7.4.4절에서 종속성 보전의 공식적인 정의를 제공한다). 종속성 보존을 보통 바람직한 것으로 간주하기 때문에, BCNF보다는 약하지만 종속성을 보존하는 다른 형태의 정규형을 고려할 필요도 있다. 이러한 정규형을 제3정규형[9]이라 부른다.

7.3.2 제3정규형

BCNF는 모든 비자명한(nontrivial) 종속은 $\alpha \rightarrow \beta$의 형태여야 하고, 이때 α가 수퍼 키임을 요구한다. 제3정규형(3NF)은 비자명한 함수 종속에 대해 그 좌측 항이 수퍼 키가 아닌 것도 허용함으로써 제약 조건을 조금 완화했다. 3NF를 정의하기 전에 후보 키는 최소의 수퍼 키임을 기억하자. 즉 후보 키는 그 자신의 진부분집합은 더 이상 수퍼 키가 아닌 수퍼 키다.

릴레이션 스키마 R은 관련된 함수 종속들의 집합 F에 대해서 **제3정규형**(3NF)이라 하는데, 이때 $\alpha \subseteq R$, $\beta \subseteq R$이며 $\alpha \rightarrow \beta$ 형태를 갖는 F^+의 모든 함수 종속이 다음 중 적어도 하나를 만족해야 한다.

- $\alpha \rightarrow \beta$는 자명한 함수 종속이다.
- α는 R의 수퍼 키다.
- $\beta - \alpha$에 속한 각 속성 A는 R의 후보 키에 포함된다.

위에서 세 번째 조건은 단일 후보 키가 $\beta - \alpha$의 모든 속성을 포함해야 한다는 것을 의미하지 않는다. $\beta - \alpha$에 속하는 각 속성 A가 서로 다른 후보 키에 포함될 수 있다는 것에 주목하자.

앞의 두 조건은 BCNF의 정의에서 나온 두 가지 조건과 동일하다. 3NF의 정의에서 세 번째 조건은 직관적이지도 않고 또 이것이 왜 유용한지도 명확하지 않다. 이는 어떤 의미에서 모든 스키마를 3NF로 종속성 보존 분해할 수 있도록 보장하기 위해 BCNF의 조건을 최소한으로 완화했음을 나타낸다. 따라서 세 번째 조건의 목적은 3NF로의 분해에 대해 설명할 때 더 명확해질 것이다.

BCNF를 만족하는 스키마는 그것의 함수 종속 각각이 위의 두 가지 조건 중 하나를 만족하기 때문에 3NF를 만족한다는 점에 주목하자. BCNF는 따라서 3NF보다 더 제한적인(까다로운 조건을

---

8 기술적으로 속성이 그 어떤 하나의 스키마에도 나타나지 않는 함수 종속이 여전히 암묵적으로 성립하는 것이 가능하다. 논리적으로 이를 내포하고 있는 다른 종속이 존재할 수 있기 때문이다. 이러한 경우는 7.4.4절에서 다룬다.

9 제2정규형을 생략했다는 사실을 알 수 있다. 제2정규형은 역사적으로만 중요성을 지니고 실제로는 제3정규형 또는 BCNF 중 하나가 항상 더 좋은 선택이다. 문제 7.19에서 제2정규형을 탐구한다. 제1정규형은 분해가 아닌 속성의 도메인과 관련되는데, 이는 7.8절에서 설명한다.

가진) 정규형이다.

3NF의 정의는 BCNF가 허용하지 않는 어떤 함수 종속을 허용한다. 3NF의 정의의 세 번째 조건만 만족하는 종속 $\alpha \rightarrow \beta$를 BCNF가 허용하지 않지만 3NF는 허용한다.[10]

다음의 함수 종속을 가지는 *dept_advisor* 스키마를 다시 살펴보자.

$$i\_ID \rightarrow dept\_name$$
$$s\_ID, dept\_name \rightarrow i\_ID$$

7.3.1.2절에서 함수 종속 "$i\_ID \rightarrow dept\_name$"으로 인해 *dept_advisor* 스키마가 BCNF에 속하지 않는다고 논증했다. 여기서 $\alpha = i\_ID$, $\beta = dept\_name$, $\beta - \alpha = dept_name$임에 주목할 필요가 있다. 함수 종속 $s_ID, dept_name \rightarrow i_ID$는 *dept_advisor*에서 성립하고 속성 *dept_name*은 후보 키에 포함되므로, *dept_advisor*는 3NF에 속한다.

종속성을 보존하는 BCNF 설계가 존재하지 않을 때 BCNF와 3NF 사이에 상반관계가 발생함을 보았다. 이러한 상반관계를 7.3.3절에서 더욱 심도 있게 다룬다.

7.3.3 BCNF와 3NF의 비교

관계형 데이터베이스 스키마에 대한 두 개의 정규형 3NF와 BCNF 중에서, 무손실 또는 종속성 보존을 희생하지 않고 항상 3NF 설계를 얻을 수 있다는 점에서 3NF가 좀 더 유용하다고 말할 수 있다. 그럼에도 불구하고 3NF는 단점도 지니고 있다. 데이터 항목 간의 생길 수 있는 몇몇 의미적인 연관성을 표현하기 위해 널 값을 사용해야 할 수 있으며, 정보 반복 문제도 가지고 있다.

함수 종속을 사용하는 데이터베이스 설계의 목표는 다음과 같다.

1. BCNF
2. 무손실
3. 종속성 보존

세 가지를 모두 항상 만족할 수 있는 것은 아니기 때문에, BCNF 또는 종속성 보존을 위한 3NF를 선택해야 한다.

SQL은 **주 키** 또는 **유일**(unique) 제약 조건을 사용하여 수퍼 키를 선언하는 특별한 경우를 제외하고 함수 종속을 지정하는 방법을 제공하지 않는다는 점에 주목할 필요가 있다. 약간 복잡하지만, 함수 종속을 강요하는 주장(assertion)을 작성하는 것이 가능하다(문제 7.9 참조). 안타깝게도 현재 임의의 함수 종속을 적용하는 데 필요한 복잡한 주장을 지원하는 데이터베이스 시스템은 없으며, 이런 주장을 검사하는 데 비용도 많이 든다. 따라서 종속성 보존 분해가 있더라도 표준 SQL을 사용하면 좌측 항이 키인 함수 종속만 효율적으로 검사할 수 있다.

만약 분해가 종속성 보존이 아닌 경우 조인을 통해서 함수 종속을 검사해야 한다. 하지만 만약

---

10 이러한 종속은 **이행 종속**(transitive dependency)(문제 7.18 참고)의 예다. 3NF의 원래 정의는 이행 종속에 관한 것이었다. 이 책에서 사용한 정의는 원래의 것과 동일하지만 이해하기가 더 쉽다.

데이터베이스 시스템이 실체화 뷰(materialized view)를 지원하는 경우 조인 결과를 실체화 뷰로 저장하여 원칙적으로 비용을 줄일 수 있다. 그러나 이 접근 방식은 데이터베이스 시스템이 실체화 뷰에 대한 **주 키** 제약 조건 또는 **유일** 제약 조건을 지원하는 경우에만 가능하다. 부정적인 측면은 실체화 뷰로 인한 공간 및 시간 부담이 있다는 것이고, 긍정적 측면은 응용 프로그램 개발자가 갱신 시 중복 데이터를 일관성 있게 유지하기 위한 코드 작성을 걱정할 필요가 없다는 것이다. 실체화 뷰를 유지하는 것, 즉 데이터베이스가 갱신될 때 실체화 뷰를 최신 상태로 유지하는 것은 데이터베이스 시스템의 작업이다. 16.5절에서 데이터베이스 시스템이 실체화 뷰 유지 관리를 효율적으로 수행하는 방법을 설명한다.

불행히도, 현재 대부분의 데이터베이스 시스템은 실체화 뷰에 대한 제약 조건을 제한하거나 전혀 지원하지 않는다. 만약 이런 제약 조건을 허용하더라도 추가 요구 사항이 존재한다. 데이터베이스는 기본 릴레이션을 갱신할 때 뷰를 갱신하고 제약 조건을 즉시 (동일한 트랜잭션의 일부로서) 확인해야 한다. 그렇지 않으면 갱신을 수행하고 난 후 제약 조건의 위반을 감지하였는데 그 위반을 야기한 트랜잭션은 이미 커밋된 상황이 발생할 수 있다.

요약하면, 종속성을 보존하는 BCNF 분해를 얻을 수 없더라도 BCNF를 선택하는 것이 더 바람직하다. 왜냐하면 SQL에서 주 키 제약 조건 이외의 함수 종속을 확인하는 것은 어렵기 때문이다.

7.3.4 상위 정규형

스키마를 분해하기 위해 함수 종속을 이용하는 것은 어떤 경우에는 정보의 불필요한 중복을 피하는 데 충분하지 못할 수도 있다. *instructor* 개체 집합 정의에 약간의 변화를 주자. 각 교수는 자녀 이름과 유선 전화번호를 집합으로 가질 수 있고, 그 전화번호는 여러 사람이 공유한다고 가정한다. 따라서 *phone_number*와 *child_name*은 다중값 속성이 되며, E-R 설계로부터 스키마를 생성하는 규칙에 따라 각 다중값 속성 *phone_number*와 *child_name*에 대해 하나씩 두 개의 스키마를 갖게 된다.

(*ID*, *child_name*)
(*ID*, *phone_number*)

위의 두 스키마를 결합하면 아래와 같은 스키마가 된다.

(*ID*, *child_name*, *phone_number*)

위 결합한 스키마는 자명하지 않은 함수 종속이 성립하지 않기 때문에(반대로 보면, 자명한 함수 종속만 성립하기 때문에) BCNF에 속하는 것을 알 수 있다. 결과적으로 이러한 결합이 좋은 방법이라고 생각할 수도 있다. 하지만 이러한 결합은 두 명의 자식과 두 개의 전화번호를 가진 어떤 교수의 예를 고려한다면 결코 좋지 않은 생각임을 알 수 있다. 가령 *ID*가 99999인 어떤 교수가 이름이 “David”와 “William”인 두 명의 자식을 두고 512-555-1234와 512-555-4321인 두 개의 전화번호를 가진다고 하자. 결합된 스키마에서 각각의 자식에 대해서 한 번씩 전화번호를 반복해야만 한다.

(99999, David, 512-555-1234)
(99999, David, 512-555-4321)
(99999, William, 512-555-1234)
(99999, William, 512-555-4321)

전화번호를 중복시키지 않고 오직 첫 번째와 네 번째 튜플만 저장한다면 자식들의 이름과 전화번호는 기록한 셈이다. 하지만 결과 튜플이 David는 512-555-1234하고만 대응하고 반면에 William은 512-555-4321하고만 대응하게 된다. 알다시피 이는 틀린 것이다.

함수 종속에 기반한 정규형이 이러한 상황을 다루기에는 충분하지 못하기 때문에 연구자들은 다른 종속성과 정규형을 정의했다. 이를 7.6절과 7.7절에서 다룬다.

7.4 함수 종속 이론

예제를 통해 어떤 스키마가 BCNF인지 3NF인지를 검사하는 과정의 일환으로서 함수 종속에 대해 체계적으로 추론하는 것이 유용함을 알아보았다.

7.4.1 함수 종속 집합의 폐포

어떤 스키마에 대한 함수 종속의 집합 F가 주어지면, 또 다른 특정 함수 종속도 그 스키마에 성립한다는 것을 증명할 수 있다. 이러한 추가적으로 존재하는 함수 종속을 F에 의해 "논리적으로 함축되었다"고 한다. 정규형을 검사할 때, 주어진 함수 종속 집합만 고려하는 것은 충분하지 못하다. 스키마에 대해 성립하는 모든 함수 종속을 고려할 필요가 있다.

좀 더 형식적으로 설명하기 위해 주어진 릴레이션 스키마 R에 대한 함수 종속 f와 함수 종속의 집합 F가 있다고 하자. F를 만족하는 릴레이션 $r(R)$의 모든 인스턴스가 또한 f를 만족한다면, f는 F에 의해 **논리적으로 함축되었다**(logically implied)고 한다.

릴레이션 스키마 $R = (A, B, C, G, H, I)$와 아래의 함수 종속 집합이 주어진다고 가정하자.

$$A \rightarrow B$$
$$A \rightarrow C$$
$$CG \rightarrow H$$
$$CG \rightarrow I$$
$$B \rightarrow H$$

아래의 함수 종속은 논리적으로 함축되었다.

$$A \rightarrow H$$

즉 릴레이션 인스턴스가 주어진 함수 종속 집합을 보존한다면, $A \rightarrow H$는 마찬가지로 릴레이션에서 보존되어야 한다. t_1과 t_2가 아래의 조건을 만족하는 튜플이라고 하자.

$$t_1[A] = t_2[A]$$

함수 종속의 정의에 따르면 주어진 $A \rightarrow B$에 의해서 다음이 성립한다.

$$t_1[B] = t_2[B]$$

그리고 위의 주어진 함수 종속 집합이 $B \rightarrow H$를 포함하므로, 함수 종속의 정의에 따라 다음을 만족한다.

$$t_1[H] = t_2[H]$$

결과적으로, $t_1[A] = t_2[A]$의 조건을 만족하는 t_1과 t_2에 대해서 항상 $t_1[H] = t_2[H]$임을 보였다. 그런데 이것이 $A \rightarrow H$의 정확한 정의다.

F를 함수 종속의 집합이라고 하자. F의 **폐포**(closure)는 F^+라고 나타내는데 F에 의해 논리적으로 함축되는 모든 함수 종속의 집합을 의미한다. F가 주어지면 함수 종속의 형식적인 정의에 따라서 직접 F^+를 구할 수 있다. 만약 F가 크다면 이 과정은 상당히 길어지고 어려워진다. 이러한 F^+ 계산은 $A \rightarrow H$가 예제 종속 집합의 폐포에 속하는지를 증명하는 데 사용한 것과 같은 형태의 인자를 필요로 한다.

공리(axiom) 또는 추론 규칙은 함수 종속에 관한 추론을 위한 더 간단한 기법을 제공한다. 다음에 나오는 규칙에서 속성의 집합으로 그리스 문자($\alpha, \beta, \gamma, \ldots$)를 사용하고, 개개의 속성을 위해 로마 문자의 대문자를 사용한다. 또 $\alpha\beta$는 $\alpha \cup \beta$를 나타낸다.

논리적으로 함축된 함수 종속을 구하기 위해서는 다음 세 가지 규칙을 사용할 수 있다. 이 규칙들을 반복적으로 적용함으로써 주어진 F에 대한 모든 F^+를 구할 수 있다. 이 규칙들의 모음을 이를 처음으로 제안한 사람의 이름을 따서 **암스트롱의 공리**(Armstrong's axioms)라고 부른다.

- **재귀 규칙**(Reflexivity rule): α가 속성의 집합이고 $\beta \subseteq \alpha$이면 $\alpha \rightarrow \beta$는 보존된다.
- **증가 규칙**(Augmentation rule): $\alpha \rightarrow \beta$가 보존되고 γ가 속성의 집합이면 $\gamma\alpha \rightarrow \gamma\beta$는 보존된다.
- **이행 규칙**(Transitivity rule): $\alpha \rightarrow \beta$가 보존되고 $\beta \rightarrow \gamma$가 보존되면 $\alpha \rightarrow \gamma$는 보존된다.

암스트롱의 공리는 **정당**(sound)한데 이는 이 규칙들이 잘못된 함수 종속을 생성하지 않기 때문이다. 이 규칙은 또한 **완전**(complete)한데 주어진 함수 종속의 집합 F에 대해서 모든 F^+를 생성할 수 있기 때문이다. "더 읽어보기" 절에서 정당성(soundness)과 완전성(completeness)의 증명에 대한 참고문헌을 찾을 수 있다.

암스트롱의 공리가 완전하기는 하지만 이를 F^+의 계산에 직접 사용하기에는 약간 불편한 면이 있다. 문제를 좀 더 간단히 하기 위한 부가적인 규칙을 여기에 나열한다. 이 규칙들이 정당하다는 것은 암스트롱의 공리를 사용해서 증명할 수 있다(문제 7.4, 7.5, 7.27 참조).

- **연합 규칙**(Union rule): $\alpha \rightarrow \beta$가 보존되고 $\alpha \rightarrow \gamma$가 보존된다면 $\alpha \rightarrow \beta\gamma$도 보존된다.
- **분해 규칙**(Decomposition rule): $\alpha \rightarrow \beta\gamma$가 보존되면 $\alpha \rightarrow \beta$가 보존되고 $\alpha \rightarrow \gamma$가 보존된다.
- **가이행 규칙**(Pseudotransitivity rule): $\alpha \rightarrow \beta$가 보존되고 $\gamma\beta \rightarrow \delta$가 보존되면 $\alpha\gamma \rightarrow \delta$는 보존된다.

이 규칙들을 스키마 $R = (A, B, C, G, H, I)$와 함수 종속의 집합 $F = \{A \rightarrow B, A \rightarrow C, CG \rightarrow H, CG \rightarrow I, B \rightarrow H\}$에 적용해 보자. 여기에 F^+의 구성원 몇 개를 나열하면 다음과 같다.

```
F+ = F
apply the reflexivity rule /* Generates all trivial dependencies */
repeat
      for each functional dependency f in F+
            apply the augmentation rule on f
            add the resulting functional dependencies to F+
      for each pair of functional dependencies f1 and f2 in F+
            if f1 and f2 can be combined using transitivity
                  add the resulting functional dependency to F+
until F+ does not change any further
```

그림 7.7 F^+를 계산하는 절차

- $A \rightarrow H$: $A \rightarrow B$와 $B \rightarrow H$가 보존되므로 이행 규칙을 적용할 수 있다. 앞 절에서 했던 것처럼 정의에서부터 직접 구하는 것에 비해 암스트롱의 공리를 써서 $A \rightarrow H$가 보존됨을 보이는 것이 훨씬 더 쉽다는 것을 확인할 수 있다.
- $CG \rightarrow HI$: $CG \rightarrow H$와 $CG \rightarrow I$이므로 연합 규칙이 $CG \rightarrow HI$를 내포하고 있다.
- $AG \rightarrow I$: $A \rightarrow C$와 $CG \rightarrow I$이므로 가이행 규칙이 $AG \rightarrow I$가 보존됨을 내포하고 있다.

  $AG \rightarrow I$가 보존됨을 보이는 또 다른 방법은 다음과 같다. $A \rightarrow C$에서 증가 규칙을 통해 $AG \rightarrow CG$를 유추할 수 있다. 이행 규칙을 이 종속과 $CG \rightarrow I$에 적용함으로써 $AG \rightarrow I$를 유추할 수 있다.

그림 7.7은 암스트롱의 공리를 사용하여 F^+를 계산하는 방법을 공식적으로 기술한 프로시저를 보여 준다. 이 프로시저에서 F^+에 함수 종속이 추가될 때 종속 관계가 이미 존재하고 있는 경우에는 F^+에 아무런 변화도 생기지 않는다. 7.4.2절에서 F^+를 구하는 또 다른 방법을 살펴본다.

함수 종속에서 좌측 항과 우측 항은 둘 다 R의 부분집합이다. 크기가 n인 집합은 2^n개의 부분집합을 가지므로 R의 속성의 개수가 n일 때 전부 $2^n \times 2^n = 2^{2n}$개의 함수 종속이 존재할 수 있다. 프로시저의 반복문에서 마지막 반복을 제외한 매 반복에서 적어도 하나의 함수 종속이 F^+에 추가된다. 따라서 이 프로시저는 매우 긴 시간이 걸릴지라도 종료를 한다.

7.4.2 속성 집합의 폐포

우리는 $\alpha \rightarrow B$이면 속성 B가 α에 의해 **함수적으로 결정된다**(functionally determined)고 말한다. 집합 α가 수퍼 키인지를 검사하기 위해서는 α에 의해 함수적으로 결정되는 속성의 집합을 계산하는 알고리즘을 고안해야 한다. 이를 위한 한 가지 방법으로서 F^+를 계산하고, α를 좌측 항에 있도록 하는 모든 함수 종속을 구하고, 그러한 모든 종속의 우측 항에 있는 속성의 합집합을 취하여 구할 수 있다. 그러나 이렇게 하는 것은 F^+가 커지는 경우에 그 비용이 너무 커진다.

α에 의해 함수적으로 결정되는 속성의 집합을 계산하는 효율적인 알고리즘은 α가 수퍼 키인지

```
result := α;
repeat
    for each functional dependency β → γ in F do
        begin
            if β ⊆ result then result := result ∪ γ;
        end
until (result does not change)
```

그림 7.8 F하에서 α의 폐포 α^+를 계산하는 알고리즘

검사하는 것뿐만 아니라 이 절의 나중에 보게 될 다른 몇몇 작업에 대해서도 유용하다.

α를 속성의 집합이라고 하자. 함수 종속의 집합 F에서 α에 의해 함수적으로 결정되는 속성의 집합을 F하에서 α에 대한 폐포라고 부르며 α^+라고 표시한다. 그림 7.8은 α^+를 구하는 의사 코드(pseudocode)로 작성된 알고리즘을 보여 준다. 입력은 함수 종속의 집합 F와 속성의 집합 α이고, 출력은 *result*라는 변수에 저장된다.

이 알고리즘이 어떻게 동작하는지를 살펴보기 위해 7.4.1절에서 정의한 함수 종속 집합에서 $(AG)^+$를 구하는 예를 설명한다. 먼저 $result = AG$로 시작한다. 각 함수 종속을 검사하기 위해 **repeat** 반복문을 수행할 때 다음을 발견한다.

- $A \rightarrow B$에서 B가 *result*에 포함된다. 이 사실을 확인하기 위해, $A \rightarrow B$가 F에 존재하고 있고, $A \subseteq result$ (현재는 AG임)이므로 $result: = result \cup B$임을 볼 수 있다.
- $A \rightarrow C$에서 *result*는 $ABCG$가 된다. (ABG에서 C를 추가함)
- $CG \rightarrow H$에서 *result*는 $ABCGH$가 된다. ($ABCG$에서 H를 추가함)
- $CG \rightarrow I$에서 *result*는 $ABCGHI$가 된다. ($ABCGH$에서 I를 추가함)

두 번째 **repeat** 반복문이 수행될 때는 *result*에는 아무 속성도 추가되지 않고 알고리즘이 종료한다.

그림 7.8의 알고리즘이 올바른 이유를 알아보자. $\alpha \rightarrow \alpha$는 항상 보존되므로 재귀 규칙에 의해 첫 번째 단계는 옳다. 우리는 *result*의 어떠한 부분집합 β에 대해서도 $\alpha \rightarrow \beta$라고 주장한다. $\alpha \rightarrow result$는 참이라는 조건에서 **repeat** 반복문이 시작되었으므로 $\beta \subseteq result$이고 $\beta \rightarrow \gamma$일 때에만 γ를 *result*에 추가할 수 있다. 그렇다면 재귀 규칙에 의해 $result \rightarrow \beta$이므로 이행 규칙에 따라 $\alpha \rightarrow \beta$이다. $\alpha \rightarrow \beta$이고 $\beta \rightarrow \gamma$이므로, 이행 규칙을 다시 적용하면 $\alpha \rightarrow \gamma$가 성립함을 알 수 있다. 연합 규칙은 $\alpha \rightarrow result \cup \gamma$임을 내포하고 있으므로, α는 **repeat** 반복문에 의해 생성되는 새로운 결과를 함수적으로 결정하게 된다. 따라서 알고리즘의 결과로 반환되는 어떠한 속성도 α^+에 속하게 된다.

알고리즘이 모든 α^+를 찾아낸다는 것을 보이기는 쉽다. 실행 중 어느 시점에서도 아직 *result*에 포함되지 않은 α^+의 속성 A를 고려하자. 공리를 사용하여 $result \rightarrow A$가 성립함을 증명할 방법이 있어야 한다. $result \rightarrow A$가 F에 있거나(증명을 자명하게 만들고 A를 *result*에 추가함) 또는 이행 규칙을 사용하여 일부 속성 B에 대해 $result \rightarrow B$임을 보이는 증명 단계가 있어야 한다. 만약 $A = B$가

발생하면, *result*에 A가 추가된 것을 증명한 것이다. 그렇지 않다면, B ($B \neq A$)가 추가된다. 이 주장을 반복하면, 결국 A가 *result*에 추가되어야 한다는 것을 알 수 있다.

최악의 경우에 이 알고리즘은 F에 있는 함수 종속의 개수의 제곱에 비례하는(quadratic) 시간이 소요된다. F의 크기에 선형적(linear)으로 비례하여 실행되는 조금 더 빠른(약간 더 복잡한) 알고리즘이 존재하며, 이 알고리즘은 문제 7.8의 일부로 나타냈다.

속성 폐포 알고리즘은 다음과 같은 몇 가지 활용이 있다.

- α가 수퍼 키인지를 검사하기 위해서 α^+를 구하고, α^+가 R의 모든 속성을 포함하는지 확인한다.
- 함수 종속 $\alpha \rightarrow \beta$가 보존된다(혹은 F^+에 속한다)는 것을 $\beta \subseteq \alpha^+$인지를 알아봄으로써 확인할 수 있다. 이는 α^+를 속성 폐포를 이용하여 구한 다음, 이것이 β를 포함하고 있는지를 확인하는 것이다. 이 장의 뒤에서 보겠지만 이 검사는 특히 유용하다.
- F^+를 구하는 또 다른 방법을 제시한다. $\gamma \subseteq R$인 각각의 γ에 대해서 폐포 γ^+를 구하고, $S \subseteq \gamma^+$인 각각의 S에 대해 함수 종속 $\gamma \rightarrow S$를 출력한다.

7.4.3 캐노니컬 커버

어떤 릴레이션 스키마에 대한 함수 종속의 집합 F가 있다고 하자. 사용자가 릴레이션에 갱신을 수행할 때마다 데이터베이스 시스템은 그 갱신이 어떠한 함수 종속도 위배하지 않았음을 보장해야 한다. 이 말은 F에 있는 모든 함수 종속이 데이터베이스의 새로운 상태(state)에 대해서도 만족되어야 한다는 것을 의미한다.

집합 F에 있는 어떤 함수 종속이라도 위배하게 되면 시스템은 그 갱신을 복귀(rollback)시켜야 한다.

주어진 집합과 동일한 폐포를 갖는 간소화된 함수 종속의 집합을 이용함으로써 위배를 확인하는 노력을 줄일 수 있다. 간소화된 함수 종속의 집합을 만족하는 어떠한 데이터베이스도 원래의 집합을 만족할 것이며 그 반대의 경우도 마찬가지다. 그러나 간소화된 집합으로 검사하는 것이 더 쉽다. 잠시 뒤에 간소화된 집합을 구하는 방법을 알아볼 것이다. 우선은 몇 가지 정의가 필요하다.

함수 종속의 집합의 폐포에서 어떤 함수 종속의 한 속성을 삭제해도 그 폐포를 변화시키지 않는다면 그 속성은 **이질적**(extraneous)이라고 한다.

- 함수 종속의 좌측 항에서 속성을 제거하면 더 강한 제약 조건이 될 수 있다. 예를 들어, 함수 종속 $AB \rightarrow C$가 있는데 여기서 B를 제거하면 더 강한 결과 $A \rightarrow C$를 얻는다. $A \rightarrow C$는 $AB \rightarrow C$를 논리적으로 함축하지만 $AB \rightarrow C$는 그 자체로 $A \rightarrow C$를 논리적으로 함축하지 않기 때문에 더 강하다고 말한다. 그러나 함수 종속의 집합 F가 무엇인지에 따라 $AB \rightarrow C$에서 B를 안전하게 제거할 수 있다. 예를 들어, 집합 $F = \{AB \rightarrow C, A \rightarrow D, D \rightarrow C\}$라고 가정한다. 그러면 F가 $A \rightarrow C$를 논리적으로 함축(이행 규칙을 적용하면 구할 수 있음)하는데, 이는 $AB \rightarrow C$에서 B가 이질적이어서 B를 제거한 것과 동일하다.
- 함수 종속의 우측 항에서 속성을 제거하면 더 약한 제약 조건이 될 수 있다. 예를 들어, 함수 종속 $AB \rightarrow CD$가 있는데 여기서 C를 제거하면 더 약한 결과 $AB \rightarrow D$를 얻는다. $AB \rightarrow D$

를 사용하여 더 이상 $AB \rightarrow C$를 추론할 수 없기 때문에 더 약해진 것이다. 그러나 함수 종속의 집합 F가 무엇인지에 따라 $AB \rightarrow CD$에서 C를 안전하게 제거할 수 있다. 예를 들어, 집합 $F = \{AB \rightarrow CD, A \rightarrow C\}$라고 가정한다. 그러면 $AB \rightarrow CD$를 $AB \rightarrow D$로 변경해도 여전히 $AB \rightarrow C$를 추론($A \rightarrow C$에 증가 규칙과 분해 규칙을 적용함)할 수 있고, 따라서 $AB \rightarrow CD$(연합 규칙 적용)도 추론 가능하다.

이질적인 속성(extraneous attribute)의 공식적인 정의는 다음과 같다. 함수 종속의 집합 F와 F에 속해 있는 함수 종속 $\alpha \rightarrow \beta$를 고려해 보자.

- **좌측 항에서 제거**: 만약 $A \in \alpha$이고 F가 $(F - \{\alpha \rightarrow \beta\}) \cup \{(\alpha - A) \rightarrow \beta\}$를 논리적으로 함축하면 속성 A는 α에서 이질적이라고 한다.
- **우측 항에서 제거**: 만약 $A \in \beta$이고 함수 종속의 집합 $(F - \{\alpha \rightarrow \beta\}) \cup \{\alpha \rightarrow (\beta - A)\}$가 F를 논리적으로 함축하면 속성 A는 β에서 이질적이라고 한다.

이질적인 속성의 정의를 이용할 때는 함축의 방향에 주의해야 한다. 만약 좌측과 우측을 바꾸었다면 함축은 항상 보존될 것이다. 즉 $(F - \{\alpha \rightarrow \beta\}) \cup \{(\alpha - A) \rightarrow \beta\}$가 항상 논리적으로 F를 함축하고, F도 항상 $(F - \{\alpha \rightarrow \beta\}) \cup \{\alpha \rightarrow (\beta - A)\}$를 논리적으로 함축한다.

어떤 속성이 이질적인지를 효율적으로 검사할 수 있는 방법은 다음과 같다. R이 릴레이션 스키마이고, F를 R이 보존하는 주어진 함수 종속의 집합이라고 하자. (함수) 종속 $\alpha \rightarrow \beta$에서 속성 A를 고려해 보자.

- 만약 $A \in \beta$인 경우, (속성) A가 이질적인지를 확인하기 위해서는 집합

  $$F' = (F - \{\alpha \rightarrow \beta\}) \cup \{\alpha \rightarrow (\beta - A)\}$$

  에 대해 $\alpha \rightarrow A$가 F'에서 유추될 수 있는지를 확인한다. 그러기 위해서는 α^+(α의 폐포)를 F'에서 계산한다. 이때 α^+가 A를 포함한다면 A는 β에서 이질적이다.
- 만약 $A \in \alpha$인 경우, (속성) A가 이질적임을 확인하기 위해서는 $\gamma = \alpha - \{A\}$라고 하고 $\gamma \rightarrow \beta$가 F에서 유추될 수 있는지를 확인한다. 그러기 위해서는 γ^+(γ의 폐포)를 F에서 계산한다. 이때 γ^+가 β의 모든 속성을 포함한다면 A는 α에서 이질적이다.

예를 들어, F가 $AB \rightarrow CD$, $A \rightarrow E$, $E \rightarrow C$를 포함한다고 하자. $AB \rightarrow CD$에서 C가 이질적이라는 것을 보이기 위해서 $F' = \{AB \rightarrow D, A \rightarrow E, E \rightarrow C\}$에서 AB의 속성 폐포를 구해야 한다. 이 폐포는 $ABCDE$이고 CD를 포함하고 있으므로 C는 이질적이라는 것을 유추할 수 있다.

이질적인 속성의 개념을 정의했으므로, 주어진 함수 종속의 집합과 동등한 단순화된 함수 종속의 집합을 구성하는 방법을 설명한다.

F에 대한 **캐노니컬 커버**(canonical cover) F_c는 F가 F_c에 존재하는 모든 종속을 논리적으로 함축하고, F_c도 F의 모든 함수 종속을 논리적으로 함축하는 함수 종속의 집합이다. 또한 F_c는 아래와 같은 특성을 따라야 한다.

```
F_c = F
repeat
    Use the union rule to replace any dependencies in F_c of the form
        α1 → β1 and α1 → β2 with α1 → β1 β2.
    Find a functional dependency α → β in F_c with an extraneous
        attribute either in α or in β.
        /* Note: the test for extraneous attributes is done using F_c, not F */
    If an extraneous attribute is found, delete it from α → β in F_c.
until (F_c does not change)
```

그림 7.9 캐노니컬 커버 계산 알고리즘

- F_c는 이질적인 속성을 지닌 함수 종속을 포함하지 않는다.
- F_c의 모든 함수 종속에서 좌측 항은 유일해야 한다. 즉 F_c에 $\alpha_1 \rightarrow \beta_1$과 $\alpha_2 \rightarrow \beta_2$가 있을 때 $\alpha_1 = \alpha_2$인 두 함수 종속이 존재하지 않는다는 것이다.

함수 종속의 집합 F에 대한 캐노니컬 커버를 계산하는 방법은 그림 7.9와 같다. 속성이 이질적인지를 확인할 때 F의 함수 종속이 아니라, F_c의 현재 값에서 함수 종속을 이용한다는 점을 유의해야 한다. 만약 함수 종속이 $A \rightarrow C$와 같이 우측 항이 단 하나의 속성만 가지고 있고, 그 속성이 이질적인 것으로 확인되면, 우측 항이 빈 함수 종속을 얻게 될 것이다. 이와 같은 함수 종속은 삭제되어야 한다.

알고리즘은 임의의 이질적인 속성의 선택을 허용하기 때문에 주어진 F에 대해 여러 개의 캐노니컬 커버가 존재할 수 있다. 그러한 F_c는 모두 동등하다. F의 임의의 캐노니컬 커버 F_c는 F와 같은 폐포를 가지므로, F_c를 만족하는지를 검사하는 것은 F를 만족하는지를 검사하는 것과 동일하다. 한편 F_c는 이질적인 속성을 포함하지 않고, 동일한 좌측 항으로 함수 종속들을 결합하므로 F_c는 어떤 의미에서 최소(minimal) 집합이다. 그래서 F 자체를 검사하는 것보다 F_c를 검사하는 것의 비용이 더 저렴하다.

이제 예를 고려해 보자. 스키마 (A, B, C)에 대해서 다음과 같은 함수 종속의 집합 F가 주어진다고 가정한다.

$$
\begin{aligned}
A &\rightarrow BC \\
B &\rightarrow C \\
A &\rightarrow B \\
AB &\rightarrow C
\end{aligned}
$$

F에 대한 캐노니컬 커버를 계산해 보자.

- 화살표의 좌측에 동일한 속성 집합을 갖는 함수 종속이 두 개 있다.

$$
\begin{aligned}
A &\rightarrow BC \\
A &\rightarrow B
\end{aligned}
$$

이 함수 종속을 $A \rightarrow BC$로 결합한다.

- F가 $(F - \{AB \rightarrow C\}) \cup \{B \rightarrow C\}$를 논리적으로 함축하므로 A는 $AB \rightarrow C$에서 이질적이다. 이 주장은 $B \rightarrow C$가 이미 함수 종속의 집합에 존재하므로 참이다.
- $A \rightarrow BC$는 $A \rightarrow B$와 $B \rightarrow C$에 의해 논리적으로 함축되므로 C는 $A \rightarrow BC$에서 이질적이다.

따라서 캐노니컬 커버는 다음과 같이 된다.

$$A \rightarrow B$$
$$B \rightarrow C$$

주어진 함수 종속의 집합 F에서 집합의 모든 함수 종속이 이질적이어서 그것을 제외시켜도 F의 폐포는 바뀌지 않을 수도 있을 것이다. F의 캐노니컬 커버 F_c는 그러한 이질적인 함수 종속을 가지지 않음을 보일 수 있다. 역설적으로 F_c에 그런 이질적인 함수 종속이 존재한다고 가정해 보자. 그렇다면 종속의 우측 항에 존재하는 속성은 이질적일 것이고, 이는 캐노니컬 커버의 정의에서 불가능한 것이다.

앞에서 언급했듯이, 캐노니컬 커버는 유일하지 않을 수도 있다. 예를 들어, 함수 종속의 집합 $F = \{A \rightarrow BC, B \rightarrow AC, C \rightarrow AB\}$를 보자. $A \rightarrow BC$에 대해 이질성 검사를 수행할 때 B와 C가 모두 F하에서 이질적임을 볼 수 있을 것이다. 그러나 이 둘을 모두 삭제하게 되면 문제가 발생한다! 캐노니컬 커버를 찾는 알고리즘은 둘 중 하나를 선택해 그것을 삭제할 것이다. 각 경우를 살펴보자.

1. 만약 C가 삭제된다면 집합 $F' = \{A \rightarrow B, B \rightarrow AC, C \rightarrow AB\}$를 얻게 된다. 그렇다면 B는 F'하에서 $A \rightarrow B$의 우측 항에서 이질적이지 않다. 알고리즘을 계속 수행하여 A와 B가 $C \rightarrow AB$의 우측 항에서 이질적임을 발견하게 되고 아래와 같은 두 개의 캐노니컬 커버가 나타나게 된다.

$$F_c = \{A \rightarrow B, B \rightarrow C, C \rightarrow A\}$$
$$F_c = \{A \rightarrow B, B \rightarrow AC, C \rightarrow B\}.$$

2. 만약 B가 삭제된다면 집합 $F' = \{A \rightarrow C, B \rightarrow AC, C \rightarrow AB\}$를 얻게 된다. 이 경우는 앞의 경우와 대칭적으로 다음과 같은 두 개의 추가 캐노니컬 커버를 계산할 수 있다.

$$F_c = \{A \rightarrow C, C \rightarrow B, B \rightarrow A\}$$
$$F_c = \{A \rightarrow C, B \rightarrow C, C \rightarrow AB\}.$$

연습으로 F의 캐노니컬 커버를 하나 더 찾을 수 있는가?

7.4.4 종속성 보존

함수 종속 이론을 이용하면 7.3.1.2절에서 사용한 임시 접근 방식보다 더 간단하게 종속성 보존을 설명할 수 있다.

F를 스키마 R에 대한 함수 종속의 집합이라 하고, $R_1, R_2, \ldots, R_n$은 R의 분해라고 하자. **F의 R_i에 대한 한정**(restriction of F to R_i)은 F^+에서 R_i의 속성만 포함한 모든 함수 종속의 집합 F_i이다.

```
compute F+;
for each schema Ri in D do
   begin
      Fi : = the restriction of F+ to Ri;
   end
F' := ∅
for each restriction Fi do
   begin
      F' = F' ∪ Fi
   end
compute F'+;
if (F'+ = F+) then return (true)
            else return (false);
```

그림 7.10 종속성 보존을 위한 검사

한정에 속한 모든 함수 종속이 단 하나의 릴레이션 스키마(R_i)의 속성만 포함하기 때문에, 하나의 릴레이션만을 확인함으로써 그러한 함수 종속을 만족하는지 검사하는 것이 가능하다.

한정의 정의는 F의 함수 종속이 아니라 F^+의 모든 함수 종속을 사용하고 있다는 점에 주목한다. 예를 들어, $F = \{A \rightarrow B, B \rightarrow C\}$이고, 분해는 AC와 AB로 되었다고 하자. $A \rightarrow C$는 F에 없지만 F^+에 있기 때문에, F의 AC에 대한 한정은 $A \rightarrow C$가 된다.

한정의 집합 $F_1, F_2, \dots, F_n$은 효율적으로 확인할 수 있는 함수 종속의 집합이다. 그럼 이제 한정만 검사하는 것만으로도 충분한지에 대해서 생각해 보자. $F' = F_1 \cup F_2 \cup \cdots \cup F_n$이라 하자. F'는 스키마 R의 함수 종속의 집합이지만 일반적으로 $F' \neq F$이다. 그러나 $F' \neq F$일지라도, $F'^+ = F^+$가 될 수 있다. 만약 후자가 참이라면 F의 모든 함수 종속은 F'에 의해 논리적으로 함축되며, 따라서 F'가 만족되는지 확인했다면 F도 만족됨을 확인한 것이다. $F'^+ = F^+$의 특성을 지니는 분해를 **종속성 보존 분해**(dependency preserving decomposition)라 한다.

그림 7.10은 종속성 보존을 검사하기 위한 알고리즘을 보여 준다. 입력은 분해된 릴레이션 스키마의 집합 $D = \{R_1, R_2, \dots, R_n\}$와 함수 종속의 집합 F다. 이 알고리즘은 F^+를 구하는 과정이 필요하기 때문에 비용이 크다. 그림 7.10의 알고리즘을 적용하는 대신 다음의 두 가지 대안을 생각해 보자.

첫째, 만약 F의 각각의 원소가 분해의 하나의 릴레이션에서 검사될 수 있다면 그 분해는 종속성 보존이다. 이는 종속성 보존을 보이기 위한 손쉬운 방법이긴 하지만 항상 성립하는 것은 아니다. 분해가 종속성 보존이라 하더라도 어떤 단일 릴레이션에서도 검사되지 않는 함수 종속이 F에 존재할 수 있는 경우가 있다. 따라서 이 대안 검사는 확인하기 쉬운 충분조건으로만 사용할 수 있다. 이 검사가 실패하더라도 분해가 종속성 보존이지 않다는 결론을 내릴 수는 없다. 대신 일반적인 검사를 적용할 수밖에 없다.

둘째, 이제 F^+를 구하지 않고 종속성 보존 검사를 할 수 있는 검사를 알아보자. 이 검사를 제시한 이후에 검사 이면에 숨은 직관에 대해 설명하겠다. 이 검사는 다음의 프로시저를 *F*에 속한 각각의 $\alpha \rightarrow \beta$에 대해 적용한다.

```
result = α
repeat
    for each Ri in the decomposition
        t = (result ∩ Ri)+ ∩ Ri
        result = result ∪ t
until (result does not change)
```

여기서 속성 폐포는 함수 종속의 집합 *F*하에 존재한다. 만약 *result*가 β의 모든 속성을 포함하고 있다면 함수 종속 $\alpha \rightarrow \beta$는 보존된다. 이 프로시저가 *F*의 모든 함수 종속이 보존된다는 것을 보일 수 있다면 이는 이 분해가 종속성 보존이라는 것과 필요충분관계가 된다.

위의 검사 이면의 두 가지 핵심 아이디어는 다음과 같다.

- 첫 번째 아이디어는 *F*에 속하는 각각의 함수 종속 $\alpha \rightarrow \beta$를 검사하기 위해서, 그것이 F'(F'은 그림 7.10에 정의되어 있음)에서 보존되는지 알아보는 것이다. 그러기 위해 F'하에서 α의 폐포를 계산한다. 이 폐포가 β를 포함하고 있으면 종속은 정확히 보존된다. *F*의 모든 종속이 보존됨을 밝히면 이 분해가 종속성 보존됨과 필요충분조건이 된다.
- 두 번째 아이디어는 실제로 F'을 먼저 계산하지 않고, F'하에서 폐포를 계산하기 위해 수정된 형태의 속성 폐포 알고리즘을 이용하는 것이다. F'을 계산하는 비용이 크기 때문에 F' 계산은 가능하면 피해야 한다. F_i가 *F*의 R_i에 대한 한정이라고 할 때 F'은 F_i의 합집합임에 주목한다. 이 알고리즘은 *F*에 대해 ($result \cap R_i$)의 속성 폐포를 계산하고, 이 폐포와 R_i와의 교집합을 계산한 후 결과로 나오는 속성 집합을 *result*에 더한다. 이 일련의 단계는 F_i하에서 *result*의 폐포를 계산하는 것과 동일하다. while 루프 안에서 각각의 *i*에 대해 이 단계를 반복하면 F'하에서 *result*의 폐포를 구할 수 있다.

  이 수정된 속성 폐포 방법이 어째서 올바르게 작동하는지를 이해하기 위해서, 모든 $\gamma \subseteq R_i$에 대해 $\gamma \rightarrow \gamma^+$는 F^+ 내에서 함수 종속이고, $\gamma \rightarrow \gamma^+ \cap R_i$는 F^+의 R_i에 대한 한정인 F_i 내에서 함수 종속인 것에 주목해야 한다. 역으로, 만약 $\gamma \rightarrow \delta$가 F_i에 속하면 δ는 $\gamma^+ \cap R_i$의 부분집합이 될 것이다.

이 프로시저를 이용하여 F^+를 구하는 데 필요한 시간으로는 지수적 시간(exponential time)이 아닌 다항식 시간(polynomial time)이면 가능하다.

7.5 함수 종속을 사용한 분해 알고리즘

실세계의 데이터베이스 스키마는 책의 한 페이지에 들어갈 정도의 예제보다 훨씬 더 크다. 이러한 이유로 적절한 정규형으로 되는 설계를 생성해 주는 알고리즘이 필요하다. 이 절에서 BCNF와 3NF를 위한 알고리즘에 대해 알아본다.

7.5.1 BCNF 분해

BCNF의 정의를 어떤 릴레이션이 BCNF인지를 검사하는 데 직접적으로 사용할 수 있다. 그러나 F^+을 계산한다는 것은 매우 지루한 작업이다. 먼저 어떤 릴레이션이 BCNF인지를 밝히기 위한 단순화된 검사를 설명하겠다. 어떤 릴레이션이 BCNF가 아니면 분해하여 BCNF인 릴레이션을 생성할 수 있다. 이 절 후반부에서 한 릴레이션에 대한 무손실 분해를 생성하고 그 분해가 BCNF가 되게 하는 알고리즘에 대해 설명한다.

7.5.1.1 BCNF에 대한 검사

어떤 릴레이션 스키마 R이 BCNF를 만족하는지를 확인하는 검사는 몇몇 경우에 다음과 같이 간단하게 시행할 수 있다.

- 자명하지 않은 종속 $\alpha \rightarrow \beta$가 BCNF를 위반하는지 확인하려면, α^+(α의 속성 폐포)를 구하고, 그것이 R의 모든 속성을 포함하는지, 즉 R이 수퍼 키인지를 확인한다.
- 릴레이션 스키마 R이 BCNF에 속하는지 확인하려면, F^+의 모든 함수 종속에 대해 확인하는 것이 아니라, 주어진 함수 종속의 집합 F에 포함된 함속 종속의 BCNF 위반 여부를 확인하는 것만으로도 충분하다.

  만일 BCNF를 위반하는 F의 함수 종속이 하나도 없는 경우에는 F^+의 어떠한 종속도 BCNF를 침해하지 않음을 보일 수 있다.

불행히도 후자의 절차는 릴레이션 스키마가 분해되었을 경우에는 동작하지 않는다. 즉 릴레이션 스키마 R의 분해 중 BCNF를 위반하는 R_i에 대해 검사할 때 F를 사용하는 것은 충분치 않음을 말한다. 예를 들어, $A \rightarrow B$, $BC \rightarrow D$를 포함하는 함수 종속 F를 가지는 릴레이션 스키마 $R(A, B, C, D, E)$를 보자. 이 스키마가 $R_1(A, B)$와 $R_2(A, C, D, E)$로 분해되었다고 가정하자. 그렇다면 F의 어떤 종속도 $R_2(A, C, D, E)$에 속한 속성만 포함하지 않으므로, R_2가 BCNF를 만족한다고 생각할 것이다. 사실은 F^+에 $AC \rightarrow D$라는 종속이 있으며(이는 F의 두 종속에서 가이행 규칙에 따라 유추할 수 있다), 이는 R_2가 BCNF가 아님을 보여 준다. 따라서 분해된 릴레이션이 BCNF가 아님을 보이기 위해서는 F에는 없지만 F^+에는 존재하는 종속이 필요한 것이다.

또 다른 BCNF 검사는 F^+의 모든 종속을 계산하는 것보다 때로 더 쉬울 수 있다. 릴레이션 스키마 R의 분해 중 하나인 R_i가 BCNF에 속하는지를 확인하기 위해서 다음 검사를 적용하자.

- R_i의 속성의 모든 부분집합 α에 대해서, α^+(F하에서 α의 속성 폐포)가 $R_i - \alpha$ 속성을 포함하고 있지 않거나 혹은 R_i의 모든 속성을 포함하고 있는지 확인한다.

만일 R_i의 속성의 어떤 집합 α가 이 조건을 위반한다면 F^+에서 나타날 수 있는 다음 함수 종속을 고려해야 한다.

$$\alpha \rightarrow (\alpha^+ - \alpha) \cap R_i.$$

위 종속은 R_i가 BCNF를 위반했다는 것을 보여 준다.

```
result := {R};
done := false;
while (not done) do
   if (there is a schema Ri in result that is not in BCNF)
     then begin
            let α → β be a nontrivial functional dependency that holds
            on Ri such that α+ does not contain Ri and α ∩ β = ∅;
            result := (result − Ri) ∪ (Ri − β) ∪ ( α, β);
          end
     else done := true;
```

그림 7.11 BCNF 분해 알고리즘

7.5.1.2 BCNF 분해 알고리즘

이제 릴레이션 스키마를 BCNF를 만족하는 형태로 분해하는 일반적인 방법을 기술해 보자. 그림 7.11은 이러한 일을 수행하는 알고리즘을 보여 준다. 만약 R이 BCNF에 속하지 않는다면 이 알고리즘에 따라 R을 BCNF 스키마의 모음 $R_1, R_2, \ldots, R_n$으로 분해할 수 있다. 알고리즘은 분해를 수행하기 위해 BCNF를 위반한 함수 종속을 사용한다.

이 알고리즘에서 생성하는 분해는 BCNF에 속할 뿐만 아니라 무손실 분해이기도 하다. 왜 이 알고리즘이 무손실 분해만 생성해 내는지를 보기 위해서 R_i를 $(R_i - \beta)$와 (α, β)로 대체하면 종속 $\alpha \rightarrow \beta$가 보존되고 $(R_i - \beta) \cap (\alpha, \beta) = \alpha$가 됨을 주목하자.

만약 $\alpha \cap \beta = \emptyset$임을 요구하지 않았다면 $\alpha \cap \beta$에 있는 속성은 $(R_i - \beta)$ 스키마에 나타나지 않았을 것이고 종속 $\alpha \rightarrow \beta$는 더 이상 보존되지 않았을 것이다.

7.3.1절에서 *in_dep*를 분해한 것은 이 알고리즘을 적용하여 얻은 결과임을 쉽게 알 수 있다. 함수 종속 *dept_name* → *building*, *budget*은 $\alpha \cap \beta = \emptyset$ 조건을 만족하고 따라서 이 스키마를 분해하는 데 선택할 수 있다.

BCNF 분해 알고리즘(BCNF decomposition algorithm)은 분해한 릴레이션이 BCNF를 만족하는지를 확인하기 위해서 초기 스키마 크기에 대한 지수적 시간이 걸린다. 참고문헌에서 BCNF 분해를 다항식 시간에 구할 수 있는 알고리즘을 찾아볼 수 있다. 그러나 이 알고리즘은 "과도한 정규화(overnormalize)"를 초래할 수 있다. 즉 불필요하게 릴레이션을 분해하게 된다.

BCNF 분해 알고리즘을 이용하는 더 긴 예제로서 다음과 같은 *class* 스키마를 이용한 데이터베이스 설계가 있다고 가정해 보자.

class (*course_id*, *title*, *dept_name*, *credits*, *sec_id*, *semester*, *year*, *building*, *room_number*, *capacity*, *time_slot_id*)

이 *class* 스키마에 보존(성립)하도록 필요로 하는 함수 종속의 집합은 다음과 같다.

course_id → *title, dept_name, credits*
building, room_number → *capacity*
course_id, sec_id, semester, year→ *building, room_number, time_slot_id*

이 스키마의 후보 키는 {*course_id, sec_id, semester, year*}이다.

그림 7.11의 알고리즘을 이 *class* 예제에 다음과 같이 적용할 수 있다.

- 아래의 함수 종속은

  course_id → *title, dept_name, credits*

  가 유지되지만 *course_id*는 수퍼 키가 아니다. 따라서 *class*는 BCNF가 아니다. *class*를 다음 두 릴레이션으로 대체한다.

  course (*course_id, title, dept_name, credits*)
  class-1 (*course_id, sec_id, semester, year, building, room_number capacity, time_slot_id*)

  *course*에 보존되는 유일한 자명하지 않은 함수 종속은 좌측 항에 *course_id*를 포함한다. *course_id*는 *course*에서 수퍼 키이기 때문에 릴레이션 *course*는 BCNF다.

- *class-1*의 후보 키는 {*course_id, sec_id, semester, year*}이다. 아래의 함수 종속

  building, room_number → *capacity*

  는 *class-1*에 보존되지만 {*building, room_number*}는 *class-1*에서 수퍼 키가 아니다. *class-1*을 다음으로 대체한다.

  classroom (*building, room_number, capacity*)
  section (*course_id, sec_id, semester, year, building, room_number, time_slot_id*)

  이 두 스키마 *classroom*과 *section*은 BCNF다.

따라서 *class* 스키마를 분해한 결과로 *course, classroom, section*의 세 릴레이션 스키마가 나오고 이는 각각 BCNF가 된다. 이것은 이전 장에서 사용했던 스키마와 일치한다. 우리는 이 분해가 무손실이고 종속성이 보존됨을 밝힐 수 있다.

7.5.2 3NF 분해

그림 7.12는 3NF로의 종속성 보존이고 무손실 분해를 찾는 알고리즘을 보여 준다. 알고리즘에서 사용하고 있는 (함수) 종속의 집합 F_c는 F의 캐노니컬 커버나. 알고리즘은 스키마 집합 R_j를 고려하고 있음을 주목하자. 이때 $j = 1, 2, \ldots, i$이며 i의 초깃값은 0이고 이 경우 집합은 공집합이다.

이 알고리즘을 7.3.2절의 *dept_advisor* 예제에 적용하면 다음과 같은 스키마를 얻는다.

```
let Fc be a canonical cover for F;
i := 0;
for each functional dependency α → β in Fc
    i := i + 1;
    Ri := α β;
if none of the schemas Rj, j = 1, 2, ..., i contains a candidate key for R
  then
    i := i + 1;
    Ri := any candidate key for R;
/* Optionally, remove redundant relations */
repeat
    if any schema Rj is contained in another schema Rk
      then
        /* Delete Rj */
        Rj := Ri;
        i := i - 1;
until no more Rjs can be deleted
return (R1, R2, ..., Ri)
```

그림 7.12 3NF로의 종속성 보존, 무손실 분해

$$dept\_advisor\ (s\_ID,\ i\_ID,\ dept\_name)$$

위의 스키마가 BCNF는 아닐지라도 3NF임을 보였다. 이 알고리즘은 F에서 다음의 함수 종속을 이용할 것이다.

$$f_1\text{: } i\_ID \rightarrow dept\_name$$
$$f_2\text{: } s\_ID,\ dept\_name \rightarrow i\_ID$$

F의 함수 종속 내에 어떠한 이질적인 속성도 존재하지 않으므로 F_c는 f_1과 f_2를 포함한다. 그러면 알고리즘은 R_1을 (*i_ID*, *dept_name*) 스키마로, R_2를 (*s_ID*, *dept_name*, *i_ID*) 스키마로 생성한다. 그 후 R_2가 후보 키를 포함함을 찾아내고, 따라서 어떠한 다른 릴레이션 스키마를 더 생성하지 않는다.

결과로 생성된 스키마의 집합은 중복 스키마를 포함할 수 있는데, 가령 어떤 스키마 R_k는 다른 스키마인 R_j의 모든 속성을 포함할 수 있다. 위의 예에서 R_2는 R_1의 모든 속성을 포함한다. 알고리즘은 다른 스키마에 포함되는 스키마를 삭제한다. 삭제되는 R_j에서 검사를 해야 할 함수 종속을 (그 스키마의 모든 속성을 포함하는) R_k에서 검사받을 수 있다면 R_j가 지워지더라도 분해는 무손실 분해다.

이제 7.5.1.2절의 *class* 릴레이션 스키마에 **3NF 분해 알고리즘**(3NF decomposition algorithm)을 적용해 보자. 7.5.1.2절에서 나열한 함수 종속의 집합은 캐노니컬 커버다. 그 결과, 알고리즘은 같은 세 스키마 *course*, *classroom*, *section*을 생성한다.

앞 예제에서 3NF 알고리즘의 흥미로운 특성을 볼 수 있다. 결과는 3NF일 뿐 아니라 BCNF인 경우도 존재한다. 이것은 BCNF 설계를 만드는 다음과 같은 대안적인 방법을 시사한다. 먼저 3NF 알고리즘을 사용한다. 그런 다음 BCNF가 아니면서 3NF 설계에 속하는 스키마에 대해서 BCNF 알고리즘을 적용하여 분해한다. 만약 결과가 종속성을 보존하지 않는다면 3NF 설계로 되돌린다.

7.5.3 3NF 알고리즘의 정확성

3NF 알고리즘은 캐노니컬 커버에서 각 종속에 대해 명시적으로 스키마를 구축하여 종속성 보존을 보장한다. 또한 3NF 알고리즘은 분해할 스키마의 후보 키를 최소한 하나의 스키마가 포함하도록 보장하므로 무손실 조인 분해도 보장한다. 문제 7.16은 이것이 무손실 분해를 보장하는 데 충분하다는 증거에 대한 통찰력을 제공한다.

이 알고리즘은 초기 스키마를 반복적으로 분해하는 대신 종속의 집합을 이용하여 한 번에 하나의 스키마를 추가하기 때문에 **3NF 합성 알고리즘**(3NF synthesis algorithm)이라고도 불린다. 함수 종속의 집합이 둘 이상의 캐노니컬 커버를 가질 수 있으므로 그 결과를 유일하게 정의할 수 없다. 릴레이션이 이미 3NF인 경우에도 릴레이션을 분해할 수 있고, 그 분해가 3NF에 속함을 보장한다.

알고리즘이 3NF 설계를 생성하는지 확인하려면, 분해로 생성된 각 스키마 R_i를 고려한다. 3NF 여부를 검사하기 위해서 함수 종속의 우측 항이 단 하나의 속성인 것만 고려하면 충분하다는 것을 기억하자. 따라서 R_i가 3NF인 것을 증명하기 위해서는 R_i에서 보존되는 어떠한 함수 종속 $\gamma \rightarrow B$도 3NF의 정의를 만족함을 보여야 한다. 합성 알고리즘에서 R_i를 생성한 (함수) 종속이 $\alpha \rightarrow \beta$라고 가정하자. B는 R_i에 속하고 함수 종속 $\alpha \rightarrow \beta$로 인해 R_i를 생성하였으므로, B는 α 또는 β에 속해야 한다. 다음과 같은 세 가지 가능성을 고려할 수 있다.

- B가 α, β 양쪽에 모두 속한다. 이 경우 종속 $\alpha \rightarrow \beta$는 B가 β에서 이질적이므로 F_c에 존재하지 않을 것이다. 따라서 이 경우는 성립되지 않는다.
- B가 β에는 속하지만 α에는 속하지 않는다. 다음과 같은 두 가지 경우를 고려하자.
  - γ는 수퍼 키다. 3NF의 두 번째 조건을 만족한다.
  - γ는 수퍼 키가 아니다. α는 γ에 속하지 않는 어떤 속성을 포함해야 한다. $\gamma \rightarrow B$가 F^+에 속하므로 F_c에서 γ에 대한 속성 폐포 알고리즘을 사용하여 유도 가능해야 한다. 유도는 $\alpha \rightarrow \beta$를 사용하지 않아야 하는데, 만약 사용했다면 α는 γ의 속성 폐포에 포함되어야 하며, γ는 수퍼 키가 아니라고 가정했기 때문에 이는 불가능하다. 이제 $\alpha \rightarrow (\beta - \{B\})$와 $\gamma \rightarrow B$를 이용하여 $\alpha \rightarrow B$를 유도할 수 있다($\gamma \subseteq \alpha\beta$이고, γ는 $\gamma \rightarrow B$가 자명하지 않은 함수 종속이므로 B를 포함할 수 없기 때문이다). 이것은 B가 $\alpha \rightarrow \beta$의 우측 항에서 이질적인 것을 의미하며, 이는 $\alpha \rightarrow \beta$는 캐노니컬 커버 F_c에 속하기 때문에 가능하지 않다. 따라서 B가 β에 속하면 γ는 수퍼 키가 되어야 하므로 3NF의 두 번째 조건을 만족한다.
- B가 α에는 속하지만 β에는 속하지 않는다.

  α가 후보 키이기 때문에 3NF의 정의의 세 번째 조건을 만족한다.

흥미롭게도 주어진 릴레이션이 3NF를 만족하는지를 검사하는 것은 NP-난해(이 작업을 다항식 시간 내에 해결하는 알고리즘을 개발하는 것이 거의 불가능함을 의미한다)임에도 불구하고, 3NF로의 분해를 위한 이 알고리즘은 다항식 시간으로 동작한다.

7.6 다중값 종속을 이용한 분해

어떤 릴레이션 스키마는 BCNF임에도 불구하고 충분히 정규화되지는 않은 것처럼 보이는데 이는 다른 의미로는 정보 중복에 관한 문제가 여전히 존재한다는 것이다. 대학교 데이터베이스 예를 수정하여 교수가 다양한 학과와 연계되어 있을 수 있는 경우를 생각해 보면, 다음과 같은 릴레이션을 가질 수 있다.

$$inst\ (ID,\ dept\_name,\ name,\ street,\ city)$$

통찰력이 있는 독자라면 이 스키마에는 아래와 같은 함수 종속이 나타나며,

$$ID \rightarrow\ name,\ street,\ city$$

*ID*는 *inst*의 키가 아니기 때문에 이 스키마를 BCNF가 아닌 스키마로 인식할 것이다.

그렇지만 교수가 몇 개의 주소(말하자면 겨울에 지내는 집과 여름에 지내는 집 등)를 가진다고 가정해 보자. 그러면 더 이상 함수 종속 $ID \rightarrow street,\ city$가 성립될 수 없다. 물론 여전히 $ID \rightarrow name$은 성립하게 할 수 있다(대학교는 다수의 별칭을 지닌 교수에 대해서는 다루지 않기 때문이다). BCNF 분해 알고리즘을 적용하면 다음의 두 스키마를 얻는다.

$$r_1\ (ID,\ name)$$
$$r_2\ (ID,\ dept\_name,\ street,\ city)$$

위의 스키마는 둘 다 BCNF다. 교수가 여러 학과와 연계될 수 있고 학과는 여러 교수를 소속시킬 수 있다. 따라서 $ID \rightarrow dept_name$도 $dept_name \rightarrow ID$도 성립하지 않는다.

r_2가 BCNF임에도 불구하고 중복이 존재한다. 여러 학과에 속해 있는 교수들에 대해서 교수의 거주지를 반복해야 하기 때문이다. r_2를 다음과 같이 더 분해함으로써 이러한 문제를 해결할 수 있다.

$$r_{21}\ (ID,\ dept\_name)$$
$$r_{22}\ (ID,\ street,\ city)$$

그러나 위와 같이 분해를 시도하도록 이끄는 제약 조건이 아무것도 없다.

이러한 문제를 다루기 위해서 **다중값 종속**(multivalued dependency, 다치 종속이라고 함)이라고 불리는 새로운 제약 조건의 형태를 정의해야 한다. 함수 종속에서도 그랬듯이, 릴레이션 스키마의 정규형을 정의하기 위해서 다중값 종속을 사용할 것이다. 이 정규형은 **제4정규형**(4NF)이라고 불리며 BCNF보다 더 제한적이다. 모든 4NF 스키마는 BCNF에 속하지만 모든 BCNF 스키마가 4NF에는 속하지 않음을 알 수 있다.

7.6.1 다중값 종속

함수 종속은 특정 튜플이 릴레이션에서 존재하지 못하도록 한다. $A \rightarrow B$라면 동일한 A의 값에 대해 서로 다른 B의 값을 가지는 두 개의 튜플을 갖지 못한다. 반면에 다중값 종속은 특정 튜플의 존재를 금지하지는 않는다. 대신 릴레이션에서 특정 형태를 갖는 다른 튜플을 요구한다. 이러한 이유로 함수 종속은 때때로 **동일성 생성 종속**(equality generating dependency)이라고 하며, 다중값 종속은 **튜플 생성 종속**(tuple generating dependency)이라고 한다.

R이 릴레이션 스키마이고, $\alpha \subseteq R$, $\beta \subseteq R$이라 하자. α와 β 사이에 존재하는 **다중값 종속**은 아래와 같이 표현한다.

$$\alpha \twoheadrightarrow \beta$$

위의 다중값 종속은 다음을 만족할 때 R에서 보존(성립, 유지)한다고 한다. 릴레이션 $r(R)$의 어떠한 적법한 인스턴스에서, r에 속하는 $t_1[\alpha] = t_2[\alpha]$인 모든 튜플의 쌍 t_1, t_2에 대해 다음 조건을 만족하는 튜플 t_3, t_4가 r에 존재한다.

$$\begin{aligned}
&t_1[\alpha] = t_2[\alpha] = t_3[\alpha] = t_4[\alpha] \\
&t_3[\beta] = t_1[\beta] \\
&t_3[R - \beta] = t_2[R - \beta] \\
&t_4[\beta] = t_2[\beta] \\
&t_4[R - \beta] = t_1[R - \beta]
\end{aligned}$$

이 정의는 보이는 것보다는 덜 복잡하다. 그림 7.13은 t_1, t_2, t_3, t_4를 테이블 형태로 표현한 것이다. 직관적으로, 다중값 종속 $\alpha \twoheadrightarrow \beta$는 α와 β의 연관성이 α와 $R - \beta$의 연관성과는 독립적임을 말한다. 다중값 종속 $\alpha \twoheadrightarrow \beta$가 스키마 R의 모든 릴레이션에 대해 만족되면 $\alpha \twoheadrightarrow \beta$는 스키마 R에서 **자명한** 다중값 종속이라고 한다. 따라서 $\alpha \twoheadrightarrow \beta$는 $\beta \subseteq \alpha$이거나 $\beta \cup \alpha = R$이면 자명(명백)하다. 이것은 그림 7.13을 보고 두 가지 특별한 경우 $\beta \subseteq \alpha$ 및 $\beta \cup \alpha = R$을 고려하면 알 수 있다. 각각의 경우, 테이블은 단 두 개의 열로 축소되고 t_1, t_2가 t_3, t_4의 역할을 수행할 수 있음을 알 수 있다.

함수 종속과 다중값 종속의 차이점을 설명하기 위해서, 그림 7.14에서 보이는 r_2 스키마(7.6절 도입부에서 설명)의 예제 릴레이션을 살펴보자. 학과명은 교수가 가지고 있는 주소마다 하나씩 중복되어야 하고, 주소에 대해서도 교수와 연계되어 있는 각각의 학과에 대해 반복해야 한다. 교수와 주소의 관계는 교수와 학과와의 관계와 독립적이기 때문에 이러한 중복은 불필요하다. *ID*가 22222인 어떤 교수가 물리학과와 연계되어 있다면, 우리는 해당 학과(물리학과)가 교수의 모든 주소와 연계되기를 바란다. 따라서 그림 7.15의 릴레이션은 적법하지 않다. 이 릴레이션을 적법하게 만들

	α	β	$R - \alpha - \beta$
t_1	$a_1 \dots a_i$	$a_{i+1} \dots a_j$	$a_{j+1} \dots a_n$
t_2	$a_1 \dots a_i$	$b_{l+1} \dots b_j$	$b_{j+1} \dots b_n$
t_3	$a_1 \dots a_i$	$a_{i+1} \dots a_j$	$b_{j+1} \dots b_n$
t_4	$a_1 \dots a_i$	$b_{i+1} \dots b_j$	$a_{j+1} \dots a_n$

그림 7.13 $\alpha \twoheadrightarrow \beta$의 테이블 표현

ID	*dept_name*	*street*	*city*
22222	Physics	North	Rye
22222	Physics	Main	Manchester
12121	Finance	Lake	Horseneck

그림 7.14 BCNF 스키마의 릴레이션에서 중복 예제

ID	*dept_name*	*street*	*city*
22222	Physics	North	Rye
22222	Math	Main	Manchester

그림 7.15 부적합한 r_2 릴레이션

려면 튜플 (22222, Physics, Main, Manchester)와 (22222, Math, North, Rye)를 그림 7.15의 릴레이션에 추가할 필요가 있다.

이전 예제를 다중값 종속의 정의와 함께 비교하면 다음과 같은 다중값 종속이 보존되기를 원한다는 것을 알 수 있다.

$$ID \twoheadrightarrow street, city$$

다중값 종속 $ID \twoheadrightarrow dept_name$도 마찬가지다. 이들이 같음은 곧 보게 될 것이다.

함수 종속과 마찬가지로 다중값 종속을 두 가지 방법으로 사용할 것이다.

1. 주어진 함수 종속과 다중값 종속의 집합에 대해 릴레이션이 적법한지를 검사하기 위해 사용
2. 적법한 릴레이션의 집합에서 제약 조건을 명세하기 위해 사용. 따라서 주어진 함수 종속과 다중값 종속의 집합을 만족하는 릴레이션에만 관심을 기울인다.

릴레이션 r이 주어진 다중값 종속을 만족하지 못한다면 튜플을 r에 추가함으로써 다중값 종속을 만족하는 릴레이션 r'를 만들 수 있음을 기억하자.

D가 함수 종속과 다중값 종속의 집합을 나타낸다고 하자. D의 폐포 D^+는 D가 논리적으로 함축하고 있는 모든 함수 종속과 다중값 종속의 집합이다. 함수 종속에서도 그랬던 것처럼 함수 종속과 다중값 종속의 이론적인 정의를 이용하여 D에서 D^+를 구할 수 있다. 매우 단순한 다중값 종속의 경우 이러한 추론을 통해서 다룰 수 있다. 운 좋게도 실제로 나타나는 다중값 종속은 매우 간단하다. 복잡한 종속의 경우 추론 규칙을 위한 시스템을 사용하여 종속의 집합을 추론해 내는 것이 더 좋다.

다중값 종속의 정의로부터 $\alpha, \beta \subseteq R$에 대해 다음 규칙을 도출해 낼 수 있다.

- $\alpha \rightarrow \beta$이면 $\alpha \twoheadrightarrow \beta$이다. 달리 말하면, 모든 함수 종속은 또한 다중값 종속이라는 의미다.
- $\alpha \twoheadrightarrow \beta$이면 $\alpha \twoheadrightarrow R - \alpha - \beta$

28.1.1절에서 다중값 종속을 위한 추론 규칙 시스템에 대해 간단하게 설명한다.

7.6.2 제4정규형

다중값 종속 $ID \twoheadrightarrow street, city$가 존재하는 다음의 BCNF 스키마 예를 다시 살펴보자.

$$r_2\ (ID, dept\_name, street, city)$$

7.6절의 시작 문단에서 보았듯이, 교수의 주소 정보를 각 학과마다 중복해야 하기 때문에, 이 스키마가 BCNF에 속함에도 불구하고 이상적인 설계가 아님을 알았다. 다중값 종속을 이용하여 이 스키마를 제4정규형으로 분해함으로써 데이터베이스 설계를 개선하는 것을 보게 될 것이다.

릴레이션 스키마 R이 그와 연관되는 함수 종속 및 다중값 종속의 집합 D에 대해 $\alpha \subseteq R$, $\beta \subseteq R$일 때 $\alpha \twoheadrightarrow \beta$ 형태의 D^+에 속하는 모든 다중값 종속이 다음에 나오는 조건 중 하나라도 보존한다면 R은 **제4정규형(4NF)**이다.

- $\alpha \twoheadrightarrow \beta$는 자명한 다중값 종속이다.
- α는 R의 수퍼 키다.

릴레이션 스키마의 집합의 각 원소가 4NF에 속하도록 설계된 데이터베이스 설계는 4NF에 속한다.

4NF의 정의가 BCNF의 정의에서 다중값 종속을 사용한 것만 다름을 주목한다. 따라서 모든 4NF 스키마는 BCNF에 속한다. 이 사실을 확인하기 위해, 만약 스키마 R이 BCNF에 속하지 않는다고 가정하자. 그러면 α가 수퍼 키가 아니면서 $\alpha \rightarrow \beta$인 자명하지 않은 함수 종속이 R에 대해 존재함을 기억하자. $\alpha \rightarrow \beta$가 $\alpha \twoheadrightarrow \beta$를 내포하므로, (BCNF에 속하지 않는다고 가정한) 릴레이션 스키마 R은 4NF에 속할 수 없다.

R을 릴레이션 스키마라 하고, $R_1, R_2, \ldots, R_n$을 R의 분해라고 하자. 분해를 통해 구한 각 릴레이션 스키마 R_i가 4NF에 속하는지를 확인하기 위해서 각 R_i가 어떤 다중값 종속을 보존하고 있는지 찾아야 한다. 함수 종속의 집합 F에 대해, F의 R_i에 대한 한정 F_i는 F^+에서 R_i의 속성만 포함하는 모든 함수 종속임을 기억하자. 이제 함수 종속과 다중값 종속의 집합 D를 고려해 보자. D의 R_i에 대한 **한정**은 다음 함수 종속들로 구성된 집합 D_i가 된다.

1. R_i의 속성만 포함하는 D^+에 속하는 모든 함수 종속
2. $\alpha \subseteq R_i$이고 $\alpha \twoheadrightarrow \beta$는 D^+에 속하는 $\alpha \twoheadrightarrow \beta \cap R_i$ 형태의 모든 다중값 종속

7.6.3 4NF 분해

4NF와 BCNF와의 유사성은 스키마를 4NF로 분해하는 알고리즘에도 적용된다. 그림 7.16은 4NF 분해 알고리즘을 보여 준다. 다중값 종속을 사용한 것과 D^+의 R_i에 대한 한정(즉 D_i)을 사용한 것을 제외하고는 그림 7.11의 BCNF 분해 알고리즘과 동일하다.

그림 7.16의 알고리즘을 $(ID, dept_name, street, city)$에 적용하면 $ID \twoheadrightarrow dept_name$은 자명하지 않은 다중값 종속이고 ID는 이 스키마의 수퍼 키가 아니라는 것을 알 수 있다. 알고리즘에 따르면 이를 다음 두 개의 스키마로 대체할 수 있다.

```
result := {R};
done := false;
compute D+; Given schema Ri, let Di denote the restriction of D+ to Ri
while (not done) do
  if (there is a schema Ri in result that is not in 4NF w.r.t. Di)
    then begin
           let α →→ β be a nontrivial multivalued dependency that holds
           on Ri such that α → Ri is not in Di, and α ∩ β = ∅;
           result := (result − Ri) ∪ (Ri − β) ∪ (α, β);
       end
    else done := true;
```

그림 7.16 4NF 분해 알고리즘

$$(ID, dept\_name)$$
$$(ID, street, city)$$

이 스키마의 쌍은 4NF이며 앞서서 보았던 중복을 제거한다.

함수 종속만 다룰 때 그랬던 것처럼, 무손실이고 종속을 보존하는 분해에 관심을 가질 수 있다. 다중값 종속과 무손실에 대한 다음의 사실을 통해 그림 7.16의 알고리즘이 단지 무손실 조인 분해만 생성한다는 것을 알 수 있다.

- R이 릴레이션 스키마이고, D를 R에서 함수 종속과 다중값 종속의 집합이라고 하자. R_1과 R_2가 R의 분해라고 하자. 이 분해는 다음의 다중값 종속 중 적어도 하나가 D^+에 속하면 필요충분하게 R의 무손실이 된다.

$$R_1 \cap R_2 \rightarrow\rightarrow R_1$$
$$R_1 \cap R_2 \rightarrow\rightarrow R_2$$

7.2.3절에서 $R_1 \cap R_2 \rightarrow R_1$ 또는 $R_1 \cap R_2 \rightarrow R_2$이면 R_1과 R_2는 R의 무손실 분해라고 한 것을 기억하자. 다중값 종속에 대한 앞의 사실은 무손실에 관한 더 일반적인 표현이다. 즉 R_1과 R_2로 분해되는 R의 모든 무손실 분해는 두 종속 $R_1 \cap R_2 \twoheadrightarrow R_1$ 또는 $R_1 \cap R_2 \twoheadrightarrow R_2$ 중 하나가 보존(성립)되어야 한다. 이것이 참이라는 것을 증명하기를 원한다고 하자. 그러면 먼저 이러한 종속 중 적어도 하나가 보존된다면 $\Pi_{R_1}(r) \bowtie \Pi_{R_2}(r) = r$임을 보여야 한다. 다음으로 $\Pi_{R_1}(r) \bowtie \Pi_{R_2}(r) = r$이면 R은 이러한 종속 중 적어도 하나를 만족한다는 것을 보여야 한다. 완전한 증명에 대한 참고문헌은 "더 읽어보기" 절을 참조한다.

릴레이션을 분해할 때 종속성 보존에 관한 쟁점은 다중값 종속이 존재하게 되면 더 복잡해진다. 28.1.2에서 이 주제를 다루고 있다.

다중값 종속이 오직 주어진 스키마의 적절한 하위 집합에서 보존되고, 주어진 스키마에서 다중값 종속을 표현할 방법이 없는 것이 가능하다는 사실로 인해 더 복잡한 문제가 발생한다. 이러한 경우를 **내장형 다중값 종속**(embedded multivalued dependency)이라 하는데, 분해의 결과로 나타날 수 있지만 다행스럽게도 드물게 나타난다. 자세한 내용은 "더 읽어보기" 절을 참조한다.

7.7 다른 정규형들

제4정규형이 결코 "궁극"의 정규형은 아니다. 앞에서 보았듯이, 다중값 종속은 함수 종속의 개념만으로는 이해할 수 없는 정보의 일부 반복 형태를 이해하고 제거하는 데 도움이 된다. 다중값 종속을 일반화한 **조인 종속**(join dependency)이라는 제약 조건이 있으며, 이는 **프로젝트-조인 정규형**(project-join normal form, **PJNF**)이라고 부르는 또 다른 정규형을 이끌어 낸다[PJNF는 어떤 책에서는 **제5정규형**(fifth normal form)이라고도 부른다]. 더 일반적인 제약 조건도 있는데 이는 **도메인-키 정규형**(domain-key normal form, **DKNF**)이라고 부르는 정규형을 이끌어 낸다.

이러한 일반화된 제약 조건을 사용하는 데 실질적인 문제는 이들을 설명하기도 어려울 뿐만 아니라 제약 조건에 관해 추론하기 위한 정당하며 완전한 추론 규칙의 집합(sound and complete set of inference rule)도 없다는 점이다. 이 때문에 PJNF와 DKNF는 극히 드물게 사용된다. 28장에서 이러한 정규형에 대해 좀 더 자세히 다룬다.

정규형에 대한 논의에서 빠진 것 중 눈에 띄는 것은 **제2정규형**(2NF)이다. 이에 대해서는 논하지 않았는데, 2NF가 역사적으로만 흥미롭기 때문이다. 문제 7.19에서 간단하게 이에 대해 정의하고, 직접 시험해 볼 수 있다. 제1정규형(1NF)은 지금까지 본 정규형과는 다른 문제를 다루는데, 바로 다음 절에서 설명한다.

7.8 원자적 도메인과 제1정규형

E-R 모델은 개체 집합과 관계 집합이 여러 단계의 하부 구조로 표현되는 속성을 가지는 것을 허용한다. 특히 그림 6.8의 *phone_number*와 같은 다중값 속성이나 복합 속성(가령 구성요소 속성 *street*, *city*, *state*를 가지는 *address* 속성)을 가지는 것을 허용한다. 이러한 유형의 속성을 포함하는 E-R 설계로부터 테이블을 생성할 때 이 하부 구조를 제거한다. 복합 속성의 경우, 각 구성요소가 그 자체로 하나의 속성이 된다. 다중값 속성의 경우, 다중값 집합의 각 항목에 대해 하나의 튜플을 생성한다.

관계형 모델에서 속성이 하부 구조를 가질 수 없다는 개념을 형식화했다. 도메인의 원소가 나눌 수 없는 단위로 되어 있을 때 그 도메인은 **원자적**(atomic)이라고 한다. 릴레이션 스키마 *R*의 모든 속성의 도메인이 원자적일 때 *R*이 **제1정규형**(first normal form, **1NF**)에 속한다고 한다.

이름의 집합은 원자적이지 않은 값의 예다. 예를 들어, 릴레이션 *employee*의 스키마가 속성 *children*을 포함하고 있는데, 이 *children* 속성의 도메인 원소가 이름들의 집합이라면 이 릴레이션은 제1정규형이 아니다.

*street*와 *city*의 구성요소 속성으로 구성된 *address*와 같은 복합 속성도 원자적 도메인이 아니다.

정수는 원자적이라고 볼 수 있으며 따라서 정수의 집합은 원자적 도메인이다. 그러나 정수의 모든 집합의 집합은 원자적인 도메인이 아니다. 차이점은 일반적으로 정수는 조각을 가지지 않는다고 보지만, 정수의 집합은 조각을 갖는다고 간주하는데 이는 정수들이 모여 집합을 만들었다고 보기 때문이다. 그러나 중요한 쟁점은 도메인 자체가 무엇인가가 아니라 도메인 원소를 데이터베이스에서 어떻게 사용하는가 하는 점이다. 만약 정수를 숫자의 정렬된 리스트라고 간주한다면, 모든 정수의 도메인은 원자적이 아닐 것이다.

위의 관점에서 본 실례로서 다음과 같은 형태로 직원 식별 번호를 부여하는 조직을 고려해 보자. 처음 두 글자는 부서를 나타내며 나머지 네 숫자는 그 부서 내에서 직원의 고유한 번호다. 이러한 번호의 예는 “CS0001”이나 “EE1127”이다. 이 직원 식별 번호는 더 작은 단위로 나눌 수 있으므로 원자성을 갖지 않는다. 만일 위와 같이 직원 식별 번호를 구성하는 속성을 지닌 릴레이션 스키마가 있다면 그 스키마는 제1정규형이 아니다.

위와 같은 식별 번호를 사용하면, 식별 번호의 구조를 분해하는 코드를 작성하여 직원의 부서를 찾을 수 있다. 이런 방식은 부가적인 프로그래밍이 필요하게 되며 정보는 데이터베이스가 아닌 응용 프로그램에서 인코딩된다. 만일 이런 식별 번호를 주 키로 사용한다면 더 많은 문제가 발생한다. 직원이 부서를 옮기게 되면 직원 식별 번호가 나타나는 모든 곳에서 수정이 이루어져야 한다. 이는 어려운 작업이며, 때로는 식별 번호를 해석하는 코드가 잘못된 결과를 낼 수 있다.

“CS-101”과 같은 과목 식별자를 사용하는 경우 “CS”가 컴퓨터 과학학과를 의미하므로, 이 식별자의 도메인은 원자적이 아닌 것처럼 보인다. 이 도메인은 시스템을 사용하는 인간의 관점으로 볼 때 원자적이지 않다. 그러나 식별자를 분할하여 식별자의 일부를 학과의 약어로 해석하는 시도를 하지 않는 한, 데이터베이스 응용 프로그램은 이 도메인을 원자적으로 취급한다. course 스키마는 학과 이름을 분리된 속성으로 저장하고, 데이터베이스 응용 프로그램은 과목 식별자의 특정 문자를 해석하는 대신 이 (분리된) 속성을 사용하여 과목의 학과 이름을 찾을 수 있다. 따라서 우리의 대학교 스키마를 제1정규형으로 간주할 수 있다.

집합 값 속성(set-valued attribute)을 사용하면 데이터가 중복 저장되는 설계를 초래하게 되고 결과적으로 비일관성이 발생할 수 있다. 예를 들어, 교수와 분반 간의 관계를 분리된 릴레이션 *teaches*로 표현하는 대신, 데이터베이스 설계자는 각 교수와 함께 과목 분반(course section) 식별자 집합을 저장하고, 각 분반과 함께 교수 식별자 집합을 저장하려고 할 수 있다. *section*과 *instructor*의 주 키를 식별자로 사용한다. 이 경우, 어떤 교수가 어떤 분반을 가르치는지와 관련된 데이터의 변경이 일어날 때마다 분반을 위한 교수의 집합과 교수를 위한 분반의 집합 두 곳에서 모두 갱신이 이루어져야 한다. 양측 모두의 갱신이 실패하는 경우, 데이터베이스가 일관성이 없는 상태가 된다. 분반을 위한 교수의 집합이나 교수를 위한 분반의 집합을 하나만 유지하는 것이 정보의 중복을 피할 수 있는 방법이다. 그러나 둘 중 어느 하나만 유지하는 것은 몇몇 질의를 처리하는 데는 매우 복잡할 수 있고 둘 중 어느 것을 유지할지도 불명확하다.

비원자적인 값 중 어떤 형태는 비록 사용에서 주의를 기울여야 하지만 유용하게 사용할 수 있다. 예를 들어, 복합 값 속성(composite-valued attribute)은 종종 유용하고, 집합 값 속성도 많은 경우에 유용하므로 E-R 모델은 이 두 가지를 지원한다. 개체가 복잡한 구조를 가지는 많은 도메인에서 제1정규형 표현을 쓰도록 강제하는 것은 개발자에게 불필요한 부담을 준다. 왜냐하면 개발자는 데이터를 원자적으로 변환하는 코드를 작성해야 하기 때문이다. 또한 데이터를 원자 형태에서 원래의 형태로 변환해야 하는 실행 시간 부담도 있다. 따라서 비원자값에 대한 지원은 이러한 도메인에서 매우 유용하다. 29장에서 볼 수 있듯이 사실 최근의 데이터베이스 시스템은 많은 타입의 비원자적인 값을 지원한다. 그렇지만 이 장은 모든 릴레이션을 제1정규형으로 한정하며 이에 따라 모든 도메인은 원자적이 된다.

7.9 데이터베이스 설계 절차

지금까지 정규형과 정규화에 대한 쟁점을 자세히 알아보았다. 이 절에서 전체적인 데이터베이스 설계 과정에서 정규화가 어떻게 쓰이는지 공부할 것이다.

7.1.1절에서부터 시작하는 이 장의 앞부분에서, 릴레이션 스키마 *R*이 주어졌다고 가정하고 그것을 정규화하는 과정을 다루었다. 스키마 *R*을 제안하는 다음과 같은 몇 가지 방법이 있다.

1. *R*은 E-R 다이어그램을 릴레이션 스키마 집합으로 변환할 때 생성될 수 있다.
2. *R*은 관심이 있는 모든 속성을 포함하는 하나의 릴레이션이 될 수 있다. 그다음 정규화 과정은 *R*을 작은 스키마로 분해한다.
3. *R*은 릴레이션의 임시적인 설계의 결과가 될 수 있는데, 이것이 원하는 정규형을 만족하는지 검사한다.

이 절의 나머지에서는 이러한 접근 방식의 의미를 살펴본다. 또한 성능을 위한 역정규화(denormalization)와 정규화에 의해 발견되지 않는 잘못된 설계를 포함한 데이터베이스 설계의 몇 가지 실제적인 쟁점에 대해 설명한다.

7.9.1 E-R 모델과 정규화

모든 개체를 제대로 분별하여 E-R 다이어그램을 신중하게 정의하면, E-R 다이어그램에서 생성한(변환한) 릴레이션 스키마는 더 이상의 정규화를 필요로 하지 않는다. 그래도 개체 집합의 속성 간에 함수 종속이 있을 수 있다. 예를 들어, *instructor* 개체 집합이 *dept_name*과 *dept_address* 속성을 가진다고 가정하면, 함수 종속 *dept_name* → *dept_address*가 존재한다. 이런 경우 *instructor*에서 생성된 릴레이션을 정규화할 필요가 있다.

정규화가 필요한 종속의 대부분은 E-R 다이어그램의 조악한 설계에서 야기된다. 앞의 예제에서 E-R 다이어그램을 제대로 설계했다면, *dept_address* 속성을 가진 *department* 개체 집합과 *instructor*와 *department*와의 관계 집합을 만들었을 것이다. 유사하게 두 개체 집합 이상을 포함하는 관계 집합은 원하는 정규형이 아닌 스키마를 생성할 수 있다. 대부분의 관계 집합은 이진 관계이므로, 비이진 관계는 상대적으로 드물게 나타난다. 사실 어떤 E-R 다이어그램의 변형은 비이진 관계 집합을 표현하는 것이 어렵거나 불가능하게 되어 있다.

함수 종속은 조악한 E-R 설계를 감지하도록 도와준다. 만일 생성된 릴레이션 스키마가 원하는 정규형에 속하지 않는다면 E-R 다이어그램에서 문제를 고칠 수 있다. 즉 데이터 모델링의 일부분으로서 공식적으로 정규화를 수행할 수 있다. 반면에 E-R 모델링을 수행하는 동안 정규화를 설계자의 직관으로 남겨 두고, E-R 모델에서 생성한 릴레이션 스키마에 정규화를 공식적으로 수행할 수 있다.

주의 깊은 독자라면 다중값 속성과 제4정규형에 대한 필요를 설명하기 위해서 E-R 설계로부터 유도하지 않은 스키마로부터 시작해야만 했다는 점을 알아차렸을 것이다. 실제로 E-R 설계를 생성하는 과정은 4NF 설계를 생성하려는 경향이 있다. 만약 다중값 종속이 보존되는데 이에 대응하는 함수 종속에 의해 함축되지 않는다면, 이 다중값 종속은 보통 다음과 같은 원인 중 하나로 인해 생성된다.

- 다대다 관계 집합
- 하나의 개체 집합에서 다중값 속성

다대다 관계 집합의 경우, 각각의 관련된 개체 집합은 자기 고유의 스키마를 가지고 관계 집합에 대해서는 추가적인 스키마가 존재한다. 다중값 속성의 경우, 그 속성과 개체 집합의 주 키로 구성된 별도의 분리된 스키마를 생성한다(*instructor* 개체 집합의 *phone_number* 속성의 경우에서와 같다).

관계형 데이터베이스 설계에 대한 범용 릴레이션 접근 방법은 관심 대상이 되는 모든 속성을 포함하는 단 하나의 릴레이션 스키마가 존재한다는 가정에서 시작한다. 이 단일 스키마는 어떻게 사용자와 응용 프로그램이 데이터베이스와 상호작용하는지를 정의한다.

7.9.2 속성과 관계의 명명

데이터베이스 설계에서의 바람직한 특징은 **고유 역할 가정**(unique-role assumption)이다. 이는 각각의 속성 이름이 그 데이터베이스 내에서 고유한 의미를 지님을 뜻한다. 이로 인해 서로 다른 스키마에서 서로 다른 것을 의미하기 위해 동일한 속성을 사용하지 못한다. 예를 들면, *instructor* 스키마의 전화번호와 *classroom* 스키마의 강의실번호에 대해서 *number*라는 속성을 이용한다고 생각해 보자. *instructor* 스키마의 릴레이션을 *classroom* 스키마의 릴레이션과 조인하는 것은 의미 없는 것이다. 사용자와 응용 프로그램 개발자가 각각의 상황에서 *number*에 대한 올바른 사용을 보장하기 위해 주의를 기울이면서 작업을 할 수도 있다. 하지만 전화번호와 강의실번호에 대해 서로 다른 속성 이름을 명명하는 것은 사용자 실수를 줄이는 역할을 할 수 있다.

호환되지 않는 속성에 다른 이름을 부여하는 것이 좋은 방법이듯이, 서로 다른 릴레이션의 속성이 같은 의미를 지닌다면 동일한 속성 이름을 사용하는 것이 좋을 수도 있다. 예를 들면, *instructor*와 *student* 개체 집합에서 우리는 "*name*"이라는 같은 속성 이름을 이용했다. 만약 그렇지 않은 경우라면(교수와 학생 이름에 대해 다른 이름 짓기 관례를 사용한다면), *person* 개체 집합을 생성하여 이 개체 집합을 일반화하고자 한다면 속성의 이름을 다시 지어야만 할 것이다. 따라서 현재 *instructor*와 *student*에 대한 일반화는 없다고 하더라도 그러한 가능성을 예상한다면, 이 두 개체 집합(과 릴레이션)에서 동일한 이름을 이용하는 것이 가장 좋다.

비록 기술적으로 한 스키마에서 속성 이름의 순서는 문제가 되지 않는다 하더라도 주 키 속성을 가장 먼저 나열하는 것이 관행이다. 이는 (**select** * 문으로부터의) 기본 출력 결과를 읽는 것을 더 쉽게 해 준다.

대규모 데이터베이스 스키마에서 관계 집합(과 대응하는 스키마)은 종종 연관된 개체 집합의 이름을 하이픈(-)이나 밑줄(_) 등과 결합하여 이름 짓곤 한다. 우리도 그러한 이름을 이용해 왔는데 *inst_sec*이나 *student_sec*이 그 예다. 어떤 경우, 결합을 통해 만들어진 긴 이름 대신 *teaches*나 *takes*라는 이름을 이용했다. 이는 몇 개의 관계 집합에 대해 연관된 개체 집합을 기억하는 것이 그리 어렵지 않은 일이기 때문에 수용할 만하다. 단순한 결합으로 관계 집합 이름을 생성하는 것이 항상 가능한 것은 아니다. 예를 들면, 직원들 간의 manager 혹은 works-for 관계는 *employee_employee*같이 부른다면 전혀 말이 되지 않는다. 이와 비슷하게 개체 집합의 쌍 사이에 다수의 관계 집합이 존재한다면, 관계 집합의 이름은 관계 집합을 식별하기 위한 추가적인 부분을 포함해야 한다.

서로 다른 조직은 개체 집합의 이름을 명명하는 다른 관행을 가지고 있다. 예를 들어, 학생의 개체 집합을 *student* 혹은 *students*라고 부를 수 있다. 이에 우리는 데이터베이스 설계에서 단수 형태를 이용하기로 정했다. 모든 개체 집합에서 관행을 동일하게 적용한다면 단수 형태나 복수 형태 모두 사용 가능하다.

관계 집합의 수가 점점 증가하고 스키마의 크기가 커짐에 따라 속성, 관계, 개체의 이름을 일관성 있게 명명하는 것은 데이터베이스 설계자나 응용 프로그램 개발자의 작업을 훨씬 수월하게 해줄 수 있다.

7.9.3 성능을 위한 역정규화

경우에 따라 데이터베이스 설계자는 중복된 정보를 가진 스키마, 즉 정규화되지 않은 스키마를 선택하게 된다. 그들은 특정 응용 프로그램에서 성능의 개선을 위해 중복을 사용한다. 정규화된 스키마를 사용하지 않음으로써 치러야 하는 불이익은 중복된 데이터를 일관성 있게 유지하기 위한 추가적인 작업(코딩 시간이나 수행 시간 등의 측면에서)이 된다.

예를 들어, 과목에 접근할 때마다 과목 정보와 함께 해당 과목의 모든 선행 과목을 같이 표시해야 한다고 가정하자. 정규화된 스키마는 *course*와 *prereq*의 조인을 요구한다.

조인을 즉시 계산하는 한 가지 대안은 *course*와 *prereq*의 모든 속성을 포함하는 릴레이션을 저장하는 것이다. 이를 통해 “전체” 과목 정보를 빠르게 볼 수 있다. 그러나 과목 정보가 모든 선행 과목에 중복되어 있고, 선행 과목이 새롭게 추가되거나 삭제될 때마다 응용 프로그램이 모든 복제본에 대한 갱신을 수행해야 한다. 정규화된 스키마에서 정규화가 아닌 형태로 변환하는 과정을 **역정규화**(denormalization)라고 부른다. 시간이 중요한(time-critical) 연산을 지원하기 위해 역정규화를 사용하여 시스템의 성능을 조정한다.

더 좋은 대안으로, 현재 많은 데이터베이스 시스템이 지원하고 있는 방법으로는 정규화된 스키마를 사용하고, *course*와 *prereq*의 조인을 실체화 뷰로 별도로 저장하는 것이다. (실체화 뷰는 그 결과를 데이터베이스에 저장하고 뷰에 사용된 릴레이션이 갱신될 때 즉각적으로 이를 반영하는 뷰라는 점을 상기하자.) 역정규화와 유사하게 실제화 뷰를 사용하는 것도 공간과 시간 부담이 있지만, 뷰를 최신 정보로 유지하는 것은 응용 프로그래머가 아니라 데이터베이스 시스템의 역할이라는 장점이 있다.

7.9.4 다른 설계상의 쟁점

정규화로 해결되지 않는 데이터베이스 설계의 몇 가지 측면이 나쁜 데이터베이스 설계를 초래한다. 시간이나 시간 범위에 속하는 데이터가 바로 그러한 문제점을 지니고 있다. 여기에 예를 들겠지만, 명백히 이러한 설계는 피해야 한다.

매 연도마다 각 학과의 총 교수의 수를 저장하기를 원하는 어떤 대학교의 데이터베이스를 고려해 보자. 릴레이션 *total_inst*(*dept_name*, *year*, *size*)를 정의하여 원하는 정보를 저장한다. 이 릴레이션의 유일한 함수 종속은 *dept_name*, *year* → *size*이고, 이 릴레이션은 BCNF에 속한다.

다른 대안 설계는 매 연도의 총 교수의 수를 각각 저장하는 여러 개의 릴레이션을 사용하는 것이다. 관심이 있는 연도가 2017, 2018, 2019년이라고 할 때 *total_inst_2017*, *total_inst_2018*, *total_inst_2019* 세 릴레이션을 유지하는데, 이 릴레이션들은 (*dept_name*, *size*) 스키마를 갖는다. 여기에서 각 릴레이션은 *dept_name* → *size*라는 함수 종속만 가지고, 이들 릴레이션 역시 BCNF에 속하게 된다.

그러나 이 대안 설계는 명백히 잘못되었다. 매년 새로운 릴레이션을 만들어야 하며, 새로운 릴레이션을 사용하기 위해서 매년 새로운 질의를 작성해야 한다. 질의는 또한 많은 릴레이션을 참조할 수 있기 때문에 더 복잡해진다.

같은 데이터를 표현하는 또 다른 방법은 단일 릴레이션 *dept_year*(*dept_name*, *total_inst_2017*, *total_inst_2018*, *total_inst_2019*)를 사용하는 것이다. 여기서 유일한 함수 종속은 *dept_name*에서 다른 속성으로 가는 것만이 존재하고, 이 릴레이션은 BCNF에 속한다. 이 설계 역시 잘못되었는데 앞의 설계와 유사한 문제—매년 릴레이션 스키마를 수정하고 새로운 질의를 작성하는—가 존재한다. 또 질의는 많은 속성을 참조할 것이기 때문에 더 복잡해진다.

dept_year 릴레이션에서 있는 표현처럼 각 속성값에 대해 하나의 칼럼을 사용하는 표현을 **크로스탭**(crosstabs)이라 한다. 이들은 스프레드시트나 보고서, 그리고 데이터 분석 도구에서 널리 사용된다. 크로스탭 표현은 사용자에게 보여 주는 데 유용하지만, 위에서 설명한 이유로 인해 바람직한 데이터베이스 설계는 아니다. 11.3.1절에서 논의하듯이, SQL은 보여 주기 위해서 데이터를 일반 관계형 표현에서 크로스탭으로 변환하는 기능을 포함한다.

7.10 시간 데이터 모델링

대학교 조직이 각 교수의 (현재) 주소뿐만 아니라 알고 있는 모든 이전 주소들까지 보여 주는 데이터를 보관한다고 가정해 보자. 그러면 "1981년에 Princeton에 살았던 모든 교수를 찾아라"라는 질의를 실행할 수 있다. 이 경우 교수에 대한 다수의 주소를 가지고 있어야 한다. 각 주소는 교수가 해당 주소에 거주한 시간을 표시하는 연계된 시작 날짜와 끝 날짜를 지닌다. 끝 날짜에 대해 특별한 값, 즉 널 값이나 9999-12-31과 같은 미래 값은 해당 주소에 이 교수가 아직 거주하고 있음을 표현한다.

일반적으로 **시간 데이터**(temporal data)는 관계된 시간 간격을 지니고, 그 시간 간격 동안에는 **유효한**(valid)[11] 데이터를 가리킨다.

---

11 **유효한 시간**(valid time)과 **트랜잭션 시간**(transaction time)을 구별하는 시간 데이터의 다른 모델도 있다. 트랜잭션 시간은 어떤 사실을 데이터베이스에 저장할 때 기록된다. 단순성을 위해 이러한 세부 사항은 무시한다.

시간 데이터를 모델링하는 작업은 여러 가지 이유에서 도전할 만한 문제다. 가령 *instructor* 개체 집합이 있고 여기에 시간에 따라 변하는 주소를 연계하고 싶다고 가정하자. 주소에 시간 정보를 추가하기 위해 각 값이 주소와 시간 간격을 포함하는 복합 값인 다중값 속성을 생성해야 한다. 시간에 따라 변하는 속성값뿐만 아니라 개체도 연계된 유효 시간을 자체로 가질 수 있다. 가령 어떤 학생 개체는 학생이 대학교에 입학한 날짜부터 졸업한(혹은 그만둔) 날짜까지 유효한 시간을 가질 수도 있다. 관계도 연관된 유효한 시간을 가질 수 있다. 예를 들어, *prereq* 관계는 한 과목이 언제 다른 과목의 선행 과목이 되었는지를 기록한다. 따라서 속성값, 개체 집합, 관계 집합에 유효한 시간 간격을 추가해야 할 것이다. E-R 다이어그램에 그러한 세부 사항까지 추가하면 다이어그램을 생성하고 이해하는 것이 더 어려워진다. E-R 표기법을 확장하여 속성값이나 관계가 시간적으로 변화한다는 것을 간단한 방식으로 표현하자는 여러 제안이 있었지만, 아직까지 수용된 표준안은 없다.

실제로, 데이터베이스 설계자는 시간 데이터베이스(temporal database)를 설계하기 위해 더 간단한 접근 방법으로 돌아간다. 흔히 이용하는 한 가지 방법은 시간에 따른 변화를 무시하고(즉 스냅샷만 고려하며) 전체 데이터베이스(E-R 설계와 관계형 설계 포함)를 설계하는 것이다. 그런 다음, 설계자는 다양한 릴레이션을 연구하고 어느 릴레이션이 시간 변화를 추적하기를 요구하는지 결정한다.

다음 단계는 시작 시각과 끝 시각을 속성으로 덧붙임으로써 각 릴레이션에 유효한 시간 정보를 추가하는 것이다. 가령 다음과 같은 *course* 릴레이션을 생각해 보자. 과목 이름은 시간에 따라 변할 수 있고 유효한 시간 영역을 더함으로써 다룰 수 있다. 이에 대한 결과 스키마는 다음과 같을 것이다.

$$course\ (course\_id,\ title,\ dept\_name,\ credits,\ start,\ end)$$

위 릴레이션의 인스턴스는 그림 7.17에서 확인할 수 있다. 각 튜플은 연관된 유효한 간격을 가지고 있다. SQL:2011 표준에 따르면, 간격은 왼쪽에서 **닫혀** 있고, 오른쪽에서 **열려** 있다. 즉 튜플은 시작 시각(왼쪽)에 유효하고 종료 시각 바로 직전까지도 유효하지만, 종료 시각에는 유효하지 않다. 이렇게 하면 튜플이 겹치지 않고 다른 튜플의 종료 시각과 동일한 시작 시각을 가질 수 있다. 일반적으로 닫힌 왼쪽 및 오른쪽 끝점은 대괄호 [와]로 표시하고, 열린 왼쪽 및 오른쪽 끝점은 괄호 (와)로 표시한다. 따라서 SQL:2011의 간격은 왼쪽이 닫혀 있고, 오른쪽이 열려 있으므로 [*start*, *end*) 형식이다. SQL 표준에 따르며, 9999-12-31이 가능한 가장 큰 날짜다.

그림 7.17에서 CS-201 과목의 제목이 여러 번 변경되었음을 알 수 있다. 2020-01-01에 과목 제목을 "Intro. to Scala"로 다시 변경한다고 가정하자. 그러면 제목이 "Intro. to Python"인 튜플의 종료 속성값을 2020-01-01로 수정하고, 새 튜플 (CS-201, Intro. to Scala, Comp. Sci., 4, 2020-01-01, 9999-12-31)을 릴레이션에 추가한다.

시간에 따라 데이터 값을 추적하면, 성립한다고 가정한 이래와 같은 함수 종속이 더 이상 성립하지 않을 수도 있다.

$$course\_id \rightarrow title,\ dept\_name,\ credits$$

course_id	*title*	*dept_name*	*credits*	*start*	*end*
BIO-101	Intro. to Biology	Biology	4	1985-01-01	9999-12-31
CS-201	Intro. to C	Comp. Sci.	4	1985-01-01	1999-01-01
CS-201	Intro. to Java	Comp. Sci.	4	1999-01-01	2010-01-01
CS-201	Intro. to Python	Comp. Sci.	4	2010-01-01	9999-12-31

그림 7.17 *course* **릴레이션의 시간적 버전**

대신 다음 제약 조건(문장으로 표현함)이 유지된다. "과목번호가 *course_id*인 한 과목은 어떤 주어진 시각 *t*에서 오직 하나의 *title*과 *dept_name* 값을 가진다."

특정 시점에 보존되는 함수 종속을 시간 함수 종속이라고 한다. 특정 시점의 데이터 값을 의미하기 위해 데이터의 **스냅샷**(snapshot)이라는 용어를 사용한다. 따라서 과목 데이터의 스냅샷은 특정 시점에 모든 과목의 제목과 학과와 같은 모든 속성의 값을 제공한다. 공식적으로, $r(R)$의 모든 적법한 인스턴스에 대해 r의 모든 스냅샷이 함수 종속 $\alpha \rightarrow \beta$를 충족하는 경우 **시간 함수 종속**(temporal functional dependency) $\alpha \xrightarrow{\tau} \beta$는 릴레이션 스키마 $r(R)$에서 보존된다.

시간 릴레이션에 대한 본래의 주 키는 더 이상 튜플을 고유하게 식별하지 않는다. 시작 및 종료 시각 속성을 주 키에 추가하여 두 개의 튜플이 동일한 주 키 값을 가지지 않도록 보장하여 문제를 해결할 수 있다. 그러나 결론적으로 이 해결책은 올바르지 않다. 왜냐하면 주 키 제약이 중첩되는 유효한 시간 간격을 가지는 데이터를 저장할 가능성이 있는데, 이는 주 키 제약 조건에 단순히 시작 및 종료 시각 속성을 추가하는 것만으로는 포착할 수 없다. 대신, 주 키 제약 조건의 시간 버전은 두 개의 튜플이 동일한 주 키 값을 갖는 경우 유효한 시간 간격이 겹치지 않도록 보장해야 한다. 공식적으로 $r.A$가 릴레이션 r의 **시간 주 키**(temporal primary key)이면 r의 두 튜플 t_1 및 t_2가 $t_1.A = t_2.A$가 될 때마다 t_1과 t_2의 유효한 시간 간격이 중첩되지 않아야 한다.

참조된 릴레이션이 시간 릴레이션(temporal relation)인 경우 외래 키 제약 조건도 더 복잡해진다. 시간 외래 키는 참조하는 릴레이션 r의 각 튜플이 참조된 릴레이션 s에 일치하는 튜플을 가질 뿐만 아니라 시간 간격도 설명하도록 보장해야 한다. 이때 s에 정확히 동일한 시간 간격을 가진 일치하는 튜플이 있거나 s에 속한 단일 튜플이 r 튜플의 시간 간격을 포함하는 시간 간격을 가질 필요는 없다. 대신 r 튜플의 시간 간격이 하나 이상의 s 튜플에 포함되는 것을 허용한다. 공식적으로 $r.A$에서 $s.B$로 **시간 외래 키**(temporal foreign-key) 제약 조건은 다음을 보장한다. 유효한 시간 간격 (l, u)를 가지는 r의 각 튜플 t에 대해, s에서 하나 이상의 튜플들의 부분집합 s_t가 존재하는데, 이때 s_t에 속하는 각 튜플 s_i(즉 $s_i \in s_t$)는 $s_i.B = t.A$를 만족하고 모든 s_i의 시간 간격의 합집합은 (l, u)를 포함한다.

학생 성적 증명서의 기록은 학생이 과목을 수강한 당시의 과목 제목을 참조해야 한다. 따라서 *course* 릴레이션에서 특정 기록을 식별하기 위해서 참조하는 릴레이션은 시간 정보도 반드시 기록해야 한다. 대학교 스키마에서 *takes.course_id*는 *course*를 참조하는 외래 키다. *takes* 튜플의 연도(*year*)와 학기(*semester*) 값은 학기 시작 날짜와 같은 대표 날짜에 매핑할 수 있다. 결과 날짜 값은 *course* 릴레이션의 시간 버전에서 튜플을 식별하는 데 사용할 수 있는데, 그 튜플의 유효한 시간 간격은 지정한 날짜를 포함한다. 대안으로, *takes* 튜플은 학기 시작일부터 학기 종료일까지 유효한 시간 간격과 연관될 수 있으며, 일치하는 *course_id*와 중복되는 유효 시간을 가진 *course* 튜플이 검색된다. 학기 중에 *course* 튜플이 갱신되지 않는 한 그러한 레코드는 하나만 존재할 것이다.

각 릴레이션에 시간 정보를 추가하는 대신, 일부 데이터베이스 설계자는 각 릴레이션에 대해 튜플에 대한 갱신 기록을 저장하는 상응하는 *history*(이력) 릴레이션을 생성한다. 예를 들어, 설계자는 *course* 릴레이션을 변경하지 않고, *course*의 모든 속성과 레코드가 언제 추가되었는지를 알려주는 추가적인 시간 속성을 가진 *course_history* 릴레이션을 생성할 수 있다. 그러나 이러한 기법도 *takes* 레코드를 올바른 과목 제목과 연결할 수 없는 것과 같은 제한이 있다.

SQL:2011 표준은 시간 데이터에 대한 지원을 추가했다. 특히 기존 속성이 튜플의 유효한 시간 간격을 지정할 수 있도록 선언할 수 있다. 예를 들어, 위에서 본 확장된 *course* 릴레이션의 경우 다음과 같이 선언할 수 있다.

period for *validtime* (*start*, *end*)

이 선언은 튜플이 시작과 끝으로 지정된 간격에서 유효함을 명세(그렇지 않으면 일반 속성임을 지정)한다.

아래에 보인 것과 같이, 확장된 *course* 스키마를 사용하여 SQL:2011에서 시간 주 키를 선언할 수 있다.

primary key (*course_id*, *validtime* **without overlaps**)

SQL:2011은 또한 시간 외래 키 제약 조건을 지원한다. 시간 외래 키는 참조하는 릴레이션의 속성과 참조된 릴레이션의 속성과 함께 기간을 지정해야 한다. IBM DB2, Teradata와 기타 몇 가지를 제외한 대부분의 데이터베이스는 시간 주 키 제약 조건을 지원하지 않는다. 우리가 아는 한, 현재 시간 외래 키 제약 조건을 지원하는 데이터베이스 시스템은 없다. (Teradata의 경우 지정할 수 있지만, 적어도 2018년에는 이를 적용하지 않는다.)

시간 주 키 제약 조건을 직접 지원하지 않는 일부 데이터베이스는 제2의 해결책을 통해 이러한 제약 조건을 적용한다. 예를 들어, PostgreSQL은 기본적으로 시간 주 키 제약 조건을 지원하지 않지만, PostgreSQL에서 지원하는 *exclude* 제약 조건 특성을 사용하여 시간 주 키 제약 조건을 흉내낸다. 예를 들어, 주 키가 *course_id*인 *course* 릴레이션을 고려하자. PostgreSQL의 경우 tsrange 타입의 *validtime* 속성을 추가할 수 있다. PostgreSQL의 tsrange 데이터 타입은 시작 및 종료 타임스탬프를 이용하여 범위를 저장한다. PostgreSQL은 한 쌍의 범위에서 && 연산자를 지원하며, 두 범위가 겹치면 true를 반환하고 그렇지 않으면 false를 반환한다. 시간 주 키는 *course* 릴레이션에 다음 exclude 제약 조건을 추가하는 방식으로 적용한다.

exclude (*course_id* **with** =, *validtime* **with** &&)

위의 제약 조건은 두 개의 과목 튜플이 동일한 *course_id* 값을 갖는 경우 유효한 시간 간격이 겹치지 않도록 보장한다.

선택, 추출, 조인과 같은 관계 대수 연산을 확장하여 시간 릴레이션을 입력으로 취하고 시간 릴레이션을 출력으로 생성할 수 있다. 시간 릴레이션에 대한 선택 및 추출 연산은 유효한 시간 간격이 해당 입력 튜플의 간격과 동일한 튜플을 출력한다. **시간 조인**(temporal join)은 약간 다르게 동작한다. 조인 결과에서 튜플의 유효한 시간은 파생된 튜플의 유효한 시간의 교집합으로 정의한다. 유효한 시간의 교집합이 존재하지 않으면 결과에서 튜플을 제거한다. 우리가 아는 한, 비록 시간 조건을 명시적으로 처리하는 SQL 질의로 표현할 수 있지만, 어떤 데이터베이스도 시간 조인을 기본적으로 지원하지 않는다. 여러 데이터베이스 시스템이 중첩(overlap), 포함(contain), 이전(before), 이후(after)와 같은 술어와 간격 쌍에 대한 교집합과 차집합 같은 연산을 지원한다.

7.11 요약

- 데이터베이스 설계에서 쉽게 나타나는 함정을 살펴보았고, 그러한 함정을 피하는 방식으로 데이터베이스 스키마를 체계적으로 설계하는 방법에 대해서 알아보았다. 함정은 중복되는 정보와 일부 정보의 표현 불가능 등을 포함한다.
- 6장은 E-R 설계로부터 관계형 데이터베이스 설계의 개발과 언제 스키마를 안전하게 결합할 수 있는지를 다루었다.
- 함수 종속은 일관성 제약 조건이며, 널리 사용되는 두 가지 정규형인 보이스-코드 정규형(BCNF)과 제3정규형(3NF)을 정의하는 데 사용된다.
- 만약 분해가 종속성 보존이라면 하나의 릴레이션에 적용되는 (함수) 종속만 고려하여 모든 함수 종속을 논리적으로 추론할 수 있다. 이것은 분해에서 릴레이션의 조인을 계산할 필요 없이 갱신의 유효성을 검사하는 것을 허용한다.
- 캐노니컬 커버는 주어진 함수 종속의 집합과 동등한 함수 종속의 집합인데, 특정한 방식으로 최소화되어 이질적인 속성을 제거했다.
- 릴레이션을 BCNF로 분해하는 알고리즘은 무손실 분해를 보장한다. 주어진 함수 종속의 집합에 대해 종속성을 보존하는 BCNF 분해가 존재하지 않는 릴레이션 스키마가 존재한다.
- 릴레이션을 3NF로 분해하기 위해 캐노니컬 커버를 사용했는데 3NF는 BCNF 조건을 약간 완화한 것이다. 3NF 분해 알고리즘은 무손실 및 종속성 보존을 모두 지원하는 설계를 생성한다. 3NF에 속하는 릴레이션은 약간의 중복성을 가질 수 있지만, BCNF로의 종속성 보존 분해가 불가능한 경우 허용되는 상반관계다.
- 다중값 종속은 함수 종속만으로는 명시할 수 없는 특정한 제약 조건을 명세한다. 다중값 종속 개념을 사용하여 제4정규형(4NF)을 정의한다. 28.1.1절은 다중값 종속의 추론에 대한 상세한 설명을 제공한다.
- PJNF와 DKNF를 포함한 다른 정규형이 존재하며, 이들은 미묘한 중복 형태를 제거한다. 그러나 이들은 작업하기가 까다롭고 거의 사용되지 않는다. 28장은 이러한 정규형에 대한 자세한 설명을 제공한다. 제2정규형은 3NF보다 이점을 제공하지 않기 때문에 역사적인 관심사일 뿐이다.

- 관계형 설계는 일반적으로 각 속성에 대한 단순한 원자적 도메인을 기반으로 한다. 이를 제1정규형이라 한다.
- 시간은 데이터베이스 시스템에서 중요한 역할을 한다. 데이터베이스는 실세계의 모델이다. 대부분의 데이터베이스는 특정 시점(현재 시각)의 실제 상태를 모델링하는 반면, 시간 데이터베이스는 시간에 걸친 실세계의 상태를 모델링한다.
- 무손실, 종속성 보존이며, 적절한 정규형에 속함에도 불구하고 잘못된 데이터베이스 설계의 가능성이 있다. 비록 함수 종속 기반의 정규화가 매우 중요하지만, 좋은 관계형 설계의 유일한 측면은 아니라는 것을 설명하기 위해 나쁜 설계의 예를 들었다.
- 데이터베이스가 현재 데이터뿐만 아니라 이력 데이터도 저장하려면, 데이터베이스는 각 튜플에 대해 튜플이 유효하거나 유효했던 기간을 저장해야 한다. 그런 다음 함수 종속이 전체 릴레이션이 아닌 특정 시점에 보존(성립)된다는 아이디어를 표현하기 위해 시간 함수 종속을 정의하는 것이 필요하다 마찬가지로, 시간 간격이 겹치는 튜플만 적절하게 조인하도록 조인 연산을 수정할 필요가 있다.
- 이 장의 쟁점을 되짚어 보면, 관계형 데이터베이스의 설계에 이론적인 접근 방법을 정의할 수 있는 이유는 관계형 데이터 모델이 탄탄한 수학적인 기초에 기반하고 있기 때문이다. 이는 우리가 공부했던 다른 데이터 모델에 비해 관계형 모델이 갖는 주요 장점 중 하나다.

용어정리

- 분해
  - 손실 분해
  - 무손실 분해
- 정규화
- 함수 종속
- 적법한 인스턴스
- 수퍼 키
- *R*이 *F*를 만족(충족)한다
- 함수 종속
  - 보존(유지, 성립, 만족)
  - 자명한, 명백한
  - 자명하지 않은
- 함수 종속의 집합의 폐포
- 종속성 보존
- 제3정규형(3NF)
- 이행 종속
- 논리적으로 함축되었다
- 공리
- 암스트롱의 공리
- 정당성
- 완전성
- 함수적으로 결정된다
- 이질적인 속성
- 캐노니컬 커버
- F의 R_i에 대한 한정
- 종속성 보존 분해
- 보이스-코드 정규형(BCNF)
- BCNF 분해 알고리즘
- 3NF 분해 알고리즘
- 3NF 합성 알고리즘
- 다중값 종속
  - 동일성 생성 종속
  - 튜플 생성 종속
  - 내장형 다중값 종속

- 폐포
- 제4정규형(4NF)
- D의 R_i에 대한 한정
- 제5정규형(5NF)
- 도메인-키 정규형(DKNF)
- 원자적 도메인
- 제1정규형(1NF)
- 고유 역할 가정
- 역정규화
- 크로스탭
- 시간 데이터
- 스냅샷
- 시간 함수 종속
- 시간 주 키
- 시간 외래 키
- 시간 조인

실전문제

7.1 스키마 $R = (A, B, C, D, E)$를 다음과 같이 분해한다고 가정한다.

$$(A, B, C)$$
$$(A, D, E).$$

다음과 같은 함수 종속의 집합 F가 보존(성립)한다면 이 분해가 무손실 분해임을 보여라.

$$A \rightarrow BC$$
$$CD \rightarrow E$$
$$B \rightarrow D$$
$$E \rightarrow A$$

7.2 그림 7.18의 릴레이션에 의해 충족되는 자명하지 않은 모든 함수 종속을 나열하라.

7.3 함수 종속이 다음을 나타내기 위해 어떻게 사용될 수 있는지 설명하라.

- 개체 집합 *student*와 *instructor* 사이에 존재하는 일대일 관계 집합
- 개체 집합 *student*와 *instructor* 사이에 존재하는 다대일 관계 집합

7.4 암스트롱의 공리를 이용하여 연합 규칙의 정당성을 증명하라(힌트: $\alpha \rightarrow \beta$이면 $\alpha \rightarrow \alpha\beta$인 증가 규칙을 이용하라. $\alpha \rightarrow \gamma$임을 이용해 증가 규칙을 다시 적용하고, 이행 규칙을 적용하라).

7.5 가이행 규칙의 정당성을 증명하기 위해 암스트롱의 공리를 이용하라.

7.6 릴레이션 스키마 $R = (A, B, C, D, E)$에 대한 다음과 같은 함수 종속의 집합 F의 폐포를 구하라.

A	B	C
a_1	b_1	c_1
a_1	b_1	c_2
a_2	b_1	c_1
a_2	b_1	c_3

그림 7.18 문제 7.2의 릴레이션

$$A \rightarrow BC$$
$$CD \rightarrow E$$
$$B \rightarrow D$$
$$E \rightarrow A$$

R의 후보 키를 나열하라.

7.7 문제 7.6의 함수 종속을 이용하여 캐노니컬 커버 F_c를 구하라.

7.8 그림 7.19의 알고리즘을 고려하여 α^+를 계산한다. 이 알고리즘이 그림 7.8(7.4.2절)에서 설명한 것보다 더 효율적임을 보이고, 이것이 α^+를 올바르게 구하는지를 보여라.

7.9 주어진 데이터베이스 스키마 $R(A, B, C)$와 스키마 R의 릴레이션 r에서, 함수 종속 $B \rightarrow C$가 릴레이션 r에서 보존하는지를 검사하는 SQL 질의문을 작성하라. 그리고 함수 종속을 강제하기 위한 SQL 주장(assertion)을 작성하라. 널 값은 나타나지 않는다고 가정한다(비록 SQL 표준의 일부이지만, 주장은 현재의 데이터베이스 시스템이 지원하지 않는다).

7.10 무손실 분해의 논의에서 함수 종속의 좌측 항에 있는 속성은 널 값을 취할 수 없다고 암시적으로 가정했다. 만약 이 특성을 위반한다면 분해에 어떤 문제가 발생할 수 있겠는가?

7.11 BCNF 분해 알고리즘에서 함수 종속 $\alpha \rightarrow \beta$를 이용하여 릴레이션 스키마 $r(\alpha, \beta, \gamma)$를 $r_1(\alpha, \beta)$와 $r_2(\alpha, \gamma)$로 분해한다고 가정해 보자.

a. 분해된 릴레이션이 어떤 주 키와 외래 키 제약 조건을 보존한다고 예상하는가?

b. 만약 위에서 분해된 릴레이션에서 외래 키 제약 조건이 강요되지 않는 경우, 잘못된 갱신으로 인해 발생할 수 있는 비일관성의 예를 들어 보라.

c. 7.5.2절의 알고리즘을 사용하여 릴레이션 스키마를 3NF로 분해할 때, 분해된 릴레이션이 어떤 주 키와 외래 키 제약 조건을 보존한다고 예상하는가?

7.12 $R_1, R_2, \ldots, R_n$을 스키마 U의 분해라고 하자. $u(U)$는 릴레이션이고, $r_i = \Pi_{R_i}(u)$라 하자. 다음이 성립함을 증명하라.

$$u \subseteq r_1 \bowtie r_2 \bowtie \cdots \bowtie r_n$$

7.13 문제 7.1의 분해가 종속성 보존 분해가 아님을 설명하라.

7.14 다음 종속들의 집합을 사용하여 주어진 함수 종속의 집합에 대해 하나 이상의 캐노니컬 커버가 있을 수 있음을 보여라.

$$X \rightarrow YZ,\ Y \rightarrow XZ,\ Z \rightarrow XY.$$

7.15 캐노니컬 커버를 생성하는 알고리즘은 한 번에 하나의 이질적인 속성만 제거한다. 만약 이질적인 속성으로 추정되는 두 개의 속성을 한 번에 삭제하는 경우 무엇이 잘못될 수 있는지, 문제 7.14의 함수 종속을 사용하여 설명하라.

7.16 분해될 스키마에 대해 적어도 하나의 스키마가 후보 키를 포함한다는 것을 보장함으로써 3NF로의 종속성 보존 분해가 무손실 분해인 것을 보장하는 것이 가능함을 보여라(힌트: 분해된 스키마에서 모든 추출의 조인이 원래의 릴레이션보다 더 많은 튜플을 가질 수 없음을 보여라).

```
result := Ø;
/* fdcount is an array whose ith element contains the number
   of attributes on the left side of the ith FD that are
   not yet known to be in α+ */
for i := 1 to |F| do
   begin
      let β → γ denote the ith FD;
      fdcount [i] := |β|;
   end
/* appears is an array with one entry for each attribute. The
   entry for attribute A is a list of integers. Each integer
   i on the list indicates that A appears on the left side
   of the ith FD */
for each attribute A do
   begin
      appears [A] := NIL;
      for i := 1 to |F| do
         begin
            let β → γ denote the ith FD;
            if A ∈ β then add i to appears [A];
         end
   end
addin (α);
return (result);

procedure addin (α);
for each attribute A in α do
   begin
      if A ∉ result then
         begin
            result := result ∪ {A};
            for each element i of appears[A] do
               begin
                  fdcount [i] := fdcount [i] − 1;
                  if fdcount [i] := 0 then
                     begin
                        let β → γ denote the ith FD;
                        addin (γ);
                     end
               end
         end
   end
```

그림 7.19 α^+를 계산하는 알고리즘

7.17 릴레이션 스키마 R'과 함수 종속의 집합 F'의 예를 제시한다. 단 R'로부터 BCNF로의 적어도 세 개의 각각 다른 무손실 분해가 존재해야 한다.

7.18 **프라임**(prime) 속성을 적어도 하나의 후보 키에서 나타나는 속성이라고 하자. α와 β를 $\alpha \rightarrow \beta$는

보존되지만 $\beta \rightarrow \alpha$는 보존되지 않는 속성의 집합이라고 하자. A를 α에도 β에도 속하지 않으면서 $\beta \rightarrow A$를 보존하는 속성이라고 하자. A를 α에 대해 **이행적 종속**(transitively dependency)이라고 한다. 3NF의 정의를 다음과 같이 다시 내릴 수 있다. 만일 R의 키에 이행적 종속이면서 프라임이 아닌 속성(nonprime attribute) A가 R에 존재하지 않는다면, 함수 종속의 집합 F에 대해 릴레이션 스키마 R은 3NF에 속한다. 이 새로운 정의가 원래의 것과 동일함을 보여라.

7.19 함수 종속 $\alpha \rightarrow \beta$를 **부분 종속**(partial dependency)이라 하는 경우는 $\gamma \rightarrow \beta$인 α의 진부분집합 γ가 존재할 때다. β를 α에 부분적으로 종속한다고 한다. R의 각 속성 A에 대해 다음 기준 중 하나를 충족한다면, 릴레이션 스키마 R은 **제2정규형**(second normal form, **2NF**)에 속한다.

- A가 후보 키에서 나타난다.
- A가 후보 키에 부분적으로 종속이지 않다.

모든 3NF 스키마가 2NF에 속함을 보여라(힌트: 모든 부분 종속이 이행 종속임을 보여라).

7.20 R이 BCNF에 속하지만 4NF에는 속하지 않는 릴레이션 스키마 R과 (함수) 종속의 집합의 예를 들어 보라.

연습문제

7.21 문제 7.1에서 스키마 R의 BCNF로의 무손실 분해를 제시하라.

7.22 문제 7.1에서 스키마 R의 3NF로의 무손실, 종속성 보존 분해를 제시하라.

7.23 정보의 중복과 정보 표현의 불가능의 뜻이 무엇인지 설명하라. 왜 이러한 각각의 특성이 잘못된 관계형 데이터베이스 설계를 나타내는지 설명하라.

7.24 특정 함수 종속을 왜 자명한 함수 종속이라고 부르는가?

7.25 함수 종속의 정의를 이용하여 각 암스트롱의 공리(재귀, 증가, 이행 규칙)가 정당함을 주장하라.

7.26 함수 종속을 위한 다음과 같은 규칙 $\alpha \rightarrow \beta$이고 $\gamma \rightarrow \beta$이면 $\alpha \rightarrow \gamma$를 고려하자. $\alpha \rightarrow \beta$와 $\gamma \rightarrow \beta$를 만족하지만 $\alpha \rightarrow \gamma$를 만족하지는 않는 릴레이션 r을 보임으로써 이 규칙이 정당하지 않음을 증명하라.

7.27 암스트롱의 공리를 이용하여 분해 규칙의 정당성을 증명하라.

7.28 문제 7.6의 함수 종속을 이용하여 B^+를 구하라.

7.29 문제 7.1의 스키마 R의 다음과 같은 분해가 무손실 분해가 아님을 보여라.

$$(A, B, C)$$
$$(C, D, E).$$

(힌트: $\Pi_{A,B,C}(r) \bowtie \Pi_{C,D,E}(r) \neq r$을 만족하는 릴레이션 $r(R)$의 예를 제시한다.)

7.30 릴레이션 스키마(A, B, C, D, E, G)에 대한 다음 함수 종속의 집합 F를 생각해 보자.

$$A \rightarrow BCD$$
$$BC \rightarrow DE$$
$$B \rightarrow D$$
$$D \rightarrow A$$

a. B^+를 구하라.

b. 암스트롱의 공리를 이용하여 AG가 수퍼 키임을 증명하라.

c. 위의 함수 종속의 집합 F에 대한 캐노니컬 커버를 구하라. 각각의 유도되는 단계를 설명하라.

d. 캐노니컬 커버를 기반으로 주어진 스키마의 3NF 분해를 제시하라.

e. 본래 함수 종속 집합 F를 이용하여 r의 BCNF 분해를 들어 보라.

7.31 스키마 $R = (A, B, C, D, E, G)$와 다음 함수 종속의 집합 F를 고려하자.

$$AB \rightarrow CD$$
$$B \rightarrow D$$
$$DE \rightarrow B$$
$$DEG \rightarrow AB$$
$$AC \rightarrow DE$$

R은 여러 가지 이유로 BCNF에 속하지 않는데, 그 이유 중 하나는 함수 종속 $AB \rightarrow CD$ 때문이다. $AB \rightarrow CD$로 인해 R이 BCNF에 속하지 않는 이유를 설명하고, $AB \rightarrow CD$로 시작하는 BCNF 분해 알고리즘을 사용하여 R의 BCNF 분해를 생성한다. 분해를 완료하면 결과가 종속성 보존인지 아닌지 결정하고 이유를 설명하라.

7.32 스키마 $R = (A, B, C, D, E, G)$와 함수 종속의 집합 F를 고려하자.

$$A \rightarrow BC$$
$$BD \rightarrow E$$
$$CD \rightarrow AB$$

a. 위의 세 가지 함수 종속이 논리적으로 함축하는 이질적인 속성을 포함하지 않는 자명하지 않은 함수 종속을 찾고, 어떻게 찾았는지 설명하라.

b. BCNF 분해 알고리즘을 사용하여 R의 BCNF 분해를 구한다. $A \rightarrow BC$로 시작하고, 각 단계를 설명하라.

c. b의 분해가 무손실 분해인지 여부와 그 이유를 설명하라.

d. b의 분해가 종속성 보존 분해인지 여부와 그 이유를 설명하라.

7.33 스키마 $R = (A, B, C, D, E, G)$와 함수 종속의 집합 F를 고려하자.

$$AB \rightarrow CD$$
$$ADE \rightarrow GDE$$
$$B \rightarrow GC$$
$$G \rightarrow DE$$

3NF 분해 알고리즘을 사용하여 R의 3NF 분해를 생성하고 수행한 작업에 대해 설명한다. 아래의 내용을 포함해야 한다.

a. 모든 후보 키 목록

b. F에 대한 캐노니컬 커버. 이 캐노니컬 커버를 생성하기 위한 절차에 대한 설명

c. 캐노니컬 커버를 구한 이후의 3NF 알고리즘의 나머지 절차에 대한 설명

d. 최종 분해

7.34 스키마 $R = (A, B, C, D, E, G, H)$와 함수 종속의 집합 F를 고려하자.

$$AB \rightarrow CD$$
$$D \rightarrow C$$
$$DE \rightarrow B$$
$$DEH \rightarrow AB$$
$$AC \rightarrow DC$$

3NF 분해 알고리즘을 사용하여 R의 3NF 분해를 생성하고 수행한 작업에 대해 설명한다. 아래의 내용을 포함해야 한다.

a. 모든 후보 키 목록

b. F에 대한 캐노니컬 커버

c. 알고리즘의 단계에 대한 설명

d. 최종 분해

7.35 BCNF 알고리즘은 결과 분해가 무손실임을 보장하지만, 알고리즘에 의해 생성되지 않은 스키마와 분해(즉 BCNF에 속하지만 무손실이 아닌)를 가질 수 있다. 그러한 스키마와 분해의 예를 제시하라.

7.36 정확히 두 개의 속성으로 구성된 모든 스키마는 주어진 함수 종속의 집합 F와 관계없이 BCNF에 속한다는 것을 증명하라.

7.37 관계형 데이터베이스의 세 가지 설계 목표를 나열하고 각각이 바람직한 이유를 설명하라.

7.38 관계형 데이터베이스를 설계할 때 BCNF가 아닌 설계를 선택하는 이유는 무엇인가?

7.39 관계형 데이터베이스 설계의 세 가지 목표를 고려할 때 2NF이지만 상위 정규형이 아닌 데이터베이스 스키마를 설계할 이유가 있는가? (2NF의 정의는 문제 7.19를 참고한다.)

7.40 주어진 관계형 스키마 $r(A, B, C, D)$에 대해 $A \twoheadrightarrow BC$는 $A \twoheadrightarrow B$와 $A \twoheadrightarrow C$를 논리적으로 함축하는가? 그렇다면 증명하고, 아니라면 반대 사례를 제시하라.

7.41 4NF가 BCNF보다 더 바람직한 정규형인 이유를 설명하라.

7.42 주어진 제약 조건으로 다음 스키마를 4NF로 정규화하라.

books(*accessionno*, *isbn*, *title*, *author*, *publisher*)
users(*userid*, *name*, *deptid*, *deptname*)
accessionno → *isbn*
isbn → *title*
isbn → *publisher*
isbn →→ *author*
userid → *name*
userid → *deptid*
deptid → *deptname*

7.43 비록 SQL은 함수 종속 제약 조건을 지원하지 않지만, 만약 데이터베이스 시스템이 실체화 뷰에 대한 제약 조건을 지원하고 실체화 뷰가 즉시 유지되는 경우라면 SQL에서 함수 종속 제약 조건이 적용 가능하다. 주어진 릴레이션 $r(A, B, C)$에 대해 함수 종속 $B \rightarrow C$를 적용하기 위해 어떻게 실체화 뷰에 대한 제약 조건을 사용하는지 설명하라.

7.44 주어진 두 릴레이션 $r(A, B, validtime)$과 $s(B, C, validtime)$에서 *validtime*은 유효한 시간 간격을 나타낸다. 이때 두 릴레이션의 시간 자연 조인을 계산하는 SQL 질의를 작성하라. && 연산자를 사용하여 두 간격이 겹치는지 확인할 수 있고, * 연산자를 사용하여 두 간격의 교집합을 계산할 수 있다.

더 읽어보기

관계형 데이터베이스 설계 이론에 대한 첫 번째 논의는 [Codd (1970)]의 초기 논문에서 나타났다. 이 논문에서 Codd는 또한 함수 종속과 제1, 제2, 제3 정규형도 소개했다.

암스트롱의 공리는 [Armstrong (1974)] 논문이 소개했다. BCNF는 [Codd (1972)] 논문이 제시했다. [Maier (1983)]는 정규화에 대한 자세한 내용, 함수 종속과 다중값 종속 이론을 제공하는 고전적인 교과서다.

참고문헌

[**Armstrong (1974)**] W. W. Armstrong, "Dependency Structures of Data Base Relationships", In *Proc. of the 1974 IFIP Congress* (1974), pages 580-583.

[**Codd (1970)**] E. F. Codd, "A Relational Model for Large Shared Data Banks", *Communications of the ACM*, Volume 13, Number 6 (1970), pages 377-387.

[**Codd (1972)**] E. F. Codd. "Further Normalization of the Data Base Relational Model", In *[Rustin (1972)]*, pages 33-64 (1972).

[**Maier (1983)**] D. Maier, *The Theory of Relational Databases*, Computer Science Press (1983).

[**Rustin (1972)**] R. Rustin, *Data Base Systems*, Prentice Hall (1972).

크레딧

장 도입부 보트 사진: © Pavel Nesvadba/Shutterstock

PART 3

응용 프로그램의 설계 및 개발

관계형 모델의 중요한 요구 사항 중에 하나는 데이터 값이 원자적이어야 한다는 것이다. 다중값 데이터나 복합 데이터 혹은 다른 복잡한 데이터 타입은 원래 관계형 모델에서 허락되지 않는다. 그러나 관계형 모델에 존재하는 이러한 제약 사항이 문제를 발생시킬 수 있는 응용 프로그램이 실제로 많이 사용된다. 8장에서 응용 프로그램을 개발하는 데 많이 사용되는 반조구형 데이터, 객체 지향 데이터, 텍스트 데이터, 공간 데이터를 포함하는 여러 복합 데이터 타입을 살펴본다.

실제로 데이터베이스의 모든 사용은 응용 프로그램 안에서 이루어진다. 즉 데이터베이스와 사용자 간의 모든 상호작용은 응응 프로그램을 통해서 간접적으로 이루어진다. 데이터베이스 응용 프로그램은 모바일 플랫폼뿐만 아니라 웹 기반으로 광범위하게 사용된다. 9장에서 데이터를 저장하고 검색하기 위해서 데이터베이스를 사용하는 대화식 응용 프로그램을 중심으로 응용 프로그램을 개발하는 데 사용되는 도구와 기술을 살펴본다.

Chapter 8

복합 데이터 타입

관계형 모델은 많은 응용 도메인에서 데이터 표현을 위해서 매우 광범위하게 사용된다. 관계형 모델의 중요한 요구 사항 중 하나는 데이터 값이 원자적이어야 한다는 사실이다. 다중값이거나 복합 데이터 타입은 엄격한 관계형 모델에서 원칙적으로 지원되지 않는다. 그러나 관계형 모델에서 도입된 데이터 타입에 대한 제약 조건은 실제로 해결할 수 있는 것보다 더 많은 문제를 발생시킬 수 있다. 이 장은 반구조형 데이터, 객체 지향 데이터, 텍스트 데이터 및 공간 데이터와 같이 광범위하게 사용되는 비원자적 데이터 타입에 대해서 살펴본다.

8.1 반구조형 데이터

관계형 데이터베이스 설계는 고정된 수의 속성을 갖는 테이블로 구성되며 각 속성은 원자적 값을 갖는다. 매우 드문 일이지만 속성을 추가하는 것과 같은 스키마 변경은 응용 코드의 변경을 요구한다. 이러한 설계는 많은 조직을 위한 응용에 매우 적합하다.

그러나 스키마 변경이 자주 발생하는 복잡한 데이터를 저장할 필요가 있는 응용 도메인이 존재한다. 신속한 개발이 필요한 웹 응용이 이러한 도메인 중 하나다. 이러한 응용에서 데이터 관리가 필요한 예로 많은 다른 응용에서 접근할 필요가 있는 사용자 프로파일이 있다. 사용자 프로파일은 다양한 속성이 존재하며 속성은 자주 새롭게 추가될 수 있다. 일부 속성은 복잡한 데이터를 포함할 수 있다. 예를 들어, 어떤 속성은 사용자가 관심 있어 하는 물품을 보여 주는 데 사용되는 관심 목록을 저장할 수 있다. 이러한 집합 데이터 타입은 분리된 별도 릴레이션으로 정규화되어 저장될 수 있지만 정규화된 표현으로 접근하는 것보다 더 효율적으로 접근할 수 있는 방법이 제공되어야 한다. 이 장에서 반구조형 데이터 형태를 지원하는 데이터 모델을 살펴본다.

데이터 교환은 반구조형 데이터 표현의 또 다른 중요한 동기다. 어쩌면 많은 응용에서 저장보다 더 중요할 수 있다. 정보시스템을 구축하는 데 인기 있는 구조는 검색이 가능한 웹 서비스를 생성하고 데이터를 보여 주고 사용자와 대화식 상호작용이 가능한 응용 코드를 개발하는 것이다. 이러한 응용은 모바일 응용으로 개발하는 것도 가능하며 JavaScript 형태로 작성하여 브라우저상에서 실행할 수도 있다. 어떤 형태든 클라이언트 기계상에서 실행할 수 있는 기능은 개발자로 하여금 즉각적으로 반응하는 사용자 인터페이스를 만들 수 있게 한다. 초기 웹 인터페이스는 백엔드 서버가 HTML 마크업 텍스트를 브라우저에 보내 HTML을 보여 주는 방식이었다. 응용 프로그램을 개발하는 데 중요한 것은 백엔드 서버와 클라이언트 사이에서 복잡한 데이터를 효과적으로 교환하고 처리하는 것이다. 이러한 작업을 위해 광범위하게 채택되고 있는 JSON과 XML을 살펴본다.

8.1.1 반구조형 데이터 모델 개관

관계형 모델은 현대의 응용이 요구하는 저장과 데이터 교환을 지원하기 위해 몇 가지 형태로 확장되어 왔다.

8.1.1.1 유연한 스키마

일부 데이터베이스 시스템은 각 튜플이 다른 종류의 속성 집합을 갖는 것을 허용한다. 이러한 표현을 **와이드 칼럼**(wide column) 데이터 표현이라고 한다. 이런 표현 방식에서 속성 집합은 고정되지 않는다. 각 튜플은 다른 속성 집합을 가질 수 있고 필요에 따라 새로운 속성을 추가할 수 있다.

유연한 스키마의 제한적인 형태는 고정된 크기이지만 많은 속성을 갖도록 하는 방식이다. 그래서 각 튜플은 필요한 속성만 가지고 나머지는 널 값을 갖도록 한다. 이러한 표현 방식을 **스파스 칼럼**(sparse column) 데이터 표현이라고 한다.

8.1.1.2 다중값 데이터 타입

다수의 데이터 표현은 속성이 비원자적 값을 갖도록 허용한다. 많은 데이터베이스는 속성값을 **집합**(set), **다중 집합**(multiset) 혹은 **배열**(array) 형태로 저장하는 것을 허용한다. 예를 들어, 사용자가 관심 있어 하는 주제를 저장하고 이와 관련된 상품을 사용자에게 광고하는 응용은 주제를 아래와 같이 집합으로 저장할 수 있다.

{ basketball, La Liga, cooking, anime, Jazz }

비록 이러한 집합 값은 6.7.2절에서 살펴본 정규화 방식으로 저장될 수도 있지만 그렇게 하는 것은 이런 경우에 큰 도움이 되지 않는다. 왜냐하면 항상 사용자를 기반으로 검색을 수행하는데 정규화는 저장 및 질의 오버헤드를 심각하게 증가시킬 수 있기 때문이다.

속성을 키-값 쌍으로 저장하는 키-값 맵을 허용하는 표현도 가능하다. **키-값 맵**(key-value map)은 종종 **맵**(map)이라고도 불리는데 (키, 값) 쌍들의 집합을 의미한다. 여기서 키는 최대 하나의 원소에서 나타날 수 있다. 예를 들어, 전자상거래 사이트는 각 상품에 대해서 브랜드, 모델, 크기, 색상 및 상품과 관련된 기타 상세 사항을 가지고 있어야 한다. 이러한 상품에 대한 명세 집합은 상품마다 다를 수 있다. 이런 상품 명세는 맵으로 표현될 수 있는데 여기서 명세는 키와 해당 키와 연관된 값으로 구성된다. 다음의 예는 이러한 맵을 보여 준다.

{ (brand, Apple), (ID, MacBook Air), (size, 13), (color, silver) }

put(key, value) 메소드는 키-값 쌍을 추가하는 데 사용될 수 있으며 get(key) 메소드는 키와 연관된 값을 검색하는 데 사용될 수 있다. delete(key)는 맵으로부터 키-값 쌍을 삭제하는 데 사용될 수 있다.

배열은 과학 및 감시와 같은 응용에서 매우 중요하다. 예를 들어, 과학 응용에서 이미지를 저장할 필요가 있는데 이미지는 기본적으로 픽셀 값으로 구성된 2차원 배열이다. 산업 감시 응용뿐만 아니라 과학 실험 등은 일정한 간격으로 데이터를 읽어 오는 다수의 센서를 사용할 수 있다. 이러한 데이터는 배열로 처리될 수도 있다. 실제로 이러한 스트림 데이터(stream data)를 배열로 처리하는 것은 (시간, 데이터)와 같이 분리된 튜플로 저장하는 것보다 훨씬 덜 공간을 차지한다. 시간을 명시적으로 저장하는 것을 피하는 것(오프셋을 이용하여 추론할 수 있음)뿐만 아니라 데이터베이스에서 튜플당 오버헤드를 줄일 수도 있다. 더 중요한 것은 배열 형태로 저장할 필요가 있는 공간을 줄이기 위해서 압축 기법을 사용할 수 있다는 것이다.

다중값 속성에 대한 지원은 데이터베이스 역사에서 이미 초기 단계에서 제안되었다. 관련된 데이터 모델을 **비제1정규형**(non first-normal-form, NFNF) 모델이라고 부른다. Oracle이나 PostgreSQL과 같은 관계형 데이터베이스는 집합과 배열 타입을 지원한다.

배열 데이터베이스(array database)는 효율적인 압축과 배열에 대한 연산을 지원하는 확장된 질의어 등을 포함하여 배열에 대한 특별한 지원을 제공하는 데이터베이스다. 예로는 Oracle GeoRaster와 PostgreSQL의 확장판인 PostGIS, 그리고 과학 응용을 위해 개발된 MonetDB 및 SciDB의 확장판인 SciQL 등이 있는데 배열 데이터 타입을 위해 특화된 많은 특징이 존재한다.

8.1.1.3 중첩 데이터 타입

다수의 데이터 표현은 속성이 구조화되는 것, 즉 E-R 모델에서 복합 속성으로 모델링되는 것을 허용한다. 예를 들어, *name* 속성은 *firstname*과 *lastname*의 하위 속성을 가질 수 있다. 이러한 표현은 집합, 배열, 맵과 같은 다중값 데이터 타입을 지원한다. 이런 데이터 타입은 계층구조를 가질 수 있으며 이러한 구조는 **중첩 데이터 타입**(nested data type)의 사용을 허용한다. 많은 데이터베이스는 8.2절에서 설명할 객체 지향 데이터에 대한 지원의 일부로 이러한 타입을 지원한다.

이 절에서 값이 복잡한 내부 구조를 가질 수 있도록 허용하는 두 가지 데이터 표현 방식을 살펴본다. 이러한 표현은 어떤 고정된 스키마를 따라야 한다는 강제가 없기 때문에 유연하다고 말할 수 있다. **JavaScript Object Notation(JSON)**은 8.1.2절에서 살펴보고, **Extensible Markup Language(XML)**는 8.1.3절에서 살펴본다.

와이드 테이블 방식처럼 JSON과 XML 표현은 레코드가 포함한 속성들의 집합과 이러한 속성의 타입에 대해서 유연성을 제공한다. 더 나아가 트리 형태의 객체가 또 다른 하위 객체를 갖도록 함으로써 더 많은 유연성을 제공한다.

JSON과 XML은 비즈니스 객체에 대한 여러 조각의 정보가 하나의 단일 구조로 조직화될 수 있기 때문에 응용 간 데이터 교환을 위해서 많이 사용되고 있다.

JSON은 백엔드와 모바일 앱(mobile app)이나 웹 앱(Web app) 등과 같은 응용에서 사용자와 직접 대면하는 부분에서 데이터 교환을 위해 많이 사용된다. JSON은 특정 사용에 대해서 서로 다른 데이터를 하나의 큰 객체(혹은 하나의 큰 문서)로 수집하는 저장 시스템에서 복잡한 객체를 저장하는 데 많이 사용된다. 이런 시스템에서 데이터는 조인 연산 없이 검색될 수 있다. XML은 좀 더 오래된 데이터 표현 방식으로 설정 정보나 다른 정보를 저장하고 데이터를 교환하는 용도로 사용된다.

8.1.1.4 지식 표현

인간 지식의 표현은 인공지능 분야의 오래된 목표였다. 복잡도의 차이는 있으나 다양한 모델이 이러한 목표를 위해서 제안되었다. 이런 모델은 사실과 사실의 규칙을 표현할 수 있다. 웹의 성장과 함께 수십억 개에 이르는 많은 양의 지식을 표현할 필요가 생겼다. *Resource Description Format* (*RDF*)은 지식 베이스를 표현하는 데 많이 사용되는 방법 중 하나다. RDF 표현은 실제로 이전의 표현 방식에 비해 훨씬 적은 특징을 가졌다. 그러나 이런 면이 매우 방대한 데이터를 표현하는 데는 이전 지식 표현 방식보다 더 유리하다.

이전에 배웠던 E-R 모델처럼 RDF 모델은 속성을 가지며 다른 객체와의 관계를 갖는 객체로 데이터를 모델링한다. RDF 데이터를 트리플(3-튜플)의 집합으로 표현하거나 그래프로 표현할 수 있다. 그래프로 표현할 경우, 객체와 속성값은 노드로 모델링되고 관계와 속성 이름은 간선으로 모델링할 수 있다. 8.1.4절에서 RDF를 더 자세히 살펴본다.

8.1.2 JSON

JavaScript Object Notation(JSON)은 응용 간에 복잡한 데이터를 전달하거나 저장하는 데 많이 사용되는 복합 데이터 타입의 텍스트 표현이다. JSON은 (속성 이름, 값) 쌍의 집합을 위한 배열이나 객체뿐만 아니라 기본 데이터 타입으로 정수, 실수, 문자열 등과 같은 타입도 지원한다.

그림 8.1은 JSON으로 표현된 데이터의 예다. 객체는 특정한 고정된 스키마를 따를 필요가 없기

```
{
    "ID": "22222",
    "name": {
        "firstname: "Albert",
        "lastname: "Einstein"
    },
    "deptname": "Physics",
    "children": [
        {"firstname": "Hans", "lastname": "Einstein" },
        {"firstname": "Eduard", "lastname": "Einstein" }
    ]
}
```

그림 8.1 JSON 데이터의 예

때문에 기본적으로 키-값 맵과 동일하다. 여기서 속성 이름은 키, 속성값은 연관된 값이 된다.

예제에서 대괄호([ ])에 있는 것이 배열이다. JSON에서 배열은 대괄호 문법으로 표현되며 정수 오프셋(offset)을 값으로 변환하는 맵으로 생각할 수 있으며 실제로 맵을 만드는 것처럼 쉽게 만들 수 있다.

JSON은 응용과 웹 서비스 간의 통신에 사용되는 기본적인 데이터 표현 방식이다. 많은 응용이 백엔드 서버에서 데이터를 저장하고 검색하고 계산을 수행하기 위해서 웹 서비스를 사용한다. 웹 서비스는 9.5.2절에서 자세히 설명한다. 응용은 문자열이나 숫자와 같은 단순한 값을 매개변수로 보내거나 좀 더 복잡한 매개변수는 JSON을 사용함으로써 웹 서비스를 호출한다. 웹 서비스는 JSON을 사용해 결과를 반환한다. 예를 들어, 이메일 사용자 인터페이스는 사용자를 인증하거나 이메일 리스트를 보여 주기 위해 이메일 헤더 정보를 가져오거나 이메일의 내용을 가져오거나 이메일을 보내는 등의 작업을 위해 웹 서비스를 호출한다.

각 단계에서 교환되는 데이터는 복잡하며 내부적인 구조를 가지고 있다. 복잡한 구조를 표현하는 기능과 유연한 구조화를 허용하는 기능으로 인해 JSON이 이러한 응용에 적합하다.

JSON 표현과 JavaScript, Java, Python, PHP, 그리고 다른 언어에서 사용하는 객체 표현 간의 데이터 변환을 쉽게 만들어 주는 많은 라이브러리가 존재한다. JSON과 프로그래밍 언어 간의 쉬운 인터페이스는 JSON의 광범위한 사용에 중요한 역할을 했다.

관계형 표현과 달리 JSON은 장황하며 동일한 데이터에 대해 많은 저장 공간이 필요하다. 특히 검색을 위해서 텍스트를 파싱(parsing)하는 것은 CPU를 많이 사용한다. 그래서 파싱 없이 값을 검색하는 것을 쉽게 만들어 주는 압축 표현 방식이 데이터 저장에 많이 사용된다. 예를 들어, BSON (Binary JSON)이라 불리는 압축된 이진 형식이 JSON 데이터를 저장하는 데 많이 사용된다.

SQL 언어 자체가 JSON을 지원하기 위해서 여러 방법으로 확장을 해 왔다.

- JSON 데이터는 JSON 데이터 타입으로 저장될 수 있다.
- SQL 질의는 릴레이션 데이터로부터 JSON 데이터를 생성할 수 있다.
    - 질의 결과의 각 행에 JSON 객체의 생성을 허용하는 SQL 확장이 있다. 예를 들어, PostgreSQL은 json_build_object( ) 함수를 제공한다. 그래서 예를 들어, json_build_object('ID', 12345, 'name' 'Einstein')를 호출하면 JSON 객체 {"ID": 12345, "name", "Einstein"}를 반환한다.
    - 집계 함수를 사용하여 행들의 집합에 JSON 객체 생성을 허용하는 SQL 확장도 있다. 예를 들어, PostgreSQL에서 json_agg 집계 함수는 JSON 객체들의 집합으로부터 단일 JSON 객체 생성을 허용한다. Oracle은 유사한 집계 함수 json_objectagg뿐만 아니라 특정 순서로 객체를 갖는 JSON 배열을 생성하는 집계 함수 json_arraytagg를 제공한다. SQL Server는 FOR JSON AUTO 절을 제공하는데 이것은 SQL 질의의 각 행을 JSON 배열의 하나의 원소로 만들어 준다.
- SQL 질의는 경로 생성자 등을 사용해서 JSON 객체로부터 데이터를 추출할 수 있다. 예를 들어, PostgreSQL에서 *v*가 JSON 타입이고 속성 "ID"를 갖는다면 *v*–'ID'는 *v*의 ID 속성값을 반환한

다. Oracle은 유사한 기능을 제공하는 "->" 대신 "."를 사용한다. 반면 SQL Server는 특정 경로를 사용하여 JSON 객체로부터 값을 추출하기 위해 JSON VALUE(value, path)를 사용한다.

이러한 확장의 정확한 문법과 의미는 특정 데이터베이스 시스템에 따라 다르다. 자세한 설명을 위해서는 이 장의 참고문헌을 참고하라.

8.1.3 XML

XML 데이터 표현은 텍스트에서 어떤 정보를 표시하기 위해서 홑화살괄호(<>)로 둘러싸인 **태그**(tag)를 추가한다. 태그는 참조하는 텍스트의 시작과 끝을 표시하는 〈tag〉와 〈/tag〉가 쌍으로 사용된다. 예를 들어, 문서의 제목은 다음과 같이 표시될 수 있다.

```
<title>Database System Concepts</title>
```

태그는 아래와 같이 릴레이션 이름과 속성 이름을 태그로 표시하는 관계형 모델을 표현하는 데 사용될 수 있다.

```
<course>
    <course_id> CS-101 </course_id>
    <title> Intro. to Computer Science </title>
    <dept_name> Comp. Sci. </dept_name>
    <credits> 4 </credits>
</course>
```

관계형 스키마와 달리 새로운 태그가 쉽게 추가될 수 있다. 적절한 이름과 함께 인간이 이해할 수 있거나 이름을 이용하여 데이터의 의미를 추측할 수 있다는 점에서 데이터는 자체 문서화(self-documenting)되었다고 할 수 있다.

태그는 관계형 모델에서 불가능한 계층적 구조를 만드는 데 사용될 수 있다. 계층적 구조는 기업체 간의 교환이 필요한 청구서, 구매 주문 등과 같은 비즈니스 객체를 표현하는 데 매우 중요하다.

그림 8.2는 XML의 현실적인 사용 예로 특정 구매 주문에 대해서 어떤 정보가 XML로 표현될 수 있는지를 보여 준다. 구매 주문은 전형적으로 한 기업체에서 만들어져서 다른 기업체로 보내진다. 구매 주문은 다양한 정보를 포함하는데 중첩된 표현은 구매 주문과 관련된 모든 정보를 하나의 문서에 자연스럽게 표현할 수 있도록 해 준다(실제 구매 주문은 단순화된 예제보다 더 많은 정보를 고려해야 한다). XML은 데이터를 태깅하는 단일화된 방법을 제공한다. 두 기업체는 구매 주문서에 사용되는 태그와 그것이 의미하는 것에 대해서 당연히 동의를 해야 한다.

XQuery 언어는 XML 데이터에 질의를 하기 위해서 개발되었다. XML과 XQuery에 대한 자세한 설명은 30장을 참고하라. XQuery는 SQL과는 달리 꽤 제한된 시스템에서만 제공된다.

그러나 SQL 언어 자체는 몇 가지 방법으로 XML을 지원하기 위해서 확장될 수 있다.

- XML 데이터는 XML 데이터 타입으로 저장될 수 있다.
- SQL 질의는 릴레이션 데이터로부터 XML 데이터를 생성할 수 있다. 이러한 확장은 연관된 데이터 조각을 하나의 XML 문서로 만들어 다른 응용에 전송하는 데 유용하다. 확장을 사용하면

```
<purchase_order>
    <identifier> P-101 </identifier>
    <purchaser>
        <name> Cray Z. Coyote </name>
        <address> Route 66, Mesa Flats, Arizona 86047, USA </address>
    </purchaser>
    <supplier>
        <name> Acme Supplies </name>
        <address> 1 Broadway, New York, NY, USA </address>
    </supplier>
    <itemlist>
        <item>
            <identifier> RS1 </identifier>
            <description> Atom powered rocket sled </description>
            <quantity> 2 </quantity>
            <price> 199.95 </price>
        </item>
        <item>
            <identifier> SG2 </identifier>
            <description> Superb glue </description>
            <quantity> 1 </quantity>
            <unit-of-measure> liter </unit-of-measure>
            <price> 29.95 </price>
        </item>
    </itemlist>
    <total_cost> 429.85 </total_cost>
    <payment_terms> Cash-on-delivery </payment_terms>
    <shipping_mode> 1-second-delivery </shipping_mode>
</purchase_order>
```

그림 8.2 구매 주문에 대한 XML 표현

개별 행(row)에서 XML 문서를 생성할 수 있을 뿐만 아니라 XMLAGG 집계 함수를 사용하여 다수의 행으로부터 XML 문서를 생성할 수 있다.

- SQL 질의는 XML 데이터 타입을 갖는 값으로부터 데이터를 추출할 수 있다. 예를 들어, XPath 언어는 XML 문서로부터 원하는 부분의 데이터만 추출하는 것이 가능한 "경로 표현(path expression)"을 지원한다.

더 자세한 사항은 30장에서 설명한다.

8.1.4 RDF와 지식 그래프

Resource Description Framework(RDF)는 개체-관계 모델에 기반한 데이터 표현 표준이다. 이 절에서 RDF를 살펴본다.

10101	instance-of	instructor .
10101	name	"Srinivasan" .
10101	salary	"6500" .
00128	instance-of	student .
00128	name	"Zhang" .
00128	tot_cred	"102" .
comp_sci	instance-of	department .
comp_sci	dept_name	"Comp. Sci." .
biology	instance-of	department .
CS-101	instance-of	course .
CS-101	title	"Intro. to Computer Science" .
CS-101	course_dept	comp_sci .
sec1	instance-of	section .
sec1	sec_course	CS-101 .
sec1	sec_id	"1" .
sec1	semester	"Fall" .
sec1	year	"2017" .
sec1	classroom	packard-101 .
sec1	time_slot_id	"H" .
10101	inst_dept	comp_sci .
00128	stud_dept	comp_sci .
00128	takes	sec1 .
10101	teaches	sec1 .

그림 8.3 대학교 데이터베이스 일부에 대한 RDF 표현

8.1.4.1 트리플 표현

RDF 모델은 다음과 같은 두 가지 형태 중 하나인 **트리플**(triple) 집합 형태로 데이터를 표현한다.

1. (*ID, attribute-name, value*)
2. (*ID1, relationship-name, ID2*)

여기서 *ID*, *ID1* 그리고 *ID2*는 개체의 식별자다. 개체는 RDF에서 **자원**(resource)으로 불린다. E-R 모델과 달리 RDF 모델은 단지 이진 관계만을 지원하고 좀 더 일반적인 *n*-진 관계는 지원하지 않는다. 이 문제는 나중에 살펴본다.

트리플의 첫 번째 속성은 **주어**(subject)라 하고 두 번째 속성은 **술어**(predicate), 그리고 마지막 속성은 **목적어**(object)라고 부른다. 트리플은 (주어, 술어, 목적어) 구조를 갖는다.

그림 8.3은 대학교 데이터베이스의 일부분에 대한 트리플 표현이다. 모든 속성값은 따옴표 안에 표시되는 반면 식별자는 따옴표 없이 표시된다. 각 트리플의 술어에 해당하는 속성 및 관계 이름 역시 따옴표 없이 표현된다.

예제에서 instructors와 students를 식별하기 위해서 ID 값을 사용하고 courses를 식별하기 위해서 *course_id*를 사용한다. 각 속성은 분리된 트리플로 표현된다. 객체의 타입 정보는 *instance-of* 관계에 의해서 제공된다. 예를 들어, 10101은 instructor 인스턴스로 식별되고 00128은 student의 인스턴스다. RDF의 문법에 따라 Comp. Sci. 학과의 식별자는 comp_sci로 표시된다. 학과의 유일

한 속성은 *dept_name*이다. *section*의 주 키가 복합 속성이기 때문에 section을 식별하기 위해 새로운 식별자를 만들었다. "sec1"이 *semester, year*, *sec_id* 속성을 가지며 CS-101에 대한 관계 *course*를 갖는 section을 식별한다.

그림에서 관계는 대학교 스키마에서도 존재했던 *takes*와 *teaches* 관계를 포함한다. instructors, students, 그리고 courses의 학과는 각각 관계 *inst_dept*, *stud_dept*, 그리고 *course_dept*로 표현된다. 비슷하게 section과 연관된 classroom은 classroom 객체(그림의 예에서 packard-101)와 연결된 *classroom* 관계로 표현된다. section과 연관된 course는 section과 course 간의 관계 *sec_course*로 표현된다.

개체 타입 정보는 개체와 타입을 표현하는 객체 간의 *instance-of* 관계를 사용해서 표현된다. 타입-서브타입 관계는 타입 객체 간의 *subtype* 간선(edges)으로 표현된다.

E-R 모델이나 관계형 스키마와 달리 RDF는 새로운 속성이 객체에 쉽게 추가될 수 있으며 새로운 타입의 관계로도 쉽게 생성될 수 있다.

8.1.4.2 RDF의 그래프 표현

RDF 표현은 매우 자연스럽게 그래프로 해석될 수 있다. 개체와 속성값은 노드로 표현될 수 있고 속성 이름이나 관계는 노드 간의 간선으로 표현될 수 있다. 속성/관계 이름은 대응되는 간선의 레이블로 볼 수 있다. 그림 8.4는 그림 8.3 데이터에 대한 그래프 표현이다. 객체는 타원으로 표시되고 속성값은 사각형으로 표시된다. 관계는 관계를 식별하는 연관된 레이블이 있는 간선으로 표시되었다. 간략화를 위해 *instance-of* 관계는 생략한다.

RDF 그래프 모델을 이용한 정보의 표현을 **지식 그래프**(knowledge graph)라고 한다. 지식 그래프는 다양한 목적을 위해 사용된다. 이런 응용 중에 하나가 Wikipedia, Wikidata 등과 같은 다양한 데이터 출처로부터 가져온 사실을 저장하는 것이다. "Washington, D.C. is the capital of U.S.A."라

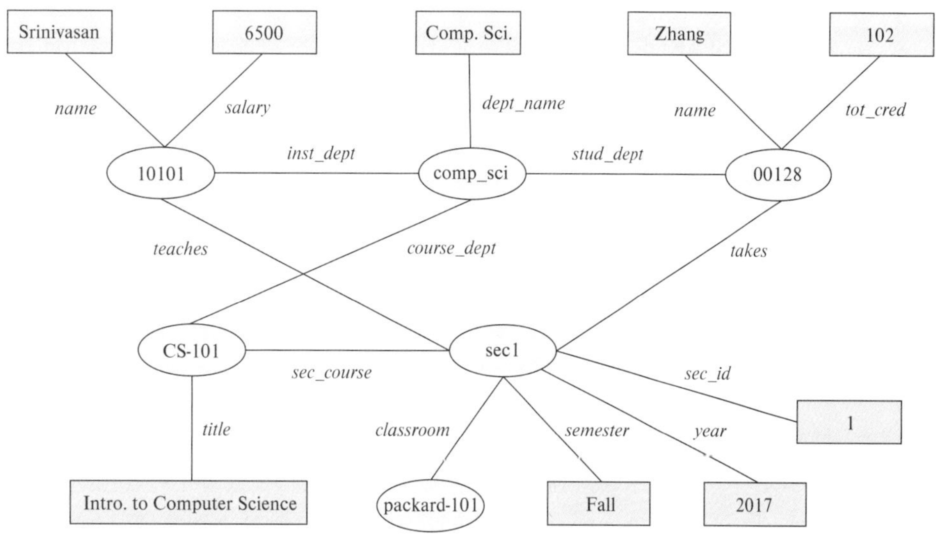

그림 8.4 RDF 데이터의 그래프 표현

는 사실을 고려해 보자. 이러한 사실은 두 개의 노드를 연결하는 *capital-of*라고 레이블된 간선으로 표현될 수 있다. 여기서 하나의 노드는 Washington, D.C.라는 개체이고 다른 하나는 U.S.A.라는 개체다.

개체에 대한 질문은 적절한 정보를 담고 있는 지식 그래프를 사용해서 응답할 수 있다. 예를 들어, "어떤 도시가 U.S.A.의 수도입니까?"라는 질의는 *capital-of*로 레이블된 간선을 검색하고 U.S.A.의 도시로 연결된 개체를 찾으면 응답할 수 있다(타입 정보가 이용 가능하고 개체 타입 City를 표현하는 노드에 *instance-of* 간선으로 연결된 Washington, D.C.가 존재한다면 이 질의는 또한 검증될 수 있다).

8.1.4.3 SPARQL

*SPARQL*은 RDF 데이터에 질의를 하기 위해 설계된 질의어다. 이 언어는 RDF 트리플처럼 보이지만 변수를 포함하는 트리플 패턴에 기반하고 있다. 예를 들어, 아래의 트리플 패턴을 살펴보자.

?cid *title* "Intro. to Computer Science"

이 패턴은 술어가 "title"이고 목적어가 "Intro. to Computer Science"인 모든 트리플과 매칭된다. 여기서 ?cid는 어떤 값과 매칭되는 변수다.

질의는 다수의 트리플 패턴을 가질 수 있는데, 트리플이 공유하는 변수를 가질 수도 있다. 다음의 트리플 쌍을 고려해 보자.

?cid *title* "Intro. to Computer Science"
?sid *course* ?cid

그림 8.3에서 보인 대학교 트리플 데이터 집합에 대해서 첫 번째 트리플 패턴은 (CS-101, title, "Intro. to Computer Science")와 매칭되고 두 번째 트리플 패턴은 (sec1, course, CS-101)과 매칭된다. 공유된 변수 ?cid는 두 개의 트리플 패턴 간의 조인 조건을 표시한다.

완벽한 SPARQL 질의는 아래와 같다. 아래 질의는 과목 이름이 "Intro. to Computer Science"인 분반을 수강하는 모든 학생의 이름을 검색한다.

```
select ?name
where {
    ?cid title "Intro. to Computer Science" .
    ?sid course ?cid .
    ?id takes ?sid .
    ?id name ?name .
}
```

트리플 사이에서 공유된 변수는 트리플 각각이 매칭되는 튜플들 간의 조인 조건을 의미한다.

SQL과는 달리 트리플 패턴에서 술어는 변수가 될 수 있으며 이러한 변수는 관계 혹은 속성 이름과 매칭될 수 있다. SPARQL은 집계, 선택적 조인(외부 조인과 유사), 그리고 하위 질의와 같은 기능을 제공한다. SPARQL에 대한 자세한 정보는 "더 읽어보기"의 참고문헌을 참고하라.

8.1.4.4 N-진 관계의 표현

간선으로 표현된 관계는 단지 이진 관계만 모델링할 수 있다. 지식 그래프는 더 복잡한 관계를 저장할 수 있도록 확장될 수 있다. 예를 들어, 지식 그래프는 어떤 사실이 사실이었던 동안의 시간 간격을 저장하기 위해 시간적 정보를 가질 수 있도록 확장될 수 있다. 예를 들어, 미국의 수도가 Washington, D.C.에서 2050년 이후 New York으로 변경되었다면 이것은 두 가지 사실로 표현될 수 있다. 하나는 Washington이 미국의 수도인 2050년 마지막 날까지의 기간이고 다른 하나는 2050년 이후부터의 기간이다.

6.9.4절에서 살펴본 대로 *n*-진 관계는 *n*-진 관계에 있는 튜플에 상응하는 임의의 개체를 만들어서 관계에 참여하는 각 개체를 임의의 개체와 연결함으로써 2진 관계로 표현할 수 있다. 이전 예제에서 Obama가 2008년부터 2016년까지 미국의 대통령이었다는 사실을 임의의 개체 e_1로 표현하자. 그리고 e_1을 Obama와 미국을 각각 *person*과 *country* 관계 간선으로 표현하는 개체와 연결하자. 그리고 e_1을 2008년도와 2016년도를 각각 속성 간선 *president-from*과 *president-till*로 표현하는 값과 연결하자. 연도를 개체로 표현한다면 두 연도에 생성된 간선은 속성 대신 관계를 표현한다.

이런 아이디어는 그룹화(aggregation)에 대한 E-R 모델 표기와 유사하다. 6.8.5절에서 살펴봤지만 관계를 개체로 다룰 수도 있다. 이런 아이디어를 RDF에서 **구체화**(reification)라고 부른다. 구체화는 많은 지식 그래프 표현에서 사용되는데 유효한 시간 간격과 같은 추가적인 정보는 간선에 대한 **한정자**(qualifier)로 취급된다.

트리플에 문맥(context)이라 불리는 네 번째 속성을 추가하는 모델도 있다. 이 경우 트리플을 저장하는 대신 **쿼드**(quad)를 저장한다. 기본 관계는 여전히 이진 관계이지만 네 번째 속성은 문맥 개체가 특정 관계와 연관되는 것을 허용한다. 유효한 시간 간격과 같은 정보는 문맥 개체의 속성으로 취급될 수 있다.

Wikidata, DBPedia, Freebase, Yago와 같이 광범위한 지식에 대한 RDF/지식 그래프 표현을 제공하는 지식 베이스가 존재한다. 추가적으로 특정 영역에 지식 그래프를 제공하는 경우도 많다. **링크드 오픈 데이터**(linked open data) 프로젝트는 이러한 다양한 지식 그래프를 오픈 소스로 만들고 개별적으로 만들어진 지식 그래프를 서로 연결하는 것을 목표로 한다. 이러한 연결은 질의가 연결되어 있는 여러 지식 그래프로부터의 정보를 활용해 추론할 수 있게 만든다. 이 주제에 관한 더 많은 정보는 이 장의 참고문헌을 참고하라.

8.2 객체 지향

객체-관계 데이터 모델(object-relational data model)은 복합 데이터 타입 및 객체 지향을 포함하여 더 풍부한 타입을 제공함으로써 관계형 모델을 확장한 모델이다. 관계형 질의어, 특히 SQL은 풍부한 타입을 다루기 위해서 적절히 확장되어 왔다. 이러한 확장은 관계형 모델의 기본, 특히 데이터에 대한 선언적 접근을 유지하면서 동시에 모델링 능력을 확장하는 식으로 발전되어 왔다.

다수의 데이터베이스 응용은 Java, Python, C++ 등과 같은 객체 지향 프로그래밍 언어를 활용해 개발되었으며 대부분 데이터베이스에 데이터를 저장하거나 데이터베이스로부터 데이터를 읽어

올 필요가 있다. 객체 지향 프로그래밍 언어의 기본적인 타입 시스템과 데이터베이스 시스템에서 제공하는 관계형 모델 간의 타입 차이 때문에 데이터를 저장하거나 읽어 올 때 두 모델 간의 변환이 필요했다. 데이터베이스가 제공하는 타입 시스템을 단순히 확장하는 것은 이러한 문제를 완전히 해결하는 데 한계가 있었다. 프로그래밍 언어와 다른 SQL을 사용해서 데이터베이스에 접근하는 것은 프로그래머를 더욱 어렵게 만들었다. 많은 응용이 SQL과 같은 중간 언어를 통해서가 아니라 데이터베이스에 있는 데이터에 직접 접근할 수 있는 프로그래밍 언어 구문이나 확장을 갖는 것이 바람직하다.

데이터베이스 시스템과 객체 지향을 통합하기 위해서 실제로 아래의 세 가지 방식이 사용되었다.

1. 관계형 데이터베이스 시스템에 객체 지향 특징을 접목한 **객체-관계 데이터베이스 시스템**(object-relational database system)을 개발하는 방식
2. 프로그래밍 언어의 객체 지향 타입 시스템을 저장과 검색을 위해 관계형 표현으로 자동 변환하는 방식. 데이터 변환은 **객체-관계 매핑**(object-relational mapping)을 통해 명세된다.
3. 기본적으로 객체 지향 타입 시스템을 지원하면서 객체 지향 프로그래밍 언어의 타입 시스템을 그대로 사용해서 데이터에 접근할 수 있는 **객체 지향 데이터베이스 시스템**(object-oriented database system)을 개발하는 방식

이 절에서 첫 번째와 두 번째 방식에 대해서 간단히 살펴본다. 세 번째 방식인 객체 지향 데이터베이스 방식은 언어 통합 측면에서 첫 번째 방식보다 장점을 가지고 있지만 다음의 두 가지 이유로 큰 성공을 거두지 못했다. 첫 번째는 선언형 질의는 효율적인 데이터 접근을 위해서 매우 중요한데 그러한 질의가 명령형 프로그래밍 언어에 의해서 지원되지 않았다. 두 번째는 포인터를 통해 객체에 직접 접근하는 것이 포인터 에러 때문에 데이터베이스 손상 위험을 증가시켰다. 그래서 객체 지향 데이터베이스 방식은 더 이상 언급하지 않는다.

8.2.1 객체-관계 데이터베이스 시스템

이 절은 객체 지향 특징이 관계형 데이터베이스 시스템에 접목된 방식을 설명한다.

8.2.1.1 사용자 정의 타입

SQL에 대한 객체 개념의 확장은 구조화된 사용자 정의 타입의 생성과 이러한 타입에 대한 참조, 그리고 이러한 타입을 포함한 테이블의 생성을 가능하게 했다.[1]

```
create type Person
    (ID varchar(20) primary key,
    name varchar(20),
    address varchar(20))
    ref from(ID);
create table people of Person;
```

1 구조형 타입은 4.5.5절에서 설명한 더 단순한 "distinct" 데이터 타입과는 다르다.

새로운 person은 다음과 같이 생성한다.

```
insert into people (ID, name, address) values
    ('12345', 'Srinivasan', '23 Coyote Run');
```

많은 데이터베이스 시스템이 배열과 테이블 타입을 지원한다. 릴레이션과 사용자 정의 타입의 속성은 이러한 배열과 테이블 타입으로 선언될 수 있다. 문법을 포함해서 이러한 특징의 지원은 데이터베이스 시스템마다 차이가 있다. 예를 들어, PostgreSQL에서 *integer*[]는 크기가 정해지지 않은 정수의 배열을 의미한다. 반면 Oracle은 10개의 정수를 저장할 수 있는 배열을 **varray**(10) **of integer** 문법으로 지원한다. SQL Server는 테이블-값 타입을 아래의 예제와 같이 선언하는 것을 허용한다.

```
create type interest as table (
    topic varchar(20),
    degree_of_interest int
);
create table users (
    ID varchar(20),
    name varchar(20),
    interests interest
);
```

사용자 정의 타입은 연관된 메소드를 가질 수 있다. Oracle과 같은 단지 몇 개의 데이터베이스 시스템만 이러한 특징을 지원한다. 자세한 사항은 생략한다.

8.2.1.2 타입 상속

이전에 정의된 타입 *Person*과 테이블 *people*을 고려해 보자. 데이터베이스에 학생인 사람과 교수인 사람에 대한 추가적인 정보를 저장하고자 한다. 학생과 교수는 모두 사람이므로 SQL에서 student와 teacher 타입을 정의하기 위해서 상속을 사용할 수 있다.

```
create type Student under Person
    (degree varchar(20)) ;
create type Teacher under Person
    (salary integer);
```

*Student*와 *Teacher*는 모두 *Person*의 속성, 즉 *ID*, *name*, *address*를 상속받는다. *Student*와 *Teacher*는 *Person*의 서브타입(subtype)이라고 하고 *Person*은 *Student*와 *Teacher*의 수퍼타입(supertype)이라고 한다.

구조화된 타입에 대한 메소드는 속성과 마찬가지로 서브타입에 의해 상속된다. 그러나 서브타입은 메소드를 재정의할 수 있다. 자세한 사항은 생략한다.

8.2.1.3 테이블 상속

테이블 상속은 테이블이 또 다른 테이블의 서브테이블(subtable)로 정의되는 것을 허용한다. 이것은 E-R 표기법에서 구체화와 일반화에 상응한다. 일부 데이터베이스 시스템은 테이블 상속을 다른 방식으로 지원한다.

PostgreSQL은 다음과 같은 방식으로 *people* 테이블을 생성하고 *people* 테이블의 서브테이블로 *students*와 *teachers* 테이블을 생성할 수 있다.

```
create table students
    (degree varchar(20))
    inherits people;
create table teachers
    (salary integer)
    inherits people;
```

결과적으로 *people* 테이블에 있는 모든 속성은 서브테이블 *students*와 *teachers*에도 나타나게 된다.

SQL:1999는 테이블 상속을 지원하지만 테이블 타입이 먼저 명시되는 것을 요구한다.

```
create table people of Person;
create table students of Student
    under people;
create table teachers of Teacher
    under people;
```

여기서 타입 *Student*와 *Teacher*는 먼저 선언된 *Person*의 서브타입으로 선언되었다.

두 경우 모두 다음과 같이 *student* 테이블에 튜플을 삽입할 수 있다.

```
insert into student values ('00128', 'Zhang', '235 Coyote Run', 'Ph.D.');
```

여기서 *student*의 지역 속성뿐만 아니라 *people*로부터 상속받은 속성에 대한 값도 넣을 수 있다.

*students*와 *teachers*를 *people*의 서브테이블로 선언했을 때, *students*와 *teachers*에 있는 모든 튜플은 묵시적으로 *people*에도 존재하게 된다. 그래서 특정 질의가 *people*을 사용한다면 *people*에 직접 삽입한 튜플뿐만 아니라 서브테이블 *students*와 *teachers*에 있는 튜플도 검색하게 된다. 그러나 단지 *people*에만 존재하는 속성은 해당 질의에 의해서만 접근될 수 있다. SQL은 질의에서 *people* 대신에 "**only** *people*"을 사용해서 서브테이블이 아니라 *people* 테이블에 있는 튜플만 검색할 수도 있다.

8.2.1.4 SQL에서 참조 타입

Oracle과 같은 일부 SQL은 참조 타입을 지원한다. 예를 들어, 아래와 같이 참조 타입 선언을 포함하여 *Person* 타입을 정의할 수 있다.

```
create type Person
    (ID varchar(20) primary key,
    name varchar(20),
    address varchar(20))
    ref from(ID);
create table people of Person;
```

SQL은 기본적으로 튜플에 대해서 시스템 정의 식별자를 배정한다. 그러나 이미 존재하는 주 키 값은 위의 예처럼 타입 정의에서 **ref from** 절을 포함함으로써 튜플을 참조하는 데 사용될 수 있다.

name 필드와 *Person* 타입을 참조하는 *head* 필드를 갖는 *Department* 타입을 아래와 같이 정의할 수 있다. 그리고 *Department* 타입의 테이블 *departments*를 아래와 같이 만들 수 있다.

```
create type Department (
    dept_name varchar(20),
    head ref(Person) scope people);
create table departments of Department;
```

여기서 **scope** 절은 *departments.head*가 *people* 릴레이션에 존재하는 사람을 참조한다는 외래 키의 정의를 완성한다.

*departments*에 튜플을 삽입할 때는 아래와 같이 한다.

```
insert into departments
    values ('CS', '12345');
```

ID 속성은 *Person*을 참조하는 데 사용될 수 있다. 선택적으로 *Person*에 대한 정의는 *Person* 객체가 생성될 때 참조도 시스템에 의해서 자동적으로 만들어질 수 있다는 것을 명세할 수 있다. 시스템이 생성한 식별자는 **ref**(*r*)에 의해 검색될 수 있는데 여기서 *r*은 질의에서 사용되는 테이블의 별칭(alias)이다. ID와 name을 이용해서 *Person* 튜플을 만들고 하위 질의에서 튜플에 대한 참조를 검색하는 데 사용할 수 있다. 하위 질의는 *departments* 테이블에 튜플을 삽입할 때 *head* 속성에 대한 값을 생성하는 데 사용될 수 있다. 대부분의 데이터베이스는 하위 질의에서 **insert into** *departments* **values** 문장을 허용하지 않기 때문에 다음의 두 질의가 이러한 작업을 하는 데 사용될 수 있다.

```
insert into departments
    values ('CS', null);
update departments
    set head = (select ref(p)
        from people as p
        where ID = '12345')
    where dept_name = 'CS';
```

SQL:1999에서 -> 기호를 사용하여 참조를 역참조(dereference)했다. 이전에 정의된 *departments* 테이블을 고려해 보자. 모든 학과의 학과장의 이름과 주소를 찾기 위해서 다음의 질의를 이용할 수 있다.

```
select head−>name, head−>address
from departments;
```

"*head*−>*name*"과 같은 표현을 **경로 표현**(path expression)이라고 한다.

*head*는 *people* 테이블에 있는 특정 튜플에 대한 참조이기 때문에 이전 질의에서 속성 *name*은 *people* 테이블에 있는 튜플의 *name* 속성이다. 참조는 조인 연산을 숨기는 데도 이용될 수 있다. 이전 예에서 *department*의 *head* 필드는 *people* 테이블에 대한 외래 키로 선언되었다. 학과의 학과장 이름과 주소를 찾기 위해서 *departments*와 *people* 릴레이션을 명시적으로 조인해야 한다. 참조의 사용은 질의를 단순하게 만들어 준다.

참조에 의해 연결된 튜플을 반환하고 해당 속성에 접근하기 위해 아래와 같이 **deref** 연산을 사용할 수 있다.

```
select deref(head).name
from departments;
```

8.2.2 객체-관계 매핑

객체-관계 매핑(object-relational mapping, **ORM**) 시스템은 프로그래머로 하여금 데이터베이스 릴레이션에 있는 튜플과 프로그래밍 언어의 객체 간의 매핑을 정의할 수 있도록 해 준다.

객체 혹은 객체의 집합은 속성에 대한 선택 연산을 통해서 검색될 수 있다. 적절한 데이터는 선택 조건을 이용해서 데이터베이스로부터 검색될 수 있으며, 객체와 릴레이션 간의 미리 명세된 매핑을 활용해서 하나 이상의 객체가 검색된 데이터로부터 생성될 수 있다.

프로그램은 검색된 객체를 갱신하거나, 새로운 객체를 생성하거나, 객체 삭제를 명세하거나, 저장 명령을 수행할 수 있다. 객체와 릴레이션 간의 매핑은 데이터베이스에 있는 튜플을 갱신, 삽입, 삭제하는 데 사용될 수 있다.

객체-관계 매핑의 주목적은 프로그래머로 하여금 관계형 데이터베이스를 사용하는 이점을 그대로 유지하면서 객체 모델을 이용해서 응용을 개발하는 것을 쉽게 하는 것이다. 추가적인 장점으로 메모리에 올라온 객체에 대해 연산을 수행할 때, 객체-관계 시스템은 데이터베이스에 직접 접근하는 것에 비해 상당한 성능상의 이득이 존재한다.

객체-관계 매핑 시스템은 프로그래머로 하여금 직접 객체 모델을 이용해 질의를 작성할 수 있는 질의어를 제공한다. 이러한 질의는 관계형 데이터베이스에 대한 SQL 질의로 변환되며 결과 객체는 SQL 질의 결과로부터 생성된다.

ORM을 사용하는 부가적 혜택은 데이터를 저장하는 데 정확히 동일한 고수준의 코드를 사용해 여러 개의 데이터베이스를 사용할 수 있다는 점이다. ORM은 데이터베이스들 간의 사소한 SQL 차이는 숨긴다. 하나의 데이터베이스로부터 다른 데이터베이스로의 이전(migration) 역시 ORM을 사용하면 꽤 단순하다. 반면 응용이 데이터베이스와 소통하기 위해서 SQL을 사용한다면 SQL의 차이는 이러한 이전을 더욱 어렵게 만든다.

객체-관계 매핑 시스템의 부정적인 측면은 명령형 언어로 직접 작성된 복잡한 질의나 대량 데이터베이스 갱신에 대해서는 상당한 성능상의 비효율성이 있다는 점이다. 이러한 비효율성이 발견되는 경우라면 객체-관계 매핑 시스템을 거치지 않고 직접 데이터베이스를 갱신하는 방법도 가능하며 SQL로 직접 복잡한 질의를 작성하는 것도 가능하다.

객체-관계 모델의 장점은 많은 응용에 대해서 단점을 극복한다. 최근 객체-관계 매핑 시스템이 광범위하게 채택되고 있다. 특히 Hibernate는 Java와 함께 많이 사용되며 Django 및 SQLAlchemy와 같은 ORM은 Python과 함께 많이 사용된다. Java에 대해서 객체-관계 매핑을 제공하는 Hibernate ORM 시스템과 Python에 대해서 객체-관계 매핑을 지원하는 Django ORM 시스템에 대한 더 자세한 정보는 9.6.2절을 참고하라.

8.3 텍스트 데이터

텍스트 데이터는 비구조화된 텍스트로 구성된다. **정보 검색**(information retrieval)이란 용어는 일반적으로 비구조화된 텍스트 데이터에 대한 질의를 의미한다. 정보 검색 분야에서 사용된 정통적인 모델에서 텍스트 정보는 **문서**(document)로 구성되어 있다. 데이터베이스에서 텍스트-값 속성은 문서로 여겨진다. 웹의 경우, 각 웹 페이지가 하나의 문서에 해당한다.

8.3.1 키워드 질의

정보 검색 시스템은 유용한 정보를 갖고 있는 문서에 대해서 검색할 수 있는 기능을 제공한다. 문서는 일반적으로 **키워드**(keyword)의 집합으로 기술된다. 예를 들어, "database system"이란 키워드는 데이터베이스 시스템에 대한 문서를 검색하는 데 사용될 수 있다. "stock", "scandal" 등과 같은 키워드는 주식 시장 스캔들에 대한 신문기사를 검색하는 데 사용될 수 있다. 문서는 키워드의 집합과 연관되어 있다. 전형적으로 문서에 있는 모든 단어를 키워드라고 볼 수 있다. **키워드 질의**(keyword query)는 질의에 있는 모든 키워드를 포함하는 문서를 검색하는 것이다.

가장 단순한 형태의 정보 검색 시스템은 질의에 있는 모든 키워드를 포함하는 문서를 검색해서 반환한다. 좀 더 섬세한 시스템은 질의에 대한 문서의 적합도를 측정하여 적합도 순서대로 문서를 보여 준다. 이런 시스템은 적합성을 측정하는 데 하이퍼링크(hyperlink) 정보뿐만 아니라 키워드의 출현 빈도를 사용한다.

키워드 검색은 원래 기업체의 문서 저장소나 연구 출판물 등과 같은 특수 목적의 문서 저장소를 대상으로 개발되었다. 정보 검색은 데이터베이스에서 저장된 문서를 검색하는 데 매우 중요하다.

키워드 기반 정보 검색은 텍스트 검색뿐만 아니라 비디오나 오디오 데이터와 같이 설명 키워드를 갖고 있는 데이터를 검색하는 데 사용될 수도 있다. 예를 들어, 영화 비디오는 제목, 감독, 배우, 장르 등과 같은 키워드가 연관되어 있을 수 있으며, 이미지나 비디오 클립은 태그(tag)를 가지고 있을 수 있는데 여기에는 이미지나 비디오와 연관된 키워드가 있을 수 있다.

웹 검색 엔진은 정보 검색 시스템의 핵심이다. 웹 검색 엔진은 웹을 **크롤링**(crawling)함으로써 웹 페이지를 검색하고 저장한다. 사용자는 키워드 질의를 제공하고 웹 검색 엔진은 해당 키워드를 포함하는 저장된 웹 페이지를 찾아낸다. 웹 검색 엔진은 오늘날 단순한 웹 페이지 검색을 뛰어넘었다. 최근 검색 엔진은 질의가 어떤 주제인지를 판단하며 적절하다고 판단되는 웹 페이지를 보여 줄 뿐만 아니라 해당 주제와 관련된 다른 정보도 제공함으로써 사용자의 정보 욕구를 만족하는 것을 목표로 한다. 예를 들어, "cricket"이란 질의가 주어지면 검색 엔진은 단순히 크리켓과 관련된 가장 적합한 문서를 보여 줄 뿐만 아니라 현재 진행 중인 혹은 최근 크리켓 경기 스코어까지 보여 준다. 또 다른 예로 "New York"이란 질의에 대한 응답으로 뉴욕과 관련된 웹 페이지뿐만 아니라 뉴욕의 지도와 뉴욕의 이미지를 보여 준다.

8.3.2 적합도 순위

질의에 있는 키워드를 포함한 모든 문서의 집합은 매우 클 수 있다. 특히 웹에는 수십억 개의 문서가 존재하며 웹 검색 엔진을 이용한 대부분의 키워드 질의는 키워드 일부 혹은 전부를 포함한 수백만 개의 문서를 찾을 수도 있다. 모든 문서가 질의 키워드에 대해서 동일하게 적절하지 않다. 그러므로 정보 검색 시스템은 질의에 대한 문서의 적합도를 측정해서 답으로 상위 순위의 문서만 반환해야 한다. 적합도 순위는 정확하지는 않지만 많이 활용되는 방법이다.

8.3.2.1 TF-IDF를 이용한 순위화

용어(term)란 문서나 질의 일부에 포함된 키워드를 의미한다. 첫 번째 질문은 특정 용어 t가 주어졌을 때 특정 문서 d가 용어에 얼마나 적합한가다. 한 가지 방법은 용어의 출현 빈도를 적합도 측정에 사용하는 것이다. 여기서 기본적인 가정은 적합한 용어일수록 문서에서 자주 출현한다는 것이다. 특정 용어의 출현 빈도를 단순히 세는 것은 좋은 측정 수단은 아니다. 첫째, 출현 빈도는 문서의 길이에 종속적이고, 둘째, 특정 용어에 대해서 10번의 출현 빈도를 갖는 문서가 한 번의 출현 빈도를 갖는 문서보다 10배 더 적합하다고 할 수는 없기 때문이다.

문서 d에 대한 용어 t의 적합도 $TF(d, t)$를 측정하는 한 가지 방법은 다음과 같다.

$$TF(d,t) = \log\left(1 + \frac{n(d,t)}{n(d)}\right)$$

여기서 $n(d)$는 모든 문서에서 용어의 출현 빈도를 의미하고 $n(d, t)$는 문서 d에서 용어 t의 출현 빈도를 의미한다. 이 수식은 문서의 길이를 고려한다. 비록 출현 빈도와 정확히 비례하지는 않지만 출현 빈도가 높을수록 적합도도 증가한다.

대부분의 시스템은 다른 정보도 사용해서 위의 수식을 개선해서 사용한다. 예를 들어, 용어가 제목이나 저자 리스트, 혹은 요약에 출현한다면 해당 문서는 더 적합할 수 있다. 유사하게 만약 문서에서 용어가 처음으로 출현하는 위치가 뒷부분이라면 앞부분에 출현하는 문서보다 적합도가 낮다고 할 수도 있다. $TF(d, t)$ 수식은 확장을 통해서 좀 더 정형화될 수 있다. 정보 검색 분야에서 용어에 대한 문서의 적합도를 사용하는 수식과 상관없이 **용어 빈도**(term frequency, **TF**)라고 한다.

질의 Q는 다수의 키워드를 포함할 수 있다. 두 개 이상의 키워드를 포함하는 질의에 대한 문서의 적합도는 각 키워드에 대한 문서의 적합도를 결합해서 측정할 수 있다. 측정값을 결합하는 가장 단순한 방법은 단순히 더하는 것이다. 그러나 키워드로 사용한 모든 용어가 동일하지 않다. 질의가 두 개의 용어를 사용했다고 가정하자. 이 중 하나는 "database"처럼 자주 출현하고 다른 하나는 "Silberschatz"처럼 덜 출현한다고 가정하자. "Silberschatz"를 포함하고 "database"를 포함하지 않는 문서는 "database"를 포함하고 "Silberschatz"를 포함하지 않는 문서보다 더 상위에 나와야 한다.

이런 문제를 고려하기 위해 아래와 같이 정의되는 **역문서 빈도**(inverse document frequency, **IDF**)를 사용해서 용어에 가중치를 고려해야 한다.

$$IDF(t) = \frac{1}{n(t)}$$

여기서 $n(t)$는 용어 t를 포함하는 문서의 개수를 의미한다. 용어의 집합 Q에 대한 문서 d의 **적합도**(relevance)는 다음과 같이 정의된다.

$$r(d, Q) = \sum_{t \in Q} TF(d, t) * IDF(t)$$

이 수식은 만약 사용자가 질의에 포함된 각 용어에 대한 가중치 $w(t)$를 명세할 수 있다면 좀 더 개선될 수 있다. 이 경우 사용자가 정의한 가중치는 이전 수식에서 $TF(t)$에 $w(t)$를 곱해서 적용될 수 있다.

문서에 대한 적합도 측정으로 용어 빈도와 역문서 빈도를 사용하는 위와 같은 방식을 **TF-IDF** 기법이라고 부른다.

거의 모든 (영어)텍스트 문서는 "and", "or", "a" 등과 같은 단어를 포함한다. 따라서 이런 단어는 역문서 빈도가 극히 낮기 때문에 쓸모가 없다. 정보 검색 시스템은 이런 단어들의 집합을 **불용어**(stop word)라고 하며 100회 이상 혹은 가장 많이 출현하는 단어이며 문서를 인덱스할 때 이런 단어는 무시한다. 이러한 단어는 키워드로 사용되지 않으며 만약 사용자에 의해 제공되는 키워드에 존재하게 된다면 삭제된다.

질의가 다수의 용어를 포함할 때 고려해야 할 또 다른 사항은 문서에서 용어들의 **근접도**(proximity)다. 만약 용어가 문서에서 서로 밀접해서 출현한다면 서로 떨어져서 출현한 문서보다 더 적합할 것이다. 수식 $r(d, Q)$는 용어의 근접도를 고려하기 위해 수정될 수 있다.

질의 Q가 주어지면 정보 검색 시스템의 일은 Q에 대해서 적합도의 내림차순으로 문서를 반환하는 것이다. 적합한 문서가 매우 많을 수 있기 때문에 정보 검색 시스템은 전형적으로 가장 높은 적합도를 갖는 처음 몇 개의 문서만 반환하며 사용자로 하여금 상호대화식으로 추가적인 문서를 볼 수 있도록 하고 있다.

8.3.2.2 하이퍼링크를 이용한 순위화

문서들 간의 하이퍼링크는 키워드 질의와 독립적으로 특정 문서의 전반적인 중요도를 결정할 때 사용될 수 있다. 예를 들어, 많은 다른 문서로부터 링크된 문서는 더 중요하다고 판단할 수 있다.

웹 검색 엔진 Google은 **페이지랭크**(PageRank)를 제안했는데 이것은 특정 페이지에 연결된 페이지의 인기도에 기반해서 해당 페이지의 인기도를 측정하는 것이다. 페이지랭크를 사용하여 인기도를 측정하여 검색 결과를 순위화한 것이 이전에 사용되어 오던 페이지 순위화 기법을 사용하여 순위화한 것보다 훨씬 우수했고, 이에 따라 Google은 상당히 짧은 기간 안에 세계에서 가장 널리 사용되는 검색 엔진이 되었다.

많은 웹 페이지로부터 연결된 페이지는 방문될 가능성이 매우 높기 때문에 높은 페이지랭크 값을 갖는다. 유사하게 높은 페이지랭크 값을 갖는 웹 페이지에 의해 연결된 페이지는 역시 높은 방문 확률을 갖기 때문에 높은 페이지랭크 값을 갖는다.

어떤 문서 d의 페이지랭크 값은 문서 d에 연결된 다른 문서의 페이지랭크 값에 기반하여 정의될 수 있다. 페이지랭크는 다음과 같은 선형 방정식의 집합으로 정의될 수 있다. 첫 번째 웹 페이지는 정수 식별자를 갖는다. 점프 확률 행렬 T는 $T[i, j]$로 정의될 수 있는데 여기서 $T[i, j]$는 임의 보행자(random walker)가 페이지 i에서 나온 링크를 따라 페이지 j로 들어갈(점프할) 확률을 의미한다. 각 i로부터 나온 각 링크는 동일한 확률 $T[i, j] = 1/N_i$를 갖는데 여기서 N_i는 페이지 i로부터 나오는 링크의 수다. 그러면 페이지 j에 대한 페이지랭크 $P[j]$는 다음과 같이 정의될 수 있다.

$$P[j] = \delta/N + (1 - \delta) * \sum_{i=1}^{N} (T[i, j] * P[i])$$

여기서 δ는 0과 1 사이의 상수로 일반적으로 0.15로 세팅되고 N은 페이지의 개수다.

위에서 만들어진 수식은 일반적으로 각 $P[i]$를 $1/N$으로 세팅한 후에 반복적인 방법을 통해서 풀 수 있다. 매번 반복할 때마다 바로 이전 단계의 반복에서 나온 P 값을 사용하여 새로운 $P[i]$ 값을 계산한다. 반복 과정은 각 반복마다 $P[i]$ 값의 최대 변화가 특정 기준값(cut-off) 이하로 내려가면 정지한다.

페이지랭크는 키워드 질의와 독립적인 정적인 측정 방법이다. 특정 키워드 질의가 주어졌을 때 키워드 질의에 대한 문서의 적합도를 측정할 때 문서의 TF-IDF 값과 함께 연결해서 사용할 수 있다.

페이지랭크는 특정 사이트의 인기도를 측정하는 유일한 방법은 아니다. 특정 사이트가 얼마나 자주 방문되는가에 대한 정보는 인기도를 측정하는 또 다른 유용한 방법이다. 특히 검색 엔진은 결과로 반환된 페이지에 대해서 사용자가 얼마나 클릭하는지에 대한 비율을 추적한다. 특정 페이지에 대한 하이퍼링크로 연결된 앵커 텍스트(anchor text)로 표시된 키워드는 매우 중요하다고 볼 수 있기 때문에 더 높은 용어 빈도를 고려해야 한다. 이런 정보와 다른 여러 요소가 키워드 질의에 대한 응답을 순위화하는 데 사용될 수 있다.

8.3.3 검색 유효성 측정

키워드 질의의 결과를 순위화하는 것은 정확한 과학은 아니다. 정보 검색 시스템이 질의에 대해서 얼마나 잘 응답하는지를 평가하는 두 개의 지표가 존재한다. 첫 번째는 **정밀도**(precision)로 질의에 대해서 검색된 문서들 중에서 실제로 적합한 문서의 비율이다. 두 번째는 **재현율**(recall)로 적합한 모든 문서 중에서 검색된 적합한 문서의 비율이다. 검색 엔진은 수많은 응답을 찾아내지만 사용자는 실제로 응답 중에서 몇 개(보통 10개 혹은 20개)만 보고 중단하기 때문에 정밀도와 재현율은 "@K"로 측정하는데 여기서 K는 실제로 사용자가 보는 결과의 개수를 의미한다. 그래서 정밀도@10 혹은 재현율@20 형태로 표현한다.

8.3.4 구조화 데이터 및 지식 그래프에 대한 키워드 질의

비록 구조화된 데이터에 대한 질의는 SQL과 같은 질의어를 사용해 수행되지만 스키마나 질의어에 익숙하지 않은 사용자는 이러한 데이터로부터 정보를 찾는 것을 어려워한다. 웹 기반 정보 검색에서 키워드 질의의 성공으로 인해 구조화 혹은 반구조형 데이터에 대한 키워드 질의를 지원하기 위한 기술이 제안되었다.

한 가지 방법은 그래프를 이용해 데이터를 표현하고 그래프에 대해서 키워드 질의를 수행하는 방식이다. 예를 들어, 튜플을 그래프에서 노드로 표현하고 튜플들 간의 외래 키나 다른 연결을 간선으로 표현할 수 있다. 키워드 검색은 그래프에서 주어진 키워드를 포함한 튜플을 찾거나 혹은 그들 사이의 연결 경로를 찾는 것이 될 수 있다.

예를 들어, 대학교 데이터베이스에서 "Zhang Katz"에 대한 질의는 *student* 튜플에서 나타나는 "Zhang"이란 이름을 찾고 *instructor* 튜플에서 "Katz"라는 이름을 찾거나 이 두 개의 튜플을 연결하는 *advisor* 릴레이션을 통해 경로를 찾을 수도 있다. "Katz"가 가르치는 과목을 수강하는 "Zhang"이란 이름을 갖는 학생과 같은 경로도 이 질의에 부합될 수 있다. 이러한 질의는 사용자가 정확한 스키마를 모르거나 자신이 찾고자 하는 데이터를 위해 SQL을 작성하는 것을 원하지 않는 경우에 질의를 하거나 브라우징을 하기 위해 적절히 사용될 수 있다. 모든 사용자가 구조화된 질의어로 질의를 작성하기를 기대하는 것은 바람직하지 않다. 반면, 키워드 질의는 꽤 자연스럽다.

질의가 완전하게 정의되지 않았기 때문에 많은 다른 종류의 결과가 있을 수 있지만 반드시 순위화는 되어야 한다. 이런 상황에서 결과를 순위화하기 위해서 간선들의 방향과 가중치를 배정하기 위한 연결 경로 길이에 기반한 많은 기술이 제안되었다. 외래 키에 기반해서 튜플의 인기도 순위를 배정하기 위한 기술도 제안되었다. 구조화된 데이터에 대한 키워드 검색에 대한 더 자세한 설명은 이 장의 참고문헌을 참고하라.

지식 그래프는 질의에 응답하기 위해 텍스트 정보와 함께 사용될 수 있다. 예를 들어, 지식 그래프는 각 개체에 유일한 식별자를 제공할 수 있으며 각 개체는 텍스트 문서에 있는 개체의 주석을 다는 데 사용될 수 있다. 문서에 있는 어떤 사람에 대한 주석이 "Stonebraker developed PostgreSQL"과 같은 문구를 가질 수 있다. 이 문맥으로부터 Stonebraker란 단어는 데이터베이스 연구자 "Michael Stonebraker"라고 추론할 수 있으며 단어 Stonebraker에 "Michael Stonebraker"라는 개체를 연결할 수 있다. 지식 그래프는 또한 Stonebraker가 튜링상을 수상했다는 사실을 기록할 수도 있다. 그래서 "turing award postgresql"이라고 묻는 질의는 문서로부터 추출한 정보와 지식 그래프를 이용하면 대답할 수 있다.[2]

오늘날 웹 검색 엔진은 사용자 질의에 응답하기 위해 수집된 문서와 함께 대규모 지식 그래프를 사용한다.

---

2 이 경우, 지식 그래프는 이미 "Stonebraker developed PostgreSQL"을 기록해 놓았을 것이다. 문서에는 지식 그래프에는 없는 많은 다른 종류의 정보가 존재할 수 있다.

8.4 공간 데이터

데이터베이스에서 공간 데이터 지원은 위치에 기반한 데이터의 저장, 인덱스, 질의를 위해서 중요하다.

두 가지 종류의 공간 데이터가 특히 중요하다.

- **지리정보 데이터**(Geographic data): 도로 지도, 토지이용 지도, 지형학적 고도 지도, 경계를 표시한 행정 지도, 토지 소유자 지도 등. **지리정보시스템**(geographic information system)은 지리학적인 정보를 저장하는 것을 목적으로 하는 특별한 데이터베이스 시스템이다. 지리정보 데이터는 위도, 경도, 고도를 갖는 둥근 지구 좌표를 기반으로 한다.
- **기하학적 데이터**(Geometric data): 건물, 자동차, 비행기 등과 같은 객체를 어떻게 구성하는지에 대한 공간정보. 기하학적인 데이터는 *X*, *Y*, *Z* 좌표를 갖는 2차원 혹은 3차원 유클리드 공간을 기반으로 한다.

지리정보 및 기하학적 데이터 타입은 Oracle Spatial 및 Graph, PostgreSQL의 확장인 PostGIS, SQL Server, 그리고 IBM DB2 Spatial Extender 등과 같은 많은 데이터베이스 시스템에서 지원된다.

이 절은 공간 데이터에 대한 모델링과 질의에 대해서 살펴본다. 인덱스 및 질의 처리 기술과 같은 구현 기술은 14장과 15장에서 다룬다.

지리정보 및 기하학적 데이터를 표현하는 문법은 비록 **개방형 공간정보 컨소시엄**(Open Geospatial Consortium, **OGC**) 표준에 기반한 표현이 점차 많이 지원되고 있으나 현재는 데이터베이스마다 다르다. 데이터베이스에 제공되는 특별한 문법을 배우기 위해서는 해당 데이터베이스 사용법을 참고하라.

8.4.1 기하학적 정보의 표현

그림 8.5는 다양한 기하학적 구조체가 데이터베이스에서 어떻게 정형화되어 표현되는지를 보여 준다. 기하학적 정보는 여러 다른 방법으로 표현될 수 있는데 여기서는 몇 가지만 살펴본다.

선분(line segment)은 양 끝 점의 좌표로 표현될 수 있다. 예를 들어, 지도 데이터베이스에서 한 점에 대한 두 개의 좌표는 위도와 경도가 될 수 있다. **꺾은선**(polyline 혹은 linestring)은 여러 개의 선분을 연결한 것이며 선분의 좌표를 순서대로 연결한 리스트로 표현할 수 있다. 꺾은선을 이용해서 곡선(curve)과 유사한 선을 만들 수도 있다. 이러한 표현은 도로와 같은 2차원 객체를 표현하는데 유용하다. 도로의 폭은 전체 지도의 크기에 비하면 매우 작기 때문에 선으로 표현할 수도 있다. 일부 시스템은 **원형 호**(circular arc)를 기본 타입으로 제공하기도 하는데 곡선은 이런 호(arc)의 연속으로 표현될 수도 있다.

다각형(polygon)은 그림 8.5에서처럼 꼭지점을 순서대로 리스트해서 만들 수 있다.[3] 꼭지점의 리스트는 다각형 영역의 경계를 표시한다. 다각형은 그림 8.5에서처럼 삼각형의 집합으로 분할할 수

3 일부 문헌에서 일반적인 다각형을 닫힌 다각형(closed polygon)이라 하고 꺾은선을 열린 다각형(open polygons)이라고 한다.

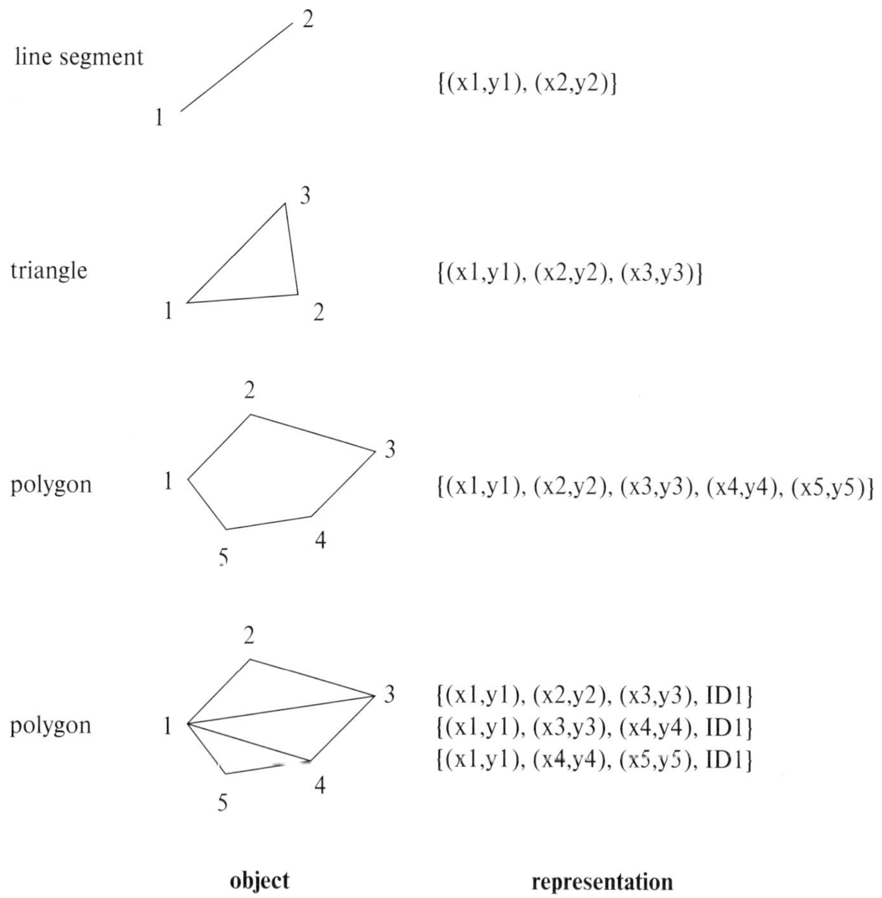

그림 8.5 기하학적 구조체의 표현

도 있다. 이런 과정을 **삼각화**(triangulation)라고 부르며 어떤 다각형도 삼각화가 가능하다. 복잡한 다각형은 식별자를 부여받을 수 있으며 그것을 분할한 각각의 삼각형은 다각형의 식별자를 가질 수 있다. 원(circle)과 타원(ellipse)은 대응하는 타입으로 표현될 수 있으며 혹은 다각형으로 근사화할 수도 있다.

꺾은선이나 다각형에 대한 리스트 기반 표현은 질의 처리에 용이하다. 이러한 비제1정규형 표현은 데이터베이스에서 제공하는 경우에 사용될 수 있다. 꺾은선을 위해 고정된 크기의 튜플(제1정규형)을 사용할 수도 있다. 이 경우, 꺾은선 혹은 곡선에 식별자를 배정하고 각 분할은 분리된 튜플로 표현하는데 각 튜플은 꺾은선 혹은 곡선의 식별자를 갖는다. 유사하게 다각형의 삼각화된 표현은 다각형에 대한 제1정규형 표현을 가능하게 한다.

3차원 공간에서 점과 선분의 표현은 2차원 공간의 표현과 유사한데 유일한 차이점은 추가적인 z좌표를 갖는다는 것이다. 삼각형, 사각형, 다각형 등과 같은 평면 도형의 표현은 3차원 공간에서도 변하지 않는다. 사면체와 정육면체는 삼각형이나 사각형과 같은 방식으로 표현될 수 있다. 임의의 다면체도 다각형을 삼각화하는 것처럼 사면체로 분할해서 표현할 수 있다. 또는 다면체를 구성하는 면 자체는 다각형이므로 다각형들의 리스트로 표현할 수 있다. 물론 각 면이 다각형의 어떤 면

인지를 알려 주는 지시자를 추가해야 한다.

예를 들어, SQL Server와 PostGIS는 **geometry**와 **geography** 타입을 지원하는데 각 타입은 점, 꺾은선, 곡선, 다각형 등의 서브타입을 갖는다. 이러한 타입의 텍스트 표현은 OGC 표준에 의해 정의되며 변환 함수를 통해서 내부적인 표현으로 변환될 수 있다. 예를 들어, LINESTRING(1 1, 2 3, 4 4)는 점 (1, 1), (2, 3), (4, 4)를 연결하는 선이고 POLYGON((1 1, 2 3, 4 4, 1 1))는 이런 점을 연결하는 삼각형을 정의한다. 함수 *ST_GeometryFromText*( )와 *ST_GeographyFromText*( )는 텍스트 표현을 기학학적 개체나 지리정보 객체로 각각 변환한다. 기하학적 타입 혹은 지리정보 타입에 대한 연산은 동일한 타입의 객체를 반환한다. *ST_Union*( ) 및 *ST_Intersection*( ) 함수는 선분이나 다각형과 같은 지리학적 객체에 대한 합집합이나 교집합 연산을 수행해서 동일한 타입을 반환한다. 문법이나 함수 이름은 시스템에 따라 다를 수 있다. 더 자세한 사항은 시스템 설명서를 참고하라.

지도 데이터에서 도로를 표현하는 다양한 선분은 실제로 그래프를 형성하며 서로 연결되어 있다. 이러한 **공간 네트워크**(spatial network) 혹은 **공간 그래프**(spatial graph)는 그래프의 꼭지점과 이러한 꼭지점을 연결하여 그래프의 간선을 형성하는 공간정보를 갖고 있다. 간선은 거리, 도로 번호, 다른 시간대의 평균 속도 등과 같은 다양한 정보를 갖는다.

8.4.2 디자인 데이터베이스

컴퓨터 지원 설계(computer-aided-design, CAD) 시스템은 전통적으로 편집을 하거나 다른 처리를 하는 동안 데이터를 메모리에 저장하고 편집이 끝나면 데이터를 파일에 쓴다. 이러한 시스템의 단점은 하나의 형식에서 다른 형식으로 변환하는 비용(시간뿐만 아니라 프로그래밍 복잡도)과 파일의 일부분만 필요하더라도 전체 파일을 읽어 와야 한다는 점이다. 대규모 통합 회로 설계나 비행기 설계 등과 같은 대규모 설계의 경우 메모리에 전체 설계 도면을 모두 올리는 것이 불가능할 수도 있다. 객체 지향 데이터베이스 설계자는 CAD 시스템에 대한 데이터베이스 요구 사항에 주로 동기를 얻었다. 객체 지향 데이터베이스는 설계의 요소를 객체로 표현할 수 있으며 객체들 간의 연결이 결국 설계를 어떻게 할 것인지를 말해 준다.

디자인 데이터베이스에 저장된 객체는 일반적으로 기하학적 객체다. 단순한 2차원 기하학적 객체는 점, 선, 삼각형, 사각형, 그리고 일반적으로 다각형을 포함한다. 복잡한 2차원 객체는 이러한 단순한 2차원 객체의 합집합, 교집합, 차집합 연산으로 만들어질 수 있다. 유사하게 복잡한 3차원 객체도 그림 8.6에서처럼 구, 원통, 정육면체 등과 같은 단순한 객체들의 합집합, 교집합, 차집합 연산을 통해서 만들어질 수 있다. 3차원 표면은 **와이어 프레임 모델**(wireframe model)에 의해 표현될 수 있는데 이것은 표면을 선분, 삼각형, 사각형 등과 같은 더 단순한 객체로 모델링하는 것이다.

디자인 데이터베이스 객체를 구성하는 원료 등과 같은 객체에 대한 비공간적인 정보도 저장한다. 일반적으로 이런 정보는 표준 데이터 모델링 기법을 활용할 수 있는데 여기에서는 공간적인 정보만 다룬다.

다양한 공간 연산이 설계에 적용될 수 있다. 예를 들어, 설계자는 관심 있는 특별한 영역에 상응하는 일부분만 검색하기를 원할 수 있다. 14.10.1절에서 설명할 공간 인덱스 구조는 이런 일을 하

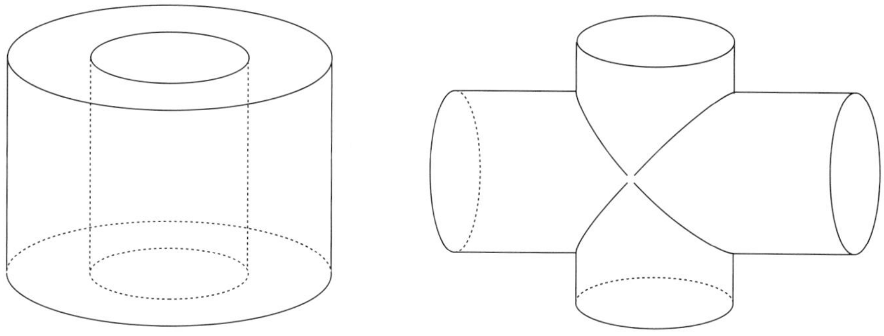

그림 8.6 복잡한 3차원 객체

는 데 유용하다. 공간 인덱스 구조는 B$^+$-트리에서 제공하는 단순한 1차원 순차 구조를 다루는 대신 2차원이나 3차원 데이터를 다룰 수 있도록 다차원을 지원한다.

"두 개의 파이프는 동일한 위치에 있으면 안 된다."와 같은 공간 무결성 제약 조건은 추론 오류를 막기 위해 디자인 데이터베이스에서 중요하다. 이러한 오류는 설계를 수작업으로 진행할 때 종종 발생하는데, 프로토타입(prototype)을 만들 때 비로소 발견된다. 결과적으로 이런 오류를 해결하는 것은 비용이 많이 발생한다. 공간 무결성 제약 조건을 데이터베이스에서 지원하는 것은 설계 오류를 피하고 설계를 일관성 있게 진행하는 데 도움을 줄 수 있다. 무결성을 검토하는 것은 효율적인 다차원 인덱스 구조를 사용할 수 있는지 여부에 달려 있다.

8.4.3 지리정보 데이터

지리정보 데이터는 자연스러운 공간정보이지만 어떤 면에서 설계 데이터와는 다르다. 지도 및 위성 이미지는 지리정보 데이터의 대표적인 예다. 지도는 단지 경계, 강, 도로 등과 같은 위치정보뿐만 아니라 고도, 토양 타입, 토지 용도, 연 강수량 등과 같은 위치와 연관된 더 자세한 정보를 가지고 있다.

8.4.3.1 지리정보 데이터의 응용

지리정보 데이터베이스는 오늘날 광범위하게 사용되는 온라인 지도와 내비게이션 서비스를 포함하여 다양한 용도를 갖는다. 다른 응용으로는 전화, 전력, 수도 등과 같은 공공 기반 시설을 위한 유통망 정보나 생태학자나 식물학자를 위한 토지 용도 정보, 토지 소유자를 추적하기 위한 토지 기록 정보 등이 있을 수 있다.

공공 기반 시설을 위한 지리정보 데이터베이스는 매설되는 케이블 및 파이프의 연결이 늘어나는 만큼 매우 중요하다. 자세한 정보가 없으면 하나의 시설로 인한 공사가 다른 시설에 손상을 줄 수 있기 때문에 대규모 서비스 붕괴를 가져올 수 있다. GPS를 이용한 정확한 위치 검색 기능을 제공하는 시스템과 연계된 지리정보시스템은 이러한 문제를 예방할 수 있다.

8.4.3.2 지리정보 데이터의 표현

지리정보 데이터는 다음의 두 가지 타입으로 나눌 수 있다.

- **래스터 데이터**(Raster data): 2차원 이상에서 비트맵(bitmap)이나 픽셀 맵(pixels map)으로 구성된 데이터. 2차원 래스터 이미지의 전형적인 예는 특정 지역에 대한 위성 이미지다. 실제 이미지에 추가적으로 위도나 경도 등과 같은 이미지의 위치 정보와 전체 픽셀의 수와 같은 해상도 정보 혹은 각 픽셀이 담고 있는 영역에 대한 정보 등을 포함한다.

  래스터 데이터는 종종 **타일**(tile)로 불리기도 하는데 각 타일은 고정된 영역에 해당한다. 큰 영역은 해당 영역과 겹치는 모든 타일을 표시함으로써 보여질 수 있다. 다른 줌 수준(zoom level)에 따라 데이터를 보여 줄 수 있도록 하기 위해서 타일의 집합이 각기 다른 줌 수준에 따라 생성된다. 일단 줌 수준이 사용자 인터페이스(즉 웹 브라우저)에서 설정되면 해당 줌 수준에서 보이는 영역과 겹치는 타일이 검색되어 화면에 보이게 된다.

  래스터 데이터는 3차원도 될 수 있다. 예를 들어, 다른 지역에 다른 고도상의 온도가 위성의 도움으로 측정될 수 있다. 시간은 또 다른 차원이 될 수 있다. 예를 들어, 시간에 따라 다른 시점에 측정된 표면의 온도 등이 추가될 수 있다.

- **벡터 데이터**(Vector data): 벡터 데이터는 2차원 공간에서 점, 선분, 다각형, 삼각형, 다각형으로, 3차원에서서는 원통, 구, 정육면체 등과 같은 기본적인 기하학적인 객체로부터 만들어질 수 있다. 지리정보 데이터의 관점에서 점은 위도와 경도에 의해 표현될 수 있다. 여기서 높이는 고도로 추가될 수도 있다.

  지도 데이터는 종종 벡터 형식으로 표현된다. 도로는 꺾은선으로 표현될 수 있다. 큰 호수와 같은 지리정보적 특징이나 도시나 마을과 같은 행정적 특징은 다각형으로 표현될 수 있다. 강과 같은 특징은 폭이 얼마나 되는지에 따라 복잡한 다각형이나 곡선으로 표현될 수 있다.

연 강수량과 같은 지역에 연관된 지리정보는 래스터 형식에서 배열로 표현될 수도 있다. 공간 효율성을 위해 배열은 압축된 형식으로 저장될 수도 있다. 24.4.1절에서 **쿼드 트리**(quadtree)라고 불리는 자료 구조로 이러한 배열을 표현하는 방식을 살펴본다.

또 다른 방법은 벡터 방식에서 영역 정보를 다각형을 이용해서 표현하는 것이다. 여기서 각 다각형은 하나의 영역에 해당한다. 벡터 표현은 래스터 표현 방식보다 훨씬 간결하다. 또한 도로를 묘사하는 것 같은 특정 작업에 대해서는 더 정확한 반면, 영역을 꽤 큰 픽셀로 분할하는 작업은 위치 정보에서 정밀도의 손실을 가져올 수 있다. 벡터 표현 방식은 데이터가 기본적으로 위성 이미지와 같이 래스터 기반인 응용에는 적합하지 않다.

표면에 있는 점의 높이(고도)에 대한 정보와 같은 **지형학적 정보**(topographical information)는 래스터 형식으로 표현될 수 있다. 선택적으로 표면을 동일한 고도를 갖는 영역의 다각형으로 분할하고 각 다각형은 연관된 하나의 고도 값을 갖도록 함으로써 벡터 형식으로도 표현할 수 있다. 또 다른 방법으로는 표면을 **삼각화**(즉 삼각형으로 분할)해서 각 삼각형을 코너의 위도, 경도, 고도로 표현하는 것이다. 후자의 표현 방식을 **부정형 삼각 네트워크**(triangulated irregular network, **TIN**)

표현이라고 부르며 어떤 영역에 대한 3차원 뷰를 생성하는 데 특히 유용한 표현 방식이다.

지리정보시스템은 일반적으로 래스터와 벡터 데이터를 모두 포함하며 결과를 사용자에게 보여 줄 때 두 종류의 데이터를 합병한다. 예를 들어, 지도 응용은 일반적으로 도로, 건물 및 다른 랜드마크 등에 대해서 위성 이미지와 벡터 데이터를 모두 포함한다. 지도 응용은 다른 종류의 정보를 **겹쳐서**(overlay) 보여 준다. 예를 들어, 도로 정보는 혼합적인 방식으로 보여 주기 위해 배경으로 위성 이미지와 함께 겹쳐서 보일 수 있다. 사실 지도는 다수의 계층으로 구성되어 있으며 아래에서 위로 올라가면서 보이게 된다. 더 높은 계층에 있는 데이터는 더 낮은 계층에 있는 데이터의 위에서 겹쳐서 보이게 된다.

실제로 벡터 방식으로 저장된 정보는 웹 브라우저와 같은 사용자 인터페이스로 보내지기 전에 래스터 방식으로 변환될 수도 있다. 이렇게 하는 첫 번째 이유는 JavaScript가 돌아가지 않는 웹 브라우저도 지도 데이터를 보여 줄 수 있기 때문이고, 두 번째 이유는 최종 사용자가 벡터 데이터의 내용을 추출해서 사용하는 것을 방지하기 위함이다.

Google Maps나 Bing Maps와 같은 지도 서비스는 사용자가 표준지도 데이터상에서 응용을 위한 특별한 데이터를 겹치게 하는 것을 허용함으로써 특별한 목적의 응용을 개발할 수 있도록 하기 위해 API를 제공한다. 지도를 겹쳐서 보여 주는 것은 동적으로 생성될 수 있다. 예를 들어, 특별한 음식을 제공하는 음식점만 보여 준다든지 사용자로 하여금 줌 수준을 변경하거나 화면을 회전시킬 수 있도록 할 수 있다.

8.4.4 공간 질의

공간 위치와 관련된 많은 종류의 질의가 있다.

- **영역 질의**(region query)는 영역을 다룬다. 이런 질의는 특정 영역 안에 부분적으로 혹은 완전히 놓인 객체를 찾는다. 주어진 마을의 지리적 경계 안에 있는 모든 소매점을 찾는 질의가 이런 질의의 예다. PostGIS는 *ST_Contains*( ), *ST_Overlaps*( ), *ST_Disjoint*( ), *ST_Touches*( )와 같이 두 개의 기하학적인 객체나 지리적인 객체 사이의 연산을 수행하는 술어를 제공한다. 이러한 질의는 어떤 영역에 포함된 객체, 혹은 영역과 겹치는 객체, 혹은 영역으로부터 분리된 객체를 찾는 데 이용된다. SQL Server는 약간 다른 이름으로 동일한 기능을 제공하는 함수를 제공한다.

  점 타입의 위치 속성과 다각형 타입의 지리적 객체를 갖는 가게(shop)라는 릴레이션을 고려해 보자. *ST_Contains*( ) 함수는 주어진 다각형 안에 포함된 모든 가게를 찾는 데 사용될 수 있다.

- **근접 질의**(nearness query)는 특정 위치에 근접해 있는 객체를 찾는다. 주어진 점으로부터 일정한 거리 안에 있는 모든 음식점을 찾는 질의가 이런 근접 질의의 예다. **최근접 질의**(nearest-neighbor query)는 특정 점으로부터 가장 가까이에 있는 객체를 반환한다. 예를 들어, 이런 질의는 가장 가까이에 있는 주유소를 찾는 데 사용될 수 있다. 이런 질의는 거리에 대한 제한을 명세할 필요가 없다. 따라서 사용자는 가장 가까이에 있는 주유소가 얼마나 떨어져 있는지 알 필요가 없다.

  PostGIS의 *ST_Distance*( ) 함수는 두 객체 사이의 최소 거리를 반환하는데 어떤 점이나 영역으로부터 특정 거리 안에 있는 객체를 찾을 때 사용될 수 있다. 최근접 이웃은 최소 거리를 갖는 객체를 찾음으로써 발견할 수 있다.

- **공간 그래프 질의**(spatial graph query)는 도로 지도와 같은 공간 그래프에 기반한 정보를 찾는 데 사용된다. 예를 들어, 도로망이나 철도망을 통해 연결된 두 위치 간의 최소 거리를 찾는 질의가 있을 수 있다. 도로망과 철도망은 각각 공간 그래프로 표현될 수 있다. 이런 질의는 내비게이션 시스템에서 광범위하게 사용된다.

영역의 겹침을 계산하는 질의는 두 공간 릴레이션 간의 **공간 조인**(spatial join)으로 볼 수 있다. 예를 들어, 강수량을 표현하는 릴레이션과 인구밀도를 표현하는 릴레이션에서 위치는 조인 속성의 역할을 한다. 일반적으로 공간 객체를 포함하는 두 개의 릴레이션이 주어졌다면 두 릴레이션의 공간 조인은 서로 겹치는 객체들의 쌍 혹은 서로 겹치는 영역들의 쌍을 반환한다. *ST_Contains*( ) 혹은 *ST_Overlaps*( )와 같은 공간 술어는 공간 조인을 수행할 때 조인 술어로 사용될 수 있다.

일반적으로 공간 데이터에 대한 질의는 공간 및 비공간 요구 사항을 함께 가질 수 있다. 예를 들어, 채식주의자 메뉴가 있으면서 한 끼당 10달러 이하인 가장 가까운 식당을 찾는 경우가 있을 수 있다.

8.5 요약

- 고정된 수의 속성을 갖는 단순한 테이블보다 더 복잡한 데이터를 저장할 필요가 있는 응용이 많다.
- SQL 표준은 새로운 데이터 타입 및 객체 지향을 다룰 수 있도록 SQL 데이터 정의 및 질의어의 확장을 포함한다. 확장은 컬렉션-값 속성과 상속, 그리고 튜플 참조와 같은 지원을 포함한다. 또한 이러한 확장은 관계형 모델의 기본, 특히 데이터에 대한 선언적 접근을 유지하면서 동시에 모델링 능력을 확장하는 식으로 발전해 왔다.
- 반구조형 데이터는 스키마가 자주 변하는 복잡한 데이터라고 할 수 있다.
- 정보시스템을 구축하는 데 인기 있는 구조는 검색이 가능한 웹 서비스를 생성하고 데이터를 보여 주고 사용자와 대화식 상호작용이 가능한 응용 코드를 개발하는 것이다.
- 관계형 모델은 현대의 응용이 요구하는 저장과 데이터 교환을 지원하기 위해 몇 가지 형태로 확장되어 왔다.
    - 일부 데이터베이스 시스템은 각 튜플이 잠재적으로 다른 속성의 집합을 갖는 것을 허용한다.
    - 다수의 데이터 표현은 속성이 비원자적 값을 갖는 것을 허용한다.
    - 다수의 데이터 표현은 속성이 구조화되거나 E-R 모델에서 복합 속성을 모델링하는 것을 허용한다.
- **JavaScript Object Notation**(JSON)은 응용들 간의 데이터 교환이나 저장을 위해서 광범위하게 사용되는 복합 데이터 타입의 텍스트 표현이다.

- XML 표현은 레코드가 포함하는 속성의 집합이나 이러한 속성의 타입에 대해서 유연성을 제공한다.
- **Resource Description Framework**(RDF)는 개체-관계 모델에 기반한 데이터 표현 표준이다. RDF 표현은 매우 자연스러운 그래프 해석을 제공한다. 개체와 속성값은 노드로 표현되며 속성 이름과 관계는 노드 간의 간선으로 표현될 수 있다.
- SPARQL은 RDF에 질의를 하기 위해서 설계된 질의어이며 트리플 패턴에 기반한다.
- 객체 지향은 객체(튜플) 참조뿐만 아니라 서브타입과 서브테이블에 대한 상속을 지원한다.
- 객체-관계 데이터 모델은 컬렉션 타입이나 객체 지향을 포함하여 더 풍부한 타입 시스템을 제공함으로써 관계형 데이터 모델을 확장한다.
- 객체-관계 시스템(즉 객체 지향 모델에 기반한 데이터베이스 시스템)은 객체 지향 기능을 사용하고 싶은 관계형 데이터베이스 사용자를 위해 편리한 이전 방법을 제공한다.
- 객체-관계 매핑 시스템은 관계형 데이터베이스에 저장되는 데이터에 대해서 객체 관점을 제공한다. 객체는 투명하며 어떤 지속적인 객체 식별 표시도 없다. 객체는 관계형 데이터로부터 필요에 따라 생성되며 객체에 대한 갱신은 관계형 데이터를 갱신함으로써 이루어진다. 객체-관계 매핑 시스템은 별도의 프로그래밍 언어를 따로 사용하는 방식과는 달리 광범위하게 사용되고 있다.
- 정보 검색 시스템은 문서와 같은 텍스트 데이터를 저장하고 질의하는 데 사용된다. 이런 시스템은 데이터베이스보다 더 단순한 데이터 모델을 사용하는데 제한된 모델 안에서 막강한 질의 능력을 제공한다.
- 예를 들어, 키워드의 집합을 명세함으로써 관심 있는 문서를 찾을 수 있다. 사용자의 마음속에 있는 질의를 정교하게 명세할 필요가 없다. 정보 검색 시스템은 잠재적인 적합성에 기반하여 질의 결과를 순위화한다.
- 적합성 순위화는 다음과 같은 몇 가지 정보를 사용한다.
  - 용어 빈도: 각 용어가 각 문서에서 얼마나 중요한지를 의미
  - 역문서 빈도
  - 인기도 순위
- 공간 데이터 관리는 많은 응용에서 중요하다. 많은 데이터베이스 시스템이 기하학적 데이터 및 지리정보 데이터 타입과 점, 선분, 다각형을 포함하는 서브타입을 지원한다. 영역 질의, 최근접 질의, 공간 그래프 질의는 공간 질의 중에서 일반적으로 많이 사용되는 질의다.

용어정리

- 와이드 칼럼
- 스파스 칼럼
- 키-값 맵
- 맵
- 배열 데이터베이스
- 태그

- 트리플
- 자원
- 주어
- 술어
- 목적어
- 객체
- 지식 그래프
- 구체화
- 쿼드
- 링크드 오픈 데이터
- 객체-관계 데이터 모델
- 객체-관계 데이터베이스 시스템
- 객체-관계 매핑
- 객체 지향 데이터베이스 시스템
- 경로 표현
- 키워드
- 키워드 질의
- 용어
- 적합도
- TF-IDF
- 불용어
- 근접도
- 페이지랭크
- 정밀도
- 재현율
- 지리정보 데이터
- 기하학적 데이터
- 지리정보시스템
- 컴퓨터 지원 설계(CAD)
- 꺾은선
- 삼각화
- 공간 네트워크
- 공간 그래프
- 래스터 데이터
- 타일
- 벡터 데이터
- 지형학적 정보
- 부정형 삼각 네트워크
- 겹침
- 근접 질의
- 최근접 질의
- 영역 질의
- 공간 그래프 질의
- 공간 질의

실전문제

8.1 대학교 데이터베이스 예제에서 Shankar라는 이름의 학생에 대한 정보를 다음의 각 표현 방식에 맞춰 표시하라. Shankar에 대응하는 *student* 튜플, *takes* 튜플, 그리고 *takes* 튜플에 대응하는 *course* 튜플로부터 추출할 수 있는 정보를 이용하라.

a. 중첩 표현을 갖는 JSON 방식

b. 중첩 표현을 갖는 XML 방식

c. RDF 트리플 방식

d. RDF 그래프 방식

8.2 그림 8.3의 대학교 스키마에 대한 RDF 표현을 활용해서 아래의 질의를 SPARQL로 작성하라.

a. Zhang이란 이름의 학생이 수강하는 모든 과목의 이름을 찾아라.

b. Srinivasan이란 이름의 교수가 가르치는 과목의 분반 중에서 Zhang이란 이름의 학생이 수강하는 모든 과목의 이름을 찾아라.

c. Srinivasan이란 이름의 교수에 대한 모든 속성의 이름과 값을 찾아라. 단, 속성의 이름을 나열하지 말라.

8.3 자동차 렌트 회사는 모든 자동차에 대한 데이터베이스를 가지고 있다. 데이터베이스에는 모든 보유 자동차에 대해서 자동차 식별자, 면허번호, 제조사, 모델, 구매일, 색상 정보가 있다. 차량 타입에 따라 아래의 특별한 정보가 존재한다.

- 트럭: 적재용량
- 스포츠카: 마력, 차량 대여자 연령제한
- 밴: 승객 수
- 오프로드 자동차: 지상간격, 구동렬(4륜 혹은 2륜 구동)

이 데이터베이스를 위한 SQL 스키마를 설계하라. 상속을 적절하게 사용하라.

8.4 다중값 속성을 위해 아래와 같이 명세된 타입을 갖는 *Emp* 릴레이션을 포함하는 스키마를 가정하자.

Emp = (ename, ChildrenSet **multiset***(Children), SkillSet* **multiset***(Skills))*
Children = (name, birthday)
Skills = (type, ExamSet **setof***(Exams))*
Exams = (year, city)

multiset 속성을 선언하기 위해서 8.2.1.1절에서 설명한 SQL Server 테이블 타입 문법을 사용해서 위의 스키마를 SQL로 정의하라.

8.5 개체 집합 *instructor*를 보여 주는 그림 8.7의 E-R 다이어그램을 참고하라. E-R 다이어그램에 상응하는 SQL 스키마를 정의하라. 여기서 *phone_number*는 Oracle 혹은 PostgreSQL 문법을 이용

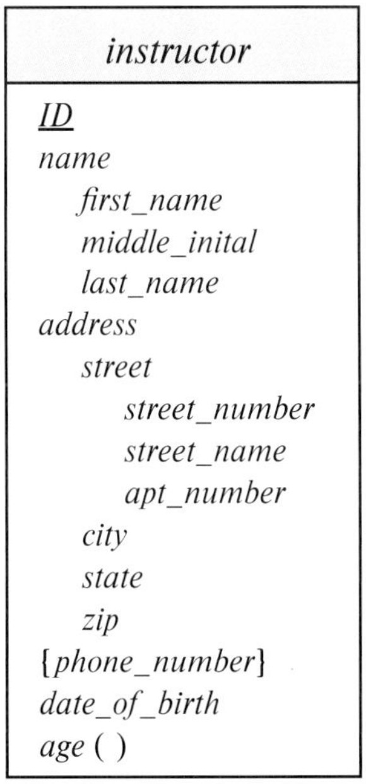

그림 8.7 복합, 다중값, 유도된 속성을 갖는 E-R 다이어그램

employee (<u>*person_name*</u>, *street*, *city*)
works (<u>*person_name*</u>, *company_name*, *salary*)
company (<u>*company_name*</u>, *city*)
manages (<u>*person_name*</u>, *manager_name*)

그림 8.8 문제 8.6을 위한 릴레이션 데이터베이스

해서 10개의 원소로 구성된 배열로 처리하라.

8.6 그림 8.8의 릴레이션 스키마를 참고하라.

a. 외래 키 관계를 표현하는 참조를 이용하여 릴레이션 스키마에 대응하는 SQL 스키마를 정의하라.

b. SQL을 사용하여 스키마에 대해서 아래의 질의를 작성하라.

i. 가장 많은 직원을 둔 회사를 찾아라.

ii. 급여가 가장 적은 회사를 찾아라.

iii. First Bank Corporation의 평균 급여보다 평균적으로 더 많은 급여를 받는 회사를 찾아라.

8.7 이 장의 실전문제 각각에 대해서 "SQL 릴레이션"이란 질의와의 적합도를 계산하라. 용어 빈도와 역문서 빈도의 정의를 사용하라.

8.8 페이지랭크를 계산하는 데 사용된 척도를 릴레이션으로 표현하는 방법을 설명하라. 그리고 페이지랭크를 찾기 위한 반복적인 기법에서 하나의 반복 단계를 구현할 수 있는 SQL 질의를 작성하라. 전체 알고리즘은 이 질의를 포함하는 반복 루프로 구현될 수 있다.

8.9 *student* 릴레이션이 점 타입을 갖는 *location*이라는 속성을 갖고 있으며 *classroom* 릴레이션은 다각형 타입을 갖는 *location* 속성을 갖고 있다고 하자. 이미 살펴봤던 PostGIS의 공간 함수와 술어를 사용하여 아래의 질의를 SQL로 작성하라.

a. 위치가 Packard 101이라는 classroom 안에 있는 학생의 이름을 찾아라.

b. 100미터 이내 혹은 Packard 101 안에 위치한 모든 classroom을 찾아라. 모든 거리는 미터 단위로 표현되어 있다고 가정하자.

c. ID가 12345인 학생과 지리적으로 가장 가까이에 있는 학생의 ID와 이름을 찾아라.

d. 위치가 서로 200미터 미만 떨어진 학생들의 모든 쌍을 찾아 ID와 이름을 나열하라.

연습문제

8.10 문제 8.4의 데이터베이스를 제1정규형과 제4정규형으로 재설계하라. 가정할 수 있는 모든 함수 종속과 다중값 종속을 나열하라. 또한 제1정규형과 제4정규형 스키마에서 나타나야 할 모든 참조 무결성 제약 조건을 나열하라.

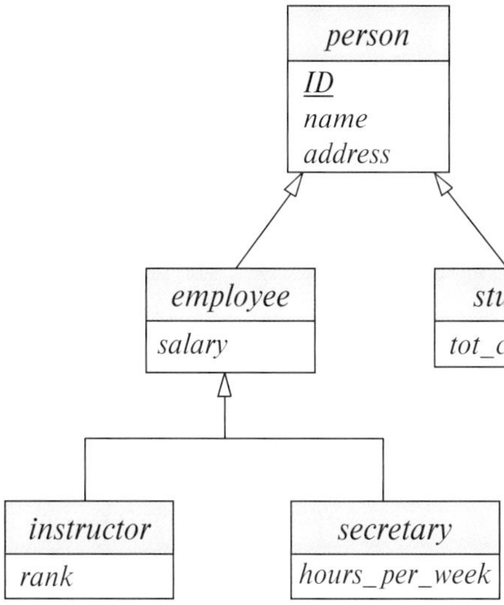

그림 8.9 구체화와 일반화

8.11 8.2.1.3절에 있는 *people* 테이블과 *people*의 하위에 생성된 *students*와 *teachers* 테이블을 참고하라. 제3정규형으로 동일한 정보를 표현하는 릴레이션 스키마를 정의하라. 서브테이블에 존재하는 제약 조건을 상기하고 관계형 스키마의 모든 데이터베이스 인스턴스가 상속성을 갖는 스키마의 인스턴스로 표현될 수 있도록 관계형 스키마에 부과되어야 할 모든 제약 조건을 기술하라.

8.12 서브타입과 서브테이블을 활용한 구체화를 포함하고 있는 그림 8.9의 E-R 다이어그램을 참고하여 다음 물음에 답하라.

a. E-R 다이어그램의 SQL 스키마 정의를 제시하라.

b. 비서(secretary)가 아닌 모든 사람의 이름을 찾는 SQL 질의를 작성하라.

c. 직원(employee)도 아니고 학생(student)도 아닌 사람의 이름을 출력하는 SQL을 작성하라.

d. 직원이면서 동시에 학생인 사람(person)을 만들 수 있는가? 가능하다면 어떻게 만들 수 있는지 설명하고 불가능하다면 그 이유를 설명하라.

8.13 데이터베이스에 있는 튜플들의 집합에 대해서 키워드 질의를 수행한다고 가정하자. 각 튜플은 몇 개의 속성을 가지며 각 속성은 몇 개의 단어를 갖는다. 용어 빈도의 개념이 이런 상황에 적합한가? 역문서 빈도 개념이 이런 상황에 적합한가? TF-IDF의 개념을 이용하여 두 튜플의 유사성을 정의하는 방법을 제시하라.

8.14 대중의 주목을 받고 싶어 하는 웹 사이트는 웹 링(web ring)에 가입할 수 있다. 여기서 링에 있는 다른 사이트에 대한 링크를 생성하거나 다른 사이트가 자신의 사이트를 링크할 수 있도록 할 수 있다. 페이지랭크와 같은 인기도 순위화 기법 측면에서 이런 링의 효과는 무엇인가?

8.15 Google 검색 엔진은 웹 사이트가 Google에서 제공하는 광고를 보여 줄 수 있는 특징을 제공한다. 제공되는 광고는 페이지의 내용에 기반한다. Google이 특정 페이지에 대해서 해당 페이지의 내용이 주어지면 어떤 광고를 제공할지를 어떻게 결정하는지 제시하라.

더 읽어보기

JSON에 대한 튜토리얼은 www.w3schools.com/js/js_json_intro.asp에서 찾을 수 있다. XML에 대한 자세한 설명은 30장에 있으며 온라인으로 이용 가능하다. RDF에 대한 더 자세한 설명은 www.w3.org/RDF/에서 찾을 수 있다. Apache Jena는 SPARQL을 지원하는 RDF 제품이다. SPARQL에 대한 튜토리얼은 jena.apache.org/tutorials/sparql.html에서 찾을 수 있다.

POSTGRE([Stonebraker and Rowe (1986)], [Stonebraker (1986)])는 객체-관계 시스템의 초기 제품이다. Oracle은 SQL에 객체-관계 기능을 많이 제공한 매우 완성된 결과물인 반면 PostgreSQL은 Oracle에서 제공하는 특징의 일부만 제공한다. 이러한 특징에 대한 더 자세한 설명은 각 제품의 대표 사용자 설명서를 참고하라.

[Salton (1989)]은 정보 검색 시스템에 대한 초기 교과서인 반면 [Manning et al. (2008)]은 이 주제에 대한 최근 교과서라고 할 수 있다. Oracle, PostgreSQL, SQL Server에서 공간 데이터베이스 지원에 대한 정보는 각 시스템의 대표 온라인 사용자 설명서를 참고하라.

참고문헌

[Manning et al. (2008)] C. D. Manning, P. Raghavan, and H. Schütze, *Introduction to Information Retrieval*, Cambridge University Press (2008).

[Salton (1989)] G. Salton, *Automatic Text Processing*, Addison Wesley (1989).

[Stonebraker (1986)] M. Stonebraker, "Inclusion of New Types in Relational Database Systems", In *Proc. of the International Conf. on Data Engineering* (1986), pages 262-269.

[Stonebraker and Rowe (1986)] M. Stonebraker and L. Rowe, "The Design of POSTGRES", In *Proc. of the ACM SIGMOD Conf. on Management of Data* (1986), pages 340-355.

크레딧

Chapter **9**

응용 프로그램의 개발

데이터베이스의 모든 작업은 응용 프로그램 내에서 발생한다. 따라서 사용자와 데이터베이스 사이에 일어나는 대부분의 상호작용은 응용 프로그램을 통해 간접적으로 이루어진다. 이 장에서 데이터를 저장하고 검색하기 위해 데이터베이스를 사용하는 응용 프로그램을 만드는 데 필요한 방법과 기술에 대해서 논의할 것이다.

사용자 중심 응용 프로그램의 중요한 요소는 좋은 사용자 인터페이스다. 오늘날 데이터베이스 응용 프로그램이 사용하는 가장 보편적인 두 가지 사용자 인터페이스 유형은 웹 인터페이스와 모바일 앱(app) 인터페이스다.

9.1절에서 응용 프로그램과 사용자 인터페이스를 간단히 소개한다. 9.2절에서 웹 기술에 대해 알아보고, 9.3절에서 웹 응용 프로그램을 만드는 데 많이 사용되고 있는 Java Servlet 기술에 대해서 논의하고, 9.4절에서 다른 프레임워크를 사용해 개발하는 방법을 살펴본다. JavaScript를 이용해 구현된 클라이언트 쪽 코드나 모바일 앱 기술은 대화식 사용자 인터페이스를 개발하는 데 매우 중요한데 9.5절에서 이런 기술에 대해서 살펴본다. 9.6절에서 웹 응용 프로그램의 구조를 살펴보고, 9.7절에서 대규모 웹 응용 개발에서 성능과 관련된 사항을 논의한다. 마지막으로 9.8절에서 공격에 대해 복구 가능한 응용을 개발하는 데 중요한 보안 문제를 다루고, 9.9절에서 암호화와 응용 프로그램의 암호화 사용에 대해서 살펴본다.

9.1 응용 프로그램과 사용자 인터페이스

많은 사람이 데이터베이스를 이용하고 있지만 데이터베이스 시스템을 이용하기 위해 질의어를 직접 사용하는 사람은 거의 없다. 데이터베이스를 이용하는 가장 일반적인 방법은 프런트엔드에서 사용자 인터페이스를 제공하고 백엔드에서 데이터베이스와 통신하는 **응용 프로그램**(application program)을 사용하는 것이다. 이러한 응용 프로그램은 서식(form) 기반의 인터페이스를 통해서 사용자의 입력을 받고, 그 데이터를 데이터베이스에 입력하거나 데이터베이스로부터 정보를 추출한 후, 결과를 생성하여 사용자에게 보여 준다.

응용 프로그램의 예로 대학교의 수강 신청 시스템을 들 수 있다. 수강 신청 시스템은 다른 응용 프로그램과 마찬가지로 실제 사용자 본인이 맞는지 인증하기 위해서 사용자 ID와 비밀번호가 필요하다. 응용 프로그램은 이 인증 정보를 사용해서 사용자의 이름, 신청한 과목의 목록과 같은 정보를 추출해서 사용자에게 보여 준다. 사용자가 과목을 신청하거나 과목의 정보를 볼 수 있도록 응용 프로그램이 수많은 인터페이스를 제공한다. 회사에서 제품의 판매, 구매, 회계, 급여, 인사, 재고 관리 등과 같은 다양한 작업을 자동으로 처리하기 위해서 이러한 응용 프로그램을 사용한다.

응용 프로그램이 실제로 사용되고 있지 않은 것처럼 보일 때에도 응용 프로그램이 사용되고 있을 수 있다. 예를 들면, 뉴스 사이트에서 사용자가 해당 사이트와 상호작용할 때 명시적으로 자신의 취향에 관한 입력을 하지 않아도 각 사용자에 대해서 개인화된 페이지를 제공할 수 있다. 그렇게 하도록 해당 사이트는 각 개인을 위한 개인화된 페이지를 생성하는 응용 프로그램을 실제로 구동할 수 있다. 예를 들면, 지금까지 사용자가 본 뉴스의 목록을 이용해서 개인화된 뉴스를 제공할 수 있다.

일반적인 응용 프로그램은 프런트엔드에서 사용자 인터페이스를 제공하고 백엔드에서 데이터베이스와 통신한다. 프런트엔드와 백엔드 사이에는 "비즈니스 로직(business logic)"이 포함되어 있다. 비즈니스 로직은 특별한 정보에 대한 요청이나 갱신 등을 수행하고, 주어진 작업에 대해서 수행되어야 하는 작업을 추가로 진행한다.

항공권 예약 시스템은 1960년대 시작되었다. 초기의 응용 프로그램은 "메인프레임(mainframe)"이라고 하는 대형 컴퓨터에서 수행되고, 사용자는 터미널(terminal)을 통해서 그 예약 시스템과 상호작용할 수 있었는데 그중 일부 터미널만이 예약 서식을 지원했다. PC가 보급됨에 따라서 응용 프로그램은 사용자의 컴퓨터에서 실행되고 그 응용 프로그램이 중앙의 데이터베이스에 접근하는 구조를 사용하기 시작했다. **클라이언트-서버**(client-server) **구조**라고 불리는 이러한 구조는 터미널에서 볼 수 없었던 강력한 그래픽 사용자 인터페이스(GUI)를 제공했다. 그러나 이러한 응용을 사용하는 것에는 두 가지 단점이 존재한다. 첫 번째는 사용자 장치가 데이터베이스에 직접 접근해야 하는데 이것은 보안 위험이 존재한다. 두 번째는 응용 프로그램이 변경되면 개인이 사용하는 컴퓨터에 설치된 해당 응용 프로그램의 모든 복사본을 함께 갱신해야만 했다.

이러한 문제를 피하고자 두 가지 방법이 개발되었다.

- 웹 브라우저(web browser)는 모든 종류의 정보 서비스에 사용될 수 있는 **범용적인 프런트엔드**를 제공한다. 브라우저는 서식 기반의 인터페이스를 제공하고 정보의 표현을 형식화하는 **HTML** (**HyperText Markup Language**)이라는 표준화된 문법을 사용한다. HTML 표준은 운영체제나 웹 브라우저와는 독립적이며, 오늘날 대부분 컴퓨터에 웹 브라우저가 설치되어 있다. 그래서 웹 기반의 응용 프로그램은 인터넷이 연결된 모든 컴퓨터로부터 접근할 수 있다.

  클라이언트-서버 구조와는 다르게 웹 기반 응용 프로그램을 사용하기 위해서 사용자의 PC에 응용 프로그램을 설치할 필요가 없다.

최근에는 단순 HTML을 이용해서 가능한 것을 넘어서, 세련된 사용자 인터페이스를 제공하기 위해 대부분의 웹 브라우저에서 지원하는 JavaScript를 널리 사용하고 있다. C로 작성된 프로그램과는 달리 JavaScript 프로그램은 안전 모드에서 실행 가능하며, 보안 문제를 일으키지 않는다. JavaScript 프로그램은 브라우저로 내려받을 수 있으며 사용자의 컴퓨터에 추가적인 설치가 필요 없다.

웹 브라우저는 사용자와 통신을 위한 프런트엔드를 제공하고, 응용 프로그램은 백엔드를 구성한다. 일반적으로 웹 브라우저로부터 발생하는 요구 사항은 웹 서버로 전송되고, 해당 요구 사항을 처리하기 위한 응용 프로그램이 실행된다. 백엔드에서 응용 프로그램을 구성하기 위한 기술은 Java Servlet, Java Server Page(JSP), Active Server Page(ASP), 혹은 PHP와 Python 등과 같이 다양하다.

- 응용 프로그램은 개인 장치, 주로 모바일 장치에 설치된다. 그리고 API를 통해서 백엔드 응용과 통신하면서 데이터베이스에 직접 접근하지 않는다. 백엔드 응용은 사용자 인증을 포함한 서비스를 제공하는데 사용자 인증을 통해 접근이 허가된 서비스만 접근할 수 있도록 한다.

  이러한 방식은 주로 모바일 응용에서 많이 사용된다. 이러한 응용을 개발하는 동기 중 하나는 모바일 장치의 작은 화면에 디스플레이를 최적화하기 위함이다. 두 번째 동기는 장치가 낮은 대역폭에 비싼 모바일 네트워크에 연결되었을 때 응용 프로그램 코드를 내려받지 않고 고속 네트워크에 연결되면 원할 때 코드를 내려받아서 갱신하기 위함이다.

웹 프런트엔드의 일부로 JavaScript 코드 사용이 증가함에 따라 위의 두 방법 간의 차이가 점차 감소하고 있다. 백엔드는 요구하는 작업을 수행하기 위해 모바일 앱이나 Java 코드 안에서 호출될 수 있는 API를 제공한다. 실제로 JavaScript 형태의 웹 프런트엔드와 안드로이드나 iOS와 같은 모바일 플랫폼 기반의 프런트엔드를 개발하는 데 같은 백엔드가 사용될 수 있다.

9.2 웹의 기본

이 절에서 웹 기반 기술에 익숙하지 않은 독자를 위해 웹 기반 기술에 대해 살펴본다.

9.2.1 Uniform Resource Locators(URL)

URL(Uniform Resource Locator)은 웹을 통해 접근 가능한 모든 문서에 대해 고유하게 주어지는 이름이다. URL의 예는 다음과 같다.

http://www.acm.org/sigmod

URL의 첫 부분은 웹상의 문서에 어떻게 접근할지를 나타낸다. "http"는 웹 페이지가 **Hyper Text Transfer Protocol(HTTP)**에 의해 접근될 것임을 나타낸다. 이 규약은 웹 문서를 전송하기 위한 규약이다. "https"는 HTTP 규약의 보안 버전을 사용해야 함을 나타내며 오늘날 선호되는 형식이다. 두 번째 부분(www.acm.org)은 웹 서버가 가동 중인 장치의 이름을 나타낸다. URL의 마지

```
<html>
<body>
<table border>
<tr> <th>ID</th>      <th>Name</th>     <th>Department</th> </tr>
<tr> <td>00128</td> <td>Zhang</td>    <td>Comp. Sci.</td> </tr>
<tr> <td>12345</td> <td>Shankar</td> <td>Comp. Sci.</td> </tr>
<tr> <td>19991</td> <td>Brandt</td>    <td>History</td> </tr>
</table>
</body>
</html>
```

그림 9.1 HTML 형식의 표 데이터

막 부분(/sigmod)은 장치상의 파일 경로명이거나 장치 내에서 문서를 식별할 수 있도록 해 주는 고유한 식별자다.

따라서 URL은 웹 서버의 프로그램이 가진 위치를 나타낼 식별자와 프로그램에 인자로 넘어갈 값을 가지고 있어야 한다. 그러한 URL의 예는 다음과 같다.

https://www.google.com/search?q=silberschatz

위 URL은 서버 www.google.com상에서 q=silberschatz라는 인자를 가지고 search라는 프로그램이 실행되어야 함을 나타낸다. 이런 URL에 대한 요청을 받게 되면 웹 서버는 주어진 인자를 가지고 프로그램을 실행한다. 프로그램이 실행되면 그 결과는 HTML 문서로 주어지고 프런트엔드로 넘겨지게 된다.

9.2.2 HyperText Markup Language(HTML)

그림 9.1은 HTML 형식으로 표현한 표의 예다. 그림 9.2는 이 HTML을 이용해서 웹 브라우저가 생성한 표를 나타낸다. HTML 소스에는 HTML 태그가 존재한다. 모든 HTML 페이지는 html 태그로 둘러싸야 하고 페이지의 본문은 body 태그로 둘러싸야 한다. 표는 table 태그로 표시하며, tr 태그로 행을 표시한다. 표의 머리글에 해당하는 행은 th 태그로 표시하고 일반적인 행은 td 태그로 표시한다. HTML 태그에 대해서는 더 자세히 다루지 않는다. HTML의 세부적인 정보는 참고문헌을 참조하기 바란다.

그림 9.3은 메뉴 선택과 입력창에 숫자 입력을 통해서 사용자가 사람 유형(학생 또는 교수)을 선

ID	Name	Department
00128	Zhang	Comp. Sci.
12345	Shankar	Comp. Sci.
19991	Brandt	History

그림 9.2 그림 9.1 HTML 소스의 결과 화면

```
<html>
<body>
<form action="PersonQuery" method=get>
Search for:
<select name="persontype">
     <option value="student" selected>Student </option>
     <option value="instructor"> Instructor </option>
</select> <br>
Name: <input type=text size=20 name="name">
<input type=submit value="submit">
</form>
</body>
</html>
```

그림 9.3 HTML 형식

택할 수 있는 HTML을 어떻게 표현하는지를 보여 준다. 그림 9.4는 이 HTML이 웹 브라우저에서 어떻게 보이는지를 나타낸다. 사용자로부터 입력받는 두 가지 방법이 그림 9.4에 나타나 있지만, HTML은 이 외에도 몇몇 입력 방식을 제공한다. form 태그의 action 속성은 (전송 버튼을 클릭하여) 양식을 전송할 때, 양식 데이터를 URL PersonQuery로 보내야 한다는 것을 지정한다(이때 URL은 페이지에 따라 상대적이다). 웹 서버는 이와 같은 URL에 접근되면, 사용자가 select와 input에 입력한 값인 persontype과 name을 이용해서 그와 관련된 응용 프로그램을 불러온다. 응용 프로그램이 HTML 문서를 생성하면 이 문서가 사용자에게 보내지고, 사용자는 결과를 볼 수 있게 된다. 이 장 뒷부분에서 이러한 프로그램을 어떻게 생성하는지 알아볼 것이다.

HTTP는 사용자로부터 입력받은 값을 브라우저가 웹 서버로 전송하는 두 가지 방법을 정의한다. 먼저, get 방식은 URL 일부로서 값을 부호화한다. 예를 들어, Google 검색 페이지에 입력 매개변수 q를 갖는 서식이 get 방식을 사용할 때, 사용자가 "silberschatz"를 입력하고 서식을 전송하면 브라우저는 다음과 같은 URL을 웹 서버에 요청한다.

https://www.google.com/search?q=silberschatz

또 다른 post 방식은, 이와 달리 www.google.com을 요청하되 웹 서버와 브라우저 사이에 HTTP 규약 교환의 일부로서 매개변수 값을 송신한다. 그림 9.3의 서식은 get 방식을 사용하고 있다.

HTML 문서를 단순 텍스트 편집기를 이용해 작성할 수도 있지만, GUI를 통해 HTML 문서를 직접 생성해 주는 편집기도 많다. 이러한 편집기는 수동으로 소스 코드를 입력하지 않아도 메뉴 선

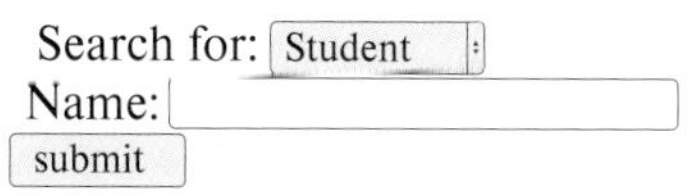

그림 9.4 그림 9.3 HTML 소스의 결과 화면

택만으로도 서식, 메뉴, 표 등을 삽입할 수 있도록 해 준다.

HTML은 스타일시트(stylesheet)를 지원하는데, 스타일시트는 HTML의 형식 지정 방법이나 페이지의 배경색과 같은 속성을 기본값에서 사용자가 원하는 값으로 바꿀 수 있도록 해 준다. CSS (*cascading stylesheet*) 표준은 하나의 스타일시트가 여러 HTML 문서에 적용될 수 있도록 해 주며 웹 사이트 내 모든 페이지가 일관된 모습을 가질 수 있도록 해 준다. 스타일시트에 대한 더 자세한 정보는 온라인, www.w3schools.com/css/ 사이트에서 확인할 수 있다.

2014년에 발표된 HTML5 표준은 아래와 같이 다양한 서식의 입력을 제공한다.

- <input type="date" name="abc">와 <inputtype="time" name="xyz">를 사용한 날짜와 시간 선택. 브라우저는 각 입력 필드를 위해 그래픽적인 날짜와 시간 표시기를 보여 줄 수 있다. 입력값은 서식 속성인 abc와 xyz에 저장된다. min, max와 같은 선택 속성은 선택할 수 있는 최솟값과 최댓값을 명세하는 데 사용될 수 있다.
- <input type="file", name="xyz">를 사용한 파일 선택. 파일 이름은 서식 속성 xyz에 저장된다.
- 최소, 최대, 정규식 표현 등과 같은 다양한 입력 형태에 대한 제한. 예를 들어, <input type= "number" name="start" min="0" max="55" step="5" value="0">와 같이 설정하면 기본값은 0으로 하고, 사용자는 최대 55가 될 때까지 0, 5, 10, 15, … , 55 중에서 하나를 선택할 수 있다.

9.2.3 웹 서버와 세션

웹 서버(web server)는 서버 측에서 동작하는 프로그램으로 웹 브라우저의 요청을 받아 그 결과를 웹 문서의 형태로 반환한다. 이때 웹 브라우저와 웹 서버는 HTTP 규약을 이용해 서로 통신하며, 단순히 문서를 주고받는 것 이상의 기능을 제공한다. HTTP의 가장 중요한 기능은 사용자가 넘겨 준 인자를 이용해 프로그램을 실행시키고 그 결과를 HTML 문서로 되돌려주는 것이다.

그 결과, 웹 서버는 다양한 종류의 정보 서비스를 위한 중간 역할을 담당하게 되었다. 새로운 종류의 서비스는 응용 프로그램을 설치하고 실행시킴으로써 이루어지는데, **CGI(common gateway interface)** 표준은 웹 서버와 응용 프로그램이 서로 어떻게 통신할 것인지를 정의한다. 응용 프로그램은 데이터베이스로부터 원하는 자료를 얻기 위해 ODBC나 JDBC 등의 표준 규약을 이용해 데이터베이스와 통신한다.

그림 9.5는 웹 서버, 응용 프로그램 서버, 데이터베이스로 이루어진 3단계 구조를 보여 준다. 여러 계층의 서버를 사용하면 시스템의 오버헤드가 커지고, CGI 인터페이스가 각 요청에 대해 새로운 프로세스를 시작할 때마다 오버헤드가 더욱 커지게 된다.

따라서 오늘날 대부분의 웹 서비스는 그림 9.6과 같이 응용 프로그램이 웹 서버에서 수행되는 2단계 구조를 이루고 있다. 다음 절에서 2단계 구조에 기반을 둔 시스템에 대해 자세히 살펴볼 것이다.

클라이언트와 웹 서버 사이의 연결은 지속해서 유지되지 않는다. 요청을 받을 때마다 웹 서버

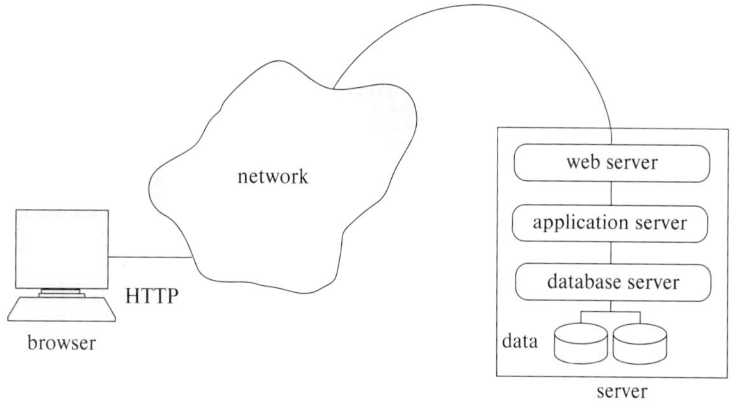

그림 9.5 3단계 웹 응용 프로그램 구조

와 클라이언트 간에 일시적으로 연결이 생성되어 요청과 응답이 이루어지고, 그 후 연결은 종료되고 다음 요청이 발생하면 새 연결이 생성된다. 이와는 대조적으로, 사용자가 컴퓨터에 로그인하거나 ODBC나 JDBC를 이용하여 데이터베이스에 접속하면 세션(session)이 생성되고, 사용자 식별 번호나 세션 옵션 등과 같은 세션 정보는 세션이 종료될 때까지 서버와 클라이언트에 저장된다. HTTP가 **비지속적 연결**(connectionless)을 택한 큰 이유 중 하나는 대부분 컴퓨터가 수용할 수 있는 동시 접속 수에 제한이 있기 때문이다. 수많은 사용자가 한 대의 서버에 연결한 후 연결을 계속 유지한다면 웹상의 대부분 사이트가 이 제한을 넘어설 것이고 나머지 많은 사용자들이 서비스를 받지 못하게 될 것이다. 비지속적 연결을 사용하게 되면 클라이언트의 요청을 만족하자마자 연결은 해제되고 해당 연결은 다른 요청을 서비스하기 위해 사용된다.[1]

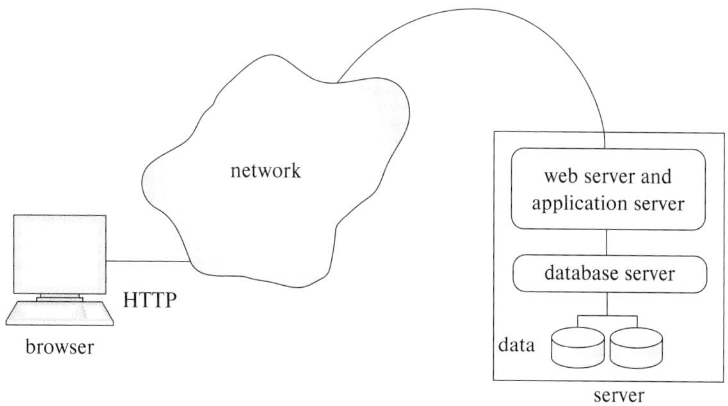

그림 9.6 2단계 웹 응용 프로그램 구조

1 성능 향상을 위해서는 잠깐 연결을 유지할 수 있다. 연속적인 요청을 처리하는 경우에는 연결의 재사용을 허용할 수 있다. 하지만 연결이 지속된다는 보장을 할 수 없기 때문에 응용 프로그램은 요청이 처리되자마자 연결이 끊길 수 있다는 것을 염두에 두고 만들어져야 한다.

대부분의 웹 기반 응용 프로그램은 의미 있는 사용자 상호작용을 위해 세션 정보가 필요하다. 예를 들어, 응용 프로그램이 정보에 대한 접근을 통제할 때 사용자에 대한 인증이 필요하다. 사용자에 대한 인증은 하나의 세션에서 한 번만 이루어져야 하고 인증이 이루어진 후 사용자와의 상호작용에서 다시 인증하는 것은 좋지 않다.

이것이 가능하도록 하려면 추가적인 정보가 클라이언트 측에 저장되어 있어야 하고, 세션 내에서 요청이 발생할 때마다 이 정보를 반환해야 한다. 서버는 이 정보를 이용하여 해당 요청이 이미 허가된 사용자 세션의 일부라는 것을 식별한다. 세션에 대한 추가적인 정보는 서버 측에도 저장되어 있어야 한다.

이러한 추가 정보는 일반적으로 **쿠키**(cookie)의 형태로 클라이언트에 저장되는데, 쿠키는 단순한 식별 정보와 이름을 담은 짧은 텍스트로 이루어져 있다. 예를 들어, google.com에는 사용자가 선호하는 표시 언어나 페이지당 결과 개수와 같은 정보를 담고 있는 prefs라는 이름의 쿠키를 만든다. google.com에서 검색 요청이 있을 때마다 사용자의 브라우저로부터 prefs라는 이름의 쿠키를 검색하여 거기에 저장된 정보에 맞게 결과를 표시한다. 어떤 도메인(혹은 웹 사이트)이든 자신이 만든 쿠키에만 접근할 수 있고 타 사이트에서 만든 쿠키에는 접근할 수 없다. 그리고 여러 사이트에서 같은 쿠키 이름을 재사용할 수 있다.

응용 프로그램은 사용자 세션을 추적하기 위해 세션 식별자(통상적으로 현재 세션 식별자로 쓰이고 있지 않은 난수를 사용)를 생성하고, sessionid와 같은 이름의 쿠키에 세션 식별자를 담아 서버에 보낸다. 세션 식별자는 서버에도 저장된다. 서버는 클라이언트로부터 요청이 오면 sessionid라는 이름의 쿠키를 클라이언트에 요청한다. 만약 클라이언트가 쿠키를 갖고 있지 않거나, 서버에 저장된 것과 다른 값이 쿠키에 들어 있는 경우, 응용 프로그램은 그 요청이 현재 세션에 속하지 않은 것으로 본다. 쿠키 값이 서버에 저장된 세션 식별자와 같다면 그 요청이 현재 세션에 속한 것으로 본다.

응용 프로그램은 사용자 식별을 안전하게 하도록 사용자 인증 후에만 쿠키를 생성한다. 예를 들어, 사용자가 올바른 이름과 암호를 전송할 때에만 인증이 성공한 것으로 본다.[2]

대중에 공개된 뉴스 사이트와 같이 높은 보안을 요하지 않는 응용 프로그램의 경우, 브라우저와 서버가 쿠키를 영구적으로 저장할 수도 있다. 사용자가 같은 사이트를 재방문할 때는 별도의 식별 정보를 입력받을 필요가 없다. 높은 보안을 요구하는 응용 프로그램의 경우, 유효 시간(time-out period)이 지나거나 사용자가 로그아웃하면 서버가 세션을 무효화하거나 제거한다. (일반적으로 사용자가 로그아웃 버튼을 클릭하면 로그아웃 서식이 전송되고 세션이 무효화된다.) 단순히 세션 식별자를 응용 프로그램 서버의 활성 세션 목록에서 제거함으로써 세션은 무효화된다.

2 예를 들어, 사용자 식별자는 userid와 같은 이름으로 클라이언트의 쿠키에 저장될 수 있다. 이런 방식은 사용자 식별이 가능한 무료 웹 사이트와 같이 보안성이 낮은 응용 프로그램에서 사용될 수 있다. 그러나 높은 수준의 보안이 있어야 하는 응용 프로그램의 경우 이 방식은 보안에 취약하다는 단점이 있다. 악의적인 사용자가 브라우저의 쿠키 값을 변경하고 다른 사용자인 것처럼 속일 수 있다. 예를 들면, sessionid와 같은 이름의 쿠키에 큰 범위 내의 난수 값을 할당하면 사용자가 자신의 정체를 속이기가 어렵다. 반면에 쿠키에 순차적인 값을 할당하면 보안이 취약해진다.

9.3 서블릿

Java의 **서블릿**(servlet)은 응용 프로그램과 웹/응용 서버가 통신하는 응용 프로그래밍 인터페이스를 정의한다. Java의 HttpServlet 클래스는 서블릿 API를 구현한다. 특정한 기능을 구현하는 서블릿 클래스는 HttpServlet의 하위 클래스로 정의되어 있다.[3] 서블릿 인터페이스를 구현한 Java 프로그램과 클래스를 서블릿이라 부른다. 그림 9.7은 서블릿의 예다. 뒤에서 이에 대해 설명할 것이다.

서버가 시작되거나 서버가 특정 서블릿을 실행하라는 HTTP 요청을 받으면 서블릿 코드가 웹 서버에서 실행된다. 서블릿의 임무는 데이터베이스에 접근해서 필요한 정보를 가져오는 요청을 처리하고 동적으로 HTML 페이지를 생성하여 클라이언트 브라우저에 반환하는 것이다.

9.3.1 서블릿 예제

서블릿은 주로 HTTP 요청에 대해서 동적 결과를 생성하는 데 사용된다. HTML 형태로 입력이 주어지면 서블릿은 비즈니스 로직을 수행한 후 그 결과를 HTML의 형태로 브라우저에 보낸다.

그림 9.7은 그림 9.3과 같은 요청을 처리하기 위한 예제다. 서식에 "action="PersonQuery"" 라고 적혀 있고, 서블릿의 이름은 PersonQueryServlet이라고 되어 있으므로 웹 서버는 이 서블릿이 PersonQuery에 대한 요청을 처리하리라는 것을 알고 있어야 한다. 이것은 코드에서 보는 것처럼 @WebServlet("PersonQuery")를 통해서 이루어진다. 인자를 전달하는 데 HTTP의 get 방법을 이용하고 있으므로 서블릿에 정의된 doGet( ) 메소드가 호출되게 된다.

각 서블릿 요청은 새로운 스레드(thread)를 생성하기 때문에 여러 개의 요청이 병렬적으로 수행될 수 있다. 쿠키는 물론이고 서식 메뉴나 웹 페이지의 입력 필드로부터 넘어온 값은 클라이언트의 요청을 위해 만들어진 HttpServletRequest 객체를 통해 넘어오고, 이 요청에 대한 응답은 HttpServletResponse 객체를 통해 이루어진다.

예제 코드에서 doGet( ) 메소드는 request.getParameter( )를 이용해 인자의 유형과 개수를 추출하고, 이 값을 이용해 데이터베이스에 질의를 수행한다. 데이터베이스에 접근하기 위한 코드와 질의 결과로부터 속성값을 얻어 내는 코드는 나와 있지 않다. JDBC를 이용해서 데이터베이스에 접근하는 방법은 5.1.1.5절을 참조한다. JDBC ResultSet에 있는 질의 결과는 변수 resultset에서 이용 가능하다고 가정한다.

서블릿은 HttpServletResponse 객체인 response에 HTML 형식으로 출력함으로써 질의 결과를 반환한다. response에 결과를 출력하기 위해서 PrintWriter 객체인 out을 response로부터 얻어 내야 한다. 그리고 out에 HTML 형식의 결과를 출력한다. 예제에서 질의 결과는 그림 9.8에 있는 함수 Util::resultSetToHTML(resultset, header, out)를 호출함으로써 출력된다. 이 함수는 얼마나 많은 열을 출력해야 하는지 알아내기 위해 ResultSet rs의 JDBC 메타데이터 함수를 사용한다. 열의 헤더는 출력되기 위해서 이 함수에 전달된다. 열 이름은 JDBC 메타데이터를 사용해서 알아낼 수 있다. 그러나 데이터베이스 열 이름은 사용자에게 보여 주기에 적절하지 않을 수 있으므로 이 함수에 의미 있는 열 이름을 제공할 수 있다.

---

3 이 책에서 HTTP를 사용했지만, 서블릿 인터페이스는 HTTP가 아닌 규약의 요청도 지원한다.

```
import java.io.*;
import javax.servlet.*;
import javax.servlet.http.*;

@WebServlet("PersonQuery")
public class PersonQueryServlet extends HttpServlet {
    public void doGet(HttpServletRequest request,
                HttpServletResponse response)
        throws ServletException, IOException
    {
        response.setContentType("text/html");
        PrintWriter out = response.getWriter();
        ... check if user is logged in ...
        out.println("<HEAD><TITLE> Query Result</TITLE></HEAD>");
        out.println("<BODY>");

        String persontype = request.getParameter("persontype");
        String name = request.getParameter("name");
        if(persontype.equals("student")) {
            ... code to find students with the specified name ...
            ... using JDBC to communicate with the database ..
            ... Assume ResultSet rs has been retrieved, and
            ... contains attributes ID, name, and department name
            String headers = new String[]{"ID", "Name", "Department Name"};
            Util::resultSetToHTML(rs, headers, out);
        }
        else {
            ... as above, but for instructors ...
        }
        out.println("</BODY>");
        out.close();
    }
}
```

그림 9.7 서블릿 코드의 예

9.3.2 서블릿 세션

웹 브라우저와 웹 서버 간의 상호작용은 무상태(stateless)다. 즉 브라우저가 서버에 요청할 때마다 브라우저는 서버와 연결되어 원하는 정보를 받은 뒤 연결을 끊는다. 쿠키를 이용하면 현재의 요청이 이전의 요청과 같은 브라우저 세션상에 있는지 파악할 수 있다. 그러나 쿠키는 낮은 단계의 기법이고, 프로그래머는 세션을 다루기 위해 더 높은 단계의 추상화가 필요하다.

서블릿 API는 세션을 추적하고 세션 관련 정보를 저장하는 방법을 제시한다. HttpServlet Request 클래스의 getSession(false) 메소드를 호출하면 요청을 보낸 웹 브라우저에 대응되는 HttpSession 객체가 반환된다. 클라이언트의 요청이 새로운 요청인 경우, 매개변수를 true로 변경

```
import java.io.*;
import javax.servlet.*;
import javax.servlet.http.*;

public class Util {
    public static void resultSetToHTML(ResultSet rs,
                                    String headers[], PrintWriter out) {
        ResultSetMetaData rsmd = rs.getMetaData();
        int numCols = rsmd.getColumnCount();
        out.println("<table border=1>");
        out.println("<tr>");
        for (int i=0; i < numCols; i++)
            out.println("<th>"+ headers[i] + </th>
        out.println("</tr>");
        while (rs.next()) {
            out.println("<tr>");
            for (int i=0; i < numCols; i++)
                out.println("<td>"+ rs.getString(i) + </td>
            out.println("</tr>");
        }
    }
}
```

그림 9.8 ResultSet을 테이블로 출력하는 유틸리티 함수

하면 새로운 세션 객체를 생성할 수 있다.

매개변수 없이 getSession( ) 메소드를 호출하면, 서버는 클라이언트가 지정된 이름의 쿠키를 갖고 있는지 살펴본다. 그러한 이름의 쿠키가 없거나, 쿠키의 값이 진행 중인 세션과 일치하지 않으면 요청은 진행 중인 세션의 일부가 아니다. 이 경우, getSession( )은 널 값을 반환하고, 서블릿은 사용자를 로그인 페이지로 이동시킨다.

로그인 페이지는 사용자의 이름과 비밀번호를 입력받는다. 로그인 페이지에 대응되는 서블릿은 데이터베이스에서 인증 정보를 찾는 방식으로 사용자 이름과 비밀번호가 일치하는지 검사한다. 예를 들어, 사용자 이름을 이용하여 데이터베이스로부터 비밀번호를 검색한 후 사용자가 입력한 비밀번호가 저장된 비밀번호와 일치하는지를 검사한다.[4]

4 데이터베이스에 암호화되지 않은 비밀번호를 저장하는 것은 바람직하지 않다. 시스템 관리자나 해커 등 데이터베이스에 접근할 수 있는 누군가가 비밀번호를 훔칠 수 있기 때문이다. 대신 비밀번호에 해시 함수를 적용하여 그 결과를 데이터베이스에 저장하는 것이 좋다. 동일한 해시 함수를 사용자가 입력한 비밀번호에 적용하여 저장된 해시 결과와 비교한다. 두 사용자가 동일한 비밀번호를 사용하더라도 해싱 값을 다르게 하기 위해서 시스템은 각 사용자에 대해서 *salt*라고 하는 서로 나른 임의의 문자열을 배정하고 이것을 해싱하기 전에 비밀번호 끝에 추가한다. 그래서 비밀번호 릴레이션은 *user_password*(*user*, *salt*, *passwordhash*) 스키마를 갖는데 여기서 *passwordhash*는 *hash*(*append*(*password*, *salt*))에 의해 생성된다. 암호화는 9.9.1절에서 더 자세히 설명한다.

사용자가 성공적으로 인증을 마치면 로그인 서블릿은 getSession(true)를 호출하여 새로운 세션 객체를 얻는다. 웹 서버는 새로운 세션을 생성하기 위해 내부적으로 다음과 같은 작업을 수행한다. 쿠키(예를 들어, sessionId)를 생성하고, 클라이언트의 웹 브라우저에서 세션 식별자 값을 가져와 쿠키에 저장한 뒤 세션 객체를 생성하고, 세션 객체에 세션 식별자를 할당한다.

서블릿 코드는 한 세션 내의 여러 요청이 유지해야 할 상태 정보를 (속성 이름, 값)과 같은 쌍으로 HttpSession 객체에 저장하거나 찾을 수 있다. 예를 들어, 사용자 인증이 완료되고 세션 객체가 생성되면, 로그인 서블릿이 아래의 함수를 호출함으로써 getSession( )으로부터 반환된 사용자의 식별자가 저장된 Java 변수인 userid를 세션 매개변수로 저장할 수 있다.

```
session.setAttribute("userid", userid)
```

진행 중인 세션 내의 요청에 대해서는 웹 브라우저로부터 받은 쿠키 값에 대응되는 세션 객체가 getSession( )에 의해서 반환된다. 서블릿은 아래의 함수를 호출하여 위에서 얻은 세션 객체로부터 사용자 식별자와 같은 세션 변수를 찾을 수 있다.

```
session.getAttribute("userid")
```

userid 변수가 없으면 함수는 널 값을 반환하고, 이것은 클라이언트 사용자가 인증되지 않았다는 것을 의미한다.

그림 9.7에 있는 "... check if user is logged in ..."이라고 되어 있는 서블릿 코드를 생각해 보자. 아래는 이 검사를 하는 수행하는 코드다. 만약 사용자가 로그인하지 않는다면 오류 메시지를 보내고 5초 후에 사용자에게 로그인 페이지를 다시 보여 준다.

```
Session session = request.getSession(false);
if (session == null || session.getAttribute(userid) == null) {
    out.println("You are not logged in.");
    response.setHeader("Refresh", "5;url=login.html");
    return();
}
```

9.3.3 서블릿 생명 주기

서블릿이 설치된 웹 서버가 서블릿의 생명 주기를 제어한다. 클라이언트로부터 특정 서블릿에 대한 요청이 들어오면, 웹 서버에 해당 서블릿의 인스턴스가 존재하는지 조사한다. 인스턴스가 존재하지 않는 경우, 웹 서버는 서블릿 클래스를 Java 가상 머신(JVM)에 로드하고 서블릿 클래스의 인스턴스를 생성한다. 또한 init( ) 함수를 호출하여 서블릿 인스턴스를 초기화한다. 각 서블릿 인스턴스는 처음 생성될 때 단 한 번만 초기화된다.

웹 서버는 서블릿 인스턴스가 존재하는 상태에서 request 객체와 response 객체를 매개변수로 하여 service라는 메소드를 호출한다. 서버는 기본적으로 service 메소드를 위해 새로운 스레드를 생성한다. 그래서 여러 요청이 병렬적으로 동시에 수행될 수 있다. service 메소드는 doGet이나

doPost를 호출한다.

더는 필요 없는 서블릿은 destroy( ) 메소드를 호출하여 종료시킬 수 있다. 타임아웃 기간 내에 서블릿에 대한 요청이 없으면 서버가 서블릿을 자동으로 종료시키도록 설정할 수 있다. 타임아웃 기간은 응용 프로그램에 맞게 설정된 서버 변수다.

9.3.4 응용 서버

많은 응용 프로그램 서버가 서블릿을 지원한다. 가장 많이 사용되는 서버 중 하나는 Apache Jakarta 프로젝트의 Tomcat 서버다. 서블릿을 지원하는 다른 응용 서버로는 Glassfish, JBoss, BEA Weblogic Application Server, Oracle Application Server, IBM WebSphere Application Server 등이 있다.

서블릿 프로그램을 작성하는 가장 좋은 방법으로는 Tomcat이나 Glassfish가 내장된 Eclipse나 NetBeans와 같은 통합 개발 환경(IDE)을 사용하는 것이다.

이러한 응용 서버는 기본적인 서블릿 지원 외에도 여러 가지 유용한 서비스를 제공한다. 이러한 서버는 응용 프로그램을 배포하거나 정지시킬 수 있다. 응용 서버의 성능 측정을 할 수 있도록 서버의 상태를 확인할 수 있는 기능도 제공한다. 서블릿 코드가 변경되면 서버는 이를 자동으로 탐지하여 코드를 다시 컴파일하고 다시 읽어 들인다. 또한 많은 응용 서버는 여러 대의 기계에서 작동되어 요청을 적절히 분산시킴으로써 성능을 향상할 수 있다. 다수의 응용 서버는 Java 2 Enterprise Edition(J2EE) 플랫폼을 지원하는데, J2EE는 객체를 다루고 여러 응용 서버 사이에서 병렬 처리 등의 다양한 작업을 위한 지원과 API를 제공한다.

9.4 서버 측 프레임워크 대안

스크립트 언어나 Python과 같은 언어를 위해 개발된 웹 응용 프레임워크를 포함하여 응용 서버 쪽에서 요청을 처리하기 위한 Java Servlet에 대한 몇 가지 대안이 있다.

9.4.1 서버 측 스크립팅

아주 간단한 웹 응용 프로그램이라도 이를 Java나 C로 작성하는 일은 많은 소스 코드와 복잡한 소스 코드를 작성하는 데 익숙한 프로그래머가 필요하다. **서버 측 스크립팅**(server-side scripting)은 이에 대한 대안으로서 많은 응용 프로그램을 만드는 데 훨씬 간단한 방법이다. 스크립트 언어는 HTML 문서에 삽입될 수 있는 생성자를 제공한다.

서버 측 스크립팅은 웹 페이지를 전송하기 전에 서버가 HTML 사이에 있는 스크립트를 실행시킨다. 각각의 스크립트가 실행될 때 텍스트를 생성하여 페이지에 붙여 넣을 수 있고 내용을 삭제할 수 있다. 소스 코드는 페이지에서 제거되기 때문에 클라이언트로서는 웹 페이지 내에 원래 그런 소스 코드가 있었다는 사실을 모르게 된다. 실행된 소스 코드는 데이터베이스에 전달할 SQL 문을 포함하고 있을 수 있다.

많이 사용되는 스크립팅 프레임워크로는 Java Server Pages(JSP), Microsoft의 ASP.NET,

```
<html>
<head> <title> Hello </title> </head>
<body>
 < % if (request.getParameter("name") == null)
   { out.println("Hello World"); }
   else { out.println("Hello, " + request.getParameter("name")); }
 %>
</body>
</html>
```

그림 9.9 Java 코드가 삽입된 JSP 페이지

PHP와 Ruby 등이 있다. 이러한 프레임워크에서 Java, C#, VBScript, Ruby 등으로 작성된 코드가 HTML 페이지에 삽입되거나 HTML 페이지로부터 호출되어 실행될 수 있다. 예를 들면, JSP는 HTML 페이지에 Java 소스 코드를 삽입할 수 있고, Microsoft의 ASP.NET과 ASP는 C#과 VBScript를 사용할 수 있다.

9.4.1.1 Java Server Pages

이제 **JSP(Java Server Pages)**에 대해 간략히 살펴보자. JSP는 정적인 HTML과 동적으로 생성되는 HTML을 혼합할 수 있는 스크립트 언어다. JSP는 대부분의 동적 웹 페이지의 내용의 많은 부분이 정적이라는 점(즉 페이지가 생성될 때마다 변화가 없다는 점)에 착안해 만들어졌다. 웹 페이지의 내용 중 동적인 부분(예를 들면, 서식으로 입력받은 값에 따라 달라지는 부분)은 전체 페이지의 일부분이다. 이러한 페이지를 서블릿 코드로 작성하면 많은 양의 HTML을 모두 Java 문자열로 나타내야 한다. 이와 달리 JSP는 정적인 HTML에 Java 코드를 삽입할 수 있다. 삽입된 Java 코드는 페이지의 동적인 부분을 생성한다. JSP 스크립트는 서블릿 코드로 변환된 후 컴파일된다. 프로그래머는 서블릿을 만들기 위해 많은 Java 코드를 작성해야 하는 수고를 덜 수 있다.

그림 9.9는 Java 코드를 포함하고 있는 JSP 페이지의 소스 코드를 보여 준다. 스크립트의 Java 코드는 주변의 HTML 코드와의 구별을 위해 <% … %>로 둘러싼다. 이 소스 코드는 request.getParameter( )를 호출하여 name 변수의 값을 얻는다.

웹 브라우저에 의해서 JSP 페이지가 호출되면, 응용 프로그램 서버는 페이지로부터 웹 브라우저에 결과로 보낼 HTML을 생성한다. JSP 페이지의 HTML 부분은 결과 그대로다.[5] <% … %>로 둘러싸인 모든 Java 소스 코드는 HTML 결과에서 모두 문자로 변환되어 out 객체에 전달된다. 그림 9.9의 JSP 소스 코드에서 name에 어떤 값도 입력되지 않았다면 "Hello, World"가 출력되고, 입력된 값이 존재한다면 "Hello" 뒤에 그 값이 출력될 것이다.

물론 JDBC를 이용하여 데이터베이스에서 값을 찾는 것과 같은 복잡한 동작을 수행하는 것이

5 JSP 페이지는 좀 더 복잡한 소스 코드 삽입이 가능하다. HTML 코드는 Java의 if-else 조건문 안에 들어갈 수 있어서 조건이 참인지 거짓인지에 따라서 서로 다른 결과를 출력할 수 있다. 자세한 설명은 생략한다.

좀 더 현실적이다.

JSP는 태그 라이브러리(tag library)를 지원한다. 태그 라이브러리는 HTML 태그와 유사하지만, 서버에서 번역되어 적절한 HTML 코드로 변환되는 태그를 사용할 수 있게 해 준다. JSP는 변수와 제어 흐름(반복자와 if-then-else 등)을 정의하는 표준 태그의 집합과 JavaScript에 기반을 두고 있지만 서버에서 번역되는 표현 언어를 제공한다. 태그 집합은 확장 가능하며 몇몇 태그 라이브러리가 구현되어 있다. 예를 들어, 큰 자료 집합을 페이지로 나누어 보여 주기 위한 태그 라이브러리, 날짜와 시간을 형식에 맞게 보여 주기 위한 태그 라이브러리 등이 있다.

9.4.1.2 PHP

PHP는 서버 측 스크립팅으로 많이 사용되는 스크립트 언어다. PHP 코드는 JSP처럼 HTML 코드와 함께 사용될 수 있다. "<?php"라는 문자열은 PHP 코드의 시작점을 의미하고 "?>" 문자열은 PHP 코드의 끝을 의미한다. 다음 PHP 코드는 그림 9.9의 JSP 코드와 같은 작업을 수행하는 코드다.

```
<html>
<head> <title> Hello </title> </head>
<body>
  <?php if (!isset($_REQUEST['name']))
    { echo 'Hello World'; }
    else { echo 'Hello, ' . $_REQUEST['name']; }
  ?>
</body>
</html>
```

$_REQUEST 배열은 request 변수를 포함하고 있다. 이 배열은 변수의 이름으로 인덱스되어 있다. PHP의 배열은 숫자뿐만 아니라 임의의 문자열로 인덱스될 수 있다. 함수 isset은 배열이 초기화되어 있는지 그렇지 않은지를 판단한다. 함수 echo는 그 값을 HTML로 출력한다. 연산자 "."는 두 문자열을 하나의 문자열로 통합한다.

환경 설정이 잘되어 있는 웹 서버는 ".php"로 끝나는 모든 PHP 파일을 처리할 수 있다. PHP 파일이 요청되면 JSP 파일이 처리되는 과정과 마찬가지로 웹 서버가 작업을 진행하고 결과를 웹 브라우저에 전달한다.

PHP 언어를 위한 수많은 라이브러리가 존재한다. Java의 JDBC와 비슷한 ODBC를 이용한 데이터베이스 접속을 위한 라이브러리도 존재한다.

9.4.2 웹 응용 프레임워크

웹 응용 개발 프레임워크는 다음과 같은 기능을 제공함으로써 웹 응용 프로그램 개발 업무를 쉽게 만들어 준다.

- 세션을 포함해서 HTML 및 HTTP 기능 지원을 위한 함수의 라이브러리
- 템플릿 스크립팅 시스템

- 입력과 같은 사용자 이벤트와 그 이벤트를 처리하기 위한 적절한 함수를 연결하는 제어 장치. 이러한 제어 장치는 사용자 인증과 세션 관리도 함께 한다. 일부 프레임워크는 허가를 관리하는 도구를 제공하기도 한다.
- 서식을 구현하기 위해서 시스템이 생성한 HTML, JavaScript/Ajax 소스 코드의 사용자 입력에서 검증 제약 조건을 가지고 명세하는 선언 방법
- 관계형 데이터베이스에 데이터를 저장하기 위한 객체-관계 매핑을 포함한 객체 지향 모델(9.6.2절에서 서술)

이와 같은 프로그램은 웹 응용 프로그램을 만드는 데 필요한 다양한 요소를 통합된 환경으로 제공한다. 선언적 명세를 통해서 형식을 생성하거나, 사용자 모르게 데이터 접근을 관리하고, 웹 응용 프로그램의 프로그래머가 작성해야 하는 소스 코드의 양을 줄여 준다.

다양한 프로그램 언어를 기반으로 하는 수많은 프레임워크가 존재한다. 가장 많이 사용되고 있는 프레임워크로는 Python 언어를 위한 Django 프레임워크, Ruby 프로그래밍 언어를 기반으로 한 Ruby on Rails, Java/JSP에 기반을 두고 있는 Apache Struts, Swing, Tapestry, WebObjects 등이 있다. 이러한 프레임워크의 대부분은 간단한 **CRUD** 웹 인터페이스를 자동으로 생성하는 도구를 제공한다. CRUD 웹 인터페이스란 객체 모델이나 데이터베이스로부터 소스 코드를 생성함으로써 객체나 튜플의 생성, 추출, 갱신, 삭제를 가능하게 해 준다. 이러한 도구는 간단한 응용 프로그램을 빠르게 개발하는 데 특히 유용하다. 생성된 소스 코드는 좀 더 세련된 웹 인터페이스를 만들기 위해서 수정될 수 있다.

9.4.3 Django 프레임워크

Python을 위한 Django 프레임워크는 많이 사용되는 웹 프레임워크다. 예제를 통해서 몇 가지 중요한 특징을 설명한다.

Django에서 뷰(views)는 Java의 서블릿과 동등한 함수다. Django는 urls.py에 있는 URL을 Django 뷰로 변환하는 매핑을 지원한다. Django 응용 서버가 HTTP 요청을 받으면 어떤 뷰 함수를 호출할지를 결정하기 위해서 URL 매핑을 사용한다.

그림 9.10은 서블릿을 이용해 이전에 구현했던, 사람을 찾는 질의를 구현한 코드다. 이 코드는 person_query_view라고 불리는 뷰를 보여 준다. PersonQuery URL이 person_query_view로 변환되고 그림 9.3에 있는 HTML 서식으로부터 호출된다.

응용 프로그램의 상단에 login_view로 변환되는 코드가 있다고 가정하자. login_view를 위한 코드를 보여 주진 않았는데 그것은 로그인 서식을 보여 주고 그것을 제출해서 authenticate 뷰를 호출한다고 가정하자. authenticate 뷰 역시 여기서 보여 주진 않았지만, 사용자의 로그인 이름과 비밀번호를 검사한다고 가정하자. 비밀번호가 유효하다면 authenicate 뷰는 person_query_form으로 넘어오고 그림 9.3에서 봤던 HTML 코드가 보이게 된다. 만약 비밀번호가 유효하지 않으면 다시 login_view를 보여 주게 된다.

그림 9.10으로 돌아가서 person_query_view( ) 뷰는 먼저 세션 변수 username을 검사함으

```
from django.http import HttpResponse
from django.db import connection

def result_set_to_html(headers, cursor):
    html = "<table border=1>"
    html += "<tr>"
    for header in headers:
        html += "<th>" + header + "</th>"
    html += "</tr>"
    for row in cursor.fetchall():
        html += "<tr>"
        for col in row:
            html += "<td>" + col + "</td>"
        html += "</tr>"
    html += "</table>"
    return html

def person_query_view(request):
    if "username" not in request.session:
        return login_view(request)
    persontype = request.GET.get("persontype")
    personname = request.GET.get("personname")
    if persontype == "student":
        query_tmpl = "select id, name, dept_name from student where name=%s"
    else:
        query_tmpl = "select id, name, dept_name from instructor where name=%s"
    with connection.cursor() as cursor:
        cursor.execute(query_tmpl, [personname])
        headers = ["ID", "Name", "Department Name"]
        return HttpResponse(result_set_to_html(headers, cursor))
```

그림 9.10 Django에서 person query 응용

로써 사용자가 로그인했는지를 검사한다. 만약 세션 변수가 비어 있게 되면 브라우저는 로그인 화면을 다시 보여 주게 될 것이다. 그렇지 않다면 사용자 정보가 데이터베이스와 연결되어 세션 변수를 채우고 있을 것이다. 데이터베이스와의 접속에 대한 자세한 정보는 Django 설정 파일 settings.py에 명시되어 있다. 이 부분은 생략한다. 연결이 설정되면 JDBC 구문과 유사하게 커서가 개방되고 커서를 사용해서 질의가 실행된다. cursor.execute의 첫 번째 인자는 "%s"로 표시된 매개변수를 갖는 질의이고, 두 번째 인자는 매개변수로 제공되는 값의 리스트다. 데이터베이스 질의 결과는 result_set_html( ) 함수를 호출함으로써 표시되는데 이것은 결과 집합에 대해서 반복적으로 적용되며 HTML 형태의 결과를 문자열로 출력한다. 이 문자열은 HttpResponse로 반환된다.

Django는 HTML 서식 생성, 서식에 입력된 데이터 검증, 인증 검사를 단순화하기 위한 주석(annotation), JSP 페이지와 유사한 HTML 페이지 생성을 위한 템플릿 등과 같은 많은 특징을 제공한다. Django는 또한 9.6.2.2절에서 설명할 객체-관계 매핑 시스템을 제공한다.

9.5 클라이언트 측 코드와 웹 서비스

오늘날 가장 많이 사용되는 사용자 인터페이스는 웹 인터페이스와 모바일 응용 인터페이스다.

초기 웹 브라우저는 단순히 HTML 코드를 출력했지만, 곧 브라우저상에서 코드를 실행시킬 필요가 생겼다. **클라이언트 측 스크립팅 언어**(client-side scripting language)는 클라이언트 웹 브라우저에서 실행되도록 설계된 언어다. 이러한 스크립팅 언어의 중요한 동기는 HTML이나 HTML 서식에서 제공하는 제한된 범위를 넘어서는 사용자와의 유연한 상호작용이다. 클라이언트 사이트에서 프로그램을 실행하는 것은 처리를 위해서 매번 서버 사이트에 접속하는 것과 비교했을 때 상호작용 속도를 훨씬 높일 수 있다.

JavaScript는 가장 많이 사용되는 클라이언트 측 스크립팅 언어다. 현재 사용되는 웹 인터페이스는 정교한 사용자 인터페이스를 구성할 수 있도록 확장된 JavaScript 스크립팅 언어를 사용한다.

클라이언트 측 인터페이스는 백엔드로부터 데이터를 검색하거나 저장할 필요가 있다. 데이터베이스에 직접 접근하는 것은 중요한 사항이 노출될 수 있고 이런 노출이 데이터베이스에 대한 공격으로 이어질 수 있으므로 바람직하지 않다. 대신 백엔드는 웹 인터페이스를 통해 데이터에 접근하고 검색할 방법을 제공하는데 9.5.2절에서 웹 서비스를 자세히 살펴본다.

모바일 응용이 광범위하게 사용되기 때문에 모바일 장치를 위한 사용자 인터페이스는 오늘날 매우 중요하다. 이 책에서는 모바일 응용 개발을 다루지 않지만 9.5.4절에서 모바일 응용 개발과 관련된 사항을 일부 설명한다.

9.5.1 JavaScript

JavaScript는 검증, 유연한 사용자 인터페이스, 웹 서비스와의 연동 등 다양한 작업에 사용될 수 있다.

9.5.1.1 입력 검증

JavaScript로 작성된 함수는 날짜 문자열이 제대로 작성되었는지 혹은 입력된 값이 적절한 범위 안에 있는지와 같이 사용자 입력에 대해서 에러 검사를 수행하는 데 사용될 수 있다. 이러한 검사는 데이터가 웹 서버로 보내지기 전에 데이터가 입력될 때 브라우저 안에서 수행된다.

HTML5에서 다수의 검증 제약 조건이 입력 태그의 일부로 명세될 수 있다. 예를 들어, 다음의 HTML 코드를 살펴보자.

```
<input type="number" name="credits" size="2" min="1" max="15">
```

"credits"를 위한 입력은 1부터 15 사이의 숫자여야 한다는 것을 검사한다. HTML5를 통해 수행할 수 없는 더 복잡한 검증은 JavaScript를 통해 시도해 볼 수 있다.

그림 9.11은 서식 입력을 검증하는 데 사용되는 JavaScript 함수를 가진 서식의 예를 보여 준다. 이 함수는 HTML 문서의 head 부분에 선언되어 있다. 이 서식은 시작과 종료 날짜를 입력받는다. 검증 함수는 시작 날짜가 종료 날짜보다 작아야 한다는 것을 검사한다. form 태그는 검증 함수가 해당 서식이 제출되면 호출된다는 것을 명세한다. 검증이 실패하면 경고 박스가 사용자에게 보여지고 성공하면 서식이 서버에 제출된다.

```
<html>
<head>
<script type="text/javascript">
     function validate() {
          var startdate = new Date (document.getElementById("start").value);
          var enddate = new Date (document.getElementById("end").value);
          if(startdate > enddate) {
               alert("Start date is > end date");
               return false;
          }
  }
</script>
</head>

<body>
<form action="submitDates" onsubmit="return validate()">
     Start Date: <input type="date" id="start"><br />
     End Date : <input type="date" id="end"><br />
     <input type="submit" value="Submit">
</form>
</body>
</html>
```

그림 9.11 입력을 검증하기 위해서 JavaScript를 사용한 예

9.5.1.2 반응형 사용자 인터페이스

JavaScript의 가장 중요한 장점은 브라우저 안에서 매우 높은 수준의 반응형 사용자 인터페이스를 만들 수 있다는 점이다. 이러한 사용자 인터페이스를 개발하는 데 중요한 것은 JavaScript를 사용함으로써 HTML 코드가 출력되는 것을 동적으로 수정할 수 있는 능력이다. 브라우저는 HTML 코드를 **DOM(Document Object Model)**이라 불리는 인메모리 트리 구조로 파싱(parsing)한다. 예를 들어, 사용자가 단일 청구서에 많은 항목을 위해 많은 수의 데이터 행을 입력할 필요가 있다고 가정하자. 텍스트 박스를 포함하는 테이블 및 다른 서식 입력 메소드가 사용자 입력을 모으기 위해서 사용될 수 있다. 테이블은 기본 크기를 갖는데 만약 더 많은 행이 필요하다면 사용자는 예를 들어 "항목 추가(Add Item)" 버튼을 클릭할 수 있다. 이 버튼은 테이블에 행을 추가함으로써 DOM 트리를 수정할 수 있는 JavaScript 함수를 호출할 수 있다.

JavaScript 언어는 표준화되어 있지만 브라우저 간에 차이가 존재한다. 특히 DOM에서 차이가 존재한다. 결과적으로 한 브라우저에서 실행되는 JavaScript는 다른 브라우저에서 동작하지 않을 수 있다. 이런 문제를 피하기 위해서는 JQuery와 같은 JavaScript 라이브러리를 사용하는 게 좋은데 JQuery는 코드를 브라우저에 상관없이 독립적으로 작성할 수 있도록 해 준다. 내부적으로 이러한 라이브러리에 있는 함수는 브라우저가 사용 중인지를 판단하여 적절히 생성된 JavaScript를 브라우저에 전송한다.

JQuery와 같은 JavaScript 라이브러리는 메뉴, 탭, 슬라이드와 같은 위젯(widgets), 자동완성 (autocomplete)과 같은 다수의 UI 요소를 제공한다.

HTML5 표준은 드래그앤드드롭(drag-and-drop), 사용자 허가가 있으면 사용자의 위치를 응용에 제공하는 지리 위치, 위치에 기반한 데이터와 인터페이스의 맞춤 기능 등 풍부한 사용자 상호작용을 위해 다양한 특징을 제공한다. HTML5는 백엔드가 어떤 사건이 발생했을 때 프론트엔드에 알려 주는 서버 측 사건(Server-Side Events, SSE)을 제공한다.

9.5.1.3 웹 서비스와 상호작용

JavaScript는 **Ajax**라고 불리는 기술을 사용하여 동적인 웹 페이지를 생성하는 데 사용될 수 있다. JavaScript로 작성된 프로그램은 웹 서버와 비동기식으로 통신하면서 데이터를 가져와 그것을 화면에 보여 줄 수 있다. 8.1.2절에서 살펴본 *JavaScript Object Notation* 혹은 JSON 표현은 비록 XML이 아직도 사용되기는 하지만 데이터 전송을 위해 가장 많이 사용되는 데이터 형식이다.

응용 서버에서 실행되는 작업을 위한 코드의 역할은 데이터를 JavaScript 코드에 전송하는 것이다. 그러면 JavaScipt 코드는 데이터를 화면에 표시하게 된다. 이러한 백엔드 서비스를 **웹 서비스**(web service)라고 한다. 이러한 서비스는 Java Servlet, Python, 혹은 다수의 프로그래밍 언어 프레임워크를 사용해 구현할 수 있다.

Ajax 사용의 예로 많은 웹 응용에서 구현된 자동완성 기능을 살펴보자. 사용자는 텍스트 박스에 값을 입력한다. 시스템은 입력되는 값의 자동완성을 제시한다. 이러한 자동완성은 사용자가 많은 값으로부터 어떤 값을 선택할 때 도움을 줄 수 있다. JQuery와 같은 라이브러리는 텍스트 박스와 연관된 함수를 통해서 자동완성을 지원한다. 함수는 박스로부터 부분 입력을 받아서 완성을 위해 가능한 조합을 가지고 오기 위해 백엔드와 연결한다. 그리고 자동완성으로 제시된 것을 사용자에게 보여 주게 된다.

그림 9.12에 보인 JavaScript 코드는 자동완성을 구현하기 위해 JQuery 라이브러리를 사용한다. 그리고 데이터를 테이블 형태로 보여 주기 위해 JQuery 라이브러리의 DataTables 플러그인을 사용한다. HTML 코드에는 name으로 설정된 id 속성을 갖는 이름을 위한 텍스트 입력 박스가 있다. 스트립트는 id로 "name"을 갖는 DOM 노드를 찾기 위해 JQuery의 $("#name") 문법을 사용하여 JQuery 라이브러리의 자동완성 함수를 텍스트 박스와 연관시킨다. 이렇게 되면 자동완성 기능은 해당 DOM 노드와 연관된다. 이 함수에 전달된 속성 source는 자동완성 기능을 위한 값을 얻기 위해 호출되어야 하는 웹 서비스를 식별한다. 사용자로부터 입력받은 문자를 term 인자에 저장하는 /autocomplete_name이라는 서블릿이 정의되었다고 가정하자. 이 서블릿은 term 인자에 있는 문자와 일치하는 학생/교수의 이름을 JSON 배열로 반환한다.

JavaScript 코드는 웹 서비스로부터 데이터를 어떻게 검색하고 화면에 어떻게 출력하는지를 보여 준다. 예제 코드는 DataTables라는 JQuey 플러그인을 사용한다. 테이블 형태로 데이터를 보여 주는 다수의 대체 라이브러리가 있다. 여기서 보여 주지는 않았지만 person_query_ajax 서블릿은 그림 9.7에서 본 것처럼 이름이 주어지면 학생 혹은 교수의 ID, 이름, 그리고 학과명을 반환한다. 이러한 값은 행의 배열을 포함하는 속성 data를 가지는 객체인 JSON으로 인코딩된다. 즉 각

```
<html> <head>
<script src="https://code.jquery.com/jquery-3.3.1.js"> </script>
<script src="https://cdn.datatables.net/1.10.19/js/jquery.dataTables.min.js"></script
<script src="https://code.jquery.com/ui/1.12.1/jquery-ui.min.js"></script>
<script src="https://cdn.datatables.net/1.10.19/js/jquery.dataTables.min.js"></script
<link rel="stylesheet"
    href="https://code.jquery.com/ui/1.12.1/themes/base/jquery-ui.css" />
<link rel="stylesheet"
    href="https://cdn.datatables.net/1.10.19/css/jquery.dataTables.min.css"/>
<script>
    var myTable;
    $(document).ready(function() {
        $("#name").autocomplete({ source: "/autocomplete_name" });
        myTable = $("#personTable").DataTable({
        columns: [{data:"id"}, {data:"name"}, {data:"dept_name"}]
        });
    });
    function loadTableAsync() {
        var params = {persontype:$("#persontype").val(), name:$("#name").val()};
        var url = "/person_query_ajax?" + jQuery.param(params);
        myTable.ajax.url(url).load();
    }
</script>
</head> <body>
Search for:
<select id="persontype">
    <option value="student" selected>Student </option>
    <option value="instructor"> Instructor </option>
</select> <br>
Name: <input type=text size=20 id="name">
<button onclick="loadTableAsync()"> Show details </button>
<table id="personTable" border="1">
    <thead>
        <tr> <th>ID</th> <th>Name</th> <th>Dept. Name</th> </tr>
    </thead>
</table>
</body> </html>
```

그림 9.12 JavaScript와 Ajax를 사용한 HTML 페이지

행은 속성으로 id, name, dept_name을 갖는 JSON 객체다.

myTable로 시작되는 줄은 JQuery 플러그인 DataTable이 이후의 그림에서 보인 HTML 테이블과 어떻게 연관되는지를 보여 준다. 여기서 식별자는 personTable이다. "Show details" 버튼이 클릭되면 함수 loadTableAsync( )이 호출된다. 이 함수는 먼저 person_query_ajax를 호출하는 데 사용되는 URL 문자열 url을 생성한다. myTable상에서 호출된 함수 ajax.url(url).load( )는 앞선 URL에 해당하는 웹 서비스로부터 가져온 JSON 데이터를 사용하여 테이블의 행을 채운다. 이 작

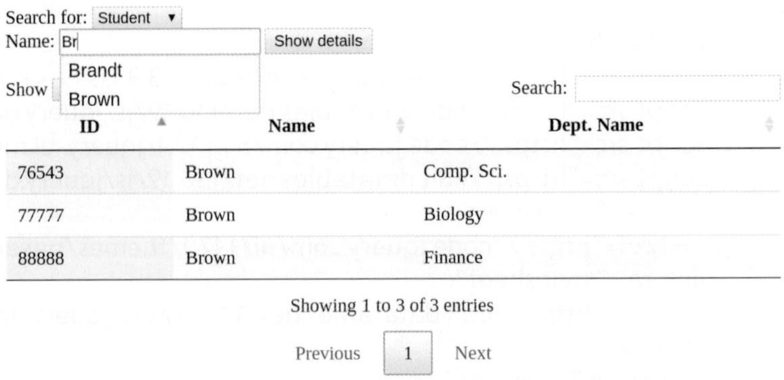

그림 9.13 그림 9.12에 의해 생성된 출력 화면

업은 비동기식으로 진행된다. 즉 함수는 즉각 반환된다. 그리고 데이터를 가져오면 테이블이 반환된 데이터를 이용해 채워지게 된다.

그림 9.13은 그림 9.12의 코드 결과를 보여 주는 브라우저의 화면이다.

Ajax의 또 다른 예로 국가를 선택할 수 있는 서식을 가진 웹 사이트를 생각해 보자. 일단 국가가 선택되면 그 국가의 주(state)를 보여 주는 리스트로부터 주를 선택할 수 있다고 가정하자. 국가를 선택할 때까지 주의 드롭다운(drop-down) 리스트는 공백 상태다. Ajax는 국가가 선택될 때 백그라운드(background)에서 웹 사이트로부터 주(state) 목록을 내려받을 수 있도록 허용한다. 주 리스트를 가져오는 즉시 드롭다운 리스트를 채우게 되고 사용자는 원하는 주를 선택할 수 있다.

9.5.2 웹 서비스

웹 서비스(web service)는 응용 프로그래밍 인터페이스처럼 웹과 함수상에서 호출될 수 있는 응용 프로그램의 요소다. HTTP 규약을 통한 함수의 호출을 통해서 요청이 전달되고, 응용 프로그램 서버에서 실행된 후에 그 결과를 함수를 호출한 프로그램에 전달한다.

웹 서비스를 구현하는 데에는 크게 두 가지 방법이 사용된다. **REST**(**Representation State Transfer**)라고 불리는 간단한 접근 방법은, 표준 HTTP 요청을 통해서 웹 서비스 함수가 호출된다. 응용 프로그램 서버의 URL에 표준 HTTP 요청의 매개변수로서 인자를 전달한다. 응용 프로그램 서버는 서버의 데이터베이스를 갱신하는 작업을 포함할 수 있는 요청을 실행하고, 결과를 생성해서 HTTP 요청의 결과로 전달한다. 오늘날 결과를 인코딩하기 위해서 8.1.3절에서 살펴본 XML이 아직도 사용되기는 하지만 가장 많이 사용되는 인코딩 방법은 JSON 표현이다.

REST 기반의 웹 서비스를 사용하여 많은 응용 프로그램을 요청하는 프로그램은 웹 브라우저에서 실행되는 JavaScript 코드다. 이 소스 코드는 함수 호출의 결과를 이용해서 웹 브라우저 화면을 갱신한다. 예를 들어, 웹상의 지도 인터페이스에서 화면을 전환하면 새롭게 표시되어야 하는 지도의 일부분은 REST 기반의 인터페이스를 사용한 JavaScript 코드에 의해서 불리고 화면에 출력된다.

일부 웹 서비스는 공개적으로 문서화되지 않고 특정 응용을 위해 내부적으로 사용되기도 하지만 다른 많은 웹 서비스는 문서화된 인터페이스가 존재하며 많은 응용에서 사용된다. 이러한 서비스는 아무런 제약 없이 사용할 수 있으며, 서비스에 접근하기 전에 사용자의 로그인만 요구하는 때도 있다. 혹은 사용자나 응용 개발자가 서비스 사용의 특권을 위해 웹 서비스 제공자의 역할을 요구하기도 한다.

오늘날 다양한 REST 웹 서비스가 가능한데 대부분의 프런트엔드 응용은 백엔드 동작을 수행하기 위해서 하나 이상의 서비스를 사용한다. 예를 들어, 웹 기반 이메일 시스템, 웹 기반 소셜 미디어 웹 페이지, 웹 기반 지도 서비스 등은 틀림없이 JavaScript 코드를 이용해 제작되었으며 갱신을 수행하거나 데이터를 가져오기 위해서는 백엔드 웹 서비스를 사용한다. 유사하게, 백엔드에 데이터를 저장하는 모바일 앱 역시 데이터를 가져오고 갱신을 수행하기 위해 거의 확실히 웹 서비스를 사용한다.

웹 서비스는 다른 백엔드 시스템이 제공하는 기능을 사용하기 위해서 백엔드 쪽에서 사용이 증가하고 있다. 예를 들어, 웹 기반 저장 시스템은 데이터를 저장하고 검색하기 위해서 웹 서비스 API를 제공한다. 이러한 서비스는 Amazon S3, Google Cloud Storage, Microsoft Azure 등과 같은 많은 제공업자가 제공한다. 대규모 데이터를 제공하고 다양한 연산을 지원할 뿐만 아니라 중앙화된 데이터베이스가 제공하는 것을 초월하는 수준의 확장성을 제공하기 때문에 응용 개발자들 사이에서 매우 인기가 좋다.

이 외에도 많은 웹 기반 API가 존재한다. 예를 들어, 텍스트-to-음성, 음성인식, 비전과 관련된 웹 서비스 기반 API는 개발자가 매우 적은 노력으로 음성이나 이미지 인식 기능을 활용한 응용 프로그램을 개발하도록 한다.

"대용량 웹 서비스(Big Web Service)"라고 불리는 더 복잡하지만 덜 사용되는 접근 방법은 XML 인코딩을 사용해서 매개변수와 결과를 처리한다. 이러한 방법은 특별한 언어를 사용해서 웹 API를 정의하고 HTTP 규약상에서 특별한 규약 계층을 가진다.

9.5.3 연결되지 않은 작업

많은 응용 프로그램은 클라이언트가 응용 프로그램에 연결되어 있지 않은 경우에도 일부 작업을 할 수 있도록 지원하고자 한다. 예를 들어, 학생의 노트북이 네트워크에 연결되어 있지 않은 경우에도 지원서를 입력할 수 있도록 하고, 다시 네트워크에 연결되면 정보를 서버에 저장하는 방식이다. 또 다른 예로서, 전자우편 프로그램이 웹 응용 프로그램으로 작성되었다면 사용자는 노트북이 네트워크에 연결되지 않은 경우에도 이메일을 작성하고 싶을 수 있다. 나중에 네트워크에 연결이 되면 그때 메일이 보내지면 된다. 이러한 응용 프로그램을 만들기 위해서는 클라이언트에 로컬(local) 저장 공간이 필요하다.

HTML5 표준은 JavaScript를 사용해 접근할 수 있는 로컬 저장 공간을 지원한다. 아래의 코드는

```
if (typeof(Storage) !== "undefined") { // browser supports local storage
...
}
```

브라우저가 로컬 저장 장소를 지원하는지를 검사한다. 만약 지원한다면 주어진 키에 해당하는 값을 저장하고 불러오고 삭제하는 데 다음 함수를 사용할 수 있다.

```
localStorage.setItem(key, value)
localStorage.getItem(key)
localStorage.deleteItem(key)
```

과도한 저장을 피하려고 브라우저는 저장되는 데이터의 양을 제한할 수 있다. 기본으로 최대 용량은 전형적으로 5메가바이트다.

위의 인터페이스는 키/값 쌍에 대한 저장/검색을 허용한다. 키가 제공되어야 검색할 수 있다. 그렇지 않다면 전체 키/값 쌍의 집합이 요구하는 값을 찾기 위해서 스캔(scan)되어야 한다. 응용은 효율적인 접근을 지원하기 위해 다수의 속성에 대해 인덱스가 만들어져 있는 튜플을 저장할 필요가 있다. HTML5는 IndexedDB를 지원하는데 이것은 다수의 속성에 대해서 인덱스를 가지고 있는 JSON 객체의 저장을 허용한다. IndexedDB는 스키마 버전을 지원하고 개발자가 하나의 스키마 버전에서 다음 버전으로 이전(migration)할 수 있는 코드를 작성할 수 있도록 한다.

9.5.4 모바일 응용 플랫폼

모바일 응용(혹은 모바일 앱)은 오늘날 광범위하게 사용된다. 오늘날 가장 많이 사용되는 모바일 플랫폼은 안드로이드(Android)와 iOS다. 각 플랫폼은 작은 터치스크린 화면에 적합한 그래픽 사용자 인터페이스를 가지는 응용 프로그램을 개발하는 방법을 제공한다. 그래픽 사용자 인터페이스는 메뉴, 리스트, 버튼, 체크박스, 진행막대(progress bar) 등 다양한 표준 GUI 특징과 텍스트, 이미지, 비디오를 보여 줄 수 있는 기능을 제공한다.

모바일 앱은 내려받아서 저장하고 추후 사용할 수 있다. 따라서 사용자는 고속 네트워크에 접속되었을 때 앱(app)을 내려받고 저속 네트워크에서 앱을 사용하기만 할 수도 있다. 반대로 웹 앱(web app)은 사용될 때 다운로드될 수 있는데 이렇게 되면 저속 네트워크에 접속했을 때나 데이터 전송 비용이 많이 드는 네트워크 환경에서 많은 양의 데이터 전송이 이루어질 수 있다. 또한 모바일 앱은 웹 앱보다 작은 크기의 화면에 더 잘 맞게 개발될 수 있다. 그리고 모바일 앱은 기계어로 컴파일되기 때문에 웹 앱보다 저전력을 소모한다. 가장 중요한 점은 모바일 앱은 데이터를 로컬하게 저장하고 오프라인 사용이 가능하다는 것이다. 더욱이 모바일 앱은 잘 설계된 인증 모델을 가지고 있어서 사용자 인증이 필요한 위치 센서와 카메라 등과 같은 장치를 잘 활용할 수 있다.

그러나 모바일 앱 인터페이스 사용의 단점 중 하나는 안드로이드 플랫폼에서 작성하는 코드가 다른 플랫폼, 즉 iOS에서 실행되지 않는다는 것이다. 반대의 경우도 마찬가지다. 결과적으로 한쪽 플랫폼을 완전히 무시하지 않는다면 개발자는 모든 응용을 두 번 개발해야 하는데 이것은 바람직하지 않다.

동일한 고수준의 코드로 안드로이드와 iOS에서 동시에 실행될 수 있는 응용을 개발할 수 있는 기능은 매우 중요하다. Facebook에서 개발한 JavaScript 기반의 *React Native* 프레임워크나 Google에서 개발한 *Dart* 언어 기반의 *Flutter* 프레임워크는 플랫폼에 상관없이 개발할 수 있도록 설계된 프레임워크다. 두 프레임워크 모두 대부분 코드가 안드로이드와 iOS에 공통으로 적용될 수 있다. 그러나 일부 기능은 플랫폼 전용으로 사용되는 것이라 다른 플랫폼에서 지원되지 않을 수도 있다.

고속 모바일 네트워크의 일반화로 인해 웹 앱 대신 모바일 앱을 선호했던 동기(즉 앱을 미리 내려받을 수 있는 기능)는 이제 더는 중요하지 않다. 웹 앱과 모바일 앱의 장점을 혼합한 **반응형 웹 앱**(Progressive Web Apps, **PWA**)이라 불리는 새로운 세대의 웹 앱의 사용이 점차 증가하고 있다. 이러한 앱은 JavaScript와 HTML5를 이용해 개발할 수 있으며 모바일 장치에 적합하다.

PWA의 중요한 특징은 HTML5가 장치가 오프라인일 때도 앱이 데이터를 사용할 수 있도록 로컬 데이터 저장을 지원한다는 것이다. 또 다른 특징은 JavaScript 코드의 컴파일을 지원하는 것이다. 임의의 JavaScript 코드 컴파일은 실제로 가능하지 않기 때문에 컴파일은 제한된 문법을 따르는 코드에만 적용될 수 있다. 이러한 컴파일은 적시(just-in-time)에 진행된다. 즉 코드가 실행될 필요가 있을 때 진행되는 방식이다. 그래서 컴파일을 허용하는 JavaScript 기능만 사용해서 웹 응용 중에서 CPU를 많이 사용하는 코드 부분을 작성하면 모바일 장치에서 CPU 및 에너지 효율적인 코드 실행이 가능하다.

PWA는 또한 스크립트가 백그라운드에서 실행되는 것을 가능하게 하는 HTML5 서비스 워커(worker)를 사용한다. 이러한 서비스 워커는 로컬 저장소와 웹 서비스 간의 백그라운드 동기화 연산을 수행하거나 백엔드로부터 검색이나 푸시 알림을 수행하는 데 사용될 수 있다. HTML5는 앱이 사용자 인증 이후에 장치의 위치를 가져오거나 PWA가 위치 정보를 사용하는 것을 허용한다.

PWA는 앞으로 전부는 아니지만 많은 모바일 앱을 개발하는 데 광범위하게 사용될 것으로 예상된다.

9.6 응용 프로그램 구조

대형 응용 프로그램은 복잡도를 제어하기 위해서 몇 가지 계층으로 나뉜다.

- **사용자 인터페이스** 혹은 **표현** 계층은 사용자와의 상호작용을 처리한다. 응용 프로그램은 이 계층에서 웹 브라우저, 모바일 기기의 사용자 인터페이스와 같이 대응되는 시스템에 따라서 다양한 버전을 가지고 있다.

  사용자 인터페이스 계층은 대부분 시스템에서 그 자체가 **model-view-controller**(MVC) 구조 기반의 여러 가지 계층으로 분리된다. **model**은 다음에 설명할 비즈니스 로직 계층과 대응한다. **view**는 데이터의 표현을 정의한다. 하나의 model은 응용 프로그램에 접근하는 데 사용되는 특정 소프트웨어 혹은 장치에 의해서 다양한 view를 가질 수 있다. **controller**는 사용자 입력을 받아서 model에서 작업을 수행하고 결과를 사용자에게 출력하는 역할을 한다. MVC 구조는 수많은 웹 응용 프로그램에서 사용된다.
- **비즈니스 로직**(business-logic) 계층은 데이터의 추상화와 데이터에 수행되는 작업을 지원한다. 9.6.1절에서 비즈니스 로직 계층에 대해서 더욱 자세히 다룰 것이다.
- **데이터 접근**(date-access) 계층은 비즈니스 로직 계층과 데이터베이스의 통신을 제공한다. 많은 응용 프로그램은 객체 지향 언어를 사용해서 비즈니스 로직을 구현하고, 객체 지향 모델을 사용해서 데이터를 표현한다. 하지만 데이터베이스는 관계형 데이터베이스이기 때문에 비즈니스 로

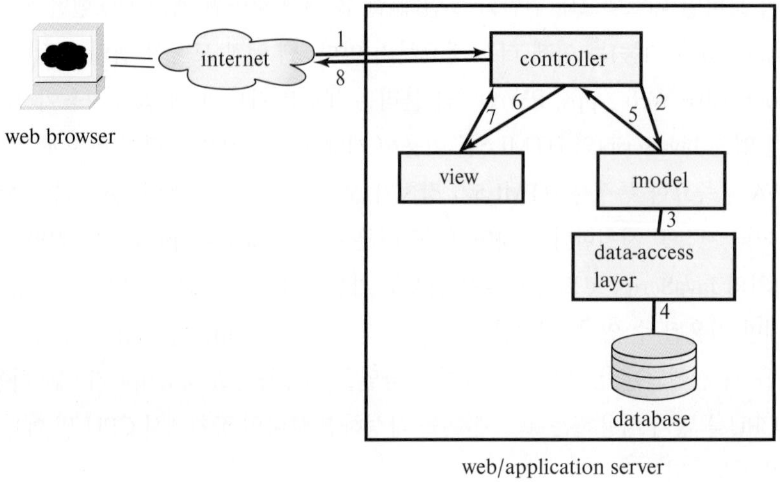

그림 9.14 웹 응용 프로그램 구조

직에서 사용하는 객체 지향 데이터 모델과 데이터베이스에서 관계형 모델을 연결해 주는 역할을 데이터 접근 계층에서 수행해야 한다. 이러한 연결 역할에 대해서는 9.6.2절에서 자세히 알아볼 것이다.

그림 9.14는 이와 같은 계층 구조에서 웹 브라우저로부터 요청이 처리되는 과정을 나타낸다. 그림에서 화살표에 나타나 있는 숫자는 작업이 진행되는 순서를 의미한다. 응용 프로그램 서버가 요청을 받으면 controller는 model에 요청을 전달한다. model은 비즈니스 로직을 이용해서 요청을 처리하고, 결과 객체를 생성한다. model은 데이터베이스로부터 정보를 추출하거나 갱신하기 위해서 데이터 접근 계층을 차례로 사용한다. model로부터 만들어진 결과 객체는 웹 브라우저를 위해 HTML 형태로 생성되어 view 모듈로 전달된다. view는 결과를 보기 위한 장치(대형 모니터 혹은 휴대전화의 작은 화면)의 특징에 적합하게 보내진다.

9.6.1 비즈니스 로직 계층

대학교를 관리하기 위한 응용 프로그램의 비즈니스 로직 계층은 학생, 교수, 수업 등과 같은 개체를 추상화한 상태를 제공한다. 또한 학생 입학 관리, 수강 신청 등의 작업을 제공한다. 이러한 작업을 구현할 때 **비즈니스 규칙**(business rule)을 만족하도록 구현해야 한다. 예를 들면, 학생이 수강 신청을 하기 위해서는 등록금을 내야 하고, 해당 수업의 선행 과목을 모두 이수한 후에야 수강 신청이 가능하도록 해야 한다.

비즈니스 로직은 다양한 요소가 포함된 특정 작업을 어떻게 할 것인가를 표현하는 **워크플로**(workflow)를 가지고 있다. 예를 들어, 대학교에 입학하고자 하는 학생이 있을 때 학생의 입학 지원서를 누가 가장 처음 보고 결정을 내려야 하는지, 그다음에는 누구에게 전달해야 하는지, 입학을 허가할 것인지 거부할 것인지를 결정하는 순서 등이 워크플로에 정의되어 있다. 워크플로 관리는 잘못된 상황에 대처해야 한다. 예를 들어, 입학 허가나 거부의 마감 시간이 지나간 경우, 관리자는 결정해야 하는 사람에게 알려 주고 전체 선발 과정이 진행될 수 있도록 해야 한다.

9.6.2 데이터 접근 계층과 객체-관계 매핑

가장 간단한 예는, 데이터베이스에서 사용하는 데이터 모델을 비즈니스 로직 계층에서 그대로 사용하는 것이다. 이러면 데이터 접근 계층은 사용자가 모르는 사이에 데이터베이스와 통신을 하게 된다. 그러나 비즈니스 로직 계층이 객체 지향 프로그래밍 언어로 작성된 경우, 데이터를 객체로서 모델링하고 객체를 호출하는 함수를 사용하는 것이 자연스럽다.

초기의 프로그래머는 객체를 생성하기 위해서 데이터베이스에서 데이터를 가져오는 코드를 작성하고, 갱신된 객체를 저장하기 위한 코드를 작성해야 했다. 하지만 그러한 데이터 모델 간의 수동 전환은 복잡하고 오류가 생기기 쉽다. 이러한 문제를 해결하는 방법 중 하나는 객체와 객체 사이의 관계를 그대로 저장할 수 있는 데이터베이스를 사용하는 것이다. **객체 지향 데이터베이스**(object-oriented database)라고 불리는 이러한 데이터베이스는 8.2절에서 살펴보았다. 객체 지향 데이터베이스는 상업적인 성공을 거두지는 못했다.

또 다른 접근은, 기존의 관계형 데이터베이스를 사용하면서 요청이 있을 때마다 생성된 인메모리 객체와 릴레이션의 데이터를 자동으로 매핑해 주는 것이다. 일반적으로 메모리는 데이터베이스의 모든 데이터를 저장하기에는 부족하기 때문이다. 마찬가지로 갱신된 객체를 데이터베이스의 릴레이션으로 자동으로 연결해 준다.

이러한 **객체-관계 매핑**(object-relational mapping)을 구현한 몇몇 시스템이 있다. 다음 절에서 Hibernate와 Django ORM을 살펴본다.

9.6.2.1 Hibernate ORM

많이 사용되고 있는 **Hibernate** 시스템은 Java 객체와 릴레이션을 연결해 준다. Hibernate에서 각 Java 클래스와 릴레이션으로의 연결은 매핑 파일(mapping file)에 명시되어 있다. 예를 들면, Student라는 Java 클래스는 *student* 릴레이션과 연결되어 있고, Java 변수 ID는 릴레이션의 *student*.ID 속성과 연결되어 있다는 것을 연결 파일에 저장한다. 데이터베이스를 누가 사용 중인지에 대한 정보, 데이터베이스 접속을 위한 사용자 이름과 비밀번호 등과 같은 데이터베이스에 대한 정보는 *properties* 파일에 저장되어 있다. 프로그램이 데이터베이스를 이용하기 위해서는 *session*을 열어야 한다. 일단 세션이 준비되기만 하면, Java에서 생성된 Student 객체인 stud는 session.save(stud)를 호출함으로써 데이터베이스에 저장할 수 있다. Hibernate 소스 코드는 *student* 릴레이션에 데이터를 저장하기 위한 SQL 질의문을 생성한다.

E-R 모델에 있는 개체가 Java와 같은 객체 지향 언어의 객체와 자연스럽게 상응하는 반면에 관계는 그렇지 않다. Hibernate는 이러한 관계를 연관된 객체의 집합으로 매핑하는 기능을 제공한다. 예를 들어, *student*와 *section* 간의 *takes* 관계는 각 *student*를 *sections*의 집합과 연관시키고 각 *section*을 *students*의 집합과 연관시키는 방식으로 모델링될 수 있다. 일단 적절한 매핑이 명세되면 Hibernate는 데이터베이스 릴레이션 *takes*로부터 자동으로 이런 집합을 추출하고 이러한 집합에 대한 갱신은 커밋 시 데이터베이스 릴레이션에 자동으로 반영된다.

Hibernate를 사용하는 예제로서, *student* 릴레이션과 대응되는 Java 클래스를 다음과 같이 생성했다.

```
@Entity public class Student {
        @Id String ID;
        String name;
        String department;
        int tot_cred;
}
```

좀 더 정확히 하기 위해서 클래스의 변수는 private로 선언되어야 하고, 속성에 접근하기 위해서는 getter 함수와 setter 함수가 필요하지만, 이러한 세부적인 사항은 생략했다.

Student 클래스의 변수와 *student* 릴레이션 속성의 연결은 XML 형식으로 연결 파일에 명시되어 있거나 혹은 더 편리한 방식인 Java 코드의 어노테이션(annotation)으로 명시되어 있다. 어노테이션 @Entity는 클래스가 기본적으로 클래스의 이름과 같은 데이터베이스 릴레이션에 매핑된다는 것을 나타낸다. 기본적으로 @Table과 @Column 어노테이션을 사용해 릴레이션 이름과 속성을 중첩할 수 있다. @Id는 ID가 주 키 속성이라는 것을 명시한다.

다음 소스 코드는 Student 객체를 생성하고 데이터베이스에 저장하는 소스 코드의 일부다.

```
Session session = getSessionFactory().openSession();
Transaction txn = session.beginTransaction();
Student stud = new Student("12328", "John Smith", "Comp. Sci.", 0);
session.save(stud);
txn.commit();
session.close();
```

Hibernate는 데이터베이스에 *student* 튜플을 생성하는 데 필요한 SQL **insert** 문을 자동으로 생성한다.

아래의 코드에서 보듯 주 키 혹은 질의를 통해 객체를 검색할 수 있다.

```
Session session = getSessionFactory().openSession();
Transaction txn = session.beginTransaction();
// Retrieve student object by identifier
Student stud1 = session.get(Student.class, "12328");
        .. print out the Student information ..
List students =
        session.createQuery("from Student as s order by s.ID asc").list();
for ( Iterator iter = students.iterator(); iter.hasNext(); ) {
        Student stud = (Student) iter.next();
        .. print out the Student information ..
}
txn.commit();
session.close();
```

단일 객체는 클래스나 주 키를 제공함으로써 session.get( ) 메소드를 이용해서 검색할 수 있다. 검색된 객체는 메모리에서 갱신될 수 있다. Hibernate 세션에 대한 트랜잭션이 커밋할 때, Hibernate는 데이터베이스에 있는 릴레이션에 대해 대응하는 갱신을 수행함으로써 갱신된 객체를 자동으로

```
from django.db import models

class student(models.Model):
    id = models.CharField(primary_key=True, max_length=5)
    name = models.CharField(max_length=20)
    dept_name = models.CharField(max_length=20)
    tot_cred = models.DecimalField(max_digits=3, decimal_places=0)

class instructor(models.Model):
    id = models.CharField(primary_key=True, max_length=5)
    name = models.CharField(max_length=20)
    dept_name = models.CharField(max_length=20)
    salary = models.DecimalField(max_digits=8, decimal_places=2)
    advisees = models.ManyToManyField(student, related_name="advisors")
```

그림 9.15 Django에서 모델 정의

저장할 수 있다.

위 코드는 질의에서 객체가 직접적으로 사용될 수 있도록 확장한 SQL에 기반한 Hibernate의 HQL 질의어를 보여 준다. HQL 질의는 Hibernate에 의해 SQL로 자동 변환되어 실행된다. 그리고 결과는 Student 객체의 리스트로 변환된다. for 루프는 리스트에 있는 객체에 대해서 반복된다.

이러한 특징은 프로그래머에게 관계형 저장 시스템에 대한 자세한 사항을 알려 줄 필요 없이 고수준의 데이터 모델을 제공하는 데 유용하다. 다른 객체-관계 매핑 시스템과 마찬가지로 Hibernate 역시 데이터베이스에 저장된 릴레이션에 대해 SQL을 사용해 질의한다. 이러한 직접적인 데이터베이스 접근은 복잡한 질의를 작성하는 데 꽤 유용하다.

9.6.2.2 Django ORM

일부 ORM은 Python 언어를 위해 개발되었다. Django 프레임워크의 ORM 요소는 가장 인기 있는 ORM 중 하나이며 SQLAlchemy는 또 다른 인기 있는 Python ORM이다.

그림 9.15는 Django에서 Student와 Instructor를 위한 모델 정의를 보여 준다. *student*와 *instructor*의 모든 필드가 클래스 Student와 Instructor의 필드로 적절히 정의되어 있다.

추가로 릴레이션 *advisor*는 Student와 Instructor 간의 다대다 관계로 모델링되어 있다. 관계는 Instructor에 있는 advisees라 불리는 속성에 의해서 접근되는데 이 속성은 Student 객체에 대한 참조 집합을 저장하고 있다. Student로부터 Instructor로의 역관계(reverse relationship)는 자동으로 생성된다. Student 클래스에 있는 역관계 속성은 advisors인데 이 속성은 Instructor 객체에 대한 참조 집합을 저장한다.

그림 9.16의 Django 뷰 person_query_model은 SQL을 사용하지 않고 Python 언어를 이용해 데이터베이스 객체를 직접 접근하는 방법을 보여 준다. Student.objects.filter( )는 특정 필터 조건을 만족하는 모든 Student 객체를 반환한다. Student.advisors.all( )는 주어진 학생에 대한 advisor

```
from models import Student, Instructor
def get_names(persons):
    res = ""
    for p in persons:
        res += p.name + ", "
    return res.rstrip(", ")

def person_query_model(request):
    persontype = request.GET.get('persontype')
    personname = request.GET.get('personname')
    html = ""

    if persontype == 'student':
        students = Student.objects.filter(name=personname)
        for student in students:
            advisors = students.advisors.all()
            html = html + "Advisee: " + student.name + "<br>Advisors: "
                + get_names(advisors) + "<br> \n"
    else:
        instructors = Instructor.objects.filter(name=personname)
        for instructor in instructors:
            advisees = instructor.advisees.all()
            html = html+"Advisor: " + instructor.name + "<br>Advisees: "
                + get_names(advisees) + "<br> \n"
    return HttpResponse(html)
```

그림 9.16 Django에서 모델을 사용한 뷰 정의

객체의 리스트를 반환한다. 여기서 이름은 get_names( ) 함수에 의해서 검색되고 반환된다. 교수의 경우도 유사한데 교수의 이름을 이용하여 지도 관계에 있는 학생의 이름을 검색할 수 있다.

Django는 주어진 모델로부터 데이터베이스 릴레이션을 생성하는 *migrate*라는 도구를 제공한다. 모델에는 버전 번호(version number)를 부여할 수 있다. migrate가 버전 번호와 함께 어떤 모델에 대해서 호출되면(데이터베이스에 이전 번호가 이미 존재), migrate 도구는 이전 데이터베이스 스키마로부터 새로운 데이터베이스 스키마로 데이터를 이전할 수 있는 SQL 코드를 생성한다. 이미 존재하는 데이터베이스 스키마로부터 Django 모델을 생성하는 것도 가능하다.

9.7 응용 프로그램 성능

웹 사이트는 전 세계의 수많은 사람들로부터 초당 수천 개의 요청이 들어올 수 있고, 유명한 사이트들은 이보다 더욱 빈번하게 접속이 일어날 수 있다. 따라서 웹 사이트를 개발하는 사람들에게는 이러한 수많은 요청을 짧은 시간 안에 서비스하는 것이 매우 큰 과제다. 이것을 실현하기 위해서 응용 프로그램 개발자는 캐싱 기술을 사용하고, 여러 대의 응용 프로그램 서버를 사용해서 병렬적인 처리를 함으로써 개별적인 요청을 처리하는 속도를 빠르게 하길 원한다. 이번 절에서 이러한 기

술을 간략히 소개하고, 데이터베이스 응용 프로그램의 세부 조정에 대해서는 25.1절에서 다룰 것이다.

9.7.1 캐싱에 의한 오버헤드 감소

트랜잭션 간의 공통 요소를 활용하기 위해 많은 캐싱 기법이 사용되어 왔다. 예를 들어, 응용 프로그램이 각각의 사용자 요청에 대해 서비스하기 위해 JDBC를 통해 데이터베이스에 접근해야 한다고 생각해 보자. 새로운 JDBC 연결을 만드는 것은 수 밀리초가 걸리기 때문에, 각각의 사용자 요청에 대해 계속 새로운 연결을 만드는 것은 트랜잭션 수행 속도가 매우 빨라야 하는 경우 좋은 방법이 아니다.

이러한 오버헤드를 줄이기 위해 **연결 풀**(connection pool) 방법이 사용된다. 응용 프로그램 서버의 일부인 연결 풀 관리자는 열린 ODBC/JDBC 연결의 풀(집합)을 만든다. 사용자 요청을 처리하는 코드(일반적으로 서블릿)는 데이터베이스에 대한 새로운 연결을 여는 대신에 연결 풀로부터 연결을 받아 빈환한다. 연결 요청을 받은 시점에 미사용 상태인 연결이 풀에 없다면 데이터베이스에 대한 새로운 연결을 만든다(이때 데이터베이스 시스템이 허용하는 최대 동시 연결 수를 넘지 않도록 주의한다). 여러 열린 연결이 한동안 미사용 상태인 경우 연결 풀 관리자는 이들 중 일부를 닫는다. 많은 응용 프로그램 서버와 최근의 ODBC/JDBC 드라이버는 연결 풀 관리자를 내장하고 있다.

연결 풀을 생성하는 자세한 방법은 응용 서버나 JDBC 드라이버에 따라 다르나 대부분의 제품에서 기계 이름, 포트, 데이터베이스, 사용자 ID와 비밀번호 등과 같은 JDBC 연결 세부 사항을 사용해서 DataSource 객체를 생성해야 한다. DataSource 객체에서 호출된 getConnection( ) 메소드는 연결 풀로부터 하나의 연결을 얻는다. 연결을 닫는 것은 풀에 대한 연결을 반환한다.

어떤 요청은 결국 데이터베이스 시스템에 똑같은 질의를 재전송하는 결과를 낳기도 한다. 이런 경우 데이터베이스와 통신하는 데 드는 비용은 예전 질의의 결과를 캐싱하여 재사용함으로써 엄청나게 줄어들 수 있다. 어떤 종류의 웹 서버는 이러한 질의 결과 캐싱을 지원한다. 캐싱은 응용 프로그램의 소스 코드 안에서 명시적으로 수행될 수 있다.

클라이언트의 요청에 대해 최종적으로 보내졌던 웹 페이지 자체를 캐싱함으로써 전체적인 비용을 더욱 줄일 수 있다. 만약 새로운 요청이 예전의 요청과 정확히 같은 매개변수를 갖고, 요청이 데이터에 대한 어떤 갱신도 수행하지 않고, 결과 웹 페이지가 캐시에 있는 경우, 캐시에 저장된 페이지를 재사용함으로써 페이지 재생성 비용을 줄일 수 있다. 웹 페이지를 부분별로 캐시에 저장한 뒤 이들을 결합하여 완전한 웹 페이지를 생성할 수도 있다.

캐시에 저장된 질의 결과와 웹 페이지는 실체화 뷰의 한 형태다. 실제 자료를 담고 있는 데이터베이스가 변경되면, 캐시에 저장된 결과는 실체화 뷰 유지(16.5절)와 마찬가지로 버려지거나, 다시 계산되거나, 점증적으로 갱신될 수 있다. Microsoft SQL Server와 같은 몇몇 데이터베이스 시스템은 응용 프로그램 서버가 특정 질의를 데이터베이스에 등록시켜 놓고 질의 결과가 변할 때 데이터베이스 시스템으로부터 **공지**(notification)를 받는 것이 가능하다. 이러한 공지 메커니즘은 응용 프로그램 서버 캐시에 저장된 질의 결과가 가장 최근의 것(up-to-date)임을 보장하는 데 사용될 수 있다.

광범위하게 사용되는 메인 메모리 캐싱 시스템이 존재하는데 그중에서도 좀 더 많이 사용되는 것은 **memcached**와 **Redis**다. 두 시스템 모두 응용 프로그램이 연관된 키를 데이터와 함께 저장하고 특정 키로 데이터를 검색하는 것을 지원한다. 그래서 데이터가 메인 메모리에 저장되는 해시-맵(hash-map) 데이터 구조처럼 동작한다. 또한 자주 사용되지 않는 데이터를 캐시로부터 추출할 수 있는 기능도 제공한다.

예를 들어, memcached에서 데이터는 memcached.add(key, data)를 이용해 저장될 수 있으며 memcached.fetch(key)를 이용해 검색할 수 있다. 특정 키, 즉 key1을 이용해 사용자 데이터를 검색하기 위해서 데이터베이스 질의를 사용하는 대신 응용 프로그램은 먼저 fetch("r:"+key1)을 사용해 원하는 데이터가 이미 캐시되었는지 검사한다. 만약 검사 결과가 널을 반환하면 데이터베이스 질의가 사용된다. 데이터베이스로부터 검색된 데이터의 복사본은 memcached에 저장되고 사용자에게도 결과로 반환된다. 만약 널이 아니라면 데이터베이스에 접근할 필요 없이 데이터를 바로 반환하며 이는 훨씬 빠른 데이터 접근을 가능하게 한다.

클라이언트는 다른 기계에서 실행되는 다수의 memcached 인스턴스와 연결해서 그들로부터 데이터를 저장하고 검색할 수 있다. 어떤 인스턴스에 어떤 데이터를 저장할 것인가는 클라이언트 코드에 달려 있다. 다수의 장치를 사용해서 데이터 저장을 분할함으로써 응용 프로그램은 모든 장치의 메인 메모리를 사용할 수 있다는 장점이 있다.

memcached는 캐시된 데이터의 자동 무효화(invalidation)를 제공하지 않는다. 그러나 응용 프로그램은 갱신이나 삭제에 의해 영향을 받는 키 값을 위해 데이터베이스 변화를 추적해서 갱신(memcached_set(key, newvalue)) 혹은 삭제(memcached_delete(key))할 수 있다. Redis도 매우 유사한 기능을 제공한다. memcached와 Redis 모두 다양한 언어의 API를 제공한다.

9.7.2 병렬 처리

매우 많은 양의 질의를 처리하기 위해 일반적으로 사용되는 방법은 많은 수의 응용 프로그램 서버를 병렬적으로 실행하는 것이다. 각각의 응용 프로그램 서버는 요청 일부분을 수행한다. 웹 서버 혹은 네트워크 라우터는 각 클라이언트의 요청을 응용 프로그램 서버 중 하나로 중계하는 역할을 할 수 있다. 서버는 클라이언트 세션의 상태를 유지하기 때문에 특정 클라이언트 세션으로부터 발생한 모든 요청은 같은 응용 프로그램 서버로 전달되어야 한다. 예를 들면, 특정 IP 주소로부터 발생한 모든 요청은 같은 응용 프로그램 서버로 전달함으로써 이러한 규칙을 지킬 수 있다. 모든 응용 프로그램이 같은 데이터베이스를 공유하고 있어서 사용자에게는 일관적인 데이터베이스를 보여야 한다.

위와 같은 구조에서 데이터베이스가 공유되고 있으므로 데이터베이스에서 병목 현상이 일어날 수 있다. 응용 프로그램을 개발할 때 이전에 언급되었던 응용 프로그램 서버의 질의 결과를 캐싱하는 것과 같은 방법을 사용해서 데이터베이스 요청 수를 최소화하는 데 큰 노력을 해야 한다. 데이터베이스가 매우 많은 양의 데이터를 처리해야 하거나 많은 양의 질의 부하를 처리할 때 사용되는 병렬 데이터베이스 시스템은 21~23장에서 자세히 다룰 것이다. 웹 서비스 API를 사용해서 접근할 수 있는 병렬 데이터 저장 시스템은 매우 방대한 사용자를 고려해야 하는 응용에서도 사용될 수 있다.

9.8 응용 프로그램 보안

응용 프로그램 보안은 SQL 권한 부여 외에도 여러 보안 위험과 문제점을 고려해야 한다.

가장 처음으로 보안이 강화되어야 하는 부분은 응용 프로그램이다. 이를 위해서, 응용 프로그램은 사용자를 인증해야 하고 그 사용자가 허가된 작업만 수행하는지 확인해야 한다.

데이터베이스 시스템 자체가 안전하다고 하더라도 응용 프로그램이 안전하지 않게 작성된 경우에는 응용 프로그램의 보안이 취약해질 수 있는 경우가 많다. 이 절에서는 해커가 응용 프로그램에서 수행해야 하는 인증과 허가 과정을 뛰어넘어서 작업을 수행할 수 있는, 보안이 취약한 부분에 대해서 다루고, 이러한 취약점을 어떻게 방지할 것인지 설명한다. 뒷부분에서 안전한 인증과 세부적인 허가를 위한 기술을 설명한다. 허가받지 않은 접근, 오류가 존재하는 갱신으로부터 복구할 수 있는 검사 도구에 관해서 설명할 것이다. 데이터 보호와 관련된 사항을 마지막으로 이 절을 마무리할 것이다.

9.8.1 SQL 삽입

SQL 삽입(SQL injection) 공격이란 공격자가 자신이 생성한 SQL 질의를 응용 프로그램이 수행하게 만드는 것이다. 5.1.1.5절에서 사용자 입력이 직접 SQL 질의에 포함되어서 데이터베이스에 전달되는 경우 SQL 삽입의 취약성에 대해서 알아보았다. SQL 삽입의 취약성의 또 다른 예제로서 그림 9.3에 나타난 소스 코드를 생각해 보자. 이에 대응되는 그림 9.7의 서블릿 코드에서 다음과 같은 Java 표현을 이용해 SQL 질의문이 생성된다고 가정하자.

```
String query = "select * from student where name like '%"
                 + name + "%' "
```

여기서 name은 사용자가 입력한 문자열을 담고 있는 변수다. 이 질의를 데이터베이스 시스템에서 실행한다. 이 경우 웹 서식을 사용하는 악의적인 공격자는 <SQL 문>이 공격자가 원하는 질의문이라고 할 때 유효한 학생 이름 대신 " ';<SQL 문>; – –"과 같은 문자열을 입력할 수 있다. 그러면 서블릿은 다음과 같은 문자열을 생성해 데이터베이스에 넘길 것이다.

```
select * from student where name like '%'; <some SQL statement>; – – %'
```

공격자가 추가한 작은따옴표는 문자열을 닫고, 그다음에 나오는 세미콜론은 질의를 끝낸다. 그리고 그 뒷부분(〈SQL 문〉)이 또 다른 SQL 질의로 해석되고, 마지막 작은따옴표는 주석으로 처리된다. 이로써 악의적인 사용자는 응용 프로그램이 실행하는 임의의 SQL 문을 삽입하여 성공하게 된다. 이 질의문은 데이터베이스에서 원하는 작업을 할 수 있으므로 응용 프로그램 코드에 정의된 보안 수단을 회피하여 시스템에 심각한 피해를 줄 수 있다.

5.1.1.5절에서 언급한 바와 같이, 이러한 공격을 막기 위해서는 SQL 질의를 수행할 때 준비된 질의문(prepared statement)을 사용하는 것이 최선이다. 준비된 질의문의 매개변수를 설정할 때 JDBC는 자동으로 탈출 문자(escape character)를 추가하여 매개변수에 포함된 따옴표가 문자열을

끝내지 못하도록 한다. 또는 준비된 질의문을 쓰는 대신 입력받은 문자열을 SQL 질의에 포함하기 전에 탈출 문자를 추가하는 함수를 적용해도 같은 효과를 낼 수 있다.

SQL 삽입의 또 다른 위험은, 서식에서 선언된 조건의 선택과 속성을 정렬하는 것을 기반으로 한 질의를 동적으로 생성하는 응용 프로그램으로부터 발생한다. 예를 들면, 응용 프로그램은 질의의 결과를 정렬하기 위해서 어떤 속성을 사용해야 하는지 사용자가 명시하도록 할 수 있다. 명시된 속성을 바탕으로 적절한 SQL 질의가 생성된다. 응용 프로그램이 형식으로부터 orderAttribute라는 변수에 속성의 이름을 전달받아서 다음과 같은 질의를 생성한다고 하자.

```
String query = "select * from takes order by " + orderAttribute;
```

HTML 형식을 사용해서 메뉴를 제공함으로써 제한된 입력만 사용자로부터 받으려고 해도, 악의적인 사용자는 orderAttribute 변수에 임의의 문자열을 보낼 수 있다. 이러한 SQL 삽입을 피하기 위해서는 orderAttribute 값을 질의에 추가하기 전에 응용 프로그램이 orderAttribute가 허가된 값(예를 들어, 속성 이름) 중 하나인지 확인해야 한다.

9.8.2 Cross-Site Scripting과 허위 요청

사용자 이름이나 댓글을 입력받아 저장한 후, 나중에 다른 사용자에게 보여 주는 작업을 제공하는 웹 사이트는 잠재적으로 **XSS(cross-site scripting)**라고 불리는 공격을 당할 가능성이 있다. 이러한 공격에서 악의적인 사용자는 일반적인 문자열로 이루어진 이름이나 댓글을 입력하는 대신에 JavaScript나 Flash와 같은 클라이언트 측 스크립트 언어를 입력하게 된다. 다른 사용자가 이 입력을 보게 되면 웹 브라우저는 이 스크립트를 실행해서 개인적인 쿠키 정보를 악의적인 사용자에게 보내는 것과 같은 작업을 하거나, 사용자가 로그인하고 있는 다른 웹 서버에서 작업을 실행할 수 있다.

예를 들어, 사용자가 인터넷 뱅킹에 로그인하고 있는 상태에서 스크립트가 실행되었다고 하자. 그 스크립트는 은행 계정과 관련된 정보를 담고 있는 쿠키 정보를 악의적인 사용자에게 보낼 수 있다. 악의적인 사용자는 그 정보를 사용해서 은행 웹 서버가 올바른 사용자가 로그인하고 있다고 믿게 만들 수 있다. 혹은 인터넷 뱅킹 사이트의 적절한 페이지에 변수를 설정해서 다른 계좌로 송금을 할 수도 있다. mybank.com/transfermoney라는 URL이 특정 변수를 입력으로 받아서 송금하는 프로그램이라고 하면, 사실 이러한 문제는 스크립트를 이용하지 않고 다음과 같은 코드를 사용하는 것만으로 실행시킬 수 있다.

```
<img src=
    "https://mybank.com/transfermoney?amount=1000&toaccount=14523">
```

이러한 종류의 취약점은 **XSRF(cross-site request forgery)** 혹은 **CSRF**라고 불린다.

XSS는 악의적인 스크립트가 삽입된 웹 사이트를 방문하게 하는 것과 같은 다른 방식으로 진행될 수 있다. 좀 더 복잡한 XSS와 XSRF 공격에 대해서는 생략한다. 이러한 공격을 방지하기 위해서는 다음과 같은 두 가지를 수행해야 한다.

- **웹 사이트가 XSS나 XSRF 공격을 실행하는 데 사용되지 않도록 해야 한다.**
  가장 간단한 방법은 문자열에 HTML 태그의 입력을 금지하는 것이다. 이러한 태그를 걸러 낼 수 있는 함수가 존재한다. 이러한 함수는 HTML 태그의 입력을 방지함으로써 결과적으로 다른 사람에게 태그가 보이는 것을 막을 수 있다. HTML 형식의 입력이 유용한 경우가 있을 수 있다. 그러한 경우에는 제한적인 HTML 구조만 허가하고 위험 요소를 가지고 있는 구조는 사용하지 못하도록 하는 것이다. 이러한 경우에는 조심해서 설계해야 한다. 전혀 나쁘지 않은 그림 파일이 나중에 위험을 초래할 수 있는 잠재성을 가지고 있다.

- **다른 웹 사이트에서 실행하는 XSS나 XSRF 공격으로부터 웹 사이트를 보호해야 한다.**
  사용자가 웹 사이트에 로그인한 채로 XSS에 취약한 다른 웹 사이트를 방문했을 때, 사용자의 웹 브라우저가 이 웹 사이트에서 악의적인 코드를 실행할 수 있다. 혹은 세션 정보를 악의적인 사용자에게 보내서 나쁜 목적으로 이용할 수 있다. 이 문제는 한 번에 모두 방지되기는 어렵지만 위험을 최소화하기 위한 작업을 진행해야 한다.
  - HTTP 규약에서 해당 페이지에 접근하는 **리퍼러**(referer)를 확인할 수 있도록 되어 있다. 다시 말해서 그 페이지에 접근하기 위해서 사용자가 클릭한 페이지를 알 수 있다. 이러한 리퍼러 URL이 같은 웹 사이트로부터 온 것인지 다른 웹 사이트에서 온 것인지를 판단함으로써 XSS 공격을 방지할 수 있다.
  - 세션을 확인하기 위해서 쿠키만 사용하는 대신에 처음에 인증된 IP 주소로만 세션을 제한할 수 있다. 그 결과로, 악의적인 사용자가 쿠키를 얻었다고 해도 다른 컴퓨터에서 접근할 수 없는 것이다.
  - 갱신을 할 때에는 GET 함수를 사용하지 않아야 한다. 이것은 앞서 보았던 <img src ..>를 사용한 공격을 막을 수 있다. 사실 HTTP 표준은 갱신을 위한 GET을 사용하지 않도록 권고하고 있다. 페이지 갱신과 같은 반복적인 작업에서 딱 한 번만 일어나야 한다.
  - Django와 같은 웹 응용 프레임워크를 사용한다면 프레임워크에서 제공하는 XSRF/CSRF 보호 방법을 사용해야 한다.

9.8.3 비밀번호 누출

응용 프로그램 개발자가 다루어야 할 또 다른 문제는 응용 프로그램 소스 코드의 암호 보안 문제다. 종종 JSP 스크립트 코드 안에는 암호가 암호화되지 않은 상태로 들어 있다. 만약 이런 스크립트가 웹 서버가 접근할 수 있는 디렉터리 내에 저장되어 있다면 외부 사용자가 스크립트의 소스 코드에 접근할 수 있고, 응용 프로그램이 사용하는 데이터베이스 계정의 암호를 알아낼 수 있다. 이러한 문제점을 해결하기 위해 많은 응용 프로그램 서버는 암호를 암호화된 상태로 저장하고 데이터베이스에 넘겨주기 전에 이것을 복호화하는 기법을 제공한다. 이러한 기법은 응용 프로그램이 암호를 문자열로 저장할 필요가 없게 만들어 준다. 하지만 복호화 키 역시 노출되기 쉽기 때문에 이러한 방법이 전적으로 효과적인 것은 아니다.

일반적으로 응용 프로그램 서버에서 실행되는 몇 개의 주어진 인터넷 주소만 데이터베이스에 접근할 수 있도록 제한하는 것은 많은 데이터베이스 시스템이 암호 보안을 위해 사용하는 또 다른 기법이다. 다른 인터넷 주소로부터의 데이터베이스 접속 시도는 거부된다. 이와 같이, 악의적인 사용자가 응용 프로그램 서버에 접근하는 것 자체를 막으면, 악의적인 사용자가 비밀번호를 안다고 해도 서버에 피해를 줄 수 없다.

9.8.4 응용 프로그램 인증

인증(authentication)은 데이터베이스에 접속하는 소프트웨어나 사람의 신원을 확인하는 작업을 의미한다. 인증의 가장 단순한 형태는 사용자가 응용 프로그램에 접속할 때 입력해야 하는 비밀번호로 이루어진다. 불행히도 비밀번호는 쉽게 노출될 수 있다. 예를 들면, 사용자의 비밀번호를 추측할 수 있다. 비밀번호가 암호화되지 않은 상태로 전달되는 경우, 네트워크상의 패킷을 훔쳐보는 것으로 비밀번호를 알아낼 수 있다. 인터넷 뱅킹과 같은 중요한 응용 프로그램에는 좀 더 강력한 방법이 필요하다. 강력한 인증 방법의 기본은 암호화다. 암호화를 통한 인증 방법은 9.9.3절에서 다룬다.

많은 응용 프로그램이 **2단계 인증**(two-factor authentication)을 사용한다. 사용자를 확인하기 위해서 두 가지 독립된 요소(정보나 진행의 일부분)를 사용한다. 두 가지 요소는 공통된 취약점을 가져서는 안 된다. 예를 들면, 시스템이 단순히 비밀번호를 두 개 요구한다면, 이 두 비밀번호는 네트워크 패킷을 훔쳐보거나 사용자 컴퓨터에 심어 놓은 바이러스와 같이 비슷한 방식으로 노출될 수 있다. 사용자가 실제로 존재하는 곳에서 지문 인식이나 홍채 인식과 같이 생체 측정을 이용한 방법을 사용할 수 있지만, 이러한 방법은 네트워크를 통한 방법으로는 사용하기 어렵다.

2단계 인증을 사용하는 방법론에서 첫 번째 요소로 많이 사용되는 것이 비밀번호다. 9.9.3절에서 언급한 암호화 기술을 기반으로 하여 인증으로 사용되는 스마트카드나 USB를 통해 연결되는 다른 암호화 장치가 두 번째 요소로 많이 사용된다.

주기적으로 매번 새로운 임의의 숫자가 생성되는 일회용 비밀번호(one-time password, OTP) 장치 역시 두 번째 요소로 많이 사용된다. 각 사용자는 자신을 인증하기 위해서 이와 같은 장치를 받아서 인증하고자 하는 시간에 나타나는 숫자를 입력해야 한다. 각 장치는 서로 다른 순서의 임의의 숫자를 생성한다. 응용 프로그램 서버는 사용자에게 주어진 장치와 같은 임의의 숫자를 생성할 수 있어서 인증을 위해서 두 숫자가 일치하는지를 확인한다. 이러한 방법은 장치에 시계가 들어 있어야 하고 서버 역시 동기화되어 있어야 한다.

또 다른 두 번째 요소 방법은, 사용자가 로그인하고자 할 때마다 사용자의 휴대전화로 문자 메시지를 보내는 것이다. 임의로 생성된 OTP를 미리 등록된 사용자의 핸드폰 번호로 보낸다. 사용자는 문자 메시지를 받고자 하는 핸드폰을 가지고 있어야 한다. 그리고 문자 메시지에 있는 암호와 자신의 원래 암호를 함께 입력해야 인증이 완료되는 것이다.

2단계 인증을 사용한다고 해도 사용자는 여전히 **중간자 공격**(man-in-the-middle attack)에 취약하다. 이러한 공격에서 사용자가 응용 프로그램에 접속하려고 할 때, 악의적인 사용자가 정상 사용자로부터 2단계 인증의 두 번째 요소를 포함한 비밀번호를 얻어 내기 위해 원래의 웹 사이트가 아닌 가짜 웹 사이트로 유도하게 된다. 악의적인 사용자는 이렇게 얻어 낸 정보를 이용해서 바로 원래 응용 프로그램의 인증을 얻게 된다. 9.9.3.2절에서 언급할 HTTPS 규약은 사용자가 가짜 웹 사이트에 연결하지 않도록 웹 사이트를 인증하는 데 사용된다. HTTPS 규약도 역시 데이터를 암호화하고 중간자 공격을 방지한다.

사용자가 여러 웹 사이트에 접근할 경우 사이트마다 서로 다른 암호를 사용하여 별도로 인증을 해야 한다면 번거로울 것이다. 따라서 사용자가 하나의 중앙 인증 서비스에 인증하기만 하면 이 사이트를 통해 다른 웹 사이트와 응용 프로그램에 인증할 수 있도록 하는 시스템이 존재한다. 사용자는 여러 사이트에 접근하는 데 같은 암호를 사용할 수 있다. LDAP 규약은 인증 시스템의 중심점을 구현하는 데 많이 사용된다. 기관은 사용자 이름과 비밀번호 정보를 포함하고 있는 LDAP 서버를 구현하고, 응용 프로그램은 사용자를 인증하는 데 LDAP 서버를 사용한다.

중앙 인증 서비스는 사용자를 인증할 뿐만 아니라 사용자의 이름, 이메일 주소, 주소 등의 정보를 응용 프로그램에 제공하는 서비스를 제공할 수 있다. 이러한 서비스는 각각의 응용 프로그램에 같은 정보를 입력해야 하는 수고를 덜어 준다. 25.5.2절에서 LDAP가 이러한 작업에 사용될 수 있는 경우에 대해서 살펴볼 것이다. Microsoft의 Active Directories와 같은 디렉터리 시스템도 사용자 인증과 사용자 정보를 제공하는 수단을 제공한다.

더 나아가 **통합 인증**(single sign-on) 시스템의 경우 사용자가 한 번 인증 절차를 거치기만 하면 별도의 재인증 없이도 여러 응용 프로그램이 중앙 인증 서비스를 통해 사용자의 신원을 확인할 수 있다. 즉 사용자가 한 번 로그인하기만 하면 같은 통합 인증 서비스를 사용하는 다른 웹 사이트에는 로그인할 필요가 없다. 이러한 통합 인증 기법은 오랫동안 Kerberos와 같은 네트워크 인증 규약에서 사용되어 왔으며 현재 웹 응용 프로그램에도 구현되어 있다.

SAML(Security Assertion Markup Language)은 기관 사이의 통합 인증을 제공하기 위해서 다른 보안 도메인 사이에서 인증과 허가 사항을 교환하기 위한 표준이다. 예를 들어, 응용 프로그램이 어느 대학교의 모든 학생에게 접근 권한을 제공해야 한다고 하자. 대학교에서 웹 기반의 인증 서비스를 운영할 수 있다. 이 서비스에서 사용자는 "joe@yale.edu"와 같은 사용자 이름으로 응용 프로그램에 접근한다고 하자. 이러한 상황에서 응용 프로그램은 직접 사용자를 인증하는 대신에 대학교의 인증 서비스로 사용자를 유도할 수 있다. 이러한 대학교의 인증 서비스는 인증을 수행할 뿐만 아니라 사용자의 구분(학생 혹은 교수)이나 관련 정보를 제공할 수도 있다. 사용자의 비밀번호나 다른 인증 요소는 응용 프로그램에게는 전혀 전달되지 않을 뿐만 아니라 사용자가 응용 프로그램에 추가적으로 등록할 필요가 없다. 하지만 사용자를 인증할 때에는 응용 프로그램이 대학교의 인증 서비스를 전적으로 신뢰해야 한다.

최근 사용이 증가하고 있는 **OpenID**는 기관 사이의 통합 인증을 위한 또 다른 표준으로 SAML과 비슷한 방식으로 동작한다. **OAuth** 규약은 인증 토큰에 대한 공유를 통해 사용자가 특정 자원에 접근하는 것을 허가하는 또 다른 규약이다.

9.8.5 응용 프로그램 수준의 권한

4.7절에서 언급한 바와 같이 역할을 기반으로 하는 권한(authorization)을 SQL 표준이 유연하게 지원하지만, SQL 권한 모델은 전형적인 응용 프로그램에서 사용자 권한을 관리하는 것과 같은 매우

제한된 역할만 제공한다. 예를 들어, 모든 학생이 자신의 성적은 볼 수 있지만 다른 학생의 성적은 볼 수 없도록 하려는 경우 다음과 같은 두 가지 이유로 불가능하다.

1. **최종 사용자 정보의 부재.** 웹이 계속 성장해 나가면서 데이터베이스의 접근은 주로 응용 프로그램 서버로부터 이루어지게 되었다. 일반적으로 최종 사용자는 자신의 신분을 증명할 만한 정보를 데이터베이스에 가지고 있지 않다. 게다가 응용 프로그램 서버에 모든 사용자를 나타내기 위한 하나의 사용자 권한 정보만 들어 있는 경우도 존재한다. 이처럼 SQL의 권한 명세는 위와 같은 경우에는 사용할 수 없다.

   응용 프로그램 서버가 최종 사용자를 인증하고 인증 정보를 데이터베이스에 넘겨주는 것은 가능하다. 이 절에서 *syscontext.user_id*( ) 함수가 현재 질의를 수행하고 있는 사용자의 식별자를 출력한다고 가정한다.[6]

2. **세부적인 권한의 부재.** 학생이 자신의 성적만 볼 수 있게 하려면 개별적인 튜플 수준의 권한이 이어져야 한다. 전체 릴레이션이나 뷰에 대한 권한 부여나 릴레이션이나 뷰의 특정 속성에 대해서만 권한 부여가 가능한 현재의 SQL 표준에서 이러한 권한 부여는 불가능하다.

   이러한 문제는 *takes* 릴레이션에서 자신의 성적만 보여 주는 뷰를 학생마다 만들어서 해결할 수 있다. 이러한 방법이 이론적으로는 가능하지만, 대학교에 등록된 모든 학생마다 하나의 뷰를 만들어야 하기 때문에 실제로는 불가능한 일이다.[7]

   다른 대안은 다음과 같은 뷰를 만드는 것이다.

```
create view studentTakes as
select *
from takes
where takes.ID= syscontext.user_id()
```

   사용자는 전체 *takes* 릴레이션이 아니라 이 뷰에 대해서만 권한 부여를 받게 된다. 하지만 학생에 의해서 실행된 질의는 원래의 *takes* 릴레이션이 아니라 *studentTakes*라는 뷰에 대해서 수행되어야 한다. 반면에 교수에 의해서 실행된 질의는 다른 뷰를 사용해야 할 것이다. 결과적으로 응용 프로그램을 개발하는 과정이 더욱 복잡하게 된다.

권한 부여의 작업은 종종 SQL의 권한 기능을 이용하지 않고 응용 프로그램에서 전적으로 진행된다. 사용자는 특정 인터페이스에 접근해서 특정 데이터를 보거나 데이터를 갱신하기 위해서 응용 프로그램 수준에서 권한을 부여받는다.

이러한 응용 프로그램 수준에서 권한을 부여하는 것은 응용 프로그램 개발자에게는 유연성을 제공하지만 역시 문제점이 존재한다.

---

6 Oracle에서 JDBC를 이용한 연결의 경우, OracleConnection.setClientIdentifier(userId) 함수를 이용해서 최종 사용자의 식별자를 사용할 수 있다. 그리고 사용자의 식별자를 얻기 위해서는 SQL query에서 sys_context('USERENV', 'CLIENT_IDENTIFIER') 함수를 사용하면 된다.

7 데이터베이스 시스템은 대용량 릴레이션을 처리하기 위해서 만들어졌다. 하지만 전체적인 성능 향상을 위해서 사용하는 뷰와 같은 스키마 정보는 어느 정도 작은 데이터를 위해서 만들어진 것이다.

- 권한을 검사하기 위한 소스 코드는 응용 프로그램의 나머지 소스 코드와 뒤섞인다.
- 응용 프로그램 소스 코드로 권한 부여를 구현하는 것은 SQL로 선언적으로 권한을 기술하는 것보다 허점이 있을 가능성이 높다. 응용 프로그램 중 하나가 부주의로 인해 권한을 검사하지 못하면, 권한이 주어지지 않은 사용자가 기밀 자료에 접근할 수 있다.

모든 응용 프로그램이 필요한 권한 검사를 모두 수행하는지 검증하기 위해서는 응용 프로그램 서버의 소스 코드를 자세히 살펴봐야 한다. 하지만 대형 시스템에서 이는 만만치 않은 일이다. 다시 말하면, 응용 프로그램은 매우 큰 표면적을 가지고 있어서 응용 프로그램을 보호하는 것을 더욱 어렵게 만든다. 사실 이러한 보안의 허점은 실생활에서 사용되는 응용 프로그램에서 많이 발견되고 있다.

반대로 데이터베이스가 세부적인 미세 단위의 인증을 직접 제공한다면 인증 정책은 훨씬 더 작은 표면적을 가지고 있는 SQL 수준에서 명시되고 강화될 수 있을 것이다. 응용 프로그램의 몇몇 인터페이스가 우연히 권한 검사를 빠뜨렸다고 해도, SQL 수준의 권한 검사가 허가받지 않은 작업의 수행을 방지할 것이다.

4.7.7절에서 살펴봤지만, 일부 데이터베이스 시스템은 미세 단위의 권한 부여 방법을 제공한다. 예를 들어, Oracle의 **VPD(Virtual Private Database)**는 릴레이션에 함수를 연관 짓는 기능을 제공한다. 여기서 함수는 특정 릴레이션을 포함하는 모든 질의에 추가되어야 할 조건을 반환한다(갱신 중인 릴레이션에 대해 서로 다른 함수가 정의될 수 있다). 예를 들어, 현재 사용자의 식별자를 얻기 위한 함수를 사용한다면 *takes* 릴레이션의 함수는 다음과 같은 조건을 출력할 것이다.

$$ID = sys\_context.user\_id()$$

이러한 조건은 *takes* 릴레이션을 사용하는 모든 질의의 **where** 절에 추가된다. 응용 프로그램이 *user_id* 값을 학생의 *ID*로 연결시킨다면, 결과적으로 각 학생은 자신이 들었던 수업에 관한 튜플만 볼 수 있게 된다.

4.7.7절에서 논의했지만, 위에 언급된 것처럼 조건을 추가하는 방법은 질의의 의미를 바꿀 가능성이 있다는 단점이 있다. 예를 들어, 사용자가 대학교의 모든 수업의 평균 학점을 보기 위한 질의를 사용했을 때, 실제적인 결과는 모든 수업이 아닌 사용자의 평균 학점이 나오게 된다. 비록 새롭게 생성된 질의에 대해서 시스템이 알맞은 결과를 출력한 것은 맞지만, 사용자가 원래 의도했던 질의와는 일치하지 않게 된다.

PostgreSQL 및 Microsoft SQL Server는 Oracle의 VPD와 유사한 행 수준의 권한 부여(row-level authorization) 기능을 제공한다. Oracle의 VPD와 PostgreSQL 및 SQL Server의 행 수준의 권한 부여에 대한 자세한 사항은 온라인으로 제공되는 시스템 사용자 설명서를 참고하라.

9.8.6 감사 추적

감사 추적(audit trail)은 데이터베이스에 대한 모든 변경(삽입/삭제/갱신)에 대한 로그로서, 어떤 사용자가 변경을 수행했고, 언제 변경이 수행되었는지에 대한 정보를 포함한다. 응용 프로그램의 보안이 뚫리거나, 보안이 뚫리지는 않았지만 오류를 일으키는 갱신이 발생한 경우, 감사 추적을 이용해서 어떤 일이 일어난 것인지, 이러한 작업을 누가 실행한 것인지 알 수 있다. 뿐만 아니라, 보안의 틈이 생기거나 오류를 포함한 갱신이 일어난 경우 이러한 피해를 수정하는 데 도움을 줄 수 있다.

예를 들어, 특정 학생의 학점이 잘못된 경우 감사 로그를 통해 성적이 언제 어떻게 갱신되었는지 알 수 있을 뿐 아니라 어떤 사용자가 갱신했는지도 알 수 있다. 감사 추적 정보를 이용해서 해당 사용자가 수행한 갱신을 따라가면서 어느 곳에서 잘못된 갱신이 일어났는지 찾아서 수정할 수 있다.

감사 추적은 사용자의 계정이 노출되어 불법 침입자가 접근한 경우 보안의 허점을 찾는데 이용될 수 있다. 예를 들어, 사용자가 로그인할 때마다 이전에 로그인했을 때 수행되었던 모든 감사 추적에 대한 정보를 받을 수 있다. 이러한 정보 중에서 사용자가 행하지 않은 갱신이 존재하는 경우 계정이 노출되었다는 것을 알 수 있다.

릴레이션 갱신에 대해 적절한 트리거를 정의해 두고, 사용자 이름이나 시간을 식별하는 시스템 정의 변수를 사용함으로써 데이터베이스 수준의 감사 추적을 생성할 수 있다. 하지만 대부분의 데이터베이스 시스템은 사용하기 더욱 간편한 감사 추적 생성 방식을 내장하고 있다. 감사 추적을 생성하는 구체적인 방법은 데이터베이스 시스템마다 서로 다르므로, 구체적인 방법을 알고 싶다면 데이터베이스 시스템 설명서를 참조해야 한다.

데이터베이스 수준의 감사 추적은 응용 프로그램의 최종 사용자가 누구인지 알 수 없으므로 응용 프로그램에서 사용하기에는 적절하지 못하다. 더욱이 갱신은 상위 개념인 비즈니스 로직 수준에서 기록되는 것이 아니라 하위 개념인 릴레이션의 튜플의 갱신으로 기록되기 때문이다. 그래서 응용은 일반적으로 프로그램의 특정 작업이 누구에 의해서 실행되었는지, 어떤 IP 주소에서 요청이 시작되었는지 등의 상위 개념의 감사 추적을 생성하고 기록한다.

이와 관련된 문제점은 응용 프로그램의 보안 허점을 알아차린 사용자가 감사 추적 자체를 수정하거나 삭제하는 것을 방지하는 것이다. 가능한 해결책 중 하나는 감사 추적을 여러 장치에 저장해 두는 것이다. 감사 추적이 발생하자마자 다른 여러 곳에 복사함으로써 불법 침입자를 막는 것이다. 더 견고한 해결책은 26장에서 설명할 블록체인 기술을 이용하는 것이다. 블록체인 기술은 여러 기계에 로그를 저장하고 침입자가 추적당하지 않고 데이터를 수정하고 삭제하는 것을 매우 어렵게 만드는 해싱 기술을 사용한다.

9.8.7 사생활 보호

온라인상에서 얻을 수 있는 개인 정보의 양이 점점 증가함에 따라 자료의 프라이버시에 대한 사람들의 염려는 점점 더 커지고 있다. 예를 들면, 사람들은 자신의 의료 기록이 일반 대중에 공개되는 것을 원치 않는다. 그러나 의료 기록은 환자를 다루는 의사와 응급 의료 기술자에게 공개되어야 한다. 많은 국가가 언제, 누구에게 자료가 공개되어야 하는가를 법으로 규정하고 있다. 사생활 침해는 여러 국가에서 형사 처벌 대상이다. 따라서 이러한 사적인 자료에 접근하는 응용 프로그램은 사생활 보호법을 염두에 두고 신중히 작성되어야 한다.

개인 자료의 통계는 약의 부작용 검사나 전염병 확산 조사 등에 중요한 역할을 한다. 현실적으로 개개인의 사생활을 침해하지 않고 이러한 자료를 연구자에게 어떻게 제공할 것인가 하는 문제는 매우 중요하다. 한 예로 어떤 병원이 환자의 이름은 숨긴 채 환자의 생년월일과 우편번호(둘 다 연구자에게 유용하다)를 연구자에게 제공한다고 가정하자. 대부분의 경우, 외부 데이터베이스의 정보를 이용하여 이 두 가지 정보만으로 환자를 유일하게 식별할 수 있으므로 환자의 사생활이 침해받을 수 있다. 이러한 상황에 대한 한 가지 해결책은 생년월일 대신 태어난 연도만 제공하는 것이다. 이렇게 해도 연구자에게는 큰 문제가 없을 것이고 주어진 정보를 이용해 개개인을 유일하게 식별하는 것은 불가능할 것이다.[8]

또 다른 예로 웹 사이트는 종종 주소, 전화번호, 전자우편, 신용카드 등의 개인 정보를 수집한다. 상점에서 물건 구매와 같은 트랜잭션을 수행하는 데 이러한 정보가 필요할 것이다. 하지만 고객은 개인 정보가 다른 조직에 공개되는 것을 원하지 않고, 신용카드 번호와 같은 일부 정보는 보안 결함으로 권한이 없는 사람의 손에 넘어가는 것을 방지하기 위해 일정 기간 후 지워지는 것을 원한다. 많은 웹 사이트는 고객이 개인 정보 보호 환경을 설정할 수 있도록 허용하고 있다.

9.9 암호화와 응용

암호화는 복호화 과정을 거치지 않으면 알아볼 수 없는 형태로 데이터를 전송하는 과정을 의미한다. 암호화 알고리즘은 암호화 키를 이용해서 암호화 과정을 진행하고, 복호화 키를 이용해서 복호화를 진행한다. 사용된 암호화 알고리즘에 따라 복호화 키가 암호화 키와 같을 수 있다.

가장 처음으로 암호화가 사용된 것은 메시지를 전달하기 위해서였다. 메시지를 보내는 사람과 받는 사람만이 알고 있는 비밀 키를 이용했다. 메시지가 중간에 적에게 노출되더라도 비밀 키를 모르는 적은 메시지를 해석하고 이해할 수 없었다. 오늘날에는 응용 프로그램이 인터넷이나 휴대전화 네트워크를 통해서 데이터를 보낼 때 데이터를 보호하기 위해서 사용되고 있다. 9.9.3절에서 인증과 같은 다른 분야에서 암호화가 사용되는 것에 대해서 다룰 것이다.

데이터베이스 관점에서 암호화는 데이터를 안전한 방법으로 저장하는 데 쓰인다. 가령 노트북에 담겨 있는 데이터를 허가받지 않은 사용자에게 도난당했을 때 복호화 키가 없으면 데이터에 접근할 수 없도록 한다.

오늘날 많은 데이터베이스는 신용카드, 이름, 지문, 서명, 주민등록번호와 같은 중요한 고객 정보를 저장한다. 이러한 데이터에 접근할 수 있는 권한을 얻은 악의적인 사용자가 이러한 정보를 사용해서 물건을 사거나, 다른 사람의 정보로 신용카드를 발급받는 것과 같은 범죄를 저지를 수 있다. 신용카드 회사와 같은 기관에서 상품의 결제나 서비스를 요청하는 사람의 신분을 증명하기 위해서 개인적인 정보를 사용한다. 이러한 개인 정보가 누출되는 경우, 범죄자가 신분을 숨기고 물건을 사거나 서비스를 받을 수 있다. 이러한 행위를 **신분 절도**(identity theft)라고 한다. 이처럼 중요한 정보를 저장하는 응용 프로그램은 악의적인 사용자로부터 정보를 보호하는 데 노력을 기울여야 한다.

---

8 매우 나이가 많은 사람들의 경우 희소성으로 인해 이들이 태어난 해와 우편번호만으로도 개개인을 식별할 수 있을 위험이 있다. 이 경우 실제 나이 대신 값의 범위(예를 들어, 90세 이상)를 제공하면 된다.

많은 국가에서 중요한 정보가 노출될 가능성을 줄이기 위해, 중요한 정보를 저장하는 모든 데이터베이스는 데이터를 암호화해서 저장하도록 법으로 정하고 있다. 데이터를 보호하지 않은 기업은 데이터가 누출되었을 때 법적인 책임을 지도록 되어 있다. 이처럼 암호화는 중요한 데이터를 저장하는 모든 응용 프로그램에서 치명적인 부분이다.

9.9.1 암호화 기술

자료를 암호화하는 데에는 아주 많은 기술이 사용된다. 간단한 암호화 기술은 권한을 갖지 않은 사용자가 코드를 쉽게 해독할 수 있기 때문에 적절하지 않다. 간단한 암호화의 예로, 각 문자를 알파벳에서 다음에 나오는 문자로 대체하는 것을 생각해 보자. 이 경우

Perryridge

는 다음과 같이 된다.

Qfsszsjehf

권한이 없는 사용자가 "Qfsszsjehf"만을 본다면, 그는 정보가 충분하지 않아 코드를 해독할 수 없을 것이다. 하지만 침입자가 암호화된 지점명을 많이 보게 된다면, *E*는 영어 문장에서 가장 많이 사용되는 문자이고 그다음은 *T*, *A*, *O*, *N*, *I* 순이라는 식으로 문자의 상대적인 빈도에 관한 통계 자료를 이용하여 어떻게 대체가 이루어졌는지 추측할 수 있다.

좋은 암호화 기술은 다음의 특징을 가진다.

- 권한을 가진 사용자에게는 자료의 암호화와 복호화가 상대적으로 단순하다.
- 좋은 암호화 기술은 알고리즘을 비밀로 하는 것보다는, 데이터를 암호화하는 알고리즘의 변수인 **암호화 키**(encryption key)에 달려 있다. **대칭 키**(symmetric-key)를 이용한 암호화 방법에서 암호화 키가 복호화하는 데도 사용된다. 반대로 **공개 키**(public-key) 혹은 **비대칭 키**(asymmetric-key)를 이용한 암호화 방법에서 데이터를 암호화하고 복호화할 때 공개 키와 비밀 키가 모두 사용된다.
- 좋은 암호화 기술의 복호화 키는 침입자가 암호화된 데이터를 보더라도 알아내기가 매우 어려워야 한다. 비대칭 키를 이용한 암호화의 경우 공개 키를 가지고 있다고 해도 그것을 통해서 비밀 키를 알아내는 것은 매우 어렵다.

AES(**Advanced Encryption Standard**)는 2000년에 미국 정부에 의해서 표준화된 대칭 키 암호화 알고리즘이고 현재 많이 사용되고 있다. 이 표준은 알고리즘의 개발자인 V. Rijmen과 J. Daemen의 이름을 딴 **Rijndael 알고리즘**(Rijndael algorithm)을 기반으로 하고 있다. 이 알고리즘은 데이터의 암호화가 128비트 단위로 수행되고 키는 128, 192, 256비트 길이를 가질 수 있다. 이 알고리즘은 복호화할 때 복원 가능한 방법으로 데이터 블록 안에 있는 비트를 뒤섞기 위한 몇 가지 단계를 거친다. 암호화 과정에서 암호화 키로부터 얻어 낼 수 있는 128비트의 라운드 키(round key)를 이용해서 XOR 연산을 수행한다. 각 데이터 블록을 암호화하기 위해서 매번 새로운 라운드

드 키가 암호화 키로부터 생성된다. 복호화 과정에서 암호화 키를 이용해서 라운드 키가 다시 생성되고 암호화 과정을 거꾸로 거침으로써 원본 데이터를 복원하게 된다. 이전에는 1977년에 적용된 *DES*(Data Encryption Standard)라고 하는 암호화 알고리즘이 많이 사용되었다.

대칭 키 암호화 기법을 수행하기 위해서는 권한을 가진 사용자가 안전한 기법으로 암호화 키를 제공받아야 한다. 이와 같은 조건은 이러한 암호화 기법의 주된 약점인데, 그 이유는 이 기법의 보안성이 암호화 키 전송 방식의 보안성보다 높을 수 없기 때문이다.

공개 키 암호화(public-key encryption)는 이러한 공개 키 암호화 기술에서 문제가 되는 것을 피하기 위한 대안이다. 이것은 공개 키와 개인 키 두 개의 키를 기반으로 한다. 각 사용자 U_i는 공개 키 E_i와 개인 키 D_i를 가진다. 모든 공개 키는 공개되어 누구든지 볼 수 있다. 각 개인 키는 키를 소유한 한 명의 사용자만 알고 있다. 만약 사용자 U_1이 자료를 저장하고 싶다면, U_1은 공개 키 E_1을 이용하여 암호화한다. 복호화하기 위해서는 개인 키 D_1이 필요하다.

각 사용자에 대한 암호화 키는 공개되어 있으므로, 이 기법을 이용하여 안전하게 정보를 교환하는 것이 가능하다. 만약 사용자 U_1이 U_2와 자료를 공유하고 싶다면, U_1은 U_2의 공개 키인 E_2를 이용해 자료를 암호화한다. 오직 U_2만 어떻게 복호화할지를 알기 때문에 정보가 안전하게 전송된다.

공개 키 암호 기법이 수행되기 위해서는, 주어진 공개 키를 이용해서 비밀 키를 유추하는 것이 불가능하거나 매우 어려워야 한다. 이러한 기법은 다음 조건에 기반을 두고 있다.

- 어떤 수가 소수인지 아닌지 검사하는 효율적인 알고리즘이 있다.
- 어떤 수의 소인수를 찾는 효율적인 알고리즘이 알려지지 않았다.

이러한 기법을 위해 자료는 정수들의 집합으로 다뤄진다. 큰 소수인 P_1과 P_2를 곱해 공개 키를 만든다. 개인 키는 (P_1, P_2)의 쌍으로 이루어진다. 공개 키 P_1P_2만 알고 있으면 복호화 알고리즘을 사용할 수 없다. 그러기 위해서는 P_1과 P_2의 값을 알아야 한다. 공개된 것은 P_1P_2이기 때문에 권한이 없는 사용자가 자료를 훔치기 위해서는 P_1P_2를 인수분해해야 한다. P_1과 P_2를 충분히 큰 값(100자리 이상)으로 선택하면, 인수분해하는 데 걸리는 시간을 현실적으로 불가능할 정도로 높게(가장 빠른 컴퓨터로도 1년 이상 걸리도록) 만들 수 있다.

공개 키 암호화에 대한 자세한 내용과 위 성질에 대한 수학적인 증명은 참고문헌을 참고하기 바란다.

이러한 기법에 의한 공개 키 암호화는 안전하긴 하나 계산 비용이 높다. 안전한 통신을 위해서 다음과 같은 혼합적인 기법이 사용된다. AES와 같은 대칭 키는 무작위로 생성되어 공개 키 암호화 기술을 사용한 안전한 방법에 의해서 교환된다. 데이터를 전달하는 데에는 그 키를 이용한 대칭 키 암호화 방법이 사용된다.

식별자나 이름과 같은 작은 값의 경우 **사전 공격**(dictionary attack)이 가능하므로 암호화가 더욱 복잡해지며 특히 암호화 키가 공개되어 있을 경우 그러하다. 예를 들이, 생년월일 필드가 암호화되어 있다면, 암호화된 값 *e*를 복호화하려는 공격자는 *e*를 찾을 때까지 모든 가능한 생년월일을 암호화해 볼 수도 있다. 암호화 키가 공개되어 있지 않은 상황에서도 날짜나 우편번호의 경우, 데이터 분포에 대한 통계적 정보가 사용될 수 있다. 예를 들어, 데이터베이스에 저장된 평균 나이가 18세라면, 18세를 암호화한 데이터가 가장 많이 나타날 것이다.

사전 공격을 방지하기 위해서는 암호화하기 전에 여분의 무작위 비트를 값에 추가하고 복호화 후 이를 제거하면 된다. AES에서 **초기화 벡터**(initialization vector)라고 부르고, 다른 곳에서 *salt* 비트로 부르기도 한다. 이러한 여분의 비트는 사전 공격을 잘 방어할 수 있다.

9.9.2 데이터베이스의 암호화 지원

오늘날 많은 파일 시스템과 데이터베이스 시스템이 자료 암호화를 지원하고 있다. 암호화를 통해 자료에 접근할 수 있지만 복호화 키에는 접근할 수 없는 사용자로부터 자료를 보호할 수 있다. 파일 시스템 암호화의 경우 파일에 대한 정보를 담고 있는 디렉터리와 대용량 파일이 주로 암호화의 대상이 된다.

데이터베이스의 경우, 서로 다른 여러 단계에서 암호화가 가능하다. 최하위 단계에서 데이터베이스 시스템이 사용 가능한 키를 이용해 자료를 포함한 디스크 블록을 암호화할 수 있다. 디스크로부터 블록을 가져올 때 복호화 수행 후 일반적인 방식으로 자료를 사용할 수 있다. 이러한 디스크 블록 단위 암호화는 디스크 내용에 접근할 수는 있으나 암호화 키에는 접근할 수 없는 공격자로부터 자료를 보호해 준다.

상위 단계에서 릴레이션의 특정 속성을 암호화된 형태로 저장할 수 있다. 이러한 경우, 릴레이션의 각 속성마다 서로 다른 암호화 키를 가질 수 있다. 오늘날 많은 데이터베이스 시스템이 특정 속성 수준의 암호화뿐 아니라, 전체 릴레이션 혹은 데이터베이스의 모든 릴레이션 수준의 암호화도 제공하고 있다. 특정 속성의 암호화는, 응용 프로그램이 신용카드 번호와 같이 중요한 정보를 담고 있는 속성만 암호화할 수 있도록 함으로써 복호화의 부담을 최소화한다. 하지만 각 속성이나 릴레이션이 암호화될 때, 데이터베이스는 일반적으로 주 키나 외래 키 속성은 암호화할 수 없도록 하고, 암호화된 속성에 대한 인덱스는 제공하지 않는다. 전에 언급한 바와 같이 사전 공격을 방지하기 위해서는 여분의 무작위 비트가 필요하다.

암호화된 데이터에 접근하기 위해서는 복호화 키가 필요하다는 것은 명백하다. 속성 수준의 암호화에서 모든 데이터를 암호화하는 데 하나의 암호화 키만 사용할 수도 있고, 각 속성마다 서로 다른 암호화 키를 사용할 수도 있다. 이러한 경우에 서로 다른 속성에 대한 복호화 키는 파일 혹은 지갑(wallet)이라고 불리는 릴레이션의 형태로 저장된다. 이러한 지갑 역시 마스터 키(master key)를 사용해서 암호화한다.

암호화된 속성에 접근하려는 데이터베이스로의 연결에는 마스터 키가 필요하다. 마스터 키가 제공되지 않으면 그 연결은 암호화된 데이터에 접근할 수 없을 것이다. 일반적으로 마스터 키는 다른 컴퓨터의 응용 프로그램에 저장되어 있거나 데이터베이스 사용자가 암기하고 있고, 데이터베이스에 연결을 시도할 때 사용하게 된다.

데이터베이스 수준의 암호화 방식은 비교적 시간과 공간 오버헤드가 낮고 응용 프로그램을 수정할 필요가 없다는 장점이 있다. 예를 들어, 휴대용 컴퓨터의 데이터베이스에 있는 자료를 악의적인 사용자로부터 보호할 필요가 있을 때 이러한 암호화 기법을 사용할 수 있다. 데이터베이스 소프트웨어가 재시작될 때마다 사용자는 복호화 키를 입력해야 한다. 이와 유사하게 데이터베이스 백업 테이프에 접근할 수 있는 사람도 복호화 키를 모르면 그 안의 자료에는 접근할 수 없어야 한다.

데이터베이스에서 암호화를 수행하는 또 다른 방법은 자료가 데이터베이스에 도달되기 **전**에 암호화를 하는 것이다. 응용 프로그램은 자료를 데이터베이스에 보내기 전에 암호화하고 데이터가 요청되었을 때 복호화해야 한다. 데이터베이스 시스템에서 수행되는 암호화와는 다르게 이러한 방법은 응용 프로그램의 수정이 필요하다.

9.9.3 암호화와 인증

비밀번호 기반의 인증은 데이터베이스뿐만 아니라 운영체제에 이르기까지 널리 사용된다. 그렇지만 비밀번호는 특히 네트워크 환경에서 단점을 가진다. 만약 악의적인 사용자가 네트워크를 통해 보내지는 데이터를 중간에 가로챌 수 있다면 네트워크를 통해서 보내지는 비밀번호를 찾을 수 있을 것이다. 일단 악의적인 사용자가 정상 사용자의 이름과 비밀번호를 가지게 되면 데이터베이스에 접속해 정당한 사용자인 것처럼 가장할 수 있다.

더욱 안전한 보안 기법은 **시도-응답**(challenge-response) 시스템을 포함한다. 데이터베이스 시스템은 시도 문자열을 사용자에게 보낸다. 사용자는 비밀번호를 암호화 키로 사용하여 시도 문자열을 암호화하고 그 결과를 반환한다. 데이터베이스 시스템은 사용자의 신원을 확인하기 위해 그 문자열을 같은 비밀번호를 이용해 복호화하고, 그 결과가 원래의 시도 문자열과 동일한지 비교한다. 이 기법은 비밀번호가 네트워크상에서 돌아다니지 않는다는 것을 보장할 수 있다.

시도-응답 시스템에서 공개 키 시스템을 암호화에 사용할 수 있다. 데이터베이스 시스템이 사용자의 공개 키를 이용하여 시도 문자열을 암호화하고 사용자에게 보낸다. 사용자는 자신의 개인 키를 이용해서 복호화하고 그 결과를 데이터베이스 시스템에 반환한다. 데이터베이스 시스템은 응답을 검사한다. 이 기법은 시스템 관리자가 볼 수 있는 비밀번호가 데이터베이스에 저장되지 않는다는 추가적인 장점을 갖는다.

개인용 컴퓨터인 경우에도 사용자의 개인 키를 컴퓨터에 저장할 때 컴퓨터가 무력화되면 키가 공격자에게 노출되어 공격자가 사용자 행세를 할 수 있는 위험이 있다. **스마트카드**(smart card)는 이러한 문제점을 해결해 준다. 스마트카드에서 키는 내장된 칩에 저장된다. 스마트카드의 운영체제는 키가 절대로 노출되지 않도록 보장해 주는 동시에 사용자에게 받은 자료를 개인 키를 이용하여 암호화하거나 복호화한다.[9]

9.9.3.1 전자 서명

공개 키 암호화에 대한 또 다른 흥미로운 응용은 자료를 인증하기 위한 **전자 서명**(digital signature)이다. 전자 서명은 문서에 대한 물리적인 서명의 역할을 전자적으로 수행한다. 개인 키는 데이터를 암호화하는 "서명"에 사용되고, 서명된 자료는 공개된다. 누구든지 공개 키를 이용해서 데이터를 복호화함으로써 서명을 검증할 수 있지만, 개인 키 없이는 누구도 서명된 자료를 생성할 수 없다(이 방법에서 공개 키와 개인 키의 역할이 서로 바뀌었음을 알 수 있다). 따라서 자료가 실제로 그

---

9 이 단원과는 관련이 없지만 스마트카드는 이 밖에도 전자 화폐, 현금 지불 등의 기능을 제공한다.

것을 생성했다고 주장하는 사람에 의해 생성되었음을 확인함으로써 자료를 **인증**할 수 있다.

또한 전자 서명은 **부인 방지**(nonrepudiation)를 보장한다. 즉 자료를 생성한 사람이 나중에 그것을 생성하지 않았다고 주장하는 경우(수표에 서명하지 않았다는 주장과 전자적으로 상응하는 것), 분명히 그 사람이 자료를 생성했다는 것(다른 사람에게 개인 키가 누출되지 않았다면)을 증명할 수 있다.

9.9.3.2 전자 인증서

일반적으로 인증은 두 개체가 상대방에게 자신을 증명하는 양방향 과정이다. 이러한 상호 인증은 클라이언트와 웹 사이트 간에도 필요한데 그 이유는 악의적인 사이트가 정상적인 웹 사이트인 것처럼 위장하는 것을 막기 위해서다. 예를 들면, 네트워크 라우터가 무력화되고 악의적인 사이트로 자료의 경로가 재조정(re-route)되면 이러한 위장이 이루어질 수 있다.

사용자가 자신이 믿을 만한 웹 사이트와 상호작용하는지 확신하려면 사이트의 공개 키를 가져야 한다. 문제는 사용자가 어떻게 공개 키를 얻느냐 하는 점이다. 공개 키가 웹 사이트에 저장되어 있으면 악의적인 사이트가 다른 키를 제공할 수 있고, 그러면 사용자는 제공된 공개 키가 믿을 만한지 검증할 방법이 없다. 인증 문제는 공개 키가 잘 알려진 인증 기관의 서명을 받은 공개 키를 이용하는 **디지털 인증서**(digital certificate) 시스템으로 해결할 수 있다. 예를 들면, 루트 인증서 발급 기관의 공개 키는 표준 웹 브라우저에 저장된다. 이 기관의 인증서는 저장된 공개 키를 사용하여 검증될 수 있다.

2단계 시스템은 루트 인증서 발급 기관에 인증서 생성 부담을 과도하게 부과하므로 이 방법 대신 하나 이상의 루트 인증서 발급 기관이 있고 그 아래에 여러 인증서 발급 기관이 트리 구조로 존재하는 다단계 시스템이 사용된다. 루트를 제외한 각 기관은 부모의 전자 인증서를 갖는다.

인증 기관 A가 발급한 전자 인증서는 공개 키 K_A와, K_A를 이용하여 복호화될 수 있는 암호화된 텍스트 E로 구성된다. 암호화된 텍스트는 인증서 소유자와 그의 공개 키 K_C를 포함한다. 인증 기관 A가 루트 인증 기관이 아닌 경우에는 암호화된 텍스트는 A의 부모 인증 기관이 A에게 발급한 전자 인증서도 포함한다. 이 인증서는 K_A 자체를 인증한다(물론 이 인증서는 또 다시 그의 부모 기관으로부터 발급받은 인증서를 포함하고 있을 수 있다).

인증서를 검증하기 위해서는, 먼저 웹 사이트를 제공하는 기관의 이름을 추출하기 위해 암호화된 텍스트 E를 공개 키 K_A를 이용해 복호화한다. 만일 A가 루트 인증 기관이 아니면 E에 포함된 전자 인증서를 이용해 재귀적으로 공개 키 K_A를 검증한다. 이 과정은 루트 인증 기관이 발행한 서명에 도달할 때 종료된다. 인증서 검증 과정은 특정 사이트가 인증된 경로를 확립하고, 그 사이트의 이름과 인증된 공개 키를 제공한다.

악의적인 사이트가 다른 사이트 행세를 하는 것을 막기 위해서 전자 인증서가 널리 사용된다. HTTP 규약의 안전한 버전인 HTTPS 규약에서 사이트가 웹 브라우저에 자신의 전자 인증서를 제공하면 웹 브라우저는 사이트를 사용자에게 보여 준다. 사용자가 인증서를 수락하면 브라우저는 제공된 공개 키를 이용해 자료를 암호화한다. 악의적인 사이트가 인증서에 접근할 수는 있지만, 개인 키에는 접근할 수 없으므로 웹 브라우저가 보내는 자료를 복호화할 수 없다. 개인 키를 가진 진짜 사이트만 웹 브라우저가 보내는 자료를 복호화할 수 있다. 그런데 공개 키/개인 키 기법을 사용할 때의 암호화와 복호화 비용은 대칭 개인 키를 사용할 때의 암호화와 복호화 비용보다 훨씬 크다. 따라서 HTTPS 규약은 실제로는 인증 후 일회용 대칭 키를 생성하고, 해당 세션 동안 이 키로 자료를 암호화한다.

사용자를 인증하는 데에도 전자 인증서를 사용할 수 있다. 사용자는 자신의 공개 키가 포함되어 있고 믿을 만한 기관에 의해 서명된 인증서를 사이트에 제출해야 한다. 사용자의 공개 키를 시도-응답 시스템에 사용함으로써 해당 사용자가 대응되는 개인 키를 가졌는지 확인할 수 있으므로 사용자를 인증할 수 있다.

9.10 요약

- 1960년대부터 데이터베이스를 기반으로 사용자와 통신하는 응용 프로그램이 나타나기 시작했다. 응용 프로그램 구조는 시간이 지남에 따라 계속해서 진화해 왔다. 오늘날 대부분의 응용 프로그램은 웹 브라우저를 프런트엔드에, 데이터베이스를 백엔드에 사용하고, 그 사이에 응용 프로그램 서버를 사용한다.
- HTML은 하이퍼링크와 서식 기능을 묶은 인터페이스를 정의하는 기능을 제공하고 있다. 웹 브라우저는 웹 서버와 HTTP 규약을 통해서 통신한다. 웹 서버는 외부의 요청을 응용 프로그램에게 넘기고 그 결과를 다시 웹 브라우저에 되돌려줄 수 있다.
- 웹 서버는 원하는 기능을 구현하기 위해 응용 프로그램을 수행한다. 서블릿은 웹 서버 프로세스의 일부로서 동작하는 응용 프로그램을 작성하는 데 널리 쓰이는 방식이며, 웹 서버의 부하를 줄여 준다. 이 밖에도 웹 서버에 의해 해석되고 웹 서버의 일부로서 응용 프로그램 기능을 제공하는 서버 측 스크립트 언어가 많이 있다.
- 클라이언트 측에서 동작하는 스크립트 언어 중에서 JavaScript가 가장 널리 사용된다. JavaScript는 다양한 사용자 인터페이스를 웹 브라우저에 제공한다.
- 일반적으로 복잡한 응용 프로그램은 비즈니스 로직을 구현하는 모델, 제어 부분, 결과를 보여 주는 부분 등과 같은 계층 구조를 가진다. 이러한 구조는 객체-관계 매핑을 구현하는 데이터 접근 계층을 포함할 수 있다. 많은 응용 프로그램은 HTTP를 통한 함수의 호출을 위해서 웹 서비스를 구현하고 사용한다.
- 질의 결과를 캐싱하는 기술, 연결 풀과 같은 다양한 형태의 캐싱 기술, 병렬 처리 등의 기술은 응용 프로그램의 성능을 향상하기 위해서 사용되었다.
- 응용 프로그램 개발자는 보안에 주의를 기울여야 한다. 특히 악의적인 사용자의 SQL 삽입 공격, XSS 공격 등을 막아야 한다.
- SQL 권한 부여 방식은 권한의 부여 단위가 크고 많은 사용자를 처리해야 하는 응용 프로그램에 적용하기에는 한계가 있다. 오늘날 응용 프로그램은 데이터베이스 시스템의 외부에서 세부적인 미세 단위, 튜플 수준의 인증을 구현하고, 많은 응용 프로그램 사용자를 처리할 수 있도록 만들

어지고 있다. 튜플 수준의 접근 권한 부여 기법과 다수의 응용 프로그램 사용자를 다루는 방법을 제공하는 데이터베이스 확장이 개발되었지만 아직 표준화되지는 못했다.

- 데이터베이스 응용 프로그램에서 사생활 보호는 중요한 일이다. 많은 국가가 신용카드 번호, 의료 기록과 같은 몇 가지 종류의 정보 보호를 법으로 규정하고 있다.
- 암호화는 정보 보호와 사용자 인증 및 웹 사이트 인증에 주요한 역할을 한다. 대칭 키 암호화 방법과 공개 키 암호화 방법은 서로 대비를 이루지만 널리 사용되는 암호화 방법이다. 데이터베이스에 저장되어 있는 중요한 데이터의 암호화는 많은 국가에서 법으로 규정하고 있다.
- 암호화는 응용 프로그램과 웹 사이트에서 사용자의 인증, 전자 서명에서도 중요한 역할을 한다.

용어정리

- 응용 프로그램
- 데이터베이스의 웹 인터페이스
- HTML
- Hyperlinks
- Uniform resource locator(URL)
- 서식
- HyperText Transfer Protocol(HTTP)
- 비지속적 연결 규약
- 쿠키
- 세션
- 서블릿과 서블릿 세션
- 서버 측 스크립팅
- Java Server Pages(JSP)
- PHP
- 클라이언트 측 스크립팅
- JavaScript
- Document Object Model(DOM)
- Ajax
- 반응형 웹 앱
- 응용 프로그램 구조
- 표현 계층
- model-view-controller(MVC) 구조
- 비즈니스 로직 계층
- 데이터 접근 계층
- 객체-관계 매핑
- Hibernate
- Django
- 웹 서비스
- REST를 이용한 서비스
- 웹 응용 프레임워크
- 연결 풀
- 질의 결과 캐싱
- 응용 프로그램 보안
- SQL 삽입
- Cross-site scripting(XSS)
- Cross-site request forgery(XSRF)
- 인증
- 2단계 인증
- 중간자 공격
- 중앙 인증
- 통합 인증
- OpenID
- 권한
- Virtual Private Database(VPD)
- 감사 추적
- 암호화
- 대칭 키 암호화
- 공개 키 암호화
- 사전 공격
- 시도-응답
- 전자 서명
- 전자 인증서

실전문제

9.1 Java로 짠 프로그램이 C나 C++로 짠 프로그램에 비해 느림에도 불구하고 서블릿이 CGI로 짠 프로그램보다 성능이 좋은 이유는 무엇인가?

9.2 지속적 연결을 유지하는 규약과 비교해 비지속적 연결 규약의 장점과 단점을 서술하라.

9.3 부주의하게 만든 온라인 쇼핑몰을 위한 웹 응용 프로그램을 생각해 보자. 이 웹 사이트는 사용자에게 전송하는 웹 페이지에 숨겨진 서식(hidden form) 변수로 물건 가격을 보내고, 사용자가 서식을 제출하면 숨겨진 서식 변수에 있는 정보를 이용해서 고객의 결제 청구서를 계산한다. 이러한 구조의 허점은 무엇인가? (이러한 문제점이 확인되고 고쳐지기 전에 온라인 쇼핑몰에서 일부 사용자가 취약점을 발견한 실제 예가 있었다.)

9.4 주의 깊게 만들어지지 않은 또 다른 온라인 쇼핑몰을 위한 웹 응용 프로그램을 생각해 보자. 이 웹 사이트는 활성화된 세션이 있는지는 확인하지만, 사용자가 페이지에 접근할 수 있는지는 확인하지 않는다. 대신 그 페이지로의 링크가 허가된 사용자에게만 보이는지 확인한다. 이러한 방법의 약점은 무엇인가? (대학 입학 사이트에 허가되지 않은 페이지를 볼 수 있는 허점이 발견된 실제 예가 있었다. 하지만 이러한 불법 접근은 나중에 확인되었고, 이러한 정보에 접근한 사람들은 입학이 거부되었다.)

9.5 try-with-resources(try(...){...}) 문법을 이용해 JDBC 연결을 개방하는 것이 왜 중요한가?

9.6 웹 서버의 성능을 향상하기 위해 캐싱이 쓰일 수 있는 세 가지 방식을 논하라.

9.7 Linux와 Windows에서 실행 가능한 netstat 명령어는 컴퓨터의 활성화된 네트워크 접속을 보여 준다. 이 명령어를 사용해서 어떤 웹 페이지가 연결을 시작한 이후에 연결을 닫지 않는지, 연결 풀이 사용되고 있는지, 연결 풀로 연결을 반납하지 않는지를 어떻게 알아낼 수 있을지 설명하라. 연결 풀을 사용하는 경우에는 연결이 즉시 닫히지 않는다는 사실을 염두에 두어야 한다.

9.8 SQL 삽입의 취약성 확인에 대해서 다음 물음에 답하라.

a. 어떤 응용 프로그램이 문자열 입력에서 SQL 삽입에 취약한지 그렇지 않은지를 확인할 방법을 제안하라.

b. 다른 형태의 입력에서도 SQL 삽입이 일어날 수 있는가? 만일 그렇다면 그 방법의 취약성은 어떻게 확인해야 하는가?

9.9 데이터베이스의 릴레이션은 보안을 위해서 암호화된 일부 속성을 가질 수 있다. 데이터베이스 시스템이 암호화된 속성에 대해서 인덱스를 지원하지 않는 이유는 무엇인가? 이 질문에 대한 대답을 이용해서 데이터베이스 시스템이 주 키에 대해서 인덱스를 지원하지 않는 이유를 설명하라.

9.10 문제 9.9는 속성의 암호화에 대한 문제를 언급하고 있다. 하지만 일부 데이터베이스 시스템은 전체 데이터베이스의 암호화를 지원한다. 전체 데이터베이스를 암호하했을 때, 문제 9.9에서 발생한 문제를 어떻게 피할 수 있는지 설명하라.

9.11 누군가 한 회사를 사칭하여 인증서 부여 기관으로부터 인증서를 얻었다고 가정하자. 이 경우, 사칭당한 회사에 의해 인증된 재화(구매 주문서, 프로그램 등)와, 타 회사에 의해 인증된 재화에는

어떤 영향을 미치는가?

9.12 어떤 데이터베이스 시스템이든지 가장 중요한 데이터 항목은 데이터베이스에 대한 접근을 제어하는 비밀번호일 것이다. 비밀번호를 안전하게 저장하는 방법을 제안하라. 제안한 기법은 시스템에 접속하려는 사용자가 입력한 비밀번호를 반드시 검사할 수 있어야 한다.

연습문제

9.13 다음과 같이 매우 단순한 응용 프로그램을 위한 서블릿과 관련 HTML 코드를 작성하라. 사용자가 서식에 어떤 정숫값 *n*을 넣고 제출하면 그에 대한 응답으로 *n*개의 "*"로 이루어진 문자열을 받는다.

9.14 다음과 같이 단순한 응용 프로그램을 위한 서블릿과 관련 HTML 코드를 작성하라. 사용자가 서식에 어떤 정숫값 *n*을 넣고 제출하면 그에 대한 응답으로 예전에 *n*이 몇 번 제출되었는지를 얻는다. 단, 각각의 정수가 예전에 몇 번 제출되었는지는 데이터베이스에 저장되어야 한다.

9.15 데이터베이스에 저장된 사용자 이름과 암호를 기반으로 사용자를 인증하고 인증 후 *userid*라는 세션 변수를 설정하는 서블릿을 작성하라.

9.16 SQL 삽입 공격이란 무엇인가? 이 공격의 원리와 이 공격을 방어하기 위해 취해야 할 조치를 설명하라.

9.17 연결 풀 관리자를 의사 코드(pseudocode)로 작성하라. 작성된 의사 코드는 데이터베이스 연결 문자열, 사용자 이름, 암호를 인자로 받아 풀을 생성하는 함수와 풀에 연결을 요청하는 함수와 반환하는 함수, 그리고 연결 풀을 닫는 함수를 포함해야 한다.

9.18 CRUD와 REST에 관해서 설명하라.

9.19 오늘날 많은 웹 사이트는 Ajax를 이용한 세련된 사용자 인터페이스를 제공한다. 소스 코드를 보지 않고 Ajax를 사용했는지 알 수 있는 요소를 두 가지 언급하라. 이러한 요소를 이용해서 Ajax를 사용한 웹 사이트 세 곳을 찾아라. 페이지의 HTML 코드를 보면 Ajax를 사용했는지 알 수 있다.

9.20 XSS 공격

a. XSS 공격이란 무엇인가?

b. XSS 공격을 탐지하기 위해서 리퍼러 필드가 어떻게 사용될 수 있는가?

9.21 다단계(multifactor) 인증이란 무엇인가? 이러한 방법이 비밀번호 도난을 어떻게 보호할 수 있는가?

9.22 9.8.5절에서 언급한 Oracle의 Virtual Private Database(VPD)와 대학교 데이터를 기반으로 한 응용 프로그램을 살펴보자.

a. 각 교원이 *takes* 튜플 중에서 자신이 강의하는 과목에 대한 정보만 볼 수 있게 하려면 하위 질의를 이용한 어떠한 조건이 생성되어야 하는가?

b. 조건을 덧붙인 후의 질의 결과가 조건을 덧붙이기 전의 질의 결과의 부분집합이 되는 SQL 질의를 작성하라.

c. 조건을 덧붙인 후의 질의 결과가 조건을 덧붙이기 전의 질의 결과에 포함되지 않는 튜플을 포함하는 SQL 질의를 작성하라.

9.23 데이터베이스에 저장된 데이터를 암호화하는 것의 두 가지 장점은 무엇인가?

9.24 데이터베이스에서 *takes* 릴레이션에 대한 감사 추적을 생성하기 원한다고 가정하자.

a. 감사 추적 결과를 *takes_trail* 릴레이션에 저장하는 트리거를 정의하라. 기록되는 정보는 사용자 식별자(*user_id*( ) 함수가 이를 제공한다고 가정한다), 타임스탬프, 그리고 변화 전과 후의 값이다. *takes_trail* 릴레이션의 스키마도 제시하라.

b. 과연 위의 구현은 악의적인 데이터베이스 관리자(또는 관리자 암호를 획득한 자)에 의한 갱신도 감사 추적 결과에 들어 있음을 보장하는가? 그 이유는 무엇인가?

9.25 해커는 그들의 웹 사이트를 우리가 신뢰하는 사이트(은행이나 신용카드 사이트 등)로 착각하게 만들 수 있다. 그들은 위장된 전자우편을 보내거나, 네트워크 시설에 침투하여 예컨대 mybank.com 등의 사이트로 향하는 네트워크 트래픽의 경로를 해킹된 사이트로 재조정(re-route)한다. 해킹된 사이트에서 이름과 암호를 입력하면 그것은 사이트에 저장되고, 이후에 해커는 그것을 이용해 우리의 계정에 침투할 것이다. https://mybank.com과 같이 HTTPS 규약을 사용하는 URL을 이용하면 이러한 공격을 방어할 수 있다. 이 규약이 전자 인증서를 이용하여 사이트를 인증하는 방법을 설명하라.

9.26 인증에 사용되는 시도-응답 시스템을 설명하라. 이 방식이 전통적인 암호 기반 시스템보다 안전한 이유는 무엇인가?

프로젝트 제안

다음 프로젝트는 한 학기 동안 몇 명의 학생들이 수행할 만한 프로젝트다. 프로젝트의 난이도는 몇 가지 세부 기능을 추가하거나 삭제함으로써 조정될 수 있다.

프로젝트를 위해 HTML5를 사용하는 웹 프런트엔드 혹은 안드로이드나 iOS상에서 모바일 프런트엔드 형태로 진행할 수 있다.

프로젝트 9.1 Bebo, Blogger, Facebook, Flickr, Last.FM, Twitter, Wikipedia 등과 같이 사용자와 상호작용을 하는 웹 사이트 중에서 마음에 드는 웹 사이트를 하나 선택하라. 대부분 사이트는 대용량 데이터를 다루고 데이터를 저장하고 질의하기 위해서 데이터베이스를 사용할 것이다. 선택한 웹 사이트에서 제공하는 기능 중에서 몇 가지를 구현하라. 이러한 사이트에서 몇 가지 요소는 이 과목의 프로젝트 수준을 넘어서는 것일 수 있다. 하지만 이 과목의 프로젝트로 하기에 충분하고 구현이 가능한 재미있는 요소를 찾는 것은 가능하다.

오늘날 유명한 대부분의 웹 사이트는 세련된 인터페이스를 위해서 JavaScript를 아주 많이 사용한다. 처음에는 이러한 인터페이스를 만드는 데 시간이 오래 걸리기 때문에 프로젝트에서 이 부분을 쉽게 진행하고 싶을 수 있다. 시간이 허락한다면 좀 더 많은 요소를 인터페이스에 추가해 보자. 개발 속도를 향상하기 위해서는 응용 프로그램 개발 체계를 사용하거나, Yahoo User Interface 라이브러리와 같이 웹상에서 사용 가능한 JavaScript 라이브러리를 사용하라.

프로젝트 9.2 상호작용이 가능한 웹 사이트를 Google이나 Yahoo 지도에서 제공하는 API를 사용해서 메시업(mashup)으로 만들어 보라. 예를 들면, 지도 API는 웹 페이지에 여러 정보와 함께 지도를 출력할 수 있는 수단을 제공한다. 레스토랑의 장소, 요리, 가격대, 평점과 같은 정보를 사용자에게 제공하는 레스토랑 추천 시스템을 만들 수 있다. 사용자의 검색 결과를 지도 위에 보여 줄 수 있을 것이다. 사용자가 정보를 추가하거나 수정할 수 있고, 악의적인 갱신을 제거하는 중재자를 추가해서 Wikipedia와 같은 방식을 제공할 수도 있을 것이다. 친구들이 추천한 평점에는 가중치를 좀 더 주는 것과 같이 사회적인 요소도 추가할 수 있을 것이다.

프로젝트 9.3 대학교에서는 Moodle, Blackboard, WebCT와 같은 수업 관리 시스템을 사용한다. 이러한 수업 관리 시스템에서 제공하는 기능 중에서 몇 가지 요소를 구현해 보자. 예를 들면, 과제를 제출하고 점수를 매길 수 있는 과제 제출 시스템을 만들어 보자. 특정 과제의 점수에 대해서 학생, 교수, 조교가 함께 논의할 수 있는 기능을 추가할 수도 있다. 과제에 대한 피드백을 받거나 투표를 할 수 있는 기능을 추가할 수 있다.

프로젝트 9.4 6장의 문제 6.3의 E-R 스키마는 리그에 속한 팀에 관한 정보를 표현하고 있다. 자료를 입력하고 갱신하고 볼 수 있는 웹 기반 시스템을 설계 및 구현하라.

프로젝트 9.5 구매자가 물품을 쇼핑 카트에 넣은 뒤(각각의 아이템이 어떤 정보를 포함하는지는 학생이 결정한다) 함께 구매할 수 있도록 하는 쇼핑 카트 시스템을 설계 및 구현하라. 6장의 문제 6.21의 E-R 스키마를 이용해서 확장해도 무방하다. 물품이 구매 가능한지 검사해야 하며, 구매 가능하지 않은 물품은 적절히 처리해야 한다.

프로젝트 9.6 학생들의 등록과 학점 관련 정보를 기록하기 위한 웹 기반 시스템을 설계 및 구현하라.

프로젝트 9.7 과목 성과 정보를 기록할 수 있는 시스템을 설계 및 구현하라. 구체적으로는, 각각의 과제 및 시험 점수와 이 점수의 (가중치) 합인 과목 총점이 기록된다. 과제/시험 횟수는 미리 정의되어 있지 않다. 즉 아무 때나 과제/시험이 추가될 수 있다. 또한 학점 기준점을 입력받아 이를 바탕으로 학점을 매길 수 있어야 한다. 프로젝트 9.6을 구현하는 팀과 협력하여 통합 시스템을 만들 수도 있다.

프로젝트 9.8 웹 기반 강의실 예약 시스템을 설계 및 구현하라. 정기 예약(한 학기 동안 매주 정해진 날짜와 시간에 예약하는 것)을 지원해야 한다. 정기 예약된 강의를 취소할 수도 있어야 한다.

프로젝트 9.6을 구현하는 팀과 협력하여 통합 시스템을 만들어, 등록된 과목에 대해 강의실을 예약하고, 강의 취소나 추가 강좌가 생기면 강의실 예약에 곧 반영하고 학생들에게 전자우편으로 통보하는 등 통합된 인터페이스를 제공할 수도 있다.

프로젝트 9.9 온라인 객관식 시험 관리 시스템을 설계 및 구현하라. 강사와 조교가 문제를 출제할 수 있어야 하고, 관계자가 문제를 변경할 수 있어야 하며, 문제은행식으로 문제를 뽑을 수 있어야 한다. 온라인으로 시험을 관리할 수도 있어야 하는데, 시험은 모든 학생이 정해진 시각에 보거나, 각자 원하는 시각에 보되 정해진 제한 시간 동안 보도록 한다. 학기 말에 학생들은 자신의 학점에 대해 의견을 개진할 수 있다.

프로젝트 9.10 전자우편 고객 서비스를 관리하는 시스템을 설계 및 구현하라. 받은 편지는 공통된 장소로 이동하고, 고객 서비스 요원은 고객에게 답장을 보낸다. 요원과 고객 간의 일련의 회신 과정(편지의 in-reply-to 필드를 이용해 추적)에서, 고객의 편지에 대해 예전에 답장을 보낸 요원이 다시 답장을 보내기 편해야 한다. 요원이 고객의 편지에 회신하기 전에 그의 질문 내력을 확인할 수 있도록 시스템은 받은 편지와 그에 대한 답장을 추적할 수 있어야 한다.

프로젝트 9.11 계층적 카테고리로 구분된 품목이 있고, 이것을 판매 및 구매할 수 있는 전자 상점을 설계하고 구현하라. 다음과 같이 공지 서비스를 제공할 수도 있다. 사용자가 특정 카테고리에 속한 항목에 관심을 표명하거나 어떤 제약 조건을 지정하면, 그가 공개적으로 자신의 관심을 광고하지 않더라도 관심 품목이 시장에 나올 때 공지를 받는다.

프로젝트 9.12 웹 기반 스포츠 순위 관리 시스템을 설계 및 구현하라. 많은 사람이 등록하고 과거의 전적에 따라 초기 순위를 부여받는다. 누구든지 시합에 참여할 수 있고, 그 결과에 따라 순위가 조정된다. 간단한 순위 조정 방법은, 시합의 승자가 패자보다 낮은 순위를 가지고 있는 경우 승자에게 패자보다 높은 순위를 부여하는 것이다. 또는 이보다 더 복잡한 순위 조정 방법을 고안하여 사용해도 무방하다.

프로젝트 9.13 출판물을 보여 주는 시스템을 설계 및 구현하라. 시스템은 제목, 저자, 발행 연도, 출판사, 페이지 수 등 출판물에 관한 정보를 입력받는다. 여기서 저자는 이름, 기관, 부서, 전자우편, 주소, 홈페이지 등의 속성을 갖는 별도의 항목이어야 한다.

시스템은 같은 자료에 대해 여러 뷰를 제공해야 한다. 예를 들어, 특정 저자의 저서를 (예를 들어, 연도별로 정렬해서) 보여 준다든지, 특정 기관이나 부서에 속한 저자의 저서를 보여 줄 수 있어야 한다. 전체 데이터베이스에 대한 키워드 검색뿐만 아니라 각각의 뷰에 대한 검색도 가능해야 한다.

프로젝트 9.14 조직에서 종종 구성원들로부터 구조화된 정보를 수집한다. 예를 들어, 관리자는 사원들의 휴가 계획을 수집하고, 교수는 특정 주제에 대해 학생들의 견해를 수집하며, 어떤 행사를 계획하는 학생들은 다른 학생들로부터 참가 신청을 받는다. 또한 어떤 주제에 대해 온라인 투표가 행해지기도 한다.

사용자가 정보 수집 행사를 쉽게 생성할 수 있도록 해 주는 시스템을 작성하라. 행사 주최자는 누가 참가 자격이 있는지 정의해야 한다. 이를 위해 시스템은 사용자 정보를 유지하고, 일부 사용자를 정의하는 술어를 허용해야 한다. 행사 주최자는 사용자가 제공해야 하는 입력(자료형, 기본값, 유효성 검사 포함)을 지정할 수 있어야 한다. 행사는 마감 시간을 가지며, 정보를 제출하지 않은 사용자에게 독촉장이 발송된다. 행사 주최자는 자동으로 마감 시간을 특정 날짜/시간에 맞출 수도 있고, 시스템에 로그인해 마감 시간이 지났음을 선언할 수도 있다. 참가자들에 대한 통계 정보 생성이 가능해야 한다. 이를 위해 행사 주최자는 참가자들로부터 입력받은 정보에 대해 간단한 요약 정보를 생성할 수 있어야 한다. 행사 주최자는 요약 정보 중 일부를 행사 중(예: 응답자 수), 또는 행사 종료 후(예: 평가 점수 평균) 사용자에게 공개할 수 있다.

프로젝트 9.15 jQuery를 사용해서 웹 인터페이스 생성을 단순화하는 함수의 라이브러리를 작성하라. 최소한 다음 함수는 구현해야 한다. JDBC ResultSet을 표 형식으로 출력하는 함수, 여러 형식의 텍스트와 수를 입력받고, 클라이언트 JavaScript 코드로 입력 형식과 범위 등에 대한 유효성 검사를 수행하는 함수, 날짜와 시간을 입력받는 함수(기본값 있음), ResultSet에 따라 메뉴 항목을 생성하는 함수.

가산 점수를 위해서 색깔이나 폰트와 같은 스타일 매개변수를 입력받고 결과를 페이지로 나누어 표시하도록(숨겨진 서식 매개변수를 이용하여 어느 페이지가 표시될지 지정 가능) 한다. 이러한 함수의 사용법을 보여 주는 예제 응용 프로그램을 작성하라.

프로젝트 9.16 웹 기반 다중 사용자 달력 시스템을 설계 및 구현하라. 시스템은 주간 회의나 공동 행사(행사 주최자가 변경한 내용이 행사를 공유하는 사람들에게 반영됨)와 같은 여러 번 발생하는 행사(multioccurrence event)를 포함한 일정을 추적한다. 행사 주최자가 여러 사용자를 초청하는 다중 사용자 행사의 날짜를 잡는 인터페이스를 제공하라. 행사를 전자우편으로 공지하라. 가산 점수를 위해서는, 클라이언트 컴퓨터에서 실행되는 알림 프로그램이 사용할 수 있는 웹 서비스를 구현하라.

관련도구

웹 응용 프로그램 개발을 지원하는 통합 개발 환경이 몇 가지 있다. 가장 많이 쓰이는 공개 소프트웨어 통합 개발 환경은 IBM이 개발한 Eclipse(www.eclipse.org)와 Sun Microsystem이 개발한 NetBeans (netbeans.org)다. IntelliJ IDEA(www.jetbrains.com/idea/)는 학생, 교사 및 비상업적 오픈 소스 프로젝트를 위해서는 비용 없이 제공하고 있으며 가장 인기 있는 상업용 IDE다. Microsoft의 Visual Studio(visualstudio.microsoft.com)도 웹 응용 프로그램 개발을 지원한다. 모든 통합 개발 환경은 응용 서버와의 통합을 지원하며 IDE에서 직접 웹 응용을 실행시킬 수 있다.

Apache Tomcat(jakarta.apache.org), Glassfish(javaee.github.io/glassfish/), JBoss Enterprise Application Platform(developers.redhat.com/products/eap/overview/), WildFly(wildfly.org), Caucho의 Resin(www.caucho.com)은 서블릿과 JSP를 지원하는 응용 프로그램 서버다. Apache 웹 서버(apache.org)는 오늘날 가장 많이 사용된다. Microsoft의 IIS(Internet Information Services)는 Microsoft Windows 플랫폼에서 가장 많이 사용되는 웹 응용 프로그램 서버이며 Microsoft의 ASP.NET(msdn.microsoft.com/asp.net/)을 지원한다.

jQuery JavaScript 라이브러리 jquery.com은 상호 대화식 웹 인터페이스를 개발하는 데 가장 많이 사용되는 JavaScript 라이브러리다.

안드로이드 스튜디오(developer.android.com/studio/)는 안드로이드 앱을 개발하는 데 가장 많이 사용되는 IDE다. Apple의 XCode(developer.apple.com/xcode/)와 AppCode(www.jetbrains.com/objc/)는 iOS 앱을 개발하는 데 많이 사용되는 IDE다. Dart 언어에 기반한 Google의 Flutter 프레임워크(flutter.io)와 JavaScript에 기반한 Facebook의 React Native(facebook.github.io/react-native/)는 안드로이드와 iOS상에서 동시에 실행 가능한 응용 프로그램을 개발할 수 있는 크로스 플랫폼(cross-platform) 프레임워크다.

Open Web Application Security Project(OWASP)(www.owasp.org)는 응용 프로그램 보안과 관련된 기술 문서와 도구 등을 포함한 다양한 자원을 제공한다.

더 읽어보기

HTML 튜토리얼(www.w3schools.com/html)과 CSS 튜토리얼(www.w3schools.com/css)은 HTML 및 CSS 학습을 위한 좋은 자료다. Java Servlet에 대한 튜토리얼은 docs.oracle.com/javaee/7/tutorial/servlets.htm에서 확인할 수 있다. JavaScript 튜토리얼(www.w3schools.com/js)은 JavaScript를 학습하는 데 매우 좋은 자료다. JSON과 Ajax에 대한 설명은 JavaScript 튜토리얼에서 찾을 수 있다. jQuery 튜토리얼(www.w3schools.com/Jquery)은 jQuery를 사용하는 방법을 배울 수 있는 좋은 자료다. 이러한 튜토리얼은 추가적인 소프트웨어의 다운로드 없이 이 책의 예제 코드를 수정해서 브라우저에서 테스트해 볼 수 있도록 도와줄 것이다. .NET 프레임워크와 ASP.NET을 이용하여 웹 응용 프로그램을 개발하는 방법에 대해서는 msdn.microsoft.com을 참조할 수 있다.

Hibernate ORM과 Django(Django ORM 포함)에 대해서는 튜토리얼 사이트(hibernate.org/orm 및 docs.djangoproject.com)에서 더 많은 정보를 확인해 볼 수 있다.

Open Web Application Security Project(OWASP)(www.owasp.org)에서 OWASP 테스트 방법 및 심각한 보안 위험과 응용 프로그램 보안 검증 방법을 서술한 문서 등을 포함해서 다양한 기술 자료를 제공한다.

암호화 해시 함수 및 공개 키 암호화의 개념은 [Diffie and Hellman (1976)]과 [Rivest et al. (1978)]에서 소개되었다. 암호화에 대한 좋은 참고문헌은 [Katz and Lindell (2014)]이고, [Stallings (2017)]은 암호화와 네트워크 보안을 다루는 교재다.

참고문헌

[Diffie and Hellman (1976)] W. Diffie and M. E. Hellman, "New Directions in Cryptography", *IEEE Transactions on Information Theory*, Volume 22, Number 6 (1976), pages 644-654.

[Katz and Lindell (2014)] J. Katz and Y. Lindell, *Introduction to Modern Cryptography*, 3rd edition, Chapman and Hall/CRC (2014).

[Rivest et al. (1978)] R. L. Rivest, A. Shamir, and L. Adleman, "A Method for Obtaining Digital Signatures and Public-Key Cryptosystems", *Communications of the ACM*, Volume 21, Number 2 (1978), pages 120-126.

[Stallings (2017)] W. Stallings, *Cryptography and Network Security - Principles and Practice*, 7th edition, Pearson (2017).

크레딧

장 도입부 보트 사진: © Pavel Nesvadba/Shutterstock

PART 4

빅데이터 분석

전통적인 관계형 데이터베이스 응용은 구조화된 데이터를 기반으로 단일 기업에서 생산되는 데이터를 다룬다. 최신 데이터 관리 응용은 반드시 관계형일 필요가 없는 데이터도 종종 다룰 필요가 있다. 더욱이 이러한 응용은 단일 기업에서 생산하는 데이터보다 훨씬 많은 양의 데이터를 처리해야 할 필요가 있다. 10장에서 소위 빅데이터로 불리는 이러한 데이터를 관리하기 위한 기술을 살펴본다. 이 장에서 빅데이터 시스템을 사용하는 프로그래머 관점에서 빅데이터를 살펴볼 것이다. 빅데이터를 저장하기 위한 저장 시스템뿐만 아니라 맵리듀스 프레임워크, 대수 연산, 스트림 데이터, 그래프 데이터베이스를 포함하여 다양한 질의 처리 기술을 살펴본다.

빅데이터의 중요한 응용은 패턴 추론, 연관 관계 분석, 예측 모델 등과 같은 데이터 분석이다. 올바른 결정을 함으로써 얻는 경제적 이득은 잘못된 결정으로 인한 비용을 고려했을 때 상당히 크다. 그렇기 때문에 많은 기업은 데이터 분석을 위해 필요한 데이터를 수집 또는 구매하거나 시스템을 개발하는 데 상당히 많은 투자를 한다. 11장에서 일반적인 데이터 분석, 특히 과거 데이터를 사용하여 미래를 전망해 보고 예측하여 결정을 내림으로써 상당한 혜택을 얻을 수 있는 의사결정 작업을 주로 다룬다. 이 장에서 다루는 주제는 데이터 웨어하우징, 온라인 분석 처리, 데이터 마이닝을 포함한다.

Chapter 10

빅데이터

관계형 데이터베이스의 전통적인 응용은 구조화된 데이터에 기반하고 주로 단일 기업의 데이터를 다룬다. 최근 데이터 관리 응용은 반드시 관계형 데이터 형태가 아닌 데이터도 다루며, 더 나아가 단일 기업에서 생성되는 데이터뿐만 아니라 더 많은 형태의 데이터를 다룰 필요가 있다. 이 장에서 빅데이터라 부르는 이런 종류의 데이터를 다루는 기술을 살펴본다.

10.1 동기

1990년대와 2000년대에 월드 와이드 웹(World Wide Web, WWW)의 성장으로 인해 관계형 데이터베이스 시스템이 관리할 수 있는 규모의 기업 데이터 용량을 초과한 규모의 데이터를 저장하고 질의할 필요성이 발생했다. 초기에 웹상에서 사용자에게 보이는 데이터들은 정적이었으나 점차 웹 페이지에 언제 어떤 사용자가 방문했는지에 대한 정보와 같은 매우 많은 양의 정보를 생성하게 되었다. 이러한 데이터는 전통적으로 텍스트 형태로 웹 서버상에서 로그(log) 파일로 저장되었다. 웹 사이트를 관리하는 사람들은 기업에서 사용자를 더 잘 이해하는 데 활용할 수 있는 많은 양의 정보와 이러한 정보를 마케팅이나 광고에 활용할 수 있음을 인지하게 되었다. 이러한 정보는 어떤 사용자가 어떤 웹 페이지를 방문했는지 그리고 방문한 사용자의 나이, 성별, 수입 등과 같은 사용자 프로파일 정보를 포함하고 있었다. 쇼핑 사이트와 같은 트랜잭션 웹 사이트는 사용자가 어떤 상품을 빌리고 구매했는지와 같은 정보도 가지게 되었다. 2000년대에 들어와서는 사용자가 생성하는 소셜 미디어 데이터의 폭발적인 증가가 있었다.

데이터의 급속한 증가는 곧 전통적인 데이터베이스 시스템이 다룰 수 있는 규모를 넘어서게 되었고 저장 공간이나 처리에서 고성능 병렬화 기법이 필요하게 되었다. 이러한 데이터는 대부분 로그 레코드와 같은 텍스트 형태이거나 8장에서 살펴본 반구조형 데이터(semi-structured data)다. 데이터의 규모, 생성되는 속도, 형태의 다양성 등에서 아래의 특징을 가지고 있는 데이터를 일반적으로 빅데이터(Big Data)라고 부른다.

빅데이터는 다음과 같은 측면에서 전통적인 관계형 데이터베이스와 대조를 이룬다.

- **규모**(Volume): 저장되거나 처리되는 데이터의 양이 전통적인 데이터베이스 혹은 대규모 데이터를 처리할 수 있도록 설계된 병렬 관계형 데이터베이스보다 훨씬 많다.
- **속도**(Velocity): 오늘날과 같이 네트워크로 연결된 세상에서 데이터 도착률(혹은 생성률)은 과거보다 훨씬 빠르다. 데이터 관리 시스템은 매우 빠른 속도로 데이터를 저장하거나 수용해야 한다. 스트림 데이터 시스템(stream data system) 등과 같은 많은 응용에서 어떤 이벤트가 발생한 것을 즉각 인지하고 신속히 응답하기 위해서 데이터가 도착하는 즉시 처리되어야 한다. 오늘날 처리 속도는 많은 응용에서 매우 중요하다.
- **다양성**(Variety): 관계형 데이터 표현 방식, 관계형 질의어, 관계형 데이터베이스는 과거 수십 년 동안 매우 성공적이었고 많은 기업에서 데이터 표현 방식의 핵심이었다. 그러나 분명한 것은 모든 데이터가 관계형은 아니라는 것이다.

  8장에서 살펴봤지만, 오늘날 여러 목적으로 다양한 데이터 표현 방식이 존재한다. 많은 데이터가 관계형 방식으로 효율적으로 표현되지만 반구조형 데이터, 텍스트 데이터, 그래프 데이터 등 다른 형태의 표현 방식을 갖는 많은 데이터도 존재한다. SQL 질의어는 관계형 데이터에 대해서 효율적인 질의 명세가 가능하며 반구조형 데이터에 대해서도 확장할 수 있다. 그러나 많은 연산이 SQL로 쉽게 표현될 수 없으며 효율적으로 처리될 수 없는 경우도 존재한다.

  새로운 데이터 형태에 대해서 복잡한 질의를 효과적으로 명세하고 처리할 수 있는 새로운 형태의 언어나 프레임워크가 개발되었다.

데이터의 형태가 관계형인지 아닌지를 떠나 매우 높은 수준의 병렬화 기법이 필요하다는 포괄적인 관점에서 빅데이터라는 용어를 사용한다.

지난 10년간 일부 시스템은 수천 대의 기계 혹은 수만 대의 기계를 클러스터(cluster)로 만들어 빅데이터를 저장하고 처리하는 기술을 개발해 왔다. **노드**(node)라는 용어는 일반적으로 클러스터에 존재하는 하나의 기계를 의미한다.

10.1.1 빅데이터의 출처와 사용

웹의 급격한 성장은 1990년대 말과 2000년대 초반 데이터의 폭발적인 증가의 주요 원인이다. 데이터의 초기 출처는 웹 서버 소프트웨어와 사용자 간의 상호작용을 기록한 로그였다. 대규모 웹 기업은 수억 혹은 수십억 명의 사용자가 매일 여러 개의 링크를 클릭함으로써 생성되는 데이터가 하루에 수 테라바이트에 이른다는 것을 알게 되었다. 동시에 웹 기업은 아래와 같은 다양한 목적으로 사용할 수 있는 매우 중요한 정보가 웹 로그에 존재한다는 사실도 인지하게 되었다.

- 특정 포스트(posts)나 뉴스(news) 혹은 다른 정보가 어떤 사용자를 더 많이 매료시키고 해당 사이트에 머물게 하는지를 알 수 있다. 사용자가 어떤 페이지를 봤는지에 대한 정보와 유사한 선

호도를 갖는 다른 사용자가 어떤 페이지를 봤는지에 대한 정보는 이런 것을 알아내는 데 활용될 수 있다.

- 광고주의 이익을 극대화하기 위해서 어떤 사용자에게 어떤 광고를 보여 주게 할 것인지를 결정하고 특정 사용자가 시청한 광고가 해당 사용자에게 과연 적합한지를 확인할 수 있다. 사용자가 방문한 페이지 혹은 사용자가 클릭한 광고 등에 대한 정보는 이런 결정을 하는 데 중요하다.
- 많은 사용자가 찾는 정보를 쉽게 찾을 수 있도록 웹 사이트가 어떻게 구성되어야 하는지를 결정할 수 있다. 사용자가 어떤 페이지를 방문하는지 그리고 특정 페이지 방문 이후에 연속해서 어떤 페이지를 방문하는지에 대한 정보는 이런 결정을 하는 데 매우 중요하다.
- 제조사나 기업이 어떤 상품을 생산하고 재고를 늘릴 것인지 혹은 줄일 것인지를 결정하는 것을 도와주기 위해 페이지 뷰에 기반한 사용자 선호도와 유행을 결정할 수 있다. 이것은 비즈니스 인텔리전스(business intelligence)의 일반적인 주제다.
- 광고 표시와 클릭스루 정보. **클릭스루**(click-through)는 더 많은 정보를 찾기 위해 사용자가 광고를 클릭하는 것을 의미하며, 사용자의 관심을 얻은 광고의 성공 여부를 측정한다. **전환**(conversion)은 사용자가 실제로 광고된 상품이나 서비스를 구매할 때 발생한다. 웹 사이트는 클릭스루와 전환이 발생할 때 수익을 낸다. 클릭스루율(click-through rate)과 전환율(conversion rate)은 어떤 광고를 표시할지를 결정하는 데 중요한 척도가 된다.

오늘날 웹 로그 이외에도 많은 양의 데이터를 생성하는 아래와 같은 다양한 출처가 존재한다.

- 사용자와 웹 사이트의 상호작용을 이해하는 데 도움이 되는 사용자 클릭 정보처럼 사용자와 앱 간의 상호작용을 이해하는 데 도움을 주는 모바일용 앱으로부터 생성되는 데이터
- 온라인 및 오프라인에서 생성되는 기업의 트랜잭션 데이터. 월마트(Walmart)는 웹을 사용하기 이전에는 데이터를 관리하고 분석하기 위해 병렬 데이터베이스 시스템을 사용했다. 이처럼 초기 기업들은 많은 양의 소형 매장 관련 정보를 가지고 있다.
- 센서로부터 생성되는 데이터. 요즘 고사양의 기계는 기계 자체의 상태를 모니터링하기 위해 많은 센서를 가지고 있다. 센서로부터 데이터를 수집하는 것은 기계의 상태를 추적하거나 문제 발생을 예측하는 데 도움을 주며, 기계가 오작동으로 동작을 멈추기 전에 문제를 해결할 기회를 제공한다. 센서 사용의 증가뿐만 아니라 다른 센서와의 연결 증가 혹은 차량, 건물, 기계 등에 내장된 컴퓨팅 장치와의 연결, 즉 **사물인터넷**(internet of thing) 사용이 증가하고 있다. 센서의 수는 현재 인터넷 사용자 수보다 많다.
- 데이터 네트워크의 트래픽, 모니터링 정보, 음성 네트워크의 호출 정보를 포함하는 통신 네트워크에서 생성되는 메타데이터. 이러한 데이터는 잠재적인 문제를 사전에 검출하거나 발생 즉시 검출하는 데 매우 중요하며 네트워크 용량 계획 등과 같은 결정을 내리는 데 중요하다.

지난 수십 년 동안 빅데이터라는 용어를 사용하기 이전부터 데이터베이스에 저장되는 데이터의 양은 급속히 증가하고 있었다. 급격한 웹 데이터의 증가와 함께 수억 혹은 수십억 사용자가 만들어

내는 데이터를 관리해야 하는 주요 웹 사이트는 변곡점을 맞이하고 있다. 즉 이전 응용들보다 훨씬 더 큰 규모의 데이터를 다뤄야 하는 상황에 직면하게 되었다.

웹 데이터를 다루지 않는 기업조차 매우 많은 양의 데이터를 관리할 필요가 있다는 사실을 인지하게 되었다. 다수의 기업이 다른 기업들이 만들어 내는 많은 양의 데이터를 처리하고 분석하고 있다. 예를 들어, 많은 기업이 사용자 프로파일 정보와 함께 기술된 사용자의 검색 기록을 이용할 수 있게 되었으며, 광고를 기획한다든지 어떤 상품을 언제 제작해야 하는지 등과 같은 중요한 경영상의 결정을 하는 데 이러한 정보를 활용할 수 있게 되었다.

기업은 중요한 경영 결정을 하는 데 소셜 미디어 데이터 활용이 필수라는 것을 인지하게 되었다. 특정 기업에서 내놓은 신상품에 대한 사용자 반응 혹은 상품 재고의 변화 등을 트위터나 다른 소셜 미디어 사이트에서 쉽게 확인할 수 있다. 트위터 등과 같은 소셜 미디어 사이트의 데이터가 이미 매우 많을 뿐만 아니라 매우 빠르게 생산되고 있으므로 신속히 분석하고 처리해야 할 필요성이 증가하고 있다. 예를 들어, 어떤 기업에서 광고를 내놓았는데 트위터상에서 부정적인 반응이 강하다면 더 큰 손해를 보기 전에 당장 광고를 멈추기를 희망할 것이다. 오늘날 빅데이터는 많은 기업이 다양한 활동을 하는 데 매우 중요한 요소가 되었다.

10.1.2 빅데이터 질의

SQL은 관계형 데이터베이스에 질의하는 데 가장 많이 사용되는 언어다. 그러나 다양한 데이터 타입을 지원해야 하며 매우 많은 양의 데이터를 신속히 처리해야 하는 빅데이터 응용을 위한 질의어에는 매우 다양한 선택이 존재할 수 있다.

많은 양의 데이터를 신속히 처리할 수 있는 데이터 관리 시스템을 개발하기 위해서는 데이터에 대한 병렬 저장과 처리가 필요하다. (17장에서 다룰 예정인) 트랜잭션 기능과 SQL을 지원하면서 동시에 다수의 기계상에서 고성능을 지원하는 관계형 데이터베이스를 개발하는 것은 쉬운 일이 아니다. 이러한 응용에는 두 가지 종류가 존재한다.

1. 매우 높은 확장성을 요구하는 트랜잭션 처리 시스템: 트랜잭션 처리 시스템은 많은 수의 짧은 실시간 질의와 갱신을 지원해야 한다.

   관계형 데이터베이스의 모든 특징을 지원해야 한다는 조건을 완화한다면 다수의 기계상에서 수행되는 트랜잭션 시스템을 개발하는 것은 쉬운 일이다. 그러나 반대로 많은 양의 데이터를 신속히 처리해야 하는 트랜잭션 처리 시스템은 관계형 데이터베이스의 모든 기능을 지원하지 않는다.

   이런 응용이 데이터에 접근하는 대부분의 방법은 연관 키를 저장하고 키를 이용해 데이터를 검색하는 것이다. 이러한 저장 시스템을 키-값 저장소(key-value store) 방식이라고 부른다. 사용자 프로파일 데이터를 예로 들자면 사용자 프로파일 데이터의 키는 사용자 식별자다. 개념적으로 조인이 필요한 응용도 있는데 구현은 응용 프로그램이나 뷰 실체화 형태로 구현된다.

   예를 들어, 소셜 네트워크 응용에서 시스템에 연결된 사용자는 자신과 연결된 모든 친구의 새로운 포스트를 볼 수 있다. 포스트와 친구에 대한 데이터가 관계형 모델로 저장되어 있다면 조인 연산이 필요하다. 대신 키-값 형태로 저장되어 있다면 포스트에 대한 정보와 함께 친구에 대한 정보를 가지고 있을 것이다. 이런 경우 데이터베이스 자체에서 조인을 수행하는 대신 사용자의 친구를 먼저 찾고 이후 친구가 남긴 데이터(즉 포스트)를 검색하는 식으로 응용 프로그램을 개발할 수 있다. 또 다른 방법은 다음과 같다. 사용자 u_0가 새로운 포스팅을 하면, u_0의 친구인 u_1에게 메시지가 전달된다. 그리고 친구와 연계된 데이터가 새로운 포스트 내용으로 갱신된다. 사용자 u_1이 갱신을 점검하면 친구가 포스팅한 새로운 내용이 한눈에 펼쳐져서 쉽게 검색할 수 있다.

두 가지 방법은 장단점이 있을 수 있다. 첫 번째 방법은 질의할 때 큰 비용이 발생할 수 있고 두 번째 방법은 저장(혹은 갱신)할 때 많은 저장 공간과 시간이 필요할 수 있다.[1] 그러나 두 가지 방식 모두 키-값 저장소 자체에서 조인을 지원하는 것이 아니라 응용 프로그램에서 조인과 유사한 일을 수행하는 것이다.

2. **매우 높은 확장성을 요구하면서 비관계형 데이터를 지원하는 질의 처리 시스템:** 이러한 시스템의 전형적인 예는 웹 서버에서 생성되는 로그 데이터를 분석하는 경우다. 다른 예로는 문서나 지식 관리 및 저장 시스템이나 웹에서 키워드 검색을 지원하는 인덱스(index) 시스템 등이 있다.

   이러한 응용에서 소비되는 데이터는 다수의 파일에 저장되어 있다. 따라서 시스템은 첫 번째로 많은 수의 큰 파일을 저장할 수 있도록 설계되어야 한다. 두 번째는 저장된 데이터에 대해서 병렬로 질의를 할 수 있는 기능을 제공해야 한다. 데이터가 관계형 모델이 아닐 수도 있어서 관계 대수나 SQL 질의가 아닌 임의의 프로그램 코드를 이용한 질의도 지원해야 한다.

빅데이터 응용은 종종 많은 양의 텍스트, 이미지, 비디오 데이터를 처리해야 한다. 전통적으로 이러한 데이터는 파일 시스템에 저장되고 독립된 응용 프로그램에서 처리된다. 예를 들어, 텍스트 데이터에 대한 키워드 검색, 그리고 그 후속작이라고 할 수 있는 웹에서 키워드 검색은 먼저 텍스트 데이터를 전처리하고 전처리 과정 동안 만들어지는 인덱스와 같은 자료 구조를 활용하여 질의 처리를 수행한다. 이러한 응용에서 입력과 출력 데이터 모두 관계형이 아니므로 SQL의 사용은 적합하지 않다.

초기에 이러한 데이터 처리는 독립된 프로그램 형태로 개발되었다. 데이터베이스가 출현하기 이전 데이터를 어떻게 조직할 것인가와 유사한 문제로 생각할 수 있다. 그러나 데이터 크기의 급속한 증가와 함께 독립된 프로그램의 한계는 명확했다. 빅데이터에 대해서 병렬 처리가 중요하게 되었다. 데이터를 병렬로 처리하고 고장을 잘 처리할 수 있는 프로그램을 개발하는 것은 쉬운 일이 아니다.

이 장에서 오늘날 광범위하게 사용되고 있는 빅데이터에 대한 질의 처리 기술을 살펴본다. 이러한 기술의 성공을 위해서는 복잡한 데이터 처리 업무를 명세하고 쉽게 병렬화를 하는 것이 중요한 열쇠다. 즉 병렬화는 어떻게 할 것인지, 고장을 어떻게 처리할 것인지, 기계 간의 부하 불균형(load

---

1 2018년 제한적으로 공개된 정보에 의하면 Facebook은 두 번째 방법의 높은 저장 오버헤드를 피하기 위해 뉴스 피드 서비스에 대해서 첫 번째 방법을 사용했다고 한다.

imbalance)은 어떻게 다룰 것인지, 혹은 유사한 다른 문제를 어떻게 처리해야 하는지에 대한 고민으로부터 프로그래머를 자유롭게 해야 한다.

10.2 빅데이터 저장 시스템

빅데이터 응용 프로그램은 매우 높은 확장성이 필요하다. 인기 있는 응용 프로그램의 경우 수억 명의 사용자를 가지고 있으며 많은 응용 프로그램에서 1년 혹은 단 몇 개월 사이에 부하가 수십 배 증가하는 것을 볼 수 있다. 이러한 응용에서 데이터 관리 요구를 만족하기 위해서 데이터는 수천 개의 분할된 계산 혹은 저장 노드에 저장되어야 한다.

많은 빅데이터 저장 시스템이 지난 20년간 이러한 데이터 관리 요구를 만족하기 위해 개발되었고 실제로 사용되었다. 이러한 빅데이터 저장 시스템은 다음을 포함한다.

- **분산 파일 시스템**. 분산 파일 시스템은 파일이 실제로는 여러 기계에 분산 저장되어 있지만 하나의 전통적인 파일 시스템 인터페이스를 통해서 접근할 수 있는 기능을 제공한다. 이 시스템은 로그 파일과 같이 큰 파일을 저장하는 데 사용될 수 있으며 레코드 저장을 지원하는 시스템의 저장 시스템으로 사용되기도 한다.
- **다수의 데이터베이스에 대한 샤딩**. 샤딩(sharding)은 데이터 레코드를 여러 개의 시스템에 분할하는 것을 의미한다. 즉 데이터베이스 테이블의 레코드가 여러 시스템에 분할된다. 샤딩의 전통적인 사용 예는 여러 데이터베이스 집합에서 서로 다른 사용자에 대해서 해당 레코드를 분할하는 것이다. 각 데이터베이스는 전통적인 중앙화된 데이터베이스이며 다른 데이터베이스에 대한 어떤 정보도 가지고 있지 않다. 레코드가 어떻게 분할되었는지에 대한 정보를 추적하고 이를 위해 적절한 데이터베이스에 질의를 보내는 것은 클라이언트 소프트웨어의 일이다.
- **키-값 저장 시스템**. 이 시스템은 레코드가 키를 기반으로 저장되고 검색되는 것을 지원하며 추가로 제한된 질의 기능을 제공한다. 그러나 데이터베이스의 모든 기능을 제공하지 않으며 전형적으로 SQL 질의를 제공하지 않기 때문에 NoSQL 시스템으로 불린다.
- **병렬 및 분산 데이터베이스**. 이 시스템은 전통적인 데이터베이스 인터페이스를 제공한다. 그러나 데이터가 다수의 기계에 분산 저장되고 질의 처리 과정도 여러 기계상에 병렬적으로 진행된다.

분산 파일 시스템 및 키-값 저장소를 포함한 병렬 및 분산 데이터베이스 저장 시스템은 21장에서 자세히 다룬다. 이 절에서는 빅데이터 저장 시스템에 대한 사용자 관점의 개관을 제공한다.

10.2.1 분산 파일 시스템

분산 파일 시스템(distributed file system)은 파일이 여러 개의 기계에 저장되는 것을 허용하면서 사용자에게는 마치 하나의 파일 시스템을 사용하는 것처럼 보인다. 많은 파일 시스템처럼 사용자가 파일에 접근할 수 있도록 파일 이름 및 디렉터리 이름이 존재한다. 사용자는 파일이 실제로 어디에 저장되어 있는지 신경 쓰지 않아도 된다. 분산 파일 시스템은 많은 양의 데이터를 저장할 수 있으며 많은 수의 동시 사용자를 지원할 수 있다. 분산 파일 시스템은 웹 페이지나 웹 서버 로그, 이미지 등과 같은 큰 파일을 저장하는 데 이상적이다.

대표적인 시스템으로는 2000년대 초반에 Google이 개발해서 광범위하게 사용되고 있는 Google 파일 시스템(GFS)이 있다. 오픈 소스인 Hadoop 파일 시스템(HDFS)은 GFS에 기반하고 있으며 역시 현재 광범위하게 사용되고 있다.

분산 파일 시스템은 크기가 수십 메가바이트에서 수백 기가바이트까지 되는 대용량 파일을 효율적으로 저장하기 위해서 설계되었다.

분산 파일 시스템에 있는 데이터는 여러 기계에 걸쳐 저장된다. 파일은 여러 블록으로 분할된다. 단일 파일에 속하는 여러 블록은 여러 대의 기계에 분할되어 저장된다. 심지어 각 파일 블록이 여러 개의 기계에 중복으로 저장될 수 있어서 한 기계의 고장에 의해 파일에 접근하지 못하는 일은 발생하지 않는다.

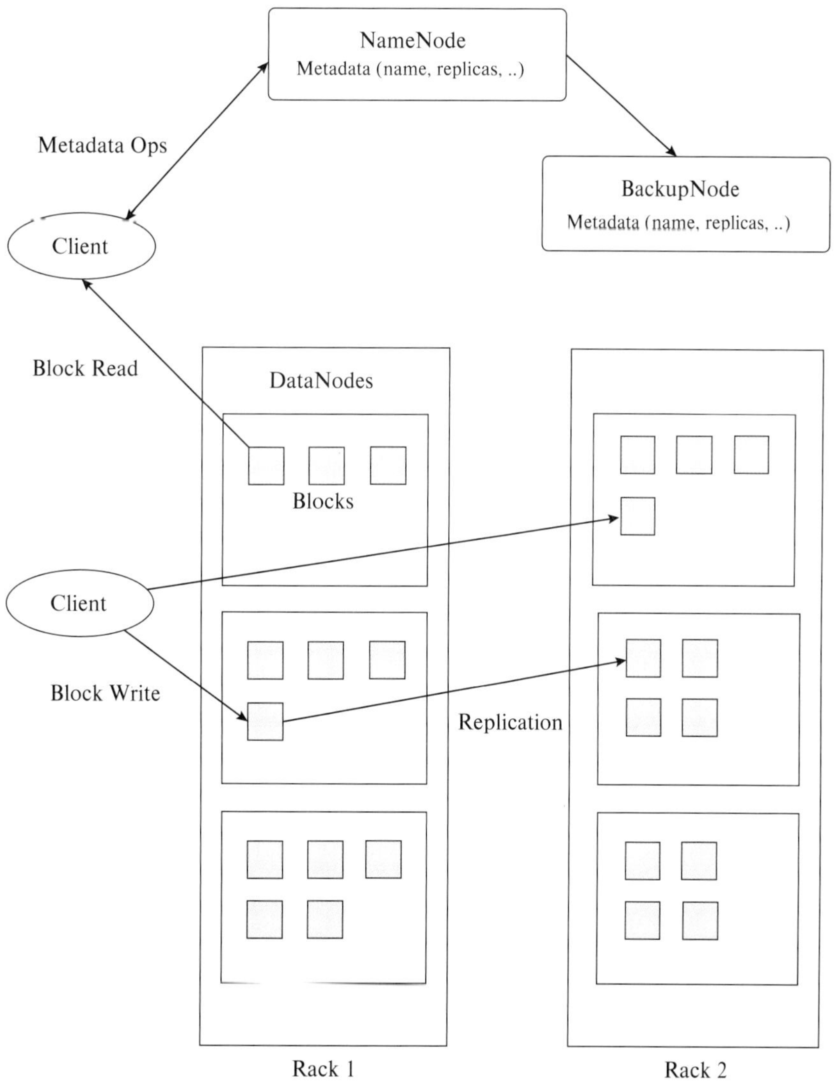

그림 10.1 Hadoop 파일 시스템(HDFS) 구조

파일 시스템은 중앙화되든 분산되든 전통적으로 다음과 같은 기능을 제공한다.

- 파일의 계층적인 구조를 디렉터리와 서브디렉터리로 나누는 디렉터리 시스템
- 파일의 이름과 각 파일의 실제 데이터가 저장된 블록의 식별자를 연결하는 매핑 기능
- 특정 식별자를 이용해 데이터를 블록에 저장하거나 블록으로부터 데이터를 읽어 오는 기능

중앙화된 파일 시스템의 경우 블록 식별자를 이용해 디스크와 같은 저장 장치에서 블록을 찾는다. 분산 파일 시스템의 경우 블록 식별자 이외에도 블록이 저장된 노드(노드 식별자)를 찾을 수 있는 기능을 제공해야 한다. 실제로 중복되어 저장될 수 있어서 각 블록 식별자와 함께 기계 식별자 집합도 제공해야 한다.

그림 10.1은 Google 파일 시스템에서 유래된 Hadoop 파일 시스템의 구조를 보여 준다. Hadoop 파일 시스템의 핵심은 **네임노드**(NameNode)라고 불리는 서버다. 모든 파일 시스템에 대한 요청은 네임노드에 전송된다. 파일 읽기를 희망하는 클라이언트 프로그램은 파일 이름(예를 들어, /home/avi/book/ch10과 같이 경로이름이 될 수 있음)을 네임노드에 전송한다. 네임노드는 각 파일에 속한 블록의 블록 식별자 리스트를 저장한다. 네임노드는 각 블록 식별자에 대해서 해당 블록의 복사본을 저장하고 있는 기계의 식별자 역시 저장한다. HDFS에서 데이터 블록을 저장한 기계를 **데이터노드**(DataNode)라고 한다.

파일 읽기 요청인 경우, HDFS 서버는 파일에 속해 있는 블록의 식별자 리스트와 해당 블록을 저장하고 있는 기계의 식별자 리스트를 다시 클라이언트 프로그램에 전송한다. 이후 블록의 복사본을 저장하고 있는 노드 중 하나로부터 각 블록을 읽어 오게 된다.

파일 쓰기 요청의 경우, HDFS 서버는 새로운 블록 식별자를 생성하고 각 블록 식별자를 여러 기계(일반적으로 세 개)에 배정한다. 그리고 블록 식별자와 배정된 기계를 쓰기 요청을 한 클라이언트에 반환한다. 이후 클라이언트는 블록 식별자와 실제 블록 데이터를 배정된 기계에 전송하고 데이터를 저장하게 된다.

Java나 Python 등과 같은 다양한 언어로 구현된 HDFS 파일 시스템 API를 이용하여 프로그램 형태로 파일에 접근할 수 있다. 이런 API는 응용 프로그램이 HDFS 서버와 연결을 설정하고 데이터에 접근할 수 있도록 돕는다.

HDFS 분산 파일 시스템은 특정 기계의 파일 시스템과 연결될 수도 있는데 이때도 HDFS의 파일을 마치 로컬에 저장된 것처럼 사용할 수 있다. 이것은 네임노드의 주소와 요청을 처리하는 HDFS 서버의 포트가 로컬 파일 시스템에 제공되기 때문에 가능하다. 로컬 파일 시스템은 어떤 파일 접근이 HDFS에 존재하는 파일에 대한 것인지를 인지하고 있으며 적절한 요청을 HDFS 서버에 보낸다.

분산 파일 시스템에 대한 더 자세한 사항은 21.6절에서 살펴볼 수 있다.

10.2.2 샤딩

단일 데이터베이스 시스템은 전형적으로 한 기업의 모든 트랜잭션 처리 요청을 처리할 수 있을 만큼 충분한 저장 공간과 성능을 제공한다. 그러나 소셜 미디어 서비스 혹은 유사한 웹 기반 응용처

럼 수백만 혹은 수억 명의 사용자를 갖는 응용이나 심지어 초대형 은행같이 매우 큰 기업의 대면 업무 응용 등에는 충분하지 않다.

만약 특정 기업이 중앙화된 데이터베이스를 가지고 응용을 개발했는데 더 많은 사용자를 위해 확장을 해야 한다고 가정하자. 중앙화된 데이터베이스로는 저장 및 처리 속도 요구 사항을 만족시킬 수 없다. 이런 상황을 해결할 수 있는 가장 일반적인 방법은 데이터를 여러 개의 데이터베이스로 분할하고 사용자를 쪼개어 배분하는 것이다. **샤딩**(sharding)이란 용어는 데이터를 여러 개의 데이터베이스나 기계에 저장할 수 있도록 분할하는 것을 의미한다.

분할은 일반적으로 **분할 속성**(partitioning attribute), **분할 키**(partitioning key), 혹은 **샤딩 키**(shard key)라고 하는 하나 이상의 속성으로 이루어진다. 사용자 혹은 계정 식별자가 일반적으로 분할 키로 사용된다. 분할은 예를 들어, 1~100,000의 키는 첫 번째 데이터베이스에 배정되고 100,001~200,000의 키는 두 번째 데이터베이스에 배정되는 식으로 특정 키 값의 범위에 따라 이루어질 수 있다. 이러한 분할을 **범위 분할**(range partitioning)이라고 부른다. 분할은 또한 키 값을 특정 분할 번호로 변환할 수 있는 해시 함수를 활용해서 수행될 수 있다. 이런 분할을 **해시 분할**(hash partitioning)이라고 한다. 데이터 분할에 대해서는 21장에서 더 자세히 다룬다.

샤딩이 수행될 때 응용 프로그램은 어떤 키가 어떤 데이터베이스에 저장되는지를 기록하고 있어야 하며 질의가 들어오면 이를 활용해 적절한 데이터베이스에 보낼 수 있어야 한다. 다수의 데이터베이스로부터 데이터를 읽거나 갱신하는 질의는 모든 데이터베이스에서 수행될 수 있는 단일 질의를 보낼 수 없으므로 단순한 방법으로 처리될 수 없다. 대신 응용 프로그램에서 다수의 데이터베이스로부터 데이터를 읽고 질의 결과를 계산해야 한다. 다수의 데이터베이스에 대한 갱신은 좀 더 복잡한 문제가 발생할 수 있으며 10.2.5절에서 다룬다.

응용 프로그램을 수정해서 수행되는 샤딩은 단순한 방법으로 확장될 수 있지만, 한계가 분명하다. 먼저 응용 프로그램은 어떤 데이터가 어떻게 분할되었는지를 추적하고 있어야 하며 질의를 적절한 데이터베이스에 보내야 한다. 만약 특정 데이터베이스에 부하가 걸리면 데이터 일부를 새로운 데이터베이스나 기존에 존재하는 다른 데이터베이스에 보내야 한다. 이런 처리는 단순한 작업이 아니다. 복제는 고장에도 불구하고 데이터에 접근할 수 있다는 것을 보장하는 데 필요하다. 그러나 복사본을 관리하고 그들 간의 일관성을 유지하는 것은 도전적인 과제다. 다음 장에서 살펴볼 키-값 저장 방식은 이러한 문제를 다룬다. 일관성(consistency) 및 가용성(availability)과 관련된 문제는 10.2.5절에서 다룬다.

10.2.3 키-값 저장 시스템

많은 웹 응용은 많은 수(수십억 혹은 극한의 경우 수십조)의 비교적 작은 레코드(몇 킬로바이트에서 몇 메가바이트까지)를 저장할 필요가 있다. 모든 레코드를 분리된 파일에 저장하는 것은 분산 파일 시스템을 포함하여 대부분의 파일 시스템이 그렇게 많은 파일을 허용하도록 설계되지 않았기 때문에 불가능한 일이다.

이상적으로 초병렬(massively parallel) 관계형 데이터베이스는 이러한 파일을 저장하는 것이 가능해야 하지만, 실제로 수많은 기계상에서 병렬적으로 수행되면서 동시에 외래 키 제약 조건이나 트랜잭션과 같은 표준 관계형 데이터베이스 시스템의 모든 기능을 지원하는 시스템을 구축하는 것은 쉬운 일이 아니다.

다수의 저장 시스템이 웹 응용의 수요를 충족할 수 있도록 개발되었으며 실제로 수천 개 혹은 수십만 개의 기계에 걸쳐 데이터를 저장할 수 있으나 전형적으로 단순한 키-값 저장 인터페이스만을 제공한다. **키-값 저장 시스템**(key-value storage system) 혹은 **키-값 저장소**(key-value store)는 연관된 키와 함께 레코드를 저장하거나 갱신하고 주어진 키를 이용해 레코드를 검색할 수 있는 방법을 제공하는 시스템이다.

병렬 키-값 저장소는 다수의 기계에 키를 분할하여 저장하고 정확한 기계를 찾아 갱신하거나 검색할 수 있다. 이러한 시스템은 복제를 허용하며 복사본을 일관되게 관리하는 것을 보장한다. 더 나아가 필요할 때 더 많은 기계를 추가하는 것이 가능하며 부하를 자동으로 조절하는 것을 보장한다. 응용 프로그램에서 샤딩하는 시스템과는 달리 병렬 키-값 저장소를 사용하는 시스템은 이러한 문제에 대해서 고민할 필요가 없기 때문에 오늘날 샤딩보다 많이 사용되고 있다.

많이 사용되는 병렬 키-값 저장소로는 Google의 Bigtable, Apache의 HBase, Amazon의 Dynamo, Facebook의 Cassandra, MongoDB, Microsoft의 Azure 클라우드 저장소, Yahoo!의 Sherpa/PNUTS 등이 있다.

일부 키-값 저장소는 저장된 값을 해석되지 않은 단순한 바이트의 연속으로 인식하는 반면 또 다른 저장 시스템은 각 레코드를 특정 구조나 스키마와 연관시킬 수 있도록 허용한다. 이러한 키-값 저장소는 저장된 데이터가 특정 데이터 표현을 따르도록 하고 저장 시스템이 이 저장된 값을 해석해서 간단한 질의를 할 수 있도록 허용한다. 이러한 저장 시스템을 **문서 저장소**(document store)라고 부른다. MongoDB는 JSON 형태의 값을 허용하는 가장 많이 사용되는 저장 시스템이다.

키-값 저장소는 두 개의 기본적인 함수, 즉 연관된 키로 값을 저장하는 put(key, value) 함수와 저장된 값을 특정 키로 검색할 수 있는 get(key) 함수에 기반한다. Bigtable과 같은 시스템은 키를 이용한 범위 질의(range query)도 제공한다. 문서 저장소는 추가로 데이터 값에 대한 제한적인 형태의 질의도 가능하다.

키-값 저장소 사용에 대한 중요한 동기는 많은 기계로 구성된 **클러스터**에 작업을 분산시켜 많은 양의 질의와 데이터를 처리할 수 있도록 하기 위해서다. 클러스터에 있는 여러 기계에 레코드를 분할하고 각 기계는 레코드의 집합을 저장하고 이러한 레코드를 검색하고 갱신한다.

키-값 저장소는 오늘날 데이터베이스 시스템의 표준이라고 알려진 많은 기능을 제공하지 않기 때문에 모든 기능이 갖춰진 데이터베이스가 아니라는 점에 주목해야 한다. 키-값 저장소는 SQL이나 혹은 다른 형태의 선언적인 질의를 제공하지 않으며 트랜잭션도 지원하지 않는다(17장에서 살펴보겠지만 트랜잭션은 고장에도 불구하고 데이터베이스가 일관된 상태를 유지하기 위해 다수의 갱신이 자동으로 완료되는 것을 보장하며 다수의 트랜잭션에 의해 데이터가 동시에 접근되더라도 문제가 발생하지 않도록 동시 접근 제어 기능을 제공한다). 키-값 저장소는 전형적으로 키가 아닌 속성에 기반한 레코드의 검색 기능을 제공하지 않는다. 일부 문서 저장소는 이런 기능을 제공하기도 한다.

```
show dbs // Shows available databases
use sampledb // Use database sampledb, creating it if it does not exist
db.createCollection("student") // Create a collection
db.createCollection("instructor")
show collections // Shows all collections in the database

db.student.insert({ "id" : "00128", "name" : "Zhang",
    "dept_name" : "Comp. Sci.", "tot_cred" : 102, "advisors" : ["45565"] })
db.student.insert({ "id" : "12345", "name" : "Shankar",
    "dept_name" : "Comp. Sci.", "tot_cred" : 32, "advisors" : ["45565"] })
db.student.insert({ "id" : "19991", "name" : "Brandt",
    "dept_name" : "History", "tot_cred" : 80, "advisors" : [] })
db.instructor.insert({ "id" : "45565", "name" : "Katz",
    "dept_name" : "Comp. Sci.", "salary" : 75000,
    "advisees" : ["00128","12345"] })

db.student.find() // Fetch all students in JSON format
db.student.findOne({"ID": "00128"}) // Find one matching student

db.student.remove({"dept_name": "Comp. Sci."}) // Delete matching students
db.student.drop() // Drops the entire collection
```

그림 10.2 MongoDB 셸 명령어

이런 기능을 제공하지 않는 중요한 이유는 대규모 클러스터에 대해서 이런 기능을 제공하기가 쉽지 않기 때문이다. 대부분 시스템은 확장성을 위해 이런 기능을 희생한다. 확장성이 필요한 응용은 기꺼이 확장성을 위해 이러한 기능을 희생한다.

키-값 저장소는 SQL을 제공하지 않기 때문에 **NoSQL** 시스템으로 불리기도 한다. 처음에는 SQL 기능을 제공하지 않는 것이 단점이기보다 어떤 면에서는 긍정적으로 인식되기도 했다. 그러나 곧 트랜잭션 지원이나 SQL 지원과 같은 일반적인 데이터베이스 기능의 부족은 응용 개발을 더욱 어렵게 만들게 되었다. 그래서 많은 키-값 저장소는 SQL 언어 지원이나 트랜잭션과 같은 기능을 제공하려는 시도를 진행해 왔다.

이러한 시스템에서 데이터를 저장하고 접근하는 데 사용되는 API는 광범위하게 사용된다. 앞서 설명했던 기본적인 get( )과 put( ) 함수는 매우 단순한데 많은 시스템에서 좀 더 많은 기능을 제공한다. MongoDB의 API를 간단히 살펴보자.

그림 10.2는 JavaScript 셸 인터페이스를 통해 MongoDB에 접근하는 것을 보여 준다. 셸은 MongoDB가 설치된 시스템상에서 mongo라는 명령어를 실행시키면 보이게 된다. MongoDB는 Java나 Python과 같은 다양한 언어에서 동등한 수준의 API 함수를 제공한다. 그림에서 use 명령어는 데이터베이스를 개방하는데 만약 명시된 데이터베이스가 존재하지 않는다면 새롭게 생성한다. db.createCollection( ) 명령어는 문서를 저장하는 컬렉션을 생성하는 데 사용된다. MongoDB에서 하나의 문서는 기본적으로 하나의 JSON 객체에 해당한다. 그림에 있는 코드는 두 개의 컬렉션, 즉 student와 instructor 컬렉션을 생성하고 이 두 개의 컬렉션에 학생과 교수에 대한 정보를 표현

하는 JSON 객체를 삽입한다.

MongoDB는 삽입된 객체에 대해서 자동적으로 식별자를 생성하고 이 식별자는 객체를 검색하는 데 키로 사용된다. 객체와 연결된 키는 _id 속성을 사용해 읽어 올 수 있으며 이 객체에 대한 인덱스가 기본적으로 생성된다.

MongoDB는 저장된 값에 대한 질의도 지원한다. db.student.find( ) 함수는 student 컬렉션 안에 존재하는 모든 객체의 컬렉션을 반환하며 findOne( ) 함수는 하나의 객체를 반환한다. 두 함수 모두 JSON 객체를 인자로 취할 수 있으며 검색에 사용되는 속성을 이용해 명세할 수 있다. 예제에서 ID로 00128이라는 값을 갖는 학생이 검색된다. 유사하게 조건을 만족하는 모든 객체가 remove( ) 함수에 의해 삭제될 수 있다. 그림에서 drop( ) 함수는 전체 컬렉션을 삭제한다.

MongoDB는 ID나 name 등과 같이 저장된 JSON 객체의 특정 속성을 이용해 인덱스를 생성하는 등의 추가적인 기능을 제공한다.

MongoDB의 주요 목적은 많은 양의 데이터와 많은 양의 질의 및 갱신 부하에 대한 확장성을 보장하는 것이기 때문에 다수의 기계가 하나의 MongoDB 클러스터의 일부가 되는 것을 허용한다. 그래서 데이터는 여러 개의 기계에 걸쳐 분할된다. 데이터 분할에 대해서는 21장에서 자세히 다루고 병렬 질의 처리는 22장에서 자세히 다루기로 하고 이 장에서는 주요 아이디어만 다룬다.

많은 데이터베이스와 마찬가지로 MongoDB에서도 분할은 **분할 속성**(partitioning attribute) 혹은 **샤딩 키**라 불리는 특정 속성값을 이용한다. 예를 들어, 만약 student 컬렉션을 dept_name 속성을 이용하여 분할한다면 어떤 한 학과에 해당하는 모든 객체는 하나의 기계에 저장되고 다른 학과에 해당하는 객체는 다른 기계에 저장할 수 있다. 만약 하나의 기계가 고장 나더라도 데이터 접근이 가능하도록 보장하기 위해서는 각 분할이 여러 개의 기계에 복제되어야 한다. 그래야 하나의 기계가 고장 나더라도 이 기계에 있던 각 분할을 다른 기계로부터 읽어 올 수 있다.

MongoDB 클라이언트의 요청이 라우터에 전송되면 라우터는 이 요청을 클러스터에 있는 적절한 분할에 전달한다.

Bigtable은 저장 시스템이 저장된 값의 일부분에 접근할 수 있도록 특정 형식을 갖는 또 다른 키-값 저장소다. Bigtable에서 데이터의 값(즉 레코드)은 다수의 속성을 가질 수 있으며 속성 이름의 집합은 미리 결정되지 않고 다른 레코드에 따라 가변적일 수 있다. 속성값을 위한 키는 개념적으로 (레코드 식별자, 속성 이름)으로 구성된다. 각 속성값은 Bigtable에서 단순한 문자열이다. 레코드의 모든 속성을 읽어 오기 위해서는 범위 질의 혹은 레코드 식별자로 구성된 좀 더 섬세한 프리픽스 매칭(prefix matching) 질의가 사용된다. get( ) 함수는 값과 함께 속성 이름을 반환한다. 레코드의 모든 속성을 효과적으로 검색하기 위해서 키에 의해 정렬된 엔트리, 즉 특정 레코드의 모든 속성의 값을 키에 의해 정렬된 형태로 저장한다.

Bigtable에서 레코드 식별자는 단순한 문자열이지만 레코드 식별자 자체는 계층적으로 구조화될 수 있다. 예를 들어, 웹 크롤러에 의해 검색된 웹 페이지를 저장하는 응용에서 아래의 URL을 다음의 레코드 식별자로 매핑할 수 있다.

www.cs.yale.edu/people/silberschatz.html

매핑된 레코드 식별자

edu.yale.cs.www/people/silberschatz.html

이 표현에 따르면, cs.yale.edu를 포함하는 모든 URL은 접두어 edu.yale.cs로 시작하는 모든 키를 가져올 수 있는 (접두어 매칭) 질의에 의해 검색될 수 있다. 그리고 이렇게 검색된 URL은 연속된 범위의 키 값 사이에서 정렬된 순서대로 저장되어 있을 것이다. 유사하게, yale.edu의 모든 URL은 접두어 edu.yale을 가질 것이고 연속된 범위의 키 값 사이에서 저장되어 있을 것이다.

비록 Bigtable이 기본적으로 JSON을 지원하지는 못하지만 JSON은 Bigtable의 데이터 모델로 매핑될 수 있다. 예를 들어, 아래의 JSON 데이터를 고려해 보자.

```
{   "ID": "22222",
    "name": { "firstname: "Albert", "lastname: "Einstein" },
    "deptname": "Physics",
    "children": [
        {"firstname": "Hans", "lastname": "Einstein" },
        {"firstname": "Eduard", "lastname": "Einstein" } ]
}
```

위 데이터는 식별자로 "22222"를 가지고 다수의 속성 이름으로 "name.firstname", "deptname", "children[1].firstname" 혹은 "children[2].lastname" 등을 갖는 Bigtable 레코드로 표현될 수 있다.

Bigtable의 단일 인스턴스는 응용 이름이나 테이블 이름을 단순히 접두어 연산을 적용하여 레코드 식별자로 매핑함으로써 응용당 여러 개의 테이블을 가질 수 있으며 다수의 응용을 위한 데이터를 저장할 수 있다.

많은 저장 시스템은 데이터에 대한 다수의 버전을 저장하는 기능을 제공한다. 버전은 타임스탬프에 의해 식별될 수도 있고 데이터의 새로운 버전이 생성될 때마다 증가되는 특정 정숫값에 의해 식별될 수도 있다. 특정 버전을 명세해서 데이터를 볼 수도 있으며 가장 높은 버전 숫자를 갖는 데이터도 볼 수 있다. 예를 들어, Bigtable에서 키는 (레코드 식별자, 속성 이름, 타임스탬프)와 같이 세 개의 부분으로 구성된다. Bigtable은 Google에서 서비스하고 있으며 오픈 소스 버전은 HBase란 이름으로 사용된다.

10.2.4 병렬 및 분산 데이터베이스

병렬 데이터베이스(parallel database)는 클러스터라 불리는 다수의 기계상에서 운영되는 데이터베이스로 여러 개의 기계에 데이터를 저장하고 다수의 기계를 사용하여 큰 규모의 질의를 처리할 수 있다. 병렬 데이터베이스는 1980년대 개발되었으며 현대의 빅데이터 시스템의 원조라고 할 수 있다. 프로그래머 입장에서 병렬 데이터베이스는 마치 하나의 단일 기계상에서 운영되는 데이터베이스처럼 보인다.

초기 병렬 데이터베이스는 클러스터에 존재하는 단지 몇 개의 기계에 대해서만 트랜잭션 처리를 지원하도록 설계되었지만 대부분 기계는 분석 질의를 처리할 수 있도록 설계되었다. 클러스터에 있는 기계가 고장이 나더라도 데이터가 손실되지 않고 언제라도 접근할 수 있게 데이터는 여러 기계에 복제된다. 비록 고장이 발생해서 이를 처리하는 일이 생기더라도 수백 대의 기계가 질의를 처리하는 중에 고장이 발생하는 것은 흔한 일은 아니다. 만약 어떤 질의가 고장이 발생한 노드에서 처리되고 있었다면 해당 질의는 복사본을 가지고 있는 다른 노드에서 다시 시작되면 된다.

만약 데이터베이스가 수천 대의 기계로 구성된 클러스터상에서 운영된다면 많은 양의 데이터를 처리하는 질의에 대해서 질의 수행 중에 고장이 발생할 확률은 증가할 수 있고 이는 자연스럽게 긴 실행 시간이 필요할 수 있다. 질의를 수행하는 동안 다시 고장이 발생할 확률이 높기 때문에 고장이 발생할 경우 질의를 재시작하는 것은 더 이상 선택이 아니다. 완전 재시작을 피하는 기법, 즉 고장 난 기계에서 실행된 연산만 재실행하는 방법이 10.3절에서 살펴볼 **맵리듀스**(map-reduce) 시스템에서 개발되었다. 그러나 이러한 기법은 큰 오버헤드를 가져올 수 있다. 만약 수천 대의 노드에 걸쳐 있는 특정 연산이 단지 몇 개의 예외적인 대규모 응용에서만 사용된다면 오늘날 병렬 관계형 데이터베이스 시스템은 수백 대의 기계를 지원하는 규모로 개발되었기 때문에 고장이 발생할 경우 단순히 질의를 재시작하면 된다.

병렬 및 분산 데이터베이스에서 질의 처리는 22장에서 자세히 다루고, 트랜잭션 처리는 23장에서 자세히 살펴본다.

10.2.5 복제와 일관성

복제는 데이터의 가용성, 즉 데이터를 저장한 기계에서 고장이 발생해도 동일한 데이터에 항상 접근할 수 있는 성질을 보장하는 데 중요하다. 데이터에 대한 갱신은 모든 복사본에 적용되어야 한다. 복사본을 저장하고 있는 기계가 최신 상태이고 모두 서로 연결되어 있다면 모든 복사본에 갱신을 적용하는 것은 매우 단순하다.

그러나 기계가 고장이 나기 때문에 두 가지 문제가 발생한다. 첫 번째는 하나 이상의 기계에서 데이터를 갱신하는 트랜잭션의 자동 수행을 보장하는 것이다. 만약 고장에도 불구하고 트랜잭션에 의해 모든 데이터가 성공적으로 갱신되거나 혹은 모든 데이터가 바로 이전 상태로 되돌아간다면 트랜잭션의 수행은 원자적이라고 말한다. 두 번째 문제는 복사본의 일부가 고장 난 기계에 존재할 경우 복사된 데이터를 갱신하는 방법이다. 여기서 중요한 요구 사항은 **일관성**이다. 즉 데이터의 모든 복사본은 동일한 값을 가지고 있어야 하며, 각각의 읽기 연산 시 가장 최신 버전을 읽어야 한다는 것이다. 고장에 대한 다른 수준의 복구력을 제공하는 몇 가지 해결책이 존재한다. 23장에서 이러한 두 가지 문제에 대한 해결책을 살펴본다.

두 번째 문제를 해결하기 위해서는 다수의 복사본에 대한 읽기와 쓰기가 가능해야 한다. 만약 세 개의 복사본이 있다면 두 개 이상 고장 나면 안 된다. 그러나 다섯 개의 복사본이 있다면 설령 2대의 기계가 고장이 나더라도 여전히 복사본이 이용 가능하다. 이러한 가정하에서 쓰기 연산은 멈추지 않으며 읽기 연산은 어떤 데이터에 대해서도 최신 값을 읽어 올 수 있다.

다수의 기계에서 동시에 고장이 발생할 확률은 비교적 낮지만, 네트워크 연결 고장은 더 많은 문제를 야기한다. 특히 만약 네트워크로 연결된 두 개의 살아 있는 기계가 서로 통신할 수 없게 되면 **네트워크 분할**(network partition)이 발생했다고 말한다.

네트워크 분할 상태에서 일관성을 보장하면서 **가용성**을 보장하는 프로토콜은 없다고 알려져 있

노트 10.1 확장 가능한 데이터베이스 응용 구축하기

대규모 사용자가 사용할 수 있는 데이터베이스 응용을 개발하는 업무를 직면하게 될 때 응용 개발자들은 단일 서버에서 운영되는 데이터베이스 시스템과 많은 서버를 확장해서 운영할 수 있는 키-값 저장소 사이에 선택을 해야 한다. SQL과 원자적 트랜잭션을 지원하면서 동시에 높은 확장성을 제공하는 데이터베이스가 이상적일 수 있다. 2018년쯤 개발된 클라우드 기반 Google Cloud Spanner와 최근 개발된 오픈 소스인 CockroachDB가 이런 데이터베이스로 유일하다.

단순한 응용은 키-값 저장소를 사용해서 개발될 수 있으나 복잡한 응용인 경우는 SQL 지원이 필요할 수 있다. 그러므로 응용 개발자는 키-값 저장소와 데이터베이스를 병렬적으로 사용할 수 있다.

사용자 계정이나 사용자 프로필 데이터를 저장한 릴레이션은 자주 질의 대상이 되며 주로 사용자 식별자와 같은 키에 기반한 단순한 select 질의가 수행된다. 이러한 릴레이션은 키-값 저장소에 저장한다. 다른 속성에 대한 질의의 경우, MongoDB도 마찬가지이지만 키-값 저장소는 주 키 이외의 속성에 대한 인덱스를 지원하기 때문에 키-값 저장소가 사용될 수 있다.

복잡한 질의에 사용된 릴레이션의 경우에는 단일 서버에서 운영되는 관계형 데이터베이스에 저장한다. 단일 서버에서 운영되는 데이터베이스는 트랜잭션이 병렬로 수행될 수 있도록 단일 기계에 존재하는 여러 코어(core)의 가용성을 활용할 수 있다. 다만, 단일 기계에서 제공하는 코어의 개수에 따라 한계가 존재할 수 있다.

대부분의 관계형 데이터베이스에서 갱신 트랜잭션은 하나의 주 데이터베이스(primary database)에서 실행되며 이후 갱신은 다른 서버에서 실행되는 여러 데이터베이스 복사본에 전달된다. 응용은 복사본 데이터베이스에서 읽기 전용 질의만 수행하며 주 데이터베이스와 비교해서 시간적으로 좀 뒤에 데이터를 볼 수 있다는 것을 인지하고 있다. 주 데이터베이스에서 읽기 전용 질의를 수행하지 않음으로써 시스템은 단일 데이터베이스 시스템이 처리할 수 있는 것보다 더 큰 부하는 처리할 수 있다.

memcached나 Redis와 같은 인메모리 캐싱(in-memeory caching) 시스템은 데이터베이스에 저장된 릴레이션에 대한 확장 가능한 읽기 전용 접근을 지원한다. 응용은 인메모리 캐시에 여러 릴레이션 혹은 릴레이션의 일부를 저장할 수 있으며 이러한 데이터는 다수의 기계에 복제될 수도 있고 분할될 수도 있다. 응용은 캐싱된 데이터를 빠르게 가져오거나 확장 가능한 읽기 전용 접근을 할 수 있다. 그러나 갱신은 데이터베이스상에서 수행되어야 하며 응용은 데이터가 데이터베이스상에서 갱신될 때 캐시에서도 갱신되도록 해야 한다.

다. 그래서 분산 시스템은 상반관계가 존재할 수 있다. 만약 높은 가용성을 원한다면 일관성을 희생해야 한다. 예를 들어, 이전 데이터 값을 읽는 것을 허용하든지 복사본이 다른 값을 갖는 것을 허용해야 한다. 후자의 경우 응용 프로그램에서 갱신된 값을 검토해서 복사본이 좀 더 일반적인 값을 갖도록 하는 방법이 있다.

특정 응용 혹은 응용의 일부분은 일관성보다 가용성을 더 중요하게 여긴다. 반면, 어떤 응용에서는 고장이 발생할 경우 가용성을 보장하지 못하더라도 일관성이 더 중요할 수 있다. 23장에서 이러한 문제에 대해서 더 자세히 다룬다.

10.3 맵리듀스 패러다임

맵리듀스 패러다임(MapReduce paradigm)은 병렬 처리 환경에서 일반적인 상황을 모델링하는 것인데 map( ) 함수로 정의되는 프로세스는 대규모 입력 레코드를 처리하는 데 적용되고 이후 reduce( ) 함수로 정의되는 프로세스는 map( ) 함수의 결과에 대해서 집계 연산을 적용하는 데 사용된다. map( ) 함수는 그룹 키를 명세할 수 있는데 reduce( ) 함수에서 명시된 집계 연산은 map( ) 함수의 결과이며, 그룹 키로 식별 가능한 각 그룹에 적용된다. 이 절에서는 맵리듀스 패러다임인 map( ) 함수와 reduce( ) 함수에 대해서 자세히 살펴본다.

병렬 처리를 위한 맵리듀스 패러다임은 몇십 년 전부터 함수 프로그래밍과 병렬 처리 분야(예를 들어, map과 reduce 함수는 Lisp 언어에서도 제공됨)에서 연구되어 온 긴 역사가 있다.

10.3.1 왜 맵리듀스인가?

맵리듀스 패러다임 사용에 대한 동기를 보여 주는 단어 수 세기(word count) 예제를 살펴보자. 입력으로 다수의 파일이 들어오고 출력은 각 파일에 출현하는 단어의 빈도를 계산하는 예제다. 여기서 입력은 특정 디렉터리 밑에 있는 많은 파일이 될 수 있다.

일단 하나의 파일만 고려해 보면 파일에 존재하는 단어를 읽어 와서 메모리에 일정한 자료 구조를 만들어 단어와 출현 빈도 수를 세는 프로그램을 작성한다. 문제는 수만 개의 파일이 존재하고 각 파일은 수천 메가바이트의 데이터를 포함하고 있는 환경을 고려해 알고리즘을 확장하는 것이다. 많은 양의 데이터를 순차적으로 처리하는 것은 현실적이지 않다.

한 가지 방법은 많은 기계를 이용하여 각 기계가 파일을 처리하도록 병렬 프로그램 형태로 확장하는 것이다. 각 기계에서 지역적으로 계산된 단어의 출현 횟수는 최종 결과를 위해 합산된다. 이런 경우 각 기계의 작업과 그 작업을 연결하는 작업 그리고 최종 결과를 계산하는 작업 등을 모두 프로그래머가 담당해야 한다. 추가로 기계가 고장 날 경우에도 프로그램이 제대로 동작할 수 있는 부분까지 신경을 써야 한다. 계산에 참여하는 기계가 수천 대에 이를 정도로 많고 프로그램이 오랫동안 실행된다면 고장은 더욱 자주 발생할 것이다.

앞서 논의한 요구 사항을 만족하도록 구현한 코드는 매우 복잡하다. 프로그램은 일단 개발되면 유사한 응용을 위해 재사용되어야 합리적이다.

맵리듀스 시스템은 프로그래머에게 앞서 언급한 복잡한 코드의 상세한 부분에 대한 핵심적인 논리를 명세하는 방법을 제공한다. 프로그래머는 단지 map( ) 함수와 reduce( ) 함수 그리고 여기에 데이터를 읽고 쓰는 함수만 선택적으로 제공하면 된다. 프로그래머가 제공하는 map( ) 함수와 reduce( ) 함수는 데이터를 병렬적으로 처리하기 위해 맵리듀스 시스템에 의해 호출되어 실행된다. 프로그래머는 계산에 참여하는 모든 기계의 연결 방법이나 복잡한 구조에 대해서 자세히 알 필요가 없다. 사실 프로그래머는 자신이 개발하는 프로그램이 다수의 기계상에서 병렬적으로 수행된다는 사실을 대부분 무시해도 된다.

맵리듀스 접근 방식은 다양한 응용에 대해서 많은 양의 데이터를 처리할 때 사용될 수 있다. 앞서 언급한 단어 수 세기 프로그램은 전통적인 텍스트나 문서 처리 응용을 위한 아주 단순한 예제

```
map(String record) {
    For each word in record
        emit(word, 1).
}

reduce(String key, List value_list) {
    String word = key;
    int count = 0;
    For each value in value_list
        count = count + value
    output(word, count)
}
```

그림 10.3 파일에 존재하는 단어의 개수를 세기 위한 맵리듀스의 의사 코드

다. 예를 들어, 키워드를 입력받아 해당 키워드를 포함한 문서를 찾는 검색 엔진을 고려해 보자. 맵리듀스는 문서를 처리하고 특정 키워드를 포함한 문서를 찾는데, 효과적으로 사용되는 텍스트 인덱스를 생성하는 데 사용될 수 있다.

10.3.2 맵리듀스 예제 1: 단어 수 세기

단어 수 세기 응용은 아래의 의사 코드로 정의된 함수를 사용하는 맵리듀스 프레임워크로 구현될 수 있다. 의사 코드는 특정 프로그램 언어가 아니고 개념을 설명하기 위한 용도로 사용된다. 다음 절에서 특정 언어로 맵리듀스 코드를 작성하는 것을 살펴본다.

1. 맵리듀스 패러다임에서 프로그래머에 의해 제공되는 map( ) 함수는 각 입력 레코드에 대해서 호출되고 하나 이상의 출력 결과를 생산하며 이는 reduce( ) 함수에 전달된다. 첫 번째 질문, 레코드는 무엇인가? 맵리듀스 시스템은 기본적으로 각 입력 파일의 각 줄(line)을 하나의 레코드로 인식한다. 하나의 줄을 하나의 레코드로 처리하는 것은 단어 수 세기 응용에서 매우 잘 작동한다. 그러나 프로그래머는 입력 파일을 레코드로 분해하는 함수를 작성해야 한다.

   단어 수 세기 응용에서 map( ) 함수는 각 레코드를 개별 단어로 분해하고 많은 수의 레코드에 대해서 (단어, 개수) 쌍을 출력해야 한다. 여기서 개수는 각 레코드에 있는 해당 단어의 출현 횟수다. 사실 map( ) 함수는 단지 각 단어가 출현할 때마다 1을 더하는 단순한 일을 한다. 이 개수는 추후 reduce( ) 함수에서 다시 더해지게 된다. map( ) 함수의 의사 코드는 그림 10.3과 같다.

   map( ) 함수는 각 레코드(즉 각 줄)를 개별 단어로 분리한다.[2] 각 단어가 출현할 때마다 함수는 (단어, 1)을 결과로 출력한다. 만약 아래와 같은 문장의 경우

   "One a penny, two a penny, hot cross buns."

2 각 줄이 단어로 어떻게 분리되는지 자세한 설명을 생략한다. 실제 구현에서 공백문자를 이용하여 각 라인을 단어의 목록으로 분리하기 전에 알파벳이 아닌 문자는 제거되고 대문자는 소문자로 변환된다.

map( ) 함수에 의해 출력된 레코드는 아래와 같다.

("one", 1), ("a", 1), ("penny", 1),("two", 1), ("a", 1), ("penny", 1),
("hot", 1), ("cross", 1), ("buns", 1).

일반적으로 map( ) 함수는 각 입력 레코드에 대해서 (키, 값) 쌍의 집합을 출력한다. map( ) 출력 레코드의 첫 번째 속성(즉 키)은 다음에 살펴볼 reduce 단계에서 사용되기 때문에 **리듀스 키**(reduce key)라고 불린다.

2. 맵리듀스 시스템은 map( ) 함수의 출력으로 얻어지는 모든 (키, 값) 쌍에 대해서 동일한 키를 갖는 모든 레코드를 합쳐서 정렬한다. 키가 같은 모든 레코드를 합치고 연관된 값의 목록을 만든다. (키, 목록) 쌍이 reduce( ) 함수에 전달된다.

단어 수 세기 예제에서 각 키는 단어이고 연관된 목록은 서로 다른 파일의 서로 다른 줄에서 생성된 (각 단어의) 개수의 목록이다. 이 단계의 결과는 다음과 같다.

("a", [1,1]), ("buns", [1]) ("cross", [1]), ("hot", [1]), ("one", [1]),
("penny", [1,1]), ("two", [1])

reduce( ) 함수는 단어 개수의 목록에 대해서 각 개수를 더해서 (단어, 총개수) 쌍을 출력한다. 각 입력에 대해서 reduce( ) 함수의 출력은 다음과 같다.

("one", 1), ("a", 2), ("penny", 2), ("two", 1), ("hot", 1), ("cross", 1),
("buns", 1).

reduce( ) 함수의 의사 코드는 그림 10.3과 같다. map( ) 함수에 의해 생성된 개수는 모두 1이고 reduce( ) 함수는 목록에 있는 값을 앞으로 살펴볼 최적화 방법을 사용해서 더함으로써 합산한다.

여기서 중요한 것은 많은 파일에 대해서 동일한 단어가 여러 번 출현한다는 것이다. map( ) 함수의 결과를 재구성하는 것은 특정 키에 해당하는 모든 값을 합치는 것이다. 많은 기계가 존재하는 병렬 시스템에서 다른 리듀스 키를 가지는 데이터가 기계 사이에서 교환이 되는 일이 발생하기 때문에 특정 리듀스 키에 해당하는 모든 값은 단일 기계에서만 접근할 수 있다. 이러한 작업은 기계 사이에 데이터를 교환하여 특정 키에 해당하는 모든 개수를 합쳐서 (키, 값) 쌍 형태로 정렬하는 **셔플 단계**(shuffle step)에서 이뤄진다. 단어는 실제로 알파벳 순서대로 정렬된다. map( )으로부터 출력된 레코드를 정렬하는 것은 시스템이 하나의 단어에 대한 모든 출현을 하나로 모으는 방법이다. 즉 각 단어의 목록이 정렬된 레코드로부터 만들어진다.

기본적으로 reduce( ) 함수의 출력을 하나 이상의 파일에 보낸다. 그러나 맵리듀스 시스템은 프로그래머가 출력 결과를 어떻게 만들지를 제어할 수 있다.

10.3.3 맵리듀스 예제 2: 로그 처리

전통적인 데이터베이스 질의 처리에 더 가까운 맵리듀스 패러다임의 또 다른 예를 살펴보자. 그림

```
...
2013/02/21 10:31:22.00EST /slide-dir/11.ppt
2013/02/21 10:43:12.00EST /slide-dir/12.ppt
2013/02/22 18:26:45.00EST /slide-dir/13.ppt
2013/02/22 18:26:48.00EST /exer-dir/2.pdf
2013/02/22 18:26:54.00EST /exer-dir/3.pdf
2013/02/22 20:53:29.00EST /slide-dir/12.ppt
...
```

그림 10.4 로그 파일

10.4는 어떤 웹 사이트에 대한 접근 기록을 가지고 있는 로그 파일이다. 파일 접근 수 응용의 목적은 slide-dir 디렉터리에 있는 각각의 파일이 2013년 01월 01일부터 2013년 01월 31일까지 접근된 횟수를 찾는 것이다. 응용은 다양한 질의 중에서 하나의 예를 보여 주는 것이며 실제로는 웹 로그 파일로부터 다양한 분석이 가능하다.

로그 파일 처리 응용에서 입력 파일의 각 줄은 하나의 레코드로 처리될 수 있다. map( ) 함수는 다음과 같다. 먼저 입력 레코드를 개별 필드, 즉 날짜, 시간, 파일 이름으로 분해한다. 만약 날짜가 질의 범위 안에 있으면 map( ) 함수는 (파일 이름, 1)과 같은 형태의 레코드를 출력한다. 이것은 해당 레코드에서 파일 이름이 한 번 출현했다는 것을 의미한다. map( ) 함수를 위한 의사 코드는 그림 10.5와 같다.

셔플 단계는 특정 리듀스 키(여기서는 파일 이름)에 대한 모든 값을 하나의 리스트로 만든다. 그림 10.5에서 보는 것처럼 프로그래머에 의해서 제공되는 reduce( ) 함수는 각 리듀스 키 값에 대해서 호출된다. reduce( ) 함수의 첫 번째 인자는 리듀스 키 자체이고 두 번째 인자는 해당 리듀스 키에 대해서 map( ) 함수가 출력하는 레코드에 존재하는 출현 값을 가지고 있는 리스트다. 예제에서 특정 키에 대한 값은 해당 파일에 대해서 최종 접근 수를 계산할 때 더해지게 된다. 이 값이 reduce( ) 함수에 의해서 출력되는 값이다.

```
map(String record) {
    String attribute[3];
    break up record into tokens (based on space character), and
        store the tokens in array attributes
    String date = attribute[0];
    String time = attribute[1];
    String filename = attribute[2];
    if(date between 2013/01/01 and 2013/01/31
            and filename starts with "http://db-book.com/slide-dir")
        emit(filename, 1).
}
```

그림 10.5 파일의 접근 수를 계산하는 map 함수의 의사 코드

```
reduce(String key, List value_list) {
    String filename = key;
    int count = 0;
    For each value in value_list
        count = count + value
    output(filename, count)
}
```

그림 10.6 파일 접근 수를 세기 위한 reduce 함수의 의사 코드

map( ) 함수가 제공하는 값을 그대로 사용한다면 모든 레코드에 대해서 그 값은 (한 줄에 하나의 파일 이름만 존재하므로) 항상 1이고 리스트에 있는 요소를 단순히 세는 것이 될 것이다. 그러나 맵리듀스 시스템은 각 입력 파일을 재분배하기 전에 값에 대한 부분적인 합계를 구하는 최적화를 수행할 수 있다. 이런 경우 reduce( ) 함수가 받는 값은 항상 1이 아닐 수도 있기 때문에 이런 경우는 합산을 해야 한다.

그림 10.7은 map( )과 reduce( ) 함수의 키와 값의 전체적인 흐름을 보여 준다. 그림에서 mk_i는 맵 키를 의미하며 mv_i는 맵 입력 값을 의미한다. rk_i는 리듀스 키, rv_i는 리듀스 입력 값을 의미한다. 여기서 reduce의 출력은 보여 주지 않았다.

10.3.4 맵리듀스 작업을 위한 병렬 처리

지금까지 map( )과 reduce( ) 함수에 대한 설명은 병렬 처리에 대한 문제를 언급하지 않았다. 병렬 처리에 대한 고려가 없어도 맵리듀스의 의미를 이해할 수 있었다. 그러나 맵리듀스를 사용하는

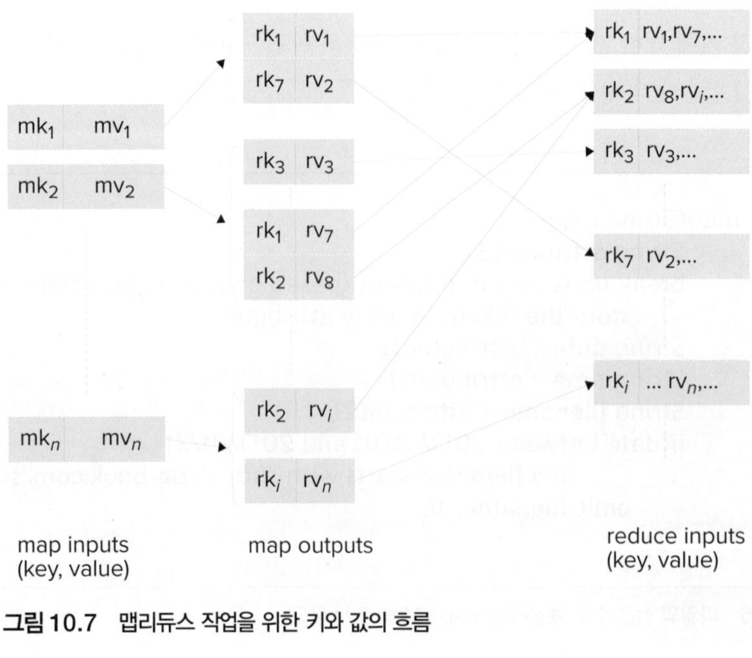

그림 10.7 맵리듀스 작업을 위한 키와 값의 흐름

목적은 병렬 처리에 있다. 맵리듀스 시스템은 map( ) 함수를 여러 기계상에서 병렬로 실행할 수 있으며 각 기계는 데이터 일부를 처리한다. 예를 들어, 파일의 일부 혹은 입력 파일이 매우 크다면 한 파일의 일부분을 처리한다. 유사하게 reduce( ) 함수 역시 다수의 기계상에서 병렬로 실행될 수 있으며 각각의 reduce 작업은 리듀스 키의 부분집합을 처리한다(reduce( ) 함수에 대한 호출은 단일 리듀스 키에 대해서 이루어짐에 주의하라).

map과 reduce 작업의 병렬 수행은 그림 10.8에 묘사되어 있다. 그림에서 Part *i*로 표시된 입력 파일 분할은 파일이 될 수도 있고 파일 일부가 될 수도 있다. Map *i*로 표시된 노드는 map 작업을, Reduce *i*로 표시된 노드는 reduce 작업을 의미한다. 마스터 노드(master node)는 map( )과 reduce( ) 코드의 복사본을 map과 reduce 작업에 보낸다. map 작업은 해당 코드를 실행하고 출력 데이터를 리듀스 키에 기반해서 정렬하고 분할한 후에 작업이 수행된 기계에 로컬 파일로 저장한다. 분리된 파일이 각 map 노드에서 reduce 작업을 위해 생성된다. 이러한 파일은 네트워크를 통해 reduce 작업을 위해 전송된다. reduce 작업에 전송된 파일은 특정 리듀스 키의 모든 출현을 정렬된 파일로 만들기 위해서 합병되고 정렬된다. 리듀스 키와 값은 reduce( ) 함수에 입력된다.

맵리듀스 시스템은 다수의 기계상에서 파일 입력과 출력을 병렬화해야 한다. 그렇지 않으면 특정 단일 시스템이 병목 현상을 일으킬 수 있다. 파일 입력과 출력의 병렬화는 Hadoop 파일 시스템(HDFS)과 같은 분산 파일 시스템 사용을 통해서 가능하다. 10.2절에서 살펴본 바와 같이 분산 파일 시스템은 다수의 기계가 파일을 저장하고 기계상에서 파일을 분할하는 것을 도와준다. 특히 데이터가 여러(전형적으로 세 개) 기계에 복제된다. 그래서 일부 기계가 고장이 나더라도 복사본을 가지고 있는 다른 기계를 통해서 데이터에 접근할 수 있다.

최근에 HDFS와 같은 분산 파일 시스템 이외에도 맵리듀스 시스템은 저장 어댑터(storage adapter) 등을 통해서 HBase, MongoDB, Cassandra, Amazon Dynamo 같은 다양한 시스템을 지원한다.

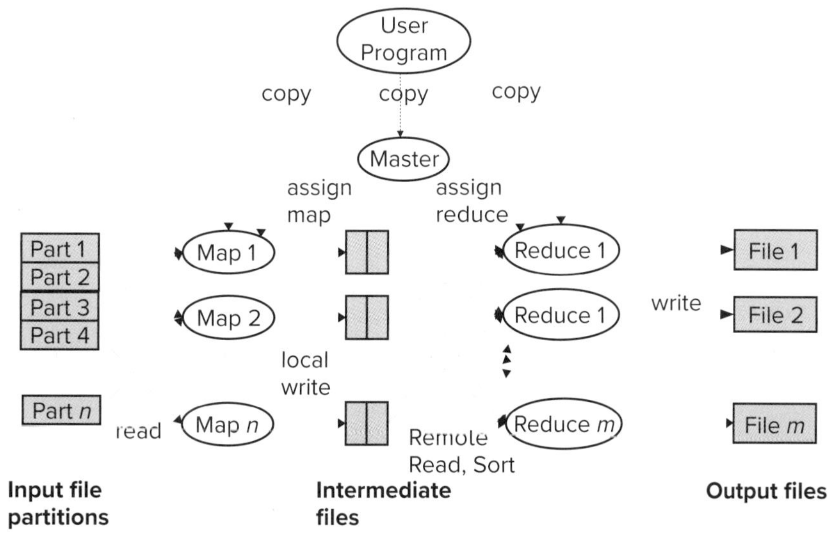

그림 10.8 맵리듀스 작업의 병렬 수행

10.3.5 Hadoop 맵리듀스

Hadoop 프로젝트는 Java 언어를 이용하여 광범위하게 사용되는 오픈 소스 형태의 맵리듀스를 제공한다. Hadoop에서 제공하는 Java API 형태의 맵리듀스의 주요 특징을 살펴보자. Hadoop은 Python이나 C++와 같은 다른 언어로 된 맵리듀스 API를 제공한다.

앞서 살펴본 맵리듀스 의사 코드와는 달리 Hadoop과 같은 실제 구현에서 map( ) 함수의 입력 키와 값뿐만 아니라 출력 키와 값을 위한 타입이 명시되어야 한다. 마찬가지로 reduce( ) 함수의 입력 키와 값뿐만 아니라 출력 키와 값을 위한 타입도 역시 명시되어야 한다. Hadoop은 프로그래머가 Hadoop Mapper와 Reducer 클래스를 확장한 클래스의 멤버 함수로 map( )과 reduce( ) 함수를 구현할 수 있도록 하고 있다. Hadoop은 프로그래머로 하여금 파일을 레코드로 분할하거나 파일이 Hadoop에서 제공하는 내장 함수를 지원하는 파일 타입 중에서 하나라는 것을 명세할 수 있도록 허용한다. 예를 들어, TextInputFormat은 파일이 줄로 분할되며 각 줄은 분리된 레코드라는 것을 명세하는 것이다. 광범위하게 사용되는 *Avro*, *ORC*, *Parquet*는 Hadoop 세계에서 가장 많이 사용되는 압축 파일 형식이다(압축 파일 형식은 13.6절에서 자세히 다룬다). 압축 해제는 시스템에 의해 이루어지며 질의를 작성하는 프로그래머는 단지 지원되는 타입과 압축 해제된 표현이 질의를 구현하는 코드에서 이용 가능하다는 것을 명세하면 된다.

Hadoop에서 입력 파일은 단일 기계의 파일 시스템에서 만들어진 파일이다. 대규모 데이터에 대해서 단일 기계의 특정 파일 시스템이 성능에서 병목 현상을 일으킬 수 있다. Hadoop 맵리듀스는 입력 및 출력 파일이 HDFS와 같은 분산 파일 시스템상에서 저장될 수 있도록 하며 다수의 기계가 병렬로 읽거나 쓸 수 있도록 허용한다.

reduce( ) 함수 이외에도 Hadoop은 프로그래머가 combine( ) 함수를 정의할 수 있도록 허용하는데 이 함수는 map( ) 함수가 수행된 노드에서 reduce( ) 연산의 일부를 수행한다. 앞서 설명한 단어 수 세기 예제에서 combine( ) 함수는 앞서 살펴본 reduce( ) 함수와 동일하다. combine( ) 함수를 사용하는 장점은 네트워크를 통해 전송해야 할 데이터의 양을 줄일 수 있다는 것이다. map 작업을 수행한 각 노드는 단일 단어에 대해서 여러 엔트리가 아니라 단지 하나의 엔트리만 네트워크를 통해 전송할 수 있다.

Hadoop에 있는 단일 맵리듀스 단계는 map과 reduce 함수를 실행한다. 프로그램은 다수의 맵리듀스 단계를 가질 수 있고 각 단계는 자체 map과 reduce 함수를 가지고 있다. Hadoop API는 프로그램이 다수의 맵리듀스 단계를 수행하는 것을 허용한다. 각 단계의 reduce( ) 함수의 출력은 (분산) 파일 시스템에 쓰이고 다음 단계에서 다시 읽힌다. Hadoop은 프로그래머가 병렬 수행을 위해 map과 reduce 작업의 수를 제어하는 것을 허용한다.

이 절의 나머지 부분은 Java에 대한 기본적인 지식이 있다고 가정한다(만약 Java에 익숙하지 않다면 이 절을 뛰어넘어도 이해하는 데 어려움은 없을 것이다).

그림 10.9는 Hadoop에서 단어 수 세기 응용을 Java로 구현한 것이다. 간략화를 위해 Java의 import 문장은 생략했다. 코드에서 두 개의 클래스를 정의했다. 하나는 Mapper 인터페이스를 구현한 것이고 다른 하나는 Reducer 인터페이스를 구현한 것이다. Mapper 및 Reducer 클래스는 인자로 키와 값의 타입을 취하는 제네릭 클래스(generic classes)다. 특히 제네릭 Mapper 및

Reducer 인터페이스는 각각 네 개의 인자, 즉 입력 키, 입력 값, 출력 키, 출력 값을 취한다.

Mapper 인터페이스를 구현한 그림 10.9의 Map 클래스 타입 정의에서 map 키는 LongWritable 타입인 긴 정수형이고 값은 Text 타입의 문서라는 것을 명세한다. map의 출력은 키가 단어이므로 Text 타입의 키를 갖고 있으며 값은 정수이기 때문에 IntWritable 타입을 갖는다.

단어 수 세기 예제에서 map( ) 코드는 입력 텍스트를 StringTokenizer를 이용해 단어로 분해한 후에 각 단어에 대해서 context.write(word, one)를 호출하여 키와 값의 쌍을 출력한다. 여기서

```
public class WordCount {
    public static class Map extends Mapper<LongWritable, Text, Text, IntWritable> {
        private final static IntWritable one = new IntWritable(1);
        private Text word = new Text();

        public void map(LongWritable key, Text value, Context context)
                                throws IOException, InterruptedException {
            String line = value.toString();
            StringTokenizer tokenizer = new StringTokenizer(line);
            while (tokenizer.hasMoreTokens()) {
                word.set(tokenizer.nextToken());
                context.write(word, one);
            }
        }
    }
    public static class Reduce extends Reducer<Text, IntWritable, Text, IntWritable> {
        public void reduce(Text key, Iterable<IntWritable> values, Context context)
                                throws IOException, InterruptedException {
            int sum = 0;
            for (IntWritable val : values) {
                sum += val.get();
            }
            context.write(key, new IntWritable(sum));
        }
    }
    public static void main(String[] args) throws Exception {
        Configuration conf = new Configuration();
        Job job = new Job(conf, "wordcount");

        job.setOutputKeyClass(Text.class);
        job.setOutputValueClass(IntWritable.class);
        job.setMapperClass(Map.class);
        job.setReducerClass(Reduce.class);
        job.setInputFormatClass(TextInputFormat.class);
        job.setOutputFormatClass(TextOutputFormat.class);
        FileInputFormat.addInputPath(job, new Path(args[0]));
        FileOutputFormat.setOutputPath(job, new Path(args[1]));

        job.waitForCompletion(true);
    }
}
```

그림 10.9 Hadoop에서 단어 수 세기 프로그램

one은 숫자 1의 값을 갖는 IntWritable 객체다.

특정 키(여기서는 단어)를 갖는 map( ) 호출에 의해 출력되는 값은 맵리듀스 시스템에서 리스트에 모여진다. 이렇게 함으로써 다수의 map 작업에서 다수의 reduce 작업으로 데이터를 전달할 수 있다. 분산 시스템에서 데이터는 네트워크를 통해 전달된다. 특정 키를 갖는 모든 값을 함께 모으기 위해서는 해당 값이 정렬된 순서대로 모이도록 해야 한다. 각 키에 대한 값의 리스트가 reduce( ) 함수에 제공된다.

reduce( ) 입력 키의 타입은 map 출력 키의 타입과 동일하다. reduce( ) 입력 값은 map 출력 값(map 출력 값은 IntWritable 타입임)의 리스트를 포함할 수 있는 Java Iterable<IntWritable> 객체다. reduce( ) 출력 키는 단어이기 때문에 Text 타입인 반면 출력 값은 단어 수로 IntWritable 타입이다.

예제에서 reduce( )는 단지 입력으로 받은 값을 전체 개수에 더한다. 결국 reduce( )는 context.write( ) 함수를 사용해 단어와 총개수를 출력한다.

예제에서 값이 항상 1이라서 reduce( ) 함수는 단지 값의 개수를 세기만 한다. 그러나 일반적으로 Hadoop은 프로그래머가 Combiner 클래스를 선언하는 것을 허용하는데 combine( ) 함수는 map 작업의 출력을 활용해 실행된다. 이 함수의 출력은 하나의 키에 대해서 다수의 map( ) 출력 값을 하나의 값으로 합친다. 예제에서 combine( ) 함수는 각 단어에 대한 출현 수를 세서 하나의 값으로 만드는데 이 값은 map 작업이 수행되는 로컬 기계에 있는 로컬 단어의 개수가 된다. 이러한 출력이 reduce( ) 함수에 전달되고 로컬 개수가 전체 개수를 산정하는 데 더해지게 된다. Combine 작업은 네트워크의 트래픽을 줄일 수 있다.

맵리듀스 작업은 map 단계를 실행하고 reduce 단계를 수행하는 식으로 진행된다. 프로그램은 다수의 맵리듀스 단계를 가질 수 있고 각 단계는 자신만의 map과 reduce 함수를 가질 수 있다. main( ) 함수는 각 맵리듀스 작업의 인자를 설정한 다음 그것을 실행한다.

그림 10.9의 예제 코드는 단일 맵리듀스 작업을 실행한다. 해당 작업의 인자는 다음과 같다.

- map 및 reduce 함수를 포함하는 클래스. 이 클래스는 setMapperClass와 setReduceClass 메소드에 의해 세팅된다.
- 출력 키와 값을 위한 타입. setOutputKeyClass와 setOutputValueClass 메소드에 의해 단어는 Text 그리고 개수는 IntWritable로 각각 세팅된다.
- job.setInputFormatClass 메소드에 의해 입력 형식은 TextInputFormat으로 세팅된다. Hadoop에서 기본적인 입력 형식은 TextInputFormat인데 이것은 파일에서 바이트 오프셋(offsets)이 되는 map 키를 생성하고 map 값은 파일에서 각 줄의 내용물이 된다. 파일의 크기가 4기가바이트보다 클 수 있기 때문에 바이트 오프셋은 LongWritable 타입이다. 프로그래머는 입력 파일을 받아서 각 파일은 레코드로 분해하는 자신만의 입력 클래스를 만들 수 있다.
- job.setOutputFormatClass 메소드에 의해서 TextOutputFormat으로 세팅되는 출력 형식
- 입력 파일이 저장되고 출력 파일이 만들어지는 디렉터리. addInputPath와 addOutputPath에 의해 세팅된다.

Hadoop은 병렬로 수행되는 map과 reduce 작업의 수, 각 맵과 리듀스 작업에 허용되는 메모리의 양 등과 같이 맵리듀스를 위해 더 많은 인자를 제공한다.

10.3.6 맵리듀스에서 SQL

맵리듀스의 많은 응용은 SQL로 쉽게 표현될 수 없는 연산을 사용하여 관계형 데이터가 아닌 대용량의 데이터를 병렬적으로 처리하는 데 사용한다. 예를 들어, 단어 수 세기는 SQL로 쉽게 표현될 수 없다. SQL로 쉽게 표현될 수 없는 맵리듀스의 실제 예는 많다. 예를 들어, 키워드 질의에 효과적으로 응답하기 위해 웹 검색 엔진에 사용되는 "역색인(inverted indices)"을 생성하는 응용이나 웹 검색 질의에 대한 결과의 순위를 부여하는 데 사용되는 Google의 PageRank 응용 등이 있을 수 있다.

그러나 SQL로 쉽게 표현될 수 있는 로직을 품고 있는 다양한 데이터 처리 응용 등에서도 맵리듀스가 많이 사용되고 있다. 데이터가 만약 데이터베이스에 존재한다면 SQL을 사용해 질의를 작성하고 병렬 데이터베이스 시스템상에서 질의를 실행하는 것이 합리적이다(병렬 데이터베이스는 22장에서 자세히 살펴본다). SQL을 사용하는 것은 맵리듀스 패러다임에서 코딩하는 것보다 사용자 입장에서는 더 쉽다. 그러나 많은 응용에서 데이터가 파일 시스템상에 존재하고 있으며 이러한 데이터를 데이터베이스에 적재할 때 심각한 시간적·공간적 오버헤드가 발생할 수 있다.

관계형 연산도 아래의 예제처럼 맵과 리듀스를 활용하여 구현될 수 있다.

- 관계형 선택 연산자는 reduce( ) 함수 없이 map( ) 함수만으로 구현될 수 있다. 혹은 입력을 어떤 변화 없이 출력으로 내보내는 reduce( ) 함수와 map( ) 함수로 구현할 수 있다.
- 집계 함수 γ로 얻어지는 관계형 그룹 연산도 단일 맵리듀스 단계로 구현될 수 있다. map( ) 함수는 리듀스 키를 속성값으로 해서 그룹 연산을 수행한 결과 레코드를 출력한다. reduce( ) 함수는 특정 그룹에 대해 모든 속성값의 리스트를 받아서 입력 리스트에 대해 집계 연산을 수행한다.
- 조인 연산 역시 맵리듀스 단계로 구현될 수 있다. 동등 조인 $r \bowtie_{r.A=s.A} s$를 고려해 보자. 각 입력 레코드 r_i에 대해서 $(r_i.A,\ r_i)$ 쌍을 출력하고 각 입력 레코드 s_i에 대해 $(s_i.A,\ s_i)$ 쌍을 출력하는 map( ) 함수를 정의할 수 있다. map의 출력은 어떤 릴레이션(r 혹은 s)의 출력인지를 명시하는 태그를 포함한다. reduce( ) 함수는 조인 속성값에 있는 모든 r_i와 s_i 레코드의 리스트와 함께 각 조인 속성값에 대해서 호출된다. reduce( ) 함수는 r과 s 튜플로 분해하고 각 튜플에서 조인 속성에 대해서 동일한 값을 갖는 튜플을 합쳐서 조인 결과로 출력한다.

세부적인 구현은 연습문제(문제 10.4)로 남겨 둔다. 더 복잡한 응용, 예를 들어 다수의 연산을 포함하고 있는 질의는 다수의 map 및 reduce 작업을 사용해서 표현될 수 있다.

관계형 질의가 맵리듀스 패러다임을 사용해 표현될 수 있지만 사람이 이것을 직접 하는 것은 매우 귀찮은 일이다. SQL로 질의를 작성하는 것은 훨씬 간결하고 이해하기 쉽다. 그러나 전통적인 데이터베이스는 파일로부터 데이터에 접근하고 각 질의에 대해서 병렬 수행을 지원하지 않는다.

SQL로 작성된 질의가 파일 시스템에 저장된 데이터에 대해서 병렬로 수행될 수 있는 새로운 시스템이 개발되고 있다. Facebook에서 개발한 *Apache Hive*와 Microsoft에서 개발한 *SCOPE*는 SQL의 변형을 사용하고 있으며, Yahoo!에서 개발한 *Apache Pig*는 관계 대수에 기반한 *Pig Latin*이라고 불리는 선언형 언어를 사용한다. 이런 모든 시스템은 데이터를 파일 시스템에서 읽는 것을 허용하며 프로그래머가 입력 데이터를 레코드 형태로 변환하는 함수를 지원한다.

이러한 시스템은 주어진 질의를 실행하기 위해서 map 및 reduce 작업의 연속으로 구현된 프로그램을 허용한다. 프로그램은 컴파일되어 Hadoop과 같은 맵리듀스 프레임워크에서 수행된다. 이러한 시스템은 매우 활발히 사용되고 있으며 꽤 많은 질의를 맵리듀스 패러다임에서 직접 작성하기보다는 이러한 시스템을 활용해서 작성하고 있다.

최근 Hive는 SQL 코드가 병렬 환경에서 실행되는 대수 연산의 트리 형태로 컴파일되는 다양한 옵션을 제공하고 있다. Apache Tez와 Spark는 병렬 환경에서 대수 연산의 트리(혹은 DAG)를 수행하는 플랫폼으로 가장 많이 사용된다.

10.4 맵리듀스를 넘어서: 대수 연산

관계 대수는 관계 질의 처리의 기본이며 질의는 연산의 트리 형태로 표현된다. 이러한 생각은 복잡한 데이터 타입을 갖는 레코드를 포함한 데이터 집합에 대해서 동작하는 대수 연산을 지원하고 유사한 형태의 복잡한 데이터 타입을 포함한 레코드를 갖는 데이터 집합을 반환함으로써 더 많은 복합 데이터 타입을 지원할 수 있도록 확장할 수 있다.

10.4.1 대수 연산을 위한 동기

10.3.6절에서 살펴보았지만 관계형 연산은 map과 reduce 단계의 연속으로 표현될 수 있다. 그러나 이런 식으로 작업을 표현하는 것은 꽤 귀찮을 수 있다.

예를 들어, 만약 프로그래머가 두 개의 입력을 조인할 필요가 있다면 map과 reduce 함수를 이용해 간접적으로 표현하는 대신에 하나의 대수 연산으로 표현할 수도 있다. 조인과 같은 함수를 이런 식으로 접근하면 프로그래머의 작업을 단순화해 줄 수 있다.

조인 연산은 22.3절에서 살펴보겠지만 다양한 기술을 사용해서 병렬적으로 수행될 수 있다. 사실 이렇게 하는 것이 map과 reduce 함수를 사용해서 조인을 구현하는 것보다 훨씬 효율적이다. Hive 같은 시스템도 프로그래머가 직접 맵리듀스 코드를 작성하지 않고 조인하는 방법을 제공한다.

Hive 이후에 나온 병렬 데이터 처리 시스템은 조인과 같은 관계형 연산(외부 조인과 세미 조인과 같은 연산도 포함)에 대한 지원뿐만 아니라 데이터 분석을 지원하는 다양한 연산을 추가했다. 예를 들어, 많은 기계학습 모델이 연산자 형태로 제공되는데 입력은 레코드의 집합으로 주어지며 출력은 모델에 의해 예측되는 추가적인 속성을 갖는 레코드가 될 수 있다. 기계학습 알고리즘 자체는 입력으로 훈련 레코드의 집합을 받아서 학습된 모델을 출력하는 연산자로 구현될 수 있다. 데이터 처리는 연산자의 순서(일종의 파이프라인) 혹은 트리 형태로 구현될 수 있는 여러 단계로 구성된다.

이러한 연산을 위한 통합 프레임워크는 일련의 작업을 입력으로 하나 이상의 데이터 집합을 받아서 하나 이상의 데이터 집합을 출력하는 **대수 연산**(algebraic operations)으로 처리한다.

2.6절에서 살펴본 관계 대수는 입력으로 하나 이상의 릴레이션을 받아서 하나의 릴레이션을 출력한다는 것을 상기하자. 병렬 질의 처리 시스템은 동일한 아이디어에 기반하고 있으나 몇 가지 다른 점이 있다. 가장 중요한 차이점은 입력 데이터가 관계형 모델처럼 원자적 열(column)로 구성된 것이 아니라 임의의 데이터 타입이 될 수 있다는 것이다. SQL을 지원하도록 확장된 관계 대수는 단순한 산술, 문자열, 부울 표현으로 한정되는 것을 상기하자. 반면 새로운 대수 연산자는 프로그래밍 언어의 모든 기능을 지원할 수 있도록 더 복잡한 표현을 지원할 필요가 있다.

복잡한 데이터에 대해서 대수 연산을 지원하는 많은 프레임워크가 있다. Apache Tez와 Spark가 가장 많이 사용되는 시스템이다.

Apache Tez는 시스템 구현에 적절한 저수준 API를 제공한다. 예를 들어, Tez상의 Hive는 SQL 질의를 Tez에서 실행되는 대수 연산으로 컴파일한다. Tez 프로그래머는 노드의 트리(혹은 DAG)를 만들고 각 노드에서 수행될 수 있는 코드를 작성할 수 있다. 입력 노드는 데이터 소스로부터 데이터를 읽고 이를 데이터에 대해서 특정 연산을 수행할 수 있는 다른 노드로 전달한다. 데이터는 여러 기계에 분할될 수 있으며 각 노드를 위한 코드는 각 기계상에서 수행된다. Tez는 실제로 응용 프로그래머가 직접 사용하기 위해서 설계된 것이 아니기 때문에 더 자세히 다루지 않는다.

Apache Spark는 응용 프로그래머에게 적절한 고수준 API를 제공한다. 다음 절에서 자세히 살펴본다.

10.4.2 Spark의 대수 연산

Apache Spark는 다양한 대수 연산을 지원하는 병렬 데이터 처리 시스템이다. 다양한 저장 시스템으로부터 데이터를 읽거나 쓸 수 있다.

관계형 데이터베이스가 데이터 표현을 위한 추상화로 릴레이션을 사용하는 것처럼 Spark는 **탄력적 분산 데이터 집합**(Resilient Distributed Dataset, **RDD**)이라 불리는 표현 방식을 사용하는데 이는 다수의 기계상에 저장될 수 있는 레코드의 집합이다. **분산**이라는 단어는 다른 기계상에 저장된 레코드를 의미하고 **탄력적**이란 단어는 기계가 고장이 나더라도 레코드를 저장해 놓은 다른 기계에서 해당 레코드를 검색할 수 있다는 점에서 고장에 대한 복구를 의미한다.

Spark에서 연산자는 하나 이상의 RDD를 입력으로 받아서 출력으로 RDD를 반환한다. RDD에 저장된 레코드 타입은 사전에 정의되지 않으며 응용이 원하는 어떤 것이라도 될 수 있다. 나중에 설명하겠지만 Spark는 DataSet라고 불리는 관계형 데이터 표현도 지원한다.

Spark는 Java, Scala, Python을 위한 API를 제공한다. 이 책은 Spark의 Java API에 기반한다.

그림 10.10은 Apache Spark를 사용해 Java로 작성된 단어 수 세기 응용이다. 이 프로그램은 RDD 데이터 표현을 사용하는데 Java 타입은 JavaRDD로 불린다. JavaRDD는 홑화살괄호("<>") 안에 레코드 타입 명세를 요구한다. 예제에서 Java 문자열 RDD를 갖는다. JavaPairRDD 타입도 있는데 두 개 타입의 속성을 갖는다. 다수의 속성을 갖는 레코드는 기본적인 데이터 타입 대신에 구조화된 데이터 타입을 사용해서 표현된다. 사용자 정의 데이터 타입이 사용될 수도 있으며 기본

```
import java.util.Arrays;
import java.util.List;
import scala.Tuple2;
import org.apache.spark.api.java.JavaPairRDD;
import org.apache.spark.api.java.JavaRDD;
import org.apache.spark.sql.SparkSession;
public class WordCount {

    public static void main(String[] args) throws Exception {

        if (args.length < 1) {
            System.err.println("Usage: WordCount <file-or-directory-name>");
            System.exit(1);
        }
        SparkSession spark =
            SparkSession.builder().appName("WordCount").getOrCreate();

        JavaRDD<String> lines = spark.read().textFile(args[0]).javaRDD();
        JavaRDD<String> words = lines.flatMap(s -> Arrays.asList(s.split(" ")).iterator());
        JavaPairRDD<String, Integer> ones = words.mapToPair(s -> new Tuple2<>(s, 1));
        JavaPairRDD<String, Integer> counts = ones.reduceByKey((i1, i2) -> i1 + i2);

        counts.saveAsTextFile("outputDir"); // Save output files in this directory

        List<Tuple2<String, Integer>> output = counts.collect();
        for (Tuple2<String,Integer> tuple : output) {
            System.out.println(tuple);
        }
        spark.stop();
    }
}
```

그림 10.10 Spark에서 단어 수 세기 프로그램

적인 데이터 타입인 Tuple2는 두 개의 속성을 저장하고 Tuple3은 세 개의 속성, Tuple4는 네 개의 속성을 갖는 데 사용된다.

Spark를 사용해 데이터를 처리하는 첫 번째 단계는 입력으로 들어온 데이터를 RDD 표현으로 변환하는 것이다. 이 작업은 spark.read( ).textfile( ) 함수에 의해 수행되며 이 함수는 입력으로 들어온 데이터의 각 줄에 대해 레코드를 생성한다. 입력은 파일이 될 수도 있고 다수의 파일을 갖는 디렉터리가 될 수도 있다. 다수의 노드에서 실행되는 Spark 시스템은 RDD를 마치 단일 기계상의 자료 구조처럼 다루지만 실제로는 다수의 기계로 분할한다. 그림 10.10의 예제에서 결과는 lines로 불리는 RDD다.

다음 단계는 s.split(" ")을 호출하여 각 줄을 단어의 배열로 분할하는 것이다. 이 함수는 공백에 의해 각 줄을 분할하여 단어의 배열을 반환한다. 일부 더 완벽한 함수는 마침표, 세미콜론 등과 같은 다른 공백문자로 각 입력을 분할한다. 분할 함수는 RDD 입력의 각 줄에 대해서 map( ) 함수를 호출함으로써 실행될 수 있다. 여기서 map( ) 함수는 각 입력 레코드에 대해서 단일 레코드를 반환

한다. 예제에서 flatMap( )이라는 함수를 대신 사용하는데 다음과 같이 작동한다. map( )과 마찬가지로 flatMap( )은 각 입력 레코드에 대해서 사용자 정의 함수를 호출한다. 이 함수는 iterator를 반환한다. Java의 iterator는 함수를 여러 번 호출함으로써 다수의 결과를 가져오는 데 사용될 수 있는 next( ) 함수를 제공한다. flatMap( )함수는 iterator를 가져올 수 있는 사용자 정의 함수를 호출하고 iterator는 여러 값을 가져오기 위해 반복적으로 next( ) 함수를 호출한다. 그리고 모든 입력 레코드에 걸쳐 있는 모든 값을 결합한 하나의 RDD를 반환한다.

그림 10.10에 있는 코드는 Java 8에서 소개된 "람다 표현(lambda expression)" 문법을 사용한다. 이 방법은 함수가 이름 없이 간략히 표현될 수 있도록 해 준다.

```
s − > Arrays.asList(s.split(" ")).iterator()
```

위 문법은 인자 s를 받아서 다음과 같은 표현을 반환하는 함수다. 이것은 앞서 설명한 분할 함수가 단어의 배열을 생성하는 데 적용되고 이 배열을 리스트로 변환될 수 있도록 Arrays.asList를 사용하며 최종적으로 iterator를 생성하기 위해서 리스트에 대해 iterator( ) 메소드를 적용한다. flatMap( ) 함수는 앞서 설명한 iterator에 대해서 동작한다.

위 단계의 결과는 words라 불리는 RDD이고 여기서 각 레코드는 단일 단어를 포함한다.

다음 단계는 ones라 불리는 JavaPairRDD를 생성한다. 여기서 ones는 words에 있는 각 단어에 대해 "(단어, 1)" 형태의 쌍을 가지고 있다. 만약 하나의 단어가 입력 파일에 여러 번 출현한다면 이러한 words와 ones에 많은 레코드가 있을 것이다.

최종적으로 대수 연산 reduceByKey( )는 그룹화와 집계 단계를 구현한 것이다. 그림 10.10에서 람다 함수 (i1, i2) −> i1+i2를 reduceByKey( ) 함수에 전달함으로써 덧셈을 집계 연산으로 사용할 수 있다. reduceByKey( ) 함수는 JavaPairRDD에 대해 작동해서 첫 번째 속성에 의해 그룹화를 진행하고 람다 함수를 이용해 두 번째 속성값을 집계한다. ones RDD에 적용을 하면 그룹화는 첫 번째 속성인 단어에 대해서 수행되며 두 번째 속성값(ones RDD에서는 모두 1임)은 더해지게 된다. 결과는 JavaPairRDD 결과에 저장된다.

일반적으로 이진 함수도 만약 값이 저장된 집합에 적용되는 순서에 상관없이 동일한 결과를 출력한다면 집계 연산을 수행하는 데 사용될 수 있다.

최종적으로, counts RDD는 saveAsTextFile( )에 의해 파일 시스템에 저장된다. 단지 하나의 파일을 생성하는 대신 RDD 자체가 여러 기계에 분할된다면 다수의 파일을 생성한다.

병렬 처리가 수행되는 방식을 이해하려면 아래 사항을 이해해야 한다.

- RDD는 여러 기계에 분할되어 저장될 수 있다.
- 각 연산은 다수의 기계, 즉 RDD가 존재하는 다수의 기계상에서 병렬로 수행될 수 있다. 연산은 병렬로 수행되기 전에 연관된 레코드가 같은 기계에 모일 수 있도록 입력을 다시 재분할할 수 있나. 예를 들어, reduceByKey( )는 하나의 그룹에 속하는 모든 레코드가 단일 기계에 모일 수 있도록 입력 RDD를 재분할할 수 있다. 다른 그룹에 있는 레코드는 다른 기계에 있을 수 있다.

Spark의 또 다른 중요한 특징은 대수 연산은 비록 코드가 실행된 것처럼 보일지라도 반드시 즉각적으로 수행되지 않을 수 있다는 것이다. 그림에서 보이는 코드는 실제로 연산의 트리를 생성한다. 단말 연산인 textFile( )은 파일로부터 데이터를 읽는다. 다음 연산인 flatMap( )은 자식으로 textFile( ) 연산을 가진다. 그다음 mapToPairs( )는 자식으로 flatMap( )을 갖는 식이다. 연산자는 관계형 관점에서 뷰를 정의하는 것처럼 생각될 수 있다. 뷰는 정의되는 순간 바로 실행되지 않고 이후에 실행될 수도 있다.

연산의 전체 트리는 어떤 특정 연산이 트리가 실행되는 것을 필요로 할 때 실제로 실행될 수 있다. 예를 들어, saveAsTextFile( )가 트리가 실행되는 것을 요구할 수 있다. 다른 함수는 트리를 실행하고 모든 레코드를 단일 기계로 가져가는 collect( )를 포함할 수 있는데 여기서 다른 함수들은 순차적으로 실행될 수 있다.

지연 실행(lazy evaluation, 트리가 정의될 때가 아니라 실행이 필요할 때 처리되는 방식)의 중요한 장점은 실제 실행되기 전에 질의 최적화기가 트리를 더 빨리 수행할 수 있으며 동시에 같은 결과를 내는 다른 트리로 재작성할 수 있다는 점이다. 16장에서 살펴볼 질의 최적화 기술을 이러한 트리를 최적화하는 데 적용할 수 있다.

이전 예제가 연산의 트리를 생성하는 동안 일반적으로 연산은 만약 연산의 결과를 하나 이상의 다른 연산에서 사용한다면 **방향성 비순환 그래프**(Directed Acyclic Graph, DAG) 구조를 만들 수 있다. DAG 구조는 하나 이상의 부모를 갖는 연산이 존재할 수 있지만, 트리에서 연산은 단지 하나의 부모만 가질 수 있다.

RDD가 텍스트 데이터처럼 특정 데이터 타입을 표현하는 데 적절하지만, 많은 빅데이터 응용은 구조화된 데이터를 다룰 필요가 있고 각 레코드는 다수의 속성을 가질 수 있다. 그래서 Spark는 여러 속성을 갖는 레코드를 지원하기 위해 DataSet 타입을 제공한다. DataSet 타입은 광범위하게 사용되는 Parquet, ORC, (13.6절에서 더 자세히 설명할) Avro 파일 형식과 잘 동작하는데 이것은 압축된 방식으로 다수의 속성을 갖는 레코드를 저장하기 위해서 설계되었다.

아래 코드는 Spark에서 Parquet 형식으로 데이터를 읽고 처리하는 방식을 보여 주는데 여기서 spark는 이미 개방된 Spark 세션을 의미한다.

```
Dataset<Row> instructor = spark.read().parquet("...");
Dataset<Row> department = spark.read().parquet("...");
instructor.filter(instructor.col("salary").gt(100000))
      .join(department, instructor.col("dept_name")
      .equalTo(department.col("dept_name")))
      .groupBy(department.col("building"))
      .agg(count(instructor.col("ID")));
```

DataSet<Row> 타입은 이름으로 열 값에 접근하는 데 사용되는 Row 타입을 사용한다. 코드는 Parquet 파일(여기서 파일 이름은 생략되었다)로부터 *instructor*와 *department* 릴레이션을 읽는다. Parquet 파일은 열 값뿐만 아니라 이름과 같은 메타데이터를 저장하는데 메타데이터는 Spark가 릴레이션을 위한 스키마를 생성하는 데 사용된다. 위의 Spark 코드는 *instructor* 릴레이션에 대한 필터(선택) 연산을 적용하는데 연봉이 100,000보다 많은 교수만 추출한 후에 그 결과를 *dept_name* 속성을 이용해 *department* 릴레이션과 조인한다. 그리고 *building* 속성(*department* 릴레이션의 속성)으로 그룹화를 수행하고 각 그룹(여기서는 각 building)에 대해 *ID*의 개수를 센다.

새로운 대수 연산을 정의하고 이것을 질의로 사용할 수 있는 능력은 많은 응용에서 매우 유용하다고 알려져 있으며 Spark에서 광범위하게 지원하고 있다. Spark 시스템은 Hive SQL 질의를 Spark 연산 트리로 컴파일해서 실행하는 것을 지원한다.

Spark는 Row 이외의 다른 클래스가 DataSets와 함께 사용되는 것을 지원한다. Spark는 클래스의 각 속성 *Attrk*에 대해서 *getAttrk*( ) 및 *setAttrk*( ) 메소드가 속성값을 검색하고 저장하는 데 사용될 수 있도록 반드시 정의할 것을 요구한다. 만약 *Instructor* 클래스를 생성하고 이 클래스의 속성과 매칭되는 속성을 갖는 Parquet 파일이 존재한다면 다음과 같은 코드를 통해 Parquet 파일로부터 데이터를 읽어 올 수 있다.

```
Dataset<Instructor> instructor = spark.read().parquet("...").
    as(Encoders.bean(Instructor.class));
```

이 경우 Parquet는 입력 파일에서 속성 이름을 제공하고 이 값은 instructor 클래스의 속성에 대응된다. Row 타입과 달리 여기서 입력 파일에 있는 속성의 타입은 컴파일 시간에 알려지지 않으며 instructor의 속성 타입은 컴파일 시간에 알려진다. 그리고 이 타입은 Row 타입을 사용하는 것보다 더 간략하게 표현될 수 있다. instructor 클래스의 메소드는 속성에 접근하는 데 사용될 수 있다. 예를 들어, col("salary")를 사용하는 대신 getSalary( )를 사용할 수 있는데, 이로 인해 속성 이름을 실제 값이 저장된 레코드의 위치에 대응하는 데 드는 런타임 비용을 피할 수 있다. 더 많은 정보는 spark.apache.org에서 확인할 수 있다.

이 절에서 Spark의 데이터베이스 연산을 주로 살펴보았다. 그러나 앞서 언급했듯이 Spark는 DataSet 타입으로 호출할 수 있는 기계학습과 관련된 연산을 포함하여 많은 대수 연산을 지원한다.

10.5 스트림 데이터

데이터에 대한 질의는 분석가가 데이터베이스로부터 어떤 정보를 추출하기를 원할 때 언제라도 즉각적으로 수행될 수 있다. 또는 주기적인 방식으로 수행될 수도 있다. 예를 들어, 전날 일어난 트랜잭션에 대한 정리를 보고받기 위해 매일 아침 특정 시간에 질의가 수행될 수도 있다.

또한 데이터가 지속해서 도착함에 따라 지속해서 질의를 수행할 필요가 있는 응용도 많다. **스트림 데이터**(stream data)는 지속해서 도착하는 데이터를 의미한다. 많은 응용이 실시간(즉 데이터가 일정한 제한 시간 안에 도착할 때마다)으로 들어오는 데이터를 처리해야 하는 경우도 있다.

10.5.1 스트림 데이터 응용

스트림 데이터의 예와 이들의 실시간 요구 사항을 알아보자.

- **주식시장**: 주식시장에서 각 거래(즉 누군가는 팔고 누군가는 사는 주식)는 튜플로 표현된다. 거래 정보는 처리 시스템에 스트림으로 보내진다.

  주식시장 거래자들은 패턴을 찾기 위해 거래 스트림을 분석한다. 그리고 그들이 관찰한 패턴에 기반하여 살지 혹은 팔지를 결정한다. 이런 시스템에서 실시간 요구 사항은 과거에는 몇 초 단위였지만 지금은 수십 마이크로초 단위로 진행된다(일반적으로 동일한 패턴에 대해서 다른 사람이 하기 전에 움직여야 한다).

  주식시장 감독관은 동일한 스트림을 사용하지만 다른 목적을 갖는다. 이들은 불법적인 행위가 감지되는 거래 패턴을 찾는 데 목적이 있다. 두 경우 모두 패턴을 찾기 위해 연속적인 질의를 할 필요가 존재한다. 질의 결과는 추가적인 행동을 취하는 데 사용된다.

- **전자상거래**: 전자상거래 사이트에서 모든 구매는 튜플로 표현되고 모든 연속된 구매는 스트림을 생성한다. 고객이 수행한 검색이 실제로 구매와 연결되지 않아도 전자상거래 사이트 입장에서는 가치 있는 정보다. 따라서 사용자에 의한 모든 검색도 스트림을 생성한다.

  이러한 스트림은 다양한 목적으로 사용될 수 있다. 예를 들어, 만약 광고 캠페인이 시작되면 전자상거래 사이트는 캠페인이 검색과 구매에 어떤 영향을 주는지 모니터링하기를 원할 것이다. 또한 전자상거래 사이트는 특정 상품에 대한 재고를 확보하기 위해 해당 상품의 장점을 알기를 원한다. 또한 자주 반품하는 사용자의 활동 패턴을 분석하여 추가적인 상품 구매나 반품을 막는 데 활용할 수도 있다.

- **센서**: 센서는 이동 수단, 건물, 공장 등과 같은 시스템에 자주 사용된다. 이런 센서는 주기적인 읽기를 진행하기 때문에 스트림 데이터를 생성한다. 스트림 형태의 읽기는 시스템의 전체적인 상태를 감시하는 데 사용된다. 만약 이러한 읽기가 비정상적이라면 알람 발생과 같은 액션이 취해지고 최소한의 지연 시간 안에 고장을 발견해서 해결해야 한다.

  시스템의 복잡도와 읽기의 주기에 따라서 스트림이 매우 커질 수 있다. 많은 경우, 모니터링은 클라우드의 중앙 장치에서 수행되며 실제로 많은 시스템을 모니터링한다. 병렬 처리는 매우 큰 규모의 스트림 데이터를 처리해야 하는 경우에 매우 필수적이다.

- **네트워크 데이터**: 대규모 컴퓨터 네트워크를 관리하는 조직은 악성 소프트웨어(malware)에 의한 네트워크 침입뿐만 아니라 네트워크 자체 문제를 발견하기 위해서 네트워크의 활동 상황을 지켜볼 필요가 있다. 네트워크 스위치와 같은 각 모니터링 지점에서 관찰된 데이터를 튜플 형태의 스트림으로 표현할 수 있다. 튜플은 발신지와 목적지의 주소, 패킷 크기, 패킷 생성 시간 등 개별 네트워크 패킷에 대한 정보를 포함하고 있다. 이런 시스템에서 튜플의 생성 비율은 매우 높기 때문에 특별한 목적의 하드웨어가 아니면 관리할 수가 없다. 대신 튜플이 생성되는 비율을 줄이기 위해 데이터가 집약될 수 있다. 즉 발신지와 목적지 주소, 시간 간격, 그리고 일정 시간 동안 전송된 총 바이트 수 등의 정보를 하나의 개별 튜플에 집약할 수 있다.

  집약된 스트림은 문제를 검출하는 데 사용될 수 있다. 예를 들어, 링크 결함은 어떤 특정 링크를 따라갈 때 튜플에서 값의 갑작스런 하락 등이 발견되면 찾아낼 수 있다. 다수의 호스트로부터 특정 목적지로의 과도한 트래픽은 서비스 거부 공격(denial-of-service attack)일 수 있다. 하나의 호스트에서 다른 많은 호스트로 보내지는 패킷은 악성 소프트웨어가 네트워크상에서 다른 호스트에 퍼지는 현상일 수 있다. 이러한 패턴을 검출하는 것이 실시간으로 이루어져야 링크를 복구하고 악성 소프트웨어가 공격하는 것을 막을 수 있다.

- **소셜 미디어**: Facebook 및 Twitter 같은 소셜 미디어는 여러 사용자로부터 포스트나 트윗과 같은 연속적인 메시지 스트림을 만들어 낸다. 메시지 스트림 형태의 각 메시지는 친구나 팔로워에게 적절히 보내져야 한다. 구독자에게 보내진 메시지는 사용자 선호도나 과거 사용 패턴 혹은 광고 사용료 등에 기반해 순위화될 수 있다.

  소셜 미디어 스트림은 사람뿐만 아니라 소프트웨어에 의해 소비될 수 있다. 예를 들어, 기업은 기업에 대한 트윗을 감시하고 있다가 기업이나 상품에 대한 부정적인 트윗이 많아지면 경고를 보낼 수도 있다. 만약 광고 캠페인을 올렸다면 해당 광고가 사용자에게 어떤 영향을 주었는지를 알기 위해 트윗을 분석할 수 있다.

다양한 응용에서 스트림 데이터를 처리하고 질의할 필요가 있는 예가 많다.

10.5.2 스트림 데이터에 대한 질의

데이터베이스에 저장된 데이터는 스트림 데이터와 구분하기 위해 **저장 데이터**(data-at-rest)로 불리기도 한다. 저장 데이터와는 달리 스트림은 끝이 정해지지 않았다. 즉 개념적으로는 결코 끝나지 않는 데이터다. 스트림에 있는 모든 튜플을 검사한 후에 결과를 출력하는 질의는 어떤 결과도 출력할 수 있다. 예를 들어, 스트림에 있는 튜플의 개수를 묻는 질의는 결코 결과를 낼 수 없다.

끝이 없는 스트림 데이터의 특성을 다룰 수 있는 방법은 스트림에 **윈도우**(windows)를 적용하는 것이다. 여기서 각 윈도우는 특정 타임스탬프 범위 안에 있는 튜플이나 특정 개수의 튜플만 포함하게 된다. 만약 입력되는 튜플의 타임스탬프가 주어지면 특정 윈도우에 있는 모든 튜플이 언제 가용한지를 할 수 있다. 스트림 데이터에 대한 질의는 스트림에 대한 윈도우가 정의되어야 한다. 그리고 질의는 스트림보다는 튜플의 윈도우를 대상으로 한다.

또 다른 방법은 스트림에서 특정 시점에 정답이라고 여겨지는 결과를 출력하고 튜플이 입력됨에 따라서 그 결과를 갱신하는 방법이다. 예를 들어, 카운트 질의는 특정 시점에 보이는 튜플의 개수를 출력하는 질의인데 튜플이 입력됨에 따라 질의는 그 결과를 계속해서 갱신한다.

이러한 두 가지 방법에 기반해서 스트림 데이터를 대상으로 질의를 하는 몇 가지 방법이 개발되었다.

1. **연속 질의**. 이 방식은 입력되는 데이터 스트림이 릴레이션에 삽입되는 식으로 처리된다. 릴레이션에 대한 질의는 SQL이나 관계 대수 연산으로 작성될 수 있다. 이러한 질의는 연속적으로 실행되는 질의라서 **연속 질의**(continuous query)라고 한다. 초기 데이터에 대한 질의 결과는 시스템이 시작될 때 출력된다. 매번 입력되는 튜플은 연속 질의의 결과로 삽입, 갱신, 삭제될 수 있다. 연속 질의의 출력은 데이터베이스가 입력되는 스트림에 의해 갱신될 때마다 질의 결과에 대한 갱신 스트림이 된다.

   이러한 방식은 사용자가 특정 조건을 만족하는 모든 데이터베이스 삽입을 보고 싶어 하는 응용에서 유리할 수 있다. 그러나 가장 큰 단점은 입력 데이터의 비율이 매우 높으면 연속 질의에 대해서 너무 많은 갱신이 발생한다는 점이다. 특히 이 방식은 집계된 값을 출력해야 하는 응용에는 적합하지 않다. 이런 응용에서 사용자는 튜플이 입력될 때마다 중간 집계 결과를 보기보다는 특정 기간의 최종 집계 결과를 보고 싶어 하기 때문이다.

2. **스트림 질의어**. 두 번째 방식은 SQL이나 관계 대수를 확장한 질의어를 정의하는 것이다. 여기서 스트림은 저장된 릴레이션과는 다른 식으로 다뤄진다.

   대부분 스트림 질의어는 윈도우 연산을 사용하고 하나의 윈도우 내용에 대응하는 릴레이션을 생성한다. 예를 들어, 스트림에 대한 윈도우 연산은 매시간 튜플의 집합을 생성할 수 있고 이렇게 생성된 각 집합이 하나의 릴레이션이 될 수 있다. 관계형 연산은 이러한 튜플의 집합에 대해서 진행될 수 있다. 관계형 연산으로는 집계, 선택, 저장된 다른 릴레이션 혹은 다른 스트림 윈도우와의 조인 등이 있을 수 있다.

   10.5.2.1절에서 스트림 질의어를 살펴본다. 이러한 언어는 언어 수준에서 저장된 릴레이션과 스트림 데이터를 분리하고 윈도우 질의는 관계형 연산을 수행하기 전에 적용된다. 이렇게 함으로써 스트림의 일부라도 가용 가능한 이후에 결과를 출력하는 것을 보장한다. 예를 들어, 만약 타임스탬프가 증가만 한다고 가정하면, 윈도우의 끝보다 더 큰 타임스탬프를 갖는 튜플이 보이기 시작한다면 해당 윈도우에 포함될 수 있는 튜플이 더 이상 존재하지 않는다는 것을 추론할 수 있다. 윈도우에 대한 집계 결과는 이 시점에 출력될 수 있다.

   어떤 스트림은 튜플이 증가하는 타임스탬프를 갖는다는 것을 보장하지 못한다. 그러나 이러한 스트림은 모든 향후의 튜플이 특정 값보다 큰 타임스탬프를 갖는다는 것을 말해 주는 메타데이터 튜플인 **구두점**(punctuation)을 포함할 수 있다. 이러한 구두점은 주기적으로 생성되며 매시간 윈도우에 대해서 집계 결과를 완성해서 결과를 출력할지를 결정하기 위한 윈도우 연산자로 사용될 수 있다.

3. **스트림에 대한 대수 연산자**. 세 번째 방식은 사용자가 입력되는 튜플에 대해서 실행되는 연산자(즉 사용자 정의 함수)를 작성하는 것이다. 튜플은 입력으로부터 연산자에 전달된다. 연산자의 결과는 또 다른 연산자 혹은 시스템 출력에 전달될 수 있으며 데이터베이스에 저장될 수도 있다. 연산자는 처리되는 튜플에 대해서 내부 상태를 보관할 수 있으며 입력되는 데이터를 집계하는 것을 허용한다. 또한 장기 사용을 목적으로 데이터베이스에 데이터를 영속적으로 저장하는 것을 허용하기도 한다.

   이러한 방식은 최근 광범위하게 적용되고 있으며 뒤에서 더 자세히 다룬다.

4. **패턴 매칭**. 네 번째 방식은 패턴 매칭 언어를 정의하고 사용자가 각 패턴과 실행될 액션을 다수의 규칙으로 작성하는 것이다. 시스템이 특정 패턴과 매칭되는 연속된 튜플을 발견하면 대응하는 액션이 실행된다. 이러한 시스템을 **복합 이벤트 처리**(complex event processing, **CEP**) 시스템이라 부른다. 유명한 복합 이벤트 처리 시스템으로는 Oracle Event Processing, Microsoft의 StreamInsight, 그리고 Apache Flink 프로젝트의 일부인 FlinkCEP 등이 있다.

이 절에서 스트림 질의어와 대수 연산에 대해서 자세히 살펴본다.

많은 스트림 처리 시스템은 데이터를 메모리에 저장하고 영속성 보장을 제공하지 않는다. 이런 시스템의 목적은 최소의 지연 시간 안에 결과를 생성하고 스트림 데이터에 대한 분석을 통해 빠른 응답을 주는 것이다. 한편, 입력되는 데이터는 추후 처리를 위해 데이터베이스에 저장될 필요가 있다. 두 가지 질의 패턴을 모두 지원하기 위해 많은 응용이 소위 **람다 구조**(lambda architecture)를 사용하는데 여기서는 입력 데이터의 복사본이 스트림 처리 시스템에 제공되며 다른 복사본은 저장 및 추후 처리를 위해 데이터베이스에 제공된다. 이러한 구조는 스트림 처리 시스템이 지속성 관련 문제에 대해 걱정할 필요 없이 신속히 개발되는 것을 가능하게 한다. 그러나 스트림 시스템과 데이터베이스 시스템은 분리되어 있으며 결국 다음의 문제가 발생한다.

- 질의를 두 번 작성해야 한다. 서로 다른 언어를 이용해 스트림 시스템을 위해 한 번 그리고 데이터베이스 시스템을 위해 한 번 작성해야 한다.
- 스트림 질의는 저장된 데이터에 효과적으로 접근할 수 없다.

영속 저장 장치에 대한 스트림 질의를 지원하고 스트림과 저장 데이터에 대한 질의를 지원하는 시스템은 이런 문제를 피할 수 있다.

10.5.2.1 SQL에 대한 스트림 확장

SQL 윈도우 연산은 5.5.2절에서 설명했다. 그러나 스트림 질의어는 SQL 윈도우 함수가 제공하지 못하는 더 많은 윈도우 타입을 지원한다. 예를 들어, 매시간 단위로 튜플을 포함하는 윈도우는 SQL 윈도우 함수를 사용해 명세할 수 없다. 그러나 이러한 윈도우에 대한 집계는 SQL을 사용해서 우회적인 방법으로 명세할 수 있는데 먼저 타임스탬프의 시간 단위 요소를 포함할 수 있는 추가 속성을 계산한다. 그리고 이 시간 속성으로 그룹화를 진행한다. 스트림 질의어에서 윈도우 함수는 이러한 집계의 명세를 단순화할 수 있다. 일반적으로 지원하는 윈도우 함수는 아래와 같다.

- **텀블링 윈도우**(Tumbling window): 매시간별 윈도우가 텀블링 윈도우의 예다. 윈도우가 서로 중첩되지 않고 인접하게 된다. 윈도우는 윈도우 크기(예를 들어, 시간, 분, 초 단위)에 의해 명세된다.
- **호핑 윈도우**(Hopping window): 20분마다 계산되는 시간별 윈도우가 호핑 윈도우의 예다. 윈도우의 너비는 텀블링 윈도우와 마찬가지로 고정되지만 인접한 윈도우는 중첩될 수 있다.
- **슬라이딩 윈도우**(Sliding window): 슬라이딩 윈도우는 입력되는 튜플에 대해서 시간이나 튜플의 개수 등을 사용해서 특정한 크기를 지정한 윈도우다. SQL 표준으로 지원한다.
- **세션 윈도우**(Session window): 세션 윈도우는 한 세션에서 다수의 연산을 수행하는 사용자를 모델링한다. 윈도우는 사용자나 타임아웃 간격에 의해 식별되며 일련의 연산자를 포함한다. 그리고 각 연산은 이전 연산으로부터 타임아웃 간격 안에 발생한다. 예를 들어, 만약 타임아웃이 5분이고 사용자가 10 AM에 어떤 연산을 수행하고 10:04 AM에 두 번째 연산, 11 AM에 세 번째 연산을 수행했다면 처음 두 개의 연산은 하나의 세션의 일부가 되는 반면 세 번째 연산은 다른 세션의 일부가 된다. 최대 기간을 명세할 수 있는데 일단 기간이 종료되면 세션 윈도우는 설령 연산이 타임아웃 간격 동안 수행되더라도 폐쇄된다.

윈도우를 명세하는 정확한 문법은 시스템마다 다르다. *order*(*orderid*, *datetime*, *itemid*, *amount*)라는 릴레이션이 있다고 가정하자. Azure Stream Analytics에서 매시간 각 항목의 전체 주문량은 아래의 텀블링 윈도우에 의해 명세될 수 있다.

> **select** *item*, *System.Timestamp* **as** *window_end*, **sum**(*amount*)
> **from** *order* **timestamp by** *datetime*
> **group by** *itemid*, **tumblingwindow**(*hour*, 1)

각 출력 튜플은 윈도우 끝의 타임스탬프와 동일한 타임스탬프를 갖는다. 타임스탬프는 위 질의에서 보이는 것처럼 *System.Timestamp* 키워드를 사용해서 접근할 수 있다.

스트림을 지원하기 위한 SQL 확장은 스트림에 따라 다를 수 있다. 여기서 튜플은 묵시적인 타임스탬프를 가지며 스트림은 잠재적으로 끝을 알 수 없는 개수의 튜플을 받을 수 있으며 릴레이션은 그 내용이 언제라도 확정될 수 있다. 예를 들어, 주문과 연관된 고객, 제공자, 상품은 스트림보다는 릴레이션으로 다뤄질 수 있다. 윈도우 질의의 결과도 스트림보다 릴레이션으로 다뤄질 수 있다.

스트림과 릴레이션 간의 조인이 허용될 수 있고 그 결과는 스트림이다. 조인 결과 튜플의 타임스탬프는 입력 스트림 튜플의 타임스탬프와 동일하다. 두 스트림 간의 조인은 하나의 스트림에 있는 튜플이 시간상으로 뒤에 발생한 다른 스트림에 있는 튜플과 매칭될 수 있다는 문제가 있다. 이러한 조인은 잠재적으로 끝이 없는 시간 동안 전체 스트림을 모두 저장해야 한다는 것을 의미한다. 이런 문제를 피하기 위해, 스트림 SQL 시스템은 매칭되는 튜플 간의 시간 차이를 제한하는 조인 조건이 있는 경우에만 스트림 간의 조인을 허용한다. 두 튜플 간의 타임스탬프가 기껏해야 1시간 정도 차이가 나야 한다는 조건이 이러한 조인 조건의 예가 될 수 있다.

10.5.3 스트림에 대한 대수 연산

스트림 데이터에 대한 SQL 질의가 꽤 유용한 반면, SQL 질의가 적합하지 않은 응용도 많다. 스트림 처리에 대한 대수 연산 방식에서는 대수 연산을 구현하기 위해 사용자 정의 코드를 제공한다. 선택이나 윈도우 집계와 같은 많은 기본적인 대수 연산이 제공된다.

연산을 수행하기 위해서 입력되는 튜플은 튜플이 있어야 하는 연산자에 전달되고 연산자의 출력은 다른 연산자를 위해 제공된다. 중요한 작업은 시스템 입력, 연산자, 그리고 출력 간에 고장 허용(fault-tolerant)이 가능한 방식으로 튜플을 전달하는 것이다. *Apache Storm* 및 *Kafka*는 데이터에 대한 이러한 라우팅을 지원하는 가장 많이 사용되는 시스템이다.

튜플의 논리적 이동 경로(logical routing)는 노드에서 연산자의 방향성 비순환 그래프(DAG)를 생성함으로써 정해진다. 노드 간선은 튜플의 흐름을 정의한다. 연산자에 의한 각 튜플 출력은 연산자의 모든 출력 간선을 따라 전달된다. 각 연산자는 모든 입력 간선으로부터 튜플을 수신한다. 그림 10.11a는 DAG 구조로 스트림 튜플의 논리적 이동 경로를 보여 준다. 연산 노드는 그림에서 “Op” 노드로 표시한다. 스트림 처리 시스템의 입구는 DAG의 데이터 소스(data-source) 노드다. 이러한 노드는 스트림의 출처로부터 튜플을 모아서 스트림 처리 시스템으로 보내 준다. 스트림 처리 시스템의 출구는 데이터 싱크(data-sink) 노드다. 시스템을 떠난 튜플은 데이터 싱크를 통해 데이터 저장 장치나 파일 시스템에 저장될 수 있다. 혹은 다른 방식으로 출력될 수 있다.

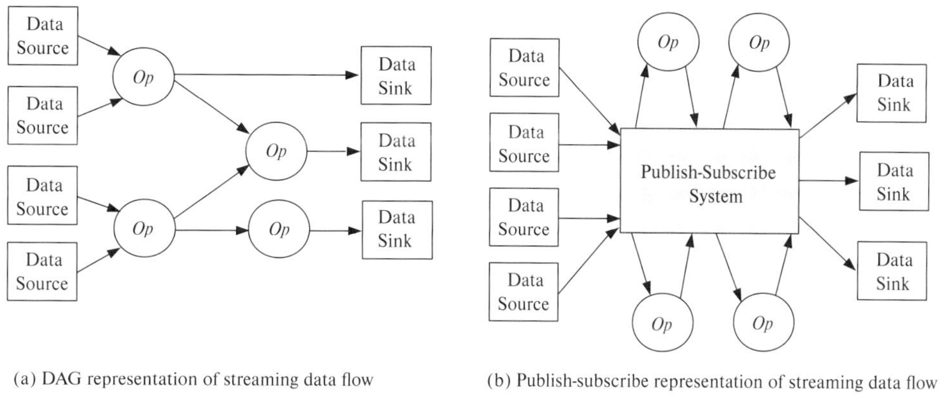

그림 10.11 DAG와 발행-구독 표현을 사용한 스트림 라우팅

스트림 처리 시스템을 구현하는 한 가지 방법은 그래프 형태로 명세된 시스템 구성 파일을 이용하는 것이다. 시스템 구성 파일은 시스템이 튜플을 처리하기 시작할 때 읽히고, 이후 튜플을 전송할 때 사용된다. Apache Storm 스트림 처리 시스템은 그래프 형태로 정의되는 구성 파일을 사용하는 시스템의 예다. 이 그래프를 Storm 시스템에서 위상(topology)이라고 부르고, 데이터 소스 노드를 *spouts*라고 부른다. 연산 노드는 *bolts*로 불리며, 간선은 이러한 노드를 연결한다.

라우팅 그래프를 만드는 또 다른 방법은 **발행-구독**(publish-subscribe) 시스템을 사용하는 것이다. 발행-구독 시스템은 문서나 다른 형태의 데이터가 연관된 주제와 함께 발행되는 것을 허용한다. 구독자는 명시된 주제를 구독한다. 어떤 문서가 특별한 주제에 대해서 발행되면 문서의 복사본이 해당 주제를 구독하는 모든 구독자에게 전달된다. 발행-구독 시스템을 간단히 **pub-sub** 시스템이라 한다.

발행-구독 시스템이 스트림 처리 시스템에서 튜플 이동 경로를 결정하기 위해 사용된다면 튜플의 집합은 문서로 간주되고 각각의 튜플은 특정 주제로 간주될 수 있다. 시스템의 입구는 개념적으로 튜플을 발행하고 각각의 튜플은 특정 주제와 연관된다. 연산자는 하나 이상의 주제를 구독한다. 연산자는 또한 자신의 출력을 다시 연관된 주제와 함께 발행-구독 시스템에 전달할 수 있다.

발행-구독 방식의 장점은 연산자가 비교적 쉽게 시스템에 추가되거나 삭제될 수 있다는 점이다. 그림 10.11b는 발행-구독 표현 방식을 사용해서 튜플의 라우팅을 보여 준다. 각 데이터 소스에는 유일한 주제 이름이 부여된다. 각 연산자의 출력 역시 유일한 주제 이름이 부여된다. 각 연산자는 입력으로 특정 주제를 구독하고 출력으로 대응되는 주제를 발행한다. 데이터 소스는 연관된 주제를 발행하고 데이터 싱크는 연산자의 주제를 구독한다. 따라서 연산자의 출력은 데이터 싱크에 전달된다.

Apache Kafka 시스템은 스트림에 있는 튜플의 이동 경로 결정을 관리하기 위해 발행-구독 모델을 사용한다. Kafka 시스템에서 특성 주제에 대해 발행된 튜플은 비록 현재 구독자가 없더라도 특정 기간(보통 보존 기간) 동안 유지된다. 구독자는 가능한 빠른 시간에 튜플을 처리하지만, 만약 처리가 지연되거나 고장으로 일시적으로 멈추게 되는 경우 튜플은 보존 기간이 끝날 때까지는 이용 가능하다.

이동 경로 결정에 대한 더 자세한 사항, 특히 발행-구독이 병렬 시스템에서 어떻게 구현되는지에 대한 자세한 설명은 22.8절에서 다룬다.

다음으로 다룰 내용은 대수 연산을 구현하는 방법이다. 입력으로서 파일 및 기타 데이터 소스의 데이터를 이용해 대수 연산을 수행하는 방법에 대해서 먼저 살펴보았다.

Apache Spark는 스트림 데이터가 대수 연산을 위한 입력으로 사용되는 것을 허용한다. 중요한 문제는 특정 연산은 전체 스트림이 이용 가능할 때까지 어떤 결과도 출력하지 않는다는 것이다. 이러한 문제를 해결하기 위해서 Spark는 스트림을 **이산 스트림**(discretized stream)으로 분할한다. 그리고 여기서 특정 윈도우에 해당하는 스트림 데이터는 대수 연산에 대한 입력 데이터로 처리된다. 해당 윈도우 안에 있는 데이터가 소비될 때 연산자는 출력을 생성한다.

그러나 이러한 방법은 스트림의 이산화가 특정 대수 연산이 수행되기 전에 이루어져야 한다는 문제가 존재한다. Apache Storm이나 Flink 같은 시스템은 스트림 연산을 제공하는데 이것은 입력으로 스트림을 받아서 또 다른 스트림을 출력한다. 이것은 map 연산 혹은 관계형 선택 연산과 같이 단순하다. 각 출력 튜플은 입력 튜플로부터 타임스탬프를 상속받는다. 한편 관계형 집계 연산 및 reduce 연산은 전체 스트림을 소비할 때까지 어떤 출력도 생성하지 못할 수 있다. 이런 연산을 지원하기 위해서 Flink는 스트림을 윈도우로 분할하는 윈도우 연산을 제공한다. 집계는 각 윈도우 안에서 계산되고 일단 윈도우가 끝나면 결과가 출력된다. 출력은 스트림으로 처리되는데 출력되는 튜플은 윈도우의 끝에 기반한 타임스탬프를 갖게 된다.[3]

10.6 그래프 데이터베이스

그래프는 데이터베이스가 다뤄야 할 중요한 데이터 타입이다. 예를 들어, 다수의 라우터와 링크를 갖는 컴퓨터 네트워크는 그래프로 모델링할 수 있다. 라우터는 노드로, 네트워크 링크는 간선으로 표현될 수 있다. 도로 네트워크는 그래프로 표현할 수 있는 또 다른 일반적인 예다. 도로 교차로는 노드로, 교차로 간 도로 연결은 간선으로 표현할 수 있다. 하이퍼링크(hyperlink)를 갖는 웹 페이지는 그래프의 또 다른 예다. 여기서는 웹 페이지가 노드로 표현될 수 있으며 웹 페이지 간의 하이퍼링크는 간선으로 모델링할 수 있다.

기업의 E-R 모델을 고려해 보면 모든 개체는 그래프의 노드로 표현될 수 있으며 모든 이진 관계는 그래프의 간선으로 표현될 수 있다. 삼진 관계나 더 높은 차원의 관계는 모델링하기 어렵지만 6.9.4절에서 살펴본 바와 같이 이런 관계는 필요하면 이진 관계로 변환할 수 있다.

그래프는 다음과 같은 두 가지 릴레이션을 사용해 관계형 모델로 표현할 수 있다.

1. 노드(ID, label, node_data)
2. 간선(fromID, toID, label, edge_data)

---

3 일부 시스템은 윈도우가 처리되는 시간에 기반한 타임스탬프를 생성하는데, 이렇게 하면 출력 타임스탬프는 비결정적인 값을 가질 수 있다. 즉 출력 타임스탬프는 하나의 결정된 값을 가질 수 없다.

여기서 node_data와 edge_data는 각각 노드 및 간선과 연관된 모든 데이터가 될 수 있다.

두 가지 릴레이션을 사용해 그래프를 모델링하는 것은 복잡한 데이터베이스 스키마와 비교하면 매우 단순하다. 예를 들어, 어떤 응용이 많은 노드와 많은 간선이 있으며, 각각의 노드와 간선은 자신만의 속성 집합을 가지고 있다고 가정하자. 이런 경우 단순히 대응되는 여러 타입의 노드를 저장할 수 있는 다수의 릴레이션과 여러 타입의 간선을 저장할 수 있는 다수의 릴레이션을 만들면 된다.

그래프 데이터는 관계형 데이터베이스에 쉽게 저장될 수 있지만, 많이 사용되는 Neo4j와 같은 그래프 데이터베이스는 다음과 같은 몇 가지 추가적인 기능을 제공한다.

- 릴레이션을 대표 노드나 간선으로 식별할 수 있으며 이러한 릴레이션을 정의하는 특별한 문법을 제공한다.
- SQL에서 표현하기 어려운 경로 질의(path query)를 쉽게 표현할 수 있는 질의 언어를 제공한다.
- SQL로 표현될 수 있고 일반적인 데이터베이스에서 실행될 수 있는 질의이지만 더 빨리 실행될 수 있는 질의 처리 방법을 제공한다.
- 그래프 시각화 같은 특징을 제공한다.

그래프 질의의 예로 Neo4j에서 제공하는 Cypher 질의 언어로 표현되는 질의를 고려해 보자. 입력 그래프가 *student*에 대응되는 노드(릴레이션 *student*로 저장)와 *instructor*에 대응되는 노드(릴레이션 *instructor*로 저장), 그리고 이 둘을 연결하는 간선 타입 *advisor*를 가지고 있다고 가정하자. Neo4j에서 이러한 노드와 간선 타입을 생성하는 방법은 생략하고, 적절한 스키마가 이미 만들어져 있다고 가정하면 아래와 같은 질의 작성이 가능하다.

```
match (i:instructor)<−[:advisor]−(s:student)
where i.dept_name= 'Comp. Sci.'
return i.ID as ID, i.name as name, collect(s.name) as advisees
```

위 질의에서 **match** 절은 advisor 릴레이션을 통해 instructor와 student를 연결한다. 여기서 advisor 릴레이션은 (*i:instructor*)<−[*:advisor*]−(*s:student*)와 같은 문법을 이용해서 역방향으로(student에서 instructor로 들어가는 간선) advisor 간선을 탐색하는 그래프 경로로 모델링된다. 이 단계는 기본적으로 instructor, advisor, student 릴레이션을 조인한다. 이후 질의는 instructor ID와 이름으로 그룹화를 진행하고 instructor가 지도하는 모든 학생을 advisees라 불리는 집합으로 모은다. 더 자세한 사항은 생략한다. 관심 있는 독자는 neo4j.com/developer 사이트의 온라인 튜토리얼을 참고하기 바란다.

Neo4j는 또한 간선에 대한 재귀적 탐색을 지원한다. 예를 들어, 노드 타입으로 모델링된 *course* 릴레이션과 간선 타입으로 모델링된 *prereq*(*course id*, *prereq id*) 릴레이션을 활용해서 과목들의 직접적 혹은 간접적 선행 과목을 찾는다고 가정하자. 그러면 다음과 같은 질의를 작성할 수 있다.

```
match (c1:course)−[:prereq *1..]−>(c2:course)
return c1.course_id, c2.course_id
```

여기서 "*1.." 표현은 최소 1 간선(최소 0 간선의 의미는 과목이 자기 자신을 선행 과목으로 갖는다는 것을 의미)를 갖는 다수의 *prereq* 간선을 가지는 경로를 고려한다는 의미다.

Neo4j는 중앙화된 시스템으로 2018년 기준으로 병렬 처리는 지원하지 않고 있다. 그러나 대규모 그래프를 처리할 필요가 있는 응용이 많으며 이런 응용을 위해서는 병렬 처리가 필수적이다.

웹 페이지를 노드로 하고 웹 페이지에서 다른 웹 페이지로의 하이퍼링크를 간선으로 표현할 수 있는 그래프상에서 (8.3.2.2절에서 살펴본) PageRank 계산은 대규모 그래프에 대한 복잡한 연산의 좋은 예다. 웹 그래프는 수천억 개의 노드와 몇조 개의 간선이 있다. 소셜 그래프는 수십억 개의 노드와 간선을 갖는 대규모 그래프의 또 다른 예다. 이러한 그래프상에서 사람들 사이의 연결성을 찾기 위해서 최단 경로를 찾거나 소셜 네트워크상에서 사람들이 얼마나 영향력이 있는지를 계산하는 문제가 있을 수 있다.

병렬 그래프 처리를 위한 두 가지 방식이 있다.

1. **맵리듀스와 대수 프레임워크**: 그래프는 릴레이션으로 표현되고 병렬 그래프 알고리즘의 개별 단계는 조인으로 표현된다. 그래프는 병렬 저장 시스템에 저장되고 다수의 기계로 분할될 수 있다. 다수의 노드에서 병렬로 그래프 알고리즘의 각 단계를 처리하기 위해서 맵리듀스 프로그램이나 Spark와 같은 대수 프레임워크 혹은 병렬 관계형 데이터베이스 시스템 등을 사용할 수 있다.

   이러한 방식은 많은 응용에서 잘 동작한다. 그러나 그래프에서 긴 경로를 탐색하는 반복적인 계산을 수행할 때는 각 반복 단계에서 모든 그래프를 읽어야 하므로 꽤 비효율적이다.

2. **대량 동기식 처리 프레임워크**: **대량 동기식 처리**(bulk synchronous processing, **BSP**) 프레임워크는 그래프 알고리즘을 반복적인 방식으로 동작하는 노드와 연관된 계산처럼 처리한다. 앞의 방식과 다르게 여기서는 그래프가 다수의 기계에 분할된 노드와 함께 메모리에 저장된다. 가장 중요한 것은 반복할 때마다 그래프를 읽을 필요가 없다는 것이다.

   그래프의 각 노드는 그것과 연관된 데이터를 갖는다. 맵리듀스 프레임워크에서 프로그래머가 map( )과 reduce( ) 함수를 제공하는 방식과 유사하게 BSP 프레임워크에서도 프로그래머는 그래프의 각 노드를 위해 실행되는 메소드를 제공한다. 이 메소드는 이웃한 노드에 메시지를 보내거나 노드로부터 메시지를 받을 수 있다. **수퍼스텝**(superstep)이라 불리는 각 반복에서 각 노드와 연관된 메소드가 실행된다. 메소드는 입력되는 메시지를 수신하고, 노드와 연관된 데이터를 갱신하고, 이웃하는 노드에 선택적으로 메시지를 보낸다. 하나의 반복에서 보내진 메시지는 다음 반복 단계에서 수신자에 의해서 수신된다. 각 노드에서 실행된 메소드는 더 이상 실행할 연산이 없다고 결정한다면 멈춤에 투표를 할 수 있다. 특정 반복에서 모든 노드가 멈춤에 투표한다면 어떤 메시지도 보내지지 않고 계산은 정지된다.

   계산의 결과는 각 노드의 상태(혹은 데이터)에 저장된다. 각 상태는 수집되어서 계산의 결과로 출력될 수 있다.

대량 동기식 처리의 아이디어는 꽤 오래된 것이지만 Google에서 개발된 *Pregel* 시스템에 의해 인기를 얻었다. Pregel 시스템은 대량 동기식 처리 프레임워크에 고장 허용 기능을 제공한다. *Apache Giraph* 시스템은 Pregel 시스템의 오픈 소스 버전이다.

Apache Spark의 GraphX 컴포넌트는 대규모 그래프에 대해서 그래프 연산을 제공한다. GraphX는 입력으로 그래프를 받아서 그래프를 출력하는 많은 종류의 연산뿐만 아니라 Pregel에 기반한 API를 제공한다. GraphX에 의해 제공되는 연산으로는 그래프의 노드와 간선에 적용 가능한 map 함수, RDD를 가지는 그래프의 조인, 그리고 다음과 같이 작동하는 집계 연산 등이 있다. 각 노드의 모든 이웃에 보내는 메시지를 생성하기 위해 사용자 정의 함수를 사용하며, 이러한 메시지를 집계하기 위해 또 다른 사용자 정의 함수를 쓴다. 대규모 그래프 처리를 위해 이러한 모든 연산을 병렬적으로 실행할 수 있다.

그래프 알고리즘을 작성하는 방법에 대한 자세한 정보는 이 장 끝에 있는 "더 읽어보기" 절을 참고하라.

10.7 요약

- 최신 데이터 관리 응용은 반드시 관계형 모델이 아닌 데이터를 다뤄야 하는 상황이 자주 발생한다. 이러한 응용은 전통적인 단일 기업에서 생산하는 데이터보다 훨씬 대규모의 데이터를 관리해야 한다.
- 데이터 센서 사용의 증가는 센서의 연결과 다른 객체에 내장된 연산 장치와 인터넷의 연결 등으로 이어졌고 이것을 사물인터넷이라고 부른다.
- 현재 빅데이터 응용은 다양한 데이터 타입을 지원해야 하고 대규모 데이터와 빠른 속도에 대한 확장성을 지원하기 위해서 다양한 질의 언어 선택 사항이 존재한다.
- 대규모 용량과 신속한 속도에 대한 확장성을 보장하는 데이터 관리 시스템을 구축하는 것은 데이터에 대한 병렬 저장 및 처리 기능을 요구한다.
- 분산 파일 시스템은 다수의 기계에 파일이 저장되는 것을 허용하면서 동시에 전통적인 파일 시스템 인터페이스를 통한 접근을 지원해야 한다.
- 키-값 저장 시스템은 레코드가 키-값에 기반하여 저장되거나 검색되는 것을 지원하며 제한된 질의 기능을 제공한다. 이러한 시스템은 데이터베이스 시스템의 모든 기능을 갖추지 않아서 NoSQL 시스템이라고 불린다.
- 병렬 및 분산 데이터베이스는 전통적인 데이터베이스 인터페이스를 제공하지만, 다수의 기계에 데이터를 저장하고 다수의 기계상에서 병렬로 질의 처리를 수행한다.
- 맵리듀스 패러다임은 일반적인 병렬 처리 상황을 모델링한 것으로 map( )이라는 함수는 대규모 입력 레코드에 대해서 각각 적용되는 함수이고 reduce( )라는 집계 연산 형태의 함수는 map( ) 함수의 결과에 대해서 적용된다.
- Hadoop 시스템은 광범위하게 사용되는 Java로 구현된 맵리듀스의 오픈 소스다.

- SQL로 쉽게 표현될 수 있는 다양한 종류의 데이터 처리를 위한 맵리듀스 패러다임을 사용하는 많은 응용이 존재한다.
- 관계 대수는 관계 질의 처리를 위한 기본 이론을 제공하는데 여기서 질의는 연산의 트리 형태로 모델링된다. 이러한 아이디어는 복합 데이터 타입 형태의 레코드를 포함하는 데이터 집합에 대해서 동작할 수 있는 대수 연산자를 지원함으로써 더 복잡한 데이터 타입을 입력받으면서 복잡한 데이터 타입을 포함하는 레코드 집합을 반환할 수 있도록 확장될 수 있다.
- 연속적으로 도착하는 데이터에 대해서 계속해서 질의를 실행할 필요가 있는 응용이 많이 있다. 스트림 데이터는 연속적으로 입력되는 데이터를 의미한다. 많은 응용에서 입력되는 데이터를 실시간으로 처리할 필요가 있다.
- 그래프는 데이터베이스에서 다뤄야 할 중요한 데이터 타입이다.

용어정리

- 규모
- 속도
- 전환
- 사물인터넷
- 분산 파일 시스템
- 네임노드 서버
- 데이터노드 기계
- 샤딩
- 분할 속성
- 키-값 저장 시스템
- 키-값 저장소
- 문서 저장소
- NoSQL 시스템
- 샤드 키
- 병렬 데이터베이스
- 리듀스 키
- 셔플 단계
- 스트림 데이터
- 저장 데이터
- 스트림 윈도우
- 연속 질의
- 구두점
- 람다 구조
- 텀블링 윈도우
- 호핑 윈도우
- 슬라이딩 윈도우
- 세션 윈도우
- 발행-구독 시스템
- pub-sub 시스템
- 이산 스트림
- 수퍼스텝

실전문제

10.1 매우 많은 수의 작은 크기(약 2킬로바이트)의 파일을 저장할 필요가 있다고 가정하자. 만약 분산 파일 시스템과 분산 키-값 저장소 중에 하나를 선택해야 한다면 어떤 것을 선택할 것인지와 그렇게 선택한 이유를 설명하라.

10.2 MongoDB와 같은 분산 문서 저장소에 대규모 학생 데이터를 저장한다고 가정하자. 또한 각 학생 데이터는 *student*와 *takes* 릴레이션이라고 가정하자. 특정 학생에 대한 모든 정보에 효과적으로 접근할 수 있다는 것을 보장하려면 이러한 정보를 어떤 식으로 표현해야 하는가? 한 학생에 대한 데이터 표현 방식을 예를 들어 설명하라.

10.3 대규모 사용자에 대한 공과금 청구서를 저장해야 한다고 가정해 보자. 각 청구서는 고객 ID와 날짜로 식별할 수 있다. 특정 사용자에 대해서 특정 기간의 청구서를 검색하는 등의 범위 질의를 지원하기 위해서 키-값 저장소에 이러한 데이터를 어떻게 저장할 수 있는가?

10.4 단일 맵리듀스로 조인 $r \bowtie_{r.A=s.A} s$를 계산하는 의사 코드를 작성하라. map( ) 함수는 r과 s의 각 튜플에 대해서 호출된다고 가정하라. 또한 map( ) 함수는 context.relname( )를 사용해서 릴레이션의 이름을 찾을 수 있다고 가정하라.

10.5 대규모 데이터에 대해서 동작하는 다음의 Apache Spark 코드 조각의 개념적 문제는 무엇인가? collect( ) 함수는 Java 컬렉션을 반환하며 Java 컬렉션(Java 8 이상)은 map과 reduce 함수를 지원한다.

```
JavaRDD<String< lines = sc.textFile("logDirectory");
int totalLength = lines.collect().map(s -> s.length())
                  .reduce(0,(a,b) -> a+b);
```

10.6 Apache Spark:

a. Apache Spark는 어떻게 병렬적으로 계산을 수행하는가?

b. "Apache Spark는 지연 수행 방식으로 RDD상에서 변환을 수행한다."는 말의 의미를 설명하라.

c. Apache Spark에서 연산에 대한 지연 수행 방식의 장점은 무엇인가?

10.7 문서 집합에서 각 단어 w_i에 대해 n_i는 이 집합에서 해당 단어의 출현 빈도를 의미한다. N은 전체 문서의 단어 출현 빈도의 총합이다. 문서에 있는 모든 연속된 단어의 쌍 (w_i, w_j)에 대해 $n_{i,j}$는 단어 쌍 (w_i, w_j)의 출현 빈도를 의미한다.

디렉터리에 있는 문서 집합이 주어졌을 때 N, 모든 (w_i, n_i) 쌍, 모든 $((w_i, w_j), n_{i,j})$ 쌍을 계산하는 Apache Spark 프로그램을 작성하라. 그리고 $n_{i,j}/N \geq 10 * (n_i/N) * (n_j/N)$의 조건을 만족하는 모든 단어 쌍을 출력하라. 즉 두 단어가 서로 독립적으로 출현하는 것보다 10배 이상 더 자주 함께 출현하는 단어 쌍을 찾아라.

연관된 빈도를 함께 찾기 위해 마지막 단계에서 RDD상의 조인 연산을 사용할 수 있다. 단순함을 위해 여러 줄에 걸쳐 있는 단어 쌍은 신경 쓰지 말라. 단어는 모두 소문자이고 구두점 표시 같은 것은 없다고 가정하라.

10.8 텀블링 윈도우 연산자를 사용하는 아래 질의에 대해

select *item*, *System.Timestamp* **as** *window_end*, **sum**(*amount*)
from *order* **timestamp by** *datetime*
group by *itemid*, **tumblingwindow**(*hour*, 1)

텀블링 윈도우 연산자를 사용하지 않는 동등한 SQL 문을 작성하라. 타임스탬프는 *to_seconds*

(*timestamp*) 함수를 이용해서 1970년 1월 1일 자정부터 지금까지 경과된 초(seconds)를 구할 수 있기 때문에 정수로 변환될 수 있다고 가정하자. 매우 큰 수 *a*에 대해 같거나 작은 정수를 반환하는 *floor*(*a*) 함수와 같은 일반적인 산술 함수가 이용 가능하다고 가정하라.

10.9 그래프를 이용해 대학 스키마를 모델링한다고 가정하자. 다음의 각 릴레이션에 대해서 어떤 릴레이션이 노드 혹은 간선으로 모델링되는지를 설명하라.

(i) *student*, (ii) *instructor*, (iii) *course*, (iv) *section*, (v) *takes*, (vi) *teaches*. 해당 모델은 section과 course 사이의 연결을 표현하는가?

연습문제

10.10 사용자가 방문하는 웹 페이지와 관련된 정보를 담고 있는 웹 로그 정보가 웹 사이트에서 활용되는 방식 네 가지를 기술하라.

10.11 빅데이터의 특징 중 하나는 데이터의 다양성이다. 이 특징으로 빅데이터를 처리하는 데 SQL 이외의 다른 언어가 있어야 하는 이유를 설명하라.

10.12 중앙화된 데이터베이스상에서 운용되는 데이터베이스 응용을 개발했다고 가정하자. 고사양의 컴퓨터와 적절한 인덱스를 사용했음에도 불구하고 시스템이 트랜잭션 부하를 적절히 처리하지 못해 질의를 처리하는 데 많은 시간이 걸린다. 응용이 트랜잭션 부하를 적절히 처리할 수 있도록 만들기 위해서 무엇을 할 수 있는가?

10.13 맵리듀스 프레임워크는 문서 집합에 대해서 역색인을 만드는 데 매우 유용하다. 역색인은 각 단어에 대해서 해당 단어가 출현하는 모든 문서에 대한 ID 리스트를 저장한다. 실제로는 문서에서 단어가 저장된 오프셋도 저장하지만, 문제에서 이런 사항은 무시해도 된다.

예를 들어, 만약 입력 문서 ID와 내용물이 다음과 같다면

1: data clean

2: data base

3: clean base

역색인 리스트의 결과는 다음과 같다.

data: 1, 2

clean: 1, 3

base: 2, 3

주어진 파일의 집합(각 파일은 하나의 문서에 해당)에 대해서 역색인을 만드는 map과 reduce 함수를 위한 의사 코드를 작성하라. 문서 ID는 context.getDocumentID( ) 함수를 이용해서 얻을 수 있고 map 함수는 문서의 각 줄에 대해서 호출된다고 가정하자. 각 단어를 위한 역색인 리스트는 쉼표에 의해 구분되는 문서 ID의 리스트다. 문서 ID를 저장하며 편의상 정렬할 필요는 없다.

10.14 다음은 파일에서 각 단어의 출현 빈도를 계산하는 Apache Spark 프로그램이다. 빈 칸을 채우라. 편의상 단어는 소문자로만 표시되며 구두점 마크는 없다고 가정하자.

```
JavaRDD<String> textFile = sc.textFile("hdfs://...");
JavaPairRDD<String, Integer> counts =
    textFile.___________(s -> Arrays.asList(s.split(" ")).___________())
     .mapToPair(word -> new __________).reduceByKey((a, b) -> a + b);
```

10.15 어떤 스트림이 튜플의 타임스탬프에 대해서 범위에서 벗어나는 튜플을 전달한다고 가정하자. 스트림 질의 처리 시스템이 윈도우에 있는 모든 튜플이 언제 모두 보일지를 알 수 있도록 스트림은 추가로 어떤 정보를 제공해야 하는가?

10.16 Apache Kafka와 같은 구독-발행 시스템을 사용하여 스트림에 대해서 다수의 연산이 어떻게 실행되는지를 설명하라.

관련도구

상업적 도구 이외에도 매우 많은 종류의 오픈 소스 빅데이터 도구가 존재한다. 더구나 다음의 도구는 클라우드 플랫폼상에서 사용할 수 있다. URL과 함께 도구가 발표된 순서대로 나열하면 다음과 같다. 많이 사용되는 분산 파일 시스템인 HDFS(hadoop.apache.org). 오픈 소스 분산/병렬 키-값 저장소로는 Apache HBase(hbase.apache.org), Apache Cassandra(cassandra.apache.org), MongoDB(www.mongodb.com) 그리고 Riak(basho.com) 등이 있다.

운영자가 있는 클라우드 저장 시스템으로는 Amazon S3 저장 시스템(aws.amazon.com/s3), Google Cloud Storage(cloud.google.com/storage), 마찬가지로 운영자가 있는 키-값 저장소로는 Google BigTable(cloud.google.com/bigtable), Amazon DynamoDB(aws.amazon.com/dynamodb) 등이 있다.

Google Spanner(cloud.google.com/spanner), 오픈 소스 CockroachDB(www.cockroachlabs.com)는 SQL과 트랜잭션, 그리고 강력한 일관성 있는 저장 방식을 제공하는 확정성 있는 병렬 데이터베이스다.

오픈 소스 맵리듀스 시스템으로는 Apache Hadoop(hadoop.apache.org), Spark(spark.apache.org) 등이 있고 Apache Tez(tez.apache.org)는 대수 연산자의 DAG를 이용한 데이터 처리를 지원한다. 이러한 시스템은 Apache HDFS와 HBase를 지원하는 Amazon Elastic MapReduce(aws.amazon.com/emr), Microsoft Azure(azure.microsoft.com)와 함께 클라우드 기반 시스템을 제공한다.

Apache Hive(hive.apache.org)는 Apache Spark뿐만 아니라 MapReduce, Tez상에서 돌아가는 유명한 오픈 소스 SQL 시스템이다. 이러한 시스템은 다수의 기계상에서 병렬로 대규모 질의를 처리할 수 있도록 설계되었다. Apache Impala(impala.apache.org)는 Hadoop상에서 돌아가는 SQL 시스템으로 대규모 질의를 처리해서 최소 지연 시간 내에 결과를 반환할 수 있도록 설계되었다. 병렬 처리를 지원하는 클라우드상에서 제공되는 운영자가 있는 SQL 시스템으로는 Amazon EMR(aws.amazon.com/emr), Google Cloud SQL(cloud.google.com/sql), 그리고 Microsoft Azure SQL(azure.microsoft.com) 등이 있다.

Apache Kafka(kafka.apache.org)와 Flink(flink.apache.org)는 오픈 소스 스트림 처리 시스템이다. Apache Spark 역시 스트림 처리를 지원한다. 운영자가 있는 스트림 처리 플랫폼으로는 Amazon

Kinesis(aws.amazon.com/kinesis), Google Cloud Dataflow(cloud.google.com/dataflow), 그리고 Microsoft Stream Analytics(azure.microsoft.com) 등이 있다. 오픈 소스 그래프 처리 시스템으로는 Neo4J(neo4j.com)와 Apache Giraph(giraph.apache.org) 등이 있다.

더 읽어보기

[Davoudian et al. (2018)]는 데이터 모델 질의 및 내부 구조를 포함하여 NoSQL 데이터 저장소에 대한 잘 정리된 조사 결과를 제공한다. HDFS와 Hadoop 맵리듀스에 대한 문서를 포함하여 Apache Hadoop에 대한 더 많은 정보는 Apache Hadoop 홈페이지(hadoop.apache.org)에서 찾을 수 있다. Apache Spark에 대한 정보는 Spark 홈페이지(spark.apache.org)에서 확인할 수 있다. Apache Kafka 스트림 데이터 플랫폼에 대한 정보는 kafka.apache.org에서, Apache Flink에서 스트림 처리에 대한 자세한 설명은 flink.apache.org에서 확인할 수 있다. 대량 동기식 처리 방식은 [Valiant (1990)]에서 소개되었다. 대량 동기식 처리를 지원하는 Pregel 시스템에 대한 자세한 설명은 [Malewicz et al. (2010)]에서 찾을 수 있다. 그리고 동일한 기능을 제공하는 오픈 소스 Apache Giraph에 대한 설명은 giraph.apache.org에서 찾을 수 있다.

참고문헌

[Davoudian et al. (2018)] A. Davoudian, L. Chen, and M. Liu, "A Survey of NoSQL Stores", *ACM Computing Surveys*, Volume 51, Number 2 (2018), pages 2-42.

[Malewicz et al. (2010)] G. Malewicz, M. H. Austern, A. J. C. Bik, J. C. Dehnert, I. Horn, N. Leiser, and G. Czajkowski, "Pregel: a system for large-scale graph processing", In *Proc. of the ACM SIGMOD Conf. on Management of Data* (2010), pages 135-146.

[Valiant (1990)] L. G. Valiant, "A Bridging Model for Parallel Computation", *Communications of the ACM*, Volume 33, Number 8 (1990), pages 103-111.

크레딧

장 도입부 보트 사진: © Pavel Nesvadba/Shutterstock

Chapter 11

데이터 분석

의사결정 작업은 과거 데이터를 이용하여 미래를 예측하고, 예측을 기반으로 결정을 내림으로써 큰 이득을 창출한다. 예를 들어, 온라인 광고 시스템은 각각의 사용자에게 보여 줄 광고를 결정해야 한다. 사용자가 반응할 가능성이 가장 높은 광고를 결정하기 위해 다른 사용자의 과거 행동과 프로필뿐만 아니라 현재 사용자의 과거 행동과 프로필을 분석하는 것이 중요하다. 개별적인 의사결정은 가치가 높지 않지만, 집단적으로 올바른 의사결정을 내림으로써 얻을 수 있는 가치는 매우 높다. 제조업체와 소매업체는 실제 판매되기 몇 달 전에 어떤 품목을 제조하거나 어떤 품목의 재고를 확보할지 미리 결정해야 한다. 과거 판매량과 기타 지표를 기반으로 다양한 유형의 품목에 대해 미래 수요를 예측함으로써 일부 품목의 과잉 생산/과잉 재고와 다른 품목의 생산 부족/재고 부족 현상을 피할 수 있다. 반면, 예측 오류로 인해 일부 품목이 판매되지 않으면 금전적 손실이 발생할 수 있으며, 일부 품목의 재고가 확보되지 않으면 잠재적 수익 손실이 발생할 수도 있다.

데이터 분석(data analytics)은 예측을 위한 패턴, 상관관계, 또는 모델을 추론하는 데이터 처리 과정을 광범위하게 의미하는 용어로, 데이터 분석의 결과는 비즈니스 의사결정에 사용된다.

잘못된 결정에 따른 피해도 그렇지만 올바른 결정을 내려서 얻을 수 있는 금전적 이득은 상당히 높다. 그러므로 기업은 필요한 데이터를 수집 또는 구매하고, 데이터 분석을 지원하는 시스템을 구축하는 데 많은 자금을 투자하고 있다.

11.1 분석의 개요

대기업의 경우 의사결정에 필요한 데이터가 여러 곳에 분산되어 있으며, 이러한 데이터는 서로 다른 스키마로 저장되어 있을 수 있다. 또한 한곳의 데이터는 조직적인 통제나 성능상의 이유로 다른 계열사가 참조하지 못한다.

그렇기 때문에 대기업은 일반적으로 여러 근원지로부터 데이터를 수집하여 데이터 웨어하우스(data warehouse)라고 불리는 곳에 저장한다. 데이터 웨어하우스는 통합 스키마(일반적으로 중복 저장으로 인한 비용이 발생하더라도 효율적인 분석을 지원하도록 설계됨)를 이용하여 여러 근원지로부터 데이터를 수집한다. 따라서 데이터 웨어하우스는 사용자에게 데이터에 대한 단일하고 균일한 인터페이스를 제공한다. 그러나 오늘날 데이터 웨어하우스는 스키마 통합이 불가능한 비관계형 데이터도 수집하고 저장한다. 일부 데이터 근원지에는 비즈니스 제약 조건에 따라 수정해야 하는 오류가 있다. 또한 여러 근원지로부터 데이터를 수집하는 경우, 다른 근원지로부터 수집한 데이터와 중복이 발생할 수 있다. 데이터 수집, 데이터 정리/중복 제거, 데이터를 데이터 웨어하우스로 옮기는 이러한 단계를 **추출, 변환 및 적재**(extract, transform and load, ETL) 작업이라고 한다. 11.2절은 데이터 웨어하우스 구축과 관리를 다룬다.

가장 기본적인 분석 형태는 기업에 의미가 있도록 데이터를 요약하는 집계 및 보고서 생성이다. 데이터 분석가는 데이터의 패턴을 이해하기 위해 다양한 집계 결과를 비교해야 한다. 집계 결과(경우에 따라 기본 데이터)는 일반적으로 데이터를 쉽게 시각화할 수 있도록 차트 형태의 그래픽으로 표시된다. 판매, 비용, 제품 반품 등과 같은 주요 기업 매개변수를 요약하는 차트를 보여 주는 대시보드는 기업의 상태를 모니터링하는 데 널리 사용된다. 또한 분석가는 이상(anomaly) 현상을 강조하거나 비즈니스 변화의 원인에 대한 통찰력을 제공할 수 있는 방식으로 데이터를 시각화해야 한다.

대규모 데이터에 대한 집계 질의를 거의 실시간으로 응답(응답까지 수십 분 또는 몇 시간이 걸리는 것과는 대조적으로)할 수 있는 매우 효율적인 분석 시스템을 **온라인 분석 처리**(online analytical processing, OLAP) 시스템이라 한다. 온라인 분석 처리에 관한 내용은 11.3절에서 논의한다(이때 다차원 데이터, OLAP 작업, 다차원 요약의 관계형 표현에 관한 개념을 다룬다). 또한 11.3절은 데이터의 그래픽적 표현 방식과 시각화에 대해 설명한다.

통계 분석은 데이터 분석의 중요 요소다. 오픈 소스인 R 언어/환경과 상용 시스템인 SAS와 SPSS를 포함하여 통계 분석을 지원하는 여러 도구가 있다. R 언어는 오늘날 널리 사용되고 있으며, 통계 분석 기능 외에도 데이터를 그래픽으로 표현할 수 있는 기능을 지원한다. 여러 가지 기계 학습 알고리즘을 포함하여 다양한 데이터 분석 작업을 구현할 수 있는 R 패키지(라이브러리)가 많이 있다. R은 데이터베이스 및 (R 프로그램을 대규모 데이터에 대해 병렬로 실행할 수 있게 하는) Apache Spark와 같은 빅데이터 시스템에 통합되어 있다. 통계 분석은 그 자체로 넓은 영역이므로 이 책에선 통계 분석을 더 이상 논의하지 않는다. 통계 분석과 관련된 참고 자료는 이 장 끝에 있는 "더 읽어보기" 절에서 찾을 수 있다.

다양한 형태의 예측은 분석의 또 다른 핵심 요소다. 예를 들어, 은행은 대출 신청자에게 대출을 제공할지 여부를 결정해야 하며, 온라인 광고주는 특정 용도에 전시할 광고를 결정해야 한다. 또 다른 예로서, 제조업체와 소매업체는 어떤 품목을 얼마의 수량으로 제조하거나 주문할 것인지 결정해야 한다.

이러한 결정은 과거 데이터를 분석하고 과거 데이터를 기반으로 미래를 예측하는 기술에 크게 좌우된다. 예를 들어, 대출 불이행 위험은 다음과 같이 예측할 수 있다. 먼저, 은행은 과거 고객의 대출 불이행 내역을 조사하고 대출 불이행을 예측하는 데 도움이 되는 급여, 학력, 직업 이력 등과 같은 주요 특징을 찾는다. 그런 다음 은행은 앞에서 찾은 특징을 이용하여 (이 장 뒷부분에서 언급할 의사결정 트리와 같은) 예측 모델을 구축한다. 고객이 대출을 신청하면 그 고객으로부터 추출한 특징을 예측 모델에 입력한다. 예측 결과는 그 고객에게 대출을 제공할지 여부와 같은 결정을 내리는 데 사용된다.

무엇을 어떻게 제조하거나 주문할지 또는 광고를 타기팅하는 방법을 결정하기 위해 분석가는 과거 판매 내역을 조사하고, 이를 기반으로 향후 판매를 예측할 수 있다. 예를 들어, 자동차 회사는 누가 어떤 유형의 자동차를 구매하는지 예측하기 위해 고객의 속성을 검사할 수 있다. 이를 통해 대부분의 소형 스포츠카는 연간 수입이 $50,000 이상인 젊은 여성이 구입한다는 것을 파악했다고 가정하자. 그런 다음 자동차 회사는 마케팅을 타기팅하여 더 많은 여성이 작은 스포츠카를 구매하도록 유도할 수 있다. 또한 다른 범주에 속한 사람들에게 마케팅하느라 돈을 낭비하는 것도 피할 수 있다.

기계학습은 데이터에서 패턴을 찾고, 이러한 패턴을 기반으로 예측하는 기술이다. **데이터 마이닝**(data mining)은 기계학습 연구자들이 발명한 지식 발견 기술과 이를 매우 큰 데이터베이스에서 적용할 수 있게 하는 효율적인 구현 기술을 결합한 분야다. 11.4절에서 데이터 마이닝에 관해 설명한다.

비즈니스 인텔리전스(business intelligence, **BI**)라는 용어는 데이터 분석과 광범위하게 유사한 의미로 사용된다. **의사결정 지원**(decision support)이라는 용어는 더 좁은 의미로, 보고와 집계에 중점을 둔 관련 분야에서 사용된다(기계학습 및 데이터 마이닝을 포함하지는 않음). 의사결정 지원 작업은 많은 양의 데이터를 처리하기 위해 일반적으로 SQL 질의를 사용한다. 의사결정 지원 질의는 일반적으로 소량의 데이터만 읽고 소수의 갱신만 수행하는 온라인 트랜잭션 처리를 위한 질의와는 다르다.

11.2 데이터 웨어하우징

대기업의 내부 조직 구조는 복잡하며, 이로 인해 서로 다른 데이터가 서로 다른 위치, 서로 다른 운영체제 또는 서로 다른 스키마상에 존재할 수 있다. 예를 들어, 제조 문제와 관련된 데이터와 고객 불만과 관련된 데이터는 서로 다른 데이터베이스 시스템에 저장되어 있을 수 있다. 또한 기업은 고객의 신용도를 결정하기 위해 외부로부터 데이터(예: 제품 프로모션을 위해 사용하는 메일링 리스트 또는 신용 조사 기관에서 제공하는 고객의 신용 점수)를 구매한다.[1]

기업 의사결정자는 여러 출처에서 얻을 수 있는 이러한 정보에 접근해야 한다. 각 데이터 근원지에 대해 질의를 하는 것은 부담스럽고도 비효율적인 작업이다. 더욱이 의사결정자는 지난 과거의 데이터에도 접근하고자 하나, 실제 데이터 근원지는 현재의 데이터만 저장하고 있을 수 있다. 예를

1 신용 조사 기관은 여러 출처에서 소비자에 대한 정보를 수집하고, 각각의 소비자에 대한 신용도 점수를 계산하는 회사다.

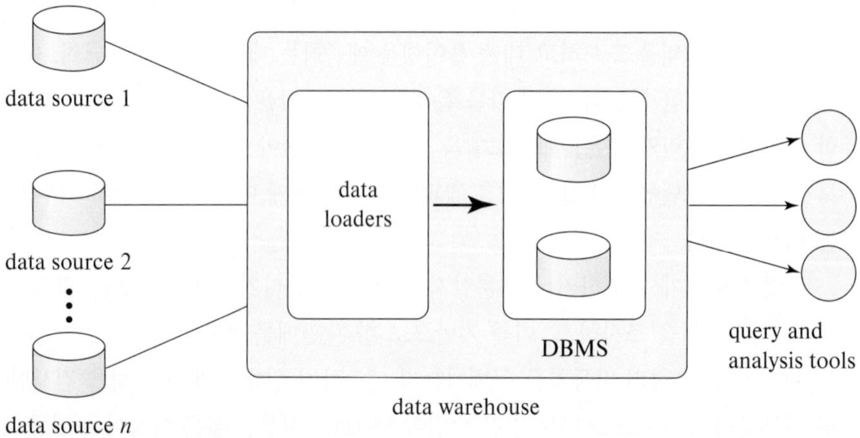

그림 11.1 데이터 웨어하우스의 구조

들어, 지난 연도에 구매 패턴이 어떻게 변화했는지에 대한 정보는 매우 중요할 수 있다. 데이터 웨어하우스는 이러한 문제점에 대해 해결책을 제공한다.

데이터 웨어하우스는 여러 근원지로부터 모아진 정보를 단일 사이트에 일관된 스키마로 저장한 저장소[repository, 혹은 기록 보관소(archive)]다. 일단 자료가 모아지면 데이터는 오랫동안 저장되어 과거 기록 데이터에 대한 접근이 가능해진다. 그러므로 데이터 웨어하우스는 사용자에게 데이터에 대한 하나의 견고한 인터페이스를 제공하여 의사결정 지원 질의문을 보다 쉽게 작성할 수 있도록 해 준다. 또한 의사결정자가 데이터 웨어하우스로부터 의사결정 지원을 위한 정보에 접근함으로써 온라인 트랜잭션 처리 시스템이 의사결정 지원으로 인한 부하에 영향을 받지 않게 되었다.

11.2.1 데이터 웨어하우스의 구성요소

그림 11.1은 데이터를 수집하고, 저장하고, 질의 및 데이터 분석을 지원하는 전형적인 데이터 웨어하우스의 구조를 보여 준다. 데이터 웨어하우스를 구축하는 데 언급되어야 할 문제는 다음과 같다.

- **언제 그리고 어떻게 데이터를 수집할 것인가.** **근원지 구동 구조**(source-driven architecture)는 자료 수집을 위해서 데이터 근원지에서 새로운 정보를 계속해서(트랜잭션 처리가 일어날 때) 혹은 주기적으로(예를 들어, 밤마다) 전송한다. **목적지 구동 구조**(destination-driven architecture)는 데이터 웨어하우스가 근원지로 새로운 데이터에 대한 요청을 정기적으로 보낸다.

  근원지에서 갱신이 "동기적으로" 웨어하우스로 복제되지 않으면 데이터 웨어하우스는 근원지보다 항상 과거의 데이터를 갖게 된다. 동기식 복제는 비용이 많이 들 수 있다. 그래서 많은 데이터 웨어하우스는 동기식 복제를 사용하지 않고, (좀 오래되었을 수 있지만) 이전에 완전히 복제된 데이터에 대해서 질의를 수행한다. 전통적으로 분석가들은 어제 데이터를 사용하는 것에 대해 만족한다. 그래서 데이터 웨어하우스는 보통 전날까지의 데이터만 수집한다. 그러나 점점 더 많은 기업에서 최신 데이터를 원하고 있다. 최신 데이터에 대한 요구는 응용 프로그램마다 다르다. 일부 응용 프로그램은 몇 시간 이전의 데이터로 충분할 수 있지만, 이벤트에 대한 실시간 응답을 필요로 하는 응용 프로그램은 웨어하우스 인프라 대신 스트림 처리 인프라(10.5절에서 설명)를 사용해야 한다.

- **어떠한 스키마를 사용할 것인가**. 데이터 근원지는 서로 독립적으로 구축되었기 때문에 서로 상이한 스키마를 갖게 된다. 심지어 서로 다른 데이터 모델을 가지는 경우도 있다. 데이터 웨어하우스의 기능 중 한 부분은 이러한 스키마를 통합하는 것이며, 데이터를 저장하기 전에 통합 스키마로 변환 작업을 수행한다. 따라서 데이터 웨어하우스에 저장되는 데이터는 단순히 데이터 근원지 데이터에 대한 복사본이 아니다. 근원지 데이터에 대한 실체화 뷰라고 생각하는 것이 옳을 것이다.
- **데이터 변형 및 정제**. 데이터 보정 및 전처리 작업을 **데이터 정제**(data cleansing)라고 한다. 데이터 근원지로부터 전송되는 데이터는 일관성이 떨어지는 경우가 많고 이러한 것은 보정될 수 있다. 예를 들어, 이름이 잘못 표기되었다거나 주소상에 나타나는 도시나 지역 명이 틀렸거나 우편번호가 부정확한 경우가 있다. 이러한 문제는 각 도시의 우편번호 데이터베이스 등을 이용하여 어느 정도 보정될 수 있다. 이러한 일을 위해서는 데이터를 근사적으로 비교하는 작업이 필요한데, 이를 **퍼지 검색**(fuzzy lookup)이라고 한다.

  여러 근원지로부터의 주소 리스트는 중복될 수 있는데, 중복 데이터는 **결합 및 정화 연산**(merge-purge operation)을 통해 제거해야 한다. 각 집마다 하나의 주소만 존재하므로 한 집에 사는 여러 사람의 경우는 하나로 묶일 수 있는데, 이러한 연산을 가리켜 **하우스홀딩**(householding)이라 한다.

  데이터는 정제 이외에도 측정 단위를 바꾸거나 여러 근원지의 릴레이션의 데이터를 조인하기 위해 데이터를 다른 스키마로 변환하는 등의 다른 여러 방법을 통해 **변환**(transformed)될 수 있다. 데이터 웨어하우스는 일반적으로 데이터 변형을 지원하기 위한 그래픽 도구를 가지고 있다. 이러한 도구는 데이터의 변형을 나타내기 위해 박스와 데이터의 흐름을 나타내는 박스 간의 간선을 생성할 수 있다. 조건부 박스는 변형할 때 데이터가 적절한 다음 단계로 갈 수 있도록 한다.
- **갱신을 어떻게 전파할 것인가**. 데이터 근원지에서 릴레이션에 대한 갱신은 반드시 데이터 웨어하우스로 전파되어야 한다. 만일 데이터 웨어하우스의 릴레이션이 데이터 근원지와 완전히 일치한다면 전파 작업은 복잡하지 않다. 만일 그렇지 않다면 갱신의 전파 문제는 근본적으로 4.2.3절에서 언급했던 **뷰 관리**(view-maintenance) 문제가 된다. 뷰 관리는 16.5절에서 자세히 다룬다.
- **요약 데이터의 선정 여부**. 트랜잭션 처리 시스템에 의해 생성되는 원시 데이터는 온라인으로 저장하기에는 너무 크다. 그러나 모든 릴레이션을 다 유지하지 않고 릴레이션 통합화에 의해 얻어지는 요약 데이터만 유지하면서도 많은 질의에 응답이 가능하다. 예를 들어, 모든 의류 판매에 관한 데이터를 저장하는 대신 품목명과 분류에 따른 의류 제품의 총판매액만 저장할 수 있다.

데이터 웨어하우스에 데이터를 입력하는 단계는 **추출**(extract), **변환**(transform), **적재**(load)로 구성되며 **ETL** 작업이라고 부른다. 데이터의 원천에서 데이터를 뽑아내는 것을 추출이라고 하며, 데이터 웨어하우스에 데이터를 실어 보내는 것을 적재라고 한다. 사용자 정의 함수 또는 맵리듀스

(MapReduce) 프레임워크를 지원하는 최신 데이터 웨어하우스는 데이터를 추출하고, 웨어하우스로 데이터를 적재하고, 그러고 나서 데이터를 변환한다. 이 경우 이러한 단계를 **추출**(extract), **적재**(load) 및 **변환**(transform) 또는 **ELT** 작업이라고 한다. ELT 방식은 병렬 처리 프레임워크를 사용하여 데이터 변환을 수행한다.

11.2.2 다차원 데이터와 데이터 웨어하우스 스키마

데이터 웨어하우스는 전형적으로 OLAP 도구와 같이 데이터 분석을 위해 설계된 스키마를 갖는다. 데이터 **웨어하우스 스키마**(warehouse schema)의 릴레이션은 일반적으로 **팩트 테이블**과 **차원 테이블**로 분류될 수 있다. **팩트 테이블**(fact table)은 제품 판매와 같은 개별 이벤트에 대한 정보를 기록하며 일반적으로 매우 크다. 소매점에서 품목이 판매될 때마다 하나의 튜플이 추가되는 식으로 판매 정보를 기록하는 테이블이 팩트 테이블의 전형적인 예다. 팩트 테이블의 속성은 **차원 속성** 또는 **측정 속성**으로 분류될 수 있다. **측정 속성**(dimension attribute)은 집계할 수 있는 정량적 정보를 저장한다. *sales* 테이블의 측정 속성에는 판매된 품목 수와 품목 가격이 포함된다. 반면에 측정 속성과 측정 속성의 요약을 그룹화하고 표현하기 위해 사용하는 차원을 **차원 속성**(measure attribute)이라고 한다. *sales* 테이블의 차원 속성에는 품목 식별자, 품목이 판매된 날짜, 품목이 판매된 위치(상점), 품목을 구매한 고객 등이 포함된다.

차원 속성과 측정 속성을 사용하여 모델링할 수 있는 데이터를 **다차원 데이터**(multidimensional data)라고 한다.

저장 공간 요구 사항을 최소화하기 위해 일반적으로 **차원 테이블**(dimension table)의 차원 속성은 다른 테이블을 가리키는 길이가 짧은 외래 키의 형태를 가진다. 예를 들어, *sales* 팩트 테이블은 *item_id*, *store_id*, *customer_id*, *date* 차원 속성을 가지며, *number*와 *price* 측정 속성을 가진다. *store_id* 속성은 소매점의 위치(도시, 주, 나라) 같은 다른 속성을 가지는 store 차원 테이블을 가리키는 외래 키다. *sales* 테이블의 *item_id* 속성은 품목명 같은 정보나 해당 품목이 속하는 분류, 색깔이나 크기와 같은 품목에 대한 설명 등을 가지는 *item_info* 차원 테이블을 가리키는 외래 키다. *customer_id* 속성은 고객의 이름과 주소와 같은 속성을 가지는 *customer*를 가리키는 외래 키다. 또한 *date* 속성은 각 판매일에 대한 월, 분기, 연도와 같은 정보를 제공하는 *date_info* 테이블을 가리키는 외래 키로 볼 수 있다.

이러한 최종적인 스키마는 그림 11.2에 나타나 있다. 이처럼 하나의 팩트 테이블, 여러 개의 차원 테이블, 그리고 팩트 테이블에서 차원 테이블을 가리키는 외래 키를 가지는 스키마를 **스타 스키마**(star schema)라 부른다. 보다 복잡한 데이터 웨어하우스는 다단계 차원 테이블을 가질 수 있다. 예를 들어, *item_info* 테이블은 제조자에 대한 자세한 설명을 가지는 테이블을 가리키는 외래 키인 *manufacturer_id* 속성을 가질 수 있다. 이러한 스키마를 **스노우플레이크 스키마**(snowflake schema)라 한다. 물론 복잡한 데이터 웨어하우스의 설계 구조는 하나 이상의 팩트 테이블을 갖는다.

11.2.3 데이터 웨어하우스를 위한 데이터베이스 지원

트랜잭션 처리용으로 설계된 데이터베이스 시스템의 요구 사항은 데이터 웨어하우스 시스템의 요

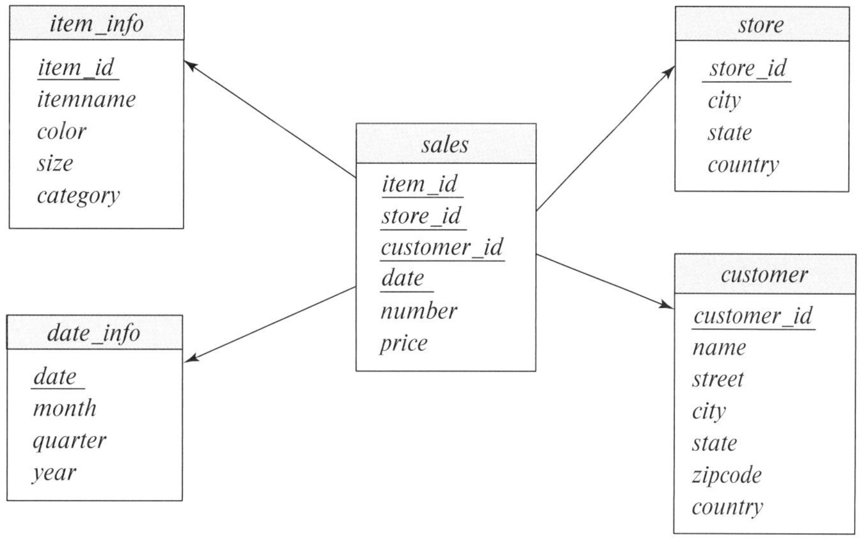

그림 11.2 데이터 웨어하우스를 위한 스타 스키마

구 사항과 약간 다르다. 한 가지 중요한 차이점으로서 데이터베이스는 많은 수의 작은 질의 처리를 지원해야 하며, 이러한 질의는 읽기 작업 이외에도 갱신 작업이 포함될 수 있다. 반면에 데이터 웨어하우스는 일반적으로 훨씬 적은 수의 질의를 처리해야 하지만 각각의 질의는 훨씬 더 많은 양의 데이터에 대한 접근을 필요로 한다.

가장 중요한 차이점은 다음과 같다. 데이터 웨어하우스의 릴레이션에 새로운 레코드가 삽입되는 경우, (새로운 데이터를 위한 공간 확보를 위해) 이전 레코드가 더 이상 필요하지 않으면 삭제될 수도 있다. 그러나 일반적으로 레코드가 데이터 웨어하우스의 릴레이션에 추가된 후에는 레코드에 대한 갱신이 발생하지 않는다. 그러므로 데이터 웨어하우스는 동시성 제어에 대한 오버헤드를 신경 쓸 필요가 없다. (17장과 18장에서 설명하는 것처럼, 트랜잭션이 동시에 동일한 데이터를 읽고 쓰는 경우 결과 데이터가 일치하지 않을 수 있다. 동시성 제어는 데이터베이스에 대한 잘못된 갱신이 발생하지 않도록 동시 접근을 제한한다.) 동시성 제어의 오버헤드는 질의 처리 수행 시간에 중요한 영향을 미친다. 또한 동시성 제어의 오버헤드는 저장 측면에서도 중요한 영향을 미칠 수 있으며, 이는 데이터베이스가 종종 소규모 갱신 트랜잭션과 시간이 오래 걸리는 읽기 전용 트랜잭션 간의 충돌을 피하기 위해 여러 버전의 데이터를 저장하기 때문이다. 그러나 데이터 웨어하우스는 이러한 오버헤드가 발생하지 않는다.

데이터베이스는 전통적으로 하나의 튜플의 모든 속성을 함께 저장하고, 튜플은 하나의 파일에 연속으로 저장된다. 이러한 저장 설계를 **행 지향 저장소**(row-oriented storage)라고 부른다. 반면에 **열 지향 저장소**(column-oriented storage)의 경우 한 릴레이션의 각 속성이 분리된 파일에 저장되는데, 파일 안에 연속된 위치에 연속된 튜플의 값이 저장된다. 데이터 타입이 고정된 크기라고 가정하면, 한 릴레이션의 i번째 튜플의 A 속성의 값은, A 속성과 일치하는 파일에 접근하여, 오프셋 $(i-1)$ 곱하기 A 속성 안 값의 크기(바이트 단위)를 한 위치에서 읽으면 된다.

열 지향 저장소는 행 지향 저장소보다 최소 두 가지의 주요한 이점이 있다.

1. 하나의 질의가 다수의 속성을 가지는 릴레이션에서 오직 소수의 속성에 대해 접근이 필요할 때, 나머지 속성은 디스크에서 메모리로 가져올 필요가 없다. 반대로, 행 지향 저장소의 경우 만일 그 나머지 속성이 질의에서 사용된 속성과 근접하게 저장되어 있다면, 이런 관련이 없는 속성을 메모리로 가져올 뿐만 아니라 그 속성이 프로세서 캐시로 불려져 캐시 공간과 메모리 대역폭의 낭비가 될 수 있다.
2. 같은 타입의 값을 함께 정렬하는 것은 압축의 효율성을 증가시킨다. 압축은 디스크 저장 비용과 디스크로부터 데이터를 검색하는 데 걸리는 시간을 크게 줄일 수 있다.

반면에 열 지향 저장소는 단 하나의 튜플을 불러오거나 저장하기 위해 다수의 I/O 연산이 필요하다는 단점이 있다.

위와 같이 서로 대립되는 요소의 균형의 결과로, 열 지향 저장소는 트랜잭션 처리 응용에는 거의 사용되지 않는다. 하지만 오늘날 열 지향 저장소는 (개개의 튜플에 대한 접근은 드물게 발생하고, 여러 개의 튜플에 대한 집계를 필요로 하는) 데이터 웨어하우스 응용 분야에서 널리 사용되고 있다. 열 지향 저장소는 13.6절에서 자세히 설명한다.

순수하게 데이터 웨어하우스 응용 프로그램 목적으로 설계된 데이터베이스에는 Teradata, Sybase IQ, Amazon Redshift가 있다. Oracle, SAP HANA, Microsoft SQL Server, IBM DB2와 같은 많은 기존 데이터베이스는 열 저장소와 같은 기능을 추가하여 데이터 웨어하우스 응용 프로그램이 효율적으로 실행될 수 있도록 지원한다.

파일에 저장된 데이터에 대한 질의를 처리하도록 설계된 빅데이터 시스템이 2010년대에 폭발적으로 성장하였으며, 오늘날 이러한 시스템은 데이터 웨어하우스 인프라의 핵심 요소가 되었다. 10.3절에서 보았듯이, 온라인 시스템에서 로그 파일 형태로 생성된 데이터(이러한 데이터는 의사 결정을 위한 많은 귀중한 정보를 가지고 있음)의 증가로 인해 빅데이터 시스템이 성장할 수 있었다. 이러한 빅데이터 시스템은 관계형 데이터를 포함하여 모든 종류의 데이터를 처리할 수 있다. Apache Hadoop은 빅데이터 시스템 중 하나이며, Hive 시스템을 사용하면 Hadoop 시스템상에서 SQL 질의를 실행할 수 있다.

Cloudera와 Hortonworks를 포함하여 많은 회사에서 Hive 질의 처리를 최적화하기 위한 소프트웨어를 제공한다. Apache Spark는 파일에 저장된 데이터에 대한 SQL 질의를 지원하는 또 다른 인기 있는 빅데이터 시스템이다. Orc와 Parquet과 같이 열로 구성된 레코드를 포함하는 압축 파일 구조는 로그 레코드를 저장하는 데 점점 더 많이 사용되고 있으며, SQL과 통합도 쉽다. 이러한 파일 형식은 13.6절에서 자세히 설명한다.

11.2.4 데이터 레이크

데이터 웨어하우스는 데이터에 대한 질의를 쉽게 작성하기 위해 공통된 데이터 스키마를 사용한다. 그러나 공통 스키마를 생성하고 데이터를 공통 스키마로 변환하는 데 드는 비용 없이 데이터를 저장하는 경우도 있다. **데이터 레이크**(data lake)는 데이터를 여러 형식(구조화된 레코드 및 구조화되지 않은 파일 형식을 포함)으로 저장할 수 있는 저장소를 나타낸다. 데이터 웨어하우스와는 다르게 데이터 레이크는 데이터를 전처리하기 위한 사전 작업이 필요하지 않지만, 질의를 작성할 때 더 많은 노력이 필요하다. 데이터가 다양한 형식으로 저장될 수 있으므로 질의 도구도 매우 유연할 필요가 있다. Apache Hadoop과 Apache Spark는 구조화되지 않은 데이터와 구조화된 데이터 모두에 대한 질의를 지원하므로 이러한 데이터를 질의하는 데 널리 사용되는 도구다.

11.3 온라인 분석 처리

데이터 값이 "관심 있는" 방식으로 그룹화될 때 발생하는 패턴을 찾는 것은 데이터 분석의 한 분야다. 간단한 예로서 각 학과의 학점 시간을 합산하는 방식으로 어떤 학과가 높은 교육 책임감을 가지고 있는지 파악할 수 있다. 소매업에서 제품, 판매 날짜/월, 제품의 색상/크기, 제품을 구매한 고객의 프로필(예: 연령 그룹 및 성별)별로 판매를 그룹화할 수 있다.

11.3.1 다차원 데이터에 대한 집계

유행하는 옷의 종류를 알고자 하는 상점을 생각해 보자. 옷은 item_name, color, size에 의해 구별될 수 있고, 다음과 같은 스키마를 가지는 *sales* 릴레이션이 있다고 가정하자.

sales (*item_name*, *color*, *clothes_size*, *quantity*)

*item_name*은 (skirt, dress, shirt, pants) 중 하나, *color*는 (dark, pastel, white) 중 하나, *clothes_size*는 (small, medium, large) 중 하나의 값을 각각 가지고, *quantity*는 {*item_name*, *color*, *clothes_size*}로 주어진 품목의 전체 수를 나타내는 정숫값이다. *sales* 릴레이션의 인스턴스는 그림 11.3과 같다.

통계 분석은 종종 다수의 속성을 하나로 묶는다. *sales* 릴레이션의 속성 *quantity*는 판매량 측정에 사용될 수 있으므로 측정 속성이라 할 수 있다. 반면에 속성 *item_name*, *color*, *clothes_size*는 차원 속성에 해당한다. (보다 현실적인 *sales* 릴레이션이라면 시간이나 판매 장소와 같은 추가적인 차원 속성과 판매가와 같은 추가적인 측정 속성이 있을 수 있다.)

다차원 데이터를 분석하기 위해서 관리자는 그림 11.4에 있는 테이블과 같은 형태로 데이터를 배치해 볼 수 있다. 이 테이블은 *item_name*과 *color*의 다양한 조합에 따른 총수를 나타낸다. 그림에서 보면 *clothes_size* 값이 **all**로 되어 있는데, 이는 해당 값이 모든 *clothes_size* 값에 대한 요약이라는 것을 나타낸다(즉 "small", "medium", "large" 품목을 하나의 단일 그룹으로 묶는다).

그림 11.4의 테이블은 **크로스탭**(cross-tabulation, 줄여서 cross-tab)[2] 혹은 **피벗 테이블**(pivot-table)의 예라 할 수 있다. 일반적으로 크로스탭은 릴레이션 *R*의 한 속성(말하자면 *A*)의 값이 행을 구성하고 릴레이션 *R*의 다른 속성(말하자면 *B*)의 값이 열을 구성해서 생긴 테이블이다. 예를 들어, 그림 11.4에서 *color* 속성은 *A*("dark", "pastel", "white" 값을 가지는)에 해당하고, *item_name* 속성

2 역자 주: "교차 테이블" 또는 "크로스 테이블"이라는 용어로 번역하기도 한다.

item_name	*color*	*clothes_size*	*quantity*
dress	dark	small	2
dress	dark	medium	6
dress	dark	large	12
dress	pastel	small	4
dress	pastel	medium	3
dress	pastel	large	3
dress	white	small	2
dress	white	medium	3
dress	white	large	0
pants	dark	small	14
pants	dark	medium	6
pants	dark	large	0
pants	pastel	small	1
pants	pastel	medium	0
pants	pastel	large	1
pants	white	small	3
pants	white	medium	0
pants	white	large	2
shirt	dark	small	2
shirt	dark	medium	6
shirt	dark	large	6
shirt	pastel	small	4
shirt	pastel	medium	1
shirt	pastel	large	2
shirt	white	small	17
shirt	white	medium	1
shirt	white	large	10
skirt	dark	small	2
skirt	dark	medium	5
skirt	dark	large	1
skirt	pastel	small	11
skirt	pastel	medium	9
skirt	pastel	large	15
skirt	white	small	2
skirt	white	medium	5
skirt	white	large	3

그림 11.3 *sales* **릴레이션의 예**

은 B("skirt", "dress", "shirt", "pants" 값을 가지는)에 해당한다.

a_i가 A에 대한 값이고, b_j가 B에 대한 값이라 할 때, 피벗 테이블 내의 각 셀은 (a_i, b_j)로 나타낼 수 있다. 피벗 테이블에 있는 다양한 셀의 값은 다음과 같이 릴레이션 R에서 얻을 수 있다. R에 (a_i, b_j)를 가지는 튜플이 하나 존재하면 테이블 내의 값은 해당 튜플에서 얻어질 수 있는데, 예를 들면 하나 이상의 다른 속성의 값이 될 수 있다. 반면 (a_i, b_j) 값을 가지는 튜플이 다수 존재한

clothes_size **all**

		color			
		dark	pastel	white	total
item_name	skirt	8	35	10	53
	dress	20	10	5	35
	shirt	14	7	28	49
	pants	20	2	5	27
	total	62	54	48	164

그림 11.4 *item_name*과 *color*에 대한 *sales*의 크로스탭

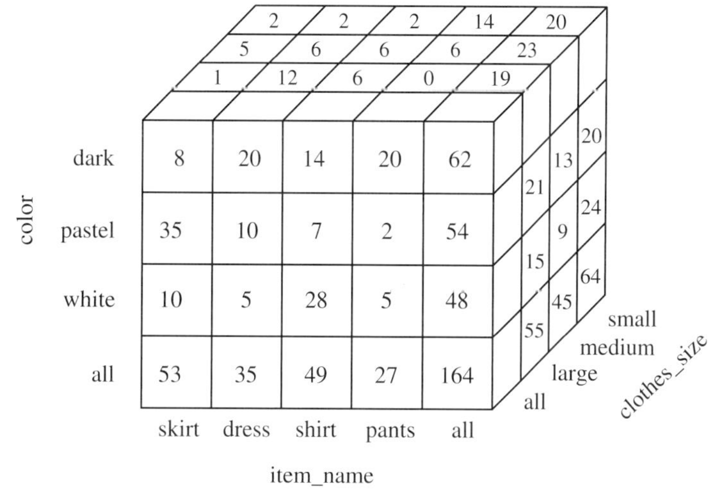

그림 11.5 3차원 데이터 큐브

다면 해당 값을 가지는 튜플의 총계가 된다. 이 예에서 사용된 총계는 그림 11.4에 있는 크로스탭에서 "*clothes_size*: **all**"에서 나타내듯이 *clothes_size*의 모든 값에 대한 *quantity* 속성값의 합이 된다. 그래서 11, 9, 15의 값을 가지는 기준을 만족하는 *sales* 테이블에 있는 세 개의 튜플이 있으므로 (skirt, pastel) 셀의 값은 35이다.

물론 위의 크로스탭에 행과 열의 값의 합을 가지는 추가 행과 열이 더해질 수 있으며, 대부분의 크로스탭이 그러한 요약 행과 열을 가진다.

2차원의 크로스탭을 *n*차원으로 일반화하는 작업은 **데이터 큐브**(data cube)라 불리는 *n*차원 큐브로 나타낼 수 있다. 그림 11.5는 *sales* 릴레이션에 대한 데이터 큐브를 보여 준다. 이 데이터 큐브는 3차원을 가지는데, 이는 각각 *item_name*, *color*, *clothes_size*이며, 측정 속성은 *quantity*다. 테이블 내의 각 셀은 이러한 3차원 값으로 식별 가능하다. 데이터 큐브의 각 셀은 크로스탭과 같은 값을 갖는다. 그림 11.5에서 한 셀에 포함되어 있는 값은 해당 셀의 한쪽 면에 나타나 있고, 해당 셀의 다른 면은 공백으로 표시되어 있다. 보이지 않는 부분이라 하더라도 모든 셀은 값을 가진다. 한 차원에 대한 모든 값의 요약을 담고 있는 셀의 경우 **all**로 표시되는데, 이는 크로스탭에서와 같다.

총계를 구하기 위해 튜플을 그룹 지어야 하는데, 그룹을 짓는 방법은 다수 존재할 수 있다. 그림 11.5의 예에서 세 개의 색, 네 개의 품목, 세 종류의 크기가 있으므로 결과적인 큐브의 크기는 $3 \times 4 \times 3 = 36$이다. 요약 정보를 포함하게 되면 $4 \times 5 \times 4$ 큐브(크기가 80)를 얻게 된다. n차원의 테이블이 주어졌을 때 가능한 방법은 $2n$만큼 존재하며, 각각에 대해서 총계가 구해질 수 있다.[3]

데이터 분석가는 **OLAP** 시스템을 이용하여 대화식으로 크로스탭의 속성을 선택함으로써 동일 데이터에 대해 서로 다른 크로스탭을 볼 수 있다. 각 크로스탭은 다차원 데이터 큐브에 대한 2차원의 뷰라 할 수 있다. 예를 들면, *item_name*과 *clothes_size*, 혹은 *color*와 *clothes_size*에 대한 크로스탭을 선택하는 것이 가능하다. 크로스탭에서 차원 변경을 위해 사용되는 연산을 가리켜 **피벗팅**(pivoting)이라 한다.

OLAP 시스템은 이 외에도 추가적인 기능을 제공하는데, 예를 들어 모든 크기에 대한 합계를 구하는 대신 "large"와 같이 특정 *clothes_size* 값에 대해 *item_name*과 *color*의 크로스탭을 보는 것이 가능하다. 이와 같은 연산을 가리켜 **슬라이싱**(slicing)이라고 하는데, 이는 데이터 큐브의 한 조각을 볼 수 있게 해 주기 때문이다. 또한 고정된 다차원 값에 대한 연산을 특별히 **다이싱**(dicing)이라 한다.

크로스탭이 다차원 큐브를 보여 주기 위해 사용되는 경우, 크로스탭의 일부가 아닌 차원 속성값은 크로스탭 위에 나타난다. 이와 같은 속성은 그림 11.4에서와 같이 **all**로 표시되는데, 이는 해당 값이 속성값에 대한 요약 값이라는 것을 나타낸다. 슬라이싱과 다이싱은 단순히 크로스탭 상단에 나타나는 속성값 중 선택된 것으로 구성된다.

OLAP 시스템은 사용자가 데이터를 원하는 크기 단위로 볼 수 있게 해 준다. 집계에 의해 데이터를 미세한 단위에서 큰 단위로 옮겨 가는 연산을 **롤업**(rollup)이라 부른다. 위의 예가 *sales* 테이블에 대한 데이터 큐브로부터 롤업에 의해 *clothes_size* 속성에 대한 크로스탭을 구한 것이다. 이와는 반대로 큰 단위에서 미세한 단위의 데이터로 옮겨 가는 것을 **드릴 다운**(drill down)이라 한다. 물론 큰 단위의 데이터로부터 작은 단위의 데이터를 생성해 내는 것은 불가능하다. 따라서 원래의 데이터로부터 생성하거나 보다 작은 단위를 가지는 요약 데이터로부터 생성해야 한다.

때로는 정밀도에 따라 차원을 보기 원할 때도 있는데, 예를 들어, **datetime** 타입의 속성은 날짜와 시간을 갖는다. 정확한 시간을 요하지 않는 분석가는 대충 시간 단위로 데이터를 보게 되며, 이러한 경우 초 단위의 정확한 데이터는 별 의미가 없다. 한 주간의 일간 판매량에 관심이 있는 분석가는 날짜를 주별로 다룰 것이며, 월별, 분기별 혹은 한 해의 총계에 관심이 있는 분석가도 있을 수 있다.

속성의 정밀도는 **계층도**(hierarchy)로 조직화될 수 있다. 그림 11.6a는 **datetime** 속성에 대한 계층도를 나타낸다. 다른 예로, 그림 11.6b는 계층도 최하위에 도시를 놓고, 그 위에 주를, 다음 단계에 나라를, 최상위에 지역을 배치한 장소에 관한 계층도다. 앞선 예에서 의류는 남성복과 여성복 같은 분류에 의해 그룹 지어질 수 있으므로, 의류 계층도상의 *category*는 *item_name* 위에 놓일 수 있

3 모든 차원에 대한 집합에 대해서 그룹화하는 것은 해당 테이블에 중복이 있을 때에만 유용하다.

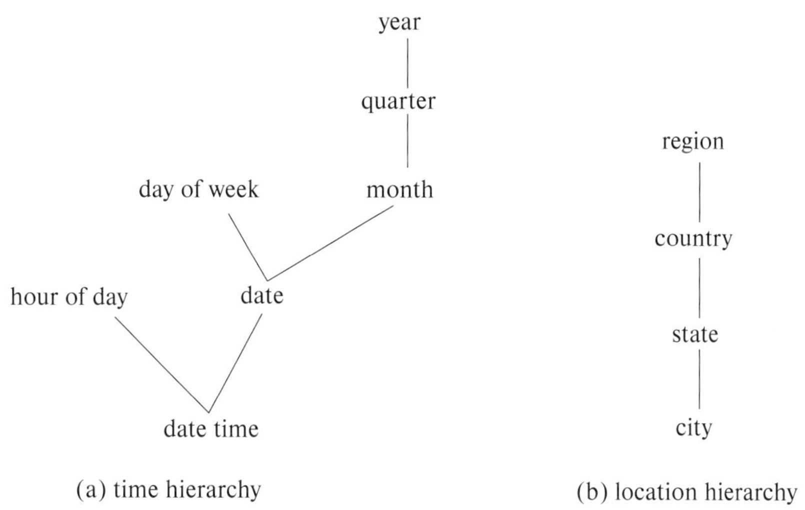

그림 11.6 차원에 대한 계층도

다. 실제 값을 나타내는 계층에서 살펴보면 스커트와 드레스는 여성복에 속하며, 바지와 셔츠는 남성복에 속한다.

혹자는 개별적인 판매량이 아닌 남성복과 여성복으로 분류된 의류 전체의 판매량에만 관심이 있을 수 있다. 이러한 경우 일단 여성복과 남성복의 계층에서 총계를 살펴본 후 **드릴 다운 연산**으로 각각의 개별적인 값을 살펴볼 수 있다. 상세한 수준을 원하는 분석가는 계층도상에서 **드릴 업 연산**을 통해 보다 작은 단위의 총계를 볼 수 있다. 두 레벨 모두 그림 11.7과 같이 동일 크로스탭상에 표시될 수 있다.

11.3.2 크로스탭의 관계형 표현

크로스탭은 행의 개수가 실제 데이터에 의해 좌우된다는 점에서 일반 데이터베이스에 저장되는 관계형 테이블과는 다르다. 데이터 값의 변화로 인해 새로운 행이 추가될 수도 있는데, 이러한 것은 저장소 입장에서 보면 바람직하지 않지만 사용자 측면에선 바람직하다. 요약 값 없이 고정된 수의

clothes_size: **all**

category	*item_name*	*color* dark	pastel	white	total	
womenswear	skirt	8	35	10	53	
	dress	20	10	5	35	
	subtotal	28	45	15		88
menswear	shirts	14	7	28	49	
	pants	20	2	5	27	
	subtotal	34	9	33		76
total		62	54	48		164

그림 11.7 *item_name*에 대해 계층을 가지는 *sales*의 크로스탭

item_name	*color*	*clothes_size*	*quantity*
skirt	dark	**all**	8
skirt	pastel	**all**	35
skirt	white	**all**	10
skirt	**all**	**all**	53
dress	dark	**all**	20
dress	pastel	**all**	10
dress	white	**all**	5
dress	**all**	**all**	35
shirt	dark	**all**	14
shirt	pastel	**all**	7
shirt	white	**all**	28
shirt	**all**	**all**	49
pants	dark	**all**	20
pants	pastel	**all**	2
pants	white	**all**	5
pants	**all**	**all**	27
all	dark	**all**	62
all	pastel	**all**	54
all	white	**all**	48
all	**all**	**all**	164

그림 11.8 그림 11.4의 데이터에 대한 관계형 표현

행을 가지는 관계형 크로스탭으로 표현하는 것이 수월하다. 요약 행이나 열을 가지는 크로스탭은 그림 11.8과 같이 **all**이라는 부분합을 표현하는 특수 값을 추가함으로써 가능하다. 실제로 SQL 표준은 **all** 대신에 *null* 값을 사용하는데, 일반적으로 사용하는 null과 혼동을 피하기 위해서 여기에선 **all**을 사용한다.

그러면 이제 (skirt, **all**, **all**, 53)과 (dress, **all**, **all**, 35) 두 개의 튜플을 생각해 보자. 이 튜플은 *color*와 *clothes_size*에 대해서 서로 다른 값을 가지는 개개의 튜플을 제거하고 *quantity* 값을 총합, 즉 개수의 합으로 치환함으로써 얻어진 것이다. **all**로 표현된 값은 모든 속성값의 집합으로 볼 수 있다. *color*와 *clothes_size* 차원 속성에 대해서 **all** 값을 가지는 튜플은 *item_name* 열에 대해 **group by**를 이용해서 *sales* 릴레이션에 집계 함수를 이용함으로써 얻어질 수 있다. 이와 유사하게 *color*, *clothes_size*에 대한 **group by** 질의는 *item_name*에 대해 **all** 값을 가지는 튜플을, 속성 없이 **group by**로 행하는 질의(이는 SQL에서 쉽게 생략될 수 있다)는 *item_name*과 *color*, *clothes_size*에 대해 **all** 값을 가지는 튜플을 얻는 데 사용될 수 있다.

계층은 또한 릴레이션으로 나타낼 수 있다. 예를 들어, 스커트와 드레스가 여성복 분류에 속하고 바지와 셔츠가 남성복 분류에 속한다는 사실은 릴레이션 *itemcategory* (*item_name*, *category*)로 나타낼 수 있다. 이 릴레이션은 각 품목의 분류를 포함하는 릴레이션을 얻기 위해 *sales* 릴레이션과 조인될 수 있다. 이 조인된 릴레이션에 대한 집계는 계층을 가진 크로스탭을 얻게 해 준다. 또 다른 예로, 도시에 대한 계층은 단일 릴레이션 *city_hierarchy* (ID, *city*, *state*, *country*, *region*)

이나 여러 개의 릴레이션으로 나타낼 수 있고, 여기서 각각은 다음 단계의 값으로 계층의 한 단계에 있는 값을 연결시킨다. 여기서 같은 이름을 가진 예를 들면, Missouri의 Springfield와 Illinois의 Springfield와 같은 두 도시 사이의 혼란을 피하기 위해 도시가 속성 ID에 저장되는 고유한 식별자를 가진다고 가정하자.

11.3.3 SQL에서 OLAP

OLAP 시스템을 사용하는 분석가는 여러 집계에 대한 응답을 (몇 분 또는 몇 시간을 기다려야 하는 것이 아니라) 즉각적으로 필요로 한다. 이를 위해 초기에는 OLAP용 특수 시스템이 개발되었다(노트 11.1). 하지만 지금은 많은 데이터베이스 시스템에서 SQL 내부에서 OLAP 질의를 표현하는 구문을 제공하고 있다. 5.5.3절에서 보았듯이 Microsoft SQL Server, Oracle과 같은 몇몇 SQL 구현은 SQL에서 **pivot** 절을 지원하는데 그것은 크로스탭의 생성을 가능하게 해 준다. 그림 11.3 *sales* 릴레이션이 주어졌을 때 다음의 질의는 그림 11.9의 크로스탭을 반환한다.

```
select *
from sales
pivot (
      sum(quantity)
      for color in ('dark','pastel','white')
)
order by item_name;
```

pivot 절 안의 **for** 절은 피벗 결과에서 속성 이름으로 나타나야 하는 *color* 속성의 값을 명시한다는 사실에 주목하라. *color* 속성 그 자체는 결과에서 제거되고 *quantity* 속성으로부터 새롭게 생성된 속성을 제외한 다른 모든 속성이 유지된다. 한 개 이상의 튜플이 주어진 셀의 값에 관여하는 경우에 **pivot** 절 안의 집계 연산은 값이 결합되는 방법을 명시한다. 위 예제에서는 *quantity* 값의 합을 계산한다.

item_name	*clothes_size*	*dark*	*pastel*	*white*
dress	small	2	4	2
dress	medium	6	3	3
dress	large	12	3	0
pants	small	14	1	3
pants	medium	6	0	0
pants	large	0	1	2
shirt	small	2	4	17
shirt	medium	6	1	1
shirt	large	6	2	10
skirt	small	2	11	2
skirt	medium	5	9	5
skirt	large	1	15	3

그림 11.9 그림 11.3의 *sales* 릴레이션에 대한 SQL 피벗 연산의 결과

노트 11.1 OLAP 구현

초기의 OLAP 시스템은 데이터 큐브를 저장하기 위해 메모리상에 다차원 배열 형태의 데이터 구조를 사용했으며, 이를 **다차원 OLAP**(multidimensional OLAP, **MOLAP**)라고 부른다. 그 후 OLAP 기능은 관계형 데이터베이스 시스템으로 통합되었고, 이와 같은 시스템을 가리켜 **관계형 OLAP**(relational OLAP, **ROLAP**) 시스템이라 한다. 일부 요약 데이터를 메모리상에 두고, 기본 데이터와 다른 요약 데이터를 관계형 데이터베이스에 저장하는 시스템도 있는데, 이와 같은 시스템을 **하이브리드 OLAP**(hybrid OLAP, **HOLAP**) 시스템이라고 한다.

많은 OLAP 시스템이 클라이언트-서버 시스템으로 구현된다. 서버는 MOLAP 데이터 큐브뿐만 아니라 관계형 데이터베이스를 포함하며, 클라이언트 시스템은 서버와 통신하여 데이터에 대한 뷰를 갖게 된다.

한 릴레이션의 전체 데이터 큐브(모든 그룹)를 계산하는 가장 기본적인 방법은 한 번에 한 그룹씩 표준 알고리즘의 집계 연산을 이용하는 것이다. 이와 같은 알고리즘은 릴레이션을 수차례 반복해서 읽어 들여야 한다. 이 경우 간단한 최적화 기법으로는 원래의 릴레이션에서 총계를 구하는 대신에 (*item_name*, *color*, *clothes_size*)에서 요약된 (*item_name*, *color*)에서 총계를 구하는 방법이 있을 수 있다. 원래 릴레이션이 아닌 다른 집합으로부터 총계를 구하는 방법을 이용하면 읽어 들여야 할 데이터의 양을 줄일 수 있다. 이 밖에 다른 향상 방법도 있을 수 있는데, 예를 들어 한 번 데이터를 읽어 들이면서 여러 그룹에 대해 계산을 수행하는 방법이 있다.

초기의 OLAP 구현은 차원 속성에 대한 모든 부분집합의 그룹인 데이터 큐브를 미리 계산해서 저장했다. 미리 계산해서 저장함으로써 수 기가의 데이터에 달하는 수백만 튜플을 가지는 데이터라 할지라도 몇 초 만에 응답할 수 있다. 그러나 n개의 차원 속성에 대해서 $2n$ 그룹이 존재하며 속성에 대한 계층화는 이를 더욱 증가시킨다. 그 결과 전체 데이터 큐브는 원래의 릴레이션보다 더 커지는 경향이 있어 데이터 큐브 전체를 저장하는 것은 부적절한 경우가 많다.

따라서 모든 가능한 그룹에 대해 미리 계산해서 저장하는 것보다 일부 그룹에 대해서만 계산해서 저장해 놓은 후 필요시 나머지 그룹에 대해 계산하는 것이 더 적절하다. 원본 릴레이션으로부터 계산하는 작업은 오랜 시간을 요구하므로 대신 미리 계산해 놓은 다른 질의 결과로부터 값을 구하는 것이 가능하다. 예를 들어, 아직 계산되지 않은 (*item_name*, *color*)에 대한 그룹화를 구하는 질의가 있다고 하자. 해당 질의에 대한 결과는 미리 계산된 (*item_name*, *color*, *clothes_size*)에 대한 요약으로부터 계산될 수 있다. 미리 계산된 결과물의 저장을 위한 공간이 제한적인 경우, 미리 계산된 그룹 중 어떠한 것을 선택할지에 대한 문제는 참고문헌을 참조하기 바란다.

피벗 절은 그림 11.4의 피벗 테이블에서 본 하위 총합을 직접 계산하지 않음을 명심하라. 그러나 곧 보겠지만, 큐브 연산을 이용하여 그림 11.8의 릴레이션 표현을 먼저 만들고 동일한 결과를 얻기 위해 그 표현에 피벗 절을 적용할 수 있다. 이 경우, **all** 값 또한 **for** 절에 나열되어야 하고, **order by** 절은 끝에 **all**을 정렬하기 위해 수정되어야 한다.

데이터 큐브의 데이터는 기본 **group by** 구조를 사용해서 단일 SQL 질의로 생성할 수 없다. 왜냐하면 집계는 차원 속성의 여러 개의 다른 그룹화에 대해서 계산되기 때문이다. 기본 **group by**

구조를 사용하면, 여러 개의 개별 SQL 질의를 작성하고 합집합 연산을 사용하여 결합해야 한다. SQL은 여러 개의 **group by** 연산을 간결하게 지정할 수 있도록 특수 구문을 지원한다.

5.5.4절에서 보았듯이 SQL은 **cube**와 **rollup** 연산을 수행하기 위해 **group by** 연산자의 일반화를 제공한다. **group by** 절의 **cube**와 **rollup** 명령어는 여러 개의 **group by** 연산이 하나의 질의에서 수행되고, (그림 11.8의 릴레이션과 유사한 형태로) 단일 릴레이션으로 결과가 반환되도록 한다.

다시 소매점 예제와 다음의 릴레이션을 고려해 보자.

sales (*item_name*, *color*, *clothes_size*, *quantity*)

개별 group by 질의를 이용하여 전체 데이터 큐브를 생성하려면 다음 여덟 개의 group by 속성 집합 각각에 대해 별도의 질의를 작성해야 한다.

{ (*item_name*, *color*, *clothes_size*), (*item_name*, *color*), (*item_name*, *clothes_size*), (*color*, *clothes_size*), (*item_name*), (*color*), (*clothes_size*), () }

여기서 ( )는 **group by** 리스트가 비어 있는 것을 의미한다.

5.5.4절에서 보았듯이, **큐브** 구조를 사용하면 한 개의 질의로 이를 수행할 수 있다.

select *item_name*, color, *clothes_size*, **sum**(*quantity*)
from *sales*
group by cube(*item_name*, *color*, *clothes_size*);

앞의 질의는 스키마가 다음과 같은 릴레이션을 생성한다.

(*item_name*, *color*, *clothes_size*, **sum**(*quantity*))

이 질의의 결과는 실제로 하나의 릴레이션이다. 튜플의 속성값 중에서 특정 그룹화에 속하지 않는 속성의 경우 *null* 값을 가진다. 예를 들어, *clothes_size*에 대한 그룹화로 생성된 튜플은 스키마 (*clothes_size*, **sum**(*quantity*))를 가진다. 그것은 *item_name*과 *color*에 *null*을 삽입해서 (*item_name*, *color*, *clothes_size*, **sum**(*quantity*)) 형태의 튜플로 바뀐다.

데이터 큐브 릴레이션은 종종 매우 큰 크기를 가진다. 위 예제에서 세 개의 색, 네 개의 품목명, 세 종류의 크기가 가능한 큐브 질의는 80개의 튜플을 가진다. 그림 11.8의 릴레이션은 *item_name*과 *color*에 대해 **group by cube**를 사용해서 생성된다. 여기서 **select** 절에 지정된 추가 열은 속성 *clothes_size*에 대해 **all**을 의미한다.

5.5.4절에서 보았듯이 SQL을 이용하여 이 릴레이션을 생성하기 위해서는 **grouping** 함수를 사용하여 *null*을 **all**로 대체해야 한다. **grouping** 함수는 OLAP 연산에 의해 생성된 null을 데이터베이스에 실제로 저장되어 있거나 외부 조인에 의해 생성되는 "일반" null과 구별해 준다. **grouping** 함수는 인자가 큐브 또는 롤업에 의해 생성된 null 값이면 1을 반환하고, 그렇지 않으면 0을 반환한다. 그런 다음 OLAP에서 생성된 null을 **all**로 대체하기 위해 **grouping** 호출 결과에 대해 **case** 표현식을 적용한다. 그러면 그림 11.8의 릴레이션(*null*이 **all**로 대체됨)을 질의를 이용하여 구할 수 있다.

```
select case when grouping(item_name) = 1 then 'all'
            else item_name end as item_name,
       case when grouping(color) = 1 then 'all'
            else color end as color,
       'all' as clothes_size, sum(quantity) as quantity
from sales
group by cube(item_name, color);
```

rollup 구문은 **rollup**이 더 적은 **group by** 질의를 생성하는 것을 제외하면 **cube** 구문과 같다. **group by cube**(*item_name*, *color*, *clothes_size*) 문이 속성 중에서 몇 개(전부 혹은 0개도 가능)를 사용해서 총 여덟 개의 **group by**를 생성하는 것을 살펴보았다. 다음 질의를 살펴보자.

```
select item_name, color, clothes_size, sum(quantity)
from sales
group by rollup(item_name, color, clothes_size);
```

여기서 **group by rollup**(*item_name*, *color*, *clothes_size*)는 단 네 개의 그룹을 만든다.

{ (*item_name*, *color*, *clothes_size*), (*item_name*, *color*), (*item_name*), () }

rollup에서 속성의 순서가 차이를 만들어 내는 것에 주목하라. 마지막 속성(예제에서 *clothes_size*)은 단 하나의 그룹에서 나타나고, 끝에서 두 번째(두 번째 마지막) 속성은 두 개 그룹에서 나타난다. 첫 번째 속성은 하나(비어 있는 그룹)를 뺀 모든 그룹에서 나타난다.

rollup에서 사용되는 그룹핑 방법이 언제 필요할까? 이 그룹은 계층 관계(예를 들어, 그림 11.6 처럼)를 사용하는 경우 유용하다. 위치 계층도 (*Region*, *Country*, *State*, *City*)에 대해 지방별 판매량을 살펴보기 위해 *Region*으로 그룹화하고 싶을 수 있다. 그리고 각 지방 내의 지역의 단계로 "드릴 다운"하고자 할 수 있다. 이것은 *Region*, *Country*로 그룹화하는 것을 의미한다. 더 많이 드릴 다운하게 되면, *Region*, *Country*, *State*와 *Region*, *Country*, *State*, *City*로 그룹화하게 될 수 있다. **rollup** 구문은 이러한 일련의 드릴 다운을 더 자세히 명시하게 해 준다.

5.5.4절에서 보았듯이 다중 **rollup**과 **cube**는 단일 **group by** 절에서 사용될 수 있다. 예를 들어, 다음 질의가 있을 때

```
select item_name, color, clothes_size, sum(quantity)
from sales
group by rollup(item_name), rollup(color, clothes_size);
```

이는 다음의 그룹을 생성한다.

{ (*item_name*, *color*, *clothes_size*), (*item_name*, *color*), (*item_name*),
(*color*, *clothes_size*), (*color*), () }

이유를 이해하기 위해 **rollup**(*item_name*)이 두 개의 그룹 {(*item_name*), ( )}을 생성하고 **rollup**(*color*, *clothes_size*)가 세 개의 그룹 {(*color*, *clothes_size*), (*color*), ( )}를 생성하는 것을 관찰해

보자. 두 개의 카티션 곱이 위에 보이는 여섯 개의 그룹을 나타낸다.

rollup과 **cube** 절 둘 다 생성되는 그룹에 대한 완전한 제어를 제공하지는 않는다. 예를 들어, 단지 {(*color*, *clothes_size*), (*clothes_size*, *item_name*)} 그룹만 얻을 수는 없다. 그러한 제한된 그룹은 **grouping set**를 사용하여 생성할 수 있으며, **grouping set**에는 사용할 특정 그룹 목록을 지정할 수 있다. {(*color*, *clothes_size*), (*clothes_size*, *item_name*)}만 그룹화하려면 다음과 같이 작성해야 한다.

```
select item_name, color, clothes_size, sum(quantity)
from sales
group by grouping sets ((color, clothes_size), (clothes_size, item_name));
```

다차원 OLAP 스키마에 대한 질의를 지원하기 위한 특수 언어가 개발되었으며, 이러한 언어를 사용하면 SQL보다 쉽게 일부 작업을 표현할 수 있다. Microsoft에서 개발한 MDX와 DAX 질의 언어가 이러한 특수 언어에 해당한다.

11.3.4 보고서 및 시각화 도구

보고서 생성기는 데이터베이스로부터 사람이 읽을 수 있는 요약 보고서를 생성하는 도구다. 보고서 생성기는 데이터베이스 질의와 서식 있는 텍스트 및 요약 차트(예: 막대 또는 원형 차트)를 생성하는 기능을 통합한 것이다. 예를 들어, 보고서에는 각 판매 지역에 대한 지난 2개월 동안의 총판매가 표시될 수 있다.

응용 프로그램 개발자는 보고서 생성기의 서식 지정 기능을 사용하여 보고서 서식을 지정할 수 있다. 변수를 사용하여 월/연도와 같은 매개변수를 저장하고 보고서의 필드를 정의할 수 있다. 데이터베이스에 대한 질의를 통해 테이블, 그래프, 막대 차트, 기타 그래픽을 정의할 수 있으며, 질의를 작성할 때 변수에 저장된 매개변수 값을 사용할 수 있다.

보고서 생성기 기능을 사용하여 보고서 구조를 정의하고 이를 저장하면, 언제든지 실행하여 보고서를 생성할 수 있다. 보고서 생성기 시스템은 표 형식으로 출력하기 위한 다양한 기능을 제공한다. 이러한 기능에는 테이블과 열 헤더 정의, 테이블의 각 그룹에 대한 부분합 표시, 긴 테이블을 여러 페이지로 자동 분할, 각 페이지 끝에 부분합을 표시하는 기능 등이 있다.

그림 11.10은 서식화된 보고서의 예다. 이 보고서의 데이터는 주문 정보에 대한 집계화를 통해 생성되었다.

보고서 생성 도구는 SAP Crystal Reports 및 Microsoft(SQL Server Reporting Services)와 같은 다양한 공급업체에서 제공한다. Microsoft Office와 같은 여러 응용 프로그램 제품군은 데이터베이스의 서식화된 질의 결과를 문서에 직접 포함하는 방법을 제공한다. Crystal Reports 또는 Excel과 같은 스프레드 시트에서 제공하는 차트 생성 기능을 사용하여 데이터베이스의 데이터에 접근하고 차트 또는 그래프를 사용하여 데이터를 표 형식으로 묘사하거나 그래픽으로 표현할 수 있다. 이러한 차트를 텍스트 문서에 포함할 수 있다. 차트는 데이터베이스에 대해 질의를 실행하여 생성된 데이터로부터 처음 생성된다. 전체 보고서의 최신 버전을 생성하기 위해 필요한 경우 질의를 다시 실행하여 차트를 다시 생성할 수 있다.

Acme Supply Company, Inc.
Quarterly Sales Report

Period: Jan. 1 to March 31, 2009

Region	Category	Sales	Subtotal
North	Computer Hardware	1,000,000	
	Computer Software	500,000	
	All categories		1,500,000
South	Computer Hardware	200,000	
	Computer Software	400,000	
	All categories		600,000
		Total Sales	2,100,000

그림 11.10 서식화된 보고서

데이터 시각화(data visualization) 기술(즉 기본 차트 유형을 넘어선 데이터의 그래픽적 표현)은 데이터 분석에서 매우 중요하다. 데이터 시각화 시스템은 사용자가 대규모 데이터를 검사하고, 패턴을 시각적으로 감지할 수 있게 도와주는 시스템이다. 데이터를 지도, 차트 또는 여러 그래픽적 표현을 이용하여 시각화함으로써 사용자에게 데이터를 간결하게 보여 줄 수 있다. 한 개의 그래픽 화면은 훨씬 많은 수의 텍스트 화면만큼 많은 정보를 포함할 수 있다.

예를 들어, 사용자가 질병 발생이 환자의 위치와 관련이 있는지 검사하려는 경우 환자의 위치를 지도상에서 특별한 색상(예: 빨간색)으로 표현할 수 있다. 그러면 사용자는 문제가 발생하는 위치를 빠르게 찾을 수 있다. 그런 다음 사용자는 해당 위치에서 문제가 발생하는 이유에 대한 가설을 세우고 데이터베이스를 이용해서 가설을 정량적으로 검증할 수 있다.

다른 예로는, 값에 대한 정보를 색깔로 코드화하고, 이를 화면상의 한 픽셀로 표현하는 경우를 들 수 있다. 항목 간의 연관 규칙을 찾기 위해서는 각 행과 각 열이 하나의 항목으로 표현되는 2차원 픽셀 행렬을 사용할 수 있다. 두 항목을 모두 구입한 구매 비율은 해당 픽셀의 색깔을 이용하여 표현할 수 있다. 높은 연관성이 있는 항목을 화면에서 밝은 점으로 표현함으로써 어두운 배경화면에 대비하여 쉽게 눈에 띄게 할 수 있다.

최근 몇 년 동안 웹 기반 데이터 시각화와 (주요 조직 정보를 여러 차트를 이용하여 보여 줄 수 있는) 대시보드를 생성할 수 있는 여러 도구가 개발되었다. 여기에는 Tableau(www.tableau.com), FusionCharts(www.fusioncharts.com), plotly(plot.ly), Datawrapper(www.datawrapper.de), Google Charts(developers.google.com/chart)가 포함된다. 이러한 도구는 HTML과 JavaScript를 기반으로 정보롤 보여 주기 때문에 다양한 브라우저와 모바일 장치에서 사용할 수 있다.

상호작용은 시각화의 핵심 요소다. 예를 들어, 사용자는 전체 연도의 총판매량을 보여 주는 집계 보기에서 특정 연도의 월별 판매 수치로 이동하는 것과 같이 관심 영역으로 "드릴 다운"할 수 있다. 분석가는 데이터 일부를 시각화하기 위해 선택 조건을 대화식으로 추가할 수 있다. Tableau와 같은 데이터 시각화 도구는 대화형 시각화를 위한 다양한 기능을 제공한다.

11.4 데이터 마이닝

데이터 마이닝(data mining)이라는 용어는 유용한 패턴을 찾기 위해 대규모 데이터베이스를 반자동적으로 분석하는 작업을 의미한다. 인공지능에서 말하는 지식 발견(기계학습이라고도 한다) 혹은 통계적 분석처럼 데이터 마이닝은 데이터로부터 규칙과 패턴을 찾으려 한다. 그러나 데이터 마이닝은 주로 디스크에 저장된 대규모의 데이터를 다룬다는 점에서 기계학습이나 통계적 분석과는 차이가 있다. 오늘날 많은 기계학습 알고리즘도 매우 많은 양의 데이터를 다루며, 이로 인해 데이터 마이닝과 기계학습의 차이는 모호하게 되었다. 데이터 마이닝 기술은 **데이터베이스에서 진행되는 지식 발견**(knowledge discovery in databases, **KDD**) 프로세스의 일부에 해당한다.

데이터베이스로부터 발견된 지식의 일부는 **규칙**(rule)의 집합으로 표현될 수 있다. 다음은 규칙의 한 예다. "작은 스포츠카의 경우 연소득이 $50,000 이상 되는 젊은 여성이 가장 사기를 원한다." 물론 이와 같은 규칙은 일반적인 사실은 아니지만, 어느 정도의 "지지도(support)"와 "신뢰도(confidence)"를 가진다. 다른 형태의 지식은 서로 다른 값 간의 방정식으로 표현될 수 있다. 보다 일반적으로 데이터베이스의 과거 인스턴스에 기계학습 기술을 적용하여 발견한 지식을 **모델**(model)로 표현한 다음, 새 인스턴스의 결과를 예측하는 데 사용한다. 모델에 대한 입력은 인스턴스의 특징 또는 속성이고, 모델의 출력은 예측 결과다.

유용한 여러 가지 형태의 패턴이 존재하며, 이러한 패턴을 찾아내기 위한 다양한 기술이 존재한다. 여기서는 몇 가지 패턴의 예를 살펴보고 데이터베이스로부터 해당 패턴이 자동적으로 유도될 수 있는지를 살펴볼 것이다.

일반적으로 데이터 마이닝을 위해서는 사람이 해 주어야 하는 부분이 있는데, 알고리즘에 적합하도록 데이터를 해당 형식으로 맞추어 주는 전처리와, 유용하게 쓰일 만한 것을 찾기 위한 패턴의 후처리가 이에 해당된다. 주어진 데이터베이스로부터 탐사될 수 있는 패턴의 형태는 하나 이상일 수 있으며, 이 중 유용한 패턴을 선택하기 위해서는 사람의 관여가 필요하다. 이러한 이유로 현실적인 데이터 마이닝은 반자동 작업일 수밖에 없다. 그러나 여기서는 마이닝의 자동적인 측면에 집중해서 살펴본다.

11.4.1 데이터 마이닝 작업 유형

가장 널리 사용되는 데이터 마이닝 응용은 **예측**(prediction)과 관련된 것이다. 예를 들어, 어떤 사람이 신용카드를 신청하면 신용카드 회사에서 신청자의 신용도가 어떤지 예측하고 싶을 것이다. 여기서의 예측은 나이, 수입, 부채, 상환 경력과 같이 그 사람에 대해 알고 있는 속성을 기반으로 한다. 예측하기 위해 사용되는 규칙은 카드 대금 미납 여부 같은 것과 신용카드 소유자의 과거 및 현재의 동일 속성으로부터 유추될 수 있다. 다른 형태의 예측은 어느 고객이 경쟁사의 제품으로 바꾸게 될지(이러한 고객에게는 계속 유지하기 위해 특별 할인가를 제공할 수 있다), 어느 사람이 광고 메일에 응답을 할 것인지, 어떤 형태의 전화 카드 사용이 부정인지 등이 있을 수 있다.

다른 부류의 응용으로는 **연관**(association)을 찾는 것을 생각해 볼 수 있는데, 예를 들어 함께 구매되는 경향이 있는 책을 생각해 볼 수 있다. 한 고객이 어떤 책을 사는 경우 온라인 서점은 그 책과 연관된 다른 책을 제안해 줄 수 있다. 또는 어떤 사람이 카메라를 살 때, 그 카메라와 함께 구매할 만한 액세서리를 제안하는 것도 가능하다. 뛰어난 판매상은 이러한 패턴을 잘 인지하여 추가적인 판매를 위해 활용한다. 해결해야 할 일은 이러한 과정을 자동화하는 것이다. 다른 형태의 연관은 인과관계를 탐사하는 것이다. 예를 들어, 새로운 약품과 심장 질환과의 예기치 못한 연관이 있다는 사실이 발견되면, 제약회사는 해당 약품이 일부 사람들에게 심장 질환을 일으키는지 여부를 찾게 된다. 그러고 나서 해당 약품을 시장에서 회수한다.

연관은 **서술적 패턴**(descriptive pattern)의 예다. **클러스터**(cluster)도 그러한 패턴의 다른 예다. 예를 들어, 한 세기 전에 장티푸스 증상이 집단적으로 우물 주위에서 발견되었다면, 이는 그 우물의 물이 오염되었고 전염성 장티푸스였을 것이라고 유추할 수 있다. 질환의 집단성 여부를 감지하는 것은 오늘날에도 중요한 문제다.

11.4.2 분류

추상적으로 **분류**(classification) 문제는 다음과 같다. 여러 클래스 중 하나에 속하는 항목이 주어지고, 속해 있는 클래스와 함께 항목의 과거 인스턴스[past instance, **학습 인스턴스**(training instance)라고도 불림]가 주어졌을 때, 문제는 새로운 항목이 속할 클래스를 예측하는 일이다. 새로운 인스턴스의 클래스는 아직 모르기 때문에 해당 인스턴스의 다른 속성을 이용해서 클래스를 예측해야 한다.

예를 들어, 신용카드 회사가 임의의 신청자에 대해 카드 발급 여부를 결정해야 하는 경우를 생각해 보자. 카드 회사는 나이, 학력, 연봉, 부채 상태 등 결정에 필요한 다양한 정보를 가지고 있다.

결정을 내리기 위해서는 대금 결제 경력에 따라 현재 또는 과거 고객의 샘플 집합에 속하는 각각의 고객에게 excellent(최우수), good(우수), average(보통), bad(불량)와 같은 신용 등급을 할당해야 한다. 이러한 인스턴스는 학습 인스턴스 집합을 형성한다.

그런 다음 회사는 실제 대금 결제 이력(신규 고객의 경우 대금 결제 이력이 존재하지 않음) 대신에 개인 정보를 바탕으로 신규 지원자의 신용도를 excellent, good, average, bad로 분류하는 규칙 또는 모델을 학습한다. 분류를 위한 여러 방법이 있으며, 이 절에서는 몇 가지 기술을 간략하게 설명한다.

11.4.2.1 의사결정 트리 분류자

의사결정 트리 분류자(decision-tree classifier)는 분류를 위해 널리 사용되는 기법이다. 이름에서 알 수 있듯이, 의사결정 트리 분류자는 트리를 사용하는데, 각 단말 노드(leaf node)는 연관된 클래스를 가지며 각 내부 노드는 이와 관련된 술어(predicate, 혹은 보다 일반적으로 함수)를 가진다. 그림 11.11은 의사결정 트리의 예를 보여 준다. 이 예에서는 간결하게 표현하기 위해 education level(교육 수준)과 income(수입) 두 가지 속성만 사용했다.

새로운 인스턴스를 분류하기 위해서는 루트로부터 시작해서 단말 노드에 도달할 때까지 트리를 순회한다. 각 내부 노드에서 어느 자식 노드로 가야 할지를 결정하기 위해서는 데이터 인스턴스에 대한 술어(혹은 함수)를 계산한다. 이 작업은 단말 노드에 닿을 때까지 계속된다. 예를 들어, 어떤

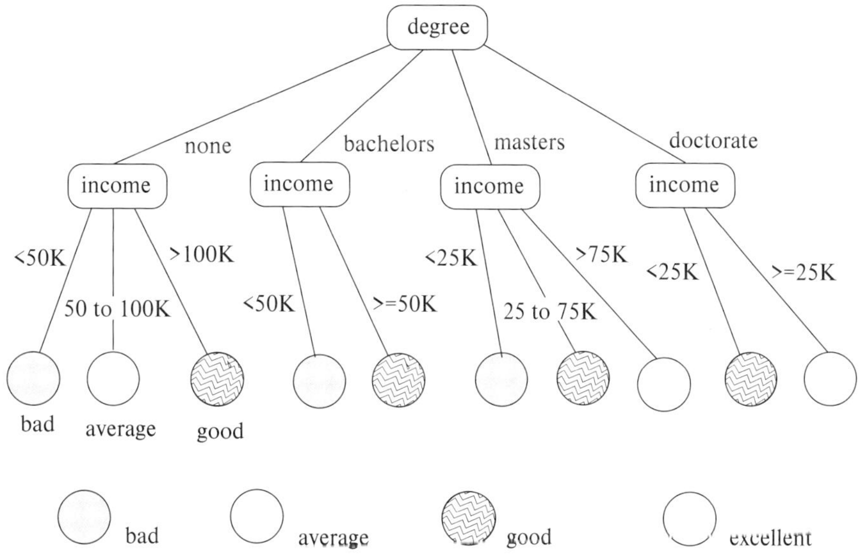

그림 11.11 의사결정 트리

사람의 학위가 석사(master)이고 수입이 40K이면, 루트로부터 시작해서 "masters" 간선을 따라가고 "25K부터 75K" 간선을 따라가면 단말 노드에 도착한다. 해당 노드의 분류는 "good"이며, 따라서 이 사람의 신용은 좋다고 예측할 수 있다.

주어진 학습 데이터로부터 의사결정 트리 분류자를 구축하는 여러 가지 방법이 있다. 이와 관련된 자세한 내용은 "더 읽어보기" 절을 참조하기 바란다.

11.4.2.2 베이지언 분류자

베이지언 분류자(Bayesian classifier)는 학습 데이터의 각 분류에 대한 속성값의 분포를 찾아낸다. 즉 새로운 인스턴스 d가 주어졌을 때, 각 분류 c_j에 대해 인스턴스 d가 속하는 확률($p(c_j|d)$로 나타낸다)을 평가하기 위해 분포 정보를 이용한다. 최대 확률을 가지는 분류가 인스턴스 d에 대한 예측 분류가 된다.

인스턴스 d가 분류 c_j에 속하는 확률 $p(c_j|d)$를 구하기 위해 베이지언 분류자는 다음의 **베이스 정리**(Bayes' theorem)를 사용한다.

$$p(c_j|d) = \frac{p(d|c_j)p(c_j)}{p(d)}$$

여기서 $p(d|c_j)$는 c_j에 대한 인스턴스 d의 발생 확률이고, $p(c_j)$는 분류 c_j의 발생 확률이며, $p(d)$는 인스턴스 d의 발생 확률이다. 물론 $p(d)$는 해당 값이 모든 분류에 대해 동일하므로 무시될 수 있다. $p(c_j)$는 단순히 분류 c_j에 속하는 학습 인스턴스의 일부다.

예를 들어, *income*이라는 한 개의 속성만 분류를 위해 사용되는 특별한 경우에서 income이 76,000 이상인 한 사람을 분류한다고 가정해 보자. income 값이 구간으로 구분되어 있고, 76,000

은 (75,000, 80,000) 범위에 해당된다고 생각하자. *excellent* 클래스의 인스턴스 중에서 income이 (75,000, 80,000) 사이가 될 확률이 0.1일 때, *good* 클래스의 인스턴스 중에서 income이 (75,000, 80,000) 사이가 될 확률이 0.5라고 가정하자. 또한 전체의 0.1 정도의 사람은 *excellent*로 분류되고 0.3은 *good*으로 분류된다고 가정하자. 그러면 *excellent* 클래스에 대한 $p(d|c_j)p(c_j)$는 0.01이며, *good* 클래스에 대한 값은 0.015다. 따라서 그 사람은 *good* 클래스에 분류될 수 있을 것이다.

일반적으로는 분류를 위해 다수의 속성을 고려한다. 그러면 정확한 $p(d\,|\,c_j)$를 구하는 것은 어렵다. 왜냐하면 분류를 위해 사용되는 속성값의 모든 조합에 c_j의 인스턴스가 골고루 분포되어 있어야 정확한 $p(d|c_j)$를 구할 수 있기 때문이다. 이런 조합의 (학위 속성값, 소득 구간 값 및 다른 속성의 조합) 숫자는 아주 커질 수 있다. 제한된 학습 데이터를 사용하는 경우 대부분의 조합은 그와 어울리는 단 하나의 학습 집합도 가지지 못하고, 결국 부정확한 분류 결정을 초래하게 될 것이다. 이런 문제를 피하기 위해, 또한 분류 작업을 간단하게 하기 위해 **기본 베이지언 분류자**(naive Bayesian classifier)는 독립적인 분포를 가지는 속성을 가정하고 다음 식을 사용한다.

$$p(d|c_j) = p(d_1|c_j) * p(d_2|c_j) * \cdots * p(d_n|c_j)$$

즉 인스턴스 d의 발생 확률은 분류 c_j가 주어졌을 때 d의 각 속성값 d_i의 발생 확률의 곱이다.

확률 $p(d_i|c_j)$는 각 분류 c_j에 대한 속성 i의 분포 값으로부터 유도된다. 이 분포는 각 분류 c_j에 속하는 학습 인스턴스로부터 계산된다. 즉 해당 분포는 일반적으로 히스토그램에 의해 예측된다. 예를 들어, 속성 i에 대한 값을 동일한 간격으로 구간을 나누어 각 구간에 속하는 분류 c_j의 인스턴스의 일부를 저장할 수 있다. 속성 i에 대해 d_i 값이 주어지면, $p(d_i|c_j)$ 값은 단순히 d_i가 속하는 구간에 해당하는 분류에 속하는 인스턴스의 비율이다.

11.4.2.3 서포트 벡터 머신 분류자

서포트 벡터 머신(Support Vector Machine, **SVM**)은 여러 응용 분야에서 매우 정확하게 분류를 수행할 수 있는 기법이다. 여기서는 서포트 벡터 머신 분류자에 관한 기초만 다룬다. 더 많은 정보를 얻으려면 참고문헌을 참조하기 바란다.

서포트 벡터 머신 분류자는 기하학적으로 가장 잘 이해할 수 있다. 가장 간단한 예로, 2차원 평면 안에 몇몇은 *A* 클래스에 속하고 몇몇은 *B* 클래스에 속하는 점의 집합을 고려해 보자. 클래스(*A* 또는 *B*)가 알려진 점의 학습 집합이 주어졌고, 우리는 이 학습 점을 사용하여 점의 구분자를 만들 필요가 있다. 이러한 상황이 *A* 클래스에 있는 점은 × 마크로 표시되고, 동시에 *B* 클래스에 속한 점은 ○ 마크로 표시된 그림 11.12에 설명되어 있다.

A 클래스의 모든 점이 한쪽 면에 있고, *B* 클래스의 모든 점은 다른 쪽 면에 있도록 평면 위에 하나의 선을 그린다고 가정하자. 그러면 그 선은 우리가 어떤 클래스에 속하는지 아직 알지 못하는 새로운 점을 구별하는 데 사용될 수 있다. 하지만 *A* 클래스와 *B* 클래스를 나눌 수 있는 선은 아주 많을 수 있다. 그중 몇 개의 선을 그림 11.12에서 보여 준다. 서포트 벡터 머신 구분자는 어느 한쪽 클래스(학습 데이터 집합 안의 점으로부터)에 가장 가까운 점에서 선까지의 거리가 가장 긴 선을 선택한다. 이후 이 선(최대 여백 선이라 함)은 선의 어느 쪽 방면에 점이 위치하는지에 따라 *A* 또는

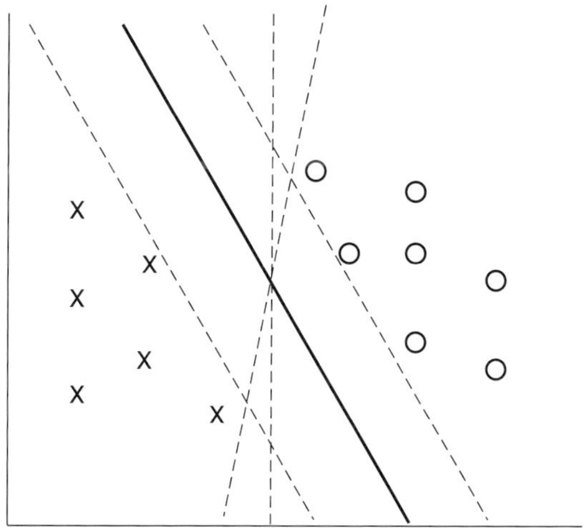

그림 11.12 서포트 벡터 머신 분류자의 예

B 클래스로 점을 분리하는 데 사용된다. 그림 11.12에서 최대 여백 선은 굵은 선으로, 다른 선은 점선으로 표현되었다.

위에서 살펴본 직관은 다수의 속성이 분류를 위해 사용될 수 있는 2차원 이상으로 일반화될 수 있다. 이 경우, 분류자는 나누는 선이 아닌 평면을 찾는다. 더욱이 커널 함수(kernel function)라 불리는 특정 함수를 사용하여 입력 점을 우선 변환시킴으로써 서포트 벡터 머신 분류자는 점의 집합을 구별하는 비선형의 곡선을 찾을 수 있다. 이것은 점이 하나의 선이나 평면에 의해 분리될 수 없는 경우에 중요하다. 잡음이 존재할 때 한 클래스의 몇몇 점은 다른 클래스의 점의 중앙에 위치할지도 모른다. 이런 경우, 점을 두 개의 클래스로 분리하는 직선이나 의미 있는 곡선이 없을 수도 있는데, 이때는 점을 두 개의 클래스로 가장 정확하게 나누는 직선이나 곡선이 선택된다.

비록 서포트 벡터 머신의 기본 공식은 이진 분류자에 적용되지만, 다음처럼 여러 클래스로 분류하기 위해서도 사용될 수 있다. 만약 *N*개의 클래스가 존재한다면 다음과 같이 *N*개의 분류자를 생성한다. 분류자 *i*는 어떤 점을 클래스 *i*로 분류하거나, 클래스 *i*로 분류하지 않는 이진 분류를 수행한다. 또한 분류자 *i*는 어떤 주어진 점이 클래스 *i*와 얼마나 관련 있는지를 나타내는 값을 출력한다. 그 후, 주어진 점에 대해 모든 *N*개의 분류자를 적용하고, 관련성 값이 가장 높은 클래스를 선택한다.

11.4.2.4 신경망 분류자

신경망[4] 분류자(neural-net classifier)는 학습 데이터를 사용하여 인공 신경망을 학습시킨다. 지금까지 신경망에 관한 많은 연구가 진행되었다. 여기서는 신경망 분류자에 대한 세부 정보를 제공하지는 않는다. 그러나 신경망 분류자의 몇 가지 주요 속성에 관해 설명한다.

신경망은 여러 계층의 "뉴런(neuron)"으로 구성되며, 각 계층은 이전 계층의 뉴런과 연결된다.

4 역자 주: "뉴럴 네트워크"라는 용어로 번역하기도 한다.

어떤 문제에 대한 입력 인스턴스가 첫 번째 계층에 공급되면, 각 계층의 뉴런은 이전 계층의 입력에 적용된 어떤 함수를 기반으로 "활성화"된다. 각 뉴런에 적용된 함수는 입력 뉴런 활성화의 가중치 조합을 계산하고, 가중치 조합을 기반으로 출력을 생성한다. 그러므로 한 계층에서 뉴런의 활성화는 다음 계층 뉴런의 활성화에 영향을 미친다. 최종 출력 계층에는 일반적으로 해결하고자 하는 분류 문제의 각 클래스에 해당하는 뉴런이 있다. 주어진 입력에 대해 최대 활성화를 갖는 뉴런이 해당 입력에 대해 예측된 클래스를 결정한다.

신경망 성공의 핵심은 위에서 설명한 계산 과정에서 사용되는 가중치이며, 이러한 가중치는 학습 데이터로부터 학습된다. 초기 가중치는 디폴트 값으로 설정되고, 그런 다음 학습 데이터를 이용하여 학습한다. 일반적으로 학습은 신경망의 현재 상태에 각 입력을 적용하고, 예측이 올바른지 확인하는 방식으로 수행된다. 예측이 올바르지 않은 경우, **역전파 알고리즘**(backpropagation algorithm)을 사용하여 네트워크의 뉴런 가중치를 조정하여 현재 입력에 대한 예측이 실제와 더 가깝도록 한다. 이러한 과정을 반복하여 신경망을 학습시키고, 학습된 신경망은 새로운 입력을 분류하는 데 사용된다.

최근 몇 년 동안 신경망은 이전에 매우 어렵게 여겨졌던 분야—비전(예: 이미지에서 객체 인식), 음성 인식, 자연어 번역 등—에서 큰 성공을 거두었다. 시각 인식의 간단한 예는 동물 이미지가 주어지면 고양이 또는 개와 같은 종을 식별하는 것이다. 이러한 문제는 기본적으로 분류 문제에 해당한다. 또 다른 예는 이미지에 나타나는 객체를 식별하고, 식별된 객체를 분류하는 것이다.

대용량의 학습 인스턴스가 주어진 경우, 많은 수의 계층으로 구성된 **심층 신경망**(deep neural network)은 이러한 작업을 수행하는 데 매우 성공적이었음이 입증되었다. **딥 러닝**(deep learning)이라는 용어는 이러한 심층 신경망을 생성하고, 대용량의 학습 인스턴스를 이용하여 심층 신경망을 학습시키는 기계학습 기술을 의미한다.

11.4.3 회귀

회귀(regression)는 분류보다는 임의 값에 대한 예측을 다룬다. 변수 $X_1, X_2, \ldots, X_n$의 집합에 대한 값이 주어질 때 임의 변수 Y에 대한 값을 예측하기를 원할 수 있다. 예를 들면, 개인의 교육 정도와 수입을 각각 숫자 형태로 처리할 수 있다고 가정하자. 이때 이 두 변수 값을 바탕으로 채무 불이행의 가능성을 예측하고자 하는데, 이는 채무 불이행 가능 횟수일 수도 있고 아니면 채무 불이행 총액이 될 수도 있다.

한 가지 방법은 다음과 같은 식의 계수 $a_0, a_1, a_2, \ldots, a_n$을 예측하는 것이다.

$$Y = a_0 + a_1 * X_1 + a_2 * X_2 + \cdots + a_n * X_n$$

이와 같이 선형 다항식을 찾는 것을 **선형 회귀**(linear regression)라 부른다. 일반적으로 데이터에 근접한 곡선(다항식이나 다른 공식에 의해 정의된다)을 찾아내고자 하는데, 이 작업을 **곡선 적응**(curve fitting)이라 부른다.

이 곡선은 데이터에 오류가 있다거나 다항식으로는 정확히 관계를 표현할 수 없다는 이유로 인해 근사치일 수밖에 없다. 따라서 회귀는 가장 근접해지는 계수를 찾는 것이 목적이라 할 수 있다.

통계학에서 회귀 계수를 찾는 데 사용하는 대표적인 기법이 있다. 여기서 해당 기법을 설명하지는 않지만 참고문헌에 언급해 두었다.

11.4.4 연관 규칙

소매점은 종종 사람들의 구매 물품에 대한 연관 관계에 관심을 가진다. 이러한 연관 관계의 예는 다음과 같다.

- 빵을 사는 사람은 우유도 같이 살 확률이 높다.
- ≪데이터베이스 시스템 개념≫ 책을 사는 사람은 ≪운영체제 개념≫ 책도 살 확률이 높다.

연관 정보는 여러 가지 방법으로 사용될 수 있다. 임의의 고객이 특정 책을 구매하는 경우 온라인 서점은 그 책과 관련된 다른 책을 추천해 줄 수 있다. 식료 잡화점은 사람들이 자주 빵과 우유를 같이 구매하므로 손님의 편의를 위해 이들을 서로 가까운 위치에 진열해 놓을 수 있다. 아니면 이들을 양끝에 배치하고 그 중간에 다른 관련 제품을 배치함으로써 걸어가는 동안 구매욕을 자극하는 것도 가능하다. 또한 한 품목을 구매한 고객이 다른 것도 사게 되므로 한 품목에 대해서만 할인을 실시하고 다른 하나에 대해서는 할인을 해 주지 않는 방법도 있을 수 있다.

연관 규칙의 예는 다음과 같다.

$$bread \Rightarrow milk$$

식품 잡화점의 입장에서 볼 때, 위의 규칙은 빵을 구매하는 고객은 우유도 살 확률이 높다는 것을 의미한다. 연관 규칙은 반드시 연관 **모집단**(population)을 가져야 하는데, 해당 모집단은 **인스턴스**(instance)의 집합으로 구성된다. 식품 잡화점의 예에서 모집단은 모든 구매 행위를 의미하며, 각 구매 행위가 인스턴스가 된다. 서점의 경우, 모집단은 언제 구매 행위가 이루어지든지 간에 구매를 일으키는 모든 사람이 된다. 즉 각 고객이 인스턴스가 된다. 서점 예에서, 분석가는 구매가 이루어지는 시점은 중요하지 않다는 판단을 하고 있다. 반면 식품 잡화점의 예에서 보면, 동일 고객에 대한 계속된 방문은 무시하고 단일 구매 행위에 초점을 두기로 결정했을 것이다.

규칙은 연관 **신뢰도**뿐만 아니라 연관 **지지도**를 가진다. 이러한 것은 모집단의 배경에서 정의된다.

- **지지도**(support)는 모집단의 어떤 부분이 전제부(antecedent)와 결과부(consequent) 모두를 만족하는지에 대한 척도다.

  예를 들어, 우유와 드라이버를 함께 구매하는 것이 전체 구매 행위의 0.001%만 차지한다면 다음 규칙에 대한 지지도는 낮다고 한다.

$$milk \Rightarrow screwdrivers$$

  위 규칙은 통계적으로도 중요하지 않다. 아마 우유와 드라이버를 같이 구매한 경우가 한 번 정도였을 것이다. 업계에서 이러한 규칙이 적용될 수 있는 일이 거의 없기 때문에 낮은 지지도를 가지는 규칙에 대해서는 별 관심이 없으며, 이에 대해 신경 쓸 필요가 없다.

반면, 만일 우유와 빵을 같이 구매하는 경우가 50%를 차지한다면, 빵과 우유를 포함하는 규칙에 대한 지지도는 비교적 높을 것이며, 이러한 규칙은 주의를 기울일 필요가 있다. 정확히 어느 정도의 지지도 이상을 바람직한 것으로 고려할지에 대한 결정은 해당 응용에 달려 있다.

- **신뢰도**(confidence)는 전제부가 참일 때 결과부가 참이 되는 경우의 수에 대한 척도다. 예를 들어, 빵을 사는 구매 행위의 80%가 우유도 사는 경우, 다음 규칙은 80%의 신뢰도를 가진다.

$$bread \Rightarrow milk$$

낮은 신뢰도를 가지는 규칙은 의미가 없다. 물리학과 같은 분야에서는 규칙이 매우 높은 신뢰도를 가지는 반면, 업무 관련 응용에서는 100%에 훨씬 못 미친다.

빵 ⇒ 우유의 신뢰도는 동일한 지지도를 가짐에도 불구하고 우유 ⇒ 빵의 신뢰도와 상당히 다르다는 것을 주목하기 바란다.

11.4.5 클러스터링

직관적으로, **클러스터링**(clustering)[5]은 주어진 데이터에서 점의 집단(cluster)을 찾아내는 문제를 말한다. 클러스터링에 관련된 문제는 데이터 간의 거리 측정 값에 따라 여러 가지 방법으로 나눌 수 있다. 그중 한 가지 방법은 주어진 k에 대해서 점을 k개의 집합으로 그룹화하는 문제로, 그룹화를 할 때 해당 군집의 **중심점**(centroid)으로부터 점까지의 평균 거리가 가장 최소화되게 한다.[6] 다른 방법은 각 군집 내의 모든 점의 쌍들 간의 평균 거리가 최소화되게 그룹화를 하는 것이다. 물론 다른 정의도 존재한다. 보다 자세한 사항은 참고문헌을 보기 바란다. 그러나 이러한 모든 정의의 기본 개념은 유사한 점을 함께 묶어 하나의 집합으로 만든다는 것이다.

다른 형태의 클러스터링은 생물학의 분류 시스템에서 나타난다(이러한 분류 시스템은 임의의 항목에 대한 분류를 예측하기보다는 관련 있는 항목을 서로 묶으려고 시도한다). 예를 들어, 표범과 사람은 포유류라는 분류로 묶일 수 있으며, 악어와 뱀은 파충류라는 분류로 묶일 수 있다. 포유류와 파충류 모두 척색동물이라는 공통 분류에 속할 수 있다. 포유류라는 분류는 육식동물 및 영장류라는 분류로 세분화되며, 따라서 **계층적 클러스터링**(hierarchical clustering)이 가능하다. 서로 다른 종에 대해 특징이 주어지면, 생물학자는 관련 있는 종을 그룹화하는 복잡한 계층적 클러스터링 방법을 만들어 낸다.

통계학 분야에서는 클러스터링에 대해 보다 많은 연구가 있었으며, 데이터베이스 관련 분야에서는 매우 방대한 데이터(메모리에 적재하기 어려운)를 클러스터링할 수 있는 확장 가능한 알고리즘에 대해 연구해 왔다.

클러스터링의 흥미로운 응용은 다음 사항을 기반으로 임의의 사람이 관심을 가질 것 같은 새로운 영화(또는 책이나 음악)를 예측하는 것이다.

---

5 역자 주: "군집화"라는 용어로 번역하기도 한다. 그리고 "cluster"를 집단, 군집 또는 클러스터라고 번역하기도 한다.

6 점의 집합에서 중심점은, 각 차원에 대해 집합 내의 모든 점의 좌표의 평균이 되는 점을 좌표로 가지는 점으로 정의된다. 예를 들어, 2차원의 공간에서 점의 집합 $\{(x_1, y_1), (x_2, y_2), \ldots, (x_n, y_n)\}$의 중심점은 다음과 같다. $\left(\frac{\sum_{i=1}^{n} x_i}{n}, \frac{\sum_{i=1}^{n} y_i}{n}\right)$

1. 그 사람의 영화에 대한 과거 선호도
2. 유사한 과거 선호도를 가지는 다른 사람들
3. 그러한 사람들의 새로운 영화에 대한 선호도

위 문제를 해결하기 위한 방법 중 하나는 다음과 같다. 유사한 과거의 선호도를 가지는 사람들을 찾기 위해서는 영화에 대한 선호도를 기반으로 하는 사람들의 집단을 생성해야 한다. 클러스터링에 대한 정확도는 먼저 유사 영화에 대한 클러스터링을 통해 향상될 수 있는데, 이렇게 함으로써 동일 영화를 보지 않은 사람이라도 유사한 영화를 서로 봤다면 둘을 하나의 그룹으로 묶을 수 있다. 그러고 나서 클러스터링을 사람에 대해서 그리고 영화에 대해서, 또다시 사람에 대해서와 같은 식으로 안정화될 때까지 계속 반복한다. 새로운 사용자가 주어지면 해당 사용자가 과거에 보았던 영화에 대한 선호도를 바탕으로 가장 유사한 사용자 그룹을 선택한다. 다음은 해당 사용자가 속하는 사용자 그룹에서 인기 있는 영화 집단에 있는 영화들 중 새로운 사용자에게 흥미로울 것 같은 영화를 예측한다. 사실 이 문제는 사용자가 흥미 있는 정보를 찾기 위해 정보를 필터링하는 작업에 협력하는 것이므로 **협력 필터링**(collaborative filtering)의 한 예라고 할 수 있다.

11.4.6 텍스트 마이닝

텍스트 마이닝(text mining)은 데이터 마이닝 기법을 텍스트 문서에 적용한 것이다. 다양한 텍스트 마이닝 작업이 있으며, 그중에 하나는 **감정 분석**(sentiment analysis)이다. 예를 들어, 어떤 회사에서 사용자가 신제품에 어떻게 반응했는지 알고 싶다고 가정해 보자. 일반적으로 웹에는 많은 제품 리뷰가 있다(예를 들어, 전자 상거래 플랫폼에서 사용자들의 리뷰). 사용자의 반응을 살피기 위해 각각의 리뷰를 읽는 것은 불가능하다. 대신 회사는 제품 리뷰를 분석하여 제품에 대한 사용자의 감정을 찾을 수 있다. 이러한 감정은 긍정적, 부정적, 중립적일 수 있다. 우수, 좋음, 굉장함, 아름다운 등 특정 단어의 발생은 긍정적인 감정과 상관관계가 있으며, 끔찍함, 보통, 가치 없음, 낮은 수준 등과 같은 단어는 부정적인 감정과 상관관계가 있다. 리뷰를 분석하고 리뷰의 의미를 반영하는 전체 점수를 얻기 위해 감정 분석 기법을 사용할 수 있다.

또 다른 작업으로 **정보 추출**(information extraction)이 있다. 정보 추출은 비정형화된(unstructured) 텍스트 설명 또는 반정형화된(semi-structured) 데이터(예: 문서에서 표 형식으로 표현된 데이터)로부터 정형화된 정보를 생성한다. 이러한 프로세스의 핵심 작업은 **개체 인식**(entity recognition)이다(즉 텍스트에서 특정 개체에 대한 언급을 식별하고 중의성을 해소하는 작업). 예를 들어, Michael Jordan이라는 이름이 기사에 언급될 수 있다. Michael Jordan이라는 이름을 가진 유명한 사람이 적어도 두 명 있으며, 한 명은 농구 선수였고, 다른 한 명은 기계학습 전문가로 잘 알려진 교수다. **중의성 해소**(disambiguation)는 특정 기사에서 이 두 사람 중 어떤 사람을 언급하고 있는지 파악하는 과정이며, 기사 내용을 기반으로 수행될 수 있다. 이 경우, 스포츠 기사에서 언급하는 Michael Jordan이라는 이름은 아마도 농구 선수를 가리키고, 기계학습 논문에서는 아마도 교수를 가리킬 것이다. 개체 인식 후 다른 기술을 사용하여 개체의 속성을 학습하고 개체 간의 관계를 학습할 수 있다.

정보 추출은 다양한 방법으로 사용될 수 있다. 예를 들어, 정보 추출은 소셜 미디어에 게시된 고객 지원 대화나 리뷰를 분석하고, 고객 만족도를 판단하고, 고객을 유지하기 위해 중재가 필요한 시기를 결정하는 데 사용될 수 있다. 서비스 제공업체는 가격, 품질, 위생 또는 서비스를 제공하는 사람의 행동과 같은 서비스의 어떤 측면에 대해 긍정적인지 부정적인지 알고 싶어 할 수 있다. 서비스가 제공되는 위치와 같은 속성도 추출할 수 있으며, 그러한 속성은 서비스에 대한 시정 조치를 결정하는 데 중요한 요소다.

웹에 존재하는 방대한 문서 및 기타 출처로부터 추출한 정보는 많은 작업에 유용하며, 8.1.4절에서 설명한 **지식 그래프**(knowledge graph)라고 불리는 그래프로 표현할 수 있다. 이러한 지식 그래프는 웹 검색 엔진에서 사용자 질의에 대한 보다 의미 있는 답변을 생성하는 데 사용된다.

11.5 요약

- 데이터 분석 시스템은 트랜잭션 처리 시스템에서 수집한 온라인 데이터와 다른 근원지에서 수집한 데이터를 분석하여 사람들이 비즈니스 결정을 내리는 데 도움을 준다. 의사결정 지원 시스템은 OLAP 시스템 및 데이터 마이닝 시스템을 포함하여 다양한 형태로 제공된다.
- 데이터 웨어하우스는 중요한 운영 데이터를 수집하고 저장하도록 도와준다. 데이터 웨어하우스는 의사결정 지원 및 유행을 예측하는 것과 같은 기록 데이터 분석에 사용된다. 데이터 근원지로부터 데이터를 정제하는 일은 종종 데이터 웨어하우스의 주요 작업이다. 웨어하우스의 스키마는 하나 혹은 몇 개의 매우 큰 팩트 테이블과 몇 가지의 보다 작은 차원 테이블을 포함하는 다차원 경향이 있다.
- 온라인 분석 처리(OLAP) 도구는 분석가가 조직의 기능에 대한 통찰력을 얻기 위해 요약 데이터를 여러 가지 형태로 볼 수 있도록 해 준다.
    - OLAP 도구는 차원 속성과 측정 속성으로 구별되는 다차원 데이터상에서 동작한다.
    - 데이터 큐브는 여러 가지 방법으로 요약된 다차원 데이터로 이루어진다. 데이터 큐브를 미리 계산해 놓음으로써 요약 데이터 질의 처리를 빠르게 할 수 있다.
    - 크로스탭은 데이터 요약과 함께 다차원 데이터를 2차원으로 볼 수 있게 해 준다.
    - 드릴 다운, 롤업, 슬라이싱, 다이싱 등은 사용자가 OLAP 도구에서 사용할 수 있는 연산이다.
- SQL 표준은 **cube**와 **rollup**, **pivot** 연산을 포함하여 데이터 분석을 위한 다양한 연산자를 제공한다.
- 데이터 마이닝은 유용한 패턴을 찾기 위해 방대한 데이터베이스를 반자동으로 분석하는 과정이다. 데이터 마이닝의 응용은 과거의 예를 바탕으로 미래 값을 예측하거나, 구매 행위 간의 연관성 분석, 사람과 영화 간의 자동 클러스터링 등 다양하다.
- 분류는 학습 인스턴스의 속성과 클래스를 기반으로 학습한 후, 시험 인스턴스의 속성을 이용해서 시험 인스턴스의 클래스를 예측한다. 분류자에는 다음과 같이 여러 가지 형태가 존재한다.

- ○ 학습 인스턴스를 기반으로 단말 노드가 클래스 레이블에 해당하도록 트리를 구성하여 분류를 수행하는 의사결정 트리 분류자
- ○ 확률 이론을 기반으로 하는 베이지안 분류자
- ○ 서포트 벡터 머신은 널리 사용되는 또 다른 분류 기법이다.
- ○ 신경망, 특히 딥 러닝은 분류와 시각, 음성 인식, 언어 이해 및 번역 분야에서 매우 성공적으로 활용된다.

- 연관 규칙은 예를 들면 동일 고객에 의해 같이 구매되는 경향을 가지는 품목을 인식하는 것이다.
- 다른 형태의 데이터 마이닝은 클러스터링, 텍스트 마이닝, 데이터 시각화 등이다.

용어정리

- 의사결정 시스템
- 비즈니스 인텔리전스
- 데이터 웨어하우징
  - 데이터 수집
  - 근원지 구동 구조
  - 목적지 구동 구조
  - 데이터 정제
  - 추출, 변형, 적재(ETL)
  - 추출, 적재, 변형(ELT)
- 웨어하우스 스키마
  - 팩트 테이블
  - 차원 테이블
  - 스타 스키마
  - 스노우플레이크 스키마
- 열 지향 저장소
- 온라인 분석 처리(OLAP)
- 다차원 데이터
  - 측정 속성
  - 차원 속성
  - 계층도
  - 크로스탭/피벗팅
  - 데이터 큐브
  - 롤업/드릴 다운
  - SQL **group by cube**, **group by rollup**
- 데이터 시각화
- 데이터 마이닝
- 예측
- 분류
  - 학습 데이터
  - 시험 데이터
- 의사결정 트리 분류자
- 베이지언 분류자
  - 베이스 정리
  - 기본 베이지언 분류자
- 서포트 벡터 머신(SVM)
- 회귀
- 신경망
- 딥 러닝
- 연관 규칙
- 클러스터링
- 텍스트 마이닝
  - 감정 분석
  - 정보 추출
  - 개체명 인식
  - 지식 그래프

실전문제

11.1 데이터 웨어하우스에서 데이터 수집을 위한 근원지 구동 구조의 장점과 단점을 목적지 구동 구조와 비교해서 설명하라.

11.2 부록 A의 대학교 예제에서 *classroom* 릴레이션이 어떻게 열 지향 저장소 구조로 저장되는지 다이어그램으로 그려 보라.

11.3 *takes* 릴레이션을 생각해 보자. 2017년과 2018년 각각에 해당하는 열, **all**에 해당하는 열, 각 코스에 해당하는 행, **all**에 해당하는 행이 있는 크로스탭을 계산하는 SQL 질의를 작성하라. 크로스탭의 각 셀에는 해당 연도에 해당 과정을 수강한 학생 수가 포함되어야 한다. **all** 열에는 모든 연도의 집계가 포함되고, **all** 행에는 모든 코스의 집계가 포함되어야 한다.

11.4 그림 11.2에 있는 데이터 웨어하우스 스키마를 생각해 보자. 매장과 날짜의 계층 구조와 함께 매장과 날짜별로 판매 개수와 가격을 요약하는 SQL 질의를 작성하라.

11.5 분류는 **조건**(condition), **클래스**(class) 및 **신뢰도**(confidence)로 구성된 **분류 규칙**(classification rules)을 사용하여 수행된다. 신뢰도는 지정된 클래스에 속하는 조건을 만족하는 입력의 백분율이다.

예를 들어, 신용 등급 분류 규칙에는 급여가 $30,000~$50,000, 교육 수준이 졸업이라는 조건이 있으면 신용 등급이 **양호**하고 신뢰도가 80%일 수 있다. 두 번째 규칙은 급여가 $30,000~$ 50,000, 교육 수준이 고등학교라는 조건이 있으면 신용 등급이 **만족**이고 신뢰도가 80%일 수 있다. 세 번째 규칙은 급여가 $50,001 이상이라는 조건이 있으면 신용 등급이 **우수**이고 신뢰도가 90%일 수 있다. 위 규칙에 해당하는 의사결정 트리 분류자를 작성하라.

신뢰도 값을 기록하기 위해 의사결정 트리 분류자를 확장하는 방법을 보여라.

11.6 어떤 사람이 특정한 질병을 가지는지 예측하는 분류 문제를 생각해 보자. 95%의 사람들이 그 질병에 걸리지 않은 것으로 검사되었다고 가정하라. *pos*는 **참양성**(true positives) 비율을 나타내며, 5%에 해당한다. *neg*는 **참음성**(true negatives) 비율을 나타내며, 95%에 해당한다. 다음 분류자를 고려하라.

- 분류자 C_1은 항상 부정만 예측(물론 다소 쓸모없는 분류자임)
- 분류자 C_2는 사람이 실제로 그 질병이 있는 경우 80%를 긍정으로 예측하지만, 그 질병이 없는 경우에도 5%의 긍정을 예측한다.
- 분류자 C_3은 사람이 실제로 그 질병이 있는 경우 95%를 긍정으로 예측하지만, 그 질병이 없는 경우에도 20%의 긍정을 예측한다.

각 분류자에 대해 *t_pos*는 **참양성**(즉 분류자 예측이 양성이고, 사람이 실제로 질병에 걸린 사례) 비율을 나타낸다. *f_pos*는 **거짓 양성**(즉 분류자 예측이 양성이지만, 환자가 질병에 걸리지 않은 사례) 비율을 나타낸다. *t_neg*는 **참음성** 비율, *f_neg*는 **거짓 음성** 비율을 의미하며, 이들은 유사하게 정의되지만 분류자 예측이 음수인 경우다.

a. 위의 각각의 분류자에 대해 다음을 계산하라.

I. 정확도(Accuracy): 분류자가 올바르게 분류하는 비율을 의미하며, $(t_pos + t_neg)/(pos + neg)$으로 정의된다.

II. 재현율(Recall) 또는 민감도(Sensitivity): 양성으로 분류되는 실제 양성 사례의 수를 의미하며, t_pos/pos으로 정의된다.

III. 정밀도(Precision): 양성으로 분류된 것 중 실제 양성인 비율을 의미한다.

IV. 특이도(Specificity): t_neg/neg으로 정의된다.

b. 만약 그 질병에 대해 더 깊게 조사를 실행하기 위해 분류 결과를 사용하려 한다면 어떤 분류자를 선택할 것인가?

c. 반대로, 약물 치료를 시작하기 위해 분류의 결과를 사용하려 할 때 질병이 없는 사람에게는 약물 치료가 해가 될 수 있다면, 어떤 분류자를 선택할 것인가?

연습문제

11.7 왜 데이터 웨어하우스를 지원하는 데이터베이스 시스템에서 열 지향 저장소가 잠재적으로 장점을 가지는가?

11.8 *takes*, *teaches* 릴레이션을 생각해 보자. 이 두 릴레이션에는 측정 속성이 명확하게 명시되어 있지는 않지만, 항상 값이 1인 측정 속성 *reg_count*가 존재한다. 각각의 경우에 대해 차원 속성과 차원 테이블은 무엇인가? 결과로 생성되는 스키마는 스타 스키마인가 아니면 스노우플레이크 스키마인가?

11.9 그림 11.2의 스타 스키마를 생각해 보자. 분석가가 2018년 4월부터 2018년 5월까지 월별 총판매량(모든 *sales* 튜플의 *price* 값 합계)이 감소한 것을 발견했다고 가정하자. 분석가는 전체 판매량 감소에 영향을 미치는 특정 품목 범주, 상점, 고객 국가가 있는지 확인하고자 한다.

a. 분석가는 무엇에 대하여 집계 연산을 수행해야 하며, 분석가가 실행해야 하는 드릴 다운 연산은 무엇인가?

b. 판매량 감소에 영향을 미치는 품목 범주를 찾는 SQL 질의를 작성하라. 이때 질의 결과는 판매량 감소에 미치는 영향에 따라 정렬되어야 하며, 가장 영향력이 큰 범주가 정렬 결과의 맨 앞에 있어야 한다.

11.10 옷 가게 거래의 절반이 청바지 구매이고, 1/3이 티셔츠라고 가정하자. 또한 청바지를 사는 거래의 절반이 티셔츠도 산다고 가정하자. 위 정보로부터 유추할 수 있는 모든 연관 규칙을 지지도와 신뢰도를 포함하여 작성하라.

11.11 책을 부, 장, 절, 부분절로 구성하는 것은 클러스터링과 관련이 있다. 그 이유를 설명하고 어떤 종류의 클러스터링과 관련이 있는지 설명하라.

11.12 예측하는 마이닝 기법을 스포츠 팀에 어떻게 사용할 수 있는지, 좋아하는 스포츠를 예로 들어 제안하라.

관련도구

데이터 웨어하우스 시스템은 Teradata, Teradata Aster, SAP IQ(이전의 Sybase IQ) 및 Amazon Redshift가 있으며, 이들 모두 다수의 머신상에서 병렬 처리를 지원한다. Oracle, SAP HANA, Microsoft SQL Server 및 IBM DB2를 포함하여 많은 데이터베이스는 열 저장소와 같은 기능을 추가하여 데이터 웨어하우스 응용 프로그램을 지원한다. Informatica, Business Objects, IBM InfoSphere, Microsoft Azure Data Factory, Microsoft SQL Server Integration Services, Oracle Warehouse Builder 및 Pentaho Data Integration의 도구를 포함하여 여러 상용 ETL 도구가 있다. Apache NiFi(nifi.apache.org), Jasper ETL(www.jaspersoft.com/data-integration) 및 Talend(sourceforge.net/projects/talend-studio)는 오픈 소스 ETL 도구에 해당한다. Apache Kafka(kafka.apache.org)는 ETL 시스템 구축에도 사용할 수 있다.

대부분의 데이터베이스 공급업체는 데이터베이스 시스템의 일부 또는 추가 응용 프로그램으로 OLAP 도구를 제공하며, 여기에는 Microsoft Corp., Oracle, IBM 및 SAP의 OLAP 도구가 포함된다. Mondrian OLAP 서버(github.com/pentaho/mondrian)는 오픈 소스 OLAP 서버다. Apache Kylin(kylin.apache.org)은 Hadoop에 저장된 데이터를 처리하고, OLAP 큐브를 생성하여 HBase 키-값 저장소에 저장하고, SQL을 사용하여 저장된 큐브를 질의할 수 있는 오픈 소스 분산 분석 엔진이다. 또한 많은 회사는 고객 관계 관리와 같은 특정 응용 프로그램을 위한 분석 도구를 제공한다.

시각화 도구에는 Tableau(www.tableau.com), FusionCharts(www.fusioncharts.com), plotly(plot.ly), Datawrapper(www.datawrapper.de) 및 Google Charts(developers.google.com/chart)가 있다.

Python 언어는 기계학습 작업을 위한 여러 오픈 소스 라이브러리를 사용할 수 있기 때문에 기계학습 작업에 매우 인기가 있다. 같은 이유로 R 언어는 통계 분석 및 기계학습에서 널리 사용된다. NumPy(배열 및 행렬에 대한 작업 제공, www.numpy.org), SciPy(선형 대수, 최적화 및 통계 기능 제공, www.scipy.org), Pandas(데이터의 관계 추상화 제공, pandas.pydata.org)는 Python에서 인기 있는 유틸리티 라이브러리다. SciPy에 이미지 처리 및 기계학습 기능을 추가한 SciKit-Learn(scikit-learn.org)은 Python의 인기 있는 기계학습 라이브러리다. Python의 딥 러닝 라이브러리에는 Google에서 개발한 Keras(keras.io) 및 TensorFlow(www.tensorflow.org)가 있다. TensorFlow는 여러 언어로 API를 제공하며, 특히 Python에서 잘 지원된다. 텍스트 마이닝은 NLTK(www.nltk.org)와 같은 자연어 처리 라이브러리 및 Scrapy(scrapy.org)와 같은 웹 크롤링 라이브러리에서 지원된다. 시각화는 Matplotlib(matplotlib.org), Plotly(plot.ly) 및 Bokeh(bokeh.pydata.org)와 같은 라이브러리에서 지원된다.

데이터 마이닝을 위한 오픈 소스 도구에는 RapidMiner(rapidminer.com), Weka(www.cs.waikato.ac.nz/ml/weka) 및 Orange(orange.biolab.si)가 있다. 상용 도구에는 SAS Enterprise Miner, IBM Intelligent Miner 및 Oracle Data Mining이 있다.

더 읽어보기

[Kimball et al. (2008)]과 [Kimball and Ross (2013)]는 데이터 웨어하우스 및 다차원 모델링에 대한 교과서를 제공한다.

[Mitchell (1997)]은 기계학습에 대한 고전적인 교과서이며 분류 기술을 자세히 다룬다. [Goodfellow et al. (2016)]은 딥 러닝에 대한 교과서이며, [Witten et al. (2011)] 및 [Han et al. (2011)]는 데이터 마이닝에 대한 교과서다. [Agrawal et al. (1993)]은 연관 규칙의 개념을 도입했다.

R 언어 및 환경에 대한 정보는 www.r-project.org에서 찾을 수 있으며, Apache Spark에 R 프런트엔드를 제공하는 SparkR 패키지에 대한 정보는 spark.apache.org/docs/latest/sparkr.html에서 찾을 수 있다.

[Chakrabarti (2002)], [Manning et al. (2008)] 및 [Baeza-Yates and Ribeiro-Neto (2011)]는 분류 및 클러스터링과 같은 텍스트 및 하이퍼텍스트 데이터와 관련된 데이터 마이닝 작업의 광범위한 범위를 포함하여 정보 검색에 대한 교과서적 설명을 제공한다.

참고문헌

[Agrawal et al. (1993)] R. Agrawal, T. Imielinski, and A. Swami, "Mining Association Rules between Sets of Items in Large Databases", In *Proc. of the ACM SIGMOD Conf. on Management of Data* (1993), pages 207-216.

[Baeza-Yates and Ribeiro-Neto (2011)] R. Baeza-Yates and B. Ribeiro-Neto, *Modern Information Retrieval*, 2nd edition, ACM Press (2011).

[Chakrabarti (2002)] S. Chakrabarti, *Mining the Web: Discovering Knowledge from HyperText Data*, Morgan Kaufmann (2002).

[Goodfellow et al. (2016)] I. Goodfellow, Y. Bengio, and A. Courville, *Deep Learning*, MIT Press (2016).

[Han et al. (2011)] J. Han, M. Kamber, and J. Pei, *Data Mining: Concepts and Techniques*, 3rd edition, Morgan Kaufmann (2011).

[Kimball and Ross (2013)] R. Kimball and M. Ross, "The Data Warehouse Tookit: The Definitive Guide to Dimensional Modeling", John Wiley and Sons (2013).

[Kimball et al. (2008)] R. Kimball, M. Ross, W. Thornthwaite, J. Mundy, and B. Becker, "The Data Warehouse Lifecycle Toolkit", John Wiley and Sons (2008).

[Manning et al. (2008)] C. D. Manning, P. Raghavan, and H. Schütze, *Introduction to Information Retrieval*, Cambridge University Press (2008).

[Mitchell (1997)] T. M. Mitchell, *Machine Learning*, McGraw Hill (1997).

[Witten et al. (2011)] I. H. Witten, E. Frank, and M. Hall, *Data Mining: Practical Machine Learning Tools and Techniques with Java Implementations*, 3rd edition, Morgan Kaufmann (2011).

크레딧

장 도입부 보트 사진: © Pavel Nesvadba/Shutterstock

PART 5

저장 장치 관리 및 인덱싱

데이터베이스 시스템은 높은 수준의 데이터 뷰를 제공하지만 궁극적으로 데이터는 하나 이상의 저장 장치에 비트로 저장되어야 한다. 오늘날 대부분의 데이터베이스 시스템은 데이터를 자기 디스크에 저장하며 성능 요구 사항이 더 높은 데이터는 플래시 기반 솔리드 스테이트 드라이브(solid-state drive, SSD)에 저장된다. 데이터베이스 시스템은 처리를 위해 데이터를 메인 메모리로 가져오고 영속적으로 저장하기 위해 데이터를 다시 저장 장치에 기록한다. 데이터는 보관용 저장 장치(archival storage)를 위해 테이프(tape) 및 기타 백업 장치에도 복사된다. 저장 장치의 물리적 특성은 데이터가 저장되는 방식에서 중요한 역할을 한다. 특히 자기 디스크의 데이터에 대한 임의 접근이 메인 메모리 접근보다 훨씬 느리기 때문이다. 자기 디스크 접근에는 수십 밀리초가 걸리고, 플래시 기반 SSD 접근에는 20~100마이크로초가 걸리는 반면, 메인 메모리 접근에는 0.1마이크로초가 걸린다.

12장은 자기 디스크 및 플래시 기반 SSD를 포함한 물리적 저장 매체를 소개하는 것으로 시작한다. 그런 다음 RAID를 포함하여 장치 오류로 인한 데이터 손실 가능성을 최소화하는 방법을 다룬다. 이 장은 효율적으로 디스크 블록에 접근하기 위한 기법에 대해 설명하고 마친다.

13장은 레코드를 파일에 매핑하고 이어 파일을 디스크의 비트에 매핑하는 방법에 관해 설명한다. 그런 다음 디스크 기반 데이터의 메인 메모리 버퍼(buffer)를 효율적으로 관리하기 위한 기법을 다룬다. 이 장에서는 데이터 분석 시스템에서 사용되는 열 지향 저장소(column-oriented storage)도 다룬다.

대다수의 질의는 파일에 있는 레코드의 일부만 참조한다. 인덱스는 모든 레코드를 검사하지 않고 원하는 릴레이션 레코드를 빠르게 찾을 수 있는 구조다. 14장에서 데이터베이스 시스템에서 사용하는 여러 유형의 인덱스에 대해 설명한다.

Chapter 12

물리적 저장 장치 시스템

앞선 장에서는 데이터베이스를 좀 더 높은 수준에서 추상화한 개념 모델 중심으로 살펴보았다. 예를 들어, 개념 혹은 논리 수준에서 데이터베이스를 테이블의 모음으로 보았다. 실제로 데이터베이스의 논리 모델은 데이터베이스 사용자가 가장 중점적으로 신경을 써야 하는 수준이라 할 수 있다. 이는 데이터베이스 시스템의 주목적이 데이터 접근을 쉽게 하는 것이기 때문이다. 시스템 사용자가 물리적으로 시스템이 실제로 어떻게 구현되어 있는지에 대한 세부적인 내용까지 알아야 할 부담을 주면 안 되기 때문에 더욱 그러하다.

그럼 이번 12장부터 16장까지 이전 장에서 제시한 데이터 모델과 언어를 물리적으로 구현하기 위한 다양한 방법을 살펴보면서 실제로 데이터가 어떻게 (물리적으로) 저장되는지 더 낮은 수준에서 데이터베이스를 살펴보자. 먼저, 자기 디스크와 플래시 기반 솔리드 스테이트 디스크(SSD)에 대해 특히 중점을 두고 설명하며, 하부 저장 장치 매체의 특성부터 학습한다. 이어서 여러 저장 장치를 사용하여 매우 신뢰성 있는 저장 장치 구조를 만드는 방법에 대해 논의한다.

12.1 물리적 저장 장치 매체 개요

대부분 컴퓨터 시스템에는 여러 유형의 데이터 저장 장치가 존재한다. 이러한 저장 장치 매체를 데이터에 접근하는 속도, 해당 매체를 구매하기 위해 드는 데이터 단위당 비용, 그리고 매체의 신뢰성에 따라 분류할 수 있다. 이 가운데 현재 일반적으로 저장 장치 매체로 사용 중인 것 가운데 대표적인 것은 다음과 같다.

- **캐시**(Cache). 캐시는 저장 장치 중에서 가장 빠르고 비싸다. 캐시 메모리는 크기가 상대적으로 작으며, 컴퓨터 시스템 하드웨어가 캐시의 사용을 관리한다. 데이터베이스 시스템에서 캐시 저장 장치를 어떻게 관리하는지에 대해 신경 쓸 필요는 없다. 다만, 데이터베이스 시스템의 질의

처리 데이터 구조와 알고리즘을 설계하는 데 캐시 효과를 고려하는 것은 의미가 있다. 이 이슈에 대해서는 추후 나오는 장에서 논의할 것이다.

- **메인 메모리**(Main memory). 연산에 사용할 데이터를 저장하기 위한 저장 장치가 바로 메인 메모리다. 범용의 기계어도 메인 메모리에서 동작한다. 개인 PC상에 수 기가바이트의 데이터를 저장할 수 있다면, 큰 서버 시스템에서 수백에서 수천 기가바이트 데이터를 메모리에 저장할 수 있다. 일반적으로, 매우 큰 데이터베이스에 대해서 그 전체를 저장하기에 메인 메모리는 너무 작거나 비싸다. 하지만 많은 기업용 데이터베이스의 경우 메인 메모리에 모두 적재가 가능하다. 메인 메모리의 내용은 정전이나 시스템 충돌이 발생하면 잃어버리게 된다. 그래서 메인 메모리는 **휘발성**(volatile)이 있다고 한다.
- **플래시 메모리**(Flash memory). 플래시 메모리는 메인 메모리와 달리 정전이 발생해도 데이터가 남아 있는데, 이를 **비휘발성**(non-volatile)이 있다고 한다. 플래시 메모리는 메인 메모리에 비교해 바이트당 비용이 더 낮지만 자기 디스크보다 바이트당 비용은 더 비싸다.

  카메라 및 휴대폰 등 장치의 데이터 저장소로서 플래시 메모리를 폭넓게 사용하고 있다. "펜 드라이브"로 알려진 컴퓨팅 장치의 *USB*(Universal Serial Bus) 슬롯에 꽂을 수 있는 "USB 메모리(플래시 드라이브)"에도 플래시 메모리를 많이 사용한다.

  또한 서버뿐만 아니라 개인용 컴퓨터의 자기 디스크의 대체품으로서 플래시 메모리를 점점 더 많이 사용하고 있다. **솔리드 스테이트 드라이브**(solid-state drive, **SSD**)는 내부적으로 플래시 메모리를 사용하여 데이터를 저장하지만 자기 디스크와 유사한 인터페이스를 제공하여 데이터를 블록 단위로 저장하거나 검색할 수 있다. 이러한 인터페이스를 블록 지향 인터페이스(block-oriented interface)라 한다. 블록 크기는 일반적으로 512바이트에서 8킬로바이트 사이다. 2018년 기준, 1테라바이트 SSD의 가격은 약 $250(₩277,450)이다. 12.4절에서 플래시 메모리에 대한 자세한 내용을 다룬다.
- **자기 디스크 저장 장치**(Magnetic-disk storage). 자기 디스크는 온라인으로 장기간 데이터를 저장하기 위한 주된 매체이며, 또한 **하드 디스크 드라이브**(hard disk drive, **HDD**)라고도 한다. 플래시 메모리와 같이 자기 디스크는 비휘발성이다. 즉 자기 디스크 저장 장치는 정전 및 시스템 충돌에서 살아남는다. 디스크가 때때로 고장 나서 데이터를 못 쓰게 할 수도 있지만 이러한 실패는 시스템 충돌이나 정전보다 매우 드물다.

  자기 디스크에 저장된 데이터에 접근하려면 시스템은 먼저 데이터에 접근할 수 있는 디스크에서 메인 메모리로 데이터를 이동시켜야 한다. 시스템이 지정한 작업을 수행한 후 수정된 데이터를 디스크에 기록해야 한다.

  디스크 용량은 수년 동안 꾸준히 증가했다. 2018년 기준, 자기 디스크의 크기는 500기가바이트에서 14테라바이트에 이르며 1테라바이트 디스크는 약 $50(₩55,490), 8테라바이트 디스크는 약 $150(₩166,470)이다. 자기 디스크는 SSD보다 훨씬 저렴하긴 하나, 초당 지원 가능한 데이터 접근 연산 수 측면에서 더 낮은 성능을 보인다. 자기 디스크에 대한 자세한 내용은 12.3절에서 다룬다.

- **광학 저장 장치**(Optical storage). *DVD*(Digital Video Disk)는 레이저 광원을 사용하여 데이터를 쓰고 다시 읽는 광학 저장 매체다. *Blu-ray DVD* 형식은 지원하는 계층(layer) 수에 따라 27기가바이트에서 128기가바이트의 용량을 갖는다. DVD의 원래 (그리고 여전히 주된) 용도는 비디오 데이터를 저장하는 것이었지만 데이터베이스 콘텐츠 백업을 포함하여 모든 유형의 디지털 데이터를 저장할 수 있다. DVD는 특정 데이터에 접근하는 데 필요한 시간이 자기 디스크에 걸리는 시간에 비교해 상당히 길 수 있으므로 활성 중인 데이터베이스 데이터를 저장하는 데 적합하지 않다.

  일부 DVD 버전은 생산된 공장에서만 기록되는, 읽기 전용(read-only)이며, 다른 버전은 단 한 번 기록(write-once)을 지원하기 때문에 한 번만 기록할 수 있고 덮어쓸 수 없다. 또한 일부 다른 버전에서는 여러 번 재기록할 수 있다. 단 한 번 기록되어 여러 번 읽기 가능한 디스크를 **WORM**(write-once, read-many) 디스크라 한다.

  광학 디스크 **주크박스**(jukebox) 시스템은 요청 시 드라이브 중 하나에 (로봇 팔로) 사동으로 적재할 수 있는 소수의 드라이브와 많은 디스크를 포함한다.

- **테이프 저장 장치**(Tape storage). 주로 데이터 백업과 보관용으로 테이프 저장 장치를 사용한다. 보관용 데이터는 종종 법적 이유로 장기간 안전하게 저장해야 하는 데이터를 말한다. 자기 테이프는 디스크보다 저렴하며 수년 동안 데이터를 안전하게 저장할 수 있다. 그러나 테이프는 테이프 시작부터 순차적으로 접근해야 하므로 데이터 접근이 훨씬 더 느리며 접근하는 데 걸리는 시간이 매우 길어질 수 있으므로 수십에서 수백 초가 소요된다. 이런 이유로 테이프 저장 장치는 **순차 접근 저장 장치**(sequential-access storage)로 불린다. 반대로 자기 디스크와 SSD 저장 장치는 데이터가 어디에 위치하든지 데이터를 읽을 수 있으므로 **직접 접근 저장 장치**(direct-access storage)라고 불린다.

  테이프는 (현재 1테라바이트에서부터 12테라바이트까지 지원 가능한) 고용량 장치이며, 테이프 드라이브로부터 테이프를 제거할 수 있다. 테이프 드라이브는 비용이 많이 드는 경향이 있지만, 개별 테이프는 일반적으로 같은 용량의 자기 디스크보다 훨씬 저렴하다. 그래서 테이프는 값싼 보관용 저장 장치로 적합하며 서로 떨어진 곳에 있는 대량의 데이터를 전송하기에 적당하다. 테이프의 일반적인 사용 사례는 크게 두 가지인데, 첫째는 최대 수 페타바이트(1페타바이트 $= 10^{15}$바이트)의 데이터에 이르는 대용량 과학 데이터 저장 장치로 사용하는 것이고, 둘째는 대용량 비디오 파일의 보관용 저장 장치로 사용하는 것이다.

  사람의 개입 없이 테이프를 자동으로 저장하고 검색할 수 있게 하면서 매우 큰 데이터 모음을 저장하기 위해 (주크박스로도 불리는) 테이프 라이브러리를 사용한다.

다양한 저장 매체는 속도와 비용에 따라서 계층 구조로 나타낼 수 있다(그림 12.1). 계층의 높은 단계로 갈수록 비싸지만 빠르고, 계층의 낮은 단계로 갈수록 비트당 비용은 감소하고, 접근 시간은 증가한다. 둘 사이에 합리적인 상반관계(trade-off)가 존재한다. 즉 저장 장치 시스템이 다른 속성은 같으면서 좀 더 빠르고 덜 비싸다면 좀 더 느리고 더 비싼 메모리를 사용할 이유가 없다.

예를 들어, 캐시나 메인 메모리 같은 가장 빠른 저장 매체는 **1차 저장 장치**(primary storage)라

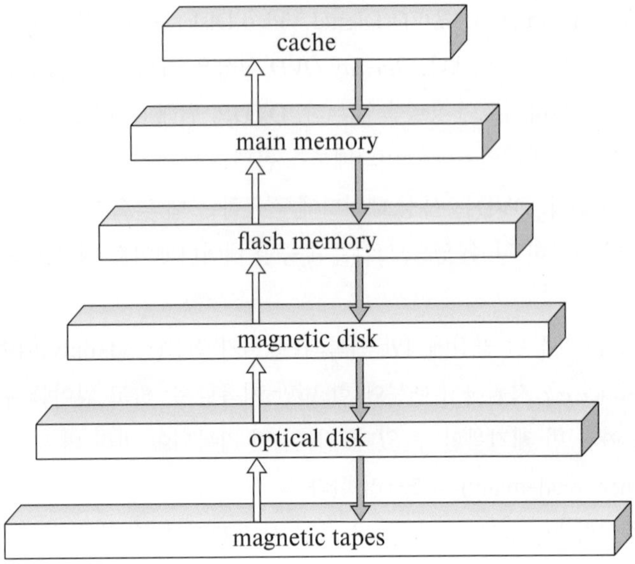

그림 12.1 저장 장치 계층

부르고 그다음 단계의 저장 매체, 예를 들면 플래시 메모리와 자기 디스크 같은 매체는 **2차 저장 장치**(secondary storage) 혹은 **온라인 저장 장치**(online storage)라 한다. 계층에서 가장 낮은 단계에 있는 저장 매체, 예를 들면 자기 테이프와 광디스크 주크박스 같은 매체는 **3차 저장 장치**(tertiary storage) 혹은 **오프라인 저장 장치**(offline storage)라 한다.

다양한 저장 매체의 속도와 비용에 덧붙여서, 저장 장치의 휘발성에 대한 이슈가 있다. 그림 12.1의 계층 구조에서, 메인 메모리를 기준으로 위쪽의 저장 장치는 휘발성 저장 장치이고, 플래시 메모리부터 아래쪽은 비휘발성 저장 장치다. 안전한 보관을 위해 비휘발성 저장 장치에 데이터를 기록해야 한다. 더 자세한 사항은 추후 19장에서 다룰 것이다. 19장에서 시스템 실패를 참작한 안전한 데이터 저장 장치에 대한 주제를 다룬다.

12.2 저장 장치 인터페이스

자기 디스크와 플래시 기반 SSD는 고속의 상호 연결선을 통해 컴퓨터 시스템에 연결되어 있다. 디스크는 일반적으로 **직렬 ATA(SATA)** 인터페이스, 혹은 **직렬 부착 SCSI**(Serial Attached SCSI, **SAS**) 인터페이스를 지원한다. SAS 인터페이스는 일반적으로 서버에서만 사용된다. SATA의 SATA-3 버전은 명목상 초당 6기가바이트를 지원하는데, 실제로는 초당 최대 600메가바이트까지의 데이터 전송 속도가 가능하다. 반면, SAS 버전 3은 초당 12기가바이트의 데이터 전송 속도를 지원한다. **비휘발성 메모리 익스프레스**(Non-Volatile Memory Express, **NVMe**) 인터페이스는 SSD를 더 잘 지원하기 위해 개발한 논리 인터페이스 표준이며 일반적으로 PCIe 인터페이스와 함께 사용된다. (PCIe 인터페이스는 컴퓨터 시스템 내부에서 고속 데이터 전송을 제공한다.)

일반적으로 케이블을 통해 컴퓨터 시스템의 디스크 인터페이스에 디스크를 직접 연결하지만, 원격에 위치할 수 있으며 고속 네트워크를 통해 컴퓨터에 연결할 수 있다. **SAN**(storage area network) 구조에서는 많은 수의 디스크가 고속 네트워크를 통해 여러 서버 컴퓨터에 연결된다. (12.5절에서 설명하는) 일반적으로 **독립적인 디스크의 중복적인 배열**(redundant arrays of independent disks, RAID)이라고 불리는 저장 장치 조직 기법을 사용하여 디스크를 지역적으로 조직하는데, RAID는 서버에 매우 크고 안정적인 디스크의 논리적 뷰를 제공한다. SAN에 사용되는 상호 연결 기술에는 SCSI 명령을 IP 네트워크를 통해 전송할 수 있는 iSCSI, 버전에 따라 초당 1.6~12기가바이트의 전송 속도를 지원하는 파이버 채널(Fiber Channel, FC), 매우 낮은 대기 시간의 고대역폭 네트워크 통신을 제공하는 인피니밴드(InfiniBand)가 포함된다.

NAS(network attached storage)는 SAN의 대안이다. NAS는 큰 디스크처럼 보이는 네트워크 저장 장치 대신, NFS 또는 CIFS와 같은 네트워크 파일 시스템 규약을 사용하여 파일 시스템 인터페이스를 제공한다는 점을 제외하면 SAN과 매우 유사하다. 최근 몇 년 동안 클라우드에 데이터를 저장하고 API를 통해 접근하는 **클라우드 저장 장치**(cloud storage)의 성장도 볼 수 있었다. 클라우드 저장 장치는 데이터가 데이터베이스와 같은 위치에 있지 않은 경우, 수십에서 수백 밀리초의 매우 긴 지연 시간을 가지므로 데이터베이스의 기본 저장 장치로는 그리 이상적이지 못하다. 그러나 응용 프로그램의 경우 객체를 저장하기 위해 종종 클라우드 저장 장치를 사용한다. 21.7절에서 클라우드 기반 저장 장치 시스템에 대해 자세히 논의한다.

12.3 자기 디스크

최신 컴퓨터 시스템을 위한 대량의 보조 저장 장치로 자기 디스크를 사용한다. 디스크 용량은 매년 증가하고 있지만 큰 응용 프로그램의 저장 요구량 또한 매우 빠르게 증가하고 있고, 어떤 경우에는 디스크 용량의 증가량보다 더 빠르다. "웹 규모"의 초대형 데이터베이스는 데이터를 저장하는 데 수천에서 수만 개의 디스크가 필요하다.[1]

최근 몇 년 동안 SSD 저장 장치 용량이 빠르게 증가하고 SSD 비용이 많이 감소했다. 훨씬 더 나은 성능을 보이면서도 경제성이 증가한 SSD의 등장으로 인해, SSD는 점점 더 많은 응용 프로그램에서 자기 디스크 저장 장치의 경쟁자로 급속히 부상했다. 그러나 아직도 SSD의 바이트당 저장 비용이 자기 디스크의 바이트당 저장 비용의 약 6~8배라는 사실 때문에, 많은 응용 프로그램에서 매우 많은 양의 데이터를 저장하는 데 자기 디스크를 계속해서 선호하게 된다. 이러한 데이터의 예로, 비디오 및 이미지 데이터뿐만 아니라 많은 웹 규모 응용 프로그램에서 사용자가 생성한, 거의 잘 접근하지 않는 데이터 등이 있다. 그럼에도 SSD는 기업용 데이터를 위해 점점 더 선호되는 매체가 되었다.

12.3.1 디스크의 물리적 특성

그림 12.2는 자기 디스크의 개략도를 보여 주고, 그림 12.3은 실제 자기 디스크의 내부를 보여 준다. 각 **디스크 판**(platter, 플래터)은 납작한 원형이다. 디스크의 양쪽 표면은 자기적인 물질로 덮여

1 나중에 21장에서 병렬 컴퓨팅 시스템의 여러 노드에 걸쳐 대량의 데이터를 분할하는 방법에 대해 살펴본다.

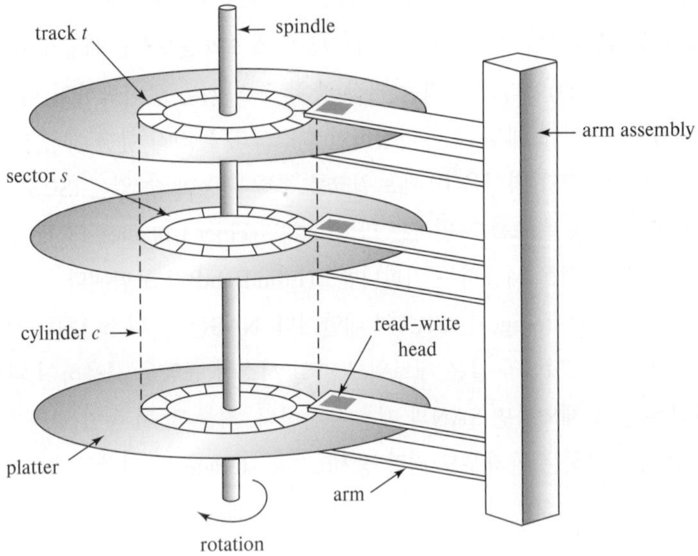

그림 12.2 자기 디스크의 개략도

있고 정보는 이 표면에 기록된다. 디스크 판은 단단한 금속이나 유리로 만들어져 있다.

디스크가 사용 중일 때 드라이브 모터는 모델에 따라 일반적으로 분당 5,400~10,000회전의 일정한 고속으로 디스크를 회전시킨다. 디스크 판 표면 바로 위에 판독-기록 헤드가 있다. 디스크 표면은 논리적으로 **트랙**(track)으로 나뉘고, 트랙은 다시 **섹터**(sector)로 나뉜다. **섹터**는 디스크로부터 읽고 쓸 수 있는 정보의 가장 작은 단위다. 섹터의 크기는 보통 512바이트이고, 현세대 디스크에는 20억에서 240억 섹터가 있다. (디스크의 중앙축인 스핀들에 더 가까운) 내부 트랙은 외부 트랙보다 길이가 짧고 외부 트랙은 내부 트랙보다 더 많은 섹터를 포함한다.

판독-기록 헤드(read-write head)는 자기 물질의 자화와 반대 방향으로 회전하면서 자기적으로 섹터 위에 정보를 저장한다.

그림 12.3 실제 자기 디스크의 내부

디스크 판의 각 면은 판독-기록 헤드를 갖고 있는데 헤드는 판 표면을 움직이며 다른 트랙으로 접근하도록 해 준다. 디스크는 일반적으로 많은 판을 포함하고, 모든 트랙의 판독-기록 헤드는 **디스크 암**(disk arm)이라는 하나의 어셈블리(assembly) 위에 올려져 있으며 다 같이 움직인다. 스핀들 위에 놓여 있는 디스크 판과 디스크 암 위에 놓여 있는 헤드를 합쳐서 **헤드-디스크 어셈블리**(head-disk assembly)라고 한다. 모든 디스크 판 위에 있는 헤드는 다 같이 움직이기 때문에 하나의 판 위의 헤드가 i번째 트랙에 있을 때 모든 다른 판 위에 있는 헤드 또한 i번째 트랙 위에 있다. 그러므로 모든 디스크 판의 i번째 트랙을 i번째 **실린더**(cylinder)라 부른다.

판독-기록 헤드는 기록 밀도를 증가시키기 위해 디스크 표면에 가능한 한 가까이에 유지된다. 일반적으로 헤드는 디스크 표면으로부터 미크론(micron)(1/1,000,000미터) 크기만큼 떠 있다. 실제 디스크의 회전은 작은 미풍(breeze)을 생성하는데 미풍으로 인해 헤드가 디스크 표면 위에 계속 떠 있도록 유지하기 위해서 헤드 어셈블리가 만들어졌다. 헤드가 디스크 표면 가까이에 떠 있으므로 디스크 판은 평평하도록 세심하게 만들어져야 한다.

헤드 충돌(head crash)은 문제가 될 수 있다. 헤드가 디스크 표면에 접촉하게 되면 헤드는 디스크에 기록되어 있는 데이터를 파괴하면서 디스크로부터 기록 매체를 긁어낸다. 과거 세대의 디스크는 헤드가 표면에 접촉하여 벗겨진 매체가 공기 중에 날려서 다른 헤드와 디스크 판 사이로 이동함으로써 더 많은 충돌을 불러일으키는 문제가 있었다. 즉 헤드 충돌 때문에 전체 디스크 고장이 발생할 수 있었다. 요즘 생산되는 디스크 드라이브는 자기적인 물질의 얇은 필름을 기록 매체로 사용한다. 이것은 예전의 산화물로 도금한 디스크보다 헤드 충돌에 훨씬 영향을 덜 받는다.

디스크 컨트롤러(disk controller)는 컴퓨터 시스템과 디스크 드라이브의 하드웨어를 연결한다. 최근 디스크 시스템은 디스크 드라이브 내에 디스크 컨트롤러를 구현한다. 디스크 컨트롤러는 섹터를 읽고 쓰기 위한 높은 수준의 명령어를 수용해서 디스크 암을 정확한 트랙에 이동시켜서 실제 데이터를 읽고 쓰는 행동을 시작한다. 또한 디스크 컨트롤러는 쓰인 각 섹터에 **체크섬**(checksum)을 부착한다. 이 체크섬은 섹터에 쓰인 데이터로부터 계산된다. 이 섹터를 다시 읽을 때 컨트롤러는 검색된 데이터로부터 다시 체크섬을 계산해서 그것을 저장된 체크섬과 비교한다. 만약 데이터가 손상되었다면 새로 계산된 체크섬은 저장된 체크섬과 일치하지 않을 확률이 높다. 이런 오류가 발생하면 컨트롤러는 읽기를 몇 번씩 다시 시도해서 오류가 계속 발생하면 읽기 실패 신호를 내보낸다.

컨트롤러가 수행하는 흥미로운 일 중 하나는 **손상된 섹터의 재배치**(remapping of bad sector)다. 디스크가 초기화되거나 섹터 쓰기가 시도될 때 컨트롤러가 섹터의 손상을 감지했다면 논리적으로 이 섹터를 다른 물리적 위치(이런 목적을 위해 별도로 둔 여분의 섹터 풀)에 배치할 수 있다. 이런 재배치는 디스크나 비휘발성 메모리에서 이루어지고 쓰기는 재배치된 새로운 위치에 수행된다.

12.3.2 디스크의 성능 측정

디스크의 우수성에 대한 주요 측정은 용량, 접근 시간, 데이터 전송 속도와 신뢰성에 대해서 이루어진다.

접근 시간(access time)은 읽기나 쓰기 요구를 받았을 때부터 데이터가 전송되기 시작할 때까지의 시간이다. 디스크의 특정 섹터에 있는 데이터에 접근(즉 읽거나 쓰게)하기 위해서는 먼저 암을 정확한 트랙 위로 움직여야 한다. 그다음 디스크가 회전하면서 섹터가 이 암 아래에 나타날 때까지 기다린다. 이처럼 암을 재위치시키는 데 걸리는 시간을 **탐색 시간**(seek time)이라 하는데 이는 암이 움직여야 하는 거리에 비례해서 증가한다. 일반적으로 탐색 시간의 범위는 2밀리초부터 20밀리초까지다. 이는 트랙이 초기 암의 위치에서 얼마나 멀리 있는가에 달려 있다. 작은 디스크일수록 더 적은 탐색 시간이 걸리는데 이는 헤드가 좀 더 적은 거리를 이동하기 때문이다.

평균 탐색 시간(average seek time)은 일련의 (균등하게 분산된) 임의의 요구를 측정한 탐색 시간의 평균값이다. 만약 모든 트랙이 같은 수의 섹터를 가지고 있고 헤드가 움직이기 시작해서 멈출 때까지 요구되는 시간을 무시하면 평균 탐색 시간은 최악(worst case)의 탐색 시간의 1/3이 된다. 이런 요인을 고려하면 평균 탐색 시간은 최대 탐색 시간의 약 1/2이 된다. 현재 평균 탐색 시간은 디스크 모델에 따라 4밀리초에서 10밀리초까지의 범위 안에 있다.[2]

일단 헤드가 원하는 트랙에 도달한 뒤 섹터가 헤드 아래에 와서 접근할 수 있을 때까지 기다리는 시간을 **회전 지연 시간**(rotational latency time)이라 한다. 오늘날 디스크의 회전 속도 범위는 분당 5,400회(초당 90회)에서 분당 15,000회(초당 250회)까지다. 즉 회당 4밀리초부터 11.1밀리초까지다. 평균적으로, 원하는 섹터가 헤드 아래 나타나기 위해 디스크의 반 바퀴 회전이 요구된다. 그래서 디스크의 **평균 지연 시간**(average latency time)은 디스크 전체 회전 시간의 1/2이다. 지연 시간을 최소화해야 하는 응용 프로그램에 더 빠른 회전 속도를 가진 디스크를 사용한다.

접근 시간은 탐색 시간과 지연 시간의 합으로, 디스크 모델에 따라 평균 접근 시간 범위는 5밀리초부터 20밀리초까지다. 접근하기 위해 데이터의 첫 번째 섹터가 헤드 아래에 나타나자마자 데이터 전송이 시작될 것이다. **데이터 전송 속도**(data-transfer rate)는 데이터를 디스크로부터 검색하거나 디스크에 저장될 수 있는 비율이다. 현재 디스크 시스템은 초당 최대 50~200메가바이트의 전송 속도를 지원한다. 바깥쪽 트랙이 안쪽 트랙보다 더 많은 수의 섹터를 포함하므로 실제 전송 속도는 디스크의 안쪽 트랙에 대한 최대 전송 속도보다 상당히 낮다. 예를 들어, 최대 전송 속도가 100MB/s인 디스크는 안쪽 트랙에 대해 30MB/s 정도의 지속적인 전송 속도를 가질 수 있다.

일반적으로 파일 시스템에서 디스크 I/O를 요청하지만, 데이터베이스 시스템에서 이를 직접 생성할 수도 있다. 각 요청은 참조할 디스크의 주소를 지정한다. 해당 주소는 **블록 번호** 형식이다. **디스크 블록**(disk block)은 저장 장치 할당 및 검색의 논리적 단위이며 오늘날 블록 크기는 일반적으로 4~16킬로바이트다. 디스크와 메인 메모리 간에 블록 단위로 데이터를 전송한다. 블록을 지칭하는 데 **페이지**(page)라는 용어를 자주 사용하지만, (플래시 메모리와 같은) 일부 문맥에서는 서로 다른 것을 가리킨다는 점에 유의하도록 한다.

디스크 블록에 대한 일련의 접근 요청은 크게 순차적 접근 유형 또는 임의 접근 유형으로 분류

---

2 지름이 작은 2.5인치 디스크는 큰 3.5인치 디스크보다 암 이동 거리가 짧으므로 탐색 시간이 더 짧다. 그 결과, 대기 시간을 최소화해야 하는 응용 프로그램이 2.5인치 디스크를 더 선호하고 있다(물론 SSD를 더 선호한다). 비용이 중요한 요인인 데이터 저장 장치 응용 프로그램에는 바이트당 값이 싼 3.5인치 디스크를 사용한다.

될 수 있다. **순차적 접근 유형**(sequential access pattern)의 연속적인 요청은 같은 트랙 혹은 인접 트랙에 있는 연속적인 블록 번호에 대한 것이다. 순차적 접근 유형에서 블록을 읽으려면 첫 번째 블록에 대한 디스크 탐색(disk seek)이 필요할 수 있겠지만, 연속적인 요청에는 탐색이 필요 없거나 멀리 있는 트랙 탐색보다 더 빠른 인접 트랙 탐색이 필요할 수 있다. 데이터 전송률은 순차적 접근 유형에서 가장 높은데, 이는 탐색 시간이 최소이기 때문이다.

반대로 **임의 접근 유형**(random access pattern)에서 연속적인 요청은 디스크상에 있는 임의의 블록에 대한 것이다. 이러한 각 요청에는 탐색이 필요하다. **초당 I/O 연산 수**(I/O operations per second, **IOPS**), 즉 디스크에서 초당 가능한 임의 블록 접근 수는 접근 시간, 블록 크기 및 디스크의 데이터 전송 속도에 따라 다르다. 4킬로바이트 블록 크기의 현세대 디스크는 모델에 따라 50~200의 IOPS를 지원한다. 탐색당 소량(1블록)의 데이터만 읽히기 때문에 데이터 전송 속도는 순차적 접근 유형보다 임의 접근 유형에서 훨씬 더 낮다.

마지막으로 디스크에 대해 흔히 사용하는 측정 방식은 **MTTF**(mean time to failure)[3]인데, 이것은 디스크의 신뢰성을 측정하는 것이다. MTTF란 평균적으로 시스템이 아무 실패 없이 계속해서 동작할 수 있는 시간이다. 디스크 제조업체의 주장에 따르면 오늘날 디스크의 MTTF 범위는 500,000시간부터 1,200,000시간—약 57년에서 136년—이다. 실제로 요구된 MTTF는 디스크가 새것일 때 실패의 가능성이 계산된 것이다. 즉 그 기준은 비교적 새것인 디스크가 1,000개 주어질 때 MTTF가 1,200,000시간이라면 1,000개의 디스크 중에서 하나가 실패하는 데 평균적으로 걸리는 시간이 1,200시간이라는 것을 의미한다. MTTF가 1,200,000시간이라는 것은 그 디스크가 136년 동안 제대로 작동할 것이라고 기대해도 된다는 것을 의미하지는 않는다! 디스크 대부분은 기대수명이 약 5년 정도이며, 몇 년이 더 지나면 실패율이 훨씬 더 높아진다.

12.4 플래시 메모리

플래시 메모리에는 NOR 플래시와 NAND 플래시의 두 종류가 존재한다. NAND 플래시는 데이터 저장 장치에 주로 사용되는 변종이다. NAND 플래시로부터 읽기는 (매우 일반적으로) 4킬로바이트 단위 데이터의 전체 페이지(page)를 필요로 하는데 이 전체 페이지를 NAND 플래시에서 메인 메모리로 읽어 들여야 한다. 그래서 NAND 플래시 내의 페이지는 자기 디스크의 섹터와 유사한 개념이라고 볼 수 있다.

SSD는 NAND 플래시를 사용하여 만드는데 디스크 저장 장치와 같은 블록 지향 인터페이스를 제공한다. 자기 디스크와 비교할 때 SSD는 훨씬 더 빠른 임의 접근이 가능하다. 데이터의 페이지 검색 시간은 SSD의 경우 20~100마이크로초이지만 디스크는 임의 접근이 대략 5~10밀리초 정도 된다. SSD의 데이터 전송 속도는 자기 디스크보다 높으나 일반적으로 상호 연결 기술이 그 전송 속도를 좌우한다. 예를 들어, 전송 속도는 SATA 인터페이스를 사용하는 경우 초당 약 500메가바

3 **실패 사이의 평균 시간**(mean time between failures, **MTBF**)이라는 용어는 디스크 드라이브의 맥락에서 MTTF를 지칭하는 데 자주 사용되지만, 기술적으로 MTBF는 오류 후 복구할 수 있고 다시 오류가 발생할 수 있는 시스템의 맥락에서만 사용해야 한다. MTBF는 MTTF와 평균 수리 시간의 합이다. 고장 나면 자기 디스크는 복구가 거의 어렵다.

이트, 특정 SSD 모델에 따라 NVMe PCIe 인터페이스를 사용하는 경우 초당 최대 3기가바이트까지, 자기 디스크를 사용하는 경우 초당 최대 약 200메가바이트다. SSD는 자기 디스크보다 전력 소모도 훨씬 적다.

플래시 메모리로 쓰기는 다소 복잡하다. 플래시 메모리로 한 페이지를 쓰는 데 보통 100마이크로초가 걸린다. 하지만 플래시 메모리의 페이지가 한 번 쓰이면, 해당 페이지에 직접 덮어쓰기(overwrite)를 할 수 없다. 대신에 그 페이지를 지우고(erase) 이어서 다시 쓰기를 해야 한다. **지움 블록**(erase block)이라고 불리는 페이지 그룹에 대해 지움 연산을 수행하며 대략 2~5밀리초 정도의 시간이 든다. (플래시 문헌에서는 그냥 "블록"으로 자주 언급하기도 하는) 지움 블록의 크기는 일반적으로 256킬로바이트에서 1메가바이트에 이르며 한 개의 지움 블록은 대략 128~256개의 페이지로 되어 있다. 게다가 보통 100,000~1,000,000회 정도로 플래시 페이지를 지울 수 있는 횟수가 제한되어 있다. 이 기준에 도달하게 되면 저장 비트 내에 오류가 발생할 가능성이 있다.

플래시 메모리 시스템은 논리적 페이지 주소를 물리적(실제) 페이지 주소에 매핑(mapping)함으로써 느린 지움 속도와 갱신 횟수 제한으로 인해 받는 영향을 최소화한다. 논리적 페이지를 수정하면 이미 지운 물리적 페이지에 다시 대응해야 하고, 나중에 기존 위치에 있는 데이터를 지워야 한다. 각 물리적 페이지는 자신의 논리적 주소를 저장한 메모리의 작은 부분을 차지한다. 만약 논리적 주소를 다른 물리적 주소로 다시 대응하면, 원래의 물리적 주소는 삭제된 것으로 간주한다. 그러므로 물리적 페이지를 스캔하여 각 논리적 페이지가 어디에 남아 있는지 찾을 수 있다. 신속한 접근을 위해, 논리적 페이지의 물리적 페이지 대응 정보(logical-to-physical mapping, L2P)는 메모리 내 **변환 테이블**(translation table)로 복제된다.

플래시 메모리는 다수의 삭제된 페이지를 포함하는 블록을 주기적으로 지우는데, 먼저 그 블록 내에 있는 지우지 않은 페이지를 다른 블록에 복사한다. (이때 변환 테이블은 그러한 안 지운 페이지에 대한 정보를 갱신한다.) 각 물리적 페이지는 주어진 갱신 횟수 범위 안에서만 갱신될 수 있으므로, 여러 번 지워졌던 물리적 페이지에는 거의 갱신되지 않는 데이터라는 의미가 있는 "cold data"가 할당되고, 반면에 많이 지워지지 않았던 페이지는 자주 갱신되는 데이터라는 의미가 있는 "hot data"가 저장된다. 이 물리적 블록에 걸쳐서 골고루 지움 연산을 분포시키는 원리를 **평등화 작업**(wear leveling)이라고 부른다. 일반적으로 플래시 메모리 컨트롤러가 평등화 작업을 은밀히 수행한다. 만약 물리적 페이지가 과도한 갱신으로 인해 손상되면, 그것은 플래시 메모리 전체에 영향을 미치지 않는 가운데 실제 사용에서 제외된다.

플래시 변환 계층(flash translation layer)이라 부르는 소프트웨어 계층이 위의 모든 동작을 수행한다. 이 계층 위에서 보면 플래시 저장 장치는 자기 디스크 저장 장치와 같아 보이는데, 이는 플래시가 디스크보다 훨씬 더 빠르다는 것을 빼면 양 저장 장치가 같은 페이지/섹터 지향 인터페이스를 가지기 때문이다. 그러므로 기저 저장 장치 구조가 플래시 저장 장치인지 자기 저장 장치인지 상관없이, 파일 시스템과 데이터베이스 저장 장치 구조는 저장 구조에 대한 같은 논리적 뷰를 제공한다.

일반적으로 SSD의 성능은 다음과 같이 나타낼 수 있다.

노트 12.1 저장 장치급 메모리

플래시가 가장 널리 사용되는 비휘발성 메모리 유형이지만 수년 동안 여러 가지 대체 비휘발성 메모리 기술이 개발되었다. 이러한 기술 중 일부는 개별 바이트 또는 워드(word)에 대한 직접 읽기 및 쓰기 접근을 허용하여 페이지 단위로 읽거나 쓸 필요가 없다(또한 NAND 플래시의 지움 오버헤드를 방지한다). 이러한 유형의 비휘발성 메모리는 큰 비휘발성 메모리 블록으로 취급될 수 있으므로 **저장 장치급 메모리**(storage class memory, **SCM**)라고 한다. Intel과 Micron이 개발한 3D-XPoint 메모리 기술은 최근에 개발된 저장 장치급 메모리 기술이다. 바이트당 비용, 접근당 대기 시간 및 용량 측면에서 3D-XPoint 메모리는 메인 메모리와 플래시 메모리 사이에 있다. 3D-XPoint 기반 Intel Optane SSD는 2017년에 출시되기 시작했으며, Optane 영구 메모리 모듈은 2018년에 발표되었다.

1. 4킬로바이트짜리 표준 블록에 대한 **초당 임의 블록 읽기 수**(number of random block reads per second). 2018년의 일반적인 값은 4킬로바이트 블록이 있는 초당 약 10,000회의 임의 읽기(10,000 IOPS라고도 함)이지만 일부 모델은 더 높은 속도를 지원하기도 한다.

   자기 디스크와 달리 SSD는 복수의 임의 요청을 병렬로 처리할 수 있으며 일반적으로 32개의 병렬 요청을 동시에 지원한다. SATA 인터페이스가 있는 플래시 디스크는 병렬로 전송한 32개의 요청에 대해 초당 거의 100,000개의 임의의 4킬로바이트 블록 읽기를 지원할 수 있지만, NVMe PCIe 기반 SSD는 초당 350,000개 이상의 임의의 4킬로바이트 블록 읽기를 지원할 수 있다. 이들 숫자는 병렬 처리가 없는 속도의 경우 QD-1, n차 병렬 처리의 경우 QD-n으로 나타내며, QD-32가 가장 일반적으로 사용되는 수다.
2. 순차 읽기 및 순차 쓰기에 대한 **데이터 전송률**(data transfer rate). 순차 읽기 및 순차 쓰기의 일반적인 속도는 SATA 3 인터페이스가 있는 SSD의 경우 초당 400~500메가바이트이고 PCIe 3.0x4 인터페이스를 통해 NVMe를 사용하는 SSD의 경우 초당 2~3기가바이트다.
3. 4킬로바이트짜리 표준 블록에 대한 **초당 임의 블록 쓰기 수**(number of random block writes per second). 2018년의 일반적인 값은 (병렬 처리 없는) QD-1의 경우 초당 약 40,000개의 임의 4킬로바이트 쓰기, QD-32의 경우 약 100,000 IOPS이다. 일부 모델은 QD-1 및 QD-32 둘 다에 대해 더 높은 속도를 지원하기도 한다.

하이브리드 디스크 드라이브(hybrid disk drive)는 빈번하게 접근하는 데이터를 위한 캐시로서 사용하기 위한 소량의 플래시 메모리에 자기 저장 장치를 결합한 하드 디스크 시스템이다. 갱신이 거의 없으면서 자주 접근하는 데이터는 플래시 메모리 안에 캐싱되기에 적합하다. 최신 SAN 및 NAS 시스템은 자기 디스크와 SSD의 조합 사용을 지원하며, SSD를 자기 디스크에 있는 데이터의 캐시로 사용하도록 설정할 수 있다.

12.5 RAID

디스크 드라이브의 용량이 매우 빨리 증가하고 있음에도, 여러 응용(특히 웹, 데이터베이스, 멀티미디어 데이터 응용 프로그램 등)의 데이터 저장 요구량이 엄청나게 빠르게 증가하고 있어서 데이터를 저장하는 데 많은 수의 디스크가 필요하게 되었다.

시스템에 많은 디스크를 갖고 있고 이들을 병렬로 운용하면 데이터를 읽거나 쓰는 속도를 향상할 수 있게 된다. 또한 여러 독립적인 읽기나 쓰기도 병렬적으로 수행할 수 있다. 게다가 중복된 정보가 여러 디스크에 저장될 수 있으므로, 이러한 디스크 설정은 잠재적으로 데이터 저장 장치의 신뢰성을 향상할 기회를 제공한다.

디스크의 성능과 신뢰성 향상을 위해, 통칭하여 **RAID**(redundant arrays of independent disk)라 불리는 다양한 디스크 조직 기법이 제안되어 왔다.

과거 시스템 설계자는 저장 장치 시스템을 몇 개의 작고 값싼 디스크로 구성하는 것이 크고 비싼 디스크를 사용하는 것보다 비용 면에서 효율적이라고 여겼다. 실제 RAID의 I가 초기에는 값이 싸다는 것(inexpensive)을 나타냈으나 현재는 독립적이라는 것(independent)을 나타낸다. 그러나 오늘날 모든 디스크는 물리적으로 작으며, 좀 더 큰 용량을 가진 디스크는 실제로 메가바이트당 비용이 더 적기도 하다. RAID 시스템은 경제적인 이유보다는 오히려 좀 더 높은 신뢰성과 성능을 위해 사용된다. RAID를 사용하는 또 다른 이유는 관리와 작업이 쉬워지기 때문이다.

12.5.1 중복에 의한 신뢰성 향상

먼저 신뢰성에 대해 생각해 보자. *N*개의 디스크 집합에서 적어도 한 개의 디스크가 실패할 가능성이 특정 한 개의 디스크가 실패할 확률보다 훨씬 더 높다. 하나의 디스크에 대한 MTTF가 100,000시간, 즉 약 11년이 넘는다고 가정하자. 그러면 100개의 디스크로 구성된 하나의 배열에서 일부 디스크가 실패할 MTTF는 100,000/100=1,000시간, 즉 약 42일이 되는데, 이는 전혀 길지 않다! 만약 데이터에 대해 하나의 복사본만 저장한다면 각 디스크의 실패는 (12.3.1절에서 이야기했듯이) 많은 양의 데이터 손실을 일으킨다. 이런 높은 데이터 손실은 수용할 수 없다.

신뢰성 문제를 해결하는 방법으로 **중복**(redundancy)을 소개한다. 즉 디스크 중복 기법은 보통 때는 필요하지 않지만, 디스크 실패 시 손실된 정보를 복원하는 데 사용할 수 있는 여분의 정보를 저장하는 것이다. 그래서 한 디스크가 실패하더라도 데이터는 날아가지 않는다. 그래서 데이터 손실이나 이용 불가인 데이터를 낳는 실패만 센다면, 실제적인 MTTF는 증가한다.

중복을 도입하는 가장 간단한 방법은 모든 디스크를 복사하는 것이다. 이 기술을 **미러링**[mirroring, 혹은 때때로 **그림자형**(shadowing)]이라고 한다. 논리 디스크는 두 개의 물리적인 디스크로 구성되고, 매번 쓰기를 두 디스크 모두에 수행한다. 두 디스크 중 하나가 실패하면 그 데이터는 실패하지 않은 다른 디스크로부터 읽을 수 있다. 데이터 손실은 실패한 첫 번째 디스크를 복구하기 전에 두 디스크가 모두 실패했을 때만 일어난다.

미러링된 디스크의 MTTF는 개별 디스크의 MTTF와 **데이터 복구 평균 시간**(mean time to repair)에 달려 있다. 데이터 복구 평균 시간이란 실패한 디스크를 교체해서 데이터를 다시 저장할 수 있도록 하는 데 (평균적으로) 걸리는 시간을 말한다. 가령 두 디스크의 실패가 독립적이라고 하자. 즉 한 디스크의 실패와 다른 디스크의 실패는 서로 연관이 없다고 하자. 그러면 한 디스크의 MTTF는 100,000시간이고 데이터 복구 평균 시간이 10시간이라 하면 미러링된 디스크 시스템의 **데이터 손실 평균 시간**(mean time to data loss)은 $100{,}000^2/(2 * 10) = 500 * 10^6$시간, 즉 57,000년이다! (여기서 유도 과정은 생략한다. 자세한 것은 참고문헌을 참고하라.)

디스크 실패의 독립성에 대한 가정은 유효하지 않다는 점에 유의하도록 한다. 정전이나 지진, 화재, 홍수 같은 자연재해가 일어나면 동시에 두 디스크에 대해 손해가 일어날 수 있다. 디스크가 오래되면서 실패의 가능성은 증가하고 첫 번째 디스크를 복구하는 동안 두 번째 디스크가 실패할 가능성도 증가한다. 그러나 이런 모든 상황을 고려해도 미러 디스크 시스템은 하나의 디스크를 사용하는 시스템보다 훨씬 더 높은 신뢰성을 제공한다. 오늘날 데이터 손실 평균 시간이 약 500,000~1,000,000시간 또는 55~110년인 미러 디스크 시스템을 이용할 수 있게 되었다.

정전은 자연재해보다 훨씬 자주 발생하기 때문에 특별히 신경 써야 한다. 만약에 정전이 발생했을 때 디스크로 전송되는 데이터가 없다면 문제가 되지 않는다. 그러나 디스크를 미러링해서 두 디스크에 똑같은 블록을 쓰고 있다가 완전하게 쓰기를 다 하기 전에 정전이 발생하면 두 블록은 불완전한 상태가 될 수 있다. 이런 문제의 해결책으로 먼저 하나의 디스크에 쓰고, 그다음에 다른 디스크에 쓴다. 이렇게 함으로써 두 복사본 중의 하나는 항상 완전하게 된다. 정전이 발생한 후 불완전한 쓰기를 복구하기 위해 재시작할 때 몇 가지 부가적인 작업이 필요한데, 이 문제는 실전문제 12.6에서 다룬다.

12.5.2 병렬화에 의한 성능 향상

이제 복수의 디스크에 병렬로 접근하는 이득에 대해 살펴보자. 디스크 미러링으로, (두 디스크가 한 쌍으로 정상 작동하는 한 거의 항상 이런 경우이겠지만) 읽기 요청을 각 디스크에 보낼 수 있으므로 읽기 요청 처리 속도는 2배가 된다. 즉 읽기 전송 속도는 한 개의 디스크 시스템과 같으나 시간당 읽기 횟수는 2배가 되는 것이다.

복수 개의 디스크로, 여러 개의 디스크에 걸쳐 **데이터 분산**(striping)을 통해 전송 속도 또한 (혹은 대신) 향상할 수 있다. 가장 간단한 형태로 보자면, 데이터 분산은 각 바이트의 비트를 복수의 디스크에 걸쳐 나누는 것으로 구성되어 있는데, 이런 형태의 분산을 **비트 단위 분산**(bit-level striping)이라 한다. 예를 들어, 여덟 개의 디스크 배열이 있다면 디스크 i에 쓴다. 이러한 조직에서 모든 디스크가 모든 접근(읽기 또는 쓰기)에 참여하므로 초당 처리할 수 있는 접근 수는 단일 디스크에서와 거의 같지만, 각 접근은 디스크에서 단일 디스크상에서와 같은 시간에 8배 많은 데이터를 읽을 수 있게 된다.

블록 단위 분산(block-level striping)은 블록을 여러 개의 디스크에 분산한다. 디스크 배열을 하나의 큰 디스크로 여기고 블록에 논리적 번호를 부여한다. 이때 블록 번호는 0부터 시작하는 것으로 가정한다. n개의 디스크 배열에서 블록 단위 분산은 디스크 배열의 논리적 블록 i를 $(i \bmod n) + 1$ 디스크에 할당한다. 즉 논리적 블록 i를 저장하기 위해 디스크의 $\lfloor i/n \rfloor$번째 물리적 블록을 사용한다. 예를 들어, 여덟 개의 디스크가 있다면 논리적 블록 0은 디스크 1의 물리적 블록 0에 저장되고, 논리적 블록 11은 디스크 4의 물리적 블록 1에 저장된다. 큰 파일을 읽을 때 블록 단위 분산은 n개의 디스크로부터 병렬로 높은 데이터 전송 속도를 제공하면서 한 번에 n개의 블록을 가져올 수 있다. 한 블록을 읽을 때는 데이터 전송 속도가 하나의 디스크일 때와 같지만 나머지 $n-1$개의 디스크는 자유로이 다른 작업을 할 수 있다.

블록 단위 분산은 비트 단위 분산보다 초당 더 많은 블록 읽기를 지원하는 기능과 단일 블록 읽기에 대한 낮은 지연 시간을 포함한 여러 이점을 제공한다. 따라서 실제 시스템에서 비트 단위 분산은 사용되지 않는다.

요약하면, 디스크 시스템의 병렬화에는 두 가지 주요한 목적이 있다.

1. 작은 접근의 처리량을 증가시키기 위해 복수의 작은 접근(즉 블록 접근)을 부하 분산(load-balance)하는 것
2. 큰 접근에 대한 응답 시간을 줄이기 위해 큰 접근을 병렬화하는 것

12.5.3 RAID 수준

미러링은 높은 신뢰성이 있지만, 값이 비싸다. 분산은 높은 데이터 전송 속도를 제공하지만 신뢰성을 향상하지 못한다. 이 때문에 다양한 대안은 디스크 분산을 "패리티 비트(parity bit)"로 결합함으로써 좀 더 적은 비용으로 중복을 제공하려 한다.

앞으로 보게 되겠지만 RAID 시스템의 블록은 집합으로 분할된다. 주어진 블록 집합에 대해 **패리티 블록**(parity block)을 계산하여 디스크에 저장할 수 있다. 즉 패리티 블록의 i번째 비트를 해당 집합에 있는 모든 블록의 i번째 비트의 "배타적 논리합"(XOR)으로 계산한다. 집합에 있는 블록 중 한 블록의 내용이 실패로 인해 손실된 경우, 패리티 블록과 함께 집합에 있는 나머지 블록의 비트별 XOR을 계산하여 블록 내용을 복구할 수 있다.

블록을 기록할 때마다 해당 집합의 패리티 블록을 다시 계산하여 디스크에 기록해야 한다. 패리티 블록의 새 값은 (i) 디스크로부터 집합에 있는 다른 모든 블록을 읽고 새 패리티 블록을 계산하거나 (ii) 갱신된 블록의 이전 값과 새 값을 가지고 패리티 블록의 이전 값에 대한 XOR을 구해서 얻을 수 있다.

이런 방법에는 서로 다른 비용-성능의 상반관계가 있는데, 이러한 방법을 **RAID 수준**(RAID levels)으로 분류한다.[4] 그림 12.4는 실제로 사용하는 네 가지 수준을 보여 준다. 그림에서 P는 오류를 감지하는 비트이고, C는 데이터의 두 번째 복사본을 나타낸다. 모든 수준에서 그림 12.4는 네 개의 디스크에 해당하는 데이터를 나타내고, 그림에 나타난 여분의 디스크는 장애 복구를 위한 중복 정보를 저장하는 데 사용된다.

- **RAID 수준 0**은 블록 단위로 분산하는 디스크 배열을 말한다. 그러나 (미러링이나 패리티 비트 같은) 중복은 없다. 그림 12.4a는 크기가 4인 배열을 나타낸다.
- **RAID 수준 1**은 블록 분산을 하는 미러링 디스크를 말한다. 그림 12.4b는 네 개의 디스크만이

4 RAID에는 0에서 6까지 총 일곱 가지 수준이 있다. 수준 2, 3, 4는 실제로 더 사용하지 않으므로 이 책에서 다루지 않는다.

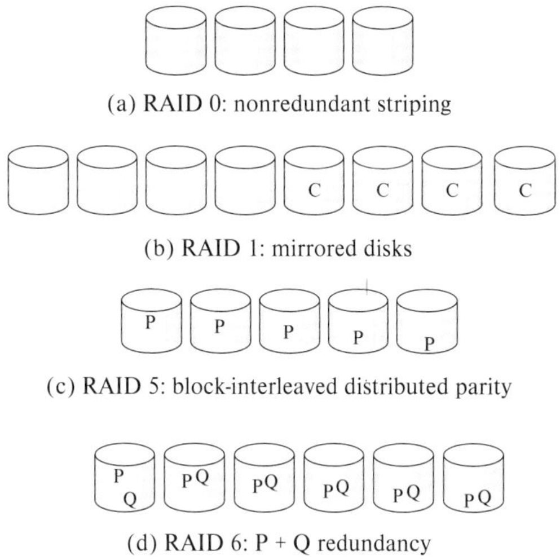

그림 12.4 RAID 수준

실제 데이터를 저장하고 있는 미러링 구조를 보여 준다.

일부 업체는 미러링과 분산을 **RAID 수준 1+0**이나 **RAID 수준 10**과 같이 표기하고, 분산 없는 미러링을 RAID 수준 1로 표기하기도 한다. 디스크 배열에 분산 없는 미러링을 사용하여 크고 신뢰성 높은 단일한 디스크가 있는 것과 같은 효과를 낼 수 있다. 즉 각 디스크가 M개의 블록을 갖고 있다면, 논리적 블록 0에서 $M - 1$까지의 블록을 디스크 0에 저장하고, 논리적 블록 M에서 $2M - 1$까지의 블록을 (두 번째 디스크인) 디스크 1에 저장하는 등인데, 각 디스크는 미러링된다.[5]

- **RAID 수준 5**는 블록이 상호 배치되고 분산된 패리티(block-interleaved distributed parity)를 나타낸다. 모든 $N + 1$ 디스크 사이에 데이터와 패리티를 분할한다. N개의 논리적 블록의 각 집합에 대해, 디스크 중 하나는 패리티를 저장하고 다른 N개의 디스크는 블록을 저장한다. N개의 블록을 갖는 서로 다른 집합에 대해 패리티 블록을 서로 다른 디스크상에 나누어 저장한다. 그래서 모든 디스크가 읽기 요청을 처리하는 데 참여한다.[6]

  그림 12.4c는 그러한 설정 구조를 보여 준다. 모든 디스크에 걸쳐 P를 분산 저장한다. 예를 들어, 다섯 개의 디스크 배열이 있고 패리티 블록을 Pk로 표시하면 논리적 블록 $4k$, $4k + 1$, $4k + 2$, $4k + 3$을 디스크 (k mod 5)에 저장한다. $4k$부터 $4k + 3$까지 네 개의 데이터 블록을 나머지 네 개 디스크의 대응하는 블록에 저장한다. 다음의 테이블은 번호 0에서 19까지의 20개의 블

---

5 몇몇 업체는 RAID 0+1이라는 용어를 사용하기도 하는데, RAID 0+1은 분산(striping)을 사용하여 RAID 0 배열을 만들고 배열을 다른 배열에 미러링하는 RAID 버전을 지칭한다는 점에 주목하라. 단, RAID 1과는 다른 점은 디스크에 장애가 발생하면 디스크가 포함된 RAID 0 배열은 사용할 수 없게 된다는 점이다. 미러링한 배열을 계속 사용할 수 있으므로 데이터 손실이 없다. 이 배치는 디스크가 실패한 경우 RAID 1보다 열등한데, 이는 RAID 0 배열의 다른 디스크가 RAID 1에서 계속 사용될 수 있지만, RAID 0+1에서 유휴 상태로 남아 있기 때문이다.

6 (실제로 사용되지 않는) RAID 수준 4에서 하나의 디스크에 모든 패리티 블록을 저장한다. 해당 디스크는 읽기에 유용하지 않고, 임의 쓰기가 많은 경우 다른 디스크보다 작업량이 더 많을 수 있다.

록과 패리티 블록을 처음에 어떻게 배치하는지 보인다. 그다음 블록에서도 아래와 같은 패턴을 반복한다.

P0	0	1	2	3
4	P1	5	6	7
8	9	P2	10	11
12	13	14	P3	15
16	17	18	19	P4

패리티 블록은 같은 디스크에 있는 블록을 위한 패리티를 저장할 수 없다. 왜냐하면 디스크 실패가 발생했을 때 데이터뿐만 아니라 패리티도 손실되어서 복구할 수 없게 되기 때문이다.

- **RAID 수준 6**은 P + Q 중복 방법인데, RAID 수준 5와 매우 흡사하지만, 복수의 디스크 실패에 대비하기 위해 중복된 정보를 여분으로 더 저장한다. 수준 6은 패리티를 사용하지 않는 대신 Reed-Solomon 코드(참고문헌 참고) 같은 에러 정정 코드를 사용한다. 그림 12.4d의 방법에서 중복 데이터의 두 개의 비트를 데이터의 모든 네 개의 비트를 위해 저장하여—수준 5의 1비트 패리티와 달리—시스템은 두 개의 디스크 실패에 대처할 수 있다.

  그림에서 문자 P와 Q는 주어진 데이터 블록 집합에 대한 두 개의 대응하는 오류 수정 블록을 포함한 블록을 표기한다. 블록의 내부 구성은 RAID 5의 확장인데, 예를 들면 여섯 개의 디스크를 사용하면, 디스크 (k mod 6) 및 ((k + 1) mod 6)에 논리 블록 $4k$, $4k + 1$, $4k + 2$, $4k + 3$에 대해 Pk 및 Qk로 레이블을 지정한 두 개의 패리티 블록을 저장하며, 나머지 네 개 디스크의 대응 블록은 $4k$에서 $4k + 3$까지 네 개의 데이터 블록에 저장한다.

마지막으로, 여기서 설명한 기본적인 RAID 구축 방법에 대한 일부 변종이 제안되어 왔으며 서로 다른 업체는 이러한 변종에 대해 서로 다른 용어를 사용하고 있다는 점에 주의하라. 일부 업체는 중첩된 방법을 지원하기도 하는데, 일단 여러 개의 개별 RAID 배열을 만든 다음 그 RAID 배열에 데이터를 분산하는 방식이다. 즉 개별 배열에 대해 RAID 수준 1, 5 또는 6 중 하나를 선택하는 것이다. 이 장 끝에 있는 “더 읽어보기” 절에 제공한 참고문헌을 통해 이 아이디어에 대한 추가적인 정보를 알 수 있다.

12.5.4 하드웨어 사안

RAID는 하드웨어 수준은 변경 없이 두고 소프트웨어만 수정해서 구현할 수 있는데 이런 RAID 구현을 **소프트웨어 RAID**(software RAID)라 한다. 하지만 RAID 지원을 위한 특수 목적의 하드웨어를 구축하면 상당한 이득을 볼 수 있는데 이처럼 특수한 하드웨어의 지원을 받는 시스템을 **하드웨어 RAID**(hardware RAID) 시스템이라 한다. 아래에서 이러한 하드웨어 지원에 대해 살펴본다.

하드웨어 RAID 구현은 비휘발성 RAM을 사용해서 쓰기를 수행하기 전 해당 쓰기를 기록할 수 있다. 정전 발생 시 시스템을 복구할 때, 시스템은 비휘발성 RAM으로부터 완성되지 않은 쓰기에 대한 정보를 모두 검색해서 그 쓰기를 완료할 수 있다. 그 이후에 정상 작동을 재개할 수 있다.

반대로, 소프트웨어 RAID를 사용하면 정전 전에 부분적으로 기록되었을 수 있는 블록을 감지하기 위한 추가 작업을 수행해야 한다. RAID 1의 경우 디스크의 모든 블록을 스캔하여 두 디스크의 블록 쌍에 다른 내용이 있는지 확인한다. RAID 5의 경우 디스크를 스캔하고 각 블록 세트에 대해 패리티를 다시 계산하고 저장된 패리티와 비교해야 한다. 이러한 스캔은 시간이 오래 걸리며 디스크에서 사용 가능한 대역폭 일부를 사용하여 백그라운드에서 수행된다. 어떤 불일치가 감지된 경우 데이터를 최신 값으로 복구하는 방법에 대한 자세한 사항은 문제 12.6을 참조하라. 데이터베이스 시스템 복구의 맥락에서 이 문제를 19.2.1절에서 다시 살펴보도록 하자. RAID 시스템은 이 단계 동안 **재동기화**(resynchronizing 혹은 resynching)한다고 한다. 재동기화 진행 동안 정상적인 읽기 및 쓰기를 허용하지만, 이 단계에서 디스크 오류가 발생하면 쓰기가 완료되지 않은 블록의 데이터가 손실될 수 있다. 하드웨어 RAID에는 이러한 제한이 없다.

모든 쓰기가 적절하게 완료되더라도 이전에 성공적으로 쓰기가 되었던 부분을 읽을 수 없게 되는 디스크 내의 섹터의 작은 변화가 있을 수 있다. 각 섹터의 데이터 손실은 제조 결함, 인접한 트랙에서 반복적인 쓰기가 일어날 때 발생할 수 있는 트랙상의 데이터 충돌 등과 같이 다양한 이유에서 일어날 수 있다. 이전에 성공적으로 쓰였던 데이터의 손실은 때때로 **지연 실패**(latent failure) 또는 **비트 부식**(bit rot)으로 언급된다. 만약 그러한 실패가 발생할 때, 그 실패를 일찍 발견한다면 RAID 구조상의 여분의 디스크로부터 해당 데이터를 복구할 수 있다. 하지만 그러한 실패를 발견하지 않은 상태로 유지하여 다른 디스크 중 하나의 섹터가 지연 실패를 하게 되면 단일 디스크 실패는 데이터 손실로 이어질 수 있다.

이러한 데이터 손실의 가능성을 최소화하기 위해 좋은 RAID 컨트롤러는 **스크러빙**(scrubbing)을 수행한다. 즉 디스크가 가동되지 않는 동안 모든 디스크의 모든 섹터를 읽고 만약 어떤 섹터를 읽지 못하면, 데이터를 RAID 구조상의 여분의 디스크로부터 복구하고 해당 섹터를 다시 쓴다. 만약 물리적 섹터가 손상되면, 디스크 컨트롤러는 논리적 섹터 주소를 디스크상의 다른 물리적 섹터로 다시 대응시킨다.

핫 스와핑(hot swapping) 허용을 위해 서버 하드웨어를 종종 설계한다. 핫 스와핑은 전기를 끄지 않고도 결함이 있는 디스크를 제거하고 새로운 것으로 교체할 수 있는 것을 말한다. 핫 스와핑은 데이터 복구 평균 시간을 줄일 수 있는데, 이는 디스크를 교체할 때 시스템을 종료하는 시간까지 기다릴 필요가 없기 때문이다. 사실 오늘날 많은 중요한 시스템은 해당 시스템 정지 없이 실패한 디스크를 교체하여 하루 24시간, 일주일에 7일 운영하는, 24 × 7 일정으로 운영되고 있다. 더욱이 많은 RAID 구현은 각 배열을 위한 여분의 디스크(혹은 디스크 배열의 집합)를 할당한다. 디스크가 실패하면 여분의 디스크를 즉시 교체용으로 사용한다. 그 결과, 데이터 복구 평균 시간은 크게 줄어들고, 데이터 손실의 가능성은 최소화된다. 실패된 데이터는 한가할 때 교체하면 된다.

전기 공급이나 디스크 컨트롤러, 혹은 RAID 시스템의 시스템 상호 연결이 유일한 실패 지점(single point of failure)이 되어 RAID 시스템의 기능을 멈추게 할 수 있다. 이런 가능성을 피하고자 훌륭한 RAID 구현이라면 복수의 중복 전기 공급 장치(정전이 발생해도 계속해서 정상적으로 기능하기 위한 보조배터리)를 가지고 있다. 이런 RAID 시스템은 다수의 디스크 인터페이스를 가지며 RAID 시스템을 컴퓨터 시스템(또는 컴퓨터 시스템 네트워크)에 연결하기 위해 상호 연결이 많이 되어 있다. 어떤 단일 요소가 실패하더라도 RAID 시스템은 멈추지 않고 정상 기능할 수 있다.

12.5.5 RAID 수준의 선택

RAID 수준을 선택할 때 고려해야 할 요인이 몇 가지 있다.

- 여분의 디스크 저장 장치 요구 사항에 대한 금전 비용
- 초당 I/O 연산에 관한 성능 요구 사항
- 디스크 실패 시 성능
- 재구축 동안(즉 실패된 디스크에 있는 데이터를 새로운 디스크에 재구축하는 동안)의 성능

실패된 디스크의 데이터를 재구축하는 데 많은 시간이 소요될 수 있고 사용한 RAID 수준에 따라 그러한 재구축 시간이 달라진다. 재구축을 할 때 RAID 수준 1을 사용하면 가장 쉽다. 왜냐하면 다른 디스크로부터 데이터를 복사할 수 있기 때문이다. 다른 RAID 수준에서 실패된 디스크의 데이터를 재구축하기 위해 배열에 있는 모든 다른 디스크에 접근해야 한다. RAID가 고성능 데이터베이스 시스템에 구축되어 있으면서 데이터를 계속 이용해야 한다면, RAID 시스템의 **재구축 성능**(rebuild performance)은 중요한 (고려) 요인일 수 있다. 게다가 재구축 시간은 복구 시간의 중요한 부분일 수 있으므로, 재구축 성능은 데이터 손실 평균 시간에 영향을 미칠 수 있다.

데이터 안전이 중요하지 않은 일부 고성능 응용 프로그램에는 RAID 수준 0을 사용할 수 있다.

데이터베이스 시스템의 로그 파일 저장 장치와 같은 응용에 널리 사용되는 것은 RAID 1인데, RAID 1이 가장 좋은 쓰기 성능을 제공할 수 있기 때문이다. RAID 수준 5는 수준 1보다 저장 장치 오버헤드가 낮지만 쓰는 데 드는 시간 오버헤드가 더 높다. 데이터를 자주 읽고 거의 쓰지 않는 응용 프로그램의 경우 수준 5를 선호할 수 있다.

디스크 저장 장치 용량은 수년 동안 빠르게 증가하고 있다. 용량은 한 시점에서 13개월마다 실제로 2배가 되었다. 현재의 성장 속도가 훨씬 덜하다 하더라도 용량은 계속해서 빠르게 증가하고 있다. 디스크 저장 장치의 바이트당 비용은 용량 증가와 거의 같은 비율로 감소했다. 그 결과, 적당한 수준의 저장 장치만 있으면 되는 많은 기존 데이터베이스 응용 프로그램에 대해, 미러링에 필요한 여분의 디스크 저장 장치에 대한 금전적인 비용은 상대적으로 줄어들고 있다(그러나 부가적인 금전적 비용은 비디오 데이터 저장 장치 같은 저장 위주의 응용에서 중요한 쟁점으로 남아 있다). 접근 속도는 최근에 크게 향상되지 않았던 반면, 초당 요구되는 I/O 연산 수는 매우 증가했다. 특히 웹 응용 프로그램 서버에서 더 그러하다.

RAID 수준 5는 임의 쓰기에 대해 상당한 오버헤드가 있다. 이는 단일 임의 블록 쓰기에 (블록 및 패리티 블록의 이전 값을 가져오기 위한) 두 개의 블록 읽기와 이러한 블록을 다시 쓰기 위해 두 개의 블록 쓰기가 필요하기 때문이다. 대조적으로, 대규모 순차 쓰기의 경우 오버헤드가 낮은데, 이는 대부분의 경우 읽기 없이 새 블록에서 패리티 블록을 계산할 수 있기 때문이다. 그러므로 RAID 수준 1은 적당한 저장 장치 요구 사항과 높은 임의 I/O 요구 사항이 있는 많은 응용 프로그램을 위해 선택하는 RAID 수준이다.

RAID 수준 6은 수준 1 또는 5보다 더 나은 신뢰성을 제공하는데, 이는 데이터 손실 없이 두 번의 디스크 실패를 감내할 수 있기 때문이다. 정상 작동 중 성능 측면에서 RAID 수준 6은 수준 5와 유사하지만, 수준 5보다 저장 장치 비용이 많이 든다. 데이터 안전이 매우 중요한 응용에는 RAID 수준 6을 이용할 수 있다. RAID 수준 6은 점점 더 중요하게 여겨지고 있는데, 이는 잠재 섹터(latent sector) 실패가 드문 일이 아니며 감지 및 복구하는 데 오랜 시간이 걸릴 수 있기 때문이다. 그러면 잠재적인 실패를 감지하고 복구하기 전에 일어날 수 있는 다른 디스크의 실패는 해당 섹터에 대한 두 디스크 실패(two-disk failure)와 유사할 수 있다. 그 결과, 해당 섹터의 데이터 손실이 발생한다. RAID 수준 6과 달리 RAID 수준 1과 5는 이러한 시나리오에서 데이터 손실이 발생한다.

미러링을 확장하여 두 개의 디스크가 아닌 세 개의 디스크에 복사본을 저장하여 두 개의 디스크 실패를 감내할 수 있다. 이러한 삼중 중복(triple-redundancy) 방법은 데이터를 여러 시스템에 저장하는 분산 파일 시스템에서 사용하나 RAID 시스템에서 일반적으로 사용하지 않는다. 왜냐하면 시스템 실패 확률이 디스크 실패보다 훨씬 높기 때문이다.

RAID 시스템 설계자는 몇몇 다른 결정을 내려야 하는데, 예를 들어 얼마나 많은 디스크가 하나의 배열에 있어야 하는가, 패리티 비트는 얼마나 많은 비트를 보호해야 하는가 등이다. 한 배열에 디스크 수가 많을수록 데이터 전송 속도는 더 높아지지만, 시스템은 더 비싸진다. 패리티 비트에 의해 보호되는 비트가 많아질수록 패리티 비트에 대한 공간 부담은 낮아지지만, 첫 번째 디스크가 복구되기 전에 두 번째 디스크가 실패할 가능성이 증가해서 데이터 손실이 일어날 수 있을 것이다.

12.5.6 다른 RAID 응용 프로그램

RAID의 개념은, SSD 내의 플래시 메모리 장치, 테이프 배열 및 심지어 무선 시스템의 데이터 방송 같은 것을 포함해서 다른 저장 장치로 일반화되고 있다. 개별 플래시 페이지는 자기 디스크 섹터보다 데이터 손실률이 더 높다. SSD와 같은 플래시 장치는 내부적으로 RAID를 구현하여 플래시 페이지 손실로 인해 장치가 데이터를 잃지 않도록 한다. 테이프 배열에 적용해 보면 RAID 구조는 테이프 배열 속에 있는 테이프 중 하나가 손상을 입었더라도 데이터를 복구할 수 있다. 또한 방송 데이터에 적용하면 데이터 블록은 작은 단위로 나뉘어서 패리티 단위로 방송된다. 이 단위 중 하나가 어떤 이유에 의해 받지 못했다면 다른 단위로부터 재구성될 수 있다.

12.6 디스크 블록 접근

대부분의 디스크 I/O를 담당하는 질의 처리 서브시스템과 함께 데이터베이스 시스템이 디스크 I/O에 대한 요청을 생성한다. 각 요청은 디스크의 디스크 식별자와 논리 블록 번호로 구성된다. 데이터베이스 데이터가 운영체제 파일에 저장되는 경우, I/O 요청은 파일 식별자와 파일 내의 블록 번호로 구성되며, 운영체제는 데이터베이스를 위해 디스크와 메인 메모리 사이에 데이터를 전송한다.

앞서 살펴본 것처럼, 디스크 블록에 대한 일련의 요청을 순차적 접근 유형 또는 임의 접근 유형으로 분류한다. **순차적 접근** 유형에서 연속적인 요청(successive request)은 같은 트랙 혹은 인접한 트랙에 있는 연속적인 블록을 대상으로 한다. 이와는 대조적으로 **임의 접근** 유형에서 연속적인 데이터의 요청은 디스크상에 임의 위치한 블록을 대상으로 한다. 이러한 각 요청은 탐색이 필요하므로 접근 시간이 길어지고 초당 임의 I/O 연산 수가 줄어들게 된다.

접근 횟수를 최소화함으로써, 특히 임의 접근 횟수를 최소화함으로써 블록에 대한 접근 속도를 향상하기 위한 많은 기법을 개발해 왔다. 아래에 이러한 기법을 설명한다. 자기 디스크에 저장된 데이터에 대한 임의 접근 횟수를 줄이는 것은 (성능에) 매우 중요하다. 반대로 SSD는 자기 디스크보다 훨씬 더 빠른 임의 접근이 가능하므로 임의 접근에 따른 성능 영향은 자기 디스크보다 덜하다. 그런데도 SSD상의 데이터 접근은 아래에 설명할 일부 기법에서 제공하는 이득을 그대로 누릴 수 있다.

- **버퍼링**(Buffering). 다음에 있을 요청을 충족하기 위해 디스크로부터 읽는 블록을 메모리 버퍼 내에 임시로 저장하는 기법이다. 버퍼링은 운영체제와 데이터베이스 시스템 모두에서 잘 동작한다. 데이터베이스의 버퍼링은 13.5절에서 더 상세히 다룬다.
- **미리 읽기**(Read-ahead). 디스크 블록에 접근할 때, 블록에 대한 요청이 없더라도 동일 트랙 내의 연속적인 블록을 일단 메모리 내의 버퍼로 읽어 들이는 기법이다. 순차적 접근의 경우, 이러한 **미리 읽기**는 많은 블록이 요청되더라도 이미 메모리 내에 있게 되기 때문에 블록 읽기당 디스크 탐색과 회전 지연에 낭비되는 시간을 최소화할 수 있다. 또한 운영체제는 운영체제 파일의 연속 블록에 대한 미리 읽기를 일상적으로 수행한다. 하지만 임의 블록 접근의 경우 미리 읽기는 크게 유용하지 않다.
- **스케줄링**(Scheduling). 실린더에 있는 몇 개의 블록을 디스크에서 메인 메모리로 전송할 필요가 있다면 헤드 아래로 지나갈 순서대로 블록을 요청함으로써 접근 시간을 줄일 수 있다. 만약 원하는 블록이 다른 실린더에 있다면 디스크 암의 움직임을 최소화하는 순서대로 디스크에 해당 블록을 요청하는 것이 이득이다. **디스크 암 스케줄링**(disk-arm-scheduling) 알고리즘은 처리할 수 있는 접근 수를 최대한 증가시키는 방식으로 트랙 접근 순서를 정하려고 한다. 일반적으로 사용되는 알고리즘은 **승강기 알고리즘**(elevator algorithm)으로 이는 일반 승강기가 하는 방식과 같다. 가령 처음에 암이 디스크의 가장 안쪽 트랙에서 바깥 방향으로 움직이고 있다고 가정하자. 승강기 알고리즘의 제어 아래에서, 접근 요청이 있는 트랙이 있으면 그 트랙에 멈추어서 요청을 처리한다. 그다음 기다리는 요청이 없을 때까지 다시 트랙 밖으로 이동한다. 이 시점에서 암은 방향을 바꾸고 안쪽으로 이동하면서 다시 요청이 있는 트랙에 멈추어서 요청을 처리하고 더는 요청이 없는 트랙에 도달할 때까지 중심을 향해 안쪽으로 이동한다. 또다시 디스크 암의 방향을 바꾸고 새로운 사이클을 시작한다.

  디스크 컨트롤러는 성능을 향상하기 위해 읽기 요구의 순서를 재구성하는 일을 보통 수행한다. 왜냐하면 디스크 컨트롤러는 디스크 블록의 구성, 디스크 판의 회전 위치, 그리고 디스크 암의 위치에 대해 상세히 알고 있기 때문이다. 이러한 재정렬을 활성화하려면 디스크 컨트롤러 인터페이스에서 대기열에 여러 요청을 추가할 수 있어야 한다. 요청 순서와 다른 순서로 결과가 반환될 수 있다.
- **파일 구성**(File organization). 블록 접근 시간을 줄이기 위해 데이터에 접근하고자 하는 방식에

가장 가까이 부합하는 방식으로 디스크의 블록을 조직할 수 있다. 예를 들어, 한 파일에 연속적으로 접근하기를 바란다면 그 파일의 모든 블록을 인접한 실린더에 연속적으로 있도록 하는 것이 가장 이상적이다. 최신 디스크는 운영체제에서 정확한 블록 위치를 숨기지만 서로 인접한 블록에 연속 번호를 부여하는 논리적 블록 번호를 사용한다. 연속되는 번호를 매긴 디스크 블록에 파일의 연속 블록(consecutive block)을 할당함으로써 운영체제는 파일을 순차적으로 저장할 수 있다.

하나의 긴 연속 블록의 순차로 대용량 파일을 저장하면 디스크 블록 할당에 문제가 발생한다. 이를 해결하기 위해, 대신 운영체제는 한 번에 몇 개의 연속 블록, 즉 **확장영역**(extent)을 파일에 할당한다. 파일에 할당된 다른 확장영역은 디스크에서 서로 인접하지 않을 수 있다. 블록이 무작위로 할당된 경우 블록당 하나의 탐색 대신에 파일에 대한 순차 접근은 확장영역당 하나의 탐색이 필요하다. 충분히 큰 확장영역을 사용하면 데이터 전송 비용과 관련된 탐색 비용을 최소화할 수 있다.

시간이 지남에 따라 여러 개의 작은 추가(append)가 있는 순차 파일은 **단편화**(fragmented)될 수 있다. 즉 파일의 블록이 디스크 전체에 흩어지게 된다. 단편화를 줄이기 위해 시스템은 디스크에 있는 데이터의 백업본을 만들어서 전체 디스크를 다시 저장할 수 있다. 복원 연산은 각 파일의 블록을 (거의) 인접하게 다시 저장한다. (윈도우 운영체제의 다른 버전과 같은) 일부 운영체제는 단편화를 줄이기 위해 디스크를 스캔하면서 블록을 이동시키는 유틸리티를 제공한다. 이런 기법이 실현하는 성능 향상은 꽤 클 수 있다.

- **비휘발성 쓰기 버퍼**(Nonvolatile write buffer). 메인 메모리의 내용은 정전이 되면 잃어버리기 때문에 시스템 충돌에도 가능한 한 살아 있게 하려고 데이터베이스 갱신에 대한 정보는 디스크에 기록되어야 한다. 이런 이유로 트랜잭션 처리 시스템 같은 갱신 중심 데이터베이스 응용 프로그램의 성능은 대부분 디스크의 쓰기 속도에 달려 있다.

  NVRAM(non-volatile random-access memory)을 사용하여 디스크 쓰기 속도를 높일 수 있다. NVRAM의 내용은 정전 시 손실되지 않는다. 초기에는 배터리 백업 RAM(battery-backed-up RAM)을 사용하여 NVRAM을 구현했지만, 현재 비휘발성 쓰기 버퍼링에 사용하는 주요한 매체는 플래시 메모리다. NVRAM의 아이디어는 다음과 같다. 데이터베이스 시스템(혹은 운영체제)이 디스크에 블록을 쓰도록 요청하면, 디스크 컨트롤러는 해당 블록을 **비휘발성 쓰기 버퍼**에 기록하고 그 쓰기가 성공적으로 완료되었음을 즉시 운영체제에 알리는 것이다. 이어서 컨트롤러는 예를 들어 승강기 알고리즘을 사용해 디스크 암 이동을 최소화하는 방식으로 디스크상의 (데이터가 위치할) 목적지에 데이터를 쓸 수 있다. 비휘발성 쓰기 버퍼를 사용하지 않고 이러한 쓰기 재순서화(write reordering)를 수행하면 시스템 충돌 시 데이터베이스 상태가 일관되지 않을 수 있다. 나중에 19장에서 배우는 복구 알고리즘은 지정된 순서로 기록하는 쓰기에 따라 다르다. 데이터베이스 시스템이 블록 쓰기를 요청하면 NVRAM 버퍼가 가득 찬 경우에만 시스템은 지연을 알아챌 수 있다. 시스템 충돌로부터 복구하자마자 NVRAM에 계류 중인 버퍼에 채워진 쓰기가 디스크에 다시 기록된다. NVRAM 버퍼는 특정 고급 디스크(high-end disk)에서 찾아볼 수 있으나 요즘은 RAID 컨트롤러에서 더 자주 발견된다.

앞에서 설명한 저수준의 최적화(low-level optimizations) 외에도, 질의 처리 알고리즘을 더 현명하게 설계해서 더 높은 수준에서 임의 접근을 최소화할 수 있는 최적화를 수행할 수 있다. 15장에서 효율적인 질의 처리 기술에 대해 학습한다.

12.7 요약

- 대부분의 컴퓨터 시스템에는 여러 유형의 데이터 저장 장치가 존재한다. 이러한 저장 장치는 데이터에 접근할 수 있는 속도와 저장을 위해 내는 데이터 단위당 비용, 그리고 신뢰성에 의해 분류된다. 이용할 수 있는 매체로는 캐시, 메인 메모리, 플래시 메모리, 자기 디스크, 광학 디스크, 자기 테이프 등이 있다.
- 자기 디스크는 기계 장치이며, 데이터 접근을 위해서는 판독-기록 헤드가 요청된 실린더로 이동해야 하며, 그러고 나서 판의 회전을 통해 해당 판독-기록 헤드 아래에서 요구된 섹터를 가져와서 읽어야 한다. 그래서 자기 디스크는 데이터 접근에 따른 지연 시간이 더 길다.
- SSD는 데이터 접근에 따른 지연 시간이 훨씬 짧고, 자기 디스크보다 데이터 전송 대역폭이 높다. 그러나 SSD는 또한 자기 디스크보다 바이트당 비용이 더 비싸다.
- 디스크는 실패에 취약하여 디스크에 저장된 데이터가 손실될 수 있다. 복수 개의 데이터 사본을 보유하여 되찾을 수 없는 데이터 손실 가능성을 줄일 수 있다.
- 미러링은 데이터 손실 확률을 크게 줄인다. RAID 기반의 더 정교한 디스크 중복 방법은 추가적인 이득을 제공할 수 있다. 디스크에 데이터를 나누어 저장함으로써 대규모 접근에 대한 처리량 속도를 더 높일 수 있다. 특히 이 방법은 여러 디스크에 걸친 데이터 중복을 통해 안정성을 크게 향상할 수도 있다.
- 비용과 성능, 신뢰성 등의 특성에 따라 구조가 다른 RAID가 몇 가지 있다. RAID 수준 1(미러링)과 RAID 수준 5가 가장 널리 사용된다.
- 미리 읽기, 버퍼링, 디스크 암 스케줄링, 미리 가져오기 및 비휘발성 쓰기 버퍼와 같은 디스크 블록 접근을 최적화하기 위한 여러 기법이 개발되었다.

용어정리

- 물리적 저장 장치 매체
  - 캐시
  - 메인 메모리
  - 플래시 메모리
  - 자기 디스크
  - 광학 저장 장치
  - 테이프 저장 장치
- 휘발성 저장 장치
- 비휘발성 저장 장치
- 순차 접근
- 직접 접근
- 저장 장치 인터페이스
  - 직렬 ATA(SATA)
  - 직렬 부착 SCSI(SAS)

- 비휘발성 메모리 익스프레스(NVMe)
- SAN
- NAS
- 자기 디스크
  - 디스크 판
  - 하드 디스크
  - 트랙
  - 섹터
  - 판독-기록 헤드
  - 디스크 암
  - 실린더
  - 디스크 컨트롤러
  - 체크섬
  - 손상된 섹터의 재배치
- 디스크 블록
- 디스크의 성능 측정 기준
  - 접근 시간
  - 탐색 시간
  - 지연 시간
  - 초당 I/O 연산 수(IOPS)
  - 회전 지연
  - 데이터 전송 속도
  - 실패까지 평균 시간(MTTF)
- 플래시 저장 장치
  - 지움 블록
  - 평등화 작업
  - 플래시 변환 테이블
  - 플래시 변환 계층
- 저장 장치급 메모리(SCM)
  - 3D-XPoint
- 독립적인 디스크의 중복적인 배열(RAID)
  - 미러링
  - 데이터 분산
  - 비트 단위 분산
  - 블록 단위 분산
- RAID 수준
  - 수준 0(블록 분산, 중복 없음)
  - 수준 1(블록 분산, 미러링)
  - 수준 5(블록 분산, 분산된 패리티)
  - 수준 6(블록 분산, P + Q 중복)
- 재구축 성능
- 소프트웨어 RAID
- 하드웨어 RAID
- 핫 스와핑
- 디스크 블록 접근의 최적화
  - 디스크 암 스케줄링
  - 승강기 알고리즘
  - 파일 구성
  - 조각 모음
  - 비휘발성 쓰기 버퍼
  - 로그 디스크

실전문제

12.1 데이터베이스의 일부(예: 일부 릴레이션)는 SSD에 저장하고 나머지는 자기 디스크에 저장하는 방식으로, SSD는 메인 메모리와 자기 디스크 사이의 저장 장치 계층으로 사용될 수 있다. 대안적으로, SSD를 자기 디스크용 버퍼 또는 캐시로 사용할 수 있다. 즉 자주 사용되는 블록은 SSD 계층에 상주시키고, 자주 사용되지 않는 블록은 자기 디스크에 상주시키는 것이다.

a. 보장된 단시간 내에 답변해야 하는 실시간 질의를 지원해야 하는 경우, 두 가지 대안 중 어떤 것을 선택하겠는가? 그 이유를 설명하라.

b. 매우 큰 *customer* 릴레이션을 가지고 있는데, 그 릴레이션의 일부 디스크 블록에만 자주 접근하고 다른 블록에는 거의 접근하지 않는다면, 두 가지 대안 중 어느 것을 선택하겠는가?

12.2 일부 데이터베이스는 외부 트랙의 섹터만 사용하는 방식으로 자기 디스크를 사용하고 내부 트랙의 섹터는 사용하지 않은 상태로 두기도 한다. 그렇게 하면 어떤 이점이 있겠는가?

12.3 플래시 저장 장치:

a. 논리 주소에서 대응하는 물리적 주소를 찾을 때 사용하는 플래시 변환 테이블을 메모리에서 어떻게 생성하겠는가?

b. 4,096바이트의 페이지 크기를 갖는 64기가바이트의 플래시 저장 장치 시스템을 가지고 있다고 가정하자. 각 페이지가 32비트 주소를 가지고 있고 테이블은 배열에 저장된다고 가정할 때, 플래시 변환 테이블의 크기는 얼마인가?

c. 만약 긴 범위의 연속적인 논리 주소를 연속적인 물리적 주소에 매우 자주 대응시켜야 할 때, 어떻게 변환 테이블의 크기를 줄일 수 있을지 제안해 보라.

12.4 네 개의 디스크에 놓인 다음 데이터 및 패리티 블록 배열을 고려해 보자.

Disk 1	Disk 2	Disk 3	Disk 4
B_1	B_2	B_3	B_4
P_1	B_5	B_6	B_7
B_8	P_2	B_9	B_{10}
⋮	⋮	⋮	⋮

B_i는 데이터 블록을, P_i는 패리티 블록을 나타낸다. 패리티 블록 P_i는 데이터 블록 B_{4i-3}에서 B_{4i}까지의 패리티 블록이다. 만약 문제가 있다면, 이러한 배치는 어떤 문제를 발생시키는가?

12.5 데이터베이스 관리자는 단일 RAID 5 배열로 구성되는 디스크 수를 선택할 수 있다. 비용, 신뢰성, 실패 동안의 성능 및 재구축 동안의 성능 측면에서 더 적은 수의 디스크와 더 많은 디스크를 갖는 것 사이의 상반관계는 무엇인가?

12.6 디스크 블록을 쓰는 동안 정전이 발생하면 블록 일부분만 쓰이게 된다. 부분적으로만 쓰인 블록을 감지할 수 있다고 가정하자. 원자 블록 쓰기(atomic block write)는 디스크 블록을 완전히 쓰거나 아예 아무것도 쓰이지 않게 하거나 둘 중 하나인데, 부분 쓰기는 전혀 아니다. 다음의 RAID 방식으로 원자 블록 쓰기의 효과를 얻는 방법을 제안해 보라. 제안하는 방법이 실패로부터 복구하는 작업과 관련 있어야 한다.

a. RAID 수준 1(미러링)

b. RAID 수준 5(블록 상호 배치되고 분산된 패리티)

12.7 큰 파일의 모든 블록을 연속적인 디스크 블록에 저장하는 것은 순차 파일 읽기 시 탐색을 최소화할 수도 있다. 그러나 그렇게 저장하는 것이 왜 실제적이지 못한가? 순차 읽기 동안 탐색 수를 최소화하기 위해 운영체제가 대신 수행하는 작업은 무엇인가?

연습문제

12.8 일상적으로 사용하는 컴퓨터에서 이용 가능한 물리적 저장 장치 매체를 나열해 보자. 각 매체의 데이터 접근 속도를 제시하라.

12.9 디스크 컨트롤러가 수행하는 손상된 섹터의 재배치는 데이터 검색률에 얼마나 많은 영향을 미치는가?

12.10 운영체제는 파일의 연속 블록이 연속적인 디스크 블록에 저장되도록 한다. 자기 디스크에서 그렇게 하는 것이 왜 중요한가? SSD를 대신 사용했다면 여전히 중요한지, 아니면 관련이 없는지 설명하고 그 이유를 말하라.

12.11 일반적으로 RAID 시스템은 시스템에 접근하는 것을 멈추지 않고 실패된 디스크를 교체할 수 있다. 시스템이 동작하고 있는 동안 교체된 디스크에 실패된 디스크에 있는 데이터를 재배치해서 다시 기록해야 한다. 재구축과 진행 중인 디스크 접근 간의 간섭량을 최소화하도록 해 주는 RAID 수준은 무엇인가? 대답을 설명해 보라.

12.12 RAID 시스템의 스크러빙이 무엇인가? 그리고 왜 스크러빙이 중요한가?

12.13 디스크 실패 시 손실되어서는 안 되는 데이터가 있고, 응용 프로그램이 갱신 중심이라 하자. 이 데이터를 어떻게 저장하겠는가?

더 읽어보기

[Hennessy et al. (2017)]는 유명한 컴퓨터 구조 교재로서 캐시 및 메모리 구조 등에 관한 내용을 포함한다.

현재 생산되고 있는 디스크 드라이브에 대한 사양은 제조업체인 Hitachi, Seagate, Maxtor 및 Western Digital의 웹 사이트에서 얻을 수 있다. 현세대 SSD의 사양은 Crucial, Intel, Micron, Samsung, SanDisk, Toshiba 및 Western Digital과 같은 제조업체의 웹 사이트에서 얻을 수 있다.

[Patterson et al. (1988)]는 RAID 수준에 대한 초기 내용을 제공하였으며 용어를 표준화하는 데 도움을 주었다. [Chen et al. (1994)]는 RAID의 원리와 구현에 관한 사례 조사를 제시한다.

대부분의 최신 RAID 시스템에서 지원하는 RAID 수준에 대한 포괄적인 내용은 [Cisco (2018)]의 "RAID 개론"에서 찾을 수 있다. 해당 내용은 RAID 수준 1, 5 및 6을 RAID 수준 0의 분산 저장과 결합한 중첩된 RAID 수준 10, 50 및 60을 포함한다. Reed-Solomon 코드는 [Pless (1998)]에서 다룬다.

참고문헌

[Chen et al. (1994)] P. M. Chen, E. K. Lee, G. A. Gibson, R. H. Katz, and D. A. Patterson, "RAID: High-Performance, Reliable Secondary Storage", *ACM Computing Surveys*, Volume 26, Number 2 (1994), pages 145-185.

[Cisco (2018)] *Cisco UCS Servers RAID Guide*. Cisco (2018).

[Hennessy et al. (2017)] J. L. Hennessy, D. A. Patterson, and D. Goldberg, *Computer Architecture: A Quantitative Approach*, 6th edition, Morgan Kaufmann (2017).

[Patterson et al. (1988)] D. A. Patterson, G. Gibson, and R. H. Katz, "A Case for Redundant Arrays of Inexpensive Disks (RAID)", In *Proc. of the ACM SIGMOD Conf. on Management of Data* (1988), pages 109-116.

[Pless (1998)] V. Pless, *Introduction to the Theory of Error-Correcting Codes*, 3rd edition, John Wiley and Sons (1998).

크레딧

장 도입부 보트 사진: © Pavel Nesvadba/Shutterstock

그림 12.3: © Silberschatz, Korth, Sudarshan

Chapter 13

데이터 저장 장치 구조

12장에서 자기 디스크와 SSD를 중심으로 물리적 저장 장치의 특성을 살펴보고 RAID 구조에서 여러 디스크를 사용하여 빠르고 안정적인 저장 장치 시스템을 구축하는 방법을 살펴보았다. 이 장에서는 기반 저장 장치 매체에 저장되는 데이터의 구성과 그 데이터에 어떻게 접근하는지에 관해 설명한다.

13.1 데이터베이스 저장 장치 구조

12장에서 살펴본 바와 같이, 일반적으로 영구적인 데이터는 자기 디스크 또는 SSD인 비휘발성 저장 장치에 저장된다. 자기 디스크와 SSD는 블록 구조를 이용하는 저장 장치다. 즉 데이터를 블록 단위로 읽거나 쓴다. 이에 반해 데이터베이스는 (매우 큰 속성을 가진 레코드가 있을 수 있을지라도) 일반적으로 블록보다 훨씬 작은 크기인 레코드를 처리한다.

대부분 데이터베이스는 레코드를 저장하기 위한 중간 계층으로 운영체제 파일을 사용하여 하부 블록의 세부 정보를 추상화한다. 그러나 효율적인 접근을 보장하고 (19장의 뒷부분에서 살펴보겠지만) 오류 발생 시 데이터의 복구가 가능하도록 데이터베이스는 블록 구조를 계속 사용해야 한다. 따라서 13.2절에서 블록 구성에 따라 어떻게 개별 레코드를 파일에 저장하는지를 설명한다.

레코드 집합이 있다면, 파일 구성에서 이러한 레코드를 어떻게 조직할지를 결정할 수 있다. 예를 들어, 어떤 키에 대해 정렬한 순서, 생성한 순서, 또는 임의 순서대로 레코드를 저장할 수 있는 것이다. 13.3절에서 몇 가지 다른 파일 구성에 대해 알아본다.

그다음 13.4절에서는 데이터 사전에서 데이터베이스가 저장 장치 구조뿐만 아니라 관계형 스키마에 대한 (메타) 데이터를 어떻게 구성하는지를 설명한다. 예를 들어, 릴레이션의 이름이 주어졌을 때 릴레이션의 레코드를 찾고 검색하는 것과 같이, 데이터 사전의 정보는 많은 데이터 관리 작업에서 매우 중요하다.

CPU가 데이터에 접근하려면 메인 메모리에 있어야 하지만, 영속 데이터는 자기 디스크 또는 SSD와 같은 비휘발성 저장 장치에 있어야 한다. 보통 메인 메모리보다 큰 데이터베이스의 경우, 데이터를 비휘발성 저장 장치에서 가져와서 갱신한 뒤에는 다시 저장 장치에 저장해야 한다. 13.5절에서 데이터베이스가 비휘발성 저장 장치에서 가져온 블록을 데이터베이스 버퍼라고 하는 메모리 영역을 이용하여 저장하는 방법에 관해 설명한다.

특정 행의 모든 속성을 함께 저장하는 것이 아니라, 특정 열의 모든 값을 함께 저장하는 것에 기반을 둔 데이터 저장 방법은 분석 질의 처리에서 매우 잘 동작하는 것으로 밝혀졌는데, 이러한 아이디어인 **열 지향 저장소**(column-oriented storage)는 13.6절에서 설명한다.

일부 응용 프로그램은 데이터에 매우 빨리 접근해야 하며 전체 데이터베이스를 데이터베이스 서버의 메인 메모리에 다 적재할 수 있을 만큼 충분히 작은 크기의 데이터를 가지기도 한다. 이런 경우, 전체 데이터베이스의 복사본을 아예 메모리에 보관할 수 있다.[1] 이처럼 전체 데이터베이스를 메모리에 저장하고 데이터의 메모리 상주(residency)를 활용하기 위해 데이터베이스에서 사용하는 질의 처리 및 기타 알고리즘뿐만 아니라 인메모리 데이터 구조를 최적화한 데이터베이스를 **메인 메모리 데이터베이스**(main-memory database)라고 한다. 이러한 메인 메모리 데이터베이스의 저장 장치 구성은 13.7절에서 살펴본다. 메인 메모리 데이터베이스 구조는 현재 개발 중인 **저장 장치급 메모리**(Storage Class Memory, SCM)라고 하는 개별 바이트 또는 캐시 라인에 직접 접근할 수 있는 비휘발성 메모리에서 더욱 최적화될 수 있다.

13.2 파일 구성

하나의 데이터베이스는 내부적으로 기반 운영체제가 관리하는 많은 다른 파일에 대응한다. 이 파일은 디스크 안에 영구적으로 저장된다. **파일**(file)은 일련의 레코드로서 논리적으로 구성된다. 이러한 레코드는 디스크 블록상에 대응된다. 운영체제에 있는 기본적인 구조로 파일을 제공하므로, 우리는 기반 **파일 시스템**(file system)이 존재하고 있음을 가정한다. 파일에 관한 논리 데이터 모델을 나타내는 방법을 잘 고려해야 한다.

블록(block)이라 불리는 고정 길이(fixed-length) 저장 단위로 각 파일을 논리적으로 분할한다. 여기서 블록은 저장 장소 할당과 데이터 전송의 단위다. 대부분의 데이터베이스는 기본으로 4~8킬로바이트의 블록 크기를 사용하지만, 많은 데이터베이스는 블록 크기가 데이터베이스 인스턴스가 생성될 때 명시하는 것 또한 허용한다. 더 큰 블록 크기는 몇몇 데이터베이스 응용 프로그램에 유용하다.

한 개의 블록은 여러 레코드를 포함한다. 정확히 어떤 레코드 집합이 같은 블록에 있어야 하는지에 대한 결정은 물리적 데이터 구성의 형태가 한다. 여기서 **블록보다 더 큰 레코드는 없다**고 가정한다. 이 가정은 대학교 예제와 같은 대부분의 데이터 처리 응용 프로그램을 고려할 때 현실적이다. 이미지와 같이 블록보다 훨씬 큰 대용량의 여러 데이터 항목이 있을 수 있다. 그렇게 큰 데이터를

1 안전한 운영을 위해서는, 현재 데이터베이스를 메모리에 다 적재해야 할 뿐만 아니라, 이미 구성한 데이터베이스가 계속해서 잠재적으로 커지더라도 중기적으로는 계속 메모리에 적재될 수 있을 것이라는 합리적인 확신이 필요하다.

별도로 저장하고 레코드 안에 해당 데이터 항목에 대한 포인터를 저장함으로써 큰 데이터 항목을 다루는 방법에 대해서는 13.2.2절에서 짧게 설명한다.

추가로, **단일 블록은 각 레코드를 완전히 포함해야 한다.** 즉 이는 어떤 레코드도 한 블록에 부분적으로 포함되거나 또 다른 레코드에 부분적으로 포함되지 않는다는 것을 의미한다. 이러한 제한은 데이터 항목에 접근하는 것을 단순화하고 접근 속도를 향상한다.

관계형 데이터베이스에서 서로 다른 릴레이션의 튜플은 일반적으로 다른 크기를 가진다. 데이터베이스에 파일을 매핑하기 위한 한 가지 방법은, 여러 파일을 사용하면서 주어진 파일 내에 고정 길이 레코드만 저장하는 것이다. 대안으로는 파일을 구조적으로 저장하여 가변 길이로 레코드를 저장할 수 있도록 하는 것이다. 하지만 고정 길이 레코드로 구성된 파일은 가변 길이 레코드 파일보다 구현하기 더 쉽다. 이전에 사용했던 많은 다양한 기법을 가변 길이의 경우에 적용할 수 있다. 따라서 이 절에서 고정 길이 레코드로 구성한 파일을 먼저 살펴보고, 이후에 가변 길이 레코드의 저장에 대해 살펴본다.

13.2.1 고정 길이 레코드

한 예로, 대학교 데이터베이스의 *instructor* 레코드 파일에 대해 생각해 보자. 이 파일의 각 레코드를 (의사 코드로) 다음과 같이 정의할 수 있다.

```
type instructor = record
        ID varchar (5);
        name varchar(20);
        dept_name varchar (20);
        salary numeric (8,2);
    end
```

위 레코드에서, 각 문자는 1바이트를 차지하고 numeric (8,2) 형은 8바이트를 차지한다고 가정하자. *ID*, *name*, *dept_name*과 같은 속성에 다양한 크기의 바이트를 할당하는 대신에 각 속성을 저

record 0	10101	Srinivasan	Comp. Sci.	65000
record 1	12121	Wu	Finance	90000
record 2	15151	Mozart	Music	40000
record 3	22222	Einstein	Physics	95000
record 4	32343	El Said	History	60000
record 5	33456	Gold	Physics	87000
record 6	45565	Katz	Comp. Sci.	75000
record 7	58583	Califieri	History	62000
record 8	76543	Singh	Finance	80000
record 9	76766	Crick	Biology	72000
record 10	83821	Brandt	Comp. Sci.	92000
record 11	98345	Kim	Elec. Eng.	80000

그림 13.1 *instructor* 레코드를 포함하는 파일

record 0	10101	Srinivasan	Comp. Sci.	65000
record 1	12121	Wu	Finance	90000
record 2	15151	Mozart	Music	40000
record 4	32343	El Said	History	60000
record 5	33456	Gold	Physics	87000
record 6	45565	Katz	Comp. Sci.	75000
record 7	58583	Califieri	History	62000
record 8	76543	Singh	Finance	80000
record 9	76766	Crick	Biology	72000
record 10	83821	Brandt	Comp. Sci.	92000
record 11	98345	Kim	Elec. Eng.	80000

그림 13.2 그림 13.1의 파일에서 레코드 3이 삭제되고 모든 레코드가 이동한 상태

장할 수 있는 최대 크기의 바이트 수를 할당한다. *instructor* 레코드의 길이는 53바이트다. 이러한 고정 길이 파일을 구성하는 간단한 방법은 첫 번째 레코드를 위해 첫 번째 53바이트를 사용하고, 두 번째 레코드를 위해 그다음 53바이트를 사용하는 등등이다(그림 13.1).

그러나 이 간단한 방법은 두 가지 문제점을 지닌다.

1. (이런 경우는 거의 일어나지 않겠지만) 만약 블록 크기가 53의 배수가 되지 않는다면 몇몇 레코드는 블록 경계를 넘게 된다. 즉 레코드 일부분은 어떤 블록에 저장되고 나머지 부분은 다른 블록에 저장될 것이다. 이렇게 되면 이런 레코드를 읽거나 쓰기 위해서는 두 블록에 모두 접근해야 한다.
2. 이 구조에서 레코드를 삭제하기가 어렵다. 삭제할 레코드가 차지하는 공간은 그 파일의 다른 레코드로 채워야 한다. 아니면 그 공간을 무시할 수 있도록 레코드를 삭제했다는 표시를 해야 한다.

첫 번째 문제점을 피하려면, 한 블록에 완전히 채울 수 있는 만큼의 블록만 레코드를 할당해야 한다. 이 수는 블록 크기를 레코드 크기로 나눠서 쉽게 계산할 수 있는데, 소수 부분은 무시하면 된다. 각 블록의 남은 바이트는 사용하지 않은 채 남긴다.

한 레코드를 삭제할 때 이 레코드 뒤에 있는 모든 레코드를 바로 전 레코드가 차지한 공간으로 이동시킨다(그림 13.2). 이 방법에서 많은 수의 레코드가 이동해야 한다. 삭제한 레코드가 있었던 공간에 파일의 마지막 레코드를 단순히 이동하는 게 더 쉬울 수도 있다(그림 13.3).

삭제한 레코드가 있었던 빈 곳[2]을 채우기 위해 레코드를 이동하게 되면 부차적인 블록 접근이 필요해서 바람직하지 않다. 레코드 삽입이 레코드 삭제보다 더 자주 일어나기 때문에 삭제한 레코드가 있었던 공간을 비워 둔 채 재사용하기 전 다음에 삽입할 레코드를 기다리게 할 수 있다. 삭제한 레코드를 표시하는 것만으로는 충분하지 않을 것이다. 왜냐하면 삽입할 레코드가 있을 때 이러한 이용 가능 공간을 찾기가 어렵기 때문이다. 그래서 추가적인 구조를 생각해 볼 필요가 있다.

---

2 역자 주: "자유 공간"이라는 유사 용어를 사용하기도 한다.

record 0	10101	Srinivasan	Comp. Sci.	65000
record 1	12121	Wu	Finance	90000
record 2	15151	Mozart	Music	40000
record 11	98345	Kim	Elec. Eng.	80000
record 4	32343	El Said	History	60000
record 5	33456	Gold	Physics	87000
record 6	45565	Katz	Comp. Sci.	75000
record 7	58583	Califieri	History	62000
record 8	76543	Singh	Finance	80000
record 9	76766	Crick	Biology	72000
record 10	83821	Brandt	Comp. Sci.	92000

그림 13.3 그림 13.1의 파일에서 레코드 3이 삭제되고 마지막 레코드가 이동한 상태

파일 앞부분에 일부 바이트를 할당해 **파일 헤더**(file header)를 만든다. 파일 헤더는 해당 파일에 대한 다양한 정보를 포함할 것이다. 여기에 저장하는 데 당장 필요한 것은 내용이 삭제된 첫 번째 레코드의 주소다. 이 첫 번째 레코드를 사용해서 이용 가능한 두 번째(즉 다음) 레코드의 주소를 저장하고, 이런 식으로 계속해 나가면 된다. 직관적으로, 이렇게 저장한 레코드 주소는 레코드의 위치를 가리키므로 해당 주소를 포인터로 생각할 수 있다. 그래서 이 삭제한 레코드는 연결 리스트를 형성하는데 종종 **자유 리스트**(free list)로 언급하기도 한다. 그림 13.4는 그림 13.1의 파일 레코드 1, 4, 6을 삭제한 후에 자유 리스트를 갖는 그림 13.1의 수정된 파일을 보여 준다.

새로운 레코드를 삽입할 때 헤더가 가리키는 레코드를 사용한다. 그다음 헤더의 포인터를 다음 이용 가능한 레코드를 가리키도록 바꾼다. 이용 가능 공간이 없다면 이 파일 끝에 새로운 레코드를 추가한다.

header				
record 0	10101	Srinivasan	Comp. Sci.	65000
record 1				
record 2	15151	Mozart	Music	40000
record 3	22222	Einstein	Physics	95000
record 4				
record 5	33456	Gold	Physics	87000
record 6				
record 7	58583	Califieri	History	62000
record 8	76543	Singh	Finance	80000
record 9	76766	Crick	Biology	72000
record 10	83821	Brandt	Comp. Sci.	92000
record 11	98345	Kim	Elec. Eng.	80000

그림 13.4 레코드 1, 4, 6을 삭제한 후에 자유 리스트를 갖는 그림 13.1의 파일

고정된 길이의 레코드를 저장한 파일의 삽입과 삭제는 구현이 간단하다. 왜냐하면 삭제한 레코드가 이용할 수 있는 공간은 정확하게 새로운 레코드를 삽입하는 데 필요한 공간이 되기 때문이다. 그러나 가변 길이 레코드를 파일에 저장한다면 이런 일치가 더는 유효하지 않게 된다. 삽입한 레코드는 삭제한 레코드가 비워진 공간보다 커서 맞지 않거나, 작아서 이 공간의 일부분만 채울지도 모른다.

13.2.2 가변 길이 레코드

데이터베이스 시스템에서 **가변 길이 레코드**(variable-length record)가 필요한 몇 가지 상황이 있다. 가장 일반적인 이유는 문자열과 같은 가변 길이 필드가 있기 때문이다. 또 다른 이유는 배열 혹은 다중 집합(multiset)과 같은 반복적인 필드를 포함하는 레코드 유형과 파일 내에 여러 레코드 유형의 존재가 있다는 점이다.

가변 길이 레코드를 구현하기 위한 다양한 기법이 존재한다. 이러한 기법은 아래의 두 가지 서로 다른 문제를 해결해야 한다.

1. 속성이 가변 길이인 경우에도 개별 속성을 쉽게 추출할 수 있는 방식으로 하나의 레코드를 표현하는 방법
2. 블록 내의 레코드를 쉽게 추출할 수 있도록 블록 내에 가변 길이 레코드를 저장하는 방법

가변 길이의 속성을 지닌 레코드의 표현은 일반적으로 두 부분으로 구성된다. 구조가 같은 릴레이션의 모든 레코드에 대해 같은 고정 길이 정보를 갖는 처음 부분과 가변 길이 속성의 내용으로 구성된 그다음 부분이다. 숫자, 날짜, 고정 길이 문자열과 같은 고정 길이 속성에 해당 값을 저장하는 데 필요한 많은 수의 바이트만큼을 해당 고정 길이 속성에 할당한다. varchar 타입과 같은 가변 길이의 속성은 레코드의 처음 부분에서 [오프셋(offset), 길이(length)]의 쌍으로 표현된다. 이때 오프셋은 레코드 내의 속성이 시작되는 부분을 위한 데이터를 나타내며, 길이는 가변 길이 속성의 바이트의 길이이다. 레코드의 앞부분 고정 길이 부분 이후에 이 속성값을 연속적으로 저장한다. 따라서 레코드의 처음 부분은 각 속성이 고정 길이인지 가변 길이인지에 따라 고정 크기인 해당 속성에 대한 정보를 저장한다.

이러한 레코드 표현의 예시가 그림 13.5에 나타나 있다. 해당 그림은 *instructor* 레코드를 나타내는데, 레코드의 첫 세 개의 속성인 *ID*, *name*, *dept_name*은 가변 길이의 문자열이며, 레코드의 네 번째 속성인 *salary*는 고정 길이 숫자다. 오프셋과 길이 값을 속성당 2바이트씩, 총 4바이트를 저장한다고 가정한다. 8바이트로 *salary* 속성을 저장한다고 가정하며, 각 문자열은 자신이 가지는 수만

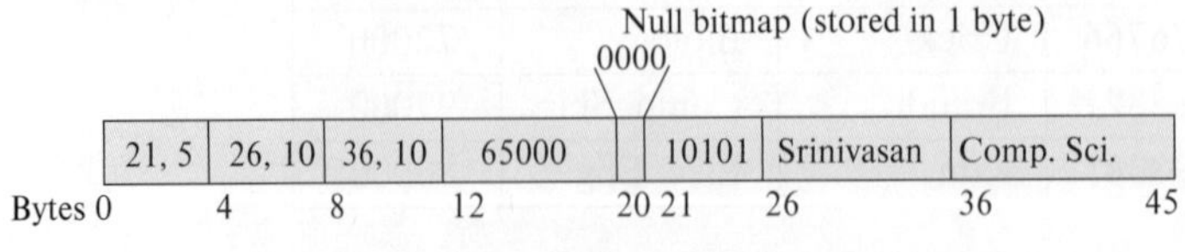

그림 13.5 *instructor* 릴레이션의 가변 길이 레코드 표현

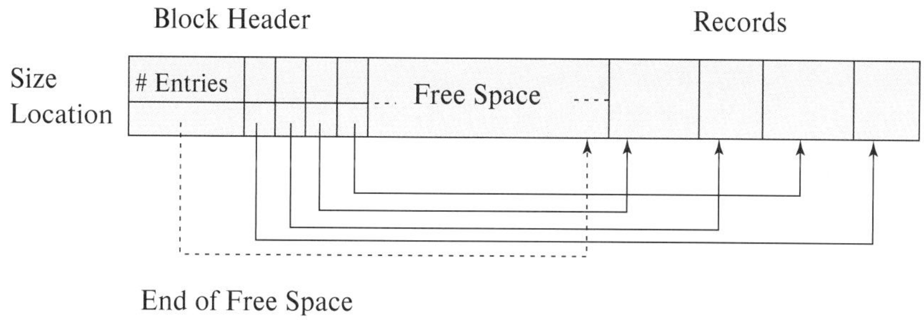

그림 13.6 슬롯 페이지 구조

큼의 바이트를 지닌다.

그림 13.5는 또한 어떤 레코드의 속성이 널 값을 갖는지를 나타내는 **널 비트맵**(null bitmap)의 사용을 나타낸다. 이러한 특정한 레코드에서 만약 급여 값이 널이면 비트맵의 네 번째 비트는 1로 설정되고, 12~19바이트로 저장될 급여 값은 무시될 것이다. 레코드가 네 개의 속성으로 되어 있으므로, 더 많은 속성이 더 많은 바이트가 필요하더라도 이 레코드를 위한 널 비트맵은 1바이트에 딱 맞게 된다. 일부 표현에서 레코드의 시작 부분에 널 비트맵을 저장하고, 널인 속성을 위해 값이나 오프셋, 길이와 같은 데이터를 전혀 저장하지 않는다. 그러한 표현에서서는 레코드의 속성을 추출하기 위한 여분의 작업 비용에서 저장 장치의 공간을 절약하게 된다. 이 표현은 대부분의 필드가 널 값을 갖는 레코드를 사용하는 어떤 응용 프로그램에 특히 유용하다.

다음으로, 블록의 가변 길이 레코드를 저장하는 문제점에 대해 다룬다. 그림 13.6의 **슬롯 페이지 구조**(slotted-page structure)는 블록 내의 레코드를 구성하는 데 흔히 사용된다.[3] 각 블록의 시작에는 다음의 정보를 포함하는 헤더가 있다.

- 헤더에 있는 레코드 엔트리의 수
- 블록에서 빈 곳의 끝
- 각 레코드의 위치와 크기를 포함하고 있는 엔트리 배열

실제 레코드는 블록의 끝에서부터 인접하게(contiguously) 할당된다. 블록에서 빈 곳은 헤더 배열에 있는 마지막 엔트리와 첫 번째 레코드 사이에서 연속적이다. 어떤 한 레코드를 삽입하면 빈 곳 끝에 이 레코드를 위한 공간을 할당하고 이 레코드의 크기와 위치를 포함하는 엔트리를 헤더에 추가한다.

레코드를 삭제하면 해당 레코드가 차지하고 있던 공간을 비우고 관련 엔트리를 삭제한 상태(예를 들어, 크기는 −1로 표시)로 명시한다. 추가로, 삭제한 레코드 앞쪽에 있는 레코드를 이동한다. 그래야 삭제한 레코드가 차지하고 있었던 공간이 빈 곳이 되어 모든 빈 곳은 다시 헤더 배열의 마지막 엔트리와 첫 번째 레코드 사이에 있게 된다. 또한 헤더에 있는 빈 공간이 끝을 가리키는 포인터를 상황에 맞게 갱신해야 한다. 블록에 공간이 있는 한, 비슷한 기법으로 레코드를 증가시키거나 감소

---

3 여기서 "페이지"는 "블록"과 같은 의미로 사용된다.

시킬 수 있다. 레코드를 이동하는 비용은 블록의 크기가 제한되어 있으므로 크게 들지 않는다. 블록의 크기는 보통 4~8킬로바이트다.

슬롯 페이지 구조에서 레코드를 직접 가리키는 포인터는 없도록 해야 한다. 그 대신 포인터는 레코드의 실제 위치를 포함하고 있는 헤더 안에 있는 엔트리를 가리키도록 해야 한다. 이러한 수준의 우회(indirection)는 레코드에 대한 간접 포인터를 지원하면서 블록의 공간을 단편화하는 것을 막기 위해 레코드를 이동할 수 있도록 해 준다.

13.2.3 대형 객체 저장 방법

데이터베이스는 디스크 블록보다 훨씬 큰 데이터를 종종 저장한다. 예를 들어, 그림이나 음성 기록은 그 크기가 수 메가바이트가 될 수 있고, 동영상은 그 크기가 수 기가바이트가 될 수 있다. SQL이 이진 대형 객체와 문자 대형 객체 저장을 위한 **blob**와 **clob**를 지원한다는 점을 상기해 보라.

대부분의 관계형 데이터베이스는 내부적으로 한 레코드의 크기가 한 블록의 크기를 넘지 않도록 제한한다.[4] 이러한 데이터베이스에서 레코드가 대형 객체를 논리적으로 포함할 수 있지만, 데이터베이스는 레코드의 다른 (소형) 속성과는 별도로 해당 대형 객체를 저장한다. 그런 다음에 그 대형 객체에 대한 (논리) 포인터를 해당 객체를 포함하는 레코드에 저장한다.

대형 객체(large object)를 데이터베이스가 관리하는 파일 시스템 영역에 파일로 저장하거나 데이터베이스가 저장하고 관리하는 파일 구성으로 저장할 수 있다. 후자의 경우, 그러한 데이터베이스 내 대형 객체를 14.4.1절에서 살펴볼 B^+-트리 파일 구성을 사용해서 선택적으로 표현할 수 있다. B^+-트리 파일 구성은 그 객체 내의 임의 위치에 대한 효율적인 접근을 가능하게 한다. B^+-트리 파일 구성을 사용하면 객체를 전부 읽는 대신 지정된 바이트 영역만 읽을 수 있고, 객체 일부분을 추가 및 삭제할 수도 있다.

그러나 데이터베이스에 매우 큰 객체를 저장하는 데서 오는 성능에 대한 몇 가지 이슈가 있다. 첫 번째 문제는 대형 객체를 데이터베이스 인터페이스를 통해서 접근하는 것이 효율적인가 하는 점이다. 두 번째 문제는 데이터베이스 백업의 크기다. 많은 기업이 주기적으로 "데이터베이스 덤프(dump)," 즉 데이터베이스의 백업 복사본을 만드는데, 데이터베이스에 대형 객체를 저장하면 데이터베이스 덤프의 크기가 매우 증가할 수 있다.

따라서 많은 응용 프로그램은 동영상 데이터와 같이 크기가 매우 큰 객체를 데이터베이스 외부의 파일 시스템에 저장한다. 이럴 때 응용 프로그램은 파일 이름(일반적으로 파일 시스템에서 경로)을 데이터베이스 내 레코드의 속성으로 저장할 수 있다. 데이터베이스 외부의 파일에 데이터를 저장하면 데이터베이스의 파일 이름이 존재하지 않는 파일을 가리키게 된다. 파일이 삭제되었기 때문에 외래 키 제약 조건을 위반하는 형태가 된다. 또한 데이터베이스 권한 제어는 파일 시스템에 저장된 데이터에는 적용되지 않는다.

4 이 제한은 버퍼 관리를 단순화하는 데 도움이 된다. 13.5절에서 볼 수 있듯이 디스크 블록의 내용에 접근하기 전에 버퍼라는 메모리 영역으로 해당 디스크 블록을 먼저 가져온다. 블록보다 크기가 큰 레코드는 버퍼의 다른 영역일 수 있는 블록 간에 분할되므로, 연속적인 메모리 영역에 존재한다고 보장할 수 없다.

일부 데이터베이스는 제약 조건을 충족하는지 확인(예를 들면, 데이터베이스가 파일에 대한 포인터를 가지고 있으면 파일 삭제를 차단할 것임)하고 데이터베이스 접근 권한을 적용하도록 데이터베이스와의 파일 시스템 통합을 제공한다. 즉 파일 시스템 인터페이스와 데이터베이스 SQL 인터페이스 모두에서 파일에 접근할 수 있는 것이다. 예를 들어, Oracle은 SecureFiles 및 Database File System 특성을 통해 이러한 통합을 지원한다.

13.3 파일에 레코드를 구성하는 방법

지금까지 레코드를 파일 구성 안에 어떻게 표현할지에 대해 살펴보았다. 릴레이션은 레코드들의 집합이다. 주어진 레코드 집합에 대한 다음 질문은 파일 안에 레코드를 어떻게 구성할 것인가다. 파일에 레코드를 구성하는 몇 가지 가능한 방법은 아래와 같다.

- **힙 파일 구성**(Heap file organization). 파일 안에 레코드를 위한 공간만 있다면 임의의 레코드는 어디든지 놓일 수 있다. 레코드의 순서는 없다. 일반적으로 각 릴레이션은 하나의 파일 또는 파일 집합으로 되어 있다. 13.3.1절에서 힙 파일 구성에 대해 논의한다.
- **순차 파일 구성**(Sequential file organization). 레코드는 "검색 키(search key)"의 값에 따라 순차적 순서대로 저장된다. 13.3.2절에서 이러한 조직 방법에 관해 기술한다.
- **다중 테이블 군집 파일 구성**(Multitable clustering file organization). 일반적으로 각 릴레이션의 레코드를 저장하기 위해 독립된 파일이나 파일의 집합을 사용한다. 그러나 **다중 테이블 군집 파일 구성**에서 특정 조인 연산의 비용을 줄이기 위해 여러 다른 릴레이션의 레코드가 같은 파일에 저장되고, 실제로도 파일 내의 같은 블록에 저장된다. 13.3.3절에서 다중 테이블 군집 파일 구성에 관해 기술한다.
- **B⁺-트리 파일 구성**(B⁺-tree file organization). 13.3.2절에서 설명할 전통적인 순차 파일 구성은 레코드의 순서를 변경할 수 있는 삽입, 삭제 및 갱신 작업이 있더라도 순차적인 접근만 제공한다. 그러나 이러한 작업이 많은 경우에 정렬 접근의 효율성이 저하된다. 14.4.1절에서 B^+-**트리 파일 구성**으로 불리는, 레코드를 구성하는 또 다른 방법에 대해 알아본다. B⁺-트리 파일 구성은 14장에서 설명하는 B⁺-트리 인덱스 구성과 관련이 있으며, 삽입, 삭제 또는 갱신 작업이 많은 경우에도 레코드에 대한 효율적인 정렬 접근을 제공할 수 있다. 또한 검색 키를 기반으로 특정 레코드에 대한 매우 효율적인 접근을 지원한다.
- **해싱 파일 구성**(Hashing file organization). 해시 함수는 각 레코드의 일부 속성에 대해 계산된다. 해시 함수의 결과는 해당 레코드가 파일의 어느 블록에 놓일지를 나타낸다. 14.5절에서 이 해싱 파일 구성에 관해 기술하는데, 이 구조는 14장에 기술된 인덱싱 구조와 매우 밀접하게 관계된다.

13.3.1 힙 파일 구성

힙 파일 구성에서 레코드는 릴레이션에 해당하는 파일의 어디에나 저장될 수 있다. 특정 위치에 배

치되어 있다면 해당 레코드를 일반적으로 이동하지는 않는다.[5]

레코드를 파일에 삽입할 때 위치를 선택하는 한 가지 옵션은 항상 파일의 끝부분에 추가하는 것이다. 그러나 레코드를 삭제하면 만들어진 빈 곳을 사용하여 새 레코드를 저장하는 게 좋다. 그래서 데이터베이스 시스템은 파일의 모든 블록을 순차적으로 검색하지 않고도 빈 곳이 있는 블록을 효율적으로 찾을 수 있어야 한다.

대부분 데이터베이스는 **여유 공간 맵**(free-space map)이라고 하는 공간 효율적 데이터 구조를 사용하여 레코드를 저장할 여유 공간이 있는 블록을 추적한다. 릴레이션의 각 블록에 대해 한 개의 엔트리를 포함하는 배열로 여유 공간 맵을 흔히 나타낸다. 각 엔트리는 비율 f를 표현하는데, 이는 최소 비율 f만큼이 해당 블록 공간에 비어 있어야 한다는 것을 뜻한다. 예를 들어, PostgreSQL에서 엔트리는 1바이트(즉 8비트)이며, 엔트리에 저장한 값을 256으로 나누면 여유 공간 비율을 구할 수 있다. 배열은 파일에 저장되고, 파일의 블록은 필요할 때 메모리[6]로 가져온다. 레코드를 삽입, 삭제 또는 그 크기를 변경할 때마다 엔트리 값에 영향을 줄 만큼 점유 비율이 변경되면 여유 공간 맵에서 엔트리를 갱신한다. 16개의 블록이 있는 파일에 대한 여유 공간 맵의 예시가 아래에 나와 있다. 점유 비율을 저장하기 위해 3비트를 사용한다고 가정하자. 즉 위치 i의 값을 8로 나누어 블록 i의 여유 공간 비율을 구해야 한다.

4	2	1	4	7	3	6	5	1	2	0	1	1	0	5	6

예를 들어, 7이라는 값은 해당 블록에서 최소 7/8의 공간이 비어 있다는 것을 나타낸다.

주어진 크기의 새 레코드를 저장할 블록을 찾기 위해, 데이터베이스는 여유 공간 맵을 스캔하여 해당 레코드를 저장할 충분한 여유 공간이 있는 블록을 찾을 수 있다. 만약 적당한 블록이 없다면 릴레이션에 새로운 블록을 할당한다.

이러한 스캔은 여유 공간을 찾기 위해 실제로 블록을 가져오는 것보다 훨씬 빠르지만, 대용량 파일의 경우 여전히 매우 느릴 수 있다. 여유 공간이 충분한 블록을 찾는 작업의 속도를 높이기 위해 2계층의 여유 공간 맵을 만들 수 있다. 즉 기존의 여유 공간 맵의 100개 엔트리마다 한 개의 엔트리가 존재한다. 그 한 개의 엔트리는 해당하는 기본 여유 공간 맵에 있는 100개의 엔트리 중 최댓값을 저장한다. 아래의 여유 공간 맵은 이전 예제의 2단계 여유 공간 맵으로, 주요한 여유 공간 맵의 네 개 항목마다 한 개의 엔트리가 존재한다.

4	7	2	6

기본 여유 공간 맵의 100개 엔트리마다 한 개의 엔트리가 존재하는 경우, 2단계 여유 공간 맵의 스캔은 기본 여유 공간 맵을 스캔하는 시간의 1/100만 소요된다. 충분한 여유 공간을 가진 적절한 엔트리가 발견되면, 기본 여유 공간 맵에서 해당하는 100개의 엔트리를 검사하여 여유 공간이 충

5 예를 들어, 데이터베이스가 릴레이션의 레코드를 정렬하는 경우, 레코드가 때때로 이동될 수 있다. 그러나 정렬 때문에 릴레이션이 재정렬되더라도, 이후에 일어나는 삽입 및 갱신으로 인해 레코드가 정렬된 상태를 더 유지하지 못할 수 있다.

6 13.5절에서 논의하는 데이터베이스 버퍼를 이용한다.

분한 블록을 찾을 수 있다. 2계층 여유 공간 맵의 엔트리는 기본 여유 공간 맵의 최대 항목을 저장하므로 이러한 블록이 존재할 수밖에 없다. 매우 큰 릴레이션을 다루기 위해 같은 아이디어를 사용하여 2계층 이상의 여유 공간 맵을 만들 수 있다.

맵의 엔트리를 갱신할 때마다 여유 공간 맵을 디스크에 쓰는 것은 비용이 많이 들 수 있다. 그래서 여유 공간 맵을 주기적으로 쓴다. 이로 인해 디스크의 여유 공간 맵이 최신이 아닐 수 있고, 그래서 데이터베이스가 시작될 때 이용 가능한 여유 공간에 대해 최신이 아닌 데이터를 얻을 수도 있다. 그 결과, 여유 공간 맵은 블록에 여유 공간이 없을 때도 여유 공간이 있다고 할 수 있다. 이러한 오류는 블록을 가져올 때 감지되며, 다른 블록을 찾기 위해 여유 공간 맵에서 추가로 검색하여 이를 해결할 수 있다. 반면에 여유 공간 맵은 블록에 여유 공간이 없다고 할 수도 있는데, 일반적으로 이는 사용하지 않는 여유 공간 외에는 문제가 되지 않는다. 이러한 오류를 해결하기 위해 릴레이션을 주기적으로 스캔하고 여유 공간 맵을 다시 계산하여 디스크에 기록한다.

13.3.2 순차 파일 구성

레코드의 효율적인 처리를 위해 일부 검색 키를 기반으로 정렬한 순서로 **순차 파일**(sequential file)을 설계한다. **검색 키**(search key)는 특정 속성이나 속성들의 집합이다. 이때 검색 키는 반드시 주키이거나 심지어 수퍼 키일 필요는 없다. 검색 키 순서로 레코드를 빨리 탐색하기 위해 레코드를 포인터로 연결한다. 각 레코드는 다음 레코드를 검색 키의 순서로 연결한다. 더욱이 순차 파일을 처리하는 동안 블록의 접근 수를 최소화하기 위해 레코드를 검색 키 순서나 가능한 한 검색 키 순서에 가깝도록 물리적으로 저장한다.

그림 13.7은 대학교 예제로부터 가져온 *instructor* 레코드의 순차 파일을 보여 준다. 이 예에서 레코드는 *ID*를 검색 키로 해서 검색 키 순서로 저장되어 있다.

이 순차 파일 구성에서 레코드를 정렬된 순서로 읽을 수 있는데 이는 15장에서 학습할 특정 질의 처리 알고리즘이나 결과를 보여 줄 때 유용할 수 있다.

10101	Srinivasan	Comp. Sci.	65000	
12121	Wu	Finance	90000	
15151	Mozart	Music	40000	
22222	Einstein	Physics	95000	
32343	El Said	History	60000	
33456	Gold	Physics	87000	
45565	Katz	Comp. Sci.	75000	
58583	Califieri	History	62000	
76543	Singh	Finance	80000	
76766	Crick	Biology	72000	
83821	Brandt	Comp. Sci.	92000	
98345	Kim	Elec. Eng.	80000	

그림 13.7 *instructor* **레코드에 대한 순차 파일**

10101	Srinivasan	Comp. Sci.	65000	
12121	Wu	Finance	90000	
15151	Mozart	Music	40000	
22222	Einstein	Physics	95000	
32343	El Said	History	60000	
33456	Gold	Physics	87000	
45565	Katz	Comp. Sci.	75000	
58583	Califieri	History	62000	
76543	Singh	Finance	80000	
76766	Crick	Biology	72000	
83821	Brandt	Comp. Sci.	92000	
98345	Kim	Elec. Eng.	80000	

32222	Verdi	Music	48000	

그림 13.8 삽입 후의 순차 파일

그러나 레코드를 삽입하고 삭제한 대로 물리적 순서를 유지하기는 어렵다. 왜냐하면 한 번의 삽입이나 삭제 때문에 많은 레코드를 이동하는 것은 비용이 많이 들기 때문이다. 이전에 봤듯이 포인터 체인을 이용하면 삭제를 관리할 수 있다. 삽입을 위해 다음의 규칙을 적용한다.

1. 검색 키 순서로 볼 때 삽입할 레코드 바로 앞에 위치하는 레코드를 파일에서 찾는다.
2. 찾은 레코드와 같은 블록 내에 빈 레코드(즉 삭제한 후 빈 공간)가 있다면 거기에 새로운 레코드를 삽입한다. 그렇지 않으면 **오버플로 블록**(overflow block)에 새로운 레코드를 삽입한다. 어느 경우이든 레코드를 검색 키 순서로 연결하기 위해 포인터를 조정한다.

그림 13.8은 그림 13.7의 파일에 레코드 (32222, Verdi, Music, 48000)의 삽입 이후의 구조를 보여 준다. 그림 13.8의 구조는 새로운 레코드의 빠른 삽입을 지원하나 순차 파일 처리 응용 프로그램일 경우 레코드의 물리적인 순서와 일치하지 않는 순서로 레코드를 처리해야 한다.

상대적으로 오버플로 블록에 저장할 필요가 있는 레코드가 거의 없다면 이런 방법은 잘 동작한다. 그러나 결국에 검색 키 순서와 물리적 순서 사이의 일치를 시간이 지남에 따라 완전히 잃어버릴 수 있어 그 경우에 순차적인 처리가 훨씬 비효율적으로 될 수 있다. 이 시점에서 다시 물리적으로 순차적인 순서가 되도록 파일을 **재구성**(reorganized)해야 한다. 이런 재구성은 비용이 많이 들고 시스템 작업량이 낮을 때 해야 한다. 재구성이 필요한 빈도는 새로운 레코드의 삽입 빈도에 따라 다르다. 삽입이 거의 발생하지 않는 극단적인 경우에는 항상 파일을 물리적으로 정렬된 순서로 유지할 수 있다. 이런 경우 그림 13.7의 포인터 필드는 필요 없다.

14.4.1절에서 설명하는 B^+-트리 파일 구성은 삽입, 삭제 및 갱신이 많이 일어날 때도 비용이 많이 드는 재구성 없이 효율적인 정렬 접근이 가능하다.

13.3.3 다중 테이블 군집 파일 구성

많은 관계형 데이터베이스 시스템은 각 릴레이션을 독립된 파일, 또는 독립된 파일 집합에 저장한다. 그래서 이러한 설계에 따라 각 파일 및 결과적으로 각 블록에는 하나의 릴레이션의 레코드만 저장한다.

그런데 일부 경우에는 단일 블록에 여러 릴레이션의 레코드를 저장하는 것이 유용할 수 있다. 여러 릴레이션의 레코드를 하나의 블록에 저장함으로써 얻는 이점을 살펴보기 위해 대학교 데이터베이스에 관한 다음의 SQL 질의를 보자.

> **select** *dept_name*, *building*, *budget*, *ID*, *name*, *salary*
> **from** *department* **natural join** *instructor*;

이 질의는 *department*와 *instructor* 릴레이션의 조인을 수행한다. 그래서 시스템은 *department* 튜플 각각에 대해 *dept_name*에 대해 같은 값을 가지는 *instructor* 튜플을 찾아야 한다. 이상적으로는 이 레코드를 14장에서 논의할 인덱스를 통해 찾을 것이다. 그러나 이런 레코드를 어떻게 찾을 것인지와 상관없이, 이 레코드는 디스크에서 메인 메모리로 전송되어야 한다. 최악의 경우, 각 레코드가 각기 다른 블록에 있을 수 있어 질의에 필요한 각 레코드에 대해 하나의 블록 읽기를 매번 수행해야 할 수 있다.

구체적인 예로서, 그림 13.9와 13.10에 있는 *department*와 *instructor* 릴레이션을 고려해 보자. (간략히, 지금까지 사용한 릴레이션들의 튜플 중 일부만 포함한다.) 그림 13.11은 *department*와 *instructor*의 자연 조인과 관련된 질의를 효율적으로 실행하기 위해 설계된 파일 구성을 보여 준다. 특정 *dept_name*에 대한 모든 *instructor* 튜플을 해당 *dept_name*에 대한 *department* 튜플 가까이에 저장한다. 두 릴레이션을 *dept_name* 키에 대해 군집한다고 말할 수 있다. 비록 그림 13.11에서 볼 수 없지만, 릴레이션에 속하는 레코드는 자기가 속한 릴레이션의 식별자를 포함한다고 가정한다.

그림에는 표시되어 있지 않지만, 군집을 정의하는 *dept_name* 속성의 값을 (두 릴레이션 모두에

dept_name	*building*	*budget*
Comp. Sci.	Taylor	100000
Physics	Watson	70000

그림 13.9 *department* 릴레이션

ID	*name*	*dept_name*	*salary*
10101	Srinivasan	Comp. Sci.	65000
33456	Gold	Physics	87000
45565	Katz	Comp. Sci.	75000
83821	Brandt	Comp. Sci.	92000

그림 13.10 *instructor* 릴레이션

Comp. Sci.	Taylor	100000	
10101	Srinivasan	Comp. Sci.	65000
45565	Katz	Comp. Sci.	75000
83821	Brandt	Comp. Sci.	92000
Physics	Watson	70000	
33456	Gold	Physics	87000

그림 13.11 다중 테이블 군집 파일 구성

서) 튜플 그룹을 대표하여 한 번만 저장하여 오버헤드를 줄일 수 있다.

이 구조는 위의 조인을 효율적으로 처리하도록 한다. *department* 릴레이션의 튜플을 읽을 때, 이 튜플을 포함하는 블록 전체가 디스크로부터 메인 메모리에 복사된다. *department* 튜플에 대응하는 *instructor* 튜플이 디스크상에서 이 튜플 근처에 저장되기 때문에 *department* 튜플을 포함하는 블록은 이 질의를 처리하는 데 필요한 *instructor* 릴레이션의 튜플을 포함한다. *department*가 너무나 많은 *instructor*를 갖고 있어서 *instructor* 레코드가 하나의 블록에 들어가지 못한다면 남아 있는 레코드는 근처에 있는 추가적인 블록에 나타날 것이다.

다중 테이블 군집 파일 구성(multitable clustering file organization)은 그림 13.11에서 볼 수 있듯이 각 블록에 두 개 혹은 그 이상의 릴레이션에 관련되는 레코드를 저장하는 파일 구성이다.[7] **군집 키**(cluster key)는 함께 저장되는 레코드를 정의하는 속성이다. 앞의 예에서 군집 키는 *dept_name*이 된다.

다중 테이블 군집 구성은 특정한 조인 처리를 빠르게 할 수 있지만 다른 형태의 질의문은 느려지는 결과를 초래할 수 있다. 예를 들어, 앞선 예에서

select *
from *department*;

위 질의는 각 릴레이션을 별도의 파일에 저장했던 방법보다 블록 접근이 더 많이 필요하다. 이는 각 블록이 훨씬 적은 *department* 레코드를 포함하고 있기 때문이다. 특정한 블록 내에서 *department* 릴레이션의 모든 튜플을 효율적으로 찾기 위해 포인터를 사용해서 릴레이션의 모든 레코드를 연결할 수 있다. 그러나 읽어야 하는 블록 수는 이러한 체인 사용으로 인해 영향을 받지는 않는다.

다중 테이블 군집이 사용되는 때는 데이터베이스 설계자가 가장 빈번할 것으로 생각되는 질의의 유형에 따라 다르다. 다중 테이블 군집을 신중하게 사용하면 질의 처리를 할 때 상당한 성능 향상을 얻을 수 있다.

Oracle 데이터베이스 시스템은 다중 테이블 군집을 지원한다. 지정된 군집 키와 함께 **create cluster** 명령어를 사용하여 군집을 만들 수 있다. **create table** 명령어의 확장을 통해 특정 속성을 군집 키로 사용하는 릴레이션을 특정 군집에 저장하도록 지정할 수 있다. 따라서 복수의 릴레이션

7 군집(cluster)이라는 용어는 종종 병렬 데이터베이스를 구성하는 시스템 그룹을 가리키는 데 사용된다. 그때의 군집이라는 용어의 사용은 다중 테이블 군집의 개념과 관련이 없다.

을 한 군집에 할당할 수 있다.

13.3.4 분할

많은 데이터베이스에서 릴레이션의 레코드를 더 작은 릴레이션으로 분할하여 따로 저장할 수 있다. 이러한 **테이블 분할**(table partitioning)은 일반적으로 속성값을 기반으로 수행된다. 예를 들어, 회계 데이터베이스의 *transaction* 릴레이션에 있는 레코드를 *transaction_2018*, *transaction_2019* 등과 같이 매년 해당하는 더 작은 릴레이션으로 분할할 수 있다. 질의를 *transaction* 릴레이션을 기반으로 작성할 수 있지만, 연도별 릴레이션에 대한 질의로 변환되어야 한다. 대부분 질의는 현재 연도의 레코드에 접근하며, 연도를 기준으로 한 선택 조건을 포함한다. 질의 최적화 프로그램은 요청된 연도에 해당하는 작은 릴레이션에만 접근하도록 이러한 질의를 재작성할 수 있으며, 다른 연도에 해당하는 레코드를 읽는 것을 방지할 수 있다. 예를 들어, 다음 질의는

```
select *
from transaction
where year=2019
```

다른 릴레이션을 무시하고 릴레이션 *transaction_2019*에만 접근하는 반면, 위와 같은 선택 조건이 없는 질의는 모든 릴레이션을 읽게 될 것이다.

레코드의 여유 공간을 찾는 것과 같은 일부 연산의 비용은 릴레이션의 크기에 따라 증가한다. 각 릴레이션의 크기를 줄임으로써 분할은 이러한 오버헤드를 줄이는 데 도움이 된다. 분할은 릴레이션의 여러 다른 부분을 다른 저장 장치에 저장하는 데 사용될 수도 있다. 예를 들어, 2019년에는 자주 접근하지 않는 *transaction_2018* 및 이전 연도의 트랜잭션을 자기 디스크에 저장하고, *transaction_2019*는 더 빠른 접근을 위해 SSD에 저장할 수도 있다.

13.4 데이터 사전 저장소

지금까지는 릴레이션 자체를 나타내는 것만 생각해 보았다. 그러나 관계형 데이터베이스 시스템은 릴레이션 스키마 같은 릴레이션에 대한 데이터도 유지해야 한다. 일반적으로 "데이터에 대한 데이터"를 **메타데이터**(metadata)라고 부른다.

관계형 스키마와 릴레이션에 대한 다른 메타데이터는 **데이터 사전**(data dictionary) 혹은 **시스템 카탈로그**(system catalog)라 부르는 구조에 저장된다. 시스템이 저장해야 하는 정보 종류는 다음과 같다.

- 릴레이션 이름
- 각 릴레이션 속성의 이름
- 속성의 도메인과 길이
- 데이터베이스에 대해 정의한 뷰의 이름과 이 뷰에 대한 정의
- 무결성 제약 조건(예: 키 제약 조건)

부가적으로, 많은 시스템은 다음과 같은 시스템 사용자에 대한 정보도 유지한다.

- 사용자의 이름, 사용자의 기본 스키마, 사용자를 인증하기 위해 사용되는 비밀번호 혹은 다른 정보
- 각 사용자의 권한에 대한 정보

더욱이 데이터베이스는 각 릴레이션의 튜플 수, 각 속성에 대해 서로 다른 속성값의 수와 같은 릴레이션 및 속성에 대한 통계 및 설명 데이터를 저장할 수 있다.

또한 데이터 사전은 릴레이션의 저장 구성(힙, 순차, 해시 등등)과 각 릴레이션이 저장된 위치도 기록할 수 있다.

- 릴레이션을 운영체제 파일에 저장한다면 사전은 각 릴레이션을 포함하고 있는 파일(들)의 이름을 기록한다.
- 데이터베이스가 모든 릴레이션을 하나의 파일에 저장한다면, 사전은 각 릴레이션의 레코드를 포함하는 블록을 연결 리스트(linked list)와 같은 자료 구조에 기록할 수도 있다.

인덱스를 다루는 14장에서 각 릴레이션의 인덱스에 대한 다음과 같은 정보를 저장해야 할 필요성에 대해서 살펴볼 것이다.

- 인덱스 이름
- 인덱스된 릴레이션 이름
- 인덱스가 어떻게 속성에 대해 정의되었는지
- 만들어진 인덱스의 타입

이런 모든 정보는 사실상 축소형 데이터베이스(miniature database)를 구성한다. 일부 데이터베이스 시스템은 이런 메타데이터를 특수 목적을 가진 자료 구조와 코드를 사용해서 저장한다. 일반적으로 데이터베이스 내의 릴레이션에 데이터베이스에 관한 데이터를 저장하는 것을 선호한다. 데이터베이스 릴레이션을 사용하여 시스템 메타데이터를 저장함으로써 시스템의 전체 구조를 단순화하고 시스템 데이터에 대한 빠른 접근을 위해 데이터베이스를 최대한으로 이용할 수 있다.

시스템 메타데이터를 릴레이션으로 어떻게 정확히 나타내는가에 대한 방법은 시스템 설계자의 몫이다. 그림 13.12는 위에서 언급한 정보 일부를 저장하는 아주 간단한 데이터 사전의 스키마 도식을 보여 준다. 여기서 스키마는 단순 예시일 뿐이다. 실제 구현은 그림 13.12에 나타나 있는 것보다 훨씬 더 많은 정보를 저장한다. 어떤 데이터베이스를 사용하든 해당 설명서를 읽고 어떤 시스템 메타데이터가 유지 관리되는지 확인한다.

그림 13.12에 표시된 메타데이터 표현에서 *Index_metadata* 릴레이션의 *index_attributes* 속성은 "*dept_name, building*" 같은 문자열로 나타낼 수 있는 한 개 혹은 더 많은 속성의 리스트를 포함한다고 가정한다. 따라서 *Index_metadata* 릴레이션은 제1정규형이 아니므로 정규화가 필요할 수 있다. 그런데도 이전 표현이 접근하기에 더 효율적일 가능성이 있다. 빠른 접근이 가능한 비정규형 형태로 데이터 사전은 자주 저장된다.

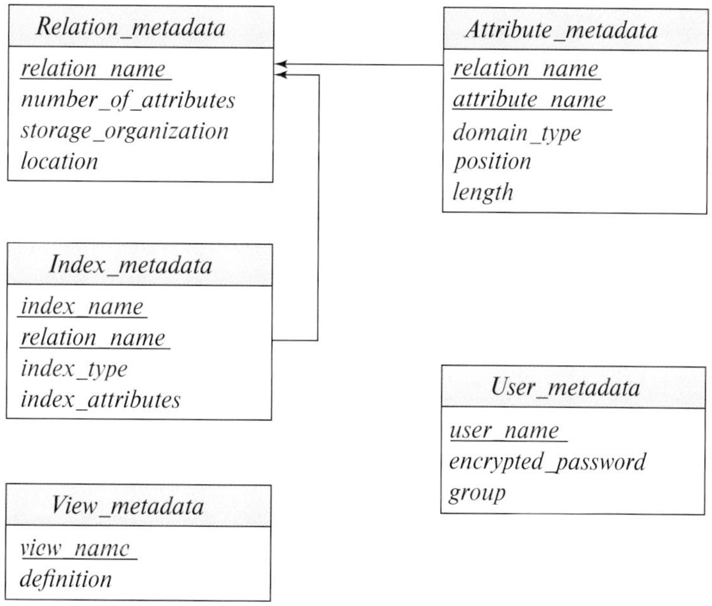

그림 13.12 시스템 메타데이터를 표현하는 관계형 데이터베이스 스키마

데이터베이스 시스템이 릴레이션으로부터 레코드를 검색할 필요가 있을 때마다, 릴레이션의 위치와 저장 구조를 찾기 위해서 *Relation_metadata* 릴레이션을 먼저 참고해야 한다. 이 정보를 사용해서 레코드를 불러오게 된다.

하지만 *Relation_metadata* 릴레이션 자체의 저장 장치 조직과 위치는 그 밖의 다른 곳(예를 들어, 데이터베이스 코드 자체 또는 데이터베이스 내의 고정된 위치 내)에 기록되어야 한다. 왜냐하면 *Relation_metadata*의 내용을 찾기 위해 이 정보가 필요하기 때문이다.

시스템 메타데이터에 자주 접근하기 때문에 대부분 데이터베이스는 매우 효율적으로 접근할 수 있는 인메모리 데이터 구조로 해당 메타데이터를 읽어 온다. 이처럼 메타데이터를 읽어 오는 것은 데이터베이스가 질의 처리를 시작하기 전에 데이터베이스 시작의 일부로 수행된다.

13.5 데이터베이스 버퍼

서버의 메인 메모리 크기는 수년에 걸쳐 많이 증가했으며 중간 크기의 데이터베이스는 메모리에 충분히 들어갈 수 있다. 그러나 서버는 메모리에 대한 요구가 많으며, 데이터베이스에 할당할 수 있는 메모리 양은 중간 크기의 데이터베이스라 하더라도 데이터베이스 크기보다 훨씬 작을 수 있다. 그리고 많은 대형 데이터베이스는 서버에서 이용 가능한 메모리보다 훨씬 크다.

따라서 심지어 오늘날에도 데이터베이스 데이터는 대부분 데이터베이스에서 주로 디스크에 상주하기 때문에 데이터를 읽거나 갱신하려면 메모리로 불러들여야 한다. 이어 갱신한 데이터 블록을 디스크에 다시 기록해야 한다.

디스크에 있는 데이터에 접근하는 것은 메모리에 있는 데이터에 접근하는 것보다 훨씬 느리므로, 데이터베이스 시스템의 주요 목적은 디스크와 메모리 사이에 블록의 전송 수를 최소화하는 것이 된다. 디스크 접근을 줄이는 한 가지 방법은 메인 메모리에 가능한 한 많은 블록을 유지하는 것이다. 이것은 블록이 접근될 때 이미 메인 메모리에 있을 가능성을 최대화해서 디스크 접근을 할 필요가 없게 하기 위해서다.

메인 메모리에 모든 블록을 유지하는 것은 불가능하므로 메인 메모리에서 블록을 저장하기 위해 이용할 수 있는 공간 할당을 관리할 필요가 있다. **버퍼**(buffer)는 디스크 블록의 복사본을 저장하기 위해 이용할 수 있는 메인 메모리의 일부분이다. 항상 모든 블록의 복사본이 디스크에 존재하지만, 디스크상의 복사본은 버퍼에 있는 버전보다 더 오래된 버전일 수 있다. 버퍼 공간의 할당을 책임지고 있는 서브시스템을 **버퍼 관리자**(buffer manager)라고 한다.

13.5.1 버퍼 관리자

데이터베이스 시스템 내의 프로그램은 디스크로부터 블록을 가져올 필요가 있을 때 버퍼 관리자를 호출한다. 버퍼 관리자는 해당 블록이 버퍼에 이미 있다면 메인 메모리의 블록 주소를 요청한 프로세스에 전달한다. 블록이 없다면 먼저 버퍼에 블록을 저장하기 위한 공간을 할당하는데 이때 공간을 만들기 위해 메모리에 있는 블록을 디스크로 보내기도 한다. 보내진 블록은 디스크에 쓰인 가장 최근 것과 비교해서 변경된 것이 있으면 다시 디스크에 쓴다. 그다음 버퍼 관리자는 디스크로부터 요구된 블록을 버퍼에 읽어 와서 메인 메모리의 블록 주소를 블록을 요청한 해당 프로세스에 전달한다. 버퍼 관리자의 이런 내부 조치는 디스크 블록 요청을 제출한 프로그램은 모르게 진행된다.

만약 독자가 운영체제 개념에 익숙하다면 버퍼 관리자가 대부분 운영체제가 사용하는 가상 메모리 관리자와 다른 것이 없다는 생각이 들 것이다. 한 가지 차이점은 데이터베이스의 크기가 시스템의 하드웨어 주소 공간보다 훨씬 더 커서 메모리 주소로는 모든 디스크 블록을 저장하기에 충분하지 않다는 것이다. 게다가 버퍼 관리자는 데이터베이스 시스템을 잘 서비스하기 위해서 일반적인 가상 메모리 관리 방법보다 더 정교한 기술을 사용해야 한다.

13.5.1.1 버퍼 교체 전략

버퍼에 남아 있는 공간이 없을 때 새로운 블록을 읽어 오기 전에 버퍼에서 블록 하나를 **제거**(evicted)해야 한다. 대부분 운영체제는 **LRU**(least recently used) 방법을 사용한다. 즉 최근에 가장 적게 참조된 블록을 디스크에 다시 쓰고 버퍼로부터 제거한다. 이 간단한 방법은 데이터베이스 응용 프로그램에 맞추어 개선될 수 있다(13.5.2절을 참조한다).

13.5.1.2 버퍼에 고정된 핀 블록

일단 블록을 버퍼로부터 가지고 오면 데이터베이스 프로세스는 버퍼 메모리에서 해당 블록의 내용을 읽을 수 있다. 그러나 블록을 읽고 있는 동안 어떤 동시 프로세스(concurrent process)가 그 블록을 제거하고 다른 블록으로 교체하면 이전에 오래된 블록의 내용을 읽던 다른 프로세스는 부정확한 잘못된 데이터를 보게 된다. 그 블록을 쫓아낼 때 해당 블록이 쓰이고 있었다면 쓰는 프로세스는 대체 블록의 내용을 손상하는 결과를 초래하게 될 수 있다.

따라서 프로세스가 버퍼 블록으로부터 데이터를 읽기 전에 블록을 쫓아내지 않는 것이 중요하다. 이를 위해 프로세스는 블록을 고정시키는 **핀**(pin) 연산을 실행한다. 이렇게 되면 버퍼 관리자는 핀 블록을 결코 제거하지 못한다. 데이터 읽기가 끝나면 프로세스는 고정을 해제하는 **언핀**(unpin) 연산을 실행하여 필요할 때 블록을 제거할 수 있도록 해야 한다. 너무 많은 블록이 핀 되지 않도록 데이터베이스 코드를 신중하게 작성해야 한다. 버퍼의 모든 블록이 핀 되면 블록을 제거할 수 없으며 다른 블록을 버퍼로 가져올 수도 없다. 이 경우 데이터베이스는 더 이상의 처리를 수행할 수 없게 된다!

복수의 프로세스는 버퍼에 있는 블록으로부터 데이터를 읽을 수 있다. 각 프로세스는 데이터에 접근하기 전에 핀 연산을 실행하고 접근 완료 후 언핀 연산을 실행해야 한다. 핀 연산을 실행한 모든 프로세스가 언핀 연산을 실행할 때까지 블록을 쫓아낼 수 없다. 이 속성을 확인하는 간단한 방법은 각 버퍼 블록의 **핀 수**(pin count)를 계산하고 유지하는 것이다. 각 핀 연산은 핀 수를 증가시키고 언핀 연산은 핀 수를 감소시킨다. 버퍼 페이지는 핀 수가 0인 경우에만 제거될 수 있다.

13.5.1.3 버퍼에 대한 공유 및 독점적 잠금

페이지에서 추가하거나 삭제하는 프로세스는 페이지 내용을 이동할 필요가 있다. 이 기간에 어떤 다른 프로세스도 페이지의 내용을 읽으면 안 된다. 이는 그 페이지의 내용이 일관되지 않을 수 있기 때문이다. 데이터베이스 버퍼 관리자는 프로세스가 버퍼에 대한 공유 및 독점적 잠금을 얻을 수 있도록 해 준다.

18장에서 잠금에 대해 더 자세히 살펴보겠지만 여기서는 버퍼 관리자의 맥락에서 제한된 형식의 잠금에 대해 논의한다. 버퍼 관리자가 제공하는 잠금 시스템은 데이터베이스 프로세스가 블록에 접근하기 전에 공유 모드(shared mode) 또는 독점적 모드(exclusive mode)에서 버퍼 블록을 잠금하고 접근이 완료된 후 나중에 잠금 해제할 수 있도록 한다. 잠금을 위한 규칙은 아래와 같다.

- 임의의 수의 프로세스가 동시에 어떤 블록에 대한 공유 잠금을 가질 수 있다.
- 한 번에 하나의 프로세스만 독점적 잠금을 얻을 수 있으며, 더 나아가 프로세스가 독점적 잠금을 가질 때 어떤 다른 프로세스도 블록에 대한 공유 잠금을 가질 수 없다. 따라서 어떤 다른 프로세스가 버퍼 블록에 대해 잠금을 가지지 않는 경우에만 독점적 잠금을 부여할 수 있다.
- 블록이 이미 공유 또는 독점적 모드로 잠금 상태일 때 프로세스가 독점적 잠금을 요청하면 이전의 모든 잠금이 해제될 때까지 해당 블록에 대한 요청을 보류 상태로 유지한다.
- 블록이 잠금 상태가 아니거나 이미 공유 잠금인 상태에서 프로세스가 해당 블록에 대한 공유 잠금을 요청하면 그 공유 잠금은 허용된다. 그러나 또 다른 프로세스가 독점적 잠금을 가지는 경우 독점적 잠금을 해제한 후에만 공유 잠금을 부여할 수 있다.

잠금은 다음과 같이 획득 및 해제된다.

- 블록에 대한 작업을 수행하기 전에 프로세스는 앞서 본 것처럼 블록을 핀 해야 한다. 잠금은 이후에 획득되며 블록을 언핀 하기 전에 잠금 해제해야 한다.

- 버퍼 블록에서 데이터를 읽기 전에 프로세스는 블록에 대한 공유 잠금을 얻어야 한다. 데이터 읽기가 완료되면 프로세스는 잠금을 해제해야 한다.
- 버퍼 블록의 내용을 갱신하기 전에 프로세스는 블록에 대한 독점적 잠금을 얻어야 한다. 갱신이 완료된 후 잠금을 해제해야 한다.

위 규칙은 다른 프로세스가 블록을 읽는 동안 블록을 갱신할 수 없도록 하고, 반대로 다른 프로세스가 블록을 갱신하는 동안 블록을 읽을 수 없도록 한다. 위 규칙은 안전한 버퍼 접근을 위해 필요하다. 그러나 동시적인 접근으로 인한 문제로부터 데이터베이스 시스템을 보호하려면 위 단계로는 충분하지 않고 추가적인 단계를 수행해야 한다. 이러한 단계에 대해서는 17, 18장에서 자세히 설명한다.

13.5.1.4 블록의 출력

다른 블록에 버퍼 공간이 필요한 경우에만 블록을 출력할 수 있다. 그러나 버퍼 공간이 필요할 때까지 기다리지 않고 그러한 필요에 앞서 갱신한 블록을 쓰는 것이 좋다. 그런 다음 버퍼에 공간이 필요할 때 이미 기록된 블록은 현재 핀 되어 있지 않으면 제거될 수 있다.

그러나 데이터베이스 시스템이 충돌에서 복구할 수 있으려면(19장), 블록을 디스크에 다시 쓸 수 있는 시간을 제한해야 한다. 예를 들어, 대부분의 복구 시스템에서는 블록에 대한 갱신을 진행하는 동안 그 블록을 디스크에 쓰지 않아야 한다. 이 요구 사항을 적용하려면 블록을 디스크에 쓰려는 프로세스가 블록에 대한 공유 잠금을 얻어야 한다.

데이터베이스 대부분은 갱신한 블록을 계속해서 감지하여 디스크에 다시 쓰는 프로세스를 가지고 있다.

13.5.1.5 블록의 강제 출력

디스크상의 어떤 데이터가 일관된 상태에 있게 하려고 블록을 디스크에 다시 쓸 필요가 있는 상황이 있다. 이런 쓰기를 블록의 **강제 출력**(forced output)이라 한다. 19장에서 블록 강제 출력의 이유를 볼 것이다.

충돌 시 메인 메모리 내용과 버퍼 내용은 잃게 되지만 충돌에도 디스크 데이터는 (보통) 살아 있다. 강제 출력은 로깅 방법과 함께 사용되어 갱신을 수행한 트랜잭션이 커밋(commit)될 때 트랜잭션의 갱신 내용이 손실되지 않도록 충분한 데이터가 디스크에 쓰였는지를 확인한다. 이것이 정확히 어떻게 수행되는지는 19장에서 더 자세히 다룬다.

13.5.2 버퍼 교체 전략

버퍼에서 블록을 교체하는 방법의 목적은 디스크 접근을 최소화하기 위해서다. 일반적인 목적의 프로그램에서 어느 블록이 참조될지 정확하게 예상하는 것은 불가능하다. 그러므로 운영체제는 앞으로 참조될 것을 예상하기 위해서 과거에 참조된 블록의 패턴을 이용한다. 일반적으로 최근에 참조된 블록은 다시 참조될 가능성이 있다고 가정한다. 그러므로 어떤 블록을 교체해야 한다면 최근에 가장 적게 참조된 블록을 교체한다. 이런 방식을 **LRU** 버퍼 교체 방법이라고 한다.

LRU는 운영체제에서는 받아들일 만한 교체 방식이다. 그러나 데이터베이스 시스템은 향후 참조 패턴을 운영체제보다 좀 더 정확하게 예상할 수 있다. 데이터베이스 시스템에 대한 사용자의 요청은 몇 가지 절차와 관련된다. 데이터베이스는 사용자 요구 연산을 수행하기 위해 필요한 각 절차를 확인함으로써 어느 블록을 앞으로 필요로 할지 종종 미리 결정할 수 있다. 그러므로 미래를 예측하기 위해 과거에 의존해야 하는 운영체제와 달리 데이터베이스 시스템은 적어도 단기 미래를 내다볼 정보를 가질 수 있게 되는 것이다.

향후 접근할 블록에 대한 정보를 이용해 LRU 방법을 어떻게 향상할 수 있는지 설명하기 위해 다음의 SQL 질의문의 처리에 대해 생각해 보자.

select *
from *instructor* **natural join** *department*;

그림 13.13의 의사 코드 프로그램이 이 요청을 처리하기 위한 전략을 선택했다고 가정한다. (좀 더 효율적인 다른 전략에 대해서는 15장에서 학습한다.)

별도의 파일에 이 예제의 두 릴레이션을 저장해 두었다고 가정한다. 이 예에서 *instructor*의 튜플을 일단 한 번 처리하고 나면 다시 필요하지 않다는 것을 알 수 있다. 그러므로 일단 *instructor* 튜플의 전체 블록 처리가 완료되면 이것이 가장 최근에 사용되었더라도 더는 메인 메모리에 있을 필요가 없다. 버퍼 관리자는 *instructor*의 마지막 튜플이 처리되자마자 *instructor* 블록이 차지하고 있던 공간을 비우도록 지시해야 한다. 이런 버퍼 관리 방법을 **즉시 전달**(toss-immediate) 방법이라 한다.

이제 *department* 튜플을 포함한 블록을 고려해 보자. *instructor* 릴레이션의 각 튜플에 대해 *department* 튜플의 모든 블록을 한 번씩 조사해야 한다. *department* 릴레이션의 한 블록에 대한 처리를 마치게 되면 모든 다른 *department* 블록을 처리할 때까지 그 블록에 다시 접근하지 않으리라

```
for each tuple i of instructor do
    for each tuple d of department do
        if i[dept_name] = d[dept_name]
        then begin
                let x be a tuple defined as follows:
                x[ID] := i[ID]
                x[dept_name] := i[dept_name]
                x[name] := i[name]
                x[salary] := i[salary]
                x[building] := d[building]
                x[budget] := d[budget]
                include tuple x as part of result of instructor ⋈ department
            end
    end
end
```

그림 13.13 조인을 계산하는 프로시저

는 것을 알 수 있다. 그러므로 최근에 가장 많이 사용된 *department* 블록이 재참조할 마지막 블록일 것이고, 최근에 가장 적게 사용된 *department* 블록은 다음에 참조할 블록일 것이다. 이런 가정은 LRU 방법을 기초로 한 가정과 정확히 반대다. 실제로 블록 교체를 위한 최적의 전략은 **MRU** (most recently used) 방법이다. *department* 블록을 버퍼로부터 제거해야 한다면, MRU 방법은 최근에 가장 많이 사용된 블록을 선택한다. 단, 해당 블록이 사용 중일 때는 교체하지 않는다.

MRU 방법이 우리의 예에서 정확히 작동하도록 하려면, 시스템은 현재 처리하고 있는 *department* 블록을 핀 해야 한다. 마지막 *department* 튜플을 처리한 후 핀 블록을 언핀하면 이 블록이 최근에 가장 많이 사용한 블록이 된다.

처리 중인 요청에 대해 시스템이 가지고 있는 지식을 추가로 사용해서, 버퍼 관리자는 어떤 요청이 특정 릴레이션을 참조할 것이라는 확률에 대한 통계 정보도 사용할 수 있다. 예를 들어, 13.4절에서 보았던 데이터 사전은 데이터베이스에서 가장 빈번히 접근되는 부분 중 하나다. 그러므로 버퍼 관리자는 데이터 사전 블록을 메인 메모리로부터 제거해야 하는 다른 요인이 없는 한 제거해서는 안 될 것이다. 14장에서 파일에 대한 인덱스에 대해 논의하는데, 데이터 파일에 대한 인덱스는 그 파일 자체보다 종종 더 많이 접근되기 때문에 버퍼 관리자는 다른 방법을 이용할 수 있다면 인덱스 블록을 메인 메모리에서 제거해서는 안 된다.

이상적인 데이터베이스 블록 교체 방법이 되기 위해서는 어떤 연산을 수행하고 있고, 어떤 연산을 앞으로 수행할지와 같은 데이터베이스 연산에 대한 지식이 필요하다. 모든 가능한 시나리오를 다 잘 처리하는 방법으로 제안된 방법은 아직 알려진 게 없다. 실제로 LRU가 결점이 있음에도 불구하고 대단히 많은 데이터베이스 시스템이 여전히 LRU를 사용한다. 연습문제에서 또 다른 방법에 대해서 알아본다.

버퍼 관리자가 블록 교체를 위해 사용하는 전략은 언젠가 그 블록을 다시 참조하리라는 것보다는 다른 요인에 의해 더 영향을 받는다. (18장에서 다룰) 동시성 제어 시스템이 동시에 여러 사용자의 요청을 처리하고 있다면 데이터베이스의 일관성을 유지하기 위해서 어떤 요청은 미뤄질 수 있다. 동시성 제어 시스템으로부터 어느 요청이 지연되고 있다는 것을 가리키는 정보를 버퍼 관리자에게 주면, 이 정보를 이용해서 버퍼 관리자는 블록 교체 방법을 변경할 수 있다. 구체적으로, 지연된 요청에서 필요로 하는 블록 대신에 활성 중인(즉 지연이 안 된) 요청에서 필요한 블록을 버퍼에 보유할 수도 있다.

(19장에서 다룰) 충돌 복구 서브시스템은 블록 교체에 엄격한 제약 조건을 부과한다. 어떤 블록을 변경했을 때 버퍼 관리자는 버퍼에 있는 블록의 최신 버전을 디스크에 다시 써서는 안 된다. 왜냐하면 예전 버전을 없애고 덮어써 버리기 때문이다. 그 대신 버퍼 관리자는 블록을 디스크에 쓰기 전에 충돌 복구 서브시스템에 승인을 요구해야 한다. 충돌 복구 서브시스템은 버퍼 관리자에게 요구된 블록을 출력해도 된다는 것을 허락하기 전에 어떤 다른 블록을 강제 출력할 것을 요구할 수 있다. 19장에서 버퍼 관리자와 충돌 복구 서브시스템 간의 상호작용을 정확히 정의한다.

13.5.3 쓰기 및 복구의 재정렬

데이터베이스 버퍼를 사용하면 나중에 쓰기가 수행된 순서와 다른 순서로 메모리 내에서 데이터 쓰기를 수행한 후 나중에 디스크에 출력할 수 있다. 파일 시스템 또한 쓰기 작업을 정기적으로 재정렬한다. 그러나 이러한 재정렬은 시스템 충돌 발생 시 디스크에 있는 데이터가 비일관되게 만들 수 있다.

파일 시스템 맥락에서 문제를 이해하기 위해 파일 시스템이 연결 리스트를 사용하여 각 파일의 블록을 추적한다고 하자. 또한 새 노드에 대한 데이터를 먼저 작성한 후 이전 노드의 포인터를 갱신하여 리스트의 끝에 새 노드를 삽입하며, 쓰기 순서가 재정렬되어 포인터를 먼저 갱신한다고 하자. 이때 새 노드를 작성하기 전에 시스템이 충돌한다면 노드의 내용이 이전에 해당 디스크에 있었던 내용이 되어 버려 데이터의 구조가 손상되는 문제가 발생한다.

이러한 데이터 구조 손상을 방지하기 위해 예전 세대의 파일 시스템은 시스템 재시작 시 **파일 시스템 일관성 검사**(file system consistency check)를 수행하여 데이터 구조의 일관성을 확인하고, 일관되지 않으면 그 일관성을 복원하기 위해 추가적인 조처를 해야만 했다. 이러한 검사로 인해 시스템 충돌 후 재시작에 걸리는 시간이 매우 길어졌으며, 디스크 시스템이 더 큰 용량으로 성장함에 따라 지연이 더 심해졌다.

파일 시스템은 신중히 선택한 순서로 메타데이터에 갱신을 기록함으로써 대부분은 일관성을 유지할 수 있다. 그러나 이 경우 디스크 암 스케줄링과 같은 최적화가 불가능하여 갱신 효율성에 영향을 미친다. 만약 비휘발성 쓰기 버퍼를 사용할 수 있다면 우선 비휘발성 RAM에 쓰고, 나중에 디스크에 쓸 때 쓰기 작업의 순시를 변경할 수 있다.

그러나 대부분 디스크에는 비휘발성 쓰기 버퍼가 없다. 대신, 최신 파일 시스템은 쓰기 작업이 수행되는 순서대로 로그를 저장하기 위한 디스크를 할당한다. 이러한 디스크를 **로그 디스크**(log disk)라고 한다. 각 쓰기에 관해 그 쓰기를 수행했던 순서대로 로그는 쓸 블록 번호와 쓸 데이터를 포함한다. 로그 디스크에 대한 모든 접근이 순차적이므로 기본적으로 탐색 시간이 필요 없으며 연속된 여러 블록을 한꺼번에 쓸 수도 있다. 따라서 로그 디스크에 쓰는 것이 디스크에 임의 순서로 쓰는 것보다 속도가 몇 배나 빠르다. 이전과 마찬가지로 디스크의 실제 위치상에도 데이터를 기록해야 하지만 이것은 나중에도 가능하다. 디스크 암의 이동을 최소화하기 위해 쓰기 순서를 변경할 수 있기 때문이다.

실제 디스크 위치로 일부 쓰기 작업을 완료하기 전에 시스템이 충돌하면, 시스템 백업 시 로그 디스크를 읽어 완료되지 않은 쓰기 작업을 찾아 수행한다. 쓰기 작업을 모두 마치면 로그 디스크에서 그 레코드를 삭제한다.

위에서 본 로그 디스크를 지원하는 파일 시스템을 **저널링 파일 시스템**(journaling file system)이라고 한다. 저널링 파일 시스템은 별도의 로그 디스크 없이도 구현할 수 있으며 데이터와 로그를 같은 디스크에 보관할 수 있다. 이 시스템을 사용하면 성능은 저하되는 대신 금전적 비용을 절감할 수 있다는 이점이 있다.

대부분의 최신 파일 시스템은 이러한 저널링을 구현하고 파일 할당 정보와 같은 파일 시스템 메타데이터를 작성할 때 로그 디스크를 사용한다. 저널링 파일 시스템을 이용하면 파일 시스템 일관성 검사 없이 빠른 재시작이 가능하다.

그러나 일반적으로 응용 프로그램에서 수행한 쓰기 작업은 로그 디스크에 기록되지 않는다. 대신 데이터베이스 시스템은 자체적 로깅 방법을 구현하며, 이는 쓰기 작업이 재정렬된 경우에도 오류 발생 시 데이터베이스의 내용을 안전하게 복구할 수 있도록 해 준다. 이에 관해서는 19장에서 살펴본다.

13.6 열 지향 저장소

데이터베이스는 전통적으로 한 레코드에 한 튜플의 모든 속성을 함께 저장하고, 앞서 본 바와 같이 하나의 파일에 튜플을 저장한다. 이러한 방식을 **행 지향 저장소**(row-oriented storage)라고 한다.

이와 반대로, **열 지향 저장소**(column-oriented storage) 혹은 **열 기반 저장소**(columnar storage)에서는 파일의 연속적인 위치에 저장된 연속적인 튜플의 속성값과 함께 릴레이션의 각 속성을 별도로 저장한다. 그림 13.14는 각 속성을 별도로 저장하면서 어떻게 *instructor* 릴레이션을 열 지향 저장소에 저장하는지 보여 준다.

가장 간단한 형태의 열 지향 저장소는 각 속성을 별도의 파일에 저장한다. 게다가 각 파일은 그 크기를 줄이기 위해 **압축된다**(compressed). (단일 파일에 연속적으로 열을 저장하는 좀 더 복잡한 방식에 관해서는 이 절의 뒷부분에서 살펴본다.)

만약 질의가 테이블의 *i*번째 행의 전체 내용에 접근할 경우, 각 열의 *i*번째 위치에 있는 값을 검색하여 행을 재구성한다. 이처럼 열 지향 저장소는 단일 튜플의 여러 속성을 읽어 오기 위해 여러 번의 I/O 연산을 요구하는 단점이 있다. 따라서 릴레이션에 있는 적은 수의 튜플로부터 다수의 속성을 읽어 오는 질의에는 적합하지 않다.

그에 반해 열 지향 저장소는 릴레이션의 많은 수의 튜플에 접근하되 일부 속성에만 자주 접근하는 데이터 분석 질의에 매우 적합한데, 그 이유는 다음과 같다.

- **감소한 I/O.** 많은 수의 속성을 가진 릴레이션에서 아주 소수의 속성에만 질의가 접근할 필요가

10101	Srinivasan	Comp. Sci.	65000
12121	Wu	Finance	90000
15151	Mozart	Music	40000
22222	Einstein	Physics	95000
32343	El Said	History	60000
33456	Gold	Physics	87000
45565	Katz	Comp. Sci.	75000
58583	Califieri	History	62000
76543	Singh	Finance	80000
76766	Crick	Biology	72000
83821	Brandt	Comp. Sci.	92000
98345	Kim	Elec. Eng.	80000

그림 13.14 *instructor* 릴레이션의 열 기반 저장 방식

있으면, 나머지 속성을 디스크에서 메모리로 읽어 올 필요가 없다. 이와는 반대로, 행 지향 저장소는 관련 없는 속성까지도 디스크에서 메모리로 읽어 온다. 이러한 I/O의 감소는 질의 실행 비용을 크게 줄일 수 있다.

- **향상된 CPU 캐시 성능**. 질의 처리기가 특정 속성의 내용을 읽어 올 때, 최신 CPU 구조를 사용하여 캐시 라인(cache line)이라고 하는 여러 연속된 바이트가 메모리에서 CPU 캐시로 읽힌다. 만약 이후에 이 바이트에 접근하는 경우가 있다면, 메인 메모리에서 가져오는 것보다 캐시에서 읽어 오면 되므로 훨씬 빠르게 처리할 수 있다. 이때 만약 질의에서 필요하지 않은 속성값이 포함된 인접한 바이트까지 캐시로 가져온다면, 다른 데이터를 저장하는 데 사용될 수 있는 캐시 공간과 메모리 대역폭이 낭비된다. 그러나 열 지향 저장소는 이러한 문제로 고민할 필요가 없다. 열 지향 저장소에서 인접한 바이트는 같은 열에 있으며, 데이터 분석 질의는 일반적으로 이러한 모든 값에 연속적으로 접근하기 때문이다.
- **개선된 압축**. 행 단위로 데이터를 압축하는 것과 비교했을 때 같은 타입의 값을 함께 저장하면 압축 효과가 증가한다. 후자의 경우, 인접한 속성은 타입이 다르므로 압축의 효율성이 낮다. 대부분 질의에서 디스크에 있는 데이터를 검색하는 데 가장 많은 비용이 드는데, 압축은 이를 크게 줄여 준다. 압축된 파일이 메모리에 저장되면 메모리 내 저장 공간도 그만큼 감소한다. 이는 메인 메모리가 디스크 저장소보다 훨씬 비싸다는 점에서 특히 중요하다.
- **벡터 처리**. 많은 최신 CPU 구조는 **벡터 처리**(vector processing)를 지원한다. 이는 배열의 여러 요소에 CPU 연산을 병렬로 실행할 수 있는 것을 말한다. 열 단위로 데이터를 저장하면 속성과 상수를 비교하는 것과 같은 연산을 벡터 처리할 수 있게 되는데, 이는 릴레이션에 선택 조건을 적용하는 데 중요하다. 또한 벡터 처리는 한 번에 하나씩 값을 집계하는 대신 병렬로 여러 값의 집계를 계산하는 데 사용되기도 한다.

이러한 이점으로 인해 주로 데이터 분석 질의를 처리하는 데이터 웨어하우징(data-warehousing) 응용 프로그램에 열 지향 저장소를 많이 사용한다. 열 지향 저장소의 성능을 향상하려면 인덱싱 및 질의 처리 기술을 신중하게 설계해야 하는데, 이에 적합한 비트맵 형식을 기반으로 한 인덱싱에 대해서는 14.9절에서, 추가로 더 자세한 내용은 24.3절에서 살펴본다.

열 지향 저장소에 사용되는 데이터베이스는 **열 저장소**(column store)라고 불리며, 행 지향 저장소에 사용되는 데이터베이스는 **행 저장소**(row store)라고 불린다.

그러나 열 지향 저장소는 몇 가지 단점으로 인해 트랜잭션 처리에 적합하지 않다.

- **튜플 재구성 비용**. 이전에 살펴보았듯이, 개별 열로부터 튜플을 재구성하는 것은 비용이 많이 들기 때문에 많은 열을 재구성해야 하는 경우 열 기반 표현 방식의 이점이 사라진다. 튜플의 재구성은 트랜잭션 처리 응용 프로그램에서 흔하지만, 이와 달리 데이터 분석 응용 프로그램은 보통 데이터 웨어하우스의 "팩트 테이블(fact table)"에 지정된 많은 속성 중 소수의 속성만 출력한다.
- **튜플 삭제 및 갱신 비용**. 압축된 형식에서 단일 튜플을 삭제 또는 갱신하려면 하나의 단위로 압축된 튜플의 전체 순차(sequence)를 다시 써야 한다. 트랜잭션 처리 응용 프로그램에서 튜플의

삭제와 갱신은 흔하므로, 열 지향 저장소에 많은 튜플이 하나의 단위로 압축된 경우 삭제 및 갱신과 같은 연산을 수행하는 데 큰 비용이 든다.

반대로, 데이터 웨어하우스 시스템은 일반적으로 튜플에 대한 갱신을 지원하지 않고, 대신 새로운 튜플의 삽입과 이전 튜플의 대량 삭제만 가능하다. 삽입은 릴레이션의 끝부분에서 수행되는데, 즉 릴레이션의 끝에 새로운 튜플을 추가한다. 작은 규모의 삭제와 갱신은 데이터 웨어하우스에서 일어나지 않는다. 따라서 속성값으로 이루어진 큰 순차를 하나의 단위로 함께 저장하고 압축할 수 있으므로 작은 순차보다 더 효율적인 압축이 가능하다.

- **압축 해제 비용**. 압축한 형식에서 데이터를 읽어 오려면 **압축 해제**(decompression)를 해야 하는데, 가장 간단한 압축 형식에서는 파일의 처음부터 모든 데이터를 읽어야 한다. 트랜잭션 처리 질의의 경우 일반적으로 몇 개의 레코드만 읽어 오는 것이 필요하다. 그러한 시나리오에서 순차 접근의 비용이 매우 큰데, 이는 몇 개의 관련 레코드에 접근하기 위해 관련 없는 많은 레코드의 압축을 해제해야 하기 때문이다.

데이터 분석 질의는 많은 연속 레코드에 접근하는 경향이 있으므로 일반적으로 압축 해제에 소요되는 시간은 크지 않다. 그러나 데이터 분석 질의도 선택 조건에 일치하지 않은 레코드에 접근할 필요가 없으며, 디스크 I/O를 줄이기 위해 그러한 레코드의 속성을 건너뛰어야 한다.

이러한 레코드로부터 속성값을 건너뛰기 위해, 열 저장소의 압축 형식을 사용하면 파일의 이전 부분을 건너뛰고 파일의 여러 임의 지점에서 압축 해제를 시작할 수 있다. 예를 들어, 10,000개의 값마다 새로 압축을 함으로써 이를 수행할 수 있다. 만약 파일의 i번째 값을 알고 싶다면, 파일에서 10,000개 값의 그룹마다 시작 위치를 찾고 $\lfloor i/10000 \rfloor$ 그룹의 시작 부분으로 이동하면 된다. 그런 다음, 그 위치에서부터 압축 해제를 시작하여 i번째 값에 쉽게 접근할 수 있다.

ORC와 Parquet은 많은 빅데이터 처리 응용 프로그램에서 사용되는 열 기반 파일 형식이다. ORC는 다음과 같은 방식으로 행 지향 형식을 열 지향 형식으로 변환한다. 수백 메가바이트를 차지하는 튜플 순차는 **스트라이프**(stripe)라고 하는 열 기반 표현으로 나뉜다. ORC 파일에는 여러 개의 스트라이프가 존재하며, 각 스트라이프의 크기는 250메가바이트 정도다.

그림 13.15는 ORC 파일 형식의 일부 상세 내부를 보여 준다. 각 스트라이프는 인덱스 데이터 및 그다음에 이어지는 행 데이터를 갖는다. 행 데이터 영역은 첫째 열의 값의 순차의 압축된 형식, 둘째 열의 값의 순차의 압축 형식 등을 저장한다. 스트라이프의 인덱스 데이터 영역은 각 속성에 대해 (말하자면) 해당 속성의 10,000개 값의 각 그룹에 대한 스트라이프 내의 시작 지점 정보를 저장한다.[8] 이 인덱스는 원하는 튜플이나 튜플들의 순차에 빠르게 접근하는 데 유용하다. 또한 질의가 해당 그룹의 어떤 튜플도 선택 조건을 충족하지 못한다고 판단하는 경우, 인덱스는 이 선택 항목을 포함하는 질의가 튜플 그룹을 건너뛸 수 있도록 해 준다. ORC 파일은 스트라이프의 꼬리와 파일의 꼬리에 여러 다른 정보를 저장하는데, 여기서는 다루지 않는다.

일부 열 기반 저장소 시스템은 각 열을 다른 파일로 나눠서 저장하는 대신, 자주 함께 접근하는

8 ORC 파일에는 여기서는 무시하는 일부 다른 정보가 있다.

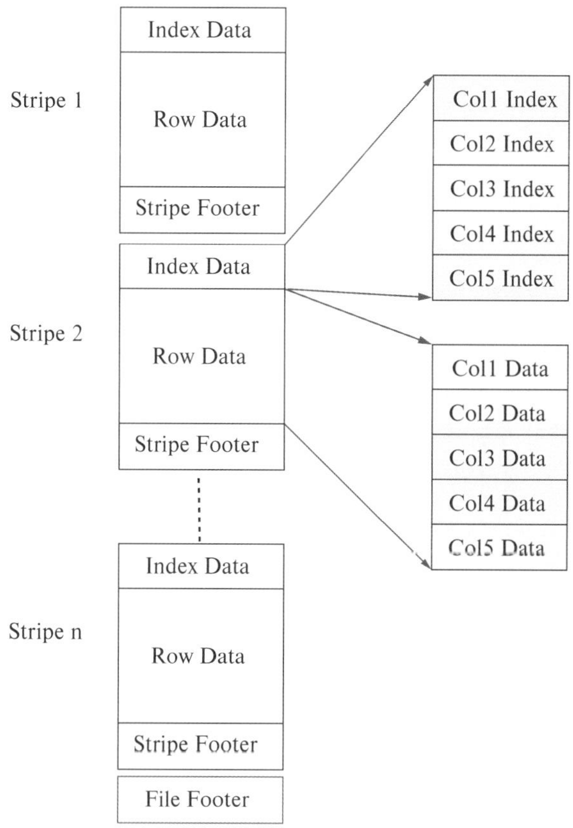

그림 13.15 ORC 파일 형식에서 열 기반 데이터 표현

열 그룹을 한곳에 같이 저장할 수 있다. 그래서 이러한 시스템은 모든 열을 별도로 저장하는 순수한 열 지향 저장소에서부터 모든 열을 함께 저장하는 순수한 행 지향 저장소에 이르기까지 다양한 선택의 폭을 제공한다. 어떤 속성을 함께 저장할지에 따른 선택은 해당 질의 작업량에 따라 달라진다.

릴레이션을 여러 릴레이션으로 논리적으로 분해함으로써 열 지향 저장소의 이득 중 일부를 행 지향 저장소 시스템에서도 얻을 수 있다. 예를 들어, *instructor* 릴레이션은 각각 (*ID*, *name*), (*ID*, *dept_name*), (*ID*, *salary*)를 포함하는 세 개의 릴레이션으로 분해할 수 있다. 그러면 name에만 접근하는 질의는 *dept_name*과 *salary* 속성을 읽어 올 필요가 없다. 그러나 이 경우, 만약 같은 ID 속성값을 가지는 튜플이 여러 개 있다면 공간이 낭비된다는 문제가 있다.

일부 데이터베이스 시스템은 압축을 사용하지 않고, 디스크 블록 내의 데이터에 대해 열 지향 표현을 사용한다.[9] 따라서 블록에는 튜플 집합에 대한 데이터가 포함되며, 해당 튜플 집합에 대한 모든 속성은 같은 블록에 저장된다. 이러한 방식은 모든 속성값을 검색하는 데 많은 디스크 접근이 필요하지 않기 때문에 트랜잭션 처리 시스템에서 유용하게 사용된다. 동시에, 블록 내에서 열 지향

9 압축은 디스크 블록 내의 데이터에 적용될 수 있지만, 그것에 접근하려면 압축 해제 과정을 거쳐야 하며 압축 해제된 데이터는 더는 블록에 들어가지 못할 수 있다. 이러한 이슈를 처리하기 위해 버퍼 관리와 같은 데이터베이스 코드를 상당히 변경해야 할 필요가 있다.

저장소를 사용하면 보다 효율적인 메모리 접근 및 캐시 사용은 물론 데이터에 대한 벡터 처리의 가능성이 있다는 장점이 있다. 그러나 이 방식을 사용하면 몇몇 속성만 검색할 때 관련이 없는 디스크 블록을 건너뛰는 것이 불가능하며, 압축의 이점도 없다. 따라서 이것은 순수한 행 지향 저장소와 순수한 열 지향 저장소 사이의 한 방식이라고 볼 수 있다.

SAP HANA와 같은 몇몇 데이터베이스는 두 개의 하부 저장 장치 시스템을 지원하는데, 하나는 트랜잭션 처리를 위한 행 지향 저장소이며, 다른 하나는 데이터 분석을 위한 열 지향 저장소다. 보통 행 지향 저장소에 튜플을 생성하지만 더는 행 지향 방식으로 접근할 것 같지 않으면 해당 튜플을 나중에 열 지향 저장소로 이주시킨다. 이런 시스템을 **하이브리드 행/열 저장소**(hybrid row/column store)라고 한다.

다른 경우, 응용 프로그램이 트랜잭션 데이터를 행 지향 저장소에 저장하기도 하나 주기적으로 (예를 들어, 하루에 한 번 또는 여러 번) 데이터를 데이터 웨어하우스에 복사하는데, 이러한 데이터 웨어하우스는 열 지향 저장소 시스템을 이용할 수도 있다.

Sybase IQ는 열 지향 저장소를 사용하는 초기 제품 중 하나였다. 그러나 현재는 다른 시스템 중에 C-Store, Vertica, MonetDB, Vectorwise 등과 같은 열 저장소 기반 데이터베이스 시스템을 개발한 여러 연구 과제와 회사 등에서 열 지향 저장소를 사용해 오고 있다. 이와 관련된 자세한 내용은 이 장 끝에 있는 "더 읽어보기" 절에서 확인할 수 있다.

13.7 메인 메모리 데이터베이스의 저장 구조

현재의 메인 메모리는 그 크기가 충분히 크고 가격도 저렴하여 많은 기관의 전체 데이터베이스가 메모리에 들어갈 수 있다. 이러한 큰 메인 메모리는 데이터베이스 버퍼에 많은 양의 메모리를 할당하여 사용될 수 있다. 이렇게 하면 전체 데이터베이스를 버퍼에 적재할 수 있으므로 데이터를 읽기 위한 디스크 I/O 연산을 피할 수 있다. 다만 갱신한 블록은 영속적으로 저장되기 위해 여전히 디스크에 다시 쓰여져야 한다. 따라서 이와 같은 메모리가 큰 환경은 데이터베이스 일부만 버퍼에 들어갈 수 있는 환경보다 훨씬 더 나은 성능을 제공할 수 있다.

더욱이 전체 데이터베이스가 메모리에 들어갈 수 있으면, 데이터가 완전히 메모리에 있다는 사실을 활용하여 저장 장치 구조 및 데이터베이스 자료 구조를 잘 설계하여 성능을 상당히 향상시킬 수 있다. **메인 메모리 데이터베이스**(main-memory database)는 모든 데이터가 메모리에 상주하는 데이터베이스다. 메인 메모리 데이터베이스 시스템은 일반적으로 이 사실을 활용하여 성능을 최적화하도록 설계되었다. 특히 메인 메모리 데이터베이스는 버퍼 관리자를 완전히 없애 버렸다.

메모리 상주(memory-resident) 데이터로 수행할 수 있는 최적화의 예로서, 레코드 포인터가 주어져 있을 때 레코드에 접근하는 비용을 고려해 보자. 디스크 기반 데이터베이스에서 레코드가 블록에 저장되고 레코드에 대한 포인터는 블록 식별자와 블록 내의 오프셋 또는 슬롯 번호로 구성된다. 이러한 레코드 포인터를 따라가려면 블록이 버퍼에 있는지 확인(일반적으로 메모리 내 해시 인덱스를 사용하여 수행함)하고 블록이 존재하는 경우 버퍼에서 위치를 찾고 버퍼에 없는 경우 가져와야 한다. 이러한 모든 작업은 상당한 수의 CPU 사이클이 필요하다.

반대로, 메인 메모리 데이터베이스는 레코드에 대한 직접 포인터(direct pointer)를 메모리에 가지고 있을 수 있는데, 레코드에 접근하는 것은 매우 효율적인 메모리 내 포인터 순회가 된다. 이것은 레코드가 이동하지 않는 한 가능하다. 실제로 이러한 이동이 필요한 한 가지 이유, 즉 버퍼로의 적재 및 버퍼로부터의 제거는 더는 문제가 되지 않는다.

블록 내의 슬롯 페이지 구조에 레코드를 저장하면, 다른 레코드를 삭제하거나 크기를 조정할 때 레코드를 블록 내에서 이동할 수 있다. 이 경우 레코드에 대한 직접 포인터는 더는 이용할 수 없지만, 슬롯 페이지 헤더에 있는 엔트리를 통해 한 단계 우회로 레코드에 접근할 수 있다. 다른 프로세스가 데이터를 읽는 동안 레코드를 이동하지 않으려면 그 블록에 대한 잠금이 필요할 수 있다. 이러한 오버헤드를 피하고자 많은 메인 메모리 데이터베이스는 레코드를 할당하기 위한 슬롯 페이지 구조를 사용하지 않는다. 대신 메인 메모리에 레코드를 직접 할당하고 다른 레코드에 대한 갱신으로 인해 레코드를 이동하지 않도록 한다. 그러나 레코드를 직접 할당할 때 생기는 한 가지 문제점은, 가변 크기의 레코드를 반복적으로 삽입하고 삭제하면 메모리가 단편화될 수 있다는 것이다. 그러므로 메인 메모리 데이터베이스는 적절히 설계한 메모리 관리 방식을 사용하거나 주기적으로 메모리 압축을 수행하여, 메인 메모리가 시간이 지남에 따라 단편화되지 않도록 해야 한다. 후자의 방식은 레코드 이동을 초래하지만, 블록에 대한 잠금을 획득하지 않고도 수행할 수 있다.

메인 메모리에서 열 지향 저장소 방식을 사용하는 경우, 열의 모든 값을 연속적인 메모리 위치

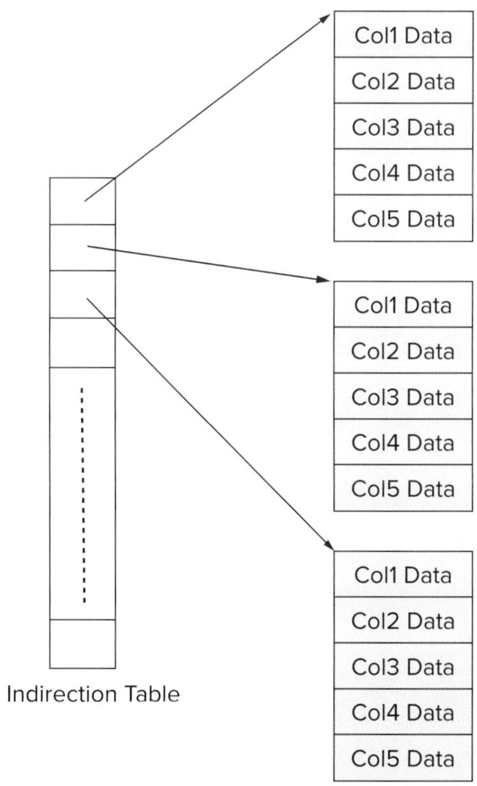

그림 13.16 인메모리 열 기반 데이터 표현

에 저장할 수 있다. 그러나 릴레이션에 대한 데이터 추가가 있는 경우 연속적인 할당을 보장하려면 기존 데이터를 재할당해야 한다. 이러한 오버헤드를 방지하기 위해 열의 논리적 배열을 여러 물리적 배열로 나눌 수 있다. 간접 테이블(indirection table)은 모든 물리적 배열에 대한 포인터를 저장한다. 이 방식은 그림 13.16에 나와 있다. 논리 배열의 i번째 요소를 찾기 위해, 간접 테이블을 사용하여 i번째 요소를 포함하는 물리적 배열을 찾은 다음 적절한 오프셋을 계산하고 해당 물리적 배열 내에서 조회한다.

메인 메모리 데이터베이스에서 처리를 최적화할 수 있는 다른 방법이 있는데, 이것은 추후 장에서 살펴본다.

13.8 요약

- 디스크 블록에 대응하는 레코드의 순차로 파일을 논리적으로 조직할 수 있다. 데이터베이스를 파일에 대응시키는 방법은 몇몇 파일을 사용해서 주어진 파일에 어떤 고정 길이의 레코드를 저장하는 것이다. 다른 방법은 레코드의 가변 길이를 수용할 수 있도록 파일을 구조화하는 것이다. 디스크 블록 내의 가변 길이 레코드를 다루기 위해 슬롯 페이지 방법을 널리 사용한다.
- 데이터는 디스크 저장 장치와 메인 메모리 사이에 블록 단위로 전송되기 때문에 레코드를 블록에 할당할 때 관련된 레코드를 하나의 블록에 포함하는 것이 아주 좋다. 한 번의 블록 접근만으로 레코드 중에 우리가 원하는 여러 레코드에 접근할 수 있다면, 디스크 접근을 절약할 수 있다. 디스크 접근은 보통 데이터베이스 시스템의 성능에서 병목 현상(bottleneck)이 되므로, 주의 깊게 레코드를 블록에 할당하여 성능에 상당한 이익을 얻을 수 있다.
- 시스템 카탈로그로도 불리는 데이터 사전은 릴레이션 이름, 속성 이름과 타입, 저장 정보, 무결성 제약 조건, 사용자 정보 등 데이터에 대한 데이터인 메타데이터를 놓치지 않고 기록한다.
- 디스크 접근 수를 줄이기 위한 한 가지 방법은 메모리에 가능한 한 많은 블록을 갖고 있는 것이다. 메모리에 모든 블록을 가지고 있는 것은 불가능하므로, 블록의 저장에 필요한 메인 메모리에 이용 가능한 공간 할당을 관리할 필요가 있다. **버퍼**는 디스크 블록의 복사본을 저장하기 위해 이용 가능한 메인 메모리의 일부다. 버퍼 공간의 할당을 책임지는 서브시스템을 **버퍼 관리자**라고 부른다.
- 열 지향 저장소 시스템은 많은 데이터 웨어하우징 응용 프로그램에 우수한 성능을 제공한다.

용어정리

- 파일 구성
  - 파일
  - 블록
- 고정 길이 레코드
- 파일 헤더
- 자유 리스트
- 가변 길이 레코드
- 널 비트맵

- 슬롯 페이지 구조
- 대형 객체
- 레코드의 구성
  - 힙 파일 구성
  - 순차 파일 구성
  - 다중 테이블 군집 파일 구성
  - B^+-트리 파일 구성
  - 해싱 파일 구성
- 여유 공간 맵
- 순차 파일
- 검색 키
- 군집 키
- 테이블 분할
- 데이터 사전 저장소
  - 메타데이터
  - 데이터 사전
  - 시스템 카탈로그
- 네이터베이스 버퍼
  - 버퍼 관리자
  - 붙박이 블록
  - 제거된 블록
  - 블록의 강제 출력
  - 공유 및 독점적 잠금
- 버퍼 교체 전략
  - LRU
  - 즉시 전달
  - MRU
- 블록의 출력
- 로그 디스크
- 저널링 파일 시스템
- 열 지향 저장소
  - 열 기반 저장수
  - 벡터 처리
  - 열 저장소
  - 행 저장소
  - 스트라이프
  - 하이브리드 행/열 저장소
- 메인 메모리 데이터베이스

실전문제

13.1 그림 13.3의 파일에서 레코드 5를 삭제하는 것을 생각해 보자. 삭제를 구현하기 위한 다음 기술의 상대적인 장점을 비교하라.

a. 레코드 5가 차지했던 공간에 레코드 6을 이동하고 레코드 6이 차지했던 공간에 레코드 7을 이동한다.

b. 레코드 5가 차지했던 공간에 레코드 7을 이동한다.

c. 레코드 5가 삭제된 것으로 표시하고 아무 레코드도 이동하지 않는다.

13.2 다음 각 단계를 실행한 후의 그림 13.4의 파일 구성을 보여라.

a. 레코드 (24556, Turnamian, Finance, 98000)를 삽입

b. 레코드 2 삭제

c. 레코드 (34556, Thompson, Music, 67000)를 삽입

13.3 릴레이션 *section*과 *takes*를 고려하자. 이 두 릴레이션에 대해서 세 개의 분반 각각에 다섯 명의 학생을 가질 수 있는 예제를 제시하라. 그리고 다중 테이블 군집을 사용하는 이 릴레이션의 파일 구성을 제시하라.

13.4 여유 공간 맵의 비트맵 표현을 고려해 보자. 파일의 각 블록은 이 비트맵에서 2비트로 되어 있다.

블록이 찬 정도가 0%에서 30% 사이이면 00, 30%와 60% 사이이면 01, 60%에서 90% 사이이면 10, 90% 이상이면 11비트를 나타낸다. 이런 비트맵이 꽤 큰 파일이라도 메모리에 있을 수 있다.

a. 이 장 앞부분에서 설명한 대로 1바이트 대신 블록에 2비트를 사용하는 데 따른 두 가지 이익과 한 가지 단점을 간략히 설명하라.

b. 레코드 삽입과 삭제 때 이 비트맵을 최신 상태로 유지하는 방법을 설명하라.

c. 여유 공간을 찾거나, 여유 공간의 정보를 갱신할 때 자유 리스트 대비 비트맵 기법이 어떤 이익이 있는지 간략히 설명하라.

13.5 어떤 블록이 버퍼에 존재하는지, 존재한다면 그 버퍼 안에 해당 블록이 어디에 상주하는지 빠르게 찾을 수 있는 것이 중요하다. 데이터베이스 버퍼 크기가 매우 클 때 어떤 (인메모리) 데이터 구조를 사용하는 것이 좋은지 제시하라.

13.6 가령 이 책의 예제인 대학교 데이터베이스에 수년에 걸쳐 축적된 매우 많은 수의 *takes* 릴레이션 레코드가 있다고 하자. *takes* 릴레이션에서 테이블 분할을 수행하는 방법과 테이블 분할이 제공할 수 있는 이익을 설명해 보라. 또한 테이블 분할 기법의 한 가지 잠재적인 단점도 설명하라.

13.7 다음의 각 상황에서 관계 대수식과 질의 처리 전략의 예를 제시하라.

a. LRU보다 MRU를 선호한다.

b. MRU보다 LRU를 선호한다.

13.8 PostgreSQL은 보통 작은 버퍼를 사용하여 파일 시스템 버퍼링에 이용할 수 있는 나머지 메인 메모리 관리를 운영체제 버퍼 관리자에 맡겨 둔다. (a) 이러한 방법의 이득이 무엇인지, (b) 이러한 방법의 한 가지 중요한 한계점을 설명해 보라.

연습문제

13.9 가변 길이 레코드 표현에서 속성이 널 값을 가질 때, 이를 표현하기 위해 널 비트맵을 사용한다.

a. 가변 길이 필드에 대해서, 만약 값이 널이면 오프셋과 길이 필드 내에 무엇이 저장되는가?

b. 일부 응용 프로그램의 튜플은 대부분 널 값을 가지는 매우 많은 수의 속성을 가질 수 있다. 널 속성에 대한 유일한 오버헤드가 널 비트맵에 사용되는 한 개의 비트가 되도록 레코드 표현을 수정할 수 있겠는가?

13.10 레코드에 블록을 할당하는 것이 왜 데이터베이스 성능에 상당한 영향을 미치는지 그 이유를 설명하라.

13.11 관계형 데이터베이스에서 다음의 각 저장 방법의 장단점을 두 가지씩 말해 보라.

a. 각 릴레이션을 하나의 파일로 저장한다.

b. 하나의 파일에 여러 개의 릴레이션(아마도, 심지어 데이터베이스 전체)을 저장한다.

13.12 순차 파일 구성에서 단지 하나의 오버플로 레코드만 있는 경우에도 왜 오버플로 블록을 사용하는가?

13.13 *Index_metadata* 릴레이션의 정규형 버전을 구하고, 이 정규형 버전은 왜 성능을 더 나쁘게 하는지 그 이유를 설명하라.

13.14 표준 버퍼 관리자는 각 페이지가 같은 크기를 갖고 각 페이지를 읽는 비용이 같다고 가정한다. 버퍼 관리자가 LRU 대신 객체 참조 빈도—지난 *n*초 동안 객체를 얼마나 자주 참조하였는가—를 사용하는 경우를 생각해 보자. 버퍼에 읽기 비용이 저마다 다른(예: 웹 페이지—페이지를 가져올 사이트에 따라 읽기 비용이 다르다) 다양한 크기의 객체를 저장하려 한다. 이 경우 버퍼 관리자가 버퍼에서 쫓아낼 페이지를 선택하는 방법을 제안하라.

더 읽어보기

[Hennessy et al. (2017)]는 인기 있는 컴퓨터 구조 교재로서 TLB, 캐시, 메모리 관리 단위 등에 관해 하드웨어적 관점에서 다룬다.

IBM DB2, Oracle, Microsoft SQL Server, PostgreSQL과 같은 데이터베이스 시스템의 저장 장치 구조에 대해서는 해당 데이터베이스 시스템 설명서에 잘 나와 있으며, 이 책의 온라인 장에서 이용할 수 있다.

[Chou and Dewitt (1985)]은 데이터베이스 시스템의 버퍼 관리를 위한 알고리즘을 제시하고 성능 평가에 관해 설명했다. 버퍼 관리는 [Silberschatz et al. (2018)]을 포함한 대부분의 운영체제 책에서 논의된다.

[Abadi et al. (2008)]은 질의 처리 및 최적화와 관련된 문제를 포함하여 열 지향 및 행 지향 저장소를 비교한다.

1990년대 중반에 개발된 Sybase IQ는 분석을 위해 설계된, 최초의 상업적으로 성공한 열 지향 데이터베이스였다. MonetDB와 C-Store는 학술 연구 과제로 개발된 열 지향 데이터베이스였다. Vertica 열 지향 데이터베이스는 C-Store로부터 성장한 상용 데이터베이스이며 VectorWise는 MonetDB에서 성장한 상용 데이터베이스다. 이름에서 알 수 있듯이, VectorWise는 데이터의 벡터 처리를 지원하므로 많은 분석 질의에 대해 매우 높은 처리 속도를 지원한다. [Stonebraker et al. (2005)]는 C-Store를 기술하고, [Idreos et al. (2012)]는 MonetDB 프로젝트를 개괄하며, [Zukowski et al. (2012)]는 Vectorwise를 기술한다.

ORC 및 Parquet 열 기반 파일 형식은 Apache Hadoop 플랫폼에서 실행되는 빅데이터 응용 프로그램을 위한 데이터 압축 저장 장치를 지원하기 위해 개발되었다.

참고문헌

[**Abadi et al. (2008)**] D. J. Abadi, S. Madden, and N. Hachem, "Column-Stores vs. Row-Stores: How Different Are They Really?", In *Proc. of the ACM SIGMOD Conf. on Management of Data* (2008), pages 967-980.

[**Chou and Dewitt (1985)**] H. T. Chou and D. J. Dewitt, "An Evaluation of Buffer Management Strategies for Relational Database Systems", In *Proc. of the International Conf. on Very Large Databases* (1985), pages 127-141.

[Hennessy et al. (2017)] J. L. Hennessy, D. A. Patterson, and D. Goldberg, *Computer Architecture: A Quantitative Approach*, 6th edition, Morgan Kaufmann (2017).

[Idreos et al. (2012)] S. Idreos, F. Groffen, N. Nes, S. Manegold, K. S. Mullender, and M. L. Kersten, "MonetDB: Two Decades of Research in Column-oriented Database Architectures", *IEEE Data Engineering Bulletin*, Volume 35, Number 1 (2012), pages 40-45.

[Silberschatz et al. (2018)] A. Silberschatz, P. B. Galvin, and G. Gagne, *Operating System Concepts*, 10th edition, John Wiley and Sons (2018).

[Stonebraker et al. (2005)] M. Stonebraker, D. J. Abadi, A. Batkin, X. Chen, M. Cherniack, M. Ferreira, E. Lau, A. Lin, S. Madden, E. J. O'Neil, P. E. O'Neil, A. Rasin, N. Tran, and S. B. Zdonik, "C-Store: A Column-oriented DBMS", In *Proc. of the International Conf. on Very Large Databases* (2005), pages 553-564.

[Zukowski et al. (2012)] M. Zukowski, M. van de Wiel, and P. A. Boncz, "Vectorwise: A Vectorized Analytical DBMS", In *Proc. of the International Conf. on Data Engineering* (2012), pages 1349-1350.

크레딧

장 도입부 보트 사진: © Pavel Nesvadba/Shutterstock

Chapter 14

인덱싱

많은 질의는 파일 내의 레코드 중에 극히 일부분만 참조한다. 예를 들어, "물리학과에 속한 모든 교수를 찾아라." 혹은 "*ID*가 22201인 학생이 취득한 총학점을 계산하라." 같은 질의문은 오직 학생 레코드의 일부분만 참조한다. 시스템이 학부의 이름이 물리학부인지 조사하기 위해 *instructor* 릴레이션에 있는 모든 튜플을 조사하는 것은 비효율적이다. 같은 이유로, 단지 학생 번호가 "22201"에 해당하는 튜플을 찾기 위해 전체 *student* 릴레이션을 조사하는 것 또한 비효율적이다. 이상적인 방법은 시스템이 직접 이 레코드를 찾는 것이다. 이런 형태의 접근을 제공하기 위해 파일과 관련된 부가적인 구조를 설계한다.

14.1 기본 개념

데이터베이스 시스템에서 파일을 위한 인덱스는 이 책에 있는 인덱스와 같은 방법으로 동작한다. 이 책에 있는 (단어나 구에 의해 열거된) 특별한 주제에 대해 알기를 원한다면 이 책 뒤에 있는 인덱스에서 이 주제에 대해 찾는데, 이때 이 주제가 있는 페이지를 알게 된다. 그러면 해당 페이지로 가서 원하는 정보를 찾아서 읽게 된다. 인덱스에 있는 단어는 정렬된 순서로 되어 있어서 찾고자 하는 단어를 쉽게 찾을 수 있게 한다. 게다가 인덱스는 책보다 훨씬 더 작아서 찾고자 하는 단어를 찾는 데 필요한 노력을 줄인다.

데이터베이스 시스템의 인덱스는 도서관에서 사용되는 책의 인덱스와 똑같은 역할을 한다. 예를 들어, 주어진 *ID*를 가진 *student* 레코드를 검색하기 위해 데이터베이스 시스템은 인덱스를 이용해 대응되는 레코드가 어느 디스크 블록[1]에 있는지 찾은 후에 *student* 레코드를 얻기 위해 해당 블록을 가져온다.

1 앞 장에서와 마찬가지로 디스크(disk)라는 용어는 자기 디스크와 솔리드 스테이트 드라이브(SSD)와 같은 영구 저장 장치를 의미하기 위해 사용된다.

인덱스는 데이터베이스에서 효율적인 질의 처리를 위한 중요 요소다. 인덱스가 없다면, 모든 질의는 사용하는 모든 릴레이션의 전체 내용을 읽어야 하며, 이러한 방식은 몇 개의 레코드(예: 한 명 학생의 레코드, 혹은 *takes* 릴레이션에서 한 명 학생에 해당하는 레코드)만 요구하는 질의에 대해 매우 비효율이다.

학생 *ID* 목록을 정렬된 순서로 유지하여 *student* 릴레이션에 대해 인덱스를 구축하는 방식은 매우 큰 데이터베이스에서 적합하지 않다. 그 이유는 (i) 인덱스 자체가 매우 크고, (ii) 정렬된 순서로 인덱스를 유지하면 검색 시간을 줄일 수 있지만, 학생을 찾는 데 여전히 많은 시간이 걸리며, (iii) 학생이 데이터베이스에서 추가되거나 제거될 때, 정렬된 목록을 갱신하는 비용이 많이 발생하기 때문이다. 그러므로 좀 더 복잡한 인덱스 기술이 필요하며, 이 장에서는 이런 몇 가지 기술에 대해 논의할 것이다.

인덱스에는 두 가지 기본적인 종류가 있다.

- **순서 인덱스**(Ordered index): 값에 대해 정렬된 순서로 되어 있다.
- **해시 인덱스**(Hash index): 버켓의 범위 안에서 값이 일정하게 분배로 되어 있다. 값이 할당되는 버켓은 해시 **함수**에 의해 결정된다.

몇 개의 순서 인덱스 기술을 살펴볼 것이다. 어느 하나의 기술이 가장 좋다고 할 수 없으며, 오히려 각각의 기술은 특정한 데이터베이스 응용에 가장 적합하게 이용될 수 있다. 각 기술은 다음과 같은 요소에 기초해서 평가되어야 한다.

- **접근 유형**(Access type): 효율적으로 지원되는 접근 유형. 접근 유형은 특정한 속성의 값을 가진 레코드나 특정한 범위에 들어가는 속성의 값을 가지는 레코드를 찾는 것을 포함한다.
- **접근 시간**(Access time): 고려 중인 기법을 사용해서 특정한 데이터 항목이나 항목의 집합을 찾는 데 걸리는 시간
- **삽입 시간**(Insertion time): 새로운 데이터 항목을 삽입하는 데 걸리는 시간. 이 값은 새로운 데이터 항목을 삽입하기 위한 정확한 위치를 찾는 데 걸리는 시간과 인덱스 구조를 갱신하는 데 걸리는 시간을 포함한다.
- **삭제 시간**(Deletion time): 데이터 항목을 삭제하는 데 걸리는 시간. 이 값은 삭제될 항목을 찾는 데 걸리는 시간과 인덱스 구조를 갱신하는 데 걸리는 시간을 포함한다.
- **공간 부담**(Space overhead): 인덱스 구조가 사용하는 부가적인 공간. 부가적인 공간의 양이 적당하다면 성능 향상을 위해 인덱스가 차지하는 공간을 늘리는 것은 일반적으로 가치가 있는 일이다.

하나의 파일에 한 개 이상의 인덱스가 자주 필요할 수 있다. 예를 들어, 저자, 주제, 제목 등으로 책을 검색할 수 있다.

한 파일에서 레코드를 찾는 데 사용되는 속성이나 속성들의 집합을 **검색 키**(search key)라 한다. 여기서의 키(key)에 대한 정의는 **주 키**(primary key)나 **후보 키**(candidate key), **수퍼 키**(super key)와

10101	Srinivasan	Comp. Sci.	65000	
12121	Wu	Finance	90000	
15151	Mozart	Music	40000	
22222	Einstein	Physics	95000	
32343	El Said	History	60000	
33456	Gold	Physics	87000	
45565	Katz	Comp. Sci.	75000	
58583	Califieri	History	62000	
76543	Singh	Finance	80000	
76766	Crick	Biology	72000	
83821	Brandt	Comp. Sci.	92000	
98345	Kim	Elec. Eng.	80000	

그림 14.1 *instructor* **레코드의 순차 파일**

다르다. *key*에 대한 이런 중복된 의미는 실제로 잘 확립되어 있다. 검색 키를 이해했다면, 한 파일에 대해 여러 개의 인덱스가 있다면 검색 키도 여러 개 있다고 생각할 수 있다.

14.2 순서 인덱스

파일 안에 있는 레코드에 대한 임의 접근(random access)을 빨리 하기 위해서 인덱스 구조를 이용할 수 있다. 각 인덱스 구조는 특정한 검색 키와 관련이 있다. 책이나 도서관 목록 같은 인덱스처럼 **순서 인덱스**(ordered index)는 검색 키의 값을 정렬된 순서로 저장하고, 검색 키와 검색 키를 포함하는 레코드를 연계시킨다.

도서관에 있는 책이 Dewey 십진수 같은 특정 속성에 따라 정렬되어 있듯이 인덱스 파일의 레코드도 특정 속성에 의해 정렬된 순서로 저장될 수 있다. 파일은 서로 다른 검색 키에 따라 몇몇 인덱스를 갖고 있다. 레코드를 포함하는 파일이 연속적인 순서로 되어 있다면 **클러스터링 인덱스**(clustering index, clustered index)[2]는 그 파일을 연속적인 순서로 정의한 속성을 검색 키로 사용하는 인덱스다. 클러스터링 인덱스는 또한 **기본 인덱스**(primary index)로도 불린다. 기본 인덱스가 주 키에 대한 인덱스를 의미하는 용어로 나타날 수 있지만, 사실 임의의 어떤 검색 키에 대해서도 기본 인덱스를 구축할 수 있다. 클러스터링 인덱스의 검색 키는 주 키인 경우가 많지만 반드시 그럴 필요는 없다. 파일의 연속적인 순서와 다른 순서로 구성되는 검색 키의 인덱스를 **비클러스터링 인덱스**(nonclustering index, nonclustered index)[3] 혹은 **보조 인덱스**(secondary index)[4]라 부른다.

14.2.1절부터 14.2.3절까지 모든 파일은 어떤 검색 키에 의한 연속적인 순서로 정렬되어 있다고 가정한다. 검색 키에 대해 기본 인덱스를 가지는 위와 같은 파일을 **인덱스 순차 파일**(index-

2 역자 주: "군집 인덱스"라는 용어로 번역되기도 한다.

3 역자 주: "비군집 인덱스"라는 용어로 번역되기도 한다.

4 역자 주: "2차 인덱스"라는 용어로 번역되기도 한다.

sequential file)이라 부른다. 이것은 데이터베이스 시스템에서 사용된 가장 오래된 인덱스 구조 중 하나다. 전체 파일의 연속적인 처리와 각 레코드에 임의적 접근이 필요한 응용 프로그램을 위해 이러한 인덱스를 설계한다. 14.2.4절에서 보조 인덱스에 대해 다룬다.

그림 14.1은 이 책에서 사용한 대학교 예제에서 가져온 *instructor* 레코드의 순차 파일을 보여 준다. 그림 14.1의 예에서 레코드는 검색 키로 사용된 교수 *ID*에 대해 검색 키 순서로 저장되어 있다.

14.2.1 밀집과 희소 인덱스

인덱스 레코드(index record), 즉 **인덱스 엔트리**(index entry)는 검색 키 값과 포인터로 구성되어 있는데 이때 포인터는 이것을 검색 키 값으로 가지는 한 개 이상의 레코드에 대한 포인터다. 레코드에 대한 포인터는 디스크 블록의 식별자와 블록 안에서 레코드를 구별하기 위한 디스크 블록 안의 오프셋으로 구성되어 있다.

우리가 사용할 수 있는 순서 인덱스는 두 가지 유형이 있다.

- **밀집 인덱스**(Dense index): 밀집 인덱스에서 인덱스 엔트리는 파일에 있는 모든 검색 키 값에 대해 나타난다. 밀집 클러스터링 인덱스에서 인덱스 레코드는 검색 키 값과 그 검색 키 값의 첫 번째 데이터 레코드에 대한 포인터를 포함한다. 똑같은 검색 키 값을 가진 나머지 레코드는 첫 번째 레코드 이후부터 연속적으로 저장되는데 이는 인덱스가 클러스터링 인덱스여서 이런 레코드는 동일한 검색 키로 정렬되기 때문이다.

  밀집 비클러스터링 인덱스에서 인덱스는 똑같은 검색 키를 가진 모든 레코드에 대한 포인터 목록을 저장해야 한다.

- **희소 인덱스**(Sparse index): 희소 인덱스에서 인덱스 엔트리는 검색 키 값에 대해 단지 몇 개만 나타난다. 희소 인덱스는 오직 릴레이션이 검색 키로 정렬되어 저장될 때, 즉 인덱스가 클러스터링 인덱스인 경우 사용될 수 있다. 밀집 인덱스처럼 각 인덱스 엔트리는 검색 키 값과 그 검색 키 값의 첫 번째 데이터 레코드에 대한 포인터를 포함한다. 레코드를 위치시키기 위해 찾고자 하

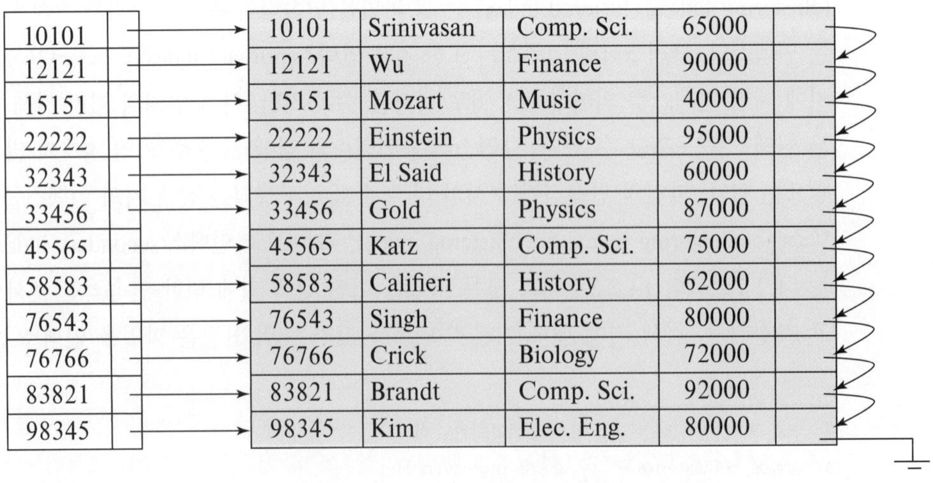

그림 14.2 밀집 인덱스

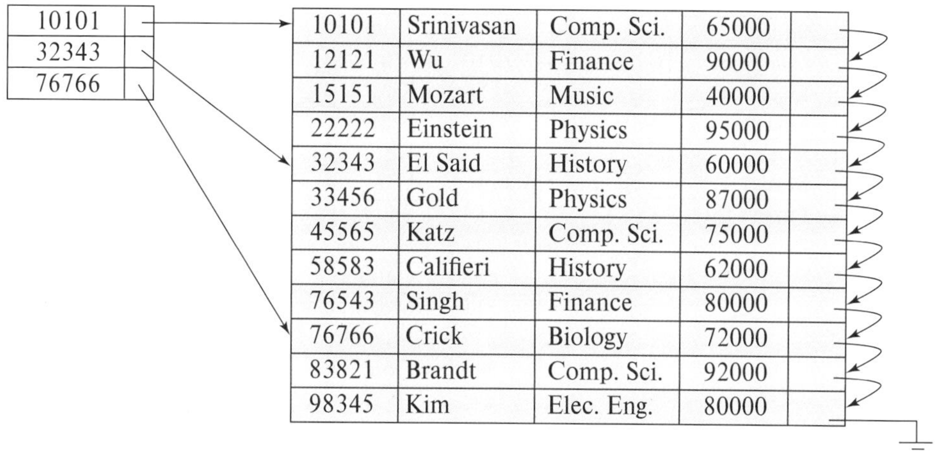

그림 14.3 희소 인덱스

는 검색 키 값보다 작거나 동일한 것 중 가장 큰 검색 키 값을 가지는 인덱스 엔트리를 찾아야 한다. 그리고 그 검색 키 엔트리에 의해 가리켜지는 레코드를 시작으로 그 파일에서 원하는 레코드를 찾을 때까지 포인터를 따라간다.

그림 14.2와 14.3은 교수 파일에 대한 밀집 인덱스와 희소 인덱스를 각각 보여 준다. *ID*가 "22222"인 *instructor*의 레코드를 찾는다고 가정하자. 그림 14.2의 밀집 인덱스를 사용하면 희망하는 레코드에 대한 포인터를 직접 따라간다. *ID*가 주 키이기 때문에 희망하는 레코드는 반드시 존재하며 검색은 완료된다. 만약 희소 인덱스를 사용한다면(그림 14.3) "22222"를 위한 인덱스 엔트리를 찾을 수 없다. "22222" 앞의 엔트리(숫자 순)가 "10101"이기 때문에 이 포인터를 따라간다. 그다음에 희망하는 레코드를 찾을 때까지 연속적인 순서로 *instructor* 파일을 읽는다.

(종이로 인쇄된) 사전을 생각해 보자. 각 페이지의 헤더는 알파벳 순서로 각 페이지의 첫 번째 단어의 목록이다. 이런 종류의 책의 인덱스는 다계층 인덱스다. 책 인덱스의 각 페이지의 제일 상단에 있는 단어는 사전 페이지의 내용에 대한 희소 인덱스를 형성한다.

다른 예를 들면, 검색 키의 값이 주 키가 아니라고 해 보자. 그림 14.4는 검색 키가 *dept_name*인 *instructor* 파일에 대한 밀집 클러스터링 인덱스를 보여 준다. 이 같은 경우에는 *instructor* 파일이 *ID* 대신에 검색 키 *dept_name*으로 정렬된다. 그렇지 않으면, *dept_name*이 비클러스터링 인덱스가 된다. 역사학과 레코드를 찾는다고 하자. 그림 14.4의 밀집 인덱스를 이용하면, 첫 역사학과 레코드에 대한 포인터를 직접 따라간다. 이 레코드를 처리하고 나서 검색 키 순서(*dept_name*)로 다음 레코드에 있는 레코드의 포인터를 따라간다. 역사학과를 제외한 다른 학부의 레코드를 만날 때까지 계속해서 레코드를 처리한다.

앞에서 보았듯이 일반적으로 레코드의 위치를 정하기 위해서는 희소 인덱스보다 밀집 인덱스를 사용하면 더 빠르다. 그러나 희소 인덱스는 밀집 인덱스보다 더 적은 공간을 요구해서 삽입과 삭제에 대한 유지 부담이 더 적다는 점에서 밀집 인덱스에 비해 이점이 있다.

시스템 설계자는 접근 시간과 공간 부담 사이의 상반관계를 고려해야 한다. 이 상반 관계에 관

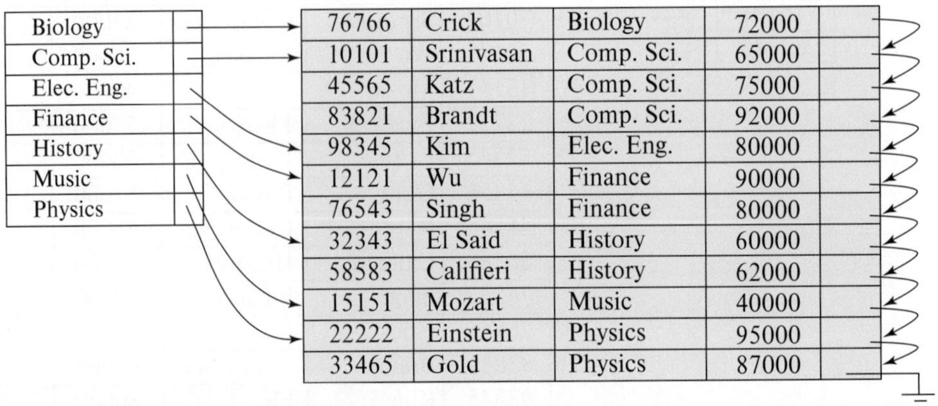

그림 14.4 검색 키 *dept_name*의 밀집 인덱스

한 결정이 특정한 응용에 달려 있을지라도 좋은 절충안은 블록당 하나의 인덱스 엔트리를 가지는 희소 인덱스를 가지는 것이다. 그 이유는 데이터베이스 요구를 처리하는 데 드는 비용 중 지배적인 것은 디스크에서 메인 메모리로 블록을 가져오는 데 걸리는 시간이기 때문이다. 일단 블록을 가져왔으면 전체 블록을 훑어보는 데 걸리는 시간은 대수롭지 않다. 이 희소 인덱스를 사용하면 찾고자 하는 레코드를 포함하는 블록을 위치시킬 수 있다. 그래서 만약 이 레코드에 대한 오버플로 블록이 없다면(13.3.2절 참조) 인덱스의 크기를 가능한 한 작게 유지하면서(공간 부담을 줄이며) 블록 접근을 최소화해야 한다.

앞의 기술을 완전하게 일반화하기 위해서는 하나의 검색 키 값에 대한 레코드가 여러 개의 블록을 차지하고 있는 경우를 생각해야 한다. 이 경우를 다루기 위해 구조를 변경하기는 쉽다.

14.2.2 다계층 인덱스

1,000,000개의 튜플을 가진 릴레이션에 밀집 인덱스를 구축한다고 하자. 인덱스 엔트리가 데이터 레코드보다 더 작은 크기를 가지게 되므로 4킬로바이트 블록에 맞는 100개의 인덱스 엔트리를 가정한다. 따라서 본 인덱스는 10,000개의 블록을 차지한다. 만약 릴레이션이 100,000,000개의 튜플을 가진다면, 인덱스는 1,000,000블록이나 4기가바이트의 공간을 차지할 것이다. 이러한 대용량의 인덱스는 디스크상에 연속적인 파일로 저장된다.

인덱스가 메인 메모리에 유지될 만큼 충분히 크기가 작다면 엔트리를 찾는 데 걸리는 검색 시간은 짧다. 하지만 전체 인덱스가 메모리에 유지될 수 없을 만큼 크다면 필요할 때마다 인덱스 블록을 디스크로부터 가져와야 한다(인덱스가 컴퓨터의 메인 메모리보다 크기가 작더라도 메인 메모리는 여러 개의 다른 작업에도 요구되기 때문에 전체 인덱스가 메모리에 유지되지 않을 수도 있다). 그다음에 인덱스에서 엔트리를 찾기 위해 여러 개의 디스크 블록을 읽어야 한다.

이진 검색은 인덱스 파일 내 엔트리의 위치를 정하기 위해 사용될 수 있지만, 여전히 비용이 많이 든다. 인덱스가 b개의 블록을 차지한다면 이진 검색은 $\lceil \log_2(b) \rceil$만큼이나 많은 블록을 읽어야 한다($\lceil x \rceil$은 x보다 크거나 같은 정수 중 가장 작은 값을 나타낸다). 읽어야 할 블록이 서로 인접하게

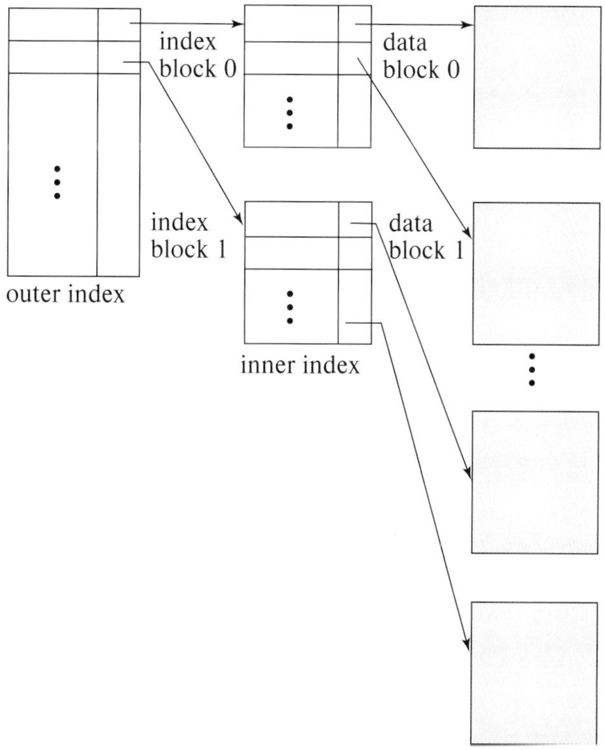

그림 14.5 두 단계의 희소 인덱스

위치해 있지 않다면, 각 블록을 읽는 작업은 임의(즉 비순차적) I/O 연산이 필요하다. 10,000개의 블록으로 구성된 인덱스의 경우 이진 검색은 14개의 블록 읽기가 필요하다. 한 개의 블록을 읽는 데 10밀리초 걸리는 디스크 시스템에서 검색하는 데 140밀리초가 걸린다. 이 시간은 크지 않을 수 있으나, 1초에 오직 일곱 개의 인덱스만 검색할 수 있다. 반면에, 곧 다루게 될 좀 더 효율적인 검색 방법은 시간당 더 많은 검색을 수행할 수 있게 한다. 여기서 주의해야 할 점은 만약 오버플로 블록이 존재하면, 이진 검색은 오버플로 블록이 아닌 블록에만 적용되므로 실제 비용은 위의 로그 경계보다 더 높아지게 된다. 순차 검색은 b개의 블록을 순차적으로 읽어야 하므로, (일부 경우에는 순차 블록 읽기의 비용이 낮아서 이진 검색보다 순차 검색이 더 빠를 수 있더라도) 훨씬 더 오래 걸릴 수 있다. 그러므로 크기가 큰 인덱스에 대한 검색은 비용이 많이 발생한다.

이런 문제를 처리하기 위해서 인덱스를 다른 순차 파일처럼 취급해서 그림 14.5에서처럼 보이듯이 내부 인덱스라고 불리는 원래의 기본 인덱스에 대한 희소 외부 인덱스를 구성한다. 인덱스 엔트리는 외부 인덱스를 희소하게 분포시키며 항상 정렬된 순서로 존재한다. 레코드의 위치를 찾기 위해 먼저 외부 인덱스상에서 이진 검색을 이용해서 원하는 레코드보다 작거나 같은 검색 키 값 중에서 가장 큰 값을 가지는 레코드를 찾을 수 있다. 이때의 레코드 포인터는 내부 인덱스 블록을 가리킨다. 이 포인터가 가리키는 블록을 스캔하여 원하는 레코드보다 작거나 같은 검색 키 값 중에서 가장 큰 값을 가지는 레코드를 찾는다. 이 레코드에 있는 포인터는 찾고자 하는 레코드를 포함하는 파일의 블록을 가리킨다.

이 예제에서 10,000개 블록의 내부 인덱스는 외부 인덱스에서 10,000개의 엔트리가 필요하나, 오직 100개의 블록을 사용한다. 이때 외부 인덱스가 이미 메인 메모리에 있다고 가정한다면, 다계층 인덱스를 이용하면 이진 검색에서 14번 인덱스 블록을 읽은 것과 달리 오직 한 인덱스 블록만 읽는다. 결과적으로 초당 14번의 인덱스 검색을 수행할 수 있다.

파일이 매우 크다면 외부 인덱스도 너무 커져서 메인 메모리에 다 넣을 수가 없다. 100,000,000개의 튜플을 가진 릴레이션에서 내부 인덱스는 1,000,000개의 블록, 외부 인덱스는 10,000개의 블록, 혹은 40메가바이트를 차지한다. 메인 메모리에 대한 많은 요구가 있기 때문에 특정한 외부 인덱스만을 위해 많은 메인 메모리를 따로 자리를 잡아 둘 순 없다. 이런 경우 또 다른 단계의 인덱스를 생성할 수 있다. 실제로 이런 과정을 필요한 만큼 여러 번 반복할 수 있다. 이처럼 두 개 혹은 그 이상의 단계를 가지는 인덱스를 **다계층 인덱스**(multilevel index)라 한다. 다계층 인덱스로 레코드를 찾는 것은, 이진 검색으로 레코드를 찾는 것보다 상당히 적은 입출력 연산을 요구한다. 인덱스의 각 단계는 물리적 저장 장치와 대응될 수 있다.[5]

다계층 인덱스는 메모리 인덱스에 사용되는 이진 트리 같은 트리 구조와 매우 밀접한 관련이 있다. 14.3절에서 이들의 관계에 대해 살펴볼 것이다.

14.2.3 인덱스 갱신

사용되는 인덱스의 형태와 상관없이 모든 인덱스는 어떤 레코드가 파일에 삽입되거나 파일로부터 삭제될 때마다 갱신되어야 한다. 더욱이, 마찬가지로 파일 안에 레코드가 갱신된 경우에는 갱신에 영향을 받는 검색 키를 소유한 어떤 인덱스도 갱신되어야 한다. 예들 들면, 교수의 소속 학과가 변경되었으면 *instructor*의 *dept_name* 속성에 대한 인덱스 역시 갱신되어야 한다. 이러한 레코드 갱신은 이전 레코드가 삭제되고 뒤이어 새로운 레코드의 값이 삽입되는 것으로 모델링되며, 인덱스가 삭제되고 새로운 인덱스가 삽입되는 결과를 보인다. 결과적으로 인덱스에 대한 삽입과 삭제에 대해서만 고려하며 명시적으로 갱신을 고려하지 않아도 된다.

우선 한 단계로 되어 있는 인덱스를 갱신하기 위한 알고리즘을 설명한다.

14.2.3.1 삽입

먼저 시스템은 삽입(insertion)되는 레코드의 검색 키 값을 사용해서 찾기를 수행한다. 시스템이 그 다음 해야 할 일은 인덱스가 밀집이냐 희소냐에 달려 있다.

- 밀집 인덱스:
  1. 검색 키 값이 인덱스에 없다면 시스템은 인덱스의 적당한 위치에 검색 키 값을 가지는 인덱스 엔트리를 삽입한다.
  2. 그렇지 않으면 다음과 같은 행동을 취한다.

---

5 초기의 디스크 기반 인덱스의 경우, 인덱스의 각 단계가 물리적 저장 단위와 일치한다. 그래서 트랙, 실린더, 디스크 단계의 인덱스를 가졌다. 현재는 디스크 서브시스템이 디스크 저장에 대한 물리적 세부 사항을 숨기고 디스크와 디스크당 플래터(platter, 디스크 판)의 수가 실린더나 트랙당 바이트의 수에 비해 매우 작으므로 이러한 체계가 타당하지 않다.

a. 만약 인덱스 엔트리가 똑같은 검색 키 값을 가지는 모든 레코드를 가리키는 포인터를 저장하고 있다면 시스템은 인덱스 엔트리에 새로운 레코드에 대한 포인터를 추가한다.
b. 그렇지 않다면 인덱스 엔트리는 검색 키 값을 가지는 첫 번째 레코드에 대한 포인터만 저장하고 있다. 그러면 시스템은 똑같은 검색 키 값을 가지는 다른 레코드 뒤에 삽입된 레코드를 놓는다.

- 희소 인덱스: 인덱스는 각 블록에 대한 엔트리를 저장한다고 가정한다. 시스템이 새로운 블록을 생성한다면 새로운 블록에 나타나는 (검색 키 순으로) 첫 번째 검색 키 값을 인덱스에 삽입한다. 반면 새로운 레코드가 그 블록 안에 있는 가장 작은 검색 키 값이라면 시스템은 그 블록을 가리키고 있는 인덱스 엔트리를 갱신한다. 그렇지 않다면 시스템은 인덱스를 바꾸지 않는다.

14.2.3.2 삭제

레코드를 삭제(deletion)하기 위해 시스템은 먼저 삭제될 레코드를 찾는다. 그다음 해야 할 일은 인덱스가 밀집이냐 희소냐에 달려 있다.

- 밀집 인덱스:
  1. 삭제된 인덱스가 특정한 검색 키 값을 가지는 유일한 레코드라면 시스템은 인덱스로부터 이와 대응되는 인덱스 엔트리를 삭제한다.
  2. 그렇지 않다면 다음과 같은 행동을 취한다.
     a. 만약 인덱스 엔트리가 똑같은 검색 키 값을 가지는 모든 레코드를 가리키는 포인터를 저장하고 있다면 시스템은 인덱스 레코드로부터 삭제된 레코드에 대한 포인터를 삭제한다.
     b. 그렇지 않다면 인덱스 엔트리는 검색 키 값을 가지는 첫 번째 레코드에 대한 포인터만 저장하고 있다. 이 경우 삭제된 레코드가 검색 키 값을 가지는 첫 번째 레코드였다면 시스템은 인덱스 엔트리가 다음 레코드를 가리키도록 갱신한다.
- 희소 인덱스:
  1. 만약 인덱스가 삭제된 레코드의 검색 키 값을 가지는 인덱스 엔트리를 포함하고 있지 않다면 인덱스에 대해 해야 할 것은 없다.
  2. 그렇지 않다면 시스템은 다음과 같은 행동을 취해야 한다.
     a. 만약 삭제된 레코드가 그 검색 키를 가지는 유일한 레코드였다면 시스템은 대응되는 인덱스 레코드를 다음 검색 키 값을 위한 인덱스 레코드로 교체한다. 다음 검색 키 값이 이미 인덱스 엔트리에 있다면 이 엔트리는 교체되는 대신 삭제된다.
     b. 그렇지 않다면 검색 키 값을 위한 인덱스 엔트리는 삭제되고 있는 레코드를 가리키고 있다. 시스템은 인덱스 레코드가 똑같은 검색 키 값을 가지는 다음 레코드를 가리키도록 갱신한다.

다계층 인덱스를 위한 삽입과 삭제는 위에 설명했던 구조를 간단하게 확장한 것이다. 삭제나 삽입 시 시스템은 위에서 설명한 알고리즘대로 가장 낮은 단계의 인덱스를 갱신한다. 두 번째 단계의 인덱스 입장에서 가장 낮은 단계의 인덱스는 단순히 레코드를 담고 있는 파일일 뿐이다. 그래서 가장 낮은 단계의 인덱스에 어떤 변화가 있다면 시스템은 위에서 설명한 알고리즘대로 두 번째 단계의 인덱스를 갱신한다. 더 많은 단계의 인덱스에 대해 동일한 방법을 적용하여 갱신할 수 있다.

14.2.4 보조 인덱스

보조 인덱스는 모든 검색 키 값과 모든 레코드에 대한 포인터를 가지는 인덱스 엔트리로 된 밀집 인덱스여야 한다. 클러스터링 인덱스는 단지 몇몇 개의 검색 키 값을 저장하는 희소 인덱스여도 된다. 왜냐하면 앞에서도 설명했듯이 연속적인 접근으로 파일 일부분에서 중간 검색 키 값을 가지는 레코드를 찾는 것이 항상 가능하기 때문이다. 보조 인덱스가 단지 몇몇 검색 키 값을 저장한다면 중간 검색 키 값을 가지는 레코드는 파일 어딘가에 있으므로 일반적으로 전체 파일을 검색하지 않고서는 그것을 찾을 수 없다.

후보 키에 대한 보조 인덱스는 연속적인 값에 의해 가리켜지는 레코드가 연속적으로 저장되어 있지 않다는 것을 제외하고는 밀집 클러스터링 인덱스와 같다. 그러나 일반적으로 보조 인덱스는 클러스터링 인덱스와 다른 구조를 가진다. 기본 인덱스의 검색 키가 후보 키가 아니지만 그 인덱스가 검색 키에 있는 값을 가지는 첫 번째 레코드를 가리키고 있다면 충분하다. 왜냐하면 다른 레코드는 파일을 연속적으로 훑으면서 가져올 수 있기 때문이다.

반대로 보조 인덱스의 검색 키가 후보 키가 아니라면 각 검색 키 값을 가지는 첫 번째 레코드를 가리키는 것으로 충분하지 않다. 똑같은 검색 키 값을 가지는 나머지 레코드는 파일의 아무 곳에나 흩어져 있을 수 있다. 왜냐하면 레코드는 보조 인덱스의 검색 키에 의해서가 아니라 기본 인덱스의 검색 키에 의해 순서대로 되어 있기 때문이다. 그러므로 보조 인덱스는 모든 레코드에 대한 포인터를 포함해야 한다.

릴레이션에 동일한 검색 키 값을 가지는 레코드가 두 개 이상 존재한다면(즉 두 개 이상의 레코드가 인덱싱 속성에 대해 동일한 값을 가질 수 있다면) 이러한 검색 키를 **비고유 검색 키**(nonunique search key)라고 한다.

비고유 검색 키에 대해 보조 인덱스를 구현하는 방법은 다음과 같다. 기본 인덱스와는 다르게 보조 인덱스의 포인터는 레코드를 직접 가리켜서는 안 된다. 그 대신 인덱스에 있는 각각의 포인터는 그 파일에 대한 포인터를 담고 있는 버켓을 가리켜야 한다. 그림 14.6은 *instructor* 파일(검색 키는 *dept_name*)에 대해 이러한 간접 참조를 사용하는 보조 인덱스 구조를 보여 준다.

그러나 이러한 방법에는 몇 가지 단점이 있다. 첫째, 임의 I/O 작업이 필요한 간접 참조로 인해 인덱스 접근 시 시간이 더 오래 걸린다. 둘째, 키에 중복이 거의 없거나 전혀 없는 경우, 전체 블록이 해당 버켓에 할당되면 많은 공간 낭비가 발생한다. 이 장 뒷부분에서 이러한 단점을 피할 수 있는 효율적인 보조 인덱스 구현 방법을 살펴본다.

클러스터링 인덱스 순서에서 연속적으로 스캔하는 것은 능률적이다. 왜냐하면 파일에 있는 레코드가 인덱스의 순서와 똑같은 순서로 물리적으로 저장되어 있기 때문이다. 그러나 (아주 특별한 경우는 제외하고) 클러스터링 인덱스의 검색 키와 보조 인덱스의 검색 키 둘 다에 의한 순서로 파일을 물리적으로 저장할 수 없다. 보조 키 순서와 물리적인 키 순서는 다르기 때문이다. 만약에 파일

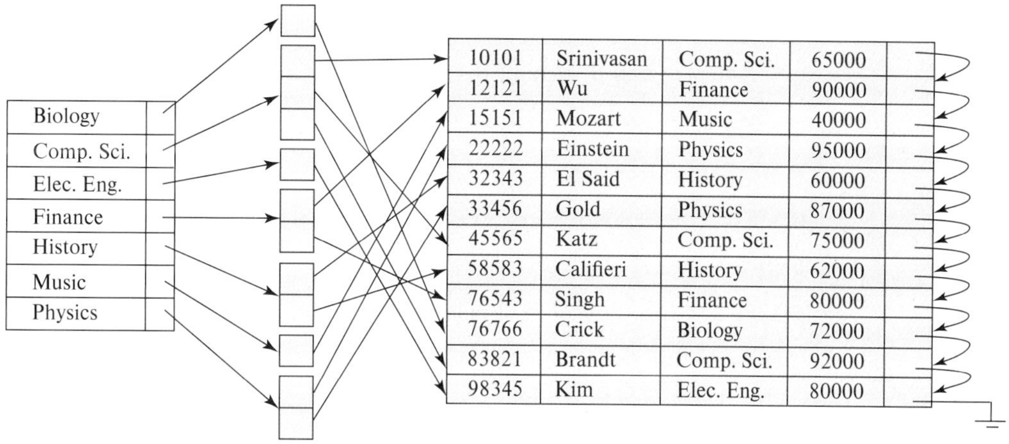

그림 14.6 비후보 키 *dept_name*에 의한 *instructor* 파일의 보조 인덱스

을 보조 키 순서대로 스캔을 시도한다면 각 레코드를 읽는 것은 디스크로부터 새로운 블록 읽기를 요구하는 것과 같은데 이는 매우 느리다.

삭제와 삽입에 대해 앞에서 설명한 절차는 보조 인덱스에도 적용될 수 있다. 즉 파일에 있는 모든 레코드에 대한 포인터를 저장하는 밀집 인덱스에 대해 앞에서 설명한 유사한 행동을 적용하면 된다. 파일이 다계층 인덱스를 갖고 있다면 파일이 변경될 때마다 모든 인덱스는 갱신되어야 한다.

보조 인덱스는 기본 인덱스의 검색 키가 아닌 다른 키를 사용하는 질의문의 성능을 향상한다. 그러나 이것은 데이터베이스 변경에 상당한 부담을 강요한다. 데이터베이스 설계자는 검색만을 위한 질의와 데이터 변경의 상대적인 빈도에 대한 평가에 기초해서 바람직한 보조 인덱스를 결정해야 한다.

14.2.5 다중 키상의 인덱스

지금까지 살펴본 예제는 검색 키로 하나의 속성을 가지지만 일반적으로 검색 키는 한 개 이상의 속성을 가질 수 있다. 두 개 이상의 속성으로 구성된 검색 키를 **복합 검색 키**(composite search key)라 한다. 이 인덱스의 구조는 모든 다른 인덱스의 구조와 같고, 유일한 차이점은 검색 키가 하나의 속성이 아니라 속성의 목록으로 되어 있다는 것이다. 이 검색 키는 값의 튜플인 $(a_1, \dots, a_n)$ 형식으로 표현될 수 있다. 이때 인덱스 속성은 $A_1, \dots, A_n$이다. 검색 키 값의 순서는 **사전적 순서**(lexicographic ordering)다. 예를 들어, 검색 키의 두 속성에 대해 $a_1 < b_1$이거나 $a_1 = b_1$이고 $a_2 < b_2$이면 $(a_1, a_2) < (b_1, b_2)$이다. 사전적 순서는 기본적으로 단어의 알파벳 순서와 동일하다.

예를 들어, 복합 검색 키(*course_id*, *semester*, *year*)를 가진 *takes* 릴레이션을 고려해 보자. 이러한 인덱스는 특정 학기/연도에 특정 교과 과정에 등록한 모든 학생을 찾는 데 유용하다. 복합 키에 대한 정렬 인덱스는 후반부의 14.6.2절에서 다루겠지만 여러 개의 다른 종류의 질의를 효율적으로 응답하는 데 사용될 수 있다.

14.3 B+-트리 인덱스 파일

인덱스 순차 파일 구조의 주요 단점은 파일이 커질수록 인덱스를 찾아서 그 데이터를 연속으로 스캔하는 성능이 감소하는 것이다. 이런 성능 감소는 파일을 재구성함으로써 제거될 수 있지만 빈번한 재구성은 바람직하지 않다.

B+-트리 인덱스(B+-tree index) 구조는 데이터의 삽입과 삭제에도 불구하고 성능을 유지하는 몇몇 인덱스 구조 중 가장 널리 사용된다. B+-트리 인덱스는 트리의 루트에서 단말 노드[6]까지 모든 경로의 길이가 같은 **균형 트리**(balanced tree) 형태다. 트리에서 비단말 노드(루트 노드 제외)는 $\lceil n/2 \rceil$와 n 사이의 자식을 갖고 있는데, 이때 n은 특정한 트리에 대해 고정된 값이다. 루트는 두 개에서 n개 사이의 자식을 갖는다.

B+-트리 구조는 삽입과 삭제 시 성능 부담과 공간 부담을 준다는 것을 알게 될 것이다. 이 성능 부담은 파일의 변경이 많은 경우에 파일 재구성 비용을 피할 수 있으므로 수용될 수 있다. 게다가 (자식을 최소로 갖고 있다면) 노드가 반 정도가 비어 있으므로, 약간 낭비되는 공간이 있게 되는데 이런 공간 부담 역시 B+-트리 구조의 성능 이익을 고려할 때 받아들일 만하다.

14.3.1 B+-트리의 구조

B+-트리 인덱스는 다계층 인덱스이지만 다계층 인덱스 순차 파일과는 다른 구조를 가진다. 지금은 중복 검색 키 값이 없다고 가정하자. 즉 우리는 각각의 검색 키는 고유하다 가정하고, 비고유 검색 키는 나중에 다룬다.

그림 14.7은 B+-트리의 대표적인 노드를 보여 준다. 이는 $n - 1$개의 검색 키 값 $K_1, K_2, \ldots, K_{n-1}$과 n개의 포인터 $P_1, P_2, \ldots, P_n$을 포함한다. 노드 안의 검색 키 값은 정렬된 순서로 유지된다. 그래서 i가 j보다 작으면 K_i도 K_j보다 작다.

먼저 **단말 노드**(leaf node)의 구조를 생각해 보자. $i = 1, 2, \ldots, n - 1$일 때 포인터 P_i는 검색 키 값 K_i를 가지는 파일 레코드를 가리킨다. 포인터 P_n은 특별한 목적이 있는데 뒤에서 간단하게 이에 대해 설명할 것이다.

그림 14.8은 *instructor* 파일의 B+-트리에서 단말 노드를 보여 준다. 이때 n은 4이고, 검색 키는 *name*이다.

지금까지 단말 노드의 구조에 대해서 알아보았으므로 이제 특정한 노드에 검색 키 값을 할당하는 방법에 대해 생각해 보자. 각 단말 노드는 $n - 1$개까지의 값을 가질 수 있는데 단말 노드는 적어도 $\lceil (n-1)/2 \rceil$개의 값을 포함해야 한다. 이 예제의 B+-트리에서 $n = 4$이기 때문에 각 단말 노드는 적어도 두 개, 많아도 세 개의 값을 가진다.

P_1	K_1	P_2	…	P_{n-1}	K_{n-1}	P_n

그림 14.7 전형적인 B+-트리 노드

6 역자 주: "리프 노드"라는 용어로도 혼용된다.

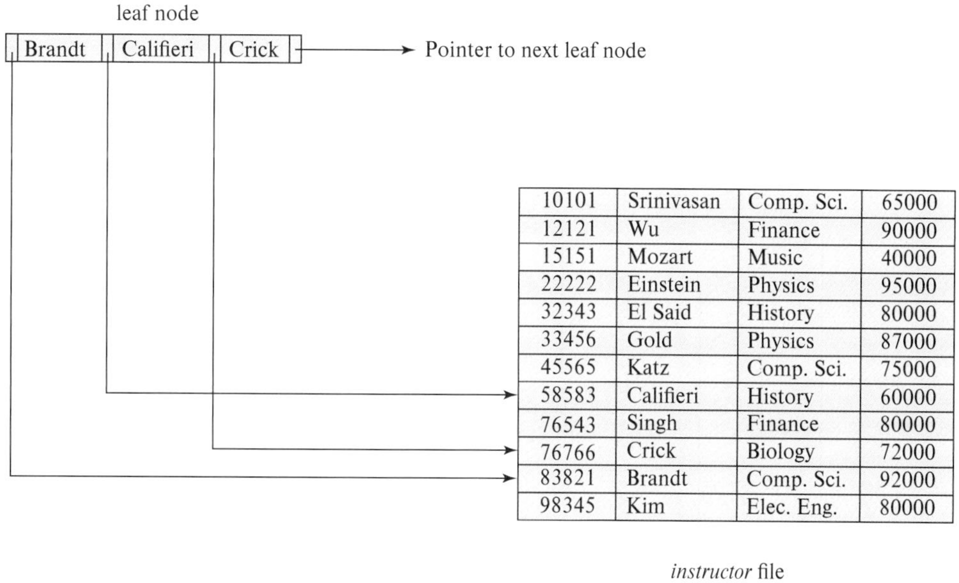

그림 14.8 *instructor* B^+-**트리 인덱스의 단말 노드**($n = 4$)

L_i와 L_j가 단말 노드이고 $i < j$이면(즉 트리에서 L_i는 L_j의 왼쪽에 있음), L_i에 있는 모든 검색 키 값은 L_j에 있는 모든 검색 키 값보다 작다.

만약 B^+-트리 인덱스가 (일반적인 경우에 해당하는) 밀집 인덱스로 사용된다면, 단말 노드에 모든 검색 키 값이 나타나야 한다.

이제 포인터 P_n의 사용에 관해 설명한다. 각 단말 노드는 검색 키 값을 기초로 선형 순서로 되어 있다. 그래서 단말 노드를 검색 키 순서로 서로 연결하기 위해서 P_n를 사용한다. 이 순서는 파일의 연속적인 처리를 능률적으로 할 수 있게 해 준다.

B^+-트리의 **비단말 노드**(nonleaf node)는 단말 노드상에서 다계층 (희소) 인덱스를 형성한다. 비단말 노드의 구조는 모든 포인터가 트리 노드에 대한 포인터인 것을 제외하고는 단말 노드의 구조와 동일하다. 비단말 노드는 n개까지의 포인터를 가질 수 있고, 적어도 $\lceil n/2 \rceil$개의 포인터를 갖고 있어야 한다. 한 노드의 포인터 수를 그 노드의 **팬아웃**(fanout)이라 부른다. 비단말 노드는 또한 **내부 노드**(internal node)라고도 부른다.

m개($m \leq n$)의 포인터를 포함하는 노드를 생각해 보자. $i = 2, 3, \ldots, m - 1$일 때 포인터 P_i는 K_i보다는 작고 K_{i-1}보다는 크거나 같은 검색 키 값을 포함하는 서브트리를 가리킨다. 포인터 P_m은 K_{m-1}보다 크거나 같은 키 값을 포함하는 서브트리를 가리키고, 포인터 P_1은 K_1보다 작은 검색 키 값을 포함하는 서브트리를 가리킨다.

루트 노드는 다른 비단말 노드와 달리 $\lceil n/2 \rceil$개보다 더 적은 포인터를 가질 수 있다. 그러나 하나의 노드로 구성된 트리가 아닌 경우 루트 노드는 적어도 두 개의 포인디를 갖고 있어야 한다. 앞에서 설명한 요구 사항을 만족한다면 n이 어떤 값이든지 B^+-트리를 항상 구성할 수 있다.

그림 14.9는 *instructor* 파일($n = 4$)에 대한 B^+-트리를 보여 준다. 간략히 설명하기 위해 널 포인터는 생략했으며, 화살표가 없는 포인터 필드는 널 값으로 간주한다.

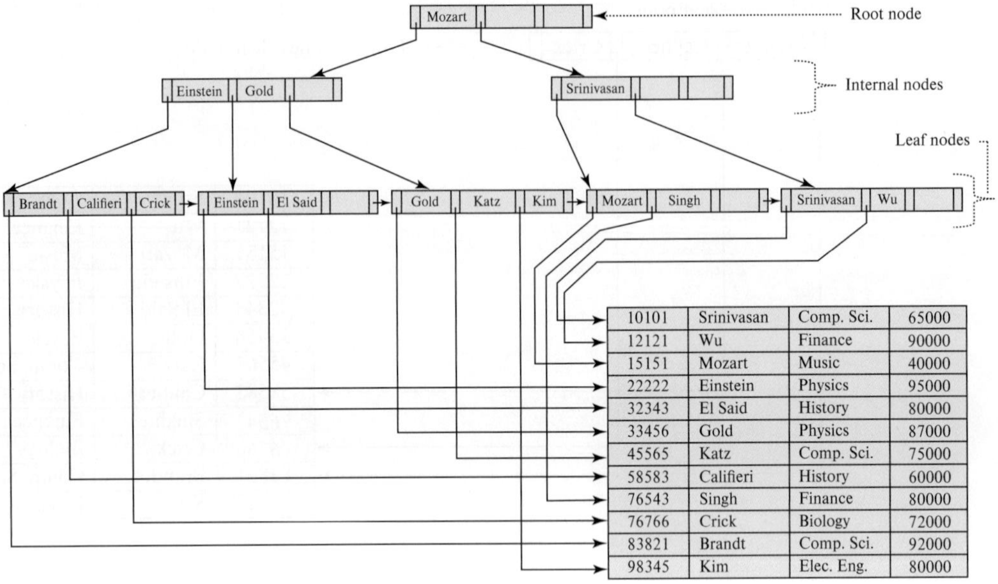

그림 14.9 *instructor* 파일의 B^+-트리($n = 4$)

그림 14.10은 $n = 6$인 *instructor* 파일의 다른 B^+-트리를 보여 준다. $n = 4$인 이전 트리보다 트리의 높이가 작은 것을 알 수 있다.

B^+-트리의 예는 모두 균형 트리다. 즉 루트에서 단말 노드까지의 모든 경로의 길이가 동일하다. 이 속성은 B^+-트리가 되기 위한 요구 사항이다. 실제로 B^+-트리의 "B"는 "balanced"를 나타낸다. B^+-트리의 균형 속성은 검색, 삽입, 삭제의 성능을 좋게 한다.

일반적으로 검색 키는 중복된 값을 가질 수 있다. 비고유 검색 키를 처리할 수 있는 한 가지 방법은 트리 구조를 수정하여 각 검색 키가 레코드에 나타나는 횟수만큼 단말 노드에 해당 검색 키를 저장하고, 각 검색 키가 해당 레코드를 가리키게 하는 것이다. 이때 조건 $K_i < K_j$(단, $i < j$)는 $K_i \leq K_j$으로 수정되야 한다. 그러나 이러한 방식은 비단말 노드에서 검색 키 값이 중복되므로, 삽입 및 삭제 과정이 더 복잡해지고 비용이 많이 들 수 있다. 또 다른 방법은 앞에서 살펴본 것처럼 각 검색 키 값과 함께 레코드 포인터 집합(또는 버켓)을 저장하는 것이다. 이러한 방식은 이전 기법보다 더 복잡하고, 특히 특정 키에 대한 레코드 포인터 수가 매우 많은 경우 비효율적 접근을 초래할 수 있다.

대신 대부분의 데이터베이스 구현에서 검색 키는 다음과 같이 고유하게 만든다. 릴레이션 r의 검색 키 속성 a_i가 고유하지 않다고 가정하자. 또한 A_p가 릴레이션 r의 주 키라고 가정하자. 그러면

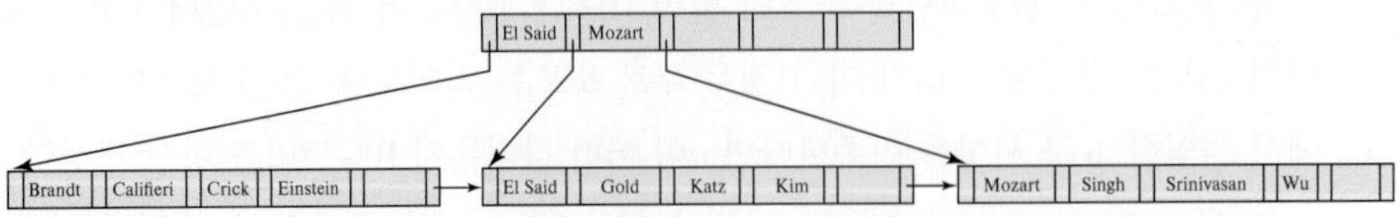

그림 14.10 $n = 6$인 *instructor* 파일의 B^+-트리

인덱스 구축 시 a_i 대신 고유한 복합 검색 키 (a_i, A_p)가 사용된다(a_i와 함께 사용하여 고유성을 보장하게 하는 속성 집합이 A_p 대신 사용될 수 있다). 예를 들어, *instructor* 릴레이션에서 속성 *name*에 대하여 인덱스를 생성하고자 한다면, ID가 교수의 주 키에 해당하므로 복합 검색 키 (*name*, ID)에 대하여 인덱스를 생성한다. *name*에 대한 인덱스 조회는 이 인덱스를 사용하여 효율적으로 처리할 수 있다. 비고유 검색 키 처리 문제는 14.3.5절에서 더 자세히 다룬다.

이 책의 예제는 중복이 없다고 가정하고 *instructor.name*과 같은 일부 비고유 검색 키에 대한 인덱스를 사용했다. 그러나 실제로 대부분의 데이터베이스는 중복을 확실하게 제거하기 위해 내부적으로 추가 속성을 자동으로 추가한다.

14.3.2 B$^+$-트리에서 질의

B$^+$-트리에서 질의를 처리하는 방법에 대해 생각해 보자. 검색 키 값 v를 가지는 모든 레코드를 찾기를 원한다고 가정하자. 그림 14.11은 이와 같은 작업을 수행하는 *find*(v) 함수를 위한 의사 코드를 나타낸다. 이때 검색 키 값은 중복이 없다고 가정하여, 특정 검색 키 값을 가지는 레코드가 최대 한 개만 존재한다. 이 장 뒷부분에서 비고유 검색 키를 다룬다.

직관적으로 이 함수는 트리의 루트에서부터 시작해서 트리 안에 존재하는 특정 값을 포함하는 단말 노드에 도달할 때까지 아래 방향으로 탐색한다. 특히 루트 노드를 현재 노드로 시작하게 되면 함수는 단말 노드에 도달할 때까지 다음과 같은 단계를 반복한다. 우선, 현재의 노드를 조사하여 v 값보다 큰 검색 키 K_i를 만족하는 가장 작은 i 값을 찾는다. 이런 값이 발견되었다고 가정하자. 만약 K_i가 v와 같다면 P_{i+1}가 현재 노드를 가리킨다. 그렇지 않고 $K_i > v$이면 P_i가 현재 노드를 가리킨다. 만약 K_i를 발견하지 못하면 명백하게 $v > K_{m-1}$이며 이때 P_m은 노드에서 널이 아닌 마지막 포인터가 된다. 이 경우에 P_m이 현재 노드를 가리킨다. 단말 노드에 도달할 때까지 위 과정이 반복되면서 트리의 아래를 탐색한다.

검색 키 값이 $K_i = v$인 단말 노드의 경우, 포인터 P_i는 검색 키 값이 K_i에 해당하는 레코드를 직접 가리키고 있으므로, 함수는 레코드를 가리키고 있는 포인터 P_i를 반환한다. 만약에 검색 키 값이 v인 단말 노드가 없다면 릴레이션에 키 값이 v인 레코드가 없는 것이며, 함수 *find*는 실패를 의미하는 null 값을 반환한다.

B$^+$-트리는 또한 특정 범위 [*lb*, *ub*]의 검색 키 값을 가지는 모든 레코드를 찾기 위해 사용될 수 있다. 예를 들어, *instructor*의 *salary* 속성을 가진 B$^+$-트리에서 *salary* 범위가 [50000, 100000]인 (즉 모든 급여가 50000과 100000 사이) 모든 *instructor* 레코드를 찾을 수 있다. 이와 같은 질의어를 **범위 질의**(range query)라 한다.

이러한 질의를 실행하기 위해서 그림 14.12처럼 프로시저 *findRange* (*lb*, *ub*)를 생성할 수 있다. 이 프로시저는 다음과 같이 수행된다. 먼저 *find*(*lb*)와 비슷한 방식으로 단말 노드로 이동한다. 단말 노드는 실제로 *lb* 값을 포함하거나 포함하지 않을 수 있다. 그런 다음 그 단말 노드 및 후속 단말 노드의 레코드를 단계적으로 검사하면서, 키 값 $C.K_i$가 $lb \le C.K_i \le ub$를 만족하는 모든 레코드에 대한 포인터를 집합 resultSet에 저장한다. 조건 $C.K_i > ub$를 만족하거나, 또는 트리에 더 이상 키가 없으면 함수가 종료된다.

```
function find(v)
/* Assumes no duplicate keys, and returns pointer to the record with
  * search key value v if such a record exists, and null otherwise */
    Set C = root node
    while (C is not a leaf node) begin
        Let i = smallest number such that v ≤ C.K_i
        if there is no such number i then begin
            Let P_m = last non-null pointer in the node
            Set C = C.P_m
        end
        else if (v = C.K_i) then Set C = C.P_{i+1}
        else Set C = C.P_i /* v < C.K_i */
    end
    /* C is a leaf node */
    if for some i, K_i = v
        then return P_i
        else return null ; /* No record with key value v exists*/
```

그림 14.11 B^+-트리에 대한 질의

실제 구현 방법은 5.1.1절의 JDBC ResultSet에서 제공하는 것과 유사한 반복기 인터페이스(iterator interface similar)를 지원하는 *findRange* 버전을 제공하는 것이다. 이러한 반복기 인터페이스는 연속적인 레코드를 가져오기 위해 반복적으로 호출하는 *next*( ) 메소드를 제공한다. *next*( ) 메소드는 *findRange*와 유사한 방식으로 단말 노드의 엔트리를 하나씩 검사한다. 각각의 *next*( ) 메소드 호출은 한 단계만 수행하고 중단된 부분을 기록한다. 그러므로 *next*( ) 메소드를 연속으로 호출하여 연속된 엔트리를 검사할 수 있다. 간략히 설명하기 위해 세부 사항을 생략하지만, 관심 있는 독자를 위해 반복기 인터페이스에 대한 의사 코드를 제공한다.

이제 B^+-트리 인덱스에 대한 질의 비용을 생각해 보자. 질의를 처리할 때 루트에서 일부 단말 노드까지 트리의 경로를 탐색해야 한다. 파일에 레코드 N개가 있다면 그 경로는 $\lceil \log_{\lceil n/2 \rceil}(N) \rceil$보다 더 길지 않다.

보통 디스크 블록의 크기는 4킬로바이트다. 검색 키의 크기가 12바이트이고 디스크 포인터의 크기가 8바이트라면 n은 약 200이 된다. 검색 키의 크기를 32바이트로 하면 n은 약 100이 된다. n이 100이고, 파일에 백만 개의 검색 키 값이 있다면 검색하는 데 단지 $\lceil \log_{50}(1{,}000{,}000) \rceil = 4$개의 노드가 접근된다. 그래서 검색하기 위해 기껏해야 네 개의 블록만 디스크로부터 읽어 오면 된다. 트리의 루트 노드는 보통 많이 접근되므로 버퍼에 있을 가능성이 있다. 그러므로 실제로는 세 개 혹은 더 적은 블록이 디스크로부터 읽힌다.

B^+-트리 구조와 이진 트리 같은 메모리 트리 구조와의 중요한 차이점은 노드의 크기와 이로 인한 트리의 높이다. 이진 트리는 각 노드는 작고, 많아야 두 개의 포인터를 갖고 있다. B^+-트리는 각 노드가 크고—일반적으로 디스크 블록 크기—각 노드는 많은 수의 포인터를 가질 수 있다. 그래

```
function findRange(lb, ub)
/* Returns all records with search key value V such that lb ≤ V ≤ ub. */
    Set resultSet = {};
    Set C = root node
    while (C is not a leaf node) begin
        Let i = smallest number such that lb ≤ C.K_i
        if there is no such number i then begin
            Let P_m = last non-null pointer in the node
            Set C = C.P_m
        end
        else if (lb = C.K_i) then Set C = C.P_{i+1}
        else Set C = C.P_i /* lb < C.K_i */
    end
    /* C is a leaf node */
    Let i be the least value such that K_i ≥ lb
    If there is no such i
        then Set i = 1 + number of keys in C; /* To force move to next leaf */
    Set done = false;
    while (not done) begin
        Let n = number of keys in C.
        if ( i ≤ n and C.K_i ≤ ub) then begin
            Add C.P_i to resultSet
            Set i = i + 1
        end
        else if  (i ≤ n and C.K_i > ub)
            then Set done = true;
        else if (i > n and C.P_{n+1} is not null)
            then Set C = C.P_{n+1}, and i = 1 /* Move to next leaf */
        else Set done = true; /* No more leaves to the right */
    end
    return resultSet;
```

그림 14.12 B^+-트리에 대한 범위 질의

서 B^+-트리는 굵고 짧은 반면 이진 트리는 가늘고 길다. 균형 이진 트리는 검색을 위한 경로의 길이가 $\lceil \log_2(N) \rceil$일 수 있다. 이때 N은 인덱스된 파일 안에 있는 레코드의 개수다. 앞의 예에서 N이 1,000,000이면, 균형 이진 트리는 약 20개의 노드에 접근한다. 각 노드가 다른 블록에 있다면 검색을 처리하기 위해 20개의 블록을 읽는다. 반면에 B^+-트리는 네 개의 블록을 읽는다. 자기 디스크에서 각 블록 읽기가 디스크 암 탐색을 요구하며 디스크 암 탐색과 함께 블록 읽기가 일반적으로 약 10밀리초 걸리기 때문에 자기 디스크의 경우 차이는 분명하다. 4킬로바이트 페이지를 읽는 데 약 10~100마이크로초가 소요되는 플래시 저장 장치의 경우 차이가 심하게 크지 않지만, 여전히 차이는 분명하다.

단말 노드로 이동한 후, 고유한 검색 키의 단일값에 대한 질의의 경우 일치하는 레코드를 가져오

기 위해 하나 이상의 임의 I/O 작업이 필요하다.

범위 질의는 단말 노드까지 순회한 후, 주어진 범위 내에 있는 모든 포인터를 검사하는 추가 비용이 발생한다. 이러한 포인터는 연속적인 단말 노드에 존재하므로, M개의 포인터가 검색되면 최대 $\lceil M/(n/2) \rceil + 1$개의 단말 노드에 접근하여 포인터를 검색해야 한다(각 단말 노드에는 적어도 $n/2$개의 포인터가 있기 때문이며, 심지어 두 개의 포인터가 두 페이지로 나뉘어 있을 수도 있다). 이 비용에 실제 레코드에 접근하는 데 드는 비용을 추가해야 한다. 보조 인덱스의 경우, 이러한 각 레코드가 서로 다른 블록에 위치해 있을 수 있으므로, 최악의 경우 M개의 임의 I/O 작업이 발생할 수 있다. 클러스터링 인덱스의 경우, 이러한 레코드가 연속된 블록에 위치해 있으며, 각 블록에는 여러 개의 레코드가 포함되어 있기 때문에 비용이 크게 절감된다.

이제 비고유 키의 경우를 생각해 보자. 앞에서 설명했듯이, 후보 키가 아니어서 중복이 발생할 수 있는 속성 a_i에 인덱스를 생성하는 경우, 중복이 없는 복합 키에 대신 인덱스를 생성하게 된다. 복합 키는 고유성을 보장하기 위해 주 키와 같은 추가 속성을 a_i에 추가하여 생성한다. a_i에 인덱스를 생성하는 대신 복합 키 (a_i, A_p)에 인덱스를 생성했다고 가정하자.

그렇다면 중요한 질문은 위 인덱스를 사용하여 a_i에 대해 주어진 값 v를 갖는 모든 튜플을 어떻게 검색하는지다. 이 질문에 대한 대답은 findRange(lb, ub)를 사용하는 것이다. 여기서 $lb = (v, -\infty)$, $ub = (v, \infty)$이며, 이때 $-\infty$ 및 ∞는 A_p가 가질 수 있는 최솟값과 최댓값을 나타낸다. 이러한 범위 질의는 앞서 설명한 것처럼 레코드에 대한 검색 비용이 많이 들 수 있지만, 레코드에 대한 포인터를 매우 효율적으로 검색할 수 있다.

14.3.3 B⁺-트리 갱신

레코드가 릴레이션에 삽입되거나 삭제될 때 릴레이션에 대한 인덱스 역시 마찬가지로 갱신되어야 한다. 레코드에 대한 갱신은 이전 레코드의 삭제에 뒤이어 새로운 레코드의 삽입으로 모델링된다. 따라서 오직 삽입과 삭제만 고려된다.

삽입과 삭제는 검색보다 더 복잡하다. 왜냐하면 삽입 결과로 노드가 너무 크게 되어서 노드를 **분할**(split)해야 하거나 노드가 너무 작아져서($\lceil n/2 \rceil$포인터보다 더 작다) 노드를 **유착**(coalesce, 즉 노드를 결합)해야 할지도 모르기 때문이다. 더욱이 하나의 노드가 분할되거나 한 쌍으로 결합되었을 때 균형이 보존되도록 해야 한다. B^+-트리에서 삽입과 삭제의 기본 아이디어를 소개하기 위해 노드는 너무 크거나 너무 작아지지 않는다고 임시로 가정한다. 이런 가정하에 삽입과 삭제는 다음에 정의된 대로 수행된다.

- **삽입**. *find*( ) 함수(그림 14.11)의 검색 때와 똑같은 기술을 사용해서 검색 키 값이 어느 단말 노드에 있는지 찾는다. 그 이후에 단말 노드에 있는 엔트리(즉 검색 키 값과 레코드 포인터 쌍)를 삽입하면서 검색 키가 여전히 순서를 유지하도록 조정한다.
- **삭제**. 검색 때와 똑같은 기술을 사용해서 삭제될 레코드의 검색 키를 조사함으로써 삭제될 엔트리를 포함하는 단말 노드를 찾는다. 만약 같은 검색 키 값을 가지는 다중 엔트리가 존재한다면 삭제될 레코드를 가리키는 엔트리를 찾을 때까지 같은 검색 키 값을 가지는 모든 엔트리를 검색

한다. 그리고 단말 노드에서 그 엔트리를 제거한다. 단말 노드에 있는 삭제된 엔트리의 오른쪽에 있는 모든 엔트리는 한 위치씩 왼쪽으로 이동한다. 따라서 엔트리가 삭제된 이후에 엔트리 간의 차이는 없다.

이제부터는 노드 분할과 노드 유착을 다루면서 삽입과 삭제에 대한 일반적인 경우를 고려해 보자.

14.3.3.1 삽입

이제 노드를 분할해야 하는 삽입의 예를 생각해 보자. *name*의 값이 Adams인 레코드가 *instructor* 릴레이션에 삽입된다고 가정하자. 그러면 그림 14.9의 B^+-트리에 "Adams"를 위한 엔트리를 삽입하는 것이 필요하다. 검색 알고리즘을 이용해 "Adams"는 "Brandt", "Califieri"와 "Crick"을 포함하는 노드에 나타나야 한다는 것을 알아낼 수 있다. 검색 키 값 "Adams"를 삽입할 단말 노드의 공간이 없으므로 이 노드는 두 개의 노드로 분할된다. 그림 14.13은 "Adams"를 삽입하고 단말 노드의 분할로부터 생긴 두 단말 노드를 보여 준다. 검색 키 값 "Adams"와 "Brandt"가 한 단말 노드이고 "Califieri"와 "Crick"이 다른 단말 노드다. 일반적으로 n개의 검색 키 값(단말 노드에 있는 $n - 1$개의 값 + 삽입된 그 값)을 가진다고 하면, 처음 $\lceil n/2 \rceil$개는 원래 존재하는 노드에 두고 나머지는 새로운 노드에 놓는다.

단말 노드를 분할할 때 새로운 단말 노드를 B^+-트리 구조에 삽입해야 한다. 이 예제에서 새로운 노드는 가장 작은 검색 키 값으로 "Califieri"를 가진다. 이 검색 키 값을 가진 엔트리와 새로운 노드를 가리키는 포인터를 분할된 단말 노드의 부모에 삽입해야 한다. 그림 14.14의 B^+-트리는 삽입한 결과를 보여 준다. 새로운 엔트리를 위한 부모 노드의 공간이 있기 때문에 추가적인 노드 분할 없이 삽입하는 것이 가능했다. 만약 부모 노드에 공간이 없었다면 부모 노드는 부모 노드에 추가될 엔트리를 요구하며 분할되어야 한다. 최악의 경우에 루트에 이르는 경로에 있는 모든 노드가 분할되어야 한다. 루트 자신이 분할된다면 전체 트리는 더 깊어진다.

비단말 노드에 대한 분할은 단말 노드의 분할에 비해 약간 다르다. 그림 14.15는 그림 14.14의

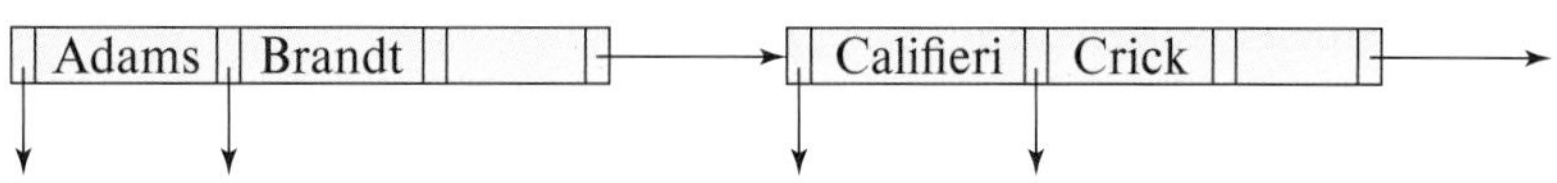

그림 14.13 "Adams" 삽입에 의한 단말 노드 분할

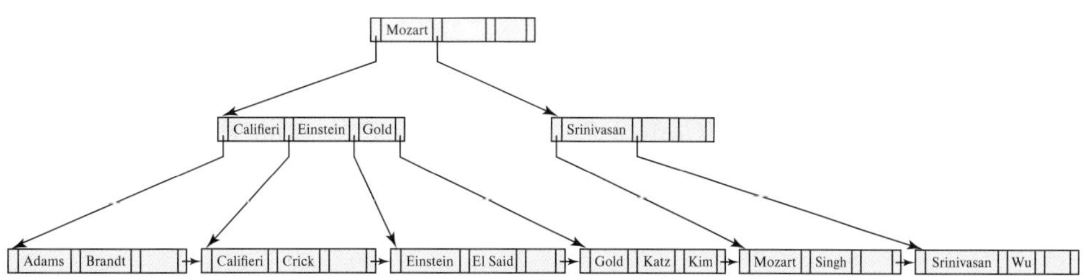

그림 14.14 그림 14.9 B^+-트리에 "Adams" 삽입

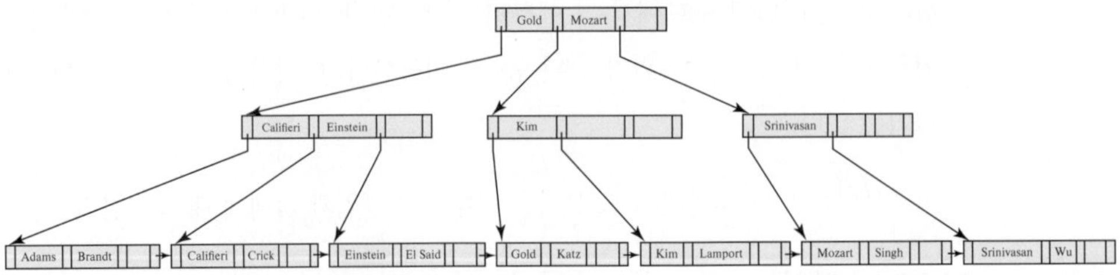

그림 14.15 그림 14.14의 B⁺-트리에 "Lamport" 삽입

트리에 검색 키 "Lamport"를 가진 레코드를 삽입한 결과를 보여 준다. "Lamport"가 삽입될 단말 노드에 이미 "Gold", "Katz"와 "Kim" 엔트리가 있기 때문에 결과적으로 단말 노드는 분할된다. 분할로 오른쪽에 새롭게 생긴 노드는 검색 키 값으로 "Kim"과 "Lamport"를 포함한다. 엔트리 (Kim, $n1$)는 부모 노드에 반드시 추가되어야 한다. $n1$은 새로운 노드에 대한 포인터다. 하지만 부모 노드에 새로운 엔트리를 추가할 공간이 없다면 부모 노드는 분할되어야 한다. 이렇게 함으로써 부모 노드는 개념적으로 확장되며 엔트리가 추가되고 나서 넘치는 노드가 즉시 분할된다.

가득 찬 비단말 노드가 분할될 때 자식 포인터는 원래의 것과 새롭게 생성된 노드로 나뉜다. 이 예제에서 원래 노드는 처음 세 개의 포인터가 있는 왼쪽에 있으며 오른쪽에 있는 새로 생성된 노드는 남아 있는 두 개의 포인터를 받는다. 하지만 검색 키 값은 약간 다르게 다루어진다. 포인터 사이에 위치한 검색 키 값은 포인터를 따라서 오른쪽 노드로 이동한다(이 예제에서 "Kim"). 반면에 왼쪽(이 예제에서 "Califieri"와 "Einstein")에 있는 그대로인 포인터 사이에 있는 검색 키 값은 재분배되지 않고 유지된다.

```
procedure insert(value K, pointer P)
    if (tree is empty) create an empty leaf node L, which is also the root
    else Find the leaf node L that should contain key value K
    if (L has less than n − 1 key values)
        then insert_in_leaf (L, K, P)
        else begin /* L has n − 1 key values already, split it */
            Create node L′
            Copy L.P_1 ... L.K_{n−1} to a block of memory T that can
                hold n (pointer, key-value) pairs
            insert_in_leaf (T, K, P)
            Set L′.P_n = L.P_n; Set L.P_n = L′
            Erase L.P_1 through L.K_{n−1} from L
            Copy T.P_1 through T.K_{⌈n/2⌉} from T into L starting at L.P_1
            Copy T.P_{⌈n/2⌉+1} through T.K_n from T into L′ starting at L′.P_1
            Let K′ be the smallest key-value in L′
            insert_in_parent(L, K′, L′)
        end
```

그림 14.16 B⁺-트리에서 엔트리 삽입

```
procedure insert_in_leaf (node L, value K, pointer P)
    if (K < L.K_1)
        then insert P, K into L just before L.P_1
        else begin
            Let K_i be the highest value in L that is less than or equal to K
            Insert P, K into L just after L.K_i
        end
procedure insert_in_parent(node N, value K', node N')
    if (N is the root of the tree)
        then begin
            Create a new node R containing N, K', N'    /* N and N' are pointers */
            Make R the root of the tree
            return
        end
    Let P = parent (N)
    if (P has less than n pointers)
        then insert (K', N') in P just after N
        else begin /* Split P */
            Copy P to a block of memory T that can hold P and (K', N')
            Insert (K', N') into T just after N
            Erase all entries from P; Create node P'
            Copy T.P_1 ... T.P_⌈(n+1)/2⌉ into P
            Let K'' = T.K_⌈(n+1)/2⌉
            Copy T.P_⌈(n+1)/2⌉+1 ... T.P_n+1 into P'
            insert_in_parent(P, K'', P')
        end
```

그림 14.17 B^+-트리에서 엔트리 삽입을 위한 보조 프로시저

하지만 왼쪽에 그대로 존재하는 포인터와 오른쪽으로 움직여야 하는 포인터 사이에 위치한 검색 키 값은 다르게 다루어진다. 이 예제에서 검색 키 값 "Gold"는 왼쪽 노드로 움직이는 세 개의 포인터와 오른쪽으로 움직이는 두 개의 포인터 사이에 놓인다. 값 "Gold"는 분할된 노드 어느 쪽에도 추가되지 않는다. 대신에 엔트리 (Gold, *n*2)가 부모 노드에 추가된다. *n*2는 분할로부터 기인한 새롭게 생긴 노드에 대한 포인터다. 이 경우에는 부모 노드가 루트 노드이며 새로운 엔트리에 대한 공간을 충분히 가진다.

B^+-트리에 삽입을 위한 일반적인 기법은 삽입이 일어나야 하는 단말 노드 *l*을 결정하는 것이다. 분할이 일어난다면 분할로 만들어진 새로운 노드를 가리키는 검색 키와 포인트를 노드 *l*의 부모 노드에 삽입한다. 이 삽입이 또 분할을 야기하면 트리 위로 가면서 재귀적으로 계속해서 삽입을 수행한다. 그러다가 삽입이 분할을 야기하지 않거나 새로운 루트가 생성되면 그만한다.

그림 14.16은 삽입 알고리즘을 의사 코드로 간략하게 나타낸 것이다. *insert* 프로시저는 두 보조 프로시저인 그림 14.17의 *insert_in_leaf* 프로시저와 *insert_in_parent* 프로시저를 이용하여 키-

값 포인터 쌍을 인덱스에 삽입한다. 의사 코드에서 *L*, *N*, *P*, *T*는 노드에 대한 포인터이고, *L*은 단말 노드다. $L.K_i$와 $L.P_i$는 각각 노드 *L*에 있는 *i*번째 값과 포인터를 나타낸다. $T.K_i$와 $T.P_i$는 각각 노드 *T*에 있는 *i*번째 값과 포인터를 나타낸다. 또한 의사 코드는 노드 *N*의 부모를 찾기 위해 함수 *parent*(*N*)을 사용한다. 처음에 단말 노드를 찾으면서 루트에서 잎까지 경로를 통해 노드의 목록을 계산할 수 있는데 이는 나중에 어떤 노드의 부모를 효율적으로 찾기 위해 이용할 수 있다.

insert_in_parent 프로시저는 *N*, *K′*, *N′*을 인자로 받는데 여기서 *N*은 *N*과 *N′*으로 나뉘었고, *K′*은 *N′*에서 최솟값이다. 이 프로시저는 분할을 기록하기 위해 *N*의 부모를 변경한다. *insert_into_index* 프로시저와 *insert_in_parent* 프로시저는 임시 메모리 공간 *T*를 사용하여 분할되는 노드의 내용을 저장한다. 자료 복사에 드는 시간을 줄이기 위해서 *T*를 사용하지 않고 자료를 분할되는 노드로부터 직접 새로 생성된 노드로 복사하도록 프로시저를 수정할 수도 있다. 그러나 임시 공간 *T*를 사용하는 것은 프로시저를 단순하게 해 준다.

14.3.3.2 삭제

이제 삭제로 인해 트리 노드가 너무 적은 포인터를 포함하게 되는 경우를 생각해 보자. 먼저 그림 14.14의 B^+-트리로부터 "Srinivasan"을 삭제해 보자. 결과 B^+-트리는 그림 14.18에 나타난다. 이제 삭제가 이루어지는 방법에 대해 생각해 보자. 먼저 이전의 탐색 알고리즘을 이용하여 "Srinivasan"을 위한 엔트리로 위치한다. 단말 노드에서 "Srinivasan"을 위한 엔트리를 삭제할 때 노드는 오직 한 개의 엔트리 "Wu"만 남게 된다. 이 예제에서 $n = 4$이고 $1 < \lceil (n-1)/2 \rceil$이기 때문에 이 노드는 형제 노드와 합병되거나 각 노드가 적어도 반은 채워지는 것을 보장하기 위해 노드들 간의 엔트리가 재분배된다. 이 예제에서 "Wu" 엔트리를 갖는 미달(underfull) 노드는 왼쪽의 형제 노드와 합병된다. 노드의 엔트리를 왼쪽의 형제 노드로 움직여서 합병하고 이제는 비워진 오른쪽의 형제 노드를 삭제한다. 일단 노드가 삭제되고 나면 반드시 방금 삭제한 노드를 가리키는 부모 노드 역시 삭제해야 한다.

이 예제에서 *n*3는 "Srinivasan"을 가리키는 포인터이며 삭제되는 엔트리는 (Srinivasan, *n*3)다. (이 경우에 비단말 노드에서 삭제되는 엔트리가 단말 노드로부터 삭제되는 노드와 같은 값을 가진다.) 위와 같은 엔트리를 삭제한 후에 검색 키 값으로 "Srinivasan"과 두 개의 포인터를 가지는 부모 노드는 이제 (노드에서 가장 왼쪽에 있는) 한 개의 포인터만 가지며 검색 키 값을 가지지 않는다. $n = 4$이고 $1 < \lceil n/2 \rceil$이므로 부모 노드는 가득 채워지지 않는다. (큰 *n*에 대해서 가득 채워지지 않는 노드는 여전히 포인터뿐만 아니라 값 역시 가지고 있다.)

예제에서 형제 노드를 살펴보면 유일한 형제 노드는 "Califieri", "Einstein"과 "Gold" 검색 키를 포함하는 비단말 노드다. 가능하다면 이 노드는 형제 노드와 유착시켜야 한다. 이 경우에 이 노드와 형제 노드는 최대 네 개이지만 다섯 개의 포인터를 가지기 때문에 노드 유착이 불가능하다. 이런 경우의 해결책은 적어도 $\lceil n/2 \rceil = 2$개의 자식 포인터를 가지도록 노드와 그 형제 노드 사이의 포인터를 **재분배**(redistribute)하는 것이다. 그렇게 함으로써 ("Gold"를 포함하는 단말 노드를 가리키는 노드인) 왼쪽 형제 노드로부터 채워지지 않은 오른쪽 형제 노드로 가장 오른쪽 포인터를 움직일 수 있다. 그러나 채워지지 않은 오른쪽 형제 노드는 이제 두 개의 포인터를 가지게 된다. 즉 가장 왼쪽

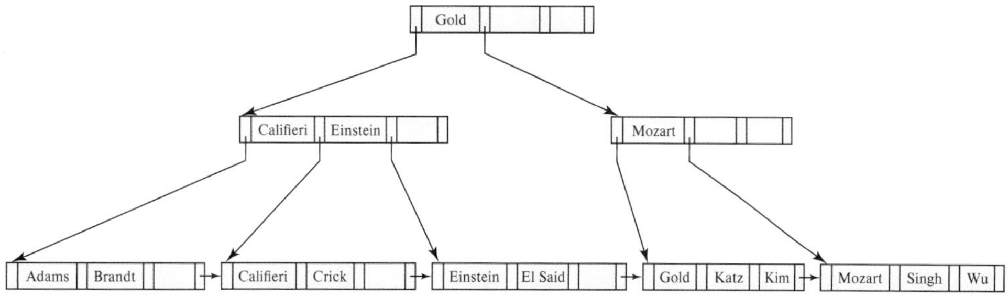

그림 14.18 그림 14.14의 B⁺-트리로부터 "Srinivasan" 삭제

의 포인터와 새롭게 움직인 포인터로 이들을 구분하는 값은 없다. 사실 이들을 구분하는 값은 어느 노드에도 존재하지 않지만, 부모 노드에서 해당 노드 및 그 형제 노드까지의 포인터 사이에, 부모 노드에 존재한다. 이 예제에서 "Mozart" 값은 두 포인터를 구분하며 재분배 후 오른쪽 형제 노드에 나타난다. 포인터의 재분배는 또한 부모 노드의 "Mozart" 값이 더는 두 형제 노드에서 검색 키 값을 정확하게 구분하지 않는다는 것을 의미한다. 사실 이제 두 형제 노드에서 검색 키 값을 정확하게 구분하는 값은 "Gold"이며 이 값은 재분배 전에 왼쪽 형제 노드에 존재했다.

결과적으로 그림 14.18에서 보듯이 형제 노드 간의 포인터를 재분배한 후 "Gold" 값은 부모 노드로 올라갔지만, 이전 값이었던 "Mozart"는 오른쪽 형제 노드로 내려갔다.

다음으로 그림 14.18의 B⁺-트리에서 "Singh"와 "Wu" 검색 키 값을 삭제해 보자. 이 결과는 그림 14.19에 나타난다. 이 값들의 첫 번째 값의 삭제는 단말 노드를 미달되게 못하지만 두 번째 값의 삭제는 미달하게 만든다. 채워지지 않은 노드와 그 형제 노드를 합병하는 것은 불가능하다. 따라서 검색 키 값 "Kim"을 "Mozart"를 포함하는 노드로 옮기는 것을 실행하는 값의 재분배가 수행된다. 그 결과 그림 14.19와 같은 트리가 형성된다. 두 형제 노드를 분리하는 값은 부모 노드에서 "Mozart"에서 "Kim"으로 갱신된다.

이제 위의 트리에서 "Gold"를 삭제해 보자. 그림 14.20은 결과를 보여 준다. 삭제는 단말 노드를 미달하게 만들고 이 미달된 노드들은 형제 노드와 합병된다. 부모 노드("Kim"을 포함하는 비단말 노드)로부터의 엔트리 삭제는 부모 노드를 채워지지 않게 만든다(한 개의 포인터가 남겨진다). 이 시기에서, 부모 노드는 형제 노드와 합병이 될 수 있다. 이와 같은 합병 결과는 검색 키 값 "Gold"

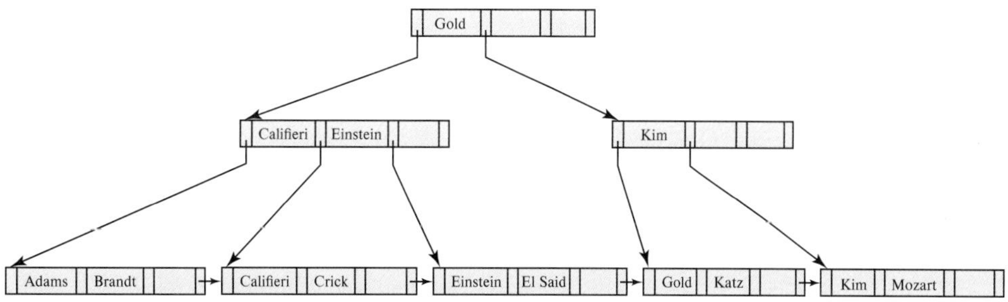

그림 14.19 그림 14.18의 B⁺-트리로부터 "Singh"와 "Wu" 삭제

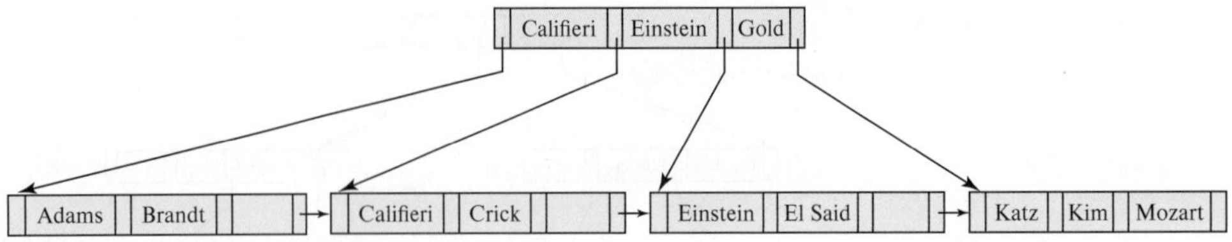

그림 14.20 그림 14.19의 B⁺-트리로부터 "Gold" 삭제

를 부모 노드로부터 합병된 노드로 이동하게 한다. 이 결과로, 엔트리는 부모 노드로부터 삭제되고 트리의 루트 노드가 된다. 그리고 이 삭제의 결과로서 루트 노드는 검색 키 값을 가지지 않고 오직 한 개의 포인터를 가지게 되며 루트는 적어도 두 개의 자식 노드를 가져야 한다는 조건을 위배한다. 결과적으로 루트 노드는 삭제되고 한 개의 자식 노드가 루트가 되며 B^+-트리의 높이가 1만큼 감소한다.

삭제의 결과로서 B^+-트리의 비단말 노드에 나타난 키 값이 트리의 어떤 단말 노드에도 나타나지 않을 수 있는 것은 문제될 것이 없다. 예를 들면, 그림 14.20에서 값 "Gold"는 단말 노드에서 삭제되지만 여전히 비단말 노드에 존재한다.

일반적으로 B^+-트리에서 값을 삭제하기 위해서는 그 값 찾기를 먼저 수행한 뒤에 삭제한다. 노드가 너무 작다면 그것의 부모로부터 그것을 삭제한다. 이 삭제는 루트에 도달할 때까지, 삭제 후 부모가 적당히 남아 있거나 혹은 재분배를 적용할 때까지, 삭제 알고리즘을 재귀적으로 적용하는 결과로 이어진다.

그림 14.21은 B^+-트리로부터 삭제를 위한 의사 코드를 간략하게 나타낸 것이다. *swap_variables* (N, N') 절차는 단지 (포인터) 변수 N과 N'의 값을 교환하는데 이때 이 교환은 트리 자체에는 아무런 영향을 미치지 않는다. 의사 코드는 "너무나 적은 포인터/값" 조건을 사용한다. 비단말 노드에서 이 조건은 $\lceil n/2 \rceil$개의 포인터보다 더 적은 것을 의미하고, 단말 노드에서 $\lceil (n-1)/2 \rceil$ 값보다 더 적은 것을 의미한다. 의사 코드는 인접한 노드로부터 하나의 엔트리를 가져옴으로써 엔트리를 재분배한다. 또한 두 노드 사이의 엔트리를 동등하게 나눔으로써 재분배할 수도 있다. 의사 코드는 어떤 한 노드로부터 엔트리 (K, P)를 삭제하는 것을 나타낸다. 단말 노드의 경우 실제로 엔트리에 대한 포인터는 키 값 앞에 있다. 그러므로 포인터 P는 키 값 K 앞에 와야 한다. 내부 노드의 경우 P는 키 값 K 뒤에 온다.

14.3.4 B⁺-트리 갱신의 복잡도

B^+-트리상에서 삽입과 삭제 연산이 복잡할지라도 상대적으로 적은 디스크 I/O 연산을 요구한다. 이는 디스크 I/O 연산이 매우 비싸므로 상당한 이익이다. 삽입에서 일어날 수 있는 최악의 경우에 필요한 I/O 연산의 수는 $\log_{\lceil n/2 \rceil}(N)$에 비례한다. 이때 n은 한 노드 안에 있는 포인터의 최대 개수이고, N은 인덱스된 파일에 있는 레코드의 개수다.

삭제 프로시저의 최악의 경우 복잡도(worst case complexity) 역시 검색 키에 대해 중복 값이 없다면 마찬가지로 $\log_{\lceil n/2 \rceil}(N)$에 비례한다. 비고유 검색 키의 경우는 이 장 뒷부분에서 다룬다.

```
procedure delete(value K, pointer P)
    find the leaf node L that contains (K, P)
    delete_entry(L, K, P)

procedure delete_entry(node N, value K, pointer P)
    delete (K, P) from N
    if (N is the root and N has only one remaining child)
    then make the child of N the new root of the tree and delete N
    else if (N has too few values/pointers) then begin
        Let N' be the previous or next child of parent(N)
        Let K' be the value between pointers N and N' in parent(N)
        if (entries in N and N' can fit in a single node)
            then begin /* Coalesce nodes */
                if (N is a predecessor of N') then swap_variables(N, N')
                if (N is not a leaf)
                    then append K' and all pointers and values in N to N'
                    else  append all (K_i, P_i) pairs in N to N'; set N'.P_n = N.P_n
                delete_entry(parent(N), K', N); delete node N
            end
        else begin /* Redistribution: borrow an entry from N' */
            if (N' is a predecessor of N) then begin
                if (N is a nonleaf node) then begin
                    let m be such that N'.P_m is the last pointer in N'
                    remove (N'.K_{m-1}, N'.P_m) from N'
                    insert (N'.P_m, K') as the first pointer and value in N,
                        by shifting other pointers and values right
                    replace K' in parent(N) by N'.K_{m-1}
                end
                else begin
                    let m be such that (N'.P_m, N'.K_m) is the last pointer/value
                        pair in N'
                    remove (N'.P_m, N'.K_m) from N'
                    insert (N'.P_m, N'.K_m) as the first pointer and value in N,
                        by shifting other pointers and values right
                    replace K' in parent(N) by N'.K_m
                end
            end
            else ... symmetric to the then case ...
        end
    end
```

그림 14.21 B^+-트리에서 엔트리 삭제

즉 I/O 연산의 관점에서 삽입과 삭제 연산의 비용은 B^+-트리의 높이에 비례하므로 작다. 데이터베이스 구현에서 인덱스 구조로 종종 B^+-트리를 사용하는 이유는 이것의 연산 속도 때문이다.

실제로 B^+-트리에 대한 연산은 최악의 경우보다 작은 I/O 연산을 일으킨다. 100개의 팬아웃과

단말 노드에 대한 접근이 공평하게 분배되었다고 가정을 하면 단말 노드의 부모는 단말 노드보다 100배의 접근성을 가진다. 이와는 반대로, 같은 수의 팬아웃일 때 B^+-트리의 비단말 노드의 총개수는 단말 노드의 1/100보다 적을 수 있다. 결과적으로 메모리 크기가 현재처럼 수 기가바이트인 경우에 비록 릴레이션이 너무 커서 비단말 노드에 접근할 때 대부분이 이미 데이터베이스 버퍼에 존재하더라도 B^+-트리는 흔히 사용된다. 따라서 일반적으로 탐색을 실행하기 위해서 오직 한 개 혹은 두 개의 I/O 연산이 요구된다. 갱신에서 노드 분할이 일어날 가능성은 매우 적다. 팬아웃의 개수가 100일 때 삽입의 순서에 따라 오직 100번 중에 한 번에서 50번 중에 한 번 정도의 삽입이 쓰기 위한 블록을 더 요구하는 노드 분할을 일으킨다. 결과적으로 한 번의 삽입은 갱신된 블록을 쓰기 위해 평균 한 번 정도의 I/O 연산을 요구한다.

비록 B^+-트리가 적어도 반 정도 노드가 채워지는 것을 보장할지라도 엔트리가 무작위 순서로 삽입된다면 노드는 평균적으로 2/3 이상 채워질 수 있다. 한편, 엔트리가 정렬 순서로 삽입된다면, 노드는 정확하게 반만 채워진다(이 경우에 반만 채워지는 이유는 연습문제를 통해 이해하도록 남겨 두었다).

14.3.5 비고유 검색 키

지금까지는 검색 키가 고유하다고 가정했었다. 14.3.1절은 검색 키를 고유하게 만드는 방법에 관해 설명했었다(즉 원래 검색 키와 추가 속성을 함께 사용하여 모든 레코드에서 고유한 복합 검색 키를 생성하는 방법).

추가 속성은 record-id(레코드에 대한 포인터에 해당), 주 키, 또는 기타 속성(동일한 검색 키 값을 가진 모든 레코드 사이에서 값이 고유한 속성)이 될 수 있다. 이러한 추가 속성을 **고유자**(uniquifier) 속성이라고 한다.

14.3.2절에서 본 것처럼, 원래 검색 키 속성에 대해 범위 검색을 수행할 수 있다. 또 다른 방법으로는 원래 검색 키 값만 매개변수로 사용하여 검색 키 값을 비교할 때 고유자 속성값을 무시하도록 *findRange* 함수를 변형할 수 있다.

중복 검색 키를 지원하도록 B^+-트리 구조를 수정할 수도 있으며, 이 경우 삽입, 삭제, 검색 방법은 그에 따라 수정되어야 한다.

- 한 가지 대안은 각 키 값을 트리에 한 번만 저장하고, 비고유 검색 키를 다루기 위해 검색 키 값과 레코드 포인터를 담고 있는 버켓(또는 목록)을 유지하는 것이다. 이 방식은 키 값을 한 번만 저장하므로 공간 효율적인 기법이다. 그러나 이 기법은 B^+-트리 구현이 복잡해지는 문제가 발생한다. 버켓이 단말 노드에 저장되는 경우, 가변 크기 버켓을 처리하고 단말 노드의 크기보다 커지는 버켓을 다루기 위한 추가 코드가 필요하다. 버켓이 별도의 블록에 저장되는 경우, 레코드를 가져오기 위한 추가 I/O 연산이 필요하다.
- 또 다른 기법은 레코드마다 검색 키 값을 저장하는 방식이다. 이 방식을 사용하면 레코드를 트리에 삽입하는 동안 가득 찬 단말 노드가 발생하면 일반적인 방법으로 가득 찬 노드를 분할할 수 있다. 그러나 이 접근 방식으로 인해 내부 노드의 분할 및 검색 처리는 훨씬 더 복잡하게 된다.

이는 두 단말 노드에 동일한 검색 키 값이 존재할 수 있기 때문이다. 또한 키 값이 해당 값을 포함하는 레코드 수만큼 저장되기 때문에 공간 오버헤드가 발생한다.

고유한 검색 키 접근 방식과 비교할 때, 이 두 접근 방식의 주요 문제점은 레코드 삭제의 효율성에 있다. (검색 및 삽입에 대한 복잡도는 이러한 접근 방식과 고유한 검색 키 방식 모두 동일하다.) 특정 검색 키 값이 여러 번 발생하고, 해당 검색 키 값을 가지는 레코드 중 하나가 삭제된다고 가정하자. 이 경우 삭제되는 특정 레코드에 해당하는 엔트리를 찾기 위해 여러 단말 노드에서 동일한 검색 키 값을 가진 여러 엔트리를 검색해야 할 수 있다. 그러므로 최악의 경우 삭제 복잡도는 레코드 수에서 비례한다.

반면에 고유한 검색 키 방식을 사용하면 레코드 삭제를 효율적으로 수행할 수 있다. 레코드 삭제 시 복합 검색 키 값을 계산하고, 그런 다음 이 값을 인덱스를 검색하는 데 사용한다. 값이 고유하기 때문에 루트 노드에서 단말 노드로의 단일 순회를 통해 해당 엔트리를 찾을 수 있다. 최악의 경우 삭제 비용은 앞서 살펴본 것처럼 레코드 수의 로그 값에 비례한다.

삭제에 대한 비효율성과 중복 검색 키로 인해 발생하는 다른 여러 복잡한 문제 때문에 대부분의 데이터베이스 시스템에서 B^+-트리 구현은 고유한 검색 키만 다루며, 비고유 검색 키를 고유하게 만들기 위해 자동으로 record-ids 또는 다른 속성을 추가한다.

14.4 B^+-트리 확장

이 절에서 B^+-트리 인덱스 구조의 확장과 변형에 대해 알아본다.

14.4.1 B^+-트리의 파일 구조

14.3절에서 언급했듯이, 인덱스 순차 파일 구조의 주요 단점은 파일이 커지면서 성능이 감소하는 것이다. 파일이 커지면서 인덱스 엔트리와 실제 레코드의 증가 비율이 맞지 않게 되면서 오버플로 블록에 레코드를 저장하게 된다. 파일에 B^+-트리 인덱스를 사용함으로써 인덱스 검색의 성능 저하를 해결한다. 실제 레코드를 포함하는 블록을 구성하기 위해 B^+-트리의 단말 노드 단계를 사용함으로써 실제 레코드 저장에 대한 성능 저하 문제를 해결한다. 인덱스뿐만 아니라 파일에 있는 레코드를 위한 구조도 B^+-트리 구조를 이용할 수 있다. **B^+-트리 파일 구조**(B^+-tree file organization)에서 트리의 단말 노드는 레코드에 대한 포인터를 저장하는 대신 레코드를 저장한다. 그림 14.22는 B^+-트리 파일 구조의 예를 보여 준다. 레코드는 보통 포인터보다 더 크기 때문에 단말 노드에 저장할 수 있는 레코드의 최대 개수는 비단말 노드에 저장되는 포인터의 개수보다 더 적다. 그러나 단말 노드는 여전히 적어도 반은 차야 한다.

B^+-트리 파일 구조로부터 레코드의 삽입과 삭제는 B^+-트리 인덱스의 삽입과 삭제와 동일한 방법으로 수행된다. 키 값 v를 가지는 레코드를 추가할 때 시스템은 B^+-트리를 찾으면서 v보다 작거나 같은 키 값 중에서 가장 큰 키 값을 가지는 레코드를 포함해야 하는 블록의 위치를 정한다. 만약 정해진 블록이 이 레코드를 삽입할 만큼 충분한 빈 공간을 갖고 있다면 시스템은 그 블록에 그 레코드를 저장한다. 그렇지 않다면 B^+-트리의 삽입처럼 시스템은 새로운 레코드를 위한 공간을 생성

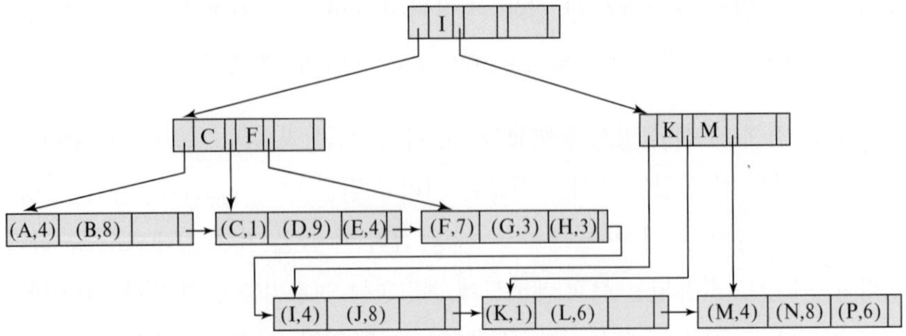

그림 14.22 B⁺-트리 파일 구조

하기 위해 그 블록을 두 개로 분할하고, 그 블록 안에 있는 레코드를 (B^+-트리 키 순서대로) 재분배한다. 이 분할은 정상적인 방식으로 B^+-트리가 될 때까지 한다. 레코드를 삭제할 때 시스템은 먼저 이것을 포함하고 있는 블록으로부터 이 레코드를 제거한다. 이 결과 블록 B가 반도 차지 않게 된다면 B에 있는 레코드는 인접한 블록 B'에 있는 레코드와 함께 재분배되어야 한다. 고정된 길이의 레코드라 가정하면 각 블록은 레코드를 적어도 가질 수 있는 최대 개수의 1/2은 갖고 있어야 한다. 시스템은 일반적인 방법으로 B^+-트리의 비단말 노드를 갱신한다.

파일 구조를 위해 B^+-트리를 사용할 때 특히 공간 활용이 중요하다. 왜냐하면 레코드가 차지하는 공간이 키와 포인터가 차지하는 공간보다 훨씬 더 많기 때문이다. 분할과 합병 동안 재분배에서 보다 많은 형제 노드를 수반함으로써 B^+-트리의 공간 활용을 개선할 수 있다. 이 기술은 단말 노드와 내부 노드 둘 다에 적용될 수 있으며 다음과 같이 동작한다.

삽입하는 동안 어떤 노드가 찼다면 시스템은 새로운 엔트리를 위한 공간을 만들기 위해 이 노드의 엔트리 중 몇몇을 인접하는 노드로 재분배를 시도한다. 인접한 노드 자체도 다 차서 이 시도가 실패하면 시스템은 이 노드를 분할한다. 그러고 나서 엔트리를 인접한 노드 중 하나와 원래 노드의 분할로 생성된 두 노드 사이에 공평하게 분할한다. 세 개의 노드는 두 개의 노드에 들어갈 수 있는 것보다 한 개 더 많은 레코드를 포함하기 때문에 각 노드는 약 2/3 차게 될 것이다. 좀 더 정확하게 하면 각 노드는 적어도 $\lfloor 2n/3 \rfloor$개의 엔트리를 가질 것이다. 이때 n은 노드가 가질 수 있는 엔트리의 최대 개수다($\lfloor x \rfloor$는 x보다 작거나 같은 정수 중 가장 큰 수를 나타낸다. 즉 분수 부분을 버린다).

레코드를 삭제하는 동안 노드의 점유가 $\lfloor 2n/3 \rfloor$ 아래로 떨어지면 시스템은 형제 노드 중 하나로부터 엔트리 가져오기를 시도한다. 형제 노드 둘 다 $\lfloor 2n/3 \rfloor$ 레코드를 갖고 있다면 엔트리를 가져오는 대신에 시스템은 삭제하고자 하는 노드와 두 형제 노드에 있는 엔트리를 두 개의 노드에 공평하게 재분배한다. 그러고 나서 세 번째 노드를 삭제한다. 이런 방법은 엔트리의 총수가 $3\lfloor 2n/3 \rfloor - 1$개로 $2n$보다 더 적기 때문에 가능하다. 재분배에 사용되는 세 개의 인접한 노드에서 각 노드가 $\lfloor 3n/4 \rfloor$개의 엔트리를 가지도록 보장될 수 있다. 일반적으로 m개의 노드($m - 1$개의 형제 노드)가 재분배에 포함되면 각 노드는 적어도 $\lfloor (m-1)n/m \rfloor$개의 엔트리를 포함하도록 보장될 수 있다. 그러나 갱신 비용은 재분배에 포함되는 형제 노드가 많을수록 증가한다.

B^+-트리 인덱스나 파일 구조에서 트리상에서 서로 인접한 단말 노드가 디스크상의 서로 다른 위치에 있을 수 있다는 점에 유의하라. 레코드 집합에 대해 파일 구조를 새로 생성할 때에는 트리상에서 서로 인접한 단말 노드에 디스크상에서 최대한 가까이 위치한 블록을 할당하는 것이 가능하다. 그러므로 단말 노드에 대한 순차 검색은 디스크에 대한 순차 검색에 근접할 것이다. 그러나 트리에 대한 삽입과 삭제가 일어남에 따라 순차성이 감소하고, 단말 노드에 대한 순차 검색은 디스크 검색을 점점 더 많이 필요로 하게 된다. 순차성을 복원하기 위해서는 인덱스 재구축이 필요하다.

SQL clob이나 blob과 같이 디스크 블록보다도 클 수 있고 수 기가바이트에 달할 수 있는 대형 객체를 저장하는 데에도 B^+-트리 파일 구조를 이용할 수 있다. 이러한 대형 객체는 B^+-트리 파일 구조를 갖는 일련의 작은 레코드로 쪼개어 저장할 수 있다. 레코드에 번호를 순차적으로 부여할 수도 있고, 대형 객체 내에서 바이트 오프셋에 따라 번호를 부여할 수도 있다. 레코드 번호는 검색 키로 이용될 수 있다.

14.4.2 보조 인덱스와 레코드 재배치

B^+-트리 파일 구조 같은 몇몇 파일 구조는 레코드가 갱신되지 않아도 레코드의 위치를 바꿀 수 있다. 예를 들어, B^+-트리 파일 구조에서 단말 노드가 분할될 때 여러 레코드가 새로운 페이지로 이동한다. 이 경우 레코드 안의 값은 바뀌지 않았더라도 재배치된 레코드에 대한 포인터가 저장된 보조 인덱스는 전부 갱신되어야 한다. 각 단말 노드에는 꽤 많은 레코드가 있을 수 있고, 그들은 각각의 보조 인덱스에 대해 각기 서로 다른 위치에 있을 수 있다. 따라서 단말 노드 분할은 관련된 모든 보조 인덱스를 갱신하기 위해 수십에서 수백 번의 I/O 연산이 필요할 수도 있는 고비용 연산이다.

이러한 문제를 해결하기 위해 많이 사용되는 방법은 다음과 같다. 보조 인덱스에 레코드에 대한 포인터 대신 기본 인덱스 검색 키 속성의 값을 저장한다. 예를 들어, *instructor* 릴레이션의 *ID* 속성에 대해 기본 인덱스가 구축되어 있다고 하자. 이 경우 *dept_name*에 대한 보조 인덱스에는 레코드에 대한 포인터 대신 학과명과 그와 관련된 레코드의 교수 *ID* 값의 목록이 저장된다.

이렇게 하면 단말 노드 분할로 인해 레코드 재배치가 일어나도 보조 인덱스는 갱신될 필요가 없다. 그러나 보조 인덱스를 이용하여 특정 레코드를 찾기 위해 두 단계를 거쳐야 한다. 먼저 보조 인덱스를 이용하여 기본 인덱스 검색 키 값을 찾고, 그다음에 기본 인덱스를 이용해 대응되는 레코드를 찾는다.

따라서 이러한 방법은 파일 재구성으로 인한 인덱스 갱신의 비용을 획기적으로 줄여 주는 반면, 보조 인덱스를 사용하여 자료에 접근하는 비용을 증가시킨다.

14.4.3 문자열 인덱싱

문자열 값을 갖는 속성에 대해 B^+-트리 인덱스를 생성하는 것은 두 가지 문제를 야기한다. 첫 번째 문제는 문자열이 가변 길이를 가질 수 있다는 것이다. 두 번째 문제는 문자열이 길 경우 팬아웃이 적어지고 따라서 트리 높이가 증가한다는 것이다.

검색 키의 길이가 가변적이면 꽉 차 있는 서로 다른 노드도 서로 다른 팬아웃을 가질 수 있다. 이 경우 노드가 꽉 차면, 즉 새로운 엔트리를 추가할 공간이 없으면 노드에 검색 엔트리가 몇 개

들어 있든 상관없이 노드를 분할해야 한다. 뿐만 아니라 노드를 합병하거나 엔트리를 재분배할 때도 노드가 가질 수 있는 최대 엔트리 수를 기준으로 하지 말고, 노드에서 사용되는 공간의 비율을 기준으로 해야 한다.

접두어 압축(prefix compression)이라는 기술을 이용해 노드의 팬아웃을 늘릴 수 있다. 접두어 압축을 이용하면 내부 노드에 검색 키 전체를 저장할 필요가 없다. 즉 서브트리와 구별하는 데 충분한 만큼의 접두어를 검색 키에서 취해 저장한다. 예를 들어, 이름에 대한 인덱스가 있을 때 비단말 노드의 키 값은 이름의 접두어가 될 수 있다. 일례로 어떤 내부 노드에 "Silberschatz"라는 이름을 저장하고자 하는데 해당 노드의 두 서브트리에서 이와 가장 가까운 값이 "Silas"와 "Silver"라면 전체 이름 대신 "Silb"만 저장해도 충분하다.

14.4.4 B⁺-트리 인덱스의 벌크 로딩

앞서 보았듯이, B^+-트리에서 레코드의 삽입은 최악의 경우에 트리의 높이에 비례하는 다수의 I/O 연산을 요구하는데 이는 일반적으로 상당히 작다. (트리의 높이는 일반적으로 대용량의 릴레이션에 대해서도 5 또는 그 미만이다.)

이제 대용량의 릴레이션에 B^+-트리를 구축하는 것을 고려해 보자. 릴레이션이 메인 메모리보다 매우 크고 인덱스 역시 메인 메모리보다 크기 때문에 비클러스터링 인덱스를 릴레이션에 구축한다고 하자. 이 경우에 릴레이션을 스캔하고 엔트리를 B^+-트리에 추가할 때 엔트리의 특정 순서가 존재하지 않기 때문에 접근하는 각 단말 노드는 접근될 때마다 데이터베이스 버퍼에 없을 수 있다. 블록에 랜덤하게 정렬된 순서로 접근하면 매번 엔트리가 단말 노드에 추가될 때마다 디스크 탐색으로 단말 노드를 포함하는 블록을 불러와야 한다. 블록은 다른 엔트리가 블록에 추가되기 전에 디스크 버퍼로부터 불러오게 되며 블록을 다시 디스크에 쓰기 위한 또 다른 디스크 탐색을 유도한다. 따라서 각 엔트리 삽입에 대해 랜덤 읽기와 랜덤 쓰기 연산이 요구된다.

예를 들어, 릴레이션이 1억 개의 레코드를 가지고 있고 각 I/O 연산이 약 10밀리초 걸린다고 하면 갱신된 노드를 다시 디스크에 작성하는 비용이 아닌 단말 노드를 읽는 비용만 계산을 해도 인덱스를 구축하는 데 적어도 백만 초가 걸린다. 이 시간은 분명히 매우 큰 시간이다. 반대로 각 레코드가 100바이트이고 디스크 서브시스템이 데이터를 이동하는 데 시간당 50메가바이트라 하면 전체 릴레이션을 읽어 들이는 데 200초가 걸린다.

많은 수의 엔트리를 한 번에 인덱스에 삽입하는 것을 인덱스의 **벌크 로딩**(bulk loading)이라 한다. 인덱스의 벌크 로딩을 실행하는 효율적인 방법은 다음과 같다. 우선, 릴레이션의 인덱스 엔트리를 포함하는 임시 파일을 생성한다. 그 이후에 구축되는 인덱스의 검색 키에 대해 파일을 정렬하고, 마지막으로 정렬된 파일을 스캔하고 엔트리를 인덱스에 삽입한다. 대용량의 릴레이션을 정렬하는 효율적인 알고리즘은 15.4절에서 다루는데 합당한 크기의 메인 메모리가 가능하다는 가정하에 I/O 비용이 파일을 읽을 때와 비교하여 조금 더 시간을 들여 대용량의 파일을 정렬할 수 있다.

엔트리를 B^+-트리에 삽입하기 전에 정렬하는 것은 명백한 장점이 있다. 엔트리가 정렬된 순서로 삽입될 때, 특정 단말 노드에 들어갈 모든 엔트리는 연속적으로 나타날 것이고 단말 노드는 한 번만 작성된다. 만약 B^+-트리가 빈 상태로 시작된다면 벌크 로딩하는 동안 노드는 디스크로부터 읽힐 필요가 없다. 각 단말 노드는 비록 엔트리가 노드에 삽입되더라도 오직 한 번의 I/O 연산만이 일어난다. 만약 각 단말 노드가 100개의 엔트리를 포함하고 단말 노드가 100만 개의 노드를 포함하면 단말 노드를 생성하는 데 오직 100만 번의 I/O 연산을 일으킨다. 만약 연속적인 단말 노드가 연속적인 디스크에 할당되고 디스크 탐색이 필요하지 않다면 이와 같은 I/O 연산조차 순차적일 수 있다. 현재 디스크에서 랜덤 I/O 연산을 위해 블록당 10밀리초가 걸리는 것과 대조적으로 1밀리초는 대부분의 순차적 I/O 연산을 위해 합당하다고 추정된다.

15.4절에서는 대용량 릴레이션에 대한 정렬 비용을 다룬다. 그러나 대충 어림잡아 구축하는 데 100만 초 걸리는 인덱스가 랜덤 순서로 삽입하는 데 100만 초 이상이 걸리는 데 비해 B^+-트리에 삽입하기 전에 정렬함으로써 1,000초 이하로 구축될 수 있다.

만약 B^+-트리가 초기에 비어 있는 상태라면 일반적인 삽입 프로시저를 사용하는 대신 단말 노드 계층에서부터 위로 구축함으로써 더 빠르게 만들 수 있다. **상향식 B^+-트리 구축**(bottom-up B^+-tree construction)의 경우 앞서 설명했듯이 엔트리를 정렬한 후 정렬된 엔트리를 블록으로 나누어 블록에 최대한 많은 엔트리가 들어가게 한다. 최종 블록은 B^+-트리의 단말 노드를 형성한다. 블록에 대한 포인터와 마찬가지로 각 블록의 최소한의 값은 B^+-트리의 다음 계층의 엔트리를 생성하며 단말 블록을 가리킨다. 비슷하게 각각의 추가로 생기는 트리의 계층은 루트가 생성될 때까지 한 계층 아래에 있는 각각의 노드와 연관된 최소의 값을 이용하여 구축된다. 자세한 사항은 연습문제로 남겨 둔다.

대부분의 데이터베이스 시스템은 기존의 인덱스가 존재하는 릴레이션에 한 번에 한 개씩 튜플을 추가할 때는 보통의 삽입 프로시저를 사용할지라도 릴레이션에 대한 인덱스를 구축할 때 엔트리의 정렬에 기반한 효율적인 기법과 상향식 구축 방법으로 구현한다. 일부 데이터베이스 시스템은 매우 많은 수의 튜플이 이미 존재하는 릴레이션에 추가된다면 (주 키에 대한 인덱스를 제외한) 릴레이션의 인덱스를 제거하고, 그러고 나서 효율적인 벌크 로딩 기법을 이용하여 튜플을 삽입한 후 재생성하는 방법을 추천하기도 한다.

14.4.5 B-트리 인덱스 파일

B-트리 인덱스(B-tree index)는 B^+-트리 인덱스와 비슷하다. 이 둘의 주요한 차이점은 B-트리는 검색 키 값이 차지한 중복된 저장 공간을 제거한다는 것이다. 그림 14.9의 B^+-트리에서 검색 키 "Califieri", "Einstein", "Gold", "Mozart"와 "Srinivasan"은 단말 노드에 나타나며 추가적으로 비단말 노드에서도 나타난다. 모든 검색 키 값은 단말 노드 어딘가에 나타나고, 몇몇 검색 키 값은 비단말 노드에 반복적으로 나타난다.

B-트리는 단말 노드에 추가적으로 비단말 노드에도 나타날 수 있는 B^+-트리와는 달리 검색 키 값이 단지 한 번만(유일하다면) 나타나도록 허용한다. 그림 14.23은 그림 14.9의 B^+-트리와 동일한 검색 키를 B-트리로 나타낸 것을 보여 준다. B-트리는 검색 키가 반복되지 않기 때문에 B^+-트리 인덱스에 비해 더 적은 트리 노드로 인덱스를 저장할 수 있다. 그러나 비단말 노드에 나타나는 검색 키는 B-트리의 다른 노드 어디에도 나타나지 않기 때문에 비단말 노드에 각 검색 키를 위한 부가적인 포인터 필드를 포함해야 한다. 이 부가적인 포인터는 파일 레코드나 관련된 검색 키를 위한

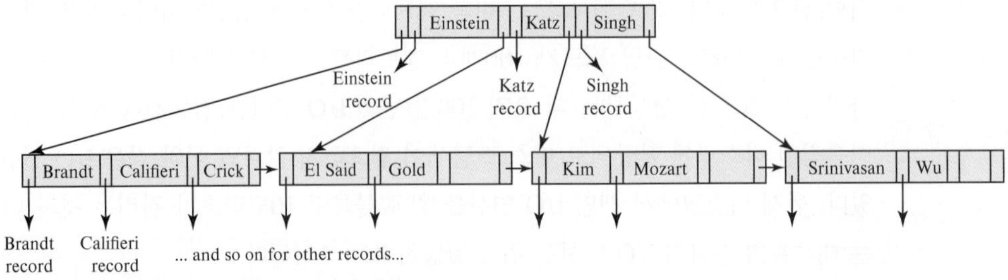

그림 14.23 그림 14.9의 B^+-트리와 동일한 B-트리

버켓을 가리킨다.

많은 데이터베이스 시스템 설명서, 산업체 문헌의 기사, 전문가가 사용하는 B-트리 용어가 우리가 B^+-트리라고 부르는 자료 구조를 뜻한다는 것은 참고하라. 사실 현재의 쓰임에서 B-트리 용어는 B^+-트리와 같은 의미로 가정한다고 말해도 타당하다. 하지만 이 책은 두 자료 구조 사이의 혼동을 피하기 위해 B-트리와 B^+-트리 용어를 본래 정의된 대로 사용한다.

그림 14.24a는 일반화된 B-트리의 단말 노드를 보여 주고, 그림 14.24b는 비단말 노드를 보여준다. 단말 노드는 B^+-트리와 동일하다. 비단말 노드에서 포인터 P_i는 B^+-트리에서도 사용된 트리 포인터이고, 포인터 B_i는 버켓이나 파일 레코드 포인터다. 일반화된 B-트리 그림에서 단말 노드는 $n-1$개의 키가 있고, 비단말 노드에는 $m-1$개의 키가 있다. 이런 차이점은 비단말 노드가 포인터 B_i를 포함해야 하기 때문인데, 이로 인해 이 노드에서 가질 수 있는 검색 키의 개수가 줄게 되었다. 분명히 m은 n보다 작다. 그러나 m과 n의 정확한 관계는 검색 키와 포인터의 상대적인 크기에 달렸다.

B-트리에서 검색 시에 접근되는 노드의 수는 검색 키가 어디에 위치해 있는가에 달려 있다. B^+-트리에서 검색하기 위해서는 루트에서 어떤 단말 노드까지의 경로를 가로질러야 한다. 이와 달리 B-트리는 단말 노드에 도달하기 전에 원하는 값을 찾을 가능성이 있다. 그러나 B-트리의 단말 노드 단계에는 비단말 노드의 단계보다 약 n배 많은 키를 저장하고 있고, n은 보통 큰 값이기 때문에 어떤 값을 빨리 찾음으로써 생기는 이익은 이로 인해 상대적으로 줄어든다. 게다가 B-트리의 비단말 노드는 B^+-트리에 비해 더 적은 검색 키를 갖고 있는데 이는 B-트리가 더 적은 팬아웃을 갖고 있음을 의미한다. 그러므로 B^+-트리에 비해 B-트리는 높이가 더 클지도 모른다. 일반적으로 검색 시간은 검색 키 개수의 로그에 비례할지라도 B-트리에서 몇몇 검색 키를 찾는 것은 빠르지만 나머

P_1	K_1	P_2	...	P_{n-1}	K_{n-1}	P_n

(a)

P_1	B_1	K_1	P_2	B_2	K_2	...	P_{m-1}	B_{m-1}	K_{m-1}	P_m

(b)

그림 14.24 B-트리의 일반적인 노드. (a) 단말 노드 (b) 비단말 노드

지 다른 검색 키를 찾는 데는 더 느리다.

B-트리에서 삭제는 더 복잡하다. B^+-트리의 경우 삭제된 엔트리가 항상 단말 노드에 나타난다. 하지만 B-트리는 삭제된 엔트리가 비단말 노드에서 나타날 수 있다. 삭제된 엔트리를 대체하기 위해 삭제된 엔트리를 포함하는 노드의 서브트리로부터 적당한 값을 선택해야 한다. 특히 검색 키 K_i가 삭제된다면 포인터 P_{i+1}의 서브트리에 나타나는 가장 작은 검색 키를 K_i가 차지하고 있던 필드로 이동해야 한다. 단말 노드가 너무나 적은 엔트리를 갖고 있다면 더 많은 행동을 취해야 한다. 이에 반해 B-트리의 삽입은 B^+-트리의 삽입보다 약간 더 복잡하다.

B-트리의 공간 이득은 큰 인덱스에서는 별 이득이 되지 못하고, 지금까지 주목했던 단점을 능가하지 못한다. 그래서 많은 데이터베이스 시스템 개발자는 B-트리 구조를 지원한다고 하면서 실제적으로는 B^+-트리의 구조를 구현하게 된다.

14.4.6 플래시 저장 장치에서 인덱싱

지금까지 인덱스 설명에서 데이터는 자기 디스크에 저장되어 있다고 가정했다. 이 가정은 대부분의 경우에 사실이겠지만, 플래시 메모리의 수용력이 매우 증가하고 기가바이트당 플래시 메모리의 가격이 상당히 인하되어 많은 응용 프로그램에 대해 플래시 메모리 저장 장치는 자기 디스크 저장소에 대한 중요한 대체 후보다.

표준 B^+-트리 인덱스는 SSD에서도 사용 가능하며, 준수한 갱신 성능과 디스크 저장소에 비해 크게 향상된 검색 성능을 제공한다.

플래시 저장 장치는 페이지로 구성되어 있으며, B^+-트리 인덱스 구조는 플래시 기반 SSD에서 사용 가능하다. 임의 I/O 작업에서 SSD는 자기 디스크보다 훨씬 빠르다. 자기 디스크의 임의 페이지 읽기는 약 5~10밀리초가 소요되지만, SSD의 임의 페이지 읽기는 약 20~100마이크로초가 걸린다. 그러므로 SSD에 저장된 데이터에 대한 검색은 자기 디스크에 저장된 데이터에 대한 검색보다 훨씬 빠르게 수행할 수 있다.

플래시 저장 장치를 사용하면 쓰기 작업의 성능은 더 복잡해진다. 플래시 저장 장치와 자기 디스크의 중요한 차이점은 플래시 저장 장치는 (논리적으로는 제자리 갱신을 수행하는 것처럼 보이지만) 물리적으로 데이터에 대한 제자리(in-place) 갱신을 허용하지 않는다는 점이다. 모든 갱신 작업은 전체 플래시 저장 장치 페이지의 복사+쓰기에 의해 수행되며, 페이지에 저장된 원래 데이터를 삭제하는 작업이 필요하다. 새로운 페이지는 20~100마이크로초 안에 쓰일 수 있지만, 쓰기 작업을 진행하기 위한 페이지 확보를 위해 이전 페이지를 결국에 지워야 한다. 지우기 작업은 여러 페이지를 포함하는 블록 수준에서 수행되며, 한 개의 블록을 지우는 데 2~5밀리초가 소요된다.

플래시 페이지 크기는 디스크 블록 크기보다 작기 때문에 플래시 저장 장치에서 최적 B^+-트리 노드 크기는 자기 디스크보다 작다. 트리 노드 크기가 페이지 크기보다 큰 경우 노드가 갱신될 때 페이지 쓰기가 여러 번 발생할 수 있으므로, 트리 노드 크기를 플래시 페이지 크기와 일치시키는 것이 합리적인 방법이다. 페이지 크기가 작아지면 트리 높이가 증가하고, 이로 인해 데이터 접근 시 많은 I/O 연산을 요구하게 된다. 그러나 플래시 저장 장치를 사용하게 되면 임의 페이지 읽기는 훨씬 빨라진다. 그러므로 트리 노드 높이 증가가 읽기 성능에 미치는 영향은 전반적으로 매우 적다.

임의 I/O 연산 비용은 자기 디스크보다 SSD가 훨씬 저렴할지라도, [튜플 하나씩 삽입(tuple-at-a-time insertion)하는 방식과 비교하여] SSD에서 벌크 로딩 방식을 이용하면 상당한 성능상의 이점을 얻을 수 있다. 엔트리가 검색 키에 대해 정렬되어 있는 경우에도, 상향식 구축 방식은 튜플 하나씩 삽입하는 방식에 비해 페이지 쓰기 수를 줄일 수 있다. 플래시의 페이지 쓰기는 제자리에서 수행할 수 없고 비교적 비용이 많이 드는 블록 지우기가 필요하다. 그러므로 상향식 B^+-트리 구축 방식으로 인해 페이지 쓰기 수를 줄일 수 있으면 상당한 성능상의 이점을 얻을 수 있다.

B^+-트리를 플래시 저장 장치에 저장하기 위한 여러 가지 확장 및 대안 방식이 제안되었으며, 이러한 방식은 페이지 재작성으로 인해 발생하는 지우기 작업 수를 줄이는 데 초점을 두고 있다. 한 가지 접근 방식은 B^+-트리의 내부 노드에 버퍼를 추가하여 임시로 버퍼에 갱신 사항을 기록하고, 물리적인 갱신은 가능한 늦추는 방식이 있다. 이러한 방식의 핵심 아이디어는 페이지가 갱신될 때, 여러 갱신을 함께 적용해 갱신당 페이지 쓰기 수를 줄이는 데 있다. 또 다른 기법은 여러 개의 트리를 만들고, 합병하는 방식이다. 사실 이 두 가지 접근 방식은 자기 디스크에서 쓰기 비용을 줄이는 데도 유용하며, 14.8절은 이 두 가지 접근 방식을 모두 설명한다.

14.4.7 메모리에서 인덱싱

오늘날 메인 메모리의 수용력이 증가하고 가격은 인하되면서 많은 기업은 메모리상에 모든 운영 데이터를 불러올 수 있을 만큼의 충분한 메모리를 구매할 수 있게 되었다. B^+-트리는 구조를 변경하지 않고 메모리상에서 데이터를 인덱싱하는 데 사용될 수 있다. 그러나 다음과 같은 일부 최적화는 가능하다.

첫째, 메모리가 디스크보다 비싸기 때문에 메모리 데이터베이스의 내부 데이터 구조는 공간 요구 사항을 줄일 수 있게 설계되어야 한다. 14.4.1절에서 살펴본 B^+-트리의 저장 활용도를 향상하기 위한 기법을 인메모리 B^+-트리에 적용하여 메모리 사용량을 줄일 수 있다.

디스크 기반 데이터는 여러 페이지를 순회할 때 발생하는 I/O 비용이 지나치게 높다. 이와 다르게 인메모리 데이터의 경우 여러 포인터를 순회하는 자료 구조를 사용할 수 있다. 그러므로 메모리 데이터베이스상의 트리 구조는 디스크 기반의 B^+-트리 구조와 다르게 상대적으로 트리의 경로가 길을 수 있다.

캐시 메모리와 메인 메모리의 속도 차이, 그리고 (일반적으로 약 64바이트인) 캐시 라인 단위로 메인 메모리와 캐시 간에 데이터 전송이 이루어진다는 사실은 캐시와 메모리 간의 관계가 메모리와 디스크 간의 관계와 그렇게 다르지 않다는 것을 말해 준다. 메모리에서 데이터를 읽을 때, 캐시에 데이터가 있는 경우 CPU는 1~2나노초 안에 읽기를 완료할 수 있다. 반면에 캐시 미스가 발생하면, 메인 메모리로부터 데이터를 읽는 데 약 50~100나노초의 시간이 걸린다.

캐시 라인에 맞는 작은 노드로 구성된 B^+-트리는 매우 우수한 성능을 보인다고 알려져 있다. 이러한 B^+-트리를 사용하면 이진 트리와 같이 높이가 크면서 가는 형태의 트리 구조보다 인덱스 연산을 수행하는 데 훨씬 적은 캐시 미스가 발생한다. 캐시 라인에 맞는 작은 노드로 구성된 B^+-트리와 비교하여 캐시 라인보다 큰 노드로 구성된 트리는 캐시 미스가 너 많이 발생하는 경향이 있다. 이는 노드 내에서 데이터를 찾으려면 전체 노드 내용을 스캔하거나 또는 이진 검색이 필요하며, 이로 인해 여러 번의 캐시 미스가 발생하기 때문이다.

빈번히 사용되는 데이터를 종종 메모리에 상주시키는 데이터베이스의 경우, 다음과 같은 아이디어를 사용하면 디스크 및 메모리상에서 우수한 성능을 보이는 B^+-트리를 생성할 수 있다. 디스크 기반 접근을 최적화하기 위해 큰 노드를 사용한다. 그러나 노드의 데이터를 키와 포인터의 단일 배열로 구성하는 대신, 노드 안의 데이터를 캐시 라인의 크기와 일치하는 더 작은 노드로 구성된 트리로 구조화한다. 이 경우 데이터를 순차적으로 검사하거나 이진 검색을 사용하지 않고, 큰 B^+-트리 노드 안에 존재하는 트리 구조를 사용하여 최소한의 캐시 미스로 데이터에 접근할 수 있다.

14.5 해시 인덱스

해싱은 메인 메모리상에서 인덱스를 구축하는 데 널리 사용되는 기술이다. 이러한 인덱스는 조인 작업을 수행하기 위해 임시로 생성될 수도 있고(15.5.5절 참조), 메인 메모리 데이터베이스에서 영구적인 구조로 사용될 수도 있다. 해시 파일 구조는 많이 사용되지는 않지만, 해싱은 파일에서 레코드를 구성하는 데 쓰이기도 한다. 이 절에서 처음에는 인메모리 해시 인덱스만 고려하고, 뒷부분에서 디스크 기반 해싱도 다룬다.

해싱에 대해 설명하기 위해 **버켓**(bucket)이라는 용어를 사용한다. 버켓은 한 개 또는 많은 수의 레코드를 저장할 수 있는 저장 공간의 단위를 나타낸다. 인메모리 해시 인덱스의 경우 버켓은 인덱스 엔트리 또는 레코드의 연결 리스트에 해당한다. 디스크 기반 인덱스의 경우 버켓은 디스크 블록의 연결 리스트에 해당한다. **해시 파일 구조**(hash file organization)에서 버켓은 레코드 포인터 대신 실제 레코드를 저장하고 있다. 해시 파일 구조는 디스크에 상주하는 데이터를 위한 파일 구조다. 앞으로 이 절에서는 버켓이 레코드 포인터를 저장하는지 또는 실제 레코드를 저장하는지 구분하지 않는다.

K는 모든 검색 키 값의 집합을 나타내고, B는 모든 버켓 주소의 집합을 나타낸다. **해시 함수**(hash function) h는 K를 B에 대응시키는 함수다. 인메모리 해시 인덱스에서 버켓의 집합은 단순히 포인터의 배열로 표현되며, i번째 버켓은 오프셋 i에 위치한다. 각각의 포인터는 해당 버켓의 엔트리를 담고 있는 연결 리스트의 헤드를 가리킨다.

검색 키 값이 K_i에 해당하는 레코드를 삽입하기 위해 $h(K_i)$를 계산하여 이 레코드를 저장하기 위한 버켓 주소를 구한다. 그런 다음 해당 인덱스 엔트리를 오프셋 $h(K_i)$에 위치한 리스트에 추가한다. 한 버켓에 여러 개의 레코드가 있는 경우, 이를 처리하기 위한 다양한 해시 인덱스 기법이 존재한다. 여기에서 설명하는 기법은 가장 널리 사용되고 있는 **오버플로 체인**(overflow chaining) 방법이다.

오버플로 체인을 사용하는 해시 인덱싱을 **닫힌 주소**(closed addressing)라고 한다[또는 덜 일반적으로 용어로 **닫힌 해싱**(closed hashing)이라고 한다]. 일부 응용 프로그램에서 열린 주소(open addressing)라고 부르는 다른 해싱 기법이 사용되고 있지만, 열린 주소 기법은 삭제를 효율적으로 처리할 수 없다. 그러므로 대부분의 데이터베이스 인덱스 응용 프로그램에 적합하지 않으며, 우리는 열린 주소 기법을 더 이상 고려하지 않는다.

해시 인덱스는 검색 키에 대한 동등 질의를 효율적으로 지원한다. 검색 키 값 K_i를 찾기 위해 $h(K_i)$를 계산하고, 그런 다음 관련된 버킷을 찾는다. 두 검색 키 K_5와 K_7이 동일한 해시 값을 가진다고 가정하자. 즉 $h(K_5) = h(K_7)$이다. 또한 검색 키 값 K_5를 찾는다고 가정하자. 이 경우 버킷 $h(K_5)$는 검색 키 값이 K_5에 해당하는 레코드와 검색 키 값이 K_7에 해당하는 레코드를 포함하고 있다. 그러므로 우리가 원하는 레코드를 찾기 위해 버킷에 있는 모든 레코드의 검색 키 값을 조사해야 한다.

B^+-트리 인덱스와 달리 해시 인덱스는 범위 질의를 지원하지 않는다. 예를 들어, $l \leq v \leq u$를 만족하는 모든 검색 키 값 v를 찾는 질의는 해시 인덱스를 사용하여 효율적으로 처리할 수 없다.

삭제 또한 수월하다. 삭제되는 레코드의 검색 키 값이 K_i라면 $h(K_i)$를 계산해서 이 레코드에 대응되는 버킷을 찾아서 그 레코드를 버킷으로부터 삭제한다. 연결 리스트 형태가 사용되었다면, 연결 리스트에서 해당 레코드를 삭제하는 것은 간단하다.

디스크 기반 해시 인덱스에 레코드를 삽입할 때, 앞에서 설명한 것처럼 검색 키에 해싱을 적용하여 해당 버킷을 찾는다. 버킷에 레코드를 저장할 충분한 공간이 있으면, 레코드는 버킷에 저장된다. 버킷에 레코드를 저장할 충분한 공간이 없다면, **버킷 오버플로**(bucket overflow)가 발생했다고 한다. 버킷 오버플로는 **오버플로 버킷**(overflow bucket)을 사용하여 처리된다. 레코드가 버킷 b에 추가되어야 하는데 b가 이미 차 있다면 시스템은 b를 위한 오버플로 버킷을 제공하고, 이 레코드를 오버플로 버킷에 삽입한다. 오버플로 버킷 또한 차게 되면 시스템은 또 다른 오버플로 버킷을 제공한다. 그림 14.25와 같이 주어진 버킷의 모든 오버플로 버킷은 연결 리스트로 다 연결되어야 한다. 검색 키 k가 주어진 경우, 오버플로 체인을 사용하면 검색 알고리즘은 버킷 $h(k)$뿐만 아니라 버킷 $h(k)$로부터 연결된 모든 오버플로 버킷도 검사해야 한다.

주어진 레코드 개수에 비해 버킷이 충분하지 않다면 버킷 오버플로가 발생할 수 있다. 인덱싱해야 할 레코드의 개수를 미리 알 수 있다면 필요한 버킷을 미리 할당할 수 있다(레코드 개수가 처음

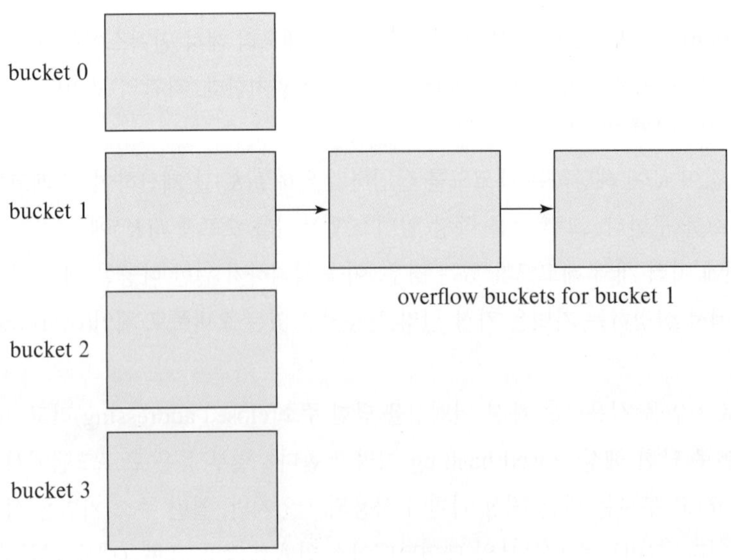

그림 14.25 디스크 기반 해시 구조에서 오버플로 체인

에 예측했던 것보다 훨씬 많은 경우를 처리할 수 있는 방법은 나중에 살펴본다). 버킷 오버플로는 일부 버킷에 다른 버킷보다 더 많은 레코드가 할당되어 다른 버킷에 여전히 많은 여유 공간이 있어도 특정 버킷이 오버플로되는 현상이 발생할 수 있다.

이러한 **치우침**(skew) 현상은 여러 개의 레코드가 동일한 검색 키 값을 가지는 경우 발생한다. 그러나 검색 키당 하나의 레코드만 존재하는 경우에도 해시 함수로 인해 검색 키가 불균형하게 분포될 수 있고, 이로 인해 치우침 현상이 발생할 수 있다. 이러한 문제는 여러 버킷에 걸쳐 검색 키를 균일하고 무작위로 분포할 수 있는 해시 함수를 선택함으로써 최소화할 수 있다. 그럼에도 불구하고 약간의 치우침 현상은 발생할 수 있다.

버킷 오버플로의 가능성을 줄이기 위해서 버킷의 개수를 $(n_r/f_r) * (1 + d)$가 되도록 선택한다. 이때 n_r은 레코드 개수, f_r은 버킷당 레코드 개수, d는 퍼지 요인(fudge factor)으로 대략 0.2다. 퍼지 요인이 0.2이면 버킷 공간의 약 20%가 비어 있지만, 이로 인해 오버플로 가능성이 줄어든다는 이점이 있다.

필요한 버킷보다 더 많은 버킷을 할당했음에도 불구하고, 버킷 오버플로가 여전히 발생할 수 있다(특히 레코드 개수가 처음에 예상했던 것 이상으로 증가하는 경우 발생한다).

인덱스를 생성할 때 버킷 개수가 고정되어 있는 해시 인덱싱을 **정적 해싱**(static hashing)이라고 한다. 정적 해싱의 문제점 중 하나는 인덱스에 저장할 레코드 개수를 미리 알아야 한다는 점이다. 시간이 지남에 따라 많은 수의 레코드가 추가되어 버킷보다 훨씬 더 많은 레코드가 존재하는 경우, 검색은 단일 버킷 또는 하나 이상의 오버플로 버킷에 저장된 많은 수의 레코드를 검사해야 하며, 이는 매우 비효율적인 방식이다.

이러한 문제를 해결하기 위해 버킷 개수를 증가시켜 다시 해시 인덱스를 작성하는 방법이 있다. 예를 들어, 레코드 개수가 버킷 개수의 2배가 되면, 이전보다 2배 많은 버킷을 이용하여 인덱스를 다시 구축할 수 있다. 그러나 인덱스 재구축 방식은 릴레이션의 크기가 큰 경우 시간이 많이 소요되기 때문에 정상적인 시스템 운영을 방해할 수 있다는 단점이 있다. 버킷 개수를 보다 점진적으로 늘릴 수 있는 몇 가지 기법이 제안되었으며, 이러한 기법을 **동적 해싱**(dynamic hashing) 기술이라고 한다. **선형 해싱**(inear hashing)과 **확장성 해싱**(extendable hashing)은 동적 해싱에 해당한다. 이러한 해싱 기술에 대한 자세한 내용은 24.5절을 참조하라.

14.6 다중 키 접근

지금까지는 묵시적으로 릴레이션에서 질의를 처리하기 위해 단지 하나의 인덱스만 사용했다. 그러나 몇몇 질의 형태에서는 다중 인덱스나 다중 속성 검색 키에 대한 인덱스를 사용하는 것이 더 편리하다.

14.6.1 다중 단일 키 인덱스 사용

instructor 파일은 각각 *dept_name*과 *salary*에 대해 두 개의 인덱스를 갖고 있다고 가정하자. 다음 질의를 생각해 보자. "재무학과에서 **급여**(*salary*)가 $80,000인 모든 교수를 찾아라." 다음과 같이

쓴다.

```
select ID
from instructor
where dept_name = 'Finance' and salary = 80000;
```

이 질의를 처리하기 위해 세 가지 가능한 방법이 있다.

1. Finance 학과에 속하는 모든 레코드를 찾기 위해 *dept_name* 인덱스를 이용한다. 이때 각 레코드의 *salary*가 80000인지 조사한다.
2. 급여가 $80,000인 교수에 속하는 모든 레코드를 찾기 위해 *salary* 인덱스를 이용한다. 이때 각 레코드의 *dept_name*이 "Finance"인지를 조사한다.
3. Finance 학과에 속하는 모든 레코드에 대한 포인터를 찾기 위해 *dept_name* 인덱스를 사용한다. 또한 급여가 $80,000인 교수에 속하는 모든 레코드에 대한 포인터를 찾기 위해 *salary* 인덱스를 사용한다. 이 두 포인터 집합의 교집합을 취한다. 교집합에 속하는 포인터는 Finance 학과와 급여가 $80,000인 교수에 속하는 레코드를 가리킨다.

세 번째 방법은 세 개 중에서 유일하게 다중 인덱스를 이용한 것이다. 그러나 다음의 모든 조건을 만족한다면 이 방법이 이용될 가능성은 희박하다.

- Finance 학과에 속하는 레코드가 많다.
- 급여가 $80,000인 교수에 속하는 레코드가 많다.
- Finance 학과와 급여가 $80,000인 교수 둘 다에 속하는 레코드가 많지 않다.

이런 상황이라면 적은 결과를 찾기 위해 많은 수의 포인터를 탐색해야 한다. "비트맵 인덱스(bitmap index)"라 불리는 인덱스 구조는 일부 경우에 세 번째 방법에 사용된 교집합 연산의 속도를 크게 높인다. 14.9절에서 비트맵 인덱스에 관해 설명한다.

14.6.2 다중 키상의 인덱스

이런 경우의 대안적인 방법으로는 복합 검색 키(*dept_name*, *salary*)에 대해, 즉 학과 이름에 교수 급여를 이어 붙인 검색 키에 대해 인덱스를 생성해서 이용하는 것이다.

다음과 같은 질의를 효율적으로 처리하기 위해 위의 복합 검색 키에 대한 순서 (B^+-트리) 인덱스를 사용할 수 있다.

```
select ID
from instructor
where dept_name = 'Finance' and salary = 80000;
```

다음과 같이 검색 키의 첫 번째 속성(*dept_name*)에 대한 동등 조건과 두 번째 속성(*salary*)에 대한 범위 지정으로 이루어진 질의 역시 검색 속성에 대한 범위 질의에 대응되기 때문에 효율적으로 처리될 수 있다.

```
select ID
from instructor
where dept_name = 'Finance' and salary < 80000;
```

검색 키(*dept_name*, *salary*)에 대한 순서 인덱스를 사용하면 다음과 같이 한 속성에 대한 동등 조건만 있는 질의도 효율적으로 처리할 수 있다.

```
select ID
from instructor
where dept_name = 'Finance';
```

동등 조건 *dept_name*="Finance"는 하한(Finance, $-\infty$)과 상한(Finance, $+\infty$)을 갖는 범위 질의와 동등하다. *dept_name* 속성에 대한 범위 질의도 비슷한 방식으로 처리될 수 있다.

그러나 복합 검색 키에 대해 순서 인덱스 구조를 사용하면 약간의 단점이 있다. 다음 질의문을 생각해 보자.

```
select ID
from instructor
where dept_name < 'Finance' and salary < 80000;
```

이 질의는 검색 키(*dept_name*, *salary*)를 가지는 순서 인덱스를 사용해서 대답할 수 있다. 즉 알파벳순으로 "Finance"보다 작은 *dept_name*의 각 값에 대해 시스템은 *salary* 값이 80000인 레코드를 위치시킨다. 그러나 각 레코드는 다른 디스크 블록에 있을 수 있고, 파일에 있는 레코드 순서 때문에 I/O 연산을 많이 할 수도 있다.

이 질의와 이전 질의 사이의 차이점은 첫 번째 속성(*dept_name*)에 대한 조건이 동등 조건이 아니라 비교 조건이라는 점이다. 이러한 조건은 검색 키에 대한 범위 질의에 대응되지 않는다.

일반적인 복합 검색 키 (한 개 혹은 그 이상의 비교 연산을 수반한) 질의에 대한 처리 속도를 높이기 위해 여러 특수 구조를 이용할 수 있다. 14.9절에서 **비트맵 인덱스**에 대해 고려한다. 이런 목적을 위해 사용될 수 있는 또 다른 구조인 R-트리가 있다. R-트리는 다차원상에서 인덱스를 다루기 위해 B^+-트리를 확장한 것으로서, 14.10.1절에서 설명할 것이다.

14.6.3 커버링 인덱스

커버링 인덱스(covering index)는 레코드에 대한 포인터와 함께 (검색 키 속성이 아닌) 일부 속성의 값이 저장된 인덱스다. 별도의 속성값을 보조 인덱스에 포함하면 어떤 질의에 대해서는 실제 레코드를 살펴보지도 않고 인덱스만 사용하여 결과를 얻을 수 있어 유용하다.

예를 들어, *instructor* 릴레이션의 *ID* 속성에 대해 비클러스터링 인덱스가 구축되어 있다고 하자. 만약 레코드 포인터와 함께 *salary* 속성의 값이 저장되어 있다면 *instructor* 레코드에 접근하지 않고서도 (*dept_name* 같은 여타의 속성이 아니면서) 급여만 필요한 질의에 대해 응답할 수 있다.

검색 키(*ID*, *salary*)에 대해 인덱스를 구축해도 같은 효과를 볼 수는 있지만 커버링 인덱스는 검색 키의 크기를 줄여 주어 내부 노드의 팬아웃을 크게 해 주고, 잠재적으로 인덱스의 높이를 줄여 준다.

14.7 인덱스 생성

SQL 표준은 인덱스를 생성하기 위한 특정 문법을 지정하지는 않지만, 대부분의 데이터베이스는 인덱스 생성과 삭제를 위한 SQL 명령을 지원한다. 4.6절에서 보았듯이 인덱스는 대부분의 데이터베이스에서 지원하는 다음 구문을 사용하여 생성할 수 있다.

create index <index-name> **on** <relation-name> (<attribute-list>);

*attribute-list*는 인덱스에서 검색 키에 해당하는 릴레이션의 속성 리스트다. 다음과 같은 명령문을 사용하여 인덱스를 삭제할 수 있다.

drop index <index-name>;

예를 들어, *instructor* 릴레이션에 대해 검색 키가 *dept_name*인 *dept_index*라는 인덱스를 정의하려면 다음과 같이 작성할 수 있다.

create index *dept_index* **on** *instructor* (*dept_name*);

속성 또는 속성 리스트가 후보 키임을 선언하기 위해 위의 "**create index**" 대신 "**create unique index**" 구문을 사용할 수 있다. 여러 유형의 인덱스를 지원하는 데이터베이스에서 인덱스 유형을 인덱스 생성 시 지정할 수도 있다. 사용 가능한 인덱스 유형과 인덱스 유형을 지정하기 위한 명령어는 데이터베이스 시스템의 설명서를 참조하라.

사용자가 인덱스 사용 시 이득이 되는 SQL 질의를 작성하게 되면 질의 처리기는 자동으로 인덱스를 사용하게 된다.

ID가 12345인 특정 학생에 대한 *takes* 레코드를 검색하는 질의를 생각해 보자(관계 대수로는 $\sigma_{ID=12345}(takes)$로 표현된다). *takes*의 ID 속성에 대해 인덱스가 생성되어 있는 경우, 몇 번의 I/O 연산을 통해 필요한 레코드에 대한 포인터를 얻을 수 있다. 일반적으로, 학생들은 수십 개의 과목만 수강하기 때문에 실제 레코드를 가져오기 위해 수십 번의 I/O 연산만 필요하다. 반면에 인덱스가 없으면, 데이터베이스 시스템은 모든 *takes* 레코드를 읽고, 일치하는 ID 값을 가진 레코드를 선택해야 한다. 학생 수가 많으면 전체 *takes* 릴레이션을 읽는 데 비용이 많이 들 수 있다.

그러나 릴레이션이 갱신될 때마다 인덱스도 갱신되어야 하므로 추가 비용이 발생한다. 릴레이션이 갱신될 때마다 관련된 인덱스가 갱신되어야 하므로, 너무 많은 인덱스를 생성하면 갱신 처리 속도가 느려진다.

테스트 중에 성능 문제가 명확히 발생하는 경우가 있다. 예를 들어, 한 개의 질의를 처리하는 데 수십 초가 걸린다면, 이는 성능에 문제가 있는 것이 분명하다. 그러나 인덱스 없이 큰 릴레이션 전체를 검사하는데 데 1초가 걸리고, 인덱스를 사용하여 동일한 레코드를 검색하는 데 10밀리초가 걸리는 질의를 가정해 보자. 성능 시험자가 한 번에 하나의 질의를 실행한다면, 인덱스 없이도 빠르게 질의 실행이 가능하다. 그러나 한 시간에 1,000명의 학생이 사용하는 수강 등록 시스템에서 각 학생이 10개의 질의를 실행해야 한다고 가정하자. 이 경우, 1시간(즉 3,600초) 동안 요청된 질의를 수행하는 데 드는 총 실행 시간은 10,000초에 해당한다. 이 경우 학생들은 수강 등록 시스템이 매우 느리거나 심지어 전혀 반응하지 않는다고 생각하게 된다. 반면에 필요한 인덱스가 존재하는 경우, 1시간 동안 요청된 질의를 처리하는 데 드는 총 실행 시간은 100초에 해당하며, 학생들은 수강 등록 시스템의 성능이 매우 좋다고 생각하게 된다.

따라서 응용 프로그램을 구축할 때, 성능에 중요하게 영향을 미치는 인덱스를 파악하고, 응용 프로그램이 운영되기 이전에 이러한 인덱스를 미리 생성하는 것이 중요하다.

릴레이션이 주 키를 갖도록 정의되어 있으며, 대부분의 데이터베이스 시스템은 주 키에 대해 인덱스를 자동으로 생성한다. 릴레이션에 튜플이 삽입될 때마다 인덱스를 사용하여 주 키 제약 조건 위반 여부를 확인할 수 있다(즉 주 키 값은 고유해야 한다). 주 키에 대한 인덱스가 없다면, 릴레이션에 튜플이 삽입될 때나나 주 키 제약 조건을 확인하기 위해 전체 릴레이션을 검사해야 한다.

대부분의 데이터베이스 시스템이 자동으로 생성하지는 않지만, 외래 키 속성에 대해 인덱스를 생성하는 것이 좋다. 대부분의 조인은 외래 키와 주 키 속성 간에 수행되며, 이러한 조인을 포함하고 선택 조건이 있는 질의는 많이 사용된다. 질의 $takes \bowtie \sigma_{name=Shankar}(student)$를 생각해 보자. *takes* 릴레이셔의 외래 키 속성 ID는 *student* 릴레이션의 주 키 속성 ID를 참조한다. Shankar라는 이름의 학생이 거의 없으므로, 외래 키 속성 *take*.ID에 대한 인덱스는 이 학생에 해당하는 *takes* 튜플을 효율적으로 검색하는 데 사용될 수 있다.

많은 데이터베이스 시스템은 데이터베이스 관리자가 시스템에서 실행 중인 질의와 갱신을 모니터링하고, 질의 및 갱신 빈도에 따라 인덱스 생성을 추천해 주는 도구(tool)를 제공한다. 이러한 도구는 인덱스 튜닝 마법사(index tuning wizard) 또는 조언자(advisor)라고 한다.

일부 최신 클라우드 기반 데이터베이스는 자동으로 인덱스를 생성해 주는 기능이 있다. 데이터베이스 관리자의 개입 없이, 인덱스를 생성함으로써 반복적인 릴레이션 전체를 검사를 피할 수 있다는 것이 확인될 때마다 자동으로 인덱스가 생성된다.

14.8 쓰기 최적화 인덱스 구조

B^+-트리 인덱스 구조의 단점 중 하나는 임의 쓰기로 인해 성능이 상당히 저하될 수 있다는 점이다. 메모리로 불러오기에는 너무 큰 인덱스를 생각해 보자. 요즘 메모리 용량이 상당히 커지고 트리의 단말 노드가 트리의 대부분 공간을 차지하고 있으므로, 비단말 노드는 메모리로 불러올 수 있다고 가정하자.

이제 쓰기 또는 삽입이 인덱스의 정렬 순서와 일치하지 않는 순서로 수행된다고 가정하자. 그러면 각각의 쓰기/삽입 작업은 다른 단말 노드에서 발생할 가능성이 크다. 단말 노드 개수가 버퍼 크기보다 훨씬 큰 경우, 이러한 단말 노드에 대한 접근 대부분은 임의 읽기 연산과 갱신된 단말 노드 페이지를 디스크에 다시 쓰기 위한 쓰기 연산이 필요하다. 접근 시간이 10밀리초인 자기 디스크에서, 인덱스는 디스크당 초당 100개 이하의 쓰기/삽입을 지원한다. 그리고 이 수치는 탐색에 많은 시간이 소요되고, 단말 노드 페이지의 읽기와 쓰기 사이에서 헤드가 이동하지 않는다고 가정한 낙관적 추정치다. 플래시 기반 SSD가 있는 시스템에서 임의 I/O 작업은 훨씬 빠르다. 그러나 SSD의 페이지 쓰기 작업은 (결국에) 비용이 많이 드는 페이지 지우기 작업이 필요하므로 여전히 상당한 비용이 든다. 그러므로 기본 B^+-트리 구조는 초당 매우 많은 수의 임의 쓰기/삽입을 지원해야 하는 응용 프로그램에 적합하지 않다.

쓰기/삽입 비율이 높은 작업 부하(workload)를 처리하기 위한 몇 가지 인덱스 구조가 제안되었다. **로그 구조 합병 트리**(log-structured merge tree), 즉 LSM 트리 및 그 변종은 매우 많이 사용되고 있는 쓰기 최적화 인덱스 구조다. 버퍼 트리(buffer tree)는 다양한 검색 트리 구조와 함께 사용할 수 있는 대체 방식이다. 이 절에서 이 두 인덱스 구조에 관해 설명한다.

14.8.1 LSM 트리

LSM 트리는 몇 개의 B^+-트리(L_0에 해당하는 인메모리 트리와 디스크상의 트리에 해당하는 L_1, L_2, … , L_k)로 구성된다. 여기서 k는 계층에 해당한다. 그림 14.26은 $k = 3$에 대한 LSM 트리의 구조를 보여 준다.

인덱스 검색은 L_0, … , L_k 트리 각각에 대해 별도의 검색 연산을 수행하고, 검색 결과를 합병하는 방식으로 수행된다. (지금은 삽입만 있고 갱신과 삭제는 없다고 가정하자. 갱신과 삭제가 있는 경우 인덱스 검색은 더 복잡해지며, 이에 관한 자세한 내용은 추후 설명한다.)

LSM 트리에 레코드가 처음 삽입될 때, 인메모리 B^+-트리 구조인 L_0에 레코드가 삽입된다. 상당히 많은 양의 메모리 공간이 L_0 트리에 할당된다. L_0 트리에 할당된 메모리를 채울 때까지 트리에 레코드가 삽입된다. L_0 트리에 할당된 메모리를 채우게 되면, 데이터를 인메모리 구조에서 디스크상의 B^+-트리로 이동해야 한다.

트리 L_1이 비어 있는 경우, 전체 인메모리 트리 L_0가 디스크에 쓰여서 초기 트리 L_1을 생성한다. 그러나 트리 L_1이 비어 있지 않은 경우, L_0의 단말 노드를 오름차순으로 검사하면서, 해당 엔트리를

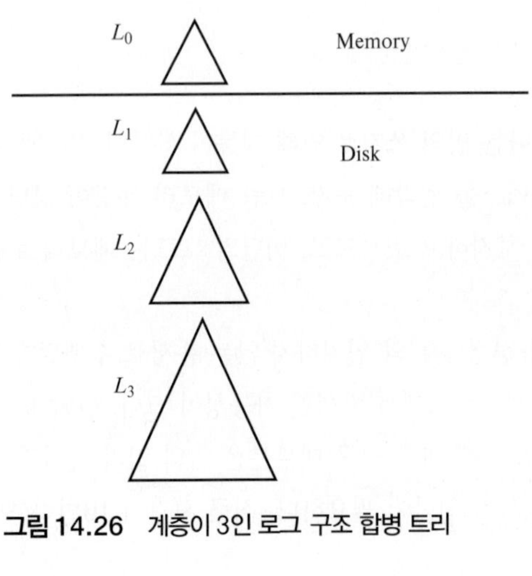

그림 14.26 계층이 3인 로그 구조 합병 트리

L_1의 단말 노드의 엔트리와 합병한다. (이때 L_1도 또한 오름차순으로 검사가 진행된다.) 합병한 엔트리는 새로운 B^+-트리를 만드는 데 사용되며, 이때 상향식 구축 방식이 사용된다. 합병한 엔트리로 구성된 새로운 트리가 이전 L_1을 대체한다. 두 경우 모두 L_0의 엔트리가 L_1로 이동한 후, L_0과 이전 L_1(존재하는 경우)의 모든 엔트리는 삭제된다. 그런 다음 삽입은 현재 비어 있는 인메모리 트리 L_0에서 수행된다.

갱신을 기존 L_1 트리 노드에서 수행하는 대신, (갱신되지 않은 단말 노드상의 엔트리를 포함하여) 이전 L_1 트리의 단말 노드상에 있는 모든 엔트리는 새로운 트리에 복사된다. 이렇게 갱신을 수행함으로써 다음과 같이 이점을 얻을 수 있다.

1. 새로운 트리의 단말 노드는 순차적으로 배치되므로, 후속 합병 과정 중에 발생할 수 있는 임의의 I/O를 방지할 수 있다.
2. 단말 노드가 가득 차게 된다. 그러므로 페이지 분할로 인해 노드가 부분적으로 채워지는 오버헤드를 방지할 수 있다.

그러나 위에서 설명한 것처럼 LSM 구조를 사용하는 데 추가 비용이 발생한다. 즉 L_0의 엔트리들의 집합이 L_1에 복사될 때마다 트리의 전체 내용이 복사되어야 한다. 이 비용을 줄이기 위해 다음과 같은 두 가지 방법 중 하나가 사용된다.

1. 여러 계층을 사용하며, 이때 계층 L_{i+1} 트리의 최대 크기는 계층 L_i 트리의 최대 크기의 k배에 해당한다. 그러므로 각각의 레코드는 특정 계층에서 최대 k번 쓰인다. 계층 수는 $\log_k(I/M)$에 비례한다. 여기서 I는 엔트리 개수이고, M은 인메모리 트리인 L_0에 저장 가능한 엔트리 개수다.
2. 각 계층(L_0 제외)에는 한 개의 트리가 아닌 최대 b개의 트리가 존재할 수 있다. L_0 트리가 디스크에 쓰일 때, 기존 L_1 트리와 합병하는 대신 새로운 L_1 트리가 생성된다. 이러한 L_1 트리가 b개 존재할 때, b개의 L_1 트리를 한 개의 새로운 L_2 트리로 합병한다. 유사하게 L_i 계층에 b개의 트리가 존재할 때, b개의 L_i 트리를 한 개의 새로운 L_{i+1} 트리로 합병한다.

   LSM 트리의 이러한 변형을 **단계별 합병 인덱스**(stepped-merge index)라고 한다. 단계별 합병 인덱스는 계층당 트리가 한 개만 존재하는 방법보다 삽입 비용을 크게 줄일 수 있지만, 여러 트리를 검색해야 하므로 질의 비용이 증가할 수 있다. 24.1절에서 배우는 **블룸 필터**(Bloom filter)라고 부르는 비트맵 기반 구조는 특정 트리에서 검색 키 존재 여부를 효율적으로 검사할 수 있게 해 준다. 그러므로 블룸 필터는 검색 수를 줄이기 위해 사용된다. 블룸 필터는 매우 적은 공간을 차지하지만 질의 비용을 줄이는 데 매우 효과적이다.

LSM 트리의 이러한 모든 변형에 대한 자세한 내용은 24.2절에서 찾을 수 있다.

지금까지는 삽입과 조회만 설명했다. 삭제는 흥미로운 방식으로 수행된다. 인덱스 엔트리를 직접 찾아서 삭제하는 대신, 삭제할 인덱스 엔트리를 표시하는 새로운 **삭제 엔트리**(deletion entry)를 삽입한다. 삭제 엔트리를 삽입하는 과정은 일반 인덱스 엔트리를 삽입하는 과정과 동일하다.

그러나 이 경우 검색은 추가 단계를 수행해야 한다. 앞에서 언급했듯이 검색은 모든 트리에서 엔트리를 검색하고, 키 값에 따라 정렬된 순서로 엔트리를 합병하는 방식으로 수행된다. 삭제 엔트리가 존재하는 엔트리의 경우, 두 엔트리 모두 동일한 키 값을 갖는다. 그러므로 검색 단계는 삭제하고자 하는 엔트리와 삭제 엔트리를 모두 찾게 된다. 삭제 엔트리가 발견되면, 삭제하고자 하는 엔트리를 제거하여 검색 결과에 포함하지 않는다.

트리가 합병될 때, 트리 중 하나에 엔트리가 있고 다른 트리에 삭제 엔트리가 존재하면 이러한 엔트리는 합병 중에 합쳐져서(동일한 키를 가짐) 두 개 모두 삭제된다.

삭제와 유사하게 갱신은 갱신 엔트리를 삽입하여 처리된다. 이 경우 검색은 갱신 엔트리를 원래 엔트리와 일치시켜서 최신 값을 반환해야 한다. 한 트리에 엔트리가 있고 다른 트리에 갱신 엔트리가 있는 경우, 합병 중에 갱신이 실제로 적용된 후에 갱신 엔트리가 삭제된다.

LSM 트리는 원래 자기 디스크의 쓰기와 검색 오버헤드를 줄이기 위해 설계되었다. 플래시 기반 SSD는 검색이 필요하지 않기 때문에 임의 I/O 연산에 대한 오버헤드가 상대적으로 낮다. 그러므로 LSM 트리의 변형을 사용함으로써 임의 I/O 연산을 피할 수 있다는 이점이 SSD에서는 특별히 중요하지 않다.

그러나 플래시 메모리는 제자리 갱신이 불가능하므로, 페이지에 1바이트라도 쓰기 위해서는 전체 페이지를 새로운 물리적 위치에 다시 써야 한다. 이 경우 원래 페이지는 삭제되어야 하며, 이는 상대적으로 비용이 많이 드는 작업이다. LSM 트리 변형을 사용함으로써 얻을 수 있는 쓰기 증폭의 감소로 인해 LSM 트리는 플래시 저장소와 함께 사용될 때 (기존 B^+-트리와 비교하여) 크게 성능이 향상될 수 있다.

각 계층에 여러 개의 트리가 존재하는 단계별 합병 인덱스와 유사한 LSM 트리의 변형은 Google의 BigTable 시스템과 Apache HBase(BigTable의 오픈 소스 복제본)에서 사용된다. 이러한 시스템은 파일에 추가는 할 수 있지만, 기존 데이터에 대한 갱신은 지원하지 않는 분산 파일 시스템 위에 구축되었다. LSM 트리는 제자리 갱신을 수행하지 않기 때문에 LSM 트리는 이러한 시스템에 매우 적합하다.

그 후 Apache Cassandra, Apache AsterixDB, MongoDB와 같은 다수의 빅데이터 저장 시스템은 LSM 트리를 지원하며, 대부분은 각 계층에 여러 트리가 존재하는 변형을 사용한다. LSM 트리는 MySQL(MyRocks 저장소 엔진 사용)과 임베디드 데이터베이스 시스템인 SQLite4와 LevelDB에서도 지원된다.

14.8.2 버퍼 트리

버퍼 트리는 로그 구조 합병 트리의 대안으로 사용할 수 있는 방법이다. **버퍼 트리**(buffer tree)의 핵심 아이디어는 루트 노드를 포함하여 B^+-트리의 각 내부 노드와 버퍼를 연결하는 것으로서, 그림 14.27에 묘사되어 있다. 먼저 삽입과 조회를 처리하는 방법에 관해 설명하고, 그 이후에 삭제와 갱신을 처리하는 방법을 설명한다.

버퍼 트리에 인덱스 레코드가 삽입되면, 트리를 단말 노드까지 순회하는 대신 루트의 버퍼에 인덱스 레코드를 삽입한다. 버퍼가 가득 차게 되면, 버퍼에 있는 각각의 인덱스 레코드는 트리의 한 계층 아래에 있는 자식 노드로 내려간다. 자식 노드가 내부 노드인 경우 인덱스 레코드가 자식 노

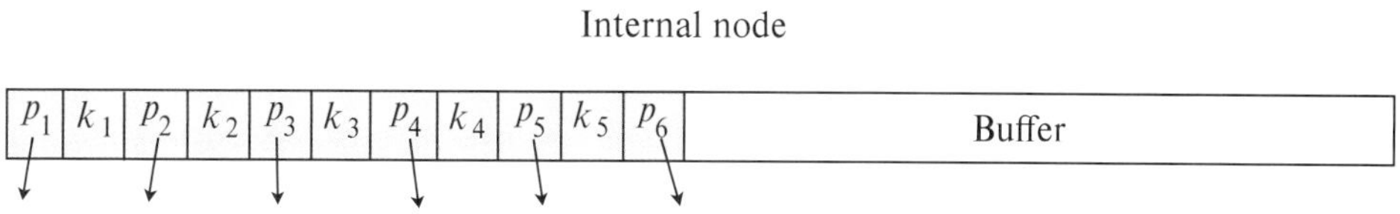

그림 14.27 버퍼 트리의 내부 노드 구조

드의 버퍼에 추가된다. 만일 해당 버퍼가 가득 차게 되면, 해당 버퍼의 모든 레코드가 유사하게 아래로 내려간다. 버퍼에 있는 레코드는 자식 노드로 내려가기 전에 검색 키에 의해 정렬된다. 자식 노드가 단말 노드인 경우 인덱스 레코드는 일반적인 방식으로 단말 노드에 삽입된다. 삽입으로 인해 단말 노드가 가득 차게 되면, 일반적인 B^+-트리 방식과 유사하게 노드가 분할된다. 이러한 분할은 잠재적으로 상위 노드로 전파된다. 가득 찬 내부 노드를 분할하기 위해서는 버퍼를 분할하는 추가 단계가 필요하다. 즉 버퍼에 있는 엔트리는 키 값을 기반으로 두 분할 노드 간에 분산되어야 한다.

검색은 검색 키와 일치하는 레코드를 포함하는 단말 노드를 찾기 위해 B^+-트리 구조를 순회하는 일반적인 방식을 사용한다. 그러나 한 가지 추가 단계가 있다. 검색 중 각 내부 노드에서, 노드의 버퍼를 검사하여 검색 키와 일치하는 레코드가 있는지 확인해야 한다. 범위 검색은 일반 B^+-트리에 대한 범위 검색과 유사한 방식으로 수행되지만, 루트에서 단말 노드까지의 경로상에 있는 모든 내부 노드의 버퍼를 검사해야 한다.

내부 노드의 버퍼가 자식 노드보다 k배 많은 레코드를 보유하고 있다고 가정하자. 그러면 평균적으로 k개의 레코드가 한 번에 각각의 자식 노드로 내려간다(자식 노드가 내부 노드인지 단말 노드인지와 상관없음). 레코드를 자식 노드로 내리기 전에 레코드를 정렬함으로써, 모든 레코드가 연속적으로 자식 노드로 내려가게 보장할 수 있다. 버퍼 트리의 삽입 방식의 이점은 저장소로부터 자식 노드에 접근하고 갱신한 노드를 다시 저장소에 쓰는 비용이 평균 k 레코드 간에 분산된다는 것이다. k가 충분히 큰 경우, 일반 B^+-트리의 삽입과 비교하여 절감 효과가 상당히 크다.

삭제와 갱신은 LSM 트리와 유사하게 삭제 엔트리와 갱신 엔트리를 사용하여 처리할 수 있다. 또는 삭제와 갱신은 일반 B^+-트리 알고리즘을 사용하여 처리할 수 있으며, 이 경우 삭제/갱신 엔트리를 사용할 때의 비용에 비해 삭제/갱신당 I/O 비용이 더 커질 수 있다.

I/O 연산 수에 대한 최악의 복잡도의 경우, 버퍼 트리가 LSM 트리 변형보다 더 우수하다. 읽기 비용의 경우, 버퍼 트리는 LSM 트리보다 훨씬 더 빠르다. 그러나 LSM 트리 변형의 순차적 I/O 연산과 대조적으로, 버퍼 트리의 쓰기 작업은 더 많은 검색이 필요한 임의 I/O 연산을 요구한다. 자기 디스크 저장소의 경우, 높은 검색 비용으로 인해 쓰기 집약적인 작업 부하인 경우 버퍼 트리가 LSM 트리보다 성능이 떨어진다. 그러므로 LSM 트리는 자기 디스크에 저장된 데이터에 대한 쓰기 집약적 작업 부하에 더 적합하다. 그러나 임의 I/O 연산은 SSD에서 매우 효율적이고 버퍼 트리는 LSM 트리에 비해 전체적으로 쓰기 연산을 더 적게 수행하는 경향이 있으므로, 버퍼 트리는 SSD에서 쓰기 성능이 더 낫다. 플래시 저장 장치용으로 설계된 여러 인덱스 구조는 버퍼 트리에서 도입한 버퍼 개념을 사용하고 있다.

버퍼 트리의 또 다른 장점은 쓰기 수를 줄이기 위해 버퍼를 내부 노드와 연결하는 핵심 아이디어를 모든 유형의 트리 구조 인덱스에 적용할 수 있다는 것이다. 예를 들어, 버퍼링은 R-트리(14.10.1절에서 다룸)와 같은 공간 인덱스 및 (정렬 및 상향식 구축이 불가능한) 다른 유형의 인덱스의 벌크 로딩을 지원하기 위한 방법으로 사용된다.

버퍼 트리는 PostgreSQL에서 **일반화 검색 트리**(Generalized Search Tree, **GiST**) 인덱스 구조의 일부로 구현되었다. GiST 인덱스를 사용하면 사용자 정의 코드를 실행하여 노드에서 검색, 갱신, 분할 연산을 구현할 수 있다. 그리고 GiST 인덱스는 R-트리 및 기타 공간 인덱스 구조를 구현하는 데 사용되었다.

14.9 비트맵 인덱스

비록 각 비트맵 인덱스가 하나의 키로 구성되어 있더라도 비트맵 인덱스는 다중 키를 가진 질의를 쉽게 처리하기 위해 고안된 특수화된 형태의 인덱스다. 이 절에서는 비트맵 인덱스의 주요 기능을 설명하고, 24.3절에서 비트맵 인덱스에 관한 자세한 내용을 다룬다.

비트맵 인덱스를 사용하기 위해 릴레이션에 있는 레코드는 0부터 시작해서 연속적으로 번호가 매겨져야 한다. 숫자 n이 주어지면 n으로 번호 매겨진 레코드를 검색하기가 쉬워야 한다. 특히 레코드의 크기가 고정되어 있고 파일의 연속적인 블록에 할당되어 있다면 이는 쉽게 달성된다. 레코드 번호는 쉽게 블록 번호와 블록 안에서 레코드를 식별하는 번호로 전환될 수 있다.

작은 수의 값(예를 들어, 2~20) 중에서 하나를 취할 수 있는 속성 A를 가진 릴레이션을 생각해 보자. 예를 들어, 릴레이션 *instructor_info*는 속성 *gender*를 가지고 있고 이 속성은 m(male) 혹은 f(female) 값만 가질 수 있다고 하자. 또 다른 예로 *income_level* 속성을 가질 수 있는데 이때 수입은 5단계로 나뉘어 있다. $L1$:\$0~9,999, $L2$:\$10,000~19,999, $L3$:\$20,000~39,999, $L4$:\$40,000~74,999, $L5$:\$75,000~∞. 여기서 실제 데이터는 많은 값을 가질 수 있다. 그러나 데이터 분석을 간편화하기 위해 값을 적은 수의 범위로 나누었다. 이 릴레이션의 인스턴스는 그림 14.28의 왼쪽에 나와 있다.

비트맵(bitmap)은 간단한 비트 배열이다. 가장 간단한 형태로, 릴레이션 r의 속성 A상의 **비트맵 인덱스**(bitmap index)는 A가 가질 수 있는 각 값에 대해 하나의 비트맵을 구성한다. 각 비트맵은 릴레이션에 있는 레코드의 수만큼 많은 비트를 가지고 있다. 만약 번호가 i인 레코드의 속성 A가 v_j 값을 가지고 있다면, 값 v_j를 위해 비트맵의 i번째 비트를 1로 설정한다. 이 비트맵의 모든 다른 비트는 0으로 설정한다.

이 예제에서 값 m에 대한 비트맵과 값 f에 대한 비트맵이 있다. 만약 번호가 1인 레코드의 *gender* 값이 m이라면 m에 대한 비트맵의 i번째 비트를 1로 설정한다. m에 대한 비트맵의 모든 다른 비트는 0으로 설정한다. 비슷하게 f에 대한 비트맵은 *gender* 속성의 값을 f로 가지는 레코드에 대한 비트는 1의 값을 가지고 나머지 모든 비트는 0의 값을 가진다. 그림 14.28은 릴레이션 *instructor_info*의 비드맵 인덱스의 예를 보여 준다.

이제 언제 비트맵이 유용한지에 대해 생각해 보자. 값 m(혹은 값 f)을 가지는 모든 레코드를 검색

record number	*ID*	*gender*	*income_level*
0	76766	m	L1
1	22222	f	L2
2	12121	f	L1
3	15151	m	L4
4	58583	f	L3

Bitmaps for *gender*

m	10010
f	01101

Bitmaps for *income_level*

L1	10100
L2	01000
L3	00001
L4	00010
L5	00000

그림 14.28 릴레이션 *instructor_info*의 비트맵 인덱스

하는 가장 간단한 방법은 릴레이션의 모든 레코드를 읽으면서 값 m(혹은 값 f)을 가지는 레코드를 선택하는 것이다. 비트맵 인덱스는 실제 이런 선택을 빨리 하도록 도와주지는 않는다. 특정 *gender*를 가지는 레코드를 읽는 동안 파일에 대한 모든 디스크 블록이 어쨌든 읽혀야 한다.

실제로 비트맵 인덱스는 다중 키에 대해 선택을 할 때 주로 유용하다. *gender*에 대한 비트맵 인덱스에 부가적으로 앞에서 설명했던 *income-level* 속성에 대한 비트맵 인덱스를 생성해 보자.

이제 10,000~19,999 범위에 속하는 수입을 가진 여성을 선택하는 질의를 생각해 보자. 이 질의는 다음과 같이 표현될 수 있다.

```
select *
from instructor_info
where gender = 'f' and income_level = 'L2';
```

이 선택을 계산하기 위해 *gender* 값 f에 대한 비트맵과 *income-level* 값 *L2*에 대한 비트맵을 가져와서 두 비트맵의 **교집합**(intersection, 논리적인 and)을 수행한다. 즉 이는 새로운 비트맵을 계산하는 것으로 이 새로운 비트맵의 *i*비트는 두 비트맵의 *i*번째 비트가 둘 다 1이면 1의 값을 가지고, 그렇지 않으면 0의 값을 가진다. 그림 14.28의 예에서 *gender* = f(01101) 비트맵과 *income_level* = *L2*(01000) 비트맵의 교집합은 01000 비트맵이다.

첫 번째 속성은 두 개의 값을 가질 수 있고, 두 번째 속성은 다섯 개의 값을 가질 수 있으므로 두 속성으로 결합된 조건을 만족하는 레코드로 평균 10개의 레코드 중에 한 개를 기대할 수 있다. 더 많은 조건이 있다면 모든 조건을 만족하는 레코드의 부분은 매우 작을 것이다. 그 후 시스템은 교집합 비트맵에서 1의 값을 가지는 모든 비트를 찾아서 이와 대응되는 레코드를 검색함으로써 질의 결과를 계산할 수 있다. 만약 이 교집합 비트맵에서 1의 값을 가지는 비트의 비율 부분이 크다면, 전체 릴레이션을 훑어보는 것이 좀 더 값싼 방법일 수도 있다.

집계 연산을 효율적으로 구현하는 방법, 비트맵 연산 속도를 높이는 방법, B^+-트리와 비트맵을 결합하는 하이브리드 인덱스를 포함한 비트맵 인덱스에 대한 자세한 내용은 24.3절에서 찾을 수 있다.

14.10 공간 및 시간 데이터의 인덱스

해시 인덱스와 B^+-트리와 같은 전통적인 인덱스 구조는 일반적으로 2차원 이상의 공간 데이터를 인덱싱하기에 적합하지 않다. 마찬가지로, 튜플이 시간 간격을 가지고 있고, 질의가 시간 지점 또는 시간 간격을 지정할 수 있는 경우 전통적인 인덱스 구조로 인해 성능 저하가 발생할 수 있다.

14.10.1 공간 데이터의 인덱스

이 절에서는 공간 데이터 인덱싱 기법의 개요를 설명하고, 자세한 내용은 24.4절에서 다룬다. 공간 데이터는 2차원 이상의 공간에서 한 점(point) 또는 지역(region)을 참조하는 데이터를 의미한다. 예를 들어, (위도, 경도) 쌍으로 식별되는 레스토랑의 위치는 공간 데이터의 한 형태다. 유사하게 농장이나 호수의 지역적 범위는 다각형으로 식별 가능하며 각 모서리는 (위도, 경도) 쌍으로 식별된다.

공간 데이터에 대한 다양한 형태의 질의가 존재하며, 인덱스는 이러한 질의를 효율적으로 지원해야 한다. (위도, 경도) 쌍에 의해 정확하게 위치가 지정된 레스토랑을 찾는 질의는 복합 속성 (위도, 경도)에 대해 B^+-트리를 생성하여 응답할 수 있다. 그러나 이러한 B^+-트리 인덱스는 (위도, 경도) 쌍으로 표현된 사용자 위치로부터 반경 500미터 이내에 위치한 모든 레스토랑을 찾는 질의에 대해 효율적으로 응답할 수 없다. 또한 이러한 B^+-트리 인덱스는 직사각형 관심 영역 내에 위치한 모든 레스토랑을 찾는 질의에 대해 효율적으로 응답할 수 없다. 앞의 두 예는 모두 지정된 영역 내에서 객체(object)를 검색하는 **범위 질의**(range query) 형태다. 또한 이러한 B^+-트리 인덱스는 지정된 위치로부터 가장 가까운 레스토랑을 찾는 질의를 효율적으로 응답할 수 없다. 이러한 질의는 **최근접 질의**(nearest neighbor query)의 예에 해당한다.

공간 인덱싱의 목표는 다양한 형태의 공간 질의를 지원하는 것이며, 범위 및 최근접 질의는 가장 일반적으로 사용되기 때문에 특히 중요하다.

2차원 이상으로 이루어진 공간 데이터를 어떻게 인덱스하는지 알기 위해서는 먼저 1차원의 점(point)을 어떻게 인덱스하는지 알아야 한다. 이진 트리나 B^+-트리와 같은 트리 구조는 연속적으로 공간을 더 작은 공간으로 분할해 나간다. 예를 들어, 이진 트리의 내부 노드는 하나의 1차원 간격을 둘로 나눈다. 왼쪽 분할 부분에 있는 점들은 왼쪽 서브트리에 속하고 오른쪽 분할 부분에 있는 점들은 오른쪽 서브트리에 속하게 된다. 균형 이진 트리의 경우 절반 정도에 해당하는 점들이 각각의 서브트리에 속할 수 있도록 분할이 이루어진다. 유사하게 B^+-트리의 구간도 여러 구간으로 나뉜다.

이러한 개념을 바탕으로 2차원 공간은 물론 고차원 공간에서도 트리 구조를 생성할 수 있다. **k-d 트리**(k-d tree)라 불리는 트리 구조는 다차원을 인덱스하기 위해 제안된 초기 데이터 구조에 해당한다. k-d 트리의 계층(level)은 공간을 둘로 나눈다. 트리의 가장 상위 계층에 속하는 노드가 하나의 차원을 둘로 나누고, 그다음 계층에 속하는 노드가 다른 차원을 반으로 나눈다. 이와 같은 방식으로 각 계층마다 하나의 차원을 나누는 작업을 반복한다. 각 계층마다 분할 위치는 각각의 점이 대략 서브트리에 절반씩 나뉘도록 결정된다. 각 노드에 포함된 점의 개수가 해당 노드가 포함할 수 있는 점의 최대 개수보다 적어지면 분할 과정을 멈추게 된다.

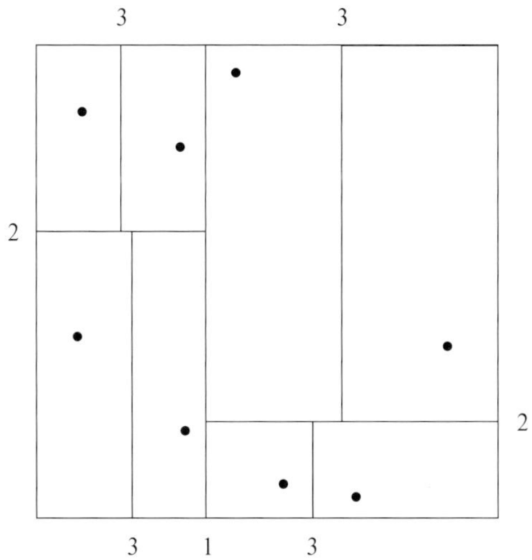

그림 14.29 k-d 트리에 의한 공간 분할

그림 14.29는 2차원 공간에서 점의 위치를 k-d 트리로 표현한 것이다. 여기서 단말 노드가 가질 수 있는 최대 점의 개수는 1로 설정되었다. 각각의 선은 k-d 트리의 노드에 해당한다. 선에 붙인 숫자는 해당 노드가 나타나는 트리의 계층을 의미한다.

지정된 사각형 영역 내에 있는 점을 찾는 사각형 범위 질의는 다음과 같이 k-d 트리를 사용하여 효율적으로 응답할 수 있다. 기본적으로 이러한 질의는 각 차원의 간격을 지정한다. 예를 들어, 범위 질의는 x차원이 50~80 사이이고, y차원이 40~70 사이에 위치한 모든 점을 요청할 수 있다. B^+-트리에서와 같이 k-d 트리의 내부 노드는 한 차원에서 공간을 분할한다. 범위 검색은 루트에서 시작하는 다음 재귀 절차에 의해 수행된다.

1. 내부 노드를 가정해 보자. 이 노드는 특정 차원(예: x)에서 대해 x_i 지점을 기준으로 분할된다고 가정하자. 왼쪽 서브트리의 엔트리에는 x_i보다 작은 값이 저장되고(즉 $< x_i$), 오른쪽 서브트리의 엔트리에는 x_i보다 크거나 같은 값이 저장된다(즉 $\geq x_i$). 질의 범위가 x_i를 포함하는 경우, 두 자식 노드에서 검색이 재귀적으로 수행된다. 질의 범위가 x_i의 왼쪽에 있으면, 왼쪽 자식 노드에서 재귀적으로 검색이 수행되고, 그렇지 않은 경우 오른쪽 자식 노드에서 수행된다.
2. 단말 노드인 경우 질의 범위에 포함된 모든 엔트리가 검색된다.

최근접 검색은 더 복잡하고 여기서 다루지는 않지만, 최근접 질의도 k-d 트리를 이용하여 매우 효율적으로 응답할 수 있다.

k-d-B 트리(k-d-B tree)는 B-트리가 이진 트리를 확장한 것처럼 k-d 트리를 확장하여 내부 노드가 여러 개의 자식 노드를 가질 수 있도록 하여 트리의 높이를 줄인 것이다. k-d-B 트리는 k-d 트리보다 2차 저장 장치에 더 알맞다. 위에서 설명한 범위 검색은 k-d-B 트리로 쉽게 확장될 수 있으며, 최근접 질의도 k-d-B 트리를 사용하여 매우 효율적으로 응답할 수 있다.

공간 데이터에 대한 여러 가지 인덱스 방법이 있다. 데이터를 한 번에 한 차원씩 분할하는 대신에 **사분위트리**(quadtrees, 쿼드트리)는 트리의 각 노드에서 2차원 공간을 네 개의 사분면으로 나눈다. 사분위트리에 대한 자세한 내용은 24.4.1절에서 찾을 수 있다.

선분, 사각형, 기타 다각형 같은 공간 영역에 대한 인덱스는 새로운 문제를 야기한다. 이를 위해 k-d 트리와 사분위트리를 확장한 기법이 제안되었다. 핵심 아이디어는 선분 또는 다각형이 분할선과 교차하면, 분할 선을 따라 선분 또는 다각형을 분할하고, 각각의 분할된 조각을 포함하고 있는 영역에 해당하는 서브트리를 이용하여 선분 또는 다각형을 표현하는 것이다. 선분이나 다각형이 여러 개의 서브트리에 걸쳐 존재하는 경우, 저장 혹은 질의 시 효율성이 떨어진다.

R-트리(R-tree)라고 부르는 저장 구조는 점 이외에도 선분, 사각형, 기타 다각형과 같이 공간 영역에 걸쳐 있는 객체를 인덱스하기에 적합하다. R-트리는 B^+-트리와 유사하게 단말 노드에 객체를 인덱스하고 있는 균형 트리 구조다. 하지만 각 트리의 노드는 값의 범위 대신에 **경계 상자**(bounding box)를 가지고 있다. 단말 노드의 경계 상자는 단말 노드에 저장된 모든 객체를 포함하고, 각각의 축에 평행한 최소 크기의 사각형이다. 단말 노드와 유사하게 내부 노드의 경계 상자는 자식 노드가 가진 경계 상자를 모두 포함하고, 각각의 축에 평행한 최소 크기의 사각형이다. 마찬가지로 한 객체(예: 다각형)의 경계 상자는 객체를 포함하며 각각의 축에 평행한 가장 작은 사각형이다.

각 내부 노드는 자식 노드에 대한 경계 상자와 자식 노드에 대한 포인터를 가지고 있다. 각 단말 노드는 인덱스된 객체를 저장하고 있다.

그림 14.30은 R-트리에서 사각형(실선으로 표현됨)을 저장하기 위해 노드의 경계 상자(점선으로 표현됨)가 어떻게 표현되는지를 나타내고 있다. 그림에서 경계 상자가 안에 있는 객체와 간격이 있는 것처럼 그려져 있지만, 이는 보기에 좋게 하기 위한 것뿐이다. 실제로 경계 상자는 더 작아서 포함된 물체에 꼭 맞게 그려지게 된다. 즉 경계 상자 B의 각각의 면은 B에 포함된 객체 또는 경계 상자 중 하나 이상과 맞닿게 된다.

R-트리 자체는 그림 14.30의 오른쪽에 있다. 그림에서 경계 상자 i의 좌표는 BB_i로 표현하고 있다. R-트리를 이용하여 범위 질의에 응답하는 방법을 포함하여 R-트리에 대한 자세한 내용은 24.4.2절에서 찾을 수 있다.

R^*-트리 및 간격 트리와 같이 다각형과 선분을 저장하기 위한 일부 대안 구조와는 달리 R-트리는 각 객체의 복사본을 하나씩만 저장하며, 각 노드가 최소한 절반이 찼는지 쉽게 확인할 수 있다. 그러나 여러 경로를 탐색해야 하므로 질의 수행 속도가 일부 다른 방법보다 느릴 수 있다. 그러나 우수한 저장 효율성과 B-트리와의 유사성으로 인해 R-트리 및 그 변형은 공간 데이터를 지원하는 데이터베이스 시스템에서 널리 사용되고 있다.

14.10.2 시간 데이터의 인덱스

시간 데이터는 7.10절에서 논의한 바와 같이 연관된 시간 간격이 있는 데이터를 의미한다. 튜플과 연관된 시간 간격은 튜플의 유효 기간을 나타낸다. 예를 들어, 어떤 과목의 교과목명은 특정 시점에 변경될 수 있다. 그러므로 과목 식별자는 특정 시간 간격 동안 어떤 교과목명과 연관되어 있고, 그 이후에 동일한 과목 식별자가 다른 교과목명과 연관되어 있을 수 있다. 이러한 상황을 모델링하는

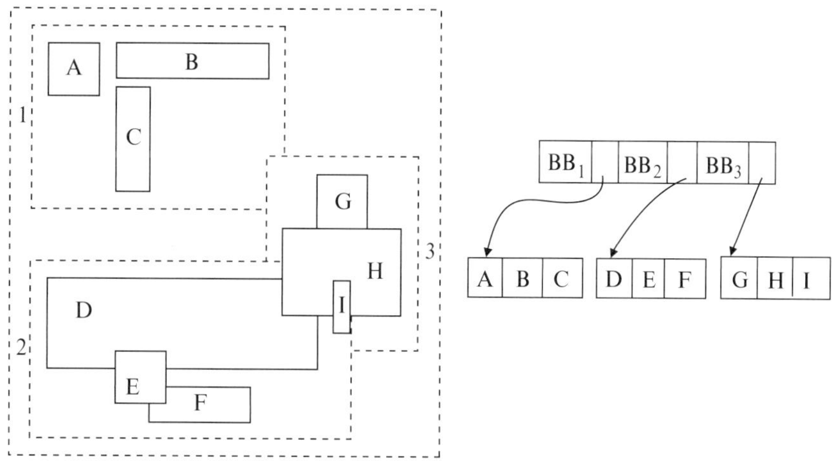

그림 14.30 R-트리

방법은 *course* 릴레이션에서 동일한 *course_id*를 가진 둘 이상의 튜플을 저장하고, 각각의 튜플이 서로 *title* 값과 유효 시간 간격을 갖도록 하는 것이다.

시간 간격(time interval)은 시작 시간과 종료 시간으로 구성된다. 또한 시간 간격은 간격이 시작 시간에 시작되는지 또는 시작 시간 직후에 시작되는지, 즉 시작 시간에 간격이 **닫혀**(closed) 있는지 또는 **열려**(open) 있는지를 나타낸다. 유사하게 시간 간격은 종료 시간에 닫혀 있는지 또는 열려 있는지를 나타낸다. 튜플이 다음에 갱신될 때까지 유효하다는 것을 표현하기 위해 종료 시간을 무한대로 설정할 수 있다(9999-12-31 자정과 같이 적절하게 큰 시간으로 나타낼 수도 있다).

일반적으로 특정 사실의 유효 기간은 하나의 시간 간격으로 구성되지 않을 수 있다. 예를 들어, 어떤 학생이 한 학년 동안 대학교에 등록하고, 다음 해에 휴학하고, 그다음 해에 다시 등록했다고 가정하자. 이 학생의 대학교 등록에 대한 유효 기간은 단일 시간 간격이 아니고, 여러 시간 간격으로 표현해야 한다. 그러므로 유효 기간이 있는 튜플은 여러 개의 튜플로 표현될 수 있으며, 이때 각각의 튜플은 단일 시간 간격에 해당하는 유효 기간을 갖고 있다. 그러므로 우리는 시간적 데이터를 모델링할 때 시간 간격만을 고려할 것이다.

t_1 시점에 속성 *a*의 값이 *v*인 튜플을 검색한다고 가정하자. 이 경우 속성 *a*에 대해 인덱스를 구축하고, 인덱스를 이용하여 속성 *a*의 값이 *v*인 모든 튜플을 검색할 수 있다. 검색 키 값과 연관된 시간 간격 개수가 적으면, 이러한 인덱스를 사용하는 것이 적절한 방법일 수 있다. 그러나 일반적으로 이러한 인덱스를 사용하면 시간 간격이 시점 t_1을 포함하지 않는 많은 튜플이 검색될 수 있다.

더 나은 방식으로 R-트리와 같은 공간 인덱스를 사용할 수 있다. 이때 인덱스된 튜플은 두 개의 차원을 갖도록 처리되며, 이 중 하나는 인덱스 속성 *a*이고 다른 하나는 시간 차원에 해당한다.

R-트리와 같은 공간 인덱스를 시간 데이터에 적용했을 때 발생하는 문제점 중 하나는 종료 시간 간격이 무한대(아마 매우 큰 값으로 표시될 수 있음)가 될 수 있다는 점이다. 반면 공간 인덱스는 일반적으로 경계 상자가 유한하다고 가정한다. 또한 공간 인덱스의 경계 상자가 매우 크면 성능이 저하되는 문제가 발생할 수 있다. 이러한 문제는 다음과 같이 해결할 수 있다.

- 모든 현재 튜플[즉 종료 시간이 무한대(아마도 큰 시간 값으로 표현됨)인 튜플]은 별도의 인덱스에 저장한다. 현재 튜플을 (*a*, *start_time*)에 대해 생성한 B^+-트리 인덱스에 저장한다. 이때 *a*는 인덱스 속성이고 *start_time*은 시작 시간이다. 반면에 현재 튜플에 해당하지 않은 튜플은 R-트리와 같은 공간 인덱스를 사용하여 저장한다.
- t_i 시점에서 키 값이 *v*인 튜플을 검색하려면 두 인덱스를 모두 검사해야 한다. 현재 튜플 인덱스에 대한 검색은 조건 $a = v$와 *start_time*s $\leq t_i$를 만족하는 튜플들이며, 이는 간단한 범위 질의를 이용하여 수행될 수 있다. 시간 범위가 있는 질의도 비슷하게 처리될 수 있다.

다차원 데이터용으로 설계된 공간 인덱스를 사용하는 대신 (간격 B^+-트리와 같은) 특수 인덱스를 사용하여 시간 데이터를 인덱스할 수 있다. 이러한 특수 인덱스는 시간 간격을 단일 차원에서 인덱싱하고, 복잡도 측면에서 R-트리 인덱스보다 우수한 성능을 보장하도록 설계되었다. 그러나 대부분의 데이터베이스 구현에서 시간 간격에 대해 또 다른 유형의 인덱스를 구현하는 것보다 R-트리 인덱스를 사용하는 것이 더 간단하다.

시간 데이터의 경우 주 키 값이 같은 튜플이 서로 겹치지 않는 시간 간격을 갖고 있으며, 둘 이상의 튜플이 주 키에 대해 동일한 값을 가질 수 있다. 새로운 튜플이 삽입되거나 기존 튜플의 유효 시간 간격이 갱신될 때, 주 키의 속성에 대한 시간 인덱스를 사용하여 시간 주 키 제약 조건 위반 여부를 효율적으로 확인할 수 있다.

14.11 요약

- 많은 질의는 파일 내의 레코드 중에 극히 일부분만 참조한다. 이런 레코드를 찾는 데 부담을 줄이기 위해 데이터베이스를 저장하는 파일에 대해 **인덱스**를 구성할 수 있다.
- 우리가 사용할 수 있는 인덱스는 두 가지 형태가 있다. 밀집 인덱스와 희소 인덱스다. 밀집 인덱스는 모든 검색 키 값에 대해 엔트리를 포함하는 반면, 희소 엔트리는 몇몇 검색 키 값에 대해서만 엔트리를 포함한다.
- 검색 키의 정렬 순서가 릴레이션의 정렬 순서와 일치한다면, 그 검색 키에 대한 인덱스를 **클러스터링 인덱스**라 한다. 다른 인덱스는 **비클러스터링** 또는 **보조 인덱스**라 한다. 보조 인덱스는 클러스터링 인덱스의 검색 키가 아닌 검색 키를 사용하는 질의의 성능을 향상한다. 그러나 데이터베이스를 변경할 때는 보조 인덱스도 갱신되어야 하는 부담을 부과한다.
- 인덱스 순차 파일은 데이터베이스 시스템에 사용된 가장 오래된 인덱스 구조 중 하나다. 검색 키 순서로 레코드를 빨리 검색하기 위해 레코드를 연속적으로 저장하고, 순서에 벗어나는 레코드는 체인으로 연결한다. 임의 접근을 빨리 하기 위해 인덱스 구조를 사용한다.
- 인덱스 순차 파일 구조의 주요 단점은 파일이 증가함에 따라 성능이 감소하는 것이다. 이런 결점을 해결하기 위해 **B^+-트리 인덱스**를 사용할 수 있다.
- B^+-트리 인덱스는 트리의 루트부터 잎까지 이르는 모든 경로의 길이가 같은 **균형** 트리의 형태

다. B^+-트리의 높이는 릴레이션에 있는 레코드의 개수 N의 자연로그에 비례한다. 이때 잎이 아닌 노드는 N개의 포인터를 저장하고, N의 값은 보통 대략 50이나 100이다. B^+-트리는 AVL 트리 같은 다른 균형 이진 트리 구조보다 훨씬 더 짧다. 그래서 레코드의 위치를 정하기 위한 디스크 접근이 훨씬 적다.

- B^+-트리의 검색은 간단하고 효율적이다. 그러나 삽입과 삭제는 약간 더 복잡하긴 하나 여전히 효율적이다. B^+-트리에서 검색, 삽입, 삭제를 위해 요구되는 연산 수는 밑이 N(즉 릴레이션에 있는 레코드의 개수)인 로그에 비례한다. 이때 단말 노드가 아닌 각 노드는 N개의 포인터를 저장한다.
- 레코드를 파일로 구성하거나 레코드를 포함하는 파일에 대한 인덱스를 만들기 위해 B^+-트리를 이용할 수 있다.
- B-트리는 B^+-트리 인덱스와 비슷하다. B-트리의 주요한 장점은 검색 키 값의 중복된 공간을 제거하는 것이다. 주요 단점은 전반적으로 복잡하고, 주어진 노드 크기에 대한 팬아웃이 줄어든다는 것이다. 시스템 설계자는 보편적으로 B-트리보다 B^+-트리 인덱스를 더 선호한다.
- 해싱은 메인 메모리와 디스크 기반 시스템에서 인덱스를 구축하는 데 널리 사용되는 기술이다.
- B^+-트리 같은 순서 인덱스는 하나의 속성에 관여한 동등 조건을 기반으로 하는 선택에 사용될 수 있다. 다중 속성이 선택 조건에 수반될 때는 다중 인덱스로부터 검색된 레코드 식별자에 대해서 교집합을 할 수 있다.
- 기본 B^+-트리 구조는 초당 매우 많은 수의 임의 쓰기/삽입을 지원해야 하는 응용 프로그램에 적합하지 않다. 쓰기/삽입 비율이 높은 작업 부하를 처리하기 위해 로그 구조 합병 트리와 버퍼 트리를 포함하여 몇 가지 여러 인덱스 구조가 제안되었다.
- 비트맵 인덱스는 서로 다른 값이 많이 없는 속성을 인덱싱하기에 적합하다. 비트맵 간의 교집합 연산은 매우 빠르게 수행되므로, 비트맵 인덱스는 복수의 속성에 대한 질의 처리에 잘 맞다.
- R-트리는 B-트리를 다차원으로 확장한 것이다. R^+-트리 및 R^*-트리와 같은 변형과 함께 R-트리는 공간 데이터베이스에서 널리 사용되고 있다. 사분위트리와 같이 일반적인 방법으로 공간을 분할하는 인덱스 구조는 공간 조인 질의 처리에 도움이 된다.
- 공간 인덱스와 간격 B^+-트리 특수 인덱스를 포함해 시간 데이터를 인덱싱하는 여러 기술이 있다.

용어정리

- 인덱스 타입
  - 순서 인덱스
  - 해시 인덱스
- 평가 요소
  - 접근 유형
  - 접근 시간
  - 삽입 시간
  - 삭제 시간
  - 공간 부담
- 검색 키

- 순서 인덱스
  - 순서 인덱스
  - 클러스터링 인덱스
  - 기본 인덱스
  - 비클러스터링 인덱스
  - 보조 인덱스
  - 인덱스 순차 파일
- 인덱스 엔트리
- 인덱스 레코드
- 밀집 인덱스
- 희소 인덱스
- 다계층 인덱스
- 비고유 검색 키
- 복합 검색 키
- B^+-트리 인덱스 파일
  - 균형 트리
  - 단말 노드
  - 비단말 노드
  - 내부 노드
  - 범위 질의
  - 노드 분할
  - 노드 유착
  - 포인터 재분배
  - 고유자
- B^+-트리 확장
  - 접두어 압축
  - 벌크 로딩
  - 상향식 B^+-트리 구축
- B-트리 인덱스
- 해시 파일 구조
  - 해시 함수
  - 버켓
  - 오버플로 체인
  - 닫힌 주소
  - 닫힌 해싱
  - 버켓 오버플로
  - 치우침
  - 정적 해싱
  - 동적 해싱
- 다중 키 접근
- 커버링 인덱스
- 쓰기 최적화 인덱스 구조
  - 로그 구조 합병(LSM) 트리
  - 단계별 합병 인덱스
  - 버퍼 트리
- 비트맵 인덱스
- 비트맵 교집합
- 공간 데이터 인덱싱
  - 범위 질의
  - 최근접 질의
  - k-d 트리
  - k-d-B 트리
  - 사분위트리
  - R-트리
  - 경계 상자
- 시간 인덱스
- 시간 간격
- 닫힌 시간 간격
- 열린 시간 간격

실전문제

14.1 인덱스는 질의 처리 속도를 빠르게 한다. 하지만 일반적으로 모든 속성과 모든 속성의 조합, 즉 잠재적 검색 키에 인덱스를 생성하는 것은 좋지 않다. 그 이유를 설명하라.

14.2 일반적으로 똑같은 릴레이션에 대해 다른 검색 키를 가진 두 개의 기본 인덱스를 가지는 것이 가능한가? 본인의 대답을 설명해 보라.

14.3 다음의 키 값의 집합에 대한 B^+-트리를 구성해 보자.

(2, 3, 5, 7, 11, 17, 19, 23, 29, 31)

처음에 트리는 비어 있고, 값은 증가하는 순서로 추가된다고 가정하자. 하나의 노드가 가질 수 있는 포인터의 수가 다음과 같을 때 B^+-트리를 구성하라.

a. 4

b. 6

c. 8

14.4 문제 14.3의 각 B^+-트리에 대해 다음의 각 연산을 수행한 후 그 트리의 형태를 보여라.

a. 9 삽입

b. 10 삽입

c. 8 삽입

d. 23 삭제

e. 19 삭제

14.5 14.4절에 설명된 B^+-트리의 변경된 재분배 방법을 생각해 보자. n의 함수로 예상되는 트리의 높이는 무엇인가?

14.6 14.3.2절에 설명되었던 iterator 객체를 반환하는 것을 제외하고 함수 findRange( )와 비슷한 B^+-트리 함수 findRangeIterator( )의 의사 코드를 작성하라. 또한 iterator 객체의 변수 및 next( ) 메소드를 포함하는 iterator 클래스에 대한 의사 코드를 작성하라.

14.7 B^+-트리에서 인덱스 엔트리가 정렬된 순서로 삽입된다면 트리의 각 단말 노드의 사용은 어떻게 되는가? 그 이유를 설명하라.

14.8 n_r개의 튜플을 가진 릴레이션에 대해 보조 B^+-트리를 구축하려 한다고 가정하자.

a. 한 번에 한 개씩 레코드를 삽입하여 B^+-트리 인덱스를 구축하는 데 드는 비용을 식으로 나타내라. 각 페이지는 평균적으로 f개의 엔트리를 갖고 있고, 트리에서 단말 노드 위에 있는 모든 노드가 메모리에 있다고 가정한다.

b. 디스크 접근 시간을 10밀리초로 가정할 때 1,000만 개의 레코드를 갖는 릴레이션에 대해 인덱스를 구축하는 데 드는 시간은 얼마나 되는가?

c. 14.4.4절에서 기술된 상향식 B^+-트리 구축에 대한 의사 코드를 작성하라. 큰 파일을 효율적으로 정렬하는 함수는 이용 가능하다고 가정하라.

14.9 B^+-트리 파일 구성의 단말 노드는 일련의 삽입 이후에 순차성이 없어질 수 있다.

a. 순차성이 없어지는 이유를 설명하라.

b. 순차 검사에서 검색 수를 최소화하기 위해 많은 데이터베이스는 (큰 n에 대해) n 블록 단위로 단말 노드를 할당한다. B^+-트리의 첫 번째 단말 노드가 할당되면, n 블록 단위 중에 오직 한 개의 블록만 사용되며 나머지 페이지는 자유로운 상태가 된다. 만약 페이지가 분할되고 n 블록 단위가 자유로운 상태가 된다면 그 공간은 새로운 페이지를 위해 사용된다. 만약 n 블록 단

위가 가득 차 있다면 다른 n 블록이 할당되고 첫 번째 $n/2$ 단말 노드 페이지는 한 개의 n 블록 단위에 존재하며 나머지는 두 번째 n 블록에 있게 된다. 삭제 연산은 없다고 가정한다.

i. 삭제 연산이 없다고 가정했을 때 처음 n 블록 단위가 꽉 찬 후에 할당되는 공간의 최악의 경우는 무엇인가?

ii. n 노드 블록에 할당되는 단말 노드가 비연속적인 것이 가능한가? 다시 말해, 두 개의 단말 노드가 한 개의 n 노드 블록에 할당되고 두 노드 사이에 있는 다른 단말 노드가 다른 n 노드 블록에 할당되는 것이 가능한지 설명하라.

iii. 버퍼 공간이 n 페이지 블록을 저장하기에 충분하다고 가정하자. 이때 최악의 경우 B^+-트리의 단말 계층을 스캔하는 데 필요한 탐색은 얼마나 되는가? 만약 단말 노드가 한 번에 블록에 할당된다면 이 수치와 최악의 경우를 비교하라.

iv. 공간 활용도를 높이기 위해 형제 노드에 값을 재분배하는 기법은 단말 블록에 대한 선행 할당 방법과 함께 사용할 때 더 효율적일 수 있다. 그 이유에 대해 설명하라.

14.10 데이터베이스 스키마 및 자주 실행되는 일부 질의가 제공되었다고 가정하자. 생성할 인덱스를 결정하기 위해 이 정보를 어떻게 사용할 수 있는지 설명하라.

14.11 LSM 트리 또는 단계별 합병 인덱스와 같은 쓰기 최적화 트리는 한 계층이 가득 찬 경우에만 그 계층의 엔트리를 다음 계층으로 합병한다. 읽기는 많으나 갱신은 없는 기간 동안 읽기 성능을 향상하기 위해 어떻게 이 정책을 변경할 수 있는지 설명하라.

14.12 LSM 트리와 비교하여 버퍼 트리는 어떤 상반관계가 있는지 설명하라.

14.13 그림 14.1에서 보여 준 *instructor* 릴레이션을 생각해 보자.

a. 속성 *salary*에 대한 비트맵 인덱스를 구성하라. *salary* 값은 네 개의 범위로 나뉘어 있다. 즉 50,000 이하, 50,000~60,000 이하, 60,000~70,000 이하, 70,000 이상.

b. 80,000 이상의 급여를 가진 Finance 학과에 있는 모든 교수를 요구하는 질의를 생각해 보자. 이 질의에 대답하기 위한 각 절차를 간략하게 말해 보자. 그리고 이 질의에 답하기 위해 구성한 최종 비트맵과 중간 단계의 비트맵을 보여라.

14.14 x, y 좌표와 음식점 이름을 가지고 있다고 해 보자. 그리고 다음의 형태로만 질의를 할 수 있다고 가정하자. 질의는 한 지점을 지정할 수 있으며 정확히 그 지점에 음식점이 있는지 묻는다. R-트리와 B-트리 중에 어떤 인덱스가 더 나은가?

14.15 영역 질의(원형으로 이루어진 지역)는 지원하지만, 최근접 질의는 지원하지 않는 공간 데이터베이스가 있다고 가정해 보자. 여러 개의 영역 질의를 이용하여 가장 가까운 이웃을 찾는 알고리즘을 기술하라.

연습문제

14.16 언제 희소 인덱스보다 밀집 인덱스를 사용하는 것이 더 좋은가? 본인 대답을 설명해 보라.

14.17 기본 인덱스와 보조 인덱스의 차이점은 무엇인가?

14.18 문제 14.3의 각 B⁺-트리에 대해 다음 질의에 수반되는 절차를 보여라.

a. 검색 키 값 11을 가지는 레코드를 찾아라.

b. 7과 17 사이(7과 17도 포함)에 있는 검색 키 값을 가지는 레코드를 찾아라.

14.19 14.3.5절에서 비고유 검색 키를 다루기 위한 해결책으로서 검색 키에 별도의 속성을 추가하는 방법을 소개했다. 이는 B⁺-트리의 높이에 어떤 영향을 끼치는가?

14.20 릴레이션 $r(A, B, C)$가 있고 검색 키 (A, B)에 대해 B⁺-트리 인덱스가 구축되어 있다고 가정하자.

a. 이 인덱스를 사용하여 $10 < A < 50$인 레코드를 찾는 데 드는 최악의 경우 비용은 얼마인가? 검색 결과의 레코드 수를 n_1, 트리의 높이를 h라 하자.

b. 이 인덱스를 사용하여 $10 < A < 50 \wedge 5 < B < 10$인 레코드를 찾는 데 드는 최악의 경우 비용은 얼마인가? n_1과 h는 위의 문항 a에서 정의된 것과 같고 검색 결과의 레코드 수를 n_2라 하자.

c. $10 < A < 50 \wedge 5 < B < 10$인 레코드를 찾는 질의가 있을 때 n_1과 n_2가 어떤 조건을 만족해야 이 인덱스가 해당 질의에 효율적인가?

14.21 많은 수의 이름에 대해 B⁺-트리 인덱스를 구축해야 한다고 가정하자. 이름의 최대 길이가 꽤 크고(40글자) 평균 길이도 크다고(10글자) 가정한다. 접두어 압축을 사용해 내부 노드의 평균 팬아웃을 최대화하는 방법을 설명하라.

14.22 B⁺-트리 파일 구조에 릴레이션이 저장되어 있다고 가정하자. 또한 보조 인덱스에는 디스크상의 레코드에 대한 포인터인 레코드 식별자가 저장되어 있다고 가정하자.

a. 파일 구조 내에서 페이지 분할이 일어나면 보조 인덱스는 어떤 영향을 받는가?

b. 이때 보조 인덱스 내에서 영향을 받은 모든 레코드를 갱신하는 비용은 얼마인가?

c. 파일 구조의 검색 키를 논리적 레코드 식별자로 사용하는 것이 어떻게 이 문제를 해결하는가?

d. 이처럼 논리적 레코드 식별자를 사용함으로 인해서 생기는 부가적인 비용은 무엇인가?

14.23 쓰기 최적화 인덱스는 B⁺-트리 인덱스와 비교하여 어떤 상반관계가 있는지 설명하라.

14.24 존재 비트맵(existence bitmap)은 각 레코드 위치에 대한 비트를 가지고 있다. 해당 위치에 레코드가 존재하면 비트가 1로 설정된다. 해당 위치에 레코드가 없으면(예를 들어, 레코드가 삭제되었다면) 0으로 설정된다. 다른 비트맵으로부터 존재 비트맵을 계산하는 방법을 설명하라. null 값을 위한 비트맵을 사용하여 *null* 값이 있는 경우에도 제시한 방법이 동작하는지 확인하라.

14.25 공간 간격을 인덱싱할 수 있는 공간 인덱스는 개념적으로 유효 시간을 시간 간격으로 처리하여 시간 데이터를 인덱싱하는 데 사용할 수 있다. 이 경우 어떤 문제가 발생하며, 이러한 문제는 어떻게 해결할 수 있는지 설명하라.

14.26 릴레이션의 일부 속성은 민감한 데이터를 포함할 수 있으며, 민감한 데이터는 암호화하여 저장할 수 있다. 데이터 암호화는 인덱스에 어떤 영향을 미치는가? 특히 데이터를 정렬된 순서로 저장하려는 스키마에 어떤 영향을 미칠 수 있는가?

더 읽어보기

B-트리 인덱스는 [Bayer and McCreight (1972)], [Bayer (1972)]에서 처음으로 소개되었다. B^+-트리는 [Comer (1979)], [Bayer and Unterauer (1977)], [Knuth (1973)]에서 논의되었다. [Gray and Reuter (1993)]는 B^+-트리 구현 시 발생하는 이슈에 대하여 설명한다.

로그 구조 합병(LSM) 트리는 [O'Neil et al. (1996)]에서 제안되었고, 단계별 합병 트리는 [Jagadish et al. (1997)]에서 소개되었다. 버퍼 트리는 [Arge (2003)]에서 제안되었다. [Vitter (2001)]는 외부 메모리 데이터 구조와 알고리즘에 대한 광범위한 문헌 조사를 제공한다.

비트맵 인덱스는 [O'Neil and Quass (1997)]에서 설명되었으며, AS 400 플랫폼의 IBM Model 204 파일 관리자에서 처음 소개되었다. 비트맵 인덱스는 특정 형태의 질의에 대해 매우 큰 속도 향상을 제공하기 때문에 오늘날 대부분의 데이터베이스 시스템에 구현되어 있다.

[Samet (2006)]와 [Shekhar and Chawla (2003)]는 공간 데이터 구조와 공간 데이터베이스에 대한 전반적인 내용을 잘 설명하는 교과서다. [Bentley (1975)]는 k-d 트리를 설명하고, [Robinson (1981)]은 k-d-B 트리를 설명한다. R-tree는 [Guttman (1984)]에서 처음으로 소개되었다.

참고문헌

[Arge (2003)] L. Arge, "The Buffer Tree: A Technique for Designing Batched External Data Structures", *Algorithmica*, Volume 37, Number 1 (2003), pages 1-24.

[Bayer (1972)] R. Bayer, "Symmetric Binary B-trees: Data Structure and Maintenance Algorithms", *Acta Informatica*, Volume 1, Number 4 (1972), pages 290-306.

[Bayer and McCreight (1972)] R. Bayer and E. M. McCreight, "Organization and Maintenance of Large Ordered Indices", *Acta Informatica*, Volume 1, Number 3 (1972), pages 173-189.

[Bayer and Unterauer (1977)] R. Bayer and K. Unterauer, "Prefix B-trees", *ACM Transactions on Database Systems*, Volume 2, Number 1 (1977), pages 11-26.

[Bentley (1975)] J. L. Bentley, "Multidimensional Binary Search Trees Used for Associative Searching", *Communications of the ACM*, Volume 18, Number 9 (1975), pages 509-517.

[Comer (1979)] D. Comer, "The Ubiquitous B-tree", *ACM Computing Surveys*, Volume 11, Number 2 (1979), pages 121-137.

[Gray and Reuter (1993)] J. Gray and A. Reuter, *Transaction Processing: Concepts and Techniques*, Morgan Kaufmann (1993).

[Guttman (1984)] A. Guttman, "R-Trees: A Dynamic Index Structure for Spatial Searching", In *Proc. of the ACM SIGMOD Conf. on Management of Data* (1984), pages 47-57.

[Jagadish et al. (1997)] H. V. Jagadish, P. P. S. Narayan, S. Seshadri, S. Sudarshan, and R. Kanneganti, "Incremental Organization for Data Recording and Warehousing", In *Proceedings of the 23rd International Conference on Very Large Data Bases*, VLDB '97 (1997), pages 16-25.

[Knuth (1973)] D. E. Knuth, *The Art of Computer Programming, Volume 3*, Addison Wesley, Sorting and Searching (1973).

[O'Neil and Quass (1997)] P. O'Neil and D. Quass, "Improved Query Performance with Variant

Indexes", In *Proc. of the ACM SIGMOD Conf. on Management of Data* (1997), pages 38-49.

[O'Neil et al. (1996)] P. O'Neil, E. Cheng, D. Gawlick, and E. O'Neil, "The Log-structured Merge-tree (LSM-tree)", *Acta Inf.*, Volume 33, Number 4 (1996), pages 351-385.

[Robinson (1981)] J. Robinson, "The k-d-B Tree: A Search Structure for Large Multidimensional Indexes", In *Proc. of the ACM SIGMOD Conf. on Management of Data* (1981), pages 10-18.

[Samet (2006)] H. Samet, *Foundations of Multidimensional and Metric Data Structures*, Morgan Kaufmann (2006).

[Shekhar and Chawla (2003)] S. Shekhar and S. Chawla, *Spatial Databases: A TOUR*, Pearson (2003).

[Vitter (2001)] J. S. Vitter, "External Memory Algorithms and Data Structures: Dealing with Massive Data", *ACM Computing Surveys*, Volume 33, (2001), pages 209-271.

크레딧

장 도입부 보트 사진: © Pavel Nesvadba/Shutterstock

PART 6

질의 처리와 최적화

사용자 질의는 저장 장치에 있는 데이터베이스에 대해 실행되어야 한다. 일반적으로 질의를 관계형 대수 연산에 해당하는 작은 연산으로 나누는 것이 편리하다. 15장은 개별 연산을 구현하기 위한 알고리즘을 제시하고 질의를 처리하기 위해 연산을 동시에 실행시키는 방법을 설명함으로써 질의 처리 방법을 설명한다. 여기서 다루는 알고리즘은 메인 메모리보다 훨씬 큰 데이터에서 작동할 수 있는 알고리즘과 인메모리 데이터에 최적화된 알고리즘을 포함한다.

질의를 처리하는 여러 가지 대체 방법이 있으며, 이러한 대체 방법은 비용이 매우 다양할 수 있다. 질의 최적화는 비용이 가장 적게 드는 질의 평가 방법을 찾는 과정이다. 16장은 질의 최적화 과정, 질의 계획 비용을 추정하는 기술, 대체 질의 계획을 생성하고 최적 비용 계획을 선택하는 기술을 설명한다. 이 장은 질의 처리 속도를 높이기 위한 실체화 뷰와 같은 다른 최적화 기술도 설명한다.

Chapter 15

질의 처리

질의 처리(query processing)란 데이터베이스로부터 데이터를 꺼내오는 것과 관련된 일련의 작업을 말한다. 질의 처리는 고수준의 데이터베이스 언어로 기술된 질의를 파일 시스템의 물리적 단계에서 사용할 수 있는 표현식으로 변환하는 것, 질의 최적화를 위한 다양한 변환, 그리고 실제로 질의의 결과를 평가하는 일을 포함한다.

15.1 개요

질의 처리 단계는 그림 15.1에 나타나 있다. 기본적인 단계는 다음과 같다.

1. 파싱과 변환
2. 최적화
3. 평가

질의 처리를 시작하기 전에 시스템은 질의를 사용 가능한 형태로 변환해야 한다. SQL과 같은 질의어는 사람이 사용하기에 적합하지만, 질의의 시스템 내부 표현 방법으로는 적합하지 않다. 좀 더 유용한 시스템 내부 표현은 확장 관계 대수에 기반을 둔 표현이다.

따라서 질의 처리 시 시스템이 첫 번째로 하는 일은 주어진 질의를 시스템 내부 표현 형태로 변환하는 것이다. 이러한 변환 작업은 컴파일러의 파서가 수행하는 일과 유사하다. 질의의 내부 표현 형태를 생성할 때, 파서는 사용자가 작성한 질의의 문법이 맞는지 확인하며 질의에 나타나는 릴레이션 이름이 데이터베이스에 있는 릴레이션 이름인지를 확인한다. 시스템은 질의를 파스 트리 형태로 만들고 이 파스 트리를 관계 대수 표현식으로 변환한다. 뷰를 사용해 표현된 질의의 경우, 사

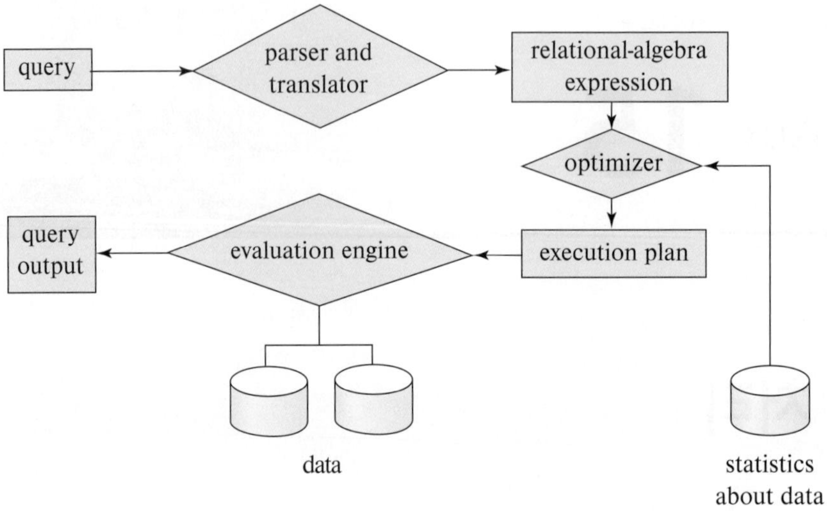

그림 15.1 질의 처리 단계

용된 모든 뷰를 (뷰를 정의하는) 관계 대수 표현식으로 변환한다.[1] 파싱에 대한 내용은 대부분의 컴파일러 교재에서 자세히 다루고 있다.

일반적으로 주어진 질의에 대해 질의의 결과를 계산하는 많은 방법이 존재한다. 예를 들어, SQL에서 하나의 질의가 여러 가지 SQL 문장으로 기술될 수 있는 것과 마찬가지다. 이때 각 SQL 질의도 여러 가지 관계 대수 표현식으로 변환될 수 있으며, 질의는 그중 하나의 관계 대수 표현으로 변환된다. 또한 관계 대수 표현식도 어떻게 질의를 처리할지 부분적으로만 나타내고 있어 하나의 관계 대수 표현식을 처리하는 많은 방법이 존재한다. 예로 다음과 같은 질의를 생각해 보자.

> **select** *salary*
> **from** *instructor*
> **where** *salary* < 75000;

이 질의는 다음의 두 가지 관계 대수 표현식 중 하나로 변환될 수 있다.

- $\sigma_{salary<75000}\ (\Pi_{salary}\ (instructor))$
- $\Pi_{salary}\ (\sigma_{salary<75000}\ (instructor))$

관계 대수의 각 연산은 여러 가지 알고리즘 중 하나의 알고리즘을 통해서 수행할 수 있다. 위의 예에서 선택 연산을 구현할 때 *salary*가 75000보다 작은 튜플을 찾기 위해서 *instructor*에 있는 모든 튜플을 찾아보도록 구현할 수도 있고, 만약 B^+-트리 인덱스가 *salary*에 대해서 구축되어 있다면, 결과를 찾기 위해 인덱스를 사용할 수 있다.

---

1 실체화 뷰의 경우에 뷰를 정의하는 표현식을 이미 수행하고, 그 결과를 저장한 상태다. 따라서 뷰를 정의하는 표현식으로 대체할 필요 없이 저장된 릴레이션 자체를 사용할 수 있다. 이와는 달리 재귀적인 뷰의 경우에는, 5.4절과 27.4.7절에서 논의하는 고정점 프로시저를 사용한다.

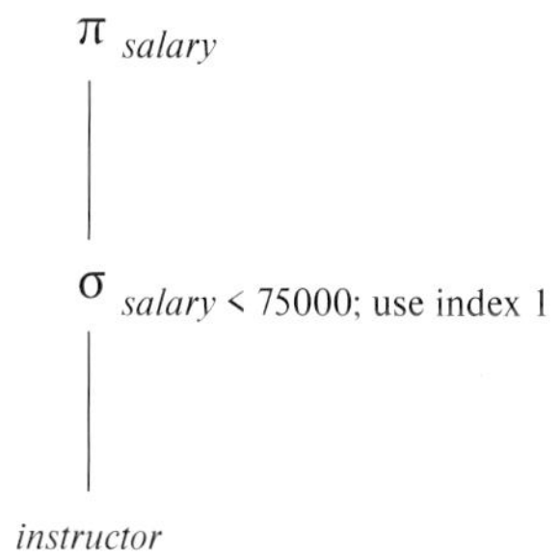

그림 15.2 질의 평가 계획

어떻게 질의를 처리할 것인지 표시하기 위해서는 단순히 관계 대수 표현식만 제공해서는 안 되고 관계 대수 표현식 내의 각 연산을 어떻게 처리할 것인지 주석(annotations)을 달아 두어야 한다. 주석은 특정 연산의 수행을 위한 알고리즘이나 사용하게 될 특정 인덱스를 표시할 수 있다. 관계 대수 연산을 어떻게 처리해야 할지 주석이 있는 대수 표현을 **평가 기본 단위**(evaluation primitive)라고 부른다. 질의 처리를 위한 일련의 기본 연산을 **질의 평가 계획**(query execution plan) 또는 **질의 평가 계획**(query-evaluation plan)이라고 부른다. 그림 15.2는 앞에 예로 든 질의에 대해 선택 연산(selection operation)을 위한 특정 인덱스(그림에서 "index 1"로 표시되어 있음)가 명시되어 있는 평가 계획을 보여 준다. **질의 수행 엔진**(query-execution engine)은 질의 평가 계획을 받아들이고 그 계획을 수행한 후, 질의에 대한 결과를 넘겨준다.

주어진 하나의 질의에 대한 서로 다른 질의 평가 계획은 서로 다른 비용을 가지게 된다. 사용자가 작성하는 질의가 최적의 평가 계획을 가지도록 작성되었다고 기대할 수 없다. 오히려 질의 처리의 비용을 최소화하는 질의 평가 계획을 만드는 것은 시스템이 해야 할 일이다. 이를 질의 최적화(query optimization)라 한다. 16장은 질의 최적화에 대해 자세히 기술하고 있다.

일단 질의 계획이 선택되면, 질의는 그 계획을 통해 평가되고 그 결과가 질의의 결과가 된다.

앞서 기술한 질의 처리 방법은 전형적인 질의 처리 방법이다. 모든 데이터베이스 시스템이 이러한 방법을 따르지는 않는다. 몇몇 데이터베이스 시스템은 관계 대수 표현 대신 SQL의 구조에 기반을 둔 주석이 달린 파스 트리 표현을 사용하기도 한다. 그러나 이 장에서 기술한 개념은 데이터베이스의 질의 처리의 기초를 형성한다.

질의의 최적화를 위해 질의 최적화기(query optimizer)는 각 연산의 비용을 알고 있어야 한다. 각 연산은 그 연산을 실행하기 위해 사용 가능한 실제 메모리와 같은 여러 가지 인자에 의존적이어서 정확한 비용을 계산하기가 힘들지만, 각 연산의 실행을 위한 대강의 비용을 추정하는 것은 가능하다.

이 장에서는 질의 계획 내의 각 연산을 평가하는 방법과 연산의 비용을 추정하는 방법에 대해 알아본다. 질의 최적화는 16장에서 다룬다. 15.2절은 질의 비용을 측정하는 방법에 대한 개요를 설명한다. 15.3절부터 15.6절은 각각의 관계 대수 연산을 평가하는 방법에 대해 설명한다. 몇몇 연산은 함께 묶은 후 다른 연산에서 나온 결과를 입력 튜플로 사용하여 또 다른 연산을 시작하는 **파이프라인**(pipeline) 방식으로 처리될 수 있다. 15.7절은 하나의 질의 평가 계획 내에 있는 여러 가지 연산을 실행하는 방법에 대해 알아본다. 특히 연산의 중간결과를 디스크에 쓰지 않고 어떻게 파이프라인을 이용하는지에 대해 기술한다.

15.2 질의 비용의 측정

하나의 질의에는 다수의 가능한 평가 계획이 존재하며, (추정된) 비용의 관점에서 대안을 비교해 보고 최선의 계획을 선택할 수 있는 것이 중요하다. 질의 평가 계획의 비용을 구하기 위해 각각의 연산에 대한 비용을 추정하고, 각각의 추정된 비용을 합산해야 한다. 그러므로 이 장 뒷부분에서는 각각의 연산에 대한 평가 알고리즘에 대해 공부하고, 또한 어떻게 연산의 비용을 추정할 수 있을지에 대해서도 알아본다.

질의 평가 비용은 디스크 접근 횟수, 질의 수행 중 CPU 사용 시간, 분산 시스템이나 병렬 시스템의 통신 비용(분산 시스템은 21장부터 23장에서 설명한다) 등과 같은 여러 가지 서로 다른 자원(resource)의 소요 시간을 기반으로 측정될 수 있다.

자기 디스크 저장 장치(magnetic disk storage)에 저장된 대용량 데이터베이스의 경우 일반적으로 디스크에 저장된 데이터에 접근하는 데 드는 I/O 비용이 다른 비용보다 훨씬 비싸다. 그러므로 초창기 비용 추정 모델은 I/O 비용에 중점을 두고 질의 연산 비용을 예측했다. 그러나 플래시 저장 장치(flash storage)의 용량이 점점 커지고 가격이 점점 내려감에 따라, 오늘날 대부분의 기관 데이터(organizational data)를 솔리드 스테이트 드라이브(Solid State Drives, SSDs)에 비용 효율적인 방법으로 저장할 수 있다. 또한 최근 들어 메인 메모리 수용력이 증가하고 메인 메모리 가격이 많은 기관이 감당하기에 충분할 정도로 하락함에 따라, (물론 기관 데이터는 영구성을 보장하기 위해서는 플래시 혹은 자기 디스크에 저장되어야 하지만) 효율적인 질의 처리를 위해 기관 데이터를 메인 메모리에 저장할 수 있다.

메인 메모리 혹은 SSDs에 위치한 데이터로 인해 I/O 비용이 전체 비용을 지배하지 않게 되었으며, 이로 인해 질의 평가 비용 계산 시 CPU 비용을 반드시 포함해야 한다. 쉽게 설명하기 위해 비용 추정 모델에 CPU 비용을 포함하지 않지만, CPU 비용은 간단한 예측 방법을 사용하여 대략적으로 구할 수 있다. 예를 들어, PostgreSQL(2018년 기준)이 사용하고 있는 비용 추정 모델은 (i) 튜플당 CPU 비용, (ii) 각각의 인덱스 엔트리를 처리하기 위한 CPU 비용(I/O 비용에 추가하여), (iii) 연산 또는 함수(산술 연산, 비교 연산, 관련 함수)당 CPU 비용을 포함하고 있다. 데이터베이스는 이러한 각각의 비용에 대해 기본값을 가지고 있으며, 이러한 기본값은 처리해야 할 튜플의 개수, 처리해야 할 인덱스 엔트리의 개수, 실행해야 할 연산과 함수의 개수와 각각 곱해진다. 또한 이러한 기본값은 환경 변수처럼 변경 가능하다.

우리는 디스크로부터 **전송할 블록 개수**(number of block transferred)와 **임의 I/O 접근 횟수**(number of random I/O accesses)를 이용하여 질의 평가 계획 비용을 계산한다. 전송할 블록 개수와 임의 I/O 접근 횟수는 자기 디스크 저장 장치에서 디스크 탐색(seek)을 필요로 한다. 만약 디스크에서 자료 한 블록을 전송하는 데 평균적으로 t_T초가 걸리고, 평균적인 블록 접근 시간(디스크 탐색 시간 + 회전 지연 시간)이 t_S초라면, b개의 블록을 전송하고 S번 임의 I/O 접근을 수행하는 연산은 $b * t_T + S * t_S$초가 걸릴 것이다.

t_T와 t_S 값은 디스크 시스템에 맞게 조정되어야 하며, 2018년 기준으로 고급 사양 디스크의 경우 블록 크기가 4킬로바이트이고 전송률이 40MB/s라 가정할 때, $t_S = 4$밀리초, $t_T = 0.1$밀리초 정도다.[2]

SSDs는 물리적 탐색 연산을 수행하지 않지만, I/O 작업 초기화를 위한 추가 비용이 발생한다. I/O 요청이 발생할 때부터 데이터의 첫 번째 바이트가 반환될 때까지의 지연 시간을 t_S라 가정하자. 2018년 기준으로 SATA 인터페이스가 있는 중간형 SSDs의 경우, 블록 크기가 4킬로바이트이면 전송 시간 t_T는 약 10마이크로초가 걸리고, t_S는 약 90마이크로초가 소요된다. 그러므로 SSDs는 4킬로바이트를 초당 약 10,000번 임의로 읽을 수 있으며, 표준 SATA 인터페이스를 이용하는 경우 초당 400메가바이트 순차적으로 읽을 수 있다. PCIe 3.0x4 인터페이스가 있는 SSDs의 지연 시간 t_S는 20~60마이크로초로 더 작으며, 전송률은 더 높아 초당 2기가바이트에 해당하며, 이는 $t_T = 2$마이크로초에 해당한다. 그러므로 모델에 따라 초당 4킬로바이트 블록을 랜덤으로 약 50,000번에서 15,000번까지 읽을 수 있다.[3]

메인 메모리에 이미 데이터가 존재하는 경우, 읽기는 디스크 블록 대신 캐시 라인 단위로 발생한다. 메모리에 존재하는 데이터의 경우 4킬로바이트 블록당 전송 시간 t_T는 1마이크로초 미만이며, 메모리에서 데이터를 가져오는 데 걸리는 지연 시간 t_S는 100나노초 미만이다.

다양한 저장 장치의 다양한 속도로 인해 데이터베이스 시스템은 소프트웨어 설치 과정 중에 테스트 탐색 및 블록 전송을 수행하여, 특정 시스템 및 저장 장치에 대한 t_S 및 t_T를 추정해야 한다. 이러한 수치를 자동으로 추정하지 않는 데이터베이스 시스템의 경우 사용자가 이러한 수치 값을 환경 설정 파일에 지정할 수 있다.

비용 추정을 좀 더 세밀하게 하려면 블록 읽기와 쓰기 시간을 구별해야 한다. 왜냐하면 블록 쓰기는 일반적으로 읽기보다 2배 정도 많은 비용이 들기 때문이다(이는 디스크 시스템이 쓰기 수행 후 쓰기가 성공했는지 검증하기 위해 섹터를 다시 읽기 때문이다). PCIe 플래시 저장 장치의 경우 쓰기 처리량은 읽기 처리량보다 약 50% 작을 수 있다. 그러나 이러한 차이는 SATA 인터페이스의 제한된 속도로 인해 거의 상쇄되어 결국에는 쓰기 처리량과 읽기 처리량이 비슷하게 된다. 그러나 이러한 처리량 수치는 블록을 덮어쓸 경우 발생하는 삭제 비용을 반영하고 있지 않으며, 우리는 쉽게 설명하기 위해 이러한 세부 사항을 무시한다.

---

2 저장 장치 사양에는 전송률(transfer rate)과 1초 내에 수행 가능한 임의 I/O 작업 횟수(the number of random I/O operations)가 종종 표시되어 있다. 이때 t_T 값은 블록 크기를 전송률로 나눈 값으로 계산할 수 있다. 반면에 임의 I/O 작업(a random I/O operations)은 임의 I/O 접근(a random I/O access)을 수행한 후, 한 블록의 데이터 전송을 수행해야 하므로, t_S는 $(1/N) - t_T$으로 계산할 수 있다(여기서 N은 저장 장치가 지원하는 초당 임의 I/O 작업 횟수에 해당한다).

3 여기서 사용한 초당 I/O 작업 수는 순차 I/O 요청의 경우에 해당하며 일반적으로 SSD 사양에서 QD-1으로 표시된다. SSD는 여러 개의 임의 요청을 병렬로 지원할 수 있으며, 일반적으로 32~64개의 요청을 병렬로 지원한다. SATA 인터페이스가 있는 SSD는 여러 요청이 병렬로 전송되는 경우 초당 거의 100,000번의 임의 4킬로바이트 블록 읽기를 지원한다. 반면에, PCIe 인터페이스가 있는 SSD는 초당 350,000개 이상의 임의 4킬로바이트 블록 읽기를 지원할 수 있다. 이러한 수치는 병렬로 전송되는 요청 수에 따라 QD-32 또는 QD-64 번호라고 한다. 이 장에서는 순차 질의 처리 알고리즘만 고려하므로 비용 모델에 대한 병렬 요청의 영향을 고려하지 않는다. 22.6절의 공유 메모리 병렬 질의 처리(shared-memory parallel query processing) 기술을 사용하여 SSD의 병렬 요청 기능을 활용할 수 있다.

또한 이 장의 비용 추정은 연산의 최종 결과를 디스크에 기록하는 비용은 고려하지 않되, 필요한 경우에만 포함시킨다. 이 장에 나오는 모든 알고리즘의 비용은 메인 메모리 내의 버퍼 크기에 의존한다. 이상적인 경우, 모든 자료를 버퍼에 읽어 들일 수 있고, 이후 디스크에 접근하지 않고 버퍼에서 연산을 수행할 수 있다. 최악의 경우에는, 버퍼에 단지 몇 개의 블록만—릴레이션당 거의 한 블록—저장될 수 있다. 그러나 오늘날 사용 가능한 메인 메모리의 저장 용량이 커짐에 따라 최악의 경우를 가정하는 것은 비현실적이다. 실제로 질의 처리를 위해 일반적으로 많은 양의 메인 메모리가 사용되며, 우리의 추정 방식은 연산자가 사용할 수 있는 메인 메모리 크기를 변수 M으로 지정한다. PostgreSQL의 경우 비용 추정을 위해 질의마다 사용 가능한 총 메모리 크기(유효 캐시 크기라고 함)를 기본적으로 4기가바이트라 가정한다. 또한 동시에 실행되는 여러 연산자로 구성된 질의의 경우 사용 가능한 메모리는 연산자 간에 분배되어야 한다.

또한 우리는 처음에 디스크로부터 자료를 읽어야 한다고 가정하지만, 실제로는 필요한 블록이 이미 인메모리 버퍼에 존재할 수도 있다. 단순성을 위해 이런 상황은 무시한다. 그러므로 결과적으로 질의 수행 중 실제 디스크 접근 비용은 추정치보다 작을 것이다. PostgreSQL은 버퍼에 상주하는 데이터를 (적어도 부분적으로) 고려하기 위해 다음과 같은 방법을 사용한다. 읽어야 하는 데이터의 90%가 캐시에 상주하는 상황을 가정하여, 임의로 페이지를 읽는 비용은 실제 임의로 페이지를 읽는 비용의 1/10이라 가정한다. 또한 B^+-트리 인덱스의 내부 노드는 빈번히 탐색되는 상황을 고려하여 대부분의 데이터베이스 시스템은 모든 내부 노드가 메모리 내 버퍼에 존재한다고 가정한다. 그러므로 인덱스 탐색은 단말 노드에 대해 한 번의 랜덤 I/O 비용만 발생한다고 가정한다.

질의 평가 계획에 대한 **응답 시간**(response time)(즉 계획을 수행하는 데 요구되는 벽시계 시간)은, 컴퓨터가 다른 활동은 하고 있지 않다고 가정한다면 이러한 모든 비용을 고려할 것이며, 그 계획의 비용의 척도로 사용될 수 있을 것이다. 불행히도 어떤 계획의 응답 시간은 그 계획을 실제로 수행해 보지 않고서는 추정하기가 대단히 어렵다. 그 이유는 다음과 같다.

1. 응답 시간은 질의 수행을 시작할 때 버퍼의 내용에 의존한다. 이러한 정보는 질의 최적화 단계에서 이용할 수 없으며, 이용 가능하다 하더라도 질의 최적화 단계 시 이를 고려하기는 어렵다.
2. 다수의 디스크로 운영되는 시스템에서 응답 시간은 디스크들 사이에서 디스크 접근이 어떻게 분포되느냐에 의존하며, 이는 디스크상의 데이터 분포에 대한 자세한 정보 없이는 추정하기가 어렵다.

흥미롭게도 어떤 계획은 추가 자원을 이용하면 더 좋은 응답 시간을 얻을 수도 있다. 예를 들어, 시스템이 다수의 디스크를 가지고 있으면, 추가 디스크 읽기를 요구하지만 다수의 디스크에 걸쳐 병렬적으로 읽기를 수행하는 A 계획은 디스크 읽기는 더 적지만 오직 하나의 디스크로부터만 읽기를 수행하는 B 계획보다 더 빨리 끝날 수도 있다. 그러나 A 계획을 이용하는 질의의 많은 인스턴스가 동시에 수행된다면, 전체 응답 시간은 동일한 인스턴스가 B 계획을 이용하여 수행되고 있을 때보다 실제로 더 클 수도 있다. 왜냐하면 A 계획은 디스크에 더 많은 작업량을 생성하기 때문이다.

그 결과로 응답 시간을 최소화하고자 노력하는 대신 최적화기는 일반적으로 어떤 질의 계획의 전체 **자원 소비**(resource consumption)를 최소화하려 한다. 전체 디스크 접근 시간(탐색과 데이터 이동 포함)을 추정하는 우리의 모델은 질의 비용에 대한 이러한 자원 소비 기반 모델의 한 예라고 볼 수 있다.

15.3 선택 연산

질의 처리에서 **파일 스캔**(file scan)은 데이터에 접근하는 최하위 단계의 연산이다. 파일 스캔은 선택 조건을 만족하는 레코드를 찾아서 꺼내오는 검색 알고리즘이다. 관계형 시스템에서 파일 스캔을 사용하는 경우 릴레이션이 하나의 전용 파일에 저장된 경우에는 전체 릴레이션을 읽게 된다.

15.3.1 파일 스캔과 인덱스를 이용한 선택 연산

모든 튜플이 하나의 파일에 저장되어 있는 릴레이션에 대한 선택 연산을 생각해 보자. 선택 연산을 수행하는 가장 손쉬운 방법은 다음과 같다.

- **A1(선형 검색)**. 선형 검색(linear search)에서 시스템은 각 파일 블록을 스캔하고 모든 레코드에 대해 선택 조건을 만족하는지 검사한다. 파일의 첫 번째 블록에 접근하기 위해 초기 탐색이 필요하다. 파일의 블록이 연속적으로 저장되어 있지 않으면 부가적인 탐색이 필요하지만, 단순성을 위해 이 점은 무시하자.

  선택 연산을 구현하는 데에 선형 검색이 다른 알고리즘보다 느리지만, 선형 검색 알고리즘은 파일의 순서, 인덱스의 여부, 선택 연산의 속성과 상관없이 어떤 파일에도 적용될 수 있다. 앞으로 소개하게 될 다른 알고리즘은 모든 경우에 사용 가능하지는 않지만 선형 검색보다 일반적으로 더 빠르다.

그림 15.3에는 선형 스캔에 대한 비용 추정이 다른 선택 연산 알고리즘과 함께 나타나 있다. 이 그림에서는 B^+-트리의 높이를 나타내기 위해 h_i를 이용하고, 루트에서 단말까지의 경로상에 존재하는 각각의 노드에 대해 한 번의 임의 I/O 작업이 필요하다고 가정한다. 대부분의 실제 최적화기는 트리의 내부 노드는 빈번히 접근되기 때문에 메모리 내에 존재하고, 일반적으로 B^+-트리 노드의 1% 미만이 비단말 노드라고 가정한다. 루트에서 단말까지의 순회에 대해 한 개의 임의 I/O 비용이 발생한다고 설정함으로써(즉 $h_i = 1$로 설정) 비용 추정 공식을 단순화할 수 있다.

인덱스 구조는 데이터가 있는 곳을 알아내고 접근할 수 있는 경로를 제공하기 때문에 **접근 경로**(access path)라 불린다. 14장에서 물리적인 순서에 따라 파일의 레코드를 읽어 들이는 것이 효율적이라는 것을 지적했다. 클러스터링 인덱스(기본 인덱스라고도 함)는 파일 내의 물리적인 순서에 따라서 파일의 레코드를 읽을 수 있게 해 주는 인덱스이고, 클러스터링 인덱스가 아닌 인덱스를 **보조 인덱스**(secondary index)라고 한다.

인덱스를 이용하는 검색 알고리즘을 **인덱스 스캔**(index scan)이라고 한다. 질의 처리에 사용할 인덱스는 선택 술어(selection predicate)를 이용해 결정할 수 있다. 인덱스를 사용하는 검색 알고리즘은 다음과 같다.

	Algorithm	Cost	Reason
A1	Linear Search	$t_S + b_r * t_T$	One initial seek plus b_r block transfers, where b_r denotes the number of blocks in the file.
A1	Linear Search, Equality on Key	Average case $t_S + (b_r/2) * t_T$	Since at most one record satisfies the condition, scan can be terminated as soon as the required record is found. In the worst case, b_r block transfers are still required.
A2	Clustering B+-tree Index, Equality on Key	$(h_i + 1) * (t_T + t_S)$	(Where h_i denotes the height of the index.) Index lookup traverses the height of the tree plus one I/O to fetch the record; each of these I/O operations requires a seek and a block transfer.
A3	Clustering B+-tree Index, Equality on Non-key	$h_i * (t_T + t_S) + t_S + b * t_T$	One seek for each level of the tree, one seek for the first block. Here b is the number of blocks containing records with the specified search key, all of which are read. These blocks are leaf blocks assumed to be stored sequentially (since it is a clustering index) and don't require additional seeks.
A4	Secondary B+-tree Index, Equality on Key	$(h_i + 1) * (t_T + t_S)$	This case is similar to clustering index.
A4	Secondary B+-tree Index, Equality on Non-key	$(h_i + n) * (t_T + t_S)$	(Where n is the number of records fetched.) Here, cost of index traversal is the same as for A3, but each record may be on a different block, requiring a seek per record. Cost is potentially very high if n is large.
A5	Clustering B+-tree Index, Comparison	$h_i * (t_T + t_S) + t_S + b * t_T$	Identical to the case of A3, equality on non-key.
A6	Secondary B+-tree Index, Comparison	$(h_i + n) * (t_T + t_S)$	Identical to the case of A4, equality on non-key.

그림 15.3 선택 연산 알고리즘에 대한 비용 추정

- **A2(클러스터링 인덱스, 키에 대한 동등 비교).** 클러스터링 인덱스를 구축한 키 속성에 대한 동등 비교는 인덱스를 사용하여 동등 조건을 만족하는 하나의 레코드를 검색할 수 있다. 비용 추정은 그림 15.3에 나와 있다. 인덱스의 모든 내부 노드가 인메모리 버퍼에 존재하는 일반적인 상황을 고려하기 위해 h_i를 1로 설정할 수 있다.
- **A3(클러스터링 인덱스, 키가 아닌 것에 대한 동등 비교).** 선택 조건이 키가 아닌 속성에 대한 동등 비교인 경우 클러스터링 인덱스를 사용해서 여러 개의 레코드를 얻어 올 수 있다. **A2**의 경우와 다른 점은 하나의 레코드가 아니라 여러 개의 레코드를 얻어 낼 수 있다는 점이다. 이 경우

에 파일이 검색 키로 정렬되어 있으므로 레코드는 연속적으로 저장되어 있어야 한다. 비용 추정은 그림 15.3에 나와 있다.

- **A4(보조 인덱스, 동등 비교).** 동등 비교를 가지고 있는 선택 연산은 보조 인덱스를 이용할 수 있다. 이 방법을 사용할 경우, 만약 동등 비교 조건이 키 속성에 대한 것이면 한 개의 레코드를 검색할 수 있으며, 키가 아닌 속성에 대한 동등 비교일 때는 여러 개의 레코드를 검색할 수 있다.

  키 속성에 대한 동등 비교인 경우, 하나의 레코드가 검색된다. 이 경우 시간 비용은 클러스터링 인덱스에 대한 시간 비용(A2의 경우)과 같다.

  키가 아닌 속성에 대한 동등 비교의 경우, 결과 레코드가 연속적인 블록에 저장되어 있지 않을 수 있으므로 결과 레코드 하나당 한 번의 입출력을 필요로 할 수 있고, 각각의 입출력 연산은 한 번의 탐색과 한 번의 블록 전송을 필요로 한다. 이 경우 최악의 시간 비용은 $(h_i + n) * (t_S + t_T)$가 된다. 여기서 n은 가져오는 레코드 수를 의미하고, 각 레코드가 서로 다른 디스크 블록에 존재하고 블록 가져오기(fetch)가 임의로 정렬되어 있다고 가정한다. 만약 매우 많은 수의 레코드가 검색된다면 최악의 비용은 선형 검색보다 훨씬 더 나빠질 수도 있다.

  인메모리 버퍼가 클 경우, 레코드를 포함하는 블록이 이미 버퍼에 있을 수 있다. 레코드를 포함하는 블록이 이미 버퍼에 있을 확률을 이용하면 선택 연산에 대한 평균(추정) 비용을 계산할 수 있다. 버퍼가 크면, 이 추정치는 최악의 경우에 대한 추정치보다 훨씬 작을 것이다.

A2와 같은 어떤 알고리즘은 B^+-트리 파일 조직의 사용이 한 번의 접근을 피할 수도 있다. 왜냐하면 레코드는 트리의 말단 레벨에 저장되어 있기 때문이다.

14.4.2절에서 설명한 것처럼, 레코드가 B^+-트리 파일 구조나 레코드 재배치를 필요로 하는 다른 파일 구조상에 저장되어 있다면, 일반적으로 보조 인덱스에는 레코드에 대한 포인터가 저장되어 있지 않다.[4] 보조 인덱스에는 그 대신 B^+-트리 파일 구조의 검색 키로 사용되는 속성의 값이 저장된다. 보조 인덱스를 통해 레코드에 접근하는 것은 비용이 더 많이 든다. 먼저 보조 인덱스를 검색하여 B^+-트리 파일 구조 검색 키 값을 찾는다. 그런 다음, B^+-트리 파일 구조를 조회하여 레코드를 찾는다. 이러한 인덱스가 사용되는 경우 보조 인덱스를 이용하는 비용 계산식은 적절히 수정되어야 한다.

15.3.2 비교를 포함하는 선택 연산

$\sigma_{A \leq v}(r)$ 형태의 선택 연산을 생각해 보자. 이 경우 선형 검색이나 인덱스를 사용하는 다음 중 하나의 방법을 이용해 구현할 수 있다.

- **A5(클러스터링 인덱스, 비교).** 선택 조건이 비교인 경우 클러스터링 정렬된 인덱스(예를 들어, 클러스터링 B^+-트리 인덱스)를 사용할 수 있다. $A > v$ 또는 $A \geq v$와 같은 형태의 비교 조건에 대해, A에 대한 클러스터링 인덱스를 사용하여 다음과 같이 튜플을 직접 얻어 낼 수 있다. $A \geq v$

---

4 릴레이션을 저장하는 데 B^+-트리 파일 구조를 사용할 경우, 단말 노드가 분할되거나 합쳐질 때, 그리고 레코드가 재분배될 때 블록들 간에 레코드를 이동할 수 있다는 점을 상기하라.

인 경우, A가 v 값을 가지는 첫 번째 튜플을 찾기 위해 인덱스에서 v 값을 찾아본다. 찾아진 튜플로부터 파일 끝까지 파일 스캔을 함으로써 조건을 만족하는 튜플을 얻어 낼 수 있다. $A > v$인 경우 파일 스캔은 $A > v$인 첫 번째 튜플부터 시작하게 된다. 이 경우에 대한 비용 추정치는 A3에 대한 비용 추정치와 같다.

$A < v$ 또는 $A \leq v$ 형태의 비교는 인덱스를 검색할 필요가 없다. $A < v$에 대해 단순히 파일의 시작부터 속성 $A = v$인 첫 번째 튜플까지(그 튜플은 포함하지 않고) 파일 스캔을 하면 된다. $A \leq v$인 경우는 $A > v$인 첫 번째 튜플까지(그 튜플은 포함하지 않고) 파일 스캔을 하면 된다. 이러한 경우에는 인덱스를 사용할 필요가 없다.

- **A6(보조 인덱스, 비교).** $<, \leq, \geq, >$와 같은 비교 조건에 대한 결과를 얻어 내기 위해 정렬된 보조 인덱스를 사용할 수 있다. $<, \leq$ 연산에 대해서는 가장 작은 값부터 v까지, $>, \geq$ 연산에 대해서는 v부터 가장 큰 값까지 가장 낮은 수준의 인덱스 블록이 스캔된다.

  보조 인덱스는 레코드에 대한 포인터를 제공하므로 실제 레코드를 얻어 내기 위해서는 이 포인터를 사용하여 레코드를 가져와야 한다. 이 단계는 연속된 레코드가 서로 다른 블록에 저장될 수 있으므로 각 레코드마다 입출력 연산을 필요로 할 수도 있다. 각각의 입출력 연산은 한 번의 디스크 탐색과 한 번의 블록 전송을 필요로 한다. 만약 꺼내오는 레코드의 수가 큰 경우, 보조 인덱스를 이용하는 것은 선형 검색을 이용하는 것보다 비용이 더 들 수 있을 것이다. 따라서 결과 레코드의 수가 아주 적은 경우에만 보조 인덱스를 사용해야 한다.

일치하는 튜플의 수를 미리 알 수 있다면, 질의 최적화기는 비용 추정에 따라 보조 인덱스를 이용하는 방식과 선형 검색을 이용하는 방식 중에서 선택할 수 있다. 그러나 일치하는 튜플의 수를 컴파일 시간에 정확하게 알 수 없는 경우, 일치하는 튜플의 실제 수에 따라 어느 쪽을 선택하든 성능이 저하될 수 있다.

위의 상황을 해결하기 위해 이용 가능한 보조 인덱스가 존재하지만 일치하는 레코드 수를 정확하게 알 수 없는 경우, PostgreSQL은 **비트맵 인덱스 스캔**(bitmap index scan)[5]을 호출하는 하이브리드 알고리즘을 사용한다. 비트맵 인덱스 스캔 알고리즘은 비트 개수가 릴레이션에 있는 블록 수와 일치하고, 모든 비트가 0으로 초기화되도록 먼저 비트맵을 생성한다. 그런 다음 보조 인덱스를 이용하여 일치하는 튜플에 대한 인덱스 엔트리를 검색하지만, 튜플을 즉시 꺼내오는 대신 인덱스 엔트리로부터 블록 번호를 추출하여 해당 비트를 1로 설정한다.

모든 인덱스 엔트리를 처리한 후, 비트맵을 스캔하여 비트가 1로 설정된 모든 블록을 추출하며, 이렇게 추출된 블록은 일치하는 레코드를 포함하는 블록에 해당된다. 그런 다음 릴레이션을 선형으로 스캔하면서, 해당 비트가 1로 설정되지 않는 블록은 건너뛰고 비트가 1로 설정된 블록만 가져온 후, 블록을 스캔하면서 일치하는 모든 레코드를 찾는다.

최악의 경우 이 알고리즘은 선형 검색보다 비용이 약간 비싸지만, 최상의 경우에는 선형 검색보다 훨씬 저렴하다. 마찬가지로 최악의 경우 보조 인덱스 스캔을 사용하여 튜플을 직접 가져오는 것

5 이 알고리즘을 비트맵 인덱스(bitmap index)를 사용하는 스캔과 혼동해서는 안 된다.

보다 약간 더 비싸지만 최상의 경우 보조 인덱스 스캔보다 훨씬 저렴하다. 그러므로 이 하이브리드 알고리즘은 성능이 최상의 경우보다 훨씬 나빠지지 않도록 보장해 준다.

이 알고리즘은 모든 인덱스 엔트리를 수집하고 정렬한 다음(이 장 뒷부분에서 다루는 정렬 알고리즘을 사용하여), 일치하는 항목이 없는 블록을 건너뛰는 방식으로 릴레이션을 스캔하도록 변형될 수 있다. 위와 같은 비트맵을 사용하는 방식이 인덱스 엔트리를 정렬하는 방식보다 비용이 저렴할 수 있다.

15.3.3 복잡한 선택 연산의 구현

이제까지 선택 연산은 동등 조건이나 비교와 같은 단순한 형태의 선택 조건에 대해서만 고려했다. 이제부터 좀 더 복잡한 선택 술어를 가지는 선택 연산에 대해 고려해 보기로 한다.

- **논리곱**(Conjunction): **논리곱 선택 연산**(conjunctive selection)은 아래와 같은 형태를 취하는 선택 연산이다.

$$\sigma_{\theta_1 \wedge \theta_2 \wedge \cdots \wedge \theta_n}(r)$$

- **논리합**(Disjunction): **논리합 선택 연산**(disjunctive selection)은 아래와 같은 형태를 취하는 선택 연산이다.

$$\sigma_{\theta_1 \vee \theta_2 \vee \cdots \vee \theta_n}(r)$$

논리합이 있는 조건은 각각의 단순 조건 θ_i를 만족하는 모든 레코드의 합집합에 의해 만족된다.

- **부정**(Negation): 선택 연산 $\sigma_{\neg\theta}(r)$의 결과는 조건 θ를 거짓으로 만드는 r의 튜플들의 집합이다. null 값이 없을 경우, 이 결과는 단순히 $\sigma_{\theta}(r)$의 계산 결과에 들어 있지 않는 r의 튜플들의 집합이다.

논리곱이나 논리합이 있는 선택 연산은 다음의 알고리즘 중 하나를 이용해서 구현할 수 있다.

- **A7(하나의 인덱스를 사용한 논리곱 선택 연산)**. 접근 경로(인덱스)를 사용할 수 있는 속성을 포함하는 단순 조건이 있는지 결정한다. 만약 그러한 조건이 있는 경우, A2에서 A6까지의 알고리즘 중 하나를 이용해 그 조건을 만족하는 레코드를 뽑아낼 수 있다. 이렇게 얻어 낸 각각의 레코드를 남아 있는 단순 조건을 만족하는지 테스트함으로써 결과를 얻어 낼 수 있다. 이때 남아 있는 단순 조건을 만족하는지 테스트하는 것은 메모리 버퍼에서 일어나는 연산이다.

  처리 비용을 감소시키기 위해서 θ_i를 선택하고, $\sigma_{\theta_i}(r)$에 대한 비용을 가장 작게 하는 A1에서 A6까지의 알고리즘 중 하나를 선택한다. A7 알고리즘의 비용은 선택된 알고리즘의 비용과 같아진다.

- **A8(복합 인덱스를 이용한 논리곱 선택 연산)**. 논리곱 연산은 적당한 복합 인덱스(composite index), 즉 여러 개의 속성에 대한 인덱스를 사용할 수 있다. 만약 선택 연산이 두 개 이상의 속성에 대한 동등 비교 조건으로 구성되고 복합 인덱스가 이 속성에 대해 구성되어 있는 경우 인

덱스를 이용해 직접 결과를 얻어 낼 수 있다. 이때 인덱스의 종류에 따라 A2, A3, A4 중 하나의 알고리즘을 선택해서 사용할 수 있다.

- **A9(식별자의 교집합을 이용한 논리곱 선택 연산).** 논리곱 선택 연산을 구현하는 또 다른 방법은 레코드 포인터 또는 레코드 식별자를 이용하는 방법이다. 이 알고리즘은 각각의 단순 조건과 연관이 있는 레코드 포인터를 사용하는 인덱스를 필요로 한다. 각각의 단순 조건을 만족하는 튜플의 포인터를 인덱스를 스캔해서 얻어 낼 수 있다. 각각의 단순 조건에 대한 결과들의 교집합이 논리곱 조건을 만족하는 튜플에 대한 포인터의 집합이 된다. 이 포인터 집합을 통해 결과에 해당하는 실제 레코드를 얻어 낼 수 있다. 만약 모든 조건에 대해 인덱스가 사용 가능하지 않은 경우, 얻어 낸 결과를 남아 있는(인덱스를 사용할 수 없는) 조건에 대해 테스트함으로써 결과를 얻어 낼 수 있다.

  A9 알고리즘의 비용은 각각의 인덱스 스캔 비용의 합에 결과 레코드를 얻어 내는 데 드는 비용을 더한 것이다. 이 비용은 결과 포인터 집합을 정렬하여 정렬된 순서로 결과 레코드를 꺼냄으로써 감소시킬 수 있다. 이렇게 할 경우, (1) 하나의 블록 내에 있는 레코드에 대한 모든 포인터는 함께 있게 되므로 같은 블록 내에서 선택된 레코드는 한 번의 입출력 연산으로 모두 얻어 낼 수 있다. (2) 블록을 정렬된 순서로 읽어 들이므로 디스크 암(disk arm)의 움직임을 최소화할 수 있다. 15.4절에서 정렬 알고리즘에 대해 설명한다.

- **A10(식별자의 합집합을 이용한 논리합 선택 연산).** 만약 논리합 선택 연산의 모든 조건에 대한 접근 경로가 존재하는 경우, 인덱스를 통해 각각의 단순 조건을 만족하는 튜플에 대한 포인터를 얻어 낼 수 있다. 얻어 낸 포인터에 대한 합집합이 논리합 선택 연산을 만족하는 결과 레코드에 대한 포인터 집합이 된다. 이 포인터 집합을 이용해 실제 레코드를 얻어 낼 수 있다.

  하지만 만약 하나의 단순 조건이라도 접근 경로가 없는 경우, 그 조건을 만족하는 튜플을 찾기 위해 릴레이션을 선형 스캔해야 한다. 따라서 논리합에서 접근 경로가 없는 조건이 하나라도 있는 경우, 가장 효율적인 방법은 인덱스를 사용하지 않는 선형 스캔이 된다. 선형 스캔을 하면서 각 튜플을 논리합 조건으로 테스트를 하게 된다.

부정 조건이 있는 선택 연산의 구현은 문제 15.6에서 다룬다.

15.4 정렬

데이터를 정렬하는 것은 다음의 두 가지 이유로 데이터베이스 시스템에서 아주 중요한 역할을 차지한다. 첫 번째 이유는 SQL 질의는 결과를 정렬된 형태로 얻어 낼 수 있도록 명시할 수 있다는 것이다. 두 번째, 질의 처리에서 동등하게 중요한 부분인데, 조인과 같은 몇몇 관계 연산은 입력 릴레이션이 먼저 정렬되어 있는 경우에 효율적으로 구현할 수 있기 때문이다. 따라서 15.5절에서 조인 연산에 대해 설명하기 전에 이 절에서 정렬에 대해 알아본다.

릴레이션 내의 정렬 키에 대해 인덱스를 구축함으로써 그 인덱스를 통해 릴레이션을 정렬된 순서로 읽어 들일 수 있다. 하지만 이러한 방법은 릴레이션을 **논리적으로**(logically)만 정렬할 뿐 **물리**

적으로(physically)는 정렬하지 않는다. 따라서 튜플을 정렬된 순서로 읽어 들일 경우 레코드 하나당 한 번의 디스크 접근(디스크 탐색과 블록 전송)을 발생시킬 수 있으며, 레코드의 수는 블록의 수보다 훨씬 많으므로 이 경우 매우 많은 비용이 들게 된다. 이러한 이유로 레코드를 물리적으로 정렬하는 것이 바람직하다.

정렬에 관한 문제는 릴레이션이 메인 메모리에 모두 올라갈 수 있는 경우와 릴레이션이 메모리보다 큰 두 경우에 대해서 많이 연구되어 왔다. 처음 경우는 잘 알려진 정렬 기법(예: 퀵 소팅) 등을 사용할 수 있다. 이 절에서는 릴레이션이 메모리보다 큰 경우에 대해 알아본다.

15.4.1 외부 정렬-합병 알고리즘

메모리에 한 번에 올라오지 못하는 릴레이션의 정렬을 **외부 정렬**(external sorting)이라고 부른다. 외부 정렬 시 가장 일반적으로 사용되는 기법은 **외부 정렬-합병**(external sort-merge) 알고리즘이다. 이 정렬 방법은 다음과 같다. M을 메인 메모리 버퍼에서 정렬을 위해 사용 가능한 블록의 개수라 하자. 다시 말해, 사용 가능한 메인 메모리에 그 내용을 로드(버퍼)할 수 있는 디스크 블록의 개수다.

1. 첫 번째 단계에서 여러 개의 정렬된 **런**(run)이 생성된다. 정렬된 각각의 런은 릴레이션 내의 일부 레코드를 담고 있게 된다.

```
i = 0;
repeat
    read M blocks of the relation, or the rest of the relation,
        whichever is smaller;
    sort the in-memory part of the relation;
    write the sorted data to run file R_i;
    i = i + 1;
until the end of the relation
```

2. 두 번째 단계에서 런을 합병한다(merged). 런의 총개수가 M보다 작은 수 N이라고 할 때, 각 런에 대해 하나의 블록을 할당할 수 있고 결과를 위한 하나의 페이지를 남길 수 있다. 합병 단계는 다음과 같이 수행된다.

```
read one block of each of the N files R_i into a buffer block in memory;
repeat
    choose the first tuple (in sort order) among all buffer blocks;
    write the tuple to the output, and delete it from the buffer block;
    if the buffer block of any run R_i is empty and not end-of-file(R_i)
        then read the next block of R_i into the buffer block;
until all input buffer blocks are empty
```

합병 단계의 결과는 정렬된 릴레이션이다. 출력 파일은 디스크 쓰기 연산의 횟수를 줄이기 위해 버퍼에 먼저 저장된다. 앞선 합병 연산은 메모리 내에서 사용하는 정렬-합병 알고리즘인 2원(two-way) 합병의 일반화된 알고리즘이다. N개의 런을 합병하므로 **N원 합병**(N-way merge)으로 불린다.

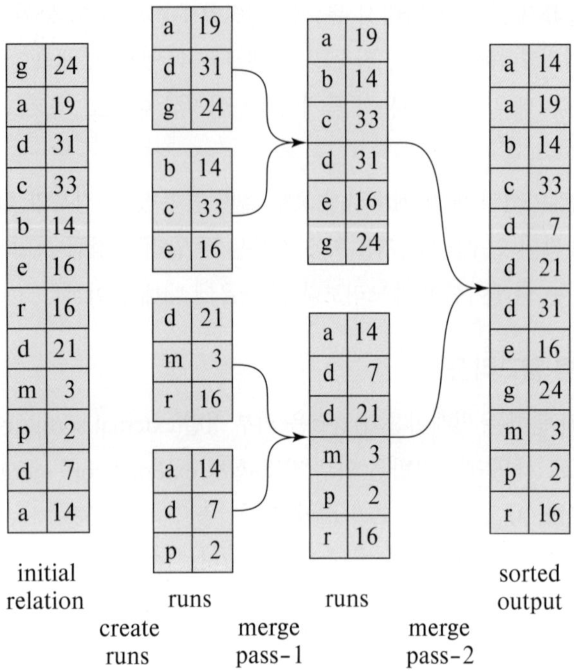

그림 15.4 정렬-합병을 이용한 외부 정렬

일반적으로 만약 릴레이션이 메모리보다 훨씬 큰 경우 첫 번째 단계에서 만들어지는 런은 M 또는 그 이상의 개수이며 따라서 합병 단계에서 모든 런에 대해 블록을 할당하는 것이 불가능하다. 이 경우 합병 연산을 여러 패스(pass)로 수행한다. 왜냐하면 메모리에는 입력 런에 대한 $M-1$개의 버퍼만이 존재하며, 따라서 각 합병 패스에서 $M-1$개의 런만 입력으로 사용할 수 있기 때문이다.

초기 패스 함수는 다음과 같다. 다음 패스에서 하나의 런으로 사용하기 위해 처음에 나타나는 $M-1$개의 런을 합병한다. 비슷한 방법으로 초기 런을 모두 합병한다. 이때 런의 개수는 $M-1$의 비율로 줄어들게 된다. 만약 줄어든 런의 개수가 M보다 크거나 같은 경우 첫 번째 패스의 결과를 입력으로 하는 또 다른 패스를 생성한다. 각 패스는 런의 개수를 $M-1$의 비율로 감소시킨다. 패스는 런의 개수가 M보다 작아질 때까지 계속해서 반복된다. 이렇게 함으로써 마지막 패스에서 정렬된 결과를 만들어 내게 된다.

그림 15.4는 외부 정렬-합병의 단계를 보여 준다. 설명을 위해 하나의 튜플이 하나의 블록 ($f_r = 1$)을 차지한다고 가정하고 메모리는 기껏해야 세 블록만 유지할 수 있다고 가정한다. 합병 단계 동안 입력을 위해 두 블록을 사용하고, 출력을 위해 하나의 블록을 사용한다.

15.4.2 외부 정렬-합병의 비용 분석

다음과 같은 방법으로 외부 정렬-합병의 디스크 접근 비용을 계산할 수 있다. b_r을 릴레이션 r에 있는 레코드를 담고 있는 블록의 개수라고 하자. 첫 번째 단계에서 릴레이션에 있는 모든 블록을 읽어 들이고 다시 각 블록을 쓰게 된다. 이때 디스크 접근 횟수는 $2b_r$이 된다. 초기의 런 개수는 $\lceil b_r/M \rceil$이다. 합병 단계 동안 한 번에 한 블록씩 읽으면 많은 수의 디스크 탐색이 발생한다. 그러나 b_b개의 버퍼 블록을 각 입력 런과 출력 런에 할당하면, 한 번에 많은 수(즉 b_b)의 블록을 읽거나 써서 디스크 탐색 수를 줄일 수 있다. 각 합병 패스마다 $\lfloor M/b_b \rfloor - 1$개의 런이 합병될 수 있으며, $\lfloor M/b_b \rfloor - 1$의 비율로 런의 개수가 줄어들게 되므로, 합병 패스는 $\lceil \log_{\lfloor M/b_b \rfloor - 1}(b_r/M) \rceil$만큼 필요하게 된다. 각 패스는 다음의 두 가지 경우를 제외하면 릴레이션의 모든 블록을 한 번씩 읽고 쓰게 된다. 첫 번째 경우는 마지막 패스는 디스크에 쓰지 않고 정렬된 결과를 생성하게 된다. 두 번째는 하나의 패스 동안 읽거나 쓰지 않는 런이 존재할 수 있다. 예를 들면, 만약 $\lfloor M/b_b \rfloor$개의 런이 하나의 패스에서 합병되는 경우 $\lfloor M/b_b \rfloor - 1$개의 런을 읽어 들이고 합병한다. 그리고 하나의 런은 그 패스 동안 접근되지 않는다. 이러한 경우의 비용 절감(비교적 작은 비용)을 무시하면, 외부 정렬-합병을 위한 총 블록 전송 횟수는 다음과 같다.

$$b_r(2\lceil \log_{\lfloor M/b_b \rfloor - 1}(b_r/M) \rceil + 1)$$

이 식을 그림 15.4의 예제에 적용하면, $b_b = 1$로 설정한 것이므로 그림에서 확인할 수 있듯이 $12 * (4 + 1) = 60$블록 전송 횟수를 얻어 낼 수 있다. 이 값은 마지막 결과를 디스크에 쓰는 비용을 포함하지 않는다는 것을 주목해야 한다.

여기에 디스크 탐색 비용을 추가해야 한다. 런 생성 단계에서 두 런을 읽어 들일 때 각각 탐색이 필요하고, 런을 기록할 때도 탐색이 필요하다. 매 합병 단계마다 자료를 읽는 데 $\lceil b_r/b_b \rceil$ 정도의 탐색이 필요하다.[6] 출력이 순차적으로 기록될지라도, 출력과 입력 런이 같은 디스크상에 있다면 연속된 블록에 쓰기를 수행하는 중간에 헤드가 움직일 수 있다. 따라서 마지막 단계를 제외(최종 결과는 디스크에 기록되지 않는다고 가정했기 때문)한 각 합병 단계에서 총 $2\lceil b_r/b_b \rceil$회의 탐색이 필요하다. 총 탐색 횟수는

$$2\lceil b_r/M \rceil + \lceil b_r/b_b \rceil(2\lceil \log_{\lfloor M/b_b \rfloor - 1}(b_r/M) \rceil - 1)$$

가 된다. 이 식을 그림 15.4의 예제에 적용하면, 각 런에 대한 버퍼 블록의 수 b_b를 1로 설정할 경우, 총 $8 + 12 * (2 * 2 - 1) = 44$회의 디스크 탐색이 필요하다.

15.5 조인 연산

이 절에서는 릴레이션의 조인을 계산하는 몇 가지 알고리즘을 알아보고 각 알고리즘의 비용을 분석해 본다.

$r \bowtie_{r.A=s.B} s$와 같은 형태의 조인을 **동등 조인**(equi-join)이라고 부르며, 이때 A와 B는 각각 릴레이션 r과 s의 속성이거나 속성의 집합이다.

이 절에서 사용하는 예로 다음과 같은 표현식을 사용한다(2장에 사용된 것과 같은 릴레이션 스키마를 사용한다).

$$student \bowtie takes$$

6 더 정확하게는, 각 런을 따로 읽는데 이때 런의 끝부분을 읽을 때 b_b개 미만의 블록을 얻을 수 있으므로, 각각의 런은 추가적인 탐색을 필요로 할 수 있다. 여기서는 단순성을 위해 이 점을 무시한다.

앞의 두 릴레이션에 대해 다음과 같은 정보를 사용한다.

- *student*의 레코드의 개수: $n_{student} = 5{,}000$
- *student*의 블록의 개수: $b_{student} = 100$
- *takes*의 레코드의 개수: $n_{takes} = 10{,}000$
- *takes*의 블록의 개수: $b_{takes} = 400$

15.5.1 중첩 루프 조인

그림 15.5는 두 릴레이션 r, s에 대한 세타 조인 $r \bowtie_\theta s$를 계산하기 위한 간단한 알고리즘을 보여준다. 이 알고리즘을 **중첩 루프 조인**(nested-loop join)[7] 알고리즘이라고 부른다. 왜냐하면 이 알고리즘은 중첩된 **for** 반복문으로 구성되어 있기 때문이다. 이때 릴레이션 r은 **외부 릴레이션**(outer relation), 릴레이션 s는 **내부 릴레이션**(inner relation)이라고 부른다. 왜냐하면 r에 대한 반복문이 s에 대한 반복문을 감싸고 있기 때문이다. 이 알고리즘은 $t_r \cdot t_s$와 같은 표현을 사용하는데, t_r과 t_s는 릴레이션 r과 s의 튜플을 나타낸다. $t_r \cdot t_s$는 t_r과 t_s에 있는 속성을 이어서 만든 튜플을 나타낸다.

선택 연산의 선형 파일 스캔 알고리즘과 같이 중첩 루프 조인 알고리즘은 인덱스를 필요로 하지 않으며 어떠한 조인 조건에서도 사용될 수 있다. 자연 조인은 세타 조인 수행 후 반복되는 속성을 추출(projection)을 통해 제거하는 것과 같으므로 자연 조인을 계산하기 위해 알고리즘을 확장하는 것은 매우 간단하다. 자연 조인의 경우에는 $t_r \cdot t_s$ 튜플을 결과에 반영하기 전에 반복되는 속성을 제거하는 단계가 필요하다.

중첩 루프 조인 알고리즘은 두 릴레이션의 모든 튜플 쌍을 검사하기 때문에 비용이 많이 든다. 중첩 루프 조인 알고리즘의 비용을 생각해 보자. n_r을 릴레이션 r의 튜플의 개수, n_s를 릴레이션 s의 튜플의 개수라 할 때, 고려되어야 하는 튜플 쌍의 개수는 $n_r * n_s$이다. r에 있는 각 레코드마다 릴레이션 s를 모두 스캔해야 한다. 최악의 경우 각 릴레이션의 한 블록씩만을 버퍼에 담을 수 있다고 할 때, $n_r * b_s + b_r$회의 블록 전송이 필요하게 된다. 여기서 b_s와 b_r은 각각 s와 r의 튜플을 담고 있는 블록의 개수다. 내부 릴레이션 s는 순차적으로 읽히므로, s를 스캔할 때마다 한 번의 탐색이 필요하다. 따라서 r을 읽는 데 총 b_r회의 탐색이 필요하고, 전체적으로 $n_r + b_r$회의 탐색이 필요하다.

```
for each tuple t_r in r do begin
   for each tuple t_s in s do begin
      test pair (t_r, t_s) to see if they satisfy the join condition θ
      if they do, add t_r · t_s to the result;
   end
end
```

그림 15.5 중첩 루프 조인

[7] 역자 주: "중첩 반복 조인"이라는 용어로 번역되기도 한다.

최선의 경우 두 릴레이션의 모든 블록을 한 번에 올려놓을 수 있을 만큼 메모리가 충분하다고 하면 $b_r + b_s$ 횟수의 블록 전송과 두 번의 탐색이 필요하게 된다.

만약 둘 중 하나의 릴레이션이 메인 메모리에 모두 올라올 수 있다면, 그 릴레이션을 내부 릴레이션으로 사용하는 것이 이익이다. 왜냐하면 내부 릴레이션은 한 번만 읽어 들이기 때문이다. 따라서 만약 s가 메인 메모리에 모두 올라올 만큼 작다고 할 때, $b_r + b_s$ 횟수의 블록 전송과 두 번의 탐색을 하게 되며 이것은 두 릴레이션이 메모리에 모두 올라올 수 있는 경우와 같은 비용이 된다.

이제 *student*와 *takes*의 자연 조인에 대해 생각해 보자. 두 릴레이션에 대해 어떠한 인덱스도 존재하지 않으며 어떠한 인덱스도 구축하지 않는 경우를 가정한다. 조인 연산을 수행하기 위해 중첩 루프문을 사용할 수 있다. *student*를 외부 릴레이션으로, *takes*를 내부 릴레이션으로 가정한다. 이때 $5{,}000 * 10{,}000 = 50 * 10^6$쌍의 튜플을 조사해야 한다. 최악의 경우 $5{,}000 * 400 + 100 = 2{,}000{,}100$회의 블록 전송과 $5{,}000 + 100 = 5{,}100$회의 탐색이 필요하게 된다. 최선의 경우는 두 릴레이션을 한 번씩만 읽으면 되므로 기껏해야 $100 + 400 = 500$회의 블록 전송과 두 번의 탐색이 필요하게 된다. 만약 *takes*를 외부 반복문을 위한 릴레이션으로 사용하고 *student*를 내부 반복문을 위한 릴레이션으로 사용한다면 최악의 경우 비용이 $10{,}000 * 100 + 400 = 1{,}000{,}400$회의 블록 전송과 10,400회의 디스크 탐색이 된다. 이 블록 전송 횟수는 훨씬 적은 수치다. 탐색 횟수는 더 많지만, $t_S = 4$밀리초이고 $t_T = 0.1$밀리초라 가정할 때 전체 시간은 줄어들게 된다.

15.5.2 블록 중첩 루프 조인

두 릴레이션을 모두 메모리에 올릴 수 없을 만큼 버퍼가 작은 경우에도 튜플 단위로 작업하는 것이 아니라 블록 단위로 릴레이션을 처리할 경우 블록 접근 횟수를 줄일 수 있다. 그림 15.6은 **블록 중첩 루프 조인**(block nested-loop join)을 보여 준다. 중첩 루프 조인은 내부 릴레이션의 모든 블록이 외부 릴레이션의 모든 블록과 쌍을 이루도록 중첩 루프 조인을 변형시킨 것이다. 각 블록의 쌍 내에서 하나의 블록 내의 모든 튜플은 또 다른 블록 내의 모든 튜플과 쌍을 이루어 모든 쌍의 튜플을 만들어 낸다. 따라서 조인 조건을 만족하는 모든 튜플의 쌍을 결과에 포함한다.

```
for each block B_r of r do begin
    for each block B_s of s do begin
        for each tuple t_r in B_r do begin
            for each tuple t_s in B_s do begin
                test pair (t_r, t_s) to see if they satisfy the join condition
                if they do, add t_r · t_s to the result;
            end
        end
    end
end
```

그림 15.6 블록 중첩 루프 조인

중첩 루프 조인과 블록 중첩 루프 조인의 주된 비용 차이는 최악의 경우 각 내부 릴레이션 s의 각 블록이 외부 릴레이션의 각 **튜플**이 아니라 각 **블록**마다 한 번씩 읽힌다는 것이다. 따라서 최악의 경우, 즉 두 릴레이션 모두 메모리에 한 번에 올라올 수 없는 경우 $b_r * b_s + b_r$ 수의 블록 전송을 필요로 한다. 내부 릴레이션의 스캔은 한 번의 탐색을 필요로 하며, 외부 릴레이션의 스캔은 블록당 한 번의 탐색을 필요로 하므로, 총 $2 * b_r$회의 탐색이 필요하다. 확실히 두 릴레이션 모두 메모리에 전부 적재될 수 없을 정도로 큰 경우, 작은 릴레이션을 외부 릴레이션으로 사용하는 것이 더 효율적이다. 내부 릴레이션을 전부 메모리로 읽어 들일 수 있는 최선의 경우에는 $b_r + b_s$의 블록 전송과 두 번의 탐색(더 작은 릴레이션을 내부 릴레이션으로 삼는다고 가정)을 필요로 하게 된다.

student ⋈ *takes* 예제로 블록 중첩 루프 조인 알고리즘을 적용해 보자. 최악의 경우 *student*의 각 블록마다 *takes*의 각 블록을 읽어 들인다. 따라서 최악의 경우 총 $100 * 400 + 100 = 40{,}100$회의 블록 전송과 $2 * 100 = 200$회의 탐색을 필요로 한다. 이 비용은 중첩 루프 조인을 사용할 때 최악의 경우 필요한 $5{,}000 * 400 + 100 = 2{,}000{,}100$회의 블록 전송과 5,100회의 탐색보다 굉장히 향상된 비용이다. 최선의 경우에 대한 비용은 둘 다 $100 + 400 = 500$회의 블록 전송과 2회의 탐색으로 같다.

블록 중첩 루프나 중첩 루프의 성능을 다음과 같은 방법으로 더 향상할 수 있다.

- 자연 조인이나 동등 조인에서 만약 조인 속성이 내부 릴레이션의 키 속성인 경우 각 외부 릴레이션의 튜플에 대해 첫 번째로 매치되는 결과를 찾자마자 내부 반복문을 종료할 수 있다.
- 블록 중첩 루프 알고리즘에서, 외부 릴레이션에 대한 블록의 단위를 디스크 블록이 아니라 메모리에 올릴 수 있는 가장 큰 크기로 사용하고, 내부 릴레이션의 버퍼와 출력을 위해서 충분한 공간을 남기면 성능을 향상할 수 있다. 다시 말해서, 만약 메모리가 M블록을 가지고 있고 $M - 2$개의 블록을 외부 릴레이션을 위해 한 번에 읽어 들일 수 있으며 내부 릴레이션의 각 블록을 읽어 들일 때마다 그 블록을 $M - 2$개의 외부 릴레이션 블록과 조인시킬 수 있다. 이러한 변화는 내부 릴레이션의 스캔 횟수를 b_r에서 $\lceil b_r/(M - 2) \rceil$로 줄일 수 있다. 총비용은 $\lceil b_r/(M - 2) \rceil * b_s + b_r$회의 블록 전송과 $2 \lceil b_r/(M - 2) \rceil$회의 탐색이 된다.
- 내부 반복문에 대해 번갈아 가면서 한 번은 앞쪽부터 또 한 번은 뒤쪽부터 스캔하도록 할 수 있다. 이렇게 함으로써 이전에 스캔한 데이터를 재사용할 수 있고 따라서 필요한 디스크 접근 횟수를 줄일 수 있다.
- 내부 반복문의 조인 속성에 대해 인덱스가 있는 경우, 파일 스캔 대신 좀 더 효율적인 방법인 인덱스 검색을 사용할 수 있다. 15.5.3절에서 인덱스를 사용하는 최적화에 대해 설명한다.

15.5.3 인덱스를 사용하는 중첩 루프 조인

중첩 루프 조인(그림 15.5)에서 만약 내부 반복문의 조인 속성에 대해 인덱스가 구축되어 있는 경우, 인덱스 검색은 파일 스캔을 대치할 수 있다. 외부 릴레이션 r의 각 튜플 t_r에 대해 릴레이션 s의 튜플 중에 t_r과 조인 조건을 만족하는 튜플을 인덱스를 사용해 얻어 낼 수 있다.

이 조인 기법을 **인덱스를 사용하는 중첩 루프 조인**(indexed nested-loop join)[8]이라고 부른다. 이 방법에서 이미 구축되어 있는 인덱스를 사용할 수 있을 뿐만 아니라 조인을 수행하기 위해 임시 인덱스를 만들어 사용할 수도 있다.

주어진 튜플 t_r에 대해 조인 조건을 만족하는 튜플을 릴레이션 s에서 찾는 것은 기본적으로 릴레이션 s에 대한 선택 연산과 같다. 예를 들어, *student* ⋈ *takes*의 경우를 생각해 보자. *ID*가 "00128"인 *student* 튜플을 하나 가지고 있는 경우, *takes*에서 연관된 튜플을 찾는 것은 "*ID* = 00128"인 조건을 가지는 선택 연산과 동일하다.

인덱스를 사용하는 중첩 루프 조인의 비용은 다음과 같이 계산될 수 있다. 외부 릴레이션 r에 있는 각 튜플에 대해 릴레이션 s에 대한 인덱스 검색이 수행되어 관련된 튜플을 얻어 온다. 최악의 경우, 버퍼에는 r에 있는 한 페이지와 인덱스한 페이지를 담을 수 있을 공간이 있다고 할 때, 릴레이션 r을 읽어 들이기 위해서는 b_r회의 입출력 연산이 필요하다. 이때 b_r은 릴레이션 r의 블록의 개수를 말한다. 디스크 헤드가 입출력 사이에 이동될 수 있으므로, 각각의 입출력 연산은 한 번의 탐색과 한 번의 블록 전송을 필요로 한다. 릴레이션 r의 각 튜플에 대해 릴레이션 s의 인덱스 검색을 수행하므로 조인의 시간 비용은 $b_r(t_T + t_S) + n_r * c$로 계산된다. 이때 n_r은 릴레이션 r의 튜플의 개수이고 c는 조인 조건을 이용한 릴레이션 s에 대한 선택 연산의 비용이다. 15.3절에서 선택 알고리즘(인덱스를 이용할 수도 있는)의 비용을 이미 알아봤으므로 c 값을 추정할 수 있을 것이다.

일반적으로 두 릴레이션 r과 s 양쪽에 인덱스가 존재하는 경우 튜플 수가 더 작은 릴레이션을 외부 릴레이션으로 사용함으로써 비용을 최적화할 수 있다.

예를 들어, *student* ⋈ *takes*에서 *student*를 외부 릴레이션으로 사용하는 인덱스를 사용하는 중첩 루프 조인을 생각해 보자. 이때 *takes*는 클러스터링 B^+-트리 인덱스를 조인 속성인 *ID*에 대해서 가지고 있고, 각 인덱스 노드는 평균 20개의 엔트리를 가지고 있다고 하자. *takes*는 10,000개의 튜플을 가지고 있으므로 트리의 높이는 4가 되며 실제 데이터를 꺼내기 위해서는 한 번의 디스크 접근이 더 필요하게 된다. $n_{student}$는 5,000이므로 총비용은 100 + 5,000 ∗ 5 = 25,100번의 디스크 접근으로 계산될 수 있고, 각각의 디스크 접근은 한 번의 탐색과 한 번의 디스크 전송을 필요로 한다. 여기서 블록 전송 비용은 블록 중첩 루프 조인 시 필요한 40,100보다 작다. 하지만 탐색 비용은 블록 중첩 루프 조인 시 필요한 200보다 크다. 탐색 비용이 블록 전송 비용보다 훨씬 높으므로, 전체 비용은 인덱스를 사용하는 중첩 루프 조인이 더 높다. 그러나 *student* 릴레이션에 대해 행의 개수를 현격히 감소시키는 선택 연산을 수행한다면, 인덱스를 사용하는 중첩 루프 조인이 블록 중첩 루프 조인보다 훨씬 빠를 것이다.

15.5.4 합병-조인

합병-조인(merge-join) 알고리즘[**정렬-합병-조인**(sort-merge-join) 알고리즘이라고도 부른다]은 자연 조인과 동등 조인을 계산하기 위해 사용된다. $r(R)$과 $s(S)$를 자연 조인을 수행할 릴레이션이라 하고 $R \cap S$를 두 릴레이션의 공통 속성이라고 하자. 두 릴레이션이 속성 $R \cap S$에 대해 정렬되어 있

8 역자 주: "인덱스된 중첩 루프 조인" 또는 "인덱스된 중첩 반복 조인"이라는 용어로 번역되기도 한다.

다고 할 때 조인 연산을 합병-정렬 알고리즘의 합병 단계와 매우 비슷한 과정으로 계산할 수 있다.

15.5.4.1 합병-조인 알고리즘

그림 15.7은 합병-조인 알고리즘을 보여 준다. 알고리즘에서 *JoinAttrs*는 $R \cap S$에 있는 속성을 나타내며, $t_r \bowtie t_s$는 튜플의 속성을 연결한 후 반복되는 속성을 제거한 것을 나타낸다(이때 t_r과 t_s는 *JoinAttrs*에 대해 같은 값을 가진다). 합병-조인 알고리즘은 각 릴레이션마다 하나의 포인터를 할당한다. 이 포인터는 초기에 각각의 릴레이션의 첫 번째 튜플을 가리킨다. 알고리즘을 진행하면서

```
pr := address of first tuple of r;
ps := address of first tuple of s;
while (ps ≠ null and pr ≠ null) do
  begin
    t_s := tuple to which ps points;
    S_s := {t_s};
    set ps to point to next tuple of s;
    done := false;
    while (not done and ps ≠ null) do
      begin
        t_s' := tuple to which ps points;
        if (t_s'[JoinAttrs] = t_s[JoinAttrs])
          then begin
                 S_s := S_s ∪ {t_s'};
                 set ps to point to next tuple of s;
               end
          else done := true;
      end
    t_r := tuple to which pr points;
    while (pr ≠ null and t_r[JoinAttrs] < t_s[JoinAttrs]) do
      begin
        set pr to point to next tuple of r;
        t_r := tuple to which pr points;
      end
    while (pr ≠ null and t_r[JoinAttrs] = t_s[JoinAttrs]) do
      begin
        for each t_s in S_s do
          begin
            add t_s ⋈ t_r to result;
          end
        set pr to point to next tuple of r;
        t_r := tuple to which pr points;
      end
  end.
```

그림 15.7 합병-조인

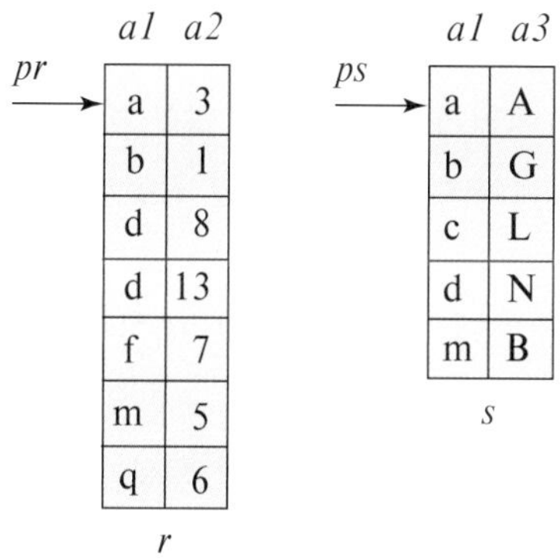

그림 15.8 합병-조인을 위해 정렬된 릴레이션

포인터는 릴레이션 내의 다음 튜플로 이동을 한다. 하나의 릴레이션 내에서 조인 속성에 대해 같은 값을 가지는 튜플들의 그룹을 S_s로 읽어 들인다. 그림 15.7의 알고리즘에서 모든 튜플의 집합 S_s는 메인 메모리 내에 한 번에 올라갈 수 있어야 한다는 제약을 가지고 있다. 이러한 제약을 피하기 위한 알고리즘의 확장을 이후에 살펴본다. 그런 후에 다른 릴레이션에 해당 튜플이 있는 경우 그 튜플을 읽어 들이고 읽어 들인 튜플을 처리한다.

그림 15.8은 조인 속성 $a1$으로 정렬한 두 개의 릴레이션을 보여 준다. 이 그림에서 두 릴레이션에 대한 합병-조인 알고리즘의 단계를 수행하는 모습을 볼 수 있다.

그림 15.7의 합병-조인 알고리즘은 조인 속성에 대해 동일한 값을 가지고 있는 모든 튜플의 각각의 집합 S_s가 메인 메모리에 들어가야 한다. 이러한 요구 사항은 릴레이션 s가 큰 경우에도 대개는 충족될 수 있다. S_s가 사용 가능한 메모리보다 큰 어떤 조인 속성값이 존재한다면 그러한 집합 S_s에 대해 블록 중첩 루프 조인이 수행되어, 조인 속성에 대해 동일한 값을 가지는 r의 튜플에 해당하는 블록과 매칭시킨다.

만약 입력 릴레이션 r과 s 어느 하나도 조인 속성에 대해 정렬되어 있지 않으면, 먼저 정렬을 수행하고, 그 후 합병-조인 알고리즘을 사용한다. 합병-조인 알고리즘은 자연 조인에서부터 더 일반적인 경우의 동등 조인에 이르기까지 손쉽게 확장될 수 있다.

15.5.4.2 비용 분석

릴레이션이 정렬되어 있기 때문에 조인 속성에 대해 같은 값을 가지는 튜플은 연속적인 순서로 나타난다. 이때 각 정렬된 튜플을 한 번씩만 읽게 되며 따라서 각 블록을 한 번씩만 읽어 들이면 된다. 각 파일을 한 번씩만 읽게 되므로(모든 집합 S_s가 메모리에 들어갈 수 있다고 가정할 때) 합병-조인 방법은 효율적이다. 블록 전송 횟수는 각 파일의 블록 수를 합한 것, $b_r + b_s$와 같게 된다.

각 릴레이션에 b_b개의 버퍼 블록이 할당되었다고 가정하면, 필요한 디스크 탐색 횟수는 $\lceil b_r/b_b \rceil + \lceil b_s/b_b \rceil$가 된다. 데이터 전송 비용보다 탐색 비용이 훨씬 높으므로, 추가적인 메모리가 사용 가능하다면 각 릴레이션에 다수의 버퍼 블록을 할당하는 것이 합리적이다. 예를 들어, 4킬로바이트 블록당 $t_T = 0.1$밀리초, $t_S = 4$밀리초이고, 버퍼 크기는 400블록(1.6메가바이트)이라고 가정할 때, 매 40밀리초의 전송 시간마다 4밀리초의 탐색 시간이 소요된다. 다시 말해, 탐색 시간이 전송 시간의 10%밖에 안 된다.

만약 입력 릴레이션 r 또는 s가 조인 속성에 대해 정렬되어 있지 않은 경우, 먼저 정렬부터 되어야 한다. 정렬에 드는 비용도 위의 비용에 더해져야 한다. 만약 어떤 집합 S_s가 메모리에 들어가지 않으면 비용은 조금 올라갈 것이다.

앞서 나온 *student* ⋈ *takes*의 예에 합병-조인 방법을 적용해 보자. 여기서 조인 속성은 *ID*다. 이때 각 릴레이션은 조인 속성 *ID*에 대해 정렬되어 있다고 하면 합병-조인은 총 400 + 100 = 500회의 블록 전송을 수행한다. 최악의 경우 단 하나의 버퍼 블록이 각 입력 릴레이션에 할당(즉 $b_b = 1$) 될 수 있다고 가정하면, 총 400 + 100 = 500회의 탐색이 필요하다. 실제로는 두 릴레이션에 대해서만 버퍼 블록이 필요하므로 b_b를 더 크게 잡을 수 있고, 탐색 비용은 훨씬 작다.

각 릴레이션이 정렬되어 있지 않고, 메모리 크기가 세 블록밖에 되지 않는 최악의 상황을 가정하자. 이때 비용은 다음과 같다.

1. 15.4절에 나온 공식을 이용하면, *takes* 릴레이션을 정렬하는 데 $\lceil \log_{3-1}(400/3) \rceil = 8$회의 합병 단계가 필요하다. *takes*를 정렬하는 데 $400 * (2\lceil \log_{3-1}(400/3) \rceil + 1)$, 즉 6,800번의 블록 전송이 필요하며 정렬 결과를 쓰기 위해 400회의 블록 전송이 더 필요하게 된다. 또한 매 런마다 단 하나의 버퍼 블록이 사용 가능하므로, 정렬하는 데 $2 * \lceil 400/3 \rceil + 400 * (2 * 8 - 1) = 6{,}268$회의 탐색이 필요하고, 결과를 기록하는 데 400회의 탐색이 필요하여, 총 6,668회의 탐색이 필요하다.
2. 이와 마찬가지로, *student*를 정렬하는 데 $\lceil \log_{3-1}(100/3) \rceil = 6$회의 합병 단계와, $100 * (2\lceil \log_{3-1}(100/3) \rceil + 1$, 즉 1,300번의 블록 전송이 필요하며 정렬 결과를 쓰기 위해 100번의 블록 전송이 더 필요하다. 또한 정렬하는 데 $2 * \lceil 100/3 \rceil + 100 * (2 * 6 - 1) = 1{,}168$회의 탐색이 필요하고, 결과를 기록하는 데 100회의 탐색이 필요하여, 총 1,268회의 탐색이 필요하다.
3. 마지막으로, 두 릴레이션을 합병하는 데 400 + 100 = 500회의 블록 전송과 500회의 탐색이 필요하다.

따라서 각 릴레이션이 정렬되어 있지 않고 메모리 크기가 세 블록에 불과한 경우, 총비용으로 9,100번의 블록 전송과 8,932번의 탐색이 필요하다.

메모리 크기가 25블록이고 릴레이션이 정렬되어 있지 않은 경우, 정렬과 합병-조인의 비용은 다음과 같다.

1. 단 한 번의 합병 단계로 *takes* 릴레이션을 정렬할 수 있고, 이때 총 $400 * (2\lceil \log_{24}(400/25) \rceil + 1) = 1{,}200$회 블록 전송이 이루어진다. 마찬가지로, *student* 릴레이션을 정렬하는 데에는 300회의 블록 전송이 필요하다. 정렬된 결과를 기록하는 데 400 + 100 = 500회의 블록 전송이 필요하며, 합병 단계에서 자료를 다시 읽는 데 500회의 블록 전송이 필요하다. 이 비용을 다 합하면 총 2,500회의 블록 전송이 요구된다.
2. 각 런마다 단 하나의 버퍼 블록이 할당된다고 가정하면, *takes*를 정렬하고 정렬된 결과를 기록하는 데 $2 * \lceil 400/25 \rceil + 400 + 400 = 832$회의 탐색이 필요하고, *student*를 정렬하고 정렬된

결과를 기록하는 데 2 * ⌈100/25⌉ + 100 + 100 = 208회의 탐색이 필요하고, 합병-조인 단계에서 정렬된 자료를 읽는 데 400 + 100 = 500회의 탐색이 필요하다. 이 비용을 모두 합하면 총 1,640회의 탐색이 요구된다.

각 런에 더 많은 버퍼 블록을 할당하면 탐색 횟수가 현격히 줄어든다. 예를 들어, 다섯 개의 버퍼 블록이 각 런 및 *student*의 네 런을 합쳐 결과를 내는 단계에 할당된다면, 총 탐색 횟수는 208회에서 2 * ⌈100/25⌉ + ⌈100/5⌉ + ⌈100/5⌉ = 48회로 줄어든다. 만약 합병-조인 단계에서 *takes*와 *student*를 버퍼링하는 데 한두 개의 블록이 할당된다면, 합병-조인 단계의 탐색 횟수는 500에서 ⌈400/12⌉ + ⌈100/12⌉ = 43으로 줄어든다. 이들을 모두 합하면 총 탐색 횟수는 251이 된다.

따라서 릴레이션이 정렬되지 않았고 메모리 크기가 25블록인 경우, 전체 비용은 2,500회의 블록 전송과 251회의 탐색이 된다.

15.5.4.3 혼합 합병-조인

만약 각 릴레이션의 조인 속성에 대한 보조 인덱스가 구축되어 있는 경우, 정렬되지 않은 튜플에 대해 변형된 합병-조인 연산을 수행할 수 있다. 인덱스를 통해 레코드를 스캔하면 정렬된 순서로 레코드를 얻어 낼 수 있기 때문이다. 하지만 레코드가 파일 블록에 흩어져 있을 수 있기 때문에 이러한 방법은 심각한 결점을 가지게 된다. 이 경우, 하나의 튜플에 접근하는 데 한 번의 블록 전송이 필요할 수 있으며, 이것은 매우 비용이 많이 들게 된다.

이러한 비용을 피하기 위해, 합병-조인과 인덱스를 함께 사용하는 혼합 합병-조인 기법을 사용할 수 있다. 하나의 릴레이션은 정렬되어 있고 다른 릴레이션은 정렬되어 있지 않지만 조인 속성에 대해 보조 B^+-트리 인덱스를 가지는 경우를 생각해 보자. **혼합 합병-조인 알고리즘**(hybrid merge-join algorithm)을 통해 정렬된 릴레이션을 보조 B^+-트리 인덱스의 단말 노드와 합병할 수 있다. 결과 파일은 정렬된 릴레이션의 튜플과 정렬되지 않은 릴레이션의 튜플에 대한 주소를 포함한다. 그래서 결과 파일은 정렬되지 않은 릴레이션의 튜플의 주소로 정렬이 되는데, 이는 해당 튜플의 효율적인 검색을 가능하게 하여 조인을 완성한다. 두 개의 릴레이션 모두 정렬되지 않은 경우의 확장은 연습문제로 남겨 두었다.

15.5.5 해시-조인

합병-조인 알고리즘처럼, 자연 조인과 동등 조인을 구현하는 데 해시-조인 알고리즘을 사용할 수 있다. 해시-조인 알고리즘에서 해시 함수 h는 각 릴레이션의 튜플을 분할하기 위해 사용한다. 기본적인 아이디어는 각 릴레이션을 조인 속성에 대해 동일한 해시 값을 가지는 집합으로 분할한다는 것이다.

여기서 다음과 같이 가정한다.

- h는 *JoinAttrs*를 $\{0, 1, \ldots, n_h\}$로 대응시키는 해시 함수다. 이때 *JoinAttrs*는 자연 조인에서 사용하는 릴레이션 r과 s의 공통 속성을 나타낸다.

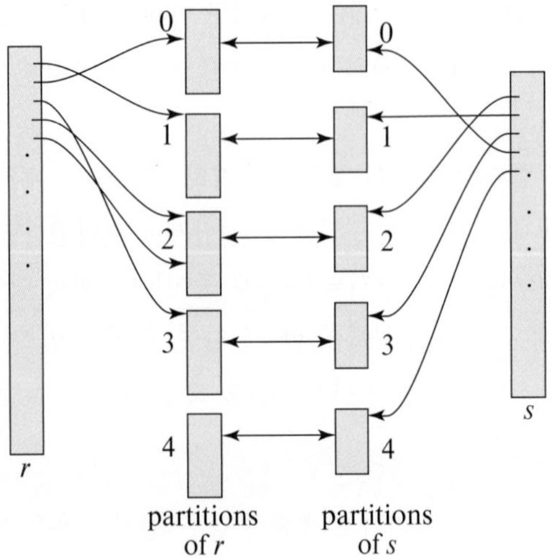

그림 15.9 릴레이션의 해시 분할

- $r_0, r_1, \ldots, r_{n_h}$은 릴레이션 r에 있는 튜플의 분할을 나타내고, 초기에는 비어 있는 상태다. 각 튜플 $t_r \in r$은 $i = h(t_r[JoinAttrs])$인 경우 분할 r_i에 포함되게 된다.
- $s_0, s_1, \ldots, s_{n_h}$은 릴레이션 s에 있는 튜플의 분할을 나타내고, 초기에는 비어 있는 상태다. 각 튜플 $t_s \in s$는 $i = h(t_s[JoinAttrs])$인 경우 분할 s_i에 포함되게 된다.

해시 함수 h는 14장에서 설명한 무작위성과 균일성을 "좋은 점"으로 가지고 있어야 한다. 그림 15.9는 릴레이션의 분할을 나타낸다.

15.5.5.1 기초

해시-조인 알고리즘에 있는 아이디어는 다음과 같다. 릴레이션 r의 튜플과 릴레이션 s의 튜플이 조인 조건을 만족한다고 하면 이 두 튜플은 조인 속성에 대해 동일한 값을 가진다. 만약 이 값을 해시한 경우 값이 i라고 하면, r의 튜플은 r_i에 s의 튜플은 s_i에 들어가게 된다. 따라서 r_i에 있는 튜플은 s_i에 있는 튜플과 조인되어야 하며, 다른 분할에 있는 s의 튜플과는 비교할 필요가 없다.

예를 들어, 만약 d가 *student*에 있는 튜플이고 c가 *takes*에 있는 튜플이고 h를 *ID* 속성에 대한 해시 함수라고 할 때 d와 c는 $h(c) = h(d)$인 경우에만 테스트되어야 한다. 만약 $h(c)$가 $h(d)$와 다른 경우, c와 d는 *ID*s에 대해 반드시 다른 값을 가지고 있게 된다. 하지만 $h(c) = h(d)$일지라도 c와 d는 같은 해시 값을 가지는 서로 다른 *ID*를 가질 수 있으므로 c와 d가 조인 속성에 대해 같은 값을 가지고 있는지 테스트해 봐야 한다.

그림 15.10은 릴레이션 r과 s에 대한 자연 조인을 수행하는 자세한 **해시-조인**(hash-join) 알고리즘을 보여 준다. 합병-조인 알고리즘에서와 같이 $t_r \bowtie t_s$는 t_r과 t_s 튜플의 속성을 연결한 후, 반복되는 속성을 제거한 것을 나타낸다. 각 릴레이션을 분할한 후에 나머지 해시-조인 코드는 각 분할 쌍 $i(i = 0, \ldots, n_h)$에 대해 인덱스를 사용하는 중첩 루프 조인을 수행한다. 이렇게 하기 위해, 각 s_i에 해시 인덱스를 **구축**(build)한 후 r_i에 있는 튜플로 s_i에 있는 튜플을 **탐색**(probe)한다. 이때 릴레

```
/* Partition s */
for each tuple t_s in s do begin
  i := h(t_s[JoinAttrs]);
  H_{s_i} := H_{s_i} ∪ {t_s};
end
/* Partition r */
for each tuple t_r in r do begin
  i := h(t_r[JoinAttrs]);
  H_{r_i} := H_{r_i} ∪ {t_r};
end
/* Perform join on each partition */
for i := 0 to n_h do begin
  read H_{s_i} and build an in-memory hash index on it;
  for each tuple t_r in H_{r_i} do begin
    probe the hash index on H_{s_i} to locate all tuples t_s
      such that t_s[JoinAttrs] = t_r[JoinAttrs];
    for each matching tuple t_s in H_{s_i} do begin
      add t_r ⋈ t_s to the result;
    end
  end
end
```

그림 15.10 해시-조인

이션 s를 **구축 입력**(build input)이라 하고 릴레이션 r을 **탐색 입력**(probe input)이라고 한다.

s_i에 있는 해시 인덱스는 메모리에 구축되며 따라서 튜플을 꺼내기 위해 디스크에 접근할 필요가 없다. 이 해시 인덱스를 구축하기 위해 사용되는 해시 함수는 이전에 사용된 해시 함수 h와는 다른 함수여야 한다. 하지만 여전히 조인 속성에 대해 해시 함수를 적용하는 것은 마찬가지다. 이 단계의 인덱스를 사용하는 중첩 루프 조인에서 시스템은 이 해시 인덱스를 탐색 입력에 있는 레코드와 맞는 구축 입력의 레코드를 얻어 내기 위해서 사용된다.

구축과 탐색 단계는 구축과 탐색 입력을 통한 하나의 패스(pass)만으로 이루어진다. 일반적인 동등 조인을 처리하기 위해 이 해시-조인 알고리즘을 확장하는 것은 매우 간단하다.

각 i에 대해서 분할 s_i(구축 입력의 분할)에 있는 튜플과 해시 인덱스가 메모리에 올라올 수 있도록 n_h 값은 충분히 큰 값이어야 한다. 하지만 탐색 릴레이션(probe relation)의 분할은 한 번에 메모리로 올라올 필요가 없다. 당연히 크기가 더 작은 릴레이션을 구축 릴레이션으로 사용하는 것이 효율적이다. 만약 구축 릴레이션의 크기가 b_s 블록인 경우, 각 n_h개의 분할의 크기는 M보다 작거나 같은 크기여야 하므로, n_h는 적어도 $\lceil b_s/M \rceil$보다 크거나 같아야 한다. 더 정확히 말하자면, 분할에서 해시 인덱스를 사용해야 하기 때문에, n_h는 해시 인덱스를 위한 여분의 공간을 고려한 더 큰 값이 되어야 한다. 단순하게 하기 위해서, 가끔씩 해시-조인의 분석에서 해시 인덱스를 위한 공간을 무시하기도 한다.

15.5.5.2 재귀 분할

만약 n_h가 메모리의 블록의 개수보다 크거나 같은 경우, 릴레이션은 한 번에 분할될 수 없다. 왜냐하면 메모리 내에 충분한 버퍼 블록이 존재하지 않기 때문이다. 이 경우에 분할은 여러 단계에 걸쳐서 수행된다. 첫 번째 단계에서 입력은 출력 버퍼로 사용될 수 있는 블록의 개수만큼으로 분할된다. 다음 단계에서 더 작은 분할을 만들기 위해서, 첫 번째 단계에서 만들어진 각 버켓을 따로따로 읽어 들인 후에 그것을 다시 분할한다. 각 단계에서 사용되는 해시 함수는 물론 서로 다른 해시 함수여야 한다. 구축 입력의 각 분할이 한 번에 메모리에 올라올 수 있는 크기가 될 때까지 이 과정을 반복한다. 이러한 분할 방법을 **재귀 분할**(recursive partitioning)이라고 부른다.

$M > n_h + 1$, 즉 $M > (b_s/M) + 1$(단순화하자면 대략 $M > \sqrt{b_s}$)인 경우, 릴레이션을 재귀 분할을 할 필요가 없게 된다. 예를 들어, 메모리 크기가 12메가바이트이고 4킬로바이트 블록으로 나뉘어 있다고 하면, 총 3,072개의 블록을 담을 수 있게 된다. 이 경우 3,072 ∗ 12메가바이트, 즉 36기가바이트의 크기인 릴레이션을 분할할 수 있다. 마찬가지로, 1기가바이트 크기의 릴레이션에 대해, $\sqrt{256\text{K}}$개의 블록, 즉 2메가바이트 크기의 메모리가 있으면 재귀 분할을 하지 않아도 된다.

15.5.5.3 오버플로 처리

s_i에 대한 해시 인덱스가 메인 메모리보다 큰 경우 구축 릴레이션 s의 i번째 분할에서 **해시 테이블 오버플로**(hash-table overflow)가 발생한다. 해시 테이블 오버플로는 구축 릴레이션에서 조인 속성에 대해 같은 값을 가지는 튜플이 많은 경우, 즉 해시 함수가 임의성(randomness)과 균등성(uniformity)의 속성을 가지지 못하는 경우 발생한다. 이 경우, 어떤 분할은 평균보다 많은 튜플을 가지게 되는 반면에 어떤 분할은 적은 튜플을 가지게 된다. 이것을 분할이 **치우쳤다**(skewed)고 말한다.

이러한 치우침을 처리하기 위해서 분할의 개수를 증가시켜 하나의 분할의 크기의 기댓값을 메모리의 크기보다 작게 만들 수 있다. 이렇게 증가된 분할의 개수를 **퍼지 요인**(fudge factor)이라고 한다. 보통 퍼지 요인은 15.5.5절에서 설명한 해시 분할의 개수의 약 20%가 된다.

퍼지 요인을 이용함으로써 분할의 크기를 줄인다고 할지라도, 여전히 오버플로가 발생할 수 있다. 해시 테이블 오버플로는 오버플로 분해 또는 오버플로 방지를 통해 처리할 수 있다. **오버플로 분해**(overflow resolution)는 구축 단계에 해시 인덱스 오버플로가 발견되는 경우에 수행된다. 오버플로 분해는 다음과 같은 방법으로 수행된다. 만약 s_i의 크기가 너무 커지는 경우, 다른 해시 함수를 이용해서 더 작은 분할로 분할한다. 마찬가지로, r_i 또한 새로운 해시 함수를 이용해 분할해야 하고 같은 분할끼리 조인해야 한다.

반면에 **오버플로 방지**(overflow avoidance)는 구축 단계에 오버플로가 발생하지 않도록 주의 깊게 분할을 수행한다. 오버플로 방지에서 구축 릴레이션 s를 초기에 많은 작은 분할로 나눈 후 몇몇 분할을 메모리 크기에 맞도록 합치는 작업을 수행한다. 탐색 입력도 같은 방법으로 분할되고 합쳐져야 하지만 탐색 입력의 분할 r_i의 크기는 어떤 크기가 되어도 문제 되지 않는다.

구축 릴레이션 s에 있는 많은 수의 튜플이 조인 속성에 대해 같은 값을 가지는 경우 오버플로 분해 방법이나 방지 방법은 어떤 데이터 분할에서는 실패할 수 있다. 이러한 경우 메모리 내에서 해시 인덱스를 구축하는 것이 아니라 분할을 중첩 루프 조인을 통해 조인한다. 물론 블록 중첩 루프 조인과 같은 조인 기법을 사용해도 된다.

15.5.5.4 해시-조인의 비용

이제 해시-조인의 비용을 알아보자. 우리의 분석은 해시 테이블 오버플로가 발생하지 않는다는 가정하에 이루어진다. 우선 재귀 분할이 필요하지 않은 경우에 대해 생각해 보자.

- 두 릴레이션 r과 s의 분할은 두 릴레이션을 모두 읽어 들여야만 가능하며 분할 후 다시 분할된 두 릴레이션을 모두 쓰게 된다. 이 과정은 $2(b_r + b_s)$번의 블록 전송을 필요로 한다. 이때 b_r과 b_s는 각각 릴레이션 r과 s에 있는 레코드를 담기 위한 블록의 개수를 의미한다. 구축과 탐색 단계에서 각 분할을 한 번씩 읽어 들이므로 $b_r + b_s$번의 블록 전송을 하게 된다. 하지만 이때 부분적으로 채워진(다 차지 않은) 분할이 존재하게 되므로 분할에 의해 만들어진 블록의 개수는 $b_r + b_s$보다 약간 큰 값을 가지게 된다. 이와 같이 부분적으로 채워진 분할에 접근하기 위해 드는 부담은 각 릴레이션마다 $2n_h$를 넘지 않는다. 왜냐하면 많아야 n_h개의 부분적으로 채워진 분할을 릴레이션 분할 시 써야 하고 입력과 탐색 단계에서 읽어 들여야 때문이다. 따라서 해시-조인은

$$3(b_r + b_s) + 4n_h$$

회의 블록 전송을 필요로 한다. 여기서 $4n_h$는 일반적으로 $b_r + b_s$의 값보다 훨씬 작은 값이므로 무시할 수 있다.

- 입력 버퍼와 각각의 출력 버퍼에 대해 b_b개의 블록이 할당된다고 가정하면, 분할은 총 $2(\lceil b_r/b_b \rceil + \lceil b_s/b_b \rceil)$회의 탐색을 필요로 한다. 구축과 탐색 단계에는 각 분할이 순차적으로 읽힐 수 있으므로, 각 릴레이션의 n_h개의 분할 각각에 대해 단 한 번의 탐색이 필요하다. 따라서 해시-조인은 $2(\lceil b_r/b_b \rceil + \lceil b_s/b_b \rceil) + 2n_h$회의 탐색을 필요로 한다.

이제 재귀 분할이 필요한 경우에 대해 생각해 보자. b_b개의 블록이 각 분할을 버퍼링하기 위해 할당되었다고 가정하자. 분할의 각 단계에서 분할의 크기를 $\lfloor M/b_b \rfloor - 1$의 비율로 줄이게 된다. 또한 분할의 크기가 M블록보다 작아질 때까지 단계가 계속되므로 릴레이션 s의 분할에 필요한 단계의 수는 $\lceil \log_{\lfloor M/b_b \rfloor - 1}(b_s/M) \rceil$이 된다.

- 각 단계에서 릴레이션의 모든 블록을 읽고 쓰게 되므로 릴레이션 s를 분할하기 위해서 필요한 총 블록 전송 횟수는 $2b_s\lceil \log_{\lfloor M/b_b \rfloor - 1}(b_s/M) \rceil$이 된다. 릴레이션 r을 분할하는 경우도 마찬가지이므로, 조인은

$$2(b_r + b_s)\lceil \log_{\lfloor M/b_b \rfloor - 1}(b_s/M) \rceil + b_r + b_s$$

회의 블록 전송을 필요로 한다.

- 역시 각 분할을 버퍼링하는 데 b_b개의 블록이 할당된다고 가정하고, 구축과 탐색 단계에 필요한 상대적으로 적은 수의 탐색을 무시하면, 재귀 분할을 사용하는 해시-조인은

$$2(\lceil b_r/b_b \rceil + \lceil b_s/b_b \rceil)\lceil \log_{\lfloor M/b_b \rfloor - 1}(b_s/M) \rceil$$

  회의 디스크 탐색을 필요로 한다.

예를 들어, *takes* ⋈ *student*의 자연 조인을 생각해 보자. 메모리의 크기가 20블록이라고 할 때, *student* 릴레이션을 각각 20블록 크기를 가지는 다섯 개의 분할로 나눌 수 있다. 한 번의 패스로 분할을 수행할 수 있다. *takes* 릴레이션도 마찬가지로 다섯 개의 분할로 나눌 수 있으며 이때 각 분할의 크기는 80블록이 된다. 부분적으로 채워지는 블록을 쓰는 비용을 무시하면 두 릴레이션을 조인하는 데 드는 비용은 3(100 + 400) = 1,500 블록 전송 횟수가 된다. 분할하는 동안 입력과 다섯 개의 출력에 대해 세 개의 버퍼를 할당(즉 $b_b = 3$)할 수 있을 정도로 메모리가 충분하므로, $2(\lceil 100/3 \rceil + \lceil 400/3 \rceil) = 336$회의 탐색이 이루어진다.

만약 메인 메모리의 크기가 크다면 해시-조인 기법은 향상될 수 있다. 전체 구축 입력이 메모리에 유지될 수 있을 정도로 메모리양이 충분한 경우, n_h는 0이 될 수 있다. 그러면 해시-조인 알고리즘은 릴레이션을 임시 파일에 분할할 필요가 없으므로 매우 빠르게 수행될 수 있다. 이때 비용은 $b_r + b_s$회의 블록 전송과 두 번의 탐색으로 줄어들게 된다.

외부 릴레이션의 크기가 작고 인덱스 조회를 통해 내부 (인덱스된) 릴레이션으로부터 몇 개의 튜플만 꺼내오는 경우, 인덱스를 사용하는 중첩 루프 조인은 해시-조인보다 비용이 훨씬 적게 든다. 그러나 보조 인덱스가 사용되고 외부 릴레이션의 튜플 수가 많은 경우, 인덱스를 사용하는 중첩 루프 조인은 해시-조인에 비해 비용이 매우 높을 수 있다. 질의 최적화 과정 중에 외부 릴레이션의 튜플 수를 알 수 있다면, 그 시점에 최상의 조인 알고리즘 선택이 가능하다. 그러나 경우에 따라 (예를 들어, 외부 릴레이션에 선택 조건이 있는 경우), 질의 최적화기는 부정확한 추정 값을 기반으로 조인 알고리즘 선택을 결정한다. 외부 릴레이션의 튜플 수는 실행 시간 중에(예를 들어, 선택 연산을 실행한 후) 정확하게 구할 수 있다. 그러므로 일부 시스템은 외부 릴레이션의 튜플 수를 구한 후, 실행 시간 중에 동적으로 두 알고리즘(즉 인덱스를 사용하는 중첩 루프 조인과 해시-조인) 간의 선택을 결정한다.

15.5.5.5 혼합 해시-조인

혼합 해시-조인(hybrid hash-join) 알고리즘은 해시-조인에 또 다른 최적화를 수행한다. 이 알고리즘은 메모리에 구축 입력을 모두 수용하지는 못하지만 비교적 메모리 크기가 클 때 유용하다. 해시-조인은 분할 단계에 입력 버퍼로 최소 한 블록의 메모리가 필요하고 생성되는 각 분할마다 한 블록씩의 메모리가 필요하게 된다. 탐색의 효과를 줄이기 위해 더 많은 수의 블록을 버퍼로 이용할 것이다. b_b가 입력과 각각의 분할에 대한 버퍼로 사용되는 블록의 개수라 하자. 즉 총 $(n_h + 1) * b_b$ 블록의 메모리가 두 릴레이션을 분할하기 위해 필요하다. 만약 메모리가 $(n_h + 1) * b_b$보다 크게 되면 나머지 메모리($M - (n_h + 1) * b_b$ 블록)를 구축 입력의 첫 번째 분할(즉 s_0)을 저장하기 위한 버

퍼로 사용할 수 있다. 따라서 이 분할을 디스크에 쓰고 다시 읽어 들이는 일을 할 필요가 없다. 이때 해시 함수를 s_0에 대한 해시 인덱스가 $M - (n_h + 1) * b_b$ 블록의 크기에 맞도록 구성하여 s_0가 항상 메모리에 있도록 만들 수 있다.

시스템이 r을 분할할 때도 r_0를 디스크에 쓰지 않고 대신 r_0에 들어가는 튜플이 만들어질 때마다 각 튜플을 s_0와 직접 조인하여 조인 결과를 만들 수 있다. 이와 같은 방법으로 r_0에 해당하는 분할은 메모리를 사용하지 않고 조인할 수 있게 된다. 따라서 읽기와 쓰기 각 한 번씩 r_0와 s_0에 대해 비용을 감소시킬 수 있다. 다른 분할에 대해서는 이전과 마찬가지로 디스크에 쓰고 나중에 조인하게 된다. 혼합 해시-조인에서 절약되는 비용은 구축 입력이 메모리의 크기보다 약간 더 클 때 매우 중요한 역할을 하게 된다.

만약 구축 릴레이션의 크기가 b_s인 경우, n_h는 약 b_s/M과 같아진다. 따라서 혼합 해시-조인은 $M >> (b_s/M) * b_b$ 또는 $M >> \sqrt{b_s * b_b}$인 경우 가장 유용하게 된다. 이때 >> 표현은 "훨씬 더 크다(much larger than)"라는 의미다. 예를 들어, 블록의 크기가 4킬로바이트이고 구축 릴레이션의 크기가 5기가바이트, 그리고 b_b가 20인 경우를 생각해 보자. 이때 메모리의 크기가 20메가바이트보다 큰 경우 혼합 해시-조인 알고리즘을 아주 유용하게 사용할 수 있다. 오늘날 일반적으로 컴퓨터는 기가바이트 이상의 메모리를 가진다. 만약 1기가바이트를 조인 알고리즘에 쓴다면, s_0는 거의 1기가바이트, 그리고 혼합 해시-조인은 해시-조인보다 거의 20% 가까이 저렴한 비용이 들 것이다.

15.5.6 복잡한 조인

중첩 루프 조인과 블록 중첩 루프 조인은 조인 조건과 상관없이 사용할 수 있다. 다른 조인 기법은 이들보다 더 효율적이지만 자연 조인이나 동등 조인과 같은 단순 조인 조건을 가지는 조인만 처리할 수 있다는 단점을 가지고 있다. 15.3.3절에서 다룬 복잡한 선택 연산을 처리하는 기법을 적용한다면 논리합이나 논리곱과 같은 복잡한 조인 조건을 가지는 조인을 효율적인 조인 기법을 이용하여 처리할 수 있다.

다음과 같은 논리곱 조건을 가지는 조인을 생각해 보자.

$$r \bowtie_{\theta_1 \wedge \theta_2 \wedge \cdots \wedge \theta_n} s$$

이전에 설명한 하나 이상의 조인 기법을 $r \bowtie_{\theta_1} s$, $r \bowtie_{\theta_2} s$, $r \bowtie_{\theta_3} s$, ... 등과 같은 각각 조건에 대한 조인에 사용할 수 있다. 우선 $r \bowtie_{\theta_i} s$와 같은 단순한 조인의 결과를 계산함으로써 전체 조인의 결과를 얻어 낼 수 있다. 중간 결과로 나오는 각 튜플은 릴레이션 r의 하나의 튜플과 릴레이션 s의 하나의 튜플로 구성되어 있다. 전체 조인의 결과는 이 중간 결과 중 다음과 같은 남아 있는 조건을 만족하는 튜플로 구성된다.

$$\theta_1 \wedge \cdots \wedge \theta_{i-1} \wedge \theta_{i+1} \wedge \cdots \wedge \theta_n$$

이 조건은 $r \bowtie_{\theta_i} s$를 통해 생성된 튜플을 대상으로 테스트될 수 있다.

다음과 같은 논리합이 포함된 조인은

$$r \bowtie_{\theta_1 \vee \theta_2 \vee \cdots \vee \theta_n} s$$

다음과 같은 각각의 조인 결과의 합집합으로 계산될 수 있다.

$$(r \bowtie_{\theta_1} s) \cup (r \bowtie_{\theta_2} s) \cup \cdots \cup (r \bowtie_{\theta_n} s)$$

15.6절에서 릴레이션의 합집합을 계산하는 알고리즘에 대해 알아본다.

15.5.7 공간 데이터에 대한 조인

지금까지 설명한 조인 알고리즘은 조인되는 데이터 유형에 대해 구체적인 가정을 하지 않았지만, 표준 비교 연산(예: '=', '<', '>')을 사용한다고 가정하고 있다.

공간 데이터에 대한 선택 및 조인 조건은 한 지역(region)이 다른 지역을 포함하거나 겹치는지 여부 또는 한 지역에 특정 지점이 포함되어 있는지를 확인하는 비교 연산자를 포함한다. 이때 지역은 다차원 공간상에서 표현될 수 있다. 2차원 공간에서 주어진 점과 가장 가까운 점의 집합을 구하는 것과 같이 두 점 사이의 거리를 비교할 수도 있다.

2차원 이상의 공간 데이터의 경우 단순 정렬이 불가능하므로, 합병-조인은 이러한 비교 연산에 사용될 수 없다. 겹침 또는 포함 조건을 만족하는 튜플이 동일한 값으로 해시되도록 할 수 없기 때문에, 해싱을 기반으로 한 데이터 분할 기법도 적용될 수 없다. 중첩 루프 조인은 조인 조건에 관계없이 항상 사용 가능하지만, 큰 데이터에 대해서는 매우 비효율적이다.

그러나 적절한 공간 인덱스를 사용할 수 있으면, 인덱스를 사용하는 중첩 루프 조인을 사용할 수 있다. 14.10절에서는 R-트리, k-d 트리, k-d-B 트리, 사분위트리를 포함하여 공간 데이터에 대한 여러 유형의 인덱스를 다루었으며, 이러한 인덱스에 대한 자세한 내용은 24.4절에서 추가로 제공한다. 이러한 인덱스 구조를 이용하여 포함, 포함되는, 겹침과 같은 조건을 만족하는 공간 데이터를 효율적으로 검색할 수 있고 가장 가까운 점을 효과적으로 찾을 수 있다.

오늘날 대부분의 주요 데이터베이스 시스템은 공간 데이터에 대한 인덱싱을 지원하며, 공간 비교 조건을 사용하는 질의 처리 시 이러한 인덱스를 활용한다.

15.6 기타 연산

기타 관계형 연산과 확장 관계형 연산—중복 제거, 추출, 집합 연산, 외부 조인, 집계 등—은 15.6.1절부터 15.6.5절까지 설명한 방법을 이용해 구현할 수 있다.

15.6.1 중복 제거

중복 제거는 정렬을 이용하여 쉽게 구현할 수 있다. 동일한 튜플은 정렬의 결과로 서로 인접해서 나타나게 되고 이때 하나만 남겨 두고 나머지를 제거할 수 있다. 외부 정렬-합병을 사용할 경우 런이 생성될 당시 중복을 찾아낼 수 있으며 각 런을 디스크에 쓰기 전에 중복되는 튜플을 제거할 수 있다. 따라서 블록 전송 횟수를 줄일 수 있다. 나머지 중복되는 튜플을 합병 단계에서 제거할 수 있으며 최종적으로 정렬된 런은 중복된 튜플을 가지지 않게 된다. 최악의 경우 중복 제거에 드는 비용은 릴레이션을 정렬할 때 드는 최악의 경우의 비용과 동일하다.

해시-조인 알고리즘에서와 같이 해시를 이용해서 중복 제거를 구현할 수도 있다. 우선, 해시 함수를 이용해 릴레이션을 분할한다. 그런 후에 각 분할을 읽어 들여서 메모리 내에 해시 인덱스를 구축한다. 해시 인덱스를 구축하는 동안 기존에 들어 있지 않은 튜플들만 인덱스에 넣고 중복되는 튜플은 모두 제거한다. 분할 내의 모든 튜플을 처리한 후 해시 인덱스 내에 있는 튜플을 결과에 씀으로써 중복 제거를 구현할 수 있다. 이때 비용은 해시-조인에서 구축 릴레이션을 처리하는 비용(각 분할을 분할하고 읽는 비용)과 같다.

중복 제거의 비용이 비교적 크기 때문에, SQL은 사용자가 명시적으로 중복 제거를 요청하도록 하며 그렇지 않은 경우 중복 제거를 하지 않는다.

15.6.2 추출

중복된 레코드를 가질 수 있는 릴레이션에 대해 각 튜플에 추출 연산을 수행한 후 중복된 레코드를 없앰으로써 쉽게 추출을 구현할 수 있다. 중복된 레코드는 15.6.1절에서 설명한 방법을 이용하여 제거할 수 있다. 만약 추출에서 사용되는 속성이 그 릴레이션의 키 속성을 포함하고 있는 경우 중복은 존재하지 않게 되고 따라서 중복 제거가 필요가 없어진다. 일반적인 추출은 여기서 설명한 추출과 동일한 방법으로 구현될 수 있다.

15.6.3 집합 연산

합집합, **교집합**, **차집합** 등의 집합 연산은 우선 두 릴레이션을 정렬한 후 각 릴레이션을 스캔하여 결과를 얻어 냄으로써 구현될 수 있다. $r \cup s$의 경우 두 릴레이션을 동시에 스캔하면서 두 릴레이션 내에 있는 동일한 튜플을 가려내 하나의 튜플만 결과에 추가하게 된다. $r \cap s$의 결과는 두 릴레이션에서 동시에 나타나는 튜플로 구성된다. $r - s$와 같은 차집합은 s에는 없고 r에만 있는 튜플만 골라냄으로써 구현할 수 있다.

이러한 모든 집합 연산은 두 개의 입력 릴레이션을 한 번 스캔함으로써 구현되므로, 릴레이션이 같은 순서로 정렬되어 있다면 $b_r + b_s$회의 블록 전송이 이루어진다. 각 릴레이션에 하나의 블록 버퍼가 할당되는 최악의 경우에, $b_r + b_s$회의 블록 전송과 더불어 총 $b_r + b_s$회의 디스크 탐색이 필요하다. 추가적인 버퍼 블록을 할당하면 탐색 횟수를 줄일 수 있다.

만약 릴레이션이 정렬되어 있지 않은 경우, 정렬 비용을 이 비용에 추가해야 한다. 두 릴레이션이 같은 정렬 순서를 가지기만 한다면 집합 연산에서 임의의 정렬 순서를 사용할 수 있다.

해시는 집합 연산을 구현하는 또 다른 방법을 제공한다. 첫 번째 단계는 동일한 해시 함수를 이용하여 두 릴레이션을 $r_0, r_1, \ldots, r_{n_h}$와 $s_0, s_1, \ldots, s_{n_h}$와 같이 분할하는 것이다. 연산의 종류에 따라서 시스템은 각 분할 $i = 0, 1, \ldots, n_h$에 다음과 같은 단계를 거치게 된다.

- $r \cup s$
  1. r_i에 대해서 메모리 내에 해시 인덱스를 구축한다.
  2. s_i에 있는 튜플 중 해시 인덱스 내에 존재하지 않는 튜플을 해시 인덱스에 추가한다.
  3. 해시 인덱스에 있는 튜플을 결과에 추가한다.

노트 15.1 키워드 질의에 대한 응답

문서에 대한 키워드 검색은 웹 검색 분야에서 널리 사용되고 있다. 가장 간단한 형식으로 키워드 질의는 단어($K_1, K_2, \ldots, K_n$)로 구성되며, 문서의 집합(D)으로부터 모든 질의 키워드를 포함하는 문서(d_i)를 찾는 것이 목표다. 실제 키워드 검색은 8.3절에서 본 것처럼 TF-IDF 및 페이지랭크(PageRank)와 같은 다양한 메트릭을 기반으로 문서들 간의 순위를 정해야 하기 때문에 복잡하다.

어떤 키워드를 포함하는 문서는 인덱스[**역색인**(inverted index)이라고 함]를 이용하여 효율적으로 찾을 수 있는데, 이러한 인덱스는 각각의 키워드 K_i를 (K_i를 포함하는)문서의 식별자 목록 s_i에 매핑해 준다. 식별자 목록은 정렬된 상태로 유지된다. 예를 들면, 문서 d_1, d_9, d_{21}에 "Silberschatz"라는 키워드가 포함된 경우, 키워드 Silberschatz의 해당 역목록(inverted list)은 "$d_1; d_9; d_{21}$"와 같다. 역목록의 크기를 줄이기 위해 압축 기법을 사용한다. B^+-트리 인덱스를 사용하여 각 키워드 K_i를 해당 역목록인 S_i에 매핑할 수 있다.

키워드 $K_1, K_2, \ldots, K_n$로 구성된 질의를 다음과 같이 처리한다. 각각의 키워드 K_i에 대해 해당 역목록 S_i를 검색한 후, 교집합 $S_1 \cap S_2 \cap \cdots \cap S_n$을 계산하여 모든 목록에 나타나는 문서를 찾을 수 있다. 역목록은 정렬되어 있기 때문에, 모든 목록을 동시에 스캔하여 교집합(intersection) 효율적으로 구현할 수 있다. 많은 정보 검색 시스템은 전부는 아니더라도 여러 개의 키워드를 포함하는 문서를 반환한다. 합병 단계는 n개 키워드 중 적어도 k개 이상의 키워드를 포함하는 문서를 구하도록 쉽게 수정될 수 있다.

키워드 질의 결과에 순위를 부여하기 위해 각각의 역목록에 추가 정보를 저장할 수 있으며, 이때 포함할 수 있는 추가 정보는 키워드의 역문서 빈도(inverse document frequency of the term), 각 문서에 대한 PageRank, 키워드 빈도수 및 문서 내에서 키워드의 위치가 있다. 이러한 정보는 문서의 순위를 부여할 때 기준이 되는 점수를 계산하는 데 사용된다. 예를 들어, 키워드가 서로 가깝게 나타나는 문서는 서로 멀리 떨어진 문서보다 키워드 근접성에 대해 더 높은 점수를 받을 수 있다. 키워드 근접성 점수는 TF-IDF 및 PageRank와 결합하여 전체 점수를 계산하기 위해 사용될 수 있다. 그런 다음 이러한 점수에 따라 문서의 순위가 매겨진다. 대부분의 웹 검색은 상위 몇 개의 답변만 검색한다. 그러므로 검색 엔진은 전체 목록을 계산한 다음 순위를 찾지 않고도 상위 몇 가지 답변을 효율적으로 찾는 데 도움이 되는 여러 최적화 기능을 사용한다. 이와 관련된 자세한 내용은 "더 읽어보기" 절에서 찾을 수 있다.

- $r \cap s$
  1. r_i에 대해서 메모리 내에 해시 인덱스를 구축한다.
  2. s_i에 있는 각 튜플에 대해, 해시 인덱스에 그 튜플이 있는지 검사하고 그 튜플이 해시 인덱스 내에 있을 경우 그 튜플을 결과에 추가한다.
- $r - s$
  1. r_i에 대해서 메모리 내에 해시 인덱스를 구축한다.
  2. s_i에 있는 각 튜플에 대해, 해시 인덱스에 그 튜플이 있는지 검사하고 그 튜플이 해시 인덱스 내에 있을 경우 그 튜플을 해시 인덱스에서 제거한다.

3. 해시 인덱스에 남아 있는 튜플을 결과에 추가한다.

15.6.4 외부 조인

4.1.3절에서 설명한 외부 조인 연산(outer-join operation)에 대해 상기해 보자. 예를 들어, 자연 왼쪽 외부 조인 *takes* ⟕ *student*의 결과 릴레이션은 *takes*와 *student*의 조인 결과와 추가로 *student*에 해당하는 튜플을 가지지 않는 *takes*의 각 튜플 t(즉 *ID*가 *student*에 존재하지 않는 튜플)에 대응하는 튜플 t_1이 결과에 추가된다. *takes*의 스키마에 있는 모든 속성에 대해 튜플 t_1은 튜플 t와 동일한 값을 가지게 된다. t_1의 나머지 속성(즉 *student*의 스키마에 있는 속성)은 null 값을 가지게 된다.

다음의 두 가지 방법 중 하나를 이용해 이러한 외부 조인을 구현할 수 있다.

1. 대응되는 조인을 수행한 후에 그 결과에 나머지 튜플을 추가해 외부 조인의 결과를 얻어 낸다. 왼쪽 외부 조인 연산과 두 릴레이션 $r(R)$, $s(S)$를 생각해 보자. r ⟕$_\theta$ s를 계산하기 위해서 첫 번째로 $r \bowtie_\theta s$를 계산한 후 그 결과를 임시 릴레이션 q_1에 저장한다. 다음에 $r - \Pi_R(q_1)$을 계산한다. 이때 얻어지는 결과는 세타 조인에 참여하지 않은 릴레이션 r의 튜플이 된다. 이 튜플에 릴레이션 s에 해당하는 속성을 null 값으로 채운 후 q_1에 추가함으로써 외부 조인의 결과를 얻어 낼 수 있다. 이때 조인과 추출 그리고 차집합 연산은 이전에 설명한 방법 중 하나를 사용할 수 있다.

   오른쪽 외부 조인 연산 r ⟖$_\theta$ s는 s ⟕$_\theta$ r과 동일하므로 왼쪽 외부 조인과 대칭적인 방법으로 구현될 수 있다. 완전 외부 조인 연산 r ⟗$_\theta$ s는 $r \bowtie s$ 조인 연산을 수행한 후 왼쪽 외부 조인과 오른쪽 외부 조인에서 추가했던 튜플을 추가함으로써 구현할 수 있다.

2. 조인 알고리즘을 수정한다. 중첩 루프 조인 알고리즘을 확장해 왼쪽 외부 조인을 쉽게 계산할 수 있다. 외부 릴레이션에 있는 튜플 중 내부 릴레이션에 있는 어떤 튜플과도 조인되지 않는 튜플을 null 값을 추가해 결과에 쓰면 된다. 그렇지만 중첩 루프 조인 알고리즘을 이용해 완전 외부 조인을 구현하기는 어렵다.

   자연 외부 조인과 동등 조인 조건을 가지는 외부 조인은 합병-조인과 해시-조인 알고리즘을 확장하여 계산할 수 있다. 합병-조인은 완전 외부 조인을 구현하기 위해서 다음과 같이 확장할 수 있다. 두 릴레이션의 합병이 수행된 후에 각 릴레이션에서 조인에 참여하지 않은 튜플에 null 값을 채운 후 결과에 추가한다. 유사한 방법으로 하나의 릴레이션에서만 조인에 참여하지 않는 튜플을 추가함으로써 왼쪽 외부 조인과 오른쪽 외부 조인도 합병-조인을 이용해 확장할 수 있다. 릴레이션이 정렬되어 있으므로, 한 릴레이션 내의 튜플이 다른 릴레이션의 튜플과 조인되는지 아닌지를 쉽게 알아낼 수 있다. 예를 들어 *takes*와 *student*를 합병-조인할 때, 튜플은 *ID*에 의해 정렬된 순서로 읽게 된다. 따라서 한 릴레이션의 각 튜플에 대해 다른 릴레이션에 대응되는 튜플이 있는지 체크하는 것은 매우 쉽다.

   합병-조인 알고리즘을 사용하는 외부 조인의 비용은 합병-조인의 비용과 동일하다. 유일한 차이점은 결과의 크기가 커짐에 따라 결과를 쓰는 비용의 차이인데, 앞서 언급한 것과 같이 이 책에서 결과를 쓰는 비용을 질의 처리 비용에 추가하지 않는다.

외부 조인을 계산하기 위한 해시-조인의 확장은 연습문제로 남겨 두었다(문제 15.21).

15.6.5 집계

3.7절에서 설명한 집계 함수(연산자)를 생각해 보자. 예를 들어, 다음과 같은 함수

select *dept_name*, **avg** (*salary*)
from *instructor*
group by *dept_name*;

는 각 학과의 평균 급여를 계산한다.

집계 연산은 중복 제거와 동일한 방법으로 구현할 수 있다. 중복 제거와 마찬가지로 정렬 또는 해싱을 사용하지만 그룹화 속성(이전 예제에서 *dept_name*)을 기반으로 한다. 그러나 그룹화 속성에 대해 같은 값을 가지는 튜플을 제거하지 않고 대신 이 튜플에 집계 연산을 적용하여 결과를 얻어 낸다. **min**, **max**, **sum**, **count**, **avg**와 같은 집계 함수의 비용은 중복 제거 연산의 비용과 동일하다.

같은 그룹에 속하는 튜플을 모두 모은 후, 집계 연산을 수행하지 않고 대신 그룹이 생성될 당시 집계 연산을 적용할 수 있다. **sum**과 **min**, **max** 연산의 경우 같은 그룹에 포함되는 두 개의 튜플을 찾은 경우, 시스템은 이들을 집계 연산이 진행되는 열에 대해 **sum**, **min**, **max** 값을 가지는 하나의 튜플로 교체한다. 즉 **sum**, **min**, **max**의 연산을 진행하는 동안 한 개의 튜플을 유지한다. **count** 연산의 경우 각 그룹의 튜플을 찾을 때마다 카운트를 유지한다. 마지막으로 **avg** 연산은 **sum**과 **count**를 계산한 후 **sum**을 **count**로 나눔으로써 결과를 얻을 수 있다.

만약 결과가 메모리 내에 모두 들어갈 수 있다고 한다면, 정렬 기반 또는 해시 기반 구현 모두 디스크에 튜플을 쓸 필요가 없어진다. 튜플을 읽자마자 그것을 정렬 트리 구조나 해시 인덱스에 추가할 수 있기 때문이다. 즉 그룹의 실제적인 튜플을 유지하지 않고 입력이 들어올 때마다 처리한다고 하면 각 그룹에 대해 단 한 개의 튜플만 저장하면 된다. 따라서 정렬 트리 구조나 해시 인덱스는 메모리 내에 유지될 수 있게 되면 집계 연산은 b_r회의 블록 전송과 1회의 탐색만을 필요로 하게 된다. 하지만 미리 그룹을 만들어 저장한 후 집계 연산을 수행하는 경우에는 $3b_r$회의 블록 전송과 최악의 경우 $2b_r$회에 달하는 탐색이 필요하게 된다.

15.7 표현식의 평가

이제까지 어떻게 개별적인 관계형 연산을 수행하는지 공부했다. 이제 여러 개의 연산을 포함하는 하나의 표현식을 어떻게 처리하는지 알아본다. 가장 쉬운 방법은 적당한 순서로 한 번에 하나씩 연산을 평가하는 것이다. 각 평가 결과는 임시 릴레이션에 **실체화**(materialized)되어 나중에 사용될 수 있다. 이 방법의 단점은 임시 릴레이션을 생성해 (크기가 작지 않은 경우) 디스크에 써야 한다는 것이다. 관계 대수 표현식을 평가하는 다른 방법은 여러 개의 연산을 **파이프라인**(pipeline)에서 동시에 수행하는 것이다. 즉 임시 릴레이션을 저장할 필요 없이 한 연산의 결과를 다음 연산으로 바로 넘겨주는 방법이다.

15.7.1절과 15.7.2절에서 실체화와 파이프라이닝 접근 방식에 대해서 살펴본다. 또한 각 접근 방식의 비용이 서로 달라질 수 있다는 것을 알아보고, 실체화 방식만이 가능한 경우에 대해서 살펴본다.

15.7.1 실체화

연산자 트리(operator tree)에 있는 표현식의 시각화된 표현(pictorial representation)을 봄으로써 어떻게 표현식을 평가하는지를 직관적으로 이해할 수 있다. 그림 15.11에 있는 다음과 같은 표현식을 생각해 보자.

$$\Pi_{name}(\sigma_{building = \text{“Watson”}}(department) \bowtie instructor)$$

실체화 접근 방법을 적용하는 경우, 표현식의 가장 낮은 단계(트리의 제일 아랫부분)의 연산부터 수행하게 된다. 예에서 *department*에 대한 선택 연산이 가장 낮은 단계의 연산이 된다. 가장 낮은 단계의 연산에 대한 입력은 데이터베이스 내의 릴레이션이다. 이전에 설명한 알고리즘을 통해 이 연산을 수행한 후 결과를 임시 릴레이션에 저장해 놓을 수 있다. 이 임시 릴레이션을 이용해 트리의 다음 단계에 있는 연산을 수행할 수 있다. 이때 입력은 임시 릴레이션이나 데이터베이스 내의 릴레이션이 될 수 있다. 예에서, 조인 연산은 *instructor* 릴레이션과 *department* 릴레이션에 선택 연산을 수행해서 얻은 임시 릴레이션을 입력으로 가지게 된다. 이 두 입력 릴레이션을 가지고 조인을 수행한 후 다시 또 다른 임시 릴레이션을 생성한다.

이러한 과정을 반복함으로써 트리의 루트에 해당하는 연산을 평가하게 되고, 표현식의 결과를 얻어 내게 된다. 예에서, 조인 연산에 의해 생성된 임시 릴레이션을 입력으로 사용해 트리의 루트에 해당하는 추출 연산을 수행함으로써 표현식의 결과를 얻어 낼 수 있다.

이렇게 표현식을 평가하는 방법을 **실체화 평가**(materialized evaluation)라고 부른다. 왜냐하면 각각의 중간 연산의 결과가 생성된 후 (실체화되고) 다음 단계의 연산을 위해 사용되기 때문이다.

실체화 평가의 비용은 단순히 평가에 참여한 연산자의 비용을 합해서 얻을 수는 없다. 알고리즘의 비용을 계산할 때는 연산의 결과를 디스크에 쓰는 비용을 무시했다. 하지만 여기서와 같이 표현식을 평가하는 경우의 비용은 각 연산의 비용의 합뿐만 아니라 중간 결과를 디스크에 쓰는 비용도

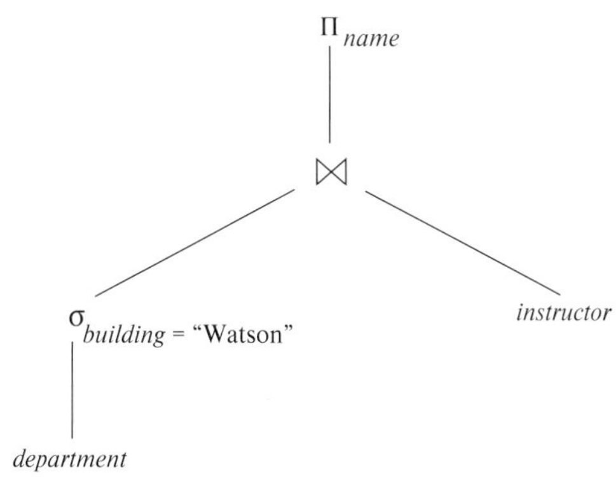

그림 15.11 표현식의 시각화된 표현

포함해야 한다. 여기서는 결과 레코드가 출력 버퍼에 계속 쌓이고 출력 버퍼가 꽉 차는 경우 버퍼를 디스크에 쓴다고 가정한다. 이때 디스크에 쓰는 비용을 n_r/f_r로 추정할 수 있다. 여기서 n_r은 결과 릴레이션 r의 튜플의 개수이고, f_r는 결과 릴레이션의 블록 요인(blocking factor)—즉 한 블록에 들어가는 레코드의 개수—이다. 일련의 기록 중간에 디스크 헤드가 이동할 수 있으므로, 전송 시간에 더불어 디스크 탐색이 요구된다. 출력 버퍼가 b_b개의 블록을 가진다면 총 탐색 횟수는 약$\lceil b_r/b_b \rceil$가 된다.

이중 버퍼링(double buffering)(두 개의 버퍼를 사용해 하나의 버퍼에서 알고리즘이 수행되고 있는 동안 다른 버퍼를 디스크에 쓰는 기법)을 사용하면 입출력과 CPU를 동시에 사용하므로 보다 빠르게 식을 수행할 수 있다. 탐색 횟수를 줄이기 위해서는, 출력 버퍼에 추가적인 블록을 할당하고, 여러 블록을 동시에 기록하면 된다.

15.7.2 파이프라이닝

연산의 중간 결과로 생성되는 임시 파일의 수를 줄임으로써 질의 처리의 효율성을 향상할 수 있다. 파이프라인을 사용해 여러 개의 관계형 연산을 합침으로써 임시 파일의 개수를 줄일 수 있는데, 이는 하나의 연산의 결과를 파이프라인을 통해 다음 연산으로 넘겨주는 방법을 말한다. 방금 설명한 이러한 평가를 **파이프라인 평가**(pipeline evaluation)라 부른다.

예를 들어, $(\Pi_{a1,a2}(r \bowtie s))$와 같은 표현식을 생각해 보자. 만약 실체화를 적용한다면 조인의 결과를 저장하기 위한 임시 릴레이션을 생성하고 그 릴레이션을 추출 연산을 수행하기 위해 다시 읽어들일 것이다. 이 두 개의 연산은 다음과 같이 합쳐질 수 있다. 조인 연산이 결과로 하나의 튜플을 만들어 낼 때마다 그 튜플을 즉시 추출 연산의 입력으로 넘겨준다. 조인과 추출 연산을 합침으로써 중간 결과를 생성하지 않아도 되고 대신에 곧바로 식의 결과를 얻어 낼 수 있다.

연산자의 파이프라인을 생성하는 것은 다음과 같은 두 가지 이득을 제공한다.

1. 질의 평가에 대한 비용을 줄여 주면서 임시 릴레이션을 읽고 쓰는 비용을 제거해 준다. 각 연산에 대해 앞에서 살펴본 비용 공식에는 디스크에서 결과를 읽는 비용이 포함되어 있었다. 연산자 o_i에 대한 입력이 선행 연산자 o_j로부터 파이프라인되어 있다면, 연산자 o_i 비용에는 디스크에서 입력을 읽는 비용이 포함되지 않아야 한다. 그러므로 이러한 특성을 반영하도록 앞에서 살펴본 비용 공식을 수정할 필요가 있다.
2. 질의 평가 계획이 그 입력과 함께 파이프라인으로 결합되면, 질의 결과를 빠르게 생성하기 시작할 수 있다. 이는 결과가 생성됨에 따라 사용자에게 보여 줄 수 있다면 상당히 유용할 수 있다. 만약 그렇지 못하다면 사용자가 어떤 질의 결과를 보기 전에 기나긴 시간 지연이 있을 수도 있기 때문이다.

15.7.2.1 파이프라이닝의 구현

파이프라이닝이 필요한 여러 개의 연산을 하나로 묶어서 하나의 복잡한 연산을 구성함으로써 파이프라인을 구현할 수 있다. 자주 발생할 수 있는 복잡한 연산을 이렇게 구현해 둠으로써 각 상황에 사용하는 것이 가능하다. 그렇지만 파이프라인을 구성할 때는 각각의 기본 연산을 재사용할 수 있도록 구현해서 필요한 경우 각 연산을 연결해서 파이프라인을 구성하는 것이 바람직하다.

그림 15.11의 예에서 각 연산은 파이프라인 내에 위치할 수 있으며, 이때 선택 연산의 결과가 나올 때마다 조인 연산의 입력으로 보내 줄 수 있으며 조인 연산의 결과가 나올 때마다 추출 연산의 입력으로 보내 줄 수 있다. 이런 방법을 사용하면 한 연산의 결과가 오랫동안 메모리에 남아 있지 않기 때문에 메모리 사용량을 줄일 수 있다. 하지만 파이프라이닝을 하게 되면 연산의 입력으로 들어가는 데이터는 처리할 당시에만 존재하게 되고 이후에는 사용할 수가 없게 된다.

파이프라인은 다음 두 가지 중 하나의 방법으로 수행된다.

1. **요구 구동 파이프라인**(demand driven pipeline)에서 시스템은 파이프라인의 상층부에 있는 연산으로부터 튜플에 대한 요구를 반복시키게 된다. 각 연산이 튜플 요구를 받아들일 때마다 각 연산은 다음 튜플을 계산한 후 그 결과를 넘겨준다. 연산의 입력이 파이프라인이 아닌 경우 다음번에 넘겨줘야 할 튜플은 입력 릴레이션으로부터 계산된다. 각 연산은 자신의 입력을 파이프라인으로부터 요구하여 결과를 계산한 후 그 결과를 자신의 부모 연산에게 넘겨준다.
2. **생산자 구동 파이프라인**(producer driven pipeline)에서 각 연산은 튜플에 대한 요구를 기다리지 않고, 튜플을 **즉시**(eagerly) 생성한다. 생산자 구동 파이프라인에서 각 연산은 (파이프라인된 입력에서 일련의 튜플을 가져와 그 입력에 대한 일련의 튜플을 생성하는) 시스템 내의 별도의 프로세스 또는 스레드로 모델링된다.

다음은 요구 구동 파이프라인과 사용자 구동 파이프라인이 어떻게 구현될 수 있는지 소개한다.

요구 구동 파이프라인의 각 연산은 *open*( ), *next*( ), *close*( )와 같은 함수를 제공하는 **반복자**(iterator)를 이용해 구현할 수 있다. *open*( ) 함수를 호출한 후 *next*( ) 함수를 호출할 때마다 연산의 다음번 결과를 넘겨준다. 따라서 입력이 필요할 때마다 자신의 입력으로부터 *open*( )과 *next*( )를 차례로 호출함으로써 각 연산을 구현할 수 있다. *close*( ) 함수는 더 이상 튜플이 필요하지 않은 경우 호출된다. 반복자는 각 함수 호출마다 수행 **상태**(state)를 유지함으로써 연속된 *next*( ) 함수의 호출이 연속되는 결과 튜플을 넘겨줄 수 있도록 한다.

예를 들어, 선형 검색을 이용하는 선택 연산을 구현하는 반복자의 경우 다음과 같이 구현할 수 있다. *open*( ) 함수는 파일 스캔을 시작하게 하며 반복자의 상태는 파일이 스캔되고 있는 위치를 기록하도록 한다. *next*( ) 함수가 호출될 때, 반복자의 상태가 기억하고 있던 이전 위치부터 파일 스캔을 계속한다. 이때 다음번 튜플이 선택 조건을 만족하는 경우 *next*( ) 함수는 현재 위치를 반복자의 상태를 통해 찾아서 저장한 후 그 튜플을 넘겨주게 된다. 합병-조인의 반복자에 있는 *open*( ) 함수는 입력을 열고 입력이 정렬되어 있지 않은 경우에는 입력을 정렬해 줄 것이다. *next*( ) 함수를 호출하는 경우 다음번에 매치되는 튜플의 쌍을 넘겨주게 된다. 상태 정보는 입력이 스캔된 위치까지 기억하고 있게 된다. 반복자 구현의 자세한 사항은 문제 15.7에 남겨 두었다.

반면에 생산자 구동 파이프라인은 다른 방식으로 구현된다. 생산자 구동 파이프라인의 인접한 연산자의 각각의 짝에 대해, 시스템은 하나의 연산자에서 다음 연산자로 넘겨지는 튜플을 유지하기 위한 버퍼를 생성한다. 서로 다른 연산에 상응하는 프로세스나 스레드는 동시에 실행한다. 파이프라인의 아래쪽에 있는 연산은 출력 버퍼가 꽉 찰 때까지 계속해서 결과를 만들어 내어 출력 버퍼에 담아 둔다. 파이프라인의 위쪽에 있는 연산은 파이프라인의 아래쪽에서 입력 튜플을 받는 경우에 출력 버퍼가 꽉 찰 때까지 연산을 수행한다. 각 연산은 파이프라인 입력으로부터 튜플을 얻어올 때마다 입력 버퍼에서 그 튜플을 삭제한다. 출력 버퍼가 꽉 차는 경우 각 연산은 자신의 부모 연산이 버퍼로부터 튜플을 삭제해서 버퍼에 여분의 공간이 생길 때까지 기다린다. 그런 후에 자신의 출력 버퍼가 다시 꽉 찰 때까지 연산을 수행한다. 각 연산의 전체 결과가 모두 생성될 때까지 이 과정을 반복한다.

출력 버퍼가 가득 차거나, 입력 버퍼가 비어 있고 더 많은 출력 튜플을 생성하기 위해 더 많은 입력 튜플이 필요한 경우에만 시스템이 연산 간에 전환한다. 병렬 처리 시스템의 경우 하나의 파이프라인 내에 있는 여러 개의 연산이 서로 다른 프로세서에서 동시에 수행될 수 있다(22.5.1절 참고).

생산자 구동 파이프라인을 사용하는 것은 연산자 트리의 아래에서 위로 데이터를 **밀어 올리는 것**(pushing)과 같고, 요구 구동 파이프라인은 연산자 트리의 위에서 아래에 있는 데이터를 **끌어올리는 것**(pulling)과 같다고 할 수 있다. 생산자 구동 파이프라인의 경우 튜플을 미리(eagerly) 만들지만, 요구 구동 파이프라인의 경우에는 **요구가 있을 때에만**(lazily) 튜플을 만든다. 구현의 편의성 때문에 생산자 구동 파이프라인보다는 요구 구동 파이프라인이 더 많이 사용된다. 그러나 생산자 구동 파이프라인은 병렬 처리 시스템에서 매우 유용하게 사용된다. 생산자 구동 파이프라인은 요구 구동 파이프라인보다 함수 호출 수를 줄일 수 있으므로, 최신 CPU에서 요구 구동 파이프라인보다 더 효율적이다. 생산자 구동 파이프라인은 고성능 질의 평가를 위해 기계어 코드를 생성하는 시스템에서 점점 더 많이 사용되고 있다.

15.7.2.2 파이프라이닝 수행 알고리즘

파이프라이닝은 질의 계획의 간선에 주석을 달아 표현 가능하며, 이러한 간선을 **파이프라인된 간선**(pipelined edge)이라고 한다. 반면에 질의 계획에서 파이프라인닝을 사용하지 않는 간선은 **블로킹하는 간선**(blocking edge) 또는 **실체화된 간선**(materialized edge)이라 한다. 파이프라인된 간선으로 연결된 두 연산자는 동시에 실행되어야 하며, 이는 한 연산자가 튜플을 생성할 때마다 다른 연산자가 생성된 튜플을 사용해야 하기 때문이다. 질의 계획은 파이프라인된 간선을 여러 개 포함할 수 있으며, 파이프라인된 간선으로 연결된 모든 연산자는 동시에 실행되어야 한다. 질의 계획은 다음과 같이 여러 개의 서브트리로 나눌 수 있다. 각각의 서브트리는 파이프라인된 간선으로만 구성되고, 서브트리 간의 연결은 블로킹하는 간선으로 연결된다. 질의 처리기는 계획을 한 번에 한 **파이프라인 단계**(pipeline stage)씩 실행하고, 단일 파이프라인 단계에선 모든 연산자를 동시에 실행한다.

정렬과 같은 몇몇 연산은 태생적으로 **블로킹하는 연산**(blocking operation)이다. 즉 입력의 모든 튜플을 검사하기 전까지는 어떤 결과도 내놓을 수 없다는 뜻이다.[9] 하지만 흥미롭게도 블로킹하는

9 정렬 같은 블로킹 연산은 입력이 이미 정렬되거나, 부분적으로 정렬되거나와 같은 어떤 특별한 속성을 만족하고 있다고 알고 있을 때에만 튜플을 일찍 내놓을 수 있다. 그러나 그러한 정보 없이는 블로킹 연산은 튜플을 일찍 내어놓을 수가 없다.

연산자(blocking operator)는 튜플이 생성될 때마다 바로 생성된 튜플을 사용할 수 있고, 생성된 튜플을 바로 다음 단계 소비자(consumer)에게 제공할 수 있다. 이러한 연산은 실제로 둘 이상의 단계를 거쳐 실행되며, 블로킹은 두 단계 사이에서 발생한다.

예를 들어, 외부 정렬-합병 연산은 실제로 (i) 런 생성, (ii) 런 합병의 두 단계로 구성된다. 런 생성 단계의 입력은 정렬하고자 데이터에 해당하므로, 이 단계는 정렬 연산의 입력 데이터와 파이프라인으로 연결될 수 있다. 반면, 런 합병 단계는 튜플이 생성될 때마다 다음 단계로 튜플을 전달할 수 있으므로, 이 단계는 정렬 연산의 다음 단계 소비자와 파이프라인으로 연결될 수 있다. 그러나 런 합병 단계는 런 생성 단계가 완료된 후에 시작할 수 있다. 그러므로 정렬-합병 연산자는 두 하위 연산자(sub-operator) 간에 파이프라인이 적용되지 않은 간선으로 서로 연결되도록 모델링해야 한다. 그러나 각각의 하위 연산자는 파이프라인된 간선으로 입력 및 출력에 각각 연결될 수 있다.

조인과 같은 다른 연산은 태생적으로 블로킹하는 연산은 아니지만 특정 평가 알고리즘은 블로킹할 수도 있다. 예를 들면, 인덱스를 사용하는 중첩 루프 조인 알고리즘은 외부 릴레이션에 대해 튜플을 받아 옴에 따라 결과 튜플을 내어놓을 수 있으므로, 외부 (왼쪽) 릴레이션과 파이프라인될 수 있다. 그러나 인덱스를 사용하는 중첩 루프 조인 알고리즘을 실행하기 전에 인덱스가 완전히 구축되어야 하기 때문에 인덱스된 (오른쪽) 입력에 대해서는 블로킹한다고 할 수 있다.

해시-조인 알고리즘은, 튜플을 결과 값으로 내어놓기 전에 그 입력이 완전히 얻어지고 분할되어야 한다고 요구하기 때문에 블로킹 연산이다. 그러나 해시-조인 기법은 각 입력을 분할한 후, 각 분할마다 여러 번의 구축-탐색(build-probe) 단계를 수행한다. 따라서 해시-조인 알고리즘은 다음과 같이 3단계로 구성된다: (i) 첫 번째 입력 분할 단계, (ii) 두 번째 입력 분할 단계, (iii) 구축-탐색 단계. 각 입력에 대한 분할 단계는 입력에 의해 생성된 튜플을 사용하므로, 입력과 함께 파이프라인될 수 있다. 구축-탐색 단계는 결과 튜플이 생성될 때마다 다음 단계로 튜플을 전달할 수 있으므로, 다음 단계와 파이프라인될 수 있다. 그러나 구축-탐색 단계는 두 입력에 대해 분할 단계가 완료된 후에 시작할 수 있으므로, 두 개의 분할 단계는 파이프라인되지 않은 간선에 의해 구축-탐색 단계와 연결된다.

혼합 해시-조인은 탐색 릴레이션에 대해서는 부분적으로 파이프라인되어 있다고 볼 수 있다. 왜냐하면 튜플이 탐색 릴레이션에 대해 도착함에 따라 첫 번째 분할로부터 튜플을 결과로 내어놓을 수 있기 때문이다. 그러나 첫 번째 분할에 존재하지 않는 튜플에 대해서는 전체 파이프라인된 입력 릴레이션이 도착해야지만 비로소 결과를 내어놓을 수 있다. 따라서 혼합 해시-조인은 구축 입력 전부가 메모리에 들어가면 그 탐색 입력에 대해 파이프라인된 평가를 제공하고, 대부분의 구축 입력이 메모리에 들어가면 거의 파이프라인된 평가를 제공한다.

그림 15.12a는 두 릴레이션 r과 s를 조인한 후, 조인 결과에 대해 집계를 수행하는 질의를 보여 준다. 자세한 조인 조건, 그룹화 속성, 집계 함수는 설명의 편의성을 위해 생략되어 있다. 그림 15.12b는 해시-조인 및 인메모리 해시 집계를 이용하는 질의에 대한 파이프라인된 계획을 보여 준다. 그림에서 파이프라인된 간선은 일반 선으로, 블로킹하는 간선은 굵은 선으로, 파이프라인 단계는 점선 상자로 각각 표시되어 있다. 해시-조인은 세 개의 하위 연산자로 분할된다. 두 개의 하위

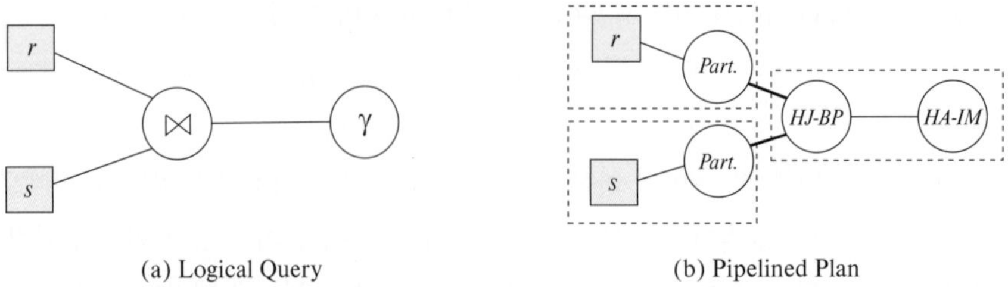

그림 15.12 파이프라인 질의 계획

연산자(*Part.*로 줄여서 표시되어 있음)는 릴레이션 r과 s를 각각 분할한다. *HJ-BP*로 표시된 세 번째 하위 연산자는 해시-조인의 구축-탐색 단계를 수행한다. *HA-IM* 연산자는 인메모리 해시 집계 연산자에 해당한다. 분할 연산자와 *HJ-BP* 연산자는 블로킹하는 간선으로 연결되어 있으며, 이는 *HJ-BP* 연산자는 분할 연산자가 실행을 완료한 후에만 실행을 시작할 수 있기 때문이다. *HJ-BP* 연산자에서 *HA-IM* 연산자로의 간선과 마찬가지로 각 릴레이션(릴레이션 스캔 연산자를 사용하여 검색한다고 가정)과 분할 연산자는 파이드라인된 간선으로 연결되어 있다. 파이프라인 단계는 점선 박스로 표시되어 있다.

일반적으로 각 실체화된 간선에 대해 데이터를 디스크에 쓰는 비용을 추가해야 하며, 소비 연산자(consumer operator)의 비용을 추정할 때, 디스크로부터 데이터를 읽는 비용이 포함되어야 한다. 그러나 실체화된 간선이 단일 연산자의 하위 연산자 사이에 위치한 경우(예: 런 생성과 런 합병 사이), 실체화 비용은 이미 연산자 비용에 포함되어 있으므로 다시 추가해서는 안 된다.

일부 응용 프로그램은 입력과 출력 모두에서 파이프라인되는 조인 알고리즘이 바람직하다. 만약 양쪽 입력이 조인 속성에 대해 정렬되어 있고 조인 조건이 동등 조인이라면, 입력과 출력이 모두 파이프라인된 합병-조인을 이용할 수 있다.

그러나 우리가 조인으로 파이프라인하고자 하는 두 입력이 미리 정렬되어 있지 않은 보다 흔한 경우에서, 다른 대안은 그림 15.13에 나오는 **이중 파이프라인 조인**(double-piplined join) 기술이다. 이 알고리즘은 두 입력 릴레이션 r과 s에 대한 입력 튜플이 파이프라인되어 있다고 가정한다. 두 릴레이션에 대해 사용 가능한 튜플은 하나의 큐(queue)에서 처리하기 위해 큐된다. end-of-file 지시자의 역할을 하는 End_r과 End_s라 불리는 특별한 큐 값이 (각각) r과 s의 모든 튜플이 생성된 이후 큐에 삽입된다. 효율적인 평가를 위해 릴레이션 r과 s에 대해 적절한 인덱스가 구축되어야 한다. 튜플이 r과 s에 더해짐에 따라 인덱스는 최신으로 유지되어야 한다. 해시 인덱스가 r과 s에 이용되면, 결과로 나오는 알고리즘은 **이중 파이프라인 해시-조인**(double-pipelined hash-join) 기술이라 불린다.

그림 15.13에서 이중 파이프라인 조인 알고리즘은 양쪽 입력 모두 메모리에 들어간다고 가정한다. 두 입력이 메모리보다 큰 경우에는 가능한 메모리가 꽉 찰 때까지 평소대로 이중 파이프라인 조인 기술을 사용하는 것이 여전히 가능하다. 가능한 메모리가 꽉 차게 되면, 그 지점에 도착하는 r과 s 튜플이 각각 r_0, s_0 분할에 있는 것으로 취급될 수 있다. 순차적으로 도착하는 r과 s에 대한 튜플은 각각 r_1, s_1 분할에 할당되며, 이는 디스크에 쓰여 인메모리 인덱스에 추가되지 않는다. 그러나

```
done_r := false;
done_s := false;
r := ∅;
s := ∅;
result := ∅;
while not done_r or not done_s do
  begin
    if queue is empty, then wait until queue is not empty;
    t := top entry in queue;
    if t = End_r then done_r := true
      else if t = End_s then done_s := true
        else if t is from input r
          then
            begin
              r := r ∪ {t};
              result := result ∪ ({t} ⋈ s);
            end
          else /* t is from input s */
            begin
              s := s ∪ {t};
              result := result ∪ (r ⋈ {t});
            end
  end
```

그림 15.13 이중 파이프라인 조인 알고리즘

r_1, s_1에 할당된 튜플은 디스크에 쓰이기 전에 각각 r_0, s_0를 탐색하는 데 이용된다. 따라서 r_1의 s_0와의 조인, 그리고 s_0의 r_1과의 조인이 또한 파이프라인 방식으로 수행된다. r과 s가 모두 처리된 후에는 r_1 튜플과 s_1 튜플의 조인이 조인 연산을 완성하기 위해 수행되어야 한다. 이전에 살펴본 어떤 조인 기술도 r_1의 s_1과의 조인을 위해 사용된다.

15.7.3 연속된 스트림 데이터에 대한 파이프라이닝

파이프라이닝은 데이터가 지속적으로 데이터베이스에 입력되는 상황(예를 들면, 환경 데이터를 지속적으로 모니터링하는 센서로부터의 입력)에도 적용 가능하다. 10.5절에서 보았듯이 이러한 데이터는 **데이터 스트림**(data stream)이라고 한다. 데이터가 도착할 때마다 응답하기 위해 스트림 데이터에 대해 질의를 작성할 수 있으며, 이러한 질의를 **연속 질의**(continuous query)라고 한다.

연속 질의에 있는 연산은 파이프라인으로부터 결과가 블로킹 없이 꺼내올 수 있게 하기 위해 파이프라인 알고리즘을 기반으로 구현되어야 한다. 15.7.2.1절에서 논의한 생산자 구동 파이프라인이 연속 질의에 가장 적합하다.

많은 연속 질의는 윈도우를 사용하여 집계를 수행한다. 이때 시간을 1분 또는 1시간과 같이 고정된 간격으로 나누는 텀블링 윈도우(tumbling window)가 일반적으로 사용된다. 튜플이 도착하면,

그룹화 및 집계가 각각의 윈도우에서 개별적으로 수행된다. 이때 메모리 크기가 충분히 크다고 가정하면 인메모리 해시 인덱스를 사용하여 집계를 수행한다. 어떤 윈도우에 앞으로 더 이상 튜플이 도착할 수 없다는 것을 보장하면, 해당 윈도우에 대한 집계 결과를 출력할 수 있다. 튜플이 타임스탬프 순서대로 도착하는 경우 다음 윈도우의 튜플이 도착하게 되면 이전 윈도우에 더 이상 튜플이 도착할 수 없다는 것을 알 수 있다. 그러나 타임스탬프 순서대로 튜플이 도착하지 않는 경우 앞으로 도착할 모든 튜플의 타임스탬프 값이 어떤 특정 값보다 클 거라는 구두점(punctuation)이 스트림에 존재해야 한다. 이러한 구두점이 도착하면 종료 타임스탬프가 구두점보다 작거나 같은 값으로 지정된 윈도우의 집계 결과를 출력할 수 있다.

15.8 메모리에서 질의 처리

지금까지 설명한 질의 처리 알고리즘은 I/O 비용을 최소화하는 데 중점을 두었다. 이 절에서는 캐시 인식(cache-conscious) 질의 처리 알고리즘과 질의 컴파일(query compilation)을 사용하여 메모리 접근 비용을 최소화하기 위한 질의 처리 방법에 대해 살펴본다. 그런 다음 열 지향 저장소에 대한 질의 처리 방법에 대해 설명한다. 이 장에서 설명하는 알고리즘은 이미 인메모리 버퍼에 있는 데이터에 대한 처리 속도를 향상할 수 있기 때문에, 특히 메모리에 상주하는 데이터에 매우 유용하다.

15.8.1 캐시 인식 알고리즘

데이터가 메모리에 상주하면 데이터가 자기 디스크 또는 심지어 SSDs에 상주하는 경우보다 접근 속도가 훨씬 빠르다. 그러나 이미 CPU 캐시에 있는 데이터는 메모리에 상주하는 데이터보다 100배 더 빠르게 접근할 수 있다. 최신 CPU에는 여러 수준의 캐시가 존재한다. 오늘날 일반적으로 사용되고 있는 CPU는 크기가 약 64킬로바이트이며 대기 시간은 약 1나노초인 L1 캐시, 크기가 약 256킬로바이트이며 대기 시간은 약 5나노초인 L2 캐시, 크기가 약 10메가바이트이며 대기 시간은 약 10~15나노초인 L3 캐시를 가지고 있다. 이와 대조적으로 메모리에서 데이터를 읽으면 약 50~100나노초의 지연 시간이 발생한다. 이 장의 나머지 부분에서는 L1, L2, L3 캐시 간의 수준 차이를 무시하고 단일 캐시 수준만 있다고 가정한다.

14.4.7절에서 보았듯이, 캐시와 메인 메모리의 속도 차이, 그리고 데이터가 **캐시 라인** 단위(일반적으로 약 64바이트)로 메인 메모리와 캐시 간에 전송된다는 사실로 인해 캐시와 메인 메모리와의 관계는 메인 메모리와 디스크와의 관계와 유사하다고 할 수 있다. 그러나 다음과 같은 차이점이 있다. 메인 메모리 버퍼의 내용은 데이터베이스 시스템에 의해 제어되지만, CPU 캐시는 컴퓨터 하드웨어에 내장된 알고리즘에 의해 제어된다. 그러므로 데이터베이스 시스템은 캐시에 보관되는 내용에 대해 직접적으로 제어할 수 없다.

그러나 질의 처리 알고리즘은 성능을 최적화하기 위해 캐시를 최대한 활용하도록 설계될 수 있으며, 다음과 같은 몇 가지 방법이 있다.

- 메모리 내에 있는 릴레이션을 정렬하기 위해 외부 정렬-합병 알고리즘을 사용하게 되는데, 이때 각각의 런이 캐시에 모두 올라올 수 있도록 런의 크기를 설정한다. L3 캐시를 가정하면, 각

런의 크기는 몇 메가바이트여야 한다. 그런 다음 각각의 런에 대해 인메모리 정렬 알고리즘(in-memory sorting algorithm)을 사용한다. 런이 캐시에 맞기 때문에 런이 정렬될 때 캐시 미스를 최소화할 수 있다. 그런 다음 정렬된 런을(모두 메모리에 있음) 합병한다. 런에 대한 접근은 순차적으로 발생하므로, 합병은 캐시 효율적인 방법으로 수행될 수 있다.

메모리 크기보다 큰 릴레이션을 정렬하기 위해서는 런의 크기를 훨씬 더 크게 하여 외부 정렬-합병 기법을 사용할 수 있다. 이때 위에서 설명한 메모리 내 외부 정렬-합병 기법을 사용하여 크기가 큰 런의 정렬을 메모리 내에서 수행할 수 있다.

- 해시-조인은 구축 릴레이션에 대한 인덱스 탐색을 요구한다. 구축 릴레이션이 모두 메모리에 올라올 수 있다면, 인덱스가 전체 릴레이션에 대해서 구축될 수 있다. 그러나 릴레이션을 더 작은 조각으로 분할하여 인덱스와 함께 구축 릴레이션의 각각의 분할이 캐시에 모두 올라올 수 있게 함으로써, 인덱스 탐색 중 캐시 적중(cache hit)을 최대화할 수 있다. 각각의 분할은 구축 및 탐색 단계에서 개별적으로 처리된다. 이때 구축 릴레이션의 분할과 인덱스가 모두 캐시에 올라올 수 있기 때문에 구축 및 탐색 중에 캐시 미스를 최소화할 수 있다.

  메모리에 모두 올라올 수 없는 릴레이션의 경우, 해시-조인의 첫 번째 단계는 두 릴레이션을 각각 분할하여 두 릴레이션의 분할이 함께 메모리에 올라올 수 있게 해야 한다. 두 릴레이션의 분할을 메인 메모리로 가져온 후, 앞에서 설명한 방법을 사용하여 각 분할에 대해 해시-조인을 수행할 수 있다.

- 튜플 속성의 경우, 함께 사용되는 경향이 있는 속성을 연속적으로 위치하도록 배치할 수 있다. 예를 들어, 특정 릴레이션에 대해 집계 연산이 자주 수행된다면, 그룹화 속성과 집계에 사용되는 속성을 연속적으로 저장할 수 있다. 어떤 속성에 대해 캐시 미스가 발생하는 경우, 페치되는 캐시 라인은 즉시 사용될 가능성이 있는 속성을 포함하게 된다.

대부분의 데이터가 메모리에 올라올 수 있을 만큼 메모리 크기가 충분히 커지면서, 캐시를 이용한 알고리즘은 현대 데이터베이스 시스템에서 점점 더 중요해지고 있다.

필요한 데이터가 캐시에 없는 경우, 데이터를 메모리에서 검색하여 캐시로 가져오는 동안 처리 **스톨**(stall)이 발생한다. 스톨을 야기한 코어를 중단 없이 계속 사용하기 위해 운영체제는 코어가 작동할 수 있는 여러 실행 스레드를 유지하고 있다. 22장에서 다루는 병렬 질의 처리 알고리즘은 단일 CPU 코어에서 실행되는 여러 스레드를 이용할 수 있다. 즉 한 스레드가 스톨되면, 다른 스레드를 시작할 수 있으므로 CPU 코어를 더 잘 활용할 수 있다.

15.8.2 질의 컴파일

데이터가 메모리에 올라와 있으면 CPU 비용이 병목 현상이 되므로, CPU 비용을 최소화하면 많은 이점을 얻을 수 있다. 전통적인 데이터베이스의 질의 처리기는 질의 계획을 실행하는 해석기(interpreter) 역할을 수행한다. 그러나 질의 계획을 해석하는 방식에서 상당한 오버헤드가 발생한다. 예를 들어, 레코드의 속성에 접근하기 위해, 질의 실행 엔진은 레코드 내 속성의 오프셋 값을 찾기 위해 릴레이션의 메타 데이터를 반복적으로 조회하게 된다(모든 릴레이션에 대해 동일한 코드가 적용되기 때문). 또한 각각의 레코드 처리 시 연산자에 의해 호출되는 함수로 인해 상당한 오버헤드가 발생할 수 있다.

질의 계획 해석기로 인해 발생하는 오버헤드를 피하기 위해, 최신 메인 메모리 데이터베이스는 질의 계획을 기계어 코드 또는 중간 수준의 바이트 코드로 컴파일한다. 예를 들면, 컴파일러는 컴파일 시간에 속성의 오프셋 값을 계산하고, 이 오프셋 값을 상수 값으로 표현하는 방식으로 코드를 생성한다. 컴파일러는 함수 호출을 최소화하는 방식으로 여러 함수에 대한 코드를 결합할 수도 있다. 이러한 방법 및 다른 관련된 최적화 기법을 통해 컴파일된 코드는 해석하는 방식의 코드보다 최대 10배 더 빠르게 실행된다고 알려져 있다.

15.8.3 열 지향 저장소

데이터 분석 응용 프로그램의 경우 큰 스키마의 몇 가지 특성만 주로 사용되며, 이러한 경우 행이 아닌 열별로 릴레이션을 저장하는 방식이 유리하다고 13.6절에서 보았다. 단일 속성(또는 적은 수의 속성)에 대한 선택 연산은 관련된 속성만 접근하면 되기 때문에 열 저장소가 비용 절감 측면에서 매우 효율적이다. 그러나 각각의 속성에 접근하기 위해서는 자체 데이터에 대한 접근이 필요하므로, 많은 속성을 검색하는 경우 비용이 더 높아지고, 데이터가 디스크에 저장되어 있다면 추가 검색이 발생할 수 있다.

열 저장소는 한 개의 속성에 대해 많은 값을 한 번에 효율적으로 접근할 수 있으므로, 최신 프로세서의 벡터 처리 기능을 활용하는 데 적합하다. 이러한 기능을 사용하면 특정 작업(예: 비교 및 집계) 수행 시 여러 속성값에 대해 병렬로 처리할 수 있다. 질의 계획을 기계어 코드로 컴파일할 때, 컴파일러는 프로세서가 지원하는 벡터 처리 명령을 생성할 수 있다.

15.9 요약

- 시스템이 질의를 처리하기 위해 첫 번째로 하는 일은 질의를 보통 관계 대수에 기반을 두는 내부 형태로 변환하는 것이다. 질의를 내부 형태로 변환하는 동안 파서는 사용자 질의의 문법을 확인하며 질의 내에 나타나는 릴레이션의 이름이 데이터베이스에 있는 릴레이션의 이름과 같은지 확인하는 작업을 수행한다. 질의가 뷰를 이용해 작성되어 있는 경우 파서는 뷰 이름에 대한 참조 값을 모두 뷰를 계산하는 관계 대수 표현식으로 치환한다.
- 주어진 질의에 대해서 결과를 계산하는 많은 방법이 존재한다. 사용자가 입력한 질의를 보다 효율적으로 처리될 수 있는 형태로 바꾸는 것은 질의 최적화기의 몫이다. 16장에서 질의 최적화를 다룬다.
- 단순 선택 연산은 선형 스캔이나 인덱스를 사용함으로써 처리할 수 있다. 복잡한 선택 연산은 단순 선택 연산의 결과의 합집합이나 교집합을 계산함으로써 처리할 수 있다.
- 메모리보다 더 큰 릴레이션은 외부 정렬-합병 알고리즘을 사용해서 정렬할 수 있다.
- 자연 조인과 관련된 질의는 인덱스의 유무와 릴레이션의 물리적 저장 형태에 따라 여러 가지 방법으로 처리할 수 있다.

    - 만약 조인 결과가 두 릴레이션의 카티션 곱만큼 큰 경우 **블록 중첩 루프** 조인이 효율적이다.
    - 만약 인덱스가 사용 가능한 경우 **인덱스를 사용하는 중첩 루프** 조인을 사용할 수 있다.
    - 만약 릴레이션이 정렬되어 있는 경우 **합병-조인**이 바람직하다. (합병-조인 기법을 사용할 수 있도록) 조인을 계산하기 전에 릴레이션을 정렬하는 것도 효율적일 수 있다.
    - **해시-조인** 알고리즘은 릴레이션을 각 분할 메모리에 올라올 수 있도록 여러 조각으로 분할하는 방법이다. 조인 속성에 해시 함수를 적용하여 분할을 수행하므로, 상응하는 분할 쌍에 대해 독립적으로 조인을 수행할 수 있다.
- 중복 제거, 추출, 집합 연산(합집합, 교집합, 차집합), 집계 연산은 정렬과 해시를 이용해 수행될 수 있다.
- 외부 조인 연산은 조인 알고리즘의 단순 확장을 통해 구현할 수 있다.
- 중복 제거, 추출, 집계, 조인, 외부 조인과 같이 해싱을 통해서 구현될 수 있는 연산은 정렬을 통해서도 구현될 수 있으므로 해시와 정렬은 이원적(dual)이라 할 수 있다. 즉 정렬을 이용해 구현 가능한 연산은 해싱을 통해서도 구현이 가능하다.
- 질의 표현식은 부분 표현식의 결과를 디스크에 저장한 후 그것을 이용해 부모 표현식을 처리하는 실체화 기법을 사용해 평가될 수 있다.
- 파이프라인 기법은 많은 부분 표현식의 결과를 디스크에 쓰지 않고 결과가 나올 때마다 즉시 부모 표현식이 그 결과를 사용할 수 있도록 해 주는 방법이다.

용어정리

- 질의 처리
- 평가 기본 단위
- 질의 평가 계획
- 질의 평가 계획
- 질의 수행 엔진
- 질의 비용 측정
- 순차 I/O
- 임의 I/O
- 파일 스캔
- 선형 검색
- 인덱스를 이용한 선택 연산
- 접근 경로
- 인덱스 스캔
- 논리곱 선택
- 논리합 선택
- 복합 인덱스
- 식별자 교집합
- 외부 정렬
- 외부 정렬-합병
- 런
- *N*-원 합병
- 동등 조인
- 중첩 루프 조인
- 블록 중첩 루프 조인
- 인덱스를 사용하는 중첩 루프 조인
- 합병-조인
- 정렬-합병-조인
- 혼합 합병-조인
- 해시-조인
    - 구축

- 탐색
- 구축 입력
- 탐색 입력
- 재귀 분할
- 해시 테이블 오버플로
- 치우침
- 퍼지 요인
- 오버플로 분해
- 오버플로 방지
- 혼합 해시-조인
- 공간 조인
- 연산자 트리
- 실체화 평가
- 이중 버퍼링
- 파이프라인 평가
    - 요구 구동 파이프라인(lazy, pulling)
    - 생산자 구동 파이프라인(eager, pushing)
    - 반복자
    - 파이프라인 단계
- 이중 파이프라인 조인
- 연속 질의 평가

실전문제

15.1 (단순하게 하기 위해서) 한 블록에 하나의 튜플이 들어가고 메모리가 최대 세 블록을 가진다고 가정하자. 다음의 튜플을 첫 번째 속성으로 정렬할 때 정렬-합병 알고리즘의 각 패스에서 생성되는 런을 보여라. (kangaroo, 17), (wallaby, 21), (emu, 1), (wombat, 13), (platypus, 3), (lion, 8), (warthog, 4), (zebra, 11), (meerkat, 6), (hyena, 9), (hornbilll, 2), (baboon, 12).

15.2 그림 15.14에서 주 키에 밑줄이 그어져 있는 은행 데이터베이스와 다음과 같은 SQL 질의를 생각해 보자.

> **select** *T.branch_name*
> **from** *branch T, branch S*
> **where** *T.assets* > *S.assets* **and** *S.branch_city* = "Brooklyn"

이 질의와 동일한 효율적인 관계 대수 표현식을 작성하고 작성한 식이 옳음을 보여라.

15.3 릴레이션 $r_1(A, B, C)$과 $r_2(C, D, E)$는 다음과 같은 속성을 가지고 있다. r_1은 20,000 튜플을 가지고, r_2는 45,000 튜플을 가지며, r_1의 25개 튜플이 하나의 블록 안에 들어가고 r_2의 30개의 튜플이 하나의 블록 내에 들어갈 수 있다. 다음의 조인 방법을 이용해 $r_1 \bowtie r_2$를 계산할 때 블록 전송 횟수와 탐색 횟수를 구하라.

---

branch(*<u>branch_name</u>*, *branch_city, assets*)
customer (*<u>customer_name</u>*, *customer_street, customer_city*)
loan (*<u>loan_number</u>*, *branch_name, amount*)
borrower (*<u>customer_name</u>*, *<u>loan_number</u>*)
account (*<u>account_number</u>*, *branch_name, balance*)
depositor (*<u>customer_name</u>*, *<u>account_number</u>*)

그림 15.14 은행 데이터베이스

a. 중첩 루프 조인

b. 블록 중첩 루프 조인

c. 합병-조인

d. 해시-조인

15.4 15.5.3절에서 설명한 인덱스를 사용하는 중첩 루프 조인은 보조 인덱스를 인덱스로 가지고 조인 속성에 대해 같은 값을 가지는 튜플이 여러 개인 경우 비효율적일 수 있다. 비효율적인 이유를 쓰고, 정렬을 이용하여 내부 릴레이션의 튜플을 꺼내오는 비용을 줄일 수 있는 방법을 설명하라. 그리고 이 알고리즘이 혼합 합병-조인보다 좋아지는 조건에 대해 기술하라.

15.5 r과 s를 인덱스를 가지지 않는 릴레이션이라 하고, 두 릴레이션이 정렬되지 않았다고 가정하자. 무한대로 큰 메모리를 가지고 있는 경우 $r \bowtie s$를 계산할 때 가장 비용이 적게 드는 방법을 설명하라. 이 알고리즘을 수행하는 데 필요한 메모리 양은 얼마인가?

15.6 그림 15.14에서 주 키에 밑줄이 그어져 있는 은행 데이터베이스를 생각해 보자. *branch* 릴레이션에서 *branch_city*에 대해 B⁺-트리 인덱스가 존재하고 다른 인덱스는 없다고 할 때, 부정과 관련된 다음 선택 연산을 처리할 수 있는 여러 가지 방법을 나열하라.

a. $\sigma_{\neg(branch\ city < \text{“Brooklyn”})}(branch)$

b. $\sigma_{\neg(branch\ city = \text{“Brooklyn”})}(branch)$

c. $\sigma_{\neg(branch\ city < \text{“Brooklyn”} \vee assets < 5000)}(branch)$

15.7 외부 릴레이션의 입력이 파이프라인을 통해 입력되는 인덱스를 사용하는 중첩 루프 조인을 구현할 때 사용될 수 있는 반복자의 의사 코드를 작성하라. 의사 코드에서 표준 반복자 함수 *open*( ), *next*( ), *close*( )를 사용하라. 함수 호출 사이에서 반복자가 가져야 할 상태 정보가 어떤 것인지 설명하라.

15.8 관계형 나누기 연산을 계산하기 위한 정렬 기반 알고리즘과 해시 기반 알고리즘을 설계하라(나누기 연산에 대한 정의는 문제 2.9를 참조하라).

15.9 런을 버퍼링하기 위한 메모리는 고정된 상태에서, 각 런에 할당된 버퍼 블록의 수가 증가하면 런 합병의 비용은 어떻게 되는가?

15.10 다음과 같은 확장된 관계형 대수 연산자를 생각해 보자. 정렬과 해싱을 이용하여 어떻게 각 연산을 구현할 것인지 기술하라.

a. **세미 조인**($\ltimes_\theta$): 다중 집합 세미 조인 $r \ltimes_\theta s$는 다음과 같이 정의된다. r_i가 릴레이션 r에 n번 나타난다면, r_i는 $r \ltimes_\theta s$의 결과에 n번 나타나야 한다(단, r_i와 s_j가 술어 θ를 만족하게 하는 적어도 한 개의 s_j 튜플이 존재한다면). 그렇지 않다면, r_i는 세미 조인 결과에 나타나지 않아야 한다.

b. **안티 세미 조인**($\overline{\ltimes}_\theta$): 다중 집합 안티 세미 조인 $r \overline{\ltimes}_\theta s$는 다음과 같이 정의된다. r_i가 릴레이션 r에 n번 나타난다면, r_i는 $r \ltimes_\theta s$의 결과에 n번 나타나야 한다(단, r_i와 s_j가 술어 θ를 만족하게 하는 어떠한 튜플 s_j도 존재하지 않는다면). 그렇지 않다면, r_i는 안티 세미 조인 결과에 포함되지 않아야 한다.

15.11 어떤 질의가 처음 *K*개의 결과만 검색하고, 그 후에 종료한다고 가정하자. 요구 구동 파이프라인 또는 생산자 구동 파이프라인 (버퍼링 포함) 중 어떤 것이 이 질의에 적합한 방법인지 설명하라.

15.12 현세대 CPU는 최근에 사용한 명령어를 캐시하는 명령어 캐시(instruction cache)가 포함되어 있다. 이 경우 함수 호출 시 많은 오버헤드가 발생하며, 이는 실행 중인 명령어가 변경되어 명령어 캐시에서 캐시 미스가 발생하기 때문이다.

a. 버퍼링을 이용하는 생산자 구동 파이프라인이 요구 구동 파이프라인보다 더 좋은 명령어 캐시 적중률을 보이는 이유를 설명하라.

b. *next*( ) 함수에 대한 한 번의 호출로 여러 개의 결과를 생성하고, 이러한 결과를 함께 반환하게끔 요구 구동 파이프라인을 수정하면 명령어 캐시 적중률이 향상될 수 있다. 그 이유에 대하여 설명하라.

15.13 주어진 *n*개의 키워드 중 적어도 *k*개 이상의 키워드를 포함하는 문서를 찾는다고 가정하라. 또한 특정 키워드를 포함하는 문서의 식별자 목록(정렬되어 있음)을 제공하는 키워드 인덱스가 있다고 가정하라. 원하는 문서를 효율적으로 찾을 수 있는 알고리즘을 설명하라.

15.14 어떤 단어(예: "표범")가 포함된 문서를 인덱싱하는 방법에 대하여 설명하라. 이때 보다 일반화(generalizations)된 개념(예: "육식 동물" 또는 "포유류")을 사용하는 질의를 효율적으로 지원해야 한다. 개념 계층도(concept hierarchy)의 깊이가 깊지 않으므로, 각 개념에 대해 몇 개의 일반화된 개념만 존재한다고 가정하자. [그러나 각각의 개념은 많은 전문화(specialization)된 개념을 가질 수 있다.] 문서에 존재하는 각각의 단어에 대해 해당 개념을 반환하는 함수가 존재한다고 가정하자. 또한 전문화된 개념을 사용하는 질의의 경우 보다 일반화된 개념을 사용하여 어떻게 문서를 검색할 수 있는지 설명하라.

15.15 중첩 루프 조인 알고리즘(15.5.1절 참조)은 열 지향 방식으로 저장된 데이터베이스에서 제대로 작동하지 않는다. 그 이유에 대하여 설명하라. 또한 더 좋은 대체 알고리즘을 제안하고, 제안한 대체 알고리즘의 성능이 좋은 이유에 대해 설명하라.

15.16 다음과 같은 질의를 가정해 보자. 각각의 질의에 대해 열 지향 저장소가 도움이 되는지 설명하라.

a ID가 12345인 학생의 ID, *name*, *dept_name*을 검색하라.

b. *takes* 릴레이션을 *year*와 *course_id*로 그룹화하고, 각각의 (*year*, *course_id*) 조합에 대해 총 학생 수를 구하라.

연습문제

15.17 메모리 크기 40메가바이트를 이용하여 4킬로바이트 블록을 가진 40기가바이트 릴레이션을 정렬해야 한다고 가정하자. 탐색 비용이 5밀리초라고 하고, 디스크 전송은 초당 40메가바이트라 하자.

a. $b_b = 1$과 $b_b = 100$에 대해 이 릴레이션을 정렬하는 비용을 초 단위로 구하라.

b. 각각의 경우에 얼마나 많은 합병 패스가 소요되는가?

c. 디스크 대신에 플래시 저장 장치를 사용한다고 가정해 보자. 지연 시간은 20마이크로초이고, 전송 속도는 초당 400메가바이트다. 이 환경에서 $b_b = 1$과 $b_b = 100$에 대해 이 릴레이션을 정렬하는 비용을 초 단위로 다시 계산하라.

15.18 질의 처리 단계를 사용자가 명시적으로 선택하게 하는 것이 바람직하지 않은 이유를 쓰고, 사용자가 질의 처리의 비용을 알고 있는 것이 바람직한 경우가 있는지 설명하라.

15.19 혼합 합병-조인 알고리즘을 변형해서 두 릴레이션이 물리적으로 정렬되어 있지는 않고 조인 속성에 대해 정렬된 보조 인덱스를 가지고 있는 경우를 처리할 수 있는 알고리즘을 만들라.

15.20 문제 15.3에서 정의된 r_1과 r_2에 대해서 $r_1 \bowtie r_2$를 문제 15.19에서 만든 알고리즘으로 수행할 때 필요한 블록 전송과 탐색 횟수를 구하라.

15.21 15.5.5절에서 설명한 해시-조인 알고리즘은 두 릴레이션의 자연 조인을 계산하는 알고리즘이다. 자연 왼쪽 외부 조인, 자연 오른쪽 외부 조인 그리고 자연 완전 외부 조인을 계산하기 위해 어떻게 이 알고리즘을 확장할 수 있는지 설명하라(힌트: 해시 인덱스 내의 각 듀플에 여분의 정보를 유지하도록 해서, 탐색 릴레이션에 있는 튜플 중 해시 인덱스에 있는 튜플과 일치하는 튜플이 있는지 찾아보라). 확장한 알고리즘을 *takes*와 *student* 릴레이션의 조인에 적용해 보라.

15.22 ${}_A\gamma_{sum(C)}(r)$뿐만 아니라 ${}_{A,B}\gamma_{sum(C)}(r)$도 계산해야 한다고 가정하자. r을 한 번 정렬하면서 이 둘을 함께 계산하는 방법을 설명하라.

15.23 최종 합병 결과가 그것을 이용하는 부분에 파이프라인되도록 정렬-합병 알고리즘을 변경한 알고리즘의 반복자 부분을 의사 코드로 작성하라. 의사 코드 작성 시, 표준 반복자 함수 *open*( ), *next*( ), *close*( )를 정의해야 한다. 어떤 상태 정보가 함수 호출 후에도 유지되어야 하는지 보여라.

15.24 혼합 해시-조인 연산자를 파이프라인으로 모델링하기 위해 어떻게 분할해야 하는지 설명하라. 또한 이러한 분할 방식이 해시-조인 연산자의 분할 방식과 어떻게 다른지 설명하라.

15.25 정렬-합병을 이용해 릴레이션 r을 정렬하고 그 결과를 이미 정렬된 릴레이션 s와 합병-조인하려 한다고 가정하자.

a. 이 경우 정렬 연산자를 하위 연산자로 분할하여 파이프라인으로 모델링하는 방법에 관해 설명하라.

b. 합병-조인의 입력 릴레이션이 둘 다 정렬-합병 연산의 결과인 경우에도 같은 방법을 적용할 수 있다. 그러나 두 합병 연산 간에 가용 메모리가 공유되어야 한다(합병-조인 알고리즘 자체는 아주 적은 양의 메모리를 필요로 한다). 메모리가 공유되어야 한다는 점이 각 정렬-합병 연산의 비용에 미치는 영향은 무엇인가?

더 읽어보기

[Graefe (1993)]는 질의 평가 기법에 대한 훌륭한 연구를 제공한다. [Faerberet al. (2017)]는 메인 메모리 데이터베이스에 대한 질의 처리 기술을 포함하여 메인 메모리 데이터베이스 구현 기술을 제공하고,

[Kemper et al. (2012)]는 인메모리 열 데이터에 대한 질의 처리 기술을 설명한다. [Samet (2006)]는 공간 데이터 구조에 대한 교과서적 설명을 제공하고, [Shekhar and Chawla (2003)]는 인덱싱 및 질의 처리 기술을 포함하여 공간 데이터베이스에 대한 교과서적 설명을 제공한다. 문서에 대한 인덱스 기술과 키워드 질의에 대해 효율적으로 응답 순위를 계산하는 방법에 관한 교과서적 설명은 [Manning et al. (2008)]에서 제공된다.

참고문헌

[Faerber et al. (2017)] F. Faerber, A. Kemper, P.-A. Larson, J. Levandoski, T. Neumann, and A. Pavlo, "Main Memory Database Systems", *Foundations and Trends in Databases*, Volume 8, Number 1-2 (2017), pages 1-130.

[Graefe (1993)] G. Graefe, "Query Evaluation Techniques for Large Databases", *ACM Computing Surveys*, Volume 25, Number 2 (1993).

[Kemper et al. (2012)] A. Kemper, T. Neumann, F. Funke, V. Leis, and H. Mühe, "HyPer: Adapting Columnar Main-Memory DataManagement for Transaction AND Query Processing", *IEEE Data Engineering Bulletin*, Volume 35, Number 1 (2012), pages 46-51.

[Manning et al. (2008)] C. D. Manning, P. Raghavan, and H. Schütze, *Introduction to Information Retrieval*, Cambridge University Press (2008).

[Samet (2006)] H. Samet, *Foundations of Multidimensional and Metric Data Structures*, Morgan Kaufmann (2006).

[Shekhar and Chawla (2003)] S. Shekhar and S. Chawla, *Spatial Databases: A TOUR*, Pearson (2003).

크레딧

장 도입부 보트 사진: © Pavel Nesvadba/Shutterstock

Chapter **16**

질의 최적화

질의 최적화(query optimization)는 주어진 질의를 처리할 수 있는 수많은 질의 평가 계획 중에서 가장 효율적인 질의 평가 계획을 선택하는 과정을 말한다. 일반적으로 사용자가 작성하는 질의가 효율적으로 처리될 수 있도록 작성될 것이라고 기대하기는 어렵다. 오히려 사용자는 시스템이 질의 평가 비용을 최소화하는 질의 평가 계획을 만들어 낼 것이라고 기대한다. 이것이 질의 최적화가 필요한 이유다.

최적화의 한 가지 방법은, 관계 대수 단계에서 주어진 표현식(expression)과 동등하면서 보다 효율적으로 수행될 수 있는 표현식을 시스템이 찾아내는 것이다. 또 다른 최적화 방법은 어떤 연산을 수행하기 위한 알고리즘의 선택이나 특정 인덱스의 사용 등과 같은 질의 처리의 세부 전략을 선택하는 것이다.

효율적인 방법과 그렇지 않은 방법의 비용(수행 시간 측면에서) 차이가 크게 나는 경우가 많을 뿐 아니라 심한 경우 자릿수 단위의 차이가 생길 수도 있다. 따라서 한 번밖에 사용되지 않는다고 하더라도 시스템이 좋은 질의 처리 방법을 선택하는 데 어느 정도의 시간을 들일 만한 가치가 충분히 있다.

16.1 개요

"음악학과의 모든 교수의 이름과 그 교수가 가르치는 과목의 이름을 찾아라."라는 질의에 대한 아래와 같은 관계 대수 표현식을 생각해 보자.[1]

1 *course*와 *instructor*가 *dept_name* 속성을 공유하고 있기 때문에 (*course_id*, *title*)에 대한 추출 연산이 필요하다. 만일 추출 연산을 통해서 *dept_name* 속성을 제거하지 않으면, 자연 조인 연산을 사용한 위 표현식은 음악학과의 교수가 다른 학과에서 강의를 개설하더라도 음악학과에서 개설되는 강의만 출력할 것이다.

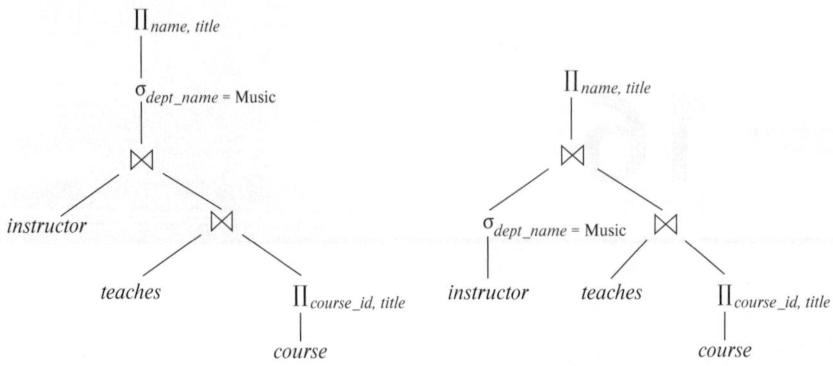

(a) Initial expression tree (b) Transformed expression tree

그림 16.1 동등한 표현식

$$\Pi_{name,title}\ (\sigma_{dept\_name = \text{"Music"}}\ (instructor\ \bowtie\ (teaches\ \bowtie\ \Pi_{course\_id,title}(course))))$$

위 표현식에 있는 부분 표현식 $instructor\ \bowtie teaches \bowtie \Pi_{course_id,title}(course)$는 매우 큰 중간 결과를 생성할 수 있다. 하지만 이 중간 결과에서 실제로 찾고자 하는 것은 음악학과의 교수를 포함하고 있는 몇 개의 튜플뿐이고, 이 릴레이션에 포함되어 있는 10개의 속성 중에서 단 두 개의 속성만 필요하다. 위 질의에서 찾고자 하는 것은 *instructor* 릴레이션에서 음악학과에 소속되어 있는 튜플이기 때문에 *dept_name* = "Music"이 아닌 튜플은 필요하지 않다. 접근해야 하는 *instructor* 릴레이션의 튜플의 숫자를 줄임으로써 중간 결과의 크기를 줄일 수 있다. 그래서 기존의 질의를 다음과 같은 관계 대수 표현식으로 수정할 수 있다.

$$\Pi_{name,title}\ ((\sigma_{dept\_name = \text{"Music"}}\ (instructor))\ \bowtie\ (teaches\ \bowtie\ \Pi_{course\_id,title}(course)))$$

이 관계 표현식은 이전에 있던 표현식과 동등하지만, 중간 결과를 더 작게 만들어 준다. 그림 16.1은 초기의 표현식과 변환된 표현식을 보여 준다.

평가 계획이라는 것은, 각 연산을 위해서 어떤 알고리즘이 사용되어야 하는지, 연산의 수행이 어떠한 식으로 진행되어야 하는지를 정확히 정의하는 것을 말한다. 그림 16.2는 그림 16.1(b) 표현식의 평가 계획 중 하나다. 지금까지 살펴본 바와 같이 각 관계 연산을 수행하는 데 서로 다른 알고리즘을 사용할 수 있다. 이 그림에서 하나의 조인 연산을 위해서 해시-조인(hash join)이 선택되고, 다른 조인 연산을 위해서는 ID 속성을 정렬한 후에 합병-조인(merge join)을 사용했다. 실체화된다고 표시되지 않는 한 모든 간선은 파이프라인으로 간주한다. 파이프라인 간선을 사용하면, 생산자의 결과가 디스크에 기록되지 않고 바로 소비자에게 전달된다. 반면에 실체화된 간선을 사용하면 생산자의 결과는 일단 디스크에 쓰이고, 소비자는 디스크에 쓰인 결과를 읽는다. 15.7.2.2절에서 보았듯이 정렬 및 해시-조인과 같은 일부 연산자는 부속 연산자를 실체화 간선으로 연결하여 표현할 수 있지만, 그림 16.2의 평가 계획에는 실체화 간선이 존재하지 않는다.

주어진 관계 대수 표현식을 가장 적은 비용으로 (또는 가장 적은 비용보다 크게 많지 않은 비용

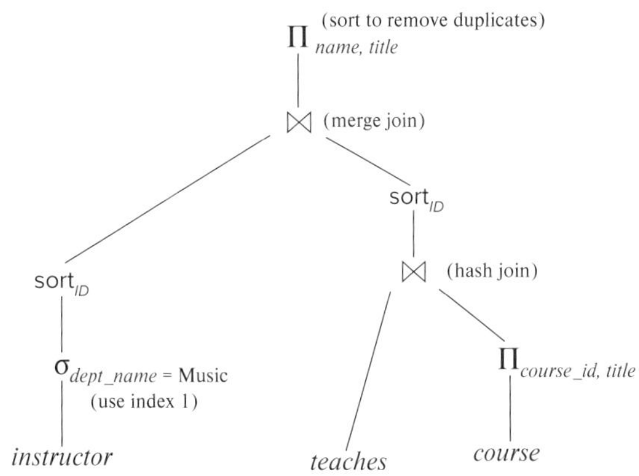

그림 16.2 평가 계획

으로) 주어진 표현식과 동일한 결과를 출력하는 질의 평가 계획을 찾아내는 것이 질의 최적화기의 일이다.

그림 16.1의 표현식은 *course* 릴레이션과 전체 *teaches* 릴레이션 간의 조인을 여전히 수행하므로, 질의 결과를 구하기 위한 최소 비용 평가 계획이 아닐 수 있다. 다음 표현식에서, *teaches* 릴레이션은 음악학과의 교수에 해당하는 튜플하고만 조인되고, 그 조인 결과는 *course* 릴레이션하고 다시 조인된다. 그러므로 이 표현식은 더 작은 중간 결과를 생성하면서 동일한 최종 결과를 구할 수 있다.

$$\Pi_{name,title}\ ((\sigma_{dept\_name = \text{“Music”}}\ (instructor) \bowtie\ teaches) \bowtie\ \Pi_{course\_id,title}(course))$$

질의 작성 방식에 관계없이 질의를 수행하는 데 드는 최소 비용 계획을 찾는 것이 최적화기의 역할에 해당된다.

최적화기는 가장 적은 비용의 질의 평가 계획을 찾기 위해서 주어진 표현식에 대해 같은 결과를 출력하는 다른 질의 평가 계획을 만들어 낼 필요가 있다. 그런 후에 가장 적은 비용으로 수행되는 계획을 선택한다. 질의 평가 계획을 만들어 내는 것은 다음의 세 단계로 이루어진다. (1) 논리적으로 주어진 표현식과 동등한 식을 만들어 낸다. (2) 각 표현식에 여러 가지 방법의 주석(annotation)을 달아 서로 다른 질의 평가 계획을 만든다. (3) 각 평가 계획의 비용을 추정하고 비용이 가장 적은 것을 선택한다.

(1), (2), (3)은 질의 최적화기에서 서로 맞물려 있다. 몇 개의 표현식이 만들어지고 만들어진 표현식에 주석을 단 후에 다른 표현식을 만들고 주석을 다는 과정을 반복한다. 평가 계획이 생성되려면, 릴레이션 크기, 인덱스 깊이 등 릴레이션에 관한 통계를 수집해 평가 계획의 비용 추정이 이루어진다.

질의 최적화기는 첫 번째 단계를 구현하기 위해서 주어진 표현식과 동등한 표현식을 만들어 내야 한다. 질의 최적화기는 주어진 식을 논리적으로 동등한 다른 식으로 만들어 내는 방법을 명시하는 **동등 규칙**(equivalence rule)을 사용해서 동등한 식을 만들어 낸다. 이러한 동등 규칙은 16.2절에

노트 16.1 질의 평가 계획 보기

대부분의 데이터베이스 시스템은 주어진 질의를 실행하는 데 선택된 평가 계획을 볼 수 있는 방법을 제공한다. 데이터베이스 시스템에서 평가 계획을 보기 위해서 GUI를 제공하는 것이 가장 일반적이다. 하지만 명령어 입력 인터페이스(command line interface)를 사용하는 경우, 많은 데이터베이스는 주어진 질의 <query>를 실행하는 데 선택된 수행 계획을 보여 주는 "**explain** <query>"와 같은 명령어를 제공한다. 정확한 문법은 데이터베이스 시스템에 따라서 다르다.

- PostgreSQL은 위에 나타난 문법을 사용한다.
- Oracle은 **explain plan for** 문법을 사용한다. 하지만 이 명령어는 사용자에게 결과를 보여 주는 대신에 *plan_table*이라는 테이블에 그 결과를 저장한다. "**select * from table**(*dbms_ xplan. display*);"라는 질의를 수행하면 저장된 결과를 볼 수 있다.
- DB2는 Oracle과 비슷하지만 저장된 계획을 보기 위해서는 db2exfmt라는 프로그램이 필요하다.
- SQL Server는 질의를 입력하기 전에 **set showplan_text on**이라는 명령어를 실행해야 한다. 그러면 질의가 실행되는 대신에 평가 계획이 표시된다.
- MySQL은 PostgreSQL과 동일한 "**explain** <query>" 문법을 사용하지만, 내용을 이해하기 어려운 테이블이 결과로 출력된다. 그러나 **explain** 명령 후 **show warnings**를 실행하면, 쉽게 이해할 수 있는 형식의 평가 계획을 출력할 수 있다.

수행 계획과 함께 그 계획을 실행하는 데 필요한 비용이 표시된다. 그 비용이 시간(초)이나 I/O 연산의 수와 같이 외부에서 의미 있는 단위로 표시되는 것이 아니라 최적화기가 사용하는 비용 모델의 단위로 나타난다면 의미가 없다. PostgreSQL과 같은 최적화기는 첫 번째 결과를 출력하는 데 필요한 비용과 전체 결과를 출력하는 데 필요한 비용, 이렇게 두 가지 수치를 보여 준다.

서 설명한다.

16.3절에서 질의 계획의 각 연산 결과에 대한 통계를 추정하는 방법에 대해 알아본다. 15장의 비용 공식을 이러한 통계에 적용하면 개별 연산의 비용을 추정할 수 있다. 15.7절에 개략적으로 설명한 바와 같이, 개별 비용을 합치면 주어진 관계 대수 표현식을 처리하는 데 드는 비용을 추정할 수 있다.

16.4절에서 질의 평가 계획을 어떻게 선택하는지 설명한다. 평가 계획의 추정 비용을 이용해 평가 계획을 선택할 수 있다. 비용은 추정된 것이기 때문에 선택된 계획이 반드시 가장 적은 비용을 가지는 계획이 아닐 수 있다. 하지만 추정이 잘되었다면 이 계획은 가장 비용이 적게 드는 계획이거나 가장 비용이 적게 드는 계획보다 약간 많은 비용이 드는 계획일 가능성이 높다.

끝으로 실체화 뷰는 특정 질의의 처리 속도를 올리는 데 도움이 된다. 16.5절에서 실체화 뷰를 "유지"하는 방법(실체화 뷰를 최신 정보로 유지하는 방법)에 대해 알아보고 실체화 뷰를 이용해 어떻게 질의 최적화를 수행하는지 알아본다.

16.2 관계형 표현식의 변환

하나의 질의는 서로 다른 비용을 가지는 여러 개의 다른 방법으로 표현될 수 있다. 이 절에서 주어진 관계형 표현식을 동등한 다른 표현식으로 변환하는 것에 대해 살펴본다.

모든 적법한(legal) 데이터베이스 인스턴스(적법한 데이터베이스 인스턴스란 데이터베이스 스키마에 명시된 모든 무결성 제약 조건을 만족하는 데이터베이스 인스턴스를 말한다)에 대해 두 표현식이 동일한 결과 튜플 집합을 만들어 낼 때 두 개의 관계 대수 표현식은 **동등하다**(equivalent)고 말한다. 이때 결과 튜플의 순서는 상관이 없다. 즉 두 표현식이 서로 다른 순서로 결과 튜플을 만들어 낼 수 있지만 튜플의 집합이 서로 같은 경우 두 표현식은 동등하다고 할 수 있다.

SQL에서 입력과 출력은 튜플의 다중 집합(multiset)이며, SQL 질의를 계산하기 위해서 다중 집합 버전의 관계 대수(노트 3.1, 3.2, 3.3에서 설명)가 사용된다. 다중 집합 버전의 두 관계 대수 표현식은 모든 적법한 데이터베이스에 대해 동일한 튜플의 다중 집합을 만들어 낼 때 동등하다고 한다. 관계 대수의 다중 집합 버전으로의 확장은 연습문제로 남겨 두었다.

16.2.1 동등 규칙

동등 규칙(equivalence rule)은 두 가지 형태의 표현식이 동등하다는 것을 나타낸다. 모든 유효한 데이터베이스에 대해서, 두 표현식이 동일한 결과를 만들어 내기 때문에 첫 번째 형태의 표현식을 두 번째 형태의 표현식으로 치환하거나 혹은 두 번째 형태의 표현식을 첫 번째 형태의 표현식으로 치환할 수 있다. 질의 최적화기는 동등 규칙을 이용해 하나의 표현식을 논리적으로 동등한 다른 표현식으로 변환한다.

이제부터 관계 대수 표현식의 여러 가지 동등 규칙에 대해 알아본다. 몇몇 동등 규칙은 그림 16.3에 나타나 있다. 술어(predicate)를 나타내기 위해서 θ, θ_1, θ_2 등을 사용하고, 속성을 나타내기 위해 L_1, L_2, L_3 등을 사용하고, 관계 대수 표현식을 나타내기 위해서 E, E_1, E_2 등을 사용한다. 릴레이션 이름 r은 관계 대수 표현식의 특별한 한 가지 경우로 볼 수 있으며 E가 나타나는 모든 경우에 사용될 수 있다.

1. 선택 연산의 논리곱은 선택 연산의 순차열로 분해할 수 있다. 이러한 변환을 σ의 연쇄적 분해(cascade)라고 한다.

$$\sigma_{\theta_1 \wedge \theta_2}(E) \equiv \sigma_{\theta_1}(\sigma_{\theta_2}(E))$$

2. 선택 연산은 **교환 법칙**(commutative)이 성립한다.

$$\sigma_{\theta_1}(\sigma_{\theta_2}(E)) \equiv \sigma_{\theta_2}(\sigma_{\theta_1}(E))$$

3. 일련의 추출 연산 중 마지막 연산만 필요하고 나머지는 생략될 수 있다. 이 변환을 Π의 연쇄적 분해라 부른다.

$$\Pi_{L_1}(\Pi_{L_2}(\ldots(\Pi_{L_n}(E))\ldots)) \equiv \Pi_{L_1}(E)$$

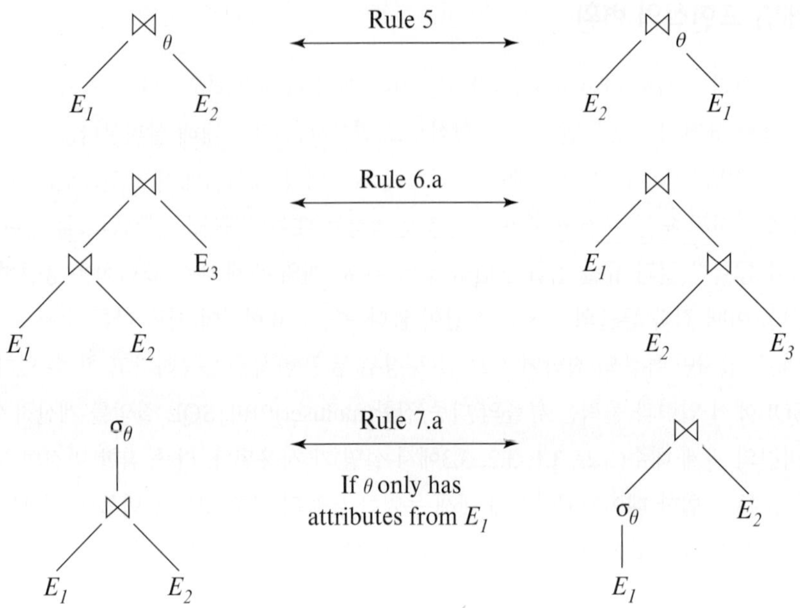

그림 16.3 동등 규칙의 그림 표현

4. 선택 연산은 카티션 곱(Cartesian product)이나 세타 조인(theta join)과 결합한다.
   a. $\sigma_\theta(E_1 \times E_2) \equiv E_1 \bowtie_\theta E_2$
      이 표현식은 세타 조인의 정의다.
   b. $\sigma_{\theta_1}(E_1 \bowtie_{\theta_2} E_2) \equiv E_1 \bowtie_{\theta_1 \wedge \theta_2} E_2$
5. 세타 조인 연산은 교환 법칙이 성립한다.

$$E_1 \bowtie_\theta E_2 \equiv E_2 \bowtie_\theta E_1$$

자연 조인 연산자는 세타 조인의 특별한 경우다. 따라서 자연 조인 역시 교환적이다.

교환 법칙의 좌측에 있는 표현식과 우측에 있는 표현식은 속성의 순서가 서로 다르다. 그러므로 속성의 순서까지 고려할 경우 동등한 표현식이 되지 않는다. 이 책에서 사용하는 관계 대수에는 모든 속성에 참조할 이름이 할당되어 있으므로, 최종적으로 결과를 출력하는 경우를 제외하고는 속성의 순서가 실제로 중요하지 한다. 속성의 순서가 정말 중요하다면, 속성의 순서를 재정렬하기 위해 등식의 한쪽에 추출 연산을 추가할 수 있다. 그러나 이 책의 대부분 예제는 단순화를 위해 추출 연산자를 사용하지 않으며 속성의 순서를 무시한다.

6. a. 자연 조인(natural join) 연산은 **결합 법칙**(associative)이 성립한다.

$$(E_1 \bowtie E_2) \bowtie E_3 \equiv E_1 \bowtie (E_2 \bowtie E_3)$$

   b. 세타 조인은 다음과 같은 방법으로 결합 법칙이 성립한다.

$$(E_1 \bowtie_{\theta_1} E_2) \bowtie_{\theta_2 \wedge \theta_3} E_3 \equiv E_1 \bowtie_{\theta_1 \wedge \theta_3} (E_2 \bowtie_{\theta_2} E_3)$$

이때 θ_2는 E_2와 E_3의 속성에만 관련이 있어야 한다. 위 표현식에서 어떤 조건이 없어도 된다. 따라서 카티션 곱(×) 연산 또한 결합 법칙이 성립한다. 조인 연산의 교환 법칙과 결합 법칙은 질의 최적화에서 조인 연산을 재정렬하는 데 중요한 성질이다.

7. 선택 연산은 다음과 같은 두 가지 조건하에서 세타 조인 연산에 배분될 수 있다.

a. 선택 조건 θ_1가 조인에 참여하는 두 표현식 중 하나의 표현식 (E_1)에만 관련 있을 때 다음과 같은 선택 연산은 배분 가능하다.

$$\sigma_{\theta_1}(E_1 \bowtie_\theta E_2) \equiv (\sigma_{\theta_1}(E_1)) \bowtie_\theta E_2$$

b. 선택 조건 θ_1이 E_1의 속성에만 연관이 있고, θ_2가 E_2의 속성에만 연관이 있을 경우 다음과 같은 선택 연산은 배분 가능하다.

$$\sigma_{\theta_1 \wedge \theta_2}(E_1 \bowtie_\theta E_2) \equiv (\sigma_{\theta_1}(E_1)) \bowtie_\theta (\sigma_{\theta_2}(E_2))$$

8. 추출 연산은 다음과 같은 조건하에 세타 조인 연산에 배분될 수 있다.

a. L_1과 L_2를 각각 E_1과 E_2의 속성이라 하자. 조인 조건 θ가 $L_1 \cup L_2$의 속성에만 연관이 있을 경우에 다음과 같은 식이 성립한다.

$$\Pi_{L_1 \cup L_2}(E_1 \bowtie_\theta E_2) = (\Pi_{L_1}(E_1)) \bowtie_\theta (\Pi_{L_2}(E_2))$$

b. $E_1 \bowtie_\theta E_2$를 생각해 보자. L_1과 L_2를 각각 E_1과 E_2의 속성 집합이라고 하자. L_3를 조인 조건 θ와 연관이 있고 L_1에는 없는 E_1의 속성이라 하고, L_4를 조인 조건 θ와 연관이 있고 L_2에 속하지 않는 E_2의 속성이라 할 때 다음과 같은 식이 성립한다.

$$\Pi_{L_1 \cup L_2}(E_1 \bowtie_\theta E_2) \equiv \Pi_{L_1 \cup L_2}((\Pi_{L_1 \cup L_3}(E_1)) \bowtie_\theta (\Pi_{L_2 \cup L_4}(E_2)))$$

유사한 동등 규칙이 외부 조인(⟖, ⟕, ⟗)에도 성립한다.

9. 합집합과 교집합 연산은 교환 법칙이 성립한다.

a. $E_1 \cup E_2 \equiv E_2 \cup E_1$

b. $E_1 \cap E_2 \equiv E_2 \cap E_1$

차집합 연산은 교환 법칙이 성립하지 않는다.

10. 합집합과 교집합 연산은 결합 법칙이 성립한다.

a. $(E_1 \cup E_2) \cup E_3 \equiv E_1 \cup (E_2 \cup E_3)$

b. $(E_1 \cap E_2) \cap E_3 \equiv E_1 \cap (E_2 \cap E_3)$

11. 선택 연산은 합집합, 교집합, 차집합 연산에 분배될 수 있다.

a. $\sigma_\theta(E_1 \cup E_2) \equiv \sigma_\theta(E_1) \cup \sigma_\theta(E_2)$

b. $\sigma_\theta(E_1 \cap E_2) \equiv \sigma_\theta(E_1) \cap \sigma_\theta(E_2)$

c. $\sigma_\theta(E_1 - E_2) \equiv \sigma_\theta(E_1) - \sigma_\theta(E_2)$

d. $\sigma_\theta(E_1 \cap E_2) \equiv \sigma_\theta(E_1) \cap E_2$

e. $\sigma_\theta(E_1 - E_2) \equiv \sigma_\theta(E_1) - E_2$

−를 ∪으로 치환하면, 앞의 동등 규칙이 성립하지 않는다.

12. 추출 연산은 합집합 연산에 분배될 수 있다(단, E_1, E_2의 스키마가 동일한 경우).

$$\Pi_L(E_1 \cup E_2) \equiv (\Pi_L(E_1)) \cup (\Pi_L(E_2))$$

13. 선택 연산은 다음 조건을 만족하는 경우 집계 연산에 분배될 수 있다. G를 그룹화 속성의 집합, A를 집계 연산 표현식의 집합이라 가정할 때, θ가 G의 속성만 포함하는 경우 다음이 성립한다.

$$\sigma_\theta({}_G\gamma_A(E) \equiv {}_G\gamma_A(\sigma_\theta(E))$$

14. a. 전체 외부 조인(full outer join)은 교환 법칙이 성립한다.

$$E_1 ⟗ E_2 \equiv E_2 ⟗ E_2$$

b. 왼쪽 외부 조인(left outer join)과 오른쪽 외부 조인(right outer join)은 교환 법칙이 성립하지 않는다. 그러나 왼쪽 외부 조인과 오른쪽 외부 조인은 다음과 같이 교환 가능하다.

$$E_1 ⟕ E_2 \equiv E_2 ⟖ E_1$$

15. 선택 연산은 다음 조건을 만족하는 경우 왼쪽 외부 조인과 오른쪽 외부 조인으로 분배될 수 있다. 특히 선택 조건 θ_1이 하나의 관계 대수 표현식(즉 E_1)에 존재하는 속성만 포함하는 경우, 다음과 같은 식이 성립한다.

a. $\sigma_{\theta_1}(E_1 ⟕_\theta E_2) \equiv (\sigma_{\theta_1}(E_1)) ⟕_\theta E_2$

b. $\sigma_{\theta_1}(E_2 ⟖_\theta E_1) \equiv (E_2 ⟖_\theta (\sigma_{\theta_1}(E_1)))$

16. 외부 조인은 다음 조건하에 내부 조인으로 대체 가능하다. 특히 술어 θ_1이 E_2의 속성값이 null일 때마다 false 또는 unknown으로 평가되면 다음과 같은 식이 성립한다.

a. $\sigma_{\theta_1}(E_1 ⟕_\theta E_2) \equiv \sigma_{\theta_1}(E_1 \bowtie_\theta E_2)$

b. $\sigma_{\theta_1}(E_2 ⟖_\theta E_1) \equiv \sigma_{\theta_1}(E_2 \bowtie_\theta E_2)$

위의 특성을 만족하는 술어 θ_1을 E_2에 대해 **null 거부**(null rejecting)라 한다. 예를 들어, θ_1이 $A < 4$인 경우(이때 A는 E_2에 존재하는 속성이다), θ_1은 A가 null일 때마다 unknown으로 평가되며, 이로 인해 $E_1 \bowtie_\theta E_2$에는 존재하지 않지만 $E_1 ⟕_\theta E_2$에 존재하는 튜플의 경우 σ_{θ_1}에 의해 제거된다. 그러므로 외부 조인을 내부 조인으로 (또는 그 반대로) 대체할 수 있다.

더 일반적으로 θ_1이 $\theta_1^1 \wedge \theta_2^1 \wedge \cdots \wedge \theta_1^k$ 형식이며, 적어도 한 개의 θ_1^i가 e_1 *relop* e_2의 형태이면(여기서 e_1과 e_2는 E_2의 속성을 하나 이상 포함하는 산술 또는 문자열 관계 대수 표현식에 해당하며, *relop*은 $<, \leq, =, \geq, >$ 중 하나에 해당함), 위 조건이 성립한다.

지금까지 설명한 것은 동등 규칙의 일부다. 외부 조인이나 집계 연산과 같은 확장 관계 대수와 관련된 연산의 동등 규칙은 연습문제에서 다룬다.

조인에 대해 성립하는 일부 동등 규칙은 외부 조인에 대해 성립하지 않는다. 예를 들어, 규칙 15.a 또는 15.b가 성립하면 선택 연산은 외부 조인으로 분배될 수 없다. 다음 관계 대수 표현식을 이용하여 이를 살펴보자.

$$\sigma_{year=2017}(instructor ⟕ teaches)$$

이때 연도에 상관없이 과목을 전혀 가르치지 않는 교수를 가정해 보자. 위의 관계 대수 표현식에서, 왼쪽 외부 조인으로 인해 그러한 각각의 교수(즉 과목을 전혀 가르치지 않는 교수)에 해당하는 튜플은 *year* 값이 null인 상태로 유지된다. 그런 다음 이러한 튜플에 대해 술어 $null = 2017$이 *unknown*으로 평가되기 때문에, 선택 작업에 의해 이러한 튜플을 제거할 수 있다. 그러므로 (연도에 상관없이 과목을 전혀 가르치지 않는) 교수는 결과에 나타나지 않게 된다. 그러나 선택 연산을 *teaches* 릴레이션으로 내려서 생성한 다음의 관계 표현식은 구문상 올바르지만(선택 연산의 술어는 *teaches* 릴레이션의 속성만 포함하기 때문에) 결과는 다르다.

$$instructor ⟕ \sigma_{year=2017}(teaches)$$

과목을 전혀 가르치지 않는 교수에 해당하는 튜플은 $instructor ⟕ \sigma_{year=2017}(teaches)$의 결과에는 나타나지만, $\sigma_{year=2017}(instructor ⟕ teaches)$의 결과에는 나타나지 않는다. 그러나 다음 동등 규칙은 성립한다.

$$\sigma_{year=2017}(instructor ⟕ teaches) \equiv \sigma_{year=2017}(instructor \bowtie teaches)$$

또 다른 예로 내부 조인과 달리 외부 조인은 결합 법칙이 성립하지 않는다. 이제까지 자연 왼쪽 외부 조인(natural left outer join)을 사용하는 예를 보았다. 자연 오른쪽 외부 조인(natural right outer join), 자연 전체 외부 조인(natural full outer join), 외부 조인에 해당하는 세타 조인 표현을 이용하여 유사한 예를 만들 수 있다.

$r(A, B)$를 단일 튜플 (1, 1)로 구성된 릴레이션, $s(B, C)$를 단일 튜플 (1, 1)로 구성된 릴레이션, $t(A, C)$를 튜플이 없는 비어 있는 릴레이션이라 각각 가정하자. 이번에는 다음의 예를 살펴보자.

$$(r ⟕ s) ⟕ t \not\equiv r ⟕ (s ⟕ t)$$

먼저 $(r ⟕ s)$가 하나의 튜플(1, 1, 1)로 구성된 스키마 (A, B, C)를 생성한다. 이 결과와 릴레이션 t 간에 왼쪽 외부 조인을 수행하면, 하나의 튜플 (1, 1, 1)이 있는 스키마 (A, B, C)가 생성된다. 다음으로 관계 대수 표현식 $r ⟕ (s ⟕ t)$을 살펴보면, 먼저 $s ⟕ t$가 하나의 튜플 $(null, 1, 1)$을 갖는 스키마 (A, B, C)를 생성한다. 릴레이션 r과 이 결과 간에 왼쪽 외부 조인을 수행하면, 하나의 튜플 $(1, 1, null)$이 있는 스키마 (A, B, C)가 생성된다.

16.2.2 변환 예제

동등 규칙의 사용에 대해 알아보자. 다음과 같은 관계형 스키마를 가지는 대학교 데이터베이스 예제를 사용한다.

$$instructor(ID, name, dept\_name, salary)$$
$$teaches(ID, course\_id, sec\_id, semester, year)$$
$$course(course\_id, title, dept\_name, credits)$$

16.1절에서 사용한 다음 표현식은

$$\Pi_{name,title}\ (\sigma_{dept\_name = \text{"Music"}}\ (instructor\ \bowtie\ (teaches\ \bowtie\ \Pi_{course\_id,title}(course))))$$

다음 표현식으로 변환될 수 있다.

$$\Pi_{name,title}\ ((\sigma_{dept\_name = \text{"Music"}}\ (instructor))\ \bowtie\ (teaches\ \bowtie\ \Pi_{course\_id,title}(course)))$$

위 표현식은 이전 표현식과 동일한 결과를 내지만 수행 중간에 생성되는 릴레이션의 크기는 더 작아진다. 위의 변환은 규칙 7.a를 사용한 것이다. 앞서 설명한 규칙은 두 식이 동등하다는 것을 나타낼 뿐이다. 하나의 표현식이 다른 표현식보다 질의 처리 면에서 더 효과적이라는 것을 말해 주는 것은 아니라는 것을 기억해야 한다.

하나의 질의 또는 질의의 일부분에 여러 개의 동등 조건이 차례로 사용될 수 있다. 예로 앞에서 사용한 질의를 2017년에 강의를 한 교수를 찾는 질의로 수정한다고 해 보자. 새롭게 만들어지는 관계 대수 질의는 다음과 같다.

$$\Pi_{name,title}\ (\sigma_{dept\_name = \text{"Music"} \land year\ =\ 2017}\ (instructor\ \bowtie\ (teaches\ \bowtie\ \Pi_{course\_id,title}(course))))$$

선택 술어가 *instructor* 릴레이션과 *teaches* 릴레이션에 모두 관련되어 있기 때문에 선택 술어를 직접 *instructor* 릴레이션에 적용할 수 있다. 하지만 규칙 6.a(자연 조인의 결합 법칙)를 우선 적용하면 $instructor \bowtie (teaches \bowtie \Pi_{course_id,title}(course))$를 $(instructor \bowtie teaches) \bowtie \Pi_{course_id,title}(course)$로 바꿀 수 있다.

$$\Pi_{name,title}\ (\sigma_{dept\_name = \text{"Music"} \land year\ =\ 2017}\ ((instructor \bowtie teaches) \bowtie \Pi_{course\_id,title}(course)))$$

그다음에 규칙 7.a를 사용해 질의를 다음과 같이 변환할 수 있다.

$$\Pi_{name,title}\ ((\sigma_{dept\_name = \text{"Music"} \land year\ =\ 2017}\ (instructor \bowtie teaches)) \bowtie \Pi_{course\_id,title}(course))$$

위 표현식에서 선택 연산이 들어 있는 부분 표현식에 대해 생각해 보자. 규칙 1을 이용해 선택 연산을 두 개의 선택 연산으로 분해하여 다음과 같은 부분 표현식을 얻어 낼 수 있다.

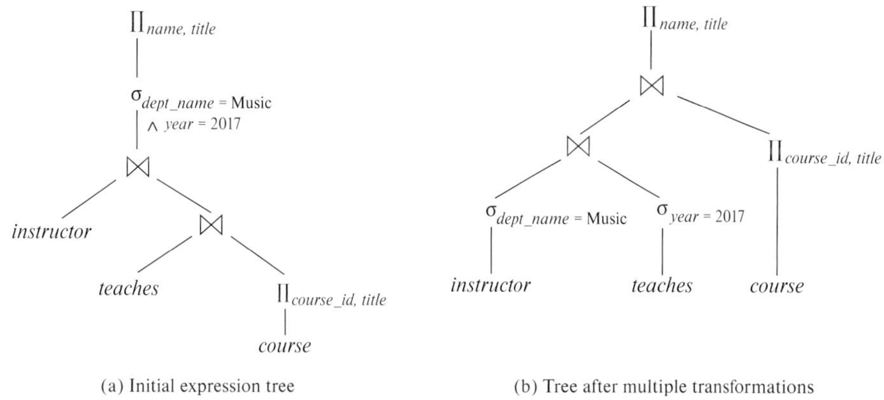

그림 16.4 여러 번의 변환 수행 결과 예시

$$\sigma_{dept\_name = \text{“Music”}} (\sigma_{year\ =\ 2017}\ (instructor \bowtie teaches))$$

위 표현식은 *dept_name* = “Music”이고 *year* = 2017인 튜플을 선택하게 된다. 하지만 위 표현식에서 두 번째 선택 연산은 “선택 연산을 먼저 수행”하는 규칙 7.a를 적용할 수 있으므로 다음과 같은 부분 표현식을 만들어 낼 수 있다.

$$\sigma_{dept\_name = \text{“Music”}} (instructor) \bowtie \sigma_{year\ =\ 2017}\ (teaches)$$

그림 16.4는 초기의 표현식과 변환이 모두 수행된 후의 표현식을 보여 준다. 규칙 1을 이용해 선택 연산을 두 개의 선택 연산으로 분해하지 않고, 직접 규칙 7.b를 이용해 동일한 최종 변환 표현식을 얻어 낼 수 있다. 사실상 규칙 7.b는 규칙 1과 규칙 7.a를 통해 유도될 수 있는 표현식이다.

동등 규칙의 조합으로 다른 규칙이 생성되지 않을 때 동등 규칙의 집합을 **최소 집합**(minimal set)이라 부른다. 이전에 살펴본 예는 16.2.1절에서 설명한 동등 규칙이 최소 집합이 아님을 나타낸다. 초기 표현식과 동등한 표현식은 여러 가지 방법으로 만들어질 수 있다. 최소 집합이 아닌 동등 규칙을 사용하는 경우 동등한 표현식을 만들어 내는 방법은 증가하게 된다. 따라서 질의 최적화기는 최소 집합인 동등 규칙 집합을 사용한다.

다음과 같은 형태의 예제 질의를 생각해 보자.

$$\Pi_{name,title}\ ((\sigma_{dept\_name = \text{“Music”}}\ (instructor) \bowtie teaches) \bowtie \Pi_{course\_id,title}(course))$$

다음과 같은 부분 표현식의 계산 결과로

$$(\sigma_{dept\_name = \text{“Music”}}\ (instructor) \bowtie teaches)$$

다음과 같은 스키마를 가진 릴레이션을 얻어 낼 수 있다.

$$(ID,\ name,\ dept\_name,\ salary,\ course\_id,\ sec\_id,\ semester,\ year)$$

규칙 8.a와 규칙 8.b를 기반으로 추출 연산을 추가함으로써 위 스키마로부터 몇 개의 속성을 제거할 수 있다. 남아 있어야 하는 속성은 결과에 나타나야 하는 속성이거나 중간 과정에서 필요한 속성이다. 필요 없는 속성을 제거함으로써 중간 결과의 열(column) 수를 줄일 수 있다. 따라서 중간 결과의 크기를 줄일 수 있게 된다. 예제에서 *instructor*와 *teaches*의 조인 결과로부터 필요한 속성은 *name*과 *course_id*다. 따라서 질의를 다음과 같이 수정할 수 있다.

$$\Pi_{name,title}\,((\Pi_{name,course\_id}\,((\sigma_{dept\_name\,=\,\text{“Music”}}\,(instructor)) \bowtie teaches)) \\ \bowtie \Pi_{course\_id,title}(course))$$

추출 연산 $\Pi_{name,course_id}$는 조인의 중간 결과의 크기를 줄여 준다.

16.2.3 조인 순서

임시 중간 결과의 크기를 줄이기 위해서는 조인 연산의 순서가 매우 중요하다. 따라서 대부분의 질의 최적화기는 조인 순서에 많은 주의를 기울인다. 동등 규칙 6.a에서 언급한 것과 같이 자연 조인 연산은 결합 법칙이 성립한다. 따라서 임의의 릴레이션 r_1, r_2, r_3에 대해 다음 식이 성립한다.

$$(r_1 \bowtie r_2) \bowtie r_3 \;\equiv\; r_1 \bowtie (r_2 \bowtie r_3)$$

이 두 표현식이 서로 동등하다고 할지라도 각 표현식을 계산할 때 드는 비용은 서로 다를 수 있다. 다음의 표현식을 생각해 보자.

$$\Pi_{name,title}\,((\sigma_{dept\_name\,=\,\text{“Music”}}\,(instructor)) \bowtie teaches \bowtie \Pi_{course\_id,title}(course))$$

우선 $teaches \bowtie \Pi_{course_id,title}(course)$의 표현식을 먼저 계산한 후에 결과를 아래 표현식과 조인할 수 있다.

$$\sigma_{dept\_name\,=\,\text{“Music”}}\,(instructor)$$

하지만 $teaches \bowtie \Pi_{course_id,title}(course)$의 결과는 모든 수업에 대해서 튜플을 하나씩 가지고 있기 때문에 크기가 큰 릴레이션이 될 것이다. 반면에

$$\sigma_{dept\_name\,=\,\text{“Music”}}\,(instructor) \bowtie teaches$$

는 작은 릴레이션이 될 가능성이 높다. 대학교에는 과목 수보다 교수 수가 매우 작으며, 많은 학과가 존재하기 때문에 음악학과의 교수만 보는 것이 대학교 전체의 교수를 보는 것보다 그 수가 상대적으로 적을 것이다. 위 표현식의 결과는 음악학과의 교수가 가르치는 수업에 대해서만 튜플을 하나씩 출력할 것이다. 그렇기 때문에 $teaches \bowtie \Pi_{course_id,title}(course)$를 먼저 계산하는 것에 비해서 중간 결과물이 훨씬 작을 것이다.

질의를 계산할 때 고려할 수 있는 다른 선택 사항이 존재한다. 결과를 출력할 때 속성의 순서를 쉽게 바꿀 수 있기 때문에 조인 연산에서 나타나는 속성의 순서를 고려하지 않는다. 따라서 임의의

릴레이션 r_1과 r_2에 대해서 아래의 표현식이 성립한다.

$$r_1 \bowtie r_2 \equiv r_2 \bowtie r_1$$

즉 자연 조인은 교환 법칙이 성립한다(동등 규칙 5).

자연 조인의 결합 법칙과 교환 법칙(규칙 5와 6)을 이용해 다음과 같은 관계 대수 표현식의 변환을 생각해 보자.

$$(instructor \bowtie \Pi_{course\_id,title}(course)) \bowtie teaches$$

$\Pi_{course_id,title}(course)$와 *instructor* 사이에는 공통된 속성이 없기 때문에 이 조인은 단순한 카티션 곱이 된다. *instructor* 릴레이션에 a개의 튜플이 있고 $\Pi_{course_id,title}(course)$에 b개의 튜플이 있다면 이 카티션 곱은 해당 교수가 그 과목을 가르치는지와는 상관없이 가능한 모든 조합을 고려하기 때문에 총 $a * b$개의 튜플을 생성한다. 이러한 카티션 곱은 커다란 임시 릴레이션을 생성하게 된다. 하지만 사용자가 위와 같은 표현식을 입력했을 경우 자연 조인의 결합 법칙과 교환 법칙을 이용해서 다음과 같이 이전에 사용했던 표현식보다 효율적인 표현식으로 변환할 수 있다.

$$(instructor \bowtie teaches) \bowtie \Pi_{course\_id,title}(course)$$

16.2.4 동등한 표현식의 열거

질의 최적화기는 주어진 질의 표현식과 동등한 표현식을 만들어 내기 위해서 동등 규칙을 사용한다. 질의 표현식의 비용은 16.3절에서 논의하게 될 통계를 기반으로 계산된다. 16.4절에서 배우는 비용 기반 질의 최적화기는 각각의 표현식에 대해 비용을 계산하고, 가장 비용이 적은 표현식을 선택한다.

이 과정은 개념적으로 그림 16.5에 나타난 것과 같이 진행된다. 그 과정은 다음과 같다. 주어진 표현식 E에 대해서, 처음에는 동등한 표현식의 집합 EQ에는 E만 포함된다. 그 뒤로는 EQ에 포함된 모든 표현식에 대해서 동등 규칙을 적용한다. 표현식 $E_i \in EQ$의 부분 표현식 e_j(특별한 경우로, e_j가 E_i 자체일 수 있다)가 어떤 동등 규칙을 만족하는 경우, 최적화기는 E_i의 복사본 E_k를 생성하고, 복사본 E_k의 부분 표현식 e_j는 해당 동등 규칙에 의해 다른 표현식으로 변환된다. 그리고 새롭게 생성된 E_k를 EQ에 추가한다. 이 과정은 더 이상 새로운 표현식이 생성될 수 없을 때까지 반복된다. 동등 규칙 집합을 적절하게 선택하여 사용하면 동등한 표현식의 집합은 유한하게 되며, 이는 그림 16.5의 알고리즘이 종료됨을 보장한다.

이 과정은 시간적으로나 공간적으로 비용이 매우 많이 드는 과정이다. 하지만 질의 최적화기는 다음과 같은 두 가지 아이디어를 이용해서 공간과 시간을 줄일 수 있다.

1. 부분 표현식 e_i에 동등 규칙을 적용해서 표현식 E_1로부터 표현식 E'을 만들어 내는 경우, E'과 E_1은 e_i와 e_i의 변환식을 제외하면 같은 부분 표현식을 가지게 된다. 게다가 e_i와 e_i의 변환식은 동일한 부분 표현식을 많이 공유한다. 두 표현식이 공유하는 부분 표현식을 가리키는 "표현식 표현(expression-representation) 방법"을 만들면 필요한 공간을 줄일 수 있다.

```
procedure genAllEquivalent(E)
EQ = {E}
repeat
    Match each expression E_i in EQ with each equivalence rule R_j
    if any subexpression e_i of E_i matches one side of R_j
        Create a new expression E′ which is identical to E_i, except that
            e_i is transformed to match the other side of R_j
        Add E′ to EQ if it is not already present in EQ
until no new expression can be added to EQ
```

그림 16.5 모든 동등한 표현식을 생성하는 프로시저

2. 동등 규칙을 사용해서 만들 수 있는 모든 표현식을 생성하는 것이 항상 필요한 것은 아니다. 질의 최적화기가 비용 추정을 고려한다면 16.4절에서 알아보게 될 것과 같이 몇몇 표현식은 검사할 필요가 없다. 따라서 이와 같은 기법을 사용해 최적화에 필요한 시간을 줄일 수 있다.

위 기술뿐만 아니라 최적화 시간을 줄이는 다양한 기술을 이용하여, 동등 규칙을 적용하여 다른 표현식을 구하고, 해당 비용을 구할 수 있다. 그런 다음 여러 표현식 중에서 가장 비용이 적은 표현식을 선택하게 된다. 16.4.2절에서는 동등 규칙에 기반한 비용 기반 질의 최적화의 효율적인 구현 방법을 다룬다.

일부 질의 최적화기는 휴리스틱 방식을 기반으로 동등 규칙을 사용한다. 이러한 방식을 사용하면, 어떤 동등 규칙의 왼쪽이 질의 계획의 서브트리(subtree)와 일치하면 그 규칙의 오른쪽과 일치하도록 서브트리가 재작성된다. 이 과정은 질의 계획을 더 이상 재작성할 수 없을 때까지 반복된다.

그러나 다른 질의 최적화기는 종종 질의 비용의 중요 요소인 조인 순서 선택에 중점을 둔다. 조인 순저 최적화는 16.4.1절에서 다룬다.

16.3 결과에 대한 통계 추정

연산의 비용은 그 연산의 입력의 크기와 기타 통계에 의존적이다. 주어진 표현식 $r \bowtie (s \bowtie t)$에 대해 r과 $(s \bowtie t)$의 조인 비용을 추정하기 위해서는 $(s \bowtie t)$의 크기와 같은 통계를 추정해야 한다.

이 절에서 데이터베이스 시스템 카탈로그에 저장된 데이터베이스 릴레이션의 통계를 나열하고, 이 통계를 이용해서 여러 가지 관계형 연산의 결과에 대한 통계를 추정하는 방법에 대해 알아본다.

질의 표현식은 트리 형태로 표현될 수 있다. 트리에서 하위 노드에 해당하는 연산자부터 시작하여 해당 연산자의 통계를 추정하고, 트리의 루트에 도달할 때까지 상위 노드에 해당하는 연산자에 대해 이러한 추정 작업을 계속 진행한다. 크기 추정치는 통계의 일부에 해당하며, 트리의 개별 연산자에 대한 알고리즘 비용을 계산하는 데 사용된다. 전체 질의 계획 비용은 15장에서 본 것처럼 이러한 개별 비용을 더하여 구할 수 있다.

정확히 맞지 않을 수 있는 가정을 사용하기 때문에 이 절에서 추정하는 통계는 정확하지 않을

수 있다. 따라서 최소 비용으로 추정된 질의 평가 계획이 실제로 최소 비용으로 수행되지 않을 수 있다. 하지만 경험에 비추어 볼 때, 추정치가 정확하지 않더라도 최소 비용으로 추정된 질의 평가 계획은 최소 비용의 질의 수행 비용을 가지거나 그에 근접한 질의 수행 비용을 가지게 된다는 것을 알 수 있다.

16.3.1 카탈로그 정보

데이터베이스 시스템의 카탈로그는 데이터베이스 릴레이션에 대해 다음과 같은 통계를 저장하고 있다.

- n_r, 릴레이션 r의 튜플 수
- b_r, 릴레이션 r의 튜플이 차지하는 블록 수
- l_r, 릴레이션 r의 하나의 튜플의 바이트 크기
- f_r, 릴레이션 r의 블로킹 인수. 즉 한 블록에 들어가는 릴레이션 r의 튜플 수
- $V(A, r)$, 속성 A에 대해 릴레이션 r에서 나타나는 서로 다른 값의 개수. 이 값은 $\Pi_A(r)$의 크기와 동일하다. 만약 A가 릴레이션 r의 키 속성인 경우, $V(A, r)$은 n_r과 동일한 값이다.

마지막에 언급된 $V(A, r)$은 필요한 경우, 하나의 속성에 대한 통계 값 대신 여러 개의 속성에 대한 통계 값을 가질 수도 있다. 따라서 주어진 속성의 집합 A에 대해 $V(A, r)$의 값은 $\Pi_A(r)$의 크기와 동일해진다.

만약 릴레이션 r의 튜플이 하나의 파일에 저장되어 있다고 가정하면 다음과 같은 등식이 성립한다.

$$b_r = \left\lceil \frac{n_r}{f_r} \right\rceil$$

B^+-트리 인덱스에서 트리의 높이나 인덱스 내의 단말 페이지의 수와 같은 인덱스에 대한 통계도 카탈로그에서 유지하고 있다.

만약 정확한 통계를 유지하고자 할 경우, 릴레이션이 변경될 때마다 통계도 갱신해야 한다. 이러한 갱신은 그에 따른 부담을 가지게 된다. 따라서 대부분의 시스템은 릴레이션이 갱신될 때마다 매번 통계를 수정하지 않는다. 대신 시스템의 부하가 적은 동안에 통계를 갱신한다. 결과적으로 질의 처리 단계를 결정하기 위해 사용되는 통계는 정확한 정보는 아니라는 것을 알 수 있다. 하지만 통계가 새롭게 갱신될 때까지 릴레이션에 많은 수정이 일어나지 않는 경우, 통계는 서로 다른 질의 수행 계획의 상대적인 비용을 계산하는 데 충분히 좋은 추정치를 제공할 수 있다.

지금까지 언급한 통계는 단순화되어 있다. 실제 질의 최적화기는 평가 계획의 비용 추정의 정확도를 높이기 위해서 보다 많은 통계를 유지하고 있다. 예를 들어, 몇몇 데이터베이스 시스템은 각 속성값의 분포(distribution)를 **히스토그램**(histogram)으로 가지고 있다. 히스토그램 내에서 하나의 속성값은 많은 구간으로 분할되고 각 구간은 그 구간의 속성값을 가지는 튜플 수를 가지고 있다. 그림 16.6은 1~25 중 하나의 값을 갖는 정수 속성에 대한 히스토그램의 예를 보여 준다.

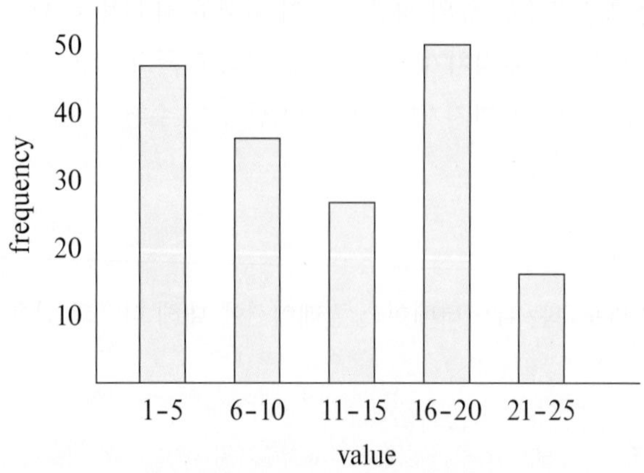

그림 16.6 히스토그램의 예

히스토그램의 예로 *person* 릴레이션의 *age* 속성값은 0 – 9, 10 – 19, … , 90 – 99(최대 연령이 99라고 가정)의 구간으로 나눌 수 있다. 각 구간에 대해 *person* 릴레이션의 튜플 중 해당 구간에 *age* 값이 속하는 것의 개수가 저장된다.

그림 16.6의 히스토그램은 값의 범위를 같은 크기의 구간으로 나누기 때문에 **너비가 같은 히스토그램**(equi-width histogram)에 해당한다. 반면에 **깊이가 같은 히스토그램**(equi-depth histogram)은 각 구간이 동일한 수의 값을 갖도록 구간의 경계를 조정한 것이다. 그러므로 깊이가 같은 히스토그램은 구간의 분할 경계만 저장하고, 값의 수를 저장할 필요가 없다. 예를 들어, 그림 16.6에서 너비가 같은 히스토그램을 이용하여 표현한 데이터에 대한 깊이가 같은 히스토그램은 다음과 같다.

(4, 8, 14, 19)

이 히스토그램은 튜플의 1/5이 4세 미만이고, 다른 1/5이 4세 이상이지만 8세 미만이며, 마지막 1/5은 19세 이상임을 나타낸다. 총 튜플 수에 대한 정보도 깊이가 같은 히스토그램과 함께 저장된다. 깊이가 같은 히스토그램은 더 나은 추정치를 제공하고 공간을 덜 사용하므로 너비가 같은 히스토그램보다 선호된다.

데이터베이스 시스템에서 사용하는 히스토그램은 해당 구간에 속한 속성값을 가지는 튜플의 개수 외에도, 각 구간에 존재하는 서로 다른 값의 개수(number of distinct value)를 저장한다. 위 예에서 히스토그램은 각 구간에 속하는 서로 다른 연령 값의 개수를 저장할 수 있다. 이러한 히스토그램 정보가 없다면, 최적화기는 값 분포가 균일하다고 가정해야 한다(즉 각 구간에는 동일한 수의 고유 값이 있다).

많은 데이터베이스 응용 프로그램에서 일부 값은 다른 값에 비해 매우 자주 사용된다. 이러한 값을 사용하는 질의에 대해 더 나은 추정치를 얻기 위해, 많은 데이터베이스는 각 값이 나타나는 횟수와 함께 *n*(예: 5 또는 10)개의 가장 빈번히 사용되는 값 목록을 저장한다. 위의 예에서 4, 7, 18, 19, 23세가 가장 빈번히 사용되는 다섯 개의 값에 해당한다고 가정하면, 데이터베이스는 이러한 각 연령에 대해 해당하는 사람의 수를 저장할 수 있다. 빈번히 사용되는 다섯 개의 값에 대한 정확한 개수를 알고 있으므로, 히스토그램은 이러한 다섯 개의 값 이외의 연령 값에 대한 통계만 저장한다.

히스토그램은 약간의 공간만 차지하므로, 시스템 카탈로그에 여러 다른 속성에 대한 히스토그램을 저장할 수 있다.

16.3.2 선택 크기 추정

선택 연산 결과의 크기 추정은 선택 술어에 의존적이다. 우선 단일 동등 술어와 단일 비교 술어에 대해 알아본 후, 술어의 조합에 대해 알아본다.

- $\sigma_{A=a}(r)$: a가 빈번히 사용되는 값이고, 해당 빈도수가 저장되어 있는 경우, 이 값을 선택 연산의 결과 크기 추정치로 직접 사용할 수 있다.

  이용 가능한 히스토그램이 존재하지 않아 균등 분포를 가정한다면(즉 각 값이 동일한 확률로 나타난다고 가정하면) 선택 연산의 결과는 $n_r/V(A, r)$개의 튜플이라고 추정할 수 있다. 이때 값 a는 속성 A에 나타나는 값이라고 가정한다. 어떤 레코드가 값 a를 가지고 있다는 가정은 일반적으로 참이기 때문에 비용 추정 단계에서 보통 이러한 가정을 사용한다. 하지만 각 값이 동일한 확률로 나타난다는 가정은 현실적이지 못할 때가 많다. 이러한 가정이 맞지 않는 예로 *takes* 릴레이션에서 *course_id* 속성을 들 수 있다. 인기 있는 학부 수업을 듣는 학생의 수가 특화된 대학원 수업을 듣는 학생의 수보다 훨씬 많을 것이다. 따라서 특정 *course_id*는 다른 *course_id*보다 더 큰 확률로 나타나게 된다. 균등 분포를 가정하는 것이 올바르지 않은 경우가 종종 있지만 균등 분포 가정이 합당한 경우가 많고, 균등 분포 가정은 설명을 상대적으로 단순화해 준다.

  속성 A에 대한 히스토그램이 있으면 히스토그램에서 a를 포함하는 구간을 찾아 n_r 대신 해당 구간의 빈도수를 사용하고, $V(A, r)$ 대신 해당 구간 내의 서로 다른 값의 개수를 사용하여 추정치 $n_r/V(A, r)$를 변경할 수 있다.

- $\sigma_{A \le v}(r)$: $\sigma_{A \le v}(r)$과 같은 형태의 선택 연산을 생각해 보자. 속성 A에 대한 최솟값과 최댓값 ($\min(A, r)$과 $\max(A, r)$)은 카탈로그에 저장되어 있다. 균등 분포를 가정하면 $A \le v$의 조건을 만족하는 레코드의 수를 다음과 같이 추정할 수 있다.

  - 0 if $v < \min(A, r)$
  - n_r if $v \ge \max(A, r)$, and,
  - $n_r \cdot \frac{v - \min(A, r)}{\max(A, r) - \min(A, r)}$, otherwise.

  속성 A에 대한 히스토그램이 있으면 좀 더 정확한 추정치를 얻을 수 있다. 자세한 내용은 연습문제로 남겨 둔다.

  질의가 저장 프로시저의 일부인 경우와 같이 몇몇 경우에서 질의 최적화 단계에서 v 값을 알 수 없게 된다. 이러한 경우 절반의 레코드가 비교 조건을 만족한다고 가정한다. 즉 결과 튜플의 개수가 $n_r/2$라고 가정한다. 이 추정치는 매우 부정확할 수 있지만 다른 정보가 없는 경우 추정할 수 있는 최선의 값이 된다.

- 복잡한 선택 연산
    - **논리곱**: 논리곱으로 연결된 선택 연산은 다음과 같은 형태다.

$$\sigma_{\theta_1 \wedge \theta_2 \wedge \cdots \wedge \theta_n}(r)$$

이러한 선택 연산의 결과 크기는 다음과 같이 추정할 수 있다. 각 θ_i에 대해 $\sigma_{\theta_i}(r)$인 선택 연산의 결과 값을 추정한다. 이 결과 값을 s_i라고 하면 선택 조건 θ_i를 만족하는 튜플이 릴레이션에 나타날 확률은 s_i/n_r이 된다.

이 확률을 선택 연산 $\sigma_{\theta_i}(r)$의 **선택도**(selectivity)라고 부른다. 각 선택 조건이 독립적이라고 가정하면 모든 조건을 만족하는 튜플의 확률은 단순히 각각의 조건을 만족하는 튜플의 확률을 곱한 것과 같다. 따라서 논리곱이 포함된 선택 연산의 결과 튜플 수를 다음과 같이 추정할 수 있다.

$$n_r * \frac{s_1 * s_2 * \cdots * s_n}{n_r^n}$$

- **논리합**: 논리합으로 연결된 선택 연산은 다음과 같은 형태다.

$$\sigma_{\theta_1 \vee \theta_2 \vee \cdots \vee \theta_n}(r)$$

논리합 조건을 만족하는 레코드의 집합은 각각의 단순 조건 θ_i를 만족하는 모든 레코드의 합집합이 된다.

앞과 같이 s_i/n_r을 θ_i 조건을 만족하는 튜플의 확률이라고 할 때 논리합으로 연결된 선택 연산을 만족하는 튜플이 나타날 확률은 1에서 어떠한 조건도 만족하지 않는 튜플의 확률을 뺀 것이 된다.

$$1 - (1 - \frac{s_1}{n_r}) * (1 - \frac{s_2}{n_r}) * \cdots * (1 - \frac{s_n}{n_r})$$

이 확률에 n_r을 곱하면 논리합으로 연결된 선택 연산의 결과 튜플 수를 추정할 수 있다.

- **부정**: 널 값이 없다고 할 때, 부정이 포함된 선택 연산 $\sigma_{\neg\theta}(r)$의 결과는 단순히 선택 연산 $\sigma_{\theta}(r)$를 만족하지 않는 튜플이 된다. 따라서 $\sigma_{\neg\theta}(r)$의 결과 튜플의 수는 n_r에서 $\sigma_{\neg\theta}(r)$의 결과 튜플의 수를 뺀 것과 같다.

조건 θ를 계산한 결과가 *unknown*이 되는 튜플의 수를 추정하고, 이 수를 위의 널 값을 고려하지 않은 결과에서 뺌으로써 널 값이 있는 경우에 대해 고려할 수 있다. 이 값을 추정하기 위해서는 카탈로그에 여분의 정보를 포함하는 것이 필요하다.

16.3.3 조인 크기 추정

이 절에서 조인의 결과 크기를 추정하는 방법에 대해 설명한다.

카티션 곱 $r \times s$는 $n_r * n_s$개의 튜플을 가진다. $r \times s$의 각 튜플은 $l_r + l_s$바이트의 크기를 가진다. 이를 이용해 카티션 곱 결과의 전체 크기를 계산할 수 있다.

노트 16.2 통계의 계산과 유지

개념적으로 릴레이션의 통계는 릴레이션이 수정될 때마다 자동으로 유지되는 실체화 뷰로 생각할 수 있다. 불행히도, 데이터베이스에 대한 모든 삽입, 삭제, 갱신마다 통계 수치를 유지하는 것은 매우 많은 비용이 든다. 반면에 질의 최적화기는 정확한 통계 수치를 필요로 하는 것은 아니다. 몇 퍼센트 정도의 통계 수치 오류로 인해서 최적이 아닌 질의 평가 계획을 선택할 수 있으며, 이 경우에도 최적의 질의 평가 계획과의 차이는 크지 않을 것이다. 따라서 어느 정도 근사한 통계를 유지·사용하는 방법은 수용 가능하다.

통계가 근사적이어도 괜찮다는 점에 따라, 데이터베이스 시스템은 다음에 설명된 것과 같은 방법으로 통계를 생성하고 유지하는 데 필요한 비용을 줄인다.

- 통계는 전체 데이터 집합을 이용해서 계산하기보다는 주어진 데이터의 표본 집단으로부터 계산된다. 예를 들어, 릴레이션이 수백만 혹은 수억 개의 튜플을 가지고 있더라도 그중에서 수천 개의 듀플을 표본 집단으로 뽑으면 꽤 정확한 히스토그램을 작성할 수 있을 것이다. 하지만 표본 집단은 **무작위 표본 추출**(random sample)로 뽑아야 한다. 무작위로 뽑지 않은 표본 집단은 잘못된 결과를 초래할 수 있다. 예를 들어, 교수의 표본 집단을 뽑아서 급여에 관한 히스토그램을 그린다고 할 때, 표본 집단이 급여가 낮은 교수 집단에서 뽑힌다면 전체적인 결과가 잘못될 수 있다. 대부분의 데이터베이스 시스템은 통계를 작성하기 위해서 무작위로 표본 집단을 뽑는다.
- 통계는 데이터베이스의 모든 갱신에 대해서 유지되지 않는다. 사실 몇몇의 데이터베이스 시스템은 자동적으로 통계를 갱신하지 않는다. 이러한 시스템은 데이터베이스 관리자가 주기적으로 통계 수치를 갱신할 때에만 수행된다. Oracle과 PostgreSQL은 특정 릴레이션이나 전체 릴레이션에 대한 통계를 생성하는 **analyze**라는 명령어를 제공한다. IBM DB2는 **runstats**라는 명령어를 제공한다. 자세한 사항은 각 시스템의 설명서를 참고하기 바란다. 잘못된 통계로 인해서 질의 최적화기가 최악의 질의 평가 계획을 선택할 수 있다는 것을 알아야 한다. IBM DB2, Oracle, SQL Server와 같은 많은 데이터베이스 시스템은 일정 시간마다 자동적으로 통계를 갱신한다. 예를 들면, 릴레이션에 튜플이 몇 개 있는지 대략적인 수치를 유지하고, 튜플의 개수가 현격하게 변화한 경우에는 통계를 다시 계산한다. 또 다른 방법은 질의가 실행되었을 때, 실제 수치와 릴레이션의 계산된 수치를 비교해 보고, 두 수치의 차이가 큰 경우에는 릴레이션에 대한 통계 수치를 갱신하는 것이다.

자연 조인의 크기를 추정하는 것은 선택 연산이나 카티션 곱의 결과 크기를 추정하는 것보다 복잡하다. $r(R)$과 $s(S)$의 두 릴레이션에 대해

- 만약 $R \cap S = \emptyset$인 경우, 즉 공유되는 속성이 없는 경우에는 $r \bowtie s$의 결과는 $r \times s$의 결과와 동일하며 카티션 곱의 추정 방법을 그대로 사용할 수 있다.
- 만약 $R \cap S$가 R에 대한 키 속성인 경우 s에 있는 하나의 튜플은 많아야 r에 있는 하나의 튜플과

조인된다는 것을 알 수 있다. 따라서 $r \bowtie s$의 결과 튜플 수는 릴레이션 s에 있는 튜플 수보다 작다. $R \cap S$가 S에 대한 키 속성인 경우는 앞의 경우와 대칭적이다. 만약 $R \cap S$가 R을 참조하는 S의 외래 키인 경우 $r \bowtie s$의 결과 튜플 수는 s의 튜플 수와 동일해진다.

- 가장 어려운 경우는 $R \cap S$가 R이나 S의 키 속성이 아닌 경우다. 이 경우 선택 연산 크기 추정에서 그랬던 것처럼 각 값은 균일한 확률로 나타난다고 가정한다. $R \cap S = \{A\}$라 하고 r의 튜플 t를 생각해 보자. 튜플 t는 $r \bowtie s$에서

$$\frac{n_s}{V(A,s)}$$

개의 s의 튜플과 조인된다. 왜냐하면 이 값이 속성 A에 대해 주어진 어떤 값이 s에서 나타날 수 있는 평균 튜플 수이기 때문이다. r 내의 모든 튜플을 고려하면 $r \bowtie s$의 결과로

$$\frac{n_r * n_s}{V(A,s)}$$

개의 튜플이 생성된다고 추정할 수 있다. 여기서 r과 s의 역할을 바꾸면

$$\frac{n_r * n_s}{V(A,r)}$$

의 추정치를 얻어 낼 수 있다. 만약 $V(A, r) \neq V(A, s)$인 경우 위의 두 추정 값은 서로 다르게 된다. 만약 이러한 상황이 발생하게 되면 조인에 참여하지 않는 튜플이 있을 가능성이 크다. 따라서 두 값 중 더 작은 값이 더 정확한 값이 될 것이다.

r의 A 속성에 대한 $V(A, r)$ 값과 s의 A 속성에 대한 $V(A, s)$ 값이 거의 겹치지 않는 경우, 위에서 추정한 조인 결과의 크기는 많이 커질 수 있다. 하지만 이러한 상황은 실제로 잘 일어나지 않는다. 왜냐하면 조인되지 못하는 튜플(dangling tuple)은 존재하지 않거나 매우 적은 수로 존재하기 때문이다.

더 중요한 점은 위의 추정은 각 값이 동일한 확률로 나타난다는 가정하에 계산되었다는 것이다. 이러한 가정이 맞지 않는 경우 더 복잡한 추정 기법을 사용해야 한다. 예를 들어, 두 릴레이션의 조인 속성에 대한 히스토그램이 있고, 두 히스토그램이 같은 구간을 가진 경우 n_r과 n_s 대신 해당 구간의 빈도수를 $V(A, r)$과 $V(A, s)$ 대신 해당 구간 내의 서로 다른 값의 개수를 사용하는 식으로 위에서 설명한 추정 기술을 각 구간에 사용할 수 있다. 그 후 각 영역에 대해 얻은 크기 추정 값을 다 더해서 전체 크기 추정 값을 얻는다. 두 릴레이션의 조인 속성에 대한 히스토그램이 있지만 두 히스토그램이 서로 다른 구간을 가진 경우는 연습문제로 남긴다.

세타 조인 $r \bowtie_\theta s$의 크기는 조인을 $\sigma_\theta(r \times s)$로 변환한 후 카티션 곱과 16.3.2절에서 설명한 선택 연산의 크기 추정을 이용해 추정할 수 있다.

이러한 조인 크기의 추정 방법을 설명하기 위해서 다음과 같은 표현식을 생각해 보자.

$$student \bowtie takes$$

두 릴레이션이 다음과 같은 카탈로그 정보를 가지고 있다고 하자.

- $n_{student} = 5{,}000$
- $n_{takes} = 10{,}000$
- $V(ID, takes) = 2{,}500$, 이 값을 통해 학생들의 절반이 수업을 듣는다는 것을 알 수 있다(사실 이것은 현실적이지 않지만, 예측이 정확하다는 것을 보여 주기 위해서 사용할 것이다). 수업을 듣는 학생들은 평균적으로 네 개의 수업을 듣는다는 것을 알 수 있다.

*ID*는 *student* 릴레이션의 주 키이므로, $V(ID, student) = n_{student} = 5{,}000$이다.

takes 릴레이션의 *ID* 속성은 *student* 릴레이션의 외래 키다. *ID*는 *takes* 릴레이션의 주 키이기 때문에 *takes.ID*에서 널 값이 발생하지 않는다. 그렇기 때문에 $student \bowtie takes$의 크기는 정확히 n_{takes}와 같은 10000이다.

외래 키에 관한 정보를 사용하지 않고 $student \bowtie takes$의 크기를 추정해 보자. $V(ID, takes) = 2{,}500$이고, $V(ID, student) = 5{,}000$이므로 $5{,}000 * 10{,}000/2{,}500 = 20{,}000$과 $5{,}000 * 10{,}000/5{,}000 = 10{,}000$의 두 개의 추정 값을 얻어 낼 수 있으며, 이 중에서 더 작은 값을 고르면 된다. 이 경우 더 작은 값인 10,000은 외래 키에 관한 정보를 이용해서 계산한 값과 일치한다.

16.3.4 다른 연산에 대한 크기 추정

다른 관계 대수 연산의 결과에 대한 크기를 추정하는 방법에 대해서 간단히 설명한다.

- **추출**: $\Pi_A(r)$의 형태인 추출 연산의 크기(레코드 수 또는 튜플 수)는 $V(A, r)$로 추정할 수 있다. 왜냐하면 추출 연산이 중복을 제거하기 때문이다.
- **집계**: ${}_G\gamma_A(r)$의 크기는 $V(G, r)$이 된다. 왜냐하면 G의 서로 다른 값에 대해 ${}_G\gamma_A(r)$은 하나의 튜플만 존재하기 때문이다.
- **집합 연산**: 만약 집합 연산의 두 입력이 동일한 릴레이션에 대한 선택 연산인 경우 집합 연산을 선택 조건의 논리합, 논리곱 또는 부정의 형태로 다시 쓸 수 있다. 예를 들어, $\sigma_{\theta_1}(r) \cup \sigma_{\theta_2}(r)$은 $\sigma_{\theta_1 \vee \theta_2}(r)$로 다시 쓸 수 있다. 이와 유사하게 집합 연산에 참여하는 두 릴레이션이 동일한 릴레이션에 대한 선택 연산인 경우 교집합 연산은 논리곱으로 차집합 연산은 부정을 이용해서 다시 쓸 수 있다. 따라서 16.3.2절에서 설명한 논리곱, 논리합, 부정과 연관된 선택 연산의 크기 추정을 사용할 수 있다.

  만약 입력이 동일한 릴레이션에 대한 선택 연산이 아닌 경우 다음과 같은 방법으로 크기를 추정할 수 있다. $r \cup s$의 크기는 r과 s의 크기의 합으로 추정된다. $r \cap s$의 크기는 r과 s의 크기 중 더 작은 값으로 추정한다. $r - s$의 크기는 r의 크기로 추정한다. 이 세 가지 추정 값은 정확하지 않지만 크기의 상한(upper bound)을 제공해 준다.
- **외부 조인**: $r ⟕ s$의 크기는 $r \bowtie s$의 크기에 r의 크기를 더한 값으로 추정할 수 있다. $r ⟖ s$의 크기는 위와 대칭적으로 계산할 수 있다. $r ⟗ s$의 크기는 $r \bowtie s$의 크기에 r과 s의 크기를 더한 값으로 추정할 수 있다. 이 세 가지 추정 값은 정확한 값은 아니지만 크기의 상한을 제공한다.

16.3.5 서로 다른 값의 개수에 대한 추정

앞에서 설명한 크기 추정은 히스토그램과 같은 통계 또는 속성의 서로 다른 값의 개수에 의해 결정된다. 데이터베이스에 속하는 릴레이션에 대한 이러한 통계는 미리 계산되어 저장될 수 있지만, 중간 결과에 대한 통계는 필요할 때마다 계산되어야 한다. 중간 결과 E_i의 크기(즉 튜플 수)와 E_i에 속하는 속성의 서로 다른 값의 개수를 추정할 수 있다면, E_i를 사용하여 생성되는 다음 단계 중간 결과의 크기와 속성의 서로 다른 값의 개수를 추정하는 데 도움이 된다.

선택 연산에 대해서 하나의 속성(또는 속성 집합) A의 서로 다른 값의 개수 $V(A, \sigma_\theta(r))$은 아래와 같은 방법으로 추정할 수 있다.

- 만약 조건 θ가 A에 대한 특정 값을 요구하는 경우(예: $A = 3$), $V(A, \sigma_\theta(r)) = 1$이 된다.
- 만약 조건 θ가 특정 값에 대한 집합을 요구하는 경우[예: $(A = 1 \vee A = 3 \vee A = 4)$], $V(A, \sigma_\theta(r))$은 특정 값의 개수가 된다.
- 만약 선택 조건 θ가 A *op* v의 형태인 경우(이때 *op*는 비교 연산자), $V(A, \sigma_\theta(r))$은 s를 선택 연산의 선택도(selectivity)라 할 때, $V(A, r) * s$로 추정할 수 있다.
- 그 밖의 선택 연산의 경우, A 값의 분포는 선택 조건이 명시하는 값의 분포와 상관이 없다고 가정하며 $\min(V(A, r), n_{\sigma_\theta(r)})$의 추정 값을 사용한다. 좀 더 정확한 값은 확률론을 이용해 추정할 수 있지만 위의 추정 값도 비교적 잘 맞는다.

조인에 대해 하나의 속성(또는 속성 집합) A의 서로 다른 값의 개수 $V(A, r \bowtie s)$는 다음과 같은 방법으로 추정할 수 있다.

- 만약 속성 A가 r의 속성인 경우 $V(A, r \bowtie s)$는 $\min(V(A, r), n_{r \bowtie s})$로 추정되며, 이와 유사하게 A에 있는 모든 속성이 s의 속성인 경우, $V(A, r \bowtie s)$는 $\min(V(A, s), n_{r \bowtie s})$로 추정할 수 있다.
- 만약 A가 r의 속성 $A1$과 s의 속성 $A2$를 가지고 있는 경우 $V(A, r \bowtie s)$는

$$\min(V(A1, r) * V(A2 - A1, s), V(A1 - A2, r) * V(A2, s), n_{r \bowtie s})$$

로 추정할 수 있다. 몇몇 속성이 $A1$과 $A2$에 동시에 있는 경우 $A1 - A2$와 $A2 - A1$은 각각 r에만 있는 속성, s에만 있는 속성을 나타낸다. 앞에서와 마찬가지로 좀 더 정확한 값은 확률론을 이용해서 추정할 수 있지만 위의 추정 값도 비교적 잘 맞는다.

추출 연산에 대해 서로 다른 값의 개수를 추정하는 것은 매우 쉽다. $\Pi_A(r)$은 r에 있는 서로 다른 값의 수와 동일한 수의 값을 가진다. 집계 연산의 그룹 속성에 대해서도 마찬가지다. 단순하게 하기 위해서 **sum**, **count**, **average** 연산의 결과로 모든 집계 값이 서로 다르다고 가정한다. **min**(A)와 **max**(A)에 대해 서로 다른 값의 개수는 G가 그룹화 속성을 나타낼 때 $\min(V(A, r), V(G, r))$로 추정할 수 있다. 다른 연산에 대한 서로 다른 값의 개수 추정은 생략한다.

16.4 평가 계획의 선택

표현식의 생성은 질의 최적화 과정의 일부분일 뿐이다. 왜냐하면 표현식 내의 각 연산은 서로 다른 알고리즘을 이용해 구현될 수 있기 때문이다. 따라서 평가 계획은 각 연산에 어떠한 알고리즘을 사용할 것인지 그리고 어떻게 연산을 배치해서 질의를 수행할 것인지 정확히 정의한다.

주어진 평가 계획에 대해 16.3절에서 소개한 방법으로 추정된 통계와 12장에서 설명한 여러 가지 알고리즘의 비용과 수행 기법을 통해 평가 계획의 비용을 추정할 수 있다.

비용 기반 질의 최적화기(cost-based optimizer)는 주어진 질의에 대해서 가능한 모든 질의 평가 계획을 고려해 보고, 비용이 가장 적게 드는 계획을 선택한다. 이전에 동등한 계획을 생성하기 위해서 동등 규칙을 어떻게 사용하는지 알아보았다. 하지만 임의의 동등 규칙을 이용한 비용 기반 질의 최적화는 상당히 복잡하다. 우선 16.4.1절에서 조인 순서와 조인 알고리즘 선택만 고려한 간단한 비용 기반 최적화를 살펴볼 것이다. 16.4.2절에서 동등 규칙을 이용한 일반적인 최적화기를 살펴볼 것이다.

복잡한 질의에 대해서 가능한 모든 계획을 살펴보는 것은 비용이 너무 많이 든다. 대부분의 질의 최적화기는 질의 최적화 비용을 줄이는 방법을 사용한다. 이러한 방법은 가장 적합한 계획을 찾지 못할 수도 있다. 이러한 방법은 16.4.3절에서 다룰 것이다.

16.4.1 비용 기반 조인 순서 선택

SQL을 이용한 대부분의 질의는 **where** 절에 명시되어 있는 조인 조건과 선택 연산을 이용한 몇 가지 릴레이션의 조인으로 이루어져 있다. 이 절에서 이러한 질의에서 최적의 조인 순서를 찾는 문제에 대해서 논의할 것이다.

복잡한 조인 질의에 대해서 주어진 질의와 동등한 많은 수의 서로 다른 질의 계획이 있을 수 있다. 예를 들어, 다음과 같이 순서를 고려하지 않는 조인 표현식을 생각해 보자.

$$r_1 \bowtie r_2 \bowtie \cdots \bowtie r_n$$

$n = 3$인 경우 다음과 같은 12가지 서로 다른 조인 순서가 있을 수 있다.

$$\begin{array}{llll} r_1 \bowtie (r_2 \bowtie r_3) & r_1 \bowtie (r_3 \bowtie r_2) & (r_2 \bowtie r_3) \bowtie r_1 & (r_3 \bowtie r_2) \bowtie r_1 \\ r_2 \bowtie (r_1 \bowtie r_3) & r_2 \bowtie (r_3 \bowtie r_1) & (r_1 \bowtie r_3) \bowtie r_2 & (r_3 \bowtie r_1) \bowtie r_2 \\ r_3 \bowtie (r_1 \bowtie r_2) & r_3 \bowtie (r_2 \bowtie r_1) & (r_1 \bowtie r_2) \bowtie r_3 & (r_2 \bowtie r_1) \bowtie r_3 \end{array}$$

일반적으로 n개의 릴레이션을 가지는 조인 표현식은 $(2(n-1))!/(n-1)!$개의 서로 다른 조인 순서를 가지게 된다(계산 방법은 문제 16.12에서 다룬다). 적은 수의 릴레이션과 연관된 조인에 대해서는 감당할 수 있는 수의 조인 순서가 생성된다. 예를 들어, $n = 5$인 경우 1,680가지의 조인 순서가 생성된다. 하지만 n이 증가할수록 이 숫자는 매우 빠른 속도로 커지게 된다. $n = 7$인 경우 그 수는 665,280가지가 되며, $n = 10$인 경우 176억 가지 이상이다.

다행히 주어진 표현식과 동등한 모든 표현식을 만들어 낼 필요는 없다. 예를 들어, 다음과 같은 형태의 조인에서 r_1, r_2, r_3가 먼저 조인되고, 그 결과와 r_4, r_5가 조인된다고 하자.

```
procedure FindBestPlan(S)
    if (bestplan[S].cost ≠ ∞) /* bestplan[S] already computed */
        return bestplan[S]
    if (S contains only 1 relation)
        set bestplan[S].plan and bestplan[S].cost based on the best way of
            accessing S using selection conditions (if any) on S.
    else for each non-empty subset S1 of S such that S1 ≠ S
        P1 = FindBestPlan(S1)
        P2 = FindBestPlan(S − S1)
        for each algorithm A for joining the results of P1 and P2
            // For indexed-nested loops join, the outer relation could be P1 or P2.
            // Similarly for hash-join, the build relation could be P1 or P2.
            // We assume the alternatives are considered as separate algorithms.
            // We assume cost of A does not include cost of reading the inputs.
            if algorithm A is indexed nested loops
                Let P_o and P_i denote the outer and inner inputs of A
                if P_i has a single relation r_i, and r_i has an index on the join
                        attributes
                    plan = "execute P_o.plan; join results of P_o and r_i using A",
                            with any selection condition on P_i performed as
                            part of the join condition
                    cost = P_o.cost + cost of A
                else /* Cannot use indexed nested loops join */
                    cost = ∞
            else
                plan = "execute P1.plan; execute P2.plan;
                            join results of P1 and P2 using A"
                cost = P1.cost + P2.cost + cost of A
            if cost < bestplan[S].cost
                bestplan[S].cost = cost
                bestplan[S].plan = plan
    return bestplan[S]
```

그림 16.7 조인 순서 최적화를 위한 동적 프로그래밍 알고리즘

$$(r_1 \bowtie r_2 \bowtie r_3) \bowtie r_4 \bowtie r_5$$

이때 $r_1 \bowtie r_2 \bowtie r_3$에 대해서 12가지 조인 순서가 존재하고 그 결과와 r_4, r_5를 각각 조인하는 데 12가지 조인 순서가 존재한다. 따라서 144가지의 조인 순서가 생겨날 수 있다. 하지만 $\{r_1, r_2, r_3\}$의 최적의 조인 순서를 먼저 찾아낸 후에 그 최적의 조인 순서와 r_4, r_5를 조인할 경우 12 + 12개의 조인이 존재하게 된다.

이러한 아이디어를 이용하여 최적의 조인 순서를 찾아내는 데 **동적 프로그래밍**(dynamic-programming) 알고리즘을 사용할 수 있다. 동적 프로그래밍 알고리즘은 계산 결과를 저장해 두고,

그 결과를 다시 사용함으로써 수행 시간을 현저하게 줄일 수 있는 기법이다.

지금부터 n개의 릴레이션 집합 $S = \{r_1, r_2, \ldots, r_n\}$에 대한 최적의 조인 순서를 찾는 방법을 살펴보자. 이때 각 릴레이션에 선택 조건이 있을 수 있으며, 릴레이션 간의 조인 조건은 주어진다. 또한 릴레이션 이름은 고유하다고 가정한다.

그림 16.7은 재귀 호출을 이용해 구현한 동적 프로그래밍 알고리즘을 보여 준다. 이 알고리즘은 FindBestPlan(*S*)에 의해 호출되며, *S*는 릴레이션 집합에 해당한다. 이 함수는 가능한 가장 이른 시점, 즉 릴레이션이 접근되었을 때 개별적인 릴레이션에 선택 연산을 적용한다. 이 알고리즘은 어떤 조인 조건에서도 동작하지만, 모든 조인은 자연 조인이라고 가정하면 알고리즘을 쉽게 이해할 수 있다. 어떤 조인 조건에서 두 부분 표현식의 조인은 두 부분 표현식과 관련된 모든 속성을 조인 조건으로 포함한다.

프로시저는 계산한 평가 계획을 릴레이션의 집합으로 인덱스되는 *bestplan*이라는 배열에 저장한다. 배열의 각 원소는 최적의 계획 *S*의 비용과 평가 계획 자체를 가지고 있다. *bestplan*[*S*]가 아직 계산되지 않은 경우 *bestplan*[*S*].*cost*의 값은 ∞로 초기화되어 있다고 가정한다.

우선, 이 프로시저는 주어진 릴레이션 집합 *S*의 최적 조인 계획이 이미 계산되었는지, 배열 *bestplan*에 저장되었는지 조사한다. 만약 그렇다면 이미 계산된 계획을 넘겨준다.

*S*에 릴레이션이 하나밖에 없을 경우, *S*에 접근하는 가장 좋은 방법(*S*에 대한 선택 연산이 있으면 그것도 고려하여)이 *bestplan*에 저장된다. 여기에는 인덱스를 사용하여 튜플을 식별하고 튜플을 가져오거나(인덱스 스캔) 전체 릴레이션을 스캔하는(릴레이션 스캔) 과정이 포함된다.[2] 만약 *S*에 선택 조건이 있다면, *S*에 대한 모든 선택 조건을 만족한다는 것을 보장하기 위해서 인덱스 스캔으로 처리되지 못하는 선택 연산을 계획에 추가한다.

*S*가 여러 릴레이션을 포함하는 경우, 프로시저는 *S*를 가능한 모든 방법으로 교집합이 없는 두 개의 부분집합으로 분할한다. 각각의 분할에 대해 프로시저는 두 집합의 각각에 대해 최적의 평가 계획을 재귀적으로 찾는다. 그런 다음 두 집합의 결과를 조인하기 위해 가능한 모든 알고리즘을 고려한다. 인덱스를 사용하는 중첩 루프 조인(indexed nested loop join)은 입력 *P*1 또는 *P*2를 내부 입력으로 사용할 수 있으므로, 두 가지 대안을 두 개의 서로 다른 알고리즘으로 간주한다. 또한 해시-조인의 경우도 구축(build) 릴레이션과 탐색(probe) 릴레이션 간의 선택으로 인해 두 개의 서로 다른 알고리즘으로 간주한다.

각 대안 알고리즘의 비용을 구하고, 이 중 최소 비용 방식이 선택된다. 조인 비용에는 입력을 읽는 비용이 포함되어서는 안 되며, 이는 입력이 이전 연산자(릴레이션/인덱스 스캔 또는 선행 조인에 해당함)로부터 파이프라인된 것으로 가정하기 때문이다. 해시-조인과 같은 일부 연산자는 부속 연산자 사이에 블로킹하는(실체화된) 간선이 존재하지만, 조인의 입력 및 출력에 해당하는 간선은 부속 연산자와 파이프라인되어 있다고 간주한다. 15장에서 다룬 조인 비용 공식은 입력 릴레이션을 읽는 비용을 무시하도록 적절하게 수정하여 사용될 수 있다. 인덱스를 사용하는 중첩 루프 조인

2 질의에 사용된 모든 속성에 대해 인덱스가 구축되어 있는 경우, 실제 튜플을 가져오는 대신 인덱스에서 필요한 속성값을 가져오는 *index-only scan*을 수행할 수 있다.

은 다른 조인 방식과 다르게 처리된다. 인덱스를 사용하는 중첩 루프 조인의 경우 내부 입력에 대해 릴레이션/인덱스 스캔을 수행하지 않으며, 인덱스 조회 비용이 인덱스를 사용하는 중첩 루프 조인 비용에 포함되기 때문에 계획뿐만 아니라 비용도 다른 방식과 다르다.

프로시저는 *S*를 두 집합으로 분할한 것 가운데 가장 적은 비용이 드는 평가 계획을 선택한다. 가장 적은 비용의 계획과 그 비용은 *bestplan* 배열에 저장되고 프로시저의 결과로 반환된다. 이러한 프로시저의 시간 복잡도는 $O(3^n)$이 된다(문제 16.13 참조).

릴레이션 집합에 대한 조인의 결과 튜플의 순서가 최적의 조인 순서를 찾는 데 중요하다. 왜냐하면 이 순서는 이후의 조인(예를 들어, 합병-조인)의 비용에 영향을 줄 수 있기 때문이다. 예를 들면, 합병-조인을 사용하는 경우 입력이 조인 속성에 대해 이미 정렬되어 있지 않으면, 비용이 많이 드는 정렬 작업이 입력에 대해 필요하다.

튜플의 특정 정렬 순서가 이후의 연산에 유용하게 사용될 경우 이 순서를 **흥미 있는 정렬 순서**(interesting sort order)라고 부른다. 예를 들어, $r_1 \bowtie r_2 \bowtie r_3$의 결과가 r_4나 r_5와 공통된 속성으로 정렬되어 있다면 유용하게 사용될 수 있지만, 결과가 단지 r_1과 r_2의 공통 속성으로 정렬되어 있다면 유용하지 않게 된다. $r_1 \bowtie r_2 \bowtie r_3$에 대해 합병-조인을 사용하는 것은 다른 조인 방법을 사용하는 것보다 비용이 많이 들 수 있지만 흥미 있는 정렬 순서로 정렬된 결과를 제공할 수 있다.

따라서 주어진 *n*개의 릴레이션 집합의 각 부분집합에 대해 최적의 조인 순서를 찾아내는 것만으로는 충분하지 않다. 대신 각 부분집합에 대해 최적의 조인 순서를 찾아내고, 부분집합의 조인 결과에 대한 흥미 있는 정렬 순서를 찾아내야 한다. 이제 *bestplan* 배열은 [*S*, *o*]로 인덱싱될 수 있으며, 여기서 *S*는 릴레이션 집합, *o*는 흥미 있는 정렬 순서다. FindBestPlan 함수는 흥미 있는 정렬 순서를 고려하도록 수정될 수 있으며, 자세한 내용은 연습문제로 남겨 둔다(문제 16.11 참조).

*n*개의 릴레이션에 대한 부분집합의 개수는 2^n개다. 흥미 있는 정렬 순서의 수는 일반적으로 크지 않다. 따라서 저장될 필요가 있는 조인 표현식의 개수는 약 2^n개가 된다. 최적의 조인 순서를 찾는 동적 프로그래밍 알고리즘은 정렬 순서를 다룰 수 있도록 쉽게 확장된다. 특히 정렬-합병-조인의 경우, 입력(릴레이션 또는 조인 연산의 결과일 수 있음)이 조인 속성에 대해 정렬되어 있지 않으면 정렬 비용을 추가해야 하고, 정렬된 경우 비용이 추가되지 않는다.

확장된 알고리즘의 비용은 각 부분집합에 대해 흥미 있는 정렬 순서의 개수에 따라 다르다. 실제로 수행해 보면 정렬 순서의 개수는 작은 수가 되기 때문에 비용은 여전히 $O(3^n)$이 된다. $n = 10$이라고 하면 이 숫자는 59,000이 되고 이는 176억 가지의 서로 다른 조인 순서보다 훨씬 좋은 결과다. 무엇보다 중요한 것은 저장에 대한 요구가 훨씬 줄어들었다는 것이다. 왜냐하면 $r_1, \ldots, r_{10}$의 1,024가지 각 부분집합의 흥미 있는 정렬 순서에 대해서는 하나씩의 조인만 저장하기 때문이다. *n*이 증가함에 따라 비용이 빠르게 증가하지만, 일반적으로 발생하는 조인의 경우 10개 미만의 릴레이션을 사용하기 때문에 쉽게 처리될 수 있다.

두 부분집합이 각각 *S*1의 역할을 수행할 수 있기 때문에, 그림 16.7의 프로시저는 실제로 *S*를 두 개의 부분집합으로 나누는 가능한 방법을 모두 고려한다. 분할 방법을 두 번 고려해도 정확성에는 영향을 미치지 않지만 시간 낭비가 발생한다. 그러므로 위의 프로시저는 나음과 같이 최적화될 수 있다. $S1$에서 알파벳순으로 가장 빠른 릴레이션 r_i와 $S - S1$에서 알파벳순으로 가장 빠른 릴레이션 r_j를 찾은 후, $r_i < r_j$인 경우에만 루프를 실행한다. 이렇게 하면 각 분할이 한 번만 고려된다.

또한 이 프로시저는 카티션 곱을 포함하여 가능한 모든 조인 순서도 고려한다. 예를 들어, 두 릴레이션 r_1과 r_3 간에 조인 조건이 없는 경우에도 여전히 $S = \{r_1, r_3\}$를 고려하여 카티션 곱이 발생한다. 그러므로 조인 조건을 고려하여 카티션 곱이 없는 분할만 생성하도록 프로그램을 수정할 수 있다. 이러한 최적화 기법은 많은 질의에 대해 시간을 절약하게 한다. 카티션 곱이 없는 조인 순서 열거 방식에 대한 자세한 내용은 "더 읽어보기" 절에 제공된다.

16.4.2 동등 규칙을 이용한 비용 기반 최적화

방금 살펴본 조인 순서 최적화 기법은 릴레이션의 내부 조인을 수행하는 가장 일반적인 형태의 질의 처리에 사용한다. 하지만 많은 질의가 집계, 외부 조인, 중첩 질의와 같이 조인 순서 결정에서 다루지 않는 요소를 사용하는데, 이들은 동등 규칙을 이용하여 처리할 수 있다.

이 절에서는 동등 규칙을 기반으로 하는 일반적인 비용 기반 질의 최적화기에 대해서 살펴본다. 동등 규칙은 앞에서 보았듯이 외부 조인, 집계, 집합 연산과 같은 다양한 연산에 대해 대안을 찾는 데 도움이 된다. 또한 top-K 결과를 정렬된 순서로 반환하는 연산자처럼, 추가 연산자가 필요할 때마다 동등 규칙을 추가할 수 있다.

16.2.4절에서 질의 최적화기가 주어진 질의와 동등한 모든 표현식을 어떻게 생성하는지에 대해서 알아보았다. 다음과 같은 방식으로, 동등한 표현식을 생성하는 프로시저가 가능한 모든 질의 평가 계획을 생성하도록 바꿀 수 있다. **물리적 동등 규칙**(physical equivalence rules)이라는 새로운 분류의 동등 규칙은, 조인과 같은 논리 연산을 해시-조인이나 중첩 루프 조인과 같은 물리적 연산으로 바꿀 수 있다. 프로시저는 기존의 동등 규칙의 집합에 이러한 규칙을 추가함으로써 가능한 모든 평가 계획을 생성할 수 있다. 이전에 살펴본 비용 추정 기술은 비용이 가장 적은 최적의 계획을 찾기 위해서 사용될 수 있다.

하지만 16.2.4절에서 살펴본 프로시저는 질의 평가 계획 생성을 고려하지 않더라도 그 비용이 매우 비싸다. 효율적인 작업을 위해서는 다음이 필요하다.

1. 동등 규칙이 적용되었을 때, 같은 부분 표현식의 복사본을 여러 개 생성하지 않도록 하는 효율적인 공간 표현
2. 같은 표현식에 대한 여러 파생 표현식을 탐지할 수 있는 효과적인 기술
3. 어떤 부분 표현식에 대한 최적화된 평가 계획을 저장해 두고, 같은 부분 표현식에 대해서는 저장된 실행 계획을 그대로 사용하는 **기억**(memoization)을 기반으로 한 동적 프로그래밍 형태
4. 어떤 시점에서 그때까지 생성된 가장 저렴한 계획을 추적하고 그보다 비용이 더 많이 드는 계획은 삭제함으로써, 가능한 모든 계획을 생성하는 것을 피하는 기술

세부적인 사항은 지금까지 언급한 것에 비해서 더 복잡하다. 이러한 접근은 Volcano 연구 프로젝트로부터 시작되었고 SQL Server의 질의 최적화기는 이러한 기법을 기반으로 하고 있다. 자세한 사항은 참고문헌에서 찾아볼 수 있다.

16.4.3 휴리스틱을 통한 최적화

비용 기반 최적화의 단점은 최적화 자체의 비용이 많이 든다는 것이다. 훌륭한 알고리즘을 사용해서 질의 처리의 비용이 줄어들 수 있다고 해도, 하나의 질의에 대해서 서로 다른 평가 계획이 매우 많을 경우, 이 중에서 최적의 계획을 찾는 데 많은 계산이 필요하다. 따라서 질의 최적화기는 최적화 비용을 줄이기 위해 **휴리스틱**(heuristics, 경험적 방법)을 사용한다.

관계 대수 질의를 변환하는 다음과 같은 규칙이 휴리스틱 규칙의 한 예다.

- 선택 연산을 가능한 한 일찍 수행하라.

휴리스틱 최적화기는 이 변환으로 비용이 줄어드는지 알아보지 않고 이러한 규칙을 사용한다. 16.2절의 첫 번째 변환 예제에서 선택 연산을 조인 연산 내부로 옮겼다.

위 규칙을 휴리스틱 규칙이라고 부른다. 왜냐하면 항상 그런 것은 아니지만 이 규칙은 일반적으로 비용을 감소시키는 데 도움을 주기 때문이다. 이 규칙이 비용을 증가시키는 예로 θ가 s에 있는 속성만 사용하는 경우에 해당하는 표현식 $\sigma_\theta(r \bowtie s)$를 생각해 보자. 선택 연산은 조인 연산 이전에 수행될 것이다. 하지만 만약 r이 s에 비해 극도로 크기가 작고, s의 조인 속성에 인덱스가 존재하며, θ에 의해 사용되는 속성에는 인덱스가 존재하지 않는다고 하면, 선택 연산을 일찍 수행하는 것은 좋지 않은 방법이다. 선택 연산을 먼저 수행(즉 선택 연산을 s에 직접 수행)하기 위해서는 s의 모든 튜플을 스캔해야 한다. 이 경우에는 인덱스를 사용해 조인을 먼저 수행한 후, 선택 조건에 맞지 않는 튜플을 제거하는 것이 더 적은 비용이 든다(이러한 경우는 조인 순서 최적화를 위한 동적 알고리즘에 의해 특별히 처리된다).

선택 연산과 비슷하게 추출 연산도 릴레이션의 크기를 줄여 준다. 따라서 임시 릴레이션을 만들어 낼 필요가 있을 때마다 가능한 추출 연산을 즉시 적용하는 것이 비용을 절감할 수 있다. 이러한 비용 절감은 "선택 연산을 일찍 수행하라"는 휴리스틱 방법을 제시한다.

- 추출 연산을 일찍 수행하라.

일반적으로 추출 연산보다 선택 연산을 더 일찍 수행하는 것이 성능 향상에 도움이 된다. 왜냐하면 선택 연산은 릴레이션의 크기를 큰 폭으로 줄일 수 있는 가능성이 있으며 선택 연산은 튜플에 접근하기 위해 인덱스를 사용할 수 있기 때문이다. 위의 선택 연산에 대한 예제에서 알 수 있듯이 이러한 휴리스틱 방법이 항상 비용을 감소시키는 것은 아니다.

조인 순서 열거를 기반으로 하는 최적화기는 일반적으로 휴리스틱 변환(heuristic transformation)을 사용하여 조인 이외의 연산자를 처리하고, 조인 연산과 선택 연산만 포함하는 부분 표현식에 비용 기반 조인 순서 선택 알고리즘을 적용한다. 이러한 휴리스틱 변환 기법은 대부분 개별 최적화기에 특화되었으며, 이 책에서는 자세한 내용을 다루지 않는다.

대부분의 실용적인 질의 최적화기는 최적화 비용을 줄이기 위해 추가적인 휴리스틱 기법을 많이 사용한다. 예를 들어, (System R 최적화기[3]를 포함하여) 많은 질의 최적화기가 모든 조인 순서

3 System R은 SQL의 첫 번째 구현 중 하나였다. System R의 최적화기는 비용 기반의 조인 순서 최적화를 처음으로 제안했다.

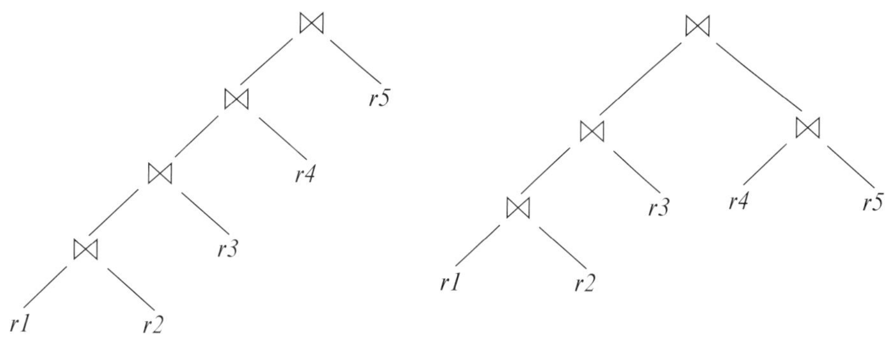

(a) Left-deep join tree (b) Non-left-deep join tree

그림 16.8 왼쪽-깊이 조인 트리

를 고려하지는 않는다. 대신 특정 종류의 조인 순서에 대해서만 비용을 계산한다. System R 최적화기는 각 조인의 우측 연산자가 초기 릴레이션 $r_1, \dots, r_n$ 중 하나인 경우의 조인 순서에 대해서만 고려한다. 이러한 조인 순서를 **왼쪽-깊이 조인 순서**(left-deep join order)라 부른다. 특히 왼쪽-깊이 조인 순서는 파이프라인을 통한 수행에 유용하다. 왜냐하면 우측 연산자는 저장되어 있는 릴레이션이므로 조인의 입력 중 하나만 파이프라인을 통해 들어오기 때문이다.

그림 16.8은 왼쪽-깊이 조인 트리와 그렇지 않은 조인 트리의 차이점을 보여 준다. 모든 왼쪽-깊이 조인 순서를 계산하는 데 드는 시간은 $O(n!)$이며 이것은 모든 조인 순서를 계산하는 데 드는 비용보다 훨씬 적은 값이다. System R 최적화기는 동적 프로그래밍 최적화를 함께 사용해서 최적의 조인 순서를 $O(n2^n)$ 만에 찾아낼 수 있다. 이 비용은 모든 조인 순서 중 최적의 조인 순서를 찾는 데 필요한 시간인 $O(3^n)$에 비해 훨씬 적은 값이다. System R 최적화기는 선택 연산과 추출 연산을 질의 트리의 아래쪽으로 이동시키는 휴리스틱 방법을 사용한다.

원래 Oracle의 몇몇 버전에서 사용되던 휴리스틱 방법 중에서 조인 순서 선택에 드는 비용을 줄이기 위한 방법은 다음과 같다. n개의 릴레이션에 대한 조인을 수행할 때, 최적화기는 n개의 질의 평가 계획을 고려한다. 이때 각 계획은 서로 다른 n개의 릴레이션을 시작으로 하는 왼쪽-깊이 조인 순서를 사용한다. 휴리스틱 방법을 통해서 가능한 접근 경로의 순위를 기반으로 다음번 조인에 최적으로 수행될 수 있는 릴레이션을 반복적으로 선택함으로써 n개의 평가 계획의 조인 순서를 결정한다. 사용 가능한 접근 경로에 따라 각각의 조인에 대해 중첩 루프 조인이나 정렬 합병-조인이 사용된다. 마지막으로 휴리스틱 방법을 통해 n개의 평가 계획 중 내부 릴레이션에 인덱스를 가지지 않는 중첩 루프 조인의 수와 정렬 합병-조인의 수를 최소화하는 평가 계획을 선택한다.

질의의 일부분에 대해 휴리스틱 계획 선택을 사용하고, 나머지 부분에서 비용 기반 방법을 사용하여 다른 접근 계획을 생성하는 질의 최적화 방법이 몇몇 시스템에 적용되어 왔다. System R과 그 후속인 Starburst 프로젝트는 SQL의 중첩 블록 개념에 기초한 계층적 방법을 사용한다. 이러한 방법에서 비용 기반 최적화 기법은 각 블록에 따로따로 적용될 수 있다. IBM DB2나 Oracle과 같은 몇몇 데이터베이스 제품의 질의 최적화기는 이러한 접근법을 기반으로 하되, 집계 등 다른 연산을 다룰 수 있도록 확장되었다. 복합 SQL 질의(∪, ∩, − 연산을 사용하는 질의)에 대해 질의 최적화기는 각 구성요소를 따로따로 처리하며, 처리한 각각의 평가 계획을 합쳐서 전체 평가 계획을 만든다.

대부분의 질의 최적화기는 질의 최적화를 위해서 비용 예산을 명세할 수 있다. 최적의 계획을 찾는 것은 **최적화 비용 예산**(optimization cost budget)을 넘는 순간에 중단된다. 그리고 그때까지 찾은 계획 중에서 가장 최적의 계획을 출력한다. 예산 자체는 동적으로 설정될 수 있다. 예를 들어, 질의에 대한 적은 비용의 계획을 찾았다면 예산은 줄어들 수 있다. 지금까지 찾은 최적의 계획이 꽤 적은 비용으로 가능하다면, 질의를 최적화하는 데 더 이상 시간을 보낼 필요가 없다는 것이다. 반면에 지금까지 찾은 최적의 계획이 높은 비용을 가지고 있다면, 최적화를 하는 데 더 많은 시간을 쓰는 것이 결과적으로 수행 시간을 줄일 수 있다. 이러한 아이디어를 종합해 보면, 질의 최적화기는 처음에는 계획을 찾기 위해서 비용이 적은 휴리스틱 방법을 사용하고, 휴리스틱 방법에 의해서 찾아진 계획을 기반으로 예산을 가지고 비용 기반 최적화를 시작하는 것이 좋다.

대부분의 응용 프로그램이 상수 값을 달리하여 같은 질의를 반복적으로 수행한다. 예를 들어, 대학교 응용 프로그램이 어떤 학생이 듣고 있는 수업을 찾기 위한 질의를 반복적으로 수행한다면, 매번 서로 다른 학생 ID를 이용해서 질의를 수행할 것이다. 대부분의 질의 최적화기는 휴리스틱 방법으로 질의가 처음 들어올 때 상수 값으로 얼마가 주어지든 상관없이 해당 질의를 한 번 최적화하고 평가 계획을 캐싱한다. 해당 질의가 상수 값을 달리하여 다시 수행될 때마다 캐싱된 평가 계획을 새로운 상수 값을 적용하여 재사용한다. 실제로는 새로운 상수 값에 대한 최적의 계획은 초기의 상수 값에 대한 최적의 계획과 다를 수 있지만 휴리스틱으로 캐싱된 계획이 재사용된다.[4] 캐싱과 질의 평가 계획의 재사용을 질의 평가 **계획 캐싱**(plan cashing)이라고 한다.

휴리스틱 방법을 사용한다고 하더라도 비용 기반 질의 최적화는 최적화에 따른 질의 처리에 부담을 주게 된다. 하지만 비용 기반 질의 최적화로 추가된 비용은 느린 디스크 접근 작업에 따른 커다란 질의 처리 시간을 단축함으로써 상쇄된다. 좋은 질의 평가 계획과 나쁜 질의 평가 계획은 수행 시간이 크게 차이가 난다. 따라서 질의 최적화는 필수적이다. 질의가 한 번 최적화되면, 응용 프로그램에서 해당 질의가 수행될 때마다 최적화의 이점은 극명하게 드러난다. 따라서 대부분의 상용 데이터베이스 시스템은 상당히 복잡한 최적화기를 포함하고 있다. 실제 데이터베이스 시스템의 질의 최적화기의 설명은 참고문헌에서 찾아볼 수 있다.

16.4.4 중첩된 하위 질의의 최적화

SQL은 개념적으로 **where** 절에 있는 중첩된 하위 질의를, 인자를 받아서 하나의 값이나 집합(공집합 포함)으로 결과를 넘겨주는 함수로 본다. 중첩 하위 질의에서 사용되는 인자는 외부 질의로부터 만들어진 변수다[이러한 변수를 **연관 변수**(correlation variable)라 부른다]. 예를 들어, 2019년에 강의를 한 모든 교수의 이름을 찾는 다음과 같은 질의를 생각해 보자.

---

4 학생 등록 질의의 경우, 모든 학생 ID에 대한 평가 계획이 거의 같을 것이다. 하지만 학생 ID의 범위를 받아서 그 범위의 모든 학생의 등록 정보를 출력하는 질의는 그 범위가 큰지 작은지에 따라서 서로 다른 최적의 계획이 나올 수 있을 것이다.

```
select name
from instructor
where exists (select *
              from teaches
              where instructor.ID = teaches.ID
                  and teaches.year = 2019);
```

개념적으로, 하위 질의는 인자(*instructor.ID*)를 받아들여 인자와 같은 *ID*를 가지고 있는 교수가 2019년에 강의를 한 모든 수업의 집합을 넘겨주는 함수로 볼 수 있다.

SQL은 개념적으로 외부 **from** 절에 있는 릴레이션의 카티션 곱을 계산한 후 **where** 절의 술어를 통해 카티션 곱의 각 튜플을 조사한다. 위 예에서 술어는 하위 질의의 결과가 공집합인지 조사한다. 실제로 조인 술어 또는 선택 술어로 사용될 수 있는 **where** 절의 술어는 릴레이션에 대한 선택 연산의 일부로 평가되거나, 카티션 곱을 피하는 조인을 수행한다. **where** 절에 중첩 하위 질의를 포함하는 술어는 일반적으로 비용이 많이 들기 때문에 하위 질의를 함수로 호출하여 평가한다.

중첩 하위 질의를 함수로 호출하여 계산하는 방식을 **연관된 평가**(correlated evaluation)라 부른다. 연관된 평가는 하위 질의가 외부 질의의 각 튜플에 대해 개별적으로 계산되므로 효율적이지 않으며, 많은 수의 임의 디스크 입출력이 일어날 가능성이 있다.

따라서 SQL 최적화기는 가능하면 중첩 하위 질의를 조인으로 변환한다. 효율적인 조인 알고리즘은 입출력 횟수를 줄일 수 있기 때문이다. 변환이 불가능한 경우, 최적화기는 하위 질의를 독립적인 표현식으로 유지하고 따로 최적화한 후, 연관된 평가에 의해 질의를 처리한다.

중첩 하위 질의를 조인으로 변환하는 예제로, 위 질의는 다음과 같이 관계 대수 형태의 조인으로 변환될 수 있다.

$$\Pi_{name}(instructor \bowtie_{instructor.ID=teaches.ID \wedge teaches.year=2019} teaches)$$

불행히도, 실제 SQL 구현에서 관계 대수 연산자의 다중 집합 형태가 사용되기 때문에 위 질의는 올바르지 않다. 결과적으로 2019년에 여러 분반을 가르친 교수의 경우, 관계 대수 형태로 표현된 질의의 경우 결과에 여러 번 나타나지만, 해당 교수는 SQL 질의의 결과에는 한 번만 나타난다. 관계 대수 연산자의 집합 형태를 사용해도 도움이 되지 않는다. 그 이유는 2019년에 동일한 이름을 가진 교수가 두 사람이 있다면, 관계 대수 연산자의 집합 형태의 질의의 경우 그 이름이 결과에 한 번 나타나지만, SQL 질의의 결과에는 두 번 나타나기 때문이다[질의 결과에 강사의 주 키(즉 *ID*)가 포함되면, 이 경우 관계 대수의 집합 형태가 올바른 결과를 구할 수 있다].

SQL 의미를 정확히 반영하기 위해서는 질의 재작성으로 인해 결과에 등장하는 튜플의 중복 수가 바뀌지 않아야 한다. 관계 대수의 **세미 조인**(semijoin) 연산자는 이 문제에 대한 해결책을 제공한다. 다중 집합 세미 조인 연산자 $r \ltimes_\theta s$는 다음과 같이 정의된다. r_i가 릴레이션 r에 n번 나타난다면, r_i는 $r \ltimes_\theta s$의 결과에 n번 나타나야 한다(단, r_i와 s_j가 술어 θ를 만족하는 적어도 한 개의 s_j 튜플이 존재한다면). 그렇지 않다면, r_i는 세미 조인 결과에 나타나지 않아야 한다. (다중 집합이 아닌) 집합 세미 조인 연산자 $r \ltimes_\theta s$는 $\Pi_R(r \bowtie_\theta s)$으로 정의되며, 여기서 R은 릴레이션 r의 속성 집합에 해당한다. 다중 집합 세미 조인 연산자는 집합 세미 조인 연산자와 동일한 튜플을 출력하지만, 세미 조인 결과에서 나타나는 각 튜플 r_i의 중복 수는 릴레이션 r에서 튜플 r_i의 중복 수와 동일하다.

앞의 SQL 질의는 다중 집합 세미 조인 연산자를 사용하여 다음과 같은 동등 관계형 대수로 변환될 수 있다.

$$\Pi_{name}(instructor \ltimes_{instructor.ID=teaches.ID \wedge teaches.year=2019} teaches)$$

다중 집합 관계 대수 형태로 표현된 위 질의는 튜플 중복 수를 포함하여 SQL 질의와 동일한 결과를 생산한다. 이 질의는 다음과 같이 재작성될 수 있다.

$$\Pi_{name}(instructor \ltimes_{instructor.ID=teaches.ID} (\sigma_{teaches.year=2019}(teaches)))$$

in 절을 사용하는 다음 SQL 질의는 **exist** 절을 사용하는 이전 SQL 질의와 동일하며, 세미 조인을 사용하여 동일한 관계 대수 표현식으로 변환될 수 있다.

```
select name
from instructor
where instructor.ID in (select teaches.ID
                        from teaches
                        where teaches.year = 2019);
```

안티 세미 조인(anti-semijoin)은 **not exists**를 사용하는 질의에 유용하다. 다중 집합 안티 세미 조인 연산자 $r \overline{\ltimes}_\theta s$는 다음과 같이 정의된다. r_i가 릴레이션 r에 n번 나타난다면, r_i는 $r \ltimes_\theta s$의 결과에 n번 나타나야 한다(단, r_i와 s_j가 술어 θ를 만족하는 어떠한 튜플 s_j도 존재하지 않는다면). 그렇지 않다면, r_i는 안티 세미 조인 결과에 포함되지 않아야 한다. 안티 세미 조인 연산자는 **안티 조인**(anti-join) 연산자라고도 한다.

다음 SQL 질의를 생각해 보자.

```
select name
from instructor
where not exists (select *
                  from teaches
                  where instructor.ID = teaches.ID
                        and teaches.year = 2019);
```

앞의 질의는 안티 세미 조인 연산자를 사용하여 다음과 같이 관계 대수로 변환될 수 있다.

$$\Pi_{name}(instructor \overline{\ltimes}_{instructor.ID=teaches.ID}(\sigma_{teaches.year=2019}(teaches)))$$

일반적으로, 다음의 질의 형태는(여기서 P_2^1는 하위 질의에 있는 릴레이션 s_i만 참조하는 술어이고, P_2^2는 상위 질의에 있는 릴레이션 r_i도 참조하는 술어다)

```
select A
from r_1, r_2, ..., r_n
where P_1 and exists (select *
                      from s_1, s_2, ..., s_m
                      where P_2^1 and P_2^2);
```

다음과 같이 변형 가능하다.

$$\Pi_A((\sigma_{P_1}(r_1 \times r_2 \times \ldots \times r_n)) \ltimes_{P_2^2} \sigma_{P_2^1}(s_1 \times s_2 \times \ldots \times s_m))$$

exists 대신에 **not exists**가 사용된다면, 관계 대수 질의에서 세미 조인은 안티 세미 조인으로 대체되어야 한다. **exists** 절 대신에 **in** 절이 사용된다면, 관계 대수 질의는 이전 예제에서 설명한 것처럼 세미 조인의 술어에 해당 술어를 더하는 방식으로 적절하게 수정될 수 있다.

중첩 질의를 조인, 세미 조인, 혹은 안티 세미 조인을 포함하는 질의로 변환하는 과정을 **연관성 제거**(decorrelation)라고 부른다. 문제 15.10에서 살펴본 것처럼, 세미 조인과 안티 세미 조인 연산자는 조인 알고리즘을 수정하여 효율적으로 구현할 수 있다.

스칼라 하위 질의(scalar subquery)에 집계 연산이 포함된 다음 질의를 생각해 보자. 여기서 스칼라 하위 질의는 2019년에 둘 이상의 과목을 가르친 교수를 찾는다.

```
select name
from instructor
where 1 < (select count(*)
           from teaches
           where instructor.ID = teaches.ID
                 and teaches.year = 2019);
```

위 질의는 다음과 같이 세미 조인을 사용하여 재작성 가능하다.

$$\Pi_{name}(instructor \ltimes_{(instructor.ID=TID) \wedge (1<cnt)}({}_{ID \textbf{ as } TID}\gamma_{\textbf{count}(*) \textbf{ as } cnt}(\sigma_{year=2019}(teaches)))$$

하위 질의에는 술어 *instructor.ID* = *teaches.ID*가 있고, group by 절이 없이 집계 연산이 사용되었음을 주목하라. 연관성이 제거된 질의에서 술어가 세미 조인 조건으로 이동했으며, 집계는 이제 *ID* 별로 그룹화되었으며, 술어 1 < (서브 질의)는 세미 조인 술어로 변경되었다. 직관적으로 위의 SQL 질의 형태에 있는 하위 질의는 각 *instructor.ID*에 대해 별도의 개수(즉 count(∗))를 계산하며, 위의 재작성된 질의에서 *ID*별 그룹화는 각 *ID*에 대해 개별적으로 개수가 계산되게 한다.

연관성 제거는 중첩된 하위 질의가 집계 연산을 가지고 있거나, 혹은 중첩된 하위 질의가 스칼라 하위 질의에 해당하는 경우 더욱 복잡해진다. 실제로 특정 하위 질의의 경우 연관성 제거가 불가능하다. 예를 들어, 스칼라 하위 질의는 하나의 결과만 반환할 것으로 예상한다. 스칼라 하위 질의가 둘 이상의 결과를 반환하는 경우 런타임 예외가 발생할 수 있으나, 연관성이 제거된 질의의 경우 이런 것이 가능하지 않다. 또한 연관성 제거 여부는 연관성 제거가 비용을 줄이는지 여부에 따라 비용 기반 방식으로 수행되는 것이 이상적이다. 일부 질의 최적화기는 확장된 관계 대수를 사용하여 중첩 하위 질의를 표현하고, 중첩 하위 질의를 동등 규칙으로 세미 조인, 안티 세미 조인 등으로 변환한다. 이 책은 일반적인 경우에 대한 알고리즘을 제시하지는 않지만, 대신 참고문헌에서 관련된 문헌을 찾을 수 있다.

위 설명에서 알 수 있듯이, 복잡한 중첩 하위 질의의 최적화는 어려운 작업이다. 그래서 대부분의 최적화기는 제한된 부분에 대해서만 연관성 제거를 수행한다. 질의 최적화기가 중첩 하위 질의를 효율적으로 수행될 수 있는 형태로 변환할 수 있을지 모르기 때문에 가능한 한 복잡한 중첩 하위 질의를 사용하지 않는 것이 최선이다.

16.5 실체화 뷰

데이터베이스는 뷰가 정의될 때 뷰를 정의하는 질의만 저장한다. 반대로 **실체화 뷰**(materialized view)는 내용이 계산되어 저장되어 있는 뷰를 말한다. 실체화 뷰는, 뷰 정의와 데이터베이스 내용으로부터 그 내용을 유추할 수 있으므로 중복되는 데이터로 구성되어 있다고 할 수 있다. 하지만 많은 경우, 뷰 정의 구문으로부터 뷰를 계산해서 사용하는 것보다 실체화 뷰의 내용을 직접 읽는 것이 훨씬 효율적이다.

실체화 뷰는 몇몇 응용에서 성능을 향상하는 데 중요한 역할을 한다. 각 학과의 총급여를 계산하는 다음과 같은 뷰를 생각해 보자.

```
create view department_total_salary(dept_name, total_salary) as
select dept_name, sum (salary)
from instructor
group by dept_name;
```

각 학과의 총급여가 자주 사용된다고 생각해 보자. 뷰를 계산하기 위해서는 그 학과에 속하는 모든 *instructor* 튜플을 읽어 들인 후, 급여를 합산해야 한다. 이 작업은 시간이 매우 많이 걸리는 작업이다. 반면에 총급여에 대한 뷰 정의가 실체화되어 있는 경우, 총급여는 실체화 뷰에서 하나의 튜플을 탐색함으로써 찾아낼 수 있다.[5]

16.5.1 뷰 관리

실체화 뷰와 관련된 한 가지 문제는 뷰 정의에서 사용되는 데이터가 변경될 때마다 실체화 뷰가 최신 데이터로 변경되어야 한다는 것이다. 예를 들어, 교수의 급여가 변경된 경우, 실체화 뷰는 데이터베이스 데이터와 일관되지 않게 되며, 실체화 뷰가 반드시 갱신되어야 한다. 데이터베이스의 데이터에 맞게 실체화 뷰를 최신 데이터로 갱신하는 작업을 **뷰 관리**(view maintenance)라고 한다.

뷰는 수동으로 작성된 코드에 의해 관리될 수 있다. 즉 *salary* 값을 변경하는 코드는 해당 학과의 총급여도 변경하도록 코드를 수정할 수 있다. 하지만 *salary*가 갱신되는 몇몇 곳을 빠뜨릴 수 있기 때문에 이러한 방법은 오류가 발생할 가능성이 있다. 그렇게 되면 실체화 뷰는 기반이 되는 데이터베이스의 데이터와는 불일치하게 된다.

실체화 뷰를 관리하는 또 다른 방법은, 뷰 정의에 선언되어 있는 각 릴레이션에서 삽입, 삭제, 갱신이 일어날 때마다 작동하는 트리거(trigger)를 정의하는 것이다. 트리거는, 트리거가 호출되도록 하는 변경 사항을 고려하여 실체화 뷰의 내용을 수정해야 한다. 가장 단순한 방법은 갱신이 있을

---

5 소규모 대학교의 경우 그 차이가 크지 않을 수 있다. 하지만 대규모 학교의 경우 매우 큰 차이를 보일 수 있다. 예를 들어, 수천만 튜플을 가지고 있는 sales 릴레이션으로부터 각 상품에 대한 총판매량을 계산하는 실체화 뷰의 경우, 전체 데이터에서 그 값을 계산하는 것과 실체화 뷰를 사용하는 것은 아주 큰 차이를 보일 것이다.

때마다 전체 뷰를 다시 계산하는 방법이다.

좀 더 좋은 방법은, 영향을 받은 부분에 대해서만 실체화 뷰를 갱신하는 것이다. 이 방법을 **점진적 뷰 관리**(incremental view maintenance)라 부른다. 점진적 뷰 관리를 어떻게 수행하는지는 16.5.2절에서 소개한다.

오늘날 데이터베이스 시스템은 점진적 뷰 관리에 대한 보다 직접적인 방법을 지원한다. 데이터베이스 시스템 프로그래머는 더 이상 뷰 관리를 위한 트리거를 정의할 필요가 없다. 뷰가 실체화되도록 선언되면 데이터베이스 내의 데이터가 변경될 때 데이터베이스 시스템이 뷰의 내용을 점진적으로 갱신한다.

대부분의 데이터베이스 시스템에서 **즉각적 뷰 관리**(immediate view maintenance)가 이루어진다. 즉 갱신이 일어나자마자 갱신 트랜잭션의 일부로서 점진적 뷰 관리가 이루어진다. 어떤 데이터베이스 시스템은 뷰 관리를 나중으로 미루는 **지연된 뷰 관리**(deferred view maintenance)도 지원한다. 예를 들어, 하루 동안 이루어진 갱신을 모아 두었다가 밤에 실체화 뷰를 갱신하는 것이다. 이 방식은 갱신 트랜잭션 처리에 드는 부하를 줄여 준다. 하지만 지연된 뷰 관리하에서 실체화 뷰의 내용은 뷰의 정의에 사용된 릴레이션과 일관되지 않을 수 있다.

16.5.2 점진적 뷰 관리

실체화 뷰를 점진적으로 관리하는 방법을 알아보기 위해, 우선 개별 연산에 대해 생각해 본 후에 전체 표현식을 어떻게 처리하는지 알아본다.

실체화 뷰가 데이터베이스와 일관되지 않게 만드는 연산은 튜플의 삽입, 삭제, 갱신이다. 설명을 단순화하기 위해서 튜플의 갱신을 그 튜플을 삭제한 후에 갱신된 튜플을 삽입하는 것으로 치환하자. 따라서 고려해야 할 연산은 튜플의 삽입과 삭제다. 릴레이션이나 표현식에 대한 변경 사항을 **차이점**(differential)이라 부른다.

16.5.2.1 조인 연산

실체화 뷰 $v = r \bowtie s$를 생각해 보자. i_r로 표시되는 튜플 집합을 삽입함으로써 r을 변경하는 경우를 생각해 보자. r의 변경 전 값을 r^{old}라 표시하고 r의 변경 후 값을 r^{new}라고 할 때 $r^{new} = r^{old} \cup i_r$이 된다. 이때 뷰의 변경 전 값 v^{old}는 $r^{old} \bowtie s$가 되고 뷰의 변경 후 값은 $r^{new} \bowtie s$가 된다. $r^{new} \bowtie s$를 $(r^{old} \cup i_r) \bowtie s$로 표기할 수 있고 이것을 $(r^{old} \bowtie s) \cup (i_r \bowtie s)$로 변경할 수 있다. 다시 말해

$$v^{new} = v^{old} \cup (i_r \bowtie s)$$

가 된다. 따라서 실체화 뷰 v를 갱신하기 위해서는 단순히 $i_r \bowtie s$의 결과 튜플을 실체화 뷰의 변경 전 내용에 추가하기만 하면 된다. s에 삽입하는 경우, 위의 경우와 정확히 대칭적으로 처리할 수 있다.

이제 r에서 d_r로 표시되는 튜플 집합을 삭제하는 경우에 대해 생각해 보자. 위와 마찬가지 이유로 새로운 실체화 뷰 v^{new}는 다음과 같이 된다.

$$v^{new} = v^{old} - (d_r \bowtie s)$$

s에 대한 삭제도 위와 대칭적으로 처리할 수 있다.

16.5.2.2 선택과 추출 연산

$v = \sigma_\theta(r)$인 뷰에 대해 생각해 보자. 튜플 집합 i_r을 삽입함으로써 r을 변경한다고 하면 v의 새로운 값은 다음과 같이 계산된다.

$$v^{new} = v^{old} \cup \sigma_\theta(i_r)$$

유사하게 튜플 집합 d_r을 r에서 삭제함으로써 r을 변경한다고 하면 v의 새로운 값은 다음과 같이 계산된다.

$$v^{new} = v^{old} - \sigma_\theta(d_r)$$

추출 연산은 좀 더 다루기 복잡한 연산이다. 실체화 뷰 $v = \Pi_A(r)$에 대해 생각해 보자. 릴레이션 r이 $R = (A, B)$와 같은 스키마를 가지고 있고, r이 $(a, 2)$, $(a, 3)$의 두 개의 튜플을 가지고 있다고 하자. 이때 $\Pi_A(r)$의 결과는 하나의 튜플 (a)가 된다. 만약 $(a, 2)$를 r에서 삭제하는 경우, $\Pi_A(r)$에서 튜플 (a)를 삭제할 수 없게 된다. 만약 삭제한다면 $\Pi_A(r)$의 결과는 여전히 (a)이지만 실체화 뷰는 빈 릴레이션이 되게 된다. 그 이유는 튜플 (a)는 두 가지 방법으로 만들어질 수 있기 때문이다. 따라서 r에서 하나의 튜플을 삭제한다고 해도 (a)를 얻어 낼 수 있는 방법이 여전히 남아 있게 된다.

위의 이유는 해결 방안에 대한 직관적인 방법을 제공해 준다. $\Pi_A(r)$과 같은 추출 연산의 결과 튜플에 대해서, 그 튜플이 릴레이션 내에서 몇 번 반복되는지를 나타내는 숫자를 유지함으로써 위의 문제를 해결할 수 있다.

릴레이션 r로부터 튜플 집합 d_r이 삭제되는 경우, d_r의 각 튜플 t에 대해 다음과 같은 작업을 수행할 수 있다. $t.A$를 속성 A에 대해 t에 추출 연산을 수행한 결과라고 하자. $(t.A)$를 실체화 뷰에서 찾아서 이 값에 대한 카운트 값을 1 감소시킨다. 만약 카운트 값이 0인 경우 $(t.A)$를 실체화 뷰로부터 삭제한다.

삽입의 처리는 비교적 단순하다. 튜플 집합 i_r이 릴레이션 r에 삽입되는 경우 i_r의 각 튜플 t에 대해 다음을 수행한다. 만약 $(t.A)$가 이미 실체화 뷰에 존재하는 경우 카운트를 1 증가시킨다. 그렇지 않은 경우에는 $(t.A)$를 실체화 뷰에 추가하고 카운트 값을 1로 한다.

16.5.2.3 집계 연산

집계 연산은 추출 연산과 비슷하게 처리할 수 있다. SQL에 있는 집계 연산은 **count**, **sum**, **avg**, **min**, **max**다.

- **count**: r을 속성 G로 그룹화한 후에 속성 B의 개수를 계산하는 실체화 뷰 $v = {}_G\gamma_{count(B)}(r)$를 생각해 보자.

  튜플 집합 i_r이 r에 삽입되는 경우 i_r의 각 튜플 t에 대해 다음과 같은 일을 수행한다. 실체화 뷰에서 그룹 $t.G$를 찾는다. 만약 존재하지 않는 경우 $(t.G, 1)$을 실체화 뷰에 삽입한다. 만약 그룹 $t.G$가 존재하는 경우 그 그룹의 카운트 값을 1 증가시킨다.

  튜플 집합 d_r이 r에서 삭제되는 경우 d_r의 각 튜플 t에 대해 다음을 수행한다. 실체화 뷰에서 그룹 $t.G$를 찾아 그 그룹에 대한 카운트 값을 1 감소시킨다. 만약 카운트 값이 0이 되는 경우 실체화 뷰로부터 그룹 $t.G$에 해당하는 튜플을 삭제한다.

- **sum**: 실체화 뷰 $v = {}_G\gamma_{sum(B)}(r)$을 생각해 보자.
  튜플 집합 i_r이 r에 삽입되는 경우 i_r의 각 튜플 t에 대해 다음과 같은 일을 수행한다. 실체화 뷰에서 그룹 $t.G$를 찾는다. 만약 존재하지 않는 경우, $(t.G, t.B)$를 실체화 뷰에 추가한다. 또한 추출 연산과 마찬가지로 $(t.G, t.B)$와 연관된 카운트 값 1을 저장한다. 만약 그룹 $t.G$가 존재하는 경우 $t.B$ 값을 그 그룹의 집계 값에 더하고 그 그룹의 카운트를 1 증가시킨다.
  튜플 집합 d_r이 r에서 삭제되는 경우, d_r의 각 튜플 t에 대해 다음과 같은 일을 수행한다. 실체화 뷰에서 그룹 $t.G$를 찾아서 집계 값에서 $t.B$의 값을 뺀다. 그리고 그 그룹의 카운트를 1 감소시킨다. 만약 카운트 값이 0인 경우 그룹 $t.G$에 해당하는 튜플을 실체화 뷰로부터 삭제한다.
  카운트 값을 유지하지 않으면, 어떤 그룹에 대한 합계(sum)가 0인 것인지, 그 그룹에 속하는 튜플이 존재하지 않는지 구별할 수 없다.
- **avg**: 실체화 뷰 $v = {}_G\gamma_{avg(B)}(r)$을 생각해 보자.
  삽입이나 삭제 시에 평균값을 직접 갱신하는 것은 불가능하다. 왜냐하면 평균을 계산하기 위해서는 이전 평균값과 삽입/삭제되는 튜플뿐만 아니라 그 그룹의 튜플 수도 필요하기 때문이다.
  avg를 처리하기 위해서 앞에서 설명한 **sum**과 **count** 집계 값을 유지하고, 합을 개수로 나누어 평균값을 계산한다.
- **min, max**: 실체화 뷰 $v = {}_G\gamma_{min(B)}(r)$을 생각해 보자(**max**의 경우도 동일하다).
  r에 삽입되는 경우는 직관적으로 처리할 수 있다. 삭제 시 **min**과 **max**의 집계 값을 유지하는 것은 비용이 많이 든다. 예를 들어, r에서 특정 그룹의 최솟값에 해당하는 튜플이 삭제되는 경우, 새로운 최솟값을 찾아내기 위해서 r에 있는 그 그룹 내의 튜플을 모두 조사해야 한다. (G, B)에 대해 정렬 인덱스를 구성하면 그룹에 대한 새로운 최솟값을 매우 효율적으로 찾을 수 있다. 그러므로 (G, B)에 대해 정렬 인덱스를 구성하는 것이 도움이 된다.

16.5.2.4 다른 연산

교집합 연산은 다음과 같이 관리할 수 있다. 주어진 실체화 뷰 $v = r \cap s$에 대해 튜플이 r에 삽입될 때, 삽입되는 튜플이 s에 존재하는지 확인하고, 만약 존재하는 경우 그 튜플을 v에 추가한다. 만약 튜플이 r에서 삭제되는 경우, v에 그 튜플이 있는 경우 v에서 그 튜플을 삭제한다. 합집합과 차집합의 경우도 비슷한 방법으로 처리할 수 있으며 자세한 것은 설명하지 않고 남겨 둔다.

외부 조인은 조인과 거의 유사한 방법으로 처리하지만 약간의 작업이 추가된다. v로부터 튜플을 삭제하는 경우, 더 이상 r에 대응하는 튜플이 없는 s의 튜플을 처리해야 한다. r에 튜플이 삽입되는 경우, r에 대응하는 튜플이 없던 s의 튜플을 처리해야 한다. 자세한 것은 역시 설명하지 않고 남겨 둔다.

16.5.2.5 표현식의 처리

지금까지 하나의 연산에 대해 그 결과를 점진적으로 갱신하는 방법에 대해 설명했다. 질의를 나타내는 전체 관계 대수 표현식을 처리하기 위해서는 가장 작은 부분 표현식에서 시작해서 각 부분 표현식의 결과에 대한 점진적 변경 사항을 계산한다.

예를 들어, 튜플 집합 i_r이 릴레이션 r에 삽입될 때 실체화 뷰 $E_1 \bowtie E_2$를 점진적으로 갱신한다고 하자. r이 E_1에서만 사용된다고 가정한다. E_1에 추가되는 튜플 집합이 표현식 D_1으로 주어진다고 할 때, $E_1 \bowtie E_2$에 추가되어야 하는 튜플은 $D_1 \bowtie E_2$로 계산될 수 있다.

표현식과 연관된 실체화 뷰의 점진적 유지 방법에 대한 자세한 사항은 참고문헌에서 찾아볼 수 있다.

16.5.3 질의 최적화와 실체화 뷰

실체화 뷰를 일반 릴레이션처럼 취급하여 질의 최적화를 수행할 수 있다. 하지만 실체화 뷰는 또 다른 최적화 기회를 제공한다.

- 실체화 뷰를 이용한 질의 변환:

  실체화 뷰 $v = r \bowtie s$가 존재하고 사용자가 $r \bowtie s \bowtie t$의 질의를 요청했다고 하자. 질의를 $v \bowtie t$로 변환함으로써 요청한 질의를 최적화하는 것보다 더 효율적인 질의 계획을 생성할 수 있다. 따라서 질의 수행 속도를 높이기 위해서 실체화 뷰가 사용될 수 있는지 알아내는 일은 질의 최적화기가 해야 하는 작업이다.

- 실체화 뷰를 뷰 정의로 대치:

  실체화 뷰 $v = r \bowtie s$가 존재하고, 인덱스는 존재하지 않으며, 사용자가 $\sigma_{A=10}(v)$의 질의를 요청했다고 하자. 또한 s는 공통 속성 B에, r은 속성 A에 인덱스를 가지고 있다고 하자. 이 질의에 대한 최적의 계획은 v를 $r \bowtie s$로 바꿈으로써 $\sigma_{A=10}(v) \bowtie s$로 주어진 질의를 변환하는 것이다. 선택 연산과 조인 연산은 $r.A$와 $s.B$에 있는 각각의 인덱스를 사용함으로써 효율적으로 처리될 수 있기 때문이다. 반면에 v에 직접 선택 연산을 수행하는 것은 v 전체를 스캔해야 하므로 비효율적일 수 있다.

참고문헌에서 실체화 뷰를 이용해 질의 최적화를 효율적으로 수행하는 방법에 대한 연구를 찾아볼 수 있다.

16.5.4 실체화 뷰와 인덱스 선택

또 다른 최적화 문제는 **실체화 뷰 선택**(materialized view selection), 즉 "실체화해야 할 최적의 뷰 집합은 무엇인가?"이다. 이러한 결정은 시스템 **부하**(workload)를 기반으로 이루어져야 한다. 시스템의 일반적인 부하는 일련의 질의와 갱신 작업으로 생긴다. 간단한 판단 기준 하나는, (실체화 뷰를 관리하는 데 드는 시간을 포함하여) 질의와 갱신 작업에 대한 전체 수행 시간을 최소화하는 실체화 뷰의 집합을 선택하는 것이다. 일반적으로 데이터베이스 관리자는 서로 다른 질의와 갱신 작업의 중요도에 따라서 이러한 선택 기준을 변경한다. 몇몇 질의와 갱신 작업에 대해서는 빠른 응답 시간이 필요할 것이고 다른 것에 대해서는 응답 시간이 느려도 될 것이다.

인덱스는 데이터로부터 만들어지며 질의의 속도를 향상하고, 갱신 작업을 느리게 한다는 점에서 실체화 뷰와 비슷하다고 할 수 있다. 따라서 **인덱스 선택**(index selection) 문제는 실체화 뷰의 선택 문제와 밀접한 관련이 있다. 하지만 인덱스 선택 문제가 좀 더 단순하다. 이러한 문제는 25.1.4.1절과 25.1.4.2절에서 보다 자세히 설명한다.

대부분의 데이터베이스 시스템은 인덱스와 실체화 뷰 선택을 위해 데이터베이스 관리자를 도와주는 관리 도구를 제공한다. 이러한 관리 도구는 질의와 갱신 작업 기록을 조사하여 인덱스와 실체화할 뷰를 제안한다. Microsoft SQL Server Database Tuning Assistant, IBM DB2 Design Advisor, Oracle SQL Tuning Wizard 등이 이러한 관리 도구의 예다.

16.6 질의 최적화의 심화

지금까지 살펴본 내용뿐 아니라 훨씬 더 많은 질의 최적화 기술이 있다. 이 절에서 그중 몇 가지를 살펴볼 것이다.

16.6.1 Top-*K* 최적화

대부분의 질의는 몇몇 속성으로 정렬된 결과를 출력하고, (임의의 *K*에 대해서) 최상위 *K*개의 결과만 요구한다. *K*는 명시적으로 정해지기도 한다. 예를 들면, 어떤 데이터베이스 시스템은 질의에 의해서 출력되는 결과의 개수를 정할 수 있는 **limit** 절을 제공한다. 다른 데이터베이스 시스템은 다른 방법으로 limit와 비슷한 기능을 제공한다. 또 다른 경우에는, *K*가 명시되어 있지 않은 경우, 질의에 대한 결과가 *K*개가 넘게 생성되더라도 질의 최적화기가 최상위 *K*개만 출력하도록 하기도 한다.

전체 결과를 생성한 뒤에 정렬해서 최상위 *K*개를 출력하는 질의 최적화 계획은, *K*가 작은 경우에는 중간에 생성된 수많은 결과가 필요 없어지기 때문에 매우 비효율적이다. 이러한 *top-K* 질의를 최적화하기 위한 방법이 제안되고 있다. 그중 한 가지 방법은 파이프라인 계획을 이용해서 정렬된 순서로 결과를 생성하는 것이다. 다른 방법은 top-*K* 결과에 나타나게 될 정렬된 속성값에서 가장 큰 값을 측정해서 더 큰 값을 제거해 나가는 선택 조건을 사용한다. *K*개 이상의 튜플이 생성되면 그 튜플은 제거된다. 만약 선택 조건에 의해서 너무 적은 수의 튜플이 생성된다면 선택 조건을 변경해서 다시 질의를 수행한다. top-*K* 최적화에 대한 부분은 참고문헌에 잘 나와 있다.

16.6.2 조인 최소화

뷰를 통해서 질의가 생성된 경우, 실제로 질의를 처리하기 위해서 필요한 릴레이션의 수보다 더 많은 릴레이션을 조인하는 경우가 있다. 예를 들면, 뷰 *v*는 *instructor*와 *department* 릴레이션을 조인한다. 하지만 뷰 *v*를 사용할 때에는 *instructor*의 속성만 사용할 수 있다. 조인 속성인 *instructor* 릴레이션의 *dept_name* 속성은 *department*를 참조하는 외래 키다. *instructor.dept_name*이 **not null**로 선언되었다면 *department* 릴레이션과 조인하지 않아도 전체 질의에 전혀 영향을 끼치지 않을 것이다. 이러한 가정에서 *department*와 조인하는 작업은 *instructor* 릴레이션의 결과에서 삭제되거나, 중복 생성되지 않도록 한다.

위에서 언급한 것과 같이 조인에서 릴레이션을 제거하는 것은 조인 최소화의 한 예다. 조인 최소화는 다른 상황에서도 동작할 수 있다. 참고문헌을 참조하기 바란다.

16.6.3 갱신의 최적화

갱신 질의는 **set** 절과 **where** 절에 하위 질의를 포함하곤 한다. 이러한 하위 질의는 갱신을 최적화하는 데 꼭 고려해야 할 점이다. 갱신된 열에 대한 선택을 포함하는 갱신(예: 급여가 $100,000가 넘는 모든 직원의 급여를 10% 올려라)은 신중하게 처리되어야 한다. 인덱스 스캔에 의해서 선택이 실행되는 동안 갱신이 일어난다면, 이미 갱신된 튜플이 인덱스에 다시 추가되어서 스캔을 하게 될 것이고, 그렇기 되면 다시 한번 갱신이 일어나게 된다. 이렇게 되면 갱신이 무한 반복되는 것이다. 하위 질의의 결과가 갱신에 의해서 변경되는 질의도 이와 비슷한 문제가 발생할 수 있다.

어떤 갱신 작업이 그 갱신을 처리하는 질의 수행에 영향을 주는 문제를 **핼러윈 문제**(Halloween problem)라고 한다. 이러한 이름이 정해진 이유는 이 문제를 IBM에서 처음으로 발견한 날이 핼러윈이었기 때문이다. 이 문제는 다음과 같은 방법으로 해결할 수 있다. 질의를 수행해서 갱신을 먼저 정의하고, 이 갱신으로 인해서 영향을 받는 튜플의 목록을 작성한다. 그리고 마지막으로 튜플을 갱신하고 인덱스를 생성한다. 하지만 이렇게 질의 평가 계획을 단계별로 나누는 것은 실행 비용의 증가를 가져온다. 이때 다음과 같이 핼러윈 문제가 발생할 가능성이 있는지 없는지를 확인하여 갱신 계획을 최적화할 수 있다. 만약 핼러윈 문제가 발생할 가능성이 없다면 갱신은 질의가 수행되는 도중에 일어나게 되어 갱신 오버헤드를 줄이게 된다. 예를 들어, 갱신이 인덱스 속성에 영향을 미치지 않는다면 핼러윈 문제가 일어날 수 없다. 갱신이 인덱스 속성에 영향을 미치더라도, 갱신은 값을 감소시키고 인덱스는 증가하는 순서로 스캔을 진행한다면 갱신된 튜플이 스캔에 의해서 다시 마주칠 일이 없을 것이다. 이러한 경우에도 질의가 진행되는 중에도 갱신이 일어날 수 있어서 전체 비용을 줄일 수 있다.

많은 수의 갱신을 해야 하는 갱신 질의는 갱신을 무리 지어서 각각을 따로 처리함으로써 최적화할 수 있다. 전체 릴레이션이 아니라 모아진 튜플에만 인덱스를 적용하는 것이다. 인덱스에 한 무리의 갱신을 적용할 때, 그 무리는 해당 인덱스로 정렬된다. 이렇게 정렬하게 되면 인덱스를 갱신하는 데 필요한 I/O의 수가 현저하게 줄어들 것이다.

이러한 갱신의 최적화는 대부분의 데이터베이스 시스템에 적용되어 있다. 그러한 최적화에 대한 부분은 참고문헌에 잘 나와 있다.

16.6.4 다중 질의 최적화와 공유 스캔

한 무리의 질의가 함께 입력될 때, 질의 최적화기는 서로 다른 질의에서 공통되는 부분 표현식을 한 번 계산한 후, 그 결과를 필요에 따라 재사용한다. 사실 복잡한 질의의 경우에도 질의의 서로 다른 곳에서 동일한 부분 표현식이 반복되는데, 이 역시 비슷한 방식으로 질의 수행 비용을 줄일 수 있다. 이러한 최적화 방법을 **다중 질의 최적화**(multiquery optimization)라고 한다.

공통 부분 표현식 제거(common subexpresseion elimination)는 한 프로그램의 서로 다른 표현식에서 공유되는 부분 표현식의 결과를 계산하고 저장해서, 그 결과가 필요할 때 다시 사용함으로써 최적화한다. 공통 부분 표현식 제거는 프로그래밍 언어 컴파일러의 산술 표현식 최적화에 적용된 표준 방법이다. 한 무리의 질의에서 선택된 평가 계획 중에서 공통된 하위 질의를 탐색하는 것은 데이터베이스 질의 수행에서 유용하기 때문에 몇몇 데이터베이스 시스템에 적용되어 있다. 하지만 다중 질의 최적화는 다음과 같은 상황에서 더 좋은 결과를 나타낼 수 있다. 하나의 질의는 보통 하나 이상의 평가 계획을 가지고 있는데, 잘 선택된 질의 평가 계획은 질의 사이에서 훨씬 더 많은 공유를 제공하게 되어, 각각의 질의에 대한 최소 예측 비용보다 훨씬 더 적은 비용으로 처리가 가능하다. 다중 질의 최적화에 대한 추가적인 부분은 참고문헌을 참조하라.

질의 사이에서 릴레이션 스캔을 공유하는 것은 또 다른 형태의 다중 질의 최적화 방법이다. 이 방법 역시 몇몇 데이터베이스 시스템에 적용되어 있다. **공유 스캔**(shared-scan) 최적화는 다음과 같이 동작한다. 어떤 릴레이션을 스캔할 필요가 있을 때, 디스크로부터 반복적으로 릴레이션을 읽는 대신 처음에는 디스크로부터 데이터를 읽고 각각의 질의에 그 데이터를 파이프라인 형태로 전달한다. 공유 스캔 최적화는 하나의 큰 릴레이션(예: fact table)에 다중 질의를 수행할 때 특히 유용하다.

16.6.5 매개변수 질의 최적화

16.4.3절에서 살펴본 바와 같이 질의 평가 계획을 캐싱하는 것은 많은 데이터베이스 시스템에서 휴리스틱 방법으로 사용되고 있다. 캐싱을 다시 한번 생각해 보면, 어떤 상수를 포함한 질의의 경우, 질의 최적화기에 의해서 선택된 계획은 캐싱되고, 같은 질의가 요청되었을 때 다른 상수를 포함하고 있더라도 이전의 계획이 재사용된다. 예를 들어, 학과의 이름을 변수로 하고 그 학과의 모든 수업을 출력하는 질의가 있다고 하자. 가장 처음으로 음악학과에 대한 질의가 들어와서 계획이 선택되었다면, 계획을 캐싱해서 다른 학과에 대해서 재사용되는 것이다.

이러한 캐싱에 의한 계획의 재사용은, 최적의 평가 계획이 질의에 포함된 특정 값에 영향을 별로 받지 않을 때 상당히 합리적이다. 하지만 평가 계획이 상수에 영향을 많이 받는다면 매개변수 질의 최적화가 그 대안이 될 수 있다.

매개변수 질의 최적화(parametric query optimization)에서 질의는, (앞의 예에서 *dept_name*과 같은) 그 변수를 위한 특정 값이 없는 상태로 최적화가 진행된다. 질의 최적화기는 몇 가지 계획을 생성한다. 각 계획은 서로 다른 변수에 대한 최적의 평가 계획이다. 변수로 입력 가능한 몇몇 값에 대해서 최적의 계획인 경우에만 질의 최적화기가 결과로서 계획을 생성하게 된다. 질의 최적화기에 의해서 생성된 평가 계획의 집합은 저장된다. 그리고 특정 변수와 함께 질의가 입력되면, 전체적인 최적화를 수행하는 대신에 저장되어 있는 평가 계획 중에서 가장 비용이 저렴한 계획이 사용된다. 주어진 평가 계획 중에서 가장 효율적인 계획을 찾는 것이 최적화를 다시 진행하는 것보다는 훨씬 더 빠르게 진행될 것이다. 매개변수 질의 최적화에 대한 부분은 참고문헌에 잘 나와 있다.

16.6.6 적응형 질의 처리

앞에서 언급했듯이 질의 최적화는 최상의 근사치 추정 값을 기반으로 한다. 따라서 실제로는 매우 좋지 않은 평가 계획이 최적화기에 의해 선택될 수도 있다. 실행 시간에 특정 연산자를 선택하는 적응형 연산자는 이러한 문제를 부분적으로 해결할 수 있다. 예를 들어, SQL Server는 실행 시간 중에 외부 릴레이션의 크기를 구하고, 외부 릴레이션의 크기에 따라 중첩 루프 조인 또는 해시-조인을 선택하는 적응형 조인 알고리즘을 지원한다.

질의 실행 중에 질의 계획을 모니터링하고, 그에 따라 질의 계획을 조정하는 기능이 많은 시스템에 포함되어 있다. 예를 들어, 질의 계획 실행(또는 계획의 하위 부분 실행)의 초기 단계에서 시스템이 수집한 통계가 최적화기의 추정치와 상당한 차이가 있다는 것이 확인되어 최적화기가 선택한 계획이 준최적(suboptimal)에 해당한다고 가정하자. 그런 경우 적응형 시스템은 실행을 중단하고, 초기 실행 중에 수집한 통계를 이용하여 새로운 질의 실행 계획을 선택하고, 새 계획을 사용하여 실행을 다시 시작한다(이전 계획을 실행하는 중에 수집된 통계는 이전 계획이 다시 선택되지 않게 한다). 또한 시스템은 반복적인 중단과 재시작을 피해야 한다. 최적화기에 정확한 통계가 제공되었을 때 선택하게 될 질의 계획의 비용과 질의 평가의 실제 비용이 비슷해지도록 하는 것이 이상적인 시스템이다. 이러한 적응형 질의 처리에 대한 특정 기준과 메커니즘은 복잡하며, 자세한 사항은 참고문헌에서 찾아볼 수 있다.

16.7 요약

- 일반적으로 주어진 질의에 대한 결과를 계산하는 데는 여러 방법이 있다. 사용자에 의해 요청된 질의를 좀 더 효율적으로 처리할 수 있는 동등한 질의로 변환하는 것은 데이터베이스 시스템이 하는 일이다. 질의 처리를 위한 효율적인 방법을 찾아내는 과정을 **질의 최적화**라고 부른다.
- 복잡한 질의의 수행은 많은 디스크 접근을 필요로 한다. 컴퓨터 시스템의 CPU와 메인 메모리 속도에 비해 디스크로부터 데이터를 전송하는 속도가 상대적으로 느리기 때문에 디스크 접근을 최소화하는 방법을 선택하는 데 상당한 양의 작업을 할당할 필요가 있다.
- 하나의 표현식을 동등한 다른 표현식으로 변환하는 데 사용할 수 있는 많은 동등 규칙이 존재한다. 이러한 동등 규칙을 이용해 주어진 질의와 동등한 모든 관계 대수 표현식을 만들어 낼 수 있다.
- 각 관계 대수 표현식은 연산의 특정 순서를 나타낸다. 질의 처리 단계의 선택에서 첫 번째 과정은 주어진 질의와 동등하면서 수행 비용이 적게 드는 관계 대수 표현식을 찾아내는 것이다.
- 데이터베이스 시스템이 수행할 연산을 선택하는 과정은 각 릴레이션의 크기와 속성의 값의 분포에 의존적이다. 데이터베이스 시스템은 신뢰성 있는 정보를 기반으로 질의 처리 과정을 선택하기 위해서 각 릴레이션 r에 대한 통계를 저장하고 있다. 이 통계는 다음을 포함한다.
  - 릴레이션 r의 튜플 수
  - 릴레이션 r의 하나의 레코드(튜플)가 차지하는 바이트 크기
  - 릴레이션 r 내의 특정 속성에 대해 나타나는 서로 다른 값의 수
- 대부분의 데이터베이스 시스템은 구간을 여러 개로 나누고, 각 구간에 속하는 튜플의 개수를 히스토그램을 사용해 저장한다. 히스토그램은 표본 집합을 이용해서 계산되기도 한다.
- 이러한 통계는 여러 가지 연산의 수행 비용뿐만 아니라 수행 결과의 크기를 추정할 수 있게 해준다. 릴레이션에 대한 통계는 질의 처리를 도와주는 여러 가지 인덱스가 존재할 때 특히 유용하게 사용할 수 있다. 이러한 구조의 유무는 질의 처리 과정의 선택에 크게 영향을 준다.

- 각 표현식에 대한 여러 가지 평가 계획은 비슷한 규칙을 사용해서 만들 수 있으며 가장 비용이 적은 표현식을 선택하게 된다. 만들어야 할 표현식과 평가 계획의 수를 줄이기 위한 여러 가지 최적화 기법이 존재한다.
- 고려해야 할 평가 계획의 수를 줄이기 위해서 휴리스틱 방법을 사용할 수 있으며 이러한 방법에 따라서 최적화 비용을 줄일 수 있다. 관계 대수 질의를 변환하기 위한 휴리스틱 규칙에는 "선택 연산을 가능한 한 일찍 수행하라", "추출 연산을 일찍 수행하라", "카티션 곱을 피해라" 등과 같은 것이 있다.
- 실체화 뷰는 질의 처리 속도를 높이기 위해 사용될 수 있다. 점진적 뷰 관리는 사용되는 릴레이션이 변경될 경우 효율적으로 실체화 뷰를 갱신하는 데 필요하다. 실체화 뷰의 갱신을 위한 연산의 차이점은 연산의 입력의 차이점과 연관된 대수 표현식을 이용해 계산할 수 있다. 실체화 뷰와 연관된 다른 문제는 실체화 뷰를 이용해 질의를 최적화하는 방법과 실체화되어야 할 뷰를 선택하는 방법 등이 있다.
- top-*K* 최적화, 조인 최소화, 갱신 최적화, 다중 질의 최적화, 매개변수 질의 최적화와 같은 심화된 최적화 기법이 많이 제안되고 있다.

용어정리

- 질의 최적화
- 표현식의 변환
- 표현식의 동등
- 동등 규칙
  - 조인 교환 법칙
  - 조인 결합 법칙
- 동등 규칙의 최소 집합
- 동등한 표현식의 열거
- 통계 추정
- 카탈로그 정보
- 크기 추정
  - 선택
  - 선택도
  - 조인
- 히스토그램
- 서로 다른 값 추정
- 무작위 표본 추출
- 평가 계획의 선택
- 평가 기법의 상호작용
- 비용 기반 최적화
- 조인 순서 최적화
  - 동적 프로그래밍 알고리즘
  - 왼쪽-깊이 조인 순서
  - 흥미 있는 정렬 순서
- 휴리스틱 최적화
- 계획 캐싱
- 접근 계획 선택
- 연관된 평가
- 연관성 제거
- 세미 조인
- 안티 세미 조인
- 실체화 뷰
- 실체화 뷰 관리
  - 재계산
  - 점진적 관리
  - 삽입
  - 삭제
  - 갱신

- 실체화 뷰를 이용한 질의 최적화
- 인덱스 선택
- 실체화 뷰 선택
- Top-K 최적화
- 조인 최소화
- 핼러윈 문제
- 다중 질의 최적화

실전문제

16.1 dbbook.com에서 대학교 데이터베이스 스키마와 대용량 대학교 데이터 세트를 다운로드하라. 자신이 원하는 데이터베이스를 이용하여 대학교 스키마를 생성하고, 대용량 대학교 데이터 세트를 로드하라. 노트 16.1에서 설명한 **explain** 기능을 사용하여 아래의 경우에 대해 데이터베이스가 선택한 질의 계획을 확인하라.

a. *student.name*(인덱스가 없음)에 동등 조건이 있는 질의를 작성하고, 선택된 계획을 확인하라.

b. *student.name* 속성에 인덱스를 생성하고, 위 질의에 대해 선택된 계획을 확인하라.

c. 두 개의 릴레이션 또는 세 개의 릴레이션을 조인하는 간단한 질의를 만들고, 선택된 계획을 확인하라.

d. 그룹화를 사용하여 집계를 계산하는 질의를 만들고, 선택된 계획을 확인하라.

e. 선택된 계획이 세미 조인 연산을 사용하도록 SQL 질의를 생성하라.

f. 집계를 사용하는 하위 질의와 함께 **not in** 절을 사용하는 SQL 질의를 생성하라. 어떤 계획이 선택되었는지 확인하라.

g. 선택된 계획이 상관 평가(correlated evaluation)를 사용하도록 질의를 생성하라(상관 평가가 표현되는 방식은 데이터베이스에 따라 다르지만, 대부분의 데이터베이스는 하위 계획 또는 하위 질의에 필터 혹은 프로젝트 연산자를 사용한다).

h. 릴레이션에 있는 단일 행을 갱신하는 SQL 갱신 질의를 생성하라. 갱신 질의에 대해 선택된 계획을 확인하라.

i. 하위 질의를 사용하여 새로운 값을 계산하여 많은 수의 열을 갱신하는 SQL 갱신 질의를 작성하라. 갱신 질의에 대해 선택된 계획을 확인하라.

16.2 다음 등식이 성립함을 보여라. 질의 처리의 속도를 향상하기 위해서 아래의 등식을 어떻게 사용할 수 있을지 설명하라.

a. $E_1 \bowtie_\theta (E_2 - E_3) \equiv (E_1 \bowtie_\theta E_2 - E_1 \bowtie_\theta E_3)$.

b. $\sigma_\theta({}_A\gamma_F(E)) \equiv {}_A\gamma_F(\sigma_\theta(E))$. 이때 θ는 A에 있는 속성만 사용한다.

c. $\sigma_\theta(E_1 ⟕ E_2) \equiv \sigma_\theta(E_1) ⟕ E_2$. 이때 θ는 E_1에 있는 속성만 사용한다.

16.3 다음의 각 표현식에 대해서 두 표현식을 동등하게 만들지 않는 릴레이션의 예를 들어 보라.

a. $\Pi_A(r - s)$와 $\Pi_A(r) - \Pi_A(s)$.

b. $\sigma_{B<4}({}_A\gamma_{max(B)\text{ as }B}(r))$과 ${}_A\gamma_{max(B)\text{ as }B}(\sigma_{B<4}(r))$.

c. 위 표현식에서 *max*를 *min*으로 바꾸었을 때 두 표현식이 동등해지는가?

d. $(r ⟖ s) ⟖ t$와 $r ⟖ (s ⟖ t)$

즉 자연 좌측 외부 조인이 결합적이지 않다.

e. $\sigma_\theta(E_1 ⟕ E_2)$와 $E_1 ⟕ \sigma_\theta(E_2)$. 이때 θ는 E_2의 속성만 사용한다.

16.4 SQL은 중복을 허용한다(3장). 다중 집합 형태의 관계 대수 연산은 노트 3.1, 3.2, 3.3에 정의되어 있다. 다중 집합 형태의 관계 대수 연산에 대해 동등 규칙 1부터 7.b가 성립하는지 확인해 보라.

16.5 주 키를 각각 *A*, *C*, *E*로 가지는 릴레이션 $r_1(A, B, C)$, $r_2(C, D, E)$, $r_3(E, F)$에 대해 생각해 보자. r_1이 1,000개의 튜플을 가지고, r_2가 1,500개의 튜플을 가지고, r_3가 750개의 튜플을 가진다고 하자. 이때 $r_1 \bowtie r_2 \bowtie r_3$의 크기를 추정하고 조인을 계산하는 효율적인 방법을 제시하라.

16.6 문제 16.5의 릴레이션 $r_1(A, B, C)$, $r_2(C, D, E)$, $r_3(E, F)$를 생각해 보자. 전체 스키마를 제외하고는 주 키가 없다고 가정하고 $V(C, r_1)$은 900, $V(C, r_2)$는 1,100, $V(E, r_2)$는 50, $V(E, r_3)$는 100이라고 하자. r_1이 1,000개, r_2가 1,500개, r_3가 750개 튜플을 가지고 있다고 할 때 $r_1 \bowtie r_2 \bowtie r_3$의 크기를 추정하고 조인을 계산하는 효율적인 방법을 제시하라.

16.7 *department* 릴레이션에서 *building*에 B⁺-트리 인덱스가 존재하고, 다른 인덱스는 존재하지 않는다고 하자. 부정이 포함된 다음의 선택 연산을 처리하는 최적의 방법에 대해 설명하라.

a. $\sigma_{\neg (building < \text{“Watson”})}(department)$

b. $\sigma_{\neg (building = \text{“Watson”})}(department)$

c. $\sigma_{\neg (building < \text{“Watson”} \vee budget < 50000)}(department)$

16.8 다음의 질의에서 upper 함수는 입력으로 받은 문자열에서 소문자를 모두 대문자로 바꾸는 함수다.

```
select *
from r, s
where upper(r.A) = upper(s.A);
```

a. 자신이 사용하는 데이터베이스 시스템에서 이 질의를 위해서 어떤 실행 계획을 생성하는지 찾아보라.

b. 몇몇 데이터베이스 시스템은 이 질의를 위해서 매우 비효율적인 (블록) 중첩 루프 조인을 사용할 것이다. 이 질의를 위해서 해시-조인과 합병-조인이 어떻게 적용될 수 있을지 설명하라.

16.9 다음 두 표현식이 동등하기 위한 조건을 제시하라.

$$_{A,B}\gamma_{agg(C)}(E_1 \bowtie E_2) \quad \text{and} \quad (_A\gamma_{agg(C)}(E_1)) \bowtie E_2$$

*agg*는 임의의 집계 연산을 나타낸다. *agg*가 **min**이나 **max** 중 하나인 경우 위 조건은 어떻게 변경될 것인가?

16.10 최적화에서 흥미 있는 순서에 대해 생각해 보자. 릴레이션의 집합 *S*에서 자연 조인을 계산하는 질의가 있다고 하자. *S*의 부분집합 *S*1이 주어졌을 때, *S*1의 흥미 있는 순서는 무엇인가?

16.11 FindBestPlan(*S*) 함수를 수정하여 FindBestPlan(*S*, *O*) 함수를 만들라. 이때 *O*는 *S*의 원하는 정렬 순서를 지정한 것이며, FindBestPlan(*S*, *O*) 함수는 정렬 순서를 고려한다. *O*의 값이 *null*인 경우는 정렬 순서가 필요 없다는 것을 의미한다. 힌트: 어떤 알고리즘 *A*는 원하는 정렬 순서 *O*를

만들 수 있다. 그렇지 않은 경우, 원하는 정렬 순서를 얻기 위해 정렬 작업을 추가해야 한다. *A*가 합병-조인이면, 두 입력에 대해 원하는 정렬 순서를 지정하여 FindBestPlan을 호출해야 한다.

16.12 n개의 릴레이션에는 $(2(n-1))!/(n-1)!$개의 서로 다른 조인 순서가 있음을 보여라. **힌트: 완전 이진 트리**(complete binary tree)의 모든 중간 노드는 정확히 두 개의 자식 노드를 가지고 있다. n개의 단말 노드를 가지고 있는 서로 다른 완전 이진 트리의 수는 다음과 같음을 이용하라.

$$\frac{1}{n}\binom{2(n-1)}{(n-1)}$$

n개의 노드를 가지는 이진 트리의 수를 구하는 방정식으로부터 n개의 노드를 가지는 완전 이진 트리의 수를 구하는 공식을 유도해도 괜찮다. n개의 노드를 가지는 이진 트리의 수는 다음과 같다.

$$\frac{1}{n+1}\binom{2n}{n}$$

이 숫자는 **카탈로니아 수**(Catalan number)로 알려져 있다. 이 수의 유도는 자료 구조나 알고리즘 교과서에서 찾아볼 수 있다.

16.13 최소 비용의 조인 순서는 $O(3^n)$ 시간에 계산될 수 있음을 보여라. 릴레이션의 집합에 대해 상수 시간에 정보를 저장하고 탐색한다고 가정하라(이 문제가 어려운 경우 $O(2^{2n})$ 시간에 계산될 수 있다는 것을 보여라).

16.14 System R의 최적화기처럼 왼쪽-깊이 조인 트리만 생각할 때 최적의 조인 순서는 $n2^n$시간 만에 찾을 수 있음을 보여라. 흥미 있는 조인 순서는 한 개만 존재한다고 가정하라.

16.15 그림 16.9의 은행 데이터베이스를 생각해 보자. 주 키는 밑줄로 표시되어 있다. 이러한 관계형 데이터베이스를 위한 SQL 질의를 작성하라.

a. "B"로 시작하는 모든 지점에 대해서 그 지점의 최대 잔액을 보유하고 모든 계정을 찾는 중첩 질의를 *account* 릴레이션을 기반으로 작성하라.

b. 위 질의를 중첩 질의를 사용하지 않는 질의로 변환하라.

c. 위 질의를 세미 조인을 사용하는 관계 대수 표현식으로 표현하라.

d. 앞의 질의에 대해 중첩을 제거하기 위한 프로시저(16.4.4절에서 언급한 것과 유사한)를 제시하라.

---

branch(*branch_name*, *branch_city*, *assets*)
customer (*customer_name*, *customer_street*, *customer_city*)
loan (*loan_number*, *branch_name*, *amount*)
borrower (*customer_name*, *loan_number*)
account (*account_number*, *branch_name*, *balance*)
depositor (*customer_name*, *account_number*)

그림 16.9 은행 데이터베이스

연습문제

16.16 *department* 릴레이션에서 (*dept_name*, *building*)에 대해 B^{+}-트리 인덱스가 존재한다고 하자. 아래의 선택 연산을 처리하는 최적의 방법이 무엇인지 설명하라.

$$\sigma_{(building\ <\ \text{“Watson”})\ \wedge\ (budget\ <\ 55000)\ \wedge\ (dept\_name\ =\ \text{“Music”})}(department)$$

16.17 16.2.1절에 있는 동등 규칙을 이용해 다음의 등식이 성립함을 보여라.

a. $\sigma_{\theta_1 \wedge \theta_2 \wedge \theta_3}(E) \equiv \sigma_{\theta_1}(\sigma_{\theta_2}(\sigma_{\theta_3}(E)))$

b. $\sigma_{\theta_1 \wedge \theta_2}(E_1 \bowtie_{\theta_3} E_2) \equiv \sigma_{\theta_1}(E_1 \bowtie_{\theta_3} (\sigma_{\theta_2}(E_2)))$. θ_2는 E_2의 속성에만 관련된 식

16.18 두 표현식 $\sigma_\theta(E_1 ⟕ E_2)$와 $\sigma_\theta(E_1 \bowtie E_2)$를 생각해 보자.

a. 두 표현식이 일반적으로 동등하지 않다는 것을 증명하라.

b. θ가 어떤 조건일 때 두 표현식이 동등하게 되는가?

16.19 두 표현식이 동등할 경우 항상 하나의 표현식은 일련의 동등 규칙을 다른 표현식에 적용해 유도될 수 있는 경우 이 동등 규칙의 집합은 완전(complete)하다고 한다. 16.2.1절에서 본 동등 규칙은 완전한가? 힌트: $\sigma_{3=5}(r) \equiv \{\ \}$임을 생각해 보자.

16.20 히스토그램을 사용하여 $\sigma_{A \leq v}(r)$과 같은 선택의 결과 크기를 추정하는 방법을 설명하라.

16.21 두 릴레이션 *r*과 *s*가 각각 속성 *r.A*와 *s.A*에 대한 히스토그램을 갖고 있지만 두 히스토그램이 서로 다른 구간을 갖는다고 가정하자. 이때 히스토그램을 사용하여 $r \bowtie s$의 크기를 추정하는 방법을 제안하라. 힌트: 각 히스토그램의 구간을 더 나눈다.

16.22 다음의 질의를 생각해 보자.

```
select A, B
from   r
where r.B < some (select B
                  from   s
                  where s.A = r.A)
```

어떻게 하면 위 질의의 연관성을 제거할 수 있는지 다중 집합 세미 조인을 이용해서 설명하라.

16.23 삽입과 삭제 시 다음 연산의 결과를 점진적으로 관리할 수 있는 방법을 설명하라.

a. 합집합과 차집합

b. 좌측 외부 조인

16.24 실체화 뷰를 정의하는 표현식의 예를 한 가지 들고, 입력 릴레이션의 통계와 차이점이 어떠할 때 점진적 뷰 관리가 재계산보다 좋은지, 상황이 어떠할 때 재계산이 점진적 뷰 관리보다 좋은지 설명하라.

16.25 $r \bowtie s$를 *r*의 한 속성에 대해 정렬하여 그중 상위 *K*개만 얻으려 한다고 가정하자(*K*는 비교적 작다).

a. *r*에서 *s*를 참조하는 외래 키에 대해 조인이 이루어질 때 질의 수행을 잘하는 방법을 설명하라.

b. 외래 키가 아닌 속성에 대해 조인이 이루어질 때 질의 수행을 잘하는 방법을 설명하라.

16.26 릴레이션 *r*(*A*, *B*, *C*)이 있고 속성 *A*에 대해 인덱스가 구축되어 있다고 하자. 릴레이션 내의 튜플

을 살펴볼 필요 없이 인덱스만 이용해 결과를 얻을 수 있는 예제 질의를 제시하라(실제 릴레이션에 접근하지 않고 인덱스만 이용하는 질의 계획을 *index-only* 계획이라 부른다).

16.27 갱신 질의 *U*가 있다고 가정하자. 어떤 수행 계획을 선택하든지 인덱스가 있는지 상관없이, 핼러윈 문제가 일어나지 않는 *U*에 대한 간단한 충분 조건을 제시하라.

더 읽어보기

[Selinger et al. (1979)]는 초창기 관계형 질의 최적화기에 해당하는 System R 최적화기의 접근 경로 선택에 관해 설명한다. [Haas et al. (1989)]는 Starburst의 질의 처리에 관해서 설명하며, 이는 IBM DB2의 질의 최적화 기법의 기반이다.

[Graefe and McKenna (1993)]는 동등 규칙에 기반을 둔 질의 최적화기인 Volcano를 설명한다. Volcano와 Volcano의 뒤를 이은 Cascades([Graefe (1995)])는 Microsoft SQL Server의 질의 최적화기의 기반이 된다. [Moerkotte (2014)]는 카티션 곱을 고려하지 않는 조인 순서 최적화를 위한 동적 프로그래밍 알고리즘의 최적화를 포함하여, 질의 최적화에 대한 광범위한 교과서적 설명을 제공한다. 카티션 곱이 있는 질의 계획 생성을 피함으로써 일반적인 질의에 대한 최적화 비용을 크게 줄일 수 있다.

온라인으로 제공되는 이 장의 참고문헌은 다양한 최적화 기술 연구(집계 연산이 있는 질의 최적화, 외부 조인이 있는 질의 최적화, 중첩 하위 질의 최적화, top-K 질의 최적화, 조인 최적화, 갱신 질의 최적화, 실체화 뷰 관리, 인덱스와 실체화 뷰 선택, 매개변수 질의 최적화, 다중 질의 최적화)에 대한 참고 자료를 제공한다.

참고문헌

[Graefe (1995)] G. Graefe, "The Cascades Framework for Query Optimization", *Data Engineering Bulletin*, Volume 18, Number 3 (1995), pages 19-29.

[Graefe and McKenna (1993)] G. Graefe and W. McKenna, "The Volcano Optimizer Generator", In *Proc. of the International Conf. on Data Engineering* (1993), pages 209-218.

[Haas et al. (1989)] L. M. Haas, J. C. Freytag, G. M. Lohman, and H. Pirahesh, "Extensible Query Processing in Starburst", In *Proc. of the ACM SIGMOD Conf. on Management of Data* (1989), pages 377-388.

[Moerkotte (2014)] G. Moerkotte, *Building Query Compilers*, available online at http://pi3.informatik.uni-mannheim.de/~moer/querycompiler.pdf, retrieved 13 Dec 2018 (2014).

[Selinger et al. (1979)] P. G. Selinger, M. M. Astrahan, D. D. Chamberlin, R. A. Lorie, and T. G. Price, "Access Path Selection in a Relational Database System", In *Proc. of the ACM SIGMOD Conf. on Management of Data* (1979), pages 23-34.

크레딧

PART 7

트랜잭션 관리

트랜잭션은 여러 연산의 집합으로 이루어진 하나의 논리적인 작업 단위를 말한다. 예를 들어, 한 계좌의 돈을 다른 계좌로 이체하는 작업은 각 계좌의 잔액 값을 변경하는 두 개의 갱신 연산으로 구성된 하나의 트랜잭션이라 할 수 있다.

트랜잭션을 구성하는 모든 연산은 모두 완전히 실행되거나, 어떤 오류가 발생했을 때 미완료된 연산의 부분적인 영향이 모두 되돌려져야 한다. 이러한 속성을 **원자성**이라 부른다. 또한 하나의 트랜잭션이 성공적으로 실행되고 나면 그 결과는 데이터베이스에 영구적으로 반영이 되어야 한다. 즉 데이터베이스 시스템에 오류가 발생하더라도 성공적으로 실행된 트랜잭션의 영향은 잊혀서는 안 된다는 것이다. 이러한 속성을 **지속성**이라 부른다.

여러 트랜잭션이 동시에 수행되는 데이터베이스 시스템에서 만약 트랜잭션 사이에 공유되는 데이터에 대한 갱신을 제어하지 못하면, 한 트랜잭션이 다른 트랜잭션에 의해 갱신 중인 중간 상태의 데이터를 참조하는 일관성을 잃어버리는 상태에 놓일 수 있다. 이러한 상황은 데이터베이스에 저장된 데이터에 잘못된 갱신을 일으키게 된다. 따라서 데이터베이스 시스템은 한 트랜잭션이 동시에 수행되는 다른 트랜잭션의 영향을 받지 않도록 하는 방법을 제공해야 한다. 이러한 속성을 **고립성**이라 부른다.

17장은 원자성, 지속성, 고립성과 트랜잭션 추상화가 제공하는 다른 속성을 포함하여 트랜잭션의 개념을 상세하게 서술한다. 특히 이 장에서 직렬 가능성이라 불리는 개념을 이용하여 고립성의 개념을 더욱 자세히 서술한다.

18장은 고립성을 구현하기 위한 여러 동시성 제어 기법에 관해 서술한다. 19장은 원자성과 지속성을 구현하기 위한 복구 관리 요소에 관해 서술한다.

전체적으로 볼 때 데이터베이스 시스템에서 트랜잭션 관리 요소는 응용 프로그램 개발자가 동시성과 장해 허용 문제를 신경 쓰지 않고 개개의 트랜잭션 구현에만 전념할 수 있도록 해 준다.

Chapter 17

트랜잭션

데이터베이스에서 실행되는 여러 연산이 데이터베이스 사용자의 관점에서 하나의 단위로 보이는 경우가 있다. 예를 들어, 당좌예금 계좌에서 자금을 보통예금 계좌로 이체하는 작업은 거래자 측면에서 보면 하나의 단일 작업으로 볼 수 있다. 그러나 실제 이 계좌이체 작업은 내부적으로는 여러 연산으로 구성되어 있다. 여기서 중요한 점은 여러 연산이 동시에 수행되거나, 도중에 오류가 발생하면 어떠한 연산도 실행되지 않은 것처럼 데이터베이스가 이전 상태로 되돌려져야 한다는 것이다. 즉 당좌예금 계좌에서 자금이 빠졌는데 보통예금 계좌에는 입금되지 않은 상황이 발생하지 않아야 한다.

이처럼 하나의 논리적 작업 단위를 이루는 연산의 집합을 트랜잭션이라 부른다. 데이터베이스 시스템은 시스템의 오류가 발생하더라도 트랜잭션이 올바른 수행, 즉 트랜잭션을 구성하는 연산이 모두 실행되거나 그렇지 않으면 하나도 실행되지 않음을 보장할 수 있어야 한다. 또한 데이터베이스 시스템은 비일관성 상태가 되지 않도록 하면서 여러 트랜잭션이 동시에 실행할 수 있게 해야 한다. 위의 계좌이체 예시에서 거래자의 총 예금 잔액을 조회하는 다른 트랜잭션이 당좌예금 계좌에서 자금이 차감되기 전 총잔액을 조회하고 보통예금 계좌에서 자금이 입금된 다음 총잔액을 조회하면 잘못된 결과를 얻게 된다.

이 장에서 트랜잭션 처리의 기본적인 개념을 소개한다. 동시 트랜잭션 처리와 오류 복구에 대해서는 각각 18장과 19장에서 다룬다.

17.1 트랜잭션 개념

트랜잭션(transaction)은 다양한 데이터 항목에 접근하고 갱신하는 프로그램 수행의 **단위**다. 부통한 트랜잭션은 고급 데이터 조작 언어(주로 SQL)나 JDBC나 ODBC를 사용해 데이터베이스에 접근하는 프로그래밍 언어(예를 들어, C++, Java 등)로 작성된 사용자 프로그램으로 수행된다. 한 트랜잭션은 다른 트랜잭션과 **begin transaction**과 **end transaction** 형태의 명령문(또는 함수 호출)으로 구분된다. 즉 한 트랜잭션은 **begin transaction**과 **end transaction** 사이에서 실행되는 연산으로 구성되어 있다고 할 수 있다.

이러한 연산의 집합은 사용자에게는 하나의 나눌 수 없는 단위로 보여야 한다. 또한 트랜잭션은 나눌 수 없으므로 전부 실행되거나 전부 실행되지 않아야 한다. 따라서 트랜잭션이 실행되었지만 어떠한 이유로 실패하면 데이터베이스에 행한 모든 변경은 되돌려져야 한다. 이 요구 사항은 트랜잭션 자체의 실패(예를 들어, 0으로 나누는 경우), 운영체제의 오류 또는 컴퓨터가 작동을 멈추는 상황 등 어떤 상황에서도 반드시 지켜져야 한다. 앞으로 보겠지만 이 요구 조건을 충족하는 것은 어려운 일이다. 이는 데이터베이스에 대한 변경 사항 중 일부는 메모리에만 존재하고 일부는 디스크에 저장되어 있을 수도 있기 때문이다. 이처럼 "전부 아니면 전무(all-or-none)" 조건을 **원자성**(atomicity)이라 한다.

또한 트랜잭션은 하나의 단위이기 때문에, 트랜잭션이 여러 데이터베이스 연산으로 구성된 것처럼 보여서는 안 된다. 사용자에게는 이러한 인상을 줄 수 있기를 희망하지만, 현실적으로 이는 매우 어려운 일이다. 왜냐하면 하나의 SQL 문장으로도 한 데이터베이스에 여러 번 접근할 수 있으며 하나의 트랜잭션 역시 여러 개의 SQL 문장으로 구성될 수 있기 때문이다. 따라서 데이터베이스 시스템은 동시에 수행되는 다른 데이터베이스 명령어의 영향을 받지 않고 트랜잭션이 올바르게 수행할 수 있도록 특별한 조치를 해야 한다. 이러한 속성을 **고립성**(isolation)이라 한다.

시스템이 올바르게 트랜잭션을 수행하는 것을 보장하더라도 시스템에 장애가 발생할 때는 속수무책이며, 결국 시스템이 트랜잭션의 변경 사항을 잊게 되는 경우가 발생할 수 있다. 따라서 트랜잭션의 실행 결과는 시스템 장애가 발생하더라도 영구적으로 반영되어야 한다. 이러한 속성을 **지속성**(durability)이라 한다.

위의 세 가지 속성 덕분에 트랜잭션은 데이터베이스와 상호작용을 구성하는 데에 이상적인 방법이라 할 수 있다. 그러나 트랜잭션을 사용하기 위해서는 한 가지 요구 사항이 더 필요하다. 그것은 트랜잭션이 데이터베이스 일관성을 보존해야 한다는 것이다. 만약 한 트랜잭션이 일관된 상태의 데이터베이스에서 원자적이고 고립된 상태로 실행되었다면 데이터베이스는 트랜잭션의 종료된 후에도 일관된 상태여야 한다. 이러한 일관성 요구 사항은 이전에 봤던 데이터 무결성 제약 조건(주 키 제약 조건, 참조 키 제약 조건, **check** 제약 조건 등)만 뜻하는 것은 아니다. 오히려 트랜잭션은 이러한 제약 조건뿐 아니라 SQL을 사용해 기술할 수 없는 응용 프로그램 자체의 일관성 조건을 보장해야 한다. 이런 제약 조건을 지키는 것은 트랜잭션을 만드는 프로그래머의 책임이다. 이와 같은 속성을 **일관성**(consistency)이라 한다.

위의 내용을 다시 정리하자면, 데이터베이스 시스템은 다음의 트랜잭션 성질을 지원해야 한다.

- **원자성**(Atomicity): 트랜잭션의 모든 연산이 정상적으로 수행 완료되거나 아니면 어떠한 연산도 수행되지 않은 원래 상태가 되도록 해야 한다.
- **일관성**(Consistency): 고립 상태(즉 동시에 수행되는 트랜잭션이 없는 상태)에서 트랜잭션 수행이 데이터베이스의 일관성을 보존해야 한다.

- **고립성**(Isolation): 여러 트랜잭션이 동시에 수행되더라도, 모든 트랜잭션 T_i와 T_j의 쌍에 대해 데이터베이스 시스템은 T_i에게 T_i가 시작되기 전에 T_j가 수행을 끝마쳤거나 아니면 T_i가 수행을 끝마친 후에 T_j가 수행을 시작하는 것과 같이 되도록 보장해야 한다. 즉 각 트랜잭션은 시스템에서 다른 트랜잭션이 동시에 수행되고 있는지를 알지 못하는 것과 같아야 한다.
- **지속성**(Durability): 트랜잭션이 성공적으로 수행 완료되고 나면, 트랜잭션에 의해 변경된 데이터베이스 내용은 시스템에 오류가 발생한다고 하더라도 영구적으로 반영되어야 한다.

이러한 특성을 각 특성의 앞 글자를 따서 **ACID 특성**(ACID property)이라 부르기도 한다.

뒤에서 알아보겠지만, 고립성을 유지하는 것은 데이터베이스 시스템의 성능에 부정적인 영향을 미친다. 이러한 이유로 몇몇 응용 프로그램은 고립성을 지키지 않기도 한다. 먼저 ACID 특성을 엄격하게 준수하는 상황을 다룬 후에 고립성을 지키지 않는 예외 상황에 대해서 고려할 것이다.

17.2 간단한 트랜잭션 모델

SQL은 강력하지만 복잡한 언어이기 때문에 앞으로 설명에서 트랜잭션을 설명하기 위한 단순한 데이터베이스 언어를 사용할 것이다. 이 언어는 주로 언제 데이터가 디스크에서 메모리로 이동하는지 또는 메모리에서 디스크로 이동하는지에 초점을 맞춘다. 또한 우선은 SQL의 **insert**, **delete** 연산은 고려하지 않고 18.4질부터 이에 내해 고려하도록 한다. 우리가 사용하는 단순한 언어에서 데이터에 대한 실제 연산은 산술 연산으로만 제한한다. 나중에 더 많은 연산을 사용하는 실제 SQL 기반의 트랜잭션에 대해 논의하기로 한다. 우리가 다루는 단순 모델에서 데이터 항목은 하나의 데이터 값(예를 들어, 숫자)만 갖는다. 각 데이터 항목은 고유 이름을 갖는다(예제에서 A, B, C 등과 같은 한 개의 알파벳 문자를 사용한다).

트랜잭션의 개념을 설명하기 위해 몇 개의 계좌와 그 계좌에 접근하고 갱신하는 일련의 트랜잭션으로 구성된 간단한 은행 시스템을 생각해 보자. 트랜잭션은 두 가지 연산을 이용하여 데이터에 접근한다.

- read(X): 데이터 항목 X를 데이터베이스로부터 읽어서 read 연산을 수행하는 트랜잭션의 메인 메모리 버퍼에 있는 X라는 변수에 저장한다.
- write(X): write 연산을 수행하는 트랜잭션의 메인 메모리 버퍼에 있는 변수 X의 값을 데이터베이스의 데이터 항목 X에 저장한다.

데이터 항목에 대한 변경이 메인 메모리에만 반영되었는지 아니면 디스크에도 기록되었는지 판단하는 것이 중요하다. 왜냐하면 실제 데이터베이스 시스템에서 write 연산에 의한 중간 갱신 결과를 즉시 디스크에 저장하지 않을 수도 있기 때문이다. 즉 write 연산은 중간 갱신 결과를 다른 곳에 임시로 저장했다가 나중에 디스크에 저장할 수도 있다. 그러나 여기서는 write 연산이 데이터베이스를 즉시 갱신한다고 가정한다. 이러한 저장 문제에 대해서는 17.3절에서 더 다루기로 하며 메인 메모리에 저장된 데이터를 언제 디스크에 기록하는지는 19장에서 다루기로 한다.

T_i를 계좌 A에서 계좌 B로 \$50을 이체하는 트랜잭션이라고 하자. 이 트랜잭션은 다음과 같이 작성된다.

T_i: read(A);
$A := A - 50$;
write(A);
read(B);
$B := B + 50$;
write(B).

이때 요구 조건인 ACID 성질의 각각에 대해 살펴보자(설명의 편의를 위해 A-C-I-D 순서와는 다른 순서로 살펴보기로 한다).

- **일관성**: 이 예에서 일관성 요구 조건은 계좌 A와 B의 잔액 합이 트랜잭션 수행이 끝난 후에도 변하지 않아야 한다는 것이다. 이 일관성 요구 조건이 없다면 트랜잭션에 의해 돈이 늘어나거나 없어질 수 있다! 데이터베이스가 트랜잭션 수행 전에 일관성을 지니고 있으면 트랜잭션 수행 후에도 여전히 일관성을 유지한다는 것은 쉽게 검증할 수 있다.

  각각의 트랜잭션에 대한 일관성을 보장하는 것은 트랜잭션을 작성하는 응용 프로그래머의 책임이다. 이러한 작업은 4.4절에서 설명한 무결성 제약 조건의 자동 검사로 처리할 수 있다.

- **원자성**: 트랜잭션 T_i의 실행 직전에 계좌 A와 B에 각각 \$1,000과 \$2,000이 있다고 하자. 그리고 트랜잭션 T_i을 실행하는 동안에 오류가 발생하여 T_i의 수행이 성공적으로 완료되지 못했다고 하자. 또한 이 오류가 write(A) 연산과 write(B) 연산 사이에 발생했다고 하자. 이 경우에 데이터베이스에 저장된 계좌 A와 B의 값은 각각 \$950과 \$2,000이 되어 결국 이 오류로 인해 \$50을 잃어버리게 된다. 즉 계좌 A와 B를 합한 숫자는 더는 정확한 값이 아니다.

  실패가 발생한 시스템의 상태는 더는 실세계의 실제 상태를 반영하지 못하게 된다. 이러한 상태를 **비일관성 상태**(inconsistent state)라고 하며, 데이터베이스 시스템 내에 이러한 비일관성 상태가 발생하지 않도록 해야 한다. 그러나 정상적으로 동작할 때도 어느 한 시점에서 보면 시스템이 비일관성 상태에 있을 수 있다. 트랜잭션 T_i가 실행을 완료한 시점에서 보면 계좌 A의 값은 \$950이고 계좌 B의 값은 \$2,000이다. 이러한 상태는 명백한 비일관성 상태다. 그러나 이 상태는 결과적으로 계좌 A의 값이 \$950이고 계좌 B의 값이 \$2,050인 일관된 상태로 변경될 것이다. 그러므로 트랜잭션이 시작되지 않았다거나 아니면 완료되었다는 것을 보장할 수만 있다면, 그러한 비일관성 상태는 트랜잭션을 실행하는 동안을 제외하고는 나타나지 않을 것이다. 이것이 원자성이 요구되는 이유다. 원자성이 제공되면 트랜잭션의 모든 연산이 데이터베이스에 반영되거나 아니면 하나도 반영되지 않게 된다.

  원자성을 보장하기 위한 기본 방법은 다음과 같다. 데이터베이스 시스템은 트랜잭션이 write 연산을 하는 데이터의 예전 값을 계속 추적한다. 이러한 정보는 로그(log)라 불리는 파일에 기록된다. 트랜잭션이 정상적으로 종료하지 못하면 데이터베이스 시스템은 로그를 사용해 데이터의 이전 값으로 복구함으로써 마치 트랜잭션이 전혀 실행되지 않았던 것처럼 보이게 한다. 이러한 방법에 대해서는 17.4절에서 더 자세히 다룰 것이다. 원자성을 보장하는 것은 데이터베이스 시스템의 책임이며 특히 19장에서 보다 자세히 다룰 데이터베이스의 구성요소 중 하나인 **복구 시스템**(recovery system)에서 담당한다.

- **지속성**: 일단 트랜잭션의 실행이 성공적으로 종료되고 그 트랜잭션을 발생시킨 사용자가 계좌이체가 시스템 오류로 인한 데이터의 손실 없이 정상적으로 끝났음을 확인했다면 이후에 어떠한 시스템 오류가 발생하더라도 계좌이체로 인해 변경된 데이터의 손실이 발생하지 않아야 한다. 지속성은 일단 트랜잭션이 성공적으로 종료된 이후에는 시스템 오류가 발생하더라도 그 트랜잭션이 처리한 모든 갱신 결과가 데이터베이스에 지속되는 것을 말한다.

  컴퓨터 시스템의 오류가 발생했을 때 메인 메모리 내의 데이터는 손실될 수도 있지만, 디스크에 기록된 데이터는 보존된다고 하자. 디스크에 있는 데이터의 손실을 방지하는 기법은 19장에 기술되어 있다. 다음 둘 중 한 가지를 지키면 지속성을 보장할 수 있다.

  1. 트랜잭션이 수행한 갱신을 트랜잭션이 완료되기 전에 디스크에 기록한다.
  2. 데이터베이스 시스템이 시스템 오류 후에 재시작되었을 때, 실패한 트랜잭션이 갱신한 데이터를 다시 복구할 수 있을 만큼 충분한 정보를 디스크에 기록한다.

  19장에서 설명할 복구 시스템이 원자성뿐만 아니라 지속성도 보장하는 역할을 한다.

- **고립성**: 각 트랜잭션에 일관성과 원자성이 보장된다고 해도 여러 트랜잭션이 동시에 수행되면 그 트랜잭션을 구성하는 연산이 예기치 않은 순서로 배치되고 이에 따라 비일관성 상태가 발생할 수 있다.

  예를 들어, 이전에 보았던 것처럼 트랜잭션이 계좌 A에서 계좌 B로 자금 이체를 하는 동안 A 계좌의 잔액은 빠졌는데 B 계좌에는 아직 더해지지 않은 일시적인 비일관성 상태가 데이터베이스에 발생할 수 있다. 만일 동시에 실행 중인 다른 트랜잭션이 이 순간에 A와 B의 잔액을 읽어서 $A + B$ 연산을 하게 되면 일관성이 결여된 결과를 얻게 될 것이다. 더구나 만일 두 번째 트랜잭션이 자신이 읽은 비일관된 값을 이용해서 A와 B의 값을 갱신하려고 한다면 데이터베이스는 양쪽 트랜잭션이 정상적으로 완료되었음에도 비일관된 상태에 놓이게 될 것이다.

  동시에 실행하는 트랜잭션으로 인한 문제를 피하기 위한 한 방법은 순차적으로 트랜잭션을 실행하는 것이다. 그러나 17.5절에서 다루겠지만 트랜잭션의 동시 수행은 상당한 성능상의 이점을 제공한다. 이를 위해 여러 트랜잭션이 동시에 수행되도록 허용하는 다른 해결책이 개발됐다. 동시에 수행되는 트랜잭션으로 인해 발생하는 문제에 대해 17.5절에서 논의할 것이다. 트랜잭션의 고립성은 트랜잭션의 동시 실행의 결과가 트랜잭션을 한 번에 하나씩 순차적으로 실행해서 얻은 결과와 같다는 것을 보장하는 것이다. 17.6절에서 고립성에 대해 더 자세히 다룰 것이다. 고립성은 18장에서 다룰 **동시성 제어 시스템**(concurrency-control system)이라고 불리는 데이터베이스 시스템의 구성요소가 책임지고 있다.

17.3 저장 장치의 구조

트랜잭션의 원자성과 지속성을 보장하는 방법을 이해하기 위해서는 데이터 항목이 데이터베이스에 어떻게 저장되고 접근되는지 좀 더 깊게 이해해야 한다.

12장에서 보았듯이 저장 매체는 상대적인 속도와 용량, 그리고 실패로부터의 복구 능력에 따라 구분되며 휘발성 저장 장치 혹은 비휘발성 저장 장치로 분류된다. 이러한 용어에 대해 다시 살펴보고 안정 저장 장치라는 또 다른 저장 장치를 소개한다.

- **휘발성 저장 장치**(Volatile storage). 휘발성 저장 장치 내의 정보는 시스템 장애 시 많은 경우 손실된다. 이러한 저장 장치의 예로는 메인 메모리와 캐시 메모리가 있다. 메모리 자체의 속도가 빠르고 휘발성 저장 장치 내의 모든 데이터는 직접 접근이 가능하므로 이 저장 장치의 접근 속도는 대단히 빠르다.
- **비휘발성 저장 장치**(Non-volatile storage). 비휘발성 저장 장치에 저장된 정보는 시스템 장애 시에도 보존된다. 비휘발성 저장 장치의 예로는 온라인 저장소로 사용하는 2차 저장 장치인 자기 디스크와 플래시 저장 장치가 있으며 보관용 저장소로 사용하는 광학 미디어, 자기 테이프 등의 3차 저장 장치가 있다. 비휘발성 저장 장치는 랜덤 접근을 하는 데 특히 휘발성 저장 장치보다 느리다. 또한 2차, 3차 저장 장치도 데이터 손실을 일으키는 장애가 발생할 수 있다.
- **안정 저장 장치**(Stable storage). 안정 저장 장치에 있는 정보는 절대 손실되지 않는다("절대"라는 말은 적당히 받아들였으면 한다. 이론적으로 "절대"라는 단어는 보장할 수 없는 것이기 때문이다. 예를 들어, 블랙홀이 지구를 덮어 싸서 모든 데이터를 영원히 파괴하는 것도 가능한 일이기 때문이다). 안정 저장 장치는 이론적으로는 얻을 수 없지만, 데이터 손실이 거의 없도록 하는 기술로 근접하게 구현할 수 있다. 안정 저장 장치를 구현하기 위해서는 장애의 원인이 서로 독립적인 여러 비휘발성 저장 장치(보통 디스크를 사용한다)에 정보를 복사한다. 안정 저장 장치의 데이터를 갱신할 때는 갱신 도중 발생한 실패가 데이터 손실로 연결되지 않도록 처리해야 한다. 이것의 구현에 대해서는 19.2.1절에서 살펴본다.

실제로는 이런 여러 저장 장치 종류에 대한 구분이 모호할 수 있다. 예를 들어, 몇몇 RAID 제어 장치에서 백업 전력 장치를 사용해 시스템 장애와 전력이 끊긴 상황에서도 메인 메모리의 정보를 유지할 수 있다.

트랜잭션이 지속적이 되기 위해서는 트랜잭션의 변경 사항이 안정 저장 장치에 기록되어야 한다. 이와 비슷하게, 트랜잭션의 원자성을 보장하기 위해서는 변경 사항이 디스크에 반영되기 전에 로그 레코드가 안정 저장 장치에 기록되어야 한다. 따라서 한 시스템이 지속성과 원자성을 어느 정도나 보장해 줄 수 있는가는 안정 저장 장치가 얼마나 안정적으로 구현되어 있는지에 영향을 받는다. 어떤 경우에는 디스크 한 사본만으로도 충분하지만, 데이터가 매우 귀중하고 매우 중요한 트랜잭션을 다루는 응용 프로그램의 경우에는 다수의 사본을 유지해야 한다. 다시 말해 좀 더 이상적인 안정 저장 장치의 구현이 필요하다.

17.4 트랜잭션 원자성과 지속성

이전에 언급했던 것처럼 트랜잭션이 항상 성공적으로 완료되는 것은 아니다. 이러한 상태를 트랜잭션이 **중단**(aborted)되었다고 한다. 만일 우리가 원자성을 적절히 보장한다면 중단된 트랜잭션은 데이터베이스의 상태에 아무런 영향도 주지 않아야 한다. 그러므로 중단된 트랜잭션이 데이터베이스에 행한 갱신 내용은 모두 이전 상태로 복구된다. 이러한 중단된 트랜잭션에 의해 수행된 갱신 내용이 무효가 될 때 트랜잭션이 **롤백**(rollback)되었다고 한다. 이 부분은 트랜잭션 중단을 관리하는 복구 기법이 책임진다. 트랜잭션의 중단과 롤백은 주로 **로그**를 유지하는 방법을 통해 이루어진다. 트랜잭션이 데이터베이스에 가한 모든 수정 내용은 먼저 로그에 기록된다. 로그에는 갱신을 수행한 트랜잭션의 식별자와 수정하는 데이터 항목의 식별자 그리고 데이터 항목의 이전 값(수정하기 전)과 새로운 값(수정 후)을 기록한다. 그 후에야 비로소 데이터베이스에 수정 내용이 반영된다. 이렇게 로그를 유지함으로써 트랜잭션 수행이 실패하는 경우 원자성을 보장하기 위해 갱신을 되돌릴 수 있고 원자성과 지속성을 보장하기 위해 갱신을 재수행할 수도 있다. 로그를 사용하여 복구하는 방법은 19장에서 자세히 다룬다.

성공적으로 실행을 완료한 트랜잭션을 **커밋**(commit)되었다고 한다. 갱신을 수행한 트랜잭션이 커밋되면 데이터베이스는 그 트랜잭션에 의해 새로운 일관된 상태로 변경된 것이며 이 상태는 시스템에 오류가 발생하더라도 지속하여야 한다.

그러므로 일단 트랜잭션이 커밋되면 그 트랜잭션을 중단하여 그 결과를 되돌릴 수 없다. 커밋된 트랜잭션의 영향을 취소하는 유일한 방법은 **보상 트랜잭션**(compensating transaction)을 실행하는 것이다. 예를 들어, 만일 트랜잭션이 계좌에 $20을 더했다면 보상 트랜잭션은 그 계좌에서 $20을 빼는 것이 된다. 그러나 이러한 보상 트랜잭션을 항상 만들 수 있는 것은 아니다. 그리고 보상 트랜잭션을 생성하고 실행하는 것은 데이터베이스 시스템이 하는 것이 아니라 사용자가 해야 할 부분이다.

트랜잭션의 성공적인 완료라는 것의 의미를 더 정확히 파악할 필요가 있다. 이를 위해 간단한 트랜잭션 모델을 살펴보자. 트랜잭션은 반드시 다음 상태 중 하나를 가져야 한다.

- **동작**(Active): 초기 상태로, 트랜잭션이 실행 중이면 동작 상태에 있다고 말할 수 있다.
- **부분 커밋**(Partially committed): 마지막 명령문이 실행된 후의 상태를 말한다.
- **실패**(Failed): 정상적인 실행이 더 진행될 수 없을 때 가지는 상태다.
- **중단**(Aborted): 트랜잭션이 롤백되고 데이터베이스가 트랜잭션 시작 전 상태로 환원되고 난 후의 상태다.
- **커밋**(Committed): 트랜잭션이 성공적으로 완료된 후의 상태다.

그림 17.1은 트랜잭션의 상태 다이어그램을 나타낸 것이다. 트랜잭션이 커밋 상태에 들어가야 그 트랜잭션은 커밋되었다고 말할 수 있다. 마찬가지로 트랜잭션이 중단 상태에 들어가야 그 트랜잭션은 중단되었다고 말할 수 있다. 만일 커밋되거나 중단되면 그 트랜잭션은 **종료**(terminated)되었다고 말할 수 있다.

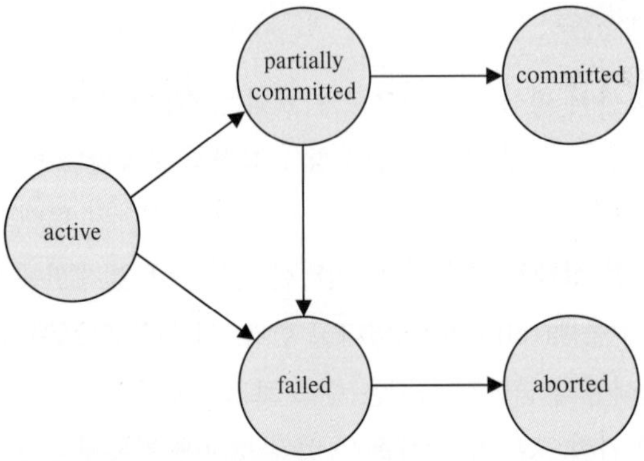

그림 17.1 트랜잭션 상태 다이어그램

트랜잭션은 동작 상태에서 시작한다. 트랜잭션이 마지막 명령문을 실행하고 나면 부분 커밋 상태로 들어가게 된다. 이 시점에서 트랜잭션은 자신의 모든 실행을 완료했지만, 여전히 중단될 가능성을 가지고 있다. 왜냐하면 실행 결과가 아직 메인 메모리에 일시적으로 존재하여 이 상태에서 하드웨어 오류가 발생한다면 메인 메모리 내의 데이터를 잃게 되어 성공적인 완료를 하지 못할 수도 있기 때문이다.

데이터베이스 시스템은 실패가 발생했더라도 시스템이 재시작되었을 때 트랜잭션에 의해 이전에 수행되었던 갱신 내용이 다시 수행될 수 있도록 충분한 정보를 디스크에 저장한다. 복구에 필요한 정보가 모두 저장되었을 때 트랜잭션은 커밋 상태로 들어가게 된다.

이전에 언급한 것처럼 실패는 디스크에 저장된 데이터의 손실을 의미하는 것이 아니다. 디스크에 있는 데이터의 손실을 다루는 기술에 대해서는 19장에서 다룰 것이다.

트랜잭션이 더는 정상적인 실행을 진행할 수 없다(예를 들어, 하드웨어 오류나 논리적 오류가 발생했을 때)고 데이터베이스 시스템이 결정하면 트랜잭션은 실패 상태로 들어가게 된다. 그러한 트랜잭션은 반드시 롤백되어야 한다. 그런 다음 트랜잭션은 중단 상태로 들어간다. 이 시점에서 시스템은 두 가지 선택 사항을 가진다.

- 하드웨어 오류 또는 트랜잭션 자체의 논리적 오류에 의하지 않은 소프트웨어 오류로 인해 중단되었을 때, 그 트랜잭션을 재시작할 수 있다. **재시작**(restart)된 트랜잭션은 새로운 트랜잭션으로 간주한다.
- 트랜잭션을 **강제 종료**(kill)시킬 수 있다. 이러한 강제 종료의 경우는 주로 응용 프로그램을 직접 수정해야 하는 논리적 오류가 있거나 입력이 잘못된 경우, 또는 필요한 데이터가 데이터베이스에 없는 경우다.

우리는 사용자의 스크린에 출력하거나 이메일을 보내는 등의 **관찰 가능한 외부 출력**(observable external writes)을 다루는 데 주의를 기울여야 한다. 일단 외부 출력이 이루어지면 데이터베이스 외부에서 일어난 것이기 때문에 출력을 삭제하거나 취소할 수가 없다. 대부분 시스템은 그러한 출력이 트랜잭션이 커밋 상태에 들어간 다음에야 일어나도록 한다. 이를 구현하는 한 가지 방법은 데이터베이스가 외부 출력과 관련된 값을 데이터베이스의 특수 테이블에 임시로 기록한 다음 트랜잭션이 커밋 상태로 들어가면 실제 외부로 출력을 수행하는 것이다. 만약 트랜잭션이 커밋 상태로 들어간 다음 외부 출력 전에 시스템이 오류로 실패하면 시스템이 재시작되었을 때 데이터베이스 시스템은 (비휘발성 저장 장치에 저장된 데이터를 이용해서) 외부 출력을 수행할 수 있다.

어떤 상황에서 외부 출력을 다루는 것이 상당히 복잡할 수 있다. 예를 들어, 자동입출금기에서 돈을 인출하려고 하는데 현금이 인출되기 전에 시스템이 오류로 실패했다고 하자(현금 역시 전부 인출되거나 인출되지 않는 원자성이 있다고 가정한다). 인출하려는 사람이 이미 자동입출금기를 떠나 버렸을 수도 있으므로 시스템이 재시작되고 난 후에 현금이 인출되지 않아야 한다. 이러면 사용자의 계좌에 돈을 다시 입금해 주는 보상 트랜잭션이 시스템이 재시작되었을 때 수행되어야 한다.

또 다른 예제로 웹을 통해 예약하는 사용자를 생각해 보자. 예약 트랜잭션이 커밋한 이후에 데이터베이스 시스템이나 응용 프로그램 서버가 장애를 일으킬 수 있다. 또한 예약 트랜잭션이 커밋한 이후 네트워크 연결이 끊길 수도 있다. 이 두 경우에 트랜잭션은 커밋되었지만 외부 출력이 수행되지 못했다. 이와 같은 상황을 처리하기 위해서는 사용자가 다시 웹 응용 프로그램에 접속해 자신의 트랜잭션이 성공했는지 또는 그렇지 않았는지를 알 수 있도록 설계해야 한다.

특정 응용 프로그램, 특히 수 분 혹은 수 시간 동안 동작하는 장기 트랜잭션을 수행하는 응용 프로그램의 경우에는 트랜잭션이 수행 중에 사용자에게 데이터를 보여 주는 것이 바람직하다. 그러나 트랜잭션 원자성을 희생하지 않는 한 그러한 외부 출력을 허용할 수 없다.

17.5 트랜잭션 고립성

트랜잭션 처리 시스템은 보통 여러 트랜잭션이 동시에 수행되는 것을 허용한다. 여러 트랜잭션이 동시에 데이터를 갱신함에 따라 앞에서 살펴본 것처럼 데이터의 일관성과 관련된 여러 가지 복잡한 문제가 생긴다. 동시에 여러 트랜잭션의 동시성과 일관성을 모두 보장하기 위해서는 추가적인 노력이 필요하다. 트랜잭션이 한 번에 하나씩 **순차적으로**(serially) 실행되도록 하면 문제는 훨씬 간단해진다. 하지만 동시성을 허용함으로써 다음의 두 가지 이점을 얻을 수 있다.

- **처리율과 자원 이용률 향상**. 하나의 트랜잭션은 많은 단계로 구성되어 있다. 이들 중 어떤 단계는 I/O 처리를 요청하고 다른 단계는 CPU에서 처리할 수 있다. 컴퓨터 시스템에 있는 CPU와 디스크는 서로 병렬적으로 동작할 수 있다. 따라서 I/O 작업은 CPU 처리가 필요한 작업과 병렬적으로 처리될 수 있다. 이러한 CPU와 I/O 시스템의 병렬성은 여러 트랜잭션을 동시에 실행할 수 있도록 해 준다. 한 트랜잭션이 하나의 디스크에서 읽기와 쓰기를 하는 동안 다른 트랜잭션은 CPU에서 뭔가를 처리할 수 있고 또 다른 세 번째 트랜잭션은 다른 디스크에서 읽기와 쓰기를 할 수도 있다. 이 모든 것이 시스템의 **처리율**(throughput), 즉 주어진 시간에 처리되는 트랜잭션의 수를 높인다. 마찬가지로 프로세서와 디스크 **이용률**(utilization) 또한 증가한다. 즉 동시성을 허용하면 프로세서와 디스크가 유용한 작업을 처리하지 않고 정지해 있는 휴식 시간을 줄일 수 있다.

노트 17.1 동시성 기술의 경향

컴퓨팅 분야의 여러 경향으로 인해 다양한 동시성 기법이 생겨났다. 데이터베이스 시스템이 전체 성능을 높이기 위해 이런 동시성 기법을 사용하고 있으며, 따라서 동시에 처리할 수 있는 트랜잭션의 개수가 증가하고 있다.

초기의 컴퓨터는 대부분 하나의 프로세서를 장착하고 있다. 따라서 컴퓨터에 진정한 동시성은 없었다. 단지 동시성은 운영체제에서 여러 개의 작업 또는 프로세스가 프로세서를 공유하도록 함으로써 동시에 수행되는 것처럼 보일 뿐이었다. 현대의 컴퓨터는 여러 개의 프로세서를 갖는 경우가 많다. 각 프로세서는 **코어**(core)라고 불리며 하나의 프로세서 칩은 여러 개의 코어를 포함하고 있고, 다수의 프로세서 칩이 시스템 메모리를 공유하는 형태로 한 컴퓨터에 연결되어 있기도 하다. 또한 병렬 데이터베이스 시스템에선 이러한 컴퓨터가 여러 대 연결되어 있을 수 있다. 병렬 데이터베이스 시스템에 대해서는 20장에서 다룬다.

다수의 프로세서와 코어로 인한 병렬성은 아래의 두 목적을 위해 사용된다. 첫 번째는 처리 시간이 긴 하나의 질의의 서로 다른 부분을 동시에 처리하여 질의 처리 속도를 높이는 데 사용한다. 두 번째로 매우 많은 사용자가 발생시킨 다수의 질의(적은 수의 질의를 발생시킬 수도 있지만)를 동시에 처리하기 위해 사용한다. 21장부터 23장까지 병렬 데이터베이스를 구축하기 위한 알고리즘에 관해 서술한다.

- **대기 시간 감소**. 시스템에 여러 트랜잭션이 서로 섞여서 실행되고 있을 때, 그중에는 실행 시간이 긴 것도 있고 짧은 것도 있다. 만약 트랜잭션이 순차적으로 실행된다면 짧은 트랜잭션이 긴 트랜잭션이 끝날 때까지 오랜 시간을 기다리고 있어야 하는 때도 있을 수 있다. 이것은 트랜잭션 수행의 지연을 초래하게 된다. 만약 트랜잭션이 데이터베이스의 서로 다른 부분에서 실행 중이라면 그들 사이에 CPU 사이클과 디스크를 공유하면서 동시에 수행하도록 하는 것이 더 좋을 것이다. 동시 수행은 실행 중인 트랜잭션의 예기치 않은 지연을 줄일 수 있으며 또한 **평균 응답 시간**(average response time), 즉 트랜잭션이 요청된 후에 완료될 때까지 걸리는 평균 시간을 줄일 수 있다.

데이터베이스에서 동시 수행을 적용하게 된 동기는 운영체제에서 **다중 프로그래밍**(multi-programming)을 사용하게 된 동기와 같다.

여러 트랜잭션이 동시에 수행될 때 고립성이 보장되지 않으면 개별 트랜잭션이 정상적으로 처리되고 있더라도 데이터베이스 일관성은 깨질 수 있다. 이번 절에서 어떻게 실행하는 것이 고립성을 보장해 일관성을 유지할 수 있는지 파악하기 위해 스케줄이라는 개념을 다루고자 한다.

데이터베이스 시스템은 반드시 데이터베이스의 일관성을 유지하기 위해 트랜잭션 간의 상호작용을 제어해야 한다. 이것은 **동시성 제어 기법**(concurrency-control scheme)이라고 하는 다양한 기법으로 처리할 수 있다. 18장에서 이 기법을 자세히 살펴볼 것이며 여기서는 단지 올바른 동시 실행의 개념에 대해서만 초점을 맞출 것이다.

다수의 트랜잭션이 여러 계좌에 접근하여 갱신을 수행하는 17.1절의 간단한 은행 시스템을 다시 살펴보자. T_1과 T_2를 한 계좌에서 다른 계좌로 자금을 이체하는 트랜잭션이라고 하자. 트랜잭션 T_1은 \$50을 계좌 A에서 계좌 B로 이체한다. 트랜잭션 T_1은 다음과 같이 정의된다.

T_1: read(A);
$A := A - 50$;
write(A);
read(B);
$B := B + 50$;
write(B).

트랜잭션 T_2는 계좌 A의 잔액의 10%를 계좌 B로 이체한다. 트랜잭션 T_2는 다음과 같이 정의된다.

T_2: read(A);
$temp := A * 0.1$;
$A := A - temp$;
write(A);
read(B);
$B := B + temp$;
write(B).

계좌 A와 B의 현재 잔액이 각각 \$1000과 \$2000이라고 하자. 또한 두 트랜잭션은 한 번에 하나씩 T_1 다음에 T_2가 실행된다고 하자. 이 실행 순서는 그림 17.2에 나와 있다. 이 그림에서 명령어의 실행 순서는 위에서 아래로 차례대로 하나씩 실행된다. T_1의 명령어는 왼쪽 열에, T_2의 명령어는 오른쪽 열에 있다. 두 트랜잭션이 그림 17.2에 따라 실행이 완료된 다음 계좌 A, B의 최종 잔액은 각각 \$855와 \$2145가 된다. 그러므로 두 계좌에 있는 잔액의 합은 두 트랜잭션을 시작하기 전에 있

T_1	T_2
read(A)	
$A := A - 50$	
write(A)	
read(B)	
$B := B + 50$	
write(B)	
commit	
	read(A)
	$temp := A * 0.1$
	$A := A - temp$
	write(A)
	read(B)
	$B := B + temp$
	write(B)
	commit

그림 17.2 스케줄 1 – T_1 다음에 T_2가 실행되는 순차적 스케줄

T_1	T_2
	read(A) $temp := A * 0.1$ $A := A - temp$ write(A) read(B) $B := B + temp$ write(B) commit
read(A) $A := A - 50$ write(A) read(B) $B := B + 50$ write(B) commit	

그림 17.3 스케줄 2 – T_2 다음에 T_1이 실행되는 순차적 스케줄

던 잔액의 합과 같다.

이와 반대로 T_2 다음에 T_1 순으로 한 번에 하나씩 실행되는 경우의 명령어 실행 순서는 그림 17.3에 나와 있다. 역시 마찬가지로 $A + B$ 값은 유지되며 계좌 A와 B의 최종 잔액은 각각 \$850과 \$2150이 된다.

위에서 기술한 실행 순서를 **스케줄**(schedule)이라고 부른다. 스케줄은 시스템에서 실행 중인 트랜잭션들이 어떤 순서에 따라 실행되는지를 보여 준다. 분명한 것은 일련의 트랜잭션의 스케줄이 반드시 그 트랜잭션의 모든 명령어를 포함하고 있어야 한다는 것이며 명령어는 개별 트랜잭션의 명령어 순서를 따라야 한다는 것이다. 예를 들어, 어떠한 스케줄에서도 트랜잭션 T_1의 명령어 write(A)는 반드시 명령어 read(B) 앞에 나와야 한다. 스케줄에 트랜잭션이 커밋 상태가 되었다는 것을 나타내기 위해 **commit** 명령어가 있음을 주목하기를 바란다. 위의 첫 번째 실행 순서(T_1 다음에 T_2)를 스케줄 1이라고 하고 두 번째 실행 순서(T_2 다음에 T_1)를 스케줄 2라고 하기로 한다.

이 스케줄들은 **순차적**(serial)이다. 각 순차적 스케줄은 다양한 트랜잭션의 명령어로 구성되는데 한 트랜잭션에 속하는 명령어는 스케줄 내에서 함께 모여서 나타난다. 조합론의 잘 알려진 공식을 사용하면 n개의 트랜잭션에 대해 (n!)개의 서로 다른 순차적인 스케줄이 나올 수 있다.

데이터베이스 시스템이 여러 트랜잭션을 동시에 수행할 때 이에 대응하는 스케줄은 더는 순차적이지 않아도 된다. 만약 두 트랜잭션이 동시에 수행되고 있을 때 운영체제 시스템은 일정 시간 한 트랜잭션을 수행하다가 문맥 전환을 통해 다른 트랜잭션을 일정 시간 수행하고 다시 문맥 전환을 하여 첫 번째 트랜잭션을 수행하게 된다. 여러 트랜잭션을 동시에 수행하는 경우 CPU 처리 시간은 이들 트랜잭션 간에 공유된다.

두 트랜잭션의 다양한 명령어가 서로 섞여서 번갈아 가며 배치될 수 있으므로 여러 가지 다른

T_1	T_2
read(A) $A := A - 50$ write(A)	
	read(A) $temp := A * 0.1$ $A := A - temp$ write(A)
read(B) $B := B + 50$ write(B) commit	
	read(B) $B := B + temp$ write(B) commit

그림 17.4 스케줄 3 – 스케줄 1과 동등한 동시 스케줄

형태의 실행 순서가 가능하다. 일반적으로 한 트랜잭션의 얼마나 많은 명령어가 다른 트랜잭션으로 문맥 전환 전까지 실행될 수 있는지에 대해 정확히 예측하기는 어렵다.[1]

이전 예로 되돌아가서 두 트랜잭션이 동시에 수행되고 있다고 하자. 가능한 스케줄 중 한 가지가 그림 17.4에 나와 있다. 이 스케줄의 실행이 완료되고 나면, T_1 다음에 T_2를 순차적으로 실행한 스케줄을 완료했을 때와 동일한 상태를 가지게 된다는 것을 알 수 있다. 실제로 $A + B$의 값이 정확히 보존된다.

그러나 모든 동시 스케줄이 올바른 상태에 도달하도록 하는 것은 아니다. 이것을 보이기 위해 그림 17.5의 스케줄을 살펴보자. 이 스케줄이 실행된 후에 계좌 A와 B의 최종 잔액은 각각 $950과 $2100이 된다. 이 상태는 **비일관성 상태**다. 왜냐하면 동시 수행의 결과로 $50을 더 가지고 있기 때문이다. 실제로 이 스케줄에 따라 두 트랜잭션을 실행하면 $A + B$의 값이 보존되지 않는다.

만약 동시 수행을 제어하는 일이 전적으로 운영체제에 맡겨져 있다면 조금 전에 살펴본 것과 같이 데이터베이스를 비일관성 상태로 만드는 많은 스케줄이 있을 수 있다. 데이터베이스를 항상 일관된 상태에 있게 스케줄을 실행하도록 하는 것은 데이터베이스 시스템의 몫이다. 데이터베이스 시스템의 **동시성 제어**(concurrency-control) 구성요소가 이 역할을 수행한다.

동시 수행한 스케줄의 결과가 트랜잭션을 하나씩 순차적으로 수행하는 스케줄의 실행 결과와 동일하게 함으로써 데이터베이스의 일관성을 보장할 수 있다. 이런 스케줄을 **직렬 가능**(serializable) 스케줄이라 한다.

---

1 n개의 트랜잭션에 대한 모든 가능한 스케줄은 매우 많다. 서로 다른 $n!$개의 순차적 스케줄이 존재할 수 있다. 여러 트랜잭션의 명령어가 서로 교차하며 수행되는 것을 고려하면 n개의 트랜잭션에 대해 가능한 스케줄의 수는 $n!$보다 훨씬 더 많을 것이다.

T_1	T_2
read(A) $A := A - 50$	
	read(A) $temp := A * 0.1$ $A := A - temp$ write(A) read(B)
write(A) read(B) $B := B + 50$ write(B) commit	
	$B := B + temp$ write(B) commit

그림 17.5 스케줄 4 – 비일관성 상태를 일으키는 동시 스케줄

17.6 직렬 가능성[2]

동시성 제어 구성요소가 어떻게 직렬 가능성을 보장하는지 보기 전에, 한 스케줄이 언제 직렬 가능성을 갖는지 판단하는 방법을 생각해 보자. 순차적 스케줄은 반드시 직렬 가능성을 갖는다. 그러나 여러 트랜잭션의 명령어가 교차 수행되면 직렬 가능성을 갖는지 판단하기 어렵다. 트랜잭션은 프로그램이기 때문에 트랜잭션이 수행하는 연산이 무엇이며 여러 트랜잭션의 연산이 어떻게 상호작용하는지 정확히 파악하기 어렵다. 이러한 이유로 우리는 트랜잭션이 데이터 항목에 행하는 다양한 연산을 고려하지 않고 대신에 두 가지 연산, read와 write만을 고려할 것이다. 데이터 항목 Q에 대한 read(Q)와 write(Q) 연산 사이에 트랜잭션이 자신의 로컬 버퍼에 읽어 온 Q의 복사본에 임의의 순서로 어떤 연산을 수행한다고 가정하자. 스케줄링 관점에서 볼 때 트랜잭션의 중요한 연산은 read와 write 명령어다. 커밋 연산도 관련 있지만 17.7절까지는 고려하지 않겠다. 여기서는 그림 17.6의 스케줄 3에 보이는 것처럼 단지 read와 write 명령어만을 고려할 것이다.

이 절에서 동일한 결과를 만들어 내는 여러 스케줄의 형태를 살펴볼 것이며, 특히 **충돌 직렬 가능성**(conflict serializability)에 초점을 맞추어 설명한다.

트랜잭션 T_i와 $T_j(i \neq j)$에 들어 있는 두 개의 연속적인 명령어 I와 J로 구성된 스케줄 S를 고려해 보자. 만약 I와 J가 서로 다른 데이터 항목에 접근하는 경우 그 스케줄에 있는 다른 명령어들에 영향을 주지 않고 두 명령어의 순서를 바꿀 수 있을 것이다. 그러나 만약 I와 J가 같은 데이터 항목 Q에 접근한다면 두 명령어의 순서는 중요한 문제가 될 수 있다. 여기서는 단지 read와 write 명령어만을 다루므로 다음 네 가지 경우가 있을 수 있다.

2 역자 주: 어떤 스케줄이 직렬 가능(serializable)한 상태를 나타내는 개념으로 "직렬성"이라고 부르기도 한다.

T_1	T_2
read(A)	
write(A)	
	read(A)
	write(A)
read(B)	
write(B)	
	read(B)
	write(B)

그림 17.6 스케줄 3 – read와 write 명령어만 나타낸 스케줄

1. I = read(Q), J = read(Q). I와 J의 순서는 아무 문제가 되지 않는다. 왜냐하면 Q의 같은 값을 순서에 상관없이 I와 J가 읽기 때문이다.
2. I = read(Q), J = write(Q). 만일 I가 J보다 먼저 나온다면 T_i가 읽는 Q의 값은 명령어 J가 있는 트랜잭션 T_j가 기록한 Q의 값과는 다르다. 만일 J가 I보다 먼저 나온다면 T_i는 T_j가 기록한 값을 읽게 된다. 그러므로 I와 J의 순서는 중요하다.
3. I = write(Q), J = read(Q). I와 J의 순서는 2번의 경우와 마찬가지로 중요하다.
4. I = write(Q), J = write(Q). 두 명령어 모두 write 연산이므로 이 명령어들의 순서는 T_i와 T_j 모두 영향을 미치지는 않는다. 그러나 이 순서는 스케줄 S의 다음 명령어 read(Q)가 읽는 값에 영향을 준다. 왜냐하면 두 write 연산 중에 나중에 실행된 연산의 기록만 데이터베이스에 남아 있기 때문이다. 만일 S에서 I와 J 다음에 write(Q) 명령어가 더 없다면 I와 J의 실행 순서는 스케줄 S에 의해 만들어지는 데이터베이스 상태에서 Q의 최종값에 영향을 직접 주게 된다.

그러므로 이 경우를 보면 I와 J가 둘 다 read 연산일 때에만 실행 순서가 상관이 없다는 것을 알 수 있다.

만일 같은 데이터 항목에 서로 다른 트랜잭션의 연산이 실행되는데 그중 적어도 하나는 write 연산일 경우 I와 J는 서로 **충돌**(conflict)한다고 말할 수 있다.

충돌하는 명령어에 대한 개념을 설명하기 위해 그림 17.6의 스케줄 3을 살펴보자. T_1의 write(A)는 T_2의 read(A)와 충돌한다. 그러나 T_2의 write(A)는 T_1의 read(B)와는 충돌이 일어나지 않는다. 왜냐하면 두 명령어는 서로 다른 데이터 항목에 접근하기 때문이다.

I와 J가 스케줄 S에 있는 연속적인 명령어들이라고 하자. 만약 I와 J가 서로 다른 트랜잭션들의 명령어이고 서로 충돌하지 않는다면 두 명령어의 순서를 서로 바꿔서 새로운 스케줄 S'를 만들 수 있다. 이때 스케줄 S와 S'는 서로 동등하다고 볼 수 있다. 왜냐하면 I와 J의 순서를 제외하고는 나머지 명령어들의 순서가 양쪽 스케줄에서 동일하고 I, J 두 명령어의 순서도 결과에 영향을 미치지 않기 때문이다.

그림 17.6의 스케줄 3에 있는 T_2의 write(A) 명령어는 T_1의 read(B) 명령어와 충돌하지 않기 때문에 우리는 이 명령어들의 순서를 바꿔서 그림 17.7의 동등한 스케줄인 스케줄 5를 만들 수 있다.

T_1	T_2
read(A)	
write(A)	
	read(A)
read(B)	
	write(A)
write(B)	
	read(B)
	write(B)

그림 17.7 스케줄 5 - 스케줄 3의 명령어 순서를 바꾼 스케줄

초기 시스템 상태와는 상관없이 스케줄 3과 5는 둘 다 동일한 최종 시스템 상태를 만든다.

이 밖에 순서 교환이 가능한 명령어는 다음과 같다.

- 트랜잭션 T_1의 read(B)와 T_2의 read(A)를 바꾼다.
- 트랜잭션 T_1의 write(B)와 T_2의 write(A)를 바꾼다.
- 트랜잭션 T_1의 write(B)와 T_2의 read(A)를 바꾼다.

앞의 순서 변경을 모두 하고 나면 그림 17.8의 스케줄 6과 같은 순차적인 스케줄을 얻게 된다. 스케줄 6은 read와 write 명령어만 표시했다는 점만 제외하면 스케줄 1과 동일하다. 그러므로 스케줄 3이 순차적인 스케줄과 동등하다는 것을 알 수 있다. 이 동등성은 초기 시스템 상태와 상관없이 스케줄 3이 어떤 직렬 스케줄과도 동일한 최종 상태를 만든다는 것을 보여 준다.

만약 스케줄 S가 충돌이 일어나지 않는 명령어들의 순서를 바꿔서 스케줄 S'로 변경된다면 S와 S'가 **충돌 동등**(conflict equivalent)하다고 말할 수 있다.[3]

모든 직렬 스케줄이 서로 충돌 동등한 것은 아니다. 예를 들어, 스케줄 1과 2는 충돌 동등하지 않다.

T_1	T_2
read(A)	
write(A)	
read(B)	
write(B)	
	read(A)
	write(A)
	read(B)
	write(B)

그림 17.8 스케줄 6 - 스케줄 3과 동등한 직렬 스케줄

3 앞으로 설명할 다른 동등성의 정의와 구별하기 위해 **충돌 동등**이란 용어를 사용한다.

T_3	T_4
read(Q)	
	write(Q)
write(Q)	

그림 17.9 스케줄 7

충돌 동등에 대한 개념은 **충돌 직렬 가능성**이라는 개념으로 확장된다. 만약 스케줄 S가 한 직렬 스케줄과 충돌 동등하면 그 스케줄 S는 충돌 직렬 가능이라고 말한다. 그러므로 스케줄 3은 스케줄 1과 동등하므로 충돌 직렬 가능성을 가진다.

마지막으로 그림 17.9의 스케줄 7을 살펴보자. 이 스케줄은 트랜잭션 T_3과 T_4의 중요한 명령어(read와 write)만을 포함하고 있다. 이 스케줄은 직렬 스케줄 $<T_3, T_4>$ 또는 $<T_4, T_3>$ 어느 쪽과도 동등하지 않기 때문에 충돌 직렬 가능하지 못하다.

이제부터 스케줄의 충돌 직렬 가능성을 검사하는 간단하면서도 효과적인 방법을 설명하고자 한다. 스케줄 S를 고려해 보자. 우리는 S로부터 **우선순위 그래프**(precedence graph)라고 하는 방향성 그래프를 생성할 수 있다. 이 그래프는 $G = (V, E)$로 구성되는데 V는 정점(vertex)의 집합이고 E는 간선(edge)의 집합이다 정점의 집합은 그 스케줄에 들어 있는 모든 트랜잭션의 집합을 말한다. 그리고 간선 집합은 아래 세 가지 조건 중 하나를 만족하는 $T_i \rightarrow T_j$인 모든 간선의 집합이다.

1. T_i가 write(Q)를 실행한 다음 T_j가 read(Q)를 실행한다.
2. T_i가 read(Q)를 실행한 다음 T_j가 write(Q)를 실행한다.
3. T_i가 write(Q)를 실행한 다음 T_j가 write(Q)를 실행한다.

만약 간선 $T_i \rightarrow T_j$가 우선순위 그래프에 존재한다면 S와 일치하는 직렬 스케줄 S'에서 T_i는 반드시 T_j보다 먼저 실행되어야 한다.

예를 들어, 그림 17.10a의 스케줄 1의 우선순위 그래프는 하나의 간선 $T_1 \rightarrow T_2$를 포함한다. 왜냐하면 T_1의 모든 트랜잭션이 T_2의 첫 번째 명령문이 실행되기 전에 실행되기 때문이다. 이와 마찬가지로 그림 17.10b의 스케줄 2의 우선순위 그래프는 하나의 간선 $T_2 \rightarrow T_1$을 가진다. 왜냐하면 T_2의 모든 명령문이 T_1의 첫 번째 명령문이 실행되기 전에 실행되기 때문이다.

스케줄 4의 우선순위 그래프는 그림 17.11에 나타나 있다. 이 우선순위 그래프는 T_1이 write(A)를 실행하기 전에 T_2가 read(A)를 실행하기 때문에 간선 $T_1 \rightarrow T_2$를 가진다. 또한 T_1이 write(A)를

(a) (b)

그림 17.10 (a) 스케줄 1과 (b) 스케줄 2의 우선순위 그래프

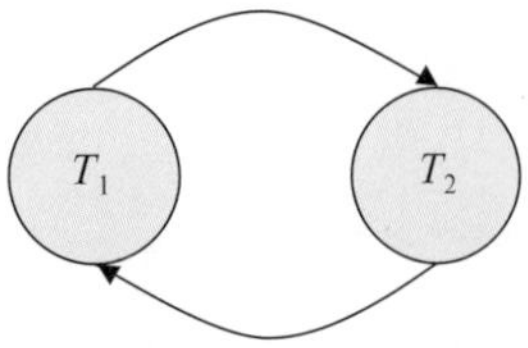

그림 17.11 스케줄 4의 우선순위 그래프

실행하기 전에 T_2가 read(B)를 실행하기 때문에 간선 $T_2 \rightarrow T_1$을 포함한다.

만일 S의 우선순위 그래프에 사이클이 존재한다면 스케줄 S는 충돌 직렬 가능 스케줄이 아니다. 반대로 만일 그래프에 사이클이 없다면 스케줄 S는 충돌 직렬 가능 스케줄이다.

트랜잭션의 **직렬 가능성 순서**(serializability order)는 우선순위 그래프의 부분 순서에 대응되는 선형 순서를 결정하는 **위상 정렬**(topological sorting)을 통해 얻을 수 있다. 일반적으로 위상 정렬을 통해 여러 가지 가능한 선형 순서를 얻을 수 있다. 예를 들어, 그림 17.12a의 그래프는 그림 17.12b와 그림 17.12c의 두 가지 가능한 선형 순서를 가진다.

그러므로 충돌 직렬 가능성을 검사하기 위해서는 먼저 우선순위 그래프를 만든 다음 사이클 탐색 알고리즘을 실행시킨다. 사이클 탐색 알고리즘은 알고리즘에 관한 기본 교재에 잘 나와 있다. 깊이 우선 탐색과 같은 사이클 탐색 알고리즘은 n^2의 연산이 필요하다. 여기서 n은 그래프에 있는 정점의 수(트랜잭션의 수)다.[4]

이전 예로 돌아가서, 스케줄 1과 2(그림 17.10)의 우선순위 그래프는 사이클을 가지지 않는다. 반면에 스케줄 4(그림 17.11)의 우선순위 그래프는 사이클을 포함하며, 즉 스케줄 4가 충돌 직렬 가능 스케줄이 아님을 의미한다.

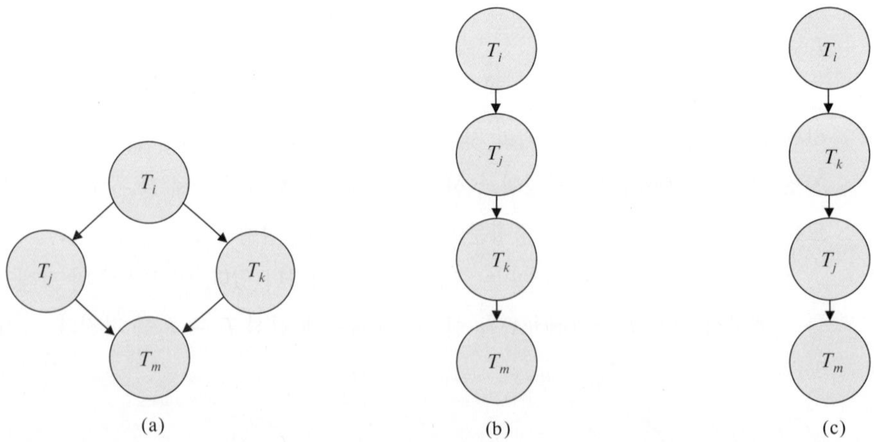

그림 17.12 위상 정렬의 예

4 트랜잭션의 실제 충돌과 대응하는 간선의 수로 알고리즘의 복잡도를 측정한다면 깊이 우선 탐색은 선형 복잡도일 것이다.

T_1	T_5
read(A) $A := A - 50$ write(A)	
	read(B) $B := B - 10$ write(B)
read(B) $B := B + 50$ write(B)	
	read(A) $A := A + 10$ write(A)

그림 17.13 스케줄 8

같은 결과를 만들어 내지만 충돌 동등하지 않은 두 스케줄이 존재할 수 있다. 예를 들어, 계좌 B에서 A로 \$10을 이체하는 트랜잭션 T_5를 보자. 그림 17.13에 보이는 것처럼 스케줄 8이 있다고 하자. 스케줄 8은 직렬 스케줄 <T_1, T_5>과 충돌 동등하지 않다고 말할 수 있다. 왜냐하면 스케줄 8에서 T_5의 write(B) 명령어는 T_1의 read(B) 명령어와 충돌하기 때문이다. 따라서 우선순위 그래프에는 간선 $T_5 \rightarrow T_1$이 발생한다. 이와 비슷하게 T_1의 write(A) 명령어가 T_5의 read 명령어와 충돌하며 간선 $T_1 \rightarrow T_5$가 발생한다. 이는 우선순위 그래프에 사이클이 생기도록 하며 이에 따라 스케줄 8은 직렬 가능성이 없다. 그러나 스케줄 8이나 직렬 스케줄 <T_1, T_5>의 실행 후 계좌 A와 B의 최종 잔액은 각각 \$960과 \$2040으로 동일하다.

이 예에서 충돌 동등의 정의보다 덜 엄격한 스케줄 동등의 정의가 있다는 것을 알 수 있다. 스케줄 8이 직렬 스케줄 <T_1, T_5>와 같은 결과를 만든다는 것을 알기 위해서는 read와 write 연산뿐만 아니라 T_1과 T_5에 의해 실행되는 모든 연산을 분석해야 한다. 일반적으로 이러한 분석은 구현하기도 어렵고 또 계산하는 데 큰 비용이 든다. 이번 예에서 덧셈과 뺄셈 연산이 서로 교환법칙이 성립하는 수학적 사실 덕분에 직렬 스케줄의 결과와 같았다. 이런 단순한 예제에선 이런 사실을 쉽게 확인할 수 있지만, 일반적으로는 트랜잭션이 복잡한 SQL 명령문이나 JDBC 호출을 사용하는 Java 프로그램으로 표현되기 때문에 쉽지 않은 일이다.

그러나 read와 write 명령어만으로 정의할 수 있는 다른 스케줄 동등성이 있다. 이런 정의 중 하나는 **뷰 동등성**(view equivalence)이다. 이 정의로부터 **뷰 직렬 가능성**(view serializability)의 개념이 생긴다. 뷰 직렬 가능성은 계산 복잡도가 높으므로 실제에서 사용되지 않는다.[5] 따라서 뷰 직렬 가능성에 대한 설명은 18장으로 미룬다. 참고로 스케줄 8의 예시는 뷰 직렬 가능성이 없다.

---

5 뷰 직렬 가능성을 검사하는 문제는 NP-완전(NP-complete)인 것으로 증명되었다. 그러므로 뷰 직렬 가능성을 검사하는 효율적인 알고리즘은 없다고 볼 수 있다.

17.7 트랜잭션 고립성과 원자성

지금까지는 트랜잭션의 실패가 없다고 암묵적으로 가정하고 스케줄에 대해 논의했다. 이제는 동시 실행 중에 트랜잭션의 실패가 어떤 영향을 미치는지에 대해 살펴볼 것이다.

만약 어떤 이유에서건 트랜잭션 T_i가 실패하면, 트랜잭션의 원자성을 보장하기 위해 이 트랜잭션에 의해 발생한 영향을 되돌려야 한다. 이러한 원자성은 동시 실행을 허용하는 시스템에서 T_i에 종속적인 트랜잭션 T_j(예를 들어, T_j가 T_i에 의해 기록된 데이터를 읽는 경우) 또한 중단하도록 요구한다. 즉 동시 실행을 보장하는 시스템에서 원자성을 보장하기 위해 시스템에서 수행하는 스케줄의 형태에 어떤 제한을 둘 필요가 있다.

다음 두 개의 절에서 트랜잭션 실패로부터 복구하는 관점에서 볼 때 어떤 스케줄이 적합한지를 다루고자 한다. 어떻게 적합한 스케줄만 생성하는 것을 보장할 수 있는지는 18장에서 다룬다.

17.7.1 복구 가능한 스케줄

그림 17.14의 부분 스케줄 9를 살펴보자. 여기서 T_7은 read(A)만 수행하는 트랜잭션이다. 이 스케줄을 **부분 스케줄**(partial schedule)이라고 한 이유는 T_6에 **commit** 또는 **abort** 명령이 없기 때문이다. T_7은 read(A)를 수행한 후 바로 커밋한다. 따라서 T_7은 T_6가 아직 동작 상태인 상황에서 커밋한다. 이제 T_6이 커밋을 하기 전에 실패했다고 가정하자. T_7은 T_6이 기록한 데이터 항목 A의 값을 이미 읽었다. 따라서 T_7은 T_6에 **종속적**(dependent)이라고 말한다. 이 때문에 원자성을 보장하기 위해서는 T_7도 취소해야 한다. 그러나 T_7은 이미 커밋되었고 취소할 수 없다. 따라서 T_6의 실패로부터 올바로 복구할 수 없는 상황이 되었다.

스케줄 9는 복구 불가능한 스케줄의 한 예시다. **복구 가능한 스케줄**(recoverable schedule)이란 모든 트랜잭션 쌍 T_i와 T_j에 대해, T_i가 이전에 기록한 데이터 항목을 T_j가 읽었다면 T_i의 커밋 연산이 T_j의 커밋 연산보다 먼저 발생하는 스케줄을 말한다. 스케줄 9가 복구 가능하기 위해서는 T_7은 T_6이 커밋할 때까지 커밋을 지연해야 한다.

17.7.2 비연쇄적인 스케줄

스케줄이 복구 가능하다고 해도 트랜잭션 T_i의 실패로부터 올바르게 복구하기 위해서 여러 트랜잭션을 되돌려야 할 수도 있다. 이러한 상황은 다른 트랜잭션이 T_i가 기록한 값을 읽었을 때 일어난다. 그림 17.15의 부분 스케줄을 보자. 트랜잭션 T_8이 A에 값을 기록하고 T_9가 그 값을 읽는다. 다

T_6	T_7
read(A)	
write(A)	
	read(A)
	commit
read(B)	

그림 17.14 스케줄 9 – 복구 불가능한 스케줄

T_8	T_9	T_{10}
read(A)		
read(B)		
write(A)		
	read(A)	
	write(A)	
		read(A)
abort		

그림 17.15 스케줄 10

시 트랜잭션 T_9가 A에 값을 기록하고 T_{10}이 그 값을 읽는다. 이때 T_8이 실패한다고 하자. T_8은 반드시 롤백되어야 한다. T_9는 T_8에 종속적이므로 T_9는 반드시 롤백되어야 한다. T_{10} 역시 T_9에 종속적이며 T_{10}은 롤백되어야 한다. 이렇게 하나의 트랜잭션이 취소로 인해 다른 일련의 트랜잭션들이 롤백되는 현상을 **연쇄적 롤백**(cascading rollback)이라고 부른다.

연쇄적 롤백은 바람직하지 않은 현상이다. 왜냐하면 연쇄적 롤백으로 인해 상당히 많은 양의 작업이 취소되기 때문이다. 따라서 연쇄적 롤백이 발생하지 않도록 스케줄에 제한을 주어야 한다. 이러한 스케줄을 **비연쇄적인 스케줄**(cascadeless schedule)이라고 한다. 비연쇄적인 스케줄은 모든 트랜잭션 쌍 T_i, T_j에 대해, T_i에 의해 기록된 데이터를 T_j가 읽기 연산을 실행하기 전에 T_i의 커밋 연산이 먼저 실행되는 스케줄을 말한다. 모든 비연쇄적인 스케줄이 복구 가능하다는 것은 쉽게 증명할 수 있다.

17.8 트랜잭션 고립성 수준

직렬 가능성은 프로그래머가 트랜잭션의 코드를 작성할 때 동시성을 고려하지 않을 수 있도록 해주는 유용한 개념이다. 모든 트랜잭션이 각자 혼자 수행될 때 데이터베이스의 일관성을 깨지 않는다면, 직렬 가능성은 이들을 동시에 수행해도 일관성을 유지할 수 있다는 것을 보장한다. 그러나 직렬 가능성을 보장하기 위한 규약이 어떤 응용 프로그램에서 동시성을 거의 허용하지 않는 경우도 생길 수 있다. 이런 경우 약한 수준의 일관성을 대신 사용할 수 있다. 그러나 약한 수준의 일관성은 프로그래머가 데이터베이스의 정합성을 보장해야 하는 부담을 주게 된다.

SQL 표준에서 한 트랜잭션이 다른 트랜잭션들과 직렬 불가능한 방식으로 수행되는 것을 허용한다. 예를 들어, 다른 트랜잭션이 기록한 데이터 항목을 그 트랜잭션이 커밋하지 않았는데도 읽는 것을 허용하는 **커밋되지 않은 데이터 읽기**라는 고립성 수준이 있다. 수행 시간이 오래 걸리고 결과가 정확하지 않아도 괜찮은 트랜잭션에 대해서는 이와 같은 고립성 수준을 사용할 수 있다. 만일 이런 트랜잭션을 본래의 "직렬 가능" 방식으로 수행한다면 명령어들의 교차 수행 과정에서 서로의 실행을 지연시키게 된다.

SQL 표준에 명시된 **고립성 수준**(isolation level)은 다음과 같다.

- **직렬 가능**(Serializable)은 직렬 가능한 실행을 보장한다. 그러나 곧 설명하겠지만 몇몇 데이터베이스 시스템은 특정한 경우 직렬 불가능한 실행을 허용하는 고립성 수준을 구현하기도 한다.
- **반복 가능한 읽기**(Repeatable read)는 단지 커밋된 레코드만 읽을 수 있고 한 트랜잭션이 한 레코드를 두 번 읽는 사이에 다른 트랜잭션이 그 레코드를 갱신하지 못하도록 한다. 그러나 트랜잭션들은 직렬 가능하지 않을 수 있다. 예를 들어, 특정 조건을 만족하는 레코드를 검색할 때 커밋된 트랜잭션에 의해 삽입된 레코드 중 일부는 검색될 수도 있고 아닐 수도 있다.
- **커밋된 데이터 읽기**(Read committed)는 커밋된 레코드만 읽을 수 있지만, 반복 가능한 읽기는 요구하지 않는다. 예를 들어, 한 트랜잭션이 한 레코드를 두 번 읽는 사이에 그 레코드는 다른 완료된 트랜잭션들에 의해 갱신될 수 있다.
- **커밋되지 않은 데이터 읽기**(Read uncommitted)는 커밋되지 않은 데이터도 읽는다. SQL에서 허용하는 가장 낮은 수준의 고립성 수준이다.

위의 모든 고립성 수준은 또한 **더티 쓰기**(dirty write)를 허용하지 않는다. 즉 커밋 또는 중단되지 않은 다른 트랜잭션이 기록한 데이터 항목에 덮어쓰는 것은 허용하지 않는다.

많은 데이터베이스 시스템은 기본적으로 커밋된 데이터 읽기 고립성 수준으로 동작한다. 시스템의 기본 설정을 사용하지 않고 SQL을 이용해 명시적으로 고립성 수준을 설정할 수 있다. 예를 들어, 문장

set transaction isolation level serializable

은 고립성 수준을 직렬 가능으로 설정한다. 다른 고립성 수준도 마찬가지로 위와 같이 설정할 수 있다. 위 문법은 Oracle, PostgresSQL 그리고 SQL Server에서 지원한다. Oracle은

alter session set isolation_level = serializable

을 사용하며 DB2는 "**change isolation level**"을 사용하고 고립성 수준을 고유한 약자를 사용해 지정한다.

대부분의 데이터베이스 시스템은 기본적으로 개개 명령문이 실행되자마자 커밋한다. 다수의 명령문이 하나의 트랜잭션처럼 동작하기 위해서는 이러한 **자동 커밋**(automatic commit) 기능을 해제해야 한다. **start transaction** 명령어는 **commit** 또는 **rollback** 명령어가 나오기 전까지의 모든 명령어를 하나의 트랜잭션처럼 실행하도록 보장한다. 예상대로 **commit** 명령어는 이전의 모든 명령어를 커밋하는 역할을 하며 **rollback** 명령어는 이전 명령어를 모두 되돌리는 역할을 하게 된다. (SQL Server에서 **begin transaction** 명령어가 **start transaction** 명령어를 대신하며 Oracle과 PostgresSQL에선 **begin**이 동일한 역할을 한다.)

JDBC나 ODBC와 같은 API는 자동 커밋 기능을 해제할 수 있는 함수를 제공한다. JDBC에서 Connection 인터페이스(5.1.1.8절 참조)의 setAutoCommit 메소드가 이 역할을 하며 setAutoCommit(false) 또는 setAutoCommit(true)로 자동 커밋 기능을 해제하거나 설정할 수 있다. 또한 JDBC의 Connection 인터페이스의 setTransactionIsolation(int level) 메소드를 통해 다음과

같이 고립성 수준을 설정할 수 있다.

- Connection.TRANSACTION_SERIALIZABLE
- Connection.TRANSACTION_REPEATABLE_READ
- Connection.TRANSACTION_READ_COMMITED
- Connection.TRANSACTION_READ_UNCOMMITTED

응용 프로그램 설계자는 시스템의 성능을 높이기 위해 낮은 고립성 수준을 사용할 수 있다.

17.9절과 18장에서 보듯이 직렬 가능성을 보장하기 위해서는 다른 트랜잭션이 대기하도록 하거나 취소하기도 한다. 성능을 위해 데이터베이스의 일관성이 깨질 위험을 감수하는 것이 근시안적인 것으로 보일 수도 있지만, 비일관성이 응용 프로그램에 영향을 미치지 않는다면 이 방식도 의미를 가질 수 있다.

고립성 수준을 구현하는 방법에는 여러 가지가 있다. 구현 방법이 직렬 가능성을 보장하는 한 데이터베이스 응용 프로그램의 설계자나 응용 프로그램의 사용자는 성능 문제를 다루는 것이 아니라면 이런 구현 사항의 세부적인 내용을 알 필요는 없다. 불행히도 고립성 수준이 **직렬 가능**으로 설정되어 있음에도 몇몇 데이터베이스 시스템은 모든 직렬 불가능한 실행을 배제하지 않는 더 낮은 수준의 고립성으로 구현하기도 했다. 이에 대해서는 17.9절에서 다시 다룬다. 명시적으로든 암묵적으로든 낮은 수준의 고립성 수준을 사용하는 경우, 응용 프로그램 설계자는 직렬 가능성의 부족으로 인한 불일치의 가능성을 피하거나 제거하기 위해서 구현 내용을 어느 정도 알아야 한다.

17.9 고립성 수준의 구현

앞에서 데이터베이스를 일관된 상태로 유지하고 트랜잭션의 실패를 안전한 방법으로 처리하기 위해 스케줄이 반드시 가져야 하는 속성에 대해 살펴보았다.

여러 트랜잭션이 동시에 실행되는 환경에서 운영체제 시스템이 트랜잭션 간에 자원(CPU 시간 등)을 공유하는 방법과는 무관하게 트랜잭션 처리에 적합한 스케줄을 생성하는 데 사용할 수 있는 다양한 **동시성 제어**(concurrency control) 기법이 있다.

동시성 제어 기법의 예로서 다음의 기법을 살펴보자. 트랜잭션이 시작 전에 데이터베이스 전체에 **잠금**(lock)[6]을 획득하고 완료된 후에 잠금을 해제한다고 하자. 한 트랜잭션이 잠금을 가지고 있는 동안에 어떠한 트랜잭션도 잠금을 가질 수 없으며 그 잠금이 해제될 때까지 기다려야 한다. 이러한 잠금 정책에 따르면 한순간에 단지 하나의 트랜잭션만 실행할 수 있다. 즉 순차적 스케줄만 생성되는 것이다. 이렇게 생성된 스케줄은 직렬 가능 및 복구 가능하며 비연쇄적임을 명백히 알 수 있다.

하지만 이러한 기법은 성능의 저하를 초래한다. 왜냐하면 한 트랜잭션이 수행하려면 먼저 시작한 트랜잭션이 끝마치기를 기다려야 하기 때문이다. 다시 말하면 동시성의 정도가 상당히 낮다는

---

6 역자 주: lock을 "잠금"이라는 용어로 번역하기로 한다.

노트 17.2 현실 세계의 직렬 가능성

직렬 가능 스케줄은 일관성을 보장하는 이상적인 방법이지만 일상생활에서 그런 엄격한 요구 사항이 항상 강요되지는 않는다. 상품 판매를 하는 웹 사이트에서 어떤 물품이 재고가 있다고 리스트에 출력되었다고 생각해 보자. 그러나 사용자가 물품을 선택해 결제하려는 순간 물품이 동날 수 있다. 데이터베이스의 관점에서 이 현상은 반복 불가능한 읽기(nonrepeatable read)라고 볼 수 있다.

또 다른 예제로 항공기의 좌석을 선택하는 상황을 생각해 보자. 여행자가 여행 일정표를 이미 예약했고 이제 좌석을 고른다고 하자. 많은 항공 웹 사이트가 사용자가 여러 비행기를 살펴보고 좌석을 고를 수 있도록 하며 고른 후에는 선택 사항이 맞는지 확인을 한다. 다른 사용자가 동시에 좌석을 고르거나 같은 비행기의 좌석을 변경할 수도 있다. 따라서 사용자에게 보인 좌석의 사용 가능 여부는 실제로는 계속 바뀌고 있다. 그러나 사용자에게 보이는 것은 사용자가 좌석 선택을 시작한 시점의 좌석 사용 가능 여부다.

두 여행자가 동시에 좌석을 고르더라도 대부분 다른 좌석을 선택할 것이고 그렇다면 실제로 충돌은 없다. 그러나 각 여행자는 다른 여행자가 갱신한 데이터를 읽게 되기 때문에 트랜잭션들은 직렬 가능하지 않고, 우선순위 그래프에 사이클이 생기게 한다. 두 여행자가 동시에 같은 좌석을 선택한다면 둘 중 한 명은 선택한 좌석을 얻지 못하게 될 것이다. 그러나 이런 상황은 여행자에게 새로 갱신된 좌석 정보를 제공하며 선택을 다시 한번 하도록 요청함으로써 해결할 수 있다.

한순간에는 오직 한 명의 여행자만 특정 항공기의 좌석을 선택하게 함으로써 직렬 가능성을 강제하는 것도 가능하다. 그러나 그러면 여행자들이 항공기가 예약 가능할 때까지 대기해야 하므로 상당히 지체될 수 있다. 특히 선택하는 데에 오래 걸리는 사용자가 있다면 다른 사용자에게 심각한 문제가 될 수 있다. 대신 이런 트랜잭션은 사용자의 상호작용이 있어야 하는 부분과 데이터베이스에서만 수행되는 부분으로 나눌 수 있다. 위의 예제에서 데이터베이스 트랜잭션은 사용자가 선택한 좌석이 여전히 사용 가능한지 검사하고 그렇다면 선택한 좌석을 데이터베이스에 갱신한다. 직렬 가능성은 사용자와의 상호작용이 필요 없는 데이터베이스에서 수행되는 트랜잭션에서만 보장하면 된다.

뜻이다(실제로는 전혀 동시성이 없다). 17.5절에서 설명한 것처럼 동시 실행은 상당한 성능상의 이점을 가진다.

동시성 제어 기법의 목적은 충돌 또는 뷰 직렬 가능, 복구 가능, 비연쇄적임을 보장하면서 높은 수준의 동시성을 제공하는 스케줄을 생성하는 것이다.

여기서는 가장 중요한 동시성 제어 기법이 동작하는 원리에 대해 전체적으로 살펴보고 자세한 내용은 18장에서 다룬다.

17.9.1 잠금 기법

트랜잭션이 전체 데이터베이스가 아니라 사용할 데이터 항목만 잠금하는 방법을 생각해 보자. 이런 정책 아래에서 트랜잭션들의 직렬 가능성을 보장할 수 있을 정도로 동시 수행 성능을 심각하게 저하하지 않도록 짧게 잠금을 유지하는 것이 바람직하다. 17.10절에서 보게 될 **where** 절에 따라 다른 데이터 항목에 접근하는 SQL 문장으로 인해 이러한 정책을 유지하는 것은 더 복잡해진다. 18장에서 직렬 가능성을 보장하기 위한 단순하면서도 널리 사용되는 2단계 잠금 규약을 소개한다. 간단히 설명하자면, 2단계 잠금은 트랜잭션을 두 단계로 나누는데, 한 단계는 잠금을 획득하기만 하고 해제하지는 않으며, 두 번째 단계에서 트랜잭션이 잠금을 해제하기만 하고 획득하지는 않는다(실제로 잠금은 트랜잭션 수행이 커밋되거나 취소되는 등의 수행이 종료되었을 때만 해제된다).

두 종류의 잠금(공유, 독점적)을 사용한다면 위의 접근 방식을 좀 더 개선할 수 있다. 공유 잠금은 트랜잭션이 데이터를 읽을 때 사용하고 독점적 잠금은 기록할 때 사용한다. 공유 잠금은 트랜잭션이 읽어야 할 데이터에 대해 사용하며 독점적 잠금은 기록할 데이터에 사용하게 된다. 같은 항목에 대한 공유 잠금은 여러 트랜잭션이 동시에 획득할 수 있지만, 한 데이터 항목에 대한 독점적 잠금은 한 트랜잭션만 획득할 수 있으며 해당 데이터 항목에 대해 다른 트랜잭션이 어떤 종류의 잠금(공유 잠금이나 독점적 잠금 모두)도 획득하고 있지 않아야 한다. 이러한 두 종류의 잠금은 2단계 잠금 기법과 함께 데이터 항목에 대한 동시 읽기를 허용하며 직렬 가능성을 보장한다.

17.9.2 타임스탬프

고립성을 구현하는 다른 방법으로는 각 트랜잭션이 실행을 시작할 때 **타임스탬프**(timestamp)를 부여하는 것이다. 각 데이터 항목에 대해 시스템은 두 개의 타임스탬프를 관리한다. 데이터 항목의 읽기 타임스탬프는 그 데이터 항목을 읽은 트랜잭션의 타임스탬프 값 중 가장 큰(즉 가장 최신의) 값이다. 쓰기 타임스탬프는 데이터 항목의 현재 값을 기록한 트랜잭션의 타임스탬프다. 타임스탬프는 트랜잭션의 데이터 항목에 대한 접근이 충돌될 때, 트랜잭션의 타임스탬프 순서로 접근하도록 하는 데에 사용된다. 이런 조정이 불가능하면 한 트랜잭션을 취소하고 새로운 타임스탬프로 재시작하게 한다.

17.9.3 다중 버전과 스냅샷 고립

데이터 항목에 대해 한 개 이상의 버전을 유지함으로써 한 트랜잭션이 커밋하지 않은 다른 트랜잭션이나 직렬 순서상 나중의 트랜잭션이 기록한 새 버전이 아닌 이전 버전을 읽게 할 수 있다. 여러 가지 다중 버전 동시성 제어 기법이 있는데, 그중 **스냅샷 고립**(snapshot isolation)이 현실에서 널리 사용된다.

스냅샷 고립 기법에서 각 트랜잭션은 자기 자신만의 데이터베이스 버전(트랜잭션이 시작한 순간의)을 갖고 있다고 생각할 수 있다.[7] 트랜잭션은 데이터를 읽을 때 자기 자신만의 버전을 따라 읽게 되고, 따라서 다른 트랜잭션이 갱신한 내용으로부터 고립되게 된다. 트랜잭션이 데이터베이스를 갱신하면 갱신은 실제 데이터베이스가 아니라 자기 자신의 버전에만 반영된다. 이렇게 갱신에 대한 정보는 나중에 트랜잭션을 커밋할 때 "실제" 데이터베이스에 적용하기 위해 따로 저장해 준다.

트랜잭션 *T*가 부분 커밋 상태가 되면 *T*가 갱신하고자 하는 데이터를 다른 트랜잭션이 갱신하지 않은 경우에만 커밋 상태가 된다. 이렇게 커밋하지 못하는 트랜잭션은 중단된다.

---

7 물론 실제로는 전체 데이터베이스가 복사되는 것은 아니다. 다중 버전은 변경된 데이터 항목에 대해서만 생성된다.

스냅샷 고립을 사용하면 데이터 읽기 작업을 위해 절대로 대기할 필요가 없다(잠금 기법에서 그렇지 않았다). 읽기 전용 트랜잭션은 중단되지 않는다. 오직 데이터를 수정하는 트랜잭션만이 중단될 약간의 가능성이 있다. 또한 각 트랜잭션은 자기만의 데이터베이스 스냅샷을 읽기 때문에 잠금 기법과는 다르게 데이터를 읽는 작업이 이후에 데이터를 갱신하고자 하는 다른 트랜잭션을 대기하게 하지 않는다. 많은 트랜잭션이 읽기 작업만 하며(대부분의 다른 트랜잭션들도 갱신보단 읽기 작업이 많다) 이런 특성으로 인해 잠금 기법과 비교해 큰 성능 향상을 볼 수 있다.

스냅샷 고립의 문제점은 역설적이지만 너무 많은 고립성을 제공한다는 것이다. 두 트랜잭션 T와 T'을 생각해 보자. 직렬 수행에서 한 트랜잭션은 다른 트랜잭션 다음에 수행되는 것이기 때문에 T가 T'의 모든 수정을 보거나 T'이 T의 모든 수정 사항을 볼 수 있어야 한다. 스냅샷 고립 상황에서 두 트랜잭션 모두 서로의 수정을 보지 못하는 경우가 생길 수 있다. 이런 상황은 직렬 수행에선 발생할 수 없다. 많은 경우(실제로 대부분은) 두 트랜잭션의 데이터 접근은 충돌하지 않으며 문제가 되지 않는다. 그러나 T가 T'이 수정한 데이터 항목을 읽고 T'이 T가 수정한 내용을 읽으면 두 트랜잭션은 상대방이 수정한 내용을 보지 못한다. 따라서 18장에서 보겠지만, 이로 인해 순차 수행에서 발생하지 않는 비일관적 데이터베이스 상태를 초래할 수 있다.

Oracle, PostgreSQL, SQL Server는 스냅샷 고립 기능을 제공한다. Oracle과 PostgreSQL 9.1 버전 이전의 PostgreSQL은 스냅샷 고립을 사용한 **직렬 가능** 고립성 수준을 제공한다. 결과적으로 이들 데이터베이스에서 예외적인 상황에서 직렬 불가능한 실행이 허용되기도 한다. 대신 SQL Server는 스냅샷 기능을 제공하기 위해 **스냅샷**(snapshot)이라 불리는 표준이 아닌 추가적인 고립성 레벨을 제공한다. 9.1 버전 이후의 PostgreSQL은 직렬 가능성을 보장하면서도 스냅샷 고립의 이점을 얻을 수 있는 직렬 가능 스냅샷 고립이라는 동시성 제어 기능을 구현했다.

17.10 SQL 문장을 사용한 트랜잭션

4.3절에서 트랜잭션의 시작과 끝을 명시하는 SQL 문법을 살펴보았다. 트랜잭션의 ACID 성질을 보장하는 것과 관련된 문제를 살펴봤기 때문에, 이제 단순히 read, write 연산만 사용한 간단한 모델이 아닌 SQL 문장으로 기술된 트랜잭션에서 이런 성질이 어떻게 보장되는지 살펴볼 준비가 되었다.

간단한 모델에서 하나의 데이터 항목 집합이 존재한다고 가정했다. 이 모델에서 데이터 항목의 값이 변경되는 것은 허용했지만 데이터 항목이 새로 생기거나 제거되는 것은 허용하지 않았다. 그러나 SQL의 **insert** 문장은 새로운 데이터를 만들고 **delete** 문장은 데이터를 삭제한다. 이 두 개의 문장은 실제로는 데이터베이스를 변경하기 때문에 **write** 연산이다. 그러나 다른 트랜잭션과의 상호작용 면에서 보게 되면 간단한 모델과는 다른 특성을 갖는다. 예를 들어, 대학교 데이터베이스에서 급여가 $90,000 이상인 모든 교수를 찾는 다음 SQL 질의를 살펴보자.

select *ID*, *name*
from *instructor*
where *salary* > 90000;

instructor 릴레이션(부록 A.3)을 보면, "Einstein"과 "Brandt"만이 이 조건을 만족한다는 것을 알 수 있다. 이제 우리가 이 질의를 수행하는 시점에 다른 사용자가 급여가 $100,000인 "James"라는 새로운 교수를 추가했다고 생각해 보자.

insert into *instructor* **values** ('11111', 'James', 'Marketing', 100000);

우리가 실행한 질의의 결과는 위의 insert 문장이 우리 질의보다 먼저 혹은 나중에 수행됐는가에 따라 달라진다. 동시 수행의 관점에서 보면 이 두 문장은 충돌하는 것이 명확하지만 우리의 간단한 모델에서 이 충돌은 발견되지 않는다. 이 상황은 충돌이 유령(phantom) 데이터에 대해 발생하기 때문에 **유령 현상**(phantom phenomenon)이라고 한다.

간단한 모델에서 트랜잭션 연산이 피연산자로 주어진 특정 데이터 항목에 동작했었으며 **read**, **write**를 보면 어떤 데이터 항목을 참조하는지 알 수 있었다. 그러나 SQL 문장에서, 참조되는 데이터 항목(튜플)은 **where** 절에 명시된 술어에 따라 결정된다. 따라서 같은 트랜잭션이라 하더라도 두 번 이상 수행될 때 그 사이에 데이터베이스가 변경되면 각각 다른 데이터를 참조할 수 있다. 위의 예시에서 우리의 질의는 "James" 튜플을 삽입한 후에 실행할 때만 참조할 수 있을 것이다. 여기서 질의 T를 급여가 $90,000인 교수를 찾는 질의, 그리고 T'을 "James" 튜플을 삽입하는 질의라 하자. 질의 T'이 먼저 들어오면 우선순위 그래프에는 $T' \rightarrow T$ 간선이 존재한다. 그러나 질의 T가 먼저 들어오면 우선순위 그래프에는 T와 T' 사이에 어떠한 간선도 없지만, T가 T'보다 먼저 직렬로 처리되도록 강제하는 유령 데이터에 대한 충돌이 존재한다.

위에서 언급한 문제는 동시성 제어를 위해 트랜잭션이 접근하는 튜플만 고려해서는 충분치 않다는 것을 보여 준다. 즉 동시성 제어를 위해서는 트랜잭션이 접근할 튜플을 찾는 데에 사용한 정보도 고려해야 한다는 것이다. 튜플을 찾기 위해 사용한 정보는 삽입이나 삭제로 인해 변경되었을 수 있으며 인덱스의 경우에는 검색 키 값의 변화로 인해 바뀔 수 있다. 예를 들어, 동시성 제어에 잠금 기법을 사용하였다면 인덱스 구조는 물론 릴레이션 안의 튜플을 관리하는 자료 구조 역시 적절히 잠금해야 한다. 그러나 이런 잠금은 어떤 상황에선 성능 저하를 가져오게 된다. 질의에 삽입, 삭제, 술어가 있음에도 직렬 가능성을 보장해 주며 동시성을 최대로 하는 인덱스 잠금 규약은 18.4.3절에서 설명한다.

다음 두 질의를 보자.

```
select ID, name
from instructor
where salary> 90000;

update instructor
set salary = salary * 0.9
where name = 'Wu';
```

위의 질의와 update 문장의 충돌 여부를 결정하기 힘든 상황이다. 위의 질의가 전체 *instructor* 릴레이션을 읽는다면 "Wu"의 정보가 담긴 튜플도 읽게 되고 갱신과 충돌하게 된다. 그러나 인덱스를 사용했다면 *salary* > 90000을 만족하는 튜플만 접근하게 되고 따라서 "Wu"의 급여가 처음에는

$90,000였으나 갱신 후 $81,000으로 줄었기 때문에 "Wu"의 데이터를 전혀 접근하지 않는다.

그러나 위의 방법을 사용하게 되면 충돌 여부가 시스템의 사용자 관점에서 보는 SQL 문장의 의미가 아닌 내부 질의 처리 과정의 선택에 영향을 받게 된다. 동시성 제어의 다른 대안으로는 삽입, 삭제, 갱신 연산이 술어에 따라 선택된 튜플에 영향을 주게 되는 경우 서로 충돌하도록 하는 것이다. 위 예제에서 "*salary* > 90000" 술어와 "Wu"의 급여를 $90,000보다 크게 갱신하거나 "Einstein"의 급여를 $90,000보다 작은 값으로 갱신하는 연산은 서로 충돌한다. 이와 같은 아이디어에 기초한 잠금 기법을 **술어 잠금**(predicate locking)이라고 한다. 술어 잠금은 인덱스 노드에 잠금을 사용하는 방법으로 구현하며 18.4.3절에서 다룬다.

17.11 요약

- **트랜잭션**은 다양한 데이터 항목에 접근하고 갱신하는 프로그램 실행의 논리적인 단위다. 트랜잭션 개념을 이해하는 것은 동시 실행뿐만 아니라 다양한 형태의 오류로 인해 데이터베이스가 비일관성 상태에 빠지지 않도록 데이터베이스의 데이터 갱신을 이해하고 구현하기 위한 필수조건이다.
- 트랜잭션은 ACID 속성: 원자성, 일관성, 고립성, 지속성을 가져야 한다.
  - 원자성은 트랜잭션에 의한 모든 영향이 데이터베이스에 전부 반영되거나 아니면 하나도 반영되지 않도록 보장하는 것이다. 즉 오류로 인해 실패가 발생했을 때 데이터베이스에 트랜잭션이 일부만 실행된 상태로 존재하지 않도록 하는 것이다.
  - 일관성은 만약 데이터베이스가 처음에 일관된 상태에 있었다면 트랜잭션이 실행되고 난 후에도 계속 일관된 상태로 유지되어야 한다는 것을 보장하는 것이다.
  - 고립성은 동시에 수행하는 트랜잭션들이 서로 고립된 상태, 즉 동시에 수행 중인 다른 트랜잭션의 실행에 영향을 주지 않도록 한다는 것이다.
  - 지속성은 일단 트랜잭션이 정상적으로 완료되고 난 후에는 오류로 인해 시스템이 멈추더라도 그 트랜잭션이 수행한 갱신 내용은 지속되어야 한다는 것이다.
- 트랜잭션의 동시 실행은 트랜잭션의 처리율과 시스템 이용률을 높이고 트랜잭션의 대기 시간을 줄인다.
- 컴퓨터 저장 장치의 종류에는 휘발성 저장 장치와 비휘발성 저장 장치, 안정 저장 장치 등이 있다. RAM과 같은 휘발성 저장 장치 내의 데이터는 컴퓨터 고장 시 손실된다. 디스크와 같은 비휘발성 저장 장치 내의 데이터는 컴퓨터 고장 시에도 손실되지는 않는다. 그러나 디스크 고장 등의 이유로 손실될 가능성은 있다. 안정 저장 장치 내의 데이터는 절대 손실되지 않는다.
- 온라인에서 접근할 수 있어야 하는 안정 저장 장치는 미러 디스크나 중복 저장 장치를 제공하는 다른 형태의 RAID로 구현된다. 오프라인이나 기록 보관용 안정 저장 장치는 안전한 장소에 저장된 여러 개의 테이프 데이터 사본으로 이루어진다.
- 여러 트랜잭션이 데이터베이스에서 동시에 실행될 때 데이터의 일관성을 유지하지 못하는 경우

가 있다. 그러므로 동시 수행 중인 트랜잭션 간의 상호작용을 제어할 필요가 있다.

- 트랜잭션 자체는 일관성을 유지하는 단위이기 때문에 트랜잭션의 순차적 실행은 당연히 일관성이 유지되는 것을 보장한다.
- **스케줄**은 트랜잭션 실행의 내부적인 상세한 부분은 간략화하면서, read와 write 연산과 같이 동시 실행 시에 영향을 끼치는 트랜잭션의 주요 동작만 뽑아낸다.
- 일련의 트랜잭션들의 동시 수행으로 만들어진 스케줄은 그 트랜잭션들을 특정 순서에 따라 순차적으로 실행하는 스케줄과 동등해야 한다.
- 위와 같은 속성을 **직렬 가능성**을 보장한다고 한다.
- **충돌 직렬 가능성**과 **뷰 직렬 가능성**의 개념이 다른 것처럼, 여러 가지 다른 기준의 동등성 개념이 있다.

- 동시 수행 중인 트랜잭션들에 의해 만들어지는 스케줄의 직렬 가능성은 **동시성 제어** 기법이라고 불리는 다양한 기법을 통해 보장된다.
- 스케줄이 충돌 직렬 가능한지는 그 스케줄의 **우선순위 그래프**를 만든 다음 그 그래프에 사이클이 있는지 없는지를 통해 알 수 있다. 그러나 직렬 가능성을 보장하는 보다 더 효율적인 동시성 제어 기법이 있다.
- 스케줄은 복구 가능해야 한다. 즉 트랜잭션 a가 트랜잭션 b에 의해 갱신된 내용에 접근했을 때 b가 중단되면 a도 따라서 중단되어야 한다.
- 스케줄은 되도록 비연쇄적이어야 한다. 즉 한 트랜잭션의 중단이 연쇄적으로 다른 트랜잭션들의 중단으로 이어지지 않도록 해야 한다. 비연쇄성은 트랜잭션들이 커밋된 데이터에만 접근하도록 함으로써 보장할 수 있다.
- 데이터베이스의 동시성 제어 관리 요소는 동시성 제어 정책을 관리한다. 이런 정책에는 잠금, 타임스탬프 순서, 스냅샷 고립 등이 있다. 18장에서 이러한 동시성 제어 정책에 관해 서술한다.
- 데이터베이스 시스템은 동시성에 제한을 덜 두어 직렬 가능성보다 낮은 고립성 수준을 제공함으로써 성능을 향상할 수 있다. 이렇게 하면 데이터베이스는 비일관성 상태에 놓일 수 있지만 몇몇 응용 프로그램은 충분히 허용할 수 있는 수준이다.
- 유령 현상 때문에 **update**, **insert**, **delete** 명령어가 포함된 SQL을 올바르게 동시 수행하기 위해서는 추가 조치가 필요하다.

용어정리

- 트랜잭션
- ACID 속성
  - 원자성
  - 일관성
  - 고립성
  - 지속성
- 비일관성 상태
- 저장 장치 종류
  - 휘발성 저장 장치
  - 비휘발성 저장 장치

- 안정 저장 장치
- 동시성 제어 시스템
- 복구 시스템
- 트랜잭션 상태
    - 동작
    - 부분 커밋
    - 실패
    - 중단
    - 커밋
    - 종료
- 보상 트랜잭션
- 트랜잭션
    - 재시작
    - 강제 종료
- 관찰 가능한 외부 출력
- 동시 실행
- 순차 실행
- 스케줄
- 연산의 충돌
- 충돌 동등
- 충돌 직렬 가능성
- 직렬 가능성 검사
- 우선순위 그래프
- 직렬 가능성 순서
- 복구 가능한 스케줄
- 연쇄적 롤백
- 비연쇄적인 스케줄
- 고립성 수준
    - 직렬 가능
    - 반복 가능한 읽기
    - 커밋된 데이터 읽기
    - 커밋되지 않은 데이터 읽기
- 더티 쓰기
- 자동 커밋
- 동시성 제어
- 잠금
- 타임스탬프 순서
- 스냅샷 고립
- 유령 현상
- 술어 잠금

실전문제

17.1 절대 고장이 나지 않는 데이터베이스 시스템이 존재한다고 가정하자. 그 시스템에 복구 관리자가 필요한가?

17.2 자신이 가장 좋아하는 운영체제 시스템의 파일 시스템을 고려해 보자.

a. 파일의 생성이나 삭제, 데이터를 파일에 기록하는 동작에 포함된 세부적인 단계는 무엇인가?

b. 원자성과 지속성이 파일의 생성, 삭제, 데이터를 파일에 기록하는 동작과 어떻게 연관이 있는지 설명하라.

17.3 데이터베이스 시스템 개발자가 파일 시스템 개발자보다 ACID 성질에 더 많은 주의를 기울여 왔다. 왜 그런지 설명하라.

17.4 어떤 종류의 저장 매체가 지속성을 보장하기 위해 사용될 수 있는가? 왜 그런지 설명하라.

17.5 모든 충돌 직렬 가능 스케줄이 뷰 직렬 가능한데, 왜 뷰 직렬 가능성보다 충돌 직렬 가능성을 더 강조하는가?

17.6 그림 17.16의 우선순위 그래프를 보자. 이 우선순위 그래프에서 충돌 직렬 가능 스케줄이 있는가? 제시한 답을 설명하라.

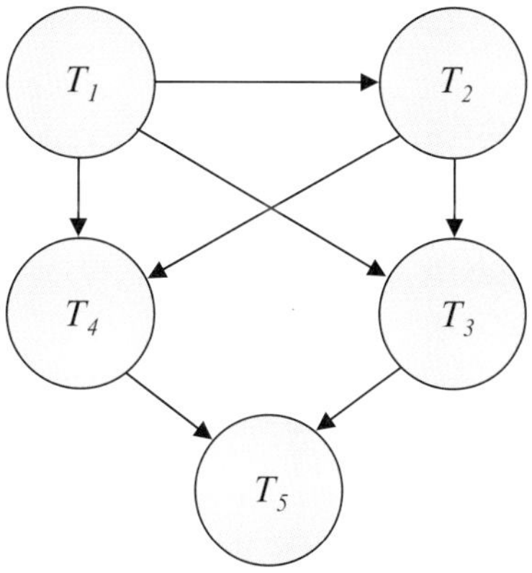

그림 17.16 문제 17.6을 위한 우선순위 그래프

17.7 비연쇄적인 스케줄이란 무엇인가? 스케줄의 비연쇄성이 왜 바람직한가? 연쇄적인 스케줄이 바람직한 상황은 있는가? 제시한 답을 설명하라.

17.8 트랜잭션 T_j가 한 데이터 항목을 읽고 다른 트랜잭션 T_k가 그 데이터 항목에 기록한 후 T_j가 다시 그 데이터 항목에 기록하는 경우, **손실 갱신**(lost update)이라 불리는 현상이 발생한다. 이는 T_j가 갱신하며 T_k가 기록한 값을 덮어쓰기 때문에 T_k가 수행한 갱신 내용이 손실되기 때문이다.

a. 손실 갱신이 발생하는 스케줄의 예를 들어 보라.

b. **커밋된 데이터 읽기** 고립성 수준을 사용할 때 손실 갱신이 발생하는 스케줄의 예를 들어 보라.

c. **반복 가능한 읽기** 고립성 수준을 사용하는 경우 왜 손실 갱신이 발생하지 않는지 설명하라.

17.9 스냅샷 고립을 사용하는 은행 데이터베이스를 생각해 보자. 직렬 불가능한 실행으로 인해 은행에 문제가 발생하는 시나리오를 기술하라.

17.10 스냅샷 고립을 사용하는 항공기 예약 데이터베이스를 생각해 보자. 성능상 이점을 위해 직렬 불가능한 수행을 허용하는 시나리오를 기술하라.

17.11 스케줄의 정의는 연산이 시간에 의해 전체적으로 정렬되어 있음을 가정한다. 다중 프로세서 시스템에서 운영되는 데이터베이스를 고려해 보자. 이런 시스템에서 다른 프로세서 간에 수행되는 연산 간에 정확한 순서를 정하기 힘들다. 그러나 한 데이터 항목에 대한 연산은 전체적으로 순서를 정할 수 있다.

위 상황에서 충돌 직렬 가능성에 대해 어떤 문제가 발생할 수 있는지 설명하라.

연습문제

17.12 ACID 속성을 나열하고 각각의 용도에 관해 설명하라.

17.13 실행되는 동안 트랜잭션은 여러 단계를 거치게 되고 결국에는 커밋되거나 중단된다. 트랜잭션이 거칠 수 있는 모든 가능한 단계를 순서대로 나열하고 각 단계가 왜 발생하는지 설명하라.

17.14 순차적 스케줄과 직렬 가능 스케줄의 차이점을 설명하라.

17.15 다음 두 트랜잭션을 생각해 보자.

T_{13}: read(A);
read(B);
if $A = 0$ **then** $B := B + 1$;
write(B).

T_{14}: read(B);
read(A);
if $B = 0$ **then** $A := A + 1$;
write(A).

일관성 요구 조건은 $A = 0 \vee B = 0$이고 초깃값은 $A = B = 0$이다.

a. 데이터베이스의 일관성을 유지하는 이들 두 트랜잭션의 모든 순차적 실행을 보여라.

b. 직렬 불가능한 스케줄을 만드는 T_{13}과 T_{14}의 동시 실행을 보여라.

c. 직렬 가능 스케줄을 만드는 T_{13}과 T_{14}의 동시 실행이 있는가?

17.16 두 트랜잭션의 커밋 순서와 직렬 가능성 순서가 다른 직렬 가능 스케줄의 예를 보여라.

17.17 복구 가능한 스케줄이란 무엇인가? 왜 스케줄의 복구성이 바람직한가? 복구 불가능한 스케줄이 바람직한 상황이 있는가? 제시한 답을 설명하라.

17.18 동시 실행이 아무런 문제도 발생시키지 않도록 하기 위해서는 부가적인 프로그래밍 노력이 필요한데도 불구하고 데이터베이스 시스템이 트랜잭션의 동시 실행을 지원하는 이유는 무엇인가?

17.19 "커밋된 데이터 읽기" 고립성 수준이 비연쇄 스케줄을 보장하는 이유를 설명하라.

17.20 다음 각각의 고립성 수준에서 직렬 불가능한 스케줄의 예를 들어 보라.

a. 커밋되지 않은 데이터 읽기

b. 커밋된 데이터 읽기

c. 반복 가능한 읽기

17.21 read, write 연산 외에 pred_read(r, P) 연산이 있다고 생각하자. 이 연산은 릴레이션 r에서 술어 P를 만족하는 모든 튜플을 읽는다.

a. pred_read 연산을 사용하고 유령 현상을 보이는, 따라서 결과적으로 직렬 불가능한 스케줄의 예를 들어 보라.

b. 한 트랜잭션이 릴레이션 r에 대해 pred_read 연산을 사용하고, 다른 동시 수행 트랜잭션이 r에서 튜플을 지우지만 유령 충돌이 발생하지 않는 스케줄의 예를 들어 보라(릴레이션 r의 스키마를 만들고 삭제된 튜플의 속성값을 보여야 한다).

더 읽어보기

[Gray and Reuter (1993)]는 동시성 제어와 복구 문제 등 트랜잭션 처리의 개념, 기법, 상세한 구현을 다루는 책이며, [Bernstein and Newcomer (2009)]는 트랜잭션 처리의 다양한 측면을 다룬다.

직렬 가능성의 개념은 시스템 R의 동시성 제어를 개발했던 [Eswaran et al. (1976)]에 의해 형식화되었다.

동시 제어와 복구 같은 트랜잭션 처리의 특정 측면을 다루는 참고문헌은 18, 19장에 나와 있다.

참고문헌

[Bernstein and Newcomer (2009)] P. A. Bernstein and E. Newcomer, *Principles of Transaction Processing*, 2nd edition, Morgan Kaufmann (2009).

[Eswaran et al. (1976)] K. P. Eswaran, J. N. Gray, R. A. Lorie, and I. L. Traiger, "The Notions of Consistency and Predicate Locks in a Database System", *Communications of the ACM*, Volume 19, Number 11 (1976), pages 624-633.

[Gray and Reuter (1993)] J. Gray and A. Reuter, *Transaction Processing: Concepts and Techniques*, Morgan Kaufmann (1993).

크레딧

Chapter **18**

동시성 제어

17장을 통해 트랜잭션의 기본적인 성질 중에 원자성에 대해 알아보았다. 그러나 여러 트랜잭션을 데이터베이스 내에서 동시에 수행하면 원자성을 유지하지 못할 수도 있다. 이 경우 원자성을 보장하기 위해서는 시스템이 반드시 동시에 수행되는 트랜잭션 간의 상호작용을 제어해야 한다. 이러한 제어는 **동시성 제어**(concurrency control) 기법을 사용하여 할 수 있다. 이번 장에서 오류에 대해서는 생각하지 않고 동시에 수행하는 트랜잭션을 어떻게 관리할 것인가에 대해 다루기로 한다. 오류로 인한 실패로부터 어떻게 시스템을 복구할 수 있는지에 대해서는 19장에서 다룰 것이다.

앞으로 살펴보겠지만 다양한 동시성 제어 기법이 존재한다. 어떠한 기법도 명백히 가장 좋다고 말할 수는 없으며, 각 기법이 서로 장단점이 있다. 실제로 가장 빈번히 사용되는 기법은 **2단계 잠금**(two-phase locking)과 **스냅샷 고립**(snapshot isolation)이다.

18.1 잠금 기반의 규약

고립성을 보장하기 위한 한 가지 방법은 데이터 항목에 상호 독점적 혹은 배타적으로 접근하도록 하는 것이다. 즉 한 트랜잭션이 하나의 데이터 항목에 접근할 때는 다른 트랜잭션이 같은 데이터 항목에 대해 갱신 작업을 할 수 없도록 하는 것이다. 이러한 조건을 구현하기 위해서 가장 일반적으로 사용하는 방법은 데이터 항목에 **잠금**을 가지고 있는 트랜잭션만이 그 데이터 항목에 접근할 수 있도록 하는 것이다. 잠금의 개념은 17.9절에서 다루었다.

18.1.1 잠금

데이터 항목에 다양한 모드로 잠금을 걸 수 있다. 이번 절에서 두 가지 모드에 대해 살펴볼 것이다.

1. **공유 잠금 모드**: 만약 트랜잭션 T_i가 데이터 항목 Q에 **공유 모드 잠금**(shared-mode lock, S로 표기한다)을 가지고 있다면 T_i는 Q를 읽을 수는 있지만, Q를 갱신 또는 "쓰기" 할 수는 없다.

	S	X
S	true	false
X	false	false

그림 18.1 잠금 호환성 행렬 comp

2. **독점적[1] 잠금 모드**: 만약 트랜잭션 T_i가 데이터 항목 Q에 **독점적 모드 잠금**(exclusive-mode lock, X로 표기한다)을 가지고 있다면 T_i는 Q를 읽을 수도 있고 갱신할 수도 있다.

모든 트랜잭션은 데이터 항목 Q에 어떤 연산을 수행할지에 따라 적절한 모드의 잠금을 동시성 제어 관리자에게 **요청**(request)해야 한다. 이 요청에 따라 동시성 제어 관리자가 해당 트랜잭션에 요청한 잠금을 **허용**(grant)했을 때 트랜잭션은 자신의 연산을 계속 진행할 수 있다. 이러한 두 개의 잠금 모드는 다수의 트랜잭션이 동시에 하나의 데이터 항목을 읽을 수 있게 하면서도 한 번에 하나의 트랜잭션만 갱신을 위한 접근을 하도록 제한해 준다.

이를 더 일반적으로 기술하자면, 어떤 잠금 모드 집합이 주어졌을 때 다음과 같이 **호환성 함수**(compatibility function)를 정의할 수 있다. A와 B를 임의의 잠금 모드라고 하자. 트랜잭션 T_i가 데이터 항목 Q에 대해 A 모드의 잠금을 요청했다고 하자. 이때 트랜잭션 $T_j(T_i \neq T_j)$는 Q에 대해 B 모드의 잠금을 가지고 있다. 만약 모드 B의 잠금을 가지고 있는 상태에서 T_i가 Q에 대한 모드 A의 잠금을 얻을 수 있는 경우 모드 A와 모드 B는 서로 호환(compatible)된다고 말한다. 이러한 함수는 행렬을 이용하여 쉽게 표현할 수 있다. 이번 절에서 다루는 두 잠금 모드 사이의 호환성 관계는 그림 18.1의 행렬 comp에서 찾아볼 수 있다. 이 행렬에서 원소 comp(A, B)는 모드 A와 모드 B가 호환성을 가질 때 *true* 값을 가진다.

주목할 점은 공유 모드의 잠금은 다른 공유 모드의 잠금과는 호환성을 가지지만 독점적 모드의 잠금과는 호환성을 가지지 않는다는 것이다. 어느 때라도 특정 데이터 항목에 서로 다른 트랜잭션에 의해 여러 개의 공유 모드의 잠금이 존재할 수 있으므로 독점적 모드로 잠금을 걸기 위해서는 현재 걸려 있는 공유 모드의 잠금이 모두 해제될 때까지 기다리고 있어야 한다.

트랜잭션은 lock-S(Q) 명령문을 실행해서 데이터 항목 Q에 공유 모드의 잠금을 요청한다. 마찬가지로 lock-X(Q) 명령문을 통해 독점적 모드의 잠금을 요청할 수 있다. 그리고 unlock(Q) 명령문으로 데이터 항목 Q에 자신이 걸었던 잠금을 해제할 수 있다.

데이터 항목에 접근하기 위해서 트랜잭션 T_i는 먼저 그 항목에 잠금을 걸어야 한다. 만약 이미 다른 트랜잭션에 의해 그 항목에 호환되지 않는 모드의 잠금이 걸려 있다면, 걸려 있는 모든 비호환적인 잠금이 해제될 때까지 동시성 제어 관리자가 T_i의 잠금 요청을 허용하지 않게 한다. 따라서 T_i는 모든 비호환적인 잠금이 해제될 때까지 **대기**(wait) 상태로 존재한다.

트랜잭션 T_i는 이전에 걸었던 잠금을 언제라도 해제할 수 있다. 주의할 점은 트랜잭션이 데이터

1 역자 주: "배타적"이라는 용어로 번역되기도 한다.

```
T1: lock-X(B);
    read(B);
    B := B − 50;
    write(B);
    unlock(B);
    lock-X(A);
    read(A);
    A := A + 50;
    write(A);
    unlock(A).
```

그림 18.2 트랜잭션 T_1

항목에 계속 접근하고자 한다면 반드시 그 데이터 항목에 대한 잠금을 계속 가지고 있어야 한다는 것이다. 게다가 트랜잭션이 데이터 항목에 마지막으로 접근한 다음 바로 그 항목에 걸린 잠금을 해제하는 것이 바람직하지 못한 때도 있는데, 왜냐하면 직렬 가능성이 보장되지 않을 수도 있기 때문이다.

17장에서 다루었던 은행 시스템의 예를 다시 보자. A와 B를 트랜잭션 T_1과 T_2가 접근하는 두 계좌라고 하고 트랜잭션 T_1이 계좌 B에서 $50을 계좌 A로 이체하려고 한다고 하자(그림 18.2). 트랜잭션 T_2는 계좌 A와 B를 합한 잔액, 즉 합 $A + B$를 보여 준다(그림 18.3).

계좌 A와 B에 각각 $100과 $200의 잔액이 있다고 하자. 만일 이 두 트랜잭션이 T_1 다음에 T_2 혹은 T_2 다음에 T_1 순으로 순차적으로 수행한다면 트랜잭션 T_2는 $300이라는 값을 보여 줄 것이다. 그러나 만약 두 트랜잭션이 그림 18.4에 나와 있는 스케줄을 따라 동시에 실행하면 트랜잭션 T_2는 잘못된 값인 $250을 보여 줄 것이다. 이러한 오류가 발생하는 이유는 트랜잭션 T_1이 B에 걸려 있는 잠금을 너무 일찍 해제하는 바람에 트랜잭션 T_2가 일관성이 결여된 상태의 데이터를 읽었기 때문이다.

그림 18.4의 스케줄은 동시성 제어 관리자가 잠금 권한을 부여하는 시점과 트랜잭션에 의해 수행되는 연산을 보여 준다. 잠금을 요청하는 트랜잭션은 동시성 제어 관리자로부터 잠금 권한을 받

```
T2: lock-S(A);
    read(A);
    unlock(A);
    lock-S(B);
    read(B);
    unlock(B);
    display(A + B).
```

그림 18.3 트랜잭션 T_2

T_1	T_2	concurrency-control manager
lock-X(B)		
		grant-X(B, T_1)
read(B) $B := B - 50$ write(B) unlock(B)		
	lock-S(A)	
		grant-S(A, T_2)
	read(A) unlock(A) lock-S(B)	
		grant-S(B, T_2)
	read(B) unlock(B) display($A + B$)	
lock-X(A)		
		grant-X(A, T_1)
read(A) $A := A + 50$ write(A) unlock(A)		

그림 18.4 스케줄 1

을 때까지는 다음 연산을 처리할 수 없다. 그러므로 반드시 트랜잭션의 잠금 요청 연산과 바로 그 다음 연산 사이의 시간 동안에 잠금 권한을 얻어야 한다. 이 간격 사이에서 정확히 어느 시점에 잠금 권한을 얻는지는 중요하지 않다. 단지 트랜잭션의 잠금 요청 바로 다음 연산을 수행하기 직전에만 잠금 권한을 얻을 수 있으면 된다. 앞으로 나오는 스케줄에서 그림 18.4에 나와 있는 동시성 제어 관리자의 연산을 보여 주는 열(column)을 생략할 것이다. 잠금 권한이 언제 주어지는지에 대해서는 쉽게 알 수 있을 것이다.

이제 트랜잭션이 마지막에 잠금을 해제한다고 가정하자. 트랜잭션 T_3은 트랜잭션 T_1에서 잠금 해제를 마지막에 수행하도록 변경한 것이다(그림 18.5). 트랜잭션 T_4는 트랜잭션 T_2에서 잠금 해제를 마지막에 수행하도록 변경한 것이다(그림 18.6).

잘못된 합계 금액 $250을 보여 주던 스케줄 1의 읽기와 쓰기 연산이 T_3과 T_4에서 더는 발생하지 않는다는 것을 알 수 있다. 이 외에 다른 실행 스케줄에서도 이런 문제가 발생하지 않는다. 트랜잭션 T_4는 어떠한 스케줄로 실행하더라도 잘못된 결과를 보여 주지는 않는다. 그 이유가 무엇인지는 나중에 살펴볼 것이다.

불행히도 잠금은 원하지 않는 상황을 초래할 수 있다. 그림 18.7을 살펴보자. T_3이 B에 대해 독점적 모드의 잠금을 가지고 있으므로 T_4가 이 B에 공유 모드의 잠금을 요청해도 T_3이 B에 대한 잠금을 해제할 때까지 기다리고 있어야 한다. 마찬가지로 T_4가 이미 A에 대한 공유 모드의 잠금을 가

```
T3: lock-X(B);
    read(B);
    B := B − 50;
    write(B);
    lock-X(A);
    read(A);
    A := A + 50;
    write(A);
    unlock(B);
    unlock(A).
```

그림 18.5 트랜잭션 T_3

지고 있기 때문에 T_3이 A에 독점적 모드의 잠금을 요청해도 T_4가 A에 대한 잠금을 해제할 때까지는 계속 기다리고 있어야 한다. 결국 두 트랜잭션은 더는 정상적인 수행을 하지 못하고 자신이 요청한 잠금을 얻을 때까지 계속 기다리게 된다. 이러한 상태를 **교착 상태**(deadlock)라고 부른다. 교착 상태가 발생하면 반드시 시스템은 두 트랜잭션 중 하나를 롤백해야 한다. 일단 한 트랜잭션이 롤백되면 그 트랜잭션이 가지고 있던 모든 잠금은 해제되기 때문에 다른 트랜잭션이 잠금이 해제된 데이터 항목에 대해 잠금을 얻을 수 있고 결국 다음 연산 실행을 계속할 수 있게 된다. 교착 상태의 처리에 대해서는 18.2절에서 보다 자세히 다룰 것이다.

만약 잠금을 사용하지 않거나, 읽기 또는 쓰기 연산을 수행한 다음 즉시 잠금을 해제한다면 앞에서 본 것처럼 일관성이 결여된 상태에 빠질 수 있다. 반면 또 다른 데이터 항목에 잠금을 요청하기 전에 자신이 가진 잠금을 해제하지 않는다면 교착 상태가 발생할 수 있다. 18.1.5절에서 살펴보겠지만 어떤 상황에선 미리 교착 상태를 방지할 방법이 있다. 일관성이 결여된 상태를 피하고자 할 때 교착 상태는 잠금 기법에 수반되는 필요악이라 할 수 있다. 분명한 것은 교착 상태가 일관성이 결여된 상태보다는 더 낫다는 것이다. 왜냐하면 교착 상태는 트랜잭션을 취소한 다음 다시 시작하는 것으로 해결할 수 있기 때문이다. 그러나 일관성이 결여된 상태는 데이터베이스 시스템으로 처리가 불가능한 현실 세계의 문제를 일으킬 수 있다.

```
T4: lock-S(A);
    read(A);
    lock-S(B);
    read(B);
    display(A + B);
    unlock(A);
    unlock(B).
```

그림 18.6 트랜잭션 T_4

T_3	T_4
lock-X(B)	
read(B)	
$B := B - 50$	
write(B)	
	lock-S(A)
	read(A)
	lock-S(B)
lock-X(A)	

그림 18.7 스케줄 2

시스템 내의 각 트랜잭션은 **잠금 규약**(locking protocol)이라고 불리는 일련의 규칙을 따를 필요가 있다. 이 잠금 규약은 트랜잭션이 데이터 항목에 언제 잠금을 걸고 해제할 수 있는지를 알려 준다. 이렇게 함으로써 잠금 규약은 가능한 실행 스케줄의 수를 제한한다. 여기서 가능한 스케줄은 모든 직렬 가능한 스케줄의 부분집합이다. 구체적으로 여기서는 충돌 직렬 가능성을 보장하는 스케줄만 허용하는 몇 가지 잠금 규약을 다룰 것이다. 그전에 몇몇 용어에 대해 먼저 소개하고자 한다.

$\{T_0, T_1, \ldots, T_n\}$을 스케줄 S에 포함된 일련의 트랜잭션이라고 하자. 트랜잭션 T_i가 데이터 항목 Q에 모드 A의 잠금을 가진 다음에 트랜잭션 T_j가 데이터 항목 Q에 모드 B의 잠금을 가지면서 comp(A, B) = false인 데이터 항목 Q가 있는 경우, 스케줄 S에서 T_i가 T_j를 **앞선다**(precedes)라고 하고 $T_i \rightarrow T_j$로 표기한다. $T_i \rightarrow T_j$인 경우 T_i가 T_j를 앞선다는 것은 동등한 연산 순서를 가지는 모든 직렬 스케줄에서 T_i가 반드시 T_j보다 먼저 있어야 한다는 것이다. 이 그래프는 충돌 직렬 가능성을 검사하기 위해 17.6절에서 사용한 우선순위 그래프와 유사하다. 명령문 사이의 충돌은 곧 잠금 모드의 비호환성에 대응하기 때문이다.

만일 스케줄 S가 잠금 규약의 규칙을 따르는 일련의 트랜잭션의 스케줄이라면 주어진 잠금 규약 아래에서 S는 **정당하다**(legal)고 말할 수 있다. 그리고 모든 정당한 스케줄이 충돌 직렬 가능성을 가진다면, 즉 모든 정당한 스케줄에 대해 → 관계가 비순환적이라면 잠금 규약이 충돌 직렬 가능성을 **보장한다**(ensure)고 말할 수 있다.

18.1.2 잠금의 허용

한 트랜잭션이 데이터 항목에 대해 특정한 모드의 잠금을 요청할 때, 다른 트랜잭션이 같은 데이터 항목에 대해 충돌을 일으킬 수 있는 잠금을 가지지 않을 경우, 그 잠금 요청은 허용될 수 있다. 그러나 다음의 상황을 피하기 위해서는 주의가 필요하다. 트랜잭션 T_2가 하나의 데이터 항목에 공유 모드의 잠금을 가지고 있고 또 다른 트랜잭션 T_1이 그 데이터 항목에 대해 독점적 모드의 잠금을 요청했다고 하자. 명백히 T_1은 T_2가 공유 모드 잠금을 해제할 때까지 기다려야 한다. 이때 트랜잭션 T_3가 같은 데이터 항목에 대해 공유 모드의 잠금을 요청할 수 있다. T_3가 요청한 잠금 모드는 T_2가 가지는 잠금 모드와 호환성이 있으므로 T_3도 같은 데이터 항목에 대해 공유 모드의 잠금을 허용받게 된다. 이 시점에서 T_2가 잠금을 해제하더라도 T_3가 공유 모드의 잠금을 가지기 때문에 T_1은 여전히 T_3가 마칠 때까지 기다려야 한다. 다시, 새로운 트랜잭션 T_4가 같은 데이터 항목에 대해 공유 모드의 잠금을 요청하여 T_3가 잠금을 해제하기 전에 잠금을 허용받았다고 하자. 같은 데이터 항목에 대해 공유 모드의 잠금을 요청하는 일련의 트랜잭션들이 있고 앞 트랜잭션이 잠금을 해제하기 전에 잠금을 허용받는 경우가 발생할 수 있다. 이 경우 T_1은 결코 그 데이터 항목에 독점적 모드의 잠금을 허용받지 못하게 된다. 그러므로 T_1은 더는 진행하지 못하고 결국에는 **기아 상태**(starvation)에 빠지게 된다.

그러나 다음과 같은 방식으로 잠금을 허용하면 트랜잭션의 기아를 피할 수 있다. 트랜잭션 T_i가 특정 모드 M으로 데이터 항목 Q에 잠금을 요청할 때, 동시성 제어 관리자는 다음 두 가지 경우에 한해 잠금을 허용해 준다.

1. M과 충돌되는 잠금 모드로 Q에 잠금을 걸고 있는 다른 트랜잭션이 없다.
2. T_i보다 먼저 Q에 잠금을 요청해서 기다리고 있는 트랜잭션이 없다.

이렇게 하면 현재의 잠금 요청이 나중에 들어올 잠금 요청 때문에 막히는 경우는 발생하지 않는다.

18.1.3 2단계 잠금 규약

직렬 가능성을 보장해 줄 수 있는 한 가지 규약은 **2단계 잠금 규약**(two-phase locking protocol)이다. 이 규약은 각 트랜잭션이 잠금 및 해제 요청을 2단계로 하도록 요구한다.

1. **증가 단계**(Growing phase): 트랜잭션이 잠금을 얻을 수는 있으나 잠금을 해제할 수는 없는 단계다.
2. **감소 단계**(Shrinking phase): 트랜잭션이 잠금을 해제할 수는 있으나 잠금을 얻을 수는 없는 단계다.

처음에 트랜잭션은 증가 단계에서 시작한다. 이 단계에서 트랜잭션은 필요한 대로 잠금을 얻는다. 그러나 일단 트랜잭션이 잠금을 해제하고 나면 그 트랜잭션은 감소 단계에 있게 되고 이 단계에서 절대로 더 이상의 잠금을 요청할 수 없다.

예를 들어, 앞 그림의 트랜잭션 T_3와 T_4는 2단계로 되어 있지만, T_1과 T_2는 2단계로 되어 있지 않다. 그리고 기억할 것은 unlock 명령문이 트랜잭션의 마지막에 있어야 할 필요가 없다는 것이다. 예를 들어, 트랜잭션 T_3의 경우에 unlock(B) 명령문을 lock-X(A) 명령문 바로 다음으로 옮기더라도 T_3는 여전히 2단계 잠금 특성을 가진다.

또한 2단계 잠금 규약이 충돌 직렬 가능성을 보장한다는 것을 확인할 수 있다. 스케줄에서 트랜잭션이 마지막 잠금을 얻는 부분(증가 단계의 마지막 부분)을 그 트랜잭션의 **잠금 지점**(lock point)이라 부른다. 이 잠금 지점을 기준으로 트랜잭션을 정렬할 수 있는데, 사실상 이 순서는 직렬 가능성 순서라고 볼 수 있다. 이것에 대한 증명 부분은 연습문제로 남겨 둔다(문제 18.1).

그러나 2단계 잠금 규약을 적용한다고 해서 교착 상태에 빠지지 않도록 보장하는 것은 아니다. 스케줄 2(그림 18.7)를 보면 트랜잭션 T_3와 T_4는 2단계 잠금으로 실행하지만 교착 상태에 빠져 있음을 알 수 있다.

T_5	T_6	T_7
lock-X(A) read(A) lock-S(B) read(B) write(A) unlock(A)		
	lock-X(A) read(A) write(A) unlock(A)	
		lock-S(A) read(A)

그림 18.8 2단계 잠금 아래의 부분 스케줄

17.7.2절에서 스케줄은 반드시 직렬 가능성을 가져야 할 뿐만 아니라, 가능하면 비연쇄적인 것이 바람직하다고 이야기한 바 있다. 그런데 연쇄적인 롤백은 2단계 잠금 규약에서 발생할 수 있다. 그림 18.8을 살펴보자. 각 트랜잭션은 2단계 잠금 규약을 따른다. 그러나 T_7의 read(A) 연산 후에 T_5에 오류가 발생하면 T_6와 T_7의 연쇄적인 롤백이 일어나게 된다.

엄격한 2단계 잠금 규약(strict two-phase locking protocol)이라 불리는 변형된 2단계 잠금 규약을 통해 연쇄적인 롤백을 방지할 수 있다. 이 규약은 잠금을 2단계로 수행할 뿐만 아니라 트랜잭션이 정상적으로 커밋할 때까지 자신이 가진 독점적 모드의 잠금을 계속 유지하도록 한다. 이에 따라 아직 커밋하지 않은 트랜잭션에 의해 갱신된 데이터는 그 트랜잭션이 커밋할 때까지 독점적 모드로 잠금이 걸려 있게 되며, 다른 트랜잭션이 그 데이터를 읽을 수 없다는 것을 보장한다.

2단계 잠금의 또 다른 변형으로 **준엄한 2단계 잠금 규약**(rigorous two-phase locking protocol)이 있는데, 이는 트랜잭션이 커밋할 때까지 공유 및 독점적 잠금을 해제하지 않고 계속 유지하도록 하는 것이다. 이 규약을 따를 경우 트랜잭션들의 커밋 순서에 따라 직렬 가능한 것을 확인할 수 있다.

다음의 두 트랜잭션을 살펴보자. 중요한 read와 write 연산으로 구성된 트랜잭션 일부만 보여주고 있다.

T_8: read(a_1);
read(a_2);
...
read(a_n);
write(a_1).

T_9: read(a_1);
read(a_2);
display(a_1 + a_2).

만약 2단계 잠금 규약을 적용한다면 T_8은 반드시 a_1에 독점적 모드의 잠금을 걸어야 한다. 그러면 두 트랜잭션을 동시에 실행해도 결과적으로 직렬 가능한 실행이 된다. 그러나 T_8은 a_1을 갱신하

T_8	T_9
lock-S(a_1)	
	lock-S(a_1)
lock-S(a_2)	
	lock-S(a_2)
lock-S(a_3)	
lock-S(a_4)	
	unlock(a_1)
	unlock(a_2)
lock-S(a_n)	
upgrade(a_1)	

그림 18.9 잠금 변환이 있는 불완전한 스케줄

기 위해 자신의 마지막 연산에서만 a_1에 독점적 잠금을 필요로 한다. 만일 T_8이 처음에는 a_1에 공유 모드로 잠금을 걸었다가 나중에 독점적 모드로 잠금을 변경한다면 더 나은 동시성을 얻을 수 있다. 왜냐하면 T_8과 T_9 트랜잭션이 동시에 a_1과 a_2에 접근할 수 있기 때문이다.

이로부터 2단계 잠금 규약을 **잠금 변환**(lock conversion)을 허용하는 형태로 수정할 필요가 있음을 알 수 있다. 공유 잠금을 독점적 잠금으로 높이는 방법과 반대로 독점적 잠금을 공유 잠금으로 낮추는 방법이 필요하다. 구체적으로 **upgrade** 명령문을 통해 공유 잠금을 독점적 잠금으로 올릴 수 있으며, **downgrade** 명령문을 통해 독점적 잠금을 공유 잠금으로 낮출 수 있다. 그러나 잠금 변환이 언제든지 가능한 것은 아니다. 즉 잠금을 높이는 것은 증가 단계에서만 가능하고 잠금을 낮추는 것은 감소 단계에서만 가능하다는 것이다.

위 예로 다시 돌아가서, 트랜잭션 T_8과 T_9은 수정된 2단계 잠금 규약 아래에서 동시에 수행할 수 있다. 그림 18.9에 잠금 명령문 중 일부만 있는 불완전한 스케줄이 나타나 있다.

데이터 항목 Q의 잠금을 높이려 할 때 그 트랜잭션은 대기 상태로 밀려날 수 있음에 주목하자. 이러한 강제적인 대기 상태는 Q가 다른 트랜잭션에 의해 공유 잠금이 걸려 있는 경우 발생한다.

기본적인 2단계 잠금 규약과 마찬가지로 잠금 변환이 가능한 2단계 잠금 규약도 충돌 직렬 가능성이 있는 스케줄만 생성하므로 트랜잭션은 잠금 지점 순서로 직렬 가능하다. 또한 독점적 잠금을 트랜잭션이 실행을 마칠 때까지 유지한다면 스케줄은 비연쇄성이 보장된다.

어떤 트랜잭션에 대해 2단계 잠금 규약으로는 얻을 수 없는 충돌 직렬 가능한 스케줄이 있을 수 있다. 그러나 2단계가 잠금 규약이 아닌 스케줄로 충돌 직렬 가능한 스케줄을 얻기 위해서는 트랜잭션에 관한 추가적인 정보를 가지고 있거나 데이터베이스 내의 일련의 데이터 항목에 구조체나 정렬을 적용해야 한다. 이 장 뒷부분에서 다른 잠금 규약을 다룰 때 이와 관련된 예제를 살펴보겠다.

잠금 변환이 있는 엄격한 2단계 잠금과 준엄한 2단계 잠금 기법은 상업용 데이터베이스 시스템에서 널리 사용하고 있다.

간단하면서도 널리 사용하고 있는 기법은 트랜잭션의 읽기와 쓰기 요청을 기반으로 트랜잭션을 위한 적절한 잠금과 해제 명령문을 자동으로 생성하는 것이다.

- 트랜잭션 T_i가 read(Q) 연산을 실행하려 하면 시스템은 read(Q) 명령문 전에 lock-S(Q) 명령문을 실행한다.
- 트랜잭션 T_i가 write(Q) 연산을 실행하려 하면 시스템은 T_i가 Q에 대해 공유 잠금을 가졌는지 검사한다. 만일 T_i가 공유 잠금을 가지고 있다면 시스템은 write(Q) 연산 전에 upgrade(Q) 명령문을 실행한다. 그렇지 않다면 시스템은 write(Q) 연산 전에 lock-X(Q) 명령문을 실행한다.
- 트랜잭션이 획득한 모든 잠금은 그 트랜잭션이 커밋하거나 중단된 후에야 전부 해제한다.

18.1.4 잠금의 구현

잠금 관리자(lock manager)는 트랜잭션으로부터 요청 메시지를 받고 다시 응답 메시지를 트랜잭션에 보내는 방법으로 구현할 수 있다. 잠금 관리자는 잠금 요청 메시지에 대해 잠금 허용 메시지(grant message)로 응답하거나 아니면 트랜잭션의 취소를 요청하는 메시지(교착 상태의 경우에)로 응답한다. 잠금 해제 메시지는 응답으로 승인 메시지(acknowledgement)만 요구하지만, 대기 상태의 또 다른 트랜잭션에는 잠금 허용 메시지를 보낼 수도 있다.

잠금 관리자는 다음의 자료 구조를 사용한다. 현재 잠금이 걸려 있는 각 데이터 항목에 대해 레코드의 연결 리스트를 유지한다. 데이터 항목의 연결 리스트를 검색하기 위해 데이터 항목의 이름으로 인덱스된 해시 테이블을 사용한다. 이 테이블을 **잠금 테이블**(lock table)이라고 한다. 각 레코드는 어떤 트랜잭션이 요청했으며 또 어떤 잠금 모드를 요청했는지 알려 준다. 또한 그 잠금 요청에 대해 현재 잠금 권한이 주어졌는지 아닌지를 알려 준다. 이러한 레코드는 요청이 접수된 순서대로 연결 리스트에 기록된다.

그림 18.10은 잠금 테이블의 한 예를 보여 준다. 테이블은 다섯 개의 서로 다른 데이터 항목 I4, I7, I23, I44, I912에 대한 잠금을 포함하고 있다. 잠금 테이블의 각 엔트리는 오버플로 체이닝 방식으로 데이터 항목의 연결 리스트를 가지고 있다. 또한 각 데이터 항목에 대해 잠금을 가지고 있는 트랜잭션의 리스트와 잠금을 기다리고 있는 트랜잭션의 리스트를 가지고 있다. 허용된 잠금은 더 검게 칠해진 사각형으로 표시되어 있고, 잠금을 기다리고 있는 요청은 덜 검게 칠해진 사각형으로 표시되어 있다. 그림을 간단히 하기 위해 잠금 모드는 생략했다. 예를 들어, T23은 I912와 I7의 잠금을 가지고 있으면서 I4에 대해서는 잠금이 주어지기를 기다리고 있음을 볼 수 있다.

이 그림에서 볼 수 없지만 잠금 테이블은 트랜잭션의 식별자에 대한 인덱스를 유지해야 한다. 그래야만 특정 트랜잭션이 가지고 있는 잠금을 효율적으로 찾을 수 있다.

잠금 관리자 프로세스는 다음과 같이 동작한다.

- 잠금을 요청하는 메시지가 들어올 때 잠금 관리자는 잠금이 걸릴 데이터 항목의 연결 리스트가 이미 존재하면 그 연결 리스트에 레코드 하나를 추가한다. 그렇지 않다면 요청받은 잠금의 레코드만 가지는 새로운 연결 리스트를 만든다.

  잠금 관리자는 현재 잠금이 걸려 있지 않은 데이터 항목에 대한 잠금 요청은 항상 허용한다. 그러나 트랜잭션이 현재 잠금이 걸려 있는 데이터 항목에 대해 잠금을 요청하면, 잠금 관리자는

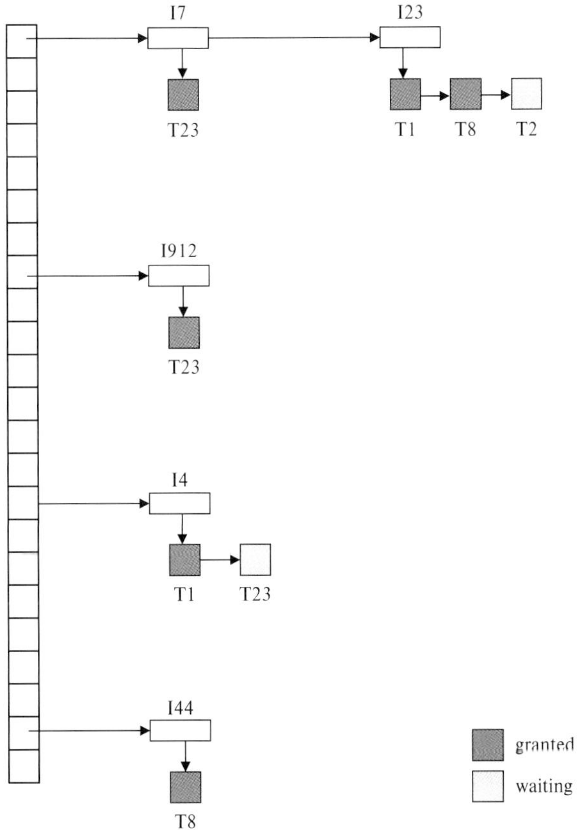

그림 18.10 잠금 테이블

현재 걸려 있는 잠금과 호환되고 모든 이전 잠금 요청이 이미 허용된 경우에만 그 요청을 허용한다. 이 외의 경우에 요청은 대기해야 한다.

- 잠금 관리자가 트랜잭션으로부터 잠금 해제 요청 메시지를 받으면 잠금 관리자는 연결 리스트에서 그 트랜잭션과 관련된 데이터 항목의 레코드를 삭제한다. 삭제된 레코드 바로 뒤에 레코드가 있다면 그 레코드의 잠금 요청을 허용할 수 있는지 아닌지를 이전 문단에서 설명한 것과 마찬가지로 검사한다. 그 결과 허용할 수 있다면 잠금 관리자는 잠금 요청을 허용해 준다. 그리고 그다음의 레코드도 같은 방식으로 처리한다.
- 만약 트랜잭션이 취소되면 잠금 관리자는 그 트랜잭션에서 요청하여 대기 중인 모든 잠금 요청을 취소한다. 데이터베이스 시스템이 그 트랜잭션을 취소하기 위해 적절한 동작을 취하고 나서(19.3절 참조), 취소된 트랜잭션이 가지고 있던 모든 잠금은 그 즉시 해제된다.

이 알고리즘은 잠금 요청에 따른 기아를 완전히 해결한다. 왜냐하면 이전에 받은 잠금 요청을 허용하기 전까지 새로운 잠금 요청을 결코 먼저 허용하지 않기 때문이다. 18.2.2절에서 교착 상태를 어떻게 탐지하고 해결할 수 있는지를 다룰 것이다. 20.3.1절에서 또 다른 구현 방법을 설명하는데 이 방법은 잠금 요청과 허용을 위해 메시지 전달이 아닌 공유 메모리를 사용하는 것이다.

18.1.5 그래프 기반 규약

18.1.3절에서 언급한 것처럼 만약 2단계 잠금 규약이 아닌 다른 잠금 규약을 개발하기 위해서는 각 트랜잭션이 데이터베이스를 어떻게 접근하는지에 대한 추가적인 정보가 있어야 한다. 이 정보를 제공해 줄 수 있는 다양한 모델이 있다. 가장 간단한 모델은 접근하려는 데이터 항목의 순서에 관한 사전 지식을 이용하는 것이다. 이러한 정보가 있다면, 2단계 규약이 아니면서도 충돌 직렬 가능성을 보장하는 또 다른 잠금 규약을 구현할 수 있다.

이 사전 지식을 얻기 위해서는 모든 데이터 항목의 집합 $\mathbf{D} = \{d_1, d_2, \ldots, d_h\}$에 부분적인 순서 $\rightarrow$를 부여한다. 만약 $d_i \rightarrow d_j$인 경우, d_i와 d_j 모두 접근하는 트랜잭션은 d_j에 접근하기 전에 반드시 d_i에 접근해야 한다. 이 부분적 순서는 데이터의 논리적 또는 물리적 구성에 따른 결과일 수도 있고 아니면 전적으로 동시성 제어의 목적으로 인한 결과일 수도 있다.

부분적 순서는 집합 **D**가 **데이터베이스 그래프**(database graph)라고 불리는 비순환 그래프로 나타낼 수 있다는 것을 의미한다. 설명의 편의를 위해 루트가 정의된 트리만 고려하기로 한다. 여기서는 **트리 규약**이라 불리는 단순한 규약을 보여 줄 것이다. 이 규약은 오직 독점적 잠금만 사용하도록 제한한다. 더욱 복잡한 그래프 기반의 규약은 참고문헌에 소개되어 있다.

트리 규약(tree protocol)은 잠금 명령어 lock-X만 사용한다. 각 트랜잭션 T_i는 한 데이터 항목에 대해 최대 한 번 잠금을 걸 수 있으며 반드시 다음의 규칙을 따라야 한다.

1. 트랜잭션 T_i의 첫 번째 잠금은 어떤 데이터 항목에도 걸 수 있다.
2. 트랜잭션 T_i는 Q의 부모에 해당하는 데이터 항목에 이미 잠금을 걸고 있는 경우에만 Q에 잠금을 걸 수 있다.
3. 데이터 항목의 잠금은 언제든지 해제할 수 있다.
4. T_i가 잠금을 걸었다가 해제한 데이터 항목은 다시 T_i가 잠금을 걸 수 없다.

트리 규약을 따르는 정당한 스케줄은 모두 충돌 직렬 가능성을 가진다.

이 규약을 표현하기 위해 그림 18.11의 데이터베이스 그래프를 살펴보자. 다음 네 개의 트랜잭션은 이 데이터베이스 그래프에 해당하는 트리 규약을 따른다. 여기서는 단지 lock과 unlock 명령문만을 보여 주고 있다.

T_{10}: lock-X(B); lock-X(E); lock-X(D); unlock(B); unlock(E); lock-X(G); unlock(D); unlock(G).
T_{11}: lock-X(D); lock-X(H); unlock(D); unlock(H).
T_{12}: lock-X(B); lock-X(E); unlock(E); unlock(B).
T_{13}: lock-X(D); lock-X(H); unlock(D); unlock(H).

이 네 개의 트랜잭션으로 가능한 스케줄 중 하나가 그림 18.12에 나타나 있다. 이를 살펴보면 스케줄의 실행 중에 트랜잭션 T_{10}은 두 개의 **중첩되지 않는**(disjoint) 서브 트리에 잠금을 가지고 있음을 알 수 있다.

그림 18.12의 스케줄이 충돌 직렬 가능성을 가지는지 살펴보자. 이 스케줄의 트리 규약은 충돌

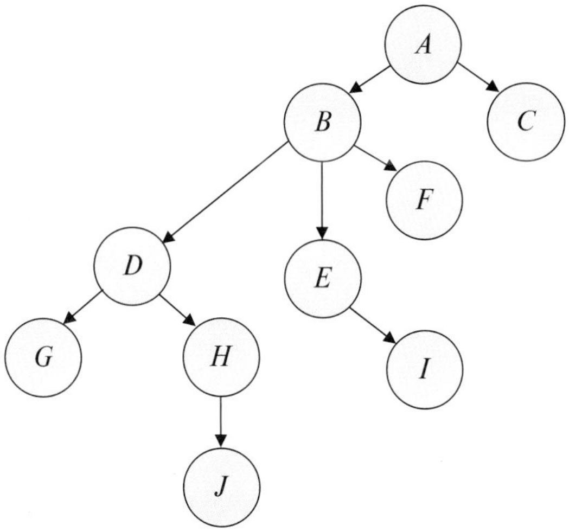

그림 18.11 트리 형태의 데이터베이스 그래프

직렬 가능성을 보장할 뿐만 아니라 교착 상태도 해결한다.

그러나 그림 18.12의 트리 규약은 복구성과 비연쇄성을 보장하지는 않는다. 복구성과 비연쇄성을 보장하기 위해서는 트랜잭션이 끝날 때까지 독점적 잠금을 해제하지 않도록 규약을 수정해야 한다. 그러나 독점적 잠금을 트랜잭션이 끝날 때까지 유지하는 것은 동시성을 감소시킨다. 복구성

T_{10}	T_{11}	T_{12}	T_{13}
lock-X(B)			
	lock-X(D)		
	lock-X(H)		
	unlock(D)		
lock-X(E)			
lock-X(D)			
unlock(B)			
unlock(E)			
		lock-X(B)	
		lock-X(E)	
	unlock(H)		
lock-X(G)			
unlock(D)			
			lock-X(D)
			lock-X(H)
			unlock(D)
			unlock(H)
		unlock(E)	
		unlock(B)	
unlock(G)			

그림 18.12 트리 규약 아래에서 직렬 가능한 스케줄

만 보장하면서 동시성을 향상할 수 있는 변경된 규약을 소개하도록 하겠다. 아직 커밋하지 않은 갱신 연산이 수행된 각 데이터 항목에 대해 어떤 트랜잭션이 그 데이터 항목을 마지막으로 갱신하였는지 기록한다. 트랜잭션 T_i가 커밋되지 않은 데이터 항목을 읽으려고 할 때마다 그 데이터 항목에 마지막으로 갱신을 하도록 허용된 트랜잭션에 T_i의 **커밋 종속성**(commit dependency)을 기록해 둔다. 트랜잭션 T_i는 자신과 커밋 종속성을 가지는 모든 트랜잭션이 커밋하기 전까지는 커밋할 수 없다. 만일 커밋 종속성을 가지는 트랜잭션 중에 하나라도 중단되면 T_i 또한 반드시 중단되어야 한다.

트리 잠금 규약은 2단계 잠금 규약과 비교하여 몇 가지 장점이 있는데, 우선 2단계 잠금 규약과 달리 교착 상태가 발생하지 않아 롤백이 필요 없다는 것이다. 그리고 트리 잠금 규약은 잠금을 2단계 잠금 규약보다 더 일찍 해제한다. 잠금을 더 일찍 해제하면 대기 시간이 짧아지며 그만큼 동시성이 좋아진다.

그러나 트리 잠금 규약은 때에 따라 트랜잭션이 자신이 접근하지 않는 데이터 항목에도 잠금을 걸게 한다는 단점이 있다. 예를 들어, 그림 18.11의 데이터베이스 그래프에서 데이터 항목 A와 J에 접근하려는 트랜잭션은 반드시 A와 J뿐만 아니라 B, D, H에도 잠금을 걸어야 한다. 이는 잠금을 하는 부담과 대기 시간을 증가시키며 동시성을 떨어뜨릴 수 있다. 더욱이 어떤 데이터 항목에 잠금을 걸어야 하는지에 대한 사전 지식이 없으면 트랜잭션은 트리의 루트에 잠금을 걸어야 하며, 그 결과로 동시성은 상당히 떨어지게 된다.

일련의 트랜잭션에 대해 트리 규약으로는 얻을 수 없는 충돌 직렬 가능한 스케줄이 있다. 실제로 2단계 잠금 규약 아래에서 가능한 스케줄이 트리 잠금 규약 아래에서 불가능한 때도 있으며 그 반대도 있을 수 있다. 그러한 스케줄의 예는 연습문제에 제시했다.

18.2 교착 상태 처리

만약 일련의 트랜잭션에 대해 모든 트랜잭션이 다른 트랜잭션을 기다리고 있다면 시스템이 교착 상태에 있다고 한다. 구체적으로 트랜잭션의 집합 $\{T_0, T_1, T_2, \ldots, T_n\}$에 대해 T_0은 T_1이 잠금을 가지고 있는 데이터 항목을 기다리고 있고 T_1은 T_2가 가지고 있는 데이터 항목을 기다리며 계속해서 T_{n-1}은 T_n이 가지고 있는 데이터 항목을 기다리고 다시 T_n은 T_0의 데이터 항목을 기다리는 상태다. 이 상황에서 어떤 트랜잭션도 더는 진행할 수 없다.

이러한 상황의 유일한 해결책은 교착 상태에 빠진 트랜잭션 중 일부를 롤백하는 과감한 조치를 하는 것이다. 또는 한 트랜잭션의 일부만 롤백할 수도 있다. 즉 모든 잠금을 해제하지 않고 교착 상태가 풀릴 수 있는 최소한의 잠금을 걸었던 시점으로 트랜잭션을 롤백하는 것이다.

교착 상태 문제를 다루는 두 가지 주요한 방법이 있다. 한 가지는 시스템이 결코 교착 상태에 빠지지 않도록 보장하는 **교착 상태 예방**(deadlock prevention) 규약을 사용하는 것이다. 다른 한 가지는 시스템이 교착 상태에 빠질 수 있되 **교착 상태 탐지**(deadlock detection)와 **교착 상태 복구**(deadlock recovery) 기법을 이용하여 교착 상태를 해결하는 것이다. 결과적으로 이 두 가지 방법 모두 트랜잭션을 롤백하는 결과를 초래한다. 예방 방법은 주로 시스템이 교착 상태에 빠질 확률이 상대적으로 높을 때 사용하는 방법이고 그렇지 않을 때는 탐지와 복구가 더 효율적인 방법이다.

탐지와 복구 기법은 탐지 알고리즘을 위해 필요한 정보를 유지하는 데 필요한 수행 시간 비용뿐만 아니라 교착 상태에서 복구하는 과정에서 수반되는 손실이 발생할 수 있다는 점을 주목하자.

18.2.1 교착 상태 예방

교착 상태를 예방하기 위한 두 가지 접근 방법이 있다. 하나는 잠금을 요청하는 순서에 대기 사이클이 발생하지 않도록 하거나, 필요한 잠금을 한꺼번에 요청하도록 하는 것이다. 또 다른 방법은 교착 상태 복구와 밀접한데, 잠금을 대기하는 것이 교착 상태를 일으킬 것 같으면 잠금을 대기하도록 하는 대신 트랜잭션을 롤백하는 것이다.

첫 번째 방법을 구현하는 가장 간단한 방법은 각 트랜잭션이 실행 전에 필요한 모든 잠금을 요청하도록 하는 것이다. 즉 모든 잠금이 하나의 단계에서 전부 걸리거나 아니면 하나도 걸리지 않도록 하는 것이다. 이 규약에는 두 가지 단점이 있다. (1) 트랜잭션이 시작하기 전에 어떤 데이터 항목에 잠금을 걸어야 하는지 미리 알기 어렵다. (2) 데이터 항목의 이용률이 상당히 떨어진다. 왜냐하면 많은 데이터 항목이 오랜 시간 사용되지 않으면서 오랜 기간 잠금이 걸려 있을 수 있기 때문이다.

교착 상태를 예방하는 또 다른 방법은 모든 데이터 항목에 순서를 매긴 다음 트랜잭션이 이 순서에 따라 잠금을 요청하도록 하는 것이다. 우리는 데이터 항목의 부분 순서(partial order)를 사용하는 트리 규약에서 이러한 방법을 본 적이 있다.

이 기법의 변형된 형태는 2단계 잠금과 접목하여 데이터 항목의 완전 순서(total order)를 사용하는 것이다. 일단 트랜잭션이 특정 항목에 잠금을 걸면 순서상으로 그 항목보다 앞에 있는 항목에는 잠금을 요청할 수 없도록 하는 것이다. 이 기법은 트랜잭션이 실행을 시작할 때 그 트랜잭션이 접근할 항목이 무엇인지 사전에 알기만 한다면 구현하기가 쉬운 방법이다. 그리고 2단계 잠금을 사용한다면 동시성 제어 시스템을 변경할 필요도 없다. 즉 잠금이 올바른 순서대로 요청된다는 것만 보장하면 된다.

교착 상태를 예방하는 두 번째 방법은 선점과 트랜잭션 롤백을 사용하는 것이다. 선점을 사용하면 트랜잭션 T_j가 트랜잭션 T_i가 가지고 있는 잠금을 요청했을 때 T_i를 취소시켜서 T_i가 가지고 있던 잠금을 **선점**(preempt)한 후 이 잠금을 T_j에게 줄 수 있게 된다. 선점을 제어하기 위해 각 트랜잭션에 타임스탬프를 부여한다. 이 타임스탬프는 시스템이 트랜잭션이 대기해야 하는지 아니면 롤백해야 하는지를 결정하기 위해 사용하며, 동시성 제어를 위해서는 여전히 잠금을 사용한다. 만약 트랜잭션이 롤백되면 그 트랜잭션이 재시작될 때 이전의 타임스탬프를 그대로 가진다. 타임스탬프를 사용하는 두 가지 교착 상태 예방 기법은 다음과 같다.

1. **기다리기-죽기**(wait-die) 기법은 비선점 기법이다. 트랜잭션 T_i가 현재 T_j가 잠금을 건 데이터 항목을 요청했을 때, T_i의 타임스탬프가 T_j의 타임스탬프보다 작은 경우(T_i가 T_j보다 더 이전에 실행된 트랜잭션)에만 T_i는 대기할 수 있다. 그렇지 않다면 T_i는 롤백한다(즉 죽는다).

   예를 들어, 트랜잭션 T_{14}, T_{15}, T_{16}이 각각 타임스탬프 5, 10, 15를 가진다고 하자. 만약 T_{14}가 T_{15}가 잠금을 건 데이터 항목을 요청한다면 T_{14}는 기다려야 한다. 그러나 만약 T_{16}이 T_{15}가 잠금을 건 데이터 항목을 요청한다면 T_{16}은 롤백한다.

2. **죽이기-기다리기**(wound-wait) 기법은 선점 기법이다. 이것은 기다리기-죽기 기법과 상반되는 기법이다. 트랜잭션 T_i가 현재 T_j가 잠금을 건 데이터 항목을 요청했을 때, T_i의 타임스탬프가 T_j의 타임스탬프보다 더 클 때만(T_i가 T_j보다 더 최근에 실행된 트랜잭션) T_i는 기다릴 수 있다. 그렇지 않다면 T_j는 롤백한다(즉 T_i가 T_j를 죽인다).

   위 예시의 트랜잭션 T_{14}, T_{15}, T_{16}을 다시 살펴보면, 트랜잭션 T_{14}가 T_{15}가 잠금을 건 데이터 항목을 요청하면 데이터 항목은 T_{15}로부터 선점되고 T_{15}는 롤백될 것이다. 만일 T_{16}이 T_{15}가 잠금을 건 데이터 항목을 요청하면 T_{16}은 대기하게 될 것이다.

이 두 기법의 가장 큰 문제는 불필요한 롤백이 발생할 수 있다는 것이다.

교착 상태를 예방하기 위한 또 다른 간단한 방법은 **잠금 타임아웃**(lock timeout)을 기반으로 하는 방법이다. 이 방법에서 잠금을 요청한 트랜잭션은 최대 지정한 시간만큼만 대기한다. 만일 그 시간 안에 잠금을 얻지 못한다면 그 트랜잭션은 시간 초과되었다고 하며 스스로 롤백한 다음 다시 시작하게 된다. 만일 교착 상태가 발생하면 교착 상태에 있는 하나 이상의 트랜잭션이 시간 초과로 롤백할 것이고, 따라서 다른 트랜잭션은 진행할 수 있게 된다. 이 기법은 18.2.2절에서 다룰 교착 상태 예방과 교착 상태 탐지 및 복구의 중간 위치에 있다고 볼 수 있다.

특히 잠금 타임아웃 기법은 구현이 쉬우며 트랜잭션이 짧고 교착 상태로 인한 대기 시간이 길 때 유용한 기법이다. 그러나 적당한 타임아웃의 크기를 결정하기는 어렵다. 너무 긴 시간은 교착 상태가 발생한 후에도 계속 기다리게 함으로써 불필요한 지연을 일으키며, 너무 짧은 시간은 교착 상태가 없는데도 트랜잭션을 롤백하게 하여 자원을 소모하게 한다. 또한 잠금 타임아웃 기법에서도 기아 현상이 발생할 수 있으므로 타임아웃 기반의 기법은 제한적인 용도로 사용된다.

18.2.2 교착 상태 탐지와 복구

만일 시스템이 교착 상태가 발생하지 않도록 보장하는 규약을 사용하지 않는다면, 교착 상태 탐지와 복구 기법을 반드시 사용해야 한다. 교착 상태가 발생했는지 알기 위해 주기적으로 시스템의 상태를 검사하는 알고리즘이 실행된다. 만일 교착 상태가 탐지되면 시스템은 교착 상태로부터 복구를 시도해야 한다. 그러기 위해서는 시스템은 반드시 다음과 같이 동작해야 한다.

- 데이터 항목 요청과 함께 트랜잭션에 할당된 데이터 항목에 대한 정보를 유지한다.
- 시스템이 교착 상태에 빠졌는지 판단하기 위해 위의 정보를 사용하는 알고리즘을 가진다.
- 탐지 알고리즘이 교착 상태가 발생했다고 판단했다면 교착 상태에서 빠져나와야 한다.

이번 절은 이러한 주제를 자세히 다룬다.

18.2.2.1 교착 상태 탐지

교착 상태는 **대기 그래프**(wait-for graph)라고 불리는 방향성 그래프를 이용하여 정확하게 표현할 수 있다. 이 그래프는 $G = (V, E)$로 구성되는데 V는 정점의 집합이고 E는 간선의 집합이다. 정점의 집합은 시스템에 있는 모든 트랜잭션을 가리킨다. 간선 집합 E의 각 원소는 $T_i \rightarrow T_j$ 형태로 나타난

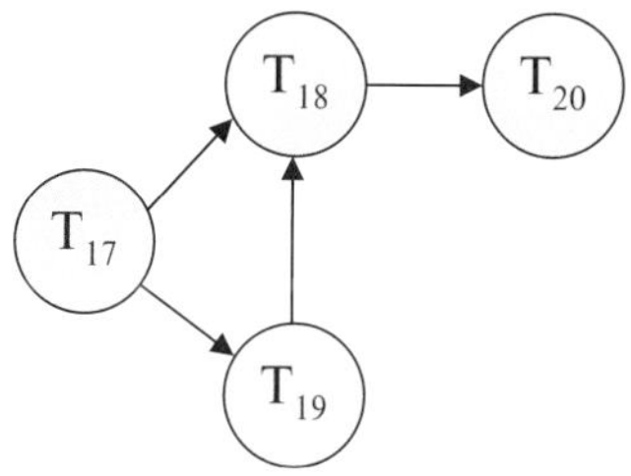

그림 18.13 사이클이 없는 대기 그래프

다. 만일 $T_i \rightarrow T_j$가 E에 있으면 그래프상에서 트랜잭션 T_i에서 T_j로 가는 간선이 있으며, 트랜잭션 T_i가 자신이 필요한 데이터 항목을 T_j가 놓을 때까지 기다려야 한다는 것을 의미한다.

트랜잭션 T_i가 현재 T_j가 가진 데이터 항목을 요청하면 대기 그래프에는 $T_i \rightarrow T_j$에 해당하는 간선이 삽입된다. 이 간선은 트랜잭션 T_j가 그 데이터 항목을 더 가지고 있지 않을 때 삭제된다.

대기 그래프에 사이클이 있다면 이는 시스템에 교착 상태가 발생했음을 의미하며 그 사이클에 포함된 각 트랜잭션은 교착 상태에 빠졌다고 볼 수 있다. 교착 상태를 탐지하기 위해서는 시스템은 대기 그래프를 관리할 필요가 있으며 주기적으로 그래프에 사이클이 발생했는지 검사하는 알고리즘을 수행해야 한다.

이러한 개념을 나타내기 위해 그림 18.13을 살펴보자. 그림을 통해 다음의 상황을 파악할 수 있다.

- 트랜잭션 T_{17}이 트랜잭션 T_{18}과 T_{19}가 가진 데이터 항목을 대기하고 있다.
- 트랜잭션 T_{19}는 트랜잭션 T_{18}이 가진 데이터 항목을 대기하고 있다.
- 트랜잭션 T_{18}은 트랜잭션 T_{20}이 가진 데이터 항목을 대기하고 있다.

그림의 그래프는 사이클을 가지고 있지 않으므로 시스템이 교착 상태에 빠진 것은 아니다.

이제 트랜잭션 T_{20}이 T_{19}가 가지고 있는 데이터 항목을 요청했다고 하자. 그러면 간선 $T_{20} \rightarrow T_{19}$가 대기 그래프에 추가되고 시스템의 새로운 상태는 그림 18.14와 같은 그래프를 가진다. 이때 그래프는 다음과 같은 사이클을 가진다.

$$T_{18} \rightarrow T_{20} \rightarrow T_{19} \rightarrow T_{18}$$

이는 트랜잭션 T_{18}, T_{19}, T_{20}이 교착 상태에 빠졌다는 것을 보여 준다.

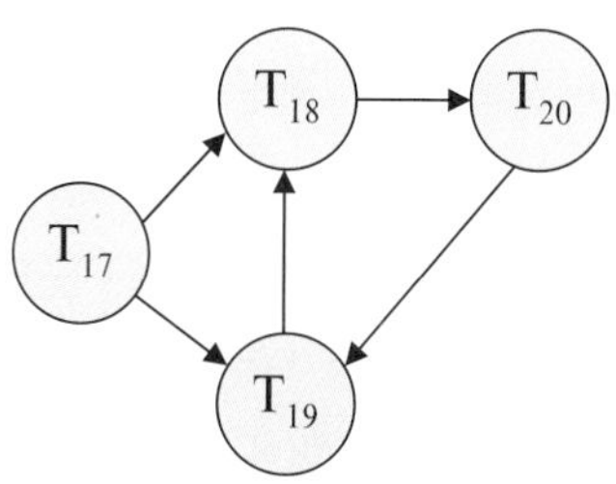

그림 18.14 사이클이 있는 대기 그래프

결과적으로 다음 질문이 나올 수 있다. 교착 상태를 탐지하는 알고리즘은 언제 실행해야 하는가? 그 답은 다음 두 가지 요인에 달려 있다.

1. 얼마나 자주 교착 상태가 발생하는가?
2. 얼마나 많은 트랜잭션이 교착 상태로 영향을 받는가?

만약 교착 상태가 자주 발생한다면 탐지 알고리즘을 더 자주 수행해야 한다. 교착 상태에 빠진 트랜잭션에 할당된 데이터 항목은 교착 상태가 풀릴 때까지 다른 트랜잭션이 접근할 수 없다. 게다가 그래프의 사이클 수는 더 증가할 수 있다. 최악의 경우 데이터 항목에 대한 요청을 즉각적으로 처리할 수 없을 때마다 탐지 알고리즘을 수행하는 게 좋을 것이다.

18.2.2.2 교착 상태로부터 복구

교착 상태 탐지 알고리즘이 교착 상태가 발생했다고 판단하면 시스템은 반드시 그 교착 상태로부터 **복구**(recover)해야 한다. 가장 일반적인 해결책은 교착 상태를 풀기 위해 하나 이상의 트랜잭션을 롤백하는 것이다. 이를 위해 필요한 세 가지 동작은 다음과 같다.

1. **희생자 선택**. 교착 상태에 빠진 일련의 트랜잭션에서 교착 상태를 풀기 위해 어떤 트랜잭션(들)을 롤백할지 결정해야 한다. 우리는 가능한 최소의 비용이 드는 트랜잭션을 롤백해야 한다. 그러나 불행히도 **최소 비용**을 정확하게 계산하기는 어렵다. 다음 몇 가지 요인을 롤백 비용을 결정하는 데 사용할 수 있다.
   a. 트랜잭션이 얼마나 오래 실행되었는가, 그리고 작업을 끝마칠 때까지 얼마나 많은 연산이 남았는가?
   b. 트랜잭션이 사용한 데이터 항목이 얼마나 많은가?
   c. 트랜잭션이 작업을 끝마칠 때까지 얼마나 더 많은 데이터 항목이 필요한가?
   d. 얼마나 많은 트랜잭션을 롤백해야 하는가?
2. **롤백**. 일단 롤백할 특정 트랜잭션을 결정했다면 이 트랜잭션을 어디까지 롤백해야 하는지 결정해야 한다.

   가장 간단한 방법은 **전체 롤백**(total rollback)이다. 즉 트랜잭션을 롤백한 다음 처음부터 다시 시작하는 것이다. 그러나 전부 롤백하기보다는 교착 상태를 풀 수 있을 정도로만 롤백하는 것이 더 효율적이다. 그러한 **부분 롤백**(partial rollback)을 위해서는 시스템이 현재 수행 중인 모든 트랜잭션에 관한 정보를 추가로 더 가지고 있어야 한다. 구체적으로 잠금 요청 및 할당 순서와 트랜잭션이 수행한 갱신 내용이 기록되어야 한다. 교착 상태 탐지 기법은 교착 상태를 풀기 위해 선택된 트랜잭션의 어떤 잠금을 해제해야 하는지 결정해야 한다. 선택된 트랜잭션은 그 잠금을 최초 할당받았던 시점으로 롤백되며, 그 시점 이후에 수행한 모든 동작은 원상태로 되돌려진다. 복구 기법은 이러한 부분 롤백을 지원해야 한다. 또한 트랜잭션은 반드시 부분 롤백 후에 실행을 재개할 수 있어야 한다. 이와 관련된 자료는 참고문헌에 소개되어 있다.
3. **기아**. 희생자의 선택을 주로 비용 요인에 따라 결정하는 시스템에서 같은 트랜잭션이 계속 희

생자로 선택될 수도 있다. 결과적으로 이 트랜잭션은 자신의 연산을 끝까지 마칠 수 없으므로 결국 **기아**(starvation) 상태에 빠지게 된다. 그러므로 희생자로 선택되는 횟수를 제한할 필요가 있다. 가장 일반적인 해결책은 비용을 결정하는 요인에 롤백 횟수를 포함하는 것이다.

18.3 다중 세분도

지금까지 살펴본 동시성 제어 기법에서 개별 데이터 항목을 동기화를 수행하는 단위로 사용했다.

그러나 여러 데이터 항목을 그룹으로 묶은 다음 그 그룹을 동기화의 단위로 하는 것이 더 유리한 상황이 있다. 예를 들어, 트랜잭션 T_i가 데이터베이스 전체에 접근하며 레코드 단위의 잠금 규약을 사용한다면 T_i는 반드시 데이터베이스의 각 레코드에 잠금을 걸어야 할 것이다. 당연히 수많은 잠금을 처리하기 위해 많은 시간이 필요할 것임을 알 수 있다. 심한 경우 잠금 테이블이 너무 커져 메모리의 크기를 초과할 수도 있다. 그러나 T_i가 하나의 잠금 요청으로 전체 데이터베이스에 잠금을 걸 수 있다면 훨씬 효과적일 것이다. 반대로 T_j가 몇 개의 레코드에 대해서만 접근이 필요할 때 데이터베이스 단위의 잠금을 사용하면 동시성을 잃게 될 것이다.

위의 사례로부터 데이터베이스 시스템이 잠금을 시행하는 데 여러 단계의 **세분도**(granularity)를 제공할 필요성을 발견할 수 있다. 이는 데이터 항목을 다양한 크기로 만들고 데이터 세분도의 계층을 정의함으로써 가능하다. 여기서 작은 세분도는 그보다 큰 세분도에 포함된다. 이러한 계층은 트리로 나타낼 수 있다. 여기서 다루는 트리는 트리 규약(18.1.5절)에서 사용한 트리와는 상당히 다르다. 다중 세분도 트리의 비단말 노드는 자손과 관련된 데이터를 나타내지만, 트리 규약에서 사용하는 트리의 각 노드는 독립적인 데이터 항목을 가리킨다.

예를 들어, 네 개의 단계로 이루어진 그림 18.15의 트리를 살펴보자. 가장 최상위 단계는 전체 데이터베이스를 가리킨다. 그 바로 아래 단계는 *area*(영역)형의 노드를 포함한다. 데이터베이스는 정확히 이 노드에서 정의하는 영역으로 구성된다. 각 영역 노드는 자신의 자식으로 *file*(파일)형의 노드를 가진다. 즉 각 영역은 자식 노드가 가리키는 파일만 포함하고 있다고 할 수 있다. 각 파일은 반드시 하나의 영역에만 포함된다. 마지막으로 각 파일 노드는 여러 개의 *record*(레코드)형의 노드를 가진다. 마찬가지로 각 파일은 자식 노드가 가리키는 레코드로만 구성되어 있다. 레코드 또한 반드시 하나의 파일에만 포함된다.

트리의 각 노드에는 개별적으로 잠금을 걸 수 있다. 2단계 잠금 규약에서 했던 것처럼 여기서도 **공유** 모드와 **독점적** 모드의 잠금을 사용한다. 트랜잭션이 공유 모드 또는 독점적 모드로 잠금을 걸 때, 그 노드의 모든 자손도 같은 모드의 잠금이 걸린다. 예를 들어, 그림 18.15에서 트랜잭션 T_i가 독점적인 모드로 파일 F_c에 **명시적인 잠금**(explicit lock)을 걸었다면 그 파일에 포함된 모든 레코드에 대해 독점적인 모드로 **암묵적인 잠금**(implicit lock)을 가지게 된다는 것이다. 즉 F_c에 포함된 레코드에 개별적으로 다시 독점적 모드로 잠금을 걸 필요가 없다.

트랜잭션 T_j가 파일 F_b의 레코드 r_{b_6}에 잠금을 걸려고 한다고 하자. T_i가 F_b에 명시적으로 잠금을 걸었기 때문에 r_{b_6} 또한 암묵적으로 잠금이 걸려 있다. 그러므로 T_j가 r_{b_6}에 잠금을 요청했어도 r_{b_6}에

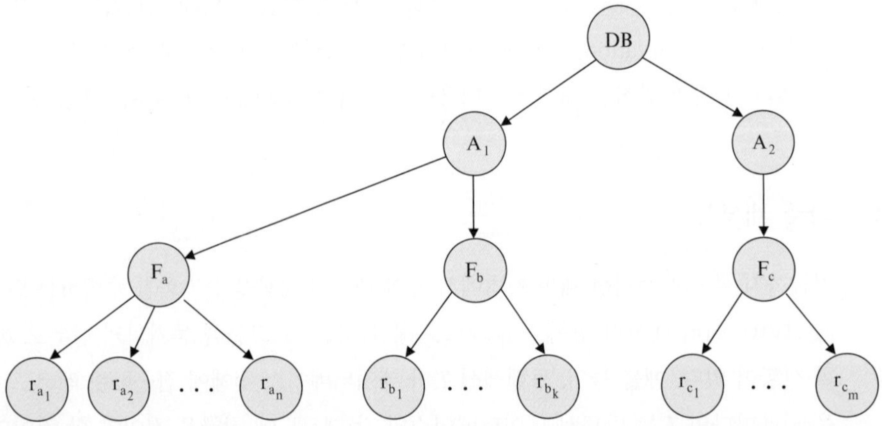

그림 18.15 세분도 계층

명시적으로 잠금을 걸 수가 없다. T_j가 r_{b_6}에 잠금을 걸 수 있는지 아닌지를 시스템이 어떻게 판단할 수 있을까? T_j는 반드시 루트 노드부터 r_{b_6}까지 트리를 탐색해 나가야 한다. 만일 그 경로 위에 하나의 노드라도 비호환적인 모드로 잠금이 걸려 있다면 T_j는 잠금을 걸 수 없으며, 따라서 T_j는 대기해야 한다.

트랜잭션 T_k가 전체 데이터베이스에 잠금을 걸려고 한다고 하자. 전체 데이터베이스에 잠금을 거는 방법은 단순히 루트에 잠금을 거는 것이다. 그러나 현재 T_i가 트리의 일부(파일 F_b)에 이미 잠금을 걸고 있으므로 T_k는 루트에 잠금을 걸 수 없다. 루트 노드에 잠금을 걸 수 있는지 아닌지를 시스템이 어떻게 판단할 수 있을까? 한 가지 방법은 전체 트리를 탐색하는 것이다. 그러나 이 해결책은 다중 세분도 잠금 기법의 목적을 위배하는 것이다. 이를 판단할 수 있는 더 효율적인 방법은 **의도 잠금 모드**(intention lock mode)라 불리는 새로운 형태의 잠금 모드를 도입하는 것이다. 만약 한 노드가 의도 모드로 잠금에 걸려 있다면 노드가 포함된 단계보다 더 낮은 단계에 명시적 잠금이 걸려 있다는 의미다. 의도 잠금은 한 노드에 명시적인 잠금을 걸기 전에 그 노드의 모든 조상 노드에 걸게 된다. 예를 들어, 노드 Q에 잠금을 걸려고 하는 트랜잭션은 반드시 루트부터 Q에 이르는 경로를 탐색하고 경로 위의 모든 노드에 의도 모드로 잠금을 걸어야 한다. 따라서 트랜잭션은 어떤 노드에 성공적으로 잠금을 걸 수 있는지 아닌지를 결정하기 위해 트리 전체를 탐색할 필요가 없다.

공유 모드와 관련된 의도 모드가 있고 독점적 모드와 관련된 의도 모드가 있다. 만일 한 노드에 **의도-공유(IS) 모드**(intention-shared mode)로 잠금이 걸려 있다면 그 노드가 포함된 단계보다 낮은 단계에서 명시적으로 공유 모드로 잠금이 걸려 있다는 의미다. 유사하게 만일 한 노드에 **의도-독점적(IX) 모드**(intention-exclusive mode)로 잠금이 걸려 있다면 그 노드가 포함된 단계보다 낮은 단계에서 명시적으로 독점적 또는 공유 모드로 잠금이 걸려 있음을 나타낸다. 마지막으로 만일 한 노드에 **공유와 의도-독점적(SIX) 모드**(shared and intention-exclusive mode)로 잠금이 걸려 있다면 그 노드를 루트로 하는 서브트리에 명시적으로 공유 모드의 잠금이 걸리고 그 노드를 포함하는 단계보다 낮은 단계에는 독점적 모드로 잠금이 걸리게 된다. 이들 잠금 모드 사이의 호환 관계

	IS	IX	S	SIX	X
IS	true	true	true	true	false
IX	true	true	false	false	false
S	true	false	true	false	false
SIX	true	false	false	false	false
X	false	false	false	false	false

그림 18.16 호환성 행렬

는 그림 18.16에 나타나 있다.

다중 세분도 잠금 규약(multiple-granularity locking protocol)은 직렬 가능성을 보장하기 위해 위와 같은 잠금 모드를 사용하며, 다음의 규칙을 사용한다. 노드 Q에 잠금을 걸려고 시도하는 트랜잭션 T_i에 대해

- 트랜잭션 T_i는 그림 18.16의 잠금-호환 관계를 따라야 한다.
- 트랜잭션 T_i는 먼저 트리의 루트에 모드에 상관없이 잠금을 걸어야 한다.
- 트랜잭션 T_i는 현재 Q의 부모가 IX나 IS 모드로 잠금이 걸려 있는 경우에만 노드 Q를 S 또는 IS 모드로 잠금을 걸 수 있다.
- 트랜잭션 T_i는 현재 Q의 부모가 IX 또는 SIX 모드로 잠금이 걸려 있는 경우에만 노드 Q를 X, SIX 또는 IX 모드로 잠금을 걸 수 있다.
- 트랜잭션 T_i는 이전에 어떠한 잠금도 해제하지 않았을 때만 노드에 잠금을 걸 수 있다(이것은 T_i가 2단계 잠금 규약을 따르는 것을 의미한다).
- 트랜잭션 T_i는 Q의 자손 중에 하나라도 잠금이 걸려 있지 않아야 Q의 잠금을 해제할 수 있다.

다중 세분도 잠금 규약에서 반드시 하향식 순(루트에서 단말로)으로 잠금을 걸고 상향식 순(단말에서 루트로)으로 잠금을 해제해야 한다는 것을 주의해서 보기 바란다. 다중 세분도 잠금 규약 역시 2단계 잠금 규약의 일종이므로 교착 상태가 발생할 수 있다.

규약에 대한 예로서, 그림 18.15의 트리와 다음 트랜잭션을 살펴보자.

- 트랜잭션 T_{21}이 파일 F_a의 레코드 r_{a_2}를 읽으려고 한다고 하자. 그러려면 T_{21}은 데이터베이스, 영역 A_1, 그리고 파일 F_a에 순서대로 IS 모드로 잠금을 걸어야 하며 마지막으로 r_{a_2}에 S 모드로 잠금을 걸어야 한다.
- 트랜잭션 T_{22}가 파일 F_a의 레코드 r_{a_9}를 갱신하려고 한다고 하자. 그러려면 T_{22}는 데이터베이스, 영역 A_1, 그리고 파일 F_a에 순서대로 IX 모드로 잠금을 걸어야 하고 마지막으로 r_{a_9}에 X 모드로 잠금을 걸어야 한다.
- 트랜잭션 T_{23}이 파일 F_a의 모든 레코드를 읽으려고 한다고 하자. 그러기 위해 T_{23}은 데이터베이

스, 영역 A_1에 순서대로 IS 모드로 잠금을 걸어야 하고 마지막으로 F_a에 S 모드로 잠금을 걸어야 한다.

- 트랜잭션 T_{24}가 데이터베이스 전체를 읽으려고 한다고 하자. 그러기 위해서는 먼저 데이터베이스 전체에 S 모드로 잠금을 걸어야 한다.

트랜잭션 T_{21}, T_{23}, T_{24}는 데이터베이스에 동시에 접근할 수 있다는 것에 주목하자. 트랜잭션 T_{22}는 T_{21}과 동시에 수행할 수 있지만, T_{23}이나 T_{24}와는 동시에 수행할 수 없다.

이 규약은 동시성을 높이고 잠금으로 인한 부하는 낮춘다. 특히 다음의 트랜잭션으로 구성된 응용 프로그램에서 유용하게 사용할 수 있다.

- 몇 개의 데이터 항목만을 접근하는 짧은 트랜잭션
- 파일 전체 또는 여러 파일에서 리포트를 생성하는 긴 트랜잭션

SQL 질의가 필요로 하는 잠금의 수는 해당 SQL 질의에서 수행할 릴레이션 스캔을 바탕으로 유추할 수 있다. 예를 들어, 릴레이션 스캔이 릴레이션을 단위로 잠금을 얻지만 몇 개의 레코드만 가져올 것으로 예상되는 인덱스 스캔의 경우 릴레이션 단위로는 의도 잠금을 획득하고 튜플 단위로는 일반적인 잠금을 획득할 수 있다. 이렇게 하나의 트랜잭션이 수많은 튜플 단위의 잠금을 얻을 때, 잠금의 수가 잠금 테이블의 크기를 초과할 수 있다. 이러한 상황에 대처하기 위해서는 잠금 관리자는 여러 개의 하위 수준의 잠금을 하나의 상위 수준의 잠금으로 대체하는 **잠금 확대**(lock escalation)를 수행해야 한다. 예를 들어, 위의 예시에서 하나의 릴레이션 잠금이 수많은 튜플 단위의 잠금을 대체할 수 있다.

18.4 삽입 연산, 삭제 연산, 술어 읽기

지금까지는 주로 읽기(read)와 쓰기(write) 연산만 다루었다. 그러나 어떤 트랜잭션은 기존의 데이터 항목에 접근할 뿐만 아니라 새로운 데이터 항목의 생성을 요청할 수 있다. 또 다른 트랜잭션은 기존 데이터 항목의 삭제를 요청할 수도 있다. 이렇게 데이터 항목 생성과 삭제를 하는 트랜잭션이 동시성 제어에 어떤 영향을 미치는지 알기 위해 다음의 연산을 추가로 고려하기로 한다.

- **delete**(Q): 데이터베이스에서 데이터 항목 Q를 삭제한다.
- **insert**(Q): 데이터베이스에 새로운 데이터 항목을 삽입하고 Q에 초깃값을 지정한다.

트랜잭션 T_i가 Q가 삭제된 후에 read(Q) 연산을 수행하려고 하면 논리적 오류가 발생한다. 이와 비슷하게 트랜잭션 T_i가 Q가 삽입되기 전에 read(Q) 연산을 수행하려고 하면 오류가 발생하게 된다. 또한 존재하지 않는 데이터 항목을 삭제하는 것도 논리적 오류라 할 수 있다.

18.4.1 삭제

삭제(delete) 연산이 동시성 제어에 어떤 영향을 미치는지 알기 위해서는 다른 명령문과 **삭제** 연산이 언제 충돌을 일으키는지 알아야 한다. I_i와 I_j를 각각 스케줄 S에 연속적으로 나오는 T_i와 T_j의 명

령문이라고 하자. I_i = **delete**(Q)라고 할 때 다음의 명령문이 I_j인 상황을 고려해 보자.

- I_j = read(Q). I_i와 I_j는 충돌을 일으킨다. 만일 I_i를 I_j보다 먼저 실행한다면 T_j는 논리적 오류를 발생시킬 것이다. 만일 I_j를 I_i보다 먼저 실행한다면 T_j는 읽기 연산을 성공적으로 실행할 것이다.
- I_j = write(Q). I_i와 I_j는 충돌을 일으킨다. 만일 I_i를 I_j보다 먼저 실행한다면 T_j는 논리적 오류를 발생시킬 것이다. 만일 I_j를 I_i보다 먼저 실행한다면 T_i는 기록 연산을 성공적으로 실행할 것이다.
- I_j = **delete**(Q). I_i와 I_j는 충돌을 일으킨다. 만일 I_i를 I_j보다 먼저 실행한다면 T_i는 논리적 오류를 발생시킬 것이다. 만일 I_j를 I_i보다 먼저 실행해도 T_i는 여전히 논리적 오류를 발생시킬 것이다.
- I_j = **insert**(Q). I_i와 I_j는 충돌을 일으킨다. 데이터 항목 Q가 I_i와 I_j를 실행하기 전에 존재하지 않았다고 하자. 만일 I_i를 I_j보다 먼저 실행한다면 T_i는 논리적 오류를 발생시킬 것이다. 만일 I_j가 I_i보다 먼저 실행될 때는 오류는 발생하지 않는다. 이와 유사하게 Q가 I_i, I_j를 실행하기 전에 이미 존재하고 있다면 I_j를 I_i보다 먼저 실행할 때 오류가 발생할 것이고, I_i를 먼저 실행할 때는 오류가 발생하지 않는다.

우리는 다음과 같은 결론을 내릴 수 있다.

- 2단계 잠금 규약을 따를 경우, 데이터 항목을 삭제하기 전에 반드시 독점적 잠금을 걸어야 한다.
- 타임스탬프 순서 규약(18.5절 참조)을 따를 경우, 타임스탬프 규약에서 쓰기 연산을 할 때와 유사한 검사를 수행해야 한다. 트랜잭션 T_i가 **delete**(Q)를 실행한다고 하자.
    - 만약 TS(T_i) < R-timestamp(Q)라면, T_i가 삭제하려는 Q의 값은 TS(T_j) > TS(T_i)인 T_j가 먼저 읽었다는 의미다. 여기서 R-timestamp(Q)는 read(Q)를 성공적으로 실행한 트랜잭션의 타임스탬프 중 가장 큰 값을 의미한다. 그러므로 **삭제** 연산은 거절되고 트랜잭션 T_i는 롤백된다.
    - 만약 TS(T_i) < W-timestamp(Q)라면, TS(T_j) > TS(T_i)인 T_j가 Q에 값을 기록했다는 의미다. 여기서 W-timestamp(Q)는 write(Q)를 성공적으로 실행한 트랜잭션의 타임스탬프 중 가장 큰 값을 의미한다. 이 경우 **삭제** 연산은 거절되고 T_i는 롤백된다.
    - 위의 경우가 아니라면 **삭제** 연산은 실행된다.

18.4.2 삽입

우리는 이미 **삽입**(insert) 연산이 삭제 연산과 충돌한다는 것을 보았다. 유사하게 **insert**(Q)는 read(Q) 연산이나 write(Q) 연산과 충돌한다. 즉 데이터 항목 Q가 존재하지 않는다면 읽기나 쓰기 연산을 실행할 수 없는 것이다.

insert(Q)는 데이터 항목 Q에 값을 할당하기 때문에 삽입 연산은 동시성 제어 목적의 관점에서 쓰기 연산과 유사하게 처리할 수 있다.

- 2단계 잠금 규약을 따를 경우, T_i가 **insert**(Q) 연산을 수행한다면 T_i는 새로이 만들어진 데이터 항목 Q에 독점적 잠금을 가져야 한다.
- 타임스탬프 순서 규약을 따를 경우, T_i가 **insert**(Q) 연산을 수행한다면 R-timestamp(Q)와 W-timestamp(Q)의 값은 둘 다 TS(T_i)로 설정해야 한다.

18.4.3 술어 읽기와 유령 현상

대학교 데이터베이스에서 다음 SQL을 수행하는 트랜잭션 T_{30}을 살펴보자.

```
select count(*)
from instructor
where dept_name = 'Physics' ;
```

트랜잭션 T_{30}은 물리학과 *instructor* 릴레이션의 모든 튜플에 접근해야 한다.

T_{31}을 다음 SQL 문장을 실행하는 트랜잭션이라고 하자.

```
insert into instructor
    values (11111, 'Feynman', 'Physics', 94000);
```

S를 T_{30}과 T_{31}을 포함하는 스케줄이라 하면, 다음의 이유로 인해 충돌이 일어날 수 있음을 예상할 수 있다.

- T_{30}이 **count**(*)를 계산할 때 T_{31}이 새로 삽입한 튜플을 포함한다면 T_{30}은 T_{31}이 기록한 값을 읽는 것이다. 그러므로 S와 동등한 직렬 스케줄에서 T_{31}은 반드시 T_{30}보다 먼저 나와야 한다.
- T_{30}이 **count**(*)를 계산할 때 T_{31}이 새로 삽입한 튜플을 포함하지 않는다면 S와 동등한 직렬 스케줄에서 T_{30}은 반드시 T_{31}보다 먼저 나와야 한다.

두 번째 경우에서 T_{30}과 T_{31}이 공통으로 접근하는 튜플이 없는데도 둘 사이에 충돌이 존재한다. 즉 T_{30}과 T_{31}은 유령 튜플로 인해 충돌을 일으키는 것이다. 만약 동시성 제어를 튜플 단위로 하면 이러한 충돌을 탐지하지 못할 수 있고, 그 결과 시스템은 직렬 불가능한 스케줄을 방지하지 못할 수 있다. 이러한 문제를 **유령 현상**(phantom phenomenon)이라고 부른다.

유령 현상은 삽입 연산뿐만 아니라 갱신 연산으로도 발생할 수 있다. 17.10절에서 살펴본 바와 같이, 어떤 트랜잭션이 *dept_name* = "Physics"를 만족하는 튜플만 찾기 위해 인덱스를 사용하고, 그 결과로 다른 학과명을 가진 어떤 튜플도 읽지 않는 상황을 생각해 보자. 만약 다른 트랜잭션이 어떤 튜플의 학과명을 "Physics"로 변경한다면, 위와 동일한 문제가 발생한다. 즉 T_i와 T_j 모두 공통으로 접근하는 튜플이 없음에도 서로 충돌하는 것이다. 이 문제 역시 유령 현상의 일종으로 볼 수 있다. 일반적으로 유령 현상은 술어 읽기 과정에서 삽입 또는 갱신 연산으로 추가/갱신되는 튜플이 술어를 만족하면서 충돌을 일으킬 때 발생한다.

위 문제를 방지하기 위해서는 트랜잭션 T_{30}이 *dept_name*="Physics" 조건을 갖는 튜플을 *instructor* 릴레이션에 삽입하지 못하도록 하고, 이미 존재하는 *instructor* 릴레이션 튜플의 학과명을 "Physics"로 수정하지 못하도록 해야 한다.

dept_name = “Physics” 조건을 만족하는 모든 튜플을 검색하기 위해 T_{30}은 반드시 전체 *instructor* 릴레이션이나 최소한 그 릴레이션의 인덱스라도 탐색해야 한다. 지금까지는 묵시적으로 트랜잭션이 접근하는 데이터 항목을 튜플이라고 가정했다. 그러나 T_{30}은 어떤 튜플이 릴레이션에 존재하는지에 대한 정보를 파악하기 위한 읽기 트랜잭션의 예이고, T_{31}은 그 정보를 갱신하는 트랜잭션의 예다.

분명한 것은 접근하려는 튜플에 잠금을 거는 것만으로는 충분하지 않으며, 튜플을 검색하기 위해 사용하는 정보에도 반드시 잠금을 걸어야 한다는 것이다.

튜플을 찾는 데 사용하는 정보에 대한 잠금은 데이터 항목을 릴레이션과 연결함으로써 구현할 수 있다. T_{30}과 같이 어떤 튜플이 릴레이션에 있는지에 관한 정보를 읽어야 하는 트랜잭션은 공유 모드로 그 릴레이션에 대응하는 데이터 항목에 잠금을 걸어야 한다. T_{31}과 같이 릴레이션에 어떤 튜플이 있는지에 관한 정보를 갱신하는 트랜잭션은 독점적 모드로 그 릴레이션에 대응하는 데이터 항목에 잠금을 걸어야 한다. 이렇게 함으로써 T_{30}과 T_{31}은 유령이라기보다 실제 데이터 항목과 충돌하는 것이다. 이와 마찬가지로 튜플을 반환하기 위해 인덱스를 사용하는 트랜잭션은 사용하려는 인덱스에 잠금을 걸어야 한다.

다중 세분도 잠금에 따라 릴레이션 전체에 잠금을 거는 것과 릴레이션에 대응하는 데이터 항목에 잠금을 거는 것을 혼동하지 않아야 한다. 데이터 항목에 잠금을 거는 것으로는 다른 트랜잭션이 릴레이션에 어떤 튜플이 있는지에 관한 정보를 갱신하지 못하도록 제한하는 것밖에 할 수 없다. 즉 튜플에도 잠금이 필요하다. 튜플에 직접적으로 접근하는 트랜잭션은 다른 트랜잭션이 튜플이 있는 릴레이션과 대응하는 데이터 항목에 독점적 잠금을 가지고 있더라도 접근할 튜플에 잠금을 걸 수 있기 때문이다.

릴레이션에 대응하는 데이터 항목에 잠금이나 인덱스 전체에 잠금을 거는 것의 문제점은 동시성을 떨어뜨린다는 것이다. 즉 하나의 릴레이션에 서로 다른 튜플을 삽입하려고 하는 두 트랜잭션을 동시에 처리할 수 없다.

좋은 해결책으로 전체 인덱스에 잠금을 거는 것을 방지하는 **인덱스 잠금**(index-locking) 기법이 있다. 한 릴레이션에 튜플을 삽입하려는 트랜잭션은 반드시 그 릴레이션과 관련된 모든 인덱스에 삽입하려는 튜플에 해당하는 정보를 추가해야 한다. 인덱스에 잠금 규약을 강제함으로써 유령 현상을 제거할 수 있다. 여기서는 간단히 B^+-트리 인덱스만 살펴본다.

14장에서 살펴본 것처럼 모든 검색 키 값은 인덱스의 단말 노드와 연관되어 있다. 질의는 보통 하나의 릴레이션에 접근하기 위해 하나 이상의 인덱스를 사용한다. 따라서 삽입 연산은 해당 릴레이션과 관련된 모든 인덱스에 새로운 튜플을 삽입해야 한다. 대학교 데이터베이스 예시에서 *instructor* 릴레이션에서 *dept_name* 속성에 대한 인덱스가 있다고 하자. T_{31}은 반드시 키가 “Physics”인 단말 노드를 수정해야 한다. 만약 T_{30}이 Physics 학과에 속한 모든 튜플을 검색하기 위해 같은 인덱스 단말 노드를 읽는다면 T_{30}과 T_{31}은 단말 노드에서 충돌을 일으킨다.

인덱스 잠금 규약(index-locking protocol)은 인덱스를 활용하여 유령 현상이 일어나는 상황을 인덱스 단말 노드 사이에서 충돌이 일어나는 상황으로 바꿈으로써 동시성을 향상할 수 있다. 이 규약은 다음과 같이 동작한다.

- 모든 릴레이션은 반드시 하나 이상의 인덱스를 가져야 한다.
- 트랜잭션 T_i는 해당 릴레이션의 인덱스를 이용하여 검색한 다음에야 해당 튜플에 접근할 수 있다. 인덱스 잠금 규약의 목적(유령 현상을 방지)을 위해 릴레이션 스캔은 한 인덱스의 모든 단말 노드를 스캔해야 한다.
- 검색(범위 검색 또는 단일 검색)을 실행하는 트랜잭션 T_i는 반드시 접근하려는 모든 인덱스 단말 노드에 공유 잠금을 걸어야 한다.
- 트랜잭션 T_i는 릴레이션 r의 모든 인덱스를 갱신하지 않고는 릴레이션 r에 있는 튜플 t_i를 삽입, 삭제, 갱신할 수 없다. 트랜잭션은 반드시 삽입, 삭제, 갱신으로 영향을 받는 모든 인덱스 단말 노드에 독점적 잠금을 걸어야 한다. 삽입과 삭제로 영향을 받는 단말 노드는 튜플의 검색 키 값을 포함하거나(삽입 후) 포함했던(삭제 전) 노드다. 갱신으로 인해 영향을 받는 단말 노드는 예전 검색 키 값(갱신되기 전)을 갖는 노드와 새로운 검색 키 값(갱신된 후)을 갖는 노드다.
- 잠금은 일반적인 경우처럼 튜플에 대해서 취해진다.
- 2단계 잠금 규약의 규칙은 반드시 지켜져야 한다.

인덱스 잠금 규약은 인덱스의 내부 노드에 대한 동시성 제어를 포함하고 있지 않다. 잠금 충돌을 최소화해 주는 인덱스에 대한 동시성 제어를 위한 기법은 18.10.2절에서 다룬다.

인덱스 단말 노드에 잠금을 걸면 갱신 작업이 실제로 술어와 충돌하지 않더라도 그 노드에 대한 갱신 작업을 막아 준다. 이러한 잘못된 잠금 충돌을 최소화하는 키-값 잠금(key-value locking)이라 불리는 변형 기법은 18.10.2절에서 인덱스 동시성 제어의 일부분으로 다룬다.

17.10절에서 살펴본 바와 같이, 트랜잭션 사이의 충돌은 두 트랜잭션의 의미에 대한 사용자 수준의 뷰와는 무관하게 시스템에 의한 낮은 수준의 질의 처리 결정에 의존한다. 동시성 제어를 위한 대안적 접근 방법의 하나는 술어(예를 들어, *instructor* 릴레이션에 대한 술어 "*salary* > 90000")에 공유 잠금을 획득하는 것이다. 이를 위해서는 이 릴레이션에 삽입이나 삭제 연산을 수행하기 전에 술어를 만족하는지 확인해야 한다. 술어를 만족한다면 잠금 충돌이 존재하므로 두 연산이 술어 잠금이 풀릴 때까지 기다리도록 한다. 갱신 연산에 대해서는 튜플의 초깃값과 최종값이 그 술어를 만족하는지 확인해야 한다. 이렇게 충돌하는 삽입, 삭제, 갱신 연산이 술어에 따라 선택된 튜플에 영향을 미치므로 (공유 모드의) 술어 잠금을 획득한 질의와 동시에 실행하는 것을 허용해서는 안 된다. 이러한 규약을 **술어 잠금**(predicate locking)[2]이라고 부른다. 술어 잠금은 현실에서 사용하지 않는데 이는 인덱스 잠금 규약보다 구현하는 데 비용이 더 많이 들며 성능상의 상당한 이점이 있지 않기 때문이다.

---

2 술어 잠금(predicate locking)이라는 용어는 술어에 대한 공유 잠금과 독점적 잠금을 모두 사용했던 규약의 버전에서 사용했다. 이 책에서 다루는 술어에 대한 공유 잠금만 가진 버전은 **정확도 잠금**(precision locking)이라고도 불린다.

18.5 타임스탬프 기반 규약

지금까지 살펴본 규약은 실행 시에 충돌이 발생할 수 있는 트랜잭션의 모든 쌍에 대해서 두 트랜잭션이 요청하는 잠금 중 첫 번째 비호환적인 잠금에 따라 순서를 결정했다. 직렬 가능성 순서를 결정하는 또 다른 방법은 사전에 트랜잭션들 사이에 미리 순서를 정하는 것이다. 이를 위한 가장 일반적인 방법으로 **타임스탬프 순서**(timestamp-ordering) 기법을 사용할 수 있다.

18.5.1 타임스탬프

시스템에 있는 각 트랜잭션 T_i에 유일하고 고정된 타임스탬프를 지정할 수 있는데 이를 $\text{TS}(T_i)$라고 표기하기로 한다. 이 타임스탬프는 트랜잭션 T_i를 실행하기 전에 데이터베이스 시스템이 할당한다. 트랜잭션 T_i에 타임스탬프 $\text{TS}(T_i)$가 할당된 상태에서 새로운 트랜잭션 T_j가 시스템에 들어오면 $\text{TS}(T_i) < \text{TS}(T_j)$가 된다. 이 기법을 구현하는 방법으로는 두 가지 간단한 방법이 있다.

1. **시스템 클락**(system clock) 값을 타임스탬프로 사용한다. 즉 트랜잭션의 타임스탬프는 그 트랜잭션이 시스템에 들어왔을 때의 클락 값과 같다.
2. 새로운 타임스탬프가 할당된 후에 값이 증가하는 **논리적 카운터**(logical counter)를 사용한다. 트랜잭션이 시스템으로 들어오면 그 트랜잭션에 부여되는 타임스탬프는 논리적 카운터의 값과 같다.

트랜잭션의 타임스탬프가 직렬 가능성 순서를 결정하게 된다. 즉 $\text{TS}(T_i) < \text{TS}(T_j)$일 경우, 시스템은 트랜잭션 T_i가 트랜잭션 T_j보다 먼저 나오는 직렬 스케줄과 동등한 스케줄이 생성되도록 보장한다.

이 기법을 구현하기 위해 각 데이터 항목에 두 개의 타임스탬프를 할당한다.

1. **W-timestamp**(Q)는 write(Q) 연산을 성공적으로 수행한 트랜잭션의 타임스탬프 중에서 가장 큰 것을 가리킨다.
2. **R-timestamp**(Q)는 read(Q) 연산을 성공적으로 수행한 트랜잭션의 타임스탬프 중에서 가장 큰 것을 가리킨다.

이 타임스탬프는 새로운 read(Q)나 write(Q) 연산이 실행될 때마다 갱신된다.

18.5.2 타임스탬프 순서 규약

타임스탬프 순서 규약(timestamp-ordering protocol)은 충돌하는 읽기와 기록 연산을 타임스탬프 순으로 실행하도록 보장한다. 이 규약은 다음과 같이 동작한다.

- 트랜잭션 T_i가 read(Q)를 실행하려 한다고 하자.
  - $\text{TS}(T_i) <$ W-timestamp(Q)라면 T_i는 Q에 덮어쓴 새로운 값을 읽어야 한다. 따라서 read(Q) 연산은 거절되고 T_i는 롤백된다.
  - $\text{TS}(T_i) \geq$ W-timestamp(Q)라면 read 연산은 실행되고 R-timestamp(Q)는 R-timestamp(Q)

와 TS(T_i) 둘 중 더 큰 값으로 설정된다.

- 트랜잭션 T_i가 write(Q)를 실행하려 한다고 하자.
  - TS(T_i) < R-timestamp(Q)라면 T_i가 쓰려는 Q의 값은 T_i보다 나중에 실행된 트랜잭션이 필요로 했던 값이므로 시스템은 T_i가 그 값을 기록하는 것을 허용하지 않는다. 그러므로 시스템은 write 연산을 거절하고 T_i를 롤백한다.
  - TS(T_i) < W-timestamp(Q)라면 T_i가 Q에 쓰려는 값은 T_i보다 나중에 실행된 트랜잭션이 이미 Q를 갱신했으므로 쓸모없는 값이다. 그러므로 시스템은 이 write 연산을 거절하고 T_i를 롤백한다.
  - 위 두 가지 경우가 아니라면 시스템은 T_i의 write 연산을 실행하고 W-timestamp(Q)를 TS(T_i)로 설정한다.

트랜잭션 T_i가 읽기나 쓰기 연산을 실행하려 하다가 동시성 제어 기법으로 인해 롤백되면 시스템은 새로운 타임스탬프를 T_i에 할당한 다음 T_i를 다시 시작하도록 한다.

이 규약의 예시를 보여 주기 위해 트랜잭션 T_{25}와 T_{26}을 살펴보자. 트랜잭션 T_{25}는 계좌 A와 B의 잔액 합을 보여 준다.

```
T25: read(B);
     read(A);
     display(A + B).
```

트랜잭션 T_{26}은 계좌 B에서 계좌 A로 \$50을 이체한 다음 두 계좌의 잔액 합을 보여 준다.

```
T26: read(B);
     B := B − 50;
     write(B);
     read(A);
     A := A + 50;
     write(A);
     display(A + B).
```

타임스탬프 규약을 따르는 스케줄을 설명하는 동안에는 트랜잭션의 첫 번째 명령문 바로 직전에 트랜잭션에 타임스탬프를 할당한다고 가정하자. 따라서 그림 18.17의 스케줄 3에서 TS(T_{25}) < TS(T_{26})이므로 이 스케줄은 타임스탬프 규약 아래에서 실행할 수 있다.

이 스케줄은 2단계 잠금 규약을 따라서도 생성될 수 있다. 그러나 2단계 잠금 규약 아래에서 가능한 스케줄이 타임스탬프 규약 아래에서 가능하지 않을 수도 있고 그 반대의 경우도 있을 수 있다(문제 18.27 참조).

타임스탬프 순서 규약은 충돌 직렬 가능성을 보장한다. 이것은 충돌하는 연산이 타임스탬프의 순서에 따라 처리되기 때문이다.

타임스탬프 순서 규약은 교착 상태도 해결하는데, 그 이유는 대기 상태에 있는 트랜잭션이 없기 때문이다. 그러나 만약 충돌이 일어나는 짧은 트랜잭션이 계속해서 긴 트랜잭션을 재시작하도록

T_{25}	T_{26}
read(B)	
	read(B)
	$B := B - 50$
	write(B)
read(A)	
	read(A)
display($A + B$)	
	$A := A + 50$
	write(A)
	display($A + B$)

그림 18.17 스케줄 3

하면 긴 트랜잭션이 실행되지 못하는 기아 현상이 발생할 수 있다. 어떤 트랜잭션이 반복적인 재시작에 시달리고 있다면 이 트랜잭션이 끝날 수 있도록 다른 충돌하는 트랜잭션을 잠시 멈추게 할 수도 있다.

타임스탬프 순서 규약은 복구가 불가능한 스케줄을 생성할 수도 있다. 그러나 다음 여러 방법 중 하나를 이용하여 복구 가능한 스케줄을 생성하도록 확장할 수 있다.

- 트랜잭션의 마지막에 모든 쓰기 연산을 수행하도록 하면 복구성과 비연쇄성을 보장할 수 있다. 단, 그 쓰기 연산은 반드시 원자적이어야 한다. 즉 쓰기 연산을 실행 중일 때는 어떠한 다른 트랜잭션도 그 데이터 항목에 기록할 수 없어야 한다.
- 복구성과 비연쇄성은 커밋되지 않은 데이터 항목에 대한 읽기 연산을 그 항목을 갱신한 트랜잭션이 커밋할 때까지 연기하는 제한된 형태의 잠금을 사용함으로써 보장할 수 있다(문제 18.28 참조).
- 복구성만 본다면 커밋되지 않은 트랜잭션의 쓰기 연산을 추적하고 T_i가 읽은 값을 기록했던 트랜잭션이 커밋한 후에만 트랜잭션 T_i가 커밋할 수 있게 함으로써 보장할 수 있다. 18.1.5절에서 간략히 소개한 커밋 의존성은 이러한 목적으로 이용할 수 있다.

만약 타임스탬프 순서 규약을 튜플에만 적용한다면 이 규약은 17.10절과 18.4.3절에서 보았던 유령 문제에 취약할 것이다.

이를 방지하기 위해서는 타임스탬프 순서 규약을 릴레이션 메타데이터나 인덱스 데이터 등 트랜잭션이 읽는 모든 데이터에 적용할 수 있어야 한다. 잠금 기반의 동시성 제어 측면에서 18.4.3절에서 언급한 인덱스 잠금 규약이 유령 문제를 방지하는 데 더 효율적이다. 인덱스 잠금 규약은 각 튜플에 잠금을 얻을 뿐만 아니라 인덱스 노드에도 잠금을 획득한다는 것을 기억하자. 비슷하게 타임스탬프 순서 규약이 각 인덱스 노드를 하나의 데이터 항목으로 간주하여 인덱스 노드에 쓰기 및 읽기 타임스탬프를 부여하고 타임스탬프 순서 검사를 하는 방법도 있다. 이렇게 확장한 타임스탬프 순서 규약은 유령 문제를 방지하며 술어 읽기를 포함해도 직렬 가능성을 보장한다.

T_{27}	T_{28}
read(Q)	
	write(Q)
write(Q)	

그림 18.18 스케줄 4

18.5.3 토마스의 쓰기 규칙

이제 18.5.2절에서 소개한 규약보다 더 향상된 동시성을 제공할 수 있도록 타임스탬프 순서 규약을 변경하고자 한다. 그림 18.18의 스케줄 4에 타임스탬프 순서 규약을 적용해 보자. T_{27}이 T_{28}보다 먼저 실행하기 때문에 TS(T_{27}) < TS(T_{28})라 가정할 수 있다. T_{27}의 read(Q) 연산이 성공한 다음 T_{28}의 write(Q) 연산이 수행된다. T_{27}이 write(Q) 연산을 수행하려 할 때 TS(T_{27}) < W-timestamp(Q)임을 알 수 있다. 왜냐하면 W-timestamp(Q) = TS(T_{28})이기 때문이다. 그러므로 T_{27}의 write(Q)는 실행이 거절되고 T_{27}은 반드시 롤백해야 한다.

타임스탬프 순서 규약을 따르면 T_{27}의 롤백이 필요하지만, 실제로 T_{27}을 롤백할 필요는 없다. 왜냐하면 T_{28}은 이미 Q에 쓰기를 끝낸 상태이고 T_{27}이 덮어쓰려고 하는 값은 그 뒤에 실행할 트랜잭션이 읽을 필요가 없는 값이기 때문이다. TS(T_i) < TS(T_{28})인 트랜잭션 T_i가 read(Q) 연산을 수행하려고 하면 T_i는 롤백된다. 왜냐하면 TS(T_i) < W-timestamp(Q)이기 때문이다. TS(T_j) > TS(T_{28})인 트랜잭션 T_j가 있다고 하면 T_j는 T_{27}이 쓰려는 값이 아니라 T_{28}이 쓴 Q의 값을 읽어야 한다.

이것으로 볼 때 앞으로 읽을 필요가 없는 값을 쓰려고 하는 쓰기 연산은 어떤 상황에서 무시하도록 타임스탬프 시간 규약을 수정해야 함을 알 수 있다. 이를 위해 읽기 연산에 대해서는 규약을 변경할 필요가 없다. 그러나 쓰기 연산을 위한 규약은 18.5.2절의 타임스탬프 순서 규약과는 약간 달라야 한다.

수정된 타임스탬프 순서 규약을 **토마스의 쓰기 규칙**(Thomas' write rule)이라 부르며 다음과 같이 동작한다. 트랜잭션 T_i가 write(Q)를 수행하려 한다고 하자.

1. TS(T_i) < R-timestamp(Q)라면 T_i가 쓰려고 하는 값은 이전에 필요했던 값이지만 어떤 이유로 인해 쓰지 않았던 값이라 할 수 있다. 그러므로 시스템은 쓰기 연산을 거절하고 T_i를 롤백한다.
2. TS(T_i) < W-timestamp(Q)라면 T_i보다 나중에 실행한 트랜잭션이 이미 Q를 갱신하였으므로 T_i가 쓰려고 하는 값은 쓸모없는 값이다. 따라서 이 쓰기 연산은 거절된다.
3. 이 두 가지 경우가 아니라면 시스템은 쓰기 연산을 수행하고 W-timestamp(Q)를 TS(T_i)로 설정한다.

이 규칙과 18.5.2절의 규칙과의 차이는 두 번째 규칙에 있다. 타임스탬프 순서 규약에서 T_i가 write(Q)를 실행할 때 TS(T_i) < W-timestamp(Q)일 경우, T_i를 롤백해야 한다. 그러나 토마스의 쓰기 규칙에서 TS(T_i) ≥ R-timestamp(Q)일 경우 쓸모없는 쓰기 연산을 무시한다.

쓸모없는 쓰기 연산을 무시함에 따라 토마스의 쓰기 규칙은 충돌 직렬 가능성을 보장하지 못한

노트 18.1 뷰 직렬 가능성

충돌 동등보다는 덜 엄격한 새로운 동등 개념인 뷰 직렬 가능성에 대해 알아보자. 각 트랜잭션은 읽기(read)와 쓰기(write) 연산으로 구성되어 있으며, 같은 트랜잭션으로 구성된 스케줄 S와 S'가 있다고 가정한다. 다음 조건을 만족하면 스케줄 S와 S'는 **뷰 동등**(view equivalent)하다고 정의한다.

1. 각 데이터 항목 Q에 대해, 스케줄 S에 있는 트랜잭션 T_i가 Q의 초깃값을 읽으면, 트랜잭션 T_i는 반드시 스케줄 S'에서도 Q의 초깃값을 읽어야 한다.
2. 각 데이터 항목 Q에 대해, 트랜잭션 T_i가 스케줄 S에서 read(Q) 연산을 실행하고 그 값이 트랜잭션 T_j가 실행한 write(Q) 연산에 따라 생성된 값이면, 트랜잭션 T_i의 read(Q) 연산은 반드시 스케줄 S'에서도 트랜잭션 T_j의 write(Q) 연산에 따라 생성된 Q 값을 읽어야 한다.
3. 각 데이터 항목 Q에 대해, 스케줄 S에서 마지막 write(Q) 연산을 수행하는 트랜잭션은 반드시 스케줄 S'에서도 마지막 write(Q) 연산을 실행해야 한다.

조건 1과 2는 각 트랜잭션이 두 스케줄에서 같은 값을 읽고 같은 계산을 수행한다는 것을 보장한다. 조건 3은 조건 1, 2와 함께 두 스케줄이 같은 최종 시스템 상태에 도달한다는 것을 보장한다.

뷰 동등에 대한 개념을 통해 **뷰 직렬 가능성**(view serializability)에 대한 개념을 이해할 수 있다. 스케줄 S가 직렬 스케줄과 뷰 동등하다면 스케줄 S는 **뷰 직렬 가능**(view serializable)이라고 말할 수 있다.

스케줄 4에 트랜잭션 T_{29}을 추가해서 아래의 스케줄 5를 만들었다고 하자.

T_{27}	T_{28}	T_{29}
read (Q)		
	write (Q)	
write (Q)		
		write (Q)

스케줄 5는 직렬 스케줄 $<T_{27}, T_{28}, T_{29}>$과 뷰 동등하다. 왜냐하면 하나의 read(Q) 명령어가 양쪽 스케줄에서 Q의 초깃값을 읽으며 양쪽 스케줄에서 T_{29}의 write(Q)가 Q에 마지막 갱신을 하기 때문이다.

모든 충돌 직렬 가능한 스케줄은 또한 뷰 직렬 가능하다. 그러나 모든 뷰 직렬 가능한 스케줄이 충돌 직렬 가능한 스케줄은 아니다. 실제로 스케줄 5는 모든 연속적인 명령어 쌍이 충돌을 일으키며 교환 가능한 명령어가 없으므로 충돌 직렬 가능하지 않다.

스케줄 5에서 트랜잭션 T_{28}과 T_{29}은 read(Q)를 하지 않고 바로 write(Q)만 실행한다. 이런 종류의 연산을 **맹목 쓰기**(blind write)라고 한다. 맹목 쓰기는 충돌 직렬 가능하지 않은 모든 뷰 직렬 가능한 스케줄에서 나타날 수 있다.

다. 하지만 그 결과가 올바른 스케줄임은 분명하다. 이 경우와 같이 충돌 직렬 불가능하지만 올바른 스케줄에 대해 **뷰 직렬 가능**(view serializable) 개념을 적용할 수 있다(노트 18.1 참조). 토마스의 쓰기 규칙은 트랜잭션이 요청하는 쓸모없는 쓰기 연산을 제거함으로써 뷰 직렬 가능성을 제공한다.

이렇게 수정된 규약은 이 장에서 살펴본 다른 규약으로는 생성할 수 없는 직렬 가능한 스케줄을 생성할 수 있다. 예를 들어, 그림 18.18의 스케줄 4는 충돌 직렬 가능하지 않으며, 2단계 잠금 규약, 트리 규약, 타임스탬프 순서 규약 아래에서도 가능하지 않다. 그러나 토마스의 쓰기 규칙을 따르면 T_{27}의 write(Q) 연산은 무시되고 그 결과 직렬 스케줄 <T_{27}, T_{28}>과 뷰 동등한(view equivalent) 스케줄이 된다.

18.6 검증 기반 규약

트랜잭션 대부분이 읽기 전용(read-only) 트랜잭션이면 트랜잭션 간의 충돌률은 비교적 낮다. 그렇지만 이러한 트랜잭션도 동시성 제어 기법 없이 실행하면 시스템을 일관성이 결여된 상태에 빠지도록 만들 것이다. 동시성 제어 기법은 코드 실행의 부담이 있으며 트랜잭션의 지연을 초래하므로, 부담이 적은 다른 기법을 사용하는 것이 바람직하다. 그러나 어떤 트랜잭션이 충돌을 일으킬지 사전에 알 수 없으므로 부담을 줄이기란 쉽지 않다. 사전에 어떤 트랜잭션이 충돌을 일으킬지 알기 위해서는 시스템을 모니터링(monitoring)하는 기법이 필요하다.

검증 규약(validation protocol)은 각 트랜잭션 T_i가 읽기 전용 트랜잭션인지 아니면 갱신 트랜잭션인지에 따라 서로 다른 두세 단계에서 실행하기를 요구한다. 그 단계를 순서대로 보면 다음과 같다.

1. **읽기 단계**(Read phase). 이 단계에서 시스템이 T_i를 실행한다. T_i는 다양한 데이터 항목의 값을 읽고 그 값을 T_i의 지역변수에 저장한다. 그리고 실제 데이터베이스를 갱신하지 않고 지역변수에 임시로 모든 쓰기 연산을 수행한다.
2. **검증 단계**(Validation phase). (아래에 기술된) 검증 테스트를 트랜잭션 T_i에 수행한다. 이 테스트는 T_i가 직렬 가능성을 위배하지 않으면서 쓰기 단계로 진행하는 것을 허용할지 여부를 결정한다. 트랜잭션이 검증 테스트에 실패하면 시스템은 그 트랜잭션을 중단한다.
3. **쓰기 단계**(Write phase). 트랜잭션 T_i가 검증 테스트에 성공하면 T_i가 지역변수에 임시로 쓴 결과를 데이터베이스에 복사한다. 읽기 전용 트랜잭션은 이 단계를 생략한다.

각 트랜잭션은 반드시 위의 단계를 순서대로 거쳐야 한다. 그러나 동시에 수행하는 트랜잭션의 단계는 섞여서 처리될 수 있다.

검증 테스트를 수행하기 위해서는 트랜잭션 T_i가 언제 어떤 단계를 처리하는지 알 필요가 있다. 이를 위해 트랜잭션 T_i에 서로 다른 세 개의 타임스탬프를 지정한다.

1. ***StartTS***(T_i): T_i가 실행을 시작한 시간을 나타낸다.
2. ***ValidationTS***(T_i): T_i가 읽기 단계를 마치고 검증 단계를 시작한 시간을 나타낸다.
3. **FinishTS**(T_i): T_i가 쓰기 단계를 끝마친 시간을 나타낸다.

타임스탬프 순서 규약을 사용하는 경우 타임스탬프 *ValidationTS*(T_i)의 값을 사용하여 직렬 가능성 순서를 결정한다. 즉 *TS*(T_i) = *ValidationTS*(T_i)라 할 수 있다. 만약 TS(T_j) < TS(T_k)라면 생성된 모든 스케줄은 반드시 T_j가 T_k보다 먼저 나오는 직렬 스케줄과 동등해야 한다.

T_{25}	T_{26}
read(B)	
	read(B)
	$B := B - 50$
	read(A)
	$A := A + 50$
read(A)	
<validate>	
display($A + B$)	
	<validate>
	write(B)
	write(A)

그림 18.19 스케줄 6, 검증을 이용해 생성된 스케줄

트랜잭션 T_i가 **검증 테스트**(validation test)를 통과하기 위해서는 $\text{TS}(T_k) < \text{TS}(T_i)$인 모든 트랜잭션 T_k에 대해서 다음 두 가지 조건 중 하나를 만족해야 한다.

1. $FinishTS(T_k) < StartTS(T_i)$. T_k가 T_i의 실행 시작 전에 끝마치므로 직렬 가능성 순서는 유지된다.
2. T_k가 기록한 데이터 항목의 집합은 T_i가 읽은 데이터 항목의 집합과 서로 겹치지 않으며 T_i가 검증 단계를 시작하기 전에 T_k가 쓰기 단계를 끝마친다($StartTS(T_i) < FinishTS(T_k) < ValidationTS(T_i)$). 이 조건은 T_k와 T_i가 기록한 값이 서로 겹치지 않도록 보장해 준다. 왜냐하면 T_k가 기록한 값이 T_i가 읽을 값에 영향을 주지 않으며 T_i 역시 T_k가 읽을 값에 영향을 주지 않기 때문이다. 그러므로 직렬 가능성 순서는 유지된다.

그 예로서 트랜잭션 T_{25}와 T_{26}을 다시 한번 살펴보자. $\text{TS}(T_{25}) < \text{TS}(T_{26})$라고 가정하면 그림 18.19의 스케줄 6에서 검증 단계는 성공적으로 처리된다. 지역변수의 값이 실제 데이터베이스에 기록되는 것은 T_{26}의 검증 단계 이후이므로 T_{25}는 B와 A의 이전 값을 읽게 되고 결과적으로 이 스케줄은 직렬 가능성을 갖는 스케줄이 된다.

이 검증 기법은 자동으로 연쇄적 롤백이 일어나지 않도록 한다. 왜냐하면 갱신을 수행한 트랜잭션이 커밋한 후 데이터베이스에 실제로 값을 기록하기 때문이다. 그러나 일련의 짧은 트랜잭션과 충돌이 일어나는 긴 트랜잭션은 계속 재시작되어야 하므로 기아 현상이 일어날 수 있다. 기아 현상을 피하기 위해서는 긴 트랜잭션이 수행을 끝낼 때까지 충돌이 일어나는 다른 트랜잭션의 실행을 막아야 한다.

또한 검증 테스트를 위한 조건은 트랜잭션 T가 실행을 시작한 후에 종료 및 T보다 직렬 순서상으로 앞선 트랜잭션 T_i에 대해서만 검증한다는 것을 유의하자. 즉 트랜잭션 T가 실행을 시작하기 전에 끝난 트랜잭션에 대해서는 검증 테스트를 하지 않아도 된다. 직렬 순서상으로 T 이후에 실행한 트랜잭션 T_i에($ValidationTS(T_i) > ValidationTS(T)$) 대해서는 검증 테스트를 하지 않아도 된다.

왜냐하면 그러한 트랜잭션 T_i가 시작한 후에 트랜잭션 T가 끝난다면 T_i가 T에 대해 검증 테스트를 할 것이기 때문이다.

이러한 검증 기법을 **낙관적 동시성 제어**(optimistic concurrency-control)라고 부른다. 즉 트랜잭션이 성공적으로 커밋할 것이라 보고 자신의 연산을 다 실행한 다음 마지막에 성공 여부를 테스트하기 때문이다. 이와 반대로 잠금과 타임스탬프 순서 규약은 비록 스케줄이 충돌 직렬 가능하다 하더라도 충돌을 발견하면 그 즉시 트랜잭션을 대기 상태로 두거나 아니면 중단시키기 때문에 비관적(pessimistic)이라고 부른다.

$\text{TS}(T_i) = ValidationTS(T_i)$ 대신 $\text{TS}(T_i) = StartTS(T_i)$로 해도 직렬 가능성에 영향을 주지 않는다. 그러나 이렇게 하면 $\text{TS}(T_j) < \text{TS}(T_i)$인 트랜잭션 T_i와 T_j에 대해 T_i가 T_j보다 먼저 검증 단계에 들어갈 수 있다. 결과적으로 T_j의 읽기 및 쓰기 연산 작업을 완전히 알기 위해 T_j가 수행을 끝마칠 때까지 T_i의 검증 단계는 대기해야 한다. $\text{TS}(T_i) = ValidationTS(T_i)$로 하면 이러한 문제점은 없어진다.

18.7 다중 버전 기법

지금까지 다룬 동시성 제어 기법은 트랜잭션이 실행하려는 연산을 지연시키거나 중단시킴으로써 직렬 가능성을 보장하는 방법이었다. 예를 들어, 읽기 연산의 경우 읽어야 할 값이 아직 기록되지 않아 지연되거나 읽으려는 값이 이미 다른 값으로 바뀌어 중단될 수 있다(이 경우 읽기 연산을 수행하려는 트랜잭션 자체가 중단된다). 그러나 각 데이터 항목에 기록했던 일련의 값을 시스템에 저장해 둔다면 이런 문제를 해결할 수 있다.

다중 버전 동시성 제어(multiversion concurrency-control) 기법은 각 write(Q) 연산이 Q의 새로운 **버전**(version)을 만들도록 한다. 트랜잭션이 read(Q) 연산을 하려 할 때 동시성 제어 관리자는 Q의 여러 버전 중에 읽어야 할 버전을 선택한다. 동시성 제어 기법은 반드시 직렬 가능성을 보장하도록 Q의 버전을 선택하여 트랜잭션이 읽도록 해야 한다. 또한 성능 측면에서 트랜잭션이 데이터 항목의 어떤 버전을 읽어야 하는지 쉽고 빠르게 결정할 수 있어야 한다.

18.7.1 다중 버전 타임스탬프 순서

타임스탬프 순서 규약을 다중 버전 규약으로 확장할 수 있다. 시스템 내의 각 트랜잭션 T_i는 $\text{TS}(T_i)$로 표기되는 타임스탬프를 트랜잭션이 실행을 시작하기 전에 부여받는다. 데이터 항목 Q에는 일련의 버전 $<Q_1, Q_2, \ldots, Q_m>$이 있다. 각 버전 Q_k는 다음의 세 가지 데이터 필드를 가진다.

1. **Content**는 버전 Q_k가 가지는 값을 가리킨다.
2. **W-timestamp**(Q_k)는 버전 Q_k를 만든 트랜잭션에 부여된 타임스탬프다.
3. **R-timestamp**(Q_k)는 버전 Q_k의 값을 성공적으로 읽은 트랜잭션의 타임스탬프 중 가장 최근에 실행을 시작한 트랜잭션의 타임스탬프다.

트랜잭션 T_i는 write(Q) 연산을 할 때 데이터 항목 Q의 새로운 버전 Q_k를 만든다. 그 버전의

content 필드에는 T_i가 기록한 값을 보관한다. 또한 시스템은 W-timestamp(Q)와 R-timestamp(Q)를 TS(T_i)로 변경한다. 트랜잭션 T_j가 Q_k의 값을 읽는 경우 R-timestamp(Q_k) < TS(T_j)라면 Q_k의 R-timestamp 값을 변경한다.

다음에 설명할 **다중 버전 타임스탬프 순서 기법**(multiversion timestamp-ordering scheme)은 직렬 가능성을 보장한다. 이 기법은 다음과 같이 동작한다. 트랜잭션 T_i가 read(Q)나 write(Q) 연산을 수행한다고 하자. Q_k는 TS(T_i)보다 작거나 같은 write 타임스탬프를 가지는 Q의 버전 중에서 가장 큰 write 타임스탬프를 가지는 버전을 가리킨다.

1. 트랜잭션 T_i가 read(Q)를 실행하려고 하면 반환되는 값은 버전 Q_k의 content 필드에 있는 값이다.
2. 트랜잭션 T_i가 write(Q)를 실행하고 TS(T_i) < R-timestamp(Q_k)라면 시스템은 트랜잭션 T_i를 롤백한다. 반면에 TS(T_i) = W-timestamp(Q_k)라면 시스템은 Q_k의 값을 덮어쓰도록 한다. 이 두 가지 경우가 아니라면 시스템은 Q의 새로운 버전을 만든다.

규칙 1은 명확하다. 즉 트랜잭션 T_i는 T_i를 실행하기 직전에 가장 큰 write 타임스탬프를 가지는 버전의 값을 읽게 된다. 두 번째 규칙은 쓰기 연산하는 시점이 "너무 늦을" 경우 트랜잭션을 중단시킨다. 구체적으로 T_i가 다른 트랜잭션이 이미 읽은 버전의 값을 다른 값으로 갱신하려고 하면 갱신을 허용하지 않는다는 것이다.

Q에서 W-timestamp가 t인 버전 Q_i의 **유효 간격**(valid interval)은 다음과 같이 정의한다. Q_i가 데이터 항목 Q의 가장 최신 버전이라면 유효 간격은 $[t, \infty]$로 정의한다. 최신 버전이 아닐 때는 Q에서 Q_i 다음 버전의 타임스탬프가 s라 할 때 유효 간격은 $[t, s]$로 정의한다. 이를 통해 타임스탬프가 t_i인 트랜잭션이 읽게 되는 값은 유효 간격이 t_i를 포함하는 버전의 값이라는 것을 알 수 있다.

더 필요하지 않은 버전은 다음 규칙에 따라 제거한다. 한 데이터 항목에 두 버전 Q_k와 Q_j가 있으며 두 버전의 W-timestamp가 시스템에서 가장 오래된 트랜잭션의 타임스탬프보다도 작은 값이라고 하자. 그렇다면 두 버전 Q_k와 Q_j 중에서 오래된 버전은 다시는 사용되지 않을 것이므로 제거할 수 있다.

다중 버전 타임스탬프 순서 기법은 읽기 연산이 실패하거나 대기 상태에 빠지는 것을 방지한다. 일반적인 데이터베이스 시스템에서 읽기 연산은 쓰기 연산보다 훨씬 더 자주 발생하는 연산이므로 이러한 장점은 현실에서 아주 중요하다 할 수 있다.

그러나 이 기법은 두 가지 단점을 가진다. 첫째는 데이터 항목의 읽기 연산을 할 때 R-timestamp 필드를 갱신해야 하므로 두 번의 디스크 접근이 필요하다. 두 번째는 트랜잭션 간의 충돌을 트랜잭션을 롤백함으로써만 해결할 수 있다는 것이다. 18.7.2절에서 이 문제를 해결하는 알고리즘에 대해 다룬다.

다중 버전 타임스탬프 순서 기법은 복구성과 비연쇄성을 보장하지 않는다. 그러나 타임스탬프 순서 기법에서 확장한 것과 마찬가지의 방식으로 복구 가능하며 비연쇄적으로 만들 수 있다.

노트 18.2 다중 버전 및 데이터베이스 구현

각 튜플을 고유하게 식별하게 하는 주 키 제약 조건을 구현한 데이터베이스를 생각해 보자. 이때 주 키 속성에 대해 같은 값을 가지는 두 번째 버전을 만드는 것은 주 키 제약 조건을 위반하는 것처럼 보인다. 그러나 두 버전은 데이터베이스에서 동시에 존재하지 않기 때문에 논리적으로 제약 조건을 위반한 것이 아니다. 따라서 주 키 제약 조건을 여러 레코드가 동일한 값을 가지더라도 서로 다른 버전에 존재한다면 이를 허용하도록 수정해야 한다.

다음으로 튜플의 삭제에 대해 생각해 보자. 삭제는 튜플이 삭제되었다는 것을 나타내는 특별한 표시를 나타내는 버전을 생성하는 방식으로 구현할 수 있다. 해당 튜플을 읽으려는 트랜잭션은 단순히 이 튜플을 무시하면 된다.

더 나아가서 외래 키 종속성을 강제하는 상황을 고려해 보자. 릴레이션 r의 속성 $r.B$가 릴레이션 s의 속성 $s.B$를 참조하는 외래 키라고 하자. 일반적으로 $t_r.B = t_s.B$인 튜플 t_r이 릴레이션 r에 존재할 때 s의 튜플 t_s를 삭제하거나 튜플 t_s의 주 키 속성의 값을 갱신하면 외래 키 종속성을 위반하게 된다. 다중 버전을 사용하는 상황에서 외래 키 종속성을 위반하는 상황은 다음과 같다. 삭제/갱신 작업을 수행하려는 트랜잭션의 타임스탬프를 ts_i라 할 때 튜플의 어떤 버전 t_r이 ts_i를 포함하는 유효 간격을 가지고 있다면 외래 키 종속성을 위반하게 된다.

마지막으로 릴레이션 r의 속성 $r.B$에 인덱스를 생성하는 상황을 고려해 보자. 레코드 t_i가 속성 B에 대해 같은 값을 가지는 여러 버전을 가지고 있을 때, 인덱스는 레코드의 가장 최신 버전을 가리키며 그 최신 버전은 그 이전 버전을 가리킬 것이다. 그러나 속성 $t_i.B$ 값을 수정하면 인덱스는 레코드 t_i에 대해 다른 버전과 구분하기 위한 서로 다른 엔트리를 필요로 한다. 즉 한 엔트리는 $t_i.B$의 이전 값을, 다른 엔트리는 새로운 값을 가지고 있어야 한다. 만약 레코드의 이전 버전의 값이 삭제된다면 해당 인덱스에 이전 버전을 위한 엔트리 역시 반드시 삭제되어야 한다.

18.7.2 다중 버전 2단계 잠금

다중 버전 2단계 잠금 규약(multiversion two-phase locking protocol)은 다중 버전 동시성 제어의 장점과 2단계 잠금의 장점을 결합한 기법이다. 이 규약은 **읽기 전용 트랜잭션**(read-only transaction)과 **갱신 트랜잭션**(update transaction) 간에 차이를 두고 있다.

갱신 트랜잭션은 준엄한 2단계 잠금을 수행한다. 즉 갱신 트랜잭션은 커밋하기 직전까지 모든 잠금을 가지고 있다는 것을 의미한다. 따라서 갱신 트랜잭션은 커밋하는 시점에 따라 직렬 가능하다. 데이터 항목의 각 버전은 하나의 타임스탬프를 가진다. 여기서 타임스탬프는 실제 클락 기반의 타임스탬프가 아니라 ts-counter라고 불리는 논리적 카운터를 의미하며, 이 카운터는 트랜잭션의 커밋을 처리하는 동안에 값이 증가한다.

데이터베이스 시스템은 읽기 전용 트랜잭션이 실행을 시작하기 전에 ts-counter의 현재 값을 읽어서 타임스탬프로 할당한다. 트랜잭션이 읽기 연산을 수행하는 때는 타임스탬프 순서 규약을 따른다. 그러므로 읽기 전용 트랜잭션 T_i가 read(Q)를 실행하면 TS(T_i)보다 작거나 같은 타임스탬프를 가지는 버전 중에서 가장 큰 타임스탬프를 가지는 버전의 값이 반환된다.

갱신 트랜잭션이 값을 읽을 때는 먼저 그 항목에 공유 잠금을 걸고 가장 최신 버전의 값을 읽는다. 갱신 트랜잭션이 값을 기록하려 하면 먼저 그 항목에 독점적 잠금을 걸고 그 데이터 항목에 새로운 버전을 생성한다. 이 새로운 버전에 값을 기록하고 초기 타임스탬프 값을 ∞로 설정함으로써 가장 큰 타임스탬프를 부여한다.

갱신 트랜잭션 T_i가 동작을 끝마칠 때는 커밋을 수행한다. 이때 오직 하나의 갱신 트랜잭션만 커밋을 수행할 수 있다. 먼저 T_i는 자신이 만든 모든 버전의 타임스탬프를 현재 ts-counter 값에 1을 더한 값으로 지정한다. 그런 다음 T_i는 ts-counter 값을 1 증가시킨 후 커밋한다.

읽기 전용 트랜잭션은 T_i가 성공적으로 커밋하기 전까지 ts-counter의 이전 값을 참조한다. 결과적으로 T_i가 커밋한 이후에 시작되는 읽기 전용 트랜잭션은 T_i가 변경한 값을 읽을 것이다. 반면에 T_i가 커밋하기 전에 시작한 읽기 전용 트랜잭션은 T_i가 갱신하기 이전 값을 읽을 것이다. 어떠한 경우이건 읽기 전용 트랜잭션은 잠금을 걸기 위해 대기할 필요가 없다. 또한 다중 버전 2단계 잠금은 스케줄이 복구 가능하며 비연쇄적임을 보장한다.

버전의 삭제는 다중 버전 타임스탬프 순서 기법과 같은 방식으로 처리한다. 한 데이터 항목에 두 버전 Q_k와 Q_j가 있을 때 두 버전이 시스템에 있는 가장 오래된 트랜잭션의 타임스탬프보다 작거나 같은 타임스탬프를 가진다고 하자. 그러면 Q_k와 Q_j 중에서 더 오래된 버전은 다시 사용되지 않을 것이므로 삭제할 수 있다.

18.8 스냅샷 고립

스냅샷 고립은 Oracle, PostgreSQL, SQL Server와 같은 상용 시스템이나 오픈 소스 시스템에서 폭넓게 사용되고 있는 동시성 제어 기법의 특별한 형태다. 지난 17.9.3절에서 스냅샷 고립에 대해 소개했었다. 여기서는 스냅샷 고립이 어떻게 작동하는지에 대해 자세하게 살펴보기로 한다.

개념적으로 스냅샷 고립은 트랜잭션이 실행을 시작하는 시점의 데이터베이스의 "스냅샷"을 그 트랜잭션에 부여하는 과정을 포함하고 있다. 스냅샷을 통해 트랜잭션은 다른 동시 실행 트랜잭션과는 완전히 고립되며 해당 스냅샷에 대해서만 작업을 수행하게 된다. 스냅샷은 커밋한 트랜잭션이 기록한 값으로만 구성되어 있다. 이러한 고립은 읽기 전용 트랜잭션에는 이상적이라고 할 수 있는데, 왜냐하면 절대 대기하거나 동시성 제어 관리자에 의해 중단되지 않기 때문이다.

데이터베이스를 갱신하려는 트랜잭션은 잠재적으로 데이터베이스를 갱신하려는 다른 트랜잭션과 충돌할 수 있다. 따라서 갱신 작업의 커밋을 허용하기 전에 검증 과정이 필요하다. 이러한 검증 과정에 대해서는 이 절의 뒤에 가서 다루기로 한다. 갱신 내용은 그 트랜잭션의 검증이 끝날 때까지 그 트랜잭션의 고유 작업장(workspace)에 유지되며 검증이 끝난 후에 갱신 내용을 데이터베이스에 기록한다.

어떤 트랜잭션 T가 커밋할 수 있도록 허용되면 T의 커밋 상태로의 전환과 T가 데이터베이스에 행한 모든 갱신 작업을 하나의 원자화된(atomic) 작업으로 수행해야 한다. 즉 다른 트랜잭션을 위해 생성한 스냅샷은 트랜잭션 T가 수행한 모든 갱신 작업을 포함하고 있든지, 아니면 하나도 포함하고 있지 않도록 해야 한다.

18.8.1 스냅샷 고립에서 다중 버전

스냅샷 고립을 구현하기 위해 트랜잭션은 두 개의 타임스탬프를 부여받는다. 첫 번째 타임스탬프 $StartTS(T_i)$는 트랜잭션 T_i가 실행을 시작한 시간을 기록한다. 두 번째 타임스탬프 $CommitTS(T_i)$는 트랜잭션이 검증을 요청한 시간을 기록한다.

두 트랜잭션이 같은 타임스탬프를 받지 않는다는 가정하에 타임스탬프로 실제 시간을 사용해도 무방하다. 그러나 일반적으로 트랜잭션이 검증 단계에 들어갈 때마다 하나씩 증가하는 카운터를 타임스탬프로 사용한다.

스냅샷 고립은 다중 버전을 기반으로 하며 데이터 항목을 갱신하려는 트랜잭션은 해당 데이터 항목에 새로운 버전을 생성한다. 이 버전은 버전이 생성된 시점의 시간을 나타내는 하나의 쓰기 타임스탬프만 가지고 있다. 이 타임스탬프를 $CommitTS(T_i)$로 설정한다(데이터베이스 갱신은 트랜잭션 T_i의 검증이 끝난 후에 행해지므로 $CommitTS(T_i)$를 타임스탬프로 사용하는 것이 가능하다).[3]

트랜잭션 T_i가 데이터 항목을 읽을 때, $StartTS(T_i)$보다 작거나 같은 타임스탬프를 가지는 버전 중에서 가장 최신 버전의 값을 반환한다. 따라서 트랜잭션 T_i는 T_i가 시작한 이후에 커밋한 트랜잭션이 갱신한 내용은 알 수 없지만, T_i가 시작하기 전에 커밋한 트랜잭션의 갱신 내용은 알 수 있다. 따라서 T_i는 효과적으로 T_i가 시작한 시점에서 데이터베이스의 스냅샷을 알 수 있게 된다.[4]

18.8.2 갱신 트랜잭션을 위한 검증 단계

어떤 갱신 트랜잭션을 커밋하도록 허용할지 결정하는 것은 주의를 필요로 한다. 동시에 실행하고 있는 두 트랜잭션은 잠재적으로 같은 데이터 항목을 갱신할 수 있다. 이 두 트랜잭션은 각자에게 부여된 스냅샷을 이용하여 고립된 상태로 동작하기 때문에 두 트랜잭션 모두 상대 트랜잭션이 수행한 갱신 내용을 볼 수가 없다. 만약 두 트랜잭션 모두에게 데이터베이스에 갱신 내용을 기록할 수 있도록 허용하면, 첫 번째 갱신 내용이 두 번째 갱신 내용으로 덮어쓰일 것이다. 그 결과가 바로 **갱신 손실**(lost update)이다. 명백히 이러한 상황은 방지해야 한다. 스냅샷 고립에는 두 가지 접근 방법이 있는데, 모두 갱신 손실을 방지한다. 이들은 **첫 번째 커밋이 승리**(first committer wins)와 **첫 번째 갱신이 승리**(first update wins)라 불린다. 두 접근 방법 모두 한 트랜잭션을 동시에 실행하는 다른 트랜잭션과 테스트하는 방법을 사용한다.

어떤 트랜잭션 T_j가 T_i의 시작부터 검증이 행해지고 있는 시간까지, 어느 시점에서도 동작하고 있거나 부분적으로 커밋되어 있다고 하자. 이때 T_j는 T_i와 **동시 수행 중**(concurrent with)이라고 말한다. 구체적으로 다음 조건 중 하나를 만족하면 T_j는 T_i와 동시 수행 중이다.

---

3 많은 구현에서 트랜잭션의 검증을 시작하기 전에 버전을 생성하기도 한다. 왜냐하면 검증을 시작할 때는 버전에 부여할 타임스탬프를 알 수 없기 때문이다. 구체적으로 타임스탬프를 처음에는 무한대로 설정한 다음 검증이 끝난 시점의 시간으로 타임스탬프를 갱신하는 방식을 사용한다. 실제 구현의 경우 여기서 더 최적화하는 방법을 사용하나 여기서는 설명을 생략한다.

4 주어진 타임스탬프에 대해 어떤 데이터 항목에 대한 정확한 버전을 효과적으로 찾기 위해 많은 구현에서 버전이 생성된 시점의 타임스탬프뿐만 아니라 다음 버전이 생성된 시점의 타임스탬프를 함께 저장한다. 이는 그 버전에 대한 **무효화 타임스탬프**(invalidation timestamp)를 관리하는 것과 같다고 할 수 있다. 즉 각 버전은 생성된 시점의 타임스탬프와 무효화 타임스탬프 사이에서만 유효하다. 데이터 항목의 가장 최신 버전은 무효화 타임스탬프를 무한대로 설정하게 된다.

$$StartTS(T_j) \leq StartTS(T_i) \leq CommitTS(T_j), \text{ or}$$
$$StartTS(T_i) \leq StartTS(T_j) \leq CommitTS(T_i).$$

첫 번째 커밋이 승리 방법 아래에서 트랜잭션 T_i가 검증을 시작하면 *CommitTS*가 부여된 이후 다음의 작업을 검증 단계 일부로서 수행한다. (실제 구현에서 동시에 검증을 실행하는 것을 지원하지만, 여기서는 설명의 편의를 위해 한 시점에 오직 하나의 트랜잭션만 검증을 수행한다고 가정한다.)

- T_i가 쓰기 작업을 하려는 어떤 데이터 항목에 대해 T_i와 동시 수행 중인 어떤 트랜잭션이 이미 데이터베이스에 해당 데이터 항목에 대한 갱신 내용을 반영했는지를 확인하는 테스트를 수행한다. 이는 T_i가 쓰려는 데이터 항목 d에 대해 d의 버전 중 $StartTS(T_i)$와 $CommitTS(T_i)$ 사이의 타임스탬프 값을 가지는 버전이 있는지 확인하는 방법으로 알 수 있다.[5]
- 그러한 데이터 항목이 발견되면, T_i를 중단시킨다.
- 그러한 데이터 항목이 발견되지 않으면, T_i는 커밋하고 갱신 내용을 데이터베이스에 반영한다.

이러한 접근 방법을 "첫 번째 커밋이 승리"라고 부르는데, 이는 트랜잭션이 충돌하면 처음으로 위 규칙을 적용하여 테스트하는 트랜잭션의 갱신 내용만 데이터베이스에 반영할 수 있으며, 뒤따르는 트랜잭션은 모두 중단되기 때문이다. 이러한 테스트를 구현하는 자세한 방법은 문제 18.15에서 다룬다.

첫 번째 갱신이 승리 방법의 경우 시스템은 갱신 작업에 대해 잠금 기법을 이용한다(읽기 작업은 잠금을 획득하지 않으므로 영향을 받지 않는다). 트랜잭션 T_i가 어떤 데이터 항목을 갱신하고자 할 때, 그 데이터 항목에 **쓰기 잠금**(write lock)을 요청한다. 그 쓰기 잠금을 다른 동시 수행 중인 트랜잭션이 가지고 있지 않다면, 그 잠금을 획득한 이후 다음의 단계를 수행한다.

- 그 데이터 항목을 동시에 수행하고 있던 어떤 트랜잭션이 갱신하였다면 T_i를 종료시킨다.
- 그렇지 않으면 T_i는 커밋 작업 등을 포함하여 계속해서 실행한다.

그러나 동시 수행 중인 다른 트랜잭션 T_j가 그 데이터 항목에 대해 이미 쓰기 잠금을 가지고 있다면 T_i는 계속 수행할 수 없으며 다음의 규칙을 따른다.

- T_i는 T_j가 중단되거나 커밋할 때까지 기다린다.
  - 만약 T_j가 중단되면 잠금이 풀리면서 T_i가 그 잠금을 획득할 수 있다. 잠금을 획득한 다음, 앞서 언급한 바와 같이 동시 수행 중인 트랜잭션이 수행한 갱신 작업에 관해 확인이 행해진다. 만약 그 트랜잭션이 그 데이터 항목을 갱신했으면 T_i는 종료되고, 그렇지 않으면 실행을 계속한다.
  - 만약 T_j가 커밋하면 T_i는 중단되어야 한다.

---

5 이 방법 외에도 트랜잭션이 수행한 읽기 및 쓰기 작업을 추적하는 방법을 통해서도 가능하다.

이러한 쓰기 잠금은 트랜잭션이 커밋하거나 중단되면 풀린다.

이 접근 방법은 "첫 번째 갱신이 승리"라 불리는데, 이는 트랜잭션이 충돌하면 잠금을 획득하는 첫 번째 트랜잭션만 커밋과 갱신 작업을 수행할 수 있도록 허용하기 때문이다. 이후에 갱신 작업을 하고자 하는 트랜잭션은 첫 번째 갱신 작업을 수행하는 트랜잭션이 어떤 다른 이유로 인해 중단되지 않으면 중단된다(첫 번째 갱신 작업을 수행하는 T_j가 종료되기를 기다리는 것에 대한 대안으로, 뒤따르는 갱신 작업을 수행하고자 하는 T_i가 획득하고자 하는 쓰기 잠금을 이미 T_j가 가지고 있다는 것을 알아차리자마자 종료하는 방법도 있다).

18.8.3 직렬 가능성 관련 사안과 해결책

스냅샷 고립은 많은 양의 데이터를 읽으려는 트랜잭션(주로 데이터 분석을 위한)이 다른 짧은 갱신 트랜잭션(주로 트랜잭션 처리를 위한)의 방해를 받지 않게 할 수 있다는 점에서 매력적이라 할 수 있다. 그러나 2단계 잠금과 함께라면 이렇게 실행 시간이 긴 읽기 전용 트랜잭션은 갱신 트랜잭션의 수행을 오랫동안 막아 버리게 되며, 이는 종종 받아들이기 힘든 상황을 초래한다.

데이터베이스가 요구하는 주 키 또는 외래 키 제약 조건과 같은 무결성 제약 조건이 스냅샷에선 지켜질 수 없다는 것을 주목하자. (동시 수행 중인 두 트랜잭션이 같은 주 키 속성값을 가지는 두 개의 튜플을 삽입하거나, 참조하고 있는 테이블에서 삭제된 외래 키 속성값을 가지는 튜플을 삽입할 수 있다.) 이 문제는 무결성 제약 조건을 커밋 시점의 검증 과정의 일부로 스냅샷이 아니라 데이터베이스의 현재 상태에 관해 확인함으로써 해결할 수 있다.

그러나 위와 같이 문제를 해결해도 여전히 스냅샷 고립은 심각한 문제점을 지니고 있다. 그것은 **스냅샷 고립이 직렬 가능성을 보장하지 않는다**는 것이다.

다음에 스냅샷 고립 아래에서 생성되는 직렬 불가능한 실행 예제를 보여 줄 것이다. 이어서 몇몇 데이터베이스에서 지원하는 **직렬 가능한 스냅샷 고립**(serializable snapshot isolation) 기법에 관해 소개한다. 이 기법은 스냅샷 고립에서 직렬 가능성을 보장하게끔 확장한 기법이라 할 수 있다. 참고로 직렬 가능한 스냅샷 고립을 지원하지 않는 스냅샷 고립 구현에서도 종종 SQL 언어 확장을 통해 프로그래머가 충돌 가능성을 보장할 수 있도록 허용한다(이러한 확장 기법에 대해서는 이 절의 마지막에 다루도록 하겠다).

- 그림 18.20에 보이는 스케줄을 고려해 보자. 두 동시 실행 중인 트랜잭션 T_i와 T_j는 데이터 항목 A와 B를 읽는다. T_i는 $A = B$로 설정한 후 A를 기록하며 T_j는 $B = A$로 설정한 후 B를 기록한다. T_i와 T_j는 동시 실행 중이므로 스냅샷 고립 아래에서 어떤 트랜잭션도 서로의 갱신 내용을 알 수 없다. 그러나 둘은 서로 다른 데이터 항목을 갱신하기 때문에 데이터베이스는 첫 번째 커밋이 승리 또는 첫 번째 갱신이 승리 중 어떤 정책을 사용해도 둘의 커밋은 모두 허용된다.

  그러나 이렇게 실행을 허용하면 A와 B의 값을 서로 바꾸는 결과를 초래하므로 이 실행은 직렬 가능하지 않다고 할 수 있다. 반면에 직렬 가능한 스케줄에서 T_i와 T_j의 순서에 따라 A와 B의 값은 둘 중 하나의 초깃값으로 설정될 것이다.

  이는 우선순위 그래프가 사이클을 가진다는 사실에서 쉽게 알 수 있다. 구체적으로 T_i는 T_j가

T_i	T_j
read(A)	
read(B)	
	read(A)
	read(B)
A=B	
	B=A
write(A)	
	write(B)

그림 18.20 스냅샷 고립 아래에서 직렬 불가능한 스케줄

A에 값을 쓰기 전에 A의 값을 읽으므로 우선순위 그래프에는 T_i에서 T_j로 가는 간선이 존재한다. T_j는 T_i가 B에 값을 쓰기 전에 B의 값을 읽으므로 T_j에서 T_i로 가는 간선 또한 존재한다. 결과적으로 우선순위 그래프에 사이클이 발생하므로 이는 직렬 불가능한 스케줄이라 말할 수 있다.

위와 같이 두 트랜잭션이 상대 트랜잭션이 기록한 데이터를 읽지만 쓰기 작업을 수행할 데이터 항목이 서로 겹치지 않는 상황을 **쓰기 치우침**(write skew)이라 부른다.

- 쓰기 치우침에 대한 다른 예로 은행 시나리오를 생각해 보자. 은행에서 어느 고객의 당좌예금 계좌와 보통예금 계좌의 잔액의 합이 음수가 되면 안 된다는 무결성 제약 조건을 강제한다고 하자. 이때 한 고객의 당좌예금과 보통예금 잔액이 각각 \$100과 \$200이라고 하자. 트랜잭션 T_{36}이 양쪽 계좌의 잔액을 확인하여 무결성 제약 조건에 이상이 없음을 확인한 후, 당좌예금 계좌로부터 \$200을 인출한다. 동시에 실행하는 트랜잭션 T_{37}이 마찬가지로 무결성 제약 조건에 이상이 없음을 확인한 후 보통예금 계좌로부터 \$200을 인출한다. 각각의 트랜잭션이 각자의 스냅샷에 대해 무결성 제약 조건을 확인하기 때문에, 이들을 동시에 실행한다면 각 트랜잭션은 인출한 후 남은 잔액의 합이 \$100이라고 믿을 것이며, 이 인출은 무결성 제약 조건을 위배하지 않는다. 두 트랜잭션이 서로 다른 데이터 항목을 갱신하기 때문에 갱신 작업 충돌은 일어나지 않으며 스냅샷 고립 아래에서 두 트랜잭션 모두 커밋할 수 있다.

  불행히도 T_{36}과 T_{37}이 모두 커밋한 마지막 상태에서 잔액의 합은 −\$100이 되어 무결성 제약 조건을 위배하고 만다. 그러나 이러한 제약 조건의 위배는 T_{36}과 T_{37}을 직렬적으로 수행할 때는 절대 발생하지 않는다.

- 많은 금융 응용 프로그램에서 청구서에 번호를 매기기 위해 현재 최대 청구서 수에 1씩 더하는 방식으로 연속적인 일련번호를 생성한다. 이러한 상황에서 두 트랜잭션이 동시 실행 중이면 각자의 스냅샷에서 서로 같은 청구서를 볼 것이며 같은 일련번호를 생성할 것이다. 스냅샷 고립 아래에서 두 트랜잭션은 어떠한 튜플도 갱신하지 않기 때문에 검증 단계를 거치지 않을 것이다. 그러나 이 실행은 직렬 가능하지 않다. 왜냐하면 이 동시 실행의 결과로 발생하는 데이터베이스의 상태는 두 트랜잭션의 직렬 실행으로는 발생하지 않는 상태이기 때문이다. 이렇게 같은 일련번호를 가지는 청구서를 생성하면 법적으로 큰 문제가 생길 것이다.

앞의 문제는 실제로는 유령 현상의 일종으로 18.4.3절에서 이미 보았던 예시다. 그 이유는 각 트랜잭션이 수행하는 삽입 작업이 상대 트랜잭션이 최대 청구서 수를 알기 위해 읽기 작업을 수행할 때 충돌이 발생하기 때문이다. 그러나 이러한 충돌은 스냅샷 고립으로는 탐지가 안 된다.[6]

위에서 나열한 문제는 스냅샷 고립 기술이 직렬 가능성 문제에 취약하며 절대 사용하면 안 되는 것처럼 보이게 한다. 그러나 이러한 직렬 가능성 문제는 아래의 두 이유로 인해 상대적으로 희귀한 편이다.

1. 트랜잭션이 커밋을 하는 시점에, 스냅샷이 아니라 무결성 제약 조건을 확인한다는 사실이 많은 상황에서 일관성이 결여된 상태로 빠지는 것을 방지해 준다. 예를 들어, 앞에서 다루었던 금융 응용 프로그램 예시에서 청구서 번호를 주 키로 선언하여 데이터베이스 시스템이 스냅샷 밖에서 주 키 위반을 탐지하고 두 트랜잭션 중 하나를 롤백할 수 있다.

   TPC-C와 같은 유명한 트랜잭션 처리 벤치마크에 있는 모든 트랜잭션을 스냅샷 고립 아래에서 실행해도 직렬 불가능한 문제가 발생하지 않으며, 주 키 제약 조건을 만족한다고 확인되었다. 즉 현실적으로 직렬 불가능한 문제는 잘 발생하지 않는다는 것이다. 그러나 문제가 절대 발생하지 않는 것은 아니므로 이러한 문제가 발생했을 때 적절히 대처해 주어야 한다.[7]
2. 쓰기 치우침과 같은 직렬 가능성 문제에 취약한 많은 응용 프로그램은 일부 데이터 항목에서 트랜잭션이 다른 데이터 항목과 충돌하면 이러한 트랜잭션을 동시에 실행하지 않도록 한다. 그 결과 스냅샷 고립 아래에서 이러한 트랜잭션을 실행해도 여전히 직렬 가능해진다.

직렬 불가능한 문제는 여전히 스냅샷 고립에서 발생할 수 있다. 그러나 많은 응용 프로그램에서 스냅샷 고립으로 인해 발생하는 직렬 불가능한 실행의 영향은 그렇게 심각하지 않다. 예를 들어, 수강 인원을 바탕으로 수강 신청을 제한하는 대학교 응용 프로그램을 생각해 보자. 스냅샷 고립은 최대 수강 인원 수를 초과하는 상황을 초래할 수도 있다. 그러나 이러한 상황은 드물게 일어나며 만약 그렇다 해도 최대 수강 인원 수를 조금 초과하는 것은 큰 문제가 되지 않는다. 이러한 사소한 문제에도 불구하고 스냅샷 고립에서 실행 시간이 긴 읽기 트랜잭션이 갱신 작업을 막지 않는다는 장점이 더 크기 때문에 많은 응용 프로그램에서 충분히 가치가 있다고 할 수 있다.

그러나 금융 분야를 포함한 몇몇 응용 프로그램에서 직렬 불가능한 문제는 전혀 용납되지 않을 수 있다. 이럴 때는 몇 가지 해결책이 있다.

- 데이터베이스 시스템이 직렬 가능한 스냅샷 고립 기법을 지원한다면 이를 사용할 수 있다. 이 기법은 스냅샷 고립이 직렬 가능성을 보장하도록 수정한 기법이다.
- 몇몇 시스템에서 각 트랜잭션이 서로 다른 고립성 수준에서 동작하도록 허용한다. 이러한 방법

---

6 SQL 표준은 반복 불가능한 술어 읽기를 지칭하기 위해 유령 문제(phantom problem)라는 용어를 사용하는데, 이로 인해 스냅샷 고립이 유령 문제를 막아야 한다는 주장이 제기되기도 한다. 그러나 이 책에서 정의한 유령 충돌의 정의에서 그러한 주장은 유효하지 않다.

7 예를 들어, 위에서 설명한 중복 청구서 번호 문제는 실제로 IIT Bombay의 금융 응용 프로그램에서 몇 번 발생한 적이 있다(자세한 이유는 복잡해서 설명하지 않겠다). 여기서 청구서 번호는 주 키가 아니었으며 나중에 금융 감사관에게 발견되었다.

은 위에서 언급한 직렬 가능성 문제를 해결하는 데 사용할 수 있다.

- 스냅샷 고립을 지원하는 몇몇 시스템에서 SQL 프로그래머에게 SQL의 **for update** 절을 사용하여 인위로 충돌을 발생시킬 수 있는 수단을 제공하기도 한다. 이러한 방법을 직렬 가능성을 보장하는 데 사용할 수 있다.

위에서 언급한 각각의 해결책을 간단히 소개하도록 한다.

PostgresSQL의 9.1버전 이후로 직렬 가능성을 보장하는 직렬 가능한 스냅샷 고립이라는 기술을 제공한다. 게다가 유령 문제를 방지하기 위해 9.1버전부터 인덱스 잠금 기반의 기술도 제공한다.

직렬 가능한 스냅샷 고립(SSI) 규약의 아이디어는 다음과 같다. 트랜잭션 간에 발생할 수 있는 모든 충돌(예를 들어, 쓰기-쓰기, 읽기-쓰기, 쓰기-읽기 충돌)을 추적한다고 하자. 17.6절의 내용을 상기하면 두 트랜잭션 T_1과 T_2 사이에 어떤 한 튜플에 대해 충돌 연산이 존재하면 우선순위 그래프에서 T_1과 T_2를 잇는 방향성을 가진 간선이 생성된다. 17.6절에서 보았던 것처럼 우선순위 그래프에 사이클이 발생했는지 확인하고, 만약 사이클이 있다면 트랜잭션을 롤백하여 직렬 가능성을 보장할 수 있다.

스냅샷 고립에서 직렬 가능성을 상실하는 가장 큰 이유는 T_1이 어떤 데이터 항목에 새로운 버전을 생성하고 다음으로 T_2가 그 데이터 항목의 이전 값을 읽으려 하는 읽기-쓰기 충돌이 스냅샷 고립에서 추적이 안 되기 때문이다. 이 충돌은 T_2에서 T_1으로 가는 읽기-쓰기 충돌 간선을 통해 표현할 수 있다.

직렬 불가능한 스케줄을 허용하는 모든 스냅샷 고립 상황에서 들어오는 읽기-쓰기 충돌 간선과 나가는 읽기-쓰기 충돌 간선을 모두 가지고 있는 트랜잭션이 반드시 존재한다(이 외의 경우는 스냅샷 고립 규칙에 따라 모두 발견할 수 있다). 따라서 직렬 가능한 스냅샷 고립 구현은 현재 동시 실행 중인 트랜잭션 사이에 이러한 읽기-쓰기 충돌을 추적하여 어떤 트랜잭션이 두 간선을 모두 가지는지 확인하면 된다. 만약 그런 상황을 발견하면 읽기-쓰기 충돌과 관련이 있는 트랜잭션 중 하나를 롤백한다. 이렇게 탐색하는 방법은 불필요한 롤백을 유발하지만, 모든 충돌을 추적하고 우선순위 그래프에 존재하는 사이클을 찾는 것보다 훨씬 비용이 저렴하다.

PostgreSQL에서 유령 문제를 방지하기 위해 인덱스 잠금 방법을 사용하지만 2단계 방식은 아니다. 대신 이 잠금 방법은 트랜잭션이 커밋한 이후에도 얼마 동안은 잠금을 유지하게 하여 다른 동시 실행 중인 트랜잭션 간의 잠재적인 충돌을 발견할 수 있도록 한다. PostgreSQL에서 사용하는 인덱스 잠금 기법은 교착 상태도 발생시키지 않는다.

SQL Server의 경우 어떤 트랜잭션은 스냅샷 고립 수준에서 수행하고 다른 트랜잭션은 직렬 가능 고립성 수준에서 수행하도록 하는 기능을 제공한다. 실행 시간이 긴 읽기 전용 트랜잭션을 스냅샷 고립 수준에서 수행하고 갱신 트랜잭션을 직렬 가능 고립성 수준에서 수행하게 하는 것은 읽기 전용 트랜잭션이 갱신 트랜잭션의 수행을 막지 않으면서도 위에서 언급한 문제가 발생하지 않는다.

Oracle의 경우 적어도 Oracle 버전 12c까지(우리가 아는 한), 그리고 PostgreSQL의 9.1버전 이전까지는 직렬 가능 고립성 수준이 실제로는 스냅샷 고립을 통해 구현되어 있었다. 그 결과 고립성 수준을 직렬 가능으로 설정하여도 데이터베이스는 직렬 불가능한 스케줄을 허용하기도 했다.

어떤 데이터베이스에서 응용 프로그램 개발자가 아래와 같이 SQL의 선택 연산 질의에 **for update** 절을 추가하는 방식으로 스냅샷 고립에서 발생하는 특정 문제를 막을 수 있도록 하고 있다.

```
select *
from instructor
where ID = 22222
for update;
```

for update 절을 추가하면 동시성 제어를 위해 트랜잭션이 읽으려는 데이터를 마치 갱신하는 것처럼 시스템이 취급하도록 한다. 그림 18.20의 쓰기 치우침에 관한 첫 번째 예제에서 *A*와 *B*의 값을 읽는 선택 연산 질의에 **for update** 절을 추가하면, 동시 실행 중인 두 트랜잭션 중 하나만 커밋하도록 허용한다. 왜냐하면 두 트랜잭션 모두 *A*와 *B*의 값을 갱신한 것처럼 보이기 때문이다.

스냅샷 고립을 사용할 때 어떤 스케줄이 직렬 불가능한 실행의 위험성을 안고 있는지를 판단하고, 직렬 가능성을 보장하기 위해 어떤 충돌을 도입할지(예를 들면, **for update** 절을 사용)를 결정할 수 있는 공식적인 방법이 있다(참고문헌 참조). 하지만 그러한 방법은 어떤 트랜잭션이 실행되는지 미리 알고 있을 때만 적용할 수 있다. 어떤 응용 프로그램에선 미리 정의된 트랜잭션만 사용하도록 하여 이러한 것이 가능하기도 하지만, 응용 프로그램이 임의의 트랜잭션을 제약 없이 허용한다면 불가능하다.

18.9 실제 사용되는 약한 수준의 일관성

17.8절에서 직렬 가능성, 반복 가능한 읽기, 커밋된 데이터 일기, 커밋되지 않은 데이터 읽기와 같은 SQL 표준에 따라 명시된 고립성 수준에 대해 다루었었다. 이 절은 일관성 수준과 관련하여 직렬 가능성보다 약한 수준의 용어에 관해 먼저 간략하게 소개하고, 그것을 SQL 표준 수준과 연결해 보겠다. 다음으로 사용자 상호작용을 포함하는 트랜잭션에 대한 동시성 제어 사항에 대해 논하겠다. 이는 앞서 17.8절에서 간략하게 논의했던 사항이다.

18.9.1 수준-2 일관성

수준-2 일관성(degree-two consistency)의 목적은 직렬 가능성을 반드시 보장하지는 않되, 연쇄적 롤백을 피하는 것이다. 수준-2 일관성을 위한 잠금 규약은 2단계 잠금 규약에서 사용한 두 가지 잠금 모드[공유(S)와 독점적(X)]와 같다. 트랜잭션은 데이터 항목에 접근할 때 적절한 잠금 모드를 가지고 있어야 하지만, 2단계 방식을 요구하지는 않는다.

2단계 잠금 규약과 다른 점은 공유 잠금을 언제든지 해제할 수 있고 걸 수도 있다는 것이다. 그러나 독점적 잠금은 트랜잭션이 커밋하거나 롤백하기 전에는 해제할 수 없다. 직렬 가능성은 이 일관성 수준에서 보장되지 않는다. 즉 트랜잭션이 같은 데이터 항목에 두 번 접근해도 각각 다른 결과를 얻을 수 있다. 그림 18.21에서 T_{32}는 처음에는 T_{33}이 Q에 기록하기 전에 Q의 값을 읽으며, 다음에는 T_{33}이 Q에 기록한 값을 읽게 된다.

읽기 작업이 반복 가능하지 않지만 트랜잭션이 커밋할 때까지 독점적 잠금을 유지하기 때문에

T_{32}	T_{33}
lock-S(Q)	
read(Q)	
unlock(Q)	
	lock-X(Q)
	read(Q)
	write(Q)
	unlock(Q)
lock-S(Q)	
read(Q)	
unlock(Q)	

그림 18.21 수준-2 일관성에서 직렬 불가능한 스케줄

어떤 트랜잭션도 커밋되지 않은 값을 읽을 수 없다. 따라서 수준-2 일관성은 커밋된 데이터 읽기 고립성 수준을 구현한 것 중 하나라 할 수 있다.

수준-2 일관성 아래에서 인덱스를 스캔하려는 트랜잭션은 스캔을 진행하는 중에 갱신된 레코드의 두 버전을 볼 수도 있고 아니면 모두 보지 못할 수도 있다. 예를 들어, 주 키가 A이고 속성 B에 인덱스가 있는 릴레이션 $r(A, B, C)$을 생각해 보자. 이때 속성 B에 대한 인덱스를 사용하여 릴레이션 r을 스캔하는 질의가 있으며 수준-2 일관성을 사용한다고 가정하자. 동시 실행 중인 갱신 작업이 튜플 $t_1 \in r$의 속성값 $t_1.B$을 v_1에서 v_2로 갱신했다고 하자. 이러한 갱신 작업은 인덱스에서 v_1에 해당하는 엔트리를 삭제하고 v_2에 해당하는 엔트리를 삽입하는 과정을 요구한다. 이제 릴레이션 r을 스캔하기 위해 인덱스를 스캔한다고 하자. 이때 v_1에 해당하는 인덱스 노드를 방문하였으나 그 노드에 v_1을 가진 튜플은 삭제되었으며 뒤따라서 v_2에 해당하는 노드를 방문하였으나 해당 튜플이 아직 인덱스 노드에 삽입되기 직전인 상황일 수도 있다. 이런 경우에는 스캔 작업은 t_1의 이전 값이나 새로운 값을 전혀 보지 못하고 그 튜플을 놓칠 수 있다. 또 다른 상황으로는 2단계 일관성을 사용하는 스캔은 v_1이 삭제되기 전에 해당하는 노드와 v_2가 삽입된 이후의 노드를 모두 방문하여 t_1의 갱신 전과 후의 모든 버전을 볼 수도 있다. (이 문제는 스캔과 갱신 작업에서 모두 2단계 잠금 규약을 사용한다면 발생하지 않는다.)

18.9.2 커서 안정성

커서 안정성(cursor stability)은 커서를 사용해서 릴레이션의 튜플에 반복적인 작업을 수행하는 프로그램을 위해 설계된 수준-2 일관성의 한 형태다. 전체 릴레이션에 잠금을 거는 대신에 커서 안정성은 다음과 같이 처리한다.

- 반복 작업 속에서 현재 처리되고 있는 튜플은 공유 모드로 잠금을 건다. 튜플이 처리되고 나면 튜플에 걸린 잠금은 해제된다.
- 갱신된 튜플은 트랜잭션이 커밋할 때까지 독점적 모드로 잠금이 유지된다.

이 규칙은 수준-2 일관성을 보장한다. 반면 2단계 잠금 규약은 아니며 직렬 가능성도 보장하지 않는다. 실제로 커서 안정성은 많이 접근하는 릴레이션의 동시성을 증가시키고 시스템 성능을 향상하는 수단으로서 사용한다. 커서 안정성을 사용하는 응용 프로그램은 직렬 불가능한 스케줄이 나올 수 있다는 사실을 염두에 두고, 데이터베이스 일관성이 지켜지도록 작성되어야 한다. 통상 커서 안정성의 사용은 간단한 일관성 제약 조건을 갖는 특별한 상황으로 제한된다.

데이터베이스가 스냅샷 고립을 제공한다면 스냅샷 고립을 사용하는 것이 수준-2 일관성이나 커서 안정성을 사용하는 것보다 나은 대안이라 할 수 있다. 왜냐하면 스냅샷 고립이 두 방법에 비해 직렬 불가능한 실행 가능성을 줄이면서도 비슷하거나 더 나은 수준의 동시성을 제공하기 때문이다.

18.9.3 사용자 상호작용에 대한 동시성 제어

동시성 제어 규약에서 다루는 트랜잭션은 보통 사용자 상호작용을 포함하고 있지 않다. 사용자 상호작용을 포함했던 17.8절의 비행기 좌석 선택 예제를 생각해 보자. 처음에 이용 가능한 좌석이 사용자에게 보일 때부터 시작해서 좌석에 대한 선택이 확정될 때까지를 하나의 단일 트랜잭션으로 간주한다고 하자.

만약 2단계 잠금 기법을 사용한다면 비행기의 전체 좌석은 그 사용자가 좌석 선택을 완료할 때까지 공유 모드로 잠금이 걸려 있게 되며, 다른 어떤 트랜잭션도 이 과정 중에는 좌석 할당 정보를 수정할 수 없게 된다. 이렇게 잠금을 사용하면 사용자가 좌석을 선택하기까지 긴 시간이 걸리거나 심지어는 명시적으로 취소하지 않은 채 그 트랜잭션을 중단할 수도 있어서 좋지 않은 방법이라 할 수 있다. 잠금의 문제를 방지하고자 타임스탬프 규약이나 검증을 대신 사용할 수도 있으나, 두 규약 모두 사용자 *B*가 좌석 할당 정보를 수정하거나 심지어는 *B*가 선택한 좌석이 *A*가 선택한 좌석과 충돌하지 않음에도 *A*의 트랜잭션을 중단시킬 수 있다. 이런 상황에서 스냅샷 고립이 좋은 선택지가 될 수 있다. 왜냐하면 *B*가 *A*와 같은 좌석을 선택하지 않는 한 *A*의 트랜잭션을 중단시키지 않기 때문이다.

그러나 스냅샷 고립은 어떤 트랜잭션이 커밋한 이후라 하더라도 동시에 실행하고 있던 다른 트랜잭션이 아직 수행하고 있는 한 그 트랜잭션이 수행한 갱신에 대한 정보를 데이터베이스에 기억할 것을 요구한다. 이는 트랜잭션의 수행 시간이 긴 상황에서 문제가 될 수 있다.

다른 선택지로는 사용자 상호작용을 포함하는 트랜잭션을 두 개 이상의 트랜잭션으로 나누되, 어떤 트랜잭션도 사용자 상호작용을 포함하지 않도록 하는 것이다. 좌석 선택 트랜잭션을 이런 방식으로 나누면 첫 번째 트랜잭션은 이용 가능한 좌석을 읽어 들이고, 두 번째 트랜잭션은 선택한 좌석에 대한 할당을 완료하게 하는 것이다. 만약 두 번째 트랜잭션을 주의 깊게 작성하지 않는다면 어떤 사용자가 선택한 좌석이 중간에 다른 사용자에게 할당되었는지 확인하지도 않은 채 할당할 수도 있다. 이는 갱신 손실 문제를 낳는다. 이러한 문제를 피하기 위해서는 17.8절에서 간략히 살펴본 바와 같이 두 번째 트랜잭션은 좌석이 중간에 다른 사용자에게 할당되지 않았을 때만 그 좌석을 할당해야 한다.

이러한 방안은 튜플에 저장된 버전 번호를 사용하여 갱신 손실 문제를 방지하는 새로운 동시성 제어 기법으로 일반화되었다. 각 릴레이션 스키마에는 별도의 *version_number* 속성이 추가되고 어떤 튜플이 생성되면 0의 초깃값을 가지도록 한다. 어떤 트랜잭션이 갱신하고자 하는 튜플을 (처음으로) 읽으면, 그 튜플의 버전 번호를 기억해 둔다. 이 읽기 작업은 데이터베이스에서 홀로 실행되는 단독 트랜잭션으로서 수행되며, 따라서 획득한 모든 잠금은 즉시 풀리게 된다. 갱신은 지엽적으로 행해지며 갱신 내용은 커밋 처리 과정의 일부로서 데이터베이스에 복사되는데, 다음의 단계를 통해 원자적으로(즉 단일 데이터베이스 트랜잭션의 일부로서) 실행된다.

- 갱신된 각 튜플에 대해 트랜잭션은 현재의 버전 번호가 그 트랜잭션이 처음으로 읽었을 때의 버전 번호와 같은지를 확인한다.
  1. 만약 버전 번호가 같다면, 데이터베이스에 있는 그 튜플에 대해 갱신 작업을 수행하며 버전 번호는 1이 증가한다.
  2. 만약 버전 숫자가 같지 않으면, 트랜잭션은 중단되며 그 트랜잭션이 수행한 모든 갱신 작업은 롤백된다.
- 모든 갱신된 튜플에 대한 버전 번호를 검사하는 데 성공하면 그 트랜잭션은 커밋한다. (이 방법에서 버전 번호 대신 타임스탬프를 사용해도 무방하다.)

위의 기법과 스냅샷 고립과의 긴밀한 유사성에 주목해 보자. 버전 번호 확인은 스냅샷 고립에서 사용하는 첫 번째 커밋 승리 규칙을 구현한 것이라 할 수 있으며, 트랜잭션이 매우 긴 시간 동안 수행하더라도 사용할 수 있다. 그러나 스냅샷 고립과는 달리 트랜잭션이 읽은 내용이 데이터베이스의 스냅샷과 상응하지 않을 수도 있다. 그리고 검증 기반의 규약과는 달리 트랜잭션이 수행한 읽기 작업이 검증되지 않는다.

이러한 기법을 **읽기 검증 없는 낙관적 동시성 제어**(optimistic concurrency control without read validation)라 부른다. 읽기 검증 없는 낙관적 동시성 제어는 약한 수준의 직렬 가능성을 제공할 뿐 직렬 가능성을 보장해 주지는 않는다. 이러한 기법에 대한 변형의 하나는 트랜잭션이 읽은 튜플이 처음 읽기 작업 후 갱신되지 않았다는 것을 보장하기 위해 커밋 시점의 작업에 대한 검증을 위해 버전 번호를 사용한다. (이 기법은 우리가 살펴본 낙관적 동시성 제어 기법과 같다고 할 수 있다.)

읽기 검증 없는 낙관적 동시성 기법은 사용자 상호작용을 포함하는 트랜잭션을 다루는 응용 프로그램 개발에서 널리 사용된다. 이 기법의 매력적인 특징은 어떠한 데이터베이스 시스템에도 손쉽게 구현될 수 있다는 것이다. 커밋 처리 과정의 일부로서 수행된 검증과 갱신 단계는 커밋 처리 과정의 원자성을 보장하기 위해 데이터베이스의 동시성 제어 기법을 이용하여 데이터베이스에서 단일 트랜잭션으로 실행된다. 이 기법은 Hibernate 객체-관계형 대응 시스템(9.6.2절)과 낙관적 동시성 제어(읽기 작업이 기본적으로 검증되지는 않지만)라 불리는 다른 객체-관계형 대응 시스템에서도 사용된다. Hibernate와 다른 객체-관계형 대응 시스템도 버전 번호 검사를 커밋 처리의 일부로서 투명하게 수행한다. [Hibernate에서 사용자 상호작용을 포함하는 트랜잭션을 다른 일반적인 트랜잭션과 구분하기 위해 **대화**(conversations)라 부른다. 이런 트랜잭션에서 버전 번호를 사용하여 검증하는 것은 특히 유용하다.]

하지만 응용 프로그램 개발자는 직렬 불가능한 실행을 할 가능성에 대해 항상 주의해야 하며, 이러한 기법을 직렬 불가능한 실행이 심각한 문제를 일으키지 않는 응용 프로그램에서만 사용하는 것으로 제한해야 한다.

18.10 동시성 제어의 최신 동향

인덱스 구조에서 2단계 잠금 기법 대신 특수 목적의 동시성 제어 기법을 사용할 수 있으며, 이러한 기법을 사용하게 되면 더 나은 동시성을 얻을 수 있다. 반대로 인덱스의 동시성 제어는 메인 메모리 기반의 데이터베이스를 사용할 때는 훨씬 간단하다. 구체적으로 메인 메모리 기반의 데이터베이스에서 동시성 제어를 위한 행동은 오히려 병목 현상을 일으키기 때문에 동시성 제어로 인한 부담을 줄이기 위해 래치 없는(latch-free) 자료 구조와 같은 기법이 고안되었다. 읽기와 쓰기 수준에서 충돌을 찾는 대신 카운터를 증가시키는 것과 같은 연산 작업을 하나의 단위로 보고 이러한 연산 작업 사이의 충돌을 바탕으로 동시성 제어를 하는 것도 가능하다. 어떠한 응용 프로그램은 트랜잭션 완료 시간을 보장해야 할 수도 있다. 이러한 목적을 위해 특별한 동시성 제어 기법이 개발되어 왔다.

18.10.1 온라인 인덱스 생성

매우 큰 용량의 데이터(테라바이트 규모의)를 다룰 때 인덱스를 생성하는 작업은 수 시간, 심지어는 며칠이 걸릴 수도 있다. 그러한 작업이 끝나면 인덱스의 내용은 릴레이션의 내용과 일관성을 가져야 하며 뒤따르는 릴레이션의 갱신 내용 또한 인덱스에 유지해야 한다.

데이터와 인덱스를 일관성 있게 만드는 방법의 하나는 릴레이션에 공유 잠금을 걸어 인덱스를 생성하고 있을 때 모든 갱신 작업을 막는 것이다. 인덱스가 생성되고 릴레이션의 메타데이터에 인덱스에 대한 정보를 갱신하고 나면 잠금이 풀리게 된다. 이후에 오는 갱신 트랜잭션은 생성된 인덱스를 발견할 것이며 트랜잭션 수행 과정의 일부로서 인덱스 유지를 위한 작업을 수행할 것이다.

그러나 위의 접근 방법은 매우 긴 시간 동안 릴레이션에 갱신 작업을 할 수 없게 만들며, 이는 용납할 수 없다. 대신 대부분의 데이터베이스 시스템은 인덱스를 생성하는 중에도 릴레이션 갱신을 허용하는 **온라인 인덱스 생성**(online index creation)을 지원한다. 온라인 인덱스 생성은 다음과 같이 수행한다.

1. 릴레이션의 스냅샷 중 하나를 선택하여 이를 바탕으로 인덱스를 생성한다. 시스템은 인덱스 생성을 시작하고 나서 발생한 모든 릴레이션 갱신 내용을 로그에 저장한다.
2. 스냅샷에 대한 인덱스 생성이 끝나도 그 뒤에 발생한 갱신 내용을 인덱스가 포함하고 있지 않으므로 바로 인덱스를 사용할 수 없다. 이 시점에서 로그에 저장된 갱신 내용을 바탕으로 인덱스를 갱신한다. 마찬가지로 인덱스를 갱신하는 동안에도 릴레이션에 갱신 작업을 수행할 수 있다.
3. 마지막으로 인덱스 갱신 작업은 릴레이션에 공유 잠금을 획득하여 릴레이션의 갱신 작업을 막으며, 로그에 기록되어 있던 갱신 내용을 모두 인덱스에 반영한다. 이 시점에서 릴레이션의 내용과 인덱스의 내용은 서로 일관성을 가지게 된다. 이때 릴레이션 메타데이터에 인덱스에 대한

정보를 갱신하여 새로운 인덱스를 사용할 수 있게 한다. 다음으로 인덱스 갱신을 위해 걸었던 모든 잠금이 풀리게 된다.

위의 모든 과정이 끝난 후에 실행하는 트랜잭션은 생성된 인덱스를 확인할 수 있다. 그 트랜잭션이 릴레이션을 갱신하면 인덱스 또한 갱신하여야 한다. 실체화 뷰 역시 트랜잭션이 뷰에 수행한 갱신 내용을 즉시 반영하기 위해 온라인 생성 방식을 사용함으로써 이득을 얻을 수 있다. 구체적으로 뷰를 정의하는 질의가 질의와 관련된 릴레이션의 스냅샷에 대해 실행되며 이 시점 이후의 갱신 내용은 모두 로그에 저장한다. 이러한 갱신 내용은 마지막에 잠금 단계와 함께 실체화 뷰에 반영하게 된다.

속성이나 제약 조건을 추가하거나 삭제하는 스키마 변경 역시 스키마를 변경하는 중에 릴레이션에 잠금이 걸려 있다면 큰 영향을 받게 된다.

- 속성을 추가하거나 삭제할 때, 버전 번호를 각 튜플에 유지하도록 하여 그 튜플이 언제 접근되어도 백그라운드에서 갱신이 가능하다. 여기서 버전 번호는 스키마 변경이 해당 튜플에 이미 적용되었는지 판단하는 데 사용되며, 만약 적용되어 있지 않다면 스키마 변경을 튜플에 적용한다.
- 제약 조건을 추가하려면 현재 데이터가 해당 제약 조건을 만족하는지 검사하는 과정이 필요하다. 예를 들어, 속성 ID에 주 키 또는 유일 키 제약 조건을 추가하기 위해서는, 어떤 두 튜플도 같은 ID 값을 가지지 않는다는 것을 검사하는 과정이 필요하다는 것이다. 온라인 방식으로 이렇게 제약 조건을 추가하는 것은 온라인 인덱스 생성과 유사하게 릴레이션의 한 스냅샷에 대해 제약 조건을 검사하고 스냅샷 이후로 발생한 갱신 내용을 로그에 저장하는 방식으로 이루어진다. 로그에 기록된 갱신 내용도 제약 조건을 위반하지 않는지 검사가 필요하다. 일관성 유지를 위해 로그에 남아 있는 갱신 내용에 대해 제약 조건 검사와 릴레이션 메타데이터 변경 과정 동안 릴레이션에 대한 공유 잠금을 유지하여야 한다.

18.10.2 인덱스 구조에서 동시성

인덱스 구조에 대한 접근도 다른 데이터베이스 구조와 같은 방식으로 처리할 수 있고 앞에서 다룬 동시성 제어 기법도 인덱스 구조에 적용할 수 있다. 그러나 인덱스는 자주 접근되기 때문에 잠금을 획득하려는 경쟁이 심할 수 있고, 이로 인해 동시성의 정도가 낮아질 수 있다. 다행인 것은 데이터베이스 구조와는 다르게 인덱스를 처리할 수 있다는 것이다. 가령 동시성을 최대화하기 위해 2단계 방식으로 잠금을 걸지 않고 일찍 잠금을 해제하는 것이 가능하다. 트랜잭션이 인덱스를 두 번 참조하는 상황을 가정하자. 정확한 튜플을 반환하기만 한다면 두 번의 인덱스 참조 사이에 인덱스의 구조가 변경되는 것도 허용할 수 있다. 즉 인덱스의 정확성이 유지되는 한 인덱스에 직렬 불가능한 동시 접근도 허용할 수 있다는 것이다. 이 개념에 대해서는 다음에 좀 더 구체적으로 다룬다.

인덱스 연산을 위한 **연산 직렬 가능성**(operation serializability)은 다음과 같이 정의한다. 어떤 인덱스에 대해 동시에 수행하는 인덱스 연산이 다음의 조건을 만족하면 직렬 가능하다고 한다. "각 인덱스 연산이 보는 중간 결과와 모든 연산을 실행하고 난 뒤의 인덱스의 마지막 상태를 기준으로 일관성이 있는 직렬 가능한 실행 순서가 있다." 인덱스 동시성 제어 기술은 동시에 실행하는 어떤 인덱스 연산에 대해서도 직렬 가능성을 보장해야 한다.

B^+-트리에 대한 동시 접근을 위한 두 가지 기법과 유령 현상을 방지하기 위한 인덱스 동시성 제어 기술에 대해 알아보자. 여기서 다루지 않는 B^+-트리를 위한 다른 동시 접근 기법과 기타 인덱스 구조에 대해서는 참고문헌을 보길 바란다. 여기서 소개할 B^+-트리를 위한 동시성 제어는 잠금을 기반으로 하며 이 잠금 기법은 2단계 잠금 기법이나 트리 규약을 적용하는 것이 아니다. 검색, 삽입, 삭제를 위한 알고리즘은 14장에서 사용했던 알고리즘을 약간 수정하여 사용하고 있다.

첫 번째 기법은 **크래빙 규약**(crabbing protocol)이라 불리는 것이다.

- 키 값을 탐색할 때, 크래빙 규약은 먼저 루트 노드에 공유 모드로 잠금을 건다. 트리를 아래로 순회해 나가면서 탐색하는 자식 노드에도 공유 모드로 잠금을 건다. 자식 노드에 잠금을 걸게 되면 부모 노드의 잠금은 해제한다. 단말 노드에 이를 때까지 이 작업을 반복한다.
- 키 값을 삽입하거나 삭제할 때 크래빙 규약은 다음과 같이 동작한다.
  - 원하는 단말 노드에 도착할 때까지는 앞의 탐색 방법과 같이 처리한다. 이 시점까지는 공유 모드의 잠금만 획득하거나 해제한다.
  - 독점적 모드로 단말 노드에 잠금을 걸고 키 값을 삽입 혹은 삭제한다.
  - 하나의 단말 노드를 분리하거나, 형제 노드와 합치거나, 형제 노드 사이에 키 값을 재분배해야 하는 경우, 크래빙 규약은 그 노드의 부모 노드에 독점적 모드로 잠금을 건다. 이 작업이 끝나고 나면 부모 노드와 형제 노드의 잠금을 해제한다.

    만약 부모 노드에서 분리, 결합, 키 값의 재분배가 필요하면 크래빙 규약이 부모 노드에 잠금을 걸게 되고 분리나 결합 또는 재분배 작업이 같은 방법으로 전파된다. 그렇지 않다면 부모 노드의 잠금을 해제한다.

크래빙 규약의 이름은 게의 동작에서 유래되었다. 게가 앞으로 나아갈 때 양쪽 다리를 번갈아 가며 옆으로 움직이면서 이동하는데, 크래빙 규약에서 트리를 위아래로 옮겨 다니면서 (분리, 결합, 재분배하는 경우) 잠금을 걸거나 해제하는 것이 마치 게가 움직이는 것과 비슷해 보이기 때문이다.

일단 특정 연산이 노드의 잠금을 해제하면 다른 연산이 그 노드에 접근할 수 있다. 이때 탐색 연산은 트리를 아래로 내려가면서 탐색하고 분리, 결합, 재분배 연산은 위로 올라가면서 전파하기 때문에 이들 연산 사이에 교착 상태가 발생할 수 있다. 시스템은 이들 연산이 획득한 모든 잠금을 해제하고 탐색 연산을 루트에서부터 다시 시작하도록 함으로써 교착 상태를 쉽게 해결할 수 있다.

2단계 방식이 아니면서 짧은 시간 동안 유지하는 잠금을 종종 **래치**(latches)라고 부르기도 한다. 래치는 공유하는 데이터 구조에 대해 상호 배제를 하기 위해 데이터베이스에서 내부적으로 사용한다. 위의 경우에서 잠금은 삽입이나 삭제 연산 중에 상호 배제를 보장하지 않지만 인덱스 연산의 실행 결과는 직렬 가능하다.

두 번째 기법은 다른 노드에 잠금을 획득하기 위해 현재 노드에 대한 잠금을 유지하지 않아도 되게 해 준다. 이렇게 함으로써 교착 상태를 피할 수 있고, 더 나은 동시성도 얻을 수 있다. 이 기법은 B^+-트리를 수정한 **B-link 트리**(B-link tree)를 이용하는 방법이다. B-link 트리는 모든 노드가(단말 노드뿐만 아니라 내부 노드도) 오른쪽 형제 노드에 대한 포인터를 유지한다. 이 포인터는 노드가 분리 중일 때 수행되는 탐색 작업이 그 노드뿐만 아니라 그 노드의 오른쪽 형제 노드도 탐색할 수 있게 해 주기 위해 필요하다.

크래빙 규약과는 다르게 **B-link 트리 잠금 규약**(B-link-tree locking protocol)은 한 시점에 오직 하나의 내부 노드에 대해서만 잠금을 가질 수 있도록 한다. 이 규약은 자식 노드에 잠금을 요청하거나(트리를 타고 아래로 내려가는 경우) 부모 노드에 잠금 요청하기(분리나 결합 과정에서 트리를 위로 올라가는 경우) 전에 현재 노드의 잠금을 해제한다. 이렇게 하면 예외적인 상황이 발생할 수 있다. 예를 들어, 잠금을 해제하고 나서부터 부모 노드에 잠금을 요청하는 시간 사이에 형제 노드를 삽입하거나 삭제하면 부모 노드의 분리나 결합을 일으킬 수 있게 되며, 그 결과 원래 부모 노드가 잠금을 요청한 자식 노드의 부모가 아닐 수 있다. 이 규약은 이러한 상황을 감지하고 해결하며, 그 결과 교착 상태를 방지할 수 있고 크래빙 규약보다 더 나은 동시성을 얻을 수 있다.

숨어 읽기와 삽입(또는 갱신) 연산 사이에 발생하는 충돌을 발견하지 못하는 유령 현상으로 직렬 불가능한 실행이 발생할 수 있다. 18.4.3절에서 다루었던 인덱스 잠금 기술은 2단계 방식으로 인덱스 단말 노드에 잠금을 사용하여 이 문제를 해결했다. 전체 인덱스 단말 노드를 잠금하는 대신 몇몇 인덱스 동시성 제어 기법은 **키 값 잠금**(key-value locking)이라 불리는 기술을 개별 키 값에 사용한다. 이 잠금 기법은 같은 단말 노드에 다른 키 값을 삽입하거나 삭제하는 것을 허용한다. 즉 키 값 잠금 기술은 동시성을 향상한다고 할 수 있다.

그러나 키 값 잠금을 그대로 사용하면 유령 현상이 발생할 수 있다. 이를 막기 위해 **다음 키 잠금**(next-key locking) 기법이 사용된다. 이 기법에서 모든 인덱스 탐색은 범위 내의 모든 키(단일 검색일 때는 하나의 키)뿐만 아니라 그다음 키—그 범위 내에 있는 마지막 키 값보다 더 큰 바로 다음 키 값—에도 잠금을 걸어야 한다. 또한 모든 삽입 작업은 삽입하려는 값뿐만 아니라 그다음 키 값에도 잠금을 걸어야 한다. 따라서 트랜잭션이 다른 트랜잭션의 탐색 범위 내에 값을 삽입하려 하면 두 트랜잭션은 삽입하려는 키의 바로 다음 키 값과 충돌하게 된다. 비슷하게 삭제 작업 또한 삭제하려는 값의 바로 다음 키 값에 잠금을 걸어 다른 질의의 탐색 연산이 충돌을 감지할 수 있게 해야 한다.

18.10.3 메인 메모리 데이터베이스에서 동시성 제어

데이터가 하드 디스크에 저장되어 있을 때, 트랜잭션 처리 비용의 대부분은 I/O 연산을 위한 작업이 차지한다. 디스크 I/O 연산이 시스템의 주요 병목 요인인 경우에는 동시성 제어를 위한 비용과 같은 작은 비용을 줄여도 큰 이득이 없다. 그러나 메인 메모리 데이터베이스와 같이 디스크 I/O 연산이 더는 병목 요인이 되지 않는 시스템은 15.8절에서 보았던 질의 처리 비용 등을 줄여 이득을 얻을 수 있다. 여기서는 메인 메모리 데이터베이스에서 동시성 제어를 위한 비용을 줄이는 방법에 대해 알아보자.

18.10.2절에서 보았던 것처럼 디스크 기반의 인덱스 구조에 대한 연산의 동시성 제어를 위한 기법은 인덱스에 동시 접근이 가능하도록 각 노드에 잠금을 획득한다. 그러나 메인 메모리 데이터베

```
insert(value, head) {
    node = new node
    node->value = value
    node->next = head
    head = node
}
```

그림 18.22 동시 실행하는 삽입 연산에서 안전하지 않은 삽입 코드

이스에서 인덱스 연산은 매우 적은 시간이 걸리므로 이러한 잠금은 오히려 비용을 증가시키는 결과를 초래한다. 따라서 인덱스 노드보다 더 큰 단위로 잠금을 수행을 하는 것이 바람직하다. 예를 들어, 하나의 래치를 사용해 전체 인덱스를 잠금하고(짧은 시간의 잠금) 연산을 수행한 후 래치를 해제하는 것이다. 잠금으로 인한 부담이 줄었으므로 이렇게 큰 단위로 잠금을 걸어도 동시성의 저하가 거의 없으며 전반적인 성능을 향상할 수 있다.

래치를 사용하지 않고 인덱스 갱신을 수행하기 위해 원자적 명령어를 사용하는 방법으로 인메모리 인덱스에서 성능을 향상할 수 있다. 이렇게 래치를 사용하지 않고 동시 실행을 지원하는 자료구조를 **래치 없는 자료 구조**(latch-free data structure)라고 부른다.

각 노드가 *value* 값과 *next* 포인터를 가지며, 시작 노드가 *head*에 저장된 연결 리스트를 생각해보자. 그림 18.22에 보이는 리스트에 시작 노드를 삽입하는 *insert*( ) 함수는 같은 리스트에 대한 동시 호출이 없다면 정상적으로 작동할 것이다.[8]

그러나 두 프로세스가 *insert*( ) 함수를 같은 리스트에 동시에 실행한다면 두 프로세스 모두 같은 *head* 변수의 값을 읽을 것이며, 그다음에 그 변수를 갱신할 것이다. 마지막에는 삽입된 두 개의 노드 중에 하나만 *head* 변수로 가질 것이며 나머지 노드는 손실될 것이다.

이러한 문제를 막는 방법은 독점적 래치(짧은 시간의 잠금)를 연결 리스트에 걸고 *insert*( ) 함수를 실행한 뒤 래치를 해제하는 것이다. *insert*( ) 함수에서 리스트에 대한 래치를 획득하고 해제하도록 코드를 변경하면 된다.

다른 대안으로는 실제로 훨씬 빠른 원자적 *compare-and-swap*( ) 명령어, 줄여서 CAS라 불리는 방법을 사용하는 것으로 다음과 같이 동작한다. CAS(*var*, *oldval*, *newval*) 명령어는 변수 *var*과 두 개의 값 *oldval*과 *newval*로 구성된 세 개의 인수가 필요하다. 이 명령어는 아래와 같이 원자적으로 작업을 수행한다. *var*의 값이 *oldval*과 같다면 *var*을 *newval*로 설정하고 성공했음을 반환한다. 만약 두 값이 같지 않다면 실패했음을 반환한다. 이 명령어는 대부분의 현대 프로세서 아키텍처에서 지원하며 매우 빠르게 작동한다.

그림 18.23에 보이는 *insert_latchfree*( ) 함수는 *insert*( ) 함수에서 어떠한 래치도 획득하지 않고 같은 리스트에 동시에 삽입을 실행해도 정상적으로 작동한다. 이 코드를 사용하여 두 프로세스

8 메모리 주소를 인수로 전달한다고 가정한다.

```
insert_latchfree(head, value) {
      node = new node
      node->value = value
      repeat
            oldhead = head
            node->next = oldhead
            result = CAS(head, oldhead, node)
      until (result == success)
}

delete_latchfree(head) {
      /* This function is not quite safe; see explanation in text. */
      repeat
            oldhead = head
            newhead = oldhead->next
            result = CAS(head, oldhead, newhead)
      until (result == success)
}
```

그림 18.23 리스트에서 래치 없는 삽입 및 삭제 작업

가 동시에 *head* 변수의 이전 값을 읽고 CAS 명령어를 실행하면, 둘 중 하나는 CAS 명령어가 성공했음을 반환할 것이며 나머지 하나는 *head* 변수의 값을 읽은 시점과 CAS 명령어를 실행하는 시점 사이에 *head* 변수의 값이 바뀌었으므로 실패했음을 반환할 것이다. 이때는 코드의 반복문을 통해 *head* 변수의 새로운 값을 사용하여 성공할 때까지 실행할 것이다.

그림 18.23에 보이는 *delete_latchfree*( ) 함수는 삽입과 마찬가지로 CAS 명령어를 사용하여 래치 없이 리스트에서 시작 노드를 삭제하는 것을 구현하고 있다(여기서 리스트는 스택으로 구현하였으므로 리스트의 시작 노드를 삭제하게 된다). 그러나 여기에는 문제가 있다. 몇몇 희귀한 경우에 이 함수는 제대로 동작하지 않는다. 예를 들어, 리스트의 프로세스 *P*1이 시작 노드 *n*1의 삭제를 수행하고, 동시에 두 번째 프로세스 *P*2가 *n*1과 *n*2 모두를 삭제한 다음 다시 시작 노드에 *n*1을 삽입한 후 새로운 노드 *n*3를 삽입했다고 하자. 만약 *P*1이 *P*2가 *n*1을 삭제하기 전에 읽었으며 *P*2가 *n*1을 재삽입한 후 CAS를 실행하였다 하자. 이때 CAS 명령어는 성공하겠지만, 리스트의 시작 노드가 *n*2를 가리키므로 이 리스트는 일관성이 결여된 상태에 빠지게 된다. 이 문제는 *ABA* 문제(ABA problem)로도 알려져 있다.

이 문제는 포인터를 갱신할 때마다 증가하는 카운터를 두는 방법으로 해결할 수 있다. 즉 CAS 명령어를 (pointer, counter) 쌍에 대해 적용하는 것이다. 대부분의 64비트 프로세서는 128비트 CAS 명령어를 지원하므로 이러한 연산이 가능하다. 이렇게 하면 앞에서 *n*1을 재삽입하여 시작 노드가 *n*1을 가리켜도 카운터 값이 달라서 *P*1의 CAS 명령어는 실패하게 된다. ABA 문제와 그 해결책에 대해서는 문제 18.16의 온라인 해설을 보길 바란다. 이러한 변형을 통해 삽입과 삭제 연산은

래치 없이 동시에 수행할 수 있다. 두 개의 변수를 사용하는 CAS 명령어가 필요하지 않은 방법도 있지만 훨씬 복잡하다.

리스트의 마지막 노드를 삭제하거나(큐로 구현한 경우) 해시 인덱스 및 탐색 트리와 같은 복잡한 자료 구조도 래치를 사용하지 않는 방식으로 구현할 수 있다. C++의 Boost 라이브러리나 Java의 ConcurrentLinkedQueue 클래스와 같은 표준 라이브러리를 사용하여 래치 없는 자료 구조[**잠금 없는 자료 구조**(lock-free data structure)라고도 불리는]를 구현하는 것이 가장 좋다. 이러한 자료 구조를 직접 만들지 말라. 왜냐하면 "**경쟁 상태**(race condition)"라 불리는 버그가 발생할 수 있으며, 이를 발견하거나 고치기는 매우 어렵기 때문이다.

현대의 CPU는 많은 수의 코어를 가지고 있으므로 인메모리 인덱스나 다른 인메모리 자료 구조 관점에서 래치 없는 구현이 래치를 사용하는 것보다 성능적으로 월등하다.

18.10.4 장기 실행 트랜잭션

트랜잭션의 개념은 처음에는 트랜잭션 대부분이 상호작용이 없으며 실행 시간이 짧은 데이터 처리 응용 프로그램의 관점에서 발전했다. 이러한 개념이 사람의 상호작용을 포함하는 데이터베이스 시스템에 적용되면서 심각한 문제가 발생했다. 이러한 트랜잭션은 다음과 같은 중요한 특징을 가지고 있다.

- **긴 실행 시간**. 사람이 현재 수행 중인 트랜잭션과 상호작용하면 컴퓨터의 관점에서 **장기 실행 트랜잭션**(long-duration transaction)이 된다. 왜냐하면 사람의 반응 속도가 컴퓨터의 속도에 비해 상대적으로 느리기 때문이다. 더 나아가서 응용 프로그램을 만들 때 사람의 활동은 몇 시간, 며칠 심지어는 더 긴 시간이 필요할 때도 있다. 따라서 트랜잭션은 사람이나 기계의 관점에서 모두 오랜 실행 시간이 필요한 작업일 수 있다.
- **커밋되지 않는 데이터에 대한 노출**. 장기 실행 트랜잭션으로 인해 생성된 데이터나 사용자에게 보이는 데이터는 트랜잭션이 중단될 수도 있어서 커밋되지 않은 상태의 데이터라 할 수 있다. 따라서 사용자와 다른 트랜잭션은 커밋되지 않은 데이터를 읽을 수도 있다. 여러 사용자가 하나의 프로젝트에서 협력하는 경우 해당 트랜잭션은 트랜잭션이 커밋하기 전에 데이터를 교환할 필요도 있다.
- **부작업**. 대화형 트랜잭션은 사용자가 발생하는 여러 개의 부작업으로 구성될 수 있다. 이때 사용자는 전체 트랜잭션을 중단하는 대신 일부 부작업을 중단하기를 희망할 수 있다.
- **복구 가능성**. 시스템에 오류가 발생했을 때 대화형 장기 실행 트랜잭션을 중단하는 것은 바람직하지 못하다. 사람의 불필요한 노동을 줄이기 위해 시스템에서 오류가 발생하기 직전의 상태로 트랜잭션을 복구할 수 있어야 한다.
- **성능**. 대화형 트랜잭션 시스템에서 좋은 성능은 빠른 응답 시간을 의미한다. 이 정의는 높은 처리율(초당 처리하는 트랜잭션의 수)을 목표로 하는 비대화형 시스템과는 반대라 할 수 있다. 높은 처리율을 가지는 시스템은 시스템 자원을 효율적으로 사용하게 해 준다. 그러나 대화형 시스템에선 가장 비싼 비용이 사용자다. 즉 사용자의 효율성이나 만족감을 최대로 하기 위해서 응답

T_1	T_2
read(A)	
$A := A - 50$	
write(A)	
	read(B)
	$B := B - 10$
	write(B)
read(B)	
$B := B + 50$	
write(B)	
	read(A)
	$A := A + 10$
	write(A)

그림 18.24 충돌 없이 직렬 가능한 스케줄

시간이 가장 빨라야 한다는 것이다. 작업의 실행 시간이 긴 경우에도 사용자가 자신의 시간을 잘 관리하게 하려면 응답 시간은 예측 가능해야 한다(응답 시간의 편차가 작아야 한다는 것이다).

18.9.3절에서 설명한 읽기 검증 없는 낙관적 동시성 제어 방법이나, 18.8절에 설명한 스냅샷 고립을 통해 이 문제에 대한 부분적인 해결이 가능하다. 실제로 읽기 검증 없는 낙관적 동시성 제어 규약은 사용자 상호작용을 포함하는 장기 실행 트랜잭션을 다루기 위해 고안되었다. 비록 직렬 가능성을 보장하지는 않지만 읽기 검증 없는 낙관적인 동시성 제어 방법은 널리 사용되고 있다.

하지만 트랜잭션의 수행 시간이 길어지게 되면 충돌하는 갱신 작업이 발생할 확률이 훨씬 높아지며 이는 추가적인 대기나 중단 상태로 이어질 수 있다. 이러한 고려 사항이 이 절의 나머지에서 다룰 동시 실행과 트랜잭션 복구의 올바름에 대한 대안적인 개념의 초석이라 할 수 있다.

18.10.5 다양한 연산을 이용하는 동시성 제어

두 개의 은행 계좌 A와 B로 이루어진 은행 데이터베이스에서 두 계좌의 잔액의 합 $A + B$가 보존되어야 하는 일관성 조건을 가진다고 하자. 그림 18.24의 스케줄을 보자. 이 스케줄은 충돌 직렬 불가능하지만, 잔액의 합 $A + B$를 보존하고 있다. 여기서 직렬 가능성 없는 올바름의 개념에 대해 두 가지 중요한 점이 있다.

1. 올바름은 그 데이터베이스에 적용된 특정한 일관성 제약 조건에 따라 다르다.
2. 올바름은 각 트랜잭션이 수행한 명령어의 특성에 따라 다르다.

2단계 잠금 방법이 직렬 가능성을 보장하지만 특정한 데이터 항목에 대해 많은 수의 트랜잭션이 충돌을 일으키면 형편없는 동시성으로 이어질 수 있다. 이런 상황에서 타임스탬프나 검증 기반의 규약을 사용해도 비슷한 문제가 발생한다.

read와 **write** 연산 외에 일부 연산을 기본 연산으로 취급하고 이를 동시성 제어에서 같이 다룸으로써 동시성을 향상할 수 있다.

16.5.1절에서 다룬 실체화 뷰 관리 예시를 생각해 보자. 릴레이션 *sales*(*date*, *custID*, *itemID*, *amount*)와 하루의 총매출을 기록하기 위한 실체화 뷰 *daily_sales_total*(*date*, *total_amount*)가 있다 하자. 즉각적인 뷰 유지를 한다면 모든 거래 트랜잭션은 트랜잭션 수행의 일부로서 실체화 뷰 또한 갱신해야 한다. 만약 거래 트랜잭션이 아주 많으며 모든 트랜잭션이 *daily_sales_total* 릴레이션의 같은 레코드를 갱신하려 한다면 실체화 뷰에 2단계 잠금을 사용해도 동시성의 정도가 매우 낮을 것이다.

실체화 뷰의 동시성 제어를 위한 더 나은 방법은 다음과 같다. 각 트랜잭션이 *daily_sales_total* 릴레이션의 레코드의 값을 보지 않고 대신 증가시킨다고만 하자. 그렇다면 increment(*v*, *n*)이라는 연산을 만들어 트랜잭션이 *v*를 보지 않고 *n*을 *v*에 더하는 식으로 하는 것이 타당하다. 이를 어떻게 구현하는지는 간단하게 보기로 하겠다. 위의 예시에서 *n*을 가지는 *sales* 튜플을 삽입하려는 트랜잭션이 첫 번째 인수를 실체화 뷰 *daily_sales_total*의 *total_amount* 값으로, 두 번째 인수를 *n*으로 하는 증가 연산을 호출한다고 하자.

increment 연산은 변수를 2단계 방식으로 잠금하지 않는다. 그러나 개별 연산은 그 변수에 대해 직렬로 실행해야 한다. 따라서 두 증가 연산을 같은 변수에 대해 동시 실행한다면, 한 연산은 반드시 다른 연산의 실행을 허용하기 전에 끝마쳐야 한다. 이는 연산을 실행하기 전에 변수 *v*에 대해 래치(또는 잠금)를 획득하고 갱신이 끝난 후에 래치를 해제하는 방식으로 보장할 수 있다. 또한 증가 연산은 래치를 사용하지 않고 CAS 연산을 사용하는 방식으로도 구현할 수 있다.

increment 연산을 호출하려는 두 트랜잭션은 동시성 제어 병목을 방지하기 위해 반드시 동시에 실행할 수 있게 해야 한다. 두 트랜잭션이 실행하려는 증가 연산은 두 연산의 실행 순서와 상관없이 같은 최종 결과를 만들어 내므로 서로 충돌하지 않는다고 할 수 있다. 둘 중 하나의 트랜잭션이 롤백한다면 increment(*v*, *n*) 연산은 원래 값에 음수를 더하는 increment(*v*, –*n*) 연산을 실행하여 롤백해야 한다. 이러한 연산을 **보상 연산**(compensating operation)이라 부른다.

그러나 어떤 트랜잭션 *T*가 실체화 뷰를 읽고자 한다면 증가 연산을 수행하고 있는 다른 동시 트랜잭션과 명백히 충돌한다. 즉 *T*가 읽으려는 값은 다른 트랜잭션이 *T* 전후로 어떻게 직렬 순서를 결정하는지에 따라 결정된다는 것이다.

증가 잠금(increment lock)을 사용하는 잠금 규약을 정의하여 위의 상황을 해결할 수 있다. 증가 잠금은 자기 자신과는 호환되나 공유 및 독점적 잠금과는 호환되지 않는다. 그림 18.25가 이러한 공유, 독점적 및 증가 잠금 모드의 잠금 호환 행렬을 보여 준다.

	S	X	I
S	true	false	false
X	false	false	false
I	false	false	true

그림 18.25 증가 잠금 모드를 포함하는 잠금 호환 행렬

또 다른 특수 목적의 동시성 제어의 예시로 18.10.2절에서 보았던 것처럼 B^+-트리에서 잠금을 일찍 해제하는 삽입 연산을 들 수 있다. 이 경우에는 따로 다른 잠금 모드를 사용하지 않으며 대신 직렬 가능성을 보장하기 위해 단말 노드에 잠금을 2단계 방식(또는 다음 키 잠금 방법을 사용하여)으로 유지한다. 이 삽입 연산은 B^+-트리 인덱스의 여러 노드를 수정할 수도 있다. 이에 따라 다른 트랜잭션이 다른 연산을 수행하면서 삽입 연산이 수정하고 있는 노드를 읽거나 갱신할 수도 있게 된다. 이러한 삽입 연산을 롤백하기 위해서는 T_i가 삽입한 레코드를 삭제해야 한다. 즉 삭제를 삽입의 보상 행동으로서 수행하는 것이다. 이렇게 함으로써 B^+-트리를 올바르고 일관적인 상태로 만들 수 있지만, 트리의 구조는 T_i가 실행한 시점의 트리 구조와 다를 수 있다.

잠금을 직렬 가능성을 보장하는 방식으로 사용할 수도 있지만, (직렬 가능성을 위배하는 것을 용납할 수 있는 상황이라면) 직렬 가능성을 보장하지 않는 방식으로도 사용할 수 있다. 콘서트 티켓 판매의 예시를 생각해 보자. 모든 트랜잭션은 티켓 전체 매출에 접근하고 갱신한다. 이런 상황에서 우리는 v에 n을 더하는 increment_conditional(v, n) 연산을 사용할 수 있다. 이 연산은 결과가 0 이상인 경우에만 사용하며, 이 경우 성공했음을 반환하고, 그렇지 않다면 실패했음을 반환한다. 티켓을 구매하기 위해 트랜잭션 T_i를 실행한다고 하자. 현재 사용 가능한 티켓의 수를 나타내는 변수 *avail_tickets*가 있다고 할 때, 세 개의 티켓을 예매하기 위해 트랜잭션은 increment_conditional(*avail_tickets*, −3) 연산을 실행할 것이다. 성공했음을 반환했다면 충분한 티켓이 있었다는 것을 의미하며, 따라서 예메한 티켓의 수만큼 *avail_tickets* 변수의 값을 감소시키면 된다. 실패했음을 반환했다면 티켓이 충분치 않다는 것을 의미한다.

avail_tickets 변수를 2단계 방식으로 잠금하면 충분한 티켓이 있음에도 불구하고 고객은 더 일찍 실행된 트랜잭션이 커밋할 때까지 기다려야 하므로 동시성이 매우 떨어진다. 이때는 *avail_tickets* 변수에 잠금을 사용하지 않는 increment_conditional(v, n) 연산을 사용하여 동시성을 많이 증가시킬 수 있다. 2단계 방식 대신 이 연산은 변수에 독점적 잠금을 걸며 실행을 마치면 잠금을 해제한다.

트랜잭션 T_i는 티켓 구매 대금을 지급했는지 확인하는 다른 작업도 같이 수행해야 한다. 만약 구매 대금이 제대로 지급되지 않았다면 증가 연산은 보상 연산을 실행하여 롤백해야 한다. 즉 처음 연산이 *avail_tickets* 변수에 $-n$을 더했다면 보상 연산은 *avail_tickets* 변수에 $+n$을 더하는 것이라 할 수 있다.

increment_conditional 연산은 앞에서 다루었던 increment 연산과 마찬가지로 두 연산이 서로 호환되는 것처럼 보이나 사실은 그렇지 않다. 두 트랜잭션이 하나의 티켓만 남은 상황에서 서로 티켓을 구매하려는 상황을 고려해 보자. 두 연산을 실행하는 순서에 따라 한 연산은 성공할 것이고 다른 연산은 실패할 것이다. 많은 현실의 응용 프로그램에서 이렇게 직렬 가능성을 보장할 수 없음에도 불구하고 동시성 향상의 목적을 위해 각 연산이 짧은 시간 동안 잠금을 획득하고 실행을 끝마치면 잠금을 해제하는 방식으로 작동하게 한다.

18.10.6 실시간 트랜잭션 시스템

어떤 응용 프로그램은 작업을 언제까지 끝마쳐야 하는지를 의미하는 **마감 시간**(deadline) 제약 조건을 포함하고 있다. 이러한 응용 프로그램의 예로 생산 관리, 교통 제어와 스케줄링 등을 들 수 있다. 제약 조건에 마감 시간이 있다면 실행이 올바르다는 것은 단순히 데이터베이스 일관성만의 문제가 아니다. 오히려 얼마나 많은 트랜잭션이 마감 시간 내에 실행하지 못하였으며, 얼마나 많은 시간을 초과했는지를 고민해야 한다. 마감 시간은 다음과 같이 분류할 수 있다.

- **경성 마감 시간**(Hard deadline): 작업을 마감 시간 내에 완료하지 못하면 시스템 오류와 같은 심각한 문제가 발생할 수 있다.
- **준경성 마감 시간**(Firm deadline): 작업을 마감 시간 내에 완료하지 못하면 해당 작업은 0의 가치를 갖는다.
- **연성 마감 시간**(Soft deadline): 작업을 마감 시간 내에 완료하지 못하면 해당 작업은 지연 정도에 따라 0에 가까운 가치를 갖게 된다.

마감 시간을 갖는 시스템을 **실시간 시스템**(real-time system)이라 부른다.

실시간 시스템에서 트랜잭션 관리는 마감 시간을 고려해야 한다. 동시성 제어 규약이 트랜잭션 T_i가 대기해야 한다고 결정하면, T_i는 마감 시간을 놓치는 결과가 발생할 수 있다. 이럴 때는 잠금을 가지고 있는 트랜잭션을 멈추게 하고 T_i가 진행할 수 있게 하는 것이 낫다. 그러나 선점은 조심해서 사용해야 하는데, 선점을 당한 트랜잭션이 롤백이나 재시작으로 인해 마감 시간을 놓치는 일이 발생할 수 있기 때문이다. 불행히도 어떤 상황에서 롤백과 대기 중 어느 것이 나은지 결정하는 것은 어려운 문제다.

디스크에서 데이터를 읽을 때 지연을 예측할 수 없어서 실시간 제약 조건을 충족하기 위해 메인 메모리 데이터베이스를 사용할 수도 있다. 그러나 데이터가 메인 메모리에 상주해도 잠금으로 인한 대기나 트랜잭션 중단 등의 상황으로 실행 시간은 많은 변동이 생긴다. 많은 학자가 실시간 데이터베이스에서 동시성 제어를 위해 큰 노력을 해 왔으며 마감 시간이 이른 트랜잭션에 높은 우선순위를 주기 위해 잠금 규약을 확장해 왔다. 또한 낙관적인 동시성 제어 규약이 실시간 데이터베이스에서 작동을 잘한다는 것을 발견했다. 즉 낙관적인 동시성 제어 규약이 확장된 잠금 규약보다 마감 시간을 덜 놓친다는 것이다. 참고문헌에 실시간 데이터베이스 영역에 대한 연구 문헌이 나와 있다.

18.11 요약

- 여러 트랜잭션이 데이터베이스에서 동시에 수행할 때 데이터의 일관성은 유지되지 않을 수 있다. 그러므로 시스템이 트랜잭션 사이의 상호작용을 제어할 필요가 있으며, 이를 **동시성 제어** 기법이라 부른다.
- 직렬 가능성을 보장하기 위해 다양한 동시성 제어 기법을 사용할 수 있다. 이 기법은 연산을 지연하거나 그 연산을 실행시킨 트랜잭션이 롤백하게 한다. 주로 잠금 규약, 타임스탬프 순서 기법, 검증 기법, 다중 버전 기법을 사용한다.

- 잠금 규약은 트랜잭션이 데이터베이스의 각 데이터 항목에 언제 잠금을 걸고 해제할 수 있는지 나타내는 일련의 규칙이다.
- 2단계 잠금 규약은 트랜잭션이 어떠한 데이터 항목도 잠금을 해제하지 않았을 때만 새로운 잠금을 요청할 수 있도록 한다. 이 규약은 직렬 가능성은 보장하지만 교착 상태는 해결하지 못한다. 데이터 항목에 접근하는 방법에 대한 추가적인 정보가 없다면 2단계 잠금 규약은 직렬 가능성을 보장하기 위한 확실하면서도 필요한 규약이다.
- 엄격한 2단계 잠금 규약은 스케줄의 복구 가능성과 비연쇄성을 보장하기 위해 트랜잭션 실행의 마지막에서만 독점적 모드의 잠금을 해제할 수 있도록 한다. 준엄한 2단계 잠금 규약은 모든 잠금을 트랜잭션 실행의 마지막에서만 해제할 수 있도록 한다.
- 잠금 규약은 교착 상태를 해결해 주지 않는다. 교착 상태를 해결하는 방법은 데이터 항목에 순서를 매겨 그 순서와 일관된 순서로 잠금을 요청하도록 하는 것이다.
- 교착 상태를 방지하는 또 다른 방법은 선점과 트랜잭션 롤백을 사용하는 것이다. 선점을 제어하기 위해서는 트랜잭션마다 유일한 타임스탬프를 할당해야 한다. 그리고 시스템은 트랜잭션이 대기해야 하는지 아니면 롤백해야 하는지 결정하기 위해 타임스탬프를 사용한다. "죽이기-기다리기" 기법은 선점 기법이라 할 수 있다.
- 만일 교착 상태를 미리 방지하지 못했다면 시스템은 반드시 교착 상태 탐지와 복구 기법으로 교착 상태를 처리해야 한다. 이를 위해 시스템은 대기 그래프를 만들어야 한다. 이 대기 그래프에 사이클이 발생하면 그때는 시스템에 교착 상태가 발생한 것이다. 교착 상태 탐지 알고리즘이 시스템에 교착 상태를 발견하면 시스템은 하나 이상의 트랜잭션을 롤백함으로써 교착 상태를 해결한다.
- 여러 개의 데이터 항목을 묶어 하나로 처리하는 것이 유리한 상황이 있다. 이를 위해 다양한 크기의 데이터 항목을 허용하고 이들 사이의 계층 구조를 정의한다. 이 계층 구조에서 작은 크기의 데이터 항목은 그보다 큰 크기의 데이터 항목에 포함된다. 이러한 계층 구조는 트리로 나타낼 수 있다. 다중 세분도 잠금 규약에서 잠금은 루트에서 단말 노드 순으로 획득한다. 반대로 잠금의 해제는 단말 노드에서 루트 순으로 이루어진다. 의도 잠금 모드는 직렬 가능성을 해치지 않으면서 더 나은 동시성을 위해 트리의 높은 단계에서 사용한다.
- 타임스탬프 순서 기법은 사전에 모든 트랜잭션 쌍 사이에 순서를 정해 놓음으로써 직렬 가능성을 보장한다. 시스템의 각 트랜잭션에는 유일하고 고정된 타임스탬프가 할당된다. 트랜잭션의 타임스탬프는 직렬 가능성의 순서를 결정한다. 그러므로 만일 트랜잭션 T_i의 타임스탬프가 트랜잭션 T_j의 타임스탬프보다 작다면 이 기법은 스케줄이 T_i가 T_j보다 먼저 나오는 직렬 스케줄과 동등하다는 것을 보장한다. 구체적으로 타임스탬프 순서를 위반했을 때 트랜잭션을 롤백하는 방법으로 직렬 가능성을 보장한다.
- 검증 기법은 다수의 트랜잭션이 읽기 전용인 트랜잭션이라 트랜잭션 사이에 충돌이 일어날 확률이 낮을 경우에 적절한 동시성 제어 기법이다. 시스템의 각 트랜잭션에는 고유한 타임스탬프

가 할당된다. 직렬 가능성 순서는 트랜잭션의 타임스탬프에 따라 결정된다. 이 기법에서 트랜잭션은 절대 대기하지 않는다. 그러나 트랜잭션이 커밋하기 위해서는 반드시 검증 테스트를 통과해야만 한다. 트랜잭션이 검증 테스트를 통과하지 못하면 그 트랜잭션은 초기 상태로 롤백한다.

- 다중 버전 동시성 제어 기법은 트랜잭션이 데이터 항목을 갱신하려 할 때 데이터 항목의 새로운 버전을 만드는 것을 기반으로 하고 있다. 읽기 연산을 수행할 때는 시스템이 읽고자 하는 데이터 항목의 여러 버전의 하나를 선택한다. 동시성 제어 기법은 타임스탬프를 이용하여 직렬 가능성을 보장하는 방법과 같은 방식으로 읽고자 하는 데이터 항목의 버전을 선택한다. 여기서 읽기 연산은 항상 성공한다.
  - 다중 버전 타임스탬프 순서에서 쓰기 연산은 트랜잭션의 롤백을 일으킬 수 있다.
  - 다중 버전 2단계 잠금에서 쓰기 연산은 잠금을 획득할 때까지 대기하거나 교착 상태를 일으킬 수 있다.
- 스냅샷 고립은 검증을 기반으로 하는 다중 버전 동시성 제어 규약으로 다중 버전 2단계 잠금과는 달리 반드시 트랜잭션이 읽기 전용이나 갱신으로 선언될 필요가 없다. 스냅샷 고립은 직렬 가능성을 보장하지는 않지만 많은 데이터베이스 시스템에서 지원하고 있다. 직렬 가능한 스냅샷 고립은 스냅샷 고립에서 직렬 가능성을 보장하도록 확장된 기법이다.
- **삭제** 연산은 트랜잭션이 삭제할 튜플에 독점적 모드로 잠금을 걸었을 때만 실행할 수 있다. 새로운 튜플을 데이터베이스에 삽입하려는 트랜잭션도 그 튜플에 독점적 모드로 잠금을 걸어야 한다.
- 두 트랜잭션이 공통으로 접근하는 튜플이 없을지라도 삽입 연산과 탐색을 동시에 하는 경우 유령 현상이 발생할 수 있다. 그러한 충돌은 트랜잭션이 접근하는 튜플에만 잠금을 사용하면 탐지할 수 없다. 즉 잠금을 릴레이션에서 튜플을 찾기 위해 사용하는 데이터에도 사용해야 한다. 인덱스 잠금 기법은 특정 인덱스 노드에 잠금을 하도록 요구함으로써 이러한 문제를 해결한다. 이들 잠금은 모든 충돌이 발생하는 트랜잭션이 유령이 아닌 실제 데이터 항목에서 충돌이 일어나도록 한다.
- 약한 수준의 일관성은 질의 결과의 일관성이 그다지 중요하지 않으며, 엄격한 직렬 가능성을 사용하는 것이 트랜잭션 처리에 악영향을 끼치는 응용 프로그램에서 사용한다. 수준-2 일관성은 약한 수준의 일관성의 한 예다. 커서 안정성은 수준-2 일관성의 특별한 경우로 널리 사용되고 있다.
- 동시성 제어는 사용자 상호작용을 포함하는 트랜잭션에 대해서는 어려운 작업이다. 튜플에 저장된 버전 번호를 이용하는 쓰기 검증 방식이 주로 응용에서 구현된다. 이러한 기법은 약한 수준의 직렬 가능성을 보장하며 데이터베이스를 수정하지 않고 응용 프로그램 수준에서 구현할 수 있다.
- 특별한 데이터 구조를 사용하는 동시성 제어 기법도 개발되었다. B^+-트리에서 더 나은 동시성을 제공하는 기법도 있으며, 이 기법은 B^+-트리에 직렬 불가능한 접근을 허용하면서도 이 B^+-

트리 구조가 올바르며 데이터베이스 자체에 대한 접근은 직렬 가능하도록 보장한다. 래치 없는 자료 구조는 고성능의 인덱스 구현과 메인 메모리 데이터베이스에서 사용하는 다른 자료 구조를 구현하기 위해 사용한다.

용어정리

- 동시성 제어
- 잠금 유형
  - 공유 모드(S) 잠금
  - 독점적 모드(X) 잠금
- 잠금
  - 호환성
  - 요청
  - 대기
  - 허용
- 교착 상태
- 기아 상태
- 잠금 규약
- 정당한 스케줄
- 2단계 잠금 규약
  - 증가 단계
  - 감소 단계
  - 잠금 지점
  - 엄격한 2단계 잠금
  - 준엄한 2단계 잠금
- 잠금 변환
  - 상향 변환
  - 하향 변환
- 그래프 기반 규약
  - 트리 규약
  - 커밋 종속성
- 교착 상태 처리
  - 예방
  - 탐지
  - 복구
- 교착 상태 예방
  - 순서 잠금
  - 잠금 선점
  - 기다리기-죽기 기법
  - 죽이기-기다리기 기법
  - 시간 초과 기반 기법
- 교착 상태 탐지
  - 대기 그래프
- 교착 상태 복구
  - 전체 롤백
  - 부분 롤백
- 다중 세분도
  - 명시적인 잠금
  - 암묵적인 잠금
  - 의도 잠금
- 의도 잠금 모드
  - 의도-공유(IS)
  - 의도-독점적(IX)
  - 공유와 의도-독점적(SIX)
- 다중 세분도 잠금 규약
- 타임스탬프
  - 시스템 클락
  - 논리적 카운터
  - W-timestamp(Q)
  - R-timestamp(Q)
- 타임스탬프 순서 규약
  - 토마스의 쓰기 규칙
- 검증 기반 규약
  - 읽기 단계
  - 검증 단계
  - 쓰기 단계
  - 검증 테스트
- 다중 버전 타임스탬프 순서

- 다중 버전 2단계 잠금
  - 읽기 전용 트랜잭션
  - 갱신 트랜잭션
- 스냅샷 고립
  - 갱신 손실
  - 첫 번째 커밋이 승리
  - 첫 번째 갱신이 승리
  - 쓰기 치우침
  - 갱신을 위한 선택
- 삽입과 삭제 연산
- 유령 현상
- 인덱스 잠금 규약
- 술어 잠금
- 약한 수준의 일관성
  - 수준-2 일관성
  - 커서 안정성
- 읽기 검증 없는 낙관적 동시성 제어
- 대화
- 인덱스에서 동시성
  - 크래빙 규약
  - B-link 트리
  - B-link 트리 잠금 규약
  - 다음 키 잠금
- 래치 없는 자료 구조
- Compare-and-swap(CAS) 명령어

실전문제

18.1 2단계 잠금 규약이 충돌 직렬 가능성을 보장함을 보이고 트랜잭션이 잠금 지점에 따라 직렬 가능한지를 보여라.

18.2 다음 두 트랜잭션을 살펴보자.

T_{34}: read(A);
read(B);
if $A = 0$ **then** $B := B + 1$;
write(B).

T_{35}: read(B);
read(A);
if $B = 0$ **then** $A := A + 1$;
write(A).

2단계 잠금 규약을 지키도록 트랜잭션 T_{31}과 T_{32}에 lock과 unlock 명령어를 추가하라. 이들 트랜잭션의 실행 결과 시스템이 교착 상태에 이르게 되는가?

18.3 준엄한 2단계 잠금 규약이 제공하는 이점은 무엇인가? 다른 2단계 잠금과 비교하여 설명하라.

18.4 하나의 루트를 가지는 트리에 따라 구성된 데이터베이스를 생각해 보자. 우리가 각 정점 쌍 사이에 하나의 더미(dummy) 정점을 삽입한다고 하자. 새로운 트리에서 트리 규약을 따를 때 얻을 수 있는 동시성이 예전 트리에서 트리 규약을 따를 때와 비교했을 때 더 좋아질 수 있는지 설명하라.

18.5 트리 규약 아래에서 가능한 스케줄이 2단계 잠금 규약 아래에서 가능하지 않은 스케줄의 예를 들어 보라. 그리고 그 반대의 경우의 예도 들어 보라.

18.6 잠금은 영속성(persitent) 프로그래밍 언어에서 명시적으로 사용되지 않는다. 그보다 접근하려는 오브젝트(또는 그 오브젝트를 포함하는 페이지)에 잠금을 걸어야 한다. 대부분의 현대 운영체제는 사용자가 페이지에 접근 권한 설정(접근 불가 읽기, 쓰기)을 할 수 있도록 허용하며 접근 권한을 위반하는 메모리 접근은 보호 위반(protection violation, 예를 들어 Unix의 mprotect 명령어)을 발생시킨다. 이러한 접근 보호 방법이 영속성 프로그래밍 언어에서 페이지 단위의 잠금을 하는 데 사용될 수 있는지 설명하라.

18.7 원자적 **increment** 연산과 read 및 write 연산을 포함하는 데이터베이스 시스템을 생각해 보자. V를 데이터 항목 X의 값이라 할 때 다음의 연산

$$\textbf{increment}(X) \text{ by } C$$

는 X의 값을 $V + C$로 설정한다. X의 값은 후속 트랜잭션이 read(X)를 실행하지 않는 한 알 수 없다. 증가 연산이 그림 18.25의 호환성 행렬을 바탕으로 증가 모드로 데이터 항목에 잠금을 건다고 하자.

a. 2단계 잠금 규약이 직렬 가능성을 보장함을 보여라.

b. **increment** 모드의 잠금을 포함함으로써 동시성이 좋아졌음을 보여라.

18.8 타임스탬프 순서에서 **W-timestamp**(Q)는 write(Q)를 성공적으로 수행한 트랜잭션의 타임스탬프 중 가장 큰 값을 의미한다. 그런데 W-timestamp(Q)를 그 대신 가장 최근에 write(Q)를 성공적으로 처리한 트랜잭션의 타임스탬프로 정의한다고 하자. 두 방법 간에 어떤 차이점을 발견할 수 있는가? 제시한 답을 설명하라.

18.9 다중 세분도 잠금을 사용하면 같은 시스템에서 단일 세분도 잠금을 사용하는 것보다 잠금을 더 많이 또는 더 적게 요구할 수 있다. 더 많은 경우와 더 적은 경우의 예를 들어 설명하고 허용되는 동시성의 상대적인 정도를 비교하라.

18.10 다음 각 규약에 대해 그 규약을 사용하도록 유도하는 실제 응용 프로그램의 특징과 사용하지 않도록 유도하는 특징에 관해 기술하라.

- 2단계 잠금 규약
- 다중 세분도 잠금을 가지는 2단계 잠금 규약
- 트리 규약
- 타임스탬프 순서 규약
- 검증 기반 기법
- 다중 버전 타임스탬프 순서 규약
- 다중 버전 2단계 잠금 규약

18.11 트랜잭션 실행을 위한 다음의 기법이 왜 엄격한 2단계 잠금을 사용하는 것보다 더 나은 성능을 내는지 설명하라. 먼저 검증 기반 기법에서처럼 아무런 잠금도 가지지 않고 데이터베이스에 갱신도 하지 않은 채 트랜잭션을 실행한다. 그러나 검증 기법과는 다르게 데이터베이스에 어떠한 검증이나 기록을 수행하지 않고, 대신 엄격한 2단계 잠금을 사용하여 그 트랜잭션을 재실행한다.

(힌트: disk I/O 대기 상황을 생각해 보라.)

18.12 타임스탬프 순서 규약 아래에서 한 트랜잭션은 두 데이터 항목 *p*와 *q*에 기록하고 또 다른 트랜잭션은 *p*와 *q*를 읽는다고 하자. 쓰기 연산에 대한 타임스탬프 테스트가 실패하여, 이에 따라 첫 번째 트랜잭션을 재시작하고, 차례로 다른 트랜잭션도 연쇄적으로 롤백하도록 하는 스케줄을 보여라. 어떻게 이것이 두 트랜잭션의 기아 현상을 초래할 수 있는지 보여라[두 개 이상의 프로세스가 동작하고 있는 이러한 상황에서 다른 프로세스와의 상호작용으로 인해 프로세스는 그들의 작업을 커밋하지 못하게 된다. 이를 **라이브락**(livelock)이라 부른다].

18.13 유령 현상을 방지할 수 있는 타임스탬프 기반 규약을 제안하라.

18.14 B^+-트리에서 동시 접근을 관리하기 위해 18.1.5절의 트리 규약을 사용한다고 하자. 이때 삽입 작업으로 인해 루트 노드가 분리될 수 있기 때문에 전체 연산이 끝나기 전까지 삽입 연산은 잠금을 해제하면 안 된다. 어떤 상황에서 잠금을 더 일찍 해제할 수 있는지 설명하라.

18.15 스냅샷 고립 규약은 트랜잭션 *T*가 데이터 항목에 쓰기를 수행하기 전에 *T*와 동시 실행 중인 트랜잭션이 이미 그 데이터 항목을 갱신했는지를 확인하는 검증 단계를 이용한다.

a. 손쉬운 구현 방법으로는 각각의 트랜잭션에 대해 시작 타임스탬프와 커밋 타임스탬프를 두고 추가로 그 트랜잭션이 갱신한 데이터 항목의 집합인 **갱신 집합**(update set)을 두는 것이다. 두 타임스탬프를 갱신 집합과 함께 이용함으로써 첫 번째 커밋이 승리 기법을 위한 검증이 어떻게 수행되는지를 설명하라. 검증과 다른 트랜잭션의 커밋 처리 단계가 순차적으로, 즉 한 번에 한 트랜잭션만 수행된다고 가정해도 된다.

b. 위의 기법을 수정하여 갱신 집합을 이용하는 대신 각 데이터 항목이 그 트랜잭션과 관련된 쓰기 타임스탬프를 가지고 있는 첫 번째 커밋 승리 기법을 위한 커밋 처리의 일환으로 검증 단계가 어떻게 구현될 수 있는지 설명하라. 이번에도 검증과 다른 커밋 처리 단계가 순차적으로 실행된다고 가정해도 된다.

c. 첫 번째 갱신 승리 기법은 위에서 언급한 타임스탬프를 이용하여 구현할 수 있다. 단, 검증은 커밋하는 시점이 아니라 독점적 잠금을 획득한 후에 즉시 수행한다는 예외가 있다.

   i. 첫 번째 갱신 승리 기법을 구현하기 위해 데이터 항목에 쓰기 타임스탬프를 어떻게 부여할 수 있는지를 설명하라.

   ii. 잠금의 결과로, 검증이 커밋하는 시점에 반복된다면 그 결과는 변하지 않음을 보여라.

   iii. 이 경우에 검증과 다른 커밋 처리 단계를 순차적으로 수행할 필요가 없는 이유를 설명하라.

18.16 그림 18.23에서 *insert_latchfree*( ) 함수와 *delete_latchfree*( ) 함수를 보자.

a. 삭제된 노드가 재삽입되면 어떻게 ABA 문제가 발생하는지 설명하라.

b. *head*의 옆에 카운터 *cnt*를 저장한다고 하자. DCAS((*head*, *cnt*), (*oldhead*, *oldcnt*), (*newhead*, *newcnt*))를 128비트 값 (*head*, *cnt*)에 대해 원자적으로 수행한다고 하자. ABA 문제를 막기 위해 DCAS 연산을 사용하도록 *insert_latchfree*( ) 함수와 *delete_latchfree*( ) 함수를 수정하라.

c. 대부분의 프로세서는 메모리 주소를 지정하기 위해 64비트 주소 중 48비트만 사용한다. DCAS 연산을 지원하지 않는다고 할 때 나머지 16비트로 어떻게 카운터를 구현할 수 있을지 설명하라.

연습문제

18.17 엄격한 2단계 잠금 규약이 제공하는 이점은 무엇인가? 단점은 무엇인가?

18.18 대부분의 데이터베이스 시스템은 엄격한 2단계 잠금을 사용한다. 이 규약을 많이 사용하는 이유를 세 가지만 들어 보라.

18.19 포레스트(forest) 규약이라 불리는 트리 규약의 한 변형을 고려해 보자. 데이터베이스는 루트가 있는 트리의 집합으로 구성된다. 각 트랜잭션 T_i는 반드시 다음의 규칙을 따라야 한다.

- 각 트리에서 첫 번째 잠금은 어떠한 데이터 항목에도 걸 수 있다.
- 트리에서 두 번째 이후의 잠금은 잠금을 걸어야 하는 노드의 부모가 현재 잠금이 걸려 있을 때만 요청할 수 있다.
- 데이터 항목의 잠금은 언제든지 해제될 수 있다.
- 한 데이터 항목에 대해 T_i가 잠금을 해제한 다음 다시 T_i이 잠금을 걸 수 없다.

이때 포레스트 규약이 직렬 가능성을 보장할 수 없다는 것을 보여라.

18.20 교착 상태가 발생하도록 둔 다음 그것을 탐지하는 것보다, 사전에 교착 상태가 발생하지 않도록 방지하는 것이 어떤 상황에서 더 효율적인지를 보여라.

18.21 만약 교착 상태 방지 기법을 통해 교착 상태를 방지할 수 있는 경우에도 기아 현상은 여전히 발생 가능한가? 제시한 답을 설명하라.

18.22 다중 세분도 잠금에서 암묵적인 잠금과 명시적인 잠금의 차이점은 무엇인가?

18.23 다중 세분도 잠금에서 SIX 모드는 유용하게 쓰이지만 독점적 및 의도-공유(XIS) 모드는 사용하지 않는다. 왜 그런지 그 이유를 설명하라.

18.24 다중 세분도 규약에서 현재 트랜잭션 T_i가 IX나 IS 모드로 노드 Q의 부모에 잠금을 건 상태일 때만 S나 IS 모드로 노드 Q에 잠금을 걸 수 있음을 명시하고 있다. SIX와 S 잠금이 IX나 IS 잠금보다 강하다고 할 때, 이 규약은 어째서 부모가 SIX나 S 모드로 잠금이 걸려 있으면 자식 노드에 S나 IS 모드로 잠금을 거는 것을 허용하지 않는가?

18.25 어떤 데이터베이스의 잠금 계층 구조가 위에서부터 데이터베이스, 릴레이션, 튜플로 되어 있다고 하자.

a. 트랜잭션이 릴레이션 r에서 많은 튜플을 읽어야 한다면 어떤 잠금을 획득해야 하는가?

b. 트랜잭션이 r에서 많은 튜플을 읽고난 후 몇 개의 튜플에 대해서만 갱신을 한다고 하자. 어떤 잠금을 획득해야 하는가?

c. 트랜잭션이 실행 중에 실제로 몇 개의 튜플이 아닌 매우 많은 수의 튜플을 갱신해야 함을 알았다고 하자(소수의 갱신하려는 튜플에 대해서만 잠금을 획득한 후). 이때 잠금 테이블에는 어떤 문제가 발생하며 이 문제를 해결하기 위해 데이터베이스는 무엇을 해야 하는가?

18.26 타임스탬프 순서 아래에서 트랜잭션이 롤백되면 새로운 타임스탬프를 할당한다. 단순히 이전의 타임스탬프를 사용하지 않는 이유는 무엇인가?

18.27 2단계 잠금 규약 아래에서 가능한 스케줄이 타임스탬프 규약 아래에서 불가능한 스케줄과 그 반대의 스케줄을 보여라.

18.28 타임스탬프 규약의 수정된 버전 아래에서 read 요청이 대기해야 하는지 아닌지를 알기 위해서는 커밋 비트를 테스트해야 한다. 커밋 비트가 어떻게 연쇄적 롤백을 방지할 수 있는지 보여라. 왜 write 요청에는 이러한 테스트가 필요 없는가?

18.29 문제 18.15에서 보인 바와 같이 스냅샷 고립은 타임스탬프 검증의 형태를 이용하여 구현할 수 있다. 그러나 직렬 가능성을 보장하는 다중 버전 타임스탬프 순서 기법과는 달리 스냅샷 고립은 직렬 가능성을 보장해 주지 않는다. 이렇게 다른 결과를 만들어 내는 두 규약 사이에 가장 큰 차이점은 무엇인지 설명하라.

18.30 문제 18.15에서 스냅샷 고립의 첫 번째 커밋이 승리를 타임스탬프 기반으로 구현한 것과 18.9.3절에서 설명한 읽기 검증 없는 낙관적 동시성 제어 기법과의 핵심 공통점과 차이점을 기술하라.

18.31 다음과 같은 작업을 수행하는 트랜잭션 *T*와 릴레이션 *r*(*A*, *B*, *C*)를 생각해 보자. 트랜잭션은 *r*에서 *A*의 최댓값을 찾고 *A*의 최댓값에 1을 더한 값을 가지는 새로운 튜플을 삽입한다. 이때 *A*의 최댓값을 찾기 위해 인덱스를 사용한다고 하자.

a. 트랜잭션 *T*가 읽으려는 데이터 항목에 S 모드로 잠금을 걸고 생성하려는 튜플에 대해서는 X 모드로 잠금을 걸며 다른 모드의 잠금은 사용하지 않는다고 하자. 이러한 *T*를 동시에 두 개 실행한다고 할 때 어떻게 결과가 직렬 불가능한지 설명하라.

b. *r*.*A*를 주 키로 선언한다고 하자. 이때도 위의 직렬 불가능한 실행이 발생하는가? 그 이유를 설명하라.

18.32 유령 현상을 설명하라. 왜 2단계 잠금 규약을 사용함에도 유령 현상으로 인해 잘못된 동시 실행 결과가 나올 수 있는가?

18.33 수준-2 일관성을 사용하는 이유를 설명하라. 이 기법이 가지는 단점은 무엇인가?

18.34 키 값 잠금을 할 때 탐색이나 삽입, 삭제 연산이 다음 키 값에 잠금을 걸지 않으면 유령 현상을 탐지할 수 없다는 것을 보여 주는 예제 스케줄을 보여라.

18.35 많은 트랜잭션이 하나의 공통 데이터 항목(예를 들어, 은행 지점의 현금 잔액)과 그 트랜잭션만이 접근하는 데이터 항목(예를 들어, 각 계좌의 잔액)을 갱신하려 한다고 하자. 트랜잭션의 연산에 어떻게 순서를 정해야 동시성(그리고 처리량)을 향상할 수 있는지 설명하라.

18.36 다음의 잠금 규약을 생각해 보자. 모든 데이터 항목에 번호가 매겨져 있고, 어떤 데이터 항목의 잠금을 해제하면 오직 더 높은 번호를 갖는 데이터 항목만 잠금을 걸 수 있다. 잠금은 아무 때나 해제할 수 있으며, 오직 독점적 잠금만 사용한다. 이 규약이 직렬 가능성을 보장하지 않는다는 예를 보여라.

더 읽어보기

[Gray and Reuter (1993)]는 동시성 제어 개념을 포함하여 상세한 구현 부분까지 전반적인 트랜잭션 처

리 개념에 관해 설명한다. [Bernstein and Newcomer (2009)]는 동시성 제어를 포함하여 다양한 측면의 트랜잭션 처리에 대해 다룬다.

2단계 잠금 규약은 [Eswaran et al. (1976)]에서 소개되었다. 다중 세분도 데이터 항목에 대한 잠금 규약은 [Gray et al. (1975)]에 소개되어 있다. 타임스탬프 기반의 동시성 제어 기법은 [Reed (1983)]에 소개되어 있다. 검증 기반의 동시성 제어 기법은 [Kung and Robinson (1981)]에서 다룬다. 다중 버전 타임스탬프 순서는 [Reed (1983)]에 소개되어 있다. 다중 버전 트리 잠금 알고리즘은 [Silberschatz (1982)]에 나타나 있다.

수준-2 일관성은 [Gray et al. (1975)]에서 소개되었다. SQL에서 제공하는 일관성 또는 고립성 수준에 대해서는 [Berenson et al. (1995)]에 설명되어 있다. 스냅샷 고립 또한 [Berenson et al. (1995)]에서 설명하고 있다. 직렬 가능한 스냅샷 고립은 [Cahill et al. (2009)]에서 소개되었다. [Ports and Grittner (2012)]는 PostgreSQL에서 직렬 가능한 스냅샷 고립의 구현에 관해 설명한다.

B^+-트리에서 동시성은 [Bayer and Schkolnick (1977)] 및 [Johnson and Shasha (1993)]에서 연구되었다. 크래빙 및 B-link 트리 기법은 [Kung and Lehman (1980)]와 [Lehman and Yao (1981)]에서 소개되었다. ARIES에서 사용하며 B^+-트리에 접근할 때 매우 높은 동시성을 제공하는 키 값 잠금 기법은 [Mohan (1990)]와 [Mohan and Narang (1992)]에서 다룬다. [Faerber et al. (2017)]는 메인 메모리 데이터베이스에서 동시성 제어를 포함하여 메인 메모리 데이터베이스 전반에 대해 다룬다. ABA 문제와 래치 없는 자료 구조 및 ABA 문제에 대한 해결책에 대해서는 [Dechev at al. (2010)]에서 논의했다.

참고문헌

[Bayer and Schkolnick (1977)] R. Bayer and M. Schkolnick, “Concurrency of Opearting on B-trees”, *Acta Informatica*, Volume 9, Number 1 (1977), pages 1-21

[Berenson et al. (1995)] H. Berenson, P. Bernstein, J. Gray, J. Melton, E. O'Neil, and P. O'Neil, “A Critique of ANSI SQL Isolation Levels”, In *Proc. of the ACM SIGMOD Conf. on Management of Data* (1995), pages 1-10.

[Berstein and Newcomer (2009)] P. A. Bernstein and E. Newcomer, *Principles of Transaction Processing*, 2nd edition, Morgan Kaufumann (2009).

[Cahill et al. (2009)] M. J. Cahill, U. Röhm, and A. D. Fekete, “Serializable isolation for snapshot databases”, *ACM Transactions on Database Systems*, Volume 34, Number 4 (2009), pages 20:1-20:42.

[Dechev et al. (2010)] D. Dechev, P. Pirkelbauer, and B. Stroustrup, “Understanding and Effectively Preventing the ABA Problem in Descriptor-Based Lock-Free Designs”, In *IEEE Int'l Symp. on Object/Component/Service-Oriented Real-Time Distributed Computing, (ISORC)* (2010), pages 185-192.

[Eswaran et al. (1976)] K. P. Eswaran, J. N. Gray, R. A. Lorie, and I. L. Traiger, “The Notions of Consistency and Predicate Locks in a Database Systems”, *Commuications of the ACM*, Volume 19, Number 11 (1976), pages 624-633.

[Faerber et al. (2017)] F. Faerber, A. Kemper, P.-A. Larson, J. Levandoski, T. Neumann, and A. Pavlo, “Main Memory Database Systems”, *Foundations and Trends in Databases*, Volume 8,

Number 1-2 (2017), pages 1-130.

[Gray and Reuter (1993)] J. Gray and A. Reuter, *Transactions Processing: Concepts and Techniques*, Morgan Kaufumann (1993).

[Gray et al. (1975)] J. Gray, R. A. Lorie, and G. R. Putzolu, "Granularity of Locks and Degrees of Consistency in a Shared Data Base", In *Proc. of the International Conf. on Very Large Databases* (1975), pages 428-451.

[Johnson and Shasha (1993)] T. Johnson, and D. Shasha, "The Performance of Concurrent B-Tree Algorithms", *ACM Transactions on Database Systems*, Volume 18, Number 1 (1993), pages 51-101.

[Kung and Lehman (1980)] H. T. Kung, and P. L. Lehman, "Concurrent Manipulation of Binary Search Trees", *ACM Transactions on Database Systems*, Volume 5, Number 3 (1980), pages 339-353.

[Kung and Robinson (1981)] H. T. Kung, and J. T. Robinson, "Optimistic Concurrency Control", *ACM Transactions on Database Systems*, Volume 6, Number 2 (1981), pages 312-326.

[Lehman and Yao (1981)] P. L. Lehman, and S. B. Yao, "Efficient Locking for Concurrent Operations on B-trees", *ACM Transactions on Database Systems*, Volume 6, Number 4 (1981), pages 650-670.

[Mohan (1990)] C. Mohan, "ARIES/KVL: A Key-Value Locking Method for Concurrency Control of Multiaction Transactions Operations on B-Tree indexes", In *Proc. of the International Conf. on Very Large Databases* (1990), pages 392-405.

[Mohan and Narang (1992)] C. Mohan and I. Narang, "Efficient Locking and Caching of Data in the Multisystem Shared Disks Transaction Environment", In *Proc. of the International Conf. on Extending Database Technolog*y (1992), pages 453-468.

[Ports and Grittner (2012)] D. R. K. Ports, and K. Grittner, "Serializable Snapshot Isolation in PostgreSQL", *Proceedings of the VLDB Endowment*, Volume 5, Number 12 (2012), pages 1850-1861.

[Reed (1983)] D. Reed, "Implementing Atomic Actions on Decentralized Data", *Transactions on Computer Systems*, Volume 1, Number 1 (1983), pages 3-23.

[Silberschatz (1982)] A. Silberschatz, "A Multi-Version Concurrency Control Scheme With No Rollbacks", *In Proc. of the ACM Symposium on Principles of Distributed Computing* (1982), pages 216-223.

크레딧

장 도입부 보트 사진: © Pavel Nesvadba/Shutterstock

Chapter 19

복구 시스템

다른 장치와 마찬가지로 컴퓨터 시스템 역시 디스크 손상이나 정전, 소프트웨어 오류 등 여러 이유로 인해 장애가 발생하는 상황이 있을 수 있으며, 그 결과 정보를 잃어버릴 수도 있다. 그렇기 때문에 (17장에서 알아본 바와 같이) 데이터베이스 시스템은 트랜잭션의 원자성과 지속성을 유지하려는 조치를 미리 취해야 한다. 데이터베이스 시스템의 중요한 부분 중 하나인 **복구 기법**(recovery scheme)은 데이터베이스를 장애가 발생하기 이전의 일관성이 확인된 상태로 되돌리는 역할을 한다.

복구 기법은 데이터베이스가 고장으로 제대로 동작할 수 없는 시간을 최소화하여 **고가용성**(high availability)을 보장해야 한다. (하드웨어/소프트웨어 유지보수를 위한 예정된 종료도 포함해서) 장치에 장애가 있어도 고가용성을 보장하기 위해서 복구 기법은 데이터베이스 주 사본(primary copy)의 내용을 동기화한 백업 사본과 함께 관리해야 한다. 주 사본을 가진 장치에 장애가 발생할 경우, 백업 사본을 사용하여 트랜잭션 처리가 가능하다.

19.1 장애의 분류

시스템에서 발생할 수 있는 장애의 종류는 다양하며, 서로 다른 방식으로 처리해야 한다. 이 장에서는 다음과 같은 장애 유형만 다룬다.

- **트랜잭션 실패**: 트랜잭션의 실패를 유발하는 원인에는 두 가지가 있다.
  - **논리적 오류**: 잘못된 입력이나 데이터 부재, 오버플로(overflow), 자원의 한계 초과 등의 내부 상태로 인해 트랜잭션이 더는 정상적인 실행을 지속할 수 없는 상태를 의미한다.
  - **시스템 오류**: 시스템이 바람직하지 않은 상태(교착 상태 등)에 빠져 트랜잭션이 더는 정상적인 실행을 할 수 없는 상태를 의미한다. 그러나 트랜잭션은 이후에 재실행될 수 있다.

- **시스템 장애**: 하드웨어의 오작동이나 데이터베이스 소프트웨어 또는 운영체제의 버그로 인해 휘발성 저장 장치의 내용이 손실되고 트랜잭션 처리가 중단되는 상태를 의미한다. 비휘발성 저장 장치의 내용은 손상되지 않는다.

  이처럼 하드웨어 및 소프트웨어의 오류가 시스템을 정지 상태로 만들어도 비휘발성 저장 장치의 내용은 손상되지 않는다는 가정을 **실패 중지 가정**(fail-stop assumption)이라 한다. 잘 설계된 시스템은 오류가 발생했을 때 하드웨어와 소프트웨어 수준에서 수많은 내부 검사를 거친 다음 시스템을 정지 상태로 만든다. 그러므로 실패 중지 가정은 타당하다.

- **디스크 고장**: 데이터 전송 실패나 헤드의 손상이나 고장으로 인해 디스크 블록의 내용이 손실될 수 있다. 다른 디스크에 사본을 만들거나 테이프, DVD와 같은 3차 저장 매체에 백업을 저장함으로써 디스크가 고장이 났을 때 복구할 수 있다.

시스템이 장애를 어떻게 복구해야 할지 결정하기 위해서는 데이터를 저장하는 데 쓰인 장치의 고장 유형을 확인해야 한다. 그리고 이들 고장 유형이 데이터베이스의 내용에 어떤 영향을 미칠지 고려해야 한다. 그런 다음에야 고장이 발생해도 데이터베이스의 일관성과 트랜잭션의 원자성을 보장하는 알고리즘을 설계할 수 있다. 복구 알고리즘이라 불리는 이러한 알고리즘은 두 부분으로 이루어진다.

1. 장애 복구에 필요한 정보를 충분히 확보하기 위해 트랜잭션의 정상적인 처리 과정 중에 취하는 행동
2. 장애 이후에 데이터베이스의 일관성과 트랜잭션의 원자성 및 지속성을 유지하는 상태로 데이터베이스의 내용을 복구하기 위해 취하는 행동

19.2 저장 장치

13장에서 보았듯이 데이터베이스 내의 다양한 데이터 항목은 여러 가지 저장 매체에 저장된다. 17.3절에서 저장 매체는 속도, 용량 그리고 장애에 대한 복구력(혹은 저항력)을 기준으로 분류할 수 있음을 보았다. 구체적으로 저장 장치는 세 가지로 분류할 수 있다.

1. **휘발성 저장 장치**
2. **비휘발성 저장 장치**
3. **안정 저장 장치**

안정 저장 장치(정확히는 안정 저장 장치를 지향하여 구현된 장치)는 복구 알고리즘에서 중요한 구실을 한다.

19.2.1 안정 저장 장치의 구현

안정 저장 장치를 구현하기 위해서는 먼저 필요한 정보를 (주로 디스크와 같은) 여러 비휘발성 저장 매체에 복사해야 한다. 또한 데이터 전송의 실패로 인해 필요한 정보가 손상된 상태로 저장 장

치에 저장되지 않도록 통제된 방법으로 데이터를 갱신해야 한다.

12장에서 소개한 RAID 시스템은 (데이터 전송 중에도) 하나의 디스크에 고장이 발생해도 데이터를 손실하지 않는 것을 보장한다. 가장 단순하고 빠른 형태의 RAID는 미러 디스크(mirrored disk)인데, 이는 서로 다른 디스크에 각 블록의 사본을 저장하는 것을 의미한다. 다른 형태의 RAID는 비용이 적게 들지만, 성능은 떨어진다.

그러나 RAID 시스템은 화재나 홍수와 같은 재난으로 발생하는 데이터 손실은 보호해 줄 수 없다. 많은 시스템에서 이러한 재난에 대비하여 별도의 장소에 보관용 백업 테이프를 저장해 둔다. 그러나 테이프를 계속해서 별도의 장소로 옮길 수 없으므로, 가장 최근에 테이프로 옮긴 후 발생한 갱신 내용은 재난으로 손실될 수 있다. 더 안전한 시스템은 로컬 디스크에 블록을 저장함과 동시에 각 블록의 사본을 네트워크를 통해 원격 사이트에도 저장하는 방식을 사용한다. 이렇게 함으로써 일단 블록 저장을 완료하면, 화재나 홍수와 같은 재난이 발생해도 기록한 내용은 보존된다. 19.7절에서 이러한 **원격 백업**(remote backup) 시스템에 대해 논의한다.

이 절의 나머지 부분에서 데이터 전송 실패로부터 저장 매체를 어떻게 보호할 수 있는지를 논의하고자 한다. 메모리와 디스크 저장 장치 사이의 블록 전송으로 인해 발생하는 결과는 다음과 같다.

- **성공적인 완료**: 전송된 정보가 목적지에 안전하게 도착했다.
- **부분 실패**: 전송 중에 실패가 발생하여 목적지 블록이 정확하지 않은 정보를 갖게 된다.
- **완전 실패**: 전송 초기에 실패가 발생하여 목적지의 블록이 전혀 갱신되지 않았다.

데이터 전송 실패(data-transfer failure)가 발생하면, 시스템은 이를 탐지하고 복구 절차를 수행하여 블록을 일관성 있는 상태로 되돌려야 한다. 이를 위해 시스템은 각 논리적 데이터베이스 블록에 대해 두 개의 물리적 블록을 유지한다. 미러 디스크를 사용하면 두 물리적 블록이 같은 곳에 있게 되며, 원격 백업을 사용하면 두 블록 중 하나는 로컬 디스크에 있고 다른 하나는 원격 사이트에 있게 된다. 블록 쓰기 연산은 아래와 같이 실행한다.

1. 정보를 첫 번째 물리 블록에 기록한다.
2. 첫 번째 쓰기 연산이 성공적으로 끝나면 같은 정보를 두 번째 물리 블록에 기록한다.
3. 두 번째 쓰기 연산을 성공적으로 완료했을 때만 블록 쓰기 연산이 완료된다.

블록을 쓰는 도중 시스템 장애가 발생하면 두 블록의 내용이 일치하지 않는 상황이 발생할 수 있다. 따라서 복구 시에는 각 블록에 대해, 두 개의 블록 사본 모두를 검사해야 한다. 만약 두 블록 사본이 서로 같고 발견된 오류가 없으면, 더 필요한 조치는 없다[블록에 내용 중 일부만 쓴 것과 같은 디스크 오류는 각 블록에 체크섬(checksum)을 저장함으로써 탐지할 수 있다]. 만약 시스템이 두 블록 사본 중 하나에 오류가 있다는 것을 발견하면, 시스템은 그 내용을 다른 블록 사본의 내용으로 대체한다. 만일 두 블록 사본에 오류가 없는데도 서로 다른 내용을 가지고 있다면, 시스템은 둘 중 하나의 내용으로 다른 블록 사본의 값을 변경한다. 어떠한 방식으로 값을 복사해도 이러한 복구 절차는 안정 저장 장치로 쓰기 작업을 성공적으로 마치거나(즉 모든 블록 사본을 갱신), 그렇지 않으면 어떠한 변화도 발생하지 않도록 해 준다.

복구 과정에서 모든 블록의 쌍을 비교하는 것은 비용이 매우 많이 드는 일이다. 이 비용은 작은 용량의 비휘발성 RAM을 사용하여 현재 진행 중인 블록 쓰기 연산을 어느 블록에 했는지 기록함으로써 많이 감소시킬 수 있다. 이렇게 하면 복구 시에는 블록 쓰기 연산을 수행하고 있던 블록만 비교하면 된다.

원격 사이트에 블록을 쓰기 위한 규약은 12장과 특히 문제 12.6에서 살펴보았던 미러 디스크의 블록 쓰기 규약과 유사하다.

이러한 복구 절차를 안정 저장 장치의 각 블록에 대해 임의의 많은 수의 사본을 사용하도록 쉽게 확장할 수 있다. 사본의 개수가 증가할수록 두 개의 사본을 사용하는 것에 비해 장애가 발생할 확률이 감소하지만, 일반적으로는 두 개의 사본만으로도 충분하다.

19.2.2 데이터 접근

12장에서 본 바와 같이, 전체 데이터베이스는 보통 디스크와 같은 비휘발성 저장 장치에 저장되어 있으며, 데이터베이스의 일부분만 메모리에 상주한다. (인메모리 데이터베이스에서 전체 데이터베이스는 메모리에 상주하지만, 사본을 비휘발성 저장 장치에 남겨 둠으로써 메인 메모리의 내용이 손실되어도 복구할 수 있게 한다.) 데이터베이스는 **블록**(block)이라 불리는 고정된 길이를 가지는 저장 단위로 나눈다. 블록은 디스크의 데이터 전송 단위이며 여러 개의 데이터 항목을 저장하게 된다. 이 책에서 어떠한 데이터 항목도 두 개 이상의 블록에 걸쳐서 기록되어 있지는 않다고 가정한다.[1] 이 가정은 은행 또는 대학교 예제와 같이 대부분의 데이터 처리 응용 프로그램에서 타당하다.

트랜잭션은 디스크에서 메인 메모리로 데이터를 입력하며 다시 그 데이터를 디스크로 출력한다. 이러한 메모리 사이의 데이터 입출력 연산은 블록 단위로 이루어진다. 디스크상의 블록을 **물리적 블록**(physical block)이라 하고, 메인 메모리에 임시로 상주하는 블록을 **버퍼 블록**(buffer block)이라 한다. 블록이 임시로 상주하는 메모리 영역을 **디스크 버퍼**(disk buffer)라 부른다.

메인 메모리와 디스크 사이의 블록 이동은 아래 두 가지 연산으로 인해 발생한다.

1. input(B)는 물리적 블록 B를 메인 메모리로 전송한다.
2. output(B)는 버퍼 블록 B를 디스크로 전송하고 그곳에 있는 적당한 물리적 블록을 대체한다.

그림 19.1이 두 연산을 보여 준다.

개념적으로, 각 트랜잭션 T_i는 자신이 접근하고 갱신할 모든 데이터 항목의 사본을 저장할 개인 작업 영역을 가진다. 이 작업 영역은 트랜잭션이 처음 실행될 때 시스템이 생성한다. 또한 시스템은 트랜잭션이 커밋하거나 중단되면 이 작업 영역을 제거한다. 트랜잭션 T_i의 작업 영역 안에 있는 데이터 항목 X를 x_i라 하자. 트랜잭션 T_i는 자신의 작업 영역과 시스템 버퍼 사이에 데이터를 주고받음으로써 데이터베이스 시스템과 상호작용한다. 구체적으로 다음 두 가지 연산을 통해 데이터를 주고받는다.

---

1 역자 주: 실제로 두 개 이상의 블록에 걸쳐 저장되는 레코드가 존재하며, 이를 "연장 레코드(spanned record)"라 한다. 4.5.4절에서 살펴본 clob/blob과 같은 대형 데이터를 포함하는 레코드가 대표적인 연장 레코드에 해당한다.

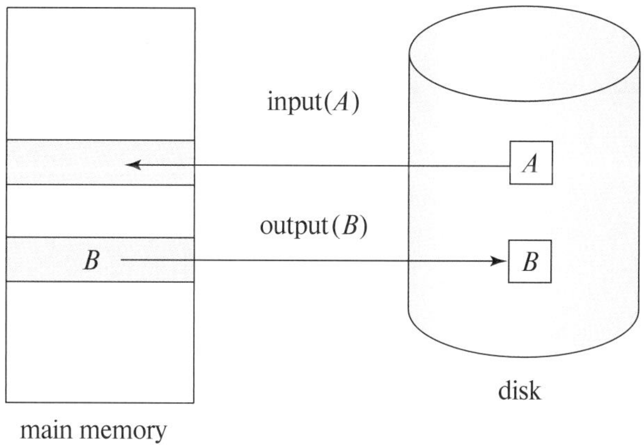

그림 19.1 블록 저장 연산

1. read(X)는 데이터 항목 X의 값을 지역변수 x_i에 할당한다. 이 연산은 아래와 같이 실행한다.
   a. X를 포함하고 있는 블록 B_X가 메인 메모리에 없다면 input(B_X)를 실행한다.
   b. 버퍼 블록으로부터 X의 값을 읽어 들여 x_i에 할당한다.
2. write(X)는 지역변수 x_i의 값을 버퍼 블록에 있는 데이터 항목 X에 할당한다. 이 연산은 다음과 같이 실행한다.
   a. X를 포함하고 있는 블록 B_X가 메인 메모리에 없다면 input(B_X)를 실행한다.
   b. 버퍼 B_X 내의 X에 x_i의 값을 할당한다.

두 연산 모두 디스크로부터 메인 메모리로 블록 전송이 필요하다. 그러나 따로 메인 메모리에서 디스크로 블록 전송을 요구하지는 않는다.

하지만 버퍼 관리자가 다른 목적을 위해 메인 메모리의 공간이 필요하거나, 데이터베이스 시스템이 갱신 내용을 디스크상의 블록 B에 반영하기를 원할 때 버퍼 블록을 결국 디스크에 쓴다. 데이터베이스 시스템이 버퍼 B에 output(B)를 실행하여 메모리의 갱신 내용을 디스크에 반영하는 것을 **강제 출력**(force-output)이라 한다.

트랜잭션이 데이터 항목 X에 처음으로 접근하고자 할 때 반드시 read(X)를 실행해야 한다. X를 메모리로 불러들인 후, 트랜잭션은 X에 대한 모든 갱신을 메인 메모리상의 x_i에 수행한다. 트랜잭션은 X의 변경 사항을 데이터베이스에 반영하기 위해 언제든지 write(X)를 실행할 수 있다. 특히 마지막 쓰기 작업이 끝난 후에는 반드시 write(X)를 수행해야 한다.

X가 위치한 버퍼 블록 B_X에 대한 연산 output(B_X)는 write(X)를 실행한 후 즉각적으로 실행할 필요는 없다. 왜냐하면 X가 있는 블록 B_X가 아직 처리되고 있는 다른 데이터 항목을 포함하고 있을 수도 있기 때문이다. 따라서 실질적으로 디스크에 반영하는 것은 나중에 하게 된다. 그러므로 만약 write(X)를 완료했지만, output(B_X)를 실행하기 전에 시스템 장애가 발생하면 X의 새로운 값은 디스크에 기록되지 않으며 갱신 내용을 잃게 된다. 앞으로 보겠지만, 데이터베이스 시스템은 커밋한 트랜잭션의 갱신 내용이 시스템 장애가 발생해도 없어지지 않도록 추가적인 행동을 한다.

19.3 복구와 원자성

초깃값이 각각 $1000과 $2000인 *A* 계좌와 *B* 계좌 사이에서 *A*에서 *B*로 $50을 이체하는 트랜잭션 T_i를 생각해 보자. 트랜잭션 T_i를 실행하는 도중 시스템 장애가 발생하여 output(B_A)은 실행되고 output(B_B)은 실행되지 않았다고 가정하자. (여기서 B_A와 B_B는 각각 *A*와 *B*가 있는 버퍼 블록을 의미한다.) 메모리의 내용이 손실되었기 때문에 트랜잭션이 어떻게 될지 알 수 없다.

시스템을 재시작한 후 *A*의 값은 $950이고 *B*의 값은 $2,000이었다고 가정해 보자. 이 상황은 명백히 트랜잭션 T_i가 원자성 제약 조건을 위반한 상태다. 불행히도, 데이터베이스의 상태를 조사해서 장애 이전에 어떤 블록에 갱신 내용을 반영했고 어떤 블록에는 그렇지 못했는지 알아낼 방법이 없다. 즉 현재 상태가 *A*가 $1000, *B*가 $1950인 초기 상태에서 트랜잭션을 정상적으로 완료하여 안정 저장 장치에 갱신 내용이 반영된 상태일 수 있으며, 트랜잭션이 안정 저장 장치에 아무런 영향을 주지 못하고 *A*, *B*의 초깃값이 각각 $950, $2000이었을 수도 있다. 아니면 갱신된 *B*만 안정 저장 장치에 출력되고 갱신된 *A*는 그렇지 못했거나 반대로 갱신된 *B*가 출력되지 못하고 갱신된 *A*만 출력되었을 수도 있다.

T_i가 수행한 데이터베이스 변경 내용은 모두 반영되든지 전혀 반영되지 않든지 둘 중 하나여야 한다. 그러나 T_i가 데이터베이스에 다수의 변경을 수행하였으면 여러 개의 출력 연산이 필요할 것이며, 장애가 발생하기 이전에 일부는 이미 데이터베이스에 반영되었고, 다른 일부는 오류로 인해 반영되지 못했을 수 있다.

원자성을 보장하기 위해서는 데이터베이스를 변경하기 전에 먼저 안정 저장 장치에 데이터베이스 변경과 관련된 정보를 기록해야 한다. 앞으로 보겠지만, 이 정보는 (장애 발생 후 복구 과정 동안에) 커밋한 트랜잭션이 수행한 모든 변경 사항이 데이터베이스에 반영되는 것을 보장해 준다. 또한 트랜잭션이 실패할 때를 대비해서 갱신을 수행한 데이터 항목의 이전 값도 저장해야 한다. 이 정보는 실패한 트랜잭션의 변경 사항을 데이터베이스에 반영하지 않도록 해 준다.

가장 널리 사용하는 방법은 로그 레코드를 사용하는 **로그 기반 복구**(log-based recovery) 방법이다. 다른 방법으로 그림자 사본을 생성하는 방법이 있지만, 문서 편집기에서만 사용하고 데이터베이스에선 사용하지 않는다. 이 방법은 노트 19.1에 요약되어 있다.

19.3.1 로그 레코드

데이터베이스의 변경 사항을 기록하기 위해 가장 널리 사용하는 자료 구조는 **로그**(log)다. 로그는 연속된 **로그 레코드**(log record)로 구성되며, 데이터베이스의 모든 갱신 작업을 기록한다.

로그 레코드에는 몇 가지 종류가 있다. **갱신 로그 레코드**(update log record)는 하나의 데이터베이스 쓰기 연산을 기술하며, 아래의 필드를 갖는다.

- **트랜잭션 식별자**(transaction identifier)는 쓰기(write) 연산을 수행한 트랜잭션의 고유 식별자다.
- **데이터 항목 식별자**(data-item identifier)는 트랜잭션이 쓰기 연산을 수행한 데이터 항목의 고유 식별자다. 일반적으로 데이터 항목의 디스크상의 위치를 사용하며, 해당 데이터 항목이 들어 있는 블록의 블록 식별자와 블록 내의 오프셋으로 구성된다.

노트 19.1 그림자 사본과 그림자 페이징

그림자 사본(shadow-copy) 기법에서 데이터베이스를 갱신하고자 하는 트랜잭션은 먼저 데이터베이스의 전체 사본을 생성한다. 모든 갱신 내용은 새롭게 생성한 데이터베이스 사본에 반영하고, (그림자 사본인) 기존의 데이터베이스는 수정하지 않는다. 트랜잭션을 취소해야 하는 상황이 오면, 시스템은 단지 새로 만든 사본을 삭제하면 된다. 이렇게 함으로써 기존 데이터베이스는 아무런 영향을 받지 않게 된다. 현재 데이터베이스 사본은 db-pointer라 불리는 포인터가 가리키며 이 포인터는 디스크에 저장한다.

트랜잭션이 부분적으로 커밋하면(즉 마지막 연산을 수행하면) 다음과 같이 커밋을 완료한다. 우선 새로운 데이터베이스의 모든 페이지를 디스크에 기록하도록 운영체제에 요청한다(Unix 시스템은 이를 위해 fsync 명령어를 사용한다). 운영체제가 모든 페이지를 디스크에 기록한 후, 데이터베이스 시스템은 db-pointer를 새로운 데이터베이스를 가리키도록 수정한다. 이제부터 새로운 사본은 데이터베이스의 현재 사본이 된다. 그 후 이전의 데이터베이스 사본은 삭제된다. 갱신된 db-pointer가 디스크에 기록되는 순간 트랜잭션이 커밋을 완료했다고 말한다.

이 방법을 구현하기 위해서는 사실 db-pointer를 기록하는 작업이 원자적이어야 한다. 즉 db-pointer의 모든 바이트를 디스크에 쓰거나 어떠한 바이트도 쓰지 않아야 한다. 디스크 시스템은 블록 또는 적어도 디스크 섹터 단위에서 갱신 작업이 원자적임을 보장한다. 따라서 디스크 시스템은 db-pointer를 원자적으로 갱신할 수 있다.

일반적으로 그림자 사본 기법은 텍스트 편집기에서 널리 사용한다(파일을 저장하는 것은 트랜잭션을 커밋하는 것과 동등하며, 파일을 저장하지 않고 편집기를 중단하는 것은 트랜잭션을 취소하는 것과 같다). 그림자 사본은 크기가 작은 데이터베이스에서 사용할 수 있으나, 크기가 큰 데이터베이스에서 전체 사본을 만드는 것은 매우 비용이 큰 작업이다. 그림자 사본의 변형인 **그림자 페이징**(shadow paging) 기법은 다음과 같은 방법을 사용해 전체 사본을 만드는 비용을 줄인다. 이 기법은 각 페이지를 가리키는 포인터가 저장된 페이지 테이블을 사용한다. 페이지 테이블과 갱신된 모든 페이지는 새로운 위치에 복사한다. 트랜잭션이 갱신하지 않은 페이지는 복사하지 않으며, 이러한 페이지에 대해 새로운 페이지 테이블은 기존 페이지 테이블에서 사용한 포인터를 그대로 사용한다. 트랜잭션이 커밋할 때 페이지 테이블을 가리키는 포인터가 새로운 페이지 테이블을 가리키도록 갱신한다. 이 포인터가 db-pointer의 역할을 한다.

불행히도 그림자 페이징 기법은 동시에 실행하는 트랜잭션을 잘 처리하지 못하기에 데이터베이스에서 널리 사용되지는 않는다.

- **이전 값**(old value)은 쓰기 연산을 실행하기 전 데이터 항목의 값이다.
- **새로운 값**(new value)은 쓰기 연산을 실행한 이후 데이터 항목이 가질 값이다.

갱신 로그 레코드는 $<T_i, X_j, V_1, V_2>$로 나타낸다. 이는 다음을 의미한다. 트랜잭션 T_i가 데이터 항목 X_j에 쓰기 연산을 수행하였으며, X_j는 쓰기 연산을 실행하기 이전에는 V_1의 값을 가지고 있다가 쓰기 연산을 실행한 후에는 V_2의 값을 가지게 된다. 이 외에도 트랜잭션의 시작이나 커밋, 또는 중단과 같이 트랜잭션 처리 중에 발생하는 중요한 사건을 기록하기 위해 별도의 특별한 로그 레코드가 존재한다. 그러한 로그 레코드에는 다음과 같은 종류가 있다.

- <T_i start>. 트랜잭션 T_i가 시작되었다.
- <T_i commit>. 트랜잭션 T_i가 커밋했다.
- <T_i abort>. 트랜잭션 T_i가 중단되었다.

이 외에 다른 로그 레코드는 나중에 소개할 것이다.

트랜잭션이 쓰기 연산을 수행할 때마다 데이터베이스를 변경하기 전에 쓰기 연산을 위한 로그 레코드를 생성하고 로그에 추가해야 한다. 일단 로그 레코드가 존재하면 언제든 데이터베이스에 변경 사항을 반영할 수 있다. 또한 데이터베이스에 이미 반영된 변경 사항을 로그 레코드에 기록된 이전 값을 이용하여 실행 **취소**(undo)할 수도 있다.

시스템 장애나 디스크 고장을 복구할 때 로그 레코드를 활용하기 위해서는 로그는 반드시 안정 저장 장치에 있어야 한다. 이제부터 모든 로그 레코드는 생성되자마자 안정 저장 장치에 있는 로그의 마지막에 추가된다고 가정하자. 19.5절에서 로그 레코드를 바로 기록하는 것에 따른 부담을 감소시키기 위해 어느 때에 이러한 제약 조건을 완화할 수 있는지 설명할 것이다. 로그는 데이터베이스에 수행한 모든 행동에 대한 기록을 갖고 있다는 것을 주목하자. 결과적으로 로그의 크기가 매우 커질 수 있다. 19.3.6절에서 언제 로그 정보를 삭제하는 것이 안전한지에 대해 살펴볼 것이다.

19.3.2 데이터베이스 변경

앞서 보았듯이 트랜잭션은 데이터베이스를 수정하기 전에 로그 레코드를 생성한다. 로그 레코드는 트랜잭션을 취소할 때 트랜잭션이 수행한 변경 사항을 시스템이 되돌릴 수 있도록 해 준다. 또한 트랜잭션이 커밋하고 나서 변경 사항을 디스크에 반영하기 전에 시스템에 장애가 발생하더라도 트랜잭션의 변경 사항을 데이터베이스에 다시 반영할 수 있게 해 준다. 복구 과정에서 로그 레코드의 역할을 이해하기 위해서는 트랜잭션이 데이터 항목을 수정하는 다음의 과정을 알아야 한다.

1. 트랜잭션은 메인 메모리의 개인 작업 영역에서 여러 연산을 수행한다.
2. 트랜잭션은 데이터 항목이 존재하는 메인 메모리상의 디스크 버퍼에서 데이터 블록을 수정한다.
3. 데이터베이스 시스템이 데이터 블록을 디스크에 기록하기 위해 output 연산을 실행한다.

트랜잭션이 데이터베이스를 수정한다는 것은 트랜잭션이 디스크 버퍼 또는 디스크 자체를 갱신하는 것을 말한다. 즉 트랜잭션이 단순히 메인 메모리상의 개인 영역에서 데이터 항목을 수정한 것은 데이터베이스를 수정했다고 말하지 않는다. 트랜잭션이 커밋할 때까지 데이터베이스를 수정하지 않는다면 **지연 갱신**(deferred-modification) 기법을 사용한다고 말한다. 트랜잭션이 수행하는 도중 데이터베이스 수정을 하면 **즉시 갱신**(immediate-modification) 기법을 사용한다고 말한다. 지연 갱신 기법은 모든 갱신한 데이터 항목에 대한 로컬(local) 사본을 유지해야 하는 부담이 있다. 또한 트랜잭션이 자신이 갱신한 데이터 항목을 읽으려면 반드시 로컬 사본을 읽어야 한다.

이 장에서 설명하는 복구 알고리즘은 즉시 갱신 기법을 지원한다. (이 알고리즘은 지연 갱신 기법을 사용해도 올바르게 작동한다. 하지만 지연 갱신 기법을 사용할 경우 부담을 줄이기 위한 최적화가 가능하며, 이에 대해서는 연습문제로 남겨 둔다.)

복구 알고리즘은 다음과 같은 다양한 요인을 고려해야 한다.

- 데이터베이스에 관한 갱신 내용 중 일부가 메인 메모리상의 디스크 버퍼에만 존재하고 디스크에 쓰지 않았음에도 트랜잭션이 커밋한 경우
- 트랜잭션이 수행 중인 상태에서 데이터베이스를 수정했지만, 다음에 실패로 인해 취소가 필요한 경우

모든 데이터베이스 변경은 반드시 로그 레코드를 생성한 후 진행해야 하므로 시스템은 데이터 항목이 수정되기 이전의 값과 수정된 후의 새로운 값을 알 수 있다. 이 덕분에 시스템은 *undo*와 *redo* 연산을 적절히 실행할 수 있다.

- **Undo**는 로그 레코드를 사용해 로그 레코드에 명시된 데이터 항목을 이전 값으로 변경하는 연산이다.
- **Redo**는 로그 레코드를 사용해 로그 레코드에 명시된 데이터 항목을 새로운 값으로 변경하는 연산이다

19.3.3 동시성 제어와 복구

만일 동시성 제어 기법이 트랜잭션 T_1이 변경한 데이터 항목 X를 T_1이 커밋하기 전에 다른 트랜잭션 T_2가 변경하는 것을 허용한다고 하자. 만일 T_1을 실행을 취소하기 위해 X를 이전 값으로 복구하면, T_2의 변경 사항이 사라지게 된다. 이와 같은 상황을 방지하기 위해 복구 알고리즘은 한 트랜잭션이 수정한 데이터 항목은 그 트랜잭션이 커밋하거나 취소되기 전까지는 다른 트랜잭션이 수정할 수 없도록 해야 한다.

이 요구 조건을 지키기 위해서는 트랜잭션이 수정하는 모든 데이터 항목에 대해 독점적 잠금을 획득하고, 커밋하기 전까지 잠금을 해제하지 않아야 한다. 다시 말해 엄격한 2단계 잠금 규약을 사용해야 한다. 스냅샷 고립과 검증 기반 동시성 제어 기법 역시 검증 과정에서 트랜잭션이 데이터 항목을 수정하기 전에 독점적 잠금을 획득하고 커밋할 때까지 잠금을 해제하지 않는다. 따라서 위 요구 조건은 동시성 제어 규약을 사용해서도 지킬 수 있다.

위의 요구 조건을 특정한 상황에서 어떻게 완화할 수 있는지는 19.8절에서 논의한다.

동시성 제어 기법으로 스냅샷 고립 또는 검증 기법을 사용하면 트랜잭션의 데이터베이스 갱신은, (개념상) 트랜잭션이 "부분 커밋"하기 전까지 지연된다. 이러한 동시성 제어 기법을 사용하면 자연스럽게 지연 갱신 기법을 사용하는 것이라 할 수 있다. 그러나 어떤 스냅샷 고립 기법은 즉시 갱신 기법을 사용하며 요청 시 논리적 스냅샷을 제공하는 형태로 구현되기도 한다. 가령 어떤 트랜잭션이 동시에 수행 중인 다른 트랜잭션이 갱신한 데이터 항목을 읽고자 할 때, (이미 갱신된) 데이터 항목의 사본을 만들고 갱신한 내용을 이전 내용으로 되돌린다. 이와 비슷하게 2단계 잠금을 사

용하면 자연스럽게 즉시 갱신 기법을 사용할 수 있으며, 지연 갱신 기법 역시 2단계 잠금 기법과 함께 사용할 수 있다.

19.3.4 트랜잭션 커밋

트랜잭션의 마지막 로그 레코드인 커밋 로그 레코드가 안정 저장 장치에 기록되면 트랜잭션이 **커밋**했다고 한다. 이 시점에서 커밋 레코드의 이전의 모든 레코드는 이미 안정 저장 장치에 기록되어 있다고 할 수 있다. 따라서 시스템 장애가 발생해도 트랜잭션의 갱신 내용을 다시 되돌릴 수 있는 충분한 정보를 갖게 된다. 만일 로그 레코드 <T_i commit>이 안정 저장 장치에 기록되기 전에 시스템 장애가 발생했다면, 트랜잭션 T_i는 롤백(rollback)해야 한다. 따라서 commit 로그 레코드를 포함하는 블록을 출력하는 것은 트랜잭션을 커밋했음을 결정하는 하나의 원자적인 작업이다.[2]

이 장에서 소개하는 기법을 포함해 대부분의 로그 기반 복구 기법은 트랜잭션이 수정한 데이터 항목을 포함하는 블록을 트랜잭션이 커밋할 때 바로 안정 저장 장치에 출력하지 않고 대신 나중에 출력해도 된다. 이 사안에 대해서는 19.5.2절에서 더 논의한다.

19.3.5 로그를 이용한 트랜잭션 redo와 undo

이제부터 시스템 장애를 복구하거나 트랜잭션을 롤백할 때 로그를 어떻게 사용하는지에 대한 전반적인 내용을 다루고자 한다. 장애 복구와 트랜잭션 롤백의 자세한 절차에 대해서는 19.4절에서 다룬다.

설명을 위해 단순화한 은행 시스템을 생각해 보자. T_0가 A 계좌에서 B 계좌로 \$50을 송금하는 트랜잭션이라고 하자.

```
T0: read(A);
    A := A − 50;
    write(A);
    read(B);
    B := B + 50;
    write(B).
```

T_1을 C 계좌에서 \$100을 찾는 트랜잭션이라 하자.

```
T1: read(C);
    C := C − 100;
    write(C).
```

두 트랜잭션과 관련된 정보를 담고 있는 로그 일부가 그림 19.2에 나타나 있다.

그림 19.3은 T_0와 T_1의 가능한 실행 순서 중 하나의 결과로 데이터베이스 시스템과 로그에 행해지는 기록 연산의 결과를 보여 준다.[3]

---

2 블록을 출력하는 작업은 19.2.1절에서 설명한 데이터 전송 실패를 다루는 기법을 이용해 원자적으로 수행할 수 있다.

3 이 순서는 지연 갱신 기법으로는 얻을 수 없음을 주목하자. 이는 트랜잭션 T_0이 커밋하기 전에 데이터베이스 수정을 했기 때문이며, T_1도 마찬가지이기 때문이다.

<T_0 start>
<T_0, A, 1000, 950>
<T_0, B, 2000, 2050>
<T_0 commit>
<T_1 start>
<T_1, C, 700, 600>
<T_1 commit>

그림 19.2 T_0와 T_1에 해당하는 시스템 로그의 일부분

Log	Database
<T_0 start>	
<T_0, A, 1000, 950>	
<T_0, B, 2000, 2050>	
	A = 950
	B = 2050
<T_0 commit>	
<T_1 start>	
<T_1, C, 700, 600>	
	C = 600
<T_1 commit>	

그림 19.3 T_0와 T_1로 인한 로그와 데이터베이스 상태

로그를 사용하면 시스템은 비휘발성 저장 장치 내의 정보 손실을 가져오는 어떠한 장애도 복구할 수 있다. 복구 기법은 두 개의 절차를 사용한다. 이 두 가지 절차를 통해 시스템은 로그로부터 트랜잭션 T_i가 갱신한 데이터 항목이 무엇인지, 그 데이터 항목의 이전 값과 새로운 값이 무엇인지 알아낼 수 있다.

- redo(T_i). 트랜잭션 T_i가 갱신한 데이터 항목의 값을 새로운 값으로 설정한다. redo 연산을 통해 복구할 때는 갱신 작업 처리 순서가 중요하다. 만일 복구 시 특정 데이터 항목에 대한 갱신 순서가 본래 순서와 다르게 이루어진다면 그 데이터 항목의 최종 값이 잘못된 값일 수 있다. 19.4절에서 설명할 알고리즘을 포함해 대부분의 복구 알고리즘은 redo 작업을 트랜잭션별로 수행하지 않는다. 대신 로그를 순차적으로 스캔하며 각 로그 레코드에 대해 redo 작업을 한다. 이 방법을 통해 갱신 순서를 보존할 수 있다. 또한 트랜잭션마다 로그를 읽지 않고 전체적으로 로그를 한 번만 읽으면 되기 때문에 더 효율적이다.
- undo(T_i). 트랜잭션 T_i이 갱신한 모든 데이터 항목을 이전 값으로 되돌린다. 19.4절에 설명할 복구 기법에서
  - undo 연산은 데이터 항목을 이전 값으로 복구할 뿐만 아니라 복구 과정에서 수행하는 갱신 작업에 대한 로그 레코드도 작성한다. undo 과정에서 갱신된 데이터 항목에 대해서는 이전 값을 가지고 있을 필요가 없으므로 이러한 레코드를 **redo 전용**(redo-only) 로그 레코드라 한

다. 실제로는 redo 전용 로그 레코드에 저장된 "이전 값"은 undo 연산이 되돌리려는 값이며, "새로운 값"은 undo 연산으로 인해 복구된 값을 의미한다.

redo 절차와 마찬가지로 undo 연산도 수행 순서가 중요하다. 이는 19.4절에서 자세히 다룬다.

- 트랜잭션 T_i에 대한 undo 연산을 완료하면, undo 작업이 완료되었음을 나타내는 <T_i abort> 로그 레코드를 기록한다.

  19.4절에서 보겠지만, undo(T_i) 절차는 한 트랜잭션에 대해 단 한 번만 수행한다. 정확히는 트랜잭션이 정상 수행 중에 롤백하거나 시스템 장애를 복구했는데, commit 또는 abort 레코드는 없는 상황에서만 수행한다. undo 연산의 수행 결과로 모든 트랜잭션은 commit 또는 abort 로그 레코드를 갖게 된다.

시스템 장애가 발생한 이후 시스템은 원자성을 보장하기 위해 로그를 통해 어떤 트랜잭션을 재실행하고 어떤 트랜잭션을 실행 취소할지 결정한다.

- 로그에 <T_i start> 레코드가 있지만 <T_i commit> 또는 <T_i abort> 레코드가 없는 경우, 트랜잭션 T_i의 실행을 취소해야 한다.
- 로그에 <T_i start> 레코드가 있으며 <T_i commit> 또는 <T_i abort> 레코드가 있는 경우, 트랜잭션 T_i를 재실행해야 한다. <T_i abort>가 있는데도 redo 연산을 하는 것이 이상하게 보일 수 있다. 이렇게 하는 이유는 다음과 같다. 만일 <T_i abort>가 로그에 있다면 undo 연산이 기록한 redo 전용 로그 레코드가 존재한다. 따라서 redo 연산의 최종 결과로 T_i의 갱신 내용을 모두 되돌리게 된다. 이러한 약간의 중복 작업은 복구 알고리즘을 간단하게 해 주며 전체적인 복구 시간을 단축한다.

예를 들어, 트랜잭션 T_0 다음에 T_1의 순서로 실행하는 은행 시스템을 다시 생각해 보자. 트랜잭션이 커밋하기 전에 시스템에 장애가 발생했다고 가정하자. 세 가지 경우를 생각해 볼 수 있다. 그림 19.4에서 각각의 경우에 대한 로그의 상태를 보여 준다.

첫 번째 경우로 트랜잭션 T_0의 아래 작업에 대한 로그 레코드가 안정 저장 장치에 쓰인 직후에 장애가 발생했다고 가정하자(그림 19.4a).

$$\text{write}(B)$$

시스템이 복구될 때, 시스템은 로그상에서 <T_0 start> 레코드를 찾게 되지만, 이에 대응하는 <T_0 commit> 또는 <T_0 abort> 레코드가 없다는 것을 알게 된다. 따라서 트랜잭션 T_0의 실행을 반드시 취소해야 하므로 undo(T_0)를 수행한다. 그 결과 (디스크상의) A와 B 계좌의 잔액은 \$1000 및 \$2000으로 복구된다.

두 번째 경우로 트랜잭션 T_1의 아래 작업에 대한 로그 레코드가 안정 저장 장치에 쓰인 직후에 장애가 발생했다고 가정하자(그림 19.4b).

$$\text{write}(C)$$

(a)	(b)	(c)
<T_0 start>	<T_0 start>	<T_0 start>
<T_0, A, 1000, 950>	<T_0, A, 1000, 950>	<T_0, A, 1000, 950>
<T_0, B, 2000, 2050>	<T_0, B, 2000, 2050>	<T_0, B, 2000, 2050>
	<T_0 commit>	<T_0 commit>
	<T_1 start>	<T_1 start>
	<T_1, C, 700, 600>	<T_1, C, 700, 600>
		<T_1 commit>

그림 19.4 세 가지 다른 시점의 같은 로그

시스템이 복구될 때 두 가지 복구 작업을 해야 한다. <T_1 start> 레코드는 로그상에 있지만 <T_1 commit> 또는 <T_1 abort> 레코드가 없으므로 undo(T_1) 연산을 반드시 실행해야 한다. 또한 <T_0 start> 레코드와 그에 대응하는 <T_0 commit> 레코드가 있으므로 redo(T_0) 연산을 실행해야 한다. 모든 복구 절차가 끝나면 A, B, C 계좌의 잔액은 각각 \$950, \$2050, \$700이 된다.

세 번째 경우로 아래의 로그 레코드가 안정 저장 장치에 쓰인 직후 장애가 발생하였다고 가정하자(그림 19.4c).

<T_1 commit>

시스템이 복구될 때, 이때는 트랜잭션 T_0와 T_1 모두 재실행해야 한다. 왜냐하면 로그상에 <T_0 start>와 <T_0 commit>뿐만 아니라, <T_1 start>와 <T_1 commit>도 있기 때문이다. 복구 절차 redo(T_0)와 redo(T_1)를 실행한 이후, A, B, C 계좌의 잔액은 각각 \$950, \$2050, \$600이 된다.

19.3.6 검사점

시스템에 장애가 발생하면 로그를 참조하여 재실행해야 할 트랜잭션과 실행을 취소해야 할 트랜잭션을 결정해야 한다. 이를 위해 원칙적으로는 로그 전체를 탐색해야 하지만, 로그 전체를 탐색하게 되면 다음과 같은 두 가지 큰 문제가 발생한다.

1. 검색에 너무 많은 시간이 소비된다.
2. 복구 알고리즘에 따르면 재실행해야 하는 트랜잭션 중 대부분은 데이터베이스에 이미 갱신 내용을 반영했을 가능성이 크다. 비록 이러한 트랜잭션을 재실행하는 것이 문제를 일으키는 것은 아니지만 복구하는 시간이 늘어나게 된다.

이러한 유형의 부하를 줄이기 위해 사용하는 방법으로 **검사점**(checkpoint)[4] 기법이 있다.

이 기법은 간단히 설명하면 (a) "검사점 연산을 수행하는 동안에는 모든 갱신 작업을 금지"하며, (b) "모든 수정된 버퍼 블록을 디스크에 출력"하는 과정으로 구성된다. 나중에 이 두 가지 요구 사항을 완화하여 좀 더 융통성 있게 검사점을 생성하고 복구를 진행하는 방법에 대해 알아본다.

4 역자 주: 영어 발음 그대로 "체크포인트"라고 번역하는 경우도 많다.

검사점 생성은 세부적으로 다음과 같이 이루어진다.

1. 현재 메인 메모리상에 존재하는 모든 로그 레코드를 안정 저장 장치에 출력한다.
2. 변경된 모든 버퍼 블록을 디스크에 출력한다.
3. 로그 레코드 <checkpoint L>을 안정 저장 장치에 출력한다. 여기에서 L은 검사점을 생성하는 시점에 동작 중이던 트랜잭션의 목록이다.

검사점을 생성하는 동안 트랜잭션이 버퍼 블록이나 로그 레코드를 기록하는 등의 어떠한 갱신 작업도 허용하지 않는다. 19.5.2절에서 이 요구 조건을 어떻게 강제할 수 있는지 설명한다.

로그에 <checkpoint L> 레코드를 둠으로써 시스템은 복구 절차를 효율적으로 처리할 수 있다. 예를 들어, 검사점을 생성하기 이전에 커밋한 트랜잭션 T_i를 고려해 보자. 이 트랜잭션은 로그상에 <T_i commit>(또는 <T_1 abort>) 레코드가 <checkpoint L> 레코드 이전에 나타난다. T_i가 수행한 모든 변경 사항이 검사점을 생성하기 전이나 검사점 생성 중에 수정된 블록을 출력하는 과정에서 데이터베이스에 기록되어 있어야 한다. 따라서 복구 시에는 T_i에 대한 redo 연산을 수행할 필요가 없다.

시스템 장애가 발생한 후에 시스템은 로그에서 마지막 <checkpoint L> 레코드를 찾는다(이 작업은 로그의 마지막부터 역방향으로 탐색하기 시작하여 첫 <checkpoint L> 레코드를 발견할 때까지 하면 된다).

redo와 undo 연산은 L에 해당하는 트랜잭션과 <checkpoint L> 레코드 이후에 시작한 트랜잭션에 대해서만 수행하면 된다. 이러한 트랜잭션의 집합을 T라고 하자.

- T에 포함된 모든 트랜잭션 T_k에 대해 로그에 <T_k commit> 또는 <T_k abort> 레코드가 없다면 undo(T_k) 연산을 실행한다.
- T에 포함된 모든 트랜잭션 T_k에 대해 로그에 <T_k commit> 또는 <T_k abort> 레코드가 있다면 redo(T_k) 연산을 실행한다.

트랜잭션 집합 T를 찾고 T에 포함된 각 트랜잭션에 대해 commit 또는 abort 레코드가 있는지 검사하기 위해서는 마지막 검사점 이후에 나타나는 로그만 검사하면 된다는 점을 주목하라.

예를 들어, 트랜잭션 집합 $\{T_0, T_1, \ldots, T_{100}\}$이 있다고 하자. 가장 최근의 검사점이 트랜잭션 T_{67}과 T_{69}의 실행 중에 생성되었고, T_{68}과 첨자가 67 미만인 모든 트랜잭션은 모두 검사점 이전에 커밋하였다고 가정하자. 따라서 트랜잭션 $T_{67}, T_{69}, \ldots, T_{100}$만이 복구 과정에서 고려 대상이 된다. 이 트랜잭션이 완료하였다면(즉 커밋하였거나 취소된 경우) 재실행할 필요가 있고, 완료하지 않았다면 실행을 취소해야 한다.

검사점 로그 레코드에 있는 트랜잭션 집합 L을 생각해 보자. L에 포함된 T_i가 커밋하지 않았다면 T_i의 실행을 취소하기 위해 검사점 생성 이전에 기록된 T_i의 로그 레코드가 필요하다. 그러나 L에 포함된 T_i에 대해, 로그 레코드를 역순으로 탐색했을 때 가장 나중에 나타난 <T_i start> 로그 레코드보다 이전에 나타나는 로그 레코드는 검사점 생성을 완료하면 더는 필요하지 않다. 데이터베이스 시스템이 로그 레코드가 차지하는 공간을 회수할 때 이러한 로그 레코드를 삭제할 수 있다.

검사점 실행 중에 트랜잭션이 어떠한 버퍼 블록이나 로그도 갱신할 수 없다는 요구 조건으로 인해 검사점을 생성하는 동안 트랜잭션 처리를 중단해야 하므로 문제가 될 수 있다. **퍼지 검사점**(fuzzy checkpoint) 기법은 버퍼 블록을 쓰고 있는 중에도 트랜잭션이 갱신을 수행할 수 있게 하는 검사점 방법이다. 19.5.4절은 퍼지 검사점 기법에 관해 설명하고 있다. 19.9절에서 퍼지 성질(버퍼 블록을 기록하고 있는 중에도 트랜잭션이 갱신을 수행할 수 있음)을 가질 뿐 아니라, 검사점 실행 시 수정된 모든 버퍼 블록을 디스크에 쓰지 않아도 되는 검사점 기법을 소개한다.

19.4 복구 알고리즘

지금까지 복구에 관한 논의를 할 때 재실행하거나 실행을 취소해야 하는 트랜잭션을 구분했다. 그러나 알고리즘이 이러한 작업을 어떻게 수행하는지는 설명하지 않았다. 이제부터 트랜잭션 실패를 복구하기 위해 로그 레코드를 사용하고, 시스템 장애가 발생했을 때 복구하기 위해 가장 최근의 검사점과 로그 레코드를 사용하는 **복구 알고리즘**(recovery algorithm) 전반에 관해 설명하기로 한다.

이번 절에서 소개하는 복구 알고리즘은, 커밋하지 않은 트랜잭션이 갱신한 데이터 항목은 해당 트랜잭션이 커밋하거나 취소되기 전까지는 다른 트랜잭션이 수정할 수 없다고 가정한다. 이 제약 사항은 이미 19.3.3절에서 논의했다.

19.4.1 트랜잭션 롤백

먼저 정상적인 상황(시스템 장애 발생 후 복구 과정이 아닌)에서 트랜잭션 롤백 과정을 살펴보자. 트랜잭션 T_i의 롤백은 다음과 같이 수행된다.

1. 로그를 역방향으로 스캔한다. T_i의 로그 레코드 $<T_i, X_j, V_1, V_2>$에 대해
   a. 데이터 항목 X_j에 값 V_1을 기록한다.
   b. redo 전용 로그 레코드 $<T_i, X_j, V_1>$을 로그에 기록한다. 여기서 V_1은 롤백 시에 데이터 항목 X_j에 복구된 값이다. 이러한 로그 레코드를 **보상 로그 레코드**(compensation log record)라고 부르기도 한다. 이 레코드에는 undo 연산을 위한 정보가 없다. undo 연산을 실행할 필요가 없기 때문이다. 이런 로그 레코드를 사용하는 방법은 나중에 설명하기로 한다.

2. $<T_i$ start>를 찾으면 역방향 탐색을 중단한다. 그리고 $<T_i$ abort> 로그 레코드를 로그에 기록한다.

트랜잭션이 수행한 갱신 작업뿐만 아니라 트랜잭션을 대신하여 데이터 항목의 값을 이전 값으로 되돌리는 모든 갱신 작업이 로그에 기록된다는 점을 주목하라. 19.4.2절에서 왜 이것이 좋은 아이디어인지 알게 될 것이다.

19.4.2 시스템 장애 후의 복구

장애 이후에 데이터베이스 시스템을 재시작할 때 다음의 두 가지 단계를 거쳐 복구가 이루어진다.

1. **redo 단계**(redo phase)에서 시스템은 마지막 검사점부터 순방향으로 로그를 탐색하며 모든 트랜잭션의 갱신 작업을 재실행한다. 재실행하는 로그 레코드 중에는 시스템 장애 이전에 롤백한 트랜잭션의 로그 레코드와, 커밋하지 않은 미완료 트랜잭션의 로그 레코드를 포함한다.

   또한 이 단계에서 장애가 발생한 시점에 완료하지 못하여 롤백해야 하는 트랜잭션을 모두 찾아야 한다. 이와 같은 미완료 트랜잭션은 검사점 연산 시에 동작 상태여서 검사점 레코드의 트랜잭션 목록에 있거나, 검사점 이후에 시작한 트랜잭션일 수 있다. 이러한 미완료 트랜잭션은 <T_i abort>나 <T_i commit> 로그 레코드를 갖지 않는다.

   구체적인 로그 스캔 과정은 다음과 같다.

   a. 롤백해야 할 트랜잭션의 목록을 나타내는 undo-list를 처음에 <checkpoint L>의 L로 초기화한다.
   b. <T_i, X_j, V_1, V_2> 형태의 일반적인 로그 레코드나 <T_i, X_j, V_2> 형태의 redo 전용 로그 레코드를 만나면 해당 연산을 재수행한다. 즉 데이터 항목 X_j에 값 V_2를 기록한다.
   c. <T_i start> 로그 레코드를 만나면 T_i를 undo-list에 추가한다.
   d. <T_i abort>나 <T_i commit> 로그 레코드를 만나면 T_i를 undo-list에서 제거한다.

   redo 단계가 끝나면 undo-list는 미완료 트랜잭션, 즉 장애 이전에 커밋하지 못했거나 롤백을 완료하지 못한 트랜잭션을 포함하게 된다.

2. **undo 단계**(undo phase)에서 시스템은 undo-list에 있는 모든 트랜잭션을 롤백한다. 이때 로그의 마지막부터 역방향으로 탐색을 하여 롤백을 수행한다.

   a. undo-list에 속한 트랜잭션의 로그 레코드를 찾으면 실패한 트랜잭션의 롤백과 같은 방식으로 undo 동작을 수행한다.
   b. undo-list에 속한 트랜잭션 T_i의 <T_i start> 로그 레코드를 발견하면, <T_i abort>를 로그에 기록하고 undo-list에서 T_i를 제거한다.
   c. undo-list가 비어 있는 상태가 되면 undo 단계를 종료한다. 이는 초기의 undo-list에 속한 모든 트랜잭션에 대해 <T_i start>를 발견하였다는 의미다.

      undo 단계가 끝나면 일상적인 트랜잭션 처리를 다시 시작할 수 있다.

redo 단계에서 가장 마지막 검사점 레코드 이후에 발생한 모든 로그 레코드는 재실행한다는 것에 주목하자. 다시 말해 이 단계에서 검사점 생성 이후에 수행되었으며 로그 레코드가 이미 안정 저장 장치에 기록된 모든 갱신 작업을 재실행한다. 이러한 재실행 작업의 대상은 미완료 트랜잭션의 작업과 실패한 트랜잭션을 롤백하기 위해 수행한 작업을 포함한다. 이 재실행 작업은 원래 수행했어야 할 순서와 같은 순서로 수행한다. 따라서 이러한 과정을 **재현**(repeating history)이라 부른다. 실패한 트랜잭션에 대해서도 재현을 하는 것이 낭비로 보일 수 있으나, 이는 복구 기법을 단순하게 만들어 준다.

그림 19.5는 정상적인 작업과 복구 작업의 로그 예제를 보여 준다. 그림에 보이는 로그에서 시스템 장애 이전에 트랜잭션 T_1은 커밋하였으며, 트랜잭션 T_0는 완전히 롤백했다. T_0가 롤백하는 중에 데이터 항목 B의 값이 어떻게 복구되었는지 주목하자. 또한 검사점 레코드를 생성하는 시점에 동

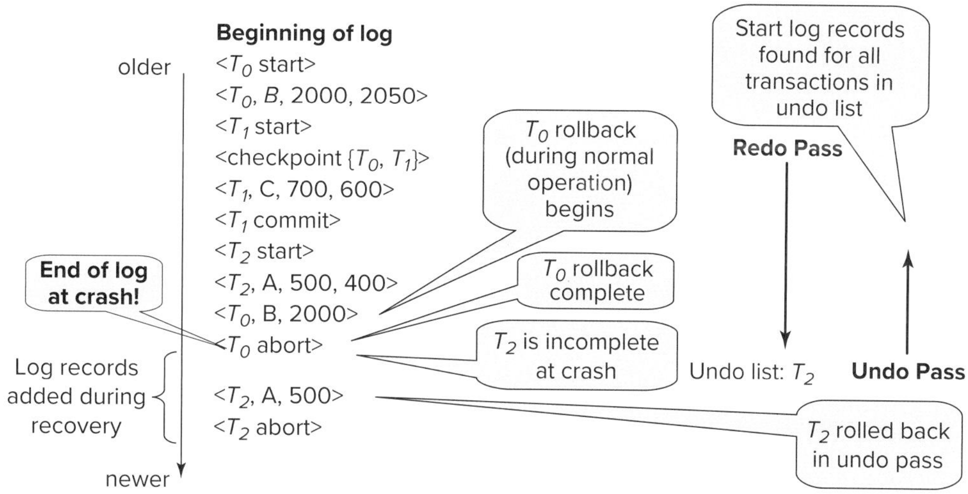

그림 19.5 로그에 기록된 작업과 복구할 때의 작업 예제

작 중인 트랜잭션으로 T_0와 T_1이 있는 것을 볼 수 있다.

시스템 장애를 복구할 때, redo 단계에서 시스템은 마지막 검사점 이후의 모든 작업을 재실행한다. 이 단계에서 undo-list는 처음에 T_0와 T_1으로 초기화한다. T_1의 commit 로그를 발견하게 되면 undo-list에서 가장 먼저 제거되며, T_2는 start 로그를 발견하는 시점에 undo-list에 추가된다. 트랜잭션 T_0는 abort 로그를 만나면 undo-list에서 제거되고 T_2만 undo-list에 남게 된다. undo 단계는 로그를 마지막부터 역방향으로 스캔한다. A를 갱신하는 T_2의 로그를 발견하면 A를 이전 값으로 복구하고 redo 전용 로그 레코드를 로그에 기록한다. T_2의 start 레코드를 발견하면 T_2의 abort 레코드를 추가한다. undo-list에 트랜잭션이 더 없으므로 undo 단계가 끝나며 복구를 마친다.

19.4.3 커밋 처리 최적화

트랜잭션을 커밋하면 로그 레코드를 디스크에 쓰는 것을 강제한다. 만일 개별 트랜잭션에 대해 이렇게 매번 로그를 디스크에 쓰게 되면 상당한 부담을 유발하게 된다. 트랜잭션 커밋 처리율을 높이는 방안으로 **그룹 커밋**(group-commit) 기법이 있다. 이 기법은 트랜잭션이 완료하자마자 로그를 디스크에 쓰도록 강제하지 않고, 시스템이 몇몇 트랜잭션이 완료하기를 기다리거나 한 트랜잭션이 실행을 마친 후 일정 기간 대기하도록 한다. 결과적으로 시스템은 한 그룹의 트랜잭션에 대해 같이 커밋을 하도록 한다. 그룹 크기와 대기 시간을 적절히 설정함으로써 트랜잭션을 과도하게 기다리지 않게 하면서도 최대한 블록이 가득 찼을 때 로그를 안정 저장 장치에 쓰도록 할 수 있다. 일반적으로 이 기법은 커밋한 트랜잭션당 디스크에 로그를 쓰는 횟수를 줄일 수 있다.

하드 디스크에 로그를 기록한다면, 하나의 블록을 쓰는 것은 대략 5~10밀리초 정도 걸리게 된다. 결과적으로 그룹 커밋을 하지 않는다면 초당 기껏해야 100~200개의 트랜잭션이 커밋할 수 있다는 의미다. 한 디스크 블록에 10개의 트랜잭션의 레코드를 포함할 수 있다면, 그룹 커밋 기법을 사용할 때는 초당 1,000~2,000개의 트랜잭션이 커밋할 수 있게 된다.

플래시 저장 장치에 로그를 기록한다면, 하나의 블록을 쓰는 것은 100마이크로초 정도가 걸리게 되며, 그룹 커밋 없이 초당 10,000개의 트랜잭션이 커밋할 수 있게 된다. 하나의 블록에 10개의 트랜잭션의 레코드를 포함할 수 있다면, 초당 100,000개 정도의 트랜잭션이 커밋할 수 있다는 의미다. 이 외에도 플래시 저장 장치에서 그룹 커밋을 사용했을 때 얻을 수 있는 이점으로는 같은 페이지를 기록하는 횟수를 줄일 수 있다는 것이다. 이는 결과적으로 비용이 많이 드는 삭제 연산의 횟수를 줄이게 된다. [플래시 저장 장치는 논리적 페이지를 이미 지워진 다른 물리 페이지에 할당함으로써 갱신할 때 발생하는 지연을 없애지만, 삭제할 때는 해당 페이지의 이전 버전을 포함하는 페이지를 같이 삭제하는 가비지 수집(garbage collection)을 수행해야 하므로 비용이 크다.]

그룹 커밋이 로그로 인한 부담을 줄여 주지만, 반대급부로 갱신을 수행하는 트랜잭션이 커밋할 때 지연이 발생하게 된다. 커밋 처리율이 낮다면 그룹 커밋으로 인해 발생하는 지연 대비 이득이 크지 않지만, 커밋 처리율이 높다면 전반적으로 지연 시간이 감소하게 된다.

데이터베이스 단에서 이루어지는 최적화뿐만 아니라 프로그래머도 트랜잭션 커밋 성능을 향상할 수 있다. 예를 들어, 데이터베이스에 데이터를 불러들이는 응용 프로그램을 생각해 보자. 만일 응용 프로그램이 개별 트랜잭션을 사용하여 데이터를 삽입하면 초당 수행할 수 있는 삽입 연산의 횟수는 초당 기록할 수 있는 블록의 개수로 제한된다. 만일 응용 프로그램이 삽입 연산을 시작하기 위해 다른 삽입 연산이 끝나기를 기다리고 있다면, 그룹 커밋을 사용해도 아무런 이득이 없으며 심지어는 지연 시간으로 인해 시스템을 느리게 만들 수 있다. 그러나 그룹 커밋을 사용하는 상황에서 하나의 트랜잭션을 통해 배치 단위로 삽입 연산을 수행한다면 성능을 크게 향상할 수 있다. 왜냐하면 다수의 삽입 연산에 대응하는 로그 레코드가 하나의 페이지에 같이 기록되기 때문이다. 따라서 초당 수행할 수 있는 삽입 연산의 횟수도 같이 증가하게 된다.

19.5 버퍼 관리

이번 절에서 데이터 일관성을 보장하고 데이터베이스와 상호작용으로 인한 부하를 최소화하는 장애 복구 기법 구현에 대한 몇 가지 사항에 대해 살펴보기로 한다.

19.5.1 로그 레코드 버퍼링

지금까지 모든 로그 레코드는 생성될 때마다 안정 저장 장치에 출력한다고 가정했다. 그러나 이러한 가정은 다음의 몇 가지 이유로 인해 시스템 수행에 막대한 부하를 가져온다. 일반적으로 안정 저장 장치의 출력 단위는 블록이다. 대부분은 로그 레코드의 크기는 한 블록의 크기보다 훨씬 작다. 따라서 개별 로그 레코드를 기록하는 것은 물리적으로 훨씬 큰 크기의 블록을 쓰는 것과 같다고 할 수 있다. 더욱이 19.2.1절에서 보았듯이 안정 저장 장치에 블록을 출력하는 것은 물리적 수준에서 다수의 기록 연산을 포함할 수 있다.

블록을 안정 저장 장치에 출력하는 비용은 매우 크기 때문에 당연히 여러 개의 로그 레코드를 모아서 한 번에 출력하는 것이 바람직하다. 그러기 위해서는 로그 레코드를 안정 저장 장치에 출력하기 전까지 메인 메모리 내에 로그 버퍼(log buffer)에 임시로 저장한다. 로그 버퍼에는 여러 개의 로그 레코드가 모일 수 있으며, 하나의 출력 연산으로 로그 버퍼에 있는 모든 로그 레코드를 안정 저장 장치에 출력하게 된다. 이때 안정 저장 장치에 출력하는 로그 레코드의 순서는 로그 버퍼에 기록된 순서와 반드시 같아야 한다.

이러한 로그 버퍼링(log buffering)으로 인해 로그 레코드는 안정 저장 장치에 출력되기 전까지 상당한 기간 (휘발성 저장 장치인) 메인 메모리에 있을 수 있다. 이때 시스템에 장애가 발생하면 로그 버퍼 내의 로그 레코드를 잃어버릴 수 있으므로 트랜잭션의 원자성을 보장하기 위해 복구 알고리즘에 다음의 요구 사항을 추가해야 한다.

- <T_i commit> 로그 레코드가 안정 저장 장치에 출력된 후에야 트랜잭션 T_i는 커밋 상태가 된다.
- <T_i commit> 로그 레코드가 안정 저장 장치로 출력되기 전에 T_i와 관련된 모든 로그 레코드는 안정 저장 장치에 출력되어야 한다.
- 메인 메모리 내의 갱신 내용을 포함하는 데이터 블록을 (비휘발성 저장 장치에 있는) 데이터베이스에 출력하기 전에, 데이터 블록에 포함된 데이터 항목과 관련된 모든 로그 레코드를 안정 저장 장치에 출력해야 한다.

  이 규칙을 **WAL(write-ahead logging, 쓰기 전 로깅)**이라 한다. (엄격히 말해 WAL 규칙은 로그 중에서 undo 정보만 안정 저장 장치에 출력하도록 요구하고 있으므로, redo 정보는 나중에 출력해도 된다. 이러한 차이점은 undo 정보와 redo 정보를 별도의 로그 레코드에 저장하는 시스템만 해당한다.)

앞의 세 가지 규칙은 특정 로그 레코드가 반드시 안정 저장 장치에 출력된 상황을 이야기하고 있다. 로그 레코드를 미리 출력한다고 문제가 있는 것은 아니다. 시스템이 로그 레코드를 안정 저장 장치에 출력할 필요가 있다고 판단했을 때, 메인 메모리의 한 블록을 채울 만큼의 충분한 로그 레코드가 있다면 그 블록 전체를 출력한다. 만일 한 블록을 채우기에 로그 레코드가 부족하면, 메인 메모리 내의 모든 로그 레코드를 모아서 안정 저장 장치에 출력한다.

로그 버퍼를 디스크에 출력하는 것을 **로그 강제**(log force)라고 한다.

19.5.2 데이터베이스 버퍼링

19.2.2절에서 2단계 저장 장치 계층 구조의 사용에 대해 언급했다. 시스템은 데이터베이스를 비휘발성 저장 장치(디스크)에 저장하고, 필요할 때 메인 메모리로 데이터 블록을 가져온다. 그러나 메인 메모리의 크기는 일반적으로 전체 데이터베이스 크기보다 아주 작으므로 B_2 블록을 불러들일 때 메인 메모리에 있는 B_1 블록에 덮어써야 할 필요가 있을 수 있다. 이때 만일 B_1의 내용이 변경되었다면, B_2를 입력하기 전에 B_1을 반드시 디스크에 출력해야 한다. 이러한 저장 구조는 13.5.1절에서 논의한 표준 운영체제의 **가상 메모리** 개념과 유사하다.

트랜잭션이 커밋 시에 수정한 모든 블록을 강제로 출력하게 할 수도 있다. 이와 같은 전략을 **force** 정책이라고 한다. **no-force** 정책은 트랜잭션이 수정한 블록을 모두 디스크에 출력하지 않아도 트랜잭션이 커밋하는 것을 허용한다. 이 장에서 설명하는 모든 복구 알고리즘은 no-force 정책을 사용해도 올바로 작동한다. no-force 정책은 트랜잭션이 더 빠르게 커밋할 수 있도록 해 준다. 또한 한 블록을 데이터베이스에 출력하기 전에 그 블록에 여러 개의 갱신 내용이 축적되는 것을 허용한다. 이는 빈번히 갱신되는 블록을 데이터베이스에 출력하는 횟수를 매우 많이 감소시킨다. 이에 따라 대부분 시스템에서 표준으로 채택하는 기법은 no-force 정책이다.

또한 트랜잭션이 동작 상태일 때는 트랜잭션이 수정한 블록을 디스크에 출력하지 않도록 해야 할 수도 있다. 이와 같은 정책을 **no-steal** 정책이라고 한다. 반면 **steal** 정책은 트랜잭션이 커밋하지 않아도 수정한 블록을 디스크에 출력하는 것을 허용한다. WAL 규칙을 따른다면, 이 장에서 설명하는 모든 복구 알고리즘은 steal 정책을 사용할 수 있다. no-steal 정책은 많은 수의 갱신 작업을 하는 트랜잭션에는 적합하지 않다. 왜냐하면 버퍼가 디스크에 출력할 수 없는 갱신된 블록으로 가득 차서 트랜잭션이 더는 진행할 수 없는 상황이 발생할 수 있기 때문이다. 따라서 대부분 시스템에서 표준으로 채택하는 기법은 steal 정책이다.

WAL 규칙의 필요성을 설명하기 위해, 트랜잭션 T_0 및 T_1으로 구성된 은행의 예를 보자. 로그의 상태는 아래와 같다.

$$<T_0 \text{ start}>$$
$$<T_0, A, 1000, 950>$$

트랜잭션 T_0가 read(B) 연산 명령을 내렸다고 가정해 보자. 이때 B가 있는 블록은 메인 메모리에 없으며 메인 메모리가 포화 상태라고 가정해 보자. 그리고 시스템이 A를 포함하는 블록을 디스크에 출력하기로 했다고 하자. 만일 그 블록을 디스크에 출력한 후 장애가 발생했다면, 데이터베이스 상의 A, B, C 계좌의 잔액은 각각 \$950, \$2000, \$700이 된다. 즉 데이터베이스는 일관성을 잃게 되는 것이다. 그러나 WAL 조건 때문에 A를 포함하는 블록을 데이터베이스에 출력하기 전에 다음 로그 레코드

$$<T_0, A, 1000, 950>$$

를 반드시 안정 저장 장치에 출력해야 한다. 결과적으로 시스템은 이 로그 레코드를 사용해서 데이터베이스를 일관성 있는 상태로 복구할 수 있다.

블록 B_1을 디스크에 출력할 때는 B_1에 있는 데이터와 관련된 모든 로그 레코드를 B_1을 출력하기 전에 안정 저장 장치에 출력해야 한다. 블록을 디스크에 출력하는 동안에는 어떠한 갱신 작업도 블록 B_1에 대해 수행할 수 없다. 왜냐하면 이는 WAL 규칙을 위배할 수 있기 때문이다. 이러한 상황은 다음의 특수한 잠금을 사용해 막을 수 있다.

- 트랜잭션이 데이터 항목에 쓰기 작업을 하기 전에 데이터 항목이 있는 블록에 대해 독점적 잠금을 획득한다. 이 잠금은 갱신을 완료한 후에 해제한다.
- 블록을 디스크에 출력할 때는 다음과 같은 순서를 따른다.
    - 블록에 대한 독점적 잠금을 획득해 어떠한 트랜잭션도 해당 블록에 쓰기 작업을 할 수 없도록 막는다.

- B_1에 포함된 데이터와 관련된 모든 로그 레코드를 안정 저장 장치에 출력한다.
- B_1 블록을 디스크에 출력한다.
- 출력이 완료되면 잠금을 해제한다.

버퍼 블록에 대한 잠금은 트랜잭션의 동시성 제어를 위한 잠금과는 관련이 없으며, 2단계 방식을 따르지 않아도 트랜잭션의 직렬 가능성에 아무런 영향을 주지 않는다. 이처럼 짧은 시간 동안만 유지하는 잠금을 **래치**(latches)라고 부르기도 한다.

버퍼 블록에 잠금을 사용하는 것은 검사점을 생성하는 동안 버퍼 블록에 갱신과 로그 레코드가 생성되는 것을 막는다. 이 제약 조건은 검사점 생성을 시작하기 전에 모든 버퍼 블록과 로그에 독점적 잠금을 획득함으로써 강제할 수 있다. 이러한 잠금은 검사점 생성을 완료하면 즉시 해제한다.

데이터베이스 시스템은 보통 버퍼 블록을 주기적으로 살펴보며 수정된 버퍼 블록을 디스크에 출력하는 별도의 프로세스를 갖는다. 이 프로세스가 블록을 디스크에 출력할 때도 위의 잠금 규약을 사용해야 한다. 주기적으로 수정된 블록을 디스크에 출력하기 때문에 버퍼에 있는 **더티 블록**(dirty block)의 개수는 줄어든다. 더티 블록이란 메모리에서 수정되었지만 아직 디스크에 출력하지 않은 블록을 말한다. 결과적으로 검사점을 생성할 때 디스크에 출력해야 하는 블록의 개수도 줄어든다. 또한 메모리에 자리를 만들기 위해 블록을 버퍼에서 제거해야 할 때 더티 블록이 아닌 블록이 존재할 가능성이 커진다. 따라서 더티 블록을 디스크에 출력하는 것을 기다리지 않고 바로 다른 버퍼를 입력할 수 있게 된다.

19.5.3 버퍼 관리에서 운영체제의 역할

아래 두 방법의 하나를 이용해 데이터베이스 버퍼를 관리할 수 있다.

1. 운영체제를 대신해서 데이터베이스 시스템이 메인 메모리 일부를 버퍼로 사용하고 관리한다. 데이터베이스 시스템은 19.5.2절의 요구 조건에 따라 데이터 블록 전송을 관리한다.

   이러한 방법은 메인 메모리 사용에서 융통성을 제한하는 단점을 가진다. 즉 다른 응용 프로그램도 필요한 만큼 충분히 메인 메모리를 사용할 수 있도록 버퍼를 작게 유지해야 한다. 따라서 다른 응용 프로그램이 실행하지 않을 때도 데이터베이스는 운영체제 전체적으로 사용 가능한 메모리를 자신의 버퍼로 사용하지 못한다. 반대로 데이터베이스 버퍼 내의 몇몇 페이지를 사용하지 않는다고 하더라도, 비데이터베이스 응용 프로그램 역시 데이터베이스 버퍼를 위해 예약된 메인 메모리를 사용할 수 없다.
2. 데이터베이스 시스템은 운영체제가 지원하는 가상 메모리 내에 버퍼를 구현한다. 운영체제는 시스템의 모든 프로세스의 메모리 요구량을 알고 있으므로, 어떤 블록을 언제 디스크로 강제 출력해야 할지를 결정할 수 있다. 그러나 19.5.1절의 WAL 규칙을 보장하기 위해서는 운영체제가 직접 데이터베이스 버퍼 페이지를 쓰는 대신 데이터베이스 시스템이 버퍼 블록을 강제 출력하도록 요청해야 한다. 운영체제로부터 요청을 받으면 데이터베이스 시스템은 적절한 로그 레코드를 먼저 안정 저장 장치에 출력한 다음, 해당 버퍼 블록을 데이터베이스에 강제 출력한다.

   불행하게도 대부분의 현대 운영체제는 가상 메모리에 대해 완전한 제어권을 자신만이 가지고 있다. 운영체제는 현재 메인 메모리에 없는 가상 메모리 페이지를 저장하기 위한 공간을 디스크에 예약해 둔다. 이러한 공간을 **교환 공간**(swap space)이라 부른다. 만약 운영체제에서 블록 B_x를 디스크에 출력하기로 하면 블록은 디스크상의 교환 공간에 출력될 것이다. 이때 데이터베이스 시스템이 버퍼 블록의 출력을 제어할 방법은 없다.

그러므로 데이터베이스 버퍼가 가상 메모리에 있다면 데이터베이스 파일과 가상 메모리 내 버퍼 간의 전송은 데이터베이스가 수행해야 하며, 이는 WAL 요구 조건을 따르는 방식으로 이루어져야 한다.

이러한 방법은 디스크에 추가적인 출력을 유발한다. 만약 블록 B_x를 운영체제가 출력하면, 운영체제는 그 블록을 데이터베이스에 출력하는 것이 아니라 가상 메모리상의 교환 공간에 출력하는 것이다. 데이터베이스 시스템이 B_x를 출력하기로 할 때, 운영체제는 먼저 B_x를 교환 공간에서 메인 메모리로 입력해야 한다, 따라서 한 번의 B_x 출력 대신 두 번의 B_x 출력(한 번은 운영체제, 또 하나는 데이터베이스)과 한 번의 B_x 입력이 필요하게 된다.

두 가지 방법 모두 단점이 있지만, 데이터베이스의 로깅에 대한 요구 조건을 지원하도록 운영체제를 설계하지 않는 한 두 방법 중 하나를 선택해야 한다.

19.5.4 퍼지 검사점 기법

19.3.6절에서 논의한 검사점 기법은 검사점을 생성하는 동안 데이터베이스에 대한 모든 갱신 작업을 일시적으로 중단시켜야 한다. 만약 버퍼 내 페이지 수가 많다면 검사점을 생성하기까지 오랜 시간이 걸릴 수 있으며, 이는 트랜잭션 실행을 상당 기간 중단하게 할 것이다.

이러한 중단을 막기 위해, 일단 checkpoint 레코드를 출력한 후 수정된 버퍼 블록을 디스크에 출력하기 전에 갱신 작업을 시작하도록 할 수 있다. 이를 **퍼지 검사점**(fuzzy checkpoint) 기법이라 한다.

checkpoint 레코드가 출력된 후에만 페이지를 디스크에 출력할 수 있으므로, 모든 페이지를 출력하기 전에 시스템에 장애가 발생할 수도 있다. 따라서 디스크상의 검사점은 불완전할 수 있다. 이러한 불완전한 검사점은 다음과 같이 해결할 수 있다. 가장 마지막에 완성된 checkpoint 레코드는 last-checkpoint라는 디스크상의 고정된 위치에 저장한다. 시스템은 이 정보를 새로운 checkpoint 레코드를 출력할 때 바로 갱신하지 않는다. 대신 checkpoint 레코드를 출력하기 전에 변경된 모든 버퍼 블록을 포함하는 목록을 만든다. 오직 이 목록상의 모든 버퍼 블록이 디스크에 출력된 후에만 last-checkpoint를 갱신한다.

퍼지 검사점을 사용해도 한 버퍼 블록을 출력하는 동안에는 해당 버퍼 블록을 갱신해서는 안 된다. 대신 그 외의 블록은 동시에 갱신할 수 있다. 또한 WAL 규약을 따라야 한다. 즉 한 블록을 출력하기 전에 그 블록과 관련된 (undo) 로그 레코드를 먼저 안정 저장 장치에 출력해야 한다.

19.6 비휘발성 저장 장치에 손실이 발생하는 장애

지금까지는 장애가 발생했을 때 비휘발성 저장 장치의 내용은 그대로 있고, 휘발성 저장 장치의 내용이 손실되는 경우만 고려했다. 비휘발성 저장 장치의 정보가 손실되는 장애는 극히 드물게 발생하지만, 이러한 종류의 장애도 대비해야 한다. 이번 절에선 디스크 저장 장치만 고려한다. 여기서 논의한 내용은 다른 비휘발성 저장 장치에도 적용할 수 있다.

가장 기본적인 기법은 주기적으로 데이터베이스의 모든 내용을 예를 들어, 하루에 한 번 안정 저장 장치로 **덤프**(dump)하는 것이다. 예를 들어, 데이터베이스를 하나 이상의 자기 테이프에 덤프할 수 있다. 장애가 발생하여 물리적 데이터베이스 블록이 손실되면, 시스템은 가장 최근에 덤프된 내용을 사용하여 데이터베이스를 이전의 일관성 있는 상태로 복구한다. 이러한 복구 과정을 완료하면, 다음으로 시스템은 로그를 사용하여 데이터베이스 시스템을 가장 최신의 일관성 있는 상태로 만든다.

데이터베이스 덤프는 검사점과 비슷한 방식을 사용한다. 덤프 작업 중에 어떤 트랜잭션도 작동하지 않을 것을 요구하며, 다음의 단계로 진행된다.

1. 현재 메인 메모리에 존재하는 모든 로그 레코드를 안정 저장 장치에 출력한다.
2. 모든 버퍼 블록을 디스크에 출력한다.
3. 데이터베이스 내용을 안정 저장 장치에 복사한다.
4. 로그 레코드 <dump>를 안정 저장 장치에 출력한다.

1, 2, 4단계는 19.3.6절의 검사점에서 사용한 세 가지 단계에 해당한다.

비휘발성 서장 장치의 정보 손실을 복구하기 위해서 시스템은 가상 최근의 덤프를 이용하여 데이터베이스를 디스크에 다시 저장한다. 그리고 로그를 참조하여 마지막 덤프 이후에 커밋한 모든 트랜잭션을 재실행한다. 이때 undo 연산은 실행할 필요가 없다.

한 개 또는 몇 개의 블록만 손실된 비휘발성 저장 장치의 부분 손실은 해당 블록만 복구하면 되며, 해당 블록에 대해서만 redo 연산을 수행하면 된다.

데이터베이스 내용의 덤프를 **기록 보관용 덤프**(archival dump)라고 부르기도 한다. 왜냐하면 덤프를 보존해 두었다가 나중에 데이터베이스의 이전 상태를 확인할 수 있기 때문이다. 이런 점에서 데이터베이스의 덤프와 버퍼의 검사점은 비슷하다 할 수 있다.

대부분의 데이터베이스 시스템은 **SQL 덤프**(SQL dump)를 지원한다. 이는 SQL DDL(Data Definition Language) 문과 SQL 삽입 명령문을 파일에 기록하는 것으로, 이 SQL 덤프를 재실행하여 데이터베이스를 다시 생성할 수 있다. SQL 덤프는 데이터를 다른 데이터베이스 인스턴스나 다른 버전의 데이터베이스로 옮길 때도 유용하다. 왜냐하면 다른 데이터베이스 인스턴스나 다른 버전의 데이터베이스는 물리적 위치와 배치가 다를 수 있기 때문이다.

이 절에서 살펴본 단순한 덤프 절차는 다음 두 가지 이유로 비용이 매우 크다. 첫 번째로 전체 데이터베이스를 안정 저장 장치에 복사해야 하므로 상당량의 데이터 전송이 필요하다. 두 번째로 덤프 절차를 실행하는 중에 트랜잭션 처리가 중단되기 때문에 CPU 사이클이 낭비된다. **퍼지 덤프**(fuzzy dump) 기법은 덤프 중에도 트랜잭션을 실행할 수 있도록 한다. 이 기법은 퍼지 검사점 기법과 유사하다. 더 상세한 내용은 참고문헌을 참조하기 바란다.

19.7 원격 백업 시스템을 통한 고가용성

전통적인 트랜잭션 처리 시스템은 중앙집중 시스템이거나 클라이언트-서버 시스템이다. 하지만 이러한 시스템은 화재나 홍수, 지진 등의 자연재해에 취약하다. 오늘날의 응용 프로그램은 시스템의 장애나 자연재해가 발생해도 동작할 수 있는 **고가용성**(high availability) 트랜잭션 처리 시스템을 요구하고 있다. 이는 시스템을 사용할 수 없는 시간이 매우 짧아야 한다는 것을 의미한다.

주 사이트(primary site)라 불리는 한 장소에서 트랜잭션 처리를 수행하고, 주 사이트의 모든 데이터를 복사해 놓은 **원격 백업**(remote backup) 사이트를 사용함으로써 고가용성을 보장할 수 있다. 원격 백업 사이트는 때로 **보조 사이트**(secondary site)라 불리기도 한다. 원격 사이드는 주 사이드가 갱신될 때 함께 동기화해야 한다. 동기화는 주 사이트로부터 원격 백업 사이트로 모든 로그 레코드를 보내는 것이다. 원격 백업 사이트는 반드시 주 사이트로부터 물리적으로 독립된 곳—예를 들면, 서로 다른 지역—에 둠으로써 주 사이트에 발생한 화재, 홍수, 지진과 같은 재해가 원격 백업 사이트에는 영향을 주지 않도록 해야 한다.[5] 그림 19.6은 원격 백업 시스템의 구조를 보여 준다.

주 사이트에 장애가 발생하면 원격 백업 사이트가 작업을 인계받는다. 작업을 인계받기 전에 원격 백업 사이트는 주 사이트로부터 받은 데이터의 사본(최신 데이터가 아닐 가능성이 크다)과 로그 레코드를 사용하여 복구를 수행한다. 사실상 원격 백업 사이트는 나중에 주 사이트가 복구를 시작할 때 수행할 작업을 미리 하는 것이다. 표준 복구 알고리즘을 약간 수정하여 원격 백업 사이트의 복구를 위해 사용할 수 있다. 복구가 완료되는 즉시 원격 백업 사이트는 트랜잭션 처리를 시작한다.

원격 백업 시스템은 단일 사이트 시스템과 비교했을 때, 주 사이트의 모든 데이터를 손실했을 때도 복구할 수 있어서 가용성이 월등히 증가한다.

하지만 원격 백업 시스템을 설계하는 데 해결해야 할 몇 가지 사안이 있다.

- **장애의 탐지**. 원격 백업 시스템은 언제 주 사이트에서 장애가 발생했는지 탐지하는 것이 중요하다. 통신 회선의 고장은 원격 백업 사이트에서 주 사이트에 장애가 발생한 것으로 잘못 판단하게 할 수 있다. 이러한 문제를 방지하기 위해, 주 사이트와 원격 백업 사이트 사이를 연결하는 독립적인 통신 회선을 여러 개 유지해야 한다. 예를 들면, 전화선을 이용한 모뎀 연결과 같은 여러 독립적인 네트워크 연결을 사용할 수 있다. 이러한 연결은 전화 시스템으로 통신할 수 있는 기술

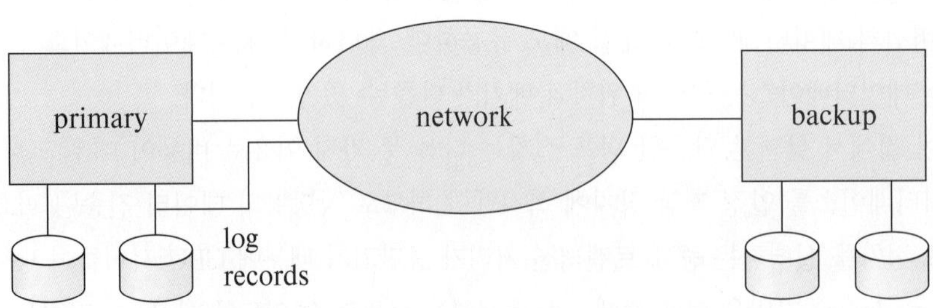

그림 19.6 원격 백업 시스템의 구조

5 지진은 광범위한 지역에 영향을 줄 수 있으므로 백업은 서로 다른 지진대에 있어야 한다.

자의 수동 중재로 지원할 수도 있다.

- **제어권 이관**. 주 사이트에 장애가 발생하면, 백업 사이트가 트랜잭션 처리를 인계받고 새로운 주 사이트가 된다. 이렇게 제어권을 넘기기 위한 결정은 수동으로 할 수도 있고, 데이터베이스 시스템 업체가 제공하는 소프트웨어를 사용하여 자동화할 수도 있다.

  제어권이 넘어가면 새로 들어온 질의는 새로운 주 사이트로 보내야 한다. 이를 자동으로 하기 위해서 많은 시스템에서 이전 주 사이트의 IP 주소를 새로운 주 사이트의 IP 주소로 할당하는 방법을 사용한다. 이렇게 하면 이전에 존재하던 데이터베이스 연결은 끊어지겠지만, 응용 프로그램이 새로운 연결을 시도하려 하면 새로운 주 사이트에 연결하게 될 것이다. 일부 시스템은 이러한 방법 대신 **고가용성 프록시**(high availability proxy) 서버를 사용하기도 한다. 즉 응용 프로그램 클라이언트는 데이터베이스와 직접 연결하는 것이 아니라 프록시 서버를 통해 연결되는 것이다. 프록시 서버는 응용 프로그램에서 보내는 요청을 현재 주 사이트로 중개하는 역할을 한다. (프록시 역할을 하는 서버는 두 개 이상일 수도 있다. 이때 하나의 프록시 서버에서 장애가 발생하는 상황을 대비해서, 현재 작동 중인 다른 프록시 서버가 클라이언트의 요청을 중개할 수 있다.)

  이전의 주 사이트가 복구되면, 원래 주 사이트의 작업을 다시 승계받거나 원격 백업의 구실을 할 수 있다. 어떠한 경우든 이전의 주 사이트는 장애가 발생하는 동안 백업 사이트에서 발생한 갱신 내용에 대한 로그를 받아야 한다. 그러고 나서야 이전의 주 사이트는 원격 백업 사이트로서 구실을 할 수 있다. 이전의 주 사이트는 로그에 기록된 갱신 내용을 반영하여 현재 주 사이트와 동기화해야 한다. 만일 제어권을 넘겨야 한다면, (이전에 백업 사이트였던) 새로운 주 사이트는 장애가 발생한 것처럼 행동하는 방법을 통해 이전의 주 사이트에 제어권을 넘길 수 있다.

- **복구 시간**. 원격 백업의 로그의 크기가 커지면 복구 시에 많은 시간이 소요된다. 이를 해결하기 위해 원격 백업 사이트는 주기적으로 주 사이트로부터 받은 redo 로그 레코드를 실행하고, 검사점을 생성하여 로그의 이전 부분을 삭제할 수 있다. 이렇게 함으로써 원격 백업 사이트가 주 사이트로부터 작업을 인계받기까지의 지연 시간을 매우 감소시킬 수 있다.

  최신 준비 구성(hot-spare configuration)을 사용하면 거의 즉시 백업 사이트가 작업을 인계받을 수 있다. 이 방법은 원격 백업 사이트에 redo 로그 레코드가 도착하자마자 바로 실행시켜서 주 사이트와 거의 동일한 형태로 데이터베이스를 유지하는 것이다. 이렇게 하면 주 사이트의 장애가 발견되는 즉시 백업 사이트가 완료하지 못한 트랜잭션을 롤백함으로써 복구를 완료하고, 새로운 트랜잭션을 처리할 수 있게 된다.

- **커밋 시간**. 커밋한 트랜잭션이 수행한 갱신 내용의 지속성을 보장하기 위해서는, 로그 레코드가 백업 사이트에 도달하기 전까지 트랜잭션을 커밋한 것으로 처리해서는 안 된다. 이렇게 발생하는 지연 시간이 트랜잭션이 커밋하는 데 걸리는 시간을 증가시킬 수 있다. 따라서 어떤 시스템은 지속성의 수준을 낮추는 것을 허용한다. 지속성의 수준은 아래와 같이 분류할 수 있다.
  - **One-safe**. 커밋 로그 레코드가 주 사이트에 있는 안정 저장 장치에 쓰이면 트랜잭션은 커밋한다.

이 수준의 문제점은 커밋한 트랜잭션의 갱신 내용이 백업 사이트가 처리를 인계받을 때 백업 사이트에 반영되지 않을 수 있다는 것이다. 그래서 갱신 내용을 잃어버린 것처럼 보일 수 있다. 주 사이트를 복구할 때 이렇게 잃어버린 갱신 내용은 곧바로 합쳐질 수 없다. 왜냐하면 이후에 백업 사이트에서 발생한 갱신 내용과 충돌이 발생할 수 있기 때문이다. 따라서 일관성 있는 상태로 데이터베이스를 만들기 위해 수작업이 필요할 수 있다.

- **Two-very-safe**. 트랜잭션은 커밋 로그 레코드가 주 사이트와 백업 사이트의 안정 저장 장치에 쓰이면 커밋한다.

  이 수준의 문제는 주 사이트나 백업 사이트 중 하나에서 장애가 발생하면 트랜잭션 처리를 진행할 수 없는 것이다. 따라서 단일 사이트를 사용하는 것보다 데이터를 손실할 가능성이 더 작음에도 불구하고 가용성 면에서 떨어진다 할 수 있다.

- **Two-safe**. 이 수준은 주 사이트와 백업 사이트가 작동 중일 때는 two-very-safe와 지속성 수준이 같다. 주 사이트만 작동 중일 때는 트랜잭션은 커밋 로그 레코드를 주 사이트의 안정 저장 장치에 쓰면 커밋할 수 있다.

  이 수준은 one-safe 수준처럼 트랜잭션을 잃어버릴 염려가 없으며, two-very-safe 수준보다 더 나은 가용성을 제공한다. one-safe 수준과 비교해 커밋이 느리나, 장점이 이러한 비용을 상쇄한다고 할 수 있다.

오늘날의 대부분 데이터베이스 시스템은 백업 사본에 대한 복사뿐만 아니라 최신 준비(hot spare) 및 주 사이트에서 백업 사이트로 빠른 전환(switchover)을 지원한다. 또한 많은 데이터베이스 시스템이 둘 이상의 백업을 사용하기도 한다. 이러한 방법을 통해 로컬 백업이 하드웨어 고장에, 원격 백업이 재해에 대응할 수 있게 해 준다.

갱신 트랜잭션을 백업 서버에서 처리할 수는 없어도, 많은 데이터베이스 시스템이 읽기 전용 질의는 백업 서버에서 처리할 수 있도록 허용한다. 즉 일부 읽기 전용 질의를 백업에서 처리하게 함으로써 주 사이트에 걸리는 부하를 줄이는 것이다. 이때 스냅샷 고립을 백업 서버에 사용함으로써 읽기 작업을 수행하는 사용자에게 데이터에 대한 일관적인 뷰를 제공하면서 백업에 갱신 작업을 수행하는 것을 막지 않을 수 있다.

원격 백업은 네트워크 파일 시스템과 NAS(Network Attached Storage)와 같은 구현을 통해 파일 시스템 수준에서 지원할 수 있으며, SAN(Storage Area Network)과 같은 구현을 통해 디스크 수준에서도 지원할 수 있다. 원격 백업은 항상 주 사이트와 동기화하여 주 사이트에서 수행된 블록 갱신을 백업에서도 반영하도록 해야 한다. 파일 시스템 수준 및 디스크 수준을 사용하는 백업은 데이터베이스 사본뿐만 아니라 로그 파일의 사본을 유지하는 데 사용할 수 있다. 만일 주 사이트에 장애가 발생하면, 백업 시스템은 데이터베이스 및 로그의 사본을 사용하여 복구할 수 있다. 그러나 백업 사이트에서 올바르게 복구가 이루어지려면 파일 시스템 수준 백업이 WAL 규칙을 따라 진행되어야 한다. 이렇게 하기 위해서는 만일 데이터베이스가 블록을 디스크에 출력하게 강제하고 다른 갱신 작업을 수행하려고 할 때, 백업 사이트에서도 뒤따르는 갱신 작업을 수행하기 전에 그 블록을 강제로 디스크에 출력해야 한다.

고가용성을 위한 또 다른 방법으로 **분산 데이터베이스**(distributed database)를 사용할 수 있다. 분산 데이터베이스는 데이터를 둘 이상의 사이트에 복사해 놓는다. 여기서 트랜잭션은 갱신하려는 데이터 항목을 가지는 모든 사본을 갱신해야 한다. 복제를 포함하여, 이러한 분산 데이터베이스에 대해서는 23장에서 다룬다. 적절히 구현할 수만 있다면, 분산 데이터베이스는 원격 백업 시스템보다 더 높은 수준의 가용성을 제공하나, 구현이 복잡하고 유지하는 데 큰 비용이 든다.

최종 사용자는 일반적으로 (데이터베이스가 아니라) 응용 프로그램과 상호작용을 한다. 응용 프로그램의 가용성을 보장하면서 동시에 초당 수많은 요청을 처리하기 위해서 응용 프로그램을 여러 대의 응용 프로그램 서버에서 처리하게 할 수 있다. 이렇게 하면 클라이언트로부터 받은 요청을 여러 대의 응용 프로그램 서버에 **부하 분산**(load-balanced)할 수 있다. 부하를 분산하는 서버는 응용 프로그램 서버가 정상적으로 작동하는 한 하나의 클라이언트로부터 받은 모든 요청을 하나의 응용 프로그램 서버에 보내야 한다. 만일 응용 프로그램 서버에 장애가 발생하면, 클라이언트의 요청을 다른 응용 프로그램 서버에 중계하여 사용자가 계속 응용 프로그램을 사용할 수 있게 해야 한다. 사용자는 이 과정에서 약간의 중단을 느끼겠지만, 여러 대의 응용 프로그램 서버에 세션 정보를 공유함으로써 사용자가 다시 로그인하지 않게 할 수 있다.

19.8 조기 잠금 해제와 논리적 Undo 연산

트랜잭션 처리 동안 사용되는 B^+-트리와 같은 인덱스는 일반 데이터와 같이 취급할 수 있다. 그러나 동시성을 높이기 위해 18.10.2절에서 설명한 B^+-트리 동시성 제어 알고리즘을 사용하여 2단계 방식이 아닌 잠금 방법을 통해 잠금을 조기에 해제하도록 할 수 있다. 조기 잠금 해제는 트랜잭션 T_1이 B^+-트리에 엔트리 ($V1$, $R1$)을 한 노드에 삽입하고, 이어 트랜잭션 T_1이 커밋하기 전에 다른 트랜잭션 T_2가 같은 노드에 엔트리 ($V2$, $R2$)를 삽입하여 엔트리 ($V1$, $R1$)을 다른 노드로 이동할 수 있게 해 준다.[6] 이 시점에서 트랜잭션 T_1이 삽입하기 전의 내용으로 노드를 복구하여 트랜잭션 T_1의 실행을 취소할 수 없다. 이렇게 하면 T_2가 삽입한 내용이 사라지기 때문이다. 트랜잭션 T_2는 커밋하는 중일 수 있고, 혹은 이미 커밋했을 수도 있다. 이 예에서 ($V1$, $R1$)의 삽입으로 인한 영향을 되돌리는 유일한 방법은 이에 대응하는 삭제 연산을 수행하는 것이다.

이 절에서 19.4절의 복구 알고리즘을 확장해 어떻게 조기 잠금 해제를 지원할 수 있는지 살펴보기로 한다.

19.8.1 논리적 연산

삽입과 삭제 연산은 잠금을 조기에 해제하기 때문에 논리적 undo 연산이 필요한 예이다. [이러한 연산을 **논리적 연산**(logical operation)이라 부른다.] 이와 같은 조기 잠금 해제는 인덱스뿐만 아니라 자주 갱신되고 접근되는 시스템의 다른 자료 구조에서도 중요하다. 대표적인 예로는 한 릴레이션의 레코드가 저장된 모든 블록, 한 블록 내의 빈 공간의 크기, 데이터베이스 내의 빈 블록에 대한

---

6 하나의 엔트리는 키 값과 레코드 식별자로 구성된다는 사실을 기억하라. B^+-트리 파일의 구조에서 단말 노드는 키 값과 레코드로 구성된다.

정보 등을 관리하는 자료 구조가 있다. 이러한 자료 구조에 대해 연산을 실행한 후 잠금을 조기 해제하지 않으면 트랜잭션은 순차적으로 수행할 수밖에 없으며, 이는 시스템 성능에 많은 영향을 미칠 것이다.

충돌 직렬 가능성(conflict serializability) 이론은 하나의 연산이 어떤 연산과 충돌하는지를 바탕으로 (트랜잭션 수준이 아니라) 연산 수준까지 확장되었다. 예를 들어, B^+-트리에 대한 두 개의 삽입 연산이 서로 다른 키 값을 삽입한다면, 두 연산이 같은 인덱스 페이지의 겹치는 부분을 갱신한다고 해도 충돌하지 않는다. 하지만 두 연산이 같은 키 값을 사용하면, 상대 연산과 충돌하며, 또한 읽기 연산과도 충돌한다. 이 주제에 대해서는 참고문헌의 자료를 참조하길 바란다.

연산이 실행하는 동안에는 **저수준 잠금**(lower-level lock)을 획득하고, 연산 완료 후 이 잠금을 해제한다. 그러나 그 연산을 수행하는 트랜잭션은 반드시 2단계 방식으로 **고수준 잠금**(higher-level lock)을 획득하여 동시 실행 중인 다른 트랜잭션이 충돌하는 연산을 실행하지 못하도록 해야 한다. 예를 들어, B^+-트리에 대한 삽입 연산을 수행할 때, 해당 페이지에 단기간 잠금을 획득해 페이지 내의 엔트리를 이동시킬 수 있다. 이 단기간 잠금은 페이지가 갱신되면 바로 해제한다. 이와 같은 조기 잠금 해제는 해당 페이지에 대한 다음 삽입 연산을 수행할 수 있도록 해 준다. 그러나 각 트랜잭션은 동시 실행 중인 다른 트랜잭션이 같은 키 값에 대해 충돌하는 읽기, 삽입, 삭제 연산을 하지 못하도록 2단계 기법을 통해 잠금을 획득하고 유지해야 한다.

일단 저수준의 잠금을 해제하면, 해당 연산이 갱신한 데이터 항목의 이전 값을 사용해 실행을 취소할 수 없게 된다. 대신 보상 연산(compensation operation)을 수행하여 실행을 취소해야 한다. 이러한 보상 연산을 **논리적 undo 연산**(logical undo operation)이라 한다. 논리적 undo 연산을 수행하기 위해서는 연산 중에 획득한 저수준 잠금으로 충분하다는 점이 중요하다. 이에 대한 이유는 19.8.4절에서 설명한다.

19.8.2 논리적 undo 로그 레코드

인덱스를 수정하는 연산을 수행하기 전에, 트랜잭션은 나중에 논리적 undo 연산을 가능하게 하도록 <T_i, O_j, operation-begin> 로그 레코드를 생성한다. 여기에서 O_j는 해당 연산에 대한 고유 식별자다.[7] 연산을 실행하는 중에는 연산이 수행하는 모든 갱신 내용에 대해 일반적인 방법으로 로그를 생성한다. 따라서 연산이 수행하는 모든 갱신 작업에 대해 이전 값과 새로운 값에 대한 정보가 기록된다. 여기서 이전 값은 연산을 완료하기 전에 트랜잭션이 롤백할 때 사용한다. 연산이 끝나면 <T_i, O_j, operation-end, U> 형태를 가지는 operation-end 로그 레코드를 기록한다. 여기서 U는 undo 연산을 위한 정보를 의미한다.

예를 들어, 어떤 연산이 B^+-트리에 엔트리를 삽입했을 때, undo 연산을 위한 정보 U는 보상 연산으로 삭제 연산을 해야 한다는 것과 어떤 B^+-트리이며, 어떤 엔트리를 삭제해야 하는지에 관한 내용을 포함한다. 이렇게 어떤 연산에 대한 정보를 기록하는 것을 **논리적 로깅**(logical logging)이라 한다. 반대로 이전 값과 새로운 값 정보를 기록하는 것은 **물리적 로깅**(physical logging)이라 하

7 로그에서 operation-begin 로그 레코드의 위치를 고유 식별자로 사용할 수도 있다.

며, 이를 표현하는 로그 레코드를 **물리적 로그 레코드**(physical log record)라 한다.

위 기법에서 논리적 로깅은 오직 undo 연산을 위해서만 했으며, redo에는 하지 않았음을 주목하라. redo 연산은 물리적 로그 레코드만 사용해 수행한다. 이는 시스템 장애 후의 데이터베이스 상태가 장애가 발생하기 전 어떤 블록을 디스크에 기록했는지에 따라 몇몇 연산의 갱신만 반영된 상태일 수 있기 때문이다. B^+-트리와 같은 자료 구조는 일관성이 결여된 상태일 수 있으며, 논리적 redo 또는 논리적 undo 연산을 일관성이 결여된 자료 구조에 적용할 수 없다. 논리적 redo 또는 undo 연산을 수행하기 위해서는 디스크상의 데이터베이스 상태가 **연산 일관성**(operation consistent)을 가진 상태여야 한다. 이 상태는 어떤 연산 결과의 부분만 반영된 상태여서는 안 된다는 것을 의미한다. 그러나 앞으로 보겠지만, 복구 기법에서 물리적 로그 레코드를 사용하는 물리적 redo 연산과 undo 연산을 통해 데이터베이스가 논리적 undo 연산을 수행하기 전에 연산 일관성 상태임을 보장할 수 있다.

어떤 연산을 여러 번 수행해도 한 번 수행한 결과와 같다면 **멱등성**(idempotent)을 갖는다고 말한다. 예를 들어, B^+-트리에 엔트리를 삽입하는 연산은 멱등성을 갖지 않는다. 따라서 복구 알고리즘은 반드시 한 번 수행된 연산을 또 수행하지 않도록 해야 한다. 반면 물리적 로그 레코드를 사용할 경우, 해당 데이터 항목에 갱신 작업을 여러 번 수행해도 값이 같으므로, 물리적 로그 레코드는 멱등성을 가진다.

19.8.3 논리적 Undo 연산을 사용한 트랜잭션 롤백

트랜잭션 T_i를 롤백할 때는 로그를 역방향으로 탐색하며 T_i와 관련이 있는 로그 레코드를 다음과 같이 처리한다.

1. 스캔하는 동안 만나는 물리적 레코드는 (곧 설명할 건너뛰는 경우를 제외하고는) 이전에 설명한 방식으로 처리한다. 완료하지 못한 논리적 연산은 물리적 로그 레코드를 사용해 실행을 취소한다.
2. operation-end 레코드를 통해 완료되었다고 판단되는 논리적 연산은 다른 방식으로 롤백한다. 시스템에서 로그 레코드 <T_i, O_j, operation-end, U>를 발견할 때마다 다음과 같은 특수한 작업을 수행한다.
   a. undo 연산을 위한 정보 U를 사용하여 연산을 롤백한다. 연산의 롤백 중에 이루어지는 모든 갱신 내용은 (연산을 처음 실행했을 때 갱신 내용을 기록하는 것과 동등하게) 로그에 기록된다.
      롤백 연산이 끝날 때, 로그 레코드 <T_i, O_j, operation-end, U>를 생성하는 대신 데이터베이스 시스템은 로그 레코드 <T_i, O_j, operation-abort>를 생성한다.
   b. 로그를 역방향으로 계속 탐색하면서 시스템은 <T_i, O_j, operation-begin> 레코드를 찾을 때까지 트랜잭션 T_i의 모든 로그 레코드를 건너뛴다. 시스템이 operation-begin 로그 레코드를 찾은 후에야 트랜잭션 T_i의 로그 레코드를 다시 정상적인 방식으로 처리한다.

롤백 중에 수행한 갱신 연산에 대해서는 시스템이 redo 전용 보상 로그 레코드가 아닌 물리적 undo 정보를 기록한다는 것을 주목하자. 이는 논리적 undo 연산을 실행 중인 상태에서도 장애가 발생할 수 있으며, 시스템은 다시 복구될 때 논리적 undo 연산을 완료해야 하기 때문이다. 복구를 시작할 때, 이전 논리적 undo 연산의 부분적인 영향을 물리적 undo 정보를 사용해 되돌리고 새로운 논리적 undo 연산을 다시 실행할 것이다.

또한 롤백 중에 operation-end 로그 레코드를 발견하면 물리적 로그 레코드는 건너뛴다는 것에 주목하자. 이렇게 함으로써 연산을 마치면 물리적 로그 레코드에 기록된 이전 값은 롤백할 때 사용하지 않는다.

3. 만일 시스템이 <T_i, O_j, operation-abort> 레코드를 발견하면, <T_i, O_j, operation-begin> 레코드를 찾을 때까지 (<T_i, O_j, operation-end> 레코드를 포함하여) 모든 이전 레코드를 건너뛴다.

   operation-abort 로그 레코드는 트랜잭션이 이전에 부분적으로 롤백했을 때 발생한다. 논리적 연산은 멱등성이 없으므로 동일한 논리적 undo 연산을 여러 번 수행해서는 안 된다. 따라서 이전 복구 수행 중에 장애가 발생해 트랜잭션이 부분적으로만 롤백하면, 위에 해당하는 로그 레코드를 건너뜀으로써 같은 롤백을 여러 번 수행하는 것을 막아야 한다.

4. 이전처럼 <T_i start> 로그를 발견하면 트랜잭션의 롤백이 완료된 것이며, 시스템은 <T_i abort> 로그 레코드를 로그에 기록한다.

논리적 연산을 실행하는 중에 장애가 발생하면, 트랜잭션을 롤백할 때 operation-end 로그 레코드를 발견할 수 없을 것이다. 그러나 연산의 모든 갱신 내용(undo 연산을 위한 정보)은 물리적 로그 레코드에 이전 값으로 기록되어 있다. 따라서 완료하지 못한 연산을 롤백하는 경우 물리적 로그 레코드를 사용할 수 있다.

이제 시스템 장애가 발생했을 때 undo 연산을 진행 중이었다고 하자. 이러한 상황은 장애가 발생했을 때 트랜잭션이 롤백하고 있었다면 발생할 수 있다. 그렇다면 undo 연산을 실행하는 중에 작성된 물리적 로그 레코드를 발견할 수 있을 것이다. 이러한 물리적 레코드를 사용하면 undo 연산 자신의 부분 실행 결과도 되돌릴 수 있다. 로그를 역방향으로 탐색하면서 원래 연산의 operation-end 레코드를 발견한 다음 다시 undo 연산을 실행하면 된다. 물리적 로그 레코드를 사용하여 이전의 undo 연산의 부분적 영향을 되돌렸으므로 데이터베이스는 일관적인 상태에 있게 되고, 따라서 논리적 undo 연산을 다시 실행할 수 있다.

그림 19.7은 데이터 항목에 값을 증가 또는 감소하는 작업을 하는 두 트랜잭션의 예를 보여 준다. 트랜잭션 T_0가 데이터 항목 C에 대한 연산 O_1을 끝낸 후 조기에 잠금을 해제함으로써, 트랜잭션 T_0가 커밋하기 전에 트랜잭션 T_1이 연산 O_2를 실행해 같은 데이터 항목을 갱신할 수 있게 되었다. 그러나 이로 인해 논리적 undo 연산이 필요하게 되었다. 논리적 undo 연산은 데이터 항목을 이전 값으로 복구하는 것이 아니라 데이터 항목의 값을 반대로 증가 또는 감소하여 트랜잭션의 실행을 취소한다.

그림에서 주석은 연산을 완료하기 전에 롤백이 물리적 undo 연산을 실행할 수 있다는 것을 나타낸다. 반대로 연산을 완료하고 저수준 잠금을 해제했다면, 이전 값으로 되돌리는 물리적 undo 연산 대신 값을 빼거나 더하는 방식으로 undo 연산을 실행해야 한다. 그림에서 트랜잭션 T_0는 데이터 항

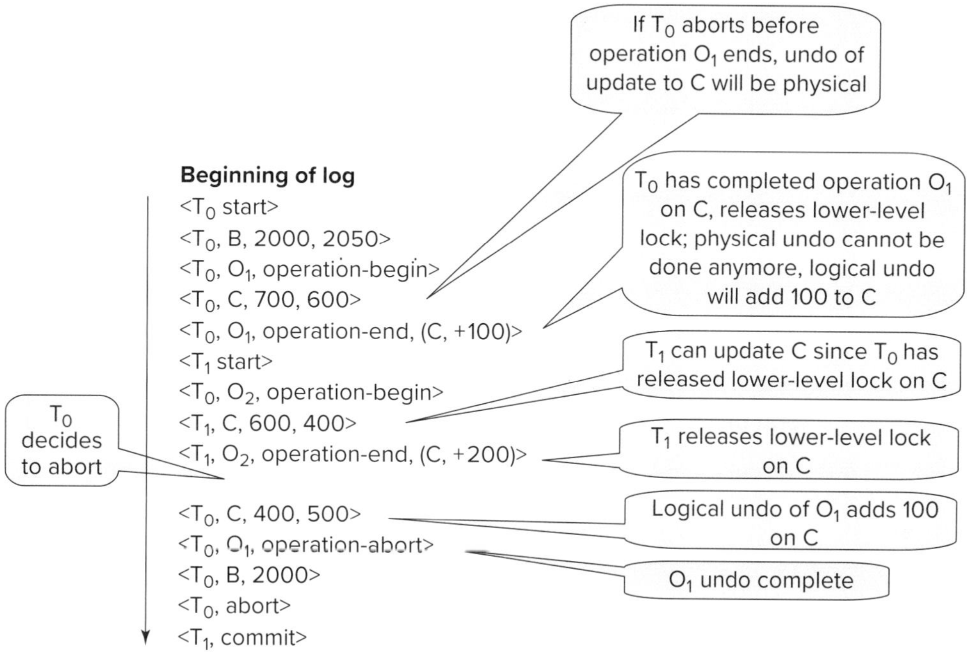

그림 19.7 논리적 undo 연산을 이용한 트랜잭션 롤백

목 C에 100을 더함으로써 연산 O_1의 실행을 취소하고 있다. 반면에 조기에 잠금을 해제하지 않은 데이터 항목 B에 대해서는 물리적 undo 연산을 실행하고 있다. 여기서 C를 갱신한 트랜잭션 T_1은 커밋한다는 것에 주목하자. 이에 따라 연산 O_1을 되돌리기 전에 C에 200을 더하는 연산 O_2의 갱신 내용은 O_1의 실행을 취소했어도 영구적으로 반영된다.

그림 19.8은 논리적 undo 로그를 바탕으로 시스템 장애 후 복구하는 과정을 보여 준다. 이 예시에서 트랜잭션 T_1은 실행 중이었으며 검사점을 생성하는 중에 연산 O_4를 수행하는 중이다. redo 과정에서 검사점 로그 레코드 이후 O_4의 작업은 재실행된다. 장애가 발생한 시점에서 T_2는 연산 O_5를 실행하였지만, 연산을 마치지 못했다. 따라서 redo 과정의 마지막에 undo-list에는 트랜잭션 T_1과 T_2를 포함할 것이다. undo 과정에서 물리적 로그 레코드를 사용하여 C의 값을 400으로 되돌리는 식으로 연산 O_5의 실행을 취소한다. 이 과정은 redo 전용 로그 레코드에 기록하게 된다. 다음으로 시스템은 T_2의 start 레코드를 발견하며 <T_2 abort> 레코드를 추가하게 된다. 결과적으로 undo-list에서 T_2는 빠지게 된다.

다음에 만나게 되는 로그 레코드는 O_4의 operation-end 레코드다. 이 연산에 대해서는 C에 300을 더함으로써 논리적 undo 연산을 수행한다. 이 과정은 물리적 로그로 기록된다. 그런 다음 O_4에 대한 operation-abort 로그가 생성된다. O_4의 operation-begin 로그 레코드가 나올 때까지 O_4에 대한 물리적 로그 레코드는 모두 무시한다. 이 예제에선 중간에 다른 로그 레코드가 없지만, 일반적으로 operation-begin 로그 레코드를 찾기 전까지 다른 트랜잭션의 로그 레코드를 만나게 될 수 있다. (그 레코드가 해당 트랜잭션이 완료한 연산에 속한 로그 레코드여서 알고리즘이 이런 레코드를 무시하지 않는다면) 당연히 다른 트랜잭션의 로그 레코드를 무시해서는 안 된다. O_4

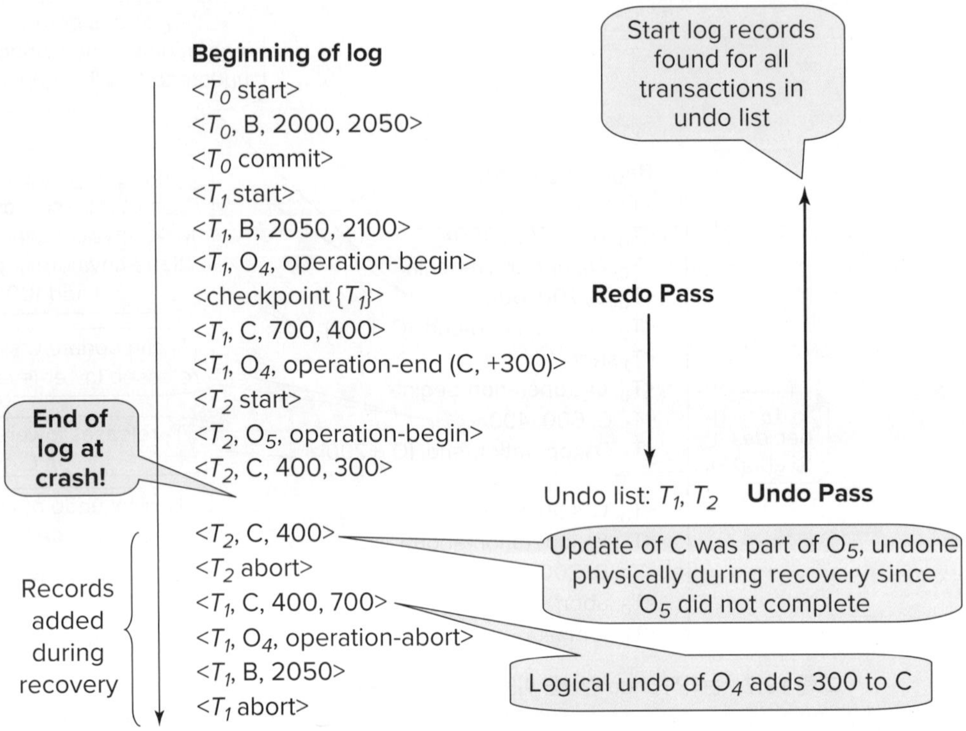

그림 19.8 논리적 undo 연산을 이용한 실패 복구 동작

의 operation-begin 로그 레코드를 발견한 이후에는 T_1에 대한 물리적 로그 레코드를 발견하게 되고, 이 연산은 물리적으로 롤백한다. 최종적으로 T_1의 start 로그 레코드를 발견하므로 시스템은 <T_1 abort>를 기록하고 undo-list에서 T_1을 제거한다. 이 시점에서 undo-list에 더는 남은 트랜잭션이 없으므로 undo 단계를 완료하게 된다.

19.8.4 논리적 Undo 연산에서 동시성

앞서 설명한 바와 같이 연산 도중 획득하는 저수준 잠금이 이후에 수행할 해당 연산의 논리적 undo 연산을 수행하는 데 충분하다. 그렇지 않다면 정상적인 과정에서 동시에 실행하는 연산이 undo 단계에서 문제가 발생할 수 있다. 예를 들어, 트랜잭션 T_1의 연산 O_1의 논리적 undo 연산이 동시에 실행하고 있는 트랜잭션 T_2의 연산 O_2와 데이터 항목 수준에서 충돌하고, O_1이 O_2가 완료하기 전에 먼저 완료했다고 하자. 또한 두 트랜잭션 모두 커밋하지 못한 상태에서 시스템에 장애가 발생했다고 하자. 그러면 O_2의 갱신 작업에 대한 물리적 로그 레코드는 O_1의 operation-end 레코드의 전후에 나타날 수 있다. 이로 인해 복구 과정에서 O_1에 대한 논리 undo 연산이 수행한 갱신 값을 O_2의 물리적 undo 연산이 기록한 이전 값이 (완전히 또는 부분적으로) 덮어 버릴 수 있다. O_1이 논리적 undo 연산을 위해 필요한 모든 저수준 잠금을 획득했다면, O_2와 같이 동시에 실행하는 다른 연산이 없으므로 이러한 문제는 발생하지 않는다.

만일 어떤 연산과 그 연산의 논리적 undo 작업이 하나의 페이지에 접근하면(이와 같은 연산을 물리-논리적 연산이라 하며 19.9절에서 논의한다), 위의 잠금 조건을 쉽게 만족할 수 있다. 위의 경우를 제외하고는 어떤 저수준 잠금이 필요한지 결정하기 위해 각 연산의 내용을 살펴봐야 한다. 예를 들어, B^+-트리에 대해 갱신 연산을 직렬 가능하도록 실행하기 위해 루트에 대해 단기간 잠금을 획득할 수 있다. 논리적 undo 로그를 이용한 B^+-트리에 대한 동시성 제어 방법과 복구 방법에 대해서는 참고문헌을 참조하길 바란다. 다른 대안으로 잠금에 대한 요구 조건을 완화한 다단계 복구 방법이라 불리는 방법이 있으며, 이 역시 참고문헌을 참조하길 바란다.

19.9 ARIES

최신 복구 기법은 **ARIES** 복구 기법으로 가장 잘 설명할 수 있다. 앞서 19.4절에서 기술한 복구 기법과 19.8절에서 기술한 논리적 undo 로깅 기법은 ARIES 이후에 설계된 것이며 중요한 개념을 쉽게 이해하도록 단순화한 것이다. 이와는 대조적으로 ARIES는 복구 시간과 검사점으로 인한 부담을 줄이기 위해서 수많은 기법을 사용한다. 특히 ARIES는 이미 반영된 로그 연산의 재수행을 방지하고, 로그에 기록하는 정보의 양을 줄이는 기술을 사용하고 있다. 이를 위해서는 더 복잡한 구현이 필요하지만, 그에 비해 얻는 이익이 크다.

이전에 설명한 복구 알고리즘과 ARIES 사이에는 다음과 같은 네 가지 중요한 차이점이 있다.

1. ARIES는 로그 레코드를 식별하기 위해 **로그 순서 번호**(log sequence number, **LSN**)를 사용한다. 이를 통해 어떤 연산을 데이터베이스 페이지에 실행했는지 판단할 수 있다.
2. ARIES는 연산이 수행된 페이지 자체를 식별할 수 있다는 점에서 물리적이지만, 해당 페이지 내에서 논리적으로 연산을 수행할 수도 있는 **물리-논리적 redo**(physiological redo) 연산을 지원한다.

   예를 들어, 만일 슬롯 페이지 구조(13.2.2절)를 사용할 때, 페이지에서 하나의 레코드를 삭제하면 페이지 내의 다른 레코드의 이동을 유발한다. 물리적 redo 로그를 사용할 때는 이동한 레코드로 인해 변경된 페이지의 모든 바이트를 로그에 기록해야 한다. 물리-논리적 로그를 사용하면 삭제 연산을 수행했다는 사실을 로그에 기록할 수 있으며, 이는 더 작은 로그 레코드로 표현할 수 있다. 삭제 연산의 redo 연산은 해당 레코드를 삭제하고 다른 레코드를 필요한 대로 이동하도록 할 것이다.
3. ARIES는 **더티 페이지 테이블**(dirty page table)을 사용해 복구 중에 불필요한 redo 연산을 최소화한다. 더티 페이지란 메모리 내에서 갱신되었지만, 디스크에는 아직 갱신 내용을 반영하지 않은 페이지다.
4. ARIES는 더티 페이지와 관련된 정보만 기록하고 더티 페이지를 디스크에 쓰지 않아도 되는 퍼지 검사점 기법을 사용한다. ARIES는 (검사점을 생성하는 동안 더티 페이지를 쓰는 대신) 백그라운드에서 지속해서 더티 페이지를 디스크에 쓴다.

이 절의 나머지 부분에서 ARIES에 대한 전반적인 개요를 살펴본다. ARIES에 대한 상세한 내용은 참고문헌을 참조하길 바란다.

19.9.1 자료 구조

ARIES의 각 로그 레코드는 로그 레코드를 유일하게 식별할 수 있게 하는 로그 순서 번호(LSN)를 가지고 있다. 이 번호는 개념적으로 나중에 생성된 로그 레코드가 더 큰 값을 갖게 되는 논리적 식별자다. 실제로는 로그 순서 번호는 디스크에서 로그 레코드를 찾기 위해 사용할 수 있도록 생성된다. 일반적으로 ARIES는 하나의 로그를 개별 파일 번호를 가지고 있는 여러 개의 로그 파일에 나누어 저장한다. 로그 파일의 크기가 한계치만큼 커지면, ARIES는 새로운 로그 파일에 다음 로그 레코드를 기록한다. 여기서 새로운 로그 파일의 번호는 이전 로그 파일 번호보다 1이 큰 수다. 로그 순서 번호는 파일 번호와 파일 내의 오프셋으로 이루어진다.

각 페이지는 또한 **PageLSN**이라 불리는 식별자를 가지고 있다. (물리적 또는 물리-논리적인) 갱신 연산이 페이지에 수행할 때마다 그 연산은 해당 페이지의 PageLSN 필드 안에 자신의 작업으로 인해 생성된 로그 레코드의 LSN을 저장한다. 복구 과정의 redo 단계에서 PageLSN과 같거나 더 작은 LSN을 가진 로그 레코드를 실행해서는 안 된다. 왜냐하면 그 연산의 결과는 이미 페이지에 반영되었기 때문이다. 뒤에 설명할 검사점을 생성하는 동안 PageLSN을 기록하는 방법을 함께 사용하여, ARIES는 이미 로그의 내용이 디스크에 반영된 페이지를 읽는 것을 방지할 수 있다. 이렇게 함으로써 복구 시간을 많이 감소시킨다.

PageLSN은 물리-논리적 redo 연산의 멱등성을 보장하기 위해 매우 중요한 정보다. 왜냐하면 이미 반영된 물리-논리적 redo 연산을 재실행하면 페이지를 잘못된 방향으로 변경할 수 있기 때문이다.

페이지는 갱신을 진행하는 중에 디스크에 출력되어서는 안 된다. 왜냐하면 물리-논리적 연산은 부분적으로 갱신된 상태의 디스크상의 페이지에 대해 재실행할 수 없기 때문이다. 따라서 ARIES는 버퍼 페이지를 갱신하는 중에 디스크에 출력하지 않도록 래치를 사용한다. 버퍼 페이지에 대한 래치는 갱신을 완료하고 갱신 로그 레코드를 로그에 써야만 해제된다.

또한 각 로그 레코드는 그 트랜잭션의 이전 로그 레코드에 기록된 LSN을 가지고 있다. 이 값은 PrevLSN 필드에 저장되며, 이 값을 이용하여 모든 로그를 살펴볼 필요 없이 역방향으로 탐색하여 해당 트랜잭션의 로그 레코드를 가져올 수 있다. ARIES에는 **보상 로그 레코드**(compensation log records, **CLR**)라고 불리는 특별한 redo 전용 로그 레코드가 있다. 이 로그 레코드는 트랜잭션을 롤백하는 중에 생성된다. 이 레코드는 이전에 설명한 복구 기법에서 redo 전용 로그 레코드와 같은 목적으로 사용한다. 또한 CLR은 operation-abort 로그 레코드의 역할도 한다. CLR에는 UndoNextLSN이라 불리는 별도의 필드가 있다. 이 필드는 트랜잭션이 롤백할 때, 다음에 undo 연산을 실행해야 할 로그의 LSN을 가지고 있다. 이 필드는 operation-abort 레코드에서 연산 식별자와 동일한 목적으로 사용한다. 이를 통해 이미 롤백을 마친 로그 레코드를 건너뛸 수 있다.

더티 페이지 테이블(DirtyPageTable)은 데이터베이스 버퍼 내에서 갱신된 페이지들의 목록을 담고 있다. 각각의 페이지에 대해 PageLSN과 이미 디스크에 출력된 페이지에 반영된 로그 레코드를 식별할 수 있는 RecLSN이라 불리는 필드를 저장한다. 어떤 페이지를 더티 페이지 테이블에 삽입할 때(즉 버퍼에서 처음으로 수정되었을 때), RecLSN의 값은 현재 로그의 마지막 LSN으로 설정

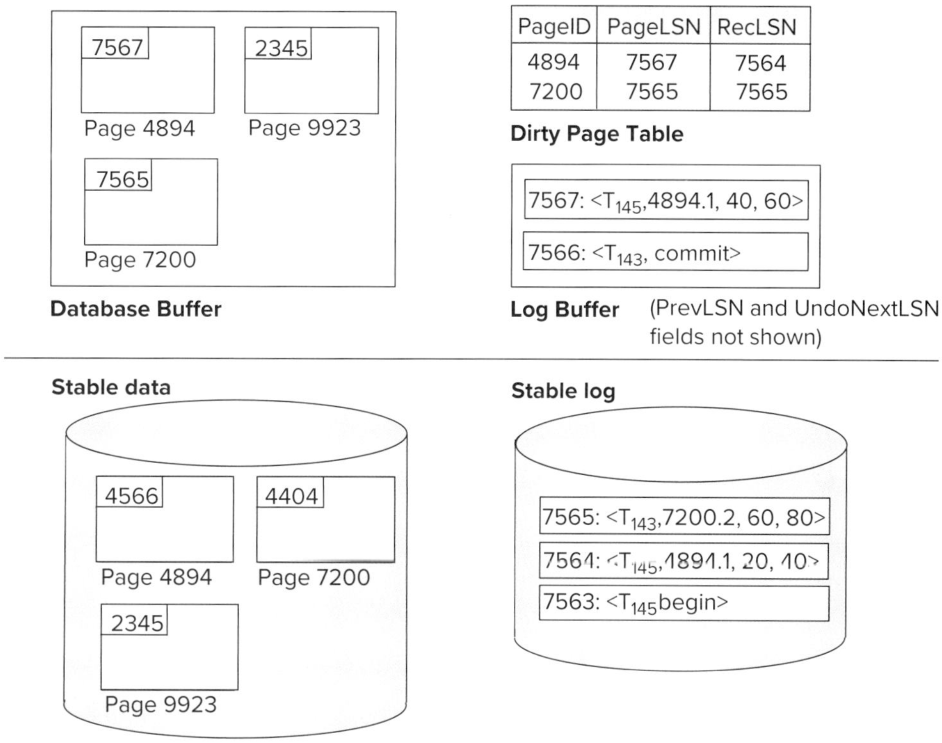

그림 19.9 ARIES에서 사용하는 자료 구조

한다. 페이지를 디스크에 출력할 때마다 더티 페이지 테이블에서 해당 페이지를 삭제한다.

검사점 로그 레코드(checkpoint log record)는 더티 페이지 테이블과 동작 중인 트랜잭션들의 목록을 담고 있다. 각 트랜잭션에 대하여 그 트랜잭션으로 인해 생성된 마지막 로그 레코드의 LSN인 LastLSN을 기록한다. 또한 디스크의 고정된 위치에 마지막으로 생성된 검사점 로그 레코드의 LSN을 기록한다.

그림 19.9는 ARIES에서 사용하는 자료 구조를 보여 준다. 그림에서 각 로그 레코드의 앞에는 LSN이 있다. 이 값은 실제 구현에서 명시적으로 기록하지 않고 로그 내의 위치를 통해 유추할 수 있다. 로그 레코드 내의 데이터 항목 식별자는 4894.1과 같이 두 부분으로 구성되어 있다. 여기서 첫 번째 숫자는 페이지를 식별하기 위해 사용하고, 두 번째 숫자는 페이지 안에서 레코드를 식별하기 위해 사용한다(이때 슬롯 페이지 구조를 사용한다고 가정한다). 그림에서 가장 최신의 로그는 가장 위에 있고, 오래된 로그일수록 아래에 있다.

디스크 또는 버퍼에 있는 각 페이지는 PageLSN 필드를 갖는다. 그림에서 페이지 4894를 갱신한 가장 마지막 로그 레코드는 7567임을 알 수 있다. 버퍼에 있는 페이지의 PageLSN과 안정 저장 장치에 있는 해당 페이지의 PageLSN을 비교해 보면, 더티 페이지 테이블이 안정 저장 장치에서 버퍼로 읽어 들인 페이지 중에서 모든 갱신된 페이지에 대한 엔트리를 갖고 있음을 알 수 있다. 더티 페이지 테이블의 RecLSN은 페이지를 더티 페이지 테이블에 추가할 때 있었던 가장 마지막 로그의 LSN이며, 안정 저장 장치에 있는 해당 페이지의 PageLSN보다 크거나 같은 값을 가진다.

19.9.2 복구 알고리즘

ARIES는 세 단계 과정을 거쳐 복구 작업을 수행한다.

- **분석 단계**: 이 단계에서 어떤 트랜잭션을 실행 취소해야 하는지, 장애가 발생했을 때 어떤 페이지가 더티 페이지였는지, 그리고 redo 단계를 시작할 LSN을 결정한다.
- **Redo 단계**: 분석 단계에서 결정된 복구를 시작해야 하는 시점부터 redo 연산을 실행하여 장애 발생 전의 데이터베이스 상태로 되돌린다. 이전 상황을 그대로 복원한다는 의미에서 이 작업을 "재현"이라고 부른다.
- **Undo 단계**: 장애 발생 시에 완료하지 못한 모든 트랜잭션을 롤백한다.

19.9.2.1 분석 단계

분석 단계는 마지막으로 생성한 검사점 로그 레코드를 찾고, 이 레코드를 시작점으로 하여 더티 페이지 테이블을 읽는다. 그 후 RedoLSN을 더티 페이지 테이블에 있는 페이지의 RecLSN 중 최솟값으로 지정한다. 어떠한 더티 페이지도 없으면, RedoLSN을 checkpoint 로그 레코드의 LSN으로 지정한다. redo 단계에서 RedoLSN부터 로그를 탐색하기 시작한다. 왜냐하면 이 시점보다 이전의 로그 레코드는 이미 디스크상의 데이터베이스에 반영되었기 때문이다. 이 분석 단계는 undo 작업을 수행할 트랜잭션 목록을 담은 undo-list를 검사점 로그 레코드가 가지고 있는 트랜잭션으로 초기화한다. 또한 이 단계에서 undo-list 내의 각 트랜잭션의 마지막 로그 레코드의 LSN을 읽어 들인다.

분석 단계는 검사점으로부터 순방향으로 탐색을 진행한다. undo-list에 없는 트랜잭션에 대한 로그 레코드를 발견할 때마다 undo-list에 해당 트랜잭션을 추가한다. 이때 트랜잭션 완료 로그 레코드(commit 또는 abort)를 찾으면 undo-list에서 그 트랜잭션을 제거한다. 분석을 마쳤을 때, undo-list에 남은 모든 트랜잭션은 undo 단계에서 롤백해야 하는 트랜잭션이다. 분석 단계는 또한 undo-list에 있는 각 트랜잭션의 마지막 로그 레코드를 관리하는데, 이는 undo 단계에서 사용한다.

분석 단계는 또한 페이지를 갱신하는 로그 레코드를 찾을 때마다 더티 페이지 테이블을 갱신한다. 그 페이지가 더티 페이지 테이블에 없다면, 분석 단계는 그 페이지를 더티 페이지 테이블에 추가하고 해당 페이지의 RecLSN을 갱신 로그 레코드의 LSN으로 설정한다.

19.9.2.2 Redo 단계

Redo 단계는 디스크상의 페이지에 아직 반영하지 않은 모든 작업을 재실행함으로써 이전 상황을 재현한다. Redo 단계는 RedoLSN부터 로그를 순방향으로 탐색한다. 갱신 로그 레코드를 찾을 때마다 다음과 같은 작업을 수행한다.

- 갱신하려는 페이지가 더티 페이지 테이블에 없거나, 갱신 로그 레코드의 LSN이 더티 페이지 테이블 내 페이지의 RecLSN보다 작다면, redo 단계는 해당 로그 레코드를 건너뛴다.
- 그렇지 않다면 redo 단계는 디스크에서 해당 페이지를 읽어 들인다. 그리고 PageLSN이 로그 레

코드의 LSN보다 작다면 로그 레코드를 재실행한다.

만약 두 조건을 모두 만족하지 않으면, 로그 레코드로 인한 영향이 이미 페이지상에 반영되어 있다는 점에 유의하라. 그렇지 않다면 로그 레코드로 인한 영향이 페이지에 반영되지 않았다는 의미다. ARIES는 멱등성을 갖지 않는 물리-논리적 로그 레코드를 사용하므로, 로그 레코드를 이미 페이지에 반영했다면 다시 실행해서는 안 된다. 만약 첫 번째 조건을 만족하지 않았다면, PageLSN을 확인하기 위해 디스크에서 페이지를 읽어 들일 필요가 없다.

19.9.2.3 Undo 단계와 트랜잭션 롤백

Undo 단계는 상대적으로 직관적이다. 이 단계는 단 한 번의 역방향 로그 탐색을 하며, undo-list에 포함된 모든 트랜잭션의 실행을 취소한다. Undo 단계는 undo-list에 포함된 트랜잭션의 로그 레코드만 확인하면 되는데, 분석 단계에서 기록한 마지막 LSN을 사용하여 undo-list에 있는 트랜잭션의 마지막 로그 레코드를 찾는다.

갱신 로그 레코드를 발견하면, 해당 로그 레코드를 사용해 실행을 취소한다(정상적인 상황에서 트랜잭션 롤백 또는 재시작 때의 undo 단계). Undo 단계는 실행을 취소하는 데 필요한 내용을 담고 있는 (반드시 물리-논리적인) CLR을 생성한다. 이때 CLR의 UndoNextLSN을 갱신 로드 레코드의 PrevLSN 값으로 설정한다.

CLR을 발견하면 그 로그 레코드의 UndoNextLSN 값은 다음에 실행을 취소할 트랜잭션의 로그 레코드 LSN을 가리킨다. undo 단계는 역방향으로 탐색하기 때문에 이는 그 트랜잭션의 이후의 로그 레코드에 대해서는 이미 롤백했다는 것을 의미한다. CLR 이외의 로그 레코드에 대해서는 PrevLSN 필드의 값이 해당 트랜잭션 다음에 실행을 취소해야 할 로그 레코드의 LSN을 가리킨다. Undo 단계에서 다음에 처리할 로그 레코드는 undo-list 내의 모든 트랜잭션의 다음 로그 레코드 LSN 중 가장 최댓값이 된다.

그림 19.10은 예제 로그에 대한 ARIES의 복구 과정을 보여 준다. 디스크에 저장된 마지막 검사점을 가리키는 포인터는 LSN 7568 로그 레코드를 가리킨다고 가정한다. 로그 레코드의 PrevLSN 값은 그림에서 실선 화살표로 표시하였으며 UndoNextLSN 값은 LSN 7565를 가진 보상 로그 레코드에 대한 점선 화살표로 표시했다. 분석 단계는 LSN 7568부터 시작할 것이며, 완료 후에는 RedoLSN이 7564가 된다. 따라서 redo 단계는 LSN 7564를 가진 로그 레코드부터 시작해야 한다. 이 LSN은 검사점 로그 레코드의 LSN보다 작다는 것에 주목하자. 이는 ARIES 검사점 생성 알고리즘이 수정된 페이지를 바로 안정 저장 장치에 출력하지 않기 때문이다. 분석 단계의 마지막에 더티 페이지 테이블은 검사점 로그 레코드에 기록된 4894, 7200 페이지와 7570 LSN을 가진 로그 레코드가 갱신한 2390 페이지를 포함한다. 분석 단계를 마치면 실행을 취소해야 하는 트랜잭션의 목록에는 T_{145}만 있게 된다.

Redo 단계는 LSN 7564부터 시작하며, 더티 페이지 테이블에 있는 페이지에 대한 로그 레코드를 재실행한다. Undo 단계는 T_{145}만 실행을 취소하면 되며, 따라서 T_{145}의 LastLSN 값 7567부터 시작해 LSN 7563을 가진 <T_{145} start> 로그 레코드를 발견할 때까지 역방향으로 진행한다.

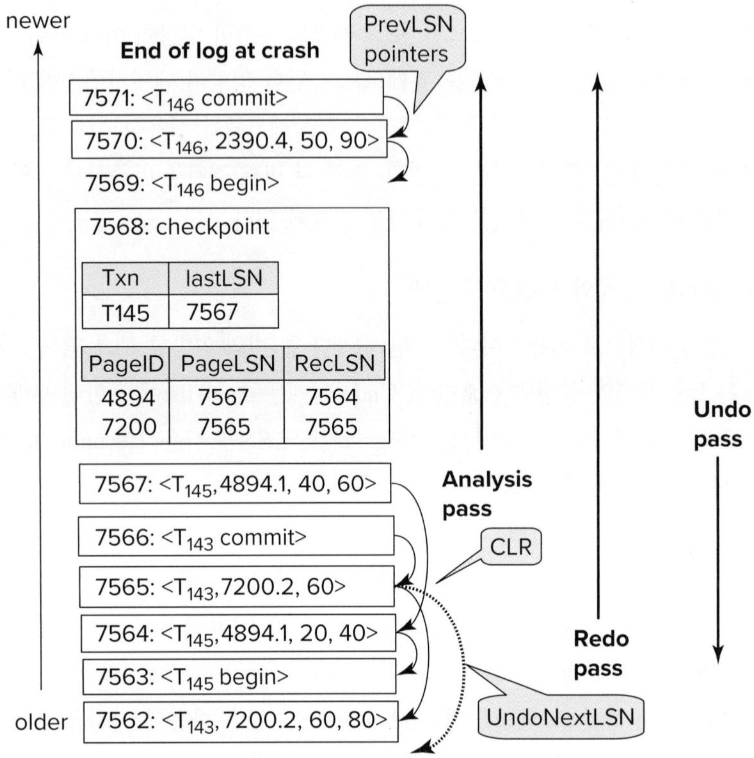

그림 19.10 ARIES에서 복구 동작

19.9.3 다른 특성

ARIES가 제공하는 다른 주된 특성은 아래와 같다.

- **중첩된 최상위 작업**: ARIES는 트랜잭션이 롤백하더라도 실행을 취소해서는 안 되는 연산에 대한 로그를 생성하는 것을 허용한다. 예를 들어, 한 트랜잭션이 어떤 릴레이션에 페이지를 할당할 때, 그 트랜잭션이 롤백하더라도 페이지 할당을 취소해서는 안 된다. 왜냐하면 다른 트랜잭션이 새로 할당된 페이지에 레코드를 기록할 수 있기 때문이다. 이처럼 실행을 취소하면 안 되는 연산을 중첩된 최상위 작업(nested top actions)이라 부른다. 이러한 연산은 실행을 취소할 때 어떠한 조치도 취하지 않도록 만들어진다. ARIES의 경우 트랜잭션을 롤백할 때 중첩된 최상위 작업이 생성한 로그 레코드를 무시하도록 UndoNextLSN을 더미 CLR을 사용하여 구현한다.
- **복구 독립성**: 다른 페이지와 독립적으로 일부 페이지를 복구할 수 있는데, 이는 다른 페이지를 복구하는 도중에도 해당 페이지를 사용할 수 있도록 하기 위한 것이다. 이 때문에 디스크의 일부 페이지에서 오류가 발생하더라도 다른 페이지를 사용하는 트랜잭션을 중단하지 않고 복구할 수 있다.
- **저장점**: 트랜잭션은 저장점(savepoint)을 기록하여 부분적으로 롤백할 수 있다. 이러한 특징은 교착 상태를 처리하는 데 매우 유용하다. 왜냐하면 트랜잭션은 다른 트랜잭션이 요구하는 잠금

을 해제하는 지점까지만 롤백한 후, 그 지점부터 재시작할 수 있기 때문이다.

프로그래머는 저장점을 사용해 부분적으로 트랜잭션의 실행을 취소하고 이후에 계속 실행하도록 할 수 있다. 이런 방식은 트랜잭션 실행 도중 발견된 특정 오류를 처리하는 데 유용하게 사용할 수 있다.

- **세밀한 단위의 잠금**: ARIES 복구 알고리즘은 인덱스의 페이지 단위가 아닌 튜플 단위의 잠금을 허용하는 동시성 제어 알고리즘과 함께 사용할 수 있으며, 이는 동시성을 매우 향상한다.
- **복구 최적화**: 시스템이 어떤 페이지에 반영할 로그 레코드를 찾았을 때만 해당 페이지를 읽어 들이는 것이 아니라 더티 페이지 테이블을 사용하여 redo 도중에 페이지를 미리 읽어(prefetch) 들일 수도 있다. 순서가 바뀐(out-of-order) 재실행 또한 가능하다. 구체적으로 디스크로부터 읽는 중인 페이지에 대한 redo를 지연할 수 있으며, 페이지를 읽어 들인 이후에 redo를 진행한다. 이 시간 동안 다른 로그 레코드는 계속 처리할 수 있다.

요약하면, ARIES 알고리즘은 동시성을 향상하고, 로그로 인한 부하를 줄이며, 복구 시간을 줄이기 위해 설계된 다양한 최적화 기법을 결합한 최신 복구 알고리즘이라 할 수 있다.

19.10 메인 메모리 데이터베이스의 복구

메인 메모리는 매우 빠른 임의 접근을 지원하므로, 이를 사용하는 메인 메모리 데이터베이스는 빠른 질의 처리 및 갱신을 지원한다. 그러나 시스템에 장애가 발생하거나 종료하게 되면 메인 메모리 내의 데이터가 손실될 수 있다. 따라서 시스템을 다시 시작할 때 복구할 수 있도록 데이터를 다른 영구적 또는 안정 저장 장치에 추가로 저장해 놓아야 한다.

전통적인 복구 알고리즘을 메인 메모리 데이터베이스 시스템에서도 사용할 수 있다. 단, 갱신 로그 레코드는 안정 저장 장치에 출력해야 한다. 복구를 통해 데이터베이스는 디스크로부터 불러들여지고 로그 레코드를 사용하여 데이터베이스를 일관성 있는 상태로 만든다. 커밋한 트랜잭션이 수정한 데이터 블록은 여전히 디스크에 써야 한다. 또한 재실행할 로그의 수를 줄여 복구 시간을 줄이기 위해서 검사점도 필요하다.

메인 메모리 데이터베이스를 사용하는 상황에서 여러 가지 최적화가 가능하다.

- 메인 메모리 데이터베이스가 데이터베이스를 메모리로 읽어 들이고 나서 그 릴레이션을 복구한 후에 재빠르게 인덱스를 재생성할 수 있다. 따라서 많은 메인 메모리 데이터베이스 시스템이 인덱스 갱신을 위해 따로 redo 로그를 생성하지 않는다. 트랜잭션 취소를 위한 undo 로그는 여전히 필요하지만, undo 로그 레코드를 따로 안정 저장 장치에 쓸 필요 없이 메모리에 보관할 수 있다.
- 몇몇 메인 메모리 데이터베이스 시스템은 redo 로그만 기록함으로써 로그로 인한 부담을 줄인다. 검사점을 주기적으로 수행하되 커밋하지 않은 데이터를 디스크에 쓰지 않도록 보장하거나, (이전 값을 지우고 덮어쓰는) 제자리(in-place) 갱신을 방지하기 위해 레코드의 버전을 여러 개 생성하기도 한다. 복구 과정은 검사점을 불러들이고 redo 연산을 실행하는 방식으로 진행된다. (커밋하지 않은 트랜잭션이 생성한 레코드의 버전은 가비지 수집 과정에서 삭제해야 한다.)

노트 19.2 비휘발성 램

몇몇 최신 비휘발성 저장 장치를 사용하는 시스템은 페이지 단위로 읽기 및 쓰기 대신 개별 워드(words) 단위의 접근을 허용하기도 한다. **저장 장치급 메모리**(storage class memory, **SCM**)라 부르기도 하는 비휘발성 램(non-volatile RAM, NVRAM)을 사용하는 시스템은 램 접근과 비견되는 지연 시간 및 대역폭을 보여 주는 임의 접근을 지원한다. 비휘발성 램에 저장된 데이터는 플래시 저장 장치처럼 전력이 끊겨도 손실되지 않으며, 램처럼 직접 접근을 지원한다. 용량과 바이트당 가격 면에서 현세대의 비휘발성 저장 장치는 램과 플래시 저장 장치 사이에 있다고 할 수 있다.

비휘발성 저장 장치를 다루기 위해 복구 기법은 점점 전문화되었다. 구체적으로, 트랜잭션 실패를 처리하기 위해 undo를 위한 로그는 필요하지만, redo를 위한 로그를 생성하지 않을 수도 있다. 이러한 복구 기법을 고안할 때는 비휘발성 램을 어떻게 원자적으로 갱신할 수 있는지와 같은 사안을 고려해야 한다.

- 메인 메모리 데이터베이스 시스템은 빠른 복구가 중요하다. 왜냐하면 트랜잭션 처리를 시작하기 전에 전체 데이터베이스를 메모리로 읽어 들인 후에 복구 작업을 수행해야 하기 때문이다.

  몇몇 메인 메모리 데이터베이스 시스템은 복구 시간을 줄이기 위해 다중 코어를 사용하여 병렬적으로 복구를 수행하기도 한다. 그렇게 하기 위해서는 데이터와 로그 레코드를 나눠야 한다. 이때 나뉜 데이터에 해당하는 로그 레코드만 포함하도록 나눠야 한다. 각 코어는 이렇게 나뉜 데이터와 로그 레코드에 대해 다른 코어와 병렬적으로 복구 작업을 수행하게 된다.

19.11 요약

- 컴퓨터 시스템은 다른 기계적인 장치나 전기적인 장치처럼 장애가 발생하기 마련이다. 디스크 고장, 전원 고장, 소프트웨어 에러와 같은 다양한 장애의 원인이 있다. 이러한 장애가 발생했을 때, 데이터베이스 시스템은 정보를 잃게 된다.
- 시스템 장애뿐만 아니라 트랜잭션도 무결성 제약의 위반이나 교착 상태 등으로 실패할 수 있다.
- 데이터베이스 시스템에 없어서는 안 될 부분 중의 하나가 장애를 탐지하고 데이터베이스를 장애 발생 이전의 상태로 복원하는 복구 기법이다.
- 저장 장치의 종류에는 휘발성 저장 장치와 비휘발성 저장 장치, 안정 저장 장치 등이 있다. 램과 같은 휘발성 저장 장치 내의 데이터는 컴퓨터에 장애가 발생하면 손실된다. 디스크와 같은 비휘발성 저장 장치 내의 데이터는 컴퓨터 장애 시에도 손실되지 않는다. 그러나 디스크 고장 등의 이유로 손실될 가능성은 있다. 안정 저장 장치 내의 데이터는 절대 손실되지 않는다.
- 온라인으로만 접근할 수 있는 안정 저장 장치는 미러 디스크나 중복 저장 장치를 제공하는 다른 형태의 RAID로 구현한다. 오프라인이나 기록 보관용 안정 저장 장치는 물리적으로 안전한 장소에 저장된 여러 개의 테이프 사본으로 구성할 수 있다.

- 장애가 발생한 경우, 데이터베이스 시스템의 상태는 더는 일관성이 없다. 즉 데이터베이스 상태는 현실 세계를 반영하지 않고 있다는 의미다. 일관성을 유지하기 위해 각각의 트랜잭션은 원자성을 가져야 한다. 원자성과 지속성을 보장하는 것은 복구 기법의 책임이다.
- 로그 기반 기법에서 모든 갱신 내용은 로그에 기록하며, 로그는 반드시 안정 저장 장치에 보관해야 한다. 어떤 트랜잭션의 마지막 로그 레코드, 즉 commit 로그 레코드가 안정 저장 장치에 기록되면, 그 트랜잭션은 커밋한 것으로 간주한다.
- 로그 레코드는 모든 갱신된 데이터 항목의 이전 값과 새로운 값을 가지고 있다. 새로운 값은 시스템 장애 발생 후에 갱신 작업을 재실행할 때 사용한다. 이전 값은 트랜잭션이 정상 실행 중에 롤백하거나, 트랜잭션이 커밋하기 전에 시스템에 장애가 발생했을 때, 실행을 취소하기 위해 사용한다.
- 지연 갱신 기법에서 트랜잭션의 실행 중에 모든 쓰기 연산은 트랜잭션이 커밋할 때까지 지연된다. 커밋한 시점에서 시스템은 그 쓰기 연산과 관련된 로그 레코드의 정보를 사용하여 실제 갱신을 수행한다. 지연 갱신 기법에서 로그 레코드는 갱신된 데이터 항목의 이전 값을 가지고 있을 필요가 없다.
- 로그를 탐색하고 트랜잭션을 재실행하는 데 필요한 부담을 줄이기 위해서는 검사점 기법을 사용할 수 있다
- 최신 복구 알고리즘은 정상적인 실행 과정에서 수행한 모든 작업(마지막으로 생성된 검사점 이후)을 복구 과정의 redo 단계에서 재현하는 방식을 사용한다. 작업을 재현함으로써 시스템을 장애가 발생하기 전에 마지막 로그 레코드를 안정 저장 장치에 출력한 시점의 상태로 되돌린다. 이렇게 복구된 상태에서 로그를 역방향으로 탐색해 가며 완료되지 못한 트랜잭션의 로그 레코드의 실행을 취소하는 undo 단계를 실행한다.
- 미완료 트랜잭션의 undo 작업을 수행할 때, redo 전용 로그 레코드와 abort 로그 레코드를 기록한다. 이후에 트랜잭션은 완료된 것으로 간주하며, 실행 취소를 다시 하지 않게 된다.
- 트랜잭션 처리는 메인 메모리 내의 로그 버퍼, 데이터베이스 버퍼, 시스템 버퍼를 가지고 있는 저장 장치 모델을 기반으로 한다. 여기서 시스템 버퍼에는 시스템 오브젝트 코드의 페이지와 개별 트랜잭션 작업 영역을 유지한다.
- 효율적인 복구 기법을 구현하기 위해서는 데이터베이스와 안정 저장 장치에 쓰는 횟수를 최소화해야 한다. 로그 레코드는 처음에는 휘발성 로그 버퍼에 저장할 수 있지만, 아래의 상황에서 반드시 안정 저장 장치에 써야 한다.
    - <T_i commit> 로그 레코드를 안정 저장 장치에 출력하기 전에 트랜잭션 T_i와 관련이 있는 모든 로그 레코드를 먼저 안정 저장 장치에 출력해야 한다.
    - 메인 메모리 내의 데이터 블록을 (비휘발성 저장 장치에 저장된)데이터베이스에 출력하기 전에 그 데이터 블록과 관련이 있는 모든 로그 레코드를 먼저 안정 저장 장치에 출력해야 한다.

- 원격 백업 시스템은 고가용성을 제공하며 주 사이트가 화재, 홍수, 지진과 같은 재해로 파괴되어도 트랜잭션 처리를 계속할 수 있게 해 준다. 주 사이트의 데이터와 로그 레코드는 계속해서 원격 백업 사이트에 저장한다. 만일 주 사이트에 장애가 발생하면 원격 백업 시스템이 복구 작업을 수행한 후 트랜잭션을 대신 처리하게 된다.
- 최신 복구 기법은 B^+-트리의 동시성 제어를 위해 사용하는 잠금 기법과 같이 높은 동시성을 제공하는 잠금 기법을 지원한다. 이러한 기법은 삽입과 삭제 연산과 같은 연산이 획득하는 저수준 잠금을 조기에 해제하도록 하여 다른 트랜잭션이 연산을 수행할 수 있도록 해 준다. 저수준 잠금을 해제한 후에는 물리적 undo 연산이 불가능하며, 대신 삽입을 취소하기 위해 삭제를 하는 식의 논리적 undo 연산이 필요하다. 트랜잭션은 고수준 잠금을 획득하여 동시 실행 중인 다른 트랜잭션이 논리적 undo 연산을 불가능하게 하는 작업을 수행하지 못하게 막는다.
- 비휘발성 저장 장치의 데이터 손실을 일으키는 장애를 복구하기 위해서는, 전체 데이터베이스를 안정 저장 장치에 주기적으로(예를 들어, 하루에 한 번) 덤프(dump)해야 한다. 물리적 데이터베이스 블록에 손실을 유발하는 장애가 발생하면 가장 최근에 덤프한 데이터베이스를 사용하여 이전의 일관된 상태로 복구해야 한다. 덤프를 사용하여 복구하고 나서 로그를 사용하여 데이터베이스 시스템을 가장 최신의 일관된 상태로 복구하게 된다.
- ARIES 복구 기법은 더 나은 동시성을 제공하고, 로그로 인한 부담을 줄이며, 복구 시간을 최소화하기 위한 여러 특성을 지원하는 최신 기법이다. ARIES 기법 또한 연산을 재현하는 방법을 사용하며, 논리적 undo 연산을 지원한다. ARIES 기법은 페이지를 주기적으로 출력하며, 검사점을 생성할 때 모든 페이지를 출력할 필요가 없다. ARIES 기법은 로그 순서 번호(LSN)를 사용하여 다양한 최적화를 할 수 있으며, 복구하는 데 걸리는 시간을 줄인다.

용어정리

- 복구 기법
- 장애 분류
  - 트랜잭션 실패
  - 논리적 오류
  - 시스템 오류
  - 시스템 장애
  - 데이터 전송 실패
- 실패 중지 가정
- 디스크 고장
- 저장 장치 종류
  - 휘발성 저장 장치
  - 비휘발성 저장 장치
  - 안정 저장 장치
- 블록
  - 물리적 블록
  - 버퍼 블록
- 디스크 버퍼
- 강제 출력
- 로그 기반 복구
- 로그
- 로그 레코드
- 갱신 로그 레코드
- 지연 갱신
- 즉시 갱신
- 커밋되지 않은 갱신
- 검사점

- 복구 알고리즘
- 복구 재시작
- 트랜잭션 롤백
- 물리적 undo
- 물리적 로깅
- 트랜잭션 롤백
- Redo 단계
- Undo 단계
- 재현
- 버퍼 관리
- 로그 레코드 버퍼링
- 쓰기 전 로깅(WAL)
- 로그 강제
- 데이터베이스 버퍼링
- 래치
- 운영체제와 버퍼 관리
- 퍼지 검사점
- 고가용성
- 원격 백업 시스템
  - 주 사이트
  - 원격 백업 사이트
  - 보조 사이트
- 장애 탐지
- 제어권 이관
- 복구 시간
- 최신 준비 구성
- 커밋 시간
  - One-safe
  - Two-very-safe
  - Two-safe
- 조기 잠금 해제
- 논리적 연산
- 논리적 로깅
- 논리적 undo
- 비휘발성 저장 장치의 손실
- 기록 보관용 덤프
- 퍼지 덤프
- ARIES
  - 로그 순서 번호(LSN)
  - PageLSN
  - 물리-논리적 redo
  - 보상 로그 레코드(CLR)
  - 더티 페이지 테이블
  - 검사점 로그 레코드
  - 분석 단계
  - Redo 단계
  - Undo 단계

실전문제

19.1 Redo 연산은 순방향으로 수행하는 데 반해 undo-list에 있는 트랜잭션의 로그 레코드는 왜 역방향으로 처리해야 하는지 설명하라.

19.2 검사점 기법의 목적을 설명하라. 얼마나 자주 검사점을 생성해야 하는가? 검사점의 생성 빈도가 다음 항목에 어떻게 영향을 미치는가?

- 장애가 발생하지 않았을 때의 시스템 성능
- 시스템 장애로부터 복구에 걸리는 시간
- 디스크와 같은 저장 매체 고장으로부터 복구에 걸리는 시간

19.3 몇몇 데이터베이스 시스템은 관리자가 두 가지 로깅 기법을 선택할 수 있도록 한다. 한 가지는 시스템 장애 시 사용하는 정상(normal) 로깅이고 다른 하나는 디스크와 같은 저장 매체 고장 시

에 사용하는 보관용(archival) 로깅이다. 19.4절의 복구 알고리즘을 사용할 때, 각각의 경우 언제 로그 레코드를 삭제할 수 있는가?

19.4 19.4절의 복구 알고리즘을 어떻게 수정해야 저장점과 저장점까지의 롤백을 수행할 수 있는지 설명하라(저장점은 19.9.3절에서 설명했다).

19.5 데이터베이스에서 지연 갱신 기법을 사용한다고 하자.

a. 갱신 레코드의 이전 값은 필요한가? 이유를 설명하라.

b. 갱신 로그 레코드에 이전 값을 저장하지 않는다면, 트랜잭션의 실행 취소는 불가능하다. 이러한 상황에서 복구의 redo 단계는 어떻게 수정해야 하는가?

c. 지연 갱신 기법은 갱신된 데이터 항목을 트랜잭션의 지역 메모리에 저장하고 갱신하지 않은 데이터 항목은 데이터베이스 버퍼에서 직접 읽음으로써 구현할 수 있다. 이때 트랜잭션 자신이 갱신한 내용을 볼 수 있도록 보장하며, 데이터 항목을 효율적으로 읽을 방법을 제안하라.

d. 위의 기법에서 트랜잭션이 갱신 작업을 많이 수행할 때 발생하는 문제점은 무엇인가?

19.6 그림자 페이징 기법은 페이지 테이블을 복사할 것을 요구한다. 페이지 테이블이 B^+-트리로 표현되어 있다고 가정하자.

a. 갱신 작업은 단말 노드에서만 수행하고 삽입과 삭제가 없다고 했을 때, 새 사본과 B^+-트리의 그림자 사본 사이에 최대한 많은 노드를 공유할 방법을 제안하라.

b. 위의 최적화 방법을 사용해도 적은 양의 갱신을 수행하는 트랜잭션에 대해서는 로깅 기법이 그림자 사본 기법보다는 효율적이다. 왜 그런지 설명하라.

19.7 19.4절의 복구 알고리즘을 트랜잭션을 롤백하는 동안 로그를 생성하지 않도록 (잘못) 수정했다고 가정하자. 시스템 장애를 복구할 때, 이전에 롤백된 트랜잭션은 undo-list에 다시 포함하고 롤백할 것이다. 이때 복구의 undo 단계에서 어떻게 잘못된 데이터베이스 상태에 빠지는지를 보이는 예제를 만들라(힌트: 취소된 트랜잭션이 갱신하고 그다음에 커밋한 다른 트랜잭션이 갱신한 데이터 항목을 생각해 보라).

19.8 트랜잭션이 할당한 디스크 공간은 그 트랜잭션이 롤백해도 해제하면 안 된다. 그 이유와 ARIES는 어떻게 이런 작업을 롤백하지 않도록 보장하는지 설명하라.

19.9 한 트랜잭션이 어떤 레코드를 삭제하고, 이 트랜잭션이 커밋하기 전에 삭제로 인해 생긴 공간에 다른 트랜잭션이 레코드를 삽입했다고 하자.

a. 첫 번째 트랜잭션이 롤백하면 어떤 문제가 발생하는가?

b. 튜플 단위 잠금이 아닌 페이지 단위 잠금을 사용할 때도 이런 문제가 발생하는가?

c. 튜플 단위 잠금을 사용할 때, 커밋 후의 작업을 특수 로그 레코드를 사용해 로그로 남기고 커밋 후에 실행하여 이 문제를 해결할 방법을 제안하라. 제안한 기법이 이와 같은 동작을 한 번만 수행함을 보장하도록 하라.

19.10 상호작용을 하는 트랜잭션의 복구가 배치 트랜잭션의 복구보다 더 어려운 이유를 설명하라. 이러한 어려움을 해결하기 위한 간단한 방법이 있는가? (힌트: 현금을 인출할 때 ATM의 트랜잭션을 생각해 보라.)

19.11 은행원이 입력을 잘못한 상황과 같이 때로는 완료한 트랜잭션을 취소해야 할 때가 있다.

a. 일반적인 트랜잭션 undo 방법을 사용하여 이런 트랜잭션을 취소했을 때, 일관성이 결여된 상태에 빠지는 예를 들어 보라.

b. 이러한 상황을 처리하기 위한 한 가지 방법은 데이터베이스를 잘못된 트랜잭션의 실행 이전의 상태로 만드는 것이다. 이를 **특정 시점 복구**(point-in-time recovery)라 부른다. 이 기법은 특정 시점 이후에 커밋한 트랜잭션을 롤백한다.

19.4절의 복구 알고리즘을 수정하여 데이터베이스 덤프를 사용하는 특정 시점 복구 기법을 구현해 보라.

c. 갱신 내용이 SQL 형식으로 존재한다면 오류 없는 트랜잭션을 후에 논리적으로 재실행할 수 있다. 그러나 로그 레코드를 이용해서는 재실행할 수 없다. 왜 그런가?

19.12 이 장에서 서술한 복구 기법은 블록을 원자적으로 디스크에 쓴다고 가정하고 있다. 그러나 블록은 전원이 끊겼을 때, 일부 섹터만 쓰는 식으로 부분적으로만 디스크에 쓸 수 있다.

a. 블록을 부분적으로 쓰는 것이 어떤 문제를 일으킬 수 있는가?

b. 부분적으로 블록을 쓰는 것을 섹터를 읽을 때 사용하는 검증과 유사한 기법을 사용하여 탐지할 수 있다. 어떻게 하는지 설명하라.

c. RAID 1을 사용하여 어떻게 부분적으로 쓴 블록을 이전 값 또는 새로운 값으로 복구할 수 있는지 설명하라

19.13 오라클 데이터베이스 시스템은 스냅샷 고립 정책에 따라 데이터베이스의 스냅샷 뷰를 제공하기 위해 undo 레코드를 사용한다. 트랜잭션 T_i가 보는 스냅샷 뷰는 T_i를 실행하기 전에 커밋한 모든 트랜잭션의 갱신 내용과 T_i의 갱신 내용을 포함하고 있다. 여기서 T_i는 다른 트랜잭션이 수행한 갱신 내용을 볼 수 없다.

트랜잭션이 버퍼에 있는 페이지의 스냅샷 뷰를 받을 때 버퍼를 관리하는 기법에 관해 서술하라. (구체적으로 로그를 사용하여 어떻게 스냅샷 뷰를 생성할지를 포함하여 서술하라. 여기서 undo 작업을 포함한 연산은 오직 하나의 페이지에만 영향을 미친다고 가정한다.)

연습문제

19.14 I/O 비용 면에서 세 가지 저장 장치, 즉 휘발성, 비휘발성, 안정 저장 장치 유형을 비교하라.

19.15 안정 저장 장치는 구현할 수 없다.

a. 왜 그런지 그 이유를 설명하라.

b. 이 문제를 데이터베이스 시스템은 어떻게 처리하는지 설명하라.

19.16 블록을 디스크에 출력하기 전에 그 블록과 관련이 있는 몇몇 로그 레코드를 안정 저장 장치에 출력하지 않았다면, 어떻게 데이터베이스가 일관성이 결여된 상태에 빠지는지 설명하라.

19.17 "No-steal/Force" 버퍼 관리 정책의 단점을 서술하라.

19.18 2단계 잠금 기법을 사용하지만, 독점적 잠금을 조기에 해제한다고 하자. 즉 엄격한 2단계 잠금

방식으로 잠금을 하지 않는다는 의미다. 로그 기반의 복구 알고리즘을 사용할 때, 트랜잭션 롤백으로 인해 잘못된 최종 상태에 빠지는 예시를 보여라.

19.19 물리-논리적 redo 로깅은 특히 슬롯 페이지 구조를 사용하는 상황에서 로그로 인한 부담을 상당히 줄여 준다. 왜 그런가?

19.20 (물리-논리적 redo 로깅을 제외하고) 논리적 redo 로깅은 거의 사용하지 않는 반면, 논리적 undo 로깅은 많이 사용하는 이유를 설명하라.

19.21 그림 19.5의 로그를 다시 보자. <T_0 abort> 로그 레코드를 쓰기 직전에 장애가 발생했다고 가정하자. 복구 과정에서 어떤 일이 발생하는지 설명하라.

19.22 매우 긴 시간 동안 수행하지만, 갱신 연산은 거의 수행하지 않는 트랜잭션을 고려해 보자.

a. 이런 트랜잭션에 19.4절의 복구 알고리즘을 사용할 때와 ARIES 알고리즘을 사용할 때, 각각 복구 시간에 어떤 영향을 미치는가?

b. 오래된 로그 레코드를 삭제할 때, 이런 트랜잭션에 어떤 영향을 미치는가?

19.23 그림 19.7의 로그를 보자. 연산 O_1에 대한 abort 로그 레코드가 쓰기 직전에 장애가 발생했다고 가정하자. 시스템이 다시 복구되는 동안 어떤 일이 발생하는가?

19.24 데이터를 새로 할당된 디스크 페이지에 추가할 때, 로그 기반의 복구 기법과 그림자 사본 기법을 오버헤드 관점에서 비교하라.

19.25 ARIES 복구 알고리즘에서

a. 분석 단계를 시작할 때 어떤 페이지가 검사점 더티 페이지 테이블에 없었다면, 이 페이지에 redo 레코드를 적용해야 하는가? 그 이유는 무엇인가?

b. RecLSN이 무엇이며 이를 불필요한 redo 연산을 최소화하는 데 어떻게 사용할 수 있을지 설명하라.

19.26 "시스템 장애"와 "재해"의 차이점을 설명하라.

19.27 아래 각 요구 조건에 대해 원격 백업 시스템에 적용할 최선의 지속성 수준을 결정하라.

a. 데이터 손실은 반드시 피해야 하지만 약간의 가용성의 감소는 참을 수 있다.

b. 재해로 인해 일부 커밋된 트랜잭션의 손실이 있다 하더라도 트랜잭션 커밋은 빠르게 수행되어야만 한다.

c. 높은 수준의 가용성과 지속성이 필요하다. 하지만 트랜잭션 커밋 규약을 위한 긴 수행 시간은 허용한다.

더 읽어보기

[Gray and Reuter (1993)]는 복구에 관해 흥미로운 구현 방법과 역사적인 묘사를 포함한 최상의 교과서다. [Bernstein and Goodman (1981)]는 동시성 제어와 복구에 관한 기초 교과서다. [Faerber et al. (2017)]에서 메인 메모리 데이터베이스와 그 복구 기법에 대한 개요를 다룬다.

시스템 R 복구 기법에 관한 개요는 [Gray et al. (1978)](여기서는 광범위하게 동시성 제어 기법을 다루며 시스템 R의 다양한 측면에 관해서도 소개하고 있다) 및 [Gray et al. (1981)]에 나와 있다. 복구 원리에 대한 전체적인 설명은 [Haerder and Reuter (1983)]에 의해 제공되었다. 복구에 관한 종합적인 원리는 [Haeder and Reuter (1983)]에 나와 있다. [Mohan et al. (1992)]는 ARIES 복구 기법을 기술한다. 많은 데이터베이스 시스템이 고가용성을 기능을 지원한다. 더 자세한 내용은 각 데이터베이스 시스템의 온라인 매뉴얼을 참조하길 바란다.

참고문헌

[Bayer et al. (1978)] R. Bayer, R. M. Graham, and G. Seegmuller, editors, *Operating Systems: An Advanced Course, Volume 60 of Lecture Notes in Computer Science*, Springer Verlag (1978).

[Berstein and Goodman (1981)] P. A. Bernstein and N. Goodman, "Concurrency Control in Distributed Database Systems", *ACM Computing Surveys*, Volume 13, Number 2 (1987), pages 185-221.

[Faerber et al. (2017)] F. Faerber, A. Kemper, P.-A. Larson, J. Levandoski, T. Neumann, and A. Pavlo, "Main Memory Database Systems", *Foundations and Trends in Databases*, Volume 8, Number 1-2 (2017), pages 1-130.

[Gray (1978)] J. Gray. "Notes on Data Base Operating System", In *[Bayer et al. (1978)]*, pages 393-481, Springer Verlag (1978).

[Gray and Reuter (1993)] J. Gray and A. Reuter, *Transactions Processing: Concepts and Techniques*, Morgan Kaufumann (1993).

[Gray et al. (1981)] J. Gray, P. R. McJones, and M. Blasgen, "The Recovery Manager of the System R Database Manager", *ACM Computing Surveys*, Volume 13, Number 2 (1981), pages 223-242.

[Haeder and Reuter (1983)] T. Haeder, and A. Reuter, "Principles of Transaction-Oriented Database Recovery", *ACM Computing Surveys*, Volume 15, Number 4 (1983), pages 287-318.

[Mohan et al. (1992)] C. Mohan, D. Haderle, B. Lindsay, H. Pirahesh, and P. Schwarz, "ARIES: A Transaction Recovery Method Supporting Fine-Granularity Locking and Partial Rollbacks Using Write-Ahead Logging", *ACM Transactions on Database Systems*, Volume 17, Number 1 (1992), pages 94-162.

크레딧

장 도입부 보트 사진: © Pavel Nesvadba/Shutterstock

PART 8

병렬 및 분산 데이터베이스

하나의 서버 시스템이 데이터베이스에 대한 연산을 실행하도록 데이터베이스 시스템을 중앙집중식으로 설계할 수 있다. 또한 병렬 컴퓨터 구조를 활용하도록 설계할 수도 있다. 분산 데이터베이스는 지리적으로 떨어진 여러 컴퓨터에 걸쳐 있는 데이터베이스를 말한다.

20장은 먼저 중앙집중식과 클라이언트-서버 구조에 주로 사용되는, 서버 시스템에서 실행되는 데이터베이스 시스템 구조에 관해 설명한다. 이어 병렬 컴퓨터 구조에 관해 설명하고 다양한 유형의 병렬 컴퓨터를 위해 설계된 병렬 데이터베이스 구조에 관해 설명한다. 이 장 마지막은 분산 데이터베이스 시스템을 구축할 때 일어날 수 있는 구조적 이슈에 관해 설명한다.

21장은 병렬 및 분산 데이터베이스 시스템의 데이터 저장 및 인덱싱 기법에 관해 설명한다. 여기에는 데이터 분할 및 복제가 포함된다. 데이터베이스 시스템의 전 기능이 아닌 일부 기능만 지원하는 키-값 저장소의 장단점에 관해서도 설명한다.

22장은 병렬 및 분산 데이터베이스 시스템의 질의 처리 알고리즘에 관해 설명한다. 이 장은 의사결정 지원 시스템의 질의 처리에 대해 주로 설명한다. 이러한 의사결정 지원 시스템은 매우 많은 양의 데이터에 대한 질의를 동시에 실행할 수 있어야 한다. 또한 복수의 노드에 걸친 질의에 대한 병렬 처리일 경우, 수용할 수 있는 응답 시간 내에 해당 질의 처리를 완료하는 것이 매우 중요하다. 이 장은 병렬 정렬 및 조인, 파이프라이닝, 맵리듀스 시스템 구현 및 병렬 스트림 처리에 관한 내용을 다룬다.

23장은 병렬 및 분산 데이터베이스 시스템에서 트랜잭션을 처리하는 방법에 관해 설명한다. 동시성 제어 및 복구를 지원하는 것 외에도, 병렬 및 분산 데이터베이스 시스템은 데이터 복제에 관한 문제와 전부는 아니나 일부 노드에 관여하는 고장에도 대처할 수 있어야 한다. 이 장은 분산 데이터베이스를 위한 원자적 커밋 프로토콜과 컨센서스 프로토콜, 분산 동시성 제어, 복사본의 일관성, 그리고 성능과 가용성을 위한 일관성의 상반관계를 다룬다.

Chapter 20

데이터베이스 시스템 구조

데이터베이스 시스템 구조는 하부 컴퓨터 시스템, 특히 프로세서 및 메모리 구조, 네트워크, 병렬 및 분산 처리와 같은 요소에 크게 영향을 받는다. 이번 장은 병렬 및 분산 처리의 요구 사항뿐만 아니라 하드웨어가 어떻게 데이터베이스 구조에 영향을 미치는지에 대해 주로 설명하면서 데이터베이스 구조 전반에 대해 소개한다.

20.1 개요

초기의 데이터베이스는 멀티태스킹(multi-tasking)을 지원하는 단일 장치에서 동작하도록 설계되었다. 이를 **중앙집중 데이터베이스 시스템**(centralized database system)이라고 부르며, 지금도 여전히 널리 사용되고 있다. 현재 중앙집중 데이터베이스를 기반으로 하는 기업 규모의 응용 프로그램은 적게는 수십, 많게는 수천 명의 사용자를 보유하고 있으며, 수 메가바이트에서 수백 기가바이트에 달하는 크기의 데이터베이스를 다룬다.

병렬 데이터베이스 시스템(parallel database system)은 1980년대 후반 많은 장치에서 작업을 병렬적으로 수행하기 위해 개발되었다. 이 시스템은 트랜잭션 처리 성능, 의사결정 지원 질의 처리 시간 및 저장 장치 용량 측면의 요구 사항을 중앙집중 데이터베이스로는 충족할 수 없는 대규모 응용 프로그램을 처리하기 위해 개발되었다. 또한 말 그대로 병렬 데이터베이스 시스템은 수백 대의 장치에서 병렬적으로 동작할 수 있도록 설계되었다. 단순히 기업 규모 응용 프로그램에 의해서가 아니라, 수백만에서 수억 명에 달하는 사용자를 보유하고 있고, 수백 페타바이트 단위의 데이터를 처리해야 할 수도 있는 웹 규모의 응용 프로그램이 오늘날 병렬 데이터베이스의 급격한 성장을 주도하였다고 해도 과언이 아니다.

병렬 데이터 저장 장치 시스템에서 주로 키(key)를 통해 데이터를 저장하고 검색한다. 병렬 데이터베이스와 달리 이 시스템은 트랜잭션과 선언적 질의에 대한 지원이 매우 제한적이다. 대신, 대부분의 병렬 데이터베이스가 처리할 수 없는 규모의 (수천에서 수만 대에 달하는) 매우 많은 장치에서도 병렬적으로 실행된다.

데이터가 서로 다른 데이터베이스 시스템에서 생성/저장되고, 여러 데이터베이스에서 질의를 실행하고 트랜잭션을 갱신해야 하는 경우가 있다. 이를 위해 **분산 데이터베이스 시스템**(distributed database system)이 개발되었다. 오늘날 분산 데이터베이스의 고장 허용(fault-tolerance) 기술은 대규모 병렬 데이터베이스 및 데이터 저장 장치 시스템의 높은 신뢰성과 가용성을 보장하는 데 핵심 역할을 담당한다.

이 장은 전통적인 중앙집중 구조부터 시작해서 병렬 및 분산 데이터베이스 구조에 이르기까지 전반적인 데이터베이스 시스템 구조에 대해 소개한다. 병렬 및 분산 데이터 저장 및 인덱싱은 21장에서 살펴본다. 22장에서 병렬 및 분산 질의 처리에 대해, 23장에서 병렬 및 분산 트랜잭션 처리에서 생기는 주요한 쟁점에 관해 설명한다.

20.2 중앙집중 데이터베이스 시스템

중앙집중 데이터베이스 시스템은 단일 컴퓨터 시스템에서 동작하는 데이터베이스 시스템이다. 이러한 데이터베이스 시스템은 모바일 기기나 개인용 컴퓨터에서 동작하는 단일 사용자 데이터베이스 시스템에서부터 멀티 코어, 복수 개의 디스크 및 (어떤 CPU 코어에서도 접근할 수 있는) 큰 크기의 메모리를 가진 서버에서 동작하는 고성능의 데이터베이스 시스템에 이르기까지 다양한 범위에 걸쳐 사용된다. 현재 기업 규모의 큰 응용에 중앙집중 데이터베이스 시스템이 널리 사용되고 있다.

컴퓨터는 사용되는 방식에 따라 단일 사용자 시스템과 다중 사용자 시스템, 이렇게 두 가지로 구분할 수 있다. 스마트폰이나 개인용 컴퓨터는 단일 사용자 시스템에 해당한다. 일반적인 **단일 사용자 시스템**(single-user system)은 보통 (주로 멀티 코어를 가진) 프로세서 하나만 있고 하나 또는 두 개의 디스크[1]를 가지는, 단일 사용자만 쓰는 시스템이다. 반면, **다중 사용자 시스템**(multiuser system)은 더 많은 디스크와 더 많은 메모리로 구성되며, 멀티프로세서를 가질 수도 있다. 이러한 시스템은 원격으로 시스템에 연결된 많은 사용자에게 서비스를 제공하는데, 이를 **서버 시스템**(server system)이라고 한다.

단일 사용자를 고려하여 설계한 데이터베이스 시스템은 보통은 다중 사용자 데이터베이스 시스템이 제공하는 많은 기능 중에서 일부 기능만 제공한다. 특히 단일 사용자 데이터베이스 시스템에서 데이터베이스에 대한 동시 접근 정도는 그다지 크지 않기 때문에, 매우 단순한 동시성 제어 기법을 사용한다. 따라서 시스템에서 데이터를 긴급 복구하는 방법이 매우 초보적인 수준(예를 들어, 데이터의 갱신을 수행하기 전에 단순히 복사본을 만들어 두는 정도)이거나 때로는 복구 방법이 존재하지 않을 수도 있다. 이러한 시스템의 경우, SQL 대신 데이터 접근을 위한 API를 제공하기도 한다. 이것을 **내장 데이터베이스**(embedded database)라고 하는데, 그 이유는 이 시스템을 일반적으로 단일 응용 프로그램에 연결할 수 있도록 설계하였고 오직 해당 응용 프로그램으로부터만 (해당 데이터베이스에) 접근할 수 있도록 해 두었기 때문이다.

---

1 여기서 디스크라는 용어는 하드 디스크(HDD)나 솔리드 스테이트 드라이브(SSD)를 가리킨다.

이에 반하여, 다중 사용자 시스템으로 설계된 데이터베이스 시스템은 이전 장들에서 살펴보았던 트랜잭션과 관련된 모든 기능을 지원한다. 이러한 데이터베이스는 보통 **서버**(server)로 설계되는데, 서버는 보통 응용 프로그램에서 받은 요청에 대한 서비스를 제공한다. 여기서 요청은 SQL 질의의 형식이거나, API를 사용하여 지정된 데이터의 검색, 저장, 갱신에 대한 요청일 수 있다.

오늘날 사용 중인 대부분의 범용 컴퓨터 시스템은 여러 개(일반적으로 1~4개)의 멀티 코어 프로세서가 있는데, 각 멀티 코어 프로세서는 소수 개(일반적으로 4~8개)의 코어를 갖고 있다. 모든 프로세서는 메인 메모리를 공유한다. 이렇게 적은 개수의 코어와 공유 메모리를 사용하는 병렬화를 **굵은 단위 병렬화**(coarse-grained parallelism)라고 한다.

단일 프로세서 시스템에서 동작하는 운영체제는 멀티 테스킹을 제공한다. 따라서 여러 프로세스가 시분할(time-shared) 방식으로 같은 프로세서에서 실행될 수 있다. 그래서 다른 프로세스의 동작을 서로 엮을 수 있다. 단일 프로세서 시스템용 데이터베이스는 오랫동안 여러 프로세스 또는 스레드가 동시에 공유 데이터베이스에 접근할 수 있도록 설계되었으므로, 데이터에 대한 동시 접근과 같이 실제 병렬로 실행되는 여러 프로세스를 처리할 때 발생하는 많은 문제는 이미 해결되었다. 따라서 시분할 단일 프로세서 장치용으로 설계된 데이터베이스 시스템은 굵은 단위 병렬 시스템에서 상대적으로 쉽게 동작하도록 조정될 수 있다.

굵은 단위 병렬 데이터베이스는 일반적으로 하나의 질의를 여러 프로세서에 분할하지 않고, 각각의 질의를 서로 다른 프로세서에서 실행하는 방식으로, 다수 질의를 동시에 수행한다. 이를 통해 높은 처리량을 지원할 수 있다. 다시 말해, 이 시스템은 개별 트랜잭션의 실행 속도는 빠르지 않더라도 초당 더 많은 수의 트랜잭션을 처리할 수 있게 한다. 최근에는 멀티 코어를 지원하는 휴대전화에서도 개별 질의를 병렬 처리하는 시스템이 나타나고 있다.

반면, **미세 단위 병렬화**(fine-grained parallelism)를 지원하는 장치는 많은 수의 프로세서를 가지며, 그러한 장치에서 실행하는 데이터베이스 시스템은 사용자가 요청한 (예를 들어, 질의와 같은) 단일 작업을 병렬화하기 위해 노력한다.

병렬화는 소프트웨어 시스템 설계, 특히 데이터베이스 시스템 설계에서 중요한 문제로 여겨져 오고 있다. 한때 특수하게 설계된 하드웨어상에서 동작하는 특화 시스템이었던 병렬 데이터베이스 시스템이 이제 일반적인 기준이 되고 있다. 병렬 데이터베이스 시스템 구조에 대해서는 20.4절에서 살펴본다.

20.3 서버 시스템 구조

서버 시스템은 크게 트랜잭션 서버와 데이터 서버로 분류할 수 있다.

- **트랜잭션 서버**(transaction-server) 시스템 혹은 **질의 서버**(query-server) 시스템은 클라이언트가 동작을 수행하기 위한 요청을 보내고, 그 요청에 대한 응답으로 시스템이 동작을 수행하고 그 결과를 클라이언트에게 다시 보내는 인터페이스를 제공한다. 보통 클라이언트 장치가 트랜잭션을 서버 시스템으로 보내면, 서버 시스템은 이러한 트랜잭션을 수행하며 그 결과를 데이터의 화면 출력을 담당하는 클라이언트에게 다시 보낸다. 이때 SQL을 사용하거나, 별도의 응용 프로그램

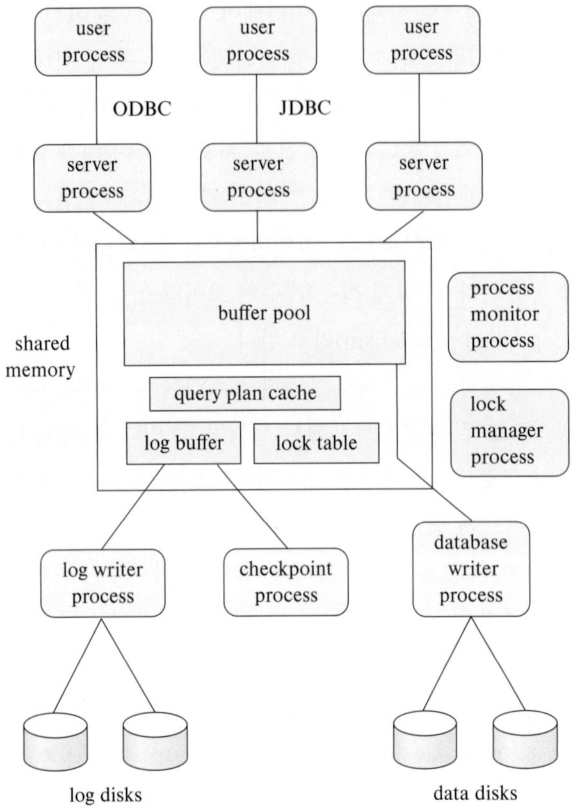

그림 20.1 공유 메모리와 프로세스 구조

인터페이스를 통해서 그러한 요청을 표현한다.

- **데이터 서버 시스템**(data-server system)은 클라이언트가 파일이나 페이지와 같은 단위로 데이터를 읽거나 갱신하는 요청을 함으로써 서버와 접속하는 시스템이다. 예를 들어, 파일 서버는 클라이언트가 파일을 생성, 갱신, 읽기, 삭제할 수 있는 파일 시스템 인터페이스를 제공한다. 데이터베이스 시스템을 위한 데이터 서버의 경우에는 훨씬 더 많은 기능을 제공한다. 여기서는 페이지, 튜플, 객체 등 파일보다 더 작은 데이터 단위도 지원한다. 또한 데이터 서버는 데이터에 대한 인덱스 기능을 제공하며, 트랜잭션 기능을 통해 클라이언트 장치나 프로세스가 고장 난 경우에도 데이터가 일관성을 유지하도록 한다.

이들 두 시스템 중에서 트랜잭션 서버 구조가 훨씬 더 널리 사용되는 구조이지만, 웹 규모에서 트래픽을 처리하는 데에는 병렬 데이터 서버를 널리 사용한다. 트랜잭션 서버 및 데이터 서버 구조에 대해 20.3.1절과 20.3.2절에서 자세히 살펴본다.

20.3.1 트랜잭션 서버 구조

오늘날의 전형적인 트랜잭션 서버 시스템은 그림 20.1에서 보듯이 공유 메모리의 데이터에 접근하는 다중 프로세스로 구성된다. 데이터베이스 시스템의 일부를 구성하는 프로세스로는 다음과 같은 프로세스가 있다.

- **서버 프로세스**(Server process): 사용자 질의(트랜잭션)를 받아서 수행하고 그 결과를 다시 반환하는 프로세스다. 사용자 인터페이스나 내장 SQL을 수행하는 사용자 프로세스가 그러한 질의를 서버 프로세스에 전달하거나, JDBC나 ODBC 또는 이와 유사한 규약을 통해서 서버 프로세스에 전달한다. 일부 데이터베이스 시스템은 각 사용자 세션을 위해 저마다 다른 프로세스를 사용하지만, 몇몇 시스템은 모든 사용자 세션을 위해 단일 데이터베이스 프로세스를 사용하는 대신 여러 질의가 동시에 수행될 수 있도록 다중 스레드를 갖는다. [**스레드**(thread)는 프로세스와 유사하나 다중 스레드는 같은 프로세스의 일부로 수행되며, 한 프로세스 내의 모든 스레드는 같은 가상 메모리 공간에서 동작한다. 한 프로세스 내의 다중 스레드는 동시에 실행할 수 있다.] 많은 데이터베이스 시스템은 다중 프로세스를 가지며 각 프로세스가 다중 스레드를 동작시키는 하이브리드 구조를 사용한다.
- **잠금 관리자 프로세스**(Lock manager process): 이 프로세스는 잠금 부여, 잠금 해제와 교착 상태 탐지(deadlock detection)를 포함하는 잠금 관리자 기능을 수행한다.
- **데이터베이스 쓰기 프로세스**(Database writer process): 변경된 버퍼 블록을 지속적으로 디스크에 출력하는 한 개 이상의 프로세스가 존재한다.
- **로그 쓰기 프로세스**(Log writer process): 이 프로세스는 로그 레코드 버퍼에 있는 로그 레코드를 안정 저장 장치로 출력한다. 서버 프로세스는 로그 레코드를 공유 메모리에 있는 로그 레코드 버퍼에 단순히 추가하는 일만 수행한다. 만약 로그 강제가 필요하다면 서버 프로세스는 로그 작성 프로세스가 로그 레코드를 출력하도록 요청한다. (로그 강제로 인해 메모리의 로그 내용을 안정 저장 장치로 출력하는 것을 상기해 보라.)
- **검사점 프로세스**(Checkpoint process): 이 프로세스는 주기적으로 검사점을 수행한다.
- **프로세스 감시 프로세스**(Process monitor process): 이 프로세스는 다른 프로세스를 감시하여 만일 어떤 프로세스가 고장일 경우, 해당 프로세스가 실행한 트랜잭션이 있으면 실행을 중단하고 프로세스를 재시작하는 복구 작업을 수행한다.

공유 메모리는 다음과 같은 모든 공유된 데이터를 포함한다.

- 버퍼 풀
- 잠금 테이블
- 안정 저장 장치의 로그로 출력되길 기다리는 로그 레코드를 담고 있는 로그 버퍼
- 같은 질의가 다시 요청될 경우 재사용되는 캐시된 질의 계획

모든 데이터베이스 프로세스는 공유 메모리 내의 데이터에 접근할 수 있다. 여러 프로세스가 공유 메모리 내의 자료 구조에 대해 읽기 또는 갱신 작업을 수행하는 경우, 한 번에 한 프로세스만이 해당 자료 구조를 수정하도록 하고, 어떤 프로세스도 다른 프로세스가 기록 중인 자료 구조를 읽을 수 없도록 보장하는 방법이 있어야 하는데, 이를 **상호 배제**(mutual exclusion)라고 한다.

노트 20.1 원자적 명령어

1. **test-and-set**(M) 명령어는 다음 두 가지 동작을 원자적으로 수행한다. (i) 검사(test), 즉 메모리상의 위치 M에 저장된 값을 읽어 오고, (ii) 이를 1로 설정(set)한다. test-and-set 명령어의 반환은 단계 (i)에서 읽어 온 값이다.

   독점적 잠금을 나타내는 메모리상의 위치 M에 저장된 초깃값이 0이라고 하자. 잠금을 얻고자 하는 프로세스가 test-and-set(M)을 실행한다. 만약 그 프로세스가 M에서 명령어를 수행하고 있는 유일한 프로세스라면, 읽히고 반환되는 값은 0일 것이다. 이는 이 프로세스가 잠금을 획득하였음을 뜻하고, M이 1로 설정된다는 것을 의미한다. 프로세스가 잠금의 사용을 마치면 M을 다시 0으로 설정함으로써 잠금을 해제한다.

   만약 잠금을 해제하기 전 두 번째 프로세스가 test-and-set(M)을 실행한다면, 반환되는 값은 1이 될 것인데, 이는 다른 프로세스가 이미 잠금을 가지고 있다는 것을 뜻한다. 이 프로세스는 0을 반환할 때까지 M에 대한 test-and-set을 주기적으로 반복 실행할 수 있다. 0의 반환은 잠금을 사용하고 있던 다른 프로세스가 이를 반납했고, 이제 자신이 잠금을 획득했음을 의미한다.

   이제 만약 두 프로세스가 test-and-set(M)을 동시에 실행한다고 하자. 한 프로세스는 반환 값 0을, 다른 한 프로세스는 반환 값 1을 가지게 되는데, 이는 읽어 오는 연산과 설정하는 연산을 동시에 그리고 원자적으로 실행하기 때문이다. M에 저장된 값을 읽은 첫 번째 프로세스는 그 값을 1로 설정하고, 뒤이어 M에 접근하고자 하는 두 번째 프로세스는 이미 1이라는 값을 M에 설정했음을 확인한다. 따라서 오직 하나의 프로세스만이 잠금을 획득하는 상호 배제가 보장된다.

2. **compare-and-swap**은 또 하나의 원자적 명령어다. 이것은 test-and-set 명령어와 유사하지만, 메모리상의 위치를 가리키는 M과 V_0(예전 값)와 V_n(새로운 값)라는 두 값을 피연산자로 갖는다는 점에서 차이가 있다. 이 명령어는 다음을 원자적으로 수행한다. M에 저장된 값과 V_0를 비교하여 일치한다면 저장 값을 V_n으로 갱신하고, 만약 일치하지 않는다면 M을 갱신하지 않고 실패를 반환한다.

   test-and-set의 경우와 유사하게, 잠금을 나타내는 메모리상의 위치 M이 있는데 해당 잠금을 초기에 0으로 설정한다. 잠금을 얻고자 하는 프로세스가 compare-and-swap(M, 0, *id*)을 실행하고, 이때 *id* 값은 0이 아닌 임의 값일 수 있으며 보통 프로세스 식별자를 사용한다. 만약 어떠한 프로세스도 아직 잠금을 획득하지 않은 상태라면, compare-and-swap 명령어는 M에 프로세스 식별자를 저장한 후 성공을 반환한다. 그렇지 않으면 실패를 반환한다.

   test-and-set 구현과 비교하면 compare-and-swap의 한 가지 이점은 프로세스 식별자를 V_n으로 사용하는 경우 M의 내용을 읽는 것만으로 어떤 프로세스가 그러한 잠금을 획득했는지 쉽게 찾을 수 있다는 것이다.

이러한 상호 배제는 세마포어(semaphore)라 불리는 운영체제 함수를 사용해서 구현할 수 있다. 오버헤드가 덜한 대인으로는, 컴퓨터 하드웨어가 지원하는 **원자적 명령어**(atomic instruction)를 사용하는 구현이 있는데, test-and-set과 compare-and-swap이 이에 속한다. 이 명령어에 대한 설명은 노트 20.1에 나와 있다. 오늘날 모든 멀티프로세서 시스템은 test-and-set과 compare-and-swap 명령어를 모두 지원한다. 이들 명령어에 대한 더 자세한 설명은 대부분의 운영체제 교재에 나와 있다.

원자적 명령어는 (독점적 잠금을 지원하는 것과 동등한) 상호 배제에 사용될 수는 있지만, 공유 잠금을 직접 지원하지는 않는다. 따라서 데이터베이스에서 범용적인 잠금을 구현하는 데 원자적 명령어를 직접 사용할 수는 없다. 하지만 데이터베이스에서 상호 배제를 위해 사용하는 [래치(latches)로도 알려진] 단기 잠금을 구현하는 데는 사용된다.

많은 데이터베이스 시스템에서 메시지 전송의 오버헤드를 줄이기 위해, 잠금 요청 메시지를 잠금 관리자 프로세스에 보내지 않는다. 대신 서버 프로세스가 직접 (공유 메모리에 있는) 잠금 테이블을 갱신함으로써 잠금을 구현한다. (잠금 테이블은 그림 18.10에 나타나 있다.)

다중 서버 프로세스는 공유 메모리에 있는 잠금 테이블에 동시에 접근할 수 있으므로, 프로세스 간에 잠금 테이블에 대한 상호 배제를 보장할 수 있어야 한다. 일반적으로 잠금 테이블의 잠금을 나타내는 메모리 위치에서 test-and-set 또는 compare-and-swap 명령어를 실행하여 잠금 테이블에서 (래치라고도 하는) 뮤텍스(mutex)를 획득함으로써 잠금 테이블에 대한 상호 배제를 보장할 수 있다.

공유 메모리에 있는 잠금 테이블을 직접 갱신함으로써 잠금을 획득하고자 하는 트랜잭션은 다음의 단계를 실행한다.

1. 잠금 테이블의 뮤텍스(래치)를 획득한다.
2. 18.1.4절에서 보았던 프로시저를 사용하여 필요한 잠금을 할당할 수 있는지 확인한다. 만약 가능하다면, 잠금이 할당되었음을 나타내도록 잠금 테이블을 갱신한다. 불가능한 경우, 잠금 요청이 해당 잠금 요청 큐에 있음을 나타내도록 잠금 테이블을 갱신한다.
3. 잠금 테이블의 뮤텍스를 해제한다.

만일 잠금 충돌로 인해 잠금을 즉시 얻을 수 없다면, 트랜잭션은 주기적으로 잠금 테이블을 읽으면서 (기존) 잠금이 해제되어 할당받을 수 있는지 확인한다.

잠금 해제 과정은 다음과 같다.

1. 잠금 테이블의 뮤텍스를 획득한다.
2. 잠금 테이블에서 해제할 잠금 항목을 삭제한다.
3. 현재 잠금에 할당할 수 있는 데이터 항목에 대해 대기 중인 다른 잠금 요청이 있는 경우, 해당 잠금 요청이 할당되었음을 표시하도록 잠금 테이블을 갱신한다. 잠금 요청의 허용 규칙은 18.1.4절에서 설명했다.
4. 잠금 테이블의 뮤텍스를 해제한다.

잠금 테이블에 대한 계속된 검사[즉 **계속 기다림**(busy waiting)]를 하지 않도록, 잠금 요청 코드는 운영체제 세마포어를 사용하여 잠금 부여 알림을 기다릴 수 있다. 이 경우 잠금 해제 코드는 기다리는 트랜잭션에 잠금을 수여했음을 알리기 위한 세마포어 방법을 사용해야 한다.

시스템이 공유 메모리를 통해 잠금 요청을 처리하는 경우라 할지라도, 교착 상태 탐지를 위해서 시스템은 잠금 관리자 프로세스를 계속 사용한다.

20.3.2 데이터 서버와 데이터 저장 장치 시스템

원래 객체 지향 데이터베이스에서 데이터 접근을 지원하기 위해 데이터 서버 시스템을 개발했다. 객체 지향 데이터베이스는 프로그래머가 영속 객체(persistent object)의 생성, 검색 및 갱신을 가능하게 하는 프로그래밍 언어를 사용할 수 있게 한다.

객체 지향 데이터베이스는 컴퓨터 보조 설계(computer aided design, CAD) 시스템과 같이 검색한 데이터에 대해 광범위한 계산을 수행하는 응용 프로그램에 주로 사용되었다. 예를 들어, CAD 시스템은 컴퓨터 칩 또는 건물의 모델을 저장할 수 있고, 검색된 모델에 대한 시뮬레이션과 같은 계산을 수행할 수 있는데, 이것은 CPU 시간 측면에서 큰 비용이 드는 작업이다.

만약 이때 모든 계산을 서버에서 수행한다면 서버에 부하가 넘칠 것이다. 대신에 이러한 환경에서는 별도의 데이터 서버 장치에 데이터를 저장하고, 필요할 때 클라이언트 장치로 가져오고, 클라이언트 장치에서 모든 처리를 수행한 다음, 새로운 데이터 또는 갱신된 데이터를 다시 서버 시스템에 저장하는 것이 옳다. 따라서 클라이언트 장치의 처리 능력은 계산을 수행하는 데만 사용하고, 반면 서버는 어떤 계산도 수행할 필요 없이 데이터를 저장하고 가져오기만 하면 된다.

최근에는 매우 많은 양의 데이터와 트랜잭션을 처리하기 위해 여러 병렬 데이터 저장 장치 시스템이 개발되었다. 이런 시스템은 SQL을 지원하지 않을 수 있다. 대신 데이터 항목의 저장, 검색, 갱신을 위한 API를 제공한다. 이러한 시스템에 저장된 데이터 항목은 튜플일 수도 있고 JSON 또는 XML과 같은 형식으로 표현된 객체일 수도 있고, 파일이나 문서일 수도 있다.

여기서 튜플, 개체, 파일, 문서 등을 **데이터 항목**(data item)이라고 하고, **데이터 서버**와 **데이터 저장 장치 시스템**이라는 두 용어를 서로 호환해서 사용하기로 한다.

데이터 서버는 전체 데이터 항목의 통신을 지원한다. (매우 큰 데이터 항목의 경우, 전체 데이터 항목을 가져오거나 저장하도록 요구하는 대신 데이터 항목의 지정된 부분, 예를 들어 지정된 블록만의 통신을 지원할 수도 있다.)

이전 세대 저장 시스템의 데이터 서버는 **페이지 전달**(page shipping)이라는 개념을 지원했는데, 여기서 통신 단위는 잠재적으로 여러 데이터 항목을 포함할 수 있는 데이터베이스 페이지다. 오늘날 페이지 전달 방식은 사용되지 않는다. 왜냐하면 저장 장치 시스템이 하부 저장 배치 구조(layout)를 클라이언트에게 노출하지 않기 때문이다.

20.3.3 클라이언트의 캐싱

클라이언트 응용 프로그램과 서버(트랜잭션 서버든지 데이터 서버든지) 간의 통신에 걸리는 시간 비용이 지역 메모리 참조에 드는 비용보다 훨씬 크다(즉 수 밀리초 대 100나노초 미만). 네트워크를 통해 메시지를 보내고 응답을 받는 데 걸리는 시간은 **네트워크 왕복 시간**(network round-trip time) 또는 **네트워크 대기 시간**(network latency)이라고 불린다. 이 시간은 데이터 서버와 클라이언트가 같은 곳에 있더라도 거의 1밀리초 가까이 걸릴 수 있다.

그 결과, 네트워크 대기 시간의 영향을 줄이기 위해 응용 프로그램은 몇 가지 최적화 방법을 사용한다. 이러한 방법은 병렬 데이터베이스 시스템에도 유용하게 사용되는데, 질의 처리에 필요한 데이터 중 일부는 처리되는 곳과 다른 장치에 저장될 수 있다. 최적화 전략은 다음을 포함한다.

- **미리 가져오기**(Prefetching). 만일 통신 단위가 작은 크기의 단일 항목이라면 전송되는 데이터 양에 비해 메시지 전송 부담이 더 크다. 특히 트랜잭션이 네트워크에서 데이터 항목에 대해 반복적으로 요청을 보내는 경우, 네트워크 대기 시간으로 인한 상당한 지연이 발생할 수 있다.

  따라서 어떤 항목에 대한 요청이 들어왔을 때, 가까운 미래에 사용될 가능성이 있는 다른 항목을 미리 함께 전송하는 것이 의미가 있다. 어떤 데이터 항목이 요청되기 전임에도 불구하고 미리 이것을 가져오는 것을 **미리 가져오기**라고 한다.
- **데이터 캐싱**(Data caching). 트랜잭션을 대신하여 클라이언트로 전송한 데이터는 단일 트랜잭션 범위 내에서 클라이언트에 **캐시**될 수 있다. 트랜잭션이 완료된 다음에도 데이터를 캐시할 수 있으므로, 같은 클라이언트에 대한 계속되는 트랜잭션은 캐시된 데이터를 이용할 수 있다.

  그러나 이 경우 **캐시 일관성**(cache coherency)이 문제가 될 수 있다. 트랜잭션이 캐시된 데이터를 발견하더라도, 이 데이터가 캐시된 이후에 다른 클라이언트에 의해서 갱신되거나 삭제되었을 수도 있으므로 해당 데이터가 최신 상태임을 보장해야 한다. 따라서 최신 데이터를 사용하기 위해 데이터의 유효성을 검사하고 데이터에 대한 잠금을 획득하기 위해 여전히 서버와 메시지를 주고받아야 한다. 게다가 트랜잭션이 데이터를 캐시한 후 새 튜플이 삽입되었을 수 있는데, 이 튜플은 캐시에 존재하지 않을 수 있다. 트랜잭션은 서버에 접속하여 이러한 튜플을 찾아야 할 수도 있다.
- **잠금 캐싱**(Lock caching). 만일 클라이언트 사이에 데이터 사용이 대부분 분할되어 있거나, 클라이언트끼리 서로 필요로 하는 데이터에 대한 요청을 거의 하지 않는다면, 잠금 역시 클라이언트 장치에 캐시될 수 있다. 클라이언트가 캐시에서 데이터 항목을 발견하고, 캐시에 존재하는 데이터 항목에 접근하는 데 필요한 잠금마저도 캐시에서 발견한다고 가정하자. 그 경우, 이 데이터 항목에 대한 접근은 서버와 아무런 통신 없이 진행될 수 있다. 그렇지만 서버는 캐시된 잠금에 대한 정보를 계속 유지해야 한다. 만일 어떤 클라이언트가 서버로부터 잠금을 요청하면 서버는 충돌하는 모든 데이터 항목에 대한 잠금을 찾아서, 그 잠금을 캐시하고 있는 클라이언트 장치로부터 **회수**(call back)해야 한다. 여기에 장치의 고장까지 고려하면 상황은 더욱 복잡해진다.
- **적응형 잠금 단위**(Adaptive lock granularity). 만일 한 트랜잭션이 진행 과정 도중에 복수의 데이터 항목에 대한 잠금이 필요하고, 각각의 잠금을 획득하기 위해 데이터 서버와 송수신이 필요한 경우, 트랜잭션은 잠금을 획득하는 데에도 많은 시간을 낭비하게 된다. 이 경우 여러 번의 요청을 방지하기 위해 다중 단위 잠금(multi-granularity locking)을 사용한다. 예를 들어, 한 페이지에 여러 데이터 항목을 저장한 경우, (굵은 단위에 있는) 하나의 페이지 잠금을 사용하면 (미

세 단위에 있는) 복수 개의 데이터 항목 잠금을 획득할 필요가 없다. 이러한 전략은 잠금 경합(lock contention)이 거의 없는 경우 잘 작동한다. 하지만 경합이 심한 경우 굵은 단위의 잠금을 획득하는 것은 트랜잭션의 동시성에 큰 영향을 미칠 수 있다.

잠금 완화(lock de-escalation)는 잠금 경합이 발생할 때 잠금 단위를 적응적으로 줄이는 방법이다. 이는 잠금 단위를 줄이기 위해 클라이언트에 요청을 보내는 서버가 시작하며, 클라이언트는 더 미세한 단위의 잠금을 획득하고 굵은 단위의 잠금을 해제함으로써 서버에 응답을 보낸다.

더 미세한 단위의 잠금으로 전환할 때, 만약 일부 잠금이 (클라이언트의 트랜잭션이 현재 잠금하지 않은) 캐시된 데이터 항목에 대한 것이었다면, 더 미세한 단위의 잠금을 획득하는 대신 해당 데이터 항목을 캐시에서 제거할 수 있다.

20.4 병렬 시스템

병렬 시스템은 여러 대의 컴퓨터를 병렬로 사용하여 처리와 I/O 속도를 향상시킨다. 병렬 컴퓨터가 점점 더 흔해지면서 병렬 데이터베이스 시스템에 관한 연구가 더 중요해지고 있다.

계산 단계를 차례로 수행하는 직렬 처리와는 달리 병렬 처리는 많은 연산을 동시다발적으로 수행한다. **굵은 단위 병렬**(coarse-grain parallel) 장치는 소수의 강력한 프로세서로 구성된다. **대규모 병렬**(massively parallel) 혹은 **미세 단위 병렬**(fine-grain parallel) 장치는 수천 개의 더 작은 프로세서를 쓴다. 오늘날 거의 모든 고성능 장치는 각 프로세서가 20~40개의 코어를 가질 수 있는 최대 두 개 또는 네 개의 프로세서를 사용하여 일정 수준의 굵은 단위 병렬화를 제공한다.

대규모 병렬 컴퓨터는 훨씬 큰 단위의 병렬화를 제공한다는 점에서 굵은 단위 병렬 장치와 구별될 수 있다. 많은 프로세서 간에 메모리를 공유하는 것은 실용적이지 않다. 따라서 대규모 병렬 컴퓨터는 일반적으로 많은 수의 컴퓨터로 구성되고, 컴퓨터마다 자체 메모리와 종종 자체 디스크 집합까지 존재한다. 이러한 각각의 컴퓨터를 **노드**(node)라고 한다.

수백에서 수천 노드 이상 규모의 병렬 시스템은 많은 서버를 수용하는 시설인 **데이터 센터**(data center)에 보관된다. 데이터 센터는 데이터 센터 내부와 외부 세계 사이에 고속 네트워크 연결을 제공한다. 지난 10년간 데이터 센터의 수와 크기는 많이 증가했으며, 현대의 데이터 센터는 수십만 개의 서버를 수용할 수 있다.

20.4.1 병렬 데이터베이스의 필요성

컴퓨터 사용이 증가함에 따라 기관의 트랜잭션 요구 사항 또한 증가했다. 더욱이 월드 와이드 웹의 성장으로 수백만 명의 사용자를 보유한 사이트가 많이 생겨났고, 이러한 사용자로부터 수집되는 데이터의 양이 증가함에 따라 많은 회사에서 매우 큰 데이터베이스를 만들었다.

병렬 데이터베이스 시스템이 있게 된 원동력은 매우 큰 데이터베이스(페타바이트 단위, 즉 1,000테라바이트 또는 10^{15}바이트)에 대해 질의를 한다거나, 초당 엄청나게 많은 수(대략 수천 개 정도)의 트랜잭션을 처리해야 하는 응용 프로그램의 수요 때문이었다. 중앙집중 데이터베이스와 클라이언트-서버 데이터베이스 시스템은 이러한 대규모 병렬 응용 프로그램을 처리할 만큼 강력하지는 않다.

오늘날 웹 규모의 응용 프로그램은 웹상에서 방대한 수의 사용자를 처리하기 위해 수천(일부의 경우, 수만) 개의 노드가 필요하다.

사람들이 어떤 물건을 구매하는지, 사용자가 어떤 웹 링크를 클릭하는지, 사람들이 언제 전화 통화를 하는지에 대한 데이터처럼, 조직은 점점 더 많은 양의 데이터를 사용하여 활동 및 가격 책정 계획을 세운다. 이와 같은 목적으로 사용되는 질의를 **의사결정 지원 질의**(decision-support query)라고 하며, 이러한 질의는 테라바이트 단위의 데이터 접근을 요구한다. 단일 노드 시스템은 이렇게 많은 양의 데이터를, 필요로 하는 속도로 처리할 수 없다.

데이터베이스의 집합 지향적(set-oriented) 특성은 병렬화에 알맞다. 많은 상용 및 연구 시스템에서 병렬 질의 처리의 성능과 확장성을 증명하고 있다.

컴퓨팅 시스템의 비용이 수년간 많이 감소함에 따라, 병렬 장치가 보편화하고 상대적으로 저렴해졌다. 개별 컴퓨터는 자체적으로 멀티코어 구조를 사용하는 병렬 장치가 되었다. 그래서 병렬 데이터베이스는 소규모 조직에서 사용하기에도 적합하다.

수백 개의 노드를 지원할 수 있는 병렬 데이터베이스 시스템은 수십 년 동안 상업적 사용이 가능했지만, 이러한 제품의 수는 2000년대 중반 이후 매우 증가했다. 또한 Hadoop 파일 시스템(HDFS) 및 HBase와 같은 병렬 데이터 저장 장치와 (다른 여러 제품 중) Hadoop 맵리듀스 및 Hive와 같은 질의 처리를 위한 오픈 소스 플랫폼도 광범위하게 채택되었다.

일반적으로 응용 프로그램이 다수의 응용 프로그램 서버에서 병렬로 실행될 수 있도록 만들어지고 있으며, 그들이 네트워크를 통해 교신하는 데이터베이스 서버 역시 병렬 시스템이라는 점을 주목하자. 이번 절에서 소개하는 병렬 구조는 데이터베이스의 데이터 저장 장치 및 질의 처리뿐만 아니라 응용 프로그램의 병렬 처리에도 사용될 수 있다.

20.4.2 병렬 시스템의 성능 평가 요소

데이터베이스 시스템에는 크게 두 가지의 성능 평가 요소가 있다. (1) **처리량**(throughput), 즉 주어진 시간 구간에서 완료할 수 있는 일의 개수와 (2) **응답 시간**(response time), 즉 제출한 시간부터 요청한 일이 완료되기까지 걸리는 시간의 양이다. 많은 수의 작은 규모의 트랜잭션을 수행하는 시스템은 각 트랜잭션을 병렬로 수행함으로써 처리량을 높일 수 있다. (소수의) 큰 트랜잭션을 수행하는 시스템은 각 트랜잭션의 부분 작업을 병렬로 수행함으로써 처리량과 응답 시간을 높일 수 있다.

컴퓨터 시스템 내의 병렬 처리를 통해 데이터베이스 시스템의 동작 속도와 트랜잭션에 대한 응답 속도를 높임으로써 초당 더 많은 트랜잭션을 실행할 수 있다. 질의는 하부 컴퓨터 시스템에서 제공하는 병렬성을 활용하는 방식으로 처리할 수 있다.

병렬화를 연구하는 데 두 가지 중요한 쟁점은 속도 향상과 규모 증대다. 병렬화의 단위를 증가시켜서 더 적은 시간 동안에 주어진 작업을 수행하는 것을 **속도 향상**(speedup), 병렬화의 단위를 증가시켜서 더 많은 수의 작업을 처리하는 것을 **규모 증대**(scaleup)라고 한다.

일정 수의 프로세서와 디스크를 갖는 병렬 시스템에서 동작하는 데이터베이스 응용 프로그램을

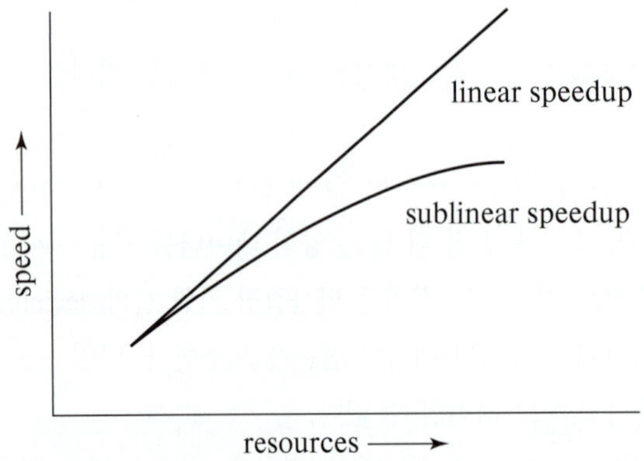

그림 20.2 자원 증가에 따른 속도 향상

고려해 보자. 가령 프로세서와 디스크 및 시스템의 다른 요소들의 수를 증가시켜서 시스템의 크기를 증가시킨다고 해 보자. 목표는 프로세스 개수와 할당된 디스크 숫자에 반비례하는 시간에 작업을 처리하는 것이다. 더 큰 장치의 작업 수행 시간을 T_L, 같은 작업을 더 작은 장치에서 수행하는 데 걸리는 시간을 T_S라고 하자. 병렬화로 인한 속도 향상은 T_S/T_L로 정의한다. 만약 더 큰 시스템이 더 작은 시스템보다 N배의 자원(프로세스, 디스크 등)을 가질 때 속도 향상이 N이라면, 병렬 시스템은 **선형 속도 향상**(linear speedup)을 보인다고 말한다. 만약 속도 향상이 N보다 작은 경우, 시스템은 **선형보다 낮은 속도 향상**(sublinear speedup)을 보인다고 말한다. 그림 20.2는 선형 및 선형보다 낮은 속도 향상[2]을 보여 준다.

규모 증대는 같은 양의 시간 동안 더 많은 자원을 공급하여 더 많은 작업을 수행할 수 있는 능력에 관한 것이다. 작업을 Q라 하고, Q보다 N배 더 큰 작업을 Q_N라 해 보자. 주어진 장치 M_S에서 작업 Q의 수행 시간을 T_S라 가정하고, M_S보다 N배 더 큰 병렬 장치 M_L에서 작업 Q_N의 수행 시간을 T_L이라고 가정하자. 그러면 규모 증대는 T_S/T_L로 정의할 수 있다. 만약 작업 Q에 대해서 $T_L = T_S$라면, 병렬 시스템 M_L은 **선형 규모 증대**(linear scaleup)를 보인다고 말한다. 만약 $T_L > T_S$라면, 시스템은 **선형보다 낮은 규모 증대**(sublinear scaleup)를 보인다고 말한다. 그림 20.3은 선형 및 선형보다 낮은 규모 증대를 보여 주는데, 여기서 자원은 문제 크기에 비례해서 증가한다. 작업의 크기를 평가하는 방법에 따라 병렬 데이터베이스 시스템에 관한 두 가지 종류의 규모 증대가 있다.

- **배치 규모 증대**(batch scaleup)는 데이터베이스의 크기가 증가하게 되면 작업의 동작 시간이 데이터베이스의 크기에 따라 달라질 수 있는 작업 형태다. 이러한 작업의 예로는 크기가 데이터베이스의 크기에 비례하는 릴레이션의 스캔을 들 수 있다. 그래서 데이터베이스의 크기가 문제 크기의 척도(measure)다. 배치 규모 증대는 N배 미세한 해상도(resolution)로 날씨 시뮬레이션을

2 일부의 경우, 병렬 시스템이 선형보다 높은 속도 향상(superlinear speedup)을 제공한다. 즉 N배 더 큰 시스템은 N보다 더 큰 속도 향상을 제공할 수 있다. 예를 들어, 작은 시스템의 메인 메모리에 들어가지 못하는 데이터가 더 큰 시스템의 메인 메모리에 들어가서 디스크 I/O를 피할 수 있으므로 선형보다 높은 속도 향상을 보일 수 있다. 마찬가지로 데이터는 더 큰 시스템의 캐시에 들어갈 수 있으므로 더 작은 시스템에 비교해 메모리 접근이 줄어 선형보다 높은 속도 향상을 보일 수 있다.

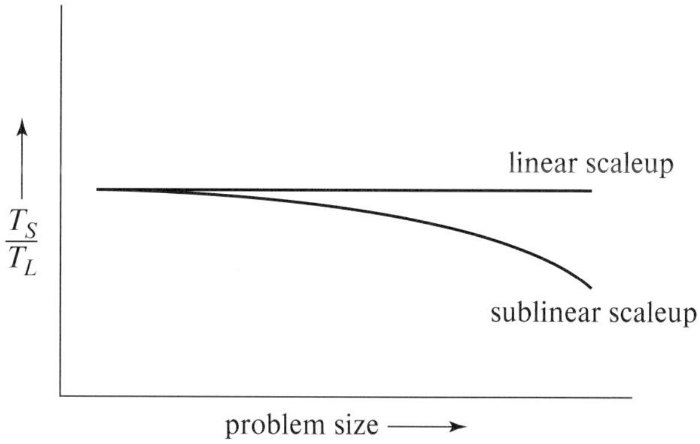

그림 20.3 문제 크기와 자원이 증가함에 따른 규모 증대

실행하거나,[3] N배 더 긴 시간 동안 시뮬레이션을 수행하는 것과 같은 과학 분야의 응용 프로그램에도 적용될 수 있다.

- **트랜잭션 규모 증대**(transaction scaleup)의 경우, 트랜잭션을 데이터베이스로 제출하는 속도가 증가하게 되면, 데이터베이스의 크기도 트랜잭션 속도에 비례하여 증가한다. 이러한 규모 증대는 트랜잭션 처리 시스템과 관련된 것인데, 여기서 트랜잭션은 작은 규모의 갱신—예를 들어, 계좌에서 입금이나 출금하기—을 나타내며 계좌가 더 많이 생성됨에 따라 트랜잭션 속도가 증가하는 것과 같다. 이러한 트랜잭션 처리는 병렬 실행에 특히 잘 들어맞는데, 왜냐하면 데이터베이스 크기가 커지더라도 트랜잭션이 서로 다른 노드에서 동시에 독립적으로 동작할 수 있어서 각 트랜잭션은 대략 같은 시간이 걸리기 때문이다.

규모 증대는 보통 병렬 데이터베이스 시스템의 효율성을 측정하는 가장 중요한 기준(metric)이다. 데이터베이스 시스템에서 병렬화의 주요 목적은 보통 데이터베이스의 크기와 트랜잭션의 개수가 증가해도 데이터베이스 시스템이 계속해서 용인 가능한 속도로 수행할 것을 보장하는 것이다. 병렬화를 증대시켜 시스템의 용량을 증대시키는 것은 중앙집중 시스템을 더욱 빠른 장치로 교체하는 것보다 (심지어 그러한 고속 장치가 존재한다고 가정하더라도) 기업이 성장하는 데 좀 더 쉬운 경로가 된다. 하지만 규모 증대 기준을 사용하는 경우에는 절대적인 성능 수치도 살펴보아야 한다. 선형으로 규모가 증대하는 장치가 선형보다 낮은 수치로 규모가 증대하는 장치보다 더 나쁜 성능을 보일 수 있다. 이는 후자의 장치가 초기 가동에서 전자의 장치보다 훨씬 빠르기 때문이다.

효율적인 병렬 연산에 대항하는 많은 요인이 있는데, 이러한 요인은 속도 향상과 규모 증대를 모두 감소시킬 수 있다.

- **순차적 계산**(Sequential computation). 많은 작업이 병렬 처리로 이점을 얻을 수 있는 부분과 순차적으로 실행되어야 하는 부분을 함께 포함하고 있다. 순차적으로 실행하는 데 T 시간이 걸

3 예를 들어, 특정 지역의 대기를 한 변의 길이가 200m인 정육면체로 나누는 날씨 시뮬레이션은 한 변의 길이가 100m인 정육면체를 이용하여 더 미세한 해상도를 갖도록 수정할 수 있다. 따라서 정육면체의 개수는 8배로 늘어난다.

리는 작업이 있다고 하자. 병렬화의 이점을 얻을 수 있는 전체 시간의 비율이 p이고, 해당 부분이 n개의 노드에 의해 병렬적으로 실행된다고 가정하자. 그러면 총 $(1-p)T + (p/n)T$의 시간이 걸리며, 속도 향상은 $\frac{1}{(1-p)+(p/n)}$이 될 것이다. [이 공식을 **암달의 법칙**(Amdahl's law)이라고 한다.] 분수 p가 $\frac{9}{10}$라고 하면, n이 매우 큰 경우에도 가능한 최대의 속도 향상은 10이 된다.

이제 문제의 크기가 커질 때, 규모 증대에 대해 생각해 보자. 작업의 순차적 부분에 걸리는 시간이 문제의 크기에 따라 함께 증가한다면, 규모 증대 또한 마찬가지로 제한된다. 가령 문제의 실행 시간에 대한 비율 p는 자원이 증가함에 따라 커지는 반면 비율 $(1-p)$는 순차적이며 자원이 증가함에 따라 감소한다고 하자. 그러면 n배 더 큰 문제에 대해 n배 더 많은 자원을 사용하는 규모 증대는 $\frac{1}{n(1-p)+p}$가 된다. [이 공식을 **구스타프슨의 법칙**(Gustafson's law)이라고 한다.] 그러나 순차적 부분에 걸리는 시간이 문제의 크기에 따라 증가하지 않는다면 문제 크기가 커지더라도 규모 증대에 미치는 영향은 적을 것이다.

- **초기 가동 비용**(Start-up cost). 단일 프로세스를 시작하는 데 드는 비용을 말한다. 수천 개의 프로세스로 구성된 병렬 연산에서, 초기 가동 시간(start-up time)이 실제 처리 시간보다 더 많게 되어 속도 향상에 부정적인 영향을 끼칠 수 있다.
- **간섭**(Interference). 병렬 시스템에서 실행되는 프로세스는 공유 자원에 접근하기 때문에, 프로세스 사이의 간섭으로 인한 속도 저하가 발생할 수 있다. 이는 프로세스가 시스템 버스나 공유 디스크, 혹은 심지어 잠금과 같이 공동으로 사용하는 자원에 대해서 서로 경쟁하기 때문이다. 이 현상은 속도 향상과 규모 증대 모두에 영향을 준다.
- **치우침**(Skew). 단일 작업을 여러 개의 병렬 단계로 나누어 실행함으로써 평균 작업 단계의 크기를 줄일 수 있다. 그런데도 처리 속도가 가장 느린 단계에 대한 서비스 시간이 작업 전체에 대한 서비스 시간을 결정하게 된다. 작업을 정확하게 같은 크기로 나누는 것이 어려울 수 있는데, 이 경우 분배되는 크기가 치우치게 된다. 예를 들어, 만약 크기가 100인 작업을 10개의 부분으로 나누는 경우, 분배 크기가 치우치게 된다면 어떤 작업은 10보다 작은 크기를 가질 수 있고, 어떤 작업은 10보다 큰 크기를 가지게 된다. 만약 어떤 작업의 크기가 20이 될 때는, 작업을 병렬로 수행함으로써 얻는 속도 향상은 기대했던 10만큼이 되는 대신 5만큼의 속도 향상밖에는 얻을 수 없게 된다.

20.4.3 상호 연결 네트워크

병렬 시스템은 **상호 연결 네트워크**(interconnection network)를 통해서 서로 통신할 수 있는 일련의 구성요소(프로세서, 메모리, 디스크)로 이루어진다. 그림 20.4는 널리 사용되는 몇 가지 상호 연결 네트워크 형태를 보여 준다.

- **버스**(Bus). 모든 시스템 구성요소는 단일 통신 버스를 통해 데이터를 주고받을 수 있다. 그림 20.4a에서 이러한 형태의 상호 연결을 보여 준다. 초창기에는 네트워크의 여러 노드를 연결하기 위해 버스 상호 연결을 사용했다. 더는 그런 용도로 사용되지는 않지만, 여전히 단일 노드 내에서 여러 CPU 및 메모리 장치를 연결하는 데 버스 상호 연결을 사용하며, 소수 개의 프로세서에

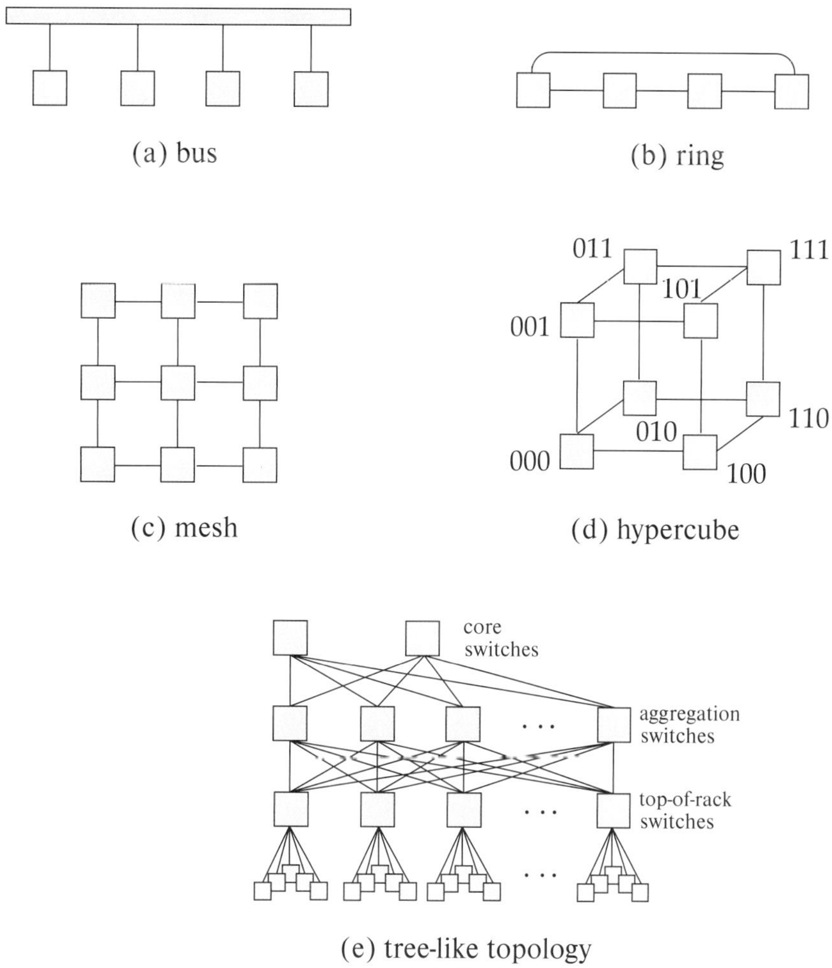

그림 20.4 상호 연결 네트워크

서는 잘 동작한다. 그러나 버스 상호 연결은 병렬화 증가에 따른 규모 확장이 어려운데, 이는 버스 상호 연결이 한 번에 한 구성요소로부터 온 통신만 다루기 때문이다. 그래서 노드의 CPU 및 메모리 뱅크(memory bank) 수가 증가하게 되면 이제는 단일 노드 내에서도 고리 또는 메시와 같은 다른 상호 연결 방식을 사용한다.

- **고리**(Ring). 구성요소는 고리 모양으로 배열된 노드이며, 각 노드는 그림 20.4b에서와 같이 고리에서 인접한 두 노드와 연결된다. 버스와는 달리 각 링크는 고리의 다른 링크와 동시에 데이터를 전송할 수 있으므로 확장성이 향상된다. 그러나 고리의 어떤 한 노드에서 다른 노드로 데이터를 전송하려면 많은 수의 홉(hop)이 필요할 수 있다. 특히 고리에서 어느 방향으로든 통신할 수 있다고 가정하면, n개의 노드가 있는 고리에서 최대 $n/2$번의 홉이 필요할 수 있다. 게다가 고리의 노드 수가 증가하면 전송 지연이 증가한다.
- **메시**(Mesh). 구성요소는 격자(grid)상의 노드이고, 각 구성요소는 격자상에서 인접한 모든 다른 구성요소에 연결되어 있다. 2차원 메시에서 각 노드는 (최대) 네 개의 인접한 노드에 연결되

어 있고, 3차원 메시에서 각 노드는 (최대) 여섯 개의 인접한 노드에 연결되어 있다. 그림 20.4c는 2차원 메시를 보여 준다. 직접 연결되지 않은 노드 간의 통신은 서로 간에 직접 연결된 일련의 중간 노드를 통해 메시지를 전달함으로써 이루어진다. 통신 링크(link)의 개수는 구성요소의 개수가 증가함에 따라 증가하며, 이런 이유로 메시의 통신 용량은 병렬화가 증가함에 따라 규모를 확장하기가 더욱 쉽다.

메시 상호 연결은 프로세서 내부에 있는 복수 개의 코어 혹은 단일 서버에 있는 여러 프로세서를 서로 연결하는 데 사용된다. 각 프로세서 코어는 프로세서 코어에 연결된 메모리 뱅크에 직접 접근할 수 있으며, 메시 상호 연결을 통해 메시지를 전송함으로써 다른 메모리 뱅크에서도 데이터를 가지고 올 수 있다.

그러나 데이터 전송에 필요한 홉 수가 노드 수에 따라 매우 증가하기 때문에, 메시 상호 연결은 더는 사용되지 않는다(메시의 한 노드에서 다른 노드로 데이터를 전송하는 데 필요한 홉 수는, 최악의 경우 노드 수의 제곱근에 비례할 수 있다). 오늘날 병렬 시스템에는 매우 많은 수의 노드가 있으며, 메시 상호 연결은 이러한 시스템에 사용되기에는 비현실적으로 느리다.

- **하이퍼큐브**(Hypercube). 하이퍼큐브의 구성요소는 이진법을 사용하여 번호가 붙여지며, 이진수로 표현된 번호를 갖는 두 구성요소의 번호 중 정확히 한 비트만 다른 경우에 이들은 서로 연결되게 된다. 따라서 n개의 구성요소 각각은 $\log(n)$개의 다른 구성요소에 연결되어 있다. 그림 20.4d는 여덟 개의 노드를 갖는 하이퍼큐브를 보여 준다. 하이퍼큐브 상호 연결에서 한 구성요소로부터 온 메시지는 최대 $\log(n)$개의 링크만 거쳐서 다른 구성요소에 도달할 수 있다. 반면, 메시 구조에서 한 구성요소가 다른 구성요소로부터 $(2\sqrt{n} - 1)$개의 링크만큼 떨어져 있을 수 있다(혹은 메시 상호 연결이 격자의 가장자리를 감싸는 경우라면 $\sqrt{n}$개의 링크만큼 떨어져 있게 된다). 따라서 하이퍼큐브의 통신 지연은 메시의 지연에 비해 상당히 낮다.

  하이퍼큐브는 초기에 대규모 병렬 컴퓨터의 노드를 상호 연결하는 데 사용되었지만, 현재는 사용되지 않는다.

- **트리형**(Tree-like). 데이터 센터의 서버 시스템은 일반적으로 랙(rack)에 장착되며, 각 랙은 최대 약 40개의 노드를 수용한다. 많은 수의 노드가 있는 시스템을 구축하는 데 여러 랙이 사용되는데, 이러한 노드를 상호 연결하는 방법이 핵심 문제다.

  랙 내에서 노드를 연결하기 위해 일반적으로 랙 상단에 네트워크 스위치가 장착되어 있다. 주로 48 포트 스위치가 사용되므로, 단일 스위치를 사용하여 랙의 모든 서버를 연결할 수 있다. 오늘날 일반적인 네트워크 스위치는 스위치에 연결된 각 서버에서 동시에 초당 1~10기가비트(Gbps)의 대역폭을 지원한다. 고가의 장비는 40~100기가비트의 대역폭을 지원하기도 한다.

  여러 랙 상단형(top-of-rack) 스위치[**엣지 스위치**(edge switch)라고도 함]를 **집계 스위치**(aggregation switch)라고 하는 다른 스위치에 차례대로 연결함으로써 랙 간의 상호 연결이 가능하다. 랙 수가 많은 경우 랙을 그룹으로 나눌 수 있다. 하나의 집계 스위치는 랙 그룹을 연결하고, 모든 집계 스위치는 차례로 **코어 스위치**(core switch)에 연결된다. 이러한 구조는 3계층(three-tiers)의 **트리 토폴로지**(tree topology)가 된다. 트리 상단의 코어 스위치는 외부 네트워크에 대한 연결도 제공한다.

기관 내의 LAN에서 자주 사용하는 이 기본 트리 구조의 문제점은, 랙의 여러 장치가 다른 랙의 장치와 상당한 양의 데이터를 통신하려고 할 경우, 랙 간에 사용 가능한 대역폭이 충분하지 않은 경우가 많다는 것이다. 100기가비트를 지원하는 제품도 있으나, 일반적으로 집계 스위치의 상호 연결은 10~40기가비트의 대역폭을 지원한다. 또한 여러 개의 상호 연결을 병렬로 사용하여 더 큰 용량의 상호 연결을 만들 수도 있다. 하지만 랙에 있는 많은 수의 서버가 자신의 최대 대역폭으로 다른 랙의 서버와 통신을 시도하면 그러한 고속 링크도 포화 상태가 될 수 있다.

트리 구조의 대역폭 병목 현상을 피하기 위해, 일반적으로 데이터 센터는 각 랙 상단(즉 엣지) 스위치를 여러 집계 스위치에 연결한다. 각 집계 스위치는 다음 계층의 여러 코어 스위치에 연결된다. 이러한 상호 연결 토폴로지를 **트리형 토폴로지**(tree-like topology)라고 한다. 그림 20.4e는 3계층의 트리형 토폴로지를 보여 준다. 트리형 토폴로지는 **팻-트리 토폴로지**(fat-tree topology)라고도 불리는데, 원래 팻-트리 토폴로지는 트리에서 상부의 간선이 하부의 간선보다 더 높은 대역폭을 갖는 트리 토폴로지를 지칭한다.

트리형 구조의 이득은 각 랙 상단형 스위치가 연결된 모든 집계 스위치를 통해 메시지를 라우팅할 수 있으므로 트리 토폴로지에 비해 랙 간 대역폭을 크게 늘릴 수 있다는 점이다. 마찬가지로 각 집계 스위치는 연결된 코어 스위치를 통해 다른 집계 스위치와 통신할 수 있어서 집계 스위치 간에 사용 가능한 대역폭이 증가한다. 게다가 집계 또는 엣지 스위치에 장애가 발생하더라도 다른 스위치를 통한 대체 경로가 존재한다. 적절한 라우팅 알고리즘을 사용하면 스위치에 장애가 발생하더라도 네트워크가 계속 동작할 수 있으므로, 적어도 하나 또는 몇 개의 스위치의 장애에도 네트워크가 장애 허용하도록 한다.

3계층의 트리형 구조는 수만 대 장치의 **클러스터**(cluster)를 다룰 수 있다. 트리형 토폴로지는 트리 토폴로지에 비해 랙 간 대역폭을 크게 향상하지만, 병렬 저장 장치 및 병렬 데이터베이스 시스템을 포함하고 있는 병렬 처리 응용 프로그램은 랙 간 트래픽을 줄이는 방식으로 설계된 경우 최상의 성능을 발휘한다.

트리형 토폴로지와 그것의 여러 변종 구조는 오늘날 데이터 센터에서 널리 사용된다. 데이터 센터의 복잡한 상호 연결 네트워크를 **데이터 센터 패브릭**(data center fabric)이라고 한다.

네트워크 토폴로지는 확장성에서 매우 중요하지만, 네트워크 성능의 핵심은 각각의 링크에 사용되는 네트워크 기술이다. 도입되어 잘 사용 중인 네트워크 기술은 다음과 같다.

- **이더넷**(Ethernet): 오늘날 네트워크 연결을 위한 중요한 기술은 이더넷 기술이다. 이더넷 표준은 시간이 지남에 따라 계속 발전해 왔으며, 최근 사용되는 주요 버전은 각각 초당 1기가비트 및 10기가비트의 대역폭을 지원하는 1기가비트 이더넷 및 10기가비트 이더넷이다. 40기가비트 이더넷 및 100기가비트 이더넷 기술도 더 높은 비용을 들이면 사용할 수 있으며, 점점 그 사용량이 증가하고 있는 것을 볼 수 있다. 이더넷 규약은 근거리의 경우 가격이 저렴한 구리 케이블(copper cable)을, 장거리의 경우 광섬유(optical fiber)를 통해 사용할 수 있다.

- **파이버 채널**(Fiber channel): 파이버 채널 규약 표준은 저장 장치 시스템과 컴퓨터 간의 고속 상호 연결을 위해 설계되었으며, 주로 (20.4.6절에 나와 있는) SAN(Storage Area Network)을 구현하는 데 사용된다. 다양한 버전의 표준이 수년간 증가한 대역폭을 지원해 왔는데, 2011년에는 16기가비트, 2016년부터 32기가비트 및 128기가비트가 가능하다.
- **인피니밴드**(Infiniband): 인피니밴드 표준은 데이터 센터와 상호 연결을 위해 설계되었는데, 이는 매우 높은 대역폭뿐만 아니라 매우 낮은 지연 시간을 요구하는 고성능 컴퓨팅 응용 프로그램을 위해 특별히 만들어졌다. 인피니밴드 표준이 진화해 감에 따라, 2007년에는 8기가비트, 2014년에는 24기가비트의 링크 속도를 지원했다. 여러 링크를 통합하면, 120~290기가비트의 대역폭을 제공할 수도 있다.

  메시지 배달과 관련된 대기 시간은 많은 응용 프로그램에서 대역폭만큼 중요한 부분이다. 인피니밴드의 주요 이점은 0.7~0.5마이크로초 정도의 짧은 지연 시간을 지원한다는 점이다. 이에 반해 이더넷의 지연 시간은 최적화되지 않은 LAN에서 최대 수백 마이크로초가, 지연 최적화된 이더넷 구현에서도 여전히 수 마이크로초가 걸린다.

지연 시간을 줄이는 데 사용되는 중요한 기술 중 하나는 운영체제를 우회함으로써 응용 프로그램이 직접 하드웨어와 인터페이스하여 메시지를 주고받을 수 있도록 하는 것이다. 네트워킹 스택의 표준 구현을 통해 응용 프로그램은 운영체제에 메시지를 보내고, 이는 차례로 하드웨어와 인터페이스한다. 그런 다음 다른 컴퓨터로 메시지를 전달하는데, 여기서 하드웨어는 다시 운영체제와 인터페이스한 다음 응용 프로그램과 인터페이스하여 메시지를 전달한다. 운영체제를 우회함으로써 네트워크 인터페이스에 대한 직접적인 접근을 지원하면, 통신 대기 시간을 크게 줄일 수 있다.

대기 시간을 줄이는 또 다른 방법은 **원격 직접 메모리 접근**(remote direct memory access, **RDMA**)을 사용하는 것이다. 이 기술은 한 노드의 프로세스가 명시적인 메시지 전달 없이 다른 노드의 메모리를 직접 읽거나 쓸 수 있도록 한다. 하드웨어의 지원을 통해 RDMA는 매우 낮은 지연 시간과 매우 빠른 속도로 데이터를 전송할 수 있다. RDMA는 인피니밴드, 이더넷, 또는 다른 네트워킹 기술을 통한 물리적 통신을 사용하여 구현될 수 있다.

20.4.4 병렬 데이터베이스 구조

병렬 장치를 위한 여러 가지 구조 모델이 있다. 그중 가장 널리 사용되는 것이 그림 20.5에 나와 있다(그림에서 *M*은 메모리를, *P*는 프로세서를, 원기둥은 디스크를 나타냄).

- **공유 메모리**(Shared memory): 모든 프로세서가 공통의 메모리를 공유한다(그림 20.5a).
- **공유 디스크**(Shared disk): 노드의 집합은 공통의 디스크 집합을 공유한다. 각 노드는 자체 프로세서와 메모리로 이루어진다(그림 20.5b). 공유 디스크 시스템은 때로는 **클러스터**라 불린다.
- **비공유**(Shared nothing): 공통의 메모리나 디스크를 전혀 공유하지 않는 노드들의 집합을 가리킨다(그림 20.5c).
- **계층형**(Hierarchical): 이 모델은 앞의 세 가지 구조의 하이브리드다(그림 20.5d). 오늘날 가장 널리 사용되는 모델이다.

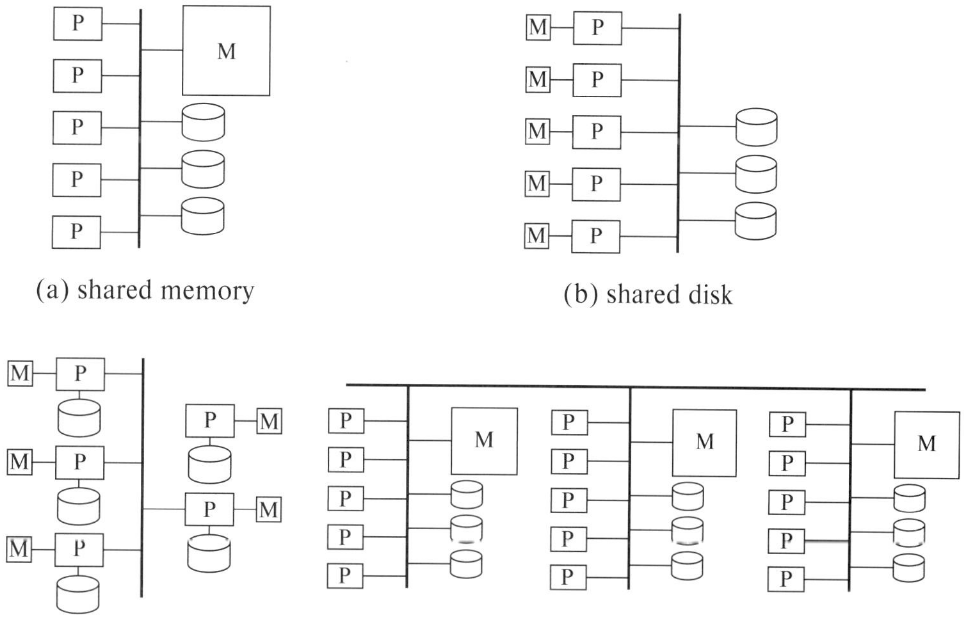

그림 20.5 병렬 데이터베이스 구조

20.4.5절에서부터 20.4.8절까지 위의 각 모델에 대해 자세히 설명한다.

상호 연결 네트워크는 그림 20.5처럼 추상적인 방식으로 표현된다. 그림에 표시된 상호 연결 네트워크를 반드시 버스로 해석해서는 안 되며, 실제로 다른 상호 연결 네트워크가 사용된다. 예를 들면, 메시 네트워크는 프로세서 내에서 사용되며, 트리형 네트워크는 종종 노드를 상호 연결하는 데 사용된다.

20.4.5 공유 메모리

공유 메모리 구조에서 프로세서는 보통 상호 연결 네트워크를 통해서 공통 메모리에 접근하며 디스크도 공유한다. 공유 메모리의 장점은 프로세서 간에 매우 효율적인 의사소통을 할 수 있다는 점이다. 소프트웨어로 이동하지 않더라도 임의의 프로세서는 공유 메모리의 데이터에 접근할 수 있다. 프로세서는 (보통 마이크로초보다 적게 걸리는) 메모리 쓰기를 사용하여, 통신 방식을 통해 메시지를 전송하는 것보다 훨씬 빨리 다른 프로세서에게 메시지를 전달할 수 있다.

4~8개의 코어를 가진 멀티코어 프로세서는 이제 데스크톱 컴퓨터뿐만 아니라 휴대전화에서도 일반적이다. 인텔의 Xeon 프로세서와 같은 고사양 처리 시스템은 하나당 최대 28개의 코어를 가진 CPU가 하나의 보드에 최대 여덟 개가 존재하며, Xeon Phi 보조 프로세서(coprocessor) 시스템은 2018년 기준으로 약 72개의 코어를 포함하며, 이 수는 꾸준히 증가하고 있다. 코어의 수가 증가하는 이유는 집적 회로에 대한 공정 미세화 기술이 발달했기 때문이다. 주어진 실리콘 영역에 수용할

수 있는 트랜지스터의 수는 약 1년 6개월에서 2년마다 2배로 증가하고 있다.[4]

프로세서 코어에 필요한 게이트의 수가 그에 따라 증가하지 않았기 때문에 하나의 칩에 여러 프로세서를 사용하는 것이 옳았다. 단일 칩(on-chip) 멀티프로세서와 기존 프로세서를 구분하기 위해 **코어**(core)라는 용어는 단일 칩 프로세서에 사용된다. 그래서 우리는 보통 장치에 멀티코어 프로세서가 있다고 말한다.

보통 단일 프로세서상의 모든 코어는 공유 메모리에 접근한다. 또한 시스템에는 메모리를 공유할 수 있는 여러 프로세서가 있을 수 있다. 게이트 수 증가의 또 다른 효과는 메인 메모리의 크기가 꾸준히 증가하고, 메인 메모리의 바이트당 비용이 감소한다는 것이다.

저렴한 비용으로 멀티코어 프로세서를 사용할 수 있을 뿐만 아니라, 매우 많은 양의 메모리를 저렴한 비용으로 동시에 사용할 수 있으므로, 공유 메모리를 이용한 병렬 처리가 최근 몇 년 동안 점점 더 중요해지고 있다.

20.4.5.1 공유 메모리 구조

이전 세대의 구조에서 프로세서는 버스를 통해 메모리에 연결되었는데, 모든 프로세서 코어와 메모리 뱅크는 단일 버스를 공유했다. 공통의 버스를 통해 접근되는 공유 메모리의 단점은 버스 또는 상호 연결 네트워크가 모든 프로세서에 공유되기 때문에 병목 현상이 발생한다는 점이다. 어느 시점 이후로는 프로세서를 더 추가하는 것이 소용없게 되는데, 이는 프로세서가 메모리에 접근하기 위해서 버스에서 자신의 차례를 기다리면서 대부분 시간을 보내게 되기 때문이다.

그 결과, 최신 공유 메모리 구조는 메모리를 프로세서와 직접 연결한다. 각 프로세서에는 지역적으로 연결된 메모리가 있어 매우 빠르게 접근할 수 있다. 그러나 각 프로세서는 다른 프로세서와 연결된 메모리에도 접근할 수 있다. 프로세서 간의 빠른 통신 네트워크는 상대적으로 낮은 오버헤드로 데이터를 가져올 수 있도록 한다. 메모리의 어느 부분에 접근하느냐에 따라 메모리 접근 속도가 다르기 때문에, 이러한 구조를 **불균일 메모리 구조**(non-uniform memory architecture, **NUMA**)라고도 한다.

그림 20.6은 여러 개의 프로세서가 있는 최신 공유 메모리 시스템의 개념적 구조를 보여 준다. 각 프로세서에는 직접 연결된 메모리 뱅크가 있으며, 프로세서는 고속 상호 연결 시스템으로 연결되어 있다. 또한 프로세서는 외부 저장 장치와 인터페이스하는 I/O 컨트롤러와도 연결되어 있다.

공유 메모리 구조에서 코어 사이 및 프로세서 사이의 특수한 고속 상호 연결이 필요하므로 공유 메모리 시스템에서 상호 연결될 수 있는 코어/프로세서의 수는 상대적으로 적다. 그 결과, 공유 메모리를 이용한 병렬화의 확장성은 최대 수백 개의 코어로 제한된다.

프로세서 구조는 캐시 메모리를 포함하는데, 이는 캐시 메모리에 대한 접근이 메인 메모리에 대한 접근보다 훨씬 빠르기 때문이다. (메인 메모리의 경우 거의 100나노초가 걸리는 데 비해 캐시는

4 인텔의 공동 설립자인 Gordon Moore는 1960년대에 트랜지스터의 수가 기하급수적으로 증가할 것으로 예측했다. 그의 예측은 기술적으로는 법칙이 아닌 관찰이자 예측이지만, **무어의 법칙**(Moore's law)으로 널리 알려져 있다. 초기 수십 년 동안 공정 미세화 기술에 따라 프로세서의 속도는 증가했지만, 전력 소비 및 발열이 자연스럽게 증가하여 수 기가헤르츠(Hz) 이상의 프로세서 클럭 주파수(clock frequency)를 달성할 수 없었기에, 그 추세는 2000년대 중반에 끝났다. 무어의 법칙은 가끔 프로세서 속도의 기하급수적인 증가를 예측한 것으로 잘못 해석되기도 한다.

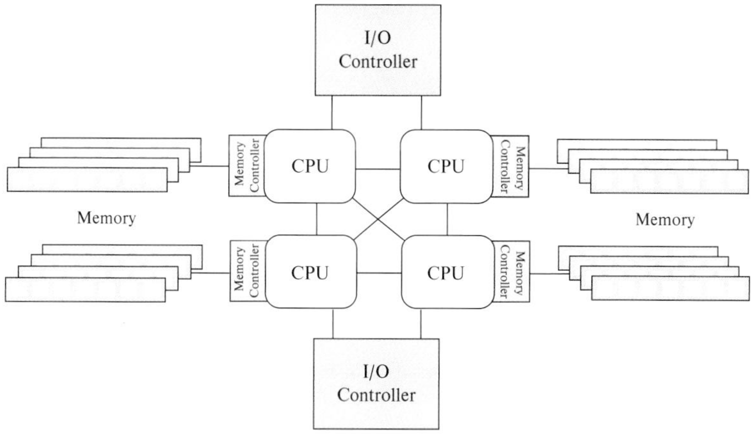

그림 20.6 최신 공유 메모리 시스템 구조

몇 나노초 안에 접근할 수 있다.) 대용량 캐시는 공유 메모리 구조에서 특히 중요한데, 이는 대용량 캐시는 공유 메모리에 대한 접근 횟수를 최소화하는 데 도움이 될 수 있기 때문이다.

만약 명령어가 캐시에 없는 데이터 항목에 접근하려고 한다면 메인 메모리에서 해당 데이터 항목을 가져와야 한다. 메인 메모리는 프로세서보다 훨씬 느리므로, 코어가 메인 메모리의 데이터를 기다리는 동안 상당한 양의 잠재적 처리 속도가 손실될 수 있다. 이러한 대기를 **캐시 미스**(cache miss)라고 한다.

많은 프로세서 구조는 **하이퍼 스레딩**(hyper-threading) 또는 **하드웨어 스레드**(hardware thread)라는 기능을 지원한다. 하이퍼 스레딩은 하나의 물리 코어가 둘 이상의 논리 코어 또는 스레드로 나타나는 것을 말한다. 서로 다른 프로세스는 서로 다른 논리 코어에 대응될 수 있다. 단일 물리 코어에 대응하는 여러 논리 코어 중 임의의 시간에는 오직 한 개의 논리 코어만 실행할 수 있다. 논리 코어의 개념이 나타난 이유는 다음과 같다. 만약 (메모리에서 데이터를 가져오기를 기다리는) 캐시 미스 중인 하나의 논리 코어 블록에서 실행 중인 코드가 메모리로부터 데이터를 가져오는 것을 기다릴 동안 유휴(idle)하지 말고 그 물리 코어의 하드웨어가 다른 논리 코어 중 (이용 가능한) 하나를 실행할 수 있도록 하자는 것이다.

일반 멀티코어 프로세서에는 여러 층의 캐시가 존재한다. L1 캐시는 접근 속도가 가장 빠르지만 크기가 가장 작다. L2 및 L3와 같은 낮은 층의 캐시는 속도는 느리지만 (그런데도 메인 메모리보다는 훨씬 빠름), L1 캐시보다 훨씬 큰 크기를 가진다. 낮은 층의 캐시는 보통 단일 프로세서 안에 있는 복수의 코어 사이에서 공유된다. 그림 20.7에 표시된 캐시 구조에서 L1 및 L2 캐시는 네 개의 코어 각각에 대해 지역적으로 존재하며, L3 캐시는 프로세서의 모든 코어에서 공유된다. 데이터는 일반적으로 64개의 연속적인 바이트로 구성되는 **캐시 라인**(cache line) 단위로 캐시에서 읽거나 캐시에 기록된다.

20.4.5.2 캐시 일관성

캐시 일관성(cache coherency)은 자체적인 캐시를 가지는 여러 코어 또는 프로세서가 있을 때 생기

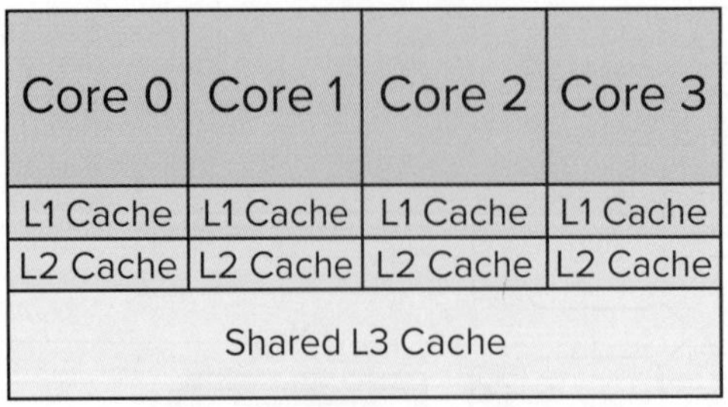

그림 20.7 다층의 캐시 시스템

는 문제다. 한 코어에서 갱신된 내용을 또 다른 코어가 보지 못할 수 있는데, 이는 영향을 받은 메모리 위치에 저장되어 있던 이전 값이 다른 코어의 지역 캐시에 포함되어 있을 때 그러하다. 그래서 메모리 위치에 갱신이 발생할 때마다 다른 캐시에 저장된 해당 메모리 위치 내용의 복사본을 무효화해야 한다.

이러한 무효화는 많은 프로세서 구조에서 늦게 수행된다. 즉 캐시에 쓰는 동작과 무효화 메시지를 다른 캐시로 보내는 동작 사이에 약간의 시간 지연이 발생한다. 게다가 캐시로부터 수신한 무효화 메시지를 처리하는 데 추가로 지연이 발생할 수 있다. (항상 즉각적인 무효화 처리를 하는 방법은 상당한 성능 저하를 발생시킬 수 있으므로 요즘 시스템은 사용하지 않는다.) 그래서 한 프로세서에서 쓰기 동작을 수행한 후에 다른 두 번째 프로세서의 읽기 동작이 수행된다면, 두 번째 프로세서는 갱신된 값을 확인하지 못할 수도 있다.

캐시 일관성이 떨어지면 프로세스가 갱신된 메모리 위치를 보기를 기대하지만 그렇지 못하는 경우에 문제를 일으킬 수 있다. 이를 해결하기 위해 최신 프로세서들은 [장벽(barrier) 이전과 이후의 적재(load)/저장(store) 작업 사이의 특정 순서를 보장하는] **메모리 장벽**(memory barrier) 명령어를 지원한다. 예를 들어, x86 구조의 **저장 장벽**(store barrier) 명령어(sfence)는 (다른 적재/저장 작업을 실행하기에 앞서) 프로세서로 하여금 명령어 이전에 갱신했던 모든 내용에 대한 무효화 메시지가 모든 캐시에 전송될 때까지 대기하도록 한다. 이와 유사하게, **적재 장벽**(load barrier) 명령어(lfence)는 (다른 적재/저장 작업을 실행하기에 앞서) 수신한 무효화 메시지를 적용했는지 확인한다. mfence 명령어는 위 두 동작을 모두 수행한다.

메모리 장벽 명령어는 규약을 올바로 실행할 수 있도록 프로세스 간 동기화 프로토콜과 함께 사용되어야 한다. 메모리 장벽을 사용하지 않아서 캐시가 "강력한" 일관성을 유지하지 않는다면, 다음과 같은 상황이 발생할 수 있다. 프로세스 $P1$이 먼저 메모리 위치 A에서 갱신을 수행한 다음, 메모리 위치 B에서 갱신을 수행하는 상황을 고려해 보자. 다른 코어 또는 프로세서에서 동시에 실행 중인 프로세스 $P2$는 먼저 B를 읽은 다음 A를 읽는다. 일관성 있는 캐시를 사용하는 경우, $P2$가 B의 갱신된 값을 확인하면 A의 갱신된 값 또한 확인해야 한다. 그러나 캐시의 일관성이 보장되지 않는 경우 쓰기 작업이 잘못된 순서로 전파될 수 있어서 $P2$가 B의 갱신된 값과 A의 갱신되기 이전 값을 보는 경우가 가능하다. 많은 구조에서 쓰기의 비순차적 전파(out-of-order propagation)를 불허하는 반면, 캐시 일관성 부족으로 인해 발생할 수 있는 다른 미묘한 오류가 있을 수 있다. 그러나 각 쓰기 이후 sfence 명령어와 읽기 lfence 명령어를 실행하는 것은 읽기가 일관된 상태에 있는 캐시를 항상 볼 수 있도록 보장한다. 결과적으로 위 예시에서 *A*의 갱신된 값을 확인할 수 있는 경우에만 *B*의 갱신된 값이 보이게 된다.

잠금 획득 및 해제 기능에는 일반적으로 필요한 메모리 장벽 명령어가 포함되어 있으므로, 프로그램이 데이터에 접근하기 전에 잠금을 획득하고 갱신을 수행한 후에만 잠금을 반납하는 한 캐시 일관성을 유지하기 위한 부가적인 코드를 포함할 필요가 없다. 구체적으로 살펴보면, 데이터 항목을 실제로 잠금 해제하기 전에 잠금 해제 코드의 일부로 sfence 명령어가 실행된다. 이와 비슷하게, lfence 명령어는 (잠금 획득 기능의 일부로) 데이터 항목을 잠근 직후에 (그리고 데이터 항목을 읽기 전에) 실행된다. 그래서 읽는 프로세스(reader)는 데이터 항목에 기록된 가장 최근 값을 볼 수 있다.

다양한 언어로 지원되는 동기화 기본 연산(synchronization primitive)은 또한 내부적으로 메모리 장벽 명령어를 실행한다. 따라서 이러한 기본 연산을 사용하는 프로그래머는 캐시 일관성 부족 문제에 대해 염려할 필요가 없다.

많은 프로세서 구조가 캐시 일관성을 보장하기 위해 메모리 위치에 대한 하드웨어 수준의 공유 및 독점적 잠금을 사용한다는 점도 흥미롭다. MESI라 불리는 널리 사용되는 규약은 다음과 같다. 개별 메모리 위치에 대한 잠금을 지원하는 대신, 여러 메모리 위치를 포함하는 캐시 라인 수준에서 잠금을 수행한다. 왜냐하면 캐시 라인이 캐시 접근의 난위이기 때문이다. 소프트웨어가 아닌 하드웨어 안에서 잠금을 구현하여 높은 성능을 제공할 수 있다.

MESI 규약은 각 캐시 라인의 상태를 추적하는데, 그 상태는 Modified(독점적 잠금 후 갱신됨), Exclusive locked(독점적 잠금되었지만, 아직 수정되지 않았거나 이미 메모리에 다시 기록됨), Shared locked(공유 잠금됨), 또는 Invalid(유효하지 않음) 중 하나다. 메모리 위치에서 읽기는 해당 위치를 포함하는 캐시 라인에 대한 공유 잠금을 자동으로 획득하는 반면, 메모리 위치에서 쓰기는 해당 캐시 라인에서 독점적 잠금을 획득한다. 데이터베이스의 잠금과 달리 메모리의 잠금 요청은 기다리지 않는다. 대신 잠금 요청에 충돌이 있을 때 시스템은 그 요청을 즉시 취소한다. 그래서 독점적 잠금 요청은 캐시 라인의 캐시된 모든 복사본을 자동으로 무효화하고, 캐시 라인의 모든 공유 잠금을 취소한다. 이와 대칭적으로, 공유 잠금 요청은 기존 독점적 잠금을 취소한 다음, 그 메모리 위치에 있는 최신 사본을 캐시로 가져온다.

원칙적으로, 이러한 잠금 기반 캐시 일관성 규약을 통해 "강력한" 캐시 일관성을 보장하는 것이 가능하다. 이 경우 메모리 장벽 명령어는 불필요하다. 그러나 많은 구현에서 캐시 일관성을 보장하지 않는 대신, (무효화 메시지의 지연된 배달을 허용하는 것과 같이) 처리 속도를 높이는 최적화 방법을 사용하고 있다. 그 결과, 캐시 일관성을 보장하기 위해 많은 프로세서 구조에서 여전히 메모리 장벽 명령어가 필요하다.

20.4.6 공유 디스크

공유 디스크 모델에서 각 노드에는 자체 프로세서와 메모리가 있지만, 모든 노드는 상호 연결 네트워크를 통해 모든 디스크에 직접 접근할 수 있다. 이 구조는 공유 메모리 구조와 비교하면 두 가지 장점이 있다. 첫째, 공유 디스크 시스템은 공유 메모리 시스템보다 더 많은 수의 프로세서로 확장할 수 있다는 점이다. 둘째, 이 구조가 어느 정도의 **고장 허용**을 싼값에 제공할 수 있다는 점이다. 만일 한 노드가 고장 났을 경우, 데이터베이스가 모든 노드로부터 접근 가능한 디스크에 존재하기 때문에 다른 노드가 그 일을 맡아서 처리할 수 있다.

12장에 나오는 것처럼 이러한 디스크 서브시스템 자체를 RAID 구조를 사용하여 장애 허용하게 할 수 있으므로, 개별 디스크가 고장이 나더라도 시스템이 잘 작동할 수 있다. RAID 시스템에 많은 수의 저장 장치가 존재한다면 어느 정도의 I/O 병렬 처리도 제공할 수 있다.

데이터를 사용하는 노드에 대용량 (디스크) 저장 장치 뱅크를 연결하도록 설계한 **SAN**(Storage-Area Network)은 고속 근거리망이다(그림 20.8 참조). 저장 장치는 물리적으로 여러 디스크의 배열로 구성되지만, 하부 디스크의 세부 정보를 숨기기 위한 논리 디스크 또는 디스크 집합의 뷰를 제공한다. 예를 들어, 논리 디스크는 어떤 물리 디스크보다 크기가 훨씬 클 수 있고, 물리 디스크를 추가하여 논리 디스크의 크기를 늘릴 수 있다. 처리 노드는 물리적으로 따로 떨어져 있더라도 지역 디스크인 것처럼 디스크에 접근할 수 있다.

SAN은 일반적으로 노드 간의 복수 경로와 같은 중복성을 기반으로 하여 구축되므로, 링크 또는 네트워크 연결과 같은 하나의 구성요소가 고장이 나더라도 네트워크는 계속 동작한다.

SAN은 공유 디스크 시스템 구축에 적합하다. SAN을 사용하는 공유 디스크 구조는 매우 높은 수준의 병렬 처리가 필요하지는 않지만 높은 가용성이 필요한 응용 프로그램에서 그 수용성을 확인했다.

공유 디스크 시스템은 공유 메모리 시스템과 비교하면 더 많은 수의 프로세서로 확장할 수 있지만, 노드 간의 통신 속도는 (별도의 통신용 하드웨어가 없는 경우 최대 수 밀리초 정도까지) 더 느려질 수 있다. 왜냐하면 통신 네트워크를 통해서 메시지 전송이 이루어지기 때문이다.

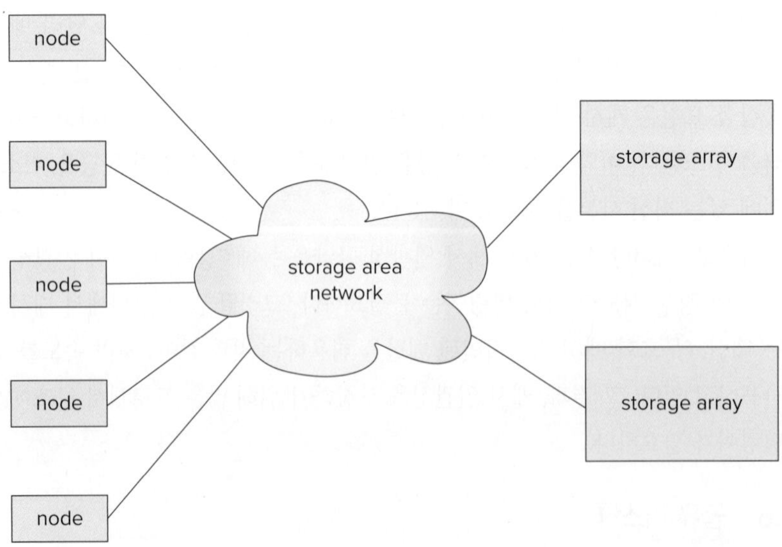

그림 20.8 SAN

공유 디스크 시스템의 한 가지 한계점은 공유 디스크 시스템의 저장 장치에 대한 네트워크 연결 대역폭이 지역적 저징 장치에 접근하는 데 사용할 수 있는 내역폭보다 보통 삭다는 것이다. 따라서 저장 장치에 접근할 때 병목 현상이 발생할 수 있으며, 이는 규모 증대를 제한할 수 있다.

20.4.7 비공유

비공유 시스템에서 각 노드는 하나의 프로세서, 메모리, 그리고 한 개 이상의 디스크로 구성된다. 노드는 고속 상호 연결 네트워크를 통해 서로 통신한다. 한 노드는 그 노드가 소유하고 있는 디스크 혹은 디스크에 존재하는 데이터를 위한 서버로서 작동한다. 비공유 모델에서 각 노드의 지역 디스크가 지역 디스크 참조를 서비스하기 때문에, 비공유 모델은 모든 I/O가 단일한 상호 연결 네트워크를 통해 처리되어야 하는 단점을 극복한다.

더욱이 트리형 상호 연결 네트워크와 같이, 비공유 시스템을 위한 상호 연결 네트워크는 대개 확장할 수 있도록 설계되어 더 많은 노드를 추가할수록 전송 용량은 증가한다. 결론적으로, 비공유 구조는 확장성이 더욱 좋고 다수의 노드에 대한 지원 또한 쉽다.

비공유 시스템의 가장 큰 단점은, 두 노드 사이의 데이터 전송이 소프트웨어적으로 처리되기 때문에 통신 비용과 원거리 디스크 접근 비용이 공유 메모리나 공유 디스크 구조보다 높다는 점이다.

높은 확장성으로 인해 비공유 구조는 매우 큰 양의 데이터를 처리하는 데 널리 사용되며 수천 개의 노드 혹은 극단적일 때는 심지어 수만 개의 노드까지 확장성을 지원한다.

20.4.8 계층형

계층형 구조는 공유 메모리, 공유 디스크, 비공유 구조의 특성을 결합한다. 최상위 수준에서 살펴보면, 시스템은 상호 연결 네트워크에 의해서 연결된 노드로 구성되고, 서로 간에 디스크나 메모리를 공유하지는 않는다. 따라서 최상위 수준에서는 비공유 구조를 갖는다. 시스템의 각 노드는 실제로는 소수의 프로세서를 가지는 공유 메모리 시스템일 수 있다. 대안으로, 각 노드가 공유 디스크 시스템이고, 일련의 디스크 집합을 공유하는 각 시스템이 공유 메모리 시스템을 이룰 수 있다. 그래서 하위에는 소수의 프로세서를 가지는 공유 메모리 구조, 상위에는 비공유 구조를 가지며, 중간은 공유 디스크 구조를 가지는 계층형으로 시스템을 구성할 수 있다. 그림 20.5d는 공유 메모리 노드를 갖고 있으며 서로가 비공유 구조로 연결된 계층형 구조를 보여 준다.

오늘날의 병렬 데이터베이스 시스템은 보통 계층 구조상에서 동작한다. 여기서 각 노드는 여러 노드가 비공유 방식으로 상호 연결된 공유 메모리 병렬성을 지원한다.

20.5 분산 시스템

분산 데이터베이스 시스템(distributed database system)에서는 지리적으로 떨어진 **사이트**(site)에 있는 노드에 데이터베이스를 저장한다. 분산 시스템의 노드는 고속 사설 네트워크나 인터넷과 같은 여러 가지 통신 매체를 통해 서로 통신한다. 이들은 메인 메모리나 디스크를 공유하지는 않는다. 그림 20.9에는 분산 시스템의 일반적인 구조가 나와 있다.

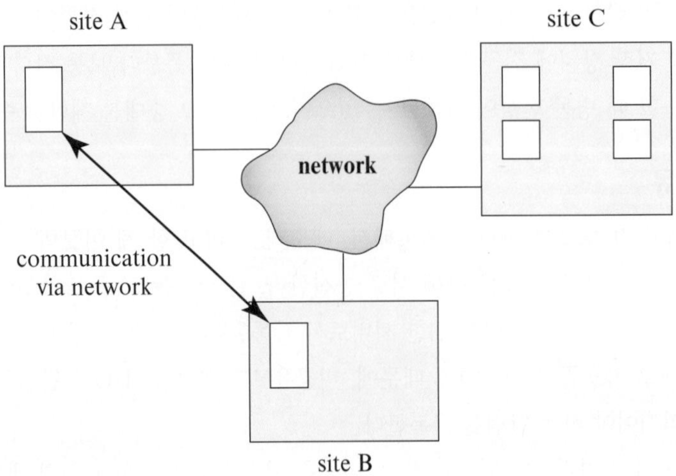

그림 20.9 분산 시스템

비공유 병렬 데이터베이스와 분산 데이터베이스 간의 주요한 차이점은 다음과 같다.

- 분산 데이터베이스는 지리적으로 떨어진 사이트를 갖는다. 그 결과, 단일 데이터 센터 내의 네트워크에 비해 네트워크 연결의 대역폭이 낮고, 대기 시간이 길며, 장애가 발생할 가능성이 크다. 따라서 분산 데이터베이스상에 구축된 시스템은 물리적 데이터 위치뿐만 아니라 장애 및 네트워크 지연 시간 등에 대해 주의할 필요가 있다. 이러한 문제에 대해서는 이 절의 뒷부분에서 논의한다. 특히 최종 사용자와 가까운 데이터 센터에 데이터의 복사본을 보관하는 것이 바람직한 경우가 많다.
- 병렬 데이터베이스 시스템은 노드 장애 문제를 해결한다. 그러나 일부 장애, 특히 지진, 화재 또는 기타 자연재해로 인한 고장은 전체 데이터 센터에 영향을 미쳐 많은 수의 노드에 장애를 일으킬 수 있다. 분산 데이터베이스 시스템은 높은 가용성을 보장하기 위해 전체 데이터 센터에 장애가 발생하더라도 계속 작동해야 한다. 따라서 일반적인 자연재해가 모든 데이터 센터에 영향을 미치지 않도록 지리적으로 떨어진 데이터 센터에 데이터를 복제해 두는 것이 필요하다. 높은 가용성을 보장하기 위한 복제 및 기타 기법은 구현과 관련된 세부 사항이 다르더라도 병렬 데이터베이스와 분산 데이터베이스에서 모두 흡사하다.
- 분산 데이터베이스는 개별적으로 관리될 수 있으며, 각 사이트는 일정 수준의 운영 자치성(autonomy)을 가진다. 이런 데이터베이스는 기존 데이터베이스를 통합하여 만들어 낸 결과로, 질의 및 트랜잭션이 여러 데이터베이스의 경계를 자유롭게 넘나들면서 처리된다. 그러나 지리적 분산을 제공하기 위해 구축된 분산 데이터베이스는 (기존 데이터베이스를 통합하여 구축한 분산 데이터베이스와 달리) 중앙에서 관리될 수 있다.
- 분산 데이터베이스에 있는 노드는 크기와 기능이 더 다양한 반면 병렬 데이터베이스는 비슷한 용량의 노드를 갖는 경향이 있다.
- 분산 데이터베이스 시스템은 지역 트랜잭션과 전역 트랜잭션을 구분한다. **지역 트랜잭션**(local

transaction)은 트랜잭션이 시작된 노드에서만 데이터에 접근하는 트랜잭션을 말한다. 반면 **전역 트랜잭션**(global transaction)은 트랜잭션이 시작된 노드 이외의 다른 노드(들)의 데이터에 접근하는 트랜잭션을 말한다.

오늘날 웹 규모의 응용 프로그램은 병렬 처리와 분산 처리 지원을 결합한 데이터 관리 시스템상에서 동작한다. 데이터 센터 내에서 높은 부하를 처리하는 데는 병렬 처리를 사용하며, 자연재해 발생 시에도 높은 가용성을 보장하는 데는 분산 처리를 사용한다. 낮은 수준의 기능적인 측면에서 봤을 때, 이러한 시스템은 키(key)순 데이터 저장 및 검색과 같은 제한적인 기능만 지원하는 분산 데이터 저장 장치 시스템일 수 있고, 그러한 시스템은 스키마나 질의 언어 또는 트랜잭션을 지원하지 않을 수도 있다. (이 경우, 응용 프로그램에서 이러한 모든 높은 수준의 기능에 대한 관리를 해 주어야 한다.) 반면, 높은 수준의 기능적인 측면에서 봤을 때, 스키마, 질의 언어 및 트랜잭션을 지원하는 분산 데이터베이스 시스템이 있다. 그러나 이러한 시스템의 한 가지 특징은 그 시스템이 중앙에서 관리된다는 것이다.

이와는 반대로, 기존 데이터베이스 시스템을 통합하여 구축한 분산 데이터베이스는 다소 다른 특성을 갖는다.

- **데이터 공유**. 분산 데이터베이스 시스템을 구축하는 데 가장 큰 장점은 한 사이트의 사용자가 다른 사이트에 있는 데이터에 접근할 수 있는 환경을 제공한다는 데 있다. 예를 들어, 각 캠퍼스에서 그 캠퍼스에 관련된 데이터를 저장하는 분산 대학교 시스템에서, 한 캠퍼스에 있는 사용자가 다른 캠퍼스에 있는 데이터에 접근하는 것이 가능하다. 이러한 기능이 없다면, 한 캠퍼스에서 다른 캠퍼스로 학생 기록을 전송하고자 할 때 외부 방식에 의존해야 한다.
- **자치성**. 데이터 분산에 의한 데이터 공유의 가장 큰 장점은 각 사이트에서 지역적으로 저장된 데이터에 대해 일정 수준의 제어권을 갖는 것이다. 중앙집중 시스템의 경우, 중앙 사이트의 데이터베이스 관리자가 전체 데이터베이스를 제어한다. 분산 시스템에는 전체 시스템을 책임지는 전역 데이터베이스 관리자가 존재하지만, 이러한 책임의 일부는 각 사이트의 지역 데이터베이스 관리자에게 위임된다. 분산 데이터베이스 시스템의 설계에 따라 각 관리자는 다른 수준의 **지역 자치성**(local autonomy)을 가질 수 있다.

동종 분산 데이터베이스(homogeneous distributed database) 시스템에서 노드는 (몇몇 릴레이션이 몇몇 노드에만 저장되더라도) 공통의 전역 스키마를 공유하고, 모든 노드는 같은 분산 데이터베이스 관리 소프트웨어를 사용하며 트랜잭션 및 질의 처리에도 적극적으로 협력한다.

그러나 많은 경우에 분산 데이터베이스는 여러 개의 이미 존재하는 데이터베이스 시스템을 연결하여 구축되어야 한다. 그러한 기존 데이터베이스 시스템은 각자 고유한 스키마가 있고 서로 다른 데이터베이스 관리 소프트웨어를 구동하고 있을 수 있다. 또 사이트는 서로를 인식하지 못할 수 있고, 질의 및 트랜잭션 처리 협력을 위해 제한된 기능만 제공할 수도 있다. 이러한 시스템을 **연합 데이터베이스 시스템**(federated database system) 또는 **이종 분산 데이터베이스 시스템**(heterogeneous distributed database system)이라고 한다.

분산 데이터베이스의 노드는 **광역 네트워크**(wide-area network, WAN)를 통해 통신한다. 광역 네트워크는 지역 네트워크(local-area network, LAN)보다 훨씬 더 큰 대역폭을 가지고 있지만, 광역 네트워크의 대역폭은 여러 사용자/응용 프로그램이 공유하며 지역 네트워크의 대역폭에 비해 큰 비용이 든다. 따라서 광역 네트워크를 통해 통신하는 응용 프로그램은 일반적으로 대역폭이 낮다.

WAN 통신 또한 상당한 **지연 시간**이 걸린다. 광속 지연(speed-of-light delay)과 메시지 경로에 있는 여러 라우터의 대기 지연(queuing delay)으로 인해 메시지를 전 세계로 배달하는 데 최대 수백 밀리초가 걸릴 수 있다. 광역 설정에서 지연 시간은 어떤 수준 이하로 줄일 수 없는 매우 근본적인 문제다. 따라서 데이터와 컴퓨팅 자원이 지리적으로 분산된 응용 프로그램은 대기 시간이 시스템 성능에 과도하게 영향을 미치지 않도록 주의하여 설계되어야 한다.

또한 광역 네트워크는 네트워크-링크 장애 문제가 발생할 수 있는데, 이는 근거리 네트워크에선 매우 드물다. 특히 네트워크-링크 오류로 인해 두 사이트가 모두 살아 있는 상태에서 서로 통신할 수 없는 상황이 발생할 수 있다. 이를 **네트워크 분할**(network partition)이라고 한다.[5] 분할이 발생하면, 사용자나 응용 프로그램이 필요로 하는 데이터에 접근하지 못할 수 있다. 따라서 네트워크 분할은 시스템의 **가용성**(availability)에 영향을 미친다. 네트워크 분할이 발생한 경우에 데이터의 가용성과 일관성 사이의 상반관계에 대해서는 23.4절에서 논의한다.

20.6 병렬 및 분산 시스템의 트랜잭션 처리

트랜잭션의 원자성은 병렬 및 분산 데이터베이스 시스템을 구축하는 데 중요한 문제다. 만일 어떤 트랜잭션이 두 노드에 걸쳐서 동작하는 경우, 시스템 설계자가 주의를 기울이지 않으면 한 노드에서 커밋을, 다른 노드에서 중단을 수행하여 일관되지 않은 상태를 유발할 수 있다. 트랜잭션 커밋 규약은 이러한 상황이 일어나지 않도록 보장해 준다. **2단계 커밋 규약**(two-phase commit protocol, 2PC)은 이러한 규약 중 가장 널리 사용되는 규약이다.

2PC 규약에 대한 자세한 설명은 23.2.1절에 나와 있는데, 2PC에서 몇 가지 중요한 요소는 다음과 같다. 2PC의 기본적인 아이디어는 각 노드가 부분 커밋된 상태가 될 때까지 트랜잭션을 수행한 후, 단일 조정자(coordinator) 노드가 커밋 결정을 하도록 하는 것이다. 트랜잭션은 이 단계에서 준비(ready) 상태로 불린다. 트랜잭션을 수행하는 모든 노드가 준비 상태가 되었을 때에만 조정자는 트랜잭션을 커밋하도록 결정한다. 그렇지 않은 경우(예를 들어, 어떤 노드에서 트랜잭션을 중단한 경우), 조정자는 트랜잭션을 취소하도록 결정한다. 트랜잭션을 수행하는 모든 노드는 조정자의 결정을 따라야 한다. 만일 트랜잭션이 준비 상태일 때 한 노드에서 고장이 일어나면, 그 노드를 고장으로부터 복구했을 때 그 노드는 조정자의 결정에 따라서 트랜잭션을 커밋하거나 중지하도록 해야 한다.

동시성 제어는 병렬 및 분산 데이터베이스에서 또 다른 쟁점이 된다. 한 트랜잭션은 여러 노드에 있는 데이터 항목에 접근할 수 있으므로, 이들 여러 노드의 트랜잭션 관리자는 동시성 제어를 구현

---

5 네트워크 분할(network partitioning)이라는 용어와 데이터 분할(data partitioning)이라는 용어를 혼동해서는 안 된다. 데이터 분할은 데이터 항목을 여러 노드에 저장할 수 있는 분할로 나누는 것을 말한다.

하기 위해 조정될 필요가 있다. 만일 잠금이 사용된다면, 잠금은 접근되는 데이터 항목을 담고 있는 노드에서 지역적으로 수행될 것이다. 하지만 복수의 노드에서 발생한 트랜잭션에 관련된 교착 상태의 가능성은 여전히 존재한다. 따라서 교착 상태 탐지를 복수의 노드에 걸쳐서 수행할 필요가 있다. 고장은 분산 데이터베이스 시스템에서 더 흔하게 발생한다. 왜냐하면 컴퓨터뿐만 아니라 통신 링크가 고장을 일으킬 수도 있기 때문이다. 고장 발생 시 분산 데이터베이스가 계속해서 동작할 수 있도록 하는 데이터 항목의 복제는 동시성 제어를 더욱 복잡하게 만든다. (잠금 기반 기법을 기술하는) 23.3절과 (타임스탬프 기반 기법을 기술하는) 23.3.4절에서 분산 데이터베이스의 동시성 제어에 관해 기술한다.

단일 프로그램 단위가 수행한 다중 작업을 기반으로 하는 표준 트랜잭션 모델은, 2PC와 같은 규약을 이행할 수 없는 (또는 이행하는 데 협조하지 않는) 데이터베이스의 경계를 넘나드는 작업을 수행하는 데 부적절할 수 있다. 이에 대한 대안으로, 통신을 위한 **영속 메시지**(persistent message)에 근거한 방법이 일반적으로 사용되는데, 이에 대해서는 23.2.3절에서 논의한다.

수행할 작업이 복수의 데이터베이스 혹은 복수의 사용자 상호작용과 관련된 복잡한 작업인 경우, 작업의 조정과 작업에 대한 트랜잭션 특성을 보장하는 것은 더욱 복잡해진다. **워크플로 관리 시스템**(workflow management system)은 이러한 작업을 수행하는 것을 돕기 위해 설계된 시스템이다.

20.7 클라우드 기반 서비스

전통적으로, 기업은 응용 프로그램뿐만 아니라 데이터베이스를 실행하는 서버를 구매하여 운영했다. CPU, 디스크 및 기타 서버의 구성요소의 장애는 말할 것도 없고, 에어컨 및 전원 고장과 같이 모든 종류의 고장을 처리하는 서버실 인프라를 구축하는 것을 포함하여, 서버를 유지 관리하는 데는 큰 비용이 든다. 게다가 수요가 급격히 증가할 경우 이를 충족하기 위한 인프라를 추가하기가 매우 어려우며, 수요가 감소하면 인프라가 유휴 상태가 될 수 있다.

이와 반대로, **클라우드 컴퓨팅**(cloud computing) 모델의 경우, 다른 회사가 관리하는 인프라상에서 기업의 응용 프로그램을 실행한다(보통 여러 기업이나 사용자가 사용하는 많은 장치를 데이터 센터에서 호스팅한다). 서비스 제공업체는 하드웨어뿐만 아니라 데이터베이스 및 응용 프로그램 소프트웨어와 같은 플랫폼을 지원해 줄 수도 있다.

다양한 업체가 클라우드 서비스를 제공하는데, 여기에는 Amazon, Microsoft, IBM 및 Google과 같은 대규모 공급업체는 물론 작은 규모의 공급업체도 있다. 클라우드 서비스의 선구자 중 하나인 Amazon은 원래 순수 내부 사용을 위한 대규모 컴퓨팅 인프라를 구축했는데, 이후에 비즈니스 기회를 발견하여 컴퓨팅 인프라를 다른 사용자에게 서비스로 제공하기 시작했다. 클라우드 서비스는 불과 몇 년 만에 매우 큰 인기를 얻게 되었다.

20.7.1 클라우드 서비스 모델

그림 20.10에 요약된 것과 같이, 클라우드 컴퓨팅을 사용하는 방법에는 여러 가지가 있는데, 서비스로서 인프라(infrastructure-as-a-service, IaaS), 서비스로서 플랫폼(platform-as-a-service,

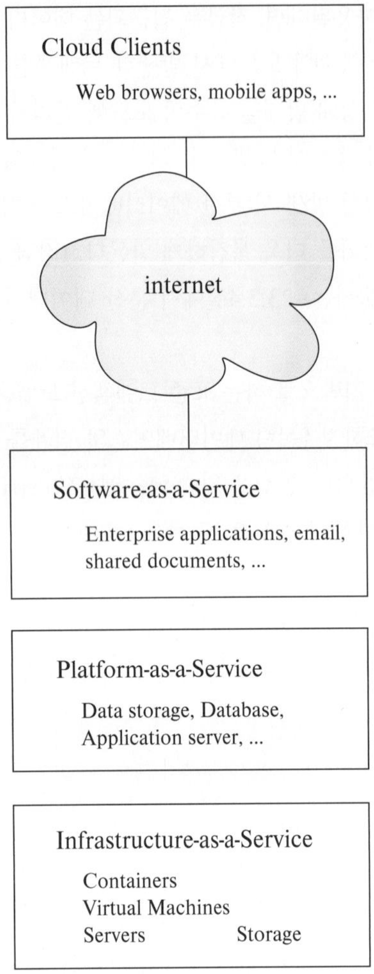

그림 20.10 클라우드 서비스 모델

PaaS), 서비스로서 소프트웨어 모델(software-as-a-service, SaaS)이다.

- **서비스로서 인프라** 모델에서 기업은 컴퓨팅 시설을 임대한다. 예를 들어, 기업은 디스크 저장 장치 공간에 따라 한 개 이상의 물리적 장치를 대여할 수 있다.

  더 흔하게는, 클라우드 컴퓨팅 제공업체는 **가상 머신**(virtual machine, **VM**)의 추상화를 제공하는데, 사용자에게 가상 머신은 실제 장치처럼 보인다. 이러한 장치는 "실제" 장치가 아니라, 하나의 실제 (물리) 컴퓨터가 여러 독립된 컴퓨터를 모사하게 해 주는 소프트웨어에 의해서 모사된다. 컨테이너(container)는 VM의 저렴한 대안으로 사용할 수 있는데, 이 절의 뒷부분에서 설명한다. 복수의 가상 머신은 단일 서버 장치에서 동작할 수 있으며, 복수의 컨테이너도 하나의 가상 머신 또는 서버에서 동작할 수 있다.

  여러 대의 장치가 있는 초대형 데이터 센터를 운영함으로써 클라우드 서비스 제공업체는 규모의 경제(economies of scale)를 활용하여, 기업이 자체 인프라를 사용하여 운영할 때보다 훨씬 낮은 비용으로 컴퓨팅 성능을 제공할 수 있다.

클라우드 컴퓨팅의 또 다른 주요 이점은 일반적으로 클라우드 서비스 제공업체가 여분의 용량을 가진 여러 대의 장치를 가지고 있으므로, 기업은 필요에 따라 더 많은 장치(혹은 가상 머신)를 임대하고 부하가 적은 시기에 이를 다시 반납할 수 있다는 점이다. 짧은 시간에 용량을 늘리거나 줄일 수 있는 능력을 **탄력성**(elasticity)이라고 한다.

서버 시스템의 주문형(on-demand) 방식 탄력적 프로비저닝(provisioning)이라는 위에서 설명한 이점은, 컴퓨팅 사용이 빠르게 증가할 것으로 예측되는 기업에서 서비스로서 인프라 플랫폼을 널리 채택하는 것으로 이어졌다. 그러나 기업 외부에 데이터를 저장해야 하는 잠재적 보안 위험으로, 은행과 같이 높은 보안 수준을 요구하는 기업에서 클라우드 컴퓨팅의 사용은 여전히 제한적이다.

서비스로서 인프라 모델에서, 클라이언트 기업은 클라우드 서비스 공급자가 제공하는 가상 머신에서 데이터베이스 시스템을 포함한 기업 자체 소프트웨어를 운영한다. 클라이언트는 데이터베이스 시스템을 설치하고, 백업 및 복원과 같은 유지 관리 문제를 처리해야 한다.

- **서비스로서 플랫폼** 모델에서 서비스 제공업체는 컴퓨팅 인프라를 제공할 뿐만 아니라, 응용 프로그램 소프트웨어에서 사용하는 데이터 저장 장치, 데이터베이스 및 응용 프로그램 서버와 같은 플랫폼을 배포하고 관리한다. 클라이언트는 응용 프로그램 서버, 데이터베이스 서비스 또는 데이터베이스 저장 서비스처럼 플랫폼을 제공하는 서비스 위에서 동작하는 **전사적 자원 관리**(enterprise resource planning, *ERP*) 시스템과 같은 응용 프로그램 소프트웨어를 설치하고 유지 관리해야 한다.
  - **클라우드 기반 데이터 저장**(cloud-based data storage) 플랫폼은 응용 프로그램이 데이터를 저장하고 검색하는 데 사용할 수 있는 서비스를 제공한다. 서비스 제공업체는 데이터 저장 장치의 부하를 지원하기 위해서 충분한 양의 저장 공간 및 컴퓨팅 성능을 프로비저닝한다. 이러한 저장 장치 시스템은 일반적으로 크기가 몇 메가바이트에서 수천 메가바이트에 달하는 수백만 개의 대용량 파일을 지원한다. 또한 크기가 수백 바이트에서 수 메가바이트에 이르는 수십억 개의 작은 크기의 데이터 항목을 지원할 수 있다. 이러한 분산 파일 시스템 및 데이터 저장 시스템에 대해서는 21.6절 및 21.7절에서 설명한다. 클라우드 기반 저장 장치를 사용하는 데이터베이스 응용 프로그램은 같은 클라우드(즉 같은 장치 집합) 또는 다른 클라우드에서 실행될 수 있다.

    클라우드 기반 저장 장치의 가장 큰 매력 중의 하나는, 일정 비용만 지급하면 서비스를 운행하는 컴퓨터 시스템의 구매, 유지 · 관리에 대한 걱정 없이 사용할 수 있다는 점이다. 게다가 수요가 증가했을 때, 실제로 더 많은 서버를 사들이고 배포하지 않고도 비용만 더 내면 서비스를 실행하는 서버의 수를 늘릴 수 있다. 물론 서비스 제공업체는 추가 서버를 배포해야 하지만 규모의 경제 측면에서 이익을 얻는다. 최종 사용자가 직접 서버 증설 작업을 수행하는 경우와 비교할 때 배포 비용, 특히 배포 시간을 크게 줄일 수 있다.

    일반적으로 클라우드 기반 데이터 저장 장치 사용에 대한 요금은 저장된 데이터의 양, 데이터 저장 시스템으로 입력되는 데이터의 양, 데이터 저장 장치 시스템으로부터 출력되는 데이터의 양에 따라 결정된다.

- ○ **서비스로서 데이터베이스**(database-as-a-service) 플랫폼은 클라이언트가 접근하고 질의할 수 있는 데이터베이스를 제공한다. 저장 장치 서비스와는 달리 이러한 플랫폼은 저장 장치 시스템이 제공하지 않는 SQL 또는 다른 질의어를 사용하여 질의하는 것 같은 데이터베이스의 기능을 제공한다. 초기에 제안된 서비스로서 데이터베이스는 노드 자체가 상당한 수의 프로세서, 메모리, 저장 장치를 가질 수 있었지만, 단일 노드상에서 운영하는 데이터베이스만 지원했다. 좀 더 최근에는 병렬 데이터베이스 시스템이 클라우드상에서 하나의 서비스로 제공되고 있다.

- **서비스로서 소프트웨어** 모델에서 서비스 제공업체는 응용 프로그램 소프트웨어를 서비스로 제공한다. 클라이언트는 소프트웨어 설치나 업그레이드를 할 필요가 없으며, 이러한 작업은 서비스 공급자가 처리한다. 클라이언트는 백엔드 역할을 하는 응용 프로그램 소프트웨어와 프런트엔드를 제공하는 웹 인터페이스 또는 모바일 앱 인터페이스와 같은, 서비스로서 소프트웨어 공급자가 제공하는 인터페이스를 직접 사용할 수 있다.

가상 머신의 개념은 1960년대에 개발되었고, 가상 머신을 이용하여 서로 다른 운영체제를 실행하는 사용자들이 값비싼 메인 프레임 컴퓨터를 동시에 공유할 수 있었다. 지금은 컴퓨터가 훨씬 저렴해지긴 했지만 컴퓨터에 전력을 공급하고 유지하는 데에는 여전히 비용이 든다. 가상 머신을 사용하면 이러한 비용을 여러 사용자끼리 나누어 부담할 수 있다. 또한 가상 머신은 새로운 장치로 서비스를 이동하는 작업을 쉽게 해 준다. 가상 머신은 거의 지연 또는 중단 시간(downtime) 없이 하나의 물리적 서버에서 종료된 후 다른 물리적 서버에서 다시 시작될 수 있다. 이 기능은 하드웨어 고장 또는 업그레이드 시 빠른 복구에서 굉장히 중요하다.

여러 가상 머신은 실제 단일 장치에서 실행될 수 있지만, 각 가상 머신은 내부적으로 전체 운영체제를 실행하기 때문에 오버헤드가 높다. 단일 조직에서 많은 서비스를 실행하려는 경우에 각 서비스에 대해 별도의 가상 머신을 만들면 오버헤드가 매우 높을 수 있다. 한 장치(또는 VM)에서 여러 응용 프로그램을 실행하는 경우 두 가지 문제가 발생한다. (1) 응용 프로그램은 각각 같은 네트워크 포트에서 연결을 수신(listen)하다가 네트워크 포트에서 충돌이 일어나고, (2) 응용 프로그램은 서로 다른 버전의 공유 라이브러리가 필요하므로 충돌이 발생한다.

컨테이너는 이러한 두 가지 문제를 모두 해결한다. 즉 응용 프로그램은 컨테이너 안에서 동작하는데, 해당 컨테이너는 자신만의 IP 주소와 공유 라이브러리 집합을 가진다. 각 응용 프로그램은 같은 컨테이너 내에서 동작하는 여러 프로세스로 구성될 수 있다. 컨테이너를 사용하여 응용 프로그램을 실행하면 자체 가상 머신에서 각 응용 프로그램을 실행하는 것보다 훨씬 비용이 저렴한데, 이는 여러 컨테이너가 동일한 운영체제 커널을 공유할 수 있기 때문이다. 각 컨테이너에는 자체 파일 시스템이 있는 것처럼 보이지만, 파일은 모든 컨테이너의 공통 기반 파일 시스템에 저장된다. 컨테이너 내의 프로세스는 프로세스 간 통신뿐만 아니라 파일 시스템을 통해 상호작용할 수 있지만, 다른 컨테이너의 프로세스와 상호작용은 네트워크 연결을 통해서만 가능하다.

그림 20.11은 응용 프로그램 집합을 위한 서로 다른 배치 대안을 보여 준다. 그림 20.11a는 단일

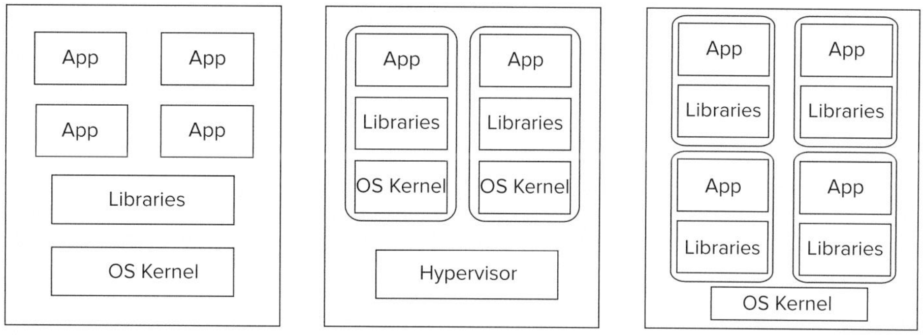

a) Multiple applications on a single machine

b) Each application running on its own VM, with multiple VMs running in a machine

c) Each application running in its own container, with multiple containers running in a machine

그림 20.11 응용 프로그램 배치 대안

장치에서 동작하면서 라이브러리와 운영체제 커널을 공유하는 여러 응용 프로그램을 구동하는 대안을 보여 준다. 그림 20.11b는 단일 장치에서 여러 VM을 실행하고, 응용 프로그램은 각자의 VM에서 실행하는 모습이다. 한 대의 실제 장치에서 실행되는 여러 VM은 하이퍼바이저(hypervisor)라고 하는 소프트웨어 계층에서 관리된다. 그림 20.11c는 컨테이너를 사용하는 대안을 보여 준다. 각 컨테이너에는 자체 라이브러리가 있고, 단일 장치에서 실행하는 여러 컨테이너가 존재한다. 컨테이너는 오버헤드가 적기 때문에 단일 장치에서는 가상 머신보다 더 많은 컨테이너를 지원할 수 있다.

컨테이너는 탄력성을 지원하는 데 드는 비용이 낮은데, 이는 새로운 가상 머신을 처음부터 시작시키지 않고 기존 가상 머신상에 더 많은 컨테이너를 매우 빠르게 생성할 수 있기 때문이다.

오늘날 많은 응용 프로그램은 여러 **서비스**의 모음으로 구축된다. 각 서비스는 별도의 프로세스로 동작하며 네트워크 API를 제공하는데, 프로세스에 대한 네트워크 연결을 만들고 그 네트워크 연결을 통해 서비스 요청을 전송함으로써 해당 서비스가 제공하는 함수를 호출할 수 있다. 이렇게 응용 프로그램을 소규모 서비스의 모음으로 구축하는 구조를 **마이크로서비스 구조**(microservices architecture)라고 한다. 컨테이너는 마이크로서비스 구조에 매우 적합한데, 이는 컨테이너가 각 서비스를 지원하는 프로세스만 실행하도록 하는 방식을 취하고 있어서 오버헤드가 매우 낮기 때문이다.

도커(Docker)는 매우 널리 사용되는 컨테이너 플랫폼이고, **쿠버네티스**(Kubernetes)는 컨테이너뿐만 아니라 마이크로서비스 플랫폼까지 제공하는 매우 인기 있는 플랫폼이다. 쿠버네티스를 사용하면 응용 프로그램이 컨테이너 요구 사항을 선언적으로 지정할 수 있으며, 여러 컨테이너를 자동으로 배포하고 연결함으로써 응용 프로그램을 실행할 수 있다. 또한 많은 파드(pod)를 관리하는데, 파드는 여러 컨테이너가 저장 장치(파일 시스템) 및 네트워크(IP 주소)를 공유할 수 있는 동시에 컨테이너가 공유 라이브러리의 자체 사본을 보유할 수 있도록 해 준다. 더욱이, 필요할 때 추가 컨테이너 배치를 제어하여 탄력성을 유지할 수 있다. 쿠버네티스는 같은 응용 프로그램의 모든 사본을 실행하는 컨테이너 모음에 API 요청을 부하 분산함으로써 응용 프로그램의 확장성을 보장할 수 있다. API 사용자는 서비스가 실행 중인 (각 컨테이너에 해당하는) IP 주소를 알 필요가 없으며, 대신 단일 IP 주소에 연결할 수 있다. 부하 분산기(load balancer)는 공통의 IP 주소로부터 온 요청을 서비스를 운영하는 (각각 자체 IP 주소가 있는) 컨테이너의 집합으로 분배한다.

20.7.2 클라우드 서비스의 이점과 한계점

많은 기업이 클라우드 컴퓨팅 및 서비스 모델이 유익하다는 사실을 알고 있다. 클라우드 모델은 클라이언트 기업이 대규모 시스템 지원 인력을 유지해야 할 필요성을 줄여 주고, 신생 기업이 컴퓨팅 시스템에 대규모의 초기 자본을 투자하지 않고도 운영을 시작할 수 있도록 해 준다. 게다가 기업의 요구 사항이 증가하면서, 필요에 따라 더 많은 자원(컴퓨팅 및 저장 장치)을 추가할 수 있다. 클라우드 컴퓨팅 공급업체는 일반적으로 매우 큰 컴퓨터 클러스터를 보유하고 있는데, 이러한 클러스터는 공급업체가 요청이 있을 때 자원을 쉽게 할당할 수 있게 한다.

클라우드 컴퓨팅 사용자는 자신의 데이터가 다른 기관에 보관된다는 사실을 기꺼이 받아들일 수 있어야 한다. 이것은 보안 및 법적 책임 측면에서 다양한 문제가 발생할 수 있는 부분이다. 클라우드 공급업체가 보안 침해를 당하면 클라이언트 데이터가 유출되어, 클라이언트는 자신의 고객으로부터 제기된 법적 책임에 직면할 수 있다. 그러나 클라이언트는 클라우드 공급업체의 보안에 직접 간섭할 수는 없다. 클라우드 공급업체가 데이터(혹은 데이터의 복사본)를 외국에 저장하기로 한 경우, 이러한 문제는 더욱 복잡해진다. 다양한 법적 관할권에서 프라이버시 관련 법률이 다르기 때문이다. 예를 들어, 독일 회사의 데이터가 뉴욕에 있는 서버에 복제되어 저장되는 경우, 미국의 프라이버시 법률이 독일이나 유럽 연합의 관련 법률 대신 (또는 추가로) 적용될 수 있다. 고객이 자신의 데이터가 미국 관할 지역에 저장될 것이라는 사실을 알지 못했음에도 불구하고, 클라우드 공급업체는 클라이언트의 데이터를 미국 정부에 공개해야 할 수도 있다. 특정 클라우드 공급업체는 고객이 데이터를 어떻게 지리적으로 분산하고 복제할지에 대한 다양한 수준의 제어를 제공한다.

이러한 단점에도 불구하고, 클라우드 서비스의 이점은 충분히 크고, 클라우드 서비스 시장은 빠르게 성장하고 있다.

20.8 요약

- 중앙집중 데이터베이스 시스템은 단일 컴퓨터에서만 동작한다. 다중 사용자 시스템용으로 설계된 데이터베이스 시스템은 트랜잭션의 특성을 모두 다 지원해야 한다. 보통 SQL이나 독자적인 API를 통해 응용 프로그램의 요청을 수용하는 서버로서 이러한 시스템을 설계한다.
- 소수의 코어를 이용한 병렬화는 굵은 단위 병렬화라 불린다. 이와 반대로, 다수의 프로세서를 이용한 병렬화는 미세 단위 병렬화라 불린다.
- 트랜잭션 서버에는 (아마도) 여러 프로세서에서 동작하는 다수의 프로세스가 있다. 이러한 프로세스는 데이터베이스 버퍼와 같은 공통의 데이터에 대해 접근하므로 시스템은 이러한 데이터를 공유 메모리에 저장한다. 이 밖에 질의를 처리하는 프로세스 외에도, 잠금과 로그 관리, 검사점 등과 같은 작업을 수행하는 시스템 프로세스가 있다.

- 공유 메모리에 대한 접근은 (test-and-set 또는 compare-and-swap과 같은) 기계 수준의 원자적 명령어를 기반으로 하는 상호 배제 방식으로 통제된다.
- 데이터 서버 시스템은 가공하지 않은 원시 데이터를 클라이언트에게 제공한다. 이러한 시스템은 클라이언트에서 데이터와 잠금을 캐싱함으로써 클라이언트와 서버 간의 통신을 최소화하도록 노력한다. 병렬 데이터베이스 시스템은 이와 유사한 최적화를 사용한다.
- 병렬 데이터베이스 시스템은 고속의 상호 연결 네트워크에 의해서 연결된 다중 프로세서와 다중 디스크로 구성된다. 속도 향상은 단일 트랜잭션에서 병렬화를 증가시킴에 따라 얼마나 많은 처리 속도 향상을 가져올 수 있는지를 측정한다. 규모 증대는 병렬화를 증가시킴에 따라 그 수가 늘어나는 트랜잭션을 얼마나 잘 처리할 수 있는가를 측정한다. 간섭, 치우침, 초기 가동 비용 등이 이상적인 속도 향상과 규모 증대를 이루는 데 장벽이 되는 요소다.
- 병렬 시스템의 구성요소는 다양한 상호 연결 네트워크에 의해 서로 연결되어 있다. 이러한 네트워크의 종류에는 버스, 링, 메시, 하이퍼큐브, 트리형 토폴로지 등이 있다.
- 병렬 데이터베이스 구조는 공유 메모리, 공유 디스크, 비공유, 계층형 구조를 포함한다. 이러한 구조는 규모 증대와 통신 속도에서 서로 다른 상반관계가 있다.
- 현대의 공유 메모리 구조는 프로세서마다 별도의 메모리를 갖는데, 이를 불균일 메모리 구조(NUMA)라고 한다. 각 프로세서가 독립적인 지역 캐시를 가지기 때문에 여러 프로세서의 캐시 사이에 걸친 데이터의 일관성 문제, 즉 캐시 일관성을 확인해야 하는 문제가 발생한다.
- SAN은 근거리망의 특별한 형태로, 대량의 저장 장치와 컴퓨터 사이의 고속 상호 연결을 제공하도록 설계되었다.
- 분산 데이터베이스 시스템은 (이상적으로) 공통 스키마를 공유하고 비지역적(원거리) 데이터에 접근하는 트랜잭션 처리를 조정하는, 부분적으로 독립적인 데이터베이스 시스템의 모음이다.
- 클라우드 서비스는 다양한 수준으로 제공된다. 서비스로서 인프라는 클라이언트가 자기 자신의 소프트웨어를 설치할 가상 머신을 제공한다. 서비스로서 플랫폼은 가상 머신뿐만 아니라 데이터 저장 공간, 데이터베이스, 응용 프로그램의 서버까지 클라이언트에게 제공한다. 그렇지만 클라이언트가 응용 프로그램의 소프트웨어를 설치하고 유지해야 한다. 서비스로서 소프트웨어는 응용 프로그램의 소프트웨어와 더불어 기반 플랫폼까지 클라이언트에게 제공한다.
- 클라우드 서비스를 사용하는 기관은 데이터가 원격 위치에 저장될 가능성을 인지하여 데이터의 프라이버시 보호 및 보안과 적절한 성능을 보장하기 위해 다양한 기술적, 경제적, 법적 문제를 고려해야 한다.

용어정리

- 중앙집중 데이터베이스 시스템
  - 단일 사용자 시스템
  - 다중 사용자 시스템
  - 서버 시스템

    ○ 내장 데이터베이스
    ○ 서버
    ○ 굵은 단위 병렬화
    ○ 미세 단위 병렬화
- 서버 시스템 구조
    ○ 트랜잭션 서버
    ○ 질의 서버
    ○ 데이터 서버 시스템
    ○ 서버 프로세스
- 상호 배제
- 원자적 명령어
- 데이터 캐싱
- 병렬 시스템
    ○ 굵은 단위 병렬 장치
    ○ 대규모 병렬 장치
    ○ 미세 단위 병렬 장치
    ○ 데이터 센터
- 의사결정 지원 질의
- 성능 측정
    ○ 처리량
    ○ 응답 시간
    ○ 선형 속도 향상
    ○ 선형보다 낮은 속도 향상
    ○ 선형 규모 증대
    ○ 선형보다 낮은 규모 증대
- 순차적 계산
- 암달의 법칙
- 초기 가동 비용
- 상호 연결 네트워크
    ○ 버스
    ○ 고리
    ○ 메시
    ○ 하이퍼큐브
    ○ 트리형
    ○ 엣지 스위치
- 집계 스위치
- 이더넷
- 파이버 채널
- 인피니밴드
- 원격 직접 메모리 접근(RDMA)
- 병렬 데이터베이스 구조
    ○ 공유 메모리
    ○ 공유 디스크
    ○ 클러스터
    ○ 비공유
    ○ 계층형
- 무어의 법칙
- 불균일 메모리 구조(NUMA)
- 캐시 미스
- 하이퍼 스레딩
- 하드웨어 스레드
- 캐시
- 공유 디스크
- 고장 허용
- SAN
- 분산 데이터베이스 시스템
- 지역 자치성
- 동종 분산 데이터베이스
- 연합 데이터베이스 시스템
- 이종 분산 데이터베이스 시스템
- 지연 시간
- 네트워크 분할
- 가용성
- 클라우드 컴퓨팅
- 서비스로서 인프라
- 서비스로서 플랫폼
- 클라우드 기반 데이터 저장소
- 서비스로서 데이터베이스
- 서비스로서 소프트웨어
- 마이크로서비스 구조

실전문제

20.1 다중 사용자 시스템은 반드시 병렬 시스템인가? 왜 그런가? 혹은 왜 그렇지 않은가?

20.2 compare-and-swap 및 test-and-set와 같은 원자적 명령어는 여러 구조에서 명령어 일부로 메모리 장벽을 실행한다. 원자적 명령어로 구현한 뮤텍스가 보호하는 공유 메모리의 데이터 관점에서 메모리 장벽을 실행하는 동기는 무엇인지 설명하라. 또한 뮤텍스를 풀기 전에 프로세스가 무엇을 해야 하는지 설명하라.

20.3 공유 메모리에 공유 구조를 저장하는 대신 특별한 프로세스의 지역 메모리에 이러한 공유 구조를 저장하고, 이 프로세스와 프로세스 간 통신을 사용하여 공유 데이터에 접근하는 구조를 생각해 보자. 이러한 구조의 결점은 무엇이겠는가?

20.4 트랜잭션의 동시성 제어에 사용되는 **래치**와 **잠금**의 차이점에 관해 설명하라.

20.5 어떤 트랜잭션이 C 프로그램에서 내장 SQL로 작성되어 있다. 이 프로그램에서 약 80%이 시간이 SQL 코드에서 소비되고, 나머지 20%의 시간이 순수 C 코드에서 소비된다고 가정하자. 병렬 처리가 SQL 코드에만 사용된다면 어느 정도의 속도 향상을 기대할 수 있는지 설명하라.

20.6 프로세스 *A*가 어떤 자료 구조를 갱신하고 갱신을 완료한 후에 이러한 갱신 완료를 나타내는 플래그(flag)를 설정하는, 공유 메모리 시스템에 존재하는 프로세스 쌍이 있다고 하자. 프로세스 *B*는 해당 플래그를 모니터링하고 그 플래그가 설정되었음을 발견한 후에만 그 자료 구조에 대한 처리를 시작한다.

쓰기 순서가 바뀔 수 있는 메모리 구조에서 발생할 수 있는 문제와 그 문제가 발생하지 않도록 sfence 및 lfence 명령어를 어떻게 사용해야 하는지 설명하라.

20.7 공유 메모리 구조에서 접근하려는 메모리 위치에 따라 메모리 접근 시간이 달라지는 이유는 무엇인가?

20.8 병렬 장치를 위한 대부분 운영체제는 (i) 프로세스가 메모리를 요청할 때 지역 메모리 영역에서 메모리를 할당하고, (ii) 프로세스를 한 코어에서 다른 코어로 이동하는 것을 하지 않으려고 한다. 이러한 최적화가 NUMA 구조에서 중요한 이유는 무엇인가?

20.9 조인과 같은 일부 데이터베이스 명령은 데이터(예를 들어, 조인과 관련된 릴레이션 중 하나)가 메모리에 전부 올라올 경우와 그렇지 않은 경우, 속도에 상당한 차이를 보인다. 이러한 사실이 어떻게 **선형보다 높은 속도 향상**의 현상을 설명할 수 있는지 보여라. 선형보다 높은 속도 향상에서 응용 프로그램은 자신에게 할당된 자원의 양보다 더 큰 속도 향상을 보일 수 있다.

20.10 동종 및 연합 분산 데이터베이스 시스템의 주된 차이점은 무엇인가?

20.11 다른 클라우드 서비스 모델에서 제공하는 서비스보다 그냥 기본적인 서비스로서 인프라 모델만 구독하는 클라이언트가 흔하다. 그 이유는 무엇인가?

20.12 데이터가 외부 저장 장치에 있다고 가정한다. 클라우드 컴퓨팅 서비스가 서비스 제공업체의 실제 장치에서 직접 실행하는 것보다 가상 머신을 사용하는 것이 전통적인 데이터베이스 시스템을 잘 지원하는 이유는 무엇인가?

연습문제

20.13 각자 데이터베이스 시스템을 운영하는 사이트의 모임을 가진 은행에 대해 생각해 보자. 데이터베이스가 서로 소통할 수 있는 유일한 수단이 영속 메시지 처리를 통해 서로 돈을 전자적으로 전송하는 방법뿐이라고 해 보자. 이와 같은 시스템이 분산 데이터베이스로서 자격이 있겠는가? 그 이유는 무엇인가?

20.14 성장하는 기업이 현재 사용 중인 컴퓨터 시스템을 능가하는 새로운 병렬 컴퓨터를 산다고 가정하자. 성장으로 인해 단위 시간당 더 많은 트랜잭션이 발생했지만 개별 트랜잭션의 길이는 바뀌지 않은 경우, 속도 향상, 배치 규모 증대, 트랜잭션 규모 증대 중에 어떤 측정치가 이와 가장 관련성이 높은가? 왜 그런가?

20.15 일반적으로 공유 메모리 영역에 접근하는 프로세스(또는 스레드)의 집합으로 데이터베이스 시스템을 구현한다.

a. 공유 메모리 영역의 접근을 어떻게 제어할 수 있는가?

b. 공유 메모리의 데이터 구조에 대한 접근을 직렬화하는 데 2단계 커밋 규약을 사용하는 것이 적절한가?

20.16 사용자 프로세스가 데이터베이스 시스템의 공유 메모리 영역에 접근하도록 하는 것이 현명한 것인가? 답을 설명해 보라.

20.17 트랜잭션 처리 시스템에서 선형 규모 증대에 불리하게 작용할 수 있는 요인은 무엇이 있는가? 다음의 각 구조, 즉 공유 메모리, 공유 디스크, 비공유 구조 각각에서 가장 중요할 것 같은 요인은 어떤 것인가?

20.18 메모리에 대한 단일 인터페이스가 있었던 이전의 구조들과는 달리, 오늘날의 메모리 시스템은 주어진 시간에 각각 별도의 요청을 처리할 수 있는 여러 모듈로 나뉜다. 이러한 메모리 구조는 공유 메모리 시스템에서 지원될 수 있는 프로세서의 수에 어떤 영향을 미치겠는가?

20.19 데이터 항목 $d_1, d_2, \dots, d_n$이 있고, 각 d_i는 메모리 위치 M_i에 저장된 잠금에 의해 보호된다고 하자.

a. 명령어 test-and-set를 사용한 lock-X(d_i) 및 unlock(d_i)의 구현 방법에 관해 설명하라.

b. 명령어 compare-and-swap를 사용한 lock-X(d_i) 및 unlock(d_i)의 구현 방법에 관해 설명하라.

20.20 비공유 시스템에서 원격 노드로부터 발생한 데이터 접근은 원격 프로시저 호출 또는 메시지 전송을 통해 이루어질 수 있다. 그러나 원격 직접 메모리 접근(RDMA)을 사용하면 이러한 데이터 접근이 훨씬 더 빨리 가능할 수 있다. 그 이유를 설명하라.

20.21 주요 데이터베이스 공급업체가 자사의 데이터베이스 시스템(예를 들어, Oracle, SQL Server DB2)을 클라우드 서비스로 제공한다고 가정하자. 이는 클라우드 서비스 모델 중 어느 모델에 적합한가? 그 이유는 무엇이겠는가?

20.22 기업이 서비스로서 플랫폼 모델에 따라 클라우드 서비스에서 자체 ERP 응용 프로그램을 사용

한다고 가정하자. 해당 기업이 ERP 시스템을 새 버전으로 업그레이드할 때 어떤 제한이 있을 수 있는가?

더 읽어보기

[Hennessy et al. (2017)]는 이 장에서 다룬 공유 메모리 구조 및 캐시 일관성, 병렬 컴퓨팅 구조 및 클라우드 컴퓨팅에 대한 주제를 포함하여 컴퓨터 구조 분야 전반을 매우 잘 소개한다. [Gray and Reuter (1993)]는 클라이언트-서버와 분산 시스템의 구조를 포함한 트랜잭션 처리에 관해서 매우 잘 서술한 고전 교재다. [Ozsu and Valduriez (2010)]는 분산 데이터베이스 시스템에 관해 다룬다. [Abts and Felderman (2012)]은 데이터 센터 네트워킹에 대한 개론을 제공한다.

참고문헌

[Abts and Felderman (2012)] D. Abts and B. Felderman, "A Guided Tour of Datacenter Networking", *Communications of the ACM*, Volume 55, Number 6 (2012), pages 44-51.

[Gray and Reuter (1993)] J. Gray and A. Reuter, *Transaction Processing: Concepts and Techniques*, Morgan Kaufmann (1993).

[Hennessy et al. (2017)] J. L. Hennessy, D. A. Patterson, and D. Goldberg, *Computer Architecture: A Quantitative Approach*, 6th edition, Morgan Kaufmann (2017).

[Ozsu and Valduriez (2010)] T. Ozsu and P. Valduriez, *Principles of Distributed Database Systems*, 3nd edition, Prentice Hall (2010).

크레딧

장 도입부 보트 사진: © Pavel Nesvadba/Shutterstock

Chapter 21

병렬 및 분산 데이터 저장소

20장에서 언급했듯이 병렬화(parallelism)는 프로세서나 디스크와 같은 자원을 더 많이 사용할 수 있으며, 질의를 더 빠르게 처리하기 위해 사용된다. 또한 규모 증대를 통해 병렬화 수준을 높임으로써 늘어나는 작업량을 응답 시간의 증가 없이 처리할 수 있다.

이 장에서 병렬 데이터베이스 시스템의 데이터 저장소 및 인덱싱 기법에 관해 논의한다.

21.1 소개

먼저 21.2절과 21.3절에서 다수의 노드(node)에서 데이터를 어떻게 분할할지 살펴본다. 이후 21.4절과 21.5절에서 각각 데이터 복제와 병렬 인덱싱에 대해 논의한다. 여기서는 비공유(shared-nothing) 병렬 데이터베이스 시스템에 초점을 맞추고 있지만, 이러한 기술은 데이터가 지리적(geographically)으로 분산 저장되어 있는 분산 데이터베이스 시스템에도 적용될 수 있다.

여러 개의 노드에서 동작하는 분산 파일 시스템(distributed file system)은 병렬 시스템에서 데이터를 저장하기 위해 널리 사용되고 있다. 21.6절에서 이러한 분산 파일 시스템에 관해 다룬다.

최근 [비정형 텍스트 데이터, XML이나 JSON 등으로 표현되는 반정형(semi-structured) 데이터를 포함하는] 비관계형(nonrelational) 데이터의 저장을 위해 병렬 데이터 저장소 및 인덱싱 기술이 널리 사용되고 있다. 이들 데이터를 저장하는 방법으로 데이터 항목이 관련 키와 함께 저장되는 병렬 **키-값 저장소**(key-value store)가 종종 사용된다. 여기서 설명하는 관계형 데이터 저장을 위한 병렬 저장소 기술은 21.7절에서 논의하는 키-값 저장소에도 사용될 수 있다. 이 책에서 **데이터 저장소 시스템**(data storage system)이라는 용어를 키-값 저장소와 병렬 데이터베이스 시스템을 위한 데이터 저장소 및 접근 층(access layer) 모두를 지칭하는 데 사용한다.

병렬 및 분산 데이터베이스의 질의 처리에 관해서는 22장에서 논의하고, 병렬 및 분산 데이터베이스의 트랜잭션 처리에 관해서는 23장에서 논의한다.

21.2 데이터 분할

병렬화의 가장 간단한 형태인 **I/O 병렬화**(I/O parallelism)는 다중 디스크상에 릴레이션을 분할함으로써 디스크로부터 릴레이션을 검색하는 데 필요한 시간을 줄이는 것이다.[1]

밑단에서 RAID 시스템은 블록을 다수의 디스크에 분할하여 이들을 병렬 접근할 수 있도록 한다. 12.5절에서 설명하였듯, 블록은 보통 라운드-로빈(round-robin) 기법을 사용하여 여러 개의 서로 다른 디스크에 저장된다. 예를 들어, 0에서 $n - 1$까지 n개의 디스크가 있다고 가정하면 라운드-로빈 방식에서 i번째 블록을 $i \bmod n$번째 디스크에 할당한다. 하지만 RAID 시스템을 이용하는 블록 단위 분할 기법은 릴레이션의 튜플이 특정 디스크나 노드에 저장되도록 지정할 수 없다. 따라서 병렬 데이터베이스 시스템은 보통 블록 단위 분할을 사용하지 않고 튜플 단위의 분할을 수행한다.

각각 다수의 디스크를 가지는 노드(컴퓨터)가 여러 대 있는 시스템의 분할은 개별 디스크 수준에서 수행되는 것으로 보일 수 있다. 하지만 병렬 데이터베이스 시스템은 보통 데이터를 노드에 분할하는 것에만 초점을 맞추고, 각 노드 안에서 블록과 디스크를 할당하는 것은 해당 노드의 운영체제에 위임한다.

병렬 저장소 시스템에서 릴레이션의 각 튜플을 서로 다른 노드에 위치하도록 다수의 노드에 나누어 저장하는 경우를 **수평 분할**(horizontal partitioning)이라고 한다. 뒤에서 수평 분할을 위해 제안된 여러 가지 분할 기법을 살펴볼 것이다.

13.6절에서 열 기반 저장소 기법으로 논의되었던 수직 분할(vertical partitioning)은 수평 분할과 상반되는 개념이다. 예를 들어, A가 주 키로 설정된 릴레이션 $r(A, B, C, D)$를 수직 분할해 보자. 만약 다수의 질의가 B 값을 이용하고 C와 D 값은 데이터의 크기가 크지만 질의에는 많이 이용되지 않는다고 가정하면, 릴레이션 $r(A, B, C, D)$는 $r(A, B)$와 $r(A, C, D)$로 수직 분할될 수 있다. 튜플은 수평 분할된 이후에도 각 노드에서 다시 수직 분할될 수 있다.

또한 여러 데이터베이스 시스템에서 릴레이션 r의 튜플을 다수의 물리적 릴레이션 $r_1, r_2, \ldots, r_n$으로 나누는 것을 분할 기법이라 지칭한다. 이때 모든 물리적 릴레이션 r_i는 단일 노드에 저장되어 있다. 릴레이션 r은 실제 저장되어 있지는 않지만 대신 뷰로 처리될 수 있으며, 질의 $r_1 \cup r_2 \cup \ldots \cup r_n$로 정의된다. 이러한 릴레이션의 노드 내 분할(intra-node partitioning)은 보통 자주 사용되는 튜플과 그렇지 않은 튜플을 분리 저장하기 위해 사용한다. 다만 이 방법은 노드 간의 수평적 분할 방법과는 다르다. 노드 내 분할은 25.1.4.3절에서 자세히 설명한다.

이 장의 나머지 부분과 다음 장에서 언급되는 분할은 여러 노드에 나누어 저장하는 수평 분할을 의미한다.

21.2.1 분할 기법

여기서는 튜플을 분할하기 위한 세 가지 기본적인 데이터 분할 기법을 살펴볼 것이다. 먼저 n개의 노드 $N_1, N_2, \ldots, N_n$이 있고 데이터가 이 노드들 사이에 분할된다고 가정하자.

---

1 앞의 장들에서 디스크는 마그네틱 하드 디스크나 SSD(solid-state drives)와 같은 영속성을 가진 저장 장치를 의미한다.

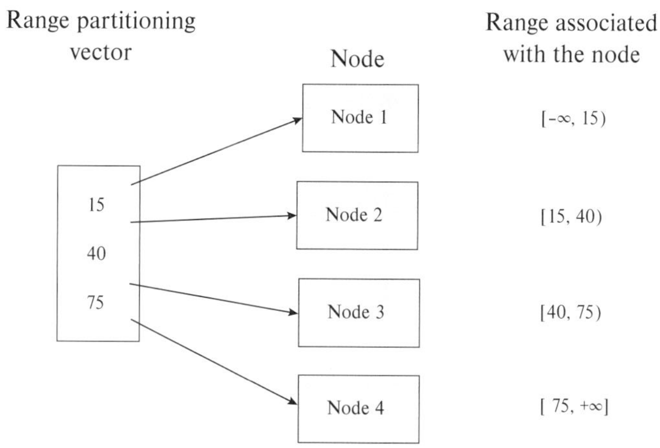

그림 21.1 범위 분할 벡터의 예

- **라운드-로빈**(Round-robin). 이 기법은 릴레이션을 순서대로 읽어서, i번째 튜플을 $N_{((i-1) \bmod n)+1}$번째 노드로 보낸다. 이 기법은 튜플을 노드에 균등하게 분할하기 때문에 각 노드는 대략 비슷한 수의 튜플을 가지게 된다.
- **해시 분할**(Hash partitioning). 이 기법은 주어진 릴레이션의 스키마에서 하나 이상의 속성을 분할 속성으로 사용한다. 이때 $\{1, 2, \dots, n\}$의 범위를 가지는 해시 함수를 선택한다. 릴레이션의 각 튜플은 이 분할 속성에 따라 해시 함수에 입력으로 주어진다. 만약 해시 함수가 i 값을 반환하면 그 튜플은 노드 N_i에 놓인다.[2]
- **범위 분할**(Range partitioning). 이 기법은 튜플을 각 노드상에 연속적인 속성값의 범위로 분배한다. 이 기법은 분할 속성 A와 **분할 벡터**(partitioning vector) $[v_1, v_2, \dots, v_{n-1}]$을 선택하며, 여기서 $i < j$인 경우 $v_i < v_j$이다. 릴레이션은 다음과 같이 분할된다. $t[A] = x$인 튜플 t를 살펴보면, $x < v_1$일 경우에 t는 노드 N_1로 간다. $x \geq v_{n-1}$일 경우에 t는 노드 N_n으로 가게 되며, $v_i \leq x < v_{i+1}$인 경우에 t는 노드 N_{i+1}로 가게 된다.

그림 21.1은 범위 분할 벡터(vector)의 예를 보여 준다. 이 그림 예제에서 15보다 작은 값은 노드 1로 배치된다. [15, 40)의 범위를 가지는 값(값이 15보다 크거나 같고 40보다는 작은)은 노드 2로 배치되며, [40, 75)의 범위를 가지는 값(값이 40보다 크거나 같고 75보다는 작은)은 노드 3으로 배치된다. 마지막으로 75보다 크거나 같은 값은 노드 4로 배치된다.

이제 릴레이션이 갱신될 때 분할을 유지하는 방법을 살펴보자.

1. 릴레이션 안에 튜플이 삽입되는 경우, 분할 전략에 기반하여 적절한 노드로 보낸다.
2. 튜플을 지우는 경우, 먼저 분할 속성값에 따라 튜플의 위치를 찾는다(라운드-로빈 방식의 경우, 모든 분할에서 찾는다). 그리고 나면 튜플이 어디에 위치하든지 찾아 지울 수 있다.

2 해시 함수 디자인은 24.5.1.1절에서 논의한다.

3. 튜플이 갱신되는 경우 상황에 따라 처리 방법이 다르다. 먼저 라운드-로빈 분할이 사용되거나 갱신이 분할 속성에 영향을 주지 않는 경우 튜플의 위치는 영향을 받지 않는다. 반면 범위 분할이나 해시 분할이 사용된 경우 갱신 시 분할 속성에 영향을 미치게 되며, 튜플의 위치도 영향을 받게 된다. 아래와 같은 과정을 거치게 된다.
   a. 기존 튜플이 원래 자리에서 지워진다.
   b. 갱신된 튜플이 삽입되며, 사용되는 분할 전략에 기반하여 적절한 노드로 보내진다.

21.2.2 분할 기법 비교

일단 릴레이션이 여러 노드상에 분할되고 나면, 모든 노드를 이용하여 병렬로 릴레이션의 튜플을 검색할 수 있다. 비슷하게 릴레이션이 분할될 때에도 여러 노드에 병렬로 기록될 수 있다. 따라서 전체 릴레이션의 읽기 또는 쓰기를 위한 데이터 전송률은 I/O 병렬 처리를 하는 경우 훨씬 빨라진다. 하지만 전체 릴레이션 읽기(scan) 작업은 데이터에 접근(access)하는 여러 가지 방법 중 하나에 불과하다. 데이터에 접근하는 유형은 다음과 같이 분류될 수 있다.

1. 전체 릴레이션 읽기(scan)
2. 특정 속성에서 특정한 값을 가지는 튜플을 찾는(예를 들어, *employee_name*="Campbell") **점 질의**(point query) 처리
3. 주어진 속성값이 특정한 범위 내에 속하는 모든 튜플을 찾는(예를 들어, 10,000 < *salary* < 20,000) **범위 질의**(range query) 처리

다양한 분할 기법이 서로 다른 수준의 효율성을 가지며 이러한 형태의 접근을 지원한다.

- **라운드-로빈**. 이 기법은 각 질의에서 전체 릴레이션을 차례대로 읽어 나갈 때 적합한 방법이다. 하지만 이 기법은 *n*개의 노드 각각이 탐색을 위해 반드시 사용되어야 하기 때문에 점 질의나 범위 질의를 처리하기에는 적절하지 않다.
- **해시 분할.** 이 기법은 분할 속성을 기반으로 하는 점 질의에 가장 적합한 방법이다. 예를 들어, 만일 릴레이션이 *telephone_number* 속성에 의해 분할되어 있다고 가정하자. 이 경우 "*telephone_number* = 555 − 3333인 사원의 레코드를 검색하라"는 질의를 처리하기 위해서는 해시 함수에 555-3333 값을 넣어 검색 결과 레코드를 가진 노드를 찾을 수 있다. 질의가 하나의 노드에만 적용되므로, 여러 노드에 대해 질의를 적용할 때 소요되는 가동 비용을 줄일 수 있으며 나머지 노드는 다른 질의를 위해 사용될 수 있다.

  또한 해시 분할은 전체 릴레이션의 순차적인 탐색에도 유용하다. 만일 해시 함수가 효율적인 난수를 발생시키는 함수이고 릴레이션의 키가 분할 속성인 경우, 각 노드는 서로 큰 편차 없이 대략적으로 비슷한 수의 튜플을 가지게 된다. 그러므로 릴레이션을 스캔하는 데 소요되는 시간은 하나의 노드에 저장된 릴레이션을 스캔하는 데 소요되는 시간의 $1/n$ 정도가 될 것이다.

  그러나 비분할 속성에 대해서 점 질의를 수행하는 경우 해시 분할은 적합하지 않다. 또한 해시 분할은 범위 내의 근사성을 유지하지 않기 때문에 범위 질의에 대한 답을 구하는 데도 그리

적합하지 않다. 해시 분할을 이용하여 이러한 범위 질의에 대한 결과를 구하기 위해서는 모든 노드를 탐색해야 한다.

- **범위 분할**. 이 기법은 분할 속성에 대한 점 질의와 범위 질의에 아주 적합한 방법이다. 점 질의의 경우 튜플이 존재하는 노드를 찾기 위해 분할 벡터를 참조하며, 범위 질의의 경우 튜플이 존재하는 노드의 범위를 찾기 위해 분할 벡터를 참조한다. 두 경우 모두 찾고자 하는 튜플이 존재하는 노드로 검색 범위를 좁힐 수 있다.

  범위 분할 방법의 장점은 범위 질의에 들어 있는 튜플의 수가 적을 경우 전체 노드 대신 하나의 노드에만 질의가 전송된다는 것이다. 나머지 노드는 다른 질의에 사용될 수 있기 때문에, 범위 분할의 빠른 응답 시간을 유지하면서 높은 처리량을 제공하는 장점을 가진다. 반면에 범위 질의에 들어 있는 튜플의 수가 많을 경우(질의 범위가 릴레이션의 도메인의 대부분을 차지할 경우) 많은 튜플이 소수의 노드에서만 검색되므로 해당 노드에 I/O 병목 현상이 발생한다. 이와 같은 **실행 치우침**(execution skew)이 발생하는 경우, 모든 처리는 하나 혹은 수 개의 노드상에서만 이루어진다. 이와 반대로 해시 분할과 라운드-로빈 분할은 이러한 질의에 대해 모든 노드가 사용되기 때문에 비슷한 처리량을 가지면서 보다 빠른 응답 시간을 제공한다.

분할 유형은 22.3절과 22.4.1절에서 살펴볼 조인과 같은 다른 관계형 연산에도 영향을 미친다. 따라서 분할 기법을 선택할 때에는 어떤 연산을 필요로 하는지도 고려해야 한다. 일반적으로는 라운드-로빈 분할보다 해시 분할이나 범위 분할이 더 선호되는 편이다.

크기가 큰 릴레이션을 다루려면 분할을 사용하는 것이 중요하다. 가끔 분할 저장소를 이용하는 대용량의 데이터베이스가 작은 크기의 릴레이션을 가지기도 하는데, 이러한 릴레이션의 경우 분할 시 각 노드가 고작 몇 개의 튜플만 가지게 된다. 따라서 작은 크기의 릴레이션을 분할하는 것은 좋은 방법이 아니다. 분할은 각 노드가 최소 수 개 이상의 디스크 블록을 필요로 하는 데이터를 다룰 때 유용하다. 작은 크기의 릴레이션은 분할하지 않는 것이 가장 좋으며, 중간 크기의 릴레이션의 경우 대규모 시스템에서 전체 노드에 분할하는 대신 몇 개의 노드만 선택하여 분할하는 것이 좋다.

21.3 분할에서 치우침 처리

릴레이션을 분할할 때 일부 노드에 많은 수의 튜플이 저장되고 다른 노드에는 적은 수의 튜플이 저장되는 치우침이 발생할 수 있다. 이러한 데이터 분배의 불균형을 **데이터 분배 치우침**(data distribution skew)이라고 한다. 데이터 분배 치우침은 아래의 두 가지 원인 중 하나에 의해 일어날 수 있다.

- **속성값 치우침**은 분할 속성에서 다수의 튜플이 특정한 값을 가지는 경우를 말한다. 분할 속성에 같은 값을 가지는 모든 튜플은 같은 분할에 속하게 되고 결과적으로 치우침을 발생시키게 된다.
- **분할 치우침**은 속성값 치우침이 없을 때에도 분할에 있어 부하의 불균형이 발생할 수 있는 경우를 말한다.

속성값 치우침은 범위 분할이나 해시 분할을 사용하더라도 발생될 수 있다. 특히 범위 분할의 경우, 분할 벡터를 신중하게 고르지 않으면 이러한 분할 치우침을 야기할 수 있다. 해시 분할의 경우 좋은 해시 함수를 사용하면 분할 치우침은 거의 일어나지 않는다.

20.4.2절에서 설명하였듯, 조그마한 치우침도 성능을 크게 감소시킬 수 있다. 치우침은 병렬 정도가 높을수록 더 큰 문제를 일으키게 된다. 예를 들어, 1,000개의 튜플을 가지는 릴레이션이 10개의 부분으로 분할될 때 치우침이 발생했다면, 일부 분할은 100개보다 적은 수의 튜플을 가지게 되고, 다른 일부 분할은 100개보다 많은 수의 튜플을 가지게 될 것이다. 만일 하나의 분할이 200개의 튜플을 가질 경우, 병렬로 분할을 접근해서 얻을 수 있는 속도 향상은 애초에 기대했던 10이 아닌 5 정도일 것이다. 만일 100개의 분할을 사용하는데 한 분할이 40개의 튜플을 가질 경우, 병렬로 분할을 접근해서 얻을 수 있는 속도 향상은 100이 아닌 25 정도일 것이다. 즉 치우침으로 인한 속도 향상의 손실은 병렬성이 높아질수록 증가하게 된다.

튜플 분포의 치우침뿐만 아니라 (이러한 치우침이 없더라도) 질의가 다른 분할보다 일부 분할에 더 자주 접근하는 **실행 치우침**이 발생할 수 있다. 예를 들어, 릴레이션이 튜플의 타임스탬프(timestamp)로 분할되며 최근에 많은 수의 튜플이 쌓였다고 가정해 보자. 그러면 분할이 동일한 수의 튜플을 가진다 해도 최근의 튜플을 담고 있는 분할이 더 높은 부하를 받을 것이다.

이 절의 나머지 부분에서 이러한 치우침을 해결하는 방법을 살펴본다.

21.3.1 균형 잡힌 범위 분할 벡터

범위 분할에서 데이터 분포 치우침은 모든 노드에 튜플을 균등하게 나누어 주는 **균형 잡힌 범위 분할 벡터**(balanced range-partitioning vector)를 사용하여 피할 수 있다.

균형 잡힌 범위 분할 벡터는 정렬을 이용하여 만들 수 있다. 먼저 릴레이션을 분할 속성에 따라 정렬시킨다. 그런 다음 해당 릴레이션을 정렬된 순서로 스캔한다. 릴레이션의 매 $1/n$만큼씩 읽은 후 다음 튜플의 분할 속성값을 분할 벡터에 추가한다. 여기서 n은 생성되는 분할의 개수를 가리킨다.

이 방법의 가장 큰 단점은 내부적인 정렬을 수행하는 데 추가적인 I/O 부담이 발생한다는 것이다. 균형 잡힌 범위 분할 벡터를 생성하기 위한 이러한 I/O 부담은 각 릴레이션의 속성값에 대한 빈도 테이블이나 **히스토그램**(histogram)을 생성함으로써 줄일 수 있다. 그림 21.2는 범위 1부터 25 사이의 값을 가지는 정수형 속성에 대한 히스토그램을 보여 주는 예다. 분할 속성에 대한 히스토그램이 주어지면 균형 잡힌 범위 분할 함수를 구성하는 것은 간단하다. 히스토그램은 크기가 작기 때문에 여러 속성에 대한 히스토그램이 시스템 카탈로그 내에 저장될 수 있다. 만일 히스토그램이 저장되어 있지 않을 경우 릴레이션을 샘플링함으로써, 즉 그 릴레이션의 디스크 블록의 부분집합을 무작위로 선택한 다음 거기에 있는 튜플을 이용함으로써 대략적으로 히스토그램을 계산할 수 있다. 랜덤 샘플을 이용하는 것은 릴레이션을 정렬하는 것보다 히스토그램 생성 시간을 단축한다.

앞서 설명한 범위 분할 벡터를 만드는 방법은 데이터 분배 치우침 문제를 해결한다. 여기서 더 나아가 실행 치우침을 해결하기 위한 방법은 독자를 위한 연습문제로 남겨 둔다(문제 21.3).

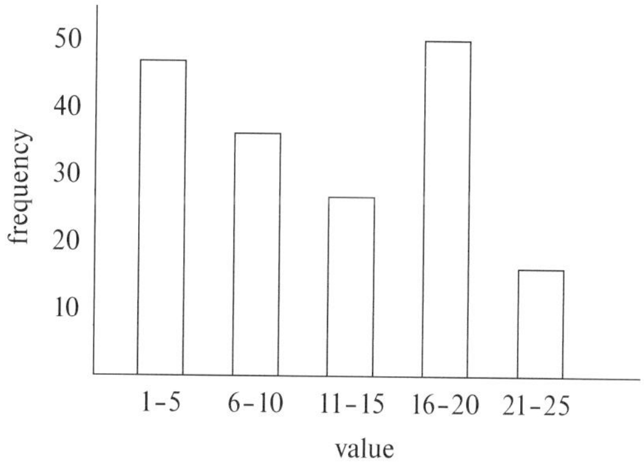

그림 21.2 히스토그램의 예

위 방법의 단점은 균형 잡힌 범위 벡터가 정적이라는 것이다. 즉 분할이 어떠한 시점에 정해지고 나면 튜플이 삽입, 삭제되거나 수정되더라도 자동적으로 변경되지 않는다. 시스템이 데이터 분배의 치우침을 감지하면 분할 벡터를 다시 계산하여 데이터를 다시 분할한다. 그러나 재분할 비용은 매우 클 수 있다. 때문에 이러한 작업을 주기적으로 반복하는 것은 큰 부담을 야기할 수 있으며, 다른 일반적인 작업에도 영향을 줄 수 있다. 치우침을 피하기 위한 연속적이고 부담이 적은 동적 기술은 21.3.2절과 21.3.3절에서 논의한다.

21.3.2 가상 노드 분할

치우침의 영향을 최소화하기 위한 다른 방법은 가상 노드를 이용하는 것이다. **가상 노드**(virtual node) 방법은 실제 노드의 몇 배만큼의 **가상 노드**가 있다고 가정하고, 앞서 논의된 분할 방법을 사용하여 튜플을 실제 노드가 아닌 가상 노드에 대응(map)시킨다.[3]

가상 노드는 다시 실제 노드로 연결된다. 가상 노드를 실제 노드로 연결시키기 위한 한 가지 방법으로는 라운드-로빈 할당이 있다. 만약 1부터 n까지의 번호를 가지는 n개의 실제 노드가 있다고 가정하면, 가상 노드 i는 실제 노드 $((i - 1) mod\ n) + 1$로 연결된다. 핵심은 치우침으로 인해 어떤 범위가 다른 범위보다 더 많은 튜플을 가진다 해도 이 튜플은 다수의 가상 노드 범위로 분할될 수 있다는 것이다. 라운드-로빈 방식으로 가상 노드를 실제 노드로 대응시키면 다수의 실제 노드에 추가 작업이 분배되어 한 노드가 모든 부담을 떠안지 않도록 할 수 있다.

이러한 대응 작업을 더욱 정교하게 하는 방법은 각 가상 노드의 실제 튜플의 수와 이들의 부하(예를 들어, 초당 접근 횟수)를 추적하는 것이다. 이렇게 하면 가상 노드는 저장된 튜플의 수와 실제 노드의 부하에 대해 균형 잡힌 형태로 연결된다. 따라서 데이터 분산 치우침과 실행 치우침을 최소화할 수 있다.

시스템은 이 연결에 관해 기록하고, 이를 실제 노드에 접근할 때 사용한다. 만약 가상 노드에 연속적인 정수 번호가 할당되었다면 m개의 가상 노드가 있을 때 m개의 항목을 가지는 *virtual_to_*

---

[3] 가상 노드 방법은 이 책의 이전 판에서 **가상 프로세서**(virtual processor) 방법으로 불렸다. 최근 가상 머신에서 가상 프로세서라는 다른 의미를 지닌 용어가 일반적으로 사용되고 있기 때문에 이 책에서는 **가상 노드**로 부르기로 한다.

real_map[] 배열에 저장될 수 있다. 이 배열의 *i*번째 원소에는 가상 노드 *i*와 연결된 실제 노드가 담겨 있다.

가상 노드가 주는 또 다른 이점은 **저장소의 유연성**(elasticity of storage)을 가져다준다는 것이다. 즉 시스템에 부하가 증가할 경우 시스템이 부하를 감당할 수 있도록 더 많은 자원(노드)을 추가할 수 있다. 만약 새로운 노드가 추가되면 일부 가상 노드는 새로운 실제 노드로 이전된다. 이러한 이전 작업은 다른 가상 노드에 영향을 미치지 않는다. 만약 각 실제 노드로 연결된 데이터의 크기가 작다면 한 가상 노드로부터 다른 가상 노드로 옮기는 이전 작업은 부담 없이 빠르게 처리된다.

21.3.3 동적 재분할

가상 노드 방법은 범위 분할과 해시 분할의 치우침을 줄일 수는 있지만, 시간이 지남에 따라 데이터 분산이 변화할 경우 일부 가상 노드가 매우 많은 수의 튜플을 가지거나 높은 실행 부하를 받게 되는 결과를 초래하며 결국 제대로 동작하지 못한다. 예를 들어, 분할이 레코드의 타임스탬프에 따라 분할된다고 하자. 가장 최근의 타임스탬프가 속하는 범위에는 더 많은 레코드가 삽입될수록 점점 레코드의 수가 증가할 것이다. 반면 다른 범위는 다른 어떠한 새로운 레코드도 받지 못한다. 따라서 초기 분할이 균형 잡혀 있더라도 시간이 지남에 따라 치우침은 점점 심해진다.

치우침은 전체 스키마 분할을 재계산함으로써 해결할 수 있다. 하지만 새로운 스키마 분할에 기반하여 데이터를 재분할하는 것은 일반적으로 매우 비싼 연산이다. 앞선 예제에서 결국 타임스탬프 순서에 따라 많은 양의 레코드를 각 분할로 옮기게 될 것이다. 큰 데이터를 다룰 때에 이러한 분할 비용은 터무니없이 비싸다.

대신 동적 재분할은 가상 노드 스키마를 활용하여 이를 효율적으로 처리할 수 있다. 기본 아이디어는 가상 노드에 튜플이 너무 많거나 부하가 너무 큰 경우 두 개의 가상 노드로 분할하는 것이며, 이것은 B^+-트리에서 노드가 꽉 찼을 때 두 개의 노드로 분할되는 것과 매우 유사하다. 이후 각 노드에 저장된 데이터 또는 각 노드의 부하 균형을 재조정하기 위해 새로 생성된 가상 노드 중 하나를 다른 노드로 이전할 수 있다.

앞의 예에서, 2017-01-01부터 *MaxDate*까지 타임스탬프 범위에 해당하는 가상 노드가 꽉 차게 되면 해당 분할을 두 개의 분할로 나눌 수 있다. 예를 들어, 이 범위에서 튜플의 절반이 2018-01-01보다 작은 타임스탬프를 갖는 경우, 한 분할은 2017-01-01에서 2018-01-01보다 작은 타임스탬프를 가지며 다른 분할은 2018-01-01에서 *Max-Date*까지의 타임스탬프를 갖는 튜플을 갖게 된다. 실제 노드가 가지는 튜플 수를 재조정하려면 가상 노드 중 하나를 새로운 실제 노드로 이동하기만 하면 된다.

이러한 방식의 동적 분할은 오늘날 병렬 데이터베이스와 병렬 데이터 저장소 시스템에서 매우 광범위하게 사용된다. 데이터 저장소 시스템에서 용어 **테이블**(table)은 데이터 항목의 모음을 나타낸다. 테이블은 여러 개의 **태블릿**(tablet)으로 분할되며, 테이블이 분할되는 태블릿의 수는 시스템의 실제 노드 수보다 훨씬 많으므로 태블릿은 가상 노드에 해당한다.

시스템은 **분할 테이블**(partition table)을 가지고 있어야 한다. 분할 테이블에는 태블릿 데이터가 있는 실제 노드뿐만 아니라 분할 키 범위에서 태블릿 식별자로의 대응 정보(mapping)를 가지고 있

Value	Tablet ID	Node ID
2012-01-01	Tablet0	Node0
2013-01-01	Tablet1	Node1
2014-01-01	Tablet2	Node2
2015-01-01	Tablet3	Node2
2016-01-01	Tablet4	Node0
2017-01-01	Tablet5	Node1
MaxDate	Tablet6	Node1

그림 21.3 분할 테이블의 예

다. 그림 21.3은 분할 키가 날짜인 분할 테이블의 예를 보여 준다. 태블릿0은 "키 값 < 2012-01-01"인 레코드를 가지고 있다. 태블릿1은 "2012-01-01 <= 키 값 < 2013-01-01"인 레코드를 가지고 있으며, 태블릿2는 "2013-01-01 <= 키 값 < 2014-01-01"인 레코드를 가진다. 나머지 태블릿에서도 이와 같이 진행되며, 마지막으로 태블릿6에는 "키 값 ≥ 2017-01-01"인 레코드가 저장된다.

읽기 요청은 분할 속성값을 명기해야 하며, 이 분할 속성값은 해당하는 키 값을 가지는 레코드가 담긴 태블릿을 식별하기 위해 사용된다. 요청에 분할 속성값이 지정되지 않은 경우 모든 태블릿으로 전송되어야 한다. 읽기 요청은 먼저 분할 키 값 v를 사용하여 키 범위에 v가 포함된 태블릿을 식별하며, 태블릿이 있는 실제 노드로 요청을 전송한다. 해당 노드는 각 태블릿에 대해 분할 키 속성에 대한 인덱스를 유지 관리하므로 전송된 요청은 해당 노드에서 효율적으로 처리된다.

쓰기, 삽입 및 삭제 요청은 위에 설명된 읽기 요청과 유사하게 요청을 알맞은 태블릿과 실제 노드에 보내어 처리한다.

위 방법에서 태블릿의 크기가 너무 큰 경우 이를 나눌 수 있다. 각 태블릿에 대응되는 키 범위는 두 개로 나눠며, 새로 생성된 태블릿은 키 범위의 절반을 가진다. 그러면 새로운 태블릿으로 키 범위가 할당된 레코드는 원본 태블릿에서 새로운 태블릿으로 이동한다. 새로 분할된 부분을 반영하도록 분할 테이블을 갱신하면 이제 요청은 올바른 태블릿으로 전달될 수 있게 된다.

그림 21.4는 그림 21.3에서 "값 ≥ 2017-01-01"을 가지던 태블릿6이 두 개의 태블릿으로 분할된 이후의 분할 테이블을 보여 준다. 이제 태블릿6은 "2017-01-01 ≤ 값 < 2018-01-01"을 가지며 태블릿7은 "값 ≥ 2018-01-01"을 가진다. 이러한 분할은 많은 수의 삽입이 이루어진 태블릿6이 너무 커지게 되는 경우, 태블릿의 크기를 재조정하기 위해 발생한다.

주의할 것은 그림 21.4에서 노드1에 있던 태블릿1이 노드0으로 이동했다. 이런 태블릿의 이동은 데이터의 양이 너무 크거나, 요청의 수가 너무 많아서 노드1이 과부하되었기 때문일 수 있다.

대부분의 병렬 데이터 저장소 시스템은 **마스터**(master) 노드가 분할 테이블을 가지고 있다. 하지만 매초 많은 수의 질의를 처리하기 위해서는 보통 분할 테이블이 데이터에 접근하는 모든 클라이언트 노드나 여러 **라우터**(router)에 복제되어 있어야 한다. 라우터는 클라이언트로부터 읽기/쓰기 요청을 받아들이고 요청에서 지정된 키 값에 따라 이에 해당하는 태블릿/가상 노드를 가진 실제 노

Value	Tablet ID	Node ID
2012-01-01	Tablet0	Node0
2013-01-01	Tablet1	Node0
2014-01-01	Tablet2	Node2
2015-01-01	Tablet3	Node2
2016-01-01	Tablet4	Node0
2017-01-01	Tablet5	Node1
2018-01-01	Tablet6	Node1
MaxDate	Tablet7	Node1

그림 21.4 태블릿이 분할 및 이동된 이후 분할 테이블의 예

드로 전달한다.

또 다른 완전히 분산된 방법에는 해시 기반의 분할 기법에 기반하는 **일관된 해싱**(consistent hashing)이 있다. 일관된 해싱 기법은 키를 32비트 정수와 같은 큰 공간에 해시시킨다. 노드(또는 가상 노드) 식별자도 동일한 공간에 해시시킨다. 키 k_i는 논리적으로 $h(n_j) < h(k_i)$를 만족하는 전체 노드 중에서 해시 값 $h(n_j)$이 가장 높은 노드에 대응될 수 있다. 하지만 모든 키가 노드에 할당되도록 하기 위해 키 값은 최대 해시 값인 *maxhash* 값 바로 다음에 0이 오는 형태의 시계와 같은 원형(cycle)으로 구성되어 있다. 원의 반시계 방향으로 이동할 때, 키 k_i는 논리적으로 전체 노드 중에 $h(k_i)$와 가장 가까운 해시 값 $h(n_j)$을 가지는 노드 n_j에 대응된다.

이러한 방법에 기반한 **분산 해시 테이블**(distributed hash table)은 마스터 노드나 라우터를 필요로 하지 않는다. 대신 각 분할 노드는 몇 개의 다른 동료 노드를 추적하고, 서로 협력하는 방식으로 라우팅을 구현한다. 새로운 노드는 마스터 노드 없이 P2P(peer to peer) 방식의 프로토콜에 따라 시스템에 참여할 수 있고 스스로 통합된다. 더 자세한 내용은 이 장 끝에 있는 "더 읽어보기" 절을 참고한다.

21.4 복제

다수의 노드가 사용되는 병렬 시스템은 단일 노드 시스템보다 각 노드가 오동작할 가능성이 훨씬 크다. 잘못 설계된 병렬 시스템의 경우, 어떤 노드에서 장애가 발생하면 시스템이 동작을 멈출 수도 있다. 예를 들어, 단일 노드의 고장 가능성이 낮고, 시스템의 고장 가능성은 노드의 수에 비례하여 선형적으로 증가한다고 가정해 보자. 이러한 경우 단일 노드가 5년에 한 번씩 고장 난다고 가정하면, 100대의 노드를 가지는 시스템에선 매 18일마다 고장이 발생하게 된다.

이러한 이유로 병렬 데이터 저장소 시스템은 반드시 노드의 고장에 대해 탄력적으로 대응할 수 있어야 한다. 특히 노드 고장 발생 시 수행 중이던 작업의 데이터가 사라지지 않아야 할 뿐 아니라 장애 발생 중에도 시스템이 계속 **가용한**(available) 상태, 즉 기능이 동작 가능한 상태여야 한다.

노드의 장애에도 튜플이 손실되지 않는 것을 보장하기 위해, 튜플은 최소한 두 대 혹은 세 대 이상의 노드에 복제되어 있어야 한다. 이렇게 되면 만약 한 노드에서 장애가 발생하더라도 튜플이 복

Value	Tablet ID	Node ID
2012-01-01	Tablet0	Node0,Node1
2013-01-01	Tablet1	Node0,Node2
2014-01-01	Tablet2	Node2,Node0
2015-01-01	Tablet3	Node2,Node1
2016-01-01	Tablet4	Node0,Node1
2017-01-01	Tablet5	Node1,Node0
2018-01-01	Tablet6	Node1,Node2
MaxDate	Tablet7	Node1,Node2

그림 21.5 복제를 사용할 때 그림 21.4의 분할 테이블

제되어 있는 다른 노드에 저장된 튜플에는 계속 접근할 수 있다.[4]

개별적인 튜플 수준에서 사본(replica)을 추적하는 것은 저장소와 질의 처리에 매우 큰 과부하(overhead)를 주게 된다. 따라서 각 분할 수준(태블릿, 노드, 또는 가상 노드)에서 복제를 수행하는데, 이때 복제된 사본이 저장된 장소를 분할 테이블에 기록한다.

그림 21.5는 태블릿의 복제가 포함된 분할 테이블을 보여 준다. 각 태블릿은 두 개의 노드에 복제되어 있다.

데이터베이스 시스템은 장애가 발생한 노드에 들어온 데이터 요청이 자동적으로 사본 데이터를 담고 있는 백업 노드로 전달될 수 있도록 노드의 장애를 계속 추적한다. 만약 지금 장애가 발생한 노드에 하나 또는 그 이상의 사본이 저장되어 있을 때 이를 처리하는 방법은 21.4.2절에서 간단히 설명하며, 이후 23.4절에서 더욱 자세히 설명한다.

21.4.1 사본의 위치

두 대의 노드에 데이터를 복제하면 한쪽 노드의 장애 시 데이터 손실이나 불가용성(unavailability)으로부터 보호할 수 있다. 물론 분할이 복제되어 있는 모든 노드에서 장애가 발생하면 데이터 손실이나 불가용성을 방지할 방법은 없다. 데이터 저장소로 저가 사용 장비를 사용하는 시스템의 경우 일반적으로 삼중(three-way) 복제를 사용하며, 더 신뢰성 있는 장비를 사용하는 경우 이중(two-way) 복제를 사용한다.

병렬 시스템에는 다양한 장애 모드(failure mode)가 있다. 먼저 단일 노드는 내부적인 결함으로 인해 장애가 발생할 수 있다. 또한 랙(rack) 자체에 문제가 발생한다면 랙 안에 있는 전체 노드가 장애에 빠질 수도 있다. 예를 들어, 랙에 전원 공급 장애가 발생하거나 랙의 네트워크 스위치가 고장 나는 경우 그 안의 전체 노드에 접속이 불가해진다. 더 나아가 화재나 홍수 또는 대규모의 전원 공급 문제가 발생할 경우 데이터 센터 전체에 장애가 발생할 가능성도 있다.

따라서 분할의 사본이 저장되는 노드의 위치는 장애가 발생해도 최소 하나의 사본에는 접근할

---

4 캐싱(caching)도 일종의 데이터 복제와 같으나 그 목적은 데이터 접근 속도를 높이는 데 있다. 또한 캐시에 있는 데이터는 언제든 사라질 수 있기 때문에 장애 발생 시 가용성(availability)을 보장하지 않는다.

수 있도록 매우 신중하게 정해야 한다. 이러한 복제는 데이터 센터 내에서 이루어질 수도 있고 데이터 센터 간에도 이루어질 수 있다.

- **데이터 센터 내 복제**: 단일 노드 장애는 가장 일반적인 장애 형태이며 보통 분할은 다른 노드에 복제되어 있을 수 있다.

  데이터 센터 네트워크에서 일반적으로 사용되는 트리 형태의 상호 연결 네트워크(20.4.3절에 설명되어 있음)를 사용하면 랙 내부의 네트워크 대역폭은 랙 간의 네트워크 대역폭보다 훨씬 높다. 따라서 동일한 랙 안에서 첫 번째 노드와 다른 노드를 복제하는 것은 서로 다른 랙 간의 네트워크 통신 수요를 감소시킬 수 있다. 그러나 랙 장애에 대처하기 위해 분할을 다른 랙에 있는 노드에도 복제한다.
- **데이터 센터 간 복제**: 데이터 센터 전체가 장애에 빠지는 것에 대처하기 위해 분할은 지리적으로 분리되어 있는 하나 혹은 그 이상의 데이터 센터에 복제된다. 지리적으로 분리되어 있는 것은 지진이나 폭풍과 같이 해당 지역의 모든 데이터 센터가 폐쇄되는 재난에 대응하는 중요한 요소다.

  많은 웹 응용(web application)에서 멀리 떨어진 네트워크에 걸친 왕복 지연(round-trip delay)은 성능에 큰 영향을 미칠 수 있다. 최근 웹 브라우저와 응용 사이에서 다중 통신 라운드를 요구하는 Ajax 응용의 사용이 증가하여 이러한 문제가 더욱 중요하다. 이를 해결하기 위해서 사용자는 지리적으로 가장 가까이 있는 응용 서버와 연결되고 데이터는 여러 사본 중 하나가 그 응용 서버와 함께 있을 수 있도록(혹은 최소한 지리적으로 가까이) 같은 데이터 센터에 복제된다.

노드 N_1에 있는 모든 분할이 단일 노드 N_2에 복제되어 있고 N_1에 장애가 발생했다고 가정하자. 그렇다면 노드 N_2는 본래 노드 N_1로 갔어야 할 모든 요청을 처리하게 된다. 따라서 노드 N_2는 시스템의 다른 노드보다 2배의 일을 수행하게 되며 결국 노드 N_1의 장애 동안 실행 치우침이 발생하게 된다.

이러한 문제를 피하기 위해 노드에 있는(여기서는 N_1) 분할의 사본은 여러 다른 노드에 퍼트려진다. 예를 들어, 시스템에 10개의 노드가 있고 이중(two-way) 복제가 사용된다고 가정하자. 노드 N_1에 분할 p_1에서 p_9까지의 사본이 하나씩 저장되어 있다고 가정하면, 분할 p_1의 다른 사본은 N_2에, p_2는 N_3에 저장되는 방식으로 계속되어 p_9의 다른 사본은 N_{10}에 저장된다. 이런 경우 N_1의 장애가 발생하더라도 다른 한 노드에만 추가적인 부하가 몰리지 않고, 노드 N_2부터 N_{10}까지의 노드가 동일하게 추가적인 작업을 나누어 수행하게 된다.

21.4.2 사본의 갱신과 일관성

각 분할이 복제되어 있기 때문에 분할 안에 있는 튜플을 갱신하려면 분할의 모든 사본에 대해 갱신을 수행해야 한다. 만들어진 이후로 한 번도 갱신된 적이 없는 데이터의 경우 모든 사본이 같은 값을 가지고 있기 때문에 어떠한 사본을 읽어도 내용이 동일하다. 만약 저장소 시스템의 모든 사본이 독점적 잠금(exclusive-locked)이 되어 있고 원자적(atomic) 갱신을 보장하면[예를 들어, 23.2.1절에서 앞으로 살펴볼 2단계(two-phase) 커밋 규약을 사용하는 경우], 어떤 사본에서든 튜플을 읽을 수 있고[공유 잠금(shared lock)을 얻은 후], 가장 최신의 값을 얻을 수 있다.

만약 데이터가 갱신되었으나 사본의 갱신이 원자적이지 않을 때 사본에 저장된 값은 일시적으로 다른 값을 가질 수 있다. 따라서 어떠한 사본에 접근하느냐에 따라 보게 되는 값이 다를 수 있다. 대부분의 응용은 사본에 대한 읽기 요청의 답으로 튜플의 가장 최신 값을 요구한다. 만약 그렇지 않다면 이전 버전의 값을 읽은 후 새로운 갱신을 수행하여 값이 얽히는 **손실 갱신 문제**(lost update problem)가 발생할 수 있다.

읽기 연산이 가장 최신의 값을 가져올 수 있도록 하는 한 가지 방법은 각 분할의 사본 중 하나를 **마스터 사본**(master replica)으로 지정하는 것이다. 모든 갱신은 마스터 사본으로 보내지며 이후 다른 사본에 전달된다. 읽기 요청 또한 가장 최신 값을 얻을 수 있도록 마스터 사본으로 먼저 보내진다. 이렇게 하면 아직 해당 데이터 항목에 대한 앞선 갱신 요청이 처리되지 못한 다른 사본이 있더라도 이와 관계없이 최신의 값을 얻을 수 있다.

만약 마스터 사본에서 장애가 발생 시 해당 분할에 대해 새로운 마스터 사본이 지정된다. 이때 중요한 것은 이전 마스터가 수행한 모든 갱신 작업이 새 마스터에 의해 확인되어야 한다는 것이다. 추가로 이전의 마스터가 장애 발생 직전에 일부 사본에 대해서는 갱신을 마쳤으나 전체 사본을 갱신하지는 못했을 수 있다. 이 경우 새로운 마스터는 반드시 모든 사본에 대해 해당 갱신 작업을 완료해야 한다. 이와 관련해서는 23.6.2절에서 자세히 논의한다.

현재 어떤 노드가 각 분할의 마스터인지 아는 것은 매우 중요하다. 이 정보는 분할 테이블과 함께 저장할 수 있는데, 특히 분할 테이블은 해당 분할에 할당된 키 값의 범위, 분할의 사본이 저장되어 있는 위치, 그리고 어떠한 사본이 현재 마스터인지가 반드시 기록해야 한다.

사본의 갱신에는 세 가지 방법이 주로 사용된다.

- **2단계 커밋 규약**(two-phase commit (2PC) protocol)은 트랜잭션에 의해 수행되는 갱신이 다수의 사이트(site)에서 원자적으로 적용되도록 하며, 관련하여 23.2절에서 설명한다.

  이제 모든 사본이 가용하며 갱신될 수 있다고 가정한다. 일부 사본에 접근 불가한 장애 발생 시 2단계 커밋 규약을 계속 실행하도록 하는 방법에 관해서는 23.4절에서 논의한다.

- 23.2.3절에 논의되는 영속 메시징 시스템(persistent messaging system)은 메시지를 하나 보내면 이것이 한 번만 전달되는 것을 보장한다. 영속 메시징 시스템은 다음과 같이 사본의 갱신에 사용될 수 있다. 튜플에 대한 갱신이 영속 메시지로 등록되면 튜플의 모든 사본에 이를 전달한다. 이렇게 메시지가 한 번 기록되면 영속 메시징 시스템은 모든 사본에 메시지를 전달하게 된다. 이에 따라 결국 모든 사본이 갱신을 수행한다. 이러한 속성을 사본의 **궁극적 일관성**(eventual consistency)이라고 한다.

  하지만 메시지 전달에 지연이 있을 수 있으며, 일부가 사본을 갱신하는 중에도 다른 사본은 그렇지 않을 수 있다. 일관성이 보장되는 버전의 값을 얻기 위해서 갱신이 가장 먼저 수행되는 마스터 사본에서만 읽기를 수행한다(만약 튜플의 마스터 사본이 있는 사이트가 장애 시 남은 모든 갱신과 관련한 영속 메시지를 처리한 후 다른 사본이 마스터 사본을 넘겨받을 수 있다). 자세한 것은 23.6.2절에서 소개한다.

- **컨센서스 규약**(consensus protocol)은 일부 사본에 연결할 수 없는 장애 중에도 사본의 갱신을 진행하며, 이를 사본의 갱신 관리에 사용할 수 있다. 앞서 소개한 규약과 달리 컨센서스 규약은 마스터 사본 없이도 동작할 수 있다. 23.8절에서 컨센서스 규약에 대해 더 자세히 알아본다.

21.5 병렬 인덱스

병렬 데이터 저장소 시스템의 인덱스는 지역 인덱스와 전역 인덱스, 두 가지 종류가 있다. 앞으로 (가상 노드 분할이 사용될 때) **노드**라는 용어는 가상 노드(또는 동일하게 태블릿)를 의미한다.

- **지역 인덱스**(local index)는 특정한 노드에 담긴 튜플에 대해 인덱스를 만드는 것이다. 일반적으로 이러한 인덱스는 주어진 릴레이션의 모든 분할에서 생성된다. 인덱스는 데이터와 같은 노드에 저장된다.
- **전역 인덱스**(global index)는 여러 노드에 저장된 데이터에 대해 인덱스를 만드는 것이다. 전역 인덱스를 이용하여 튜플이 저장된 위치와 관계없이 원하는 튜플을 효율적으로 찾을 수 있다.

  전역 인덱스는 중앙에 하나만 있을 수 있지만, 이러한 체계는 확장성을 저하시킨다. 따라서 전역 인덱스는 여러 노드에 분할되어야 한다.

릴레이션의 **전역 주 인덱스**(global primary index)는 릴레이션의 튜플이 분할 시 사용하는 속성에 대한 전역 인덱스다. 분할 속성 K의 전역 인덱스는 각 분할에서 K에 대한 지역 인덱스를 생성하여 만들 수 있다.

속성 K에서 특정 키 값 $k1$을 가지는 튜플을 검색하는 질의를 수행하려면, 먼저 키 값 $k1$을 가지고 있는 분할을 찾는다. 이후 지역 인덱스를 이용하여 해당 분할 안에서 원하는 튜플을 찾는다.

예를 들어, *student* 릴레이션이 속성 ID로 분할되며, 속성 ID에 대한 전역 인덱스를 만들어야 한다고 가정하자. 이를 위해서는 각 분할에서 ID에 따라 지역 인덱스를 만들기만 하면 된다. 그림 21.6(a)는 *student* 릴레이션과 속성 ID에 대한 전역 주 인덱스를 보여 준다. 그림에서 지역 인덱스는 명시적으로 표시되어 있지 않다.

특정한 ID 값(예를 들어, ID 값 557)을 가지는 튜플을 검색하는 질의를 생각해 보자. 질의는 먼저 ID의 분할 함수를 사용하여 지정된 ID 값 557을 포함하고 있을 수 있는 분할을 찾고, 해당 노드에 보내진다. 이 노드들은 필요한 튜플의 위치를 찾기 위해 ID 값에 대한 지역 인덱스를 가지고 있다.

주목할 것은 여기서 ID가 *student* 릴레이션의 주 키이지만, 분할 속성이 주 키가 아니더라도 위와 같은 스키마가 동작 가능하다는 것이다. 주어진 분할 함수가 값의 범위를 기반으로 하는 경우 범위 질의를 처리하기 위해 스키마를 확장할 수 있다. 반면 해시를 기반으로 하는 분할 스키마의 경우 범위 질의를 지원하지 못한다.

릴레이션에서 **전역 2차 인덱스**(global secondary index)는 인덱스 속성이 튜플의 분할에 사용된 속성과 일치하지 않는 전역 인덱스다.

인덱스 속성이 K_i이고 분할 속성이 K_p이며 $K_p \neq K_i$라고 가정하자. 속성 K_i에 대한 검색 질의에 답하는 방법 중 하나는 다음과 같다. 만약 K_i에 대해 지역 인덱스가 생성되어 있다면 질의를 각 분

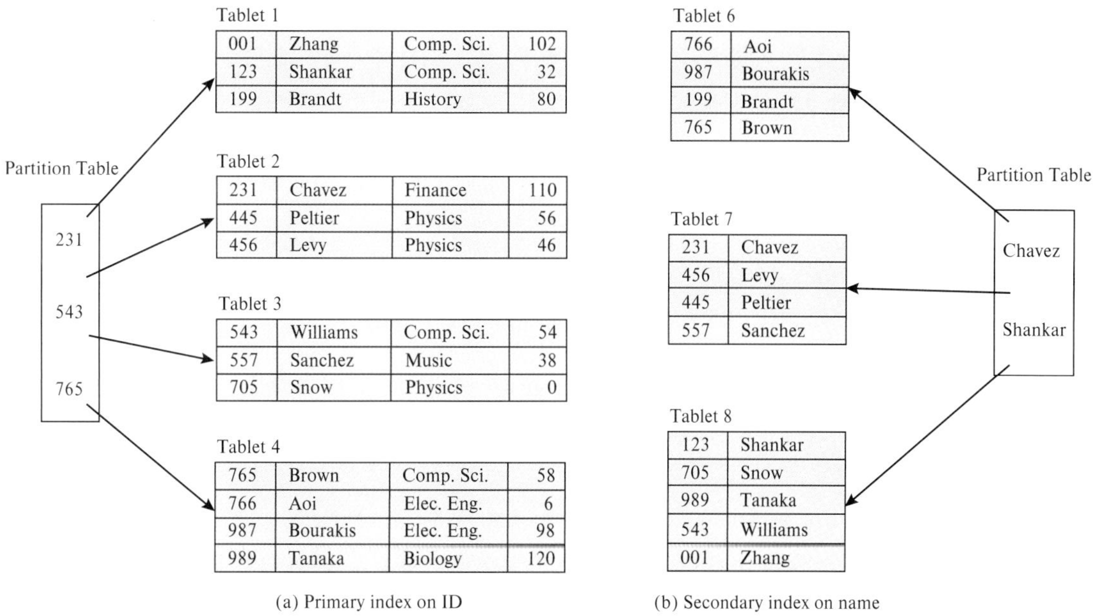

그림 21.6 *student* **릴레이션에서 전역 주 인덱스와 2차 인덱스**

할로 전송하고, 일치하는 튜플을 찾기 위해 지역 인덱스를 사용한다. 이렇게 지역 인덱스를 사용하는 방법은 경우에 따라 일치하는 튜플이 하나 또는 매우 적은 수의 분할에만 있더라도 모든 분할에 대해 질의해야 하므로 매우 비효율적이다.

이제 예를 통해 전역 2차 인덱스를 구성하는 효과적인 방법을 설명한다. 다시 속성 ID에 대해 분할된 *student* 릴레이션으로 돌아가서, 전역 인덱스가 속성 *name*에 대해 만들어져 있다고 가정하자. 이러한 인덱스를 구성하는 가장 간단한 방법은 *student* 튜플당 하나의 (*name*, ID) 튜플 집합을 만드는 것이다. 이제 이 튜플 집합을 *index_name*으로 부르도록 하자. 그러면 각 *index_name* 분할마다 *name*에 대한 지역 인덱스가 생성된다. 또한 분할 속성인 ID에 대한 전역 인덱스도 생성된다. 그림 21.6(b)는 *name* 속성에 대한 *student* 릴레이션의 2차 인덱스를 보여 준다. 이 그림에서 지역 인덱스는 표시되어 있지 않다.

주어진 이름에 대한 학생을 검색하는 질의의 경우, 먼저 *index_name*의 분할 함수를 검사하여 주어진 이름을 담고 있을 *index_name* 분할을 찾을 수 있다. 이후 질의는 알맞은 ID 값을 찾기 위해 *name*에 대한 지역 인덱스를 사용하는 해당 분할로 보내진다. 마지막으로 필요한 튜플을 찾기 위해 ID 값에 대한 전역 인덱스가 사용된다.

위의 예제에서 분할 속성 ID는 중복이 없으므로 *index_name* 릴레이션에 인덱스 키 *name*과 속성 ID만 추가해도 무방하다. 만약 이런 경우가 아니라면, 다음에 설명된 대로 튜플을 고유하게 식별할 수 있도록 속성을 더 추가해야 한다.

일반적으로 속성 K_p의 집합에 대해 분할된 릴레이션 r이 주어진 상태에서 속성 K_i의 집합에 대한 전역 인덱스를 만들고 싶을 경우, 다음의 속성을 포함하는 새로운 릴레이션 r_i^s를 만든다.

1. K_i와 K_p
2. 만약 분할 속성 K_p가 중복을 가지면, 속성 K_u를 추가하여 인덱스를 구성할 릴레이션의 키 값으로 $K_p \cup K_u$를 사용한다.

릴레이션 r_i^s는 K_i에 따라 분할되고 K_i에 대해 지역 인덱스가 만들어진다. 또한 속성 (K_p, K_u)에 대한 지역 인덱스는 릴레이션 r의 각 분할마다 생성된다.

이제 전역 2차 인덱스를 이용하여 질의에 응답하는 방법에 대해 살펴본다. K_i에 대해 특정한 값 v를 찾는 질의를 가정하면 질의는 다음과 같이 수행된다.

1. K_i에 대한 분할 함수를 사용하여 값 v와 관련 있는 r_i^s의 분할을 찾는다.
2. 위 분할에서 K_i에 대한 지역 인덱스를 이용하여 K_i에 대해 지정된 값 v를 가지는 r_i^s의 튜플을 찾는다.
3. 2단계의 결과 튜플은 K_p 값에 기반하여 분할되어 알맞은 노드로 보내진다.
4. 각 노드에서 앞선 단계에서 받은 튜플에서 속성 $K_p \cup K_u$에 대한 r의 지역 인덱스를 사용하여 일치하는 r 튜플을 찾는다.

릴레이션 r_i^s는 기본적으로 $r_i^s = \Pi_{K_i, K_p, K_u}(r)$로 정의된 실체화 뷰다. 튜플의 삽입, 삭제 또는 갱신에 의해 r이 수정될 때마다 실체화 뷰 r_i^s 또한 이에 따라 반드시 갱신되어야 한다.

또한 어떤 노드에서 r에 대한 튜플이 갱신되더라도 다른 노드의 r_i^s에 대한 갱신을 야기할 수 있다. 예를 들어, 그림 21.6에서 ID 001의 이름이 Zhang에서 Yang으로 갱신되면 태블릿8의 튜플 (Zhang, 001)은 (Yang, 001)로 갱신된다. 이때 Zhang과 Yang은 2차 인덱스의 같은 분할에 속해 있으므로 다른 분할은 갱신의 영향을 받지 않는다. 반면, 이름이 Zhang에서 Bolin으로 갱신되었다면, 튜플 (Zhang, 001)은 태블릿8에서 지워지며 새로운 항목 (Bolin, 001)이 태블릿6에 추가된다.

원본 릴레이션을 갱신하는 동일한 트랜잭션의 일부로 2차 인덱스를 갱신하려면 다수의 노드에 걸쳐 원자적으로 갱신을 완료해야 한다. 이런 작업에는 23.2절에 소개된 2단계 커밋(two-phase commit)을 사용할 수 있다. 만약 2차 인덱스가 가장 최신의 상태를 유지할 필요가 없다면, 23.2.3절에 설명하는 영속 메시징 기법에 기반한 다른 방법을 사용할 수도 있다.

21.6 분산 파일 시스템

분산 파일 시스템(distributed file system)은 여러 대의 컴퓨터에 파일을 나누어 저장하지만, 클라이언트에는 단일 파일 시스템과 같은 뷰를 제공한다. 분산 파일 시스템에도 다른 파일 시스템처럼 클라이언트가 파일에 접근하거나 파일을 식별하기 위한 파일의 이름과 경로가 있다. 클라이언트는 파일이 어디에 저장되어 있는지에 관해서는 별다른 신경을 쓸 필요가 없다.

1세대 분산 파일 시스템은 클라이언트의 컴퓨터가 한 대 이상의 파일 서버에 저장된 파일에 접근할 수 있도록 지원하고자 했다. 하지만 이와 달리 우리가 지금 다루고자 하는 그다음 세대의 분산 파일 시스템은 매우 많은 노드에 걸쳐 파일 블록을 분산시킨다. 이러한 분산 파일 시스템은 엄청난 양의 데이터를 저장할 수 있을 뿐 아니라, 수많은 동시 클라이언트(concurrent client)를 처리하기도 한다. 이러한 형태의 가장 획기적인 시스템으로는 2000년대 초반에 개발되어 구글 내에서 사용된 구글 파일 시스템(GFS)이 있다. 최근 널리 사용되고 있는 오픈 소스 하둡 파일 시스템(HDFS)은 이 GFS 설계를 기반으로 한다.

일반적으로 분산 파일 시스템은 크기가 수십 메가바이트에서 수백 기가바이트 또는 그 이상인 대용량 파일을 효율적으로 저장할 수 있게 설계되었다. 하지만 이런 파일 시스템은 보통 수백만 개 정도의 파일을 저장되도록 설계되어 있지, 수십 억 개를 넘는 많은 파일을 저장할 수 있게 설계되어 있지는 않다. 이와 대조적으로, 우리가 앞서 본 병렬 데이터 저장소 시스템은 작은 크기(수십 바이트)에서 중간 크기(수 메가바이트)에 이르는 매우 많은 수의 항목(수억 개 혹은 그 이상)을 저장하도록 설계되어 있다.

병렬 데이터 저장소 시스템과 같이 분산 파일 시스템도 여러 노드에 걸쳐 데이터를 저장한다. 이런 파일은 데이터 저장소 시스템의 데이터 항목보다 훨씬 클 수 있기 때문에 여러 블록으로 나뉘게 된다. 단일 파일 블록도 여러 컴퓨터에 분할되어 저장될 수 있으며, 더 나아가 컴퓨터에 장애가 발생하더라도 파일에 접근 가능하도록 각 파일의 블록은 여러 컴퓨터(보통은 세 대)에 걸쳐 복제된다.

파일 시스템은 일반적으로 다음과 같은 두 가지 메타데이터를 지원한다.

1. 디렉터리 및 하위 디렉터리로 파일을 계층적으로 구성할 수 있는 디렉터리 시스템
2. 파일 이름에서 각 파일의 실제 데이터를 저장하는 블록 식별자로 대응

중앙집중 파일 시스템의 경우, 블록 식별자를 이용하여 디스크와 같은 저장 장치에서 블록의 위치를 찾을 수 있다. 분산 파일 시스템인 경우, 파일 시스템은 블록 식별자 이외에도 블록이 저장된 위치(노드 식별자)를 반드시 제공해야 한다. 실제로 파일 시스템은 복제로 인해 블록 식별자와 노드 식별자의 집합(set)을 제공한다.

이 절의 나머지 부분에서 그림 21.7에 표시된 하둡 파일 시스템(HDFS)의 구성에 관해 설명한다. HDFS의 설계는 구글 파일 시스템(GFS)에서 파생되었다. HDFS에 데이터 블록을 저장하는 노드(컴퓨터)는 **데이터노드**(DataNode)로 불린다. 블록은 연관된 ID를 가지며, 데이터노드는 지역 파일 시스템에서 블록이 저장되어 있는 위치와 블록 ID을 서로 대응(map)시킨다.

파일 시스템 메타데이터도 여러 노드에 분할 저장할 수 있기는 하지만, 이를 주의해서 설계하지 않으면 성능을 저하시킬 수 있다. GFS와 HDFS의 경우, **네임노드**(namenode)로 불리는 단일 노드에 파일 시스템 메타데이터를 저장하는 단순하고 실용적인 접근 방식을 채택하고 있다.

모든 메타데이터의 읽기 작업은 네임노드를 거쳐야 한다. 만약 메타데이터를 읽을 때 디스크 접근이 필요하다면 초당 처리 가능한 요청 수는 매우 작을 수밖에 없다. HDFS에서 처리율을 높이기 위해 모든 메타데이터를 메모리에 캐시시킨다. 따라서 이 경우에 메모리의 크기가 파일 시스템이 관리할 수 있는 파일과 블록의 개수를 한정 짓는 한계 요인이 된다. 메모리의 크기를 줄이기 위해 HDFS는 아주 큰 크기의 블록을 사용하며(일반적으로 64메가바이트), 이를 통해 네임노드가 각 파일에 대해 반드시 추적해야 하는 블록의 수를 줄인다. 이러한 방법에도 불구하고 대부분의 장비에

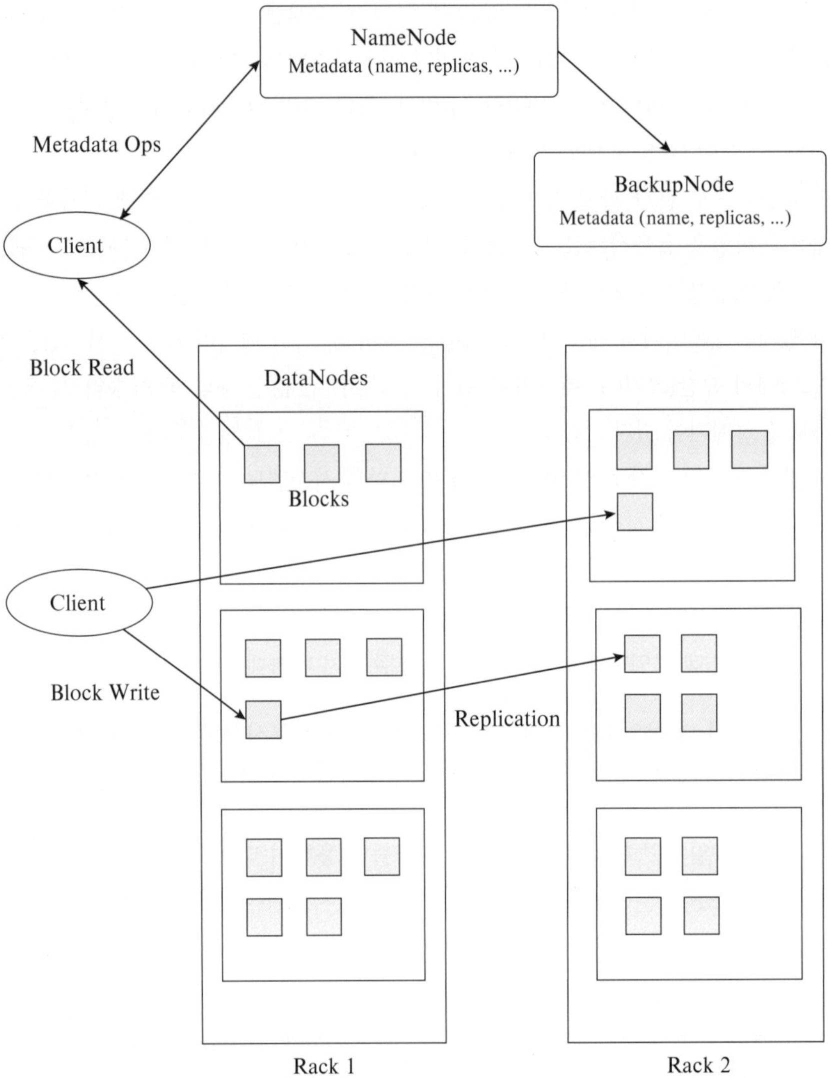

그림 21.7 하둡 파일 시스템(HDFS)의 구조

서 메인 메모리의 한계로 인해 네임노드가 지원할 수 있는 파일의 수는 고작 수백만 개 정도로 제한된다. 만약 메인 메모리가 수 기가바이트 크기이고 블록이 수십 메가바이트 크기라면, HDFS 시스템이 수 페타바이트 크기 정도의 데이터는 안정적으로 처리할 수 있을 것이다.

많은 수의 데이터노드를 가지는 시스템의 경우, 데이터노드의 장애가 빈번히 일어난다. 데이터노드의 장애에 대처하기 위해 데이터 블록은 반드시 여러 데이터노드에 복제되어야 한다. 만약 한 데이터노드에 장애가 발생하더라도 블록의 사본을 저장하는 다른 데이터노드로부터 블록을 계속 읽어 올 수 있어야 한다. 보통 세 대의 데이터노드에 복제를 하는 방식이 저장소의 부하를 많이 주지 않으면서도 고가용성을 보장하여 널리 사용된다.

이제 HDFS에서 파일 열기와 읽기 요청이 어떻게 처리되는지 살펴보자. 먼저 클라이언트는 네임노드에게 파일 이름을 전달한다. 네임노드는 파일 데이터를 담고 있는 블록의 ID 목록을 찾아 각 블록의 사본이 있는 노드 목록과 함께 클라이언트에 반환한다. 그러면 클라이언트는 파일의 각 블록 사본 중 하나를 선택하여 블록을 요청한다. 만약 어떤 한 사본에서 응답이 오지 않더라도 클라이언트는 다른 사본에 접근해 볼 수 있다.

쓰기 요청은 다음과 같이 처리된다. 먼저 클라이언트는 블록을 할당하는 네임노드와 통신하여 어떠한 데이터노드가 각 블록의 사본을 저장할지 결정한다. 네임노드에 메타데이터가 기록되고 해당 정보가 다시 클라이언트에 전송된다. 그러면 클라이언트는 모든 사본에 해당 블록을 쓴다. 네트워크 트래픽을 최적화하기 위해서 HDFS에서 동일한 랙 안에 두 개의 사본을 저장하도록 선택할 수 있다. 이러한 경우 블록 쓰기는 하나의 사본에서 진행되며 이후 동일한 랙의 두 번째 사본으로 데이터가 복사된다. 모든 사본에서 블록 쓰기가 완료되면 클라이언트에 완료 승인(acknowledgment)이 전송된다.

파일이 갱신될 경우 복제로 인해 데이터의 사본 간에 동시성 문제가 야기된다. 예를 들어, 하나의 데이터 블록이 갱신되었으나 시스템 장애로 인해 다른 사본은 갱신되지 못했다고 가정해 보자. 그러면 시스템은 사본 간의 불일치 상태(inconsistent state)에 놓이게 되어 어떠한 사본에 접근하는지에 따라 서로 다른 값을 읽게 된다. 이러한 상황이 발생해서는 안 된다.

일반적으로 데이터 저장소 시스템은 23장에서 학습하는 기술을 이용하여 일관성을 유지해야 하지만, HDFS 같은 일부 분산 파일 시스템은 갱신을 허용하지 않는 등의 다른 접근 방법을 사용한다. 즉 이들 시스템에서 파일에 덧붙이는 것은 허용되나 한 번 기록된 파일은 갱신될 수 없다. 파일의 각 블록이 생성되면 이 블록은 사본에 복사된다. 파일은 닫히기(closed) 전까지 읽을 수 없는데, 즉 데이터가 파일에 써지고 블록이 자신의 모든 사본에 성공적으로 복사될 때까지 기다려야 한다. 이런 방식으로 파일에 데이터를 쓰는 모델을 **한 번 쓰기-여러 번 읽기**(write-once-read-many) 접근 모델이라고 한다. GFS와 같은 다른 시스템은 갱신을 허용하며, 불일치 상태를 감지하여 사본에 쓰기 작업 중 장애 발생에 대처할 수 있지만, 트랜잭션(원자적) 갱신을 지원하지는 않는다.

분산 파일 시스템의 많은 응용에서 파일이 갱신될 수 없고 오직 추가만 될 수 있다는 규정이 큰 문제가 되지는 않는데, 만약 응용이 갱신을 필요로 한다면 분산 파일 시스템을 쓰는 대신 갱신을 지원하는 데이터 저장소 시스템을 사용해야 한다.

21.7 병렬 키-값 저장소

많은 웹 응용은 상대적으로 많은 숫자(수백만)의 작은 레코드(수 킬로바이트에서 수 메가바이트 수준)를 저장한다. 이 경우 수천 개의 노드에 걸쳐 분산되어 저장되어야 한다. 하지만 분산 파일 시스템은 많은 수의 작은 파일을 저장할 수 있게 설계되어 있지 않기 때문에 분산 파일 시스템에 이런 레코드를 파일로 저장하는 것은 불가능하다. 이론상 이런 데이터를 저장하기 위해서는 대용량 병렬 관계형 데이터베이스가 사용되어야 한다. 하지만 2000년대 초반의 병렬 관계형 데이터베이스는 엄청난 크기의 데이터에 대해 동작하도록 설계되어 있지 않으며, 수행 중인 작업에 영향을 끼치지 않으면서 손쉽게 여러 노드를 추가할 수도 없다.

이러한 웹 응용의 요구에 따라 몇몇 병렬 키-값 저장소 시스템이 개발되었다. **키-값 저장소**

(key-value store)는 데이터 항목을 연관된 키와 함께 저장하거나 갱신할 수 있으며, 주어진 키에 따라 데이터 항목을 찾아낸다. 일부 키-값 저장소는 데이터 항목을 해석되지 않은(uninterpreted) 바이트의 연속으로 다루는 반면, 또 다른 저장소는 스키마가 데이터 항목과 연관되도록 허용하기도 한다. 만약 시스템이 데이터 항목을 위한 스키마의 정의를 지원하면, 시스템은 데이터 항목의 특정 속성값에 대한 2차 인덱스를 만들고 유지하는 것이 가능하다.

키-값 저장소는 테이블에 대한 두 가지 기본적인 함수를 지원한다. put(table, key, value)은 연관 키와 함께 값을 테이블에 저장할 때 쓰이며, get(table, key)은 특정 키와 연관되어 있는 값을 찾는 데 쓰인다. 더 나아가 키 값에 대한 범위 질의를 수행하는 get(table, key1, key2)와 같은 다른 함수를 지원하기도 한다.

또 많은 키-값 저장소는 특정한 형태의 유연한 스키마를 지원하기도 한다.

- 일부 저장소는 관계형 데이터 저장소와 유사하게 열 이름을 스키마 정의의 일부로 지정할 수 있다.
- **넓은 열 기반 저장소**(wide-column stores)[5]로 불리는 다른 형태의 저장소는 개별적인 튜플에 열을 추가하거나 삭제하는 것이 가능하다. 이러한 키-값 저장소는 키로 식별되는 행의 특정한 열에(만약 존재하지 않으면 열을 생성한다) 값을 저장하기 위한 put(table, key, columname, value) 함수나, 키로 식별된 특정 행의 특정 열에 대한 값을 검색하는 get(table, key, columname) 등의 함수를 지원한다. 또한 delete(table, key, columname) 함수는 특정한 열의 행에서 값을 삭제한다.
- **문서 저장소**(document store)로 불리는 또 다른 형태의 키-값 저장소는 키와 함께 저장된 값이 복잡한 구조(일반적으로 JSON을 기반으로 하는)를 가질 수 있다.

저장된 값의 스키마를 명세하는 기능을 통해 키-값 저장소는 데이터 저장소에서 선택 술어(selection predicates)를 평가할 수 있다. 몇몇 저장소는 스키마를 사용하여 2차 인덱스를 지원한다.

이 책에서 사용하는 **키-값 저장소**는 위에 나온 모든 형태의 데이터 저장소를 포함한다. 하지만 일부 사람들의 경우, 어떠한 형태의 스키마도 지원하지 않고, 값을 해석되지 않은 바이트의 나열로만 다루는 특수한 형태의 저장소만 **키-값 저장소**로 지칭하기도 한다.

일반적으로 병렬 키-값 저장소는 요구에 따라 즉시 노드의 수를 늘리거나 줄일 수 있는 **유연성**(elasticity)을 제공한다. 노드가 추가되면 태블릿이 새로운 노드로 이동하며, 노드의 수를 줄일 때는 노드를 시스템에서 삭제할 수 있도록 태블릿이 다른 노드로 이동한다.

유연한 열을 지원하는(넓은 열 기반 저장소로 알려진) 병렬 키-값 저장소 중 널리 사용되는 것으로는 Google의 Bigtable, Apache HBase, Apache Cassandra(본래 Facebook에서 개발된), 그리고 Microsoft에서 개발한 Microsoft Azure Table Storage 등이 있다. 스키마를 지원하는 키-값 저장소로는 Megastore, Google의 Spanner, 그리고 Yahoo!의 Sherpa/PNUTS가 있다. 반정형 데이터(문서 저장소로 알려진)를 지원하는 키-값 저장소로는 Couchbase, Amazon의 DynamoDB 그리고 MongoDB 등이 있다. Redis와 Memcached는 데이터를 캐싱하기 위해 널리 사용되는 병렬 인메모

5 역자 주: 행(row)이 아니라 열(column) 단위로 데이터를 저장하는 방식으로 "칼럼 스토어"라고 번역하는 경우도 있다.

리 키-값 저장소다.

키-값 저장소는 오늘날 데이터베이스 시스템의 표준으로 간주되는 여러 특징을 제공하지 않기 때문에 완전한 형태의 데이터베이스는 아니다. 키-값 저장소가 일반적으로 지원하지 않는 기능에는 선언적 질의(SQL이나 다른 선언적 질의 언어를 사용한), 트랜잭션, 그리고 키가 아닌 속성에 대한 효과적인 레코드의 검색 등이 있다. 실제로 키-값 저장소는 키 이외의 속성에 대한 주 키 제약 조건을 지원하지 않으며, 외부 키 제약 조건 또한 지원하지 않는다.

21.7.1 데이터 표현

웹 응용의 데이터 관리 요구 사항을 고려해 보자. 사용자의 프로필은 조직에서 운용하는 여러 다른 응용이 접근한다. 이 프로필에는 다양한 속성이 포함되어 있으며, 프로필의 속성에 값이 추가되는 상황이 빈번하다. 특히 일부 속성은 복잡한 데이터를 가지고 있어서 간단한 관계형 모델로는 적합하게 표현하기 어렵다.

많은 키-값 저장소는 *JSON*(JavaScript Object Notation) 표현을 지원하는데, 이는 복잡한 데이터를 표현하기 위해 최근 많이 사용되고 있다(JSON은 8.1.2절에서 다루었다). JSON 표현은 레코드에 포함된 속성의 집합뿐 아니라 이런 속성들의 유형에 대해서도 유연한 표현을 제공한다. 또한 Bigtable과 같은 시스템에서 매우 많은 수의 임의의(optional) 열을 가진 레코드를 지원하며, 복잡한 데이터를 표현하기 위해 자체 데이터 모델을 정의한다.

Bigtable에서 레코드는 단일 값으로 저장되지 않고 속성으로 나뉘어 따로 저장된다. 따라서 속성값에 대한 키는 개념적으로 (레코드-식별자, 속성-이름)으로 구성된다. Bigtable에서 각 속성값은 단순히 문자열로 취급된다. 레코드의 모든 속성을 가져오려면 범위 질의 혹은, 더 정확히 표현하면 레코드 식별자만으로 만들어진 접두사 일치 질의를 사용한다. get( ) 함수는 속성의 이름과 값을 반환한다. 레코드의 모든 속성을 효과적으로 찾기 위해서는 저장소 시스템의 엔트리(entry)가 키에 따라 정렬되어 있어 특정한 레코드의 속성값이 함께 모여 있어야 한다.

사실 레코드의 식별자 자체는 계층적으로 구조화될 수 있지만 Bigtable에서 레코드 식별자는 단지 문자열에 불과하다. 예를 들어, 웹 크롤러에서 찾은 페이지를 저장하는 응용을 보면, 페이지를 유용하게 정렬하기 위해 아래와 같은 형식의 URL

www.cs.yale.edu/people/silberschatz.html

을 다음과 같은 레코드 식별자

edu.yale.cs.www/people/silberschatz.html

로 대응시킬 수 있다.

경우에 따라 데이터 저장소 시스템은 여러 버전의 데이터 항목을 저장할 수 있다. 버전을 식별하기 위해 보통 타임스탬프를 사용하지만, 데이터 항목의 새 버전이 생성될 때마다 증가하는 정수 값이 사용되기도 한다. 읽기 작업은 데이터 항목의 버전을 특정하거나 가장 높은 버전 번호를 선택할 수 있다. 예를 들어, Bigtable에서 키는 (레코드 식별자, 속성 이름, 타임스탬프)와 같이 세 부분으로 나뉜다.

일부 키-값 저장소는 각 행의 열이 별도로 저장되는 **열 기반 저장소** 방식을 지원한다. 데이터를 이렇게 표현하면 저장소의 다른 열을 검색할 필요 없이 특정한 열의 모든 행을 효율적으로 탐색할 수 있다. 반대로 각 행의 모든 열 값을 함께 저장하는 행 단위 저장 방식의 경우, 순차적 탐색을 수행하여 불필요한 열까지 모두 가져와야 하므로 탐색 성능이 저하된다.

또한 일부 키-값 저장소는 열의 집합을 묶는 **열 패밀리**(column family)라는 개념을 지원한다. 이런 저장소에서 주어진 열에 대해 열 패밀리로 묶인 모든 열은 함께 저장되며, 다른 열 패밀리는 서로 분리되어 저장된다. 만약 어떤 열의 집합이 함께 사용되어 검색되는 경우가 많다면, 이들을 열 패밀리로 저장하여 각 열이 분리되어 있는 다른 열 저장소나 불필요한 열을 불러와야 하는 행 저장소보다 더 효율적으로 검색하게 할 수 있다.

21.7.2 데이터 저장과 검색

이 절에선 21.3.3절에서 설명한 분할을 태블릿이라 부르기로 한다. 또한 **태블릿 서버**(tablet server)는 특정한 태블릿의 서버 역할을 하는 노드를 지칭하며, 이 서버에는 특정 태블릿과 연관된 모든 요청이 전송된다.[6] 태블릿 서버는 태블릿의 사본 중 하나를 가지며 21.4.1절에서 설명한 것 같이 마스터 사본 역할을 하는 노드다.[7]

마스터(master)는 분할 정보의 마스터 복제본을 가지는 사이트를 지칭하며, 분할 정보에는 각 태블릿과 해당 태블릿이 가지는 키 범위, 태블릿의 사본을 가지고 있는 사이트 그리고 이 태블릿의 현재 태블릿 서버 등이 담겨 있다.[8] 마스터는 태블릿 서버의 상태를 추적해야 한다. 만약 어떤 태블릿 서버에 장애가 발생하면, 마스터는 이 태블릿의 사본을 가지고 있는 다른 노드를 지정하여 새로운 태블릿 서버로 동작할 수 있게 한다. 또한 마스터는 시스템에 새로운 노드가 추가되거나 특정한 노드가 많은 부하를 받을 경우 시스템의 부하를 균형 잡히게 조정하기 위해 태블릿을 재할당해 주어야 한다.

시스템에 들어오는 각 요청에 대해서 키에 해당하는 태블릿을 식별하고 담당 태블릿 서버로 요청이 전달되어야 한다. 단일 마스터 사이트가 이런 모든 작업을 감당하기에는 부하가 너무 크기 때문에 라우팅(routing) 작업은 다음의 두 가지 방법 중 하나를 사용하여 병렬화한다.

- 클라이언트 사이트에 분할 정보를 복제한다. 클라이언트는 키-값 저장소 API를 사용하여 자신에게 복사 저장된 분할 정보를 검색하여 요청을 어디로 보낼지 결정한다. 이런 방식은 Bigtable과 HBase에서 사용된다.
- 적합한 태블릿으로 요청을 전달하는 역할을 하는 라우터 사이트에 분할 정보를 복제한다. 요청은 라우터 사이트 중 하나로 보내지고, 요청을 받은 라우터 사이트는 적합한 태블릿 마스터로 요청을 전달한다. 이런 방식은 PNUTS 시스템 등에서 사용되고 있다.

---

6 HBase는 태블릿과 태블릿 서버를 리전(region)과 리전 서버(region server)로 부른다.

7 BigTable과 HBase에서 밑단의 분산 파일 시스템에 의해 복제가 이루어진다. 태블릿 데이터는 파일에 저장되며, 태블릿 파일의 사본을 가지는 노드 중 하나가 태블릿 서버로 지정된다.

8 PNUTS에서 마스터 사이트를 태블릿 컨트롤러(tablet controller)로 부른다.

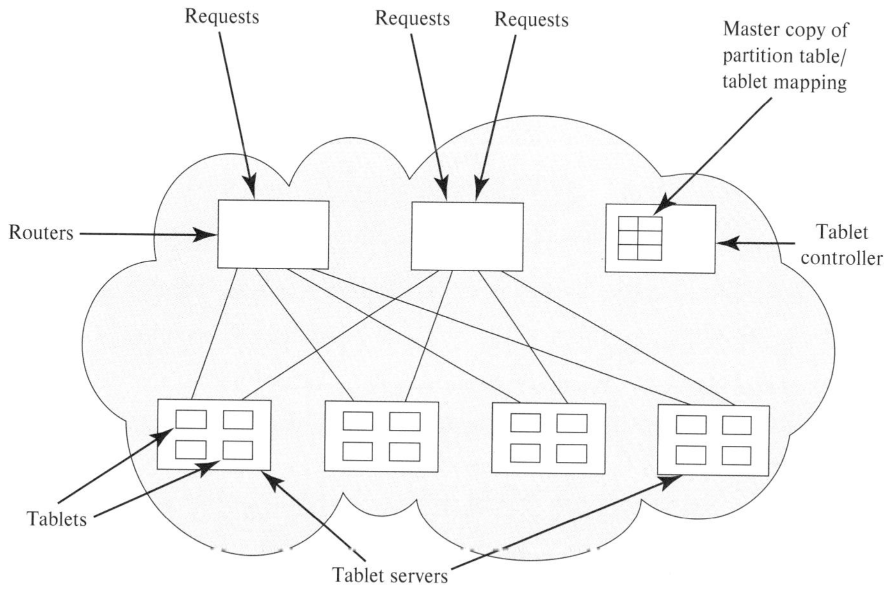

그림 21.8 클라우드 데이터 저장소 시스템의 구조

실제로 태블릿을 나누거나 이동하는 것과 라우터(또는 클라이언트)에서 분할 정보를 갱신하는 것 사이에는 차이가 있을 수 있으므로, 라우팅 결정이 내려진 시점에 분할 정보가 이미 최신이 아닐 수 있다. 식별된 태블릿 마스터 노드에 요청이 도착했을 때, 해당 태블릿이 분할되었거나 사이트가 더 이상 (마스터) 태블릿의 사본을 가지고 있지 않다는 것을 인지하면 요청은 라우팅이 잘못되었다는 알림과 함께 라우터로 다시 전송된다.

그림 21.8은 PNUTS 구조를 기반으로 클라우드 데이터 저장 시스템의 대략적인 구조를 보여 준다. 다른 시스템도 구조는 조금씩 다를 수 있으나 유사한 기능을 제공한다. 예를 들어, Bigtable과 HBase는 여러 개의 라우터를 가지지 않으며, 분할과 태블릿 서버 할당 정보는 각각 구글 파일 시스템과 HDFS에 저장된다. 이들 시스템에서 클라이언트는 파일 시스템으로부터 이런 정보를 얻은 후 요청을 어디로 보낼지 결정한다.

21.7.2.1 지리적으로 분산된 저장소

일부 키-값 저장소는 지리적으로 떨어진 곳에 데이터를 분산 저장할 수 있도록 지원한다(지리적으로 분산된 위치에 데이터를 분할하여 저장하거나, 서로 다른 분할을 서로 다른 위치에 복제할 수 있도록 한다).

지리적으로 분산 저장하는 주요한 이유 중 하나는 화재나 지진과 같은 재난으로 인해 데이터 센터 전체에 장애가 발생하더라도 시스템이 계속 동작할 수 있도록 하는 장애 허용(fault tolerance)을 보장하기 위함이다. 실제로 지진은 그 지역의 모든 데이터 센터에 장애를 일으킬 수 있다. 두 번째 주요한 이유는 데이터의 복사본을 사용자와 지리적으로 가까운 지역에 위치시키는 것이다. 전 세계에 퍼져 있는 데이터를 가져오려면 수백 밀리초의 지연이 발생할 수도 있다.

지리적으로 데이터를 복제할 때 고려해야 하는 중요한 성능적 사항은 지리적으로 떨어진 지역 간의 지연이 데이터 센터 내부의 지연보다 훨씬 더 크다는 것이다. 그럼에도 불구하고 일부 키-값 저장소는 지리적으로 분산된 복제를 지원하며, 이 경우 트랜잭션은 원격 지역에서 이루어진 갱신을 확인할 때까지 기다려야 한다. 다른 키-값 저장소는 원격 지역에 대한 비동기 갱신을 지원하며, 원격 지역에서 이루어진 갱신을 확인하지 않고도 트랜잭션을 커밋할 수 있다. 하지만 이런 경우 갱신이 복제되기 전에 장애가 발생하면 갱신이 손실될 위험이 있다. 따라서 일부 키-값 저장소의 경우 원격 지역의 확인을 기다릴지 혹은 지역 갱신이 완료되면 커밋을 할지 선택할 수 있게 한다.

지리적 복제를 지원하는 키-값 저장소로는 Apache Cassandra, Google의 Megastore 및 Spanner, Microsoft의 Windows Azure 스토리지, Yahoo!의 PNUTS/Sherpa 등이 있다.

21.7.2.2 인덱스 구조

키-값 저장소의 각 태블릿에 있는 레코드는 키로 인덱싱되어 있다(레코드가 키에 따라 클러스터링되어 있는 경우 효율적으로 범위 질의를 수행할 수 있다). B^+-트리 파일 구조는 클러스터링된 레코드에 대한 인덱스를 지원하기에 좋은 선택이 될 수 있다.

널리 사용되는 BigTable과 HBase 시스템은 **변하지 않는**(immutable) 파일을 대상으로 하는 분산 파일 시스템 위에 개발되어 있다. 파일이 한 번 만들어지고 나면 갱신되지 않는 환경이다. 따라서 지속적으로 갱신되어야 하는 B^+-트리 인덱스나 파일 구조는 이 환경의 변하지 않는 파일에 저장될 수 없다.

대신 BigTable과 HBase 시스템은 14.8.1절에서 살펴본 **로그 구조화된 합병 트리**(log structured merge tree, LSM tree)의 변형인 **단계적 합병**(stepped-merge) 방법을 사용한다. 이는 24.2절에서 살펴볼 것이다. LSM 트리는 현재 트리에서 갱신을 수행하지 않고 새로운 데이터나 기존의 트리를 합병하여 새로운 트리를 만든다. 따라서 변하지 않는 파일만 지원하는 분산 파일 시스템 위에 구성하기 적합하다. LSM 트리의 또 다른 장점은 이 트리가 레코드의 묶음 저장을 지원하고, 매우 빠른 삽입과 갱신 속도를 지원하여 키-값 저장소의 많은 응용에서 유용하게 사용될 수 있다는 것이다. 이에 따라 Apache Cassandra나 MongoDB에서 사용되는 WiredTiger 저장소와 같은 키-값 저장소에서 이 LSM 트리를 이용한다.

21.7.3 트랜잭션 지원

대부분의 키-값 저장소는 트랜잭션에 대해 제한된 지원만 제공한다. 예를 들어, 키-값 저장소는 일반적으로 단일 데이터 항목에 대해 원자적 갱신을 지원하고, 데이터 항목에 갱신이 직렬화(즉 갱신이 하나씩 차례대로 수행)되도록 보장한다. 이를 통해 개별적인 연산 수준에서 직렬 가능성을 쉽게 만족할 수 있다. 하지만 트랜잭션이 한 개 이상의 데이터 항목에 접근할 수 있기 때문에 트랜잭션 수준에서 직렬 가능성을 보장하지는 못한다.

Google의 MegaStore와 Spanner 같은 일부 키-값 저장소는 다수의 노드에 걸쳐 수행되는 트랜잭션에 대해 ACID 요구 사항을 완전히 지원한다. 하지만 대부분의 키-값 저장소는 다수의 데이터 항목에 걸친 트랜잭션을 지원하지 않는다.

또한 일부 키-값 저장소는 응용이 제한된 형태의 동시성 제어를 구현할 수 있도록 test-and-set 연산을 지원하며, 관련하여 바로 다음에서 살펴보도록 한다.

21.7.3.1 동시성 제어

Google의 Megastore와 Spanner 시스템과 같은 키-값 저장소는 잠금을 이용한 동시성 제어를 지원한다. 분산 동시성 제어의 문제점은 23장에서 논의한다. 또한 Spanner는 버저닝(versioning)과 타임스탬프에 기반한 데이터베이스 스냅샷을 지원한다. Spanner의 다중 버전 동시성 제어 기술 구현에 관한 내용은 23.5.1절에서 자세히 논의한다.

하지만 Bigtable, PNUTS/Sherpa와 MongoDB와 같은 대부분의 키-값 저장소는 (다수의 열을 가지거나 MongoDB와 같이 JSON 문서 형태의) 단일 데이터 항목에 대한 원자적 연산을 지원한다.

HBase와 PNUTS 같은 일부 키-값 저장소는 원자적 test-and-set 기능을 지원하는데, 이 기능은 현재 데이터 항목의 버전이 특정 버전 번호와 동일하게 되는 것을 조건으로 데이터 항목에 대한 갱신을 허용한다. 즉 확인(test) 후 원자적으로 갱신(set)이 수행된다. 이 기능은 23.3.7절에서 논의하는 제한된 형태의 검증 기반 동시성 제어를 구현하는 데 사용될 수 있다.

데이터 항목에 대한 원자적 증가 연산(atomic increment operation)과 저장된 프로시저의 원자적 수행을 지원하는 데이터 저장소도 있다. 예를 들어, HBase는 원자적으로 읽고 열의 값을 증가시키는 incrementColumnValue( ) 연산과 원자적으로 데이터 항목의 상태를 확인하고 성공적으로 확인되는 경우 갱신을 수행하는 checkAndPut( ) 연산을 지원한다. 또한 HBase는 (coprocessors로 불리는) 저장된 프로시저의 원자적 수행도 지원한다. 이런 프로시저는 단일 데이터 항목에 대해 동작하며 원자적으로 실행된다.

21.7.3.2 원자적 커밋

BigTable, HBase와 PNUTS는 단일 행에서 다수의 갱신에 대해 원자적 커밋을 지원하지만, 여러 행에 걸쳐 있는 경우 원자적 갱신을 지원하지 않는다.

위에서 본 제약 사항으로 인해 이러한 시스템은 2차 인덱스를 지원하지 않는다. 데이터 항목의 갱신에는 2차 인덱스의 갱신이 요구되는데 이는 원자적으로 수행할 수 없기 때문이다.

PNUTS와 같은 일부 시스템은 2차 인덱스나 지연된 갱신(deferred updates)으로 실체화 뷰(materialized view)를 지원한다. 데이터 항목에 대한 갱신이 발생하면 2차 인덱스나 실체화 뷰에 대한 갱신이 메시징 서비스에 추가되어 갱신이 적용되어야 하는 노드에 전달된다. 이들 갱신은 전송되자마자 적용되도록 되어 있지만, 이 갱신이 적용되기 전까지는 2차 인덱스는 실제 데이터와 불일치할 수 있다. 뷰의 유지 보수 또한 PNUTS는 동일한 지연 방식을 사용한다. 이 경우 2차 인덱스나 실체화된 뷰에 대한 트랜잭션적인 보장 대신, 갱신이 목적지에 도달하는 시점에서 최대한 보장하기만 한다. 지연된 유지 보수와 관련한 동시성 문제는 23.6.3절에서 논의한다.

이와 반대로, Google에서 개발한 Megastore와 Spanner 시스템은 (여러 노드에 나뉘어 저장되어 있을 수 있는) 다수의 데이터 항목에 걸친 트랜잭션을 위한 원자적 커밋을 지원한다. 이들 시스템은 다수의 노드에 걸쳐 원자적 커밋을 보장하기 위해 2단계 커밋 규약(23.2절에서 소개)을 사용한다.

21.7.3.3 장애 처리

태블릿 서버 노드 장애 시 해당 태블릿의 사본을 가진 다른 노드가 그 태블릿과 관련한 일을 할당받아 처리해야 한다. 마스터 노드는 각 노드의 장애를 감시하고 태블릿 서버를 재할당할 책임이 있다.

새 노드가 태블릿 서버로 지정되면 해당 서버는 태블릿의 상태를 복구해야 한다. 태블릿에 대한 갱신이 노드 장애에도 손실되지 않게 하기 위해 태블릿의 갱신은 로그에 기록되고 로그는 자체 복사된다. 사이트에 장애가 발생하면 사이트의 태블릿들은 다른 사이트에 할당된다. 각 태블릿의 새로운 마스터 사이트는 로그를 이용하여 태블릿의 사본을 가져오고 가장 최신의 상태로 복원 작업을 수행해야 한다. 이후 태블릿에 대한 읽기와 갱신이 가능해진다.

예를 들어, BigTable에서 매핑 정보는 인덱스 구조에 저장되고 인덱스와 실제 태블릿 데이터는 파일 시스템에 저장된다. 태블릿 데이터에 대한 갱신은 즉시 수행되지 않지만, 로그 데이터의 갱신은 즉시 이루어진다. 파일 시스템은 자신이 가지고 있는 데이터가 복제되어 있어서, 클러스터의 일부 노드에서 장애가 발생하더라도 시스템이 정상적으로 동작함을 보장한다. 따라서 태블릿이 재할당되면 해당 태블릿을 위한 새로운 노드가 재할당되어 최신의 로그 데이터에 접근한다.

반면 Yahoo!의 Sherpa/PNUTS 시스템은 명시적으로 태블릿을 클러스터의 여러 노드에 복제하고 영속 메시징 시스템을 이용하여 로그를 기록한다. 영속 메시징 시스템은 장애 발생 시에도 이용 가능하도록 로그 레코드를 다수의 사이트에 복제한다. 새로운 노드가 태블릿 서버를 인계받으려 한다면, 해당 노드는 먼저 앞선 태블릿 서버로부터 생성된 대기 중인 메시지를 모두 처리해야 한다.

장애 발생 시 가용성을 보장하기 위해서는 반드시 데이터가 복제되어 있어야 한다. 21.4.2절에서 언급하였듯, 복제 작업에서 주의해야 하는 주요한 문제는 서로 다른 노드와 복제의 일관성을 유지하는 것이다. 각 시스템은 서로 다른 방식을 사용하여 원자적 갱신을 구현하고 있다. Google의 BigTable과 Apache HBase는 이를 직접 구현하는 대신 밑단의 파일 시스템(BigTable은 GFS, HBase는 HDFS)을 이용하여 복제 기능을 제공한다. 흥미로운 것은 GFS나 HDFS는 파일의 복제본에 대해 원자적 갱신을 지원하지 않으며, 파일에 덧붙이는 것만 지원한다는 점이다. 이렇게 덧붙여진 파일은 파일 블록의 모든 사본에 복제된다. 이 덧붙임(append) 작업은 모든 사본에 적용이 완료되었을 때 성공적으로 끝이 날 수 있다. 시스템 장애가 발생했을 때 일부 사본에만 덧붙임 작업이 적용되었을 수 있다. 이런 불완전한 덧붙임 작업은 시퀀스 번호를 이용하여 감지한 후, 정리된다.

PNUTS와 같은 시스템은 로그 갱신을 위해 영속 메시징 서비스를 사용하며, 이 메시징 서비스는 갱신이 모든 사본에 전달되는 것을 보장한다. Google의 Megastore나 Spanner와 같은 시스템은 일관성 있는 복제를 구현하기 위해 분산 컨센서스로 불리는 기술을 사용하며 이는 23.8절에서 설명한다. 이런 시스템은 갱신을 수행하기 위해 대부분의 사본이 가용한 상태여야 한다. Apache의 Cassandra와 MongoDB 같은 다른 시스템은 갱신을 수행하기 위해 몇 개의 사본이 가용한 상태여야 하는지 사용자가 설정할 수 있다. 값을 낮게 잡으면 갱신이 충돌할 수 있으며, 이런 경우 추후 충돌을 해결해야 한다. 이 문제에 관해서는 23.6절에서 논의한다.

21.7.4 선언적 질의 없이 관리하기

키-값 저장소는 질의 처리 기능(예를 들어, SQL 언어에 대한 지원이나 조인과 같은 하위 수준의 기본 기능)을 제공하지 않는다. 키-값 저장소를 이용하는 많은 응용은 질의 언어 지원 없이도 데이터를 관리할 수 있다. 이러한 응용에서 데이터에 접근하는 기본 방식은 연관 키를 사용하여 데이터를 저장하고 해당 키를 사용하여 데이터를 검색하는 것이다. 사용자의 프로필을 예로 들면, 사용자 식별자가 사용자 프로필 데이터의 키로 사용된다.

조인을 필요로 하는 응용은 조인을 응용 내에서 코드로 작성하거나 실체화 뷰의 형태로 구현한다. 예를 들어, 소셜 네트워킹 응용에서 각 사용자는 친구들의 최신 글을 받아 보게 되는데 이때 개념적으로 조인이 필요하다.

이를 위한 조인을 구현하는 첫 번째 방법은 응용 내에서 코드로 작성하는 것으로, 우선 주어진 사용자에 대해 친구 집합을 찾고 이들의 최신 글을 찾기 위해 각 친구를 나타내는 데이터 객체에 대해 질의하는 것이다.

또 다른 구현 방법으로는, 우선 사용자가 글을 작성할 때마다 사용자의 친구들에게 메시지를 보내도록 한다. 이후 친구 및 이들과 연관된 데이터를 담고 있는 데이터 객체는 요약된 새 글과 함께 갱신된다. 이렇게 하면 사용자가 갱신된 내용을 확인하려 할 때 필요한 모든 데이터가 한곳에 위치하므로 빠르게 찾을 수 있다.

위 두 방법 모두 기본적으로 조인을 사용하지 않고도 구현 가능하다. 다만 이들 방법은 서로 다른 장단점을 가지고 있다. 첫 번째 방법은 질의 수행 시 더 높은 비용이 필요한 반면, 두 번째 방법은 높은 저장 비용과 높은 쓰기 시간이 소요된다.

21.7.5 성능 최적화

데이터 저장소 시스템을 사용할 때 데이터의 물리적 위치는 저장소 시스템에 의해 결정되고 클라이언트에게는 숨겨져 있다. 조인이 필요한 여러 개의 릴레이션을 저장할 때, 통신 비용 측면에서 보면 이들을 각각 분리하여 분할하는 것이 최적이 아닐 것이다. 예를 들어, 두 릴레이션의 조인이 자주 발생한다면 이들의 조인 속성과 동일한 방법으로 분할하는 것이 최적일 수 있다. 이렇게 분할하는 경우 데이터 전송 없이 각 저장소 사이트에서 병렬적으로 조인 연산을 할 수 있는데, 이는 추후 22.7.4절에서 살펴본다.

이런 시나리오를 지원하기 위해 일부 데이터 저장소 시스템은 한 릴레이션의 튜플과 (주로 외래 키를 이용하여) 그들이 참조하는 다른 릴레이션의 튜플을 같은 분할에 저장하도록 스키마 설계자가 특정할 수 있도록 하고 있다. 이 기능의 일반적인 용도는 특정한 개체와 관련된 모든 튜플을 동일한 분할에 함께 저장하는 것으로, 이런 튜플의 집합을 **개체 그룹**(entity group)이라고 한다.

더 나아가 HBase와 같은 데이터 저장소 시스템은 **저장 함수**(stored function) 또는 **저장 프로시저**(stored procedure)를 지원한다. 저장 함수/프로시저는 튜플을 불러와 지역적으로 실행하는 대신, 클라이언트가 튜플(또는 개체 그룹)에서 함수를 호출할 수 있어서 튜플이 저장되어 있는 각 분할에서 함수가 수행되도록 한다. 저장 함수/프로시저는 저장된 튜플의 크기가 크고 함수나 프로시저의 결과가 작을 때 데이터 전송을 줄여 주어 유용하게 사용된다.

많은 데이터 저장소 시스템은 일정 시간이 지나면 오래된 버전의 데이터 항목을 자동적으로 지워 주거나, 특정 기간보다 오래된 데이터 항목을 삭제하는 기능도 제공한다.

21.8 요약

- 지난 20년간 병렬 데이터베이스의 상용 채택률이 크게 증가해 왔다.
- 데이터 저장소와 인덱스는 병렬 데이터베이스 시스템의 두 가지 핵심 요소다.
- 데이터 분할은 다수의 노드에 걸쳐 데이터를 분산 저장하는 것을 말한다. I/O 병렬화를 사용하면 릴레이션을 사용 가능한 디스크에 분할 저장하여 빠르게 찾을 수 있다. 일반적으로 사용되는 세 가지 분할 기법은 라운드-로빈 분할, 해시 분할, 범위 분할이다.
- 병렬화 단계가 높아질수록 치우침은 주요한 문제다. 균형 분할 벡터, 히스토그램, 가상 노드 분할은 이런 치우침을 줄이는 기법이다.
- 병렬 데이터 저장소 시스템은 반드시 노드의 장애에 대해 복원력을 갖추어야 한다. 노드의 장애에도 데이터가 손실되지 않게 하기 위해 튜플은 최소 두 대 혹은 세 대 이상의 노드에 복제된다. 이렇게 하면 한 노드에 장애가 발생하더라도 튜플이 복제된 다른 노드로부터 해당 튜플에 계속 접근할 수 있게 된다.
- 병렬 데이터 저장소에서 인덱스는 지역과 전역, 두 종류로 나뉜다. 지역 인덱스는 특정 노드에 저장된 튜플에 대해 만들어진다. 이 인덱스는 데이터가 저장된 노드와 동일한 노드에 저장된다. 전역 인덱스는 다수의 노드에 걸쳐 저장된 데이터에 대해 만들어진다.
- 분산 파일 시스템은 파일을 대규모 컴퓨터 집단에 걸쳐 저장하지만 클라이언트에게는 단일 파일 시스템과 동일하게 동작한다. 다른 파일 시스템과 마찬가지로 클라이언트가 파일을 식별할 수 있도록 파일 이름과 디렉터리가 사용된다. 클라이언트는 파일이 어디에 저장되어 있는지 알 필요가 없다.
- 웹 응용은 매우 많고(수백만의), 상대적으로 크기가 작은 레코드(크기가 수 킬로바이트에서 수 메가바이트 정도의)를 저장해야 한다. 일부 병렬 키-값 저장소는 이런 웹 응용의 요구에 맞추어 개발되었다. 키-값 저장소는 데이터 항목(값)의 저장과 갱신 시 연관 키를 함께 사용하도록 하며, 데이터 항목을 찾을 때도 주어진 키를 사용한다.

용어정리

- 키-값 저장소
- 데이터 저장소 시스템
- I/O 병렬화
- 데이터 분할
- 수평 분할
- 분할 기법
    - 라운드-로빈
    - 해시 분할

- 범위 분할
- 분할 벡터
- 점 질의
- 범위 질의
- 치우침
    - 실행 치우침
    - 데이터 분배 치우침
    - 속성값 치우침
    - 분할 치우침
- 치우침 처리
    - 균형 잡힌 범위 분할 벡터
    - 히스토그램
    - 가상 노드
- 저장소의 유연성
- 테이블
- 태블릿
- 분할 테이블
- 마스터 노드
- 라우터
- 일관된 해싱
- 분산 해시 테이블
- 복제
    - 데이터 센터 내 복제
    - 데이터 센터 간 복제
    - 마스터 사본
    - 사본의 일관성
- 궁극적 일관성
- 전역 주 인덱스
- 전역 2차 인덱스
- 분산 파일 시스템
- 한 번 쓰기-여러 번 읽기 접근 모델
- 넓은 열 기반 저장소
- 문서 저장소
- 열 패밀리
- 태블릿 서버

실전문제

21.1 범위 분할 속성에서 범위 선택을 할 때 디스크 하나만 읽는 경우가 생길 수 있다. 이 경우 장점과 단점을 설명하라.

21.2 히스토그램이 부하 균형 범위 분할을 만들기 위해 사용되었다는 것을 상기하라.

a. 히스토그램이 1~100 사이의 값을 가지고, 분할은 1-10, 11-20, … , 91-100까지 10개의 분할 범위를 가지며, 빈도는 각각 15, 5, 20, 10, 10, 5, 5, 20, 5, 5를 가진다고 가정하자. 이를 다섯 개의 분할로 나누는 부하 균형 범위 분할 함수를 구하라.

b. n개의 범위를 포함하는 빈도 분포 히스토그램이 주어질 때, p개의 균형 범위 분할을 만드는 알고리즘을 작성하라.

21.3 히스토그램은 보통 릴레이션의 특정한 속성(또는 속성의 집합)에 대해 만들어진다. 이런 히스토그램은 데이터 분산 치우침에는 유용하지만 실행 치우침에는 유용하지 않다. 이유를 설명하라.

이제 점 탐색(point lookups)을 수행하는 질의의 집합이 있다고 가정하자. 실행 치우침을 방지하는 분할 스키마를 만드는 데 이 질의를 어떻게 사용할 수 있는지 설명하라.

21.4 복제:

a. 지리적으로 분산된 데이터 센터에 데이터를 나누어 저장하는 이유를 두 가지 설명하라.

b. 중앙집중 데이터베이스는 로그 레코드를 이용하여 복제를 지원한다. 중앙집중 데이터베이스와 병렬/분산 데이터베이스에서 복제 수행 시 차이점을 설명하라.

21.5 병렬 인덱스:

a. 중앙집중 데이터베이스에서 2차 인덱스가 레코드 식별자를 담고 있다. 전역 2차 인덱스 또한 레코드를 가지는 분할 번호와 분할 내의 레코드 식별자를 가질 수 있다. 이것이 잘못된 이유를 설명하라.

b. 전역 2차 인덱스는 레코드가 B^+-트리 파일 구조에 저장될 때 사용되는 지역 2차 인덱스와 유사한 방법으로 구현된다. 결국 유사한 방식으로 2차 인덱스를 구현하는 이 두 시나리오의 공통점을 서술하라.

21.6 병렬 데이터베이스 시스템은 각 데이터 항목(혹은 분할)의 사본을 하나 이상의 노드에 저장한다.

a. 이렇게 모든 복제본을 하나의 노드(혹은 노드의 집합)에 저장하지 않고 여러 다른 노드에 나누어 복제하는 것이 좋은 것인지 설명하라.

b. 각 데이터 항목을 추가 복제하는 대신 RAID 저장소를 사용하는 것의 장점과 단점은 무엇인가?

21.7 분할과 복제:

a. 범위 분할 기법이 해시 분할 기법에 비해 태블릿 크기를 잘 제어하는 이유를 설명하라. 이 경우와 "B^+-트리 인덱스 대 해시 인덱스"의 경우를 비교하라.

b. 일부 시스템은 우선 키에 대해 해싱하고, 해싱 값에 대해 범위 분할을 한다. 이런 방법의 이유가 무엇이며, 키에 대해 범위 분할하는 것과 비교하였을 때 단점은 무엇인지 설명하라.

c. 수평 분할한 데이터를 각 노드에서 지역적으로 수직 분할할 수 있다. 이와 반대로 수직 분할을 먼저 수행하고 독립적으로 수평 분할할 수도 있다. 두 번째 방법과 비교하여 첫 번째 방법이 가지는 장점과 그 이유는 무엇인가?

21.8 데이터 항목의 마스터 사본에 요청을 보내기 위해서 노드는 어떤 사본이 데이터 항목의 마스터 사본인지 알아야 한다.

a. 만약 한 노드가 어떤 노드가 데이터 항목의 마스터 사본을 가지고 있는지 인지하고 해당 노드에 요청을 보내는 사이 마스터가 변경되어 이제 다른 노드가 마스터가 되었다고 가정해 보자. 이런 상황은 어떻게 처리하는가?

b. 마스터 사본은 기본적으로 분할 단위로 정해지지만, 어떤 시스템은 레코드 단위의 마스터 사본을 지원한다. 이 경우 분할(혹은 태블릿)의 레코드는 어떤 노드의 집합에 복제되고 다른 레코드의 마스터 사본과 관계없이 이 노드들 중 어떤 노드든 마스터 사본을 가질 수 있다. 레코드 단위의 마스터 추적이 주는 장점을 두 가지 서술하라.

c. 만약 레코드 수가 매우 크다면 각 레코드의 마스터 사본을 어떻게 추적할 수 있을지 제안하라.

연습문제

21.9 라운드-로빈, 해시 분할, 범위 분할 기법에 대해 각 기법이 가장 빠르게 동작하는 질의의 예는 무엇인가?

21.10 다음 속성 중 하나로 릴레이션이 분할될 때 치우침을 유발하는 요소는 무엇인가?

a. 해시 분할

b. 범위 분할

각 경우에 치우침을 줄일 수 있는 방법은 무엇인가?

21.11 키-값 저장소에서 서로 연관된 레코드를 함께 저장하는 이유는 무엇인가? 개체 그룹 개념을 사용하는 주요 이유는 무엇인지 설명하라.

21.12 키-값 저장소에 비해 GFS나 HDFS와 같은 분산 파일 시스템에서 복제 기능을 제공하기 쉬운 이유는 무엇인지 서술하라.

21.13 키-값 저장소에서 조인 연산은 매우 비싸며, 시스템이 SQL이나 선언적 질의 언어를 지원하지 않는 경우 표현하기도 어렵다. 이런 환경에서 응용 개발자가 손쉽게 조인이나 집계 질의 결과를 얻을 수 있는 방법은 무엇인가?

관련도구

일부 상용 도구 이외에도 다양한 오픈 소스 빅데이터 도구가 사용 가능하다. 또한 이들 중 다수의 도구가 클라우드 플랫폼에서 사용 가능하다. 구글 파일 시스템(GFS)은 초기 세대의 병렬 파일 시스템이다. Apache HDFS(Hadoop.apache.org)는 널리 사용되는 분산 파일 시스템이며 이는 GFS 이후에 모델링되었다. HDFS는 자체적으로 정의된 내부 파일 포맷을 가지지 않으며 대신 Hadoop 구현에서 Sequence files(바이너리 데이터를 허용하는), Avro(반정형 스키마를 지원하는), 그리고 Parquet과 Orc(열 단위 데이터 표현을 지원하는)와 같은 몇 가지 최적화된 파일 포맷을 지원한다. 호스팅 가능한 클라우드 저장소 시스템에는 Amazon S3(aws.amazon.com/s3) 저장소 시스템과 Google Cloud Storage(cloud.google.com/storage) 등이 있다.

Google의 Bigtable(cloud.google.com/bigtable)은 초기 세대의 병렬 데이터 저장소 시스템이며, GFS 위에서 동작하도록 설계되었다. Amazon의 Dynamo DB(aws.amazon.com/dynamodb)는 일관된 해시에 기반한 초기 세대의 병렬 키-값 저장소이며, 원래 P2P 데이터 저장소로 개발되었다. Google의 Spanner(cloud.google.com/spanner)는 추가적인 트랜잭션을 지원하는 저장소 시스템이다. 널리 사용되고 있는 Apache HBase(hbase.apache.org)는 Bigtable에 기반한 오픈 소스 데이터 저장소 시스템으로, HDFS 위에서 동작하도록 구현되었다. Facebook에서 개발한 Apache Cassandra(cassandra.apache.org), LinkedIn에서 개발한 Voldemort(www.project-voldemort.com), MongoDB(www.mongodb.com), CouchDB(couchdb.apache.org) 및 Riak(basho.com)은 모두 오픈 소스 키-값 저장소다. MongoDB 및 CouchDB는 데이터 저장에 JSON 형식을 사용한다. Aerospike(www.aerospike.com)는 플래시 저장소에 최적화된 오픈 소스 데이터 저장소 시스템이다. 오늘날에는 더 다양한 오픈 소스 병렬 데이터 저장소 시스템이 있다.

상용 병렬 데이터베이스 시스템에는 Teradata, Teradata Aster Data, IBM Netezza, 그리고 Pivotal Greenplum 등이 있다. IBM Netezza, Pivotal Greenplum, Teradata Aster Data 모두 PostgreSQL을 밑단 데이터베이스로 사용하며, 각 노드에서 독립적으로 동작한다. 이들 시스템은 상단에 계층을 구축하여 데이터 분할과 노드 간의 병렬 질의 처리 등을 수행한다.

더 읽어보기

1970년대 말과 1980년대 초에 관계형 모델이 자리 잡음에 따라 사람들은 관계형 연산이 고도의 병렬화가 가능하고 좋은 데이터 흐름 속성을 가지고 있음을 인지했다. 데이터 병렬 저장과 질의 병렬 처리의 실용성을 조사하기 위해 GAMMA([DeWitt (1990)]), XPRS([Stonebraker et al. (1988)]), 및 Volcano ([Graefe (1990)])를 포함하여 여러 연구 프로젝트가 시작되었다.

Teradata는 의사결정 지원 시스템을 위해 설계된 최초의 상용 비공유 병렬 데이터베이스 시스템이다. Teradata는 노드 장애에 대처하기 위해 복제와 분할 기능을 지원한다. Red Brick Warehouse는 의사결정 지원을 위해 설계된 또 다른 초기 병렬 데이터베이스 시스템이다(RedBrick은 Infomix에 인수되었고, 이후 IBM에 인수된다).

Google 파일 시스템에 관한 내용은 [Ghemawat et al. (2003)]에서 찾을 수 있으며, Google Bigtable 시스템에 관한 내용은 [Chang et al. (2008)]에서 볼 수 있다. Yahoo!의 PNUTS 시스템은 [Cooper et al. (2008)]에 설명되어 있으며, Google의 Megastore와 Spanner는 각각 [Baker et al. (2011)]와 [Corbett et al. (2013)]에 설명되어 있다. 일관된 해싱은 [Karger et al. (1997)]에 설명되어 있으며, 이 일관된 해싱에 기반한 Dynamo는 [DeCandia et al. (2007)]에 설명되어 있다.

참고문헌

[Baker et al. (2011)] J. Baker, C. Bond, J. C. Corbett, J. J. Furman, A. Khorlin, J. Larson, J.-M. Leon, Y. Li, A. Lloyd, and V. Yushprakh, "Megastore: Providing Scalable, Highly Available Storage for Interactive Services", In *Proceedings of the Conference on Innovative Data system Research* (CIDR) (2011), pages 223-234.

[Chang et al. (2008)] F. Chang, J. Dean, S. Ghemawat,W. C. Hsieh, D. A.Wallach, M. Burrows, T. Chandra, A. Fikes, and R. E. Gruber, "Bigtable: A Distributed Storage System for Structured Data", *ACM Trans. Comput. Syst.*, Volume 26, Number 2 (2008).

[Cooper et al. (2008)] B. F. Cooper, R. Ramakrishnan, U. Srivastava, A. Silberstein, P. Bohannon, H.-A. Jacobsen, N. Puz, D. Weaver, and R. Yerneni, "PNUTS: Yahoo!'s Hosted Data Serving Platform", *Proceedings of the VLDB Endowment*, Volume 1, Number 2 (2008), pages 1277-1288.

[Corbett et al. (2013)] J. C. Corbett et al., "Spanner: Google's Globally Distributed Database", *ACM Trans. on Computer Systems*, Volume 31, Number 3 (2013).

[DeCandia et al. (2007)] G. DeCandia, D. Hastorun, M. Jampani, G. Kakulapati, A. Lakshman, A. Pilchin, S. Sivasubramanian, P. Vosshall, andW. Vogels, "Dynamo: Amazons Highly Available Key-value Store", In *Proc. of the ACM Symposium on Operating System Principles* (2007), pages 205-220.

[DeWitt (1990)] D. DeWitt, "The Gamma Database Machine Project", *IEEE Transactions on Knowledge and Data Engineering*, Volume 2, Number 1 (1990), pages 44-62.

[Ghemawat et al. (2003)] S. Ghemawat, H. Gobioff, and S.-T. Leung, "The Google File System", *Proc. of the ACM Symposium on Operating System Principles* (2003).

[Graefe (1990)] G. Graefe, "Encapsulation of Parallelism in the Volcano Query Processing System", In *Proc. of the ACM SIGMOD Conf. on Management of Data* (1990), pages 102-111.

[**Karger et al. (1997)**] D. Karger, E. Lehman, T. Leighton, R. Panigrahy, M. Levine, and D. Lewin, "Consistent Hashing and Random Trees: Distributed Caching Protocols for Relieving Hot Spots on the World Wide Web", In *Proc. of the ACM Symposium on Theory of Computing* (1997), pages 654-663.

[**Stonebraker et al. (1988)**] M. Stonebraker, R. H. Katz, D. A. Patterson, and J. K. Ousterhout, "The Design of XPRS", In *Proc. of the International Conf. on Very Large Databases* (1988), pages 318-330.

크레딧

장 도입부 보트 사진: © Pavel Nesvadba/Shutterstock

Chapter 22

병렬 및 분산 질의 처리

이 장에서는 병렬 데이터베이스 시스템에서 질의 처리를 하는 알고리즘에 대해 학습한다. 질의가 **읽기 전용**이라고 가정하고 의사결정 지원 시스템의 질의 처리에 중점을 둔다. 이러한 시스템은 매우 많은 양의 데이터에 대해 질의를 실행해야 하며, 허용 가능한 응답 시간 내에 질의를 처리하려면 여러 노드에서 질의를 병렬 처리하는 것이 중요하다.

이 장의 앞부분은 관계형 질의 처리에 중점을 두고 설명한다. 그러나 장 뒷부분은 관계형 모델이 아닌 다른 모델로 표현된 질의를 병렬 처리할 때의 쟁점을 살펴본다.

트랜잭션 처리 시스템은 갱신을 수행하는 많은 수의 질의를 실행하지만 각 질의는 적은 수의 튜플에만 영향을 준다. 대규모 트랜잭션 처리 부하를 다루기 위해서는 병렬 실행이 핵심인데, 이 주제는 23장에서 다룬다.

22.1 개요

데이터베이스 시스템은 두 가지 다른 방법으로 병렬 처리를 이용한다. 첫 번째 접근 방식은 **질의 간 병렬화**(interquery parallelism)이며, 이는 다수의 노드가 서로 병렬로 여러 질의를 실행하는 것을 말한다. 두 번째 접근 방식은 **질의 내 병렬화**(intraquery parallelism)인데, 단일 질의 실행의 다른 부분을 여러 노드가 병렬로 처리하는 것을 의미한다.

질의 간 병렬화는 트랜잭션 처리 시스템에 필수적이며, 트랜잭션 처리량을 향상할 수 있다. 그러나 각 개별 트랜잭션의 응답 시간이 트랜잭션을 고립 상태로 실행하는 경우의 원래 응답 시간보다 더 빨라지는 것은 아니다. 그러므로 질의 간 병렬화의 주 사용 용도는 초당 더 많은 트랜잭션을 지원하도록 트랜잭션 처리 시스템의 규모를 증대하는 것이다. 트랜잭션 처리 시스템은 23장에서 설명한다.

이와 대조적으로 질의 내 병렬화는 장시간 실행해야 하는 질의의 속도를 높이는 데 필수적이며,

이 장이 초점을 두고 설명한다.

단일 질의 실행은 선택, 조인, 집계 연산과 같은 여러 연산의 실행을 포함한다. 대규모 병렬화를 활용하는 핵심은 각 연산을 여러 노드에서 병렬로 처리하는 것이다. 이러한 병렬화를 **연산 내 병렬화**(intraoperation parallelism)라고 한다. 한 릴레이션에 많은 수의 튜플이 존재할 수 있기 때문에 병렬화의 정도도 잠재적으로 클 수 있다. 그러므로 연산 내 병렬화는 데이터베이스 시스템에서 자연스러운 것이다.

하나의 질의를 병렬로 처리하는 것을 설명하기 위해 어떤 릴레이션을 정렬하는 질의를 고려하자. 그 릴레이션은 특정 속성으로 범위 분할을 하여 여러 디스크상에 나누어 저장되어 있으며, 분할 속성(partitioning attribute)에 대한 정렬이 요청되었다고 가정하자. 이때 각 분할을 먼저 병렬로 정렬한 후, 정렬된 각각의 분할을 결합하여 최종적으로 정렬된 릴레이션을 얻는 방식으로 정렬 연산을 구현할 수 있다. 그러므로 개별 연산을 병렬화함으로써 하나의 질의를 병렬화할 수 있다.

질의를 수행하는 데 또 다른 방식의 병렬화의 원천이 있다. 그것은 질의를 위한 **연산자 트리**(operator tree)에 여러 연산을 포함하는 것이다. 서로 종속적이지 않은 연산을 병렬로 실행함으로써 연산자 트리의 실행을 병렬화할 수 있다. 또한 15장에서 언급했듯이, 한 연산의 출력을 다른 연산의 입력으로 파이프라인시킬 수 있다. 두 개의 연산은 별도의 노드에서 병렬로 실행될 수 있으며, 한 연산은 출력이 생성되자마자 다른 연산에 입력으로 전달되어 소비된다. 이 두 가지 형태의 병렬화는 **연산 간 병렬화**(interoperation parallelism)의 예다. 연산 간 병렬화는 한 질의에 속한 다른 연산자를 병렬로 실행하는 것을 허용한다.

요약하면, 하나의 질의를 병렬로 실행하는 것은 다음 두 가지 방법으로 가능하다.

- **연산 내 병렬화**: 이후 몇 개의 절에서 자세히 다루는데, 정렬, 조인, 집계 및 기타 연산과 같은 일반적인 관계 연산(relational operation)의 병렬 구현에 대해 학습한다.
- **연산 간 병렬화**: 22.5.1절에서 자세히 설명한다.

이 두 가지 방법은 상호 보완적이며 하나의 질의를 처리하는 데 동시에 사용할 수 있다. 일반적으로 하나의 질의에 들어 있는 연산의 수는 각 연산이 처리하는 튜플의 수에 비해 작기 때문에, 연산 내 병렬화는 병렬화가 증가함에 따라서 규모를 확장하기가 쉽다. 그러나 특히 다중 코어를 가지는 공유 메모리 시스템에서 연산 간 병렬화도 중요하다.

알고리즘에 대한 설명을 간단히 하기 위해 n개의 노드 N_1, N_2, …, N_n이 있는 비공유 구조(shared nothing architecture)를 가정한다. 각 노드는 하나 이상의 디스크를 가질 수 있지만, 일반적으로 디스크의 수는 적다. 한 노드에서 디스크 간에 데이터를 분할하는 방법은 다루지 않는다. 여러 디스크에 RAID 구성을 함께 사용하면, 질의 처리 수준이 아닌 저장 수준에서 병렬화를 활용할 수 있다.

질의 평가를 병렬화하기 위한 알고리즘 선택은 기계 구조(machine architecture)에 따라 다르다. 각 구조에 대한 알고리즘을 개별적으로 제시하는 대신 비공유 구조를 사용하여 설명한다. 따라서 언제 데이터를 한 노드에서 다른 노드로 전송해야 하는지를 명시적으로 설명한다.

공유 메모리 구조(shared-memory architecture)는 공유 메모리를 통해, 공유 디스크 구조(shared-disk architecture)는 공유 디스크를 통해 데이터를 전송할 수 있으므로, 다른 구조를 사용하여 비공유 구조 모델을 쉽게 시뮬레이션할 수 있다. 따라서 비공유 구조에 대한 알고리즘을 다른 구조에서도 사용할 수 있다. 22.6절에서 일부 알고리즘을 공유 메모리 시스템에서 더 최적화하는 방법을 설명한다.

현세대 병렬 시스템은 일반적으로 하이브리드 구조를 기반으로 한다. 이 구조에서 각 컴퓨터는 공유 메모리를 가진 다중 코어가 있으며, 비공유 방식으로 구성된 여러 대의 컴퓨터도 있다. 논의의 목적상, 하이브리드 구조에서 각 코어는 비공유 시스템의 노드로 간주할 수 있다. 일부 코어가 다른 코어와 메모리를 공유한다는 사실을 활용하기 위한 최적화는 22.6절에서 설명한 대로 수행할 수 있다.

22.2 병렬 정렬

n개의 노드 $N_1, N_2, \ldots, N_n$에 걸쳐 있는 릴레이션 r을 정렬한다고 가정하자. 만약 그 릴레이션이 정렬 대상이 되는 속성으로 범위 분할되어 있다면, 각 분할(partition)을 먼저 개별적으로 정렬한 다음 그 결과를 통합하여 최종적으로 정렬된 릴레이션을 구할 수 있다. 튜플이 n개의 노드에 분할되어 있으므로, 전체 릴레이션을 읽는 데 필요한 시간은 병렬 접근으로 인해 n배 감소한다.

만일 릴레이션 r이 다른 방법으로 분할되어 있을 경우에는 다음 두 가지 방법 중 하나로 정렬할 수 있다.

1. 정렬 기준이 되는 속성으로 릴레이션 r을 범위 분할하고, 그 후 각 분할을 개별적으로 정렬한다.
2. 외부 정렬-합병(external sort-merge) 알고리즘의 병렬 버전을 사용한다.

22.2.1 범위 분할 정렬

그림 22.1a에 표시한 **범위 분할 정렬**(range-partitioning sort)은 두 단계로 동작한다. 먼저 릴레이션을 범위 분할하고, 그 후 각 분할을 개별적으로 정렬한다. 릴레이션을 범위 분할로 정렬할 때, 반드시 현재 릴레이션이 저장되어 있는 노드와 동일한 노드 집합에서 범위 분할을 해야 하는 것은 아니다. 릴레이션을 정렬하기 위해 노드 $N_1, N_2, \ldots, N_m$을 선택했다고 하자. 이 연산을 위해 다음 두 단계의 작업이 필요하다.

1. 범위 분할 전략을 사용하여 릴레이션의 튜플을 재분배한다. 즉 i번째 범위에 들어 있는 모든 튜플은 노드 N_i에 전송한다. 이 노드는 릴레이션을 지역 디스크에 임시로 저장한다.

   범위 분할을 구현하기 위해서 모든 노드는 병렬로 디스크에서 튜플을 읽은 뒤, 각 튜플을 분할 함수에 기반하여 목적지 노드에 보낸다. 또한 각 노드 $N_1, N_2, \ldots, N_m$은 자신의 분할에 속하는 튜플을 받아서 지역적으로 저장한다. 이 단계는 디스크 I/O와 네트워크 통신을 필요로 한다.
2. 각각의 노드는 다른 노드와 상호작용 없이, 자신에게 할당된 릴레이션의 분할을 지역적으로 정렬한다. 각 노드는 서로 다른 데이터 집합에 대해 동일한 연산, 즉 정렬을 수행한다. 병렬로 서로 다른 데이터 집합에 같은 연산을 실행하는 것을 **데이터 병렬화**(data parallelism)라고 부른다.

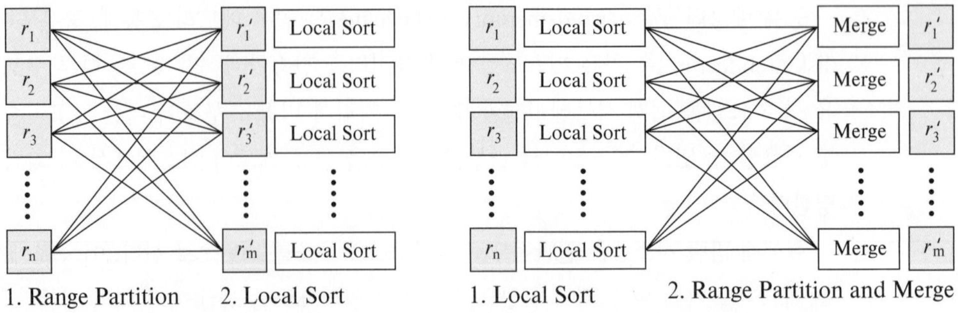

(a) Range Partitioning Sort (b) Parallel External Sort-Merge

그림 22.1 병렬 정렬 알고리즘

마지막의 합병 연산은 별로 어려운 작업이 아니다. 왜냐하면 첫 단계의 범위 분할에 의해서 $1 \le i < j \le m$인 노드 N_i의 모든 키 값이 노드 N_j의 키 값보다 전부 작기 때문이다.

각 분할이 거의 같은 수의 튜플을 가지도록 하기 위해서 반드시 균형 잡힌 범위 분할 벡터를 가지고 범위 분할을 수행해야 한다. 21.3.1절에서 이러한 분할 벡터를 생성하는 방법을 학습했다. 21.3.2절에서 논의한 가상 노드 분할은 치우침(skew)을 줄인다. 실제 노드보다 몇 배나 많은 가상 노드가 존재하며, 가상 노드 분할은 각 가상 노드에 대한 분할을 생성한다. 그런 다음 가상 노드를 실제 노드에 매핑한다. 라운드-로빈 방식을 이용하면, 실제 노드에서 치우침의 정도를 줄이는 방식으로 가상 노드를 실제 노드에 분산시키는 경향이 있다.

22.2.2 병렬 외부 정렬-합병

그림 22.1b에 표시한 **병렬 외부 정렬-합병**(parallel external sort-merge)은 범위 분할 정렬의 대안이다. 한 릴레이션이 노드 $N_1, N_2, \ldots, N_n$에 이미 분할되어 있다고 가정하자. 릴레이션이 어떻게 분할되었는지는 상관없이 병렬 외부 정렬-합병은 다음과 같이 동작한다.

1. 각 노드 N_i는 N_i에서 사용 가능한 데이터를 정렬한다.
2. 그 후 시스템은 최종 정렬된 출력을 얻기 위해 각 노드에서 정렬된 런(sorted run)을 합병한다.

두 번째 단계에서 정렬된 런의 합병은 다음의 일련의 행동으로 병렬화할 수 있다.

1. 시스템은 각 노드 N_i에 있는 정렬된 분할을 노드 $N_1, N_2, \ldots, N_m$에 걸쳐 (같은 분할 벡터를 사용하여) 범위 분할한다. 튜플을 정렬된 순서로 전송하므로 각 노드는 정렬된 스트림으로 튜플을 수신한다.
2. 각 노드 N_i는 단일 정렬된 런을 얻기 위해 수신한 튜플 스트림에 합병을 수행한다.
3. 시스템은 노드 $N_1, N_2, \ldots, N_m$상에 있는 정렬된 런을 결합하여 최종 결과를 생성한다.

기술하였듯이, 이러한 일련의 행동은 흥미로운 형태의 **실행 치우침**(execution skew)을 초래한다. 왜냐하면 처음에는 모든 노드가 분할 1의 모든 튜플을 노드 N_1으로 보내고, 그다음 모든 노드가 분할 2의 모든 튜플을 노드 N_2로 보내는 식으로 동작하기 때문이다. 그러므로 전송은 병렬로 수행되지만, 튜플을 수신하는 것은 순차적으로 이루어진다. 처음에는 N_1만 튜플을 받고 그다음에는 N_2만 튜플을 받는다. 이러한 문제를 피하기 위해서 어느 한 노드 i에서 다른 노드 j로 향하는 튜플의 정렬된 시퀀스 $S_{i,j}$를 여러 블록으로 나눈다. 각 노드 N_i는 각 j에 대해 $S_{i,j}$ 튜플의 첫 번째 블록을 노드 N_j로 보낸다. 그런 다음 튜플의 두 번째 블록을 각 노드 N_j로 보내고, 모든 블록이 전송될 때까지 차례로 보낸다. 결과적으로 모든 노드는 병렬로 데이터를 받게 된다. 네트워크 부담을 줄이기 위해 튜플을 개별적이 아니라 블록으로 전송하는 것에 주목한다.

22.3 병렬 조인

병렬 조인(parallel join) 알고리즘은 여러 노드상에서 입력 릴레이션의 튜플을 나누려고 시도한다. 그런 다음 각 노드는 조인의 일부를 지역적으로 계산한다. 마지막으로 시스템은 각 노드에서 결과를 수집하여 최종 결과를 생성한다. 튜플을 정확히 나누는 방법은 다음에 볼 수 있듯이 조인 알고리즘에 따라 다르다.

22.3.1 분할 조인

특정 종류의 조인에 대해 두 개의 입력 릴레이션을 노드에 분할한 다음 각 노드에서 지역적으로 조인을 계산하는 것이 가능하다. 분할 조인 기법을 조인 조건이 동등 조인(예: $r \bowtie_{r.A=s.B} s$)인 내부 조인(inner join)에 사용할 수 있다. 이때 릴레이션 r과 s는 조인 속성에 동일한 분할 함수를 사용하여 분할한다. 이러한 분할 아이디어는 해시 조인의 분할 단계에서 사용된 개념과 정확히 동일하다. 곧 살펴보겠지만 분할 조인은 외부 조인(outer join)에도 사용할 수 있다

m개의 노드를 사용하고 있고, 조인할 릴레이션이 r과 s라고 하자. **분할 조인**(partitioned join)은 다음과 같이 동작한다. 시스템은 릴레이션 r과 s를 각각 m개의 분할 $r_1, r_2, \ldots, r_m$과 $s_1, s_2, \ldots, s_m$로 분할한다. 그러나 분할 조인에서 r과 s를 분할하는 다음의 두 가지 다른 방법이 있다.

- 조인 속성으로 범위 분할
- 조인 속성으로 해시 분할

위 두 방법 모두 같은 분할 함수를 조인할 양쪽 릴레이션에 사용해야 한다. 범위 분할의 경우 같은 분할 벡터를 양쪽 릴레이션에 사용해야 하고, 해시 분할의 경우 같은 해시 함수를 양쪽 릴레이션에 사용해야 한다. 그림 22.2는 분할 병렬 조인에서 분할을 보여 준다.

분할 조인 알고리즘은 먼저 두 릴레이션 중 하나를 분할하는데, 튜플을 스캔하여 분할 함수와 각 튜플의 조인 속성에 기반하여 적절한 노드로 전송하는 식으로 수행한다. 특히 각 노드 N_i는 지역 디스크에서 하나의 릴레이션 r에 속한 튜플을 읽고, 각 튜플 t에 대해 t가 속한 분할 r_i를 계산하여 튜플 t를 노드 N_j로 전송한다. 또한 각 노드는 자신에게 전송되는 튜플을 동시에 수신하고 지역 디스크에 저장한다. 이 작업을 데이터 송수신을 위한 별도의 스레드를 사용하여 수행할 수 있다. 이 절차를 다른 릴레이션 s의 모든 튜플에 대해 반복한다.

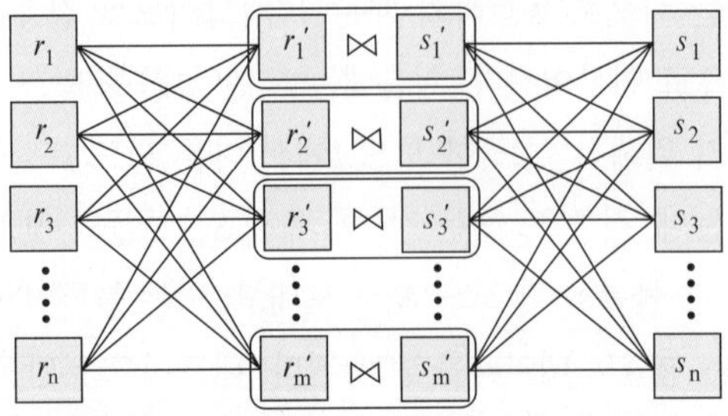

Step 1: Partition r Step 2: Partition s

Step 3: Each node N_i computes $r_i' \bowtie s_i'$

그림 22.2 분할 병렬 조인

일단 두 릴레이션을 분할하면, 각 노드 N_i에서 지역적으로 r_i와 s_i의 조인을 계산하기 위해 어떠한 조인 기법도 사용할 수 있다. 그러므로 조인 기법에 상관없이 병렬적으로 처리하기 위해 분할을 사용할 수 있는 것이다.

분할 조인은 내부 조인뿐 아니라 세 가지 형태의 외부 조인(왼쪽, 오른쪽 및 전체 외부 조인)에도 사용할 수 있다. 조인 속성에 대해 분할이 완료된 후, 각 노드는 해당하는 외부 조인을 지역적으로 계산한다. 또한 자연 조인을 추출(projection)이 뒤따르는 동등 조인(equijoin)으로 표현할 수 있으므로, 분할 조인을 사용하여 자연 조인을 계산할 수도 있다.

만일 하나 또는 양쪽 릴레이션 r과 s가 조인 속성으로 이미 분할되어 있다면(해시 분할이나 범위 분할에 의해) 분할에 필요한 작업은 상당히 줄어든다. 만일 릴레이션이 분할되어 있지 않거나 조인 속성이 아닌 다른 속성으로 분할되어 있는 경우에는, 반드시 조인 속성으로 튜플을 재분할해야 한다.

이제 각 노드 N_i가 지역적으로 사용하는 조인 기술과 관련된 문제를 고려하자. 튜플을 수신하면 먼저 디스크에 저장한 다음 다시 읽어 초기 단계를 수행하는 대신 튜플이 도착할 때 몇 가지 초기 단계를 수행하여 지역 조인 연산을 최적화할 수 있다. 아래에서 기술하는 이런 최적화는 이전 연산의 결과가 후속 연산으로 파이프라인될 때 비병렬 질의 처리에도 사용될 수 있다.

- 지역적으로 해시 조인을 사용하는 경우, 그로 인한 병렬 조인 기술을 **분할 병렬 해시 조인**(partitioned parallel hash join)이라고 한다.

  해시 조인은 먼저 두 입력 릴레이션을 더 작은 조각으로 분할하는데, 더 작은 릴레이션(구축 릴레이션)의 각 분할이 메모리에 맞도록 분할한다는 것을 상기한다. 따라서 해시 조인을 구현하려면, 노드 N_i가 수신한 분할 r_i와 s_i는 $h1(\,)$이라는 해시 함수를 사용하여 다시 분할해야 한다. 만약 여러 노드에 걸친 r과 s의 분할이 해시 함수 $h0(\,)$에 의한 것이라면, 시스템은 $h1(\,)$이 $h0(\,)$와 다르다는 것을 보장해야 한다. 노드 N_i에서 결과 분할은 $j = 1, \ldots, n_i$에 대해 $r_{i,j}$ 및 $s_{i,j}$가 되는데, 여기서 n_i는 노드 N_i에 위치한 지역 분할의 수를 나타낸다.

  튜플을 디스크에 쓰고 다시 읽을 필요가 없도록, 도착할 때 지역 해시 조인이 사용하는 해시 함수를 기반으로 바로 재분할하여 적절한 분할에 기록하는 것에 유의한다.

해시 조인은 구축 릴레이션(build relation)의 각 분할을 메모리에 로드하고, 조인 속성으로 인메모리 인덱스를 구축 후, 마지막으로 탐색 릴레이션(proble relation)의 각 튜플을 사용하여 인메모리 인덱스를 탐색(probe)한다. 릴레이션 s를 구축 릴레이션으로 선택하였다고 가정하자. 그러면 각 분할 $s_{i,j}$는 조인 속성으로 구성한 인덱스와 함께 메모리에 로드되고, $r_{i,j}$의 각 튜플을 이용하여 인덱스를 탐색한다.

혼합 해시 조인(hybrid hash join, 15.5.5.5절에서 설명)은 릴레이션 중 하나의 분할이 각 노드에서 분할의 상당 부분이 메모리에 맞을 만큼 충분히 작은 경우에 사용될 수 있다. 이 경우 구축 릴레이션으로 사용하는 작은 릴레이션 s를 먼저 분할하고, 탐색 릴레이션으로 사용하는 더 큰 릴레이션 r을 뒤에 분할한다. 혼합 해시 조인이 구축 릴레이션 s의 분할 s_0에 있는 튜플을 메모리에 유지하고, 이 튜플로 인메모리 인덱스를 구성하는 것을 기억하자. 노드에 탐색 릴레이션의 튜플이 도착하면 그들은 재분할된다. r_0 분할의 튜플은 (디스크에 쓰고 다시 읽는 대신) s_0 튜플로 구성한 인덱스를 탐색하기 위해 직접 사용된다.

- 지역적으로 합병-조인(merge join)을 사용하는 경우, 결과 기술을 **분할 병렬 합병-조인**(partitioned parallel merge join)이라고 한다. 노드 N_i가 각 분할 s_i와 r_i를 지역적으로 정렬하고 합병한다.

  정렬의 첫 번째 단계인 런 생성은 입력으로 들어오는 튜플을 직접 사용하여 런을 생성하며, 이때 런 생성 전에 디스크에 쓰는 것을 피한다.

- 중첩 반복 또는 인덱스된 중첩 반복 조인을 지역적으로 사용하는 경우, 결과 기술을 **분할 병렬 중첩 반복 조인**(partitioned parallel nested-loop join) 또는 **분할 병렬 인덱스된 중첩 반복 조인**(partitioned parallel indexed nested-loop join)이라고 한다. 각 노드 N_i는 s_i와 r_i에 대해 중첩 반복(또는 인덱스된 중첩 반복) 조인을 수행한다.

22.3.2 단편-복제 조인

분할은 모든 유형의 조인에 적용되지 않는다. 예를 들어, 조인 조건이 $r \bowtie_{r.a<s.b} s$와 같이 동등 조건이 아닌 경우 r에 있는 모든 튜플이 s에 있는 일부 튜플에만 조인될 수 있다(반대의 경우도 가능하다). 하지만 분할 r_i에 있는 튜플이 오직 분할 s_i에 있는 튜플에만 조인이 되도록 r과 s를 분할할 수 있는 쉬운 방법은 존재하지 않는다.

이러한 조인은 **단편-복제**라고 불리는 기법을 이용하여 병렬화할 수 있다. 먼저 다음과 같이 동작하는 단편-복제 조인(fragment-and-replicate join)의 특별한 경우인 **비대칭 단편-복제 조인**(asymmetric fragment-andreplicate join)을 살펴보자.

1. 시스템은 먼저 릴레이션 중의 하나(r이라고 하자)를 분할한다. 라운드-로빈 분할을 포함하여 어떠한 분할 기법도 가능하다.
2. 시스템은 다른 릴레이션 s를 모든 노드에 복제한다.
3. 노드 N_i는 자신에게 있는 분할 r_i와 전체 릴레이션 s를 지역적으로 조인한다. 이때 어떠한 조인 기법도 사용 가능하다.

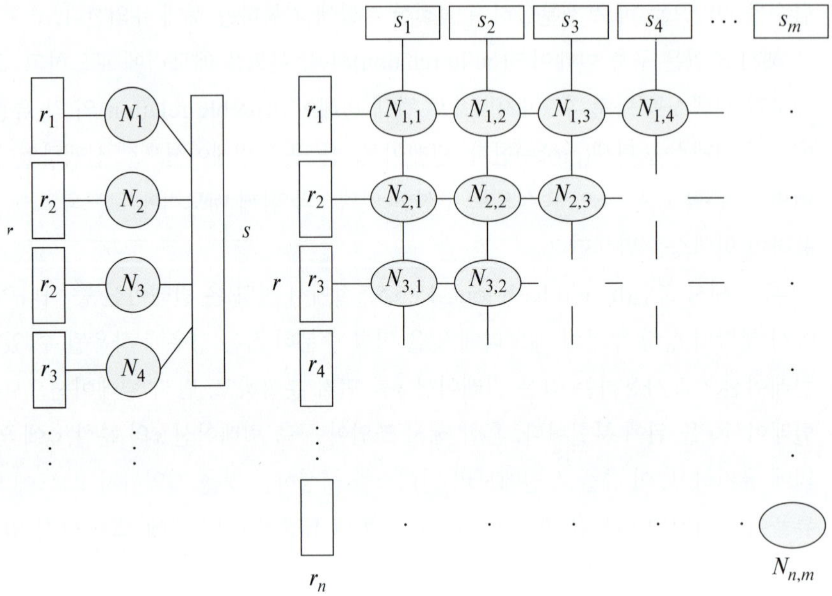

(a) Asymmetric fragment and replicate (b) Fragment and replicate

그림 22.3 단편-복제 기법

그림 22.3a는 비대칭 단편-복제 기법을 보이고 있다. 만일 r이 이미 분할에 의해 저장되어 있다면, 단계 1에서 그 릴레이션을 다시 분할할 필요가 없다. 릴레이션 s를 모든 노드에 복제시키기만 하면 된다.

비대칭 단편-복제 조인 기술을 **방송 조인**(broadcast join)이라고도 한다. 만약 릴레이션 중 하나인 s가 작고, 다른 릴레이션이 r이 클 때, 비대칭 단편-복제 조인은 동등 조인의 경우에도 매우 유용한 기술이다. 왜냐하면 작은 릴레이션을 모든 노드에 복제하는 것이 큰 릴레이션 r을 다시 분할하는 것보다 저렴할 수 있기 때문이다.

단편-복제 조인(**대칭 단편-복제 조인**이라고도 함)의 일반적인 경우는 그림 22.3b에 나와 있으며 다음과 같이 동작한다. 시스템은 릴레이션 r을 n개의 분할 $r_1, r_2, \dots, r_n$으로 분할하고, 릴레이션 s를 m개의 분할 $s_1, s_2, \dots, s_m$으로 분할한다. 이전과 마찬가지로 모든 분할 기술을 r 및 s에서 대해 사용할 수 있다. m과 n의 값은 같을 필요는 없지만, 최소한 $m * n$개의 노드가 있도록 선택해야 한다. 비대칭 단편-복제는 $m = 1$인 일반 단편 복제의 특별한 경우다. 비대칭 단편 복제와 비교해 볼 때, 단편-복제는 각 노드에서 릴레이션의 크기를 줄인다.

노드를 $N_{1,1}, N_{1,2}, \dots, N_{1,m}, N_{2,1}, \dots, N_{n,m}$이라고 하자. 노드 $N_{i,j}$는 r_i와 s_j의 조인을 계산한다. 각 노드 $N_{i,j}$가 r_i와 s_j의 모든 튜플을 얻는 것을 보장하기 위해 시스템은 r_i를 노드 $N_{i,1}, N_{i,2}, \dots, N_{i,m}$에(그림 22.3b에서 행을 형성함) 복제하고 s_j를 노드 $N_{1,j}, N_{2,j}, \dots, N_{n,j}$에(그림 22.3b에서 열을 형성함) 복제한다. 각 노드 $N_{i,j}$에서 어떠한 조인 기법도 사용 가능하다.

단편-복제는 어떠한 조인 조건과도 동작한다. 왜냐하면 r의 모든 튜플을 s의 모든 튜플과 검사하기 때문이다. 따라서 단편-복제는 분할을 사용할 수 없는 곳에 사용 가능하다. 그러나 r의 각 튜플을 m번 복제하고 s의 각 튜플을 n번 복제한다는 점을 유의해야 한다.

단편-복제 조인은 두 릴레이션의 복제를 포함하므로 분할보다 비용이 더 많이 들기 때문에 동등 조인 조건을 포함하지 않는 조인에만 사용된다. 반면에 비대칭 단편-복제는 앞서 설명한 것처럼 관계 중 하나가 작은 경우 동등 조인 조건에서도 유용하다.

비대칭 단편-복제 조인은 s가 복제된 경우 왼쪽 외부 조인 연산 $r ⟕_\theta s$를 계산하는 데 사용할 수 있다. 단순히 각 노드에서 지역적으로 왼쪽 외부 조인을 계산하면 된다. 이때 조인 조건 θ에는 어떠한 제한도 없다.

그러나 만약 s가 단편화되고 r이 복제되었다면, 외부 조인 연산 $r ⟕_\theta s$를 지역적으로 계산할 수 없다. 왜냐하면 r의 튜플은 분할 s_i에서 일치하는 튜플이 없지만 분할 s_j에서($j \neq i$) 일치하는 튜플이 있을 수 있기 때문이다. 따라서 s 속성에 대해서 널 값을 가지는 r 튜플을 출력할지 말지를 노드 N_i에서 지역적으로 결정할 수 없다. 같은 이유로 비대칭 단편-복제는 전체 외부 조인 연산을 계산하기 위해 사용할 수 없고, 대칭 단편-복제는 외부 조인 연산을 계산하는 데 사용할 수 없다.

22.3.3 병렬 조인에서 치우침 처리

치우침은 병렬 조인 기술에서 특별한 문제를 제시한다. 노드 중 하나가 다른 노드보다 부하(load)가 훨씬 클 경우 병렬 조인 작업을 완료하는 데 훨씬 오래 걸린다. 이때 많은 유휴 노드가 과부하 노드가 작업을 완료할 때까지 대기한다.

저장을 위해 데이터를 분할할 때, 저장의 치우침을 최소화하기 위해 모든 노드가 동일한 수의 튜플을 가지는 것을 보장하는 균형 잡힌 분할 벡터(balanced partitioning vector)를 사용한다. 병렬 조인의 경우, 대신 모든 노드에서 조인 작업의 실행 시간을 균형 있게 조정해야 한다. 좋은 해시 함수를 사용하는 해시 분할은 일부 조인 속성값이 매우 자주 발생하지 않는 한 일반적으로 노드 간의 부하 균형을 잘 맞춘다. 반면에 범위 분할은 부하 균형을 맞추기 위해 범위를 신중하게 선택하지 않는다면, 조인 치우침에 더 취약하다.[1]

가상 노드를 실제 노드에 라운드-로빈 방식으로 분배하는 가상 노드 분할(virtual-node partitioning)은 가상 노드 수준에서 치우침이 있더라도 실제 노드 수준에서 치우침을 줄이는 데 도움이 될 수 있다. 왜냐하면 치우침이 있는 가상 노드가 여러 실제 노드로 분산되는 경향이 있기 때문이다.

앞의 기술은 **조인 치우침 회피**(join skew avoidance)의 예다. 특히 가상 노드 분할은 대부분의 경우에서 치우침 방지에 매우 효과적이다.

그러나 치우침이 매우 심각한 경우가 있는데, 일부 조인 속성값이 두 입력 릴레이션에서 매우 빈번하여 조인 결과 크기를 크게 하는 경우가 그 예다. 이런 경우 가상 노드 분할이라 할지라도 심각한 조인 치우침이 존재할 수 있다.

조인 치우침의 동적 처리(dynamic handling of join skew)는 치우침 회피의 대안이다. 이러한 상황에서 치우침을 감지하고 처리하기 위해 동적 접근 방식을 사용할 수 있다. 가상 노드 분할을 사

---

1 비용 추정은 조인 속성에 대한 히스토그램을 사용하여 수행해야 한다. 휴리스틱 근사는 각 노드 N_i에서 조인 비용을 r_i와 s_i 크기의 합으로 예측하고, 크기 합의 균형을 맞추기 위해 범위 분할 벡터를 선택하는 것이다.

용하며, 시스템은 각 실제 노드에서 조인 진행 상황을 모니터링한다. 각 실제 노드는 한 번에 하나의 가상 노드를 처리한다. 일부 실제 노드가 할당된 모든 가상 노드에 대한 조인 처리를 완료하여 유휴 상태이고, 다른 실제 노드는 처리를 대기 중인 가상 노드를 여러 개 가지고 있다고 가정하자. 그러면 유휴 노드는 사용 중인 노드(busy node)의 가상 노드 중 하나에 해당하는 데이터 복사본을 가져오고, 해당 가상 노드에 대한 조인을 처리할 수 있다. 유휴 실제 노드가 존재하고, 일부 실제 노드가 처리 대기 중인 가상 노드를 가지고 있는 한 이 절차를 반복할 수 있다.

이 기술은 유휴 상태인 프로세서가 사용 중인 다른 프로세서의 대기열에 있는 작업을 취하는 **작업 도용**(work stealing)의 예다. 공유 메모리 시스템에서 작업 도용의 비용은 저렴하다. 왜냐하면 22.6절에서 자세히 설명하는 것처럼 모든 데이터를 공유 메모리에서 빠르게 접근할 수 있기 때문이다. 비공유 환경에서 작업을 한 프로세서에서 다른 프로세서로 이동하기 위해 데이터 이동이 필요할 수 있지만, 종종 작업 완료 시간을 줄이기 위해 부담을 지불하는 것이 가치가 있을 수 있다.

22.4 기타 연산

이 절은 기타 관계형 연산의 병렬 처리뿐만 아니라 맵리듀스(MapReduce) 프레임워크의 병렬 처리에 대해 설명한다.

22.4.1 기타 관계 연산

기타 관계형 연산의 실행도 병렬화할 수 있다.

- **선택 연산**. 선택 연산을 $\sigma_\theta(r)$이라고 하자. 먼저 θ가 $a_i = v$인 경우를 살펴보자. 여기서 a_i는 속성이고 v는 값이다. 만일 릴레이션 r이 a_i에 대해 분할되어 있다면, 선택 연산은 하나의 노드에서 진행된다. 만일 θ가 $l \le a_i \le u$의 경우이고(즉 θ는 범위 선택임), 릴레이션이 a_i에 대해 범위 분할되어 있다면, 선택 연산은 주어진 값 범위와 겹치는 각 노드에서 진행된다. 다른 모든 경우, 선택 연산을 모든 노드에서 병렬로 진행한다.
- **중복 제거**. 중복은 정렬을 사용하여 제거할 수 있다. 병렬 정렬 기법 중 하나를 사용하여 정렬 중에 중복을 발견하자마자 제거하도록 최적화할 수도 있다. 또한 튜플을 분할하고(범위 분할 또는 해시 분할에 의해) 각 노드에서 지역적으로 중복를 제거함으로써 중복 제거를 병렬화할 수 있다.
- **추출 연산**. 중복 제거가 없는 추출 연산을 디스크에서 튜플을 병렬로 읽어 옴으로써 수행할 수 있다. 만약 중복을 제거해야 하는 경우라면 바로 위에서 기술한 방법 두 개 중에 하나를 사용한다.
- **집계**. 그룹화는 속성으로 릴레이션을 분할하고 각 노드에서 지역적으로 집계 값(aggregate value)을 계산함으로써 집계 연산을 병렬화할 수 있다. 분할에는 해시 또는 범위 분할이 사용될 수 있다. 만일 릴레이션이 그룹화 속성으로 이미 분할되어 있다면 첫 번째 단계는 생략할 수 있다.

  일반적으로 주로 사용되는 집계 함수에 대해 분할하기 전에 집계 값을 부분적으로 계산함으로써 분할하는 동안 튜플을 전송하는 비용을 줄일 수 있다. 릴레이션 r에서 속성 A로 그룹화하면서 속성 B에 **sum** 집계 함수를 사용하는 집계 연산을 고려해 보자. 시스템은 각 노드 N_i에서 노드 N_i에 저장된 r 튜플에 **sum** 집계 연산을 실행한다. 이 계산으로 각 노드는 부분 합계를 가진 튜플을 생성한다. 즉 노드 N_i의 결과는 N_i에 저장되었던 r 튜플의 그룹화 속성인 A의 각 값에 대해 하나의 튜플을 가지게 되고, 이 튜플은 B 값의 합계를 포함한다. 그런 다음 시스템은 그룹화 속성 A의 지역적 집계 결과를 분할하고, 각 노드 N_i에서 최종 결과를 얻기 위해 (부분합을 가진 튜플에 대해) 집계 연산을 다시 실행한다.

부분 집계(partial aggregation)라고 하는 이 최적화의 결과로, 보다 적은 수의 튜플이 분할하는 동안 다른 노드로 전송된다. 이 아이디어는 **min**과 **max** 집계 함수로 쉽게 확장 가능하다. **count**와 **avg** 집계 연산에 대한 것은 문제 22.2로 남겨 둔다.

집계 비용이 입력 크기에 정비례하기 때문에 집계에 대한 치우침 처리는 조인에 대한 치우침 처리보다 쉽다. 일반적으로 수행해야 하는 작업은 좋은 해시 함수를 사용하여 group by 속성값을 참여하는 노드 사이에 균등하게 분산하는 것이다. 그러나 일부 극단적인 경우, group by 속성에서 몇 가지 값이 매우 자주 발생하고 그 결과 해싱은 값의 고르지 않은 분포를 초래할 수 있다. 적용 가능한 경우, 부분 집계는 그러한 상황에서 치우침을 회피하는 데 매우 효과적이다. 그러나 부분 집계를 적용할 수 없으면 집계 시 치우침이 발생할 수 있다.

치우침의 동적 감지 및 처리는 다음과 같은 경우에 수행할 수 있다. 한 노드가 과부하로 확인되는 경우, 해당 노드가 아직 처리하지 않은 키 값의 일부를 다른 노드에 재할당하여 부하의 균형을 맞출 수 있다. 가상 노드 분할을 사용하면 이러한 재할당이 매우 단순해진다. 이 경우 실제 노드가 과부화인 것으로 확인되면, 과부화인 실제 노드에 할당되었지만 아직 처리되지 않은 일부 가상 노드를 식별하여 다른 실제 노드로 재할당한다.

조인과 기타 연산의 치우침 처리에 대한 자세한 내용은 장 끝에 있는 "더 읽어보기" 절에서 찾을 수 있다.

22.4.2 맵과 리듀스 연산

10.3절에서 서술한, 병렬 데이터 처리 프로그램의 작성을 용이하게 하도록 설계된 맵리듀스 패러다임을 상기해 보자.

프로그래머가 제공하는 map( ) 함수를 각 입력 레코드에 대해 호출하고 0개 이상의 출력 데이터 항목을 내보내는데, 그 후 이 출력 데이터는 reduce( ) 함수로 전달된다는 것을 기억한다. map( ) 함수에 의한 각각의 데이터 항목 출력은 하나의 (키, 값) 레코드로 구성된다. 우리는 이 키를 **중간 키**(intermediate key)라고 부른다. 일반적으로 map( ) 함수는 이러한 레코드를 여러 개 내보낼 수 있으며 입력 레코드가 많기 때문에 전체적으로 많은 출력 레코드가 있을 수 있다.

맵리듀스 시스템은 map( ) 함수가 출력으로 생성한 모든 레코드를 가져와서 특정 중간 키를 가진 모든 레코드가 함께 수집되도록 그룹화한다. 프로그래머가 제공하는 reduce( ) 함수는 각 중간 키에 대해 호출되고 해당 키와 관련된 모든 값의 모음(collection)에 대해 반복된다.

맵 함수는 추출(projection) 연산의 일반화로 생각할 수 있다는 것에 주목하자. 둘 다 한 번에 하나의 레코드를 처리하지만 주어진 입력 레코드에 대해 추출 연산은 단일 출력 레코드를 생성하는 반면에 맵 함수는 여러 레코드(특수한 경우 0개 레코드 포함)를 출력할 수 있다. 추출 연산과 달리 맵 함수의 출력은 일반적으로 리듀스 함수의 입력이 되도록 의도된다. 따라서 맵 함수의 출력은 group by 속성 역할을 하는 연관된 키를 가지고 있다. 리듀스 함수는 값의 모음을 입력으로 가지고 하나의 결과를 출력한다는 것을 상기하자. 일반적으로 사용되는 리듀스 함수의 경우에 결과는 입력 값에 대한 계산된 집계 값이다. 이 경우 리듀스 함수는 본질적으로 사용자 정의 집계 함수다.

맵리듀스 시스템은 데이터의 병렬 처리를 위해 설계되었다. 병렬 처리의 핵심 요구 사항은 여러 시스템에서 파일 입력 및 출력을 병렬화하는 기능이다. 그렇지 않으면 데이터를 저장하는 단일 기계(노드)가 병목이 된다. 파일 입력 및 출력의 병렬화는 21.6절에서 설명한 **하둡 파일 시스템**(HDFS)과 같은 분산 파일 시스템을 사용하거나 21.7절에서 설명한 병렬/분산 저장 시스템을 사용하여 실현할 수 있다. 병렬/분산 저장 시스템은 데이터를 여러 기계(일반적으로 3대)에 걸쳐 복제(복사)하므로, 일부 기계에 장애가 있더라도 고장 난 노드에 있는 데이터의 사본을 가진 다른 노드에서 데이터를 사용할 수 있다.

개념적으로 맵과 리듀스 연산을 관계형 연산인 추출과 집계가 병렬화되는 것과 동일한 방식으로 병렬화한다. 시스템의 각 노드는 맵과 리듀스를 실행하는 프로세스인, 동시에 실행되는 많은 수의 **작업자**(worker)를 가진다. 한 노드의 작업자 수는 종종 컴퓨터의 프로세서 코어 수와 일치하도록 설정한다.

맵리듀스 작업(job)의 병렬 처리는 그림 22.4에 개략적으로 나와 있다. 그림에서 볼 수 있듯이, 맵리듀스 시스템은 입력 데이터를 여러 조각으로 분할한다. 그중 한 조각을 처리하는 작업을 **태스크**(task)라고 한다. 분할은 파일 단위로 수행될 수 있으며, 큰 파일을 여러 부분으로 분할할 수 있다. 우리 용어에서 태스크는 가상 노드에 해당하고, 작업자는 실제 노드에 대응한다. 현재 표준인 다중 코어 프로세서를 사용하면 맵리듀스 시스템은 일반적으로 코어당 하나의 작업자를 할당한다는 것에 주목한다.

맵리듀스 시스템은 작업자에게 태스크를 할당하는 스케줄러도 가지고 있다.[2] 작업자는 태스크를 완료할 때마다 새 태스크를 할당받는데, 이를 모든 태스크가 할당될 때까지 반복한다.

맵과 리듀스 연산 사이의 핵심 단계는 맵 단계에서 출력된 레코드를 재분할하는 것이다. 맵의 출력 레코드는 중간(리듀스) 키를 기반으로 재분할되므로 특정 키를 가진 모든 레코드는 동일한 리듀스 태스크에 할당된다. 이 작업은 리듀스 키로 범위 분할을 하거나 리듀스 키에 해시 함수를 계산하여 수행할 수 있다. 두 경우 모두 레코드는 여러 분할로 나뉘는데, 이 각각을 리듀스 태스크라 부른다. 스케줄러는 작업자에게 리듀스 태스크를 할당한다.

이 단계는 group by 키를 기반으로 여러 가상 노드로 분할된 레코드를 가진 관계형 집계 연산을 병렬화하기 위해 수행된 재분할과 동일하다.

특정 리듀스 태스크에 있는 레코드를 처리하기 위해 리듀스 키로 레코드를 정렬(또는 그룹화)하여 동일한 리듀스 키 값을 가진 모든 레코드를 한데 모은 다음, 각 리듀스 키 값의 그룹에서

2 스케줄러는 마스터 노드라는 전용 노드에서 실행된다. map( ) 및 reduce( ) 태스크를 수행하는 노드는 하둡/맵리듀스(Hadoop/ MapReduce) 용어에서 슬레이브 노드라고 한다.

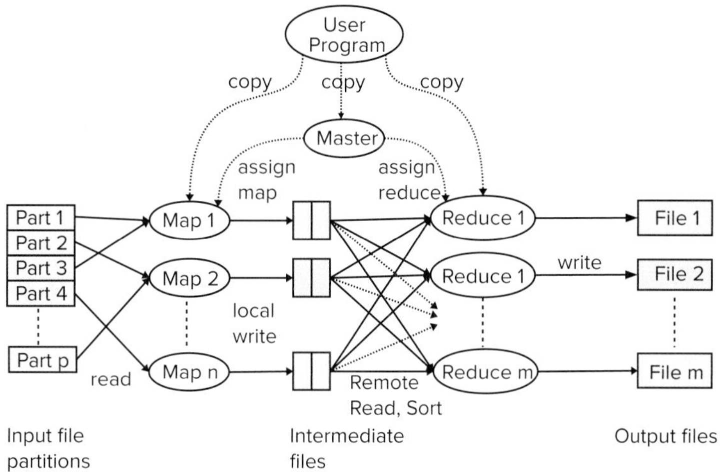

그림 22.4 맵리듀스 작업의 병렬 처리

reduce( )를 실행한다.

리듀스 태스크는 작업자에 의해 병렬로 실행된다. 한 작업자가 리듀스 태스크를 완료하면, 모든 리듀스 태스크가 완료될 때까지 다른 태스크를 할당받는다. 하나의 리듀스 태스크는 여러 개의 다른 리뉴스 키 값을 가질 수 있지만, reduce( ) 함수에 대한 특정 호출은 단일 리듀스 키를 위한 것이다. 따라서 reduce( ) 함수는 리듀스 태스크에 있는 각 키에 대해 호출된다.

태스크는 가상 노드 분할 기법의 가상 노드에 해당한다. 노드보다 훨씬 많은 태스크가 있으며 태스크는 노드에 분배된다. 22.3.3절에서 설명했듯이, 가상 노드 분할은 치우침을 줄인다. 또한 22.4.1절에서 설명했듯이 부분 집계에 의해 치우침을 줄일 수 있는데, 부분 집계는 맵리듀스 프레임워크에서 *combiner*에 해당한다.

또한 22.4.1절에서 논의한 치우침의 동적 감지 및 처리도 맵리듀스 구현이 일반적으로 수행한다.

대부분의 맵리듀스 구현은 질의 실행 중에 일부 노드가 장애를 겪더라도 처리가 계속되는 것을 보장하는 기술을 포함한다. 자세한 내용은 22.5.4절에서 설명한다.

22.5 질의 수행 계획의 병렬 평가

22.1절에서 설명한 것처럼, 병렬 처리에는 연산 내 병렬화와 연산 간 병렬화라는 두 가지 유형이 존재한다. 지금까지는 연산 내 병렬화에 초점을 두었다. 이 절은 여러 연산을 포함하는 질의에 대한 실행 계획을 고려한다.

먼저 연산 간 병렬화를 활용하는 방법을 살펴본다. 그런 다음 병렬 질의 처리를 두 가지 유형의 단계로 나누는 병렬 질의 실행 모델을 설명한다. 첫 번째 단계는 **교환 연산자**를 사용하여 데이터를 분할하는 단계이고, 두 번째 단계는 데이터 교환 없이 순수하게 지역 데이터에 대한 작업 실행 단계다. 이 모델은 놀라울 정도로 강력하며 병렬 데이터베이스 구현이 많이 사용한다.

22.5.1 연산 간 병렬화

연산 간 병렬화에는 파이프라인 병렬화와 독립 병렬화라는 두 가지 형태가 있다. 연산 간 병렬화 없이 단일 노드에서 각 연산자가 실행된다고 가정하면서 이 두 형태의 병렬화를 설명한다.

그 후 22.5.2절에서 교환 연산자를 기반으로 한 병렬 실행 모델을 기술하고, 마지막으로 22.5.3절에서 모든 형태의 병렬화를 결합하여 완전한 질의 수행 계획을 어떻게 실행하는지를 설명한다.

22.5.1.1 파이프라인 병렬 처리

파이프라이닝에서 한 연산 *A*의 결과 튜플은 그 연산이 완전한 결과를 만들기 전에 다른 연산 *B*에서 사용된다는 것을 15.7.2절에서 학습했다. 순차적 실행을 파이프라인으로 실행하는 주요 장점은 디스크에 중간 결과를 저장하지 않고 순서대로 연산을 처리할 수 있다는 것이다.

병렬 시스템은 순차 시스템이 파이프라인을 사용하는 것과 같은 이유로 파이프라인을 사용한다. 파이프라인 또한 병렬화의 원천이다. 왜냐하면 연산 *A*와 *B*를 서로 다른 노드에서(또는 단일 노드의 여러 코어에서) 동시에 수행하는 것이 가능해서, 연산 *A*가 결과 튜플을 만드는 것과 병행하여 연산 *B*가 *A*의 튜플을 소비한다. 이러한 형태의 병렬화를 **파이프라인 병렬화**(pipelined parallelism)라고 부른다.

파이프라인 병렬화는 적은 수의 노드와 함께 쓰일 때는 유용하지만, 규모 증대는 어렵다. 첫째, 파이프라인 체인은 높은 수준의 병렬화를 제공하기에 충분한 길이를 달성하지 못한다. 둘째, 차집합 연산처럼 모든 입력 자료를 처리해야만 결과를 산출할 수 있는 관계형 연산에는 파이프라인을 적용할 수 없다. 셋째, 한 연산자의 실행 비용이 다른 연산의 실행 비용보다 월등히 높은 경우에는 미미한 속도 향상만 얻을 수 있다.

이 모든 것을 고려해 보면 병렬화의 정도가 높을 때는 파이프라인을 하는 것이 분할하는 것보다 병렬화에 덜 중요한 영향을 미친다는 것을 알 수 있다. 병렬 질의 처리와 함께 파이프라인을 사용하는 실제적인 이유는 파이프라인 실행으로 디스크에 중간 결과를 기록할 필요가 없다는 것이다.

15.7.2절에서 중앙집중형 데이터베이스의 파이프라인을 기술했다. 설명한 것처럼 파이프라인을 요구-구동(풀) 계산 모델 또는 생산자 구동(푸시) 계산 모델을 사용하여 수행할 수 있다. 풀 모델은 중앙집중형 데이터베이스 시스템에서 널리 사용된다.

하지만 푸시 모델은 풀 모델과 달리 생산자와 소비자 모두 병렬로 실행할 수 있기 때문에 병렬 데이터베이스 시스템이 매우 선호한다.

풀 모델과 달리 푸시 모델은 생산자와 소비자 사이에 여러 튜플을 보유할 수 있는 버퍼를 필요로 한다. 풀 모델에서 버퍼가 없으면 생산자는 하나의 튜플을 생성하자마자 멈춘다. 그림 22.5는 그 사이에 버퍼를 가지고 있는 생산자와 소비자를 보여 준다. 생산자와 소비자가 그림 22.5a와 같이 동일한 노드에 있는 경우 버퍼는 공유 메모리에 있을 수 있다. 그림 22.5b와 같이 생산자와 소비자가 서로 다른 노드에 있는 경우 두 개의 버퍼가 존재해야 한다. 한 버퍼는 생산된 튜플을 수집하기 위해 생산자 노드에 위치하고, 다른 버퍼는 네트워크를 통해 전송되는 튜플을 수집하기 위해 소비자 노드에 위치한다.

네트워크를 통해 튜플을 전송할 때, 일반적으로 메시지당 상당한 오버헤드가 있기 때문에 튜플

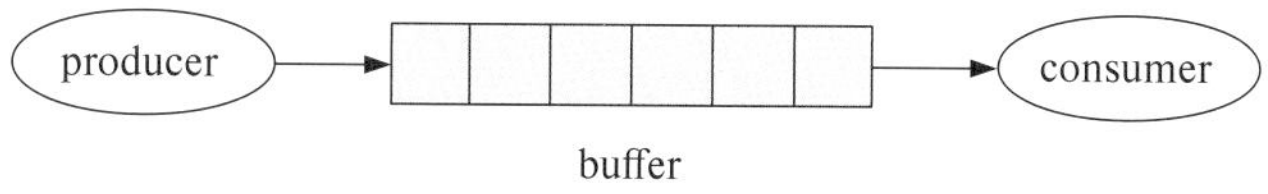

(a) Producer-consumer in shared memory

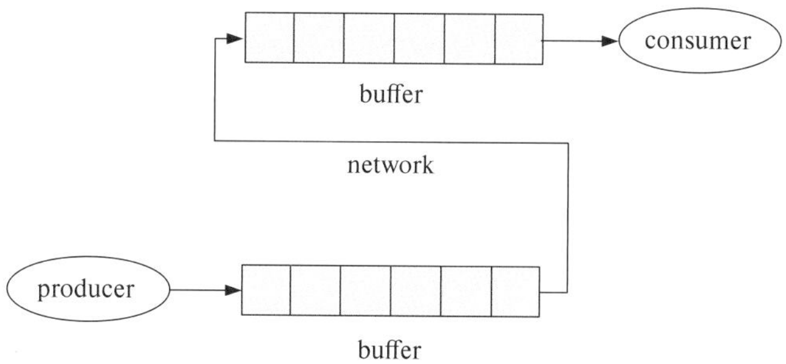

(b) Producer-consumer across a network

그림 22.5 버퍼를 가진 생산자와 소비자

을 한 번에 하나씩 보내는 것보다 여러 튜플을 수집하여 단일 배치로 보내는 것이 타당하다. 일괄 처리는 이 오버헤드를 크게 줄인다.

생산자와 소비자가 동일 노드에 있고 공유 메모리 버퍼를 통해 통신할 수 있는 경우, 버퍼에 튜플을 삽입하거나 버퍼에서 튜플을 가져올 때 상호 배제(mutual exclusion)를 보장해야 한다. 상호 배제 프로토콜은 약간의 오버헤드가 있는데, 한 번에 하나의 튜플 대신 한 번에 튜플의 배치를 삽입/검색하여 줄일 수 있다.

풀 모델을 사용하면 생산자 또는 소비자 중 하나가(둘 다는 아님) 주어진 시간에 실행될 수 있다. 풀 모델은 푸시 모델을 사용할 때 발생하는 공유 버퍼의 경합을 피할 수 있지만, 생산자와 소비자가 동시에 실행되는 것을 막는다.

22.5.1.2 독립 병렬화

질의 수식에서 다른 연산에 종속적이지 않은 연산을 병렬로 실행할 수 있다. 이러한 형태의 병렬화를 **독립 병렬화**(independent parallelism)라고 부른다.

조인 $r_1 \bowtie r_2 \bowtie r_3 \bowtie r_4$를 살펴보자. 명백히 우리는 $t_1 \leftarrow r_1 \bowtie r_2$ 연산과 $t_2 \leftarrow r_3 \bowtie r_4$ 연산을 병렬로 실행할 수 있다. 이 두 계산은 서로 의존하지 않으므로 독립 병렬화에 의해 병렬적으로 처리한다. 즉 이 두 조인 연산을 병렬로 실행할 수 있다.

두 조인 연산이 완료되면 다음 동작을 실행한다.

$$t_1 \bowtie t_2$$

위 조인의 계산은 처음 두 조인의 결과에 따라 달라지므로 독립 병렬화를 사용하여 수행할 수 없음에 주목한다.

파이프라인 병렬화와 같이 독립 병렬화는 높은 수준의 병렬화를 제공하지 못하므로 높은 수준의 병렬 시스템에서는 덜 유용하다. 하지만 낮은 수준의 병렬화를 제공하는 데는 유용하다.

22.5.2 교환 연산자 모델

Volcano 병렬 데이터베이스는 **교환 연산자** 모델이라고 하는 병렬화 모델을 대중화했다. 교환 연산은 지정된 방식으로 데이터를 재분할하고, 노드 간의 데이터 교환은 교환 연산자만 수행한다. 다른 모든 연산은 중앙집중식 데이터베이스 시스템에서와 마찬가지로 지역 데이터에 동작한다. 이 데이터는 이미 존재하거나 또는 이전 교환 연산자의 실행으로 전송되었으므로 지역에서 사용 가능한 것이다.

교환 연산자(exchange operator)는 두 구성요소를 지닌다. 하나는 각 소스 노드에 적용되는 나가는 데이터를 **분할**하는 기법이고, 다른 하나는 각 목적지 노드에 적용되는 들어오는 데이터를 **합병**하는 기법이다. 그림 22.6이 연산자를 도식화했으며, 분할 기법은 "분할(Partition)"로 표시하고 합병 기법은 "합병(Merge)"으로 표시했다.

교환 연산자는 다음 방법의 하나로 데이터를 분할할 수 있다.

1. 지정된 속성 집합으로 해시 분할
2. 지정된 속성 집합으로 범위 분할
3. 모든 노드에서 입력 데이터를 복제(**방송**이라고도 함)
4. 모든 데이터를 단일 노드로 전송

비대칭 단편-복제 조인과 같은 연산은 모든 노드에 데이터를 방송(broadcast)하는 것을 필요로 한다. 단일 사이트에서 분할된 결과를 함께 가져오기 위해 일반적으로 병렬 질의 처리의 마지막 단계에 모든 데이터를 단일 노드로 보내는 것을 수행한다.

또한 교환 연산자의 입력은 단일 사이트[**분할되지 않음**(unpartitioned)이라고 함]에 있거나 이미 여러 사이트에 분할되어 있을 수 있다. 이미 분할된 데이터를 재분할하면 그림 22.6에 표시된 것처럼 각 목적지 노드는 여러 소스 노드로부터 데이터를 수신한다.

각 목적지 노드는 소스 노드로부터 수신받은 데이터 항목을 **합병**한다. 이 합병 단계는 수신한

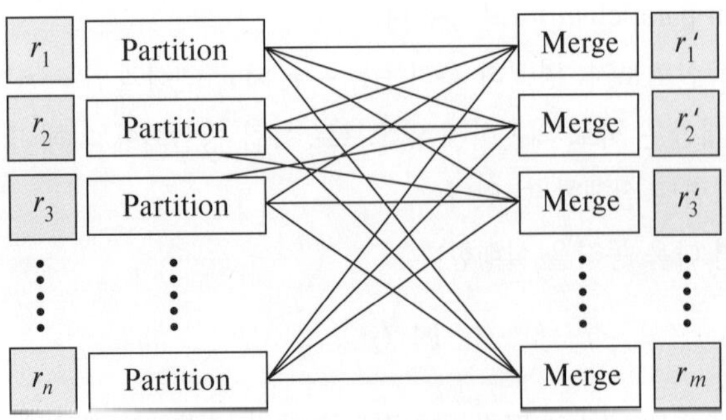

그림 22.6 재분할을 위해 사용된 교환 연산자

순서대로 데이터를 저장할 수 있다. 하지만 기계 속도와 예측할 수 없는 네트워크 지연에 따라 달라지기 때문에 비결정적(nondeterministic)일 수 있다. 이 합병을 **임의 합병**(random merge)이라 한다.

반면에 각 소스로부터의 입력 데이터가 정렬되어 있는 경우, 합병 단계는 **정렬-합병**(ordered merge)을 수행하여 정렬 순서를 활용할 수 있다. 예를 들어, $N_1, N_1, \ldots, N_m$ 노드가 먼저 릴레이션을 지역적으로 정렬을 하고, 다음에 범위 분할을 사용하여 정렬된 릴레이션을 재분할한다고 가정하자. 각 노드는 수신한 튜플에 대해 정렬 합병 작업을 수행하여 지역적으로 정렬된 출력을 생성한다.

따라서 교환 연산자는 소스 노드에서 데이터 분할을 수행하고 목적지 노드에서 데이터를 합병해야 한다.

지금까지 살펴본 모든 병렬 연산자 구현은 교환 연산과 각 노드의 (병렬화와 완전히 무관한) 지역 연산자의 시퀀스로 모델링할 수 있다.

- 범위 분할 정렬: 각 목적지 노드에서 임의 합병 후에 지역 정렬 연산이 뒤따르는 범위 분할을 수행하는 교환 연산자로 구현할 수 있다
- 병렬 외부 정렬-합병: 소스 노드에서 지역 정렬을 수행한 후, 정렬 합병과 함께 범위 분할을 수행하는 교환 연산자로 구현할 수 있다.
- 분할 조인: 원하는 분할을 수행한 후 각 노드에서 로컬 조인을 수행하는 교환 연산자로 구현할 수 있다.
- 비대칭 단편-복제 조인: 더 작은 릴레이션의 "분할"을 방송한 후 각 노드에서 지역 조인을 수행하는 교환 연산자로 구현할 수 있다.
- 대칭 단편-복제 조인: 릴레이션을 분할하고 각 분할을 부분적으로 방송한 다음 각 노드에서 지역 조인을 수행하는 교환 연산자로 구현할 수 있다.
- 집계: 그룹화 속성에 대해 해시 분할을 수행한 후 각 노드에서 로컬 집계 작업을 수행하는 교환 연산자로 구현할 수 있다. 부분 집계 최적화는 교환 연산 전에 각 노드에서 단순히 추가 지역 집계 작업을 수행하는 것을 필요로 한다.

다른 관계형 연산은 교환 연산자 사이에 배치되는 각 노드에서 병렬로 실행되는 지역 연산의 시퀀스로 유사하게 구현할 수 있다.

앞서 언급했듯이 데이터가 분할되고 연산이 각 노드에서 지역적으로 실행되는 병렬 실행을 데이터 병렬화라고 한다. 교환 연산자 모델을 사용하여 데이터 병렬 실행을 구현하면 코드의 상당한 변경 없이 기존 데이터베이스 질의 엔진을 각 지역 노드에서 사용할 수 있다는 큰 이점이 있다. 그 결과, 병렬 실행을 위한 교환 연산자 모델은 병렬 데이터베이스 시스템에서 널리 사용된다.

그러나 실행 중인 시스템의 병렬 특성을 인식함으로써 이점을 얻을 수 있는 일부 연산자 구현이 있다. 예를 들어, 내부 릴레이션이 병렬 데이터 저장소에 인덱스된 중첩 반복 조인은 각 인덱스 조회에 대해 원격 접근을 필요로 한다. 따라서 인덱스 조회 작업은 기본 시스템의 병렬 특성을 인식

한다. 비슷하게, 공유 메모리 시스템에서 여러 프로세서가 접근하는 공유 메모리에 해시 테이블 또는 인덱스를 갖는 것이 합리적이다(이 접근 방식은 22.6절에서 간략하게 설명한다). 각 프로세서에서 실행되는 연산이 시스템의 병렬 특성을 인식한다.

22.5.1.1절에서 설명했듯이, 연산자의 파이프라인 실행을 위해서 요구-구동(또는 풀) 반복자 모델이 중앙집중식 데이터베이스 엔진에서 널리 사용되는 반면, 파이프라인에서 연산자의 병렬 실행을 위해서 푸시 모델이 더 선호된다.

교환 연산자는 병렬 시스템의 노드 사이에서 푸시 모델을 구현하는 데 사용할 수 있으며, 기존의 지역 연산자 구현은 풀 모델을 사용하여 실행할 수 있다. 이를 위해 교환 연산자의 각 소스 노드에서, 연산자는 입력에서 여러 튜플을 가져와 각 목적지 노드로 향하는 튜플의 배치를 만들 수 있다. 요구 구동-반복자 모델을 사용하여 구현한 지역 연산이 입력을 처리하여 계산한다.

교환 연산자는 튜플 배치를 목적지 노드로 전송하고, 거기서 합병하여 버퍼에 보관한다. 지역 연산은 요구-구동 방식으로 튜플을 소비할 수 있다.

22.5.3 종합하기

그림 22.7은 질의를 하나의 순차 질의 실행 계획 및 두 개의 대안이 되는 병렬 질의 실행 계획과 함께 보여 준다. 그림 22.7a에 표시한 질의는 두 릴레이션 r과 s의 조인을 계산한 다음 조인 결과에 대한 집계를 계산한다. 구체적으로 질의가 ${}_{r.C, s.D}\gamma_{\text{sum}(s.E)}(r \bowtie_{r.A=s.B} s)$라 가정한다.

그림 22.7b에 표시한 순차 계획은 해시 조인(그림에서 "HJ"로 표시)을 사용하고, 세 개의 개별 단계로 실행된다. 첫 번째 단계는 입력 r을 $r.A$ 속성을 사용하여 지역적으로 분할한다. 두 번째 단계는 입력 s를 $s.B$ 속성을 사용하여 지역적으로 분할한다. 세 번째 단계는 r과 s의 해당 분할 각각에 대한 조인을 계산한다. 집계는 그림에서 연산자 HA로 표시한 메모리 내 해시 집계를 사용하여 계산한다. 우리는 해시 테이블이 메모리에 포함될 수 있을 정도로 그룹의 수가 적다고 가정한다.

그림의 점선 상자는 파이프라인 방식으로 실행되는 단계를 보여 준다. 순차 계획에서 릴레이션 r의 읽기는 순차 해시 조인의 첫 번째 분할 단계로 파이프라인된다. 마찬가지로, 릴레이션 s의 읽기는 해시 조인의 두 번째 분할 단계로 파이프라인된다. 해시 조인의 세 번째 단계는 출력 튜플을 해시 집계 연산자로 파이프라인한다.

그림 22.7c에 표시한 병렬 질의 평가 계획은 요구된 조인 속성이 아닌 다른 속성으로 분할된 릴레이션 r과 s로 시작한다.[3] 따라서 계획은 속성 $r.A$를 사용하여 r을 재분할하기 위해 교환 연산자 E_1을 사용하고, 유사하게 교환 연산자 E_2가 속성 $s.B$를 활용하여 s를 재분할한다. 그런 다음 각 노드는 해시 조인을 사용하여 r과 s의 분할의 조인을 지역적으로 계산한다. 이 분할이 메모리에 맞지 않는 것으로 가정할 수 있으므로, 해시 조인의 처음 두 단계에 의해 추가적으로 분할되어야 한다는 점에 주목한다. 이 지역 분할 단계를 그림에서 "Loc. Part."로 표시한다. 점선 상자는 교환 연산자의 출력이 지역 분할 단계로 파이프라인될 수 있음을 의미한다. 순차 계획에서와 같이 두 개의 파이프

3 여러 개의 상자는 하나의 릴레이션을 여러 노드에 저장하였음을 나타낸다. 마찬가지로 여러 개의 원은 연산을 여러 노드에서 병렬로 실행함을 표시한다.

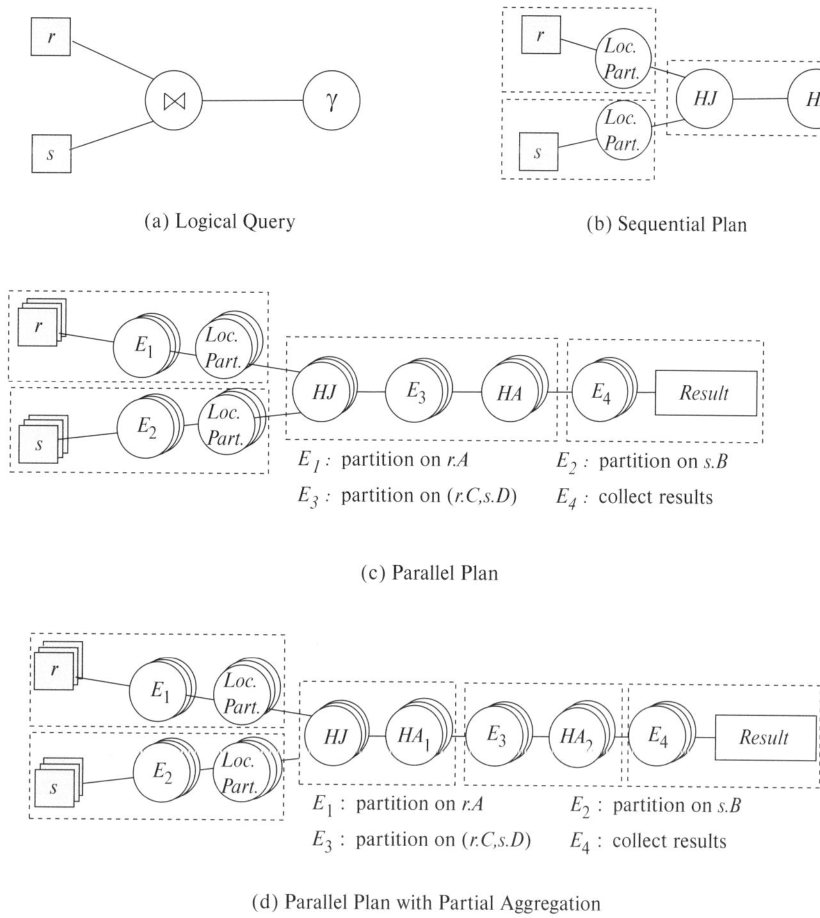

(a) Logical Query

(b) Sequential Plan

(c) Parallel Plan

(d) Parallel Plan with Partial Aggregation

그림 22.7 병렬 질의 실행 계획

라인 단계가 있는데 r 및 s에 대해 하나씩 있다. 노드 간의 튜플 교환은 교환 연산자에 의해서만 수행되며 다른 모든 간선은 각 노드 내 튜플의 흐름을 표현한다.

이어서, 해시 조인 알고리즘은 모든 참여 노드에서 병렬로 실행되며 해당 출력은 교환 연산자 E_3에 파이프라인된다. 이 교환 연산자는 후속 집계의 그룹화 속성인 속성 쌍 $(r.C,\ s.D)$를 사용하여 입력을 다시 분할한다. 교환 연산자의 수신 측에서 튜플은 해시 집계 연산자로 파이프라인된다. 단계의 일부로 교환 연산자가 있더라도 위의 절차는 모두 단일 파이프라인 단계로 함께 실행된다. 해시 조인과 해시 집계를 계산하는 지역 연산자는 병렬 실행을 인식할 필요가 없다.

최종 결과 릴레이션을 생성하기 위해서 마지막 교환 연산자 E_4가 중앙 위치에서 (지역) 집계의 결과를 한곳으로 수집한다.

그림 22.7d는 결과를 분할하기 전에 해시 조인 결과에 대해 부분 집계를 수행하는 대체 계획을 보여 준다. 부분 집계는 연산자 HA_1에 의해 각 노드에서 지역적으로 계산된다. 모든 입력을 볼 때까지 부분 집계 연산자 어떠한 튜플도 출력하지 않기 때문에 파이프라인 단계는 지역 해시 조인과 해시 집계 연산자만 포함한다. 입력을 속성 쌍 $(r.C,\ s.D)$로 분할하는 후속 교환 연산자 E_3은 최종

집계 값을 계산하는 해시 집계 작업 HA_2와 함께 후속 파이프라인 단계의 일부다. 이전과 마찬가지로, 교환 연산자 E_4는 중앙 위치에서 결과를 수집한다.

위의 예는 파이프라인 실행이 노드 내에서뿐만 아니라 여러 노드에 걸쳐 수행되는 것을 보여 주고, 더 나아가 연산 내 병렬 실행과 함께 수행되는 방법을 보여 준다. 이 예제는 또한 일부 파이프라인 단계가 이전 파이프라인 단계의 출력에 의존함을 보여 준다. 따라서 이전 단계를 완료해야지 다음 단계 실행을 시작할 수 있다. 반면에 r과 s의 초기 교환 및 분할은 서로 독립적인 파이프라인 단계에서 발생한다. 이러한 독립 단계는 원하는 경우 동시에 스케줄링할 수 있다.

이 예제와 같은 병렬 계획을 실행하려면 단계 내 종속성이 충족되도록 여러 파이프라인 단계의 실행을 스케줄링해야 한다. 특정 단계를 실행할 때 시스템은 작업을 실행할 노드 수를 결정해야 한다. 일반적으로 질의 실행이 시작되기 전 스케줄링 단계의 일부로서 이런 결정을 수행한다.

22.5.4 질의 수행 계획의 장애 허용

적절한 수의 노드(예를 들어, 수백 개의 노드)를 사용하여 질의를 병렬 처리하면 장애 허용(fault tolerance)을 걱정하지 않고 수행할 수 있다. 장애가 발생하면, 시스템은 장애가 발생한 노드를 제거한 후 질의를 다시 실행한다(저장 계층에서 데이터를 복제하면 장애 발생 시에도 데이터가 사용 가능함을 보장한다). 그러나 이 간단한 해결책은 수천 또는 수만 개의 노드 규모에 적용할 때는 제대로 작동하지 않는다. 만약 질의를 몇 시간 동안 실행해야 한다면, 해당 질의가 실행되는 동안 장애가 발생할 가능성이 상당히 높다. 만일 (장애로 인해) 해당 질의를 재시작하면, 실행 중에 또 다른 오류가 발생할 가능성이 있으며 이는 분명히 바람직하지 않은 상황이다.

이 문제를 처리하기 위해 질의 처리 시스템은 이상적으로 나머지 계산을 다시 실행하지 않고, 장애가 발생한 노드의 작업을 다시 실행할 수 있어야 한다.

대규모 병렬 규모로 작동하도록 설계된 맵리듀스의 구현은 다음과 같은 방식으로 장애 허용을 보장하게 되었다.

1. 각 노드에서 실행되는 각 맵 연산은 로컬 파일에 출력을 기록한다.
2. 다음 작업인 리듀스 연산은 각 노드에서 실행된다. 한 노드에서 실행하는 리듀스 연산은 여러 노드에 저장된 파일에서 데이터를 읽어서 수집하고, 필요한 모든 데이터를 얻은 후에만 데이터 처리를 시작한다.
3. 리듀스 연산은 데이터를 복제하는 분산 파일 시스템(또는 분산 저장 시스템)에 출력을 기록하므로 장애가 발생하더라도 데이터를 사용할 수 있다.

위와 같이 수행하는 이유를 살펴보자. 첫째, 특정 맵 노드에 장애가 발생하면, 해당 노드가 수행한 작업을 백업 노드에서 재수행할 수 있다. 다른 맵 노드가 수행한 작업은 영향을 받지 않는다. 필요한 모든 데이터를 가져올 때까지 리듀스 노드는 작업을 수행하지 않는다. 맵 노드의 장애는 리듀스 노드가 백업 맵 노드에서 데이터를 가져와야 한다는 것을 의미한다. 백업 노드가 작업을 완료할 때까지 분명히 지연이 발생하지만, 전체 계산을 반복할 필요는 없다.

또한 리듀스 노드가 작업을 완료하면, 데이터 저장 노드가 실패하더라도 손실되지 않음을 보장하기 위해 리듀스 노드의 출력은 복제된 저장소에 저장된다. 즉 작업을 완료하기 전에 리듀스 노드에 장애가 발생하면, 백업 노드에서 다시 실행해야 한다. 다른 리듀스 노드는 영향을 받지 않는다. 리듀스 노드가 작업을 마치면 재실행할 필요가 없다.

복제된 저장 시스템에 맵 노드의 출력을 저장하는 것도 가능하다. 그러나 이렇게 하면 실행 비용이 크게 증가하기 때문에 맵 노드는 출력을 지역 저장소에 저장한다. 그렇지만 모든 리듀스 노드가 맵 노드에서 필요한 데이터를 가져오기 전에 어떤 맵 노드가 실패하는 경우, 그 맵 노드에서 수행한 작업을 다시 실행해야 할 위험이 있다.

때때로 노드가 완전히 실패하지는 않지만, 매우 느리게 실행된다는 점도 주목할 필요가 있다. 이러한 노드를 낙오자(straggler) 노드라 한다. 단일 낙오자 노드라도 다음 단계의 모든 노드를 지연시키거나(다음 단계가 있는 경우) 또는 태스크 완료를 지연시킬 수 있다(마지막 단계에 있는 경우). 낙오자 노드를 장애가 발생한 노드와 유사하게 다루어서 다른 노드에서 태스크를 재실행한다(낙오자 노드의 원래 태스크가 먼저 완료될 것 같은 경우에는 원래 태스크를 계속 진행할 수도 있다). 낙오자를 처리하기 위한 재실행은 맵리듀스 태스크의 완료 시간을 크게 향상한다.

위의 장애 허용 기법은 매우 효과적이지만 주의해야 할 부담이 있다. 리듀스 단계는 이전 맵 단계를 완료할 때까지 작업을 수행할 수 없다.[4] 맵과 리듀스 단계를 여러 번 실행하는 경우, 다음 단계의 맵 수행은 이전 단계의 리듀스 수행을 완료할 때까지 어떠한 작업도 수행할 수 없다. 이는 단계 간의 데이터 파이프라인을 지원할 수 없음을 의미한다. 데이터를 다음 단계로 전송하기 전에 항상 실체화(materialized)해야 한다. 실체화(즉 데이터 저장)는 상당한 부담을 수반하여 계산 속도를 저하한다.

아파치 스파크(Apache Spark)는 탄력적 분산 데이터셋(Resilient Distributed Dataset, RDD)이라는 추상화를 사용하여 장애 허용을 구현한다. 10.4.2절에서 살펴본 것처럼 RDD는 모음(collection)으로 볼 수 있으며, 스파크는 RDD를 입력으로 사용하고 RDD를 출력으로 생성하는 대수 연산(algebraic operation)을 지원한다. 스파크는 RDD를 생성한 연산을 기록한다. RDD 손실을 야기하는 장애가 발생한 경우, RDD를 생성한 작업을 재실행하여 RDD를 다시 생성한다. 그러나 이 방식은 시간이 많이 소요될 수 있으므로, 스파크는 데이터 손실 가능성을 줄이기 위해 복제를 지원하고, 장애가 발생한 노드에서 수행된 계산만 재실행하기 위해 셔플(교환) 단계를 실행할 때 데이터의 지역 사본 저장을 지원한다.

단일 장애의 경우 질의 실행을 처음부터 재시작하는 것을 요구하지 않으면서 데이터 파이프라인을 허용하는 방법에 대한 상당한 연구가 진행되었다. 일반적으로, 이런 기법의 노드는 각 소스 노드에서 수신한 데이터를 추적해야 한다. 소스 노드에 장애가 발생하면, 소스 노드의 작업은 백업 노드에서 다시 수행되므로 이전에 수신한 일부 튜플을 다시 수신할 수 있다. 따라서 이전에 수신한 데이터를 추적하는 것은 수신 노드에서 중복 튜플을 감지하고 제거하는 데 중요하다. 이 아이디어

4 맵 노드가 태스크를 완료하면, 다른 맵 노드가 여전히 활성 상태인 경우에도 해당 노드의 결과를 리듀스 노드로 재배포하는 것을 시작할 수 있다. 그러나 리듀스 노드의 실제 계산은 모든 맵 태스트를 완료하고 모든 맵 결과를 재배포할 때까지 시작할 수 없다.

는 조인과 같은 다른 대수 연산에 대한 장애 허용을 구현하는 데도 사용할 수 있다. 특히 데이터 병렬화와 함께 교환 연산자를 사용하면 교환 연산자의 확장으로 장애 허용을 구현할 수 있다.

이 장 끝에 있는 "더 읽어보기" 절은 교환 연산자의 확장을 기반으로 한 장애 허용 파이프라인, 맵리듀스와 아파치 스파크에 사용되는 장애 허용 기법에 관한 자세한 참고문헌을 제공한다.

22.6 공유 메모리 구조에서 질의 처리

비공유 구조를 위해 설계한 병렬 알고리즘을 공유 메모리 구조에서 사용할 수 있다. 각 프로세서는 자체 메모리의 분할을 갖는 것으로 취급하면서 프로세서가 공통 공유 메모리를 가지고 있다는 사실을 무시할 수 있다. 어떤 프로세서라도 공유 메모리에 대한 빠른 접근이 가능함을 활용하면 실행을 크게 최적화할 수 있다.

공유 메모리를 활용하는 최적화를 공부하기 전에, 많은 대규모 시스템을 단일 공유 메모리 시스템에서 실행할 수 있지만 오늘날 가장 큰 규모의 시스템은 일반적으로 계층 구조를 지니고 있음에 주목한다. 계층 구조를 가진 시스템의 외부 수준은 비공유 구조이지만, 20.4.8절에서 기술한 것처럼 각 노드는 지역적으로 공유 메모리 구조를 가진다. 비공유 구조에서 데이터를 저장, 인덱싱 및 질의하기 위해 지금까지 공부한 기술을 사용하여 시스템의 여러 노드 간에 저장, 인덱싱 및 질의 처리 작업을 나눈다. 각 노드는 할당된 질의 처리 작업을 실행하기 위해서 병렬 질의 처리 기법을 적용하는 공유 메모리 병렬 시스템이다. 또한 각 노드는 지역적으로 이 장에서 기술한 최적화를 사용할 수 있다.

공유 메모리 시스템의 병렬 처리는 일반적으로 별도의 프로세스가 아닌 스레드를 사용하여 수행한다. **스레드**(thread)는 전체 메모리[5]를 다른 스레드와 공유하는 실행 스트림이다. 여러 스레드를 시작할 수 있으며 운영체제는 사용 가능한 프로세서에서 스레드를 스케줄링한다.

이전에 보았던 병렬 알고리즘을 공유 메모리 시스템에서 실행할 때 적용할 수 있는 몇 가지 최적화를 아래에 나열한다.

1. 비대칭 단편-복제 조인을 사용하는 경우, 더 작은 릴레이션을 각 프로세서에 복제할 필요는 없다. 대신 모든 프로세서가 접근할 수 있는 공유 메모리에 하나의 복사본만 저장한다. 이 최적화는 공유 메모리 시스템에 많은 수의 프로세서가 있는 경우 특히 유용하다.
2. 치우침은 병렬 시스템에서 중요한 문제이며 프로세서 수가 증가할수록 악화된다. 과부하 노드에서 부하가 적은 노드로 작업을 넘기는 것은 네트워크 트래픽을 포함하기 때문에 비공유 시스템에서 비용이 많이 든다. 반대로 공유 메모리 시스템은 프로세서에 할당된 데이터를 다른 프로세서가 쉽게 접근할 수 있다.

   공유 메모리 시스템에서 치우침을 해결하기 위한 좋은 선택은 부하 균형을 맞추기 위한 작업 재분배를 허용하는 가상 노드 분할을 사용하는 것이다. 재분배는 프로세서가 과부하인 것으로 확인될 때 수행할 수 있다. 다른 대안으로, 어떤 프로세서가 할당된 모든 가상 노드 처리를

5 기술적으로, 운영체제 용어로는 주소 공간(address space)이라고 부른다.

완료했음을 발견할 때마다 처리할 가상 노드가 아직 남아 있는 다른 프로세서를 찾아 그들의 태스크 중 일부를 인계받을 수 있다. 22.3.3절에서 언급했듯이, 이 접근 방식을 **작업 도용**(work stealing)이라 한다. 치우침을 방지하기 위한 접근 방식은 공유 메모리 환경보다 비공유 환경에서 훨씬 더 많은 비용이 드는데, 이는 비공유 환경이 상당한 양의 데이터 이동을 필요로 하기 때문이다.

3. 해시 조인은 두 가지 방식으로 실행할 수 있다.
   a. 첫 번째 방법은 두 릴레이션을 각 프로세서에 분할하고, 그 후 비공유 해시 조인과 유사한 방식으로 분할의 조인을 계산하는 것이다. 각 분할은 구축 릴레이션 분할로 구성한 해시 인덱스가 각 프로세서에 할당된 공유 메모리 부분에 맞을 만큼 충분히 작아야 한다.
   b. 두 번째 방법은 구축 릴레이션 분할로 생성한 해시 인덱스가 공유 메모리의 일부가 아닌 공통 공유 메모리에 맞도록 릴레이션을 더 적은 조각으로 분할하는 것이다. 인덱스 탐색뿐만 아니라 인메모리 인덱스의 구성을 모든 프로세서가 병렬적으로 수행할 수 있다.

      각 프로세서가 탐색 릴레이션의 일부 분할에 작업을 할 수 있으므로 탐색 단계를 병렬화하는 것은 비교적 쉽다. 실제로 가상 노드 접근 방식을 사용하고 탐색 릴레이션을 많은 작은 조각(morsel)으로 분할하고, 프로세서가 한 번에 한 개의 작은 조각씩 처리하도록 하는 것이 합리적이다. 프로세서가 한 조각 처리를 완료하면, 처리되지 않은 다른 조각을 찾아서 작업을 수행한다. 이러한 과정을 처리할 조각이 더 이상 남아 있지 않을 때까지 반복한다.

      공유 해시 인덱스의 구성을 병렬화하는 것은 여러 프로세서가 해시 인덱스의 동일한 부분을 갱신하려고 시도할 수 있으므로 더 복잡하다. 잠금(lock)의 사용은 선택적이지만, 잠금으로 인한 부담도 존재한다. 잠금이 없는(lock-free) 데이터 구조를 기반으로 한 기술을 사용하여 해시 인덱스를 병렬로 구성할 수 있다.

공유 메모리에서 조인 구현을 병렬화하는 방법에 대한 자세한 참고문헌은 이 장 끝에 있는 "더 읽어보기" 절에서 찾을 수 있다.

공유 메모리 시스템용으로 설계된 알고리즘은 오늘날의 프로세서가 메모리를 여러 메모리 뱅크로 분할하고 각 뱅크를 일부 프로세서에 직접 연결한다는 사실을 고려해야 한다. 주어진 프로세서에서 메모리에 접근하는 비용은 메모리가 프로세서에 직접 연결되어 있는 경우 더 적고, 다른 프로세서에 연결되어 있으면 더 높다. 이런 메모리 시스템을 **비균일 메모리 접근**(Non-Uniform Memory Access) 또는 *NUMA* 구조라고 한다.

최상의 성능을 얻으려면 알고리즘이 *NUMA*-인식(NUMA-aware)이어야 한다. 즉 특정 프로세서에서 실행 중인 스레드가 접근하는 데이터를 가능한 한 해당 프로세서의 지역 메모리에 저장하도록 설계해야 한다. 운영체제는 다음 두 가지 방법으로 이 작업을 지원한다.

1. 각 스레드를 실행할 때마다 가능한 한 동일한 프로세서 코어에서 스케줄링해야 한다.
2. 스레드가 운영체제 메모리 관리자에게 메모리를 요청하면, 운영체제는 해당 프로세서 코어에 지역적인 메모리를 할당한다.

공유 메모리를 최대한 활용하기 위한 기술은 캐시 인식 인덱스 구조(14.4.7절에서 설명)와 관계 연산자 처리를 위한 캐시 인식 알고리즘을 포함하는 프로세서 캐시를 최대한 활용하는 기술을 보완한다.

그러나 각 프로세서 코어는 자체 캐시가 있는데, 해당 캐시는 (다른 프로세서 코어가 이후에 갱신할) 이전 값을 지닐 가능성이 있다. 따라서 공유 데이터 구조를 갱신하는 질의 처리 알고리즘은 이전 값 사용과 두 프로세서 코어에서 동일한 메모리 위치를 갱신하는 경합 조건으로 인한 버그가 없는지 보장해야 한다. 공유 데이터 구조에 대한 갱신을 구현하기 위해 캐시 일관성을 보장하는 잠금과 차단(fence) 명령(20.4.5절)을 함께 사용한다.

지금까지 연구한 병렬화의 형태를 통해 각 프로세서는 다른 프로세서와는 독립적으로 자체 코드를 실행할 수 있다. 그러나 일부 병렬 시스템은 **단일 명령 다중 데이터**(Single Instruction Multiple Data, **SIMD**)라는 또 다른 형태의 병렬화를 지원한다. SIMD 병렬화를 사용하면 일반적으로 배열의 요소인 여러 데이터 항목 각각에 대해 동일한 명령을 수행한다. SIMD 구조는 초기에는 컴퓨터 그래픽 작업의 처리 속도 향상이 주목적이었던 그래픽 처리 장치(GPU)에서 널리 사용되었다. 그러나 최근에는 다양한 다른 작업을 병렬화하는 데 GPU 칩이 사용되는데, 그중 하나가 GPU에서 제공하는 SIMD 지원을 사용하여 관계형 연산을 병렬 처리하는 것이다. Intel의 Xeon Phi 코프로세서는 단일 칩에서 여러 코어를 지원할 뿐만 아니라 다중 워드(64비트 컴퓨터에서 보통 한 워드는 64비트 크기이며, 보통 하나의 하드웨어 명령에 대응된다)를 병렬로 수행할 수 있는 여러 SIMD 명령도 지원한다. 이러한 SIMD 구조에서 관계형 연산을 병렬로 처리하는 방법에 대한 상당한 연구가 진행되었다. 이 주제에 대한 자세한 정보는 온라인으로 제공되는 이 장의 참고문헌을 참조한다.

22.7 병렬 실행을 위한 질의 최적화

병렬 질의 평가를 위한 질의 최적화기는 순차 질의 평가를 위한 질의 최적화기보다 더 복잡하다. 첫째, 실행 계획 대안의 공간이 순차 계획의 공간보다 훨씬 크다. 특히 병렬 설정에서 입력과 중간 결과를 분할하는 다양한 방법을 고려해야 한다. 왜냐하면 순차 실행 계획에서는 문젯거리도 아니지만, 병렬 실행 계획에서 다른 분할 기법은 다른 질의 실행 비용을 초래하기 때문이다.

둘째, 분할 비용을 고려해야 하고 치우침과 자원 경합과 같은 쟁점을 해결해야 하기 때문에 비용 모델이 더 복잡하다.

22.7.1 병렬 질의 실행 계획 공간

15.1절에서 보았듯이, 순차 질의 계획을 대수식 트리로 표현할 수 있다. 대수식 트리의 각 노드는 정렬 연산자, 해시 조인 연산자, 합병-조인 연산자와 같은 물리 연산자다. 15.7절에서 살펴본 것처럼 이러한 실행 계획은 어떤 연산을 파이프라인 처리할지, 어떤 중간 결과를 실체화할지에 대한 명령을 주석으로 가질 수도 있다.

위의 사항 외에도 병렬 질의 실행 계획은 다음을 명세해야 한다.

- 각 연산을 어떻게 병렬화할 것인가. 어떤 알고리즘을 사용하고, 어떻게 입력 및 중간 결과를 분할하는지를 결정해야 한다. 입력, 중간 결과, 최종 결과를 분할하기 위해 교환 연산자를 사용할 수 있다.
- 어떻게 실행 계획을 **스케줄링**할 것인가. 구체적으로 아래를 포함한다.
  - 각 연산에 사용할 노드 수
  - 동일한 노드 내에서 또는 다른 노드에 걸쳐 파이프라인할 연산
  - 순차적으로 실행할 연산
  - 독립적으로 병렬 실행할 연산

분할 결정의 예로서, 조인 $r \bowtie_{r.A=s.A \wedge r.B=s.B} s$는 r과 s를 세 가지 방식으로 병렬적으로 분할할 수 있다. $r.A$와 $s.A$ 속성만으로 분할을 하거나, $r.B$와 $s.B$ 속성만으로 분할을 하거나 $(r.A, r.B)$와 $(s.A, s.B)$ 속성으로 분할을 하는 것이다. 마지막 방식은 이 조인만 고려하면 가장 좋은 결정이다. 왜냐하면 $r.A$, $r.B$, $s.A$ 또는 $s.B$의 카디널리티가 낮을 때 발생할 수 있는 치우침 가능성을 최소화하기 때문이다.

그러나 이제 질의 ${}_{r.A}\gamma_{\text{sum}(s.C)}(r \bowtie_{r.A=s.A \wedge r.B=s.B} s)$를 고려하자. $(r.A, r.B)$와 $(s.A, s.B)$ 속성으로 분할하여 조인을 수행한다면, 집계를 계산하기 위해 조인 결과를 $r.A$로 다시 분할해야 한다. 반면 $r.A$와 $s.A$ 속성을 사용하여 각각 r과 s를 분할하고 조인을 수행하면, 재분할하지 않고 조인과 집계를 모두 계산할 수 있으므로 비용을 줄일 수 있다. 이 방식은 $r.A$ 및 $s.A$의 카디널리티가 높고 중복이 거의 없는 경우에 특히 좋은 선택일 가능성이 높다. 왜냐하면 이 경우 치우침의 가능성이 적기 때문이다.

따라서 최적화기는 분할을 고려하여 더 큰 대안 공간을 고려해야 한다. 분할 대안을 고려하는 병렬 질의 처리 시스템에 대한 질의 최적화를 구현하는 방법에 대한 자세한 내용을 담고 있는 참고문헌은 이 장 끝에 있는 "더 읽어보기" 절에서 찾을 수 있다.

22.7.2 병렬 질의 평가 비용

순차 질의 계획의 비용은 일반적으로 실행 계획의 총 자원 소비량을 기준으로 추정하는데, 질의 실행 계획에서 연산자의 CPU와 I/O 비용을 합산한다. 네트워크 비용을 추가로 고려하여 다른 비용과 함께 산정하면, **자원 소비** 비용 모델을 병렬 시스템에서도 사용할 수 있다. 15.2절에서 논의한 바와 같이, 순차 시스템에서도 자원 소비 비용 모델은 개별 질의의 실행 시간 최소화를 보장하지 않는다. 질의 완료 시간을 모델링하는 데 더 알맞은 다른 비용 모델이 있다. 그러나 자원 소비 비용 모델은 질의 최적화 비용을 줄이는 이점이 있으므로 널리 사용된다. 이 장 뒷부분에서 다른 비용 모델의 쟁점을 설명한다.

이제 자원 소비 모델을 기반으로 병렬 질의 실행 계획의 비용을 추정할 수 있는 방법을 학습한다. 질의 실행 계획이 데이터 병렬이면 교환 연산이 아닌 연산을 각각 지역적으로 실행한다. (지역적으로 수행하는) 이러한 연산의 비용은 입력 릴레이션이 n개의 노드에 걸쳐 균일하게 분할되어 각 노드가 전체 입력의 $1/n$을 수신한다고 가정하면, 15장에서 살펴본 기법을 사용하여 추정할 수 있다.

교환 연산(자)의 비용은 네트워크 토폴로지, 전송된 데이터 양 및 네트워크 대역폭을 기반으로 추정할 수 있다. 이전과 같이 각 노드는 교환 연산 중에 동일하게 입력을 갖는다고 가정한다. **자원 소비 모델**하에서 질의 실행 계획의 비용은 개별 연산의 비용을 합산하여 구할 수 있다.

그러나 병렬 시스템에서 자원 소비가 동일한 두 실행 계획의 완료 시간이 크게 다를 수 있다. **응답 시간 비용 모델**(response-time cost model)은 질의 완료 시간을 더 잘 예측하기 위한 비용 모델이다. 특정 연산이 CPU 실행과 병렬로 I/O 작업을 수행할 수 있는 경우, 응답 시간은 자원 소비 비용 모델의 (CPU 비용 + I/O 비용)이 아닌 *max*(CPU 비용, I/O 비용)으로 모델링하는 것이 더 좋다. 마찬가지로 두 연산 o_1과 o_2가 단일 노드에서 파이프라인 수행되고, 해당 CPU 및 I/O 비용이 각각 c_1, io_1 및 c_2, io_2인 경우, 응답 시간 비용은 $max(c_1 + c_2, io_1 + io_2)$이다. 만약 연산 o_1과 o_2 작업이 순차적으로 실행되는 경우, 응답 시간 비용은 $max(c_1, io_1) + max(c_2, io_2)$이다.

여러 노드에서 병렬로 작업을 실행할 때 응답 시간 비용 모델은 다음을 고려해야 한다.

- 여러 노드에서 작업을 시작하기 위한 **시작 비용**
- 노드 간 작업 분포의 **치우침**. 일부 노드가 다른 노드보다 더 많은 수의 튜플을 가지게 되면 완료하는 데 더 오랜 시간이 걸린다. 작업 완료 시간을 결정하는 것은 가장 느린 노드의 완료 시간이다.

따라서 노드 간 작업 분포에 나타나는 치우침은 성능에 큰 영향을 미친다.

치우침으로 인해 가장 느린 노드의 완료 시간을 예측하는 것은 데이터에 크게 의존하기 때문에 쉬운 작업이 아니다. 그러나 분할 속성의 서로 다른 값의 수, 분할 속성값 분포에 대한 히스토그램, 가장 빈번한 값의 개수와 같은 통계를 사용하여 치우침의 가능성을 추정할 수 있다. 21.3절에서 설명한 것처럼, 치우침의 효과를 탐지하고 최소화할 수 있는 분할 알고리즘이 치우침을 최소화하는 데 중요하다.

22.7.3 병렬 질의 실행 계획 선택

선택 가능한 병렬 평가 실행 계획의 수는 순차 평가 실행 계획의 수보다 훨씬 많다. 모든 대안을 고려하여 병렬 질의를 최적화하는 것은 순차 질의를 최적화하는 것보다 훨씬 비용이 많이 든다. 그러므로 보통 고려해야 할 병렬 실행 계획의 수를 줄이기 위해 휴리스틱(heuristic)을 이용한다. 여기서는 두 가지 인기 있는 휴리스틱을 소개한다.

1. 간단한 접근 방식은 가장 효율적인 순차 평가 계획을 선택한 다음 해당 평가 계획에서 작업을 병렬화하는 최적의 방법을 선택하는 것이다. 순차 계획을 선택할 때 최적화기는 기본 순차 비용 모델을 사용하거나, 병렬 실행의 일부 측면을 고려하지만 분할 또는 스케줄링과 같은 문제는 고려하지 않는 간단한 비용 모델을 사용할 수 있다. 이 방식을 사용하면 첫 번째 단계(즉 순차 실행 계획을 선택)를 위해 최소한의 변경으로 기존 순차 질의 최적화기를 사용할 수 있다.

   다음으로 최적화기는 선택한 순차 계획에 해당하는 최적의 병렬 실행 계획을 생성하는 방법을 결정한다. 이 시점에서 사용할 분할 기법과 연산자를 스케줄링하는 방법을 비용 기반 방식으로 선택할 수 있다.

(순차 계획) 선택 시에 병렬 실행에 대한 정확한 비용 공식이 사용되지 않았기 때문에, 선택한 순차 계획은 병렬 문맥에서 최적이 아닐 수 있다. 그럼에도 불구하고 이 접근 방식은 많은 경우에 합리적으로 잘 작동한다.

2. 보다 원칙적인 접근 방식은 각 작업이 모든 노드에서 병렬로 실행된다고 가정(매우 작은 입력을 사용하는 연산은 더 적은 노드에서 실행될 수 있음)하고 최상의 실행 계획을 찾는 것이다. 이때 다른 노드에서 병렬적으로 실행되는 독립 연산을 스케줄링하는 것은 고려하지 않는다.

   질의 실행 계획의 비용을 추정할 때 입력과 중간 결과의 분할을 고려한다. 순차 질의 실행 계획을 선택할 때 이미 고려한 정렬 순서 외에 분할도 물리적 속성으로 고려함으로써 기존의 질의 최적화 기법을 확장했다. 원하는 정렬 순서를 얻기 위해 정렬 연산자를 질의 실행 계획에 추가한 것처럼, 원하는 분할 속성을 얻기 위해 교환 연산자를 추가한다. 일반적으로 실제 사용되는 비용 모델은 앞서 살펴본 자원 소비 모델이다. 응답 시간 비용 모델은 질의 실행 시간에 대한 더 나은 예측을 제공하지만, 최적화 비용이 더 많이 든다. 응답 시간 비용 모델에 대한 자세한 정보를 제공하는 참고문헌은 이 장 끝에 있는 "더 읽어보기" 절에서 찾을 수 있다.

또 다른 최적화 차원은 질의 속도를 높이기 위한 물리적 저장 장치 구성의 설계다. 예를 들어, 릴레이션은 여러 다른 속성 중 하나로 분할되어 저장될 수 있으며, 복제될 수도 있는데 복제본은 다른 속성으로 분할되어 저장될 수도 있다. 예를 들어, 릴레이션 $r(A, B, C)$는 속성 A로 분할되어 저장될 수 있고, 복제본은 속성 B로 분할될 수 있다. 질의 최적화기는 질의에 가장 적합한 복제본을 선택한다. 데이터베이스 관리자는 예상되는 데이터베이스 질의의 조합에 적합한 물리적 조직을 선택해야 한다.

22.7.4 데이터의 동일 장소 배치

병렬 데이터 저장 및 연산의 병렬 처리를 사용하더라도 일부 질의의 실행 시간은 어떤 응용 프로그램의 요구에 비해 매우 느릴 수 있다. 특히 여러 노드에 저장된 소량의 데이터에 접근하는 질의를 병렬로 실행하는 것은, 한 노드에서 모든 데이터에 접근 가능하여 단일 노드에서 동일한 질의를 실행하는 것보다 매우 느리게 실행될 수 있다. 질의가 짧은 지연 시간으로 답을 반환하는 것을 필요로 하는 많은 응용 프로그램이 존재한다.

이런 질의 속도를 높이는 중요한 기술은 질의가 접근하는 데이터를 단일 노드에 배치하는 것이다. 예를 들어, 응용 프로그램이 학생이 수강한 과목(course)에 대한 정보와 함께 학생 정보에 접근해야 한다고 가정하자. *student* 릴레이션은 *ID* 속성으로 분할되었고, *takes* 릴레이션도 *ID* 속성으로 정확히 동일한 방식으로 분할되었다. 작은 릴레이션인 *course* 릴레이션의 튜플은 모든 노드에 복제될 수 있다. 이런 분할을 사용하면, 하나의 *ID*를 사용하여 세 릴레이션이 연관된 데이터를 검색하는 질의의 답을 단일 노드에서 지역적으로 구할 수 있다. 질의 처리 엔진은 해당 *ID*를 담당하는 노드를 감지하고 질의를 해당 노드로 전송하고, 그 노드가 질의를 지역적으로 실행한다.

많은 데이터 저장 시스템이 서로 다른 릴레이션의 튜플을 동일 장소에 배치하는 것을 지원한다.

데이터 저장 시스템이 기본적으로 동일 장소 배치를 지원하지 않는다면, 대안은 키를 공유하는 관련 튜플(특정 *ID*에 해당하는 *student*와 *takes* 레코드)을 포함하는 객체를 생성하고, 연관된 키(이 예에서 *ID*)와 함께 데이터 저장 시스템에 저장하는 것이다.

그러나 동일 장소 배치 기법은 서로 다른 질의가 서로 다른 방식으로 분할된 관계를 필요로 하는 경우 직접적으로 동작하지 않는다. 예를 들어, 특정 분반을 수강한 모든 학생을 찾는 것이 목표라면, *takes* 릴레이션을 *ID*로 분할하는 대신 분반 정보(*course_ID*, *year*, *semester*, *sec_id*)로 분할한다.

이 상황을 처리하는 간단한 기법은 서로 다른 속성으로 분할된 관계의 여러 사본을 허용하는 것이다. 이 복제본은 서로 다른 속성으로 분할된 릴레이션에 대한 인덱스로 생각할 수 있다. 릴레이션의 튜플이 갱신되면, 복제본도 갱신하여 일관성 있게 유지한다. 위 예에서 *ID* 속성으로 분할한 *takes*의 어떤 사본을 *student* 분할과 동일 장소 배치하고, (*course_ID*, *year*, *semester*, *sec_id*)로 분할한 *takes*의 다른 사본을 *section*(분반) 릴레이션과 같은 노드에 배치한다.

동일 장소 배치는 두 릴레이션 간의 조인을 계산하는 질의를 최적화하는 데 도움이 된다. 만일 나머지 릴레이션을 복제할 수 있거나 모든 릴레이션이 공통적인 조인 속성 집합을 공유하는 경우 동일 장소 배치 기법을 세 개 이상의 릴레이션에 대해서 확장하여 적용할 수 있는데, 후자의 경우, 함께 조인되는 모든 튜플은 공통 조인 속성으로 분할하여 동일 배치할 수 있다. 두 경우 모두 이전에 살펴본 것처럼 질의가 조인 속성의 특정 값에 대한 결과만 원하는 경우 단일 노드에서 지역적으로 조인을 계산할 수 있다. 그러나 모든 조인 질의가 동일 장소 배치를 사용하여 단일 노드에서 평가할 수 있는 것은 아니다. 다음에 논의할 실체화 뷰가 보다 일반적인 대안이다.

22.7.5 실체화 뷰의 병렬 관리

4.2.3절에 보았듯이 (중앙집중식 데이터베이스에서 질의 속도를 높이기 위해 사용한) 실체화 뷰를 사용하여 병렬 데이터베이스의 질의 속도를 빠르게 할 수 있다. 16.5절에서 본 것처럼 데이터베이스가 갱신될 때 실체화 뷰를 관리해야 한다. 병렬 데이터베이스의 실체화 뷰는 매우 많은 양의 데이터를 가질 수 있으므로 실체화 뷰를 여러 노드에 분할하여 저장해야 한다.

중앙집중식의 경우와 마찬가지로, 병렬 데이터베이스에서 실체화 뷰는 갱신 처리 시 뷰 관리 추가 비용이 들지만 질의 응답을 빠르게 한다.

먼저 매우 간단한 실체화 뷰의 경우를 알아보자. 일부 질의에 대한 응답 속도를 빠르게 하기 위해 다른 속성으로 분할된 릴레이션의 추가 사본을 저장하는 것이 종종 유용하다. 이 재분할은 실체화된 뷰의 매우 간단한 경우로 간주할 수 있다. 실체화 뷰 관리는 매우 직관적인데, 필요한 갱신을 적절한 분할로 전송하여 수행한다.

인덱스는 실체화 뷰의 한 형태로 간주할 수 있다. 21.5절에서 설명한 병렬 인덱스를 유지하는 방법을 상기하자. 주 키가 *A* 속성인 릴레이션 *r*(*A*, *B*, *C*)에서 속성 *B*에 병렬 보조 인덱스를 관리하는 경우를 고려하자. 보조 인덱스는 속성 *B*를 사용하여 정렬되고, 고유 키(unique key) 속성 *A*를 포함한다. 속성 *C*도 포함한다고 가정한다. 이제 튜플 (*a*1, *b*1, *c*1)의 속성 *B*가 *b*1에서 *b*2로 변경되었다고 가정한다. 이 갱신으로 인해 보조 인덱스를 두 번 갱신한다. 키 (*b*1, *a*1, *c*1)인 인덱스 항목을 삭제하고 인덱스 항목 (*b*2, *a*1, *c*1)을 삽입한다. 보조 인덱스 자체가 분할되어 있으므로 이 두 갱신을 고유 키 속성인 (*B*, *A*)를 사용하여 적절한 분할로 전송해야 한다.

경우에 따라 실체화 뷰 관리는 분할 후 지역 뷰 관리로 수행할 수 있다. *takes* 튜플을 (*course_id*, *year*, *semester*, *sec_id*)별로 그룹화하고, 분반을 수강한 학생 수를 계산하는 뷰를 고려하자. 이 실체화 뷰를 그룹화 속성 (*course_id*, *year*, *semester*, *sec_id*)으로 분할하여 저장한다. (*course_id*, *year*, *semester*, *sec_id*) 속성으로 분할한 *takes* 릴레이션의 복사본을 유지하고 각 노드에서 집계를 지역적으로 실체화(저장)하여 계산할 수 있다. *takes* 릴레이션에 삽입이나 삭제와 같은 갱신을 수행해야 하는 경우, 해당 갱신을 위에서 선택한 분할을 기반으로 적절한 노드로 전파되어야 한다. *takes* 릴레이션의 지역 튜플 집합에 대한 갱신이 수신되므로 실체화된 집계는 각 노드에서 지역적으로 유지할 수 있다.

더 복잡한 뷰의 경우, 단일 단계의 분할 및 지역 뷰 관리로 실체화 뷰를 관리할 수 없다. 보다 일반적인 접근 방식이 필요하다.

먼저, 결과가 실체화된 연산자 *o*와 *o*의 입력 릴레이션 중 하나에 대한 갱신(삽입 또는 삭제)을 고려하는데, 이 갱신은 연산자 *o*의 실체화된 결과 유지를 요구한다. 연산자 *o*의 실행이 입력이 분할된 교환 연산자 모델(22.5.2절)을 사용하여 병렬화되고, 연산자가 각 노드에서 (재)분할에 의해 지역적으로 사용 가능한 데이터에 대해 실행된다고 가정한다. 연산자 *o* 결과의 실체화 뷰 관리를 지원하기 위해 각 노드에서 *o*의 출력을 실체화(저장)하고 추가적으로 실체화 뷰 결과를 처음 계산할 때 노드로 진송된 입력 분할을 실세화(저장)한다.

이제 연산자 *o*의 입력에 대한 갱신(삽입 또는 삭제)이 있을 때, *o*의 초기 계산 중에 사용된 것과 동일한 분할 함수를 사용하여 갱신을 적절한 노드로 전송한다. 이 갱신을 수신한 노드를 가정하자. 그 노드에서 지역적으로 실체화된 결과의 관리는 지역적으로 사용 가능한 데이터만 사용하는 표준(비병렬) 뷰 관리 기법을 사용하여 수행할 수 있다.

22.5.2절에서 보았듯이, 교환 연산자 모델을 사용하여 다양한 작업을 병렬화할 수 있으므로 앞의 기법은 이러한 모든 연산자에 대해 병렬 뷰 관리 기술을 제공한다.

다음으로 다중 연산자가 있는 질의를 고려하자. 이 질의는 교환 연산자 모델을 사용하여 병렬화할 수 있다. 교환 연산자는 노드 간에 데이터를 분할하고, 각 노드는 교환 연산자에 의해 지역적으로 사용 가능한 데이터를 사용하여 (아마도 다중) 연산을 계산한다.

각 노드에서 입력과 결과를 실체화할 수 있다. 이제 노드에서 입력이 변경되면, 표준 뷰 관리 기술을 지역적으로 사용하여 해당 노드에서 실체화된 결과의 변경(가령 *v*)을 찾는다. 그 결과 *v*가 질의의 최종 출력이면 완료된 것이다. 그렇지 않으면, 그 위에 교환 연산자가 있어야 한다. 교환 연산자를 사용하여 *v*에 대한 갱신(삽입 또는 삭제)을 다음 연산자로 전달한다. 수신한 연산자는 차례로 결과에 대한 변경 사항을 계산하고, 필요한 경우 원래 실체화 뷰의 루트에 도달할 때까지 계속 전파된다.

뷰에 포함된 릴레이션에 대한 동시 갱신을 직면한 실체화 뷰의 일관성 문제는 23.6.3절에서 다룬다.

22.8 스트리밍 데이터의 병렬 처리

10.5절에서 스트리밍 데이터의 여러 응용 프로그램을 보았다. 네트워크 모니터링 또는 주식 시장 응용 프로그램과 같은 스트리밍 데이터 응용 프로그램의 대다수는 매우 높은 튜플 도착률을 가진다. 입력으로 들어오는 튜플을 단일 컴퓨터에서 처리할 수 없기 때문에 이런 시스템은 병렬 처리가 필수적이다. 스트리밍 데이터 시스템은 들어오는 데이터에 다양한 연산을 적용한다. 이제 이러한 작업 중 일부를 병렬로 실행하는 방법을 살펴본다.

병렬화는 소스에서 튜플을 입력하는 것부터 시작하여 질의 처리의 모든 단계에서 필수적이다. 따라서 병렬 스트림 처리 시스템은 많은 수의 데이터 진입점(entry point)을 지원해야 한다.

예를 들어, Google 또는 Bing과 같은 검색 엔진에서 발생한 질의를 모니터링하는 시스템은 매우 높은 질의 비율을 따라잡아야 한다. 검색 엔진은 사용자 질의를 분배하고 실행하는 많은 수의 기계(컴퓨터)를 가진다. 각 기계는 질의 스트림의 소스가 된다. 스트림 처리 시스템은 데이터에 대한 여러 진입점을 가져야 하는데, 진입점이 원본 소스에서 데이터를 수신하고 스트림 처리 시스템 내에서 데이터를 라우팅한다.

생산자에서 소비자로 튜플을 라우팅하여(경로 지정하여) 데이터 처리를 수행해야 한다. 22.8.1절에서 튜플 라우팅에 대해 논의한다. 22.8.2절은 스트림 작업의 병렬 처리를 설명하고, 22.8.3절은 장애 허용을 설명한다.

스트리밍 데이터에 대한 실시간 분석을 수행하는 많은 응용 프로그램도 데이터를 저장하고 나중에 다른 방식으로 분석해야 한다는 점에 주목한다. 따라서 많은 시스템은 수신 데이터 스트림을 복제하는데, 후속 분석을 위해 하나의 복사본을 저장 시스템으로 보내고 다른 복사본은 스트리밍 데이터 시스템으로 보낸다. 이런 구조를 **람다**(lambda) 구조라 한다. 그리스 기호 λ는 들어오는 데이터가 두 개의 복사본으로 분기되어 두 개의 다른 시스템으로 전송됨을 그림으로 표현한다.

람다 구조를 사용하면 스트리밍 시스템을 신속하게 구축할 수 있지만 중복 작업도 발생한다. 프로그래머는 데이터베이스가 지원하는 형식/언어로 데이터를 저장하고 질의하는 코드를 작성해야 할 뿐만 아니라, 스트리밍 데이터 시스템에서 지원하는 언어로 데이터를 질의하는 코드를 작성할 필요가 있다. 최근에는 이런 중복을 피하기 위해 동일한 시스템 내 저장된 데이터에 대해 스트림 처리와 질의 처리를 수행하려는 노력이 있었다.

22.8.1 튜플 라우팅

데이터 처리에는 일반적으로 여러 연산자가 관련되므로 데이터를 연산자로 라우팅하는 것은 중요한 작업이다. 먼저 라우팅의 논리적 구조를 고려하고, 나중에 병렬 처리를 고려하는 물리적 구조를 다룬다.

튜플의 논리적 라우팅은 연산자를 노드로 하는 사이클이 없는 방향 그래프(directed acyclic graph, DAG)를 생성하여 수행한다. 노드 사이의 간선(edge)은 튜플의 흐름을 정의한다. 연산자의 각 튜플 출력은 연산자의 나가는 간선(out-edge)을 따라 소비 연산자로 전송된다. 각 연산자는 모든 들어오는 간선(in-edge)에서 튜플을 수신한다. 그림 22.8a는 DAG 구조를 통한 스트림 튜플의 논리적 라

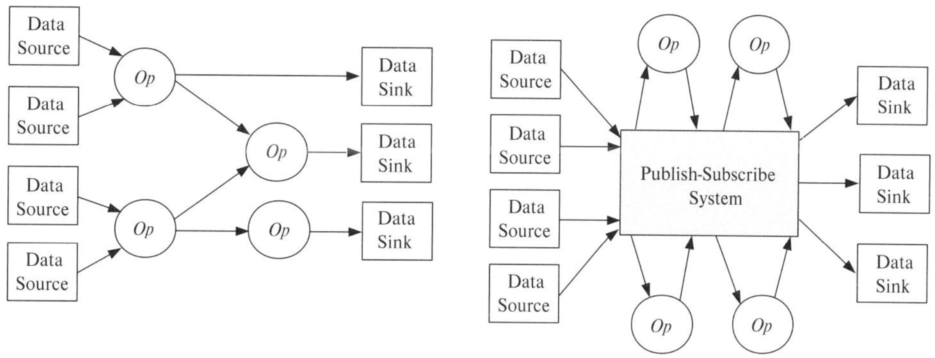

그림 22.8 DAG를 사용한 라우팅과 출판-구독 표현

우팅을 보여 준다. 그림에서 연산 노드를 "Op" 노드로 표시한다. 스트림 처리 시스템의 진입점은 DAG의 데이터 소스 노드다. 이 노드는 스트림 소스로부터 튜플을 소비하고 스트림 처리 시스템에 주입한다. 스트림 처리 시스템의 출구 지점은 데이터 싱크 노드다. 데이터 싱크를 통해 시스템을 빠져나가는 튜플은 데이터 저장소나 파일 시스템에 저장되거나 또는 다른 방식으로 출력될 수 있다.

스트림 처리 시스템을 구현하는 한 가지 방법은 시스템 구성의 일부로 그래프를 지정하는 것이다. 시스템이 튜플 처리를 시작할 때 그래프를 읽어서 튜플을 라우팅하는 데 사용한다. 아파치 스톰(Apache Storm) 스트림 처리 시스템은 토폴로지라고 하는 구성 파일을 사용하여 그래프를 정의하는 시스템의 예다. 스톰 시스템에서 데이터 소스 노드를 *spout*라 하고 연산자 노드는 *bolt*라 하며, 간선은 이 노드를 연결한다.

라우팅 그래프를 작성하는 또 다른 방법은 **출판-구독**(publish-subscribe) 시스템을 사용하는 것이다. 출판-구독 시스템(발행-구독 시스템이라고도 함)을 사용하면 연관된 주제(topic)에 대한 문서 또는 기타 형식의 데이터를 출판할 수 있다. 구독자는 해당 주제를 구독한다. 문서가 특정 주제에 출판될 때마다 해당 주제를 구독한 모든 구독자에게 문서 사본이 전송된다. publish-subscribe(출판-구독) 시스템을 줄여서 **pub-sub** 시스템이라고도 한다.

출판-구독 시스템을 스트림 처리 시스템에서 튜플을 라우팅하는 데 사용하는 경우, 튜플을 문서로 간주하고 각 튜플에 주제 태그를 지정한다. 진입점은 각 관련 주제가 있는 튜플을 개념적으로 "출판(발행)"한다. 연산자는 하나 이상의 주제를 구독한다. 시스템은 특정 주제가 있는 모든 튜플을 해당 주제의 모든 구독자에게 라우팅한다. 연산자는 또한 연관된 주제와 함께 출력을 다시 출판-구독 시스템에 게시할 수 있다.

출판-구독 접근 방식의 주요 이점은 연산자를 상대적으로 쉽게 시스템에 추가하거나 제거할 수 있다는 것이다. 그림 22.8b는 출판-구독 표현을 사용하는 튜플의 라우팅을 보여 준다. 각 데이터 소스는 고유한 주제명을 가진다. 각 연산자의 출력에도 고유한 주제명을 할당한다. 각 연산자는 입력의 주제를 구독하고 출력에 해당하는 주제에 출판한다. 데이터 소스는 관련 주제에 출판하고 데이터 싱크는 연산자의 주제를 구독하는데, 이때 연산자의 출력은 데이터 싱크로 전달된다.

아파치 카프카(Apache Kafka) 시스템은 출판-구독 모델을 사용하여 스트림에서 튜플의 라우팅을 관리한다. 카프카 시스템에서 주제에 대해 출판된 튜플은 지정된 기간(보존 기간이라고 함) 동안 보존된다. 현재 해당 주제에 대한 구독자가 없는 경우에도 보존 기간을 준수한다. 구독자는 일반적으로 가능한 가장 빠른 시간에 튜플을 처리하지만, 장애로 인해 처리가 지연되거나 일시적으로 중지된 경우 보존 시간이 만료될 때까지 튜플은 여전이 처리를 위해 사용 가능하다.

Google의 Millwheel과 Muppet 스트림 처리 시스템과 같은 많은 스트리밍 데이터 시스템은 주제(topic)라는 용어 대신 **스트림**(stream)이라는 용어를 사용한다. 이러한 시스템에서 스트림에 이름을 할당한다. 연산자는 이름 기반으로 튜플을 스트림에 출판하거나 스트림을 구독할 수 있다.

이제 튜플의 **물리적 라우팅**을 고려하자. 위에서 사용된 모델과 관련 없이, 각 논리 연산자는 서로 다른 노드에서 병렬로 실행되는 다중 물리적 인스턴스를 가져야 한다. 논리 연산자의 입력으로 들어오는 튜플을 연산자의 적절한 물리적 인스턴스로 라우팅해야 한다. 어떤 튜플이 연산자의 어떤 인스턴스로 이동하는지 결정하는 데 분할 함수를 사용한다.

출판-구독 시스템의 문맥에서 각 주제는 튜플을 받아들이고 주제의 모든 구독자에게 튜플을 전달하는 독립된 논리 연산자로 생각할 수 있다. 주어진 주제에 대해 매우 많은 수의 튜플이 있을 수 있으므로 병렬 출판-구독 시스템의 여러 노드에서 병렬로 처리되어야 한다. 예를 들어, 카프카 시스템은 주제를 **주제-분할**(topic-partition)이라는 여러 분할로 나눈다. 해당 주제에 대한 각 튜플을 주제 분할 중 하나에만 전송한다. 카프카는 분할 키(partition key)를 각 튜플에 첨부하는 것을 허용하고, 동일한 키를 가진 튜플을 동일한 분할에 전달하는 것을 보장한다.

소비자가 처리할 수 있도록, 카프카는 소비자 연산자가 지정된 "소비자 그룹(consumer group)"에 등록하는 것을 허용한다. 소비자 그룹은 논리 연산자에 해당하는 반면 개별 소비자는 병렬로 실행되는 논리 연산자의 물리적 인스턴스에 해당한다. 주제의 각 튜플은 소비자 그룹의 한 소비자에게만 전송된다. 보다 정확히 표현하면, 특정 주제-분할에 있는 모든 튜플을 소비자 그룹의 단일 소비자에게 전송한다. 그러나 여러 분할의 튜플이 동일한 소비자에게 전송될 수 있으므로 분할에서 소비자로 전송은 다대일 관계다.

많은 스트리밍 데이터 처리 구현이 카프카를 사용하여 튜플을 라우팅한다. 카프카 스트림(Kafka Streams)은 스트림에 대한 대수 연산을 지원하는 클라이언트 라이브러리를 제공하는데, 이를 카프카 출판-구독 시스템 위에 스트리밍 응용 프로그램을 구축하는 데 사용할 수 있다.

22.8.2 스트림 작업의 병렬 처리

표준 관계형 연산의 경우, 연산의 병렬 평가를 위해 살펴본 기법을 스트리밍 데이터와 함께 사용할 수 있다.

선택과 추출 연산과 같은 연산 중 일부는 서로 다른 튜플을 사용하여 병렬로 수행할 수 있다. 그룹화와 같은 다른 연산은 그룹의 모든 튜플을 하나의 시스템으로 가져와야 한다.[6] 집계를 사용하여

6 그룹화가 윈도우화(10.5.2.1절)와 결합될 때 그룹은 윈도우 내에 있는 모든 튜플을 포함하는데, 이들은 그룹화 속성에 대해 동일한 값을 지닌다.

그룹화를 수행할 때 사전 집계와 같은 최적화를 사용하여 전송되는 데이터를 줄일 수 있지만, 그룹의 튜플에 대한 정보를 여전히 단일 시스템에 전달해야 한다.

윈도우화(windowing)는 스트리밍 데이터 시스템에서 중요한 작업이다. 10.5.2.1절에서 들어오는 데이터를 일반적으로 타임스탬프를 사용하여 윈도우로 나눈 것을 상기해 보자. 윈도우는 튜플 수를 기반으로 정의할 수도 있다. 윈도우화는 종종 그룹화/집계와 결합되며, 윈도우 내 튜플의 그룹에 대해 집계를 계산한다. 윈도우를 사용하면, 시스템이 새 튜플이 더 이상 특정 윈도우에 속하지 않는다고 판단하면 해당 윈도에 대한 집계가 출력될 수 있음을 보장한다. 예를 들어, 시간을 기반으로 하는 윈도우를 가정하고, 각 5분에 해당하는 윈도우를 정의한다. 시스템이 미래 튜플은 특정 윈도우의 끝보다 큰 타임스탬프를 가질 것이라고 결정하면, 해당 윈도우의 집계를 출력한다. 그룹화와 달리 윈도우는 서로 중첩될 수 있다.

윈도우화와 그룹화를 함께 사용하여 집계를 계산할 때 중첩되는 윈도우가 있는 경우 그룹화 속성으로만 분할하는 것이 가장 좋다. 그렇지 않으면 여러 윈도우에 속한 튜플을 여러 윈도우로 전송해야 하는데, 그룹화 속성만으로 분할하면 방지할 수 있는 오버헤드다.

많은 스트리밍 시스템은 사용자가 자신의 연산자를 생성하는 것을 허용한다. 동시에 실행할 수 있는 연산자의 다중 인스턴스를 허용함으로써 사용자 정의 연산자를 병렬화할 수 있어야 한다. 이러한 시스템은 일반적으로 각 튜플은 연관된 키를 가져야 함을 요구하고, 특정 키를 가진 모든 튜플은 연산자의 특성 인스턴스로 전송된다. 서로 다른 키를 가진 튜플을 서로 다른 연산자의 인스턴스로 전송하므로 병렬 처리가 가능하다.

스트림 작업은 종종 상태를 저장하는 것을 필요로 한다. 예를 들어, 윈도우화 연산자는 그 윈도우가 활성화되어 있는 한 특정 윈도우에서 본 모든 튜플을 유지해야 할 필요가 있다. 또는 나중에 더 굵은 단위 집계(가령 시간당 집계)를 계산하기 위해 세밀한 해상도(가령 분당 집계)에서 계산된 집계를 저장해야 할 필요도 있다. 연산자가 상태를 저장해야 하는 다른 많은 이유가 존재한다. 사용자 정의 연산자는 종종 연산자 내부의 상태(지역 변수)를 정의하는데, 이 상태를 저장해야 한다.

연산자의 복사본을 실행하는 각 노드가 이러한 상태를 지역적으로 저장할 수 있다. 또는 병렬 데이터 저장 시스템에 중앙집중식으로 저장할 수 있다. 병렬 데이터 저장 시스템에 상태를 저장하는 것과 비교해 볼 때, 지역 저장 대안은 비용이 저렴하지만 장애 시 상태 정보를 잃을 위험이 높다. 이 측면은 22.8.3절에서 자세히 설명한다.

22.8.3 스트리밍 데이터의 장애 허용

저장된 데이터를 질의할 때의 장애 허용은 22.5.4절에서 살펴본 것처럼 질의 또는 질의의 일부를 다시 실행하여 달성할 수 있다. 그러나 이러한 장애 허용 접근 방식은 여러 가지 이유로 스트리밍 설정에서 제대로 동작하지 않는다. 첫째, 많은 스트리밍 데이터 응용 프로그램은 지연 시간에 민감하며, 재시작으로 인한 결과 제공 지연은 바람직하지 않다. 둘째, 스트리밍 시스템은 지속적인 출력 스트림을 제공한다. 장애가 발생한 경우 전체 시스템 또는 그 일부를 다시 실행하면 출력 튜플의 중복 복사본이 발생할 수 있는데, 이는 많은 응용 프로그램이 허용하지 않는다.

따라서 스트리밍 데이터 시스템은 출력 튜플의 전달에 대한 보증을 제공해야 한다. 이는 **최소 한**

번(at-least-once), **최대 한 번**(at-most-once), **정확히 한 번**(exactly-once) 중 하나일 수 있다. 최소 한 번의 의미는 각 튜플이 한 번 이상 출력되도록 보장하지만, 장애 복구 중에 중복 전달을 허용한다. 최대 한 번의 의미는 각 튜플이 중복 없이 최대 한 번 전달되도록 보장하지만, 장애 시 일부 튜플이 손실될 수 있다. 정확히 한 번의 의미는 장애와 관계없이 각 튜플을 정확히 한 번 전달하는 것을 보장한다. 일부 응용 프로그램은 중복에 대해 신경 쓰지 않기에 최소 한 번 의미를 받아들일 수 있지만, 정확히 한 번은 대부분의 응용 프로그램이 요구하는 모델이다.

이러한 의미를 보장하기 위해 스트리밍 시스템은 각 연산자에서 처리한 튜플과 출력한 튜플을 추적해야 한다. 이전에 출력한 튜플과 비교하여 중복을 감지하고 제거할 수 있지만, 시스템이 정상적인 처리 중에 중복이 없음을 보장하는 경우에만 가능하다. 왜냐하면 장애가 발생한 경우, 스트리밍 질의의 의미가 진정한 중복 제거에 의해 영향받기 때문이다.

장애 허용을 구현하는 한 가지 방법은 연산자 간에 튜플을 라우팅하는 하위 시스템(subsystem)에서 이를 지원하는 것이다. 예를 들어, 카프카는 튜플을 주제에 출판하고 각 주제 분할을 두 개 이상의 노드에 저장할 수 있으므로, 노드 중 하나에 장애가 발생하라도 다른 노드를 사용할 수 있다. 또한 튜플을 각 노드의 디스크에 저장하므로 정전이나 시스템 재시작으로 인해 손실되지 않는다. 따라서 스트리밍 데이터 시스템은 (하위 시스템에) 내재하는 장애 허용과 고가용성 기법을 사용하여 시스템의 상위 수준에서 장애 허용 및 고가용성을 구현할 수 있다.

이러한 시스템에서 장애가 발생한 노드에서 연산자가 실행 중이었다면, 그 연산자를 다른 노드에서 재시작할 수 있다. 또한 시스템은 연산자가 각 입력 스트림을 소비한 지점을 (적어도 주기적으로) 기록해야 한다. 연산자가 장애 발생 전에 아직 출력하지 않은 튜플을 모두 올바르게 출력할 수 있는 지점에서 연산자를 재시작하고 각 입력 스트림을 재생해야 한다. 상태가 없는 연산자에 이 방법을 비교적 쉽게 적용할 수 있다. 상태가 없는 연산자는 실패 전에 존재했던 상태를 복원하기 위해 추가 작업을 수행해야 한다. 예를 들어, 윈도우 연산자는 윈도우 시작에 해당하는 스트림의 한 지점에서 시작하는 것을 필요로 하고, 그 지점부터 튜플을 재생해야 한다.

윈도우가 매우 큰 경우, 스트림의 매우 오래된 지점에서 재시작하는 것은 매우 비효율적이다. 대신 연산자는 입력 스트림의 지점에서 어떤 처리가 완료되었는지와 함께 상태에 대해 주기적으로 검사점(checkpoint)을 기록한다. 장애 발생 시 최신 검사점으로 복원할 수 있으며, 마지막 검사점 이후 처리한 입력 스트림 튜플만 재생한다.

상태 정보를 지닌 다른 연산자도 동일한 접근 방식을 사용할 수 있다. 상태를 주기적으로 검사점 기록하고, 재생은 마지막 검사점부터 시작한다. 검사점 기록한 상태는 지역적으로 저장할 수 있다. 그러나 이는 노드를 복구할 때까지 스트림 처리를 진행할 수 없음을 의미한다. 대안으로, 상태를 분산 파일 시스템 또는 병렬 데이터 저장 시스템에 저장할 수 있다. 이런 시스템은 장애 발생 시에도 고가용성을 보장하기 위해 데이터를 복제한다. 따라서 한 노드에 장애가 발생하면, 마지막 검사점부터 시작하여 스트림 내용을 재생하는 방식으로 다른 노드가 해당 기능을 재시작할 수 있다.

근원 시스템이 장애 허용을 구현하지 않는 경우, 연산자는 튜플 손실을 방지하기 위해 자체 장애 허용 기법을 구현할 수 있다. 예를 들어, 각 연산자는 출력이 있는 모든 튜플을 저장할 수 있다. 장애 발생의 경우에도 소비자가 튜플을 필요로 하지 않는다는 것을 연산자가 알고 있는 경우에만 연산자는 튜플을 버릴 수 있다.

또한 스트리밍 시스템은 장애 발생 시에도 낮은 지연 시간을 보장해야 한다. 이를 위해 일부 스트리밍 시스템은 동시에 실행하는 각 연산자의 복제본을 가진다. 한 복제본이 실패하면 다른 복제본에서 출력을 가져올 수 있다. 시스템은 복제본에서 중복 튜플이 소비자에게 출력되지 않도록 조정해야 한다. 이러한 시스템에서 연산자의 한 복제본을 주 복제본으로 처리하고 다른 복제본은 최신 준비(hot-spare) 복제본으로 처리한다. 19.7절에서 최신 준비에 대해 논의했음을 기억해 보자.

위에서 설명한 내용은 스트리밍 데이터 시스템이 장애 허용을 구현하는 방법에 대한 상위 수준의 관점이다. 스트리밍 시스템에서 장애 허용을 구현하는 자세한 방법에 대한 참고문헌은 이 장 끝부분의 "더 읽어보기" 절에서 찾을 수 있다.

22.9 분산 질의 처리

분산 질의 처리의 필요성은 원래 조직이 지리적으로 분산된 여러 데이터베이스에 질의를 실행해야 할 때 발생했다. 그러나 오늘날 조직은 여러 데이터베이스와 데이터 저장 시스템에 데이터를 저장하므로, 여러 데이터베이스와 데이터 저장 시스템에 접근하는 질의를 실행해야 하는 동일한 (분산 질의 처리) 필요성이 발생한다.

22.9.1 여러 데이터 소스에서 데이터 통합

기업의 다른 부서는 자동화 방식의 유산이나 기업 합병으로 인해 서로 다른 데이터베이스를 사용할 수 있다. 전체 조직을 공통 시스템으로 이주하는 작업은 비용과 시간이 많이 소요되는 작업이다. 대안은 데이터를 개별 데이터베이스에 보관하지만, 사용자에게 통합 데이터에 대한 논리적 뷰를 제공하는 것이다. 지역 데이터베이스 시스템은 서로 다른 논리적인 모델과 데이터 정의 언어, 데이터 조작 언어를 사용할 수도 있고, 동시성 제어나 트랜잭션 관리 방법이 다를 수도 있다. 데이터 소스 중 일부는 완전한 데이터베이스 시스템이 아닌 데이터 저장 시스템이거나 심지어는 단지 파일 시스템에 있는 파일일 수도 있다. 또 다른 가능성은 데이터 소스가 클라우드에 있고 웹 서비스로 접근해야 한다는 것이다. 질의는 여러 데이터베이스 및 데이터 소스에 걸쳐 저장된 데이터를 접근해야 할 수도 있다.

다중 데이터베이스 및 기타 데이터 소스에 있는 정보를 조작하는 것은 기존 데이터베이스 시스템 위에 추가적인 소프트웨어 계층을 필요로 한다. 이 계층은 물리적 데이터베이스 통합을 요구하지 않고 논리적 데이터베이스 통합의 환영을 생성한다. 이 계층을 때로는 **연합 데이터베이스 시스템**(federated database system)이라고도 한다.

데이터베이스 통합은 여러 가지 방법으로 수행할 수 있다.

- **연합 데이터베이스**(federated database) 접근 방식은 모든 데이터베이스/데이터 소스의 데이터에 대한 **전역 스키마**(global schema)라고 하는 공통 스키마를 생성한다. 각 데이터베이스는 고유한 **지역 스키마**(local schema)를 가진다. 여러 지역 스키마에서 하나의 통합된 전역 스키마를 생성하는 작업을 **스키마 통합**(schema integration)이라 한다.

사용자는 전역 스키마에 대해 질의를 실행할 수 있다. 전역 스키마에 대한 질의는 질의를 실행해야 하는 각 사이트의 지역 스키마에 대한 질의로 변환된다. 질의 결과를 다시 전역 스키마로 변환하고 결합하여 최종 결과를 얻는다.

일반적으로 공통 스키마에 대한 갱신을 개별 데이터베이스에 대한 갱신으로 사상(매핑)해야 한다. 공통 스키마 및 질의를 지원하지만 스키마에 대한 갱신은 지원하지 않는 시스템을 **중재자**(mediator) 시스템이라 한다.

- **데이터 가상화**(data virtualization) 접근 방식을 사용하면 응용 프로그램이 다중 데이터베이스/데이터 소스의 데이터에 접근하는 것을 허용하지만, 공통 스키마를 적용하는 것을 시도하지는 않는다. 사용자는 여러 데이터베이스에서 사용되는 다른 스키마를 알고 있어야 하지만, 어느 데이터가 어떤 데이터베이스 시스템에 저장되는지 또는 다중 데이터베이스로부터 정보를 어떻게 결합하는지를 걱정할 필요가 없다.

  외부 데이터(external data) 접근 방식은 데이터베이스 관리자가 데이터를 접근하는 데 필요한 연결과 인증(authorization) 같은 기타 정보와 함께 다른 데이터베이스에 저장된 데이터에 대한 스키마 정보를 제공하는 것을 허용한다. 데이터베이스가 접근할 수 있는 외부 소스에 저장된 데이터를 **외부 데이터**라 한다. **외래 테이블**(foreign table)은 데이터베이스에서 정의한 뷰(view)인데, 실제 데이터는 외부 데이터 소스에 저장된다. 외부 데이터 소스가 지원하는 연산에 따라 외래 테이블을 읽거나 갱신할 수 있다. 외래 테이블에 대한 갱신은 (지원된다면) 외부 데이터 소스에 대한 갱신으로 변환해야 한다.

  앞에서 언급한 접근 방식과 달리, 완전한 분산 데이터베이스를 만드는 것이 아니라 다른 데이터 소스의 데이터에 대한 접근을 용이하게 하는 것이 여기서의 목표다. SQL 표준의 SQL MED(SQL Management of External Data) 구성요소는 데이터베이스에서 외부 데이터 소스에 접근하기 위한 표준을 정의한다.

데이터 소스가 SQL을 지원하는 데이터베이스인 경우 ODBC 또는 JDBC 연결을 사용하여 데이터에 쉽게 접근할 수 있다. HBase와 같이 SQL을 지원하지 않는 병렬 데이터 저장 시스템의 데이터는 해당 시스템이 제공하는 API 메소드를 사용하여 접근할 수 있다.

래퍼(wrapper)는 원하는 스키마로 데이터 소스에 저장된 데이터에 대한 뷰를 제공한다. 예를 들어, 시스템이 전역 스키마를 가지고 있고 지역 데이터베이스 스키마가 전역 스키마와 다른 경우, 래퍼는 전역 스키마의 데이터 뷰를 제공한다. 래퍼를 사용하여 웹 서비스, 플랫 파일(예: 웹 로그), 그리고 디렉터리 시스템과 같은 비관계형 데이터 소스에 관계형 뷰를 제공할 수도 있다.

래퍼는 또한 전역 스키마에 대한 질의를 지역 스키마에 대한 질의로 변환하고, 결과를 다시 전역 스키마로 변환할 수 있다. 래퍼는 개별 사이트에서 제공될 수 있으며, 연합 데이터베이스 시스템의 일부로 작성될 수 있다. 오늘날 많은 관계형 데이터베이스는 파일 시스템에 저장된 데이터에 대한 관계형 뷰를 제공하는 래퍼를 지원한다. 이러한 래퍼는 파일에 저장된 데이터 타입에 따라 다르다.

데이터 통합의 목표가 의사결정 지원 질의만 실행하는 것이라면, 11.2절에서 살펴본 데이터 웨어하우스가 데이터베이스 통합을 위해 널리 사용되는 방식이다. 데이터 웨어하우스는 중앙집중식 스키마를 사용하여 여러 소스의 데이터를 단일 (아마도 병렬) 시스템으로 가져온다. 지속적인 가져오기(continuous import)가 점점 더 많이 사용되기는 하지만, 일반적으로 데이터를 주기적으로(예를 들어, 하루에 한 번씩 또는 몇 시간에 한 번씩) 가져온다. 데이터 소스에서 가져온 원시 데이터는 일반적으로 데이터 웨어하우스에 저장하기 전에 처리하고 정제한다.

그러나 일부 응용 프로그램이 데이터를 생성하는 규모로 인해 이러한 웨어하우스를 생성하고 관리하는 데 많은 비용이 들 수 있다. 또한 질의는 가장 최신 데이터에 접근할 수 없다. 왜냐하면 원본 데이터베이스의 갱신과 데이터 웨어하우스로 가져오는 갱신 사이에 지연이 있기 때문이다. 반면에 질의 처리를 데이터 웨어하우스에서 보다 효율적으로 수행할 수 있다. 또한 데이터 웨어하우스의 질의는 데이터 소스의 다른 질의와 트랜잭션 성능에 영향을 주지 않는다. 개별 질의에 대해 응답하기 위해서 데이터 웨어하우스 구조를 사용할지, 아니면 데이터 소스의 데이터에 직접 접근할지 여부는 각 기업이 필요에 따라 결정해야 한다.

데이터 레이크(data lake)라는 용어는 파일 시스템을 포함하여 데이터가 여러 데이터 저장 시스템에 다른 형식으로 저장되지만, 단일 시스템으로 질의할 수 있는 구조를 의미한다. 데이터 레이크는 데이터 웨어하우스의 대안으로 간주할 수 있다. 왜냐하면 질의를 생성할 때 더 많은 노력이 필요하지만 데이터를 전처리하기 위한 사전 노력이 필요하지 않기 때문이다.

22.9.2 스키마와 데이터 통합

데이터에 대한 통합 뷰를 제공하는 데 제일 먼저 수행해야 하는 일은 통합된 개념적 스키마를 생성하는 것인데, 이를 **스키마 통합**이라고 한다. 각 지역 시스템은 고유한 개념적 스키마를 제공한다. 데이터베이스 시스템은 이러한 개별 스키마를 하나의 공통 스키마로 통합해야 한다. 스키마 통합은 주로 의미론적 이질성으로 인해 복잡한 작업이다. 동일한 속성 이름이 다른 지역 데이터베이스에서 다른 의미로 사용된다.

스키마 통합은 다른 데이터베이스에 있는 데이터에 대한 통합 뷰를 제공하는 **전역 스키마**를 생성하는 것을 필요로 한다. 스키마 통합은 또한 각 데이터베이스의 지역 스키마 표현에서 전역 스키마로 데이터가 사상되는 방식을 정의하는 것을 요구한다. 이 단계는 각 사이트에서 지역 스키마에서 전역 스키마로 데이터를 변환하는 뷰를 정의하여 수행할 수 있다. 그런 다음 전역 스키마의 데이터를 개별 사이트에서 전역 뷰의 합집합으로 처리한다. 이 접근 방식을 **GAV**(global-as-view) 접근 방식이라고 한다.

두 가지 다른 방법으로 학생 정보를 저장하는 두 사이트의 예를 고려하자.

- 사이트 *s1*은 *student1*(*ID*, *name*, *dept_name*) 릴레이션과 *studentCreds*(*ID*, *tot_cred*) 릴레이션을 사용
- 사이트 *s2*는 *student2*(*ID*, *name*, *tot_cred*) 릴레이션과 *studentDept*(*ID*, *dept_name*) 릴레이션을 사용

선택한 전역 스키마를 *student*(*ID*, *name*, *dept_name*, *tot_cred*)라 하자.

그러면 사이트 *s1*에서 전역 스키마 뷰는 다음과 같은 뷰로 정의한다.

```
create view student_s1(ID, name, dept_name, tot_cred) as
select ID, name, dept_name, tot_cred
from student1, studentCreds
where student1.ID= studentCreds.ID;
```

반면에 사이트 *s2*에서 전역 스키마 뷰는 아래와 같은 뷰로 정의한다.

```
create view student_s2(ID, name, dept_name, tot_cred) as
select ID, name, dept_name, tot_cred
from student2, studentDept
where student2.ID= studentDept.ID;
```

마지막으로 전역 스키마 *student*는 *student_s1*과 *student_s2*의 합집합으로 정의한다.

위의 뷰 정의를 사용하면 전역 스키마 *student* 릴레이션에 대한 질의를 사이트 *s1* 및 *s2*의 지역 스키마 릴레이션에 대한 질의로 쉽게 변환할 수 있다. 4.2절에서 설명한 것처럼, 그렇게 하는 유일한 방법이 없을 수 있으므로 전역 스키마의 갱신을 지역 스키마의 갱신으로 변환하는 것은 더 어렵다.

사이트 간의 정보 중복을 다루고 전역 스키마의 갱신을 지역 스키마의 갱신으로 변환할 수 있도록 설계된 더 복잡한 사상 기법이 있다. 각 사이트의 지역 데이터를 통합된 개념적 전역 릴레이션에 대한 뷰로 정의하는 **LAV**(local-as-view) 접근 방식이 그중 하나다.

예를 들어, 학과 이름 속성을 사용하여 두 사이트 간에 *student* 릴레이션을 분할하는 경우를 가정하자. 이때 "Comp. Sci." 학과 소속의 모든 학생은 사이트 *s*3에 저장하고, 다른 학과의 모든 학생은 사이트 s4에 저장한다. 이것은 *student_s3*와 *student_s4* 릴레이션을 정의하는 local-as-view 접근 방식을 사용하여 명세할 수 있다. *student_s3*와 *student_s4* 릴레이션은 각각 사이트 *s*3와 *s*4에 실제로 저장되며 전역 릴레이션 *student*에 정의된 뷰와 동일하다.

```
create view student_s3 as
select *
from student
where student.dept_name = 'Comp. Sci.';

create view student_s4 as
select *
from student
where student.dept_name ! = 'Comp. Sci.';
```

이 추가 정보를 통해 질의 최적화기는 Comp. Sci. 학과에서 학생을 검색하려는 질의를 사이트 *s3*에서만 실행하고 사이트 *s4*에서 실행할 필요가 없음을 파악할 수 있다. 스키마 통합에 대한 자세한 내용은 온라인에서 이용 가능한 이 장의 참고문헌에서 찾을 수 있다.

다중 소스 데이터에 대한 통합 뷰를 제공하는 두 번째 작업은 데이터 타입 및 값의 차이를 다루어야 하는 것이다. 예를 들어, 한 시스템에서 사용하는 데이터 타입을 다른 시스템이 지원하지 않을 수 있으며 타입 간의 변환이 간단하지 않을 수도 있다. 동일한 데이터 타입의 경우에도 데이터의 물리적 표현에서 문제가 발생할 수 있다. 한 시스템은 8비트 ASCII를 사용하고 다른 시스템은 16비트 유니코드를 사용할 수 있다. 부동 소수점 표현도 다를 수 있다. 정수를 빅-엔디안(big-endian) 형식이나 리틀-엔디안(little-endian) 형식으로 표현할 수 있다. 의미론적 수준에서 길이에 대한 정수 값으로 한 시스템은 인치를 사용하고 나른 시스템은 밀리미터를 사용할 수 있다. 데이터를 통합할 때 단일 표현을 사용해야 하며, 값은 선택한 단일 표현으로 변환해야 한다. 타입 간 사상은 지역 스키마와 전역 스키마 간에 데이터를 변환하는 뷰 정의의 일부로 수행할 수 있다.

더 심각한 문제는 동일한 개념적 개체가 다른 시스템에서 다른 이름을 가질 수 있다는 것이다. 예를 들어, 미국에 기반을 둔 시스템은 쾰른이라는 도시를 "Cologne"로 지칭하는 반면, 독일의 시스템은 "Köln"이라고 지칭할 수 있다. 이 문제를 처리하는 한 가지 방법은 전역적으로 고유한 이름 지정 시스템을 사용하고, 스키마 사상에 사용되는 뷰 정의의 일부로 값을 고유한 이름에 사상하는 것이다. 예를 들어, 국제표준화기구(ISO)는 국가 이름과 국가 내 주/도에 대한 고유 코드를 가지고 있다. GeoNames 데이터베이스(www.geonames.org)는 도시, 지리적 특징, 도로, 건물 등과 같은 수백만 개의 위치에 고유한 이름을 제공한다.

이러한 표준 명명 시스템을 사용할 수 없는 경우, 일부 시스템은 이름 동등성(name equivalence) 명세를 허용한다. 예를 들어, 사용자가 "Cologne"가 "Köln"과 동일하다고 말하는 것을 허용하는 것이다. 이 접근 방식은 데이터의 RDF 표현(RDF 표현은 8.1.4절에서 설명함)을 사용하여 매우 많은 데이터베이스의 통합을 지원하는 **링크드 데이터**(Linked Data, 연결 데이터라고도 함) 프로젝트에서 사용한다. 그러나 이러한 시나리오에서 질의를 하는 것은 훨씬 더 복잡하다.

위의 뷰 정의에 대한 설명에서 데이터를 지역 데이터베이스에 저장하고, 뷰 정의가 전역 스키마에서 데이터를 실제로 실체화(저장)하지 않고 데이터에 대한 전역 뷰를 제공한다고 가정했다. 그러나 이러한 뷰를 전역 스키마에서 데이터를 실체화(저장)하기 위해 사용할 수도 있고, 실체화한 뷰를 데이터 웨어하우스에 저장할 수도 있다. 후자의 경우 근원 데이터에 대한 갱신을 데이터 웨어하우스로 전파해야 한다.

22.9.3 다중 데이터 소스에 대한 질의 처리

다중 데이터 소스에 흩어져 있는 데이터에 접근하는 질의를 실행하는 단순한 방법은 필요한 모든 데이터를 하나의 데이터베이스로 가져온 다음 질의를 실행하는 것이다. 그러나 예를 들어 질의가 큰 릴레이션에서 오직 하나 또는 몇 개의 레코드만 만족하는 선택 조건을 포함한다고 가정해 보자. 데이터 소스가 해당 데이터 소스에서 선택 연산 실행을 허용하면 전체 릴레이션을 검색할 필요는 없다. 데이터 소스에서 선택 연산을 수행하고, (만약 있다면) 다른 연산은 질의를 요청한 데이터베이스에서 수행할 수 있다.

일반적으로 서로 다른 데이터 소스는 서로 다른 질의 기능을 지원한다. 예를 들어, 소스가 데이터 저장 시스템인 경우 주요 속성에 대한 선택 연산만 지원할 수 있다. 웹 데이터 소스는 어떤 필드 선택이 허용되는지를 제한할 수 있으며 추가로 특정 필드에 선택이 있어야 함을 요구할 수 있다. 반면 소스가 SQL을 지원하는 데이터베이스인 경우에는 소스에서 조인과 집계와 같은 연산을 수행할 수 있으며, 결과만 질의를 실행하는 데이터베이스로 가져올 수 있다. 일반적으로 질의는 분리될 수 있어야 하고, 부분적으로 데이터 소스와 질의를 실행하는 사이트에서 수행될 수 있어야 한다.

다중 데이터 소스에 접근하는 질의 처리 비용은 지역 실행 비용과 데이터 전송 비용에 의존한다. 네트워크가 저대역폭의 원거리 통신망인 경우, 데이터 전송을 최소화하는 데 특별한 주의를 기울여야 한다.

이 절에서 분산 질의 처리 및 최적화의 쟁점을 학습한다.

22.9.3.1 조인 위치와 조인 순서

다음과 같은 관계 대수 표현을 보자.

$$r_1 \bowtie r_2 \bowtie r_3$$

r_1는 사이트 S_1에 r_2는 S_2에 r_3는 S_3에 저장되어 있다고 하자. S_I은 질의를 요청한 사이트를 나타낸다고 하자. 시스템은 사이트 S_I에서 결과를 생성할 필요가 있다. 이 질의를 처리하기 위한 전략으로는 다음과 같은 것이 있다.

- 세 개의 릴레이션의 사본을 모두 사이트 S_I에 전달한다. 16장의 기법을 이용하여 전체 질의를 S_I에서 지역적으로 처리하는 전략을 선택한다.
- r_1 릴레이션의 사본을 S_2에 전달하고 $temp_1 = r_1 \bowtie r_2$를 S_2에서 계산한다. $temp_1$을 S_2에서 S_3로 전송하고 $temp_2 = temp_1 \bowtie r_3$를 S_3에서 계산한다. 결과 $temp_2$를 S_I에 전달한다.
- S_1, S_2, S_3의 역할을 교환하여 이전 전략과 유사한 전략을 고안한다.

몇 가지 다른 가능한 전략이 있다.

항상 최적이 되는 전략은 없다. 고려해야 할 요소에는 전송할 데이터의 양, 두 사이트 간에 데이터 블록을 전송하는 비용, 각 사이트의 상대적인 처리 속도 등이 있다. 앞에 나열한 전략 중 첫 번째 전략을 고려해 보자. S_2와 S_3에 조인 연산을 위한 인덱스가 구성되어 있다고 가정하자. 세 개의 릴레이션을 모두 S_I으로 전송하면, S_I에서 이들 인덱스를 다시 구성해야 하거나 더 비용이 많이 들 수 있는 다른 조인 전략을 사용해야 한다. 이 인덱스의 재생성 작업은 부가적인 처리 오버헤드와 디스크 접근을 수반한다. 두 번째 전략의 다양한 변형이 있는데, 이 변형은 조인을 다른 순서로 처리한다.

각 전략의 비용은 중간 결과의 크기, 네트워크 전송 비용, 각 노드의 처리 비용에 따라 다르다. 질의 최적화기는 비용 예측에 따라 최상의 전략을 선택해야 한다.

22.9.3.2 세미 조인 전략

r_1과 r_2가 각각 사이트 S_1과 S_2에 저장되어 있을 때 $r_1 \bowtie r_2$를 구하려고 한다. r_1과 r_2의 스키마가 각각 R_1과 R_2라고 하고 S_1에서 그 결과를 얻기를 원한다고 하자. 만일 r_2에 r_1의 어떤 튜플과도 조인이 되지 않는 튜플이 많다면 r_2를 S_1에 전송하는 것은 결과에 반영되지 않는 많은 튜플을 전송하는 것을 의미한다. 특히 네트워크 비용이 높을 경우 데이터를 S_1으로 전송하기 전에 결과에 포함되지 않는 튜플을 제거하길 원할 것이다.

이 모든 것을 가능하게 하는 전략은 다음과 같다.

1. S_1에서 $temp_1 \leftarrow \Pi_{R_1 \cap R_2}(r_1)$를 계산한다.
2. $temp_1$을 S_1에서 S_2로 전송한다.
3. S_2에서 $temp_2 \leftarrow r_2 \bowtie temp_1$을 계산한다.
4. $temp_2$를 S_2에서 S_1으로 전송한다.
5. S_1에서 $r_1 \bowtie temp_2$를 계산한다. 결과 릴레이션은 $r_1 \bowtie r_2$와 같다.

전략의 효율성을 생각하기 전에 이 전략이 올바른 답을 내는지 확인해 보자. 단계 3에서 $temp_2$는 $r_2 \bowtie \Pi_{R_1 \cap R_2}(r_1)$의 결과를 갖는다. 단계 5에서 다음을 계산하게 된다.

$$r_1 \bowtie r_2 \bowtie \Pi_{R_1 \cap R_2}(r_1)$$

조인은 결합적이고 교환적이기 때문에 이 표현식을 다음과 같이 다시 작성할 수 있다.

$$(r_1 \bowtie \Pi_{R_1 \cap R_2}(r_1)) \bowtie r_2$$

$r_1 \bowtie \Pi_{(R_1 \cap R_2)}(r_1) = r_1$이기 때문에 위 표현식은 실제로 $r_1 \bowtie r_2$와 동일한데, 이는 우리가 평가하려고 하는 수식이다.

이 전략을 **세미 조인 전략**(semijoin strategy)이라고 부르며, 16.4.4절에서 본 것처럼 관계 대수에서 세미 조인 연산자는 $\ltimes$로 나타낸다. $r_1 \ltimes r_2$로 표시되는 r_1의 r_2로의 자연 세미 조인은 다음과 같이 정의한다.

$$r_1 \ltimes r_2 \stackrel{\text{def}}{=} \Pi_{R_1}(r_1 \bowtie r_2)$$

따라서 $r_1 \ltimes r_2$는 $r_1 \bowtie r_2$에 기여하는 r_1의 튜플을 선택한다. 단계 3에서 $temp_2 = r_2 \ltimes r_1$이다. 세미 조인 연산은 세타 조인(theta join)으로 쉽게 확장된다. $r_1 \ltimes_\theta r_2$로 표시되는 r_1의 r_2로의 세타 세미 조인은 다음과 같이 정의한다.

$$r_1 \ltimes_\theta r_2 \stackrel{\text{def}}{=} \Pi_{R_1}(r_1 \bowtie_\theta r_2)$$

여러 릴레이션의 조인인 경우, 세미 조인 전략을 일련의 세미 조인 단계로 확장할 수 있다. 비용 예측을 기반으로 최적의 전략을 선택하는 것이 질의 최적화기의 역할이다.

세미 조인 전략은 r_2의 튜플이 상대적으로 적을 때 특히 유리하다. 이 상황은 r_1이 선택 연산을 포함하는 관계형 대수 표현의 결과일 때 발생할 가능성이 높다. 이 경우, 단계 3의 $temp_2 = r_2 \ltimes r_1$는 r_2보다 훨씬 적은 튜플을 가질 수 있다. 이 전략의 비용 절감은 모든 r_2가 아닌 $r_2 \ltimes r_1$만 S_1으로 전송하기 때문에 발생한다.

$temp_1$, 즉 $\Pi_{(R_1 \cap R_2)}(r_1)$을 S_2로 전송하는 데 약간의 추가 비용이 발생한다. r_2에 있는 튜플의 충분히 작은 부분이 조인에 기여하는 경우, $temp_1$ 전송의 오버헤드보다 r_2에 있는 튜플의 일부만 전송하는 비용 절감 효과가 더 크다. $temp_1$ 튜플을 S_1에서 S_2로 전송하는 오버헤드는 다음과 같이 줄일 수 있다. 조인 처리의 최적화를 위해 세미 조인 연산을 실제 세미 조인 결과를 과도하게 근사화하는 방식으로 구현할 수 있다. 즉 결과는 실제 세미 조인 결과의 모든 튜플을 포함해야 하지만 몇 가지

추가 튜플을 포함할 수 있다. 추가 튜플은 나중에 조인 연산으로 제거한다.

세미 조인 결과의 효율적인 과대 근사화는 비트맵을 사용하는 **블룸 필터**(Bloom filter)라는 확률 데이터 구조를 사용하여 계산할 수 있다. 24.1절에서 블룸 필터를 자세히 설명한다. $r_2 \ltimes r_1$을 구현하기 위해 크기 m인 비트맵 b를 가진 블룸 필터를 사용하는데, 모든 비트를 0으로 초기화한다. r_1의 각 튜플의 조인 속성은 $0 \ldots (m-1)$ 범위의 값으로 해시하고, b의 해당 비트는 1로 설정한다. 릴레이션 r_1보다 훨씬 작은 크기인 비트맵 b를 이제 r_2를 포함하고 있는 사이트로 전송한다. 거기에서 동일한 해시 함수를 r_2의 각 튜플의 조인 속성에 대해 적용한다. 대응하는 비트가 비트맵 b에서 1로 설정되었으면 해당 r_2 튜플을 허용하고(*result* 릴레이션에 추가함), 그렇지 않으면 거부한다.

예를 들어, v_1과 v_2 같은 서로 다른 조인 속성값이 동일한 해시 값을 가질 수 있다. r_1에 값이 v_1인 튜플이 있지만 값이 v_2인 튜플이 없는 경우에도 위 절차의 결과는 조인 속성값이 v_2인 r_2 튜플을 포함할 수 있다. 이러한 상황을 **과탐지**(false positive)라 한다. 그러나 v_1이 r_1에 있으면 조인 속성값 v_1을 가진 r_2의 튜플은 절대 거부하지 않는데, 이는 정확성에 중요한 특성이다.

위에서 계산한 *result* 릴레이션은 $r_2 \ltimes r_1$의 상위 집합(superset)이며 사이트 s_1으로 전송된다. 필요한 조인 결과를 얻기 위해 사이트 s_1에서 $r_1 \bowtie result$를 계산한다. 과탐지는 $r_2 \ltimes r_1$에 없는 결과를 추가 튜플로 생성할 수 있지만, $r_1 \bowtie result$ 조인이 이 추가된 튜플을 제거한다.

과탐지 확률을 낮게 유지하기 위해 블룸 필터의 비트 수를 일반적으로 예상되는 서로 다른 조인 속성값의 개수의 몇 배로 설정한다. 또한 어떤 $k(k > 1)$에 대해, k개의 독립 해시 함수를 사용하여 주어진 값에 대해 k개의 비트 위치를 식별하고, 비트맵을 생성할 때 모두 1로 설정하는 것이 가능하다. 주어진 값으로 질의할 때 k개의 비트 위치를 식별하는 데 동일한 k개의 해시 함수를 사용하며, k개의 비트 값 중 하나라도 0 값을 가지면 값이 없는 것으로 결정한다. 예를 들어, 비트맵에 $10n$개의 비트가 있으면(이때 n은 서로 다른 조인 속성값의 개수이고, $k = 7$개의 해시 함수를 사용), 과탐지 비율은 약 1%가 된다.

22.9.3.3 분산 질의 최적화

분산 질의 실행 계획을 최적화하려면 기존 질의 최적화 기술에 몇 가지 확장이 필요하다.

첫 번째 확장은 데이터의 물리적 속성으로 데이터의 위치를 기록하는 것이다. 최적화기는 결과 정렬 순서와 같은 다른 물리적 특성을 이미 처리하고 있음을 상기하자. 정렬 연산을 다른 정렬 순서를 만드는 데 사용할 수 있는 것처럼 교환 연산을 다른 사이트 간에 데이터를 전송하는 데 사용할 수 있다.

두 번째 확장은 연산자를 실행하는 위치를 추적하는 것이다. 최적화기는 예를 들어 조인 연산자의 경우, 이미 주어진 논리 연산자에 대해 해시 조인 또는 합병-조인과 같은 다른 알고리즘을 고려한다. 알고리즘 실행을 위한 대체 사이트를 추가로 고려하도록 최적화기를 확장할 수 있다. 지정된 사이트에서 연산자를 실행하려면 입력이 해당 사이트에 있는 물리적 속성을 만족해야 한다.

세 번째 확장은 데이터 전송 비용을 줄이기 위해 세미 조인 연산을 고려하는 것이다. 세미 조인 연산을 논리적 변환 규칙(logical transformation rule)으로 도입할 수 있다. 그러나 단순하게 수행하면 검색 공간이 크게 증가하여 이 접근 방식을 실행할 수 없다. 휴리스틱(heuristic)으로, 세미 조인을 데이터베이스 테이블에만 적용하고 중간 조인 결과에는 적용하지 않도록 제한함으로써 최적화 비용을 줄일 수 있다.

네 번째 확장은 스키마 정보를 사용하여 질의를 실행해야 하는 노드 집합을 제한하는 것이다. 22.9.2절의 local-as-view 접근법을 사용하여 릴레이션을 특정 방식으로 분할하도록 명세할 수 있음을 상기하자. 그 예에서 사이트 *s3*는 학과 이름이 Comp. Sci.인 모든 학생 튜플을 포함하고 있고, *s4*는 다른 모든 학생 튜플을 포함하고 있다. *student* 릴레이션에서 "*dept_name* = 'Comp. Sci.'" 선택 연산을 수행하길 원하는 질의를 가정하자. 이 경우 최적화기는 이 질의를 실행할 때 사이트 *s4*를 포함할 필요가 없음을 인지해야 한다.

다른 예로, 사이트 *s5*에 있는 학생 데이터가 사이트 *s3*에 있는 데이터의 복제본인 경우, 최적화기는 두 사이트 중 저렴한 비용이 드는 곳에서 질의를 실행하도록 선택할 수 있다. 두 사이트 모두에서 질의를 실행할 필요는 없다.

22.9.4 분산 디렉터리 시스템

일반적으로 디렉터리란 사람과 같은 어떤 종류의 객체에 대한 정보들을 목록(리스트)으로 작성한 것을 말한다. 디렉터리는 특정 객체에 대한 정보를 찾거나 특정 요구에 부합하는 객체를 찾기 위해 역방향으로 검색하는 데 사용될 수 있다. 디렉터리에 존재하는 데이터를 접근하는 표준화된 방법을 제공하기 위해 여러 **디렉터리 접근 규약**(directory access protocol)이 개발되었다.

매우 널리 사용되는 분산 디렉터리 시스템은 인터넷 **도메인 이름 서비스**(Domain Name Service, **DNS**) 시스템으로, 도메인 이름(예를 들면, db-book.com 또는 www.cs.yale.edu)을 기계의 **IP** 주소로 사상하는 표준화된 방법을 제공한다. 사용자는 도메인 이름만 볼 수 있지만, 기본 네트워크는 IP 주소를 기반으로 메시지를 라우팅하므로 도메인 이름을 IP 주소로 변환하는 방법은 인터넷 기능에 매우 중요한 부분이다. **경량 디렉터리 접근 규약**(Lightweight Directory Access Protocol, **LDAP**)은 조직 데이터를 저장하기 위해 설계된 또 다른 매우 널리 사용되는 규약이다.

디렉터리에 저장된 데이터를 관계형 모델로 표현하고, 관계형 데이터베이스에 저장하고, JDBC나 ODBC와 같은 표준 규약을 통해 접근할 수 있다. 그러면 의문점은 "왜 디렉터리 정보에 접근하기 위한 전문 프로토콜을 고안하는가?"다. 몇 가지 이유가 있다.

- 첫째, 디렉터리 접근 규약은 제한된 유형의 데이터 접근을 지원하는 간소화된 규약이다. 이들은 데이터베이스 접근 규약 표준과 병행적으로 발전했다.
- 둘째, 디렉터리 시스템은 파일 시스템의 디렉터리 이름과 마찬가지로 객체에 대한 계층적인 이름 명명 시스템을 지원하도록 설계되었다. 이러한 이름 명명 시스템은 많은 응용 프로그램에서 중요하다. 예를 들어, 이름이 yale.edu로 끝나는 모든 컴퓨터는 Yale에 속하고 이름이 iitb.ac.in으로 끝나는 컴퓨터는 IIT Bombay에 속한다. yale.edu 도메인에는 Yale의 컴퓨터학과에 해당하는 cs.yale.edu와 Yale의 수학과에 해당하는 math.yale.edu와 같은 하위 도메인이 있다.
- 셋째, 분산 시스템 관점에서 가장 중요한 점으로, 분산 계층적 방식으로 분산 디렉터리 시스템의 데이터를 저장 및 제어한다는 점이다.

예를 들어, Yale의 DNS 서버는 Yale의 컴퓨터 이름에 대한 정보와 함께 해당 IP 주소와 같은 관련된 정보를 저장한다. 마찬가지로 Lehigh 및 IIT Bombay의 DNS 서버는 해당 도메인의 컴퓨터에 대한 정보를 저장한다. DNS 서버는 정보를 계층적 방식으로 저장한다. 예를 들어, Yale DNS 서버에서 제공하는 정보를 CS DNS와 Math DNS 서버와 같은 Yale의 하위 도메인을 사용하여 분산된 방식으로 저장할 수 있다.

분산 디렉터리 시스템은 사용자와 응용 프로그램에게 데이터에 대한 통합 뷰를 제공하기 위해 사이트에 제출된 질의를 필요한 정보가 실제로 저장되어 있는 사이트로 자동적으로 전달한다.

또한 분산 디렉터리 구현은 일반적으로 복제를 지원하여 일부 노드에 장애가 발생한 경우에도 데이터 가용성을 보장한다.

디렉터리 시스템 사용의 또 다른 예는 조직 데이터다. 이러한 시스템은 직원 식별자, 이름, 이메일, (부서와 같은) 조직 단위, 방 번호, 전화번호, 그리고 (암호화된) 암호와 같은 각 직원의 정보를 저장한다. 이러한 조직 데이터의 스키마는 LDAP의 일부로 표준화되었다. LDAP를 기반으로 하는 디렉터리 시스템은 각 사용자에 대해 저장된 암호화된 암호를 사용하여 사용자를 인증하는 데 널리 사용된다. (LDAP 데이터 표현에 대한 자세한 내용은 25.5절에서 설명한다.)

한때는 여러 조직 단위에 흩어진 분산 데이터 저장소가 중요했지만, 요즘에는 이러한 디렉터리 시스템이 중앙집중화되는 경우가 많다. 실제로 여러 디렉터리 구현은 특수 목적 저장 시스템을 만드는 대신 관계형 데이터베이스를 사용하여 데이터를 저장한다. 그러나 데이터에 접근하기 위한 데이터 표현 및 규약이 표준화되어 있다는 사실로 인해 이러한 규약을 계속 널리 사용하고 있다.

22.10 요약

- 현세대의 병렬 시스템은 일반적으로 하이브리드 구조를 기반으로 한다. 이 구조의 각 컴퓨터는 공유 메모리와 다중 코어가 있으며 비공유 방식으로 구성된 컴퓨터도 여러 대 존재한다.
- 데이터베이스 시스템의 병렬 처리를 두 가지 다른 방식으로 활용할 수 있다.
    - 질의 간 병렬화—여러 질의를 다수의 노드에서 서로 병렬 실행한다.
    - 질의 내 병렬화—단일 질의 실행의 여러 부분을 다수의 노드에서 병렬 처리한다.
- 질의 간 병렬화는 트랜잭션 처리 시스템에 필수적이며 질의 내 병렬화는 오랫동안 실행하는 질의의 속도를 빠르게 하는 데 필수적이다.
- 단일 질의 실행은 여러 관계형 연산의 실행을 포함한다. 대규모 병렬화를 활용하기 위한 핵심은 여러 노드에서 병렬로 각 연산을 처리하는 것이다(연산 내 병렬화라고 함).
- 병렬화에 가장 적합한 연산은 정렬, 선택, 중복 제거, 추출과 집계다.
- 범위 분할 정렬은 두 단계로 작동하는데, 먼저 릴레이션을 범위 분할하고 다음에 각 분할을 개별적으로 정렬한다.

- 병렬 외부 정렬-합병은 두 단계로 작동한다. 먼저 각 노드 N_i가 노드 N_i에서 사용 가능한 데이터를 정렬하고, 다음에 시스템은 각 노드에서 정렬된 런(run)을 합병하여 최종 정렬된 출력을 얻는다.
- 병렬 조인 알고리즘은 입력 릴레이션을 여러 노드로 나눈다. 각 노드는 조인의 일부를 지역적으로 계산한다. 그 후 시스템은 각 노드의 결과를 수집하여 최종 결과를 생성한다.
- 치우침은 특히 병렬화 수준이 증가함에 따라 주요한 문제가 된다. 히스토그램을 사용하는 균형 잡힌 분할 벡터와 가상 노드 분할은 치우침을 줄이는 데 사용할 수 있는 기법 중 하나다.
- 맵리듀스 패러다임은 SQL을 사용하여 표현할 수 없는 명령형 프로그래밍 언어를 사용하여 병렬 데이터 처리 프로그램을 쉽게 작성할 수 있도록 설계되었다. 맵리듀스 패러다임의 장애 허용 구현은 다양한 대규모 데이터 처리 작업에 중요하다. 대수 연산을 기반으로 하는 맵리듀스 모델의 확장이 점점 더 중요해지고 있다. Hive SQL 시스템은 맵리듀스 시스템을 기본 실행 엔진으로 사용하고, SQL 질의를 맵리듀스 코드로 컴파일한다.
- 연산 간 병렬화에는 파이프라인 병렬화와 독립 병렬화 두 가지 형태가 있다. 파이프라인 병렬화는 일반적으로 작업 사이에 버퍼가 있는 푸시 모델을 사용하여 구현한다.
- 교환 연산은 지정된 방식으로 데이터를 재분할한다. 노드 간의 데이터 교환은 교환 연산자만 수행하고, 다른 모든 연산은 중앙 데이터베이스 시스템에서와 마찬가지로 지역 데이터에서 작동하는 방식으로 병렬 질의 실행 계획을 생성할 수 있다.
- 장애가 발생한 경우 병렬 질의 실행 계획을 재시작할 수 있다. 그러나 질의를 실행하는 동안 장애가 발생할 가능성이 큰 대규모 시스템은 장애에도 불구하고 질의가 재시작되지 않고 실행을 완료하도록 보장하기 위한 장애 허용 기법이 중요하다.
- 비공유 구조용으로 설계된 병렬 알고리즘을 공유 메모리 구조에서도 사용할 수 있다. 각 프로세서는 자체 메모리 분할을 갖는 것으로 취급할 수 있고, 프로세서가 공통 공유 메모리를 가지고 있다는 사실을 무시할 수 있다. 그러나 모든 프로세서에서 공유 메모리에 빠른 접근이 가능하다는 것을 활용하여 실행을 상당하게 최적화할 수 있다.
- 병렬 실행을 위한 질의 최적화는 전통적인 자원 소비 비용 모델을 사용하거나 응답 시간 비용 모델을 사용하여 수행할 수 있다. 질의 실행 비용의 중요한 요소인 데이터 교환을 최소화하기 위해 실행 계획을 선택할 때 테이블 분할을 고려해야 한다. 실체화 뷰는 질의 실행 비용을 크게 줄일 수 있으므로 병렬 환경에서 중요할 수 있다.
- 스트리밍 데이터의 병렬 처리를 통해서만 달성할 수 있는 고성능 처리를 필요로 하는 스트리밍 데이터 응용 프로그램이 오늘날 많이 존재한다. (입력으로) 들어오는 튜플과 연산의 결과는 다른 연산으로 라우팅되어야 한다. 예를 들어, 아파치 카프카에서 구현한 출판-구독 모델은 이러한 라우팅에 매우 유용함이 입증되었다. 튜플 처리를 위해 정확히 한 번 의미를 사용한 스트리밍 데이터의 장애 허용 처리는 많은 응용 프로그램에서 중요하다. 출판-구독 시스템이 제공하는 지속성은 이와 관련해 도움이 된다.

- 많은 데이터 처리 작업을 위해 다중 데이터베이스의 스키마와 데이터를 통합하는 것이 필요하다. 외부 데이터 접근 방식은 외부 데이터를 마치 지역에 상주하는 것처럼 데이터베이스 내에서 질의하는 것을 허용한다. GAV와 LAV 구조를 사용하면 전역 스키마에서 개별 로컬 스키마로 질의를 재작성할 수 있다. 블룸 필터를 사용하는 세미 조인 전략은 분산 데이터베이스에서 조인을 수행하기 위한 데이터 이동을 줄이는 데 유용하다. 분산 디렉터리 시스템은 분산 저장 및 디렉터리 질의를 위해 설계된 분산 데이터베이스의 한 유형이다.

용어정리

- 질의 간 병령화
- 질의 내 병렬화
    - 연산 내 병렬화
    - 연산 간 병렬화
- 범위 분할 정렬
- 데이터 병렬화
- 병렬 외부 정렬-합병
- 분할 조인
- 분할 병렬 해시 조인
- 분할 병렬 합병-조인
- 분할 병렬 중첩 반복 조인
- 분할 병렬 인덱스 중첩 반복 조인
- 비대칭 단편-복제 조인
- 방송 조인
- 단편-복제 조인
- 대칭 단편-복제 조인
- 조인 치우침 회피
- 조인 치우침의 동적 처리
- 작업 도용
- 병렬 선택
- 병렬 중복 제거
- 병렬 추출
- 병렬 집계
- 부분 집계
- 중간 키
- 파이프라인 병렬화
- 독립 병렬화
- 교환 연산자
- 분할되지 않음
- 임의 합병
- 정렬 합병
- 병렬 질의 실행 계획
- 공유 메모리에서 질의 처리
- 스레드
- 단일 명령 다중 데이터(SIMD)
- 응답 시간 비용 모델
- 병렬 뷰 관리
- 스트리밍 데이터
- 람다 구조
- 스트림의 라우팅
- 출판-구독
- 주제 분할
- 최소 한 번 의미
- 최대 한 번 의미
- 정확히 한 번
- 연합 데이터베이스 시스템
- 전역 스키마
- 지역 스키마
- 스키마 통합
- 중재자
- 데이터 가상화
- 외부 데이터
- 외래 테이블
- 데이터 레이크
- GAV(Global-as-view)
- LAV(Local-as-view)

- 링크드 데이터
- 세미 조인 전략
- 세미 조인
- 세타 세미 조인
- 블룸 필터
- 과탐지
- 디렉터리 접근 규약
- 도메인 이름 서비스(DNS)
- 경량 디렉터리 접근 규약(LDAP)

실전문제

22.1 다음 작업 각각에 대해 어떤 형태의 병렬화(질의 간 병렬화, 연산 간 병렬화, 연산 내 병렬화)가 가장 중요한가?

a. 작은 질의를 많이 가지는 시스템의 처리량을 증가시킨다.

b. 디스크와 프로세서를 많이 가지고 있을 때 큰 질의를 조금 가지고 있는 시스템의 처리량을 증가시킨다.

22.2 데이터 전송을 줄이기 위해 **count** 및 **avg** 집계 함수에 대해 부분 집계를 구현하는 방법을 설명하라.

22.3 파이프라인 병렬화를 사용하면, 심지어 많은 프로세서가 사용 가능한 경우에도 단일 프로세서에서 파이프라인으로 연산을 처리하는 것은 좋은 아이디어라고 볼 수 있다.

a. 그 이유를 설명하라.

b. 기계가 공유 메모리 구조를 가지고 있을 때에도 파이프라인으로 처리하는 것이 좋은 아이디어인가? 왜 그런지 또는 왜 그렇지 않은지 설명하라.

c. 독립 병렬화인 경우에 파이프라인을 사용하는 것이 좋은 아이디어인가? (이것은 "연산이 파이프라인되어 있지 않고 많은 프로세서가 사용 가능한 경우에도 여러 연산을 같은 프로세서에서 실행하는 것이 좋은 아이디어인가?"라고 묻는 것과 같다.)

22.4 범위 분할을 이용하는 비대칭 단편-복제 조인 처리를 고려하자. 조인 조건이 $|r.A - s.B| \leq k$(k는 작은 상수)인 경우 어떻게 평가를 최적화할 수 있는가? 여기서 $|x|$는 x의 절댓값을 나타낸다. 이러한 조인 조건이 있는 조인을 **밴드 조인**(band join)이라고 부른다.

22.5 릴레이션 r은 속성 A로 분할되어 저장 및 인덱싱되어 있고, 릴레이션 s는 속성 B로 분할되어 저장 및 인덱싱되었다고 가정한다. 다음 질의를 살펴보자.

$$_{r.C}\gamma_{\text{count}(s.D)}(\ (\sigma_{A>5}(r)) \bowtie_{r.B=s.B} s\ \ )$$

a. 선택과 조인 연산자만 포함하는 질의의 하위 트리를 계산하기 위해 교환 연산자를 사용하는 병렬 질의 실행 계획을 제시하라.

b. 이제 위를 확장하여 집계를 계산한다. 데이터 전송을 최소화하기 위해 사전 집계를 사용하는 실행 계획을 제시하라.

c. 집계 중 치우침은 심각한 문제다. 위와 같은 사전 집계가 어떻게 집계 중에 치우침 효과를 크게 줄일 수 있는지 설명한다.

22.6 릴레이션 r은 속성 A로 분할되어 저장 및 인덱싱되어 있고, 릴레이션 s는 속성 B로 분할 저장 및 인덱싱되었다고 가정한다. 조인 $r \bowtie_{r.B=s.B} s$를 고려하자. s가 상대적으로 작지만 비대칭 단편-복제 조인을 최선으로 선택할 만큼 작지는 않고, r은 큰 편인데 r의 대부분의 튜플이 s 튜플과 일치하지 않는다고 가정하자. 해시 조인을 수행할 수 있지만 데이터 전송을 줄이기 위해 세미 조인 필터를 사용한다. 이 병렬 조인 설정에서 블룸 필터를 사용한 세미 조인 필터링이 어떻게 동작하는지 설명하라.

22.7 $r ⟕_{r.A=s.A} s$를 계산한다고 가정하자.

a. s가 작은 릴레이션이고 r이 $r.B$ 속성으로 분할되어 저장된다고 가정하자. 왼쪽 외부 조인을 계산하기 위한 효율적인 병렬 알고리즘을 제시하라.

b. 이제 r이 작은 릴레이션, s가 속성 $s.B$로 분할되어 저장된 큰 릴레이션이라고 가정하자. 위의 왼쪽 외부 조인을 계산하기 위한 효율적인 병렬 알고리즘을 제시하라.

22.8 $s.B$ 속성으로 분할되어 저장되어 있는 릴레이션 s에 대해 ${}_{A,B}\gamma_{\text{sum}(C)}$을 계산한다고 가정하자. 서로 다른 $s.B$ 값의 개수가 많고, 각 $s.B$ 값에 해당하는 튜플 개수의 분포가 상대적으로 균일하다면, 재분할을 최소화/방지하면서 주어진 질의를 효율적으로 수행하는 방법을 설명하라.

22.9 맵리듀스 구현은 장애가 발생한 매퍼(mapper) 또는 리듀서(reducer)만 재실행할 수 있는 장애 허용을 제공한다. 기본적으로 분할 병렬 조인 실행은 노드가 하나라도 실패하는 경우 완전히 다시 실행되어야 한다. 병렬 분할 조인 실행을 수정하여 맵리듀스와 유사한 방식으로 장애 허용을 추가하는 것이 가능하므로, 한 노드의 장애 발생은 질의 전체 재실행이 아닌 해당 노드와 관련된 동작만 재실행을 필요로 한다. 이를 위해 송신 노드와 수신 노드에서 분할할 때 수행해야 하는 작업을 설명하라.

22.10 병렬 데이터 저장소를 사용하여 두 개의 릴레이션 r과 s를 저장하고 r과 s를 조인해야 한다면, 조인을 실체화 뷰로 유지하는 것이 유용할 수 있다. 전체 처리량, 공간 사용, 사용자 질의에 대한 응답 시간 측면에서 이점과 부담은 무엇인가?

22.11 맵리듀스 프레임워크를 사용하여 다음 조인 알고리즘 각각을 구현하는 방법을 설명하라.

a. 방송 조인(비대칭 단편-복제 조인이라고도 함)

b. 내부 릴레이션이 병렬 데이터 저장소에 저장되어 있는 인덱싱된 중첩 반복 조인

c. 분할 조인

연습문제

22.12 $r \bowtie_{r.A<s.A \land r.B=s.B} s$에 분할 조인을 사용할 수 있는가? 제시한 답을 설명하라.

22.13 다음 각각을 병렬화하는 좋은 방법을 설명하라.

a. 차집합 연산

b. **count** 집계 연산

c. **count distinct** 집계 연산

d. **avg** 집계 연산
e. 조인 조건에 동등 조건만 포함하는 왼쪽 외부 조인
f. 조인 조건에 동등 조건이 아닌 비교 조건을 포함하는 왼쪽 외부 조인
g. 조인 조건에 동등 조건이 아닌 비교 조건을 가지는 전체 외부 조인

22.14 비공유 병렬화를 사용하여 많은 수의 작은 트랜잭션으로 구성된 작업량을 처리한다고 가정한다.

a. 이러한 상황에서 질의 내 병렬화가 필요한가? 만약 아니라면 왜 그런가? 그리고 어떤 형태의 병렬화가 적절한가?
b. 어떤 형태의 치우침이 이러한 작업에서 가장 중요할 것인가?
c. 대부분의 트랜잭션이 *account_type* 속성을 포함하는 하나의 *account* 레코드와 계좌 종류에 대한 정보를 제공하는 연관된 하나의 *account_type_master* 레코드에 접근한다고 가정하자. 이 경우, 트랜잭션의 속도를 향상하기 위해 어떻게 분할이나 데이터의 복제를 사용할 것인가? *account_type_master* 릴레이션은 거의 갱신되지 않는다고 가정해도 좋다.

22.15 공유 메모리 설정에서 가상 노드로 작업 도용을 하는 동기는 무엇인가? 작업 도용이 비공유 환경에서 효율적이지 않을 수 있는 이유는 무엇인가?

22.16 어떤 속성으로 릴레이션을 분할하는지는 질의 비용에 많은 영향을 준다.

a. 단일 릴레이션에 SQL 질의의 작업량이 주어지면 어떤 속성이 분할의 후보가 되는가?
b. 작업량에 기초하여 어떻게 대안 분할 기술을 선택할 것인가?
c. 한 개의 릴레이션을 하나 이상의 속성을 기반하여 분할하는 것이 가능한가? 제시한 답을 설명하라.

22.17 속성 (*A*, *B*, *C*, *timestamp*)를 가지는 릴레이션 *r*에 대한 튜플 스트림을 처리하는 시스템을 고려하자. 병렬 스트림 처리 시스템의 목표가 각 5분 윈도우에서 (튜플의 타임스탬프를 기반으로) 각각의 *A* 값에 대한 튜플 수를 계산하는 것이라고 하자. 이때 주제(topic)와 주제 분할(topic partition)은 무엇인가? 이유를 설명하라.

관련도구

병렬 질의 처리를 위해 일부 상용 도구 외에도 다양한 오픈 소스 도구를 사용할 수 있다. 이러한 여러 도구를 호스팅된 클라우드 플랫폼에서도 사용할 수 있다.

Teradata는 최초의 상용 병렬 데이터베이스 시스템 중 하나였으며 계속해서 큰 시장 점유율을 유지하고 있다. Red Brick Warehouse는 또 다른 초기 병렬 데이터베이스 시스템이다. Red Brick은 IBM이 인수한 Informix에 인수되었다. 기타 상용 병렬 데이터베이스 시스템에는 Teradata Aster Data, IBM Netezza 및 Pivotal Greenplum이 있다. IBM Netezza, Pivotal Greenplum과 Teradata Aster Data는 모두 PostgreSQL을 기본 데이터베이스로 사용하며 각 노드에서 독립적으로 실행된다. 이러한 각 시스템은 데이터를 분할하고 노드에서 질의 처리를 병렬화하기 위한 계층을 맨 위에 구축한다.

오픈 소스 하둡 플랫폼(hadoop.apache.org)은 HDFS 분산 파일 시스템과 하둡 맵리듀스(Hadoop MapReduce) 플랫폼을 포함한다. 맵리듀스 플랫폼에서 SQL을 지원하는 시스템은 Facebook에서

유래한 Apache Hive(hive.apache.org), Cloudera에서 유래한 Apache Impala(impala.apache.org), Pivotal에서 유래한 Apache HAWQ(hawq.apache.org)를 포함한다. University of California, Berkeley에서 유래한 Apache Spark(spark.apache.org)와 Apache Tez(tez.apache.org)는 기본적인 맵과 리듀스를 넘어서는 다양한 연산자를 지원하는 병렬 실행 프레임워크다. Hive SQL 질의는 이 두 플랫폼 모두에서 실행할 수 있다. 다른 병렬 실행 프레임워크로는 Yahoo!에서 유래한 Apache Pig(pig.apache.org), University of California, Irvine에서 유래한 Asterix 시스템(asterix.ics.uci.edu), Technical University, Berlin, Humboldt University와 the Hasso-Plattner Institute의 Stratosphere 프로젝트로 시작된 Apache Flink 시스템(flink.apache.org)이 있다. Apache Spark 및 Apache Flink는 병렬 기계 학습을 위한 라이브러리도 지원한다.

이 시스템들은 HDFS에 있는 다양한 형식의 파일이나 HBase와 같은 저장 시스템의 객체와 같은 다양한 데이터 형식으로 저장된 데이터에 접근할 수 있다. 하둡 파일 형식은 처음에는 텍스트 파일이었지만, 오늘날 하둡 구현은 시퀀스 파일(바이너리 데이터 허용), Avro(반구조적 스키마 지원) 및 Parquet(열 데이터 표현 지원)과 같은 여러 최적화된 파일 형식을 지원한다.

Apache Kafka(kafka.apache.org)는 스트리밍 데이터 시스템에서 튜플을 라우팅하는 데 널리 사용한다. 스트리밍 데이터에 대한 질의 처리를 위해 설계된 시스템은 Apache Storm(storm.apache.org), Kafka Streams(kafka.apache.org/documentation/streams/)와 Twitter에서 개발한 Heron(apache.github.io/incubator-heron/)이 있다. Apache Flink(flink.apache.org), Apache Spark의 스트리밍 구성요소인 Spark Streaming(spark.apache.org/streaming/), 그리고 Apache Apex(apex.apache.org)는 저장된 데이터에 대한 분석과 함께 스트리밍 데이터에 대한 분석을 지원한다.

위 대부분의 시스템은 Amazon AWS, Google Cloud, Microsoft Azure 및 기타 유사한 플랫폼에서 제공하는 클라우드 서비스의 일부로 클라우드 기반 서비스로도 제공된다.

더 읽어보기

병렬 데이터베이스 시스템에 대한 초기 연구는 GAMMA([DeWitt (1990)]), XPRS([Stonebraker et al. (1989)])와 Volcano([Graefe (1990)])를 포함한다. [Graefe (1993)]는 질의의 병렬 처리를 포함한 질의 처리에 대한 훌륭한 문헌 정리를 제공한다. 교환 연산자 모델은 [Graefe (1990)]와 [Graefe and McKenna (1993)]가 옹호했다. 병렬 조인에서 치우침 처리는 [DeWitt et al. (1992)]이 설명했다.

[Ganguly et al. (1992)]는 병렬 질의 실행을 위한 응답 시간 비용 모델에 기반한 질의 최적화 기술을 설명하였고, [Zhou et al. (2010)]는 분할 특성 및 병렬 실행 계획을 설명하기 위해 질의 최적화기를 확장하는 방법을 기술했다. 병렬 데이터 저장 시스템의 뷰 관리는 [Agrawal et al. (2009)]이 설명했다.

[Dean and Ghemawat (2010)]은 Google에서 맵리듀스 프레임워크의 장애 허용 구현을 설명하는데, 이는 맵리듀스 패러다임의 광범위한 사용으로 이어진다. [Kwon et al. (2013)]은 하둡 맵리듀스(Hadoop MapReduce) 프레임워크의 치우침 처리에 대한 대한 개요를 제공한다. [Herodotou and Babu (2013)]은 맵리듀스 프레임워크에서 질의 실행을 위한 여러 매개변수를 최적화하는 방법을 설명한다. [Zaharia et al. (2016)]는 Apache Spark 시스템의 개요를 제공하고, [Zaharia et al. (2012)]는 Spark 구현의 기반을 형성한 장애 허용 추상화인 탄력적인 분산 데이터셋(Resilient Distributed Datasets)을 설명한다. 장애

허용 연속 질의에 중점을 두고, 장애 허용을 지원하는 교환 연산자의 확장을 [Shah et al. (2004)]이 기술한다. Google MillWheel 시스템의 장애 허용 스트림 처리는 [Akidau et al. (2013)]이 설명한다.

다중 코어 프로세서를 사용하는 공유 메모리 시스템에서 병렬 질의 평가에 대한 (작은) 조각-구동 접근 방식은 [Leis et al. (2014)]이 설명하고, [Kersten et al. (2018)]은 생산자 구동 파이프라이닝과 함께 SIMD 명령어와 같은 최적화를 사용한 벡터별 질의 처리 비교를 제공한다.

[Carbone et al. (2015)]는 Apache Flink의 스트림 및 일괄 처리를 설명한다. [Ozsu and Valduriez (2010)]는 분산 데이터베이스 시스템의 교과서적 설명을 제공한다.

참고문헌

[Agrawal et al. (2009)] P. Agrawal, A. Silberstein, B. F. Cooper, U. Srivastava, and R. Ramakrishnan, "Asynchronous view maintenance for VLSD databases", In *Proc. of the ACM SIGMOD Conf. on Management of Data* (2009), pages 179-192.

[Akidau et al. (2013)] T. Akidau, A. Balikov, K. Bekiroğlu, S. Chernyak, J. Haberman, R. Lax, S. McVeety, D. Mills, P. Nordstrom, and S. Whittle, "MillWheel: Fault-tolerant Stream Processing at Internet Scale", *Proceedings of the VLDB Endowment*, Volume 6, Number 11 (2013), pages 1033-1044.

[Carbone et al. (2015)] P. Carbone, A. Katsifodimos, S. Ewen, V. Markl, S. Haridi, and K. Tzoumas, "Apache Flink: Stream and Batch Processing in a Single Engine", *IEEE Data Eng. Bull.*, Volume 38, Number 4 (2015), pages 28-38.

[Dean and Ghemawat (2010)] J. Dean and S. Ghemawat, "MapReduce: a flexible data processing tool", *Communications of the ACM*, Volume 53, Number 1 (2010), pages 72-77.

[DeWitt (1990)] D. DeWitt, "The Gamma Database Machine Project", *IEEE Transactions on Knowledge and Data Engineering*, Volume 2, Number 1 (1990), pages 44-62.

[DeWitt et al. (1992)] D. DeWitt, J. Naughton, D. Schneider, and S. Seshadri, "Practical Skew Handling in Parallel Joins", In *Proc. of the International Conf. on Very Large Databases* (1992), pages 27-40.

[Ganguly et al. (1992)] S. Ganguly, W. Hasan, and R. Krishnamurthy, "Query Optimization for Parallel Execution", In *Proc. of the ACM SIGMOD Conf. on Management of Data* (1992), pages 9-18.

[Graefe (1990)] G. Graefe, "Encapsulation of Parallelism in the Volcano Query Processing System", *In Proc. of the ACM SIGMOD Conf. on Management of Data* (1990), pages 102-111.

[Graefe (1993)] G. Graefe, "Query Evaluation Techniques for Large Databases", *ACM Computing Surveys*, Volume 25, Number 2 (1993).

[Graefe and McKenna (1993)] G. Graefe and W. McKenna, "The Volcano Optimizer Generator", In *Proc. of the International Conf. on Data Engineering* (1993), pages 209-218.

[Herodotou and Babu (2013)] H. Herodotou and S. Babu, "A What-if Engine for Cost-based MapReduce Optimization", *IEEE Data Eng. Bull.*, Volume 36, Number 1 (2013), pages 5-14.

[Kersten et al. (2018)] T. Kersten, V. Leis, A. Kemper, T. Neumann, A. Pavlo, and P. A. Boncz, "Everything You Always Wanted to Know About Compiled and Vectorized Queries But Were

Afraid to Ask", *Proceedings of the VLDB Endowment*, Volume 11, Number 13 (2018), pages 2209-2222.

[Kwon et al. (2013)] Y. Kwon, K. Ren, M. Balazinska, and B. Howe, "Managing Skew in Hadoop", *IEEE Data Eng. Bull.*, Volume 36, Number 1 (2013), pages 24-33.

[Leis et al. (2014)] V. Leis, P. A. Boncz, A. Kemper, and T. Neumann, "Morsel-driven parallelism: a NUMA-aware query evaluation framework for the many-core age", In *Proc. of the ACM SIGMOD Conf. on Management of Data* (2014), pages 743-754.

[Ozsu and Valduriez (2010)] T. Ozsu and P. Valduriez, *Principles of Distributed Database Systems*, 3rd edition, Prentice Hall (2010).

[Shah et al. (2004)] M. A. Shah, J. M. Hellerstein, and E. A. Brewer, "Highly-Available, Fault-Tolerant, Parallel Dataflows", In *Proc. of the ACM SIGMOD Conf. on Management of Data* (2004), pages 827-838.

[Stonebraker et al. (1989)] M. Stonebraker, P. Aoki, and M. Seltzer, "Parallelism in XPRS", In *Proc. of the ACM SIGMOD Conf. on Management of Data* (1989).

[Zaharia et al. (2012)] M. Zaharia, M. Chowdhury, T. Das, A. Dave, J. Ma, M. McCauly, M. J. Franklin, S. Shenker, and I. Stoica, "Resilient Distributed Datasets: A Fault-Tolerant Abstraction for In-Memory Cluster Computing", In *Procs. USENIX Symposium on Networked Systems Design and Implementation*, NSDI (2012), pages 15-28.

[Zaharia et al. (2016)] M. Zaharia, R. S. Xin, P. Wendell, T. Das, M. Armbrust, A. Dave, X. Meng, J. Rosen, S. Venkataraman, M. J. Franklin, A. Ghodsi, J. Gonzalez, S. Shenker, and I. Stoica, "Apache Spark: a unified engine for big data processing", *Communications of the ACM*, Volume 59, Number 11 (2016), pages 56-65.

[Zhou et al. (2010)] J. Zhou, P. Larson, and R. Chaiken, "Incorporating partitioning and parallel plans into the SCOPE optimizer", In *Proc. of the International Conf. on Data Engineering* (2010), pages 1060-1071.

크레딧

장 도입부 보트 사진: © Pavel Nesvadba/Shutterstock

Chapter 23

병렬 및 분산 트랜잭션 처리

우리는 18장의 동시성 제어, 19장의 복구에서 중앙집중 데이터베이스에서 트랜잭션을 처리하는 방법에 대해 학습했다. 이번 장에서 병렬 및 분산 데이터베이스에서 트랜잭션을 처리하는 방법에 대해 학습한다. 동시성 제어와 복구를 지원하는 것 이외에도, 병렬 및 분산 데이터베이스에서 트랜잭션 처리는 데이터 복제와 노드의 장애를 고려해야 한다.

병렬 및 분산 데이터베이스는 모두 여러 개의 노드를 가지고 있으며, 각각은 정상 동작에 실패할 가능성이 있다. 하지만 트랜잭션 처리 관점에서 둘의 차이점에 대해 살펴보면, 분산 데이터베이스는 원격 접근에 필요한 시간이 병렬 데이터베이스보다 훨씬 길고, 대역폭은 더 작다. 반면에 병렬 데이터베이스는 모든 노드가 단일 데이터 센터에 있다. 분산 데이터베이스는 지리적으로 광범위하게 분산되어 있어 네트워크 분할이나 메시지 지연과 같은 실패가 발생할 가능성이 병렬 데이터베이스보다 훨씬 크다. 하지만 병렬 데이터베이스에서 실패가 없다는 것을 의미하지는 않기 때문에 이를 적절히 처리할 방법이 필요하다.

그러므로 트랜잭션 처리를 위한 대부분 기술을 병렬 및 데이터베이스에 공통으로 적용할 수 있는 경우가 많다. 만약 차이점이 존재하는 경우, 우리는 그 차이점을 명확히 짚고 넘어갈 것이다. 즉 분산 데이터베이스에 적용 가능한 기법을 소개한 경우 별다른 언급이 없다면 병렬 데이터베이스에도 적용할 수 있다.

23.1절은 분산 데이터베이스에서 트랜잭션 처리를 위한 모델을 개략적으로 설명한다. 23.2절은 특별한 커밋 프로토콜을 활용하여 분산 데이터베이스에서 원자적인 트랜잭션을 구현하는 방법을 설명한다.

23.3절은 전통적인 동시성 제어를 분산 데이터베이스로 확장하여 설명한다. 23.4절은 데이터가 복제된 경우에 동시성 제어를 다루는 기법을 소개한다. 23.5절은 다중 버전 동시성 제어 기법이 어떻게 분산 데이터베이스로 확장될 수 있는지와 동시성 제어가 이질 분산 데이터베이스에서 어떻게

구현될 수 있는지를 소개한다. 23.6절은 약한 일관성을 가지는 복제 환경에 대해서 다룬다.

분산 데이터를 다루는 대부분 기술은 일관성과 효율적인 트랜잭션 처리를 보장하기 위해 조정자(coordinator)를 사용한다. 23.7절은 분산 환경에서 실패에도 강인한 조정자를 어떻게 설정할 수 있는지를 다룬다. 마지막으로, 23.8절은 분산 컨센서스 문제, 그 문제에 대한 해법의 개요, 그 해법이 로그의 분산을 통해 장애 허용(fault-tolerant) 서비스에 어떻게 활용될 수 있는지를 다룬다.

23.1 분산 트랜잭션

분산 시스템에서 다양한 데이터에 접근하는 것은 트랜잭션을 통해 수행되며, 트랜잭션 처리는 17.1절에서 소개된 ACID 특성을 만족해야 한다. 두 가지 형태의 트랜잭션을 고려해야 한다. **지역 트랜잭션**(local transaction)은 하나의 지역 데이터베이스에서 접근과 갱신이 발생하는 경우이며, **전역 트랜잭션**(global transaction)은 여러 지역 데이터베이스에서 접근과 갱신이 발생하는 경우를 일컫는다. 지역 트랜잭션에 대해 ACID를 보장하는 것은 17장, 18장, 19장에서 소개했다. 그러나 전역 트랜잭션의 경우, 여러 노드가 트랜잭션 처리에 참여하고 있으므로 ACID를 보장하는 것이 훨씬 더 복잡하다. 노드 중 하나가 실패하거나 노드를 연결하고 있는 통신망에 문제가 발생했을 경우 잘못된 연산 결과를 초래할 수 있다.

이번 절에서, 분산 데이터베이스의 시스템 구조와 가능한 실패에 대해서 학습한다. 후반부에는 실패가 발생하더라도 분산 데이터베이스에서 ACID를 보장하는 방법에 관해 설명한다. 이러한 실패는 이전에도 언급한 것처럼 병렬 데이터베이스에서도 동일하게 적용된다.

23.1.1 시스템 구조

여러 노드로 구성된 시스템 구조를 살펴보자. 각각의 노드는 다른 노드와 무관하게 실패할 수 있다. 병렬 데이터베이스의 경우 노드는 하나의 데이터 센터 안에 존재하며, 분산 데이터베이스의 경우 노드가 지리적으로 분산되어 있다. 시스템 구조는 두 경우가 비슷하며, 트랜잭션 고립성 및 원자성, 그 해결책은 병렬 및 분산 데이터베이스에서 모두 같다.

여기에서 고려하는 시스템 구조는 메모리를 공유하는 병렬 데이터베이스 시스템에는 적용할 수 없다. 왜냐하면 실패가 독립적으로 발생하지 않기 때문이다. 즉 전체 시스템이 작동하고 있거나 전체 시스템이 실패한 상태로 존재한다. 게다가 복구를 위해 단 하나의 트랜잭션 로그만 존재한다. 중앙집중 데이터베이스 시스템에서 소개된 동시성 제어나 복구 기술을 이러한 시스템에 그대로 적용할 수 있다.

각각의 노드는 고유의 **지역 트랜잭션 관리자**를 가지며 각 노드에서 실행된 트랜잭션에 대해 ACID를 보장하는 역할을 한다. 여러 지역 트랜잭션 관리자는 전역 트랜잭션을 수행하기 위해 서로 협력한다. 그러한 관리자가 어떻게 구현되는지 이해하기 위해 각각의 노드가 두 가지 하위 시스템을 포함하고 있는 트랜잭션 시스템 추상 모델을 고려한다.

- **트랜잭션 관리자**(transaction manager)는 해당 노드에 있는 데이터에 접근하는 트랜잭션의 실행을 관리한다. 각각의 트랜잭션은 지역 트랜잭션 혹은 전역 트랜잭션이다.

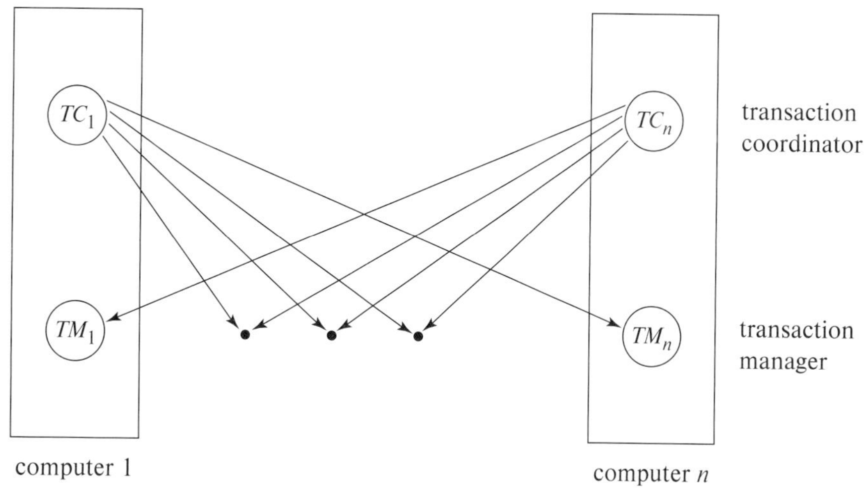

그림 23.1 시스템 구조

- **트랜잭션 조정자**(transaction coordinator)는 해당 노드에서 시작된 다양한 트랜잭션의 실행을 조정한다.

전체적인 시스템 구조는 그림 23.1에 있다.

트랜잭션 관리자의 구조는 중앙집중 시스템의 구조와 많은 면에서 유사하다. 트랜잭션 관리자의 역할은 다음과 같다.

- 복구를 위한 로그 관리하기
- 해당 노드에서 수행하는 트랜잭션의 동시 실행을 조정하기 위해 적절한 동시성 제어 기법에 참여하기

우리는 복구 및 동시성에 관한 설계를 트랜잭션의 분산 실행에 맞게 변경해야 할 필요가 있다.

트랜잭션 조정자는 중앙집중 환경에선 필요하지 않았는데, 이는 하나의 트랜잭션이 하나의 노드에서 데이터에 접근했기 때문이다. 트랜잭션 조정자는 이름이 암시하듯이 해당 노드에서 시작된 모든 트랜잭션의 실행을 총괄하는 역할을 한다. 각각의 트랜잭션에 대해 조정자는 다음을 관리한다.

- 트랜잭션을 시작하는 것
- 시작된 트랜잭션을 여러 개의 하위 트랜잭션으로 분리하고 적절한 노드에 분배하는 것
- 트랜잭션의 종료를 관리하는 것. 즉 참여한 모든 노드에서 커밋되거나 혹은 중단되도록 함

23.1.2 시스템 실패 상태

분산 시스템은 소프트웨어 오류, 하드웨어 오류, 혹은 디스크 고장과 같은 중앙집중 시스템에서 발생할 수 있는 실패가 동일하게 발생할 수 있다. 그러나 분산 환경에서 다뤄야 할 추가적인 형태의 실패도 존재한다. 그러한 실패 중 기본적인 형태는 다음과 같다.

- 노드의 실패
- 메시지 손실
- 통신 경로의 실패
- 네트워크 분할

메시지가 손실되거나 의도치 않게 변형되는 경우는 분산 시스템에서 항상 염두에 두어야 한다. 그러한 오류를 다루기 위해 TCP/IP와 같은 전송-통제 규약을 사용한다. 이 규약에 관한 자세한 내용은 네트워크에 관한 교과서에 자세히 설명되어 있다.

만약 두 개의 노드 *A*와 *B*가 직접 연결되어 있지 않다면, 일련의 통신 링크를 통해 우회적으로 통신한다. 만약 통신 링크가 끊겼다면, 그 링크를 통해 전송되었던 메시지는 다시 전송되어야 한다. 어떤 경우에는 다른 경로를 찾아 재전송하여 메시지가 노드 *B*에 도착하도록 할 수 있다. 하지만 특정 경우엔 두 노드 간 경로가 완전히 단절될 수도 있다.

어떤 시스템이 두 개 이상의 하위 시스템으로 분리되어 서로 통신할 수 없는 경우 시스템이 **분할**(partitioned)되었다고 하며, 각 하위 시스템을 **분할**(partition)이라고 부른다.[1] 하나의 분할은 단 하나의 노드로 구성될 수도 있다.

23.2 커밋 프로토콜

원자성을 달성하기 위해 트랜잭션 *T*를 수행하고 있는 모든 노드가 *T*의 최종 결과에 대해 합의해야 한다. 즉 *T*는 모든 노드에서 커밋되거나 혹은 중단되어야 하는데, 이러한 성질을 보장하기 위해 *T*의 트랜잭션 조정자는 커밋 프로토콜을 실행한다.

가장 단순하고 널리 사용되는 커밋 프로토콜은 **2단계 커밋 프로토콜**(two-phase commit protocol, **2PC**)이며 23.2.1절에서 설명한다.

23.2.1 2단계 커밋

2단계 커밋 프로토콜(2PC)이 정상 환경에서 어떻게 동작하는지를 설명한 뒤, 실패를 다루는 방법, 복구 및 동시성 제어 방법에 대해 설명한다.

트랜잭션 *T*가 노드 N_i에서 시작되었고, 트랜잭션 조정자는 C_i라고 가정한다.

23.2.1.1 커밋 프로토콜

*T*에 관한 실행을 마쳤다고 가정하자. 즉 *T*가 실행되었던 모든 노드가 C_i에게 *T*가 종료되었음을 알렸다고 했을 때, C_i는 해당 트랜잭션을 커밋하기 위해 2PC 프로토콜을 시작한다.

- **단계 1.** C_i는 <prepare *T*> 레코드를 로그에 추가하고, 로그를 안전한 저장 장치에 저장한다. 그다음 prepare *T* 메시지를 *T*가 실행된 모든 노드에 전송한다. 메시지를 수신한 각 노드의 트랜잭션 관리자는 *T*에 대해 커밋을 할지 말지를 결정한다. 만약 커밋을 하지 않기로 했다면,

1 역자 주: "파티션"이라는 용어로 번역하기도 한다.

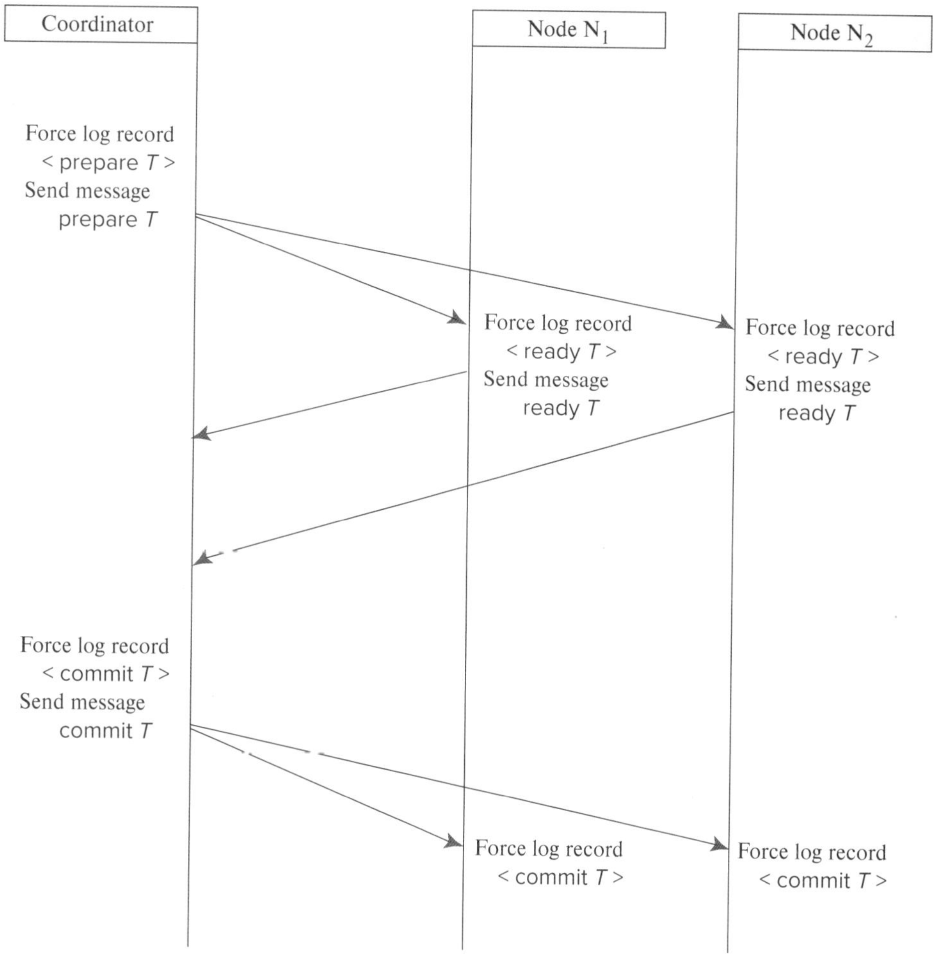

그림 23.2 2PC의 성공적인 수행

<no T> 레코드를 로그에 추가하고 C_i에 abort T 메시지를 전송한다. 만약 커밋을 결정했다면, <ready T> 레코드를 로그에 추가하고 T와 관련된 다른 로그와 함께 안전한 저장 장치에 저장한다. 트랜잭션 관리자는 ready T 메시지를 C_i에 전송한다.

- **단계 2.** C_i가 송신한 prepare T 메시지에 대해 모든 노드로부터 ready 응답을 수신하거나 적어도 하나의 abort를 수신했다면, C_i는 트랜잭션 T를 커밋할 것인지 중단할 것인지를 결정할 수 있다. 즉 모든 노드로부터 ready T 메시지를 수신했다면 트랜잭션 T를 커밋할 수 있다. 그렇지 않으면 T는 중단된다. 그러한 결정에 따라 <commit T> 혹은 <abort T> 레코드가 로그에 추가되고 로그는 안전한 저장 장치에 저장된다. 이때 트랜잭션의 최종 결과가 결정된다.

  C_i는 commit T 혹은 abort T 메시지를 T와 관련된 모든 노드에 전송한다. 메시지를 수신한 노드는 commit T 혹은 abort T 메시지를 로그에 기록하고 트랜잭션을 커밋하거나 중단한다.

  트랜잭션 처리에 참여하는 노드가 실패할 수도 있으므로, C_i는 모든 노드로부터 응답을 받을 때까지 무한정 기다릴 수는 없다. 대신 prepare T 메시지 이후에 특정 시간이 지나간 경우 C_i는 트랜잭션을 중단할 수 있다. 한 노드가 abort 메시지를 보냈을 때처럼 트랜잭션을 중단하는 과정을 실행한다.

그림 23.2는 트랜잭션 T, 두 개의 노드 N_1, N_2에 대한 2PC의 성공적인 수행 과정의 예시를 보여준다. 만약 어떤 노드가 no T 메시지를 보낸다면, 트랜잭션 조정자는 모든 노드에 abort T 메시지를 보내고 트랜잭션을 종료한다.

트랜잭션 T에 참여한 임의의 노드는 트랜잭션 조정자에게 ready T 메시지를 보내기 전에 언제든지 T를 중단할 수 있다. 일단 <ready T> 로그가 쓰이면, 트랜잭션 T는 해당 노드에서 **준비 상태**(ready state)에 있다고 말한다. ready T 메시지는 T를 커밋하거나 중단하기 위한 조정자의 지시에 충실히 따를 것을 약속한다는 의미다. 그러한 약속을 하기 위해서는 필요한 정보가 반드시 먼저 안전한 저장 장치에 저장되어야 한다. 만약 정보가 저장되지 않은 채로 ready T 메시지 이후에 실패가 발생한다면 해당 약속을 지킬 수 없다는 의미이기 때문이다. 또한 트랜잭션이 소유한 잠금은 노드의 실패가 있더라도 트랜잭션이 완전히 종료하기 전까지는 유지되어야 하며 자세한 내용은 23.2.1.3절에서 언급한다.

하나의 트랜잭션을 커밋하기 위해서는 참여하고 있는 모든 노드의 합의가 필요하다. 적어도 하나의 노드가 abort T로 응답한 순간에 T의 최종 결과가 결정될 수도 있다. T가 시작된 조정자 노드 N_i도 T를 실행하고 있는 노드 중 하나이기 때문에 T를 중단할지를 결정할 수 있다. T에 관한 최종 결과는 조정자 노드가 커밋 혹은 중단을 로그에 기록하고 안전한 저장 장치에 저장한 순간에 결정된다.

2PC 프로토콜에 대한 특정 구현에서 한 노드는 단계 2의 마지막에 조정자에게 acknowledge T 메시지를 송신하기도 한다. 조정자가 모든 노드로부터 acknowledge T 메시지를 수신하면 <complete T> 레코드를 로그에 추가한다. 이 단계에 이르기까지 조정자는 T에 대한 커밋 혹은 중단 결정에 대해서 기억해야 한다. 왜냐하면 T의 처리에 참여한 한 노드가 커밋이나 중단에 관한 메시지를 네트워크 실패나 기타 노드의 실패로 인해 수신하지 못했을 경우, T를 커밋 해야 하는지 중단해야 하는지 여전히 알지 못하기 때문에, 조정자에게 그 결과를 다시 물어볼 수도 있기 때문이다. 조정자가 모든 노드로부터 acknowledge T를 수신한 이후에는 트랜잭션 T에 관한 정보를 더 유지할 필요가 없다.

23.2.1.2 실패 처리

2PC 프로토콜은 여러 종류의 실패에 다양한 방법으로 대응한다.

- **트랜잭션 처리에 참여한 노드의 실패.** 조정자 C_i가 어떤 노드의 실패를 발견했을 때 다음과 같은 행동을 취한다. 만약 노드가 ready T 메시지를 C_i에게 보내기 전에 실패했다면, 조정자는 그 노드가 abort T 메시지로 응답했다고 가정한다. 만약 조정자가 ready T 메시지를 그 노드로부터 수신한 이후에 노드가 실패한 경우, 조정자는 해당 노드의 실패를 무시한 채 정상적인 방법으로 커밋 프로토콜의 나머지를 실행한다.

  트랜잭션 처리에 참여한 N_k가 실패로부터 복구되었을 경우, 실패할 당시에 실행 중이던 트랜잭션의 최종 결과를 알아내기 위해 로그를 검사해야 한다. T를 그러한 트랜잭션 중 하나라고 가정하고 발생할 수 있는 경우에 대해 살펴보면 다음과 같다.

- 로그가 <commit T> 레코드를 포함하고 있는 경우, N_k는 redo(T)를 실행한다.
- 로그가 <abort T> 레코드를 포함하고 있는 경우, N_k는 undo(T)를 실행한다.
- 로그가 <ready T> 레코드를 포함하고 있는 경우, 조정자 C_i에게 T의 최종 결과를 물어봐야 한다. 만약 조정자가 여전히 정상 작동하고 있다면, N_k에게 T가 커밋되었는지 중단되었는지를 알린다. 만약 커밋되었다면 redo(T)를 실행하고, 중단되었다면 undo(T)를 실행한다. 만약 조정자가 정상 작동하고 있지 않다면, N_k는 조정자가 아닌 다른 노드에 T의 최종 결과에 관해 물어봐야 한다. 즉 시스템에 있는 모든 노드에 querystatus T 메시지를 전송한다. 그 메시지를 수신한 다른 노드는 로그를 통해 T에 참여했는지 확인하고, 만약 T에 참여했었다면 T가 커밋되었는지 중단되었는지를 확인한 후에 N_k에게 결과를 알린다. 만약 그 어떤 노드도 T가 커밋되었는지 중단되었는지를 알지 못한다면, N_k는 중단하지도 못하고 커밋하지도 못한다. T에 관한 결정은 N_k가 필요한 정보를 수집할 수 있을 때까지 미뤄진다. 즉 필요한 정보를 가지고 있는 적어도 하나의 노드가 정상 상태가 될 때까지, N_k는 다른 노드에 주기적으로 querystatus 메시지를 전송해야 한다. 최소한 C_i가 존재하던 노드는 필요한 정보를 가지고 있다.
- 로그가 T에 관해 abort, commit, ready 그 어떤 레코드도 가지고 있지 않은 경우, N_k는 prepare T 메시지에 응답하기 전에 실패했음을 의미한다. N_k가 실패했으므로 C_i는 T를 중단해야 한다. N_k는 undo(T)를 실행한다.

- **조정자의 실패.** 만약 조정자가 트랜잭션 T에 대한 커밋 프로토콜을 수행하는 도중에 실패한 경우, 참여하고 있는 다른 노드가 T의 최종 결과를 결정해야 한다. 특정 상황에선 참여하고 있는 노드가 조정자 없이 T의 최종 결과를 결정할 수 없는 경우가 존재하며, T가 복구될 때까지 기다려야 한다.
  - 정상 동작하는 어떤 노드가 로그에 <commit T>를 가지고 있다면 T는 커밋되어야 한다.
  - 정상 동작하는 어떤 노드가 로그에 <abort T>를 가지고 있다면 T는 중단되어야 한다.
  - 정상 동작하는 어떤 노드가 로그에 <ready T>를 가지고 있지 않다면, 실패한 조정자 C_i는 T를 커밋할지 결정할 수 없다. 왜냐하면 <ready T>를 가지고 있지 않은 노드는 C_i에게 ready T 메시지를 전송할 수 없었다는 것을 의미하기 때문이다. 하지만 C_i는 T를 커밋하지 않고 중단할 수는 있다. C_i가 복구될 때까지 기다리기보다는 T를 중단하는 것이 더 바람직하다.
  - 만약 위 경우에 모두 해당하지 않는다면, 살아 있는 모든 노드는 <ready T> 레코드를 로그에 가지고 있어야만 하고, <abort T> 혹은 <commit T>는 가지고 있지 않아야 한다. 조정자가 실패했기 때문에 커밋할지 중단할지를 결정하는 것은 불가능하다. 만약 어떤 정상 동작하는 노드가 <abort T> 혹은 <commit T>를 가지고 있는 경우, 조정자가 복구될 때까지 기다려야 한다.

T의 최종 결과가 아직 결정되지 않았기 때문에 T와 관련된 연산 자원을 계속 유지해야 한다. 예를 들어, T를 위한 잠금이 존재하는 경우, 정상 동작하는 노드는 잠금을 계속 유지해야 한다. 조정자가 복구되기까지 걸리는 시간을 예상할 수 없으므로 이러한 상황은 바람직하지 않다. 또한 다른 트랜잭션이 T의 종료를 기다리는 경우 상황은 더욱 나빠진다. 결과적으로 실패한 노드뿐만 아니라 정상 동작하는 노드도 실패한 노드가 복구될 때까지 기다려야 하는 상황이 발생한다. 조정자가 복구되는 동안 T가 중단되기 때문에 이러한 상황을 **블로킹 문제**(blocking problem)라고 부른다.

- **네트워크 분할**. 네트워크 분할이 발생했을 때 두 가지 경우가 존재할 수 있다.

  1. 조정자와 트랜잭션 실행에 참여하는 모든 노드가 하나의 분할에 존재하는 경우. 이 경우에 네트워크 분할은 커밋 프로토콜에 영향을 끼치지 않는다.
  2. 조정자와 트랜잭션 실행에 참여하는 모든 노드가 여러 분할에 존재하는 경우. 어떤 한 분할에 속하는 노드의 관점에서 다른 분할에 있는 노드가 실패한 것으로 생각할 수 있다. 조정자가 속하지 않는 분할에 있는 노드는 조정자가 실패한 것으로 간주하여 상황을 처리한다. 조정자와 같은 분할에 있는 노드는 참여하고 있는 다른 노드가 실패한 것으로 간주하여 상황을 처리한다.

결과적으로 2PC 프로토콜의 가장 큰 단점은 조정자가 실패했을 경우 블로킹 문제가 발생한다는 점이다. 조정자가 복구될 때까지 커밋 혹은 중단 여부를 결정할 수 없다. 23.2.2절에서 이러한 한계를 극복하는 방안에 관해 설명한다.

23.2.1.3 복구 및 동시성 제어

실패한 노드가 다시 시작했을 때, 19.4절에서 언급한 복구 알고리즘을 통해 복구를 수행할 수 있다. 분산 커밋 프로토콜을 다루기 위해 복구 과정은 **불확실한 트랜잭션**(in-doubt transaction)을 잘 처리해야 한다. 불확실한 트랜잭션이란 <ready *T*> 로그 레코드는 존재하지만 <commit *T*> 혹은 <abort *T*> 레코드가 존재하지 않는 트랜잭션을 의미한다. 복구 중인 노드는 불확실한 트랜잭션의 커밋 혹은 중단 여부를 23.2.1.2절에서 언급한 것처럼 다른 노드와의 협의를 통해 결정해야 한다.

복구가 완료되었더라도 해당 노드에서 모든 불확실한 트랜잭션이 커밋되거나 롤백되기 전에는 정상적인 트랜잭션 처리 과정을 재개할 수 없다. 불확실한 트랜잭션의 상태를 추적하는 것은 수많은 노드와 통신해야 하므로 느릴 수 있다. 게다가 조정자가 실패한 상황에서 완료되지 않은 트랜잭션의 커밋 혹은 중단 상태에 대해 다른 모든 노드가 알지 못한다면, 2PC 프로토콜에서 복구 과정이 중단될 수도 있다. 결과적으로 복구 과정을 재시작하는 노드는 오랫동안 사용 불가능할 수도 있다.

이러한 문제가 발생하는 것을 피하기 위해 복구 알고리즘은 로그에 잠금 정보에 관해 기록한다(이 책에서 잠금이 동시성 제어를 위해 사용된다고 가정한다). <ready *T*> 로그 레코드를 기록하는 대신, 복구 알고리즘은 <ready *T*, *L*>을 기록하게 되는데 이때 L은 로그가 기록될 당시에 트랜잭션 T가 가지고 있는 모든 쓰기 잠금을 의미한다. 복구가 진행되는 동안 모든 불확실한 트랜잭션

T에 대해 지역 수준의 복구를 완료한 후에, <ready T, L> 로그에 쓰여 있는 쓰기 잠금을 다시 취득한다.

모든 불확실한 트랜잭션에 대해 잠금을 재취득하면, 불확실한 트랜잭션의 커밋 혹은 중단 여부를 결정짓기 전에 해당 노드에서 처리해야 하는 새로운 트랜잭션을 다시 처리할 수 있다. 불확실한 트랜잭션에 대한 쓰기 잠금을 가지고 있으므로 불확실한 트랜잭션의 커밋 혹은 롤백은 새로운 트랜잭션의 처리와 병행할 수 있다. 따라서 노드 복구가 더 빨라지고 블로킹 문제도 최소화할 수 있다. 물론 새로운 트랜잭션이 어떤 불확실한 트랜잭션이 가지고 있는 쓰기 잠금과 충돌이 발생한다면 그 불확실한 트랜잭션이 커밋 혹은 롤백하기 전에 진행할 수 없다.

23.2.2 커밋 도중에 블로킹 문제를 피하는 방법

2PC의 블로킹 문제는 시스템을 관리하는 데 심각한 악영향을 끼칠 수 있다. 왜냐하면 조정자 노드의 실패는 굉장히 자주 접근하는 어떤 데이터에 대한 잠금을 가지고 있는 트랜잭션이 중단되는 현상을 일으킬 수 있으며, 해당 잠금과 충돌이 발생하는 모든 다른 트랜잭션의 실행을 막기 때문이다

만약 과반수의 노드가 정상 동작하고 있으며 서로 통신할 수 있는 경우, 2PC의 커밋 결정 단계에 여러 개의 노드를 참여시키는 방법을 통해 블로킹 문제를 해결할 수 있다. 이러한 방법은 장애 허용 분산 컨센서스의 아이디어를 기반으로 한다. 분산 컨센서스에 관한 자세한 내용은 23.8절에서 다루지만 먼저 간략하게 소개한다.

분산 컨센서스 문제(distributed consensus problem)는 다음과 같다. n개의 노드가 어떤 트랜잭션의 커밋 여부를 결정해야 한다. 모든 노드는 결정을 위한 어떤 정보를 가지고 있으며, 각각의 노드는 결정을 위해 투표를 한다. 2PC에서 결정이란 트랜잭션을 커밋할지를 의미한다. 분산 컨센서스를 달성하기 위해 가장 중요한 점은 컨센서스를 위한 과정 중에 어떤 노드가 실패하거나 네트워크 분할이 발생하더라도 모든 노드가 어떤 결정에 대해 같은 최종 결과를 공유해야 한다는 점이다. 예를 들어, 어떤 트랜잭션을 커밋하기로 했다면, 어떠한 실패가 발생하더라도 모든 노드가 커밋이라는 사실을 알아야 하고, 중단하기로 했다면 모든 노드가 중단했다는 사실을 알아야 한다. 또한 과반수의 노드가 정상 작동하고 있으며 서로 통신할 수 있는 경우, 분산 컨센서스 프로토콜은 중단되어서는 안 된다.

분산 컨센서스에 관한 프로토콜은 여러 가지가 있지만 가장 유명한 것은 팩소스(Paxos)와 래프트(Raft)다. 이에 관한 자세한 내용은 23.8절에서 설명한다. 핵심 개념은 결국 노드가 투표를 하는데 어떤 결정에 대해 과반수가 동의를 해야 한다는 점이다.

어떠한 분산 컨센서스 알고리즘이 주어졌다고 가정해 보자. 조정자의 실패로 인한 블로킹 문제는 다음과 같이 해결할 수 있다. 조정자가 어떤 트랜잭션의 커밋 혹은 중단 여부를 단독으로 결정하지 않고, 주어진 분산 컨센서스 알고리즘을 실행하여 트랜잭션을 커밋할지 중단할지 여부를 물어보는 것이다. 그러한 질문은 분산 컨센서스에 참여하고 있는 모든 노드에게 전송된다. 위에서도 언급했듯이 분산 컨센서스 프로토콜은 도중에 실패하지 않는다. 따라서 과반수의 노드가 정상 동작하고 있으며 서로 통신할 수 있는 경우 해당 프로토콜은 성공한다. 컨센서스 프로토콜이 정상적으로 완료된 이후에야 조정자가 커밋을 결정할 수 있다.

두 가지의 가능한 실패 시나리오를 살펴보자.

- 어떤 트랜잭션 처리에 참여하고 있는 모든 노드에 커밋 혹은 중단 여부를 알리기 전에 조정자가 실패하는 경우.

  새로운 조정자를 선택한다(선택하는 방법에 관한 자세한 내용은 23.7절에서 소개한다). 새로운 조정자는 분산 컨센서스에 참여하고 있는 노드에 연락하여 조정자가 실패하기 전에 결정된 사항이 있는지 확인하고, 만약 결정된 사항이 있으면 2PC 참여 노드에 알린다. 컨센서스에 참여하는 과반수의 노드는 결정된 사항이 있는지 확인하는 데 반드시 협조해야 한다. 이전에도 언급했듯이 컨센서스 프로토콜은 실패하거나 통신이 끊긴 노드가 절반보다 크지 않은 이상 중단되지 않는다.

  만약 조정자가 실패하기 전에 어떤 트랜잭션에 관한 커밋 혹은 중단 여부가 결정되지 않았다면, 새로운 조정자는 2PC 참여 노드에 커밋할지 중단할지를 다시 물어본 뒤, 마치 기존의 조정자였던 것처럼 일반적인 조정자의 임무를 수행한다. 만약 참여 노드에서 응답이 없다면 새로운 조정자는 중단하는 것을 선택한다.

- 분산 컨센서스 프로토콜이 결론에 도달하지 못하는 경우.

  컨센서스 프로토콜은 노드의 실패가 발생하여 과반수를 유지하지 못하면 실패할 수도 있다. 또한 커밋 혹은 중단 두 가지 선택지 모두 과반수의 득표에 실패하는 경우도 프로토콜이 결론에 도달하지 못하는 경우다. 2PC의 경우, 단 하나의 조정자가 커밋 혹은 중단 메시지를 전송하기 때문에 모든 선택지가 과반수의 득표에 실패하는 경우는 드물다. 하지만 다음과 같은 상황에서 여전히 충돌이 발생할 수 있다. 만약 조정자가 커밋 메시지를 전송한 후에 실패하고, 커밋 메시지는 다른 노드에 늦게 도착했다고 하자. 그러는 동안 조정자의 역할을 맡은 새로운 노드가 몇몇 노드와 통신이 끊겨 중단 결정을 내린다. 즉 기존의 조정자는 커밋 메시지를 보냈지만, 새로운 조정자는 중단 메시지를 보낸 상황이다. 이러한 충돌이 발생하더라도 분산 컨센서스 프로토콜은 오직 커밋 혹은 중단 둘 중 하나만 선택해야 한다. 몇몇 노드가 정상적으로 작동하지 못하여 커밋 혹은 중단 모두 과반수의 득표에 실패할 수 있으며, 프로토콜이 최종 결정에 도달하지 못할 수 있다.

  이유를 불문하고 만약 분산 컨센서스 프로토콜이 합의에 이르는 데 실패하면 새로운 조정자가 프로토콜을 다시 시작한다.

만약 네트워크 분할이 발생하면, 과반수의 노드 집합으로부터 단절되었던 한 노드는 분산 컨센서스 프로토콜이 도달한 결론에 대해 알지 못할 수도 있다. 따라서 해당 노드에서 실행 중인 트랜잭션은 중단될 수도 있다.

2PC 참여 노드의 실패는 데이터의 복제본이 존재하지 않다면 해당 데이터를 사용하지 못하게 한다. 분산 컨센서스는 어떤 데이터의 복제본을 일관된 상태로 유지하는 데 사용될 수 있으며, 23.8.4절에서 자세히 설명한다.

2PC가 중단되지 않도록 분산 컨센서스를 사용하는 것은 1980년대에 제안되었으며, Google

Spanner 분산 데이터베이스 시스템에서 사용되었다.

3단계 커밋 프로토콜(three-phase commit protocol, **3PC**)은 특정한 상황에서 2PC가 중단되지 않도록 확장된 프로토콜이다. 3PC 중 어떤 프로토콜은 네트워크 분할이 발생하지 않는 이상 블로킹 문제를 일으키지 않는다. 또한 네트워크 분할이 발생하더라도 블로킹 문제를 일으키지 않는 프로토콜도 존재한다. 이러한 프로토콜은 이전에 언급한 투표 기반의 개념과 비슷하며, 커밋 작업을 위해 특별히 제작된 것이다.

23.2.3 트랜잭션 처리의 대안 모델

2PC의 경우, 트랜잭션 처리에 참여하고 있는 모든 노드는 조정자가 트랜잭션의 최종 결과를 결정하도록 위임하고, 조정자가 결정을 내릴 때까지 기다리며, 갱신된 데이터에 대해서 잠금을 유지한다. 이러한 자율성의 상실은 어떤 경우에는 수용할 수 있지만, 노드가 강제로 불필요한 시간 동안 기다리는 것을 수용할 수 없는 상황도 분명히 존재한다. 심지어 기다림이 얼마나 지속될지 알 수 없는 경우도 있다.

이 절에서 분산 커밋의 문제를 해결하기 위해 **영속 메시지 기법**(persistent messaging)을 사용하는 방법에 대해 소개한다. 어떤 사람이 서로 다른 컴퓨터를 사용하는 두 개의 은행 사이에서 돈을 송금한다고 생각해 보자. 한 가지 방법은 두 노드가 원자성을 보장하기 위해 2PC를 사용하는 것이다. 하지만 돈을 송금하기 위한 트랜잭션은 갱신 작업이기 때문에 그에 따른 블로킹은 다른 트랜잭션에 악영향을 끼칠 수 있다. 또한 은행에서 대다수 트랜잭션은 갱신에 관한 것이므로 이러한 잠재적 악영향은 더욱 커질 수 있다.

이와는 반대로 수표를 통한 자금 이체를 생각해 보자. 일단 은행은 사용 가능한 잔액에서 수표 금액을 제외한 뒤 수표를 발급한다. 그다음 수표는 다른 은행으로 물리적으로 이동한다. 수표를 수신한 은행은 확인한 후에 수표의 금액만큼 잔액을 늘린다. 수표는 두 은행 사이를 오가는 메시지의 개념이다. 자금이 도난당하거나 부적절하게 증가하는 것을 방지하기 위해, 수표는 손실되어서는 안 되며 중복되거나 두 번 이상 예금되어서도 안 된다. 두 은행의 컴퓨터가 네트워크를 통해 연결되어 있을 때 영속 메시지는 매우 빠르게 동작하는 수표라고 생각하면 편하다.

영속 메시지(persistent message)는 노드의 실패와 무관하게, 만약 트랜잭션을 커밋하기로 했다면 수신자에게 정확히 한 번 전송되는 것을 보장하는 메시지이며, 반대로 트랜잭션이 중단된다면 전송되지 않는 것을 보장하는 메시지다. 데이터베이스 복구 기술은 정상적인 네트워크 환경 아래서 영속 메시지를 구현하는 데 사용되며, 이에 관한 내용은 곧 살펴볼 것이다. 영속 메시지와 달리 보통의 메시지는 손실되거나 특정 상황에서 여러 번 전송될 수도 있다.

영속 메시지에서 오류를 처리하는 것은 2PC에서 오류를 다루는 것보다 더 복잡하다. 예를 들어, 수표 금액을 예금할 계좌가 폐쇄된 경우 수표는 본래의 계좌로 돌아가서 잔액을 복구해야 한다. 두 은행은 반드시 에러를 다루는 코드를 작성해야 하고 영속 메시지를 다루는 코드 또한 작성해야 한다. 이와는 반대로 2PC의 경우, 그러한 오류가 트랜잭션에 의해 발견되기에, 애초에 출금 계좌의 잔액이 줄어드는 상황이 발생하지 않는다.

예외 조건의 유형은 응용 프로그램에 따라 다르므로 데이터베이스 시스템 단에서 오류를 자동

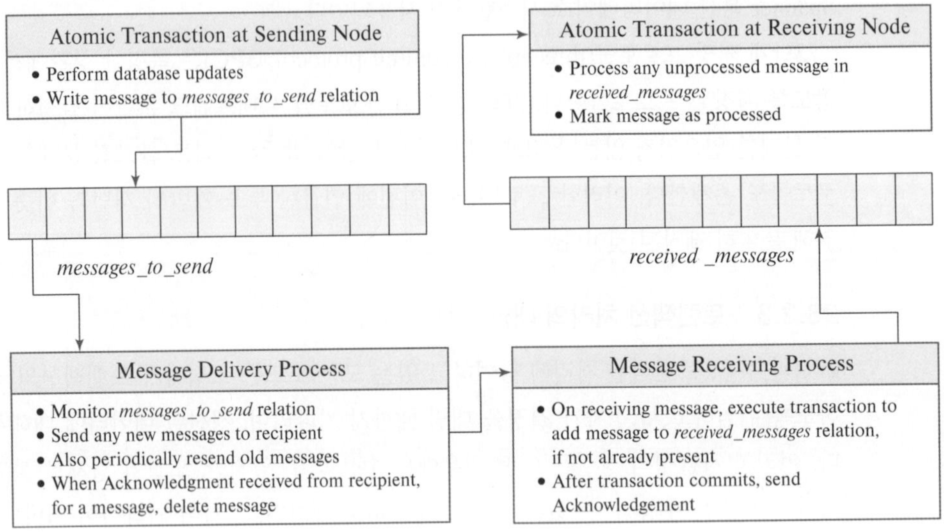

그림 23.3 영속 메시지의 구현

으로 다루는 것은 불가능하다. 영속 메시지를 전송하고 받는 응용 프로그램 프로그램은 반드시 예외 처리를 직접 구현해야 하며 데이터베이스 시스템을 일관된 상태로 복구해야 한다. 예를 들어, 수신 계좌에 문제가 생겨 돈이 유실되는 것은 일반적으로 용납할 수 없으므로 반드시 본래 계좌로 돌아가야 하며, 이것이 어떠한 이유로 불가능한 경우 사람이 직접 이러한 오류를 해결해야 한다.

영속 메시지를 사용하는 시스템을 구현하는 데 필요한 추가적인 노력은 블로킹 문제를 제거하기 위해 충분히 지불할 만한 가치가 있다. 어떤 조직에서 외부로부터 시작된 트랜잭션에 대해 2PC를 지원하기로 했을 때 영속 메시지 기법은 중요한 역할을 한다.

이제 영속 메시지 기법을 **구현**(implementation)하는 방법에 관해 설명한다. 영속 메시지 기법은 메시지의 손실을 유발하거나 같은 메시지가 여러 번 전송될 수도 있는 신뢰할 수 없는 기반 시설 위에서도 구현될 수 있다. 그림 23.3은 구현의 요약을 보여 준다.

- **송신 노드 프로토콜**. 어떤 트랜잭션이 영속 메시지를 전송하고자 할 때, 메시지를 곧바로 전송하는 대신 *messages_to_send*라는 특별한 릴레이션에 메시지를 포함하는 레코드를 기록한다. 메시지는 고유한 식별자를 할당받는다. *messages_to_send* 릴레이션은 메시지 **발송함**(outbox)의 역할을 한다.

  메시지 전송 프로세스(message delivery process)는 그 릴레이션을 관찰하며, 새로운 메시지를 확인하면 목적지로 전송한다. 보통의 데이터베이스 동시성 제어 메커니즘은 전송 프로세스가 메시지를 포함하는 레코드를 *messages_to_send* 릴레이션에 추가하는 트랜잭션이 커밋한 이후에만 확인한다는 것을 보장한다. 즉 메시지 전송 프로세스는 *messages_to_send* 릴레이션에 완전히 추가된 메시지만 고려한다. 만약 메시지를 *messages_to_send*에 추가하는 트랜잭션이 중단되면, 보통의 복구 메커니즘은 *messages_to_send* 릴레이션에서 해당 메시지를 삭제한다.

  메시지 전송 프로세스는 목적지 노드로부터 확인을 받은 후에 릴레이션에서 메시지를 삭제할 수 있다. 만약 목적지 노드로부터 확인을 받지 못하면, 얼마 후에 메시지를 재전송한다. 이러한 과정은 확인 메시지를 받을 때까지 반복된다. 만약 영구적인 실패 상황이라면, 시스템은 일정 시간 후에 메시지를 전송할 수 없다고 판단한다. 응용 프로그램에 의해 정의된 오류 처리 코드를 실행하여 그러한 실패를 해결한다.

오직 어떤 트랜잭션이 커밋한 이후에 *messages_to_send* 릴레이션에 기록하고 처리하는 과정은 트랜잭션이 커밋된 이후에만 메시지가 전송될 수 있다는 것을 의미한다. 반복적으로 전송하는 과정은 임시적인 시스템 혹은 네트워크의 실패가 있더라도 메시지가 전송된다는 것을 보장하기 위함이다.

- **수신 노드 프로토콜**. 어떤 노드가 기존에 수신하지 않았던 새로운 영속 메시지를 수신하면, 그 메시지를 *received_messages* 릴레이션에 추가하는 트랜잭션을 수행한다. 고유한 메시지 식별자를 통해 기존에 수신한 메시지인지 확인한다. 그 릴레이션은 메시지가 처리되었는지를 나타내는 속성값을 가지며 메시지가 릴레이션에 삽입될 때 false로 초기화된다. *received_messages* 릴레이션은 메시지 **수신함**(inbox)의 역할을 한다.

  메시지를 릴레이션에 추가하는 트랜잭션이 커밋되거나 메시지가 이미 릴레이션에 존재하면, 수신 노드는 송신 노드에 확인 메시지를 보낸다.

  메시지를 릴레이션에 추가하는 트랜잭션이 커밋되기 전에 확인 메시지를 보내는 것은 안전하지 않은데, 미처 커밋하기 전에 시스템에 오류가 발생할 경우 수신 노드 입장에서 메시지가 손실되기 때문이다. 반면에 메시지가 이전에 도착했는지 확인하는 작업은 확인 메시지의 중복 전송을 방지하기 위해 필수적이다.

- **메시지의 처리**. 수신한 메시지에 적혀 있는 행동을 수행한다. 수신 노드는 *received_messages* 릴레이션을 관찰하면서 미처 처리하지 못한 메시지가 있는지 확인한다. 처리하지 못한 메시지를 발견하면 처리한 후에 처리를 완료했음을 의미하는 flag를 true로 설정한다. 이는 하나의 메시지가 수신 후에 정확히 한 번 처리되었음을 보장한다.

- **오래된 메시지의 삭제**. 흔하지는 않지만 메시지 처리 시스템에서 어떤 메시지가 임의의 시간 동안 전송이 지연되는 현상이 발생할 수 있다. 따라서 *received_messages* 릴레이션에서 임의의 메시지를 처리가 완료될 때까지 삭제하지 않는 것이 안전하다. 예를 들어, 기존 메시지와 정확히 같은 어떤 메시지가 지연되어 노드에 도착했을 때, *received_messages* 릴레이션에서 기존의 메시지를 삭제했다면 방금 도착한 메시지가 사실 기존의 메시지와 중복된다는 사실을 알지 못할 수 있다. 하지만 이는 메시지를 삭제하지 않기 때문에 *received_messages* 릴레이션이 무제한으로 커질 수 있다는 것을 의미한다. 이에 타협하는 한 가지 방법은 메시지마다 타임스탬프를 기록해 두어 특정 기간이 지나 만료된 경우 *received_messages* 릴레이션에서 삭제하는 것이다. *received_messages* 릴레이션에 기록된 모든 메시지는 특정 기간이 지나면 삭제될 수 있다.

워크플로(workflow)는 여러 노드와 사람이 개입하는 분산 트랜잭션 처리의 일반적인 모델을 의미하며, 기업이 사용하는 응용 프로그램 소프트웨어에 의해 구현된다. 예를 들어, 9.6.1절에서 보았듯이, 한 은행이 대출 신청을 받았을 때 외부 신용 확인 업체에 연락하는 것처럼, 대출 신청을 승인 혹은 거절하기 전에 거쳐야 할 여러 단계가 있다. 영속 메시지 기법은 분산 환경에서 워크플로를 지원하기 위한 기초가 된다.

23.3 분산 데이터베이스에서 동시성 제어

18장에서 살펴본 동시성 제어 방법을 분산 환경으로 확장하고자 한다. 각각의 노드가 전역 트랜잭션 원자성을 보장하기 위해 커밋 프로토콜의 실행에 참여한다고 가정한다.

또한 이 절에선 데이터가 복제되어 있지 않다고 가정하며, 다중 버전 기법 또한 고려하지 않는다. 23.4절에서 복제를 다루는 방법을 소개하며, 23.5절에서 분산 다중 버전 동시성 제어 기법을 소개한다.

23.3.1 잠금 프로토콜

18장에서 설명한 다양한 잠금 프로토콜을 분산 환경에서 사용할 수 있다. 이 절에서 구현에 관해 살펴본다.

23.3.1.1 단일 잠금 관리자 접근법

단일 잠금 관리자(single lock-manager) 접근법에서 시스템은 단 하나의 선택된 노드 N_i에 존재하는 단 하나의 잠금 관리자를 유지한다. 모든 잠금 획득과 해제 요청은 해당 노드에서만 수행한다. 어떤 트랜잭션이 데이터 항목에 대해 잠금을 원한다면 N_i에게 잠금 요청을 보낸다. 잠금 관리자는 해당 잠금 요청을 바로 승인할 수 있는지 검토한다. 만약 잠금 요청이 승인되면, 잠금 관리자는 잠금 요청이 시작된 노드에 메시지를 전송한다. 만약 잠금 요청이 승인되지 않았다면 승인될 때까지 기다린다. 만약 잠금 요청이 승인되면, 해당 트랜잭션은 데이터의 복제본이 존재하는 어떤 노드에서도 해당 데이터를 읽을 수 있다. 만약 트랜잭션이 쓰기 작업을 포함하고 있으면, 복제본이 존재하는 모든 노드에서 쓰기 작업을 수행해야 한다.

이러한 방법은 다음과 같은 장점이 있다.

- **구현이 단순하다**. 잠금 요청에 두 개의 메시지만 필요하고, 잠금 해제 요청에 오직 하나의 메시지만 필요하다.
- **교착 상태 처리가 단순하다**. 모든 잠금 획득 및 해제 요청이 하나의 노드에서 수행되므로 18장에서 언급한 교착 상태를 다루는 알고리즘을 분산 환경임에도 바로 적용할 수 있다.

반면 다음과 같은 단점도 존재한다.

- **병목 현상**. 하나의 노드 N_i이 모든 요청을 처리해야 하므로 병목 현상이 발생할 수 있다.
- **취약성**. 만약 노드 N_i가 실패한다면 동시성 제어기도 손실된다. 잠금 요청에 관한 처리를 중단시키거나 복구 계획을 실행하여 백업 노드가 N_i의 잠금 관리 역할을 대신하도록 한다. 23.7절에서 설명한다.

23.3.1.2 분산 잠금 관리자 접근법

위에서 언급한 장단점 사이에서 타협하기 위해 **분산 잠금 관리자**(distributed-lock-manager) 기법을 사용할 수 있다. 즉 잠금 관리를 여러 노드가 수행하도록 하는 것이다.

각각의 노드는 지역 잠금 관리자를 소유하며, 해당 노드에 존재하는 데이터에 관한 잠금 획득 및 해제 요청을 관장한다. 만약 어떤 트랜잭션이 노드 N_i에 존재하는 데이터 항목 Q에 대한 잠금을 획득하기를 원한다면 노드 N_i에게 잠금 요청 메시지를 전송한다. 데이터 항목 Q에 서로 호환되지 않는 잠금이 이미 걸려 있다면 승인될 때까지 기다린다. 잠금이 승인되면, 요청을 보낸 노드에 메시지를 전송하여 잠금이 승인되었음을 알린다.

분산 잠금 관리자 기법은 구현이 단순하다는 장점이 있으면서도 병목 현상을 줄일 수 있다. 마찬가지로 잠금 요청을 다루기 위해 두 번의 메시지 전송이 필요하며, 잠금 해제 요청을 위해 한 번의 메시지 전송이 필요하다. 하지만 잠금 획득과 해제 요청이 하나의 노드에서 이루어지지 않으므로 교착 상태를 다루는 방법은 좀 더 복잡해진다. 하나의 노드에서 교착 상태가 발생하지 않더라도, 모든 노드를 동시에 관찰하면 교착 상태가 존재할 수 있다. 18장에서 소개한 교착 상태 해결 방법을 수정해야 하며 23.3.2절에서 자세히 설명한다.

23.3.2 교착 상태 처리

18장에서 사용한 교착 상태 예방 혹은 교착 상태 탐지에 관한 알고리즘은 다음과 같은 수정을 통해 분산 환경에서 사용할 수 있다.

18.2.1절에서 살펴본 교착 상태 예방에 관해 먼저 고려해 보자.

- 잠금 순서에 기반을 둔 교착 상태 예방에 관한 기술은 어떠한 수정 없이 분산 환경에서 바로 사용할 수 있다. 이러한 기법은 순환적인 잠금 대기 현상을 예방할 수 있다. 잠금이 여러 노드에서 획득되었다는 사실은 기존의 순환적인 잠금 대기 현상을 예방하는 방법에 영향을 미치지 않기 때문에 그대로 사용할 수 있다.
- 선점 혹은 트랜잭션 롤백에 관한 기술은 분산 환경에서 수정 없이 사용할 수 있다. 특히 **기다리기-죽기**(wait-die) 기술은 몇몇 분산 시스템에서 사용되고 있다. 이 기술은 더 오래된 트랜잭션이 더 최신의 트랜잭션이 소유한 잠금을 기다리는 것을 허용하지만, 더 최신의 트랜잭션이 더 오래된 트랜잭션이 소유한 잠금을 기다려야 하는 상황이 오면 더 최신의 트랜잭션은 롤백된다. 롤백된 최신의 트랜잭션은 이전 실행 시작 시간을 가진 채 다시 실행될 수 있다. 만약 해당 트랜잭션이 계속 새로운 트랜잭션처럼 처리된다면, 다른 트랜잭션들은 계속 처리되는 동안에 반복적으로 롤백될 수 있으며 기아 상태에 빠질 수 있다.
- 타임아웃 기반 방법도 마찬가지로 분산 환경에서 수정 없이 사용할 수 있다.

분산 환경에서 교착 상태 예방 기술을 사용하면 중앙집중 시스템과 마찬가지로 때로 불필요한 대기 시간과 롤백을 수반하기도 한다.

이제 교착 상태가 발생했을 때 이를 발견할 수 있는 교착 상태 탐지 기술에 대해 살펴보자. 분

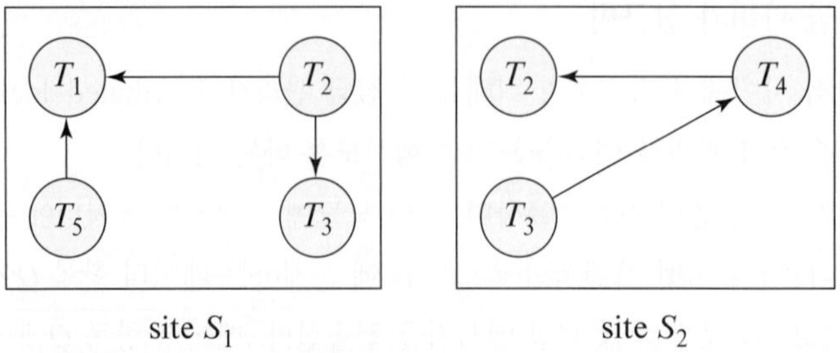

그림 23.4 지역 대기 그래프

산 환경에서 가장 큰 문제는 대기 그래프를 유지하는 것이다. 가장 흔한 방법은 **지역 대기 그래프**(local wait-for graph)를 각 노드가 유지하는 것이다. 지역 대기 그래프의 모든 노드(그래프의 노드)는 지역 대기 그래프를 관리하는 노드(분산 환경을 구성하는 컴퓨터 노드)의 데이터 항목에 대한 잠금을 소유하고 있거나 요청하는 모든 트랜잭션에 대응된다. 그림 23.4는 두 개의 노드가 각각 지역 대기 그래프를 관리하는 모습을 보여 준다. 트랜잭션 T_2와 T_3는 두 그래프 모두에서 나타나며, 두 트랜잭션이 두 노드에 있는 데이터 항목에 대한 잠금을 요청하고 있음을 의미한다.

지역 대기 그래프는 지역 트랜잭션과 데이터 항목에 대해 중앙집중 환경에서 사용한 방법과 동일하게 만들어진다. 이때 노드 N_1에 있는 트랜잭션 T_i가 노드 N_2에 있는 자원을 필요로 하면, 노드 N_2에 요청 메시지를 전송한다. 필요한 자원이 트랜잭션 T_j에 의해 소유되고 있으면, 새로운 간선 $T_i \rightarrow T_j$를 노드 N_2의 지역 대기 그래프에 삽입한다.

만약 어떤 지역 대기 그래프가 사이클을 가지고 있으면 교착 상태가 발생한다. 하지만 모든 지역 대기 그래프에 사이클이 없다고 해서 교착 상태가 없다는 것을 보장하지는 않는다. 그림 23.4에 있는 지역 대기 그래프를 통해 이 문제를 설명한다. 분명히 각각의 지역 대기 그래프는 사이클이 존재하지 않지만, 모든 지역 대기 그래프를 **합치면** 사이클을 가지고 있으므로 교착 상태가 발생하게 된다. 그림 23.5를 참고하기 바란다.

중앙집중 교착 상태 탐지(centralized deadlock detection) 접근법은 **전역 대기 그래프**(global wait-for graph)를 교착 상태 탐지를 담당하는 단 하나의 노드에서 유지하는 것이다. 시스템에 통신 지연이 존재할 수 있으므로 두 가지 대기 그래프를 구별해야 한다: 실제 그래프(real graph)와 건설된 그래프(constructed graph). 실제 그래프는 전지전능한 관측자가 보는 시스템의 실제 상태를 묘사한다. 건설된 그래프는 조정자 알고리즘을 통해 조정자가 관측할 수 있는 근사 상태를 묘사한다.

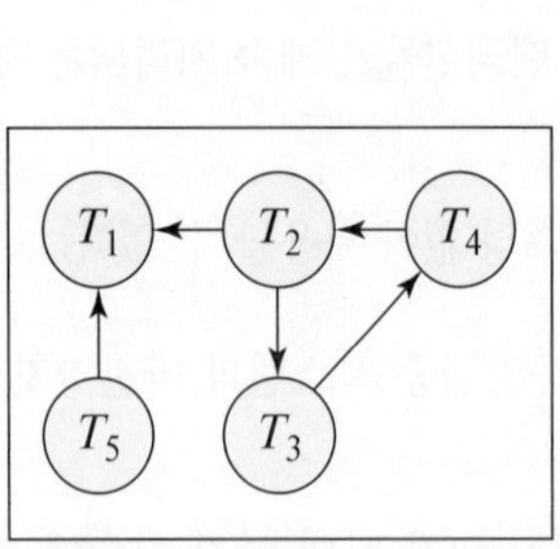

그림 23.5 그림 23.4에 대한 전역 대기 그래프

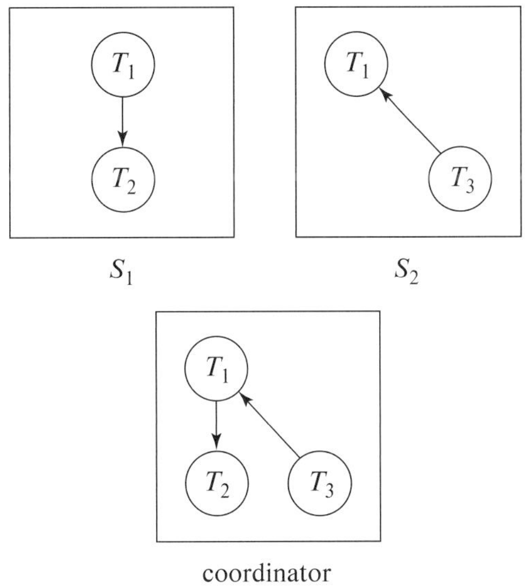

그림 23.6 전역 대기 그래프에서 거짓 사이클

조정자는 교착 상태 탐지 알고리즘이 올바른 결과를 반환할 수 있도록 건설된 그래프를 만들어야 한다. 올바른 결과란, 만약 교착 상태가 존재하면 건설된 그래프를 통해 즉시 인지할 수 있어야 하고, 만약 시스템이 교착 상태를 발견하면 실제로 건설된 그래프에 교착 상태가 존재해야 한다.

전역 대기 그래프는 다음의 경우에 재구축되거나 갱신될 수 있다.

- 지역 대기 그래프 중 하나에서 새로운 간선이 추가되거나 삭제된 경우
- 주기적으로 많은 변화가 지역 대기 그래프에서 발생한 경우
- 조정자가 사이클 탐지 알고리즘을 실행할 필요가 있는 경우

조정자가 교착 상태 탐지 알고리즘을 호출하면 전역 대기 그래프를 확인한다. 만약 사이클이 존재하면 롤백할 대상을 결정한다. 조정자는 모든 노드에 어떤 트랜잭션이 롤백되어야 한다는 사실을 알린다. 메시지를 수신한 노드는 롤백을 수행한다.

이러한 방법은 아래와 같은 경우에 불필요한 롤백을 수반하기도 한다.

- **거짓 사이클**(false cycle)이 전역 대기 그래프에 존재하는 경우. 그림 23.6의 지역 대기 그래프가 나타내는 시스템의 스냅샷을 통해 설명한다. T_2가 N_1에서 소유하고 있던 자원에 대한 잠금을 해제하여 $T_1 \rightarrow T_2$ 간선이 삭제되었다고 가정하자. 트랜잭션 T_2가 노드 N_2에서 트랜잭션 T_3가 소유하고 있는 자원에 대한 잠금을 요청하며 N_2에 $T_2 \rightarrow T_3$ 간선이 추가된다. 만약 $T_2 \rightarrow T_3$ 간선 추가 메시지가 $T_1 \rightarrow T_2$ 간선 삭제 메시지보다 먼저 조정자에 도착한다면, 조정자는 $T_1 \rightarrow T_2 \rightarrow T_3$라는 거짓 사이클을 발견하게 된다. 교착 상태가 발생하지 않았음에도 교착 상태 복구를 시작하게 된다.

  거짓 사이클 문제는 2PL에서 발생하지 않는다. 거짓 사이클의 발생 가능성은 아주 낮으며, 따라서 심각한 성능 문제를 야기하지는 않는다.

- **교착 상태**가 실제로 발생하고 롤백 대상이 정해졌는데, 교착 상태와 관련 없는 다른 트랜잭션이 중단되는 경우. 예를 들어, 그림 23.4에서 노드 N_1이 T_2를 중단하기로 했다고 가정하자. 하지만 조정자는 아직 T_2의 중단 사실을 알지 못하고, 교착 상태를 해결하기 위해 T_3의 롤백을 결정한다. 따라서 T_2만 롤백하면 되는 상황에서 T_2와 T_3 모두를 롤백하게 된다.

교착 상태 탐지는 앞서 살펴본 것처럼 단일 노드(조정자)에서 수행하는 대신 각각의 노드에 일을 분배하는 방식도 가능하다. 하지만 이런 방법은 좀 더 복잡하고 더 큰 비용을 지급해야 한다. 참고문헌과 읽을거리를 확인하기 바란다.

23.3.3 임대

분산 환경에서 잠금을 사용할 때 발생할 수 있는 문제 중 하나는 잠금을 소유하고 있던 노드가 잠금을 해제하지 못하고 실패하는 경우다. 잠금이 걸린 데이터 항목은 물리적으로는 존재하지만, 논리적으로 접근 불가능하게 되며 실패한 노드가 복구되어 잠금을 해제할 때까지 기다리거나 다른 노드가 실패한 노드를 대신하여 잠금을 해제해 주어야 한다.

만약 독점적인 잠금이 어떤 데이터 항목에 걸려 있고, 해당 트랜잭션이 준비된 상태에 있으면 원칙적으로 커밋 혹은 중단 결정이 내려지기 전까지 잠금을 해제할 수 없다. 하지만 많은 경우에 잠금을 회수해도 괜찮으므로 이런 경우에 임대의 개념이 매우 유용할 수 있다.

임대(lease)는 일정 시간 동안 허가된 잠금이다. 만약 일정 시간 이후에도 잠금이 필요한 경우 임대를 **갱신**(renew)한다. 임대 갱신 요청은 잠금 관리자에게 전송되고, 만약 요청이 제시간에 도착했다면 갱신을 승인하고 확인 메시지를 보낸다. 만약 갱신 요청이 제시간에 도착하지 못하면 갱신을 승인하지 않고, 임대는 파기되며, 잠금은 **해제**(expire)된다. 임대를 취득한 어떤 노드가 실패하거나 잠금 관리자로부터 통신이 끊기면, 임대 기간이 만료됨과 동시에 자동으로 잠금이 해제된다. 임대가 있는 노드는 자신의 지역 시계를 통해 임대가 만료되는지를 주기적으로 확인한다.

임대를 사용하는 경우 중 하나는 분산 시스템에서 어떤 프로토콜에 대해 단 하나의 조정자만 운용해야 하는 경우다. 조정자로서 임무를 수행하기 원하는 노드는 프로토콜과 관련된 데이터 항목에 독점적인 임대를 요청한다. 임대를 획득한 노드는 임대가 파기되기 전까지 조정자의 임무를 수행할 수 있다. 임대를 지속적으로 갱신하고 잠금 관리자가 임대 갱신을 승인하면 계속 조정자로서 임무를 수행할 수 있다.

조정자의 임무를 수행하던 노드 N_1가 임대 기간이 만료된 이후에 고장 나면 임대는 자동으로 파기되며, 임대를 요청한 또 다른 노드 N_2가 승인을 받아 조정자의 임무를 수행할 수 있다. 많은 프로토콜에서 임의의 시간에 단 하나의 조정자만 존재하는 것을 보장하는 건 중요한 일이다. 임대 메커니즘은 노드의 시계가 모두 동기화되어 있다는 가정만 있다면, 단 하나의 조정자만 존재한다는 사실을 보장한다. 하지만 모든 노드가 완벽하게 같은 시간을 가리키는 시계를 가지는 것은 불가능하다. 만약 조정자의 시계가 잠금 관리자의 시계보다 늦다면, 조정자는 아직 유효하게 임대하고 있다고 생각하지만 관리자는 이미 임대가 만료되었다고 판단할 수 있다. 분산 환경에서 시간을 정확하게 동기화하는 것은 불가능하므로 이런 경우가 발생할 수는 있지만 빈번하지는 않다. 왜냐하면 관리자가 시간 동기화의 어려움을 이미 알고 있으므로, 임대가 만료되었더라도 추가적인 시간 동안 좀 더 기다리는 방식을 채택하기 때문이다.

지역 시계를 확인한 후 아직 본인의 임대가 유효함을 확인한 한 노드는 조정자의 임무를 수행한다. 노드가 지역 시계를 확인한 시점과 다음 작업을 수행하려는 시점 사이에 임대가 만료될 수도 있으며, 이는 노드가 조정자의 역할이 끝났는데 조정자로서의 작업을 수행했다는 것을 의미한다. 만약 조정자로서의 작업이 임대 기간에 이루어지더라도 해당 노드가 전송한 메시지가 임대가 만료한 이후 더는 조정자가 아니게 된 시점에 다른 노드에 도착하는 경우도 발생할 수 있다. 네트워크가 메시지를 전송하는 데 걸리는 시간을 고려하기 위해 시스템은 메시지 최대 지연 시간을 고려하게 되며, 이 시간보다 더 늦게 도착한 메시지는 수신자가 무시한다. 메시지는 송신자가 설정한 타임스탬프를 가지고 있으며, 해당 메시지가 유효한 임대 기간 내에 발송된 것인지를 확인하는 데 사용한다.

언급한 두 가지 문제를 해결하기 위해 시간 차이를 고려한다. 즉 어떤 작업을 시작하기 전에 임대 만기까지만큼의 t' 시간이 최소한 남아 있는지 확인한다. t'는 작업에 걸리는 시간과 최대 메시지 지연 시간을 포함한다.

임대를 승인하는 잠금 관리자는 실패하지 않는다고 가정한다. 23.8.4절에서 장애 허용 잠금 관리자를 만드는 법을 소개한다. 이번 절에서 소개한 기술은 상태 기계(state machine)로 모델링되는 결정론적인 처리에서 장애 허용 시스템을 만드는 데 사용될 수 있는 일반적인 방법이다.

23.3.4 분산 타임스탬프 기반 프로토콜

18.5절에서 소개한 타임스탬프 기반의 동시성 제어 프로토콜에 숨어 있는 핵심 개념은 각각의 트랜잭션이 고유한 타임스탬프 값을 가지고 있어 시스템이 직렬화 순서를 정할 수 있다는 점이었다. 중앙집중 방법에서 분산 방법으로 일반화하기 위한 첫 번째 작업은 분산 환경에서 고유한 타임스탬프를 만드는 방법을 개발하는 것이다. 앞서 언급했듯이 분산 환경에서 모든 노드가 완벽하게 동기화된 시간을 가지는 것은 불가능하므로 올바른 타임스탬프를 만드는 방법은 중요하다. 그다음 분산 환경에서 타임스탬프 기반 프로토콜이 어떻게 동작하는지 살펴볼 것이다.

23.3.5 타임스탬프의 생성

분산 환경에서 타임스탬프를 만드는 방법에는 두 가지가 있다. 첫째는 중앙집중형 방법, 둘째는 분산 방법이다. 중앙집중형 방법은 하나의 노드가 타임스탬프를 책임지는 것이다. 해당 노드는 논리적 카운터 혹은 자신이 가지고 있는 지역 시계를 활용할 수 있다. 중앙집중형 방법은 구현하기 쉽지만, 해당 노드의 실패는 전체 시스템의 모든 트랜잭션 처리를 중단시킬 수도 있다.

분산 방법에서 각 노드는 논리적 카운터 혹은 지역 시계를 활용하여 고유한 지역 타임스탬프를 획득한다. 각 지역 타임스탬프에 노드 식별자를 붙여 고유한 전역 타임스탬프를 만든다(그림 23.7). 한 노드에 여러 스레드가 동작하는 경우 추가로 스레드 식별자를 붙여 고유한 전역 타임스탬프를 만든다. 근본적으로, 한 노드 혹은 스레드 안에서 지역 타임스탬프를 획득하고자 하는 연속적인 임의의 두 요청은 서로 다른 타임스탬프를 획득한다고 가정한다. 이를 위해 지역 시계가 서로 같은

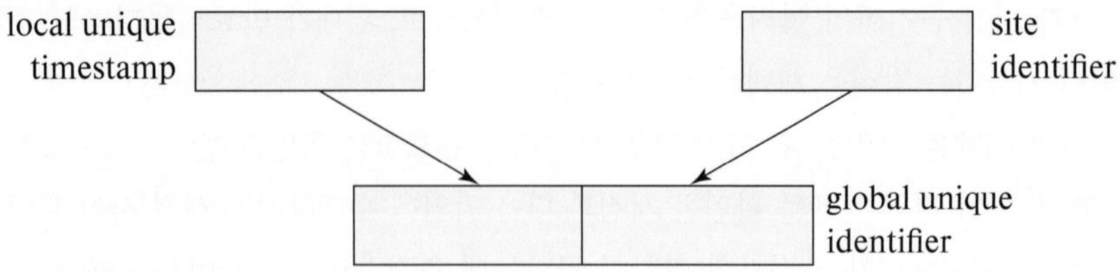

그림 23.7 고유한 타임스탬프의 생성

값을 가지고 있더라도 반환되는 지역 타임스탬프 값이 달라지도록 값을 증가시키는 등의 방법을 사용한다.

결합의 순서가 중요하다! 그림 23.7에서 노드 식별자를 나중에 위치시키는 것을 볼 수 있는데, 이는 특정 노드의 타임스탬프가 다른 노드의 타임스탬프보다 항상 큰 것을 방지하기 위함이다.

논리적 카운터를 활용하는 경우, 한 노드에서 지역 타임스탬프를 다른 노드보다 더 빠르게 생성하여 문제가 발생할 수 있다. 이 경우 더 빠르게 타임스탬프를 생성하는 노드의 카운터 값이 다른 노드의 값보다 클 것이다. 우리는 지역 타임스탬프가 전체 시스템에 걸쳐서 균등하게 만들어지도록 보장할 필요가 있다. 이 문제에 두 가지 접근 방법이 있다.

1. 네트워크 시간 프로토콜을 활용하여 동기화된 시간을 유지하는 방법으로서, 오늘날 컴퓨터에서 표준으로 사용된다. 해당 프로토콜은 현재 시간을 알아내기 위해 서버와 주기적으로 통신한다. 만약 지역 시간이 서버보다 빠르다면 시간을 늦춘다. 만약 지역 시간이 서버보다 느리다면 시간을 빠르게 맞춘다. 모든 노드가 서버와 대략적으로 동기화되기 때문에 다른 노드와도 대략적으로 동기화된다. 서버에서 획득한 시간을 노드에 전송하는 시간을 정확히 파악할 수 없으므로 대략 동기화되는 것이다.
2. 각 노드 N_i에 지역 시계(LC_i)를 정의하고, 고유한 지역 타임스탬프를 생성하도록 한다. **지역 시계**(logical clock)는 새로운 지역 타임스탬프를 만들어 낼 때마다 하나씩 증가하는 카운터로 구현될 수 있다. 여러 노드에 있는 지역 시계를 동기화하기 위해, 노드 N_i는 만약 타임스탬프 $<x, y>$를 가진 트랜잭션 T_i이 해당 노드를 방문했을 때 x가 LC_i보다 더 큰 값이라면 자신의 시계를 앞당긴다. 즉 자신의 논리적 시계를 $x + 1$로 설정한다. 메시지를 노드 간에 주기적으로 교환한다면 논리적 시계를 대략 동기화할 수 있다.

23.3.6 분산 타임스탬프 순서화

타임스탬프 순서화 프로토콜은 병렬 분산 데이터베이스 환경으로 쉽게 확장할 수 있다. 각 트랜잭션은 처리를 시작한 노드로부터 전역에서 고유한 타임스탬프를 할당받는다. 트랜잭션과 관련하여 다른 노드에 전송된 요청은 할당된 타임스탬프를 가지고 있다. 각 노드는 자신이 가지고 있는 데이터 항목에 대한 읽기 및 쓰기 타임스탬프를 추적한다. 한 노드가 처리해야 할 어떤 작업이 도착하면, 다른 노드와 통신하지 않고 18.5.2절에서 설명한 타임스탬프 확인 작업을 거친다.

타임스탬프는 모든 노드에 걸쳐서 적당한 수준의 동기화 상태를 유지해야 한다. 만약 그렇지 않으면 다음과 같은 문제가 발생할 수 있다. 트랜잭션 T_1이 노드 n_1에서 타임스탬프를 획득했는데, n_1의 시간이 다른 노드보다 상당히 뒤처져 있다고 생각해 보자. 또 다른 트랜잭션 T_2는 T_1이 시작하기 전 이미 데이터 항목 d_i에 대한 갱신을 정상적으로 완료했지만, n_1이 아닌 다른 노드에서 획득한 더 큰 타임스탬프를 가지고 있다고 하자. 이때 T_1이 d_i에 대해 접근을 시도하면, d_i에 대한 타임스탬프 확인 과정은 실패한다. 왜냐하면 이미 더 큰 타임스탬프를 가지는 트랜잭션이 갱신 작업을 정상적으로 완료했기 때문이다. 따라서 T_1은 새로운 타임스탬프를 가지고 다시 시작하려고 할 것이다. 하지만 n_1이 여전히 동기화되지 않은 상태라면 새로운 타임스탬프 값도 여전히 매우 옛날 시간을 가리키고 있으므로 타임스탬프 확인 과정은 여전히 실패한다. 결국 T_2의 타임스탬프 값을 따라잡을 때까지 트랜잭션 T_1을 재시작해야 한다.

중앙집중형 경우처럼 어떤 트랜잭션 T_i가 다른 트랜잭션 T_j에 의해 쓰인 커밋되지 않은 값을 읽으면, T_j가 커밋할 때까지 T_i는 커밋할 수 없다. 애초에 커밋되지 않은 쓰기 작업이 커밋이 완료될 때까지 읽기 작업을 미루면, T_j가 커밋할 때까지 T_i는 커밋할 수 없다는 사실을 보장하게 된다. 이런 방법은 잠금을 사용하거나 18.5절에서 다룬 커밋 의존성 기법을 활용하여 구현할 수 있다. 만약 트랜잭션이 하나 이상의 노드에서 갱신을 수행하여 2PC를 필요로 하는 경우 대기 시간은 더욱 길어질 수 있다. 트랜잭션 T_i는 준비된 상태에 있지만 쓰기 작업은 커밋되지 않았기 때문에, T_i가 쓰기 작업을 수행한 데이터 항목을 읽어야 하는 더 큰 타임스탬프를 가진 트랜잭션은 강제로 기다려야 한다.

다중 버전 타임스탬프 순서화 프로토콜(multiversion timestamp ordering protocal)은 각각의 노드에서 사용될 수 있으며 별도의 노드 간 통신을 필요로 하지 않는다.

23.3.7 분산 검증

18.6절에서 살펴본 검증 기반 프로토콜(혹은 낙관적 동시성 제어라고 부름)을 살펴볼 것이다. 해당 프로토콜은 세 가지 타임스탬프에 기반을 둔다.

- 어떤 트랜잭션이 시작한 시점을 의미하는 시작 타임스탬프, StartTS(T_i)
- 직렬화 순서에 사용되는 검증 타임스탬프, $TS(T_i)$
- 어떤 트랜잭션이 종료한 시점을 의미하는 종료 타임스탬프, FinishTS(T_i)

18.6절에서 한 번에 하나의 트랜잭션만 검증할 수 있는 순차적 검증 규약에 대해 살펴보았다. 이제 하나의 시스템 안에서 여러 트랜잭션의 검증을 동시에 수행할 수 있는 확장형 프로토콜을 살펴본다.

먼저 기존 프로토콜을 어떻게 분산 환경으로 확장할지 생각해 보자.

1. 검증은 각각의 노드에서 지역적으로 수행된다. 타임스탬프를 할당하는 방법은 아래에서 살핀다.
2. 분산 환경에서 검증 타임스탬프 TS(T_i)는 임의의 노드에서 할당될 수 있지만, 검증이 수행될 때 모든 노드가 같은 검증 타임스탬프를 가지고 있어야 한다. 트랜잭션은 타임스탬프 TS(T_i) 값을 기반으로 직렬 가능해야 한다.

3. 트랜잭션 T_i에 관한 검증 작업은 $\text{TS}(T_j) < \text{TS}(T_i)$인 모든 트랜잭션 T_j를 확인하는 것이다. T_i가 시작하기 전에 T_j가 종료되었는지, 혹은 T_i와 충돌이 있지는 않은지 확인한다. 어떤 트랜잭션이 검증 단계에 진입하면, 더 작은 타임스탬프를 가지는 다른 트랜잭션은 검증 단계에 진입할 수 없다고 가정한다. 이러한 가정은 중앙집중형 시스템의 경우 임계 구역(critical section)에서 타임스탬프를 할당하는 방식으로 구현할 수 있지만, 분산 시스템에선 그렇지 않으므로 별도의 가정이 필요하다.

   분산 환경에서 가장 중요한 문제는 T_i 이후에 T_j가 검증 단계에 진입할 수도 있다는 점이다. T_j를 검증하기엔 이미 너무 늦은 상황이다. 하지만 이러한 문제는 T_j를 롤백함으로써 쉽게 해결할 수 있다.

4. T_i가 목격한 쓰기 작업을 수행한 트랜잭션 T_j를 식별하기 위해 시작 및 종료 타임스탬프를 사용한다. 이러한 타임스탬프는 각 노드에서 지역적으로 할당되며, $\text{StartTS}(T_i) \leq \text{TS}(T_i) \leq \text{FinishTS}(T_i)$를 만족해야 한다. 각 노드는 검증을 지역적으로 수행하기 위해 이러한 타임스탬프를 사용한다.

5. 2PC와 함께 사용하는 경우, 어떤 트랜잭션은 반드시 먼저 검증된 후에 준비된 상태로 진입해야 한다. 쓰기 작업은 해당 트랜잭션이 2PC에서 커밋 상태에 진입하기 전에 데이터베이스에서 커밋할 수 없다. 트랜잭션 T_j가 준비된 상태에 있는 T_i에 의해 갱신된 데이터 항목을 읽고 있으며, 아직 T_i에 의해 생성된 값이 데이터베이스에 쓰이지 않아 T_j는 해당 항목이 갱신되기 전 값을 가지고 처리한다고 생각해 보자. T_j가 검증을 시도할 때 T_i보다 더 나중 순서로 직렬화되고, 만약 T_i가 커밋하게 되면 최종적으로 검증에 실패하게 된다. T_j에 의한 읽기 작업은 T_i가 커밋하고 쓰기 작업을 완료한 이후로 미루어야 할지도 모른다. 검증 단계 동안 획득한 쓰기 잠금에 관해서도 같은 현상이 발생할 수 있다.

검증 기반 프로토콜의 완전한 구현이 분산 환경에서 널리 사용되지는 않지만, 18.9.3절에서 살펴본 읽기 검증 없는 낙관적 동시성 제어는 분산 환경에서 널리 사용된다. 이러한 방법은 각각의 데이터 항목에 버전 숫자를 저장하는 것을 필요로 하는데, 이는 많은 키-값 저장 시스템이 지원한다.[2] 버전 숫자는 데이터 항목이 갱신될 때마다 증가한다.

검증은 데이터 항목에 쓰기 작업을 수행하는 동안 수행되며, 버전 숫자에 기반을 둔 검사와 지정(test-and-set) 함수를 활용하여 수행할 수 있다. 이는 몇몇 키-값 저장 시스템이 지원한다. 이러한 함수는 어떤 데이터 항목에 대한 갱신을 수행하고자 할 때 데이터 항목의 현재 버전이 어떤 명시된 버전 숫자와 같은지 확인한 후 갱신을 수행한다. 만약 어떤 데이터 항목의 현재 버전이 명시된 버전 숫자보다 더 최신이라면 갱신은 수행되지 않는다. 예를 들어, 어떤 데이터 항목의 버전 7을 읽은 트랜잭션은 여전히 해당 데이터가 버전 7일 경우 쓰기 작업을 수행할 수 있다. 만약 데이터 항목이 그 와중에 갱신되어 현재 버전과 더 이상 일치하지 않으면 쓰기 작업은 실패한다. 하지만 버전 숫자가 여전히 7일 경우, 쓰기 작업을 수행할 수 있고, 버전 숫자를 8로 증가시킨다.

---

2 단 하나의 버전만 저장하면 되기 때문에 다중 버전 기법과는 다르다.

검사와 지정 함수는 18.9.3절에서 언급한 검증 기반 동시성 제어의 제한된 형태를 개별 데이터 항목의 수준에서 구현하는 응용 프로그램에서 사용할 수 있다. 어떤 트랜잭션은 데이터 항목에 있는 값을 읽을 수 있고, 읽은 이후에 값이 변경되지 않았다면 마지막에 값을 갱신할 수도 있다. 이러한 접근법은 전체적인 직렬 가능성을 보장하지는 않지만 손실-갱신(lost-update) 현상은 방지할 수 있다.

HBase는 checkAndPut( )이라고 부르는 하드웨어 수준의 검사와 지정 연산과 비슷한 방식으로 값의 비교를 통한 검사와 지정 연산을 지원한다. 시스템이 생성한 버전 숫자를 비교하는 대신, checkAndPut( )는 하나의 열(column)과 하나의 값을 전달한다. 갱신은 해당 행의 전달된 "열"이 전달된 "값"을 가지고 있는 경우에만 수행된다. 확인과 갱신 작업은 원자적으로 수행된다. 약간 변형된 연산 checkAndMutate( )의 경우 하나의 행에 여러 변경 사항이 적용되는 것을 허용한다. 예를 들어, 어떤 조건을 확인한 다음 열을 추가, 삭제, 갱신하거나 열의 값을 증가하는 작업을 하나의 원자적인 연산처럼 수행한다.

23.4 복제

분산 데이터베이스를 활용할 때 한 가지 목표는 **고가용성**(high availability)이다. 즉 데이터베이스는 거의 항상 유효한 작업을 하면서 작동하고 있어야 한다. 특히 대규모 분산 시스템의 경우 장애가 빈번하게 발생하기 때문에, 그러한 장애에도 불구하고 분산 데이터베이스는 계속 작동해야만 한다. 이러한 능력을 **강건성**(robustness)이라고 한다.

어떤 분산 시스템이 강건하기 위해선 데이터를 가지고 있는 하나의 노드가 잘못되더라도 다른 곳에서 같은 데이터에 접근할 수 있도록 복제해 두는 것이 중요하다.

데이터베이스 시스템은 데이터베이스 카탈로그에 있는 각각의 데이터 항목의 복제본이 어디에 존재하는지를 추적해야 한다. 복제는 개별 데이터 항목의 수준에서도 가능하며, 카탈로그는 각각의 데이터 항목마다 어디에 복제되어 있는지를 기록한다. 릴레이션의 분할 수준의 복제도 가능하며, 카탈로그는 각각의 분할마다 하나의 항목을 유지하면 되기 때문에 데이터 항목 수준의 복제보다 오버헤드가 감소한다.

복제본 간의 일관성에 관한 문제를 23.4.1절에서 다룬다. 장애가 발생하더라도 복제본을 활용하여 동시성 제어하는 방법을 23.4.2절에서 다룬다. 읽기 및 쓰기 방법을 수정하지 않고 실패를 다룰 수 있는 기법은 23.4.3절에서 다룬다.

23.4.1 복제본의 일관성

데이터 항목이 복제되어 있을 때, 시스템은 복제본이 같은 값을 가지고 있다는 것을 보장해야 한다. 사실 어떤 노드가 통신이 끊기거나 실패한 경우에 모든 복제본이 같은 값을 가지고 있음을 보장하는 건 불가능하다. 대신에 시스템은 몇몇 복제본이 최신 값을 가지고 있지 않더라도 데이터 항목에 대한 읽기 연산이 최신의 값을 본다는 것을 보장해야만 한다.

좀 더 형식적으로 말하면, 데이터 항목의 복제본에 대한 읽기 및 쓰기 연산에 관한 구현은 **선형**

가능성(linearizability)이라 불리는 성질을 보장해야 한다. 즉 어떤 데이터 항목에 대한 읽기 및 쓰기 연산이 주어졌을 때

1. 각 읽기 연산이 (읽기 이전의) 가장 최신의 쓰기 연산이 기록해 놓은 값을 볼 수 있도록 연산의 선형 순서가 반드시 존재해야 한다.
2. 어떤 연산 o_1이 완료된 후에 다른 연산 o_2이 시작된 경우, 선형 순서에서 o_1은 o_2보다 선행한다.

선형 가능성은 단일 데이터 항목에서 발생하는 문제를 언급하고 있으며, 직렬 가능성과는 다른 개념이다.

우리는 먼저 어떤 데이터 항목의 모든 복제본을 기록하는 접근법과 그 한계점을 토론한다. 특히 장애가 발생해도 가용성을 유지하기 위해 장애가 발생한 (혹은 실패한) 노드는 이러한 복제본의 집합에서 제거되어야 하고, 노드의 제거는 이후 살펴보겠지만 난해한 상황을 유발하기도 한다.

노드의 장애 혹은 실패와 네트워크 분할을 구분하는 것은 일반적으로 불가능하다. 어떤 시스템이 실패가 발생했다는 사실 자체는 알 수 있지만 어떤 유형의 실패인지 알아내기는 어렵다. 예를 들어, 노드 N_1이 N_2와 통신할 수 없는 상황이라고 가정하자. 노드 N_2가 실패했을 가능성도 있지만, 두 노드를 잇는 통신선에 문제가 발생하여 네트워크 분할이 생긴 경우도 존재할 수 있다. 두 노드를 잇는 통신선을 여러 개 설치함으로써 이 문제를 부분적으로 해결할 수 있지만, 아무리 많은 통신선을 설치해도 모두 실패하는 경우가 발생할 수 있으므로 실패의 종류를 구분하는 것은 여전히 어렵다.

23.4.3.1절에서 살펴보겠지만, 일부 노드가 실패할지라도 실패를 처리하기 위한 명시적인 행동 없이 데이터에 대한 접근을 계속 허용하는 프로토콜도 존재한다. 이러한 프로토콜은 과반수의 노드가 읽기 혹은 쓰기 작업하는 것을 기반으로 한다. 실패한 노드를 탐지하거나 실패한 노드를 시스템에서 제거하는 행동들은 백그라운드에서 실행될 수 있으며, 새로운 혹은 복구된 노드를 시스템에 다시 추가하는 것도 추가적인 중단 과정 없이 수행할 수 있다.

전통적인 데이터베이스 시스템은 일관성에 초점을 두지만, 일관성보다 가용성에 초점을 두는 응용 프로그램도 많이 등장하고 있다. 이러한 시스템에서 복제 프로토콜을 디자인하는 것은 다른 양상을 띠며 23.6절에서 다룬다.

복제된 데이터를 관리하기 위해 널리 사용되는 방법 중 하나는 데이터 항목의 주 복제본(primary copy)에 대해서만 갱신을 수행하고 다른 복제본에 대해서는 갱신을 하지 않아도 커밋을 허용하는 것이다. 해당 갱신은 추후에 다른 복제본으로 전파되기 시작하는데, 이러한 갱신의 전파를 **비동기적 복제**(asynchronous replication) 혹은 **갱신의 늦은 전파**(lazy propagation of updates)라고 부르며 23.6.2절에서 언급한다.

비동기적 복제의 한 가지 단점은 복제본이 일정 기간 이미 의미가 없어진 값을 가지고 있을 수 있다는 것이다. 또 다른 단점은 다른 복제본으로 갱신을 전파하기 전에 주 복제본에 실패가 발생한 경우, 커밋된 트랜잭션에 의한 갱신 값을 추후의 트랜잭션이 확인할 수 없다는 점이다.

반면에 비동기적 복제 방법의 주요 장점은 독점적인 잠금을 주 복제본에 대해서 커밋하는 순간

바로 해제할 수 있다는 점이다. 만약 트랜잭션을 커밋하기 위해 다른 복제본을 모두 갱신해야 한다면 상당한 시간 동안 지연이 발생할 수 있다. 특히 데이터가 하나의 데이터 센터의 실패를 대비하기 위해 서로 다른 지역의 데이터 센터에 복제되어 있다면, 네트워크 왕복 시간이 짧게는 수십 밀리초에서 수백 밀리초에 이를 수 있다. 만약 어떤 트랜잭션이 이 시간 동안 잠금을 소유하고 있으면, 해당 데이터 항목을 갱신할 수 있는 트랜잭션의 개수가 초당 10~100개로 제한된다. 어떤 응용 프로그램은 하나의 데이터 항목에 대해 초당 10개에서 100개의 트랜잭션을 처리하는 것이 충분할 수도 있다. 하지만 100개보다 더 많은 갱신이 발생하는 대부분 응용 프로그램에서 네트워크 왕복으로 인해 긴 시간 동안 잠금을 소유하는 것은 바람직하지 않다. 비동기적 복제는 이런 경우에 유효하다.

23.4.2 복제본을 활용한 동시성 제어

데이터의 복제본이 존재하는 상황에서 잠금을 다루는 몇 가지 방법을 23.4.2.1절부터 23.4.2.4절에 걸쳐 소개한다.

이번 절에서 한 데이터에 대한 어떤 갱신은 모든 복제본에 대해 이루어진다고 가정한다. 만약 어떤 데이터를 가지고 있는 노드가 실패하거나 통신이 끊기면 복제본을 갱신하는 것이 불가능해진다. 23.4.3절에서 실패가 있을 때 읽기 및 갱신하는 방법에 대해 다룬다.

23.4.2.1 주 복제본

시스템이 데이터 복제를 사용하고 있을 때 복제본 중 하나를 **주 복제본**(primary copy)으로 선택할 수 있다. 어떤 데이터 항목 Q에 대해 Q의 주 복제본은 정확히 하나의 노드에 존재해야 하며, 그러한 노드를 Q의 **주 노드**(primary node)라고 한다.

만약 어떤 트랜잭션이 한 데이터 항목 Q에 대해 잠금을 필요로 하면 주 노드에 잠금을 요청해야 한다. 요청에 대한 응답은 승인될 때까지 지연될 수 있다. 주 복제본은 마치 복제본이 존재하지 않는 상황에서 동시성 제어를 하는 방식처럼 작동하도록 할 수 있다. 왜냐하면 주 복제본에 대해서만 커밋을 완료하면 되기 때문이다. 즉 단순한 구현이 가능하다. 하지만 만약 주 노드가 실패하면 Q에 대한 잠금 정보가 손실되고, 다른 노드에 Q가 존재함에도 불구하고 Q에 대한 접근이 불가능해진다.

23.4.2.2 과반수 프로토콜

과반수 프로토콜(majority protocol)은 다음과 같은 방식으로 동작한다. 만약 데이터 항목 Q가 n개의 다른 노드에 복제되어 있을 때, 잠금 요청 메시지는 n개의 절반 이상의 노드에 전송되어야 한다. 각각의 잠금 관리자는 잠금을 즉시 승인할 수 있는지를 결정한다. 이전에 언급한 것처럼, 요청에 대해 승인이 지연될 수도 있다. 트랜잭션은 과반수 이상의 노드로부터 잠금을 획득하기 전까지 Q에 대한 연산을 수행하지 않는다.

일단 쓰기 작업은 모든 노드에서 수행하며, 복제본을 가지고 있는 모든 노드는 항상 가용하다고 가정한다. 하지만 과반수 프로토콜의 장점은 실패가 존재해도 적용할 수 있다는 점이며, 23.4.3.1절에서 언급한다. 프로토콜은 분산 환경에서 중앙 통제형 방식이 아니라도 복제본을 가진 데이터를 처리할 수 있으며, 이는 분산 환경에서 중앙 통제형 방식이 가지는 단점을 극복할 수 있다. 하지만 다음과 같은 단점도 있다.

- **구현의 어려움**. 과반수 프로토콜은 이전의 방법보다 구현이 어렵다. 잠금을 요청하는 데 적어도 $2(n/2 + 1)$개의 메시지가 필요하며, 잠금 해제를 요청하는 데 적어도 $(n/2 + 1)$개의 메시지가 필요하다.
- **교착 상태 처리**. 분산 잠금 관리자 기법에서 기인하는 전역 교착 상태 문제 이외에도, 오직 하나의 데이터에 잠금을 시도하는 경우에서조차 교착 상태가 발생할 수 있다. 네 개의 노드와 네 개의 복제를 유지하는 시스템을 생각해 보자. 트랜잭션 T_1과 T_2가 데이터 Q에 대해 독점적인 잠금을 획득하길 원한다. 트랜잭션 T_1은 노드 N_1과 N_3에서 잠금을 획득하고 T_2는 N_2와 N_4에서 잠금을 획득했다고 가정하자. 각각의 트랜잭션은 복제본을 가지고 있는 네 개의 노드 중 과반수에 해당하는 총 세 개의 잠금을 획득할 때까지 기다린다. 하지만 더 이상 잠금을 획득할 수 있는 노드는 존재하지 않기 때문에 교착 상태가 발생한다. 하지만 이런 문제는 비교적 쉽게 해결할 수 있는데, 어떤 트랜잭션이 노드에 잠금 요청을 할 때 미리 순서를 정해 두는 것이다. 예를 들어, 어떤 트랜잭션이 노드 N_1부터 N_2, N_3, N_4에 이르기까지 차례대로 잠금 요청을 해야 한다면, 동시에 두 트랜잭션이 같은 수의 잠금을 획득하는 경우를 피할 수 있다.

23.4.2.3 편향된 프로토콜

편향된 프로토콜(biased protocol)은 복제를 다루는 또 다른 접근 방법이다. 과반수 프로토콜과 다른 점은 공유 잠금을 독점적 잠금보다 더 친절한 방식으로 다루는 것이다.

- **공유 잠금**. 어떤 트랜잭션이 데이터 Q에 대해 잠금을 요청해야 하는 경우, Q의 복제본을 가지고 있는 임의의 한 노드에 있는 잠금 관리자에게 요청한다.
- **독점적 잠금**. 어떤 트랜잭션이 데이터 Q에 대해 잠금을 요청해야 하는 경우, Q의 복제본을 가지고 있는 모든 노드의 잠금 관리자에게 요청한다.

공유 잠금과 독점적 잠금을 다루는 방식이 편향된 것을 알 수 있다. 이전에 살펴본 것처럼, 요청에 대한 응답은 승인될 때까지 지연될 수 있다.

편향된 프로토콜은 과반수 프로토콜보다 읽기 작업에서 오버헤드가 더 적다. 왜냐하면 과반수의 노드가 아닌 단 하나의 노드에만 잠금을 요청하기 때문이다. 읽기 작업이 쓰기 작업보다 훨씬 많은 경우 편향된 프로토콜의 이점은 더 커진다. 하지만 쓰기 작업에서 과반수 프로토콜보다 오버헤드가 더 크다. 왜냐하면 과반수의 노드가 아닌 전체 노드에 잠금을 요청해야 하기 때문이다. 게다가 편향된 프로토콜은 교착 상태를 해결하는 데 과반수 프로토콜과 동일한 단점을 공유한다.

23.4.2.4 정족수 컨센서스 프로토콜

정족수 컨센서스 프로토콜(quorum consensus protocol)은 과반수 프로토콜을 일반화한 것이다. 정족수란 모임이나 단체에서 어떤 결정을 내리는 데 필요한 최소의 인원수를 의미한다. 각각의 노드에 음이 아닌 가중치를 할당한다. 어떤 데이터 항목 x에 대한 읽기와 쓰기 연산에 **읽기 정족수**(read quorum) Q_r과 **쓰기 정족수**(write quorum) Q_w 두 개의 정수를 할당하며, 다음의 조건을 만족해야 한다.

$$Q_r + Q_w > S \textbf{ and } 2 * Q_w > S$$

이때 S는 x가 존재하는 모든 노드의 총가중치의 합이다.

읽기 연산을 수행하기 위해선 잠금을 획득한 노드에 대한 가중치 합이 적어도 Q_r이 되어야 한다. 쓰기 연산을 수행하기 위해선 잠금을 획득한 노드에 대한 가중치가 적어도 Q_w가 되어야 한다.

정족수 컨센서스 프로토콜의 장점은 읽기 혹은 잠금에 대한 정족수를 조정하면서 읽기 혹은 잠금에 대한 비용을 마음대로 조정할 수 있다는 것이다. 예를 들어, 읽기 정족수를 줄이면 읽기 작업을 위해 잠금을 획득해야 하는 노드의 수가 줄어든다. 하지만 그만큼 쓰기 정족수 값이 늘어나기 때문에 쓰기 작업의 오버헤드는 증가한다. 또한 더 좋은 하드웨어를 사용하여 실패할 가능성이 다른 노드보다 낮은 노드에 더 높은 가중치를 부여하면 잠금을 획득하기 위해 방문해야 하는 노드의 개수가 줄어들 수 있다. 사실 가중치 값과 정족수 값을 적절히 조절하면 과반수 프로토콜 혹은 편향된 프로토콜과 같은 효과를 볼 수도 있다.

과반수 프로토콜과 마찬가지로 노드가 실패해도 정족수 컨센서스 프로토콜은 작동할 수 있으며, 이에 대해선 23.4.3.1절에서 언급한다.

23.4.3 실패에 대한 대처

복제된 데이터를 처리하는 다음의 프로토콜을 고려해 보자. 쓰기 작업은 어떤 데이터 항목의 모든 복제본에서 성공적으로 수행되어야 한다. 읽기 작업은 복제본 중 하나에 대해서 수행할 수 있다. 해당 프로토콜에서 2단계 잠금(2PL) 기법을 적용하면, 읽기 작업은 항상 가장 최근에 쓰인 값을 읽을 수 있다. 이러한 프로토콜을 **하나에서 읽고 모두에 쓰는 프로토콜**(read one, write all copies protocol)이라고 한다. 왜냐하면 모든 복제본에 관해 쓰기 작업을 수행하고, 읽기 작업은 하나의 복제본에 대해 수행하기 때문이다.

이러한 프로토콜의 문제점은 일부 노드가 사용 불가능해진 상황에서 발생한다. 실패가 발생했음에도 작업을 계속 수행하기 위해선 **하나에서 읽고 가능한 모두에 쓰는 프로토콜**(read one, write all available protocol)을 사용할 수도 있다. 읽기 작업은 하나에서 읽고 모두에 쓰는 프로토콜과 동일하게 진행한다. 즉 사용 가능한 한 복제본에 대해 읽기 작업을 수행하고 그에 필요한 잠금을 획득한다. 쓰기 작업은 모든 사용 가능한 복제본에 대해 이루어지며, 그에 필요한 잠금을 획득한다. 만약 한 노드가 실패하면, 트랜잭션 관리자는 실패한 노드의 복구를 기다리지 않고 계속 진행한다. 이러한 방법은 매력적이긴 하지만, 쓰기 및 읽기 작업의 일관성을 보장하지는 않는다. 예를 들어, 임시적인 통신 장애가 발생하여 한 노드가 사용 불가능하게 된 상황에서 어떤 쓰기 작업이 발생하면, 해당 노드는 통신이 복구된 이후에도 해당 쓰기 작업이 존재했다는 사실을 인지하지 못할 수 있다. 만약 네트워크 분할이 발생한 경우, 각각의 분할은 다른 분할에 있는 노드가 실패했다고 가정하고 독립적으로 쓰기 작업을 수행하면서 문제가 발생할 수도 있다.

23.4.3.1 과반수 기반 프로토콜을 사용한 강건성

23.4.2.2절에서 설명한 분산 동시성 제어를 위한 과반수 프로토콜은 실패가 있어도 동작할 수 있도록 변형될 수 있다. 각각의 데이터 항목은 언제 마지막으로 수정되었는지 확인하기 위한 버전 숫자를 가지고 있다. 어떤 트랜잭션이 하나의 데이터 항목에 쓰기 연산을 수행하려 할 때 다음과 같은 방식으로 버전 숫자도 갱신한다.

- 데이터 항목 a가 n개의 다른 노드에 복제되어 있으면, 잠금 요청 메시지를 a를 저장한 n개의 노드 중 절반 이상의 노드에 보낸다. 트랜잭션은 과반수의 노드로부터 잠금을 성공적으로 획득하기 전까지는 데이터 a에 대한 작업을 수행할 수 없다.

  복제본에 대한 갱신 연산의 커밋은 2PC를 활용하여 원자적으로 수행할 수 있다. (일단 접근이 가능했던 모든 복제본은 커밋될 때까지는 여전히 접근 가능하다고 가정한다. 하지만 이 절의 후반부에서 이러한 조건을 완화하는 방법과 2PC의 대안에 관해서도 설명한다.)
- 읽기 연산은 잠금을 획득한 모든 복제본에 대해서 수행하며, 가장 큰 버전 숫자를 가진 복제본으로부터 값을 읽는다(읽기 연산 후에 더 작은 버전 숫자를 가진 복제본에 최신 값을 제공하여 동기화할 수도 있다). 쓰기 연산은 읽기 연산에서와 마찬가지로 가장 큰 버전 숫자를 가진 복제본을 찾기 위해 잠금을 획득한 모든 복제본을 확인한다(다시 모든 복제본을 확인하는 대신, 이전의 읽기 연산에서 찾은 가장 큰 버전 숫자를 가진 복제본을 활용할 수도 있다). 새로운 버전 숫자는 확인한 가장 큰 버전 숫자보다 하나가 더 크다. 쓰기 연산은 잠금을 획득한 모든 복제본에 대해 수행하며, 해당 복제본의 버전 숫자를 새로운 값으로 할당한다.

네트워크 분할이나 노드 실패의 경우도 다음 조건을 만족하면 극복할 수 있다. (1) 커밋 당시에 사용 가능한 노드가 데이터의 복제본의 과반수인 경우, (2) 읽기 연산 중에 과반수의 복제본에서 버전 숫자를 확인한 경우, 총 두 가지다. 만약 이 조건을 충족하지 못하면 트랜잭션은 중단되어야 한다. 이 조건을 만족한다면 2PC를 사용 가능한 노드에서 평소처럼 사용할 수 있다.

이 방법에서 별도의 통합 과정은 필요하지 않다. 왜냐하면 쓰기 작업은 최소한 과반수의 복제본에 대해 이루어지고, 읽기 작업은 최소한 과반수의 복제본을 확인한 후에 가장 최신 버전의 숫자를 가진 것을 읽기 때문이다.

하지만 버전 숫자를 이용하는 과반수 프로토콜은 몇 가지 한계점을 가지고 있으며, 다른 확장형 혹은 대안 프로토콜을 활용하여 극복할 수 있다.

1. 첫 번째 문제는 2PC 프로토콜 도중에 참여 노드가 실패하는 경우를 어떻게 다룰지에 대한 것이다.

   이 경우 2PC 프로토콜을 확장하는 형태로 해결할 수 있는데, 만약 과반수의 복제본이 준비된 상태에 있는 것에 동의한 상황이라면, 몇몇 복제본이 사용 불가능해지더라도 커밋 처리를 진행하는 것이다. 실패한 노드가 복구되거나 재연결되었을 때, 혹은 최신의 갱신 내용을 가지고 있지 않다는 것을 알게 되었을 때, 미처 따라가지 못한 갱신 내용을 확인하기 위해 다른 노드에 질의한 후 갱신한다. 자세한 내용은 참고문헌을 찾아보기 바란다.
2. 두 번째 문제는 2PC 프로토콜 도중에 조정자가 실패하는 경우이며, 블로킹 문제를 유발할 수

있다. 23.8절에서 소개하는 컨센서스 프로토콜은 과반수의 노드가 정상 동작하고 있다면, 조정자가 실패해도 블로킹 문제 없이 2PC를 수행할 수 있는 견고한 방법을 설명한다.

3. 세 번째 문제는 읽기 연산을 수행하기 위해 무려 과반수의 복제본과 통신해야 하는 오버헤드다. 23.4.3.2절에서 읽기 오버헤드를 줄이는 방법에 대해 설명한다.

23.4.3.2 읽기 비용을 줄이는 방법

이 문제를 다루는 한 가지 방법은 정족수 컨센서스 프로토콜에서 소개한 읽기 및 쓰기 정족수의 개념을 사용하는 것이다. 읽기 연산에는 더 작은 읽기 정족수를 설정하고, 쓰기 연산에는 더 큰 쓰기 정족수를 설정할 수 있다. 이전에 언급한 버전 숫자 기법에는 변함이 없다. 이 방법의 한 가지 문제점은 더 많은 쓰기 정족수로 인해 더 많은 노드와 합의해야 하는 만큼, 만약 노드의 실패가 발생했을 때 갱신 트랜잭션에서 블로킹 문제가 발생할 가능성이 더 커진다는 것이다. 정족수 프로토콜의 특별한 경우로서, 모든 노드에 단위 가중치(1)를 할당하고, 읽기 정족수는 1로, 쓰기 정족수는 n으로 할당한다(n은 모든 노드의 개수를 의미한다). 이는 앞서 언급한 하나에서 읽고 모두에 쓰는 프로토콜과 정확히 일치한다. 이러한 프로토콜에선 버전 숫자를 사용할 필요가 없다. 하지만 단 하나의 노드만 실패해도 쓰기 정족수인 n을 만족할 수 없으므로 쓰기 작업을 더 수행할 수 없게 된다.

두 번째 방법은 동시성 제어에서 소개한 주 복제본 기법을 활용하여 모든 갱신 작업은 주 복제본을 거치도록 강요하는 것이다. 읽기 연산은 과반수 혹은 정족수 프로토콜과는 달리 단 하나의 노드에 접근하는 것으로 충분하다. 하지만 주 복제본이 있는 노드에서 실패가 발생하는 경우를 다뤄야 한다. 주 복제본이 있는 노드가 실패하면 다른 노드가 주 복제본을 다루는 노드의 역할을 대신 수행하게 된다. 이를 위해서 새로 역할을 맡게 된 노드는 데이터 항목의 가장 최신 버전을 가지고 있음을 보장해야 한다. 그 이후에 읽기 연산은 기존과 같이 진행된다.

이러한 방법은 네트워크 분할이 존재해도 주 복제본을 담당하는 노드가 단 하나만 존재한다는 사실을 보장해야 한다. 23.3.3절에서 살펴본 임대의 개념을 활용하면 가능하다. 게다가 이러한 방법은 새로운 조정자가 모든 데이터 항목에 대해 최신의 값을 가지도록 보장하는 효율적인 방법이 필요하다. 이를 위해 각각의 노드가 로그를 유지하고 다른 노드의 로그와 일관된 상태를 유지하도록 할 수 있다. 이 문제는 쉽지 않으며, 23.8절에서 분산 컨센서스 프로토콜을 활용하여 해결할 수 있다. 분산 컨센서스 프로토콜은 로그의 일관성을 위해 과반수 방법을 사용한다. 만약 분산 컨센서스 프로토콜이 로그의 일관성을 보장하기 위해 로그를 동기화한다면 버전 숫자 기법은 필요하지 않다.

23.8.4절에서 살펴보겠지만 컨센서스 프로토콜은 장애를 허용하는 데이터의 복제를 구현하는 데 사용되며, 오늘날 많은 장애 허용 저장 시스템이 컨센서스 프로토콜 기반 장애 허용 데이터 복제 기술을 통해 만들어졌다.

주 복제본 방법의 변형 중 **연쇄 복제 프로토콜**(chain replication protocol)은 복제본에 순서를 매긴다. 각 갱신 작업은 먼저 첫 번째 복제본에서 수행하고, 그다음 순서를 가진 복제본으로 전달한다. 가장 마지막 복제본이 갱신되면 끝난다. 읽기 작업은 가장 마지막 순번을 가진 복제본에서만 수행되는데, 이는 모든 노드에서 완벽히 성공한 쓰기 연산의 결과를 읽는 것을 보장한다. 만약 연쇄 과정에 있는 노드 중 하나가 실패하면, 순서를 갱신하기 위한 재설정 작업이 필요하다. 게다가 시스템은 완료하지 않은 갱신 작업이 추후의 다른 갱신 작업을 수행하기 전에 마친다는 것을 보장해야 한다. 좀 더 최적화된 버전의 연쇄 복제 프로토콜 방법이 몇몇 저장 시스템에서 사용되고 있다. 이 장 마지막의 "더 읽어보기"에서 추가적인 자료를 찾을 수 있다.

23.4.4 재설정 및 재결합

노드가 실패했을 때 대부분은 빠르게 복구할 수 있으며, 앞에서 언급했던 프로토콜에서 실패한 노드는 놓쳤던 갱신 작업을 빠르게 따라잡을 수 있다.

하지만 특정 경우 어떤 노드는 영구적으로 실패할 수도 있다. 시스템은 실패한 노드를 제거하기 위해 **재설정**(reconfigured)해야 하며, 다른 노드에 실패한 노드가 맡고 있던 역할을 맡겨야 한다. 또한 데이터베이스 카탈로그에서 데이터 항목의 복제본 목록으로부터 실패한 노드를 모두 제거해야 한다.

이전에 살펴본 것처럼, 네트워크의 실패는 사실 노드가 실패하지 않았음에도 노드가 실패한 것처럼 보이게 한다. 실제로 노드가 실패하지 않았지만, 복제본의 목록에서 삭제하는 것이 일관성에서 문제를 일으키지 않기 때문에 더 안전하다.

만약 실패하여 제거된 노드가 복구되면 시스템에 **재결합**(reintegrated)되어야 한다. 복구된 노드는 자신이 가지고 있는 데이터 항목의 최신 값을 확인해야 한다. 정상적으로 동작하는 노드의 데이터베이스 복구 로그를 활용하여 실패했던 노드가 놓쳤던 갱신 작업을 발견하고 수행할 수 있다.

노드를 재결합하는 작업은 생각보다 복잡한데, 심지어 복구를 수행하는 와중에 데이터 항목에 대한 갱신 작업이 있을 수 있기 때문이다. 정상적으로 동작하는 노드의 데이터베이스 복구 로그를 활용하여 복구된 노드에 있는 모든 데이터 항목에 대한 최신 값을 확인할 수 있다. 일단 모든 데이터 항목의 최신 값으로 설정이 완료되면, 해당 노드는 관련된 데이터 항목의 복제 목록에 다시 추가되어야 하며, 앞으로 마주하게 되는 다른 갱신 작업은 정상적으로 처리할 수 있게 된다. 정리하자면, 해당 데이터 항목에 대해 잠금을 획득하고, 로그를 확인하여 최신 값을 설정하고, 복제 목록에 해당 노드를 추가한 뒤, 잠금을 해제한다.

23.4.3.1절에서 소개한 과반수 프로토콜을 사용하면 재결합 과정이 더 쉬워지는데, 몇몇 노드가 최신이 아닌 값을 가지고 있어도 개의치 않기 때문이다. 최신 값으로 갱신하지 않더라도 재결합할 수 있으며, 그동안 놓쳤던 갱신 작업을 차례대로 수행한다.

재설정은 어떤 테이블 혹은 데이터 항목이 어떤 노드에 복제되어 있는지를 기록하는 카탈로그의 최신본을 가지고 있는 노드에 의해 달라질 수 있다. 따라서 재설정에 관한 정보는 시스템 안에 있는 모든 노드가 같이 유지해야 한다. 카탈로그를 하나의 노드가 관리하면 해당 노드가 수많은 카탈로그 확인 작업을 혼자 수행해야 하므로 확장성이 떨어진다. 이러한 병목 현상을 피하고자 데이터 항목이 아닌 카탈로그 자체를 나누어 복제하고 과반수 프로토콜로 관리할 수 있다.

23.5 확장된 동시성 제어 프로토콜

이번 절에서 분산 동시성 제어 프로토콜의 확장된 형태를 다룬다. 먼저 23.5.1절에서 다중 버전 2단계 잠금과 전역에서 일관된 타임스탬프를 얻기 위한 확장에 관해 설명한다. 분산 환경에서 스냅샷 고립을 확장하는 방법은 23.5.2절에서 언급한다. 각각의 노드가 고유의 동시성 제어 기법을 가질 수도 있는 이질 분산 데이터베이스에서 동시성 제어를 다루는 방법은 23.5.3절에서 설명한다.

23.5.1 다중 버전 2단계 잠금과 전역에서 일관된 타임스탬프

18.7.2절에서 언급한 다중 버전 2단계 잠금(MV2PL) 프로토콜은 잠금이 필요 없는 읽기 전용 트랜잭션의 장점과 2단계 잠금의 직렬 가능성 보장의 장점을 결합한 것이다. 읽기 전용 트랜잭션은 어떤 순간 하나의 스냅샷을 확인하는 반면에, 갱신 트랜잭션은 2단계 잠금을 활용하되 갱신하는 데이터 항목의 새로운 버전을 생성한다. 이 프로토콜을 사용할 때 각각의 트랜잭션 T_i는 고유한 타임스탬프 CommitTS(T_i)를 커밋이 이루어지는 순간에 받는다(실제 시간 혹은 카운터 값을 타임스탬프로 사용할 수 있다). 해당 트랜잭션은 갱신하는 모든 데이터 항목의 타임스탬프를 CommitTS(T_i)로 설정한다. 한순간에 하나의 트랜잭션만 커밋할 수 있도록 하면, T_i가 커밋했을 때 StartTS(T_j)가 CommitTS(T_i)로 설정된 읽기 전용 트랜잭션 T_j가 타임스탬프 값이 CommitTS(T_i)보다 작거나 같은 모든 버전에 대해선 커밋된 값을 본다는 것을 보장한다.

MV2PL은 단 하나의 조정자만 있도록 하면 분산 환경에서도 동작하도록 확장할 수 있다. 단 하나의 조정자는 시작과 커밋에 대한 타임스탬프를 할당하며, 한순간에 단 하나의 트랜잭션만 커밋되는 것을 보장해야 한다. 하지만 하나의 조정자를 사용하는 것은 이전에 언급했듯이 대규모 병렬 시스템에서 확장성에 문제를 일으킨다.

확장 가능하며 실제 시간에 기반을 둔 타임스탬프를 사용하는 방식의 MV2PL 시스템에 대한 선구자로 Google Spanner 데이터 저장 시스템이 있다. 이번 절의 후반부에서 Spanner MV2PL 구현에 관해 설명한다.

모든 노드가 완벽하게 정확한 시계를 가지고 있고, 커밋 처리가 시작과 동시에 아무런 지연도 없이 완료된다고 가정해 보자. 만약 어떤 트랜잭션이 커밋하고자 한다면, 모든 잠금을 획득하면 (잠금을 해제하기 전까지) 언제라도 임의의 노드에서 시간을 확인하여 커밋 타임스탬프를 획득할 수 있다. 트랜잭션이 생성한 모든 데이터 항목 버전은 이 커밋 타임스탬프 값을 사용한다. 커밋 타임스탬프 값을 활용하여 트랜잭션의 직렬화도 가능하다. 읽기 전용 트랜잭션은 단순히 시작할 당시의 시간을 읽으면 되며, 시작할 당시의 데이터베이스의 스냅샷을 얻는 데 사용할 수 있다.

이처럼 모든 노드의 시계가 완벽하게 같고 커밋이 지연 없이 바로 이루어질 수 있다면 방금 언급한 프로토콜을 조정자를 필요로 하지 않는 MV2PL을 구현하는 데 사용할 수 있다. 조정자를 필요로 하지 않기 때문에 확장성이 뛰어나다.

실제 환경에서 위와 같은 가정은 성립하지 않으며, 다음과 같은 문제점을 일으킨다.

1. 시계는 항상 완벽하지 않고 약간 빠르거나 느리게 마련이다. 따라서 다음과 같은 문제가 발생할 수 있다. 만약 두 개의 갱신 트랜잭션 T_1과 T_2가 하나의 데이터 항목 x에 대한 쓰기 작업을 수행

하며 T_1이 T_2보다 먼저 x에 값을 기록했다고 가정하자. 하지만 서로 다른 노드에서 T_2가 T_1보다 더 작은 타임스탬프를 획득할 수도 있다. 이는 두 트랜잭션의 직렬 가능성 순서와 일치하지 않으며, MV2PL의 중앙집중형 버전에서 발생할 수 없는 경우다.

2. 커밋은 분명 시간이 소요되는 작업이며, 읽기 전용 트랜잭션은 프로토콜이 정교하게 설계되지 않는다면 어떤 갱신 값을 놓칠 수도 있다. 타임스탬프 t_1을 가진 읽기 전용 트랜잭션 T_1이 노드 N_1에서 데이터 항목 x를 읽는다고 가정하자. 읽기 작업 후에 CommitTS(T_2) $\leq t_1$인 트랜잭션 T_2가 x에 대한 쓰기 작업을 아직 완료하지 못했다고 가정하자(T_1과 다른 노드에서 타임스탬프를 획득한 경우 발생할 수 있다). 즉 T_1은 T_2가 갱신한 값을 읽어야 하지만 실제로는 그렇지 못하다.

첫 번째 문제, 즉 시계 동기화에 대한 문제를 해결하기 위해 Spanner는 다음의 기술을 사용한다.

- Spanner는 각 데이터 센터마다 매우 정확한 원자 시계를 가지고 있으며 GPS 위성에서 제공하는 시간 정보와 함께 매우 정확한 시간 정보를 만들어 낸다. 따라서 각 노드는 매우 좋은 품질의 시간을 얻을 수 있다. 우리는 어떠한 완벽하게 정확한 시계가 가리키는 시간을 **실제 시간**(true time)이라고 부른다.

  각각의 노드는 시계를 동기화하기 위해 시간 서버와 주기적으로 통신한다. 만약 시계가 더 빠른 시간을 가리키고 있으면 늦추고, 시계가 더 느린 시간을 가리키고 있으면 빠르게 맞춘다.

- 두 번째 핵심 기술은 노드가 시계 서버와 동기화할 때 지역 시계와 얼마나 차이 나는지를 확인하는 것이다. 이를 통해 지역 시계가 얼마나 앞서거나 뒤처지고 있는지를 추정할 수 있다. 이를 통해 지역 시간이 t'일 때 실제 시간 t가 $t' - \epsilon \leq t \leq t' + \epsilon$으로 한정되도록 값을 유지할 수 있다. Spanner 시스템은 값을 10밀리초 이내로 보통 유지할 수 있다. Spanner의 TrueTime API는 현재 시간 값을 특정 오차 범위를 보장한 채 제공할 수 있다.

- 다음 해결책은 **커밋 대기**(commit wait)의 개념을 사용하는 것이다. 모든 잠금을 모든 노드에서 획득한 이후에 지역 시간 t'를 조정자 노드에서 읽는다. 실제 시간을 타임스탬프 값으로 쓰고 싶지만 정확한 값을 얻는 것은 불가능하다. 대신 실제 시간이 가질 수 있는 가장 큰 값 $t' + \epsilon$을 커밋 타임스탬프 t_c로 사용한다. 이제 해당 트랜잭션은 **잠금을 모두 소유한 채** 시간 추정치의 최솟값이 t_c보다 크거나 같아지는 순간, 즉 실제 시간이 확실히 t_c를 지날 때까지 기다린다. 이는 해당 트랜잭션이 커밋 타임스탬프를 획득 한 후 2ϵ 시간 동안 대기한다는 의미다.

  이는 T_1이 t_c라는 커밋 타임스탬프를 가지고 있으면, 실제 시간 t_c에 T_1이 모든 잠금을 소유하고 있었다는 것을 의미한다.

- 위와 같은 방식으로, 어떤 데이터 항목 x의 버전 x_t가 타임스탬프 t를 가지고 있다면 우리는 실제 시간 t에 x의 값이 실제 값이라고 말할 수 있다. 이것은 시간 t에 모든 데이터 항목의 가장 최신 버전을 포함하고 있는 데이터베이스의 스냅샷을 정의할 수 있도록 한다. 만약 직렬화 순서가 실제 시간을 기준으로 트랜잭션을 정렬한 순서와 일치한다면 해당 데이터베이스 시스템을 **외부 일관성**(external consistency)이 있다고 한다. Spanner는 이러한 외부 일관성을 보장한다.

- 또 다른 문제점은 2PC를 사용할 때 커밋을 위한 추가적인 시간이 필요하다는 것이다. 커밋 타임스탬프 t를 가진 트랜잭션이 커밋하는 동안 타임스탬프 $t \leq t_1$를 가진 읽기 전용 트랜잭션에 의한 x에 대한 읽기 작업은 버전 x_t를 못 볼 가능성이 있다. 왜냐하면 타임스탬프가 데이터 항목 x에 전파되지 않았거나 트랜잭션이 준비된 상태에서 있을 수도 있기 때문이다.

  이 문제를 해결하기 위해 시간 t_1의 스냅샷을 필요로 하는 읽기 작업은 타임스탬프 값이 t_1보다 작거나 같은 트랜잭션이 커밋 과정 중에 있지 않다는 것을 확인할 때까지 기다려야 한다. $t \leq t_1$ 타임스탬프를 가지는 트랜잭션이 아직 2PC의 준비 단계에 있고 커밋 혹은 중단 여부에 대해 확신할 수 없을 때, 타임스탬프 t_1을 가지는 읽기 작업은 t의 최종 커밋 상태를 알 수 있을 때까지 기다려야 한다.

  성능상의 이유로 읽기 전용 트랜잭션은 더 기다릴 필요가 없다는 것을 보장하도록 의도적으로 더 이른 타임스탬프 값을 받을 수도 있다. 대신 어떤 데이터 항목에 대해 최신 버전을 보지 못할 수도 있다.

23.5.2 분산 스냅샷 고립

스냅샷 고립은 널리 사용되기 때문에 분산 환경에서 작동하도록 확장하는 것은 매우 중요하다. 18.8절에서도 언급했듯이 스냅샷 고립은 직렬 가능성을 보장하지는 않지만, 많은 동시성 문제를 해결할 수 있다.

만약 각각의 노드가 스냅샷 고립을 독립적으로 구현한다면, 결과 스케줄은 중앙집중형 시스템에서 발생하지 않았던 이상 현상(anomaly)을 포함할 수 있다. 예를 들어, 두 개의 트랜잭션 T_1과 T_2가 노드 N_1에서 동시에 실행되고 있으며, T_1은 x에 쓰기 작업을 하고 T_2는 x에 읽기 작업을 한다. 따라서 T_2는 T_1이 수행한 갱신 작업을 보지 못할지도 모른다. 또한 T_1이 노드 N_2에 있는 데이터 항목 y에 대해 갱신 작업을 하고 커밋한 뒤에 T_2가 노드 N_2에 있는 y를 읽는다고 가정해 보자. T_2는 노드 N_2에서 T_1에 의해 갱신된 y의 값을 볼 수 있지만 노드 N_1에서 x에 대한 T_1의 갱신 작업은 보지 못할 수도 있다. 이러한 상황은 단일 노드에서 스냅샷 고립을 사용했을 때는 발생하지 않는다. 따라서 각각의 노드가 스냅샷 고립 알고리즘을 실행하는 것만으로는 모든 노드에 걸쳐서 스냅샷 고립을 얻기에 충분하지 않다.

몇몇 다른 분산 스냅샷 고립 프로토콜이 학계에서 제안되었다. 본 교재에서 다루기에는 다소 복잡한 내용이므로 참고문헌을 참조하기 바란다. 몇몇 프로토콜은 각 노드에서 수행하는 지역 트랜잭션이 전역에서 추가적인 단계를 요구하지 않고 실행될 수 있도록 한다. 추가적인 비용은 둘 이상의 노드에서 실행하는 전역 트랜잭션에서만 필요하다. 이러한 프로토콜은 몇몇 데이터베이스와 데이터 관리 시스템에서 제안되었으며, 대표적으로 SAP HANA와 HBase가 있다.

분산 스냅샷 고립 프로토콜을 직렬 가능하도록 확장하는 연구도 있었다. 타임스탬프 순서화와 비슷하게 타임스탬프를 확인하는 작업을 추가하고 중앙 서버에서 트랜잭션 의존성 그래프를 생성하며 그래프에서 사이클이 있는지 확인하는 방식이다.

23.5.3 연합 데이터베이스 시스템에서 동시성 제어

20.5절에서 언급했듯이 많은 경우에 분산 데이터베이스는 기존에 존재하는 여러 개의 데이터베이스 시스템을 결합하는 형태이며, 각각은 고유한 스키마와 소프트웨어를 가질 수 있다. 이러한 시스템은 연합 데이터베이스 시스템(federated database system) 혹은 이질 분산 데이터베이스 시스템(heterogeneous distributed database system)이라고 부르며 기존 데이터베이스 시스템 위에 추가적인 한 층의 소프트웨어로 구성된다.

연합 데이터베이스에서 트랜잭션은 다음과 같이 분류될 수 있다.

1. **지역 트랜잭션**: 해당 트랜잭션은 연합 데이터베이스 시스템의 통제를 벗어나서 각각의 지역 데이터베이스 시스템에 의해 실행된다.
2. **전역 트랜잭션**: 해당 트랜잭션은 연합 데이터베이스 시스템의 통제하에 실행된다.

연합 데이터베이스 시스템은 지역 트랜잭션이 각각의 노드에서 수행되고 있다는 사실은 알지만, 정확히 어떤 트랜잭션이 수행되고 있는지 혹은 어떤 데이터에 접근하고 있는지는 알지 못한다.

각 데이터베이스 시스템의 지역 자치성을 보장하려면 데이터베이스 시스템의 소프트웨어를 수정하지 않아야 한다. 한 데이터베이스 시스템은 심지어 여러 노드에서 실행 중인 전역 트랜잭션의 실행을 동기화하려고 해도 다른 노드의 데이터베이스 시스템과 직접 통신할 수 없다.

연합 데이터베이스 시스템은 지역 트랜잭션의 실행을 통제하지 않기 때문에 각각의 지역 시스템은 직렬 가능성을 보장하기 위해 동시성 제어 방법을 사용해야만 한다. 만일 잠금 방식을 사용한다면 지역 교착 상태가 발생할 경우도 대비해야 한다.

지역 단위의 직렬 가능성을 보장하는 것만으로 전역 직렬 가능성을 보장하기에는 충분하지 않다. 전역 트랜잭션 T_1이 노드 N_1에 있는 데이터 A에 접근하여 갱신하고, 또 다른 전역 트랜잭션 T_2가 노드 N_2에 있는 데이터 B에 접근하여 갱신한다고 가정하자. 각각의 지역 스케줄은 직렬 가능하다고 하자. 이제 노드 N_1에서 T_2가 작업을 시작하고, 노드 N_2에서 T_1이 작업을 시작한다고 하면 결과적으로 직렬 가능하지 않은 전역 스케줄이 만들어진다. 실제로도 비록 전역 트랜잭션에 동시성이 존재하지 않음에도 불구하고(즉 하나의 전역 트랜잭션은 이전 전역 트랜잭션이 커밋하거나 중단한 이후에 시작하는 경우) 지역 직렬 가능성은 전역 직렬 가능성을 보장하기에 충분하지 않다(문제 23.11 참조).

지역 데이터베이스 시스템이 구현된 방식에 따라서 전역 트랜잭션은 노드 전체를 아우르는 관점에서 전역 트랜잭션의 하위 지역 트랜잭션 집합이 올바른 잠금에 관한 행동을 취하도록 통제하지 못할 수도 있다. 비록 모든 지역 데이터베이스 시스템이 2단계 잠금을 따르고 있다 할지라도, 각각의 지역 트랜잭션이 해당 프로토콜의 규칙을 따르고 있다는 사실만 보장하는 데 그칠 수도 있다. 예를 들어, 어떤 지역 데이터베이스 시스템이 자신이 담당한 하위 트랜잭션을 커밋하고 잠금을 해제했지만, 다른 지역 시스템의 하위 트랜잭션은 여전히 수행 중일 수도 있다. 만약 모든 지역 시스템이 잠금 행동의 통제를 허용하고 2단계 잠금을 따르고 있다면, 연합 데이터베이스 시스템은 전역 트랜잭션이 2단계 잠금을 수행하고 있다는 사실을 보장할 수 있으며, 트랜잭션이 충돌했을 때 잠금을 획득한 시점에 따라 전역 직렬화 순서를 정의할 수 있다. 만약 다른 지역 시스템이 다른 동시성 제어 방법을 따르고 있다면 이러한 전역 통제 방법은 작동하지 않는다.

연합 데이터베이스 시스템에서 전역 및 지역 트랜잭션이 동시에 실행되더라도 일관성을 보장하는 많은 프로토콜이 있다. 몇몇 방법은 전역 직렬 가능성을 보장하기 위해 추가적인 조건을 부과하며, 몇몇 방법은 덜 제한적인 방법을 사용하여 직렬 가능성보다 약한 형태의 일관성을 보장하기도 한다.

읽기 전역 트랜잭션뿐만 아니라 갱신 전역 트랜잭션이 실행되는 환경에서도 전역 직렬 가능성을 보장하는 몇 가지 방법이 있다. 이러한 방법 중 일부는 **표**(ticket)의 개념에 기반을 둔다. 표라고 부르는 특별한 데이터 항목을 각각의 지역 데이터베이스 시스템에서 생성한다. 한 노드에 있는 데이터에 접근하는 모든 전역 트랜잭션은 해당 노드에 있는 표에 쓰기 작업을 해야 한다. 이러한 요구 사항은 전역 트랜잭션이 그들이 방문하는 모든 노드에서 즉시 충돌이 발생하도록 한다. 게다가 전역 트랜잭션 관리자는 표에 접근하는 순서를 통해 전역 트랜잭션을 직렬화하는 순서를 통제할 수 있다. 이러한 방법에 관한 연구는 참고문헌에서 확인할 수 있다.

23.6 약한 수준의 일관성을 위한 복제

그동안 살펴본 복제 프로토콜은 노드와 네트워크가 실패하더라도 일관성을 보장한다. 하지만 이러한 프로토콜은 적지 않은 비용이 들며, 만약 상당히 많은 노드가 실패하거나 네트워크 분할이 발생하면 블로킹 문제가 발생할 수도 있다. 게다가 네트워크 분할이 발생한 경우 과반수 분할에 있지 않은 노드는 쓰기 연산뿐만 아니라 읽기 연산도 불가능할 수 있다.

많은 응용 프로그램은 일관성이 조금 무너지더라도 더 높은 수준의 가용성을 가지길 원한다. 이번 절에서 일관성과 가용성 사이의 상반관계를 살펴본다.

23.6.1 일관성을 일부 포기하여 가용성 확보

이제까지 살펴본 프로토콜은 하나의 분할에 과반수의 노드가 존재해야 갱신 작업을 수행할 수 있었다. 과반수를 가지지 못한 분할에 있는 노드는 갱신 작업을 수행할 수 없다. 경우에 따라 네트워크 실패로 인해 두 개 이상의 분할로 나누어진 상황에서, 그 어떤 분할도 과반수의 노드를 가지지 못할 수도 있다. 이런 상황에서 시스템은 갱신 작업을 아예 수행하지 못할 수도 있고 심지어 읽기 정족수 값에 따라 읽기 작업도 못하게 될 수 있다. 이전에 살펴본 가능한 모두에 쓰는 프로토콜(write-all-available protocol)은 가용성은 제공하지만, 일관성은 제공하지 못한다.

네트워크 분할이 발생하더라도 일관성과 가용성을 제공하는 것이 이상적이다. 하지만 불행하게도 그 어떠한 분산 데이터베이스도 다음의 세 가지 성질 중 최대 두 가지만 가질 수 있다는 **CAP 이론**(CAP theorem)이 있다.

- 일관성(Consistency)
- 가용성(Availability)
- 분할 허용(Partition-tolerance)

CAP 이론의 일관성 정의는 다음과 같다. 복제된 데이터에 대해 읽기 혹은 쓰기 연산과 같은 연산의 집합을 실행할 때 **일관된다**(consistent)고 말하기 위해선 만약 각각의 프로세스(트랜잭션)가 만들어 내는 연산의 순서로 하나의 노드에서 실행했을 때의 결과와 같아야 한다. 일관성의 개념은 트랜잭션의 원자성과 비슷하지만, 그보다는 약한 개념이다.

대규모 분산 시스템에서 네트워크 분할 현상은 피할 수 없으며, 결과적으로 가용성 혹은 일관성을 희생해야 한다. 이전에 살펴본 방법은 분할이 발생하면 일관성을 위해 가용성을 포기한 경우다.

세 개의 서버에 데이터를 복제하여 운영하는 웹 기반의 소셜 네트워크 시스템에 네트워크 분할이 발생하여 서버 간 통신이 끊겼다고 생각해 보자. 분할 중 어느 것도 과반수를 갖추지 못하면 그 어떤 분할에서도 갱신 작업을 수행할 수 없다. 만약 서버 중 하나가 사용자와 같은 분할에 있다면, 사용자는 데이터에 읽기 작업을 수행할 수는 있지만, 갱신 작업은 수행할 수 없다. 왜냐하면 다른 분할에 있는 노드에서 해당 데이터에 대한 또 다른 갱신 작업이 수행 중이면 일관성이 깨질 수 있기 때문이다. 보통 소셜 네트워크 시스템에서 일관성은 은행 데이터베이스만큼 심각하게 중요하지는 않다. 이러한 시스템의 설계자는 일관성이 깨지는 것을 감수하더라도 접근 가능한 복제본에 대한 갱신 작업을 허용하는 게 나을 수 있다.

ACID를 만족해야 하는 은행 데이터베이스와 같은 시스템과는 달리, 소셜 네트워크 시스템과 같은 시스템은 **BASE** 속성을 만족해야 한다고 한다.

- 가용성 우선(Basically available)
- 부드러운 상태(Soft state)
- 궁극적 일관성(Eventually consistent)

최우선 목표는 일관성이 약간 깨지더라도 가용성을 보장하는 것이다. 갱신 작업은 가능한 모두에 쓰는 프로토콜처럼 네트워크 분할이 발생하더라도 허용되어야 한다. 부드러운 상태는 데이터베이스의 상태가 명확하게 정의되지 않는 것을 의미한다. 즉 각 복제본이 네트워크 분할과 같은 이유로 다른 상태에 있을 수 있다. 궁극적 일관성은 일단 분할 문제가 해결되면 모든 복제본이 서로 일관된 값을 가지는 것이다.

궁극적 일관성을 보장하기 위해선 어떤 데이터 항목의 일관되지 않은 복제본이 무엇인지 알아야 한다. 만약 어떤 버전이 다른 버전보다 옛날 것이라면 최신 버전으로 대체되어야 한다. 하지만 하나의 공통 복사본에 대해 서로 다른 갱신 작업이 수행되는 예도 있다. 이러한 종류의 갱신을 탐지하는 방법을 버전 벡터 기법(version-vector scheme)이라고 하며 23.6.4절에서 설명한다.

일관되지 않은 갱신 작업을 만났을 때 일관성을 복구하는 방법의 핵심은 응용 프로그램의 목적에 따라 어느 유의미한 방향으로 갱신 작업이 통일되는 것이다. 23.6.5절에서 충돌하는 갱신 작업을 해결하는 방법을 다룬다.

일반적으로 어떤 시스템 설계자도 일관성이 깨지는 갱신 작업이나 그에 따른 탐지 혹은 복구 작업을 처리하길 원하지 않는다. 가능하다면 시스템은 일관성을 유지해야 한다. 아무리 가용성이 더 중요한 응용 프로그램이더라도 일관되지 않은 갱신 작업은 네트워크가 단절되는 노드가 발생했을 때만 허용되어야 한다.

Apache Cassandra 혹은 MongoDB와 같은 몇몇 키-값 저장소는 쓰기 혹은 읽기 연산을 수행할 때 얼마나 많은 복제본에 접근 가능해야 하는지를 매개변수로 받는다. 과반수의 복제본이 접근 가능하다면 쓰기 연산에서 일관성의 문제가 발생하지 않는다. 하지만 만약 특정 응용 프로그램이 과반수보다 작은 수를 설정하면, 많은 복제본에 접근할 수 없더라도 어쨌든 갱신 작업은 계속 진행된다. 하지만 일관되지 않은 갱신의 위험이 도사리고 있으며, 그러한 갱신이 발생한 경우 추후에 반드시 수정해 주어야 한다.

일관성이 깨지면 심각한 문제를 일으킬 수 있는 응용 프로그램 혹은 추후에 일관성을 위한 작업을 수행하기 힘든 응용 프로그램의 경우, 가용성에서 손해를 보더라도 일관성을 유지하는 분산 컨센서스 방법 혹은 복제 기법을 사용하여 장애 허용 시스템을 구축하는 것이 낫다.

23.6.2 비동기적 복제

많은 관계형 데이터베이스 시스템이 약한 일관성을 제공하는 여러 형태의 복제 기법을 사용하고 있다.

비동기적 복제(asynchronous replication)는 데이터베이스가 **주** 노드(**마스터** 노드라고도 한다)에서 갱신을 한 후에 다른 노드의 사본에 갱신을 전파한다. 즉 주 노드에서 갱신이 수행되고 나면 갱신을 수행하는 트랜잭션은 사본이 갱신되기 전에도 커밋될 수 있다. 커밋 이후에 갱신이 전파되는 것을 **늦은 전파**(lazy propagation)라고 부른다. 반대로 **동기적 복제**(synchronous replication)는 다른 사본에 대한 갱신의 전파를 트랜잭션 안에 포함시키는 것을 말한다.

비동기적 복제를 사용할 때 시스템은 트랜잭션이 주 노드에서 일단 커밋되면 시스템 고장이 발생하더라도 사본에 갱신이 전파됨을 보장해야 한다. 이 절의 뒷부분은 영속 메시지 기법을 이용하여 이 속성이 어떻게 보장되는지 설명하고 있다.

갱신의 전파가 비동기적으로 이루어지므로 사본의 읽기 연산이 데이터 항목의 최신 버전이 아닌 값을 접근할 수 있다. 갱신의 비동기적 전파는 일반적으로 일관성을 어느 정도 잃으면서 갱신 트랜잭션을 빠르게 커밋할 수 있도록 한다. 시스템 설계자는 장애 허용을 위해서만 사본을 사용하도록 해야 한다. 하지만 응용 프로그램이 오래된 데이터 값을 읽는 위험을 감수한다면, 주 노드보다 지역 머신 혹은 낮은 지연으로 접근 가능한 머신에서 사본을 읽어 오는 것이 더 낮은 비용으로 데이터 항목을 읽을 수 있다.

비동기적 복제에 기반한 데이터 저장소 시스템은 데이터 항목이 타임스탬프가 찍힌 여러 개의 버전을 가질 수 있도록 한다. 그러면 트랜잭션은 "10분 이상 지나지 않은 버전"과 같이 신선도를 조건으로 한 버전 요청이 가능할 것이다. 로컬 사본이 신선도 기준을 만족하는 버전을 가지고 있다면 그걸 사용하고, 그렇지 않다면 해당 읽기는 주 노드에서 이루어져야 할 것이다.

여러 개의 항공편 가격을 보여 주는 항공편 예약 사이트를 생각해 보자. 가격은 자주 달라지고, 시스템은 사용자가 처음에 본 가격으로 티켓을 예매할 수 있도록 보장하지 않는다. 따라서 몇 분 지난 가격을 보여 주는 것도 허용 가능할 것이다. 따라서 비동기적 복제는 이 응용 프로그램을 위한 좋은 해결책이다. 가격 데이터는 사용자 질의의 부하를 분담하는 여러 서버에 복제될 수 있고,

주 노드에서 갱신된 후 다른 모든 사본에 비동기적으로 복제될 것이다.

다중 버전 동시성 제어 기법은 사본에서 실행되는 읽기 전용 트랜잭션에게 데이터베이스의 **트랜잭션-일관 스냅샷**(transaction-consistent snapshot)을 주기 위해 사용될 수 있다. 즉 해당 트랜잭션은 직렬화 순서에 있는 어떤 트랜잭션까지의 모든 트랜잭션에 포함된 갱신은 봐야 하고 그 이후에는 어떠한 트랜잭션의 갱신도 보지 말아야 한다. 23.5.1절에서 기술한 다중 버전 2단계 잠금 기법은 일부 데이터 항목이 최신 버전이 아닐 수 있는 사본에 대해 읽기 전용 트랜잭션이 접근할 수 있도록 확장될 수 있고, 확장된 경우에도 데이터베이스의 트랜잭션-일관 스냅샷을 얻을 수 있다. 사본이 스냅샷의 타임스탬프 이전에 커밋된 모든 갱신을 받았기 때문에, 트랜잭션-일관 스냅샷을 위해서는 어떤 것이 최신 타임스탬프 t_{safe}인지 알고 있어야 한다. $t < t_{safe}$인 타임스탬프 t를 가지는 스냅샷에 대한 모든 읽기는 해당 사본으로 처리가 가능하다. 이러한 기법은 Google Spanner 데이터베이스에서 사용된다.

전통적인 (중앙집중) 데이터베이스에서, 비동기 복제는 주 노드에서 실행되는 트랜잭션을 방해하지 않으면서 많은 질의가 수행 중인 데이터베이스의 사본을 만드는 데 사용된다. 이러한 복제는 사본 스스로 갱신을 수행할 수 없고 주 노드가 요청한 갱신만 수행할 수 있기 때문에 **주종 복제**(master-slave replication)라고 부른다.

이러한 시스템에서 비동기 갱신의 전파는 일반적으로 사본이 갱신을 확인하기까지의 지연을 최소화하기 위해 지속적으로 이루어진다. 그러나 데이터 웨어하우스에선 갱신의 전파가 질의 처리를 간섭하지 않도록 주기적으로—예를 들어 매일 밤—이루어져야 한다.

일부 데이터베이스 시스템은 **다중 주 사본 복제**[multimaster replication, 또는 **임의 장소 갱신 복제**(update-anywhere replication)]를 지원한다. 데이터 항목의 어떤 사본에서도 갱신이 허용되고, 2단계 커밋 프로토콜을 이용하여 동기적으로 혹은 비동기적으로 모든 사본에 갱신이 전파되는 방법이다.

비동기적 복제는 일부 분산 저장소 시스템에도 사용된다. 그러한 시스템은 앞서 봤던 것처럼 데이터를 분할하고, 각 분할을 복제한다. 각 분할은 주 노드가 존재하고 갱신은 일반적으로 주 노드로 전송되어 주 노드가 지역적으로 커밋한다. 그리고 갱신을 비동기적으로 분할의 다른 사본에 전파한다. PNUTS와 같은 일부 시스템은 어떤 노드가 데이터 항목의 주 노드 역할을 할 것인지 분할 안에 있는 각 데이터 항목이 정할 수 있도록 한다. 주 노드는 그 데이터 항목 갱신을 커밋하고 다른 사본에 갱신을 전파할 책임이 있다. 이는 지리적으로 사용자에게 가까운 노드가 해당 사용자 데이터 항목의 주 노드 역할을 수행하도록 하기 위함이다.

갱신의 비동기적 전파를 지원하는 시스템의 경우 주 노드에서 갱신이 일단 커밋되면 다른 사본에 확실히 전달되는 것이 중요하다. 또한 주 노드에서 여러 갱신이 발생하면, 반드시 발생한 순서로 다른 사본에 전달되어야 한다. 순서를 지키지 않으면 먼저 발생한 갱신이 나중에 발생한 갱신보다 늦게 도착하여 후자를 덮어쓸 가능성이 있다.

23.2.3절의 **영속 메시지** 기법은 메시지의 전달을 보장하는 방법으로, 비동기적 복제에 널리 쓰인다. 23.2.3절에 기술된 영속 메시지 기법의 구현은 메시지가 보낸 순서대로 전달되도록 쉽게 수정될

수 있다. 영속 메시지 기법을 사용할 때는 각각의 주 노드가 모든 사본의 위치를 알고 있어야 한다.

22.8.1절의 **발행-구독 시스템**(publish-subscribe system)은 신뢰할수 있는 메시지 전달을 보장하는 더 유연한 방법을 제공한다. 발행-구독 시스템이 메시지를 관련 주제와 함께 발행하고, 구독자는 원하는 범주를 구독할 수 있음을 떠올려 보자. 비동기적 복제를 구현하기 위해서는 각 분할에 해당하는 범주가 생성될 것이다. 분할에 대한 모든 갱신(삽입, 삭제, 데이터 항목 갱신을 포함한다)은 분할에 대응하는 범주와 함께 메시지로 발행될 것이다. 발행-구독 시스템은 메시지가 발행되고 나면 발행된 순서대로 모든 구독자에게 전달됨을 보장한다.

Apache Kafka 시스템이나 PNUTS 분산 데이터 저장소 시스템에서 비동기 복제에 사용된 Yahoo Message Bus 서비스와 같이, 병렬 시스템을 위해 설계된 발행-구독 시스템은 많은 수의 범주를 허용하고, 다른 범주에 대한 메시지를 병렬로 처리하기 위해 여러 개의 서버를 사용한다. 따라서 비동기적 복제는 확장 가능하다.

장애 허용은 비동기적 갱신 전파에서 중요한 이슈다. 만일 주 노드가 고장 나면 새로운 노드가 주 노드가 되어야 하는데, 이는 앞서 봤던 선거 알고리즘이나 주 노드 스스로가 고장 났을 때 주 노드가 될 노드를 미리 정해 놓음으로써 이루어진다.

주 사본이 갱신을 기록했지만 다른 사본에 갱신을 보내기 전에 고장 났다면 어떤 일이 일어날지 생각해 보자. 새로운 주 노드는 주 사본에서 마지막으로 커밋된 갱신이 무엇인지 알 수 없다. 원래 주 노드가 복구되기를 기다리거나 고장 나기 전에 어떤 갱신이 커밋되었는지 모른 채로 진행하는 두 가지 방법이 있지만, 전자는 현실적으로 어렵다. 후자는 새로운 주 노드의 트랜잭션이 데이터 항목의 갱신 전 값을 읽거나 원래 주 노드의 앞선 갱신과 충돌하는 갱신을 수행할 위험이 있다. 이런 문제가 발생할 가능성을 낮추기 위해, 일부 시스템은 주 노드의 로그 기록을 백업 노드에 복제하고 로그 기록이 백업 노드에 성공적으로 복제된 경우에만 주 노드의 트랜잭션 커밋이 가능하도록 한다. 만약 주 노드가 고장나면 백업 노드는 주 노드의 역할을 수행하게 된다. 이는 19.7절의 two-safe 프로토콜에 해당한다. 이 프로토콜은 노드 하나의 고장에는 탄력적으로 대응할 수 있지만 두 노드의 고장에는 그렇지 못하다.

만약 어떤 응용 프로그램이 비동기적 복제를 사용하는 저장소 시스템을 사용한다면 응용 프로그램은 읽기와 쓰기가 서로 다른 사본으로 전송된 경우, 같은 응용 프로그램에 의해 앞서 수행된 쓰기를 읽지 못하거나 앞선 읽기보다 더 앞선 버전의 데이터 항목을 읽는 등의 이상 행동을 겪을 수도 있다. 고장 상황에서 이러한 이상 현상을 완전히 예방할 수 없지만, 일반적인 연산 중에는 예방이 가능하다. 예를 들어, 데이터 항목에 대한 특정 노드의 읽기와 쓰기 요청이 항상 같은 사본으로 전송된다면 응용 프로그램은 자신이 수행한 모든 쓰기를 볼 수 있을 것이다. 또한 두 읽기가 같은 데이터 항목에 대해 수행된다면 뒤에 오는 읽기는 최소한 앞선 읽기만큼의 새로운 버전을 읽을 것이다. 데이터 항목에 대한 모든 행동을 주 사본에서 수행한다면 이 속성은 보장된다.

23.6.3 비동기적 뷰 관리

인덱스와 실체화된 뷰는 원본 데이터(underlying data)에서 파생된 데이터 형태이므로 복제된 데이터로 볼 수 있다. 사본과 같은 방식으로, 원본 데이터를 갱신하는 각 트랜잭션의 일부로 인덱스와 실체화된 뷰를 갱신(관리)할 수 있다. 이렇게 하면 원본 데이터와 파생된 데이터의 일관성이 보장된다.

그러나 많은 시스템은 원본 데이터를 갱신하는 트랜잭션의 오버헤드를 줄이기 위해 인덱스와 뷰를 비동기적으로 관리하는 것을 선호한다. 따라서 인덱스와 실체화된 뷰가 오래된 데이터를 가질 수 있다. 따라서 인덱스나 실체화된 뷰를 사용하는 모든 트랜잭션은 이들이 오래되었음을 알고 있어야 한다.

그러면 이제 동시 수행되는 갱신에 대해 인덱스와 실체화된 뷰를 어떻게 관리해야 하는지 생각해 보자.

- 뷰 관리의 첫 번째 요구 조건은 고장(또는 실패)이 발생하더라도, 관리를 수행하는 하위 시스템(subsystem)이 원본 데이터에 대한 갱신 정보를 정확히 한 번만 받아야 한다는 것이다.

  발행-구독 시스템은 위 첫 번째 요구 조건과 잘 맞는다. 원본 릴레이션에 대한 모든 갱신이 릴레이션 이름을 주제로 하여 발행되고, 뷰 관리를 수행하는 부분 시스템은 해당하는 원본 릴레이션의 주제를 구독하여 관련된 모든 갱신을 전달받는다. 22.8.1절에서 봤던 것처럼 저장된 릴레이션의 각 태블릿(tablet)에 대응하는 주제도 알 수 있다. 분할되어 있는 실체화되지 않은 중간 릴레이션(nonmaterialized intermediate relation)의 경우에는 각 분할에 대응하는 주제를 알 수 있다.

- 두 번째 요구 조건은 원본 데이터에 대해 여러 갱신이 동시에 이루어지더라도, 하위 시스템은 파생된 데이터에 대한 갱신을 원본 데이터와 일관되도록 수행하여야 한다는 것이다.

  원본 데이터에 앞서 들어온 갱신을 처리하는 동안 추가적인 갱신이 도착할 수 있기 때문에 비동기적 뷰 관리 기법은 뷰를 원본 데이터와 항상 일관적이도록 관리할 수는 없다. 대신 일관성 요구 조건을 다음과 같이 공식화할 수 있다. 원본 데이터에 대해 충분히 많은 시간 동안 갱신이 이루어지지 않는다면, 비동기적 관리는 파생된 데이터와 원본 데이터의 일관성을 보장해야 한다. 이러한 조건을 **궁극적 일관성**(eventual consistency) 요구 조건이라고 한다.

  22.7.5절에서 봤던 실체화된 뷰의 병렬 관리를 위한 기술은 노드에 갱신을 전송하기 위해 교환 연산자 모델(exchange operator model)을 사용하고 뷰 관리가 지역적으로 수행될 수 있도록 한다. 중앙집중 환경의 뷰 관리를 위해 설계된 기법은 각 노드에서 지역적으로 실체화된 입력 데이터에 대해 사용될 수 있다. 16.5.1절에서 뷰 관리는 연기, 즉 트랜잭션이 커밋된 이후에 완료될 수 있다고 설명한 바 있다. 중앙집중 환경에서 연기된 뷰 관리를 위한 기법은 이미 동시적 갱신을 염두에 두고 있으므로 각 노드의 지역 환경에서도 사용이 가능하다.

- 세 번째 요구 조건은 읽기 연산이 데이터에 대해 일관적인 뷰를 얻을 수 있어야 한다는 것이다. 여러 노드로부터 데이터를 읽는 질의가 노드 N_1에서 수행되는 트랜잭션 T의 갱신은 관측하지 못하고 노드 N_2에서 수행되는 T의 갱신은 관측하는 경우를 생각해 보자. 이는 데이터의 트랜잭션 일관적이지 않은 뷰(transactionally inconsistent view)를 보는 상황을 의미한다. 비동기적 복제를 사용하는 시스템은 데이터베이스에 대한 트랜잭션 일관적인 뷰를 지원하지는 못하는 것이 일반적이다.

더욱이 데이터베이스에 대한 스캔도 데이터베이스의 연산 일관적인 뷰를 보지 못할 수 있다. 어떠한 연산도 다른 연산의 갱신 일부만 반영한 데이터베이스의 상태를 봐서는 안 된다는 18.9절의 연산 일관성의 개념을 떠올려 보자. 우리는 18.9절에서 인덱스를 사용한 스캔의 예를 본 적이 있다. 릴레이션 스캔이 2단계 잠금을 따르지 않는 경우, 동시에 수행되는 다른 트랜잭션에 의해 갱신된 레코드의 두 가지 버전을 보거나 어떤 버전도 볼 수 없었다. 심지어 릴레이션 스캔과 갱신 트랜잭션이 2단계 잠금을 따르더라도 갱신의 비동기적 전파의 경우 비슷한 문제가 발생한다.

예를 들어, 릴레이션 $r(A, B, C)$의 주 키가 A이고 속성 B에 대해 분할되어 있다고 하자. 이제 릴레이션 r을 스캔하는 질의가 있고, 튜플 $t_1 \in r$에 대해 속성 $t_1.B$를 v_1에서 v_2로 변경하는 갱신 작업이 동시에 진행된다고 가정해 보자. 그러한 갱신은 값 v_1에 대응하는 분할에서 오래된 튜플을 삭제하고, 값 v_2에 대응하는 분할에 새로운 튜플을 삽입해야 한다. 이러한 갱신은 비동기적으로 전파된다.

그러면 r에 대한 스캔은 v_1에서 오래된 튜플이 삭제되고 난 후 해당 노드를 스캔하고, v_2에서 갱신된 튜플을 삽입하기 전에 해당 노드를 스캔할 수도 있다. 그러면 스캔이 t_1의 오래된 값이나 새로운 값 중 하나를 봤어야 했지만 해당 튜플을 완전히 빠뜨리게 된다. 더욱이 스캔은 v_1의 노드에 삭제가 전파되기 전에 방문하고, v_2의 노드에는 삽입이 전파된 후에 방문할 수도 있으므로 갱신 이전의 t_1과 갱신 이후의 t_1 두 가지 버전을 볼 수도 있다. 갱신이 동기적으로 모든 사본에 전파되는 경우에는 2단계 잠금을 사용하면 위 두 경우는 발생하지 않는다.

데이터 항목이 타임스탬프를 가지는 다중 버전 동시성 제어 기술이 사용된 경우, 릴레이션의 일관적인 스캔을 위한 좋은 방법 중 하나는 스냅샷을 읽는 것이다. 이 경우 스냅샷 타임스탬프는 해당 타임스탬프의 모든 갱신이 모든 사본에 도달할 만큼 충분히 오래된 값으로 설정되어야 한다.

23.6.4 비일관적인 갱신의 탐지

높은 가용성을 위해 개발된 응용 프로그램은 응용 프로그램을 실행하고 있는 노드가 다른 노드와의 연결이 끊어져도 지역에서 계속해서 동작하도록 설계된다.

예를 들어, 데이터가 복제되어 있고 네트워크가 분할되어 있을 때 시스템이 가용성을 높이기 위해 일관성을 낮추는 것을 선택했다면, 갱신은 여러 사본에 대해 동시에(concurrently) 이루어질 것이다. 연결이 다시 수립되었을때 응용 프로그램은 지역에서 수행된 모든 갱신을 보내고 다른 곳에서 수행된 갱신을 가져오기 위해 저장소 시스템과 통신해야 한다. 이때 다른 노드에서 온 갱신과 충돌이 발생할 수 있다. 예를 들어, 노드 N_1의 연결이 끊긴 동안 N_1은 지역에 캐시된 데이터 항목의 사본을 갱신할 수도 있는데, 동시에 다른 노드는 저장소 시스템에 있는 동일한 데이터 항목이나 자신이 가지고 있는 그 데이터 항목의 로컬 사본을 갱신했을 수도 있다. 이러한 갱신의 충돌은 반드시 탐지되고, 해결되어야 한다.

다른 예시로 오프라인 갱신을 지원하는 모바일 장치를 생각해 보자(즉 모바일 장치가 네트워크에 연결되어 있지 않더라도 갱신을 허가한다). 사용자에게 원활한 사용 경험을 제공하기 위해 해당 응용 프로그램은 지역에 캐시된 사본에 대해 갱신을 수행하고, 장치가 다시 온라인 상태가 되었을 때 데이터 저장소에 갱신을 적용한다. 만약 같은 데이터 항목이 여러 장치에서 갱신된다면, 여기서도 갱신이 충돌하는 문제가 발생한다. 아래에 기술된 기법은 노드가 모바일 장치도 지칭하는 것으로 이해하면 이 맥락에서도 사용 가능하다.

갱신의 충돌을 탐지하는 메커니즘은 이 절에 기술되어 있다. 갱신의 충돌이 탐지된 후 이를 해결하는 방법은 응용 프로그램에 따라 다르고 일반화된 기법이 존재하지는 않는다. 그러나 보편적으로 사용되는 접근 방법이 23.6.5절에 논의되어 있다.

하나의 노드만 갱신한 데이터 항목의 경우, 그 노드가 저장소 시스템에 다시 연결되었을 때 갱신을 전파하면 된다. 노드가 다른 여러 노드가 갱신했을 수 있는 데이터에 대한 읽기 전용 사본을 캐시했다면 캐시된 데이터는 일관적이지 못할 수 있다. 노드가 다시 연결되었을 때, 노드는 오래된 캐시 엔트리를 알리는 **무효화 보고서**(invalidation report)를 받을 수 있다.

그러나 갱신이 하나 이상의 노드에서 일어날 수 있다면 갱신의 충돌을 탐지하기가 더 어려워진다. **버전 번호 매기기**(version numbering) 기법은 여러 노드에 공유된 데이터의 갱신이 가능하도록 한다. 이 기법은 갱신이 일관적으로 이루어지도록 보장하지는 못하고, 두 노드가 같은 버전의 데이터 항목을 독립적으로 갱신한 후 직접 혹은 공통된 노드를 통해서 정보를 교환한다면 결국에는 충돌이 탐지됨을 보장한다.

버전 벡터 기법(version-vector scheme)은 데이터 항목의 사본이 독립적으로 갱신되었을 때 비일관성을 탐지한다. 이 기법에서 데이터 항목의 사본은 여러 노드에 저장될 수 있다.

기본적인 아이디어는 다음과 같다. 각 노드 i에 데이터 항목 d의 사본과 **버전 벡터**(version vector)를 저장한다. 버전 벡터는 버전 번호의 집합인 $\{V[j]\}$를 의미하며, 하나의 엔트리는 노드 j에서 갱신하는 그 데이터 항목의 버전을 의미한다. 노드 i가 데이터 항목 d를 갱신하면 버전 번호 $V[i]$를 1 증가시킨다.

예를 들어, 어떤 데이터 항목이 노드 N_1, N_2, N_3에 복제되었다고 해 보자. 항목이 초기에 N_1에서 생성되었다면 버전 벡터는 [1, 0, 0]일 것이다. 그 뒤에 N_2에 복제되어 노드 N_2에서 갱신되었다면 버전 벡터는 [1, 1, 0]일 것이다. 이제 이 버전의 데이터 항목이 N_3에 복제되고 나서 N_2와 N_3이 동시에 데이터 항목을 갱신한다고 생각해 보자. 그러면 N_2에 있는 데이터 항목의 버전 벡터는 [1, 2, 0]이지만 N_3에 있는 버전 벡터는 [1, 1, 1]이 된다.

두 노드 i와 j는 서로 연결될 때마다 갱신된 데이터를 주고받으면서 새로운 버전의 데이터 항목을 유지한다. 하지만 데이터 항목을 교환하기 전에 사본이 일관성을 유지하고 있는지 확인해야 한다.

1. 노드 i와 j에 있는 데이터 항목 사본의 버전 벡터 V_i와 V_j가 같다면—각 k에 대해 $V_i[k] = V_j[k]$를 만족한다면—데이터 항목 d의 두 사본은 서로 동일하다.
2. 각 k에 대해 $V_i[k] \le V_j[k]$이고 버전 벡터가 서로 다르면 노드 i가 가진 데이터 항목 d의 사본은 노드 j의 사본보다 오래된 것이다. 즉 노드 j의 데이터 항목 d는 노드 i의 데이터 항목 사본에 한 번 이상의 수정이 가해진 것이다. 노드 i는 노드 j의 사본으로 d의 사본과 그에 대응하는 버전

벡터 사본을 대체한다.

위의 예에서 N_1이 [1, 0, 0]이라는 벡터를 가지고 있고 N_2가 [1, 1, 0]을 가지고 있다면 N_2가 최신 버전을 가지고 있음을 의미한다.

3. $V_i[k] < V_j[k]$이고 $V_i[m] > V_j[m]$인 값의 쌍 k, m이 존재하면 사본은 일관성이 없는 것이다. 즉 i에 있는 d의 사본은 노드 j로는 전파되지 않은 노드 k가 갱신한 내용을 담고 있고, j에 있는 d의 사본은 노드 i로는 전파되지 않은 노드 m이 갱신한 내용을 담고 있는 것이다. 이런 경우는 두 번 이상의 갱신이 d에 대해 독립적으로 이루어졌기 때문에 d의 사본이 일관적이지 못한 것이다.

다시 예시로 돌아가면, 갱신이 N_2와 N_3에서 동시에 일어난 이후 상황에서, 버전 벡터가 갱신이 일관적이지 않음을 나타내는 것이다. N_2와 N_3의 버전 벡터를 각각 V_2, V_3이라고 하면 $V_2[2] = 2$이지만 $V_3[2] = 1$이고, $V_2[3] = 0$이지만 $V_3[3] = 1$이다.

갱신의 합병을 위해 사용자의 간섭이 필요할 수도 있다. 갱신을 합병한 후 (아마도 수동으로) $V[k]$를 각 k에 대해 $V_i[k]$, $V_j[k]$의 최댓값으로 설정하여 버전 벡터를 합병한다. 그러면 쓰기를 수행하는 노드 l은 $V[l]$를 1 증가시키고 데이터와 그에 해당하는 버전 벡터 V를 쓴다.

원래 버전 벡터 기법은 분산 파일 시스템에서 고장의 문제를 다루기 위해 설계되었다. 그런데 서버 시스템에 있는 데이터의 사본을 모바일 장치가 저장하는 경우가 많아 이 기법의 중요성이 커졌다. 또한 이 기법은 분산 저장소 시스템에서 특정 노드가 다수에 해당하는 분할에 속하지 않은 경우에도 갱신이 일어날 수 있도록 하기 위해 널리 사용되고 있다.

버전 벡터 기법은 일관적이지 않은 데이터의 사본을 탐지했을 때 그들을 일치시키지는 못한다. 일치시키는 방법에 대해서는 23.6.5절에서 논의한다.

버전 벡터 기법은 단일 데이터 항목의 일관적이지 못한 갱신은 잘 탐지한다. 그러나 저장소 시스템이 매우 많은 수의 복제된 항목을 가지고 있는 경우, 단순한 방법으로는 어떤 항목이 비일관적으로 갱신되었는지 찾아내는 비용이 꽤 커진다. 데이터 항목 집합 간의 차이를 효율적으로 탐지하는 자료 구조인 머클 트리(Merkle tree)에 대해서는 23.6.6절에서 알아볼 것이다.

23.6.5 갱신 충돌의 해결

읽기 연산이 여러 사본으로부터 데이터 항목의 사본을 가져오거나, 시스템이 데이터 항목 버전을 비교하는 백그라운드 프로세스를 실행하고 있을 때 갱신의 충돌이 탐지될 수 있다.

이때 데이터 항목을 하나의 공통된 버전으로 만들기 위해, 같은 데이터 항목에 대한 갱신의 충돌은 **해결**(resolved)되어야 한다. 갱신 충돌의 해결을 **합일**(reconciliation)이라고도 부른다.

모든 응용 프로그램에서 사용될 수 있는 해결책을 위한 기술은 존재하지 않는다. 따라서 보편적인 몇 가지 응용 프로그램에서 사용되는 기술을 논의한다.

많은 응용 프로그램은 연결이 끊어진 동안 다른 노드에서 수행되었던 모든 갱신 연산을 각 노드에서 수행함으로써 자동적으로 합일을 이룬다. 이 해결책은 상품을 장바구니에 담거나 장바구니에서 빼는 등의 연산을 시스템이 모두 파악하고 있어야 하고, 연산의 교환법칙이 성립해야 동작한다

(실행 순서에 관계 없이 같은 결과가 나와야 한다). 상품을 장바구니에 더하는 연산은 분명히 교환법칙이 성립한다. 그러나 장바구니에서 빼는 연산은 일반적으로 교환법칙이 성립하지 않는다. 이는 장바구니가 비어 있을 때, 특정 상품을 담고 나서 빼는 연산을 거꾸로 한다고 생각해 보면 쉽게 알 수 있다. 그러나 이미 장바구니에 있는 상품만 뺀다면 이 문제는 발생하지 않는다.

다른 예시로 여러 은행의 ATM이 일시적으로 은행 네트워크와 연결이 끊어지더라도 고객이 ATM에서 돈을 인출할 수 있도록 하는 것이 있다. 인출 연산은 ATM이 다시 연결되었을 때 계좌에 적용된다. 돈을 여러 번 인출한 경우에 인출 연산이 실제 일어난 순서와는 다른 순서로 합병될 수는 있지만, 최종 결과(잔액)는 같다. 물리적 세계에서 이미 연산이 발생했기 때문에 잔고가 음수가 된다고 해서 연산을 되돌릴 수는 없음을 알아 두자. 잔고가 음수가 되는 상황은 다른 방식으로 처리되어야 한다.

이 외에도 갱신의 충돌을 해결하기 위해 응용 프로그램에 특화된 여러 해결책이 있다. 그러나 해당 방법으로도 해결이 불가능한 최악의 경우에는 시스템이 사람에게 갱신 충돌에 대해서 알리고, 사람이 충돌을 어떻게 해결할 것인지 판단해야 한다.

이러한 비일관성을 자동으로 처리하고 자동 처리가 불가능한 경우를 사용자가 해결하는 데 도움을 주는 분야는 연구가 더 필요하다.

23.6.6 머클 트리를 사용한 컬렉션 간의 차이점 탐지

머클 트리[**해시 트리**(hash tree)라고도 알려져 있다]는 서로 다른 사본에 저장되어 있을 수 있는 데이터 항목이 있을 때, 해당 항목 집합 간 차이를 효율적으로 탐지할 수 있는 자료 구조다. (트리 노드와 시스템 노드 간의 혼동을 방지하기 위해 이 절에서는 후자를 사본이라 한다.)

머클 트리의 많은 목적 중 하나는 약한 일관성으로 인해 사본 간에 일관적이지 않은 값을 가지는 항목을 탐지하는 것이다. 또 다른 목적은 동기적으로 갱신되어 일관적이어야 하는 사본이 버그나 고장 때문에 일관성을 잃지는 않았는지 정밀 검사를 하는 것이다. 아래 설명은 머클 트리의 이진 버전을 가정한다.

우리는 데이터 항목이 하나의 키(key)와 하나의 값을 가진다고 가정한다. 명시적인 키를 가지지 않는 컬렉션의 경우 데이터 항목 값이 키로 사용될 수 있다.

각 데이터 항목 키 k_i는 함수 $h_1()$를 사용하여 n비트 값으로 해시되는데, n은 2^n이 데이터 항목 수에 근접하도록 선택된 값이다. 각 데이터 항목 값 v_i는 또 다른 함수 $h_2()$를 사용하여 일반적으로 n보다 훨씬 긴 비트 값으로 해시된다. 마지막으로 해시 값의 컬렉션을 입력으로 받고 컬렉션으로부터 계산된 해시 값을 반환하는 해시 함수 $h_3()$을 가정한다(이 해시 함수는 해시 값의 입력 순서에 영향을 받지 않는, 예를 들어 컬렉션을 해시 함수 계산 전에 정렬하는 방식으로 계산되어야 한다).

머클 트리의 각 노드는 식별자가 있고 해시 값을 저장하고 있다. 트리의 각 단말 노드는 n비트의 이진수로 식별할 수 있다. 숫자 k로 식별되는 단말 노드가 주어졌을 때, 키 k_i가 $h_1(k_i) = k$인 모든 데이터 항목 i의 집합을 생각해 보자. 그러면 단말 노드 k에 저장된 해시 값 v_k는 $h_2()$를 각 데이터 항목의 값 v_i에 적용하고 나서, 결과로 나오는 해시 값의 컬렉션에 $h_3()$를 적용해서 계산한다. 시스템은 함수 $h_2()$로 계산된 해시 값으로 모든 데이터 항목을 검색할 수 있는 인덱스도 유지한다.

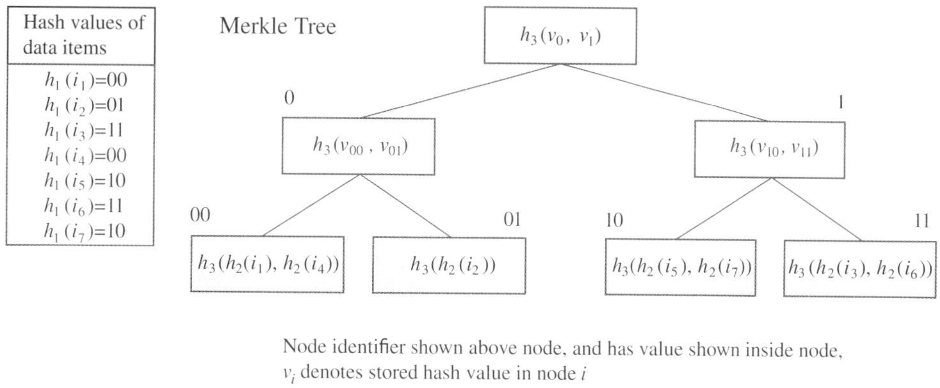

그림 23.8 머클 트리의 예

그림 23.8은 데이터 항목 일곱 개에 대한 머클 트리의 예를 보여 준다. 데이터 항목에 대한 h_1 해시 값은 왼쪽에 나타냈다. 항목 i_j에 대해서 $h_1(i_j) = k$이면 i_j는 식별자 k를 가진 단말 노드와 연관된다.

머클 트리의 각 내부 노드는 노드가 깊이 j에 위치할 때 j비트의 해시 값으로 식별된다. 단말 노드는 깊이 n에 위치하고 있고 루트 노드는 깊이 0에 위치한다. 숫자 k로 식별되는 내부 노드는 $2k$, $2k + 1$로 식별되는 자식 노드를 가진다. 노드 k에 저장된 해시 값 v_k는 노드 $2k$, $2k + 1$에 저장된 해시 값에 $h_3()$를 적용해서 계산한다.

이제 이 머클 트리가 두 개의 사본에 대해서 각각 생성되었다고 가정해 보자(사본은 전체 데이터베이스의 사본일 수도 있고 데이터베이스 분할의 사본일 수도 있다). 만약 두 사본의 모든 항목이 동일하다면, 루트 노드의 해시 값도 동일할 것이다.

$h_2()$가 알맞게 선택되어 충분히 긴 해시 값을 계산하는 한, $v_1 \neq v_2$일 때 $h_2(v_1) = h_2(v_2)$인 경우는 거의 없을 것이고 $h_3()$에도 이런 성질이 유사하게 적용된다. 160비트의 해시 값을 만드는 해시 함수 SHA1은 이 요구 조건을 만족하는 해시 함수의 예시다. 따라서 우리는 두 노드에 저장된 해시 값이 같을 때 두 노드의 모든 데이터 항목의 값이 동일하다고 추측할 수 있다.

두 사본의 어떤 항목 값이라도 차이가 있다면, 혹은 하나의 사본에만 존재하는 항목이 있다면 루트에 저장된 해시 값은 높은 확률로 서로 다를 것이다.

각 자식 노드에 저장된 해시 값은 다른 트리에서 대응하는 자식 노드의 해시 값과 비교된다. 따라서 검색은 단말 노드에 도달할 때까지 해시 값이 다른 각 자식 노드를 순회한다. 순회는 두 트리에서 병렬적으로 이루어지고, 트리 노드의 내용을 사본끼리 주고받을 수 있는 통신이 필요하다.

단말 노드의 해시 값이 다르다면, 서로 다른 데이터 항목이나 한 트리에는 있지만 다른 트리에는 없는 데이터 항목을 찾아내야 한다. 이를 위해서 해당 단말 노드에 대응하는 데이터 항목의 키와 값을 비교한다.

이러한 순회 한 번은 트리의 단말 노드 수의 로그만큼 시간이 걸린다(최대의 경우). 또한 단말 노드의 수가 데이터 항목의 수에 가깝게 선택되기 때문에 순회 시간은 데이터 항목 수에도 로그만큼의 시간이 걸린다. 두 사본 간에 다른 데이터 항목마다 최대 한 번 이 비용이 든다. 또한 말단에서 차이가 있을 때만 단말 노드까지 순회한다.

따라서 두 집합(매우 클 가능성이 있다) 간 차이를 찾아내는 전체 비용은 $O(m \log_2 N)$인데 여기서 m은 서로 다른 데이터 항목의 수이고 N은 데이터 항목의 총개수다. 순회 과정에서 마주치는 노드의 숫자를 줄이기 위해 더 넓은 트리가 사용될 수 있고, 이 경우 각 노드가 K개의 자식을 가진다면 비용은 $\log_k N$이 된다. 이때 각 노드에 전송되어야 하는 데이터의 양은 증가한다. 따라서 네트워크 지연이 네트워크 대역폭에 비해 높은 편이라면 더 넓은 트리를 사용하는 것이 좋다.

머클 트리는 많은 응용 프로그램이 있다(대용량 데이터 전송이 없고 거의 동일한 두 데이터베이스 내용의 차이를 찾는 데 쓰인다). 이러한 비일관성은 약한 일관성만 보장하는 프로토콜을 사용할 때 발생할 수 있다. 또한 컨센서스 혹은 일관적인 읽기를 보장하는 프로토콜이 사용되더라도, 사본 간의 차이를 유발하는 메시지의 실패나 네트워크의 고장 때문에 비일관성이 발생할 수 있다. 머클 트리의 원래 용도는 악의를 가진 사용자에 의해 훼손되었을 수 있는 컬렉션의 **내용 검증**(verification of the contents)이었다. 이때 머클 트리의 단말 노드는 반드시 노드에 대응되는 모든 데이터 항목의 해시 값을 저장하거나 단말 노드에 하나의 데이터 항목만 저장하는 트리의 변형을 사용할 수 있다. 게다가 루트에 저장된 해시 값은 전자 서명을 사용하여 값의 서명에 사용되는 개인 키를 갖고 있지 않은 사용자(악의적인 사용자)는 내용을 수정할 수 없다.

전체 릴레이션을 검사하기 위해서 해시 값은 단말 노드에서 위로 올라가면서 다시 계산될 수 있으며, 다시 계산된 루트의 해시 값을 전자 서명된 루트의 해시 값과 비교할 수 있다.

단일 데이터 항목의 일관성을 검사하기 위해서는 해당 항목의 해시 값이 다시 계산된다. 그러고 나서 해당 항목이 속하는 리프 노드 n_i의 해시 값도 다시 계산되는데, 이는 n_i에 속하는 다른 데이터 항목의 해시 값을 이용하여 계산된다. 다음으로 노드 n_i의 부모 노드 n_j를 생각해 보자. n_j의 해시 값은 다시 계산된 n_i의 해시 값과 이미 저장되어 있는 n_j의 다른 자식의 해시 값을 이용해서 계산한다. 이 과정이 위쪽으로 루트까지 계속된다. 만약 다시 계산된 루트의 해시 값이 서명된 해시 값과 같다면 데이터 항목의 내용은 훼손되지 않았다고 판단할 수 있다.

위 기법은 적절히 선택된 해시 함수를 사용한 경우, 해시 값을 다시 계산한 결과가 루트의 서명된 해시 값과 같도록 데이터 항목 값을 생성하기 매우 어렵다. 따라서 악의를 가진 사용자가 데이터를 훼손했다면 대부분 해시 값을 다시 계산했을 때 서명된 데이터 값과 다른 값이 나오므로 데이터 훼손의 탐지가 가능하다.

23.7 조정자 선택

지금까지 설명한 여러 알고리즘은 조정자(coordinator)가 필요하다. 조정자가 속하는 노드의 고장으로 인해 조정자가 고장 나면, 시스템은 다른 노드에서 새로운 조정자를 재설정해 실행을 지속할 수 있다. 실행을 지속시키는 한 가지 방법은 조정자가 고장 났을 때 책임을 질 준비가 된 예비 조정자를 유지하는 것이다. 또 다른 방법은 고장 나지 않은 노드 중에서 새로운 조정자를 "선출"하는 것이다. 이 절에서 이러한 방법에 대해 설명한다. 또 분산 응용 프로그램의 개발자를 돕기 위해 개발된 조정자 선택을 수행하는 장애 허용 분산 서비스에 대해 대략적으로 기술한다.

23.7.1 예비 조정자

예비 조정자(backup coordinator)는 다른 작업을 하면서 분산 시스템의 중단을 최소화하기 위해 조정자의 역할도 할 수 있도록 충분한 정보를 지역에 가지고 있다. 조정자에게 향하는 모든 메시지는 예비 조정자도 받게 된다. 예비 조정자는 실제 조정자가 수행하는 알고리즘을 동일하게 수행하고, 같은 내부 상태 정보를 유지한다(동시성 조정자의 경우 잠금 테이블과 같은 정보). 조정자와 예비 조정자의 유일한 차이점은 예비 조정자는 다른 노드에 영향을 미치는 어떤 행동도 하지 않는다는 것이다. 그러한 행동은 실제 조정자가 한다.

예비 조정자는 실제 조정자의 고장을 탐지하면 조정자의 역할을 맡는다. 예비 조정자는 고장 난 조정자가 가지고 있던 정보를 모두 가지고 있기 때문에 시스템 중단 없이 지속적인 처리가 가능하다.

이 방법의 가장 큰 이점은 즉시 처리를 지속시킬 수 있는 능력이다. 만약 예비 조정자를 지정해 두지 않았다면 조정자를 새로 지정해서 조정 작업을 수행할 수 있도록 시스템의 모든 노드로부터 정보를 모아야 한다. 고장 난 조정자만이 필수 정보를 가지고 있는 경우도 자주 있는데, 이 경우 수행되고 있는 여러(혹은 모든) 트랜잭션을 중단하고 새로운 조정자의 통제하에서 해당 트랜잭션을 다시 시작해야 할 수도 있다.

따라서 예비 조정자를 이용한 접근법은 분산 시스템이 조정자의 고장으로부터 복구되는 막대한 지연 시간을 피할 수 있는 방법이다. 이 접근법의 단점은 조정자의 작업을 똑같이 수행하는 데에서 발행하는 오버헤드다. 게다가 조정자와 예비 조정자는 그들의 활동이 동기화되도록 주기적으로 통신해야 한다.

다시 말해 예비 조정자를 이용한 접근법은 조정자 고장을 빠르게 복구하기 위해 평소에 오버헤드를 발생시키고 있는 셈이다.

23.7.2 조정자의 선출

지정된 예비 조정자가 없는 경우, 혹은 다중 고장을 처리하기 위해서 고장 나지 않은 노드가 동적으로 새로운 조정자를 선택할 수 있다.

한 가지 가능한 접근법은 현재 조정자가 고장 났을 때 지정된 노드가 새로운 조정자를 선택하도록 하는 것이다. 그러나 이 방법은 새로운 조정자를 선택해야 할 노드가 고장 난 경우 문제가 된다.

장애를 허용하는 잠금 관리자가 있다면 새로운 조정자를 고르는 매우 효과적인 방법인 **잠금 임대**(lock leases)를 사용할 수 있다. 현재 조정자는 작업에 관련된 데이터 항목에 대한 잠금을 임대하고 있다. 조정자가 고장 나면 해당 임대는 만료된다. 조정자가 고장 났을 수 있다고 참여자가 판단하면 참여자는 작업을 위한 잠금의 임대를 시도한다. 여러 참여자가 시도할 수 있지만 잠금 관리자는 그중 하나만 임대할 수 있도록 하고, 임대에 성공한 참여자가 새로운 조정자가 된다. 23.3.3절에서와 같이 이는 주어진 시간에 하나의 노드만 조정자가 될 수 있도록 보장하고, 널리 쓰이고 있으나 장애를 허용하는 잠금 관리자가 있어야 한다는 전제가 필요하다.

참여자는 조정자와 통신할 수 없다면 조정자가 고장 났을 수도 있다고 판단한다. 참여자는 조정자에게 **주기적인 생존**(heart-beat) 메시지를 보내고 확인 메시지를 기다린다. 확인 메시지가 특정 시간 안에 오지 않으면 조정자가 고장 났다고 추측한다.

참여자는 조정자와 네트워크 연결이 끊어진 상황과 조정자가 고장 난 상황을 구분하지 못한다. 따라서 현재 조정자는 정상이지만 다른 참여자가 조정자가 고장 났다고 판단하는 경우에도 시스템은 정상적으로 동작할 수 있어야 한다. 잠금 임대는 언제나 하나의 노드만 조정자가 될 수 있도록 보장하지만 장애를 허용하는 잠금 관리자가 존재할 때만 정상적으로 작동한다는 특징이 있다.

후에 23.8.4절에서 다루겠지만 장애를 허용하는 잠금 관리자를 효율적으로 구현하기 위해서는 조정자가 필요하다. 그리고 잠금 관리자를 위한 조정자를 선택하는 데에는 잠금 임대를 사용할 수 없다! 잠금 관리자 없이 조정자를 선택하는 문제에 대한 해결책으로, **선거 알고리즘**(election algorithm)이 있다. 이는 참여 노드가 비중앙집중 방식으로 새로운 조정자를 선택할 수 있도록 하는 것이다.

하나의 조정자를 단 한 번만 선출하는 것을 목표로 하고 있다고 가정해 보자. 그러면 조정자가 되고 싶은 각 노드는 다른 모든 노드에게 자신을 후보(candidate)로 제안한다. 이런 노드는 **제안자**(proposer)에 해당한다. 그러면 참여 노드는 후보 중 하나에게 투표한다. 참여 노드는 **수락자**(acceptor)에 해당하며 그중 과반수가 특정 후보에게 투표하면 해당 후보가 조정자로 선택된다. **학습자**(learner)에 해당하는 노드의 부분집합은 수락자 노드에게 어느 후보를 뽑았는지 묻고, 과반수 득표를 한 후보가 있는지 판단한다. 이 일련의 과정을 선거의 한 라운드라고 한다.

위 아이디어의 문제점은 후보가 여러 명이고, 누구도 과반수 이상의 득표를 하지 못할 수 있다는 것이다. 이런 상황에서 어떻게 해야 할까? 여러 방법 중 두 가지를 아래에 소개한다.

- 노드는 각자 고유한 숫자를 부여받는다. 후보로 제안된 노드가 여럿이라면 수락자는 가장 높은 숫자를 가진 후보를 선택한다. 그래도 메시지가 사라지거나 지연되어서 과반수 조건을 충족하지 못할 수도 있다. 이런 경우 선거는 다시 시행된다. 그러나 후보였던 노드 N_1이 자신보다 더 높은 숫자를 가진 노드 N_2도 후보였다는 것을 발견하면 N_1은 다음 선거에 참여하지 않는다. 가장 높은 숫자를 가진 후보가 선거에서 승리한다. 선거를 위한 **골목대장 알고리즘**(bully algorithm)은 이 아이디어에 기반한다.

  이때 한 라운드 동안 가장 높은 숫자를 가졌던 후보가 다음 라운드 동안 고장 나면 후보가 전혀 없는 경우가 생길 수도 있기 때문에 해결책이 필요하다. 이전 라운드에서 후보였다가 선거에 참여하지 않게 된 노드가 이번 라운드에 아무도 조정자로 선택되지 않는 것을 발견하면 다음 라운드에서 다시 후보로 나오게 된다.

  선거의 각 라운드에는 숫자가 부여되고 후보는 제안에 라운드의 숫자를 붙인다. 라운드 숫자는 후보가 지금껏 본 라운드의 최댓값에 1을 더한 값으로 선택된다. 노드는 특정 라운드에 하나의 후보자에게만 투표할 수 있고, 다음 라운드에는 투표할 후보자를 바꿀 수도 있다.
- 두 번째 접근법은 다음과 같이 동작하는 **무작위 재시도**(randomized retry)에 기반한다. (만일 그때까지 과반수 노드가 특정 노드를 선택했다면 해당 노드를 조정자로 결정한다.) 특정 라운드에 과반수 득표가 나오지 못하면 모든 참여자는 무작위로 설정된 시간만큼 기다린다. 무작위로 설

정된 시간 동안 기다린 이후에 노드는 스스로를 후보로 제안한다. 시간 제한이 적절히 (네트워크 지연에 비해 충분히 큰 시간으로) 설정된다면 특정 시간에는 오직 한 노드만이 스스로를 후보로 제안할 것이며, 그 노드가 해당 라운드에서 과반수의 득표를 할 가능성이 매우 높다.

만약 한 라운드에 과반수 득표를 한 후보가 없다면 위 과정은 반복된다. 매우 높은 확률로 몇 라운드만 지나면 후보들 중 하나가 과반수 득표를 하여 조정자로 선출될 것이다.

무작위 재시도 접근법은 래프트 컨센서스 알고리즘(Raft consensus algorithm)으로 대중화되었다. 이 방법은 이해하기 쉬울 뿐만 아니라 정확하고, 노드에 번호를 부여하는 접근법에 비해 조정자 선택에 성공하기까지 대기 시간도 한정되어 있다.

위 설명은 조정자를 선택하는 것이 일회성 활동임을 가정하고 있다. 그러나 선택된 조정자가 고장 날 수도 있고, 이 경우 새로운 선거 알고리즘이 필요하다. 이 상황을 해결하기 위해 **임기**(term)라는 개념이 필요하다. 위에서 언급한 것처럼 이전 라운드에서 조정자가 선택되지 않았거나 조정자가 선택된 후 고장 난 경우 노드가 자신을 조정자로 제안한다. 그때마다 제안에는 라운드 숫자가 연관되고, 그 숫자는 이전에 봤던 라운드 숫자들 중 가장 큰 값보다 1이 더 큰 값이다. 지금부터 라운드 숫자를 **임기**라고 하자. 선거가 성공적이라면 선택된 조정자는 해당 임기의 조정자다. 선거가 실패하면 해당 임기의 조정자는 없는 것이고 다음 임기를 위한 선거가 성공해야 한다.

노드 n이 네트워크에서 잠깐 동안 연결이 끊어질 수 있고, 더욱이 연결이 끊어졌었다는 사실을 모른 채로 재연결되는 미묘한 문제가 발생할 수 있다. 그 사이에 조정자가 바뀔 수도 있다. 특히 노드 n이 조정자였을 경우 n은 계속해서 자신이 조정자라고 생각할 것이고 이때 다른 어떤 노드 N_1도 연결이 끊어졌었다면 N_1도 n이 여전히 조정자라고 생각할 것이다. 그러나 조정자가 성공적으로 선출되면 대다수의 노드는 다른 어떤 노드(이를테면 N_2)가 조정자라고 생각할 것이다.

일반적으로 다수 득표를 하는 노드가 특정 시점에 하나일지라도, 조정자라고 생각하는 노드는 동시에 여러 개일 수 있다.

이 문제를 해결하기 위해 각 조정자는 정해진 시간 동안 임대를 받을 수 있다. 조정자는 다른 노드에 연장을 요청해서 과반수의 노드로부터 확인을 받으면 임대를 연장할 수 있다. 그러나 조정자가 과반수 노드와의 연결이 끊어지면 임대를 갱신할 수 없어 임대는 만료된다. 특정 노드는 스스로가 이전 조정자에게 확인해 준 마지막 임대 시간이 만료되었을 때만 새로운 조정자를 뽑기 위한 투표를 할 수 있다. 새로운 조정자는 다수결의 득표가 필요하므로 이전 조정자의 임대 시간이 만료될 때까지 투표를 받을 수 없다.

그러나 임대를 통해 조정자가 동시에 둘이 될 수 없도록 보장한다고 해도, 메시지가 지연되면 새로운 조정자가 선출된 이후에 이전 조정자의 메시지를 받는 경우가 생길 수 있다.

이 문제를 해결하기 위해 송신자의 현재 임기 값을 시스템의 각 메시지 교환에 포함시킨다. 노드 n이 조정자로 선출되면 n은 임기 값 t를 할당받는다. n이 조정자임을 알게 된 참여 노드는 현재 임기 값 t에 대해서 알고 있다. 이전 조정자가 자신이 대체되었음을 인지하지 못하거나 메시지 전달이 지연되면 노드에게 이전 임기 값을 가진 메시지가 전달될 수도 있다. 후자는 임대나 다른 메커니즘이 동시에 하나의 조정자만 있도록 보장하더라도 발생할 수 있다. 두 경우 모두 **오래된 메시지**(stale message), 즉 노드의 현재 임기 값보다 이전 임기 값을 가진 메시지를 받은 노드는 해당 메시지를 무시할 수 있다. 만약 더 높은 임기 값을 가진 메시지를 받았다면 시스템의 다른 노드에 비해 뒤처진 것이므로 다른 노드와 접촉해 현재 임기 값과 조정자를 알아내야 한다.

어떤 프로토콜은 조정자가 상태 정보를 저장하지 않아도 된다. 이런 경우 새로운 조정자는 추가적인 행동 없이도 조정자를 인수받을 수 있다. 그러나 조정자가 상태 정보를 유지해야 하는 프로토콜의 경우, 새로운 조정자는 이전 조정자가 만든 복구 로그나 지속성 있는 데이터를 이용해 상태 정보를 다시 만들어야 한다. 따라서 이런 로그는 노드의 손실이 복구 데이터의 손실로 이어지지 않도록 여러 노드에 복제되어야 한다. 이제 이어지는 절에서 데이터 복제가 어떻게 가용성을 보장하는지 살펴볼 것이다.

23.7.2.1 분산 조정 서비스

오늘날 매우 많은 분산 응용 프로그램이 매일 사용되고 있다. 그렇다 보니 조정자를 선출하기 위한 자신만의 메커니즘을 구현하기보다는 다수의 분산 응용 프로그램이 사용할 수 있는 장애를 허용하는 조정 서비스를 개발하는 것이 효율적인 방식이다.

주키퍼(ZooKeeper) 서비스는 널리 쓰이는 장애 허용 분산 조정 서비스다. **Chubby** 서비스는 주키퍼보다 앞서 Google에서 개발한 서비스이며 Google이 개발한 응용 프로그램에 널리 사용되고 있다. 이 서비스들은 장애 허용을 위해 내부적으로 컨센서스 프로토콜을 사용한다. 23.8절에서 컨센서스 프로토콜에 대해 논의한다.

이 서비스들은 파일 시스템과 유사한 API를 제공하며, 여러 특징이 있지만 몇 가지만 소개하자면 다음과 같다.

- 계층적 네임스페이스를 사용하여 파일에 (적은 양의) 데이터 저장. 이러한 저장소는 일반적으로 구성 정보를 저장하는 데 사용된다. 구성 정보는 분산 응용 프로그램을 시작하거나, 새로운 노드를 분산 응용 프로그램에 추가하기 위해 현재 조정자를 알아내는 데 필요한 정보다.
- (잠금 구현에 사용되는) 파일의 생성과 삭제. 예를 들어, 잠금을 얻기 위해서 프로세스는 잠금의 이름으로 파일을 생성하려고 할 수 있다. 다른 프로세스가 이미 해당 파일을 생성했다면 조정 서비스가 에러를 반환하므로 프로세스는 잠금을 얻을 수 없다는 것을 알게 된다.

  예를 들어, 키-값 저장소에서 태블릿에 대한 주 노드는 태블릿의 식별자가 이름인 파일의 잠금을 얻을 것이다. 이는 두 노드가 동시에 해당 태블릿의 주 노드가 될 수 없음을 보장한다.

  만약 전체 응용 프로그램에 대한 주 노드가 태블릿 주 노드의 고장을 탐지하면 잠금을 풀 수도 있다. 이는 서비스가 잠금 임대를 지원하는 경우, 태블릿의 주 노드가 임대를 갱신하지 않을 때 자동으로 이루어진다.
- 잠금이 해제되었는지 검사하거나 그 외에 프로세스의 행동이 필요한 시스템 변경점을 알아내기 위한, 파일의 변경점을 파악하는 기능

23.8 분산 시스템의 컨센서스

이 절은 분산 시스템의 컨센서스 문제, 즉 노드가 어떻게 장애를 허용하는 방식으로 결정에 동의할 수 있는지를 먼저 기술한다. 분산 컨센서스는 장애를 허용하는 방식으로 복제된 데이터를 갱신하는 프로토콜의 핵심 요소다. 팩소스(Paxos)와 래프트(Raft), 두 가지 컨센서스 프로토콜에 대해 설명한다. 그 후 잠금 관리자와 데이터 저장소 시스템과 같은 서비스를 장애 허용 능력이 있도록 만드는 데 사용되는 복제된 상태 기계(replicated state machine)에 대해 기술한다. 그리고 컨센서스가 어떻게 2단계 커밋의 블로킹 문제를 해결할 수 있는지에 대해 기술하고 이 절을 마친다.

23.8.1 문제 개요

소프트웨어 시스템은 여러 가지 결정을 해야 한다. 가령 2단계 커밋 프로토콜을 사용할 때 커밋 혹은 중단 여부에 대한 결정이나, 현재 조정자가 고장 났을 때 어떤 노드가 조정자가 되어야 하는지 등의 결정이다.

2단계 커밋 프로토콜에서 조정자가 커밋/중단 결정을 하듯 단일 노드가 결정을 하는 경우를 생각해 보자. 이 경우 결정을 한 노드가 고장 나면 다른 노드는 어떤 결정이 내려졌는지 판단할 수 없기 때문에 시스템이 중단될 수 있다. 따라서 장애 허용을 보장하기 위해 여러 노드가 결정 프로토콜에 참여해야 하고, 이들 중 일부가 고장 나더라도 프로토콜은 결정을 내릴 수 있어야 한다. 단일 노드가 결정을 위한 제안을 할 수는 있지만 결정을 내리기 위한 과정에 다른 노드가 장애를 허용하는 방식으로 반드시 참여해야 한다는 의미다.

분산 컨센서스 문제(distributed consensus problem)의 가장 기본적인 형태는 다음과 같다. n개 노드(**참여자**라고 한다)는 다음과 같은 프로토콜을 실행함으로써 결정에 동의해야 한다.

- 모든 참여자는 프로토콜 실행 중에 일부 노드가 고장 나거나, 메시지가 유실되거나, 네트워크 분할이 있더라도 같은 값의 결정을 "학습"해야 한다.
- 다수의 노드가 정상적으로(고장 나지 않고) 참여하고 있고 서로 통신할 수 있는 한 프로토콜은 중단되지 않고 반드시 종료되어야 한다.

모든 시스템은 하나의 결정을 한 번만 내리지 않고 일련의 여러 결정을 내려야 한다. 여러 컨센서스 결정을 내리는 과정은 마치 하나의 결정을 **로그에 레코드 하나를 추가하는** 것으로 추상화해 볼 수 있다. 즉 각 노드는 로그의 사본을 가지고 있고, 레코드가 각 노드의 로그에 추가되는 것이다. 로그의 어떤 부분에 어떤 레코드가 추가되는지에 따라 충돌이 발생할 가능성이 있다. 이러한 관점에서 **다중 컨센서스 프로토콜**(multiple consensus protocol)은 로그가 유일하게 정의되도록 보장해야 한다.

대부분의 컨센서스 프로토콜은 실행되는 동안 노드 간의 로그가 일시적으로 차이 날 수 있도록 허용한다. 즉 서로 다른 노드에 있는 두 로그의 같은 위치 레코드 내용이 다를 수 있고 로그의 끝도 다를 수 있다. 따라서 공유 로그 컨센서스 프로토콜은 확실히 일치된 내용과 그렇지 않은 내용을 구별하기 위한 인덱스를 유지한다. 해당 인덱스 이후 항목은 일치 과정일 수도 있고 실패한 컨센서스 시도일 수도 있다. 프로토콜은 나중에 일관적이지 못한 로그를 동기화해서 다시 기록한다. 이를 위해 일부 노드에 있는 로그 레코드는 삽입되었다가 삭제될 수도 있다. 이러한 로그 레코드는 아직 커밋되지 않아 결정을 내리는 데 사용할 수 없다. 로그의 앞부분에 있는 로그 레코드 중 커밋된 것만이 결정을 내리는 데 사용될 수 있다.

분산 컨센서스를 위해 여러 프로토콜이 제안되었다. 이들 중 팩소스 계열의 프로토콜이 가장 대중적이고 많은 시스템에 구현되어 있다. 기본 팩소스 프로토콜의 경우 고수준에서 직관적으로 이해하기 쉽지만 구현에서 오히려 복잡한 세부 사항이 많고 특히 다중 컨센서스를 위한 버전에서 그렇다. 이 문제를 해결하기 위해 이해와 구현의 용이성을 핵심 목표로 한 래프트 컨센서스 프로토콜이 개발되었고 많은 시스템이 이를 채택하고 있다. 이 절에서 이 프로토콜들의 직관을 개략적으로 설명한다.

분산 컨센서스 프로토콜의 핵심 아이디어는 결정을 위한 **투표**다. 결정은 참여 노드 중 과반수의 득표를 얻어야만 성공하게 된다. 둘 이상의 값이 특정 결정을 위해 제안되었을 때 그중 하나만이 과반수를 득표할 수 있다. 따라서 서로 다른 두 값이 선택되는 것은 불가능하다. 일부 노드가 고장 나더라도 참여자의 과반수 득표만 한다면 선택될 수 있는데, 이는 참여자의 과반수가 고장 나지 않고 서로 연결되어 있는 한 투표가 장애를 허용할 수 있도록 한다. 득표가 동률을 이루거나 일부 노드가 고장 나 투표가 불가능한 상태일 수 있는데, 이런 경우 투표 절차를 다시 실행한다.

위의 설명이 직관적으로 이해하기 쉽지만, 프로토콜을 보다 의미 있게 하는 추가적인 세부 사항이 있다. 다음 절에서 그 사항 중 일부를 알아볼 것이다.

이 절에서 팩소스와 래프트 컨센서스 프로토콜의 일부 특징만 살펴봤을 뿐, 올바른 동작을 위해 필요한 많은 세부 사항이 설명의 간결함을 위해 생략되어 있음을 밝힌다.

또한 이 외에도 수많은 다른 컨센서스 프로토콜이 제안되었고, 분산 조정 서비스 주키퍼의 일부인 Zab과 같은 일부 프로토콜도 널리 사용되고 있음을 밝힌다.

23.8.2 팩소스 컨센서스 프로토콜

단일 결정을 내리기 위한 기본 팩소스 프로토콜에는 다음과 같은 참여자가 있다.

1. 결정을 위해 값을 제안할 수 있는 하나 이상의 노드. 이를 **제안자**(proposer)라고 부른다.
2. **수락자**(acceptor)의 역할을 하는 하나 이상의 노드. 수락자는 서로 다른 제안자가 제안한 서로 다른 값 중 하나의 값을 선택해야(투표해야) 한다.

   어떤 수락자가 고장 나도 과반수가 고장 나지 않고 통신 가능하다면 문제되지 않는다. 과반수가 고장 나거나 연결이 끊기면 컨센서스 프로토콜은 중단될 수도 있다.
3. **학습자**(learner) 노드. 학습자 노드 집합은 각 수락자가 특정 라운드에 어떤 값에 투표했는지 알아내기 위해 수락자에게 질의한다. (수락자는 학습자가 물어보기 전에도 스스로 투표 값을 보낼 수 있다.)

같은 노드가 제안자, 수락자, 학습자의 역할을 모두 수행할 수도 있다.

수락자의 과반수가 특정 값에 투표했다면 해당 값이 결정을 위해 선택된(컨센서스를 이룬) 값이 된다. 그러나 여기에는 두 가지 문제가 있다.

1. 투표가 여러 제안에 분산되어 수락자의 과반수 득표를 한 제안이 없을 수 있다.

   이때 어떤 값이라도 과반수의 득표를 하려면 일부 수락자가 반드시 투표를 바꿔야 한다. 따라서 수락자가 새로운 값을 선택하도록 다음 라운드의 결정 투표를 해야만 한다. 이는 값 하나가 과반수의 득표를 할 때까지 반복된다.

2. 과반수의 노드가 하나의 값을 수락한다고 해도, 일부 노드가 값을 수락한 후에 연결이 끊기거나 고장 날 가능성이 있다. 학습자가 수락 내용을 알아내기 전에 이런 상황이 발생하면 남은 해당 값의 수락자로는 과반수를 충족하지 못할 수 있다.

   이 상황이 라운드의 실패로 판단되어 다음 라운드에서 다른 값이 선택되면 문제가 발생한다. 특히 이전 다수의 선택을 학습한 학습자는 특정 값이 선택됐었다고 판단하고 다른 학습자는 수락될 수 없는 또 다른 값이 선택됐었다고 판단할 수 있다.

수락자는 복구되었을 때 이전에 어떤 선택을 했는지 알아내기 위해 선택을 기록해야 한다.

위 첫 번째 문제, 다시 말해 투표가 갈리는 경우는 정확성에는 영향을 주지 않지만 성능에 영향을 준다. 이 문제를 피하기 위해 팩소스 알고리즘은 조정자 노드를 이용한다. 제안자는 조정자에게 제안을 보내고, 조정자는 제안된 값 중 하나를 선택하여 과반수 득표를 위한 선행 단계를 수행한다. 하나의 조정자만 제안을 보냈다면 충돌 없이 해당 값이 과반수 득표를 하게 된다(네트워크 분할과 노드 실패의 상황).

조정자가 고장 났거나 통신이 불가능한 상태라면 앞서 23.7절에서 봤던 기술을 사용해 새로운 조정자가 선출될 수 있고 새로운 조정자는 이전 조정자와 동일한 일을 할 수 있다. 조정자는 지역 상태가 없기 때문에 새로운 조정자는 복구 단계 없이도 인수받을 수 있다.

두 번째 문제, 다시 말해 서로 다른 라운드에서 서로 다른 값이 다수가 되는 경우는 심각한 문제이고, 컨센서스 프로토콜이 피해야 하는 상황이다. 이를 위해 팩소스는 다음과 같은 단계를 사용한다.

1. 팩소스의 각 제안은 숫자를 가지며, 서로 다른 제안은 서로 다른 숫자를 가져야 한다.
2. 프로토콜의 단계 1a에서 제안자는 수락자에게 자신의 제안 숫자 n과 함께 *prepare* 메시지를 보낸다.
3. 프로토콜의 단계 1b에서 숫자 n과 함께 *prepare* 메시지를 받은 수락자는 n보다 큰 숫자를 가진 메시지에 답한 적이 있는지 검사한다. 만약 그렇다면 메시지를 무시한다. 그렇지 않다면 숫자 n을 기억하고 지금까지 수락한 제안 숫자 중 가장 높은 숫자 $m < n$과 그에 대응하는 값 v를 보낸다. 이전에 아무 값도 수락한 적이 없다면 그렇다고 답한다. (답은 수락과는 다르다.)
4. 단계 2a에서 제안자는 자신이 수락자의 과반수에게서 답을 받았는지 검사한다. 만일 그렇다면 값 v를 다음과 같이 선택한다. 지금까지 값을 수락한 수락자가 아무도 없는 경우에 제안자는 자신이 제안하고 싶은 아무 값이나 사용할 수 있다. 하나 이상의 수락자가 숫자 m을 가진 값 v를

받았다고 답했다면 제안자는 가장 큰 숫자 m을 가진 값 v를 선택한다(m은 $< n$이어야 한다). 제안자는 이제 숫자 n을 가지는 선택된 값 v와 함께 *accept* 요청을 보낸다.

5. 단계 2b에서 수락자는 숫자 n을 가진 값 v와 함께 수락 요청을 받았을 때 숫자 $n_1 > n$을 가진 준비 메시지에 답장한 적이 있는지 검사한다. 만일 그렇다면 수락 요청을 무시한다. 그렇지 않다면 숫자 n을 가진 제안된 값 v를 수락한다.

위 프로토콜은 다음을 보장하므로 꽤 영리하다. 과반수의 수락자가 값 v를 수락한 경우(어떤 숫자 n을 가져도 문제없다), 숫자 $n_1 > n$을 가진 추가 제안이 있더라도 제안된 값은 v가 될 것이다. 직관적으로 생각해 보면, 이유는 과반수의 수락자가 숫자 n을 가진 *prepare* 메시지에 답을 보낸 경우에만 숫자 n을 가진 값이 수락될 수 있기 때문이다. 이 수락자의 집합을 P라고 하고, 값 v가 숫자 m으로 과반수 수락자에게 이미 수락되었다고 가정해 보자. 이때 수락자의 집합은 A라고 하자. 그러면 A와 P는 공통 노드를 반드시 가지고 공통 노드는 값 v와 숫자 m을 답할 것이다.

숫자 $p > n$를 가진 다른 제안이 이전에 발생했을 수도 있다. 그러나 해당 제안을 한 노드라도 수락했다면 과반수 노드가 숫자 p를 가진 제안에 답했을 것이므로 숫자 n을 가진 제안에는 답하지 않는다. 따라서 값 v의 제안을 과반수 노드가 수락한다면 이후 모든 제안은 이미 선택된 값 v일 것이 확실하다.

만약 학습자가 어떤 제안도 과반수 득표를 하지 못했음을 발견하면 아무 제안자에게나 새로운 제안을 요청할 수 있다. 만일 과반수 노드가 값 v를 수락한 적이 있다면 해당 값을 찾아 다시 수락할 수 있고 학습자는 그 값을 학습할 것이다. 이전에 과반수 노드가 수락한 값이 없다면 새로운 제안도 수락할 수 있다.

위 알고리즘은 단일 결정을 위한 알고리즘이다. 팩소스는 연속적인 결정을 처리하기 위해 확장되었는데, 이는 다중 팩소스(Multi-Paxos)라고 한다. 또 실제 구현은 수락자 집합에 노드를 추가하거나 오랜 기간 고장 난 노드를 제거할 때 프로토콜의 정확성에는 영향을 주지 않아야 한다. 팩소스와 다중 팩소스의 더 자세한 사항은 이 장 참고문헌에 있으며 온라인상에서 볼 수 있다.

23.8.3 래프트 컨센서스 프로토콜

장애를 허용하는 방식으로 레코드가 추가되도록 로그를 관리하는 것이 목표인 여러 컨센서스 프로토콜이 있다. 해당 프로토콜에 참여하는 각 노드는 로그의 사본을 가진다. 로그 기반 프로토콜은 여러 결정의 처리를 단순화한다. 래프트 컨센서스 프로토콜은 그러한 프로토콜의 대표적인 예시이고, 상대적으로 이해하기 쉽게 설계되었다.

로그 기반 프로토콜의 핵심 목표는 로그 사본을 동기화된 상태로 유지하는 것이다. 이는 모든 로그 사본에 대해 원자적으로 레코드를 추가하는 것과 같은 논리적 뷰를 제공함으로써 가능하다. 사실 같은 항목을 모든 사본에 원자적으로 추가하는 것은 고장 때문에 불가능하다. 노드가 일시적으로 연결이 끊어져 일부 갱신을 놓치고도 연결이 끊겼다는 사실을 모르는 경우를 떠올려 보자. 더욱이 로그 추가는 적은 수의 노드에 대해서만 이루어질 것이고 추가 과정이 실패할 수도 있다. 따라서 로그의 모든 사본이 항상 동일할 수는 없다. 로그 기반 프로토콜은 다음을 반드시 보장한다.

log index	1	2	3	4	5	6	7
leader	1 $x \leftarrow 2$	1 $z \leftarrow 2$	1 $x \leftarrow 3$	2 $x \leftarrow 4$	3 $x \leftarrow 1$	3 $y \leftarrow 6$	3 $z \leftarrow 4$
follower 1	1 $x \leftarrow 2$	1 $z \leftarrow 2$	1 $x \leftarrow 3$	2 $x \leftarrow 4$	3 $x \leftarrow 1$		
follower 2	1 $x \leftarrow 2$	1 $z \leftarrow 2$	1 $x \leftarrow 3$	2 $x \leftarrow 4$	3 $x \leftarrow 1$	3 $y \leftarrow 6$	3 $z \leftarrow 4$
follower 3	1 $x \leftarrow 2$	1 $z \leftarrow 2$	1 $x \leftarrow 3$				
follower 4	1 $x \leftarrow 2$	1 $z \leftarrow 2$	1 $x \leftarrow 3$	2 $x \leftarrow 4$	3 $x \leftarrow 1$	3 $y \leftarrow 6$	

⟵ committed entries ⟶ (log index 1–5)

그림 23.9 래프트 로그의 예

- 로그 사본이 일시적으로 일관적이지 못하더라도 프로토콜은 일부 사본에서 로그 레코드를 삭제하거나 대체함으로써 궁극적으로는 다시 동기화된다.
- 어떤 로그 엔트리가 절대 삭제되지 않음을 알고리즘이 보장할 때까지 해당 로그 엔트리는 커밋되지 않은 것으로 본다.

래프트와 같이 로그 복제에 기반한 프로토콜은 각 노드가 로그 엔트리를 명령어로 사용하여 "상태 기계"를 실행하도록 할 수 있다. 상태 기계는 23.8.4절에 기술되어 있다.

래프트 알고리즘은 **리더**(leader)라고 불리는 조정자에 기반한다. 다른 참여 노드는 **팔로워**(follower)라고 불린다. 리더는 고장 나서 대체되어야 할 수 있으므로 시간을 정숫값으로 식별되는 임기(term)로 분할한다. 매 임기에는 고유한 리더가 있을 수도 있고 없을 수도 있다. 뒤에 오는 임기는 이전 임기보다 큰 식별자를 가진다.

리더는 23.7.2절에서 설명한 무작위 재시도 알고리즘을 이용하여 선출된다. 무작위 재시도 알고리즘은 이미 임기의 개념을 사용하고 있다. 하나의 노드는 특정 임기를 위한 리더에게 투표한다. 노드는 리더나 투표 요청 메시지에 기반해서 현재 임기(currentTerm)를 파악하고 있어야 한다.

리더 N_1이 일시적으로 연결이 끊어졌을 때 다른 노드가 리더가 통신 불가 상태임을 발견하여 새로운 리더 N_2를 선출했고, 그 이후 N_1이 다시 연결되었음을 가정해 보자. 노드 N_1은 새로운 리더의 존재를 모르므로 리더로서 행동을 계속할 것이다. 프로토콜은 이러한 상황에도 강건해야 한다.

그림 23.9는 하나의 리더와 네 개의 팔로워에 저장된 래프트 로그의 예를 보여 준다. 로그 인덱스는 로그에서 특정 레코드의 위치를 의미한다. 각 로그 레코드의 위에 있는 숫자는 로그 레코드가 생성된 임기에 해당하고, 아래쪽은 변수에 대한 레코드 할당을 가정한 로그 엔트리를 보여 준다.

복제된 로그에 레코드를 추가하고자 하는 모든 노드는 현재 리더에게 로그 추가 요청을 보낸다. 리더는 자신의 임기를 로그 레코드의 필드로 추가하고 자신의 로그에 레코드를 추가한다. 그 후 *AppendEntries* 원격 프로시저 호출을 다른 노드에게 보낸다. 호출은 다음과 같은 여러 매개변수를 포함한다.

- *term*: 현재 리더의 임기
- *previousLogEntryPosition*: 이전 로그 엔트리의 로그상 위치
- *previousLogEntryTerm*: 이전 로그 엔트리에 연결된 임기
- *logEntries*: 로그 레코드의 배열. 동시에 여러 로그 레코드의 추가가 가능함
- *leaderCommitIndex*: 해당 인덱스 안에 있는, 혹은 그 이전의 모든 로그 레코드가 커밋된 인덱스. 로그 엔트리는 노드의 과반수가 해당 로그 엔트리를 수락했음을 리더가 확인할 때까지 커밋되지 않은 것으로 본다. 리더는 leaderCommitIndex를 해당 인덱스와 이전에 위치한 모든 로그 레코드가 커밋된 값으로 유지한다. 이 값은 노드가 어떤 로그 레코드가 커밋되었는지 배울 수 있도록 AppendEntries 호출과 함께 보내진다.

과반수의 노드가 참으로 호출에 답하면 리더는 로그 추가를 요청한 노드에게 로그 추가가 성공적이었다고 (로그상에서 로그 추가의 위치와 함께) 보고한다. 참으로 답한 노드가 과반수가 되지 않을 경우에는 어떤 일이 발생하는지 간단히 살펴보자.

AppendEntries 메시지를 받은 각 팔로워는 다음을 수행한다.

1. 메시지에 포함된 임기 값이 currentTerm보다 작다면 거짓을 반환한다.
2. (메시지에 포함된 임기 값을 가지는) previousLogEntryPosition에 위치한 엔트리를 로그가 포함하지 않는다면 거짓을 반환한다.
3. AppendEntries 메시지의 첫 번째 로그 레코드와 다른 로그 위치에 있는 엔트리가 존재하면 해당 엔트리와 이후 모든 로그 엔트리는 삭제된다.
4. logEntries 매개변수에 있는 로그 엔트리 중 로그 안에 포함되어 있지 않은 모든 로그 엔트리는 로그에 추가된다.
5. 팔로워는 어떤 레코드가 커밋되었는지 파악하기 위해 지역 commitIndex를 파악하고 있는다. 만약 leaderCommitIndex > commitIndex이면 commitIndex = min(leaderCommitIndex, 마지막 로그 엔트리의 인덱스)로 설정한다.
6. 참을 반환한다.

마지막 단계는 가장 최근에 커밋된 로그 레코드를 파악하고 있다. 리더의 로그가 지역 로그보다 앞설 수 있기 때문에 commitIndex를 무작정 leaderCommitIndex로 설정할 수는 없고 리더의 로그가 지역 로그보다 앞선 경우에는 commitIndex를 지역 로그의 끝으로 설정해 주어야 한다.

그림 23.9는 일부 AppendEntries 메시지가 해당 노드에 도달하지 못할 수 있기 때문에 팔로워들이 서로 다른 로그 상태를 가질 수 있음을 보여 준다. 엔트리 6까지의 로그는 노드의 과반수에서 나타나고 있다(즉 리더, 팔로워 2, 팔로워 4를 말한다). 이 팔로워들의 로그 레코드 위치 6에 대한

AppendEntries 호출에 반환 값 참을 답장으로 받으면 리더는 leaderCommitIndex를 6으로 설정할 수 있다.

어떤 임기에 노드 N_1이 리더가 된 후 일시적으로 연결이 끊기면 다음 임기에 다음 리더 N_2로 대체될 수 있다. N_1은 잠시 새로운 리더를 인지하지 못하고 다른 노드에게 AppendEntry 메시지를 전송할 수 있다. 그러나 과반수의 다른 노드는 새로운 리더에 대해 알고 있고 새로운 리더는 N_1보다 높은 숫자의 임기를 가진다. 따라서 이 노드들은 거짓을 반환하고 그들의 현재 임기 값을 답장에 포함해 보낸다. 그러면 노드 N_1은 새로운 임기와 그에 해당하는 리더가 있다는 사실을 인지하고 팔로워의 역할을 수행하게 된다.

프로토콜은 일부 노드가 오래된 로그를 가지는 문제를 해결해야 한다. 팔로워 프로토콜의 2단계에서 팔로워는 자신의 로그가 유효 기간이 지났다면 거짓을 반환한다고 했었다. 그런 경우 리더는 AppendEntries를 재시도할 것이고 로그의 훨씬 이전 지점부터 모든 로그 레코드를 해당 팔로워에게 전송할 것이다. 이는 팔로워 로그에 이미 있는 지점의 로그 레코드를 리더가 보낼 때까지 여러 번 발생할 수 있다. 이후 AppendEntries 명령어는 성공하게 된다.

이제 남은 문제 중 핵심은 리더가 고장 나서 다른 노드가 새로운 리더가 될 경우 로그의 일관적인 상태를 보장하는 것이다. 리더는 일부 로그 엔트리를 지역에서 추가하고 그들 중 일부를 몇몇 다른 노드에 복제했을 수 있다. 이 상황을 해결하기 위해 래프트 프로토콜은 다음을 보장해야 한다.

1. 프로토콜은 리더로 선출된 모든 노드가 커밋된 모든 로그 엔트리를 가지도록 보장한다. 이를 위해 모든 후보는 과반수의 노드와 접촉해야 하고, 투표를 요청할 때 자신의 로그 상태에 대한 정보를 보내야 한다. 선거에서 노드는 후보의 로그 상태가 최소한 자신의 것만큼은 최신이어야 해당 후보에게 투표할 것이다. "최소한 자신만큼 최신"의 정의는 로그 레코드의 임기 식별자를 포함하여 꽤 복잡하므로 세부 사항을 생략했음을 밝힌다. 새로운 리더에게 투표한 과반수 노드가 위 검사를 진행하므로 모든 커밋된 엔트리는 새로 선출된 리더의 로그에 확실히 존재해야 한다.
2. 이제 프로토콜은 다른 모든 노드가 리더의 로그를 복제하도록 강제한다.

   위 첫 번째 단계는 실제로 어떤 로그 레코드가 커밋되었는지는 찾지 않는다. 새로운 리더에 존재하는 일부 로그 레코드는 이전에 커밋되지 않고 이 단계에서 새로운 리더의 로그가 복제될 때 커밋될 수도 있다.

   또한 새로운 리더는 이전 임기에서 특정 레코드를 포함하는 사본의 수를 셀 수 없고, 과반수의 노드에 존재하고 있으면 커밋되었다고 선언한다. 직관적으로, 문제는 "최소한 자신만큼은 최신"의 정의와 리더가 고장, 복구되거나 다시 리더로 선출될 가능성 때문에 발생한다. 세부 사항은 생략했지만 이 문제를 해결하는 방법은 새로운 리더가 자신의 현재 임기에 새로운 로그 레코드를 복제하도록 하는 것이다. 즉 해당 로그 레코드가 사본의 과반수에 존재한다고 판단되면 해당 로그 레코드와 이전의 모든 로그 레코드는 커밋되었다고 할 수 있다.

이처럼 팩소스와 같은 프로토콜이 고수준에서 간단해 보이지만 다중 고장이나 재시작 상황에서 일관성을 보장하기 위해 주의해야 할 복잡한 세부 사항이 많다는 것이 분명해졌다. 시스템이 실행되는 동안 **클러스터**(시스템을 형성하는 노드의 집합) **구성원**을 바꾸는 방법(이를 부주의하게 처리하면 비일관성을 초래할 수 있다)을 포함해 주의해야 할 더 많은 세부 사항이 있다. 정확성에 대한 증명을 포함해 위 단계의 세부 사항은 이 장의 참고문헌에 있으며 온라인에서 볼 수 있다.

23.8.4 복제된 상태 기계를 이용한 장애 허용 서비스

많은 시스템은 서비스가 장애를 허용할 수 있도록 만드는 것을 중요하게 생각한다. 키-값 저장소 시스템의 잠금 관리자가 이러한 서비스의 예시다.

서비스가 장애를 허용할 수 있도록 하는 효과적인 접근법은 서비스를 **상태 기계**(state machine)로 모델링하고 다음에 설명할 복제된 상태 기계의 아이디어를 사용하는 것이다.

상태 기계는 입력을 받고 저장된 상태를 가진다. 입력에 따라 상태가 전이되며 해당 전이에 따라 어떤 결과를 출력할 수도 있다. **복제된 상태 기계**(replicated state machine)는 상태 기계가 장애를 허용하도록 하기 위해 여러 노드에 복제되어 있는 상태 기계다. 직관적으로, 모든 상태 기계가 일관적인 상태라면, 노드 중 하나가 고장 나도 고장 나지 않은 노드에서 상태와 출력을 얻을 수 있다. 상태 기계 사본의 일관성을 보장하는 데 핵심은 (a) 상태 기계가 결정적(deterministic)이어야 하고, (b) 모든 사본이 정확히 같은 입력을 같은 순서로 받도록 보장해야 한다는 것이다.

모든 사본이 같은 입력을 같은 순서로 정확히 받도록 보장하기 위해서는, 23.8.3절과 같은 기술을 이용해 입력을 복제된 로그에 추가하기만 하면 된다. 로그 엔트리는 커밋되었다고 판단된 후 곧바로 상태 기계에 입력으로 주어져 처리가 가능하다.

그림 23.10은 복제된 로그에 기반한 복제된 상태 기계를 표현하고 있다. 그림에서 $y \leftarrow 7$과 같이 클라이언트가 명령을 내리면 명령이 리더에게 전달되어 리더의 로그에 추가된다. 리더는 이제 명령을 팔로워의 로그에도 복제한다. 과반수가 명령이 그들의 로그에 복제되었다고 확인하면 리더는 명령이 커밋되었음을 선언하고 명령을 자신의 상태 기계에 적용한다. 또한 리더가 팔로워에게 커밋을 알리면 팔로워는 자신의 상태 기계에 명령을 적용한다.

그림 23.10의 예에서 상태 기계는 단순히 갱신된 변수의 값을 기록한다. 그러나 일반적으로는 상태 기계는 다른 행동도 실행할 수 있다. 그러기 위해서는 행동들이 결정적이어야 하므로, 같은 명령 집합을 실행했을 때 모든 상태 기계는 같은 상태여야 한다. 이때 명령이 로그 순서에 따라 실행되므로 실행 순서도 같을 것이다.

잠금 요청과 같은 명령은 호출자에게 처리 상태를 반환해야 한다. 처리 상태는 명령이 수행된 어느 사본에게서나 받을 수 있다. 요청이 리더에게 전송되기도 하고, 로그 레코드가 커밋되었을 때(과반수의 노드에 복제되어 있다) 처음으로 알아야 할 노드가 리더 노드이므로 대부분은 리더 노드로부터 처리 상태를 반환받도록 구현되어 있다.

이제 복제된 상태 기계 개념을 이용하여 장애 허용이 가능한 두 가지 응용 프로그램을 생각해 보자.

첫 번째로 **장애 허용 잠금 관리자**(fault-tolerant lock manager)를 어떻게 구현할 수 있는지 생각

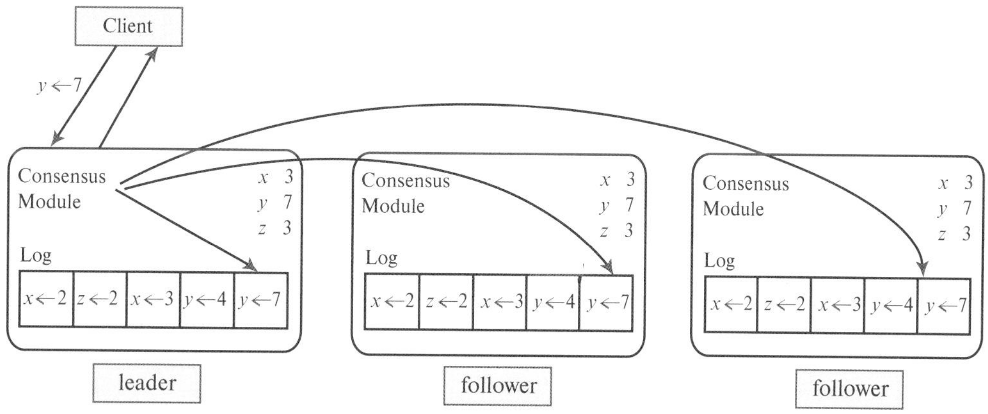

Leader declares log record committed after it is replicated at a majority of nodes. Update of state machine at each replica happens only after log record has been committed.

그림 23.10 복제된 상태 기계

해 보자. 잠금 관리자는 잠금 요청과 해제 명령을 받아 상태, 즉 잠금 테이블(lock table)을 관리한다. 또한 처리 입력(잠금 요청 혹은 해제)에 대한 출력(잠금 승인 혹은 교착 상태에서 롤백 요청)도 한다. 잠금 관리자를 결정적으로 코딩하기는 쉽다. 즉 같은 입력이 주어졌을 때 코드가 다른 노드에서 다시 실행되더라도 상태와 출력은 같을 것이다.

따라서 잠금 관리자의 중앙집중 구현을 각 노드에서 실행해도 문제없다. 잠금 요청과 해제는 래프트 프로토콜 등을 이용해서 로그의 사본에 추가된다. 로그 엔트리가 한 번 커밋되면 각 사본에 있는 잠금 관리자 코드가 로그 엔트리에 해당하는 명령(잠금 요청 혹은 해제)을 순서대로 처리할 수 있다. 일부 사본이 고장 나더라도 과반수가 고장 나지 않고 통신이 가능하면 남은 사본들은 계속해서 처리가 가능하다.

이제 **장애 허용 키-값 저장소**(fault-tolerant key-value store)를 구현하는 문제를 생각해 보자. 단일 노드 저장소 시스템은 put( )과 get( ) 연산을 지원하는 상태 기계로 모델링할 수 있다. 저장소 시스템은 상태 기계로 취급되고, 여러 노드에서 실행된다.

put( ) 연산은 컨센서스 프로토콜을 사용해 로그에 추가되고, 컨센서스 프로토콜이 해당 로그 레코드가 커밋되어야 한다고 선언하면 처리된다(즉 과반수의 노드에 복제되면 처리된다).

컨센서스 프로토콜이 리더를 사용한다면 get( ) 연산은 기록될 필요가 없고 리더에서만 실행되어야 한다. get( ) 연산이 동일한 데이터 항목에 대한 가장 최근 put( ) 연산의 결과를 보도록 보장하기 위해, 로그에서 get( ) 연산에 선행하는 같은 데이터 항목에 대한 모든 put( ) 연산은 get( ) 연산이 처리되기 전에 반드시 커밋되어야 한다. (만약 컨센서스 프로토콜이 리더를 사용하지 않는다면 get( ) 연산은 기록될 수 있고 해당 값을 호출자에게 반환하는 하나 이상의 복제본에서 실행될 수 있다.)

Google의 Spanner는 키-값 저장소 시스템과 잠금 관리자의 장애 허용 구현을 위해 복제된 상태 기계 방식을 사용하는 시스템의 대표적인 예시다.

확장 가능성을 보장하기 위해 Spanner는 데이터를 데이터의 부분집합을 가지는 분할로 나눈다. 각 분할은 여러 노드에 복제되어 있다. 각 노드는 두 가지 상태 기계를 실행한다. 키-값 저장소 시스템을 위한 것과 잠금 관리자를 위한 것 두 가지다. 특정 분할 사본의 집합은 **팩소스 그룹**(Paxos group)이라고 불린다. 팩소스 그룹의 노드 중 하나는 팩소스 그룹의 리더로 기능한다. 잠금 관리자 연산뿐만 아니라 특정 분할에 대한 키-값 저장소 연산은 해당 분할을 위한 팩소스 그룹 리더가 시작한다. 연산은 로그에 추가되고, 로그는 팩소스 컨센서스 프로토콜[3]을 사용하여 팩소스 그룹 노드에 복제되어 있다. 요청은 커밋되고 나면 팩소스 그룹의 각 멤버에 순서대로 적용된다.

최적화를 위해 앞서 언급했듯 get( ) 연산은 기록되지 않고 리더에서만 실행된다. 추가적인 최적화를 위해 Spanner는 23.5.1절에서 기술한 다중 버전 2단계 잠금 규약에 기반하여 충분히 최신 버전인 분할의 어느 복제본에서나 특정 시간에 읽기를 실행할 수 있도록 한다.

23.8.5 컨센서스를 이용한 2단계 커밋

블로킹 없는 2단계 커밋(non-blocking two-phase commit)의 구현을 위해 컨센서스 프로토콜을 사용할 수 있다. 아이디어는 간단하다. 커밋 혹은 중단 결정을 지역에서 기록하는 조정자 대신 복제된 로그에 결정을 기록하는 컨센서스 프로토콜을 사용한다. 조정자가 이후에 고장 나더라도 컨센서스 프로토콜의 다른 참여자가 결정에 대해 알고 있으므로 블로킹 문제를 피할 수 있다.

트랜잭션에 대한 결정을 내리기 전에 조정자가 실패한 경우, 새로운 조정자는 이미 결정이 내려졌는지 로그를 검사하고, 그렇지 않다면 커밋/중단 결정을 내린 후 결정을 기록하기 위해 컨센서스 프로토콜을 사용할 수 있다.

예를 들어, Google이 개발한 Spanner 시스템에서 트랜잭션은 여러 분할에 걸쳐 수행될 수 있다. 2단계 커밋은 클라이언트가 시작하고, 조정자의 역할은 트랜잭션이 수행되는 분할 중 하나의 팩소스 그룹 리더가 수행한다. 갱신을 수행한 다른 모든 분할은 2단계 커밋 프로토콜에서 참여자의 역할을 수행한다. 준비와 커밋 메시지는 각 분할의 팩소스 그룹 리더 노드로 전송된다. 조정자뿐만 아니라 2단계 커밋 참여자도 자신의 지역 로그에 결정을 기록한다는 것을 떠올려 보자. 이 결정은 각 리더가 기록하는데, 리더가 속한 팩소스 그룹의 다른 모든 노드의 컨센서스를 통해 이루어진다.

리더를 제외한 팩소스 그룹 구성원이 고장 나도 그룹 노드의 과반수가 고장 나지 않고 연결되어 있는 한 리더는 2단계 커밋 과정을 계속해서 진행할 수 있다. 만약 팩소스 그룹 리더가 고장 나면 그룹 구성원 중 하나가 그룹 리더의 역할을 맡는다. 새로운 리더는 커밋 처리를 지속하기 위해 필요한 모든 상태 정보에 접근 가능하다. 커밋을 처리하는 동안 쓰인 로그 레코드는 로그가 복제되어 있기 때문에 접근 가능하다. 또한 23.8.4절의 내용을 떠올려 보면 Spanner는 복제된 상태 기계 개념을 사용해서 잠금 관리자를 장애 허용이 가능하도록 한다. 따라서 잠금 테이블의 일관적인 사본에도 새로운 리더가 접근 가능하고, 일부 노드가 고장 나더라도 조정자와 참여자 모두의 2단계 커밋 과정은 지속적으로 실행될 수 있다.

---

3 팩소스의 다중 팩소스 버전이 사용되었으나 간단히 팩소스라고 지칭했다.

23.9 요약

- 분산 데이터베이스 시스템은 지역 데이터베이스 시스템을 운영하는 데이터 센터 혹은 노드의 집합으로 구성되어 있다. 각 노드는 지역 트랜잭션을 처리할 수 있다. 해당 트랜잭션은 해당 노드에 있는 데이터에만 접근한다. 어떤 노드는 전역 트랜잭션 처리에 참여할 수도 있다. 이런 경우에 해당 트랜잭션은 여러 노드에 있는 데이터에 접근한다. 각 노드의 트랜잭션 관리자는 지역 데이터에 대한 접근을 관리하고, 트랜잭션 조정자는 여러 노드에 걸친 전역 트랜잭션 실행을 조정한다.
- 분산 시스템은 중앙집중 시스템이 겪는 것과 같은 종류의 실패가 발생할 수 있다. 뿐만 아니라 노드의 고장, 통신선의 고장, 메시지 손실, 네트워크 분할을 포함하는 분산 환경의 추가적인 실패도 다루어야 한다. 이 문제점은 분산 복구 기법의 설계 단계에서 고려되어야 한다.
- 원자성을 보장하기 위해 트랜잭션 T가 수행되는 모든 노드는 실행의 최종 결과물에 동의해야 한다. T는 모든 노드에서 커밋하거나 모든 노드에서 중단해야 한다. 이 속성을 보장하기 위해 T의 트랜잭션 조정자는 커밋 프로토콜을 실행한다. 2단계 커밋 프로토콜이 가장 널리 쓰인다.
- 2단계 커밋 프로토콜은 블로킹을 야기할 수 있다. 블로킹은 실패한 노드(특히 조정자)가 복구될 때까지 트랜잭션의 최종 결과를 결정할 수 없는 상황을 말한다. 이때 블로킹 위험을 줄이기 위해 분산 컨센서스 프로토콜이나 3단계 커밋 프로토콜을 사용할 수 있다.
- 영속 메시지 기법은 분산 트랜잭션을 다루기 위한 대안적인 모델을 제공한다. 이 모델은 단일 트랜잭션을 여러 부분으로 나누어 서로 다른 데이터베이스에서 실행한다. 영속 메시지는(실패 여부에 관계없이 정확히 한 번만 전달된다는 것이 보장되는 메시지) 각 노드에서 수행해야 하는 행동을 요청하기 위해 해당 원격 노드로 전달된다. 영속 메시지 기법은 블로킹 문제를 해결할 수는 있지만 응용 프로그램 개발자가 다양한 유형의 고장을 다루기 위해 별도의 코드를 작성해야 한다.
- 중앙집중 시스템에서 사용되는 다양한 동시성 제어 기법은 분산 환경으로 확장될 수 있다. 잠금 프로토콜의 경우 잠금 관리자의 구현 방식을 바꾸면 된다. 중앙집중 잠금 관리자는 병목 현상과 실패에 취약하다. 분산 잠금 관리자 환경에서 교착 상태 탐지의 경우, 지역 교착 상태가 없더라도 전역 교착 상태가 있을 수 있어 여러 노드 간의 협동이 필요하다.
- 타임스탬프 순서화와 검증 기반 프로토콜은 분산 환경에서 사용할 수 있도록 확장될 수 있다. 트랜잭션의 순서를 매기기 위한 타임스탬프는 전역적으로 고유한 값을 가져야 한다.
- 복제된 데이터를 다루기 위한 프로토콜은 데이터의 일관성을 보장해야 한다. 선형 가능성은 단일 데이터 항목의 사본에 대한 동시적 읽기와 쓰기가 직렬화될 수 있음을 보장하는 핵심 속성이다.
- 복제된 데이터를 다루기 위한 프로토콜에는 주 복제본, 과반수, 편향된, 그리고 정족수 컨센서스 프로토콜 등이 있다. 이들은 실패가 발생했을 때 일할 수 있는 능력과 비용의 관점에서 서로 다른 장단점을 가진다.

- 과반수 프로토콜은 고장이 발생해도 트랜잭션 처리가 지속될 수 있도록 하기 위해 버전 숫자를 이용해서 확장될 수 있다. 이 경우 프로토콜은 상당한 오버헤드를 가지지만 고장의 종류에 관계없이 일할 수 있다. 이보다 저비용 프로토콜이 사용될 수도 있지만 네트워크 분할이 발생하지 않는다고 가정해야 한다.
- 높은 가용성을 제공하기 위해서 분산 데이터베이스는 반드시 고장을 탐지하고 스스로를 재구성하여 연산이 지속되도록 하며, 프로세서나 통신선이 복구되었을 때 데이터베이스도 복구되도록 해야 한다. 이 작업은 네트워크 분할과 노드 고장을 구별하기 어렵기 때문에 굉장히 복잡하다.
- 분산 환경을 위해 다중 버전 2단계 잠금과 스냅샷 고립을 확장하는 데 핵심적인 요소는 전역적으로 일관성이 있으며 고유한 타임스탬프 값의 보장이다.
- CAP 이론은 네트워크가 분할되었을 때 일관성과 가용성을 모두 가질 수 없음을 말한다. 여러 시스템은 높은 가용성을 위해 일관성을 희생하고, 항상 일관성을 보장하기보다는 궁극적 일관성을 목표로 한다. 버전 벡터 기법과 머클 트리를 통해 사본의 비일관성을 탐지할 수 있다.
- 여러 데이터베이스 시스템이 비동기적 복제를 지원한다. 비동기적 복제는 갱신이 수행된 트랜잭션 범위의 밖에서 사본에 대해 갱신을 전파하는 것이다. 이러한 기능은 비직렬적 실행을 초래할 수 있기 때문에 매우 주의하여야 한다.
- 일부 분산 알고리즘은 조정자의 사용을 필요로 한다. 높은 가용성을 제공하기 위해 시스템은 조정자가 고장 났을 때 책임을 맡을 준비가 된 예비 사본을 유지해야 한다. 또 다른 접근 방법은 조정자가 고장 나고 나서 새로운 조정자를 선택하는 것이다. 어떤 노드가 조정자가 되어야 할지 결정하는 알고리즘을 선거 알고리즘이라고 한다. 주키퍼와 같은 분산 조정 서비스는 장애를 허용하는 조정자 선택을 지원한다.
- 분산 컨센서스 알고리즘은 고장이 발생해도 조정자 없이 사본의 갱신이 일관적이도록 한다. 효율을 위해 조정자가 사용될 수는 있지만 조정자의 고장은 프로토콜의 정확성에 영향을 미치지 않는다. 널리 쓰이는 컨센서스 프로토콜에는 팩소스와 래프트가 있다. 컨센서스 알고리즘을 이용해 구현된 복제된 상태 기계는 다양한 장애 허용 서비스를 만드는 데 사용될 수 있다.

용어정리

- 분산 트랜잭션
  - 지역 트랜잭션
  - 전역 트랜잭션
- 트랜잭션 관리자
- 트랜잭션 조정자
- 시스템 고장 모드
- 네트워크 분할
- 커밋 프로토콜
- 2단계 커밋 프로토콜(2PC)
  - 준비 상태
  - 불확실한 트랜잭션
  - 블로킹 문제
- 분산 컨센서스
- 3단계 커밋 프로토콜(3PC)
- 영속 메시지 기법
- 동시성 제어

- 단일 잠금 관리자
- 분산 잠금 관리자
- 교착 상태 처리
  - 지역 대기 그래프
  - 전역 대기 그래프
  - 거짓 사이클
- 잠금 임대
- 타임스탬프 방식
- 복제본
- 선형 가능성
- 복제본을 위한 프로토콜
  - 주 복제본
  - 과반수 프로토콜
  - 편향된 프로토콜
  - 정족수 컨센서스 프로토콜
- 강건성
  - 과반수 기반 접근법
  - 하나에서 읽고 모두에 쓰기
  - 하나에서 읽고 가능한 모두에 쓰기
  - 노드/사이트 재결합
- 외부 일관성
- 커밋 대기
- CAP 이론
- BASE 속성
- 비동기적 복제
- 늦은 전파
- 주종 복제
- 다중 주 사본 (임의 장소 갱신) 복제
- 비동기적 뷰 관리
- 궁극적 일관성
- 버전 벡터 기법
- 머클 트리
- 조정자 선택
- 예비 조정자
- 선거 알고리즘
- 골목대장 알고리즘
- 임기
- 분산 컨센서스 프로토콜
- 팩소스
  - 제안자
  - 수락자
  - 학습자
- 래프트
- 리더
- 팔로워
- 복제된 상태 기계
- 장애 허용 잠금 관리자
- 블로킹 없는 2단계 커밋

실전문제

23.1 분산 데이터베이스 설계에 영향을 미치는 근거리망과 광역망의 핵심적인 차이점은 무엇인가?

23.2 높은 가용성의 분산 시스템을 구축하기 위해서는 발생할 수 있는 고장의 종류를 반드시 알아야 한다.

a. 분산 시스템에서 가능한 고장의 종류를 모두 써라.

b. a의 답안 중 중앙집중 시스템에도 적용될 수 있는 항목은 무엇인가?

23.3 트랜잭션을 위한 2단계 커밋 프로토콜(2PC)에서 발생할 수 있는 고장을 생각해 보자. 문제 23.2a에서 답했던 각각의 고장에도 불구하고 2PC가 트랜잭션 원자성을 어떻게 보장할 수 있는지 설명하라.

23.4 두 사이트 *A*, *B*가 있는 분산 시스템이 있다. 사이트 *A*가 다음을 구별할 수 있는가?

- *B*의 고장

- A, B 사이 연결의 고장
- B에 대한 극도의 과부하로 정상보다 응답 시간이 100배 길어진 경우

만약 그렇다면/그렇지 않다면 분산 시스템의 복구에 어떤 의미를 가지는가?

23.5 이 장에 기술된 영속 메시지 기법은 타임스탬프에 기반한다. 이 방식의 단점은 메시지가 너무 오래된 경우에만 메시지를 버릴 수 있고 대량의 수신 메시지를 파악하고 있어야 한다는 점이다. 타임스탬프 대신 시퀀스 번호에 기반한 메시지를 더 빠르게 버릴 수 있는 대안을 제시하라.

23.6 분산 시스템의 데이터 복제와 원격 예비 사이트 유지의 차이점을 설명하라.

23.7 데이터를 주 노드가 아닌 노드에서 읽었을 때, 갱신이 주 사본에 대한 독점적 잠금을 얻더라도 늦은 복제가 비일관적인 데이터베이스 상태를 야기하는 예시를 설명하라.

23.8 다음 교착 상태 탐지 알고리즘을 생각해 보자. 사이트 S_1의 트랜잭션 T_i가 사이트 S_3에 있는 T_j의 자원을 요청하기 위해 타임스탬프 n과 함께 요청 메시지가 전송되었다. 이때 간선 (T_i, T_j, n)는 S_1의 지역 대기 그래프에 삽입되었다. 간선 (T_i, T_j, n)은 T_j가 요청 메시지를 받고 곧바로 요청한 자원을 줄 수 없을 때만 S_3의 지역 대기 그래프에 삽입된다. 같은 사이트 안에서 T_i에서 T_j로의 요청은 일반적인 방법으로 처리되며 간선 (T_i, T_j)에는 타임스탬프가 부여되지 않는다. 중앙 조정자는 개시 메시지를 시스템의 각 사이트에 보냄으로써 탐지 알고리즘을 호출한다.

제어자는 각 사이트로부터 답장을 받았을 때 다음과 같이 그래프를 구성한다.

- 그래프는 시스템의 모든 트랜잭션에 해당하는 정점을 포함한다.
- 그래프가 간선 (T_i, T_j)를 가지는 것과 다음 조건은 필요충분조건이다.
    - 대기 그래프 중 하나에 간선 (T_i, T_j)가 존재한다.
    - (어떤 n에 대해) 간선 (T_i, T_j, n)가 하나 이상의 대기 그래프에 나타난다.

알고리즘의 실행이 시작되었을 때 구성된 그래프에 사이클이 존재한다면 시스템이 교착 상태에 있고 사이클이 없다면 교착 상태가 아님을 보여라.

23.9 주 사본 프로토콜의 변형인 23.4.3.2절에 기술된 연쇄 복제 프로토콜을 생각해 보자.

a. 동시성 제어를 위해 잠금이 사용되었다면 데이터 항목의 갱신 이후 프로세스가 독점적 잠금을 해제할 수 있는 가장 빠른 지점은 무엇인가?

b. 각 데이터 항목이 자신만의 연쇄를 가질 수 있지만 각 분할이나 태블릿과 같이 더 고수준에서 정의된 연쇄를 더 선호하는 두 가지 이유는 무엇인가?

c. 연쇄(chain)가 언제나 유일하게 정의되도록 컨센서스 프로토콜이 보장하는 방법은 무엇인가?

23.10 복제를 위해 주 사본 기법이 사용되고 주 노드가 시스템과 연결이 끊어지면 새로운 노드가 주 노드로 선출될 수 있다. 그러나 이전 주 노드는 자신의 연결이 끊어졌음을 알아차리지 못할 수 있고, 이후 새로운 주 노드를 인지하지 못한 채로 재연결될 수도 있다.

a. 이전 주 노드가 새로운 주 노드를 인지하지 못하면 어떤 문제가 발생할 수 있는가?

b. 이 문제를 해결하기 위해 임대는 어떻게 사용되는가?

c. 어느 참여 노드의 연결이 끊어진 후 그 사실을 모른 채 재연결되었을 때 과반수 혹은 정족수 프로토콜에 문제가 발생할 수 있는가?

23.11 언제나 최대 하나의 활성 전역 트랜잭션만이 존재하고 모든 지역 사이트의 지역 직렬 가능성을 보장하는 연합 데이터베이스 시스템이 있다고 가정해 보자.

a. 연합 데이터베이스 시스템이 언제나 최대 하나의 활성 전역 트랜잭션만이 존재함을 보장하는 방법을 제시하라.

b. 위의 가정에도 불구하고 직렬 불가능한 전역 스케줄이 생기는 것이 가능함을 예를 들어 보여라.

23.12 모든 지역 사이트가 지역 직렬 가능성을 보장하고 모든 전역 트랜잭션이 읽기만 가능한 연합 데이터베이스 시스템을 생각해 보자.

a. 이러한 시스템에서 직렬 불가능한 실행이 있을 수 있음을 예를 들어 보여라.

b. 전역 직렬 가능성을 보장하기 위해 표 기법을 어떻게 이용할 수 있는지 보여라.

23.13 큰 릴레이션 $r(A, B, C)$와 실체화된 뷰 $v = {}_A\gamma_{\text{sum}(B)}(r)$를 가지고 있다고 가정해 보자. 뷰 관리는 여러 노드에 걸친 트랜잭션을 지원하는 분산/병렬 저장소 시스템에서 r을 갱신하는 각 트랜잭션의 일부로 수행될 수 있다. 시스템이 지리적으로 분산된 데이터 센터에 걸쳐 팩소스와 같은 컨센서스 프로토콜과 함께 2단계 커밋을 사용한다고 가정해 보자.

a. 많은 갱신이 속성 A의 일부 값에 관련되어 있을 때, 갱신 트랜잭션의 일부로 뷰 관리를 수행하는 것이 왜 좋은 생각이 아닌지 설명하라.

b. (만약 지원된다면) 연산 잠금이 어떻게 이 문제를 해결할 수 있는지 설명하라.

c. 이 맥락에서 비동기적 뷰 유지를 사용하는 것의 상반관계를 설명하라.

연습문제

23.14 응용 프로그램의 어떤 특징이 키-값 저장소를 이용하여 응용 프로그램을 확장하기 쉽게 만드는가? 또한 어떤 특징이 키-값 저장소를 이용하기 어렵게 하는가?

23.15 하나에서 읽고 가능한 모두에 쓰기 방식이 잘못된 상태를 발생시키는 예를 들라.

23.16 과반수 프로토콜에서 서로 다른 사본에서 서로 다른 값을 발견했다면 (a) 어떤 것이 올바른 값인지 결정하기 위해서, (b) 사본의 일관성을 복구하기 위해서 어떻게 해야 하는가? 만약 사본의 일관성 복구를 시도하지 않는다면 프로토콜의 정확성에 영향을 미치는가?

23.17 18장의 다중 세분도 프로토콜의 분산 버전을 분산 데이터베이스에 적용한다면 DAG의 루트에 해당하는 사이트는 병목이 될 수 있다. 이 프로토콜을 다음과 같이 수정한다고 가정해 보자.

- 루트에 대해서는 의도 잠금만을 허용한다.
- 모든 트랜잭션은 루트에 대해 자동적으로 가장 강력한 의도 잠금(IX)을 사용한다.

이러한 수정이 어떠한 직렬 불가능한 스케줄도 허용하지 않으면서 위의 문제를 완화할 수 있음을 보여라.

23.18 23.3.4절에서 설명한 전역적으로 유일한 타임스탬프를 생성하기 위한 두 가지 방법의 장단점을 논하라.

23.19 Spanner는 다중 버전 2단계 잠금을 사용하여 읽기 전용 트랜잭션에게 데이터의 스냅샷 뷰를 제공한다.

a. 중앙집중 다중 버전 2PL 기법에서 읽기 전용 트랜잭션은 대기하지 않는다. 그러나 Spanner에서 읽기는 대기할 수도 있다. 이유를 설명하라.

b. 스냅샷에 더 오래된 타임스탬프를 사용하는 것은 대기를 줄일 수 있으나 몇 가지 단점이 있다. 대기를 줄일 수 있는 이유와 단점에 대해 설명하라.

23.20 머클 트리는 짧고 넓게(B^+-트리와 같이) 혹은 길고 얇게(이진 탐색 트리처럼) 만들어질 수 있다. 지리적으로 분리된 두 사이트의 데이터를 비교할 때 어떤 형태가 더 나은지 이유와 함께 설명하라.

23.21 조정자를 선택할 때 선거가 사용되는 경우 왜 임기라는 개념이 중요한가? 임기를 사용한 선거와 민주주의에서 이야기하는 선거는 어떤 유사점이 있는가?

23.22 복제된 상태 기계의 올바른 실행을 위해 행동은 결정적이어야 한다. 행동이 비결정적인 경우 어떤 일이 일어날 수 있는가?

더 읽어보기

동시성 제어와 2단계 그리고 3단계 커밋 프로토콜을 포함하는 분산 트랜잭션 처리 내용은 [Bernstein and Goodman (1981)]과 [Bernstein and Newcomer (2009)]에서 설명한다. 분산 데이터베이스에 관한 논의는 [Ozu and Valduriez (2010)]에서 설명한다. 클라우드 시스템에서 데이터 관리에 대한 논문 모음은 [Ooi and Parthasarathy (2009)]에 있다.

분산 데이터베이스에서 트랜잭션 개념의 구현은 [Gray (1981)], [Traiger et al. (1982)]에서 설명한다. 2PC 프로토콜은 [Lampson and Sturgis (1976)]에서 개발되었다. 3단계 커밋 프로토콜은 [Skeen (1981)]에서 나왔다. 팩소스 커밋이라 불리는 컨센서스에 기반한 블로킹 없는 2단계 커밋을 위한 기술은 [Gray and Lamport (2004)]에 기술되어 있다.

연쇄 복제는 처음에 [van Renesse and Schneider (2004)]에 의해 제안되었고 최적화된 버전이 [Terrace and Freedman (2009)]에서 제안되었다.

낙관적 분산 동시성 제어는 [Agrawal et al. (1987)]에 기술되어 있고, 분산 스냅샷 고립은 [Binnig et al. (2014)]와 [Schenkel et al. (1999)]에 기술되어 있다. Spanner에서 사용되는 외부적으로 일관적인 분산 다중 버전 2PL 기법은 [Corbett et al. (2013)]에 기술되어 있다.

CAP 이론은 [Brewer (2000)]에서 제안되었으며 [Gilbert and Lynch (2002)]에 의해 증명되고 공식화되었다. [Cooper et al. (2008)]는 발행 구독 시스템을 사용한 사본의 비동기 유지에 대한 지원을 포함하는 Yahoo!의 PNUTS 시스템에 대해 기술한다. 병렬 뷰 관리는 [Chen et al. (2004)]와 [Zhang et al. (2004)]에 기술되어 있으며 비동기적 뷰 관리는 [Agarawal et al. (2009)]에 기술되어 있다. 연합 데이터베이스 시스템에서 트랜잭션 처리는 [Mehrotra et al. (2001)]에 기술되어 있다.

팩소스는 [Lamport (1998)]에 기술되어 있다. 팩소스는 [Lamport (1998)]에 있는 이전의 여러 프로토콜의 특징을 기반으로 한다. 팩소스를 기반으로 한 Google의 Chubby 잠금 서비스는 [Burrows (2006)]에 기술되어 있다. 분산 조정을 위해 널리 쓰이는 주키퍼 시스템은 [Hunt et al. (2010)]에 기술되어 있고, 주키퍼에서 사용된 컨센서스 프로토콜(원자적 브로드캐스트 프로토콜로도 알려져 있다)

은 [Junqueira et al. (2011)]에 기술되어 있다. 래프트 컨센서스 프로토콜은 [Ongaro and Ousterhout (2014)]에 기술되어 있다.

참고문헌

[Agrawal et al. (1987)] D. Agrawal, A. Bernstein, P. Gupta, and S. Sengupta, "Distributed optimistic concurrency control with reduced rollback", *Distributed Computing*, Volume 2, Number 1 (1987), pages 45-59.

[Agrawal et al. (2009)] P. Agrawal, A. Silberstein, B. F. Cooper, U. Srivastava, and R. Ramakrishnan, "Asynchronous view maintenance for VLSD databases", In *Proc. of the ACM SIGMOD Conf. on Management of Data* (2009), pages 179-192.

[Bernstein and Goodman (1981)] P. A. Bernstein and N. Goodman, "Concurrency Control in Distributed Database Systems", *ACM Computing Surveys*, Volume 13, Number 2 (1981), pages 185-221.

[Bernstein and Newcomer (2009)] P. A. Bernstein and E.Newcomer, *Principles of Transaction Processing*, 2nd edition, Morgan Kaufmann (2009).

[Binnig et al. (2014)] C. Binnig, S. Hildenbrand, F. FÃ¤rber, D. Kossmann, J. Lee, and N. May, "Distributed snapshot isolation: global transactions pay globally, local transactions pay locally", *VLDB Journal*, Volume 23, Number 6 (2014), pages 987 1011.

[Brewer (2000)] E. A. Brewer, "Towards Robust Distributed Systems (Abstract)", In *Proc. of the ACM Symposium on Principles of Distributed Computing* (2000), page 7.

[Burrows (2006)] M. Burrows, "The Chubby Lock Service for Loosely-Coupled Distributed Systems", In *Symp. on Operating Systems Design and Implementation (OSDI)* (2006), pages 335-350.

[Chen et al. (2004)] S. Chen, B. Liu, and E. A. Rundensteiner, "Multiversion-based view maintenance over distributed data sources", *ACM Transactions on Database Systems*, Volume 29, Number 4 (2004), pages 675-709.

[Cooper et al. (2008)] B. F. Cooper, R. Ramakrishnan, U. Srivastava, A. Silberstein, P. Bohannon, H.-A. Jacobsen, N. Puz, D. Weaver, and R. Yerneni, "PNUTS: Yahoo!'s Hosted Data Serving Platform", *Proceedings of the VLDB Endowment*, Volume 1, Number 2 (2008), pages 1277-1288.

[Corbett et al. (2013)] J. C. Corbett et al., "Spanner: Google's Globally Distributed Database", *ACM Trans. on Computer Systems*, Volume 31, Number 3 (2013).

[Gilbert and Lynch (2002)] S. Gilbert and N. Lynch, "Brewer's Conjecture and the Feasibility of Consistent, Available, Partition-Tolerant Web Services", *SIGACT News*, Volume 33, Number 2 (2002), pages 51-59.

[Gray (1981)] J. Gray, "The Transaction Concept: Virtues and Limitations", In *Proc. of the International Conf. on Very Large Databases* (1981), pages 144-154.

[Gray and Lamport (2004)] J. Gray and L. Lamport, "Consensus on transaction commit", *ACM Transactions on Database Systems*, Volume 31, Number 1 (2004), pages 133-160.

[Hunt et al. (2010)] P. Hunt, M. Konar, F. Junqueira, and B. Reed, "ZooKeeper: Wait-free Coordination for Internet-scale Systems", In *USENIX Annual Technical Conference (USENIX*

ATC) (2010), pages 11-11.

[Junqueira et al. (2011)] F. P. Junqueira, B. C. Reed, and M. Serafini, "Zab: High-performance broadcast for primary-backup systems", In *IEEE/IFIP 41st International Conference on Dependable Systems Networks (DSN)* (2011), pages 245-256.

[Lamport (1998)] L. Lamport, "The Part-Time Parliament", *ACM Trans. Comput. Syst.*, Volume 16, Number 2 (1998), pages 133-169.

[Lampson and Sturgis (1976)] B. Lampson and H. Sturgis, "Crash Recovery in a Distributed Data Storage System", Technical report, Computer Science Laboratory, Xerox Palo Alto Research Center, Palo Alto (1976).

[Mehrotra et al. (2001)] S. Mehrotra, R. Rastogi, Y. Breitbart, H. F. Korth, and A. Silberschatz, "Overcoming Heterogeneity and Autonomy in Multidatabase Systems.", *Inf. Comput.*, Volume 167, Number 2 (2001), pages 137-172.

[Ongaro and Ousterhout (2014)] D. Ongaro and J. K. Ousterhout, "In Search of an Understandable Consensus Algorithm", In *USENIX Annual Technical Conference (USENIX ATC)* (2014), pages 305-319.

[Ooi and Parthasarathy (2009)] B. C. Ooi and S. Parthasarathy, "Special Issue on DataManagement on Cloud Computing Platforms", *IEEE Data Engineering Bulletin*, Volume 32,Number 1 (2009).

[Ozsu and Valduriez (2010)] T. Ozsu and P. Valduriez, *Principles of Distributed Database Systems*, 3rd edition, Prentice Hall (2010).

[Schenkel et al. (1999)] R. Schenkel, G. Weikum, N. Weisenberg, and X. Wu, "Federated Transaction Management with Snapshot Isolation", In *Eight International Workshop on Foundations of Models and Languages for Data and Objects, Transactions and Database Dynamics* (1999), pages 1-25.

[Skeen (1981)] D. Skeen, "Non-blocking Commit Protocols", In *Proc. of the ACM SIGMOD Conf. on Management of Data* (1981), pages 133-142.

[Terrace and Freedman (2009)] J. Terrace and M. J. Freedman, "Object Storage on CRAQ: High-Throughput Chain Replication for Read-Mostly Workloads", In *USENIX Annual Technical Conference (USENIX ATC)* (2009).

[Traiger et al. (1982)] I. L. Traiger, J. N. Gray, C. A. Galtieri, and B. G. Lindsay, "Transactions and Consistency in Distributed Database Management Systems", *ACM Transactions on Database Systems*, Volume 7, Number 3 (1982), pages 323-342.

[van Renesse and Schneider (2004)] R. van Renesse and F. B. Schneider, "Chain Replication for Supporting High Throughput and Availability", In *Symp. on Operating Systems Design and Implementation (OSDI)* (2004), pages 91-104.

[Zhang et al. (2004)] X. Zhang, L. Ding, and E. A. Rundensteiner, "Parallel multisource view maintenance", *VLDB Journal*, Volume 13, Number 1 (2004), pages 22-48.

크레딧

PART 9

고급 주제

24장은 14장에서 다룬 인덱스 구조를 자세히 설명한다. 특히 24장은 14장에서 간략하게 설명한 LSM 트리와 그 변형, 비트맵 인덱스, 공간 인덱싱에 관한 자세한 내용을 제공한다. 또한 동적 해싱 기술에 관한 자세한 내용을 제공한다.

25장은 응용 프로그램 개발과 관련이 있는 여러 작업을 설명한다. 응용 프로그램은 성능 조정을 통해 훨씬 빠르게 실행될 수 있다. 이러한 성능 조정은 병목 현상을 찾아 제거하고, 메모리 또는 디스크와 같은 적절한 하드웨어를 추가하는 것으로 구성된다. 응용 프로그램의 성능은 벤치마크를 사용하여 평가한다. 벤치마크는 데이터베이스 시스템의 성능을 특성화하기 위한 표준화된 작업 집합이다. 응용 프로그램 개발의 또 다른 중요한 측면은 테스트다. 테스트는 데이터베이스 상태 및 테스트 입력을 생성한 후, 테스트 입력에 대한 질의 혹은 프로그램의 실제 출력이 예상 출력과 일치하는지 확인해야 한다. 마지막으로 표준은 응용 프로그램 개발을 위해 매우 중요하다. 데이터베이스 응용 프로그램 개발에 영향을 미치는 다양한 표준이 제안되었으며, 25장에서 이러한 표준 중 몇 가지를 설명한다.

26장은 데이터베이스 관점에서 블록체인 기술을 다룬다. 이 장에서 블록체인 데이터베이스가 이 책의 다른 부분에서 다루는 전통적인 데이터베이스와 다른 점을 식별하고, 이러한 구별되는 특징을 어떻게 구현하는지 보여 준다. 블록체인 시스템은 종종 비트코인과 연관이 있지만, 이 장은 비트코인 형태 알고리즘 및 구현을 넘어 엔터프라이즈 데이터베이스 환경에 더 적합한 대안에 중점을 둔다.

Chapter 24

고급 인덱싱 기술

14장에서는 인덱싱의 개념과 다양한 인덱스 구조를 설명했다. 14장은 B^+-트리와 같은 일부 인덱스 구조는 자세히 다루었지만, 해싱, 쓰기 최적화 인덱스, 비트맵 인덱스, 공간 인덱스와 같은 다른 인덱스는 간략하게 설명했다. 이 장은 이러한 인덱스 구조에 대해 자세히 설명한다. 이 장에서는 LSM 트리와 그 변형, 비트맵 인덱스에 대해 자세히 설명한다. 다음으로 사분위트리와 R-트리를 포함하여 공간 인덱싱과 관련된 자세한 내용을 제공한다. 마지막으로 동적 해싱 기술을 포함하여 해싱에 대해 다룬다.

24.1 블룸 필터

블룸 필터(Bloom filter)는 매우 적은 공간을 사용하여 집합에서 어떤 값의 존재 여부를 확인할 수 있는 확률적 데이터 구조다. 블룸 필터는 기본적으로 비트맵이다. 집합에 n개의 값이 있는 경우 비트맵에는 n비트가 몇 배(일반적으로 $10n$) 있다. 또한 블룸 필터는 여러 개의 해시 함수를 사용한다. 처음에는 해시 함수 $h(\,)$가 하나만 사용된다고 가정하자.

비트맵의 모든 비트는 처음에 0으로 설정된다. 그런 다음 집합에 있는 각각의 값을 읽어서 요소(element) v에 대해 해시 함수 $h(v)$를 계산한다. 이때 해시 함수의 결과는 1~$10n$ 사이의 값이다. 그런 다음 $h(v)$ 위치에 해당하는 비트를 1로 설정한다. 이러한 과정이 모든 요소 v에 대해 반복된다. 집합에 특정 값 v가 있는지 확인하기 위해서 해시 함수 $h(v)$를 계산한다. 블룸 필터의 $h(v)$ 위치에 해당하는 비트가 0이면, v가 집합에 존재하지 않는다고 결정할 수 있다. 그러나 $h(v)$ 위치에 해당하는 비트가 1이면, v가 집합에 존재할 수 있다. v가 존재하지 않더라도 비트 $h(v)$가 1일 수 있으며, 이 경우는 집합에 존재하는 다른 값 v'가 조건 $h(v') = h(v)$를 만족하는 경우다. 따라서 **거짓 양성**(false positive)이 발생할 수 있다.

거짓 양성을 줄이기 위해, 블룸 필터는 k개의 독립 해시 함수 $h_i(\,)$, $i = 1..k$를 사용한다($k > 1$). 집합에 존재하는 각각의 값 v에 대해 $h_i(v)$, $i = 1..k$에 해당하는 비트는 모두 1로 설정한다. 어떤 주어진 값 v를 가지고 블룸 필터에 대해 질의할 때, k개의 비트 위치를 확인하기 위해 동일한 k개의 해시 함수를 사용한다. k개의 비트 중 하나라도 값이 0이면, v가 없는 것으로 결정할 수 있다. 그렇지 않다면 v가 집합에 존재할 수도 있다고 판단한다. 예를 들어, 비트맵에 $10n$개의 비트가 있으면(여기서 n은 집합에 존재하는 값의 개수이고, $k = 7$개의 해시 함수를 사용한다고 가정함), 거짓 양성 비율은 약 1%다.

24.2 로그 구조 합병 트리와 변형

14.8절에서 살펴본 것처럼, B^+-트리 인덱스는 쓰기 작업이 매우 많은 작업부하에 효율적이지 못하며, 이러한 작업부하를 처리하기 위한 대체 인덱스 구조가 제안되었다. 14.8.1절에서 **로그 구조 합병 트리** 또는 LSM 트리와 그 변형, 14.8.2절에서 **버퍼 트리**의 그러한 두 가지 인덱스 구조에 대해 간략히 살펴보았다. 이 절은 LSM 트리와 그 변형에 대한 자세한 내용을 제공한다. 먼저 이해를 돕기 위해 14.8.1절에서 설명한 몇 가지 기본 내용을 반복하여 설명한다.

로그 구조 합병 트리(log-structured merge tree, **LSM tree**)의 핵심 아이디어는 트리의 삽입, 갱신, 삭제 중에 발생하는 임의 I/O 연산을 더 작은 수의 순차적 I/O 연산으로 대체하는 것이다. 인덱스 삽입과 조회를 먼저 설명하고, 뒷부분에서 갱신 및 삭제를 처리하는 방법을 설명한다.

LSM 트리는 몇 개의 B^+-트리(L_0에 해당하는 인메모리 트리와 디스크상의 트리에 해당하는 L_1, L_2, … , L_k)로 구성되며, 여기서 k는 계층에 해당한다. 그림 24.1은 $k = 3$에 해당하는 LSM 트리 구조를 보여 준다.

인덱스 검색은 L_0, … , L_k 트리 각각에 대해 별도의 검색 연산을 수행하고, 검색 결과를 합병하는 방식으로 수행된다. (지금은 삽입만 있고 갱신과 삭제는 없다고 가정하자. 갱신과 삭제가 있는 경우 인덱스 검색은 더 복잡하며 이에 관한 내용은 나중에 제공한다.)

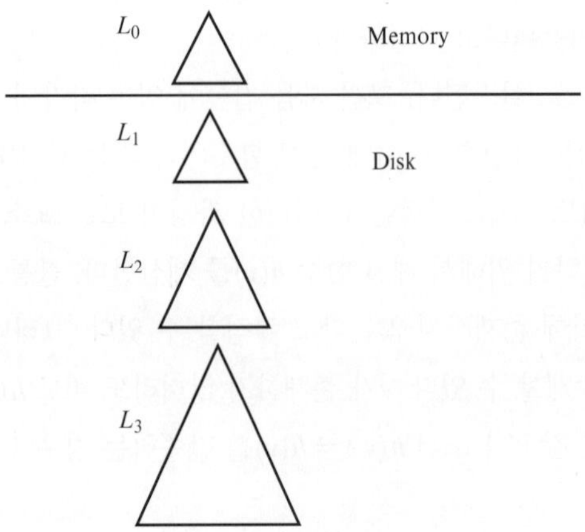

그림 24.1 3계층 로그 구조 합병 트리

24.2.1 LSM 트리에 대한 삽입

레코드가 LSM 트리에 처음 삽입될 때, 인메모리 B^+-트리 구조인 L_0에 삽입된다. 이 트리에는 상당히 많은 양의 메모리 공간이 할당된다. 트리가 점점 커져 할당된 메모리를 모두 사용하게 되면, 데이터를 인메모리 구조에서 디스크의 B^+-트리로 이동해야 한다.

트리 L_1이 비어 있는 경우, 전체 인메모리 트리 L_0가 디스크에 쓰여서 초기 트리 L_1을 생성한다. 그러나 트리 L_1이 비어 있지 않은 경우, L_0의 단말 노드를 오름차순으로 검사하면서, 해당 엔트리가 L_1의 단말 노드의 엔트리와 합병된다(이때 L_1도 오름차순으로 검사된다). 합병한 엔트리는 새로운 B^+-트리를 만드는 데 사용되며, 이때 상향식 구축 방식이 사용된다. 합병한 엔트리로 구성된 새로운 B^+-트리가 이전 L_1을 대체하게 된다. 두 경우 모두 L_0의 엔트리가 L_1로 이동한 후, L_0의 모든 엔트리가 삭제된다. 그런 다음 새로운 삽입은 현재 비어 있는 트리 L_0에서 수행된다.

기존 L_1 트리 노드에 삽입되는 대신, 이전 L_1 트리의 단말 노드에 있는 모든 엔트리(갱신이 발생하지 않은 단말 노드의 엔트리 포함)는 새로운 트리에 복사된다. 이런 방식은 다음과 같은 이점이 있다.

- 새로운 트리의 단말 노드가 순차적으로 배치됨으로써 후속 합병 과정 중에 발생할 수 있는 임의의 I/O를 방지한다.
- 단말 노드가 가득 차게 되므로 페이지 분할로 인해 노드가 부분적으로 채워지는 오버헤드를 방지할 수 있다.

그러나 LSM 구조를 사용하기 위해서는 추가 비용이 발생한다. 즉 L_0의 엔트리 집합이 L_1에 복사될 때마다 트리의 전체 내용이 복사되어야 한다.

트리 구조가 분산 파일 시스템(21.6절) 위에 구현된 경우, 데이터를 새로운 트리로 복사하는 것은 피할 수가 없다. 이는 대부분의 분산 파일 시스템은 이미 생성된 블록에 대한 갱신을 지원하지 않기 때문이다.

디스크의 인덱스 크기가 인메모리 인덱스 크기보다 훨씬 큰 경우 이점을 얻으려면, L_1의 최대 크기는 L_0의 크기의 k배로 선택되어야 한다. 유사하게, L_{i+1}의 최대 크기는 L_i의 크기의 k배로 선택되어야 한다. 특정 L_i가 최대 크기에 도달하면, 해당 엔트리는 다음 구성요소인 L_{i+1}에 합병되어야 한다. L_{i+1}이 목표 크기에 도달하면 엔트리가 L_{i+2}로 합병된다.

L_i의 각 단말 노드에 m개의 엔트리가 있는 경우, m/k개의 엔트리가 L_{i+1}의 단일 단말 노드로 매핑된다. 이때 k의 값은 m/k가 적절한 숫자(예: 10)가 되도록 선택된다. L_0의 크기를 M이라 가정하면, L_i 계층의 트리 크기는 k^iM이 된다. 따라서 총 계층 수 r은 대략 $log_k(I/M)$이며, 이때 I는 인덱스 엔트리의 총크기에 해당한다.

이제 다중 계층 LSM 트리에 필요한 I/O 연산 수를 고려해 보자. 각 L_i에서, 단 하나의 I/O 연산을 사용하여 m/k개의 삽입이 수행된다. 반면에 각 엔트리는 각 계층 L_i에서 한 번씩 삽입된다. 따라서 각 삽입에 대한 총 I/O 연산 수는 $(k/m)log_k(I/M)$이다. 그러므로 계층 수 $r = log_k(I/M)$이 m/k보다 작으면, B^+-트리에 직접 삽입하는 것과 비교하여 LSM 트리를 사용하면 삽입당 전체

I/O 연산 수가 줄어든다.

예를 들어, $r = 10$, $k = 10$이면, 삽입에 필요한 I/O 연산 수 측면에서 이점을 얻으려면 인메모리 인덱스가 전체 인덱스 크기의 1%보다 커야 한다. (이전과 마찬가지로 L_0가 훨씬 더 작더라도 검색 시 이점은 유효하다.)

계층 수가 m/k보다 큰 경우, I/O 연산 수 측면에서 이점이 없더라도 임의 I/O 대신 순차 I/O가 사용되기 때문에 여전히 이점이 있다. 24.2.4절은 읽기 연산에 오버헤드를 추가하는 대신 쓰기 연산에 대한 오버헤드를 추가로 줄이는 LSM 트리의 변형을 설명한다.

계층이 높은 LSM 트리가 생성되는 것을 방지하기 위한 한 가지 방법은 릴레이션을 분할하고 각 분할에 대해 별도의 LSM 트리를 생성하는 것이다. 21.2절에서 본 것처럼 이러한 분할 방식은 병렬 환경에서 매우 일반적이다. 특히 21.3.3절에서 본 것처럼 병렬 환경에서 분할이 너무 커질 때마다 더 작은 조각으로 동적으로 다시 분할된다. 이러한 재분할을 통해 각 LSM 트리의 크기를 충분히 작게 유지할 수 있으며, 계층이 높아지는 것을 방지할 수 있다. 그러한 분할 방식은 각 분할의 L_0 트리가 메모리에 상주해야 하는 추가 비용을 발생시킨다. 결과적으로, 분할 방식은 중앙집중식 환경에서도 사용할 수 있지만, 부하가 증가함에 따라 처리 노드와 같은 리소스를 추가할 수 있는 병렬 환경에 가장 적합하다.

24.2.2 롤링 합병

특정 계층이 가득 차게 되었을 때, 그 계층에 속하는 엔트리가 다음 계층과 완전히 합병된다고 가정하자. 이러한 방식은 합병 중에 사용하지 않는 I/O 가용 자원으로 인해 합병 간에 I/O 비용이 증가한다. 이러한 문제를 방지하기 위해 합병을 지속적으로 수행하는 방식을 롤링 합병이라고 한다.

롤링 합병(rolling merge)을 사용하면 L_i의 몇 개 페이지를 한 번에 L_{i+1}의 해당 페이지로 합병하고, L_i에서 이들을 제거한다. 이러한 합병 방식은 L_i가 목표 크기에 가까워질 때마다 수행되어 L_i의 크기가 약간 줄어들게 된다. L_i의 크기가 다시 커지게 되면, 롤링 합병은 이전 롤링 합병이 중지된 L_i의 단말 노드 지점부터 다시 시작되므로 스캔이 순차적으로 진행된다. L_i 트리의 끝에 도달하면 트리의 시작 부분부터 스캔이 다시 시작된다. 레코드가 한 계층에서 다른 계층으로 지속적으로 이동하기 때문에 이러한 합병을 롤링 합병이라고 한다.

데이터를 디스크 간에 전송하는 시간보다 검색 시간이 작아지도록 보장하기 위해서는 한 번에 합병되는 단말 노드의 개수를 충분히 많게 해야 한다.

24.2.3 삭제와 갱신 처리

지금까지는 삽입과 조회만 설명했다. 삭제는 다음과 같은 방식으로 수행된다. 인덱스 엔트리를 직접 찾아서 삭제하는 대신, 삭제할 인덱스 엔트리를 표시하는 새로운 **삭제 엔트리**(deletion entry)를 삽입한다. 삭제 엔트리를 삽입하는 과정은 일반 인덱스 엔트리를 삽입하는 과정과 동일하다.

그러나 이 경우 검색은 추가 단계를 수행해야 한다. 앞에서 언급했듯이 검색은 모든 트리에서 엔트리를 검색하고, 키 값에 따라 정렬된 순서로 엔트리를 합병하는 방식으로 수행된다. 삭제 엔트리가 존재하는 엔트리의 경우, 두 엔트리 모두 동일한 키 값을 갖는다. 그러므로 검색 단계는 삭제하

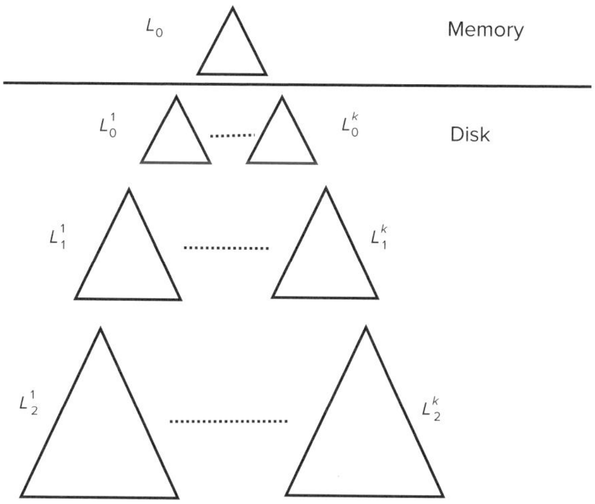

그림 24.2 단계별 합병 인덱스

고자 하는 엔트리와 삭제 엔트리를 모두 찾게 된다. 삭제 엔트리가 발견되면, 삭제하고자 하는 엔트리를 제거하여 검색 결과에 포함시키지 않는다.

트리가 합병될 때 트리 중 하나에 엔트리가 있고 다른 트리에 삭제 엔트리가 존재하면, 이러한 엔트리는 합병 중에 합쳐져서(동일한 키를 가짐) 두 개 모두 삭제된다.

삭제와 유사하게 갱신은 갱신 엔트리를 삽입하여 처리된다. 이 경우 검색은 갱신 엔트리를 원래 엔트리와 일치시켜서 최신 값을 반환해야 한다. 한 트리에 엔트리가 있고 다른 트리에 갱신 엔트리가 있는 경우, 합병 중에 갱신이 실제로 적용된 후에 갱신 엔트리가 삭제된다.

24.2.4 단계별 합병 인덱스

이제 계층당 하나의 트리가 아니고 각 계층당 여러 개의 트리가 존재하며, 삽입 방식이 약간 다른 LSM 트리의 변형을 살펴보자. 이 구조는 그림 24.2에 표현되어 있다. 이 구조를 소개한 초기 논문의 용어를 사용하여 이 구조는 **단계별 합병 인덱스**(stepped-merge index)라고 부른다. 개발자 커뮤니티는 기본 LSM 트리, 단계별 합병 인덱스, 기타 여러 변형을 모두 LSM 트리라고 부른다. 그러나 우리가 설명하는 인덱스를 명확하게 구별하기 위해 이 책은 단계별 합병 인덱스와 기본 *LSM* 트리라는 용어를 구별해서 사용한다.

24.2.4.1 삽입 알고리즘

단계별 합병 인덱스에서 입력 데이터는 LSM 트리와 비슷한 방식으로 처음에는 메모리에 상주하는 L_0 트리에 저장된다. 그러나 트리가 최대 크기에 도달하게 되면, L_1 트리에 합병되는 대신 디스크에 인메모리 L_0 트리가 쓰인다. 인메모리 트리가 다시 최대 크기에 도달하면 다시 디스크에 쓰인다. 그러므로 디스크에는 여러 개의 L_0 트리가 존재하며, 이를 L_0^1, L_0^2라 하자. 각 L_0^i 트리는 B^+-트리이며 순차 I/O 연산만 사용하여 디스크에 쓸 수 있다.

이 과정이 반복되면 잠시 후 메모리 크기에 해당하는 크기의 트리가 디스크에 많이 저장된다. 그러므로 검색 시 각각의 트리 구조를 검색해야 하며, 각각의 트리 검색 시 별도의 I/O 비용이 발생하기 때문에 검색은 높은 비용이 발생한다.

검색 시 발생하는 오버헤드를 줄이기 위해, 디스크에 저장된 계층 L_i의 트리 수가 k에 도달하면, 그 계층에 속하는 모든 트리를 계층 L_{i+1}에 속하는 한 개의 새로운 트리로 합병한다. 계층 L_i 트리의 단말 노드를 순차적으로 읽어서 키 값에 따라 정렬된 순서로 합병하고, 계층 L_{i+1} 트리를 B^+-트리의 상향식 구축 방식을 이용하여 구축한다. 앞에서 설명한 것과 마찬가지로 합병 작업은 임의의 I/O 연산을 피할 수 있는데, 이는 개별 트리 구조를 순차적으로 읽고 그 결과로 구축된 트리도 순차적으로 쓰기 때문이다.

여러 개의 트리가 하나의 새로운 트리로 합병되면 합병된 트리를 사용하여 질의를 수행할 수 있으며, (진행 중인 검색이 완료되었는지 확인한 후) 원래 트리를 삭제할 수 있다.

기본 LSM 트리에 비해 단계별 합병 인덱스 기법의 이점은 인덱스 엔트리가 계층당 한 번만 기록된다는 점이다. 기본 LSM 트리의 경우 계층 L_i의 트리가 계층 L_{i+1}의 트리로 합병될 때마다 L_{i+1} 트리의 전체 내용을 읽고 디스크에 다시 써야 한다. 그러므로 LSM 트리의 각 계층에서 각 레코드는 평균적으로 $k/2$번 읽고 다시 쓰여서, 총 $klog_k(I/M)$ I/O 연산이 수행된다. 반면에 단계별 합병 인덱스는 각 레코드를 계층당 한 번씩 디스크에 쓰고, 다음 계층으로 합병될 때 다시 읽으므로, 총 약 $2log_k(I/M)$ I/O 연산이 수행된다. 따라서 단계별 합병 인덱스를 사용하면 갱신 비용이 크게 줄어든다.

엔트리 삽입으로 인해 (모든 계층에서) 쓰인 총 바이트 수를 엔트리 크기로 나눈 값을 **쓰기 증폭**(write amplification)이라고 한다. LSM 트리와 단계별 합병 인덱스의 쓰기 증폭을 계산하기 위해 I/O 연산에 대한 위의 공식을 읽기 연산을 무시하게끔 수정할 수 있다. 각 단말 노드가 다시 쓰이기 전에 평균적으로 한 번만 업데이트되는 B^+-트리의 경우, 쓰기 증폭은 페이지의 크기를 인덱스 엔트리의 크기로 나눈 값이다.

B^+-트리의 경우 페이지에 100개의 엔트리가 존재하면 쓰기 증폭은 100이 된다. $k = 5$, $I = 100M$이면, 계층은 $\log_5(100) = 3$이 된다. LSM 트리의 쓰기 증폭은 $5/2 \times 3 = 7.5$가 된다. 단계별 합병 인덱스의 쓰기 증폭은 3이 된다. $k = 10$인 경우, 트리의 계층은 $log_{10}(100) = 2$이므로, 단계별 합병 인덱스와 LSM 트리의 쓰기 증폭은 각각 2와 10이 된다.

기본 LSM 트리와 마찬가지로 단계별 합병 인덱스는 B^+-트리의 삽입과 달리 삽입 중에 임의의 I/O 연산이 필요하지 않다. 그러므로 B^+-트리의 성능은 위의 쓰기 증폭 수치가 의미하는 것보다 더 나쁠 것이다.

합병은 다음과 같이 최적화될 수 있다. 특정 계층 L_i에서 k개의 트리를 계층 L_{i+1} 트리로 합병하는 동안 계층 $L_j(j < i)$에 있는 트리도 동시에 합병될 수 있다. 그러므로 이러한 트리에 있는 엔트리는 단계별 합병 인덱스의 하나 이상의 계층을 완전히 건너뛸 수 있다. 또한 시스템에 유휴 자원(idle capacity)이 있는 경우, 계층 L_i에 k개보다 작은 수의 트리가 존재하더라도, 계층 L_i의 트리를 다음 단계의 트리로 합병할 수 있다. 삽입 연산이 거의 없고 오랜 시간 동안 시스템 부하가 작은 상황이라면, 모든 계층에 존재하는 트리를 특정 계층의 단일 트리로 합병할 수도 있다.

24.2.4.2 블룸 필터를 사용한 검색 작업

단계별 합병 인덱스의 검색 연산은 각 트리를 별도로 검사해야 하므로 기본 LSM 방식보다 비용이 많이 든다. 단계별 합병 인덱스는 검색 시 최악의 경우 각 계층에서 k개의 트리를 검사해야 한다. 그러므로 기본 LSM 트리는 최악의 경우 $log_k(I/M)$개의 트리를 검색해야 하지만, 단계별 합병 인덱스는 최악의 경우 $k * log_k(I/M)$개의 트리를 검색해야 한다.

작업부하 중 읽기 작업이 많은 경우 이러한 오버헤드가 매우 크게 발생한다. 예를 들어, $I = 100M$, $k = 5$인 단계별 합병 인덱스를 사용하면 검색 시 15번의 트리 순회가 필요하지만, LSM 트리의 경우 3번의 트리 순회만 필요하다. 각각의 키 값이 하나의 트리에서만 존재하는 경우, 여러 번의 순회 중 한 번만 주어진 검색 키를 찾고, 다른 모든 순회는 주어진 검색 키를 찾지 못함을 주목하라.

포인트 검색(즉 주어진 키 값 조회)의 비용을 줄이기 위해 대부분의 시스템은 블룸 필터를 사용하여 트리가 주어진 키 값을 포함하는지 여부를 판단한다. 각각의 트리마다 트리에 있는 키 값을 기반으로 블룸 필터를 생성하고, 블룸 필터를 이용하여 검색 키 v의 존재 여부를 확인한다. 블룸 필터를 통해 특정 트리에 키 값이 존재하지 않는다고 확인되면, 해당 트리에 대한 검색을 건너뛸 수 있다. 그렇지 않은 경우 키 값이 트리에 존재할 수 있으므로 트리에 대한 검색이 필요하다.

비트맵에 $10n$개의 비트가 있으면(여기서 n은 집합에 존재하는 값의 개수이고, 일곱 개의 해시 함수가 사용된다고 가정함), 거짓 양성 비율은 약 1%다. 그러므로 인덱스에 존재하는 키 값을 검색하는 경우 평균적으로 한 개보다 약간 더 많은 트리에 대한 검색이 필요하다. 그러므로 검색 성능은 일반 B^+-트리보다 약간 더 나빠진다.

그러므로 모든 블룸 필터가 메모리에 저장될 수 있다면, 블룸 필터 검사는 포인트 검사에 대해 매우 잘 작동하여 트리의 상당 부분에 대한 검색을 건너뛸 수 있다. 인덱스에 I개의 키 값이 있으면, 약 $10I$ 비트의 메모리가 필요하다. 주 메모리 오버헤드를 줄이기 위해 일부 블룸 필터는 플래시 저장 장치에 저장될 수 있다.

범위 검색의 경우, 고유한 해시 값이 없기 때문에 블룸 필터 최적화 기법을 사용할 수 없다. 그러므로 모든 트리에 대해 개별적인 검사가 필요하다.

24.2.5 플래시 저장 장치에서 LSM 트리

LSM 트리는 원래 자기 디스크의 쓰기와 검색 오버헤드를 줄이기 위해 설계되었다. 플래시 디스크는 검색이 필요하지 않기 때문에 임의 I/O 연산에 대한 오버헤드가 상대적으로 낮다. 그러므로 LSM 트리의 변형을 사용함으로써 임의 I/O 연산을 피할 수 있다는 이점이 플래시 디스크의 경우 특별히 중요하지 않다.

그러나 플래시 메모리는 제자리(in-place) 갱신이 불가능하므로, 페이지에 1바이트라도 쓰기 위해서는 전체 페이지를 새로운 물리적 위치에 다시 써야 한다. 이 경우 원래 페이지는 삭제되어야 하며, 이는 상대적으로 비용이 많이 드는 작업이다. LSM 트리 변형을 사용함으로써 얻을 수 있는 쓰기 증폭의 감소로 인해 LSM 트리는 플래시 저장 장치와 함께 사용될 때 (기존 B^+-트리와 비교하여) 성능이 크게 향상될 수 있다.

24.3 비트맵 인덱스

14.9절에서 보았듯이 비트맵 인덱스는 다중 키에 대한 질의를 쉽게 처리하기 위한 인덱스 구조다. 비트맵은 고유한 값이 소수인 속성에 가장 적합하다.

비트맵 인덱스를 사용하기 위해 릴레이션에 있는 레코드는 0부터 시작해서 연속적으로 번호가 매겨져야 한다. 숫자 *n*이 주어지면 *n*으로 번호 매겨진 레코드를 검색하기가 쉬워야 한다. 특히 레코드의 크기가 고정되어 있고 파일의 연속적인 블록에 할당되어 있다면 이는 쉽게 달성된다. 레코드 번호는 쉽게 블록 번호와 블록 안에서 레코드를 식별하는 번호로 전환될 수 있다.

13.6절에서 설명한 **열 지향 저장소**는 속성을 배열에 저장하므로, (주어진 *i*에 대해) *i*번째 레코드의 속성에 효율적으로 접근할 수 있게 해 준다. 그러므로 비트맵 인덱스는 열 지향 저장소에 특히 유용하다.

예제로서 *instructor_info* 릴레이션을 생각해 보자. *instructor_info* 릴레이션은 m(male) 또는 f(female) 값만 가질 수 있는 *gender* 속성과 5단계로 구분된 소득값(*L*1: 0-9999, *L*2: 10,000-19,999, *L*3: 20,000-39,999, *L*4: 40,000-74,999, *L*5: 75,000 – ∞)을 가질 수 있는 속성 *income_level*이 있다.

24.3.1 비트맵 인덱스 구조

14.9절에서 보았듯이 **비트맵**(bitmap)은 간단한 비트 배열이다. 가장 간단한 형태로, 릴레이션 *r*의 속성 *A*상의 **비트맵 인덱스**(bitmap index)는 *A*가 가질 수 있는 각 값에 대해 하나의 비트맵을 구성한다. 각 비트맵은 릴레이션에 있는 레코드의 수만큼 많은 비트를 가지고 있다. 만약 번호가 *i*인 레코드의 속성 *A*가 v_j 값을 가지고 있다면, 값 v_j를 위해 비트맵의 *i*번째 비트를 1로 설정한다. 이 비트맵의 모든 다른 비트는 0으로 설정한다.

우리의 예에서 값 m에 대한 비트맵과 값 f에 대한 비트맵이 있다. 만약 *i*번호로 매겨진 레코드의 *gender* 값이 m이라면 m에 대한 비트맵의 *i*번째 비트를 1로 설정한다. m에 대한 비트맵의 모든 다른 비트는 0으로 설정한다. 비슷하게 f에 대한 비트맵은 *gender* 속성의 값을 f로 가지는 레코드에 대한 비트는 1의 값을 가지고 나머지 모든 비트는 0의 값을 가진다. 그림 24.3은 릴레이션 *instructor_info*의 비트맵 인덱스의 예를 보여 준다.

이제 언제 비트맵이 유용한지에 대해 생각해 보자. 값 m(혹은 값 f)을 가지는 모든 레코드를 검색하기 위한 가장 간단한 방법은 릴레이션의 모든 레코드를 읽으면서 값 m(혹은 값 f)을 가지는 레코드를 선택하는 것이다. 비트맵 인덱스는 실제 이런 선택을 빨리 하도록 도와주지는 않는다. 비트맵 인덱스를 이용하여 특정 *gender* 값을 가지는 레코드만 읽을 수도 있지만, 실제로는 파일의 모든 디스크 블록을 읽어야 할 가능성이 매우 높다.

실제로 비트맵 인덱스는 다중 키에 대한 선택을 할 때 주로 유용하다. *gender*에 대한 비트맵 인덱스에 부가적으로 앞에서 설명했던 *income-level* 속성에 대한 비트맵 인덱스를 생성해 보자.

이제 $10,000~19,999 범위에 속하는 수입을 가진 여성을 선택하는 질의를 생각해 보자. 이 질의는 다음과 같이 표현될 수 있다.

record number	*ID*	*gender*	*income_level*
0	76766	m	L1
1	22222	f	L2
2	12121	f	L1
3	15151	m	L4
4	58583	f	L3

Bitmaps for *gender*	
m	10010
f	01101

Bitmaps for *income_level*	
L1	10100
L2	01000
L3	00001
L4	00010
L5	00000

그림 24.3 릴레이션 *instructor_info*에 대한 비트맵 인덱스

```
select *
from instructor_info
where gender = 'f' and income_level = 'L2';
```

이 선택을 계산하기 위해 *gender* 값 f에 대한 비트맵과 *income-level* 값 *L2*에 대한 비트맵을 가져와서 두 비트맵의 **교집합**(intersection, 논리적인 and)을 수행한다. 즉 이는 새로운 비트맵을 계산하는 것으로 이 새로운 비트맵의 *i*비트는 두 비트맵의 *i*번째 비트가 둘 다 1이면 1의 값을 가지고, 그렇지 않으면 0의 값을 가진다. 그림 24.3의 예에서 *gender* = f(01101) 비트맵과 *income_level* = *L2*(01000) 비트맵의 교집합은 01000 비트맵이다.

첫 번째 속성은 두 개의 값을 가질 수 있고, 두 번째 속성은 다섯 개의 값을 가질 수 있기 때문에 두 속성으로 결합된 조건을 만족하는 레코드로 평균 10개의 레코드 중에 한 개를 기대할 수 있다. 더 많은 조건이 있다면 모든 조건을 만족하는 레코드의 부분은 매우 작을 것이다. 그 후 시스템은 교집합 비트맵에서 1의 값을 가지는 모든 비트를 찾아서 이와 대응되는 레코드를 검색함으로써 질의 결과를 계산할 수 있다. 만약 이 교집합 비트맵에서 1의 값을 가지는 비트의 비율 부분이 크다면, 전체 릴레이션을 훑어보는 것이 좀 더 값싼 방법일 수도 있다.

또한 비트맵은 주어진 선택을 만족하는 튜플의 개수를 계산하는 데 중요하게 사용된다. 이런 질의는 데이터를 분석하는 데 중요하다. 예를 들어, 수입이 *L2* 단계인 여성이 몇 명인지 알기를 원한다면 두 비트맵의 교집합을 계산해서 이 교집합 비트맵에서 1인 비트의 수를 세면 된다. 릴레이션에 접근할 필요 없이 비트맵 인덱스로부터 원하는 결과를 얻을 수 있다.

비트맵 인덱스는 일반적으로 실제 릴레이션의 크기와 비교해서 매우 작다. 레코드의 길이가 적어도 수십 바이트에서 수백 바이트까지 되더라도 이 레코드는 비트맵에서 하나의 비트로 나타낸다. 그래서 하나의 비트맵이 차지하는 공간은 보통 릴레이션이 차지하는 공간의 1%도 안 된다. 예를 들어, 주어진 릴레이션의 레코드 크기가 100바이트라면 하나의 비트맵이 차지하는 공간은 릴레이션이 차지하는 공간의 1%의 $\frac{1}{8}$이다. 릴레이션의 속성 *A*가 여덟 개의 값 중에서 하나를 가질 수 있다면 속성 *A*에 대한 비트맵 인덱스는 여덟 개의 비트맵으로 구성되는데 이는 릴레이션 크기

의 1%를 차지한다.

레코드를 삭제하면 연속적인 레코드에 공백이 생기는데, 왜냐하면 이 공간을 채우기 위해 레코드(혹은 레코드 번호)를 이동하는 것은 비용이 매우 비싸기 때문이다. 삭제된 레코드를 재구성하기 위해 **존재 비트맵**(existence bitmap)을 저장할 수 있는데 이때 존재 비트맵에서 레코드 i가 존재하지 않으면 비트 i는 0이 되고, 그렇지 않으면 1이 된다. 24.3.2절에서 존재 비트맵의 필요성을 알게 될 것이다. 레코드를 삽입하는 것이 다른 레코드의 연속적인 번호에 영향을 끼쳐서는 안 된다. 그러므로 파일의 끝에 레코드를 추가하거나 삭제된 레코드를 교체함으로써 삽입을 할 수 있다.

24.3.2 비트맵 연산의 효율적인 구현

for 루프를 사용해서 두 비트맵의 교집합을 계산할 수 있다. 루프의 i번째 반복은 두 비트맵의 i번째 비트끼리 **and** 연산한다. 우리는 대부분의 컴퓨터 명령어(instruction) 집합에 의해 지원되는 비트식의 **and** 명령어(bit-wise **and** instruction)를 사용해서 교집합의 계산 속도를 크게 높일 수 있다. 보통 워드(word)는 컴퓨터 구조에 따라서 32나 64바이트다. 비트식의 **and** 명령어는 두 개의 워드를 입력받아서 한 개의 워드를 출력하는데, 이때 출력 워드의 각 비트는 두 입력 워드의 대응되는 위치에 있는 각 비트를 논리적 **and** 연산을 통해 얻어진다. 이때 주목해야 할 것은 비트식의 **and** 명령어가 32나 64비트의 교집합을 한 번에 계산할 수 있다는 것이다.

어떤 릴레이션이 백만 레코드를 가지고 있다면 각 비트맵은 백만 비트, 즉 128킬로바이트를 포함할 것이다. 워드 길이가 32비트라고 가정하면 이 릴레이션에서 두 비트맵의 교집합을 계산하는 데 단지 31,250 명령어만 요구된다. 그러므로 비트맵의 교집합을 매우 빨리 계산한다.

비트맵 교집합이 두 조건의 **and**를 계산하는 데 매우 유용하듯이 비트맵 합집합도 두 연산의 **or**를 계산하는 데 유용하다. 비트맵 합집합을 위한 절차는 비트식의 **and** 명령어 대신 비트식의 **or** 명령어를 사용하는 것을 제외하고는 교집합과 동일하다.

보수 연산은 **not** (*income_level* = *L*1)와 같이 조건에 부정을 포함하는 술어를 계산하는 데 사용될 수 있다. 비트맵의 보수는 비트맵의 각 비트에 보수(1의 보수는 0이고 0의 보수는 1이다)를 취함으로써 생성된다. **not** (*income_level* = *L*1)은 수입 단계 *L*1에 대한 비트맵의 보수를 계산함으로써 구현될 수 있는 것처럼 보일지도 모른다. 그러나 몇 개의 레코드가 삭제된다면 비트맵의 보수 계산만으로 충분하지 않다. 삭제된 레코드에 대응되는 각 비트는 원래 비트맵에서 0이다. 그러나 보수를 계산함으로써 레코드가 존재하지 않을지라도 1이 된다. 또한 속성의 값이 널(null)일 때 비슷한 문제가 발생한다. *income_level*의 값이 널이라면 이 비트는 값 *L*1에 대한 원래 비트맵에서 0이 되고, 보수 비트맵에서 1이 될 것이다.

삭제된 레코드에 대응되는 비트가 0으로 설정되도록 하기 위해 보수 비트맵은 삭제된 레코드는 0비트로 하는 존재 비트맵과 교집합을 해야 한다. 이와 비슷하게 널 값을 처리하기 위해 보수 비트맵은 널 값에 대한 비트맵의 보수와 교집합을 해야 한다.[1]

1 **is unknown** 같은 술어 처리는 훨씬 더 복잡하다. 즉 어떤 연산의 결과가 알려지지 않은 것인지를 조사하기 위해 부가적인 비트맵을 사용해야 한다.

비트맵에서 1인 비트의 수를 세는 것은 참신한 기술로 더 빨리 할 수 있다. 256개의 엔트리를 가진 배열을 유지하면서 i번째 엔트리에는 i의 이진 표현에서 1인 비트의 개수를 저장한다. 초기에 전체 개수는 0으로 설정한다. 비트맵의 각 바이트를 가져와서 이것을 이 배열의 인덱스로 사용하면서 여기에 저장된 개수를 전체 개수에 더한다. 추가 연산은 튜플 개수의 $\frac{1}{8}$이 발생한다. 그래서 개수를 세는 절차는 매우 능률적이다. 한 쌍의 바이트로 인덱스된 큰 배열($2^{16} = 65,536$ 엔트리)은 훨씬 더 속도가 빨라진다. 그러나 저장 공간 비용은 증가한다.

24.3.3 비트맵과 B$^+$-트리

비트맵은 B$^+$-트리 인덱스와 결합할 수 있는데 이때 릴레이션은 소수의 속성값은 일치하고, 그 외 다른 값은 발생할 수 있지만 훨씬 더 적게 발생하는 것이어야 한다. B$^+$-트리 인덱스의 단말 노드에는 보통 각 값에 대해 인덱스된 속성의 값을 가지는 모든 레코드의 목록을 유지한다. 이 목록의 각 요소는 레코드 식별자로 적어도 32비트로 구성되어 있는데 보통은 이보다 더 많은 비트로 되어 있다. 많은 레코드에서 발생하는 값에 대해서는 레코드 목록 대신 비트맵을 저장한다.

특정한 값 v_i는 릴레이션의 레코드 중 $\frac{1}{16}$ 레코드에서 발생한다고 가정하자. 릴레이션에서 레코드의 개수를 N이라 하고, 한 레코드는 식별자로 64비트의 수를 가지고 있다고 가정하자. 비트맵은 레코드당 단지 한 개의 비트만 필요하므로 전체 N개의 비트가 필요하다. 반면 목록을 표현하기 위해서는 이 값이 발생하는 레코드당 64개의 비트가 필요하다. 즉 $64 * N/16 = 4N$비트가 필요하다. 그래서 비트맵이 값 v_i에 대해 레코드의 목록으로 표현하는 것보다 더 낫다. 우리의 예에서(64비트 레코드 식별자) 만약에 64개의 레코드 중에서 한 개 이하의 레코드가 특정한 값을 가진다면 목록 표현이 이 값을 가진 레코드를 식별하기에 더 낫다. 왜냐하면 비트맵 표현보다 더 적은 비트를 사용하기 때문이다. 64개의 레코드 중에서 한 개 이상의 레코드가 이 값을 가진다면 비트맵 표현이 더 낫다.

그래서 비트맵은 B$^+$-트리의 단말 노드에서 매우 빈번히 발생하는 값에 대해 압축된 저장 공간 메커니즘으로 사용될 수 있다.

24.4 공간 데이터의 인덱스

14.10.1절에서 보았듯이 공간 데이터에 대한 효율적인 접근을 지원하는 인덱스가 필요하며, 이러한 인덱스는 범위 및 최근접 질의와 같은 질의를 효율적으로 지원해야 한다. 또한 k-d 트리, 사분위트리, R-트리에 대해 이미 간략히 설명하였으며, k-d 트리를 이용하여 범위 질의를 효율적으로 응답하는 방법에 관해 간략하게 설명했다. 이 절에서는 사분위트리와 R-트리에 관한 보다 자세한 내용을 다룬다.

14.10.1절에서 언급했듯이 점(point)에 대한 인덱싱 외에도 공간 인덱스는 선분, 사각형, 기타 다각형과 같은 공간 영역에 대한 인덱싱도 지원해야 하며, 이를 위해 k-d 트리와 사분위트리를 확장한 방법이 있다. 그러나 선분 또는 다각형이 분할 선(partitioning line)과 교차할 수 있다. 이 경우 선분 또는 다각형을 분할 선을 따라 분할하고, 각각의 분할된 조각을 나타내는 서브트리를 만들어

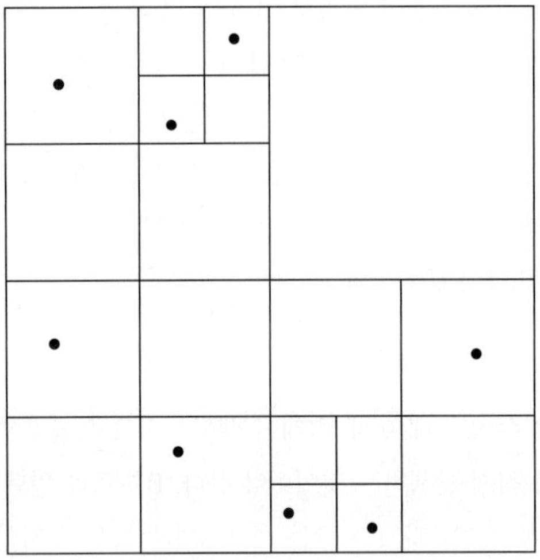

그림 24.4 사분위트리에 의한 공간 분할

주어야 한다. 그러한 이러한 분할 방식에 의해 선분이나 다각형이 여러 개 존재하는 경우 저장이나 질의 시 효율성이 떨어질 수 있다. R-트리는 이러한 구조에 대해 효율적인 인덱싱을 지원한다.

24.4.1 사분위트리

2차원 데이터를 표현할 수 있는 대안으로 **사분위트리**(quadtree)가 있다. 그림 24.4는 사분위트리의 공간 분할의 예다. 사분위트리의 각각의 노드는 공간의 사각 영역과 연관이 있다. 가장 위에 위치한 노드는 전체 영역을 가리키고 단말 노드가 아닌 노드는 영역을 같은 크기의 사분면으로 나눈다. 따라서 각 노드는 네 개의 자식 노드를 가지게 되고 각 자식 노드는 하나의 분면을 나타낸다. 단말 노드는 0에서 정해진 최댓값까지의 점을 가질 수 있고 어떤 노드가 최댓값보다 많은 점을 가질 경우 노드는 자식 노드를 만들어 이 점을 나누어 표현하게 된다. 그림 24.4에서 단말 노드가 가질 수 있는 최대 점의 개수가 1로 설정되어 있다.

이러한 유형의 사분위트리는 **PR 사분위트리**(PR quadtree)라 불리고 점을 저장하며 공간의 분할은 실제 저장될 점에 기준한 것이 아니라 지역에 기준한 것이라는 것을 나타낸다. 배열 정보를 저장하기 위해 **지역 사분위트리**(region quadtree)를 사용할 수 있다. 지역 사분위트리의 노드는 지역 내의 모든 배열 값이 노드가 포함하는 지역 내에서 같을 때 단말 노드가 된다. 그렇지 않으면 같은 크기를 가지며 네 개의 지역을 나타내는 네 개의 자식 노드로 나뉘게 된다. 단말 노드에 해당하는 부분 배열은 배열의 원소 중 하나 또는 여러 개를 가지게 되며 이들의 값은 서로 같다.

24.4.2 R-트리

R-트리라고 하는 저장 구조는 사각형이나 다른 다각형을 인덱스하기에 적합하다. R-트리는 B+-트리와 유사하게 단말 노드에 다각형을 인덱스하고 있는 균형 트리 구조다. 하지만 B+-트리와는 달리 각 트리의 노드는 값의 범위 대신에 **경계 상자**(bounding box)를 가지고 있다. 단말 노드의 경계 상자는 단말 노드에 저장된 모든 객체를 포함하는 축에 평행한 최소의 사각형이다. 단말 노드와 유

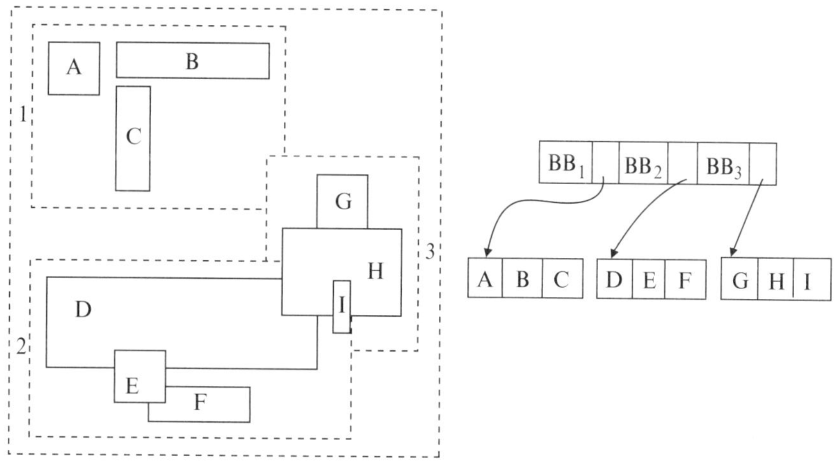

그림 24.5 R-트리

사하게 내부 노드의 경계 상자는 자식 노드가 가진 경계 상자를 모두 포함하는 축에 평행한 최소한의 사각형이다. 마찬가지로 한 다각형의 경계 상자는 다각형을 포함하며 축에 평행한 가장 작은 사각형이 된다.

각 내부 노드는 자식 노드에 대한 경계 상자와 자식 노드에 대한 포인터를 가지고 있다. 각 단말 노드는 인덱스된 다각형을 저장하고 있으며 다각형을 감싸고 있는 경계 상자를 저장하고 있을 수도 있다. 경계 상자를 저장하면 어떤 사각형이 다각형과 겹치는지를 검사할 때 속도를 증가시킬 수 있다. 왜냐하면 검사하고자 하는 사각형이 경계 상자와 겹치지 않는다면 그 안에 있는 다각형과는 당연히 겹치지 않을 것이기 때문이다(만약 저장된 다각형이 사각형이라면 당연히 경계 상자를 따로 저장할 필요는 없을 것이다).

그림 24.5는 R-트리가 사각형을 저장하기 위해 노드가 어떻게 표현되는지를 나타낸 예다. 사각형은 실선으로 표현되어 있고 경계 상자는 점선으로 표현되어 있다. 그림에서 경계 상자가 안에 있는 객체와 간격이 있는 것처럼 그려져 있지만 이는 보기 좋게 하기 위한 것뿐이다. 실제로는 경계 상자의 각 면은 적어도 하나의 객체 또는 작은 경계 상자와 맞닿아서 최대한 작게 그려지게 된다.

R-트리 자체는 그림 24.5의 오른쪽에 있다. 그림에서 경계 상자 i의 좌표는 BB_i로 표현하고 있다. 이제 R-트리에서 어떻게 탐색과 삽입, 삭제 연산을 구현하는지 살펴보자.

- **탐색**. 그림에서 보여 주는 것처럼 형제 노드의 경계 상자는 서로 겹칠 수 있다. 반면에 B^+-트리나 k-d 트리나 사분위트리는 범위가 겹치지 않는다. 한 점을 포함하는 다각형을 찾는 작업은 해당 점을 포함하는 경계 상자를 가지고 있는 모든 자식 노드를 탐색해야 하며 따라서 여러 가지 탐색 경로가 존재하게 된다. 이와 유사하게, 주어진 다각형을 공통으로 가지는 모든 다각형을 찾는 질의도 해당 다각형을 공통으로 가지고 있는 사각형을 모두 찾아야만 한다.
- **삽입**. 한 다각형을 R-트리에 삽입하고자 할 때에는 해당 다각형을 포함할 단말 노드를 찾아야 한다. 이러한 경우, 새로운 객체를 집어넣을 여유가 있고 노드의 경계 상자가 삽입할 다각형의

경계 상자를 포함하는 단말 노드를 선택하는 것이 이상적이다. 하지만 그러한 노드가 존재하지 않을 수도 있다. 설사 있다 해도 그러한 노드를 찾아내는 작업이 루트부터 한 번의 탐색으로 찾을 수 있는 것이 아니기 때문에 많은 비용을 요구할 수 있다. 각각의 내부 노드에서 해당 다각형의 경계 상자를 포함하는 경계 상자를 가진 자식 노드가 여러 개 있을 수 있고 이들 모두를 조사해야 한다. 따라서 휴리스틱을 써서 R-트리의 알고리즘은 임의로 다각형의 경계 상자를 포함하는 노드 중 하나를 임의로 선택한다. 만약 어떤 노드도 위의 조건을 만족하지 못하면 알고리즘은 다각형의 경계 상자와 가장 많이 겹치는 경계 상자를 가지는 노드를 선택하고 탐색을 계속한다.

단말 노드에 도달했는데 노드가 이미 꽉 차 있는 상태라면 B^+-트리의 삽입과 매우 유사하게 노드의 분할(부모 쪽으로 노드의 분할이 연쇄적으로 일어날 수도 있다)이 일어난다. B^+-트리와 마찬가지로 R-트리의 삽입 알고리즘도 R-트리를 균형 잡힌 형태로 유지한다. 또한 삽입 시에 단말 노드나 내부 노드의 경계 상자를 일관되게 유지해 준다. 즉 단말 노드의 경계 상자는 안에 포함하고 있는 다각형의 경계 상자를 포함하며 내부 노드의 경계 상자는 자식 노드의 경계 상자를 포함한다.

B^+-트리의 삽입과 비교할 때 가장 큰 차이점은 노드의 분할에 있다. B^+-트리의 경우에는 노드에 포함된 값을 작은 쪽과 큰 쪽으로 나누는 중간점을 잡을 수가 있었지만 이는 1차원에 한정된다. 1차원을 넘어서는 경우에는 일반적으로 항상 경계 상자가 서로 겹치는 부분이 없도록 노드에 포함된 값을 둘로 나눌 수는 없다는 것이다. 대신에 사용하는 휴리스틱은 노드에 포함된 다각형의 집합을 S라 할 때 이를 겹치는 부분이 없는 S_1과 S_2로 나누고 S_1과 S_2의 경계 상자의 총면적이 최소가 되게 하는 것이다. 또 다른 휴리스틱은 S를 S_1과 S_2 두 개의 집합으로 나누고 겹치는 부분이 최소가 되도록 하는 것이다. 분할의 결과로 생긴 두 개의 노드는 집합 S_1과 S_2를 각각 포함한다. 노드 분할 시에 전체 면적의 최소화나 겹치는 부분의 최소화는 비용이 커질 수 있다. 그래서 **이차 휴리스틱**이라 불리는 비용이 적게 드는 휴리스틱을 사용한다(quadratic이라는 이름은 이 휴리스틱이 노드에 포함된 엔트리의 개수에 제곱만큼의 시간이 걸리기 때문이다).

이차 휴리스틱(quadratic heuristic)은 이와 같이 동작한다. 먼저 S로부터 같은 노드에 집어넣었을 경우 가장 낭비되는 공간을 많이 만들어 내는 엔트리의 쌍 a와 b를 구한다. 말하자면 a와 b를 동시에 포함하는 경계 상자에서 a와 b의 면적을 합한 값을 뺀 값이 가장 커지는 경우를 말한다. 휴리스틱은 a와 b를 각각 집합 S_1과 S_2에 넣는다.

그리고 한 번 반복할 때마다 엔트리를 하나씩 S_1 또는 S_2에 집어넣는다. 각각의 반복에서 남아있는 엔트리 e에 대해 $i_{e,1}$은 e를 S_1에 집어넣었을 때 증가되는 S_1 경계 상자의 크기라 하고 $i_{e,2}$는 S_2에서 증가되는 크기라 하자. 각각의 반복에서 휴리스틱은 $i_{e,1}$과 $i_{e,2}$의 차이가 가장 커지는 경우를 선택해서 $i_{e,1}$이 작으면 해당 엔트리를 S_1에 집어넣고 반대의 경우는 S_2에 집어넣는다. 즉 S_1이나 S_2에 가장 적합한 엔트리를 각 반복 시에 선택하는 것이다. 모든 엔트리가 할당되거나 한 쪽 노드가 꽉 차서 다른 노드로 나머지 엔트리를 옮겨야 하는 때까지 위 선택은 반복된다.

- **삭제.** 삭제는 B^+-트리와 같이 형제 노드로부터 엔트리를 빌려 오거나 형제 노드와 하나로 합

침으로써 수행된다. 또 다른 방법은 엔트리 개수가 모자란 노드의 엔트리를 형제 노드로 완전히 재배치하는 방법이 있다.

삽입과 삭제에 관한 자세한 내용이나 R-트리의 변종인 R*-트리와 R^+-트리에 대해서는 참고문헌을 참조하기 바란다.

R-트리의 저장 효율성은 다각형이 한 번만 저장되고 각 노드가 적어도 절반은 차 있는 상태라는 것을 쉽게 보장할 수 있기 때문에 k-d 트리나 사분위트리에 비해 좋은 편이다. 하지만 여러 경로를 탐색해야 하기 때문에 질의 처리는 느릴 수가 있다. 공간 조인의 경우는 사분위트리는 모든 사분위트리가 같은 공간을 같은 방법으로 자르기 때문에 R-트리에 비해 조인 연산이 간단하다. 하지만 보다 나은 공간 효율성과 B-트리와의 유사성으로 인해 R-트리와 R-트리의 변종은 공간 데이터를 지원하는 데이터베이스 시스템에서 널리 쓰이고 있다.

24.5 해시 인덱스

14.5절에서 해싱과 해시 인덱스의 기본 개념을 설명했다. 이 절에서는 보다 자세한 내용을 제공한다.

24.5.1 정적 해싱

14.5절에서 설명한 것과 같이 *K*는 모든 검색 키 값의 집합을 나타내고, *B*는 모든 버켓 주소의 집합을 나타낸다. 해시 함수(hash function) *h*는 *K*를 *B*에 대응시키는 함수다. 해시 파일 구조는 실제 레코드를 버켓에 저장하지만, 해시 인덱스는 인덱스 엔트리와 레코드에 대한 포인터를 버켓에 저장한다. 다른 모든 세부 사항은 동일하므로, 앞으로 해시 인덱스와 해시 파일을 명확하게 구별하지는 않는다. 해시 인덱스라는 용어를 사용하여 해시 파일 구조와 보조 해시 인덱스를 모두 나타낸다.

그림 24.6은 검색 키가 *ID*인 *instructor* 파일의 보조 해시 인덱스를 보여 준다. 이 그림에서 해시 함수는 *ID*의 각 자리의 합을 8로 나눈 나머지를 계산한다. 해시 인덱스는 여덟 개의 버켓을 갖고 있고, 각 버켓의 크기는 2다(물론 실제 인덱스는 버켓 크기가 훨씬 더 크다). 버켓 중에 하나에는 세 개의 키가 대응되므로, 오버플로 버켓이 발생한다. 이 예제에서 *ID*는 *instructor*의 주 키에 해당하므로 각각의 검색 키는 한 개의 포인터를 가지고 있다. 일반적으로 각각의 검색 키가 여러 개의 포인터를 가질 수 있다.

해시 인덱스는 **포인트 질의**(point query, 검색 키에 대해 지정된 값을 가지는 레코드를 검색함)에 효율적으로 응답할 수 있다. 그러나 해시 인덱스는 검색 키 값이 범위 (*lb*, *ub*) 내에 존재하는 모든 레코드를 검색하는 **범위 질의**(range query)에 효율적으로 응답할 수 없다. 범위 질의에 대한 응답이 어려운 이유는 해시 함수가 값을 버켓에 무작위로 할당하기 때문이다. 그러므로 "정렬된 순서에서 다음 버켓"이라는 단순한 개념이 존재하지 않는다. 속성 A_i에 대해 정렬된 순서로 버켓을 함께 연결할 수 없는 이유는 각 버켓에 많은 검색 키 값이 할당되어 있기 때문이다. 해시 함수는 값을 무작위로 분산시키기 때문에, 지정된 범위의 값이 여러 개 또는 모든 버켓에 분산될 가능성이 있다. 따라서 필요한 검색 키를 찾기 위해서는 모든 버켓을 읽어야 한다.

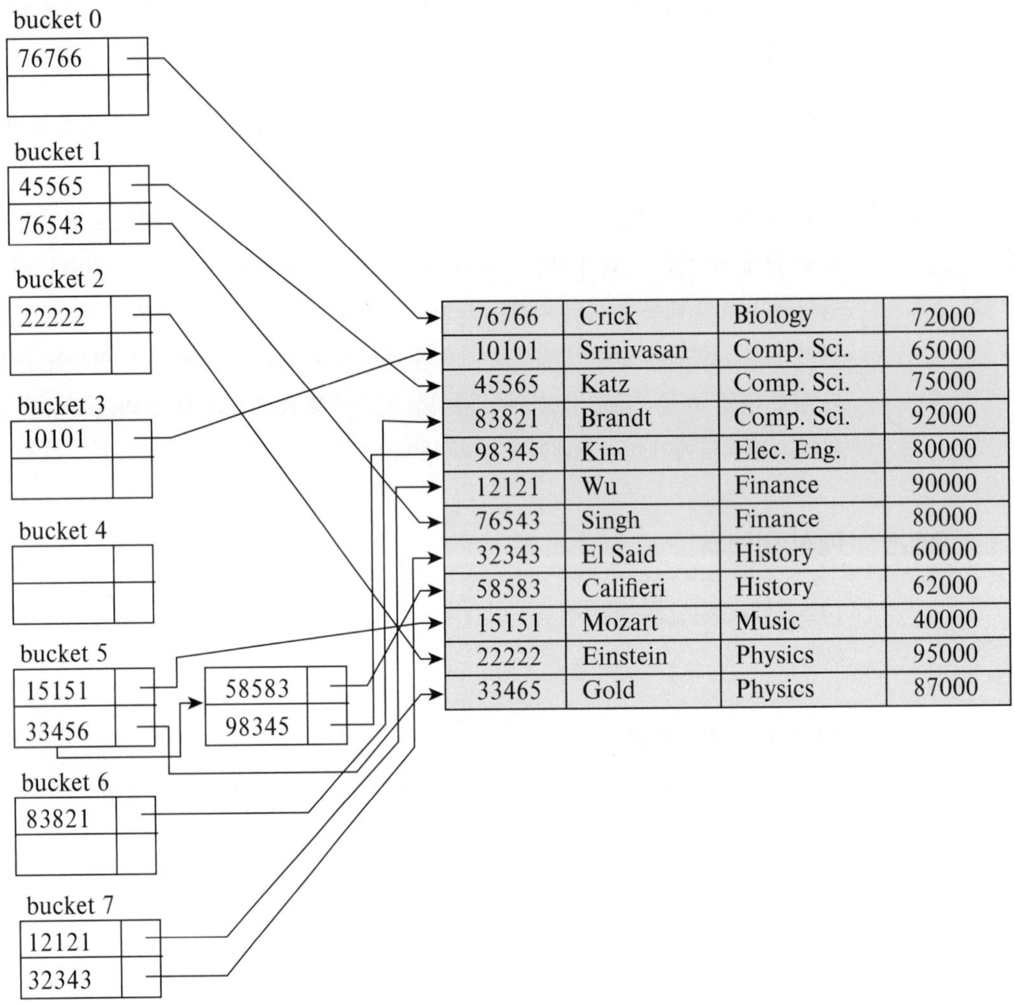

그림 24.6 *instructor* **파일 검색 키** *ID***에 대한 해시 인덱스**

삭제는 다음과 같이 수행된다. 삭제되는 레코드의 검색 키 값이 K_i라면 $h(K_i)$를 계산해서 이 레코드에 대응하는 버켓을 찾은 후 그 레코드를 버켓으로부터 삭제한다. 지정된 키 값을 가진 레코드가 많지 않은 경우 레코드 삭제는 효율적이다. 그러나 중복된 값이 많은 키에 대해 해시 인덱스가 구축되어 있는 경우, 삭제할 레코드에 대한 엔트리를 찾기 위해 동일한 키 값을 가진 많은 엔트리를 검사해야 한다. 최악의 경우 복잡도는 레코드 개수에 선형적일 수 있다.

정적 해싱을 사용하면 인덱스 생성 시 버켓 집합이 고정된다. 릴레이션이 예상보다 커지게 되면, 긴 오버플로 체인으로 인해 해시 인덱스가 상당히 비효율적이게 된다. 이 경우 더 많은 버켓을 사용하여 해시 인덱스를 재구축할 수 있다. 이러한 재구축은 레코드 수가 예상 수를 약간 초과할 때 자동으로 실행되고, 이때 인덱스는 원래 버켓 수의 배수에 해당하는 버켓 수로 재구축된다 (1.5~2배). 실제로 이러한 재구축은 인메모리 해시 인덱스가 있는 많은 시스템에서 수행된다.

그러나 이러한 재구축 방식은 많은 수의 레코드가 다시 인덱싱되어야 하기 때문에, 릴레이션이 큰 경우 정상적인 시스템 운영에 심각한 방해가 될 수 있다. 이 절은 해시 인덱스가 중단 없이 점진적으로 증가할 수 있는 동적 해싱 기술에 대해 자세히 다룬다.

24.5.1.1 해시 함수

해시 함수 중 최악의 경우는 모든 검색 키 값을 똑같은 버켓에 대응시키는 것이다. 그런 함수는 모든 레코드를 똑같은 버켓 안에 유지해야 하므로 바람직하지 않다. 이 경우 검색을 통해 원하는 하나를 찾기 위해 모든 레코드를 찾아야 한다. 이상적인 해시 함수는 저장된 키를 모든 버켓에 균등하게 분배해서 모든 버켓이 똑같은 수의 레코드를 갖는 것이다.

해시 함수를 설계할 때에는 검색 키 값의 분포를 정확히 모르기 때문에 다음의 속성을 가지는 분배 방법으로 검색 키 값을 버켓에 할당하는 해시 함수를 선택해야 한다.

- 분배는 **균등**(uniform)해야 하다. 즉 해시 함수는 모든 가능한 검색 키 값의 집합으로부터 각 버켓에 같은 수의 검색 키 값을 할당한다.
- 분배는 **임의적**(random)이어야 한다. 즉 평균적으로 각 버켓은 실제 검색 키 값의 분배와 상관없이 거의 똑같은 수의 값을 가질 것이다. 좀 더 정확하게 말하면 해시 값은 알파벳순이나 검색 키의 길이에 의한 순서 같은 외부에 보이는 검색 키 값의 순서와 관련되지 않을 것이다. 해시 함수는 임의적 성질을 가지는 것으로 보인다.

이 원리의 설명대로 검색 키 *dept_name*을 사용하는 *instructor* 파일의 해시 함수를 선택해 보자. 선택한 해시 함수는 우리가 사용하고 있는 *instructor* 파일 예뿐만 아니라 많은 학부를 가진 큰 대학교를 위한 현실적인 크기의 *instructor* 파일에서도 바람직한 속성을 가져야 한다.

26개의 버켓을 가지고 있고 알파벳의 *i*번째 문자로 시작하는 이름을 *i*번째 버켓에 대응시키는 해시 함수를 정의한다고 가정해 보자. 이 해시 함수는 간단해서 좋긴 하지만 균등한 배분을 하는 데는 실패한다. 왜냐하면 예를 들어 Q와 X보다 B와 R로 시작하는 이름이 더 많을 것이기 때문이다.

그럼 검색 키 *salary*를 위한 해시 함수를 원한다고 가정해 보자. 최소 급여는 $30,000이고 최대 급여는 $130,000이고, 해시 함수는 급여 값을 10개의 범위, 즉 $30,000~$40,000, $40,001~$50,000 등으로 나누는 해시 함수를 사용한다고 가정해 보자. 검색 키 값의 분배는 균등하지만(각 버켓에는 동일한 개수의 다른 *salary* 값이 있기 때문이다) 임의적이지가 않다. 그러나 $60,001과 $70,000 사이의 급여를 갖고 있는 레코드가 $30,001과 $40,000 사이의 급여를 갖고 있는 레코드보다 훨씬 더 흔히 볼 수 있다. 결과적으로 레코드의 분배는 균등하지 않다. 즉 몇 개의 버켓이 나머지 버켓보다 더 많은 레코드를 받는다. 함수가 분배를 임의적으로 한다면 비록 검색 키와 상관관계가 있을지라도 분배의 임의성은 각 검색 키가 레코드에 대해 적은 비율로 발생하는 한 모든 버켓이 거의 같은 수의 레코드를 가지도록 할 것이다(만약에 하나의 검색 키가 많은 레코드에서 발생한다면 이것을 포함하는 버켓은 사용된 해시 함수와 상관없이 다른 버켓보다 더 많은 레코드를 가질 것이다).

일반적인 해시 함수는 검색 키에 있는 문자를 이진으로 표현한 후에 계산을 수행한다. 이런 형태의 간단한 해시 함수는 먼저 키에 있는 문자의 이진 표현의 합을 계산한다. 그다음 이 합을 버켓의

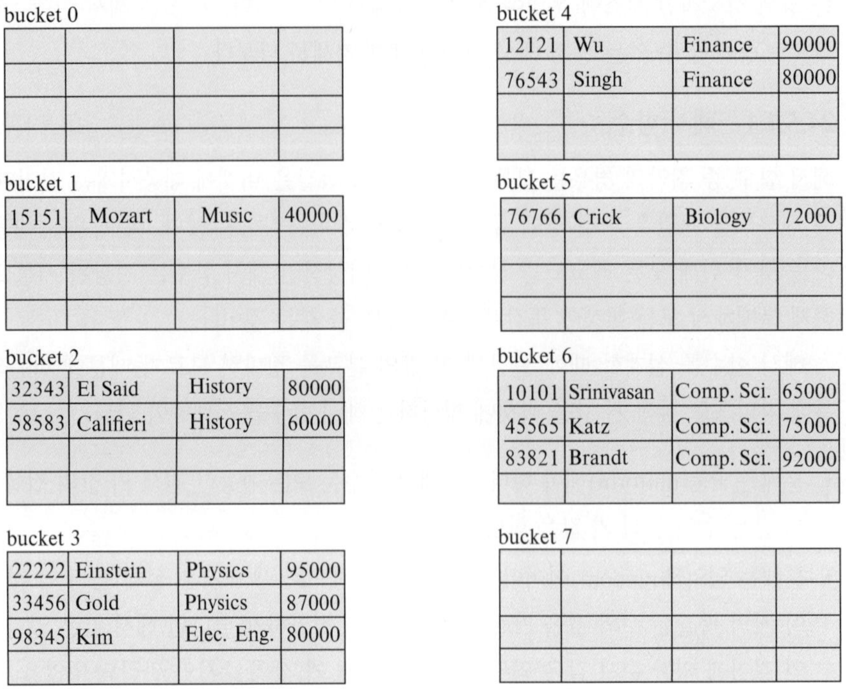

그림 24.7 *dept_name* **키를 갖는** *instructor* **파일의 해시 구성**

수로 모듈화해서 그 값을 반환한다.

그림 24.7은 *instructor* 파일에 이런 방법을 적용한 예를 보여 주는 것으로 이때 버킷은 여덟 개다. 여기서 알파벳의 i번째 문자는 정수 i로 표현된다고 가정하자.

다음 해시 함수는 문자열을 해싱하는 데 좀 더 좋은 방법이 될 수 있다. s는 길이가 n인 문자열을 나타내고 $s[i]$는 문자열의 i번째 바이트를 표시한다. 해시 함수는 다음과 같다.

$$s[0] * 31^{(n-1)} + s[1] * 31^{(n-2)} + \cdots + s[n-1]$$

이 함수 구현을 효율적으로 하려면 먼저 해시 결과를 0으로 초기화하고, 문자열의 첫 번째 글자부터 마지막 글자까지 반복문을 수행하되 각 단계에서 해시 값에 31을 곱하고 다음 글자(정수로 취급)를 더한다. 위 표현은 매우 큰 수를 만드는 것으로 나타나지만 실제로 고정된 크기의 정수로 계산된다. 각 곱셈과 덧셈의 결과는 제일 큰 정수 값에 1을 더한 수를 나눈 나머지로 자동적으로 계산된다. 그다음 위 함수의 결과를 버켓의 수로 나눈 나머지를 인덱스로 사용될 수 있다.

해시 함수는 신중한 디자인을 요한다. 해시 함수가 나쁘면 검색하는 데 걸리는 시간이 파일에 있는 검색 키의 수에 비례할 수도 있다. 잘 고안된 함수는 검색 키의 개수에 독립적인 (적은) 상수의 평균 검색 시간을 제공한다.

24.5.1.2 버켓 오버플로 처리

지금까지는 레코드가 삽입될 때 이 레코드와 대응되는 버켓이 이 레코드를 저장하기 위한 공간을 갖고 있다고 가정했다. 버켓이 충분한 공간을 갖고 있지 않다면 **버켓 오버플로**(bucket overflow)가 발생했다고 말한다. 버켓 오버플로는 몇 가지 이유로 인해 발생할 수 있다.

- **충분하지 않은 버켓**. 버켓의 수를 n_B라 나타내면 $n_B > n_r/f_r$이 되도록 선택해야 한다. 이때 n_r은 저장될 레코드의 총개수를 나타내고, f_r은 한 버켓에 들어갈 수 있는 레코드의 개수를 나타낸다. 물론 이는 해시 함수가 선택될 때 레코드의 총개수는 알려져 있다고 가정한다.
- **치우침**. 몇몇 버켓은 다른 것보다 더 많은 레코드가 할당된다. 그래서 다른 버켓은 여전히 공간을 갖고 있을지라도 한 버켓은 오버플로가 될지도 모른다. 이런 상황을 버켓 **치우침**(skew)이라 한다. 치우침은 두 가지 이유로 발행할 수 있다.
  1. 많은 레코드가 똑같은 검색 키를 가질지도 모른다.
  2. 선택된 해시 함수는 검색 키를 균등하게 분배하지 않을지도 모른다.

버켓 오버플로의 가능성을 줄이기 위해 버켓의 개수를 $(n_r/f_r) * (1 + d)$가 되도록 선택한다. 이때 d는 퍼지 요인(fudge factor)으로 대략 0.2다. 어떤 공간은 낭비된다. 즉 버켓에 있는 공간의 약 20%는 비어 있을 것이다. 그러나 오버플로의 가능성이 줄어드는 이익이 있다.

요구되는 것보다 조금 더 많은 버켓을 할당함에도 불구하고 버켓 오버플로가 여전히 발생할 수 있다. 14.5절에서 보았듯이, 버켓 오버플로는 오버플로 버켓을 사용하여 처리된다. 또한 오버플로 체인을 처리하기 위해 검색 알고리즘을 주 버켓 외에 오버플로 버켓도 확인하도록 약간 변경해야 한다.

지금까지 설명했던 해시 구조의 형태를 **닫힌 주소**(closed addressing)라 부른다[또는 덜 일반적으로 **닫힌 해싱**(closed hashing)이라고 함]. 또 다른 형태의 해싱으로 **열린 주소**(open addressing)가 있다[또는 덜 일반적으로 **열린 해싱**(open hashing)이라고 함]. 열린 주소 형태의 해싱의 경우 버켓 집합이 고정되어 있고, 오버플로 체인이 없다. 그 대신 버켓이 차면 시스템은 초기의 버켓 집합 B에 있는 다른 버켓에 레코드를 삽입한다. 이렇게 하기 위한 한 가지 방법으로 공간을 갖고 있는 바로 다음 버켓(순환하는 순서로)을 사용하는 것이 있는데 이런 방법을 **선형 탐색**(linear probing)이라고 한다. 그 외에 해시 함수를 좀 더 많이 적용하는 방법이 사용될 수 있다. 컴파일러와 어셈블러의 기호 테이블을 구성하는 데 열린 주소가 사용되지만, 데이터베이스 시스템은 닫힌 주소를 더 선호한다. 그 이유는 열린 주소로 삭제하는 것이 까다롭기 때문이다. 보통 컴파일러나 어셈블러는 그들의 심벌 테이블상에서 단지 검색과 삽입만 수행한다. 그러나 데이터베이스 시스템에서 삽입뿐만 아니라 삭제를 처리하는 것도 중요하다. 그래서 열린 주소는 데이터베이스 구현에서 그리 중요시하지 않는다.

우리가 설명했던 해싱의 구조를 형성하는 데 주요한 단점은 시스템을 구현할 때 해시 함수를 선택해야 한다는 것이다. 그리고 그 이후에 인덱스된 파일이 증가하거나 감소해도 바꿀 수 없다는 것이다. 함수 h는 검색 키 값을 고정된 집합 B의 버켓 주소에 대응시키기 때문에 파일이 증가할 것을 대비해서 B를 너무 크게 만들면 공간을 낭비하게 된다. B가 너무 작으면 버켓이 많은 다른 검색 키 값을 가지는 레코드를 포함하게 되어서 버켓 오버플로가 발생할 수 있다. 파일이 증가함에 따라 성능은 나빠진다. 24.5.2절에서 버킷의 수와 해시 함수를 동적으로 바꾸는 방법에 대해서 공부할 것이다.

24.5.2 동적 해싱

앞에서 보았듯이 버킷 주소의 집합 *B*를 고정시키는 것은 정적 해싱 기술에서 심각한 문제를 나타낸다. 대부분의 데이터베이스는 시간이 지나면서 점점 더 커진다. 이런 데이터베이스에 정적 해싱을 사용해야 한다면 세 가지 종류의 선택 조건이 있다.

1. 해시 함수를 현재 파일의 크기에 기초해서 선택하라. 이 선택 조건은 데이터베이스가 커짐에 따라 성능이 감소할 것이다.
2. 해시 함수를 미래 어느 시점에 예상되는 파일의 크기에 기초해서 선택하라. 성능 감소를 피할 수 있지만 초기에 상당한 양의 공간이 낭비될 수 있다.
3. 파일의 성장에 따라 주기적으로 해시 구조를 재구성하라. 재구성 시에는 새로운 해시 함수를 선택해서 이 해시 함수로 파일에 있는 모든 레코드에 대해 다시 계산한다. 그러고 나서 이 레코드를 새로운 버킷에 할당해야 한다. 이런 재구성은 거대하고 시간 소비적인 연산이다. 게다가 재구성하는 동안 파일에 대한 접근을 금지시켜야 한다.

몇몇 **동적 해싱**(dynamic hashing) 기술은 데이터베이스의 증가 혹은 축소를 조절하기 위해 해시 함수가 동적으로 변경되는 것을 허용한다. 이 절에서는 동적 해싱의 형태 중 하나인 **확장성 해싱**(extendable hashing)에 대해 설명한다. 참고문헌에서 다른 형태의 동적 해싱에 대한 참고문헌 목록을 제공한다.

24.5.2.1 데이터 구조

확장성 해싱은 데이터베이스가 증가하고 축소함에 따라 버킷을 분할하고 유착시킴으로써 데이터베이스 크기 변화에 대처한다. 결과적으로 공간 효율성이 유지된다. 또한 파일의 재구성은 한 번에 하나의 버킷에서만 수행되기 때문에 성능 부담은 비교적 낮다.

확장성 해싱에서는 균등성과 임의성을 만족하는 해시 함수 h를 선택한다. 그러나 이 해시 함수는 상대적으로 큰 범위 이상의 값, 즉 b비트의 이진 정수를 생성한다. b의 일반적인 값은 32다.

우리는 각 해시 값을 위한 버킷을 생성하지 않는다. 실제로 2^{32}은 40억이 넘고, 많은 버킷을 가지는 것은 합리적이지 않다. 그 대신 레코드가 파일에 추가될 때 요구가 있는 즉시 버킷을 생성한다. 처음에는 b비트 전체를 해시 값으로 사용하지 않는다. 어떤 시점에서든지, $0 \le i \le b$인 i비트를 사용한다. 이 i비트는 추가적인 버킷 주소 테이블의 오프셋으로 사용된다. 데이터베이스의 크기에 따라 i 값이 증가하거나 감소한다.

그림 24.8은 일반적인 해시 구조를 보여 준다. 그림에서 버킷 주소 테이블 위에 있는 i는 K에 대한 정확한 버킷을 결정하기 위해 해시 값 $h(K)$의 i비트가 요구된다는 것을 나타낸다. 물론 이 수는 파일이 증가하면서 바뀔 것이다. 비록 i비트가 버킷 주소 테이블에 있는 정확한 엔트리를 찾기 위해 요구될지라도 몇몇 연속적인 테이블의 엔트리는 똑같은 버킷을 가리킬지도 모른다. 같은 버킷

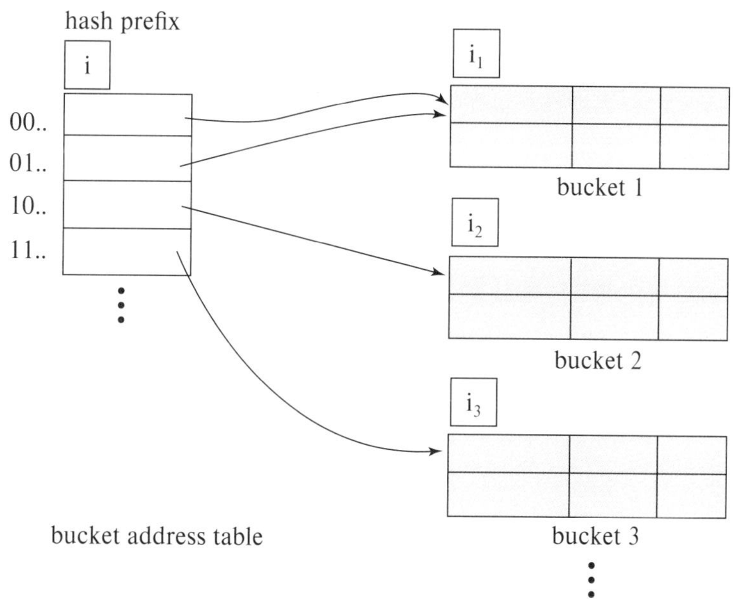

그림 24.8 일반적인 확장성 해시 구조

을 가리키는 모든 엔트리는 공통의 해시 접두어를 가질 것이다. 그러나 이 접두어의 길이는 i보다 더 작을 수 있다. 그러므로 공통의 해시 접두어의 길이를 나타내는 정수는 각각의 버킷과 관련이 있다. 그림 24.8에서 버킷 j와 관련된 정수는 i_j로 나타나 있다. 버킷 j를 가리키는 버킷 주소 테이블에 있는 엔트리의 개수는 다음과 같다.

$$2^{(i - i_j)}$$

24.5.2.2 질의와 갱신

이제 확장성 해시 구조에서 검색, 삽입, 삭제를 수행하는 방법에 대해서 공부할 것이다.

검색 키 값 K_l을 포함하는 버킷의 위치를 정하기 위해 시스템은 $h(K_l)$의 높은 순서부터 i개의 비트를 취해서 이 비트 문자열과 대응되는 테이블 엔트리를 검사한다. 그다음 이 테이블 엔트리에 있는 포인터를 따라간다.

검색 키 값 K_l을 가지는 레코드를 삽입하기 위해 시스템은 앞의 검색과 똑같은 절차를 수행한다. 그러면 어떤 버킷에서 끝나게 되는데 이때의 버킷을 j라 하자. 버킷에 공간이 있다면 시스템은 그 버킷에 레코드를 추가한다. 반대로 버킷이 찼다면 버킷을 분할해서 현재 레코드와 새로 추가된 레코드를 재분배해야 한다. 버킷을 분할하기 위해 시스템은 먼저 비트의 개수를 늘려야 하는지를 해시 값으로부터 결정해야 한다.

- 만약 $i = i_j$라면 버킷 주소 테이블에 있는 하나의 엔트리만 버킷 j를 가리키고 있다. 그러므로 시스템은 버킷 주소 테이블의 크기를 증가시켜서 버킷 j를 분할함으로써 생기는 두 개의 버킷을 가리키는 포인터를 포함할 수 있도록 해야 한다. 이는 해시 값의 비트를 추가함으로써 할 수 있

다. i의 값을 1 증가시키면 버킷 주소 테이블의 크기가 2배가 된다. 각 엔트리를 원래 엔트리와 동일한 포인터를 포함하는 두 개의 엔트리로 교체한다. 이제 버킷 주소 테이블에 있는 두 개의 엔트리는 버킷 j를 가리키고 있다. 시스템은 새로운 버킷(버킷 z)을 할당하고 두 번째 엔트리를 이 새로운 버킷을 가리키도록 설정한다. i_j와 j_z를 i로 설정한다. 그다음 버킷 j에 있는 각 엔트리를 다시 해시하는데 이때 레코드를 버킷 j에 유지할 것인지 새로이 생성된 버킷에 할당할 것인지는 처음 i개의 비트(시스템이 i를 1 증가시켰다는 것을 기억하라)에 달려 있다.

이제 시스템은 새로운 레코드 삽입을 다시 시도한다. 보통 이 시도는 성공할 것이다. 그러나 새로 추가된 레코드뿐만 아니라 버킷 j에 있는 모든 레코드의 해시 값 접두어가 같다면 다시 버킷을 분할해야 할 것이다. 왜냐하면 버킷 j에 있는 모든 레코드와 새로운 레코드가 동일한 버킷에 할당되기 때문이다. 해시 함수가 신중하게 선택되었고, 똑같은 검색 키를 가진 레코드가 많지 않다면 한 번의 삽입으로 버킷이 한 번 이상 분할되지 않을 것이다. 버킷 j에 있는 모든 레코드가 똑같은 검색 키 값을 갖고 있다면 여러 번 분할해도 아무런 도움이 되지 않을 것이다. 이 경우에는 정적 해싱처럼 레코드를 저장하기 위해 오버플로 버킷을 사용한다.

- 만약 $i > i_j$이면 버킷 주소 테이블에 있는 한 개 이상의 엔트리는 버킷 j를 가리킨다. 그러면 시스템은 버킷 주소 테이블의 크기를 증가시킬 필요 없이 버킷 j를 분할할 수 있다. 버킷 j를 가리키는 모든 엔트리가 맨 왼쪽부터 i_j비트가 똑같은 값을 갖고 있는 해시 접두어에 대응하는지 보라. 시스템은 새로운 버킷(버킷 z)을 할당하고 i_j와 i_z를 원래 i_j의 값에 1 증가시킨 값으로 설정한다. 그다음 시스템은 버킷 j를 가리키고 있던 버킷 주소 테이블에 있는 엔트리를 조절해야 한다(i_j의 새로운 값으로 하면 모든 엔트리가 맨 왼쪽부터 i_j비트가 똑같은 값을 갖는 해시 접두어에 대응되는 건 아니라는 것에 주의하라). 시스템은 엔트리 중 처음 반은 그대로 두고(버킷 j를 가리키게 하고), 나머지는 새로이 생성된 버킷(버킷 z)을 가리키도록 설정한다. 그다음 앞의 경우처럼 버킷 j에 있는 각 레코드를 다시 해시해서 버킷 j나 새로이 추가된 버킷 z에 할당한다.

  그다음 시스템은 삽입을 다시 시도한다. 다시 실패하는 경우에는 $i = i_j$나 $i > i_j$ 두 경우 중 알맞은 하나를 적용한다.

두 가지 경우 모두 시스템이 버킷 j에 있는 레코드에 대해서만 해시 함수를 다시 계산해야 한다는 것을 주의해야 한다.

dept_name	h(*dept_name*)
Biology	0010 1101 1111 1011 0010 1100 0011 0000
Comp. Sci.	1111 0001 0010 0100 1001 0011 0110 1101
Elec. Eng.	0100 0011 1010 1100 1100 0110 1101 1111
Finance	1010 0011 1010 0000 1100 0110 1001 1111
History	1100 0111 1110 1101 1011 1111 0011 1010
Music	0011 0101 1010 0110 1100 1001 1110 1011
Physics	1001 1000 0011 1111 1001 1100 0000 0001

그림 24.9 *dept_name*을 위한 해시 함수

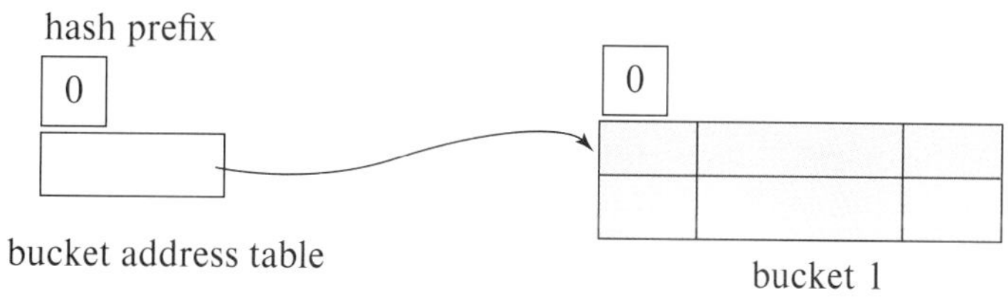

그림 24.10 초기의 확장성 해시 구조

검색 키 값 K_l을 갖는 레코드를 삭제하기 위해 시스템은 앞의 검색과 같은 절차를 수행한다. 그러면 어떤 버킷에서 끝나게 되는데 이때의 버킷을 *j*라 하자. 삭제는 버킷에 있는 검색 키와 파일에 있는 레코드 둘 다 제거한다. 버킷이 비게 되면 버킷 역시 제거한다. 이때 몇몇 버킷이 유착될 수 있어 버킷 주소 테이블의 크기가 반으로 줄어들 수도 있는 것에 주목해야 한다. 유착될 수 있는 버킷을 결정하는 절차와 버킷을 유착하는 방법은 연습문제로 남겨 둔다. 버킷 주소 테이블의 크기를 줄일 수 있는 조건 또한 연습문제로 남겨 둔다. 버킷 유착과 달리 버킷 주소 테이블의 크기를 변경하는 것은 테이블이 크다면 오히려 연산하는 데 비용이 많이 든다. 그래서 버킷의 수가 크게 줄어들 때만 버킷 주소 테이블의 크기를 줄이는 것이 바람직할지도 모른다.

삽입 연산을 설명하기 위해 그림 24.9의 *instructor* 파일을 사용하며 그림 24.9에서 나타나듯이 검색 키는 *dept_name*에 대한 32비트 해시 값이라고 생각한다. 처음에는 파일이 그림 24.10처럼 비어 있다고 가정한다. 레코드는 하나씩 삽입한다. 작은 구조로 확장성 해싱의 모든 특성을 설명하기 위해 하나의 버킷은 단 두 개의 레코드만 가질 수 있다는 비현실적인 가정을 한다.

레코드 (10101, Srinivasan, Comp.Sci., 65000)을 삽입한다. 버킷 주소 테이블은 하나뿐인 버킷에 대한 포인터를 포함하고 있고 시스템은 이 레코드를 그 버킷에 삽입한다. 그다음 레코드 (12121, Wu, Finance, 90000)을 삽입한다. 또한 시스템은 이 레코드를 우리의 구조에서 한 개밖에 없는 버킷에 넣는다.

그다음 레코드 (15151, Mozart, Music, 40000)을 삽입하려고 할 때 버킷이 찼다는 것을 발견하게 된다. $i = i_0$이기 때문에 해시 값으로부터 우리가 사용하고 있는 비트의 수를 증가시킨다. 그러면 이제 1비트를 사용하게 되고, $2^1 = 2$버킷을 가지게 된다. 이러한 비트 수의 증가로 버킷 주소 테이

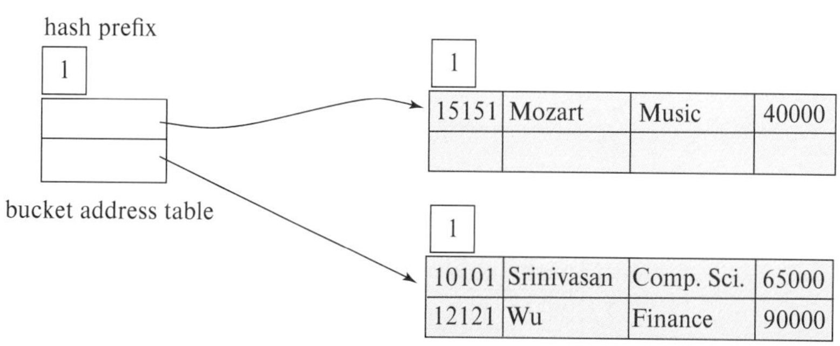

그림 24.11 세 번의 레코드 삽입 후 해시 구조

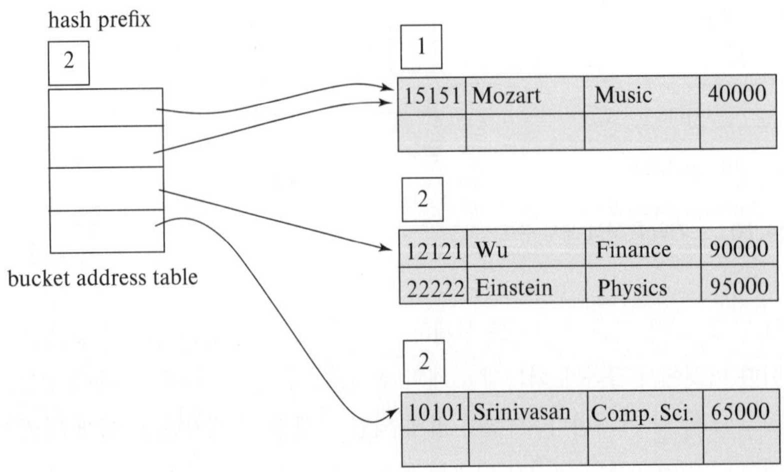

그림 24.12 네 번의 레코드 삽입 후 해시 구조

블의 크기가 2배로 되서 두 개의 엔트리를 가지게 된다. 시스템은 버켓을 분할하고 새로운 버켓에 1로 시작하는 해시 값을 가진 검색 키의 레코드를 놓는다. 그리고 그 외 다른 레코드는 원래 버켓에 그대로 둔다. 그림 24.11은 분할 후의 구조 상태를 보여 준다.

그다음 레코드 (22222, Einstein, Physics, 95000)을 삽입한다. *h*(Physics)의 첫 번째 비트는 1이기 때문에 이 레코드를 버켓 주소 테이블의 "1" 엔트리가 가리키고 있는 버켓에 삽입해야 한다. 또 다시 우리는 버켓이 차서 $i = i_1$인 것을 발견한다. 해시로부터 사용하는 비트의 수를 2로 증가시킨다. 비트 수의 이런 증가로 인해 그림 24.12처럼 버켓 주소 테이블의 크기가 2배로 되서 네 개의 엔

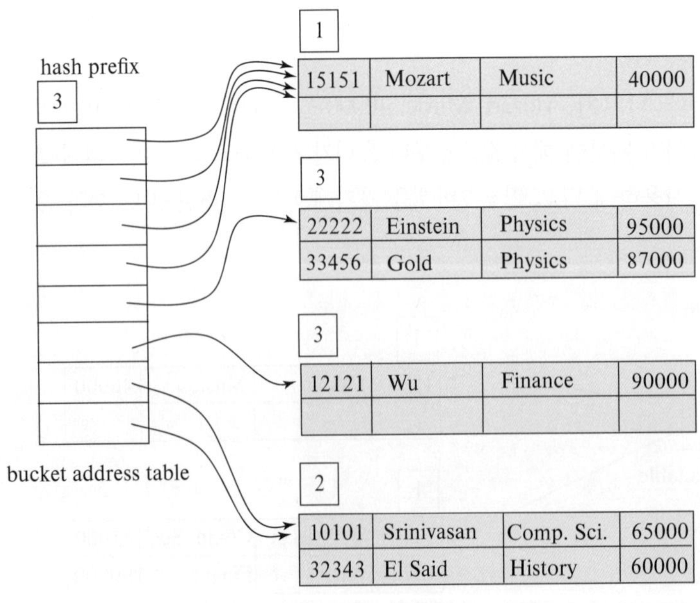

그림 24.13 여섯 번의 레코드 삽입 후 해시 구조

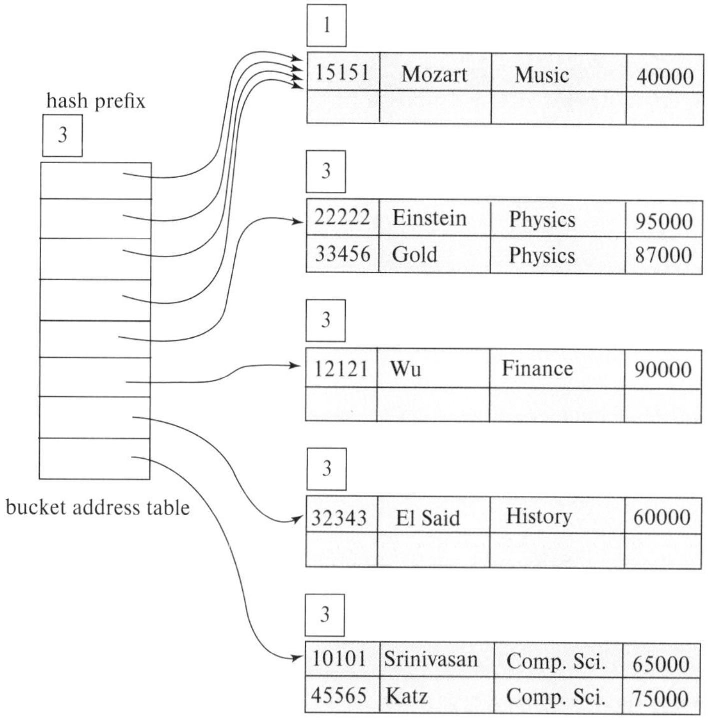

그림 24.14 일곱 번의 레코드 삽입 후 해시 구조

트리를 가지게 된다. 그림 24.11에서 해시 접두어가 0인 버켓은 분할되지 않았기 때문에 버켓 주소 테이블의 00과 01 두 엔트리는 둘 다 이 버켓을 가리킨다.

그림 24.11의 버켓에서 해시 접두어가 1인 각 레코드에 대해(분할되고 있는 버켓) 시스템은 어느 버켓에 넣을지를 결정하기 위해 해시 값의 처음 두 개의 비트를 조사한다.

다음 레코드 (32343, El Said, History, 60000)을 삽입하면 이는 Comp.Sci와 똑같은 버켓에 들어간다. 이어서 레코드 (33456, Gold, Physics, 87000)를 삽입하면 버켓 오버플로가 발생해서 비트의 수를 증가시킨다. 이로 인해 버켓 주소 테이블의 크기도 2배로 된다(그림 24.13 참조).

(45565, Katz, Comp.Sci., 75000)을 삽입하면 또 다른 오버플로가 발생한다. 그러나 이런 오버플로는 비트의 수를 증가시킴으로써 처리될 수 있다. 왜냐하면 문제의 버킷은 그것을 가리키는 두 개의 포인터를 가지기 때문이다(그림 24.14 참조).

다음으로 어떤 버켓 오버플로 없이 “Califieri”, “Singh”와 “Crick”을 삽입한다. 그러나 세 번째 Comp.Sci. 레코드 (83821, Brandt, Comp.Sci., 92000)의 삽입은 또 다른 오버플로를 발생시킨다. 이 오버플로는 세 개의 레코드가 완전히 똑같은 해시 값을 가지기 때문에 비트의 수를 증가시키는 방법으로 처리될 수 없다. 그래서 시스템은 그림 24.15처럼 오버플로 버켓을 사용한다. 이와 똑같은 방법으로 그림 14.1의 모든 *instructor* 레코드를 삽입할 때까지 계속한다. 이것의 결과 구조는 그림 24.16에 나타나 있다.

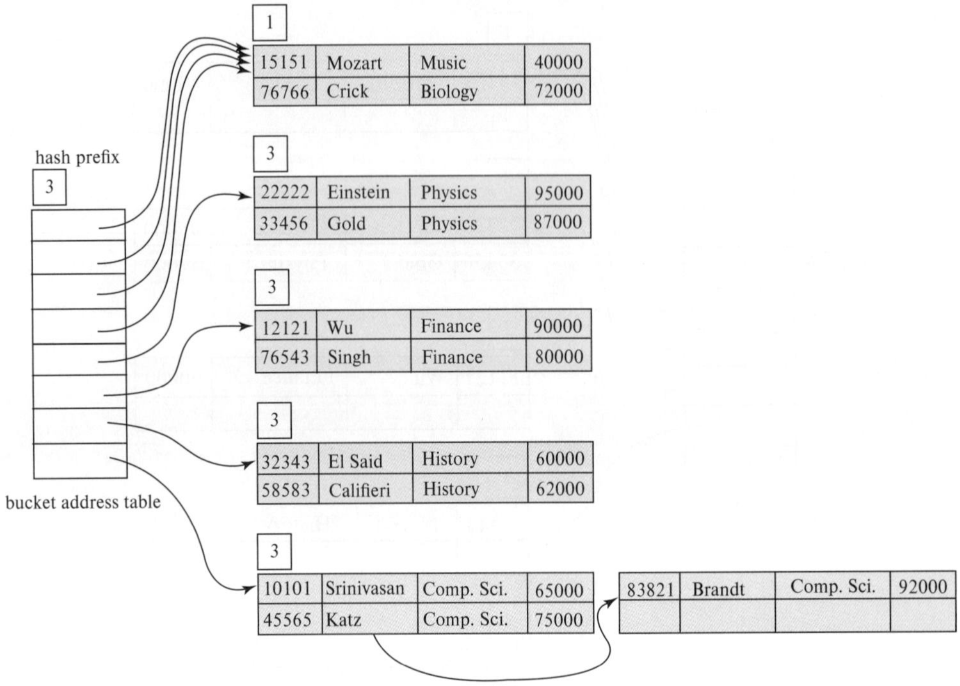

그림 24.15 11개의 삽입이 이루어진 후의 해시 구조

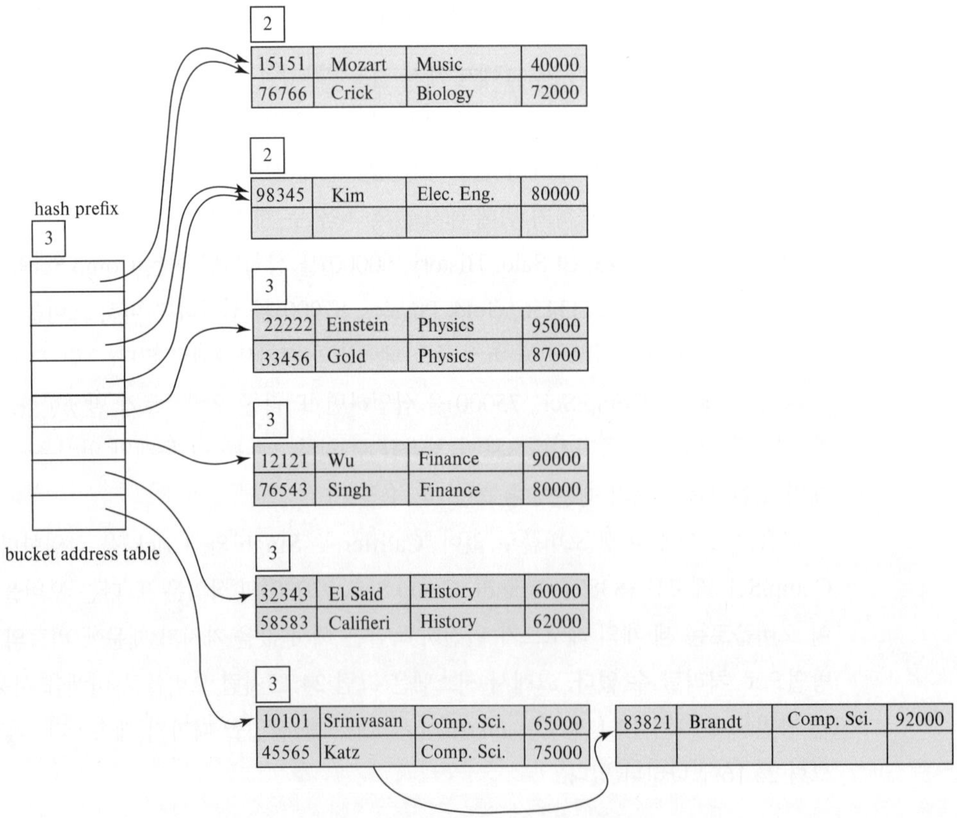

그림 24.16 *instructor* 파일의 확장성 해싱 구조

24.5.2.3 정적 해싱 대 동적 해싱

이제는 정적 해싱과 비교해서 확장성 해싱의 장점과 단점에 대해 알아본다. 확장성 해싱의 주요 장점은 파일이 커져도 성능이 감소하지 않는다는 것이다. 게다가 최소한의 공간 부담이 있다. 비록 버킷 주소 테이블이 부가적인 부담을 발생시킬지라도 이 테이블은 현재 접두어 길이의 각 해시 값에 대해서 하나의 포인터를 포함한다. 그래서 이 테이블은 작다. 확장성 해싱이 다른 형태의 해싱보다 공간을 절약할 수 있는 것은 미래의 증가를 위해 버킷을 미리 잡아 둘 필요가 없기 때문이다. 오히려 버킷을 동적으로 할당한다.

확장성 해싱의 단점은 검색을 할 때 부가적인 간접 단계를 수반하는 것이다. 왜냐하면 시스템이 직접 버킷에 접근하기 전에 버킷 주소 테이블에 먼저 접근하기 때문이다. 이런 부가적인 참조는 성능에 아주 작은 영향을 미친다. 24.5.1절에서 논의했던 해시 구조는 이런 부가적인 간접 단계를 가지지 않지만 그것이 차게 되면 성능의 장점을 조금 잃게 된다. 확장성 해싱의 또 다른 단점은 버킷 주소 테이블을 주기적으로 2배로 늘리는 데 추가 비용이 발생한다.

또한 참고문헌에서 **선형 해싱**(linear hashing)이라 불리는 또 다른 형태의 동적 해싱에 대한 참고문헌을 제공한다. 선형 해싱은 오버플로 버킷을 더 많이 사용해서 확장성 해싱의 부수적인 간접 단계의 부담을 피하는 방법이다.

24.5.3 순서 인덱스와 해싱 비교

몇 가지 순서 인덱스 구조와 해싱 구조에 대해서 알아보았다. 인덱스-순차 구조나 B^+-트리 구조를 사용함으로써 레코드가 있는 파일을 순서 파일로 구성할 수 있다. 또 다른 대안으로 해싱을 사용함으로써 파일을 구성할 수 있다. 마지막으로 힙 파일로 구성할 수 있는데 이는 레코드가 어떤 특정한 방법으로 정렬되어 있지 않다.

각 구조는 상황에 따라 장점을 갖는다. 데이터베이스 시스템 구현자는 많은 구조를 제공하고, 어느 구조를 사용할지에 대한 최종 결정은 데이터베이스 디자이너가 하도록 할 수도 있다. 그러나 그러한 접근 방식은 구현자에게 더 많은 코드를 쓰도록 요구하고, 시스템 비용과 시스템이 차지하는 공간을 추가하도록 요구한다.

대부분의 데이터베이스 시스템은 디스크에 저장된 데이터를 인덱싱하기 위해 B^+-트리를 지원하며, 많은 데이터베이스는 B^+-트리 파일 구성도 지원한다. 그러나 대부분의 데이터베이스는 디스크에 저장된 데이터에 대한 해시 파일 구성 또는 해시 인덱스를 지원하지 않는다. 이렇게 하는 중요한 이유 중 하나는 많은 응용 프로그램이 범위 질의를 사용하기 때문이다. 두 번째 이유는 확장성 해싱에 필요한 버킷 주소 테이블을 2배로 늘리는 데 드는 비용이 상대적으로 비싸기 때문이다. 그러나 B^+-트리 인덱스는 상대적으로 비용이 저렴한 일련의 노드 분할을 통해 릴레이션 크기 증가를 적절하게 처리할 수 있다. B^+-트리를 선호하는 또 다른 이유는 해시 인덱스와 달리 B^+-트리는 중복 키가 있는 삭제 연산에 대해 상대적으로 우수한 최악의 경우 경계(worst-case bounds)를 제공한다.

그러나 범위 질의가 많이 사용되지 않는 경우 해시 인덱스는 인메모리 인덱싱으로 사용될 수 있다. 특히 15.5.5절에서 보았듯이 해시 인덱스는 해시-조인 기술을 이용하여 조인 연산을 수행하는 동안 임시로 인메모리 인덱스를 생성하는 데 널리 사용된다.

24.6 요약

- 로그 구조 합병 트리의 핵심 아이디어는 트리의 삽입, 갱신, 삭제 중에 발생하는 임의의 I/O 연산을 더 작은 수의 순차적 I/O 연산으로 대체하는 것이다.
- 비트맵 인덱스는 여러 키에 대한 질의를 쉽게 하기 위해 설계된 특수 인덱스다. 비트맵은 고유한 값이 적은 속성에 가장 적합하다.
- **비트맵**은 비트 배열이다. 가장 간단한 형태로, 릴레이션 r의 속성 A상의 **비트맵 인덱스**는 A가 가질 수 있는 각 값에 대해 하나의 비트맵을 구성한다. 각 비트맵은 릴레이션에 있는 레코드의 수만큼 많은 비트를 가지고 있다.
- 비트맵 인덱스는 다중 키에 대한 선택을 할 때 주로 유용하다.
- 비트맵은 주어진 선택을 만족하는 튜플의 개수를 계산하는 데 중요하게 사용된다. 이런 질의는 데이터를 분석하는 데 중요하다.
- 공간 데이터에 대한 효율적인 접근을 위해 인덱스가 필요하며, 이러한 인덱스는 범위 및 최근접 질의와 같은 질의를 효율적으로 지원해야 한다.
- 2차원 데이터를 표현할 수 있는 대안으로 **사분위트리**가 있다. 사분위트리의 각각의 노드는 공간의 사각 영역과 연관이 있다.
- **R-트리**는 점, 선분, 직사각형, 기타 다각형과 같은 객체를 인덱싱하는 데 유용한 저장 구조다. R-트리는 B^+-트리와 유사하게 단말 노드에 다각형을 인덱스하고 있는 균형 트리 구조다. 하지만 B^+-트리와는 달리 각 트리의 노드는 값의 범위 대신에 **경계 상자**를 가지고 있다.
- **정적 해싱**은 버켓 주소의 집합이 고정되어 있는 해시 함수를 사용한다. 이러한 해시 함수는 시간이 지남에 따라 증가하는 데이터베이스에 적합하지 않다.
- **동적 해싱 기술**은 해시 함수를 변경할 수 있다. 동적 해싱에 해당하는 **확장성 해싱**은 데이터베이스가 확장되고 축소됨에 따라 버켓을 분할하고 합병하여 데이터베이스 크기 변화에 대처한다.

용어정리

- 로그 구조 합병 트리(LSM 트리)
- 롤링 합병
- 삭제 엔트리
- 단계별 합병 인덱스
- 쓰기 증폭
- 블룸 필터
- 비트맵
- 비트맵 인덱스
- 존재 비트맵
- 사분위트리
- 지역 사분위트리
- R-트리
- 경계 상자
- 이차 분할
- 버켓 오버플로
- 치우침
- 닫힌 주소
- 닫힌 해싱

- 열린 주소
- 열린 해싱
- 동적 해싱
- 확장성 해싱
- 선형 해싱

실전문제

24.1 LSM 트리와 버퍼 트리(14.8.2절에서 설명됨) 모두 일반 B^+-트리에 비해 쓰기 집약적 작업부하에 적합하고, 버퍼 트리가 LSM 트리보다 더 나은 검색 성능을 보인다. 그러나 LSM 트리가 빅데이터에 더 자주 사용된다. 이에 대한 가장 중요한 이유는 무엇인지 설명하라.

24.2 비트맵에서 1로 설정된 비트 개수를 세기 위한 최적화 기술을 고려해 보자. 캐시 크기를 고려했을 때, 더 작은 배열 크기 선택과 더 큰 배열 크기 선택은 각각 어떤 장단점이 있는가?

24.3 선분을 R-트리에 저장하고 싶다고 하자. 선분이 축에 평행한 선뷴이 아니라면 경계 상자는 커질 것이고 빈 공간도 늘어날 것이다.

- 주어진 지역을 지나는 선분을 찾으라는 질의에서 경계 상자가 커질 경우에 미치는 영향은 무엇인가?
- 그러한 질의의 성능을 개선할 수 있는 방법과 예를 들어 보라(**힌트**: 선분은 좀 더 작은 조각으로 나눌 수 있나).

24.4 주어진 질의 포인트에서 가장 가까운 점을 효율적으로 찾기 위한 R-트리의 검색 알고리즘을 작성하라.

24.5 R-트리 인덱스를 가지고 두 릴레이션에 대해 효율적으로 공간 조인을 수행할 수 있는 재귀 함수를 작성하라(**힌트**: 한 쌍의 내부 노드 아래에 있는 단말 노드가 공유하는 부분이 있는지 검사하기 위해 경계 상자를 사용하라).

24.6 다음의 검색 키 값을 가지는 레코드를 포함하는 파일에 확장성 해싱을 사용하고 있다고 가정하자.

2, 3, 5, 7, 11, 17, 19, 23, 29, 31

해시 함수 $h(x) = x \bmod 8$이고 버켓은 세 개의 레코드를 가질 수 있다고 할 때 이 파일의 확장성 해시 구조를 보여라.

24.7 문제 24.6에 다음 각 절차를 적용하면 확장성 해시 구조가 어떻게 변경되는지 보여라.

a. 11 삭제

b. 31 삭제

c. 1 삽입

d. 15 삽입

24.8 확장성 해시 구조로부터 엔트리의 삭제에 대한 의사 코드를 적어라. 이때 버켓이 언제, 어떻게 유착되는지 상세히 적고, 버켓 주소 테이블의 크기를 줄이는 것에 대해서는 신경 쓰지 않아도 된다.

24.9 확장성 해싱 구조에서 버켓 주소 테이블에 부가적인 합계 정보를 저장함으로써 이 테이블의 크

기를 줄일 수 있는지 조사하기 위한 능률적인 방법을 제안해 보라. 버켓이 분할되거나 유착되거나 아니면 삭제될 때 이 합계를 어떻게 유지해야 하는지 상세히 설명하라(주의: 버켓 주소 테이블의 크기를 줄이는 연산은 비싸고, 연속적인 삽입은 테이블이 다시 증가되도록 할지도 모른다. 그러므로 크기를 줄일 수 있다고 해서 바로 줄이는 것은 좋지 않다. 그 대신 인덱스 엔트리의 개수가 버켓 주소 테이블의 크기와 비교해서 작으면 줄여라).

연습문제

24.10 LSM 트리의 단계별 합병 변형은 계층당 여러 트리를 허용한다. 계층당 더 많은 트리가 있을 때의 장단점은 무엇인가?

24.11 3차원 데이터에 대해 사분위트리 개념을 적용한다고 가정해 보자. 결과로 생성되는 데이터 구조(팔진 트리라고 함)가 공간을 어떻게 분할하는가?

24.12 닫힌 해싱과 열린 해싱의 차이점을 설명하라. 데이터베이스 응용에서 각 기술의 상대적인 장점에 대해 논의해 보자.

24.13 해시 파일 구조에서 버켓 오버플로의 원인은 무엇인가? 버켓 오버플로의 발생을 줄이기 위해 무엇을 할 수 있는가?

24.14 해시 구조가 범위 질의가 주로 발생할 것 같은 환경에서 검색 키의 구조로 왜 좋은 선택이 아닌지를 설명하라.

24.15 크고 연속적인 디스크 블록이 정적 해시 테이블에 할당될 수 있다는 가정하에 정적 해싱을 기술한 바 있다. 이제 연속적인 *C*개의 블록만 할당 가능하다고 가정하자. 크기가 블록 *C*개보다 훨씬 큰 해시 테이블을 어떻게 구현할지 제안하라. 이때 블록에 대한 접근은 여전히 효율적이어야 한다.

더 읽어보기

로그 구조 합병(LSM) 트리는 [O'Neil et al. (1996)]에서 제안되었고, 단계별 합병 트리는 [Jagadish et al. (1997)]에서 소개되었다. [Vitter (2001)]는 외부 메모리 데이터 구조와 알고리즘에 대한 광범위한 참고문헌 조사를 제공한다.

비트맵 인덱스는 [O'Neil and Quass (1997)]에 설명되어 있으며, AS 400 플랫폼의 IBM Model 204 파일 관리자에서 처음 소개되었다. 비트맵 인덱스는 특정 형태의 질의에 대해 매우 큰 속도 향상을 제공하기 때문에 오늘날 대부분의 데이터베이스 시스템에 구현되어 있다.

[Samet (2006)]은 공간 데이터 구조에 대한 교과서적 설명을 제공한다. [Bentley (1975)]는 k-d 트리를 설명하고, [Robinson (1981)]은 k-d-B 트리를 설명한다. R-트리는 [Guttman (1984)]에서 처음으로 소개되었다.

해싱의 기본 데이터 구조에 대한 논의는 [Cormen et al. (2009)]에서 찾을 수 있다. 확장성 해싱은 [Fagin et al. (1979)]에서 소개되었다. 선형 해싱은 [Litwin (1978)]와 [Litwin (1980)]에서 소개되었다.

참고문헌

[Bentley (1975)] J. L. Bentley, "Multidimensional Binary Search Trees Used for Associative Searching", *Communications of the ACM*, Volume 18, Number 9 (1975), pages 509-517.

[Cormen et al. (2009)] T. Cormen, C. Leiserson, R. Rivest, and C. Stein, *Introduction to Algorithms*, 3rd edition, MIT Press (2009).

[Fagin et al. (1979)] R. Fagin, J. Nievergelt, N. Pippenger, and H. R. Strong, "Extendible Hashing—A Fast Access Method for Dynamic Files", *ACM Transactions on Database Systems*, Volume 4, Number 3 (1979), pages 315-344.

[Guttman (1984)] A. Guttman, "R-Trees: A Dynamic Index Structure for Spatial Searching", In *Proc. of the ACM SIGMOD Conf. on Management of Data* (1984), pages 47-57.

[Jagadish et al. (1997)] H. V. Jagadish, P. P. S. Narayan, S. Seshadri, S. Sudarshan, and R. Kanneganti, "Incremental Organization for Data Recording and Warehousing", In *Proceedings of the 23rd International Conference on Very Large Data Bases*, VLDB '97 (1997), pages 16-25.

[Litwin (1978)] W. Litwin, "Virtual Hashing: A Dynamically Changing Hashing", In *Proc. of the International Conf. on Very Large Databases* (1978), pages 517-523.

[Litwin (1980)] W. Litwin, "Linear Hashing: A New Tool for File and Table Addressing", In *Proc. of the International Conf. on Very Large Databases* (1980), pages 212-223.

[O'Neil and Quass (1997)] P. O'Neil and D. Quass, "Improved Query Performance with Variant Indexes", In *Proc. of the ACM SIGMOD Conf. on Management of Data* (1997), pages 38-49.

[O'Neil et al. (1996)] P. O'Neil, E. Cheng, D. Gawlick, and E. O'Neil, "The Log-structured Merge-tree (LSM-tree)", *Acta Inf.*, Volume 33, Number 4 (1996), pages 351-385.

[Robinson (1981)] J. Robinson, "The k-d-B Tree: A Search Structure for Large Multidimensional Indexes", In *Proc. of the ACM SIGMOD Conf. on Management of Data* (1981), pages 10-18.

[Samet (2006)] H. Samet, *Foundations of Multidimensional and Metric Data Structures*, Morgan Kaufmann (2006).

[Vitter (2001)] J. S. Vitter, "External Memory Algorithms and Data Structures: Dealing with Massive Data", *ACM Computing Surveys*, Volume 33, (2001), pages 209-271.

크레딧

장 도입부 보트 사진: © Pavel Nesvadba/Shutterstock

참고문헌

[Bentley (1975)] J. L. Bentley, "Multidimensional Binary Search Trees Used for Associative Searching", *Communications of the ACM*, Volume 18, Number 9 (1975), pages 509–517.

[Cormen et al. (2009)] T. Cormen, C. Leiserson, R. Rivest, and C. Stein, *Introduction to Algorithms*, 3rd edition, MIT Press (2009).

[Fagin et al. (1979)] R. Fagin, J. Nievergelt, N. Pippenger, and H. R. Strong, "Extendible Hashing — A Fast Access Method for Dynamic Files", *ACM Transactions on Database Systems*, Volume 4, Number 3 (1979), pages 315–344.

[Guttman (1984)] A. Guttman, "R-Trees: A Dynamic Index Structure for Spatial Searching", In *Proc. of the ACM SIGMOD Conf. on Management of Data* (1984), pages 47–57.

[Jagadish et al. (1997)] H. V. Jagadish, P. P. S. Narayan, S. Seshadri, S. Sudarshan, and R. Kanneganti, "Incremental Organization for Data Recording and Warehousing", In *Proc. of the International Conf. on Very Large Databases* (1997), pages 16–25.

[illegible] Hashing: A Dynamically Changing Hashing", In *Proc. of the International Conf. on Very Large Databases* (1978), pages [illegible].

[Litwin (1980)] W. Litwin, "Linear Hashing: A New Tool for File and Table Addressing", In *Proc. of the International Conf. on Very Large Databases* (1980), pages 212–223.

[O'Neil and Quass (1997)] P. O'Neil and D. Quass, "Improved Query Performance with Variant Indexes", In *Proc. of the ACM SIGMOD Conf. on Management of Data* (1997), pages 38–49.

[O'Neil et al. (1996)] P. O'Neil, E. Cheng, D. Gawlick, and E. O'Neil, "The Log-Structured Merge-Tree (LSM-tree)", *Acta Informatica*, Volume 33, Number 4 (1996), pages 351–385.

[Robinson (1981)] J. Robinson, "The k-d-B Tree: A Search Structure for Large Multidimensional Dynamic Indexes", [illegible]

[Samet (2006)] H. Samet, *Foundations of Multidimensional and Metric Data Structures*, Morgan Kaufmann (2006).

[Vitter (2001)] J. S. Vitter, "External Memory Algorithms and Data Structures: Dealing with Massive Data", *ACM Computing Surveys*, Volume 33, (2001), pages 209–271.

크레딧

[illegible] Pavel Nesvadba/Shutterstock.

Chapter **25**

고급 응용 프로그램 개발

응용 프로그램 개발에는 여러 작업이 필요하다. 이미 앞서 6장부터 9장에서 응용 프로그램을 어떻게 설계하고 구축하는지 알아본 바 있다. 응용 프로그램 설계와 관련해서 고려해야 할 측면 중 한 가지는 응용 프로그램이 기대하는 성능이다. 실제로, 한 번 응용 프로그램을 구축하고 나면 설계자가 원했던 것보다 더 느리게 동작하거나, 초당 처리할 수 있는 트랜잭션 수가 더 적거나 하는 등의 문제가 발생하곤 한다. 요구한 동작을 수행하는 데 너무 많은 시간이 걸리는 응용 프로그램은 기껏해야 사용자의 불만을 유발하지만, 최악의 경우 아예 외면받을 수도 있다.

병목을 찾아내어 제거하거나 메모리나 디스크와 같은 하드웨어를 추가하는 등의 성능 튜닝(performance tuning)을 통해 응용 프로그램의 처리 속도가 훨씬 빨라질 수 있다. 응용 프로그램을 튜닝하기 위해 응용 프로그램 개발자가 할 수 있는 많은 일이 있으며, 데이터베이스 시스템 관리자 역시 응용 프로그램의 처리 속도를 높이기 위해 여러 가지 일을 할 수 있다.

벤치마크는 데이터베이스 시스템의 성능을 특성화하는 데 도움이 되는 표준화된 작업 집합을 뜻한다. 벤치마크는 응용 프로그램이 구축되기 전이라 하더라도 응용 프로그램의 하드웨어와 소프트웨어의 개략적인 요구 사항을 파악할 수 있어 유용하다.

개발하는 동안 응용 프로그램을 시험해 볼 수 있어야 한다. 시험을 수행하려면 데이터베이스의 상태, 시험 입력을 생성하고, 출력이 예상 출력과 일치하는지 확인해야 한다. 이 장은 응용 프로그램 시험에서 생기는 사안에 대해 논의해 보고자 한다. 레거시 시스템(기존 시스템)은 최신 기술 동향을 반영하지 못하며 대개 이전 세대의 기술에 기반을 두는 응용 시스템이다. 그러나 이러한 시스템은 조직의 중심에 있으며 필수적인 업무를 수행하고 있다. 이런 시스템을 보다 현대적인 시스템으로 대체할 때 발생하는 레거시 시스템과의 인터페이싱(interfacing) 문제와 레거시 시스템으로부터 이주(migration) 문제에 대해 설명한다.

특히 인터넷 시대에는 응용 프로그램이 유용한 작업을 수행하기 위해 서로 통신할 필요가 있으므로, 표준은 응용 프로그램 개발에서 매우 중요하다. 이 장은 데이터베이스 응용 프로그램 개발에 영향을 미치는 다양한 표준에 대해 설명한다. 조직은 종종 사용자에 대한 정보를 디렉터리 시스템에 저장한다. 응용 프로그램은 종종 이러한 디렉터리 시스템을 사용하여 사용자를 인증하고 사용자 범주(예: 학생, 강사 등)와 같은 사용자에 대한 기본 정보를 얻는다. 디렉터리 시스템의 구조에 대해 간략하게 설명한다.

25.1 성능 튜닝

시스템의 성능 튜닝(조율, 조정)은 특정 응용 프로그램의 성능을 개선하기 위해 다양한 매개변수를 조정하여 설계 시 선택에 반영하는 것을 말한다. 스키마나 트랜잭션 설계와 같은 고차원 요소에서 버퍼의 크기와 같은 데이터베이스 매개변수, 디스크의 수와 같은 하드웨어 문제에 이르기까지 데이터베이스 설계의 다양한 요소가 응용 프로그램의 성능에 영향을 미친다. 이러한 측면을 각각 조정함으로써 성능의 향상을 가져올 수 있다.

25.1.1 튜닝 동기

응용 프로그램은 때로는 질의 응답을 완료하는 데 오랜 시간이 걸려 사용자가 해야 할 작업을 수행할 수 없게 만드는 불만족스러운 성능을 보일 수 있다. 우리가 경험한 몇 가지 실제 사례를 들어서 성능 저하의 원인과 튜닝이 어떻게 문제를 해결하였는지를 설명한다.

어떤 응용 프로그램에서, 사용자가 웹 응용 프로그램에서 오랜 지연과 시간 초과를 경험하고 있음을 발견했다. 데이터베이스를 감시(monitoring)한 결과 CPU 사용량이 매우 높았으나 디스크 및 네트워크 사용량은 거의 없었다. 데이터베이스에서 실행 중인 질의에 대한 추가 분석을 통해 큰 릴레이션에 대한 간단한 조회(lookup) 질의가 상당히 비용이 많이 드는 전체 릴레이션 스캔(full relation scan)을 사용한다는 것을 파악했다. 검색에 사용된 속성으로 인덱스를 구성하여 질의 실행 시간을 크게 단축하였고, 주요 성능 문제를 즉시 해결하였다.

또 다른 응용 프로그램에서 질의 성능이 매우 떨어지는 것을 발견했다. 질의를 조사한 결과 프로그래머가 여러 개의 중첩 하위 질의(nested subquery)를 사용하여 불필요하게 복잡한 질의를 작성했음을 파악했다. 또한 질의 실행 계획을 분석하여, 최적화기가 이 질의에 대해 잘못된 실행 계획을 생성했음을 파악했다. 문제를 해결하기 위해 중첩 하위 질의 대신 조인을 사용하여 질의를 다시 작성했다. 즉 질의의 상호 연관성을 제거했다. 이 변경으로 실행 시간이 크게 단축되었다.

세 번째 응용 프로그램에서, 응용 프로그램이 질의에서 많은 행을 가져오는데, 가져오는 각 행에 대해 다른 데이터베이스 질의를 실행했음을 파악했다. 이로 인해 많은 수의 별도 질의가 데이터베이스에서 실행되어 결과적으로 성능이 저하되었다. 이러한 많은 수의 질의를 단일 질의로 재작성하여 필요한 모든 데이터를 가져오는 것이 가능하다는 것을 이 절의 뒷부분에서 설명한다. 이러한 변경으로 응용 프로그램의 성능이 몇 배나 향상되었다.

네 번째 응용 프로그램에서, 응용 프로그램은 시험 중 부하가 적은 상황에서 잘 작동했지만, 실제 사용자가 사용하는 부하가 심한 상황에서는 완전히 작동하지 않았다. 이 경우 일부 인터페이스에서 프로그래머가 JDBC 연결(connection)을 종료(close)하지 않았음을 알 수 있었다. 데이터베이스는 일반적으로 제한된 수의 JDBC 연결만 지원하며, 이 제한에 도달하면 응용 프로그램이 데이터베이스에 연결할 수 없어 작동이 중지된다.

연결이 닫혀 있는지 확인함으로써 이 문제를 해결했다. 기술적으로는 튜닝 작업이 아닌 버그 수정이지만, 많은 응용 프로그램이 이 문제를 가지고 있다는 것을 알았기 때문에 이 문제를 특히 강조한다. 후속 트랜잭션에서 사용하기 위해 데이터베이스 연결을 열어 두는 연결 풀링(connection pooling)은 관련 있는 응용 프로그램 튜닝 최적화 기법이다. 연결 풀링을 통해 데이터베이스 연결을 반복적으로 여닫는 비용을 없앨 수 있다.

또한 위의 여러 사례에서 성능 문제가 시험 중에 나타나지 않은 것은 시험 데이터베이스가 실제 데이터베이스 크기보다 훨씬 작거나 활동 중인(라이브) 시스템의 부하보다 훨씬 적은 부하(동시 사용자 수)로 시험을 수행했기 때문이라는 점을 지적할 필요가 있다. 성능 시험을 실제 부하와 함께 실제 데이터베이스 크기에 대해 수행하여 성능 문제를 활동 중인 시스템이 아닌 시험 중에 발생하도록 하는 것이 중요하다.

25.1.2 병목 지점

(적어도 튜닝 전에) 대부분 시스템의 성능은 **병목**(bottleneck)이라 불리는 하나 또는 적은 수의 구성요소의 성능에 의해 제한된다. 예를 들면, 어떤 프로그램이 수행 시간의 80%를 코드 내의 깊숙한 곳의 작은 반복(loop) 안에서 소모하고, 나머지 20%를 다른 코드에서 소모할 수 있다. 그러면 이 반복은 병목이 된다. 병목이 아닌 구성요소의 성능을 개선해도 시스템의 전체적인 속도는 거의 향상되지 않는다. 이 예에서, 병목을 일으키는 곳이 아닌 나머지 부분의 속도를 개선해 봐야 전체적으로 20% 이상의 성능 향상을 이룰 수 없지만, 병목인 반복 속도를 개선하면 최상의 경우 전체적으로 80%에 달하는 성능 향상을 달성할 수 있다.

따라서 시스템을 튜닝할 때는 먼저 병목이 무엇인지 파악하고, 그다음 병목을 유발하는 시스템 구성요소의 성능을 개선하여 병목을 제거해야 한다. 하나의 병목을 제거하고 나면, 또 다른 구성요소가 병목이 될 수 있다. 잘 균형 잡힌 시스템의 경우 단일 구성요소가 병목으로 작용하지 않는다. 그 시스템에 병목이 있는 경우, 병목의 일부가 아닌 구성요소는 활용도가 낮으며 아마도 성능이 낮은 저렴한 구성요소로 대체될 수 있다.

간단한 프로그램의 경우 코드의 각 영역에서 소요된 시간이 전체 실행 시간을 결정한다. 그러나 데이터베이스 시스템은 훨씬 더 복잡하며 질의의 실행은 CPU 시간뿐만 아니라 디스크 I/O 및 네트워크 통신도 포함한다. 문제 진단의 첫 번째 단계는 운영체제에서 제공하는 감시 도구를 사용하여 CPU, 디스크 및 네트워크 연결의 사용 수준을 찾는 것이다.

데이터베이스 시스템에서 무슨 일이 일어나고 있는지 알아내기 위해 데이터베이스 자체를 감시하는 것도 중요하다. 예를 들어, 대부분 데이터베이스는 CPU, 디스크 I/O 또는 네트워크 용량과 같은 최대 자원(resource)을 차지하는 질의(또는 동일한 질의가 다른 상수와 함께 반복적으로 실행되는 질의 템플릿)를 찾는 방법을 제공한다. 하드웨어 자원 병목 외에도 데이터베이스 시스템의 성능 저하는 잠재적으로 트랜잭션이 잠금 큐(lock queue)에서 오랫동안 대기하는 잠금 경합(lock

노트 25.1 데이터베이스 성능 감시 도구

대부분의 데이터베이스 시스템은 데이터베이스 시스템 성능을 감시하기 위해 조회할 수 있는 뷰 릴레이션(view relation)을 제공한다. 예를 들어, PostgreSQL은 각각 SQL 문의 자원 사용량과 잠금 경합을 감시하기 위해 pg_stat_statements와 pgpgrowlocks 뷰 릴레이션을 제공한다. MySQL은 현재 실행 중인 트랜잭션과 해당 자원 사용량을 감시하는 show processinfo 명령을 지원한다. Microsoft SQL Server는 시스템 자원 사용을 감시하기 위한 저장 프로시저 sp_monitor, sp_who, sp_lock을 제공한다. Oracle Database SQL Tuning Guide는 Oracle의 성능 감시를 위한 뷰에 대한 정보를 온라인에서 상세히 제공한다.

contention) 때문일 수 있다. 대부분 데이터베이스는 잠금 경합을 감시하는 기법을 제공한다.

감시 도구는 병목이 있는 위치(CPU, I/O 또는 잠금)를 탐지하고 최대 성능 문제를 일으키는 질의를 찾는 데 도움이 될 수 있다. 이 장은 필요한 인덱스나 실체화 뷰 추가, 질의 재작성, 응용 프로그램 재작성, 또는 하드웨어 추가와 같이 성능 문제를 해결하는 데 사용할 수 있는 여러 기술에 관해 설명한다.

데이터베이스 시스템의 성능을 더 잘 이해하기 위해 데이터베이스 시스템을 **큐잉 시스템**(queueing system)으로 모델링하는 것이 매우 유용하다. 트랜잭션은 데이터베이스 시스템에 서버 프로세스로의 진입, 실행 중 디스크 읽기, CPU 주기(cycle), 동시성 제어를 위한 잠금 등의 다양한 서비스를 요청한다. 이러한 각 서비스는 모두 큐를 가지고 있으며, 작은 트랜잭션의 경우 수행 시간의 대부분을 코드를 실행하는 대신 (특히 디스크 I/O 큐와 같은) 큐에서 대기하는 데 사용할 수 있다. 그림 25.1은 데이터베이스 시스템의 몇 가지 큐를 표현하고 있다. 동시성 제어 관리자에서 잠글 수 있는 각 항목(item)은 별도의 큐를 가지고 있음에 주목한다. 데이터베이스 시스템의 디스크 관리자는 단일 큐를 유지하거나 디스크가 데이터베이스에 의해 직접 제어되는 경우에 디스크별로 별도의 큐를 가질 수 있다. 데이터베이스 시스템은 트랜잭션 큐를 사용하여 요청의 개수가 데이터베이스에서 허용하는 동시 질의 실행 작업 수를 초과할 때 새 질의의 승인을 제어한다.

데이터베이스에 있는 많은 수의 큐로 인해, 데이터베이스 시스템의 병목은 일반적으로 특정 서비스를 받기 위한 긴 큐의 형태나 높은 활용률의 형태로 나타날 수 있다. 만약 서비스를 받기 위한 요청이 정확히 균일한 간격으로 떨어져서 들어오고, 각각의 요청을 서비스하는 데 걸리는 시간이 연이은 요청이 도착하는 시간보다 작거나 같으면, 각 요청이 들어왔을 때 자원이 유휴(idle)하므로 기다리지 않고 즉시 서비스를 받을 수 있다. 하지만 불행히도 데이터베이스 시스템으로 들어오는 각각의 요청은 절대 균일하지 않고 자주 무작위다.

만약 디스크와 같이 어떤 자원의 사용률이 낮으면, 요청이 들어왔을 때 자원은 사용 중인 상태가 아니므로 그 요청은 대기 시간 없이 바로 자원을 사용한다. 각 요청의 도착이 무작위로 균일한 분포를 따른다고 가정하면, 큐의 길이(및 그에 따른 대기 시간)는 사용률에 따라 기하급수적으로 증가한다. 사용률이 100%에 접근하면 큐 길이가 급격히 증가하여 대기 시간이 지나치게 길어진다.

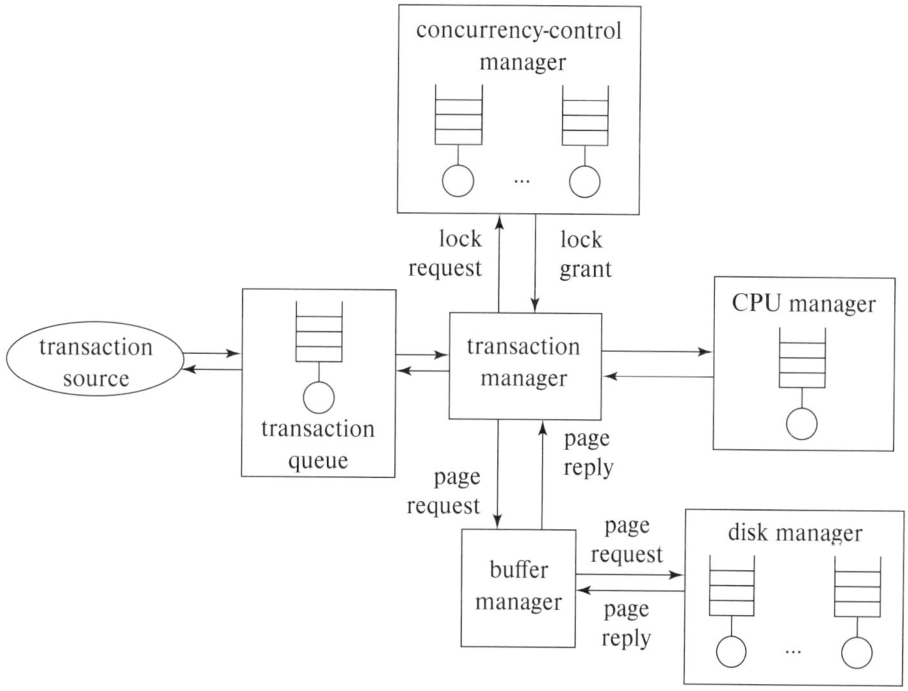

그림 25.1 데이터베이스 시스템의 큐

자원 사용률을 낮게 유지하여 큐 길이를 짧게 해야 한다. 경험에 의하면, 사용률이 70% 정도에 이를 때가 적당하며, 사용률이 90%에 달하면 지연 시간이 상당히 길어질 수 있으므로 지나치다고 판단한다. 일반적으로 **큐잉 이론**(queueing theory)이라고 불리는 큐잉 시스템에 대해 더 많은 것을 알고 싶다면 참고문헌에서 인용한 문헌들을 참조하도록 한다.

25.1.3 튜닝 수준

튜닝은 일반적으로 응용 프로그램의 상황 내에서 수행되며, 데이터베이스 시스템 계층이나 데이터베이스 시스템 바깥에서 수행될 수 있다.

데이터베이스 위의 계층에서 튜닝하는 것은 응용 프로그램에 좌우되며, 이 절에서 주목하는 내용은 아니지만 여기서 관련한 몇 가지 기술을 언급한다. CPU 집중(CPU intensive) 응용 프로그램의 튜닝을 위한 한 가지 선택 방식은, CPU 사용량이 많은 코드 블록을 찾기 위해 응용 프로그램 코드를 프로파일링(profiling)해서 CPU 부하를 줄이기 위해 아예 코드를 재작성하는 것이다. 응용 프로그램 서버에는 보통 성능을 향상하거나 응용 프로그램의 메모리가 부족하지 않도록 조정할 수 있는 많은 매개변수가 있다. 더 큰 작업부하(workload)를 처리하기 위해 병렬로 동작하는 여러 응용 프로그램 서버를 자주 사용하기도 한다. **부하 분산기**(load balancer)는 응용 프로그램 서버 중 하나로 요청을 라우팅(경로 지정)하는 데 사용된다. 세션 연속성을 보장하기 위해 특정 소스의 요청은 항상 동일한 응용 프로그램 서버로 전달한다. (9.7.1절에서 설명한) 연결 풀링은 데이터베이스 연결 생성의 부담을 줄이기 위해 널리 사용되는 또 다른 기법이다. 웹 응용 프로그램 인터페이스의 경우, 예를 들어 기존 시스템의 웹 인터페이스를 JavaScript 및 Ajax 기반 인터페이스로 대체하여 응답성을 개선하도록 조정할 수 있다(이에 관해 9.5.1.3절에서 설명했다).

이제 데이터베이스 튜닝에 관해 다시 설명한다. 데이터베이스 관리자와 응용 프로그램 개발자는 데이터베이스 시스템을 세 가지 수준에서 튜닝할 수 있다.

가장 높은 수준의 데이터베이스 튜닝은 응용 프로그램 개발자의 통제에 따라 이루어지는데, 스키마와 질의를 포함한다. 개발자는 성능 향상을 위해 스키마의 설계나 구성하는 인덱스, 실행 중인 트랜잭션을 튜닝할 수 있다. 이 수준의 튜닝은 비교적 시스템에 독립적이다.

다음 수준은 "버퍼 크기"나 "검사점(checkpoint)의 간격"과 같은 데이터베이스 시스템 매개변수로 구성된다. 정확히 어떤 매개변수를 데이터베이스 시스템에서 튜닝할 수 있는지는 시스템마다 다르다. 대부분의 데이터베이스 시스템 설명서에 어떤 데이터베이스 시스템 매개변수를 조정할 수 있으며, 매개변수의 값을 어떻게 선택할 수 있는지에 대한 정보가 나와 있다. 설계를 잘한 데이터베이스 시스템은 가능한 한 많은 튜닝을 자동으로 수행하여 사용자 또는 데이터베이스 관리자의 부담을 덜어 준다. 예를 들어, 많은 데이터베이스 시스템에서 데이터베이스 버퍼의 크기는 고정되어 있으나 조정 가능하다. 만약 시스템이 페이지 부재(fault) 발생률과 같은 지시자를 관찰하여 자동으로 버퍼 크기를 조절한다면 데이터베이스 관리자는 버퍼 크기 튜닝을 신경 쓸 필요가 없다.

가장 낮은 수준의 튜닝은 하드웨어 수준이다. 이 수준에서 시스템을 튜닝하기 위한 다양한 선택사항이 있다. 몇 가지 예를 들면, 하드 디스크를 (플래시 저장 장치를 사용하는) 솔리드 스테이트 디스크(SSD)로 교체할 수 있고, 디스크 I/O가 병목인 경우 디스크를 추가하거나 RAID 시스템을 적용할 수 있고, 디스크 버퍼 크기가 병목인 경우 메모리를 추가할 수 있고, CPU 사용량이 병목인 경우 프로세서가 더 많은 시스템으로 이동할 수 있다.

세 가지 수준의 튜닝은 서로 상호작용하기 때문에, 시스템을 튜닝할 때 이들을 함께 고려해야 한다. 예를 들어, 더 높은 수준에서 튜닝하면 하드웨어 병목이 디스크 시스템에서 CPU로 변경되거나 그 반대로 변경될 수 있다. 질의 및 물리적 스키마 튜닝은 일반적으로 성능 향상을 위한 첫 번째 절차다. 데이터베이스 시스템이 매개변수 튜닝 작업을 자동화하는 경우, 이 작업은 병렬적으로 수행할 수 있다. 성능이 여전히 좋지 않은 경우 논리적 스키마 튜닝과 하드웨어 튜닝을 그다음 절차로 고려한다.

25.1.4 물리적 스키마 튜닝

인덱스 및 실체화 뷰(materialized view)와 같은 물리적 스키마 튜닝은 응용 프로그램 코드에 어떤 식으로든 영향을 주지 않기 때문에 시스템에 거의 타격을 주지 않는 방식의 튜닝이다. 그럼 이제 물리적 스키마 튜닝의 다양한 측면에 대해 살펴보자.

25.1.4.1 인덱스 튜닝

성능을 향상하기 위해 데이터베이스 시스템의 인덱스를 튜닝할 수 있다. 만약 질의가 병목인 경우 릴레이션에 적절한 인덱스를 구성하여 질의 처리 속도를 향상할 수 있다.

갱신이 병목인 경우는 너무 많은 인덱스가 원인일 수 있는데, 이는 릴레이션을 갱신할 때 인덱스도 함께 갱신해야 하기 때문이다. 인덱스를 제거하면 특정 갱신 연산의 속도도 증가한다.

인덱스의 종류를 선택하는 것 또한 중요하다. 몇몇 데이터베이스 시스템은 해시 인덱스(hash index), B^+-트리 인덱스(B^+-tree index), LSM 트리(24.2절 참조)와 같은 쓰기 최적화 인덱스 등의 서로 다른 종류의 인덱스를 지원한다. 만약 범위 질의(range query)가 일반적인 경우라면 B^+-트리 인덱스가 해시 인덱스보다 낫다. 시스템의 쓰기 부하가 매우 높지만, 상대적으로 읽기 부하가 낮다면 쓰기 최적화된 LSM 트리 인덱스가 B^+-트리 인덱스보다 낫다.

인덱스를 클러스터링 인덱스로 생성할 것인지 여부도 또 다른 튜닝 가능한 매개변수다. 각 릴레이션에 하나의 인덱스만 클러스터링 인덱스로 구성할 수 있으며, 이는 인덱스로 지정된 속성에 따라 릴레이션을 정렬한 후 저장함으로써 이루어진다. 일반적으로 가장 많은 수의 질의와 갱신에 도움이 되는 인덱스를 클러스터링 인덱스로 구성해야 한다.

어떤 인덱스를 생성해야 하고, 릴레이션에서 어떤 인덱스를 클러스터링해야 하는지를 식별하기 위해 대부분의 상용 데이터베이스 시스템은 **튜닝 마법사**(tuning wizard)를 제공한다. 튜닝 마법사에 관해서는 25.1.4.4절에서 더 자세히 설명한다. 이러한 도구는 과거 기록을(**작업부하**라 부름) 사용하여 작업부하에서 질의와 갱신의 실행 시간에 대한 다양한 인덱스의 영향을 추정한다. 이러한 추정치에 기반하여 어떤 인덱스를 구성할지 추천한다.

25.1.4.2 실체화 뷰의 사용

실체화 뷰를 유지하면 (특히 집계 질의와 같은) 특정 유형의 질의 처리 속도를 크게 향상할 수 있다. 각 학과의 총급여를 자주 요청했던 16.5절의 예를 기억해 보자. (해당 예에서 학과의 모든 교수의 급여를 합산하여 구했다.) 각각의 학과에 대한 총급여를 저장하는 실체화 뷰를 생성하면 이러한 질의에 대한 응답 속도를 매우 높일 수 있다.

하지만 실체화 뷰를 유지하는 것은 공간상의 부담뿐만 아니라 시간상의 부담도 있어서 실체화 뷰를 신중하게 사용할 수 있도록 해야 한다. **즉각적 뷰 관리 기법**(immediate view maintenance)의 경우, 트랜잭션의 갱신이 실체화 뷰에 영향을 줄 때 동일 트랜잭션의 일부로서 실체화 뷰를 갱신해야 한다. 따라서 트랜잭션이 더 느리게 수행될 수 있다. **지연된 뷰 관리 기법**(deferred view maintenance)의 경우, 실체화 뷰는 나중에 갱신된다. 따라서 갱신될 때까지 실제 데이터베이스 릴레이션과 일치하지 않을 수도 있다. 실체화 뷰를 질의가 사용할 때 갱신하거나 주기적으로 갱신하여 최신 상태로 유지한다. 지연된 관리 기법을 사용하면 트랜잭션의 갱신에 대한 부담을 덜 수 있다.

데이터베이스 관리자는 실체화 뷰의 선택과 뷰 관리 정책을 책임져야 한다. 데이터베이스 관리자는 작업부하에 포함된 질의 유형을 조사하여 더 빨리 실행해야 하는 질의와 보다 천천히 실행해야 하는 질의나 갱신을 찾아 그러한 선택을 수동으로 진행할 수 있다. 조사하는 과정에서 데이터베이스 관리자는 적절한 수의 실체화 뷰 집합을 선택할 수 있다. 예를 들어, 관리자는 특정 집계를 자주 사용하면 이것을 실체화하고, 또는 특정 조인을 자주 계산한다면 이를 실체화 뷰로 생성할 수 있다.

그러나 질의 유형의 집합이 적절한 크기라 해도 이를 수동으로 직접 선택하는 것은 지루한 작업이며, 좋은 선택을 하는 것 또한 어렵다. 왜냐하면 질의를 수행하는 다른 대안의 비용을 알아야 하기 때문이다. 질의 최적화기만이 질의를 직접 수행해 보지 않고 그 비용을 비교적 정확하게 예측할 수 있다. 따라서 적절한 뷰의 집합은 시행착오를 겪으며 찾아낼 수밖에 없을 것이다. 즉 하나 또는 그 이상의 실체화 뷰를 생성하고, 작업부하를 실행하여 포함된 질의를 실행하는 데 걸리는 시간을 측정한다. 관리자는 적당한 효율을 보이는 집합을 선택할 때까지 이 절차를 반복한다.

데이터베이스 시스템 자체 내에 실체화된 뷰 선택 기능을 질의 최적화기에 통합하여 지원하는 것이 더 좋은 대안이 될 수 있다. 이 방법에 대해서는 25.1.4.4절에서 자세히 설명한다.

25.1.4.3 릴레이션 스키마의 수평 분할

릴레이션의 수평 분할은 병렬 분산 저장 및 질의 처리에 널리 사용된다. 그러나 중앙집중식 시스템에서도 릴레이션의 튜플을 분할로 나누어 질의와 갱신 속도를 개선할 수 있다.

예를 들어, 데이터베이스가 *date* 속성을 지닌 큰 릴레이션을 저장하고 대부분의 연산은 지난 몇 개월 내에 삽입한 데이터에 대해 작동한다고 가정하자. 가령 릴레이션을 *date* 속성으로 분할할 때, 각각의 (*year*, *month*) 조합에 대해 하나의 분할을 생성한다고 하자. 그러면 *date* = '2018-06-01'과 같이 *date*에 대한 선택을 포함한 질의는 다른 모든 분할은 건너뛰고 해당하는 튜플을 포함하고 있는 (2018, 06) 분할만 접근한다.

더 중요한 점은 각 분할마다 독립적으로 인덱스를 구성할 수 있다는 것이다. ID 속성을 이용하여 각 분할마다 별도의 인덱스를 구성한다고 가정하자. 날짜 또는 날짜 범위와 함께 ID에 대한 선택을 포함한 질의는 지정된 날짜 또는 날짜 범위와 일치하는 분할에 구성된 인덱스를 조회해야 한다. 각 분할이 전체 릴레이션보다 작기 때문에 인덱스도 작아지므로 인덱스 조회 속도가 빨라지고 인덱스 삽입도 훨씬 빨리 수행된다. 그리고 가장 중요한 점은 전체 데이터 크기가 커지더라도 분할 크기는 일정 수준 이상으로 증가하지 않기 때문에, 질의에 대한 성능이 시간이 지남에 따라 저하되지 않음을 보장한다는 것이다.

수평 분할에 대한 대가도 있다. 분할 속성에 대한 선택을 포함하지 않는 질의는 모든 분할에 접근해야 하며, 이는 잠재적으로 해당 질의의 처리 속도를 매우 느리게 만든다. 그러한 질의가 드물다면, 분할의 이점이 비용을 넘어서므로 최적화를 위한 매력적인 기법이 될 것이다.

데이터베이스가 내부적으로 분할을 지원하지 않더라도, 릴레이션 r을 여러 개의 물리적 릴레이션 $r_1, r_2, \ldots, r_n$으로 대체하고 원래 릴레이션 r을 뷰 $r = r_1 \cup r_2 \cup \ldots \cup r_n$으로 정의하는 것이 가능하다. 데이터베이스 최적화기가 각 r_i에서 정의하는 술어(predicate)를 알고 있다고 가정하자. 위 예제의 경우는 r_i에 상응하는 날짜 범위다. 그러면 최적화기는 (예제에서 *date*와 같은) 분할 속성에 대한 선택을 포함한 r에 대한 질의를 오직 관련 있는 r_i에 대한 질의로 대체한다. 개개의 r_i에 별도로 인덱스를 구해야 한다.

25.1.4.4 물리적 설계의 자동 튜닝

오늘날 대부분의 상용 데이터베이스 시스템은 데이터베이스 관리자가 인덱스와 실체화 뷰 선택, 병렬 데이터베이스 시스템에서 데이터를 어떻게 나눌 것인가와 같은 물리적인 데이터베이스 설계와 관련된 여러 작업을 하는 것을 도와주는 도구를 제공한다.

이러한 도구는 (질의와 갱신의 기록인) **작업부하**를 검사하여 인덱스와 실체화 뷰를 추천해 준다. 데이터베이스 관리자는 서로 다른 질의에 대한 속도 향상의 중요성을 지정할 수 있고, 도구는 실체화 뷰를 선택할 때 이를 고려할 수 있다. 튜닝은 응용 프로그램을 완전히 개발하기 전에 행해져야 하는 경우가 종종 있으며, 이런 경우 실제 데이터베이스의 크기는 데이터베이스를 개발하는 당시에는 작지만 나중에 데이터베이스가 완제품이 되어 사용될 때에는 훨씬 크기가 클 수 있다. 따라서 어떤 튜닝 도구는 데이터베이스 관리자가 데이터베이스의 예측 크기와 관련된 통계 정보를 명세하도록 해 준다.

예를 들어, Microsoft의 데이터베이스 튜닝 보조 도구(Database Tuning Assistant)는 사용자가 "만약 ~한 경우라면"이라는 질문을 하는 것을 허용한다. 사용자가 하나의 뷰를 선택하면 질의 최적화기는 그 뷰를 실체화했을 때 작업부하의 전체 비용, 작업부하에 있는 여러 가지 다른 형태의 질의 및 갱신의 개별 비용 등에 어떠한 영향을 미치는지를 예측한다.

인덱스와 실체화 뷰의 자동 선택 기법은 일반적으로 다른 대안을 차례로 열거하고, 질의 최적화기를 사용하여 작업부하를 통해 각 대안을 선택했을 때의 비용과 이득을 예측하는 과정으로 구현된다. 설계 대안의 수와 잠재적인 작업부하가 극히 클 수 있어서 선택 기법을 신중하게 설계해야 한다.

첫 번째 단계는 작업부하를 생성하는 것이다. 이 단계는 보통 일정 기간 수행한 모든 질의와 갱신을 기록하여 이루어진다. 그다음, 선택 도구는 **작업부하 압축**을 수행한다. 즉 적은 수의 갱신과 질의를 사용해 작업부하를 표현한다. 예를 들어, 같은 형태의 갱신이 여러 번 일어난 것은 갱신이 일어난 횟수에 상응하는 가중치를 지닌 하나의 갱신으로 표현할 수 있다. 유사하게, 같은 형태의 질의도 적절한 가중치를 가진 대표로 대체하여 표현할 수 있다. 그 후 가장 드물게 일어나거나 큰 비용이 들지 않는 질의를 고려 대상에서 제외한다. 가장 비용이 많이 드는 질의를 먼저 다루도록 선택할 수 있다. 이러한 작업부하 압축은 대규모 작업부하에 필수적인 과정이다.

최적화기의 도움을 받아 튜닝 도구는 압축된 작업부하의 질의와 갱신 처리에 도움이 되는 인덱스와 실체화 뷰의 집합을 제안한다. 이러한 인덱스와 실체화 뷰의 다양한 조합을 시도하여 최적의 조합을 찾을 수 있다. 그러나 이 조합을 모두 다 비교해 보는 것은 매우 비현실적인 일이다. 왜냐하면 가능성 있는 인덱스와 실체화 뷰의 수가 이미 많기도 하며, 이들의 각 부분집합이 설계 대안이 되므로 이를 조합하면 대안의 수는 기하급수적으로 늘어나게 되기 때문이다. 그래서 대안의 탐색 공간을 줄이기 위해서, 즉 고려할 조합의 수를 줄이기 위해서 휴리스틱(heuristic)을 사용한다.

인덱스와 실체화 뷰의 선택을 위한 탐욕 휴리스틱(greedy heuristic)은 다음과 같이 동작한다. 서로 다른 인덱스 또는 뷰를 실체화(즉 최적화의 비용 예측 기능을 서브루틴으로 이용)함으로써 생기는 이득을 예측한다. 그 후 가장 많은 이득을 남기거나 단위 공간당 최대 이득(즉 이득을 인덱스나 뷰를 저장하는 데 필요한 공간으로 나눈 것)을 남기는 인덱스 또는 뷰를 선택한다. 이득을 계산할 때 인덱스 또는 뷰를 유지하는 비용도 고려해야 한다. 일단 휴리스틱이 하나의 인덱스 또는 뷰를 선택하면, 다른 인덱스 또는 뷰의 이득은 달라질 수 있으므로 이를 재계산해서 그다음으로 좋은

노트 25.2 튜닝 도구

SQL Server의 Database Engine Tuning Advisor와 Oracle의 SQL Tuning Advisor와 같은 튜닝 도구는 성능 향상을 위해 어떤 인덱스나 실체화 뷰를 추가할 것인지 또는 어떻게 릴레이션을 분할할 것인지와 같은 권장 사항을 제공한다. 그 후 데이터베이스 관리자가 이러한 권장 사항을 수락하고 구현할 수 있다.

Microsoft Azure SQL의 자동 튜닝은 질의 성능을 향상하기 위해 인덱스를 자동으로 생성하거나 삭제할 수 있다. 물리적 스키마를 자동으로 변경하는 것의 위험은 일부 질의가 제대로 수행되지 않을 수 있다는 것이다. 예를 들어, 잘못된 비용 추정에 기반하여 새 수행 계획이 인덱스가 구성되기 전에 사용된 수행 계획보다 저렴하다고 가정해서 최적화기가 새로 구성한 인덱스를 사용하는 수행 계획을 선택할 수 있다. 실제로 새 수행 계획을 사용하면 질의 처리가 느려져서 사용자에게 영향을 미칠 수 있다. "최종 좋은 수행 계획 강제 실행(force last good plan)" 기능은 인덱스 추가와 같은 변경 후 질의 성능을 감시할 수 있고, 만약 성능이 나빠지면 변경 전에 (아직 여전히 유효하다면) 데이터베이스가 이전 수행 계획을 사용하도록 강제할 수 있다.

Oracle 또한 자동 튜닝 지원을 제공한다. 예를 들어, 인덱스를 추가해야 하는지 아닌지를 추천하거나 또는 질의 사용을 감시하여 몇 개의 행만 가져오는 방식이거나 모든 행을 가져오는 방식으로 최적화해야 하는지 아닌지를 결정한다. 왜냐하면 처음 몇 개의 행만 가져오는 경우와 모든 행을 다 가져오는 상황에 해당하는 최적 수행 계획은 다를 수 있기 때문이다.

인덱스나 뷰를 선택한다. 이러한 과정은 인덱스나 실체화 뷰를 위한 공간이 다 소모되거나 남아 있는 후보를 유지하는 비용이 인덱스 또는 뷰를 사용하여 질의에서 얻는 이득보다 커질 때까지 계속된다.

실세계의 인덱스와 실체화 뷰 선택 도구는 몇몇 탐욕 선택 요소를 담고 있으나 더 좋은 결과를 얻기 위해 다른 기법을 사용한다. 또한 선택 도구는 물리적 데이터베이스 설계의 다른 측면도 지원하는데, 예를 들면, 병렬 데이터베이스에서 어떻게 릴레이션을 나눌지 혹은 릴레이션을 저장하기 위해 어떤 물리적인 저장 기법을 사용할 것인지를 결정하는 것 등이다.

25.1.5 질의 튜닝

응용 프로그램의 성능은 질의를 재작성하거나 응용 프로그램이 데이터베이스에 질의를 실행하는 방법을 변경함으로써 크게 향상될 수 있다.

25.1.5.1 질의 수행 계획 튜닝

과거에는 많은 데이터베이스 시스템의 최적화기가 그다지 좋지 않았기 때문에 질의 작성 형태가 처리 방식에 큰 영향을 주었고, 결과적으로 질의 성능에까지 영향을 끼쳤다. 오늘날의 고급 최적화기는 잘못 작성된 질의도 변환하여 효율적으로 실행할 수 있으므로 개별 질의를 튜닝해야 하는 필요성이 예전보다 덜 중요하게 되었다. 그러나 질의 최적화기는 다음에서 설명하는 몇 가지 이유 중 하나로 때로는 잘못된 수행 계획을 선택한다.

질의 수행 계획에서 튜닝해야 할 사항이 있는지 확인하기 전에 질의에 어떤 수행 계획이 사용되는지를 파악하는 것이 유용하다. 대다수의 데이터베이스는 explain 명령을 지원하여 사용자가 질의에 사용 중인 수행 계획을 볼 수 있게 한다. 또한 explain 명령은 최적화기가 사용하거나 질의 수행 계획의 다른 부분을 위해 계산한 통계를 보여 주고, 질의 수행 계획의 각 부분의 비용을 예측한다. explain 명령의 변형은 또한 질의를 실행하고 수행 계획의 다른 부분에 대한 실제 튜플 수와 실행 시간을 얻을 수 있게 해 준다.

잘못된 통계로 인해 종종 (최적화기가) 나쁜 수행 계획을 선택한다. 예를 들어, 조인에 참여하는 릴레이션이 매우 적은 수의 튜플을 가지고 있다고 생각하면 최적화는 중첩 반복 조인을 선택한다. 하지만 실제로 릴레이션에 튜플 수가 너무 많을 경우, 이는 매우 비효율적이다.

이상적으로는 릴레이션이 갱신될 때마다 데이터베이스 통계를 갱신해야 한다. 하지만 그렇게 한다면 갱신 질의에 허용할 수 없는 부담을 주는 셈이다. 대신 데이터베이스는 주기적으로 통계를 갱신하거나 시스템 관리자에게 통계를 갱신하는 명령을 수행하도록 맡긴다. PostgreSQL과 MySQL 같은 일부 데이터베이스는 통계를 재계산하는 명령인 analyze[1] 명령을 지원한다. 예를 들어, PostgreSQL에서 analyze instructor는 instrtuctor 릴레이션에 대한 통계를 재계산하지만, 인자 없는 analyze 명령은 모든 릴레이션에 대한 통계를 재계산한다. 데이터베이스에 데이터를 적재한 후 또는 릴레이션에 상당한 수의 삽입 또는 삭제를 수행한 후, 이 명령을 실행하는 것을 매우 권장한다.

Oracle, Microsoft SQL Server와 같은 일부 데이터베이스는 릴레이션에 대한 삽입 및 삭제를 추적하고, 릴레이션의 크기가 상당 부분 변경될 때마다 통계를 갱신하기 때문에 analyze 명령을 실행할 필요가 없다.

질의 성능이 떨어지는 또 다른 이유는 필요로 하는 인덱스가 부족하기 때문이다. 앞서 살펴본 것처럼 물리적 스키마 튜닝의 일부로 인덱스 선택을 수행할 수 있다. 하지만 질의를 검사하면 어떤 인덱스가 해당 질의 속도를 높이는 데 유용한지를 이해하는 데 도움이 된다.

인덱스는 술어를 사용하여 큰 릴레이션의 몇 개의 행만 가져오는 질의에 특히 중요하다. 예를 들어, 학과에서 학생을 찾는 질의는 *student* 릴레이션의 *dept_name* 속성으로 이루어진 인덱스로부터 성능 이득을 볼 수 있다. 조인 속성으로 구성한 인덱스도 종종 매우 유용하다. 예를 들어, 위 질의가 *takes*.ID 속성을 사용하여 *student*와 *takes* 릴레이션의 조인을 포함한다면, *takes*.ID 속성으로 구성한 인덱스가 유용할 수 있다.

데이터베이스는 일반적으로 주 키 속성에 인덱스를 생성하는데, 이를 조인뿐만 아니라 선택 연산에도 사용할 수 있다. 예를 들어, 대학 스키마의 *takes* 릴레이션에서 주 키 인덱스는 ID 속성을 첫 번째 속성으로 가지므로 위 조인에 유용하게 활용될 수 있다.

많은 최적화기는 **중첩 하위 질의**(nested subquery)를 포함하는 복잡한 질의에 대한 최적화를 제대로 수행하지 못한다. 16.4.4절에서 중첩 하위 질의에 대한 연관성 제거(decorrelation) 기법을 보

1 MySQL의 경우, 해당하는 명령은 analyze table이다.

았다. 하위 질의에 연관성 제거를 하지 않은 경우, 반복적으로 실행이 되어서 잠재적으로 대량의 임의 I/O를 유발한다. 반대로, 연관성 제거는 조인과 효율적인 집합 지향 연산을 사용하여 임의 I/O를 최소화한다. 대부분의 데이터베이스 질의 최적화기는 몇 가지 형태의 연관성 제거를 포함하지만, 일부는 매우 단순한 중첩 하위 질의만 처리할 수 있다. 16장에서 최적화기가 선택한 실행 계획에 대해 살펴보았다. 최적화기가 중첩 하위 질의에 대한 연관성 제거에 성공하지 못한 경우, 수동으로 질의를 재작성하여 연관성 제거를 할 수 있다.

25.1.5.2 집합 지향 개선 기법

응용 프로그램에서 SQL 질의를 실행할 때, 어떤 질의가 매개변수에 각각 다른 값을 가지고 빈번히 실행되는 경우를 종종 볼 수 있다. 이 질의를 매번 호출할 때마다 서버의 처리 부담뿐만 아니라 서버와의 통신 부담이 늘게 된다.

예를 들어, 각각의 학과에 대해 학과의 모든 교수의 급여의 합을 구하기 위해 아래와 같은 내장 SQL 질의를 실행하는 프로그램을 살펴보자.

select sum(*salary*)
from *instructor*
where *dept_name*= ?

만약 *instructor* 릴레이션이 *dept_name*에 대해서 클러스터링 인덱스(군집화된 인덱스)를 가지고 있지 않다면, 이 각각의 질의는 릴레이션 전체를 검사하게 된다. 인덱스가 있더라도 각 *dept_name* 값에 대한 임의 I/O 연산이 필요하게 될 것이다.

대신에 각 학과에서 지출한 총급여의 합을 구하는 아래와 같은 단일 SQL 질의를 사용할 수 있다.

select *dept_name*, **sum**(*salary*)
from *instructor*
group by *dept_name*;

이 질의는 각각의 학과에 대한 임의 I/O를 피하면서 *instructor* 릴레이션을 단 한 번만 스캔하여 답을 찾을 수 있다. 한 차례 통신을 통해 질의의 결과를 클라이언트 쪽으로 가져올 수 있으며, 이어 클라이언트 프로그램은 각 학과에 대한 결과를 합치는 작업을 진행할 수 있다. 위에서 본 것처럼 다중 SQL 질의를 하나의 SQL 질의로 합치는 것은 많은 경우에 비용을 줄일 수 있다. *instructor* 릴레이션이 매우 크고 많은 수의 학과를 가지고 있는 경우가 그런 예다.

JDBC API 또한 데이터베이스와의 단일 통신만 사용하여 여러 개의 삽입이 실행되도록 하는 **일괄 갱신**(batch update)이라는 기능을 제공한다. 그림 25.2는 이 기능의 사용법을 보여 준다. 해당 코드에서 executeBatch( ) 함수가 실행될 때 데이터베이스와의 단 한 번의 통신만 필요한데, 이는 앞서 그림 5.2에서 봤던 일괄 갱신 기능이 없는 유사한 코드와 대조적이다. 일괄 갱신이 없는 경우에는, 교수를 여러 명 삽입하기 위해서 데이터베이스와의 여러 번의 통신이 필요하다. 또한 일괄 갱신 기능은 데이터베이스가 일괄 삽입(batch of insert)을 한 번에 처리하는 것을 가능하게 한다. 이는 단일 레코드를 여러 번 삽입하는 것보다 더 효율적이다.

```
PreparedStatement pStmt = conn.prepareStatement(
            "insert into instructor values(?,?,?,?)");
pStmt.setString(1, "88877");
pStmt.setString(2, "Perry");
pStmt.setInt(3, "Finance");
pStmt.setInt(4, 125000);
pStmt.addBatch( );
pStmt.setString(1, "88878");
pStmt.setString(2, "Thierry");
pStmt.setInt(3, "Physics");
pStmt.setInt(4, 100000);
pStmt.addBatch( );
pStmt.executeBatch( );
```

그림 25.2 JDBC에서 이루어지는 일괄 갱신

통신 비용이나 SQL 컴파일 비용을 줄이기 위해서 클라이언트-서버 시스템에서 널리 사용하는 다른 기법은 저장 프로시저(stored procedure)를 사용하는 것이다. 저장 프로시저는 서버에서 질의를 미리 컴파일하여 프로시저의 형태로 저장하는 것이다. 클라이언트는 일련의 질의를 전달하는 대신 이러한 저장 프로시저를 호출할 수 있다.

25.1.5.3 대량 적재 및 대량 갱신의 튜닝

대규모 데이터를 데이터베이스에서 탑재할 때[**대량 적재**(bulk load) 연산이라 부름], 이러한 삽입을 별개의 SQL insert 문장으로 수행하면 성능은 일반적으로 매우 좋지 않다. 한 가지 이유는 각 SQL 질의를 파싱하는 것에 대한 부담이다. 더 중요한 이유는 삽입되는 개개의 튜플에 대한 무결성 제약 검사와 인덱스의 갱신을 수행하는 것이 많은 수의 임의 I/O를 야기하기 때문이다. 대규모 일괄 삽입이 이루어진 경우, 무결성 제약 검사와 인덱스의 갱신이 집합 지향적인 방식으로 수행되어 부담을 크게 줄일 수 있다. 수십 배 이상의 성능 향상이 드문 일이 아닌 것이다.

대량 적재 연산을 지원하기 위해서 대부분의 데이터베이스 시스템은 **대량 입력**(bulk import) 유틸리티를 제공하고, 상응하는 **대량 출력**(bulk export) 유틸리티도 제공한다. 대량 입력 유틸리티는 파일로부터 데이터를 읽고 아주 효율적인 방법으로 무결성 제약 검사와 인덱스의 유지를 실행한다. 대량 입력/출력 유틸리티가 지원하는 일반적인 입력 및 출력 파일 형식은 속성값을 구분하는 쉼표(comma)와 탭(tab)과 같은 문자를 가지고, 각 레코드는 한 행에 기록된 텍스트 파일(이런 파일 형식을 쉼표로 구분한 값 또는 탭으로 구분한 값 형식이라 함)을 포함한다. 대량 입력/출력 유틸리티는 또한 XML 형식과 같은 특정 데이터베이스 이진 형식도 지원한다. 대량 입력/출력 유틸리티의 이름은 데이터베이스마다 다르다. PostgreSQL은 이러한 유틸리티를 pg_dump와 pg_restore로 부른다(PostgreSQL은 비슷한 기능을 하는 **copy**라는 SQL 명령도 제공한다). Oracle의 대량 입력/출력 유틸리티는 **SQL*Loader**라고 하며, DB2의 유틸리티는 load, SQL Server의 경우 bcp라고 한다[SQL Server는 **대량 삽입**(bulk insert)이라는 SQL 명령도 지원한다].

이제 대량 갱신 튜닝 사례에 대해 살펴보자. 각 학과가 (가령 자금 이체로) 받은 기금을 저장한 *funds_received*(*dept_name*, *amount*)라는 릴레이션을 가지고 있다고 가정해 보자. 그리고 해당 학과 예산의 잔액에 금액을 추가하기를 원한다고 가정하자. 이 작업을 실행하기 위한 SQL 갱신 문을 사용하기 위해서, 먼저 *department* 릴레이션에 있는 각각의 튜플에 상응하는 *funds_received* 릴레이션의 튜플을 조회해야 한다. 이 작업을 수행하기 위해 갱신 절에 하위 질의를 다음과 같이 사용할 수 있다. 단순화하기 위해, *funds_received* 릴레이션은 각각의 학과에 대해 기껏해야 한 개의 튜플만 가진다고 가정한다.

```
update department set budget = budget +
            (select amount
             from funds_received
             where funds_received.dept_name = department.dept_name)
    where exists(
            select *
             from funds_received
             where funds_received.dept_name = department.dept_name);
```

update 명령의 **where** 절의 조건은 *funds_received*에 해당하는 튜플이 있는 계정만 갱신함을 보장하고, **set** 절 안의 하위 질의는 해당하는 학과에 추가할 금액(amount)을 계산하는 것에 유의한다.

위에 설명한 것과 같은 갱신이 필요한 많은 응용 프로그램이 있다. 대표적인 예가 **마스터 테이블**(master table)이라고 불리는 테이블이다. 마스터 테이블에 대한 갱신은 일괄(batch) 형태로 전달되므로, 그에 따라 마스터 테이블을 갱신해야 한다. SQL:2003은 이 같은 정보를 합병하는 일을 간단히 하기 위해 **merge** 구문이라는 특수한 구문을 제공한다. 예를 들면, 위 갱신은 다음과 같이 **merge**를 사용하여 표현할 수 있다.

```
merge into department as A
using     (select *
           from funds_received) as F
     on (A.dept_name = F.dept_name)
when matched then
     update set budget = budget + F.amount;
```

using 절의 하위 질의로부터 온 레코드가 *department*의 레코드와 일치하면, **when matched** 절을 실행하며 해당 릴레이션에 대한 갱신을 실행할 수 있다. 이 경우에, 보이는 바와 같이 *department* 릴레이션에 있는 일치하는 레코드를 갱신한다.

merge 문에는 또한 **when not matched then** 절이 있는데, 이는 릴레이션에 새로운 레코드를 삽입하도록 해 준다. 앞의 예제에서 *funds_received* 튜플에 매칭되는 학과가 없는 경우, 다음과 같은 절을 사용하여 새로운 학과 레코드를 (*building*이 널인 상태로) 생성할 수 있다.

```
when not matched then
     insert values (F.dept_name, null, F.budget)
```

이 예제에서 큰 의미를 가지지는 않지만,[2] 다른 경우 **when not matched then** 절이 매우 유용하게 쓰일 수 있다. 예를 들어, 마스터 릴레이션의 복제로 지역 릴레이션이 있고 새롭게 삽입된 레코드와 갱신된 레코드를 마스터 릴레이션으로부터 받는다고 가정해 보자. **merge** 문에서 일치한 레코드(이들은 이전 레코드를 갱신한 것임)는 갱신할 수 있고, 일치하지 않은 레코드(이들은 새 레코드임)는 삽입할 수 있다.

현재 모든 SQL 구현에서 **merge** 문을 제공하는 것은 아니다. 자세한 사항은 각 시스템의 설명서를 참고한다.

25.1.6 논리적 스키마의 튜닝

논리적 스키마를 튜닝하여 질의 (처리) 성능을 향상할 수 있다. 예를 들어, 선택한 정규형의 제약 조건 내에서 릴레이션을 수직으로 분할하는 것이 가능하다. 다음과 같은 스키마를 가진 릴레이션 *course*를 고려해 보자.

$$course\ (\underline{course\_id},\ title,\ dept\_name,\ credits)$$

여기서 키는 *course_id*다. (BCNF와 제3정규형과 같은) 정규형의 제약 조건 내에서 *course* 릴레이션을 다음의 두 릴레이션으로 분해할 수 있다.

$$course\_credit\ (\underline{course\_id},\ credits)$$
$$course\_title\_dept\ (\underline{course\_id},\ title,\ dept\_name)$$

*course_id*가 키이기 때문에 위의 두 표현은 논리적으로 동등하지만, 서로 다른 성능 특징을 보인다.

만약 과목 정보에 접근할 때 대부분 *course_id*와 *credits*에 집중되어 있다면, *course_credit* 릴레이션에 해당 접근을 실행할 수 있다. 이 접근은 *title*과 *dept_name* 속성은 가져올 필요가 없으므로 속도의 향상을 가져올 수 있다. 같은 이유로 *course*의 튜플보다 *course_credit*의 튜플이 버퍼에 좀 더 잘 맞기 때문에 더 빠른 성능을 이끌어 낼 수 있다. 이 효과는 *title*과 *dept_name* 속성의 크기가 크면 더욱 두드러지게 나타날 것이다. 따라서 이런 경우에는 *course_credit*와 *course_title_dept*로 구성된 스키마가 *course* 릴레이션으로 구성된 스키마보다 더 바람직하다고 볼 수 있다.

반면에 과목 정보에 대한 대부분의 접근이 *dept_name*과 *credits* 속성을 둘 다 필요로 한다면, *course* 릴레이션의 사용을 더 선호한다. 왜냐하면 *course_credit*와 *course_title_dept* 릴레이션을 조인해야 하는 비용을 줄일 수 있기 때문이다. 또한 저장 부담이 낮아질 수 있는데, 이는 오직 하나의 릴레이션만 있을 수 있으며 *course_id* 속성을 중복하지 않기 때문이다.

데이터 저장을 위한 **열 저장소**(column store) 방법은 수직적 분할에 기반하고 있지만, 13.6절에서 살펴본 것처럼 별도의 파일에 릴레이션의 각 속성(열)을 저장함으로써 한계에 부딪히게 된다. 열 저장소에서 원하는 각 열에서 *i*번째 항목을 취하여 (결합하면) *i*번째 행을 재구성할 수 있으므로, 주 키 속성을 반복할 필요가 없음에 유의한다. 열 저장소는 I/O를 줄이고, 캐시 성능을 개선하

2 여기서 더 나은 방법은 이러한 레코드를 오류 릴레이션에 삽입하는 것인데, **merge** 문으로는 수행할 수 없다.

며, 데이터 압축을 통해 더 많은 이점을 얻을 수 있고, CPU 벡터 처리 기능의 효과적인 사용을 가능케 하여 여러 데이터 웨어하우스 응용 프로그램에서 우수한 성능을 발휘하는 것으로 나타났다.

성능 향상을 위한 또 다른 방법은 **역정규화된 릴레이션**(denormalized relation)으로 스키마를 구성하는 것이다. 예를 들면, *instructor* 릴레이션과 *department* 릴레이션을 조인한 형태로 유지하는 것이다. 이렇게 하면 모든 교수에게 *dept_name*, *building*, *budget*이 반복되어 나타난다. 갱신을 수행할 때마다 릴레이션의 일관성을 유지하려면 더 많은 노력을 기울여야 한다. 그러나 *instructor* 릴레이션과 *department* 릴레이션의 조인이 미리 계산되어 있으므로, 교수의 이름과 연관된 건물을 가져오는 질의를 빨리 처리할 수 있다. 만약 이러한 종류의 질의가 빈번하게 실행되고 가능한 한 효율적으로 처리되어야 하는 상황이라면 역정규화된 릴레이션이 도움이 될 수 있다.

실체화 뷰는 약간의 별도 저장 비용이 들지만 역정규화된 릴레이션에 따른 이득을 제공할 수 있다. 역정규화된 릴레이션을 유지하는 것보다 실체화 뷰를 이용하는 방법의 주된 장점은 중복된 데이터의 일관성을 유지하는 것이 프로그래머의 작업이 아니라 데이터베이스 시스템의 작업이 된다는 것이다. 따라서 데이터베이스 시스템이 지원하기만 한다면 실체화 뷰를 사용하는 것이 더 바람직하다.

조인 계산을 실체화하지 않고도 조인 연산의 속도를 개선할 수 있는 또 다른 방법은 같은 디스크 페이지상에서 조인에서 일치할 만할 레코드를 군집(클러스터링)하는 것이다. 13.3.3절에서 이러한 군집 파일 구성에 대해 살펴보았다.

25.1.7 동시 트랜잭션 튜닝

다른 형태의 트랜잭션을 동시 실행하는 것은 잠금 경합 때문에 만족하지 못한 성능을 보일 수 있다. 먼저 좀 더 일반적인 읽기-쓰기 경합에 대해서 살펴보고, 이후에 쓰기-쓰기 경합에 대해서 학습한다.

읽기-쓰기 경합(read-write contention)의 예로, 은행 데이터베이스에서 발생하는 다음 상황을 고려해 보자. 낮 동안에는 수많은 소규모 갱신 트랜잭션이 거의 연속적으로 실행된다. 은행 지점의 통계를 계산하는 대규모 질의를 동시에 실행한다고 가정해 보자. (이 분석) 질의가 릴레이션에 대한 스캔을 수행하면, 실행되는 동안 해당 릴레이션에 대한 모든 갱신은 차단될 수 있으며 이것은 은행 데이터베이스 시스템 성능에 치명적인 영향을 미칠 수 있다.

Oracle, PostgreSQL, Microsoft SQL Server와 같은 몇몇 데이터베이스 시스템은 질의를 데이터의 스냅샷상에서 실행하고 갱신은 동시에 실행될 수 있도록 하는 스냅샷 고립을 지원한다. (스냅샷 고립은 18.8절에 자세하게 설명했다.) 가능하다면 큰 질의에, 위와 같은 상황에서 잠금 경합을 없애기 위해 스냅샷 고립을 사용하는 것이 좋다. SQL Server는 트랜잭션이 스냅샷 고립을 사용하도록 아래의

set transaction isolation level snapshot

구문을 트랜잭션 시작에서 실행한다. Oracle과 PostgreSQL은 위 명령의 **snapshot** 키워드 자리에 **serializable** 키워드를 사용하여 동일한 효과를 낸다. 이 두 시스템은 고립성 수준(isolation level)이

serializable로 설정되어 있어도, 실제로 스냅샷 고립(PostgresSQL 9.1 이후의 버전인 경우 직렬 가능성 스냅샷 고립)을 사용하기 때문이다.

만약 스냅샷 고립 사용이 불가하면, 한 가지 대안은 갱신이 적거나 없을 때 대규모 질의를 실행하는 것이다. 하지만 웹 사이트를 지원하는 데이터베이스에서 갱신을 위한 이러한 조용한 기간이 없을 것이다.

또 다른 대안은 **커밋된 읽기**(read committed)와 같은 더 약한 수준의 일관성 수준을 사용하는 것이다. 이렇게 하면 질의 수행이 동시 갱신에 최소한의 영향을 주지만, 질의 결과의 일관성을 보장하지는 못한다. 응용 프로그램의 의미상 논리(semantic)가 근사한 (일관성이 없는) 결과를 허용할지를 결정한다.

이제 **쓰기-쓰기 경합**(write-write contention)에 대해서 살펴보자. 자주 갱신하는 데이터 항목은, 해당 데이터 항목에 대한 잠금을 기다리는 많은 트랜잭션으로 인해 낮은 성능을 야기할 수 있다. 이 항목을 **갱신 핫 스팟**(update hot spot)이라 부른다. 갱신 핫 스팟은 스냅샷 고립을 사용할 때도 쓰기 확인 실패로 인한 잦은 트랜잭션 중단을 일으키는 문제를 발생시킬 수 있다. 갱신 핫 스팟이 일어나는 공통 상황은 다음과 같다. 트랜잭션은 데이터베이스에 삽입하고 있는 데이터 항목에 고유 식별자를 할당해야 하며, 이를 위해 데이터베이스에 있는 튜플에 저장된 시퀀스 카운터를 읽고 증가시킨다. 만약 삽입이 자주 일어나고 시퀀스 카운터(sequence counter)가 2단계 방식으로 인해 잠금 상태라면 시퀀스 카운터를 포함하는 듀플은 핫 스팟이 된다.

동시성을 향상하는 한 가지 방법은 시퀀스 카운터를 읽고 증가시킨 후 즉시 잠금을 해제하는 것이다. 하지만 그렇게 한 뒤 트랜잭션이 취소하더라도 시퀀스 카운터의 갱신은 롤백되어서는 안 된다. 그 이유를 이해하기 위해, T_1은 시퀀스 카운터를 증가시키고, T_2는 T_1이 커밋하기 전에 시퀀스 카운터를 증가시킨다고 가정해 보자. 만약 T_1이 취소할 경우, 카운터에 원래 값을 저장하거나 카운터 값을 감소시키는 방식으로 갱신을 롤백한다면, T_2가 (이미) 사용한 시퀀스 값을 다른 후속 트랜잭션이 재사용하는 결과를 낳게 될 것이다.

대다수 데이터베이스는 2단계 잠금이 아니며, 일찍 잠금을 해제하고, 실행 취소 로깅(undo logging)을 지원하는 **시퀀스 카운터**를 만들기 위한 특수한 구문를 제공한다. 이는 트랜잭션이 취소할 때 카운터에 대한 갱신이 롤백되지 않도록 undo 로깅의 특수 사례 처리와 결합되어 있다. SQL 표준은 다음과 같은 명령으로 시퀀스 카운터를 생성한다.

create sequence *counter1*;

위 명령에서 *counter1*은 시퀀스의 이름이다. 다른 이름으로 여러 개의 시퀀스를 생성할 수 있다. 시퀀스로부터 값을 얻어 내는 표준화된 문법은 없다. Oracle은 *counter1.nextval*이 시퀀스의 다음 값을 반환하는 명령이고, PostgreSQL은 *nextval*('*counter1*')이 같은 효과를 내는 함수 호출이다. DB2는 **nextval for** *count1*이라는 문법을 사용한다.

SQL 표준은 명시적인 시퀀스 카운터 사용에 대한 대안을 제공한다. 이는 릴레이션에 추가되는 튜플에게 유일한 식별자를 주어야 하는 것이 목표일 때 유용하다. 이것을 하기 위해서 릴레이션의 정수 속성(보통 이 속성은 또한 주 키로 선언된다)의 선언에 키워드 **identity**를 추가할 수 있다. 만약 해당 속성에 대한 값이 삽입 구문에 지정되지 않은 상태로 남아 있다면, 새로 삽입한 각 튜플에 대해 고유한 새 값이 자동으로 생성된다. **identity** 선언을 내부적으로 구현하기 위해 2단계 잠금이 아닌 시퀀스 카운터를 사용하는데, 카운터는 튜플을 삽입할 때마다 증가한다. 문법이 다양하긴 하지만 DB2와 SQL Server를 포함한 여러 데이터베이스는 **identity** 선언을 제공한다. PostgreSQL은 **serial**이라는 같은 효과를 내는 데이터 타입을 제공한다. PostgreSQL의 **serial** 타입은 비2단계 잠금 시퀀스를 투명하게 생성하여 구현한다.

(앞에서 설명한 이유로 인해) 트랜잭션을 취소하였을 때, 트랜잭션이 획득한 시퀀스 번호를 롤백할 수 없기 때문에 트랜잭션 취소는 데이터베이스에 삽입된 튜플의 시퀀스 숫자에 간격을 야기할 수 있음을 주목한다. 예를 들어, 시퀀스 숫자 1002를 얻은 트랜잭션이 커밋하지 않으면, 식별자 값이 1001이거나 1003인 튜플은 존재하지만 1002인 튜플은 존재하지 않게 된다. 이러한 간격은 응용 프로그램에 따라 받아들여지지 않을 수 있다. 예를 들어, 어떠한 금융 응용 프로그램은 청구서나 영수증에 간격이 없는 것을 필요로 한다. 데이터베이스가 제공하는 시퀀스와 자동으로 증가하는 속성은 간격이 생길 수 있으므로, 이러한 응용 프로그램에 사용할 수 없다. 2단계 잠금을 사용하는 일반 튜플에 저장된 시퀀스 카운터는 이러한 간격을 생성하지 않는다. 왜냐하면 트랜잭션 취소가 시퀀스 카운터 값을 다시 복원하고, 다음 트랜잭션이 간격을 피하기 위해 동일한 시퀀스 번호를 얻기 때문이다.

긴 시간이 걸리는 갱신 트랜잭션은 시스템 로그에 성능 문제를 일으킬 수 있고, 시스템 고장으로부터 복구하는 데 걸리는 시간을 증가시킨다. 만약 트랜잭션이 많은 갱신을 수행할 경우, 트랜잭션이 끝나기 전에 시스템 로그가 꽉 찰 수 있다. 이러한 경우 트랜잭션을 롤백해야 한다. (적은 수의 갱신이라 하더라도) 갱신 연산이 오래 걸리는 경우, 로그 시스템을 제대로 설계하지 않은 경우, 로그 중 오래된 부분의 삭제가 차단될 수도 있다. 이렇게 차단되는 경우 역시 시스템 로그가 꽉 차는 결과를 가져올 수 있다.

위 문제를 없애기 위해서 많은 데이터베이스 시스템이 단일 트랜잭션이 수행할 수 있는 갱신 연산의 수를 엄격하게 제한한다. 시스템이 그러한 제한을 부과하지 않더라도, 가능한 한 하나의 커다란 갱신 트랜잭션을 작은 갱신 트랜잭션의 집합으로 나누는 것이 도움이 된다. 예를 들어, 대기업에서 모든 직원의 월급을 올려 주는 트랜잭션은 일련의 작은 트랜잭션으로 나눌 수 있으며, 각각의 트랜잭션은 전체 직원이 아니라 작은 범위의 직원 ID에 해당하는 일부만 갱신한다. 이러한 트랜잭션을 **미니배치 트랜잭션**(minibatch transaction)이라 부른다. 그러나 미니배치 트랜잭션은 주의해서 사용하여야 한다. 첫째, 직원의 집합에 대한 갱신 연산이 동시적으로 일어날 때 작은 트랜잭션의 집합이 처리한 결과와 단일 대규모 트랜잭션이 처리한 결과가 다를 수도 있다. 둘째, 만약 장애가 발생한 경우 직원 중 일부의 급여는 커밋된 트랜잭션이 인상하고 다른 직원들은 그렇지 않을 수 있다. 이 문제를 방지하려면 시스템이 장애로부터 복구되자마자 일괄(batch)에 남아 있는 트랜잭션을 수행해야만 한다.

읽기 전용이든 갱신이든, 오래 걸리는 트랜잭션은 잠금 테이블이 가득 차게 할 수도 있다. 만약 단일 질의가 큰 릴레이션을 스캔하면, 질의 최적화기는 많은 수의 튜플에 대한 잠금을 획득하는 대신에 릴레이션에 잠금을 거는 것을 보장한다. 하지만 트랜잭션이 많은 수의 작은 질의나 갱신을 실행하면, 많은 수의 잠금을 획득하여 잠금 테이블이 가득 차게 만들 수 있다.

이러한 문제를 해결하기 위해서 일부 데이터베이스는 자동 **잠금 확대**(lock escalation)를 제공한다. 이 기술은 만약 트랜잭션이 많은 수의 튜플 잠금을 획득하면, 튜플 잠금은 페이지 잠금이나 전체 릴레이션 잠금으로 업그레이드된다. 다중 세분 잠금(18.3절)을 상기해 보자. 더 굵은 단계 잠금을 한 번 획득하면, 더 세밀한 단계 잠금을 기록할 필요가 없다. 그래서 튜플 잠금 엔트리를 잠금 테이블로부터 삭제하여 (여유) 공간을 얻게 된다. 잠금 확대를 지원하지 않는 데이터베이스는 트랜잭션이 명시적으로 릴레이션 잠금을 얻는 것이 가능하고, 그렇게 함으로써 튜플 잠금을 얻는 것을 피할 수 있다.

25.1.8 하드웨어 튜닝

하드웨어 병목에는 메모리, I/O, CPU 및 네트워크 용량이 포함될 수 있다. 이 절은 메모리 및 I/O 튜닝에 중점을 둔다. 많은 수의 CPU 코어가 있는 프로세서의 가용성과 단일 기계의 다중 CPU 지원은 시스템 설계자가 수용 가능한 비용으로 응용 프로그램의 CPU 요구 사항을 충족하는 CPU 모델 및 CPU 수를 선택하도록 해 준다. CPU 및 네트워크 상호 연결 옵션을 튜닝하거나 선택하는 방법은 데이터베이스 튜닝 영역 바깥에 있는 연구 주제다.

설계가 잘된 트랜잭션 처리 시스템의 경우에도, 트랜잭션이 요구하는 데이터가 디스크상에 존재하는 경우 각 트랜잭션은 일반적으로 최소한 몇 번의 I/O 연산을 수행해야 한다. 트랜잭션 처리 시스템의 튜닝에서 중요한 요소는 디스크 하위 시스템이 I/O 연산이 요청되는 비율을 처리할 수 있음을 보장하는 것이다. 예를 들어, 약 10밀리초의 접근 시간과 초당 25~100메가바이트의 평균 전송 속도를 지원하는 하드 디스크(현재는 상당히 일반적인 디스크)를 고려하자. 이러한 디스크는 초당 4킬로바이트의 100번의 임의 접근 I/O를 지원한다. 만약 각각의 트랜잭션이 두 번의 I/O 연산을 필요로 하면, 단일 디스크는 잘해야 초당 50개의 트랜잭션까지만 지원할 수 있다.

성능을 향상하는 확실한 방법은 하드 디스크를 솔리드 스테이트 드라이브(SSD)로 교체하는 것인데, 왜냐하면 단일 SSD가 초당 수만 개의 임의 I/O 작업을 지원하기 때문이다. SSD 사용의 단점은 주어진 저장 용량에 대해 하드 디스크보다 훨씬 더 비싸다는 것이다. 초당 더 많은 트랜잭션을 지원하는 또 다른 방법은 디스크 수를 늘리는 것이다. 만약 시스템이 각각 두 번의 I/O 연산을 수행하는 트랜잭션을 초당 n개 지원하고 싶다면, 데이터는 최소 $n/50$개의 하드 디스크(치우침 무시)로 나뉘어야 한다. SSD가 초당 10,000개의 임의 I/O 연산을 지원하는 경우 데이터는 최소 $n/5{,}000$개의 SSD로 나뉘어야 한다.

여기서 주목해야 할 점은, 제한 요소가 디스크의 용량이 아니라 임위로 데이터를 접근하는 데 걸리는 속도(하드 디스크에서 디스크 암이 이동할 수 있는 속도에 따라 제한됨)라는 점이다. 트랜잭션당 I/O 연산의 수는 메모리에 더 많은 데이터를 저장함으로써 줄일 수 있다. 만약 모든 데이터가 메모리상에 있다면 쓰기 연산이 아닌 경우 디스크 I/O가 없다. 자주 사용되는 데이터를 메모리에 저장하는 것은 디스크 I/O를 줄일 수 있으므로, 추가적인 메모리 비용을 들일 가치가 있다. 메모리가 디스크보다 훨씬 비싸기 때문에 자주 사용되지 않는 데이터를 메모리에 보관하는 것은 낭비다.

문제는 디스크나 메모리에 지출할 수 있는 예산 대비 초당 처리할 수 있는 트랜잭션의 수를 최대로 하기 위한 최선의 방법이 무엇인가 하는 것이다. 초당 한 I/O를 줄이면

(디스크 드라이브당 가격)/(디스크의 초당 접근 횟수)

만큼의 비용을 절감할 수 있다.

따라서 특정 페이지를 *m*초에 한 번 접근한다면, 해당 페이지를 메모리에 유지함으로써 생기는 이득은 위의 값에 1/*m*을 곱한 것이 된다. 한 페이지를 메모리에 유지하는 데 드는 비용은

메모리 1MB당 가격/메모리 1MB당 페이지 수

이다. 따라서 손익분기점은 다음과 같다고 할 수 있다.

$$\frac{1}{m} * \frac{\text{디스크 드라이브당 가격}}{\text{디스크의 초당 접근 횟수}} = \frac{\text{메모리 1MB당 가격}}{\text{메모리 1MB당 페이지 수}}$$

수식을 재정렬하고 위의 각 매개변수에 대한 현재 값을 대체하여 *m* 값을 얻을 수 있다. 페이지에 *m*초에 한 번 이상 접근하는 경우 저장하기에 충분한 메모리를 구입하는 것이 타당하다.

2018년 현재, 하드 디스크 기술과 메모리 및 디스크 가격(1테라바이트 디스크의 경우 약 $50, 16기가바이트 메모리의 경우 $80로 가정)은 4킬로바이트 페이지를 임의 접근하는 경우 *m*의 값으로 약 4시간이 계산된다. 즉 하드 디스크의 페이지를 4시간에 한 번 이상 접근하면 메모리에 캐시할 수 있는 충분한 메모리를 구매하는 것이 합리적이다. 더 큰 페이지를 사용하면 시간이 줄어든다. 예를 들어, 페이지 크기가 16킬로바이트이면 *m*의 값으로 4시간이 아니라 1시간이 나온다.

1980/1990년대의 디스크 및 메모리 비용과 속도를 고려할 때, 해당 값은 4킬로바이트 페이지에서 5분이었다. 따라서 **5분 규칙**(five minute rule)이라고 하는 널리 사용되는 경험 규칙은 데이터가 5분보다 더 자주 사용되면 이는 메모리 내에 캐시되어야 한다는 뜻이다.

2018년의 SSD 기술과 가격(800기가바이트 SSD의 경우 약 $500이고, 초당 67,000번의 임의 읽기와 20,000번의 임의 쓰기를 지원한다고 가정함)을 가지고, 메모리에 페이지를 유지하는 것과 SSD에서 페이지를 가져오는 것 사이에 동일한 비교를 한다면, 4킬로바이트 페이지에 대해 7분이라는 값이 나온다. 즉 SSD의 페이지를 7분에 한 번 이상 접근한다면, 해당 페이지를 메모리에 캐시할 수 있는 충분한 메모리를 구입하는 것을 추천한다.

순차적으로 접근하는 데이터의 경우, 초당 훨씬 더 많은 페이지를 읽을 수 있다. 한 번에 1메가바이트의 데이터를 읽는다고 가정하면 현재 하드 디스크의 손익분기점은 약 2.5분이다. 따라서 하드 디스크에서 순차적으로 접근하는 데이터를 2.5분에 한 번 이상 사용하는 경우, 해당 데이터를 메모리에 캐시해야 한다. SSD의 경우 손익분기점은 1.6초로 훨씬 더 작다. 즉 매우 빈번하게 접근하지 않는 한 순차적으로 접근하는 데이터를 메모리에 캐시하는 것은 거의 이득이 없다.

위의 경험 규칙은 I/O 연산의 횟수만 고려하고 응답 시간(response time)은 고려하지 않았다. 어떤 응용 프로그램은 디스크 접근에 걸리는 시간보다 적거나 비슷한 응답 시간을 얻기 위해 자주 사용되지 않는 데이터라도 메모리에 유지한다.

SSD 저장 장치는 디스크보다 비싸기 때문에, 자주 사용하는 데이터에 대해 더 빠른 임의 I/O를 보장하고 덜 자주 사용하는 데이터를 저장하는 데 더 적은 비용을 지불하는 한 가지 방법은 **버퍼로서의 플래시**(flash-as-buffer) 접근 방식을 사용하는 것이다. 이 방식에서 플래시 저장 장치는 영구 버퍼로 사용되어 각 블록은 디스크에서 영구 위치를 가지지만, 자주 사용되는 한 디스크에 기록되는 대신 플래시에 저장된다. 플래시 저장 장치가 가득 차면, 자주 사용되지 않는 블록은 쫓겨나는데 디스크로부터 읽은 이후 갱신되었다면 디스크에 다시 쓰인다. 버퍼 역할을 하는 SSD와 함께 하드 디스크를 제공하는 디스크 하위 시스템은 시판 중이다. 구매할 SSD 스토리지의 양을 결정하는 경험 규칙은 4킬로바이트 페이지가 하루에 한 번 이상 더 자주 접근되는 경우 하드 디스크 대신 SSD에 그 4킬로바이트 페이지를 보관해야 한다는 것이다(이 계산은 메인 메모리의 캐싱 vs. 디스크/SSD에서 가져오는 경우와 비슷하다). 이러한 설정에서, 데이터베이스 시스템이 어떤 데이터가 저장 장치의 어느 부분에 있는지에 대한 제어권이 없다는 것에 유의한다.

저장 시스템이 하드 디스크뿐만 아니라 SSD에 직접 접근할 수 있도록 해 준다면, 데이터베이스 관리자는 릴레이션 또는 인덱스를 디스크로 대응하는 것을 제어하여 자주 사용되는 릴레이션/인덱스를 플래시 저장 장치에 할당할 수 있다. 대부분의 데이터베이스 시스템에서 지원하는 테이블스페이스(tablespace) 기능은 플래시 저장 장치에 테이블스페이스를 생성하고 원하는 릴레이션과 인덱스를 해당 테이블스페이스에 할당함으로써 대응을 제어한다. 그러나 릴레이션보다 더 세분화된 수준으로 대응을 제어하려면 데이터베이스 시스템 코드를 변경해야 한다.

튜닝의 또 다른 측면은 RAID 1을 사용할지 RAID 5를 사용할지 여부다. 이에 대한 해답은 데이터가 얼마나 자주 갱신되느냐에 달려 있다. 왜냐하면 임의 쓰기에 대해 RAID 5는 RAID 1보다 훨씬 느리기 때문이다. RAID 5는 단일 임의 쓰기 요청을 실행하기 위해 2번의 읽기와 2번의 쓰기가 필요하다. 만약 응용 프로그램이 특정 처리 속도를 지원하기 위해 초당 r번의 임의 읽기와 w번의 임의 쓰기 연산을 수행한다면, RAID 5 구현은 초당 $r + 4w$번의 I/O 연산이 필요한 반면, RAID 1 구현은 초당 $r + 2w$번의 I/O 연산이 필요하다. 계산 결과를 초당 100번의 I/O 연산(현세대의 디스크 가정)으로 나누어 필요한 초당 I/O 연산을 지원하는 디스크의 개수를 구할 수 있다. 많은 응용 프로그램에서 r과 w가 충분히 크기 때문에 $(r + w)/100$개의 디스크가 충분히 데이터의 두 복사본을 보관할 수 있다. 그러한 응용에 대해, RAID 1을 사용하면 실제로 필요한 디스크의 수는 RAID 5를 사용한 경우보다 적다! 따라서 RAID 5는 데이터 저장 요구 사항이 매우 크지만 갱신 비율, 특히 임의 갱신 비율이 적은 경우에만 유용하다.

25.1.9 성능 시뮬레이션

데이터베이스 시스템을 설치하기 전이라도 데이터베이스의 성능을 검사하기 위해 성능 시뮬레이션 모델을 만들 수 있다. CPU, 디스크, 버퍼, 동시성 제어와 같은 그림 25.1에 나타나 있는 각각의 서비스를 시뮬레이션에서 모델링한다. 서비스의 세부 사항을 담는 대신, 시뮬레이션 모델은 (처리가 시작되어 끝나는 데 걸리는 시간인) **서비스 시간**(service time)과 같은 각 서비스의 특정한 부분만 담을 수 있다. 따라서 시뮬레이션은 평균 디스크 접근 시간으로부터 디스크 접근을 모델링할 수 있다.

일반적으로 서비스에 대한 요청은 자신의 차례를 기다려야 하므로, 시뮬레이션 모델에 나타나는 각 서비스는 관련된 큐를 가지고 있다. 하나의 트랜잭션은 연속된 요청으로 이루어져 있다. 요청은 도착하는 대로 큐에 쌓이며 선착순 같은 각 서비스의 큐 관리 정책에 따라 서비스된다. CPU나 디스크와 같은 서비스의 모델은 개념적으로 병렬적으로 동작한다. 실제 시스템에서 이 하위 시스템들이 병렬적으로 동작하기 때문이다.

트랜잭션 처리를 위한 시뮬레이션 모델을 구축하면, 시스템 관리자는 그 위에서 여러 가지 실험을 수행해 볼 수 있다. 관리자는 시스템이 다양한 부하 조건에 대해 어떻게 동작하는지를 알아보기 위해 서로 다른 비율로 들어오는 시뮬레이션된 트랜잭션을 가진 실험을 진행할 수 있다. 관리자는 각 서비스의 서비스 시간을 변경하는 다양한 실험을 통해 성능이 각 서비스에 얼마나 민감한지 알아볼 수 있다. 시스템 매개변수 또한 다양하므로 시뮬레이션 모델 위에서 성능 튜닝을 수행할 수도 있다.

25.2 성능 벤치마크

데이터베이스 서버가 더욱 표준화되어 감에 따라 서로 다른 회사 제품의 차별화 요소는 해당 제품의 성능이다. **성능 벤치마크**(performance benchmark)는 소프트웨어 시스템의 성능을 정량화하기 위해 사용되는 작업 묶음을 말한다.

25.2.1 작업 묶음

데이터베이스와 같은 대부분의 소프트웨어 시스템은 복잡하게 이루어져 있으므로, 회사마다 서로 다른 다양한 구현으로 시스템을 개발한다. 그에 따라 여러 다른 작업에 따른 그 시스템의 성능 차이 또한 분명히 존재한다. 한 시스템이 어떤 특정 작업에 대해 가장 효율적이라면 다른 시스템은 또 다른 작업에 대해 가장 효율적일 수 있다. 따라서 단일 작업만으로는 시스템의 성능을 정량화하기에 충분치 못하다. 따라서 **성능 벤치마크**라 불리는 표준화된 작업 묶음으로 시스템의 성능을 측정한다.

다수 작업의 성능 수치를 결합하는 것은 주의해서 수행해야 한다. 두 개의 작업 T_1과 T_2를 가지고 주어진 시간, 가령 1초 안에 시스템이 처리하는 각 유형의 트랜잭션의 수를 측정한다고 가정해 보자. A라는 시스템은 T_1에 대해 초당 99개의 트랜잭션을 수행하고 T_2에 대해 초당 한 개의 트랜잭션을 수행하며, B라는 시스템은 T_1과 T_2 모두 초당 50개의 트랜잭션을 수행한다고 가정하자. 또한 작업부하에 두 가지 유형의 트랜잭션을 균등하게 혼합하였다고 가정하자.

두 쌍의 숫자에 대해 평균을 취하게 되면(말하자면 99와 1대 50과 50), 두 개의 시스템은 동일한 성능을 가지고 있다고 보일지 모른다. 그러나 이런 식으로 평균을 취하는 것은 잘못된 방식이다. 왜냐하면 각 유형의 트랜잭션을 50개씩 수행한다면, 시스템 A는 50.5초가 걸릴 것이고 시스템 B는 단 2초 만에 완료한다!

위의 예에서 트랜잭션의 유형이 한 가지보다 많을 경우 단순한 성능 측정이 문제를 일으킬 수 있음을 살펴보았다. 숫자의 평균을 내는 타당한 방법은 각 트랜잭션 유형별 **처리량**(throughput)에 대한 평균을 구하는 것이 아니라 전체적인 작업부하에 대해 **수행 완료 시간**(time to completion)을 구하는 것이다. 우리는 이를 통해 특정한 작업부하에 대해 시간당 처리할 수 있는 트랜잭션의 수를 정확히 구할 수 있다. 따라서 위의 예의 경우 평균적으로 시스템 *A*는 (50.5초/100개의 트랜잭션), 즉 트랜잭션당 0.505초 정도 걸린다. 반면에 시스템 *B*는 트랜잭션당 0.02초의 시간을 소모한다. 처리량의 측면에서 보면 시스템 *A*는 초당 1.98개의 트랜잭션을 처리하고 *B*는 초당 50개의 트랜잭션을 처리한다. 모든 유형의 트랜잭션이 균등하게 들어온다고 가정하면 서로 다른 트랜잭션에 대한 평균 처리량을 구하는 정확한 방법은 처리량의 **조화 평균**(harmonic mean)을 구하는 것이다. n개의 처리량 $t_1, t_2, \ldots, t_n$에 대한 조화 평균을 다음과 같이 정의한다.

$$\frac{n}{\frac{1}{t_1} + \frac{1}{t_2} + \cdots + \frac{1}{t_n}}$$

이 예에서 시스템 *A*의 처리량에 대한 조화 평균은 1.98이고 시스템 *B*는 50이다. 따라서 두 가지 유형의 트랜잭션이 같은 비율로 혼합된 작업부하에 대해 시스템 *B*가 *A*에 비해 약 25배 정도 빠르다고 할 수 있다.

25.2.2 데이터베이스 응용 프로그램 유형

온라인 트랜잭션 처리(online transaction processing, **OLTP**)와 **의사결정 지원**[decision support, **온라인 분석 처리**(online analytical processing, **OLAP**)를 포함하는]은 데이터베이스 시스템이 다루는 두 가지 광범위한 유형이다.

이 두 개의 작업 유형은 서로 다른 요구 사항을 가지고 있다. 빠른 속도로 갱신 트랜잭션을 지원하려면 높은 동시성(concurrency) 지원과 커밋 속도를 높이기 위한 영리한 기법이 필요하다. 반면에 의사결정 지원을 위해서는 좋은 질의 처리 알고리즘과 질의 최적화가 필요하다. 어떤 데이터베이스 시스템의 구조는 트랜잭션 처리를 위해 튜닝되어 있으며, Teradata 시리즈의 병렬 데이터베이스 시스템과 같은 다른 시스템은 의사결정 지원을 위해 튜닝되어 있다. 다른 회사들은 이들 두 작업 사이에 균형을 맞추려 하고 있다.

응용 프로그램은 일반적으로 트랜잭션 처리와 의사결정 지원 요구 사항을 혼합해서 가지고 있다. 따라서 어떤 데이터베이스 시스템이 해당 응용에 적합한지는 그 응용이 가지고 있는 요구 사항의 혼합 비율에 달려 있다.

두 클래스의 응용 프로그램에 대한 처리량 수치를 가지고 있고, 현재 수행해야 할 응용 프로그램은 두 유형의 트랜잭션을 혼합해서 가진 형태라고 생각해 보자. 이때 트랜잭션 간의 **간섭**(interference)을 고려해야 하므로 두 수치의 조화 평균을 구하는 데 주의를 기울여야 한다. 예를 들어, 오랜 시간이 걸리는 의사결정 지원 트랜잭션의 경우 많은 잠금을 필요로 할 수 있고 이는 모든 갱신 연산의 진행을 방해할 수 있다. 처리량의 조화 평균은 트랜잭션 간의 간섭이 없을 때에만 사용하여야 한다.

25.2.3 TPC 벤치마크

트랜잭션 처리 성능 위원회(Transaction Processing Performance Council, **TPC**)는 데이터베이스 시스템에 대한 일련의 벤치마크 표준을 정의했다.

TPC 벤치마크는 매우 자세하게 정의되어 있다. TPC 벤치마크는 릴레이션의 집합과 튜플의 크기를 정의하고 있다. TPC 벤치마크는 트랜잭션 실행의 속도가 더 높으면 더 많은 수의 계좌와 연관될 가능성이 있음을 반영하기 위해, 릴레이션의 튜플 수를 고정된 숫자가 아니라 초당 요청된 트랜잭션 수의 배수로 정의하고 있다. 성능의 측정 기준은 처리율이며, **초당 트랜잭션 수**(transactions per second, **TPS**)로 나타낸다. 성능을 측정할 때 시스템은 일정 범위 내에서 응답 시간을 제공해야 하므로 매우 긴 응답 시간이라는 비용이 드는 경우 높은 처리율을 얻을 수 없다. 나아가 비즈니스와 관련된 응용 프로그램에서는 비용이 더욱 중요하다. 따라서 TPC 벤치마크는 성능을 **TPS당 가격**(price per TPS)의 형태로도 측정한다. 큰 시스템은 초당 트랜잭션 횟수가 높을지는 모르지만 비용이 많이 들 것이다(즉 TPS당 가격이 높을 것이다). 트랜잭션의 ACID 특성에 대한 완전한 지원을 포함하여 시스템이 벤치마크의 정의를 충실히 따르는지 확인하는 외부 감사 없이는, 어떤 회사도 TPC 벤치마크 수치를 그 시스템의 성능 평가로 내세울 수 없다.

TPC 시리즈의 첫 번째는 1989년에 정의된 **TPC-A 벤치마크**(TPC-A benchmark)다. 이 벤치마크는 은행 창구에서 현금 입출금을 모델링하는 단일 종류의 트랜잭션으로 일반적인 은행 응용 프로그램을 시뮬레이션했다. 트랜잭션은 은행 잔고나 출납 계원의 잔고, 고객의 잔고 등 몇 개의 릴레이션을 갱신하고 갱신이 일어난 데이터의 변동 사항을 감사 추적 릴레이션에 기록한다. 또한 이 벤치마크는 터미널과의 통신도 포함하여 시스템의 종단 간 성능을 현실적으로 모델링했다. **TPC-B 벤치마크**(TPC-B benchmark)는 데이터베이스를 실행하는 운영체제와 데이터베이스의 핵심적인 부분의 성능을 측정하기 위해 고안되었다. 여기서는 후단부(back-end)에 있는 데이터베이스 서버에 초점을 맞추기 위해서 TPC-A 벤치마크에서 사용자, 통신, 터미널과 관련된 부분을 제거했다. 오늘날에는 TPC-A나 TPC-B 모두 사용되지 않는다.

TPC-C 벤치마크(TPC-C benchmark)는 TPC-A보다 더욱 복잡한 시스템을 모델링하기 위해 설계되었다. TPC-C 벤치마크는 주문의 처리와 관련된 주요한 작업에 집중한다. 활동은 주문 입력 및 배송, 결제 기록, 주문 상태 확인, 재고 수준 감시 등으로 구성된다. TPC-C 벤치마크는 온라인 트랜잭션 처리(OLTP) 시스템을 벤치마킹하는 데 여전히 폭넓게 사용된다.

최근의 **TPC-E 벤치마크**(TPC-E benchmark)도 OLTP를 목적으로 사용되고 있지만, 중개 회사(brokerage firm)의 모델에 기반을 두고 있다. 개인은 중개 회사를 상대로 트랜잭션을 발생시키고, 중개 회사는 트랜잭션을 처리하기 위해 금융 시장과 상호작용을 한다.

TPC-D 벤치마크(TPC-D benchmark)는 의사결정 질의와 관련하여 데이터베이스 시스템의 성능을 측정하기 위해 설계되었다. 오늘날 의사결정 지원 시스템은 점점 더 중요해지고 있다. TPC-A와 TPC-B, TPC-C 벤치마크는 트랜잭션의 성능을 측정하는 데 쓰일 수는 있지만 의사결정 질의의 성능을 측정하지는 못한다. TPC-D의 D는 **의사결정 지원**(decision support)을 뜻한다. TPC-D 벤치마크의 스키마는 판매와 유통에 관한 응용 프로그래밍을 모델링하고 있으며 부품, 공급업체, 고객, 주문, 약간의 부가적인 정보로 이루어져 있다. 릴레이션의 크기는 비율로 정의되어 있으며 데이터베이스의 크기는 모든 릴레이션의 총합으로 표시하고 기가바이트 단위로 나타낸다. TPC-D의 규모 요소(scale factor) 1은 1기가바이트의 데이터베이스에 대한 TPC-D 벤치마크를 나타내며, 규모 요소 10은 10기가바이트의 데이터베이스를 나타낸다. 벤치마크를 위한 작업부하는 의사결정 지원 시스템에서 일반적으로 사용하는 작업을 모델링한 17개의 SQL 질의로 이루어져 있다. 이 질의 중 일부는 집계와 중첩 질의와 같은 SQL의 복잡한 기능을 사용한다.

벤치마크 사용자는 실체화 뷰나 기타 중복 정보를 이용하여 다양한 TPC-D의 질의의 수행 속도를 크게 향상할 수 있음을 금방 깨닫게 된다. 정기 보고 작업과 같은 응용 프로그램은 질의를 미리 알 수 있으므로, 실체화 뷰를 신중하게 선택하면 질의 수행 속도가 빨라진다. 하지만 실체화 뷰를 유지하는 데 드는 부담을 고려할 필요가 있다.

TPC-H 벤치마크(TPC-H benchmark, H는 ad hoc을 나타냄)는 TPC-D 벤치마크를 개선한 것이다. 스키마는 동일하지만 22개의 질의가 있고, 이 중 16개는 TPC-D로부터 온 것이다. 추가로 삽입의 집합과 삭제의 집합인 두 가지 갱신 연산이 있다. 실체화 뷰와 다른 부가 정보를 사용할 수 없고 주 키와 외래 키에 대한 인덱스만 허용한다. 이 벤치마크는 질의를 예측할 수 없는 임의의 질의를 모델링하기 때문에 적절한 실체화 뷰를 미리 만드는 것이 불가능하다. 더는 사용되지 않는 변형인 TPC-R(R은 reporting을 나타냄)은 실체화 뷰와 다른 부가 정보를 사용할 수 있게 했다.

TPC-DS 벤치마크(TPC-DS benchmark)는 TPC-H 벤치마크의 후속으로 소매 제품 공급업체의 의사결정 지원 기능을 모델링한다. 이 업체는 고객, 주문 및 제품에 대한 정보를 포함하고 소매점과 온라인 판매와 같은 여러 판매 채널을 가지고 있다. TPC-H 및 TPC-R과 유사한 임의 질의와 보고에 해당하는 스키마의 두 하위 부분이 있다. 데이터 관리 작업부하뿐만 아니라 질의 작업부하도 존재한다.

TPC-H와 TPC-DS는 다음과 같은 방식으로 성능을 측정한다. **역량 시험**(power test)은 질의와 갱신을 하나씩 차례대로 수행하며, 3,600초를 질의 수행 시간(초)의 기하평균으로 나누면 시간당 수행되는 질의가 측정된다. **처리량 시험**(throughput test)은 여러 개의 스트림(stream)을 병렬적으로 수행하는데 각각의 스트림은 22개의 질의 모두를 수행시킨다. 또한 병렬적으로 갱신 연산이 일어나는 스트림도 있다. 여기서 시간당 수행한 질의의 수를 계산하기 위해 전체 수행 시간을 사용한다.

시간당 복합 질의 척도(composite query per hour metric)는 종합적인 척도인데, 파워 시험 기법과 처리량 시험의 곱의 제곱근을 구함으로써 얻는다. **복합 비용/성능 테스트 척도**(composite price/performance metric)는 시스템의 가격을 복합 질의 척도로 나누어서 계산한다.

데이터 통합 벤치마크(TPC-DI), 하둡/스파크에 기반한 빅데이터를 위한 벤치마크(TPCx-HS), 사물인터넷 데이터의 후단부 처리를 위한 벤치마크(TPCx-IoT)와 같은 몇 가지 다른 TPC 벤치마크가 있다.

25.3 응용 프로그램 개발의 다른 사안

이 절은 응용 프로그램 개발에 대한 두 가지 사안인 응용 프로그램 시험과 응용 프로그램 이주에 대해서 알아본다.

25.3.1 응용 프로그램 시험

프로그램을 시험하는 것은 시험 사례를 모아 놓은 **시험 묶음**(test suite)을 설계하는 것을 포함한다.

시험은 일회성 작업이 아닌데, 왜냐하면 프로그램은 계속 진화하고 프로그램의 변경이 의도하지 않은 결과로 버그가 나타나기 때문이다. 이러한 버그를 프로그램 **회귀**(regression)라고 한다. 따라서 프로그램을 변경하면 프로그램을 다시 시험해야 한다. 프로그램의 변경마다 사람이 직접 시험을 수행하는 것은 매우 힘든 일이다. 대신 예상되는 시험 출력이 각각의 시험 경우와 함께 시험 묶음에 저장되어 있다. **회귀 시험**(regression testing)은 시험 묶음 안의 각 시험 사례상의 프로그램을 실행하고, 예상한 시험 출력을 발생하는지 검사하는 것을 포함한다.

데이터베이스 응용 프로그램의 맥락에서 시험 사례는 데이터베이스 상태와 응용 프로그램의 특정한 인터페이스로의 입력이라는 두 부분으로 구성된다.

SQL 질의는 잡기 힘든 미묘한 버그를 가질 수 있다. 예를 들어, 외부 조인을 실행해야 할 때 조인을 실행(즉 실제로는 $r ⟕ s$를 수행해야 하는데 $r \bowtie s$를 실행)할 수도 있다. 이 두 가지 질의의 차이는 시험 데이터베이스의 s 튜플과 매칭되는 것이 없는 r 튜플을 가진 경우에만 발견된다. 그래서 일반적으로 발생하는 오류를 잡아낼 수 있는 시험 데이터베이스를 만드는 것이 중요하다. 이러한 오류는 보통 질의(또는 프로그램)의 작은 변화이기 때문에 **변종**(mutation)이라고 부른다. 의도한 질의와 질의의 변종 간에 다른 결과를 생산해 내는 시험 사례는 **변종 제거**(kill the mutant)라고 불린다. 시험 묶음은 일반적으로 발생하는 변종을 없앨 수 있는 시험 사례를 가지고 있어야 한다.

시험 사례가 데이터베이스에 갱신을 수행할 때, 제대로 실행되었는지를 확인하기 위해서는 데이터베이스의 내용이 예상한 내용과 일치하는지를 검증해야 한다. 그래서 예상한 결과는 사용자의 화면에 출력된 데이터뿐만 아니라 데이터베이스 상태(의 갱신) 또한 포함하고 있어야 한다.

데이터베이스의 상태는 상당히 클 수가 있으므로 다수의 시험 사례는 공통의 데이터베이스 상태를 공유할 것이다. 시험 사례가 데이터베이스에 대해서 갱신을 수행할 때, 동일한 데이터베이스에서 이후에 실행되는 다른 시험 사례를 수행한 결과가 기대했던 결과와 일치하지 않을 수 있다는 사실 때문에 시험은 복잡하다.

다른 시험 사례는 실패한 것처럼 잘못 보고될 것이다. 이러한 문제를 막기 위해서 시험 사례가 갱신을 수행할 때마다 시험 수행 후 데이터베이스 상태를 원래의 상태로 복원해야 한다.

시험은 또한 응용 프로그램이 요구하는 성능을 충족하는지를 보장하는 데 사용할 수 있다. 이와 같은 **성능 시험**(performance testing)을 수행하려면, 시험 데이터베이스가 실제 데이터베이스의 크기와 같은 크기를 가져야 한다. 어떠한 경우에는 성능 시험을 수행할 수 있는 기존 데이터가 존재할 수 있다. 또 다른 경우에는 필요한 크기의 시험 데이터베이스를 생성해야 한다. 시험 데이터베이스를 생성하는 데 사용할 수 있는 여러 가지 도구가 있다. 이 도구는 만들어진 데이터가 주 키나 외래 키와 같은 제약 조건을 만족한다는 것을 보장한다. 이 도구는 의미 있는 것처럼 보이는 데이터를 추가로 생성할 수도 있는데, 예를 들면, 이름 속성에 임의 문자열이 아닌 의미 있는 이름을 사용하여 채우는 방식으로 생성하는 것이다. 또한 어떠한 도구는 지정한 데이터 분포를 허락한다. 예를 들면, 대학교 데이터베이스는 학생과 교수의 다른 분포가 필요한데, 대부분 학생은 18살에서 25살의 범위에 포함되며 대다수 교수는 25살부터 65살의 범위에 해당한다.

이미 존재하는 데이터베이스가 있음에도 불구하고, 조직은 일반적으로 성능 시험을 수행할 수 있는 외부 조직에 민감한 자료를 공개하는 것을 꺼린다. 이런 상황에서 실제 데이터베이스의 복사본이 만들어지고, 신용카드 번호, 사회보장연금 번호, 생일과 같은 민감한 데이터를 모호하게 변경한다. 모호하게 만드는 작업인 **난독화**(obfuscation)는 대부분 경우 실제 값을 임의로 생성한 값으로 대체하면서 수행된다(값이 주 키인 경우, 해당 값에 대한 참조도 갱신해야 하는 것에 주의해야 한다). 반면에 어떤 응용 프로그램이 생일 값에 기초하여 다른 행동을 수행하는 것과 같이 값에 의존적이라면, 난독화는 값을 완전히 바꾸는 것 대신에 조그마한 임의의 변화를 주게 된다.

25.3.2 응용 프로그램 이주

레거시 시스템(legacy system)은 구식임에도 불구하고 여전히 사용 중인 이전 세대의 응용 프로그램이다. 교체하는 데 필요한 비용과 위험으로 인해 계속 사용된다. 예를 들어, 많은 조직은 독자적으로 응용 프로그램을 개발했지만, 그것을 상용 제품으로 대체하기로 할 수 있다. 어떤 경우에 레거시 시스템은 오래된 기술을 사용하여 현재의 표준이나 시스템과 호환되지 않을 수 있다. 오늘날 운영 중인 레거시 시스템 중 일부는 수십 년이 지났으며 네트워크 데이터 모델이나 계층적 데이터 모델을 사용하는 데이터베이스와 같은 기술에 기반하거나, 데이터베이스 없이 코볼(Cobol)과 파일 시스템을 사용하고 있다. 이러한 시스템은 여전히 중요한 데이터를 갖고 있고 핵심적인 응용 프로그램을 지원할 수 있다.

레거시 응용 프로그램을 새로운 응용 프로그램으로 바꾸는 작업은 종종 시간과 금전적 비용이 크게 들기도 한다. 왜냐하면 이 시스템은 수십 년 전에 여러 팀의 프로그래머에 의해 개발된 수백만 라인의 코드로 이루어져 있기 때문이다. 레거시 시스템은 완전히 다른 스키마를 사용하는 새로운 응용 프로그램에 이식해야 하는 많은 양의 데이터를 포함한다. 오래된 응용 프로그램을 새로운 응용 프로그램으로 이행하는 작업은 많은 직원을 재교육하는 일이 뒤따른다. 이행은 일반적으로 중단 없이 수행되어야 하며, 이전 시스템에 입력된 데이터도 새 시스템을 통해 사용 가능해야 한다.

많은 조직은 레거시 시스템을 대체하는 것을 피하려고 하고, 대신 새로운 시스템과 같이 연동하여 운용하려고 한다. 관계형 데이터베이스와 레거시 데이터베이스 간의 상호 운용에 사용되는 한 가지 접근 방법은 레거시 시스템 위에 **래퍼**(wrapper)라고 불리는 계층을 만들어서 마치 레거시 시스템이 관계형 데이터베이스처럼 보이도록 해 주는 것이다. 래퍼는 레거시 시스템에 질의와 갱신을 수행하는 데 사용할 수 있는 ODBC나 OLE-DB와 같은 기타 상호 연결 표준에 대한 지원을 제공할 수 있다. 래퍼는 관계형 질의와 갱신 연산을 레거시 시스템에 적합하게 변환하는 책임을 맡는다.

어떤 조직이 레거시 시스템을 새 시스템으로 교체하기로 결정했다면 **역공학**(reverse engineering)이라는 절차를 사용할 수 있다. 역공학은 기존의 코드를 검토하여 필요한 (ER 모델이나 객체 지향 데이터 모델과 같은) 데이터 모델로 스키마를 설계하는 것으로 구성된다. 역공학은 시스템의 상위 수준 모델을 파악하기 위해 어떤 프로시저와 절차가 구현되었는지를 알아내기 위해 또한 코드를 검토한다. 역공학이 필요한 이유는 레거시 시스템이 스키마나 전체적인 시스템의 디자인에 대한 상위 수준의 문서를 가지고 있지 않기 때문이다. 새로운 시스템을 개발할 때 개발자는 단지 기존 시스템을 그대로 재구현하는 것이 아니라 기존의 설계를 검토하여 시스템을 개선할 수 있다. 레거시 시스템이 제공했던 모든 기능(예를 들어, 사용자 인터페이스나 보고서 시스템)을 구현하려면 많은 코딩 작업이 필요하다. 이러한 전반적인 과정을 통틀어 **재공학**(re-engineering)이라 한다.

새로운 시스템을 구축하고 시험한 후, 해당 시스템을 레거시 시스템에서 가져온 데이터로 채워야 하고 모든 추가 동작은 새 시스템에서 수행해야 한다. 갑자기 새로운 시스템으로 전환하는 **급진적 접근 방법**(big-bang approach)은 몇 가지 위험성을 가지고 있다. 첫째, 사용자가 새로운 인터페이스에 익숙하지 않을 수 있다. 둘째, 새로운 시스템을 시험할 때 발견하지 못한 버그나 성능의 문제가 있을 수 있다. 그러한 문제는 판매와 구매 같은 핵심적인 트랜잭션을 수행하는 능력에 심각한 영향을 미치므로 기업에 큰 손실을 초래할 수 있다. 극단적인 경우, 새로운 시스템으로의 전환 시도의 실패 후 새 시스템을 포기하고 레거시 시스템을 재사용하기도 한다.

다른 방법으로, 레거시 시스템의 기능을 조금씩 대체해 나가는 **소극적 접근 방법**(chicken-little approach)이 있을 수 있다. 예를 들어, 새 사용자 인터페이스를 후단부에 존재하는 기존 시스템과 함께 사용하거나 그 반대로 할 수 있다. 다른 선택은 레거시 시스템으로부터 분리해 낼 수 있는 기능을 새로운 시스템으로 대체하는 것이다. 두 경우 모두, 레거시 시스템과 새로운 시스템은 일정 기간 공존한다. 따라서 새 시스템과 상호 운용하는 데 필요한 기능을 제공하기 위해 레거시 시스템에서 래퍼를 개발하고 사용할 필요가 있다. 따라서 이 접근 방식은 개발 비용이 많이 든다.

25.4 표준화

표준(standard)은 소프트웨어 시스템의 인터페이스를 정의한다. 예를 들어, 표준은 프로그래밍 언어의 문법과 의미, 응용 프로그램 인터페이스의 함수, 심지어 (객체 지향 데이터베이스 표준처럼) 데이터 모델을 정의하기도 한다. 오늘날의 데이터베이스 시스템은 상호작용하는 독립적인 부분이 모여서 하나의 복잡한 시스템을 이룬다. 예를 들어, 클라이언트 프로그램은 후단부 시스템과는 독립적으로 만들어지지만 두 프로그램은 상호작용을 해야만 한다. 복수의 이종 데이터베이스 시스템을 여러 개 가지고 있는 회사라면 데이터베이스 시스템 간에 데이터를 서로 교환해야 할 필요성이 있을 수 있다. 이와 같은 상황에서, 표준은 중요한 역할을 한다.

공식적인 표준(formal standards)은 표준화 기구나 산업체 그룹에 의해 공식적인 절차를 거쳐 만들어진 표준을 말한다. 시장을 지배하고 있는 제품이 공식적인 절차 없이 일반적으로 **실질적인 표준**(de facto standards, "사실상의 표준"이라고도 함)으로 받아들여지는 경우도 있다. SQL-92나 SQL:1999 표준의 여러 많은 부분처럼, 일부 공식적인 표준은 시장을 이끌어 나가는 **선행 표준**(anticipatory standards)이다. 이들은 업체가 제품에서 구현할 기능을 정의한다. 또 다른 경우에, 표준 또는 표준의 부분은 일부 업체가 이미 구현한 기능을 표준화하려고 시도하는 점과 심지어 이미 실질적인 표준이 되었다는 점에서 **역행 표준**(reactionary standards)이다. SQL-89는 이미 IBM SAA SQL 표준과 기타 데이터베이스에 존재하는 무결성 검사와 같은 기능을 표준화했기 때문에 여러 면에서 역행 표준이라 할 수 있다.

공식적인 표준을 정하는 위원회는 전형적으로 업체의 대표, 사용자 그룹의 회원, 표준 조직으로 구성된다. 표준 조직으로는 국제표준화기구(International Organization for Standardization, ISO)

나 미국표준화기구(American National Standards Institute, ANSI)와 전기전자공학자기구(Institute of Electrical and Electronics Engineers, IEEE)와 같은 전문가 집단이 있다. 공식적인 표준화 위원회는 정기적임 모임을 하고, 회원은 표준에 추가 또는 수정할 특성을 담은 제안서를 제시한다. (일반적으로 연장된) 일정 기간의 토론, 제안서에 대한 수정, 공개적인 검토를 거쳐 위원회의 회원은 해당 제안을 받아들일 것인지 아니면 기각할 것인지에 대해 투표한다. 표준이 정의되고 구현된 후 곧 그 단점들이 나타나게 되고 명백히 새로운 요구 사항이 생기게 된다. 그러면 표준의 갱신 작업이 시작되고 몇 년 후에는 새로운 표준이 발표된다. 결국 오랜 시간이 흘러 표준이 기술적으로 무의미해지거나 사용자 기반을 잃을 때까지, 이러한 주기는 보통 몇 년마다 반복된다.

이 절은 표준의 목표에 중점을 두면서 서로 다른 표준에 대한 개괄적인 내용을 설명한다. 이 절에서 언급한 표준에 대한 자세한 설명은 온라인에서 이용 가능한 이 장의 참고문헌에 나와 있다.

25.4.1 SQL 표준

SQL이 가장 많이 사용되는 질의어이므로, SQL을 표준화하기 위한 큰 노력이 있었다. 여러 데이터베이스 업체와 함께 ANSI와 ISO가 이 작업에서 주도적인 역할을 해 왔다. 첫 버전은 SQL-86이었고, 1987년에 IBM에서 IBM Systems Application Architecture(SAA) 표준을 발표했다. 사람들이 더 많은 기능에 대한 필요성을 인식함에 따라 공식 SQL 표준의 개정 버전인 SQL-89와 SQL-92를 만들었다.

SQL:1999 버전은 SQL에 다양한 기능을 추가했다. 이전 장에서 이러한 많은 특성에 대해 이미 살펴보았다.

SQL 표준의 후속 버전은 다음과 같은 세부 내용을 포함한다.

- SQL:2003은 SQL:1999 표준을 조금 확장한 것이다. SQL:1999 OLAP 기능(11.3.3절)과 같은 일부 기능은 SQL:2003의 발표를 기다리는 대신에 SQL:1999 표준의 초기 버전에 대한 수정으로 구체화되었다.
- SQL:2006은 XML과 관련된 여러 특성을 추가했다.
- SQL:2008은 merge 절에 대한 확장과 같이 SQL 언어에 대한 약간의 확장만 도입했다.
- SQL:2011은 SQL에 시간(temporal) 확장을 추가했다. 이는 튜플에 시간 기간(time period)을 연관시키는 기능, 선택적으로 기존 열을 시작과 종료 시각으로 사용하는 기능, 시간 기간에 기반한 주 키 정의를 포함한다. 확장은 시간 기간과 관련된 삭제 및 갱신을 지원한다. 이러한 삭제 및 갱신은 새 튜플의 삭제 또는 삽입과 함께 기존 튜플의 시간 기간을 수정하게 할 수 있다. 중첩(overlap) 및 포함(contain)과 같은 시간 기간과 관련된 여러 연산자를 SQL:2011이 도입했다. 또한 이 표준은 merge 구문에 대한 추가 확장, 이전 버전의 SQL에 도입된 window 구문에 대한 확장, 질의에서 가져오는 결과의 수를 fetch 절을 사용하여 제한하는 확장과 같은 여러 다른 기능을 제공한다.
- SQL:2016은 JSON 지원과 관련된 여러 기능을 추가했고, 튜플 그룹의 속성을 하나의 문자열로 연결하는 집계 연산인 listagg에 대한 지원을 추가했다.

대부분의 새로운 기능은 소수의 데이터베이스 시스템만 지원하며, 반대로 대부분의 데이터베이스 시스템은 표준의 일부가 아닌 여러 기능을 지원한다는 것을 언급할 필요가 있다.

25.4.2 데이터베이스 연결 표준

ODBC 표준은 클라이언트 응용 프로그램과 데이터베이스 시스템 간의 통신에 널리 사용되는 표준이며 여러 언어로 API를 정의한다. Java 응용 프로그램과 데이터베이스 간 통신을 위한 JDBC 표준은 ODBC를 모델로 하여 유사한 기능을 제공한다.

ODBC는 **X/Open** 산업 협회와 SQL Access Group이 만든 **호출 수준 인터페이스**(Call Level Interface, **CLI**) 표준에 기반을 두고 몇 가지를 확장했다. ODBC API는 CLI와 SQL 문법, 그리고 허용되는 CLI 호출 시퀀스에 관한 규칙을 정의하고 있다. 또한 이 표준은 CLI와 SQL 구문에 대해 정합 수준(conformance level)을 정의하고 있다. 예를 들어, CLI의 핵심 수준(core level)은 데이터베이스에 연결하고, SQL 문장을 준비하고 실행하고, 결과 또는 상태 값을 가져오고, 트랜잭션을 관리하는 명령어를 가지고 있다. 다음 정합 수준(level 1)은 카탈로그 정보의 검색과 핵심 단계 CLI 기능 외의 다른 기능에 대한 지원을 요구한다. 수준 2는 매개변수 값의 배열을 전송하거나 검색하는 능력, 좀 더 자세하게 카탈로그 정보를 검색하는 능력과 같은 추가 특성을 요구한다.

ODBC는 클라이언트가 동시에 여러 개의 데이터 소스에 연결하도록 해 주고, 이들 간 전환도 지원한다. 그러나 각 연결에서 실행하는 트랜잭션은 독립적이다. ODBC는 2단계 커밋을 지원하지 않는다.

분산 시스템은 클라이언트 서버 구조보다 좀 더 일반적인 환경을 제공한다. X/Open 협회는 데이터베이스 간의 상호 협업을 위한 **X/Open XA 표준**(X/Open XA standard)도 개발했다. 이 표준은 데이터베이스가 따라야만 하는 트랜잭션과 관련된 기본적인 요소(트랜잭션의 시작, 커밋, 중지, 커밋 준비)에 대해 정의한다. 트랜잭션 관리자는 이러한 기본 요소를 호출하여 2단계 커밋 규약에 따른 분산 트랜잭션을 구현할 수 있다. XA 표준은 데이터 모델이나 데이터 교환을 위한 클라이언트와 데이터베이스 간 특정 인터페이스에 독립적이다. 따라서 XA 규약을 이용해서 단일 트랜잭션이 관계형 데이터베이스와 객체 지향 데이터베이스를 모두 접속하는 분산 트랜잭션 시스템을 구현할 수 있다. 하지만 트랜잭션 관리자는 2단계 커밋 규약을 통해 전역 일관성을 보장한다.

관계형 데이터베이스도 아니고 실질적으로 데이터베이스도 아닌 여러 가지 데이터 소스가 있다. 일반적인 파일이나 이메일 저장소가 그 예다. Microsoft의 **OLE-DB**는 ODBC와 유사한 목적을 가진 C++ API이지만 제한된 질의와 갱신 기능만 제공하는데, 이는 데이터베이스가 아닌 데이터 소스를 위한 것이다. ODBC와 마찬가지로 OLE-DB는 데이터 소스에 연결하고, 세션을 시작하며, 명령어를 수행하고, 행의 집합(rowset) 형태로 결과를 얻는 구문을 제공한다.

Microsoft에서 만든 **ADO(ActiveX Data Objects)** 및 **ADO.NET** API는 관계형 데이터베이스뿐만 아니라 OLE-DB 데이터 원본과 같은 다른 유형의 데이터 소스에서 데이터에 접근할 수 있는 인터페이스를 제공한다.

25.4.3 객체 데이터베이스 표준

객체 지향 데이터베이스 분야의 표준은 지금까지 주로 OODB 업체들이 주도해 왔다. **객체 데이터베이스 관리 그룹**(Object Database Management Group, **ODMG**)은 OODB에 대한 데이터 모델과 언어 인터페이스를 표준화하기 위해 OODB 업체에 의해 설립된 그룹이다. ODMG는 더는 활동하고 있지 않다. JDO는 Java에 영속성을 추가하기 위한 표준이다.

객체 데이터베이스 및 서비스와 같은 관련 객체 기반 기술을 표준화하려는 여러 시도가 있었다. 하지만 대부분은 널리 채택되지 않았고, 더는 거의 사용되지 않는다.

객체 관계형 매핑 기술은 꽤 인기가 있는 것으로 입증되었다. 이 기술은 후단부의 관계형 데이터베이스에 데이터를 저장하지만, 프로그래머가 데이터에 접근하고 조작할 수 있는 객체 기반 API를 제공한다. 객체 관계형 매핑을 지원하는 시스템으로, Java를 지원하는 Hibernate와 Python 프로그래밍 언어를 기반으로 하는 인기 있는 Django Web 프레임워크의 데이터 계층이 있다. 그러나 이 분야에서 널리 인정되는 공식적인 표준은 없다.

25.5 분산 디렉터리 시스템

조직 내의 다양한 사람들이 직원에 대한 데이터를 사용할 수 있기를 원하는 조직을 고려하자. 데이터 종류의 예로는 이름, 직함, 직원 식별자, 주소, 이메일 주소, 전화번호, 팩스번호 등이 있다. 이러한 데이터는 종종 사용자가 원하는 정보를 찾아보고 검색할 수 있는 디렉터리를 통해 공유된다.

일반적으로 디렉터리는 사람과 같은 어떤 종류의 객체에 대한 정보를 목록(list)으로 작성한 것을 말한다. 디렉터리를 사용하여 특정 객체에 대한 정보를 찾을 수 있고, 역방향으로 특정 요구 사항에 부합하는 객체를 찾을 수 있다.

오늘날 디렉터리의 주요 응용 프로그램은 사용자를 인증하는 것이다. 응용 프로그램은 사용자로부터 암호와 같은 인증 정보를 수집하고 디렉터리를 사용하여 그들을 인증한다. 사용자 범주(예를 들어, 사용자가 학생인지 교수인지)에 대한 세부 정보 및 사용자에게 주어진 권한(authorization)도 디렉터리를 통해 공유할 수 있다. 조직의 여러 응용 프로그램은 공통 디렉터리 서비스와 사용자 범주 및 권한 정보를 사용하여 사용자를 인증하고, 해당 사용자에게 볼 권한이 있는 데이터만 제공할 수 있다.

디렉터리는 파일 시스템 디렉터리와 같이 다른 유형의 정보를 저장하는 데 사용될 수 있다. 예를 들어, 웹 브라우저는 개인 책갈피와 기타 브라우저 설정을 디렉터리 시스템에 저장할 수 있다. 따라서 사용자는 파일 시스템을 공유하지 않고서도 집이나 직장과 같은 여러 장소에서 동일한 설정에 접근할 수 있다.

25.5.1 디렉터리 접근 규약

특히 전화 회사에서 하는 것처럼, 여러 많은 기관은 웹 인터페이스를 통해 디렉터리 정보를 제공할 수 있다. 이러한 인터페이스는 사람이 사용하는 데 편리하다. 그러나 프로그램도 디렉터리 정보에 접근해야 할 필요가 있을 수 있다.

디렉터리에 있는 데이터에 접근하는 표준화된 방법을 제공하기 위해 여러 **디렉터리 접근 규약**(directory access protocol)이 개발되었다. 그중 오늘날 가장 널리 사용되는 것은 **경량 디렉터리 접근 규약**(Light-weight Directory Access Protocol, **LDAP**)이다.

예제의 모든 유형의 데이터는 데이터베이스 시스템에 별다른 문제 없이 저장할 수 있었으며, JDBC 또는 ODBC와 같은 규약을 통해 접근할 수도 있다. 그렇다면 의문점은 "왜 디렉터리 정보에 접근하기 위한 전문화된 규약을 고안하는가?"다. 이 질문에 대해서는 다음과 같은 최소한 두 개의 답이 있다.

- 첫째, 디렉터리 접근 규약은 제한된 유형의 데이터 접근을 처리하는 단순화된 규약이다. 이들은 데이터베이스 접근 규약과 병행적으로 발전했다.
- 둘째, 더 중요한 기능으로, 디렉터리 시스템이 파일 시스템 디렉터리 이름과 유사한 계층적 방식으로 객체 이름을 명명하는 간단한 기법을 제공한다는 것이다. 이 이름은 분산 디렉터리 시스템에서 어떤 정보가 어느 디렉터리 서버에 저장되었는지를 나타내는 데 사용된다. 예를 들어, 어떤 디렉터리 서버는 Murray Hill에 위치한 벨 연구소 직원에 대한 정보를 저장할 수 있고, 다른 서버는 Bangalore에 있는 벨 연구소 직원에 대한 정보를 저장할 수 있는데, 두 사이트는 그들의 지역 데이터를 직접 제어하는 자치성을 부여받았다고 하자. 디렉터리 접근 규약을 사용하여 네트워크를 통해 양쪽 디렉터리에서 데이터를 얻어 올 수 있다. 더 중요한 것은 사용자의 개입 없이 한 사이트에서 작성된 질의를 다른 사이트로 자동적으로 전달하도록 디렉터리 시스템을 설정할 수 있다는 것이다.

이러한 이유로 여러 조직은 디렉터리 접근 규약을 통해 조직 정보를 온라인으로 사용할 수 있는 디렉터리 시스템을 보유하고 있다. 조직의 디렉터리 정보는 주소나 구성원의 전화번호, 전자 우편 주소 등을 검색하는 일, 구성원이 어떤 부서에 속해 있는지 검색하는 일, 부서의 계층이 어떻게 되어 있는지 살펴보는 일 등과 같은 다양한 목적으로 이용될 수 있다.

예상할 수 있듯이, 특수 목적 저장 시스템을 생성하는 대신에 관계형 데이터베이스를 사용하여 데이터를 저장하는 게 이득이라는 점을 여러 디렉터리 구현에서 찾아볼 수 있다.

25.5.2 LDAP: 경량 디렉터리 접근 규약

일반적으로 디렉터리 시스템은 여러 클라이언트에 서비스를 제공하는 하나 이상의 서버로 구현된다. 클라이언트는 디렉터리 시스템에서 정의한 API를 사용하여 디렉터리 서버와 통신한다. 디렉터리 접근 규약은 또한 데이터 모델과 접근 제어도 정의한다. 국제표준화기구(ISO)에서 정의한 **X.500 디렉터리 접근 규약**(X.500 directory access protocol)은 디렉터리 정보에 접근하기 위한 표준이다. 그러나 X.500 규약은 다소 복잡하고 널리 사용되지 않는다. **경량 디렉터리 접근 규약(LDAP)**은 X.500의 여러 기능을 제공하지만 덜 복잡하여 널리 사용된다. 많은 조직에서 여러 오픈 소스 구현 외에도 LDAP에 기반한 Microsoft Active Directory 시스템을 사용한다.

이 절의 나머지 부분에서 LDAP의 데이터 모델 및 접근 규약 세부 사항에 대해 개략적으로 설명한다.

25.5.2.1 LDAP 데이터 모델

LDAP에서 디렉터리는 객체와 유사한 **엔트리**(entry)를 저장한다. 각 엔트리는 엔트리를 고유하게 식별하는 식별명(distinguished name, **DN**)을 반드시 가져야 한다. DN은 일련의 **상대 식별명**(relative distinguished name, **RDN**)으로 구성되어 있다. 예를 들어, 한 엔트리는 다음과 같은 식별명을 가질 수 있다.

cn=Silberschatz, ou=Computer Science, o=Yale University, c=USA

보다시피, 이 예에서 식별명은 이름과 (조직) 주소의 조합인데, 사람의 이름으로 시작하여 그 뒤에 조직 단위(ou), 조직(o) 및 국가(c)로 구성된다. 식별명 구성요소의 순서는 파일의 경로명을 지정할 때와 같은 역순이 아닌 일반적인 우편 주소 순서를 따른다. 디렉터리 시스템의 스키마가 하나의 DN을 위한 RDN의 집합을 정의한다.

엔트리는 또한 속성을 가질 수 있다. LDAP는 이진수, 문자열, 시간 타입을 제공하며, 추가적으로 전화번호를 위한 tel 타입, 주소를 위한 PostalAddress(행은 "$" 문자로 구분됨) 타입을 제공한다. 관계형 모델의 속성과 달리 속성은 기본적으로 다중값이므로, 하나의 엔트리에 대해 여러 전화번호나 주소를 저장할 수 있다.

LDAP는 속성 이름과 타입을 가지는 **객체 클래스**(object class)를 정의하는 것을 허용한다. 객체 클래스를 정의하는 데 상속을 사용할 수 있나. 뿐만 아니라, 엔트리는 하나 이상의 객체 클래스로 지정될 수 있다. 엔트리가 속하는 가장 구체적인 단일 객체 클래스만 있을 필요는 없다.

엔트리는 식별명에 따라 **디렉터리 정보 트리**(directory information tree, **DIT**)로 조직화된다. 트리의 단말에 있는 엔트리는 일반적으로 특정 객체를 표현한다. 내부 노드에 있는 엔트리는 조직 단위, 조직 또는 국가와 같은 객체를 표현한다. 한 노드의 자식 노드는 부모의 모든 RDN과 하나 이상의 추가적인 RDN을 포함하는 DN을 가진다. 예를 들어, 내부 노드가 DN으로 c=USA를 가지면, 그 하위에 있는 모든 엔트리는 RDN c의 값으로 USA를 가지게 된다.

전체 식별명을 엔트리에 저장할 필요는 없다. 시스템은 엔트리에서 DIT를 순회하여 RDN=value 구성요소를 수집하여 전체 식별명을 생성한다.

엔트리는 하나 이상의 식별명을 가질 수 있다. 예를 들어, 사람에 대한 엔트리인 경우 그 엔트리는 하나 이상의 조직에 속할 수 있다. 이런 경우를 다루기 위해 DIT의 단말 노드는 **별칭**(alias)이 될 수 있으며 이 노드가 트리의 다른 가지에 있는 엔트리를 가리킬 수 있도록 한다.

25.5.2.2 데이터 조작

SQL과 달리 LDAP는 데이터 정의 언어나 데이터 조작 언어를 정의하지 않는다. 그러나 LDAP는 데이터 정의 및 조작을 수행하기 위한 네트워크 규약을 정의한다. LDAP 사용자는 API를 사용하거나 다양한 공급업체에서 제공하는 도구를 사용하여 데이터 정의와 조작을 수행할 수 있다. 또한 LDAP는 정보를 저장하고 교환하는 데 사용할 수 있는 **LDAP 데이터 교환 형식**(LDAP Data Interchange Format, **LDIF**)이라는 파일 형식을 정의한다.

LDAP의 질의 체계는 매우 간단하다. 어떠한 조인도 없으며 단지 선택 연산이나 추출 연산으로 구성되어 있다. 질의는 다음을 명시하여야 한다.

- 베이스: 식별명(루트에서부터 그 노드까지의 경로)에 의해 주어진 베이스(이는 DIT에 있는 노드임)
- 검색 조건: 개별 속성에 대한 조건의 불리언 조합으로 된 검색 조건. 동등(equality), 와일드카드 문자열 일치, 근사 동등(approximate equality, 근사 동등의 정확한 정의는 시스템에 따라 다름)을 지원함
- 영역(scope): 베이스뿐이거나 베이스와 베이스의 자식 노드, 베이스 아래의 전체 하위 트리가 될 수 있음
- 반환할 속성
- 결과의 개수나 자원 소모량에 대한 제한

질의는 별칭을 자동으로 역참조할지를 지정할 수도 있다. 별칭 역참조를 설정하지 않았다면 별칭 엔트리가 그 답으로 반환될 수 있다.

LDAP에서 질의 지원에 대한 더 자세한 내용은 생략하지만, LDAP 구현은 LDAP 데이터에 대한 질의/갱신을 위한 API를 지원하고 추가로 LDAP 데이터 질의를 위한 웹 서비스를 지원할 수 있다는 점에 주목한다.

25.5.2.3 분산 디렉터리 트리

조직에 대한 정보는 여러 DIT로 분할될 수 있으며 각 DIT는 일부 엔트리에 대한 정보를 저장한다. DIT의 **접미사**(suffix)는 DIT가 저장하는 정보를 식별하는 일련의 RDN=value 쌍이다. 이 쌍은 엔트리에서 루트로 순회하여 생성된 식별 이름(DN)의 나머지 부분과 결합된다. 예를 들어, DIT의 접미사는 o=Nokia, c=USA이고 다른 접미사는 o=Nokia, c=India일 수 있다. DIT는 조직적으로 그리고 지리적으로 분리될 수 있다.

DIT의 노드는 다른 DIT에 속하는 노드에 대한 **조회**(referral)를 포함할 수 있다. 예를 들어, o=Nokia, c=USA 아래의 조직 단위 Bell Labs는 자체 DIT를 가질 수 있다. 이 경우 o=Nokia, c=USA에 대한 DIT는 Bell Labs에 대한 DIT의 조회를 나타내는 노드 ou=Bell Labs를 가진다.

조회는 분산된 디렉터리 모음을 하나의 통합 시스템으로 조직화하는 데 도움이 되는 핵심 구성 요소다. 서버가 DIT에 대한 질의를 받으면 클라이언트에 조회를 반환하고, 이후 클라이언트가 참조된 DIT에 대한 질의를 실행한다. 참조된 DIT에 대한 접근은 투명하며 사용자 모르게 진행된다. 그 대신에 서버 자체가 참조된 DIT에 질의를 실행하고 지역적으로 계산된 결과와 함께 결과를 반환할 수 있다.

LDAP에서 사용하는 계층적인 명명 체계는 조직의 각 부분에서 정보의 제어를 나누어 할 수 있도록 해 준다. 그리고 조회 기능은 조직의 모든 디렉터리를 단일 가상 디렉터리로 통합할 수 있게 한다.

비록 LDAP의 요구 사항은 아니지만, 조직은 종종 정보를 지역적으로(예를 들어, 조직이 방대하게 존재하고 있는 경우 각각의 소재지별로 디렉터리를 유지하는 경우) 혹은 조직 체계별로(예를 들

어, 부서와 같은 각 조직 단위별로 그들만의 디렉터리를 유지하는 경우) 나누는 것을 선호한다. 많은 LDAP 구현이 DIT의 마스터-슬레이브 및 다중 마스터 복제를 지원한다.

25.6 요약

- 스키마, 인덱스 및 트랜잭션과 같은 상위 수준의 데이터베이스 설계뿐만 아니라 데이터베이스 시스템 매개변수를 튜닝하는 것은 좋은 성능을 위해 중요하다. 튜닝은 병목을 식별하고 제거함으로써 가장 잘 이루어질 수 있다.
- 데이터베이스 튜닝은 스키마 및 질의 수준, 데이터베이스 시스템 매개변수 수준 및 하드웨어 수준에서 수행될 수 있다. 데이터베이스 시스템에는 일반적으로 버퍼 크기와 같은 다양한 튜닝 가능한 매개변수가 있다.
- 인덱스 및 실체화 뷰의 올바른 선택과 수평 분할의 사용은 상당한 성능 이점을 제공한다. 작업부하 이력을 기반으로 한 자동 튜닝 도구는 이러한 튜닝에 크게 도움이 될 수 있다. 인덱스 집합과 실체화 뷰 집합을 전체 비용을 최소화하기 위해 적절히 선택할 수 있다. 수직 분할 및 열 저장소는 온라인 분석 처리 시스템에서 상당한 이점을 제공할 수 있다.
- 잠금 경합을 최소화하기 위해 트랜잭션을 튜닝할 수 있다. 스냅샷 격리와 조기 잠금 해제를 지원하는 시퀀스 번호 기능은 읽기-쓰기나 쓰기-쓰기 경합을 줄이는 데 유용한 도구다.
- 하드웨어 튜닝은 메모리 크기 선택, SSD 대 자기 하드 디스크 사용, 점점 더 증가하는 CPU 코어 수를 포함한다.
- 성능 벤치마크는 데이터베이스 시스템이 점점 더 표준에 맞추어 구현됨에 따라 서로 다른 시스템을 비교하는 데 중요한 역할을 한다. TPC 벤치마크 묶음이 널리 쓰이고 있으며, 각기 다른 작업부하에 대해 데이터베이스 성능을 비교하는 데에는 다른 TPC 벤치마크가 유용하다.
- 응용 프로그램을 개발한 후 배포하기 전에 집중적으로 시험해야 한다. 시험은 오류를 잡고, 성능 목표를 만족하는지 확인하는 데 쓰인다.
- 레거시 시스템은 비관계형 데이터베이스와 같은 이전 세대의 기술에 기반하거나 심지어 파일 시스템에 직접 기반을 둔 시스템이다. 레거시 시스템과 차세대 시스템을 연결하는 것은 해당 시스템이 매우 중요한 임무를 처리해야 하는(mission-critical) 시스템을 운영할 때 종종 중요하다. 레거시 시스템에서 차세대 시스템으로의 이주는 비용이 매우 많이 들 수 있는 중단을 방지하기 위해 신중하게 수행되어야 한다.
- 표준은 데이터베이스 시스템이 복잡성과 상호 운용의 필요성 때문에 중요하다. SQL을 위한 공식적인 표준이 존재한다. ODBC 및 JDBC와 같은 (실질적인) 표준과 업계 그룹에서 채택한 표준은 클라이언트-서버 데이터베이스 시스템의 성장에 중요한 역할을 했다.
- 분산 디렉터리 시스템은 많은 응용 프로그램에서 중요한 역할을 했으며 분산 데이터베이스로 볼 수 있다. LDAP는 조직에서 인증 및 직원 정보 추적에 널리 사용된다.

용어정리

- 성능 튜닝
- 병목
- 큐잉 시스템
- 물리적 스키마 튜닝
- 인덱스 튜닝
- 실체화 뷰
- 즉각적 뷰 관리 기법
- 지연된 뷰 관리 기법
- 물리적 설계 튜닝
- 작업부하
- 질의 튜닝
- 집합 지향
- 일괄 갱신(JDBC에서 사용)
- 대량 적재
- 대량 갱신
- **Merge** 문
- 논리적 스키마 튜닝
- 튜닝 가능한 매개변수
- 동시 트랜잭션 튜닝
- 시퀀스
- 미니배치 트랜잭션
- 하드웨어 튜닝
- 5분 규칙
- 성능 시뮬레이션
- 성능 벤치마크
- 서비스 시간
- 처리량
- 데이터베이스-응용 프로그램 유형
- 온라인 트랜잭션 처리(OLTP)
- 의사결정 지원
- TPC 벤치마크
  - TPC-C
  - TPC-D
  - TPC-E
  - TPC-H
  - TPC-DS
- 회귀 시험
- 변종 제거
- 응용 프로그램 이주
- 레거시 시스템
- 역공학
- 재공학
- 표준화
  - 공식적인 표준
  - 실질적인 표준
  - 선행 표준
  - 역행 표준
- 데이터베이스 연결 표준
- X/Open XA 표준
- 객체 데이터베이스 표준
- XML-기반 표준
- LDAP
- 디렉터리 정보 트리(DIT)
- 분산 디렉터리 트리

실전문제

25.1 좋아하는 데이터베이스 시스템이 제공하는 모든 성능 정보를 파악한다. 적어도 다음 사항을 확인한다. 어떤 질의가 현재 수행 중이거나 최근에 수행되었는가, 그 질의가 사용한 자원(CPU와 I/O)은 각각 무엇인가, 페이지를 요청했을 때 버퍼 미스로 이어진 비율은 어느 정도인가(가능하다면 각각의 질의에 대해서), 어떤 잠금이 높은 수준의 경합을 하는가. 또한 운영체제 유틸리티를 사용하여 열린 네트워크 연결 수를 포함하여 CPU, I/O 및 네트워크 사용률에 대한 정보를 구해 보라.

25.2 많은 응용 프로그램에서 각 트랜잭션에 대한 시퀀스 번호를 생성하는 것이 필요하다.

a. 시퀀스 카운터가 2단계 규약에 따라 잠금되었을 경우, 시퀀스 카운터는 동시성 병목이 될 수 있다. 왜 이러한 경우가 발생할 수 있는지 설명하라.

b. 많은 데이터베이스 시스템은 2단계 규약에 따라 잠금되지 않는 내장 시퀀스 카운터를 지원하고 있다. 트랜잭션이 시퀀스 번호를 요청하면, 카운터는 잠금되고, 카운터를 증가한 후 잠금을 해제한다.

   i. 어떻게 이와 같은 카운터가 동시성을 개선할 수 있는지 설명하라.

   ii. 왜 커밋된 트랜잭션의 마지막 집합에 속해 있는 시퀀스 번호에 간격이 있을 수 있는지 설명하라.

25.3 릴레이션 $r(a, b, c)$가 주어졌다고 가정하자.

a. 속성 a에 대한 동등 선택(equality selection) 질의의 성능이 어떻게 r을 군집하느냐에 따라 크게 영향을 받을 수 있는 상황의 예를 들어 보라.

b. 속성 b에 대한 범위 선택 연산 질의도 있다고 가정하자. $r.a$에 대한 동등 선택 연산 질의와 $r.b$에 대한 범위 선택 연산 질의, 이 두 질의가 모두 효율적으로 수행될 수 있는 방식으로 r을 군집할 수 있는가? 제시한 답을 설명하라.

c. 위와 같은 군집이 불가능한 경우 적절한 인덱스를 선택하여 두 유형의 질의를 효율적으로 실행할 방법을 제안하라.

25.4 짧은 시간에 많은 수의 레코드가 관계에 삽입되는 경우 모든 인덱스를 삭제하고 삽입이 완료된 후 다시 생성하는 것을 종종 추천한다.

a. 이 추천의 동기는 무엇인가?

b. 인덱스의 대량 갱신을 통해 인덱스의 삭제 및 재작성을 없앨 수 있다. B^+-트리 인덱스에 대해 이것을 어떻게 효율적으로 수행할 수 있는지 제안하라.

c. 만약 인덱스가 LSM 트리와 같이 쓰기 최적화된 인덱스라면 이 조언이 의미가 있는가?

25.5 데이터베이스 응용 프로그램이 단일 병목을 갖는 것이 아니라고 가정하자. 즉 CPU와 디스크의 이용률이 둘 다 높으며, 모든 데이터베이스 큐가 대략 균형을 이루고 있다. 이는 이 응용 프로그램을 더는 튜닝할 수 없음을 의미하는가? 제시한 답을 설명하라.

25.6 어떤 시스템이 세 가지 종류의 트랜잭션을 수행한다고 하자. 유형 A의 트랜잭션은 초당 50개의 속도로 수행되고, 유형 B의 트랜잭션은 초당 100개의 속도로, 유형 C의 트랜잭션은 초당 200개의 속도로 수행된다. 트랜잭션의 혼합을 A 25%, B 25%, C 50%로 구성한다고 가정해 보자.

a. 트랜잭션 간 간섭이 없다고 할 때 평균 트랜잭션 처리량은 얼마인가?

b. 어떤 요인이 서로 다른 유형의 트랜잭션 사이에 간섭을 초래하고 계산된 처리량을 부정확하게 만드는가?

25.7 응용 프로그램 개발자가 릴레이션 $r(A, B)$와 $s(B, C)$에 대해 아래의 질의를 작성한다고 가정하자.

select *
from *r* **natural left outer join** *s*;

대신에 다음 질의를 작성했다.

select *
from *r* **natural join** *s*;

a. 두 질의가 같은 결과를 제공하는 *r* 및 *s*에 대한 샘플 데이터를 제시한다.

b. 두 질의가 서로 다른 결과를 제공하는 *r*, *s*에 대한 샘플 데이터를 제공하여 질의의 오류를 노출하라.

25.8 역행 표준과 비교하여 선행 표준의 장단점을 논하라.

25.9 기본 수준 데이터를 복제하지 않고 LDAP를 사용하여 데이터의 여러 계층적 뷰를 제공하는 방법을 설명하라.

연습문제

25.10 데이터베이스 튜닝:

a. 성능을 향상하기 위해 데이터베이스 시스템을 크게 세 가지 수준에서 튜닝할 수 있는데, 이 세 가지 수준은 무엇인가?

b. 각 수준에서 어떻게 튜닝할 수 있는지 그 예를 두 가지씩 들어 보라.

25.11 성능 튜닝을 수행할 때 하드웨어 튜닝(디스크 또는 메모리 추가)을 먼저 시도할 것인가 아니면 트랜잭션 튜닝(인덱스 또는 실체화 뷰 추가)을 먼저 시도할 것인가? 제시한 답을 설명하라.

25.12 B^+-트리 파일로 저장된 매우 큰 릴레이션의 한 튜플을 각각 접근하고 갱신하는 트랜잭션을 갖는 응용 프로그램이 있다고 하자. 모든 B^+-트리의 내부 노드는 메모리상에 있지만, 단말 페이지의 극히 일부분만 메모리에 있을 수 있다고 가정하자. 초당 1,000 트랜잭션의 작업부하를 지원하기 위한 최소 디스크 개수를 어떻게 구할 수 있는지 설명하라. 또한 12.3절에 주어진 디스크 매개변수의 값을 사용하여 필요한 디스크 개수를 구하라.

25.13 하나의 긴 트랜잭션을 여러 개의 작은 트랜잭션으로 나누는 이유는 무엇인가? 그 결과 어떤 문제가 발생하고 어떻게 이러한 문제를 피할 수 있는가?

25.14 메모리의 가격이 반으로 떨어지고 디스크 접근 속도(초당 접근 수)는 2배가 되지만, 다른 모든 요소는 그대로라고 가정해 보자. 이 변경이 5분 규칙과 1분 규칙에 미치는 영향은 무엇인가?

25.15 TPC 벤치마크를 현실적이고 신뢰할 만한 척도로 만드는 요소에 대해 적어도 네 가지 이상 나열해 보라.

25.16 TPC-D 벤치마크가 TPC-H와 TPC-R 벤치마크로 대체된 이유는 무엇인가?

25.17 TPC-C, TPC-H, 또는 TPC-R 중 어느 것이 응용 프로그램에 가장 적합한 모델인지 결정하는 데 도움이 되는 응용 프로그램의 특성을 설명하라.

25.18 LDAP 기능을 데이터베이스 시스템상에서 구현할 수 있다는 점을 감안할 때, LDAP 표준의 필요성은 무엇인가?

더 읽어보기

[Harchol-Balte (2013)]는 컴퓨터 과학 관점에서 큐잉 이론에 대한 전반적인 내용을 소개하는 교과서다.

IBM DB2, Oracle 및 Microsoft SQL Server의 튜닝 지원에 대한 정보는 온라인 설명서와 수많은 책에서 찾을 수 있다. [Shasha and Bonnet (2002)]은 데이터베이스 튜닝 원리에 대해 자세히 설명한다. [O'Neil and O'Neil (2000)]은 성능 측정 및 튜닝에 대한 전반적인 내용을 담고 있는 매우 훌륭한 교과서다. [Gray and Graefe (1997)], [Graefe (2008)]와 [Appuswamy et al. (2017)]는 5분 및 1분 규칙에 대해 설명한다.

[Bitton et al. (1983)] 문헌에서 데이터베이스 시스템 벤치마크(Wisconsin 벤치마크)에 대한 초기 제안을 했다. [Gray (1991)]에서 TPC-A, TPC-B 및 TPC-C 벤치마크에 대해 설명한다. 웹 사이트 www.tpc.org에서 전체 TPC 벤치마크에 대한 설명 및 벤치마크 결과를 온라인으로 확인할 수 있다. 이 사이트는 새로운 벤치마크 제안을 위한 최신 정보도 담고 있다.

XData 시스템(www.cse.iitb.ac.in/infolab/xdata)은 테스트 데이터를 생성하여 SQL 질의의 오류를 포착하고 학생 SQL 질의를 채점하는 도구를 제공한다.

SQL 표준의 여러 부분을 포함한 많은 표준 문서는 ISO/IEC 웹 사이트(standards.iso.org/ittf/PubliclyAvailableStandards/index.html)에서 찾을 수 있다. ODBC, OLE-DB, ADO 및 ADO.NET에 대한 정보는 웹 사이트 www.microsoft.com/data에서 찾을 수 있다. 웹 사이트 www.w3c.org에서 XML 기반 표준 및 도구에 대한 풍부한 정보를 온라인으로 찾아볼 수 있다.

참고문헌

[Appuswamy et al. (2017)] R. Appuswamy, R. Borovica, G. Graefe, and A. Ailamaki, "The Five minute Rule Thirty Years Later and its Impact on the Storage Hierarchy", In *Proceedings of the 7th International Workshop on Accelerating Analytics and Data Management Systems Using Modern Processor and Storage Architectures* (2017).

[Bitton et al. (1983)] D. Bitton, D. J. DeWitt, and C. Turbyfill, "Benchmarking Database Systems: A Systematic Approach", In *Proc. of the International Conf. on Very Large Databases* (1983), pages 8-19.

[Graefe (2008)] G. Graefe, "The Five-Minute Rule 20 Years Later: and How Flash Memory Changes the Rules", *ACM Queue*, Volume 6, Number 4 (2008), pages 40-52.

[Gray (1991)] J. Gray, *The Benchmark Handbook for Database and Transaction Processing Systems*, 2nd edition, Morgan Kaufmann (1991).

[Gray and Graefe (1997)] J. Gray and G. Graefe, "The Five-Minute Rule Ten Years Later, and Other Computer Storage Rules of Thumb", *SIGMOD Record*, Volume 26, Number 4 (1997), pages 63-68.

[Harchol-Balte (2013)] M. Harchol-Balte, *Performance Modeling and Design of Computer Systems: Queueing Theory in Action*, Cambridge University Press (2013).

[O'Neil and O'Neil (2000)] P. O'Neil and E. O'Neil, *Database: Principles, Programming, Performance*, 2nd edition, Morgan Kaufmann (2000).

[Shasha and Bonnet (2002)] D. Shasha and P. Bonnet, *Database Tuning: Principles, Experiments, and Troubleshooting Techniques*, Morgan Kaufmann (2002).

크레딧

장 도입부 보트 사진: © Pavel Nesvadba/Shutterstock

Chapter 26

블록체인 데이터베이스

블록체인은 가장 기본적인 수준에서 데이터베이스 저장을 위한 대체 데이터 형식을 제공하며, 트랜잭션 처리를 위한 패러다임은 높은 수준의 탈중앙화를 가능하게 한다.

블록체인 기술을 사용하여 주로 **디지털 원장**(digital ledger)을 생성한다. 금융계에서 원장(ledger, 장부라고도 함)이란 금융 계좌의 장부를 의미하며, 거래 내역을 추적한다. 예를 들어, 계좌에 대한 입금이나 인출이 발생할 때마다 은행이 관리하는 원장에 (거래 내역) 항목을 추가한다. 은행이 원장을 관리하므로, 해당 은행의 고객은 은행이 부정행위를 않는다고 암묵적으로 신뢰하고 있다. 즉 무단 출금과 같은 허가되지 않은 거래의 추가나 입금 거래 기록을 삭제하여 원장을 수정하는 일은 발생하지 않는다고 생각한다.

블록체인 기반의 분산 원장(distributed ledger)은 각 거래 내역을 진위 증명(proof of authenticity)으로 디지털 서명하여 여러 당사자가 협력적으로 원장을 유지한다. 더 나아가, 항목을 원장에 추가하면, 다른 참여자의 감지 없이 한 당사자가 항목을 삭제하거나 수정할 수 없는 방식으로 유지된다.

블록체인은 비트코인(Bitcoin)과 다른 암호 화폐(cryptocurrency)의 핵심 토대를 형성한다. 비록 블록체인 기술의 많은 근원적인 부분이 1980년대와 1990년대에 처음 개발되었지만, 비트코인과 다른 암호 화폐의 붐(그리고 이후 추락)으로 인해 블록체인은 2010년대에 널리 인기를 얻었다.

(많은 암호 화폐 기법을 넘어서) 블록체인은 어느 한 당사자에 대한 완전한 신뢰가 없더라도, 비즈니스 응용 프로그램을 위한 안전한 데이터 저장 및 처리 기반을 제공한다. 예를 들어, 어떤 대기업과 그 공급사들이 제조 공정의 일부로 제품 및 구성요소에 관한 위치 데이터를 유지한다고 가정하자. 기업을 신뢰할 수 있는 조직으로 추정할 수 있다고 해도, 그중 한 기업이 부정행위를 저지르고 기록을 다시 쓰려는 강한 동기를 갖게 되는 상황이 발생할 수 있다. 블록체인은 이런 부정 갱신을 방지한다. 부동산 거래와 같은 소유권 문서는 블록체인 사용의 가능성을 보여 주는 또 다른 예

다. 범죄자는 허위 소유권 증서를 생성하여 실제 소유하지 않은 부동산을 팔 수도 있고, 실제 소유주라 하더라도 같은 부동산을 여러 번 파는 식으로 부동산 사기를 저지를 수 있다. 블록체인은 디지털화된 소유권 문서의 진위를 검증할 수 있으며, 소유자가 자산을 매각한 후 해당 자산을 다른 사람에게 (발각되지 않고) 재판매하지 못하도록 보장한다. 블록체인 데이터 구조가 제공하는 보안으로 인해, 일반 대중은 부동산 기록을 위험에 노출시키지 않고 볼 수 있다. 블록체인의 다른 응용 프로그램은 이 장 뒷부분에서 설명한다.

이 장은 데이터베이스 관점으로 블록체인을 살펴본다. 먼저, 블록체인 데이터베이스가 이 책의 다른 장에서 학습한 전통적인 데이터베이스와 어떤 차이가 있는지 식별하고, 이런 차별화된 기능을 어떻게 구현하는지 살펴본다. 기업 데이터베이스 환경에 더 적합한 비트코인식(Bitcoin-style) 알고리즘과 구현의 대안을 고려한다. 이 데이터베이스 중심의 초점으로 인해, 암호 화폐의 재정적 영향이나 암호 화폐 지갑이나 교환을 통해 해당 통화를 관리하는 사안은 고려하지 않는다.

26.1 개요

블록체인을 자세히 학습하기 전에, 이 절은 블록체인의 개발과 사용을 주도해 온 암호 화폐에 대한 개요를 먼저 제공한다. 그러나 블록체인이 암호 화폐를 넘어서는 많은 용도도 지니고 있음에 주목한다.

"명목화폐(fiat currency)"라고도 불리는 전통적인 통화(currency)는 일반적으로 한 국가의 중앙은행에서 발행하며 해당 국가 정부가 보증한다. 지폐는 종이 한 장에 불과하지만, 지폐가 가치를 지니는 유일한 이유는 정부가 통화의 가치를 보장하고 국민이 정부를 신뢰하기 때문이다. 오늘날 금융 보유액은 여전히 통화로 표시하지만, 대부분의 금융 보유액은 물리적인 지폐로 존재하지 않는다. 금융 보유액은 단지 은행이나 다른 금융기관의 장부(ledger)에 기입된 항목에 불과하다. 통화 사용자는 원장을 관리하는 조직을 신뢰해야 한다.

암호 화폐(cryptocurrency)는 순수하게 온라인으로 생성되고, 어떤 한 조직(또는 국가)도 완전히 신뢰할 필요가 없는 방식으로 기록된 화폐다. 이 용어는 (암호 화폐의) 작동 방식이 암호화 기술을 기반으로 해야 한다는 사실에서 비롯했다. 지폐와 달리 어떠한 디지털 정보도 쉽게 복사할 수 있기 때문에, 어떤 암호 화폐 체계도 돈의 "이중 지불(double spending)"을 방지할 수 있어야 한다. 이 문제를 해결하기 위해 암호 화폐는 원장을 사용하여 거래 내역을 기록한다. 또한 어느 한 당사자도 신뢰할 필요가 없는 안전한 분산 인프라에 원장을 저장한다. 탈중앙화(decentralization)와 무신뢰성(trustlessness)이 암호 화폐의 두 가지 핵심 개념이다. 일반 통화와 같지만 신용카드(또는 직불카드) 거래와는 달리, 암호 화폐는 통화 사용자의 프라이버시(privacy)를 보호하기 위해 거래 익명성을 제공하는 것을 목표로 한다. 그러나 암호 화폐 블록체인은 공개 데이터이기 때문에 분석을 통해 익명성을 침해하거나 제한할 수 있다.

최초의 성공적인 암호 화폐였던 비트코인은 2008년 Satoshi Nakamoto[1]의 논문 발표와 2009년 오픈 소스 비트코인 코드가 잇따라 발표되면서 등장했다. 비트코인 원논문의 아이디어는 많은 문

1 Satoshi Nakamoto는 비트코인을 만든 사람이나 그룹의 필명이다.

제를 해결했고, 따라서 이전에는 비현실적이라고 여겨졌던 암호 화폐가 현실이 될 수 있었다.

하지만 많은 경우에서 근원적인 개념과 알고리즘의 개발은 수십 년 전으로 거슬러 올라간다. Nakamoto의 뛰어난 업적은 혁신과 선행 연구의 잘 설계된 활용을 적절하게 결합했다는 점이고, 비트코인의 성공은 이 공헌의 가치를 증명한다. 하지만 익명성, 무신뢰성, 완전한 분산 동시성이라는 목표는 데이터베이스 설정에서 잘 작동하지 않는 방향으로 많은 기술적 결정을 이끌었다. 이 장 뒤에 있는 "더 읽어보기" 절은 이런 아이디어의 발전에 대한 주요 역사적 논문을 인용한다.

가장 기본적인 수준에서 블록체인은 데이터의 블록(blocks of data)을 연결 리스트(linked list)로 유지한 것이다. 각 블록은 데이터에 대한 갱신 로그를 저장한다. 블록체인 기술의 흥미로운 점은 변조 방지성이 높도록 분산적으로 관리할 수 있고, 디지털 서명된 레코드를 블록체인에 추가하는 것 이외에는 어떤 참여자도 쉽게 수정하거나 조작할 수 없다는 것이다.

비즈니스 환경에서 무신뢰 분산 제어가 중요하지만, 절대적인 익명성은 회계 원칙과 규제 요건 모두에 위배된다. 이것은 블록체인 사용에 대한 두 가지 주요 시나리오로 이어진다. 비트코인의 블록체인은 어느 사이트도 블록체인을 유지하는 작업에 합류하고 참여하는 것이 가능하기 때문에 **퍼블릭 블록체인**(public blockchain)으로 불린다. 이와는 대조적으로, 대부분의 기업형 블록체인은 더 제한적이어서 **허가형 블록체인**(permissioned blockchain)이라 한다. 허가형 블록체인은 일반 대중의 참여를 허락하지 않는다. 기업, 기업 컨소시엄 또는 정부 기관이 허가 기관으로서 접근 권한을 부여한다.

비트코인은 퍼블릭 블록체인을 실용적으로 만드는 많은 아이디어를 도입했지만, 이러한 아이디어는 블록체인을 실행하는 데 필요한 CPU 성능(및 그에 따른 전력)과 트랜잭션 처리 지연 시간 측면에서 상당한 비용을 수반한다. 무신뢰성과 익명성에 대한 비트코인의 강한 가정을 완화하여, 비트코인 모델의 많은 비효율성과 높은 지연 시간을 극복하고, 기업형 데이터 관리의 목표를 더욱 발전시키는 블록체인을 설계할 수 있다.

이 장에서 비트코인이 사용하는 고전적인 블록체인 구조를 살펴보고, 이를 통해 블록체인의 주요한 특징을 소개한다. 블록체인은 단방향 암호화 해시 함수를 사용해서 이런 특징을 구현한다. 단방향 해시 함수는 데이터베이스 인덱싱 수단으로 24장에서 사용하는 해시 함수와 상당히 다르다. 암호화 해시 함수는 다음과 같은 특정 수학적 속성을 필요로 한다. 즉 데이터 값 x와 해시 함수 h가 주어지면 $h(x)$를 계산하는 것은 비교적 쉽지만, $h(x)$가 주어진 x를 찾는 것은 사실상 불가능해야 한다.

블록체인을 여러 시스템에 걸쳐 분산 저장할 때, 중요한 사안은 각 단계에서 참여 시스템이 블록체인의 내용과 각 단계에서 추가하는 내용에 합의하도록 하는 것이다. 참여자들이 서로를 신뢰하지만 장애에 취약한 경우, 앞의 23.8절에서 학습한 합의 기법을 사용하여 모든 참가자가 로그의 내용에 동의하도록 한다(본질적으로, 블록체인은 로그다). 그러나 블록체인의 참가자들이 서로를 신뢰하지 않고 중앙집중식 제어가 없을 때, 블록체인에 어떤 데이터를 추가할지 합의하는 것은 훨씬 더 어렵다. 기본 합의 알고리즘을 이러한 설정에 적용할 수 없다. 예를 들어, 공격자가 많은 수의 시스템을 만들고, 각 시스템이 참여자로 블록체인에 가입하였다고 가정하자. 이 경우 공격자는 참여 시스템의 과반수(majority)를 제어하게 된다. 다수결에 기초한 모든 결정은 공격자가 제어할 수 있으며, 공격자는 블록체인의 내용을 변조할 수 있는 결정을 강요할 수 있다. 이 경우 블록체인의 변조 방지 속성이 손상된다.

비트코인의 에너지 집약적 접근 방식을 먼저 설명하지만, 다른 암호 화폐가 사용하는 다양한 대안적이고 효율적인 접근 방식도 제시한다. 마지막으로 비잔틴 합의 알고리즘에 기반한 접근 방식을 고려한다. 비잔틴 합의 알고리즘은 참여 노드의 일부에 장애가 발생하거나 참여 노드가 거짓말을 하여 합의를 방해하더라도 동작하는 합의 알고리즘이다. 그래서 기본적으로 비잔틴 합의는 기업용 블록체인 환경에 적합하고, 허가형 블록체인(어떤 조직이 블록체인에 접근할 수 있는 권한을 제어하는 경우)에도 사용할 수 있다. 비잔틴 합의는 오래된 문제이고 해결책은 오래전부터 존재해 왔다. 그러나 블록체인 데이터베이스의 특별한 제약 조건으로 인해, 이 문제에 대한 몇 가지 새로운 접근법이 제시되었다. 비잔틴 합의 기법에 대한 자세한 참고문헌은 이 장 끝부분의 "더 읽어보기" 절을 참조한다.

블록체인 데이터베이스는 단순한 통화 기반 직불-신용 거래 이상의 것을 저장한다. 데이터베이스처럼 기업에 대한 다양한 유형의 데이터를 저장할 수 있다. 전통적인 블록체인 데이터 구성은 그러한 데이터를 효율적으로 검색하기 어렵게 만들지만, 블록체인에 기존의 데이터베이스를 짝을 지어 연결하거나 데이터베이스 위에 블록체인을 구축하면 질의 처리 속도가 빨라질 수 있다. 블록체인 자체 내에서 가능한 방식이나 특정 연산을 "오프체인"으로 수행하고 나중에 이를 블록체인에 대량으로 추가하는 방식으로, 질의뿐만 아니라 갱신 트랜잭션의 속도를 높일 수 있는 다양한 수단을 이 장에서 학습한다.

블록체인 알고리즘을 다룬 후, 블록체인 데이터베이스의 가장 유망한 응용 프로그램 중 일부를 26.8절에서 설명한다.

26.2 블록체인 속성

가장 기본적인 수준에서 블록체인은 데이터 블록의 연결 리스트다. 블록체인 데이터 구조의 두드러진 특징은, 연결 리스트의 포인터가 이전(next older) 블록의 식별자와 그 이전 블록의 해시를 포함한다는 것이다. 그림 26.1은 이 구조를 보여 준다. 그림에서 초기 블록 또는 **제네시스 블록**(genesis block)은 블록 0으로 표시한다. 블록체인 창조자가 제네시스 블록을 생성한다. 하나의 블록이 체인에 추가될 때마다 블록은 값의 쌍(이전 블록에 대한 포인터, 이전 블록의 해시)을 포함한다. 그 결과, 한 블록에 대한 변경 사항은 그 블록의 해시와 체인의 다음 블록에 포함된 해시 값을 비교하여 쉽게 탐지할 수 있다. 다음 블록의 해시 값을 변경할 수 있지만, 그러면 그 블록의 다음 블록도 변경해야 한다. 이런 식으로 계속 진행한다.

블록체인의 해시 검증 포인터 형식이 블록체인을 변조하기 어렵게 만든다. 변조가 사실상 불가능하려면, 블록체인에 대한 어떠한 변조도 쉽게 탐지할 수 있어야 하고 정확한 버전의 블록체인을 쉽게 결정할 수 있어야 한다. 이를 달성하기 위해서, 해시 함수는 곧 논의할 특정 수학적 속성을 반드시 가져야 한다. 또한 많은 독립 노드에 체인 자체를 복제 및 분산하여 단일 노드나 소규모 노드

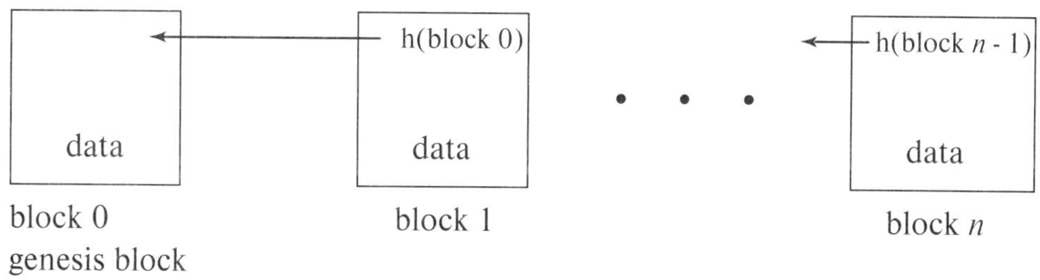

그림 26.1 블록체인 데이터 구조

그룹이 그 블록을 변조할 수 없도록 한다. 블록체인을 여러 노드에 걸쳐 복제하므로, 블록체인의 정확한 현재 상태에 대한 합의를 유지하기 위해 분산 합의 알고리즘을 사용한다. 따라서 일부 노드가 블록체인 내용을 변조하려고 해도 과반수가 정직하다면, 다수결에 기초한 의사결정이 블록체인의 무결성을 보장할 수 있다.

위의 접근 방식은 블록체인에 참여하는 노드의 집합이 어떤 방식으로 통제되어 공격자가 노드의 과반수를 제어하기 어렵게 만드는 것처럼 동작한다. 그러나 이러한 제어는 중앙 제어가 없다는 목표에 반하며, 참여 노드 수가 지속적으로 변하는 비트코인과 같은 퍼블릭 블록체인에서 허용되지 않는 것으로 간주한다. 어떤 컴퓨터라도 블록체인을 다운로드할 수 있고, 블록을 추가할 수 있다(블록체인을 구현하는 코드는 오픈 소스로 이용 가능하다). 결과적으로, 공격자는 많은 수의 저비용 컴퓨터를 노드로 사용하여 과반수 기반 접근 방식을 압도할 수 있다. 이런 공격을 **시빌 공격**(Sybil attack)이라고 한다.

독립 노드 간에 합의가 이루어지는 방식은 블록체인마다 다르다. 이런 변화는 성능(지연 시간과 처리량)과 시빌 공격을 포함한 적대적 공격에 대한 합의 기법의 강건성(robustness) 간의 상반관계다. 23장에서 분산 합의를 다룰 때, 단일 조직이 전체 분산 시스템을 통제한다고 가정했다. 따라서 합의 알고리즘은 노드나 네트워크의 장애로 실패 중지(fail-stop)만 허용했는데, 이때 참여자들은 적대적인 방식으로 행동하지 않는다.

일반적인 블록체인 응용 프로그램에서 다수의 독립 조직이 체인을 공유한다. 극단적인 경우, 비트코인이 대표적인 예시인데, 악의적인 목적으로 누구나 노드를 설정하고 참여할 수 있다. 이런 경우 발생할 수 있는 장애 유형은 장치 또는 시스템이 작동을 멈춘 경우뿐만 아니라 시스템이 계속 동작하지만 적대적으로 행동하는 경우도 있음을 의미한다. 대부분의 기업 환경에서 **허가형** 블록체인을 사용한다. 하지만 참여자 집합에 대한 일부 제어를 제공하지만, 악의적인 행동을 방지하기 위한 직접적인 제어는 없다.

블록체인에 완전히 참여하는 노드는 합의 기법에 참여하고 자체 블록체인 복제본을 유지할 필요가 있다. 이러한 노드를 **풀 노드**(full node)라고 한다. 일부 응용 프로그램은 블록체인에 갱신을 제출하지만 합의 과정에 참여할 저장 공간이나 계산 능력이 없는 저비용 노드를 필요로 한다. 이러한 저비용 노드를 **라이트 노드**(light node)라고 한다.

26.4절에서 블록체인 합의 알고리즘에 대해 자세히 논의한다. 블록체인 합의 알고리즘은 다음과

같은 여러 범주 중 하나로 분류할 수 있다.

- **작업 증명**(Proof of work): 26.4.1절에서 자세히 설명할 작업 증명은 시빌 공격에 대한 해결책으로 공격자가 과반수의 노드를 제어하는 데 매우 많은 비용이 들게 한다. 구체적으로, 참여 노드는 어떤 어려운 수학 문제를 해결한 첫 번째 노드가 다음 블록을 블록체인에 추가하는 것을 동의한다. 이를 블록 **채굴**(mining)이라 한다. 작업 증명 알고리즘은 공격자가 전체 네트워크에서 계산 능력의 절반 이상을 제어하지 않는 한 적대적 행동에 강건하다. 이 요구 사항을 확실히 하기 위해, (수학) 문제는 의도적으로 어렵게 만들어졌고, 많은 계산 노력을 필요로 한다. 따라서 강건성은 계산을 수행하는 데 필요한 전기 가격과 함께 쓸모없는 엄청난 양의 계산의 대가다.
- **지분 증명**(Proof of stake): 26.4.2절에서 설명할 지분 증명은 시빌 공격에 대한 또 다른 해결책을 제시한다. 참여 노드는 노드가 소유하거나 예비로 보유한 블록체인 통화량을 기반으로 블록체인에 블록을 추가할 다음 노드를 선택하는 데 동의한다.
- **비잔틴 합의**(Byzantine consensus): 비잔틴 합의는 시빌 공격 문제를 해결하지 못하지만 시스템에 대한 노드의 진입을 제어할 수 있는 비공개 블록체인(non-public blockcahin)에 사용할 수 있다. 일부 노드는 악의적으로 동작할 수 있지만 상당한 과반수는 정직하다고 가정한다. 26.4.3절에서 설명할 비잔틴 합의에서, 블록체인에 블록을 추가하는 다음 노드를 비잔틴 합의 알고리즘 범주에 속하는 알고리즘에 의해 결정한다. 앞서 23.8절에서 설명한 기본 합의 알고리즘과 마찬가지로, 비잔틴 알고리즘은 메시지 전달을 통해 합의를 달성한다. 그러나 기본 합의 알고리즘과는 달리, 합의를 방해하거나 잘못된 합의에 도달하도록 시도하는 식으로 악의적인 행동을 수행하는 일정 수의 노드를 허용할 수 있다. 이 방식은 26.4.3절의 기본 합의 알고리즘의 경우보다 훨씬 더 많은 메시지 교환이 필요하지만, 이는 특정한 수의 악의적인 노드의 존재에도 시스템이 올바르게 작동할 수 있는 능력과 상반관계다.
- **기타 방식**: 널리 사용되지 않는 몇 가지 다른 합의 메커니즘이 있으며, 그중 일부는 이전 기법의 변형이다. 여기에는 활동 증명(proof of activity), 화상 증명(proof of burn), 용량 증명(proof of capacity) 및 경과 시간 증명(proof of elapsed time)이 포함된다. 자세한 내용은 장 끝에 있는 "더 읽어보기" 절을 참조한다.

블록 변경 시도 외에 블록체인을 손상시키는 또 다른 방법은 가장 최근 블록이 아닌 다른 블록에 새 블록을 추가하는 것이다. 이것을 **포크**(fork)라고 한다. 악의적인 활동으로 인해 포크가 발생할 수 있지만, 악의적이지 않은 두 유형의 포크도 있다.

1. 서로 다른 두 개의 개별 노드가 가장 최근 블록 뒤에 새 블록을 추가할 수 있다. 두 노드가 매우 짧은 시간 차이로 추가 시도를 수행하여 둘 다 성공적으로 실행한 경우 포크 체인을 생성한다. 이러한 우발적인 포크는 노드가 항상 가장 긴 체인의 끝에 블록을 추가하려고 시도하는 프로토콜 규칙으로 해결한다. 이 규칙은 확률적으로 우발적인 포크를 짧은 길이로 제한한다. 더 짧은 포크의 블록은 고아(orphan)가 되고, 해당 블록의 내용이 아직 존재하지 않는다면 나중에 실제 체인에 삽입된다.

2. 과반수의 블록체인 사용자들이 블록체인 프로토콜이나 데이터 구조의 일부 측면을 바꾸기 위해 블록체인을 포크하는 것에 동의할 수 있다. 이것은 드문 사건이며, 주요 블록체인에서 발생하였을 때 큰 논란을 일으켰다. 이전 블록이 포크에 의해 무효화되지 않는 경우의 포크를 **소프트 포크**(soft fork)라 한다. 즉 이전 버전의 블록체인 소프트웨어는 새로운 버전의 블록을 유효한 것으로 인식한다. 이를 통해 이전 버전의 블록체인 소프트웨어에서 새 버전으로 점진적으로 전환 가능하다. **하드 포크**(hard fork)는 이전 버전의 블록체인 소프트웨어는 새로운 버전의 블록이 유효하지 않은 것으로 간주한다. 하드 포크 이후, 만약 이전 버전의 블록체인 소프트웨어가 여전히 사용 중이라면, 그것은 다른 내용을 지닌 별도의 블록체인으로 이어질 것이다.

고아 블록의 가능성 때문에, 어느 블록이 고아가 아니라는 것을 확신하기 위해서 몇 개의 블록이 해당 블록에 추가될 때까지 기다려야 한다.

노트 26.1은 주목할 만한 블록체인 포크의 몇 가지 예를 제시한다.

지금까지 블록의 실제 데이터에 대해 많이 언급하지 않았다. 블록의 내용은 응용 프로그램 도메인에 따라 다양하다. 암호 화폐 응용 프로그램에서 블록에서 발견되는 가장 일반적인 데이터는 기본적인 통화-이체 트랜잭션이다. 어떤 노드라도 블록을 추가할 수 있으므로 입력한 트랜잭션이 실

노트 26.1 블록체인 포크 예

주요 블록체인에서 주목할 만한 포크가 여러 번 있었다. 여기에 몇 가지를 나열한다.

- **하드 포크: 비트코인/비트코인 캐시**(Bitcoin Cash): 비트코인의 기본 제공 블록 크기 한도는 비트코인 커뮤니티에 알려진 문제였지만 해결책에 동의하는 것은 논란의 여지가 있었다. 2017년 8월의 하드 포크는 더 큰 블록 크기 제한을 가진 새로운 암호 화폐인 비트코인 캐시를 생성했다. 포크 당시 비트코인 보유자는 동일한 양의 비트코인 캐시를 받았고, 두 가지 모두 사용할 수 있었다.
- **소프트 포크: 비트코인 세그윗**(Bitcoin SegWit): 세그윗(SegWit)이란 Segregated Witness(분리된 목격자)의 줄임말로, 특정 트랜잭션 서명 데이터[목격자(witness) 데이터라고 함]를 블록 외부로 이동한다. 이렇게 하면 기존 블록 크기 제한을 유지하면서도 블록당 더 많은 트랜잭션을 수용할 수 있다. 재배치된 목격자 데이터는 트랜잭션 검증에만 필요하다. 2017년 8월의 소프트 포크를 통해 세그윗을 도입했다. 이전 블록을 유효한 것으로 인식하고 아직 업그레이드되지 않은 노드는 높은 수준의 호환성을 유지할 수 있었기 때문에 이것은 소프트 포크다.
- **하드 포크: 이더리움**(Ethereum)/**이더리움 클래식**(Ethereum Classic): 이 포크는 이더리움 블록체인에서 스마트 계약으로 운영되는 크라우드 펀딩(crowd-funded) 벤처 캐피털 운영의 실패에서 비롯되었다. 이더리움 코드는 설계 결함을 지니고 있어서 2016년의 해킹에 의해 수천만 달러 가치의 이더가 도난당했다. 논란의 여지가 있는 하드 포크가 도난당한 자금을 환불했다. 하지만 블록체인 불변성의 불가침성을 믿는 포크 반대론자들은 원래의 블록체인을 유지하고 이더리움 클래식을 생성했다.

제로 진짜인지 확인할 방법이 필요하다. 진위 확인 작업은 한 사용자가 트랜잭션에 "서명(sign)"하고 모든 노드가 해당 서명을 검증할 수 있도록 하는 **디지털 서명**(digital signature) 기술을 통해 수행된다. 이렇게 하면 가짜 트랜잭션이 체인에 추가되는 것을 방지하고, 트랜잭션 참여자들이 트랜잭션과 관련된 그들의 개입을 차후에 부인하는 것을 방지한다. 이 후자의 속성을 **논박 불가능성**(irrefutability)이라 한다.

트랜잭션은 블록체인에 참여하는 모든 노드로 방송(broadcast)된다. 노드가 체인에 블록을 추가할 때, 그 블록은 아직 체인에 추가되지 않은 수신한 모든 트랜잭션을 포함한다.

허가형 블록체인에서 블록체인 관리자가 트랜잭션을 제출하는 사용자를 알 수 있다. 하지만 비트코인과 같은 퍼블릭 블록체인에서 사용자 ID와 실세계 개체 간의 직접적인 연결은 없다. 이 익명성 속성은 비트코인의 주요 특징이지만, 사용자 ID를 일부 오프체인 활동에 연결하면 사용자의 비익명화가 가능하기 때문에 그 가치가 감소한다. 비익명화는 식별 가능한 사용자 ID를 지닌 트랜잭션에 사용자가 참여할 때 발생할 수 있다. 또한 블록체인 데이터에 대한 데이터 마이닝을 통하거나 특정 사용자 ID에 의한 온체인(on-chain) 활동을 특정 개인의 "실제" 활동과 연관하는 경우에 비익명화가 발생한다.

마지막으로, 블록체인은 **스마트 계약**(smart contract)이라고 불리는 실행 가능한 코드를 저장하는 능력을 특징으로 가진다. 스마트 계약은 복잡한 트랜잭션을 구현할 수 있고, 명시된 조건에 기초하여 미래의 어느 시점에 조치를 할 수 있으며, 보다 일반적으로 사용자들 간의 복잡한 합의를 인코딩할 수 있다. 블록체인은 스마트 계약에 사용되는 언어뿐만 아니라 사용되는 언어의 역량 면에서도 다르다. 대부분은 튜링 완전(Turing complete)이지만, 일부(특히 비트코인)는 제한된 능력을 갖는다. 26.6절에서 코드의 실행 방법과 시기를 포함하여 스마트 계약에 대해 논의한다.

블록체인의 특성을 나열하여 앞의 설명을 요약한다.[2]

- **탈중앙화:** 퍼블릭 블록체인에서 블록체인의 제어는 중앙 통제 권한이 없는 과반수의 합의에 의해 이루어진다. 허가형 블록체인에서 중앙 제어의 정도는 일반적으로 접근 인가와 신원 관리로 제한된다. 다른 모든 작업은 분산된 방식으로 발생한다.
- **변조 저항:** 블록체인 네트워크의 과반수에 대한 통제를 획득하지 못하면 블록의 내용을 변경하는 것은 불가능하다.
- **논박 불가능성:** 사용자는 블록체인에 수행한 작업을 암호화 방식으로 서명한다. 이러한 서명은 누구나 쉽게 검증할 수 있으므로 사용자가 실제로 해당 트랜잭션에 책임이 있음을 증명한다.
- **익명성:** 익명성이 간접적으로 손상될 수 있지만, 블록체인의 사용자는 개인 식별 정보에 직접 연결되지 않는 사용자 ID를 가진다. 허가형 블록체인은 제한된 익명성만 제공하거나 전혀 제공하지 않는다.

2 이 속성들은 블록체인과 관련이 있지만, 대부분의 암호 화폐 거래소에는 해당되지 않는다. 대부분의 거래소는 고객의 데이터뿐만 아니라 그들의 키도 가지고 있는데, 이로 인해 거래소의 데이터베이스에 대한 해킹은 사용자 개인 키의 도난을 초래한다.

26.3 암호화 해시 함수를 통한 블록체인 속성 달성

이 절에서 블록체인의 일부 속성을 보장하기 위해 암호화 해시 함수를 사용하는 것에 초점을 맞춘다. 역함수(inverse function)를 계산하거나 해시 충돌(hash collision)을 찾는 것이 불가능한 특수한 유형의 해시 함수에 대한 논의로 시작한다. 이러한 개념이 9.9절에서 처음 보았던 공개 키 암호화(public-key encryption)로 어떻게 확장되는지 설명한다. 그런 다음 암호화 해시 함수를 사용하여 익명성, 논박 불가능성 및 변조 저항 속성을 보장하는 방법을 살펴본다. 26.4.1절에서 마이닝 알고리즘이 해시 함수를 사용하는 방법을 설명한다.

26.3.1 암호화 해시 함수의 속성

14.5절에서는 해시 함수가 데이터에 접근하는 수단으로 사용되었다. 여기서 매우 다른 목적을 위해 해시 함수를 사용하므로 앞서 논의한 것 이상의 부가적인 속성을 가진 해시 함수가 필요하다.

해시 함수 h는 일부 (큰) 도메인 값 중에서 입력을 취하여 출력으로 고정 길이 비트 문자열을 생성한다. 일반적으로 도메인의 카디널리티가 범위의 카디널리티보다 훨씬 크다. 또한 해시 함수는 **균등 분포**(uniform distribution)를 가져야 한다. 즉 각 범위 값은 임의(무작위) 입력이 주어졌을 때 동등하게 가능성이 있어야 한다. $h(x) = h(y)$를 만족하는 서로 다른 두 입력 값 x와 y를 찾는 것이 실현 불가능한 경우, 해시 함수 h를 **충돌 저항**(collision resistant) 해시 함수라 한다. **실현 불가능**(infeasible)하다는 것은, 실제 증명은 아니지만 $h(x) = h(y)$를 만족하는 두 개의 다른 값 x와 y를 찾는 임의 추측보다 더 좋은 방법이 없다는 것에 대한 강력한 수학적 증거가 있음을 의미한다.

암호화 해시 함수의 현재 표준 선택은 SHA-256 기법인데, 256비트 출력을 생성한다. 이것은 x 값이 주어졌을 때, 임의로 선택된 y가 x의 해시 값인 $h(x)$와 동일한 값으로 해시될 확률이 $1/2^{256}$임을 의미한다. 이는 가장 빠른 컴퓨터를 사용하더라도 성공적인 추측의 확률이 사실상 0이라는 것을 의미한다.[3]

충돌 저항 속성은 매우 중요한 방식으로 블록체인의 변조 저항에 기여한다. 공격자가 블록 B를 수정하길 원한다고 가정하자. B 뒤에 있는 이후(next-newer) 블록은 B에 대한 포인터와 B의 해시도 포함하므로, B에 대한 모든 수정은 이후 블록을 수정하는 것을 피하도록 변경 이후에도 B의 해시가 변하지 않도록 유지해야 한다. 해시 함수가 충돌 저항 속성을 갖는 경우 그러한 변경을 발견하는 것은 불가능하며, 따라서 블록을 변조하려는 시도는 체인의 모든 새로운 블록을 변경해야 한다.

암호화 해시 함수에 필요한 두 번째 중요한 속성은 **비가역성**(irreversibility)인데, 이는 오직 $h(x)$만 주어질 때 해당하는 x를 찾는 것이 불가능함을 의미한다. 비가역적이라는 용어는 x가 주어지면 $h(x)$를 계산하기는 쉽지만 $h(x)$만 주어지면 $h^{-1}(h(x))$를 찾는 것이 불가능하다는 속성에서 비롯한

3 2^{256}은 10^{77}보다 크다. 컴퓨터가 한 사이클당 하나의 추측을 할 수 있다면, 정확히 추측할 확률이 50%가 되는 데 10^{67}초 이상이 걸린다. 이것은 10^{59}년 이상으로 해석된다. 크기에 대한 감을 잡기 위해 언급하자면, 천문학자들은 10^{10}년 이내에 태양이 지구를 감쌀 정도의 크기가 된다고 예측한다.

다. 다음 절에서 이 개념이 블록체인에 어떻게 적용되는지 설명한다.[4]

26.3.2 공개 키 암호화, 디지털 서명 및 논박 불가능성

9.9절에서 두 범주의 암호화 방식을 설명했다. 개인 키 암호화는 사용자들이 비밀 키를 공유하고, 공개 키 암호화는 각 사용자가 공개 키와 개인 키라는 두 개의 키를 가진다. 개인 키 암호화의 주요 문제는 사용자가 처음에 비밀 개인 키를 공유할 방법을 찾아야 한다는 것이다. 공개 키 암호화를 사용하면 만난 적이 없는 사용자들이 안전하게 통신할 수 있다. 공개 키 암호화의 이런 속성은 전 세계적으로 대규모 사용자 커뮤니티에 서비스를 제공하는 블록체인 응용 프로그램에 필수적이다.

각 사용자 U_i는 공개 키 E_i와 개인 키 D_i를 가진다. E_i를 사용하여 암호화된 메시지는 키 D_i로만 해독할 수 있으며, 대칭적으로 D_i를 사용하여 암호화된 메시지는 키 E_i로만 해독할 수 있다. 만약 U_1 사용자가 보안 메시지 x를 U_2에게 보내려는 경우, U_1은 사용자 U_2의 공개 키 E_2를 사용하여 x를 암호화한다. 오직 U_2만이 결과를 해독하는 D_2 키를 가지고 있다. 이 방식이 작동하기 위해서, 사용되는 특정 함수는 반드시 비가역성을 지니고 있어야 한다. 즉 주어진 공개 키 E_i에 대해 역함수를 계산하는 것(즉 D_i를 찾는 것)이 불가능해야 한다. 비가역성으로 인해, 만난 적이 없는 사용자들이 비밀 메시지를 공유할 수 있다.

사용자 U_1이 비밀 메시지를 보내는 대신 문서 x에 "서명"하기를 원한다고 가정하자. 사용자 U_1은 개인 키 D_1을 사용하여 문서 x를 암호화할 수 있다. 개인 키를 사용했으므로 U_1 외에는 누구도 그 값을 계산할 수 없지만, 누구나 U_1의 공개 키(즉 E_1)를 사용하여 암호를 해독하여 서명을 검증할 수 있다. 이것은 사용자 U_1이 문서 x에 서명했다는 공개 증거를 제공한다.

블록체인 응용 프로그램에서 트랜잭션의 유효성을 검사하기 위해 디지털 서명의 개념을 사용한다. 블록체인에서 블록은 포인터와 그 포인터가 가리키는 블록의 해시를 사용하여 연결되었으므로, 사용자는 체인에서 단지 최신 블록의 해시에 서명하는 것만으로 전체 체인에 서명할 수 있다. 공개 키 암호화의 수학에 대한 참고문헌은 장 끝에 있는 "더 읽어보기" 절을 참조한다.

26.3.3 간단한 블록체인 트랜잭션

17장의 데이터베이스 트랜잭션에 대한 논의에서, 트랜잭션을 데이터베이스에서 데이터 값을 읽거나 쓰는 일련의 절차로 설명했다. 이 트랜잭션 개념은 트랜잭션이 접근할 수 있는 데이터 값의 단일 저장소가 있는 데이터 모델을 기반으로 한다. 가장 단순한 형태일 때 블록체인은 최종 데이터 값뿐만 아니라 실제 트랜잭션을 기록한다는 점에서 데이터베이스 로그(log)와 더 유사하다. 그러나 대부분 블록체인에서 트랜잭션은 완전히 독립적이거나 서로에 대해 명시적으로 의존하기 때문에 이러한 비유를 적용할 수 없다. 우리가 설명하는 모델은 간단한 비트코인 트랜잭션에 해당한다.

4 이 속성은 오랫동안 암호를 저장하는 데 사용되었다. 사용자 암호를 일반 평문(clear text)으로 저장하여 유출이 쉽게 하지 않고, 대신 해시를 보관한다. 그러면 사용자가 로그인하면서 암호를 입력하면 해당 암호의 해시를 계산하고 저장된 값과 비교한다. 공격자가 해시를 훔쳤더라도 그는 여전히 실제 암호가 없고, 만약 사용하는 해시 함수가 비가역성 속성을 가지고 있다면, 그 해커가 사용자 암호를 역공학(reverse engineering)하는 것도 불가능하다.

예를 들어, 두 명의 사용자 A와 B를 고려하고, A가 B에게 어떤 통화의 10단위를 지불하기를 원한다고 가정하자. 만약 이것이 미국 달러와 같은 명목화폐를 가진 전통적인 은행 응용 프로그램이라면, 이 이체를 구현하는 트랜잭션은 A의 계좌 잔액을 읽어 10만큼 줄인 다음 그 값을 데이터베이스에 쓰고, B의 잔액을 읽어 10을 더하고 그 값을 데이터베이스에 쓸 것이다. 블록체인 기반 시스템은 다른 방식으로 이 트랜잭션을 명세한다.

데이터 항목을 참조하는 대신, 비트코인식 블록체인 트랜잭션은 사용자 및 다른 트랜잭션을 참조한다. 사용자는 사용자 ID로 참조된다. 사용자 A는 과거 이력에서 A에게 총 10단위 이상의 통화 단위를 지불한 트랜잭션이나 트랜잭션의 집합 $T_1, T_2, \ldots, T_n$을 찾는다. A는 트랜잭션 T를 생성하는데, T는 입력으로 찾은 트랜잭션에 의한 출력(즉 A에게 지급된 금액)을 가지고, 출력으로 B에게 통화의 10단위를 지불하고 나머지는 "거스름돈"으로 A에게 돌려준다. 이때 원래 트랜잭션 $T_1, T_2, \ldots, T_n$을 소비한 것으로 처리한다.

따라서 각 트랜잭션은 누구에게 어느 정도의 돈을 지불했는지를 표시한다. 사용자 A의 통화 잔액은 A에게 돈을 지불한 미사용 트랜잭션의 집합으로 정의한다. A가 정직하다고 가정하면, 미사용 트랜잭션의 출력(즉 $T_1, T_2, \ldots, T_n$의 출력)은 이전 트랜잭션에서 A가 이미 소비하지 않았을 것이다. A가 실제로 부정직하고 트랜잭션 T가 일부 T_i의 출력을 두 번 쓰려고 시도했다면, T는 이중 지불 트랜잭션이 된다. **이중 지불**(double-spend) 트랜잭션과 다른 유효하지 않은 트랜잭션은 26.4절에서 논의할 채굴 과정에서 탐지된다. 이는 모든 비사용 트랜섁션을 추적하고, T가 실행될 때 T에 입력된 각 트랜잭션 T_i가 사용되지 않았는지 검증하는 방식으로 수행된다. T를 실행한 후, 각 T_i를 소모(사용)한 것으로 취급한다.

이더리움은 더 강력한 다른 모델을 사용하는데, 블록체인이 시스템의 각 계좌에 대한 상태(현재 잔액 포함)를 유지한다. 트랜잭션은 상태를 갱신하고 한 계좌에서 다른 계좌로 자금을 이체할 수 있다. 26.5절에서 이더리움이 사용하는 모델을 설명한다.

비트코인 식 트랜잭션 T는 다음을 명세한다.

- 입력 트랜잭션 $T_1, T_2, \ldots, T_n$
- 지불받을 사용자의 집합과 각 사용자에게 지불할 금액. 위 예제에서 10단위는 B에게, 나머지는 A에게 지불함[5]
- A가 실제로 이 트랜잭션을 승인했음을 입증하는 트랜잭션에 대한 A의 서명
- 더 복잡한 트랜잭션은 규격의 일부로 실행 가능한 코드를 포함할 수 있지만, 이는 26.6절에서 설명한다.
- 블록체인에 저장할 데이터. 데이터는 일정한 크기 미만이어야 하는데, 블록체인마다 다르게 설정된다.

여기에 설명된 트랜잭션 모델은 다음과 같은 다양한 측면에서 기존 데이터베이스 시스템의 모델과

5 26.4절에서 논의한 바와 같이 실제 시스템에서 블록을 블록체인에 추가하는 노드(즉 트랜잭션의 채굴자)에 대한 지불금도 있을 수 있다.

매우 다르다.

- 기존 데이터 항목은 수정하지 않는다. 대신, 트랜잭션은 새로운 정보를 추가한다. 따라서 현재 상태뿐만 아니라 현재 상태로 이끈 이력도 완전히 볼 수 있다.
- 트랜잭션 순서(transaction ordering)에서 충돌을 예방한다. 충돌이 발생하는 경우, 26.4절에서 설명한 체인에 블록을 추가하는 과정의 일환으로 충돌을 일으키는 트랜잭션을 탐지하고 해당 트랜잭션을 무효로 간주한다.
- 블록체인은 분산 시스템이지만 지역적으로 트랜잭션을 생성한다. 채굴 과정을 통해서만 트랜잭션은 영구적이며 공유된 블록체인의 부분이 된다. 이것은 사실상 지연된 트랜잭션 커밋의 한 형태다.
- 한 트랜잭션이 자신이 입력으로 사용하는 출력을 가진 트랜잭션을 나열하여, 해당 트랜잭션의 다른 트랜잭션에 대한 의존성을 명시적으로 기술한다. 17장에서 소개한 우선순위 그래프 관점으로 이를 보면, 우리의 예는 우선순위 그래프에서 간선 $T_1 \rightarrow T$, $T_2 \rightarrow T$, … , $T_n \rightarrow T$를 포함한다.
- 명시적 동시성 제어(concurrency control)가 없다. 완전한 이력의 유지와 트랜잭션의 직접 순서화는 동시성 제어 필요성의 대부분을 제거한다. 따라서 어떠한 데이터베이스 데이터 항목의 현재 값에 대해서도 경합이 없다.

이 비트코인 기반 예제는 블록체인 시스템이 트랜잭션 순서를 관리하는 유일한 방법은 아니다. 26.6절의 스마트 계약을 고려할 때 다른 예를 보게 될 것이다.

데이터를 블록체인에 저장할 수 있다는 사실은 블록체인을 변조 저항성을 지닌 트랜잭션 로그 이상으로 만든다. 블록체인도 기존 데이터베이스에 저장할 수 있는 모든 종류의 정보를 표현할 수 있다. 26.5.2절에서, 특히 블록체인 상태(blockchain state)의 개념을 가진 블록체인에서 데이터 저장 기능이 어떻게 블록체인을 진정한 데이터베이스로 만드는지 설명한다.

26.4 합의

모든 참여 노드가 블록체인을 복제하기 때문에, 새로운 블록이 추가될 때마다 모든 노드는 먼저 궁극적으로 어떤 노드가 새 블록을 제안할 수 있는지 합의(동의)해야 하고, 다음에 실제 블록 자체에 합의해야 한다.

전통적인 분산 데이터베이스 시스템에서 모든 참여자가 하나의 통제 조직의 일부라는 사실로 인해 합의 프로세스는 간단해진다. 따라서 분산 시스템은 전역 동시성 제어를 구현하고, 트랜잭션 커밋이나 중단을 결정하기 위해 2단계 커밋(two-phase commit)을 수행한다. 블록체인에서 비트코인과 같은 퍼블릭 블록체인의 경우처럼 통제 조직이 없을 수 있다. 허가형 블록체인의 경우, 허가용 블록체인을 통제하는 기관이 관리하는 참여자의 허가 여부를 제외한 모든 항목에 대해 높은 수준의 탈중앙화된 통제를 하려는 욕구가 존재한다.

트랜잭션이 생성되면 해당 트랜잭션을 블록체인 네트워크로 방송한다. 노드는 체인에 추가되는 새 블록을 배치할 트랜잭션의 집합을 수집할 수 있다. 블록체인에 사용되는 합의 기법은 대략 다음의 두 범주로 나눌 수 있다.

1. 노드들이 다음 블록을 추가하는 어떤 노드를 합의하는 경우. 이들은 일반적으로 비잔틴 합의(26.4.3절)를 사용한다.
2. 여러 노드가 체인의 마지막 블록에 뒤 따르는 블록을 생성하는 것을 허용하여 블록체인이 일시적으로 **포크**를 하도록 허용하는 경우. 이 접근법에서 노드들은 가장 긴 선형 하위 체인(subchain)에 블록을 추가하려고 시도한다. 가장 긴 체인에 있지 않은 블록은 **고아**이며, 블록체인의 일부로 간주하지 않는다. 대량의 포크 발생을 피하기 위해 이 접근 방식은 블록을 추가할 수 있는 속도를 제한하여 고아 분기(orphaned brach)의 예상 길이가 짧도록 한다. 이들은 일반적으로 작업 증명(26.4.1절) 또는 지분 증명(26.4.2절)을 사용한다.

체인에 블록을 추가하는 노드는 먼저 해당 트랜잭션 블록을 확인해야 한다. 이를 위해 다음 사항을 확인한다.

- 각 트랜잭션은 적격(well-formed)이어야 한다.
- 트랜잭션은 이전 트랜잭션이 이미 사용한 입력(즉 지불) 통화 단위를 사용하여 이중 지불을 하지 말아야 한다. 그러기 위해서 각 노드가 모든 미사용 통화 단위(트랜잭션)의 집합을 추적해야 하고, 각 트랜잭션 T에 대해 이 집합을 검색하여 T에 입력되는 모든 통하 단위가 미사용인지 확인해야 한다.
- 제출하는 사용자가 트랜잭션을 올바르게 서명한다.

체인에 블록을 추가하기 위해 어떤 노드를 선택한 후, 해당 블록을 모든 노드에 전파한다. 각 노드는 해당 블록의 유효성을 확인한 후 그 블록을 체인의 지역 복사본에 추가한다.

다음으로 어떤 노드가 채굴을 위해 자원을 사용하려는 이유, 즉 블록을 체인에 추가하는 데 필요한 작업을 수행하는 이유에 대한 질문을 고려한다. 채굴은 블록체인 네트워크 전체에 대한 서비스이므로, 채굴자는 (블록체인의 통화로) 그들의 노력에 대한 보상를 받는다. 채굴자에게는 두 종류의 보상이 있다.

1. 시스템이 블록체인의 통화로 (새 동전으로) 지불하는 수수료
2. 트랜잭션 제출자가 포함하는 수수료. 이 경우 트랜잭션의 출력은 트랜잭션을 포함하는 블록의 채굴자에 대한 보상을 표현하는 추가적인 출력을 포함한다. 이러한 수수료는 채굴자들이 그들의 트랜잭션을 새로운 블록에 우선적으로 포함하도록 유인하기 때문에 사용자가 수수료를 포함하도록 장려한다.

채굴자에게 보상하는 정확한 수단은 블록체인마다 다르다.

이 절에서 합의를 달성하기 위한 다양한 방법을 살펴본다. 먼저 퍼블릭 블록체인을 가정하여 **작업 증명**과 **지분 증명**이라는 두 가지 접근 방식에 기초한 합의를 설명한다. 그 후 허가형 블록체인에서 **비잔틴 합의**에 기초한 합의 기법의 동작을 논의한다.

26.4.1 작업 증명

작업 증명 합의는 참여 노드 수가 지속적으로 변화하는 퍼블릭 블록체인을 위해 설계되었다. 어떤 컴퓨터라도 블록체인을 다운로드하고 블록을 추가하는 시도를 할 수 있다. 결과적으로, 많은 수의 저비용 컴퓨터를 노드로 설정하는 공격자가 과반수 기반 접근법을 압도할 수 있다. 앞서 언급했듯이, 이러한 공격을 **시빌 공격**이라 한다. 대신, 작업 증명은 계산적으로 어렵지만 불가능하지 않은 수학 문제를 노드가 풀도록 요구한다. 공격자는 단순히 저렴한 노드를 추가하는 것만으로 블록체인 네트워크를 압도할 수 없다. 오히려 공격자는 네트워크의 전체 계산 용량의 과반수를 형성하는 계산 용량에 접근할 필요가 있을 것이며, 이 작업은 시빌 공격을 시작하는 것보다 훨씬 어렵고 비용이 많이 든다.

계산적으로 어려운 문제는 암호화 해싱의 개념에 기초한다. 블록 B를 다음 블록으로 채굴하고자 하는 노드는 **논스**(nonce)라고 불리는 값을 찾을 필요가 있다. 이 값은 B와 이전 블록의 해시와 결합되어, 블록체인에 명세된 사전 설정된 목표치보다 작은 값으로 해시된다. 논스는 일반적으로 32비트 값이다. 만약 목표치를 4와 같이 매우 낮게 설정하고, 일반적인 256비트 해시를 가정할 경우, 채굴자가 단 한 번의 선택으로 성공할 확률이 $1/2^{254}$밖에 되지 않는다. 만약 목표치를 2^{255}와 같이 매우 높게 설정하면, 채굴자가 성공할 확률이 50%가 될 것이다. 블록체인 구현은 전체 시스템에 걸쳐 블록의 채굴 속도를 제어하기 위해 목표치를 달리하도록 설계되었다. 이 변동성은 하드웨어의 발전 또는 네트워크에 연결된 추가 노드 때문에 계산 능력이 증가하는 것에 시스템이 적응할 수 있도록 한다. 목표 시간은 블록체인마다 다른 값이다. 비트코인은 시스템에 있는 어떤 노드가 매 10분마다 성공적으로 블록을 채굴하는 것을 목표로 한다. 이더리움은 작업 증명 기법으로 10~15초의 채굴 시간을 목표로 했다. 2018년 말, 이더리움은 지분 증명 기법으로 이동하고 있으며 조금 더 빠른 비율을 목표로 할 것으로 예상된다. 속도가 더 빠른 것이 더 좋은 것으로 보일 수 있지만, 네트워크 전체에 새로운 블록을 전파하는 데 걸리는 시간보다 더 빠른 속도로 채굴할 경우 포크와 고아 블록의 확률도 증가하는 것에 주목한다.

작업 증명 채굴이 어떻게 작동하는지 살펴보았으므로, 암호화 해시 함수의 속성을 다시 떠올리자. 목표치보다 작은 해시로 계산되는 논스를 찾는 효율적인 알고리즘이 있다면 채굴자는 논스를 매우 빨리 찾을 수 있다. 따라서 해시 함수는 단순히 가능한 각 논스 값을 차례로 시도하는 것보다 논스를 찾는 더 좋은 방법이 없음을 보장해야 한다. 이는 암호화 해시 함수에 또 하나의 추가 속성인 **퍼즐 친화성**(puzzle-friendliness)이 필요함을 의미한다. 이 속성은 k 값이 주어졌을 때, 어떤 n 비트 값 y에 대해 $h(x \| k) = y$를 만족하는 x를 2^n보다 훨씬 적은 시간에 찾는 것이 불가능해야 한다는 것을 요구한다. 이때 $\|$는 비트 문자열의 연결을 의미한다.

작업 증명 채굴은 논란의 여지가 있다. 긍정적인 측면은, 큰 네트워크의 경우에 공격자가 채굴을 지배할 수 있는 충분한 계산 능력을 획득하는 비용이 매우 많이 든다는 것이다. 하지만 부정적인 측면은 채굴에 사용되는 에너지의 양이 엄청나다는 것이다. 이 절을 작성할 시점의 추산에 따르면, 전 세계 비트코인 채굴이 미국이 소비하는 전력의 약 1% 또는 아일랜드와 같은 여러 국가의 전체 소비량보다 더 많이 사용한다고 한다. 많은 양의 계산이 필요함에 따라 채굴을 위한 특수 목적의 컴퓨팅 칩을 설계하기 위한 동기와 저렴한 전력 공급원 근처에 대규모 채굴 시설을 배치하기 위한 동기가 발생했다.

이러한 우려는 다음에 논의하는 지분 증명과 같은 대안으로의 이동을 초래했다. 또한 이러한 우려는 작업 증명의 또 다른 대체 형식, 예를 들어 논스를 빨리 찾기 위해 많은 양의 메인 메모리 보유를 필요로 하는 기법에 대한 관심으로도 이어졌다. 메모리 집약적 기법은 에너지 낭비를 줄이면서도 작업 증명이라는 비용 장벽을 유지한다. 이는 현재 연구 주제다. 더 나아가, 기업용 허가형 블록체인 응용 프로그램에 대해 비용이 훨씬 적게 드는 합의 수단이 가능하다는 것을 알게 될 것이다.

실제로 사용자 그룹이 연합하여 채굴장(mining pool)을 형성할 수 있는데, 이는 블록을 채굴하기 위해 함께 협력한 후 수익금을 회원들 간에 공유하는 컨소시엄이다.

26.4.2 지분 증명

지분 증명의 개념은 블록을 추가하기 위해 블록체인 통화에서 큰 지분을 보유한 노드를 우선적으로 신택하는 것을 허용하는 것이다. 이 규칙을 절대적으로 적용할 수 없는데, 그 이유는 그 당시의 단일 최대 이해 관계자가 체인을 통제하기 때문이다. 대신, 작업 증명을 사용하여 채굴 성공 확률이 노드의 지분에 비례하여 높아지도록 만든다. 지분 요구 사항과 채굴 난이도 둘 다 조정함으로써 블록을 채굴하는 속도를 제어할 수 있다.

다양한 지분 증명 기법이 있다. 전체 지분뿐만 아니라 지분을 보유한 총시간도 측정에 포함할 수 있다. 지분 전체나 일부를 미래의 일정 기간 동안 비활성으로 보유할 것을 요구할 수 있다.

지분 증명 기법을 적절하게 튜닝하는 것은 어렵다. 작업 증명보다 고려해야 할 매개변수가 더 많을 뿐만 아니라, 공격자가 가장 긴 블록이 아닌 다른 블록을 포크하기 위해 블록을 추가하는 것에 대한 너무 적은 비용상의 불이익이 발생하는 상황을 경계해야 한다.

26.4.3 비잔틴 합의

작업 또는 지분 기반 합의의 중요한 대안은 메시지 기반 합의다. 메시지 기반 합의는 분산 데이터베이스 시스템에서 널리 사용된다. 앞에서 언급했듯이, 기본 합의 프로토콜은 악의적인 노드가 없다고 가정할 수 없기 때문에 블록체인 합의에는 작동하지 않는다.

메시지 기반 시스템은 과반수 투표로 합의를 달성하는 것을 목표로 한다. 이러한 시스템은 시빌 공격에 취약하다. 사용자가 참여하려면 허가를 얻어야 하는 기업용 허가형 블록체인에서, 악의적인 사용자가 과도한 수의 노드를 추가하려고 할 때 허가 기관이 쉽게 허가를 거부할 수 있기 때문에 시빌 공격이 불가능하다. 그러나 이 설정에서도 모든 사용자가 완전히 정직하다고 가정할 수 없다.

예를 들어, 공급망(supply-chain) 블록체인을 가정하자. 모든 공급업체가 다른 공급업체나 최종 사용자 제품의 제조업체에 공급되는 각 제품과 관련된 데이터를 체인에 입력한다. 일부 공급업체는 자체적인 이익을 위해 데이터를 위조할 수도 있다. 또한 부정 행위 조사가 시작되면 해당 공급업체는 부정 행위를 은폐하기 위해 블록체인을 포크하려고 시도할 수도 있다. 따라서 시빌 공격의 가능성은 없더라도 적대적인 행동의 가능성은 여전히 존재한다. 가능한 모든 형태의 적대적인 행동을 예상하는 것은 어렵다.

이러한 이유로, **비잔틴 장애**(Byzantine failure) 개념을 사용하여 이 상황을 모델링한다. 비잔틴 장애는 "장애" 노드가 임의의 방식으로 동작할 수 있고, 비장애 노드의 네크워크는 (네트워크를 방해하기 위해 정확히 필요한 일련의 조치를 취하는 잘못된 행동을 포함하여) 모든 잘못된 행동에 대해 강건해야 함을 가정한다. 비잔틴 장애의 가정은 합의 프로토콜에 의해 만들어진 가정과 상당히 다르다. 합의에서 가정한 유일한 유형의 장애는 기능의 부재, 즉 노드나 네트워크 링크가 작동을 중지하여 아무것도 하지 않는 것이다. 이를 **장애 중단**(fail-stop) 모델이라고 하며 모든 악의적인 동작의 수행은 불가능하다.

23.8절에서 분산 합의 프로토콜, 특히 팩소스(Paxos)와 래프트(Raft)에 대해 설명했다. 이러한 프로토콜은 장애 중단 가정에 의존하지만, 과반수 규칙을 사용한 합의를 허용한다(이와 대조적으로 2PC는 만장일치를 필요로 한다). 비잔틴 합의를 위해서, 우리는 소수 노드의 장애뿐만 아니라 그 소수의 악의적 행동도 극복하는 과반수 규칙을 규정해야 한다. 예를 들어, 악의적인 노드 n_1은 노드 n_2에게 트랜잭션을 커밋하고 싶다고 말할 수 있지만, n_3에는 트랜잭션을 취소하기를 원한다고 알린다. 예상할 수 있듯이, 그러한 악의적인 노드에 직면하여 합의를 달성하려면, 합의를 달성하기 위해 전송해야 하는 메시지 수에 더 많은 비용이 필요하다. 하지만 블록체인에서 작업 증명 또는 지분 증명 채굴 비용보다 훨씬 적을 수 있으므로, 더 높은 (메시지 전송) 비용을 허용할 수 있다.

비잔틴 합의 알고리즘의 개발은 1980년대 초에 시작되었다. 이 장 끝에 있는 "더 읽어보기" 절의 참고문헌을 참조한다. 메시징 라운드 수, 전송된 총 메시지 수, 프로토콜 장애를 야기하지 않는 악의적인 노드의 비율과 관련하여 많은 이론적 연구가 진행되었다. 초기 연구는 메시지 전달에 걸리는 시간이나 네트워크가 고도로 동기화된 방식으로 동작하는 것과 같은 네트워크 동작에 대한 가정을 했다. 현대의 비잔틴 합의 알고리즘은 현실 세계를 기반으로 하고, 위조된 메시지를 방지하기 위해 암호화 서명을 통합한다. 동기화 수준은 감소하지만, 진정한 비동기 장애 허용 합의는 아마도 불가능하다. **실용적 비잔틴 장애 허용**(Practical Byzantine Fault Tolerance)이라고 불리는 널리 사용되는 하나의 접근 방식은 최대 $\lfloor \frac{n-1}{3} \rfloor$개 노드의 악의적인 고장을 허용하며, 용인할 만한 수준의 성능을 제공한다. 기타 프로토콜은 장 끝에 있는 "더 읽어보기" 절을 참조한다.

26.5 블록체인의 데이터 관리

지금까지 블록체인에서 정보를 찾는 효율성에 대해 염려하지 않았다. 개별 사용자가 미사용 트랜잭션을 추적할 수 있지만, 블록을 검증하기에는 충분하지 않다. 각 노드는 블록의 각 트랜잭션을 확인하여 이미 사용되었는지 여부를 확인할 수 있어야 한다. 원칙적으로, 전체 블록을 검색함으로써 사용 여부를 확인할 수 있지만, 체인의 (마지막 블록부터) 첫 번째 블록까지 역방향 검색을 포함하므로 비용이 너무 많이 든다. 이 절은 효율적인 조회(lookup)를 가능케 하는 데이터 구조를 고려한다.

더욱이, 모든 블록체인이 트랜잭션의 입력을 다른 트랜잭션의 직접적인 출력으로 제한하는 트랜잭션 모델을 사용하는 것은 아니다. 일부, 특히 이더리움은 계정 잔액(이더리움 통화로 이더)과 일부 관련 저장을 유지하는 각 사용자(이더리움 용어로 계정)에 대한 상태를 유지하는 것을 허용한다. 이 트랜잭션과 데이터 모델은 데이터베이스 시스템의 트랜잭션과 데이터 모델에 더 가깝다. 그러나 단순히 이 정보를 데이터베이스에 저장하는 것만으로는 26.2절에서 열거한 블록체인 속성을 보존할 수 없다. 이 절에서 보다 풍부한 모델에 대해 살펴보고, 이 모델을 전문화된 데이터 구조나 데이터베이스 시스템 개념을 통해 어떻게 물리적으로 표현하는지를 설명한다.

26.5.1 블록체인에서 효율적인 조회

앞에서 언급한 바와 같이, 비트코인식 트랜잭션을 검증하기 위해 노드는 다음 세 가지 항목을 확인해야 한다.

1. 트랜잭션은 구문적으로 적격이어야 한다(적절한 데이터 형식, 입력의 합은 출력의 합과 동일함 등). 이것은 비교적 간단하다.
2. 트랜잭션을 제출하는 사용자가 트랜잭션에 서명해야 한다. 이는 트랜잭션을 제출하는 사용자가 자신의 개인 키를 사용하여 생성한 서명이 트랜잭션 자체를 얻기 위해 그 사용자의 공개 키로 해독되는지를 보장하는지에 대한 문제다. 이것은 비용이 많이 드는 단계는 아니다.
3. 트랜잭션의 입력은 이미 사용되지 않아야 한다. 이것은 블록체인에서 각 개별 입력 트랜잭션을 조회하는 것을 수반한다. 이러한 트랜잭션은 임의로 오래된 것일 수 있기 때문에 블록체인 어디에나 있을 수 있다. 이 조회를 수행할 좋은 수단이 없다면, 이 단계는 엄청나게 많은 비용이 들 것이다.

입력 트랜잭션이 이미 사용되었는지 검사하려면, 그 트랜잭션이 다른 트랜잭션에 대한 입력으로 이전에 나타나지 않았음을 확인해야 한다. 따라서 각 노드가 모든 미사용 트랜잭션에 대한 인덱스를 유지하는 것으로 충분하다. 이 인덱스의 엔트리는 입력 트랜잭션의 세부 정보를 검증할 수 있도록 블록체인에 있는 해당 트랜잭션의 위치를 가리킨다.

다른 많은 블록체인과 마찬가지로, 비트코인은 23.6.6절에서 논의한 머클 트리에 블록 내의 트랜잭션을 저장하여 조회 및 검증을 용이하게 한다. 해당 절에서, 머클 트리가 악의적인 사용자에 의해 손상되었을 수 있는 모음(블록체인의 경우 트랜잭션)을 효율적으로 검증할 수 있다는 점도 학습했다. 블록체인에서 머클 트리에 적용 가능한 최적화가 있다. 예를 들어, 사용한 트랜잭션으로만 구성된 서브트리를 제거하여 트리를 축소한다. 이는 노드가 전체 블록체인을 저장하는 데 필요한 공간을 크게 줄인다. 주요 블록체인은 매월 1기가바이트 이상으로 빠르게 성장하고, 이 비율은 블록체인 응용 프로그램이 성장함에 따라 증가할 가능성이 높기 때문에 공간은 매우 중요한 고려 사항이다.

머클 트리 구조는 검증을 위해 트리의 루트 해시만 보유하면 되기 때문에 라이트 노드(즉 전체 블록체인을 저장하지 않는 노드)에 특히 유용하다. 라이트 노드가 필요로 하는 어떤 데이터에 대해서 풀 노드가 해당 데이터와 필요한 해시를 제공한다. 그 후 라이트 노드는 제공받은 데이터가 저장된 해시 값과 일치하는지 검증한다(23.6.6절 참조).

26.5.2 블록체인 상태 관리

26.3.3절의 간단한 블록체인 트랜잭션 모델은 기본 비트코인 트랜잭션이 어떻게 작동하는지를 보

여 주었다. 비트코인에는 더 복잡한 트랜잭션이 가능하지만, 그들은 입력 트랜잭션의 집합과 사용자에 대한 보상의 집합이라는 동일한 패턴을 따른다.

이 절은 특정 다른 블록체인(특히 이더리움)이 각 계정의 잔액을 기록하는 상태(state)를 관리하는 데 사용하는 모델을 살펴본다. 트랜잭션은 계정 간에 통화 단위(이더리움의 경우 이더)를 이동시킨다. 채굴자들이 트랜잭션을 블록 안으로 직렬화하기 때문에 18장의 프로토콜과 같은 동시성 제어 프로토콜은 필요하지 않다. 각 블록은 일련의 트랜잭션을 포함하고, 또한 블록에서 트랜잭션을 실행한 후 존재하는 상태도 포함한다. 한 블록에서 상당한 수의 트랜잭션이 전체 상태의 상대적으로 작은 부분만 변경할 가능성이 있기 때문에, 각 블록의 전체 상태를 복제하는 것은 낭비다. 따라서 저장소를 보다 효율적으로 사용할 수 있는 데이터 구조가 필요하다.

블록 내의 트랜잭션을 머클 트리에 저장하는 것을 기억하자. 상태도 비슷하게 저장한다. 이는 변경되지 않은 상태의 해당 부분에 대해 포인터(와 관련 해시)를 이전 블록으로 되돌리도록 허용함으로써 공간을 절약할 수 있는 가능성을 제공한다. 여기서 유일한 도전은 트리 노드를 변경할 수 있을 뿐만 아니라 노드를 삽입하고 삭제하는 것이 가능해야 한다는 것이다. 이 목적을 위해 이더리움을 포함한 다른 블록체인이 머클 트리 데이터 구조의 변형인 **머클-패트리샤 트리**(Merkle-Patricia tree)를 사용한다. 이 데이터 구조를 사용하면 트리에서 효율적인 키 기반 검색을 수행할 수 있다. 실제로 트리 노드를 삭제하고 삽입하는 대신에, 새로운 트리 루트를 생성하고 트리 자체를 이전 트리의 서브트리를 참조하도록 구조화한다. 이전 트리는 불변하기 때문에 (우리가 할 수 없는) 새로운 부모 포인터를 만드는 대신, 머클-패트리샤 트리 구조에서 쉽게 얻을 수 있는 루트-단말 경로를 반대로 하여 단말-루트 경로를 생성한다. 이 데이터 구조에 대한 자세한 내용은 장 끝의 "더 읽어보기" 절에 있는 참고문헌을 참조한다.

Corda, 하이퍼레저 패브릭(Hyperledger Fabric) 및 BigchainDB는 데이터베이스를 사용하여 상태를 저장하고 해당 상태에 질의할 수 있는 블록체인의 예다. 패브릭과 BigchainDB는 NoSQL 데이터베이스를 사용한다. Corda는 내장 SQL 데이터베이스를 사용한다. 이와는 달리 이더리움 상태는 키-값 저장소(key-value store)에 저장된다.

26.6 스마트 계약

지금까지는 단순한 자금 이체(funds-transfer) 트랜잭션에 초점을 맞추었다. 실제 블록체인 트랜잭션은 실행 가능한 코드를 포함할 수 있기 때문에 더 복잡할 수 있다. 블록체인은 이러한 코드를 위해 지원하는 언어뿐만 아니라 (더 중요한 것은) 해당 언어의 역량 면에서도 다르다. 일부 블록체인은 튜링 완전(Turing complete) 언어, 즉 가능한 모든 계산을 표현할 수 있는 언어를 제공한다. 다른 블록체인은 좀 더 제한된 언어를 제공한다.

26.6.1 언어 및 트랜잭션

비트코인은 많은 표준 유형의 조건부 자금 이체 트랜잭션을 정의하기에 적합한 제한된 역량의 언어를 사용한다. 이 기능의 핵심은 멀티시그(multisig) 명령으로, 이체를 승인하기 위해 지정된 사용자로 n명 중 m명을 필요로 한다. 이를 통해 신뢰할 수 있는 제3자가 실제 이체와 관련된 양 당사자 간의 분쟁을 해결하는 에스크로 거래를 할 수 있다. 또한 이 명령은 각 구성요소 트랜잭션을 블록체인에 개별적으로 제출할 필요 없이, 두 사용자 간의 여러 트랜잭션을 하나의 큰 트랜잭션으로 그룹화할 수 있다. 블록체인에 트랜잭션을 추가하는 것은 시간 지연과 트랜잭션 수수료의 비용을 수반하기 때문에 이 특징은 매우 중요하다. 이 개념을 26.7절에서 설명하는 오프체인 처리 시스템이 확장했다.

기업용 응용 프로그램을 대상으로 하는 대부분의 블록체인뿐만 아니라 이더리움은 튜링 완전 언어를 포함한다. 많은 블록체인이 익숙한 프로그래밍 언어나 특정 언어에 상당한 기반을 둔 변형 언어를 사용한다. 이것은 덜 강력한 언어에 비해 명백한 이점처럼 보이지만, 어느 정도 위험이 있다. 비트코인의 언어로 무한 루프를 작성하는 것은 불가능하지만, 튜링 완전 언어는 무한 루프를 작성하는 것이 가능하다. 악의적인 사용자는 무한 루프를 인코딩하는 트랜잭션을 제출하여, 해당 트랜잭션을 새로 채굴된 블록에 포함시키려는 모든 노드에 대해 임의적으로 많은 양의 자원을 소비하도록 할 수 있다. 코드가 종료하는지 시험하는 것, 즉 중단 문제는 일반적인 경우 해결할 수 없는 문제다. 악의적인 사용자가 무한 루프를 피하더라도, 해당 사용자가 예외적으로 긴 시간 동안 실행되는 코드를 제출하여 다시 채굴자의 자원을 사용할 수 있다. 이 문제에 대한 해결책은 트랜잭션을 제출하는 사용자들이 지불에 상한선을 두고 채굴자의 코드 실행에 대한 보상에 동의하는 것이다. 이렇게 하면 총 실행 시간을 어느 정도 제한할 수 있다.

블록체인의 탈중앙화 특성은 사용자가 채굴자에게 트랜잭션을 포함하여 코드를 실행하도록 설득하는 인센티브 시스템으로 이어진다. 이더리움의 해결책은 자동차 연료에 대한 비유를 제공하기 위해 가스(gas) 개념을 기반으로 한다. 각 명령은 일정량의 가스를 소비한다. 트랜잭션에서 가스 소비는 세 가지 매개변수로 관리한다.

1. **가스 가격**(Gas price): 사용자가 채굴자에게 가스 1단위에 대해 지불하기 위해 제공하는 이더의 양
2. **트랜잭션 가스 한도**(Transaction gas limit): 트랜잭션 가스 소비량의 상한. 가스 한도를 초과하는 트랜잭션은 취소된다. 채굴자는 보상을 가지지만 트랜잭션 동작은 결코 블록체인에 커밋되지 않는다.
3. **블록 가스 한도**(Block gas limit): 블록체인 시스템 자체 한도로, 블록 내의 모든 트랜잭션의 트랜잭션 가스 한도 합계다.

가스 가격을 너무 낮게 책정하는 사용자는 트랜잭션을 기꺼이 포함하려는 채굴자를 찾기 위해 오랜 기다림을 겪을 수 있다. 가스 가격을 너무 높게 설정하면 사용자가 초과 지불하게 된다.

또 다른 어려운 선택은 가스 한도의 설정이다. 계약에서 사용할 가스의 정확한 양으로 한도를 정하는 것은 어렵다. 한도를 너무 낮게 설정한 사용자는 트랜잭션 실패의 위험이 있는 반면, "가스 부족"을 두려워하여 트랜잭션 가스 한도를 지나치게 높게 설정한 사용자는 이 트랜잭션이 블록 가스 한도의 너무 큰 부분을 소비하기 때문에 채굴자가 그 트랜잭션을 포함하려고 하지 않는 것을 발견

할 수 있다. 따라서 이 결과는 채굴 비용과 속도 둘 다 최적화하려는 트랜잭션 설계자에게 흥미로운 문제다.

비트코인식 트랜잭션에서 트랜잭션 순서는 명백하다. 이더리움과 같은 상태 기반 블록체인은 입력 트랜잭션에 대한 명확한 개념이 없다. 그러나 스마트 계약이 트랜잭션 순서를 강요하기를 원하는 중요한 이유가 있을 수 있다. 동일한 계정에서 나온 트랜잭션의 경우, 이더리움은 트랜잭션과 연관된 **계정 논스**(account nonce)를 사용하여 계정이 트랜잭션을 생성한 순서대로 해당 트랜잭션을 채굴하도록 한다. 계정 논스는 단순히 한 계정에서 발생한 각 트랜잭션과 관련된 시퀀스 번호일 뿐이며, 한 계정의 트랜잭션의 집합은 연속적인 시퀀스 번호를 가져야 한다. 한 계정의 두 트랜잭션은 동일한 시퀀스 번호를 가질 수 없으며, 이전 시퀀스 번호를 가진 트랜잭션이 승인된 후에만 트랜잭션이 허용되므로 트랜잭션 순서에서 부정 행위를 방지할 수 있다. 다른 계정에서 나온 두 트랜잭션의 순서를 정해야 한다면, 첫 번째 트랜잭션이 처리될 때까지 순서상 두 번째 트랜잭션을 검증하지 못하도록 설계할 필요가 있다.

채굴자가 블록에 포함시키고자 하는 트랜잭션의 스마트 계약 코드를 실행해야만 하고, 모든 풀 노드는 채굴된 블록의 모든 트랜잭션의 코드를 실행해야 한다는 사실은 보안에 대한 우려로 이어진다. 코드는 일반적으로 자바 가상 머신의 스타일로 설계된 가상 머신상에서 안전한 방식으로 실행된다. 이더리움은 EVM이라고 불리는 자체적인 가상 머신을 가지고 있다. 하이퍼레저는 도커(Docker) 컨테이너에서 코드를 실행한다.

26.6.2 외부 입력

스마트 계약은 외부 사건(external event)이라는 관점으로 정의할 수 있다. 간단한 예로서, 재배 계절의 강우량에 따라 농부에게 돈을 지불하는 농작물 보험 스마트 계약을 고려하자. 미래의 어떠한 계절에 대한 강우량도 스마트 계약서를 작성할 때 알 수 없기 때문에, 그 값은 하드 코딩될 수 없다. 대신 스마트 계약의 모든 당사자가 신뢰하는 외부 소스에서 입력을 가져와야 한다. 이러한 외부 소스를 **오라클**(oracle)[6]이라 부른다.

오라클은 많은 비즈니스 응용 프로그램의 스마트 계약에 필수적이다. 오라클을 신뢰해야 한다는 사실은 블록체인 환경의 일반적인 무신뢰성에 대한 타협이다. 그러나 이는 계약 당사자만이 사용된 오라클에 동의할 필요가 있다는 점에서 심각한 타협이 아니며, 일단 합의가 이루어지면 그 합의는 스마트 계약 내에 코드화되고 그 시점 이후로는 불변한다.

운영 중인 스마트 계약에 오라클이 코딩된 이후, 오라클의 손상은 심각한 문제다. 이 문제는 법률 시스템의 외부적 문제로 남겨질 수 있지만, 이상적으로는 향후 분쟁 해결을 위한 절차가 다양한 방식으로 계약에 코딩되어 있어야 한다. 예를 들어, 계약 당사자는 계약 인증 메시지를 주기적으로 보내야 할 수 있으며, 당사자가 오라클 승인을 재인증하지 못할 경우 취할 조치를 정의하도록 코드를 작성할 수 있다.

스마트 계약의 직접 외부 출력은 문제가 많은 부분인데, 왜냐하면 해당 출력이 실행 중에 발생해

6 이 용어는 고대 그리스 문화에 뿌리를 두고 있으며 같은 이름의 회사와 아무런 관련이 없다.

야 하고 또한 해당 트랜잭션이 블록체인에 추가되기 전에 발생해야 하기 때문이다. 예를 들어, 이더리움은 스마트 계약이 블록체인에 기록된 **이벤트를 방출**하도록 허용함으로써 이를 다룬다. 블록체인의 공개 가시성은 스마트 계약의 동작이 블록체인 외부의 동작 수행을 촉발하는 것을 허용한다.

26.6.3 자율 스마트 계약

이더리움을 포함한 많은 블록체인에서 스마트 계약을 독립 개체로 배포할 수 있다. 이러한 스마트 계약은 자체 계정, 잔고 및 저장소를 가진다. 이를 통해 사용자(또는 다른 스마트 계약)는 스마트 계약이 제공하는 서비스를 사용할 수 있고, 스마트 계약에서 통화를 송수신할 수 있다.

스마트 계약을 코딩하는 방식에 따라 사용자는 설계상 스마트 계약을 메시지(트랜잭션)로 전송하여 스마트 계약을 제어할 수 있다. 스마트 계약을 무한정 자율적으로 작동하도록 코딩할 수 있다. 이러한 계약을 **분산 자율 조직**(distributed autonomous organization, **DAO**)[7]이라고 한다. 일단 구축된 DAO는 제어 및 관리가 어렵다. 버그 수정을 설치할 방법도 없다. 또한 법률 및 규제 문제에 대한 답변되지 않은 질문이 많이 있다. 그러나 통신하고 데이터를 저장하고 모든 사용자와 독립적으로 비즈니스를 수행하는 이러한 개체를 생성하는 기능은 블록체인 개념의 가장 강력한 기능 중 하나다. 기업 환경에서 스마트 계약은 조직이나 컨소시엄에 의해 어떤 형태로든 통제하에 작동한다.

스마트 계약을 사용하여 다른 통화 위에 통화를 생성할 수 있다. 이더리움을 위한 풍부한 생태계가 기반 인프라를 제공하므로 이더리움은 종종 기저 블록체인 역할을 한다. 이와 같은 상위 수준의 통화 단위를 토큰이라고 하며, 이러한 통화를 만드는 과정을 **가상 통화 공개**(initial coin offering, **ICO**)라고 한다. 기존 블록체인을 토큰의 기반으로 사용할 경우 중요한 추가 이점은 사용자 인프라의 핵심 요소를 재사용 가능하다는 것인데, 무엇보다 가장 중요한 것은 토큰을 저장하는 지갑 소프트웨어를 재사용 가능하다는 점이다. 토큰을 위한 ERC-20 이더리움 표준이 널리 사용된다. ERC-223, ERC-621, ERC-721, ERC-777 및 ERC-827을 포함한 보다 최신 표준은 장 끝에 있는 "더 읽어보기" 절의 참고문헌에서 논의된다.

상대적으로 쉽게 ICO를 생성할 수 있어서 ICO는 새로운 벤처기업에 자금을 지원하는 중요한 방법이 되었다. 하지만 몇 가지 사기가 발생했고, 정부는 이 기금 조성 방법론을 규제하게 되었다.

자금 조달을 넘어, 스마트 계약의 중요한 응용은 인간이 아닌 (종종 오픈 소스와 같은) 소스 코드에 의해 운영이 제어되는 독립적이고 자율적인 서비스 제공자를 생성하는 것이다. 이렇게 하면 사용자가 어떤 사용자나 조직을 신뢰할 필요가 없는 무신뢰 서비스를 생성할 수 있다. 앞에서 언급한 바와 같이 완전한 자율 계약은 중지하거나 수정할 수 없다. 따라서 버그는 영원히 지속되며, 운영을 지원할 수 있는 충분한 통화를 조달할 수 있는 한(이더리움의 경우, 가스 비용을 지불하기에 충분한 이더를 번다면) 그 계약은 계속될 수 있다. 이러한 위험은 계약 생성자에게 계약에 자체 파괴 메시지를 보낼 수 있는 기능을 제공하는 것과 같은 무신뢰성 개념에 대한 일부 타협이 스마트

7 DAO의 일반적인 사용은 "The DAO"라고 하는 특정 분산 자율 조직과는 다르다. The DAO는 자금의 대규모 도난을 가능하게 한 버그 때문에 실패한 크라우드 펀딩 벤처 캐피탈 기업이다(앞의 노트 26.1 참고).

계약 설계에서 의미가 있을 수 있음을 시사한다.

26.6.4 교차 체인 트랜잭션

지금까지는 블록체인 트랜잭션이 하나의 특정 블록체인으로 제한된다고 암시적으로 가정해 왔다. 한 블록체인의 계정에서 다른 블록체인에 있는 다른 계정으로 통화를 전송하고 싶다면, 통화가 같지 않을 뿐만 아니라 두 블록체인이 각각의 시점에서 이 교차 체인 트랜잭션 상태에 동의해야 하는 문제가 있다.

분산 데이터베이스에서 관련된 문제를 살펴보았다. 만약 단일 조직이 전체 분산 시스템을 제어한다면 2단계 커밋을 사용할 수 있다. 그러나 23.5.3절에서 논의한 연합 시스템(federated system)처럼 복수의 조직이 시스템을 제어하는 경우 조정은 더욱 어렵다. 블록체인 설정에서 각 시스템의 높은 수준의 자율성과 불변성의 요구는 훨씬 더 높은 장벽을 세운다.

가장 간단한 해결책은 전통적인 명목화폐를 교환하는 조직과 매우 비슷하게 운영되는 신뢰할 수 있는 중개 기관을 사용하는 것이다.

두 사용자 모두 두 개의 블록체인에 계정을 가지고 있다면, 필요한 자금 이체를 위해서 각 체인에 트랜잭션을 생성함으로써 무신뢰 트랜잭션을 정의할 수 있다. 이때 하나의 트랜잭션이 블록체인에 추가될 경우 그것의 스마트 계약 코드는 다른 트랜잭션이 취소될 수 없는 것을 보장하는 비밀을 나타내도록 설계되어야 한다. 사용되는 기술은 다음 사항을 포함한다.

- 특정 이벤트가 발생하지 않는 한 일정 시간 후에 취소되는 시간-잠금(time-lock) 트랜잭션
- 검증 목적을 위한 머클 트리 헤더의 교차 체인 교환(cross-chain exchange)

이러한 기술의 위험을 완화할 수 있는 방법이 존재하지만, 성공적으로 채굴된 트랜잭션이 고아 포크로 귀결될 수 있다는 가능성이 위험으로 존재한다. 세부 구현은 시스템마다 다르다. 장 뒷부분에 있는 "더 읽어보기" 절을 참조한다.

보다 일반적인 해결책은 (자발적인 구매자와 판매자가 일치하는) 증권거래소와 개념적으로 유사한 시장을 구현하는 스마트 계약을 만드는 것이다. 그러한 계약은 명목화폐에 사용되는 것처럼 사람이 운영하는 은행이나 중개소가 아닌 신뢰할 수 있는 중개자의 역할로 운영된다. 교차 체인 거래의 기술적 문제는 여전히 활발한 연구 영역으로 남아 있다.

26.7 성능 향상

높은 수준에서 블록체인 시스템은 세 가지 주요 구성요소를 포함하는 것으로 볼 수 있다.

1. **합의 관리**: 작업 증명, 지분 증명, 비잔틴 합의 또는 일부 혼합 접근법. 트랜잭션 처리 성능은 합의 관리의 성능에 의해 좌우된다.
2. **상태 접근 관리**: 현재 블록체인 상태에 검색하는 접근 메소드. 특정 계정 ID 또는 사용자 ID로부터 트랜잭션을 찾기 위한 간단한 인덱스로부터 키-값 저장소나 전체 SQL 인터페이스를 아우르는 접근을 의미한다.

3. **스마트 계약 실행**: 일반적으로 보안 및 안전을 위해 가상화된 환경에서 (컴파일된) 스마트 계약 코드를 실행하는 환경

블록체인 시스템에서 (흔히 처리량이라 부르는) 트랜잭션 처리 속도는 기존의 데이터베이스 시스템보다 현저히 낮다. 전통적인 데이터베이스 시스템은 거의 초당 수만 건의 트랜잭션을 최고 속도로 하여 단순한 자금 이체 트랜잭션을 처리할 수 있다. 블록체인 시스템의 속도는 더 낮다. 비트코인은 초당 10개 미만의 트랜잭션을 처리하고, 이더리움은 현재 초당 10개를 약간 넘는 트랜잭션을 처리한다.[8] 그 이유는 작업 증명과 같은 기법은 단위 시간당 체인에 추가할 수 있는 블록 수를 제한하고, 비트코인은 10분당 한 개 블록 처리를 목표로 하기 때문이다. 하나의 블록이 여러 개의 트랜잭션을 포함할 수 있으므로, 트랜잭션 처리 속도는 10분당 한 개를 훨씬 초과하지만, 그럼에도 불구하고 제한적이다.

대부분의 응용 프로그램에서 트랜잭션 처리량만이 성능 지표가 아니다. 두 번째 그리고 종종 더 중요한 지표는 트랜잭션 지연 시간 또는 응답 시간이다. 여기서 블록체인 시스템이 필요로 하는 분산 합의는 심각한 문제를 도출한다. 예를 들어, 채굴 속도를 10분마다 한 개 블록 근처로 유지하는 비트코인의 설계를 고려하자. 그것만으로도 상당한 지연 시간이 발생하지만, 포크로 인해 트랜잭션 블록이 고아가 될 가능성을 줄이기 위해 여러 후속 블록을 채굴할 때까지 기다려야 하는 필요성이 지연 시간을 더 추가한다. 일반적으로 여섯 개 블록을 기다리는 권장 사항을 사용하면, 실제 지연 시간은 1시간이다. 이러한 응답 시간은 대화식 실시간 트랜잭션 처리에는 허용되지 않는다. 이와 대조적으로, 전통적인 데이터베이스 시스템은 개별 트랜잭션을 커밋하며 밀리초 단위의 응답 시간을 쉽게 달성할 수 있다.

이러한 트랜잭션 처리 성능 문제는 주로 퍼블릭 블록체인의 합의 오버헤드로 인한 문제다. 허가형 블록체인은 더 빠른 메시지 기반 비잔틴 합의 알고리즘을 사용할 수 있지만, 다른 성능 문제는 여전히 남아 있으며 계속 해결되고 있다.

26.7.1 합의 성능 향상

블록체인의 합의 성능을 개선하기 위한 두 가지 주요 접근법이 있다.

1. **샤딩**: 노드 간 병렬 처리를 활성화하기 위해 새 블록을 채굴하는 작업을 분산함
2. **오프체인 트랜잭션 처리**: 트랜잭션을 블록체인에 배치하지 않고 내부적으로 처리하는 신뢰할 수 있는 시스템. 이러한 트랜잭션은 단일 트랜잭션으로 그룹화되어, 이후 블록체인에 배치된다. 이 그룹화는 어떤 합의된 주기로 발생하거나 또는 합의 종료 시에만 발생할 수 있다.

샤딩은 블록체인의 계정을 병렬로 채굴하는 샤드(shard)로 분할하는 것이다. 트랜잭션이 여러 샤드에 걸쳐 있는 경우, 분리된 트랜잭션은 특수한 시스템 내부 교차-샤드(cross-shard) 트랜잭션과 함께 실행된다. 이 교차-샤드 트랜잭션은 주어진 (분할된) 트랜잭션의 두 부분이 커밋되는 것을

---

8 출판 당시, 이더리움 설계자는 보다 빠르고 낮은 오버헤드 채굴을 가능하게 하는 포크를 옹호하는 것을 고려하고 있다.

보장하기 위해 기록된다. 교차-샤드 트랜잭션의 오버헤드는 낮다. 채굴 노드를 샤드로 분할하면 소규모 채굴자 집합이 되는데, 소규모 채굴자 집합을 공격하는 비용이 적기 때문에 이 공격 취약성으로 인한 위험이 있다. 그러나 이러한 위험을 완화할 수 있는 방법이 있다.

오프체인 트랜잭션은 해당 트랜잭션을 관리하기 위해 별도의 시스템을 배포하는 것을 필요로 한다. 이들 중 가장 잘 알려진 것은 오프체인 처리를 통해 블록체인 트랜잭션을 가속화할 뿐만 아니라 특정 교차 체인 트랜잭션을 처리할 수 있는 라이트닝 네트워크(Lightning network)다. 라이트닝 네트워크는 전통적인 데이터베이스 시스템 속도로 트랜잭션 처리량과 지연 시간을 약속하지만, 어느 정도의 익명성과 불변성(즉 오프체인에서 커밋되지만 블록체인에서 거부되는 트랜잭션)을 희생하여 이를 제공한다. 블록체인에 대한 트랜잭션 확인 빈도를 늘림으로써 성능 개선의 감소를 대가로 불변성의 손실을 줄일 수 있다.

26.7.2 질의 성능 향상

일부 블록체인 시스템은 사용자나 계정 식별자에 대한 인덱스만 제공하여 미사용 트랜잭션을 쉽게 찾을 수 있도록 지원한다. 이것은 간단한 자금 이체 트랜잭션에는 충분하다. 그러나 복잡한 스마트 계약은 블록체인의 저장된 현재 상태에 대해 범용 질의를 실행해야 할 수 있다. 이러한 질의는 조인 질의와 동등한 것을 수행할 수 있는데, 조인의 최적화는 16장에서 길게 학습한 바 있다. 그러나 상태 접근 관리가 실행 엔진과 분리될 수 있는 블록체인 시스템의 구조는 데이터베이스 스타일의 질의 최적화의 사용을 제한할 수 있다. 게다가 26.5.2절에서 본 머클-패트리샤 트리 구조와 같은 상태 표현에 사용되는 데이터 구조는 조인 형태 질의를 구현하기 위한 알고리즘 선택을 제한할 수 있다.

기존 데이터베이스 또는 NoSQL 데이터베이스에 구축된 블록체인 시스템은 해당 데이터베이스 내에 상태 정보를 보관하고, 스마트 계약이 해당 상태에 대해 상위 수준의 데이터베이스 질의를 실행하는 것을 허용한다. 이러한 이점은 진정한 블록체인의 엄격한 암호화 보호가 결여된 데이터베이스 저장 형식을 사용하는 대가로 오는 것이다. 좋은 절충안은 신뢰할 수 있는 제공자가 데이터베이스를 운영하고, 갱신은 데이터베이스뿐만 아니라 블록체인에도 가도록 하는 것이다. 그렇게 하여 원하는 모든 사용자가 안전한 블록체인에 대해 데이터베이스를 검증할 수 있도록 한다.

26.7.3 장애 허용과 확장성

장애 발생 시 성능은 블록체인 시스템의 중요한 측면이다. 기존 데이터베이스 시스템은 복구 관리자의 성능으로 이를 측정한다. 19.9절에 살펴본 것처럼 ARIES 복구 알고리즘은 복구 시간을 최적화하도록 설계되었다. 이와 대조적으로, 블록체인 시스템은 장애와 악의적인 공격 동안 그 기간에는 아마도 낮은 성능이겠지만, 지속적인 운영을 위해 설계된 합의 기법과 복제 전략을 사용한다. 따라서 처리량 및 지연 시간을 측정하는 것 외에도 장애 또는 공격 시 성능 통계가 어떻게 변화되는지 측정해야 한다.

확장성(scalability)은 20장에서 살펴본 대로 모든 분산 시스템의 성능 관심사다. 블록체인 시스템과 병렬 또는 분산 데이터베이스 시스템 간의 구조적 차이는 규모 증대(scaleup)의 측정과 최적화 모두에 당면 과제를 제시한다. 2PC와 비잔틴 합의의 상대적인 확장성을 고려하여 차이점을 설명한다. 2PC에서, 가령 다섯 개의 고정된 수의 노드에 접근하는 트랜잭션은 시스템의 노드 수와 관계없이 해당 다섯 개 노드의 합의만 필요하다. 시스템을 더 많은 노드로 확장해도, 해당 트랜잭션은 (확장 과정에서 복제본 사이트가 추가되지 않는 한) 여전히 합의하는 다섯 개의 노드만 필요하다. 비잔틴 합의를 사용하면, 모든 트랜잭션은 과반수의 비장애 노드 간 합의가 필요하다. 따라서 합의해야 하는 노드의 수는 훨씬 더 많게 시작할 뿐만 아니라 네트워크 확장에 따라 더 빠르게 증가한다.

장 끝에 있는 "더 읽어보기" 절은 블록체인 성능 측정 및 최적화의 새로운 문제를 다루는 참고문헌을 제공한다.

26.8 새로운 응용 프로그램

블록체인의 작동 방식과 블록체인이 제공하는 이점을 보면, 현재 사용 중이거나 가까운 미래에 사용될 수 있는 영역을 살펴볼 수 있다.

블록체인의 사용으로 인해 가장 큰 이익을 얻을 수 있는 응용 프로그램은 악의적인 수정으로부터 안전하게 유지해야 하는 (아마도 과거 데이터도 포함하는) 고가치 데이터를 보유한 응용 프로그램이다. 갱신은 대부분 이러한 응용 프로그램에서 덧붙이기(append)로 구성된다. 서로 어느 정도 신뢰하지만 완전히는 아닌 여러 협력 당사자가 관여하거나, 디지털 서명되고 변조로부터 안전하게 보호되는 트랜잭션의 공유 기록을 갖고 싶어 하는 영역이 혜택을 볼 수 있는 또 다른 종류의 응용 프로그램이다. 후자의 경우, 협력 당사자는 일반 대중을 포함할 수 있다.

아래는 응용 프로그램의 블록체인 구현이 제공하는 가치에 대한 간단한 설명과 함께 여러 응용 프로그램 도메인의 목록을 제공한다. 어떤 경우에 블록체인이 추가하는 가치는 참신한 기능이다. 다른 경우에 부가가치는 이전에는 터무니없는 비용으로만 행해질 수 있었던 어떤 일을 수행할 수 있는 능력이다.

- **학력 증명서 및 성적 증명서**: 대학교는 공개 키로 보호하고 대학에서 디지털 서명한 퍼블릭 블록체인에 학생증과 성적 증명서를 넣을 수 있다. 학생만 레코드를 읽을 수 있지만, 학생은 해당 레코드에 대한 접근을 승인할 수 있다. 결과적으로, 학생은 이후의 학업이나 장래의 고용주를 위한 증명서와 성적 증명서를 공공 출처로부터 안전하게 얻을 수 있다. 이 접근법은 2017년 MIT에서 프로토타입을 만들었다.
- **회계 및 감사**: 이중 입력 부기는 정확하고 감사 가능한 기록을 보장하는 회계의 기본 원칙이다. 디지털 분산 원장의 암호화 서명된 블록체인 항목에서 유사한 이점을 얻을 수 있다. 특히 블록체인을 사용하면 심지어 내부 공격이나 데이터베이스를 제어할 수 있는 해커로부터도 원장이 변조되지 않도록 할 수 있다. 또한 기업의 감사인이 참여자인 경우, 감사인이 원장 입력을 즉각적으로 볼 수 있어 정기 감사보다는 지속적인 감사가 가능하다.
- **자산 관리**: 블록체인의 소유권 기록을 추적하면 소유권 기록에 대한 검증 가능한 접근과 안전하고 서명된 갱신을 할 수 있다. 예를 들어, 공공 기록인 부동산 소유 기록은 블록체인을 통해 대중

이 접근할 수 있는 반면, 그러한 기록에 대한 갱신은 거래 당사자가 서명한 거래에 의해서만 이루어져야 한다. 주식이나 채권과 같은 금융 자산의 소유에도 유사한 접근법을 적용할 수 있다. 증권거래소는 주식과 채권의 거래를 관리하는 반면, 장기 기록은 사용자가 신뢰해야 하는 보관소에 저장한다. 블록체인은 보관소를 신뢰하지 않고도 이러한 자산을 추적할 수 있다.

- **전자 정부**: 단일 정부 블록체인은 기관의 레코드 중복을 제거하고 공통의 권위 있는 정보 소스를 생성한다. 이 접근법의 매우 주목할 만한 이용자는 에스토니아 정부인데, 세금, 투표, 건강, 혁신적인 “e-Residency” 프로그램을 위해 블록체인을 사용한다.
- **외화 환전**: 국제 금융 거래는 종종 느리고 비용이 많이 든다. 중개 암호 화폐를 사용하면 반박할 수 없는 완전한 추적성을 가지면서 비교적 빠른 속도로 블록체인 기반 외환 교환을 가능하게 한다. 리플(Ripple)은 XRP 통화를 사용하여 이러한 기능을 제공한다.
- **헬스케어**: 전자 헬스 레코드의 사용이 증가함에도 불구하고, 헬스 레코드는 헬스케어 제공업체들 사이에서 비유용성, 불일치 및 부정확성으로 유명하다. 많은 소스에서 데이터가 추가되고 사용된 재료의 출처가 잘 문서화되지 않을 수 있다(아래의 공급망에 대한 설명을 보라). 통합된 블록체인은 분산 갱신에 적합하며, 환자의 개인 키로 잠금 해제 가능한 암호화된 데이터 보호는 응급 상황에서 언제 어디서나 환자의 전체 건강 기록에 접근하는 것을 가능하게 한다. 실제 레코드는 오프체인으로 보관될 수 있지만, 블록체인이 데이터에 접근하기 위한 신뢰할 수 있는 기법 역할을 한다.
- **보험 청구**: 보험금 청구 처리는 청구 현장, 수리와 관련된 다양한 계약자, 증인의 진술 등으로부터 유래한 데이터의 복잡한 워크플로다. 여러 소스에서 유래한 데이터를 캡처하여 신속하고 정확하며 안전하게 배포하는 블록체인의 능력은 보험 업계에 효율성과 정확성을 보장한다.
- **사물인터넷**: 사물인터넷(Internet of Things, IoT)은 스마트 빌딩, 스마트 시티, 자체 감시 도시 인프라 등을 포함한 많은 상호작용 장치(“사물”)의 시스템을 일컫는 용어다. 이런 장치는 데이터 전송이 중앙 서버에 도달하도록 보장할 필요 없이 블록체인 트랜잭션을 네트워크로 전달할 수 있는 노드 역할을 할 수 있다. 2010년대 후반에 이러한 데이터 수집 방식이 비용 절감과 성능 향상에 효과적일 수 있는지 알아보기 위한 연구가 진행되었다. 짧은 시간 내에 많은 항목을 블록체인에 추가하는 것은 체인 데이터 구조를 사이클이 없는 그래프로 교체하는 것을 제안할 수 있다. 이오타(Iota) 블록체인은 그러한 시스템의 한 예이고, 해당 그래프 구조를 탱글(tangle)이라 부른다.
- **충성 프로그램과 트랜잭션 집계**: 테마파크 내, 비디오 게임 내부 또는 대형 온라인 소매업체와 같이 고객 또는 사용자가 동일한 판매회사에서 여러 번 구매를 하게 되는 다양한 상황이 존재한다. 이러한 판매회사는 화폐 가치가 달러와 같은 명목 통화에 고정되는 독점적인 허가형 블록체인 내에서 내부 암호 화폐를 생성할 수 있다. 판매회사는 신용카드 거래를 내부 거래로 대체함으로써 이득을 얻는다. 이를 통해 신용카드 수수료가 절감되고 판매회사는 이러한 거래에서 얻은 중요한 고객 데이터를 더 많이 점유할 수 있다. 항공사 상용 마일리지로 예를 드는, 소매 충성 점수에도 동일한 개념을 적용할 수 있다. 판매회사가 이러한 시스템을 유지하고 프로그램의 협력

사와 조정하려면 많은 비용이 든다. 블록체인 기반 시스템을 통해 호스팅 공급업체는 협력사 간에 작업부하를 분산시키고 분산 방식으로 거래를 게시할 수 있으므로 판매회사는 자체 온라인 트랜잭션 처리 시스템을 실행할 필요가 없다. 2010년대 후반, 이러한 개념에 대한 비즈니스 전략을 시험하고 있었다.

- **공급망**: 블록체인은 공급망의 모든 참여자가 모든 행동을 기록할 수 있도록 한다. 이를 통해 상자, 적하물 등과 같은 집적물만 추적하는 것이 아니라 체인에 있는 모든 품목의 이동을 쉽게 추적할 수 있다. 리콜이 발생할 경우 영향을 받는 제품 집합을 소규모 집합으로 정확하고 신속하게 파악할 수 있다. 품질 문제로 인해 리콜이 발생할 경우, 일부 공급망 구성원은 자신의 역할을 은폐하려는 유혹을 받을 수 있지만, 블록체인의 불변성은 사후 레코드 위조를 방지한다.
- **이벤트 표**: 개인 *A*가 어떤 행사를 위해 표를 샀지만 지금은 그것을 팔기를 원하고, 개인 *B*는 *A*로부터 표를 산다고 가정하자. 표가 모두 온라인에서 팔리는 점을 감안하면 *B*는 *A*가 준 표가 진짜라는 것과 *A*가 아직 표를 팔지 않은 상태, 즉 이중으로 쓴 표가 아니라는 것을 신뢰할 필요가 있다. 표 거래가 블록체인상에서 이루어지면 이중 지불을 쉽게 감지할 수 있다. 표에 이벤트 주최자(그들이 블록체인에 있든 없든)가 디지털 서명을 했는지를 검증할 수 있다.
- **무역금융**: 기업은 종종 신용장을 통해 발행되는 은행의 대출에 의존하여 구매 자금을 조달한다. 이러한 신용장은 선적 준비가 되었음을 나타내는 선하증권에 근거하여 상품에 대해 발행된다. 그런 다음 상품의 소유권이 구매자에게 이전된다. 이러한 거래에는 판매자, 구매자, 구매자 은행, 판매자 은행, 운송 회사 등을 포함한 여러 당사자가 참여하며, 이들은 어느 정도 서로를 신뢰하지만 완전히 신뢰하지는 않는다. 전통적으로, 이런 절차는 전 세계 어느 곳에서든 당사자 간에 서명하고 배송해야 하는 물리적 문서를 기반으로 했기 때문에 결과적으로 절차에서 상당한 지연이 있었다. 블록체인 기술은 이러한 문서를 디지털 형태로 유지하고, (적어도 실제 문서 처리와 비교하면) 매우 안전하면서도 매우 빠르게 이런 절차를 자동화하는 데 사용할 수 있다.

나열한 것 이외의 다른 응용 프로그램이 계속 등장할 것이다.

26.9 요약

- 블록체인은 기존 데이터베이스로는 달성하기 어려운 수준의 개인 정보 보호, 익명성 및 분산화를 제공한다.
- 퍼블릭 블록체인은 인터넷에서 쉽게 접근할 수 있다. 허가형 블록체인은 한 조직(기관)이 관리하며 일반적으로 특정 기업 또는 기업 그룹에 서비스를 제공한다.
- 퍼블릭 블록체인에 대한 주요 합의 기법은 작업 증명과 지분 증명이다. 채굴자들은 블록체인 통화로 보상을 받는 대가로 다음 블록을 블록체인에 추가하려고 경쟁한다.
- 많은 허가형 블록체인은 비잔틴 합의 알고리즘을 사용하여 다음 블록을 체인에 추가할 노드를 선택한다.

- 체인에 블록을 추가하는 노드는 먼저 블록을 검증해야 한다. 그런 다음 체인의 복제본을 유지 관리하는 모든 풀 노드가 그 블록을 검증한다.
- 주요 블록체인 속성은 논박 불가능성과 변조 저항성이다.
- 암호화 해시 함수는 충돌 저항성, 불가역성 및 퍼즐 친화성을 보여야 한다.
- 공개 키 암호화는 데이터의 암호화와 문서의 디지털 서명 양쪽으로 사용할 수 있는 공개 키와 개인 키를 모두 가진 사용자를 기반으로 한다.
- 작업 증명은 해시 목표를 충족할 수 있는 성공적인 논스를 추측하기 위해 많은 양의 계산이 필요하다. 지분 증명은 블록체인 통화의 소유권을 기반으로 한다. 절충 방식도 가능하다.
- 스마트 계약은 블록체인에서 실행 가능한 코드 조각이다. 일부 체인에서 자체 데이터와 계정을 가진 개체로 운용될 수 있다. 스마트 계약은 복잡한 비즈니스 계약을 인코딩할 수 있으며, 블록체인에 참여하는 노드에 지속적인 서비스를 제공할 수 있다.
- 스마트 계약은 실시간 데이터 소스 역할을 하는 신뢰할 수 있는 오라클을 통해 외부로부터 입력을 받는다.
- 상태를 유지하는 블록체인은 데이터베이스 시스템과 유사한 방식으로 작동할 수 있다. 그래서 데이터베이스 인덱싱 방법과 접근 최적화의 이점을 얻을 수 있지만, 블록체인 구조가 이에 제한을 둘 수 있다.

용어정리

- 퍼블릭 블록체인과 허가형 블록체인
- 암호화 해시
- 채굴
- 라이트 노드와 풀 노드
- 작업 증명
- 지분 증명
- 비잔틴 합의
- 변조 저항
- 충돌 저항
- 비가역성
- 공개 키 암호화
- 디지털 서명
- 논박 불가능성
- 하드 포크와 소프트 포크
- 이중 지불
- 고아 블록
- 논스
- 블록 검증
- 머클 트리
- 패트리샤 트리
- 비트코인
- 이더리움
- 가스
- 스마트 계약
- 오라클
- 교차 체인 트랜잭션
- 샤딩
- 오프체인 처리

실전문제

26.1 블록체인 포크란 무엇인가? 두 가지 유형의 포크를 나열하고 차이점을 설명하라.

26.2 해시 함수 $h(x) = x \bmod 2^{256}$을 고려한다. 이 해시 함수는 x의 마지막 256비트를 반환한다. 이 함수는

a. 충돌 저항인가?

b. 비가역적인가?

c. 퍼즐 친화적인가?

그렇다면 혹은 그렇지 않다면 이유는 무엇인가?

26.3 새로운 퍼블릭 블록체인을 설계하는 경우, 작업 증명보다는 지분 증명을 선택해야 하는 이유는 무엇인가?

26.4 새로운 퍼블릭 블록체인을 설계하는 경우, 지분 증명보다는 작업 증명을 선택해야 하는 이유는 무엇인가?

26.5 퍼블릭 블록체인과 허가형 블록체인의 차이점과 각각이 더 바람직한 경우를 설명하라.

26.6 블록체인에 저장된 데이터는 블록체인의 변조 저항 속성에 의해 보호된다. 어떤 면에서 이러한 변조 저항이 기존 기업용 데이터베이스 시스템에서 제공하는 보안보다 실제로 더 안전한가?

26.7 퍼블릭 블록체인에서 주어진 사용자 ID에 해당하는 실제 신원을 어떻게 결정할 수 있는가?

26.8 이더리움에서 가스의 목적은 무엇인가?

26.9 사용자가 악의적이지 않다고 추정할 수 있는 환경에 있다고 가정하자. 이 경우 비잔틴 합의가 2PC보다 나은 이점은 무엇인가?

26.10 샤딩의 이점과 잠재적 위험을 설명하라.

26.11 기업용 블록체인이 종종 데이터베이스식 접근을 접목하는 이유는 무엇인가?

연습문제

26.12 블록체인 트랜잭션은 어떤 순서로 직렬화되는가?

26.13 블록체인은 불변이므로, 불변성을 위반하지 않도록 어떻게 트랜잭션 취소를 구현하는가?

26.14 블록체인의 포인터는 이전 블록의 암호화 해시를 포함하고 있는데, 불변성을 보장하기 위해 블록체인 복제가 추가로 필요한 이유는 무엇인가?

26.15 사용자가 개인 키를 잃어버렸다고 가정하자. 사용자는 어떤 영향을 받는가?

26.16 더 많은 노드가 네트워크에 가입함에 따라 어떻게 작업 증명 채굴의 난이도가 증가되고, 따라서 네트워크의 총 계산 능력이 증가하는가? 절차를 자세히 설명하라.

26.17 비잔틴 합의가 퍼블릭 블록체인에서 잘못된 합의 기법인 이유는 무엇인가?

26.18 오프체인 트랜잭션 처리가 어떻게 처리량을 향상할 수 있는지 설명하라. 이 혜택에 대한 상반관계는 무엇인가?

26.19 개인적으로 관심을 가진 기업을 선택하고, 어떻게 그 사업에 블록체인 기술을 유용하게 사용할 수 있는지 설명하라.

관련도구

전력 투자에 대한 경제적 이익은 의문시되겠지만, 블록체인 소프트웨어를 다운로드하여 비트코인(bitcoin.org)이나 이더리움(www.ethereum.org)과 같은 퍼블릭 블록체인에 대한 풀 노드를 생성하고 채굴을 시작할 수 있다. 채굴 풀에 참여하기 위한 도구도 있다. 퍼블릭 블록체인의 내용을 보기 위한 브라우징 도구도 존재한다. 특히 이더리움과 같은 일부 블록체인의 경우 교육 도구로서 프라이빗 블록체인(private blockchain)을 관리하는 블록체인 소프트웨어의 사설 복사본을 설치할 수 있다. 이더리움은 또한 실제 네트워크에서 가스 비용 없이 스마트 계약을 디버깅할 수 있는 공개 시험 네트워크를 제공한다.

대규모 기업 컨소시엄이 지원하는 하이퍼레저(www.hyperledger.org)는 다양한 오픈 소스 블록체인 플랫폼과 도구를 제공한다. Corda(www.corda.net)와 BigchainDB(www.bigchaindb.com)는 두 개의 다른 블록체인 플랫폼인데, BigchainDB는 특히 블록체인 데이터베이스에 중점을 준다.

Blockcert와 Medrec(모두 MIT에서 제공) 같은 학업 증명서 및 의료 기록을 지원하는 블록체인 기반 시스템과 기타 여러 응용 프로그램을 온라인에서 사용할 수 있다. 블록체인용 도구의 집합이 빠르게 진화하고 있다. 급격한 변화 및 개발 속도로 인해 2018년 말 현재 위에서 언급한 몇 가지를 넘어서 추천할 수 있는 최상의 도구 집합을 고를 수 없다. 최신 도구에 대한 웹 검색을 권장한다.

더 읽어보기

데이터베이스 분야의 잘 정립된 기술 주제와 달리, 블록체인 기술 및 응용 프로그램의 새로움으로 인해 참고할 학술 문헌과 교과서의 수가 적은 편이다. 많은 핵심 논문이 특정 블록체인의 웹 사이트에만 게시된다. 이러한 참고문헌의 URL은 자주 변경될 수 있다. 따라서 주요 주제에 대한 웹 검색은 더 읽어보기를 위한 매우 중요한 소스다. 여기에서 몇 가지 고전적인 참고문헌과 발행일 현재 접근 가능한 URL을 인용한다.

원래의 비트코인 논문 [Nakamoto (2008)]은 필명으로 저술되었으며 저자의 신원은 여전히 추측의 대상이다. 이더리움 원래 논문 [Buterin (2013)]은 최신 이더리움 백서(ethereum.org 참조)로 대체되었지만, 이더리움의 창시자인 Vitalik Buterin의 원래 논문은 여전히 흥미롭다. 이더리움 스마트 계약의 기본 프로그래밍 언어인 솔리디티(Solidity)는 solidity.readthedocs.io에서 논의된다. ERC-20 표준은 [Vogelsteller and Buterin (2013)]에 설명되어 있으며, 이 책의 발행일 현재 이더리움 합의 기법 성능에 대한 Casper 업그레이드 제안은 [Buterin and Griffith (2017)]에 나와 있다. 지분 증명을 사용하는 또 다른 접근법을 Cardano 블록체인(www.cardano.org)이 이용한다.

블록체인을 가능하게 만든 많은 이론적 결과는 20세기에 처음 개발되었다. 암호화 해시 함수와 공개 키 암호화의 개념은 [Diffie and Hellman (1976)]과 [Rivest et al. (1978)]에 소개되었다. [Katz and Lindell (2014)]는 암호화에 대한 좋은 참고문헌이다. [Narayanan et al. (2016)]은 주로 비트코인에 초점을 맞추고 있지만 암호 화폐의 기본에 대한 훌륭한 참고 자료다. 비잔틴 합의에 관한 많은 문헌이 있다. 이 연구의 기초를 마련한 초기 논문에 [Pease et al. (1980)]과 [Lamport et al. (1982)]이 포함된다. 실용적인 비잔틴 장애 허용([Castro and Liskov (1999)])은 현재 블록체인 비잔틴 합의 알고리즘의 기반이다. [Maziéres (2016)]는 합의 그룹에서 허가가 아닌 공개 멤버십을 허용하도록 특별히 설계된 합의 프로토콜을 자세히 설명한다. 머클 트리와 관련된 참고문헌은 23장에 나와 있다. 패트리샤 트리는 [Morrison (1968)]에서 소개되었다.

허가형 블록체인에 대한 벤치마크 프레임워크는 [Dinh et al. (2017)]에 나타난다. [Dinh et al. (2018)]는 블록체인 시스템의 자세한 비교를 제시한다. [Wang et al. (2018)]는 블록체인 성능 향상을 위해 설계한 저장 시스템 ForkBase를 설명한다.

라이트닝 네트워크(lightning.network)는 비트코인 거래를 가속화하고 어느 정도의 교차 체인 거래를 제공하는 것을 목표로 한다. 리플(ripple.com)은 XRP 토큰을 사용하는 국제 명목화폐 교환을 위한 네트워크를 제공한다. Loopring(loopring.org)은 사용자가 거래소에 통제권을 넘겨주지 않고도 통화 통제권을 유지할 수 있는 암호 화폐 거래소 플랫폼이다.

이 장에서 설명한 많은 블록체인은 각각의 웹 사이트에 가장 잘 설명되어 있다. 여기에 Corda(docs.corda.net), Iota(iota.org) 및 하이퍼레저(www.hyperledger.org)가 포함된다. 많은 금융 회사가 자체 블록체인을 만들고 있으며 J. P. Morgan의 Quorum(www.jpmorgan.com/global/Quorum)을 포함하여 일부는 공개적으로 사용 가능하다.

참고문헌

[Buterin (2013)] V. Buterin, "Ethereum: The Ultimate Smart Contract and Decentralized Application Platform", Technical report (2013).

[Buterin and Griffith (2017)] V. Buterin and V. Griffith, "Casper the Friendly Finality Gadget", Technical report (2017).

[Castro and Liskov (1999)] M. Castro and B. Liskov, "Practical Byzantine Fault Tolerance", In *Symp. on Operating Systems Design and Implementation* (OSDI), USENIX (1999).

[Diffie and Hellman (1976)] W. Diffie and M. E. Hellman, "New Directions in Cryptography", *IEEE Transactions on Information Theory*, Volume 22, Number 6 (1976).

[Dinh et al. (2017)] T. T. A. Dinh, J. Wang, G. Chen, R. Liu, B. C. Ooi, and K.-L. Tan, "BLOCKBENCH: A Framework for Analyzing Private Blockchains", In *Proc. of the ACM SIGMOD Conf. on Management of Data* (2017), pages 1085-1100.

[Dinh et al. (2018)] T. T. A. Dinh, R. Liu, M. H. Zhang, G. Chen, B. C. Ooi, and J. Wang, "Untangling Blockchain: A Data Processing View of Blockchain Systems", volume 30 (2018), pages 1366-1385.

[Katz and Lindell (2014)] J. Katz and Y. Lindell, *Introduction to Modern Cryptography*, 3rd edition, Chapman and Hall/CRC (2014).

[Lamport et al. (1982)] L. Lamport, R. Shostak, and M. Pease, "The Byzantine Generals Problem",

ACM Transactions on Programming Languages and Systems, Volume 4, Number 3 (1982), pages 382-401.

[Maziéres (2016)] D. Mazi eres, "The Stellar Consensus Protocol", Technical report (2016).

[Morrison (1968)] D. Morrison, "Practical Algorithm To Retrieve Information Coded in Alphanumeric", *Journal of the ACM*, Volume 15, Number 4 (1968), pages 514-534.

[Nakamoto (2008)] S. Nakamoto, "Bitcoin: A Peer-to-Peer Electronic Cash System", Technical report, Bitcoin.org (2008).

[Narayanan et al. (2016)] A. Narayanan, J. Bonneau, E. Felten, A. Miller, and S. Goldfeder, *Bitcoin and Cryptocurrency Technologies*, Princeton University Press (2016).

[Pease et al. (1980)] M. Pease, R. Shostak, and L. Lamport, "Reaching Agreement in the Presence of Faults", *Journal of the ACM*, Volume 27, Number 2 (1980), pages 228-234.

[Rivest et al. (1978)] R. L. Rivest, A. Shamir, and L. Adleman, "A Method for Obtaining Digital Signatures and Public-Key Cryptosystems", *Communications of the ACM*, Volume 21, Number 2 (1978), pages 120-126.

[Vogelsteller and Buterin (2013)] F. Vogelsteller and V. Buterin, "ERC-20 Token Standard", Technical report (2013).

[Wang et al. (2018)] S. Wang, T. T. A. Dihn, Q. Lin, Z. Xie, M. Zhang, Q. Cai, G. Chen, B. C. Ooi, and P. Ruan, "ForkBase: An Efficient Storage Engine for Blockchain and Forkable Applications", In *Proc. of the International Conf. on Very Large Databases* (2018), pages 1085-1100.

크레딧

장 도입부 보트 사진: © Pavel Nesvadba/Shutterstock

PART 10

부록 A

부록 A는 우리가 사용했던 대학교 데이터베이스에 대한 E-R 다이어그램, SQL DDL, 예제 데이터를 포함한다. DDL과 예제 데이터의 경우 실습용으로 사용할 수 있도록 이 책의 웹 사이트 db-book.com에서 제공하고 있다.

APPENDIX **A**

상세한 대학교 스키마

이 부록은 우리 책의 예제로 사용된 대학교 데이터베이스를 자세하게 담고 있다. A.1절에서 책에 나왔던 전체 스키마와 E-R 다이어그램을 살펴본다. A.2절에서 우리가 사용하고 있는 대학교 예제에 대해 상대적으로 완전한 SQL 데이터 정의를 살펴본다. 또한 각 속성에 정의된 자료형과 제약 조건에 대해서도 나열하고 있다. 마지막으로 A.3절에서 스키마에 부합하는 예제 데이터를 살펴본다. 스키마 안의 모든 릴레이션을 만들거나 릴레이션에 예제 데이터를 추가하는 SQL 스크립트는 이 책의 웹 사이트인 db-book.com에서 확인할 수 있다.

A.1 전체 스키마

이 책에서 사용된 대학교 데이터베이스의 전체 스키마는 아래의 본문에서 살펴볼 수 있다. 이 스키마에 해당하는 다이어그램은 그림 A.1에서 살펴볼 수 있다.

classroom(*building*, *room_number*, *capacity*)
department(*dept_name*, *building*, *budget*)
course(*course_id*, *title*, *dept_name*, *credits*)
instructor(*ID*, *name*, *dept_name*, *salary*)
section(*course_id*, *sec_id*, *semester*, *year*, *building*, *room_number*, *time_slot_id*)
teaches(*ID*, *course_id*, *sec_id*, *semester*, *year*)
student(*ID*, *name*, *dept_name*, *tot_cred*)
takes(*ID*, *course_id*, *sec_id*, *semester*, *year*, *grade*)
advisor(*s_ID*, *i_ID*)
time_slot(*time_slot_id*, *day*, *start_time*, *end_time*)
prereq(*course_id*, *prereq_id*)

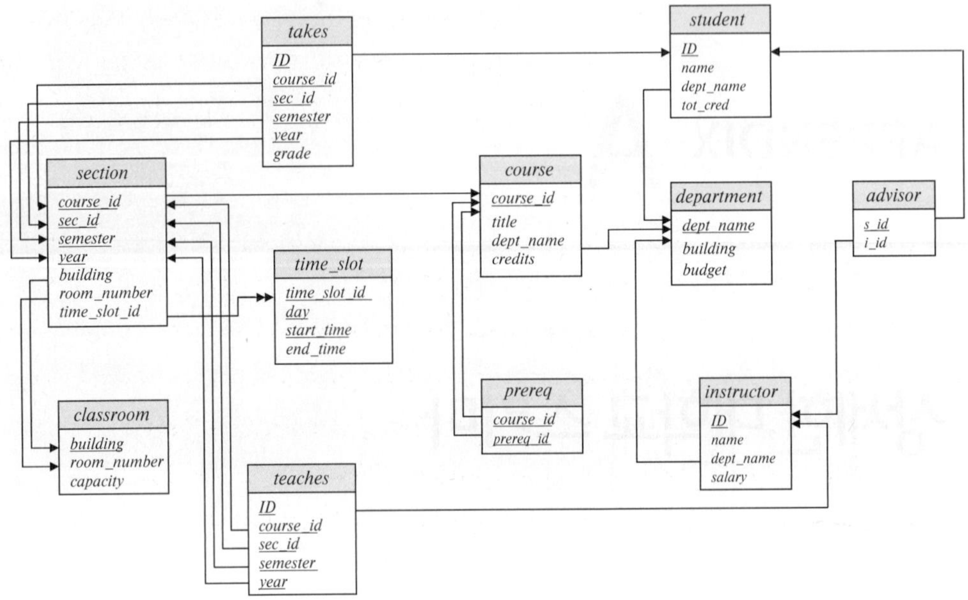

그림 A.1 대학교 데이터베이스의 스키마 다이어그램

A.2 DDL

이번 절은 이 책에서 사용한 예제에 대해 상대적으로 완전한 SQL 데이터 정의를 살펴본다. 또한 각 속성에 정의된 자료형과 제약 조건에 대해서도 나열한다.

```
create table classroom
   (building        varchar (15),
    room_number     varchar (7),
    capacity        numeric (4,0),
    primary key (building, room_number));

create table department
   (dept_name       varchar (20),
    building        varchar (15),
    budget          numeric (12,2) check (budget > 0),
    primary key (dept_name));

create table course
   (course_id       varchar (7),
    title           varchar (50),
    dept_name       varchar (20),
    credits         numeric (2,0) check (credits > 0),
    primary key (course_id),
    foreign key (dept_name) references department
                    on delete set null);
```

```
create table instructor
   (ID            varchar (5),
    name          varchar (20) not null,
    dept_name     varchar (20),
    salary        numeric (8,2) check (salary > 29000),
    primary key (ID),
    foreign key (dept_name) references department
                  on delete set null);

create table section
   (course_id     varchar (8),
    sec_id        varchar (8),
    semester      varchar (6) check (semester in
                          ('Fall', 'Winter', 'Spring', 'Summer')),
    year          numeric (4,0) check (year > 1701 and year < 2100),
    building      varchar (15),
    room_number   varchar (7),
    time_slot_id  varchar (4),
    primary key (course_id, sec_id, semester, year),
    foreign key (course_id) references course
                  on delete cascade,
    foreign key (building, room_number) references classroom
                  on delete set null);
```

위의 DDL에 참조 튜플을 의존하는 튜플이 존재하면 외부 키 제약에 **on delete cascade** 명령문을 추가했다. 예를 들어, *section* 릴레이션에서 *course* 릴레이션으로 정의된 외래 키 제약에 **on delete cascade** 명령문을 추가했다. 이 외의 외래 키 제약 조건에 대해서는 참조하는 값을 null로 설정하면 참조되는 튜플의 삭제를 허용하는 **on delete set null** 명령문을 명시하거나, 아무런 명령문도 명시하지 않음으로써 어떠한 참조된 튜플도 삭제할 수 없게 했다. 예를 들어, 만일 어떤 학과가 없어졌을 때 그 학과에 소속된 교수들이 삭제되는 것을 원하지 않는다고 하자. 이때는 *instructor* 릴레이션에서 *department* 릴레이션으로 정의된 외부 키 제약에 따라 *dept_name* 속성을 null로 설정하면 된다. 반면에 다음에 볼 *prereq* 릴레이션에 정의된 외부 키 제약을 따르면 어떤 과목을 수강하는데 필요한 선행 과목의 삭제를 방지한다. 다음에 볼 *advisor* 릴레이션에서 어떤 교수를 삭제할 때 *i_ID*를 null로 설정하는 것을 허용하지만, 참조된 학생이 삭제되면 *advisor* 튜플을 삭제한다.

```
create table teaches
   (ID            varchar (5),
    course_id     varchar (8),
    sec_id        varchar (8),
    semester      varchar (6),
    year          numeric (4,0),
    primary key (ID, course_id, sec_id, semester, year),
    foreign key (course_id, sec_id, semester, year) references section
                  on delete cascade,
```

```
    foreign key (ID) references instructor
                on delete cascade);

create table student
   (ID            varchar (5),
    name          varchar (20) not null,
    dept_name     varchar (20),
    tot_cred      numeric (3,0) check (tot_cred >= 0),
    primary key (ID),
    foreign key (dept_name) references department
                on delete set null);

create table takes
   (ID            varchar (5),
    course_id     varchar (8),
    sec_id        varchar (8),
    semester      varchar (6),
    year          numeric (4,0),
    grade         varchar (2),
    primary key (ID, course_id, sec_id, semester, year),
    foreign key (course_id, sec_id, semester, year) references section
                on delete cascade,
    foreign key (ID) references student
                on delete cascade);

create table advisor
   (s_ID          varchar (5),
    i_ID          varchar (5),
    primary key (s_ID),
    foreign key (i_ID) references instructor (ID)
                on delete set null,
    foreign key (s_ID) references student (ID)
                on delete cascade);

create table prereq
   (course_id     varchar(8),
    prereq_id     varchar(8),
    primary key (course_id, prereq_id),
    foreign key (course_id) references course
                on delete cascade,
    foreign key (prereq_id) references course);
```

time_slot 테이블을 생성하는 다음의 **create table** 명령문은 대부분의 데이터베이스 시스템에서 동작한다. 하지만 Oracle(적어도 버전 11까지는)은 SQL 표준인 **time** 자료형을 지원하지 않기 때문에 이 명령문이 동작하지 않는다.

```
create table timeslot
   (time_slot_id   varchar (4),
    day            varchar (1) check (day in ('M', 'T', 'W', 'R', 'F', 'S', 'U')),
    start_time     time,
    end_time       time,
    primary key (time_slot_id, day, start_time));
```

SQL에서 시간을 명시할 때 '08:30', '13:55', '5:30PM'과 같이 나타낼 수 있다. Oracle에서 **time** 자료형을 지원하지 않기 때문에 다음의 스키마를 대신 사용한다.

```
create table timeslot
   (time_slot_id   varchar (4),
    day            varchar (1),
    start_hr       numeric (2) check (start_hr >= 0 and end_hr < 24),
    start_min      numeric (2) check (start_min >= 0 and start_min < 60),
    end_hr         numeric (2) check (end_hr >= 0 and end_hr < 24),
    end_min        numeric (2) check (end_min >= 0 and end_min < 60),
    primary key (time_slot_id, day, start_hr, start_min));
```

차이점은 *start_time* 속성이 *start_hr*과 *start_min*의 두 속성으로 바뀐 것과, *end_time* 속성이 *end_hr*과 *end_min* 속성으로 바뀐 것이다. 이 속성들은 또한 오직 유효한 시간을 나타내는 숫자만 가지도록 하는 제약 조건을 가지고 있다. 이 *time_slot* 스키마는 Oracle을 포함한 모든 데이터베이스에서 동작한다. Oracle이 **datetime** 자료형을 지원하기는 하지만 **datetime** 자료형이 특정한 날, 달, 연도, 시간을 포함하는 데 반해, 우리는 오직 시간만 필요하므로 이 자료형을 사용하는 것은 적절하지 않다. 시간 속성을 시(hour)와 분(minute) 속성으로 구분하는 두 가지 대안이 있지만, 둘 다 바람직하지 못하다. 첫 번째 대안은 **varchar** 자료형을 사용하는 것인데 이는 유효성 제약을 강제하기가 힘들고, 시간에 대한 비교도 힘들다. 두 번째 대안은 시간을 자정부터 경과한 분(또는 초)을 표현하는 정수로 부호화하는 것인데, 이를 위해서는 질의마다 기본 시간 자료형을 해당 정수로 바꿔 주는 추가 코드가 필요하다. 그래서 우리는 시간을 시와 분에 해당하는 숫자 자료형으로 나누는 해결책을 선택했다.

A.3 예제 데이터

이 절에서 이전 절에서 정의한 릴레이션에 대한 예제 데이터를 제공한다.

building	*room_number*	*capacity*
Packard	101	500
Painter	514	10
Taylor	3128	70
Watson	100	30
Watson	120	50

그림 A.2 *classroom* 릴레이션

dept_name	*building*	*budget*
Biology	Watson	90000
Comp. Sci.	Taylor	100000
Elec. Eng.	Taylor	85000
Finance	Painter	120000
History	Painter	50000
Music	Packard	80000
Physics	Watson	70000

그림 A.3 *department* 릴레이션

course_id	*title*	*dept_name*	*credits*
BIO-101	Intro. to Biology	Biology	4
BIO-301	Genetics	Biology	4
BIO-399	Computational Biology	Biology	3
CS-101	Intro. to Computer Science	Comp. Sci.	4
CS-190	Game Design	Comp. Sci.	4
CS-315	Robotics	Comp. Sci.	3
CS-319	Image Processing	Comp. Sci.	3
CS-347	Database System Concepts	Comp. Sci.	3
EE-181	Intro. to Digital Systems	Elec. Eng.	3
FIN-201	Investment Banking	Finance	3
HIS-351	World History	History	3
MU-199	Music Video Production	Music	3
PHY-101	Physical Principles	Physics	4

그림 A.4 *course* 릴레이션

ID	*name*	*dept_name*	*salary*
10101	Srinivasan	Comp. Sci.	65000
12121	Wu	Finance	90000
15151	Mozart	Music	40000
22222	Einstein	Physics	95000
32343	El Said	History	60000
33456	Gold	Physics	87000
45565	Katz	Comp. Sci.	75000
58583	Califieri	History	62000
76543	Singh	Finance	80000
76766	Crick	Biology	72000
83821	Brandt	Comp. Sci.	92000
98345	Kim	Elec. Eng.	80000

그림 A.5 *instructor* 릴레이션

course_id	*sec_id*	*semester*	*year*	*building*	*room_number*	*time_slot_id*
BIO-101	1	Summer	2017	Painter	514	B
BIO-301	1	Summer	2018	Painter	514	A
CS-101	1	Fall	2017	Packard	101	H
CS-101	1	Spring	2018	Packard	101	F
CS-190	1	Spring	2017	Taylor	3128	E
CS-190	2	Spring	2017	Taylor	3128	A
CS-315	1	Spring	2018	Watson	120	D
CS-319	1	Spring	2018	Watson	100	B
CS-319	2	Spring	2018	Taylor	3128	C
CS-347	1	Fall	2017	Taylor	3128	A
EE-181	1	Spring	2017	Taylor	3128	C
FIN-201	1	Spring	2018	Packard	101	B
HIS-351	1	Spring	2018	Painter	514	C
MU-199	1	Spring	2018	Packard	101	D
PHY-101	1	Fall	2017	Watson	100	A

그림 A.6 *section* 릴레이션

ID	*course_id*	*sec_id*	*semester*	*year*
10101	CS-101	1	Fall	2017
10101	CS-315	1	Spring	2018
10101	CS-347	1	Fall	2017
12121	FIN-201	1	Spring	2018
15151	MU-199	1	Spring	2018
22222	PHY-101	1	Fall	2017
32343	HIS-351	1	Spring	2018
45565	CS-101	1	Spring	2018
45565	CS-319	1	Spring	2018
76766	BIO-101	1	Summer	2017
76766	BIO-301	1	Summer	2018
83821	CS-190	1	Spring	2017
83821	CS-190	2	Spring	2017
83821	CS-319	2	Spring	2018
98345	EE-181	1	Spring	2017

그림 A.7 *teaches* 릴레이션

ID	*name*	*dept_name*	*tot_cred*
00128	Zhang	Comp. Sci.	102
12345	Shankar	Comp. Sci.	32
19991	Brandt	History	80
23121	Chavez	Finance	110
44553	Peltier	Physics	56
45678	Levy	Physics	46
54321	Williams	Comp. Sci.	54
55739	Sanchez	Music	38
70557	Snow	Physics	0
76543	Brown	Comp. Sci.	58
76653	Aoi	Elec. Eng.	60
98765	Bourikas	Elec. Eng.	98
98988	Tanaka	Biology	120

그림 A.8 *student* 릴레이션

ID	*course_id*	*sec_id*	*semester*	*year*	*grade*
00128	CS-101	1	Fall	2017	A
00128	CS-347	1	Fall	2017	A-
12345	CS-101	1	Fall	2017	C
12345	CS-190	2	Spring	2017	A
12345	CS-315	1	Spring	2018	A
12345	CS-347	1	Fall	2017	A
19991	HIS-351	1	Spring	2018	B
23121	FIN-201	1	Spring	2018	C+
44553	PHY-101	1	Fall	2017	B-
45678	CS-101	1	Fall	2017	F
45678	CS-101	1	Spring	2018	B+
45678	CS-319	1	Spring	2018	B
54321	CS-101	1	Fall	2017	A-
54321	CS-190	2	Spring	2017	B+
55739	MU-199	1	Spring	2018	A-
76543	CS-101	1	Fall	2017	A
76543	CS-319	2	Spring	2018	A
76653	EE-181	1	Spring	2017	C
98765	CS-101	1	Fall	2017	C-
98765	CS-315	1	Spring	2018	B
98988	BIO-101	1	Summer	2017	A
98988	BIO-301	1	Summer	2018	*null*

그림 A.9 *takes* 릴레이션

s_id	*i_id*
00128	45565
12345	10101
23121	76543
44553	22222
45678	22222
76543	45565
76653	98345
98765	98345
98988	76766

그림 A.10 *advisor* 릴레이션

time_slot_id	*day*	*start_time*	*end_time*
A	M	8:00	8:50
A	W	8:00	8:50
A	F	8:00	8:50
B	M	9:00	9:50
B	W	9:00	9:50
B	F	9:00	9:50
C	M	11:00	11:50
C	W	11:00	11:50
C	F	11:00	11:50
D	M	13:00	13:50
D	W	13:00	13:50
D	F	13:00	13:50
E	T	10:30	11:45
E	R	10:30	11:45
F	T	14:30	15:45
F	R	14:30	15:45
G	M	16:00	16:50
G	W	16:00	16:50
G	F	16:00	16:50
H	W	10:00	12:30

그림 A.11 *time_slot* 릴레이션

course_id	*prereq_id*
BIO-301	BIO-101
BIO-399	BIO-101
CS-190	CS-101
CS-315	CS-101
CS-319	CS-101
CS-347	CS-101
EE-181	PHY-101

그림 A.12 *prereq* 릴레이션

time_slot_id	*day*	*start_hr*	*start_min*	*end_hr*	*end_min*
A	M	8	0	8	50
A	W	8	0	8	50
A	F	8	0	8	50
B	M	9	0	9	50
B	W	9	0	9	50
B	F	9	0	9	50
C	M	11	0	11	50
C	W	11	0	11	50
C	F	11	0	11	50
D	M	13	0	13	50
D	W	13	0	13	50
D	F	13	0	13	50
E	T	10	30	11	45
E	R	10	30	11	45
F	T	14	30	15	45
F	R	14	30	15	45
G	M	16	0	16	50
G	W	16	0	16	50
G	F	16	0	16	50
H	W	10	0	12	30

그림 A.13 시작 시간과 종료 시간을 시와 분으로 나눈 *time_slot* 릴레이션

크레딧

장 도입부 보트 사진: © Pavel Nesvadba/Shutterstock

찾아보기

ㄴ

ㄷ

ㄹ

ㅅ

ㅇ

ㅊ

기타

A

B

C

D

E

F

G

H

I

J

K

L

O

P

T